ŒUVRES COMPLÈTES

DE

BEAUMARCHAIS

NOUVELLE ÉDITION

PRÉCÉDÉE D'UNE NOTICE BIOGRAPHIQUE

PAR M. LOUIS MOLAND

AMÉLIORÉE ET ENRICHIE

A L'AIDE DES TRAVAUX LES PLUS RÉCENTS SUR BEAUMARCHAIS ET SES OUVRAGES

ORNÉE DE GRAVURES SUR ACIER

D'APRÈS LES DESSINS DE STAAL

Ma vie est un combat.
VOLTAIRE.

PARIS

GARNIER FRÈRES, LIBRAIRES-ÉDITEURS

6, RUE DES SAINTS-PÈRES, ET PALAIS-ROYAL, 215

1874

PARIS. — IMP. SIMON RAÇON ET COMP., RUE D'ERFURTH, 1.

AVERTISSEMENT

La première édition des *Œuvres complètes de Beaumarchais* fut donnée en 1809 par son ami Gudin de la Brunellerie. Cette édition était faite avec soin et suffisamment complète. Aussi s'est-on contenté, depuis cette époque, de la reproduire purement et simplement.

Cependant l'érudition s'est beaucoup occupée de l'auteur du *Figaro*. On a précisé ou rectifié quelques dates importantes; on est revenu plus fidèlement aux textes originaux de ses œuvres. Un certain nombre de documents inédits ont été découverts. Dans une nouvelle édition, il fallait tenir compte de ce travail et de ces recherches. C'est ce que nous avons fait. C'est ainsi, par exemple, que, pour l'opéra de *Tarare*, nous avons dû abandonner le texte abrégé de Gudin et rétablir dans son intégrité celui de 1787, en le faisant suivre de la curieuse variante de 1790.

La remarquable étude de M. Louis de Loménie, à qui les papiers de la famille furent confiés, a mis au jour toute une correspondance de Beaumarchais, jusque-là inconnue, et plus caractéristique, plus intéressante que celle publiée par Gudin. Il fallait sans doute reproduire cette dernière, mais il était indispensable de puiser en même temps dans celle qui vient d'être récemment rendue à la lumière. Nous avons dû constituer un tout nouveau, un nouvel ensemble. Le nombre des lettres qui forment la dernière section de notre recueil est double, en effet, de celui que présentent les précédentes éditions, et l'on trouvera peut-être que ce n'en est pas la partie la moins piquante et la moins originale.

NOTICE

SUR

BEAUMARCHAIS

I

Pierre-Augustin Caron, qui devait prendre à vingt-cinq ans le nom de Beaumarchais, naquit le 24 janvier 1732, dans une boutique d'horloger, située rue Saint-Denis, presque en face de la rue de la Féronnerie.

La famille Caron venait de la Brie. Elle avait été longtemps protestante. Le père, l'horloger Caron, transporta son domicile à Paris et se convertit au catholicisme. C'était à en juger par ce qu'on sait de lui, par quelques lettres qui nous restent, par ce qu'en dit son fils, un homme bon, honnête, vertueux et religieux. Il eut dix enfants dont six filles. Pierre-Augustin était le septième enfant et le seul des garçons qui ne périt pas en bas âge; il avait trois sœurs plus jeunes que lui.

Cet intérieur de petite bourgeoisie, tel qu'il se révèle à nous dans les documents récemment publiés, fait honneur à ce temps-là. L'esprit de tous, des filles comme des garçons, y est très-cultivé : tout le monde y écrit d'une manière très-agréable; tout le monde s'y occupe beaucoup de littérature, de poésie et de musique. On aurait la main heureuse si, en prenant aujourd'hui une famille dans le même milieu parisien, on y trouvait une éducation aussi libérale, autant de goût et d'agrément.

Pierre-Augustin avait treize ans, lorsque son père interrompit ses études pour le consacrer tout entier à l'horlogerie, où il devint habile. A vingt ans, le jeune Caron avait découvert le secret d'un nouvel *échappement* pour les montres. Un horloger nommé Lepaute voulut s'approprier cette invention.

Pierre-Augustin n'était pas de ceux qui se laissent aisément dépouiller. Il réclama avec énergie, et gagna cette première cause, le 4 mars 1754, devant l'Académie des sciences.

Il devient horloger du roi, il fait des montres pour madame de Pompadour, pour madame Victoire, etc., et, dès lors, paraît à Versailles. « Dès qu'il y parut, dit Gudin, les femmes furent frappées de sa taille svelte et bien prise, de la régularité de ses traits, de son teint vif et animé, de son regard assuré, de cet air dominant qui semblait l'élever au-dessus de tout ce qui l'environnait, et enfin de cette ardeur involontaire qui s'animait en lui à leur aspect. »

Le jeune et séduisant horloger gagna le cœur de Marie-Madeleine Aubertin, épouse de M. Francquet, contrôleur clerc d'office de la maison du roi. Cette dame persuada à son mari, qui n'était pas vieux pourtant (il était âgé de 49 ans), mais qui était maladif, de céder son emploi à Pierre-Augustin Caron, moyennant une rente viagère garantie par le père de ce dernier. C'est ce qui s'accomplit le 9 novembre 1755. Cet emploi de contrôleur clerc d'office n'était pas tout à fait une sinécure et exigeait un service à la cour.

M. Francquet mourut le 3 janvier 1756, et onze mois plus tard, le 22 novembre, le jeune Caron, âgé de 23 ans, épousait la veuve qui avait 34 ans. C'est au commencement de 1757 qu'il ajouta pour la première fois à son nom celui de de Beaumarchais, emprunté, dit Gudin, à un très-petit fief appartenant à sa femme. Marie-Madeleine mourut le 30 septembre de la même année.

Beaumarchais était musicien, il jouait de la flûte et de la harpe. Ce dernier instrument avait été nouvellement mis à la mode. Mesdames de

France, filles de Louis XV, eurent la fantaisie de l'apprendre et choisirent pour professeur ce jeune amateur. Celui-ci ne tarda pas à s'insinuer auprès d'elles; il organisa des concerts de famille dont il était le principal virtuose. Il se trouva ainsi introduit dans l'intimité de la famille royale. Cette fortune lui attirait beaucoup de jalousie et d'envie. Gravement insulté et provoqué par un homme de cour, désigné sous le nom de chevalier des C..., il le tua en duel.

Beaumarchais ménageait habilement sa position. Il évitait de solliciter quoi que ce fût, et attendait l'occasion d'utiliser son crédit. Elle se présenta bientôt. Pâris-Duverney, célèbre financier de l'époque, avait, dans sa vieillesse, fondé l'École Militaire. Il souhaitait vivement d'obtenir du roi une visite aux bâtiments construits à l'extrémité du champ de Mars. Il désespérait presque de voir ce vœu exaucé, lorsque Beaumarchais se chargea de déterminer Mesdames à visiter les constructions et l'établissement. Il y réussit. Quelques jours après, Louis XV, stimulé par ses filles, vint à son tour visiter l'École Militaire, y assista aux exercices de la jeune noblesse et accepta une somptueuse collation. Pâris-Duverney pleurait de joie.

Il en eut une reconnaissance extrême à son jeune ami, et promit de faire sa fortune. Il lui donna d'abord un intérêt dans quelques-unes de ses opérations et l'initia aux affaires de finances. Beaumarchais acheta alors ce qu'on appelait une « savonnette à vilain, » un brevet de secrétaire du roi, et se trouva gentilhomme. Duverney consentit à lui prêter cinq cent mille francs pour acquérir une des grandes maîtrises des Eaux-et-Forêts devenue vacante. Mais les futurs collègues de Beaumarchais s'opposèrent à son admission, et il dut renoncer à cette charge. Il se rabattit sur celle de lieutenant général des chasses aux bailliage et capitainerie de la varenne du Louvre, dont le duc de la Vallière était capitaine. C'était un office de judicature, en ce qui concernait les droits et les délits de chasse, qu'il remplit pendant vingt-deux ans, de 1763 à 1785.

En 1764, se place son aventure avec Clavijo. Deux de ses sœurs, dont l'une mariée avec un architecte, étaient allées s'établir à Madrid. Un littérateur espagnol, Joseph Clavijo, s'éprit de la seconde et promit de l'épouser, puis refusa de tenir sa promesse.

Beaumarchais accourt à Madrid, ménage d'abord une réconciliation entre les deux fiancés, se convainc de la mauvaise foi et de l'indignité de Clavijo, le fait destituer de sa place de garde des Archives et chasser de la cour. Ce fut l'affaire d'un mois.

Beaumarchais prolongea pendant près d'une année son séjour en Espagne. Spéculations et galanteries y partageaient son temps. Il y forma de nombreux et bizarres projets, voulut se faire fournisseur des vivres de toute l'armée espagnole, entreprit d'approvisionner d'esclaves noirs différentes provinces d'Amérique, etc. Ces vastes projets échouèrent.

A son retour en France, Beaumarchais, âgé alors de 35 ans, travaille pour le théâtre. Le 29 janvier 1767, sa première pièce, le drame d'*Eugénie*, est représentée à la Comédie-Française. D'abord assez mal accueilli du public, ce drame se releva ensuite, grâce à des coupures et à des corrections, et obtint en définitive un succès assez flatteur et durable. La pièce, précédée d'un *Essai sur le drame sérieux*, où Beaumarchais développe ses théories littéraires, fut imprimée et publiée en cette même année 1767.

Eugénie fut suivie, à trois ans d'intervalle, par les *Deux Amis, ou le Négociant de Lyon*, autre drame représenté à la Comédie-Française, le 13 janvier 1770. L'accueil fait à ce deuxième ouvrage fût froid; il n'eut que onze représentations. Beaumarchais se trompait sur sa vocation; il se croyait appelé à faire verser des larmes, et paraissait ignorer sa véritable veine comique et satirique.

Entre *Eugénie* et *les Deux Amis*, Beaumarchais s'était remarié à Geneviève-Madeleine Wattebled, jeune, belle et riche veuve d'un garde-général des Menus Plaisirs, nommé Lévesque. En société avec Pâris-Duverney, il avait acheté de l'État, et il exploitait une grande partie de la forêt de Chinon. Il perdit sa deuxième femme le 20 novembre 1770; elle lui laissait un fils, qui mourut lui-même deux ans après sa mère, le 17 octobre 1772.

En 1770, le 17 juillet, mourut Pâris-Duverney, le protecteur et l'associé de Beaumarchais. Le premier avril de cette année, Beaumarchais avait obtenu de lui un règlement de comptes fait double sous seing privé, par lequel Beaumarchais restitue à Duverney cent soixante mille francs de ses billets au porteur et consent à la résiliation de leur société pour l'exploitation de la forêt de Chinon; Duverney, de son côté, déclare Beaumarchais quitte envers lui, reconnaît lui devoir quinze mille francs et s'oblige à lui prêter soixante-quinze mille francs pendant huit ans, sans intérêts.

Duverney laissait pour légataire universel un petit-neveu, le comte de la Blache, maréchal de camp, qui, après la mort de son grand-oncle, attaqua le règlement de comptes et en demanda l'annulation aux tribunaux. Engagé en octobre 1771, le procès fut gagné en première instance, aux requêtes de l'Hôtel, par Beaumarchais. Le comte de la Blache fit appel devant la Grand'-chambre du parlement.

Sur ces entrefaites, éclata la querelle de Beaumarchais avec le duc de Chaulnes, à propos d'une demoiselle Mesnard, que ce duc entretenait. Le duc avait introduit chez elle Beaumarchais, qu'elle trouva plus aimable que son « protecteur. » Un beau matin, le 11 février 1773, le duc de Chaulnes se mit en tête de tuer son rival, et vint faire chez lui un esclandre dont on trouvera, dans la correspondance, le récit adressé par Beaumarchais au lieutenant de police.

Le tribunal des maréchaux de France fut saisi de l'affaire et envoya un garde à chacun des deux adversaires. Dans l'intervalle le duc de la Vrillière, ministre de la maison du roi, ordonna à Beaumarchais de garder les arrêts dans sa maison jusqu'à ce qu'il eût rendu compte de l'affaire au roi. Le tribunal des maréchaux appela successivement les deux parties devant lui. Le duc de Chaulnes fut envoyé par lettre de cachet au donjon de Vincennes. Le tribunal déclara à Beaumarchais qu'il était libre. « Pour jouir de cette douce liberté, » il crut devoir en faire hommage au duc de la Vrillière. Ne le trouvant pas, il lui écrivit, dans la loge de son suisse, que, les maréchaux ayant levé ses arrêts, il venait lui demander s'il ne devait plus le garder. Il alla ensuite trouver M. de Sartines, préfet de police, qui l'assura qu'il était libre. Et Beaumarchais pensa dès lors pouvoir s'aventurer sur le pavé de Paris.

Le duc de la Vrillière, trouvant la conduite de Beaumarchais trop cavalière ou plutôt voulant faire la part plus égale entre les adversaires, envoya à Beaumarchais « une belle lettre sans cachet, appelée de cachet, » par laquelle celui-ci fut emprisonné au For-l'Évêque. Cette détention, survenant au milieu de son procès contre le comte de la Blache, fit le plus grand tort à Beaumarchais. Le comte de la Blache en profita pour le discréditer partout. Beaumarchais obtint à grand'peine du ministre la permission de sortir de prison pendant la journée, sous la conduite d'un agent de police, pour aller solliciter son procès. En vain il y déploya son activité accoutumée. Le 6 avril 1773, le parlement, sur le rapport d conseiller Goëzman, rendit un arrêt qui réforma celui de première instance et déclarait nul le r glement de comptes attaqué.

Le 8 mai, le duc de la Vrillière rend enfin la l berté complète au prisonnier. Beaumarchais peint dans ses Mémoires la situation critique o il se trouvait en ce moment : « Précipité, dit-i du plus agréable état dont peut jouir un particu lier, dans l'abjection et le malheur, je me faisai honte et pitié à moi-même. »

Un incident de son procès allait lui permettr de reprendre tous ses avantages. Pour obtenir au dience du juge rapporteur, Beaumarchais ava fait un présent à la femme de ce juge ; il lui ava donné cent louis et une montre enrichie de dia mants d'une valeur égale, plus quinze louis en argent blanc, censés destinés à un secrétaire. était convenu que si Beaumarchais perdait so procès, la dame restituerait ces présents. Le pro cès étant perdu, la dame Goëzman renvoya le cent louis et la montre, mais garda les quinz louis.

Beaumarchais les lui réclama. La dame nia le avoir reçus, et le juge Goëzman dénonça Beau marchais au parlement comme coupable d'avoi calomnié la femme d'un juge après avoir vaine ment essayé de la corrompre et de corrompre pa elle son mari. Beaumarchais en appela à l'opinio publique dans ces brillants factums qui lui valu rent une soudaine popularité. Il faut remarque que le parlement dont Goëzman faisait partie étai celui que le chancelier Maupeou avait substitu à l'ancien parlement aboli et exilé, et que ce par lement était fort mal vu de la nation, qui saisi avidement toutes les plaisanteries qui l'attei gnaient. Beaumarchais ne vengeait pas seulemen sa propre injure, mais indirectement il vengeai aussi l'injure de tous. C'est ce qui, outre leur vi vacité, leur gaieté, leur éloquence, explique l'émo tion que ses Mémoires excitèrent. Ce fut un en thousiasme général : « Quel homme ! s'écriai Voltaire après les avoir lus ; il réunit tout, la plaisanterie, le sérieux, la raison, la gaieté, la force, le touchant, tous les genres d'éloquence et il n'en recherche aucun, et il confond tous se adversaires, et il donne des leçons à ses juges. S naïveté m'enchante ; je lui pardonne ses impru dences et ses pétulances. » Voltaire entend san doute le mot *naïveté* dans le sens de verve natu relle et d'esprit abondant et spontané, car la naï veté, au sens où nous l'entendons de nos jours avait peu de droits à figurer parmi les attributs de Beaumarchais.

Du mois d'août 1773 jusqu'en février 1774, il tint la France attentive à sa cause. Le 26 février 1774, le parlement, après une délibération qui dura de cinq heures du matin à près de neuf heures du soir, condamna madame Goëzman au blâme et à la restitution des quinze louis pour être distribués aux pauvres ; son mari fut mis *hors de cour*, sentence équivalant au blâme pour un magistrat et qui le forçait à quitter sa charge. Beaumarchais fut condamné également au blâme, ce qui entraînait une déchéance civique ; en outre, ses Mémoires devaient être brûlés, comme injurieux, scandaleux et diffamatoires, par la main du bourreau.

On connaît le triomphe que cette condamnation valut à Beaumarchais : « tout Paris » se faisant inscrire chez le condamné, et les princes du sang lui donnant des fêtes comme « à un grand citoyen. »

II

Louis XV, le jugeant sur l'énergie et l'habileté qu'il venait de déployer dans l'affaire Goëzman, crut avoir besoin de lui pour une mission secrète. Un aventurier, Theveneau de Morande, menaçait de publier à Londres, sous ce titre : *Mémoires secrets d'une femme publique*, une biographie cynique de madame Du Barry. Beaumarchais fut chargé de s'aboucher avec ce pamphlétaire, d'acheter son silence et la destruction du libelle. Il y réussit promptement, raccourt à Versailles, y trouve Louis XV mourant (mai 1774). Les avantages qu'il espérait tirer de sa mission lui échappent ; son zèle a été dépensé en pure perte.

C'est ce que Beaumarchais ne souffre pas. Il court trouver M. de Sartines et lui raconte qu'une brochure intitulée : *Avis important à la branche espagnole sur ses droits à la couronne de France à défaut d'héritier*, se prépare à Londres contre la jeune reine Marie-Antoinette d'Autriche. L'auteur est inconnu, mais la publication en est confiée à un juif italien nommé Guillaume Angelucci, qui, à Londres, se fait appeler William Atkinson.

Beaumarchais persuade le ministre ; en juin 1774, il repart pour l'Angleterre. Il avait demandé un ordre signé de la main du roi ; ce n'était pas l'usage dans les missions de ce genre ; on le lui avait refusé ; mais, arrivé à Londres, Beaumarchais crie que la France, la reine, et M. de Sartines sont perdus s'il n'obtient ce billet, qu'il dicte lui-même. On le lui envoie enfin, et Beaumarchais fait faire une boîte d'or dans laquelle il enferme l'autographe royal et qu'il suspend à son cou. Grâce à ce talisman, tout marche admirablement. Le juif Angelucci livre, moyennant 35,000 francs, les 4,000 exemplaires de la brochure, qui sont brûlés au milieu des champs, à mi-chemin entre Londres et Oxford.

Une autre édition préparée à Amsterdam nécessite la même opération. Tout à coup Beaumarchais apprend que le juif italien est parti brusquement, nanti des mauvaises feuilles du pamphlet brûlé, qu'il va faire réimprimer à Nuremberg. Il se précipite « comme un lion » à sa poursuite à travers l'Allemagne. Nous reproduisons ici un extrait du Mémoire adressé par Beaumarchais au roi Louis XVI le 15 octobre 1774 :

Plus j'approchais de Nuremberg et plus j'examinais avec soin tous les gens que j'atteignais en voiture, à cheval, à pied.

Enfin, à trois heures après midi, traversant la forêt de Neuchstadt par le plus beau soleil du monde, dans un endroit clair-semé de sapins, je vois un homme à cheval qui suivait la route. En avançant je distingue une redingote bleue, anglaise, une perruque ronde, un chapeau anglais ; je crois reconnaître mon homme.

Lui, d'aussi loin qu'il aperçoit une chaise, soit qu'il reconnût la mienne qu'il avait vue en Hollande, soit que la seule frayeur d'être vu dans cette route le portât à s'en écarter, il entre dans le bois au pas de son cheval, et lorsque ma chaise est arrivée à l'endroit du chemin où il l'a quitté, il en était déjà à plus de cent pas dans le bois. Mais je l'avais reconnu. Je fais arrêter ma voiture.

Marche toujours, dis-je au postillon, *j'ai un besoin, je vais te rejoindre*. Je saute à terre, et me voilà aux trousses du fuyard. Il se retourne, me voit courir et se met au galop à travers bois. Je redouble de vitesse pour le rejoindre. A mesure que le bois s'épaissit, je gagne du terrain sur l'homme à cheval. Enfin les pins deviennent si serrés qu'il ne peut presque plus avancer. Je saute à lui, je le prends par la botte et je le jette en bas sur le côté. Là, mon pistolet sur la gorge :

« Maître fripon, lui dis-je, l'instant est arrivé où tu vas payer toutes tes infamies. » S'il eût vu le diable, il n'eût pas été plus étourdi. Dans son trouble, il veut s'excuser. Il jure qu'il ignore ce que je puis lui reprocher. « Je vais à Venise, dit-il, me repentir toute ma vie de vous avoir écouté. Vous m'avez fait perdre ma fortune.

— Malheureux ! tu cours à Nuremberg faire une édition secrète de l'ouvrage que je t'ai payé si cher. » Il le nie : je lui fais vuider ses poches à l'instant. « Retourne ta valise devant moi, lui dis-je, et si j'y trouve un seul feuillet de l'ouvrage qui m'appartient d'après notre marché, je te brûle la cervelle. » En ouvrant sa valise il me dit : « J'ai, monsieur, quelques méchants exemplaires de ce petit livre que je gardais pour ma satisfaction personnelle; mais je vous jure que je ne voulais rien faire imprimer à Nuremberg. »

Pendant qu'il fouillait sa valise, je conçois le projet de l'amadouer de façon à l'attirer à Nuremberg, où mon intention était de le faire arrêter à quelque titre que ce fût.

Bientôt je trouve dans le porteau-manteau les exemplaires qu'il avait sauvés lors de la conflagration de l'ouvrage à Londres, avec beaucoup de feuilles d'épreuves.

Cet homme tremblait de tout son cœur. Je jurais de toute la force du mien. Je m'empare à l'instant de tout ce qui est relatif à l'ouvrage, et vuidant ensuite son portefeuille, où je trouve les deux lettres de change de cent louis chacune que je lui avais données de surgratification à Amsterdam :

« Pour celles-ci, lui dis-je, mon cher fripon, elles sont bien à moi : je crois pouvoir reprendre une gratification dont nous n'étions pas convenus, et que tu as si peu méritée. »

Je trouve ensuite que des huit cents livres sterling en lettres de moi, il en avait encore pour cinq cents livres. « Celles-ci, dis-je, sont à toi; quoique j'aie l'air ici de te dépouiller à force ouverte, je ne suis pas un voleur de grand chemin. Moyennant ce que je tiens actuellement, je regarde l'ouvrage comme absolument détruit. » Alors je reprends mes lettres de change et je lui en remets fidèlement la valeur en effets de banque publique. Et masquant mon projet, j'ajoute d'un ton beaucoup plus modéré qu'il n'avait lieu de s'y attendre :

« Actuellement, galant homme, j'ai ce que je voulais; je rebrousse chemin et reprends la route de France. A vous permis d'aller vous rafraîchir à Nuremberg ou de vous rendre droit à Venise. Je ne vous fais aucun tort en reprenant ma gratification, qui payera les frais du voyage que vous m'occasionnez. Il y a grande apparence que nous ne nous reverrons jamais, à moins que l'envie de vous faire pendre ne vous ramène imprimer quelque libelle à Londres. Avec le titre que notre marché me donne contre vous, ce sera une chose bientôt faite : et je vous y attendrai quand vous voudrez. »

Je quitte cet homme et je me remets à courir du côté du chemin, autant que je puis m'orienter.

J'avais déjà longtemps marché, lorsqu'un brigand armé d'un long couteau...

Beaumarchais raconte alors la fameuse histoire de brigands qu'il avait déjà racontée dans sa lettre à M. R***[1]. Il s'est trouvé en face d'un homme

[1] Voy. p. 636.

armé d'un long coutelas, qui lui a demandé la bourse ou la vie. Il a reçu un coup de couteau qui heureusement a frappé la boîte d'or où est l'autographe royal ; la boîte a été rayée, et l'arme, remontant, l'a blessé au menton. Il se relève, par un effort désespéré désarme son adversaire ; mais un second assaillant s'élance sur lui, et l'issue de la lutte va lui devenir funeste, lorsque son laquais et son cocher, étonnés de ne point le voir revenir, accourent. Leur vue met en fuite les agresseurs. Il regagne sa chaise de poste. Le Mémoire déjà cité continue de la sorte :

Réfléchissant mûrement à ce que j'avais à faire, je m'enveloppe la tête et la main de langes sanglants et je me fais conduire à Nuremberg où je me rends chez le bourgmestre. Cet instant me paraît être le chef-d'œuvre de ma conduite en toute cette affaire. Là, au lieu de donner le signalement exact des voleurs qui m'avaient poignardé, je donne au bourgmestre celui du juif que j'avais tant d'intérêt de faire arrêter. « Monsieur, lui dis-je, si un petit homme basané, portant un air funeste, des yeux couverts, un long nez, la mine d'un juif, une redingote bleue, anglaise, avec une perruque blonde sur des cheveux noirs, monté sur un cheval bai-clair, arrive en cette ville, soit qu'il dise à la porte se nommer *Guillaume Angelucci*, *William Atkinson*, ou qu'il se donne un autre nom ; sur ce portrait, je vous prie, monsieur, au nom de l'impératrice-reine, de faire arrêter cet homme à l'instant, sans lui faire aucune question, de le mettre au secret, et de donner avis à l'impératrice par un courrier très-expéditif que l'homme dont M. de Ronac (c'est le nom de guerre que Beaumarchais avait adopté), dangereusement blessé, a donné le signalement, est arrêté. Vous sentez, monsieur, que si, après ce que j'ai l'honneur de vous dire, on trouvait ensuite cet homme dans votre ville sans être arrêté, vous en répondriez très-sérieusement à l'impératrice, et je vais, malgré mes blessures, prévenir à Vienne des précautions que j'ai prises à Nuremberg à ce sujet. »

Beaumarchais peut donc dire qu'il a risqué sa vie pour le service de son roi. Il ne lui laisse pas ignorer, du reste, les souffrances que son dévouement lui coûte :

A l'instant de mon départ, je me sentis suffoquer ; et après des angoisses mortelles, je vomis beaucoup de sang. Tout le monde en fut effrayé. Moi j'en conclus que de la blessure qui m'avait crevé le menton et la joue, il s'était échappé en dedans du sang que j'avais avalé, et dont la crudité, en me chargeant l'estomac, avait provoqué le vomissement... Le cabotement de la chaise eut bientôt rouvert mes plaies... La douleur de mes blessures devint si vive et mes étouffements devinrent si fréquents, que ne pouvant plus soutenir la chaise, je me fis conduire au Danube par la voie la plus courte. J'y achetai un bateau dans lequel on embarqua ma chaise et moi J'avais six rameurs ; mais le vent étant toujours contraire, je fus près de cinq jours sur le fleuve. Enfin j'arrivai à Vienne, sinon mieux portant, au moins plus calme et moins souffrant qu'à mon départ de Nuremberg.

Quelle reconnaissance, quelle récompense un tel zèle ne méritait-il pas, non-seulement de la part du roi de France, mais encore de la part de l'impératrice Marie-Thérèse, puisque c'est dans l'intérêt de la reine sa fille qu'il vient de courir ces dangers ! C'est vers l'impératrice qu'il se dirige d'abord en remontant le Danube. Arrivé à Vienne, il sollicite une audience qui lui est accordée. Au lieu des actions de grâces qu'il attend, il est mis en prison.

On peut lire le récit de sa mésaventure dans l'extrait de son rapport reproduit ci-après dans la correspondance[1]. Mais il ne dit pas le mot de l'énigme. Ce mot n'a été révélé que récemment par M. Alfred d'Arneth, qui l'a arraché aux archives de la police autrichienne. Il résulte des documents exhumés par cet historien que tout le récit de cette aventure romanesque est imaginaire, que ce n'est qu'un roman héroï-comique sorti du cerveau trop fécond du futur auteur de *Figaro*. Il s'est trouvé qu'après la scène du bois, le postillon étonné de voir son voyageur blessé légèrement, mais blessé, avait fait spontanément une déposition devant l'officier du bailliage ; il croit avoir eu affaire à un fou et juge à propos d'avertir la justice de ce que celui-ci a fait et dit de bizarre et d'excentrique.

En entrant dans le bois, le voyageur s'est levé pour prendre dans le coffre de la banquette quelque chose comme une trousse de toilette, d'où il a tiré un miroir et un rasoir ; puis il est descendu tenant un jonc d'Espagne à la main, et enjoignant au conducteur de continuer à marcher au pas. Une demi-heure après, le voyageur est revenu, la main enveloppé d'un mouchoir blanc. Il a dit qu'il avait rencontré des brigands, mais rien ne lui manquait et rien, sur sa personne, n'indiquait qu'il lui fût arrivé quelque chose. Ce n'est qu'en entrant en ville que le déposant a remarqué un peu de sang au cou du voyageur et sur le mouchoir. Le voyageur a déclaré alors qu'on avait tiré sur lui ; mais le déposant n'a vu dans le bois aucune autre personne que trois compagnons charpentiers et n'a entendu aucun bruit.

Le prince de Kaunitz, premier ministre impérial, informations prises, écrit en France, accusant Beaumarchais ou de Ronac d'avoir lui-même fabriqué le libelle, d'avoir inventé Angelucci, d'avoir imaginé les brigands et de s'être fait lui-même les coupures qu'il donnait pour des blessures.

M. de Sartines tire Beaumarchais de ce mauvais pas. Il présente à Vienne cet agent comme « un homme léger, étourdi, vrai cerveau brûlé. » Il obtient sa mise en liberté, et Beaumarchais s'empresse, comme on le pense bien, de revenir en France. Quant au juif Angelucci ou Atkinson, on n'entendit plus jamais parler de lui, non plus qu'on n'avait jamais ouï parler de lui auparavant, ce personnage n'ayant laissé de trace de son passage en ce monde que dans les lettres et rapports de Beaumarchais.

Cette étrange mystification ne paraît pas avoir été trop mal prise en France. Le compte des dépenses et des déboursés de Beaumarchais fut réglé à soixante-douze mille francs, ce qui est déjà un beau denier pour une telle campagne. Peut-être ne voulut-on point admettre aussi complétement qu'on l'affirmait à Vienne le caractère fictif de toute l'affaire et refusa-t-on de croire qu'on avait été si complétement dupé. Ou bien Beaumarchais semblait-il assez redoutable pour qu'on jugeât à propos de passer sur cette audacieuse équipée ? Toujours est-il que le gouvernement ne lui tint pas rancune, et que bientôt il l'employa de nouveau à une de ces missions pour lesquelles il n'était besoin d'agents trop scrupuleux.

Un aventurier, le chevalier d'Éon, ancien capitaine de dragons, qui se faisait passer pour une femme, avait entre les mains des papiers d'État, qu'il ne voulait lâcher qu'à des conditions fort onéreuses. Beaumarchais s'entremet pour amener un accord entre le gouvernement français et cet intrigant. Le ministre, M. de Vergennes, appuie l'initiative de Beaumarchais, l'admet comme négociateur, et, lorsque celui-ci a conclu une transaction avec la soi-disant amazone, le ministre le complimente et déclare que Sa Majesté a été très-satisfaite de l'intelligence et de la dextérité déployées par lui en cette occasion.

III

Beaumarchais conquérait, à cette époque, son principal titre littéraire. Il faisait jouer *le Barbier*

---

[1] Voy. p 643.

de Séville. Composé en 1772, sous forme d'opéra-comique, refusé au Théâtre-Italien, il avait été transformé par son auteur en comédie et reçu au Théâtre-Français. Il allait être joué en février 1773, lorsque survint l'altercation de Beaumarchais et du duc de Chaulnes; il fut encore interdit en 1774, sous prétexte qu'il renfermait des allusions au procès Goëzman. Il fut enfin représenté le 23 février 1775. Allongée d'un acte, farcie de scènes inutiles et de grosses plaisanteries, la pièce subit, le jeudi, un échec complet. Mais aussitôt remaniée, refondue en quatre actes, allégée et transformée, elle se releva le dimanche, et les sifflets de la veille se changèrent en applaudissements. Elle fut imprimée la même année avec la curieuse et ironique préface : « Lettre modérée sur la chute et la critique du *Barbier de Séville*. »

Beaumarchais connaissait l'art de la réclame qui fouette le succès; il savait stimuler l'attention publique par des malices. Il aimait le bruit, le tapage. Il était *oseur* et guerroyant. Il résolut de prendre en main la cause des auteurs dramatiques très-sacrifiée alors au théâtre. Entamée après la trente-deuxième représentation du *Barbier*, l'affaire dura bien des années. Les droits des auteurs n'eurent définitivement gain de cause que devant l'Assemblée constituante. On trouvera l'exposé de ces longs débats dans le Compte rendu aux auteurs dramatiques[1].

Ses procès à lui n'étaient pas encore terminés. Le jugement rendu contre Beaumarchais, en faveur du comte de la Blache, fut cassé par un arrêt du Grand Conseil, à la fin de 1775, et l'affaire renvoyée devant le parlement de Provence. L'année suivante, Beaumarchais obtint haut la main l'annulation de la sentence de blâme portée contre lui et sa réhabilitation par arrêt solennel rendu le 6 septembre 1776. Enfin, la question principale fut tranchée à Aix, au mois de juillet 1778. L'arrêt du parlement de Provence déboute, en dernier ressort, le comte de la Blache de toutes ses demandes et prétentions.

Beaumarchais était devenu un homme d'État *in partibus*. Il avait réussi à se faire un rôle politique qui, pour n'être pas officiel, n'en était pas moins considérable. On sait que la guerre avait éclaté entre l'Angleterre et les colonies d'Amérique. Envoyé à Londres avec la mission ostensible de rassembler des piastres espagnoles pour le service de nos colonies, il se renseignait en réalité et renseignait secrètement le roi et les ministres sur les affaires américaines. Il insistait très-vivement pour que la France envoyât des secours secrets aux Américains. Il se proposait pour cette opération politico-mercantile. Il finit par se faire accepter. Il devint l'agent d'une grande entreprise commerciale qui, avec le concours dissimulé du gouvernement français et du gouvernement espagnol, expédiait aux Américains des armes, des munitions, des objets d'équipement et tout ce qui leur était nécessaire pour soutenir la lutte. Il reçut, le 10 juin 1776, un million du gouvernement pour commencer cette entreprise dont la raison sociale était : Roderigue Hortalez et Cie.

Les trois premiers navires envoyés par Beaumarchais arrivèrent en Amérique au commencement de la campagne de 1777. Cette année-là une subvention de trois millions lui fut accordée. Son œuvre se développa et prit des proportions extraordinaires. Nous le voyons, au mois de décembre 1778, annoncer le départ de douze voiles, à la tête desquelles était un vaisseau à trois ponts, de soixante canons, baptisé *le Fier Roderigue*.

L'indépendance des États-Unis fut reconnue par la France, le 13 mars 1778. Beaumarchais y avait poussé de toute son ardeur, comme on le voit, dans ses rapports et dans ses Mémoires, et en particulier dans son Mémoire du 26 octobre 1777[1]. Il prit part à la guerre qui s'ensuivit.

Le Fier Roderigue eut son poste à la bataille de la Grenade, gagnée par l'amiral d'Estaing contre l'amiral anglais Biron. Beaumarchais, lui, combattit de la plume. Il écrivit contre l'Angleterre et publia en 1779 les *Observations sur le Mémoire justificatif de la cour de Londres*[2]. Il y commit une erreur qui souleva de vives récriminations. Il y affirmait que, dans le traité de 1763 qui avait mis fin à la guerre de Sept Ans, un article secret accordait à l'Angleterre le droit de limiter le nombre des vaisseaux français. Les anciens ministres de Louis XV et le duc de Choiseul principalement réclamèrent, demandèrent la suppression motivée de la brochure, mais on se contenta d'une simple rectification.

Sous le rapport financier, l'opération de Beaumarchais eut nécessairement d'impénétrables obscurités. C'était une eau trouble aussi large que l'océan Atlantique. Jamais l'auteur de *Figaro*, adorateur de Plutus, poursuivant la fortune à tra-

---

[1] Voy. pages 559-609.

[1] Voy. p. 636.
[2] Voy. p. 495.

vers tout, n'avait pu rêver qu'on lui ferait la partie aussi belle. Le congrès des États-Unis lui opposa cependant des difficultés. Jusqu'à la fin de sa vie, Beaumarchais exerça des réclamations contre eux. Il essaya vainement d'obtenir un règlement de comptes. Ses héritiers continuèrent les mêmes instances. Ce ne fut qu'en 1835 qu'ils reçurent huit cent mille francs, au lieu de deux millions deux cent quatre-vingt mille francs qu'ils demandaient et de quatre millions que demandait Beaumarchais.

Beaumarchais ne laissait pas que de s'être considérablement enrichi dans cette affaire. Il était lancé dans beaucoup d'entreprises et de spéculations : établissement d'une caisse d'escompte, association avec les frères Périer pour la pompe à feu de Chaillot. Il faut mettre à part, entre toutes ces opérations, la fondation d'une imprimerie à Kehl, pour l'impression des œuvres complètes de Voltaire. Les premiers volumes parurent en 1783 et le dernier en 1790.

En même temps qu'il recevait de fortes indemnités pour la perte de ses vaisseaux dans la guerre (deux millions deux cent soixante-quinze mille six cent vingt-cinq livres), il était consulté par les ministres sur les questions d'intérêt général. Il utilisait son crédit pour beaucoup de monde, se faisait de nombreux obligés. Il était arrivé, sinon à la considération qu'il n'obtint jamais, du moins à une réelle influence. C'est ce qui explique qu'il réussit à faire représenter *le Mariage de Figaro*.

Le Mariage de Figaro, écrit par l'auteur dès 1778, reçu au Théâtre-Français dans les derniers mois de 1781, fut, après une longue résistance de la cour, après mille obstacles patiemment et énergiquement surmontés, représenté le mardi 27 avril 1784. Rien ne manqua à la solennité et à l'éclat de cette première représentation, qui fut un véritable événement.

« Ç'a été sans doute aujourd'hui, disent les *Mémoires secrets*, pour le sieur de Beaumarchais, qui aime si fort le bruit et le scandale, une grande satisfaction de traîner à sa suite non-seulement les amateurs et curieux ordinaires, mais toute la cour, mais les princes du sang, mais les princes de la famille royale; de recevoir quarante lettres en une heure de gens de toute espèce qui le sollicitaient pour avoir des billets d'auteur et lui servir de *battoirs*; de voir madame la duchesse de Bourbon envoyer dès onze heures des valets de pied, au guichet, attendre la distribution des billets indiquée pour quatre heures seulement; de voir des cordons bleus confondus dans la foule, se coudoyant, se pressant avec les savoyards, afin d'en avoir; de voir des femmes de qualité, oubliant toute décence et toute pudeur, s'enfermer dans les loges des actrices, dès le matin, y dîner et se mettre sous leur protection, dans l'espoir d'entrer les premières; de voir enfin la garde dispersée, des portes enfoncées, des grilles de fer même n'y pouvant résister, et brisées sous les efforts des assaillants. »

« Plus d'une duchesse, dit Grimm, s'est estimée, ce jour-là, trop heureuse de trouver dans les balcons, où les femmes comme il faut ne se placent guère, un méchant petit tabouret à côté de mesdames Duthé, Carline et compagnie. »

« Trois cents personnes, dit La Harpe, ont dîné à la Comédie dans les loges des acteurs pour être plus sûres d'avoir des places, et, à l'ouverture des bureaux, la presse a été si grande, que trois personnes ont été étouffées. C'est une de plus que pour Scudéry... La première représentation a été fort tumultueuse, comme on peut se l'imaginer, et si *extraordinairement longue*, qu'on n'est sorti du spectacle qu'*à dix heures*, quoiqu'il n'y eût pas de petite pièce; car la comédie de Beaumarchais remplit le spectacle entier, ce qui est même une sorte de nouveauté de plus. »

Au milieu des nombreuses polémiques soulevées par cette comédie, Beaumarchais écrivit, en réponse aux auteurs du *Journal de Paris*, cette phrase : « Quand j'ai dû vaincre lions et tigres pour faire jouer une comédie, pensez-vous, après son succès, me réduire, ainsi qu'une servante hollandaise, à battre l'osier tous les matins sur l'insecte vil de la nuit[1]? » Il croyait n'avoir affaire qu'aux rédacteurs habituels du journal. Mais le comte de Provence se cachait derrière eux. Fort irrité du ton de cette polémique, le frère du roi persuada à Louis XVI que, par ces mots de lions et de tigres, Beaumarchais avait voulu désigner le roi et les ministres, qui s'étaient opposés à la représentation de la pièce. Le roi donna l'ordre d'enfermer Beaumarchais à la prison de Saint-Lazare, où l'on mettait alors les fils de famille libertins, les prêtres scandaleux, les adolescents dépravés.

L'arrestation eut lieu dans la nuit du lundi 7 mars 1785. Beaumarchais resta cinq jours en prison. Mis en liberté, il s'enferma chez lui, déclarant qu'il ne sortirait pas jusqu'à ce qu'on lui eût rendu hautement justice. Il composa un Mémoire justificatif. M. de Calonne, sur l'ordre du roi, lui écrivit une lettre pour le féliciter de la modération avec laquelle était rédigé ce Mé-

[1] Voy. toute la réponse, p. 691.

moire. Beaumarchais fut inscrit pour une pension de cent livres sur la cassette du roi; c'était une réparation. Les représentations du *Mariage de Figaro*, interrompues à la soixante-treizième reprirent leur cours.

La comédie de *la Folle, journée ou le Mariage de Figaro* fut publiée dans les premiers mois de l'année 1785, en deux éditions, l'une imprimée à Paris, l'autre à Kehl. La préface, dont Suard se plaignit, fut cause de quelques nouvelles difficultés, bientôt levées. Beaumarchais était, en ce moment, à l'apogée de sa puissance.

IV

Il en put bientôt pressentir le déclin. En février 1787, on répandit dans Paris une brochure intitulée : « Mémoire sur une question d'adultère, de séduction et de diffamation pour le sieur Kornman contre la dame Kornman son épouse, le sieur Daudet de Jossan, le sieur Pierre-Augustin Caron de Beaumarchais et M. Lenoir, conseiller d'État, ancien lieutenant général de police. » Cette brochure était l'œuvre de l'avocat Bergasse. Enfermée pour adultère, madame Kornman avait été mise en liberté par l'influence de Beaumarchais et du lieutenant de police Lenoir. Une violente polémique s'éleva et dura deux ans. Un arrêt du parlement, du 2 avril 1789, supprima les Mémoires de Bergasse comme faux, injurieux et calomnieux, le condamna à mille livres de dommages et intérêts envers Beaumarchais, condamna Kornman aux mêmes peines et le déclara non recevable dans sa plainte en adultère contre sa femme et Daudet de Jossan. L'arrêt justifiait complètement Beaumarchais, mais l'opinion publique lui fut cette fois défavorable et n'accueillit sa victoire que par des murmures.

Au moment même où l'auteur de *Figaro* était assailli par le factum de Bergasse, il faisait représenter à l'Opéra, le 8 juin 1787, le ballet de *Tarare*, dont Salieri, élève favori de Gluck, avait fait la musique. Écouté avec attention, *Tarare* fut joué vingt-six fois dans le cours de cette année, ce qui suffit alors à dénoter une vogue assez soutenue.

Beaumarchais s'était marié une troisième fois, le 8 mars 1786, à Marie-Thérèse-Émilie Willermawla, et il avait de ce mariage une fille nommée Eugénie, qu'il aimait tendrement.

La révolution le surprit occupé à faire bâtir, en face de la Bastille, une magnifique maison avec un vaste jardin, où il alla s'installer vers 1790, et fut exposé à de graves périls pendant les événements qui s'accomplissaient.

Au milieu des inquiétudes que ces événements redoublaient chaque jour, il écrivit son drame de *la Mère coupable*. Achevé en janvier 1791, lu et reçu en février à la Comédie-Française, ce drame, à la suite d'une discussion entre l'auteur et le théâtre, fut transporté au nouveau théâtre du Marais, rue de la Couture-Sainte-Catherine, où il fut représenté le 26 juin 1792, avec un succès modéré. Il eut quinze représentations jusqu'au 10 août. Reprise en 1797 par les Comédiens français, à la salle de la rue Feydeau, cette pièce réussit grâce à une exécution parfaite; et ce fut à la suite de cette reprise que Beaumarchais donna la véritable édition originale de sa pièce, en désavouant les éditions antérieures.

Poussé par le besoin de faire acte de patriotisme, Beaumarchais s'embarqua dans une opération politique et commerciale comme celles qui lui avaient si bien réussi dans la guerre de l'indépendance américaine. Au commencement de 1792, il se chargea de faire venir en France soixante mille fusils provenant du désarmement des Pays-Bas et retenus en Hollande.

Il part pour la Hollande afin d'y traiter cette affaire. Il y apprend qu'il est décrété d'accusation. Il se rend à Londres, y rédige un Mémoire contre son dénonciateur Lecointre, revient à Paris, repart pour la Hollande avec le titre de commissaire de la république chargé d'une mission secrète à l'étranger, et en même temps il est porté sur la liste des émigrés. Sa femme et sa fille sont jetées en prison et ne recouvrent la liberté qu'après le 9 thermidor.

Réfugié à Hambourg, il tombe dans une profonde détresse, qui, il est vrai, ne dura qu'un instant. Les soixante mille fusils finirent par être confisqués par le gouvernement anglais, en juin 1795. Sa fortune était, pendant ce temps-là, dilapidée en France par les agents du Trésor. Il fut obligé d'attendre, pour rentrer dans son pays, qu'il eût été rayé de la liste des émigrés. Il ne le fut que sous le Directoire et revint à Paris, le 5 juillet 1796.

Il y maria sa fille Eugénie, et chercha à remédier au délabrement de sa fortune. Un premier règlement de compte entre Beaumarchais et l'État constitua le premier créancier de neuf cent quatre-vingt-dix-sept mille huit cent soixante-quinze francs (janvier 1798); un second le fit repasser à l'état de débiteur de cinq cent mille francs. On voit que la balance avait des oscillations singulières. Ses dernières années se passèrent dans ces conflits.

Le 18 mai 1799, Beaumarchais fut trouvé mort dans son lit, à l'âge de soixante-sept ans et trois mois; il avait été frappé d'une attaque d'apoplexie foudroyante.

Beaumarchais offre une des physionomies les plus caractéristiques de la seconde moitié du dix-huitième siècle. Aimant le bruit et la fortune, libre dans ses mœurs, bienfaisant avec ostentation, révolutionnaire qui ne prévoyait guère où il allait et que la Révolution déconcerta fort, plus spéculateur, entrepreneur, faiseur d'affaires que littérateur, patriote et philanthrope à la condition d'en tirer profit et popularité, bon homme au demeurant, et, comme dit l'Anglais Carlyle, un brillant *spécimen* de l'esprit français, il a exercé une action considérable sur son époque, et a laissé après lui une lignée facile à reconnaître, qui a reproduit ses défauts, et même ses qualités, sans égaler son génie.

Louis MOLAND.

ESSAI

SUR

LE GENRE DRAMATIQUE SÉRIEUX[1]

Je n'ai point le mérite d'être auteur; le temps et les talents m'ont également manqué pour le devenir; mais il y a environ huit ans que je m'amusai à jeter sur le papier quelques idées sur le drame sérieux ou intermédiaire entre la tragédie héroïque et la comédie plaisante. De plusieurs genres de littérature, sur lesquels j'avais le choix d'essayer mes forces, le moins important peut-être était celui-ci; ce fut par là même qu'il obtint la préférence. J'ai toujours été trop sérieusement occupé pour chercher autre chose qu'un délassement honnête dans les lettres. *Neque semper arcum tendit Apollo*. Le sujet me plaisait, il m'entraîna; mais je ne tardai pas à sentir que j'avais tort de vouloir convaincre par le raisonnement, dans un genre où il ne faut que persuader par le sentiment. Alors je désirai avec passion de pouvoir substituer l'exemple au précepte: moyen infaillible de faire des prosélytes lorsqu'on réussit, mais qui expose le malheureux qui échoue au double chagrin de manquer son but, et de rester chargé du ridicule d'avoir présumé de ses forces.

Trop échauffé pour être capable de cette dernière réflexion, je composai le drame que je donne aujourd'hui. *Miss Fanny*, *miss Jenny*, *miss Polly*, etc..., charmantes productions! Eugénie eût gagné sans doute à vous avoir pour modèles; mais elle était avant que vous eussiez vous-mêmes l'existence, sans laquelle on ne sert de modèle à personne. Je renvoie vos auteurs à la petite nouvelle espagnole du Comte de Belflor, dans le *Diable boiteux*: elle fut la source où j'en puisai l'idée. Le faible parti que j'en ai tiré leur laissera peu de regrets de n'avoir pu m'être bons à quelque chose.

La fabrique du plan, ce travail rapide, qui ne fait que jeter les masses, indiquer des situations, donner l'ébauche aux caractères, marchant avec chaleur, ne vit point ralentir mon courage; mais lorsqu'il fallut couper le sujet, l'étendre, le mettre en œuvre, ma tête, refroidie par les détails de l'exécution, connut la difficulté, s'effraya de l'entreprise, abandonna drame et dissertation; et, tel qu'un enfant rebuté des efforts qu'il a faits pour dérober des fruits trop élevés, se dépite, et finit par se consoler en cueillant des fleurs au pied de l'arbre même, une chanson ou des vers à Thémire me firent oublier la peine inutile que j'avais prise.

Peu de temps après, M. Diderot donna son *Père de famille*. Le génie de ce poëte, sa manière forte, le ton mâle et vigoureux de son ouvrage, devaient m'arracher le pinceau de la main; mais la route qu'il venait de frayer avait tant de charmes pour moi, que je consultai moins ma faiblesse que mon goût. Je repris mon drame avec une nouvelle ardeur. J'y mis la dernière main, et je l'ai depuis donné aux comédiens. Ainsi l'enfant que le succès d'un homme rend opiniâtre, atteint quelquefois aux fruits qu'il avait désirés. Heureux, en les goûtant, s'il ne les trouve pas remplis d'amertume! Voilà l'histoire de la pièce.

Maintenant qu'elle est jouée, je vais examiner toutes les clameurs et les censures qu'elle a occasionnées; mais je ne relèverai que celles qui frappent directement sur le genre dans lequel je me suis plu à travailler, parce que c'est le seul point qui puisse intéresser aujourd'hui le public. Je m'impose à jamais silence sur les personnalités. *Jam dolor im morem venit meus* (Ovid.). Je laisserai de même sans réponse tout ce qu'on a dit contre l'ouvrage; persuadé que le plus grand bonheur qu'on ait pu lui faire, après celui de s'en amuser au théâtre, a été de ne pas le juger indigne de toute critique.

Et que l'on ne croie pas que je me pare ici d'une fausse modestie. Mon sang-froid sur la censure rigoureuse de la première représentation ne partait ni d'indifférence ni d'orgueil; il fut le fruit de ce raisonnement, qui me parut net et sans réplique. Si la critique est judicieuse, l'ouvrage n'a donc pu l'éviter: ce n'est point le cas de m'en plaindre, mais celui de le rectifier au gré des censeurs, ou de l'abandonner tout à fait. Si quelque animosité secrète échauffe les esprits, j'ai deux motifs de tranquillité pour un. Voudrais-je avoir moins bien fait, au prix de fermer la bouche à l'envie? et pourrais-je me flatter de la désarmer quand je ferais mieux?

J'ai vu des gens se fâcher de bonne foi, de voir que le genre dramatique sérieux se faisait des partisans. « Un genre équivoque! disaient-ils; on ne sait ce que c'est: qu'est-ce qu'une pièce dans laquelle il n'y a pas le mot pour rire? où cinq mortels actes de prose traînante, sans sel comique, sans maximes, sans caractères, nous tiennent suspendus au fil d'un événement romanesque, qui n'a souvent pas plus de vraisemblance que de réalité? N'est-ce pas ouvrir la porte à la licence, et favoriser la paresse, que de

---

[1] Publié par Beaumarchais en tête de la première édition d'*Eugénie*.

souffrir de tels ouvrages? La facilité de la prose dégoûtera nos jeunes gens du travail pénible des vers, et notre théâtre retombera bientôt dans la barbarie, d'où nos poëtes ont eu tant de peine à le tirer. Ce n'est pas que quelques-unes de ces pièces ne m'aient attendri, je ne sais comment; mais c'est qu'il serait affreux qu'un pareil genre prît; outre qu'il ne convient point du tout à notre nation. Chacun sait ce qu'en ont pensé des auteurs célèbres, dont l'opinion fait autorité. Ils l'ont proscrit comme un genre également désavoué de Melpomène et de Thalie. Faudra-t-il créer une Muse nouvelle pour présider à ce cothurne trivial, à ce comique échassé? Tragi-comédie, tragédie bourgeoise, comédie larmoyante, on ne sait quel nom donner à ces productions monstrueuses! Et qu'un chétif auteur ne vienne pas se targuer des suffrages momentanés du public, juste salaire du travail et du talent des comédiens!... Le public!... Qu'est-ce encore que le public? Lorsque cet être collectif vient à se dissoudre, que les parties s'en dispersent, que reste-t-il pour fondement de l'opinion générale, sinon celle de chaque individu, dont les plus éclairés ont sur les autres une influence naturelle, qui les ramène tôt ou tard à leur avis? D'où l'on voit que c'est au jugement du petit nombre, et non à celui de la multitude, qu'il faut s'en rapporter. »

C'est assez : osons répondre à ce torrent d'objections, que je n'ai affaiblies ni fardées en les rapportant. Commençons par nous rendre notre juge favorable, en défendant ses droits. Quoi qu'en disent les censeurs, le public assemblé n'en est pas moins le seul juge des ouvrages destinés à l'amuser; tous lui sont également soumis; et vouloir arrêter les efforts du génie dans la création d'un nouveau genre de spectacle, ou dans l'extension de ceux qu'il connaît déjà, est un attentat contre ses droits, une entreprise contre ses plaisirs. Je conviens qu'une vérité difficile sera plutôt rencontrée, mieux saisie, plus sainement jugée par un petit nombre de personnes éclairées, que par la multitude en rumeur, puisque sans cela cette vérité ne devrait pas être appelée difficile; mais les objets de goût, de sentiment, de pur effet, en un mot de spectacle, n'étant jamais admis que sur la sensation puissante et subite qu'ils produisent dans tous les spectateurs, doivent-ils être jugés sur les mêmes règles? Lorsqu'il est moins question de discuter et d'approfondir, que de sentir, de s'amuser ou d'être touché, n'est-il pas aussi hasardé de soutenir que le jugement du public ému est faux et mal porté, qu'il le serait de prétendre qu'un genre de spectacle dont toute une nation aurait été vivement affectée, et qui lui plairait généralement, n'aurait pas le degré de bonté convenable à cette nation? De quel poids seront contre le goût du public les satires de quelques auteurs sur le drame sérieux, surtout lorsque leurs plaisanteries calomnient des ouvrages charmants en ce genre, sortis de leur plume? Outre qu'il faut être conséquent, c'est que l'arme légère et badine du sarcasme n'a jamais décidé d'affaires; elle est seulement propre à les engager, et tout au plus permise contre ces poltrons d'adversaires qui, retranchés derrière des monceaux d'autorités, refusent de prêter le collet aux raisonneurs en rase campagne. Elle convient encore à nos beaux esprits de société, qui ne font qu'effleurer ce qu'ils jugent, et sont comme les troupes légères ou les enfants perdus de la littérature. Mais ici, par un renversement singulier, les graves auteurs plaisantent, et les gens du monde discutent. J'entends citer partout de grands mots, et mettre en avant, contre le genre sérieux, Aristote, les anciens, les poétiques, l'usage du théâtre, les règles, et surtout les règles, cet éternel lieu commun des critiques, cet épouvantail des esprits ordinaires. En quel genre a-t-on vu les règles produire des chefs-d'œuvre? N'est-ce pas, au contraire, les grands exemples qui de tout temps ont servi de base et de fondement à ces règles, dont on fait une entrave au génie en intervertissant l'ordre des choses? Les hommes eussent-ils jamais avancé dans les arts et les sciences, s'ils avaient servilement respecté les bornes trompeuses que leurs prédécesseurs y avaient prescrites? Le nouveau monde serait encore dans le néant pour nous, si le hardi navigateur génois n'eût pas foulé aux pieds ce *Nec plus ultra* des colonnes d'Alcide, aussi menteur qu'orgueilleux. Le génie curieux, impatient, toujours à l'étroit dans le cercle des connaissances acquises, soupçonne quelque chose de plus que ce qu'on sait; agité par le sentiment qui le presse, il se tourmente, entreprend, s'agrandit; et, rompant enfin la barrière du préjugé, il s'élance au delà des bornes connues. Il s'égare quelquefois, mais c'est lui seul qui porte au loin, dans la nuit du possible, le fanal vers lequel on s'empresse de le suivre. Il a fait un pas de géant, et l'art s'est étendu... Arrêtons-nous. Il ne s'agit point ici de disputer avec feu, mais de discuter froidement. Réduisons donc à des termes simples une question qui n'a jamais été bien posée. Pour la porter au tribunal de la raison, voici comment je l'énoncerais.

Est-il permis d'essayer d'intéresser un peuple au théâtre, et de faire couler ses larmes sur un événement tel, qu'en le supposant véritable et passé sous ses yeux entre des citoyens, il ne manquerait jamais de produire cet effet sur lui? Car tel est l'objet du genre honnête et sérieux. Si quelqu'un est assez barbare, assez classique, pour oser soutenir la négative, il faut lui demander si ce qu'il entend par le mot drame, ou pièce de théâtre, n'est pas le tableau fidèle des actions des hommes? Il faut lui lire les romans de Richardson, qui sont de vrais drames, de même que le drame est la conclusion et l'instant le plus intéressant d'un roman quelconque; il faut lui apprendre, s'il l'ignore, que plusieurs scènes de l'*Enfant prodigue*, *Nanine* tout entière, *Mélanide*, *Cénie*, le *Père de Famille*, l'*Écossaise*, le *Philosophe sans le savoir*, ont déjà fait connaître de quelles beautés le genre sérieux est susceptible, et nous ont accoutumés à nous plaire à la peinture touchante d'un malheur domestique, d'autant plus puissante sur nos cœurs, qu'il semble nous menacer de plus près : effet qu'on ne peut jamais espérer, au même degré, de tous les grands tableaux de la tragédie héroïque.

Avant d'aller plus loin, j'avertis que ce qui me reste à dire est étranger à nos fameux tragiques. Ils auraient également brillé dans toute autre carrière; le génie naît de lui-même, il ne doit rien aux sujets, et s'applique à tous. Je disserte sur le fond des choses, en respectant le mérite des auteurs. Je compare les genres, et ne discute point les talents. Voici donc mon assertion.

Il est de l'essence du genre sérieux d'offrir un intérêt plus pressant, une moralité plus directe que la tragédie héroïque, et plus profonde que la comédie plaisante, toutes choses égales d'ailleurs.

J'entends déjà mille voix s'élever, et crier à l'impie! mais je demande pour toute grâce qu'on m'écoute avant de prononcer l'anathème. Ces idées sont trop neuves pour n'avoir pas besoin d'être développées.

Dans la tragédie des anciens, une indignation involontaire contre leurs dieux cruels est le sentiment qui me saisit à la vue des maux dont ils permettent qu'une innocente victime soit accablée. *Œdipe*, *Jocaste*, *Phèdre*, *Ariane*, *Philoctète*, *Oreste*, et tant d'autres, m'inspirent moins d'intérêt que de terreur. Êtres dévoués et passifs, aveugles instruments de la colère ou de la fantaisie de ces dieux, je suis effrayé bien plus qu'attendri sur leur sort. Tout est énorme dans ces drames : les passions toujours effrénées, les crimes toujours atroces, y sont aussi loin de la nature qu'inouïs dans nos mœurs; on n'y marche que parmi des décombres, à travers des flots de sang, sur des monceaux de morts; et l'on n'arrive à la catastrophe que par l'empoisonnement, l'assassinat, l'inceste ou le parricide. Les larmes qu'on y répand quelquefois sont pénibles, rares, brûlantes; elles serrent le front longtemps avant de couler. Il faut des efforts incroyables pour nous les arracher, et tout le génie d'un sublime auteur y suffit à peine.

D'ailleurs les coups inévitables du destin n'offrent aucun sens moral à l'esprit. Quand on ne peut que trembler et se taire, le pire n'est-il pas de réfléchir? Si l'on tirait une moralité d'un pareil genre de spectacle, elle serait affreuse, et porterait au crime autant d'âmes, à qui la fatalité servirait d'excuse, qu'elle en découragerait de suivre le chemin de la vertu, dont tous les efforts dans ce système ne garantissent de rien. S'il n'y a pas de vertus sans sacrifices, il n'y a point aussi de sacrifices sans espoir de récompense. Toute croyance de fatalité dégrade l'homme en lui ôtant la liberté, hors laquelle il n'y a nulle moralité dans ses actions.

D'autre part, examinons quelle espèce d'intérêt les héros et les rois, proprement dits, excitent en nous dans la tragédie héroïque; et nous reconnaîtrons peut-être que ces grands événements, ces personnages fastueux qu'elle nous présente, ne sont que des pièges tendus à notre amour-propre, auxquels le cœur se prend rarement. C'est notre vanité qui trouve son compte à être initiée dans les secrets d'une cour superbe, à entrer dans un conseil qui va changer la face d'un État, à percer jusqu'au cabinet d'une reine dont la vue nous serait permise à peine.

Nous aimons à nous croire les confidents d'un prince malheureux, parce que ses chagrins, ses larmes, ses faiblesses, semblent rapprocher sa condition de la nôtre, ou nous consolent de son élévation; sans nous en apercevoir, chacun de nous cherche à agrandir sa sphère, et notre orgueil se nourrit du plaisir de juger au théâtre ces maîtres du monde qui, partout ailleurs, peuvent nous fouler aux pieds. Les hommes sont plus dupes d'eux-mêmes qu'ils ne le croient: le plus sage est souvent mû par des motifs dont il rougirait s'il s'en était mieux rendu compte. Mais si notre cœur entre pour quelque chose dans l'intérêt que nous prenons aux personnages de la tragédie, c'est moins parce qu'ils sont héros ou rois, que parce qu'ils sont hommes et malheureux : est-ce la reine de Messène qui me touche en Mérope? C'est la mère d'Égiste: la seule nature a des droits sur notre cœur.

Si le théâtre est le tableau fidèle de ce qui se passe dans le monde, l'intérêt qu'il excite en nous a donc un rapport nécessaire à notre manière d'envisager les objets réels. Or je vois que souvent un grand prince, au faîte du bonheur, couvert de gloire et tout brillant de succès, n'obtient de nous que le sentiment stérile de l'admiration, qui est étranger à notre cœur. Nous ne sentons peut-être jamais si bien qu'il nous est cher, que lorsqu'il tombe dans quelque disgrâce; cet enthousiasme si touchant du peuple, qui fait l'éloge et la récompense des bons rois, ne le saisit guère qu'au moment qu'il les voit malheureux, ou qu'il craint de les perdre. Alors sa compassion pour l'homme souffrant est un sentiment si vrai, si profond, qu'on dirait qu'il paie et acquitte tous les bienfaits du monarque heureux. Le véritable intérêt du cœur, sa vraie relation, est donc toujours d'un homme à un homme, et non d'un homme à un roi. Aussi, bien loin que l'éclat du rang augmente en moi l'intérêt que je prends à mes personnages tragiques, il y nuit au contraire. Plus l'homme qui pâtit est d'un état qui se rapproche du mien, plus son malheur a de prise sur mon âme. « Ne serait-il pas à désirer (dit M. Rousseau) que nos sublimes auteurs daignassent descendre un peu de leur continuelle élévation, et nous attendrir quelquefois pour l'humanité souffrante, de peur que n'ayant de la pitié que pour des héros malheureux, nous n'en ayons jamais pour personne? »

Que me font à moi, sujet paisible d'un État monarchique du dix-huitième siècle, les révolutions d'Athènes et de Rome? Quel véritable intérêt puis-je prendre à la mort d'un tyran du Péloponèse? au sacrifice d'une jeune princesse en Aulide? Il n'y a dans tout cela rien à voir pour moi, aucune moralité qui me convienne. Car qu'est-ce que moralité? C'est le résultat fructueux et l'application personnelle des réflexions qu'un événement nous arrache. Qu'est-ce que l'intérêt? C'est le sentiment involontaire par lequel nous nous adaptons cet événement, sentiment qui nous met en la place de celui qui souffre, au milieu de sa situation. Une comparaison, prise au hasard dans la nature, achèvera de rendre mon idée sensible à tout le monde.

Pourquoi la relation du tremblement de terre qui engloutit Lima et ses habitants, à trois mille lieues de moi, me touche-t-elle, lorsque celle du meurtre juridique de Charles Ier, commis à Londres, ne fait que m'indigner? C'est que le volcan ouvert au Pérou pouvait faire son explosion à Paris, m'ensevelir sous ses ruines, et peut-être me menace encore; au lieu que je ne puis jamais appréhender rien absolument semblable au malheur inouï du roi d'Angleterre; ce sentiment est dans le cœur de tous les hommes; il sert de base à ce principe certain de l'art, qu'il n'y a moralité, ni intérêt au théâtre, sans un secret rapport du sujet dramatique à nous. Il reste donc pour constant que la tragédie héroïque ne nous touche que par le point où elle se rapproche du genre sérieux, en nous peignant des hommes, et non des rois; et que les sujets qu'elle met en action étant si loin de nos mœurs, et les personnages si étrangers à notre état civil, l'intérêt en est moins pressant que celui d'un drame sérieux, et la moralité moins directe, plus aride, souvent nulle et perdue pour nous, à moins qu'elle ne serve à nous consoler de notre médiocrité, en nous montrant que les grands crimes et les grands malheurs sont l'ordinaire partage de ceux qui se mêlent de gouverner le monde.

Après ce qu'on vient de lire, je ne crois pas avoir besoin de prouver qu'il y a plus d'intérêt dans un drame sérieux que dans une pièce comique. Tout le monde sait que les sujets touchants nous affectent beaucoup plus que les sujets plaisants, à égal degré de mérite. Il suffira seulement de développer les causes de cet effet aussi constant que naturel, et d'examiner l'objet moral dans la comparaison des deux genres.

La gaieté légère nous distrait; elle tire, en quelque façon, notre âme hors d'elle-même, et la répand autour de nous : on ne rit bien qu'en compagnie. Mais si le tableau gai du ridicule amuse un moment l'esprit au spectacle, l'expérience nous apprend que le rire qu'excite en nous un trait lancé meurt absolument sur sa victime, sans jamais réfléchir jusqu'à notre cœur. L'amour-propre, soigneux de se soustraire à l'application, se sauve à la faveur des éclats de l'assemblée, et profite du tumulte général pour écarter tout ce qui pourrait nous convenir dans l'épigramme. Jusque-là le mal n'est pas grand, pourvu qu'on n'ait été livré à la risée publique qu'un pédant, un fat, une coquette, un extravagant, un imbécile, une bamboche, en un mot tous les ridicules de la société. Mais la moquerie qui les punit est-elle l'arme avec laquelle on doit attaquer le vice? Est-ce en plaisantant qu'on croit l'atterrer? Non-seulement on manquerait son but, mais on ferait précisément le contraire de ce qu'on s'était proposé. Nous le voyons arriver dans la plupart des pièces comiques; à la honte de la morale, le spectateur se surprend trop souvent à s'intéresser pour le fripon contre l'honnête homme, parce que celui-ci est toujours le moins plaisant des deux. Mais si la gaieté des scènes a pu m'entraîner un moment, bientôt, humilié de m'être laissé prendre au piège des bons mots ou du jeu théâtral, je me retire mécontent de l'auteur, de l'ouvrage et de moi-même. La moralité du genre plaisant est donc ou peu profonde, ou nulle, ou même inverse de ce qu'elle devrait être au théâtre.

Il n'en est pas ainsi de l'effet d'un drame touchant, puisé dans nos mœurs. Si le rire bruyant est ennemi de la réflexion, l'attendrissement au contraire est silencieux : il nous recueille, il nous isole de tout. Celui qui pleure au spectacle est seul ; et plus il le sent, plus il pleure avec délices, et surtout dans les pièces du genre honnête et sérieux, qui remuent le cœur par des moyens si vrais, si naturels. Souvent, au milieu d'une scène agréable, une émotion charmante fait tomber des yeux des larmes abondantes et faciles, qui se mêlent aux grâces du sourire, et peignent sur le visage l'attendrissement et la joie. Un conflit si touchant n'est-il pas le plus beau triomphe de l'art, et l'état le plus doux pour l'âme sensible qui l'éprouve ?

L'attendrissement a de plus cet avantage moral sur le rire, qu'il ne se porte sur aucun objet sans agir en même temps sur nous par une réaction puissante.

Le tableau du malheur d'un honnête homme frappe au cœur, l'ouvre doucement, s'en empare, et le force bientôt à s'examiner soi-même. Lorsque je vois la vertu persécutée, victime de la méchanceté, mais toujours belle, toujours glorieuse, et préférable à tout, même au sein du malheur, l'effet du drame n'est point équivoque, c'est à elle seule que je m'intéresse ; et alors si je ne suis pas heureux moi-même, si la basse envie fait ses efforts pour me noircir, si elle m'attaque dans ma personne, mon honneur ou ma fortune, combien je me plais à ce genre de spectacle ! et quel beau sens moral je puis en tirer ! Le sujet m'y porte naturellement ; comme je ne m'intéresse qu'au malheureux qui souffre injustement, j'examine si par légèreté de caractère, défaut de conduite, ambition démesurée, ou concurrence malhonnête, je me suis attiré la haine qui me poursuit, et ma conclusion est sûrement de chercher à me corriger : ainsi je sors du spectacle meilleur que je n'y suis entré, par cela seul que j'ai été attendri.

Si l'injure qu'on me fait est criante, et vient plus du fait d'autrui que du mien, la moralité du drame attendrissant sera plus douce encore pour moi. Je descendrai dans mon cœur avec plaisir ; et là, si j'ai rempli tous mes devoirs envers la société, si je suis bon parent, maître équitable, ami bienfaisant, homme juste et citoyen utile, le sentiment intérieur me consolant de l'injure étrangère, je chérirai le spectacle qui m'aura rappelé que je tire de l'exercice de la vertu, la plus grande douceur à laquelle un homme sage puisse prétendre, celle d'être content de soi, et je retournerai pleurer avec délices au tableau de l'innocence ou de la vertu persécutée.

Ma situation est-elle heureuse au point que le drame ne puisse m'offrir aucune application personnelle, ce qui est pourtant assez rare, alors la moralité tournant toute au profit de ma sensibilité, je me saurai gré d'être capable de m'attendrir sur des maux qui ne peuvent me menacer ni m'atteindre : cela me prouvera que mon âme est bonne, et ne s'éloigne pas de la pratique des vertus bienfaisantes. Je sortirai satisfait, ému, et aussi content du théâtre que de moi-même.

Quoique ces réflexions soient sensiblement vraies, je ne les adresse pas indistinctement à tout le monde. L'homme qui craint de pleurer, celui qui refuse de s'attendrir, a un vice dans le cœur, ou de fortes raisons de n'oser y rentrer pour compter avec lui-même : ce n'est pas à lui que je parle, il est étranger à tout ce que je viens de dire. Je parle à l'homme sensible, à qui il est souvent arrivé de s'en aller aussitôt après un drame attendrissant. Je m'adresse à celui qui préfère l'utile et douce émotion où le spectacle l'a jeté, à la diversion des plaisanteries de la petite pièce, qui, la toile baissée, ne laissent rien dans le cœur.

Pour moi, lorsqu'un sujet tragique m'a vivement affecté, mon âme s'en occupe délicieusement pendant l'intervalle des deux pièces, et je sens longtemps que je me prête à regret à la seconde. Il me semble alors que mon cœur se referme par degrés, comme une fleur, ouverte aux premiers soleils du printemps, se resserre le soir, à mesure que le froid de la nuit succède à la chaleur du jour.

Quelqu'un a prétendu que le genre sérieux devait avoir plus de succès dans les provinces qu'à Paris, parce que, disait-il, on vaut mieux là qu'ici, et que plus on est corrompu, moins on se plaît à être touché. Il est certain que celui qui fit interdire son père, enfermer son fils, qui vit dans le divorce avec sa femme, qui dédaigne son obscure famille, qui n'aime personne, et qui fait, en un mot, profession publique de mauvais cœur, ne peut voir dans ce genre de spectacle qu'une censure amère de sa conduite, un reproche public de sa dureté ; il faut qu'il fuie ou qu'il se corrige, et le premier lui convient toujours davantage. Son visage le trahirait, son maintien accuserait sa conscience : *Heu, quam difficile est crimen non prodere vultu!* dit Ovide. Et l'on ne peut s'empêcher d'avouer que ces désordres sont plus sensibles dans la capitale que partout ailleurs. Mais cette réflexion est aussi trop affligeante pour être poussée plus loin ; j'aime mieux tourner son propre argument contre mon observateur, et le succès d'*Eugénie* m'y servira d'autant mieux, que cette pièce, faiblement travaillée, fait peut-être moins d'honneur à l'esprit qu'au cœur de son auteur. Puisque c'est en faveur du sentiment et de l'honnêteté de la morale qu'on a fait grâce aux défauts de l'ouvrage, il en faut conclure que Paris ne le cède point en sensibilité aux provinces du royaume ; et pour moi je crois que si les vices qui frappent mon censeur et semblent plus communs, c'est seulement en raison composée du plus grand nombre d'hommes que cette ville rassemble, et de l'élévation du théâtre sur lequel ils sont placés.

On reproche au genre noble et sérieux de manquer de nerf, de chaleur, de force, ou de sel comique. Car le *vis comica* des Latins renferme toutes ces choses : voyons si ce reproche est fondé. Tout objet trop neuf pour présenter en soi des règles positives de discussion, se juge par analogie à des objets de même nature, mais plus connus. Appliquons cette méthode à la question présente. Le drame sérieux et touchant tient le milieu entre la tragédie héroïque et la comédie plaisante. Si je l'examine par le côté où il s'élève au tragique, je me demande : La chaleur et la force d'un être théâtral se tirent-elles de son état civil ou du fond de son caractère ? Un coup d'œil sur les modèles que la nature fournit à l'art imitateur m'apprend que la vigueur de caractère n'appartient pas plus au prince qu'au particulier. Trois hommes s'élèvent du sein de Rome, et se partagent l'empire du monde. Le premier est lâche et pusillanime ; le second, vaillant, présomptueux et féroce ; et le troisième, un fourbe adroit, qui dépouille les deux autres. Mais Lépide, Antoine et Octave montrèrent au triumvirat avec un caractère qui décida sort de la différence de leur sort dans la jouissance de l'usurpation commune, et la mollesse de l'un, la violence de l'autre, et l'adresse du dernier, auraient eu également leur effet, quand il ne se fût agi entre eux que du partage d'une succession privée. Tout homme est lui-même par son caractère ; il est ce qu'il plaît au sort par son état, sur lequel ce caractère influe beaucoup ; d'où il suit que le drame sérieux qui me présente des hommes vivement affectés par un événement est susceptible d'autant de nerf, de force ou d'élévation, que la tragédie héroïque, qui me montre aussi des hommes vivement affectés, dans des conditions seulement plus relevées. Si j'observe le drame noble et grave par le point où il touche au comique, je ne puis disconvenir que le *vis comica* ne soit un moyen indispensable de la bonne comédie : mais alors je demanderai pourquoi l'on imputerait au genre sérieux un défaut de chaleur qui, s'il existe, ne peut provenir que de la maladresse de l'auteur? Puisque ce genre prend ses personnages au sein de la société, comme la comédie gaie, les caractères qu'il leur suppose doivent-ils avoir moins de vigueur, sortir avec moins de force, dans la douleur ou la colère d'un événement qui engage l'honneur ou la vie, que lorsque ces caractères sont employés à démêler des intérêts moins pressants, dans de simples embarras, ou dans des sujets purement comiques? Aussi, quand tous les drames que j'ai ci-devant cités manqueraient de force comique, ce que je suis bien loin de penser; quand même *Eugénie*, dont j'ose à peine parler après tous ces modèles, serait encore plus faible, la question ne devrait jamais rouler que sur le plus ou le moins de capacité des auteurs, et non sur un genre qui de sa nature est le moins boursouflé, mais le plus nerveux de tous : de même qu'il serait imprudent de dire du mal de l'épopée, quand l'*Iliade* et la *Henriade* n'existeraient pas, et encore que nous n'eussions à citer pour tout exemple en ce genre que le *Clovis* ou la *Pucelle* (j'entends celle de Chapelain).

Il s'élève une autre question, sur laquelle je dirai mon sentiment avec d'autant plus de liberté qu'elle n'est point formée en objection contre le genre que je défends. On demande si le drame sérieux ou tragédie domestique doit s'écrire en prose ou en vers? Par cette question je vois déjà qu'il n'est point indifférent de l'écrire d'une ou d'autre manière, et c'est beaucoup. Mais il n'y a pas moyen d'appliquer à ce fait la méthode analogique comme au précédent : ici toutes les raisons de préférence manquent, hors celles qui peuvent se tirer de la nature même des choses. Établissons-les donc avec soin : l'exemple de M. de la Mothe, quoique un peu étranger à la question, ne servira pas moins à y répandre un grand jour. L'essai malheureux qu'il fit de la prose dans son *Œdipe* entraîne beaucoup d'esprits, et les porte à se décider en faveur des vers. D'un autre côté, M. Diderot, dans son estimable ouvrage sur l'art dramatique, se décide pour la prose ; mais seulement par sentiment, et sans entrer dans les raisons qu'il a de la préférer. Les partisans des vers, dans le fait de M. de la Mothe, avaient aussi jugé par sentiment ; les uns et les autres ont également raison, parce qu'ils sont d'accord au fond. Ce n'est que faute d'explication qu'ils semblent divisés, et cette opposition apparente est précisément ce qui juge la question.

Puisque M. de la Mothe voulait rapprocher son langage de celui de la nature, il ne devait pas choisir le sujet tragique de son drame dans les familles de Cadmus, de Tantale, ou des Atrides. Ces temps héroïques et fabuleux, où l'on voit agir pêle-mêle et se confondre partout les dieux et les héros, grossissent à notre imagination les objets qu'ils nous présentent, et portent avec eux un merveilleux pour lequel le rhythme pompeux et cadencé de la versification semble avoir été inventé, et auquel il s'amalgame parfaitement. Ainsi les héros d'Homère, qui ne paraissent que grands et superbes dans l'épopée, seraient gigantesques dans l'histoire en prose. Son langage trop vrai et trop voisin de nous, est comme l'atelier du sculpteur, où tout est colossal. La poésie est le vrai piédestal qui met ces groupes énormes au point d'optique favorable à l'œil ; et il est de la tragédie héroïque comme du poëme épique. On eut donc raison de blâmer M. de la Mothe d'avoir traité le sujet héroïque d'Œdipe en langage familier. Peut-être eût-il fait une faute non moins grande contre la vérité, la vraisemblance et le bon goût, s'il eût traité en vers magnifiques un événement malheureux, arrivé parmi nous entre des citoyens. Car, suivant cette règle de la poétique d'Aristote : *Comœdia enim deteriores, tragœdia meliores quam nunc sunt, imitari conantur.* Si la tragédie doit nous représenter les hommes plus grands, et la comédie moindres qu'ils ne sont réellement, l'imitation de l'un et l'autre genre n'ayant pas une exacte vérité, leur langage n'a pas besoin d'être rigoureusement asservi aux règles de la nature. On fait faire à l'esprit humain autant de pas qu'on veut vers le merveilleux, dès qu'on lui a fait une fois franchir les barrières du naturel ; les sujets n'ayant alors qu'une vérité poétique ou de convention, il s'accommode aisément de tout. Voilà pourquoi la tragédie s'écrit avec succès en vers, et la comédie indifféremment de l'une ou de l'autre manière. Mais le genre sérieux, qui tient le milieu entre les deux autres, devant nous montrer les hommes absolument tels qu'ils sont, ne peut pas se permettre la plus légère liberté contre le langage, les mœurs ou le costume de ceux qu'il met en scène. « Mais, direz-vous, le langage de la tragédie est très-différent de celui de l'épopée : plus uni, moins chargé de métaphores, et se rapprochant davantage de la nature, qui empêche qu'il ne s'adapte avec succès au genre sérieux ? » C'est bien dit. Faites seulement un pas de plus, et concluez avec moi que plus ce langage s'en rapprochera, mieux il conviendra au genre ; ce qui ramène tout naturellement à préférer la prose, et c'est ce qu'a sous-entendu M. Diderot. En effet, si l'art du comédien consiste à me faire oublier le travail que l'auteur s'est donné d'écrire son ouvrage en vers, autant valait-il qu'il ne prît pas une peine dont tout le mérite est dans la difficulté vaincue : genre de beauté qui fait peut-être honneur au talent, mais qui n'intéresse personne en faveur du fond de l'ouvrage. Qu'on ne perde pas de vue cependant que c'est relativement au drame sérieux que je raisonne ainsi. Si je traitais un drame comique, peut-être voudrais-je à la gaieté du sujet joindre encore le charme de la poésie. Son coloris, moins vrai, mais plus brillant que celui de la prose, donne à l'ouvrage un air riche et fleuri d'un parterre. Si l'harmonie des vers ôte un peu de naturel aux choses fortes, en revanche elle échauffe les endroits faibles, et surtout est très-propre à embellir les détails badins d'une pièce sans intérêt. Je ne sais point mauvais gré à l'homme qui me conduit à la promenade, de me faire admirer toutes les beautés qui ornent son parc, et d'éloigner le terme de mon plaisir par l'agrément des détails et la variété des objets : mais celui qui m'arrache à ma tranquillité pour m'entraîner avec lui dans une poursuite pénible ; celui dont on enlève la femme, la fille, l'honneur ou le bien, peut-il s'amuser en chemin ? Nous ne marchons que pour arriver ; s'il s'arrête en une carrière douloureuse, s'il me laisse entrevoir qu'il est moins pressé que moi de sortir des cruels embarras que ma compassion seule me fait partager, j'abandonne l'insensé, ou je fuis un barbare qui se joue de ma sensibilité.

Le genre sérieux n'admet donc qu'un style simple, sans fleurs ni guirlandes ; il doit tirer toute sa beauté du fond, de la texture, de l'intérêt et de la marche du sujet. Comme il est aussi vrai que la nature même, les sentences et les plumes du tragique, les pointes et les cocardes du comique lui sont absolument interdites ; jamais de maximes, à moins qu'elles ne soient mises en action. Ses personnages doivent toujours y paraître sous un tel aspect, qu'ils aient à peine besoin de parler pour intéresser. Sa véritable éloquence est celle des situations ; et le seul coloris qui lui est permis est le langage vif, pressé, coupé, tumultueux et vrai des passions, si éloigné du compas, de la césure et de l'affectation de la rime, que tous les soins du poëte ne peuvent empêcher d'apercevoir dans son drame s'il est en vers. Pour que le genre sérieux ait toute la vérité qu'on a droit d'exiger de lui, le premier objet de l'auteur doit être de me transporter si loin des coulisses, et de faire si bien disparaître à mes yeux tout le badinage d'acteurs, l'appareil théâtral, que leur souvenir ne puisse pas m'atteindre une seule fois dans tout le cours de son drame. Or le premier effet de la conversation rimée, qui n'a qu'une vérité de convention, n'est-il pas de me ramener au théâtre, et de détruire par conséquent toute l'illusion qu'on a prétendu me faire? C'est dans le salon de Vanderk que j'ai tout à fait perdu de vue Préville et Brizard, pour ne voir que le bon Antoine et son excellent maître, et m'attendrir véritablement avec eux. Croyez-vous que cela me fût arrivé de même, s'ils m'eussent récité des vers? Non-seulement j'aurais retrouvé les acteurs dans les personnages, mais, qui pis est, à chaque rime j'aurais aperçu le poëte dans les acteurs. Alors toute la vérité si précieuse de cette pièce s'évanouissait; et cet Antoine si vrai, si pathétique, m'eût paru aussi gauche et maussade avec son langage emprunté, qu'un naïf paysan qu'on affublerait d'un riche habit de livrée, avec la prétention de me le montrer au naturel. Je pense donc, comme M. Diderot, que le genre sérieux doit s'écrire en prose. Je pense qu'il ne faut pas que cette prose soit chargée d'ornements, et que l'élégance doit toujours y être sacrifiée à l'énergie, lorsqu'on est forcé de choisir entre elles.

Mon ouvrage est fort avancé, si j'ai réussi à convaincre mes lecteurs que le genre sérieux existe, qu'il est bon, qu'il offre un intérêt très-vif, une moralité directe et profonde, et ne peut avoir qu'un langage, qui est celui de la nature; qu'outre les avantages communs avec les autres genres, il a de grandes beautés propres à lui seul; que c'est une carrière neuve, où le génie peut prendre un essor étendu, puisqu'elle embrasse tous les états de la vie et toutes les situations de chaque état, où l'on peut de nouveau s'emparer avec succès des grands caractères de la comédie, qui sont à peu près épuisés sous leur titre propre; enfin qu'il peut sortir de ce genre de spectacle une source abondante de plaisirs et de leçons pour la société. Reste à savoir si j'ai rempli dans le drame d'*Eugénie* tout ce que cet essai semble exiger de son auteur; je suis loin de m'en flatter. La théorie de l'art peut être le fruit de l'étude et des réflexions; mais l'exécution appartient au génie, qui ne s'apprend point.

Je n'ajouterais pas un mot de plus, si je n'avais aujourd'hui qu'à venger de sa chute un ouvrage tombé que j'aurais eu la faiblesse de croire bon. Mais il n'est peut-être pas indifférent d'assigner ici les véritables causes du succès d'une pièce, dont on a dit tant de mal en y pleurant de bonne grâce. Cette contradiction apparente a cela de bon, qu'elle ne peut faire la critique du drame sans faire en même temps l'éloge du genre, et c'est ce que je voulais surtout établir.

Un intérêt vif et soutenu, dit-on, a fait seul le succès d'*Eugénie*. D'accord; mais cet intérêt n'est ni l'effet du hasard, ni celui d'une boutade heureuse, comme on m'a fait l'honneur de le penser; il est la conséquence naturelle de principes vrais, qui n'ont pas besoin, comme les modèles de convention, d'être aperçus pour être sentis, parce qu'ils sont puisés dans la nature, qui ne trompe pas plus les ignorants que les savants. En les analysant avec moi, le lecteur verra bien que si mon drame n'est pas mieux fait, c'est moins parce que j'ai marché en aveugle dans un pays perdu, que pour avoir mal exécuté ce que j'avais beaucoup combiné. Le drame lui-même suivra cette analyse; ainsi mes moyens et mes fautes étant sous les yeux de tout le monde, et montrant que le bien appartient à la chose et le mal à moi seul, serviront également à ceux qui voudront essayer de moissonner ce nouveau champ d'honneur.

Le sujet de mon drame est le désespoir où l'imprudence et la méchanceté d'autrui peuvent conduire une jeune personne innocente et vertueuse, dans l'acte le plus important de la vie humaine. J'ai chargé ce tableau d'incidents qui pouvaient encore en augmenter l'intérêt. Mais j'ai serré l'intrigue de telle sorte que le moins d'acteurs possible accomplissent tous les événements de ce jour, afin de réunir le double avantage, essentiel au genre sérieux, d'être fort dans les choses, et simple dans la manière de les traiter. J'ai donné à tous mes personnages des caractères, non pris au hasard, ni propres à contraster ensemble (ce moyen, comme l'a très-bien prouvé M. Diderot, est petit, peu vrai, et convient tout au plus à la comédie gaie); mais je les ai choisis tels, qu'ils concourussent de la manière la plus naturelle à renforcer l'intérêt principal qui porte sur Eugénie: et combinant ensuite le jeu de tous ces caractères avec le fond de mon roman, j'ai trouvé, pour résultat, le fil de la conduite que chacun y devait tenir, et presque ses discours.

J'avais dit: Ce n'est pas assez que mon héroïne soit graduellement tourmentée dans cette soirée, jusqu'à l'excès de la douleur et du désespoir: je dois pour la rendre aussi intéressante qu'elle est malheureuse, en faire un modèle de raison, de noblesse, de dignité, de vertu, de douceur et de courage. Je veux qu'elle soit seule, et ne tire sa force que d'elle-même; je vais donc tellement l'entourer, que son père, son amant, sa tante, son frère, et jusqu'aux étrangers, tout ce qui aura quelque relation avec cette victime dévorée, ne fasse pas un pas, ne dise pas un mot qui n'aggrave le malheur dont je veux l'accabler aujourd'hui.

J'avais dit encore: Ce n'est pas assez que la masse des incidents pèse sur cette infortunée: pour accroître le trouble et l'intérêt, je veux que la situation de tous les personnages soit continuellement en opposition avec leurs désirs et le caractère que je leur ai donné, et que l'événement qui les rassemble ait toujours des aspects aussi douloureux que différents pour chacun d'eux. Ainsi Eugénie, toute remplie de sa faute, voudra la diminuer en l'avouant à son père; elle en sera détournée par sa tante et son époux. Aussitôt qu'elle aura préféré son devoir à toute autre considération, des lumières affreuses, des incidents funestes suivront cet aveu, et la mettront avant la fin du drame en un tel état, que l'on ne puisse s'empêcher de trembler pour sa raison et pour sa vie.

Le comte de Clarendon, amoureux d'Eugénie, mais emporté par l'ambition, désirera cacher sous des apparences trompeuses la perfidie que cette passion lui fait faire à sa maîtresse; son amour prêt à le trahir, et les incidents de cette soirée, le mettront sans cesse au point d'être démasqué. Lorsque la tendresse, le repentir et l'honneur le ramèneront aux pieds d'Eugénie, il ne rencontrera partout que hauteurs, duretés et refus: ainsi sa situation, toujours opposée à son caractère et à son intérêt, le troublera sans relâche d'un bout à l'autre du roman.

Le baron Hartley, bon père, mais homme violent, voudra faire approuver à madame Murer l'établissement qu'il a projeté pour Eugénie; mais il ne trouvera dans sa fille que silence et douleur; dans sa sœur, qu'aigreur et emportement. Aussitôt qu'il saura qu'Eugénie est femme du comte de Clarendon, aussitôt que son amour pour elle l'aura porté à lui pardonner son mariage, à le ratifier même, il apprendra que tout n'est qu'une horrible fausseté; furieux, il voudra se venger; ses mesures seront rompues; il confiera cette vengeance à son fils, l'événement du combat le rendra plus malheureux qu'il n'était. Ainsi, le faisant passer sans cesse de la colère à la douleur, et de la douleur au désespoir, j'aurai rempli à son égard la tâche que je me suis imposée sur tous les personnages.

Madame Murer, fière, despotique, imprudente, et croyant avoir tout fait pour assurer le bonheur de sa nièce, éprouvera, par les soupçons d'Eugénie, par l'éloignement obstiné de son frère, et par les discours peu mesurés du capitaine, une contrariété mortifiante pour son orgueil. A peine l'aveu d'Eugénie à son père, et la paix rétablie, auront-ils remis son amour-propre à l'aise, que la certitude d'avoir été jouée la jettera dans une fureur incroyable. Elle combinera sa vengeance, et s'en croira certaine; l'arrivée de son neveu renversera ce nouvel édifice; enfin, l'état affreux d'Eugénie, les reproches de cette infortunée, et les siens propres, porteront la mort dans son âme; plus malheureuse encore de les avoir mérités, que de s'en voir accablée!

Sir Charles, frère d'Eugénie, ne paraîtra qu'avec un homme qui vient de lui sauver la vie, et auquel il se flattera d'avoir bientôt d'autres obligations aussi importantes; dans l'instant il apprendra que cet homme a déshonoré et trahi lâchement sa sœur. L'honneur le forcera tout à la fois d'être ingrat envers son bienfaiteur, de détester celui qu'il allait aimer de toute son âme, et de sauver, contre son intérêt, un monstre qu'il ne peut plus qu'avoir en horreur. Bientôt il voudra s'en venger d'une manière honorable; le sort des armes trompera son espoir. Il ne sera pas moins à plaindre que les autres: ainsi le trouble général se fortifiant par le concours des troubles particuliers, et l'événement principal devenant de plus en plus affreux pour tout le monde, l'intérêt du drame pourra s'accroître jusqu'à un degré infini.

C'est ainsi que j'ai raisonné mon plan. Une autre cause principale, mais plus cachée, de l'intérêt de ce drame, est l'attention scrupuleuse que j'ai eue d'instruire le spectateur de l'état respectif et des desseins de tous les personnages. Jusqu'à présent les auteurs avaient souvent pris autant de peines pour nous ménager des surprises passagères, que j'en ai mis à faire précisément le contraire. Écrivain de feu, philosophe poëte, à qui la nature a prodigué la sensibilité, le génie et les lumières, célèbre Diderot, c'est vous qui le premier avez fait une règle dramatique de ce moyen sûr et rapide de remuer l'âme des spectateurs. J'avais osé le prévoir dans mon plan; mais c'est la lecture de votre immortel ouvrage[1] qui m'a rassuré sur son effet. Je vous ai l'obligation d'en avoir osé faire la base de tout l'intérêt de mon drame. Il pouvait être plus adroitement mis en œuvre; mais la faiblesse de l'application n'en prouve que mieux l'efficacité du moyen.

En effet, dès qu'on sait qu'Eugénie est enceinte; qu'elle se croit et n'est pas la femme de Clarendon; qu'il doit en épouser une autre demain; que le frère de cette infortunée est à Londres secrètement et peut arriver d'un moment à l'autre; que son père ignore tout, et va peut-être l'apprendre à l'instant, on prévoit qu'une catastrophe affreuse sera le fruit du premier coup de lumière qui éclairera les personnages. Alors le moindre mot qui tend à les tirer de l'ignorance où ils sont les uns à l'égard des autres, jette le spectateur dans un trouble dont il est surpris lui-même. Comme le danger qu'ils ignorent est toujours présent à ses yeux, qu'il espère ou craint longtemps avec eux, il approuve ou blâme leur conduite. Il voudrait avertir celle-ci, arrêter celui-là. J'ai vu des gens sensibles et naïfs, aux représentations de cette pièce, s'écrier, dans les instants où Eugénie abusée, trahie, est en pleine sécurité: *Ah! la pauvre malheureuse!* Dans ceux où le lord élude les questions qu'on lui fait, échappe aux soupçons, et emporte l'estime et l'amour de ceux qu'il trompe, je les ai entendus crier: *Va-t'en, scélérat!* La vérité qui presse arrache ces exclamations involontaires, et voilà l'éloge qui plaît à l'auteur et le paye de ses peines. L'on doit surtout remarquer que les morceaux qui ont déchiré l'âme dans cette pièce ne sont ni des phrases plus fortes, ni des choses imprévues; ils n'offrent que l'expression simple et vraie de la nature à l'instant d'une crise d'autant plus pénible pour le spectateur, qu'il l'a vue se former lentement sous ses yeux, et par des moyens communs et faibles en apparence. Ceux qui liront *Eugénie* dans le véritable esprit où ce drame a été composé sentiront souvent que l'auteur a plus réfléchi qu'on ne croit, lorsqu'il a préféré de dire plus en peu de mots, que mieux en beaucoup de paroles. Alors le premier acte, qu'ils avaient peut-être trouvé long et froid, leur paraîtra si nécessaire, qu'il serait impossible de prendre le moindre intérêt aux autres, si l'on n'avait pas vu celui-là. C'est lui qui nous incorpore à cette malheureuse famille, et nous fait prendre, sans nous en apercevoir, un rôle d'ami dans la pièce. Plus il y a de choses fortes ou extraordinaires dans un drame, et plus on doit les racheter par des incidents communs, qui seuls fondent la vérité. (C'est encore M. Diderot qui dit cela.) Que ne dit-il pas, cet homme étonnant! Tout ce qu'on peut penser de vrai, de philosophique et d'excellent sur l'art dramatique, il l'a renfermé dans le quart d'un *in-douze*. J'aimerais mieux avoir fait cet ouvrage... Revenons au mien.

Après avoir décidé le caractère et la conduite de chaque personnage, j'ai cherché s'il y avait quelque principe certain pour les faire parler convenablement à leur rôle. Dans un plan bien disposé, le fond des choses à dire est toujours donné par celui des choses à faire; mais le ton de chacun n'en reste pas moins subordonné au génie et aux lumières de l'auteur, qui peut se tromper, soit en voyant mal ces rapports qu'il a dû combiner, soit en exécutant faiblement ce qu'il a bien *préconçu*. J'ai dit: Ceux qu'un grand intérêt occupe ne recherchent point leurs phrases, ils sont simples comme la nature; lorsqu'ils se passionnent, ils peuvent devenir forts, énergiques, mais ils n'ont jamais ce qu'on appelle dans le monde de l'esprit. J'écrirai donc le fond du drame le plus simplement qu'il me sera possible. Le seul Clarendon pourra montrer de l'esprit, c'est-à-dire de l'affectation, quand il voudra tromper; lorsqu'il sera de bonne foi, il n'aura dans la bouche que les choses naturelles et fortes que je trouverais dans mon cœur si j'étais à sa place.

Aux premiers actes, Eugénie sera noble, tendre et modeste dans ses discours; ensuite touchante dans la douleur, et presque muette dans le désespoir, comme toutes les âmes extrêmement sensibles. L'excès du malheur lui fera-t-il regarder la mort comme un refuge désirable et certain, alors son style, aussi exalté que son âme, sera modelé sur sa situation, et un peu plus grand que nature.

Le baron, homme juste et simple dans ses mœurs, en aura constamment la tournure et le style; mais aussitôt qu'une forte passion l'animera, il jettera feu et flamme, et de ce brasier sortiront des choses vraies, brûlantes et inattendues.

Le ton de madame Murer sera le plus constant de tous. Le fond de son caractère étant de ne douter de rien, la bonté, l'aigreur, la contradiction, la fureur, en un mot tout ce qu'elle dira portera l'empreinte de l'orgueil, qui est toujours aussi confiant et superbe en paroles qu'imprudent et maladroit en actions.

Sir Charles doit être uni, reconnaissant dans sa première scène avec le comte de Clarendon; furieux, hors de lui, mais sublime s'il se peut, lorsque des ressentiments légitimes l'arracheront à sa tranquillité.

Si l'on me blâme d'avoir écrit ce drame trop simplement, j'avoue que je suis inexcusable, car je me suis donné beaucoup de peine pour l'écrire ainsi. Telle réponse qui paraît

---

[1] *Le Père de famille*, représenté en 1758.

négligée a été substituée à une réplique plus travaillée qu'on y voyait d'abord. Mais qu'il est difficile d'être simple ! Je me rappelle à ce sujet une lecture que je fis de l'ouvrage, il y a deux ou trois ans, à plusieurs gens de lettres. Après l'avoir attentivement écouté, l'un d'eux me dit avec une franchise estimable, qui fut un coup de lumière pour moi : « Voulez-vous imprimer ce drame, ou le faire jouer ? — Pourquoi ? — C'est qu'il est bien différent d'écrire pour être lu, ou d'écrire pour être parlé. Si vous le destinez à l'impression, n'y touchez pas, il va bien. Si vous voulez le faire jouer un jour, montez-moi sur cet arbre si bien taillé, si touffu, si fleuri; effeuillez, arrachez tout ce qui montre la main du jardinier. La nature ne met dans ses productions ni cet apprêt, ni cette profusion. Ayez la vertu d'être moins élégant, vous en serez plus vrai. » Je n'hésitai pas. Avec plus de génie, je me serais rendu plus simple encore, sans cesser d'être intéressant. Mais quand le style plat, aussi voisin du naïf en poésie que le pauvre l'est du simple en sculpture, m'aurait trompé; quand il me ferait échouer dix fois de suite, je m'accuserais, sans cesser de croire que le genre sérieux et touchant doit être écrit très-simplement.

Voilà les principes sur lesquels j'ai composé le drame d'*Eugénie*. Cette analyse du plan me paraît donner les véritables raisons de l'intérêt que la pièce a inspiré. La lecture de l'ouvrage qui suit cet exposé, montrant combien l'exécution est restée au-dessous du projet, justifiera de même les critiques qu'on en a faites. *Eugénie* cessera d'être un problème pour beaucoup de gens, qui ne conçoivent pas encore comment l'enthousiasme et le dédain ont pu, dans le même temps, partager le public sur le même objet. A l'égard de ceux qui, sans examen comme sans appel, ont jugé la pièce absolument détestable, peut-être seront-ils à bon droit soupçonnés d'être hors d'état d'en juger une plus mauvaise encore.

EUGÉNIE

DRAME EN CINQ ACTES ET EN PROSE

REPRÉSENTÉ, POUR LA PREMIÈRE FOIS, SUR LE THÉATRE DE LA COMÉDIE-FRANÇAISE, LE 29 JANVIER 1767.

> Une seule démarche hasardée m'a mise à la merci de tout le monde.
> (*Eugénie*, acte III, scène IV.)

PERSONNAGES — ACTEURS

LE BARON HARTLEY, père d'Eugénie	M. PRÉVILLE[1].
LE LORD COMTE DE CLARENDON, amant d'Eugénie, cru son époux	M. BELLECOURT.
MADAME MURER, tante d'Eugénie	Mad. PRÉVILLE.
EUGÉNIE, fille du baron	Mlle DOLIGNY.
SIR CHARLES, frère d'Eugénie	M. VELÈNE.
COWERLY, capitaine de haut-bord, ami du baron	M. GRANDVAL.
DRINK, valet de chambre du comte de Clarendon	M. AUGER.
BETSY, femme de chambre d'Eugénie	Mlle FANIER.
ROBERT, premier laquais de madame Murer	M. FEULIE.

Personnages muets. Des valets armés.

HABILLEMENT DES PERSONNAGES
SUIVANT LE COSTUME DE L'ÉTAT DE CHACUN EN ANGLETERRE

LE BARON HARTLEY, vieux gentilhomme du pays de Galles, doit avoir un habit gris et veste rouge à petit galon d'or, une culotte grise, des bas gris roulés, des jarretières noires sur les bas, de petites boucles à ses souliers carrés et à talons hauts, une perruque à la brigadière ou un ample bonnet, un grand chapeau à la Ragotzi, une cravate nouée et passée dans une boutonnière de l'habit, un surtout de velours noir par-dessus tout l'habillement.

LE COMTE DE CLARENDON, jeune homme de la cour; un habit à la française des plus riches et des plus élégants : dans les quatrième et cinquième actes, un frac tout uni à revers de même étoffe.

MADAME MURER, riche veuve du pays de Galles : une robe anglaise toute ronde, de couleur sérieuse, à bottes, sans engageantes, sur un corps serré descendant bien bas; un grand fichu carré à dentelles anciennes attaché en croix sur la poitrine; un tablier très-long, sans tache, avec une large dentelle au bas; des souliers de même étoffe que la robe; une barrette anglaise à dentelle sur la tête, et par-dessus un chapeau de satin noir à rubans de même couleur.

EUGÉNIE : une robe anglaise toute ronde, de couleur gaie, à bottes, comme celle de madame Murer; le tablier de même que sa tante; des souliers blancs, un chapeau de paille doublé et bordé de rose; une barrette anglaise à dentelle sous son chapeau.

SIR CHARLES : un frac de drap bleu de roi à revers de même étoffe, boutons de métal plats, veste rouge croisée à petit galon; culotte noire, bas de fil gris, grand chapeau uni, cocarde noire; les cheveux redoublés en queue grosse et courte; manchettes plates et unies.

M. COWERLY, capitaine de haut-bord : grand uniforme de marine anglaise; habit de drap bleu de roi à parements et revers de drap blanc, un galon d'or à la mousquetaire; veste blanche, même galon; double galon aux manches et aux poches de l'habit; boutons de métal en bosse unis; grand chapeau bordé; cocarde noire forte apparente, cheveux en cadenettes.

DRINK : habit brun à boutonnières d'or et à taille courte, fait à l'anglaise.

BETSY, jeune fille du pays de Galles : une robe anglaise de toile peinte, toute ronde, à bottes; très-petites manchettes; fichu carré et croisé sur la poitrine; tablier de batiste très-long; barrette à l'anglaise sur la tête; point de chapeau.

La scène est à Londres, dans une maison écartée, appartenant au comte de Clarendon.

Pour l'intelligence de plusieurs scènes, dont l'effet dépend du jeu théâtral, j'ai cru devoir joindre ici la disposition exacte du salon. Aux deux côtés du fond, on voit deux portes : celle à droite est censée le passage par où l'on monte chez madame Murer; celle à gauche est l'appartement d'Eugénie. Sur la partie latérale du salon à droite, est la porte qui mène au jardin; vis-à-vis, à gauche, est celle d'entrée par où les visites s'annoncent. Du plafond descend un lustre allumé; sur les côtés sont des cordons de sonnettes dont on fait usage. Cette vue du salon est l'aspect relatif aux spectateurs. En lisant la pièce, on sentira la nécessité de connaître cette disposition des lieux, que j'ai indiquée en partie dans le dialogue de la première scène.

ACTE PREMIER

SCÈNE PREMIÈRE

LE BARON HARTLEY, MADAME MURER, EUGÉNIE, BETSY.

Le théâtre représente un salon à la française, du meilleur goût. Des malles et des paquets indiquent qu'on vient d'arriver. Dans un des coins est une table chargée d'un cabaret à thé. Les dames sont assises auprès. Madame Murer lit un papier anglais près de la bougie. Le baron est assis derrière la table. Betsy est debout à côté de lui, tenant d'une main un plateau avec un petit verre dessus; de l'autre, une bouteille de marasquin empaillée : elle verse un verre au baron, et regarde après de côté et d'autre.

BETSY.

Comme tout ceci est beau! Mais c'est la chambre de ma maîtresse qu'il faut voir.

LE BARON, après avoir bu, remettant son verre sur le plateau.

Celle-ci à droite?

BETSY.

Oui, monsieur; l'autre est un passage par où l'on monte chez madame.

---

[1] N. B. Les Directeurs de troupes sont avertis, que ce n'est point en sa qualité de premier comique aux Français que le rôle du baron Hartley a été destiné à M. Préville, mais parce qu'il est grand comédien. J'ai vu gâter en province le rôle d'Antoine dans *le Philosophe sans le savoir*; le valet comique, sachant que M. Préville l'avait joué à Paris, s'en empara et se donna la torture pour rendre plaisant un rôle dans lequel M. Préville nous avait fait pleurer. (*Note de l'édition originale.*)

LE BARON.
J'entends : ici dessus.
MADAME MURER.
Vous ne sortez pas, monsieur? il est six heures.
LE BARON.
J'attends un carrosse... Eh bien! Eugénie, tu ne dis mot! est-ce que tu me boudes? Je ne te trouve plus si gaie qu'autrefois.
EUGÉNIE.
Je suis un peu fatiguée du voyage, mon père.
LE BARON.
Tu as pourtant couru le jardin toute l'après-midi, avec ta tante.
EUGÉNIE.
Cette maison est si recherchée...
MADAME MURER.
Il est vrai qu'elle est d'un goût... comme tout ce que le comte fait faire. On ne trouve rien à désirer ici.
EUGÉNIE, à part.
Que celui à qui elle appartient. (Betsy sort.)

SCÈNE II

EUGÉNIE, LE BARON, MADAME MURER, ROBERT.

ROBERT.
Monsieur, une voiture...
LE BARON, à Robert, en se levant.
Mon chapeau, ma canne...
MADAME MURER.
Robert, il faudra vider ces malles et remettre un peu d'ordre ici.
ROBERT.
On n'a pas encore eu le temps de se reconnaître.
LE BARON, à Robert.
Où dis-tu que loge le capitaine?
ROBERT.
Dans Suffolk-Street, tout auprès du bagne.
LE BARON.
C'est bon. (Robert sort.)

SCÈNE III

MADAME MURER, LE BARON, EUGÉNIE.

MADAME MURER.
(Le ton de madame Murer, dans toute cette scène, est un peu dédaigneux.)

J'espère que vous n'oublierez pas de vous faire écrire chez le lord comte de Clarendon, quoiqu'il soit à Windsor; c'est un jeune seigneur fort de mes amis, qui nous prête cette maison pendant notre séjour à Londres, et vous sentez que ce sont là de ces devoirs...
LE BARON, la contrefaisant.
Le lord comte un tel, un grand seigneur, fort mon ami : comme tout cela remplit la bouche d'une femme vaine!
MADAME MURER.
Ne voulez-vous pas y aller, monsieur?

LE BARON.
Pardonnez-moi, ma sœur; voilà trois fois que vous le dites : j'irai en sortant de chez le capitaine Cowerly.
MADAME MURER.
Comme il vous plaira pour celui-là; je ne m'y intéresse, ni ne veux le voir ici.
LE BARON.
Comment! le frère d'un homme qui va épouser ma fille!
MADAME MURER.
Ce n'est pas une affaire faite.
LE BARON.
C'est comme si elle l'était.
MADAME MURER.
Je n'en crois rien. La belle idée de marier votre fille à ce vieux Cowerly qui n'a pas cinq cents livres sterling de revenu, et qui est encore plus ridicule que son frère le capitaine!
LE BARON.
Ma sœur, je ne souffrirai jamais qu'on avilisse en ma présence un brave officier, mon ancien ami.
MADAME MURER.
Fort bien : mais je n'attaque ni sa bravoure, ni son ancienneté : je dis seulement qu'il faut à votre fille un mari qu'elle puisse aimer.
LE BARON.
De la manière dont les hommes d'aujourd'hui sont faits, c'est assez difficile.
MADAME MURER.
Raison de plus pour le choisir aimable.
LE BARON.
Honnête.
MADAME MURER.
L'un n'exclut pas l'autre.
LE BARON.
Ma foi, presque toujours. Enfin j'ai donné ma parole à Cowerly.
MADAME MURER.
Il aura la bonté de vous la rendre.
LE BARON.
Quelle femme! Puisqu'il faut vous dire tout, ma sœur, il y a entre nous un dédit de deux mille guinées : croyez-vous qu'on ait aussi la bonté de me le rendre?
MADAME MURER.
Vous comptiez bien sur mon opposition, quand vous avez fait ce bel arrangement; il pourra vous coûter quelque chose, mais je ne changerai rien au mien. Je suis veuve et riche, ma nièce est sous ma conduite, elle attend tout de moi; et depuis la mort de sa mère, le soin de l'établir me regarde seule. Voilà ce que je vous ai dit cent fois; mais vous n'entendez rien.
LE BARON, brusquement.
Il est donc assez inutile que je vous écoute : je m'en vais. Adieu, mon Eugénie; tu m'obéiras, n'est-ce pas?
(Il la baise au front, et sort.)

SCÈNE IV

MADAME MURER, EUGÉNIE.

MADAME MURER.

Qu'il m'amène ses Cowerly! (Après un peu de silence.) À votre tour, ma nièce, je vous examine... Je conçois que la présence de votre père vous gêne, dans l'ignorance où il est de votre mariage : mais avec moi que signifie cet air? J'ai tout fait pour vous : je vous ai mariée... Le plus bel établissement des trois royaumes! Votre époux est obligé de vous quitter; vous êtes chagrine; vous brûlez de le rejoindre à Londres : je vous y amène, tout cède à vos désirs...

EUGÉNIE, tristement.

Cette ignorance de mon père m'inquiète, madame ; d'un autre côté, milord... Devions-nous le trouver absent, lorsque nos lettres lui ont annoncé le jour de notre arrivée?

MADAME MURER.

Il est à Windsor avec la cour. Un homme de son rang n'est pas toujours le maître de quitter...

EUGÉNIE.

Il a bien changé!

MADAME MURER.

Que voulez-vous dire?

EUGÉNIE.

Que s'il avait eu ces torts lorsque vous m'ordonnâtes de recevoir sa main, je ne me serais pas mise dans le cas de les lui reprocher aujourd'hui.

MADAME MURER.

Lorsque je vous ordonnai, miss! A vous entendre, on croirait que je vous fis violence! et cependant sans moi, victime d'un ridicule entêtement, mariée sans dot, femme d'un vieillard ombrageux, et surtout confinée pour la vie au château de Cowerly... Car rien ne peut détacher votre père de son insipide projet.

EUGÉNIE.

Mais si le comte a cessé de m'aimer!

MADAME MURER.

En serez-vous moins milady Clarendon?... Et puis, quelle idée! un homme qui a tout sacrifié au bonheur de vous posséder!

EUGÉNIE, pénétrée.

Il était tendre alors. Que de larmes il versa lorsqu'il fallut nous séparer! Je pleurais aussi, mais je sentais que les plus grandes peines ont leur douceur quand elles sont partagées. Quelle différence!

MADAME MURER.

Vous oubliez donc votre nouvel état, et combien l'espoir de la voir bientôt mère, rend une jeune femme plus chère à son mari? Ne lui avez-vous pas écrit cette nouvelle intéressante?

EUGÉNIE.

Son peu d'empressement n'en est que plus affligeant.

MADAME MURER.

Et moi je vous dis que vos soupçons l'outragent.

EUGÉNIE.

Avec quel plaisir je m'avouerais coupable!

MADAME MURER.

Vous l'êtes plus que vous ne pensez : et cette tristesse, ces larmes, ces inquiétudes... Croyez-vous tout cela bien raisonnable?

EUGÉNIE.

Grâce aux considérations qui tiennent notre mariage secret, il faut bien que je dévore mes peines. Mais aussi, milord... n'être pas à Londres le jour que nous y arrivons!

MADAME MURER.

Son valet de chambre est ici : je vais envoyer chez lui pour vous tranquilliser. (Elle sonne.)

SCÈNE V

DRINK, MADAME MURER, EUGÉNIE.

DRINK, à Eugénie.

Que veut milady?

MADAME MURER.

Encore milady! On lui a défendu cent fois de vous nommer ainsi.

EUGÉNIE, avec bonté.

Dis-moi, Drink, quand ton maître revient-il à Londres?

DRINK.

On l'attend à tout moment; les relais sont sur la route depuis le matin.

MADAME MURER.

Vous l'entendez. Rentrons, ma nièce. (A Drink.) Vous, allez voir s'il est arrivé.

DRINK.

Bon, madame! il serait accouru...

SCÈNE VI

DRINK, seul.

S'il me paye pour mentir, il faut avouer que je m'en acquitte loyalement: mais cela me fait de la peine... C'est un ange que cette fille-là! Quelle douceur! Elle apprivoiserait des tigres. Oui, il faut être pire qu'un tigre pour avoir pu tromper une femme aussi parfaite, et l'abandonner après. Mon maître, oui je le répète, mon maître, quoique moins âgé, est cent fois plus scélérat que moi.

SCÈNE VII

LE COMTE DE CLARENDON, DRINK.

LE COMTE, lui frappant sur l'épaule.

Courage, mons Drink!

DRINK, étonné.

Qui diantre vous savait là, milord? On vous croit à Windsor.

LE COMTE.

Vous disiez donc que le plus scélérat de nous deux, ce n'est pas vous.

DRINK, *d'un ton un peu résolu.*
Ma foi, milord, puisque vous l'avez entendu...
LE COMTE.
Ce lieu est sûr apparemment?
DRINK.
Il n'y a personne. La nièce est chez la tante, le bonhomme de père est sorti.
LE COMTE, *surpris.*
Le père est avec elles?
DRINK.
Sans lui et sans un vieux procès qu'on a déterré, je ne sais où, aurait-on trouvé un prétexte à ce voyage?
LE COMTE.
Surcroît d'embarras! Et elles sont ici?
DRINK.
D'hier au soir.
LE COMTE.
Que dit-on de mon absence?
DRINK.
Mademoiselle a beaucoup pleuré.
LE COMTE.
Ah! je suis plus affligé qu'elle. Mais n'a-t-il rien percé du projet de mariage?
DRINK.
Oh! le diable gagne trop à vos desseins pour y nuire.
LE COMTE, *avec humeur.*
Je crois que le maraud s'ingère...
DRINK.
Parlons, milord, sans vous fâcher. Voilà une fille de condition qui croit être votre femme.
LE COMTE.
Et qui ne l'est pas, veux-tu dire?
DRINK.
Et qui ne peut tarder à être instruite que vous en épousez une autre. Quand je pense à ce dernier trait, après le diabolique artifice qui l'a fait tomber dans nos griffes... Un contrat supposé, des registres contrefaits, un ministre de votre façon... Dieu sait... Tous les rôles distribués à chacun de nous, et joués... Quand je me rappelle la confiance de cette tante, la piété de la nièce pendant la ridicule cérémonie, et dans votre chapelle encore.... Non, je crois aussi fermement qu'il n'y aura jamais pour vous, ni pour votre intendant qui fit le ministre, ni pour nous qui servîmes de témoins...
LE COMTE *fait un geste furieux qui coupe la parole à Drink, et après une petite pause dit froidement :*
Monsieur Drink, vous êtes le plus sot coquin que je connaisse. (Il tire sa bourse et la lui donne.) Vous n'êtes plus à moi; sortez : mais si la moindre indiscrétion...
DRINK.
Est-ce que j'ai jamais manqué à milord?
LE COMTE.
Je déteste les valets raisonneurs, et je me défie surtout des fripons scrupuleux.
DRINK.
Eh bien, je ne dirai plus un seul mot : usez de moi comme il vous plaira. Mais pour la demoiselle, en vérité, c'est dommage.
LE COMTE.
Vous faites l'homme de bien; mais, à la vue de l'or, votre conscience s'apaise... Je ne suis pas votre dupe.
DRINK.
Si vous le croyez, mon maître, voilà la bourse.
LE COMTE, *refusant de la prendre..*
Cela suffit : mais qu'il ne vous arrive jamais... Approchez. Puisqu'on ne sait rien de ce fatal mariage...
DRINK.
Fatal! qui vous force à le conclure?
LE COMTE.
Le roi qui a parlé, mon oncle qui presse; des avantages qu'on ne rencontre pas deux fois en la vie. (A part.) Et, plus que tout, la honte que j'aurais de dévoiler mon odieuse conduite.
DRINK.
Mais comment cacher ici...
LE COMTE, *rêvant.*
Oh! je... Quand une fois je serai marié... Et, puis, elles ne verront personne. Cette maison, quoique assez près de mon hôtel, est dans un quartier perdu... Je ferai en sorte qu'elles repartent bientôt. Va toujours m'annoncer; cette visite préviendra les soupçons...
DRINK, *se retournant.*
Les soupçons! Qui diable oserait seulement penser ce que nous exécutons, nous autres?
LE COMTE.
Il a raison. (Il le rappelle.) Écoute, écoute.
DRINK.
Milord!
LE COMTE, *à lui-même, en se promenant.*
Je crois que la tête a tourné en même temps à tout le monde. (A Drink.) Ont-elles déjà reçu des lettres?
DRINK.
Pas encore.
LE COMTE, *à lui-même, en se promenant.*
C'est mon intendant... Parce qu'il est prêt à rendre l'âme... Il me mande... Il me fait une frayeur avec ses remords... Le malheureux!... Après m'avoir lui-même jeté dans tous ces embarras... Je crains qu'avant de mourir, il ne me joue le tour d'écrire la vérité. (A Drink.) Tu iras toi-même à la poste.
DRINK.
Oui, milord.
LE COMTE.
Prends-y garde, au moins. Il ne faudrait qu'une lettre comme celle que j'en reçois... Tu connais son écriture.
DRINK.
J'entends. Tout ce qui viendra de là.
LE COMTE.
Fort bien. Va m'annoncer.
(Drink sort par la porte qui conduit chez madame Murer.)

SCÈNE VIII

LE COMTE, seul, se promenant avec inquiétude.

Que je suis loin de l'état tranquille que j'affecte!... Elle croit être ma femme... Elle m'écrit... Sa lettre me poursuit... Elle espère qu'un fils me rendra bientôt notre union plus chère... Elle aime les souffrances de son nouvel état... Misérable ambition!... Je l'adore, et j'en épouse une autre!... Elle arrive, et l'on me marie... Mon oncle... Oh! s'il savait... Peut-être... Non, il me déshériterait... (Il se jette dans un fauteuil.) Que de peines! d'intrigues!... Si l'on calculait bien ce qu'il en coûte pour être méchant... (Se levant brusquement.) Les réflexions de cet homme m'ont troublé... Comme si je n'avais pas assez du cri de ma conscience, sans être encore assailli des remords de mes valets!... Elle va venir... Ah! je ne pourrai jamais soutenir sa vue. L'ascendant de sa vertu m'écrase... La voici... Qu'elle est belle!

SCÈNE IX

MADAME MURER, EUGÉNIE, LE COMTE.

EUGÉNIE en courant arrive la première; puis elle s'arrête tout à coup en rougissant.

LE COMTE, s'avançant vers elle, et lui prenant la main avec quelque embarras.

Un mouvement plus naturel vous faisait précipiter vos pas, Eugénie. Aurais-je eu le malheur de mériter... (A madame Murer qui entre, en la saluant.) Ah! madame, pardon, vous me voyez confus de m'être laissé prévenir.

MADAME MURER.

Vous vous moquez, milord. Est-ce dans une maison à vous qu'il convient de faire des façons?

LE COMTE, prenant la main d'Eugénie.

Que j'ai souffert, ma chère Eugénie, de la dure nécessité de m'éloigner au moment de votre arrivée! J'aurais désobéi à mon oncle, au roi même, si l'intérêt de notre union...

EUGÉNIE, soupirant.

Ah! milord!

MADAME MURER.

Elle s'afflige.

LE COMTE, vivement.

Et de quoi? Vous m'effrayez! Parlez, je vous prie.

EUGÉNIE.

Rappelez-vous, milord, l'extrême répugnance que j'eus à recevoir votre main à l'insu de nos parents.

LE COMTE.

J'en ai trop soupiré pour l'oublier jamais.

EUGÉNIE, avec douleur.

Votre présence me soutenait contre mes réflexions : mais bientôt des souvenirs cruels m'assaillirent en foule... Les derniers conseils d'une mère mourante... la faute que je commettais contre mon père absent... l'air de mystère qui accompagna l'auguste cérémonie dans votre château...

MADAME MURER.

N'était-il pas indispensable?

EUGÉNIE.

Votre départ, nécessaire pour vous, mais douloureux pour moi... (baissant la voix.) Mon état...

LE COMTE lui baise la main.

Votre état, Eugénie! Ce qui met le sceau à mon bonheur peut-il vous affliger! (A part.) Infortunée!

EUGÉNIE, tendrement.

Ah! qu'il me serait cher, s'il ne m'exposait pas...

LE COMTE.

Je me croirai bien malheureux, si ma présence n'a pas la force de dissiper ces nuages. Mais qu'exigez-vous de moi? Ordonnez.

EUGÉNIE.

Puisqu'il m'est permis de demander, je désire que vous employiez auprès de mon père cet art de persuader, ah! que vous possédez si parfaitement.

LE COMTE.

Ma chère Eugénie!

EUGÉNIE.

Je souhaiterais que nous nous occupassions tous à le tirer d'une ignorance qui ne peut durer plus longtemps sans crime et sans danger pour moi.

MADAME MURER.

Le comte seul peut décider la question.

LE COMTE, avec timidité.

Je suivrai vos volontés en tout. Mais à Londres!... Si près de mon oncle!... S'exposer... Cette colère si redoutable de votre père... Je pensais que l'on pourrait remettre cet aveu délicat à notre retour au pays de Galles.

EUGÉNIE, vivement.

Où vous viendrez?

LE COMTE.

J'espérais vous y rejoindre avant peu.

EUGÉNIE, tendrement.

Que ne l'écriviez-vous? Un seul mot de ce dessein nous eût empêchés de venir à Londres.

LE COMTE, vivement.

Quand vous n'auriez pas suivi d'aussi près la nouvelle que j'ai reçue de votre résolution, je me serais bien gardé d'y rien changer. Mon empressement égalait le vôtre. (D'un ton très-affectueux.) Aurais-je voulu suspendre un voyage qui a mille attraits pour moi?

MADAME MURER.

Il est charmant!

EUGÉNIE, baissant les yeux.

Je n'ai plus qu'une plainte à faire : me la pardonnerez-vous, milord?

LE COMTE.

Ne me cachez rien, je vous en conjure.

EUGÉNIE, avec embarras.

Un cœur sensible s'inquiète de tout. Il m'a semblé voir dans vos lettres une espèce d'affectation à éviter de m'honorer du nom de votre femme. J'ai craint...

LE COMTE, un peu décontenancé.

Ainsi donc on me réduit à justifier ma délicatesse même! Vos soupçons m'y contraignent; je le ferai. (Prenant un ton plus rassuré.) Tant que je fus votre amant, Eugénie, je brûlai d'acquérir le titre précieux d'époux; marié, j'ai cru devoir en oublier les droits, et ne jamais faire parler que ceux de l'amour. Mon but, en vous épousant, fut d'unir la douce sécurité des plaisirs honnêtes aux charmes d'une passion vive et toujours nouvelle. Je disais : Quel lien que celui qui nous fait un devoir du bonheur!... Vous pleurez, Eugénie !

EUGÉNIE lui tend les bras, et le regarde avec passion.

Ah! laisse-les couler... La douceur de celles-ci efface l'amertume des autres. Ah! mon cher époux! la joie a donc aussi ses larmes!

LE COMTE, troublé.

Eugénie!... (A part.) Dans quel trouble elle me jette!

MADAME MURER.

Eh bien, ma nièce?

EUGÉNIE, avec joie.

Je n'en croirai plus mon cœur : il fut trop timide.

LE BARON, dehors, sans être aperçu.

Pas un scheling avec.

MADAME MURER.

Reconnaissez mon frère au bruit qu'il fait en rentrant.

LE COMTE, à part.

Il faut avoir une âme féroce pour résister à tant de charmes.

SCÈNE X

LE BARON, LE COMTE, MADAME MURER, EUGÉNIE.

LE BARON, en entrant, crie en dehors :

Renvoyez-le, vous dis-je. (A lui-même en avançant.) L'indigne séjour! la sotte ville! et surtout l'impertinent usage d'aller voir des gens qu'on sait absents!

MADAME MURER.

Toujours emporté!

LE BARON.

Eh bien, eh bien, ma sœur! ce n'est pas vous que cela regarde.

MADAME MURER.

Je le crois, monsieur; mais que doit penser de vous milord Clarendon?

LE BARON, saluant.

Ah! pardon, milord.

MADAME MURER.

Il vient ici vous offrir ses bons offices auprès de vos juges...

LE BARON, au comte.

Excusez : l'on vous dira que j'ai passé à votre hôtel.

LE COMTE.

Je suis fâché, monsieur...

LE BARON, se tournant vers sa fille.

Bonjour, mon Eugénie.

LE COMTE, à lui-même, se rappelant la dernière phrase d Eugénie.

La joie a donc aussi ses larmes!

LE BARON, au comte.

Comment la trouvez-vous, milord? Mais vous vous connaissiez déjà : son frère et elle, voilà tout ce qui me reste... Elle était gaie autrefois : les filles deviennent précieuses en grandissant. Ah! quand elle sera mariée!... A propos de mariage, j'allais oublier de vous faire un compliment...

LE COMTE, interrompant.

A moi, monsieur? Je n'en veux recevoir que sur le bonheur que j'ai en ce moment de présenter mes respects à ces dames.

LE BARON.

Eh! non, non : c'est sur votre mariage.

MADAME MURER.

Son mariage!

EUGÉNIE, à part, avec frayeur.

Ah! ciel!

LE COMTE, d'un air contraint.

Vous voulez rire.

LE BARON.

Ma foi, je ne l'ai pas deviné. Votre suisse a dit que vous étiez à la cour pour un mariage...

LE COMTE, interrompant.

Ah! ah!... oui : c'est... c'est un de mes parents. Vous savez que, pour peu qu'on tienne à quelqu'un, on va pour la signature...

LE BARON.

Non : il dit que cela vous regarde.

LE COMTE, embarrassé.

Discours de valets... Il est bien vrai que mon oncle, ayant eu dessein de m'établir, m'a proposé depuis peu une fille de qualité fort riche (regardant Eugénie); mais je lui ai montré tant de répugnance pour un engagement, qu'il a eu la bonté de ne pas insister. Cela s'est su, et peut-être trop répandu. Voilà l'origine d'un bruit qui n'a et n'aura jamais de fondement réel.

LE BARON.

Pardon, au moins. Je ne l'ai pas dit pour vous fâcher. Un joli homme comme vous, couru des belles...

MADAME MURER.

Mon frère va s'égayer. Trouvez bon, messieurs, que nous nous retirions.

LE COMTE, saluant.

Ce sera moi, si vous le voulez bien. J'ai quelques affaires pressées... Je vous demande la permission, mesdames, de vous voir le plus souvent...

MADAME MURER.

Jamais aussi souvent que nous le désirons, milord.

(Le comte sort, le baron l'accompagne : ils se font des politesses.)

SCÈNE XI

MADAME MURER, EUGÉNIE.

MADAME MURER.

Avec quelle adresse et quelle honnêteté pour vous il vient de s'expliquer!

EUGÉNIE, honteuse d'un petit mouvement de frayeur, se jette dans les bras de sa tante.

Grondez donc votre folle de nièce... A un certain mot de mon père, n'ai-je pas éprouvé un serrement de cœur affreux'... Il m'avait caché ces bruits dans la crainte de m'affliger... Comme il m'a regardée en répondant !... Ah! ma tante, que je l'aime !

MADAME MURER l'embrasse.

Ma nièce, vous êtes la plus heureuse des femmes.

(Elles vont chez le baron par la porte d'entrée.)

JEU D'ENTR'ACTE

Un domestique entre. Après avoir rangé les sièges qui sont autour de la table à thé, il en emporte le cabaret, et vient remettre la table à sa place auprès du mur de côté. Il enlève des paquets dont quelques fauteuils sont chargés, et sort en regardant si tout est bien en ordre.

L'action théâtrale ne reposant jamais, j'ai pensé qu'on pourrait essayer de lier un acte à celui qui le suit, par une action pantomime qui soutiendrait, sans la fatiguer, l'attention des spectateurs, et indiquerait ce qui se passe derrière la scène pendant l'entr'acte. Je l'ai désignée entre chaque acte. Tout ce qui tend à donner de la vérité est précieux dans un drame sérieux, et l'illusion tient plutôt aux petites choses qu'aux grandes. Les Comédiens Français, qui n'ont rien négligé pour que cette pièce fît plaisir, ont craint que l'œil sévère du public ne désapprouvât tant de nouveautés à la fois : ils n'ont pas osé hasarder les entr'actes. Si on les joue en société, on verra que ce qui n'est qu'indifférent tant que l'action n'est pas engagée, devient assez important entre les derniers actes.

ACTE SECOND

SCÈNE PREMIÈRE

DRINK seul, un paquet de lettres à la main. Il se retourne en entrant, et crie au facteur qui s'en va.

A moi seul, entendez-vous ? (Il avance dans le salon.) Un homme averti en vaut deux, dit-on. Voyons ce que le facteur vient de me remettre. Il faut servir un maître qui rosse aussi fort qu'il récompense bien. (Il lit une adresse.) Hem, m, m. A monsieur, monsieur le baron Hartley. Voilà pour le père. Quelque sanglier forcé, quelque chien éreinté, etc., etc. (Il en lit un autre.) Hem, m, m,... Armée d'Irlande : c'est du fils. Ceci doit encore passer ; l'ordre ne porte pas d'arrêter les paquebots. (Il en regarde une troisième.) Hem, m, m. Lancastre : voici qui paraît suspect. (Il lit.) A madame, madame Murer, près du parc Saint-James... Pour la tante... c'est l'écriture de M. Williams, notre marieur, l'intendant de milord... main-basse sur celle-ci. Peste ! la jeune personne eût appris... A propos, il se meurt, dit mon maître. Voyons un peu ce qu'il écrit : puisque je ne dois pas la remettre, je puis bien la lire. Il n'y a pas plus de mal à l'un qu'à l'autre, et l'on apprend quelquefois... (Il hésite un peu, et, enfin, rompant le cachet, il lit.) « Madame, je touche au moment terrible où je « vais rendre compte de toutes les actions de ma vie. » (Il parle.) Un intendant !... le compte sera long. (Il lit.) « Les remords me pressent, et je veux réparer, autant « qu'il est en moi, par cet avis tardif, le crime dont je « me suis rendu coupable, en portant le jeune lord, « comte de Clarendon, à tromper votre malheureuse « nièce par un mariage simulé. » (Il parle.) Mon maître s'était douté de cette lettre !... c'est un vrai démon pour les précautions.

SCÈNE II

LE COMTE, DRINK.

LE COMTE, arrivant par le jardin avec précaution.

Est-ce toi, Drink ?

DRINK.

Milord ?

LE COMTE.

Un mot, et je m'enfuis.

DRINK.

Je vous écoute.

LE COMTE.

J'avais oublié... J'étais si troublé en sortant... Mon mariage, qui se fait demain, est dans la bouche de tout le monde : on ne parle d'autre chose... Il faut empêcher qu'aucune visite, aujourd'hui surtout, ne vienne ici souffler le vent de la discorde.

DRINK.

Elles ne connaissent personne à Londres.

LE COMTE.

Je sais que le père est fort l'ami d'un certain capitaine Cowerly, qui ne manque jamais le lever de mon oncle : brave homme, mais dont le défaut est d'apprendre le soir à toute la ville les secrets qu'on lui a dits à l'oreille le matin dans les maisons.

DRINK.

Quelle figure est-ce ?

LE COMTE.

Tu ne connais que lui. Du temps de la petite, il a soupé dix fois dans ce salon.

DRINK.

Quoi ! ce bavard qui vous a brouillé depuis avec Laure, en lui reportant que lady Alton avait passé un jour entier ici ?

LE COMTE.

Où diable vas-tu chercher lady Alton ?

DRINK.

Ah ! vraiment non ! c'est plus nouveau que cela. C'était donc une des deux Ofalsen[1] ? Ma foi, je confonds les époques : il en est tant venu !

LE COMTE.

Eh non ! C'est celui qui a marié cette fille soi-disant d'honneur de la reine, à ce benêt d'Harlington, quand je la quittai.

DRINK.

Ah ! j'y suis, j'y suis.

LE COMTE.

S'il se présentait...

DRINK.

Laissez-moi faire. Il en sera de lui comme du facteur, dont j'ai fort à propos barré le chemin.

LE COMTE.

Je te l'avais recommandé.

DRINK.

C'est ce que je disais. Mon maître n'oublie rien.

[1] Qui est un nom propre irlandais. (*Note de l'auteur*.)

LE COMTE.

Eh bien ?

DRINK, s'approchant d'un air de confidence.

J'ai détourné une furieuse lettre de ce Williams pour la tante.

LE COMTE, lui coupant la parole.

Paix. C'est Eugénie.

SCÈNE III

EUGÉNIE, LE COMTE, DRINK.

EUGÉNIE, faisant un cri de surprise.

Ah ! milord !

LE COMTE, à Drink.

Je ne puis l'éviter. Laisse-nous.

SCÈNE IV

EUGÉNIE, LE COMTE.

EUGÉNIE, avec joie.

Apprenez la plus grande nouvelle...

LE COMTE.

Si elle intéresse mon Eugénie..

EUGÉNIE.

Mon père est enchanté de vous. Ah ! j'en étais bien sûre ! Il faisait votre éloge à l'instant. Je me serais mise de bon cœur à ses pieds pour le remercier. Il me rendait fière de mon époux. Je me suis sentie prête à lui tout avouer.

LE COMTE, ému.

Vous me faites trembler ! exposer tout ce que j'aime au brusque effet de son ressentiment !

EUGÉNIE, vivement.

Je sais qu'il est violent, mais il est mon père. Il est juste, il est bon. Venez, milord, que notre profond respect le désarme. Entrons, ce moment sera le plus heureux...

LE COMTE, embarrassé.

Eugénie ! quoi, vous voulez !... quoi, sans nulle précaution...

EUGÉNIE, avec beaucoup de feu.

Si jamais je te fus chère, c'est aujourd'hui qu'il faut me le prouver. Donne-moi cette marque de ton amour. Viens : depuis trop longtemps les soupçons odieux outragent ta femme ; les regards méchants la poursuivent. Fais cesser un si pénible état ; déchire le voile qui l'expose à rougir. Tombons aux genoux de mon père. Viens, il ne nous résistera pas.

LE COMTE, à part.

Quel embarras ! (A Eugénie.) Souffrez au moins que je le revoie encore avant, pour affermir ses bonnes dispositions.

EUGÉNIE, lui prenant la main.

Non : elles peuvent changer. La première impression est pour toi. Non, je ne te quitterai plus.

SCÈNE V

MADAME MURER, EUGÉNIE, LE COMTE.

LE COMTE, apercevant madame Murer.

Ah ! madame, venez m'aider à lui faire entendre raison.

MADAME MURER.

Le comte ici ! J'aurais dû m'en douter à l'air d'empressement dont elle est sortie. Mais de quoi s'agit-il ?

LE COMTE.

Sur quelques mots en ma faveur échappés à son père, sa belle âme s'est échauffée. Elle veut, elle exige que nous lui fassions à l'instant un aveu de notre union.

MADAME MURER.

Ah ! milord, gardez-vous-en bien ! Mon avis, au contraire, est que vous vous retiriez promptement. S'il s'éveillait et vous trouvait ici, ce prompt retour lui ferait soupçonner...

LE COMTE, cachant sa joie sous un air empressé.

Tout serait perdu ! Je m'arrache d'auprès d'elle avec moins de chagrin, puisque c'est à sa sûreté que je fais ce sacrifice. (Il sort.)

SCÈNE VI

MADAME MURER, EUGÉNIE.

EUGÉNIE, le regarde aller, et, après un peu de silence, dit douloureusement :

Il s'en va !

MADAME MURER.

Mais vous avez donc tout à coup perdu l'esprit ?

EUGÉNIE.

Être réduite à composer avec son devoir ; n'oser regarder son père : voilà ma vie. Je suis confuse en sa présence ; sa bonté me pèse, sa confiance me fait rougir, et ses caresses m'humilient. Il est si accablant de recevoir des éloges, et de sentir qu'on ne les mérite pas !

MADAME MURER.

Mais à Londres, où le comte a tant de ménagements à garder !... d'ailleurs votre état ne rend pas encore cet aveu indispensable.

EUGÉNIE.

N'est-il pas plus aisé de prévenir un mal que d'en arrêter les progrès ? Le temps fuit, l'occasion échappe, les convenances diminuent ; l'embarras de parler augmente, et le malheur arrive.

MADAME MURER.

Votre époux est trop délicat pour vous exposer...

EUGÉNIE, vivement.

N'avez-vous pas trouvé, comme moi, un peu d'apprêt dans son air, de recherche dans son langage ? cela me frappe à présent que j'y réfléchis. Cette touchante simplicité qu'il avait à la campagne était bien préférable.

MADAME MURER.

Dès qu'il s'éloigne, l'imagination travaille.

SCÈNE VII

MADAME MURER, EUGÉNIE, DRINK.

MADAME MURER, à Drink, qui tient un paquet.
Qu'est-ce que c'est?

DRINK.
Des lettres que le facteur vient d'apporter.

MADAME MURER, parcourant les adresses.
D'Irlande : voici des nouvelles.
(Drink range le salon, et écoute la conversation.)

EUGÉNIE, avec vivacité.
De mon frère?

MADAME MURER.
Non. C'est une lettre de son cousin, qui sert dans le même corps. (Elle lit tout bas.)

EUGÉNIE.
Point de lettres de sir Charles[1]? Il est bien étonnant!...

MADAME MURER, à Drink, qui ouvre une malle.
Laissez cela. Betsy serrera nos habits. (Drink sort.)

SCÈNE VIII

MADAME MURER, EUGÉNIE.

EUGÉNIE, pendant que madame Murer lit bas.
Son silence me surprend et m'afflige.

MADAME MURER, d'un ton composé.
S'il vous afflige, miss, la lettre de sir Henry[2] ne me paraît pas propre à vous consoler. Votre frère n'a pas reçu nos dernières : c'est un terrible état que le métier de la guerre!

EUGÉNIE, troublée.
Mon frère est mort!

MADAME MURER.
Ai-je dit un mot de cela?

EUGÉNIE.
Je n'ai pas une goutte de sang.

MADAME MURER.
Puisque votre effroi va au-devant de mes précautions, lisez vous-même.

EUGÉNIE, lit en tremblant.
« Mon cousin, grièvement insulté par son colonel, l'a forcé de se battre et l'a désarmé. Son ennemi vient de le dénoncer, ce qui a obligé sir Charles à prendre secrètement la route de Londres. Mais le colonel le suit, pour l'accuser chez le ministre. » Ah! mon frère!

SCÈNE IX

LE BARON, MADAME MURER, EUGÉNIE.

LE BARON.
Eh bien! parce que je m'endors un moment en jasant avec vous...

EUGÉNIE, troublée.
Mon frère s'est battu.

[1] Sir Charles se prononce ser Charles. (Note de l'auteur.)
[2] Sir Henry comme sir Charles : ser, et insi dans tout le drame. (Note de l'auteur.)

LE BARON.
D'où savez-vous cela?

EUGÉNIE.
C'est ce que me mande sir Henry.

MADAME MURER, avec importance.
Et il a désarmé son homme : si ce n'était pas son colonel...

LE BARON.
Son colonel tout comme un autre.

EUGÉNIE.
Mon père, ma tante, occupons-nous tous des moyens de le sauver.

MADAME MURER.
Où le prendre?

EUGÉNIE.
Mon cousin dit qu'il est à Londres.

MADAME MURER.
Mais il ne sait pas que nous y sommes.

EUGÉNIE, baissant les yeux.
Milord Clarendon ne pourrait-il pas...

MADAME MURER, d'un air dédaigneux.
Le cher lord! Ah! oui. Si monsieur lui fait la grâce d'accepter ses services.

LE BARON, lui rendant son air.
Ma foi, ce serait ma dernière ressource. Donne-moi la lettre, Eugénie. (Il lit bas.) Diable! (Il lit tout haut.) « Quand il ne réussirait pas à le perdre, avertissez sir Charles d'être toujours sur ses gardes, le colonel a la réputation de se défaire des gens par toutes sortes de voies »... Bon! cela ne peut pas être : un officier...

MADAME MURER.
Cet événement me ramène à ce que je vous disais tantôt, monsieur; si, au lieu de destiner votre fille à un vieux militaire sans fortune, vous trouviez bon que l'on eût pour elles des vues plus relevées... Les protections aujourd'hui...

LE BARON.
Nous y voilà encore. Ma sœur, une bonne fois pour toutes, afin de n'y jamais revenir : vous aimez les lords, les gens du haut parage, et moi je les déteste. Ma fille m'est trop chère pour la sacrifier à votre vanité, et la rendre malheureuse.

MADAME MURER.
Et pourquoi malheureuse?

LE BARON.
Est-ce que je ne connais pas vos petits grands seigneurs? Voyez-les dans les unions même les plus égales pour la fortune. Une fille est mariée aujourd'hui, trahie demain, abandonnée dans quatre jours; l'infidélité, l'oubli, la galanterie ouverte, les excès les plus condamnables, ne sont qu'un jeu pour eux. Bientôt le désordre de la conduite entraîne celui des affaires; les fortunes se dissipent, les terres s'engagent, se vendent; encore la perte des biens est-elle souvent le moindre des maux qu'ils font partager à leurs malheureuses compagnes.

MADAME MURER.
Mais quel rapport ce tableau, faux ou vrai, a-t-il à

l'objet que nous traitons? Vous faites le procès à la jeunesse, et nullement à la qualité; c'est dans cet état au contraire que les hommes ont le plus de ressources. S'ils se sont dérangés, un jour ils deviennent sages, et alors les grâces de la cour...

LE BARON.

Arrivent tout à point pour réparer leurs sottises, n'est-ce pas? Peut-on solliciter des récompenses, quand on n'a rien fait pour son pays? Et quand le principe des demandes est aussi honteux, n'est-il pas absurde de faire fond d'avance sur des grâces qui peuvent être mille fois mieux appliquées? Mais je veux encore que son importunité les arrache : eh bien, je lui préférerai toujours un brave officier qui les aura méritées sans les obtenir; et cet homme, c'est Cowerly. S'il ne tient rien des faveurs de la cour, il a l'estime de toute l'armée; l'un vaut bien l'autre, je crois.

MADAME MURER.

Mais, monsieur...

LE BARON, impatient.

Mais, madame, si vous êtes éprise à ce point de vos lords, que n'en épousez-vous quelqu'un vous-même?

MADAME MURER, fièrement.

Vous mériteriez que je le fisse, et que je transportasse tous mes biens dans une famille étrangère.

LE BARON la saluant.

A votre aise, ma sœur. Pour mes enfants moins de fortune, moins d'extravagance, moins d'occasion de sottises.

EUGÉNIE, à part.

Toujours en querelle! que je suis malheureuse!

SCÈNE X

ROBERT, LE BARON, MADAME MURER, EUGÉNIE.

ROBERT.

Le capitaine Cowerly demande à vous voir.

LE BARON.

Il ne pouvait arriver plus à propos. Qu'il entre.

SCÈNE XI

LE BARON, MADAME MURER, EUGÉNIE.

MADAME MURER.

Un moment, s'il vous plaît, que nous soyons parties. Je vous l'ai dit, c'est un homme que je ne puis souffrir.

LE BARON.

Mais quelle politesse avez-vous donc, vous autres? Un de nos amis communs, et qui va nous appartenir!

SCÈNE XII

LE CAPITAINE COWERLY, LE BARON, MADAME MURER, EUGÉNIE.

LE CAPITAINE, d'un ton bruyant.

Bonjour, mon très-cher.

LE BARON.

Bonjour, capitaine. Nous jouons aux barres.

LE CAPITAINE.

En rentrant chez moi, j'ai trouvé ce billet que vous y aviez laissé. Mais, en honneur, je m'en retournais sans vous voir.

LE BARON.

Et pourquoi?

LE CAPITAINE.

Un de vos gens, le plus obstiné valet (je ne sais où je l'ai vu), prétendait qu'il n'y avait personne au logis.

LE BARON.

Je n'ai point donné d'ordre... Ma sœur?

MADAME MURER, sèchement.

Ni moi. A peine arrivés, nous n'attendions aucune visite.

LE CAPITAINE.

En ce cas, baron, j'aurai doublement à me féliciter d'avoir forcé la porte, si je puis vous être utile, et si ces dames veulent bien agréer mes hommages.

LE BARON.

Capitaine, c'est ma sœur, et voici bientôt la tienne.

(Montrant sa fille.)

LE CAPITAINE, à Eugénie.

J'envie, mademoiselle, le sort de mon frère; en vous voyant, on n'est plus étonné des précautions qu'il a prises pour assurer son bonheur.

MADAME MURER, d'un air distrait.

Comme dit fort bien monsieur, les précautions sont toujours utiles en affaires : chacun prend les siennes.

LE CAPITAINE, cherchant des yeux.

Mais où donc est-il?

LE BARON.

Qui?

LE CAPITAINE.

Votre fils.

LE BARON.

Mon fils? Qui le sait?

MADAME MURER.

A quoi tend cette question, monsieur?

LE CAPITAINE.

N'est-ce pas son affaire qui vous attire tous à Londres?

LE BARON.

Pas un mot de cela : un maudit procès dont je ne sais autre chose, sinon que j'ai raison... Mais connaîtrais-tu déjà l'aventure de mon fils?

LE CAPITAINE.

C'est une misère, une vétille, moins que rien.

LE BARON.

Sans doute : il n'y a que la subordination...

MADAME MURER, sèchement.

J'admire comment monsieur a le don de tout deviner : nous en recevons la première nouvelle à l'instant.

LE CAPITAINE.

Moi, je l'ai vu, madame.

EUGÉNIE.

Mon frère?

LE CAPITAINE.
Oui, mademoiselle.
LE BARON.
Où? quand? comment?
LE CAPITAINE.
Au parc, avant-hier, sur la brume. Sir Charles est ici secrètement depuis cinq jours; il ne sort que le soir, parce qu'il s'est battu contre son colonel : il se fait appeler le chevalier Campley. N'est-ce pas cela?
MADAME MURER.
Nous n'en savons pas tant.
EUGÉNIE.
Où pourrons-nous le trouver, monsieur?
LE BARON.
En quel lieu loge-t-il?
LE CAPITAINE.
Ma foi, je n'en sais rien; mais je lui ai fait promettre de me venir voir. J'arrangerai son affaire : j'ai quelque crédit, comme vous savez.
MADAME MURER, dédaigneusement.
La seule chose dont nous ayons besoin est justement celle que monsieur ignore.
LE CAPITAINE.
Mais, madame, je n'ai pas pu le prendre à la gorge pour lui faire déclarer sa demeure; et en lisant tout à l'heure le billet du baron, je croyais de bonne foi le rencontrer ici.
MADAME MURER.
Cela est d'autant plus malheureux, que, dans le besoin où il est d'un protecteur, nous en avons un qui peut beaucoup auprès du ministre.
LE CAPITAINE.
Oh! ce pays-ci est tout plein de gens qui font profession de pouvoir plus qu'ils ne peuvent réellement. Quel est-il? Je vous dirai bientôt...
MADAME MURER, dédaigneusement.
Ce n'est que le comte de Clarendon.
LE CAPITAINE.
Le neveu de milord duc?
MADAME MURER.
Pas davantage.
LE CAPITAINE.
Je le crois. Son oncle l'idolâtre : il est fort de mes amis. Je me charge, si vous voulez...
MADAME MURER, d'un air vain.
Il me fait aussi l'honneur d'être un peu des miens.
LE BARON.
C'est lui qui nous loge.
LE CAPITAINE.
Vous avez raison. Je regardais en entrant... Mais ce valet a détourné mon attention... Eh parbleu! c'est un homme à lui. Je le disais bien... Je reconnais tout ceci. Nous avons fait quelquefois de jolis soupers dans ce salon : c'est, comme il l'appelle à la française, sa petite maison.
MADAME MURER, fièrement.
Petite maison, monsieur?

LE BARON.
Eh! petite ou grande, faut-il disputer sur un mot? Il suffit qu'il nous la prête... Il était ici il n'y a pas une heure.
LE CAPITAINE.
Aujourd'hui? Je l'aurais parié à Windsor.
LE BARON.
Il en arrivait.
LE CAPITAINE.
C'est ma foi vrai. J'oubliais que le mariage se fait à Londres.
MADAME MURER et EUGÉNIE, en même temps.
Le mariage!
LE CAPITAINE.
Oui, demain. Mais vous m'étonnez; il n'est pas possible que vous l'ignoriez, si vous l'avez vu réellement aujourd'hui.
LE BARON.
Je le savais bien, moi.
MADAME MURER, dédaigneusement.
Hum... C'est comme la petite maison. Que voulez-vous dire? Quel mariage?
LE CAPITAINE.
Le plus grand mariage d'Angleterre : la fille du comte de Winchester : un gouvernement que le roi donne au jeune lord en présent de noces. Mais c'est une chose publique, et que tout Londres sait.
EUGÉNIE, à part.
Dieux! où me cacher!
MADAME MURER.
Je vais gager qu'il n'y a pas un mot de vrai à tout cela.
LE CAPITAINE.
Quoi, sérieusement? Dès que madame nie les faits, je n'ai plus rien à dire.
LE BARON.
Il est vrai, capitaine, qu'il s'en est beaucoup défendu tantôt.
LE CAPITAINE.
Mais moi qui passe ma vie avec son oncle! moi qu'on a consulté sur tout! ce sera comme il vous plaira, au reste. Ainsi donc les livrées faites, les carrosses et les diamants achetés, l'hôtel meublée, les articles signés, sont autant de chimères?
EUGÉNIE, à part.
Ah! malheureuse!
LE BARON.
Mais, ma sœur, cela me paraît assez positif : qu'avez-vous à répondre?
MADAME MURER.
Que monsieur a rêvé tout ce qu'il dit. Parce que je sais de très-bonne part, moi, que le comte a d'autres engagements.
LE CAPITAINE.
Ah! oui. Quelque illustre infortunée dont il aura ajouté la conquête à la liste nombreuse de ses bonnes fortunes. Nous connaissons l'homme. Je me souviens

effectivement d'avoir entendu dire qu'un goût provincial l'avait tenu quelque temps éloigné de la capitale.

MADAME MURER, *dédaigneusement.*
Un goût provincial ?

LE BARON, *riant.*
Quelque jeune innocente à qui il aura fait faire des découvertes, et dont il s'est amusé apparemment ?

LE CAPITAINE.
Voilà tout.

LE BARON, *d'un air content.*
C'est bon, c'est bon. Je ne suis pas fâché que de temps en temps une pauvre abandonnée serve d'exemple aux autres, et tienne un peu ces demoiselles en respect devant les suites de leurs petites passions. Et les père et mère ! moi, c'est cela qui me réjouit.

EUGÉNIE, *à part.*
Je ne puis plus soutenir le supplice où je suis.

LE CAPITAINE.
Mademoiselle me paraît incommodée.

LE BARON.
Ma fille ?... qu'as-tu donc, ma chère enfant ?

EUGÉNIE, *tremblante.*
Je ne me sens pas bien, mon père.

MADAME MURER.
Je vous l'avais dit aussi, ma chère nièce ; nous devions nous retirer. Venez, laissons ces messieurs se raconter leurs merveilleuses anecdotes.

SCÈNE XIII
LE BARON, LE CAPITAINE.

LE BARON.
Pardon, capitaine.

LE CAPITAINE, *lui prenant la main.*
Adieu, baron ; je prends bien de la part...

LE BARON, *le ramenant.*
Ah çà, mon fils, je te prie : comment dis-tu qu'il se fait appeler ?

LE CAPITAINE.
Le chevalier Campley.

LE BARON.
Campley ? Si je n'écris pas ce nom-là, je ne m'en souviendrai jamais... C'est que j'ai là une lettre qui menace d'assassins... Il ne va que la nuit... seul... Tout cela est inquiétant.

LE CAPITAINE.
J'irai demain soir au Parc, et si je le trouve, je lui sers moi-même d'escorte jusqu'ici.

LE BARON.
A merveille.

(*Ils sortent par la porte du vestibule.*)

JEU D'ENTR'ACTE

Betsy sort de la chambre d'Eugénie, ouvre une malle, et en tire plusieurs robes l'une après l'autre, qu'elle secoue, qu'elle déplisse et qu'elle étend sur le sopha du fond du salon. Elle ôte ensuite de la malle quelques ajustements et un chapeau galant de sa maîtresse, qu'elle s'essaye avec complaisance devant une glace, après avoir regardé si personne ne peut la voir. Elle se met à genoux devant une seconde malle, et l'ouvre pour en tirer de nouvelles hardes. Au milieu de ce travail, Drink et Robert entrent en se disputant : c'est là l'instant où l'orchestre doit cesser de jouer, et où l'acte commence.

ACTE TROISIÈME

SCÈNE PREMIÈRE
BETSY, DRINK, ROBERT.

DRINK, *à Robert, en disputant.*
Et moi, je te prie de te mêler de tes affaires. Quand je refuse la porte à quelqu'un, es-tu fait pour l'annoncer ?

ROBERT.
Mais c'est que vous ignorez que le capitaine Cowerly est l'intime ami de monsieur.

DRINK, *plus haut, en colère.*
L'intime ami du diable. Est-ce à toi d'entrer dans les raisons ? Es-tu valet de chambre ici ?

BETSY, *à genoux, se retourne.*
Chut... Parlez plus bas. Ma maîtresse est chez elle : elle est incommodée.

(*Elle prend des robes sous son bras, et va pour entrer chez Eugénie.*)

DRINK, *courant après.*
Miss, miss, n'avez-vous plus rien à prendre dans les malles ?

(*Il veut l'embrasser.*)

BETSY, *s'esquivant.*
Ah ! sans doute... Non, vous pouvez les emporter.

(*Elle entre chez Eugénie.*)

SCÈNE II
DRINK, ROBERT.

DRINK, *revient prendre la malle.*
Que cela t'arrive encore.

ROBERT.
Voilà bien du bruit pour rien.

(*Ils enlèvent une malle, et sortent.*)

SCÈNE III
EUGÉNIE, BETSY.

Eugénie sort de chez elle, marche lentement, comme quelqu'un enseveli dans une rêverie profonde. Betsy qui la suit, lui donne un fauteuil ; elle s'assied en portant son mouchoir à ses yeux, sans parler. Betsy la considère quelque temps, fait le geste de la compassion, soupire, prend d'autres hardes, et rentre dans la chambre de sa maîtresse.

SCÈNE IV

EUGÉNIE, *assise, d'un ton bien douloureux.*
J'ai beau rêver, je ne puis percer l'obscurité qui

m'environne. Quand je cherche à me rassurer, tout m'accable... Personne dans le sein de qui répandre ma douleur... (Les valets viennent chercher la deuxième malle. Eugénie reste en silence tant qu'ils sont dans le salon.) Des valets à qui je n'ai plus même le droit de commander. Une seule démarche hasardée m'a mise à la merci de tout le monde... Oh ma mère! c'est bien aujourd'hui que je dois vous pleurer. (Elle se lève vivement.) C'est trop souffrir... Quand cet aveu me rendrait la plus malheureuse des femmes, je dirai tout à mon père. L'état le plus funeste est moins pénible que mon agitation... Mais les craintes de ma tante... ses défenses... Tout aujourd'hui doit céder au respect filial. Ah! malheureuse! c'était alors qu'il fallait penser ainsi. Dieux! le voici!

(Elle tombe dans son siége.)

SCÈNE V

EUGÉNIE, LE BARON.

LE BARON.

Tu es ressortie, mon enfant; ton état m'inquiète.

EUGÉNIE, à part.

Que lui dirai-je?

(Elle veut se lever, son père la fait rasseoir.)

LE BARON, avec bonté.

Tes yeux sont rouges : tu as pleuré. Ma sœur t'aura sans doute...

EUGÉNIE tremblante.

Non, non, monsieur; ses bontés et les vôtres seront toujours présentes à ma mémoire.

LE BARON.

Ta tante prétend que je t'ai affligée tantôt. Je badinais avec le capitaine, et le tout pour la contrarier un moment; car elle est engouée de ce milord, qui franchement est bien le plus mauvais sujet... Dès qu'on en dit un mot, elle vous saute aux yeux. Que nous importe qu'il se soit amusé d'une folle, et qu'il l'ait abandonnée? Ce n'est pas la centième. On ferait peut-être mieux de ne pas rire de ces choses-là : mais lorsqu'elles n'intéressent personne, et que les détails en sont plaisants... C'est une drôle de femme avec son esprit. Au reste, si notre conversation t'a déplu, je t'en demande pardon, mon enfant.

EUGÉNIE, à part.

Je suis hors de moi!

LE BARON, tirant un siége auprès d'elle, et la baisant avant de s'asseoir.

Viens, mon Eugénie, baise-moi. Tu es sage, toi, honnête, douce : tu mérites toute ma tendresse.

EUGÉNIE, troublée, se lève.

Mon père!...

LE BARON, attendri.

Qu'as-tu, mon enfant? Tu ne m'aimes plus du tout.

EUGÉNIE, se laissant tomber à genoux.

Ah! mon père...

LE BARON, étonné.

Qu'avez-vous donc, miss? Je ne vous reconnais plus.

EUGÉNIE, tremblante.

C'est moi...

LE BARON, vivement.

Quoi? c'est moi.

EUGÉNIE, éperdue, se cachant le visage.

Vous la voyez...

LE BARON, brusquement.

Vous m'impatientez. Qu'est-ce que je vois?

EUGÉNIE, morte de frayeur.

C'est moi... Le comte... Mon père...

LE BARON, avec violence.

C'est moi... Le comte... Mon père... Achevez : parlerez-vous? (Eugénie se cache la tête entre les genoux de son père sans répondre.) Seriez-vous cette malheureuse?

EUGÉNIE, sentant que les soupçons vont trop loin, lui dit d'une voix étouffée par la crainte :

Je suis mariée.

LE BARON se lève, et la repousse avec indignation.

Mariée! sans mon consentement!

(Eugénie tombe : un mouvement de tendresse fait courir le baron à sa fille pour la relever.)

SCÈNE VI

MADAME MURER accourant; LE BARON, EUGÉNIE.

MADAME MURER.

Quel vacarme! quels cris! A qui en avez-vous donc, monsieur?

LE BARON relevait tendrement sa fille; il la jette sur son fauteuil, et reprend toute sa colère.

Ma sœur, ma sœur, laissez-moi. Je vous ai confié l'éducation de ma fille : félicitez-vous : l'insolente miss s'est mariée à l'insu de ses parents.

MADAME MURER, froidement.

Point du tout : je le sais.

LE BARON, en colère.

Comment, vous le savez?

MADAME MURER, froidement.

Oui, je le sais.

LE BARON.

Et qui suis-je donc, moi?

MADAME MURER, froidement.

Vous êtes un homme très-violent, et le plus déraisonnable gentilhomme d'Angleterre.

LE BARON, étouffant de fureur.

Eh! mais... Eh! mais, vous me feriez mourir avec votre sang-froid et vos injures! On m'ose déclarer...

MADAME MURER, fièrement.

Voilà son tort. Je le lui avais défendu : c'est par là seulement qu'elle mérite tout l'effroi que vous lui causez.

EUGÉNIE, pleurant.

Ma tante, vous l'irritez encore. Suis-je assez malheureuse!

MADAME MURER, froidement.

Laissez-moi parler, milady.

LE BARON.

Milady?

MADAME MURER.

Oui, milady ; et c'est moi qui l'ai mariée de mon autorité privée au lord comte de Clarendon.

LE BARON, outré.

A ce milord?

MADAME MURER.

A lui-même.

LE BARON.

Je devais bien me douter que votre misérable vanité...

MADAME MURER, s'échauffant.

Quelles objections avez-vous à faire?

LE BARON.

Contre lui? mille. Et une seule les renferme toutes : c'est un libertin déclaré.

MADAME MURER.

Vous en avez fait tantôt un éloge si magnifique !

LE BARON.

Il est bien question de cela ! Je louais son esprit, sa figure, un certain éclat, des avantages qui le distinguent, mais qui me l'auraient fait redouter plus qu'un autre, dès qu'il en abuse au mépris de ses mœurs et de sa réputation.

MADAME MURER.

Vous êtes toujours outré. Eh bien, il s'est autrefois permis des libertés qu'il est le premier à condamner aujourd'hui : car c'est un homme plein d'honneur.

LE BARON.

Avec les hommes, et scélérat avec les femmes : voilà le mot. Mais votre sexe a toujours eu dans le cœur un sentiment secret de préférence pour les gens de ce caractère.

EUGÉNIE, toute en larmes.

Ah ! mon père, si vous le connaissiez mieux, vous regretteriez...

LE BARON.

C'est toi qui pleureras de l'avoir méconnu... Une femme juger son séducteur !

MADAME MURER.

Mais moi?...

LE BARON, furieux.

Vous ?... vous êtes mille fois...

MADAME MURER.

Point de mots, des choses.

LE BARON, avec feu.

C'est un homme incapable de remords sur un genre de fautes dont la multiplicité seule fait ses délices; fomentant de gaieté de cœur dans la famille d'autrui des désordres qui feraient son désespoir dans la sienne; plein de mépris pour toutes les femmes, parmi lesquelles il cherche ses victimes, ou choisit les complices de ses dérèglements.

MADAME MURER.

Mais vous conviendrez que sa femme est au moins exceptée de ce mépris général; et plus vous reconnaissez de mérite à votre fille, plus elle est propre à le ramener.

LE BARON.

Je vous remercie pour elle, ma sœur. Ainsi donc le bonheur que vous lui avez ménagé est d'être attachée au sort d'un homme sans mœurs; de partager les affections banales de son mari avec vingt femmes méprisables. La voilà destinée, en attendant une réformation incertaine, à répandre des larmes, dont il aura peut-être la bassesse de se faire un triomphe à ses yeux; la fille la plus modeste est devenue l'esclave d'un libertin, dont le cœur corrompu regarde comme un ridicule la tendresse et la fidélité qu'il exige de sa femme. Je te croyais plus délicate, Eugénie.

EUGÉNIE, du ton du ressentiment que le respect réprime.

En vérité, monsieur, je me flatte que jamais le modèle d'un portrait aussi vil n'aurait été dangereux pour moi.

MADAME MURER, avec impatience.

Mais c'est que le comte n'est point du tout l'homme que vous dépeignez. Peut-être a-t-il, dans le feu de la première jeunesse, un peu trop négligé de faire parler avantageusement de ses mœurs; mais...

LE BARON.

Et quel garant a pu vous donner pour l'avenir celui qui jusqu'à présent a méprisé la censure publique sur le point le plus important?

MADAME MURER.

Quel garant? Tout ce qui inspire la confiance, cimente l'estime et augmente la bonne opinion; la franchise de son caractère qui le rend supérieur au déguisement, même dans ce qui lui est contraire; la noblesse de ses procédés avec ses inférieurs; sa générosité pour ses domestiques, et la bonté de son cœur, qui le porte à soulager tous les malheureux.

EUGÉNIE, avec amour.

Ce n'est pas un ennemi de la vertu, je vous assure, mon père.

LE BARON.

Voilà comme on érige tout en vertus dans ceux qu'on veut défendre. Il est humain, il est grand, généreux, obligeant : tout cela n'est-il pas bien méritoire? Amenez-moi quelqu'un pour qui ces choses-là ne soient pas un plaisir? Et qu'en voulez-vous conclure?

MADAME MURER.

Qu'un homme aussi noble, aussi bienfaisant pour tout le monde, ne peut pas devenir injuste et cruel uniquement pour l'objet de son amour.

LE BARON, adouci.

Je le voudrais; mais...

EUGÉNIE.

Ne lui faites pas, je vous prie, le tort d'en douter.

LE BARON, plus doucement.

Mon enfant, l'âme d'un libertin est inexplicable; mais tu te flattes en vain d'un changement de conduite. Les plaisanteries du capitaine sur sa dernière aventure n'avaient pas rapport à des temps antérieurs à son mariage avec toi.

MADAME MURER.

C'est où je vous attendais. Tout cet amer badinage

a porté sur votre fille, dont l'union mystérieuse a donné jour à mille fausses conjectures; mais quand vous saurez qu'il l'adore...

LE BARON, haussant les épaules.

Il l'adore ! c'est encore un de leurs termes, *adorer*. Toujours au delà du vrai. Les honnêtes gens aiment leurs femmes; ceux qui les trompent les adorent : mais les femmes veulent être adorées.

MADAME MURER.

Vous penserez différemment, lorsque vous apprendrez qu'un gage de la plus parfaite union...

LE BARON.

Comment?

MADAME MURER, du ton de quelqu'un qui croit en dire assez.

Lorsque avant peu...

LE BARON, à sa fille.

Bon! Est-ce qu'elle dit vrai?

EUGÉNIE, fléchissant le genou.

Ah! mon père, comblez par votre bénédiction le bonheur de votre fille.

LE BARON, la relevant avec tendresse.

Réellement? Eh bien... eh bien... eh bien, mon enfant, puisque c'est ainsi, j'approuve tout. (A part.) Aussi bien est-ce un mal sans remède.

EUGÉNIE.

De quel poids mon cœur est soulagé !

MADAME MURER, avec joie.

Milady, embrassez votre père.

LE BARON, baisant Eugénie.

Laisse là milady : sois toujours mon Eugénie.

EUGÉNIE.

(Avec feu.) Toute la vie, mon père ! (Par exclamation.) Ah ! milord, quel heureux jour pour nous !

LE BARON, du ton d'un homme que ce mot de milord ramène à d'autres idées.

Mais dites-moi donc un peu, vous autres : puisqu'elle est la femme de ce milord, que diable veulent-ils dire avec cet autre mariage? Car aussi on n'y comprend rien.

MADAME MURER.

Il vous l'a dit tantôt. Discours de valets, bruits populaires.

EUGÉNIE.

J'en ai été troublée malgré moi.

LE BARON.

C'est que cela n'est pas net, au moins.

MADAME MURER.

Drink est son homme de confiance : il n'y a qu'à l'interroger vous-même. (Elle sonne.)

SCÈNE VII

(Cette scène marche rapidement.)

LE BARON, MADAME MURER, DRINK, EUGÉNIE.

LE BARON.

Vous avez raison; je saurai bientôt... (Saisissant Drink au collet.) Viens ici, fripon : dis-moi tout ce que tu sais du mariage.

DRINK regarde autour de lui d'un air embarrassé.

Du mariage ! Est-ce qu'on aurait appris... Oh ! maudit intendant !...

LE BARON, vivement.

Cet intendant? Parleras-tu?... Faut-il...

DRINK, effrayé.

Non, non, monsieur... Il n'est pas besoin que vous vous fâchiez pour cela. C'est le mariage que vous demandez?

LE BARON.

Oui.

DRINK.

(A part.) Il faut mentir ici. (Haut.) Il est véritable, le mariage.

LE BARON.

Véritable? Eh bien, ma sœur?

MADAME MURER.

Il vous ment.

DRINK.

Je ne mens pas, monsieur.

LE BARON, avec violence.

Tu ne mens pas, misérable ?

DRINK, à part.

Allons, tout est découvert; quelque autre lettre sera venue.

LE BARON.

Raconte-moi le fait : je veux l'entendre mot à mot de ta bouche.

DRINK.

Monsieur... puisque vous le savez aussi bien que moi...

LE BARON.

Traître !

MADAME MURER, retenant le baron.

Mon frère !

LE BARON.

Qu'il laisse son verbiage, et qu'il avoue.

DRINK, cherchant et tirant une lettre de sa poche.

Puisqu'il n'y a plus moyen de dissimuler... Voici une lettre de M. Williams, l'intendant de milord.

LE BARON, lui arrachant la lettre.

Pour qui?

DRINK.

Elle est adressée à madame.

MADAME MURER.

A moi? D'où me vient cette préférence? Et quel rapport cet intendant...

DRINK, surpris.

Comment, quel rapport? C'est le même qui a fait le mariage...

MADAME MURER, prenant la lettre au baron.

D'honneur, si j'y entends quelque chose. Elle est décachetée.

LE BARON.

Mais apprends-moi comment il peut penser à se marier, étant l'époux de ma fille?

DRINK, tout à fait troublé.

Quoi, monsieur! c'est du nouveau mariage que vous parlez?

LE BARON.

Et duquel donc?

MADAME MURER a lu.

Ah! le scélérat! (Elle porte les mains à son visage, qu'elle couvre de la lettre chiffonnée.)

LE BARON.

Qu'est-ce que c'est?

DRINK.

Me voilà perdu, je n'ai plus qu'à quitter l'Angleterre.

(Il sort.)

SCÈNE VIII

LE BARON, MADAME MURER, EUGÉNIE.

MADAME MURER, avec horreur.

Il nous a trompés indignement! Ma nièce n'est pas sa femme.

EUGÉNIE, les bras levés.

Dieu tout-puissant! (Elle tombe dans un fauteuil.)

MADAME MURER.

Son intendant a servi de ministre, et toute la race infernale, de complices.

LE BARON, frappant du pied.

Rage! fureur! ô femmes, qu'avez-vous fait?

MADAME MURER, effrayée.

Mon frère, par pitié, suspendez vos reproches. Ne voyez-vous pas l'état où elle est?

EUGÉNIE, se relevant.

Non, ne l'arrêtez pas. Je n'ai plus rien à craindre que de vivre... Mon père, j'implore votre colère...

LE BARON, hors de lui.

Et tu l'as méritée... Sexe perfide! femmes, à jamais le trouble et le déshonneur des familles! Noyez-vous maintenant dans des larmes inutiles... Avez-vous cru vous soustraire à mon obéissance? Avez-vous cru violer impunément le plus saint des devoirs?... Tu l'as osé; toutes tes démarches se sont trouvées fausses; tu as été séduite, trompée, déshonorée; et le ciel t'en punit par l'abandon de ton père et sa malédiction.

EUGÉNIE, s'élançant vers le baron, et le retenant à bras le corps.

Ah! mon père, ayez pitié de mon désespoir; révoquez l'épouvantable arrêt que vous venez de prononcer!

LE BARON, attendri, la repousse doucement.

Otez-vous de mes yeux: vous m'avez rendu le plus misérable des hommes. (Il sort.)

SCÈNE IX

MADAME MURER, EUGÉNIE.

EUGÉNIE, courant dans les bras de sa tante.

Ah! madame, m'abandonnerez-vous aussi?

MADAME MURER.

Non, mon enfant; écoutez-moi.

EUGÉNIE.

Ah! ma tante, venez, secondez-moi: courons nous jeter aux pieds de mon père, implorons ses bontés, et sortons tous d'une odieuse maison...

MADAME MURER.

Ce n'est pas mon avis: il faut y rester au contraire, et écrire au comte que vous l'attendez ici ce soir.

EUGÉNIE, avec horreur.

Lui!... moi!... vous me faites frémir.

MADAME MURER.

Il le faut. Il viendra, vous l'accablerez de reproches, j'y joindrai les miens; il apprendra que votre père veut implorer le secours des lois: la crainte ou le repentir peut le ramener.

EUGÉNIE outrée.

Et je serais assez lâche, après son indignité... Je devrais respecter un jour celui que je ne peux plus estimer! j'irais aux pieds des autels jurer la fidélité au parjure, la soumission à l'homme sans foi, et une tendresse éternelle au perfide qui m'a sacrifiée! Plutôt mourir mille fois!

MADAME MURER, fermement.

Prenez garde, miss, qu'ici l'opprobre serait le fruit du découragement.

EUGÉNIE au désespoir.

L'opprobre! m'en reste-t-il encore à redouter? Dégradée par tant d'outrages, abandonnée de tout le monde, anéantie sous la malédiction de mon père, en horreur à moi-même, je n'ai plus qu'à mourir. (Elle rentre dans sa chambre.)

SCÈNE X

MADAME MURER, seule, la regarde aller.

Elle me quitte, et n'écrit pas... (Elle se promène.) Un père en fureur qui ne connaît plus rien; une fille au désespoir qui n'écoute personne; un amant scélérat qui comble la mesure... quelle horrible situation! (Elle rêve un moment.) Vengeance, soutiens mon courage! Je vais écrire moi-même au comte: s'il vient... Traître, tu payeras cher les peines que tu nous causes!

JEU D'ENTR'ACTE

Un domestique entre, range le salon, éteint le lustre et les bougies de l'appartement. On entend une sonnette de l'intérieur; il écoute, et indique par son geste que c'est madame Murer qui sonne. Il y court. Un moment après, il repasse avec un bougeoir allumé, et sort par la porte du vestibule; il rentre sans lumière, suivi de plusieurs domestiques auxquels il parle bas, et ils passent tous à petit bruit chez madame Murer, qui est alors censée leur donner ses ordres. Les valets repassent dans le salon, courent dehors par le vestibule, et rentrent chez madame Murer par le même salon, armés de couteaux de chasse, d'épées et de flambeaux non allumés. Un moment après, Robert entre par le vestibule une lettre à la main, un bougeoir dans l'autre; comme c'est la réponse du comte de Clarendon qu'il rapporte, il se presse de passer chez madame Murer pour la lui rendre. Il y a ici un petit intervalle de temps sans mouvement, et le quatrième acte commence.

ACTE QUATRIÈME

SCÈNE PREMIÈRE

MADAME MURER ; ROBERT, portant un bougeoir, rallume les bougies qui ont été éteintes sur la table pendant l'entr'acte : le salon est obscur.

MADAME MURER tient un billet, et en marchant se parle à elle-même.

Il viendra. (Au laquais.) Vous avez été bien longtemps !

ROBERT.

Il n'était pas rentré : j'ai attendu. Et puis c'est un tapage dans l'hôtel ! il se marie demain, tout est sens dessus dessous : on ne savait où prendre de l'encre et du papier.

MADAME MURER, à part.

Il viendra... Écoute, Robert, fais exactement ce que je vais t'ordonner. Va dans le jardin, tout auprès de la petite porte ; tiens-toi là sans remuer ; et quand tu entendras le bruit d'une clef dans la serrure, viens vite ici m'en donner avis.

ROBERT.

Il doit donc entrer par là ?

MADAME MURER.

Faites ce qu'on vous dit. (Robert sort par la porte du jardin.)

SCÈNE II

MADAME MURER, seule, se promenant et frappant du billet sur sa main.

Il viendra !... Je te tiens donc à mon tour, fourbe insigne ! Le parti est violent... c'est le plus sûr... Il convient si bien au caractère du père !... Je dois pourtant l'en prévenir. (Elle regarde sa montre) J'ai le temps... Il est à consoler sa fille : il a jeté son feu maintenant... c'est comme je le veux... Il faut dompter cet homme pour le ramener. Le voici. Qu'il a l'air accablé !

SCÈNE III

LE BARON, MADAME MURER.

MADAME MURER, d'un ton sombre.

Eh bien, monsieur, êtes-vous satisfait ? Il s'en est peu fallu que votre fille ne soit morte de frayeur.

LE BARON s'assied sans rien dire près de la table, et s'appuie la tête sur les mains, d'un air accablé.

MADAME MURER, continuant.

Des éclats ! de la fureur ! sans choix de personnes.

LE BARON, sourdement.

Ceux qui ont fait le mal le reprochent aux autres.

MADAME MURER.

Un homme livré à ses emportements !

LE BARON, désespéré.

Vous abusez de mon état et de ma patience. Vous avez juré de me faire mourir de chagrin. Laissez-nous, gardez votre héritage, il est trop cher : aussi bien ma malheureuse fille n'en aura-t-elle peut-être bientôt plus besoin. (Il se lève, et se promène avec égarement.)

MADAME MURER.

Vous n'avez jamais su prendre un parti.

LE BARON.

Je l'ai pris, mon parti !

MADAME MURER.

Quel est-il ?

LE BARON, marchant plus vite et gesticulant violemment.

J'irai à la cour... oui, je vais y aller... Je tombe aux pieds du roi : il ne me rejettera pas. (Madame Murer hoche la tête.) Et pourquoi me rejetterait-il ? Il est père... Je l'ai vu embrasser ses enfants.

MADAME MURER.

La belle idée ! Et que lui direz-vous ?

LE BARON s'arrêtant devant elle.

Ce que je lui dirai ? Je lui dirai : Sire... vous êtes père, bon père... je le suis aussi ; mais j'ai le cœur déchiré sur mon fils et sur ma fille. Sire, vous êtes humain, bienfaisant... Quand un des vôtres fut en danger, nous pleurions tous de vos larmes ; vous ne serez pas insensible aux miennes. Mon fils s'est battu, mais en homme d'honneur ; il sert Votre Majesté comme son bisaïeul, qui fut emporté sous les yeux du feu roi ; il sert comme mon père, qui fut tué en défendant la patrie dans les derniers troubles ; il sert comme je servais lorsque j'eus l'honneur d'être blessé en Allemagne... J'ouvrirai mon habit, il verra mon estomac... mes blessures. Il m'écoutera, et j'ajouterai : Un suborneur est venu en mon absence violer notre retraite et l'hospitalité ; il a déshonoré ma fille par un faux mariage... Je vous demande à genoux, sire, grâce pour mon fils et justice pour ma fille.

MADAME MURER.

Mais ce suborneur est un homme qualifié, puissant.

LE BARON, vivement.

S'il est qualifié, je suis gentilhomme... Enfin je suis un homme... Le roi est juste ; à ses pieds toutes ces différences d'état ne sont rien : ma sœur, il n'y a d'élévation que pour celui qui regarde d'en bas ; au-dessus tout est égal ; et j'ai vu le roi parler avec bonté au moindre de ses sujets comme au plus grand.

(Il va et vient.)

MADAME MURER, d'un ton ferme.

Croyez-moi, monsieur le baron, nous suffirons à notre vengeance.

LE BARON n'a entendu que le dernier mot.

Oui, vengeance !... et qu'on le livre à toute la rigueur des lois.

MADAME MURER, très-ferme.

Les lois ! la puissance et le crédit les étouffent souvent ; et puis c'est demain qu'il prétend se marier. Il faut le prévenir : incertitude ! lenteur ! est-ce ainsi qu'on se venge ? Eh ! la justice naturelle reprend ses droits partout où la justice civile ne peut étendre les siens. (Après un peu de silence, d'un ton plus bas.) Enfin, mon frère, il est temps de vous dire mon secret : avant deux heures le comte sera votre gendre, où il est mort.

LE BARON.

Comment cela ?

MADAME MURER s'approche de lui.

Écoutez-moi. J'ai envoyé à milord duc un détail très-étendu des atrocités de son neveu, sans néanmoins lui rien dire de mon projet; ensuite... votre fille n'a jamais voulu s'y prêter; mais j'ai écrit pour elle au scélérat, qu'elle l'attend ce soir.

LE BARON.

Il ne viendra pas.

MADAME MURER, lui montrant le billet.

Au coup de minuit... Voici sa réponse. J'ai fait armer vos gens et les miens : vous le surprendrez chez elle. J'ai ici un ministre tout prêt : qu'il tremble à son tour !

LE BARON, surpris.

Quoi, ma sœur, un guet-apens ! des pièges !

MADAME MURER, avec impatience.

Y a-t-on regardé de si près pour nous faire le plus sanglant outrage ?

LE BARON.

Vous avez raison; mais quand il arrivera, j'irai au-devant de lui, je l'attaquerai.

MADAME MURER, avec effroi.

Il vous tuera.

LE BARON.

Il me tuera ? Eh bien, je n'aurai pas survécu à mon déshonneur.

SCÈNE IV

MADAME MURER, seule.

Va, vieillard indocile, je saurai me passer de toi. J'ai fait le mal, c'est à moi seule à le réparer.

SCÈNE V

MADAME MURER, ROBERT.

ROBERT, accourant.

Madame, j'ai entendu essayer une clef à la serrure; je suis accouru de toutes mes forces.

MADAME MURER.

Rentrons vite. Je vais prendre ma nièce chez elle; éteignez, éteignez. (Le laquais éteint les bougies; ils sortent.)

SCÈNE VI

LE COMTE, SIR CHARLES.

Le comte est en frac, le chapeau sur la tête et l'épée au fourreau dans une main ; de l'autre, il conduit sir Charles qui a son épée nue sous le bras. Le salon est obscur.

LE COMTE.

Vous êtes ici en sûreté, monsieur; cette maison est à moi, quoique j'aie usé de mystère en y entrant... N'êtes-vous pas blessé ?

SIR CHARLES.

Je n'ai qu'un coup à mon habit, mais apprenez-moi de grâce, monsieur, à qui j'ai l'obligation de la vie. Sans votre heureuse rencontre, sans votre généreux courage, j'aurais infailliblement succombé : ces quatre coquins en voulaient à mes jours.

LE COMTE.

Ce service n'est rien, vous eussiez sûrement fait la même chose en pareil cas. On m'appelle le comte de Clarendon.

SIR CHARLES, vivement.

Quoi, c'est le comte de Clarendon !... J'étais destiné à vous tout devoir, milord, et à tenir de vous l'honneur et la vie.

LE COMTE.

Comment serais-je assez heureux...

SIR CHARLES.

Je vous suis adressé de Dublin.

LE COMTE.

Vous êtes le chevalier Campley, pour qui ma sœur et ma cousine m'ont écrit d'Irlande des lettres si pressantes, et que j'ai trouvé sur la liste des visites à ma porte ?

SIR CHARLES.

C'est moi-même. Depuis cinq jours je m'y suis présenté tous les soirs : aujourd'hui vous veniez de sortir à pied; l'on m'a indiqué votre route, j'ai couru, et j'étais prêt à vous rejoindre lorsqu'ils m'ont attaqué : c'est la deuxième fois depuis mon arrivée; mais ce soir, sans vous, milord...

LE COMTE.

Je suis enchanté de cette rencontre : le bien que ces dames m'écrivent de vous...

SIR CHARLES.

Je me suis annoncé sous le nom de Campley, quoique ce ne soit pas le mien.

LE COMTE.

Ma sœur me mande qu'une affaire d'honneur vous force à le déguiser ici.

SIR CHARLES.

Contre mon colonel. Il me poursuit; mais vous jugez, à ce qui m'arrive, quel homme est cet adversaire.

LE COMTE.

Cela est horrible ! nous en parlerons demain. Vous ne me quitterez pas de la nuit, crainte d'accident : je vous ferai donner un lit chez moi. J'éprouve cependant un singulier embarras à votre sujet.

SIR CHARLES.

Ordonnez de moi, je vous prie.

LE COMTE.

La circonstance m'oblige à vous faire un aveu. Je suis attendu dans cette maison pour une explication secrète : j'y venais à pied, lorsque j'ai eu le bonheur de vous être utile.

SIR CHARLES, souriant.

Ne perdez pas avec moi un temps précieux.

LE COMTE.

Non : ce n'est pas ce que vous pensez sûrement. Mais vous savez que les mariages d'intérêt rompent souvent des liaisons agréables : c'est précisément mon histoire. Une fille charmante qui s'est donnée à moi, et que j'aime à la folie, loge ici depuis quelques jours avec sa famille ; elle a eu vent de mon mariage, on m'a écrit ce soir : je viens... assez embarrassé, je l'avoue.

SIR CHARLES.

C'est une grisette, sans doute ?

LE COMTE.

Ah ! rien moins ! Voilà ce qui m'afflige et qui m'embarrasse. J'ai même un soupçon que ceci pourra bien avoir un jour des suites... Il y a un frère... Mais je crois entendre le signal convenu. Souffrez que je vous laisse un moment au jardin : vous voyez jusqu'où va déjà ma confiance en votre amitié. (Le comte le mène au jardin, revient, et ferme la porte après lui.)

SCÈNE VII

MADAME MURER, EUGÉNIE ; LE COMTE a posé son épée sur le fauteuil le plus près de la porte ; BETSY tient une lumière, elle rallume les bougies sur la table, et se retire ensuite.

MADAME MURER, attirant Eugénie à elle.

C'est trop résister, Eugénie ; je le veux absolument.

LE COMTE, d'un air empressé.

J'arrive l'effroi dans l'âme. Un billet que j'ai reçu ce soir m'a glacé le sang ; et les deux heures qui ont précédé ce moment ont été les plus cruelles de ma vie.

MADAME MURER, fièrement.

Ce n'est pas votre exactitude qu'il faut défendre.

LE COMTE.

Quel sombre accueil ! A quoi dois-je l'attribuer ?

MADAME MURER, indignée.

Descendez dans votre cœur.

LE COMTE.

Que dites-vous ? ces vains bruits d'un mariage auraient-ils opéré...

EUGÉNIE vivement, à elle-même.

Affreuse dissimulation !

MADAME MURER lui fermant la bouche de sa main.

N'épuisez pas le reste de vos forces, ma chère nièce. (Au comte.) Ainsi, tout ce qu'on rapporte à ce sujet n'est donc qu'un faux bruit ! (Eugénie s'assied, et couvre son visage de son mouchoir.)

LE COMTE, moins ferme.

Daignez revenir sur le passé, et jugez vous-même : comment se pourrait-il...

MADAME MURER, l'examinant.

Vous vous troublez !...

LE COMTE, troublé.

Si je ne suis pas cru, j'aurai pour moi... j'invoquerai les bontés de ma chère Eugénie.

MADAME MURER, froidement.

Pourquoi n'osez-vous l'appeler votre femme ?

EUGÉNIE, outrée, à elle-même.

Qui m'aurait dit que mon indignation pût s'accroître encore !

LE COMTE, absolument déconcerté.

En vérité, madame, je ne conçois rien à ces étranges discours.

MADAME MURER, avec fureur.

Démens donc, vil corrupteur, le témoignage de tes odieux complices ; démens celui de ta conscience, qui imprime sur ton front la difformité du crime confondu : lis. (Elle lui donne la lettre de Villiams. Le comte la lit. Madame Murer le regarde avec attention pendant qu'il lit.)

LE COMTE a lu, et dit à part.

Tout est connu.

MADAME MURER.

Il reste anéanti.

LE COMTE, hésitant.

Je le suis en effet ; et je dois m'accuser, puisque toutes les apparences me condamnent. Oui, je suis coupable. La frayeur de vous perdre, et la crainte d'un oncle trop puissant, m'ont fait commettre la faute de m'assurer de vous par des voies illégitimes ; mais je jure de tout réparer.

MADAME MURER, à part.

Et plus tôt que tu ne crois.

LE COMTE, plus vite.

Vous fûtes outragée sans doute, Eugénie ; mais votre vertu en est-elle moins pure ? A-t-elle pu souffrir un instant de mon injustice ? Un profond secret met votre honneur à couvert ; et si vous daignez accepter ma main, à qui aurais-je fait tort qu'à moi ? L'amant et l'époux ne se confondront-ils pas aux yeux de mon Eugénie ? Ah ! l'égarement d'un jour, une fois pardonné, sera suivi d'un bonheur inaltérable.

EUGÉNIE se lève et le regarde avec dédain.

O le plus faux des hommes ! fuis loin de moi. J'ai en horreur tes justifications. Va jurer aux pieds d'une autre femme des sentiments que tu ne connus jamais. Je ne veux t'appartenir à aucun titre : je sais mourir.

(Elle entre dans sa chambre.)

MADAME MURER au comte, en entrant après elle et emportant la lumière.

L'abandonnerez-vous en cet état affreux ?

LE COMTE avec chaleur.

Non, je la suis.

SCÈNE VIII

LE COMTE seul.

Elle se croit déshonorée, il suffit ; elle est à moi, elle sera à moi. Ah ! qu'ai-je fait ! Pour l'abandonner, il ne fallait pas la revoir.

SCÈNE IX

LE COMTE, SIR CHARLES rentrant.

SIR CHARLES, dans l'obscurité.

Milord !

LE COMTE.
Est-ce vous, chevalier Campley?
SIR CHARLES.
C'est moi.
LE COMTE.
Pardon : encore un moment, et nous sortons ensemble.
(Il veut entrer chez Eugénie.)
SIR CHARLES, l'arrêtant par le bras.
Mais ne craignez-vous rien, milord? Pour une heure aussi avancée, je vois bien du monde sur pied.
LE COMTE, n'écoutant point.
Ce sont des valets : je vous rejoins.

SCÈNE X

SIR CHARLES, seul, d'un air de méfiance.

Il y a un grand mouvement dans cette maison : on va, l'on court. J'ai vu du monde dans le jardin : on vient de fermer la porte... Il a l'air troublé, milord... L'explication doit avoir été orageuse.

SCÈNE XI

SIR CHARLES, MADAME MURER.

MADAME MURER sort de la chambre d'Eugénie sans lumière, et dit à elle-même en marchant.

Le voilà à ses genoux, l'instant est favorable : allons.
(Elle traverse le salon, et sort par la porte du jardin.)

SCÈNE XII

SIR CHARLES, seul, écoute, et n'entendant plus rien, dit :

Ha! ha! cette voix a un rapport singulier... (Il se promène en faisant le geste de quelqu'un qui rejette une idée bizarre.) C'est un homme bien lâche que ce colonel!... car ces gens n'étaient pas des voleurs... Mais quelle foule de biens réunis dans la rencontre de milord Clarendon! mon libérateur, l'homme qui doit solliciter ma grâce auprès du roi! que de titres pour l'aimer!... J'entends du bruit... je vois de la lumière : écoutons.

SCÈNE XIII

MADAME MURER, SIR CHARLES.

MADAME MURER rentre, et dit à des gens qui sont derrière elle :

N'entrez que quand on vous le dira; vous vous rangerez tous vers la porte, et à sa sortie vous fondrez sur lui et l'arrêterez. Prenez bien garde qu'il ne vous échappe.
(Elle traverse le salon en silence, et rentre chez Eugénie. Les laquais retournent au jardin.)

SIR CHARLES, après avoir écouté.

Il y a de la trahison! Serais-je assez heureux pour être à mon tour utile à mon nouvel ami?...

SCÈNE XIV

LE BARON, SIR CHARLES.

LE BARON entre par la porte du vestibule, le chapeau sur la tête et l'épée au côté, sans lumière.

Le projet de ma sœur m'inquiète, Clarendon serait-il ici?

SIR CHARLES tire son épée, et, marchant fièrement au baron, lui met la pointe sur le cœur, et lui dit :

Qui que vous soyez, n'avancez pas!
LE BARON crie, en portant la main à la garde de l'épée :
Quel est donc l'insolent...
SIR CHARLES, d'un ton encore plus fier.
N'avance pas, ou tu es mort!

SCÈNE XV

LE BARON, SIR CHARLES.

Des valets armés entrent précipitamment avec des flambeaux allumés par la porte du jardin.

LE BARON, reconnaissant sir Charles.
Mon fils!
SIR CHARLES.
O ciel! mon père!
LE BARON.
Par quel bonheur es-tu chez moi à cette heure?
SIR CHARLES.
Chez vous! Et quel est donc cet appartement?
(Montrant celui où il a vu entrer le comte.)
LE BARON.
C'est celui de ta sœur.
SIR CHARLES, avec un mouvement terrible.
Ah! grands dieux! quelle indignité!

SCÈNE XVI

MADAME MURER, LE BARON, SIR CHARLES, LES GENS.

MADAME MURER, accourant au bruit, et s'écriant d'étonnement :
Sir Charles!... C'est le ciel qui nous l'envoie.
SIR CHARLES, au désespoir.
Affreux événement! Je n'ai plus que le choix d'être ingrat ou déshonoré.
MADAME MURER.
Il va sortir.
SIR CHARLES, troublé.
Ma sœur! mon libérateur! Je suis épouvanté de ma situation.
MADAME MURER.
Osez-vous balancer?
SIR CHARLES, les dents serrées.
Balancer?... Non, je suis décidé.
MADAME MURER, aux valets.
Approchez tous.

SCÈNE XVII

MADAME MURER, LE BARON, SIR CHARLES, LES GENS, BETSY, LE COMTE, EUGÉNIE.

EUGÉNIE, au bruit, ouvre sa porte, et, retenant le comte, dit :
Ils sont armés ! O Dieu ! ne sortez pas.

LE COMTE, la repoussant.
Je suis trahi. (A sir Charles.) Mon ami, donnez-moi mon épée.
(Sir Charles, qui tient toujours son épée nue, court se saisir de celle du comte.

EUGÉNIE, effrayée.
C'est mon frère !

LE COMTE.
Son frère !

Presque en même temps.

SIR CHARLES, furieux.
Oui, son frère.

LE COMTE, à Eugénie, avec mépris.
Ainsi donc vous m'attiriez dans un piége abominable !

EUGÉNIE, troublée.
Il m'accuse.

LE COMTE.
Votre colère, vos dédains n'étaient qu'une feinte pour leur donner le loisir de me surprendre.

EUGÉNIE, tombant mourante sur un fauteuil ; Betsy la soutient.
Voilà le dernier malheur.

MADAME MURER, au comte.
Tous ces discours sont inutiles : il faut l'épouser sur-le-champ, ou périr.

LE COMTE, avec indignation.
Je céderais au vil motif de la crainte ! ma main serait le fruit d'une basse capitulation !... Jamais.

MADAME MURER.
Qu'as-tu donc promis tout à l'heure ?

LE COMTE, sur le même ton.
Je rendais hommage à la vertu malheureuse : sa douleur était plus forte qu'un million de bras armés. Elle amollissait mon cœur, elle allait triompher ; mais je méprise des assassins.

LE BARON.
M'as-tu cru capable de l'être ? Juges-tu de moi par le déshonneur où tu nous plonges ?

MADAME MURER, fortement, aux valets.
Saisissez-le.

SIR CHARLES se jette entre le comte et les valets.
Arrêtez !

MADAME MURER, plus fort.
Saisissez-le, vous dis-je.

SIR CHARLES, d'une voix et d'un geste terribles.
Le premier qui fait un pas...

LE BARON, aux valets.
Laissez faire mon fils.
(Madame Murer va se jeter dans un fauteuil, en croisant ses mains sur son front, comme une personne au désespoir.)

SIR CHARLES, au comte, du ton d'un homme qui contient une grande colère.
Ma présence vous rend ici, milord, ce que vous avez fait pour moi : nous sommes quittes. Les moyens qu'on emploie contre vous sont indignes de gens de notre état. Voilà votre épée. (Il la lui présente.) C'est désormais contre moi seul que vous en ferez usage. Vous êtes libre, milord, sortez. Je vais assurer votre retraite ; nous nous verrons demain.

LE COMTE, étonné, regardant Eugénie et sir Charles tour à tour, dit à plusieurs reprises :
Monsieur, je... j'y compte... je vous attendrai chez moi.
(Il regarde de nouveau Eugénie en soupirant comme un homme désolé. Il sort par la porte du jardin ; le baron retient les valets, et lui livre le passage.)

SCÈNE XVIII

EUGÉNIE, LE BARON, MADAME MURER, LEURS GENS, SIR CHARLES.

MADAME MURER, furieuse, se relevant, et s'adressant à son neveu :
C'était donc pour l'arracher de nos mains que tu t'es rencontré ici ?

SIR CHARLES, troublé.
Vous me plaindrez tous, lorsque vous saurez... Vous serez vengés, n'en doutez pas... Mais cette Eugénie, dont toute la famille était si vaine...

MADAME MURER, d'un ton furieux.
Sir Charles... vengez votre sœur, et ne l'accusez pas. Elle est l'innocente victime... Entrons chez elle : venez, vous frémirez de mon récit.

SIR CHARLES, pénétré de douleur.
Elle n'est pas coupable ! Ah ! ma sœur ! pardonne mon erreur. Reçois... (Il lui prend les mains.) Elle ne m'entend pas. (A sa tante.) Ne songez qu'à la secourir.
(Madame Murer, Betsy et Robert, qui se détachent du groupe des valets, emmènent Eugénie dans sa chambre par-dessous les bras.)

SCÈNE XIX

LE BARON, SIR CHARLES, LES GENS.

SIR CHARLES, du ton le plus terrible, en prenant la main du baron.
Et vous, mon père, recevez pour elle le serment que je fais... Oui, si la rage qui me possède ne m'a pas étouffé ; si le feu qui dévore le sang de cette infortunée ne l'a pas tari avant le jour, je jure, par vous, qu'une vengeance éclatante aura devancé sa mort.

LE BARON.
Viens, mon cher fils.
(Ils entrent chez Eugénie. Les laquais sortent par la porte du vestibule avec leurs flambeaux.)

JEU D'ENTR'ACTE

Betsy sort de l'appartement d'Eugénie, très-affligée, un bougeoir à la main, car il est pleine nuit. Elle va chez madame Murer, et en rapporte une cave à flacons qu'elle pose sur la table du salon, ainsi que sa lumière. Elle ouvre la cave, et examine si ces flacons sont ceux qu'on demande. Elle porte ensuite la cave chez sa maîtresse, après avoir allumé les bougies qui sont sur la table. Un instant après, le baron sort de chez sa fille d'un air pénétré, tenant d'une main un bougeoir allumé, et de l'autre cherchant une clef dans ses goussets; il s'en va par la porte du vestibule qui conduit chez lui, et en revient promptement avec un flacon de sels, ce qui annonce qu'Eugénie est dans une crise affreuse. Il rentre chez elle. On sonne de l'intérieur; un laquais arrive au coup de sonnette. Betsy vient de l'appartement de sa maîtresse en pleurant, et lui dit tout bas de rester au salon pour être plus à portée. Elle sort par le vestibule. Le laquais s'assied sur le canapé du fond, et s'étend en bâillant de fatigue. Betsy revient avec une serviette sur son bras, une écuelle de porcelaine couverte à la main; elle rentre chez Eugénie. Un moment après, les acteurs paraissent, le valet se retire, et le cinquième acte commence. Il serait assez bien que l'orchestre, pendant cet entr'acte, ne jouât que de la musique douce et triste, même avec des sourdines, comme si ce n'était qu'un bruit éloigné de quelque maison voisine; le cœur de tout le monde est trop en presse dans celle-ci pour qu'on puisse supposer qu'il s'y fait de la musique.

ACTE CINQUIÈME

SCÈNE PREMIÈRE

SIR CHARLES, MADAME MURER, sortant de la chambre d'Eugénie.

MADAME MURER.

Passons ici, maintenant qu'elle est un peu calmée; nous y parlerons avec plus de liberté.

SIR CHARLES, d'un ton terrible.

Après ce que vous venez de me dire, après tout ce que j'ai appris... l'outrage et l'horreur sont à leur comble. Ma fureur ne connaît plus de bornes. Le sort en est jeté : il va périr.

SCÈNE II

MADAME MURER, SIR CHARLES, EUGÉNIE sortant de sa chambre l'air troublé, l'habillement en désordre, les cheveux à bas, sans collier ni rouge, et absolument décoiffée.

EUGÉNIE.

Qu'ai-je entendu? Mon frère...

SIR CHARLES, lui baisant la main.

Chère et malheureuse Eugénie ! si je n'ai pas pu prévenir le crime, au moins j'aurai la triste satisfaction de le punir.

EUGÉNIE, cherchant à le retenir.

Arrêtez... Quel fruit attendez-vous...

SIR CHARLES, avec fermeté.

Ma sœur, quand on n'a plus le choix des moyens, il faut se faire une vertu de la nécessité.

EUGÉNIE, d'une voix altérée.

Vous parlez de vertu ! et vous allez égorger votre semblable !

SIR CHARLES, indigné.

Mon semblable? un monstre !

EUGÉNIE.

Il vous a sauvé la vie.

SIR CHARLES, fièrement.

Je ne lui dois plus rien.

EUGÉNIE, éperdue.

Grand Dieu ! sauvez-moi de mon désespoir... Mon frère... au nom de la tendresse, et surtout au nom du malheur qui m'accable... Serai-je moins infortunée, moins perdue, quand le nom d'un parjure... quand son souvenir sera effacé sur la terre?... (Plus fort.) Et si votre présomption se trouvait punie par le fer de votre ennemi? quel coup affreux pour un père ! Vous, l'appui de sa vieillesse, vous allez mettre au hasard cette vie dont il a tant besoin... (D'une voix brisée.) pour une malheureuse fille que tous vos efforts ne peuvent plus sauver. Je vais mourir. (Madame Murer se jette sur un siége contre la table et appuie sa tête dessus.)

SIR CHARLES, avec feu.

Tu vivras... pour jouir de ta vengeance.

EUGÉNIE, désespérée, du ton le plus violent.

Non, je n'en suis pas digne. En faut-il des preuves ? Ah ! je me méprise trop pour les dissimuler. Tout perfide qu'il est, mon cœur se révolte encore pour lui : je sens que je l'aime malgré moi. Je sens que, si j'ai le courage de le mépriser vivant, rien ne pourra m'empêcher de le pleurer mort. Je détesterai votre victoire ; vous me deviendrez odieux ; mes reproches insensés vous poursuivront partout : je vous accuserai de l'avoir enlevé au repentir.

SIR CHARLES, en colère.

L'honneur outragé s'indigne de tes discours, et méprise tes larmes. Adieu, je vole à mon devoir.

EUGÉNIE, égarée.

Ah ! barbare ! arrêtez... Quelle horrible marque d'attachement allez-vous m'offrir ? (Madame Murer la retient, sir Charles sort.)

SCÈNE III

EUGÉNIE, MADAME MURER, BETSY.

EUGÉNIE, continuant avec égarement.

Le spectacle de son épée sanglante, arrachée du sein de mon époux... (D'un ton étouffé.) Mon époux ! Quel nom j'ai prononcé ! Mes yeux se troublent... Les sanglots me suffoquent... (Madame Murer et Betsy l'assoient.)

MADAME MURER.

Modérez l'excès de votre affliction.

EUGÉNIE, pleurant amèrement.

Non, l'on ne connaîtra jamais la moitié de mes tourments. L'insensé qu'il est ! s'il savait quel cœur il a déchiré !

MADAME MURER, pleurant aussi.

Consolez-vous, ma chère fille : l'horrible histoire sera ensevelie dans un profond secret. Espérez, mon enfant.

EUGÉNIE, hors d'elle-même.

Non, je n'espérerai plus : je suis lasse de courir au-devant du malheur. Eh ! plût à Dieu que je fusse entrée dans la tombe, le jour qu'au mépris du respect de mon père, je me rendis à vos instances ! Votre cruelle tendresse a creusé l'abîme où l'on m'a entraînée.

MADAME MURER, avec saisissement.

Quoi !... vous aussi, miss !...

EUGÉNIE, troublée.

Je m'égare... Ah ! pardon, madame : oubliez une malheureuse... (D'une voix ténébreuse.) Où donc est sir Charles ?... Il ne m'a pas entendue... Le sang va couler... Mon frère ou son ennemi percé de coups...

SCÈNE IV

LES ACTEURS PRÉCÉDENTS, LE BARON entre.

EUGÉNIE, lui crie avec désespoir.

Mon père, vous l'avez laissé sortir !

LE BARON, pénétré.

Crois-tu mon cœur moins déchiré que le tien ? N'augmente pas mes peines, lorsque le courage de ton frère va tout réparer, (à part) ou nous rendre doublement à plaindre.

EUGÉNIE, au désespoir, avec feu.

Pouvez-vous l'espérer, mon père ? La vengeance de sa famille ne vivra-t-elle pas pour faire tomber votre fils à son tour ? Nos parents, aussi fiers que les siens, laisseront-ils cette mort impunie ? Quel est donc le terme où le carnage devra s'arrêter ? Est-ce quand le sang des deux maisons sera tout à fait épuisé ?

LE BARON, avec colère.

Imprudente ! Un cœur aussi crédule, avec autant de moyens de t'en garantir ! (Betsy sort par le vestibule.)

SCÈNE V

EUGÉNIE, MADAME MURER, LE BARON, SIR CHARLES,
sans épée.

LE BARON, apercevant sir Charles.

Mon fils !

MADAME MURER.

Sitôt de retour !

LE BARON.

Sommes-nous vengés ?

SIR CHARLES, d'un air consterné.

Ô mon père ! vous voyez un malheureux... A deux pas d'ici j'ai trouvé le comte, il a voulu me parler ; sans l'écouter, je l'ai forcé de se défendre ; mais lorsque je le chargeais le plus vigoureusement... ô rage !... mon épée s'est rompue...

LE BARON.

Eh bien, mon fils ?...

SIR CHARLES.

Vous n'avez plus d'armes, m'a dit froidement le comte ; je ne regarde point cette affaire comme terminée ; j'approuve votre ressentiment ; je connais, comme vous, les lois de l'honneur ; nous nous verrons dans peu... Il est parti...

MADAME MURER.

Pour aller terminer son mariage : voilà ce que j'avais prévu.

SIR CHARLES, d'un ton désespéré.

Je suis prêt à m'arracher la vie. Ma sœur ! ma chère Eugénie ! je t'avais promis un défenseur, le sort a trompé mon attente.

EUGÉNIE, assise, d'un ton mourant.

Le ciel a eu pitié de mes larmes ; il n'a pas permis qu'un autre fût entraîné dans ma ruine... Ô mon père !... ô mon frère !... serez-vous plus inflexibles que lui ? La douleur qui me tue va laver la tache que j'ai imprimée sur toute ma famille. (Ici sa voix baisse par degrés.) Mais ce sacrifice lui suffit ; j'étais seule coupable, et le juste ciel veut que j'expie ma faute par le déshonneur, le désespoir et la mort. (Elle tombe épuisée ; madame Murer la reçoit dans ses bras.)

SCÈNE VI

LE BARON, SIR CHARLES, MADAME MURER, EUGÉNIE,
les yeux fermés, renversée sur le fauteuil, BETSY.

BETSY, accourant.

On frappe à coups redoublés.

MADAME MURER.

A l'heure qu'il est !... si matin... Courez. Qu'on n'ouvre pas. (Betsy sort.)

SCÈNE VII

MADAME MURER, LE BARON, SIR CHARLES, EUGÉNIE.

LE BARON.

Pourquoi ?

MADAME MURER.

Il y a tout à craindre... un homme aussi méchant... son oncle...

LE BARON.

Que peut-on nous faire ?

MADAME MURER.

Après ce qui s'est passé cette nuit, mon frère... un ordre supérieur... votre fils... que sait-on ?..

SIR CHARLES.

Il n'est pas capable de cette lâcheté.

MADAME MURER.

Il est capable de tout.

SCÈNE VIII

LES MÊMES ACTEURS ; BETSY, accourant.

BETSY, tout essoufflée.

C'est le comte de Clarendon.

SIR CHARLES, MADAME MURER, ensemble.
Clarendon !
LE BARON.
Je le voudrais.
BETSY.
Je l'ai vu dans la cour... le même habit. Il me suit.

SCÈNE IX

LES MÊMES, LE COMTE DE CLARENDON
entre précipitamment, sans épée.

LE BARON, avec horreur.
C'est lui.
MADAME MURER.
Il veut la voir mourir.
LE BARON.
Il mourra avant elle. (Il avance vers lui, et met l'épée à la main.) Défends-toi, perfide.
SIR CHARLES, se jetant au-devant de lui.
Mon père, il est sans armes.
LE COMTE.
J'ai cru que le repentir était la seule qui convînt au coupable. (Il court se mettre aux genoux d'Eugénie.) Eugénie, tu triomphes. Je ne suis plus cet insensé qui s'avilissait en te trompant ; je te jure un amour, un respect éternels. (Se levant avec effroi.) O ciel ! l'horreur et la mort m'environnent ! que s'est-il donc passé ?
SIR CHARLES, pleurant.
Ces nouvelles arrivent trop tard ; l'objet de tant de larmes n'est plus en état de recevoir aucune consolation.
LE COMTE, vivement.
Non, non ! l'excès de la douleur seul a porté le trouble dans ses esprits.
MADAME MURER, pleurant.
Hélas ! nous n'espérons plus rien.
(Betsy est debout derrière le fauteuil de sa maitresse, et s'essuie les yeux avec son tablier.)
LE COMTE, effrayé.
Craindriez-vous pour elle ? Ah ! laissez-moi me flatter que je ne suis pas si coupable. (D'un ton plus doux.) Eugénie ! chère épouse ! cette voix qui avait tant d'empire sur ton cœur, ne peut-elle plus rien sur toi ?
(Il lui prend la main.)
EUGÉNIE, rappelée à elle par le mouvement qu'elle reçoit, regarde en silence, fait un mouvement d'horreur en voyant le comte, se retourne, et dit :
Dieu ! j'ai cru le voir...
LE COMTE, se remettant à ses pieds.
Oui, c'est moi.
EUGÉNIE, dans les bras de sa tante, dit en frissonnant, sans regarder :
C'est lui !
LE COMTE.
L'ambition m'égarait, l'honneur et l'amour me ramènent à vos pieds... nos beaux jours ne sont pas finis.

EUGÉNIE, les yeux fermés et levant les bras.
Qu'on me laisse... qu'on me laisse...
LE COMTE, avec feu.
Non, jamais. Écoutez-moi. Cette nuit, en vous quittant, le cœur plein d'amour pour vous, et d'admiration pour un si noble ennemi (il montre sir Charles en se levant), j'ai couru me jeter aux pieds de mon oncle, et lui faire un aveu de tous mes attentats. Le repentir m'élevait au-dessus de la honte. Il a vu mes remords, ma douleur ; il a lu l'acte faux qui atteste mon crime et vos vertus. Mon désespoir et mes larmes l'ont fait consentir à mon union avec vous ; il serait venu lui-même ici vous l'annoncer ; mais, le dirai-je ? il a craint que je ne pusse jamais obtenir mon pardon. Prononcez, Eugénie, décidez de mon sort.
EUGÉNIE, d'une voix faible, lente et coupée.
C'est vous !... j'ai recueilli le peu de forces qui me restent, pour vous répondre... ne m'interrompez point... Je rends grâces à la générosité de milord duc... je vous crois même sincère en ce moment... mais l'état humiliant dans lequel vous n'avez pas craint de me plonger... l'opprobre dont vous avez couvert celle que vous deviez chérir, ont rompu tous les liens...
LE COMTE, vivement.
N'achevez pas. Je puis vous être odieux ; mais vous m'appartenez ; mes forfaits nous ont tellement unis l'un à l'autre...
EUGÉNIE, douloureusement.
Malheureux !... qu'osez-vous rappeler ?
LE COMTE, avec feu.
J'oserai tout pour vous obtenir. Au défaut d'autres droits, je rappellerai mes crimes pour m'en faire des titres. Oui, vous êtes à moi. Mon amour, les outrages dont vous vous plaignez, mon repentir, tout vous enchaîne, et vous ôte la liberté de refuser ma main ; vous n'avez plus le choix de votre place, elle est fixée au milieu de ma famille : interrogez l'honneur ; consultez vos parents ; ayez la noble fierté de sentir ce que vous vous devez.
LE BARON, au comte.
Ce qu'elle se doit est de refuser l'offre que vous lui faites ; je ne suis pas insensible à votre procédé, mais j'aime mieux la consoler toute ma vie du malheur de vous avoir connu, que de la livrer à celui qui a pu la tromper une fois. Sa fermeté lui rend toute mon estime.
LE COMTE, pénétré.
Laissez-vous toucher, Eugénie ; je ne survivrais pas à des refus obstinés.
EUGÉNIE, veut se lever pour sortir, sa faiblesse la fait retomber assise.
Cessez de me tourmenter par de vaines instances ; le parti que j'ai pris est inébranlable ; j'ai le monde en horreur.
LE COMTE, regardant autour de lui, s'adresse enfin à madame Murer.
Madame, je n'espère plus qu'en vous.

EUGÉNIE.

Garnier frères Éditeurs

MADAME MURER, fièrement.

Je consens qu'elle vous pardonne, si vous pouvez vous pardonner à vous-même.

LE COMTE, d'une voix forte et d'un ton de dignité.

Vous avez raison ; celui qui s'est rendu si criminel est à jamais indigne de partager son sort. Vous n'ajouterez rien dont je ne sois pénétré d'avance... (A Eugénie avec plus de chaleur.) Mais, cruelle ! quand le ciel et la terre déposent contre mon indignité, aucun murmure ne se fait-il entendre dans ton sein ? et l'être infortuné qui te devra bientôt le jour n'a-t-il pas des droits plus sacrés que ta résolution ? C'est pour lui que j'élève une voix coupable : lui raviras-tu, par une double cruauté, l'état qui lui est dû ? et l'amour outragé ne cédera-t-il pas au cri de la nature ? (En s'adressant à tous.) Barbares ! si vous ne vous rendez pas à ces raisons, vous êtes tous, s'il se peut, plus inhumains, plus féroces que le monstre qui a pu outrager sa vertu, et qui meurt de douleur à vos pieds. (Il tombe aux pieds du baron.) Mon père !

LE BARON, le relevant, lui serre les mains, et après un moment de silence :

Je vous la donne.

LE COMTE s'écrie :

Eugénie !

LE BARON, à Eugénie.

Rendons-nous, ma fille ; celui qui se repent de bonne foi est plus loin du mal que celui qui ne le connut jamais.

(Eugénie regarde son père, laisse tomber sa main dans celle du comte, et va parler. Le comte lui coupe la parole.)

LE COMTE, par exclamation.

Elle me pardonne !

EUGÉNIE, après un soupir.

Va, tu mérites de vaincre ; ta grâce est dans mon sein, et le père d'un enfant si désiré ne peut jamais m'être odieux. Ah ! mon frère, ah ! ma tante, la vue du contentement que je fais naître en vous me remplit de joie à mon tour. (Madame Murer l'embrasse avec joie.)

LE COMTE, transporté.

Eugénie me pardonne ; ah ! la mienne est extrême ; cet événement va nous rendre tous aussi heureux que vous êtes dignes de l'être, et que j'ai peu mérité de le devenir.

SIR CHARLES, au comte.

Généreux ami, que d'éloges nous vous devons !

LE COMTE.

Je rougirais de moi, si je n'avais aspiré qu'à les obtenir : le bonheur avec Eugénie, la paix avec moi-même, et l'estime des honnêtes gens, voilà le seul but auquel j'ose prétendre.

LE BARON, avec joie.

Mes enfants, chacun de vous a fait son devoir aujourd'hui : vous en recevez la récompense. N'oubliez donc jamais qu'il n'y a de vrais biens sur la terre que dans l'exercice de la vertu.

LE COMTE, baisant la main d'Eugénie avec enthousiasme.

O ma chère Eugénie !...

(Tous se rassemblent autour d'elle, et la toile tombe.)

FIN D'EUGÉNIE.

LES DEUX AMIS

OU

LE NÉGOCIANT DE LYON

DRAME EN CINQ ACTES ET EN PROSE

REPRÉSENTÉ POUR LA PREMIÈRE FOIS SUR LE THÉATRE DE LA COMÉDIE-FRANÇAISE, A PARIS, LE 13 JANVIER 1770.

> Qu'opposerez-vous aux faux jugements, à l'injure, aux clameurs ? — Rien.
> *Les deux Amis*, acte IV, scène VII.

AVERTISSEMENT DE L'AUTEUR

Pour faciliter les positions théâtrales aux acteurs de province ou de société qui joueront ce drame, on a fait imprimer, au commencement de chaque scène, le nom des personnages, dans l'ordre où les Comédiens Français se sont placés, de la droite à la gauche, au regard des spectateurs. Le seul mouvement du milieu des scènes reste abandonné à l'intelligence des acteurs.

Cette attention de tout indiquer peut paraître minutieuse aux indifférents; mais elle est agréable à ceux qui se destinent au théâtre, ou qui en font leur amusement; surtout s'ils savent avec quel soin les Comédiens Français les plus consommés dans leur art se consultent, et varient leurs positions théâtrales aux répétitions, jusqu'à ce qu'ils aient rencontré les plus favorables, qui sont alors consacrées, pour eux et leurs successeurs, dans le manuscrit déposé à leur bibliothèque.

C'est en faveur des mêmes personnes que l'on a partout indiqué la pantomime. Elles sauront gré à celui qui s'est donné quelques peines pour leur en épargner; et si le drame par cette façon de l'écrire, perd un peu de sa chaleur à la lecture, il y gagnera beaucoup de vérité à la représentation.

PERSONNAGES — ACTEURS

AURELLY, riche négociant de Lyon, homme vif, honnête, franc et naïf............... M. PRÉVILLE.
MÉLAC PÈRE, receveur général des fermes à Lyon, philosophe sensible................ M. BRIZARD.
PAULINE, nièce d'Aurelly, élevée par Mélac père ; jeune personne au-dessus de son âge..... Mlle DOLIGNY.
MÉLAC FILS, élevé avec Pauline ; jeune homme bouillant et d'une sensibilité excessive..... M. MOLÉ.
SAINT-ALBAN, fermier général en tournée; homme du monde estimable............. M. BELCOUR.
DABINS, caissier d'Aurelly, protégé de Mélac père; homme de jugement et fort attaché à son protecteur..................... M. PIN.
ANDRÉ, domestique de la maison ; garçon très-simple...................... M. FEULIE.

La scène est à Lyon, dans le salon commun d'une maison occupée par Aurelly et Mélac.

ACTE PREMIER

Il est dix heures du matin. Le théâtre représente un salon ; à l'un des côtés est un clavecin ouvert, avec un pupitre chargé de musique. Pauline, en peignoir, est assise devant ; elle joue une pièce. Mélac, debout à côté d'elle, en habit du matin, ses cheveux relevés avec un peigne, un violon à la main, l'accompagne. La toile se lève aux premières mesures de l'*andante*[1].

SCÈNE PREMIÈRE

PAULINE, MÉLAC FILS.

PAULINE, *après que la pièce est jouée.*

Comment trouvez-vous cette sonate ?

MÉLAC FILS.

Votre brillante exécution la fait beaucoup valoir.

PAULINE.

C'est votre avis que je demande, et non des éloges.

MÉLAC FILS.

Je le dis aussi; elle me plairait moins sous les doigts d'un autre.

PAULINE *se lève.*

Fort bien; mais je m'en vais, je n'ai point encore vu mon oncle.

MÉLAC FILS *l'arrête.*

Il est sorti; il va...

PAULINE.

A la bourse, apparemment?

MÉLAC FILS.

Je le crois. Le payement s'ouvre demain. Ce temps

---

[1] Pendant que les acteurs sont censés faire de la musique, les premiers violons de l'orchestre jouent, avec des sourdines, un *andante*, que les seconds dessus et les basses accompagnent en pinçant, ce qui complète l'illusion du petit concert que le spectacle représente.

critique et dangereux pour les négociants de Lyon exige qu'ils se voient...

PAULINE.

Il s'est retiré bien tard cette nuit!

MÉLAC FILS.

Ils ont longtemps jasé. Mon père se plaignait à lui des fermiers généraux, qui me refusent la survivance de sa place de receveur général des fermes.

PAULINE.

Bien malhonnêtement, sans doute?

MÉLAC FILS.

Sous prétexte qu'ils l'ont donnée. « Voilà comme vous êtes, lui disait votre oncle. Ne demandant jamais, un autre sollicite; il obtient le prix de vos longs services. » Mais savez-vous ce que j'ai pensé, Pauline? c'est que si quelqu'un dans la compagnie nous a desservis, ce ne peut être que Saint-Alban.

PAULINE.

Que vous êtes injuste! J'ai vu tout ce qu'il a écrit en votre faveur.

MÉLAC FILS.

On fait voir ce qu'on veut.

PAULINE.

Vous vous plaisez bien à l'accuser.

MÉLAC FILS.

Pas tant que vous à le défendre.

PAULINE, fâchée.

Vous m'impatientez. Depuis son départ, il faut donc se résoudre à voir toutes nos conversations rentrer dans celle-ci?

MÉLAC FILS, d'un air fin.

Allons, la paix. — Ils ont ensuite parlé de votre établissement... du mien... Mon père m'a fait signe, je me suis retiré; mais en sortant, j'ai entendu qu'il disait un mot,... Ah! Pauline.... (Il veut lui prendre la main.)

PAULINE se recule.

Eh bien! monsieur.

MÉLAC FILS.

Un certain mot.

PAULINE l'interrompt.

Je ne suis pas curieuse. — Parlons de la petite fête que nous préparons à mon oncle, à l'occasion de ses lettres de noblesse : y songez-vous?

MÉLAC FILS.

J'ai tout arrangé dans ma tête. Nous commencerons par un concert; peu de monde, nous et nos maîtres. Sur la fin, on viendra l'avertir qu'on le demande. Pendant son absence, un tapis, deux paravents feront l'affaire, et nous lui donnerons la plus jolie petite pièce...

PAULINE.

Oh! point de comédie.

MÉLAC FILS.

Pourquoi?

PAULINE.

Vous connaissez la faiblesse de ma poitrine.

MÉLAC FILS.

On ne crie pas la comédie, ce n'est qu'en parlant qu'on la joue bien. Figure charmante! organe flexible et touchant! de l'âme surtout... que vous manque-t-il? une jeune actrice se fait toujours assez entendre, lorsqu'elle a le talent de se faire écouter.

PAULINE.

Oh! ce n'est ni d'éloquence ni d'adresse qu'on vous accusera de manquer, pour ramener les gens à vos idées... Et les couplets que je vous ai demandés?

MÉLAC FILS, tendrement.

Vous craignez qu'on ne les oublie! injuste Pauline!...

PAULINE, l'interrompt en s'asseyant.

Essayons encore une pièce avant de m'habiller.

MÉLAC FILS, s'assurant de l'accord du violon.

Volontiers.

PAULINE.

Donnez-moi le nouveau livre.

MÉLAC FILS, avec humeur.

Pourquoi ne pas suivre le même?

PAULINE.

Pour sortir un peu de l'ancien genre. Au reste, comme c'était uniquement pour vous...

MÉLAC FILS, d'un air incrédule.

Oui! pour moi!

PAULINE, riant.

Voilà bien les ingrats! cherchant toujours à diminuer l'obligation, pour n'être point tenus de la reconnaissance! Cette musique n'est-elle pas plus piquante, plus variée?

MÉLAC FILS, mécontent.

Piquante, variée, délicieuse! C'est le beau Saint-Alban qui vous l'a choisie à Paris.

PAULINE.

Et toujours Saint-Alban! Vous êtes bien étrange! Votre souverain bonheur serait que personne ne m'aimât!

MÉLAC FILS.

Je ne serai donc jamais heureux.

PAULINE.

Vous voudriez... qu'on ne pût me souffrir.

MÉLAC FILS.

Je ne désire point l'impossible.

PAULINE, gaiement.

Hé! il ne faudrait pas trop vous presser pour vous le faire avouer ingénument.

MÉLAC FILS.

Non; mais il est assez simple que je n'aime point un homme qui affiche des sentiments pour vous.

PAULINE.

Pour le venger de cette humeur, vous accompagnerez sa favorite.

MÉLAC FILS.

Oh! non. (Il pose le violon sur une chaise.)

PAULINE.

Vous me refusez?

MÉLAC FILS.

J'aime mieux demander pardon de tout ce que j'ai dit. (Il se met à genoux.)

PAULINE.

Et moi, je le veux.

MÉLAC FILS.

C'est une tyrannie.

PAULINE, plaisantant.

Obéissez, ou je ne vous appelle plus mon frère.

MÉLAC FILS, d'un air hypocrite, en se relevant.

Si ce nom vous déplaît, vous avez un autre moyen de m'y faire renoncer.

PAULINE.

Et c'est...

MÉLAC FILS.

De m'en permettre un plus doux.

SCÈNE II

PAULINE, MÉLAC FILS, MÉLAC PÈRE.

(Mélac père paraît dans le fond.)

PAULINE.

Je ne vous entends pas.

MÉLAC FILS.

Vous ne m'entendez pas? Je vais...

PAULINE, lui coupant la parole.

Je vais... je vais jouer la pièce : m'accompagnerez-vous, oui ou non?

MÉLAC FILS, lui baisant la main.

Pardon, pardon; mais pour celle-ci, en vérité elle est trop difficile.

PAULINE, avec une petite moue.

Hum... Mauvais caractère! je sais ce qui vous la fait voir ainsi. (Il lui baise les mains, elle se fâche.) Finissez, monsieur de Mélac, je vous l'ai déjà dit. Ces libertés m'offensent : laissez mes mains.

MÉLAC FILS.

Qui pourrait refuser... (Il continue à lui baiser les mains) un juste hommage... à leur dextérité?

(Mélac père se retire avec mystère.)

SCÈNE III

MÉLAC FILS, PAULINE.

PAULINE, s'échappant.

Encore? obstiné! mutin! disputeur! audacieux! jaloux!... Car vous méritez tous ces noms-là. Vous refusez de m'accompagner, vous en aurez ce soir la honte publique.

SCÈNE IV

MÉLAC FILS, seul.

Mon cœur la suit... Ah! Pauline... Je plaisante avec elle... je dispute.. je l'obstine... Sans ce détour, je n'oserais jamais... Si mon père m'eût obtenu cette survivance, mon état une fois fait... « Je le veux absolument, dit-elle, obéissez!... » J'aime à la voir prendre ainsi possession de moi sans qu'elle s'en doute. (Il va fermer le clavecin.) Oui; mais elle a beau dire, je ne jouerai point la musique de son Saint-Alban... Que je le hais avec son esprit, sa richesse, et son air affectueux! Il avait bien affaire de rester trois semaines ici, ce beau fermier général! On l'envoie en tournée...

SCÈNE V

MÉLAC FILS, MÉLAC PÈRE.

MÉLAC PÈRE, jouant l'étonné.

Tout seul, mon fils! il me semblait avoir entendu de la musique.

MÉLAC FILS.

C'était Pauline, mon père; elle est allée s'habiller.

MÉLAC PÈRE.

Mais vous, Mélac, vous n'êtes pas décemment : ces cheveux...

MÉLAC FILS.

Elle était en peignoir elle-même.

MÉLAC PÈRE.

Cette aimable confiance de l'innocence n'autorise point à lui manquer.

MÉLAC FILS.

Moi, lui manquer, mon père!

MÉLAC PÈRE.

Oui, mon fils, c'est lui manquer que de vous montrer à ses yeux dans ce désordre. Parce qu'elle ignore le danger, ou vous estime assez pour n'en point craindre avec vous, est-ce une raison d'oublier ce que vous devez à son sexe, à son âge, à son état?

MÉLAC FILS.

Je ne vais point chez elle ainsi. Ce salon nous est commun, nous y avons toujours étudié le matin... Quand on demeure ensemble... Mais, mon père, jusqu'à présent vous ne m'avez rien dit... Est-ce monsieur Aurelly qui fait cette remarque?

MÉLAC PÈRE.

Son oncle? Non, mon ami. Aussi simple qu'honnête, Aurelly ne suppose jamais le mal où il ne le voit pas; mais, tout occupé de son commerce, il s'est reposé sur moi des mœurs et de l'éducation de sa nièce, et je dois la garantir par mes soins...

MÉLAC FILS.

La garantir!

MÉLAC PÈRE.

Elle n'est plus un enfant, mon fils; et ces familiarités d'autrefois...

MÉLAC FILS, un peu déconcerté.

J'espère ne jamais m'oublier devant elle, et lui montrer toujours autant de respect que je renferme d'attachement.

MÉLAC PÈRE.

Pourquoi le renfermer, s'il n'est que raisonnable? Riez avec elle, dans la société, devant moi, devant son oncle, très-bien : mais c'est lorsque vous la trouvez seule, mon fils, qu'il faut la respecter. La première punition de celui qui manque à la décence est d'en perdre bientôt le goût; une faute en amène une autre, elles s'accumulent; le cœur se déprave; on ne sent plus le frein de l'honnêteté que pour s'armer contre lui : on commence par être faible, on finit par être vicieux.

MÉLAC FILS, déconcerté.

Mon père, ai-je donc mérité une aussi sévère réprimande ?

MÉLAC PÈRE, d'un ton plus doux.

Des avis ne sont point des reproches. Allez, mon fils; mais n'oubliez jamais que la nièce de votre ami, du bienfaiteur de votre père, doit être sacrée pour vous. Souvenez-vous qu'elle n'a point de mère qui veille à sa sûreté. Songez que mon honneur et le vôtre doivent être ici les appuis de son innocence et de sa réputation. Allez vous habiller.

SCÈNE VI

MÉLAC PÈRE, seul.

S'il s'était douté que je l'eusse vu, il eût mis, à se disculper, toute l'attention qu'il a donnée à ma morale. On ne se ment pas à soi-même ; et s'il a tort, il se fera bien sans moi l'application de la leçon. Ceci me rappelle avec quel soin Aurelly détournait la conversation hier au soir, quand je le mis sur l'établissement de sa nièce. Sa nièce !... Mais est-il bien vrai qu'elle le soit ?.. Son embarras en m'en parlant semblait tenir... de la confusion... Je me perds dans mes soupçons... Quoi qu'il en soit, je ne veux pas que mon ami puisse jamais me reprocher d'avoir fermé les yeux sur leur conduite.

SCÈNE VII

MÉLAC PÈRE, ANDRÉ en papillotes et en veste du matin, un ballai de plumes sous son bras, entre, regarde de côté et d'autre, et s'en retourne.

ANDRÉ.

Il n'y est pas, monsieur Dabins.

MÉLAC PÈRE.

Qu'est-ce ?

ANDRÉ.

Ah ! ce n'est rien. C'est ce gros monsieur...

MÉLAC PÈRE.

Quel monsieur ?

ANDRÉ, d'un ton niais.

Celui qui vient... qui m'a tant faire rire le jour de cette histoire...

MÉLAC PÈRE.

Est-ce qu'il n'a pas de nom ?

ANDRÉ.

Si fait, il a un nom. Monsieur... monsieur.. C'est qu'il s'appelle encore autrement.

MÉLAC PÈRE.

Autrement que quoi ?

ANDRÉ.

Je l'ai bien entendu peut-être... Paris, deux et demi; Marseille, Canada, trente-huit ; que sais-je ?

MÉLAC PÈRE, riant de pitié.

Ah ! l'agent de change ?

ANDRÉ.

C'est ça.

MÉLAC PÈRE.

Mais ce n'est pas moi qu'il cherche ?

ANDRÉ.

C'est monsieur Dabins.

MÉLAC PÈRE.

Qu'il passe à la caisse d'Aurelly.

ANDRÉ.

Il en vient ; ce caissier n'est-il pas déjà sorti ?

MÉLAC PÈRE.

Un jour comme celui-ci ! Il est donc fou !

ANDRÉ.

Je ne sais pas.

MÉLAC PÈRE.

Voyez à sa chambre, au jardin, partout.

ANDRÉ va et revient.

Moi, j'ai mon ouvrage... et si je ne le trouve pas, qu'est-ce qu'il faut que je lui dise ?

MÉLAC PÈRE.

Rien. Car on ne finirait plus...

SCÈNE VIII

MÉLAC PÈRE, seul.

Qui croirait qu'un garçon aussi simple fût le fait d'un homme bouillant, d'Aurelly ? Sa règle est assez juste. Aux gens de cet état, moins d'esprit, moins de corruption.

SCÈNE IX

DABINS, MÉLAC PÈRE.

MÉLAC PÈRE.

On vous cherche, monsieur Dabins.

DABINS, d'un air effrayé.

Depuis une heure, monsieur, j'épie le moment de vous trouver seul.

MÉLAC PÈRE.

Que me voulez-vous ?

DABINS.

Puis-je parler en liberté ?

MÉLAC PÈRE.

Vous êtes pâle, défait, votre voix est tremblante !

DABINS.

Ah ! monsieur !

MÉLAC PÈRE.

Expliquez-vous.

DABINS.

Comment vous apprendre le malheur ?...

MÉLAC PÈRE.

Sortez de ce trouble. Parlez.

DABINS.

Cette lettre que je reçois à l'instant...

MÉLAC PÈRE.
Que dit-elle de sinistre?

DABINS.
Vous aimez monsieur Aurelly?

MÉLAC PÈRE.
Si je l'aime! Vous me faites trembler.

DABINS.
A moins d'un miracle, il faut qu'il manque à ses payements demain. Il faut...

MÉLAC PÈRE, regardant de tous côtés.
Malheureux! si quelqu'un vous entendait!... Vous perdez le sens... D'où savez-vous... Cela ne saurait être.

DABINS.
J'ai prévu votre surprise et votre douleur; mais le fait n'est que trop avéré.

MÉLAC PÈRE.
Avéré! dites-vous? — Je n'ose l'interroger. — Monsieur Dabins, songez-vous à l'importance?... Il m'a troublé.

DABINS.
Monsieur Aurelly avait, à Paris, pour huit cent mille francs d'effets.

MÉLAC PÈRE.
Chez son ami monsieur de Préfort, je le sais.

DABINS.
Il me dit, il y a quelque temps, d'écrire à ce correspondant de les vendre, et de m'envoyer tout le papier sur Lyon qu'on pourrait trouver.

MÉLAC PÈRE.
Après?

DABINS.
Au lieu d'argent que j'attendais aujourd'hui, son fils me dépêche un courrier, qui a gagné douze heures sur celui de la poste.

MÉLAC PÈRE.
Eh bien!... ce courrier?

DABINS.
M'apprend qu'au moment de négocier nos effets, monsieur de Préfort s'est trouvé atteint d'un mal violent qui l'a emporté en deux jours, et qu'on a mis aussitôt le scellé sur son cabinet.

MÉLAC PÈRE.
Pourquoi cet effroi? Je regrette Préfort; mais il laisse une fortune immense. Aurelly réclamera ses effets, qui lui seront remis. C'est tout au plus un retard : achevez.

DABINS.
J'ai tout dit. Notre payement était fondé sur ces rentrées, qui n'ont jamais manqué; nous n'avons pas dix mille francs en caisse.

MÉLAC PÈRE.
Et vous devez en payer demain?...

DABINS.
Six cent mille. Il y a de quoi perdre l'esprit.

MÉLAC PÈRE.
Il me quitte : il ne sait donc point...

DABINS.
Voilà mon embarras. Vous connaissez sa probité, ses principes... Il en mourra... — Un homme si bon, si bienfaisant... Mais, monsieur, il n'y a que vous qui puissiez vous charger de lui apprendre...

MÉLAC PÈRE.
Il n'est pas possible qu'Aurelly n'ait pas chez lui de quoi parer à cet accident.

DABINS.
Il a du bien, d'excellents immeubles, cette maison, sa terre; mais avoir à payer demain six cent mille francs, et pas un sou!

MÉLAC PÈRE.
Attendez. Je lui connais cent mille écus qu'un ami, m'a-t-il dit, lui a confiés.

DABINS.
Il ne les a plus : monsieur de Préfort s'était chargé de les convertir en effets pareils à ceux qu'il lui avait procurés. Aujourd'hui tout est là, tout manque à la fois.

MÉLAC PÈRE.
Onze cent mille francs arrêtés, au moment de payer!

DABINS.
Il périt au milieu des richesses.

MÉLAC PÈRE se promène.
Vous l'avez dit, il en mourra; l'homme le plus vertueux, le plus sage!... une réputation si intacte! s'il suspend ses payements, s'il faut que son honneur... Il en mourra, l'infortuné : voilà ce qu'il y a de bien certain. (Il se promène plus vite.)

DABINS.
Si l'on eût reçu la nouvelle huit jours plus tôt...

MÉLAC PÈRE.
C'est un homme perdu.

DABINS.
Ces lettres de noblesse encore lui font tant de jaloux! Vous verrez, monsieur, les amis que lui laissera l'infortune : il n'y a peut-être pas un négociant dans Lyon qui ne fût bien aise au fond du cœur... Trouver de l'argent! il ne faut pas s'en flatter.

MÉLAC PÈRE se promène.
J'ai bien ici cent mille francs à moi.

DABINS.
Qu'est-ce que cela?

MÉLAC PÈRE, rêvant.
En effet, qu'est-ce que cela?

DABINS.
A peine le sixième de ce qu'il nous faut.

MÉLAC PÈRE s'arrête.
Monsieur Dabins?

DABINS.
Monsieur.

MÉLAC PÈRE.
Où est votre courrier?

DABINS.
Je l'ai fait cacher.

MÉLAC PÈRE.
Monsieur Dabins, allez m'attendre dans mon cabinet. Ne voyez personne, enfermez-vous, enfermez-vous soigneusement. Je vous rejoins, j'ai besoin de me recueillir...

DABINS.
Sur la manière de lui annoncer...

MÉLAC PÈRE.
C'est lui. Partez, sans dire un mot.

SCÈNE X
MÉLAC PÈRE, DABINS, AURELLY.

AURELLY.
Bonjour, Mélac. Ah ! te voilà, Dabins ? J'ai trouvé l'agent de change qui te cherche ; il emporte mes deux effets sur Pétersbourg. Eh bien ! nos fonds de Paris ?
(Il ôte son épée, qu'il pose sur une chaise.)

MÉLAC PÈRE, vivement.
C'est ce dont il me parlait, en me demandant si je n'avais pas quelques papiers à échanger pour simplifier son opération.

AURELLY.
Comme tu es rouge, Mélac !

MÉLAC PÈRE.
Ce n'est rien.

AURELLY, à Dabins qui sort.
Monsieur Dabins, le bordereau de tous mes payements en état pour ce soir. (Dabins sort.)

SCÈNE XI
MÉLAC PÈRE, AURELLY.

AURELLY, gaiement.
Je t'ai bien désiré tout à l'heure à l'Intendance ; tu m'aurais vu batailler...

MÉLAC PÈRE.
Contre qui ?

AURELLY.
Ce nouveau noble, si plein de sa dignité, si gros d'argent et si bouffi d'orgueil, qu'il croit toujours se commettre lorsqu'il salue un roturier.

MÉLAC PÈRE, distrait.
Moins il y a de distance entre les hommes, plus ils sont pointilleux pour la faire remarquer.

AURELLY.
Celui-ci, qui, jusqu'à l'époque de mes lettres de noblesse, ne m'avait jamais regardé, s'avise de me complimenter aujourd'hui d'un ton supérieur : « Je me flatte (m'a-t-il dit) que vous quittez enfin le commerce avec la roture. »

MÉLAC PÈRE, à part.
Ah ! dieux !

AURELLY.
Quoi ?

MÉLAC PÈRE, s'efforçant de rire.
Je crois l'entendre.

AURELLY.
« Au contraire, monsieur, ai-je répondu ; je ne puis mieux reconnaître le nouveau bien que je lui dois, qu'en continuant à l'exercer avec honneur. »

MÉLAC PÈRE, embarrassé.
Ah ! mon ami, le commerce expose à de si terribles revers !

AURELLY.
Tu m'y fais songer : l'agent de change ne s'explique pas ; mais, à son air, je gagerais que le payement ne se passera pas sans quelque banqueroute considérable.

MÉLAC PÈRE.
Je ne vois jamais ce temps de crise, sans éprouver un serrement de cœur sur le sort de ceux à qui il peut être fatal.

AURELLY.
Et moi, je dis que la pitié qu'on a pour les fripons n'est qu'une misérable faiblesse, un vol qu'on fait aux honnêtes gens. La race des bons est-elle éteinte pour...?

MÉLAC PÈRE.
Je ne parle point des fripons.

AURELLY, avec chaleur.
Les malhonnêtes gens reconnus sont moins à craindre que ceux-ci : l'on s'en méfie ; leur réputation garantit au moins de leur mauvaise foi.

MÉLAC PÈRE.
Fort bien : mais...

AURELLY.
Mais un méchant qui travailla vingt ans à passer pour un honnête homme porte un coup mortel à la confiance, quand son fantôme d'honneur disparaît : l'exemple de sa fausse probité fait qu'on n'ose plus se fier à la véritable.

MÉLAC PÈRE, douloureusement.
Mon cher Aurelly, n'y a-t-il donc point de faillites excusables ? Il ne faut qu'une mort, un retard de fonds, il ne faut qu'une banqueroute frauduleuse un peu considérable, pour en entraîner une foule de malheureuses.

AURELLY.
Malheureuse ou non, la sûreté du commerce ne permet pas d'admettre ces subtiles différences : et les faillites qui sont exemptes de mauvaise foi ne le sont presque jamais de témérité.

MÉLAC PÈRE.
Mais c'est outrer les choses, que de confondre ainsi...

AURELLY.
Je voudrais qu'il y eût là-dessus des lois si sévères, qu'elles forçassent enfin tous les hommes d'être justes.

MÉLAC PÈRE.
Eh ! mon ami, les lois contiennent les méchants sans les rendre meilleurs ; et les mœurs les plus pures ne peuvent sauver un honnête homme d'un malheur imprévu.

AURELLY.
Monsieur, la probité du négociant importe à trop de gens, pour qu'on lui fasse grâce en pareil cas.

MÉLAC PÈRE.

Mais écoutez-moi.

AURELLY.

Je vais plus loin. Je soutiens que l'honneur des autres est engagé à ce que celui qui ne paye pas soit flétri publiquement.

MÉLAC PÈRE, mettant ses mains sur son visage.

Ah! bon Dieu!

AURELLY.

Oui, flétri. S'il est malheureux, entre mourir et paraître indigne de vivre, le choix est bientôt fait, je crois. Qu'il meure de douleur; mais que son exemple terrible augmente la prudence ou la bonne foi de ceux qui l'ont sous les yeux.

MÉLAC PÈRE, s'échauffant.

Vous condamnez, sans distinction, à l'opprobre un infortuné comme un coupable?

AURELLY.

Je n'y mets pas de différence.

MÉLAC PÈRE.

Quoi! si l'un de vos amis, victime des événements...

AURELLY.

Je serais son juge le plus sévère.

MÉLAC PÈRE, le regardant fixement

Si c'était moi?

AURELLY.

Si c'était toi?... Son air m'a fait trembler.

MÉLAC PÈRE.

Vous ne répondez pas?

AURELLY, fièrement.

Si c'était vous?... (Avec effusion.) Mais premièrement, tu n'es pas négociant: et voilà comme tu fais toujours; quand tu ne peux convaincre mon esprit, tu attaques mon cœur.

MÉLAC PÈRE, à part.

Oh ciel! comment lui apprendre...

SCÈNE XII

MÉLAC PÈRE, PAULINE, AURELLY.

PAULINE, habillée.

Ah! voilà mon oncle de retour.

MÉLAC PÈRE, à part, avec douleur.

Et sa nièce!

PAULINE.

Bonjour, mon cher oncle; avez-vous mieux reposé cette nuit que la précédente?

AURELLY.

Fort bien; et toi?

PAULINE.

Votre conversation si sérieuse du souper m'a un peu agitée: elle m'a laissé une impression... j'ai peu dormi.

AURELLY, en riant.

Nous aurons soin à l'avenir de monter nos bavardages sur un ton plus gai. Nous ne devons pas troubler les nuits de celle qui nous rend les jours si agréables.

(Pauline l'embrasse.)

MÉLAC PÈRE, à part.

Sa sécurité me perce l'âme.

AURELLY.

Ah ça, mon enfant, quel amusement nous disposes-tu aujourd'hui?

PAULINE.

Cette après-midi? Grand assaut de musique entre l'obstiné Mélac et moi; vous serez les juges. Vous savez qu'il donne la préférence au violon sur tout autre instrument.

AURELLY, gaiement.

Et toi, tu défends le clavecin à outrance.

PAULINE.

Je soutiens l'honneur du clavecin. La loi du combat est que le vaincu sera réduit à ne faire qu'accompagner l'autre, qui brillera seul tout le reste du concert; et je vous confie que j'ai de quoi le faire mourir de dépit.

AURELLY.

Bravo! bravo!

MÉLAC PÈRE, d'un ton pénétré.

Ne ferions-nous pas mieux, mes amis, de remettre ce concert? Tant de gens sont à Lyon dans le trouble et l'inquiétude! « Il me semble (dira-t-on) que ceux-ci « fassent parade de leur aisance, pour insulter à l'em- « barras où les autres sont plongés. » On comparera cette joie déplacée avec le désespoir qui poignarde peut-être en ce moment d'honnêtes gens qui ne s'en vantent pas.

AURELLY, riant.

Ah, ah, ah! vois-tu comment ce grave philosophe détruit nos projets d'un seul mot? Il faut bien lui céder, pour avoir la paix. Remets ton cartel à un autre jour.

MÉLAC PÈRE, à part, en sortant.

Allons sauver, s'il se peut, l'honneur et la vie à ce malheureux.

SCÈNE XIII

PAULINE, AURELLY.

AURELLY.

Mais... il a quelque chose aujourd'hui... N'as-tu pas remarqué?

PAULINE.

En effet, j'ai cru voir un nuage...

AURELLY.

Ah! la philosophie a aussi ses humeurs.

PAULINE.

Que disiez-vous donc?

AURELLY.

Nous parlions faillites, banqueroutes.

PAULINE.

C'est cela. Son âme est si sensible, que le malheur même de ceux qu'il ne connaît pas l'afflige.

SCÈNE XIV

PAULINE, ANDRÉ, AURELLY.

ANDRÉ, criant et courant.

Monsieur! monsieur!

PAULINE fait un cri de surprise.

Ah!...

AURELLY.

Qu'est-ce donc?

ANDRÉ, avec joie.

Le valet de chambre de monsieur le grand fermier[1] descend de cheval dans la cour.

AURELLY, avec humeur.

Eh bien! vous ne pouvez pas dire cela sans courir, et nous crier aux oreilles?

PAULINE.

Il m'a fait une frayeur...

ANDRÉ.

Dame, est-ce que ce n'est donc rien? monsieur le grand fermier qui arrive!

AURELLY.

Saint-Alban?

ANDRÉ.

Monsieur de la Fleur l'a laissé à la dernière poste.

PAULINE, avec humeur.

Quand nous l'aurions appris deux minutes plus tard...

AURELLY, à Pauline.

Quel dommage que le concert soit dérangé! Tu voulais des juges; en voici un que tu ne récuserais pas... Il repasse bientôt! Qu'on fasse rafraîchir son courrier.

ANDRÉ.

Bon! il n'a fait qu'un saut dans l'office. Pour un valet de chambre, on ne dira pas qu'il est fier, lui.

AURELLY.

Suis-moi.

ANDRÉ.

Quel appartement faut-il disposer?

AURELLY.

Suis-moi, te dis-je; je vais donner des ordres.

SCÈNE XV

PAULINE, seule, avec chagrin.

Saint-Alban!... C'est son amour qui le ramène... J'ai le cœur serré. (Elle soupire.) La persécution de celui-ci, la jalousie qu'elle donne à Mélac, et surtout la nécessité de cacher sous un air libre un sentiment que je ne puis dompter... En vérité, mon état devient plus pénible de jour en jour.

[1] Les gens du peuple de toutes les provinces méridionales de la France nommaient ainsi les fermiers du roi. (*Note de l'auteur.*)

ACTE SECOND

SCÈNE PREMIÈRE

MÉLAC FILS, en habit de ville; PAULINE.

PAULINE, avec une gaieté affectée.

Pour quelqu'un qui a fait une aussi belle toilette, vous avez une terrible humeur.

MÉLAC FILS.

C'est votre gaieté qui me la donne, mademoiselle; c'est ce retour précipité. Saint-Alban doit rester trois mois en tournée; il en passe un ici; et à peine est-il parti, qu'on le voit revenir.

PAULINE.

S'il a des affaires à Paris?

MÉLAC FILS.

La Fleur dit qu'il n'y va pas. Un tel empressement ne regarde que vous, mademoiselle.

PAULINE, en riant.

Depuis quand suis-je mademoiselle? le doux nom de frère et de sœur...

MÉLAC FILS, avec feu.

Saint-Alban vous aime: il est riche, en place, estimé; je vois tout mon malheur. Il vous aime, il vous obtiendra, et j'en mourrai de chagrin.

PAULINE, gaiement.

Dites-moi, je vous prie, où vous prenez toutes les folies qui vous échappent.

MÉLAC FILS.

Écoutez, Pauline. Vous faites profession de sincérité; assurez-moi qu'il ne vous a rien dit, et je serai calmé.

PAULINE.

Que voulez-vous qu'il m'ait dit?

MÉLAC FILS.

Que vous êtes belle; qu'il vous aime.

PAULINE.

C'est une phrase si commune! et vous aussi, vous me l'avez dit: tous les jeunes gens reçus dans cette maison ne se donnent-ils pas les airs de tenir le même langage?

MÉLAC FILS.

Aucun d'eux, sans doute, n'a pu vous voir avec indifférence; mais s'ils vous connaissaient comme moi...

PAULINE.

Ils me verraient bien haïssable.

MÉLAC FILS.

Ils n'auraient plus besoin de vous trouver si belle, pour vous aimer éperdument. Revenons...

PAULINE.

Dans un homme comme Saint-Alban, ces propos que vous redoutez ne sont que des galanteries d'usage et sans conséquence; de la part des autres, c'est pure étourderie...; de la vôtre...

MÉLAC FILS.

De la mienne?

PAULINE, gaiement.

De la vôtre... Mais je voudrais bien savoir pourquoi vous vous donnez les airs de m'interroger? Il faut avoir de grands titres pour user de pareils priviléges.

MÉLAC FILS.

Ah! Pauline! il arrive, et vous plaisantez!

PAULINE, sérieusement.

Brisons là, je vous prie. Peut-être auriez-vous à vous plaindrez de moi, si quelque autre avait lieu de s'en louer.

MÉLAC FILS, avec feu.

Ce Saint-Alban me fait trembler; ôtez-moi cette inquiétude.

PAULINE.

Que vous êtes importun!

MÉLAC FILS.

Défendez-moi seulement d'en avoir.

PAULINE.

Oh! quand il veut une chose!... (Étourdiment.) Si je vous le défends, m'obéirez-vous?

MÉLAC FILS, lui baisant les mains avec transport.

Ma chère Pauline!

PAULINE, s'échappant.

Toujours le même! on ne peut dire un mot sans être forcé de quereller ou de vous fuir.

(Elle sort.)

SCÈNE II

MÉLAC FILS, seul, avec joie.

« M'obéirez-vous!... » A-t-elle mis dans ce peu de mots tout le sentiment que j'y aperçois? « M'obéirez-vous! » Mais pourquoi cet heureux présage est-il troublé par l'arrivée du fermier général?

SCÈNE III

MÉLAC PÈRE en habit de campagne, entre en rêvant, un crayon et du papier à la main; MÉLAC FILS.

MÉLAC FILS, avec surprise.

Ah! mon père, vous avez changé d'habit?

MÉLAC PÈRE, sans regarder, d'un ton sombre.

Voyez si ma chaise est prête.

MÉLAC FILS.

Vous partez, mon père?

MÉLAC PÈRE, du même ton.

Oui.

MÉLAC FILS.

Vous ne prenez pas votre carrosse?

MÉLAC PÈRE.

Non.

MÉLAC FILS.

Vous n'allez donc pas à...?

MÉLAC PÈRE.

Je vais à Paris.

MÉLAC FILS, inquiet.

Un voyage aussi subit...

MÉLAC PÈRE.

Il ne sera pas long.

MÉLAC FILS.

N'annoncerait-il aucun accident?

MÉLAC PÈRE.

Affaires de Compagnie.

MÉLAC FILS.

Ah!... Mais savez-vous qui l'on attend ici aujourd'hui?

MÉLAC PÈRE.

Qui que ce soit. Qu'on m'avertisse quand les chevaux seront venus.

MÉLAC FILS.

C'est que cela pourrait déranger...

MÉLAC PÈRE.

Rien, rien. Quelle heure est-il?

MÉLAC FILS.

Il n'est pas midi.

MÉLAC PÈRE.

Avant deux heures je suis en route.

MÉLAC FILS.

Vous ne me donnez aucun ordre, mon père?

MÉLAC PÈRE.

Laissez-moi seul un moment; je ne puis vous écouter en celui-ci.

MÉLAC FILS, en sortant.

En poste... à Paris... Si promptement!... Un air glacé!... Je ne comprends pas, moi... (Il se retire lentement, en examinant son père.)

SCÈNE IV

MÉLAC PÈRE, se promenant.

Entre une action criminelle et un acte de vertu, l'on n'est pas incertain... Mais avoir à choisir entre deux devoirs qui se contrarient et s'excluent... Si je laisse périr mon ami, pouvant le sauver, mon ingratitude... son malheur... mes reproches... sa douleur... la mienne... Je sens tout cela... Mon cœur se déchire. Si je dispose un moment, en sa faveur, des fonds qu'on me laisse... Après tout, ils ne courent aucun risque. (Il soupire.) Scrupules! prudence! je vous entends : vous m'éloignez du malheureux qui souffre, mais la compassion qui m'en rapproche est si puissante!... Voudrais-je être plus heureux, à condition de devenir dur, inhumain, ingrat?... — C'en est fait! où la raison est insuffisante, le sentiment doit triompher : s'il m'égare, au moins je serai seul à plaindre; et mon ami sauvé, mon malheur ne me laissera pas sans consolation.

SCÈNE V

MÉLAC PÈRE, DABINS arrive avec un gros paquet de lettres de change dans une main, un papier dans l'autre.

MÉLAC PÈRE.

Le compte est-il juste, monsieur Dabins? Dans le

trouble où nous sommes, on se trompe aisément. Rappelons les articles, avant de nous séparer. Sept mille cinq cents louis en or que vous avez passés vous-même par le jardin.

DABINS.

Monsieur, le bordereau des sommes est en tête de ma reconnaissance.
(Il la lui remet.)
MÉLAC PÈRE lit.

« Je soussigné, caissier de monsieur Aurelly, ai reçu de monsieur de Mélac, receveur général des fermes, à Lyon, la somme de six cent mille livres... » Cela va bien; disposez vos payements sans éclat, comme si vos effets eussent été négociés à Paris; moi, j'attends ma chaise pour partir.

DABINS.

Et vous insistez sur ce qu'il ne sache pas...

MÉLAC PÈRE.

Quel que soit son danger, je le connais; la crainte de me nuire lui ferait tout refuser.

DABINS.

Ainsi vous le quittez de la reconnaissance.

MÉLAC PÈRE.

Exiger de la reconnaissance, c'est vendre ses services : mais ce n'est pas ici le cas. Aurelly m'a souvent donné l'exemple de ce que je fais pour lui.

DABINS.

Oh! monsieur! votre vertu s'exagère...

MÉLAC PÈRE.

Non, cher Dabins; depuis trente ans que je lui dois mon état et mon bien-être, voici la seule occasion que j'ai eue de prendre ma revanche. Je quittais le service, où j'avais eu bientôt consumé le chétif patrimoine d'un cadet de ma province. Je revenais chez moi, blessé, réformé, ruiné, sans biens ni ressources. Le hasard me fit rencontrer ici ce digne Aurelly, mon ami dès l'enfance. Avec quelle tendresse il m'offrit un asile! Il sollicita, il obtint, à mon insu, la place que j'occupe encore; il fit plus, il vainquit ma répugnance pour un état aussi éloigné de celui que j'avais embrassé. « Prenez, prenez, me dit-il; et si vous craignez que l'état n'honore pas assez l'homme, ce sera l'homme qui honorera l'état. Plus l'abus d'un métier est facile, moins il faut l'être au choix des gens qui doivent l'exercer : et qui sait, dans celui-ci, le bien qu'un homme vertueux peut faire? tout le mal qu'il peut empêcher! » Son zèle éloquent me gagna; il m'instruisit au travail, il me servit de père, O mon cher Aurelly!

DABINS.

Vous m'avez interdit toute représentation.

MÉLAC PÈRE.

N'ajoutez pas un mot. Les cent mille francs que vous tenez en lettres de change sont à moi : puis-je en user mieux au gré de mon cœur? À l'égard du reste, Saint-Alban est en tournée pour trois mois... Aurelly aura le temps nécessaire...

DABINS.

Mais, d'un moment à l'autre, il peut vous venir tel ordre...

MÉLAC PÈRE.

Je vous ai dit que je vais à Paris : j'y aurai bientôt recouvré les effets d'Aurelly; j'en ferai de l'argent, si l'on m'en demande. Ce n'est ici qu'un bon office, comme vous voyez.

DABINS.

Monsieur, je vous admire.

MÉLAC PÈRE.

Allez, mon ami! qu'il ne vous retrouve point avec moi.

SCÈNE VI

MÉLAC PÈRE, seul. Il s'assied.

Ah! respirons un moment. Cette nouvelle m'avait étouffé... Il riait, le malheureux homme, en regardant sa nièce. Chaque plaisanterie qui lui échappait me faisait frémir. (Il se lève.) Quand je pense qu'il était possible que cet argent m'eût été demandé! au lieu de venir à son secours, il eût fallu lui annoncer... Ah! dieux!...

SCÈNE VII

DABINS, accourant avec effroi; MÉLAC PÈRE.

DABINS.

Monsieur de Saint-Alban...

MÉLAC PÈRE.

Eh bien?

DABINS.

Il arrive.

MÉLAC PÈRE.

Saint-Alban!

DABINS.

On le conduit ici. Je suis rentré pour vous sauver la première surprise. (Il s'enfuit.)

SCÈNE VIII

MÉLAC PÈRE, seul.

Saint-Alban!... Que ne suis-je parti? S'il allait me parler d'argent! au pis aller, je lui dirais... Je pourrais lui dire que les receveurs particuliers n'ont pas encore... Un mensonge?... Il vaudrait mieux cent fois... Mais je m'alarme, et peut-être il ne fait que passer.

SCÈNE IX

AURELLY, SAINT-ALBAN, MÉLAC PÈRE, MÉLAC FILS.

SAINT-ALBAN.

Pardonnez à mon empressement, messieurs, l'incivilité de me montrer en habit de voyage.

MÉLAC FILS, à part, avec humeur.

Son empressement! il n'en dit pas l'objet.

MÉLAC PÈRE, à Saint-Alban.

Vous voyez que j'y suis moi-même.

SAINT-ALBAN.

Partez-vous ?

MÉLAC PÈRE.

Avec bien du regret, monsieur, puisque vous arrivez.

AURELLY.

Cette course est brusque.

MÉLAC PÈRE.

Elle est nécessaire.

AURELLY.

Si c'est, comme le dit ton fils, des affaires de Compagnie...

MÉLAC PÈRE, embarrassé.

De Compagnie... relatives à la Compagnie... Puis-je voir, sans déplaisir, passer ma survivance à quelque étranger ?

AURELLY, riant.

Ah, ah, ah, ah !

SAINT-ALBAN.

Il m'est bien agréable d'arriver à temps pour vous arrêter.

AURELLY.

Est-ce que je l'aurais laissé partir ? (A Mélac père.) Tu peux renvoyer les chevaux de poste.

MÉLAC PÈRE.

Pour quelle raison ?

SAINT-ALBAN.

C'est que la place que vous allez solliciter est accordée à monsieur votre fils.

MÉLAC FILS, avec surprise.

L'emploi de mon père ?

AURELLY le contrefait plaisamment.

Eh oui ! l'emploi de mon père.

MÉLAC FILS, à part.

Ah ! Pauline !

SAINT-ALBAN remet un papier à Mélac père.

En voici l'assurance. Quelque désir que j'aie eu de vous servir en cette affaire, je ne puis vous cacher que vous en devez toute la faveur aux sollicitations de monsieur Aurelly.

MÉLAC PÈRE.

Monsieur, son généreux caractère ne se dément point. Mais un autre avait, dit-on, obtenu cette grâce.

AURELLY, gaiement.

C'était moi.

MÉLAC PÈRE.

Ce solliciteur dont le crédit...

AURELLY.

C'était moi.

MÉLAC FILS.

Cet homme qui avait pris les devants...

AURELLY.

C'était moi. Je m'en occupais depuis longtemps. ne m'a-t-il pas élevé une nièce charmante ?

MÉLAC FILS, vivement.

Oui, charmante.

SAINT-ALBAN.

Ah ! charmante, en effet. (Mélac fils rougit de son transport. Saint-Alban le fixe avec curiosité.)

AURELLY, prenant les mains de Mélac père.

Ne m'a-t-il pas promis d'étendre ses soins jusqu'à mon fils, lorsqu'il sera en âge d'en profiter ? Il faut bien que j'établisse le sien, ah, ah, ah, ah... !

MÉLAC PÈRE, à part.

A quel ami je rends service !

MÉLAC FILS, vivement, à Aurelly.

C'était donc cela qu'hier au soir... vous feigniez... Quelle surprise ! ah ! monsieur !... (A part.) Je ne me sens pas de joie ; courons annoncer cette nouvelle à Pauline. (Il sort en courant.)

SCÈNE X

AURELLY, SAINT-ALBAN, MÉLAC PÈRE.

MÉLAC PÈRE.

Eh bien !... l'étourdi, qui oublie de vous faire ses remercîments !

AURELLY.

Tu renvoies les chevaux ?

MÉLAC PÈRE.

Mon voyage est indispensable.

AURELLY.

Encore ?

SAINT-ALBAN, à Aurelly.

Si c'est pour ce que je présume, je suppléerai à sa course. Mais, avant que d'en parler, recevez mon compliment, monsieur, sur la distinction flatteuse que vous venez d'obtenir. Le plus digne usage des lettres de noblesse est, sans doute, de décorer des citoyens aussi utiles que vous.

AURELLY.

Utiles. Voilà le mot. Qu'un homme soit philosophe, qu'il soit savant, qu'il soit sobre, économe, ou brave : eh bien !... tant mieux pour lui. Mais qu'est-ce que je gagne à cela, moi ? L'utilité dont nos vertus et nos talents sont pour les autres est la balance où je pèse leur mérite.

SAINT-ALBAN.

C'est à peu près sur ce pied que chacun les estime.

MÉLAC PÈRE, à part.

Comment faire maintenant pour partir ?

AURELLY.

Moi, par exemple (je me cite parce qu'il en est question), je fais battre journellement deux cents métiers dans Lyon. Le triple de bras est nécessaire aux apprêts de mes soies. Mes plantations de mûriers et mes vers en occupent autant. Mes envois se détaillent chez tous les marchands du royaume. Tout cela vit, tout cela gagne ; et l'industrie portant le prix des matières au centuple, il n'y a pas une de ces créatures, à commencer par moi, qui ne rende gaiement à l'État un tribut proportionné au gain que son émulation lui procure.

SAINT-ALBAN.

Jamais il ne perdra cette belle chaleur.

AURELLY.

Et tout l'or que la guerre disperse, messieurs, qui le fait rentrer à la paix? Qui osera disputer au commerce l'honneur de rendre à l'État épuisé le nerf et les richesses qu'il n'a plus? Tous les citoyens sentent l'importance de cette tâche : le négociant seul la remplit. Au moment où le guerrier se repose, le négociant a le bonheur d'être à son tour l'homme de la patrie.

SAINT-ALBAN.

Vous avez raison.

AURELLY.

Mais laissons cette conversation, monsieur : qui vous ramène sitôt en ville ?

SAINT-ALBAN.

Probablement le même objet qui faisait partir monsieur de Mélac. Ma Compagnie me rappelle ; elle me charge... Vous permettez que nous traitions devant vous...

AURELLY.

Vous vous moquez ! Pour peu que...

SAINT-ALBAN.

Il n'y a point de mystère. L'objet de ma mission est de rassembler tous les fonds de cette province épars dans les caisses de nos divers receveurs, et de les faire passer sur-le-champ à Paris.

MÉLAC PÈRE, à part.

Qu'entends-je ?

AURELLY.

Ce n'est pas l'affaire d'un moment.

SAINT-ALBAN.

J'avais d'abord cru l'opération plus pénible : mais j'ai appris, dans ma tournée, que j'avais des grâces à rendre à l'exactitude de monsieur de Mélac : il m'a sauvé les trois quarts de l'ouvrage.

MÉLAC PÈRE, interdit.

Monsieur...

AURELLY.

Ah ! vous pouvez vous flatter, messieurs, que vous n'avez pas beaucoup de receveurs de cette fidélité : il est exact et toujours prêt. Il ne fait pas travailler vos fonds, lui !

SAINT-ALBAN.

Nous estimons trop monsieur de Mélac pour lui faire un mérite d'une chose aussi simple. Commençons donc par envoyer cet argent si désiré. Alors, dégagé de tous soins, je pourrai jouir du plaisir de philosopher quelques jours avec vous. (Mélac père paraît plongé dans une profonde rêverie. Saint-Alban continue à Aurelly.) A propos, monsieur, vous ne me dites rien de mademoiselle votre nièce, la plus aimable...

AURELLY.

Monsieur, il lui est arrivé un grand malheur.

SAINT-ALBAN.

Un malheur !

AURELLY.

Oui, monsieur. Elle avait arrangé pour ce soir le plus beau, le plus brillant concert...

SAINT-ALBAN.

Qui peut avoir renversé ce charmant projet ?

AURELLY.

Faut-il le demander ? notre philosophe. Il nous a remontré qu'en ce temps de crise mille honnêtes gens étaient peut-être au désespoir sur les payements, et que ce ton de fête... Voyez son air consterné dès qu'on en parle.

MÉLAC PÈRE, revenant à lui.

Je... je rêvais aux diverses sommes qui m'ont été remises.

SAINT-ALBAN.

J'ai l'état ici. Environ cinq cent mille francs. Voulez-vous que nous passions dans votre cabinet ?

MÉLAC PÈRE, embarrassé.

Si vous vous reposiez quelques jours ?

AURELLY.

Eh mais ! tu pars !

MÉLAC PÈRE, plus troublé.

Je différerais...

SAINT-ALBAN.

Ah ! bon Dieu, me reposer ! Il y a cinq nuits que je n'arrête point ; et ce n'est qu'après m'être bien assuré que tous les fonds de la province étaient en vos mains, que j'ai repris ma route pour cette ville.

MÉLAC PÈRE, à part.

Tout est perdu !

SAINT-ALBAN, d'un ton dégagé.

Je suis d'une paresse... l'ennemi juré du travail. J'ai toutes les peines du monde à m'arracher à l'inaction, pour m'occuper d'affaires ; mais aussi, quand je suis lancé, je ne m'arrête plus que tout ne soit terminé. Il est assez plaisant que cette impatience d'être oisif me tienne lieu du mérite contraire aux yeux de ma Compagnie.

AURELLY.

Moi, je vous conseille de vous enfermer avant le dîner ; la diligence part cette nuit, vous pourrez y placer le caisson.

SAINT-ALBAN.

C'est bien dit.

AURELLY.

S'ils font les difficiles, ils ont un fort ballot à moi ; votre argent prendra sa place : il est plus pressé que mon envoi.

SAINT-ALBAN.

Rien de plus obligeant.

AURELLY.

Allons, allons, débarrassez-vous la tête.

MÉLAC PÈRE, outré, à Aurelly.

Et vous... n'embarrassez pas la vôtre, mon officieux ami.

AURELLY.

Comment donc !

MÉLAC PÈRE, *déconcerté, à Saint-Alban.*

Monsieur, vous me prenez dans un moment... au dépourvu...

SAINT-ALBAN.

Que dites-vous, monsieur?

MÉLAC PÈRE.

Je dis... (à part.) Ah! je sens la rougeur qui me surmonte... Il faut l'avouer; ce que vous me demandez est impossible.

SAINT-ALBAN.

Impossible! Et vous partiez?

MÉLAC PÈRE.

Il est vrai.

SAINT-ALBAN.

Savez-vous, monsieur, quels soupçons l'on pourrait prendre...?

AURELLY, *vivement.*

Fi donc, monsieur de Saint-Alban!

SAINT-ALBAN, *à Aurelly.*

Je vous demande pardon; mais l'air, le ton, les discours, me paraissent si clairs... Ce voyage...

AURELLY.

N'y a-t-il pas mille raisons...?

SAINT-ALBAN.

Un instant, je vous prie. — Avez-vous touché le montant de toutes les recettes, monsieur de Mélac?

MÉLAC PÈRE, *accablé.*

Je ne puis le nier.

SAINT-ALBAN.

Pouvez-vous faire partir aujourd'hui tout l'argent que vous devez avoir? (Mélac père ne répond rien.) Parlez, monsieur; car mes ordres sont tels, que, sur votre réponse, il faut que je prenne un parti sur-le-champ.

(Mélac père rêve, sa tête appuyée sur sa main.)

AURELLY, *vivement.*

Vous ne répondez pas?

MÉLAC PÈRE, *outré, à Aurelly.*

Cruel homme! (A Saint-Alban, d'un air accablé.) Je ne le puis avant trois semaines au moins.

SAINT-ALBAN.

Trois semaines! Il ne m'est pas permis d'accorder trois jours. L'argent est annoncé. — C'est avec regret, monsieur...

MÉLAC PÈRE.

Je ne saurais l'empêcher: mais jamais tant de douleurs à la fois n'ont assailli un honnête homme.

(Il sort.)

AURELLY, *criant.*

Vous sortez?

SCÈNE XI

AURELLY, SAINT-ALBAN.

SAINT-ALBAN.

Y concevez-vous quelque chose?

AURELLY.

Je crois que la tête lui a tourné.

SAINT-ALBAN.

Vous sentez que je ne peux me dispenser...

AURELLY.

Ne prenez point encore de parti.

SAINT-ALBAN.

Monsieur... quoi que vous puissiez dire...

AURELLY.

Ayez confiance en moi. Mélac n'est pas capable d'une action vile ni malhonnête.

SAINT-ALBAN.

Songez donc qu'il partait. Je répondrais de l'événement à ma Compagnie.

AURELLY, *vivement.*

Monsieur... vous allez perdre un honnête homme: son fils, son état, son honneur, tout est abîmé, ruiné.

SAINT-ALBAN.

J'en suis au désespoir; mais, n'étant que chargé d'ordres, il ne m'est pas permis de faire des grâces.

AURELLY.

N'a-t-il pas ses cautions? que voulez-vous de plus? Je me fais garant de tout. Donnez-moi le temps d'éclaircir...

SAINT-ALBAN.

Un mot, à mon tour. Je ne dois pas prendre le change. Il ne s'agit plus de caution ici. C'est cinq cent mille francs qu'il faut, que j'ai annoncés, que la Compagnie attend: avancerez-vous cette somme aujourd'hui?

AURELLY.

A la veille du payement? Tout le crédit du plus riche banquier ne lui ferait pas trouver un sac dans Lyon.

SCÈNE XII

AURELLY, PAULINE, SAINT-ALBAN.

PAULINE, *inquiète.*

Qu'a donc M. de Mélac, mon oncle? il sort d'avec vous dans un état affreux. J'ai voulu lui parler, il s'est enfermé brusquement sans me répondre.

AURELLY.

Eh! mon enfant, il se trouve un vide de cinq cent mille francs dans sa caisse, on ne sait ni comment ni pourquoi. Je veux m'éclaircir: M. de Saint-Alban refuse le temps nécessaire.

PAULINE, *effrayée.*

Ah! monsieur, si vous avez de l'estime pour nous...

SAINT-ALBAN, *tendrement.*

De l'estime...!

AURELLY.

Seulement jusqu'à demain, que je puisse découvrir...

PAULINE.

Jusqu'à demain, monsieur... Nous refuserez-vous cette grâce?

SAINT-ALBAN.

Ah! mademoiselle, je donnerais ma vie pour vous obliger: mais mon devoir a des droits sacrés que vous ne pouvez méconnaître, vous qui remplissez si bien tous les vôtres.

AURELLY.

Différer d'un jour, est-ce une faveur incompatible...

SAINT-ALBAN.

N'abusez point de votre ascendant : il ne convient à ma mission ni à mon honneur que je vous écoute plus longtemps.

PAULINE, outrée.

Comme il vous plaira, monsieur; mais j'ai assez de confiance en l'honnêteté de M. de Mélac pour croire qu'on se trompe à son égard, et qu'il n'aura besoin ni de l'appui de ses amis, ni des grâces de ses chefs.

SAINT-ALBAN.

Puissiez-vous dire vrai, mademoiselle! mais, dans l'état où sont les choses, il n'est pas décent que j'accepte un logement dans cette maison. Pardon si je vous quitte.

AURELLY, avec chaleur.

Et moi je ne vous quitte pas, en quelque endroit que vous alliez.

SCÈNE XIII

PAULINE, seule, dans l'accablement.

Qu'ai-je dit?... Un trouble affreux m'avait saisie... Je ne l'ai pas assez ménagé... Ma frayeur a-t-elle trahi mon secret?... O Mélac! s'il avait lu dans mon cœur!... Quel mal j'aurais peut-être fait à ton père! Il vient.

SCÈNE XIV

PAULINE, MÉLAC FILS.

MÉLAC FILS entre d'un air transporté.

Pauline, Pauline, il faut que ma joie éclate à vos yeux.

PAULINE.

Votre joie!

MÉLAC FILS.

Vous savez que rien ne m'intéresse, que ce qui peut nous rapprocher...

PAULINE.

Quel moment prenez-vous!... et quel ton!...

MÉLAC FILS.

Dussiez-vous me traiter d'importun, d'audacieux, c'est celui d'un amant qui peut désormais vous offrir son cœur et sa main.

PAULINE.

L'un de nous est hors de sens.

MÉLAC FILS.

C'est moi! c'est moi! la joie qui me transporte...

PAULINE.

La joie!

MÉLAC FILS.

Votre oncle ne sort-il pas d'ici?

PAULINE.

Tout ce que j'entends est si contraire à ses discours...

MÉLAC FILS.

Il aura voulu vous inquiéter.

PAULINE.

M'inquiéter!... Comment?... Pourquoi m'effrayer?

MÉLAC FILS.

Ce n'est qu'un badinage obligeant.

PAULINE, avec dépit.

On n'en fait pas d'aussi cruel.

MÉLAC FILS.

Quelle charmante colère! Elle me ravit : elle me touche plus que ma survivance même.

PAULINE.

Je ne vous entends pas.

MÉLAC FILS, vivement.

Ils n'ont rien dit!... La survivance, oui, je l'ai enfin; Saint-Alban nous en a remis l'assurance; votre oncle, qui le savait, ne nous l'a caché que pour jouir de notre surprise. Dans l'excès de ma joie, je les ai quittés pour vous en apporter la nouvelle; et depuis un quart d'heure je maudis les fâcheux qui m'arrêtent. Ah! Pauline, au lieu de partager cette joie...

PAULINE, d'un ton étouffé.

Vous n'avez rien appris de plus?

MÉLAC FILS.

Non.

PAULINE, à part.

Je ne puis me résoudre à lui percer l'âme.

MÉLAC FILS.

Vous pleurez, ma chère Pauline!

PAULINE.

Malheureux!... Vous veniez m'annoncer une nouvelle charmante, — il faut que je vous en apprenne une horrible.

MÉLAC FILS.

On veut nous séparer?

PAULINE, hésitant.

Ah! Mélac, si ce qu'on dit est vrai... votre père...

MÉLAC FILS.

Mon père?

PAULINE.

On soupçonne...

MÉLAC FILS.

Quoi?

PAULINE.

Qu'il aurait détourné les fonds...

MÉLAC FILS.

L'argent de sa caisse?

PAULINE.

Voilà ce qu'ils ont dit.

MÉLAC FILS.

Quelle horreur!

PAULINE.

Saint-Alban n'en a plus trouvé.

MÉLAC FILS.

C'est une imposture; hier au soir j'y comptai cinq

cent mille livres : mais il vous aime, et, s'il cherche à nuire à mon père, croyez que c'est pour m'éloigner de vous.

PAULINE.

Puissiez-vous n'avoir pas d'autre malheur à redouter! Non, mon cher Mélac, vous n'aurez jamais de rivaux dans le cœur de Pauline.

MÉLAC FILS.

Vous m'aimez !

PAULINE.

Que cet aveu soutienne votre courage! nous en aurons besoin. Saint-Alban est jaloux. Le sort de votre père me fait trembler.

MÉLAC FILS.

Lui faites-vous, Pauline, l'injure de le croire coupable?

PAULINE.

Ah! ne voyez que mon effroi. Mais nous perdons un temps précieux. Courez à votre père, allez le consoler.

MÉLAC FILS.

Je vais l'enflammer de courroux contre un traître.

PAULINE.

S'il n'y avait que Saint-Alban qui l'accusât... mais mon oncle lui-même...

MÉLAC FILS.

Votre oncle !

PAULINE.

Il va revenir. Vous connaissez sa franchise; elle ne lui permet pas toujours de garder, avec les malheureux, les ménagements dont ils ont tant besoin...

MÉLAC FILS.

Vous me glacez le sang.

PAULINE.

Soyez présent aux explications; que votre bon esprit en prévienne l'aigreur. Si votre père est embarrassé, mon oncle est le seul dont on puisse espérer un prompt secours...

MÉLAC FILS, troublé.

Quoi ! votre oncle est persuadé...

PAULINE.

Craignez surtout de vous oublier avec lui : songez que notre sort en dépend. (Avec une grande effusion.) Mon cher Mélac!... Dans le péril qui nous menace, ah!... vous m'aurez assez méritée, si vous réussissez à m'obtenir.

MÉLAC FILS.

O mélange inouï!... Non! je ne puis comprendre... N'importe, vous serez obéie. — Je me contiendrai. — Vous connaîtrez, Pauline, s'il est des ordres remplis comme ceux que l'amour exécute. (Il lui baise la main, et ils sortent.)

ACTE TROISIÈME

SCÈNE PREMIÈRE

MÉLAC père, MÉLAC fils.

MÉLAC PÈRE, avec chagrin.

Ne me suivez pas, mon fils.

MÉLAC FILS.

Eh! le puis-je, mon père?

MÉLAC PÈRE.

Je vous l'ordonne.

MÉLAC FILS.

Vous abandonner dans un moment si fâcheux!

MÉLAC PÈRE.

Votre douleur m'importune... elle m'offense.

MÉLAC FILS.

Je connais trop mon père pour soupçonner rien qui lui soit injurieux. Mais si votre bonté me laissait percer un mystère...

MÉLAC PÈRE.

Mon fils !

MÉLAC FILS.

Refuserez-vous de m'indiquer les moyens de vous servir? d'adoucir au moins vos peines ?

MÉLAC PÈRE.

Il est des devoirs dont ton âge et ta vivacité t'empêcheraient de sentir toute l'obligation.

MÉLAC FILS.

Vous m'avez appris à respecter tous ceux qui sont sacrés pour vous. Ayez confiance aux principes de votre fils ; ce sont les vôtres.

MÉLAC PÈRE.

Mon ami, tu commences ta carrière quand je finis la mienne, et l'on voit différemment. L'intérêt du passé touche peu les jeunes gens, ils sacrifient beaucoup à l'espérance. Mais quand la vieillesse vient nous rider le visage et nous courber le corps; dégoûtés du présent, effrayés sur l'avenir, que reste-t-il à l'homme? L'unique plaisir d'être content du passé. (D'un ton plus ferme.) J'ai fait ce que j'ai dû ; je vous défends de me presser davantage.

MÉLAC FILS.

Les suites de cette journée me font mourir de frayeur.

MÉLAC PÈRE.

Saint-Alban est généreux, il ne se déterminera pas légèrement à perdre un homme dont il a pensé du bien jusqu'à ce jour.

MÉLAC FILS.

Ah ! mon père, si c'est là l'espoir qui soutient votre courage, le mien m'abandonne entièrement. Saint-Alban est notre ennemi.

MÉLAC PÈRE.

Ne faisons point injure, mon fils, à celui qui n'écoute que la voix de son devoir.

MÉLAC FILS.

Il aime Pauline. Il n'est revenu que pour elle ; il me croit son rival. Jugez s'il nous hait, et si la jalousie ne lui fera pas pousser les choses…

MÉLAC PÈRE.

Elle pourrait l'indisposer ; mais quelle apparence que Saint-Alban…

MÉLAC FILS.

En me confiant ce secret, Pauline ne m'a pas caché combien elle s'alarme pour vous.

MÉLAC PÈRE,

D'où naîtrait sa jalousie ? — Nuire à ses desseins ! nous ? Y a-t-il un seul instant de notre vie où nous ne missions pas tous nos soins à faire entrer Aurelly dans des vues aussi avantageuses pour sa nièce, s'il avait la folie de s'y refuser ? Courez donc le tirer d'erreur, mon fils —Mais, non : il convient que ce soit moi-même ; et ce soir… (Il fait un mouvement pour sortir.)

MÉLAC FILS, se mettant devant lui.

Ah ! mon père, arrêtez… Elle m'aime, elle vient de me l'avouer. N'aurai-je donc reçu sa foi que pour la trahir à l'instant ?

MÉLAC PÈRE, surpris.

Reçu sa foi !

MÉLAC FILS.

Le premier usage que je ferais des droits qu'elle m'a données serait de les transmettre à mon ennemi !

MÉLAC PÈRE, s'échauffant.

Des droits? Quel discours? quel délire !

MÉLAC FILS.

La céder à Saint-Alban me couvrirait de honte inutilement.

MÉLAC PÈRE.

Mon fils…

MÉLAC FILS.

Pauline outragée me mépriserait sans ratifier cet indigne traité.

MÉLAC PÈRE, en colère.

Quoi donc, monsieur ! Me croyez-vous déjà si méprisable? Mon infortune a-t-elle éteint en vous le respect ? Vous ne m'écoutez plus…

MÉLAC FILS.

Ah ! mon père !… Ah ! Pauline !

MÉLAC PÈRE.

Vous seriez-vous flatté qu'elle se donnerait à vous malgré son oncle? Vous la connaissez mal. Aurelly n'a jamais eu de vues sur vous : j'en suis certain. Quels sont donc vos projets ?

MÉLAC FILS.

Je suis au désespoir.

SCÈNE II

AURELLY, MÉLAC PÈRE, MÉLAC FILS.

AURELLY se met dans un fauteuil en s'essuyant le visage, et dit :

Me voilà revenu.

MÉLAC FILS, tremblant.

Vous quittez Saint-Alban, monsieur ; n'avez-vous rien gagné sur cet homme impitoyable ?

AURELLY, brusquement.

Saint-Alban n'est point dur : c'est un homme juste. Chargé, par sa Compagnie, d'ordres pressants, il trouve un vide immense dans la caisse où il venait puiser des ressources : il m'a objecté mes principes, je suis resté muet. Il allait faire saisir les papiers de monsieur…

MÉLAC FILS, effrayé.

Saisir les papiers !

AURELLY.

A peine ai-je obtenu de lui le temps de venir prendre quelque éclaircissement sur une aventure aussi incroyable.

MÉLAC PÈRE.

Il m'est affreux de vous affliger : mais je n'en puis donner aucun, mon ami.

AURELLY.

Je rougirais toute ma vie d'avoir été le vôtre, si vous étiez coupable d'une si basse infidélité.

MÉLAC PÈRE.

Rougissez donc… car je le suis.

AURELLY, s'échauffant.

Vous l'êtes !

MÉLAC FILS.

Cela ne se peut pas.

AURELLY, d'un ton plus doux.

Avez-vous eu l'imprudence d'obliger quelqu'un avec ces fonds ? Parlez. — Au moins vous avez une reconnaissance, un titre, une excuse qui permette à vos amis de s'employer pour vous.

MÉLAC PÈRE, vivement.

Je n'ai pas dit que j'eusse prêté l'argent.

AURELLY.

Vous l'aviez lundi.

MÉLAC FILS, tremblant.

Hier encore, je l'ai vu, mon père.

AURELLY.

Cent mille francs à vous, destinés à l'établissement de votre fils, où sont-ils ?

MÉLAC PÈRE.

Toutes les pertes du monde me toucheraient moins que l'impossibilité de justifier ma conduite.

AURELLY.

Vous gardez le silence avec moi ?

MÉLAC FILS.

Mon père…

MÉLAC PÈRE.

Plus vous êtes mon ami, moins je puis parler.

AURELLY.

Votre ami !… je ne le suis plus.

MÉLAC FILS.

Ah ! monsieur !

AURELLY.

« Si c'était moi ? » me disait-il ce matin. — Ainsi donc, en défendant les malhonnêtes gens, c'était ta cause que tu plaidais ?

MÉLAC PÈRE.
Je n'ai plaidé que celle des infortunés.
AURELLY.
Avec quel sang-froid... Je mourrais de douleur, si rien de semblable...
MÉLAC PÈRE, vivement.
Ami, je n'en suis que trop certain.
AURELLY.
Et tu soutiens mes reproches !
MÉLAC PÈRE.
Plût au ciel que j'eusse pu les éviter !
AURELLY.
En fuyant honteusement.
MÉLAC PÈRE.
Moi, fuir !
AURELLY.
Ne partiez-vous pas ? — Je ne parle point du tort que tu fais à tes garants : mais, malheureux, n'avez-vous donc attendu, pour vous déshonorer, que le temps nécessaire pour apprendre à n'en point rougir ?
MÉLAC FILS, pénétré.
Ah ! monsieur !
MÉLAC PÈRE, avec dignité.
N'avez-vous jamais été blâmé pour l'action même dont votre vertu se glorifiait ?
AURELLY, s'échauffant.
Invoquer la vertu lorsqu'on manque à l'honneur ?
MÉLAC FILS, d'un ton sombre.
Monsieur !...
MÉLAC PÈRE, avec douceur.
Aurelly, je puis beaucoup souffrir de vous.
AURELLY, avec feu.
Les voilà donc, ces philosophes ! Ils font indifféremment le bien ou le mal, selon qu'il sert à leurs vues !...
MÉLAC FILS, plus fort.
Monsieur Aurelly !...
AURELLY.
Vantant à tous propos la vertu, dont ils se moquent ; et ne songeant qu'à leurs intérêts, dont ils ne parlent jamais !
MÉLAC FILS, s'échauffant.
Monsieur Aurelly !...
AURELLY, plus vite.
Comment un principe d'honnêteté les arrêterait-il, eux qui n'ont jamais fait le bien que pour tromper impunément les hommes !
MÉLAC PÈRE, avec douleur.
J'ai pu quelquefois me tromper moi-même...
AURELLY, en fureur.
Un honnête homme qui s'est trompé ne rougit pas de mettre sa conduite au grand jour.
MÉLAC PÈRE.
Il est des moments où, forcé de se taire, il doit se contenter du témoignage de son cœur.
AURELLY, hors de lui.
Le témoignage de son cœur ! L'intérêt personnel renverse ici toutes les idées.

MÉLAC PÈRE, emporté par la chaleur d'Aurelly.
Eh bien ! injuste ami... (A part.) Ah ! dieux ! qu'allais-je faire ?
AURELLY.
Tu voulais parler.
MÉLAC PÈRE, avec chagrin.
Je ne répondrai plus. (Il va s'asseoir.)
AURELLY, indigné.
Va, tu me fais bien du mal ; tu me rends à jamais soupçonneux, méfiant et dur. Toutes les fois que je verrai l'empreinte de la vertu sur le visage de quelqu'un, je me souviendrai de toi.
MÉLAC FILS, en colère.
Finissez, monsieur !
AURELLY.
Je dirai : Ce masque imposteur m'a séduit trop longtemps, et je fuirai cet homme.
MÉLAC FILS.
Finissez, vous dis-je ! quittez ce ton outrageant ! De quel droit osez-vous le prendre avec mon père ?
AURELLY.
Quel droit, jeune homme ? Celui que toute âme honnête a sur un coupable.
MÉLAC FILS.
L'est-il à votre égard ?
AURELLY.
Oui, puisqu'il se manque à lui-même.
MÉLAC FILS, outré.
Arrêtez, ou je ne garde plus de mesure avec vous !...
MÉLAC PÈRE, se levant.
Quel emportement, mon fils ! Il a raison : et si j'avais à rougir de ma conduite, les reproches de cet honnête homme... Laissez-nous.

SCÈNE III

AURELLY, PAULINE, MÉLAC FILS, MÉLAC PÈRE.

PAULINE.
Un instant a détruit le bonheur et la paix de notre maison ! — Ah ! mon oncle !
AURELLY.
Tu me vois entre la conduite du père qui m'indigne, et la présomption du fils qui me menace.
PAULINE.
Lui !... vous, Mélac !
MÉLAC FILS, tremblant.
Il outrage mon père sans ménagement. J'ai longtemps souffert...
PAULINE, bas.
Imprudent !
MÉLAC FILS.
Pauline !
MÉLAC PÈRE, à son fils.
Sortez ; je vous l'ordonne.
MÉLAC FILS, furieux.
Oui, je sors. (A part.) Mais l'odieux instigateur de tant de cruauté...

PAULINE, avec effroi.

Il va se perdre.

MÉLAC PÈRE saisit le bras de son fils.

Qu'avez-vous dit ?

MÉLAC FILS, hors de lui.

J'ai dit... (Il se retient pour cacher son projet.) que je ne vis jamais tant de cruauté. (Il sort.)

SCÈNE IV

AURELLY, PAULINE, MÉLAC PÈRE.

PAULINE, le regardant aller avec effroi.

Ciel ! détournez les malheurs qui nous menacent aujourd'hui !

AURELLY.

Il s'obstine au silence, et je ne puis rien découvrir.

PAULINE, à Mélac père.

Ah ! mon bon ami, pourquoi craignez-vous de déposer votre secret dans le sein de mon oncle ? Il vous aime de si bonne foi !

AURELLY, indigné.

Moi ! je l'aime ?

PAULINE, avec ardeur.

Oui, vous l'aimez : ne vous en défendez pas.

AURELLY, douloureusement.

Eh bien ! oui, je l'aime, et c'est ma honte ; mais je ne l'estime plus ; voilà mon malheur. Il m'est affreux de renoncer à l'opinion que j'avais de lui. La perte entière de ma fortune m'eût été moins sensible.

MÉLAC PÈRE, attendri.

Aurelly, attends quelques jours avant de juger ton ami. Ta généreuse colère me pénètre de respect. Crois que, sans les plus fortes raisons...

AURELLY.

En est-il contre mes instances ? Parle, malheureux ! Coupable ou non, si je puis te servir !...

PAULINE.

Voyez la douleur où vous nous plongez.

MÉLAC PÈRE, pénétré.

Mes chers amis, l'honneur me défend de parler. Je ne suis pas encore coupable ; je le deviendrais, si je restais ici plus longtemps. La moindre indiscrétion... Ce moment difficile ne peut-il être justifié par ma constante amitié pour vous ? Croyez que, pour se plaire avec d'aussi honnêtes gens, il faut l'être soi-même.

(Il sort.)

SCÈNE V

AURELLY, PAULINE.

PAULINE.

Je sens qu'il dit vrai.

AURELLY, encore échauffé.

Quel argument ! Et les fripons aussi se plaisent avec les honnêtes gens ; car ils trouvent leur compte dans la bonne foi de ceux-ci. (Plus doux.) Cependant, il faut l'avouer, il m'a remué jusqu'au fond de l'âme.

PAULINE.

Non, il n'est pas coupable. — Il aura rendu quelque grand service, dont tout le mérite, à ses yeux, est peut-être de rester ignoré.

AURELLY.

Mais manquer de fidélité !...

PAULINE.

Avec un homme du caractère de M. de Mélac, je suis tentée de respecter tout ce que je ne puis comprendre.

AURELLY.

Quelque usage qu'il ait fait de ces fonds, il est inexcusable... Et partir !

PAULINE.

Une voix intérieure me dit que ce crime apparent est peut-être, en lui, le dernier effort d'une vertu sublime. (D'un ton moins assuré.) Et son malheureux fils, mon oncle, ne vous fait-il pas compassion ? A quelle extrémité l'amour de son père vient de le porter contre vous, qu'il chérit si parfaitement !

AURELLY.

Il est vif, mais son cœur est honnête. Eh ! ma Pauline, ce que je regrette le plus est de n'avoir pu fonder sur lui le bonheur de mes vieux jours.

PAULINE, à part.

Qu'entends-je ! (Haut.) Ah ! monsieur, n'abandonnez pas votre ami : soyez sûr qu'il justifiera ce que vous aurez fait pour lui.

AURELLY.

Ta faiblesse diminue la honte que j'avais de la mienne. Tu me presses de le servir... apprends que je l'ai tenté. J'ai offert ma garantie à Saint-Alban.

PAULINE.

Il la refuse ?

AURELLY.

Il m'a montré des ordres si formels !... Il ne peut différer d'envoyer la somme annoncée.

PAULINE, d'un ton insinuant.

N'y a-t-il donc aucun moyen de la faire, cette somme?

AURELLY.

Cinq cent mille francs ! à la veille du payement ! Crois, mon enfant, que, sans les fonds que Dabins reçoit de Paris en ce moment, j'eusse été moi-même fort embarrassé.

PAULINE.

Vous m'avez dit souvent que vous aviez beaucoup de ces effets que l'on pouvait fondre au besoin.

AURELLY.

Il est vrai qu'il m'en reste à Paris pour cinq cent mille francs, chez mon ami Préfort.

PAULINE.

Chez M. de Préfort... Et ne sont-ils pas bons ?

AURELLY.

Excellents, pareils à ceux dont il me fait passer la valeur aujourd'hui. Mais tout ne m'appartient pas : il y a cent mille écus auxquels je ne puis toucher. C'est un dépôt... sacré.

PAULINE.

Votre fortune est plus que suffisante pour assurer cette somme à son propriétaire.

AURELLY, avec chaleur.

Voulez-vous que je me rende coupable de l'abus de confiance que je reproche à ce malheureux? La seule chose peut-être sur laquelle il ne puisse y avoir de composition, c'est un dépôt. De l'argent prêté, on l'a reçu pour s'en servir; mille raisons peuvent en faire excuser le mauvais emploi; mais un dépôt... il faut mourir auprès.

PAULINE.

Si l'on parlait à celui de qui vous le tenez?

AURELLY.

Apprends qu'il n'en a ramassé les fonds que pour acquitter une dette... immense. Il les destine à réparer, s'il peut, des torts!... Mais tu m'accuserais de dureté... Tu veux le voir; parle-lui, j'y consens; il est prêt à t'entendre; et cet homme... c'est moi.

PAULINE, avec joie.

Ah! je respire Nos amis seront sauvés.

AURELLY.

Avant que d'être généreux, Pauline, il faut être juste.

PAULINE.

Qui oserait vous taxer de ne pas l'être?

AURELLY.

Toi-même, à qui je vais enfin confier le secret de cet argent. Écoute, et juge-moi... Je fus jeune et sensible autrefois. La fille d'un gentilhomme (peu riche, à la vérité) m'avait permis de l'obtenir de ses parents. Ma demande fut rejetée avec dédain. Dans le désespoir où ce refus nous mit, nous n'écoutâmes que la passion. Un mariage secret nous unit. Mais la famille hautaine, loin de le confirmer, renferma cette malheureuse victime, et l'accabla de tant de mauvais traitements, qu'elle perdit la vie, en la donnant à une fille... que les cruels dérobèrent à tous les yeux.

PAULINE.

Cela est bien inhumain!

AURELLY.

Je la crus morte avec sa mère: je les pleurai longtemps. Enfin j'épousai la nièce du vieux Chardin, celui qui m'a laissé cette maison de commerce. Mais le hasard me fit découvrir que ma fille était vivante. Je me donnai des soins. Je la retirai secrètement; et, depuis la mort de ma femme, j'ai pris tous les ans, sur ma dépense, une somme propre à lui faire un sort indépendant du bien de mon fils. Voilà quelle est la malheureuse propriétaire de ces cent mille écus: crois-tu, mon enfant, qu'il y ait un dépôt plus sacré?

PAULINE.

Non;... il n'en est pas.

AURELLY.

Puis-je toucher à cet argent?

PAULINE.

Vous ne le pouvez pas. Pauvre Mélac! Mais vous êtes attendri; je le suis moi-même. Pourquoi donc cette infortunée m'est-elle inconnue? pourquoi me faites-vous jouir d'un bien-être et d'un état qui lui sont refusés?

AURELLY.

Tu connais le préjugé. Ma nièce est honorablement chez moi; ma fille ne pouvait y demeurer sans scandale; et celui qui a manqué à ses mœurs n'en est pas moins tenu de respecter celles des autres.

PAULINE, avec chaleur.

Je brûle de m'acquitter envers elle de tout ce que je vous dois; allons la trouver. Faisons-lui part de nos peines. Elle est votre fille: peut-elle n'être pas compatissante et généreuse?

AURELLY.

Que dis-tu, Pauline? Tout son bien! le seul dédommagement de son infortune, tu veux le lui arracher!

PAULINE.

Nous aurons fait notre devoir envers nos amis.

AURELLY.

Elle se doit la préférence.

PAULINE.

Elle peut nous l'accorder.

AURELLY.

Mettez-vous en sa place... une telle proposition...

PAULINE.

Ah! comme j'y répondrais!

AURELLY.

Si elle nous refuse?

PAULINE.

Nous ne l'en aimerons pas moins; mais n'ayons aucun reproche à nous faire.

AURELLY.

Tu l'exiges?

PAULINE, vivement.

Mille, mille raisons me font un devoir de la connaître.

AURELLY, d'une voix étouffée.

Ah! ma Pauline!

PAULINE.

Qu'avez-vous?

AURELLY.

Ta sensibilité m'ouvre l'âme; et mon secret...

PAULINE.

Ne regrettez pas de me l'avoir confié!

AURELLY.

Mon secret... s'échappe avec mes larmes.

PAULINE.

Mon oncle!...

AURELLY.

Ton oncle!

PAULINE.

Quels soupçons!

AURELLY.

Tu vas me haïr.

PAULINE.

Parlez.

AURELLY.

O précieux enfant!

PAULINE.

Achevez!

AURELLY lui tend les bras.

Tu es cette fille chérie.

PAULINE s'y jette à corps perdu.

Mon père!

AURELLY la soutient.

Ma fille! ma fille! la première fois que je me permets ce nom, faut-il le prononcer si douloureusement?

PAULINE veut se mettre à genoux.

Ah! mon père!

AURELLY la retient.

Mon enfant... console-moi : dis-moi que tu me pardonnes le malheur de ta naissance! Combien de fois j'ai gémi de t'avoir fait un sort si cruel!

PAULINE, avec un grand trouble.

N'empoisonnez pas la joie que j'ai d'embrasser un père si digne de toute mon affection.

AURELLY.

Eh bien! ma Pauline, ma chère Pauline! (car ta mère, que j'ai tant aimée, se nommait ainsi) ordonne, exige. Tu m'as arraché mon secret : mais pouvais-je disposer de ton bien sans ton aveu?

PAULINE.

C'est le vôtre, mon père. Ah! s'il m'appartenait!...

AURELLY.

Il est à toi : plus des deux tiers est le fruit de l'économie avec laquelle tu gouvernes cette maison. Prescris-moi seulement la conduite que tu veux que je tienne aujourd'hui.

PAULINE, vivement.

Peut-elle être douteuse? Mon père, allez, prenez ce bien; offrez ces effets à Saint-Alban : qu'ils servent à le désarmer, à sauver nos amis.

AURELLY.

Que te restera-t-il?

PAULINE.

Vos bontés.

AURELLY.

Je puis mourir.

PAULINE.

Cruel que vous êtes!

AURELLY la serre contre son sein.

Mon cœur est plein : le tien l'est aussi. Retire-toi. Il faut que je me remette un moment du trouble où cette conversation m'a jeté.

PAULINE, avec un sentiment profond.

Ah! Mélac!... Que je suis heureuse!... (Elle sort.)

SCÈNE VI

AURELLY, seul.

Je suis tout ému. Quel prix la reconnaissance de cet enfant met aux soins qu'il s'est donnés pour son éducation!... Allons donc! Il faut le tirer de ce mauvais pas, toute misérable qu'est sa conduite. Ce qu'il ne mérite plus, je me le dois... pour l'honneur d'une amitié de cinquante ans... pour son fils, qui est un bon sujet... Le plus pressé maintenant, c'est de voir le fermier général. (Il soupire.) Non, je ne regrette pas l'argent; mais c'est qu'au fond du cœur je ne fais plus le moindre cas de cet homme-là.

ACTE QUATRIÈME

SCÈNE PREMIÈRE

ANDRÉ, seul.

« Imbécile! benêt! Fais par-ci, va-t'en là. Qu'on ferme ma porte pour tout le monde. Laisse entrer M. Saint-Alban. » Mille ordres à la fois! Comme si on était un sorcier pour retenir tout ça!... Parce qu'ils sont en querelle, il faut qu'un pauvre domestique... Euh! que je voudrais bien!... Je voudrais que chacun ne fût pas plus égaux l'un que l'autre. Les maîtres seraient bien attrapés!... Oui! et mes gages, qui est-ce qui me les payerait?

SCÈNE II

SAINT-ALBAN, ANDRÉ.

SAINT-ALBAN.

M. Aurelly est-il au logis, André?

ANDRÉ.

Non, monsieur, pour personne; mais ce n'est pas pour monsieur que je dis ça : il faut que vous entriez, vous. Il va descendre : monsieur veut-il que je l'aille avertir?

SAINT-ALBAN.

Non; il peut être occupé; j'attendrai. (Il se promène, et dit à lui-même :) Le devoir me presse d'agir... l'amour me retient... la jalousie... Non, jamais mon cœur ne fut plus tourmenté. S'aimeraient-ils? La douleur qu'elle a laissé voir ce matin était trop vive!... André!

ANDRÉ.

Monsieur m'appelle?

SAINT-ALBAN, à part.

Ce garçon est naïf; faisons-le jaser. — (Haut, en s'asseyant.) Mon cher André...

ANDRÉ.

Monsieur est plus bon que je ne mérite.

SAINT-ALBAN.

Où est ta jeune maîtresse?

ANDRÉ.

Ah! monsieur! on était si gai les autres voyages, quand vous arriviez! ce n'est pas par intérêt que je le dis : mais de ce que vous ne logez plus ici, ça fait une peine à tout le monde... Mameselle pleure, pleure, pleure! et notre maître!... On a servi le dîner : M. de Mélac, son fils, personne ne s'est mis à table; ni monsieur non plus, ni mameselle non plus.

SAINT-ALBAN, à lui-même.

Ni mademoiselle non plus! pleurer! ne rien prendre! il y a plus que de l'amitié; la reconnaissance ne va pas si loin.

ANDRÉ.

Moi, je suis si triste, qu'en vérité, hors mes repas, tout est resté à faire aujourd'hui.

SAINT-ALBAN.

Mais dis-moi, André; est-ce qu'on ne parle pas quelquefois de la marier?

ANDRÉ.

Oh! que oui! très-souvent bien des gens de Lyon l'ont demandée; mais bernique, pas pour un diantre! notre maître s'y entête.

SAINT-ALBAN.

Et ces refus paraissent-ils la contrarier, l'affliger?

ANDRÉ.

Elle? ah! vous la connaissez bien! Un mari? elle s'en soucie... comme moi. Pourvu qu'elle soit obligeante à ravir, qu'elle veille sur toute la maison, qu'elle épargne le bien de son oncle, et qu'elle donne tout son chétif avoir aux pauvres gens, elle est gaie comme un pinson.

SAINT-ALBAN, à part.

Quel éloge! dans une bouche maladroite! Il m'enflamme. (Il tire sa bourse.) Tiens, ami, prends ceci, et dis-moi encore...

ANDRÉ.

Un louis! oh! mais... si ce que monsieur voudrait savoir était un mal!...

SAINT-ALBAN.

Non; c'est ton honnêteté que je récompense. Nous raisonnons. Entre tous les gens qui ont des vues sur la demoiselle, j'aurais pensé que le jeune Mélac...

ANDRÉ.

Eh bien! monsieur me croira s'il voudra, mais cette idée-là m'est aussi venue plus de cent fois pour eux. Pas vrai que ça ferait un bien gentil ménage?

SAINT-ALBAN, avec chagrin.

Elle et lui?

ANDRÉ.

Ah! c'est qu'elle est si joliment tournée à son humeur! et c'est qu'il l'aime! il l'aime!

SAINT-ALBAN, à lui-même.

Il l'aime!... Pourquoi m'en troubler? J'ai dû m'y attendre. Qui ne l'aimerait pas?

ANDRÉ.

Il n'y a que ceux qui ne l'ont jamais vue...

SAINT-ALBAN.

Et... crois-tu que ta jeune maîtresse lui accorde du retour?

ANDRÉ, cherchant à comprendre.

Du retour?

SAINT-ALBAN.

Oui.

ANDRÉ, riant niaisement.

Ah! ah! ah! je vois bien à peu près ce que monsieur veut dire. — Mais tenez, il ne faut pas mentir : en conscience, tout ce que je sais, c'est que je sais bien que je n'en sais rien.

SAINT-ALBAN, à lui-même.

S'il en était préféré! dans l'intimité où vivent leurs parents, aurait-on manqué de les unir?

ANDRÉ.

Ils ne sont pas désunis pour ça. Quoiqu'elle le gronde toujours, il ne saurait être une heure sans venir faire le patelin autour d'elle; et quand il peut attraper quelque morale, il s'en va content!...

SAINT-ALBAN.

C'est assez, ami. (A lui-même.) Sans doute ils attendaient cette survivance pour conclure... et moi je l'apporte! Je forge l'obstacle que je redoute! ah! ma jalousie s'en irrite... Qu'on est près d'être injuste quand on est amoureux!

ANDRÉ, à part.

Il faut que ces grands génies aient bien de l'esprit, de pouvoir penser comme ça tout seuls à quelque chose. J'ai beau faire, moi, dès que je veux songer à penser, je m'embrouille, et l'envie de dormir me prend tout de suite. (Il sort, en voyant entrer son maître.)

SCÈNE III

SAINT-ALBAN, AURELLY.

AURELLY.

Ah! monsieur, pardon; vous m'avez prévenu, j'allais passer chez vous.

SAINT-ALBAN.

Je viens vous dire qu'il m'est impossible de différer plus longtemps. Cette journée presque entière, accordée à vos instances, n'a mis aucun changement dans nos affaires.

AURELLY.

Elle en a mis beaucoup.

SAINT-ALBAN.

A-t-on trouvé les fonds?

AURELLY.

J'en fais bon pour Mélac.

SAINT-ALBAN.

Vous payez les cinq cent mille francs?

AURELLY.

Cent mille écus que j'emprunte, le reste à moi; le tout en un mandat sur mon correspondant de Paris, payable à votre arrivée.

SAINT-ALBAN, à part.

Le mariage est certain, on ne fait pas de tels sacrifices... (Haut.) J'admire votre générosité. Je recevrai la somme que vous offrez; mais... je ne puis me dispenser de rendre compte...

AURELLY.

Quelle nécessité?...

SAINT-ALBAN.

Ce que vous faites pour Mélac ne le lave pas de l'abus de confiance dont il s'est rendu coupable.

AURELLY..

Lorsqu'on ne vous fait rien perdre...

SAINT-ALBAN.
La même chose peut arriver encore, et vous ne serez pas toujours d'humeur...

AURELLY.
En ce cas, monsieur.... je reprends ma parole ; c'est son honneur seul qui me touche ; et, si je ne le sauve pas en acquittant sa dette, il est inutile que je me dépouille gratuitement.

SAINT-ALBAN.
Vous désapprouvez ma conduite?

AURELLY.
Je n'entends rien à votre politique. Que Mélac soit coupable de mauvaise foi, ou seulement d'imprudence, en rejetant mes conditions vous risquez...

SAINT-ALBAN.
Je ne les rejette pas; mais il faut m'expliquer.

AURELLY.
J'écoute.

SAINT-ALBAN.
Vous voulez sa grâce entière?

AURELLY.
Sans restriction.

SAINT-ALBAN.
J'irai, pour vous obliger, jusqu'au dernier terme de mon pouvoir.

AURELLY.
Quelle étendue y donnez-vous?

SAINT-ALBAN.
Celle que vous y donneriez vous-même. Vous n'exigez pas que je sauve sa réputation aux dépens de mon honneur?

AURELLY.
Il y aurait encore plus d'absurdité que d'injustice à le proposer.

SAINT-ALBAN.
Les intérêts de la Compagnie à couvert par vos offres, on peut faire grâce à votre homme de l'opprobre qu'il a mérité; mais je deviendrais coupable, si je lui confiais plus longtemps une recette...

AURELLY.
Vous lui ôtez sa place?

SAINT-ALBAN.
La lui laisseriez-vous?

AURELLY.
Ah! monsieur, je vous prie...

SAINT-ALBAN.
Faites un pas de plus.

AURELLY.
Comment?

SAINT-ALBAN.
Vous avez de l'honneur : osez me le conseiller. (Aurelly baisse la tête sans répondre.) J'espère que vous distinguerez ce que je puis accorder, et ce que le devoir m'interdit; j'accepte l'argent; je me tairai : mais j'exige qu'il se défasse à l'instant de son emploi, sous le prétexte qu'il voudra.

AURELLY.
J'avoue qu'il n'est pas digne de le garder; mais son fils? cette survivance? tant de démarches pour l'obtenir?...

SAINT-ALBAN.
Son fils! qui nous en répondrait?

AURELLY.
Moi.

SAINT-ALBAN.
C'est beaucoup faire pour eux.

AURELLY.
J'ai vingt moyens de m'assurer de lui.

SAINT-ALBAN, rêvant.
J'avoue que... je... je n'ai point d'objection personnelle contre le jeune homme : et, dans le dessein où je suis de vous demander une grâce pour moi-même...

AURELLY.
Je pourrais vous obliger?

SAINT-ALBAN.
Sur un point de la plus haute importance.

AURELLY, vivement.
Tenez-moi pour déshonoré, si je vous refuse.

SAINT-ALBAN.
Puisque vous m'encouragez, je vais parler. Vous connaissez ma fortune, mes mœurs; vous avez une nièce adorable; elle m'a charmé; je l'aime, et je vous demande sa main, comme la plus précieuse faveur...

AURELLY, stupéfait.
Vous me demandez... ma Pauline?

SAINT-ALBAN.
Auriez-vous pris des engagements?

AURELLY, embarrassé.
En vérité, ce n'est pas cela ; mais si vous la connaissiez mieux...

SAINT-ALBAN.
Je l'ai plus étudiée que vous ne pensez.

AURELLY.
Cette enfant n'a pas de fortune.

SAINT-ALBAN.
Sur un mérite comme le sien, c'est une différence imperceptible.

AURELLY, à part.
Comment sortir de ce nouvel embarras !

SAINT-ALBAN.
Vous m'avez flatté que je ne serais point rejeté.

AURELLY.
Monsieur !... vous n'êtes pas fait pour l'être...

SAINT-ALBAN.
Et cependant...

AURELLY, embarrassé.
Soyez certain qu'elle est trop honorée de votre recherche, et que l'obstacle ne viendra pas de ma part. Mais...

SAINT-ALBAN.
Vous me la refusez?

AURELLY.
Croyez que... Avant de vous répondre, il faut que je prévienne ma nièce.

SAINT-ALBAN.

Souvenez-vous, monsieur, que vous n'avez point d'engagement.

AURELLY.

Et l'affaire de Mélac ?

SAINT-ALBAN.

Ce soir, nous en terminerons deux à la fois.

SCÈNE IV

AURELLY, seul.

Il sort mécontent. Qu'est-ce que ce monde, et comme on est ballotté !... Le père et le fils sont perdus, s'il se croit refusé... Et comment oser l'accepter ?... L'argent ! l'argent les sauvera-t-il encore ? N'importe, ôtons-lui ce prétexte de leur nuire... Et demandez-moi pourquoi tout ce désordre ? Parce qu'un misérable homme, qu'il ne faudrait jamais regarder si l'on faisait son devoir, oublie le sien, et pour un vil intérêt...

SCÈNE V

AURELLY, DABINS.

AURELLY continue.

D'où sortez-vous donc, Dabins? Voilà quatre fois que j'entre au bureau pour vous parler.

SCÈNE VI

MÉLAC père, DABINS, AURELLY.

AURELLY apercevant M. de Mélac.

Ah ! voici l'autre. Il vaut mieux s'en aller que de se mettre en colère.

SCÈNE VII

DABINS, MÉLAC père.

MÉLAC PÈRE, le regardant aller.

O respectable ami ! (A Dabins.) Qu'avez-vous à m'annoncer de si pressé, monsieur Dabins ?

DABINS.

Monsieur, c'est avec douleur que je le dis : il n'est plus temps de se taire, il faut tout déclarer.

MÉLAC PÈRE, échauffé.

Qu'est-ce à dire ? tout déclarer !

DABINS.

L'affaire est sur le point d'éclater : les apparences vous accusent.

MÉLAC PÈRE.

Les apparences ne peuvent inquiéter que celui qui s'est jugé coupable.

DABINS.

Qu'opposerez-vous aux faux jugements, à l'injure, aux clameurs ?

MÉLAC PÈRE.

Rien : le silence, et la fermeté que donne l'estime de soi-même.

DABINS.

Les biens de votre ami sont suffisants... on prendra des mesures...

MÉLAC PÈRE, impatient.

Et, si je dis un mot, il manque demain matin.

DABINS, du même ton.

Et, si vous ne le dites pas, vous êtes perdu ce soir même... Non, je ne puis souffrir...

MÉLAC PÈRE, violemment.

Monsieur Dabins, souvenez-vous que votre père mourant ne vous a pas vainement recommandé à ma bienfaisance : souvenez-vous que je vous ai élevé; que je vous ai placé chez Aurelly ; que mon estime seule vous a valu sa confiance : voulez-vous la perdre, cette estime? et le premier devoir de l'honnête homme n'est-il pas de garder le secret confié ?

DABINS.

Eh, monsieur ! quand la discrétion fait plus de maux qu'elle ne peut en prévenir...

MÉLAC PÈRE.

A qui de nous deux appartient le jugement de mes intérêts ?... Mais je m'échauffe, et deux mots vous fermeront la bouche. De quoi s'agit-il en ce commun effroi? De peser les risques de chacun, et d'écarter le plus pressant ?

DABINS.

Oui, monsieur.

MÉLAC PÈRE.

Si je me préfère à mon ami, quel sera son sort? La confiance publique dont un négociant est honoré ne souffre pas deux atteintes. Quoi qu'on puisse alléguer, après un défaut de payement, le coup fatal au crédit est porté; c'est un mal sans remède ; et, pour Aurelly, c'est la mort.

DABINS.

Il y a tout lieu de le craindre.

MÉLAC PÈRE.

Si je me tais, un soupçon tient, il est vrai, mon honneur en souffrance ; mais, à l'aveu d'un service que les grands biens d'Aurelly rendent tout naturel, avec quelque rigueur qu'on me juge, il est même douteux qu'on m'en fasse un reproche. Ayant donc à choisir entre sa perte inévitable et le danger incertain qui me menace, croyez-vous que j'aie pris conseil d'une aveugle amitié, qui pût déshonorer mon jugement ? Non, monsieur; j'ai prononcé, comme un tiers l'aurait fait, en préférant, non ce qui me convient, mais ce qui convient aux circonstances; non ce que je puis, mais ce que je dois. Vous m'avez entendu?

DABINS.

Monsieur, je me tairai ; mais, pour l'exemple des hommes, il faudrait bien que de pareils traits...

MÉLAC PÈRE.

Laissons la maxime et l'éloge aux oisifs; faisons notre devoir, le plaisir de l'avoir rempli est le seul prix vraiment digne de l'action. — Que fait mon fils ? j'en suis inquiet. L'avez-vous vu ?

DABINS.

Ah ! c'est pour lui surtout que je vous presse ; il a répandu devant moi des larmes si amères, et m'a quitté avec une impatience, un sentiment si douloureux !... Mais quel danger de vous confier à lui ? Encouragé par votre exemple, il se calmerait, il vous consolerait.

MÉLAC PÈRE.

Me consoler ? Mon ami, l'expérience de toute ma vie m'a montré que le courage de renfermer ses peines augmente la force de les repousser ; je me sens déjà plus faible avec vous que dans la solitude. Eh ! quel secours tirerais-je de mon fils ? Je crains moins sa douleur que son enthousiasme ; et, si je suis à peine maître de mon secret, comment contiendrais-je cette âme neuve et passionnée ?...

SCÈNE VIII

MÉLAC PÈRE, DABINS ; MÉLAC FILS, plongé dans une noire rêverie.

MÉLAC PÈRE.

Le voici ; vous l'avez bien dépeint. (Ils se retirent au fond du salon.)

DABINS.

Eh ! parlez-lui, monsieur.

MÉLAC PÈRE.

Sauvons-nous d'un attendrissement inutile.

SCÈNE IX

MÉLAC FILS, seul.

(Il marche lentement, d'un air absorbé, et s'échauffe par degrés en parlant.)

Ah ! cet odieux Saint-Alban ! je l'ai cherché partout sans le rencontrer... Le déshonneur de mon père est-il déjà public ? On s'éloigne... on me fuit... Je perds en un instant la fortune, l'honneur, toutes mes espérances... et Pauline... Pauline !... Elle m'évite à présent... La générosité est un accès... la chaleur d'un moment... mais la réflexion a bientôt détruit ce premier prestige de la sensibilité.

SCÈNE X

PAULINE, MÉLAC FILS.

(Pauline a entendu les dernières phrases de son amant ; elle voit sa douleur, et s'approche avec une vive émotion.)

MÉLAC FILS, l'aperçoit et continue.

Qu'une stérile compassion ne vous ramène pas, mademoiselle. Je sais que je vous ai perdue ; je connais toute l'horreur de mon sort. Laissez-moi seul à ma douleur.

PAULINE.

Cruel !...

MÉLAC FILS.

Vos consolations ne pourraient que l'irriter

PAULINE.

Comme le malheur vous rend injuste et dur ! La crainte qu'on ne pense mal de vous vous donne mauvaise opinion du cœur de tout le monde. Votre ardente vivacité vous a déjà fait manquer à mon oncle...

MÉLAC FILS, avec feu.

Il insultait mon père. Avec quelle cruauté il lui développait tout ce que notre situation a d'odieux ! S'il n'eût pas été votre oncle...

PAULINE.

Ingrat, à l'instant où vous allez tout lui devoir, pendant que son attachement lui fait payer toute la somme à Saint-Alban !

MÉLAC FILS, avec joie.

Que dites-vous ? Il nous sauve l'honneur ?

PAULINE.

Il va plus loin... son cœur, qui vous chérit...

MÉLAC FILS, vivement.

Achevez, Pauline, achevez ; ne craignez pas de mettre le comble à ma joie. Il me donne sa nièce ?

PAULINE, timidement.

Ah ! Mélac, ne parlez plus de sa malheureuse nièce.

MÉLAC FILS.

Comment ?

PAULINE.

Sa fille...

MÉLAC FILS.

Sa fille !

PAULINE.

Sa fille, fruit d'une union ignorée, qui vous connaît, qui vous aime, offre à votre père cent mille écus qu'elle tient des dons et des épargnes du sien...

MÉLAC FILS, avec indignation.

Au prix de m'épouser !... Nous n'étions pas assez avilis ; il nous manquait cet opprobre.

PAULINE, pleurant.

J'ai bien prévu que votre âme orgueilleuse rejetterait un pareil bienfait.

MÉLAC FILS, furieux.

Il me fait horreur ! le service, et celui qui l'offre, et celle qui le rend, je les déteste tous... C'était donc pour cela qu'il éloignait toute idée de notre union ? Il me gardait cette honte ; il me méprisait, même avant que le malheur m'eût réduit à souffrir tous les outrages. Mais, je le jure à vos pieds, Pauline ; fût-elle cent fois plus généreuse, la fille sans nom, sans état, et désavouée de ses parents, ne m'appartiendra jamais.

PAULINE.

Vous la connaissez mal ; elle n'a eu en vue que votre père.

MÉLAC FILS.

Mon père ! Faut-il donc nous sauver d'une infamie par une autre ?... Vous pleurez, ma chère Pauline !

craignez-vous que la nécessité ne me fasse enfin contracter un indigne engagement?

PAULINE outrée.

Non, je ne suis plus même assez heureuse pour le craindre ; vous avez prononcé votre arrêt et le mien. Cette infortunée que vous insultez avec tant d'inhumanité...

MÉLAC FILS, effrayé.

Cette infortunée...

PAULINE.

Elle est devant vos yeux.

MÉLAC FILS.

Vous !

PAULINE, tombant sur un siége.

J'avais le cœur percé de cette nouvelle, et vous avez achevé de le déchirer.

MÉLAC FILS, à ses pieds.

O douleur !... Pauline, ne me tendiez-vous ce piége que pour me rendre aussi coupable ?

PAULINE.

Laissez-moi.

MÉLAC FILS.

Pourquoi ne pas m'apprendre...?

PAULINE.

L'avez-vous permis ? Votre emportement a fait sortir de votre bouche l'affreuse vérité : monsieur, il n'est plus temps de désavouer vos sentiments.

MÉLAC FILS se relève furieux.

Osez-vous bien vous prévaloir d'une erreur qui fut votre ouvrage ? osez-vous m'opposer le désordre d'un désespoir que vous avez causé vous-même ? Je voyais les puissants ressorts qu'on faisait agir contre nous ; je disais : Je la perds. Je m'armais, à vos yeux, de toute la force dont je prévoyais avoir besoin. Suis-je donc un dénaturé, un monstre ? Et quel est l'homme assez barbare pour imputer à d'innocentes créatures un mal qu'elles ne purent empêcher ?

PAULINE, pleurant.

Non, non.

MÉLAC FILS, plus vite.

La faute de leurs parents leur ôte-elle une qualité, une seule vertu ? Au contraire, Pauline, et vous en êtes la preuve ; il semble que la nature se plaise à les dédommager de nos cruels préjugés par un mérite plus essentiel.

PAULINE.

Ce préjugé n'en est pas moins respectable.

MÉLAC FILS, avec chaleur.

Il est injuste, et je mettrais ma gloire à le fouler aux pieds.

PAULINE.

Il subsistera dans les autres.

MÉLAC FILS.

Mon bonheur dépend de vous seule.

PAULINE.

On se lasse bientôt d'un choix qui n'est approuvé de personne.

MÉLAC FILS.

Le mien mérite une honorable exception.

PAULINE.

Il ne l'obtiendra pas.

MÉLAC FILS.

Il m'en sera plus cher. N'aggravez pas un malheur idéal. Ah ! soyez plus juste envers vous : tout ce qui ne dépend pas du caprice des hommes, vous l'avez avec profusion ; et si mon amour pouvait augmenter, cette injure du sort l'accroîtrait encore.

PAULINE, avec dignité.

Mélac, une femme doit avoir droit au respect de son mari. Je rougirais devant le mien... N'en parlons plus. Je n'en fais pas moins à votre père le sacrifice de toute ma fortune. Une retraite profonde est l'asile qui me convient : heureuse si votre souvenir n'y trouble pas mes jours !   (Elle se lève.)

MÉLAC FILS, au désespoir.

Quel cœur avez-vous donc reçu de la nature ? Vous vous jouez de mon tourment ! Pauline, renoncez à cet odieux projet, ou je ne réponds plus... Jour à jamais détestable !... Je sens un désordre... Ah ! j'en perdrai la vie...   (Il se jette sur un siége.)

PAULINE.

Il m'effraye ! Je ne puis le quitter. Mélac, mon ami, mon frère !

MÉLAC FILS, avec égarement.

Moi votre ami ! moi votre frère ! Non, je ne vous suis rien. Allez, cruelle, vous ne me surprendrez plus. Le trait empoisonné que vous avez enfoncé dans mon cœur n'en sortira qu'avec ma vie. Me tendre un piége affreux ! et me rendre garant des propos insensés que le désespoir m'a fait tenir ! ah ! cela est d'une cruauté...

PAULINE.

Écoutez-moi, Mélac.

MÉLAC FILS.

Je ne vous écoute plus. Vous ne m'avez jamais aimé. Je n'écoute plus une femme qui emploie un indigne détour pour renoncer à moi.

PAULINE, avec un grand trouble.

Eh bien ! mon cher Mélac, je n'y renonce pas. Tant d'amour me touche, plus qu'il ne convient peut-être à la malheureuse Pauline. Je n'y renonce pas ; mais, au nom de ton père, sors de cet égarement qui me tue.

MÉLAC FILS, se levant.

Vous voyez bien, Pauline, ce que vous me promettez... vous le voyez bien. Si jamais vous rappelez... si jamais... (Il tombe à ses genoux avec ardeur.) Jurez-moi que vous oublierez les blasphèmes que j'ai horreur d'avoir proférés devant vous. Jurez-le-moi.

PAULINE.

Puisse-tu les oublier toi-même !

MÉLAC FILS.

Jurez-moi que vous me rendez votre cœur.

PAULINE.

Te le rendre, ingrat ! il n'a pas cessé d'être à toi.

MÉLAC FILS, se relevant.

Eh bien! pardon. Je suis indigne de toute grâce; et si j'ai l'audace de la solliciter...

SCÈNE XI
AURELLY, PAULINE, MÉLAC FILS.

PAULINE, à Mélac, avec effroi.

Voici mon père.

MÉLAC FILS va au-devant d'Aurelly.

Ah! monsieur, si le plus amer repentir pouvait effacer de coupables emportements! si le plus vif regret de vous avoir offensé...

AURELLY.

Offensé! Non, mon ami; j'ai moins vu ta colère que l'honnête sentiment qui la rachetait. Ton respect filial m'a touché. — Demande à Pauline ce que je lui en ai dit.

MÉLAC FILS.

Je connais les effets de votre amitié, et ma reconnaissance...

AURELLY.

Elle me plaît : mais tu ne m'en dois que pour ma bonne volonté; tout est bien loin d'être terminé.

PAULINE.

Malgré vos offres?

MÉLAC FILS.

Qui a donc suspendu... ?

AURELLY.

La chose la plus étonnante. Je parle à Saint-Alban ; il accepte le payement, mais il n'en allait pas moins écrire à sa Compagnie. L'honneur, l'état, la survivance, tout était perdu.

MÉLAC FILS.

Le cruel !

AURELLY.

Grands débats. Il paraît se rendre. Je crois tout fini ; je l'embrasse, en souhaitant de pouvoir l'obliger à mon tour. Il me prend au mot : dans l'excès de ma joie, j'y engage mon honneur. (A Pauline.) Écoute la conclusion.

MÉLAC FILS, à part.

Je tremble.

AURELLY.

« Vous avez une nièce charmante ; je l'aime, je « l'adore, et je vous demande sa main. »

PAULINE.

Juste ciel !

MÉLAC FILS, à part.

Je l'avais prévu.

AURELLY, à Pauline.

Tu conçois quel a été mon embarras pour lui répondre.

PAULINE.

Je vois le mal. Il est irréparable.

AURELLY, bas à Pauline.

Non ; mais lorsqu'il m'a demandé ta main, je n'ai pas dû, sans te consulter, aller lui confier le secret de ta naissance. Je viens exprès pour cela : que lui dirai-je ?

PAULINE, d'un ton réfléchi.

Croyez-vous qu'il traitât rigoureusement M. de Mélac, s'il était refusé ?

AURELLY.

Refusé ! De quel droit le sommerais-je de sa parole, en manquant à la mienne? C'est bien alors que tout serait perdu... Mais que faire? il veut tout terminer à la fois, il attend une réponse.

PAULINE regarde Mélac, et dit en soupirant :

Permettez qu'il la reçoive de moi. — Qu'il vienne.

MÉLAC FILS, à part, avec effroi.

Qu'il vienne !

PAULINE.

Il est important que je lui parle.

AURELLY.

Il sera ici dans un moment. Mon enfant, je connais tes principes, dispose de toi-même à ton gré : je ne puis mettre en de plus sûres mains des intérêts si chers à mon cœur.

SCÈNE XII
PAULINE, MÉLAC FILS.

MÉLAC FILS, tremblant.

Mademoiselle...

PAULINE.

Vous voyez bien que le danger de votre père est pressant : quel intérêt oserait se montrer auprès de celui-là ?

MÉLAC FILS.

Ah ! mon père, mon père !... (En hésitant.) Ainsi vous rappelez Saint-Alban ?

PAULINE.

Il est indispensable que je le voie; consentez-y, Mélac, il le faut... Il faut me rendre ma parole.

MÉLAC FILS, avec une colère renfermée.

Non, vous pouvez me trahir ; mais il ne me sera pas reproché d'y avoir contribué par un lâche consentement.

PAULINE, tendrement.

Te le demanderais-je, ingrat, si j'avais dessein d'en abuser ? — Qui vous dit que je veuille l'épouser ?

MÉLAC FILS.

Serez-vous la maîtresse de vos refus ?

PAULINE.

Vous n'êtes pas généreux d'accabler ainsi mon âme. Ah ! j'avais des forces contre ma douleur, je n'en ai plus contre la vôtre.

MÉLAC FILS.

Pauline !

PAULINE.

Pense à ton père, à ton père respectable, et tu rougiras d'attendre de moi l'exemple du courage que tu devais me donner.

MÉLAC FILS, étouffé par la douleur.

Je sens que je ne puis vivre sans votre estime, il me faut la mienne. Il faut sauver mon père... aux dépens de mes jours... Ah ! Pauline !

PAULINE.
Ah ! Mélac ! (Ils sortent chacun de leur côté.)

ACTE CINQUIÈME

SCÈNE PREMIÈRE

PAULINE, seule, tenant un billet à la main.

(Elle paraît dans une grande agitation ; elle se promène, s'assied, se lève, et dit :)

Voici l'instant qui doit décider de notre sort. (Elle lit.) Il attend mes ordres, dit-il... Audacieux qu'ils sont, avec leur soumission insultante !... Pourquoi trembler ? l'aveu que je vais lui faire ne peut que m'honorer. — Ah !... je pleure, et je me soutiens à peine. — Mon état ne se conçoit pas. — S'il me surprenait à pleurer... (Elle s'assied.) Eh bien, qu'il me voie ! Ne suis-je pas assez malheureuse pour qu'on me pardonne un peu de faiblesse ?

SCÈNE II

ANDRÉ, PAULINE.

ANDRÉ, annonçant.
Monsieur Saint-Alban.
PAULINE.
Un moment, André.
(Elle essuie ses yeux, se promène, se regarde dans une glace, et soupire.)
ANDRÉ.
Mais, mameselle, monsieur Saint-Alban...
PAULINE, avec impatience.
Répétez encore.
ANDRÉ.
Il sort de chez votre oncle : oh ! il a un habit...
PAULINE, à elle-même.
C'est en vain. Il m'est impossible... (S'asseyant.) Faites entrer.

SCÈNE III

SAINT-ALBAN, PAULINE, ANDRÉ.

SAINT-ALBAN, en habit de ville, entre d'un air mal assuré ; il reste assez loin derrière Pauline.
Je me rends à vos ordres, mademoiselle.
PAULINE se lève et salue.
(A part.) A mes ordres !
(Sa respiration se précipite, et l'empêche de parler. Elle lui montre un siège, en l'invitant du geste à s'y reposer.)
SAINT-ALBAN s'approche, la regarde, et après un assez long silence :
Ma vue paraît vous causer quelque altération. Et cependant monsieur Aurelly vient de m'assurer... (André avance un siège à Saint-Alban.)

PAULINE avec peine d'abord, et prenant du courage par degrés.
Oui... c'est moi qui l'en ai prié. — Asseyez-vous, monsieur. Cet air contraint vous convient beaucoup moins qu'à celle que vos intentions rendent confuse et malheureuse.
(Elle s'assied. André sort.)

SCÈNE IV

SAINT-ALBAN, PAULINE.

SAINT-ALBAN.
Malheureuse ! à Dieu ne plaise que je voulusse vous obtenir à ce prix !
PAULINE.
Cependant vous abusez de la reconnaissance que je dois à M. de Mélac, pour exiger ma main.
SAINT-ALBAN s'assied.
Faites-moi la grâce de vous souvenir que mon amour n'a pas attendu cet événement pour se déclarer. Vous savez si j'ai souhaité vous devoir à vous-même, à commencer ma recherche par acquérir votre estime...
PAULINE.
Que vous comptez pour assez peu de chose.
SAINT-ALBAN.
Daignez m'apprendre comment je prouverais mieux le cas que j'en fais.
PAULINE.
Le voici, monsieur. Si vous croyez votre honneur engagé de rendre un compte rigoureux à votre Compagnie, puis-je estimer un homme qui ne paraît se souvenir de ses devoirs que pour les sacrifier au premier goût qu'il veut satisfaire ? Et, si vous avez feint seulement de croire à cette obligation pour vous en prévaloir ici, que penser de celui qui se joue de l'infortune des autres, et fait dépendre l'honneur d'une famille respectable du caprice de l'amour, et des refus d'une jeune fille ?
SAINT-ALBAN, un peu décontenancé.
Je n'ai à rougir d'aucun oubli de mes devoirs. Mais, en supposant que le désir de vous plaire eût été capable de m'égarer... je l'avouerai, mademoiselle, je n'en attendais pas de vous le premier reproche.
PAULINE.
Le premier ! vous l'avez reçu de vous-même, lorsque vous avez mis votre silence à prix.
SAINT-ALBAN, vivement.
Mon silence ! Quelque importance qu'on y attache, il est promis sans conditions ; et c'est sans craindre pour vos amis que vous êtes libre de me percer le cœur, en refusant ma main.
PAULINE, fermement.
Peut-être avez-vous cru que j'avais quelque fortune, ou que mon oncle suppléerait...
SAINT-ALBAN, vivement.
Pardon, si j'interromps encore ; je me suis déclaré sur ce point. De tous les biens que vous pourriez m'apporter, je ne veux que vous : c'est vous seule que je désire.

PAULINE.

Votre générosité, monsieur, excite la mienne; car il y en a, sans doute, à vous avouer (quand je pourrais le taire) un motif de refus plus humiliant pour moi que le manque de fortune.

SAINT-ALBAN.

Votre père m'a tout dit. (Pauline paraît extrêmement surprise.) Je vous admire, et voici ma réponse. Je suis indépendant : l'amour vous destina ma main, la réflexion en confirme le don, si votre cœur est aussi libre que le mien vous est engagé, mais, sur ce point seulement, j'ose exiger la plus grande franchise.

PAULINE.

Vous agissez si noblement, que le moindre détour serait un crime envers vous : sachez donc mon secret le plus pénible. (Ils se lèvent, Pauline soupire, et baisse les yeux.) Toute ma jeunesse passée avec Mélac ; la même éducation reçue ensemble ; une conformité de principes, de talents, de goûts, peut-être d'infortunes...

SAINT-ALBAN, péniblement.

Vous l'aimez ?

PAULINE.

C'est le dernier aveu que vous devait ma reconnaissance.

SAINT-ALBAN.

A quelle épreuve mettez-vous ma vertu ?

PAULINE.

J'ai beaucoup compté sur elle.

SCÈNE V

SAINT-ALBAN, PAULINE, MÉLAC FILS
paraît dans le fond.

SAINT-ALBAN.

Je vois ce que vous espérez de moi.

PAULINE, avec chaleur.

Je vous dirai tout. Je ne craindrai point de fournir à la vertu des armes contre le malheur. Mélac avait mon cœur et ma parole ; mais lorsque mon père nous a fait entendre à quel prix vous mettiez la grâce du sien, il a sacrifié toutes ses espérances au salut de son père.

SAINT-ALBAN, lentement.

Avant ce jour... savait-il votre sort ?

PAULINE.

Nous l'ignorions également.

SAINT-ALBAN, très-vivement.

Il ne vous aime pas.

PAULINE.

Il mourra de douleur.

SAINT-ALBAN.

A l'instant qu'il apprend le secret de votre naissance, il vous cède ! il affecte une générosité... Mademoiselle, je n'étendrai pas mes réflexions, dans la crainte de vous déplaire ; mais il ne vous aime pas.

MÉLAC FILS s'avance furieux.

O ciel ! je ne l'aime pas !

SAINT-ALBAN, froidement.

Monsieur,... qui vous savait si près ?

MÉLAC FILS.

Je ne l'aime pas, dites-vous ?

SAINT-ALBAN.

Je n'ai jamais déguisé ma pensée.

MÉLAC FILS.

Vous m'imputez à crime un sacrifice que vous avez rendu nécessaire ?

SAINT-ALBAN, froidement.

Le sort de ceux qui écoutent est d'entendre rarement leur éloge.

MÉLAC FILS.

M'accuser de ne pas l'aimer !

SAINT-ALBAN.

J'en suis fâché, je l'ai dit.

MÉLAC FILS.

L'avez-vous cru, Pauline ?

PAULINE.

Vous nous perdez.

MÉLAC FILS, avec emportement.

N'attendons rien d'un homme aussi injuste.

SAINT-ALBAN, fermement.

Monsieur, trop de chaleur rend quelquefois imprudent.

MÉLAC FILS, d'un ton amer.

Et trop de prudence, monsieur...

PAULINE, à Mélac vivement.

Je vous défends d'ajouter un mot.

MÉLAC FILS, à Pauline.

M'accuser de ne pas vous aimer, quand on me réduit à l'extrémité de renoncer à vous, ou d'en être à jamais indigne !

PAULINE.

Vous oubliez votre père !

MÉLAC FILS, regardant Saint-Alban d'un air menaçant.

Si je l'oubliais, Pauline...

PAULINE, à Saint-Alban.

Le désespoir l'aveugle.

MÉLAC FILS, avec une fureur froide.

Un mot va nous accorder. Vous avez, dit-on, promis de ne rien écrire contre mon père ?

SAINT-ALBAN, se possédant.

Vous m'interrogez ?

MÉLAC FILS.

L'avez-vous promis ?

PAULINE, à Mélac.

Il s'y est engagé.

SAINT-ALBAN, avec chaleur, à Pauline.

Pour aucune autre considération que la vôtre, mademoiselle.

MÉLAC FILS, les dents serrées de fureur.

Ah !... c'est aussi ce qui m'empêche de vous disputer sa main. Elle est à vous... Mais soyez galant homme. (Il s'approche de lui.) Osez tenir parole à mon père, et vous verrez...

SAINT-ALBAN, surpris.

Osez !...

PAULINE, se jetant entre deux.

Monsieur de Saint-Alban !

SAINT-ALBAN, fièrement.

Oui, monsieur, j'oserai tenir parole à votre père.

PAULINE, éperdue.

Ah ! grands dieux !

SAINT-ALBAN, du même ton.

Et toute nouvelle qu'est cette façon d'intercéder, elle ne nuira pas à M. de Mélac.

PAULINE, à Saint-Alban.

Il va tomber à vos genoux. Il ne sait pas... (A Mélac.) Cruel ennemi de vous-même ! apprenez qu'il s'engage au silence ; que lui seul peut vous conserver l'emploi...

MÉLAC FILS.

Je le refuse.

PAULINE.

Insensé !

MÉLAC FILS.

Quel bienfait, Pauline ! J'en dépouillerais mon père ! je le payerais de votre perte, et j'en serais redevable à mon ennemi !

SAINT-ALBAN, avec dignité.

Monsieur...

PAULINE, à Mélac.

Quel est donc le but de ces fureurs ?

MÉLAC FILS.

S'il ménage mon père, il vous épouse, il est trop récompensé : mais attaquer mes sentiments pour vous !...

PAULINE, outrée.

Vos sentiments !... Quels droits osez-vous faire valoir ? Ne m'avez-vous pas rendu ma parole ?

MÉLAC FILS.

L'honneur m'a-t-il permis de la garder ? vous vous privez de tout pour sauver mon père...

SAINT-ALBAN.

Quoi ! ces cent mille écus qu'on dit empruntés...

MÉLAC FILS.

Sont à elle ; c'est son bien, tout ce qu'elle possède au monde.

SAINT-ALBAN.

Sont à elle ! (A part.) Ah dieux ! que de vertus ! (Il rêve profondément.)

MÉLAC FILS, avec force.

Ai-je donc trop exigé de vous deux, en me sacrifiant, que l'un n'insultât pas à l'infortuné qu'il opprime ! que l'autre honorât ma perte d'une larme, d'un regret ! Il vous épousait de même, et je mourais en silence.

PAULINE, à Mélac, avec colère.

Eh ! fallait-il venir ainsi... (Les pleurs lui coupent la parole ; elle se jette sur un siége, et dit à elle-même :) Malheureuse faiblesse !

MÉLAC FILS, vivement.

Ne me dérobez pas vos larmes, Pauline ! c'est le seul bien qui me reste au monde.

PAULINE, outrée, se relevant.

Oui, je pleure : mais... c'est de dépit de ne pouvoir m'en empêcher.

MÉLAC FILS.

J'ai donc tout perdu !

PAULINE.

Votre violence a tout détruit.

SCÈNE VI

SAINT-ALBAN, MÉLAC FILS, AURELLY, PAULINE.

AURELLY, accourant.

On se querelle ici ! Mélac ?

SAINT-ALBAN, après un peu de silence.

Non, monsieur, on est d'accord. Vous m'avez assuré que vous laissiez mademoiselle absolument libre sur le choix d'un époux : ce choix est fait. (A Pauline.) Non, je n'établirai point mon bonheur sur d'aussi douloureux sacrifices. Il n'en serait plus un pour moi, s'il vous coûtait le vôtre.

MÉLAC FILS, pénétré.

Qu'entends-je ? Ah monsieur !

SAINT-ALBAN.

Faisons la paix, mon heureux rival. Je pouvais épouser une femme adorable, dont l'honneur et la générosité eussent assuré mon repos ; mais son cœur est à vous.

MÉLAC FILS.

Combien je suis coupable !

SAINT-ALBAN.

Amoureux : et les plus ardents sont ceux qui offensent le moins. J'étais moi-même injuste.

AURELLY, à Pauline.

Tu l'aimais donc ?

PAULINE, baisant la main de son père.

Ce jour m'a éclairée sur tous mes sentiments.

AURELLY.

Mes enfants, vous êtes bien sûrs de moi : mais abuserons-nous du service que nous rendons à son père, pour lui arracher un consentement que sa fierté désavouera peut-être ?

PAULINE.

Ah ! quelle triste lumière ! ai-je pu m'aveugler à ce point ?

MÉLAC FILS.

Pauline, vous savez s'il vous chérit !

SAINT-ALBAN, à Mélac.

Priez-le de passer ici, n'armez pas son âme, en le prévenant, contre les coups qu'on va lui porter. Ne lui dites rien...

MÉLAC FILS.

Monsieur, vous tenez ma vie en vos mains.

AURELLY.

Tu perds un temps précieux. (Mélac sort.)

SCÈNE VII

SAINT-ALBAN, AURELLY, PAULINE.

AURELLY.

En l'attendant, dégageons notre parole envers vous,

…onsieur. Voici un ordre à M. de Préfort, mon cor-
…espondant de Paris, de vous compter, à votre arri-
…ée, cinq cent mille francs.
SAINT-ALBAN.
Monsieur de Préfort, dites-vous ?
AURELLY.
En bons papiers : lisez.
SAINT-ALBAN.
Quelque bons qu'ils puissent être, vous savez que
…e n'est pas là de l'argent prêt.
AURELLY.
Des effets qui se négocient d'un moment à l'autre ?
SAINT-ALBAN.
Depuis six jours, celui à qui vous m'adressez n'en a
…égocié aucun.
AURELLY.
Qui dit cela ? J'ai reçu de lui, ce matin, six cent
…ille francs échangés cette semaine.
SAINT-ALBAN.
De Préfort ?
AURELLY.
Mon payement ne roule pas sur autre chose.
SAINT-ALBAN.
Le courrier d'aujourd'hui m'apprend qu'il est mort.
AURELLY.
Quelle histoire !
SAINT-ALBAN.
On n'a pas dû me tromper... Mais n'avez-vous pas
…os lettres ?
AURELLY.
Je les attends. (Il sonne.)

SCÈNE VIII

SAINT-ALBAN, AURELLY, PAULINE, ANDRÉ.

AURELLY, à André.

Qu'on appelle Dabins, et qu'il vienne au plus tôt.
A Saint-Alban.) C'est mon homme de confiance et mon
…aissier ; il nous mettra d'accord... (André sort.)

SCÈNE IX

SAINT-ALBAN, AURELLY, DABINS, PAULINE.

AURELLY, à Dabins.

Ah !... Mes lettres ?

DABINS lui en présente un gros paquet.

Les voici... je venais...

AURELLY.

Réponds à monsieur.

SAINT-ALBAN.

Ces papiers...

AURELLY.

Oui... (A Dabins.) N'as-tu pas reçu, ce matin, six cent
…ille francs échangés contre une partie de mes effets ?

DABINS, hésitant, à Aurelly.

Monsieur...

AURELLY, en colère.

Les avez-vous reçus, oui ou non ?

SAINT-ALBAN.

Il faut répondre.

AURELLY.

Où est donc le mystère ? Il a été comme un fou toute la journée. Les avez-vous reçus ?

DABINS, embarrassé, à Aurelly.

Monsieur... on peut voir ma caisse ; elle est au comble.

AURELLY, à Saint-Alban.

J'en étais bien sûr. Ainsi j'ajoute aux sommes que je vous remets pour M. de Mélac...

DABINS, étonné.

Vous acquittez M. de Mélac ?

AURELLY.

Que va-t-il dire ?

DABINS.

Dans quelle erreur étais-je !

AURELLY.

Parlez.

SAINT-ALBAN.

Je vois clairement qu'il n'est point venu de fonds de Paris.

AURELLY, à Dabins.

Mes effets n'ont pas été vendus ?

DABINS, vivement.

Non, monsieur, ils n'ont pu l'être ; c'est la nouvelle que j'ai reçue ce matin.

AURELLY, hors de lui.

Avec quoi donc payes-tu ?

DABINS, un moment sans parler, étouffé par la joie.

Avec six cent mille francs que m'a prêtés M. de Mélac.

AURELLY.

Juste ciel !

PAULINE.

Mon père !

SAINT-ALBAN.

Ah ! quel homme !

DABINS, criant.

Cinq cent mille francs de sa caisse, cent mille à lui ; je ne puis me taire plus longtemps.

PAULINE.

Que j'en suis glorieuse ! mon âme a deviné la sienne...

SCÈNE X

SAINT-ALBAN, AURELLY, MÉLAC père, PAULINE, DABINS.

PAULINE, apercevant Mélac père, se précipite à ses pieds.

O le plus généreux !...

MÉLAC PÈRE.

Que faites-vous, Pauline ?

AURELLY.

Je dois les embrasser aussi. (Il veut se jeter à genoux.)

MÉLAC PÈRE le retient.

Mes amis !

SCÈNE XI ET DERNIÈRE

SAINT-ALBAN, AURELLY, MÉLAC PÈRE, PAULINE, MÉLAC FILS, DABINS.

MÉLAC FILS, s'écriant.

Aux pieds de mon père !

MÉLAC PÈRE.

Dabins ! vous m'avez trahi !

DABINS, avec joie.

Pouvais-je garder votre secret, en apprenant que monsieur acquittait votre dette ?

MÉLAC PÈRE.

Il vient à mon secours ? (A part.) O vertu ! voilà ta récompense. (A Aurelly.) Ami, quelles sont donc tes ressources ?

SAINT-ALBAN.

Tout le bien de mademoiselle en dépôt dans ses mains.

MÉLAC FILS.

De notre Pauline ? Ah ! mon cher Aurelly !

AURELLY.

Tu te perdais pour moi !

MÉLAC PÈRE.

Mais, toi...

AURELLY.

Peux-tu comparer de l'argent, lorsqu'il t'en coûtait l'état et l'honneur ?

MÉLAC PÈRE.

Je m'acquittais envers mon bienfaiteur malheureux ; mais toi, dans tes soupçons sur ma probité, devais-tu quelque chose à ton coupable ami ?

MÉLAC FILS, avec joie.

Ah ! mon père !

SAINT-ALBAN.

Eh bien, monsieur Aurelly ! puis-je accepter, en payement, le mandat que vous m'offrez ?

MÉLAC PÈRE, avec effroi.

Quel mandat ?

AURELLY, pénétré, à Saint-Alban.

Vous serez satisfait, monsieur : mon premier sentiment lui était bien dû ; le second me rend tout entier à mon malheur.

MÉLAC PÈRE.

Voilà ce que j'ai craint !

AURELLY.

Je n'avais à vous offrir, pour mon ami, que des effets qui se trouvent embarrassés : je reprends mon mandat. Votre argent est encore dans ma caisse, et Dieu me garde d'en user ! Dabins, reportez-le chez M. de Mélac, et moi... je vais subir mon sort.

MÉLAC PÈRE.

Arrêtez ! je ne le reçois pas.

AURELLY.

Qu'est-ce à dire, Mélac ?

MÉLAC PÈRE.

Malheureux Dabins !...

AURELLY.

Me croyez-vous assez indigne...

MÉLAC PÈRE.

Monsieur de Saint-Alban ! il serait horrible à vous d'abuser d'un secret que vous ne devez qu'à notre confiance. — Non, je jure que l'argent n'y rentrera pas.

AURELLY.

Veux-tu me causer plus de chagrins que tu n'as espéré de m'en épargner ?

MÉLAC FILS, avec ardeur.

Monsieur Aurelly, ne refusez point !

PAULINE.

Monsieur de Saint-Alban !...

MÉLAC FILS, à Saint-Alban

Vous aimez la vertu ?

MÉLAC PÈRE.

Laisserez-vous périr son plus digne soutien ?

AURELLY, avec enthousiasme.

Que faites-vous, mes amis ? Pour m'empêcher d'être malheureux, vous devenez tous coupables. Oubliez-vous qu'un excès de générosité vient d'égarer l'homme le plus juste ? Et s'il eut tort de toucher à cet argent, qui m'excuserait d'oser le retenir ?

MÉLAC PÈRE.

Le consentement que nous lui demandons.

AURELLY.

Qu'il se laisse soupçonner ? L'amitié t'a rendu capable de cet effort : mais si je n'ai pu, sans crime, accepter ce service de toi, quel nom mérite la séduction que vous employez tous pour l'obtenir de lui ? (A Saint-Alban.) Vous êtes de sang-froid, monsieur ; jugez-nous.

SAINT-ALBAN.

De sang-froid ! Ah ! messieurs ! ô famille respectable ! me croyez-vous une âme insensible, pour l'attaquer avec cette violence ? Vous demandez un jugement !...

MÉLAC FILS.

Et nous jurons de l'accomplir.

SAINT-ALBAN.

Il est écrit dans le cœur de tous les gens honnêtes ; permettez seulement que j'y ajoute un mot. — Aurelly, prouvez-moi votre estime, en m'acceptant pour seul créancier.

AURELLY.

Vous, monsieur !

SAINT-ALBAN.

Je l'exige. Et vous, monsieur de Mélac, conservez votre place, honorez-la longtemps. Unissez à votre fils cette jeune personne, qui s'en est rendue si digne en sacrifiant pour vous toute sa fortune.

MÉLAC PÈRE.

Ce serait ma plus chère envie. Mon fils l'adore ; et, si mon ami ne s'y opposait pas...

AURELLY, confus.

Savez-vous qui elle est?

MÉLAC PÈRE, avec effusion.

J'aurais bien dû le deviner! le cœur d'un père se trahit mille fois le jour. Elle est ta fille, ta généreuse fille, et je te la demande pour mon fils.

AURELLY.

Tu me la demandes! Ah! mon ami! (Ils se jettent dans les bras l'un de l'autre.)

MÉLAC FILS, à Pauline.

Mon père consent à notre union!

PAULINE.

C'est le plus grand de ses bienfaits.

SAINT-ALBAN.

Aurelly, rendez-moi votre mandat, je pars; soyez tranquille. Vos effets de Paris me seront remis promptement, ou je supplée à tout.

AURELLY.

De vos biens?

SAINT-ALBAN.

Puissent-ils être toujours aussi heureusement employés! Vous m'avez appris comme on jouit de ses sacrifices. En vain je vous admire, si votre exemple ne m'élève pas jusqu'à l'honneur de l'imiter. — Nous compterons à mon retour. (Chacun exprime son admiration.)

AURELLY, transporté.

Monsieur... je me sens digne d'accepter ce service; car, à votre place, j'en aurais fait autant. Pressez donc votre retour; venez marier ces jeunes gens que vous comblez de bienfaits.

MÉLAC PÈRE.

Pourquoi retarder leur bonheur? Unissons-les ce soir même. Eh! quelle joie, mes amis, de penser qu'un jour aussi orageux pour le bonheur n'a pas été tout à fait perdu pour la vertu!

FIN DES DEUX AMIS

LE BARBIER DE SÉVILLE

OU

LA PRÉCAUTION INUTILE

COMÉDIE EN QUATRE ACTES

REPRÉSENTÉE ET TOMBÉE SUR LE THÉATRE DE LA COMÉDIE-FRANÇAISE, AUX TUILERIES, LE 23 FÉVRIER 1775.

.... Et j'étais père, et je ne pus mourir !
(*Zaire*, acte II.)

LETTRE MODÉRÉE
SUR LA CHUTE ET LA CRITIQUE
DU BARBIER DE SÉVILLE

(L'auteur, vêtu modestement et courbé, présentant sa pièce au lecteur.)

MONSIEUR,

J'ai l'honneur de vous offrir un nouvel opuscule de ma façon. Je souhaite vous rencontrer dans un de ces moments heureux, où, dégagé de soins, content de votre santé, de vos affaires, de votre maîtresse, de votre dîner, de votre estomac, vous puissiez vous plaire un moment à la lecture de mon *Barbier de Séville*; car il faut tout cela pour être homme amusable et lecteur indulgent.

Mais si quelque accident a dérangé votre santé; si votre état est compromis; si votre belle a forfait à ses serments; si votre dîner fut mauvais, ou votre digestion laborieuse, ah! laissez mon *Barbier*; ce n'est pas là l'instant : examinez l'état de vos dépenses, étudiez le *factum* de votre adversaire, relisez ce traître billet surpris à Rose, ou parcourez les chefs-d'œuvre de Tissot[1] sur la tempérance, et faites des réflexions politiques, économiques, diététiques, philosophiques ou morales.

Ou si votre état est tel qu'il vous faille absolument l'oublier, enfoncez-vous dans une bergère, ouvrez le journal établi dans Bouillon avec encyclopédie, approbation et privilège, et dormez vite une heure ou deux.

Quel charme aurait une production légère au milieu des plus noires vapeurs? et que vous importe en effet si Figaro le barbier s'est bien moqué de Bartholo le médecin, en aidant un rival à lui souffler sa maîtresse? On rit peu de la gaieté d'autrui, quand on a de l'humeur pour son propre compte.

Que vous fait encore si ce barbier espagnol, en arrivant dans Paris, essuya quelques traverses, et si la prohibition de ses exercices a donné trop d'importance aux rêveries de mon bonnet? On ne s'intéresse guère aux affaires des autres que lorsqu'on est sans inquiétude sur les siennes.

Mais enfin tout va-t-il bien pour vous? avez-vous à souhait double estomac, bon cuisinier, maîtresse honnête, et repos imperturbable? Ah! parlons, parlons : donnez audience à mon *Barbier*.

Je sens trop, monsieur, que ce n'est plus le temps où, tenant mon manuscrit en réserve, et, semblable à la coquette qui refuse souvent ce qu'elle brûle toujours d'accorder, j'en faisais quelque avare lecture à des gens préférés, qui croyaient devoir payer ma complaisance par un éloge pompeux de mon ouvrage.

O jours heureux! Le lieu, le temps, l'auditoire à ma dévotion, et la magie d'une lecture adroite assurant mon succès, je glissais sur le morceau faible en appuyant sur les bons endroits : puis, recueillant les suffrages du coin de l'œil, avec une orgueilleuse modestie je jouissais d'un triomphe d'autant plus doux, que le jeu d'un fripon d'acteur ne m'en dérobait pas les trois quarts pour son compte.

Que reste-t-il, hélas! de toute cette gibecière? A l'instant qu'il faudrait des miracles pour vous subjuguer, quand la verge de Moïse y suffirait à peine, je n'ai plus même la ressource du bâton de Jacob; plus d'escamotage, de tricherie, de coquetterie, d'inflexions de voix, d'illusion théâtrale, rien. C'est ma vertu toute nue que vous allez juger.

Ne trouvez donc pas étrange, monsieur, si, mesurant mon style à ma situation, je ne fais pas comme ces écrivains qui se donnent le ton de vous appeler négligemment, *lecteur, ami lecteur, cher lecteur, bénin* ou *benoist lecteur*, ou de telle autre dénomination cavalière, je dirai même indécente, par laquelle ces imprudents essayent de se mettre au pair avec leur juge, et qui ne fait bien souvent que leur en attirer l'animadversion. J'ai toujours vu que les airs ne séduisaient personne, et que le ton modeste d'un auteur pouvait seul inspirer un peu d'indulgence à son fier lecteur.

Eh! quel écrivain en eut jamais plus besoin que moi? Je voudrais le cacher en vain : j'eus la faiblesse autrefois, monsieur, de vous présenter, en différents temps, deux tristes drames; productions monstrueuses, comme on sait! car, entre la tragédie et la comédie, on n'ignore plus qu'il n'existe rien; c'est un point décidé, le maître l'a dit, l'école en retentit, et pour moi j'en suis tellement convaincu, que, si je voulais aujourd'hui mettre au théâtre une mère éplorée, une épouse trahie, une sœur éperdue, un fils déshérité; pour les présenter décemment au public, je commencerais par leur supposer un beau royaume où ils auraient régné de leur mieux, vers l'un des archipels, ou dans un tel autre coin du monde; certain après cela que l'invraisemblance du roman, l'énormité des faits, l'enflure des caractères, le gigantesque des idées et la bouffissure du langage, loin de m'être imputés à reproche, assureraient encore mon succès.

Présenter des hommes d'une condition moyenne accablés et dans le malheur! Fi donc! on ne doit jamais les montrer que bafoués. Les citoyens ridicules, et les rois malheureux, voilà tout le théâtre existant et possible; et je me le tiens pour dit, c'est fait; je ne veux plus quereller avec personne.

J'ai donc eu la faiblesse autrefois, monsieur, de faire des drames qui n'étaient pas *du bon genre*; et je m'en repens beaucoup.

Pressé depuis par les événements, j'ai hasardé de malheu-

---
[1] Auteur d'un traité *De la santé des gens de lettres* (1769) et d'un *Essai sur les maladies des gens du monde* (1770).

reux Mémoires, que mes ennemis n'ont pas trouvés *du bon style;* et j'en ai le remords cruel.

Aujourd'hui je fais glisser sous vos yeux une comédie fort gaie, que certains maîtres de goût n'estiment pas *du bon ton;* et je ne m'en console point.

Peut-être un jour oserai-je affliger votre oreille d'un opéra dont les jeunes gens d'autrefois diront que la musique n'est pas *du bon français;* et j'en suis tout honteux d'avance.

Ainsi de fautes en pardons, et d'erreurs en excuses, je passerai ma vie à mériter votre indulgence, par la bonne foi naïve avec laquelle je reconnaîtrai les unes en vous présentant les autres.

Quant au *Barbier de Séville*, ce n'est pas pour corrompre votre jugement que je prends ici le ton respectueux : mais on m'a fort assuré que, lorsqu'un auteur était sorti, quoiqu'échiné, vainqueur au théâtre, il ne lui manquait plus que d'être agréé par vous, monsieur, et lacéré dans quelques journaux, pour avoir obtenu tous les lauriers littéraires. Ma gloire est donc certaine, si vous daignez m'accorder le laurier de votre agrément, persuadé que plusieurs de messieurs les journalistes ne me refuseront pas celui de leur dénigrement.

Déjà l'un d'eux, établi dans Bouillon avec approbation et privilége, m'a fait l'honneur encyclopédique d'assurer à ses abonnés que ma pièce était sans plan, sans unité, sans caractères, vide d'intrigue et dénuée de comique.

Un autre plus naïf encore, à la vérité sans approbation, sans privilége, et même sans encyclopédie, après un candide exposé de mon drame, ajoute au laurier de sa critique cet éloge flatteur de ma personne : « La réputation du sieur de « Beaumarchais est bien tombée ; et les honnêtes gens sont « enfin convaincus que lorsqu'on lui aura arraché les plu- « mes de paon, il ne restera plus qu'un vilain corbeau noir « avec son effronterie et sa voracité. »

Puisqu'en effet j'ai eu l'effronterie de faire la comédie du *Barbier de Séville*, pour remplir l'horoscope entier, je pousserai la voracité jusqu'à vous prier humblement, monsieur, de me juger vous-même, et sans égard aux critiques passés, présents et futurs; car vous savez que, par état, les gens de feuilles sont souvent ennemis des gens de lettres : j'aurai même la voracité de vous prévenir qu'étant saisi de mon affaire, il faut que vous soyez mon juge absolument, soit que vous le vouliez ou non; car vous êtes mon lecteur.

Et vous sentez bien, monsieur, que si, pour éviter ce tracas, ou me prouver que je raisonne mal, vous refusiez constamment de me lire, vous feriez vous-même une pétition de principe au-dessous de vos lumières : n'étant pas mon lecteur, vous ne seriez pas celui à qui s'adresse ma requête.

Que si, par dépit de la dépendance où je parais vous mettre, vous vous avisez de jeter le livre en cet instant de votre lecture, c'est, monsieur, comme si, au milieu de tout autre jugement, vous étiez enlevé du tribunal par la mort, ou tel accident qui vous rayât du nombre des magistrats. Vous ne pouvez éviter de me juger qu'en devenant nul, négatif, anéanti; qu'en cessant d'exister en qualité de mon lecteur.

Eh! quel tort vous fais-je en vous élevant au-dessus de moi? Après le bonheur de commander aux hommes, le plus grand bonheur, monsieur, n'est-il pas de les juger?

Voilà donc qui est arrangé. Je ne reconnais plus d'autre juge que vous, sans excepter messieurs les spectateurs, qui, ne jugeant qu'en premier ressort, voient souvent leur sentence infirmée à votre tribunal.

L'affaire avait d'abord été plaidée devant eux au théâtre ; et ces messieurs ayant beaucoup ri, j'ai pu penser que j'a- vais gagné ma cause à l'audience. Point du tout; le journaliste établi dans Bouillon prétend que c'est de moi qu'on a ri. Mais ce n'est là, monsieur, comme on dit en style de palais, qu'une mauvaise chicane de procureur : mon but ayant été d'amuser les spectateurs, qu'ils aient ri de ma pièce ou de moi, s'ils ont ri de bon cœur, le but est également rempli : ce que j'appelle avoir gagné ma cause à l'audience.

Le même journaliste assure encore, ou du moins laisse entendre, que j'ai voulu gagner quelques-uns de ces messieurs, en leur faisant des lectures particulières, en achetant d'avance leur suffrage par cette prédilection. Mais ce n'est encore là, monsieur, qu'une difficulté de publiciste allemand. Il est manifeste que mon intention n'a jamais été de les instruire ; c'étaient des espèces de consultations que je faisais sur le fond de l'affaire. Que si les consultants, après avoir donné leur avis, se sont mêlés parmi les juges, vous voyez bien, monsieur, que je n'y pouvais rien de ma part, et que c'était à eux de se récuser par délicatesse, s'ils se sentaient de la partialité pour mon barbier andalous.

Eh! plût au ciel qu'ils en eussent un peu conservé pour ce jeune étranger! nous aurions eu moins de peine à soutenir notre malheur éphémère. Tels sont les hommes ; avez-vous du succès, ils vous accueillent, vous portent, vous caressent, ils s'honorent de vous ; mais gardez de broncher dans la carrière! au moindre échec, ô mes amis, souvenez-vous qu'il n'est plus d'amis.

Et c'est précisément ce qui nous arriva le lendemain de la plus triste soirée. Vous eussiez vu les faibles amis du *Barbier* se disperser, se cacher le visage ou s'enfuir; les femmes, toujours si braves quand elles protégent, enfoncées dans les coqueluchons jusqu'aux panaches, et baissant des yeux confus; les hommes courant se visiter, se faire amende honorable du bien qu'ils avaient dit de ma pièce, et rejetant sur ma maudite façon de lire les choses tout le faux plaisir qu'ils y avaient goûté. C'était une désertion totale, une vraie désolation.

Les uns lorgnaient à gauche, en me sentant passer à droite, et ne faisaient plus semblant de me voir : ah dieux ! d'autres, plus courageux, mais s'assurant bien si personne ne les regardait, m'attiraient dans un coin pour me dire : Eh! comment avez-vous produit en nous cette illusion ? car il faut en convenir, mon ami, votre pièce est la plus grande platitude du monde.

— Hélas! messieurs, j'ai lu ma platitude, en vérité, tout platement comme je l'avais faite; mais, au nom de la bonté que vous avez de me parler encore après ma chute, et pour l'honneur de votre second jugement, ne souffrez pas qu'on redonne la pièce au théâtre : si, par malheur, on venait à la jouer comme je l'ai lue, on vous ferait peut-être une nouvelle tromperie, et vous vous en prendriez à moi de ne plus savoir quel jour vous eûtes raison ou tort; ce qu'à Dieu ne plaise !

On ne m'en crut point; on laissa rejouer la pièce, et pour le coup je fus prophète en mon pays. Ce pauvre Figaro, *fessé* par la cabale *en faux bourdon* et presque enterré le vendredi, ne fit point comme Candide ; il prit courage, et mon héros se releva le dimanche avec une vigueur que l'austérité d'un carême entier, et la fatigue de dix-sept séances publiques, n'ont pas encore altérée[1]. Mais qui sait combien cela durera ? Je ne voudrais pas jurer qu'il n'en fût seulement question que cinq ou six siècles; tant notre nation est inconstante et légère.

Les ouvrages de théâtre, monsieur, sont comme les

---

[1] La dix-septième représentation du *Barbier* eut lieu le mercredi 16 août 1775 ; la dix-huitième le samedi suivant.

enfants des femmes. Conçus avec volupté, menés à terme avec fatigue, enfantés avec douleur, et vivant rarement assez pour payer les parents de leurs soins, ils coûtent plus de chagrins qu'ils ne donnent de plaisirs. Suivez-les dans leur carrière; à peine ils voient le jour, que, sous prétexte d'enflure, on leur applique les censeurs; plusieurs en sont restés en chartre. Au lieu de jouer doucement avec eux, le cruel parterre les rudoie et les fait tomber. Souvent, en les berçant, le comédien les estropie. Les perdez-vous un instant de vue, on les retrouve, hélas! traînants partout, mais dépenaillés, défigurés, rongés d'extraits, et couverts de critiques. Échappés à tant de maux, s'ils brillent un moment dans le monde, le plus grand de tous les atteint: le mortel oubli les tue; ils meurent, et, replongés au néant, les voilà perdus à jamais dans l'immensité des livres.

Je demandais à quelqu'un pourquoi ces combats, cette guerre animée entre le parterre et l'auteur, à la première représentation des ouvrages, même de ceux qui devaient plaire un autre jour. Ignorez-vous, me dit-il, que Sophocle et le vieux Denys sont morts de joie d'avoir remporté le prix des vers au théâtre? Nous aimons trop nos auteurs pour souffrir qu'un excès de joie nous prive d'eux, en les étouffant: aussi, pour les conserver, avons-nous grand soin que leur triomphe ne soit jamais si pur, qu'ils puissent en expirer de plaisir.

Quoi qu'il en soit des motifs de cette rigueur, l'enfant de mes loisirs, ce jeune, cet innocent *Barbier*, tant dédaigné le premier jour, loin d'abuser le surlendemain de son triomphe, ou de montrer de l'humeur à ses critiques, ne s'en est que plus empressé de les désarmer par l'enjouement de son caractère.

Exemple rare et frappant, monsieur, dans un siècle d'ergotisme où l'on calcule tout jusqu'au rire; où la plus légère diversité d'opinions fait germer des haines éternelles; où tous les jeux tournent en guerre; où l'injure qui repousse l'injure est à son tour payée par l'injure, jusqu'à ce qu'une autre, effaçant cette dernière, en enfante une nouvelle, auteur de plusieurs autres, et propage ainsi l'aigreur à l'infini, depuis le rire jusqu'à la satiété, jusqu'au dégoût, à l'indignation même du lecteur le plus caustique.

Quant à moi, monsieur, s'il est vrai, comme on l'a dit, que tous les hommes soient frères (et c'est une belle idée), je voudrais qu'on pût engager nos frères les gens de lettres à laisser, en discutant, le ton rogue et tranchant à nos frères les libellistes qui s'en acquittent si bien, ainsi que les injures à nos frères les plaideurs... qui ne s'en acquittent pas mal non plus! Je voudrais surtout qu'on pût engager nos frères les journalistes à renoncer à ce ton pédagogue et magistral avec lequel il gourmandent les fils d'Apollon, et font rire la sottise aux dépens de l'esprit.

Ouvrez un journal: ne semble-t-il pas voir un dur répétiteur, la férule ou la verge levée sur des écoliers négligents, les traiter en esclaves au plus léger défaut dans le devoir? Eh! mes frères, il s'agit bien de devoir ici! La littérature en est le délassement et la douce récréation.

A mon égard au moins, n'espérez pas asservir dans ses jeux mon esprit à la règle: il est incorrigible; et, la classe du devoir une fois fermée, il devient si léger et badin, que je ne puis que jouer avec lui. Comme un liège emplumé qui bondit sur la raquette, il s'élève, il retombe, égaye mes yeux, repart en l'air, y fait la roue, et revient encore. Si quelque joueur adroit veut entrer en partie et ballotter à nous deux le léger volant de mes pensées, de tout mon cœur: s'il riposte avec grâce et légèreté, le jeu m'amuse, et la partie s'engage. Alors on pourrait voir les coups portés, parés, reçus, rendus, accélérés, pressés, relevés même avec une prestesse, une agilité, propre à réjouir autant les spectateurs qu'elle animerait les acteurs.

Telle au moins, monsieur, devrait être la critique; et c'est ainsi que j'ai toujours conçu la dispute entre les gens polis qui cultivent les lettres.

Voyons, je vous prie, si le journaliste de Bouillon a conservé dans sa critique ce caractère aimable et surtout de candeur pour lequel on vient de faire des vœux.

La pièce est une farce, dit-il.

Passons sur les qualités. Le méchant nom qu'un cuisinier étranger donne aux ragoûts français ne change rien à la saveur. C'est en passant par ses mains qu'ils se dénaturent. Analysons la farce de Bouillon.

La pièce, a-t-il dit, n'a pas de plan.

Est-ce parce qu'il est trop simple qu'il échappe à la sagacité de ce critique adolescent?

Un vieillard amoureux prétend épouser demain sa pupille: un jeune amant plus adroit le prévient, et ce jour même en fait sa femme, à la barbe et dans la maison du tuteur. Voilà le fond, dont on eût pu faire avec un égal succès une tragédie, une comédie, un drame, un opéra, *et cœtera*. L'*Avare* de Molière est-il autre chose? le grand *Mithridate* est-il autre chose? Le genre d'une pièce, comme celui de toute autre action, dépend moins du fond des choses que des caractères qui les mettent en œuvre.

Quant à moi, ne voulant faire, sur ce plan, qu'une pièce amusante et sans fatigue, une espèce d'*imbroille*[1], il m'a suffi que le machiniste, au lieu d'être un noir scélérat, fût un drôle de garçon, un homme insouciant, qui rit également du succès et de la chute de ses entreprises, pour que l'ouvrage, loin de tourner en drame sérieux, devînt une comédie fort gaie: et de cela seul que le tuteur est un peu moins sot que tous ceux qu'on trompe au théâtre, il a résulté beaucoup de mouvement dans la pièce et surtout la nécessité d'y donner plus de ressort aux intrigants.

Au lieu de rester dans ma simplicité comique, si j'avais voulu compliquer, étendre et tourmenter mon plan à la manière tragique ou *dramique*[2]; imagine-t-on que j'aurais manqué de moyens dans une aventure dont je n'ai mis en scènes que la partie la moins merveilleuse?

En effet, personne aujourd'hui n'ignore qu'à l'époque historique où la pièce finit gaiement dans mes mains, la querelle commença sérieusement à s'échauffer, comme qui dirait derrière la toile, entre le docteur et Figaro, sur les cent écus. Des injures on en vint aux coups. Le docteur, étrillé par Figaro, fit tomber en se débattant la *rescille*[3] ou filet qui coiffait le barbier, et l'on vit, non sans surprise, une forme de spatule imprimée à chaud sur sa tête rasée. Suivez-moi, monsieur, je vous prie.

A cet aspect, moulu de coups qu'il est, le médecin s'écrie avec transport: « Mon fils! ô ciel, mon fils! mon cher fils!... » Mais avant que Figaro l'entende, il a redoublé de horions sur son cher père. En effet, ce l'était.

Ce Figaro, qui pour toute famille avait jadis connu sa mère, est fils naturel de Bartholo. Le médecin, dans sa jeunesse, eut cet enfant d'une personne en condition, que les suites de son imprudence firent passer du service au plus affreux abandon.

Mais avant de les quitter, le désolé Bartholo, frater alors, a fait rougir sa spatule; il en a timbré son fils à l'occiput, pour le reconnaître un jour, si jamais le sort les rassemble. La mère et l'enfant avaient passé six années dans une honorable mendicité, lorsqu'un chef de bohémiens, descendu

---

[1] *Imbroglio.*
[2] *Dramique*, mot forgé par Beaumarchais.
[3] *Résille*, que l'usage a fait substantif féminin.

de Luc Gauric[1], traversant l'Andalousie avec sa troupe, et consulté par la mère sur le destin de son fils, déroba l'enfant furtivement, et laissa par écrit cet horoscope à sa place :

> Après avoir versé le sang dont il est né,
> Ton fils assommera son père infortuné :
> Puis, tournant sur lui-même et le fer et le crime,
> Il se frappe, et devient heureux et légitime.

En changeant d'état sans le savoir, l'infortuné jeune homme a changé de nom sans le vouloir : il s'est élevé sous celui de Figaro : il a vécu. Sa mère est cette Marceline, devenue vieille et gouvernante chez le docteur, que l'affreux horoscope de son fils a consolé de sa perte. Mais aujourd'hui tout s'accomplit.

En saignant Marceline au pied, comme on le voit dans ma pièce, ou plutôt comme on ne l'y voit pas, Figaro remplit le premier vers :

> Après avoir versé le sang dont il est né.

Quand il étrille innocemment le docteur, après la toile tombée, il accomplit le second vers :

> Ton fils assommera son père infortuné.

A l'instant la plus touchante reconnaissance a lieu entre le médecin, la vieille et Figaro : *C'est vous ! c'est lui ! c'est toi ! c'est moi !* Quel coup de théâtre ! Mais le fils, au désespoir de son innocente vivacité, fond en larmes et se donne un coup de rasoir, selon le sens du troisième vers :

> Puis, tournant sur lui-même et le fer et le crime,
> Il se frappe, et......

Quel tableau ! En n'expliquant point si, du rasoir, il se coupe la gorge ou seulement le poil du visage, on voit que j'avais le choix de finir ma pièce au plus grand pathétique. Enfin le docteur épouse la vieille ; et Figaro, suivant la dernière leçon,

> ..... Devient heureux et légitime.

Quel dénoûment ! Il ne m'en eût coûté qu'un sixième acte. Et quel sixième acte ! Jamais tragédie au Théâtre-Français... Il suffit. Reprenons ma pièce en l'état où elle a été jouée et critiquée. Lorsqu'on me reproche avec aigreur ce que j'ai fait, ce n'est pas l'instant de louer ce que j'aurais pu faire.

La pièce est invraisemblable dans sa conduite, a dit encore le journaliste établi dans Bouillon avec approbation et privilége.

— Invraisemblable ! Examinons cela par plaisir.

Son Excellence M. le comte Almaviva, dont j'ai depuis longtemps l'honneur d'être ami particulier, est un jeune seigneur, ou, pour mieux dire, était, car l'âge et les grands emplois en ont fait depuis un homme fort grave, ainsi que je le suis devenu moi-même. Son Excellence était donc un jeune seigneur espagnol, vif, ardent, comme tous les amants de sa nation, que l'on croit froide, et qui n'est que paresseuse.

Il s'était mis secrètement à la poursuite d'une belle personne qu'il avait entrevue à Madrid, et que son tuteur a bientôt ramenée au lieu de sa naissance. Un matin qu'il se promenait sous ses fenêtres à Séville, où depuis huit jours il cherchait à s'en faire remarquer, le hasard conduisit au même endroit Figaro le barbier. — Ah ! le hasard ! dira mon critique : et si le hasard n'eût pas conduit ce jour-là le barbier dans cet endroit, que devenait la pièce ?
— Elle eût commencé, mon frère, à quelque autre époque.
— Impossible, puisque le tuteur, selon vous-même, épousait le lendemain. — Alors il n'y aurait pas eu de pièce ; ou, s'il y en a eu, mon frère, elle aurait été différente. Une chose est-elle invraisemblable, parce qu'elle était possible autrement ?

Réellement vous avez un peu d'humeur. Quand le cardinal de Retz nous dit froidement : « Un jour j'avais besoin d'un homme ; à la vérité je ne voulais qu'un fantôme : j'aurais désiré qu'il fût petit-fils d'Henri le Grand ; qu'il eût de longs cheveux blonds ; qu'il fût beau, bien fait, bien séditieux ; qu'il eût le langage et l'amour des Halles ; et voilà que le hasard me fait rencontrer à Paris M. de Beaufort, échappé de la prison du roi ; c'était justement l'homme qu'il me fallait[1]... » va-t-on dire au coadjuteur : Ah ! le hasard ! Mais si vous n'eussiez pas rencontré M. de Beaufort ! mais ceci, mais cela ?....

Le hasard donc conduisit en ce même endroit Figaro le barbier, beau diseur, mauvais poète, hardi musicien, grand fringueneur de guitare, et jadis valet de chambre du comte ; établi dans Séville, y faisant son succès des barbes, des romances et des mariages, y maniant également le fer du phlébotome et le piston du pharmacien ; la terreur des maris, la coqueluche des femmes ; et justement l'homme qu'il nous fallait. Et comme en toute recherche ce qu'on nomme passion n'est autre chose qu'un désir irrité par la contradiction, le jeune amant, qui n'eût peut-être eu qu'un goût de fantaisie pour cette beauté s'il l'eût rencontrée dans le monde, en devient amoureux parce qu'elle est enfermée, au point de faire l'impossible pour l'épouser.

Mais vous donner ici l'extrait entier de la pièce, monsieur, serait douter de la sagacité, de l'adresse avec laquelle vous saisirez le dessein de l'auteur, et suivrez le fil de l'intrigue, à travers un léger dédale. Moins prévenu que le journal de Bouillon, qui se trompe avec approbation et privilége sur toute la conduite de cette pièce, vous y verrez que *tous les soins de l'amant* ne sont pas *destinés à remettre simplement une lettre*, qui n'est là qu'un léger accessoire à l'intrigue, mais bien à s'établir dans un fort défendu par la vigilance et le soupçon ; surtout à tromper un homme qui, sans cesse éventant la manœuvre, oblige l'ennemi de se retourner assez lestement pour n'être pas désarçonné d'emblée.

Et lorsque vous verrez que tout le mérite du dénoûment consiste en ce que le tuteur a fermé sa porte, en donnant son passe-partout à Basile, pour que lui seul et le notaire pussent entrer et conclure son mariage, vous ne laisserez pas d'être étonné qu'un critique aussi équitable se joue de la confiance de son lecteur, ou se trompe, au point d'écrire, et dans Bouillon encore : *Le comte s'est donné la peine de monter au balcon par une échelle avec Figaro, quoique la porte ne soit pas fermée.*

Enfin, lorsque vous verrez le malheureux tuteur, abusé par toutes les précautions qu'il prend pour ne le point être, à la fin forcé de signer au contrat du comte et d'approuver ce qu'il n'a pu prévenir ; vous laisserez au critique à décider si ce tuteur était un *imbécile*, de ne pas deviner une intrigue dont on lui cachait tout ; lorsque lui critique, à qui l'on ne cachait rien, ne l'a pas devinée plus que le tuteur.

En effet, s'il l'eût bien conçue, aurait-il manqué de louer tous les beaux endroits de l'ouvrage ?

---

[1] Luc Gauric, célèbre astronome ou plutôt astrologue du seizième siècle, employé par les princes de cette époque, et notamment par Catherine de Médicis.

[1] La citation n'est pas textuelle. Voy. *Mémoires de Retz*, Charpentier, 1865, t. I, p. 267.

Qu'il n'ait point remarqué la manière dont le premier acte annonce et déploie avec gaieté tous les caractères de la pièce, on peut le lui pardonner.

Qu'il n'ait pas aperçu quelque peu de comédie dans la grande scène du second acte, où, malgré la défiance et la fureur du jaloux, la pupille parvient à lui donner le change sur une lettre remise en sa présence, et à lui faire demander pardon à genoux du soupçon qu'il a montré, je le conçois encore aisément.

Qu'il n'ait pas dit un seul mot de la scène de stupéfaction de Basile au troisième acte, qui a paru si neuve au théâtre, et a tant réjoui les spectateurs, je n'en suis point surpris du tout.

Passe encore qu'il n'ait pas entrevu l'embarras où l'auteur s'est jeté volontairement au dernier acte, en faisant avouer par la pupille à son tuteur que le comte avait dérobé la clef de sa jalousie; et comment l'auteur s'en démêle en deux mots, et sort, en se jouant, de la nouvelle inquiétude qu'il a imprimée aux spectateurs. C'est peu de chose en vérité.

Je veux bien qu'il ne lui soit pas venu à l'esprit que la pièce, une des plus gaies qui soient au théâtre, est écrite sans la moindre équivoque, sans une pensée, un seul mot dont la pudeur, même des petites loges, ait à s'alarmer; ce qui pourtant est bien quelque chose, monsieur, dans un siècle où l'hypocrisie de la décence est poussée presque aussi loin que le relâchement des mœurs. Très-volontiers; tout cela sans doute pouvait n'être pas digne de l'attention d'un critique aussi majeur.

Mais comment n'a-t-il pas admiré ce que tous les honnêtes gens n'ont pu voir sans répandre des larmes de tendresse et de plaisir, je veux dire la piété filiale de ce bon Figaro, qui ne saurait oublier sa mère?

Tu connais donc ce tuteur! lui dit le comte au premier acte. *Comme ma mère,* répond Figaro. Un avare aurait dit: *Comme mes poches.* Un petit-maître eût répondu: *Comme moi-même.* Un ambitieux: *Comme le chemin de Versailles;* et le journaliste de Bouillon: *Comme mon libraire* : les comparaisons de chacun se tirant toujours de l'objet intéressant. *Comme ma mère,* a dit le fils tendre et respectueux!

Dans un autre endroit encore : *Ah! vous êtes charmant!* lui dit le tuteur. Et ce bon, cet honnête garçon, qui pouvait gaiement assimiler cet éloge à tous ceux qu'il a reçus de ses maîtresses, en revient toujours à sa bonne mère, et répond à ce mot : *Vous êtes charmant! — Il est vrai, monsieur, que ma mère me l'a dit autrefois.* Et le journal de Bouillon ne relève point de pareils traits! Il faut avoir le cerveau bien desséché pour ne pas les voir, ou le cœur bien dur pour ne pas les sentir.

Sans compter mille autres finesses de l'art répandues à pleines mains dans cet ouvrage. Par exemple, on sait que les comédiens ont multiplié chez eux les emplois à l'infini : emplois de grande, moyenne et petite amoureuse; emplois de grands, moyens et petits valets; emplois de niais, d'important, de croquant, de paysan, de tabellion, de bailli : mais on sait qu'ils n'ont pas encore appointé celui de bâillant. Qu'a fait l'auteur pour former un comédien peu exercé au talent d'ouvrir largement la bouche au théâtre ? Il s'est donné le soin de lui rassembler dans une seule phrase toutes les syllabes bâillantes du français : *Rien... qu'en... l'en... en... ten... dant... parler :* syllabes en effet qui feraient bâiller un mort, et parviendraient à desserrer les dents mêmes de l'Envie !

En cet endroit admirable où, pressé par les reproches du tuteur qui lui crie : *Que direz-vous à ce malheureux qui bâille et dort tout éveillé ? et l'autre qui depuis trois heures éternue à se faire sauter le crâne et jaillir la cervelle,* que leur direz-vous ? Le naïf barbier répond : *Eh parbleu! je dirai à celui qui éternue : Dieu vous bénisse ! et : l'a te coucher, à celui qui bâille.* Réponse en effet si juste, si chrétienne et si admirable, qu'un de ces fiers critiques qui ont leurs entrées au paradis n'a pu s'empêcher de s'écrier: « Diable! l'auteur a dû rester au moins huit jours à trou-« ver cette réplique! »

Et le journal de Bouillon, au lieu de louer ces beautés sans nombre, use encre et papier, approbation et privilège, à mettre un pareil ouvrage au-dessous même de la critique ! On me couperait le cou, monsieur, que je ne saurais m'en taire.

N'a-t-il pas été jusqu'à dire, le cruel, que, *pour ne pas voir expirer ce Barbier sur le théâtre, il a fallu le mutiler, le changer, le refondre, l'élaguer, le réduire en quatre actes, et le purger d'un grand nombre de pasquinades, de calembours, de jeux de mots, en un mot, de bas comique?*

A le voir ainsi frapper comme un sourd, on juge assez qu'il n'a pas entendu le premier mot de l'ouvrage qu'il décompose. Mais j'ai l'honneur d'assurer ce journaliste, ainsi que le jeune homme qui lui taille ses plumes et ses morceaux, que, loin d'avoir purgé la pièce d'aucuns des *calembours, jeux de mots,* etc., qui lui eussent nui le premier jour, l'auteur a fait rentrer dans les actes restés au théâtre tout ce qu'il en a pu reprendre à l'acte au portefeuille : te un charpentier économe cherche dans ses copeaux épars sur le chantier tout ce qui peut servir à cheviller et à boucher les moindres trous de son ouvrage.

Passerons-nous sous silence le reproche aigu qu'il fait à la jeune personne, d'avoir *tous les défauts d'une fille mal élevée?* Il est vrai que, pour échapper aux conséquences d'une telle imputation, il tente à la rejeter sur autrui, comme s'il n'en était pas l'auteur, en employant cette expression banale : *On trouve à la jeune personne,* etc. On trouve!....

Que voulait-il donc qu'elle fît? quoi? Qu'au lieu de se prêter aux vues d'un jeune amant très-aimable et qui se trouve un homme de qualité, notre charmante enfant épousât le vieux podagre médecin? Le noble établissement qu'il lui destinait là! et parce qu'on n'est pas de l'avis de monsieur, on *a tous les défauts d'une fille mal élevée.*

En vérité, si le journal de Bouillon se fait des amis en France par la justesse et la candeur de ses critiques, il faut avouer qu'il en aura beaucoup moins au delà des Pyrénées, et qu'il est surtout un peu bien dur pour les dames espagnoles.

Eh! qui sait si Son Excellence madame la comtesse Almaviva, l'exemple des femmes de son état, et vivant comme un ange avec son mari, quoiqu'elle ne l'aime plus, ne se ressentira pas un jour des libertés qu'on se donne à Bouillon sur elle, avec approbation et privilège?

L'imprudent journaliste a-t-il au moins réfléchi que Son Excellence ayant, par le rang de son mari, le plus grand crédit dans les bureaux, eût pu lui faire obtenir quelque pension sur la Gazette d'Espagne, ou la Gazette elle-même, et que, dans la carrière qu'il embrasse, il faut garder plus de ménagements pour les femmes de qualité? Qu'est-ce que cela me fait à moi? L'on sent bien que c'est pour lui seul que j'en parle.

Il est temps de laisser cet adversaire, quoiqu'il soit à la tête des gens qui prétendent que, *n'ayant pu me soutenir en cinq actes, je me suis mis en quatre pour ramener le public.* Et quand cela serait ! dans un moment d'oppression, ne vaut-il pas mieux sacrifier un cinquième de son bien que de le voir aller tout entier au pillage?

Mais ne tombez pas, cher lecteur..... (monsieur, veux-je dire), ne tombez pas, je vous prie, dans une erreur populaire qui ferait grand tort à votre jugement.

Ma pièce, qui paraît n'être aujourd'hui qu'en quatre actes, est réellement, et de fait, en cinq, qui sont le premier, le deuxième, le troisième, le quatrième et le cinquième, à l'ordinaire.

Il est vrai que, le jour du combat, voyant les ennemis acharnés, le parterre ondulant, agité, grondant au loin comme les flots de la mer, et trop certain que ces mugissements sourds, précurseurs des tempêtes, ont amené plus d'un naufrage, je vins à réfléchir que beaucoup de pièces en cinq actes (comme la mienne), toutes très-bien faites d'ailleurs (comme la mienne), n'auraient pas été au diable en entier (comme la mienne), si l'auteur eût pris un parti vigoureux (comme le mien).

Le dieu des cabales est irrité, dis-je aux comédiens avec force :

Enfants ! un sacrifice est ici nécessaire.

Alors, faisant la part au diable, et déchirant mon manuscrit : Dieu des siffleurs, moucheurs, cracheurs, touusseurs et perturbateurs, m'écriai-je, il te faut du sang : bois mon quatrième acte, et que ta fureur s'apaise !

A l'instant vous eussiez vu ce bruit infernal qui faisait pâlir et broncher les acteurs, s'affaiblir, s'éloigner, s'anéantir ; l'applaudissement lui succéder, et des bas-fonds du parterre un bravo général s'élever en circulant jusqu'aux hauts bancs du paradis.

De cet exposé, monsieur, il suit que ma pièce est restée en cinq actes, qui sont le premier, le deuxième, le troisième au théâtre, le quatrième au diable, et le cinquième avec les trois premiers. Tel auteur même vous soutiendra que ce quatrième acte, qu'on n'y voit point, n'en est pas moins celui qui fait le plus de bien à la pièce, en ce qu'on ne l'y voit point.

Laissons jaser le monde ; il me suffit d'avoir prouvé mon dire ; il me suffit, en faisant mes cinq actes, d'avoir montré mon respect pour Aristote, Horace, Aubignac et les modernes, et d'avoir mis ainsi l'honneur de la règle à couvert.

Par le second arrangement, le diable a son affaire ; mon char n'en roule pas moins bien sans la cinquième roue ; le public est content, je le suis aussi. Pourquoi le journal de Bouillon ne l'est-il pas ? — Ah ! pourquoi ? C'est qu'il est bien difficile de plaire à des gens qui, par métier, doivent ne jamais trouver les choses gaies assez sérieuses, ni les graves assez enjouées.

Je me flatte, monsieur, que cela s'appelle raisonner principes, et que vous n'êtes pas mécontent de mon petit syllogisme.

Reste à répondre aux observations dont quelques personnes ont honoré le moins important des drames hasardés depuis un siècle au théâtre.

Je mets à part les lettres écrites aux comédiens, à moi-même, sans signature, et vulgairement appelées anonymes : on juge à l'âpreté du style que leurs auteurs, peu versés dans la critique, n'ont pas assez senti qu'une mauvaise pièce n'est point une mauvaise action, et que telle injure convenable à un méchant homme est toujours déplacée à un méchant écrivain. Passons aux autres.

Des connaisseurs ont remarqué que j'étais tombé dans l'inconvénient de faire critiquer des usages français par un plaisant de Séville à Séville ; tandis que la vraisemblance exigeait qu'il s'étayât sur les mœurs espagnoles. Ils ont raison : j'y avais même tellement pensé, que, pour rendre la vraisemblance encore plus parfaite, j'avais d'abord résolu d'écrire et de faire jouer la pièce en langage espagnol ; mais un homme de goût m'a fait observer qu'elle en perdrait peut-être un peu de sa gaieté pour le public de Paris ; raison qui m'a déterminé à l'écrire en français : en sorte que j'ai fait, comme on voit, une multitude de sacrifices à la gaieté, mais sans pouvoir parvenir à dérider le journal de Bouillon.

Un autre amateur, saisissant l'instant qu'il y avait beaucoup de monde au foyer, m'a reproché, du ton le plus sérieux, que ma pièce ressemblait à *On ne s'avise jamais de tout*. — Ressembler, monsieur ! je soutiens que ma pièce est *On ne s'avise jamais de tout* lui-même. — Et comment cela ? — C'est qu'on ne s'était pas encore avisé de ma pièce. L'amateur resta court ; et l'on en rit d'autant plus, que celui-là qui me reprochait *On ne s'avise jamais de tout*, est un homme qui ne s'est jamais avisé de rien.

Quelques jours après (ceci est plus sérieux), chez une dame incommodée, un monsieur grave, en habit noir, coiffure bouffante, et canne à corbin, lequel touchait légèrement le poignet de la dame, proposa civilement plusieurs doutes sur la vérité des traits que j'avais lancés contre les médecins. Monsieur, lui dis-je, êtes-vous ami de quelqu'un d'eux ? Je serais désolé qu'un badinage... — On ne peut pas moins : je vois que vous ne me connaissez pas ; je ne prends jamais le parti d'aucun ; je parle ici pour le corps en général. Cela me fit beaucoup chercher quel homme ce pouvait être. En fait de plaisanterie, ajoutai-je, vous savez, monsieur, qu'on ne demande jamais si l'histoire est vraie, mais si elle est bonne. — Eh ! croyez-vous moins perdre à cet examen qu'au premier ? — A merveille, docteur, dit la dame. Le monstre qu'il est ! n'a-t-il pas osé parler aussi mal de nous ? Faisons cause commune.

A ce mot de *docteur*, je commençai à soupçonner qu'elle parlait à son médecin. Il est vrai, madame et monsieur, repris-je avec modestie, que je me suis permis ces légers torts, d'autant plus aisément qu'ils tirent moins à conséquence.

Eh ! qui pourrait nuire à deux corps puissants, dont l'empire embrasse l'univers et se partage le monde ! Malgré les envieux, les belles y régneront toujours par le plaisir, et les médecins par la douleur : et la brillante santé nous ramène à l'amour, comme la maladie nous rend à la médecine.

Cependant je ne sais si, dans la balance des avantages, la faculté ne l'emporte pas un peu sur la beauté. Souvent on voit les belles nous renvoyer aux médecins ; mais plus souvent encore les médecins nous gardent, et ne nous renvoient plus aux belles.

En plaisantant donc, il faudrait peut-être avoir égard à la différence des ressentiments, et songer que, si les belles se vengent en se séparant de nous, ce n'est là qu'un mal négatif ; au lieu que les médecins se vengent en s'en emparant, ce qui devient très-positif ;

Que, quand ces derniers nous tiennent, ils font de nous tout ce qu'ils veulent ; au lieu que les belles, toutes belles qu'elles sont, n'en font jamais que ce qu'elles peuvent ;

Que le commerce des belles nous les rend bientôt moins nécessaires ; au lieu que l'usage des médecins finit par nous les rendre indispensables.

Enfin, que l'un de ces empires ne semble établi que pour assurer la durée de l'autre ; puisque, plus la verte jeunesse est livrée à l'amour, plus la pâle vieillesse appartient sûrement à la médecine.

Au reste, ayant fait contre moi cause commune, il était juste, madame et monsieur, que je vous offrisse en commun mes justifications. Soyez donc persuadés que, faisant profession d'adorer les belles et de redouter les médecins, c'est toujours en badinant que je dis du mal de la beauté ; comme ce n'est jamais sans trembler que je plaisante un peu la Faculté.

Ma déclaration n'est point suspecte à votre égard, mesdames, et mes plus acharnés ennemis sont forcés d'avouer que, dans un instant d'humeur, où mon dépit contre une belle allait s'épancher trop librement sur toutes les autres, on m'a vu m'arrêter tout court au vingt-cinquième couplet, et, par le plus prompt repentir, faire ainsi dans le vingt-sixième amende honorable aux belles irritées.

> Sexe charmant, si je décèle
> Votre cœur en proie au désir,
> Souvent à l'amour infidèle,
> Mais toujours fidèle au plaisir,
> D'un badinage, ô mes déesses,
> Ne cherchez point à vous venger :
> Tel glose, hélas ! sur vos faiblesses,
> Qui brûle de les partager :

Quant à vous, monsieur le docteur, on sait assez que Molière...

— Au désespoir, dit-il en se levant, de ne pouvoir profiter plus longtemps de vos lumières : mais l'humanité qui gémit ne doit pas souffrir de mes plaisirs. Il me laissa, ma foi, la bouche ouverte avec ma phrase en l'air. Je ne sais pas, dit la belle malade en riant, si je vous pardonne; mais je vois bien que notre docteur ne vous pardonne pas. — Le nôtre, madame? Il ne sera jamais le mien. — Eh ! pourquoi ? — Je ne sais ; je craindrais qu'il ne fût au-dessous de son état, puisqu'il n'est pas au-dessus des plaisanteries qu'on en peut faire.

Ce docteur n'est pas de mes gens. L'homme assez consommé dans son art pour en avouer de bonne foi l'incertitude, assez spirituel pour rire avec moi de ceux qui le disent infaillible; tel est mon médecin. En me rendant ses soins qu'ils appellent des visites, en me donnant ses conseils qu'ils nomment des ordonnances, il remplit dignement, et sans faste, la plus noble fonction d'une âme éclairée et sensible. Avec plus d'esprit, il calcule plus de rapports, et c'est tout ce qu'on peut dans un art aussi utile qu'incertain. Il me raisonne, il me console, il me guide, et la nature fait le reste. Aussi, loin de s'offenser de la plaisanterie, est-il le premier à l'opposer au pédantisme. A l'infatué qui lui dit gravement : « De quatre-vingts fluxions « de poitrine que j'ai traitées cet automne, un seul malade « a péri dans mes mains; » mon docteur répond en souriant : « Pour moi, j'ai prêté mes secours à plus de cent « cet hiver ; hélas! je n'en ai pu sauver qu'un seul. » Tel est mon aimable médecin.

— Je le connais. — Vous permettez bien que je ne l'échange pas contre le vôtre. Un pédant n'aura pas plus ma confiance en maladie qu'une bégueule n'obtiendrait mon hommage en santé. Mais je ne suis qu'un sot. Au lieu de vous rappeler mon amende honorable au beau sexe, je devais lui chanter le couplet de la bégueule ; il est tout fait pour lui.

> Pour égayer ma poésie,
> Au hasard j'assemble des traits ;
> J'en fais, peintre de fantaisie,
> Des tableaux, jamais des portraits.
> La femme d'esprit, qui s'en moque,
> Sourit finement à l'auteur:
> Pour l'imprudente, qui s'en choque,
> Sa colère est son délateur.

— A propos de chanson, dit la dame, vous êtes bien honnête d'avoir été donner votre pièce aux Français ! moi qui n'ai de petite loge qu'aux Italiens ! Pourquoi n'en avoir pas fait un opéra-comique ? ce fut, dit-on, votre première idée. La pièce est d'un genre à comporter de la musique.

— Je ne sais si elle est propre à la supporter, ou si je m'étais trompé d'abord en le supposant : mais sans entrer dans les raisons qui m'ont fait changer d'avis, celle-ci, madame, répond à tout.

Notre musique dramatique ressemble trop encore à notre musique chansonnière pour en attendre un véritable intérêt ou de la gaieté franche. Il faudra commencer à l'employer sérieusement au théâtre, quand on sentira bien qu'on ne doit y chanter que pour parler; quand nos musiciens se rapprocheront de la nature, et surtout cesseront de s'imposer l'absurde loi de toujours revenir à la première partie d'un air, après qu'ils en ont dit la seconde. Est-ce qu'il y a des reprises et des rondeaux dans un drame? Ce cruel radotage est la mort de l'intérêt, et dénote un vide insupportable dans les idées.

Moi qui toujours ai chéri la musique sans inconstance et même sans infidélité; souvent aux pièces qui m'attachent le plus, je me surprends à pousser de l'épaule, à dire tout bas avec humeur : Eh va donc, musique! pourquoi toujours répéter ? N'es-tu pas assez lente? Au lieu de narrer vivement, tu rabâches ! au lieu de peindre la passion, tu t'accroches aux mots! Le poëte se tue à serrer l'événement, et toi tu le délayes! Que lui sert de rendre son style énergique et pressé, si tu l'ensevelis sous d'inutiles fredons? Avec ta stérile abondance, reste, reste aux chansons pour toute nourriture, jusqu'à ce que tu connaisses le langage sublime et tumultueux des passions.

En effet, si la déclamation est déjà un abus de la narration au théâtre, le chant, qui est un abus de la déclamation, n'est donc, comme on voit, que l'abus de l'abus. Ajoutez-y la répétition des phrases, et voyez ce que devient l'intérêt. Pendant que le vice ici va toujours en croissant, l'intérêt marche à sens contraire; l'action s'alanguit, quelque chose me manque ; je deviens distrait, l'ennui me gagne; et si je cherche alors à deviner ce que je voudrais, il m'arrive souvent de trouver que je voudrais la fin du spectacle.

Il est un autre art d'imitation, en général beaucoup moins avancé que la musique, mais qui semble en ce point lui servir de leçon. Pour la variété seulement, la danse élevée est déjà le modèle du chant.

Voyez le superbe Vestris, ou le fier d'Auberval engager un pas de caractère. Il ne danse pas encore; mais, d'aussi loin qu'il paraît, son port libre et dégagé fait déjà lever la tête aux spectateurs. Il inspire autant de fierté qu'il promet de plaisir. Il est parti... Pendant que le musicien redit vingt fois ses phrases et monotone[1] ses mouvements, le danseur varie les siens à l'infini.

Le voyez-vous s'avancer légèrement à petits bonds, reculer à grands pas, et faire oublier le comble de l'art par la plus ingénieuse négligence ? Tantôt sur un pied, gardant le plus savant équilibre, et suspendu sans mouvement pendant plusieurs mesures, il étonne, il surprend par l'immobilité de son aplomb... Et soudain, comme s'il regrettait le temps du repos, il part comme un trait, vole au fond du théâtre, et revient, en pirouettant, avec une rapidité que l'œil peut suivre à peine.

L'air a beau recommencer, rigaudonner, se répéter, se radoter, il ne se répète point, lui ! tout en déployant les mâles beautés d'un corps souple et puissant, il peint les mouvements violents dont son âme est agitée : il vous lance un regard passionné que ses bras mollement ouverts rendent plus expressif; et, comme s'il se lassait bientôt de vous plaire, il se relève avec dédain, se dérobe à l'œil qui le suit, et la passion la plus fougueuse semble alors naître et sortir de la plus douce ivresse. Impétueux, turbulent, il exprime une colère si bouillante et si vraie, qu'il m'arrache à mon siège et me fait froncer le sourcil. Mais, reprenant soudain le geste et l'accent d'une volupté paisible, il erre nonchalamment avec une grâce, une mollesse et des mouvements si délicats, qu'il enlève autant de suffrages qu'il y a de regards attachés sur sa danse enchanteresse.

---

[1] Verbe que Beaumarchais n'a pu faire passer dans l'usage.

Compositeurs! chantez comme il danse, et nous aurons, au lieu d'opéras, des mélodrames! Mais j'entends mon éternel censeur (je ne sais plus s'il est d'ailleurs ou de Bouillon) qui me dit : Que prétend-on par ce tableau ? Je vois un talent supérieur, et non la danse en général. C'est dans sa marche ordinaire qu'il faut saisir un art pour le comparer, et non dans ses efforts les plus sublimes. N'avons-nous pas... ?

— Je l'arrête à mon tour. Eh quoi! si je veux peindre un coursier et me former une juste idée de ce noble animal, irai-je le chercher ongre et vieux, gémissant au timon du fiacre, ou trottinant sous le plâtrier qui siffle ? Je le prends au haras, fier étalon, vigoureux, découplé, l'œil ardent, frappant la terre et soufflant le feu par les naseaux; bondissant de désirs et d'impatience, ou fendant l'air qu'il électrise, et dont le brusque hennissement réjouit l'homme et fait tressaillir toutes les cavales de la contrée. Tel est mon danseur.

Et quand je crayonne un art, c'est parmi les plus grands sujets qui l'exercent que j'entends choisir mes modèles; tous les efforts du génie... Mais je m'éloigne trop de mon sujet; revenons au *Barbier de Séville*... ou plutôt, monsieur, n'y revenons pas. C'est assez pour une bagatelle. Insensiblement je tomberais dans le défaut reproché trop justement à nos Français de toujours faire de petites chansons sur les grandes affaires, et de grandes dissertations sur les petites.

Je suis, avec le plus profond respect,

Monsieur,

Votre très-humble et très-obéissant serviteur,

L'Auteur.

PERSONNAGES.

(Les habits des acteurs doivent être dans l'ancien costume espagnol.)

Le comte ALMAVIVA, grand d'Espagne, amant inconnu de Rosine, paraît, au premier acte, en veste et culotte de satin ; il est enveloppé d'un grand manteau brun, ou cape espagnole ; chapeau noir rabattu, avec un ruban de couleur autour de la forme. Au deuxième acte, habit uniforme de cavalier, avec des moustaches et des bottines. Au troisième, habillé en bachelier ; cheveux ronds, grande fraise au cou ; veste, culotte, bas, et manteau d'abbé. Au quatrième acte, il est vêtu superbement à l'espagnole avec un habit riche ; par-dessus tout, le large manteau brun dont il se tient enveloppé.

BARTHOLO, médecin, tuteur de Rosine: habit noir, court, boutonné ; grande perruque ; fraise et manchettes relevées ; une ceinture noire ; et quand il veut sortir de chez lui, un long manteau écarlate.

ROSINE, jeune personne d'extraction noble, et pupille de Bartholo ; habillée à l'espagnole.

FIGARO, barbier de Séville: en habit de majo[1] espagnol. La tête couverte d'une rescille, ou filet ; chapeau blanc, ruban de couleur autour de la forme, un fichu de soie attaché fort lâche à son cou, gilet et haut-de-chausses de satin, avec des boutons et boutonnières frangés d'argent ; une grande ceinture de soie, les jarretières nouées avec des glands qui pendent sur chaque jambe ; veste de couleur tranchante, à grands revers de la couleur du gilet ; bas blancs et souliers gris.

DON BASILE, organiste, maître à chanter de Rosine ; chapeau noir rabattu, soutanelle et long manteau, sans fraise ni manchettes.

LA JEUNESSE, vieux domestique de Bartholo.

L'ÉVEILLÉ, autre valet de Bartholo, garçon niais et endormi. Tous deux habillés en Galiciens ; tous les cheveux dans la queue ; gilet couleur de chamois ; large ceinture de peau avec une boucle ; culotte bleue et veste de même, dont les manches, ouvertes aux épaules pour le passage des bras, sont pendantes par derrière.

UN NOTAIRE.

[1] Un artisan endimanché, un « beau » de la classe populaire.

UN ALCADE, homme de justice, avec une longue baguette blanche à la main.

Plusieurs alguazils et valets, avec des flambeaux.

La scène est à Séville, dans la rue et sous les fenêtres de Rosine, au premier acte ; et le reste de la pièce dans la maison du docteur Bartholo.

ACTE PREMIER

(Le théâtre représente une rue de Séville, où toutes les croisées sont grillées.)

SCÈNE PREMIÈRE

LE COMTE seul, en grand manteau brun et chapeau rabattu. Il tire sa montre en se promenant.

Le jour est moins avancé que je ne croyais. L'heure à laquelle elle a coutume de se montrer derrière sa jalousie est encore éloignée. N'importe ; il vaut mieux arriver trop tôt que de manquer l'instant de la voir. Si quelque aimable de la cour pouvait me deviner à cent lieues de Madrid, arrêté tous les matins sous les fenêtres d'une femme à qui je n'ai jamais parlé, il me prendrait pour un Espagnol du temps d'Isabelle. — Pourquoi non ? Chacun court après le bonheur. Il est pour moi dans le cœur de Rosine. — Mais quoi ! suivre une femme à Séville, quand Madrid et la cour offrent de toutes parts des plaisirs si faciles? — Et c'est cela même que je fuis ! Je suis las des conquêtes que l'intérêt, la convenance ou la vanité nous présentent sans cesse. Il est si doux d'être aimé pour soi-même ! et si je pouvais m'assurer sous ce déguisement... Au diable l'importun.

SCÈNE II

FIGARO, LE COMTE caché.

FIGARO, une guitare sur le dos attachée en bandoulière avec un large ruban ; il chantonne gaiement, un papier et un crayon à la main.

> Bannissons le chagrin,
> Il nous consume :
> Sans le feu du bon vin
> Qui nous rallume,
> Réduit à languir,
> L'homme sans plaisir
> Vivrait comme un sot,
> Et mourrait bientôt...

Jusque-là ceci ne va pas mal, hein, hein.

> Et mourrait bientôt.
> Le vin et la paresse
> Se disputent mon cœur...

Eh non ! ils ne se le disputent pas, ils y règnent paisiblement ensemble...

> Se partagent... mon cœur...

Dit-on se partagent ?... Eh mon Dieu ! nos faiseurs

d'opéras-comiques n'y regardent pas de si près. Aujourd'hui, ce qui ne vaut pas la peine d'être dit, on le chante.

(Il chante.)

Le vin et la paresse
Se partagent mon cœur...

Je voudrais finir par quelque chose de beau, de brillant, de scintillant, qui eût l'air d'une pensée.

(Il met un genou en terre et écrit en chantant.)

Se partagent mon cœur :
Si l'une a ma tendresse...
L'autre fait mon bonheur.

Fi donc! c'est plat. Ce n'est pas ça.. Il me faut une opposition, une antithèse :

Si l'une... est ma maîtresse,
L'autre...

Eh parbleu, j'y suis...

L'autre est mon serviteur.

Fort bien, Figaro!...

(Il écrit en chantant.)

Le vin et la paresse
Se partagent mon cœur :
Si l'une est ma maîtresse,
L'autre est mon serviteur,
L'autre est mon serviteur,
L'autre est mon serviteur.

Hein, hein, quand il y aura des accompagnements là-dessous, nous verrons encore, messieurs de la cabale, si je ne sais ce que je dis... (Il aperçoit le comte.) J'ai vu cet abbé-là quelque part. (Il se relève.)

LE COMTE, à part.

Cet homme ne m'est pas inconnu.

FIGARO.

Eh non, ce n'est pas un abbé! Cet air altier et noble...

LE COMTE.

Cette tournure grotesque...

FIGARO.

Je ne me trompe point; c'est le comte Almaviva.

LE COMTE.

Je crois que c'est ce coquin de Figaro.

FIGARO.

C'est lui-même, monseigneur.

LE COMTE.

Maraud! si tu dis un mot...

FIGARO.

Oui, je vous reconnais; voilà les bontés familières dont vous m'avez toujours honoré.

LE COMTE.

Je ne te reconnaissais pas, moi. Te voilà si gros et si gras...

FIGARO.

Que voulez-vous, monseigneur, c'est la misère.

LE COMTE.

Pauvre petit! Mais que fais-tu à Séville? Je t'avais autrefois recommandé dans les bureaux pour un emploi.

FIGARO.

Je l'ai obtenu, monseigneur, et ma reconnaissance...

LE COMTE.

Appelle-moi Lindor. Ne vois-tu pas, à mon déguisement, que je veux être inconnu?

FIGARO.

Je me retire.

LE COMTE.

Au contraire. J'attends ici quelque chose, et deux hommes qui jasent sont moins suspects qu'un seul qui se promène. Ayons l'air de jaser. Eh bien, cet emploi!

FIGARO.

Le ministre, ayant égard à la recommandation de Votre Excellence, me fit nommer sur-le-champ garçon apothicaire.

LE COMTE.

Dans les hôpitaux de l'armée?

FIGARO.

Non, dans les haras d'Andalousie.

LE COMTE, riant.

Beau début!

FIGARO.

Le poste n'était pas mauvais, parce qu'ayant le district des pansements et des drogues, je vendais souvent aux hommes de bonnes médecines de cheval...

LE COMTE.

Qui tuaient les sujets du roi!

FIGARO.

Ah! ah! il n'y a point de remède universel : mais qui n'ont pas laissé de guérir quelquefois des Galiciens, des Catalans, des Auvergnats.

LE COMTE.

Pourquoi donc l'as-tu quitté?

FIGARO.

Quitté? C'est bien lui-même : on m'a desservi auprès des puissances.

L'envie aux doigts crochus, au teint pâle et livide...

LE COMTE.

Oh! grâce! grâce, ami! Est-ce que tu fais aussi des vers? Je t'ai vu là griffonnant sur ton genou, et chantant dès le matin.

FIGARO.

Voilà précisément la cause de mon malheur, Excellence. Quand on a rapporté au ministre que je faisais, je puis dire assez joliment, des bouquets à Chloris; que j'envoyais des énigmes aux journaux, qu'il courait des madrigaux de ma façon; en un mot, quand il a su que j'étais imprimé tout vif, il a pris la chose au tragique, et m'a fait ôter mon emploi, sous prétexte que l'amour des lettres est incompatible avec l'esprit des affaires.

LE COMTE.

Puissamment raisonné! Et tu ne lui fis pas représenter...

FIGARO.

Je me crus trop heureux d'en être oublié, persuadé qu'un grand nous fait assez de bien quand il ne nous fait pas de mal.

LE COMTE.

Tu ne dis pas tout. Je me souviens qu'à mon service tu étais un assez mauvais sujet.

FIGARO.

Eh, mon Dieu! monseigneur, c'est qu'on veut que le pauvre soit sans défaut.

LE COMTE.

Paresseux, dérangé...

FIGARO.

Aux vertus qu'on exige dans un domestique, Votre Excellence connaît-elle beaucoup de maîtres qui fussent dignes d'être valets?

LE COMTE, *riant.*

Pas mal. Et tu t'es retiré en cette ville?

FIGARO.

Non, pas tout de suite.

LE COMTE, *l'arrêtant.*

Un moment... J'ai cru que c'était elle... Dis toujours, je t'entends de reste.

FIGARO.

De retour à Madrid, je voulus essayer de nouveau mes talents littéraires; et le théâtre me parut un champ d'honneur...

LE COMTE.

Ah! miséricorde!

FIGARO.

(*Pendant sa réplique, le comte regarde avec attention du côté de la jalousie.*)

En vérité, je ne sais comment je n'eus pas le plus grand succès, car j'avais rempli le parterre des plus excellents travailleurs : des mains... comme des battoirs; j'avais interdit les gants, les cannes, tout ce qui ne produit que des applaudissements sourds; et d'honneur, avant la pièce, le café m'avait paru dans les meilleures dispositions pour moi. Mais les efforts de la cabale...

LE COMTE.

Ah! la cabale! monsieur l'auteur tombé.

FIGARO.

Tout comme un autre : pourquoi pas? Ils m'ont sifflé; mais si jamais je puis les rassembler...

LE COMTE.

L'ennui te vengera bien d'eux?

FIGARO.

Ah! comme je leur en garde, morbleu!

LE COMTE.

Tu jures! Sais-tu qu'on n'a que vingt-quatre heures au palais pour maudire ses juges?

FIGARO.

On a vingt-quatre ans au théâtre; la vie est trop courte pour user un pareil ressentiment.

LE COMTE.

Ta joyeuse colère me réjouit. Mais tu ne me dis pas ce qui t'a fait quitter Madrid.

FIGARO.

C'est mon bon ange, Excellence, puisque je suis assez heureux pour retrouver mon ancien maître. Voyant à Madrid que la république des lettres était celle des loups, toujours armés les uns contre les autres, et que, livrés au mépris où ce risible acharnement les conduit, tous les insectes, les moustiques, les cousins, les critiques, les maringouins[1], les envieux, les feuillistes[2], les libraires, les censeurs, et tout ce qui s'attache à la peau des malheureux gens de lettres, achevait de déchiqueter et sucer le peu de substance qui leur restait; fatigué d'écrire, ennuyé de moi, dégoûté des autres, abîmé de dettes et léger d'argent; à la fin convaincu que l'utile revenu du rasoir est préférable aux vains honneurs de la plume, j'ai quitté Madrid; et, mon bagage en sautoir, parcourant philosophiquement les deux Castilles, la Manche, l'Estramadure, la Sierra-Morena, l'Andalousie; accueilli dans une ville, emprisonné dans l'autre, et partout supérieur aux événements; loué par ceux-ci, blâmé par ceux-là; aidant au bon temps, supportant le mauvais, me moquant des sots, bravant les méchants, riant de ma misère et faisant la barbe à tout le monde: vous me voyez enfin établi dans Séville, et prêt à servir de nouveau Votre Excellence en tout ce qu'il lui plaira m'ordonner.

LE COMTE.

Qui t'a donné une philosophie aussi gaie?

FIGARO.

L'habitude du malheur. Je me presse de rire de tout, de peur d'être obligé d'en pleurer. Que regardez-vous donc toujours de ce côté?

LE COMTE.

Sauvons-nous.

FIGARO.

Pourquoi?

LE COMTE.

Viens donc, malheureux! tu me perds.

(*Ils se cachent.*)

SCÈNE III

BARTHOLO, ROSINE.

(*La jalousie du premier étage s'ouvre, et Bartholo et Rosine se mettent à la fenêtre.*)

ROSINE.

Comme le grand air fait plaisir à respirer!... Cette jalousie s'ouvre si rarement...

BARTHOLO.

Quel papier tenez-vous là?

ROSINE.

Ce sont des couplets de *la Précaution inutile* que mon maître à chanter m'a donnés hier.

BARTHOLO.

Qu'est-ce que *la Précaution inutile?*

ROSINE.

C'est une comédie nouvelle.

BARTHOLO.

Quelque drame encore! quelque sottise d'un nouveau genre[3]!

---

[1] Mot fabriqué avec le nom de Marin, censeur, un des adversaires de Beaumarchais, dans l'affaire Goëzman.
[2] Journalistes.
[3] Bartholo n'aimait pas les drames. Peut-être avait-il fait quelque tragédie dans sa jeunesse. (*Note de l'auteur.*)

ROSINE.

Je n'en sais rien.

BARTHOLO.

Euh, euh, les journaux et l'autorité nous en feront raison. Siècle barbare!...

ROSINE.

Vous injuriez toujours notre pauvre siècle.

BARTHOLO.

Pardon de la liberté ; qu'a-t-il produit pour qu'on le loue? Sottises de toute espèce : la liberté de penser, l'attraction, l'électricité, le tolérantisme, l'inoculation, le quinquina, l'encyclopédie, et les drames...

ROSINE (le papier lui échappe et tombe dans la rue.)

Ah! ma chanson! ma chanson est tombée en vous écoutant : courez, courez donc, monsieur! Ma chanson! elle sera perdue!

BARTHOLO.

Que diable aussi, l'on tient ce qu'on tient.

(Il quitte le balcon.)

ROSINE regarde en dedans et fait signe dans la rue.

St, st! (le comte paraît) Ramassez vite et sauvez-vous.

(Le comte ne fait qu'un saut, ramasse le papier et rentre.)

BARTHOLO sort de la maison et cherche.

Où donc est-il? je ne vois rien.

ROSINE.

Sous le balcon, au pied du mur.

BARTHOLO.

Vous me donnez là une jolie commission! Il est donc passé quelqu'un?

ROSINE.

Je n'ai vu personne.

BARTHOLO à lui-même.

Et moi qui ai la bonté de chercher!... Bartholo, vous n'êtes qu'un sot, mon ami : ceci doit vous apprendre à ne jamais ouvrir de jalousies sur la rue.

(Il rentre.)

ROSINE toujours au balcon.

Mon excuse est dans mon malheur : seule, enfermée, en butte à la persécution d'un homme odieux, est-ce un crime de tenter à sortir d'esclavage?

BARTHOLO, paraissant au balcon.

Rentrez, signora : c'est ma faute si vous avez perdu votre chanson; mais ce malheur ne vous arrivera plus, je vous jure.   (Il ferme la jalousie à la clef.)

SCÈNE IV

LE COMTE, FIGARO. (Ils entrent avec précaution.)

LE COMTE.

A présent qu'ils sont retirés, examinons cette chanson, dans laquelle un mystère est sûrement renfermé. C'est un billet!

FIGARO.

Il demandait ce que c'est que *la Précaution inutile.*

LE COMTE lit vivement.

« Votre empressement excite ma curiosité. Sitôt que
« mon tuteur sera sorti, chantez indifféremment, sur
« l'air connu de ces couplets, quelque chose qui m'ap-
« prenne enfin le nom, l'état et les intentions de celui
« qui paraît s'attacher si obstinément à l'infortunée
« Rosine. »

FIGARO, contrefaisant la voix de Rosine.

Ma chanson! ma chanson est tombée; courez, courez donc. (Il rit.) Ah, ah, ah, ah! Oh! ces femmes! voulez-vous donner de l'adresse à la plus ingénue? enfermez-la.

LE COMTE.

Ma chère Rosine!

FIGARO.

Monseigneur, je ne suis plus en peine des motifs de votre mascarade; vous faites ici l'amour en perspective.

LE COMTE.

Te voilà instruit, mais si tu jases...

FIGARO.

Moi, jaser! Je n'emploierai point pour vous rassurer les grandes phrases d'honneur et de dévouement dont on abuse à la journée; je n'ai qu'un mot : mon intérêt vous répond de moi; pesez tout à cette balance, et...

LE COMTE.

Fort bien. Apprends donc que le hasard m'a fait rencontrer au Prado, il y a six mois, une jeune personne d'une beauté... Tu viens de la voir. Je l'ai fait chercher en vain par tout Madrid. Ce n'est que depuis peu de jours que j'ai découvert qu'elle s'appelle Rosine, est d'un sang noble, orpheline, et mariée à un vieux médecin de cette ville, nommé Bartholo.

FIGARO.

Joli oiseau, ma foi! difficile à dénicher! Mais qui vous a dit qu'elle était femme du docteur?

LE COMTE.

Tout le monde.

FIGARO.

C'est une histoire qu'il a forgée en arrivant de Madrid, pour donner le change aux galants et les écarter; elle n'est encore que sa pupille, mais bientôt...

LE COMTE, vivement.

Jamais. Ah! quelle nouvelle! J'étais résolu de tout oser pour lui présenter mes regrets ; et je la trouve libre! Il n'y a pas un moment à perdre; il faut m'en faire aimer, et l'arracher à l'indigne engagement qu'on lui destine. Tu connais donc ce tuteur?

FIGARO.

Comme ma mère.

LE COMTE.

Quel homme est-ce?

FIGARO, vivement.

C'est un beau gros, court, jeune vieillard, gris-pommelé, rusé, rasé, blasé, qui guette, et furète, et gronde, et geint tout à la fois.

LE COMTE, impatienté.

Eh! je l'ai vu. Son caractère?

FIGARO.

Brutal, avare, amoureux et jaloux à l'excès de sa pupille, qui le hait à la mort.

LE COMTE.
Ainsi ses moyens de plaire sont...

FIGARO.
Nuls.

LE COMTE.
Tant mieux. Sa probité?

FIGARO.
Tout juste autant qu'il en faut pour n'être point pendu.

LE COMTE.
Tant mieux. Punir un fripon en se rendant heureux...

FIGARO.
C'est faire à la fois le bien public et particulier : chef-d'œuvre de morale, en vérité, monseigneur.

LE COMTE.
Tu dis que la crainte des galants lui fait fermer sa porte?

FIGARO.
A tout le monde : s'il pouvait la calfeutrer...

LE COMTE.
Ah! diable, tant pis. Aurais-tu de l'accès chez lui?

FIGARO.
Si j'en ai! *Primo*, la maison que j'occupe appartient au docteur, qui m'y loge *gratis*.

LE COMTE.
Ah! ah!

FIGARO.
Oui. Et moi, en reconnaissance, je lui promets dix pistoles d'or par an, *gratis* aussi.

LE COMTE, impatienté.
Tu es son locataire?

FIGARO.
De plus son barbier, son chirurgien, son apothicaire; il ne se donne pas dans sa maison un coup de rasoir, de lancette ou de piston, qui ne soit de la main de votre serviteur.

LE COMTE l'embrasse.
Ah! Figaro, mon ami, tu seras mon ange, mon libérateur, mon dieu tutélaire.

FIGARO.
Peste! comme l'utilité vous a bientôt rapproché les distances! Parlez-moi des gens passionnés!

LE COMTE.
Heureux Figaro! tu vas voir ma Rosine! tu vas la voir! Conçois-tu ton bonheur?

FIGARO.
C'est bien là un propos d'amant! Est-ce que je l'adore, moi? Puissiez-vous prendre ma place!

LE COMTE.
Ah! si l'on pouvait écarter tous les surveillants!

FIGARO.
C'est à quoi je rêvais.

LE COMTE.
Pour douze heures seulement.

FIGARO.
En occupant les gens de leur propre intérêt, on les empêche de nuire à l'intérêt d'autrui.

LE COMTE.
Sans doute. Eh bien?

FIGARO, rêvant.
Je cherche dans ma tête, si la pharmacie ne fournirait pas quelques petits moyens innocents...

LE COMTE.
Scélérat!

FIGARO.
Est-ce que je veux leur nuire? Ils ont tous besoin de mon ministère. Il ne s'agit que de les traiter ensemble.

LE COMTE.
Mais ce médecin peut prendre un soupçon.

FIGARO.
Il faut marcher si vite que le soupçon n'ait pas le temps de naître. Il me vient une idée : le régiment de Royal-Infant arrive en cette ville.

LE COMTE.
Le colonel est de mes amis.

FIGARO.
Bon. Présentez-vous chez le docteur en habit de cavalier, avec un billet de logement; il faudra bien qu'il vous héberge; et moi, je me charge du reste.

LE COMTE.
Excellent!

FIGARO.
Il ne serait même pas mal que vous eussiez l'air entre deux vins...

LE COMTE.
A quoi bon?

FIGARO.
Et le mener un peu lestement sous cette apparence déraisonnable.

LE COMTE.
A quoi bon?

FIGARO.
Pour qu'il ne prenne aucun ombrage, et vous croie plus pressé de dormir que d'intriguer chez lui.

LE COMTE.
Supérieurement vu! Mais que n'y vas-tu, toi?

FIGARO.
Ah! oui, moi! Nous serons bien heureux s'il ne vous reconnaît pas, vous qu'il n'a jamais vu. Et comment vous introduire après?

LE COMTE.
Tu as raison.

FIGARO.
C'est que vous ne pourrez peut-être pas soutenir ce personnage difficile. Cavalier... pris de vin...

LE COMTE.
Tu te moques de moi! (Prenant un ton ivre.) N'est-ce point ici la maison du docteur Bartholo, mon ami?

FIGARO.
Pas mal, en vérité; vos jambes seulement un peu plus avinées. (D'un ton plus ivre.) N'est-ce pas ici la maison...?

LE COMTE.
Fi donc! tu as l'ivresse du peuple.

FIGARO.
C'est la bonne; c'est celle du plaisir.
LE COMTE.
La porte s'ouvre.
FIGARO.
C'est notre homme : éloignons-nous jusqu'à ce qu'il soit parti.

SCÈNE V
LE COMTE ET FIGARO cachés, BARTHOLO.

BARTHOLO sort en parlant à la maison.
Je reviens à l'instant; qu'on ne laisse entrer personne. Quelle sottise à moi d'être descendu! Dès qu'elle m'en priait, je devais bien me douter... Et Basile qui ne vient pas! Il devait tout arranger pour que mon mariage se fît secrètement demain : et point de nouvelles! Allons voir ce qui peut l'arrêter.

SCÈNE VI
LE COMTE, FIGARO.

LE COMTE.
Qu'ai-je entendu? Demain il épouse Rosine en secret!
FIGARO.
Monseigneur, la difficulté de réussir ne fait qu'ajouter à la nécessité d'entreprendre.
LE COMTE.
Quel est donc ce Basile qui se mêle de son mariage?
FIGARO.
Un pauvre hère qui montre la musique à sa pupille, infatué de son art, friponneau, besogneux, à genoux devant un écu, et dont il sera facile de venir à bout, monseigneur... (Regardant à la jalousie.) La v'là, la v'là!
LE COMTE.
Qui donc?
FIGARO.
Derrière sa jalousie, la voilà, la voilà. Ne regardez pas, ne regardez donc pas!
LE COMTE.
Pourquoi?
FIGARO.
Ne vous écrit-elle pas : *Chantez indifféremment*, c'est-à-dire chantez, comme si vous chantiez... seulement pour chanter. Oh! la v'là, la v'là.
LE COMTE.
Puisque j'ai commencé à l'intéresser sans être connu d'elle, ne quittons point le nom de Lindor que j'ai pris; mon triomphe en aura plus de charmes. (Il déploie le papier que Rosine a jeté.) Mais comment chanter sur cette musique? Je ne sais pas faire de vers, moi.
FIGARO.
Tout ce qui vous viendra, monseigneur, est excellent : en amour, le cœur n'est pas difficile sur les productions de l'esprit... Et prenez ma guitare.
LE COMTE.
Que veux-tu que j'en fasse? j'en joue si mal!

FIGARO.
Est-ce qu'un homme comme vous ignore quelque chose? Avec le dos de la main; from, from, from... Chanter sans guitare à Séville! vous seriez bientôt reconnu, ma foi, bientôt dépisté.
(Figaro se colle au mur sous le balcon.)
LE COMTE chante en se promenant, et s'accompagnant sur sa guitare.

Premier couplet.

Vous l'ordonnez, je me ferai connaître;
Plus inconnu, j'osais vous adorer :
En me nommant, que pourrai-je espérer!
N'importe! il faut obéir à son maître.

FIGARO, bas.
Fort bien, parbleu! courage, monseigneur!
LE COMTE.
Deuxième couplet.

Je suis Lindor, ma naissance est commune;
Mes vœux sont ceux d'un simple bachelier :
Que n'ai-je, hélas! d'un brillant chevalier
A vous offrir le rang et la fortune!

FIGARO.
Et comment, diable! je ne ferais pas mieux, moi qui m'en pique.
LE COMTE.
Troisième couplet.

Tous les matins, ici, d'une voix tendre,
Je chanterai mon amour sans espoir;
Je bornerai mes plaisirs à vous voir;
Et puissiez-vous en trouver à m'entendre!

FIGARO.
Oh! ma foi, pour celui-ci!...
(Il s'approche, et baise le bas de l'habit de son maître.)
LE COMTE.
Figaro?
FIGARO.
Excellence!
LE COMTE.
Crois-tu que l'on m'ait entendu?
ROSINE, en dedans, chante.
AIR *du Maître en droit.*

Tout me dit que Lindor est charmant,
Que je dois l'aimer constamment.

(On entend une croisée qui se ferme avec bruit.)
FIGARO.
Croyez-vous qu'on vous ait entendu cette fois?
LE COMTE.
Elle a fermé sa fenêtre; quelqu'un apparemment est entré chez elle.
FIGARO.
Ah! la pauvre petite, comme elle tremble en chantant! Elle est prise, monseigneur.
LE COMTE.
Elle se sert du moyen qu'elle-même a indiqué. *Tout me dit que Lindor est charmant.* Que de grâces! que d'esprit!
FIGARO.
Que de ruse! que d'amour!

LE COMTE.
Crois-tu qu'elle se donne à moi, Figaro?

FIGARO.
Elle passera plutôt à travers cette jalousie que d'y manquer.

LE COMTE.
C'en est fait, je suis à ma Rosine... pour la vie.

FIGARO.
Vous oubliez, monseigneur, qu'elle ne vous entend plus.

LE COMTE.
Monsieur Figaro, je n'ai qu'un mot à vous dire : elle sera ma femme ; et si vous servez bien mon projet en lui cachant mon nom... tu m'entends, tu me connais...

FIGARO.
Je me rends. Allons, Figaro, vole à la fortune, mon fils !

LE COMTE.
Retirons-nous, crainte de nous rendre suspects.

FIGARO, vivement.
Moi, j'entre ici, où, par la force de mon art, je vais, d'un seul coup de baguette, endormir la vigilance, éveiller l'amour, égarer la jalousie, fourvoyer l'intrigue, et renverser tous les obstacles. Vous, monseigneur, chez moi, l'habit de soldat, le billet de logement, et de l'or dans vos poches.

LE COMTE.
Pour qui de l'or ?

FIGARO, vivement.
De l'or, mon Dieu, de l'or ? c'est le nerf de l'intrigue.

LE COMTE.
Ne te fâche pas, Figaro, j'en prendrai beaucoup.

FIGARO, s'en allant.
Je vous rejoins dans peu.

LE COMTE.
Figaro ?

FIGARO.
Qu'est-ce que c'est ?

LE COMTE.
Et ta guitare ?

FIGARO revient.
J'oublie ma guitare, moi ! je suis donc fou ! (Il s'en va.)

LE COMTE.
Et ta demeure, étourdi ?

FIGARO revient.
Ah ! réellement je suis frappé ! — Ma boutique à quatre pas d'ici, peinte en bleu, vitrage en plomb, trois palettes en l'air, l'œil dans la main : *Consilio manuque*, FIGARO. (Il s'enfuit.)

ACTE SECOND

Le théâtre représente l'appartement de Rosine. La croisée dans le fond du théâtre est fermée par une jalousie grillée.

SCÈNE PREMIÈRE

ROSINE, seule, un bougeoir à la main. Elle prend du papier sur la table, et se met à écrire.

Marceline est malade ; tous les gens sont occupés ; et personne ne me voit écrire. Je ne sais si ces murs ont des yeux et des oreilles, ou si mon argus a un génie malfaisant qui l'instruit à point nommé ; mais je ne puis dire un mot, ni faire un pas, dont il ne devine sur-le-champ l'intention... Ah ! Lindor ! (Elle cachette la lettre.) Fermons toujours ma lettre, quoique j'ignore quand et comment je pourrai la lui faire tenir. Je l'ai vu à travers ma jalousie parler longtemps au barbier Figaro. C'est un bon homme qui m'a montré quelquefois de la pitié : si je pouvais l'entretenir un moment !

SCÈNE II
ROSINE, FIGARO.

ROSINE, surprise.
Ah ! monsieur Figaro, que je suis aise de vous voir !

FIGARO.
Votre santé, madame ?

ROSINE.
Pas trop bonne, monsieur Figaro. L'ennui me tue.

FIGARO.
Je le crois ; il n'engraisse que les sots.

ROSINE.
Avec qui parliez-vous donc là-bas si vivement ? Je n'entendais pas : mais...

FIGARO.
Avec un jeune bachelier de mes parents, de la plus grande espérance ; plein d'esprit, de sentiments, de talents, et d'une figure fort revenante.

ROSINE.
Oh ! tout à fait bien, je vous assure ! il se nomme...

FIGARO.
Lindor. Il n'a rien : mais, s'il n'eût pas quitté brusquement Madrid, il pouvait y trouver quelque bonne place.

ROSINE, étourdiment.
Il en trouvera, monsieur Figaro, il en trouvera. Un jeune homme tel que vous le dépeignez n'est pas fait pour rester inconnu.

FIGARO, à part.
Fort bien. (Haut.) Mais il a un grand défaut, qui nuira toujours à son avancement.

ROSINE.
Un défaut, monsieur Figaro ! un défaut ! En êtes-vous bien sûr ?

FIGARO.
Il est amoureux.

ROSINE.

Il est amoureux ! et vous appelez cela un défaut ?

FIGARO.

A la vérité, ce n'en est un que relativement à sa mauvaise fortune.

ROSINE.

Ah ! que le sort est injuste ! et nomme-t-il la personne qu'il aime ? Je suis d'une curiosité...

FIGARO.

Vous êtes la dernière, madame, à qui je voudrais faire une confidence de cette nature.

ROSINE, vivement.

Pourquoi, monsieur Figaro ? je suis discrète ; ce jeune homme vous appartient, il m'intéresse infiniment... dites donc.

FIGARO, la regardant finement.

Figurez-vous la plus jolie petite mignonne, douce, tendre, accorte et fraîche, agaçant l'appétit ; pied furtif, taille adroite, élancée, bras dodus, bouche rosée, et des mains ! des joues ! des dents, des yeux !...

ROSINE.

Qui reste en cette ville ?

FIGARO

En ce quartier.

ROSINE.

Dans cette rue peut-être ?

FIGARO.

A deux pas de moi.

ROSINE.

Ah ! que c'est charmant !... pour monsieur votre parent. Et cette personne est...

FIGARO.

Je ne l'ai pas nommée ?

ROSINE, vivement.

C'est la seule chose que vous ayez oubliée, monsieur Figaro. Dites donc, dites donc vite ; si l'on rentrait, je ne pourrais plus savoir...

FIGARO.

Vous le voulez absolument, madame ? Eh bien ! cette personne est... la pupille de votre tuteur.

ROSINE.

La pupille...

FIGARO.

Du docteur Bartholo : oui, madame.

ROSINE, avec émotion.

Ah ! monsieur Figaro !... je ne vous crois pas, je vous assure.

FIGARO.

Et c'est ce qu'il brûle de venir vous persuader lui-même.

ROSINE.

Vous me faites trembler, monsieur Figaro.

FIGARO.

Fi donc, trembler ! mauvais calcul, madame ; quand on cède à la peur du mal, on ressent déjà le mal de la peur. D'ailleurs, je viens de vous débarrasser de tous vos surveillants jusqu'à demain.

ROSINE.

S'il m'aime, il doit me le prouver en restant absolument tranquille.

FIGARO.

Eh, madame ! amour et repos peuvent-ils habiter en même cœur ? La pauvre jeunesse est si malheureuse aujourd'hui, qu'elle n'a que ce terrible choix : amour sans repos, ou repos sans amour.

ROSINE, baissant les yeux.

Repos sans amour... paraît...

FIGARO.

Ah ! bien languissant. Il semble, en effet, qu'amour sans repos se présente de meilleure grâce : et pour moi, si j'étais femme...

ROSINE, avec embarras.

Il est certain qu'une jeune personne ne peut empêcher un honnête homme de l'estimer.

FIGARO.

Aussi mon parent vous estime-t-il infiniment.

ROSINE.

Mais s'il allait faire quelque imprudence, monsieur Figaro, il nous perdrait.

FIGARO, à part.

Il nous perdrait ! (Haut.) Si vous le lui défendiez expressément par une petite lettre... Une lettre a bien du pouvoir !

ROSINE, lui donne la lettre qu'elle vient d'écrire.

Je n'ai pas le temps de recommencer celle-ci ; mais, en la lui donnant, dites-lui... dites-lui bien... (Elle écoute.)

FIGARO.

Personne, madame.

ROSINE.

Que c'est par pure amitié tout ce que je fais.

FIGARO.

Cela parle de soi. Tudieu ! l'amour a bien une autre allure !

ROSINE.

Que par pure amitié, entendez-vous ? Je crains seulement que, rebuté par les difficultés...

FIGARO.

Oui, quelque feu follet. Souvenez-vous, madame, que le vent qui éteint une lumière allume un brasier, et que nous sommes ce brasier-là. D'en parler seulement, il exhale un tel feu qu'il m'a presque enfiévré[1] de sa passion, moi qui n'y ai que voir !

ROSINE.

Dieux ! j'entends mon tuteur. S'il vous trouvait ici... Passez par le cabinet du clavecin et descendez le plus doucement que vous pourrez.

FIGARO.

Soyez tranquille. (A part, montrant la lettre.) Voici qui vaut mieux que toutes mes observations.

(Il entre dans le cabinet.)

---

[1] Le mot *enfiévré*, qui n'est plus français, a excité la plus vive indignation parmi les puritains littéraires ; je ne conseille à aucun galant homme de s'en servir : mais M. Figaro !... (*Note de l'auteur.*)

SCÈNE III
ROSINE, seule.

Je meurs d'inquiétude jusqu'à ce qu'il soit dehors... Que je l'aime ce bon Figaro! c'est un bien honnête homme, un bon parent! Ah! voilà mon tyran; reprenons mon ouvrage.
(Elle souffle la bougie, s'assied, et prend une broderie au tambour.)

SCÈNE IV
BARTHOLO, ROSINE.

BARTHOLO, en colère.

Ah! malédiction! l'enragé, le scélérat corsaire de Figaro! La, peut-on sortir un moment de chez soi, sans être sûr en rentrant...

ROSINE.

Qui vous met donc si fort en colère, monsieur?

BARTHOLO.

Ce damné barbier qui vient d'éclopper toute ma maison, en un tour de main : il donne un narcotique à L'Éveillé, un sternutatoire à La Jeunesse; il saigne au pied Marceline; il n'y a pas jusqu'à ma mule... sur les yeux d'une pauvre bête aveugle, un cataplasme! Parce qu'il me doit cent écus, il se presse de faire des mémoires. Ah! qu'il les apporte!... Et personne à l'antichambre! on arrive à cet appartement comme à la place d'armes.

ROSINE.

Et qui peut y pénétrer que vous, monsieur?

BARTHOLO.

J'aime mieux craindre sans sujet que de m'exposer sans précaution; tout est plein de gens entreprenants, d'audacieux... N'a-t-on pas ce matin encore ramassé lestement votre chanson pendant que j'allais la chercher? Oh! je...

ROSINE.

C'est bien mettre à plaisir de l'importance à tout! Le vent peut avoir éloigné ce papier, le premier venu, que sais-je?

BARTHOLO.

Le vent, le premier venu!... Il n'y a point de vent, madame, point de premier venu dans le monde; et c'est toujours quelqu'un posté là exprès qui ramasse les papiers qu'une femme a l'air de laisser tomber par mégarde.

ROSINE.

A l'air, monsieur?

BARTHOLO.

Oui, madame, a l'air.

ROSINE, à part.

Oh! le méchant vieillard!

BARTHOLO.

Mais tout cela n'arrivera plus; car je vais faire sceller cette grille.

ROSINE.

Faites mieux; murez les fenêtres tout d'un coup : d'une prison à un cachot, la différence est si peu de chose!

BARTHOLO.

Pour celles qui donnent sur la rue, ce ne serait peut-être pas si mal... Ce barbier n'est pas entré chez vous, au moins?

ROSINE.

Vous donne-t-il aussi de l'inquiétude?

BARTHOLO.

Tout comme un autre.

ROSINE.

Que vos répliques sont honnêtes!

BARTHOLO.

Ah! fiez-vous à tout le monde, et vous aurez bientôt à la maison une bonne femme pour vous tromper, de bons amis pour vous la souffler, et de bons valets pour les y aider.

ROSINE.

Quoi! vous n'accordez pas même qu'on ait des principes contre la séduction de M. Figaro?

BARTHOLO.

Qui diable entend quelque chose à la bizarrerie des femmes? et combien j'en ai vu de ces vertus à principes...[1]

ROSINE, en colère.

Mais, monsieur, s'il suffit d'être homme pour nous plaire, pourquoi donc me déplaisez-vous si fort?

BARTHOLO, stupéfait.

Pourquoi?... pourquoi?... Vous ne répondez pas à ma question sur ce barbier.

ROSINE, outrée.

Eh bien! oui, cet homme est entré chez moi, je l'ai vu, je lui ai parlé. Je ne vous cache pas même que je l'ai trouvé fort aimable : et puissiez-vous en mourir de dépit!

SCÈNE V
BARTHOLO, seul.

Oh! les juifs, les chiens de valets! La Jeunesse, L'Éveillé! L'Éveillé maudit!

SCÈNE VI
BARTHOLO, L'ÉVEILLÉ.

L'ÉVEILLÉ arrive en bâillant, tout endormi.

Aah, aah, ah, ah...

BARTHOLO.

Où étais-tu, peste d'étourdi, quand ce barbier est entré ici?

L'ÉVEILLÉ.

Monsieur, j'étais... ah, aah, ah...

BARTHOLO.

A machiner quelque espièglerie, sans doute? Et tu ne l'as pas vu?

L'ÉVEILLÉ.

Sûrement je l'ai vu! puisqu'il m'a trouvé tout ma-

---
[1] Ce second membre de phrase n'est pas dans l'édition originale.

lade, à ce qu'il dit; et faut bien que ça soit vrai, car j'ai commencé à me douloir[1] dans tous les membres, rien qu'en l'en-entendant parl... Ah, ah, aah...

BARTHOLO le contrefait.

Rien qu'en l'en-entendant !... Où donc est ce vaurien de La Jeunesse? Droguer ce petit garçon sans mon ordonnance! Il y a quelque friponnerie là-dessous.

SCÈNE VII

LES ACTEURS PRÉCÉDENTS ; LA JEUNESSE arrive en vieillard avec une canne en béquille ; il éternue plusieurs fois.

L'ÉVEILLÉ, toujours bâillant.

La Jeunesse?

BARTHOLO.

Tu éternueras dimanche.

LA JEUNESSE.

Voilà plus de cinquante... cinquante fois... dans un moment! (Il éternue.) Je suis brisé.

BARTHOLO.

Comment! je vous demande à tous deux s'il est entré quelqu'un chez Rosine, et vous ne me dites pas que ce barbier...

L'ÉVEILLÉ, continuant de bâiller.

Est-ce que c'est quelqu'un donc M. Figaro? Aah, ah...

BARTHOLO.

Je parie que le rusé s'entend avec lui.

L'ÉVEILLÉ, pleurant comme un sot.

Moi... je m'entends !...

LA JEUNESSE, éternuant.

Eh mais, monsieur, y a-t-il... y a-t-il de la justice?...

BARTHOLO.

De la justice! C'est bon entre vous autres misérables, la justice! Je suis votre maître, moi, pour avoir toujours raison.

LA JEUNESSE, éternuant.

Mais pardi, quand une chose est vraie...

BARTHOLO.

Quand une chose est vraie! si je ne veux pas qu'elle soit vraie, je prétends bien qu'elle ne soit pas vraie. Il n'y aurait qu'à permettre à tous ces faquins-là d'avoir raison, vous verriez bientôt ce que deviendrait l'autorité.

LA JEUNESSE, éternuant.

J'aime autant recevoir mon congé. Un service terrible, et toujours un train d'enfer !

L'ÉVEILLÉ, pleurant.

Un pauvre homme de bien est traité comme un misérable.

BARTHOLO.

Sors donc, pauvre homme de bien ! (Il les contrefait.) Et t'chi, et t'cha; l'un m'éternue au nez, l'autre m'y bâille.

[1] *Se douloir*, vieux mot signifiant : sentir de la douleur.

LA JEUNESSE.

Ah! monsieur, je vous jure que sans mademoiselle, il n'y aurait pas moyen de rester dans la maison.
(Il sort en éternuant.)

BARTHOLO.

Dans quel état ce Figaro les a mis tous! Je vois ce que c'est : le maraud voudrait me payer mes cent écus sans bourse délier...

SCÈNE VIII

BARTHOLO, DON BASILE ; FIGARO, caché dans le cabinet, paraît de temps en temps, et les écoute.

BARTHOLO, continue.

Ah! don Basile, vous veniez donner à Rosine sa leçon de musique?

BASILE.

C'est ce qui presse le moins.

BARTHOLO.

J'ai passé chez vous sans vous trouver.

BASILE.

J'étais sorti pour vos affaires. Apprenez une nouvelle assez fâcheuse.

BARTHOLO.

Pour vous?

BASILE.

Non, pour vous. Le comte Almaviva est dans cette ville.

BARTHOLO.

Parlez bas. Celui qui faisait chercher Rosine dans tout Madrid?

BASILE.

Il loge à la grande place, et sort tous les jours déguisé.

BARTHOLO.

Il n'en faut point douter, cela me regarde. Et que faire?

BASILE.

Si c'était un particulier, on viendrait à bout de l'écarter.

BARTHOLO.

Oui, en s'embusquant le soir, armé, cuirassé...

BASILE.

Bone Deus, se compromettre! Susciter une méchante affaire, à la bonne heure; et, pendant la fermentation, calomnier à dire d'experts, *concedo*.

BARTHOLO.

Singulier moyen de se défaire d'un homme !

BASILE.

La calomnie, monsieur! vous ne savez guère ce que vous dédaignez; j'ai vu les plus honnêtes gens près d'en être accablés. Croyez qu'il n'y a pas de plate méchanceté, pas d'horreurs, pas de conte absurde, qu'on ne fasse adopter aux oisifs d'une grande ville en s'y prenant bien : et nous avons ici des gens d'une adresse!... D'abord un bruit léger, rasant le sol comme hirondelle avant l'orage, *pianissimo* murmure et file, et sème en courant le trait empoisonné. Telle bouche le recueille, et *piano, piano* vous le glisse en l'oreille adroitement. Le mal est fait, il germe, il rampe, il chemine, et, *rinforzando* de bouche en bouche, il va le diable ; puis tout à coup, ne sais comment, vous voyez calomnie se dresser, siffler, s'enfler, grandir à vue d'œil. Elle s'élance, étend son vol, tourbillonne, enveloppe, arrache, entraîne, éclate et tonne, et devient, grâce au ciel, un cri général, un *crescendo* public, un *chorus* universel de haine et de proscription. Qui diable y résisterait ?

BARTHOLO.

Mais quel radotage me faites-vous donc là, Basile ? Et quel rapport ce *piano-crescendo* peut-il avoir à ma situation ?

BASILE.

Comment, quel rapport ! Ce qu'on fait partout pour écarter son ennemi, il faut le faire ici pour empêcher le vôtre d'approcher.

BARTHOLO.

D'approcher ! Je prétends bien épouser Rosine avant qu'elle apprenne seulement que ce comte existe.

BASILE.

En ce cas, vous n'avez pas un instant à perdre.

BARTHOLO.

Et à qui tient-il, Basile ? Je vous ai chargé de tous les détails de cette affaire.

BASILE.

Oui. Mais vous avez lésiné sur les frais ; et, dans l'harmonie du bon ordre, un mariage inégal, un jugement inique, un passe-droit évident, sont des dissonances qu'on doit toujours préparer et sauver par l'accord parfait de l'or.

BARTHOLO, lui donnant de l'argent.

Il faut en passer par où vous voulez ; mais finissons.

BASILE.

Cela s'appelle parler. Demain tout sera terminé : c'est à vous d'empêcher que personne, aujourd'hui, ne puisse instruire la pupille.

BARTHOLO.

Fiez-vous-en à moi. Viendrez-vous ce soir, Basile ?

BASILE.

N'y comptez pas. Votre mariage seul m'occupera toute la journée ; n'y comptez pas.

BARTHOLO l'accompagne.

Serviteur.

BASILE.

Restez, docteur, restez donc.

BARTHOLO.

Non pas, je veux fermer sur vous la porte de la rue.

SCÈNE IX

FIGARO, seul, sortant du cabinet.

Oh ! la bonne précaution ! Ferme, ferme la porte de la rue, et moi je vais la rouvrir au comte en sortant. C'est un grand maraud que ce Basile ! heureusement il est encore plus sot. Il faut un état, une famille, un nom, un rang, de la consistance enfin, pour faire sensation dans le monde en calomniant. Mais un Basile ! il médirait qu'on ne le croirait pas.

SCÈNE X

ROSINE, accourant ; FIGARO.

ROSINE.

Quoi ! vous êtes encore là, monsieur Figaro ?

FIGARO.

Très-heureusement pour vous, mademoiselle. Votre tuteur et votre maître à chanter, se croyant seuls ici, viennent de parler à cœur ouvert...

ROSINE.

Et vous les avez écoutés, monsieur Figaro ? Mais savez-vous que c'est fort mal ?

FIGARO.

D'écouter ? C'est pourtant tout ce qu'il y a de mieux pour bien entendre. Apprenez que votre tuteur se dispose à vous épouser demain.

ROSINE.

Ah ! grands dieux !

FIGARO.

Ne craignez rien ; nous lui donnerons tant d'ouvrage, qu'il n'aura pas le temps de songer à celui-là.

ROSINE.

Le voici qui revient ; sortez donc par le petit escalier. Vous me faites mourir de frayeur.

(Figaro s'enfuit.)

SCÈNE XI

BARTHOLO, ROSINE.

ROSINE.

Vous étiez ici avec quelqu'un, monsieur ?

BARTHOLO.

Don Basile que j'ai reconduit, et pour cause. Vous eussiez mieux aimé que c'eût été M. Figaro ?

ROSINE.

Cela m'est fort égal, je vous assure.

BARTHOLO.

Je voudrais bien savoir ce que ce barbier avait de si pressé à vous dire ?

ROSINE.

Faut-il parler sérieusement ? Il m'a rendu compte de l'état de Marceline, qui même n'est pas trop bien, à ce qu'il dit.

BARTHOLO.

Vous rendre compte ! Je vais parier qu'il était chargé de vous remettre quelque lettre.

ROSINE.

Et de qui, s'il vous plaît ?

BARTHOLO.

Oh ! de qui ? De quelqu'un que les femmes ne nomment jamais. Que sais-je, moi ? Peut-être la réponse au papier de la fenêtre.

ROSINE, à part.

Il n'en a pas manqué une seule. (Haut.) Vous mériteriez bien que cela fût.

BARTHOLO regarde les mains de Rosine.

Cela est. Vous avez écrit.

ROSINE, avec embarras.

Il serait assez plaisant que vous eussiez le projet de m'en faire convenir.

BARTHOLO, lui prenant la main droite.

Moi! point du tout; mais votre doigt encore taché d'encre! Hein, rusée signora!

ROSINE, à part.

Maudit homme!

BARTHOLO, lui tenant toujours la main.

Une femme se croit bien en sûreté, parce qu'elle est seule.

ROSINE.

Ah! sans doute... La belle preuve!... Finissez donc, monsieur, vous me tordez le bras. Je me suis brûlée en chiffonnant autour de cette bougie; et l'on m'a toujours dit qu'il fallait aussitôt tremper dans l'encre; c'est ce que j'ai fait.

BARTHOLO.

C'est ce que vous avez fait? Voyons donc si un second témoin confirmera la déposition du premier. C'est ce cahier de papier où je suis certain qu'il y avait six feuilles; car je les compte tous les matins, aujourd'hui encore.

ROSINE, à part.

Oh! imbécile!...

BARTHOLO, comptant.

Trois, quatre, cinq...

ROSINE.

La sixième...

BARTHOLO.

Je vois bien qu'elle n'y est pas, la sixième.

ROSINE, baissant les yeux.

La sixième, je l'ai employée à faire un cornet pour des bonbons que j'ai envoyés à la petite Figaro.

BARTHOLO.

A la petite Figaro? Et la plume qui était toute neuve, comment est-elle devenue noire? Est-ce en écrivant l'adresse de la petite Figaro?

ROSINE.

(A part.) Cet homme a un instinct de jalousie!... (Haut.) Elle m'a servi à retracer une fleur effacée sur la veste que je vous brode au tambour.

BARTHOLO.

Que cela est édifiant! Pour qu'on vous crût, mon enfant, il faudrait ne pas rougir en déguisant coup sur coup la vérité; mais c'est ce que vous ne savez pas encore.

ROSINE.

Eh! qui ne rougirait pas, monsieur, de voir tirer des conséquences aussi malignes des choses le plus innocemment faites?

BARTHOLO.

Certes, j'ai tort: se brûler le doigt, le tremper dans l'encre, faire des cornets aux bonbons pour la petite Figaro, et dessiner ma veste au tambour! quoi de plus innocent? Mais que de mensonges entassés pour cacher un seul fait!... *Je suis seule, on ne me voit point; je pourrai mentir à mon aise.* Mais le bout du doigt reste noir, la plume est tachée, le papier manque; on ne saurait penser à tout. Bien certainement, signora, quand j'irai par la ville, un bon double tour me répondra de vous.

SCÈNE XII

LE COMTE, BARTHOLO, ROSINE.

LE COMTE, en uniforme de cavalerie, ayant l'air d'être entre deux vins, et chantant : Reveillons-la, etc.

BARTHOLO.

Mais que nous veut cet homme! Un soldat? Rentrez chez vous, signora.

LE COMTE chante : Réveillons-la, et s'avance vers Rosine.

Qui de vous deux, mesdames, se nomme le docteur Balordo? (à Rosine, bas.) Je suis Lindor.

BARTHOLO.

Bartholo!

ROSINE, à part.

Il parle de Lindor.

LE COMTE.

Balordo, Barque à l'eau, je m'en moque comme de ça. Il s'agit seulement de savoir laquelle des deux... (A Rosine, lui montrant un papier.) Prenez cette lettre.

BARTHOLO.

Laquelle! Vous voyez bien que c'est moi. Laquelle! Rentrez donc, Rosine, cet homme paraît avoir du vin.

ROSINE.

C'est pour cela, monsieur; vous êtes seul. Une femme en impose quelquefois.

BARTHOLO.

Rentrez, rentrez; je ne suis pas timide.

SCÈNE XIII

LE COMTE, BARTHOLO

LE COMTE.

Oh! je vous ai reconnu d'abord à votre signalement.

BARTHOLO, au comte qui serre la lettre.

Qu'est-ce que c'est donc que vous cachez là dans votre poche?

LE COMTE.

Je le cache dans ma poche, pour que vous ne sachiez pas ce que c'est.

BARTHOLO.

Mon signalement! Ces gens-là croient toujours parler à des soldats!

LE COMTE.

Pensez-vous que ce soit une chose si difficile a faire que votre signalement?

Air : *Ici sont venus en personne.*

Le chef branlant, la tête chauve,
Les yeux vérons, le regard fauve,
L'air farouche d'un Algonquin,
La taille lourde et déjetée,
L'épaule droite surmontée,
Le teint grenu d'un Maroquin,
Le nez fait comme un baldaquin,
La jambe pote et circonflexe,
Le ton bourru, la voix perplexe,
Tous les appétits destructeurs ;
Enfin, la perle des docteurs¹.

BARTHOLO.

Qu'est-cela veut dire ? Êtes-vous venu ici pour m'insulter ? Délogez à l'instant.

LE COMTE.

Déloger ! Ah ! fi ! que c'est mal parler ! Savez-vous lire, docteur... Barbe à l'eau ?

BARTHOLO.

Autre question saugrenue.

LE COMTE.

Oh ! que cela ne vous fasse point de peine ; car, moi qui suis pour le moins aussi docteur que vous...

BARTHOLO.

Comment cela ?

LE COMTE.

Est-ce que je ne suis pas le médecin des chevaux du régiment ? Voilà pourquoi l'on m'a exprès logé chez un confrère...

BARTHOLO.

Oser comparer un maréchal !...

LE COMTE.

Air : *Vive le vin*

(Sans chanter.)

Non, docteur, je ne prétends pas
Que notre art obtienne le pas
Sur Hippocrate et sa brigade.

(En chantant.)

Votre savoir, mon camarade,
Est d'un succès plus général ;
Car, s'il n'emporte point le mal,
Il emporte au moins le malade.

C'est-il poli ce que je vous dis là !

BARTHOLO.

Il vous sied bien, manipuleur ignorant, de ravaler ainsi le premier, le plus grand et le plus utile des arts !

LE COMTE

Utile tout à fait, pour ceux qui l'exercent.

BARTHOLO.

Un art dont le soleil s'honore d'éclairer les succès.

LE COMTE.

Et dont la terre s'empresse de couvrir les bévues.

BARTHOLO.

On voit bien, malappris, que vous n'êtes habitué de parler qu'à des chevaux.

LE COMTE.

Parler à des chevaux ? Ah ! docteur, pour un docteur d'esprit... N'est-il pas de notoriété que le maréchal gué-

¹ Bartholo coupe le signalement à l'endroit qu'il lui plaît. (*Note de l'auteur.*) L'édition originale ne donne que les trois premiers vers.

rit toujours ses malades sans leur parler ; au lieu que le médecin parle beaucoup aux siens...

BARTHOLO.

Sans les guérir, n'est-ce pas ?

LE COMTE.

C'est vous qui l'avez dit.

BARTHOLO.

Qui diable envoie ici ce maudit ivrogne ?

LE COMTE.

Je crois que vous me lâchez des épigrammes, l'Amour.

BARTHOLO.

Enfin, que voulez-vous ? que demandez-vous ?

LE COMTE, feignant une grande colère.

Eh bien donc ! il s'enflamme ! ce que je veux ? est-ce que vous ne le voyez pas ?

SCÈNE XIV

ROSINE, LE COMTE, BARTHOLO.

ROSINE, accourant.

Monsieur le soldat, ne vous emportez point, de grâce ! (A Bartholo.) Parlez-lui doucement, monsieur : un homme qui déraisonne...

LE COMTE.

Vous avez raison : il déraisonne, lui ; mais nous sommes raisonnables, nous ! Moi poli, et vous jolie... enfin suffit. La vérité, c'est que je ne veux avoir affaire qu'à vous dans la maison.

ROSINE.

Que puis-je pour votre service, monsieur le soldat ?

LE COMTE.

Une petite bagatelle, mon enfant. Mais s'il y a de l'obscurité dans mes phrases...

ROSINE.

J'en saisirai l'esprit.

LE COMTE, lui montrant la lettre.

Non, attachez-vous à la lettre, à la lettre. Il s'agit seulement... mais je dis en tout bien, tout honneur, que vous me donniez à coucher ce soir.

BARTHOLO.

Rien que cela ?

LE COMTE.

Pas davantage. Lisez le billet doux que notre maréchal des logis vous écrit.

BARTHOLO.

Voyons. (Le comte cache la lettre, et lui donne un autre papier. Bartholo lit). « Le docteur Bartholo recevra, nourrira « hébergera, couchera... »

LE COMTE, appuyant.

Couchera.

BARTHOLO.

« Pour une nuit seulement, le nommé Lindor, dit L'Écolier, cavalier au régiment... »

ROSINE.

C'est lui, c'est lui-même !

BARTHOLO, vivement à Rosine.
Qu'est-ce qu'il y a ?
LE COMTE.
Eh bien ! ai-je tort à présent, docteur Barbaro ?
BARTHOLO.
On dirait que cet homme se fait un malin plaisir de m'estropier de toutes les manières possibles. Allez au diable, Barbaro, Barbe à l'eau ! et dites à votre impertinent maréchal des logis que, depuis mon voyage à Madrid, je suis exempt de loger des gens de guerre.
LE COMTE, à part.
O ciel ! fâcheux contre-temps !
BARTHOLO.
Ah ! ah ! notre ami, cela vous contrarie et vous dégrise un peu ! Mais n'en décampez pas moins à l'instant.
LE COMTE, à part.
J'ai pensé me trahir. (Haut.) Décamper ! Si vous êtes exempt des gens de guerre, vous n'êtes pas exempt de politesse peut-être ? Décamper ! Montrez-moi votre brevet d'exemption ; quoique je ne sache pas lire, je verrai bientôt....
BARTHOLO.
Qu'à cela ne tienne. Il est dans ce bureau.
LE COMTE, pendant qu'il y va, dit, sans quitter sa place :
Ah ! ma belle Rosine !
ROSINE.
Quoi ! Lindor c'est vous !
LE COMTE.
Recevez au moins cette lettre.
ROSINE.
Prenez garde, il a les yeux sur nous.
LE COMTE.
Tirez votre mouchoir, je la laisserai tomber.
(Il s'approche.)
BARTHOLO.
Doucement, doucement, seigneur soldat ! je n'aime point qu'on regarde ma femme de si près.
LE COMTE.
Elle est votre femme ?
BARTHOLO.
Eh quoi donc ?
LE COMTE.
Je vous ai pris pour son bisaïeul paternel, maternel, sempiternel ; il y a au moins trois générations entre elle et vous.
BARTHOLO lit un parchemin.
« Sur les bons et fidèles témoignages qui nous ont été
« rendus... »
LE COMTE donne un coup de main sous les parchemins, qui les envoie au plancher.
Est-ce que j'ai besoin de tout ce verbiage ?
BARTHOLO.
Savez-vous bien, soldat, que, si j'appelle mes gens, je vous fait traiter sur-le-champ comme vous le méritez ?
LE COMTE.
Bataille ! Ah ! volontiers, bataille ! c'est mon métier, à moi (Montrant son pistolet de ceinture) : et voici de quoi leur jeter de la poudre aux yeux. Vous n'avez peut-être jamais vu de bataille, madame ?
ROSINE.
Ni ne veux en voir.
LE COMTE.
Rien n'est pourtant aussi gai que bataille. Figurez-vous (Poussant le docteur.) d'abord que l'ennemi est d'un côté du ravin, et les amis de l'autre. (A Rosine en lui montrant la lettre.) Sortez le mouchoir. (Il crache à terre.) Voilà le ravin, cela s'entend.
(Rosine tire son mouchoir ; le comte laisse tomber sa lettre entre elle et lui.)
BARTHOLO, se baissant.
Ah ! ah !
LE COMTE la reprend, et dit :
Tenez... moi qui allais vous apprendre ici les secrets de mon métier... Une femme bien discrète, en vérité ! ne voilà-t-il pas un billet doux qu'elle laisse tomber de sa poche ?
BARTHOLO.
Donnez, donnez.
LE COMTE.
Dulciter, papa ! chacun son affaire. Si une ordonnance de rhubarbe était tombée de la vôtre ?
ROSINE avance la main.
Ah ! je sais ce que c'est, monsieur le soldat.
(Elle prend la lettre, qu'elle cache dans la petite poche de son tablier.)
BARTHOLO.
Sortez-vous enfin ?
LE COMTE.
Eh bien, je sors : adieu, docteur ; sans rancune. Un petit compliment, mon cœur : priez la mort de m'oublier encore quelques campagnes ; la vie ne m'a jamais été si chère.
BARTHOLO.
Allez toujours ; si j'avais ce crédit-là sur la mort...
LE COMTE.
Sur la mort ? N'êtes-vous pas médecin ? vous faites tant de choses pour elle, qu'elle n'a rien à vous refuser. (Il sort.)

SCÈNE XV

BARTHOLO, ROSINE.

BARTHOLO le regarde aller.
Il est enfin parti ! (A part.) Dissimulons.
ROSINE.
Convenez pourtant, monsieur, qu'il est bien gai, ce jeune soldat ! A travers son ivresse, on voit qu'il ne manque ni d'esprit, ni d'une certaine éducation.
BARTHOLO.
Heureux, m'amour, d'avoir pu nous en délivrer ! Mais n'es-tu pas un peu curieuse de lire avec moi le papier qu'il t'a remis ?
ROSINE.
Quel papier ?

LE BARBIER DE SÉVILLE.

Garnier frères Paris

BARTHOLO.
Celui qu'il a feint de ramasser pour te le faire accepter.

ROSINE.
Bon ! c'est la lettre de mon cousin l'officier, qui était tombée de ma poche.

BARTHOLO.
J'ai idée, moi, qu'il l'a tirée de la sienne.

ROSINE.
Je l'ai très-bien reconnue.

BARTHOLO.
Qu'est-ce qu'il coûte d'y regarder ?

ROSINE.
Je ne sais pas seulement ce que j'en ai fait.

BARTHOLO, montrant la pochette.
Tu l'as mise là.

ROSINE.
Ah ! ah ! par distraction.

BARTHOLO.
Ah ! sûrement. Tu vas voir que ce sera quelque folie.

ROSINE, à part.
Si je ne le mets pas en colère, il n'y aura pas moyen de refuser.

BARTHOLO.
Donne donc, mon cœur.

ROSINE.
Mais quelle idée avez-vous en insistant, monsieur ? est-ce encore quelque méfiance ?

BARTHOLO.
Mais vous, quelle raison avez-vous de ne pas la montrer ?

ROSINE.
Je vous répète, monsieur, que ce papier n'est autre que la lettre de mon cousin, que vous m'avez rendue hier toute décachetée ; et puisqu'il en est question, je vous dirai tout net que cette liberté me déplaît excessivement.

BARTHOLO.
Je ne vous entends pas !

ROSINE.
Vais-je examiner les papiers qui vous arrivent ? Pourquoi vous donnez-vous les airs de toucher à ceux qui me sont adressés ? Si c'est jalousie, elle m'insulte ; s'il s'agit de l'abus d'une autorité usurpée, j'en suis plus révoltée encore.

BARTHOLO.
Comment, révoltée ! Vous ne m'avez jamais parlé ainsi.

ROSINE.
Si je me suis modérée jusqu'à ce jour, ce n'était pas pour vous donner le droit de m'offenser impunément.

BARTHOLO.
De quelle offense me parlez-vous ?

ROSINE.
C'est qu'il est inouï qu'on se permette d'ouvrir les lettres de quelqu'un.

BARTHOLO.
De sa femme ?

ROSINE.
Je ne la suis pas encore. Mais pourquoi lui donnerait-on la préférence d'une indignité qu'on ne fait à personne ?

BARTHOLO.
Vous voulez me faire prendre le change et détourner mon attention du billet, qui sans doute est une missive de quelque amant ; mais je le verrai, je vous assure.

ROSINE.
Vous ne le verrez pas. Si vous m'approchez, je m'enfuis de cette maison, et je demande retraite au premier venu.

BARTHOLO.
Qui ne vous recevra point.

ROSINE.
C'est ce qu'il faudra voir.

BARTHOLO.
Nous ne sommes pas ici en France, où l'on donne toujours raison aux femmes : mais, pour vous en ôter la fantaisie, je vais fermer la porte.

ROSINE, pendant qu'il y va.
Ah ciel ! que faire ?... Mettons vite à la place la lettre de mon cousin, et donnons-lui beau jeu à la prendre. (Elle fait l'échange, et met la lettre du cousin dans sa pochette, de façon qu'elle sorte un peu.)

BARTHOLO, revenant.
Ah ! j'espère maintenant la voir.

ROSINE.
De quel droit, s'il vous plaît ?

BARTHOLO.
Du droit le plus universellement reconnu, celui du plus fort.

ROSINE.
On me tuera plutôt que de l'obtenir de moi.

BARTHOLO, frappant du pied.
Madame, madame !...

ROSINE tombe sur un fauteuil et feint de se trouver mal.
Ah ! quelle indignité !...

BARTHOLO.
Donnez cette lettre, ou craignez ma colère.

ROSINE, renversée.
Malheureuse Rosine !

BARTHOLO.
Qu'avez-vous donc ?

ROSINE.
Quel avenir affreux !

BARTHOLO.
Rosine !

ROSINE.
J'étouffe de fureur.

BARTHOLO.
Elle se trouve mal.

ROSINE.
Je m'affaiblis, je meurs.

BARTHOLO lui tâte le pouls, et dit à part :

Dieux ! la lettre ! Lisons-la sans qu'elle en soit instruite.

(Il continue à lui tâter le pouls, et prend la lettre, qu'il tâche de lire en se tournant un peu.)

ROSINE, toujours renversée.

Infortunée ! ah !...

BARTHOLO lui quitte le bras, et dit à part.

Quelle rage a-t-on d'apprendre ce qu'on craint toujours de savoir !

ROSINE.

Ah ! pauvre Rosine !

BARTHOLO.

L'usage des odeurs... produit ces affections spasmodiques.

(Il lit par derrière le fauteuil en lui tâtant le pouls. Rosine se relève un peu, le regarde finement, fait un geste de tête, et se remet sans parler.)

BARTHOLO, à part.

O ciel ! c'est la lettre de son cousin. Maudite inquiétude ! Comment l'apaiser maintenant ? Qu'elle ignore au moins que je l'ai lue !

(Il fait semblant de la soutenir, et remet la lettre dans la pochette.)

ROSINE soupire.

Ah !...

BARTHOLO.

Eh bien ! ce n'est rien, mon enfant ; un petit mouvement de vapeurs, voilà tout ; car ton pouls n'a seulement pas varié. (Il va prendre un flacon sur la console.)

ROSINE, à part.

Il a remis la lettre ! fort bien.

BARTHOLO.

Ma chère Rosine, un peu de cette eau spiritueuse.

ROSINE.

Je ne veux rien de vous : laissez-moi.

BARTHOLO.

Je conviens que j'ai montré trop de vivacité sur ce billet.

ROSINE.

Il s'agit bien du billet ! C'est votre façon de demander les choses qui est révoltante.

BARTHOLO, à genoux.

Pardon : j'ai bientôt senti tous mes torts ; et tu me vois à tes pieds, prêt à les réparer.

ROSINE.

Oui, pardon ! lorsque vous croyez que cette lettre ne vient pas de mon cousin.

BARTHOLO.

Qu'elle soit d'un autre ou de lui, je ne veux aucun éclaircissement.

ROSINE, lui présentant la lettre.

Vous voyez qu'avec de bonnes façons on obtient tout de moi. Lisez-la.

BARTHOLO.

Cet honnête procédé dissiperait mes soupçons, si j'étais assez malheureux pour en conserver.

ROSINE.

Lisez-la donc, monsieur.

BARTHOLO se retire.

A Dieu ne plaise que je te fasse une pareille injure !

ROSINE.

Vous me contrariez de la refuser.

BARTHOLO.

Reçois en réparation cette marque de ma parfaite confiance. Je vais voir la pauvre Marceline, que ce Figaro a, je ne sais pourquoi, saignée du pied : n'y viens-tu pas aussi ?

ROSINE.

J'y monterai dans un moment.

BARTHOLO.

Puisque la paix est faite, mignonne, donne-moi ta main. Si tu pouvais m'aimer, ah ! comme tu serais heureuse !

ROSINE, baissant les yeux.

Si vous pouviez me plaire, ah ! comme je vous aimerais !

BARTHOLO.

Je te plairai, je te plairai ; quand je te dis que je te plairai. (Il sort.)

SCÈNE XVI

ROSINE le regarde aller.

Ah ! Lindor ! Il dit qu'il me plaira ! Lisons cette lettre, qui a manqué de me causer tant de chagrin. (Elle lit et s'écrie :) Ha ! j'ai lu trop tard ; il me recommande de tenir une querelle ouverte avec mon tuteur ; j'en avais une si bonne ! et je l'ai laissée échapper. En recevant la lettre, j'ai senti que je rougissais jusqu'aux yeux. Ah ! mon tuteur a raison. Je suis bien loin d'avoir cet usage du monde qui, me dit-il souvent, assure le maintien des femmes en toute occasion ! Mais un homme injuste parviendrait à faire une rusée de l'innocence même.

ACTE TROISIÈME

SCÈNE PREMIÈRE

BARTHOLO, seul, et désolé.

Quelle humeur ! quelle humeur ! Elle paraissait apaisée... La, qu'on me dise qui diable lui a fourré dans la tête de ne plus vouloir prendre leçon de don Basile ? Elle sait qu'il se mêle de mon mariage... (On heurte à la porte.) Faites tout au monde pour plaire aux femmes ; si vous omettez un seul petit point... je dis un seul... (On heurte une seconde fois.) Voyons qui c'est.

SCÈNE II

BARTHOLO, LE COMTE en bachelier.

LE COMTE.

Que la paix et la joie habitent toujours céans !

BARTHOLO, brusquement.

Jamais souhait ne vint plus à propos. Que voulez-vous?

LE COMTE.

Monsieur, je suis Alonzo, bachelier, licencié...

BARTHOLO.

Je n'ai pas besoin de précepteur.

LE COMTE.

... Élève de don Basile, organiste du grand couvent, qui a l'honneur de montrer la musique à madame votre...

BARTHOLO.

Basile! organiste! qui a l'honneur! je le sais. Au fait.

LE COMTE.

(A part.) Quel homme! (Haut.) Un mal subit qui le force à garder le lit..

BARTHOLO.

Garder le lit! Basile! Il a bien fait d'envoyer; je vais le voir à l'instant.

LE COMTE.

(A part.) Oh! diable! (Haut.) Quand je dis le lit, monsieur, c'est... la chambre que j'entends.

BARTHOLO.

Ne fût-il qu'incommodé! marchez devant, je vous suis.

LE COMTE, embarrassé.

Monsieur, j'étais chargé... Personne ne peut-il nous entendre?

BARTHOLO.

(A part.) C'est quelque fripon. (Haut.) Eh! non, monsieur le mystérieux! parlez sans vous troubler, si vous pouvez.

LE COMTE.

(A part.) Maudit vieillard! (Haut.) Don Basile m'avait chargé de vous apprendre...

BARTHOLO.

Parlez haut, je suis sourd d'une oreille.

LE COMTE, élevant la voix.

Ah! volontiers. Que le comte Almaviva, qui restait à la grande place...

BARTHOLO, effrayé.

Parlez bas, parlez bas.

LE COMTE, plus haut.

... En est délogé ce matin. Comme c'est par moi qu'il a su que le comte Almaviva...

BARTHOLO.

Bas; parlez bas, je vous prie.

LE COMTE, du même ton.

... Était en cette ville, et que j'ai découvert que la signora Rosine lui a écrit...

BARTHOLO.

Lui a écrit? Mon cher ami, parlez plus bas, je vous en conjure! Tenez, asseyons-nous, et jasons d'amitié. Vous avez découvert, dites-vous, que Rosine...

LE COMTE, fièrement.

Assurément. Basile, inquiet pour vous de cette correspondance, m'avait prié de vous montrer sa lettre; mais la manière dont vous prenez les choses...

BARTHOLO.

Eh! mon Dieu, je les prends bien. Mais ne vous est-il donc pas possible de parler plus bas?

LE COMTE.

Vous êtes sourd d'une oreille, avez-vous dit.

BARTHOLO.

Pardon, pardon, seigneur Alonzo, si vous m'avez trouvé méfiant et dur; mais je suis tellement entouré d'intrigants, de pièges... et puis votre tournure, votre âge, votre air... Pardon, pardon. Eh bien? vous avez la lettre?

LE COMTE.

A la bonne heure sur ce ton, monsieur. Mais je crains qu'on ne soit aux écoutes.

BARTHOLO.

Eh! qui voulez-vous? tous mes valets sur les dents! Rosine enfermée de fureur! Le diable est entré chez moi. Je vais m'assurer...

(Il va ouvrir doucement la porte de Rosine.)

LE COMTE, à part.

Je me suis enferré de dépit. Garder la lettre à présent! il faudra m'enfuir : autant vaudrait n'être pas venu... La lui montrer!... Si je puis en prévenir Rosine, la montrer est un coup de maître.

BARTHOLO, revient sur la pointe du pied.

Elle est assise auprès de sa fenêtre, le dos tourné à la porte, occupée à relire une lettre de son cousin l'officier, que j'avais décachetée... Voyons donc la sienne.

LE COMTE, lui remet la lettre de Rosine.

La voici. (A part.) C'est ma lettre qu'elle relit.

BARTHOLO lit :

« *Depuis que vous m'avez appris votre nom et votre* « *état.* » Ah, la perfide! c'est bien là sa main.

LE COMTE, effrayé.

Parlez donc bas à votre tour.

BARTHOLO.

Quelle obligation, mon cher!

LE COMTE.

Quand tout sera fini, si vous croyez m'en devoir, vous serez le maître. D'après un travail que fait actuellement don Basile avec un homme de loi...

BARTHOLO.

Avec un homme de loi! pour mon mariage?

LE COMTE.

Vous aurais-je arrêté sans cela? Il m'a chargé de vous dire que tout peut être prêt pour demain. Alors, si elle résiste...

BARTHOLO.

Elle résistera.

LE COMTE veut reprendre la lettre; Bartholo la serre.

Voilà l'instant où je puis vous servir : nous lui montrerons sa lettre; et s'il le faut (Plus mystérieusement.) j'irai jusqu'à lui dire que je la tiens d'une femme à qui le comte l'a sacrifiée. Vous sentez que le trouble, la honte, le dépit peuvent la porter sur-le-champ...

BARTHOLO, riant.

De la calomnie! Mon cher ami, je vois bien maintenant que vous venez de la part de Basile! Mais pour que ceci n'eût pas l'air concerté, ne serait-il pas bon qu'elle vous connût d'avance?

LE COMTE réprime un grand mouvement de joie.

C'était assez l'avis de don Basile. Mais comment faire? il est tard... au peu de temps qui reste...

BARTHOLO.

Je dirai que vous venez en sa place. Ne lui donnerez-vous pas bien une leçon?

LE COMTE.

Il n'y a rien que je ne fasse pour vous plaire. Mais prenez garde que toutes ces histoires de maîtres supposés sont de vieilles finesses, des moyens de comédie : si elle va se douter...

BARTHOLO.

Présenté par moi? Quelle apparence! Vous avez plus l'air d'un amant déguisé que d'un ami officieux.

LE COMTE.

Oui? Vous croyez donc que mon air peut aider la tromperie?

BARTHOLO.

Je le donne au plus fin à deviner. Elle est ce soir d'une humeur horrible. Mais quand elle ne ferait que vous voir... son clavecin est dans ce cabinet. Amusez-vous, en l'attendant : je vais faire l'impossible pour l'amener.

LE COMTE.

Gardez-vous bien de lui parler de la lettre!

BARTHOLO.

Avant l'instant décisif? Elle perdrait tout son effet. Il ne faut pas me dire deux fois les choses : il ne faut pas me les dire deux fois. (Il s'en va.)

SCÈNE III

LE COMTE, seul.

Me voilà sauvé. Ouf! que ce diable d'homme est rude à manier! Figaro le connaît bien. Je me voyais mentir ; cela me donnait un air plat et gauche, et il a des yeux! Ma foi sans l'inspiration subite de la lettre, il faut l'avouer, j'étais éconduit comme un sot. O ciel! on dispute là dedans. Si elle allait s'obstiner à ne pas venir! Écoutons... Elle refuse de sortir de chez elle, et j'ai perdu le fruit de ma ruse. (Il retourne écouter.) La voici : ne nous montrons pas d'abord. (Il entre dans le cabinet.)

SCÈNE IV

LE COMTE, ROSINE, BARTHOLO.

ROSINE, avec une colère simulée.

Tout ce que vous direz est inutile, monsieur, j'ai pris mon parti; je ne veux plus entendre parler de musique.

BARTHOLO.

Écoute donc, mon enfant; c'est le seigneur Alonzo, l'élève et l'ami de don Basile, choisi par lui pour être un de nos témoins. — La musique te calmera, je t'assure.

ROSINE.

Oh! pour cela, vous pouvez vous en détacher : si je chante ce soir!... Où donc est-il ce maître que vous craignez de renvoyer? je vais, en deux mots, lui donner son compte, et celui de Basile. (Elle aperçoit son amant : elle fait un cri.) Ah!...

BARTHOLO.

Qu'avez-vous?

ROSINE, les deux mains sur son cœur, avec un grand trouble.

Ah! mon Dieu! monsieur... Ah! mon Dieu! monsieur...

BARTHOLO.

Elle se trouve encore mal! Seigneur Alonzo!

ROSINE.

Non, je ne me trouve pas mal... mais c'est qu'en me tournant... Ah!...

LE COMTE.

Le pied vous a tourné, madame?

ROSINE.

Ah! oui, le pied m'a tourné. Je me suis fait un mal horrible.

LE COMTE.

Je m'en suis bien aperçu.

ROSINE, regardant le comte.

Le coup m'a porté au cœur.

BARTHOLO.

Un siége, un siége. Et pas un fauteuil ici! (Il va le chercher.)

LE COMTE.

Ah! Rosine!

ROSINE.

Quelle imprudence!

LE COMTE.

J'ai mille choses essentielles à vous dire.

ROSINE.

Il ne nous quittera pas.

LE COMTE.

Figaro va venir nous aider.

BARTHOLO apporte un fauteuil.

Tiens, mignonne, assieds-toi. — Il n'y a pas d'apparence, bachelier, qu'elle prenne de leçon ce soir? ce sera pour un autre jour. Adieu.

ROSINE, au comte.

Non, attendez; ma douleur est un peu apaisée. (A Bartholo.) Je sens que j'ai eu tort avec vous, monsieur : je veux vous imiter, en réparant sur-le-champ...

BARTHOLO.

Oh! le bon petit naturel de femme! Mais après une pareille émotion, mon enfant, je ne souffrirai pas que tu fasses le moindre effort. Adieu, adieu, bachelier.

ROSINE, au comte.

Un moment, de grâce! (A Bartholo.) Je croirai, monsieur, que vous n'aimez pas à m'obliger, si vous m'empêchez de vous prouver mes regrets, en prenant ma leçon.

LE COMTE, à part, à Bartholo.

Ne la contrariez pas, si vous m'en croyez.

BARTHOLO.

Voilà qui est fini, mon amoureuse. Je suis si loin de chercher à te déplaire, que je veux rester là tout le temps que tu vas étudier.

ROSINE.

Non, monsieur : je sais que la musique n'a nul attrait pour vous.

BARTHOLO.

Je t'assure que ce soir elle m'enchantera.

ROSINE, au comte, à part.

Je suis au supplice.

LE COMTE, prenant un papier de musique sur le pupitre.

Est-ce là ce que vous voulez chanter, madame ?

ROSINE.

Oui, c'est un morceau très-agréable de *la Précaution inutile*.

BARTHOLO.

Toujours *la Précaution inutile* ?

LE COMTE.

C'est ce qu'il y a de plus nouveau aujourd'hui. C'est une image du printemps, d'un genre assez vif. Si madame veut l'essayer...

ROSINE, regardant le comte.

Avec grand plaisir : un tableau du printemps me ravit ; c'est la jeunesse de la nature. Au sortir de l'hiver, il semble que le cœur acquiert un plus haut degré de sensibilité : comme un esclave enfermé depuis longtemps goûte, avec plus de plaisir, le charme de la liberté qui vient de lui être offerte.

BARTHOLOLO, bas au comte.

Toujours des idées romanesques en tête.

LE COMTE, bas.

En sentez-vous l'application ?

BARTHOLO.

Parbleu ! (Il va s'asseoir dans le fauteuil qu'a occupé Rosine.)

ROSINE chante.

¹ Quand dans la plaine
L'amour ramène
Le printemps,
Si chéri des amants ;
Tout reprend l'être,
Son feu pénètre
Dans les fleurs
Et dans les jeunes cœurs.
On voit les troupeaux
Sortir des hameaux ;
Dans tous les coteaux,

---

¹ Cette ariette, dans le goût espagnol, fut chantée le premier jour à Paris, malgré les huées, les rumeurs et le train usités au parterre en ces jours de crise et de combat. La timidité de l'actrice l'a depuis empêchée d'oser la redire, et les jeunes rigoristes du théâtre l'ont fort louée de cette réticence. Mais si la dignité de la Comédie-Française y a gagné quelque chose, il faut convenir que *le Barbier de Séville* y a beaucoup perdu. C'est pourquoi, sur les théâtres où quelque peu de musique n'est pas tant à conséquence, nous invitons tous directeurs à la restituer, tous acteurs à la chanter, tous spectateurs à l'écouter, et tous critiques à nous la pardonner, en faveur du genre de la pièce et du plaisir que leur fera le morceau. (Note de l'auteur.)

Les cris des agneaux
Retentissent ;
Ils bondissent ;
Tout fermente,
Tout augmente ;
Les brebis paissent
Les fleurs qui naissent ;
Les chiens fidèles
Veillent sur elles ;
Mais Lindor, enflammé,
Ne songe guère
Qu'au bonheur d'être aimé
De sa bergère.

Même air :

Loin de sa mère,
Cette bergère
Va chantant
Où son amant l'attend.
Par cette ruse,
L'amour l'abuse ;
Mais chanter
Sauve-t-il du danger ?
Les doux chalumeaux,
Les chants des oiseaux
Ses charmes naissants,
Ses quinze ou seize ans,
Tout l'excite,
Tout l'agite ;
La pauvrette
S'inquiète ;
De sa retraite,
Lindor la guette ;
Elle s'avance,
Lindor s'élance,
Il vient de l'embrasser :
Elle, bien aise,
Feint de se courroucer,
Pour qu'on l'apaise.

Petite reprise.

Les soupirs,
Les soins, les promesses,
Les vives tendresses,
Les plaisirs,
Le fin badinage,
Sont mis en usage ;
Et bientôt la bergère
Ne sent plus de colère.
Si quelque jaloux
Trouble un bien si doux,
Nos amants d'accord
Ont un soin extrême...
...De voiler leur transport ;
Mais quand on s'aime,
La gêne ajoute encor
Au plaisir même.

(En l'écoutant, Bartholo s'est assoupi. Le comte, pendant la petite reprise, se hasarde à prendre une main, qu'il couvre de baisers. L'émotion ralentit le chant de Rosine, l'affaiblit, et finit même par lui couper la voix au milieu de la cadence, au mot *extrême*. L'orchestre suit le mouvement de la chanteuse, affaiblit son jeu, et se tait avec elle. L'absence du bruit qui avait endormi Bartholo le réveille. Le comte se relève, Rosine et l'orchestre reprennent subitement la suite de l'air. Si la petite reprise se répète, le même jeu recommence.)

LE COMTE.

En vérité, c'est un morceau charmant, et madame l'exécute avec une intelligence...

ROSINE.

Vous me flattez, seigneur ; la gloire est tout entière au maître.

BARTHOLO, bâillant.

Moi, je crois que j'ai un peu dormi pendant le morceau charmant. J'ai mes malades. Je vas, je viens, je toupille¹, et sitôt que je m'assieds, mes pauvres jambes... (Il se lève et pousse le fauteuil.)

ROSINE, bas au comte.

Figaro ne vient point!

LE COMTE.

Filons le temps.

BARTHOLO.

Mais, bachelier, je l'ai déjà dit à ce vieux Basile : est-ce qu'il n'y aurait pas moyen de lui faire étudier des choses plus gaies que toutes ces grandes arias, qui vont en haut et en bas, en roulant, hi, ho, a, a, a, a, et qui me semblent autant d'enterrements? Là, de ces petits airs qu'on chantait dans ma jeunesse, et que chacun retenait facilement. J'en savais autrefois... Par exemple...

(Pendant la ritournelle il cherche en se grattant la tête, et chante en faisant claquer ses pouces, et dansant des genoux comme les vieillards.)

Veux-tu, ma Rosinette,
Faire emplette
Du roi des maris?...

(Au comte en riant.)

Il y a Fanchonnette dans la chanson; mais j'y ai substitué Rosinette, pour la lui rendre plus agréable et la faire cadrer aux circonstances. Ah! ah! ah! ah! Fort bien! pas vrai?

LE COMTE, riant.

Ah! ah! ah! Oui, tout au mieux.

SCÈNE V

FIGARO, dans le fond; ROSINE, BARTHOLO, LE COMTE.

BARTHOLO chante.

Veux-tu, ma Rosinette,
Faire emplette
Du roi des maris;
Je ne suis point Tircis;
Mais la nuit, dans l'ombre,
Je vaux encor mon prix;
Et quand il fait sombre,
Les plus beaux chats sont gris.

(Il répète la reprise en dansant. Figaro, derrière lui, imite ses mouvements.)

Je ne suis point Tircis.

(Apercevant Figaro.)

Ah! entrez, monsieur le barbier; avancez, vous êtes charmant!

FIGARO salue.

Monsieur, il est vrai que ma mère me l'a dit autrefois; mais je suis un peu déformé depuis ce temps-là. (A part, au comte.) Bravo! monseigneur.

(Pendant toute cette scène, le comte fait ce qu'il peut pour parler à Rosine; mais l'œil inquiet et vigilant du tuteur l'en empêche toujours, ce qui forme un jeu muet de tous les acteurs, étranger au débat du docteur et de Figaro.)

¹ Toupiller, c'est perdre son temps en allées et venues inutiles.

BARTHOLO.

Venez-vous purger encore, saigner, droguer, mettre sur le grabat toute ma maison?

FIGARO.

Monsieur, il n'est pas tous les jours fête : mais sans compter les soins quotidiens, monsieur a pu voir que, lorsqu'ils en ont besoin, mon zèle n'attend pas qu'on lui commande...

BARTHOLO.

Votre zèle n'attend pas! Que direz-vous, monsieur le zélé, à ce malheureux qui bâille et dort tout éveillé? et l'autre qui, depuis trois heures, éternue à se faire sauter le crâne et jaillir la cervelle! que leur direz-vous?

FIGARO.

Ce que je leur dirai?

BARTHOLO.

Oui!

FIGARO.

Je leur dirai... Eh! parbleu! je dirai à celui qui éternue, *Dieu vous bénisse*; et *Va te coucher* à celui qui bâille. Ce n'est pas cela, monsieur, qui grossira le mémoire.

BARTHOLO.

Vraiment non, mais c'est la saignée et les médicaments qui le grossiraient, si je voulais y entendre. Est-ce par zèle aussi que vous avez empaqueté les yeux de ma mule? et votre cataplasme lui rendra-t-il la vue?

FIGARO.

S'il ne lui rend pas la vue, ce n'est pas cela non plus qui l'empêchera d'y voir.

BARTHOLO.

Que je le trouve sur le mémoire!... On n'est pas de cette extravagance-là.

FIGARO.

Ma foi! monsieur, les hommes n'ayant guère à choisir qu'entre la sottise et la folie, où je ne vois point de profit, je veux au moins du plaisir; et vive la joie! Qui sait si le monde durera encore trois semaines?

BARTHOLO.

Vous ferez bien mieux, monsieur le raisonneur, de me payer mes cents écus et les intérêts sans lanterner; je vous en avertis.

FIGARO.

Doutez-vous de ma probité, monsieur? Vos cent écus! j'aimerais mieux vous les devoir toute ma vie que de les nier un seul instant.

BARTHOLO.

Et dites-moi un peu comment la petite Figaro a trouvé les bonbons que vous lui avez portés?

FIGARO.

Quels bonbons? que voulez-vous dire?

BARTHOLO.

Oui, ces bonbons, dans ce cornet fait avec cette feuille de papier à lettre, ce matin.

FIGARO.

Diable emporte si...!

ROSINE, l'interrompant.

Avez-vous eu soin au moins de les lui donner de ma part, monsieur Figaro? Je vous l'avais recommandé.

FIGARO.

Ah! ah! les bonbons de ce matin? Que je suis bête, moi! j'avais perdu tout cela de vue... Oh! excellents, madame, admirables.

BARTHOLO.

Excellents! admirables! Oui, sans doute, monsieur le barbier, revenez sur vos pas! Vous faites là un joli métier, monsieur!

FIGARO.

Qu'est-ce qu'il a donc, monsieur?

BARTHOLO.

Et qui vous fera une belle réputation, monsieur!

FIGARO.

Je la soutiendrai, monsieur.

BARTHOLO.

Dites que vous la supporterez, monsieur.

FIGARO.

Comme il vous plaira, monsieur.

BARTHOLO.

Vous le prenez bien haut, monsieur! Sachez que quand je dispute avec un fat, je ne lui cède jamais.

FIGARO, lui tourne le dos.

Nous différons en cela, monsieur; moi, je lui cède toujours.

BARTHOLO.

Hein, qu'est-ce qu'il dit donc, bachelier?

FIGARO.

C'est que vous croyez avoir affaire à quelque barbier de village, et qui ne sait manier que le rasoir? Apprenez, monsieur, que j'ai travaillé de la plume à Madrid, et que, sans les envieux...

BARTHOLO.

Et! que n'y restiez-vous, sans venir ici changer de profession?

FIGARO.

On fait comme on peut : mettez-vous à ma place.

BARTHOLO.

Me mettre à votre place! Ah! parbleu, je dirais de belles sottises!

FIGARO.

Monsieur, vous ne commencez pas trop mal; je m'en rapporte à votre confrère qui est là rêvassant...

LE COMTE, revenant à lui.

Je... je ne suis pas le confrère de monsieur.

FIGARO.

Non! Vous voyant ici à consulter, j'ai pensé que vous poursuiviez le même objet.

BARTHOLO, en colère.

Enfin, quel sujet vous amène? Y a-t-il quelque lettre à remettre encore ce soir à madame? Parlez, faut-il que je me retire?

FIGARO.

Comme vous rudoyez le pauvre monde! Eh! parbleu, monsieur, je viens vous raser, voilà tout : n'est-ce pas aujourd'hui votre jour?

BARTHOLO.

Vous reviendrez tantôt.

FIGARO.

Ah! oui, revenir! toute la garnison prend médecine demain matin, j'en ai obtenu l'entreprise par mes protections. Jugez donc comme j'ai du temps à perdre! Monsieur passe-t-il chez lui?

BARTHOLO.

Non, monsieur ne passe point chez lui. Eh! mais... qui empêche qu'on ne me rase ici?

ROSINE, avec dédain.

Vous êtes honnête! Et pourquoi pas dans mon appartement?

BARTHOLO.

Tu te fâches? Pardon, mon enfant, tu vas achever de prendre ta leçon, c'est pour ne pas perdre un instant le plaisir de t'entendre.

FIGARO, bas au comte.

On ne le tirera pas d'ici! (Haut.) Allons, L'Éveillé, La Jeunesse, le bassin, de l'eau, tout ce qu'il faut à monsieur!

BARTHOLO.

Sans doute, appelez-les! Fatigués, harassés, moulus de votre façon, n'a-t-il pas fallu les faire coucher?

FIGARO.

Eh bien! j'irai tout chercher. N'est-ce pas dans votre chambre? (Bas au comte.) Je vais l'attirer au dehors.

BARTHOLO détache son trousseau de clefs, et dit par réflexion :

Non, non, j'y vais moi-même. (Bas au comte, en s'en allant.) Ayez les yeux sur eux, je vous prie.

SCÈNE VI

FIGARO, LE COMTE, ROSINE.

FIGARO.

Ah! que nous l'avons manqué belle! Il allait me donner le trousseau. La clef de la jalousie n'y est-elle pas?

ROSINE.

C'est la plus neuve de toutes.

SCÈNE VII

BARTHOLO, FIGARO, LE COMTE, ROSINE.

BARTHOLO, revenant.

(A part.) Bon! je ne sais ce que je fais de laisser ici ce maudit barbier. (A Figaro.) Tenez. (Il lui donne le trousseau.) Dans mon cabinet, sous mon bureau : mais ne touchez à rien.

FIGARO.

La peste! il y ferait bon, méfiant comme vous êtes! (A part en s'en allant.) Voyez comme le ciel protège l'innocence!

SCÈNE VIII

BARTHOLO, LE COMTE, ROSINE.

BARTHOLO, bas au comte.

C'est le drôle qui a porté la lettre au comte.

LE COMTE, bas.

Il m'a l'air d'un fripon.

BARTHOLO.

Il ne m'attrapera plus.

LE COMTE.

Je crois qu'a cet égard le plus fort est fait.

BARTHOLO.

Tout considéré, j'ai pensé qu'il était plus prudent de l'envoyer dans ma chambre que de le laisser avec elle.

LE COMTE.

Ils n'auraient pas dit un mot que je n'eusse été en tiers.

ROSINE.

Il est bien poli, messieurs, de parler bas sans cesse! Et ma leçon? (Ici l'on entend un bruit, comme de la vaisselle renversée.)

BARTHOLO, criant.

Qu'est-ce que j'entends donc! Le cruel barbier aura tout laissé tomber par l'escalier, et les plus belles pièces de mon nécessaire! (Il court dehors.)

SCÈNE IX

LE COMTE, ROSINE.

LE COMTE.

Profitons du moment que l'intelligence de Figaro nous ménage. Accordez-moi, ce soir, je vous en conjure, madame, un moment d'entretien indispensable pour vous soustraire à l'esclavage où vous alliez tomber.

ROSINE.

Ah! Lindor!

LE COMTE.

Je puis monter à votre jalousie? et quant à la lettre que j'ai reçue de vous ce matin, je me suis vu forcé...

SCÈNE X

ROSINE, BARTHOLO, FIGARO, LE COMTE.

BARTHOLO.

Je ne m'étais pas trompé : tout est brisé, fracassé.

FIGARO.

Voyez le grand malheur pour tant de train! On ne voit goutte sur l'escalier. (Il montre la clef au comte.) Moi, en montant, j'ai accroché une clef...

BARTHOLO.

On prend garde à ce qu'on fait. Accrocher une clef! L'habile homme!

FIGARO.

Ma foi, monsieur, cherchez-en un plus subtil.

SCÈNE XI

LES ACTEURS PRÉCÉDENTS, DON BASILE,

ROSINE, effrayée à part.

Don Basile!...

LE COMTE, à part.

Juste ciel!

FIGARO, à part.

C'est le diable!

BARTHOLO, va au-devant de lui.

Ah! Basile, mon ami, soyez le bien rétabli. Votre accident n'a donc point eu de suites? En vérité, le seigneur Alonzo m'avait fort effrayé sur votre état; demandez-lui, je partais pour vous aller voir; et s'il ne m'avait point retenu,...

BASILE, étonné.

Le seigneur Alonzo?....

FIGARO, frappe du pied.

Hé quoi! toujours des accrocs? Deux heures pour une méchante barbe... Chienne de pratique!

BASILE, regardant tout le monde.

Me ferez-vous bien le plaisir de me dire, messieurs...

FIGARO.

Vous lui parlerez quand je serai parti.

BASILE.

Mais encore faudrait-il...

LE COMTE.

Il faudrait vous taire, Basile. Croyez-vous apprendre à monsieur quelque chose qu'il ignore? Je lui ai raconté que vous m'aviez chargé de venir donner une leçon de musique à votre place.

BASILE, plus étonné.

La leçon de musique!... Alonzo!...

ROSINE, à part, à Basile.

Eh! taisez-vous.

BASILE.

Elle aussi!

LE COMTE, bas à Bartholo.

Dites-lui donc tout bas que nous en sommes convenus.

BARTHOLO, à Basile, à part.

N'allez pas nous démentir, Basile, en disant qu'il n'est pas votre élève, vous gâteriez tout.

BASILE.

Ah! ah!

BARTHOLO, haut.

En vérité, Basile, on n'a pas plus de talent que votre élève.

BASILE, stupéfait.

Que mon élève!... (Bas.) Je venais pour vous dire que le comte est déménagé

BARTHOLO, bas.

Je le sais, taisez-vous.

BASILE, bas.

Qui vous l'a dit.

BARTHOLO, bas.

Lui, apparemment!

LE COMTE, bas.

Moi, sans doute : écoutez seulement.

ROSINE, bas à Basile.

Est-il si difficile de vous taire?

FIGARO, bas à Basile.

Hum! Grand escogriffe! Il est sourd!

BASILE, à part.

Qui diable est-ce donc qu'on trompe ici? Tout le monde est dans le secret!

BARTHOLO, haut.

Eh bien! Basile, votre homme de loi?

FIGARO.

Vous avez toute la soirée pour parler de l'homme de loi.

BARTHOLO, à Basile.

Un mot; dites-moi seulement si vous êtes content de l'homme de loi.

BASILE, effaré.

De l'homme de loi?

LE COMTE, souriant.

Vous ne l'avez pas vu, l'homme de loi?

BASILE, impatienté.

Eh! non, je ne l'ai pas vu, l'homme de loi.

LE COMTE, à Bartholo, à part.

Voulez-vous donc qu'il s'explique ici devant elle? Renvoyez-le.

BARTHOLO, bas au comte.

Vous avez raison. (A Basile.) Mais quel mal vous a donc pris si subitement?

BASILE, en colère.

Je ne vous entends pas.

LE COMTE, lui met à part une bourse dans les mains.

Oui : monsieur vous demande ce que vous venez faire ici, dans l'état d'indisposition où vous êtes?

FIGARO.

Il est pâle comme un mort!

BASILE.

Ah! je comprends...

LE COMTE.

Allez vous coucher, mon cher Basile : vous n'êtes pas bien, et vous nous faites mourir de frayeur. Allez vous coucher.

FIGARO.

Il a la physionomie toute renversée. Allez vous coucher.

BARTHOLO.

D'honneur, il sent la fièvre d'une lieue. Allez vous coucher.

ROSINE.

Pourquoi donc êtes-vous sorti? On dit que cela se gagne. Allez vous coucher.

BASILE, au dernier étonnement.

Que j'aille me coucher!

TOUS LES ACTEURS ENSEMBLE.

Eh! sans doute.

BASILE, les regardant tous.

En effet, messieurs, je crois que je ne ferai pas mal de me retirer; je sens que je ne suis pas ici dans mon assiette ordinaire.

BARTHOLO.

A demain, toujours si vous êtes mieux.

LE COMTE.

Basile, je serai chez vous de très-bonne heure.

FIGARO.

Croyez-moi, tenez-vous bien chaudement dans votre lit.

ROSINE.

Bonsoir, monsieur Basile.

BASILE, à part.

Diable emporte si j'y comprends rien! et, sans cette bourse...

TOUS.

Bonsoir, Basile, bonsoir.

BASILE, en s'en allant.

Eh bien! bonsoir donc, bonsoir. (Ils l'accompagnent tous en riant.)

SCÈNE XII

LES ACTEURS PRÉCÉDENTS, excepté BASILE.

BARTHOLO, d'un ton important.

Cet homme-là n'est pas bien du tout.

ROSINE.

Il a les yeux égarés.

LE COMTE.

Le grand air l'aura saisi.

FIGARO.

Avez-vous vu comme il parlait tout seul? Ce que c'est que de nous! (A Bartholo.) Ah çà, vous décidez-vous, cette fois?

(Il lui pousse un fauteuil très-loin du comte, et lui présente le linge.)

LE COMTE.

Avant de finir, madame, je dois vous dire un mot essentiel au progrès de l'art que j'ai l'honneur de vous enseigner. (Il s'approche, et lui parle bas à l'oreille.)

BARTHOLO, à Figaro.

Eh! mais il me semble que vous le fassiez exprès de vous approcher, et de vous mettre devant moi pour m'empêcher de voir...

LE COMTE, bas à Rosine.

Nous avons la clef de la jalousie, et nous serons ici à minuit.

FIGARO passe le linge au cou de Bartholo.

Quoi voir? Si c'était une leçon de danse, on vous passerait d'y regarder; mais du chant!... ahi, ahi!

BARTHOLO.

Qu'est-ce que c'est?

FIGARO.

Je ne sais ce qui m'est entré dans l'œil. (Il rapproche sa tête.)

BARTHOLO.

Ne frottez donc pas!

FIGARO.

C'est le gauche. Voudriez-vous me faire le plaisir d'y souffler un peu fort?

(Bartholo prend la tête de Figaro, regarde par-dessus, le pousse violemment, et va derrière les amants écouter leur conversation.)

LE COMTE, bas à Rosine.

Et quant à votre lettre, je me suis trouvé tantôt dans un tel embarras pour rester ici...

FIGARO, de loin, pour avertir.

Hem!... hem!...

LE COMTE.

Désolé de voir encore mon déguisement inutile...

BARTHOLO, passant entre deux.

Votre déguisement inutile!

ROSINE, effrayée.

Ah!

BARTHOLO.

Fort bien, madame, ne vous gênez pas. Comment! sous mes yeux mêmes, en ma présence, on m'ose outrager de la sorte!

LE COMTE.

Qu'avez-vous donc, seigneur?

BARTHOLO.

Perfide Alonzo!

LE COMTE.

Seigneur Bartholo, si vous avez souvent des lubies comme celle dont le hasard me rend témoin, je ne suis plus étonné de l'éloignement que mademoiselle a pour devenir votre femme.

ROSINE.

Sa femme! moi, passer mes jours auprès d'un vieux jaloux qui, pour tout bonheur, offre à ma jeunesse un esclavage abominable!

BARTHOLO.

Ah! qu'est-ce que j'entends?

ROSINE.

Oui, je le dis tout haut, je donnerai mon cœur et ma main à celui qui pourra m'arracher de cette horrible prison, où ma personne et mon bien sont retenus contre toute justice. (Rosine sort.)

SCÈNE XIII

BARTHOLO, FIGARO, LE COMTE.

BARTHOLO.

La colère me suffoque.

LE COMTE.

En effet, seigneur, il est difficile qu'une jeune femme...

FIGARO.

Oui, une jeune femme et un grand âge, voilà ce qui trouble la tête d'un vieillard.

BARTHOLO.

Comment! lorsque je les prends sur le fait! Maudit barbier! il me prend des envies...

FIGARO.

Je me retire, il est fou.

LE COMTE.

Et moi aussi; d'honneur il est fou.

FIGARO.

Il est fou, il est fou... (Ils sortent.)

SCÈNE XIV

BARTHOLO, seul, les poursuit.

Je suis fou! Infâmes suborneurs! émissaires du diable, dont vous faites ici l'office, et qui puisse vous emporter tous... je suis fou! Je les ai vus comme je vois ce pupitre... et me soutenir effrontément... Ah! il n'y a que Basile qui puisse m'expliquer ceci. Oui, envoyons-le chercher. Holà! quelqu'un... Ah! j'oublie que je n'ai personne... Un voisin, le premier venu, n'importe. Il y a de quoi perdre l'esprit! il y a de quoi perdre l'esprit!

Pendant l'entr'acte, le théâtre s'obscurcit: on entend un bruit d'orage exécuté par l'orchestre[1].

ACTE QUATRIÈME

SCÈNE PREMIÈRE

(Le théâtre est obscur.)

BARTHOLO, DON BASILE, une lanterne de papier à la main.

BARTHOLO.

Comment, Basile, vous ne le connaissez pas! ce que vous dites est-il possible?

BASILE.

Vous m'interrogeriez cent fois que je vous ferais toujours la même réponse. S'il vous a remis la lettre de Rosine, c'est sans doute un des émissaires du comte. Mais, à la magnificence du présent qu'il m'a fait, il se pourrait que ce fût le comte lui-même.

BARTHOLO.

Quelle apparence? Mais, à propos de ce présent, eh! pourquoi l'avez-vous reçu?

BASILE.

Vous aviez l'air d'accord: je n'y entendais rien; et, dans les cas difficiles à juger, une bourse d'or me paraît toujours un argument sans réplique. Et puis, comme dit le proverbe, ce qui est bon à prendre...

BARTHOLO.

J'entends : est bon...

BASILE.

A garder.

BARTHOLO, surpris.

Ah! ah!

BASILE.

Oui, j'ai arrangé comme cela plusieurs petits proverbes avec des variations. Mais, allons au fait, à quoi vous arrêtez-vous?

BARTHOLO.

En ma place, Basile, ne feriez-vous pas les derniers efforts pour la posséder?

BASILE.

Ma foi, non, docteur. En toute espèce de biens, pos-

---

[1] L'édition originale dit : On entend un bruit d'orage, et l'orchestre joue celui qui est gravé dans le recueil de la musique du Barbier.

LE BARBIER DE SÉVILLE.

ACTE III — SCENE XII

séder est peu de chose ; c'est jouir qui rend heureux : mon avis est qu'épouser une femme dont on n'est point aimé, s'est s'exposer...

BARTHOLO.

Vous craindriez les accidents?

BASILE.

Hé, hé monsieur... on en voit beaucoup cette année. Je ne ferais point violence à son cœur.

BARTHOLO.

Votre valet, Basile. Il vaut mieux qu'elle pleure de m'avoir, que moi je meure de ne l'avoir pas.

BASILE.

Il y va de la vie? Épousez, docteur, épousez.

BARTHOLO.

Aussi ferai-je, et cette nuit même.

BASILE.

Adieu donc. — Souvenez-vous, en parlant à la pupille, de les rendre tous plus noirs que l'enfer.

BARTHOLO.

Vous avez raison.

BASILE.

La calomnie, docteur, la calomnie ! Il faut toujours en venir là.

BARTHOLO.

Voici la lettre de Rosine que cet Alonzo m'a remise, et il m'a montré, sans le vouloir, l'usage que j'en dois faire auprès d'elle.

BASILE.

Adieu : nous serons tous ici à quatre heures.

BARTHOLO.

Pourquoi pas plus tôt?

BASILE.

Impossible ; le notaire est retenu.

BARTHOLO.

Pour un mariage?

BASILE.

Oui, chez le barbier Figaro ; c'est sa nièce qu'il marie.

BARTHOLO.

Sa nièce? Il n'en a pas.

BASILE.

Voilà ce qu'ils ont dit au notaire.

BARTHOLO.

Ce drôle est du complot : que diable !...

BASILE.

Est-ce que vous penseriez...?

BARTHOLO.

Ma foi, ces gens-là sont si alertes ! Tenez, mon ami, je ne suis pas tranquille. Retournez chez le notaire. Qu'il vienne ici sur-le-champ avec vous.

BASILE.

Il pleut, il fait un temps du diable ; mais rien ne m'arrête pour vous servir. Que faites-vous donc?

BARTHOLO.

Je vous reconduis ; n'ont-ils pas fait estropier tout mon monde par ce Figaro ! Je suis seul ici.

BASILE.

J'ai ma lanterne.

BEAUMARCHAIS.

BARTHOLO.

Tenez, Basile, voilà mon passe-partout ; je vous attends, je veille ; et vienne qui voudra, hors le notaire et vous, personne n'entrera de la nuit.

BASILE.

Avec ces précautions, vous êtes sûr de votre fait.

SCÈNE II

ROSINE, seule, sortant de sa chambre.

Il me semblait avoir entendu parler. Il est minuit sonné ; Lindor ne vient point ! Ce mauvais temps même était propre à le favoriser. Sûr de ne rencontrer personne... Ah ! Lindor ! si vous m'aviez trompée !... Quel bruit entends-je?... dieux ! c'est mon tuteur. Rentrons.

SCÈNE III

ROSINE, BARTHOLO.

BARTHOLO, tenant de la lumière.

Ah ! Rosine, puisque vous n'êtes pas encore rentrée dans votre appartement...

ROSINE.

Je vais me retirer.

BARTHOLO.

Par le temps affreux qu'il fait, vous ne reposerez pas, et j'ai des choses très-pressées à vous dire.

ROSINE.

Que me voulez-vous, monsieur ? n'est-ce donc pas assez d'être tourmentée le jour?

BARTHOLO.

Rosine, écoutez-moi.

ROSINE.

Demain je vous entendrai.

BARTHOLO.

Un moment, de grâce !

ROSINE, à part.

S'il allait venir !

BARTHOLO lui montre sa lettre.

Connaissez-vous cette lettre?

ROSINE la reconnaît.

Ah ! grands dieux !...

BARTHOLO.

Mon intention, Rosine, n'est point de vous faire de reproches : à votre âge on peut s'égarer ; mais je suis votre ami ; écoutez-moi.

ROSINE.

Je n'en puis plus.

BARTHOLO.

Cette lettre que vous avez écrite au comte Almaviva...

ROSINE, étonnée.

Au comte Almaviva ?

BARTHOLO.

Voyez quel homme affreux est ce comte : aussitôt qu'il l'a reçue, il en a fait trophée ; je la tiens d'une femme à qui il l'a sacrifiée.

ROSINE.

Le comte Almaviva!...

BARTHOLO.

Vous avez peine à vous persuader cette horreur. L'inexpérience, Rosine, rend votre sexe confiant et crédule; mais apprenez dans quel piége on vous attirait. Cette femme m'a fait donner avis de tout, apparemment pour écarter une rivale aussi dangereuse que vous. J'en frémis! le plus abominable complot entre Almaviva, Figaro et cet Alonzo, cet élève supposé de Basile qui porte un autre nom et n'est que le vil agent du comte, allait vous entraîner dans un abîme dont rien n'eût pu vous tirer.

ROSINE, accablée.

Quelle horreur!... quoi! Lindor!... quoi! ce jeune homme!...

BARTHOLO, à part.

Ah! c'est Lindor!

ROSINE.

C'est pour le comte Almaviva... c'est pour un autre...

BARTHOLO.

Voilà ce qu'on m'a dit, en me remettant votre lettre.

ROSINE, outrée.

Ah! quelle indignité!... Il en sera puni. — Monsieur, vous avez désiré de m'épouser?

BARTHOLO.

Tu connais la vivacité de mes sentiments.

ROSINE.

S'il peut vous en rester encore, je suis à vous.

BARTHOLO.

Eh bien! le notaire viendra cette nuit même.

ROSINE.

Ce n'est pas tout (ô ciel! suis-je assez humiliée!...): apprenez que dans peu le perfide ose entrer par cette jalousie, dont ils ont eu l'art de vous dérober la clef.

BARTHOLO, regardant au trousseau.

Ah! les scélérats! Mon enfant, je ne te quitte plus.

ROSINE, avec effroi.

Ah, monsieur! et s'ils sont armés?

BARTHOLO.

Tu as raison; je perdrais ma vengeance. Monte chez Marceline : enferme-toi chez elle à double tour. Je vais chercher main-forte, et l'attendre auprès de la maison. Arrêté comme voleur, nous aurons le plaisir d'en être à la fois vengés et délivrés! Et compte que mon amour te dédommagera...

ROSINE, au désespoir.

Oubliez seulement mon erreur. (A part.) Ah! je m'en punis assez!

BARTHOLO, s'en allant.

Allons nous embusquer. A la fin je la tiens. (Il sort.)

SCÈNE IV

ROSINE, seule.

Son amour me dédommagera!... Malheureuse!... (Elle tire son mouchoir et s'abandonne aux larmes.) Que faire?... Il va venir. Je veux rester, et feindre avec lui, pour le contempler dans toute sa noirceur. La bassesse de son procédé sera mon préservatif... Ah! j'en ai grand besoin. Figure noble! air doux! une voix si tendre!... et ce n'est que le vil agent d'un corrupteur! Ah! malheureuse, malheureuse!... Ciel! on ouvre la jalousie!
(Elle se sauve.)

SCÈNE V

LE COMTE; FIGARO, enveloppé d'un long manteau, paraît à la fenêtre.

FIGARO parle en dehors.

Quelqu'un s'enfuit; entrerai-je?

LE COMTE, en dehors.

Un homme?

FIGARO.

Non.

LE COMTE.

C'est Rosine, que ta figure atroce aura mise en fuite.

FIGARO saute dans la chambre.

Ma foi, je le crois... Nous voici enfin arrivés, malgré la pluie, la foudre et les éclairs.

LE COMTE, enveloppé d'un long manteau.

Donne-moi la main. (Il saute à son tour.) A nous la victoire!

FIGARO jette son manteau.

Nous sommes tout percés. Charmant temps pour aller en bonne fortune! Monseigneur, comment trouvez-vous cette nuit?

LE COMTE.

Superbe pour un amant.

FIGARO.

Oui, mais pour un confident?... Et si quelqu'un allait nous surprendre ici?

LE COMTE.

N'es-tu pas avec moi? J'ai bien une autre inquiétude : c'est de la déterminer à quitter sur-le-champ la maison du tuteur.

FIGARO.

Vous avez pour vous trois passions toutes-puissantes sur le beau sexe, l'amour, la haine et la crainte.

LE COMTE regarde dans l'obscurité.

Comment lui annoncer brusquement que le notaire l'attend chez toi pour nous unir? Elle trouvera mon projet bien hardi; elle va me nommer audacieux.

FIGARO.

Si elle vous nomme audacieux, vous l'appellerez cruelle. Les femmes aiment beaucoup qu'on les appelle cruelles. Au surplus, si son amour est tel que vous le désirez, vous lui direz qui vous êtes; elle ne doutera plus de vos sentiments.

SCÈNE VI

LE COMTE, ROSINE, FIGARO.

(Figaro allume toutes les bougies qui sont sur la table.)

LE COMTE.

La voici. — Ma belle Rosine!

ROSINE, *d'un ton très-composé.*
Je commençais, monsieur, à craindre que vous ne vinssiez pas.
LE COMTE.
Charmante inquiétude !... Mademoiselle, il ne me convient point d'abuser des circonstances pour vous proposer de partager le sort d'un infortuné ; mais, quelque asile que vous choisissiez, je jure mon honneur...
ROSINE.
Monsieur, si le don de ma main n'avait pas dû suivre à l'instant celui de mon cœur, vous ne seriez pas ici ! Que la nécessité justifie à vos yeux ce que cette entrevue a d'irrégulier !
LE COMTE.
Vous, Rosine ! la compagne d'un malheureux ! sans fortune, sans naissance !...
ROSINE.
La naissance, la fortune ! Laissons là les jeux du hasard ; et si vous m'assurez que vos intentions sont pures...
LE COMTE, *à ses pieds.*
Ah ! Rosine ! je vous adore !
ROSINE, *indignée.*
Arrêtez, malheureux !... vous osez profaner... Tu m'adores !... va, tu n'es plus dangereux pour moi : j'attendais ce mot pour te détester. Mais, avant de t'abandonner au remords qui t'attend (*En pleurant*). apprends que je t'aimais, apprends que je faisais mon bonheur de partager ton mauvais sort. Misérable Lindor ! j'allais tout quitter pour te suivre. Mais le lâche abus que tu as fait de mes bontés, et l'indignité de cet affreux comte Almaviva, à qui tu me vendais, ont fait rentrer dans mes mains ce témoignage de ma faiblesse. Connais-tu cette lettre ?
LE COMTE, *vivement.*
Que votre tuteur vous a remise ?
ROSINE, *fièrement.*
Oui, je lui en ai l'obligation.
LE COMTE.
Dieux, que je suis heureux ! Il la tient de moi. Dans mon embarras, hier, je m'en suis servi pour arracher sa confiance ; et je n'ai pu trouver l'instant de vous en informer. Ah, Rosine ! il est donc vrai que vous m'aimez véritablement !
FIGARO.
Monseigneur, vous cherchiez une femme qui vous aimât pour vous-même...
ROSINE.
Monseigneur !... Que dit-il ?
LE COMTE, *jetant son large manteau, paraît en habit magnifique.*
O la plus aimée des femmes ! il n'est plus temps de vous abuser : l'heureux homme que vous voyez à vos pieds n'est point Lindor ; je suis le comte Almaviva, qui meurt d'amour, et vous cherche en vain depuis six mois.
ROSINE *tombe dans les bras du comte.*
Ah !...

LE COMTE *effrayé.*
Figaro ?
FIGARO.
Point d'inquiétude, monseigneur ! la douce émotion de la joie n'a jamais de suites fâcheuses : la voilà, la voilà qui reprend ses sens. Morbleu ! qu'elle est belle !
ROSINE.
Ah, Lindor !... ah, monsieur ! que je suis coupable ! j'allais me donner cette nuit même à mon tuteur.
LE COMTE.
Vous, Rosine !
ROSINE.
Ne voyez que ma punition ! J'aurais passé ma vie à vous détester. Ah, Lindor ! le plus affreux supplice n'est-il pas de haïr, quand on sent qu'on est faite pour aimer ?
FIGARO *regarde à la fenêtre.*
Monseigneur, le retour est fermé ; l'échelle est enlevée.
LE COMTE.
Enlevée !
ROSINE, *troublée.*
Oui, c'est moi... c'est le docteur. Voilà le fruit de ma crédulité. Il m'a trompée. J'ai tout avoué, tout trahi : il sait que vous êtes ici, et va venir avec main-forte.
FIGARO *regarde encore.*
Monseigneur, on ouvre la porte de la rue.
ROSINE, *courant dans les bras du comte avec frayeur.*
Ah, Lindor !...
LE COMTE *avec fermeté.*
Rosine, vous m'aimez ? Je ne crains personne ; et vous serez ma femme. J'aurai donc le plaisir de punir à mon gré l'odieux vieillard !...
ROSINE.
Non, non, grâce pour lui, cher Lindor ! Mon cœur est si plein, que la vengeance ne peut y trouver place.

SCÈNE VII

LE NOTAIRE, DON BASILE, LES ACTEURS PRÉCÉDENTS.

FIGARO.
Monseigneur, c'est notre notaire.
LE COMTE.
Et l'ami Basile avec lui !
BASILE.
Ah ! qu'est-ce que j'aperçois ?
FIGARO.
Eh ! par quel hasard, notre ami... ?
BASILE.
Par quel accident, messieurs... ?
LE NOTAIRE.
Sont-ce là les futurs conjoints ?
LE COMTE.
Oui, monsieur. Vous deviez unir la signora Rosine et moi cette nuit, chez le barbier Figaro ; mais nous avons préféré cette maison, pour des raisons que vous saurez. Avez-vous notre contrat ?

LE NOTAIRE.

J'ai donc l'honneur de parler à Son Excellence monsieur le comte Almaviva?

FIGARO.

Précisément.

BASILE, à part.

Si c'est pour cela qu'il m'a donné le passe-partout...

LE NOTAIRE.

C'est que j'ai deux contrats de mariage, monseigneur ; ne confondons point : voici le vôtre ; et c'est ici celui du seigneur Bartholo avec la signora... Rosine aussi. Les demoiselles apparemment sont deux sœurs qui portent le même nom.

LE COMTE.

Signons toujours. Don Basile voudra bien nous servir de second témoin. (Ils signent.)

BASILE.

Mais, Votre Excellence... je ne comprends pas...

LE COMTE.

Mon maître Basile, u rien vous embarrasse, et tout vous étonne.

BASILE.

Monseigneur... Mais si le docteur...

LE COMTE, lui jetant une bourse.

Vous faites l'enfant ! Signez donc vite.

BASILE, étonné.

Ah ! ah !...

FIGARO.

Où donc est la difficulté de signer ?

BASILE, pesant la bourse.

Il n'y en a plus ; mais c'est que moi, quand j'ai donné ma parole une fois, il faut des motifs d'un grand poids... (Il signe.)

SCÈNE VIII

BARTHOLO, UN ALCADE, DES ALGUAZILS, DES VALETS avec des flambeaux, et LES ACTEURS PRÉCÉDENTS.

BARTHOLO voit le comte baiser la main de Rosine, et Figaro qui embrasse grotesquement don Basile ; il crie, en prenant le notaire à la gorge :

Rosine avec ces fripons ! Arrêtez tout le monde. J'en tiens un au collet.

LE NOTAIRE.

C'est votre notaire.

BASILE.

C'est votre notaire. Vous moquez-vous ?

BARTHOLO.

Ah ! don Basile ! eh ! comment êtes-vous ici ?

BASILE.

Mais plutôt vous, comment n'y êtes-vous pas ?

L'ALCADE, montrant Figaro.

Un moment ; je connais celui-ci. Que viens-tu faire en cette maison à des heures indues ?

FIGARO.

Heure indue ? Monsieur voit bien qu'il est aussi près du matin que du soir. D'ailleurs je suis de la compagnie de Son Excellence monseigneur le comte Almaviva.

BARTHOLO.

Almaviva !

L'ALCADE.

Ce ne sont donc pas des voleurs ?

BARTHOLO.

Laissons cela. — Partout ailleurs, monsieur le comte, je suis le serviteur de Votre Excellence ; mais vous sentez que la supériorité du rang est ici sans force. Ayez, s'il vous plaît, la bonté de vous retirer.

LE COMTE.

Oui, le rang doit être ici sans force ; mais ce qui en a beaucoup est la préférence que mademoiselle vient de m'accorder sur vous, en se donnant à moi volontairement.

BARTHOLO.

Que dit-il, Rosine ?

ROSINE.

Il dit vrai. D'où naît votre étonnement ? Ne devais-je pas cette nuit même être vengée d'un trompeur ? Je le suis.

BASILE.

Quand je vous disais que c'était le comte lui-même, docteur ?

BARTHOLO.

Que m'importe à moi ? Plaisant mariage ! Où sont les témoins ?

LE NOTAIRE.

Il n'y manque rien. Je suis assisté de ces deux messieurs.

BARTHOLO.

Comment, Basile ! vous avez signé ?

BASILE.

Que voulez-vous ? ce diable d'homme a toujours ses poches pleines d'arguments irrésistibles.

BARTHOLO.

Je me moque de ses arguments. J'userai de mon autorité.

LE COMTE.

Vous l'avez perdue en en abusant.

BARTHOLO.

La demoiselle est mineure.

FIGARO.

Elle vient de s'émanciper.

BARTHOLO.

Qui te parle à toi, maître fripon ?

LE COMTE.

Mademoiselle est noble et belle ; je suis homme de qualité, jeune et riche ; elle est ma femme : à ce titre, qui nous honore également, prétend-on me la disputer ?

BARTHOLO.

Jamais on ne l'ôtera de mes mains.

LE COMTE.

Elle n'est plus en votre pouvoir. Je la mets sous l'autorité des lois ; et monsieur, que vous avez amené vous-même, la protégera contre la violence que vous voulez lui faire. Les vrais magistrats sont les soutiens de tous ceux qu'on opprime.

L'ALCADE.

Certainement. Et cette inutile résistance au plus honorable mariage indique assez sa frayeur sur la mauvaise administration des biens de sa pupille, dont il faudra qu'il rende compte.

LE COMTE.

Ah! qu'il consente à tout, et je ne lui demande rien.

FIGARO.

Que la quittance de mes cent écus : ne perdons pas la tête.

BARTHOLO, irrité.

Ils étaient tous contre moi ; je me suis fourré la tête dans un guêpier.

BASILE.

Quel guêpier? ne pouvant avoir la femme, calculez, docteur, que l'argent vous reste ; eh, oui, vous reste !

BARTHOLO.

Eh ! laissez-moi donc en repos, Basile ! Vous ne songez qu'à l'argent. Je me soucie bien de l'argent, moi ! A la bonne heure, je le garde ; mais croyez-vous que ce soit le motif qui me détermine ? (Il signe.)

FIGARO, riant.

Ah, ah, ah ! monseigneur, ils sont de la même famille.

LE NOTAIRE.

Mais, messieurs, je n'y comprends plus rien. Est-ce qu'elles ne sont pas deux demoiselles qui portent le même nom ?

FIGARO.

Non, monsieur, elles ne sont qu'une.

BARTHOLO, se désolant.

Et moi qui leur ai enlevé l'échelle, pour que le mariage fût plus sûr! Ah ! je me suis perdu, faute de soins.

FIGARO.

Faute de sens. Mais soyons vrais, docteur : quand la jeunesse et l'amour sont d'accord pour tromper un vieillard, tout ce qu'il fait pour l'empêcher peut bien s'appeler à bon droit *la Précaution inutile.*

FIN DU BARBIER DE SÉVILLE

ACHEVÉ D'IMPRIMER POUR LA PREMIÈRE FOIS LE 30 MAI 1775.

LA FOLLE JOURNÉE

OU

LE MARIAGE DE FIGARO

COMÉDIE EN CINQ ACTES ET EN PROSE

REPRÉSENTÉE, POUR LA PREMIÈRE FOIS, PAR LES COMÉDIENS ORDINAIRES DU ROI, LE MARDI 27 AVRIL 1784.

> En faveur du badinage,
> Faites grâce à la raison.
> (*Vaud. de la pièce.*)

PRÉFACE

En écrivant cette préface, mon but n'est pas de rechercher oiseusement si j'ai mis au théâtre une pièce bonne ou mauvaise; il n'est plus temps pour moi: mais d'examiner scrupuleusement (et je le dois toujours) si j'ai fait une œuvre blâmable.

Personne n'étant tenu de faire une comédie qui ressemble aux autres; si je me suis écarté d'un chemin trop battu, pour des raisons qui m'ont paru solides, ira-t-on me juger, comme l'ont fait MM. tels, sur des règles qui ne sont pas les miennes? imprimer puérilement que je reporte l'art à son enfance, parce que j'entreprends de frayer un nouveau sentier à cet art, dont la loi première, et peut-être la seule, est d'amuser en instruisant? Mais ce n'est pas de cela qu'il s'agit.

Il y a souvent très-loin du mal que l'on dit d'un ouvrage à celui qu'on en pense. Le trait qui nous poursuit, le mot qui importune reste enseveli dans le cœur, pendant que la bouche se venge en blâmant presque tout le reste: de sorte qu'on peut regarder comme un point établi au théâtre, qu'en fait de reproches à l'auteur, ce qui nous affecte le plus est ce dont on parle le moins.

Il est peut-être utile de dévoiler, aux yeux de tous, ce double aspect des comédies; et j'aurai fait encore un bon usage de la mienne, si je parviens, en la scrutant, à fixer l'opinion publique sur ce qu'on doit entendre par ces mots: Qu'est-ce que LA DÉCENCE THÉATRALE?

A force de nous montrer délicats, fins connaisseurs, et d'affecter, comme j'ai dit autre part, l'hypocrisie de la décence auprès du relâchement des mœurs, nous devenons des êtres nuls, incapables de s'amuser et de juger de ce qui leur convient: faut-il le dire enfin? des bégueules rassasiées qui ne savent plus ce qu'elles veulent, ni ce qu'elles doivent aimer ou rejeter. Déjà ces mots si rebattus, *bon ton*, *bonne compagnie*, toujours ajustés au niveau de chaque insipide coterie, et dont la latitude est si grande qu'on ne sait où ils commencent et finissent, ont détruit la franche et vraie gaieté qui distinguait de tout autre le comique de notre nation.

Ajoutez-y le pédantesque abus de ces autres grands mots *décence et bonnes mœurs*, qui donnent un air si important, si supérieur, que nos jugeurs de comédies seraient désolés de n'avoir pas à les prononcer sur toutes les pièces de théâtre, et vous connaîtrez à peu près ce qui garrotte le génie, intimide tous les auteurs, et porte un coup mortel à la vigueur de l'intrigue, sans laquelle il n'y a pourtant que du bel esprit à la glace, et des comédies de quatre jours.

Enfin, pour dernier mal, tous les états de la société sont parvenus à se soustraire à la censure dramatique: on ne pourrait mettre au théâtre *les Plaideurs* de Racine, sans entendre aujourd'hui les *Dandins* et les *Brid'oisons*, même des gens plus éclairés, s'écrier qu'il n'y a plus ni mœurs, ni respect pour les magistrats.

On ne ferait point le *Turcaret* sans avoir à l'instant sur les bras fermes, sous-fermes, traites et gabelles, droits réunis, tailles, taillons, le trop-plein, le trop-bu, tous les imposeurs royaux. Il est vrai qu'aujourd'hui *Turcaret* n'a plus de modèles. On l'offrirait sous d'autres traits, l'obstacle resterait le même.

On ne jouerait point les *fâcheux*, les *marquis*, les *emprunteurs* de Molière, sans révolter à la fois la haute, la moyenne, la moderne et antique noblesse. Ses *Femmes savantes* irriteraient nos féminins bureaux d'esprit: mais quel calculateur peut évaluer la force et la longueur du levier qu'il faudrait, de nos jours, pour élever jusqu'au théâtre l'œuvre sublime du *Tartufe*? Aussi l'auteur qui se compromet avec le public *pour l'amuser*, ou *pour l'instruire*, au lieu d'intriguer à son choix son ouvrage, est-il obligé de tournailler dans des incidents impossibles, de persifler au lieu de rire, et de prendre ses modèles hors de la société, crainte de se trouver mille ennemis, dont il ne connaissait aucun en composant son triste drame.

J'ai donc réfléchi que si quelque homme courageux ne secouait pas toute cette poussière, bientôt l'ennui des pièces françaises porterait la nation au frivole opéra-comique, et plus loin encore, aux boulevards, à ce ramas infect de tréteaux élevés à notre honte, où la décente liberté, bannie du théâtre français, se change en une licence effrénée; où la jeunesse va se nourrir de grossières inepties, et perdre, avec ses mœurs, le goût de la décence et des chefs-d'œuvre de nos maîtres. J'ai tenté d'être cet homme, et si je n'ai pas mis plus de talent à mes ouvrages, au moins mon intention s'est-elle manifestée dans tous.

J'ai pensé, je pense encore, qu'on n'obtient ni grand pathétique, ni profonde moralité, ni bon et vrai comique au théâtre, sans des situations fortes et qui naissent toujours d'une disconvenance sociale, dans le sujet qu'on veut traiter. L'auteur tragique, hardi dans ses moyens, ose admettre le crime atroce: les conspirations, l'usurpation du trône, le meurtre, l'empoisonnement, l'inceste, dans *Œdipe* et *Phèdre*; le fratricide, dans *Vendôme*; le parricide, dans *Mahomet*; le régicide, dans *Macbeth*, etc., etc. La comédie, moins audacieuse, n'excède pas les disconvenances, parce que ses tableaux sont tirés de nos mœurs; ses sujets, de la société. Mais comment frapper sur l'avarice, à moins de mettre en scène un méprisable avare? démasquer l'hypocrisie, sans montrer, comme *Orgon* dans le *Tartufe*, un abominable hypocrite, *épousant sa fille et convoitant sa femme?* un homme à bonnes fortunes, sans le faire parcourir un cercle entier de femmes galantes? un joueur effréné, sans l'envelopper de fripons, s'il ne l'est pas déjà lui-même?

Tous ces gens-là sont loin d'être vertueux; l'auteur ne les donne pas pour tels: il n'est le patron d'aucun d'eux, il est le peintre de leurs vices. Et parce que le lion est féroce, le loup vorace et glouton, le renard rusé, cauteleux, la fable est-elle sans moralité? quand l'auteur la dirige contre un sot que la louange enivre, il fait choir du bec du corbeau le fromage dans la gueule du renard, sa moralité est remplie; s'il la tournait contre le bas flatteur, il finirait son apologue ainsi: *Le renard s'en saisit, le dévore; mais le fromage était empoisonné.* La fable est une comédie légère, et toute comédie n'est qu'un long apologue: leur différence est, que dans la fable, les animaux ont de l'esprit, et que, dans notre comédie, les hommes sont souvent des bêtes, et qui pis est, des bêtes méchantes.

Ainsi, lorsque *Molière*, qui fut si tourmenté par les sots, donne à l'*Avare* un fils prodigue et vicieux qui lui vole sa cassette et l'injurie en face, est-ce des vertus ou des vices qu'il tire sa moralité? Que lui importent ces fantômes? c'est vous qu'il entend corriger. Il est vrai que les afficheurs et halayeurs littéraires de son temps ne manquèrent pas d'apprendre au bon public combien tout cela était horrible! Il est aussi prouvé que des envieux très-importants, ou des importants très-envieux, se déchaînèrent contre lui. Voyez le sévère *Boileau*, dans son épître au grand *Racine*, venger son ami qui n'est plus, en rappelant ainsi les faits:

> L'ignorance et l'erreur, à ses naissantes pièces,
> En habits de marquis, en robes de comtesses,
> Venaient pour diffamer son chef-d'œuvre nouveau,
> Et secouaient la tête à l'endroit le plus beau.
> Le commandeur voulait la scène plus exacte;
> Le vicomte, indigné, sortait au second acte:
> L'un, défenseur zélé des bigots mis en jeu,
> Pour prix de ses bons mots, le condamnait au feu;
> L'autre, *fougueux marquis*, lui déclarait la guerre,
> Voulait venger la cour, immolée au parterre.

On voit même, dans un placet de *Molière* à *Louis XIV*, qui fut si grand en protégeant les arts, et sans le goût éclairé duquel notre théâtre n'aurait pas un seul chef-d'œuvre de *Molière*: on voit ce philosophe auteur se plaindre amèrement au roi que, pour avoir démasqué les hypocrites, ils imprimaient partout qu'il est *un libertin, un impie, un athée, un démon vêtu de chair, habillé en homme*; et cela s'imprimait avec APPROBATION ET PRIVILÈGE de ce roi qui le protégeait. Rien là-dessus n'est empiré.

Mais, parce que les personnages d'une pièce s'y montrent sous des mœurs vicieuses, faut-il les bannir de la scène? Que poursuivrait-on au théâtre? les travers et les ridicules? cela vaut bien la peine d'écrire! ils sont chez nous comme les modes; on ne s'en corrige point, on en change.

Les vices, les abus, voilà ce qui ne change point, mais se déguise en mille formes sous le masque des mœurs dominantes: leur arracher ce masque et les montrer à découvert, telle est la noble tâche de l'homme qui se voue au théâtre. Soit qu'il moralise en riant, soit qu'il pleure en moralisant, Héraclite ou Démocrite, il n'a pas un autre devoir: malheur à lui, s'il s'en écarte! On ne peut corriger les hommes qu'en les faisant voir tels qu'ils sont. La comédie utile et véridique n'est point un éloge menteur, un vain discours d'académie.

Mais gardons-nous bien de confondre cette critique générale, un des plus nobles buts de l'art, avec la satire odieuse et personnelle: l'avantage de la première est de corriger sans blesser. Faites prononcer au théâtre par l'homme juste, aigri de l'horrible abus des bienfaits, *tous les hommes sont des ingrats*: quoique chacun soit bien près de penser comme lui, personne ne s'offensera. Ne pouvant y avoir un ingrat sans qu'il existe un bienfaiteur, ce reproche même établit une balance égale entre les bons et mauvais cœurs; on le sent, et cela console. Que si l'humoriste répond qu'*un bienfaiteur fait cent ingrats*, on répliquera justement qu'*il n'y a peut-être pas un ingrat qui n'ait été plusieurs fois bienfaiteur*: et cela console encore. Et c'est ainsi qu'en généralisant, la critique la plus amère porte du fruit sans nous blesser, quand la satire personnelle, aussi stérile que funeste, blesse toujours et ne produit jamais. Je hais partout cette dernière, et je la crois un si punissable abus, que j'ai plusieurs fois d'office invoqué la vigilance du magistrat pour empêcher que le théâtre ne devînt une arène de gladiateurs, où le puissant se crût en droit de faire exercer ses vengeances par les plumes vénales, et malheureusement trop communes, qui mettent leur bassesse à l'enchère.

N'ont-ils donc pas assez, ces grands, des mille et un feuillistes, faiseurs de bulletins, afficheurs, pour y trier les plus mauvais, en choisir un bien lâche, et dénigrer qui les offusque? On tolère un si léger mal, parce qu'il est sans conséquence; et que la vermine éphémère démange un instant et périt; mais le théâtre est un géant qui blesse à mort tout ce qu'il frappe. On doit réserver ses grands coups pour les abus et les maux publics.

Ce n'est donc ni le vice, ni les incidents qu'il amène, qui font l'indécence théâtrale; mais le défaut de leçons et de moralité. Si l'auteur, ou faible ou timide, n'ose en tirer de son sujet, voilà ce qui rend sa pièce équivoque ou vicieuse.

Lorsque je mis *Eugénie* au théâtre (et il faut bien que je me cite, puisque c'est toujours moi qu'on attaque), lorsque je mis *Eugénie* au théâtre, tous nos jurés-crieurs à la décence jetaient feu et flamme dans les foyers, sur ce que j'avais osé montrer un seigneur libertin, habillant ses valets en prêtres, et feignant d'épouser une jeune personne qui paraît enceinte au théâtre sans avoir été mariée.

Malgré leurs cris, la pièce a été jugée, sinon le meilleur, au moins le plus moral des drames, constamment jouée sur tous les théâtres, et traduite dans toutes les langues. Les bons esprits ont vu que la moralité, que l'intérêt y naissaient entièrement de l'abus qu'un homme puissant et vicieux fait de son nom, de son crédit, pour tourmenter une faible fille, sans appui, trompée, vertueuse et délaissée. Ainsi tout ce que l'ouvrage a d'utile et de bon naît du courage qu'eut l'auteur d'oser porter la disconvenance sociale au plus haut point de liberté.

Depuis, j'ai fait *les Deux Amis*, pièce dans laquelle un père avoue à sa prétendue nièce qu'elle est sa fille illégitime: ce drame est aussi très-moral, parce qu'à travers les sacrifices de la plus parfaite amitié, l'auteur s'attache à y montrer les devoirs qu'impose la nature sur les fruits d'un ancien amour, que la rigoureuse dureté des convenances sociales, ou plutôt leur abus, laisse souvent sans appui.

Entre autres critiques de la pièce, j'entendis dans une loge, auprès de celle que j'occupais, un jeune *important* de la cour qui disait gaiement à des dames: « L'auteur, « sans doute, est un garçon fripier qui ne voit rien de plus

« élevé que des commis des fermes et des marchands « d'étoffes, et c'est au fond d'un magasin qu'il va chercher « les nobles amis qu'il traduit à la scène française! » Hélas! monsieur, lui dis-je en m'avançant, il a fallu du moins les prendre où il n'est pas impossible de les supposer. Vous ririez bien plus de l'auteur, s'il eût tiré deux vrais amis de l'Œil-de-Bœuf ou des carrosses? Il faut bien un peu de vraisemblance, même dans les actes vertueux.

Me livrant à mon gai caractère, j'ai depuis tenté, dans le Barbier de Séville, de ramener au théâtre l'ancienne et franche gaieté, en l'alliant avec le ton léger de notre plaisanterie actuelle : mais comme cela même était une espèce de nouveauté, la pièce fut vivement poursuivie. Il semblait que j'eusse ébranlé l'État; l'excès des précautions qu'on prit, et des cris qu'on fit contre moi, décelait surtout la frayeur que certains vicieux de ce temps avaient de s'y voir démasqués. La pièce fut censurée quatre fois, cartonnée trois fois sur l'affiche à l'instant d'être jouée, dénoncée même au parlement d'alors; et moi, frappé de ce tumulte, je persistais à demander que le public restât le juge de ce que j'avais destiné à l'amusement du public.

J'obtins au bout de trois ans, après les clameurs, les éloges; et chacun me disait tout bas: Faites-nous donc des pièces de ce genre, puisqu'il n'y a plus que vous qui osiez rire en face.

Un auteur désolé par la cabale et les criards, mais qui voit sa pièce marcher, reprend courage, et c'est ce que j'ai fait. Feu M. le prince de Conti, de patriotique mémoire (car, en frappant l'air de son nom, l'on sent vibrer le vieux mot patrie), feu M. le prince de Conti, donc, me porta le défi public de mettre au théâtre ma préface du Barbier, plus gaie, disait-il, que la pièce, et d'y montrer la famille de Figaro, que j'indiquais dans cette préface. Monseigneur, lui répondis-je, si je mettais une seconde fois ce caractère sur la scène, comme je le montrerais plus âgé, qu'il en saurait quelque peu davantage, ce serait bien un autre bruit; et qui sait s'il verrait le jour? Cependant, par respect, j'acceptai le défi; je composai cette Folle Journée, qui cause aujourd'hui la rumeur, il daigna la voir le premier. C'était un homme d'un grand caractère, un prince auguste, un esprit noble et fier: le dirai-je? il en fut content.

Mais quel piége, hélas! j'ai tendu au jugement de nos critiques, en appelant ma comédie du vain nom de Folle Journée! Mon objet était bien de lui ôter quelque importance; mais je ne savais pas encore à quel point un changement d'annonce peut égarer tous les esprits. En lui laissant son véritable titre, on eût lu l'Époux suborneur. C'était pour eux une autre piste; on me courait différemment. Mais le nom de Folle Journée les a mis à cent lieues de moi: ils n'ont plus rien vu dans l'ouvrage que ce qui ne sera jamais; et cette remarque un peu sévère sur la facilité de prendre le change a plus d'étendue qu'on ne croit. Au lieu du nom de George Dandin, si Molière eût appelé son drame la Sottise des alliances, il eût porté bien plus de fruit; si Regnard eût nommé son Légataire, la Punition du célibat, la pièce nous eût fait frémir. Ce à quoi il ne songea pas, je l'ai fait avec réflexion. Mais qu'on ferait un beau chapitre sur tous les jugements des hommes et la morale du théâtre, et qu'on pourrait intituler: De l'Influence de l'affiche!

Quoi qu'il en soit, la Folle Journée resta cinq ans au portefeuille; les comédiens ont su que je l'avais: ils me l'ont enfin arrachée. S'ils ont bien ou mal fait pour eux, c'est ce qu'on a pu voir depuis. Soit que la difficulté de la rendre excitât leur émulation, soit qu'ils sentissent avec le public que pour lui plaire en comédie il fallait de nouveaux efforts, jamais pièce aussi difficile n'a été jouée avec autant d'ensemble; et si l'auteur (comme on le dit) est resté au-dessous de lui-même, il n'y a pas un seul acteur dont cet ouvrage n'ait établi, augmenté ou confirmé la réputation.

Mais revenons à sa lecture, à l'adoption des comédiens.

Sur l'éloge outré qu'ils en firent, toutes les sociétés voulurent la connaître, et dès lors il fallut me faire des querelles de toute espèce, ou céder aux instances universelles. Dès lors aussi les grands ennemis de l'auteur ne manquèrent pas de répandre à la cour qu'il blessait dans cet ouvrage, d'ailleurs *un tissu de bêtises*, la religion, le gouvernement, tous les états de la société, les bonnes mœurs, et qu'enfin la vertu y était opprimée et le vice triomphant, *comme de raison*, ajoutait-on. Si les graves messieurs qui l'ont tant répété me font l'honneur de lire cette préface, ils y verront au moins que j'ai cité bien juste; et la bourgeoise intégrité que je mets à mes citations n'en fera que mieux ressortir la noble infidélité des leurs.

Ainsi, dans le Barbier de Séville, je n'avais qu'ébranlé l'État; dans ce nouvel essai, plus infâme et plus séditieux, je le renversais de fond en comble. Il n'y avait plus rien de sacré si l'on permettait cet ouvrage. On abusait l'autorité par les plus insidieux rapports; on cabalait auprès des corps puissants, on alarmait les âmes timorées; on me faisait des ennemis sur le prie-Dieu des oratoires; et moi selon les hommes et les lieux, je repoussais la basse intrigue par mon excessive patience, par la roideur de mon respect, l'obstination de ma docilité, par la raison, quand on voulait l'entendre.

Ce combat a duré quatre ans. Ajoutez-les aux cinq du portefeuille, que reste-t-il des allusions qu'on s'efforce à voir dans l'ouvrage? Hélas! quand il fut composé, tout ce qui fleurit aujourd'hui n'avait pas même encore germé; c'était tout un autre univers.

Pendant ces quatre ans de débat je ne demandais qu'un censeur; on m'en accorda cinq ou six. Que virent-ils dans l'ouvrage, objet d'un tel déchaînement? La plus badine des intrigues. Un grand seigneur espagnol, amoureux d'une jeune fille qu'il veut séduire, et les efforts que cette fiancée, celui qu'elle doit épouser, et la femme du seigneur, réunissent pour faire échouer dans son dessein un maître absolu, que son rang, sa fortune et sa prodigalité rendent tout-puissant pour l'accomplir: voilà tout, rien de plus. La pièce est sous vos yeux.

D'où naissent donc ces cris perçants? De ce qu'au lieu de poursuivre un seul caractère vicieux, comme le joueur, l'ambitieux, l'avare, ou l'hypocrite, ce qui ne lui eût mis sur les bras qu'une seule classe d'ennemis, l'auteur a profité d'une composition légère, ou plutôt a formé son plan de façon à y faire entrer la critique d'une foule d'abus qui désolent la société. Mais comme ce n'est pas là ce qui gâte un ouvrage aux yeux du censeur éclairé, tous, en l'approuvant, l'ont réclamé pour le théâtre. Il a donc fallu l'y souffrir: alors les grands du monde ont vu jouer avec scandale

Cette pièce, où l'on peint un insolent valet
Disputant sans pudeur son épouse à son maître.

M. Gudin.

Oh! que j'ai de regrets de n'avoir pas fait de ce sujet moral une tragédie bien sanguinaire! Mettant un poignard à la main de l'époux outragé, que je n'aurais pas nommé Figaro, dans sa jalouse fureur je lui aurais fait noblement poignarder le puissant vicieux; et comme il aurait vengé son honneur dans des vers carrés, bien ronflants, et que mon jaloux, tout au moins général d'armée, aurait eu pour rival quelque tyran bien horrible, et régnant au plus mal sur un peuple désolé; tout cela, très-loin de nos mœurs, n'aurait, je crois, blessé personne; on eût crié Bravo! ouvrage bien moral! Nous étions sauvés, moi et mon Figaro sauvage.

PRÉFACE.

Mais ne voulant qu'amuser nos Français et non faire ruisseler les larmes de leurs épouses, de mon coupable amant j'ai fait un jeune seigneur de ce temps-là, prodigue, assez galant, même un peu libertin, à peu près comme les autres seigneurs de ce temps-là. Mais qu'oserait-on dire au théâtre d'un seigneur, sans les offenser tous, sinon de lui reprocher son trop de galanterie? N'est-ce pas là le défaut le moins contesté par eux-mêmes? J'en vois beaucoup d'ici rougir modestement (et c'est un noble effort) en convenant que j'ai raison.

Voulant donc faire le mien coupable, j'ai eu le respect généreux de ne lui prêter aucun des vices du peuple. Direz-vous que je ne le pouvais pas? que c'eût été blesser toutes les vraisemblances? Concluez donc en faveur de ma pièce, puisque enfin je ne l'ai pas fait.

Le défaut même dont je l'accuse n'aurait produit aucun mouvement comique, si je ne lui avais gaiement opposé l'homme le plus dégourdi de sa nation, *le véritable Figaro*, qui, tout en défendant *Suzanne*, sa propriété, se moque des projets de son maître, et s'indigne très-plaisamment qu'il ose jouter de ruse avec lui, maître passé dans ce genre d'escrime.

Ainsi, d'une lutte assez vive entre l'abus de la puissance, l'oubli des principes, la prodigalité, l'occasion, tout ce que la séduction a de plus entraînant; et le feu, l'esprit, les ressources que l'infériorité piquée au jeu peut opposer à cette attaque; il naît dans ma pièce un jeu plaisant d'intrigue, où *l'époux suborneur*, contrarié, lassé, harassé, toujours arrêté dans ses vues, est obligé, trois fois dans cette journée, de tomber aux pieds de sa femme, qui, bonne, indulgente et sensible, finit par lui pardonner : c'est ce qu'elles font toujours. Qu'a donc cette moralité de blâmable, messieurs?

La trouvez-vous un peu badine pour le ton grave que je prends? Accueillez-en une plus sévère qui blesse vos yeux dans l'ouvrage, quoique vous ne l'y cherchiez pas : c'est qu'un seigneur assez vicieux pour vouloir prostituer à ses caprices tout ce qui lui est subordonné, pour se jouer, dans ses domaines, de la pudicité de toutes ses jeunes vassales, doit finir, comme celui-ci, par être la risée de ses valets. Et c'est ce que l'auteur a très-fortement prononcé, lorsqu'en fureur, au cinquième acte, *Almaviva*, croyant confondre une femme infidèle, montre à son jardinier un cabinet, en lui criant : *Entres-y, toi, Antonio : conduis devant son juge l'infâme qui m'a déshonoré*; et que celui-ci lui répond : *Il y a, parguienne, une bonne Providence! Vous en avez tant fait dans le pays, qu'il faut bien aussi qu'à votre tour...*

Cette profonde moralité se fait sentir dans tout l'ouvrage; et s'il convenait à l'auteur de démontrer à ses adversaires qu'à travers sa forte leçon il a porté la considération pour la dignité du coupable plus loin qu'on ne devait l'attendre de la fermeté de son pinceau, je leur ferais remarquer que, croisé dans tous ses projets, le comte *Almaviva* se voit toujours humilié, sans être jamais avili.

En effet, si la comtesse usait de ruses pour aveugler sa jalousie dans le dessein de le trahir, devenue coupable elle-même, elle ne pourrait mettre à ses pieds son époux sans le dégrader à nos yeux. La vicieuse intention de l'épouse brisant un lien respecté, l'on reprocherait justement à l'auteur d'avoir tracé des mœurs blâmables : car nos jugements sur les mœurs se rapportent toujours aux femmes, on n'estime pas assez les hommes pour tant exiger d'eux sur ce point délicat. Mais loin qu'elle ait ce vil projet, ce qu'il y a de mieux établi dans l'ouvrage est que nul ne veut faire une tromperie au comte, mais seulement l'empêcher d'en faire à tout le monde. C'est la pureté des motifs qui sauve ici les moyens du reproche; et de cela seul que la comtesse ne veut que ramener son mari, toutes les confusions qu'il éprouve sont certainement très-morales; aucune n'est avilissante.

Pour que cette vérité vous frappe davantage, l'auteur oppose à ce mari peu délicat la plus vertueuse des femmes, par goût et par principes.

Abandonnée d'un époux trop aimé, quand l'expose-t-on à vos regards? Dans le moment critique où sa bienveillance pour un aimable enfant, son filleul, peut devenir un goût dangereux, si elle permet au ressentiment qui l'appuie de prendre trop d'empire sur elle. C'est pour mieux faire ressortir l'amour vrai du devoir, que l'auteur la met un moment aux prises avec un goût naissant qui le combat. Oh! combien on s'est étayé de ce léger mouvement dramatique, pour nous accuser d'indécence! On accorde à la tragédie que toutes les reines, les princesses aient des passions bien allumées qu'elles combattent plus ou moins; et l'on ne souffre pas que, dans la comédie, une femme ordinaire puisse lutter contre la moindre faiblesse! O grande *influence de l'affiche!* Jugement sûr et conséquent! Avec la différence du genre, on blâme ici ce qu'on approuvait là. Et cependant, en ces deux cas, c'est toujours le même principe : point de vertu sans sacrifice.

J'ose en appeler à vous, jeunes infortunées que votre malheur attache à des *Almaviva!* distingueriez-vous toujours votre vertu de vos chagrins, si quelque intérêt important, tendant trop à les dissiper, ne vous avertissait enfin qu'il est temps de combattre pour elle? Le chagrin de perdre un mari n'est pas ici ce qui nous touche; un regret aussi personnel est trop loin d'être une vertu. Ce qui nous plaît dans la comtesse, c'est de la voir lutter franchement contre un goût naissant qu'elle blâme, et des ressentiments légitimes. Les efforts qu'elle fait alors pour ramener son fidèle époux mettant dans le plus heureux jour les deux sacrifices pénibles de son goût et de sa colère, on n'a nul besoin d'y penser pour applaudir à son triomphe; elle est un modèle de vertu, l'exemple de son sexe et l'amour du nôtre.

Si cette métaphysique de l'honnêteté des scènes, si ce principe avoué de toute décence théâtrale n'a point frappé nos juges à la représentation, c'est vainement que j'en étendrais ici le développement et les conséquences; un tribunal d'iniquité n'écoute point les défenses de l'accusé qu'il est chargé de perdre; et ma comtesse n'est point traduite au parlement de la nation, c'est une commission qui la juge.

On a vu la légère esquisse de son aimable caractère, dans la charmante pièce d'*Heureusement*. Le goût naissant que la jeune femme éprouve pour son petit cousin l'officier n'y parut blâmable à personne; quoique la tournure des scènes pût laisser à penser que la soirée eût fini d'autre manière, si l'époux ne fût pas rentré, comme dit l'auteur, *heureusement*. Heureusement aussi l'on n'avait pas le projet de calomnier cet auteur : chacun se livra de bonne foi à ce doux intérêt qu'inspire une jeune femme honnête et sensible, qui réprime ses premiers goûts; et notez que dans cette pièce l'époux ne paraît qu'un peu sot; dans la mienne, il est infidèle : ma comtesse a plus de mérite.

Aussi, dans l'ouvrage que je défends, le plus véritable intérêt se porte-t-il sur la comtesse : le reste est dans le même esprit.

Pourquoi *Suzanne* la camériste, spirituelle, adroite et rieuse, a-t-elle aussi le droit de nous intéresser? C'est qu'attaquée par un séducteur puissant, avec plus d'avantage qu'il n'en faudrait pour vaincre une fille de son état, elle n'hésite pas à confier les intentions du comte aux deux personnes les plus intéressées à bien surveiller sa conduite, sa maîtresse et son fiancé : c'est que dans tout son rôle, presque le plus long de la pièce, il n'y a pas une phrase, un mot, qui ne respire la sagesse et l'attachement à ses devoirs : la seule ruse qu'elle se permette est en faveur de sa maîtresse, à qui son dévouement est cher, et dont tous les vœux sont honnêtes.

Pourquoi, dans ses libertés sur son maître, *Figaro* m'amuse-t-il, au lieu de m'indigner? C'est que, l'opposé des valets, il n'est pas, et vous les avez, le malhonnête homme de la pièce : en le voyant forcé, par son état, de repousser l'insulte avec adresse, on lui pardonne tout, dès qu'on sait qu'il ne ruse avec son seigneur que pour garantir ce qu'il aime, et sauver sa propriété.

Donc, hors le comte et ses agents, chacun fait dans la pièce à peu près ce qu'il doit. Si vous les croyez malhonnêtes parce qu'ils disent du mal les uns des autres, c'est une règle très-fautive. Voyez nos honnêtes gens du siècle; on passe la vie à ne faire autre chose! Il est même tellement reçu de déchirer sans pitié les absents, que moi, qui les défends toujours, j'entends murmurer très-souvent : Quel diable d'homme, et qu'il est contrariant! il dit du bien de tout le monde!

Est-ce mon page, enfin, qui vous scandalise? et l'immoralité qu'on reproche au fond de l'ouvrage serait-elle dans l'accessoire? O censeurs délicats, beaux esprits sans fatigue, inquisiteurs pour la morale, qui condamnez en un clin d'œil les réflexions de cinq années, soyez justes une fois, sans tirer à conséquence! Un enfant de treize ans, aux premiers battements du cœur, cherchant tout sans rien démêler, idolâtre, ainsi qu'on l'est à cet âge heureux, d'un objet céleste pour lui, dont le hasard fit sa marraine, est-il un sujet de scandale? Aimé de tout le monde au château, vif, espiègle et brûlant, comme tous les enfants spirituels, par son agitation extrême il dérange dix fois, sans le vouloir, les coupables projets du comte. Jeune adepte de la nature, tout ce qu'il voit a droit de l'agiter : peut-être il n'est plus un enfant, mais il n'est pas encore un homme; et c'est le moment que j'ai choisi pour qu'il obtînt de l'intérêt, sans forcer personne à rougir. Ce qu'il éprouve innocemment, il l'inspire partout de même. Direz-vous qu'on l'aime d'amour? Censeurs, ce n'est pas là le mot : vous êtes trop éclairés pour ignorer que l'amour, même le plus pur, a un motif intéressé : on ne l'aime donc pas encore; on sent qu'un jour on l'aimera. Et c'est ce que l'auteur a mis avec gaieté dans la bouche de *Suzanne* quand elle dit à cet enfant : *Oh! dans trois ou quatre ans, je prédis que vous serez le plus grand petit vaurien!...*

Pour lui imprimer plus fortement le caractère de l'enfance, nous le faisons exprès tutoyer par *Figaro*. Supposez-lui deux ans de plus, quel valet dans le château prendrait ces libertés? Voyez-le à la fin de son rôle; à peine a-t-il un habit d'officier, qu'il porte la main à l'épée, aux premières railleries du comte sur le quiproquo d'un soufflet. Il sera fier, notre étourdi! mais c'est un enfant, rien de plus. N'ai-je pas vu nos dames dans les loges aimer mon page à la folie? Que lui voulaient-elles? hélas! rien : c'était de l'intérêt aussi; mais comme celui de la comtesse, un pur et naïf intérêt... un intérêt.. sans intérêt.

Mais est-ce la personne du page ou la conscience du seigneur qui fait le tourment du dernier, toutes les fois que l'auteur le condamne à se rencontrer dans la pièce? Fixez ce léger aperçu, il peut vous mettre sur la voie; ou plutôt apprenez de lui que cet enfant n'est amené que pour ajouter à la moralité de l'ouvrage, en vous montrant que l'homme le plus absolu chez lui, dès qu'il suit un projet coupable, peut être mis au désespoir par l'être le moins important, par celui qui redoute le plus de se rencontrer sur sa route.

Quand mon page aura dix-huit ans, avec le caractère vif et bouillant que je lui ai donné, je serai coupable à mon tour, si je le montre sur la scène. Mais à treize ans, qu'inspire-t-il? quelque chose de sensible et doux, qui n'est ni amitié ni amour, et qui tient un peu de tous deux.

J'aurais de la peine à faire croire à l'innocence de ces impressions, si nous vivions dans un siècle moins chaste, dans un de ces siècles de calcul, où, voulant tout prématuré, comme les fruits de leurs serres chaudes, les grands mariaient leurs enfants à douze ans, et faisaient plier la nature, la décence et le goût aux plus sordides convenances, en se hâtant surtout d'arracher, de ces êtres non formés, des enfants encore moins formables, dont le bonheur n'occupait personne, et qui n'étaient que le prétexte d'un certain trafic d'avantages, qui n'avait nul rapport à eux, mais uniquement à leur nom. Heureusement nous en sommes bien loin; et le caractère de mon page, sans conséquence pour lui-même, en a une relative au comte, que le moraliste aperçoit, mais qui n'a pas encore frappé le grand commun de nos jugeurs.

Ainsi, dans cet ouvrage, chaque rôle important a quelque but moral. Le seul qui semble y déroger est le rôle de *Marceline*.

Coupable d'un ancien égarement dont son *Figaro* fut le fruit, elle devrait, dit-on, se voir au moins punie par la confusion de sa faute, lorsqu'elle reconnaît son fils. L'auteur eût pu même en tirer une moralité plus profonde : dans les mœurs qu'il veut corriger, la faute d'une jeune fille séduite est celle des hommes, et non la sienne. Pourquoi donc ne l'a-t-il pas fait?

Il l'a fait, censeurs raisonnables! Étudiez la scène suivante, qui faisait le nerf du troisième acte, et que les comédiens m'ont prié de retrancher, craignant qu'un morceau si sévère n'obscurcît la gaieté de l'action.

Quand *Molière* a bien humilié la coquette ou coquine du *Misanthrope*, par la lecture publique de ses lettres à tous ces amants, il la laisse avilie sous les coups qu'il lui a portés : il a raison; qu'en ferait-il? Vicieuse par goût et par choix, veuve aguerrie, femme de cour, sans aucune excuse d'erreur, et fléau d'un fort honnête homme, il l'abandonne à nos mépris, et telle est sa moralité. Quant à moi, saisissant l'aveu naïf de *Marceline* au moment de la reconnaissance, je montrais cette femme humiliée, et *Bartholo* qui la refuse et *Figaro* leur fils commun, dirigeant l'attention publique sur les vrais fauteurs du désordre où l'on entraîne sans pitié toutes les jeunes filles du peuple, douées d'une jolie figure.

Telle est la marche de la scène,

BRID'OISON

(*Parlant de Figaro qui vient de reconnaître sa mère en Marceline.*)

C'est clair : i-il ne l'épousera pas.

BARTHOLO.

Ni moi non plus,

MARCELINE.

Ni vous! Et votre fils? Vous m'aviez juré...

BARTHOLO.

J'étais fou. Si pareils souvenirs engageaient, on serait tenu d'épouser tout le monde.

BRID'OISON

E-et si l'on y regardait de si près, personne n'épouserait pè-ersonne.

BARTHOLO.

Des fautes si connues! une jeunesse déplorable!

MARCELINE, *s'échauffant par degrés.*

Oui, déplorable, et plus qu'on ne croit! Je n'entends pas nier mes fautes; ce jour les a trop bien prouvées! Mais qu'il est dur de les expier après trente ans d'une vie modeste! J'étais née, moi, pour être sage, et je le suis devenue sitôt qu'on m'a permis d'user de ma raison. Mais dans l'âge des illusions, de l'inexpérience et des besoins, où les séducteurs

PRÉFACE.

nous assiégent, pendant que la misère nous poignarde, que peut opposer une enfant à tant d'ennemis rassemblés ? Tel nous juge ici sévèrement, qui peut-être en sa vie a perdu dix infortunées.

FIGARO.

Les plus coupables sont les moins généreux ; c'est la règle.

MARCELINE, *vivement*.

Hommes plus qu'ingrats, qui flétrissez par le mépris les jouets de vos passions, vos victimes, c'est vous qu'il faut punir des erreurs de notre jeunesse ; vous et vos magistrats si vains du droit de nous juger, et qui nous laissent enlever par leur coupable négligence, tout honnête moyen de subsister. Est-il un seul état pour les malheureuses filles ? elles avaient un droit naturel à toute la parure des femmes ; on y laisse former mille ouvriers de l'autre sexe.

FIGARO.

Ils font broder jusqu'aux soldats !

MARCELINE, *exaltée*.

Dans les rangs même plus élevés, les femmes n'obtiennent de vous qu'une considération dérisoire. Leurrées de respects apparents, dans une servitude réelle ; traitées en mineures pour nos biens, punies en majeures pour nos fautes ; ah ! sous tous les aspects, votre conduite avec nous fait horreur ou pitié.

FIGARO.

Elle a raison.

LE COMTE, *à part*.

Que trop raison.

BRID'OISON.

Elle a, mon-on Dieu ! raison.

MARCELINE.

Mais que nous font, mon fils, les refus d'un homme injuste ? Ne regarde pas d'où tu viens, vois où tu vas : cela seul importe à chacun. Dans quelques mois ta fiancée ne dépendra plus que d'elle-même ; elle t'acceptera, j'en réponds : vis entre une épouse, une mère tendre, qui te chériront à qui mieux mieux. Sois indulgent pour elles, heureux pour toi, mon fils ; gai, libre et bon pour tout le monde, il ne manquera rien à ta mère.

FIGARO.

Tu parles d'or, maman, et je me tiens à ton avis. Qu'on est sot, en effet ! il y a des mille et mille ans que le monde roule, et dans cet océan de durée, où j'ai par hasard attrapé quelques chétifs trente ans qui ne reviendront plus, j'irais me tourmenter pour savoir à qui je les dois ! tant pis pour qui s'en inquiète. Passer ainsi la vie à chamailler, c'est peser sur le collier sans relâche, comme les malheureux chevaux de la remonte des fleuves, qui ne reposent pas même quand ils s'arrêtent et qui tirent toujours, quoiqu'ils cessent de marcher. Nous attendrons.

J'ai bien regretté ce morceau ; et maintenant que la pièce est connue, si les comédiens avaient le courage de le restituer à ma prière, je pense que le public leur en saurait beaucoup de gré. Ils n'auraient plus même à répondre, comme je fus forcé de le faire à certains censeurs du beau monde, qui me reprochaient à la lecture de les intéresser pour une femme de mauvaises mœurs. — Non, messieurs, je n'en parle pas pour excuser ses mœurs, mais pour vous faire rougir des vôtres sur le point le plus destructeur de toute honnêteté publique, *la corruption des jeunes personnes ;* et j'avais raison de le dire, que vous trouvez ma pièce trop gaie parce qu'elle est souvent trop sévère. Il n'y a que façon de s'entendre.

— Mais votre *Figaro* est un soleil tournant, qui brûle, en jaillissant, les manchettes de tout le monde. — Tout le monde est exagéré. Qu'on me sache gré du moins s'il ne brûle pas aussi les doigts de ceux qui croient s'y reconnaître : au temps qui court on a beau jeu sur cette matière au théâtre. M'est-il permis de composer en auteur qui sort du collège ? de toujours faire rire des enfants, sans jamais rien dire à des hommes ? et ne devez-vous pas me passer un peu de morale en faveur de ma gaieté, comme on passe aux François un peu de folie en faveur de leur raison ?

Si je n'ai versé sur nos sottises qu'un peu de critique badine, ce n'est pas que je ne sache en former de plus sévère : quiconque a dit tout ce qu'il sait dans son ouvrage y a mis plus que moi dans le mien. Mais je garde une foule d'idées qui me pressent, pour un des sujets les plus moraux du théâtre, aujourd'hui sur mon chantier : *la Mère coupable ;* et si le dégoût dont on m'abreuve me permet jamais de l'achever, mon projet étant d'y faire verser des larmes à toutes les femmes sensibles, j'élèverai mon langage à la hauteur de mes situations : j'y prodiguerai les traits de la plus austère morale, et je tonnerai fortement sur les vices que j'ai trop ménagés. Apprêtez-vous donc bien, messieurs, à me tourmenter de nouveau ; ma poitrine a déjà grondé ; j'ai noirci beaucoup de papier au service de votre colère.

Et vous, honnêtes indifférents, qui jouissez de tout sans prendre parti sur rien ; jeunes personnes modestes et timides, qui vous plaisez à ma *Folle Journée* (et je n'entreprends sa défense que pour justifier votre goût), lorsque vous verrez dans le monde un de ces hommes tranchants critiquer vaguement la pièce, tout blâmer sans rien désigner, surtout la trouver indécente : examinez bien cet homme-là ; sachez son rang, son état, son caractère ; et vous connaîtrez sur-le-champ le mot qui l'a blessé dans l'ouvrage.

On sent bien que je ne parle pas de ces écumeurs littéraires qui vendent leurs bulletins ou leurs affiches à tant de liards le paragraphe. Ceux-là, comme l'*abbé Basile*, peuvent calomnier ; *ils médiraient qu'on ne les croirait pas.*

Je parle moins encore de ces libellistes honteux qui n'ont trouvé d'autre moyen de satisfaire leur rage, l'assassinat étant trop dangereux, que de lancer, du cintre de nos salles, des vers infâmes contre l'auteur, pendant que l'on jouait sa pièce. Ils savent que je les connais : si j'avais eu dessein de les nommer, ç'aurait été au ministère public ; leur supplice est de l'avoir craint, il suffit à mon ressentiment : mais on n'imaginera jamais jusqu'où ils ont osé élever les soupçons du public sur une aussi lâche épigrammatique semblables à ces vils charlatans du pont Neuf qui, pour accréditer leurs drogues, farcissent d'ordres, de cordons, le tableau qui leur sert d'enseigne.

Non, je cite nos importants, qui, blessés, on ne sait pourquoi, des critiques semées dans l'ouvrage, se chargent d'en dire du mal, sans cesser de venir aux noces.

C'est un plaisir assez piquant de les voir d'en bas au spectacle, dans le très-plaisant embarras de n'oser montrer ni satisfaction ni colère ; s'avançant sur le bord des loges, prêts à se moquer de l'auteur, et se retirant aussitôt pour celer un peu de grimace ; emportés par un mot de la scène, et soudainement rembrunis par le pinceau du moraliste ; au plus léger trait de gaieté, jouer tristement les étonnés, prendre un air gauche en faisant les pudiques, et regardant les femmes dans les yeux, comme pour leur reprocher de soutenir un tel scandale ; puis, aux grands applaudissements lancer sur le public un regard méprisant, dont il es écrasé ; toujours prêts à lui dire comme ce courtisan dont parle *Molière*, lequel, outré du succès de *l'École des femmes,* criait des balcons au public, *Ris donc, public, ris donc !*

En vérité, c'est un plaisir, et j'en ai joui bien des fois.

Celui-là m'en rappelle un autre. Le premier jour de *la Folle Journée*, on s'échauffait dans le foyer (même d'honnêtes plébéiens) sur ce qu'ils nommaient spirituellement *mon audace*. Un petit vieillard sec et brusque, impatienté de tous ces cris, frappe le plancher de sa canne, et dit en s'en allant : *Nos Français sont comme les enfants qui braillent quand on les éberne*. Il avait du sens, ce vieillard ! Peut-être on pouvait mieux parler : mais pour mieux penser, j'en défie.

Avec cette intention de tout blâmer, on conçoit que les traits les plus sensés ont été pris en mauvaise part. N'ai-je pas entendu vingt fois un murmure descendre des loges à cette réponse de *Figaro* ?

LE COMTE.
Une réputation détestable ?

FIGARO.
Et si je vaux mieux qu'elle, y a-t-il beaucoup de seigneurs qui puissent en dire autant ?

Je dis, moi, qu'il n'y en a point, qu'il ne saurait y en avoir, à moins d'une exception bien rare. Un homme obscur ou peu connu peut valoir mieux que sa réputation, qui n'est que l'opinion d'autrui. Mais de même qu'un sot en place en paraît une fois plus sot, parce qu'il ne peut plus rien cacher ; de même un grand seigneur, l'homme élevé en dignités, que la fortune et sa naissance ont placé sur le grand théâtre, et qui, en entrant dans le monde, eut toutes les préventions pour lui, vaut presque toujours moins que sa réputation, s'il parvient à la rendre mauvaise. Une assertion si simple et si loin du sarcasme devait-elle exciter le murmure ? Si son application paraît fâcheuse aux grands peu soigneux de leur gloire, en quel sens fait-elle épigramme sur ceux qui méritent nos respects ? et quelle maxime plus juste au théâtre peut servir de frein aux puissants et tenir lieu de leçon à ceux qui n'en reçoivent point d'autres ?

« Non qu'il faille oublier » (a dit un écrivain sévère ; et je me plais à le citer, parce que je suis de son avis) « non qu'il
« faille oublier, dit-il, ce qu'on doit aux rangs élevés : il est
« juste, au contraire, que l'avantage de la naissance soit le
« moins contesté de tous, parce que ce bienfait gratuit de
« l'hérédité, relatif aux exploits, vertus ou qualités des
« aïeux de qui le reçut, ne peut aucunement blesser l'amour-
« propre de ceux auxquels il fut refusé ; parce que, dans une
« monarchie, si l'on ôtait les rangs intermédiaires, il y aurait
« trop loin du monarque aux sujets ; bientôt on n'y verrait
« qu'un despote et des esclaves ; le maintien d'une échelle
« graduée du laboureur au potentat intéresse également les
« hommes de tous les rangs, et peut-être est le plus ferme
« appui de la constitution monarchique. »

Mais quel auteur parlait ainsi ? Qui faisait cette profession de foi sur la noblesse, dont on me suppose si loin ? C'était PIERRE-AUGUSTIN CARON DE BEAUMARCHAIS, plaidant par écrit au parlement d'Aix, en 1778, une grande et sévère question qui décida bientôt de l'honneur d'un noble et du sien. Dans l'ouvrage que je défends on n'attaque point les États, mais les abus de chaque État : les gens seuls qui s'en rendent coupables ont intérêt à le trouver mauvais ; voilà les rumeurs expliquées : mais quoi donc ! les abus sont-ils devenus si sacrés, qu'on n'en puisse attaquer aucun sans lui trouver vingt défenseurs ?

Un avocat célèbre, un magistrat respectable, iront-ils donc s'approprier le plaidoyer d'un *Bartholo*, le jugement d'un *Brid'oison* ? Ce mot de *Figaro* sur l'indigne abus des plaidoiries de nos jours (*c'est dégrader le plus noble institut*) a bien montré le cas que je fais du noble métier d'avocat ; et mon respect pour la magistrature ne sera pas plus suspecté, quand on saura dans quelle école j'en ai recherché la leçon, quand on lira le morceau suivant, aussi tiré d'un moraliste, lequel, parlant des magistrats, s'exprime en ces termes formels :

« Quel homme aisé voudrait, pour le plus modique hono-
« raire, faire le métier cruel de se lever à quatre heures,
« pour aller au Palais tous les jours s'occuper, sous des
« formes prescrites, d'intérêts qui ne sont jamais les siens ?
« d'éprouver sans cesse l'ennui de l'importunité, le dégoût
« des sollicitations, le bavardage des plaideurs, la mono-
« tonie des audiences, la fatigue des délibérations, et la con-
« tention d'esprit nécessaire aux prononcés des arrêts, s'il
« ne se croyait pas payé de cette vie laborieuse et pénible
« par l'estime et la considération publique ? Et cette estime
« est-elle autre chose qu'un jugement, qui n'est même
« aussi flatteur pour les bons magistrats qu'en raison de sa
« rigueur excessive contre les mauvais ? »

Mais quel écrivain m'instruisait ainsi par ses leçons ? Vous allez croire encore que c'est PIERRE-AUGUSTIN ; vous l'avez dit, c'est lui, en 1773, dans son quatrième mémoire, en défendant jusqu'à la mort sa triste existence, attaquée par un soi-disant magistrat. Je respecte donc hautement ce que chacun doit honorer, et je blâme ce qui peut nuire.

— Mais dans cette *Folle Journée*, au lieu de saper les abus, vous vous donnez des libertés très-répréhensibles au théâtre : votre monologue surtout contient, sur les gens disgraciés, des traits qui passent la licence ! — Eh ! croyez-vous, messieurs, que j'eusse un talisman pour tromper, séduire, enchaîner la censure et l'autorité, quand je leur soumis mon ouvrage ? que je n'ai pas dû justifier ce que j'avais osé écrire ? Que fais-je dire à *Figaro*, parlant à l'homme déplacé ? *Que les sottises imprimées n'ont d'importance qu'aux lieux où l'on en gêne le cours*. Est-ce donc là une vérité d'une conséquence dangereuse ? Au lieu de ces inquisitions puériles et fatigantes, et qui seules donnent de l'importance à ce qui n'en aurait jamais, si, comme en Angleterre, on était assez sage ici pour traiter les sottises avec ce mépris qui les tue ; loin de sortir du vil fumier qui les enfante, elles y pourriraient en germant, et ne se propageraient point. Ce qui multiplie les libelles, est la faiblesse de les craindre : ce qui fait vendre les sottises, est la sottise de les défendre.

Et comment conclut Figaro ? *Que sans la liberté de blâmer, il n'est point d'éloge flatteur, et qu'il n'y a que les petits hommes qui redoutent les petits écrits.* Sont-ce là des hardiesses coupables, ou bien des aiguillons de gloire ? des moralités insidieuses, ou des maximes réfléchies, aussi justes qu'encourageantes ?

Supposez-les le fruit des souvenirs. Lorsque satisfait du présent, l'auteur veille pour l'avenir dans la critique du passé, qui peut avoir droit de s'en plaindre ? Et si, ne désignant ni temps, ni lieu, ni personnes, il ouvre la voie au théâtre à des réformes désirables, n'est-ce pas aller à son but ?

La Folle Journée explique donc comment, dans un temps prospère, sous un roi juste et des ministres modérés, l'écrivain peut tonner sur les oppresseurs, sans craindre de blesser personne. C'est pendant le règne d'un bon prince qu'on écrit sans danger l'histoire des méchants rois ; et plus le gouvernement est sage, est éclairé, moins la liberté de dire est en presse : chacun y faisant son devoir, on n'y craint pas les allusions : nul homme en place ne redoutant ce qu'il est forcé d'estimer, n'affecte point alors d'opprimer chez nous cette même littérature qui fait notre gloire au dehors, et nous y donne une sorte de primauté que nous ne pouvons tirer d'ailleurs.

En effet, à quel titre y prétendrions-nous ? Chaque peuple tient à son culte, et chérit son gouvernement. Nous ne sommes pas restés plus braves que ceux qui nous ont battus à leur tour. Nos mœurs plus douces, mais non meilleures, n'ont rien qui nous élève au-dessus d'eux. Notre littérature seule, estimée de toutes les nations, étend l'empire de la langue française, et nous obtient de l'Europe entière

PRÉFACE.

une prédilection avouée qui justifie, en l'honorant, la protection que le gouvernement lui accorde.

Et comme chacun cherche toujours le seul avantage qui lui manque, c'est alors qu'on peut voir dans nos académies l'homme de la cour siéger avec les gens de lettres; les talents personnels, et la considération héritée, se disputer ce noble objet, et les archives académiques se remplir presque également de papiers et de parchemins.

Revenons à *la Folle Journée*.

Un monsieur de beaucoup d'esprit, mais qui l'économise un peu trop, me disait un soir au spectacle : Expliquez-moi donc, je vous prie, pourquoi dans votre pièce on trouve autant de phrases négligées qui ne sont pas de votre style?
— De mon style, monsieur! Si par malheur j'en avais un, je m'efforcerais de l'oublier quand je fais une comédie; ne connaissant rien d'insipide au théâtre comme ces fades camaïeux où tout est bleu, où tout est rose, où tout est l'auteur, quel qu'il soit.

Lorsque mon sujet me saisit, j'évoque tous mes personnages et les mets en situation : — Songe à toi, *Figaro*, ton maître va te deviner. — Sauvez-vous vite, *Chérubin*; c'est le comte que vous touchez. — Ah! comtesse, quelle imprudence avec un époux si violent? — Ce qu'ils diront, je n'en sais rien; c'est ce qu'ils feront qui m'occupe. Puis, quand ils sont bien animés, j'écris sous leur dictée rapide, sûr qu'ils ne tromperont pas, que je reconnaîtrai *Basile*, lequel n'a pas l'esprit de *Figaro*, qui n'a pas le ton noble du comte, qui n'a pas la sensibilité de la comtesse, qui n'a pas la gaieté de *Suzanne*, qui n'a pas l'espièglerie du page, et surtout aucun d'eux la sublimité de *Brid'oison* : chacun y parle son langage : eh! que le dieu du naturel les préserve d'en parler d'autre! Ne nous attachons donc qu'à l'examen de leurs idées, et non à rechercher si j'ai dû leur prêter mon style.

Quelques malveillants ont voulu jeter de la défaveur sur cette phrase de Figaro : *Sommes-nous des soldats qui tuent et se font tuer pour des intérêts qu'ils ignorent? Je veux savoir, moi, pourquoi je me fâche!* A travers le nuage d'une conception indigeste, ils ont feint d'apercevoir *que je répands une lumière décourageante sur l'état pénible du soldat; et il y a des choses qu'il ne faut jamais dire*. Voilà dans toute sa force l'argument de la méchanceté; reste à en prouver la bêtise.

Si, comparant la dureté du service à la modicité de la paye, ou discutant tel autre inconvénient de la guerre, et comptant la gloire pour rien, je versais de la défaveur sur ce plus noble des affreux métiers, on me demanderait justement compte d'un mot indiscrètement échappé. Mais, du soldat au colonel, au général exclusivement, quel imbécile homme de guerre a jamais eu la prétention qu'il dût pénétrer les secrets du cabinet pour lesquels il fait la campagne? C'est de cela seul qu'il s'agit dans la phrase de *Figaro*. Que ce fou-là se montre, s'il existe; nous l'enverrons étudier sous le philosophe *Babouc*, lequel éclaircit disertement ce point de discipline militaire.

En raisonnant sur l'usage que l'homme fait de sa liberté dans les occasions difficiles, *Figaro* pouvait également opposer à sa situation tout état qui exige une obéissance implicite; et le cénobite zélé, dont le devoir est de tout croire sans jamais rien examiner, comme le guerrier valeureux, dont la gloire est de tout affronter sur des ordres non motivés, *de tuer et se faire tuer pour les intérêts qu'il ignore*. Le mot de *Figaro* ne dit donc rien, sinon qu'un homme libre de ses actions doit agir sur d'autres principes que ceux dont le devoir est d'obéir aveuglément.

Qu'aurait-ce été, bon Dieu! si j'avais fait usage d'un mot qu'on attribue au *grand Condé*, et que j'entends louer à outrance par les mêmes logiciens qui déraisonnent sur ma phrase! A les croire, le *grand Condé* montra la plus noble présence d'esprit, lorsque, arrêtant *Louis XIV* prêt à pousser son cheval dans le Rhin, il dit à ce monarque : *Sire, avez-vous besoin du bâton de maréchal?*

Heureusement on ne prouve nulle part que ce grand homme ait dit cette grande sottise. C'eût été dire au roi devant toute son armée : Vous moquez-vous donc, sire, de vous exposer dans un fleuve? Pour courir de pareils dangers, il faut avoir besoin d'avancement ou de fortune!

Ainsi l'homme le plus vaillant, le plus grand général du siècle aurait compté pour rien l'honneur, le patriotisme et la gloire! un misérable calcul d'intérêt eût été, selon lui, le seul principe de la bravoure! Il eût dit là un affreux mot; et si j'en avais pris le sens pour l'enfermer dans quelque trait, je mériterais le reproche qu'on fait gratuitement au mien.

Laissons donc les cerveaux fumeux louer ou blâmer au hasard, sans se rendre compte de rien; s'extasier sur une sottise qui n'a pu jamais être dite, et proscrire un mot juste et simple, qui ne montre que du bon sens.

Un autre reproche assez fort, mais dont je n'ai pu me laver, est d'avoir assigné pour retraite à la comtesse un certain couvent d'*Ursulines*. *Ursulines!* a dit un seigneur joignant les mains avec éclat. *Ursulines!* a dit une dame en se renversant de surprise sur un jeune Anglais de sa loge! *Ursulines!* ah! milord, si vous entendiez le français!... Je sens, je sens beaucoup, madame, dit le jeune homme en rougissant. — C'est qu'on n'a jamais mis au théâtre aucune femme aux *Ursulines!* Abbé, parlez-nous donc! l'abbé (toujours appuyé sur l'Anglais), comment trouvez-vous *Ursulines*? Fort indécent, répond l'abbé, sans cesser de lorgner *Suzanne*. Et tout le beau monde a répété : *Ursulines est fort indécent*. Pauvre auteur! on te croit jugé, quand chacun songe à son affaire. En vain j'essayais d'établir que, dans l'événement de la scène, moins la comtesse a dessein de se cloîtrer, plus elle doit le feindre, et faire croire à son époux que sa retraite est bien choisie : ils ont proscrit mes *Ursulines!*

Dans le plus fort de la rumeur, moi, bon homme, j'avais été jusqu'à prier une des actrices qui font le charme de ma pièce, de demander aux mécontents à quel autre couvent de filles ils estimaient qu'il fût *décent* que l'on fît entrer la comtesse? A moi cela m'était égal; je l'aurais mise où l'on aurait voulu; aux *Augustines*, aux *Célestines*, aux *Clairettes*, aux *Visitandines*, même aux *Petites Cordelières*, tant je tiens peu aux *Ursulines!* Mais on agit si durement!

Enfin, le bruit croissant toujours, pour arranger l'affaire avec douceur, j'ai laissé le mot *Ursulines* à la place où je l'avais mis : chacun alors, content de soi, de tout l'esprit qu'il avait montré, s'est apaisé sur *Ursulines*, et l'on a parlé d'autre chose.

Je ne suis point, comme l'on voit, l'ennemi de mes ennemis. En disant bien du mal de moi, ils n'en ont point fait à ma pièce; et s'ils sentaient seulement autant de joie à la déchirer que j'eus de plaisir à la faire, il n'y aurait personne d'affligé. Le malheur est qu'ils ne rient point; et ils ne rient point à ma pièce, parce qu'on ne rit point à la leur. Je connais plusieurs amateurs qui sont même beaucoup maigris depuis le succès du *Mariage* : excusons donc l'effet de leur colère.

A des moralités d'ensemble et de détail, répandues dans les flots d'une inaltérable gaieté; à un dialogue assez vif, dont la facilité nous cache le travail, si l'auteur a joint une intrigue aisément filée, où l'art se dérobe sous l'art, qui se noue et se dénoue sans cesse à travers une foule de situations comiques, de tableaux piquants et variés qui soutiennent, sans la fatiguer, l'attention du public pendant les trois heures et demie que dure le même spectacle (essai que nul homme de lettres n'avait encore osé tenter), que restait-il à faire à de pauvres méchants que tout cela irrite? attaquer, poursuivre l'auteur par des injures verbales, manuscrites, imprimées : c'est ce qu'on a fait sans relâche. Ils ont même épuisé jusqu'à la calomnie, pour tâcher de me perdre dans l'esprit de tout ce qui influe en France sur le repos d'un citoyen. Heureusement que mon ouvrage est sous les yeux de la nation, qui depuis dix grands mois le voit, le juge et l'apprécie. Le laisser jouer tant qu'il fera plaisir, est la seule vengeance que je me sois permise. Je n'écris point ceci pour les lecteurs actuels; le récit d'un mal trop connu touche peu; mais dans quatre-vingts ans il portera fruit. Les auteurs de ce temps-là compareront leur sort au nôtre; et nos enfants sauront à quel prix on pouvait amuser leurs pères.

Allons au fait; ce n'est pas tout cela qui blesse. Le vrai motif qui se cache, et qui dans les replis du cœur produit tous les autres reproches, est renfermé dans ce quatrain :

> Pourquoi ce Figaro, qu'on va tant écouter,
> Est-il avec fureur déchiré par les sots ?
> *Recevoir, prendre et demander :*
> *Voilà le secret en trois mots.*

En effet, *Figaro* parlant du métier de courtisan, le définit dans ces termes sévères. Je ne puis le nier, je l'ai dit. Mais reviendrai-je sur ce point? Si c'est un mal, le remède serait pire : il faudrait poser méthodiquement ce que je n'ai fait qu'indiquer; revenir à montrer qu'il n'y a point de synonyme, en français, entre *l'homme de la cour*, *l'homme de cour*, et *le courtisan par métier*.

Il faudrait répéter qu'*homme de la cour* peint seulement un noble état : qu'il s'entend de l'homme de qualité, vivant avec la noblesse et l'éclat que son rang lui impose : que si cet *homme de la cour* aime le bien par goût, sans intérêt; si, loin de jamais nuire à personne, il se fait estimer de ses maîtres, aimer de ses égaux, et respecter des autres, alors cette acception reçoit un nouveau lustre, et j'en connais plus d'un que je nommerais avec plaisir, s'il en était question.

Il faudrait montrer qu'*homme de cour*, en bon français, est moins l'énoncé d'un état que le résumé d'un caractère adroit, liant, mais réservé; pressant la main de tout le monde en glissant chemin à travers; menant finement son intrigue avec l'air de toujours servir; ne se faisant point d'ennemis, mais donnant près d'un fossé, dans l'occasion, de l'épaule au meilleur ami, pour assurer sa chute et le remplacer sur la crête; laissant à part tout préjugé qui pourrait ralentir sa marche; souriant à ce qui lui déplaît, et critiquant ce qu'il approuve; selon les hommes qui l'écoutent : dans les liaisons utiles de sa femme, ou de sa maîtresse, ne voyant que ce qu'il doit voir : enfin...

> Prenant tout, pour le faire court,
> En véritable *homme de cour*.
>
> LA FONTAINE.

Cette acception n'est pas aussi défavorable que celle du *courtisan par métier*, et c'est l'homme dont parle *Figaro*.

Mais quand j'étendrais la définition de ce dernier; quand, parcourant tous les possibles, je le montrerais avec son maintien équivoque, haut et bas à la fois; rampant avec orgueil; ayant toutes les prétentions sans en justifier une; se donnant l'air du *protégement* pour se faire chef de parti; dénigrant tous les concurrents qui balanceraient son crédit; faisant un métier lucratif de ce qui ne devrait qu'honorer; vendant ses maîtresses à son maître, lui faisant payer ses plaisirs, etc., etc., etc., et quatre pages d'etc. ; il faudrait toujours revenir au distique de *Figaro* :

> Recevoir, prendre et demander :
> Voilà le secret en trois mots.

Pour ceux-ci je n'en connais point; il y en eut, dit-on, sous *Henri III*, sous d'autres rois encore; mais c'est l'affaire de l'historien : et quant à moi, je suis d'avis que les vicieux du siècle en sont comme les saints; qu'il faut cent ans pour les canoniser. Mais puisque j'ai promis la critique de ma pièce, il faut enfin que je la donne.

En général, son grand défaut est *que je ne l'ai point faite en observant le monde; qu'elle ne peint rien de ce qui existe, et ne rappelle jamais l'image de la société où l'on vit; que ses mœurs, basses et corrompues, n'ont pas même le mérite d'être vraies*. Et c'est ce qu'on lisait dernièrement dans un beau discours imprimé, composé par un homme de bien, auquel il n'a manqué qu'un peu d'esprit pour être un écrivain médiocre. Mais, médiocre ou non, moi qui ne fis jamais usage de cette allure oblique et torse avec laquelle un sbire qui n'a pas l'air de vous regarder, vous donne du stylet au flanc, je suis de l'avis de celui-ci. Je conviens qu'à la vérité la génération passée ressemblait beaucoup à ma pièce; que la génération future lui ressemblera beaucoup aussi; mais que pour la génération présente, elle ne lui ressemble aucunement; que je n'ai jamais rencontré ni mari suborneur, ni seigneur libertin, ni courtisan avide, ni juge ignorant et passionné, ni avocat injuriant, ni gens médiocres avancés, ni traducteur bassement jaloux. Et que si des âmes pures, qui ne s'y reconnaissent point du tout, s'irritent contre ma pièce et la déchirent sans relâche, c'est uniquement par respect pour leurs grands-pères et sensibilité pour leurs petits-enfants. J'espère, après cette déclaration, qu'on me laissera bien tranquille : ET J'AI FINI.

PERSONNAGES.	ACTEURS.
LE COMTE ALMAVIVA, grand corrégidor d'Andalousie.	M. MOLÉ.
LA COMTESSE, sa femme.	Mlle SAINT-VAL.
FIGARO, valet de chambre du comte et concierge du château.	M. DAZINCOURT.
SUZANNE, première camériste de la comtesse, et fiancée de Figaro.	Mlle CONTAT.
MARCELINE, femme de charge.	Mme BELLECOURT.
Et ensuite	Mlle LA CHASSAIGNE.
ANTONIO, jardinier du château, oncle de Suzanne et père de Fanchette.	M. BELMONT.
FANCHETTE, fille d'Antonio.	Mlle LAURENT.
CHÉRUBIN, premier page du comte.	Mlle OLIVIER.
BARTHOLO, médecin de Séville.	M. DESESSARTS.
BASILE, maître de clavecin de la comtesse.	M. VANHOVE.
DON GUSMAN BRID'OISON, lieutenant du siège.	M. PRÉVILLE.
Et ensuite	M. DUGAZON.
DOUBLE-MAIN, greffier, secrétaire de don Gusman.	M. MARSY.
UN HUISSIER AUDIENCIER.	M. LA ROCHELLE.
GRIPPE-SOLEIL, jeune pastoureau.	M. CHAMPVILLE.
UNE JEUNE BERGÈRE.	Mlle DANTIER.
PÉDRILLE, piqueur du comte.	M. FLORENCE.

Personnages muets.

TROUPE DE VALETS.
TROUPE DE PAYSANNES.
TROUPE DE PAYSANS.

La scène est au château d'Aguas-Frescas, à trois lieues de Séville.

CARACTÈRES ET HABILLEMENTS DE LA PIÈCE.

Le Comte ALMAVIVA doit être joué très-noblement, mais avec grâce et liberté. La corruption du cœur ne doit rien ôter du *bon ton* de ses manières. Dans les mœurs *de ce temps-là*, les grands traitaient en badinant toute entreprise sur les femmes. Ce rôle est d'autant plus pénible à bien rendre, que le personnage est toujours sacrifié. Mais joué par un comédien excellent (*M. Molé*), il a fait ressortir tous les rôles, et assuré le succès de la pièce.

Son vêtement du premier et second acte est un habit de chasse avec des bottines à mi-jambe, de l'ancien costume espagnol. Du troisième acte jusqu'à la fin, un habit superbe de ce costume.

LA COMTESSE, agitée de deux sentiments contraires, ne doit montrer qu'une sensibilité réprimée, ou une colère très-modérée ; rien surtout qui dégrade aux yeux du spectateur son caractère aimable et vertueux. Ce rôle, un des plus difficiles de la pièce, a fait infiniment d'honneur au grand talent de Mlle Saint-Val cadette.

Son vêtement du premier, second et quatrième acte, est une lévite commode, et nul ornement sur la tête : elle est chez elle, et censée incommodée. Au quatrième acte, elle a l'habillement et la haute coiffure de *Suzanne*.

FIGARO. L'on ne peut trop recommander à l'acteur qui jouera ce rôle de bien se pénétrer de son esprit, comme l'a fait *M. Dazincourt*. S'il y voyait autre chose que de la raison assaisonnée de gaieté et de saillie, surtout s'il y mettait la moindre charge, il avilirait un rôle que le premier comique du théâtre, *M. Préville*, a jugé devoir honorer le talent de tout comédien qui saurait en saisir les nuances multipliées, et pourrait s'élever à son entière conception.

Son vêtement comme dans *le Barbier de Séville*.

SUZANNE. Jeune personne adroite, spirituelle et rieuse, mais non de cette gaieté presque effrontée de nos soubrettes corruptrices ; son joli caractère est dessiné dans la préface, et c'est là que l'actrice qui n'a point vu Mlle Contat doit l'étudier pour le bien rendre.

Son vêtement des quatre premiers actes est un juste blanc à basquines très-élégant, la jupe de même, une toque, appelée depuis par nos marchandes, *à la Suzanne*. Dans la fête du quatrième acte, le comte lui pose sur la tête une toque à long voile, à hautes plumes, et à rubans blancs. Elle porte au cinquième acte la lévite de sa maîtresse, et nul ornement sur la tête.

MARCELINE est une femme d'esprit, née un peu vive, mais dont les fautes et l'expérience ont réformé le caractère. Si l'actrice qui le joue s'élève avec une fierté bien placée à la hauteur très-morale qui suit la reconnaissance du troisième acte, elle ajoutera beaucoup à l'intérêt de l'ouvrage.

Son vêtement est celui des duègnes espagnoles, d'une couleur modeste, un bonnet noir sur la tête.

ANTONIO ne doit montrer qu'une demi-ivresse, qui se dissipe par degrés ; de sorte qu'au cinquième acte on n'en aperçoive presque plus.

Son vêtement est celui d'un paysan espagnol, où les manches pendent par derrière ; un chapeau et des souliers blancs.

FANCHETTE est une enfant de douze ans, très-naïve. Son petit habit est un juste brun avec des ganses et des boutons d'argent, la jupe de couleur tranchante, et une toque noire à plumes sur la tête. Il sera celui des autres paysannes de la noce.

CHÉRUBIN. Ce rôle ne peut être joué, comme il l'a été, que par une jeune et très-jolie femme ; nous n'avons point à nos théâtres de très-jeune homme assez formé pour en bien sentir les finesses. Timide à l'excès devant la comtesse, ailleurs un charmant polisson ; un désir inquiet et vague est le fond de son caractère. Il s'élance à la puberté, mais sans projet, sans connaissances, et tout entier à chaque événement ; enfin il est ce que toute mère, au fond du cœur, voudrait peut-être que fût son fils, quoiqu'elle dût beaucoup en souffrir.

Son riche vêtement, au premier et second acte, est celui d'un page de cour espagnol, blanc et brodé d'argent ; le léger manteau bleu sur l'épaule, et un chapeau chargé de plumes. Au quatrième acte il a le corset, la jupe et la toque des jeunes paysannes qui l'amènent. Au cinquième acte, un habit uniforme d'officier, une cocarde et une épée.

BARTHOLO. Le caractère et l'habit comme dans *le Barbier de Séville* ; il n'est ici qu'un rôle secondaire.

BASILE. Caractère et vêtement comme dans *le Barbier de Séville* ; il n'est aussi qu'un rôle secondaire.

BRID'OISON doit avoir cette bonne et franche assurance des bêtes qui n'ont plus leur timidité. Son bégayement n'est qu'une grâce de plus qui doit être à peine sentie, et l'acteur se tromperait lourdement et jouerait à contre-sens, s'il y cherchait le plaisant de son rôle. Il est tout entier dans l'opposition de la gravité de son état au ridicule du caractère ; et moins l'acteur le chargera, plus il montrera de vrai talent.

Son habit est une longue robe de juge espagnol, moins ample que celle de nos procureurs, presque une soutane ; une grosse perruque, une gonille, ou rabat espagnol au cou, et une longue baguette blanche à la main.

DOUBLE-MAIN. Vêtu comme le juge ; mais la baguette blanche plus courte.

L'HUISSIER ou ALGUAZIL. Habit, manteau, épée de Crispin, mais portée à son côté sans ceinture de cuir. Point de bottines, une chaussure noire, une perruque blanche naissante et longue à mille boucles, une courte baguette blanche.

GRIPPE-SOLEIL. Habit de paysan, les manches pendantes, veste de couleur tranchée, chapeau blanc.

UNE JEUNE BERGÈRE. Son vêtement comme celui de *Fanchette*.

PÉDRILLE. En veste, gilet, ceinture, fouet, et bottes de poste, une résille sur la tête, chapeau de courrier.

PERSONNAGES MUETS, les uns en habits de juges, d'autres en habits de paysans, les autres en habits de livrée.

Placement des acteurs.

Pour faciliter les jeux du théâtre, on a eu l'attention d'écrire au commencement de chaque scène le nom des personnages dans l'ordre où le spectateur les voit. S'ils font quelque mouvement grave dans la scène, il est désigné par un nouvel ordre de noms, écrit en note à l'instant qu'il arrive. Il est important de conserver les bonnes positions théâtrales ; le relâchement dans la tradition donnée par les premiers acteurs en produit bientôt un total dans le jeu des pièces, qui finit par assimiler les troupes négligentes aux plus faibles comédiens de société.

Lu et approuvé, le 25 janvier 1785.
BRET.

Vu l'approbation, permis d'imprimer, ce 31 janvier 1785.
LENOIR.

ACTE PREMIER

Le théâtre représente une chambre à demi démeublée ; un grand fauteuil de malade est au milieu. Figaro, avec une toise, mesure le plancher. Suzanne attache à sa tête, devant une glace, le petit bouquet de fleur d'orange, appelé chapeau de la mariée.

SCÈNE PREMIÈRE
FIGARO, SUZANNE.

FIGARO.
Dix-neuf pieds sur vingt-six.

SUZANNE.
Tiens, Figaro, voilà mon petit chapeau : le trouves-tu mieux ainsi ?

FIGARO, *lui prend les mains*.
Sans comparaison, ma charmante. Oh ! que ce joli bouquet virginal, élevé sur la tête d'une belle fille, est doux, le matin des noces, à l'œil amoureux d'un époux !...

SUZANNE, *se retire*.
Que mesures-tu donc là, mon fils ?

FIGARO.
Je regarde, ma petite Suzanne, si ce beau lit que monseigneur nous donne aura bonne grâce ici.

SUZANNE.
Dans cette chambre ?

FIGARO.
Il nous la cède.

SUZANNE.
Et moi je n'en veux point.

FIGARO.
Pourquoi?

SUZANNE.
Je n'en veux point.

FIGARO.
Mais encore?

SUZANNE.
Elle me déplaît.

FIGARO.
On dit une raison.

SUZANNE.
Si je n'en veux point dire?

FIGARO.
Oh! quand elles sont sûres de nous!...

SUZANNE.
Prouver que j'ai raison serait accorder que je puis avoir tort. Es-tu mon serviteur, ou non?

FIGARO.
Tu prends de l'humeur contre la chambre du château la plus commode, et qui tient le milieu des deux appartements. La nuit, si madame est incommodée, elle sonnera de son côté; zeste, en deux pas tu es chez elle. Monseigneur veut-il quelque chose? Il n'a qu'à tinter du sien; crac, en trois sauts me voilà rendu.

SUZANNE.
Fort bien! Mais quand il aura *tinté* le matin, pour te donner quelque bonne et longue commission; zeste, en deux pas il est à maporte, et crac en trois sauts...

FIGARO.
Qu'entendez-vous par ces paroles?

SUZANNE.
Il faudrait m'écouter tranquillement.

FIGARO.
Eh! qu'est-ce qu'il y a, bon Dieu?

SUZANNE.
Il y a, mon ami, que, las de courtiser les beautés des environs, monsieur le comte Almaviva veut rentrer au château, mais non pas chez sa femme; c'est sur la tienne, entends-tu, qu'il a jeté ses vues, auxquelles il espère que ce logement ne nuira pas. Et c'est ce que le loyal Basile, honnête agent de ses plaisirs, et mon noble maître à chanter, me répète chaque jour, en me donnant leçon.

FIGARO.
Basile! ô mon mignon, si jamais volée de bois vert, appliquée sur une échine, a dûment redressé la moelle épinière à quelqu'un...

SUZANNE.
Tu croyais, bon garçon, que cette dot qu'on me donne était pour les beaux yeux de ton mérite!

FIGARO.
J'avais assez fait pour l'espérer.

SUZANNE.
Que les gens d'esprit sont bêtes!

FIGARO.
On le dit.

SUZANNE.
Mais c'est qu'on ne veut pas le croire!

FIGARO.
On a tort.

SUZANNE.
Apprends qu'il la destine à obtenir de moi, secrètement, certain quart d'heure, seule à seule, qu'un ancien droit du seigneur... Tu sais s'il était triste!

FIGARO.
Je le sais tellement, que si monsieur le comte, en se mariant, n'eût pas aboli ce droit honteux, jamais je ne t'eusse épousée dans ses domaines.

SUZANNE.
Eh bien! s'il l'a détruit, il s'en repent; et c'est de ta fiancée qu'il veut le racheter en secret aujourd'hui.

FIGARO, se frottant la tête.
Ma tête s'amollit de surprise, et mon front fertilisé...

SUZANNE.
Ne la frotte donc pas!

FIGARO.
Quel danger?

SUZANNE, riant.
S'il y venait un petit bouton, des gens superstitieux...

FIGARO.
Tu ris, friponne! Ah! s'il y avait moyen d'attraper ce grand trompeur, de le faire donner dans un bon piége, et d'empocher son or!

SUZANNE.
De l'intrigue et de l'argent, te voilà dans ta sphère.

FIGARO.
Ce n'est pas la honte qui me retient.

SUZANNE.
La crainte?

FIGARO.
Ce n'est rien d'entreprendre une chose dangereuse, mais d'échapper au péril en la menant à bien : car d'entrer chez quelqu'un la nuit, de lui souffler sa femme et d'y recevoir cent coups de fouet pour la peine, il n'est rien plus aisé; mille sots coquins l'ont fait Mais... (On sonne dans l'intérieur.)

SUZANNE.
Voilà madame éveillée; elle m'a bien recommandé d'être la première à lui parler le matin de mes noces.

FIGARO.
Y a-t-il encore quelque chose là-dessous?

SUZANNE.
Le berger dit que cela porte bonheur aux épouses délaissées. Adieu, mon petit fi, fi, Figaro; rêve à notre affaire.

FIGARO.

Pour m'ouvrir l'esprit, donne un petit baiser.

SUZANNE.

A mon amant aujourd'hui? je t'en souhaite! Et qu'en dirait demain mon mari? (Figaro l'embrasse.)

SUZANNE.

Hé bien! hé bien!

FIGARO.

C'est que tu n'as pas d'idée de mon amour.

SUZANNE, se défrippant.

Quand cesserez-vous, importun, de m'en parler du matin au soir?

FIGARO, mystérieusement.

Quand je pourrai te le prouver du soir jusqu'au matin. (On sonne une seconde fois.)

SUZANNE, de loin, les doigts unis sur sa bouche.

Voilà votre baiser, monsieur; je n'ai plus rien à vous.

FIGARO, court après elle.

Oh! mais ce n'est pas ainsi que vous l'avez reçu.

SCÈNE II

FIGARO, seul.

La charmante fille! toujours riante, verdissante, pleine de gaieté, d'esprit, d'amour et de délices! mais sage!... (Il marche vivement en se frottant les mains.) Ah, monseigneur! mon cher monseigneur! vous voulez m'en donner... à garder! Je cherchais aussi pourquoi, m'ayant nommé concierge, il m'emmène à son ambassade, et m'établit courrier de dépêches. J'entends, monsieur le comte : trois promotions à la fois; vous, compagnon ministre; moi, casse-cou politique; et Suzon, dame du lieu, l'ambassadrice de poche; et puis fouette, courrier! Pendant que je galoperais d'un côté, vous feriez faire de l'autre à ma belle un joli chemin! Me crottant, m'échinant pour la gloire de votre famille; vous, daignant concourir à l'accroissement de la mienne! Quelle douce réciprocité! Mais, monseigneur, il y a de l'abus. Faire à Londres, en même temps, les affaires de votre maître et celles de votre valet! représenter à la fois le roi et moi dans une cour étrangère, c'est trop de moitié, c'est trop. — Pour toi, Basile, fripon mon cadet, je veux t'apprendre à clocher devant les boiteux; je veux... Non, dissimulons avec eux pour les enferrer l'un par l'autre. Attention sur la journée, monsieur Figaro! D'abord, avancer l'heure de votre petite fête, pour épouser plus sûrement; écarter une Marceline qui de vous est friande en diable : empocher l'or et les présents; donner le change aux petites passions de monsieur le comte; étriller rondement monsieur du Basile, et...

SCÈNE III

MARCELINE, BARTHOLO, FIGARO.

FIGARO s'interrompt.

.... Hé ééé, voilà le gros docteur, la fête sera complète. Hé, bonjour, cher docteur de mon cœur! Est-ce ma noce avec Suzon qui vous attire au château?

BARTHOLO, avec dédain.

Ah! mon cher monsieur, point du tout.

FIGARO.

Cela serait bien généreux!

BARTHOLO.

Certainement, et par trop sot.

FIGARO.

Moi qui eus le malheur de troubler la vôtre!

BARTHOLO.

Avez-vous autre chose à nous dire?

FIGARO.

On n'aura pas pris soin de votre mule!

BARTHOLO, en colère.

Bavard enragé, laissez-nous!

FIGARO.

Vous vous fâchez, docteur? Les gens de votre état sont bien durs! Pas plus de pitié des pauvres animaux, en vérité... que si c'étaient des hommes! Adieu, Marceline : avez-vous toujours envie de plaider contre moi?

Pour n'aimer pas, faut-il qu'on se haïsse?

Je m'en rapporte au docteur.

BARTHOLO.

Qu'est-ce que c'est?

FIGARO.

Elle vous le contera de reste. (Il sort.)

SCÈNE IV

MARCELINE, BARTHOLO.

BARTHOLO, le regarde aller.

Ce drôle est toujours le même! et, à moins qu'on ne l'écorche vif, je prédis qu'il mourra dans la peau du plus fier insolent...

MARCELINE, le retourne.

Enfin, vous voilà donc, éternel docteur, toujours si grave et compassé, qu'on pourrait mourir en attendant vos secours, comme on s'est marié jadis malgré vos précautions.

BARTHOLO.

Toujours amère et provocante! Eh bien, qui rend donc ma présence au château si nécessaire? Monsieur le comte a-t-il eu quelque accident?

MARCELINE.

Non, docteur.

BARTHOLO.

La Rosine, sa trompeuse comtesse, est-elle incommodée, Dieu merci?

MARCELINE.

Elle languit.

BARTHOLO.

Et de quoi?

MARCELINE.

Son mari la néglige.

BARTHOLO, avec joie.

Ah! le digne époux qui me venge!

MARCELINE.
On ne sait comment définir le comte ; il est jaloux et libertin.

BARTHOLO.
Libertin par ennui, jaloux par vanité ; cela va sans dire.

MARCELINE.
Aujourd'hui, par exemple, il marie notre Suzanne à son Figaro, qu'il comble en faveur de cette union...

BARTHOLO.
Que Son Excellence a rendue nécessaire ?

MARCELINE.
Pas tout à fait ; mais dont Son Excellence voudrait égayer en secret l'événement avec l'épousée...

BARTHOLO.
De M. Figaro ? C'est un marché qu'on peut conclure avec lui.

MARCELINE.
Basile assure que non.

BARTHOLO.
Cet autre maraud loge ici ? C'est une caverne ! Et qu'y fait-il ?

MARCELINE.
Tout le mal dont il est capable. Mais le pis que j'y trouve est cette ennuyeuse passion qu'il a pour moi depuis si longtemps.

BARTHOLO.
Je me serais débarrassé vingt fois de sa poursuite.

MARCELINE.
De quelle manière ?

BARTHOLO.
En l'épousant.

MARCELINE.
Railleur fade et cruel, que ne vous débarrassez-vous de la mienne à ce prix ? Ne le devez-vous pas ? Où est le souvenir de vos engagements ? Qu'est devenu celui de notre petit Emmanuel, ce fruit d'un amour oublié, qui devait nous conduire à des noces ?

BARTHOLO, ôtant son chapeau.
Est-ce pour écouter ces sornettes que vous m'avez fait venir de Séville, et cet accès d'hymen qui vous reprend si vif ?...

MARCELINE.
Eh bien, n'en parlons plus. Mais si rien n'a pu vous porter à la justice de m'épouser, aidez-moi donc du moins à en épouser un autre.

BARTHOLO.
Ah ! volontiers : parlons. Mais quel mortel abandonné du ciel et des femmes...

MARCELINE.
Eh ! qui pourrait-ce être, docteur, sinon le beau, le gai, l'aimable Figaro ?

BARTHOLO.
Ce fripon-là ?

MARCELINE.
Jamais fâché, toujours en belle humeur ; donnant le présent à la joie, et s'inquiétant de l'avenir tout aussi peu que du passé ; sémillant, généreux ! généreux..

BARTHOLO.
Comme un voleur.

MARCELINE.
Comme un seigneur ; charmant enfin : mais c'est le plus grand monstre !

BARTHOLO.
Et sa Suzanne !

MARCELINE.
Elle ne l'aurait pas, la rusée, si vous vouliez m'aider, mon petit docteur, à faire valoir un engagement que j'ai de lui.

BARTHOLO.
Le jour de son mariage ?

MARCELINE.
On en rompt de plus avancés : et si je ne craignais d'éventer un petit secret des femmes !...

BARTHOLO.
En ont-elles pour le médecin du corps ?

MARCELINE.
Ah ! vous savez que je n'en ai pas pour vous. Mon sexe est ardent, mais timide : un certain charme a beau nous attirer vers le plaisir, la femme la plus aventurée sent en elle une voix qui lui dit : Sois belle si tu peux, sage si tu veux ; mais sois considérée, il le faut. Or, puisqu'il faut être au moins considérée, que toute femme en sent l'importance, effrayons d'abord la Suzanne sur la divulgation des offres qu'on lui fait.

BARTHOLO.
Où cela mènera-t-il ?

MARCELINE.
Que, la honte la prenant au collet, elle continuera de refuser le comte, lequel, pour se venger, appuiera l'opposition que j'ai faite à son mariage ; alors le mien devient certain.

BARTHOLO.
Elle a raison. Parbleu ! c'est un bon tour que de faire épouser ma vieille gouvernante au coquin qui fit enlever ma jeune maîtresse.

MARCELINE, vite.
Et qui croit ajouter à ses plaisirs en trompant mes espérances.

BARTHOLO, vite.
Et qui m'a volé dans le temps cent écus que j'ai sur le cœur.

MARCELINE.
Ah ! quelle volupté !...

BARTHOLO.
De punir un scélérat...

MARCELINE.
De l'épouser, docteur, de l'épouser !

SCÈNE V

MARCELINE, BARTHOLO, SUZANNE.

SUZANNE, un bonnet de femme avec un large ruban dans la main, une robe de femme sur le bras.

L'épouser ! l'épouser ! Qui donc ? mon Figaro ?

MARCELINE, aigrement.

Pourquoi non ? Vous l'épousez bien !

BARTHOLO, riant.

Le bon argument de femme en colère ! Nous parlions, belle Suzon, du bonheur qu'il aura de vous posséder.

MARCELINE.

Sans compter monseigneur, dont on ne parle pas.

SUZANNE, une révérence.

Votre servante, madame ; il y a toujours quelque chose d'amer dans vos propos.

MARCELINE, une révérence.

Bien la vôtre, madame. Où donc est l'amertume ? n'est-il pas juste qu'un libéral seigneur partage un peu la joie qu'il procure à ses gens ?

SUZANNE.

Qu'il procure ?

MARCELINE.

Oui, madame.

SUZANNE.

Heureusement la jalousie de madame est aussi connue que ses droits sur Figaro sont légers.

MARCELINE.

On eût pu les rendre plus forts en les cimentant à la façon de madame.

SUZANNE.

Oh ! cette façon, madame, est celle des dames savantes.

MARCELINE.

Et l'enfant ne l'est pas du tout ! Innocente comme un vieux juge !

BARTHOLO, attirant Marceline.

Adieu, jolie fiancée de notre Figaro.

MARCELINE, une révérence.

L'accordée secrète de monseigneur.

SUZANNE, une révérence.

Qui vous estime beaucoup, madame.

MARCELINE, une révérence.

Me fera-t-elle aussi l'honneur de me chérir un peu, madame ?

SUZANNE, une révérence.

A cet égard, madame n'a rien à désirer.

MARCELINE, une révérence.

C'est une si jolie personne que madame !

SUZANNE, une révérence.

Eh ! mais assez pour désoler madame.

MARCELINE, une révérence.

Surtout bien respectable !

SUZANNE, une révérence.

C'est aux duègnes à l'être.

MARCELINE, outrée.

Aux duègnes ! aux duègnes !

BARTHOLO, l'arrêtant.

Marceline !

MARCELINE.

Allons ! docteur, car je n'y tiendrais pas. Bonjour, madame. (Une révérence.)

SCÈNE VI

SUZANNE, seule.

Allez, madame, allez, pédante ! Je crains aussi peu vos efforts que je méprise vos outrages. — Voyez cette vieille sibylle ! parce qu'elle a fait quelques études et tourmenté la jeunesse de madame, elle veut tout dominer au château ! (Elle jette la robe qu'elle tient sur une chaise.) Je ne sais plus ce que je venais prendre.

SCÈNE VII

SUZANNE, CHÉRUBIN.

CHÉRUBIN, accourant.

Ah ! Suzon ! depuis deux heures j'épie le moment de te trouver seule. Hélas ! tu te maries, et moi je vais partir.

SUZANNE.

Comment mon mariage éloigne-t-il du château le premier page de monseigneur ?

CHÉRUBIN, piteusement.

Suzanne, il me renvoie.

SUZANNE le contrefait.

Chérubin, quelque sottise !

CHÉRUBIN.

Il m'a trouvé hier au soir chez ta cousine Fanchette, à qui je faisais répéter son petit rôle d'innocente, pour la fête de ce soir : il s'est mis dans une fureur en me voyant ! — *Sortez*, m'a-t-il dit, *petit...* Je n'ose pas prononcer devant une femme le gros mot qu'il a dit : *sortez et demain vous ne coucherez pas au château*. Si madame, si ma belle marraine ne parvient pas à l'apaiser, c'est fait, Suzon ; je suis à jamais privé du bonheur de te voir.

SUZANNE.

De me voir ? moi ? c'est mon tour ! ce n'est donc plus pour ma maîtresse que vous soupirez en secret ?

CHÉRUBIN.

Ah ! Suzon, qu'elle est noble et belle ! mais qu'elle est imposante !

SUZANNE.

C'est-à-dire que je ne le suis pas, et qu'on peut oser avec moi...

CHÉRUBIN.

Tu sais trop bien, méchante, que je n'ose pas oser. Mais que tu es heureuse ! à tous moments la voir, lui parler, l'habiller le matin et la déshabiller le soir, épingle à épingle... Ah ! Suzon ! je donnerais... Qu'est-ce que tu tiens donc là ?

SUZANNE, raillant.

Hélas ! l'heureux bonnet et le fortuné ruban qui renferment la nuit les cheveux de cette belle marraine...

CHÉRUBIN, vivement.

Son ruban de nuit ! donne-le-moi, mon cœur.

SUZANNE, le retirant.

Eh que non pas ! — *Son cœur !* Comme il est familier donc! si ce n'était pas un morveux sans conséquence... (Chérubin arrache le ruban.) Ah! le ruban!

CHÉRUBIN tourne autour du grand fauteuil.

Tu diras qu'il est égaré, gâté; qu'il est perdu. Tu diras tout ce que tu voudras.

SUZANNE tourne après lui.

Oh! dans trois ou quatre ans, je prédis que vous serez le plus grand petit vaurien!... Rendez-vous le ruban?   (Elle veut le reprendre.)

CHÉRUBIN tire une romance de sa poche.

Laisse, ah! laisse-le-moi, Suzon; je te donnerai ma romance; et, pendant que le souvenir de ta belle maîtresse attristera tous mes moments, le tien y versera le seul rayon de joie qui puisse encore amuser mon cœur.

SUZANNE arrache la romance.

Amuser votre cœur, petit scélérat! vous croyez parler à votre Fanchette. On vous surprend chez elle, et vous soupirez pour madame; et vous m'en contez à moi, par-dessus le marché!

CHÉRUBIN, exalté.

Cela est vrai d'honneur! je ne sais plus ce que je suis; mais depuis quelque temps je sens ma poitrine agitée; mon cœur palpite au seul aspect d'une femme; les mots *amour* et *volupté* le font tressaillir et le troublent. Enfin le besoin de dire à quelqu'un : *Je vous aime*, est devenu pour moi si pressant, que je le dis tout seul, en courant dans le parc, à ta maîtresse, à toi, aux arbres, aux nuages, au vent qui les emporte avec mes paroles perdues. — Hier je rencontrai Marceline...

SUZANNE, riant.

Ah, ah, ah, ah!

CHÉRUBIN.

Pourquoi non? elle est femme! elle est fille! Une fille! une femme! ah, que ces noms sont doux! qu'ils sont intéressants!

SUZANNE.

Il devient fou!

CHÉRUBIN.

Fanchette est douce; elle m'écoute au moins : tu ne l'es pas, toi!

SUZANNE.

C'est bien dommage : écoutez donc monsieur! (Elle veut arracher le ruban.)

CHÉRUBIN tourne en fuyant.

Ah! ouiche! on ne l'aura, vois-tu, qu'avec ma vie. Mais si tu n'es pas contente du prix, j'y joindrai mille baisers. (Il lui donne chasse à son tour.)

SUZANNE tourne en fuyant.

Mille soufflets, si vous approchez. Je vais m'en plaindre à ma maîtresse; et, loin de supplier pour vous, je dirai moi-même à monseigneur : C'est bien fait, monseigneur; chassez-nous ce petit voleur; renvoyez à ses parents un petit mauvais sujet qui se donne les airs d'aimer madame, et qui veut toujours m'embrasser par contre-coup.

CHÉRUBIN voit le comte entrer; il se jette derrière le fauteuil avec effroi.

Je suis perdu.

SUZANNE.

Quelle frayeur!...

SCÈNE VIII

SUZANNE, LE COMTE, CHÉRUBIN caché.

SUZANNE aperçoit le Comte.

Ah!... (Elle s'approche du fauteuil pour masquer Chérubin.)

LE COMTE s'avance.

Tu es émue, Suzon! tu parlais seule, et ton petit cœur paraît dans une agitation... bien pardonnable, au reste, un jour comme celui-ci.

SUZANNE, troublée.

Monseigneur, que me voulez-vous? Si l'on vous trouvait avec moi...

LE COMTE.

Je serais désolé qu'on m'y surprit; mais tu sais tout l'intérêt que je prends à toi. Basile ne t'a pas laissé ignorer mon amour. Je n'ai qu'un instant pour t'expliquer mes vues; écoute.
(Il s'assied dans le fauteuil.)

SUZANNE, vivement.

Je n'écoute rien.

LE COMTE lui prend la main.

Un seul mot. Tu sais que le roi m'a nommé son ambassadeur à Londres. J'emmène avec moi Figaro; je lui donne un excellent poste; et comme le devoir d'une femme est de suivre son mari...

SUZANNE.

Ah! si j'osais parler!

LE COMTE la rapproche de lui.

Parle, parle, ma chère; use aujourd'hui d'un droit que tu prends sur moi pour la vie.

SUZANNE, effrayée.

Je n'en veux point, monseigneur, je n'en veux point! Quittez-moi, je vous prie.

LE COMTE.

Mais dis auparavant.

SUZANNE, en colère.

Je ne sais plus ce que je disais.

LE COMTE.

Sur le devoir des femmes.

SUZANNE.

Eh bien, lorsque monseigneur enleva la sienne de chez le docteur, et qu'il l'épousa par amour; lorsqu'il abolit pour elle un certain affreux droit du seigneur...

LE COMTE, gaîment.

Qui faisait bien de la peine aux filles!... Ah! Suzette! ce droit charmant! si tu venais en jaser sur la brune au jardin, je mettrais un tel prix à cette légère faveur.

BASILE parle en dehors.

Il n'est pas chez lui, monseigneur.

LE COMTE se lève.

Quelle est cette voix?

SUZANNE.

Que je suis malheureuse !

LE COMTE.

Sors, pour qu'on n'entre pas.

SUZANNE, troublée.

Que je vous laisse ici ?

BASILE crie en dehors.

Monseigneur était chez madame, il en est sorti : je vais voir.

LE COMTE.

Et pas un lieu pour se cacher ! Ah ! derrière ce fauteuil... assez mal ; mais renvoie-le bien vite.

(Suzanne lui barre le chemin ; il la pousse doucement, elle recule, et se met ainsi entre lui et le petit page : mais pendant que le Comte s'abaisse et prend sa place, Chérubin tourne, et se jette effrayé sur le fauteuil, à genoux, et s'y blottit. Suzanne prend la robe qu'elle apportait, en couvre le page, et se met devant le fauteuil.)

SCÈNE IX

LE COMTE ET CHÉRUBIN cachés, SUZANNE, BASILE.

BASILE.

N'auriez-vous pas vu monseigneur, mademoiselle ?

SUZANNE, brusquement.

Hé ! pourquoi l'aurais-je vu ? Laissez-moi.

BASILE s'approche.

Si vous étiez plus raisonnable, il n'y aurait rien d'étonnant à ma question. C'est Figaro qui le cherche.

SUZANNE.

Il cherche donc l'homme qui lui veut le plus de mal après vous ?

LE COMTE, à part.

Voyons un peu comme il me sert.

BASILE.

Désirer du bien à une femme, est-ce vouloir du mal à son mari ?

SUZANNE.

Non, dans vos affreux principes, agent de corruption !

BASILE.

Que vous demande-t-on ici que vous n'alliez prodiguer à un autre ? Grâce à la douce cérémonie, ce qu'on vous défendait hier, on vous le prescrira demain.

SUZANNE.

Indigne !

BASILE.

De toutes les choses sérieuses, le mariage étant la plus bouffonne, j'avais pensé...

SUZANNE, outrée.

Des horreurs !... Qui vous permet d'entrer ici ?

BASILE.

La, la, mauvaise ! Dieu vous apaise, il n'en sera que ce que vous voulez. Mais ne croyez pas non plus que je regarde M. Figaro comme l'obstacle qui nuit à monseigneur ; et, sans le petit page...

SUZANNE, timidement.

Don Chérubin

BASILE la contrefait.

Cherubino di amore, qui tourne autour de vous sans cesse, et qui ce matin encore rôdait ici pour y entrer, quand je vous ai quittée. Dites que cela n'est pas vrai ?

SUZANNE.

Quelle imposture ! Allez-vous-en, méchant homme !

BASILE.

On est un méchant homme, parce qu'on y voit clair. N'est-ce pas pour vous aussi cette romance dont il fait mystère ?

SUZANNE, en colère.

Ah ! oui, pour moi !

BASILE.

A moins qu'il ne l'ait composée pour madame ! En effet, quand il sert à table on dit qu'il la regarde avec des yeux !... Mais peste, qu'il ne s'y joue pas ; monseigneur est *brutal* sur l'article.

SUZANNE, outrée.

Et vous bien scélérat, d'aller semant de pareils bruits pour perdre un malheureux enfant tombé dans la disgrâce de son maître.

BASILE.

L'ai-je inventé ? Je le dis, parce que tout le monde en parle.

LE COMTE se lève.

Comment, tout le monde en parle !

SUZANNE*.

Ah ciel !

BASILE.

Ha ! ha !

LE COMTE.

Courez, Basile, et qu'on le chasse.

BASILE.

Ah ! que je suis fâché d'être entré !

SUZANNE, troublée.

Mon Dieu ! mon Dieu !

LE COMTE, à Basile.

Elle est saisie. Asseyons-la dans ce fauteuil.

SUZANNE le repousse vivement.

Je ne veux pas m'asseoir. Entrer ainsi librement, c'est indigne !

LE COMTE.

Nous sommes deux avec toi, ma chère. Il n'y a plus le moindre danger !

BASILE.

Moi, je suis désolé de m'être égayé sur le page, puisque vous l'entendiez ; je n'en usais ainsi que pour pénétrer ses sentiments ; car au fond...

LE COMTE.

Cinquante pistoles, un cheval, et qu'on le renvoie à ses parents.

BASILE.

Monseigneur, pour un badinage ?

LE COMTE.

Un petit libertin que j'ai surpris encore hier avec la fille du jardinier.

---

* Chérubin *dans le fauteuil*, le comte, Suzanne, Basile.

BASILE.
Avec Fanchette?
LE COMTE.
Et dans sa chambre.
SUZANNE, outrée.
Où monseigneur avait sans doute affaire aussi.
LE COMTE, gaiement.
J'en aime assez la remarque.
BASILE.
Elle est d'un bon augure.
LE COMTE, gaiement.
Mais non ; j'allais chercher ton oncle Antonio, mon ivrogne de jardinier, pour lui donner des ordres. Je frappe, on est longtemps à m'ouvrir ; ta cousine a l'air empêtré, je prends un soupçon, je lui parle, et, tout en causant, j'examine. Il y avait derrière la porte une espèce de rideau, de porte manteau, de je ne sais pas quoi, qui couvrait des hardes : sans faire semblant de rien, je vais doucement, doucement lever ce rideau... (Pour imiter le geste il lève la robe du fauteuil.) et je vois... (Il aperçoit le page.) Ah !...
BASILE *.
Ha! ha!
LE COMTE.
Ce tour-ci vaut l'autre.
BASILE.
Encore mieux.
LE COMTE, à Suzanne.
A merveille, mademoiselle : à peine fiancée, vous faites de ces apprêts? C'était pour recevoir mon page que vous désiriez d'être seule? Et vous, monsieur, qui ne changez point de conduite, il vous manquait de vous adresser, sans respect pour votre marraine, à sa première camériste, à la femme de votre ami! Mais je ne souffrirai pas que Figaro, qu'un homme que j'estime et que j'aime, soit victime d'une pareille tromperie. Était-il avec vous, Basile?
SUZANNE, outrée.
Il n'y a tromperie ni victime ; il était là lorsque vous me parliez.
LE COMTE, emporté.
Puisses-tu mentir en le disant! son plus cruel ennemi n'oserait lui souhaiter ce malheur.
SUZANNE.
Il me priait d'engager madame à vous demander sa grâce. Votre arrivée l'a si fort troublé, qu'il s'est masqué de ce fauteuil.
LE COMTE en colère.
Ruse d'enfer! je m'y suis assis en entrant.
CHÉRUBIN.
Hélas! monseigneur, j'étais tremblant derrière.
LE COMTE.
Autre fourberie! je viens de m'y placer moi-même.
CHÉRUBIN.
Pardon, mais c'est alors que je me suis blotti dedans.

Suzanne, Chérubin *dans le fauteuil,* le Comte, Basile.

LE COMTE, plus outré.
C'est donc une couleuvre que ce petit... serpent-là! il nous écoutait!
CHÉRUBIN.
Au contraire, monseigneur, j'ai fait ce que j'ai pu pour ne rien entendre.
LE COMTE.
O perfidie ! (A Suzanne.) Tu n'épouseras pas Figaro.
BASILE.
Contenez-vous, on vient.
LE COMTE tirant Chérubin du fauteuil et le mettant sur ses pieds.
Il resterait là devant toute la terre !

SCÈNE X

CHÉRUBIN, SUZANNE, FIGARO, LA COMTESSE, LE COMTE, FANCHETTE, BASILE.

(Beaucoup de valets, paysannes, paysans vêtus de blanc.)

FIGARO, tenant une toque de femme, garnie de plumes blanches et de rubans blancs, parle à la Comtesse.
Il n'y a que vous, madame, qui puissiez nous obtenir cette faveur.
LA COMTESSE.
Vous le voyez, monsieur le comte, il me suppose un crédit que je n'ai point ; mais comme leur demande n'est pas déraisonnable...
LE COMTE embarrassé.
Il faudrait qu'elle le fût beaucoup...
FIGARO, bas à Suzanne.
Soutiens bien mes efforts.
SUZANNE, bas, à Figaro.
Qui ne mèneront à rien.
FIGARO, bas.
Va toujours.
LE COMTE, à Figaro.
Que voulez-vous?
FIGARO.
Monseigneur, vos vassaux, touchés de l'abolition d'un certain droit fâcheux que votre amour pour madame...
LE COMTE.
Eh bien, ce droit n'existe plus : que veux-tu dire?
FIGARO, malignement.
Qu'il est bien temps que la vertu d'un si bon maître éclate ! Elle m'est d'un tel avantage aujourd'hui, que je désire être le premier à la célébrer à mes noces.
LE COMTE, plus embarrassé.
Tu te moques, ami! l'abolition d'un droit honteux n'est que l'acquit d'une dette envers l'honnêteté. Un Espagnol peut vouloir conquérir la beauté par des soins; mais en exiger le premier, le plus doux emploi, comme une servile redevance, ah! c'est la tyrannie d'un Vandale, et non le droit avoué d'un noble Castillan.
FIGARO, tenant Suzanne par la main.
Permettez donc que cette jeune créature, de qui votre sagesse a préservé l'honneur, reçoive de votre

main publiquement la toque virginale, ornée de plumes et de rubans blancs, symbole de la pureté de vos intentions : adoptez-en la cérémonie pour tous les mariages, et qu'un quatrain chanté en chœur rappelle à jamais le souvenir...

LE COMTE, embarrassé.

Si je ne savais pas qu'amoureux, poëte et musicien, sont trois titres d'indulgence pour toutes les folies...

FIGARO.

Joignez-vous à moi, mes amis!

TOUS ENSEMBLE.

Monseigneur! monseigneur!

SUZANNE, au Comte.

Pourquoi fuir un éloge que vous méritez si bien?

LE COMTE, à part.

La perfide!

FIGARO.

Regardez-la donc, monseigneur; jamais plus jolie fiancée ne montrera mieux la grandeur de votre sacrifice.

SUZANNE.

Laissez là ma figure et ne vantons que sa vertu.

LE COMTE, à part.

C'est un jeu que tout ceci.

LA COMTESSE.

Je me joins à eux, monsieur le comte; et cette cérémonie me sera toujours chère, puisqu'elle doit son motif à l'amour charmant que vous aviez pour moi.

LE COMTE.

Que j'ai toujours, madame; et c'est à ce titre que je me rends.

TOUS ENSEMBLE.

Vivat!

LE COMTE à part.

Je suis pris. (Haut.) Pour que la cérémonie eût un peu plus d'éclat, je voudrais seulement qu'on la remit à tantôt. (A part.) Faisons vite chercher Marceline.

FIGARO, à Chérubin.

Eh bien, espiègle, vous n'applaudissez pas?

SUZANNE.

Il est au désespoir! monseigneur le renvoie.

LA COMTESSE.

Ah! monsieur, je demande sa grâce.

LE COMTE.

Il ne la mérite point.

LA COMTESSE.

Hélas, il est si jeune!

LE COMTE.

Pas tant que vous le croyez.

CHÉRUBIN, tremblant.

Pardonner généreusement n'est pas le droit du seigneur auquel vous avez renoncé en épousant madame.

LA COMTESSE.

Il n'a renoncé qu'à celui qui vous affligeait tous.

SUZANNE.

Si monseigneur avait cédé le droit de pardonner, ce serait sûrement le premier qu'il voudrait racheter en secret.

LE COMTE, embarrassé.

Sans doute.

LA COMTESSE.

Et pourquoi le racheter?

CHÉRUBIN, au Comte.

Je fus léger dans ma conduite, il est vrai, monseigneur; mais jamais la moindre indiscrétion dans mes paroles...

LE COMTE, embarrassé.

Eh bien, c'est assez...

FIGARO.

Qu'entend-il?

LE COMTE, vivement.

C'est assez, c'est assez; tout le monde exige son pardon, je l'accorde, et j'irai plus loin. Je lui donne une compagnie dans ma légion.

TOUS ENSEMBLE.

Vivat!

LE COMTE.

Mais c'est à condition qu'il partira sur-le-champ, pour joindre en Catalogne.

FIGARO.

Ah! monseigneur, demain.

LE COMTE, insiste.

Je le veux.

CHÉRUBIN.

J'obéis.

LE COMTE.

Saluez votre marraine, et demandez sa protection.

(Chérubin met un genou en terre devant la Comtesse, et ne peut parler.)

LA COMTESSE, émue.

Puisqu'on ne peut vous garder seulement aujourd'hui, partez, jeune homme. Un nouvel état vous appelle; allez le remplir dignement. Honorez votre bienfaiteur. Souvenez-vous de cette maison, où votre jeunesse a trouvé tant d'indulgence. Soyez soumis, honnête et brave; nous prendrons part à vos succès. (Chérubin se relève, et retourne à sa place.)

LE COMTE.

Vous êtes bien émue, madame!

LA COMTESSE.

Je ne m'en défends pas. Qui sait le sort d'un enfant jeté dans une carrière aussi dangereuse! Il est allié de mes parents; et, de plus, il est mon filleul.

LE COMTE, à part.

Je vois que Basile avait raison. (Haut.) Jeune homme, embrassez Suzanne... pour la dernière fois.

FIGARO.

Pourquoi cela, monseigneur? Il viendra passer ses hivers. Baise-moi donc aussi, capitaine! (Il l'embrasse.) Adieu, mon petit Chérubin. Tu vas mener un train de vie bien différent, mon enfant : dame! tu ne rôderas plus tout le jour au quartier des femmes; plus d'échaudés, de goûtés à la crème; plus de main-chaude, ou de colin-maillard. De bons soldats, morbleu! basanés, mal vêtus; un grand fusil bien lourd : tourne à droite, tourne à gauche, en avant, marche à la gloire; et ne va pas broncher en chemin; à moins qu'un bon coup de feu...

SUZANNE.
Fi donc, l'horreur !

LA COMTESSE.
Quel pronostic ?

LE COMTE.
Où donc est Marceline ? Il est bien singulier qu'elle ne soit pas des vôtres.

FANCHETTE.
Monseigneur, elle a pris le chemin du bourg, par le petit sentier de la ferme.

LE COMTE.
Et elle en reviendra?...

BASILE.
Quand il plaira à Dieu.

FIGARO.
S'il lui plaisait qu'il ne lui plût jamais !...

FANCHETTE.
Monsieur le docteur lui donnait le bras.

LE COMTE, vivement.
Le docteur est ici !

BASILE.
Elle s'en est d'abord emparée.

LE COMTE, à part.
Il ne pouvait venir plus à propos.

FANCHETTE.
Elle avait l'air bien échauffé ; elle parlait tout haut en marchant, puis elle s'arrêtait, et faisait comme ça de grands bras... et monsieur le docteur lui faisait comme ça de la main, en l'apaisant. Elle paraissait si courroucée ! elle nommait mon cousin Figaro.

LE COMTE lui prend le menton.
Cousin... futur.

FANCHETTE, montrant Chérubin.
Monseigneur, nous avez-vous pardonné d'hier ?

LE COMTE interrompt.
Bonjour, bonjour, petite.

FIGARO.
C'est son chien d'amour qui la berce ; elle aurait troublé notre fête.

LE COMTE, à part.
Elle la troublera, je t'en réponds. (Haut.) Allons, madame, entrons. Basile, vous passerez chez moi.

SUZANNE, à Figaro.
Tu me rejoindras, mon fils?

FIGARO, bas à Suzanne.
Est-il bien enfilé ?

SUZANNE, bas.
Charmant garçon !   (Ils sortent tous.)

SCÈNE XI
CHÉRUBIN, FIGARO, BASILE.
(Pendant qu'on sort, Figaro les arrête tous deux et les ramène.)

FIGARO.
Ah ! çà, vous autres, la cérémonie adoptée, ma fête de ce soir en est la suite ; il faut bravement nous recorder : ne faisons point comme ces acteurs qui ne jouent jamais si mal que le jour où la critique est le plus éveillée. Nous n'avons point de lendemain qui nous excuse, nous. Sachons bien nos rôles aujourd'hui.

BASILE, malignement.
Le mien est plus difficile que tu ne crois.

FIGARO, faisant, sans qu'il le voie, le geste de le rosser.
Tu es loin aussi de savoir tout le succès qu'il te vaudra.

CHÉRUBIN.
Mon ami, tu oublies que je pars.

FIGARO.
Et toi, tu voudrais bien rester !

CHÉRUBIN.
Ah ! si je le voudrais !

FIGARO.
Il faut ruser. Point de murmure à ton départ. Le manteau de voyage à l'épaule ; arrange ouvertement ta trousse, et qu'on voie ton cheval à la grille ; un temps de galop jusqu'à la ferme ; reviens à pied par les derrières ; monseigneur te croira parti ; tiens-toi seulement hors de sa vue ; je me charge de l'apaiser après la fête.

CHÉRUBIN.
Mais Fanchette qui ne sait pas son rôle !

BASILE.
Que diable lui apprenez-vous donc, depuis huit jours que vous ne la quittez pas ?

FIGARO.
Tu n'as rien à faire aujourd'hui, donne-lui par grâce une leçon.

BASILE.
Prenez garde, jeune homme, prenez garde ! le père n'est pas satisfait ; la fille a été soufflétée ; elle n'étudie pas avec vous : Chérubin ! Chérubin ! vous lui causerez des chagrins ! *Tant va la cruche à l'eau...*

FIGARO.
Ah ! voilà notre imbécile avec ses vieux proverbes ! Eh bien, pédant ! que dit la sagesse des nations ? *Tant va la cruche à l'eau, qu'à la fin...*

BASILE.
Elle s'emplit.

FIGARO, en s'en allant.
Pas si bête, pourtant, pas si bête !

ACTE SECOND

Le théâtre représente une chambre à coucher superbe, un grand lit en alcôve, une estrade au-devant. La porte pour entrer s'ouvre et se ferme à la troisième coulisse à droite; celle d'un cabinet, à la première coulisse à gauche. Une porte, dans le fond, va chez les femmes. Une fenêtre s'ouvre de l'autre côté.

SCÈNE PREMIÈRE

SUZANNE, LA COMTESSE entre par la porte à droite.

LA COMTESSE se jette dans une bergère.
Ferme la porte, Suzanne, et conte-moi tout dans le plus grand détail.

SUZANNE.
Je n'ai rien caché à madame.

LA COMTESSE.
Quoi ! Suzon, il voulait te séduire ?

SUZANNE.
Oh que non ! monseigneur n'y met pas tant de façon avec sa servante : il voulait m'acheter.

LA COMTESSE.
Et le petit page était présent ?

SUZANNE.
C'est-à-dire, caché derrière le grand fauteuil. Il venait me prier de vous demander sa grâce.

LA COMTESSE.
Hé ! pourquoi ne pas s'adresser à moi-même ? Est-ce que je l'aurais refusé, Suzon ?

SUZANNE.
C'est ce que j'ai dit : mais ses regrets de partir, et surtout de quitter madame ! *Ah ! Suzon, qu'elle est noble et belle ! mais qu'elle est imposante !*

LA COMTESSE.
Est-ce que j'ai cet air-là, Suzon ? moi qui l'ai toujours protégé.

SUZANNE.
Puis il a vu votre ruban de nuit que je tenais ; il s'est jeté dessus...

LA COMTESSE, souriant.
Mon ruban ?... Quelle enfance !

SUZANNE.
J'ai voulu le lui ôter : madame, c'était un lion ; ses yeux brillaient... Tu ne l'auras qu'avec ma vie, disait-il en forçant sa petite voix douce et grêle.

LA COMTESSE, rêvant.
Eh bien, Suzon ?

SUZANNE.
Eh bien, madame, est-ce qu'on peut faire finir ce petit démon-là ! Ma marraine par-ci ; je voudrais bien par l'autre : et parce qu'il n'oserait seulement baiser la robe de madame, il voudrait toujours m'embrasser, moi.

LA COMTESSE, rêvant.
Laissons... laissons ces folies... Enfin, ma pauvre Suzanne, mon époux a fini par te dire...

SUZANNE.
Que si je ne voulais pas l'entendre, il allait protéger Marceline.

LA COMTESSE se lève et se promène, en se servant fortement de l'éventail.
Il ne m'aime plus du tout.

SUZANNE.
Pourquoi tant de jalousie ?

LA COMTESSE.
Comme tous les maris, ma chère ! uniquement par orgueil. Ah ! je l'ai trop aimé ; je l'ai lassé de mes tendresses et fatigué de mon amour ; voilà mon seul tort avec lui : mais je n'entends pas que cet honnête aveu te nuise, et tu épouseras Figaro. Lui seul peut nous y aider : viendra-t-il ?

SUZANNE.
Dès qu'il verra partir la chasse.

LA COMTESSE, se servant de l'éventail.
Ouvre un peu la croisée sur le jardin. Il fait une chaleur ici !...

SUZANNE.
C'est que madame parle et marche avec action. (Elle va ouvrir la croisée du fond.)

LA COMTESSE, rêvant longtemps.
Sans cette constance à me fuir... Les hommes sont bien coupables !

SUZANNE crie, de la fenêtre :
Ah ! voilà monseigneur qui traverse à cheval le grand potager, suivi de Pédrille, avec deux, trois, quatre lévriers.

LA COMTESSE.
Nous avons du temps devant nous. (Elle s'assied.) On frappe, Suzon !

SUZANNE court ouvrir en chantant.
Ah ! c'est mon Figaro ! ah ! c'est mon Figaro !

SCÈNE II

FIGARO, SUZANNE ; LA COMTESSE, assise.

SUZANNE.
Mon cher ami, viens donc. Madame est dans une impatience !...

FIGARO.
Et toi, ma petite Suzanne ? — Madame n'en doit prendre aucune. Au fait, de quoi s'agit-il ? d'une misère. Monsieur le comte trouve notre jeune femme aimable, il voudrait en faire sa maîtresse ; et c'est bien naturel.

SUZANNE.
Naturel ?

FIGARO.
Puis il m'a nommé courrier de dépêches, et Suzon conseiller d'ambassade. Il n'y a pas là d'étourderie.

SUZANNE.
Tu finiras ?

FIGARO.
Et parce que Suzanne, ma fiancée, n'accepte pas le diplôme, il va favoriser les vues de Marceline ; quoi de plus simple encore ? Se venger de ceux qui nuisent à nos projets en renversant les leurs, c'est ce que chacun fait, ce que nous allons faire nous-mêmes. Eh bien, voilà tout, pourtant.

LA COMTESSE.
Pouvez-vous, Figaro, traiter si légèrement un dessein qui nous coûte à tous le bonheur ?

FIGARO.
Qui dit cela, madame ?

SUZANNE.
Au lieu de t'affliger de nos chagrins...

FIGARO.
N'est-ce pas assez que je m'en occupe ? Or, pour agir aussi méthodiquement que lui, tempérons d'abord

son ardeur de nos possessions, en l'inquiétant sur les siennes.

LA COMTESSE.
C'est bien dit; mais comment?

FIGARO.
C'est déjà fait, madame; un faux avis donné sur vous...

LA COMTESSE.
Sur moi! la tête vous tourne.

FIGARO.
Oh! c'est à lui qu'elle doit tourner.

LA COMTESSE.
Un homme aussi jaloux!...

FIGARO.
Tant mieux : pour tirer parti des gens de ce caractère, il ne faut qu'un peu leur fouetter le sang : c'est ce que les femmes entendent si bien! Puis, les tient-on fâchés tout rouge, avec un brin d'intrigue on les mène où l'on veut, par le nez, dans le Guadalquivir. Je vous ai fait rendre à Basile un billet inconnu, lequel avertit monseigneur qu'un galant doit chercher à vous voir aujourd'hui pendant le bal.

LA COMTESSE.
Et vous vous jouez ainsi de la vérité sur le compte d'une femme d'honneur!...

FIGARO.
Il y en a peu, madame, avec qui je l'eusse osé, crainte de rencontrer juste.

LA COMTESSE.
Il faudra que je l'en remercie!

FIGARO.
Mais dites-moi s'il n'est pas charmant de lui avoir taillé ses morceaux dans la journée, de façon qu'il passe à rôder, à jurer après sa dame, le temps qu'il destinait à se complaire avec la nôtre! Il est déjà tout dérouté : galopera-t-il celle-ci? surveillera-t-il celle-là? Dans son trouble d'esprit, tenez, tenez, le voilà qui court la plaine, et force un lièvre qui n'en peut mais. L'heure du mariage arrive en poste ; il n'aura pas pris de parti contre, et jamais il n'osera s'y opposer devant madame.

SUZANNE.
Non; mais Marceline, le bel esprit, osera le faire, elle.

FIGARO.
Brrrr. Cela m'inquiète bien, ma foi! Tu feras dire à monseigneur que tu te rendras sur la brune au jardin.

SUZANNE.
Tu comptes sur celui-là?

FIGARO.
Oh dame! écoutez-donc ; les gens qui ne veulent rien faire de rien n'avancent rien, et ne sont bons à rien. Voilà mon mot.

SUZANNE.
Il est joli!

LA COMTESSE.
Comme son idée : vous consentiriez qu'elle s'y rendit?

FIGARO
Point du tout. Je fais endosser un habit de Suzanne à quelqu'un : surpris par nous au rendez-vous, le comte pourra-t-il s'en dédire?

SUZANNE,
A qui mes habits?

FIGARO.
Chérubin.

LA COMTESSE.
Il est parti.

FIGARO.
Non pas pour moi! veut-on me laisser faire?

SUZANNE.
On peut s'en fier à lui pour mener une intrigue.

FIGARO.
Deux, trois, quatre à la fois ; bien embrouillées, qui se croisent. J'étais né pour être courtisan.

SUZANNE.
On dit que c'est un métier si difficile!

FIGARO.
Recevoir, prendre et demander : voilà le secret en trois mots.

LA COMTESSE.
Il a tant d'assurance, qu'il finit par m'en inspirer.

FIGARO.
C'est mon dessein.

SUZANNE.
Tu disais donc?...

FIGARO.
Que, pendant l'absence de monseigneur, je vais vous envoyer le Chérubin ; coiffez-le, habillez-le ; je le renferme et l'endoctrine ; et puis dansez, monseigneur. (Il sort.)

SCÈNE III

SUZANNE; LA COMTESSE, assise.

LA COMTESSE, tenant sa boîte à mouches.
Mon Dieu, Suzon, comme je suis faite!... ce jeune homme qui va venir!...

SUZANNE.
Madame ne veut donc pas qu'il en réchappe?

LA COMTESSE rêve devant sa petite glace.
Moi?... tu verras comme je vais le gronder.

SUZANNE.
Faisons-lui chanter sa romance. (Elle la met sur la Comtesse.)

LA COMTESSE.
Mais c'est qu'en vérité mes cheveux sont dans un désordre...

SUZANNE, riant.
Je n'ai qu'à reprendre ces deux boucles, madame le grondera bien mieux.

LA COMTESSE, revenant à elle.
Qu'est-ce que vous dites donc, mademoiselle?

SCÈNE IV

CHÉRUBIN, l'air honteux; SUZANNE, LA COMTESSE, assise.

SUZANNE.

Entrez, monsieur l'officier; on est visible.

CHÉRUBIN avance en tremblant.

Ah! que ce nom m'afflige, madame! Il m'apprend qu'il faut quitter des lieux... une marraine si... bonne!...

SUZANNE.

Et si belle!

CHÉRUBIN, avec un soupir.

Ah! oui.

SUZANNE le contrefait.

Ah! oui. Le bon jeune homme avec ses longues paupières hypocrites! Allons, bel oiseau bleu, chantez la romance à madame.

LA COMTESSE la déplie.

De qui... dit-on qu'elle est?

SUZANNE.

Voyez la rougeur du coupable : en a-t-il un pied sur les joues!

CHÉRUBIN.

Est-ce qu'il est défendu... de chérir?...

SUZANNE lui met le poing sous le nez.

Je dirai tout, vaurien!

LA COMTESSE.

La... chante-t-il?

CHÉRUBIN.

Oh! madame, je suis si tremblant!...

SUZANNE, en riant.

Et gniam, gniam, gniam, gniam, gniam, gniam, gniam; dès que madame le veut, modeste auteur! je vais l'accompagner.

LA COMTESSE.

Prends ma guitare.

(La Comtesse assise, tient le papier pour suivre. Suzanne est derrière son fauteuil, et prélude en regardant la musique par-dessus sa maîtresse. Le petit page est devant elle, les yeux baissés Ce tableau est juste la belle estampe d'après Vanloo, appelée la *Conversation espagnole*.)

ROMANCE *.

AIR : *Malbroug s'en va-t-en guerre*.

PREMIER COUPLET.

Mon coursier hors d'haleine
(Que mon cœur, mon cœur a de peine!)
J'errais de plaine en plaine,
Au gré du destrier.

DEUXIÈME COUPLET.

Au gré du destrier,
Sans varlet, n'écuyer;
** Là, près d'une fontaine,
(Que mon cœur, mon cœur a de peine!)
Songeant à ma marraine,
Sentais mes pleurs couler.

TROISIÈME COUPLET.

Sentais mes pleurs couler.
Prêt à me désoler.
Je gravai sur un frêne
(Que mon cœur, mon cœur a de peine!)
Sa lettre sans la mienne.
Le roi vint à passer.

QUATRIÈME COUPLET.

Le roi vint à passer,
Ses barons, son clergier.
Beau page, dit la reine
(Que mon cœur, mon cœur a de peine!)
Qui vous met à la gêne?
Qui vous fait tant plorer?

CINQUIÈME COUPLET.

Qui vous fait tant plorer?
Nous faut le déclarer.
Madame et souveraine
(Que mon cœur, mon cœur a de peine!)
J'avais une marraine,
Que toujours adorai. *

SIXIÈME COUPLET.

Que toujours adorai;
Je sens que j'en mourrai.
Beau page, dit la reine
(Que mon cœur, mon cœur a de peine!)
N'est-il qu'une marraine?
Je vous en servirai.

SEPTIÈME COUPLET.

Je vous en servirai;
Mon page vous ferai;
Puis à ma jeune Hélène
(Que mon cœur, mon cœur a de peine!)
Fille d'un capitaine,
Un jour vous marierai.

HUITIÈME COUPLET.

Un jour vous marierai. —
Nenni, n'en faut parler!
Je veux, traînant ma chaîne
(Que mon cœur, mon cœur a de peine!)
Mourir de cette peine,
Mais non m'en consoler.

LA COMTESSE.

Il y a de la naïveté... du sentiment même.

SUZANNE va poser la guitare sur un fauteuil **.

Oh! pour du sentiment, c'est un jeune homme qui... Ah! çà, monsieur l'officier, vous a-t-on dit que pour égayer la soirée, nous voulons savoir d'avance si un de mes habits vous ira passablement?

LA COMTESSE.

J'ai peur que non.

SUZANNE se mesure avec lui.

Il est de ma grandeur. Ôtons d'abord le manteau. (Elle le détache.)

LA COMTESSE.

Et si quelqu'un entrait?

SUZANNE.

Est-ce que nous faisons du mal donc? Je vais fermer la porte. (Elle court.) Mais c'est la coiffure que je veux voir.

LA COMTESSE.

Sur ma toilette, une baigneuse à moi. (Suzanne entre dans le cabinet dont la porte est au bord du théâtre.)

---

* Chérubin, la Comtesse, Suzanne.
** Au spectacle, on a commencé la romance à ce vers, en disant : *Auprès d'une fontaine*, etc.

* Ici la Comtesse arrête le page en fermant le papier. Le reste ne se chante pas au théâtre.
** Chérubin, Suzanne, la Comtesse.

SCÈNE V

CHÉRUBIN; LA COMTESSE, assise.

LA COMTESSE.

Jusqu'à l'instant du bal, le comte ignorera que vous soyez au château. Nous lui dirons après que le temps d'expédier votre brevet nous a fait naître l'idée...

CHÉRUBIN, le lui montrant.

Hélas! madame, le voici; Basile me l'a remis de sa part.

LA COMTESSE.

Déjà? l'on a craint d'y perdre une minute. (Elle lit.) Ils se sont tant pressés, qu'ils ont oublié d'y mettre son cachet. (Elle le lui rend.)

SCÈNE VI

CHÉRUBIN, LA COMTESSE, SUZANNE.

SUZANNE entre avec un grand bonnet.

Le cachet; à quoi?

LA COMTESSE.

A son brevet.

SUZANNE.

Déjà?

LA COMTESSE.

C'est ce que je disais. Est-ce là ma baigneuse?

SUZANNE s'assied près de la Comtesse *.

Et la plus belle de toutes. (Elle chante avec des épingles dans sa bouche.)

*Tournez-vous donc envers ici,
Jean de Lyra, mon bel ami.*

(Chérubin se met à genoux; elle le coiffe.)

Madame, il est charmant!

LA COMTESSE.

Arrange son collet d'un air un peu plus féminin.

SUZANNE l'arrange.

La... mais voyez donc ce morveux, comme il est joli en fille! j'en suis jalouse, moi! (Elle lui prend le menton.) Voulez-vous bien n'être pas joli comme ça?

LA COMTESSE.

Qu'elle est folle! Il faut relever la manche, afin que l'amadis prenne mieux... (Elle le retrousse.) Qu'est-ce qu'il a donc au bras? Un ruban?

SUZANNE.

Et un ruban à vous. Je suis bien aise que madame l'ait vu. Je lui avais dit que je le dirais, déjà! Oh! si monseigneur n'était pas venu, j'aurais bien repris le ruban; car je suis presque aussi forte que lui.

LA COMTESSE.

Il y a du sang! (Elle détache le ruban.)

CHÉRUBIN, honteux.

Ce matin, comptant partir, j'arrangeais la gourmette de mon cheval: il a donné de la tête, et la bossette m'a effleuré le bras.

LA COMTESSE.

On n'a jamais mis un ruban...

* Chérubin, Suzanne, la Comtesse.

SUZANNE.

Et surtout un ruban volé. — Voyez donc ce que la bossette... la courbette... la cornette du cheval... je n'entends rien à tous ces noms-là... — Ah! qu'il a le bras blanc! c'est comme une femme! plus blanc que le mien! Regardez donc madame! (Elle les compare.)

LA COMTESSE, d'un ton glacé.

Occupez-vous plutôt de m'avoir du taffetas gommé dans ma toilette. (Suzanne lui pousse la tête en riant; il tombe sur les deux mains. Elle entre dans le cabinet au bord du théâtre.)

SCÈNE VII

CHÉRUBIN, à genoux; LA COMTESSE, assise.

LA COMTESSE, reste un moment sans parler, les yeux sur son ruban. Chérubin la dévore de ses regards.

Pour mon ruban, monsieur... comme c'est celui dont la couleur m'agrée le plus... j'étais fort en colère de l'avoir perdu.

SCÈNE VIII

CHÉRUBIN, à genoux; LA COMTESSE, assise; SUZANNE.

SUZANNE, revenant.

Et la ligature à son bras? (Elle remet à la Comtesse du taffetas gommé et des ciseaux.)

LA COMTESSE.

En allant lui chercher tes hardes, prends le ruban d'un autre bonnet. (Suzanne sort par la porte du fond, en emportant le manteau du page.)

SCÈNE IX

CHÉRUBIN, à genoux, LA COMTESSE, assise.

CHÉRUBIN, les yeux baissés.

Celui qui m'est ôté m'aurait guéri en moins de rien.

LA COMTESSE.

Par quelle vertu? (Lui montrant le taffetas.) Ceci vaut mieux.

CHÉRUBIN, hésitant.

Quand un ruban... a serré la tête... ou touché la peau d'une personne...

LA COMTESSE, coupant la phrase.

... Étrangère, il devient bon pour les blessures? J'ignorais cette propriété. Pour l'éprouver, je garde celui-ci qui vous a serré le bras. A la première égratignure... de mes femmes, j'en ferai l'essai.

CHÉRUBIN, pénétré.

Vous le gardez, et moi je pars!

LA COMTESSE.

Non pour toujours.

CHÉRUBIN.

Je suis si malheureux!

LA COMTESSE, émue.

Il pleure à présent! C'est ce vilain Figaro avec son pronostic!

CHÉRUBIN, exalté.

Ah ! je voudrais toucher au terme qu'il m'a prédit ! Sûr de mourir à l'instant, peut-être ma bouche oserait...

LA COMTESSE l'interrompt, et lui essuie les yeux avec son mouchoir.

Taisez-vous, taisez-vous, enfant. Il n'y a pas un brin de raison dans tout ce que vous dites. (On frappe à la porte, elle élève la voix.) Qui frappe ainsi chez moi ?

SCÈNE X

CHÉRUBIN, LA COMTESSE ; LE COMTE, en dehors.

LE COMTE, en dehors.

Pourquoi donc enfermée ?

LA COMTESSE, troublée, se lève.

C'est mon époux ! grands dieux !... (A Chérubin qui s'est levé aussi.) Vous sans manteau, le col et les bras nus ! seul avec moi ! cet air de désordre, un billet reçu, sa jalousie !...

LE COMTE, en dehors.

Vous n'ouvrez pas ?

LA COMTESSE.

C'est que... je suis seule.

LE COMTE, en dehors.

Seule ! avec qui parlez-vous donc ?

LA COMTESSE, cherchant.

... Avec vous sans doute.

CHÉRUBIN, à part.

Après les scènes d'hier et de ce matin, il me tuerait sur place !

(Il court vers le cabinet de toilette, y entre et tire la porte sur lui.)

SCÈNE XI

LA COMTESSE, seule, en ôte la clef, et court ouvrir au comte.

Ah ! quelle faute ! quelle faute !

SCÈNE XII

LE COMTE, LA COMTESSE.

LE COMTE, un peu sévère.

Vous n'êtes pas dans l'usage de vous enfermer !

LA COMTESSE, troublée.

Je... je chiffonnais... oui, je chiffonnais avec Suzanne ; elle est passée un moment chez elle.

LE COMTE, l'examine.

Vous avez l'air et le ton bien altérés !

LA COMTESSE.

Cela n'est pas étonnant... pas étonnant du tout... je vous assure... Nous parlions de vous... elle est passée, comme je vous dis...

LE COMTE.

Vous parliez de moi !... Je suis ramené par l'inquiétude : en montant à cheval, un billet qu'on m'a remis, mais auquel je n'ajoute aucune foi, m'a... pourtant agité.

LA COMTESSE.

Comment, monsieur ?... quel billet ?

LE COMTE.

Il faut avouer, madame, que vous ou moi sommes entourés d'êtres... bien méchants ! On me donne avis que, dans la journée, quelqu'un que je crois absent doit chercher à vous entretenir.

LA COMTESSE.

Quel que soit cet audacieux, il faudra qu'il pénètre ici ; car mon projet est de ne pas quitter ma chambre de tout le jour.

LE COMTE.

Ce soir pour la noce de Suzanne ?

LA COMTESSE.

Pour rien au monde ; je suis très-incommodée.

LE COMTE.

Heureusement le docteur est ici. (Le page fait tomber une chaise dans le cabinet.) Quel bruit entends-je ?

LA COMTESSE, plus troublée.

Du bruit ?

LE COMTE.

On a fait tomber un meuble.

LA COMTESSE.

Je... je n'ai rien entendu, pour moi.

LE COMTE.

Il faut que vous soyez furieusement préoccupée !

LA COMTESSE.

Préoccupée ! de quoi ?

LE COMTE.

Il y a quelqu'un dans ce cabinet, madame.

LA COMTESSE.

Hé... qui voulez-vous qu'il y ait, monsieur !

LE COMTE.

C'est moi qui vous le demande ; j'arrive.

LA COMTESSE.

Hé ! mais... Suzanne apparemment qui range.

LE COMTE.

Vous avez dit qu'elle est passée chez elle ;

LA COMTESSE.

Passée... ou entrée là ; je ne sais lequel.

LE COMTE.

Si c'est Suzanne, d'où vient le trouble où je vous vois ?

LA COMTESSE.

Du trouble pour ma camériste ?

LE COMTE.

Pour votre camériste, je ne sais ; mais pour du trouble, assurément.

LA COMTESSE.

Assurément, monsieur, cette fille vous trouble et vous occupe beaucoup plus que moi.

LE COMTE, en colère.

Elle m'occupe à tel point, madame, que je veux la voir à l'instant.

LA COMTESSE.

Je crois, en effet, que vous le voulez souvent ; mais voilà bien les soupçons les moins fondés...

SCÈNE XIII

LE COMTE, LA COMTESSE; SUZANNE entre avec des hardes et pousse la porte du fond.

LE COMTE.
Ils en seront plus aisés à détruire. (Il crie en regardant du côté du cabinet :) Sortez, Suzon ; je vous l'ordonne. (Suzanne s'arrête auprès de l'alcôve dans le fond.)

LA COMTESSE.
Elle est presque nue, monsieur : vient-on troubler ainsi des femmes dans leur retraite ? Elle essayait des hardes que je lui donne en la mariant ; elle s'est enfuie, quand elle vous a entendu.

LE COMTE.
Si elle craint tant de se montrer, au moins elle peut parler. (Il se tourne vers la porte du cabinet.) Répondez-moi, Suzanne ; êtes-vous dans ce cabinet ? (Suzanne, restée au fond, se jette dans l'alcôve et s'y cache.)

LA COMTESSE, vivement, tournée vers le cabinet.
Suzon, je vous défends de répondre. (Au comte.) On n'a jamais poussé si loin la tyrannie !

LE COMTE s'avance vers le cabinet.
Oh ! bien, puisqu'elle ne parle pas, vêtue ou non, je la verrai.

LA COMTESSE se met au-devant.
Partout ailleurs je ne puis l'empêcher ; mais j'espère aussi que chez moi...

LE COMTE.
Et moi j'espère savoir dans un moment quelle est cette Suzanne mystérieuse. Vous demander la clef serait, je le vois, inutile : mais il est un moyen sûr de jeter en dedans cette légère porte. Holà, quelqu'un !

LA COMTESSE.
Attirer vos gens, et faire un scandale public d'un soupçon qui nous rendrait la fable du château !

LE COMTE.
Fort bien, madame. En effet, j'y suffirai ; je vais à l'instant prendre chez moi ce qu'il faut... (Il marche pour sortir et revient.) Mais, pour que tout reste au même état, voudrez-vous bien m'accompagner sans scandale et sans bruit, puisqu'il vous déplaît tant ?... Une chose aussi simple, apparemment, ne sera pas refusée.

LA COMTESSE, troublée.
Eh ! monsieur, qui songe à vous contrarier ?

LE COMTE.
Ah ! j'oubliais la porte qui va chez vos femmes ; il faut que je la ferme aussi, pour que vous soyez pleinement justifiée. (Il va fermer la porte du fond et en ôte la clef.)

LA COMTESSE, à part.
O ciel ! étourderie funeste !

LE COMTE, revenant à elle.
Maintenant que cette chambre est close, acceptez mon bras, je vous prie (Il élève la voix); et quant à la Suzanne du cabinet, il faudra qu'elle ait la bonté de m'attendre ; et le moindre mal qui puisse lui arriver à mon retour...

LA COMTESSE.
En vérité, monsieur, voilà bien la plus odieuse aventure...
(Le Comte l'emmène, et ferme la porte à la clef.)

SCÈNE XIV

SUZANNE, CHÉRUBIN.

SUZANNE sort de l'alcôve, accourt vers le cabinet, et parle à travers la serrure.
Ouvrez, Chérubin, ouvrez vite, c'est Suzanne ; ouvrez, et sortez.

CHÉRUBIN sort*.
Ah ! Suzon, quelle horrible scène !

SUZANNE.
Sortez, vous n'avez pas une minute !

CHÉRUBIN, effrayé.
Et par où sortir ?

SUZANNE.
Je n'en sais rien, mais sortez.

CHÉRUBIN.
S'il n'y a pas d'issue ?

SUZANNE.
Après la rencontre de tantôt, il vous écraserait, et nous serions perdues. — Courez conter à Figaro...

CHÉRUBIN.
La fenêtre du jardin n'est peut-être pas bien haute. (Il court y regarder.)

SUZANNE, avec effroi.
Un grand étage ! impossible ! Ah ! ma pauvre maîtresse ! Et mon mariage ? ô ciel !

CHÉRUBIN, revient.
Elle donne sur la melonnière : quitte à gâter une couche ou deux.

SUZANNE le retient, et s'écrie :
Il va se tuer !

CHÉRUBIN, exalté.
Dans un gouffre allumé, Suzon ! oui, je m'y jetterais plutôt que de lui nuire... Et ce baiser va me porter bonheur.
(Il l'embrasse, et court sauter par la fenêtre.)

SCÈNE XV

SUZANNE, seule, un cri de frayeur :

Ah !... (Elle tombe assise un moment. Elle va péniblement regarder à la fenêtre, et revient.) Il est déjà bien loin. O le petit garnement ! aussi leste que joli ! Si celui-là manque sa place aux femmes !.. Prenons sa place au plus tôt. (En entrant dans le cabinet.) Vous pouvez à présent, monsieur le comte, rompre la cloison, si cela vous amuse ; au diantre qui répond un mot ! (Elle s'y enferme.)

* Chérubin, Suzanne.

SCÈNE XVI

LE COMTE, LA COMTESSE rentrent dans la chambre.

LE COMTE, une pince à la main, qu'il jette sur le fauteuil.

Tout est bien comme je l'ai laissé. Madame, en m'exposant à briser cette porte, réfléchissez aux suites : encore une fois, voulez-vous l'ouvrir ?

LA COMTESSE.

Eh ! monsieur, quelle horrible humeur peut altérer ainsi les égards entre deux époux ? Si l'amour vous dominait au point de vous inspirer ces fureurs, malgré leur déraison, je les excuserais ; j'oublierais peut-être, en faveur du motif, ce qu'elles ont d'offensantes pour moi. Mais la seule vanité peut-elle jeter dans cet excès un galant homme ?

LE COMTE.

Amour ou vanité, vous ouvrirez la porte ; ou je vais à l'instant...

LA COMTESSE, au-devant.

Arrêtez, monsieur, je vous prie ! Me croyez-vous capable de manquer à ce que je me dois ?

LE COMTE.

Tout ce qu'il vous plaira, madame ? mais je verrai qui est dans ce cabinet.

LA COMTESSE, effrayée.

Eh bien, monsieur, vous le verrez. Écoutez-moi... tranquillement.

LE COMTE.

Ce n'est donc pas Suzanne ?

LA COMTESSE, timidement.

Au moins n'est-ce pas non plus une personne... dont vous deviez rien redouter... Nous disposions une plaisanterie... bien innocente, en vérité, pour ce soir... ; et je vous jure...

LE COMTE.

Et vous me jurez...

LA COMTESSE.

Que nous n'avions pas plus de dessein de vous offenser l'un que l'autre.

LE COMTE, vite.

L'un que l'autre ? C'est un homme.

LA COMTESSE.

Un enfant, monsieur.

LE COMTE.

Hé, qui donc ?

LA COMTESSE.

A peine osé-je le nommer !

LE COMTE, furieux.

Je le tuerai.

LA COMTESSE.

Grands dieux !

LE COMTE.

Parlez donc.

LA COMTESSE.

Ce jeune... Chérubin...

LE COMTE.

Chérubin ! l'insolent ? Voilà mes soupçons et le billet expliqués.

LA COMTESSE, joignant les mains.

Ah ! monsieur ! gardez de penser...

LE COMTE, frappant du pied.

(A part.) Je trouverai partout ce maudit page ! (Haut.) Allons, madame, ouvrez ; je sais tout maintenant. Vous n'auriez pas été si émue en le congédiant ce matin, il serait parti quand je l'ai ordonné, vous n'auriez pas mis tant de fausseté dans votre conte de Suzanne, il ne se serait pas si soigneusement caché, s'il n'y avait rien de criminel.

LA COMTESSE.

Il a craint de vous irriter en se montrant.

LE COMTE, hors de lui, et criant tourné vers le cabinet.

Sors donc, petit malheureux !

LA COMTESSE le prend à bras-le-corps, en l'éloignant.

Ah ! monsieur, monsieur, votre colère me fait trembler pour lui. N'en croyez pas un injuste soupçon, de grâce ! et que le désordre où vous l'allez trouver...

LE COMTE.

Du désordre !

LA COMTESSE.

Hélas ! oui, prêt à s'habiller en femme, une coiffure à moi sur la tête, en vestes et sans manteau, le col ouvert, les bras nus ; il allait essayer...

LE COMTE.

Et vous vouliez garder votre chambre !... Indigne épouse ! ah ! vous la garderez... longtemps ; mais il faut avant que j'en chasse un insolent, de manière à ne plus le rencontrer nulle part.

LA COMTESSE se jette à genoux, les bras élevés.

Monsieur le comte, épargnez un enfant ; je ne me consolerais pas d'avoir causé...

LE COMTE.

Vos frayeurs aggravent son crime.

LA COMTESSE.

Il n'est pas coupable, il partait : c'est moi qui l'ai fait appeler.

LE COMTE, furieux.

Levez-vous. Otez-vous... Tu es bien audacieuse d'oser me parler pour un autre !

LA COMTESSE.

Eh bien ! je m'ôterai, monsieur, je me lèverai ; je vous remettrai même la clef du cabinet : mais, au nom de votre amour...

LE COMTE.

De mon amour, perfide !

LA COMTESSE se lève, et lui présente la clef.

Promettez-moi que vous laisserez aller cet enfant sans lui faire aucun mal ; et puisse après tout votre courroux tomber sur moi, si je ne vous convaincs pas..

LE COMTE, prenant la clef.

Je n'écoute plus rien.

LA COMTESSE se jette sur une bergère, un mouchoir sur les yeux.

O ciel ! il va périr !

LE COMTE ouvre la porte et recule.
C'est Suzanne !

SCÈNE XVII

LA COMTESSE, LE COMTE, SUZANNE.

SUZANNE, sort en riant.
Je le tuerai, je le tuerai. Tuez-le donc, ce méchant page !

LE COMTE, à part.
Ah ! quell eécole ! (Regardant la Comtesse qui est restée stupéfaite.) Et vous aussi, vous jouez l'étonnement ?... Mais peut-être elle n'y est pas seule. (Il entre.)

SCÈNE XVIII

LA COMTESSE, assise ; SUZANNE.

SUZANNE accourt à sa maîtresse.
Remettez-vous, madame ; il est bien loin ; il a fait un saut...

LA COMTESSE.
Ah ! Suzon ! je suis morte !

SCÈNE XIX

LA COMTESSE, assise ; SUZANNE, LE COMTE.

LE COMTE sort du cabinet d'un air confus. Après un court silence ;
Il n'y a personne, et pour le coup j'ai tort. — Madame... vous jouez fort bien la comédie.

SUZANNE, gaiement.
Et moi, monseigneur ?
(La Comtesse, son mouchoir sur la bouche pour se remettre, ne parle pas*.)

LE COMTE s'approche.
Quoi ! madame, vous plaisantiez ?

LA COMTESSE, se remettant un peu.
Et pourquoi non, monsieur ?

LE COMTE.
Quel affreux badinage ! et par quel motif, je vous prie ?

LA COMTESSE.
Vos folies méritent-elles de la pitié ?

LE COMTE.
Nommer folies ce qui touche à l'honneur !

LA COMTESSE, assurant son ton par degrés.
Me suis-je unie à vous pour être éternellement dévouée à l'abandon et à la jalousie, que vous seul osez concilier ?

LE COMTE.
Ah ! madame, c'est sans ménagement.

SUZANNE.
Madame n'avait qu'à vous laisser appeler les gens !

LE COMTE.
Tu as raison, et c'est à moi de m'humilier... Pardon, je suis d'une confusion !...

* Suzanne, la Comtesse assise, le Comte.

SUZANNE.
Avouez, monseigneur, que vous la méritez un peu.

LE COMTE.
Pourquoi donc ne sortais-tu pas lorsque je t'appelais, mauvaise ?

SUZANNE.
Je me rhabillais de mon mieux, à grand renfort d'épingles ; et madame, qui me le défendait, avait bien ses raisons pour le faire.

LE COMTE.
Au lieu de rappeler mes torts, aide-moi plutôt à l'apaiser.

LA COMTESSE.
Non, monsieur ; un pareil outrage ne se couvre point. Je vais me retirer aux Ursulines, et je vois trop qu'il en est temps.

LE COMTE.
Le pourriez-vous sans quelques regrets ?

SUZANNE.
Je suis sûre, moi, que le jour du départ serait la veille des larmes.

LA COMTESSE.
Et quand cela serait, Suzon ? J'aime mieux le regretter que d'avoir la bassesse de lui pardonner ; il m'a trop offensée.

LE COMTE.
Rosine !...

LA COMTESSE.
Je ne la suis plus cette Rosine que vous avez tant poursuivie ! je suis la pauvre comtesse Almaviva, la triste femme délaissée, que vous n'aimez plus.

SUZANNE.
Madame !

LE COMTE, suppliant.
Par pitié !

LA COMTESSE.
Vous n'en aviez aucune pour moi.

LE COMTE.
Mais aussi ce billet... il m'a tourné le sang !

LA COMTESSE.
Je n'avais pas consenti qu'on l'écrivît.

LE COMTE.
Vous le saviez ?

LA COMTESSE.
C'est cet étourdi de Figaro...

LE COMTE.
Il en était ?

LA COMTESSE.
... Qui l'a remis à Basile.

LE COMTE.
Qui m'a dit le tenir d'un paysan. O perfide chanteur, lame à deux tranchants ! c'est toi qui payeras pour tout le monde.

LA COMTESSE.
Vous demandez pour vous un pardon que vous refusez aux autres : voilà bien les hommes ! Ah ! si jamais je consentais à pardonner en faveur de l'erreur

LE MARIAGE DE FIGARO.

ACTE II. SCENE VI.

Garnier frères Éditeurs

où vous a jeté ce billet, j'exigerais que l'amnistie fût générale.

LE COMTE.

Eh bien! de tout mon cœur, comtesse. Mais comment réparer une faute si humiliante?

LA COMTESSE, se lève.

Elle l'était pour tous deux.

LE COMTE.

Ah! dites pour moi seul. — Mais je suis encore à concevoir comment les femmes prennent si vite et si juste l'air et le ton des circonstances. Vous rougissiez, vous pleuriez, votre visage était défait... D'honneur, il l'est encore.

LA COMTESSE, s'efforçant de sourire.

Je rougissais... du ressentiment de vos soupçons. Mais les hommes sont-ils assez délicats pour distinguer l'indignation d'une âme honnête outragée d'avec la confusion qui naît d'une accusation méritée?

LE COMTE, souriant.

Et ce page en désordre, en veste, et presque nu...?

LA COMTESSE, montrant Suzanne.

Vous le voyez devant vous. N'aimez-vous pas mieux l'avoir trouvé que l'autre? En général, vous ne haïssez pas de rencontrer celui-ci.

LE COMTE, riant plus fort.

Et ces prières, ces larmes feintes...?

LA COMTESSE.

Vous me faites rire, et j'en ai peu d'envie.

LE COMTE.

Nous croyons valoir quelque chose en politique, et nous ne sommes que des enfants. C'est vous, c'est vous, madame, que le roi devrait envoyer en ambassade à Londres! Il faut que votre sexe ait fait une étude bien réfléchie de l'art de se composer, pour réussir à ce point!

LA COMTESSE.

C'est toujours vous qui nous y forcez.

SUZANNE.

Laissez-nous prisonniers sur parole, et vous verrez si nous sommes gens d'honneur.

LA COMTESSE.

Brisons là, monsieur le comte. J'ai peut-être été trop loin; mais mon indulgence, en un cas aussi grave, doit au moins obtenir la vôtre.

LE COMTE.

Mais vous répéterez que vous me pardonnez?

LA COMTESSE.

Est-ce que je l'ai dit, Suzon?

SUZANNE.

Je ne l'ai pas entendu, madame.

LE COMTE.

Eh bien! que ce mot vous échappe!

LA COMTESSE.

Le méritez-vous donc, ingrat?

LE COMTE.

Oui, par mon repentir.

SUZANNE.

Soupçonner un homme dans le cabinet de madame!

LE COMTE.

Elle m'en a si sévèrement puni!

SUZANNE.

Ne pas s'en fier à elle, quand elle dit que c'est sa camériste!

LE COMTE.

Rosine, êtes-vous donc implacable?

LA COMTESSE.

Ah! Suzon, que je suis faible! quel exemple je te donne! (Tendant la main au Comte.) On ne croira plus à la colère des femmes.

SUZANNE.

Bon! madame, avec eux ne faut-il pas toujours en venir là? (Le Comte baise ardemment la main de sa femme.)

SCÈNE XX

SUZANNE, FIGARO, LA COMTESSE, LE COMTE.

FIGARO, arrivant tout essoufflé.

On disait madame incommodée. Je suis vite accouru... je vois avec joie qu'il n'en est rien.

LE COMTE, sèchement.

Vous êtes fort attentif.

FIGARO.

Et c'est mon devoir. Mais puisqu'il n'en est rien, monseigneur, tous vos jeunes vassaux des deux sexes sont en bas avec les violons et les cornemuses, attendant, pour accompagner, l'instant où vous permettrez que je mène ma fiancée...

LE COMTE.

Et qui surveillera la comtesse au château?

FIGARO.

La veiller! elle n'est pas malade.

LE COMTE.

Non; mais cet homme absent qui doit l'entretenir?

FIGARO.

Quel homme absent?

LE COMTE.

L'homme du billet que vous avez remis à Basile.

FIGARO.

Qui dit cela?

LE COMTE.

Quand je ne le saurais pas d'ailleurs, fripon, ta physionomie, qui t'accuse, me prouverait déjà que tu mens.

FIGARO.

S'il est ainsi, ce n'est pas moi qui mens, c'est ma physionomie.

SUZANNE.

Va, mon pauvre Figaro, n'use pas ton éloquence en défaites; nous avons tout dit.

FIGARO.

Et quoi dit? Vous me traitez comme un Basile!

SUZANNE.

Que tu avais écrit le billet de tantôt pour faire accroire à monseigneur, quand il entrerait, que le petit page était dans ce cabinet, où je me suis enfermée.

LE COMTE.

Qu'as-tu à répondre?

LA COMTESSE.

Il n'y a plus rien à cacher, Figaro; le badinage est consommé.

FIGARO, cherchant à deviner.

Le badinage... est consommé?

LE COMTE.

Oui, consommé. Que dis-tu là-dessus?

FIGARO.

Moi! je dis... que je voudrais bien qu'on en pût dire autant de mon mariage; et si vous l'ordonnez...

LE COMTE.

Tu conviens donc enfin du billet?

FIGARO.

Puisque madame le veut, que Suzanne le veut, que vous le voulez vous-même, il faut bien que je le veuille aussi : mais à votre place, en vérité, monseigneur, je ne croirais pas un mot de tout ce que nous vous disons.

LE COMTE.

Toujours mentir contre l'évidence! à la fin, cela m'irrite.

LA COMTESSE, en riant.

Eh! ce pauvre garçon! pourquoi voulez-vous, monsieur, qu'il dise une fois la vérité?

FIGARO, bas à Suzanne.

Je l'avertis de son danger; c'est tout ce qu'un honnête homme peut faire.

SUZANNE, bas.

As-tu vu le petit page?

FIGARO, bas.

Encore tout froissé.

SUZANNE, bas.

Ah! *pécaïre*!

LA COMTESSE.

Allons, monsieur le comte, ils brûlent de s'unir : leur impatience est naturelle! entrons pour la cérémonie.

LE COMTE à part.

Et Marceline, Marceline... (Haut.) Je voudrais être... au moins vêtu.

LA COMTESSE.

Pour nos gens! Est-ce que je le suis?

SCÈNE XXI

FIGARO, SUZANNE, LA COMTESSE, LE COMTE, ANTONIO.

ANTONIO, demi-gris, tenant un pot de giroflées écrasées.

Monseigneur! monseigneur!

LE COMTE.

Que me veux-tu, Antonio?

ANTONIO.

Faites donc une fois griller les croisées qui donnent sur mes couches! On jette toutes sortes de choses par ces fenêtres; et tout à l'heure encore on vient d'en jeter un homme.

LE COMTE.

Par ces fenêtres?

ANTONIO.

Regardez comme on arrange mes giroflées!

SUZANNE, bas à Figaro.

Alerte! Figaro, alerte!

FIGARO.

Monseigneur, il est gris dès le matin.

ANTONIO.

Vous n'y êtes pas. C'est un petit reste d'hier. Voilà comme on fait des jugements... ténébreux.

LE COMTE, avec feu.

Cet homme! cet homme! où est-il?

ANTONIO.

Où il est?

LE COMTE.

Oui.

ANTONIO.

C'est ce que je dis. Il faut me le trouver, déjà. Je suis votre domestique; il n'y a que moi qui prends soin de votre jardin; il y tombe un homme, et vous sentez... que ma réputation en est effleurée.

SUZANNE, bas à Figaro.

Détourne, détourne.

FIGARO.

Tu boiras donc toujours?

ANTONIO.

Eh! si je ne buvais pas, je deviendrais enragé.

LA COMTESSE.

Mais en prendre ainsi sans besoin...

ANTONIO.

Boire sans soif et faire l'amour en tout temps, madame, il n'y a que ça qui nous distingue des autres bêtes.

LE COMTE, vivement.

Réponds-moi donc, ou je vais te chasser.

ANTONIO.

Est-ce que je m'en irais?

LE COMTE.

Comment donc?

ANTONIO, se touchant le front.

Si vous n'avez pas assez de ça pour garder un bon domestique, je ne suis pas assez bête, moi, pour renvoyer un si bon maître.

LE COMTE le secoue avec colère.

On a, dis-tu, jeté un homme par cette fenêtre?

ANTONIO.

Oui, mon Excellence; tout à l'heure, en veste blanche, et qui s'est enfui, jarni, courant...

LE COMTE, impatienté.

Après?

ANTONIO.

J'ai bien voulu courir après; mais je me suis donné contre la grille une si fière gourde à la main, que je ne peux plus remuer ni pied ni patte de ce doigt-là. (Levant le doigt.)

LE COMTE.

Au moins tu reconnaîtrais l'homme?

ANTONIO.

Oh! que oui-da!... si je l'avais vu pourtant!

SUZANNE, bas à Figaro.

Il ne l'a pas vu.

FIGARO.

Voilà bien du train pour un pot de fleurs! Combien te faut-il, pleurard, avec ta giroflée! Il est inutile de chercher, monseigneur; c'est moi qui ai sauté.

LE COMTE.

Comment! c'est vous?

ANTONIO.

Combien te faut-il, pleurard? Votre corps a donc bien grandi depuis ce temps-là? car je vous ai trouvé beaucoup plus moindre et plus fluet.

FIGARO.

Certainement; quand on saute, on se pelotonne.

ANTONIO.

M'est avis que c'était plutôt... qui dirait, le gringalet de page.

LE COMTE.

Chérubin, tu veux dire?

FIGARO.

Oui, revenu tout exprès avec son cheval de la porte de Séville, où peut-être il est déjà.

ANTONIO.

Oh! non, je ne dis pas ça, je ne dis pas ça; je n'ai pas vu sauter de cheval, car je le dirais de même.

LE COMTE.

Quelle patience!

FIGARO.

J'étais dans la chambre des femmes en veste blanche: il fait un chaud!... J'attendais là ma Suzannette, quand j'ai ouï tout à coup la voix de monseigneur, et le grand bruit qui se faisait: je ne sais quelle crainte m'a saisi à l'occasion de ce billet; et, s'il faut avouer ma bêtise, j'ai sauté sans réflexion sur les couches, où je me suis même un peu foulé le pied droit. (Il frotte son pied.)

ANTONIO.

Puisque c'est vous, il est juste de vous rendre ce brimborion de papier qui a coulé de votre veste en tombant.

LE COMTE se jette dessus.

Donne-le-moi. (Il ouvre le papier et le referme.)

FIGARO, à part.

Je suis pris.

LE COMTE, à Figaro.

La frayeur ne vous aura pas fait oublier ce que contient ce papier, ni comment il se trouvait dans votre poche?

FIGARO, embarrassé, fouille dans ses poches et en tire des papiers.

Non sûrement... Mais c'est que j'en ai tant! Il faut répondre à tout... (Il regarde un des papiers.) Ceci? ah! c'est une lettre de Marceline, en quatre pages; elle est belle!... Ne serait-ce pas la requête de ce pauvre braconnier en prison?... Non, la voici... J'avais l'état des meubles du petit château, dans l'autre poche... (Le Comte rouvre le papier qu'il tient.)

LA COMTESSE, bas à Suzanne.

Ah dieux! Suzon, c'est le brevet d'officier.

SUZANNE, bas à Figaro.

Tout est perdu, c'est le brevet.

LE COMTE replie le papier.

Eh bien! l'homme aux expédients, vous ne devinez pas?

ANTONIO, s'approchant de Figaro*.

Monseigneur dit, si vous ne devinez pas?

FIGARO le repousse.

Fi donc, vilain, qui me parle dans le nez!

LE COMTE.

Vous ne vous rappelez pas ce que ce peut être?

FIGARO.

A, a, a, ah! *povero!* ce sera le brevet de ce malheureux enfant, qu'il m'avait remis, et que j'ai oublié de lui rendre. O, o, o, oh! étourdi que je suis! que fera-t-il sans son brevet? Il faut courir...

LE COMTE.

Pourquoi vous l'aurait-il remis?

FIGARO, embarrassé.

Il... désirait qu'on y fît quelque chose.

LE COMTE regarde son papier.

Il n'y manque rien.

LA COMTESSE, bas à Suzanne.

Le cachet.

SUZANNE, bas à Figaro.

Le cachet manque.

LE COMTE, à Figaro.

Vous ne repondez pas?

FIGARO.

C'est... qu'en effet il y manque peu de chose. Il dit que c'est l'usage.

LE COMTE.

L'usage! l'usage! l'usage de quoi?

FIGARO.

D'y apposer le sceau de vos armes. Peut-être aussi que cela ne valait pas la peine.

LE COMTE rouvre le papier et le chiffonne de colère.

Allons, il est écrit que je ne saurai rien. (A part.) C'est ce Figaro qui les mène, et je ne m'en vengerais pas! (Il veut sortir avec dépit.)

FIGARO, l'arrêtant.

Vous sortez sans ordonner mon mariage?

SCÈNE XXII

BASILE, BARTHOLO, MARCELINE, FIGARO, LE COMTE, GRIPE-SOLEIL, LA COMTESSE, SUZANNE, ANTONIO; VALETS DU COMTE, SES VASSAUX.

MARCELINE, au Comte.

Ne l'ordonnez pas, monseigneur! Avant de lui faire grâce, vous nous devez justice. Il a des engagements avec moi.

* Antonio, Figaro, Suzanne, la Comtesse, le Comte.

LE COMTE, à part.

Voilà ma vengeance arrivée.

FIGARO.

Des engagements ! de quelle nature ? Expliquez-vous.

MARCELINE.

Oui, je m'expliquerai, malhonnête ! (La Comtesse s'assied sur une bergère, Suzanne est derrière elle.)

LE COMTE.

De quoi s'agit-il, Marceline ?

MARCELINE.

D'une obligation de mariage.

FIGARO.

Un billet, voilà tout, pour de l'argent prêté.

MARCELINE, au Comte.

Sous condition de m'épouser. Vous êtes un grand seigneur, le premier juge de la province...

LE COMTE.

Présentez-vous au tribunal, j'y rendrai justice à tout le monde.

BASILE, montrant Marceline.

En ce cas, Votre Grandeur permet que je fasse aussi valoir mes droits sur Marceline ?

LE COMTE, à part.

Ah ! voilà mon fripon du billet.

FIGARO.

Autre fou de la même espèce !

LE COMTE en colère, à Basile.

Vos droits ! vos droits ? il vous convient bien de parler devant moi, maître sot !

ANTONIO, frappant dans sa main.

Il ne l'a, ma foi, pas manqué du premier coup : c'est son nom.

LE COMTE.

Marceline, on suspendra tout jusqu'à l'examen de vos titres, qui se fera publiquement dans la grande salle d'audience. Honnête Basile, agent fidèle et sûr, allez au bourg chercher les gens du siége.

BASILE.

Pour son affaire ?

LE COMTE.

Et vous m'amènerez le paysan du billet.

BASILE.

Est-ce que je le connais ?

LE COMTE.

Vous résistez !

BASILE.

Je ne suis pas entré au château pour en faire les commissions.

LE COMTE.

Quoi donc ?

BASILE.

Homme à talent sur l'orgue du village, je montre le clavecin à madame, à chanter à ses femmes, la mandoline aux pages; et mon emploi surtout est d'amuser votre compagnie avec ma guitare, quand il vous plaît me l'ordonner.

GRIPE-SOLEIL s'avance.

J'irai bien, monseigneu, si cela vous plaira ?

LE COMTE.

Quel est ton nom et ton emploi ?

GRIPE-SOLEIL.

Je suis Gripe-Soleil, mon bon signeu ; le petit patouriau des chèvres, commandé pour le feu d'artifice. C'est fête aujourd'hui dans le troupiau; et je sais ousce qu'est toute l'enragée boutique à procès du pays.

LE COMTE.

Ton zèle me plaît ; vas-y : mais vous (A Basile.), accompagnez monsieur en jouant de la guitare, et chantant pour l'amuser en chemin. Il est de ma compagnie.

GRIPE-SOLEIL, joyeux.

Oh ! moi, je suis de la... (Suzanne l'apaise de la main, en lui montrant la Comtesse.)

BASILE, surpris.

Que j'accompagne Gripe-Soleil en jouant... ?

LE COMTE.

C'est votre emploi. Partez, ou je vous chasse. (Il sort.)

SCÈNE XXIII

LES ACTEURS PRÉCÉDENTS, excepté LE COMTE.

BASILE, à lui-même.

Ah ! je n'irai pas lutter contre le pot de fer, moi qui ne suis...

FIGARO.

Qu'une cruche.

BASILE, à part.

Au lieu d'aider à leur mariage, je m'en vais assurer le mien avec Marceline. (A Figaro.) Ne conclus rien, crois-moi, que je ne sois de retour. (Il va prendre la guitare sur le fauteuil du fond.)

FIGARO le suit.

Conclure ! oh ! va, ne crains rien ; quand même tu ne reviendrais jamais... Tu n'as pas l'air en train de chanter ; veux-tu que je commence ?... Allons, gai ! haut la-mi-la, pour ma fiancée.

(Il se met en marche à reculons, danse en chantant la séguédille suivante. Basile accompagne, et tout le monde le suit.)

SÉGUÉDILLE : air noté.

Je préfère à la richesse
La sagesse
De ma Suzon,
Zon, zon, zon.
Zon, zon, zon,
Zon, zon, zon,
Zon, zon, zon,

Aussi sa gentillesse
Est maîtresse
De ma raison.
Zon, zon, zon,
Zon, zon, zon,
Zon, zon, zon,
Zon, zon, zon,

(Le bruit s'éloigne ; on n'entend pas le reste.)

SCÈNE XXIV

SUZANNE, LA COMTESSE.

LA COMTESSE, dans sa bergère.

Vous voyez, Suzanne, la jolie scène que votre étourdi m'a valu avec son billet.

SUZANNE.

Ah! madame, quand je suis rentrée du cabinet, si vous aviez vu votre visage! Il s'est terni tout à coup : mais ce n'a été qu'un nuage, et par degrés vous êtes devenue, rouge, rouge, rouge!

LA COMTESSE.

Il a donc sauté par la fenêtre?

SUZANNE.

Sans hésiter, le charmant enfant! Léger... comme une abeille.

LA COMTESSE.

Ah! ce fatal jardinier! Tout cela m'a remuée au point... que je ne pouvais rassembler deux idées.

SUZANNE.

Ah! madame, au contraire; et c'est là que j'ai vu combien l'usage du grand monde donne d'aisance aux dames comme il faut, pour mentir sans qu'il y paraisse.

LA COMTESSE.

Crois-tu que le comte en soit la dupe? Et s'il trouvait cet enfant au château!

SUZANNE.

Je vais recommander de le cacher si bien...

LA COMTESSE.

Il faut qu'il parte. Après ce qui vient d'arriver, vous croyez bien que je ne suis pas tentée de l'envoyer au jardin à votre place.

SUZANNE.

Il est certain que je n'irai pas non plus. Voilà donc mon mariage encore une fois...

LA COMTESSE se lève.

Attends... Au lieu d'un autre, ou de toi, si j'y allais moi-même!

SUZANNE.

Vous, madame?

LA COMTESSE.

Il n'y aurait personne d'exposé... Le comte alors ne pourrait nier... Avoir puni sa jalousie, et lui prouver son infidélité! cela serait... Allons : le bonheur d'un premier hasard m'enhardit à tenter le second. Fais-lui savoir promptement que tu te rendras au jardin. Mais surtout que personne...

SUZANNE.

Ah! Figaro.

LA COMTESSE.

Non, non. Il voudrait mettre ici du sien... Mon masque de velours, et ma canne; que j'aille y rêver sur la terrasse. (Suzanne entre dans le cabinet de toilette.)

SCÈNE XXV

LA COMTESSE, seule.

Il est assez effronté, mon petit projet! (Elle se retourne.) Ah! le ruban! mon joli ruban! je t'oubliais! (Elle le prend sur sa bergère et le roule.) Tu ne me quitteras plus... tu me rappelleras la scène où ce malheureux enfant... Ah! monsieur le comte, qu'avez-vous fait?... Et moi, que fais-je en ce moment?

SCÈNE XIV

LA COMTESSE, SUZANNE.

(La Comtesse met furtivement le ruban dans son sein.)

SUZANNE.

Voici la canne et votre loup.

LA COMTESSE.

Souviens-toi que je t'ai défendu d'en dire un mot à Figaro.

SUZANNE, avec joie.

Madame, il est charmant votre projet! Je viens d'y réfléchir. Il rapproche tout, termine tout, embrasse tout; et, quelque chose qui arrive, mon mariage est maintenant certain. (Elle baise la main de sa maîtresse. Elles sortent.)

Pendant l'entr'acte, des valets arrangent la salle d'audience. On apporte les deux banquettes à dossier des avocats, que l'on place aux deux côtés du théâtre, de façon que le passage soit libre par derrière. On pose une estrade à deux marches dans le milieu du théâtre, vers le fond, sur laquelle on place le fauteuil du Comte. On met la table du greffier et son tabouret de côté sur le devant, et des siéges pour Brid'oison et d'autres juges, des deux côtés de l'estrade du Comte.

ACTE TROISIÈME

Le théâtre représente une salle de château, appelée salle du trône, et servant de salle d'audience, ayant sur le côté une impériale en dais, et dessous, le portrait du roi.

SCÈNE PREMIÈRE

LE COMTE, PÉDRILLE, en veste, botté, tenant un paquet cacheté.

LE COMTE, vite.

M'as-tu bien entendu?

PÉDRILLE.

Excellence, oui. (Il sort.)

SCÈNE II

LE COMTE, seul, criant.

Pédrille!

SCÈNE III

LE COMTE, PÉDRILLE revient.

PÉDRILLE.

Excellence!

LE COMTE.

On ne t'a pas vu?

PÉDRILLE.

Ame qui vive.

LE COMTE.

Prenez le cheval barbe.

PÉDRILLE.

Il est à la grille du potager, tout sellé.

LE COMTE.

Ferme, d'un trait, jusqu'à Séville.

PÉDRILLE.

Il n'y a que trois lieues, elles sont bonnes.

LE COMTE.

En descendant, sachez si le page est arrivé.

PÉDRILLE.

Dans l'hôtel ?

LE COMTE.

Oui ; surtout depuis quel temps.

PÉDRILLE.

J'entends.

LE COMTE.

Remets-lui son brevet, et reviens vite.

PÉDRILLE.

Et s'il n'y était pas ?

LE COMTE.

Revenez plus vite, et m'en rendez compte. Allez.

SCÈNE IV

LE COMTE, seul, marche en rêvant.

J'ai fait une gaucherie en éloignant Basile !... la colère n'est bonne à rien. — Ce billet remis par lui, qui m'avertit d'une entreprise sur la comtesse ; la camériste enfermée quand j'arrive ; la maîtresse affectée d'une terreur fausse ou vraie ; un homme qui saute par la fenêtre, et l'autre après qui avoue... ou qui prétend que c'est lui... Le fil m'échappe. Il y a là dedans une obscurité... Des libertés chez mes vassaux, qu'importe à gens de cette étoffe ? Mais la comtesse ! si quelque insolent attentait... Où m'égaré-je ? En vérité, quand la tête se monte, l'imagination la mieux réglée devient folle comme un rêve ! — Elle s'amusait ; ces ris étouffés, cette joie mal éteinte ! — Elle se respecte ; et mon honneur... où diable on l'a placé ! De l'autre part, où suis-je ? cette friponne de Suzanne a-t-elle trahi mon secret ?... Comme il n'est pas encore le sien !... Qui donc m'enchaîne à cette fantaisie ? j'ai voulu vingt fois y renoncer... Étrange effet de l'irrésolution ! si je la voulais sans débat, je la désirerais mille fois moins. — Ce Figaro se fait bien attendre ! il faut le sonder adroitement (Figaro paraît dans le fond ; il s'arrête), et tâcher, dans la conversation que je vais avoir avec lui, de démêler d'une manière détournée s'il est instruit ou non de mon amour pour Suzanne.

SCÈNE V

LE COMTE, FIGARO.

FIGARO, à part.

Nous y voilà.

LE COMTE.

... S'il en sait par elle un seul mot...

FIGARO, à part.

Je m'en suis douté.

LE COMTE.

... Je lui fais épouser la vieille.

FIGARO, à part.

Les amours de monsieur Basile !

LE COMTE.

... Et voyons ce que nous ferons de la jeune.

FIGARO, à part.

Ah ! ma femme, s'il vous plaît.

LE COMTE se retourne.

Hein ? quoi ? qu'est-ce que c'est ?

FIGARO s'avance.

Moi, qui me rends à vos ordres.

LE COMTE.

Et pourquoi ces mots ?

FIGARO.

Je n'ai rien dit.

LE COMTE répète.

Ma femme, s'il vous plaît ?

FIGARO.

C'est... la fin d'une réponse que je faisais : *Allez le dire à ma femme, s'il vous plaît.*

LE COMTE se promène.

Sa femme !... Je voudrais bien savoir quelle affaire peut arrêter monsieur, quand je le fais appeler ?

FIGARO, feignant d'assurer son habillement.

Je m'étais sali sur ces couches en tombant ; je me changeais.

LE COMTE.

Faut-il une heure ?

FIGARO.

Il faut le temps.

LE COMTE.

Les domestiques ici... sont plus longs à s'habiller que les maîtres !

FIGARO.

C'est qu'ils n'ont point de valets pour les y aider.

LE COMTE.

... Je n'ai pas trop compris ce qui vous avait forcé tantôt de courir un danger inutile, en vous jetant...

FIGARO.

Un danger ! on dirait que je me suis engouffré tout vivant...

LE COMTE.

Essayez de me donner le change en feignant de le prendre, insidieux valet ! Vous entendez fort bien que ce n'est pas le danger qui m'inquiète, mais le motif.

FIGARO.

Sur un faux avis, vous arrivez furieux, renversant tout, comme le torrent de la Morena ; vous cherchez un homme, il vous le faut, ou vous allez briser les portes, enfoncer les cloisons ! je me trouve là par hasard : qui sait, dans votre emportement, si...

LE COMTE, interrompant.

Vous pouviez fuir par l'escalier.

FIGARO.

Et vous, me prendre au corridor.

LE COMTE en colère.

Au corridor! (A part.) Je m'emporte, et nuis à ce que je veux savoir.

FIGARO, à part.

Voyons-le venir, et jouons serré.

LE COMTE, radouci.

Ce n'est pas ce que je voulais dire; laissons cela. J'avais... oui, j'avais quelque envie de t'emmener à Londres, courrier de dépêches... mais toutes réflexions faites...

FIGARO.

Monseigneur a changé d'avis?

LE COMTE.

Premièrement, tu ne sais pas l'anglais.

FIGARO.

Je sais *God-dam*.

LE COMTE.

Je n'entends pas.

FIGARO.

Je dis que je sais *God-dam*.

LE COMTE.

Eh bien?

FIGARO.

Diable! c'est une belle langue que l'anglais, il en faut peu pour aller loin. Avec *God-dam*, en Angleterre, on ne manque de rien nulle part. Voulez-vous tâter d'un bon poulet gras? entrez dans une taverne, et faites seulement ce geste au garçon. (Il tourne la broche.) *God-dam!* on vous apporte un pied de bœuf salé, sans pain. C'est admirable! Aimez-vous boire un coup d'excellent bourgogne ou de clairet? rien que celui-ci. (Il débouche une bouteille.) *God-dam!* on vous sert un pot de bière, en bel étain, la mousse aux bords. Quelle satisfaction! Rencontrez-vous une de ces jolies personnes qui vont trottant menu, les yeux baissés, coudes en arrière, et tortillant un peu des hanches? mettez mignardement tous les doigts unis sur la bouche. Ah! *God-dam!* elle vous sangle un soufflet de crocheteur : preuve qu'elle entend. Les Anglais, à la vérité, ajoutent par-ci, par-là, quelques autres mots en conversant; mais il est bien aisé de voir que *God-dam* est le fond de la langue! et si monseigneur n'a pas d'autre motif de me laisser en Espagne...

LE COMTE, à part.

Il veut venir à Londres; elle n'a pas parlé.

FIGARO, à part.

Il croit que je ne sais rien; travaillons-le un peu dans son genre.

LE COMTE.

Quel motif avait la comtesse pour me jouer un pareil tour?

FIGARO.

Ma foi, monseigneur, vous le savez mieux que moi.

LE COMTE.

Je la préviens sur tout, et la comble de présents.

FIGARO.

Vous lui donnez mais vous êtes infidèle. Sait-on gré du superflu à qui nous prive du nécessaire?

LE COMTE.

... Autrefois tu me disais tout.

FIGARO.

Et maintenant je ne vous cache rien.

LE COMTE.

Combien la comtesse t'a-t-elle donné pour cette belle association?

FIGARO.

Combien me donnâtes-vous pour la tirer des mains du docteur? Tenez, monseigneur, n'humilions pas l'homme qui nous sert bien, crainte d'en faire un mauvais valet.

LE COMTE.

Pourquoi faut-il qu'il y ait toujours du louche en ce que tu fais?

FIGARO.

C'est qu'on en voit partout quand on cherche des torts.

LE COMTE.

Une réputation détestable!

FIGARO.

Et si je vaux mieux qu'elle? Y a-t-il beaucoup de seigneurs qui puissent en dire autant?

LE COMTE.

Cent fois je t'ai vu marcher à la fortune, et jamais aller droit.

FIGARO.

Comment voulez-vous? la foule est là : chacun veut courir, on se presse, on pousse, on coudoie, on renverse; arrive qui peut; le reste est écrasé. Aussi c'est fait; pour moi, j'y renonce.

LE COMTE.

A la fortune? (A part.) Voici du neuf.

FIGARO.

(A part.) A mon tour maintenant. (Haut.) Votre Excellence m'a gratifié de la conciergerie du château; c'est un fort joli sort : à la vérité, je ne serai pas le courrier étrenné des nouvelles intéressantes; mais, en revanche, heureux avec ma femme au fond de l'Andalousie...

LE COMTE.

Qui t'empêcherait de l'emmener à Londres?

FIGARO.

Il faudrait la quitter si souvent, que j'aurais bientôt du mariage par-dessus la tête.

LE COMTE.

Avec du caractère et de l'esprit, tu pourrais un jour t'avancer dans les bureaux.

FIGARO.

De l'esprit pour s'avancer? Monseigneur se rit du mien. Médiocre et rampant; et l'on arrive à tout.

LE COMTE.

... Il ne faudrait qu'étudier un peu sous moi la politique.

FIGARO.

Je la sais.

LE COMTE.

Comme l'anglais, le fond de la langue!

FIGARO.

Oui, s'il y avait ici de quoi se vanter. Mais feindre d'ignorer ce qu'on sait, de savoir tout ce qu'on ignore; d'entendre ce qu'on ne comprend pas, de ne point ouïr ce qu'on entend; surtout de pouvoir au delà de ses forces : avoir souvent pour grand secret de cacher qu'il n'y en a point; s'enfermer pour tailler des plumes, et paraître profond, quand on n'est, comme on dit, que vide et creux; jouer bien ou mal un personnage; répandre des espions et pensionner des traîtres; amollir des cachets, intercepter des lettres, et tâcher d'ennoblir la pauvreté des moyens par l'importance des objets, voilà toute la politique, ou je meure !

LE COMTE.

Eh ! c'est l'intrigue que tu définis !

FIGARO.

La politique, l'intrigue, volontiers; mais, comme je les crois un peu germaines, en fasse qui voudra! *J'aime mieux ma mie, oh gai! comme dit la chanson du bon roi.*

LE COMTE, à part.

Il veut rester. J'entends... Suzanne m'a trahi.

FIGARO, à part.

Je l'enfile, et le paye en sa monnaie.

LE COMTE.

Ainsi tu espères gagner ton procès contre Marceline?

FIGARO.

Me feriez-vous un crime de refuser une vieille fille, quand Votre Excellence se permet de nous souffler toutes les jeunes?

LE COMTE, raillant.

Au tribunal, le magistrat s'oublie, et ne voit plus que l'ordonnance.

FIGARO.

Indulgente aux grands, dure aux petits...

LE COMTE.

Crois-tu donc que je plaisante?

FIGARO.

Eh! qui le sait, monsieur? *Tempo è galant uomo*, dit l'italien ; il dit toujours la vérité : c'est lui qui m'apprendra qui me veut du mal, ou du bien !

LE COMTE, à part.

Je vois qu'on lui a tout dit ; il épousera la duègne.

FIGARO, à part.

Il a joué au fin avec moi, qu'a-t-il appris ?

SCÈNE VI

LE COMTE, UN LAQUAIS, FIGARO.

LE LAQUAIS, annonçant.

Don Gusman Brid'oison.

LE COMTE.

Brid'oison?

FIGARO.

Eh! sans doute. C'est le juge ordinaire, le lieutenant du siége, votre prud'homme.

LE COMTE.

Qu'il attende. (Le laquais sort.)

SCÈNE VII

LE COMTE, FIGARO.

FIGARO reste un moment à regarder le Comte, qui rêve.

... Est-ce là ce que monseigneur voulait?

LE COMTE, revenant à lui.

Moi?... je disais d'arranger ce salon pour l'audience publique.

FIGARO.

Hé, qu'est-ce qu'il manque? le grand fauteuil pour vous, de bonnes chaises aux prud'hommes, le tabouret du greffier, deux banquettes aux avocats, le plancher pour le beau monde, et la canaille derrière. Je vais renvoyer les frotteurs. (Il sort.)

SCÈNE VIII

LE COMTE, seul.

Le maraud m'embarrassait. En disputant, il prend son avantage, il vous serre, vous enveloppe... Ah! friponne et fripon, vous vous entendez pour me jouer! Soyez amis, soyez amants, soyez ce qu'il vous plaira, j'y consens; mais, parbleu, pour époux...

SCÈNE IX

SUZANNE, LE COMTE.

SUZANNE, essoufflée.

Monseigneur... pardon, monseigneur.

LE COMTE, avec humeur.

Qu'est-ce qu'il y a, mademoiselle?

SUZANNE.

Vous êtes en colère !

LE COMTE.

Vous voulez quelque chose apparemment?

SUZANNE, timidement.

C'est que ma maîtresse a ses vapeurs. J'accourais vous prier de nous prêter votre flacon d'éther. Je l'aurais rapporté dans l'instant.

LE COMTE le lui donne.

Non, non, gardez-le pour vous-même. Il ne tardera pas à vous être utile.

SUZANNE.

Est-ce que les femmes de mon état ont des vapeurs, donc? C'est un mal de condition, qu'on ne prend que dans les boudoirs.

LE COMTE.

Une fiancée bien éprise, et qui perd son futur...

SUZANNE.

En payant Marceline avec la dot que vous m'avez promise...

LE COMTE.

Que je vous ai promise, moi?

SUZANNE, baissant les yeux.

Monseigneur, j'avais cru l'entendre.

LE COMTE.

Oui, si vous consentiez à m'entendre vous-même.

SUZANNE, les yeux baissés.

Et n'est-ce pas mon devoir d'écouter Son Excellence ?

LE COMTE.

Pourquoi donc, cruelle fille, ne me l'avoir pas dit plus tôt ?

SUZANNE.

Est-il jamais trop tard pour dire la vérité ?

LE COMTE.

Tu te rendrais sur la brune au jardin ?

SUZANNE.

Est-ce que je ne m'y promène pas tous les soirs ?

LE COMTE.

Tu m'as traité ce matin si sévèrement !

SUZANNE.

Ce matin ? — Et le page derrière le fauteuil ?

LE COMTE.

Elle a raison, je l'oubliais. Mais pourquoi ce refus obstiné, quand Basile, de ma part...?

SUZANNE.

Quelle nécessité qu'un Basile... ?

LE COMTE.

Elle a toujours raison. Cependant il y a un certain Figaro à qui je crains bien que vous n'ayez tout dit.

SUZANNE.

Dame ! oui, je lui dis tout... hors ce qu'il faut lui taire.

LE COMTE, en riant.

Ah charmante ! Et tu me le promets ? Si tu manquais à ta parole, entendons-nous, mon cœur : point de rendez-vous, point de dot, point de mariage.

SUZANNE, faisant la révérence.

Mais aussi point de mariage, point de droit du seigneur, monseigneur.

LE COMTE.

Où prend-elle ce qu'elle dit ? D'honneur, j'en raffolerai ! Mais ta maîtresse attend le flacon...

SUZANNE, riant et rendant le flacon.

Aurais-je pu vous parler sans un prétexte ?

LE COMTE veut l'embrasser.

Délicieuse créature !

SUZANNE s'échappe.

Voilà du monde.

LE COMTE, à part.

Elle est à moi. (Il s'enfuit.)

SUZANNE.

Allons vite rendre compte à madame.

SCÈNE X

SUZANNE, FIGARO.

FIGARO.

Suzanne, Suzanne ! où cours-tu donc si vite en quittant monseigneur ?

SUZANNE.

Plaide à présent, si tu le veux ; tu viens de gagner ton procès. (Elle s'enfuit.)

FIGARO la suit.

Ah ! mais, dis donc...

SCÈNE XI

LE COMTE rentre seul.

Tu viens de gagner ton procès ! — Je donnais là dans un bon piége ! O mes chers insolents ! je vous punirai de façon... Un bon arrêt, bien juste... Mais s'il allait payer la duègne...! Avec quoi ?... S'il payait... Eeeeh ! n'ai-je pas le fier Antonio, dont le noble orgueil dédaigne, en Figaro, un inconnu pour sa nièce ? En caressant cette manie... Pourquoi non ? dans le vaste champ de l'intrigue il faut savoir tout cultiver, jusqu'à la vanité d'un sot. (Il appelle.) Anto...

(Il voit entrer Marceline, etc. Il sort.)

SCÈNE XII

BARTHOLO, MARCELINE, BRID'OISON.

MARCELINE, à Brid'oison.

Monsieur, écoutez mon affaire.

BRID'OISON, en robe, et bégayant un peu.

Eh bien ! pa-arlons-en verbalement.

BARTHOLO.

C'est une promesse de mariage.

MARCELINE.

Accompagnée d'un prêt d'argent.

BRID'OISON.

J'en... entends, *et cætera*, le reste.

MARCELINE.

Non, monsieur, point d'*et cætera*.

BRID'OISON.

J'en-entends : vous avez la somme ?

MARCELINE.

Non, monsieur ; c'est moi qui l'ai prêtée.

BRID'OISON.

J'en-entends bien, vou-ous redemandez l'argent ?

MARCELINE.

Non, monsieur ; je demande qu'il m'épouse.

BRID'OISON.

Eh ! mais j'en-entends fort bien ; et lui veu-eut-il vous épouser ?

MARCELINE.

Non, monsieur ; voilà tout le procès.

BRID'OISON.

Croyez-vous que je ne l'en-entende pas, le procès ?

MARCELINE.

Non, monsieur. (A Bartholo.) Où sommes-nous ? (A Brid'oison.) Quoi ! c'est vous qui nous jugerez ?

BRID'OISON.

Est-ce que j'ai acheté ma charge pour autre chose ?

MARCELINE, en soupirant.

C'est un grand abus que de les vendre !

BRID'OISON.

Oui ; l'on-on ferait mieux de nous les donner pour rien. Contre qui plai-aidez-vous ?

SCÈNE XIII

BARTHOLO, MARCELINE, BRID'OISON; FIGARO rentre en se frottant les mains.

MARCELINE, montrant Figaro.
Monsieur, contre ce malhonnête homme.

FIGARO, très-gaiement, à Marceline.
Je vous gêne peut-être. — Monseigneur revient dans l'instant, monsieur le conseiller.

BRID'OISON.
J'ai vu ce ga-arçon quelque part.

FIGARO.
Chez madame votre femme, à Séville, pour la servir, monsieur le conseiller.

BRID'OISON.
Dan-ans quel temps ?

FIGARO.
Un peu moins d'un an avant la naissance de monsieur votre fils le cadet, qui est un bien joli enfant, je m'en vante.

BRID'OISON.
Oui, c'est le plus jo-oli de tous. On dit que tu-u fais ici des tiennes ?

FIGARO.
Monsieur est bien bon. Ce n'est là qu'une misère.

BRID'OISON.
Une promesse de mariage ! A-ah ! le pauvre benêt !

FIGARO.
Monsieur...

BRID'OISON.
A-t-il vu mon-on secrétaire, ce bon garçon ?

FIGARO.
N'est-ce pas Double-Main, le greffier ?

BRID'OISON.
Oui, c'è-est qu'il mange à deux râteliers.

FIGARO.
Manger ! je suis garant qu'il dévore. Oh ! que oui ! je l'ai vu pour l'extrait et pour le supplément d'extrait ; comme cela se pratique, au reste.

BRID'OISON.
On-on doit remplir les formes.

FIGARO.
Assurément, monsieur : si le fond des procès appartient aux plaideurs, on sait bien que la forme est le patrimoine des tribunaux.

BRID'OISON.
Ce garçon-là n'è-est pas si niais que je l'avais cru d'abord. Eh bien ! l'ami, puisque tu en sais tant, nou-ous aurons soin de ton affaire.

FIGARO.
Monsieur, je m'en rapporte à votre équité, quoique vous soyez de notre justice.

BRID'OISON.
Hein ?... Oui, je suis de la-a justice. Mais si tu dois, et que tu-u ne payes pas ?

FIGARO.
Alors monsieur voit bien que c'est comme si je ne devais pas.

BRID'OISON.
San-ans doute. — Hé ! mais qu'est-ce donc qu'il dit !

SCÈNE XIV

BARTHOLO, MARCELINE, LE COMTE, BRID'OISON, FIGARO, UN HUISSIER.

L'HUISSIER, précédant le Comte, crie :
Monseigneur, messieurs !

LE COMTE.
En robe ici, seigneur Brid'oison ! ce n'est qu'une affaire domestique : l'habit de ville était trop bon.

BRID'OISON.
C'è-est vous qui l'êtes, monsieur le comte. Mais je ne vais jamais san-ans elle, parce que la forme, voyez-vous, la forme ! Tel rit d'un juge en habit court, qui-i tremble au seul aspect d'un procureur en robe. La forme, la-a forme !

LE COMTE, à l'huissier.
Faites entrer l'audience.

L'HUISSIER va ouvrir en glapissant.
L'audience !

SCÈNE XV

LES ACTEURS PRÉCÉDENTS, ANTONIO, LES VALETS DU CHATEAU, LES PAYSANS ET PAYSANNES en habits de fêtes; LE COMTE s'assied sur le grand fauteuil ; BRID'OISON, sur une chaise à côté ; LE GREFFIER sur le tabouret derrière sa table ; LES JUGES, LES AVOCATS, sur les banquettes; MARCELINE, à côté de BARTHOLO ; FIGARO, sur l'autre banquette ; LES PAYSANS ET LES VALETS debout derrière.

BRID'OISON, à Double-Main.
Double-Main, a-appelez les causes.

DOUBLE-MAIN lit un papier.
« Noble, très-noble, infiniment noble, *don Pedro George, hidalgo, baron de los Altos, y Montes Fieros, y otros montes* ; contre *Alonzo Calderon*, jeune auteur dramatique. » Il est question d'une comédie mort-née, que chacun désavoue, et rejette sur l'autre.

LE COMTE.
Ils ont raison tous deux. Hors de cour. S'ils font ensemble un autre ouvrage, pour qu'il marque un peu dans le grand monde, ordonné que le noble y mettra son nom, le poëte son talent.

DOUBLE-MAIN lit un autre papier.
« *André Petrutchio*, laboureur, contre le receveur de la province. » Il s'agit d'un forcement arbitraire.

LE COMTE.
L'affaire n'est pas de mon ressort. Je servirai mieux mes vassaux, en les protégeant près du roi. Passez.

DOUBLE-MAIN en prend une troisième.
(Bartholo et Figaro se lèvent.)
« *Barbe-Agar-Raab-Madeleine-Nicole-Marceline de Verte-Allure*, fille majeure (Marceline se lève et salue.), contre *Figaro*... nom de baptême en blanc. »

FIGARO.

Anonyme.

BRID'OISON.

A-anonyme! Qué-el patron est-ce là?

FIGARO.

C'est le mien.

DOUBLE-MAIN écrit.

Contre anonyme *Figaro.* Qualités?

FIGARO.

Gentilhomme.

LE COMTE.

Vous êtes gentilhomme? (Le greffier écrit.)

FIGARO.

Si le ciel l'eût voulu, je serais le fils d'un prince.

LE COMTE, au greffier.

Allez.

L'HUISSIER, glapissant.

Silence, messieurs!

DOUBLE-MAIN, lit.

« ... Pour cause d'opposition faite au mariage dudit *Figaro* par ladite *de Verte-Allure.* Le docteur *Bartholo,* plaidant pour la demanderesse, et ledit *Figaro* pour lui-même, si la cour le permet, contre le vœu de l'usage et la jurisprudence du siége. »

FIGARO.

L'usage, maître Double-Main, est souvent un abus. Le client un peu instruit sait toujours mieux sa cause que certains avocats qui, suant à froid, criant à tue-tête et connaissant tout, hors le fait, s'embarrassent aussi peu de ruiner le plaideur que d'ennuyer l'auditoire et d'endormir messieurs : plus boursouflés après, que s'ils eussent composé l'*Oratio pro Murena.* Moi, je dirai le fait en peu de mots. Messieurs...

DOUBLE-MAIN.

En voilà beaucoup d'inutiles, car vous n'êtes pas demandeur, et n'avez que la défense. Avancez, docteur, et lisez la promesse.

FIGARO.

Oui, promesse!

BARTHOLO, mettant ses lunettes.

Elle est précise.

BRID'OISON.

I-il faut la voir.

DOUBLE-MAIN.

Silence donc, messieurs!

L'HUISSIER, glapissant.

Silence!

BARTHOLO lit.

« *Je soussigné reconnais avoir reçu de damoiselle, etc...* Marceline de Verte-Allure, *dans le château d'Aguas-Frescas, la somme de deux mille piastres fortes cordonnées; laquelle somme je lui rendrai à sa réquisition, dans ce château, et je l'épouserai, par forme de reconnaissance, etc.* » Signé : *Figaro,* tout court. Mes conclusions sont au payement du billet et à l'exécution de la promesse, avec dépens. (Il plaide.) Messieurs... jamais cause plus intéressante ne fut soumise au jugement de la cour; et, depuis Alexandre le Grand, qui promit mariage à la belle Thalestris...

LE COMTE, interrompant.

Avant d'aller plus loin, avocat, convient-on de la validité du titre?

BRID'OISON, à Figaro.

Qu'oppo... qu'oppo-osez-vous à cette lecture?

FIGARO.

Qu'il y a, messieurs, malice, erreur ou distraction dans la manière dont on a lu la pièce : car il n'est pas dit dans l'écrit : *laquelle somme je lui rendrai,* ET *je l'épouserai;* mais, *laquelle somme je lui rendrai,* OU *je l'épouserai;* ce qui est bien différent.

LE COMTE.

Y a-t-il *et* dans l'acte; ou bien *ou* ?

BARTHOLO.

Il y a *et.*

FIGARO.

Il y a *ou.*

BRID'OISON.

Dou-ouble-Main, lisez vous-même.

DOUBLE-MAIN, prenant le papier.

Et c'est le plus sûr; car souvent les parties déguisent en lisant. (Il lit.) E, e, e, e, *Damoiselle* e, e, e, *de Verte-Allure* e, e, e. Ha! *laquelle somme je lui rendrai à sa réquisition, dans ce château...* ET... OU... ET... OU... Le mot est si mal écrit... il y un pâté.

BRID'OISON.

Un pâ-âté? je sais ce que c'est.

BARTHOLO, plaidant.

Je soutiens, moi, que c'est la conjonction copulative ET qui lie les membres corrélatifs de la phrase : Je payerai la demoiselle, ET je l'épouserai.

FIGARO, plaidant.

Je soutiens, moi, que c'est la conjonction alternative OU qui sépare lesdits membres : Je payerai la donzelle, OU je l'épouserai. A pédant, pédant et demi. Qu'il s'avise de parler latin, j'y suis grec; je l'extermine.

LE COMTE.

Comment juger pareille question?

BARTHOLO.

Pour la trancher, messieurs, et ne plus chicaner sur un mot, nous passons qu'il y ait OU.

FIGARO.

J'en demande acte.

BARTHOLO.

Et nous y adhérons. Un si mauvais refuge ne sauvera pas le coupable : examinons le titre en ce sens. (Il lit.) *Laquelle somme je lui rendrai dans ce château où je l'épouserai.* C'est ainsi qu'on dirait, messieurs : *Vous vous ferez saigner dans ce lit où vous resterez chaudement,* c'est dans lequel. *Il prendra deux gros de rhubarbe où vous mêlerez un peu de tamarin :* dans lesquels on mêlera. Ainsi *château où je l'épouserai,* messieurs, c'est *château dans lequel...*

FIGARO.

Point du tout : la phrase est dans le sens de celle-ci : *ou la maladie vous tuera, ou ce sera le médecin;* ou bien *le médecin;* c'est incontestable. Autre exemple : ou *vous n'écrirez rien qui plaise,* ou *les sots vous dénigreront;* ou bien *les sots;* le sens est clair ; car, audit cas, *sots ou méchants* sont le substantif qui gouverne. Maître Bartholo croit-il donc que j'aie oublié ma syntaxe? Ainsi, je la payerai dans ce château, *virgule, ou* je l'épouserai...

BARTHOLO, vite.

Sans virgule.

FIGARO, vite.

Elle y est. C'est, *virgule,* messieurs, ou bien je l'épouserai.

BARTHOLO, regardant le papier, vite.

Sans virgule, messieurs.

FIGARO, vite.

Elle y était, messieurs. D'ailleurs, l'homme qui épouse est-il tenu de rembourser?

BARTHOLO, vite.

Oui ; nous nous marions séparés de biens.

FIGARO, vite.

Et nous de corps, dès que mariage n'est pas quittance. (Le juges se lèvent et opinent tout bas.)

BARTHOLO.

Plaisant acquittement !

DOUBLE-MAIN.

Silence, messieurs !

L'HUISSIER, glapissant.

Silence !

BARTHOLO.

Un pareil fripon appelle cela payer ses dettes.

FIGARO.

Est-ce votre cause, avocat, que vous plaidez?

BARTHOLO.

Je défends cette demoiselle.

FIGARO.

Continuez à déraisonner, mais cessez d'injurier. Lorsque, craignant l'emportement des plaideurs, les tribunaux ont toléré qu'on appelât des tiers, ils n'ont pas entendu que ces défenseurs modérés deviendraient impunément des insolents privilégiés. C'est dégrader le plus noble institut. (Les juges continuent d'opiner bas.)

ANTONIO, à Marceline, montrant tous les juges.

Qu'ont-ils tant à balbucifier ?

MARCELINE.

On a corrompu le grand juge; il corrompt l'autre, et je perds mon procès.

BARTHOLO, bas, d'un ton sombre.

J'en ai peur.

FIGARO, gaiement.

Courage, Marceline !

DOUBLE-MAIN se lève; à Marceline.

Ah! c'est trop fort! je vous dénonce ; et, pour l'honneur du tribunal, je demande qu'avant faire droit sur l'autre affaire, il soit prononcé sur celle-ci.

LE COMTE, s'assied.

Non, greffier, je ne prononcerai point sur mon injure personnelle ; un juge espagnol n'aura point à rougir d'un excès digne au plus des tribunaux asiatiques : c'est assez des autres abus. J'en vais corriger un second, en vous motivant mon arrêt.: tout juge qui s'y refuse est un grand ennemi des lois. Que peut requérir la demanderesse? mariage à défaut de payement ; les deux ensemble impliqueraient.

DOUBLE-MAIN.

Silence, messieurs !

L'HUISSIER, glapissant.

Silence !

LE COMTE.

Que nous répond le défendeur? qu'il veut garder sa personne ; à lui permis.

FIGARO, avec joie.

J'ai gagné !

LE COMTE.

Mais comme le texte dit : *laquelle somme je payerai à sa première réquisition, ou bien j'épouserai,* etc.; la cour condamne le défendeur à payer deux mille piastres fortes à la demanderesse, ou bien à l'épouser dans le jour. (Il se lève.)

FIGARO, stupéfait.

J'ai perdu.

ANTONIO, avec joie.

Superbe arrêt !

FIGARO.

En quoi superbe ?

ANTONIO.

En ce que tu n'es plus mon neveu. Grand merci, monseigneur.

L'HUISSIER, glapissant.

Passez, messieurs. (Le peuple sort.)

ANTONIO.

Je m'en vais tout conter à ma nièce. (Il sort.)

SCÈNE XVI

LE COMTE, allant de côté et d'autre; MARCELINE, BARTHOLO, FIGARO, BRID'OISON.

MARCELINE s'assied.

Ah! je respire !

FIGARO.

Et moi, j'étouffe.

LE COMTE, à part.

Au moins je suis vengé, cela soulage.

FIGARO, à part.

Et ce Basile qui devait s'opposer au mariage de Marceline, voyez comme il revient ! — (Au comte qui sort.) Monseigneur, vous nous quittez?

LE COMTE.

Tout est jugé.

FIGARO, à Brid'oison.

C'est ce gros enflé de conseiller...

BRID'OISON.

Moi, gro-os enflé !

FIGARO.

Sans doute. Et je ne l'épouserai pas : je suis gentilhomme une fois. (Le Comte s'arrête.)

BARTHOLO.
Vous l'épouserez.
FIGARO.
Sans l'aveu de mes nobles parents?
BARTHOLO.
Nommez-les, montrez-les.
FIGARO.
Qu'on me donne un peu de temps : je suis bien près de les revoir; il y a quinze ans que je les cherche.
BARTHOLO.
Le fat! c'est quelque enfant trouvé!
FIGARO.
Enfant perdu, docteur; ou plutôt enfant volé.
LE COMTE revient.
Volé, perdu, la preuve? il crierait qu'on lui fait injure.
FIGARO.
Monseigneur, quand les langes à dentelles, tapis brodés et joyaux d'or trouvés sur moi par les brigands n'indiqueraient pas ma haute naissance, la précaution qu'on avait prise de me faire des marques distinctives témoignerait assez combien j'étais un fils précieux : et cet hiéroglyphe à mon bras... (Il veut se dépouiller le bras droit.)
MARCELINE, se levant vivement.
Une spatule à ton bras droit?
FIGARO.
D'où savez-vous que je dois l'avoir.
MARCELINE.
Dieux! c'est lui!
FIGARO.
Oui, c'est moi.
BARTHOLO, à Marceline.
Et qui? lui?
MARCELINE, vivement.
C'est Emmanuel.
BARTHOLO, à Figaro.
Tu fus enlevé par des bohémiens?
FIGARO, exalté.
Tout près d'un château. Bon docteur, si vous me rendez à ma noble famille, mettez un prix à ce service; des monceaux d'or n'arrêteront pas mes illustres parents.
BARTHOLO, montrant Marceline.
Voilà ta mère.
FIGARO.
... Nourrice?
BARTHOLO.
Ta propre mère.
LE COMTE.
Sa mère!
FIGARO.
Expliquez-vous.
MARCELINE, montrant Bartholo.
Voilà ton père.
FIGARO, désolé.
O o oh! aïe de moi.

MARCELINE.
Est-ce que la nature ne te l'a pas dit mille fois?
FIGARO.
Jamais.
LE COMTE, à part.
Sa mère!
BRID'OISON.
C'est clair, i-il ne l'épousera pas.
[¹ BARTHOLO.
Ni moi non plus.
MARCELINE.
Ni vous! Et votre fils? Vous m'aviez juré...
BARTHOLO.
J'étais fou. Si pareils souvenirs engageaient, on serait tenu d'épouser tout le monde.
BRID'OISON.
E-et si l'on y regardait de si près, per-ersonne n'épouserait personne.
BARTHOLO.
Des fautes si connues! une jeunesse déplorable!
MARCELINE, s'échauffant par degrés.
Oui, déplorable, et plus qu'on ne croit! je n'entends pas nier mes fautes, ce jour les a trop bien prouvées! mais qu'il est dur de les expier après trente ans d'une vie modeste! J'étais née, moi, pour être sage, et je le suis devenue sitôt qu'on m'a permis d'user de ma raison. Mais dans l'âge des illusions, de l'inexpérience et des besoins, où les séducteurs nous assiégent, pendant que la misère nous poignarde, que peut opposer une enfant à tant d'ennemis rassemblés? Tel nous juge ici sévèrement qui, peut-être, en sa vie a perdu dix infortunées!
FIGARO.
Les plus coupables sont les moins généreux; c'est la règle.
MARCELINE, vivement.
Hommes plus qu'ingrats, qui flétrissez par le mépris les jouets de vos passions, vos victimes! c'est vous qu'il faut punir des erreurs de notre jeunesse; vous et vos magistrats, si vains du droit de nous juger, et qui nous laissent enlever, par leur coupable négligence, tout honnête moyen de subsister. Est-il un seul état pour les malheureuses filles? Elles avaient un droit naturel à toute la parure des femmes : on y laisse former mille ouvriers de l'autre sexe.
FIGARO, en colère.
Ils font broder jusqu'aux soldats!
MARCELINE, exaltée.
Dans les rangs même plus élevés, les femmes n'obtiennent de vous qu'une considération dérisoire; leurrées de respects apparents, dans une servitude réelle; traitées en mineures pour nos biens, punies en majeures pour nos fautes! Ah! sous tous les aspects, votre conduite avec nous fait horreur, ou pitié!
FIGARO.
Elle a raison!

¹ Ce qui suit, enfermé entre ces deux index, a été retranché par les comédiens français aux représentations de Paris.

LE COMTE, à part.

Que trop raison !

BRID'OISON.

Elle a, mon-on Dieu, raison.

MARCELINE.

Mais que nous font, mon fils, les refus d'un homme injuste ? Ne regarde pas d'où tu viens, vois où tu vas ; cela seul importe à chacun. Dans quelques mois ta fiancée ne dépendra plus que d'elle-même ; elle t'acceptera, j'en réponds. Vis entre une épouse, une mère tendre qui te chériront à qui mieux mieux. Sois indulgent pour elles, heureux pour toi, mon fils ; gai, libre et bon pour tout le monde ; il ne manquera rien à ta mère.

FIGARO.

Tu parles d'or, maman, et je me tiens à ton avis. Qu'on est sot, en effet ? Il y a des mille et mille ans que le monde roule, et, dans cet océan de durée où j'ai par hasard attrapé quelques chétifs trente ans qui ne reviendront plus, j'irais me tourmenter pour savoir à qui je les dois ! Tant pis pour qui s'en inquiète. Passer ainsi la vie à chamailler, c'est peser sur le collier sans relâche, comme les malheureux chevaux de la remonte des fleuves, qui ne reposent pas même quand ils s'arrêtent, et qui tirent toujours, quoiqu'ils cessent de marcher. Nous attendrons.]

LE COMTE, à part.

Sot événement qui me dérange !

BRID'OISON, à Figaro.

Et la noblesse, et le château ? Vous impo-osez à la justice ?

FIGARO.

Elle allait me faire faire une belle sottise, la justice ! après que j'ai manqué, pour ces maudits cents écus, d'assommer vingt fois monsieur, qui se trouve aujourd'hui mon père ! Mais puisque le ciel a sauvé ma vertu de ces dangers, mon père, agréez mes excuses... Et vous, ma mère, embrassez-moi... le plus maternellement que vous pourrez. (Marceline lui saute au cou.)

SCÈNE XVII

BARTHOLO, FIGARO, MARCELINE, BRID'OISON, SUZANNE ANTONIO LE COMTE.

SUZANNE, accourant une bourse à la main.

Monseigneur, arrêtez ! qu'on ne les marie pas : je viens payer madame avec la dot que ma maîtresse me donne.

LE COMTE, à part.

Au diable la maîtresse ! Il semble que tout conspire.

(Il sort.)

SCÈNE XVIII

BARTHOLO, ANTONIO, SUZANNE, FIGARO, MARCELINE, BRID'OISON.

ANTONIO, voyant Figaro embrasser sa mère, dit à Suzanne.

Ah oui, payer ! Tiens, tiens.

SUZANNE se retourne.

J'en vois assez : sortons, mon oncle.

FIGARO, l'arrêtant.

Non, s'il vous plaît. Que vois-tu donc ?

SUZANNE.

Ma bêtise et ta lâcheté.

FIGARO.

Pas plus de l'une que de l'autre.

SUZANNE, en colère.

Et que tu l'épouses à gré, puisque tu la caresses.

FIGARO, gaiement.

Je la caresse, mais je ne l'épouse pas. (Suzanne veut sortir, Figaro la retient).

SUZANNE lui donne un soufflet.

Vous êtes bien insolent d'oser me retenir !

FIGARO, à la compagnie.

C'est-il ça de l'amour ? Avant de nous quitter, je t'en supplie, envisage bien cette chère femme-là.

SUZANNE.

Je la regarde.

FIGARO.

Et tu la trouves ?

SUZANNE.

Affreuse.

FIGARO.

Et vive la jalousie ! elle ne vous marchande pas.

MARCELINE, les bras ouverts.

Embrasse ta mère, ma jolie Suzannette. Le méchant qui te tourmente est mon fils.

SUZANNE court à elle.

Vous, sa mère ! (Elles restent dans les bras l'une de l'autre.)

ANTONIO.

C'est donc de tout à l'heure ?

FIGARO.

Que je le sais.

MARCELINE, exaltée.

Non, mon cœur entraîné vers lui ne se trompait que de motif ; c'était le sang qui me parlait.

FIGARO.

Et moi le bon sens, ma mère, qui me servait d'instinct quand je vous refusais ; car j'étais loin de vous haïr, témoin l'argent...

MARCELINE lui remet un papier.

Il est à toi : reprends ton billet, c'est ta dot.

SUZANNE lui jette la bourse.

Prends encore celle-ci.

FIGARO.

Grand merci !

MARCELINE, exaltée.

Fille assez malheureuse, j'allais devenir la plus misérable des femmes, et je suis la plus fortunée des mères ! Embrassez-moi, mes deux enfants ; j'unis en vous toutes mes tendresses. Heureuse autant que je puis l'être, ah ! mes enfants, combien je vais aimer !

FIGARO attendri, avec vivacité.

Arrête donc, chère mère ! arrête donc ! voudrais-tu voir se fondre en eau mes yeux noyés des premières larmes que je connaisse ? Elles sont de joie, au moins !

Mais quelle stupidité ! j'ai manqué d'en être honteux : je les sentais couler entre mes doigts : regarde (Il montre ses doigts écartés.) et je les retenais bêtement ! Va te promener, la honte ! je veux rire et pleurer en même temps; on ne sent pas deux fois ce que j'éprouve.
(Il embrasse sa mère d'un côté, Suzanne de l'autre.)

MARCELINE.

O mon ami !

SUZANNE.

Mon cher ami !

BRID'OISON, s'essuyant les yeux d'un mouchoir.

Eh bien ! moi ! je suis donc bê-ête aussi !

FIGARO, exalté.

Chagrin, c'est maintenant que je puis te défier ? Atteins-moi, si tu l'oses, entre ces deux femmes chéries.

ANTONIO, à Figaro.

Pas tant de cajoleries, s'il vous plaît. En fait de mariage dans les familles, celui des parents va devant, savez. Les vôtres se baillent-ils la main ?

BARTHOLO.

Ma main ! puisse-t-elle se dessécher et tomber, si jamais je la donne à la mère d'un tel drôle !

ANTONIO, à Bartholo.

Vous n'êtes donc qu'un père marâtre ? (A Figaro.) En ce cas, not'galant, plus de parole.

SUZANNE.

Ah ! mon oncle !...

ANTONIO.

Irai-je donner l'enfant de not' sœur à sti qui n'est l'enfant de personne ?

BRID'OISON.

Est-ce que cela-a se peut, imbécile ? on-on est toujours l'enfant de quelqu'un.

ANTONIO.

Tarare !... il ne l'aura jamais.
(Il sort.)

SCÈNE XIX

BARTHOLO, SUZANNE, FIGARO, MARCELINE, BRID'OISON.

BARTHOLO, à Figaro.

Et cherche à présent qui l'adopte.
(Il veut sortir.)

MARCELINE, courant prendre Bartholo à bras-le-corps, le ramène.

Arrêtez, docteur, ne sortez pas.

FIGARO, à part.

Non, tous les sots d'Andalousie sont, je crois, déchaînés contre mon pauvre mariage !

SUZANNE, à Bartholo.

Bon petit papa, c'est votre fils.

MARCELINE, à Bartholo **.

De l'esprit, des talents, de la figure.

FIGARO, à Bartholo.

Et qui ne vous a pas coûté une obole.

BARTHOLO.

Et les cent écus qu'il m'a pris ?

*Bartholo, Antonio, Suzanne, Figaro, Marceline, Brid'oison.
*Suzanne, Bartholo, Marceline, Figaro, Brid'oison.

MARCELINE, le caressant.

Nous aurons tant de soin de vous, papa !

SUZANNE, le caressant.

Nous vous aimerons tant, petit papa !

BARTHOLO, attendri.

Papa ! bon papa ! petit papa ! voilà que je suis plus bête encore que monsieur, moi. (Montrant Brid'oison.) Je me laisse aller comme un enfant. (Marceline et Suzanne l'embrassent.) Oh ! non, je n'ai pas dit oui. (Il se retourne.) Qu'est donc devenu monseigneur !

FIGARO.

Courons le joindre; arrachons-lui son dernier mot. S'il machinait quelque autre intrigue, il faudrait tout recommencer.

TOUS ENSEMBLE.

Courons, courons.
(Ils entraînent Bartholo dehors.)

SCÈNE XX

BRID'OISON, seul.

Plus bê-ête encore que monsieur ! On peut se dire à soi-même ces-es sortes de choses-là, mais... l-ils ne sont pas polis du tout dan-ans cet endroit-ci.
(Il sort.)

ACTE QUATRIÈME

Le théâtre représente une galerie ornée de candélabres, de lustres allumés, de fleurs, de guirlandes, en un mot, préparée pour donner une fête. Sur le devant, à droite, est une table avec une écritoire ; un fauteuil derrière.

SCÈNE PREMIÈRE

FIGARO, SUZANNE.

FIGARO, la tenant à bras-le-corps.

Hé bien ! amour, es-tu contente ? Elle a converti son docteur, cette fine langue dorée de ma mère ! Malgré sa répugnance, il l'épouse, et ton bourru d'oncle est bridé ; il n'y a que monseigneur qui rage, car enfin notre hymen va devenir le prix du leur. Ris donc un peu de ce bon résultat.

SUZANNE.

As-tu rien vu de plus étrange ?

FIGARO.

Ou plutôt d'aussi gai. Nous ne voulions qu'une dot arrachée à l'excellence; en voilà deux dans nos mains, qui ne sortent pas des siennes. Une rivale acharnée te poursuivait ; j'étais tourmenté par une furie ! tout cela s'est changé pour nous dans *la plus bonne* des mères. Hier j'étais comme seul au monde, et voilà que j'ai tous mes parents ; pas si magnifiques, il est vrai, que je me les étais galonnés ; mais assez bien pour nous, qui n'avons pas la vanité des riches.

SUZANNE.

Aucune des choses que tu avais disposées, que nous attendions, mon ami, n'est pourtant arrivée!

FIGARO.

Le hasard a mieux fait que nous tous, ma petite. Ainsi va le monde; on travaille, on projette, on arrange d'un côté; la fortune accomplit de l'autre : et, depuis l'affamé conquérant qui voudrait avaler la terre, jusqu'au paisible aveugle qui se laisse mener par son chien, tous sont le jouet de ses caprices; encore l'aveugle au chien est-il souvent mieux conduit, moins trompé dans ses vues, que l'autre aveugle avec son entourage. — Pour cet aimable aveugle qu'on nomme Amour...

(Il la reprend tendrement à bras-le-corps.)

SUZANNE.

Ah! c'est le seul qui m'intéresse!

FIGARO.

Permets donc que, prenant l'emploi de la folie, je sois le bon chien qui le mène à ta jolie mignonne porte, et nous voilà logés pour la vie.

SUZANNE, riant.

L'Amour et toi?

FIGARO.

Moi et l'Amour.

SUZANNE.

Et vous ne chercherez pas d'autre gîte?

FIGARO.

Si tu m'y prends, je veux bien que mille millions de galants...

SUZANNE.

Tu vas exagérer : dis ta bonne vérité.

FIGARO.

Ma vérité la plus vraie!

SUZANNE.

Fi donc, vilain! en a-t-on plusieurs?

FIGARO.

Oh! que oui. Depuis qu'on a remarqué qu'avec le temps vieilles folies deviennent sagesse, et qu'anciens petits mensonges assez mal plantés ont produit de grosses, grosses vérités, on en a de mille espèces. Et celles qu'on sait, sans oser les divulguer; car toute vérité n'est pas bonne à dire : et celles qu'on vante, sans y ajouter foi; car toute vérité n'est pas bonne à croire : et les serments passionnés, les menaces des mères, les protestations des buveurs, les promesses des gens en place, le dernier mot de nos marchands; cela ne finit pas. Il n'y a que mon amour pour Suzon qui soit une vérité de bon aloi.

SUZANNE.

J'aime ta joie, parce qu'elle est folle : elle annonce que tu es heureux. Parlons du rendez-vous du comte.

FIGARO.

Ou plutôt n'en parlons jamais; il a failli me coûter Suzanne.

SUZANNE.

Tu ne veux donc plus qu'il ait lieu?

FIGARO.

Si vous m'aimez, Suzon, votre parole d'honneur su ce point : qu'il s'y morfonde; et c'est sa punition.

SUZANNE.

Il m'en a plus coûté de l'accorder que je n'ai de pein à le rompre : il n'en sera plus question.

FIGARO.

Ta bonne vérité?

SUZANNE.

Je ne suis pas comme vous autres savants, moi, je n'en ai qu'une.

FIGARO.

Et tu m'aimeras un peu?

SUZANNE.

Beaucoup.

FIGARO.

Ce n'est guère.

SUZANNE.

Et comment?

FIGARO.

En fait d'amour, vois-tu, trop n'est pas même assez.

SUZANNE.

Je n'entends pas toutes ces finesses; mais je n'aimerai que mon mari.

FIGARO.

Tiens parole, et tu feras une belle exception à l'usage.

(Il veut l'embrasser.)

SCÈNE II

FIGARO, SUZANNE, LA COMTESSE.

LA COMTESSE.

Ah! j'avais raison de le dire : en quelque endroit qu'ils soient, croyez qu'ils sont ensemble. Allons donc, Figaro, c'est voler l'avenir, le mariage et vous-même, que d'usurper un tête-à-tête. On vous attend, on s'impatiente.

FIGARO.

Il est vrai, madame, je m'oublie. Je vais leur montrer mon excuse. (Il veut emmener Suzanne.)

LA COMTESSE la retient.

Elle vous suit.

SCÈNE III

SUZANNE, LA COMTESSE.

LA COMTESSE.

As-tu ce qu'il nous faut pour troquer de vêtement?

SUZANNE.

Il ne faut rien, madame; le rendez-vous ne tiendra pas.

LA COMTESSE.

Ah! vous changez d'avis?

SUZANNE.

C'est Figaro.

LA COMTESSE.

Vous me trompez.

LE MARIAGE DE FIGARO

SUZANNE.

Bonté divine !

LA COMTESSE.

Figaro n'est pas un homme à laisser échapper une dot.

SUZANNE.

Madame ! eh que croyez-vous donc ?

LA COMTESSE.

Qu'enfin, d'accord avec le comte, il vous fâche à présent de m'avoir confié ses projets. Je vous sais par cœur. Laissez-moi. *(Elle veut sortir.)*

SUZANNE *se jette à genoux.*

Au nom du ciel, espoir de tous ! vous ne savez pas, madame, le mal que vous faites à Suzanne ! Après vos bontés continuelles et la dot que vous me donnez !...

LA COMTESSE *la relève.*

Hé mais... je ne sais ce que je dis ! En me cédant ta place au jardin, tu n'y vas pas, mon cœur ; tu tiens parole à ton mari, tu m'aides à ramener le mien.

SUZANNE.

Comme vous m'avez affligée !

LA COMTESSE.

C'est que je ne suis qu'une étourdie. *(Elle la baise au front.)* Où est ton rendez-vous ?

SUZANNE *lui baise la main.*

Le mot de jardin m'a seul frappée.

LA COMTESSE, *montrant la table.*

Prends cette plume, et fixons un endroit.

SUZANNE.

Lui écrire !

LA COMTESSE.

Il le faut.

SUZANNE.

Madame ! au moins c'est vous...

LA COMTESSE.

Je mets tout sur mon compte. *(Suzanne s'assied, la Comtesse dicte.)*
« Chanson nouvelle, sur l'air.... Qu'il fera beau ce soir, sous les grands marronniers... Qu'il fera beau ce soir... »

SUZANNE *écrit.*

« Sous les grands marronniers... » Après ?

LA COMTESSE.

Crains-tu qu'il ne l'entende pas ?

SUZANNE *relit.*

C'est juste. *(Elle plie le billet.)* Avec quoi cacheter ?

LA COMTESSE.

Une épingle ; dépêche ! elle servira de réponse. Écris sur le revers : *Renvoyez-moi le cachet.*

SUZANNE *écrit en riant.*

Ah ! *le cachet !*... Celui-ci, madame, est plus gai que celui du brevet.

LA COMTESSE, *avec un souvenir douloureux.*

Ah !

SUZANNE *cherche sur elle.*

Je n'ai pas d'épingle à présent !

LA COMTESSE *détache sa lévite.*

Prends celle-ci. *(Le ruban du page tombe de son sein à terre.)* Ah ! mon ruban !

SUZANNE *le ramasse.*

C'est celui du petit voleur ! Vous avez eu la cruauté...

LA COMTESSE.

Fallait-il le laisser à son bras ? c'eût été joli ! Donnez donc !

SUZANNE.

Madame ne le portera plus, taché du sang de ce jeune homme.

LA COMTESSE *le reprend.*

Excellent pour Fanchette... Le premier bouquet qu'elle m'apportera...

SCÈNE IV

UNE JEUNE BERGÈRE, CHÉRUBIN *en fille,* FANCHETTE *et beaucoup de jeunes filles habillées comme elle, et tenant des bouquets,* LA COMTESSE, SUZANNE.

FANCHETTE.

Madame, ce sont les filles du bourg qui viennent vous présenter des fleurs.

LA COMTESSE, *serrant vite son ruban.*

Elles sont charmantes. Je me reproche, mes belles petites, de ne pas vous connaître toutes. *(Montrant Chérubin.)* Quelle est cette aimable enfant qui a l'air si modeste ?

UNE BERGÈRE.

C'est une cousine à moi, madame, qui n'est ici que pour la noce.

LA COMTESSE.

Elle est jolie. Ne pouvant porter vingt bouquets, faisons honneur à l'étrangère. *(Elle prend le bouquet de Chérubin, et le baise au front.)* Elle en rougit ! *(A Suzanne.)* Ne trouves-tu pas, Suzon... qu'elle ressemble à quelqu'un ?

SUZANNE.

A s'y méprendre, en vérité.

CHÉRUBIN, *à part, les mains sur son cœur.*

Ah ! ce baiser-là m'a été bien loin !

SCÈNE V

LES JEUNES FILLES, CHÉRUBIN, *au milieu d'elles ;* FANCHETTE, ANTONIO, LE COMTE, LA COMTESSE, SUZANNE.

ANTONIO.

Moi je vous dis, monseigneur, qu'il y est ; elles l'ont habillé chez ma fille ; toutes ses hardes y sont encore, et voilà son chapeau d'ordonnance que j'ai retiré du paquet. *(Il s'avance, et regardant toutes les filles, il reconnaît Chérubin, lui enlève son bonnet de femme, ce qui fait retomber ses longs cheveux en cadenette. Il lui met sur la tête le chapeau d'ordonnance, et dit :)* Eh parguenne, v'la notre officier.

LA COMTESSE *recule.*

Ah ciel !

SUZANNE.

Ce friponneau !

ANTONIO.

Quand je disais là-haut que c'était lui!

LE COMTE, en colère.

Eh bien, madame?

LA COMTESSE.

Eh bien, monsieur! vous me voyez plus surprise que us, et, pour le moins, aussi fâchée.

LE COMTE.

Oui; mais tantôt, ce matin?

LA COMTESSE.

Je serais coupable, en effet, si je dissimulais encore. Il était descendu chez moi. Nous entamions le badinage que ces enfants viennent d'achever; vous nous avez surprises l'habillant : votre premier mouvement est si vif! il s'est sauvé, je me suis troublée, l'effroi général a fait le reste.

LE COMTE, avec dépit, à Chérubin.

Pourquoi n'êtes-vous pas parti?

CHÉRUBIN, ôtant son chapeau brusquement.

Monseigneur...

LE COMTE.

Je punirai ta désobéissance.

FANCHETTE, étourdiment.

Ah, monseigneur, entendez-moi! Toutes les fois que vous venez m'embrasser, vous savez bien que vous dites toujours : *Si tu veux m'aimer, petite Fanchette, je te donnerai ce que tu voudras.*

LE COMTE, rougissant.

Moi, j'ai dit cela?

FANCHETTE.

Oui, monseigneur. Au lieu de punir Chérubin, donnez-le-moi en mariage, et je vous aimerai à la folie.

LE COMTE, à part.

Être ensorcelé par un page!

LA COMTESSE.

Eh bien, monsieur, à votre tour! L'aveu de cette enfant, aussi naïf que le mien, atteste enfin deux vérités : que c'est toujours sans le vouloir si je vous cause des inquiétudes, pendant que vous épuisez tout pour augmenter et justifier les miennes.

ANTONIO.

Vous aussi, monseigneur? Dame! je vous la redresserai comme feu sa mère, qui est morte... Ce n'est pas pour la conséquence; mais c'est que madame sait bien que les petites filles, quand elles sont grandes...

LE COMTE, déconcerté, à part.

Il y a un mauvais génie qui tourne tout ici contre moi.

SCÈNE VI

LES JEUNES FILLES, CHÉRUBIN, ANTONIO, FIGARO, LE COMTE, LA COMTESSE, SUZANNE.

FIGARO.

Monseigneur, si vous retenez nos filles, on ne pourra commencer ni la fête, ni la danse.

LE COMTE.

Vous, danser! vous n'y pensez pas. Après votre chute de ce matin, qui vous a foulé le pied droit!

FIGARO, remuant la jambe.

Je souffre encore un peu; ce n'est rien. (Aux jeunes filles.) Allons, mes belles, allons.

LE COMTE le retourne.

Vous avez été fort heureux que ces couches ne fussent que du terreau bien doux!

FIGARO.

Très-heureux, sans doute; autrement...

ANTONIO le retourne.

Puis il s'est pelotonné en tombant jusqu'en bas.

FIGARO.

Un plus adroit, n'est-ce pas, serait resté en l'air? (Aux jeunes filles.) Venez-vous, mesdemoiselles?

ANTONIO le retourne.

Et, pendant ce temps, le petit page galopait sur son cheval à Séville?

FIGARO.

Galopait, ou marchait au pas...

LE COMTE le retourne.

Et vous aviez son brevet dans la poche?

FIGARO, un peu étonné.

Assurément; mais quelle enquête? (Aux jeunes filles.) Allons donc, jeunes filles!

ANTONIO, attirant Chérubin par le bras.

En voici une qui prétend que mon neveu futur n'est qu'un menteur.

FIGARO, surpris.

Chérubin!... (A part.) Peste du petit fat!

ANTONIO.

Y es-tu maintenant?

FIGARO, cherchant.

J'y suis... j'y suis... Hé! qu'est-ce qu'il chante?

LE COMTE, sèchement.

Il ne chante pas, il dit que c'est lui qui a sauté sur les giroflées.

FIGARO, rêvant.

Ah! s'il le dit... cela se peut. Je ne dispute pas de ce que j'ignore.

LE COMTE.

Ainsi vous et lui...

FIGARO.

Pourquoi non? la rage de sauter peut gagner : voyez les moutons de Panurge! Et quand vous êtes en colère, il n'y a personne qui n'aime mieux risquer...

LE COMTE.

Comment! deux à la fois?...

FIGARO.

On aurait sauté deux douzaines. Et qu'est-ce que cela fait, monseigneur, dès qu'il n'y a personne de blessé! (Aux jeunes filles.) Ah çà, voulez-vous venir, ou non?

LE COMTE, outré.

Jouons-nous une comédie?

(On entend un prélude de fanfare.)

FIGARO.

Voilà le signal de la marche. A vos postes, les belles ! à vos postes ! Allons, Suzanne, donne-moi le bras.

(Tous s'enfuient ; Chérubin reste seul, la tête baissée.)

SCÈNE VII
CHÉRUBIN, LE COMTE, LA COMTESSE.

LE COMTE, regardant aller Figaro.

En voit-on de plus audacieux ? (Au page.) Pour vous, monsieur le sournois, qui faites le honteux, allez vous rhabiller bien vite, et que je ne vous rencontre nulle part de la soirée.

LA COMTESSE.

Il va bien s'ennuyer !

CHÉRUBIN, étourdiment.

M'ennuyer ! j'emporte à mon front du bonheur pour plus de cent années de prison.

(Il met son chapeau et s'enfuit.)

SCÈNE VIII
LE COMTE, LA COMTESSE.

(La comtesse s'évente fortement sans parler.)

LE COMTE.

Qu'a-t-il au front de si heureux ?

LA COMTESSE, avec embarras.

Son... premier chapeau d'officier, sans doute ; aux enfants tout sert de hochet.

(Elle veut sortir.)

LE COMTE.

Vous ne nous restez pas, comtesse ?

LA COMTESSE.

Vous savez que je ne me porte pas bien.

LE COMTE.

Un instant pour votre protégée, ou je vous croirais en colère.

LA COMTESSE.

Voici les deux noces, asseyons-nous donc pour les recevoir.

LE COMTE, à part.

La noce ! il faut souffrir ce qu'on ne peut empêcher.

(Le Comte et la Comtesse s'asseyent vers un des côtés de la galerie.)

SCÈNE IX
LE COMTE, LA COMTESSE, assis.

(L'on joue *les Folies d'Espagne* d'un mouvement de marche.)
(Symphonie notée.)

MARCHE.

LES GARDES-CHASSE, fusil sur l'épaule.
L'ALGUAZIL, LES PRUD'HOMMES, BRID'OISON.
LES PAYSANS ET LES PAYSANNES en habits de fête.
DEUX JEUNES FILLES portant la toque virginale à plumes blanches ;
DEUX AUTRES, le voile blanc ;
DEUX AUTRES, les gants et le bouquet de côté.
ANTONIO donne la main à SUZANNE, comme étant celui qui la marie à FIGARO.
D'AUTRES JEUNES FILLES portent une autre toque, un autre voile, un autre bouquet blanc, semblables aux premiers, pour MARCELINE.
FIGARO donne la main à MARCELINE, comme celui qui doit la remettre au DOCTEUR, lequel ferme la marche, un gros bouquet au côté. Les jeunes filles, en passant devant le Comte, remettent à ses valets tous les ajustements destinés à SUZANNE et à MARCELINE.

LES PAYSANS ET PAYSANNES s'étant rangés sur deux colonnes à chaque côté du salon, on danse une reprise du fandango avec des castagnettes : puis on joue la ritournelle du duo, pendant laquelle ANTONIO conduit SUZANNE au COMTE ; elle se met à genoux devant lui.

Pendant que le Comte lui pose la toque, le voile, et lui donne le bouquet, deux jeunes filles chantent le duo suivant (air noté) :

Jeune épouse, chantez les bienfaits et la gloire
D'un maître qui renonce aux droits qu'il eut sur vous :
Préférant au plaisir la plus noble victoire,
Il vous rend chaste et pure aux mains de votre époux.

SUZANNE est à genoux, et pendant les deux derniers vers du duo, elle tire le Comte par son manteau, et lui montre le billet qu'elle tient ; puis elle porte la main qu'elle a du côté des spectateurs à sa tête, où le Comte a l'air d'ajuster sa toque ; elle lui donne le billet.

LE COMTE le met furtivement dans son sein ; on achève de chanter le duo ; la fiancée se relève et lui fait une grande révérence.

FIGARO vient la recevoir des mains du Comte, et se retire avec elle de l'autre côté du salon, près de Marceline.

(On danse une autre reprise du fandango pendant ce temps.)

LE COMTE, pressé de lire ce qu'il a reçu, s'avance au bord du théâtre, et tire le papier de son sein ; mais, en le sortant, il fait le geste d'un homme qui s'est cruellement piqué le doigt : il le secoue, le presse, le suce, et, regardant le papier cacheté d'une épingle, il dit :

LE COMTE.

(Pendant qu'il parle, ainsi que Figaro, l'orchestre joue pianissimo.)

Diantre soit des femmes, qui fourrent des épingles partout !

(Il la jette à terre, puis il lit le billet et le baise.)

FIGARO, qui a tout vu, dit à sa mère et à Suzanne :

C'est un billet doux qu'une fillette aura glissé dans sa main en passant. Il était cacheté d'une épingle, qui l'a outrageusement piqué.

(La danse reprend. Le Comte, qui a lu le billet, le retourne ; il y voit l'invitation de renvoyer le cachet pour réponse. Il cherche à terre, et retrouve enfin l'épingle, qu'il attache à sa manche.)

FIGARO, à Suzanne et à Marceline.

D'un objet aimé tout est cher. Le voilà qui ramasse l'épingle. Ah ! c'est une drôle de tête !

(Pendant ce temps, Suzanne a des signes d'intelligence avec la Comtesse. La danse finit ; la ritournelle du duo recommence.)

(Figaro conduit Marceline au Comte, ainsi qu'on a conduit Suzanne ; à l'instant où le comte prend la toque, et où l'on va chanter le duo, on est interrompu par les cris suivants :)

L'HUISSIER, criant à la porte.

Arrêtez donc, messieurs vous ne pouvez entrer tous... Ici les gardes, les gardes !

(Les gardes vont vite à cette porte.)

LE COMTE, se levant.

Qu'est-ce qu'il y a ?

L'HUISSIER.

Monseigneur, c'est monsieur Basile entouré d'un village entier, parce qu'il chante en marchant.

LE COMTE.

Qu'il entre seul.

LA COMTESSE.

Ordonnez-moi de me retirer.

LE COMTE.

Je n'oublie pas votre complaisance.

LA COMTESSE.

Suzanne !... elle reviendra. (A part, à Suzanne.) Allons changer d'habits.

(Elle sort avec Suzanne.)

MARCELINE.

Il n'arrive jamais que pour nuire.

FIGARO.

Ah! je m'en vais vous le faire déchanter.

SCÈNE X

TOUS LES ACTEURS PRÉCÉDENTS, excepté LA COMTESSE et SUZANNE; BASILE tenant sa guitare; GRIPE-SOLEIL.

BASILE entre en chantant sur l'air du Vaudeville de la fin.

Cœurs sensibles, cœurs fidèles,
Qui blâmez l'amour léger,
Cessez vos plaintes cruelles :
Est-ce un crime de changer?
Si l'Amour porte des ailes,
N'est-ce pas pour voltiger?
N'est-ce pas pour voltiger?
N'est-ce pas pour voltiger?

FIGARO s'avance à lui.

Oui, c'est pour cela justement qu'il a des ailes au dos. Notre ami, qu'entendez-vous par cette musique?

BASILE, montrant Gripe-Soleil.

Qu'après avoir prouvé mon obéissance à monseigneur, en amusant monsieur, qui est de sa compagnie, je pourrai à mon tour réclamer sa justice.

GRIPE-SOLEIL.

Bah! monsigneu! il ne m'a pas amusé du tout avec leux guenilles d'ariettes...

LE COMTE.

Enfin que demandez-vous, Basile?

BASILE.

Ce qui m'appartient, monseigneur, la main de Marceline ; et je viens m'opposer...

FIGARO s'approche.

Y a-t-il longtemps que monsieur n'a vu la figure d'un fou?

BASILE.

Monsieur, en ce moment même.

FIGARO.

Puisque mes yeux vous servent si bien de miroir, étudiez-y l'effet de ma prédiction. Si vous faites mine seulement d'approximer madame...

BARTHOLO, en riant.

Et pourquoi? Laisse-le parler.

BRID'OISON s'avance entre deux.

Fau-aut-il que deux amis...

FIGARO.

Nous, amis !

BASILE.

Quelle erreur !

FIGARO, vite.

Parce qu'il fait de plats airs de chapelle?

BASILE, vite.

Et lui, des vers comme un journal?

FIGARO, vite.

Un musicien de guinguette !

BASILE, vite.

Un postillon de gazette !

FIGARO, vite.

Cuistre d'oratorio !

BASILE, vite.

Jockey diplomatique!

LE COMTE, assis.

Insolents tous les deux!

BASILE.

Il me manque en toute occasion.

FIGARO.

C'est bien dit ; si cela se pouvait !

BASILE.

Disant partout que je ne suis qu'un sot.

FIGARO.

Vous me prenez donc pour un écho?

BASILE.

Tandis qu'il n'est pas un chanteur que mon talent n'ait fait briller.

FIGARO.

Brailler.

BASILE.

Il le répète !

FIGARO.

Et pourquoi non, si cela est vrai? Es-tu un prince, pour qu'on te flagorne? Souffre la vérité, coquin, puisque tu n'as pas de quoi gratifier un menteur : ou, si tu la crains de notre part, pourquoi viens-tu troubler nos noces?

BASILE, à Marceline.

M'avez-vous promis, oui ou non, si dans quatre ans vous n'étiez pas pourvue, de me donner la préférence?

MARCELINE.

A quelle condition l'ai-je promis ?

BASILE.

Que si vous retrouviez un certain fils perdu, je l'adopterais par complaisance.

TOUS ENSEMBLE.

Il est trouvé.

BASILE.

Qu'à cela ne tienne !

TOUS ENSEMBLE, montrant Figaro.

Et le voici.

BASILE, reculant de frayeur.

J'ai vu le diable !

BRID'OISON, à Basile.

Et vou-ous renoncez à sa chère mère !

BASILE.

Qu'y aurait-il de plus fâcheux que d'être cru le père d'un garnement?

FIGARO.

D'en être cru le fils : tu te moques de moi !

BASILE, montrant Figaro.

Dès que monsieur est de quelque chose ici, je déclare, moi, que je ne suis plus de rien. (Il sort.)

SCÈNE XI

LES ACTEURS PRÉCÉDENTS, excepté BASILE.

BARTHOLO, riant.

Ah ah ah ah !

FIGARO, sautant de joie.

Donc à la fin j'aurai ma femme !

LE COMTE, à part.

Moi, ma maîtresse ! (Il se lève.)

BRID'OISON, à Marceline.
Et tou-out le monde est satisfait.

LE COMTE.
Qu'on dresse les deux contrats; j'y signerai.

TOUS ENSEMBLE.
Vivat ! (Ils sortent.)

LE COMTE.
J'ai besoin d'une heure de retraite. (Il veut sortir avec les autres.)

SCÈNE XII
GRIPE-SOLEIL, FIGARO, MARCELINE, LE COMTE.

GRIPE-SOLEIL, à Figaro.
Et moi je vais aider à ranger le feu d'artifice sous les grands marronniers, comme on l'a dit.

LE COMTE revient en courant.
Quel sot a donné un tel ordre?

FIGARO.
Où est le mal?

LE COMTE, vivement.
Et la comtesse qui est incommodée, d'où le verra-t-elle l'artifice? C'est sur la terrasse qu'il le faut, vis-à-vis de son appartement.

FIGARO.
Tu l'entends, Gripe-Soleil? la terrasse.

LE COMTE.
Sous les grands marronniers! belle idée! (En s'en allant, à part.) Ils allaient incendier mon rendez-vous.

SCÈNE XIII
FIGARO, MARCELINE.

FIGARO.
Quel excès d'attention pour sa femme! (Il veut sortir.)

MARCELINE l'arrête.
Deux mots, mon fils. Je veux m'acquitter avec toi : un sentiment mal dirigé m'avait rendue injuste envers ta charmante femme : je la supposais d'accord avec le comte, quoique j'eusse appris de Basile qu'elle l'avait toujours rebuté.

FIGARO.
Vous connaissez mal votre fils, de le croire ébranlé par ces impulsions féminines. Je puis défier la plus rusée de m'en faire accroire.

MARCELINE.
Il est toujours heureux de le penser, mon fils : la jalousie...

FIGARO.
... N'est qu'un sot enfant de l'orgueil, ou c'est la maladie d'un fou. Oh! j'ai là-dessus, ma mère, une philosophie... imperturbable; et si Suzanne doit me tromper un jour, je le lui pardonne d'avance; elle aura longtemps travaillé... (Il se retourne et aperçoit Fanchette qui cherche de côté et d'autre.)

SCÈNE XIV
FIGARO, FANCHETTE, MARCELINE.

FIGARO.
Eeeh... ma petite cousine qui nous écoute!

FANCHETTE.
Oh! pour ça, non : on dit que c'est malhonnête.

FIGARO.
Il est vrai; mais comme cela est utile, on fait aller souvent l'un pour l'autre.

FANCHETTE.
Je regardais si quelqu'un était là.

FIGARO.
Déjà dissimulée, friponne! Vous savez bien qu'il n'y peut être.

FANCHETTE.
Et qui donc?

FIGARO.
Chérubin.

FANCHETTE.
Ce n'est pas lui que je cherche, car je sais fort bien où il est; c'est ma cousine Suzanne.

FIGARO.
Et que lui veut ma petite cousine?

FANCHETTE.
A vous, petit cousin, je le dirai. — C'est... ce n'est qu'une épingle que je veux lui remettre.

FIGARO, vivement.
Une épingle! une épingle!... et de quelle part, coquine? A votre âge vous faites déjà un mét... (Il se reprend, et dit d'un ton doux.) Vous faites déjà très-bien tout ce que vous entreprenez, Fanchette; et ma jolie cousine est si obligeante...

FANCHETTE.
A qui donc en a-t-il de se fâcher? Je m'en vais.

FIGARO, l'arrêtant.
Non, non, je badine; tiens, ta petite épingle est celle que monseigneur t'a dit de remettre à Suzanne, et qui servait à cacheter un petit papier qu'il tenait. Tu vois que je suis au fait.

FANCHETTE.
Pourquoi donc le demander, quand vous le savez si bien?

FIGARO, cherchant.
C'est qu'il est assez gai de savoir comment monseigneur s'y est pris pour t'en donner la commission.

FANCHETTE, naïvement.
Pas autrement que vous le dites : *Tiens, petite Fanchette, rends cette épingle à ta belle cousine, et dis-lui seulement que c'est le cachet des grands marronniers.*

FIGARO.
Des grands...!

FANCHETTE.
Marronniers. Il est vrai qu'il a ajouté : *Prends garde que personne ne te voie!*

FIGARO.

Il faut obéir, ma cousine : heureusement personne ne vous a vue. Faites donc joliment votre commission, et n'en dites pas plus à Suzanne que monseigneur n'a ordonné.

FANCHETTE.

Et pourquoi lui en dirais-je? Il me prend pour un enfant, mon cousin. (Elle sort en sautant.)

SCÈNE XV

FIGARO, MARCELINE.

FIGARO.

Eh bien! ma mère?

MARCELINE.

Eh bien! mon fils?

FIGARO, comme étouffé.

Pour celui-ci!... Il y a réellement des choses...

MARCELINE.

Il y a des choses! Hé! qu'est-ce qu'il y a?

FIGARO, les mains sur sa poitrine.

Ce que je viens d'entendre, ma mère, je l'ai là comme un plomb.

MARCELINE, riant.

Ce cœur plein d'assurance n'était donc qu'un ballon gonflé? Une épingle a tout fait partir!

FIGARO, furieux.

Mais cette épingle, ma mère, est celle qu'il a ramassée!...

MARCELINE rappelant ce qu'il a dit.

« La jalousie ! oh ! j'ai là-dessus, ma mère, une philosophie... imperturbable ; et si Suzanne m'attrape un jour, je le lui pardonne... »

FIGARO, vivement.

Oh! ma mère, on parle comme on sent : mettez le plus glacé des juges à plaider dans sa propre cause, et voyez-le expliquer la loi ! — Je ne m'étonne plus s'il avait tant d'humeur sur ce feu ! — Pour la mignonne aux fines épingles, elle n'en est pas où elle le croit, ma mère, avec ses marronniers! Si mon mariage est assez fait pour légitimer ma colère, en revanche il ne l'est pas assez pour que je n'en puisse épouser une autre, et l'abandonner...

MARCELINE.

Bien conclu! Abîmons tout sur un soupçon. Qui t'a prouvé, dis-moi, que c'est toi qu'elle joue, et non le comte? L'as-tu étudiée de nouveau, pour la condamner sans appel? Sais-tu si elle se rendra sous les arbres? à quelle intention elle y va? ce qu'elle y dira, ce qu'elle y fera? Je te croyais plus fort en jugement.

FIGARO, lui baisant la main avec transport.

Elle a raison, ma mère, elle a raison, raison, toujours raison ! Mais accordons, maman, quelque chose à la nature ; on en vaut mieux après. Examinons en effet avant d'accuser et d'agir. Je sais où est le rendez-vous. Adieu, ma mère. (Il sort.)

SCÈNE XVI

MARCELINE, seule.

Adieu : et moi aussi, je le sais. Après l'avoir arrêté, veillons sur les voies de Suzanne ; ou plutôt avertissons-la ; elle est si jolie créature! Ah! quand l'intérêt personnel ne nous arme pas les unes contre les autres, nous sommes toutes portées à soutenir notre pauvre sexe opprimé contre ce fier, ce terrible... (En riant.) et pourtant un peu nigaud de sexe masculin. (Elle sort.)

ACTE CINQUIÈME

Le théâtre représente une salle de marronniers, dans un parc; deux pavillons, kiosques, ou temples de jardins, sont à droite et à gauche; le fond est une clairière ornée, un siège de gazon sur le devant. Le théâtre est obscur.

SCÈNE PREMIÈRE

FANCHETTE, seule, tenant d'une main deux biscuits et une orange, et de l'autre une lanterne de papier, allumée.

Dans le pavillon à gauche, a-t-il dit. C'est celui-ci. S'il allait ne pas venir à présent! mon petit rôle... Ces vilaines gens de l'office qui ne voulaient pas seulement me donner une orange et deux biscuits ! — Pour qui, mademoiselle ? — Eh bien, monsieur, c'est pour quelqu'un. — Oh ! nous savons. — Et quand ça serait? Parce que monseigneur ne veut pas le voir, faut-il qu'il meure de faim ? — Tout ça pourtant m'a coûté un fier baiser sur la joue !... Que sait-on ? il me le rendra peut-être. (Elle voit Figaro qui vient l'examiner; elle fait un cri.) Ah.!.. (Elle s'enfuit, et elle rentre dans le pavillon à sa gauche.)

SCÈNE II

FIGARO, un grand manteau sur ses épaules, un large chapeau rabattu ; BASILE, ANTONIO, BARTHOLO, BRID'OISON, GRIPE-SOLEIL, troupe de valets et de travailleurs.

FIGARO, d'abord seul.

C'est Fanchette ! (Il parcourt des yeux les autres à mesure qu'ils arrivent, et dit d'un ton farouche :) Bonjour, messieurs ; bonsoir : êtes-vous tous ici?

BASILE.

Ceux que tu as pressés d'y venir.

FIGARO.

Quelle heure est-il bien à peu près?

ANTONIO regarde en l'air.

La lune devrait être levée.

BARTHOLO.

Eh! quels noirs apprêts fais-tu donc? Il a l'air d'un conspirateur!

FIGARO, s'agitant.

N'est-ce pas pour une noce, je vous prie, que vous êtes rassemblés au château?

BRID'OISON.

Cè-ertainement.

ANTONIO.

Nous allions là-bas, dans le parc, attendre un signal pour ta fête.

FIGARO.

Vous n'irez pas plus loin, messieurs; c'est ici, sous ces marronniers, que nous devons tous célébrer l'honnête fiancée que j'épouse, et le loyal seigneur qui se l'est destinée.

BASILE, se rappelant la journée.

Ah! vraiment, je sais ce que c'est. Retirons-nous, si vous m'en croyez : il est question d'un rendez-vous : je vous conterai cela près d'ici.

BRID'OISON, à Figaro.

Nou-ous reviendrons.

FIGARO.

Quand vous m'entendrez appeler, ne mauquez pas d'accourir tous, et dites du mal de Figaro, s'il ne vous fait voir une belle chose.

BARTHOLO.

Souviens-toi qu'un homme sage ne se fait point d'affaire avec les grands.

FIGARO.

Je m'en souviens.

BARTHOLO.

Qu'ils ont quinze et bisque sur nous par leur état.

FIGARO.

Sans leur industrie, que vous oubliez. Mais souvenez-vous aussi que l'homme qu'on sait timide est dans la dépendance de tous les fripons.

BARTHOLO.

Fort bien.

FIGARO.

Et que j'ai nom *de Verte-Allure*, du chef honoré de ma mère.

BARTHOLO.

Il a le diable au corps.

BRID'OISON.

I-il l'a.

BASILE, à part.

Le comte et sa Suzanne se sont arrangés sans moi? Je ne suis pas fâché de l'algarade.

FIGARO aux valets.

Pour vous autres, coquins, à qui j'ai donné l'ordre, illuminez-moi ces entours; ou par la mort que je voudrais tenir aux dents, si j'en saisis un par le bras... (Il secoue le bras de Gripe-Soleil.)

GRIPE-SOLEIL s'en va en criant, pleurant.

A, a, o, oh! Damné brutal!

BASILE, en s'en allant.

Le ciel vous tienne en joie, monsieur du marié! (Ils sortent.)

SCÈNE III

FIGARO, seul, se promenant dans l'obscurité, dit du ton le plus sombre.

O femme! femme! femme! créature faible et décevante!... nul animal créé ne peut manquer à son instinct : le tien est-il donc de tromper?... Après m'avoir obstinément refusé quand je l'en pressais devant sa maîtresse; à l'instant qu'elle me donne sa parole, au milieu même de la cérémonie!... Il riait en lisant, le perfide! et moi, comme un benêt... Non, monsieur le comte, vous ne l'aurez pas... vous ne l'aurez pas. Parce que vous êtes un grand seigneur, vous vous croyez un grand génie!... noblesse, fortune, un rang, des places, tout cela rend si fier! Qu'avez-vous fait pour tant de biens? vous vous êtes donné la peine de naître, et rien de plus : du reste, homme assez ordinaire! tandis que moi, morbleu, perdu dans la foule obscure, il m'a fallu déployer plus de science et de calculs pour subsister seulement, qu'on n'en a mis depuis cent ans à gouverner toutes les Espagnes; et vous voulez jouter!... On vient... c'est elle... ce n'est personne. — La nuit est noire en diable, et me voilà faisant le sot métier de mari, quoique je ne le sois qu'à moitié! (Il s'assied sur un banc.) Est-il rien de plus bizarre que ma destinée! Fils de je ne sais pas qui; volé par des bandits; élevé dans leurs mœurs, je m'en dégoûte et veux courir une carrière honnête; et partout je suis repoussé! J'apprends la chimie, la pharmacie, la chirurgie; et tout le crédit d'un grand seigneur peut à peine me mettre à la main une lancette vétérinaire! — Las d'attrister des bêtes malades, et pour faire un métier contraire, je me jette à corps perdu dans le théâtre : me fussé-je mis une pierre au cou! Je broche une comédie dans les mœurs du sérail; auteur espagnol, je crois pouvoir y fronder Mahomet sans scrupule : à l'instant un envoyé... de je ne sais où se plaint que j'offense dans mes vers la Sublime Porte, la Perse, une partie de la presqu'île de l'Inde, toute l'Égypte, les royaumes de Barca, de Tripoli, de Tunis, d'Alger, et de Maroc : et voilà ma comédie flambée, pour plaire aux princes mahométans, dont pas un, je crois, ne sait lire, et qui nous meurtrissent l'omoplate, en nous disant : *chiens de chrétiens!* — Ne pouvant avilir l'esprit, on se venge en le maltraitant. — Mes joues creusaient : mon terme était échu : je voyais de loin arriver l'affreux recors, la plume fichée dans sa perruque; en frémissant je m'évertue. Il s'élève une question sur la nature des richesses; et comme il n'est pas nécessaire de tenir les choses pour en raisonner; n'ayant pas un sou, j'écris sur la valeur de l'argent; et sur son produit net : aussitôt je vois, du fond d'un fiacre, baisser pour moi le pont d'un château fort, à l'entrée duquel je laissai l'espérance et la liberté. (Il se lève.) Que je voudrais bien tenir un de ces puissants de quatre jours, si légers sur le mal qu'ils ordonnent, quand une bonne disgrâce a cuvé son orgueil! Je lui dirais... que les sottises imprimées n'ont d'importance qu'aux lieux l'on en gêne le cours; que, sans la liberté de blâmer, il n'est point d'éloge flatteur; et qu'il n'y a que les petits hommes qui redoutent les petits écrits. (Il se rassied.) Las de nourrir un obscur pensionnaire, on me met un jour dans la rue; et comme il faut dîner, quoiqu'on ne soit plus en prison, je taille encore ma plume, et demande à chacun de quoi il est question : on me dit que, pendant ma retraite économique, il s'est établi dans Madrid un système de liberté sur la vente des productions, qui s'étend même à celles de la presse; et que, pourvu que je ne parle en mes écrits ni de l'autorité, ni du culte, ni de la politique, ni de la morale, ni des gens en place, ni des corps en crédit, ni de l'Opéra, ni des autres spectacles, ni de personne qui tienne à quelque chose, je puis tout imprimer librement, sous l'inspection de deux ou trois censeurs. Pour profiter de cette douce liberté, j'annonce un écrit périodique, et, croyant n'aller sur les brisées d'aucun autre, je le nomme *Journal inutile*. Pou-ou! je vois s'élever contre moi mille pauvres diables à la feuille; on me supprime, et me voilà derechef sans emploi! — Le désespoir m'allait saisir; on pense à moi pour une place, mais par malheur j'y étais propre; il fallait un calculateur, ce fut un danseur qui l'obtint. Il ne me restait plus qu'à voler; je me fais banquier de pharaon : alors, bonnes gens! je soupe en ville, et les personnes dites *comme il faut* m'ouvrent poliment leur maison, en retenant pour elles les trois quarts du profit. J'aurais bien pu me remonter; je commençais même à comprendre que, pour gagner du bien, le savoir-faire vaut mieux que le savoir. Mais comme chacun pillait autour de moi, en exigeant que je fusse honnête, il fallut bien périr encore. Pour le coup je quittais le monde, et vingt brasses d'eau m'en allaient séparer lorsqu'un Dieu bienfaisant m'appelle à mon premier état. Je reprends ma trousse et mon cuir anglais; puis, laissant la fumée aux sots qui s'en nourrissent, et la honte au milieu du chemin, comme trop lourde à un piéton, je vais rasant de ville en ville, et je vis enfin sans souci. Un grand seigneur passe à Séville; il me reconnaît, je le marie; et pour prix d'avoir eu par mes soins son épouse, il veut intercepter la mienne! Intrigue, orage à ce sujet. Prêt à tomber dans un abîme, au moment d'épouser ma mère, mes parents m'arrivent à la file. (Il se lève en s'échauffant.) On se débat : c'est vous, c'est lui, c'est moi, c'est toi; non, ce n'est pas nous : eh mais! qui donc? (Il retombe assis.) O bizarre suite d'événements! Comment cela m'est-il arrivé? Pourquoi ces choses et non pas d'autres? Qui les a fixées sur ma tête? Forcé de parcourir la route où je suis entré sans le savoir, comme j'en sortirai sans le vouloir, je l'ai jonchée d'autant de fleurs que ma gaieté me l'a permis : encore je dis ma gaieté sans savoir si elle est à moi plus que le reste, ni même quel est ce *moi* dont je m'occupe : un assemblage informe de parties inconnues; puis un chétif être imbécile, un petit animal folâtre, un jeune homme ardent au plaisir, ayant tous les goûts pour jouir, faisant tous les métiers pour vivre, maître ici, valet là, selon qu'il plaît à la fortune; ambitieux par vanité, laborieux par nécessité; mais paresseux... avec délices! orateur selon le danger, poëte par délassement; musicien par occasion, amoureux par folles bouffées, j'ai tout vu, tout fait, tout usé. Puis l'illusion s'est détruite, et, trop désabusé... Désabusé!... Suzon, Suzon, Suzon! que tu me donnes de tourments!... J'entends marcher... on vient. Voici l'instant de la crise. (Il se retire près de la première coulisse à droite.)

SCÈNE IV

FIGARO, LA COMTESSE avec les habits de Suzon, SUZANNE avec ceux de la Comtesse, MARCELINE.

SUZANNE, bas à la Comtesse.
Oui, Marceline m'a dit que Figaro y serait.

MARCELINE.
Il y est aussi; baisse la voix.

SUZANNE.
Ainsi l'un nous écoute, et l'autre va venir me chercher; commençons.

MARCELINE.
Pour n'en pas perdre un mot, je vais me cacher dans le pavillon. (Elle entre dans le pavillon où est entrée Fanchette.)

SCÈNE V

FIGARO, LA COMTESSE, SUZANNE.

SUZANNE, haut.
Madame tremble! est-ce qu'elle aurait froid?

LA COMTESSE, haut.
La soirée est humide, je vais me retirer.

SUZANNE, haut.
Si madame n'avait pas besoin de moi, je prendrais l'air un moment, sous ces arbres.

LA COMTESSE, haut.
C'est le serein que tu prendras.

SUZANNE, haut.
J'y suis toute faite.

FIGARO, à part.
Ah! oui, le serein! (Suzanne se retire près de la coulisse du côté opposé à Figaro.)

SCÈNE VI

FIGARO, CHÉRUBIN, LE COMTE, LA COMTESSE, SUZANNE.

(Figaro et Suzanne retirés de chaque côté sur le devant.)

CHÉRUBIN, en habit d'officier, arrive en chantant gaiement la reprise de l'air de la romance.
La, la, la, etc.

J'avais une marraine,
Que toujours adorai.

LA COMTESSE, à part.
Le petit page!

CHÉRUBIN s'arrête.
On se promène ici; gagnons vite mon asile, où la petite Fanchette... C'est une femme!

LA COMTESSE écoute.
Ah, grands dieux!

CHÉRUBIN se baisse en regardant de loin.
Me trompé-je? à cette coiffure en plumes qui se dessine au loin dans le crépuscule, il me semble que c'est Suzon.

LA COMTESSE, à part.

Si le comte arrivait !... (Le Comte paraît dans le fond.)

CHÉRUBIN s'approche et prend la main de la Comtesse, qui se défend.

Oui, c'est la charmante fille qu'on nomme Suzanne ! Eh ! pourrais-je m'y méprendre à la douceur de cette main, à ce petit tremblement qui l'a saisie, surtout au battement de mon cœur ! (Il veut y appuyer le dos de la main de la Comtesse ; elle la retire.)

LA COMTESSE, bas.

Allez-vous-en.

CHÉRUBIN.

Si la compassion t'avait conduite exprès dans cet endroit du parc, où je suis caché depuis tantôt !

LA COMTESSE.

Figaro va venir.

LE COMTE, s'avançant, dit à part.

N'est-ce pas Suzanne que j'aperçois ?

CHÉRUBIN, à la Comtesse.

Je ne crains point du tout Figaro, car ce n'est pas lui que tu attends.

LA COMTESSE.

Qui donc ?

LE COMTE, à part.

Elle est avec quelqu'un.

CHÉRUBIN.

C'est monseigneur, friponne, qui t'a demandé ce rendez-vous, ce matin, quand j'étais derrière le fauteuil.

LE COMTE, à part, avec fureur.

C'est encore le page infernal !

FIGARO, à part.

On dit qu'il ne faut pas écouter !

SUZANNE, à part.

Petit bavard !

LA COMTESSE, au page.

Obligez-moi de vous retirer.

CHÉRUBIN.

Ce ne sera pas au moins sans avoir reçu le prix de mon obéissance.

LA COMTESSE, effrayée.

Vous prétendez...?

CHÉRUBIN, avec feu.

D'abord vingt baisers pour ton compte, et puis cent pour ta belle maîtresse.

LA COMTESSE.

Vous oseriez...?

CHÉRUBIN.

Oh que oui, j'oserai ! tu prends sa place auprès de monseigneur ; moi celle du comte auprès de toi : le plus attrapé, c'est Figaro.

FIGARO, à part.

Ce brigandeau !

SUZANNE, à part.

Hardi comme un page ! (Chérubin veut embrasser la Comtesse. Le Comte se met entre deux, et reçoit le baiser.)

LA COMTESSE, se retirant.

Ah ciel !

FIGARO, à part, entendant le baiser.

J'épousais une jolie mignonne ! (Il écoute.)

CHÉRUBIN tâtant les habits du Comte.

(A part.) C'est monseigneur ! (Il s'enfuit dans le pavillon où sont entrées Fanchette et Marceline.)

SCÈNE VII

FIGARO, LE COMTE, LA COMTESSE, SUZANNE.

FIGARO s'approche.

Je vais...

LE COMTE, croyant parler au page.

Puisque vous ne redoublez pas le baiser.... (Il croit lui donner un soufflet.)

FIGARO, qui est à portée, le reçoit.

Ah !

LE COMTE.

... Voilà toujours le premier payé.

FIGARO, à part, s'éloigne en se frottant la joue.

Tout n'est pas gain non plus en écoutant.

SUZANNE, riant tout haut, de l'autre côté.

Ah, ah, ah, ah !

LE COMTE, à la Comtesse, qu'il prend pour Suzanne.

Entend-on quelque chose à ce page ! Il reçoit le plus rude soufflet, et s'enfuit en éclatant de rire.

FIGARO, à part.

S'il s'affligeait de celui-ci !...

LE COMTE.

Comment ! je ne pourrai faire un pas... (A la Comtesse.) Mais laissons cette bizarrerie ; elle empoisonnerait le plaisir que j'ai de te trouver dans cette salle.

LA COMTESSE, imitant le parler de Suzanne.

L'espériez-vous ?

LE COMTE.

Après ton ingénieux billet ! (Il lui prend la main.) Tu trembles ?

LA COMTESSE.

J'ai eu peur.

LE COMTE.

Ce n'est pas pour te priver du baiser, que je l'ai pris.

(Il la baise au front.)

LA COMTESSE.

Des libertés !

FIGARO, à part.

Coquine !

SUZANNE, à part.

Charmante !

LE COMTE prend la main de sa femme.

Mais quelle peau fine et douce, et qu'il s'en faut que la comtesse ait la main aussi belle !

LA COMTESSE, à part.

Oh ! la prévention !

LE COMTE.

A-t-elle ce bras ferme et rondelet ? ces jolis doigts pleins de grâce et d'espièglerie ?

LA COMTESSE, de la voix de Suzanne.

Ainsi l'amour...

LE COMTE.

L'amour... n'est que le roman du cœur : c'est le plaisir qui en est l'histoire; il m'amène à tes genoux.

LA COMTESSE.

Vous ne l'aimez plus?

LE COMTE.

Je l'aime beaucoup; mais trois ans d'union rendent l'hymen si respectable!

LA COMTESSE.

Que vouliez-vous en elle?

LE COMTE, la caressant.

Ce que je trouve en toi, ma beauté...

LA COMTESSE.

Mais dites donc.

LE COMTE.

Je ne sais : moins d'uniformité peut-être, plus de piquant dans les manières, un je ne sais quoi qui fait le charme; quelquefois un refus, que sais-je! Nos femmes croient tout accomplir en nous aimant : cela dit une fois, elles nous aiment, nous aiment (quand elles nous aiment!) et sont si complaisantes, et si constamment obligeantes, et toujours, et sans relâche, qu'on est tout surpris un beau soir de trouver la satiété où l'on recherchait le bonheur.

LA COMTESSE, à part.

Ah! quelle leçon!

LE COMTE.

En vérité, Suzon, j'ai pensé mille fois que si nous poursuivons ailleurs ce plaisir qui nous fuit chez elles, c'est qu'elles n'étudient pas assez l'art de soutenir notre goût, de se renouveler à l'amour, de ranimer, pour ainsi dire, le charme de leur possession par celui de la variété.

LA COMTESSE, piquée.

Donc elles doivent tout...?

LE COMTE, riant.

Et l'homme rien. Changerons-nous la marche de la nature? Notre tâche à nous fut de les obtenir, la leur...

LA COMTESSE.

La leur...?

LE COMTE.

Est de nous retenir : on l'oublie trop.

LA COMTESSE.

Ce ne sera pas moi.

LE COMTE.

Ni moi.

FIGARO, à part.

Ni moi.

SUZANNE, à part.

Ni moi.

LE COMTE prend la main de sa femme.

Il y a de l'écho ici; parlons plus bas. Tu n'as nul besoin d'y songer, toi que l'amour a faite et si vive et si jolie! Avec un grain de caprice, tu seras la plus agaçante maîtresse! (Il la baise au front.) Ma Suzanne, un Castillan n'a que sa parole. Voici tout l'or promis pour le rachat du droit que je n'ai plus sur le délicieux moment que tu m'accordes. Mais comme la grâce que tu daignes y mettre est sans prix, j'y joindrai ce brillant que tu porteras pour l'amour de moi.

LA COMTESSE fait une révérence.

Suzanne accepte tout.

FIGARO, à part.

On n'est pas plus coquine que cela.

SUZANNE, à part.

Voilà du bon bien qui nous arrive.

LE COMTE, à part.

Elle est intéressée; tant mieux.

LA COMTESSE regarde au fond.

Je vois des flambeaux.

LE COMTE.

Ce sont les apprêts de ta noce. Entrons-nous un moment dans l'un de ces pavillons, pour les laisser passer?

LA COMTESSE.

Sans lumière?

LE COMTE l'entraîne doucement.

A quoi bon? nous n'avons rien à lire.

FIGARO, à part.

Elle y va, ma foi! Je m'en doutais. (Il s'avance.)

LE COMTE grossit sa voix en se retournant.

Qui passe ici?

FIGARO, en colère.

Passer! on vient exprès.

LE COMTE, bas à la Comtesse.

C'est Figaro!... (Il s'enfuit.)

LA COMTESSE.

Je vous suis. (Elle entre dans le pavillon à sa droite, pendant que le Comte se perd dans le bois au fond.)

SCÈNE VIII

FIGARO, SUZANNE, dans l'obscurité.

FIGARO cherche à voir où vont le Comte et la Comtesse, qu'il prend pour Suzanne.

Je n'entends plus rien; ils sont entrés; m'y voilà. (D'un ton altéré.) Vous autres, époux maladroits, qui tenez des espions à gages et tournez des mois entiers autour d'un soupçon, sans l'asseoir, que ne m'imitez-vous? Dès le premier jour je suis ma femme, et je l'écoute; en un tour de main on est au fait : c'est charmant; plus de doutes; on sait à quoi s'en tenir. (Marchant vivement.) Heureusement que je ne m'en soucie guère, et que sa trahison ne me fait plus rien du tout. Je les tiens donc enfin.

SUZANNE, qui s'est avancée doucement dans l'obscurité.

(A part.) Tu vas payer tes beaux soupçons. (Du ton de voix de la Comtesse.) Qui est là?

FIGARO, extravaguant.

Qui va là? Celui qui voudrait de bon cœur que la peste eût étouffé en naissant...

SUZANNE, du ton de la Comtesse.

Eh! mais, c'est Figaro!

FIGARO regarde, et dit vivement.

Madame la comtesse!

SUZANNE.

Parlez bas.

FIGARO, vite.

Ah! madame, que le ciel vous amène à propos! Où croyez-vous qu'est monseigneur?

SUZANNE.

Que m'importe un ingrat? Dis-moi...

FIGARO, plus vite.

Et Suzanne, mon épousée, où croyez-vous qu'elle soit?

SUZANNE.

Mais parlez bas!

FIGARO, très-vite.

Cette Suzon qu'on croyait si vertueuse, qui faisait la réservée! Ils sont enfermés là dedans. Je vais appeler.

SUZANNE, lui fermant la bouche avec sa main, oublie de déguiser sa voix.

N'appelez pas!

FIGARO, à part.

Eh, c'est Suzon! God-dam!

SUZANNE, du ton de la Comtesse.

Vous paraissez inquiet.

FIGARO, à part.

Traîtresse! qui veut me surprendre!

SUZANNE.

Il faut nous venger, Figaro.

FIGARO.

En sentez-vous le vif désir?

SUZANNE.

Je ne serais donc pas de mon sexe! Mais les hommes en ont cent moyens.

FIGARO, confidemment.

Madame, il n'y a personne ici de trop. Celui des femmes... les vaut tous.

SUZANNE, à part.

Comme je le souffletterais!

FIGARO, à part.

Il serait bien gai qu'avant la noce...

SUZANNE.

Mais qu'est-ce qu'une telle vengeance qu'un peu d'amour n'assaisonne pas?

FIGARO.

Partout où vous n'en voyez point, croyez que le respect dissimule.

SUZANNE, piquée.

Je ne sais si vous le pensez de bonne foi, mais vous ne le dites pas de bonne grâce.

FIGARO, avec une chaleur comique, à genoux.

Ah! madame, je vous adore. Examinez le temps, le lieu, les circonstances, et que le dépit supplée en vous aux grâces qui manquent à ma prière.

SUZANNE, à part.

La main me brûle!

FIGARO, à part..

Le cœur me bat.

SUZANNE.

Mais, monsieur, avez-vous songé...?

FIGARO.

Oui, madame, oui, j'ai songé.

SUZANNE.

... Que pour la colère et l'amour...

FIGARO.

... Tout ce qui se diffère est perdu. Votre main, madame!

SUZANNE, de sa voix naturelle, et lui donnant un soufflet.

La voilà.

FIGARO.

Ah! *demonio!* quel soufflet!

SUZANNE lui en donne un second.

Quel soufflet! Et celui-ci?

FIGARO.

Et *ques-à-quo?* de par le diable, est-ce ici la journée des tapes?

SUZANNE le bat à chaque phrase.

Ah! *ques-à-quo*, Suzanne? et voilà pour tes soupçons; voilà pour tes vengeances et pour tes trahisons, tes expédients, tes injures et tes projets. C'est-il ça de l'amour, dis donc, comme ce matin?

FIGARO rit en se relevant.

Santa Barbara! oui, c'est de l'amour. O bonheur! ô délices! ô cent fois heureux Figaro! Frappe, ma bien-aimée, sans te lasser. Mais quand tu m'auras diapré tout le corps de meurtrissures, regarde avec bonté, Suzon, l'homme le plus fortuné qui fut jamais battu par une femme.

SUZANNE.

Le plus fortuné! Bon fripon, vous n'en séduisiez pas moins la comtesse, avec un si trompeur babil, que, m'oubliant moi-même, en vérité, c'était pour elle que je cédais.

FIGARO.

Ai-je pu me méprendre au son de ta jolie voix?

SUZANNE, en riant.

Tu m'as reconnue? Ah! comme je m'en vengerai!

FIGARO.

Bien rosser et garder rancune est aussi par trop féminin! Mais dis-moi donc par quel bonheur je te vois là, quand je te croyais avec lui; et comment cet habit qui m'abusait te montre enfin innocente...?

SUZANNE.

Eh! c'est toi qui es un innocent, de venir te prendre au piège apprêté pour un autre! Est-ce notre faute, à nous, si, voulant museler un renard, nous en attrapons deux?

FIGARO.

Qui donc prend l'autre?

SUZANNE.

Sa femme.

FIGARO.

Sa femme?

SUZANNE.

Sa femme.

FIGARO, follement.

Ah! Figaro, pends-toi; tu n'as pas deviné celui-là. — Sa femme? O douze ou quinze mille fois spirituelles femelles! — Ainsi les baisers de cette salle...

SUZANNE.
Ont été donnés à madame.
FIGARO.
Et celui du page?
SUZANNE, riant.
A monsieur.
FIGARO.
Et tantôt, derrière le fauteuil?
SUZANNE.
A personne.
FIGARO.
En êtes-vous sûre?
SUZANNE, riant.
Il pleut des soufflets, Figaro.
FIGARO lui baise les mains.
Ce sont des bijoux que les tiens. Mais celui du comte était de bonne guerre.
SUZANNE.
Allons, superbe, humilie-toi.
FIGARO fait tout ce qu'il annonce.
Cela est juste : à genoux : bien courbé, prosterné, ventre à terre.
SUZANNE, en riant.
Ah! ce pauvre comte, quelle peine il s'est donnée...!
FIGARO se relève sur ses genoux.
... Pour faire la conquête de sa femme!

SCÈNE IX

LE COMTE entre par le fond du théâtre, et va droit au pavillon à sa droite; FIGARO, SUZANNE.

LE COMTE, à lui même.
Je la cherche en vain dans le bois, elle est peut-être entrée ici.
SUZANNE, à Figaro, parlant bas.
C'est lui.
LE COMTE, ouvrant le pavillon.
Suzon, es-tu là dedans?
FIGARO, bas.
Il la cherche, et moi je croyais...
SUZANNE, bas.
Il ne l'a pas reconnue.
FIGARO.
Achevons-le, veux-tu? (Il lui baise la main.)
LE COMTE se retourne.
Un homme aux pieds de la comtesse!... Ah! je suis sans armes. (Il s'avance.)
FIGARO se relève tout à fait en déguisant sa voix.
Pardon, madame, si je n'ai pas réfléchi que ce rendez-vous ordinaire était destiné pour la noce.
LE COMTE, à part.
C'est l'homme du cabinet de ce matin. (Il se frappe le front.)
FIGARO continue.
Mais il ne sera pas dit qu'un obstacle aussi sot aura retardé nos plaisirs.

LE COMTE à part.
Massacre! mort! enfer!
FIGARO, la conduisant au cabinet.
(Bas.) Il jure. (Haut.) Pressons-nous donc, madame, et réparons le tort qu'on nous a fait tantôt, quand j'ai sauté par la fenêtre.
LE COMTE, à part.
Ah! tout se découvre enfin.
SUZANNE, près du pavillon à sa gauche.
Avant d'entrer, voyez si personne n'a suivi. (Il la baise au front.)
LE COMTE s'écrie.
Vengeance! (Suzanne s'enfuit dans le pavillon où sont entrés Fanchette, Marceline et Chérubin.)

SCÈNE X

LE COMTE, FIGARO.

(Le comte saisit le bras de Figaro.)

FIGARO jouant la frayeur excessive.
C'est mon maître!
LE COMTE le reconnaît
Ah! scélérat, c'est toi! Holà! quelqu'un! quelqu'un!

SCÈNE XI

PÉDRILLE, LE COMTE, FIGARO.

PÉDRILLE, botté.
Monseigneur, je vous trouve enfin.
LE COMTE.
Bon, c'est Pédrille. Es-tu tout seul?
PÉDRILLE.
Arrivant de Séville à étripe-cheval.
LE COMTE.
Approche-toi de moi, et crie bien fort!
PÉDRILLE, criant à tue-tête.
Pas plus de page que sur ma main. Voilà le paquet
LE COMTE le repousse.
Eh! l'animal!
PÉDRILLE
Monseigneur me dit de crier.
LE COMTE tenant toujours Figaro.
Pour appeler. — Holà! quelqu'un! Si l'on m'entend, accourez tous.
PÉDRILLE.
Figaro et moi, nous voilà deux : que peut-il donc vous arriver?

SCÈNE XII

LES ACTEURS PRÉCÉDENTS, BRID'OISON, BARTHOLO, BASILE, ANTONIO, GRIPE-SOLEIL; toute la noce accourt avec des flambeaux.

BARTHOLO, à Figaro.
Tu vois qu'à ton premier signal...
LE COMTE, montrant le pavillon à sa gauche.
Pédrille, empare-toi de cette porte. (Pédrille y va.)

BASILE, bas à Figaro.

Tu l'as surpris avec Suzanne?

LE COMTE, montrant Figaro.

Et vous tous, mes vassaux, entourez-moi cet homme, et m'en répondez sur la vie.

BASILE.

Ha! ha!

LE COMTE furieux.

Taisez-vous donc. (A Figaro, d'un ton glacé.) Mon cavalier, répondez-vous à mes questions?

FIGARO, froidement.

Eh! qui pourrait m'en exempter, monseigneur? Vous commandez à tout ici, hors à vous même.

LE COMTE se contenant.

Hors à moi-même!...

ANTONIO.

C'est ça parler!

LE COMTE reprend sa colère.

Non, si quelque chose pouvait augmenter ma fureur, ce serait l'air calme qu'il affécte.

FIGARO.

Sommes-nous des soldats qui tuent et se font tuer pour des intérêts qu'ils ignorent? Je veux savoir, moi, pourquoi je me fâche.

LE COMTE, hors de lui.

O rage! (Se contenant.) Homme de bien qui feignez d'ignorer, nous ferez-vous au moins la faveur de nous dire quelle est la dame actuellement par vous amenée dans ce pavillon?

FIGARO montrant l'autre avec malice.

Dans celui-là?

LE COMTE, vite.

Dans celui-ci.

FIGARO, froidement.

C'est différent. Une jeune personne qui m'honore de ses bontés particulières.

BASILE, étonné.

Ha! ha!

LE COMTE, vite.

Vous l'entendez, messieurs.

BARTHOLO, étonné.

Nous l'entendons.

LE COMTE, à Figaro.

Et cette jeune personne a-t-elle un autre engagement que vous sachiez?

FIGARO, froidement.

Je sais qu'un grand seigneur s'en est occupé quelque temps : mais, soit qu'il l'ait négligée, ou que je lui plaise mieux qu'un plus aimable, elle me donne aujourd'hui la préférence.

LE COMTE, vivement.

La préf...! (Se contenant.) Au moins il est naïf; car ce qu'il avoue, messieurs, je l'ai ouï, je vous jure, de la bouche même de sa complice.

BRID'OISON, stupéfait.

Sa-a complice!

LE COMTE, avec fureur.

Or, quand le déshonneur est public, il faut que la vengeance le soit aussi. (Il entre dans le pavillon.)

SCÈNE XIII

TOUS LES ACTEURS PRÉCÉDENTS, hors LE COMTE.

ANTONIO.

C'est juste.

BRID'OISON, à Figaro.

Qui-i donc a pris la femme de l'autre?

FIGARO, en riant.

Aucun n'a eu cette joie-là.

SCÈNE XIV

LES ACTEURS PRÉCÉDENTS, LE COMTE, CHÉRUBIN.

LE COMTE, parlant dans le pavillon, et attirant quelqu'un qu'on ne voit pas encore.

Tous vos efforts sont inutiles; vous êtes perdue, madame; et votre heure est bien arrivée! (Il sort sans regarder.) Quel bonheur qu'aucun gage d'une union aussi détestée...!

FIGARO, s'écrie.

Chérubin!

LE COMTE.

Mon page!

BASILE.

Ha! ha!

LE COMTE, hors de lui. (A part.)

Et toujours le page endiablé! (A Chérubin.) Que faisiez-vous dans ce salon?

CHÉRUBIN, timidement.

Je me cachais, comme vous me l'avez ordonné.

PÉDRILLE.

Bien la peine de crever un cheval!

LE COMTE.

Entres-y, Antonio; conduis devant son juge l'infâme qui m'a déshonoré.

BRID'OISON.

C'est madame que vous y-y cherchez?

ANTONIO.

L'y a, parguenne, une bonne Providence! vous en avez tant fait dans le pays...

LE COMTE, furieux.

Entre donc. (Antonio entre.)

SCÈNE XV

LES ACTEURS PRÉCÉDENTS, excepté ANTONIO.

LE COMTE.

Vous allez voir, messieurs, que le page n'y était pas seul.

CHÉRUBIN, timidement.

Mon sort eût été trop cruel, si quelque âme sensible n'en eût adouci l'amertume.

SCÈNE XVI

LES ACTEURS PRÉCÉDENTS, ANTONIO, FANCHETTE.

ANTONIO, *attirant par le bras quelqu'un qu'on ne voit pas encore.*
Allons, madame, il ne faut pas vous faire prier pour en sortir, puisqu'on sait que vous y êtes entrée.

FIGARO, *s'écrie.*
La petite cousine !

BASILE.
Ha ! ha !

LE COMTE.
Fanchette !

ANTONIO *se retourne, et s'écrie :*
Ah ! palsambleu, monseigneur, il est gaillard de me choisir pour montrer à la compagnie que c'est ma fille qui cause tout ce train-là !

LE COMTE, *outré.*
Qui la savait là dedans ? (Il veut rentrer.)

BARTHOLO, *au-devant.*
Permettez, monsieur le comte, ceci n'est pas plus clair. Je suis de sang-froid, moi. (Il entre.)

BRID'OISON.
Voilà une affaire au-aussi trop embrouillée.

SCÈNE XVII

LES ACTEURS PRÉCÉDENTS, MARCELINE.

BARTHOLO, *parlant en dedans, et sortant.*
Ne craignez rien, madame, il ne vous sera fait aucun mal. J'en réponds. (Il se retourne et s'écrie :) Marceline !...

BASILE.
Ha ! ha !

FIGARO, *riant.*
Hé ! quelle folie ! ma mère en est ?

ANTONIO.
A qui pis fera.

LE COMTE, *outré.*
Que m'importe à moi ? La comtesse...

SCÈNE XVIII

LES ACTEURS PRÉCÉDENTS, SUZANNE.

(Suzanne, son éventail sur le visage.)

LE COMTE.
... Ah ! la voici qui sort. (Il la prend violemment par le bras.) Que croyez-vous, messieurs, que mérite une odieuse...? (Suzanne se jette à genoux, la tête baissée.)

LE COMTE.
Non, non. (Figaro se jette à genoux de l'autre côté.)

LE COMTE, *plus fort.*
Non, non. (Marceline se jette à genoux devant lui.)

LE COMTE, *plus fort.*
Non, non. (Tous se mettent à genoux, excepté Brid'oison.)

LE COMTE, *hors de lui.*
Y fussiez-vous un cent !

SCÈNE XIX

TOUS LES ACTEURS PRÉCÉDENTS, LA COMTESSE *sort de l'autre pavillon.*

LA COMTESSE *se jette à genoux.*
Au moins je ferai nombre.

LE COMTE, *regardant la Comtesse et Suzanne.*
Ah ! qu'est-ce que je vois !

BRID'OISON, *riant.*
Et pardi, c'è-est madame.

LE COMTE *veut relever la Comtesse.*
Quoi ! c'était vous, comtesse ? (D'un ton suppliant.) Il n'y a qu'un pardon généreux...

LA COMTESSE, *en riant.*
Vous diriez : *Non, non,* à ma place ; et moi, pour la troisième fois d'aujourd'hui, je l'accorde sans condition. (Elle se relève.)

SUZANNE, *se relève.*
Moi aussi.

MARCELINE *se relève.*
Moi aussi.

FIGARO *se relève.*
Moi aussi. Il y a de l'écho ici ! (Tous se relèvent.)

LE COMTE.
De l'écho ! — J'ai voulu ruser avec eux ; ils m'ont traité comme un enfant !

LE COMTESSE, *en riant.*
Ne le regrettez pas, monsieur le comte.

FIGARO, *s'essuyant les genoux avec son chapeau.*
Une petite journée comme celle-ci forme bien un ambassadeur !

LE COMTE, *à Suzanne.*
Ce billet fermé d'une épingle...

SUZANNE.
C'est madame qui l'avait dicté.

LE COMTE.
La réponse lui en est due. (Il baise la main de la Comtesse.)

LA COMTESSE.
Chacun aura ce qui lui appartient. (Elle donne la bourse à Figaro et le diamant à Suzanne.)

SUZANNE, *à Figaro.*
Encore une dot !

FIGARO, *frappant la bourse dans sa main.*
Et de trois ! Celle-ci fut rude à arracher !

SUZANNE.
Comme notre mariage.

GRIPE-SOLEIL.
Et la jarretière de la mariée, l'aurons-je ?

LA COMTESSE arrache le ruban qu'elle a tant gardé dans son sein, et le jette à terre.

La jarretière? Elle était avec ses habits : la voilà.
(Les garçons de la noce veulent la ramasser.)

CHÉRUBIN, plus alerte, court la prendre, et dit :

Que celui qui la veut vienne me la disputer.

LE COMTE, en riant, au page.

Pour un monsieur si chatouilleux, qu'avez-vous trouvé de gai à certain soufflet de tantôt?

CHÉRUBIN recule, en tirant à moitié son épée.

A moi, mon colonel?

FIGARO, avec une colère comique.

C'est sur ma joue qu'il l'a reçu : voilà comme les grands font justice !

LE COMTE, riant.

C'est sur sa joue? Ah! ah! ah! qu'en dites-vous donc, ma chère comtesse ?

LA COMTESSE, absorbée, revient à elle, et dit avec sensibilité.

Ah! oui, cher comte, et pour la vie, sans distraction, je vous le jure.

LE COMTE, frappant sur l'épaule du juge.

Et vous, don Brid'oison, votre avis maintenant ?

BRID'OISON.

Sur-ur tout ce que je vois, monsieur le comte...? Ma-a foi, pour moi je-e ne sais que vous dire : voilà ma façon de penser.

TOUS ENSEMBLE.

Bien jugé!

FIGARO.

J'étais pauvre, on me méprisait. J'ai montré quelque esprit, la haine est accourue. Une jolie femme et de la fortune...

BARTHOLO, en riant.

Les cœurs vont te revenir en foule.

FIGARO.

Est-il possible ?

BARTHOLO.

Je les connais.

FIGARO, saluant les spectateurs.

Ma femme et mon bien mis à part, tous me feront honneur et plaisir. On joue la ritournelle du vaudeville (air noté).

VAUDEVILLE

BASILE.

Premier couplet.

Triple dot, femme superbe,
Que de biens pour un époux !
D'un seigneur, d'un page imberbe,
Quelque sot serait jaloux.
Du latin d'un vieux proverbe,
L'homme adroit fait son parti.

FIGARO

Je le sais... (Il chante:)
Gaudeant bene nati !

BASILE.

Non... (Il chante:)
Gaudeat bene nanti !

SUZANNE.

Deuxième couplet.

Qu'un mari sa foi trahisse,
Il s'en vante, et chacun rit ;
Que sa femme ait un caprice,
S'il l'accuse, on la punit.
De cette absurde injustice
Faut-il dire le pourquoi?
Les plus forts ont fait la loi.   (*Bis.*)

FIGARO.

Troisième couplet.

Jean Jeannot, jaloux risible,
Veut unir femme et repos ;
Il achète un chien terrible,
Et le lâche en son enclos.
La nuit, quel vacarme horrible !
Le chien court, tout est mordu,
Hors l'amant qui l'a vendu.   (*Bis.*)

LA COMTESSE.

Quatrième couplet.

Telle est fière et répond d'elle,
Qui n'aime plus son mari ;
Telle autre, presque infidèle,
Jure de n'aimer que lui.
La moins folle, hélas ! est celle
Qui se veille en son lien,
Sans oser jurer de rien.   (*Bis.*)

LE COMTE.

Cinquième couplet.

D'une femme de province,
A qui ses devoirs sont chers,
Le succès est assez mince :
Vive la femme aux bons airs!
Semblable à l'écu du prince,
Sous le coin d'un seul époux,
Elle sert au bien de tous.   (*Bis.*)

MARCELINE.

Sixième couplet.

Chacun sait la tendre mère
Dont il a reçu le jour ;
Tout le reste est un mystère,
C'est le secret de l'amour.

FIGARO, continue l'air.

Ce secret met en lumière
Comment le fils d'un butor
Vaut souvent son pesant d'or.   (*Bis.*)

Septième couplet.

Par le sort de la naissance,
L'un est roi, l'autre est berger ;
Le hasard fit leur distance ;
L'esprit seul peut tout changer.
De vingt rois que l'on encense,
Le trépas brise l'autel ;
Et Voltaire est immortel.   (*Bis.*)

CHÉRUBIN

Huitième couplet.

Sexe aimé, sexe volage,
Qui tourmentez nos beaux jours,
Si de vous chacun dit rage,
Chacun de vous revient toujours.
Le parterre est votre image :
Tel paraît le dédaigner,
Qui fait tout pour le gagner.   (*Bis.*)

SUZANNE.

Neuvième couplet.

Si ce gai, ce fol ouvrage,
Renfermait quelque leçon.
En faveur du badinage
Faites grâce à la raison.
Ainsi la nature sage
Nous conduit, dans nos désirs,
A son but par les plaisirs.   (*Bis.*)

BRID'OISON.

Dixième couplet.

Or, messieurs, la co-omédie
Que l'on juge en cé-et instant,
Sauf erreur, nous pein-eint la vie
Du bon peuple qui l'entend.
Qu'on l'opprime, il peste, il crie.
Il s'agite en cent fa-açons :
Tout fini-it par des chansons.   (*Bis.*)

(Ballet général.)

FIN DU MARIAGE DE FIGARO.

ACHEVÉ D'IMPRIMER POUR LA PREMIÈRE FOIS LE 28 FÉVRIER 1785.

L'AUTRE TARTUFFE

ou

LA MÈRE COUPABLE

DRAME EN CINQ ACTES, EN PROSE

REPRÉSENTÉ, POUR LA PREMIÈRE FOIS, SUR LE THÉATRE DU MARAIS, LE 26 JUIN 1792. — REMIS AU THÉATRE DE LA RUE FEYDEAU AVEC DES CHANGEMENTS, ET JOUÉ LE 16 FLORÉAL AN V (5 MAI 1797) PAR LES ANCIENS ACTEURS DU THÉATRE-FRANÇAIS.

> On gagne assez dans les familles, quand on en expulse un méchant.
> (*Dernière phrase de la pièce.*)

UN MOT SUR LA MÈRE COUPABLE

Pendant ma longue proscription, quelques amis zélés avaient imprimé cette pièce, uniquement pour prévenir l'abus d'une contrefaçon infidèle, furtive, et prise à la volée pendant les représentations. Mais ces amis eux-mêmes, pour éviter d'être froissés par les agents de la Terreur, s'ils eussent laissé leurs vrais titres aux personnages espagnols (car alors tout était péril), se crurent obligés de les défigurer, d'altérer même leur langage, et de mutiler plusieurs scènes.

Honorablement rappelé dans ma patrie après quatre années d'infortunes, et la pièce étant désirée par les anciens acteurs du Théâtre-Français, dont on connaît les grands talents, je la restitue en entier dans son premier état. Cette édition est celle que j'avoue.

Parmi les vues de quelques artistes, j'approuve celle de présenter, en trois séances consécutives, tout le roman de la famille *Almaviva*, dont les deux premières époques ne semblent pas, dans leur gaieté légère, offrir des rapports bien sensibles avec la profonde et touchante moralité de la dernière; mais elles ont, dans le plan de l'auteur, une connexion intime, propre à verser le plus vif intérêt sur les représentations de *la Mère coupable*.

J'ai donc pensé, avec les comédiens, que nous pouvions dire au public: Après avoir bien ri, le premier jour, au *Barbier de Séville*, de la turbulente jeunesse du comte Almaviva, laquelle est à peu près celle de tous les hommes;

Après avoir, le second jour, gaiement considéré, dans *la Folle Journée*, les fautes de son âge viril, et qui sont trop souvent les nôtres;

Venez vous convaincre avec nous, par le tableau de sa vieillesse, en voyant *la Mère coupable*, que tout homme qui n'est pas né un épouvantable méchant finit toujours par être bon quand l'âge des passions s'éloigne et surtout quand il a goûté le bonheur si doux d'être père! C'est le but moral de la pièce. Elle en renferme plusieurs autres que ses détails feront ressortir.

Et moi, l'auteur, j'ajoute ici: Venez juger *la Mère coupable*, avec le bon esprit qui l'a fait composer pour vous. S vous trouvez quelque plaisir à mêler vos larmes aux douleurs, au pieux repentir de cette femme infortunée; si ses pleurs commandent les vôtres, laissez-les couler librement. Les larmes qu'on verse au théâtre, sur des maux simulés qui ne font pas le mal de la réalité cruelle, sont bien douces. On est meilleur quand on se sent pleurer: on se trouve si bon après la compassion!

Auprès de ce tableau touchant si j'ai mis sous vos yeux le machinateur, l'homme affreux qui tourmente aujourd'hui cette malheureuse famille, ah! je vous jure que je l'ai vu agir; je n'aurais pas pu l'inventer. Le *Tartuffe* de Molière était celui de la religion: aussi, de toute la famille d'Orgon, ne trompa-t-il que le chef imbécile! Celui-ci, bien plus dangereux, *Tartuffe de la probité*, possède l'art profond de s'attirer la respectueuse confiance de la famille entière qu'il dépouille. C'est celui-là qu'il fallait démasquer. C'est pour vous garantir des pièges de ces monstres (et il en existe partout) que j'ai traduit sévèrement celui-ci à la scène française. Pardonnez-le-moi en faveur de sa punition, qui fait la clôture de la pièce. Ce cinquième acte m'a coûté; mais je me serais cru plus méchant que Bégearss, si je l'avais laissé jouir du moindre fruit de ses atrocités, si je ne vous eusse calmés après des alarmes si vives.

Peut-être ai-je attendu trop tard pour achever cet ouvrage terrible qui me consumait la poitrine, et devait être écrit dans la force de l'âge. Il m'a tourmenté bien longtemps! Mes deux comédies espagnoles ne furent faites que pour le préparer. Depuis, en vieillissant, j'hésitais de m'en occuper: je craignais de manquer de force, et peut-être n'en avais-je plus à l'époque où je l'ai tenté! mais enfin, je l'ai composé dans une intention droite et pure, avec la tête froide d'un homme et le cœur brûlant d'une femme, comme on a dit que J.-J. Rousseau écrivait. J'ai remarqué que cet ensemble, cet hermaphrodisme moral, est moins rare qu'on ne le croit.

Au reste, sans tenir à nul parti, à nulle secte, *la Mère coupable* est un tableau des peines intérieures qui divisent bien des familles; peines auxquelles malheureusement le divorce, très-bon d'ailleurs, ne remédie point. Quoi qu'on fasse, il déchire ces plaies secrètes, au lieu de les cicatriser. Le sentiment de la paternité, la bonté du cœur, l'indulgence, en sont les uniques remèdes. Voilà ce que j'ai voulu peindre et graver dans tous les esprits.

Les hommes de lettres qui sont voués au théâtre, en examinant cette pièce, pourront y démêler une intrigue de comédie, fondue dans le pathétique d'un drame. Ce dernier genre, trop dédaigné de quelques juges prévenus, ne leur paraissait pas de force à comporter ces deux éléments réunis. L'intrigue, disaient-ils, est le propre des sujets gais, c'est le nerf de la comédie : on adapte le pathétique à la marche simple du drame, pour en soutenir la faiblesse. Mais ces principes hasardés s'évanouissent à l'application, comme on peut s'en convaincre en s'exerçant dans les deux genres. L'exécution plus ou moins bonne assigne à chacun son mérite, et le mélange heureux de ces deux moyens dramatiques, employés avec art, peut produire un très-grand effet. Voici comment je l'ai tenté.

Sur des événements antécédents connus (et c'est un fort grand avantage), j'ai fait en sorte qu'un drame intéressant existât aujourd'hui entre le comte Almaviva, la comtesse, et les deux enfants. Si j'avais reporté la pièce à l'âge inconsistant où les fautes se sont commises, voici ce qui fût arrivé :

D'abord le drame eût dû s'appeler, non *la Mère coupable*, mais *l'Épouse infidèle*, ou *les Époux coupables*. Ce n'était déjà plus le même genre d'intérêt ; il eût fallu y faire entrer des intrigues d'amour, des jalousies, du désordre, que sais-je? de tout autres événements : et la moralité que je voulais faire sortir d'un manquement si grave aux devoirs de l'épouse honnête, cette moralité, perdue, enveloppée dans les fougues de l'âge, n'aurait pas été aperçue.

Mais ici c'est vingt ans après que les fautes sont consommées, c'est quand les passions sont usées, c'est quand leurs objets n'existent plus, que les conséquences d'un désordre presque oublié viennent peser sur l'établissement et sur le sort de deux enfants malheureux qui les ont toutes ignorées, et qui n'en sont pas moins les victimes. C'est de ces circonstances graves que la moralité tire toute sa force, et devient le préservatif des jeunes personnes bien nées, qui, lisant peu dans l'avenir, sont beaucoup plus près du danger de se voir égarées que de celui d'être vicieuses. Voilà sur quoi porte mon drame.

Puis, opposant au scélérat notre pénétrant Figaro, vieux serviteur très-attaché, le seul être que le fripon n'a pu tromper dans la maison, l'intrigue qui se noue entre eux s'établit sous cet autre aspect.

Le scélérat inquiet se dit : En vain j'ai le secret de tout le monde ici, en vain je me vois près de le tourner à mon profit; si je ne parviens pas à faire chasser ce valet, il pourra m'arriver malheur!

D'autre côté, j'entends le Figaro se dire : Si je ne réussis à dépister ce monstre, à lui faire tomber le masque, la fortune, l'honneur, le bonheur de cette maison, tout est perdu. La Suzanne, jetée entre ces deux lutteurs, n'est ici qu'un souple instrument dont chacun entend se servir pour hâter la chute de l'autre.

Ainsi, *la comédie d'intrigue*, soutenant la curiosité, marche tout au travers du drame, dont elle renforce l'action sans en diviser l'intérêt, qui se porte tout entier sur la *mère*. Les deux enfants, aux yeux du spectateur, ne courent aucun danger réel. On voit bien qu'ils s'épouseront, si le scélérat est chassé; car ce qu'il y a de mieux établi dans l'ouvrage, c'est qu'ils ne sont parents à nul degré, qu'ils sont étrangers l'un à l'autre : ce que savent fort bien, dans le secret du cœur, le comte, la comtesse, le scélérat, Suzanne et Figaro, tous instruits des événements; sans compter le public qui assiste à la pièce, et à qui nous n'avons rien caché.

Tout l'art de l'hypocrite, en déchirant le cœur du père et de la mère, consiste à effrayer les jeunes gens, à les arracher l'un à l'autre, en leur faisant croire à chacun qu'ils sont enfants du même père : c'est là le fond de son intrigue. Ainsi marche le double plan que l'on peut appeler complexe.

Une telle action dramatique peut s'appliquer à tous le temps, à tous les lieux où les grands traits de la nature, e tous ceux qui caractérisent le cœur de l'homme et ses se crets, ne seront pas trop méconnus.

Diderot, comparant les ouvrages de Richardson avec tou ces romans que nous nommons l'histoire, s'écrie, dans son enthousiasme pour cet auteur juste et profond : Peintre du cœur humain! c'est toi seul qui ne mens jamais! Quel mo sublime! Et moi aussi j'essaye encore d'être peintre du cœur humain! mais ma palette est desséchée par l'âge et les contradictions. *La Mère coupable* a dû s'en ressentir.

Que si ma faible exécution nuit à l'intérêt de mon plan, le principe que j'ai posé n'en a pas moins toute sa justesse! Un tel essai peut inspirer le dessein d'en offrir de plus fortement concertés. Qu'un homme de feu l'entreprenne, en y mêlant, d'un crayon hardi, l'*intrigue* avec le *pathétique;* qu'il broie et fonde savamment les vives couleurs de chacun; qu'il nous peigne à grands traits l'homme vivant en société, son état, ses passions, ses vices, ses vertus, ses fautes et ses malheurs, avec la vérité frappante que l'exagération même, qui fait briller les autres genres, ne permet pas toujours de rendre aussi fidèlement : touchés, intéressés, instruits, nous ne dirons plus que le *drame* est un genre décoloré, né de l'impuissance de produire une tragédie ou une comédie. L'art aura pris un noble essor, il aura fait encore un pas.

O mes concitoyens, vous à qui j'offre cet essai, s'il vous paraît faible ou manqué, critiquez-le, mais sans m'injurier. Lorsque je fis mes autres pièces, on m'outragea longtemps pour avoir osé mettre au théâtre ce jeune Figaro, que vous avez aimé depuis. J'étais jeune aussi, j'en riais. En vieillissant l'esprit s'attriste, le caractère se rembrunit. J'ai beau faire, je ne ris plus quand un méchant ou un fripon insulte à ma personne, à l'occasion de mes ouvrages : on n'est pas maître de cela.

Critiquez la pièce : fort bien. Si l'auteur est trop vieux pour en tirer du fruit, votre leçon peut profiter à d'autres. L'injure ne profite à personne, et même elle n'est pas de bon goût. On peut offrir cette remarque à une nation renommée par son ancienne politesse, qui la faisait servir de modèle en ce point, comme elle est encore aujourd'hui celui de la haute vaillance.

PERSONNAGES

LE COMTE ALMAVIVA, grand seigneur espagnol, d'une fierté noble, et sans orgueil.
LA COMTESSE ALMAVIVA, très-malheureuse, et d'une angélique piété.
LE CHEVALIER LÉON, leur fils, jeune homme épris de la liberté, comme toutes les âmes ardentes et neuves.
FLORESTINE, pupille et filleule du comte Almaviva, jeune personne d'une grande sensibilité.
M. BÉGEARSS, Irlandais, major d'infanterie espagnole, ancien secrétaire des ambassades du Comte ; homme très-profond, et grand machinateur d'intrigues, fomentant le trouble avec art.
FIGARO, valet de chambre, chirurgien et homme de confiance du Comte; homme formé par l'expérience du monde et des événements.
SUZANNE, première camériste de la Comtesse, épouse de Figaro; excellente femme, attachée à sa maîtresse, et revenue des illusions du jeune âge.
M. FAL, notaire du Comte, homme exact et très-honnête.
GUILLAUME, valet allemand de M. Bégearss ; homme trop simple pour un tel maître.

La scène est à Paris, dans l'hôtel occupé par la famille du Comte, et se passe à la fin de 1790.

ACTE PREMIER

Le théâtre représente un salon fort orné.

SCÈNE PREMIÈRE

SUZANNE, seule, tenant des fleurs obscures, dont elle fait un bouquet.

Que madame s'éveille et sonne; mon triste ouvrage est achevé (*Elle s'assied avec abandon.*) A peine il est neuf heures, et je me sens déjà d'une fatigue... Son dernier ordre, en la couchant, m'a gâté ma nuit tout entière... *Demain, Suzanne, au point du jour, fais apporter beaucoup de fleurs, et garnis-en mes cabinets.— Au portier: Que de la journée, il n'entre personne pour moi. — Tu me formeras un bouquet de fleurs noires et rouge foncé, un seul œillet blanc au milieu...* Le voilà.— Pauvre maîtresse! elle pleurait!... Pour qui ce mélange d'apprêts?...Eeeh! si nous étions en Espagne, ce serait aujourd'hui la fête de son fils Léon... (*Avec mystère.*) et d'un autre homme qui n'est plus! (*Elle regarde les fleurs.*) Les couleurs du sang et du deuil! (*Elle soupire.*) Ce cœur blessé ne guérira jamais! — Attachons-le d'un crêpe noir, puisque c'est là sa triste fantaisie. (*Elle attache le bouquet.*)

SCÈNE II

(*Cette scène doit marcher chaudement.*)

SUZANNE; FIGARO, regardant avec mystère.

SUZANNE.

Entre donc, Figaro! Tu prends l'air d'un amant en bonne fortune chez ta femme!

FIGARO.

Peut-on vous parler librement?

SUZANNE.

Oui, si la porte reste ouverte.

FIGARO.

Et pourquoi cette précaution?

SUZANNE.

C'est que l'homme dont il s'agit peut entrer d'un moment à l'autre.

FIGARO l'appuyant.

Honoré Tartuffe Bégearss?

SUZANNE.

Et c'est un rendez-vous donné. — Ne t'accoutume donc pas à charger son nom d'épithètes; cela peut se redire, et nuire à tes projets.

FIGARO.

Il s'appelle Honoré!

SUZANNE.

Mais non pas Tartuffe.

FIGARO.

Morbleu!

SUZANNE.

Tu as le ton bien soucieux!

FIGARO.

Furieux. (*Elle se lève.*) Est-ce là notre convention? M'aidez-vous franchement, Suzanne, à prévenir un grand désordre? Serais-tu dupe encore de ce très-méchant homme?

SUZANNE.

Non, mais je crois qu'il se méfie de moi; il ne me dit plus rien. J'ai peur, en vérité, qu'il ne nous croie raccommodés.

FIGARO.

Feignons toujours d'être brouillés.

SUZANNE.

Mais qu'as-tu donc appris qui te donne une telle humeur?

FIGARO.

Recordons-nous d'abord sur les principes. Depuis que nous sommes à Paris, et que M. Almaviva... (il faut bien lui donner son nom, puisqu'il ne souffre plus qu'on l'appelle monseigneur...)

SUZANNE, avec humeur.

C'est beau! Et madame sort sans livrée! nous avons l'air de tout le monde!

FIGARO.

Depuis, dis-je, qu'il a perdu, pour une querelle du jeu, son libertin de fils aîné, tu sais comment tout a changé pour nous! comme l'humeur du comte est devenue sombre et terrible!

SUZANNE.

Tu n'es pas mal bourru non plus!

FIGARO.

Comme son autre fils paraît lui devenir odieux!

SUZANNE.

Que trop!

FIGARO.

Comme madame est malheureuse!

SUZANNE.

C'est un grand crime qu'il commet!

FIGARO.

Comme il redouble de tendresse pour sa pupille Florestine! comme il fait surtout des efforts pour dénaturer sa fortune!

SUZANNE.

Sais-tu, mon pauvre Figaro, que tu commences à radoter! Si je sais tout cela, qu'est-il besoin de me le dire?

FIGARO.

Encore faut-il bien s'expliquer pour s'assurer que l'on s'entend! N'est-il pas avéré pour nous que cet astucieux Irlandais, le fléau de cette famille, après avoir chiffré, comme secrétaire, quelques ambassades auprès du comte, s'est emparé de leurs secrets à tous? que ce profond machinateur a su les entraîner, de l'indolente Espagne, en ce pays remué de fond en comble, espérant y mieux profiter de la désunion où ils vivent, pour séparer le mari de la femme, épouser la pupille, et envahir les biens d'une maison qui se délabre?

SUZANNE.

Enfin, moi, que puis-je à cela?

FIGARO.

Ne jamais le perdre de vue, me mettre au cours de ses démarches...

SUZANNE.

Mais je te rends tout ce qu'il dit.

FIGARO.

Oh! ce qu'il dit... n'est que ce qu'il veut dire! Mais saisir, en parlant, les mots qui lui échappent, le moindre geste, un mouvement, c'est là qu'est le secret de l'âme! Il se trame ici quelque horreur. Il faut qu'il s'en croie assuré, car je lui trouve un air... plus faux, plus perfide et plus fat; cet air des sots de ce pays, triomphant avant le succès! Ne peux-tu être aussi perfide que lui? l'amadouer, le bercer d'espoir? quoi qu'il demande, ne pas le refuser?...

SUZANNE.

C'est beaucoup!

FIGARO.

Tout est bien, et tout marche au but, si j'en suis promptement instruit.

SUZANNE.

...Et si j'en instruis ma maîtresse?

FIGARO.

Il n'est pas temps encore; ils sont tous subjugués par lui. On ne te croirait pas: tu nous perdrais, sans les sauver. Suis-le partout, comme son ombre... et moi, je l'épie au dehors...

SUZANNE.

Mon ami, je t'ai dit qu'il se défie de moi; et s'il nous surprenait ensemble... Le voilà qui descend... Ferme!... ayons l'air de quereller bien fort. (Elle pose le bouquet sur la table.)

FIGARO, élevant la voix.

Moi, je ne le veux pas. Que je t'y prenne une autre fois!...

SUZANNE, élevant la voix.

Certes!... oui, je te crains beaucoup!

FIGARO, feignant de lui donner un soufflet.

Ah! tu me crains...! Tiens, insolente!

SUZANNE, feignant de l'avoir reçu.

Des coups à moi... chez ma maîtresse!

SCÈNE III

LE MAJOR BÉGEARSS, FIGARO, SUZANNE.

BÉGEARSS, en uniforme, un crêpe noir au bras.

Eh mais, quel bruit! Depuis une heure j'entends disputer de chez moi...

FIGARO, à part.

Depuis une heure!

BÉGEARSS.

Je sors, je trouve une femme éplorée...

SUZANNE, feignant de pleurer.

Le malheureux lève la main sur moi!

BÉGEARSS.

Ah! l'horreur, monsieur Figaro! Un galant homme a-t-il jamais frappé une personne de l'autre sexe?

FIGARO, brusquement.

Eh morbleu! monsieur, laissez-nous! Je ne suis point *un galant homme*, et cette femme n'est point une *personne de l'autre sexe;* elle est ma femme, une insolente qui se mêle dans des intrigues, et qui croit pouvoir me braver, parce qu'elle a ici des gens qui la soutiennent. Ah! j'entends la morigéner...

BÉGEARSS.

Est-on brutal à cet excès!

FIGARO.

Monsieur, si je prends un arbitre de mes procédés envers elle, ce sera moins vous que tout autre; et vous savez trop bien pourquoi.

BÉGEARSS.

Vous me manquez, monsieur! je vais m'en plaindre à votre maître.

FIGARO, raillant.

Vous manquer! moi? c'est impossible. (Il sort.)

SCÈNE IV

BÉGEARSS, SUZANNE.

BÉGEARSS.

Mon enfant, je n'en reviens point. Quel est donc le sujet de son emportement?

SUZANNE.

Il m'est venu chercher querelle; il m'a dit cent horreurs de vous. Il me défendait de vous voir, de jamais oser vous parler. J'ai pris votre parti; la dispute s'est échauffée; elle a fini par un soufflet... Voilà le premier de sa vie; mais moi, je veux me séparer. Vous l'avez vu...

BÉGEARSS.

Laissons cela. — Quelque léger nuage altérait ma confiance en toi; mais ce débat l'a dissipé.

SUZANNE.

Sont-ce là vos consolations?

BÉGEARSS.

Va, c'est moi qui t'en vengerai! il est bien temps que je m'acquitte envers toi, ma pauvre Suzanne! Pour commencer, apprends un grand secret... Mais sommes-nous bien sûrs que la porte est fermée? (Suzanne y va voir. Il dit à part.) Ah! si je puis avoir seulement trois minutes l'écrin au double fond que j'ai fait faire à la comtesse, où sont ces importantes lettres...

SUZANNE, revient.

Eh bien! ce grand secret...?

BÉGEARSS.

Sert ton ami; ton sort devient superbe. — J'épouse Florestine; c'est un point arrêté; son père le veut absolument.

SUZANNE.

Qui, son père?

BÉGEARSS, en riant.

Et d'où sors-tu donc? Règle certaine, mon enfant, lorsque telle orpheline arrive chez quelqu'un comme pupille, ou bien comme filleule, elle est toujours la fille du mari. (D'un ton sérieux.) Bref, je puis l'épouser... si tu me la rends favorable.

SUZANNE.

Oh! mais Léon en est très-amoureux.

BÉGEARSS.

Leur fils? (Froidement.) Je l'en détacherai.

SUZANNE, étonnée.

Ha!... Elle aussi, elle est fort éprise!

BÉGEARSS.

De lui?...

SUZANNE.

Oui.

BÉGEARSS, froidement.

Je l'en guérirai.

SUZANNE, plus surprise.

Ha! ha!... Madame, qui le sait, donne les mains à leur union.

BÉGEARSS, froidement.

Nous la ferons changer d'avis.

SUZANNE, stupéfaite.

Aussi?... Mais Figaro, si je vois bien, est le confident du jeune homme.

BÉGEARSS.

C'est le moindre de mes soucis. Ne serais-tu pas aise d'en être délivrée!

SUZANNE.

S'il ne lui arrive aucun mal...?

BÉGEARSS.

Fi donc! la seule idée flétrit l'austère probité. Mieux instruits sur leurs intérêts, ce sont eux-mêmes qui changeront d'avis.

SUZANNE, incrédule.

Si vous faites cela, monsieur...

BÉGEARSS, appuyant.

Je le ferai. — Tu sens que l'amour n'est pour rien dans un pareil arrangement. (L'air caressant.) Je n'ai jamais vraiment aimé que toi.

SUZANNE, incrédule.

Ah! si madame avait voulu...

BÉGEARSS.

Je l'aurais consolée sans doute; mais elle a dédaigné mes vœux!... Suivant le plan que le comte a formé, la comtesse va au couvent.

SUZANNE, vivement.

Je ne me prête à rien contre elle.

BÉGEARSS.

Que diable! il la sert dans ses goûts! Je t'entends toujours dire: *Ah! c'est un ange sur la terre!*

SUZANNE, en colère.

Eh bien! faut-il la tourmenter?

BÉGEARSS, riant.

Non; mais du moins la rapprocher de ce ciel, la patrie des anges, dont elle est un moment tombée!...

Et puisque dans ces nouvelles et merveilleuses lois le divorce s'est établi...

SUZANNE, vivement.

Le comte veut s'en séparer?

BÉGEARSS.

S'il peut.

SUZANNE, en colère.

Ah! les scélérats d'hommes! quand on les étranglerait tous!...

BÉGEARSS.

J'aime à croire que tu m'en exceptes.

SUZANNE.

Ma foi!... pas trop.

BÉGEARSS, riant.

J'adore ta franche colère : elle met à jour ton bon cœur. Quant à l'amoureux chevalier, il le destine à voyager... longtemps. — Le Figaro, homme expérimenté, sera son discret conducteur. (Il lui prend la main.) Et voici ce qui nous concerne : Le comte, Florestine et moi, habiterons le même hôtel : et la chère Suzanne à nous, chargée de toute la confiance, sera notre surintendant, commandera la domesticité, aura la grande main sur tout. Plus de mari, plus de soufflets, plus de brutal contradicteur; des jours filés d'or et de soie c lla vie la plus fortunée!...

SUZANNE.

A vos cajoleries, je vois que vous voulez que je vous serve auprès de Florestine?

BÉGEARSS, caressant.

A dire vrai, j'ai compté sur tes soins. Tu fus toujours une excellente femme! J'ai tout le reste dans ma main; ce point seul est entre les tiennes. (Vivement.) Par exemple, aujourd'hui tu peux nous rendre un signalé... (Suzanne l'examine. Bégearss se reprend.) Je dis un *signalé*, par l'importance qu'il y met. (Froidement.) Car ma foi, c'est bien peu de chose! Le comte aurait la fantaisie... de donner à sa fille, en signant le contrat, une parure absolument semblable aux diamants de la comtesse. Il ne voudrait pas qu'on le sût.

SUZANNE, surprise.

Ha! ha!...

BÉGEARSS.

Ce n'est pas trop mal vu! De beaux diamants terminent bien des choses! Peut-être il va te demander d'apporter l'écrin de sa femme, pour en confronter les dessins avec ceux de son joaillier...

SUZANNE.

Pourquoi comme ceux de madame? C'est une idée assez bizarre.

BÉGEARSS.

Il prétend qu'ils soient aussi beaux... Tu sens, pour moi, combien c'était égal! Tiens, vois-tu? le voici qui vient.

SCÈNE V

LE COMTE, SUZANNE, BÉGEARSS.

LE COMTE.

Monsieur Bégearss, je vous cherchais.

BÉGEARSS.

Avant d'entrer chez vous, monsieur, je venais prévenir Suzanne que vous avez dessein de lui demander cet écrin...

SUZANNE.

Au moins, monseigneur, vous sentez...

LE COMTE.

Eh! laisse là ton *monseigneur!* N'ai-je pas ordonné, en passant dans ce pays-ci...?

SUZANNE.

Je trouve, monseigneur, que cela nous amoindrit.

LE COMTE.

C'est que tu t'entends mieux en vanité qu'en vraie fierté. Quand on veut vivre dans un pays, il n'en faut point heurter les préjugés.

SUZANNE.

Eh bien! monsieur, du moins vous me donnez votre parole...

LE COMTE fièrement.

Depuis quand suis-je méconnu?

SUZANNE.

Je vais donc vous l'aller chercher. (A part.) Dame! Figaro m'a dit de ne rien refuser!...

SCÈNE VI
LE COMTE, BÉGEARSS.

LE COMTE.

J'ai tranché sur le point qui paraissait l'inquiéter.

BÉGEARSS.

Il en est un, monsieur, qui m'inquiète beaucoup plus : je vous trouve un air accablé.

LE COMTE.

Te le dirai-je, ami! la perte de mon fils me semblait le plus grand malheur. Un chagrin plus poignant fait saigner ma blessure, et rend ma vie insupportable.

BÉGEARSS.

Si vous ne m'aviez pas interdit de vous contrarier là-dessus, je vous dirais que votre second fils...

LE COMTE, vivement.

Mon second fils! je n'en ai point!

BÉGEARSS.

Calmez-vous, monsieur; raisonnons. La perte d'un enfant chéri peut vous rendre injuste envers l'autre, envers votre épouse, envers vous. Est-ce donc sur des conjectures qu'il faut juger de pareils faits?

LE COMTE.

Des conjectures? Ah! j'en suis trop certain! Mon grand chagrin est de manquer de preuves. Tant que mon pauvre fils vécut, j'y mettais fort peu d'importance. Héritier de mon nom, de mes places, de ma fortune... que me faisait cet autre individu? Mon froid dédain, un nom de terre, une croix de Malte, une pension, m'auraient vengé de sa mère et de lui! Mais conçois-tu mon désespoir, en perdant un fils adoré, de voir un étranger succéder à ce rang, à ces titres; et, pour irriter ma douleur, venir tous les jours me donner le nom odieux de *son père?*

BÉGEARSS.

Monsieur, je crains de vous aigrir, en cherchant à vous apaiser; mais la vertu de votre épouse...

LE COMTE, avec colère.

Ah! ce n'est qu'un crime de plus. Couvrir d'une vie exemplaire un affront tel que celui-là; commander vingt ans, par ses mœurs et la piété la plus sévère, l'estime et le respect du monde; et verser sur moi seul, par cette conduite affectée, tous les torts qu'entraîne après soi ma prétendue bizarrerie!... Ma haine pour eux s'en augmente.

BÉGEARSS.

Que vouliez-vous donc qu'elle fît? Même en la supposant coupable, est-il au monde quelque faute qu'un repentir de vingt années ne doive effacer à la fin? Fûtes-vous sans reproche vous-même? et cette jeune Florestine que vous nommez votre pupille, et qui vous touche de plus près...?

LE COMTE.

Qu'elle assure donc ma vengeance! Je dénaturerai mes biens, et les lui ferai tous passer. Déjà trois millions d'or, arrivés de la Vera-Cruz, vont lui servir de dot, et c'est à toi que je les donne. Aide-moi seulement à jeter sur ce don un voile impénétrable. En acceptant mon portefeuille, et te présentant comme époux, suppose un héritage, un legs de quelque parent éloigné.

BÉGEARSS, montrant le crêpe de son bras.

Voyez que, pour vous obéir, je me suis déjà mis en deuil.

LE COMTE.

Quand j'aurai l'agrément du roi pour l'échange entamé de toutes mes terres d'Espagne contre des biens dans ce pays, je trouverai moyen de vous en assurer la possession à tous deux.

BÉGEARSS, vivement.

Et moi, je n'en veux point. Croyez-vous que, sur des soupçons... peut-être encore très-peu fondés, j'irai me rendre le complice de la spoliation entière de l'héritier de votre nom, d'un jeune homme plein de mérite? car il faut avouer qu'il en a...

LE COMTE, impatienté.

Plus que mon fils, voulez-vous dire? Chacun le pense comme vous; cela m'irrite contre lui.

BÉGEARSS.

Si votre pupille m'accepte, et si, sur vos grands biens, vous prélevez, pour la doter, ces trois millions d'or du Mexique, je ne supporte point l'idée d'en devenir propriétaire, et ne les recevrai qu'autant que le contrat en contiendra la donation que mon amour sera censé lui faire.

LE COMTE le serre dans ses bras.

Loyal et franc ami, quel époux je donne à ma fille!...

SCÈNE VII
SUZANNE, LE COMTE, BÉGEARSS.

SUZANNE.

Monsieur, voilà le coffre aux diamants; ne le gardez

pas trop longtemps ! que je puisse le remettre en place avant qu'il soit jour chez madame.

LE COMTE.

Suzanne, en t'en allant défends qu'on entre, à moins que je ne sonne.

SUZANNE, à part.

Avertissons Figaro de ceci. (Elle sort.)

SCÈNE VIII
LE COMTE, BÉGEARSS.

BÉGEARSS.

Quel est votre projet sur l'examen de cet écrin ?

LE COMTE tire de sa poche un bracelet entouré de brillants.

Je ne veux plus te déguiser tous les détails de mon affront ; écoute. Un certain Léon d'Astorga, qui fut jadis mon page, et que l'on nommait Chérubin...

BÉGEARSS.

Je l'ai connu ; nous servions dans le régiment dont je vous dois d'être major. Mais il y a vingt ans qu'il n'est plus.

LE COMTE.

C'est ce qui fonde mon soupçon. Il eut l'audace de l'aimer. Je la crus éprise de lui ; je l'éloignai d'Andalousie, par un emploi dans ma légion. — Un an après la naissance du fils,.. qu'un combat détesté m'enlève (Il met la main à ses yeux.) lorsque je m'embarquai vice-roi du Mexique ; au lieu de rester à Madrid, ou dans mon palais à Séville, ou d'habiter Aguas-Frescas, qui est un superbe séjour, quelle retraite, ami, crois-tu que ma femme choisit ? Le vilain château d'Astorga, chef-lieu d'une méchante terre que j'avais achetée des parents de ce page. C'est là qu'elle a voulu passer les trois années de mon absence ; qu'elle y a mis au monde... (après neuf ou dix mois, que sais-je ?) ce misérable enfant, qui porte les traits d'un perfide ! Jadis, lorsqu'on m'avait peint pour le bracelet de la comtesse, le peintre ayant trouvé ce page fort joli désira d'en faire une étude ; c'est un des beaux tableaux de mon cabinet.

BÉGEARSS.

Oui... (Il baisse les yeux.) à telles enseignes que votre épouse...

LE COMTE, vivement.

Ne veut jamais le regarder. Eh bien ! sur ce portrait, j'ai fait faire celui-ci, dans ce bracelet, pareil en tout au sien, fait par le même joaillier qui monta tous ses diamants ; je vais le substituer à la place du mien. Si elle en garde le silence, vous sentez que ma preuve est faite. Sous quelque forme qu'elle en parle, une explication sévère éclaircit ma honte à l'instant.

BÉGEARSS.

Si vous demandez mon avis, monsieur, je blâme un tel projet.

LE COMTE.

Pourquoi ?

BÉGEARSS.

L'honneur répugne à de pareils moyens. Si quelque hasard, heureux ou malheureux, vous eût présenté certains faits, je vous excuserais de les approfondir. Mais tendre un piége ! des surprises ! Eh ! quel homme, un peu délicat, voudrait prendre un tel avantage sur son plus mortel ennemi ?

LE COMTE.

Il est trop tard pour reculer ; le bracelet est fait, le portrait du page est dedans...

BÉGEARSS prend l'écrin.

Monsieur, au nom du véritable honneur...

LE COMTE a enlevé le bracelet de l'écrin.

Ah ! mon cher portrait, je te tiens ! J'aurai du moins la joie d'en orner le bras de ma fille, cent fois plus digne de le porter !... (Il y substitue l'autre. Bégearss feint de s'y opposer. Ils tirent chacun l'écrin de leur côté.)

BÉGEARSS fait ouvrir adroitement le double fond, et dit avec colère:

Ah ! voilà la boîte brisée !

LE COMTE regarde.

Non ; ce n'est qu'un secret que le débat a fait ouvrir. Ce double fond renferme des papiers ?

BÉGEARSS, s'y opposant.

Je me flatte, monsieur, que vous n'abuserez point...

LE COMTE, impatient.

« Si quelque heureux hasard vous eût présenté cer-
« tains faits, me disais-tu dans le moment, je vous excu-
« serais de les approfondir... » Le hasard me les offre, et je vais suivre ton conseil. (Il arrache les papiers.)

BÉGEARSS, avec chaleur.

Pour l'espoir de ma vie entière, je ne voudrais pas devenir complice d'un tel attentat ! Remettez ces papiers monsieur, ou souffrez que je me retire. (Il s'éloigne. Le Comte tient des papiers et lit. Bégearss le regarde en dessous, et s'applaudit secrètement.)

LE COMTE, avec fureur.

Je n'en veux pas apprendre davantage : renferme tous les autres, et moi je garde celui-ci.

BÉGEARSS.

Non ; quel qu'il soit, vous avez trop d'honneur pour commettre une...

LE COMTE, fièrement.

Une... ? Achevez, tranchez le mot, je puis l'entendre.

BÉGEARSS, se courbant.

Pardon, monsieur, mon bienfaiteur ! et n'imputez qu'à ma douleur l'indécence de mon reproche.

LE COMTE.

Loin de t'en savoir mauvais gré, je t'en estime davantage. (Il se jette sur un fauteuil.) Ah ! perfide Rosine !... car, malgré mes légèretés, elle est la seule pour qui j'aie éprouvé,... J'ai subjugué les autres femmes ! Ah ! je sens à ma rage combien cette indigne passion...! Je me déteste de l'aimer !

BÉGEARSS.

Au nom de Dieu, monsieur, remettez ce fatal papier.

SCÈNE IX
FIGARO, LE COMTE, BÉGEARSS.

LE COMTE se lève.

Homme importun, que voulez-vous ?

FIGARO.

J'entre, parce qu'on a sonné.

LE COMTE, en colère.

J'ai sonné ? Valet curieux !...

FIGARO.

Interrogez le joaillier, qui l'a entendu comme moi.

LE COMTE.

Mon joaillier ? que me veut-il ?

FIGARO.

Il dit qu'il a un rendez-vous pour un bracelet qu'il a fait. (Bégearss, s'apercevant qu'il cherche à voir l'écrin qui est sur la table, fait ce qu'il peut pour le masquer.)

LE COMTE.

Ah !... qu'il revienne un autre jour.

FIGARO, avec malice.

Mais pendant que monsieur a l'écrin de madame ouvert, il serait peut-être à propos...

LE COMTE, en colère.

Monsieur l'inquisiteur, partez ! et s'il vous échappe un seul mot...

FIGARO.

Un seul mot ? J'aurais trop à dire ; je ne veux rien faire à demi. (Il examine l'écrin, le papier que tient le Comte, lance un fier coup d'œil à Bégearss, et sort.)

SCÈNE X

LE COMTE, BÉGEARSS.

LE COMTE.

Refermons ce perfide écrin. J'ai la preuve que je cherchais. Je la tiens, j'en suis désolé : pourquoi l'ai-je trouvée ? Ah Dieu ! lisez, lisez, monsieur Bégearss.

BÉGEARSS, repoussant le papier.

Entrer dans de pareils secrets ! Dieu préserve qu'on m'en accuse !

LE COMTE.

Quelle est donc la sèche amitié qui repousse mes confidences ? je vois qu'on n'est compatissant que pour les maux qu'on éprouve soi-même.

BÉGEARSS.

Quoi ! pour refuser ce papier !... (Vivement.) Serrez-le donc ; voici Suzanne. (Il referme vite le secret de l'écrin. Le Comte met la lettre dans sa veste, sur sa poitrine.)

SCÈNE XI

SUZANNE, LE COMTE, BÉGEARSS.

(Le Comte est accablé.)

SUZANNE accourt.

L'écrin, l'écrin ! madame sonne.

BÉGEARSS le lui donne.

Suzanne, vous voyez que tout y est en bon état.

SUZANNE.

Qu'a donc monsieur ? il est troublé !

BÉGEARSS.

Ce n'est rien qu'un peu de colère contre votre indiscret mari, qui est entré malgré ses ordres.

SUZANNE, finement.

Je l'avais dit pourtant de manière à être entendue. (Elle sort.)

SCÈNE XII

LÉON, LE COMTE, BÉGEARSS.

LE COMTE veut sortir. Il voit entrer Léon.

Voici l'autre !

LÉON, timidement, veut embrasser le Comte.

Mon père, agréez mon respect. Avez-vous bien passé la nuit ?

LE COMTE, sèchement, le repousse.

Où fûtes-vous, monsieur, hier au soir ?

LÉON.

Mon père, on me mena dans une assemblée estimable...

LE COMTE.

Où vous fîtes une lecture ?

LÉON.

On m'invita d'y lire un essai que j'ai fait sur l'abus des vœux monastiques, et le droit de s'en relever.

LE COMTE, amèrement.

Les vœux des chevaliers en sont ?

BÉGEARSS.

Qui fut, dit-on, très-applaudi ?

LÉON.

Monsieur, on a montré quelque indulgence pour mon âge.

LE COMTE.

Donc, au lieu de vous préparer à partir pour vos caravanes, à bien mériter de votre ordre, vous vous faites des ennemis ? Vous allez composant, écrivant sur le ton du jour ?... Bientôt on ne distinguera plus un gentilhomme d'un savant.

LÉON, timidement.

Mon père, on en distinguera mieux un ignorant d'un homme instruit, et l'homme libre de l'esclave.

LE COMTE.

Discours d'enthousiaste ! On voit où vous en voulez venir. (Il veut sortir.)

LÉON.

Mon père !...

LE COMTE, dédaigneux.

Laissez à l'artisan des villes ces locutions triviales. Les gens de notre état ont un langage plus élevé. Qui est-ce qui dit *mon père* à la cour, monsieur ? appelez-moi *monsieur*. Vous sentez l'homme du commun ! Son père ! (Il sort ; Léon le suit en regardant Bégearss, qui lui fait un geste de compassion.) Allons, monsieur Bégearss, allons !

ACTE SECOND

Le théâtre représente la bibliothèque du Comte.

SCÈNE PREMIÈRE

LE COMTE.

Puisque enfin je suis seul, lisons cet étonnant écrit, qu'un hasard presque inconcevable a fait tomber entre mes mains. (Il tire de son sein la lettre de l'écrin, et la lit en pesant sur tous les mots.) « Malheureux insensé ! notre sort « est rempli. La surprise nocturne que vous avez osé « me faire dans un château où vous fûtes élevé, dont « vous connaissiez les détours ; la violence qui s'en est « suivie ; enfin votre crime, — le mien... (Il s'arrête.) le « mien reçoit sa juste punition. Aujourd'hui, jour de « Saint-Léon, patron de ce lieu et le vôtre, je viens de « mettre au monde un fils, mon opprobre et mon déses- « poir. Grâce à de tristes précautions, l'honneur est « sauf ; mais la vertu n'est plus. — Condamnée désormais « à des larmes intarissables, je sens qu'elles n'efface- « ront point un crime... dont l'effet reste subsistant. Ne « me voyez jamais : c'est l'ordre irrévocable de la misé- « rable Rosine... qui n'ose plus signer un autre nom » (Il porte ses mains avec la lettre à son front et se promène.).. Qui n'ose plus signer un autre nom !... Ah ! Rosine ! où est le temps...? Mais tu t'es avilie... (Il s'agite.) Ce n'est point là l'écrit d'une méchante femme ! Un misérable corrupteur... Mais voyons la réponse écrite sur la même lettre. (Il lit.) « Puisque je ne dois plus vous voir, la vie « m'est odieuse, et je vais la perdre avec joie dans la vive « attaque d'un fort où je ne suis point commandé. »

« Je vous renvoie tous vos reproches, le portrait « que j'ai fait de vous, et la boucle de cheveux que « je vous dérobai. L'ami qui vous rendra ceci quand « je ne serai plus est sûr. Il a vu tout mon déses- « poir. Si la mort d'un infortuné vos inspirait un « reste de pitié, parmi les noms qu'on va donner à « l'héritier... d'un autre plus heureux..., puis-je es- « pérer que le nom de Léon vous rappellera quelquefois « le souvenir du malheureux... qui expire en vous ado- « rant, et signe pour la dernière fois, CHÉRUBIN-LÉON, « d'Astorga ? »

... Puis, en caractères sanglants : ... « Blessé à « mort, je rouvre cette lettre, et vous écris avec mon « sang ce douloureux, cet éternel adieu. Souvenez- « vous... »

Le reste est effacé par des larmes... (Il s'agite.) Ce n'est point là non plus l'écrit d'un méchant homme ! Un malheureux égarement... (Il s'assied et reste absorbé.) Je me sens déchiré !

SCÈNE II

BÉGEARSS, LE COMTE.

(Bégearss, en entrant s'arrête, le regarde, et se mord le doigt avec mystère.)

LE COMTE.

Ah ! mon cher ami, venez donc !... vous me voyez dans un accablement...

BÉGEARSS.

Très-effrayant, monsieur ; je n'osais avancer.

LE COMTE.

Je viens de lire cet écrit. Non ! ce n'étaient point là des ingrats ni des monstres, mais de malheureux insensés, comme ils se le disent eux-mêmes...

BÉGEARSS.

Je l'ai présumé comme vous.

LE COMTE se lève et se promène.

Les misérables femmes, en se laissant séduire, ne savent guère les maux qu'elles apprêtent... Elles vont, elles vont... les affronts s'accumulent... et le monde injuste et léger accuse un père qui se tait, qui dé- vore en secret ses peines !... On le taxe de dureté pour les sentiments qu'il refuse au fruit d'un cou- pable adultère !... Nos désordres, à nous, ne leur en- lèvent presque rien, ne peuvent du moins leur ravir la certitude d'être mères, ce bien inestimable de la maternité ! tandis que leur moindre caprice, un goût, une étourderie légère, détruit dans l'homme le bon- heur... le bonheur de toute sa vie, la sécurité d'être père. — Ah ! ce n'est point légèrement qu'on a donné tant d'importance à la fidélité des femmes ! le bien, le mal de la société sont attachés à leur conduite ; le paradis ou l'enfer des familles dépend à tout jamais de l'opinion qu'elles ont donnée d'elles.

BÉGEARSS.

Calmez-vous ; voici votre fille.

SCÈNE III

FLORESTINE, LE COMTE, BÉGEARSS.

FLORESTINE, un bouquet au côté.

On vous disait, monsieur, si occupé, que je n'ai pas osé vous fatiguer de mon respect.

LE COMTE.

Occupé de toi, mon enfant ! *ma fille !* Ah ! je me plais à te donner ce nom, car j'ai pris soin de ton enfance. Le mari de ta mère était fort dérangé : en mourant il ne laissa rien. Elle-même en quit- tant la vie, t'a recommandée à mes soins. Je lui engageai ma parole ; je la tiendrai, ma fille, en te donnant un noble époux. Je te parle avec liberté devant cet ami qui nous aime. Regarde autour de toi, choisis ! ne trouves-tu personne ici digne de posséder ton cœur ?

FLORESTINE, lui baisant la main.

Vous l'avez tout entier, monsieur ; et si je me vois consultée, je répondrai que mon bonheur est de ne point changer d'état. — Monsieur votre fils, en se mariant... (car, sans doute, il ne restera plus dans l'ordre de Malte aujourd'hui), monsieur votre fils, en se mariant, peut se séparer de son père. Ah ! per- mettez que ce soit moi qui prenne soin de vos vieux jours ! c'est un devoir, monsieur, que je remplirai avec joie.

LE COMTE.

Laisse, laisse *monsieur*, réservé pour l'indifférence ; on ne sera point étonné qu'une enfant si reconnais- sante me donne un nom plus doux : appelle-moi ton père.

BÉGEARSS.

Elle est digne, en honneur, de votre confidence

entière... Mademoiselle, embrassez ce bon, ce tendre protecteur. Vous lui devez plus que vous ne pensez. Sa tutelle n'est qu'un devoir. Il fut l'ami... l'ami secret de votre mère... et, pour tout dire en un seul mot...

SCÈNE IV

FIGARO, LA COMTESSE, en robe à peigner ; LE COMTE, FLORESTINE, BÉGEARSS.

FIGARO, annonçant.

Madame la comtesse !

BÉGEARSS jette un regard furieux sur Figaro. (A part.) Au diable le faquin !

LA COMTESSE, au Comte.

Figaro m'avait dit que vous vous trouviez mal, effrayée, j'accours, et je vois...

LE COMTE.

... Que cet homme officieux vous a fait encore un mensonge.

FIGARO.

Monsieur, quand vous êtes passé, vous aviez un air si défait... Heureusement il n'en est rien. (Bégearss l'examine.)

LA COMTESSE.

Bonjour, monsieur Bégearss... Te voilà, Florestine ; je te trouve radieuse... Mais voyez donc comme elle est fraîche et belle ! Si le ciel m'eût donné une fille, je l'aurais voulue comme toi de figure et de caractère. Il faudra bien que tu m'en tiennes lieu. Le veux-tu, Florestine ?

FLORESTINE, lui baisant la main.

Ah ! madame !

LA COMTESSE.

Qui t'a donc fleurie si matin ?

FLORESTINE, avec joie.

Madame, on ne m'a point fleurie ; c'est moi qui ai fait des bouquets. N'est-ce pas aujourd'hui *saint Léon*?

LA COMTESSE.

Charmante enfant, qui n'oublie rien ! (Elle la baise au front. Le comte fait un geste terrible. Bégearss le retient.)

LA COMTESSE, à Figaro.

Puisque nous voilà rassemblés, avertissez mon fils que nous prendrons ici le chocolat.

FLORESTINE.

Pendant qu'ils vont le préparer, mon parrain, faites-nous donc voir ce beau buste de *Washington*, que vous avez, dit-on, chez vous.

LE COMTE.

J'ignore qui me l'envoie ; je ne l'ai demandé à personne ; et, sans doute, il est pour Léon. Il est beau ; je l'ai là dans mon cabinet : venez tous. (Bégearss, en sortant le dernier, se retourne deux fois pour examiner Figaro, qui le regarde de même. Ils ont l'air de se menacer sans parler.)

SCÈNE V

FIGARO seul, rangeant la table et les tasses pour le déjeuner.

Serpent, ou basilic, tu peux me mesurer, me lancer des regards affreux ! Ce sont les miens qui te tueront !... Mais où reçoit-il ses paquets ? Il ne vient rien pour lui, de la poste à l'hôtel ! Est-il monté seul de l'enfer ?... Quelque autre diable correspond !... et moi je ne puis découvrir...

SCÈNE VI

FIGARO, SUZANNE.

SUZANNE accourt, regarde, et dit très-vivement à l'oreille de Figaro :

C'est lui que la pupille épouse. — Il a la promesse du comte. — Il guérira Léon de son amour. — Il détachera Florestine. — Il fera consentir madame. — Il te chasse de la maison. — Il cloître ma maîtresse en attendant que l'on divorce. — Fait déshériter le jeune homme, et me rend maîtresse de tout. Voilà les nouvelles du jour. (Elle s'enfuit.)

SCÈNE VII

FIGARO, seul.

Non, s'il vous plaît, monsieur le major ! nous compterons ensemble auparavant. Vous apprendrez de moi qu'il n'y a que les sots qui triomphent. Grâce à l'*Ariane-Suzon*, je tiens le fil du labyrinthe, et le Minotaure est cerné... Je t'envelopperai dans tes pièges et te démasquerai si bien... Mais quel intérêt assez pressant lui fait faire une telle école, desserre les dents d'un tel homme ? S'en croirait-il assez sûr pour... La sottise et la vanité sont compagnes inséparables ! Mon politique babille et se confie ! il a perdu le coup : l'*a faute*.

SCÈNE VIII

GUILLAUME, FIGARO.

GUILLAUME, avec une lettre.

Meissieïr Bégearss ! Ché vois qu'il est pas pour ici !

FIGARO, rangeant le déjeuner.

Tu peux l'attendre, il va rentrer.

GUILLAUME, reculant.

Meingoth ! ch'attendrai pas meissieïr en gombagnie té vous ! mon maître il voudrait point, jé chure.

FIGARO.

Il te le défend ? eh bien ! donne la lettre ; je vais la lui remettre en rentrant.

GUILLAUME, reculant.

Pas plis à vous té lettres ! O tiable, il voudra piéntôt me jasser.

FIGARO, à part.

Il faut pomper le sot. — Tu viens... de la poste, je crois ?

GUILLAUME.

Tiable! non, ché viens pas.

FIGARO.

C'est sans doute quelque missive du gentleman... du parent irlandais dont il vient d'hériter? Tu sais cela, toi, bon Guillaume?

GUILLAUME, riant niaisement.

Lettre d'un qu'il est mort, meissieïr! non, ché vous prie! celui-là, ché crois pas, partié! ce sera pien plitôt d'un autre. Peut-être il viendrait d'un qu'ils sont là... pas contents, dehors.

FIGARO.

D'un de nos mécontents, dis-tu?

GUILLAUME.

Oui, mais ch'assure pas...

FIGARO, à part.

Cela se peut; il est fourré dans tout. (A Guillaume.) On pourrait voir au timbre, et s'assurer...

GUILLAUME.

Ch'assure pas ; pourquoi? les lettres il vient chez M. O'Connor ; et puis je sais pas quoi c'est timpré, moi.

FIGARO, vivement.

O'Connor, banquier irlandais?

GUILLAUME.

Mon foi!

FIGARO, revient à lui, froidement.

Ici près, derrière l'hôtel?

GUILLAUME.

Ein fort choli maison, partié! tes chens très... beaucoup gracieux, si j'osse dire. (Il se retire à l'écart.)

FIGARO, à lui-même.

O fortune! ô bonheur!

GUILLAUME.

Parle pas, fous, de s'té banquier, pour personne ; entende-fous? Ch'aurais pas dû... *Tartaïfle!* (Il frappe du pied.)

FIGARO.

Va, je n'ai garde ; ne crains rien.

GUILLAUME.

Mon maître il dit, meissieïr, vous âfre tout l'esprit, et moi pas... Alors c'est chuste... Mais peut-être ché suis mécontent d'avoir dit à fous...

FIGARO.

Et pourquoi?

GUILLAUME.

Ché sais pas. — Le valet trahir, voye-fous... L'être un péché qu'il est parpare, vil, et même... puéril.

FIGARO.

Il est vrai ; mais tú n'as rien dit.

GUILLAUME, désolé.

Mon Tié! mon Tié! ché sais pas, là... quoi tire... ou non... (Il se retire en soupirant.) Ah! (Il regarde niaisement les livres de la bibliothèque.)

FIGARO, à part.

Quelle découverte! Hasard, je te salue? (Il cherche ses tablettes.) Il faut pourtant que je démêle comment un homme si caverneux s'arrange d'un tel imbécile... De même que les brigands redoutent les réverbères... Oui, mais un sot est un falot ; la lumière passe à travers. (Il dit en écrivant sur ses tablettes :) O'Connor, banquier irlandais. C'est là qu'il faut que j'établisse mon noir comité de recherches. Ce moyen-là n'est pas trop constitutionnel ; *ma! perdio!* l'utilité! Et puis, j'ai mes exemples! (Il écrit.) Quatre ou cinq louis d'or au valet chargé du détail de la poste, pour ouvrir dans un cabaret chaque lettre de l'écriture d'Honoré-Tartuffe Bégearss... Monsieur le tartuffe honoré, vous cesserez enfin de l'être! Un dieu m'a mis sur votre piste. (Il serre ses tablettes.) Hasard, dieu méconnu, les anciens t'appelaient Destin! nos gens te donnent un autre nom...

SCÈNE IX

LA COMTESSE, LE COMTE, FLORESTINE, BÉGEARSS, FIGARO, GUILLAUME.

BÉGEARSS aperçoit Guillaume, et lui dit avec humeur, en prenant la lettre :

Ne peux-tu pas me les garder chez moi?

GUILLAUME.

Ché crois, celui-ci, c'est tout comme... (Il sort.)

LA COMTESSE, au Comte.

Monsieur, ce buste est un très-beau morceau : votre fils l'a-t-il vu?

BÉGEARSS, la lettre ouverte.

Ah! lettre de Madrid! du secrétaire du ministre! Il y a un mot qui vous regarde. (Il lit.) « Dites au comte « Almaviva que le courrier qui part demain lui porte « l'agrément du roi pour l'échange de toutes ses ter- « res. »

FIGARO écoute, et se fait sans parler un signe d'intelligence.

LA COMTESSE.

Figaro, dis donc à mon fils que nous déjeunons tous ici.

FIGARO.

Madame, je vais l'avertir. (Il sort.)

SCÈNE X

LA COMTESSE, LE COMTE, FLORESTINE, BÉGEARSS.

LE COMTE, à Bégearss.

J'en veux donner avis sur-le-champ à mon acquéreur. Envoyez-moi du thé dans mon arrière-cabinet.

FLORESTINE.

Bon papa, c'est moi qui vous le porterai.

LE COMTE, bas à Florestine.

Pense beaucoup au peu que je t'ai dit. (Il la baise au front et sort.)

SCÈNE XI

LÉON, LA COMTESSE, FLORESTINE, BÉGEARSS.

LÉON, avec chagrin.

Mon père s'en va quand j'arrive! Il m'a traité avec une rigueur...

LA COMTESSE, sévèrement.

Mon fils, quels discours tenez-vous ! Dois-je me voir toujours froissée par l'injustice de chacun ? Votre père a besoin d'écrire à la personne qui échange ses terres.

FLORESTINE, gaiement.

Vous regrettez votre papa? Nous aussi nous le regrettons. Cependant, comme il sait que c'est aujourd'hui votre fête, il m'a chargée, monsieur, de vous présenter ce bouquet. (Elle lui fait une grande révérence.)

LÉON, pendant qu'elle l'ajuste à sa boutonnière.

Il n'en pouvait prier quelqu'un qui me rendit ses bontés aussi chères. (Il l'embrasse.)

FLORESTINE, se débattant.

Voyez, madame, si on peut jamais badiner avec lui, sans qu'il abuse au même instant...

LA COMTESSE, souriant.

Mon enfant, le jour de sa fête on peut lui passer quelque chose.

FLORESTINE, baissant les yeux.

Pour l'en punir, madame, faites-lui lire le discours qui fut, dit-on, tant applaudi hier à l'assemblée.

LÉON.

Si maman juge que j'ai tort, j'irai chercher ma pénitence.

FLORESTINE.

Ah ! madame, ordonnez-le-lui.

LA COMTESSE.

Apportez-nous, mon fils, votre discours : moi je vais prendre quelque ouvrage, pour l'écouter avec plus d'attention.

FLORESTINE, gaiement.

Obstiné ! c'est bien fait ; et je l'entendrai malgré vous.

LÉON, tendrement.

Malgré moi, quand vous l'ordonnez! Ah ! Florestine, j'en défie ! (La Comtesse et Léon sortent chacun de leur côté.)

SCÈNE XII

FLORESTINE, BÉGEARSS.

BÉGEARSS, bas.

Eh bien, mademoiselle, avez-vous deviné l'époux qu'on vous destine ?

FLORESTINE, avec joie.

Mon cher monsieur Bégearss, vous êtes à tel point notre ami, que je me permettrai de penser tout haut avec vous. Sur qui puis-je porter les yeux ? Mon parrain m'a bien dit : « Regarde autour de toi, choisis. » Je vois l'excès de sa bonté : ce ne peut être que Léon. Mais moi, sans biens, dois-je abuser...?

BÉGEARSS, d'un ton terrible.

Qui ? Léon ! son fils ? votre frère ?

FLORESTINE, avec un cri douloureux.

Ah ! monsieur !...

BÉGEARSS.

Ne vous a-t-il pas dit : Appelle-moi ton père ? Réveillez-vous, ma chère enfant ! écartez un songe trompeur, qui pourrait devenir funeste.

FLORESTINE.

Ah ! oui, funeste pour tous deux !

BÉGEARSS.

Vous sentez qu'un pareil secret doit rester caché dans votre âme. (Il sort en la regardant.)

SCÈNE XIII

FLORESTINE, seule, et pleurant.

O ciel ! il est mon frère, et j'ose avoir pour lui... Quel coup d'une lumière affreuse ! et, dans un tel sommeil, qu'il est cruel de s'éveiller ! (Elle tombe accablée sur un siége.)

SCÈNE XIV

LÉON, un papier à la main, FLORESTINE.

LÉON, joyeux, à part.

Maman n'est pas rentrée, et M. Bégearss est sorti : profitons d'un moment heureux. — Florestine ! vous êtes ce matin, et toujours, d'une beauté parfaite mais vous avez un air de joie, un ton aimable de gaieté qui anime mes espérances.

FLORESTINE, au désespoir.

Ah ! Léon !... (Elle retombe.)

LÉON.

Ciel ! vos yeux noyés de larmes, et votre visage défait m'annoncent quelque grand malheur !

FLORESTINE.

Des malheurs? Ah ! Léon, il n'y en a plus que pour moi.

LÉON.

Floresta, ne m'aimez-vous plus, lorsque mes sentiments pour vous...?

FLORESTINE, d'un ton absolu.

Vos sentiments ? ne m'en parlez jamais !

LÉON.

Quoi ! l'amour le plus pur...

FLORESTINE, au désespoir.

Finissez ces cruels discours, ou je vais vous fuir à l'instant.

LÉON.

Grand Dieu ! qu'est-il donc arrivé ? M. Bégearss vous a parlé, mademoiselle ; je veux savoir ce que vous a dit ce Bégearss !

SCÈNE XV

LA COMTESSE, FLORESTINE, LÉON.

LÉON continue.

Maman, venez à mon secours. Vous me voyez au désespoir ; Florestine ne m'aime plus.

FLORESTINE, pleurant.

Moi, madame, ne plus l'aimer! Mon parrain, vous et lui, c'est le cri de ma vie entière.

LA COMTESSE.

Mon enfant, je n'en doute pas : ton cœur excellent m'en répond. Mais de quoi donc s'afflige-t-il?

LÉON.

Maman, vous approuvez l'ardent amour que j'ai pour elle?

FLORESTINE, se jetant dans les bras de la Comtesse.

Ordonnez-lui donc de se taire. (En pleurant.) Il me fait mourir de douleur.

LA COMTESSE.

Mon enfant, je ne t'entends point. Ma surprise égale la sienne... Elle frissonne entre mes bras! Qu'a-t-il donc fait qui puisse te déplaire?

FLORESTINE, se renversant sur elle.

Madame, il ne me déplaît point. Je l'aime et le respecte à l'égal de mon frère; mais qu'il n'exige rien de plus.

LÉON.

Vous l'entendez, maman! Cruelle fille, expliquez-vous!

FLORESTINE.

Laissez-moi, laissez-moi, ou vous me causerez la mort.

SCÈNE XVI

LA COMTESSE, FLORESTINE, LÉON; FIGARO, arrivant avec l'équipage du thé; SUZANNE, de l'autre côté, avec un métier de tapisserie.

LA COMTESSE.

Remporte tout, Suzanne : il n'est pas plus question de déjeuner que de lecture. Vous, Figaro, servez du thé à votre maître; il écrit dans son cabinet. Et toi, ma Florestine, viens dans le mien rassurer ton amie. Mes chers enfants, je vous porte en mon cœur! — Pourquoi l'affligez-vous l'un après l'autre sans pitié? Il y a ici des choses qu'il m'est important d'éclaircir. (Elles sortent.)

SCÈNE XVII

SUZANNE, FIGARO, LÉON.

SUZANNE, à Figaro.

Je ne sais pas de quoi il est question; mais je parierais bien que c'est là du Bégearss tout pur. Je veux absolument prémunir ma maîtresse.

FIGARO.

Attends que je sois plus instruit : nous nous concerterons ce soir. Oh! j'ai fait une découverte...

SUZANNE.

Et tu me la diras? (Elle sort.)

SCÈNE XVIII

FIGARO, LÉON.

LÉON, désolé.

Ah! dieux!

FIGARO.

De quoi s'agit-il donc, monsieur?

LÉON.

Hélas! je l'ignore moi-même. Jamais je n'avais vu Floresta de si belle humeur, et je savais qu'elle avait eu un entretien avec mon père. Je la laisse un instant avec M. Bégearss; je la trouve seule, en rentrant, les yeux remplis de larmes, et m'ordonnant de la fuir pour toujours. Que peut-il donc lui avoir dit?

FIGARO.

Si je ne craignais pas votre vivacité, je vous instruirais sur des points qu'il vous importe de savoir. Mais lorsque nous avons besoin d'une grande prudence, il ne faudrait qu'un mot de vous, trop vif, pour me faire perdre le fruit de dix années d'observations.

LÉON.

Ah! s'il ne faut qu'être prudent... Que crois-tu donc qu'il lui ait dit?

FIGARO.

Qu'elle doit accepter Honoré Bégearss pour époux; que c'est une affaire arrangée entre monsieur votre père et lui.

LÉON.

Entre mon père et lui? Le traître aura ma vie.

FIGARO.

Avec ces façons-là, monsieur, le traître n'aura pas votre vie; mais il aura votre maîtresse, et votre fortune avec elle.

LÉON.

Eh bien! ami, pardon : apprends-moi ce que je dois faire.

FIGARO.

Deviner l'énigme du sphinx, ou bien en être dévoré. En d'autres termes, il faut vous modérer, le laisser dire, et dissimuler avec lui.

LÉON, avec fureur.

Me modérer!... Oui, je me modérerai. Mais j'ai la rage dans le cœur! — M'enlever Florestine! Ah! le voici qui vient : je vais m'expliquer... froidement.

FIGARO.

Tout est perdu si vous vous échappez.

SCÈNE XIX

BÉGEARSS, FIGARO, LÉON.

LÉON, se contenant mal.

Monsieur, monsieur, un mot. Il importe à votre repos que vous répondiez sans détour. — Florestine est au désespoir; qu'avez-vous dit à Florestine?

BÉGEARSS, d'un ton glacé.

Et qui vous dit que je lui ai parlé? Ne peut-elle avoir des chagrins, sans que j'y sois pour quelque chose?

LÉON, vivement.

Point d'évasions, monsieur. Elle était d'une humeur charmante : en sortant d'avec vous, on la voit fondre en larmes. De quelque part qu'elle en reçoive, mon cœur partage ses chagrins. Vous m'en direz la cause, ou bien vous m'en ferez raison.

BÉGEARSS.

Avec un ton moins absolu, on peut tout obtenir de moi : je ne sais point céder à des menaces.

LÉON, furieux.

Eh bien! perfide, défends-toi. J'aurai ta vie, ou tu auras la mienne! (Il met la main à son épée.)

FIGARO les arrête.

Monsieur Bégearsss! au fils de votre ami? dans sa maison? où vous logez?

BÉGEARSS, se contenant.

Je sais trop ce que je me dois... Je vais m'expliquer avec lui; mais je n'y veux point de témoins. Sortez, et laissez-nous ensemble.

LÉON.

Vas, mon cher Figaro : tu vois qu'il ne peut m'échapper. Ne lui laissons aucune excuse.

FIGARO, à part.

Moi, je cours avertir son père. (Il sort.)

SCÈNE XX

LÉON, BÉGEARSS.

LÉON, lui barrant la porte.

Il vous convient peut-être mieux de vous battre que de parler. Vous êtes le maître du choix ; mais je n'admettrai rien d'étranger à ces deux moyens.

BÉGEARSS, froidement.

Léon, un homme d'honneur n'égorge pas le fils de son ami. Devais-je m'expliquer devant un malheureux valet, insolent d'être parvenu à presque gouverner son maître?

LÉON, s'asseyant.

Au fait, monsieur; je vous attends...

BÉGEARSS.

Oh! que vous allez regretter une fureur déraisonnable!

LÉON.

C'est ce que nous verrons bientôt.

BÉGEARSS, affectant une dignité froide.

Léon, vous aimez Florestine ; il y a longtemps que je le vois... Tant que votre frère a vécu, je n'ai pas cru devoir servir un amour malheureux qui ne vous conduisait à rien. Mais depuis qu'un funeste duel, disposant de sa vie, vous a mis en sa place, j'ai eu l'orgueil de croire mon influence capable de disposer monsieur votre père à vous unir à celle que vous aimez. Je l'attaquais de toutes les manières ; une résistance invincible a repoussé tous mes efforts. Désolé de le voir rejeter un projet qui me paraissait fait pour le bonheur de tous... Pardon, mon jeune ami, je vais vous affliger; mais il le faut en ce moment, pour vous sauver d'un malheur éternel. Rappelez bien votre raison, vous allez en avoir besoin. — J'ai forcé votre père à rompre le silence. à me confier son secret. » O mon ami! m'a dit enfin le comte, je connais l'amour de mon fils ; mais puis-je lui donner Florestine pour femme? Celle que l'on croit ma pupille... elle est ma fille, elle est sa sœur. »

LÉON, reculant vivement.

Florestine!... ma sœur?...

BÉGEARSS.

Voilà le mot qu'un sévère devoir... Ah! je vous le dois à tous deux : mon silence pouvait vous perdre. Eh bien! Léon voulez-vous vous battre avec moi?

LÉON.

Mon généreux ami, je ne suis qu'un ingrat, un monstre! oubliez ma rage insensée...

BÉGEARSS, bien tartuffe.

Mais c'est à condition que ce fatal secret ne sortira jamais... Dévoiler la honte d'un père, ce serait un crime...

LÉON, se jetant dans ses bras.

Ah! jamais.

SCÈNE XXI

LE COMTE, FIGARO, LÉON, BÉGEARSS.

FIGARO, accourant.

Les voilà, les voilà.

LE COMTE.

Dans les bras l'un de l'autre! Eh! vous perdez l'esprit!

FIGARO, stupéfait.

Ma foi, monsieur... on le perdrait à moins.

LE COMTE, à Figaro.

M'expliquerez-vous cette énigme?

LÉON, tremblant.

Ah! c'est à moi, mon père, à l'expliquer. Pardon! je dois mourir de honte! Sur un sujet assez frivole je m'étais... beaucoup oublié. Son caractère généreux non-seulement me rend à la raison, mais il a la bonté d'excuser ma folie en me la pardonnant. Je lui en rendais grâce lorsque vous nous avez surpris.

LE COMTE.

Ce n'est pas la centième fois que vous lui devez de la reconnaissance. Au fait, nous lui en devons, tous. (Figaro, sans parler, se donne un coup de poing au front. Bégears l'examine et sourit.)

LE COMTE, à son fils.

Retirez-vous, monsieur. Votre aveu seul enchaîne ma colère.

BÉGEARSS.

Ah! monsieur, tout est oublié.

LE COMTE, à Léon.

Allez vous repentir d'avoir manqué à mon ami, au vôtre, à l'homme le plus vertueux...

LÉON, s'en allant.

Je suis au désespoir!

FIGARO, à part, avec colère.

C'est une légion de diables enfermés dans un seul pourpoint.

SCÈNE XXII

LE COMTE, BÉGEARSS, FIGARO.

LE COMTE, à Bégears, à part.

Mon ami, finissons ce que nous avons commencé.

(A Figaro.) Vous, monsieur l'étourdi, avec vos belles conjectures, donnez-moi les trois millions d'or que vous m'avez vous-même apportés de Cadix, en soixante effets au porteur. Je vous avez chargé de les numéroter.

FIGARO.

Je l'ai fait.

LE COMTE.

Remettez-m'en le portefeuille.

FIGARO.

De quoi? de ces trois millions d'or?

LE COMTE.

Sans doute. Eh bien! qui vous arrête?

FIGARO, humblement.

Moi, monsieur?... Je ne les ai plus.

BÉGEARSS.

Comment! vous ne les avez plus?

FIGARO, fièrement.

Non, monsieur.

BÉGEARSS, vivement.

Qu'en avez-vous fait?

FIGARO.

Lorsque mon maître m'interroge, je lui dois compte de mes actions; mais à vous je ne vous dois rien.

LE COMTE, en colère.

Insolent! qu'en avez-vous fait?

FIGARO, froidement.

Je les ai portés en dépôt chez M. Fal, votre notaire.

BÉGEARSS.

Mais de l'avis de qui?

FIGARO, fièrement.

Du mien; et j'avoue que j'en suis toujours.

BÉGEARSS.

Je vais gager qu'il n'en est rien.

FIGARO.

Comme j'ai sa reconnaissance, vous courez risque de perdre la gageure.

BÉGEARSS.

Ou s'il les a reçus, c'est pour agioter. Ces gens-là partagent ensemble.

FIGARO.

Vous pourriez un peu mieux parler d'un homme qui vous a obligé.

BÉGEARSS.

Je ne lui dois rien.

FIGARO.

Je le crois : quand on a hérité de *quarante mille doublons de huit*...

LE COMTE, se fâchant.

Avez-vous donc quelque remarque à nous faire aussi là-dessus?

FIGARO.

Qui, moi, monsieur? J'en doute d'autant moins, que j'ai beaucoup connu le parent dont monsieur hérite. Un jeune homme assez libertin ; joueur, prodigue et querelleur; sans frein, sans mœurs, sans caractère, et n'ayant rien à lui, pas même les vices qui l'ont tué; qu'un combat des plus malheureux... (Le Comte frappe du pied.)

BÉGEARSS, en colère.

Enfin, nous direz-vous pourquoi vous avez déposé cet or?

FIGARO.

Ma foi, monsieur, c'est pour n'en être plus chargé. Ne pouvait-on pas le voler? Que sait-on? il s'introduit souvent de grands fripons dans les maisons...

BÉGEARSS, en colère.

Pourtant monsieur veut qu'on le rende.

FIGARO.

Monsieur peut l'envoyer chercher.

BÉGEARSS.

Mais ce notaire s'en dessaisira-t-il, s'il ne voit son *récépissé*?

FIGARO.

Je vais le remettre à monsieur ; et quand j'aurai fait mon devoir, s'il en arrive quelque mal, il ne pourra s'en prendre à moi.

LE COMTE.

Je l'attends dans mon cabinet.

FIGARO, au Comte.

Je vous préviens que M. Fal ne les rendra que sur votre reçu; je le lui ai recommandé. (Il sort.)

SCÈNE XXIII

LE COMTE, BÉGEARSS.

BÉGEARSS, en colère.

Comblez cette canaille, et voyez ce qu'elle devient! En vérité, monsieur, mon amitié me force à vous le dire, vous devenez trop confiant; il a deviné nos secrets. De valet, barbier, chirurgien, vous l'avez établi trésorier, secrétaire; une espèce de *factotum*. Il est notoire que ce monsieur fait bien ses affaires avec vous.

LE COMTE.

Sur la fidélité, je n'ai rien à lui reprocher ; mais il est vrai qu'il est d'une arrogance...

BÉGEARSS.

Vous avez un moyen de vous en délivrer en le récompensant.

LE COMTE.

Je le voudrais souvent.

BÉGEARSS, confidentiellement.

En envoyant le chevalier à Malte, sans doute vous voulez qu'un homme affidé le surveille? Celui-ci, trop flatté d'un aussi honorable emploi, ne peut manquer de l'accepter : vous en voilà défait pour bien du temps.

LE COMTE.

Vous avez raison, mon ami. Aussi bien m'a-t-on dit qu'il vit très-mal avec sa femme. (Il sort.)

SCÈNE XXIV

BÉGEARSS, seul.

Encore un pas de fait!... Ah! noble espion, la fleur

des drôles, qui faites ici le bon valet, et voulez nous souffler la dot, en nous donnant des noms de comédie! Grâce aux soins d'Honoré-Tartuffe, vous irez partager le malaise des caravanes [1] et finirez vos inspections sur nous.

ACTE TROISIÈME

Le théâtre représente le cabinet de la Comtesse, orné de fleurs de toutes parts.

SCÈNE PREMIÈRE
LA COMTESSE, SUZANNE.

LA COMTESSE.

Je n'ai pu rien tirer de cette enfant. — Ce sont des pleurs, des étouffements!... Elle se croit des torts envers moi, m'a demandé cent fois pardon; elle veut aller au couvent. Si je rapproche tout ceci de sa conduite envers mon fils, je présume qu'elle se reproche d'avoir écouté son amour, entretenu ses espérances, ne se croyant pas un parti assez considérable pour lui. — Charmante délicatesse! excès d'une aimable vertu! M. Bégearss apparemment lui en a touché quelques mots qui l'auront amenée à s'affliger sur elle; car c'est un homme si scrupuleux et si délicat sur l'honneur, qu'il s'exagère quelquefois et se fait des fantômes où les autres ne voient rien.

SUZANNE.

J'ignore d'où provient le mal; mais il se passe ici des choses bien étranges! Quelque démon y souffle un feu secret. Notre maître est sombre à périr; il nous éloigne tous de lui. Vous êtes sans cesse à pleurer, mademoiselle est suffoquée; monsieur votre fils désolé!... M. Bégearss, lui seul, imperturbable comme un dieu, semble n'être affecté de rien, voit tous vos chagrins d'un œil sec...

LA COMTESSE.

Mon enfant, son cœur les partage. Hélas! sans ce consolateur, qui verse un baume sur nos plaies, dont la sagesse nous soutient, adoucit toutes les aigreurs, calme mon irascible époux, nous serions bien plus malheureux!

SUZANNE.

Je souhaite, madame, que vous ne vous abusiez pas!

LA COMTESSE.

Je t'ai vue autrefois lui rendre plus de justice! (Suzanne baisse les yeux.) Au reste, il peut seul me tirer du trouble où cet enfant m'a mise. Fais-le prier de descendre chez moi.

SUZANNE.

Le voici qui vient à propos; vous vous ferez coiffer plus tard. (Elle sort.)

[1] Les *caravanes* étaient les voyages sur mer imposés comme noviciat aux chevaliers de Malte.

SCÈNE II
LA COMTESSE, BÉGEARSS.

LA COMTESSE, douloureusement.

Ah! mon pauvre major, que se passe-t-il donc ic Touchons-nous enfin à la crise que j'ai si longtemps r doutée, que j'ai vue de loin se former? L'éloignemer du comte pour mon malheureux fils semble augmente de jour en jour. Quelque lumière fatale aura pénétr jusqu'à lui!

BÉGEARSS.

Madame, je ne le crois pas.

LA COMTESSE.

Depuis que le ciel m'a punie par la mort de mon fil aîné, je vois le comte absolument changé : au lieu d travailler avec l'ambassadeur à Rome, pour rompre le vœux de Léon, je le vois s'obstiner à l'envoyer à Malte — Je sais de plus, monsieur Bégearss, qu'il dénature fortune, et veut abandonner l'Espagne pour s'établi dans ce pays. — L'autre jour, à dîner, devant trent personnes, il raisonna sur le divorce d'une façon à m faire frémir.

BÉGEARSS.

J'y étais; je m'en souviens trop!

LA COMTESSE, en larmes.

Pardon, mon digne ami; je ne puis pleurer qu'ave vous!

BÉGEARSS.

Déposez vos douleurs dans le sein d'un homme sensible.

LA COMTESSE.

Enfin est-ce lui, est-ce vous, qui avez déchiré le cœur de Florestine? Je la destinais à mon fils. — Née san biens, il est vrai, mais noble, belle et vertueuse; élevé au milieu de nous : mon fils, devenu héritier, n'en a-t-i pas assez pour deux?

BÉGEARSS.

Que trop peut-être, et c'est d'où vient le mal!

LA COMTESSE.

Mais, comme si le ciel n'eût attendu aussi longtemp que pour me mieux punir d'une imprudence tant pleu rée, tout semble s'unir à la fois pour renverser me espérances. Mon époux déteste mon fils... Florestin renonce à lui. Aigrie par je ne sais quel motif, elle veu le fuir pour toujours. Il en mourra; le malheureux voilà ce qui est bien certain. (Elle joint les mains.) Cie vengeur! après vingt années de larmes et de repentir me réservez-vous à l'horreur de voir ma faute décou verte? Ah! que je sois seule misérable! mon Dieu, j ne m'en plaindrai pas! mais que mon fils ne port point la peine d'un crime qu'il n'a pas commis! Con naissez-vous, monsieur Bégearss, quelque remède tant de maux?

BÉGEARSS.

Oui, femme respectable! et je venais exprès dissipe vos terreurs. Quand on craint une chose, tous nos re gards se portent vers cet objet trop alarmant : que qu'on dise ou qu'on fasse, la frayeur empoisonne tout

LA MÈRE COUPABLE

Enfin, je tiens la clef de ces énigmes. Vous pouvez encore être heureuse.

LA COMTESSE.

L'est-on avec une âme déchirée de remords?

BÉGEARSS.

Votre époux ne fuit point Léon ; il ne soupçonne rien sur le secret de sa naissance.

LA COMTESSE, vivement.

Monsieur Bégearss!

BÉGEARSS.

Et tous ces mouvements que vous prenez pour de la haine ne sont que l'effet d'un scrupule. Oh! que je vais vous soulager!

LA COMTESSE, ardemment.

Mon cher monsieur Bégearss!

BÉGEARSS.

Mais enterrez dans ce cœur allégé le grand mot que je vais vous dire. Votre secret à vous, c'est la naissance de Léon! le sien est celle de Florestine : (Plus bas.) il est son tuteur... et son père.

LA COMTESSE, joignant les mains.

Dieu tout-puissant, qui me prends en pitié!

BÉGEARSS.

Jugez de sa frayeur en voyant ces enfants amoureux l'un de l'autre! Ne pouvant dire son secret, ni supporter qu'un tel attachement devînt le fruit de son silence, il est resté sombre, bizarre ; et s'il veut éloigner son fils, c'est pour éteindre, s'il se peut, par cette absence et par ces vœux, un malheureux amour qu'il croit ne pouvoir tolérer.

LA COMTESSE, priant avec ardeur.

Source éternelle des bienfaits, ô mon Dieu! tu permets qu'en partie je répare la faute involontaire qu'un insensé me fit commettre ; que j'aie, de mon côté, quelque chose à remettre à cet époux que j'offensai! O comte Almaviva! mon cœur flétri, fermé par vingt années de peines, va se rouvrir enfin pour toi! Florestine est ta fille; elle me devient chère comme si mon sein l'eût portée. Faisons, sans nous parler, l'échange de notre indulgence! O monsieur Bégearss, achevez.

BÉGEARSS.

Mon amie, je n'arrête point ces premiers élans d'un bon cœur : les émotions de la joie ne sont point dangereuses comme celles de la tristesse; mais, au nom de votre repos, écoutez-moi jusqu'à la fin.

LA COMTESSE.

Parlez, mon généreux ami ; vous à qui je dois tout, parlez.

BÉGEARSS.

Votre époux cherchant un moyen de garantir sa Florestine de cet amour qu'il croit incestueux, m'a proposé de l'épouser; mais, indépendamment du sentiment profond et malheureux que mon respect pour vos douleurs...

LA COMTESSE, douloureusement.

Ah! mon ami, par compassion pour moi...

BÉGEARSS.

N'en parlons plus. Quelques mots d'établissement, tournés d'une forme équivoque, ont fait penser à Florestine qu'il était question de Léon. Son jeune cœur s'en épanouissait, quand un valet vous annonça. Sans m'expliquer depuis sur les vues de son père, un mot de moi, la ramenant aux sévères idées de la fraternité, a produit cet orage, et la religieuse horreur dont votre fils ni vous ne pénétriez le motif.

LA COMTESSE.

Il en était bien loin, le pauvre enfant!

BÉGEARSS.

Maintenant qu'il vous est connu, devons-nous suivre ce projet d'une union qui répare tout?...

LA COMTESSE, vivement.

Il faut s'y tenir, mon ami ; mon cœur et mon esprit sont d'accord sur ce point, et c'est à moi de la déterminer. Par là, nos secrets sont couverts ; nul étranger ne les pénétrera. Après vingt années de souffrances nous passerons des jours heureux, et c'est à vous, mon digne ami, que ma famille les devra.

BÉGEARSS, élevant la voix.

Pour que rien ne les trouble plus, il faut encore un sacrifice, et mon amie est digne de le faire.

LA COMTESSE.

Hélas! je veux les faire tous.

BÉGEARSS, l'air imposant.

Ces lettres, ces papiers d'un infortuné qui n'est plus, il faudra les réduire en cendres.

LA COMTESSE, avec douleur.

Ah! Dieu!

BÉGEARSS.

Quand cet ami mourant me chargea de vous les remettre, son dernier ordre fut qu'il fallait sauver votre honneur, en ne laissant aucune trace de ce qui pourrait l'altérer.

LA COMTESSE.

Dieu! Dieu!

BÉGEARSS.

Vingt ans se sont passés sans que j'aie pu obtenir que ce triste aliment de votre éternelle douleur s'éloignât de vos yeux. Mais indépendamment du mal que tout cela vous fait, voyez quel danger vous courez!

LA COMTESSE.

Eh! que peut-on avoir à craindre?

BÉGEARSS, regardant si on peut l'entendre.

(Parlant bas.) Je ne soupçonne point Suzanne; mais une femme de chambre, instruite que vous conservez ces papiers, ne pourrait-elle pas un jour s'en faire un moyen de fortune? Un seul remis à votre époux, que peut-être il payerait bien cher, vous plongerait dans des malheurs...

LA COMTESSE.

Non, Suzanne a le cœur trop bon...

BÉGEARSS, d'un ton plus élevé, très-ferme.

Ma respectable amie, vous avez payé votre dette à la tendresse, à la douleur, à vos devoirs de tous les genres ; et si vous êtes satisfaite de la conduite d'un ami, j'en veux avoir la récompense. Il faut brûler tous ces papiers, éteindre tous ces souvenirs d'une faute autant expiée.

Mais, pour ne jamais revenir sur un sujet si douloureux, j'exige que le sacrifice en soit fait dans ce même instant.

LA COMTESSE, tremblante.

Je crois entendre Dieu qui parle! il m'ordonne de l'oublier, de déchirer le crêpe obscur dont sa mort a couvert ma vie. Oui, mon Dieu, je vais obéir à cet ami que vous m'avez donné. (Elle sonne.) Ce qu'il exige en votre nom, mon repentir me le conseillait; mais ma faiblesse a combattu.

SCÈNE III

SUZANNE, LA COMTESSE, BÉGEARSS.

LA COMTESSE.

Suzanne, apporte-moi le coffret de mes diamants. — Non, je vais le prendre moi-même; il te faudrait chercher la clef...

SCÈNE IV

SUZANNE, BÉGEARSS.

SUZANNE, un peu troublée.

Monsieur Bégearss, de quoi s'agit-il donc? Toutes les têtes sont renversées! cette maison ressemble à l'hôpital des fous! Madame pleure, mademoiselle étouffe; le chevalier Léon parle de se noyer, monsieur est enfermé et ne veut voir personne. Pourquoi ce coffre aux diamants inspire-t-il en ce moment tant d'intérêt à tout le monde?

BÉGEARSS, mettant son doigt sur sa bouche, en signe de mystère.

Chut! ne montre ici nulle curiosité! Tu le sauras dans peu... Tout va bien, tout est bien... Cette journée vaut... Chut...

SCÈNE V

LA COMTESSE, BÉGEARSS, SUZANNE.

LA COMTESSE, tenant le coffre aux diamants.

Suzanne, apporte-nous du feu dans le brazéro du boudoir.

SUZANNE.

Si c'est pour brûler des papiers, la lampe de nuit allumée est encore là dans l'athénienne. (Elle l'avance.)

LA COMTESSE.

Veille à la porte, et que personne n'entre.

SUZANNE, en sortant, à part.

Courons, avant, avertir Figaro.

SCÈNE VI

LA COMTESSE, BÉGEARSS.

BÉGEARSS.

Combien j'ai souhaité pour vous le moment auquel nous touchons!

LA COMTESSE, étouffée.

O mon ami, quel jour nous choisissons pour consommer ce sacrifice? celui de la naissance de mon malheureux fils! A cette époque, tous les ans, leur consacrant cette journée, je demandais pardon au ciel, et je m'abreuvais de mes larmes en relisant ces tristes lettres. Je me rendais au moins le témoignage qu'il y eut entre nous plus d'erreur que de crime. Ah! faut-il donc brûler tout ce qui me reste de lui?

BÉGEARSS.

Quoi! madame, détruisez-vous ce fils qui vous le représente? ne lui devez-vous pas un sacrifice qui le préserve de mille affreux dangers? Vous vous le devez à vous-même, et la sécurité de votre vie entière est attachée peut-être à cet acte imposant. (Il ouvre le secret de l'écrin et en tire les lettres.)

LA COMTESSE, surprise.

Monsieur Bégearss, vous l'ouvrez mieux que moi!... Que je les lise encore!

BÉGEARSS, sévèrement.

Non, je ne le permettrai pas.

LA COMTESSE.

Seulement la dernière, où, traçant ses tristes adieux du sang qu'il répandit pour moi, il m'a donné la leçon du courage dont j'ai tant besoin aujourd'hui.

BÉGEARSS, s'y opposant.

Si vous lisez un mot, nous ne brûlerons rien. Offrez au ciel un sacrifice entier, courageux, volontaire, exempt des faiblesses humaines! ou, si vous n'osez l'accomplir, c'est à moi d'être fort pour vous. Les voilà toutes dans le feu. (Il y jette le paquet.)

LA COMTESSE, vivement.

Monsieur Bégearss, cruel ami, c'est ma vie que vous consumez! Qu'il m'en reste au moins un lambeau! (Elle veut se précipiter sur les lettres enflammées; Bégearss la retient à bras-le-corps.)

BÉGEARSS.

J'en jetterai la cendre au vent.

SCÈNE VII

SUZANNE, LE COMTE, FIGARO, LA COMTESSE, BÉGEARSS.

SUZANNE accourt.

C'est monsieur, il me suit, mais amené par Figaro.

LE COMTE, les surprenant en cette posture.

Qu'est-ce donc que je vois, madame? d'où vient ce désordre? quel est ce feu, ce coffre, ces papiers? pourquoi ce débat et ces pleurs? (Bégearss et la Comtesse restent confondus.)

LE COMTE.

Vous ne répondez point?

BÉGEARSS se remet, et dit d'un ton pénible.

J'espère, monsieur, que vous n'exigez pas qu'on s'explique devant vos gens. J'ignore quel dessein vous fait surprendre ainsi madame. Quant à moi, je suis résolu de soutenir mon caractère en rendant un hommage pur à la vérité, quelle qu'elle soit.

LE COMTE, à Figaro et à Suzanne.

Sortez tous deux.

FIGARO.

Mais, monsieur, rendez-moi du moins la justice de déclarer que je vous ai remis le récépissé du notaire, sur le grand objet de tantôt.

LE COMTE.

Je le fais volontiers, puisque c'est réparer un tort. (A Bégearss.) Soyez certain, monsieur, que voilà le récépissé. (Il le remet dans sa poche. Figaro et Suzanne sortent chacun de leur côté.)

FIGARO, bas à Suzanne, en s'en allant.

S'il échappe à l'explication !...

SUZANNE, bas.

Il est bien subtil !

FIGARO, bas.

Je l'ai tué !

SCÈNE VIII

LA COMTESSE, LE COMTE, BÉGEARSS.

LE COMTE, d'un ton sérieux.

Madame, nous sommes seuls.

BÉGEARSS, encore ému.

C'est moi qui parlerai. Je subirai cet interrogatoire. M'avez-vous vu, monsieur, trahir la vérité dans quelque occasion que ce fût ?

LE COMTE, sèchement.

Monsieur... je ne dis pas cela.

BÉGEARSS, tout à fait remis.

Quoique je sois loin d'approuver cette inquisition peu décente, l'honneur m'oblige à répéter ce que je disais à madame, en répondant à sa consultation :

« Tout dépositaire de secret ne doit jamais conser« ver de papiers s'ils peuvent compromettre un ami
« qui n'est plus, et qui les mit sous notre garde. Quel« que chagrin qu'on ait à s'en défaire, et quelque inté« rêt même qu'on eût à les garder, le saint respect des
« morts doit avoir le pas devant tout. » (Il montre le Comte.) Un accident inopiné ne peut-il pas en rendre un adversaire possesseur ? (Le Comte le tire par la manche pour qu'il ne pousse pas l'explication plus loin.)

Auriez-vous dit, monsieur, autre chose en ma position ? Qui cherche des conseils timides, ou le soutien d'une faiblesse honteuse, ne doit point s'adresser à moi ! vous en avez des preuves l'un et l'autre, et vous surtout, monsieur le comte ! (Le Comte lui fait un signe.) Voilà sur la demande que m'a faite madame, et sans chercher à pénétrer ce que contenaient ces papiers, ce qui m'a fait lui donner un conseil pour la sévère exécution duquel je l'ai vue manquer de courage ; je n'ai pas hésité d'y substituer le mien, en combattant ses délais imprudents. Voilà quels étaient nos débats ; mais quelque chose qu'on en pense, je ne regretterai point ce que j'ai dit, ce que j'ai fait. (Il lève les bras.) Sainte amitié, tu n'es rien qu'un vain titre, si l'on ne remplit pas tes austères devoirs ! — Permettez que je me retire.

LE COMTE, exalté.

O le meilleur des hommes ! non; vous ne nous quitterez pas. — Madame il va nous appartenir de plus près ; je lui donne ma Florestine.

LA COMTESSE, avec vivacité.

Monsieur, vous ne pouviez pas faire un plus digne emploi du pouvoir que la loi vous donne sur elle. Ce choix a mon assentiment si vous le jugez nécessaire, et le plus tôt vaudra le mieux.

LE COMTE, hésitant.

Eh bien !... ce soir... sans bruit... votre aumônier...

LA COMTESSE, avec ardeur.

Eh bien ! moi qui lui sers de mère, je vais la préparer à l'auguste cérémonie. Mais laisserez-vous votre ami seul généreux envers ce digne enfant ? J'ai du plaisir à penser le contraire.

LE COMTE, embarrassé.

Ah ! madame... croyez...

LA COMTESSE, avec joie.

Oui, monsieur, je le crois. C'est aujourd'hui la fête de mon fils ; ces deux événements réunis me rendent cette journée bien chère. (Elle sort.)

SCÈNE IX

LE COMTE, BÉGEARSS.

LE COMTE, la regardant aller.

Je ne reviens pas de mon étonnement. Je m'attendais à des débats, à des objections sans nombre ; et je la trouve juste, bonne, généreuse envers mon enfant ! *Moi qui lui sers de mère*, dit-elle... Non, ce n'est point une méchante femme ! elle a dans ses actions une dignité qui m'impose,... un ton qui brise les reproches, quand on voudrait l'en accabler. Mais, mon ami, je m'en dois à moi-même, pour la surprise que j'ai montrée en voyant brûler ces papiers.

BÉGEARSS.

Quant à moi, je n'en ai point eu, voyant avec qui vous veniez. Ce reptile vous a sifflé que j'étais là pour trahir vos secrets ? De si basses imputations n'atteignent point un homme de ma hauteur ; je les vois ramper loin de moi. Mais, après tout, monsieur, que vous importaient ces papiers ? N'aviez-vous pas pris malgré moi tous ceux que vous vouliez garder ? Ah ! plût au ciel qu'elle m'eût consulté plus tôt ! vous n'auriez pas contre elle des preuves sans réplique !

LE COMTE, avec douleur.

Oui sans réplique ! (Avec ardeur.) Otons-les de mon sein : elles me brûlent la poitrine. (Il tire la lettre de son sein, et la met dans sa poche.)

BÉGEARSS continue avec douceur.

Je combattrais avec plus d'avantage en faveur du fils de la loi ; car enfin il n'est pas comptable du triste sort qui l'a mis dans vos bras !

LE COMTE reprend sa fureur.

Lui, dans mes bras ? jamais.

BÉGEARSS.

Il n'est point coupable non plus dans son amour pour Florestine ; et cependant, tant qu'il reste près d'elle, puis-je m'unir à cette enfant qui, peut-être éprise elle-même, ne cédera qu'à son respect pour vous? La délicatesse blessée...

LE COMTE.

Mon ami, je t'entends, et ta réflexion me décide à le faire partir sur-le-champ. Oui, je serai moins malheureux quand ce fatal objet ne blessera plus mes regards. Mais comment entamer ce sujet avec elle? Voudra-t-elle s'en séparer? Il faudra donc faire un éclat?

BÉGEARSS.

Un éclat!... non... mais le divorce accrédité chez cette nation hasardeuse vous permettra d'user de ce moyen.

LE COMTE.

Moi, publier ma honte! Quelques lâches l'ont fait; c'est le dernier degré de l'avilissement du siècle. Que l'opprobre soit le partage de qui donne un pareil scandale, et des fripons qui le provoquent!

BÉGEARSS.

J'ai fait envers elle, envers vous, ce que l'honneur me prescrivait. Je ne suis point pour les moyens violents, surtout quand il s'agit d'un fils...

LE COMTE.

Dites *d'un étranger*, dont je vais hâter le départ.

BÉGEARSS.

N'oubliez pas cet insolent valet.

LE COMTE.

J'en suis trop las pour le garder. Toi, cours, ami, chez mon notaire; retire, avec mon reçu que voilà, mes trois millions d'or déposés. Alors tu peux à juste titre être généreux au contrat qu'il nous faut brusquer aujourd'hui... car te voilà bien possesseur... (Il lui remet le reçu, le prend sous le bras, et ils sortent.) Et ce soir, à minuit, sans bruit, dans la chapelle de madame... (On n'entend pas le reste.)

ACTE QUATRIÈME

Le théâtre représente le même cabinet de la Comtesse.

SCÈNE PREMIÈRE

FIGARO, seul, agité, regardant de côté et d'autre.

Elle me dit : « Viens à six heures au cabinet; c'est le plus sûr pour nous parler... ». Je brusque tout dehors, et je rentre en sueur! Où est-elle? (Il se promène en s'essuyant.) Ah! parbleu, je ne suis pas fou! je les ai vus sortir d'ici, monsieur le tenant sous le bras!... Eh bien! pour un échec, abandonnons-nous la partie?... Un orateur fuit-il lâchement la tribune, pour un argument tué sous lui? Mais quel détestable endormeur! (Vivement.) Parvenir à brûler les lettres de madame, pour qu'elle ne voie pas qu'il en manque; et se tirer d'un éclaircissement!... C'est l'enfer concentré, tel que Milton nous l'a dépeint! (D'un ton badin.) J'avais raison tantôt, dans ma colère : Honoré Bégearss est le diable que les Hébreux nommaient Légion; et, si l'on y regardait bien, on verrait le lutin avoir le pied fourchu, seule partie, disait ma mère, que les démons ne peuvent déguiser. (Il rit.) Ah! ah! ah! ma gaieté me revient : d'abord, parce que j'ai mis l'or du Mexique en sûreté chez Fal; ce qui nous donnera du temps; (Il frappe d'un billet sur sa main) et puis... Docteur en toute hypocrisie, vrai major d'infernal Tartuffe, grâce au hasard qui régit tout, à ma tactique, à quelques louis semés, voici qui me promet une lettre de toi, où, dit-on, tu poses le masque, à rien laisser désirer! (Il ouvre le billet et dit :) Le coquin qui l'a lue en veut cinquante louis?... eh bien! il les aura si la lettre les vaut; une année de mes gages sera bien employée, si je parviens à détromper un maître à qui nous devons tant... Mais où es-tu, Suzanne, pour en rire? *O che piacere!*... A demain donc! car je ne vois pas que rien périclite ce soir... Et pourquoi perdre un temps? Je m'en suis toujours repenti... (Très-vivement.) Point de délai; courons attacher le pétard, dormons dessus; la nuit porte conseil, et demain matin nous verrons qui des deux fera sauter l'autre.

SCÈNE II

BÉGEARSS, FIGARO.

BÉGEARSS, raillant.

Eeeh! c'est mons Figaro! La place est agréable, puisqu'on y trouve monsieur.

FIGARO, du même ton.

Ne fût-ce que pour avoir la joie de l'en chasser une autre fois.

BÉGEARSS.

De la rancune pour si peu? Vous êtes bien bon d'y songer! chacun n'a-t-il pas sa manie?

FIGARO.

Et celle de monsieur est de ne plaider qu'à huis clos?

BÉGEARSS, lui frappant sur l'épaule.

Il n'est pas essentiel qu'un sage entende tout, quand il sait si bien deviner.

FIGARO.

Chacun se sert des petits talents que le ciel lui a départis.

BÉGEARSS.

Et *l'Intrigant* compte-t-il gagner beaucoup avec ceux qu'il nous montre ici?

FIGARO.

Ne mettant rien à la partie, j'ai tout gagné... si je fais perdre *l'autre*.

BÉGEARSS, piqué.

On verra le jeu de monsieur.

FIGARO.

Ce n'est pas de ces coups brillants qui éblouissent la galerie. (Il prend un air niais.) Mais *chacun pour soi, Dieu pour tous*, comme a dit le roi Salomon.

BÉGEARSS, souriant.

Belle sentence! N'a-t-il pas dit aussi : *Le soleil luit pour tout le monde?*

FIGARO, fièrement.

Oui, en dardant sur le serpent prêt à mordre la main de son imprudent bienfaiteur! (Il sort.)

SCÈNE III

BÉGEARSS, seul, le regardant aller.

Il ne farde plus ses desseins! Notre homme est fier? Bon signe, il ne sait rien des miens; il aurait la mine bien longue s'il était instruit qu'à minuit... (Il cherche dans ses poches vivement.) Eh bien! qu'ai-je fait du papier? Le voici. (Il lit.) « *Reçu de M. Fal, notaire, les trois millions d'or spécifiés dans le bordereau ci-dessus. A Paris, le...* ALMAVIVA. » — C'est bon; je tiens la pupille et l'argent! Mais ce n'est point assez, cet homme est faible, il ne finira rien pour le reste de sa fortune. La comtesse lui impose; il la craint, l'aime encore... Elle n'ira point au couvent, si je ne le mets aux prises, et ne le force à s'expliquer... brutalement. (Il se promène.) — Diable! ne risquons pas ce soir un dénoûment aussi scabreux! En précipitant trop les choses, on se précipite avec elles. Il sera temps demain, quand j'aurai bien serré le doux lien sacramentel qui va les enchaîner à moi. (Il appuie ses deux mains sur sa poitrine.) Eh bien! maudite joie qui me gonfles le cœur, ne peux-tu donc te contenir?... Elle m'étouffera, la fougueuse, ou me livrera comme un sot, si je ne la laisse un peu s'évaporer, pendant que je suis seul ici. Sainte et douce crédulité, l'époux te doit la magnifique dot! pâle déesse de la nuit, il te devra bientôt sa froide épouse. (Il frotte ses mains de joie.) Bégearss! heureux Bégearss!... Pourquoi l'appelez-vous Bégearss? n'est-il donc pas plus d'à moitié le seigneur comte Almaviva? (D'un ton terrible.) Encore un pas, Bégearss, et tu l'es tout à fait! — Mais il te faut auparavant... Ce Figaro pèse sur ma poitrine! car c'est lui qui l'a fait venir... Le moindre trouble me perdrait... Ce valet-là me portera malheur... c'est le plus clairvoyant coquin!... Allons, allons, qu'il parte avec son chevalier errant.

SCÈNE IV

BÉGEARSS, SUZANNE.

SUZANNE, accourant, fait un cri d'étonnement de voir un autre que Figaro.

Ah! (A part.) Ce n'est pas lui!

BÉGEARSS.

Quelle surprise! Et qu'attendais-tu donc?

SUZANNE, se remettant.

Personne. On se croit seule ici...

BÉGEARSS.

Puisque je t'y rencontre, un mot avant le comité.

SUZANNE.

Que parlez-vous de comité? Réellement depuis deux ans on n'entend plus du tout la langue de ce pays.

BÉGEARSS, riant sardoniquement.

Hé! hé! (Il pétrit dans sa boîte une prise de tabac, d'un air content de lui.) Ce comité, ma chère, est une conférence entre la comtesse, son fils, notre jeune pupille, et moi, sur le grand objet que tu sais.

SUZANNE.

Après la scène que j'ai vue, osez-vous encore l'espérer?

BÉGEARSS, bien fat.

Oser l'espérer!.. Non; mais seulement... je l'épouse ce soir.

SUZANNE, vivement.

Malgré son amour pour Léon?

BÉGEARSS.

Bonne femme, qui me disais : *Si vous faites cela, monsieur...*

SUZANNE.

Eh! qui eût pu l'imaginer?

BÉGEARSS, prenant son tabac en plusieurs fois.

Enfin que dit-on? Parle-on? Toi qui vis dans l'intérieur, qui as l'honneur des confidences, y pense-t-on du bien de moi? car c'est là le point important.

SUZANNE.

L'important serait de savoir quel talisman vous employez pour dominer tous les esprits. Monsieur ne parle de vous qu'avec enthousiasme, ma maîtresse vous porte aux nues, son fils n'a d'espoir qu'en vous seul, notre pupille vous révère...

BÉGEARSS d'un ton bien fat, secouant le tabac de son jabot.

Et toi, Suzanne, qu'en dis-tu?

SUZANNE.

Ma foi, monsieur, je vous admire. Au milieu du désordre affreux que vous entretenez ici, vous seul êtes calme et tranquille; il me semble entendre un génie qui fait tout mouvoir à son gré.

BÉGEARSS, bien fat.

Mon enfant, rien n'est plus aisé. D'abord il n'est que deux pivots sur qui roule tout dans le monde, la morale et la politique. La morale, tant soit peu mesquine, consiste à être juste et vrai; elle est, dit-on, la clef de quelques vertus routinières.

SUZANNE.

Quant à la politique..?

BÉGEARSS, avec chaleur.

Ah! c'est l'art de créer des faits, de dominer, en se jouant, les événements et les hommes; l'intérêt est son but, l'intrigue son moyen : toujours sobre de vérités, ses vastes et riches conceptions sont un prisme qui éblouit. Aussi profonde que l'Etna, elle brûle et gronde longtemps avant d'éclater au dehors; mais alors rien ne lui résiste. Elle exige de hauts talents : le scrupule seul peut lui nuire; (En riant.) c'est le secret des négociateurs.

SUZANNE.

Si la morale ne vous échauffe pas, l'autre, en revanche, excite en vous un assez vif enthousiasme.

BÉGEARSS, averti, revient à lui.

Eh!... ce n'est pas elle; c'est toi. — Ta comparaison d'un génie... — Le chevalier vient; laisse-nous.

SCÈNE V
LÉON, BÉGEARSS.

LÉON.
Monsieur Bégearss, je suis au désespoir!
BÉGEARSS, d'un ton protecteur.
Qu'est-il arrivé, jeune ami?
LÉON.
Mon père vient de me signifier, avec une dureté!... que j'eusse à faire, sous deux jours, tous les apprêts de mon départ pour Malte. Point d'autre train, dit-il, que Figaro, qui m'accompagne, et un valet qui courra devant nous.
BÉGEARSS.
Cette conduite est en effet bizarre, pour qui ne sait pas son secret; mais nous qui l'avons pénétré, notre devoir est de le plaindre. Ce voyage est le fruit d'une frayeur bien excusable : Malte et vos vœux ne sont que le prétexte; un amour qu'il redoute est son véritable motif.
LÉON, avec douleur.
Mais, mon ami, puisque vous l'épousez!
BÉGEARSS, confidentiellement.
Si son frère le croit utile à suspendre un fâcheux départ!... Je ne verrais qu'un seul moyen...
LÉON.
O mon ami! dites-le-moi.
BÉGEARSS.
Ce serait que madame votre mère vainquît cette timidité qui l'empêche, avec lui, d'avoir une opinion à elle; car sa douceur vous nuit bien plus que ne ferait un caractère trop ferme. — Supposons qu'on lui ait donné quelque prévention injuste : qui a le droit, comme une mère, de rappeler un père à la raison? Engagez-la à le tenter... non pas aujourd'hui, mais... demain, et sans y mettre de faiblesse.
LÉON.
Mon ami, vous avez raison : cette crainte est son vrai motif. Sans doute il n'y a que ma mère qui puisse le faire changer. La voici qui vient avec celle... que je n'ose plus adorer. (Avec douleur.) O mon ami, rendez-la bien heureuse!
BÉGEARSS, caressant.
En lui parlant tous les jours de son frère.

SCÈNE VI
LA COMTESSE, FLORESTINE, BÉGEARSS, SUZANNE, LÉON.

LA COMTESSE, coiffée, parée, portant une robe rouge et noire, et son bouquet de même couleur.
Suzanne, donne mes diamants. (Suzanne va les chercher.)
BÉGEARSS, affectant de la dignité.
Madame, et vous, mademoiselle, je vous laisse avec cet ami; je confirme d'avance tout ce qu'il va vous dire. Hélas! ne pensez point au bonheur que j'aurais de vous appartenir à tous; votre repos doit seul vous occuper. Je n'y veux concourir que sous la forme que vous adopterez : mais, soit que mademoiselle accepte ou non mes offres, recevez ma déclaration que toute la fortune dont je viens d'hériter lui est destinée de ma part, dans un contrat, ou par un testament; je vais en faire dresser les actes : mademoiselle choisira. Après ce que je viens de dire, il ne conviendrait pas que ma présence ici gênât un parti qu'elle doit prendre en toute liberté : mais, quel qu'il soit, ô mes amis, sachez qu'il est sacré pour moi : je l'adopte sans restriction. (Il salue profondément et sort.)

SCÈNE VII
LA COMTESSE, LÉON, FLORESTINE.

LA COMTESSE le regarde aller.
C'est un ange envoyé du ciel pour réparer tous nos malheurs.
LÉON, avec une douleur ardente.
O Florestine! il faut céder. Ne pouvant être l'un à l'autre, nos premiers élans de douleur nous avaient fait jurer de n'être jamais à personne : j'accomplirai ce serment pour nous deux. Ce n'est pas tout à fait vous perdre, puisque je retrouve une sœur où j'espérais posséder une épouse. Nous pourrons encore nous aimer.

SCÈNE VIII
LA COMTESSE, LÉON, FLORESTINE, SUZANNE.

(Suzanne apporte l'écrin.)
LA COMTESSE, en parlant, met ses boucles d'oreilles, ses bagues, son bracelet, sans rien regarder.
Florestine, épouse Bégearss; ses procédés l'en rendent digne : et puisque cet hymen fait le bonheur de ton parrain, il faut l'achever aujourd'hui. (Suzanne sort et emporte l'écrin.)

SCÈNE IX
LA COMTESSE, LÉON, FLORESTINE.

LA COMTESSE, à Léon.
Nous, mon fils, ne sachons jamais ce que nous devons ignorer. Tu pleures, Florestine?
FLORESTINE, pleurant.
Ayez pitié de moi, madame! Eh! comment soutenir autant d'assauts dans un seul jour? A peine j'apprends qui je suis, qu'il faut renoncer à moi-même, et me livrer... Je meurs de douleur et d'effroi. Dénuée d'objections contre M. Bégearss, je sens mon cœur à l'agonie en pensant qu'il peut devenir... Cependant il le faut; il faut me sacrifier au bien de ce frère chéri; à son bonheur, que je ne puis plus faire. Vous dites que je pleure :

ah! je fais plus pour lui que si je lui donnais ma vie ! Maman, ayez pitié de nous, bénissez vos enfants ! ils sont bien malheureux ! (Elle se jette à genou ; Léon en fait autant.)

LA COMTESSE, leur imposant les mains.

Je vous bénis, mes chers enfants. Ma Florestine, je t'adopte. Si tu savais à quel point tu m'es chère ! Tu seras heureuse, ma fille, et du bonheur de la vertu ; celui-là peut dédommager des autres. (Ils se relèvent.)

FLORESTINE.

Mais croyez-vous, madame, que mon dévouement le ramène à Léon, à son fils? car il ne faut pas se flatter : son injuste prévention va quelquefois jusqu'à la haine.

LA COMTESSE.

Chère fille, j'en ai l'espoir.

LÉON.

C'est l'avis de M. Bégearss : il me l'a dit ; mais il m'a dit aussi qu'il n'y a que maman qui puisse opérer ce miracle : aurez-vous donc la force de lui parler en ma faveur?

LA COMTESSE.

Je l'ai tenté souvent, mon fils, mais sans aucun fruit apparent.

LÉON.

O ma digne mère, c'est votre douceur qui m'a nui. La crainte de le contrarier vous a trop empêchée d'user de la juste influence que vous donnent votre vertu et le respect profond dont vous êtes entourée. Si vous lui parliez avec force, il ne vous résisterait pas.

LA COMTESSE.

Vous le croyez, mon fils ? Je vais l'essayer devant vous. Vos reproches m'affligent presque autant que son injustice. Mais, pour que vous ne gêniez pas le bien que je dirai de vous, mettez-vous dans mon cabinet ; vous m'entendrez, de là, plaider une cause si juste : vous n'accuserez plus une mère de manquer d'énergie quand il faut défendre son fils. (Elle sonne.) Florestine, la décence ne te permet pas de rester : va t'enfermer ; demande au ciel qu'il m'accorde quelque succès, et rende enfin la paix à ma famille désolée. (Florestine sort.)

SCÈNE X

SUZANNE, LA COMTESSE, LÉON.

SUZANNE.

Que veut madame ? elle a sonné.

LA COMTESSE.

Prie monsieur, de ma part, de passer un moment ici.

SUZANNE, effrayée.

Madame, vous me faites trembler ! Ciel! que va-t-il donc se passer ? Quoi! monsieur, qui ne vient jamais... sans...!

LA COMTESSE.

Fais ce que je te dis, Suzanne, et ne prends nul souci du reste. (Suzanne sort, en levant les bras au ciel de terreur.)

SCÈNE XI

LA COMTESSE, LÉON,

LA COMTESSE.

Vous allez voir, mon fils, si votre mère est faible en défendant vos intérêts ! Mais laissez-moi me recueillir, ma préparer par la prière à cet important plaidoyer. (Léon entre au cabinet de sa mère.)

SCÈNE XII

LA COMTESSE, seule, un genou sur son fauteuil.

Ce moment me semble terrible comme le jugement dernier! Mon sang est prêt à s'arrêter... O mon Dieu ! donnez-moi la force de frapper au cœur d'un époux ! (Plus bas.) Vous seul connaissez les motifs qui m'ont toujours fermé la bouche ! Ah ! s'il ne s'agissait du bonheur de mon fils, vous savez, ô mon Dieu, si j'oserais dire un seul mot pour moi ! Mais enfin, s'il est vrai qu'une faute pleurée vingt ans ait obtenu de vous un pardon généreux, comme un sage ami m'en assure, ô mon Dieu, donnez-moi la force de frapper au cœur d'un époux !

SCÈNE XIII

LA COMTESSE, LE COMTE ; LÉON, caché.

LE COMTE, sèchement.

Madame, on dit que vous me demandez?

LA COMTESSE, timidement.

J'ai cru, monsieur, que nous serions plus libres dans ce cabinet que chez vous.

LE COMTE.

M'y voilà, madame, parlez.

LA COMTESSE, tremblante.

Asseyons-nous, monsieur, je vous conjure, et prêtez-moi votre attention.

LE COMTE, impatient.

Non, j'entendrai debout ; vous savez qu'en parlant je ne saurais tenir en place.

LA COMTESSE s'asseyant, avec un soupir, et parlant bas.

Il s'agit de mon fils... monsieur.

LE COMTE, brusquement.

De votre fils, madame?

LA COMTESSE.

Et quel autre intérêt pourrait vaincre ma répugnance à engager un entretien que vous ne recherchez jamais? Mais je viens de le voir dans un état à faire compassion : l'esprit troublé, le cœur serré de l'ordre que vous lui donnez de partir sur-le-champ; surtout du ton de dureté qui accompagne cet exil. Eh ! comment a-t-il encouru la disgrâce d'un p..., d'un homme si juste ? Depuis qu'un exécrable duel nous a ravi notre autre fils...

LE COMTE, les mains sur le visage avec un air de douleur.

Ah !...

LA COMTESSE.

Celui-ci, qui jamais ne dut connaître le chagrin, a redoublé de soins et d'attentions pour adoucir l'amertume des nôtres.

LE COMTE, se promenant doucement.

Ah!...

LA COMTESSE.

Le caractère emporté de son frère, son désordre, ses goûts et sa conduite déréglée nous en donnaient souvent de bien cruels. Le ciel sévère, mais sage en ses décrets, en nous privant de cet enfant, nous a en peut-être épargné de plus cuisants pour l'avenir.

LE COMTE, avec douleur.

Ah!... ah!...

LA COMTESSE.

Mais, enfin, celui qui nous reste a-t-il jamais manqué à ses devoirs? Jamais le plus léger reproche fut-il mérité de sa part? Exemple des hommes de son âge, il a l'estime universelle : il est aimé, recherché, consulté. Son p..., protecteur naturel, mon époux seul, paraît avoir les yeux fermés sur un mérite transcendant, dont l'éclat frappe tout le monde. (Le Comte se promène plus vite sans parler. La Comtesse, prenant courage de son silence, continue d'un ton plus ferme, et l'élève par degrés.)

En tout autre sujet, monsieur, je tiendrais à fort grand honneur de vous soumettre mon avis, de modeler mes sentiments, ma faible opinion sur la vôtre ; mais il s'agit... d'un fils... (Le Comte s'agite en marchant.) Quand il avait un frère aîné, l'orgueil d'un très-grand nom le condamnait au célibat, l'ordre de Malte était son sort. Le préjugé semblait alors couvrir l'injustice de ce partage entre deux fils (Timidement.) égaux en droits.

LE COMTE s'agite plus fort.

(A part, d'un ton étouffé.)

Égaux en droits !...

LA COMTESSE, un peu plus fort.

Mais depuis deux années qu'un accident affreux... les lui a tous transmis, n'est-il pas étonnant que vous n'ayez rien entrepris pour le relever de ses vœux ? Il est de notoriété que vous n'avez quitté l'Espagne que pour dénaturer vos biens, par la vente ou par des échanges. Si c'est pour l'en priver, monsieur, la haine ne va pas plus loin ! Puis vous le chassez de chez vous, et semblez lui fermer la maison p... par vous habitée ! Permettez-moi de vous le dire, un traitement aussi étrange est sans excuse aux yeux de la raison. Qu'a-t-il fait pour le mériter ?

LE COMTE s'arrête d'un ton terrible.

Ce qu'il a fait !

LA COMTESSE, effrayée.

Je voudrais bien, monsieur, ne pas vous offenser !

LE COMTE, plus fort.

Ce qu'il a fait, madame ! Et c'est vous qui le demandez ?

LA COMTESSE, en désordre.

Monsieur, monsieur ! vous m'effrayez beaucoup !

LE COMTE, avec fureur.

Puisque vous avez provoqué l'explosion du ressentiment qu'un respect humain enchaînait, vous entendrez son arrêt et le vôtre.

LA COMTESSE, plus troublée.

Ah, monsieur ! ah, monsieur !...

LE COMTE.

Vous demandez ce qu'il a fait ?

LA COMTESSE, levant les bras.

Non, monsieur ! ne me dites rien.

LE COMTE, hors de lui.

Rappelez-vous, femme perfide, ce que vous avez fait vous-même ! et comment, recevant un adultère dans vos bras, vous avez mis dans ma maison cet enfant étranger, que vous osez nommer mon fils.

LA COMTESSE, au désespoir, veut se lever.

Laissez-moi m'enfuir, je vous prie.

LE COMTE, la clouant sur son fauteuil.

Non, vous ne fuirez pas, vous n'échapperez point à la conviction qui vous presse. (Lui montrant sa lettre.) Connaissez-vous cette écriture ? elle est tracée de votre main coupable ! Et ces caractères sanglants qui lui servent de réponse...

LA COMTESSE, anéantie.

Je vais mourir ! je vais mourir !

LE COMTE, avec force.

Non, non ; vous entendrez les traits que j'en ai soulignés ! (Il lit avec égarement.) « Malheureux insensé ! notre « sort est rempli ; votre crime, le mien reçoit sa puni- « tion. Aujourd'hui, jour de *Saint-Léon*, patron de ce « lieu et le vôtre, je viens de mettre au monde un fils, « mon opprobre et mon désespoir... » (Il parle.) Et cet enfant est né le jour de *Saint-Léon*, plus de dix mois après mon départ pour la *Vera-Cruz* ! (Pendant qu'il lit très-fort, on entend la Comtesse, égarée, dire des mots coupés qui partent du délire.)

LA COMTESSE, priant, les mains jointes.

Grand Dieu, tu ne permets donc pas que le crime le plus caché demeure toujours impuni !

LE COMTE.

... Et de la main du corrupteur. (Il lit.) « L'ami qui « vous rendra ceci quand je ne serai plus est sûr... »

LA COMTESSE, priant.

Frappe, mon Dieu ! car je l'ai mérité !

LE COMTE lit.

« Si la mort d'un infortuné vous inspirait un reste de « pitié, parmi les noms qu'on va donner à ce fils, hé- « ritier d'un autre... »

LA COMTESSE, priant.

Accepte l'horreur que j'éprouve, en expiation de ma faute !

LE COMTE lit.

« Puis-je espérer que le nom de *Léon*...? » (Il parle.) Et ce fils s'appelle *Léon* !

LA COMTESSE, égarée, les yeux fermés.

O Dieu ! mon crime fut bien grand, s'il égala ma punition ! Que ta volonté s'accomplisse !

LE COMTE, plus fort.

Et, couverte de cet opprobre, vous osez me demander compte de mon éloignement pour lui !

LA COMTESSE, priant toujours.

Qui suis-je pour m'y opposer, lorsque ton bras s'appesantit ?

LE COMTE.

Et, lorsque vous plaidez pour l'enfant de ce malheureux, vous avez au bras mon portrait !

LA COMTESSE, en le détachant, le regarde.

Monsieur, monsieur, je le rendrai ; je sais que je n'en suis pas digne. (Dans le plus grand égarement.) Ciel ! que m'arrive-t-il ? Ah ! je perds la raison ! ma conscience troublée fait naître des fantômes ! — Réprobation anticipée ! — Je vois ce qui n'existe pas... Ce n'est plus vous, c'est lui qui me fait signe de le suivre, d'aller le rejoindre au tombeau !

LE COMTE, effrayé.

Comment ? Eh bien ! Non, ce n'est pas...

LA COMTESSE, en délire.

Ombre terrible, éloigne-toi !

LE COMTE, crie avec douleur.

Ce n'est pas ce que vous croyez !

LA COMTESSE jette le bracelet par terre.

Attends... Oui, je t'obéirai...

LE COMTE, plus troublé.

Madame, écoutez-moi...

LA COMTESSE.

J'irai... Je t'obéis... Je meurs... (Elle reste évanouie.)

LE COMTE, effrayé, ramasse le bracelet.

J'ai passé la mesure... Elle se trouve mal... Ah ! Dieu ! Courons lui chercher du secours. (Il sort, il s'enfuit. Les convulsions de la douleur font glisser la Comtesse à terre.)

SCÈNE XIV

LÉON, accourant ; LA COMTESSE, évanouie.

LÉON, avec force.

O ma mère !... ma mère ! c'est moi qui te donne la mort ! (Il l'enlève et la remet sur son fauteuil évanouie.) Que ne suis-je parti sans rien exiger de personne ! j'aurais prévenu ces horreurs !

SCÈNE XV

LE COMTE, SUZANNE, LÉON ; LA COMTESSE, évanouie.

LE COMTE, en rentrant, s'écrie.

Et son fils !

LÉON, égaré.

Elle est morte ! Ah ! je ne lui survivrai pas !
(Il l'embrasse en criant.)

LE COMTE, effrayé.

Des sels ! des sels ! Suzanne ! Un million si vous la sauvez !

LÉON.

O malheureuse mère !

SUZANNE.

Madame, aspirez ce flacon. Soutenez-la, monsieur ; je vais tâcher de la desserrer.

LE COMTE, égaré.

Romps tout, arrache tout ! Ah ! j'aurais dû la ménager !

LÉON, criant, avec délire.

Elle est morte ! elle est morte !

SCÈNE XVI

LE COMTE, SUZANNE, LÉON, LA COMTESSE, évanouie ; FIGARO, accourant.

FIGARO.

Et qui morte ? Madame ? Apaisez donc ces cris ! c'est vous qui la ferez mourir ! (Il lui prend le bras.) Non, elle ne l'est pas ; ce n'est qu'une suffocation, le sang qui monte avec violence. Sans perdre de temps, il faut la soulager. Je vais chercher ce qu'il lui faut.

LE COMTE, hors de lui.

Des ailes, Figaro ! ma fortune est à toi.

FIGARO, vivement.

J'ai bien besoin de vos promesses lorsque madame est en péril ! (Il sort en courant.)

SCÈNE XVII

LE COMTE, LÉON, SUZANNE ; LA COMTESSE, évanouie.

LÉON, lui tenant le flacon sous le nez.

Si l'on pouvait la faire respirer ! O Dieu ! rends-moi ma malheureuse mère ! La voici qui revient...

SUZANNE, pleurant.

Madame ! allons, madame !...

LA COMTESSE, revenant à elle.

Ah ! qu'on a de peine à mourir !

LÉON, égaré.

Non, maman, vous ne mourrez pas !

LA COMTESSE, égarée.

O ciel ! entre mes juges ! entre mon époux et mon fils ! Tout est connu... et, criminelle envers tous deux... (Elle se jette à terre et se prosterne.) Vengez-vous l'un et l'autre ! Il n'est plus de pardon pour moi ! (Avec horreur.) Mère coupable, épouse indigne, un instant nous a tous perdus ! J'ai mis l'horreur dans ma famille ! j'allumai la guerre intestine entre le père et les enfants ! Ciel juste ! il fallait bien que ce crime fût découvert ! Puisse ma mort expier mon forfait !

LE COMTE, au désespoir.

Non, revenez à vous ! votre douleur a déchiré mon âme ! Asseyons-la, Léon ! mon fils ! (Léon fait un grand mouvement.) Suzanne, asseyons-la. (Ils la remettent sur le fauteuil.)

SCÈNE XVIII

LES PRÉCÉDENTS, FIGARO.

FIGARO, accourant.

Elle a repris sa connaissance ?

SUZANNE.

Ah, Dieu ! j'étouffe aussi. (Elle se desserre.)

LE COMTE crie.

Figaro, vos secours !

FIGARO, étouffé.

Un moment! calmez-vous. Son état n'est plus si pressant. Moi qui étais dehors, grand Dieu! Je suis rentré bien à propos!... Elle m'avait fort effrayé! Allons, madame, du courage!

LA COMTESSE, priant, renversée.

Dieu de bonté, fais que je meure!

LÉON, en l'asseyant mieux.

Non, maman, vous ne mourrez pas, et nous réparerons nos torts. Monsieur, vous que je n'outragerai plus en vous donnant un autre nom, reprenez vos titres, vos biens; je n'y avais nul droit : hélas! je l'ignorais. Mais, par pitié, n'écrasez point d'un déshonneur public cette infortunée qui fut vôtre... Une erreur expiée par vingt années de larmes est-elle encore un crime, alors qu'on fait justice? Ma mère et moi, nous nous bannissons de chez vous.

LE COMTE, exalté.

Jamais! vous n'en sortirez point.

LÉON.

Un couvent sera sa retraite; et moi, sous mon nom de Léon, sous le simple habit d'un soldat, je défendrai la liberté de notre nouvelle patrie. Inconnu, je mourrai pour elle, ou je la servirai en zélé citoyen. (Suzanne pleure dans un coin ; Figaro est absorbé dans l'autre.)

LA COMTESSE, péniblement.

Léon, mon cher enfant, ton courage me rend la vie. Je puis encore la supporter, puisque mon fils a la vertu de ne pas détester sa mère. Cette fierté dans le malheur sera ton noble patrimoine. Il m'épousa sans biens, n'exigeons rien de lui. Le travail de mes mains soutiendra ma faible existence, et toi, tu serviras l'État.

LE COMTE, avec désespoir.

Non, Rosine! jamais. C'est moi qui suis le vrai coupable. De combien de vertus je privais ma triste vieillesse!...

LA COMTESSE.

Vous en serez enveloppé. — Florestine et Bégearss vous restent : Floresta, votre fille, l'enfant chéri de votre cœur!...

LE COMTE, étonné.

Comment?... d'où savez-vous?... qui vous l'a dit?...

LA COMTESSE.

Monsieur, donnez-lui tous vos biens; mon fils et moi n'y mettons point d'obstacle : son bonheur nous consolera. Mais, avant de nous séparer, que j'obtienne au moins une grâce. Apprenez-moi comment vous êtes possesseur d'une terrible lettre que je croyais brûlée avec les autres. Quelqu'un m'a-t-il trahie?

FIGARO, s'écriant.

Oui! l'infâme Bégearss : je l'ai surprise tantôt qui la remettait à monsieur.

LE COMTE, parlant vite.

Non, je la dois au seul hasard. Ce matin, lui et moi, pour un tout autre objet, nous examinions votre écrin, sans nous douter qu'il eût un double fond. Dans le débat, et sous ses doigts, le secret s'est ouvert soudain, à son très-grand étonnement. Il a cru le coffre brisé.

FIGARO, criant plus fort.

Son étonnement d'un secret? Monstre! c'est lui qui l'a fait faire!

LE COMTE.

Est-il possible?

LA COMTESSE.

Il est trop vrai.

LE COMTE.

Des papiers frappent nos regards; il en ignorait l'existence; et, quand j'ai voulu les lui lire, il a refusé de les voir.

SUZANNE, s'écriant.

Il les a lus cent fois avec madame!

LE COMTE.

Est-il vrai? Les connaissait-il?

LA COMTESSE.

Ce fut lui qui me les remit, qui les apporta de l'armée, lorsqu'un infortuné mourut.

LE COMTE.

Cet ami sûr, instruit de tout...?

FIGARO, LA COMTESSE, SUZANNE, ensemble, criant.

C'est lui!

LE COMTE.

O scélératesse infernale! Avec quel art il m'avait engagé! A présent je sais tout.

FIGARO.

Vous le croyez!

LE COMTE.

Je connais son affreux projet. Mais, pour en être plus certain, déchirons le voile en entier. Par qui savez-vous donc ce qui touche ma Florestine?

LA COMTESSE, vite.

Lui seul m'en a fait confidence.

LÉON, vite.

Il me l'a dit sous le secret..

SUZANNE, vite.

Il me l'a dit aussi.

LE COMTE, avec horreur.

O monstre! Et moi j'allais la lui donner! mettre ma fortune en ses mains!

FIGARO, vivement.

Plus d'un tiers y serait déjà, si je n'avais porté, sans vous le dire, vos trois millions d'or en dépôt chez M. Fal : vous alliez l'en rendre le maître : heureusement je m'en suis douté. Je vous ai donné son reçu...

LE COMTE, vivement.

Le scélérat vient de me l'enlever pour en aller toucher la somme.

FIGARO, désolé.

O proscription sur moi! Si l'argent est remis, tout ce que j'ai fait est perdu! Je cours chez M. Fal. Dieu veuille qu'il ne soit pas trop tard!

LE COMTE, à Figaro.

Le traître n'y peut être encore.

FIGARO.

S'il a perdu un temps, nous le tenons. J'y cours. (Il veut sortir.)

LE COMTE, vivement, l'arrête.

Mais, Figaro, que le fatal secret dont ce moment vient de t'instruire reste enseveli dans ton sein !

FIGARO, avec une grande sensibilité.

Mon maître, il y a vingt ans qu'il est dans ce sein-là, et dix que je travaille à empêcher qu'un monstre n'en abuse ! Attendez surtout mon retour, avant de prendre aucun parti.

LE COMTE, vivement.

Penserait-il se disculper ?

FIGARO.

Il fera tout pour le tenter (Il tire une lettre de sa poche.) mais voici le préservatif. Lisez le contenu de cette épouvantable lettre ; le secret de l'enfer est là. Vous me saurez bon gré d'avoir tout fait pour me la procurer. (Il lui remet la lettre de Bégearss.) Suzanne ! des gouttes à ta maîtresse. Tu sais comment je les prépare. (Il lui donne un flacon.) Passez-la sur sa chaise longue, et le plus grand calme autour d'elle. Monsieur, au moins, ne recommencez pas ; elle s'éteindrait dans nos mains !

LE COMTE, exalté.

Recommencer ! je me ferais horreur !

FIGARO, à la Comtesse.

Vous l'entendez, madame ? Le voilà dans son caractère, et c'est mon maître que j'entends. Ah ! je l'ai toujours dit de lui : la colère, chez les bons cœurs, n'est qu'un besoin pressant de pardonner ! (Il sort précipitamment. Le Comte et Léon prennent la Comtesse sous les bras ; ils sortent tous.)

ACTE CINQUIÈME

Le théâtre représente le grand salon du premier acte.

SCÈNE PREMIÈRE

LE COMTE, LA COMTESSE, LÉON, SUZANNE.

(La Comtesse, sans rouge, dans le plus grand désordre de parure.)

LÉON, soutenant sa mère.

Il fait trop chaud, maman, dans l'appartement intérieur. Suzanne, avance une bergère. (On l'assied.)

LE COMTE, attendri, arrangeant les coussins.

Êtes-vous bien assise ? Eh quoi ! pleurer encore ?

LA COMTESSE, accablée.

Ah ! laissez-moi verser des larmes de soulagement ! Ces récits affreux m'ont brisée ! cette infâme lettre surtout...

LE COMTE, délirant.

Marié en Irlande, il épousait ma fille ! Et tout mon bien placé sur la banque de Londres eût fait vivre un repaire affreux, jusqu'à la mort du dernier de nous tous ! Et qui sait, grand Dieu, quels moyens... !

LA COMTESSE.

Homme infortuné, calmez-vous ! Mais il est temps de faire descendre Florestine : elle avait le cœur si serré de ce qui devait lui arriver ! Va la chercher, Suzanne, et ne l'instruis de rien.

LE COMTE, avec dignité.

Ce que j'ai dit à Figaro, Suzanne, était pour vous comme pour lui.

SUZANNE.

Monsieur, celle qui vit madame pleurer, prier pendant vingt ans, a trop gémi de ses douleurs pour rien faire qui les accroisse. (Elle sort.)

SCÈNE II

LE COMTE, LA COMTESSE, LÉON.

LE COMTE, avec un vif sentiment.

Ah ! Rosine, séchez vos pleurs ; et maudit soit qui vous affligera !

LA COMTESSE.

Mon fils, embrasse les genoux de ton généreux protecteur, et rends-lui grâce pour ta mère. (Il veut se mettre à genoux.)

LE COMTE, le relève.

Oublions le passé, Léon. Gardons-en le silence, et n'émouvons plus votre mère. Figaro demande un grand calme. Ah ! respectons surtout la jeunesse de Florestine, en lui cachant soigneusement les causes de cet accident.

SCÈNE III

FLORESTINE, SUZANNE, LES PRÉCÉDENTS.

FLORESTINE, accourant.

Mon Dieu ! maman, qu'avez-vous donc ?

LA COMTESSE.

Rien que d'agréable à t'apprendre ; et ton parrain va t'en instruire.

LE COMTE.

Hélas ! ma Florestine, je frémis du péril où j'allais plonger ta jeunesse. Grâce au ciel, qui dévoile tout, tu n'épouseras point Bégearss ! Non, tu ne seras point la femme du plus épouvantable ingrat.

FLORESTINE.

Ah ! ciel ! Léon !...

LÉON.

Ma sœur, il nous a tous joués !

FLORESTINE, au Comte.

Sa sœur !

LE COMTE.

Il nous trompait. Il trompait les uns par les autres ; et tu étais le prix de ses horribles perfidies. Je vais le chasser de chez moi.

LA COMTESSE.

L'instinct de ta frayeur te servait mieux que nos lumières. Aimable enfant, rends grâces au ciel, qui te sauve d'un tel danger.

LÉON.

Ma sœur, il nous a tous joués !

FLORESTINE, au Comte.

Monsieur, il m'appelle sa sœur!

LA COMTESSE, exaltée.

Oui, Floresta, tu es à nous. C'est là notre secret chéri. Voilà ton père, voilà ton frère; et moi, je suis ta mère pour la vie. Ah! garde-toi de l'oublier jamais! (Elle tend la main au Comte.) Almaviva! pas vrai qu'elle est *ma fille*.

LE COMTE, exalté.

Et lui, *mon fils*; voilà nos deux enfants. (Tous se serrent dans les bras l'un de l'autre.)

SCÈNE IV

FIGARO, M. FAL, NOTAIRE; LES PRÉCÉDENTS.

FIGARO, accourant, et jetant son manteau.

Malédiction! il a le portefeuille. J'ai vu le traître l'emporter quand je suis entré chez monsieur.

LE COMTE.

O monsieur Fal, vous vous êtes pressé!

M. FAL, vivement.

Non, monsieur, au contraire. Il est resté plus d'une heure avec moi, m'a fait achever le contrat, y insérer la donation qu'il fait. Puis il m'a remis mon reçu, au bas duquel était le vôtre, en me disant que la somme est à lui, qu'elle est un fruit d'hérédité, qu'il vous l'a remise en confiance.

LE COMTE.

O scélérat! il n'oublie rien!

FIGARO.

Que de trembler sur l'avenir!

M. FAL.

Avec ces éclaircissements, ai-je pu refuser le portefeuille qu'il exigeait? Ce sont trois millions au porteur. Si vous rompez le mariage, et qu'il veuille garder l'argent, c'est un mal presque sans remède.

LE COMTE, avec véhémence.

Que tout l'or du monde périsse, et que je sois débarrassé de lui!

FIGARO, jetant son chapeau sur un fauteuil.

Dussé-je être pendu, il n'en gardera pas une obole! (A Suzanne.) Veille au dehors, Suzanne. (Elle sort.)

M. FAL.

Avez-vous un moyen de lui faire avouer devant de bons témoins qu'il tient ce trésor de monsieur? Sans cela, je défie qu'on puisse le lui arracher.

FIGARO.

S'il apprend par son Allemand ce qui se passe dans l'hôtel, il n'y rentrera plus.

LE COMTE, vivement.

Tant mieux! c'est tout ce que je veux. Ah! qu'il garde le reste.

FIGARO, vivement.

Lui laiss   dépit l'héritage de vos enfants? ce n'est pas vertu,   faiblesse.

LÉON, fâché.

Figaro!

FIGARO, plus fort.

Je ne m'en dédis point. (Au Comte.) Qu'obtiendra donc de vous l'attachement, si vous payez ainsi la perfidie?

LE COMTE, se fâchant.

Mais, de l'entreprendre sans succès, c'est lui ménager un triomphe...

SCÈNE V

LES PRÉCÉDENTS, SUZANNE.

SUZANNE, à la porte et criant.

Monsieur Bégearss qui rentre! (Elle sort.)

SCÈNE VI

LES PRÉCÉDENTS, excepté SUZANNE.

(Ils font tous un grand mouvement.)

LE COMTE, hors de lui.

O traître!

FIGARO, très-vite.

On ne peut plus se concerter; mais si vous m'écoutez et me secondez tous pour lui donner une sécurité profonde, j'engage ma tête au succès.

M. FAL.

Vous allez lui parler du portefeuille et du contrat?

FIGARO, très-vite.

Non pas; il en sait trop pour l'entamer si brusquement! Il faut l'amener de plus loin à faire un aveu volontaire. (Au Comte.) Feignez de vouloir me chasser.

LE COMTE, troublé.

Mais, mais, sur quoi?

SCÈNE VII

LES PRÉCÉDENTS, SUZANNE, BÉGEARSS.

SUZANNE, accourant.

Monsieur Bégeaaaaaaarss!

(Elle se range près de la Comtesse. Bégearss montre une grande surprise.)

FIGARO s'écrie en le voyant.

Monsieur Bégearss! (Humblement.) Eh bien! ce n'est qu'une humiliation de plus. Puisque vous attachez à l'aveu de mes torts le pardon que je sollicite, j'espère que monsieur ne sera pas moins généreux.

BÉGEARSS, étonné.

Qu'y a-t-il donc? Je vous trouve assemblés!

LE COMTE, brusquement.

Pour chasser un sujet indigne.

BÉGEARSS, plus surpris encore, voyant le notaire.

Et monsieur Fal?

M. FAL, lui montrant le contrat.

Voyez qu'on ne perd point de temps: tout ici concourt avec vous.

BÉGEARSS, surpris.

Ha! ha!

LE COMTE, impatient, à Figaro.

Pressez-vous, ceci me fatigue.

(Pendant cette scène, Bégearss les examine l'un après l'autre avec la plus grande attention.)

FIGARO, l'air suppliant, adressant la parole au Comte.

Puisque la feinte est inutile, achevons mes tristes aveux. Oui, pour nuire à monsieur Bégearss, je répète avec confusion que je me suis mis à l'épier, le suivre et le troubler partout (Au comte.) car monsieur n'avait pas sonné lorsque je suis entré chez lui pour savoir ce qu'on y faisait du coffre aux brillants de madame, que j'ai trouvé là tout ouvert.

BÉGEARSS.

Certes, ouvert à mon grand regret.

LE COMTE fait un mouvement inquiétant.

(A part.) Quelle audace !

FIGARO, se courbant, le tire par l'habit pour l'avertir.

Ah ! mon maître !

M. FAL, effrayé.

Monsieur !

BÉGEARSS, au Comte, à part.

Modérez-vous, ou nous ne saurons rien.

(Le Comte frappe du pied ; Bégearss l'examine.)

FIGARO, soupirant, dit au Comte.

C'est ainsi que, sachant madame enfermée avec lui pour brûler de certains papiers dont je connaissais l'importance, je vous ai fait venir subitement.

BÉGEARSS, au Comte.

Vous l'ai-je dit ?

(Le Comte mord son mouchoir de fureur.)

SUZANNE, bas à Figaro par derrière.

Achève, achève.

FIGARO.

Enfin, vous voyant tous d'accord, j'avoue que j'ai fait l'impossible pour provoquer entre madame et vous la vive explication... qui n'a pas eu la fin que j'espérais...

LE COMTE, à Figaro, avec colère.

Finissez-vous ce plaidoyer ?

FIGARO, bien humble.

Hélas ! je n'ai plus rien à dire, puisque c'est cette explication qui a fait chercher monsieur Fal, pour finir ici le contrat. L'heureuse étoile de monsieur a triomphé de tous mes artifices... Mon maître, en faveur de trente ans...

LE COMTE, avec humeur.

Ce n'est pas à moi de juger. (Il marche vite.)

FIGARO.

Monsieur Bégearss !

BÉGEARSS, qui a repris sa sécurité, dit ironiquement.

Qui ! moi ? cher ami, je ne comptais guère vous avoir tant d'obligations ! (Élevant son ton.) Voir mon bonheur accéléré par le coupable effort destiné à me le ravir ! (A Léon et Florestine.) O jeunes gens ! quelle leçon ! Marchons avec candeur dans le sentier de la vertu. Voyez que tôt ou tard l'intrigue est la perte de son auteur.

FIGARO, prosterné.

Ah ! oui !

BÉGEARSS, au Comte.

Monsieur, pour cette fois encore, et qu'il parte !

LE COMTE, à Bégearss, durement.

C'est là votre arrêt ?... j'y souscris.

FIGARO, ardemment.

Monsieur Bégearss, je vous le dois. Mais je vois monsieur Fal pressé d'achever un contrat...

LE COMTE, brusquement.

Les articles m'en sont connus.

M. FAL.

Hors celui-ci. Je vais vous lire la donation que monsieur fait. (Cherchant l'endroit.) M, M, M, messire James-Honoré Bégearss... Ah ! (Il lit.) « Et pour donner à la « demoiselle future épouse une preuve non équivoque « de son attachement pour elle, ledit seigneur futur « époux lui fait donation entière de tous les grands « biens qu'ils possède ; consistant aujourd'hui (Il appuie « en lisant.) (ainsi qu'il le déclare, et les a exhibés à « nous notaires soussignés) en trois millions d'or ici « joints, en très-bons effets au porteur. » (Il tend la main en lisant.)

BÉGEARSS.

Les voilà dans ce portefeuille. (Il donne le portefeuille à Fal.) Il manque deux milliers de louis, que je viens d'en ôter pour fournir aux apprêts des noces.

FIGARO, montrant le Comte et vivement.

Monsieur a décidé qu'il payerait tout ; j'ai l'ordre.

BÉGEARSS, tirant les effets de sa poche et les remettant au notaire.

En ce cas enregistrez-les ; que la donation soit entière. (Figaro, retourné, se tient la bouche pour ne pas rire. M. Fal ouvre le portefeuille, y remet les effets.)

M. FAL, montrant Figaro.

Monsieur va tout additionner, pendant que nous achèverons. (Il donne le portefeuille ouvert à Figaro, qui, voyant les effets, dit :)

FIGARO, l'air exalté.

Et moi j'éprouve qu'un bon repentir est comme toute bonne action ; qu'il porte aussi sa récompense.

BÉGEARSS.

En quoi ?

FIGARO.

J'ai le bonheur de m'assurer qu'il est ici plus d'un généreux homme. Oh ! que le ciel comble les vœux de deux amis aussi parfaits ! Nous n'avons nul besoin d'écrire. (Au Comte.) Ce sont vos effets au porteur : oui, monsieur, je les reconnais. Entre M. Bégearss et vous, c'est un combat de générosité : l'un donne ses biens à l'époux ; l'autre les rend à sa future ! (Aux jeunes gens.) Monsieur, mademoiselle ! ah ! quel bienfaisant protecteur, et que vous allez le chérir !... Mais que dis-je ? l'enthousiasme m'aurait-il fait commettre une indiscrétion offensante ? (Tout le monde garde le silence.)

BÉGEARSS, un peu surpris, se remet, prend son parti, et dit :
Elle ne peut l'être pour personne, si mon ami ne la désavoue pas ; s'il met mon âme à l'aise, en me permettant d'avouer que je tiens de lui ces effets. Celui-là n'a pas un bon cœur, que la gratitude fatigue ; et cet aveu manquait à ma satisfaction. (Montrant le Comte.) Je lui dois bonheur et fortune ; et quand je les partage avec sa digne fille, je ne fais que lui rendre ce qui lui appartient de droit. Remettez-moi le portefeuille ; je ne veux avoir que l'honneur de le mettre à ses pieds moi-même, en signant notre heureux contrat. (Il veut le reprendre.)

FIGARO, sautant de joie.
Messieurs, vous l'avez entendu ? vous témoignerez s'il le faut. Mon maître, voilà vos effets ; donnez-les à leur détenteur, si votre cœur l'en juge digne. (Il lui remet le portefeuille.)

LE COMTE, se levant, à Bégearss.
Grand Dieu ! les lui donner ! Homme cruel, sortez de ma maison ; l'enfer n'est pas aussi profond que vous ! Grâce à ce bon vieux serviteur, mon imprudence est réparée : sortez à l'instant de chez moi.

BÉGEARSS.
O mon ami, vous êtes encore trompé !

LE COMTE, hors de lui, le bride de sa lettre ouverte.
Et cette lettre, monstre ! m'abuse-t-elle aussi ?

BÉGEARSS la voit ; furieux, il arrache au Comte la lettre, et se montre tel qu'il est.
Ah !... Je suis joué ; mais j'en aurai raison.

LÉON.
Laissez en paix une famille que vous avez remplie d'horreur.

BÉGEARSS, furieux.
Jeune insensé ! c'est toi qui vas payer pour tous ; je t'appelle au combat.

LÉON, vite.
J'y cours.

LE COMTE, vite.
Léon !

LA COMTESSE, vite.
Mon fils !

FLORESTINE, vite.
Mon frère !

LE COMTE.
Léon ! je vous défends... (A Bégearss.) Vous vous êtes rendu indigne de l'honneur que vous demandez. Ce n'est point par cette voie-là qu'un homme comme vous doit terminer sa vie. (Bégearss fait un geste affreux, sans parler.)

FIGARO, arrêtant Léon, vivement.
Non, jeune homme ! vous n'irez point : monsieur votre père a raison, et l'opinion est réformée sur cette horrible frénésie ; on ne combattra plus ici que les ennemis de l'État. Laissez-le en proie à sa fureur ; et s'il ose vous attaquer, défendez-vous comme d'un assassin ; personne ne trouve mauvais qu'on tue une bête enragée ; mais il se gardera de l'oser : l'homme capable de tant d'horreurs doit être aussi lâche que vil.

BÉGEARSS, hors de lui.
Malheureux !

LE COMTE, frappant du pied.
Nous laissez-vous enfin ? c'est un supplice de vous voir. (La Comtesse est effrayée sur son siége ; Florestine et Suzanne la soutiennent ; Léon se réunit à elles.)

BÉGEARSS, les dents serrées.
Oui, morbleu, je vous laisse ; mais j'ai la preuve en main de votre infâme trahison ! Vous n'avez demandé l'agrément de Sa Majesté, pour échanger vos biens d'Espagne, que pour être à portée de troubler sans péril l'autre côté des Pyrénées.

LE COMTE.
O monstre ! que dit-il ?

BÉGEARSS.
Ce que je vais dénoncer à Madrid. N'y eût-il que le buste en grand d'un Washington dans votre cabinet, j'y fais confisquer tous vos biens.

FIGARO, criant.
Certainement ; le tiers au dénonciateur !

BÉGEARSS.
Mais, pour que vous n'échangiez rien, je cours chez notre ambassadeur arrêter dans ses mains l'agrément de Sa Majesté, que l'on attend par ce courrier.

FIGARO, tirant un paquet de sa poche, s'écrie vivement :
L'agrément du roi ? le voici ; j'avais prévu le coup ; je viens, de votre part, d'enlever le paquet au secrétariat d'ambassade. Le courrier d'Espagne arrivait ! (Le Comte, avec vivacité, prend le paquet.)

BÉGEARSS, furieux, frappe sur son front, fait deux pas pour sortir et se retourne.
Adieu, famille abandonnée ! maison sans mœurs et sans honneur ! Vous aurez l'impudeur de conclure un mariage abominable, en unissant le frère avec la sœur ; mais l'univers saura votre infamie. (Il sort.)

SCÈNE VIII

LES PRÉCÉDENTS, excepté BÉGEARSS.

FIGARO, follement.
Qu'il fasse des libelles, dernière ressource des lâches ! il n'est plus dangereux. Bien démasqué, à bout de voie, et pas vingt-cinq louis dans le monde ! Ah ! monsieur Fal, je me serais poignardé, s'il eût gardé les deux mille louis qu'il avait soustraits du paquet. (Il reprend un ton grave.) D'ailleurs, nul ne sait mieux que lui que, par la nature et la loi, ces jeunes gens ne se sont rien, qu'ils sont étrangers l'un à l'autre.

LE COMTE l'embrasse, et crie :
O Figaro !... Madame, il a raison.

LÉON, très-vite.
Dieux ! maman, quel espoir !

FLORESTINE, au Comte.
Eh quoi ! monsieur, n'êtes-vous plus ..?

LE COMTE, *ivre de joie.*

Mes enfants, nous y reviendrons ; et nous consulterons, sous des noms supposés, des gens de loi, discrets, éclairés, pleins d'honneur. O mes enfants ! il vient un âge où les honnêtes gens se pardonnent leurs torts, leurs anciennes faiblesses ; font succéder un doux attachement aux passions orageuses qui les avaient trop désunis. Rosine (c'est le nom que votre époux vous rend), allons nous reposer des fatigues de la journée. Monsieur Fal, restez avec nous. Venez, mes deux enfants !... Suzanne, embrasse ton mari, et que nos sujets de querelles soient ensevelis pour toujours ! (A Figaro.) Les deux mille louis qu'il avait soustraits, je te les donne, en attendant la récompense qui t'est bien due !

FIGARO, *vivement.*

A moi, monsieur ? Non, s'il vous plaît ! Moi, gâter par un vil salaire le bon service que j'ai fait ! Ma récompense est de mourir chez vous. Jeune, si j'ai failli souvent, que ce jour acquitte ma vie ! O ma vieillesse, pardonne à ma jeunesse ; elle s'honorera de toi. Un jour a changé notre état ! plus d'oppresseur, d'hypocrite insolent ! Chacun a bien fait son devoir : ne plaignons point quelques moments de trouble : on gagne assez dans les familles quand on en expulse un méchant.

FIN DE LA MÈRE COUPABLE

TARARE

OPÉRA EN CINQ ACTES

REPRÉSENTÉ, POUR LA PREMIÈRE FOIS, SUR LE THÉATRE DE L'ACADÉMIE ROYALE DE MUSIQUE,
LE VENDREDI 8 JUIN 1787.

Barbarus ast ego sum...

AUX ABONNÉS DE L'OPÉRA
QUI VOUDRAIENT AIMER L'OPÉRA

Ce n'est point de l'art de chanter, du talent de bien moduler, ni de la combinaison des sons; ce n'est point de la musique en elle-même, que je veux vous entretenir : c'est l'action de la poésie sur la musique, et la réaction de celle-ci sur la poésie au théâtre, qu'il m'importe d'examiner, relativement aux ouvrages où ces deux arts se réunissent. Il s'agit moins pour moi d'un nouvel opéra que d'un nouveau moyen d'intéresser à l'Opéra.

Pour vous disposer à m'entendre, à m'écouter avec un peu de faveur, je vous dirai, mes chers contemporains, que je ne connais point de siècle où j'eusse préféré de naître, point de nation à qui j'eusse aimé mieux appartenir. Indépendamment de tout ce que la société française a d'aimable, je vois en nous, depuis vingt ou trente ans, une émulation vigoureuse, un désir général d'agrandir nos idées par d'utiles recherches, et le bonheur de tous, par l'usage de la raison.

On cite le siècle dernier comme un beau siècle littéraire; mais qu'est-ce que la littérature dans la masse des objets utiles? Un noble amusement de l'esprit. On citera le nôtre comme un siècle profond de science, de philosophie, fécond en découvertes, et plein de force et de raison. L'esprit de la nation semble être dans une crise heureuse : une lumière vive et répandue fait sentir à chacun que tout peut être mieux. On s'inquiète, on s'agite, on invente, on réforme ; et depuis la science profonde qui régit les gouvernements, jusqu'au talent frivole de faire une chanson ; depuis cette élévation de génie qui fait admirer Voltaire et Buffon, jusqu'au métier facile et lucratif de critiquer ce qu'on n'aurait pu faire; je vois dans toutes les classes un désir de valoir, de prévaloir, et d'étendre ses idées, ses connaissances, ses jouissances, qui ne peut que tourner à l'avantage universel; et c'est ainsi que tout s'accroît, prospère et s'améliore. Essayons, s'il se peut, d'améliorer un grand spectacle.

Tous les hommes, vous le savez, ne sont pas avantageusement placés pour exécuter de grandes choses : chacun de nous est ce qu'il naquit, et devient après ce qu'il peut. Tous les instants de la vie du même homme, quelque patriote qu'il soit, ne sont pas non plus destinés à des objets d'égale utilité: mais si nul ne préside au choix de ses travaux, tous au moins choisissent leurs plaisirs ; et c'est peut-être dans ce choix qu'un observateur doit chercher le vrai secret des caractères. Il faut du relâche à l'esprit. Après le travail forcé des affaires, chacun suit son attrait dans ses amusements ! l'un chasse, l'autre boit; celui-ci joue, un autre intrigue; et moi qui n'ai point tous ces goûts, je fais un modeste opéra.

Je conviendrai naïvement, pour qu'on ne me dispute rien, que de toutes les frivolités littéraires, une des plus frivoles est peut-être un poëme de ce genre, je conviens encore que si l'auteur d'un tel ouvrage allait s'offenser du peu de cas qu'on en fait ; malheureux par ce ridicule, et ridicule par ce malheur, il serait le plus sot de tous ses ennemis.

Mais d'où naît ce dédain pour le poëme d'un opéra? car enfin ce travail a sa difficulté. Serait-ce que la nation française, plus chansonnière que musicienne, préfère aux madrigaux de sa musique l'épigramme et ses vaudevilles? Quelqu'un a dit que les Français aimaient véritablement les chansons, mais n'avaient que la vanité d'un prétendu goût de musique. Ne pressons point cette opinion, de peur de la consolider.

Le froid dédain d'un opéra ne vient-il pas plutôt de ce qu'à ce spectacle la réunion mal ourdie de tant d'arts nécessaires à sa formation a fini par jeter un peu de confusion dans l'esprit, sur le rang qu'ils doivent y tenir, sur le plaisir qu'on a droit d'en attendre?

La véritable hiérarchie de ces arts devrait, ce me semble, ainsi marcher dans l'estime des spectateurs. Premièrement, la pièce ou l'invention du sujet, qui embrasse et comporte la masse de l'intérêt; puis la beauté du poëme, ou la manière aisée d'en narrer les événements ; puis le charme de la musique, qui n'est qu'une expression nouvelle ajoutée au charme des vers; enfin, l'agrément de la danse, dont la gaieté, la gentillesse, embellit quelques froides situations. Tel, est, dans l'ordre du plaisir, le rang marqué pour tous ces arts.

Mais, par une inversion bizarre particulière à l'opéra, il semble que la pièce n'y soit rien qu'un moyen banal, un prétexte pour faire briller tout ce qui n'est pas elle. Ici, les accessoires ont usurpé le premier rang, pendant que le fond du sujet n'est plus qu'un très-mince accessoire; c'est le canevas des brodeurs que chacun couvre à volonté.

Comment donc est-on parvenu à nous donner ainsi le change? Nos Français, que l'on sait si vifs sur ce qui tient à leurs plaisirs, seraient-ils froids sur celui-ci?

Essayons d'expliquer pourquoi les amateurs les plus zélés (moi le premier) s'ennuient toujours à l'Opéra. Voyons pourquoi dans ce spectacle on compte le poëme pour rien; et comment la musique, tout insignifiante qu'elle est lorsqu'elle marche sans appui, nous attache plus que les paroles, et la danse plus que la musique. Ce problème, depuis longtemps, avait besoin qu'on l'expliquât ; je vais le faire à ma manière.

D'abord, je me suis convaincu que, de la part du public, il n'y a point d'erreur dans ses jugements au spectacle, et qu'il ne peut y en avoir. Déterminé par le plaisir, il le cherche, il le suit partout. S'il lui échappe d'un côté, il tente à le saisir de l'autre. Lassé, dans l'opéra, de n'entendre point les paroles, il se tourne vers la musique : celle-ci, dénuée de l'intérêt du poëme, amusant à peine l'oreille, le cède bientôt à la danse, qui de plus amuse les yeux. Dans cette subversion funeste à l'effet théâtral, c'est toujours, comme on voit, le plaisir que l'on cherche : tout le reste est indifférent. Au lieu de m'inspirer un puissant intérêt, si l'opéra ne m'offre qu'un puéril amusement, quel droit a-t-il à mon estime ? Le spectateur a donc raison ; c'est le spectacle qui a tort.

Boileau écrivait à Racine : *On ne fera jamais un bon opéra. La musique ne sait pas narrer.* Il avait raison, pour son temps. Il aurait pu même ajouter : *La musique ne sait pas dialoguer.* On ne se doutait pas alors qu'elle en devînt jamais susceptible.

Dans une lettre de cet homme qui a tout pensé, tout écrit ; dans une lettre de Voltaire à Cideville, en 1732, on lit ces mots bien remarquables : « L'opéra n'est qu'un rendez- « vous public, où l'on s'assemble à certains jours, sans « trop savoir pourquoi : c'est une maison où tout le « monde va, quoiqu'on pense mal du maître, et qu'il soit « assez ennuyeux. »

Avant lui, la Bruyère avait dit : « On voit bien que l'o- « péra est l'ébauche d'un grand spectacle ; il en donne « l'idée ; mais je ne sais pas comment l'opéra, avec une « musique si parfaite et une dépense toute royale, a pu « réussir à m'ennuyer. »

Ils disaient librement ce que chacun éprouvait, malgré je ne sais quelle vanité nationale qui portait tout le monde à le dissimuler. Quoi ! de la vanité jusque dans l'ennui d'un spectacle ! Je dirais volontiers comme l'abbé Basile : *Qui est-ce donc qu'on trompe ici ? Tout le monde est dans le secret !*

Quant à moi, qui suis né très-sensible aux charmes de la bonne musique, j'ai bien longtemps cherché pourquoi l'opéra m'ennuyait, malgré tant de soins et de frais employés à l'effet contraire ; et pourquoi tel morceau détaché qui me charmait au clavecin, reporté du pupitre au grand cadre, était près de me fatiguer s'il ne m'ennuyait pas d'abord ; et voici ce que j'ai cru voir.

Il y a trop de musique dans la musique du théâtre, elle en est toujours surchargée ; et, pour employer l'expression naïve d'un homme justement célèbre, du célèbre chevalier Gluck, notre opéra pue de musique : *puzza di musica.*

Je pense donc que la musique d'un opéra n'est, comme sa poésie, qu'un nouvel art d'embellir la parole, dont il ne faut point abuser.

Nos poëtes dramatiques ont senti que la magnificence des mots, que tout ce luxe poétique dont l'ode se pare avec succès, était un ton trop exalté pour la scène : ils ont tous vu que, pour intéresser au théâtre, il fallait adoucir, apaiser cette poésie éblouissante, la rapprocher de la nature ; l'intérêt du spectacle exigeant une vérité simple et naïve, incompatible avec ce luxe.

Cette réforme, faite, heureusement pour nous, dans la poésie dramatique, nous restait à tenter sur la musique du théâtre. Or, s'il est vrai, comme on n'en peut douter, que la musique soit à l'opéra ce que les vers sont à la tragédie, une expression plus figurée, une manière seulement plus forte de présenter le sentiment ou la pensée, gardons-nous d'abuser de ce genre d'affectation, de mettre trop de luxe dans cette manière de peindre. Une abondance vicieuse étouffe, éteint la vérité : l'oreille est rassasiée, et le cœur reste vide. Sur ce point, j'en appelle à l'expérience de tous.

Mais que sera-ce donc, si le musicien orgueilleux, sans goût ou sans génie, veut dominer le poëte, ou faire de sa musique une œuvre séparée ? Le sujet devient ce qu'il peut ; on n'y sent plus qu'incohérence d'idées, division d'effets, et nullité d'ensemble ; car deux effets distincts et séparés ne peuvent concourir à cette unité qu'on désire, et sans laquelle il n'est point de charme au spectacle.

De même qu'un auteur français dit à son traducteur : Monsieur, êtes-vous d'Italie ? traduisez-moi cette œuvre en italien, mais n'y mettez rien d'étranger ; poëte d'un opéra, je dirais à mon partenaire : Ami, vous êtes musicien : traduisez ce poëme en musique ; mais n'allez pas, comme Pindare, vous égarer dans vos images, et chanter Castor et Pollux sur le triomphe d'un athlète ; car ce n'est pas d'eux qu'il s'agit.

Et si mon musicien possède un vrai talent, s'il réfléchit avant d'écrire, il sentira que son devoir, que son succès consiste à rendre mes pensées dans une langue seulement plus harmonieuse ; à leur donner une expression plus forte, et non à faire une œuvre à part. L'imprudent qui veut briller seul n'est qu'un phosphore, un feu follet. Cherche-t-il à vivre sans moi, il ne fait plus que végéter : un orgueil si mal entendu tue son existence et la mienne ; il meurt au dernier coup d'archet, et nous précipite à grand bruit, du théâtre au fond de l'Érèbe.

Je ne puis assez le dire, et je prie qu'on y réfléchisse : trop de musique dans la musique est le défaut de nos grands opéras.

Voilà pourquoi tout y languit. Sitôt que l'acteur chante, la scène se repose (je dis s'il chante pour chanter), et partout où la scène repose l'intérêt est anéanti. Mais, direz-vous, s'il faut-il bien qu'il chante, puisqu'il n'a pas d'autre idiome ! — Oui ; mais tâchez que je l'oublie. L'art du compositeur serait d'y parvenir. Qu'il chante le sujet comme on le versifie, uniquement pour le parer ; que j'y trouve un charme de plus, non un sujet de distraction.

« Moi, qui toujours ai chéri la musique, sans inconstance « et même sans infidélité, souvent aux pièces qui m'atta- « chent le plus, je me surprends à pousser de l'épaule, à « dire tout bas avec humeur : Va donc, musique ! Pourquoi « tant répéter ? N'es-tu pas assez lente ? Au lieu de narrer « vivement, tu rabâches ; au lieu de peindre la passion, tu « t'accroches oiseusement aux mots [1] ! »

Qu'arrive-t-il de tout cela ? Pendant qu'avare de paroles, le poëte s'évertue à serrer son style, à bien concentrer sa pensée ; si le musicien, au rebours, délaye, allonge, les syllabes, et les noie dans des fredons, leur ôte la force ou le sens ; l'un tire à droite, l'autre à gauche ; on ne sait plus auquel entendre : le triste bâillement me saisit, l'ennui me chasse de la salle.

Que demandons-nous au théâtre ? Qu'il nous procure du plaisir. La réunion de tous les arts charmants devrait certes nous en offrir un des plus vifs à l'Opéra. N'est-ce pas de leur union même que ce spectacle a pris son nom ? Leur déplacement, leur abus en a fait un séjour d'ennui.

Essayons d'y ramener le plaisir, en les rétablissant dans l'ordre naturel, et sans priver ce grand théâtre d'aucun des avantages qu'il offre ; c'est une belle tâche à remplir. Aux efforts qu'on a faits depuis *Iphigénie, Alceste,* et le chevalier Gluck, pour améliorer ce spectacle, ajoutons quelques observations sur le poëme et son amalgame. Posons une saine doctrine, joignons un exemple au précepte, et tâchons d'entraîner les suffrages par l'heureux concours de tous deux.

[1] Préface du *Barbier de Séville.*

Souvenons-nous d'abord qu'un opéra n'est point une tragédie; qu'il n'est point une comédie; qu'il participe de chacune, et peut embrasser tous les genres.

Je ne prendrai donc point un sujet qui soit absolument tragique : le ton deviendrait si sévère, que les fêtes y tombant des nues, en détruiraient tout l'intérêt. Éloignons-nous également d'une intrigue purement comique, où les passions n'ont nul ressort, dont les grands effets sont exclus : l'expression musicale y serait souvent sans noblesse.

Il m'a semblé qu'à l'Opéra les sujets historiques devaient moins réussir que les imaginaires.

Faudra-t-il donc traiter des sujets de pure féerie, de ces sujets où le merveilleux, se montrant toujours impossible, nous paraît absurde et choquant? Mais l'expérience a prouvé que tout ce qu'on dénoue par un coup de baguette, ou par l'intervention des dieux, nous laisse toujours le cœur vide ; et les sujets mythologiques ont tous un peu ce défaut-là. Or, dans mon système d'*opéra*, je ne puis être avare de musique qu'en y prodiguant l'intérêt.

N'oublions pas surtout que, la marche lente de la musique s'opposant aux développements, il faut que l'intérêt porte entièrement sur les masses, qu'elles y soient énergiques et claires; car, si la première éloquence au théâtre est celle de situation, c'est surtout dans le drame chanté qu'elle devient indispensable, par le besoin pressant d'y suppléer aux mouvements de l'autre éloquence, dont on est trop souvent forcé de se priver.

Je penserais donc qu'on doit prendre un milieu entre le merveilleux et le genre historique. J'ai cru m'apercevoir aussi que les mœurs très-civilisées étaient trop méthodiques pour y paraître théâtrales. Les mœurs orientales, plus disparates et moins connues, laissent à l'esprit un champ plus libre, et me semblent très-propres à remplir cet objet.

Partout où règne le despotisme, on conçoit des mœurs bien tranchantes. Là, l'esclavage est près de la grandeur : l'amour y touche à la férocité : les passions des grands sont sans frein. On peut y voir unie, dans le même homme, la plus imbécile ignorance à la puissance illimitée, une indigne et lâche faiblesse à la plus dédaigneuse hauteur. Là, je vois l'abus du pouvoir se jouer de la vie des hommes, de la pudicité des femmes ; la révolte marcher de front avec l'atroce tyrannie : le despote y fait tout trembler, jusqu'à ce qu'il tremble lui-même; et souvent tous les sont se voient en même temps. Ce désordre convient au sujet ; il monte l'imagination du poëte, il imprime un trouble à l'esprit, qui dispose aux *étrangetés* (selon l'expression de *Montaigne*.) Voilà les mœurs qu'il faut à l'opéra; elles nous permettent tous les tons : le sérail offre aussi tous les genres d'événements. Je puis m'y montrer tour à tour vif, imposant, gai, sérieux, enjoué, terrible, ou badin. Les cultes même orientaux ont je ne sais quel air magique, je ne sais quoi de *merveilleux*, très-propre à subjuguer l'esprit, à nourrir l'intérêt de la scène.

Ah! si l'on pouvait couronner l'ouvrage d'une grande idée philosophique, même en faire naître le sujet, je dis qu'un tel amusement ne serait pas sans fruit; que tous les bons esprits nous sauraient gré de ce travail. Pendant que l'esprit de parti, l'ignorance ou l'envie de nuire armeraient la meute aboyante, le public n'en sentirait pas moins qu'un tel essai n'est point une œuvre méprisable. Peut-être irait-il même jusqu'à encourager des hommes d'un plus fort génie à se jeter dans la carrière, et à lui présenter un nouveau genre de plaisir, digne de la première nation du monde.

Quoi qu'il en puisse être des autres, voici ce qu'il en est de moi. *Tarare* est le nom de mon opéra ; mais il n'en est pas le motif. Cette maxime, à la fois consolante et sévère, est le sujet de mon ouvrage :

Homme, ta grandeur sur la terre
N'appartient point à ton état;
Elle est toute à ton caractère.

La dignité de l'homme est donc le point moral que j'ai voulu traiter, le thème que je me suis donné.

Pour mettre en action ce précepte, j'ai imaginé dans Ormus, à l'entrée du golfe Persique, deux hommes de l'état le plus opposé ; dont l'un, comblé, surchargé de puissance, un despote absolu d'Asie, a contre lui seulement un effroyable caractère. *Il est né méchant*, ai-je dit, *voyons s'il sera malheureux*. L'autre, tiré des derniers rangs, dénué de tout, pauvre soldat, n'a reçu qu'un seul bien du ciel, un caractère vertueux. *Peut-il être heureux ici-bas?*

Cherchons seulement un moyen de rapprocher deux hommes si peu faits pour se rencontrer.

Pour animer leurs caractères, soumettons-les au même amour ; donnons-leur à tous deux le plus ardent désir de posséder la même femme. Ici, le cœur humain est dans son énergie, il doit se montrer sans détour. Opposons passion à passion, le vice puissant à la vertu privée de tout, le despotisme sans pudeur à l'influence de l'opinion publique, et voyons ce qui peut sortir d'une telle combinaison d'incidents et de caractères.

Les Français chercheront le motif qui m'a fait donner à mon héros un nom proverbial. Il faut avouer qu'il entre un peu de coquetterie d'auteur dans ceci. J'ai voulu voir si, lui donnant un nom usé, qui jetterait dans quelque erreur; qui ferait dire à tous nos bons plaisants que je suis un garçon jovial, et que l'on va bien rire, ou de l'opéra ou de moi, quand j'aurai mis sur le théâtre *Tarare-Pompon* en musique ; j'ai voulu, je dis-je, voir si, lui donnant un nom insignifiant, je parviendrais à l'élever à un très-haut degré d'estime avant la fin de mon ouvrage. Quant au choix du nom de *Tarare*, il me suffit de dire aux étrangers qu'une tradition assez gaie, le souvenir d'un certain conte, nous rappelle, en riant, que le nom de *Tarare* excitait un étonnement dans les auditeurs, qui le faisait répéter à tout le monde aussitôt qu'on le prononçait. Hamilton, auteur de ce conte, a tiré très-peu de parti d'une bizarrerie qu'il aurait pu rendre plus gaie.

Voici, moi, ce que j'en ai fait. De cela seul que la personne de *Tarare*, en vénération chez le peuple, est odieuse à mon despote, on ne prononce point son nom devant lui sans le mettre en fureur, et sans qu'il arrive un grand changement dans la situation des personnages. Ce nom fait toutes mes transitions : avantage précieux dans un genre de spectacle où l'on n'a point de temps à perdre en situations transitoires, où tout doit être chaud d'action, brûlant de marche et d'intérêt.

La musique, cet invincible obstacle aux développements des caractères, ne me permettant point de faire connaître assez mes personnages dans un sujet si loin de nous (connaissance pourtant sans laquelle on ne prend intérêt à rien), m'a fait imaginer un prologue d'un nouveau genre, où tout ce qu'il importe qu'on sache de mon plan et de mes acteurs est tellement présenté, que le spectateur entre assez fatigué par le milieu, dans l'action, avec l'instruction convenable. Ce prologue est l'exposition. Composé d'êtres aériens, d'illusions, d'ombres légères, il est la partie merveilleuse du poëme ; et j'ai prévenu que je ne voulais priver l'Opéra d'aucun des avantages qu'il offre. Le merveilleux même est très-bon, si l'on veut n'en point abuser.

J'ai fait en sorte que l'ouvrage eût la variété qui pouvait le rendre piquant ; qu'un acte y reposât de l'autre acte ; que chacun eût son caractère. Ainsi le ton élevé, le ton gai, le style tragique ou comique, des fêtes, une musique noble et simple, un grand spectacle et des situations fortes soutiendront tour à tour, j'espère, et l'intérêt et la curiosité. Le danger toujours imminent de mon principal personnage, sa vertu, sa douce confiance aux divinités du pays, mis en opposition avec la férocité d'un despote et la politique d'un brame, offriront, je crois, des contrastes et beaucoup de moralité.

Malgré tous ces soins, j'aurai tort si j'établis mal dans l'action le précepte qui fait le fond de mon sujet.

Depuis que l'ouvrage est fini, j'ai trouvé dans un conte arabe quelques situations qui se rapprochent de *Tarare*; elles m'ont rappelé qu'autrefois j'avais entendu lire ce conte à la campagne. Heureux, disais-je en le feuilletant de nouveau, d'avoir eu une si faible mémoire! Ce qui m'est resté du conte à son prix ; le reste était impraticable. Si le lecteur fait comme moi, s'il a la patience de lire le volume III des *Génies*, il verra ce qui m'appartient, ce que je dois au conte arabe, comment le souvenir confus d'un objet qui nous a frappés se fertilise dans l'esprit, peut fermenter dans la mémoire, sans qu'on en soit même averti.

Mais ce qui m'appartient moins encore est la belle musique de mon ami *Salieri*. Ce grand compositeur, l'honneur de l'école de Gluck, ayant le style du grand maître, avait reçu de la nature un sens exquis, un esprit juste, le talent le plus dramatique, avec une fécondité presque unique. Il a eu la vertu de renoncer, pour me complaire, à une foule de beautés musicales dont son opéra scintillait, uniquement parce qu'elles allongeaient la scène, qu'elles *alanguissaient* l'action ; mais la couleur mâle, énergique, le ton rapide et fier de l'ouvrage, le dédommageront bien de tant de sacrifices.

Cet homme de génie si méconnu, si dédaigné pour son bel opéra des *Horaces*, a répondu d'avance, dans *Tarare*, à cette objection qu'on fera, que mon poëme est peu lyrique. Aussi n'est-ce pas là l'objet que nous cherchions ; mais seulement à faire une musique dramatique. Mon ami, lui disais-je, amollir des pensées, efféminer des phrases, pour les rendre plus musicales, est la vraie source des abus qui nous ont gâté l'opéra. Osons élever la musique à la hauteur d'un poëme nerveux et très-fortement intrigué ; nous lui rendrons toute sa noblesse ; nous atteindrons, peut-être, à ces grands effets tant vantés des anciens spectacles des Grecs. Voilà les travaux ambitieux qui nous ont pris plus d'années. Et je le dis sincèrement ; je ne me serais soumis pour aucune considération à sortir de mon cabinet, pour faire avec un homme ordinaire un travail qui est devenu, par M. *Salieri*, le délassement de mes soirées, souvent un plaisir délectable.

Nos discussions, je crois, auraient formé une très-bonne poétique à l'usage de l'opéra ; car M. Salieri est né poëte, et je suis un peu musicien. Jamais, peut-être, on ne réussira sans le concours de toutes ces choses.

Si la partie qu'on nomme récitante, si la scène, en un mot, n'est pas aussi simple à *Tarare* que mon système l'exigeait, la raison qu'il m'en donne est si juste, que je veux la transmettre ici.

Sans doute on ne peut trop simplifier la scène, a-t-il dit ; mais la voix humaine, en parlant, procède par des gradations de tons presque impossibles à saisir ; par quart, sixième ou huitième de ton : et dans le système harmonique, on n'écrit pour la voix que sur l'intervalle en rigueur des tons entiers et des demi-tons ; le reste dépend des acteurs : obtenez d'eux qu'ils vous secondent. Ma phrase musicale est posée dans la règle austère de l'art : mais vous me dites sans cesse que, dans la comédie, le plus grand talent d'un acteur est de faire oublier les vers, en en conservant la mesure. Eh bien ! nos bons chanteurs seront des comédiens, quand ils auront vaincu cette difficulté.

Simplifier le chant du récit sans contrarier l'harmonie, le rapprocher de la parole, est donc le vrai travail de nos répétitions ; et je me loue publiquement des efforts de tous nos chanteurs. A moins de parler tout à fait, le musicien n'a pu mieux faire ; et parler tout à fait eût privé la scène des renforcements énergiques que ce compositeur habile a soin de jeter dans l'orchestre à tous les intervalles possibles.

Orchestre de notre Opéra ! noble acteur dans le système de Gluck, de Salieri, dans le mien ! vous n'exprimeriez que du bruit, si vous étouffiez la parole ; et c'est du sentiment que votre gloire est d'exprimer.

Vous l'avez senti comme moi. Mais si j'ai obtenu de mon compositeur que, par une variété constante, il partageât notre œuvre en deux, que la musique reposât du poëme, et le poëme de la musique ; l'orchestre et le chanteur, sous peine d'ennuyer, doivent, signer entre eux la même capitulation. Si l'âme du musicien est entrée dans l'âme du poëte, l'a en quelque sorte épousée, toutes les parties exécutantes doivent s'entendre et s'attendre de même, sans se croiser, sans s'étouffer. De leur union sortira le plaisir : l'ennui vient de leur prétention.

Le meilleur orchestre possible, eût-il à rendre les plus grands effets, dès qu'il couvre la voix, détruit tout le plaisir. Il en est alors du spectacle comme d'un beau visage éteint par des monceaux de diamants : c'est éblouir et non intéresser. D'où l'on voit que le projet qui nous a constamment occupés a été d'essayer de rendre au plus grand spectacle du monde les seules beautés qui lui manquent, une marche rapide, un intérêt vif et pressant, surtout l'honneur d'être entendu.

Deux maximes fort courtes ont composé, dans nos répétitions, ma doctrine pour ce théâtre. A nos acteurs pleins de bonne volonté, je n'ai proposé qu'un précepte : PRONONCEZ BIEN. Au premier orchestre du monde, j'ai dit seulement ces deux mots : APAISEZ-VOUS. Ceci bien compris, bien saisi, nous rendra dignes, ai-je ajouté, de toute l'attention publique. Mais, me dira quelqu'un, si nous n'entendons rien, que voulez-vous donc qu'on écoute? Messieurs, on entend tout au spectacle où l'on parle, et l'on n'entendrait rien au spectacle où l'on chante ! Oubliez-vous qu'ici, chanter n'est que parler plus fort, plus harmonieusement ? Qui donc vous assourdit l'oreille? est-ce l'empâtement des voix, ou le trop grand bruit de l'orchestre ? *Prononcez bien, apaisez-vous*, sont pour l'orchestre et les acteurs le premier remède à ce mal.

Mais j'ai découvert un secret que je dois vous communiquer. J'ai trouvé la grande raison qui fait qu'on n'entend rien à l'Opéra. La dirai-je, messieurs ? *C'est qu'on n'écoute pas*. Le peu d'intérêt, je le veux, a causé cette inattention. Mais, dans plusieurs ouvrages modernes, tous remplis d'excellentes choses, j'ai très-bien remarqué que des moments heureux subjuguaient l'attention publique. Et moi, que j'en sois digne ou non, je la demande tout entière pour le premier jour de *Tarare* ; et qu'un bruit infernal venge après le public, si je m'en suis rendu indigne.

Me jugerez-vous sans m'entendre? Ah! laissez ce triste avantage aux affiches du lendemain, qui souvent sont faites la veille.

Est-ce trop exiger de vous, pour un travail de trois années, que trois heures d'une franche attention? Accordez-les-moi, je vous prie. Je prie surtout mes ennemis de prendre cet avantage sur moi ; et c'est pour eux seuls que j'en parle. S'ils me laissent la moindre excuse à la première séance, ils peuvent bien compter que j'en abuserai pour me relever dans les autres. Leur intérêt est que je tombe, et non de me faire tomber.

On dit que les journaux ont l'injonction de ménager

l'Opéra dans leurs feuilles; j'aurais une bien triste opinion de leur crédit, s'ils n'obtenaient pas tous des dispenses contre *Tarare*.

En tout cas, reste la ressource intarissable des lettres anonymes, des épigrammes, des libelles; celle des invectives imprimées, jetées par milliers dans nos salles. Qui sait même si, dans le temple des Muses, des lettres et du goût, au centre de la politesse, un orateur bien éloquent, regardant de travers *Tarare*, ne trouvera pas un moyen ingénieux d'écraser l'auteur et l'ouvrage, à ne s'en jamais relever; comme il est arrivé au centenaire *Figaro*, qui, depuis un tel anathème, n'a eu que des jours malheureux, une vieillesse languissante!

Tous ces moyens de nuire sont bons, efficaces, usités. La haine affamée s'en nourrit; la malignité les réclame, notre urbanité les tolère; l'auteur en rit ou s'en afflige, la pièce chemine ou s'arrête; et tout rentre à la fin dans l'ordre accoutumé de l'oubli : c'est là le dernier des malheurs.

Puisse le goût public et l'acharnement de la haine nous en préserver quelque temps! Puissent les bons esprits de la littérature adopter mes principes, et faire mieux que moi! Mes amis savent bien si j'en serai jaloux, ou si j'irai les embrasser. Oui, je le ferai de grand cœur : heureux, ô mes contemporains, d'avoir, au champ de vos plaisirs, pu tracer un léger sillon que d'autres vont fertiliser!

A travers les mille et une injures que cet ouvrage m'a values, j'ai reçu quelques vers qui me consoleraient, si j'étais affligé. Entre autres, l'apologue qui suit est si vrai, si philosophique et si juste, que je n'ai pu m'empêcher de lui donner place en ce lieu.

APOLOGUE A L'AUTEUR DE TARARE

Un bon homme, un soir cheminant,
Passait à côté d'un village :
Un chien aboie, un autre en fait autant ;
Tous les mâtins du bourg hurlent au même instant.
Pourquoi, leur dit quelqu'un, pourquoi tout ce tapage?
Nul d'eux n'en savait rien ; tous criaient cependant.
Des publiques clameurs c'est la fidèle image.
On répète au hasard les discours qu'on entend :
Au hasard on s'agite, on blâme, on injurie;
On ne sait pas pourquoi l'on crie.
Le sage, direz-vous, méprise ces propos,
Tenus par des méchants, répétés par des sots :
Le sage quelquefois les paya de sa vie.
Socrate fut empoisonné ;
Aristide à l'exil fut par eux condamné :
Ils ont forcé Voltaire à sortir de la France ;
Ils ont réduit Racine à quinze ans de silence.
On leur résiste quelque temps:
Leur fureur à la fin détruit tous les talents.
Demandez-le à la Grèce, à Rome, à l'Italie :
Ils ont dans ces climats, jadis si florissants,
Fait renaître la barbarie.

Par M. ***.

A MONSIEUR SALIERI

MAITRE DE LA MUSIQUE DE S. M. L'EMPEREUR D'ALLEMAGNE.

Mon ami,

Je vous dédie mon ouvrage, parce qu'il est devenu le vôtre. Je n'avais fait que l'enfanter ; vous l'avez élevé jusqu'à la hauteur du théâtre.

Mon plus grand mérite en ceci est d'avoir deviné l'opéra de *Tarare* dans *les Danaïdes* et *les Horaces*, malgré la prévention qui nuisit à ce dernier, lequel est un fort bel ouvrage, mais un peu sévère pour Paris.

Vous m'avez aidé, mon ami, à donner aux Français une idée du spectacle des Grecs, tel que je l'ai toujours conçu. Si notre ouvrage a du succès, je vous le devrai presque entier : et quand votre modestie vous fait dire partout que vous n'êtes que mon musicien, je m'honore, moi, d'être votre poète, votre serviteur, et votre ami.

Caron de Beaumarchais.

PROLOGUE DE TARARE

ACTEURS DU PROLOGUE

LE GÉNIE de a reproduction des êtres, ou LA NATURE. . . . . M. Joinville.
LE GÉNIE DU FEU, qui préside au Soleil, Amant de la Nature. . . . . M. Chaudiny.
L'OMBRE D'ATAR, Roi d'Ormus. . . . . M. Chéron.
L'OMBRE DE TARARE, Soldat. . . . . M. Lainez.
L'OMBRE D'ALTAMORT, Général d'armée. . . . M. Chateaufort.
L'OMBRE D'ARTHÉNÉE, Grand-Prêtre de Brama. M. Adrien.
L'OMBRE D'URSON, Capitaine des gardes d'Atar. M. Moreau.
L'OMBRE D'ASTASIE, Femme de Tarare. . . . Mlle Maillard.
L'OMBRE DE SPINETTE, Esclave du Serrail. . Mlle Gavaudan, c.
L'OMBRE DE CALPIGI. . . . . M. Rousseau.
UNE OMBRE femelle. . . . . Mlle Gavaudan, l.

Foule D'OMBRES des deux sexes, composée
de tout ce qui paraîtra dans la pièce.

SCÈNE PREMIÈRE

LA NATURE ET LES VENTS déchaînés.

L'Ouverture fait entendre un bruit violent dans les airs, un choc terrible de tous les éléments. La toile, en se levant, ne montre que des nuages qui roulent, se déchirent, et laisse voir les Vents déchaînés ; ils forment, en tourbillonnant, des danses de la plus violente agitation.

La Nature s'avance au milieu d'eux, une baguette à la main, ornée de tous les attributs qui la caractérisent, et leur dit impérieusement :

C'est assez troubler l'Univers ;
Vents furieux, cessez d'agiter l'air et l'onde.
C'est assez, reprenez vos fers :
Que le seul zéphir règne au monde.
(L'Ouverture, le bruit et le mouvement continuent.)

CHŒUR DES VENTS déchaînés.

Ne tourmentons plus l'Univers :
Cessons d'agiter l'air et l'onde.
Malheureux ! reprenons nos fers ;
L'heureux Zéphir seul règne au monde.

(Ils se précipitent dans les nuages inférieurs. Le Zéphir s'élève dans les airs. L'Ouverture et le bruit s'apaisent par degrés, les nuages se dissipent ; tout devient harmonieux et calme. On voit une campagne superbe, et le Génie du Feu descend dans un nuage brillant, du côté de l'Orient.)

SCÈNE II

LE GÉNIE DU FEU, LA NATURE.

LE GÉNIE DU FEU.

De l'orbe éclatant du Soleil,
Admirant des cieux la structure,
Je vous ai vu, belle Nature,
Disposer sur la Terre un superbe appareil.

LA NATURE.
Génie ardent de la Sphère enflammée,
Par qui la mienne est animée,
A mes travaux donnez quelques moments.
De toutes les races passées,
Dans l'immensité dispersées,
Je rassemble les éléments,
Pour en former une race prochaine
De la risible espèce humaine,
Aux dépens des êtres vivants.

LE GÉNIE DU FEU.
Ce pouvoir absolu que vous avez sur elle,
L'exercez-vous aussi sur les individus?

LA NATURE.
Oui, si je descendais à quelques soins perdus !
Mais, pour moi, qu'est une parcelle,
A travers ces foules d'humains,
Que je répands à pleines mains
Sur cette terre, pour y naître,
Briller un instant, disparaître,
Laissant à des hommes nouveaux
Pressés comme eux, dans la carrière,
De main en main, les courts flambeaux
De leur existence éphémère ?

LE GÉNIE DU FEU.
Au moins vous employez des éléments plus purs
Pour former les Puissants et les Grands d'un Empire?

LA NATURE.
C'est leur langage, il faut bien en sourire :
Un noble orgueil les en rend presque sûrs.
Mais voyez comme la Nature
Les verse par milliers, sans choix et sans mesure.
(Elle fait une espèce de conjuration.)
Froids humains, non encor vivants,
Atomes perdus dans l'espace,
Que chacun de vos éléments
Se rapproche et prenne sa place,
Suivant l'ordre, la pesanteur
Et toutes les lois immuables
Que l'Éternel dispensateur
Impose aux êtres vos semblables.
Humains non encor existants,
A mes yeux paraissez vivants.

(Une foule d'Ombres des deux sexes s'élève de toutes parts, vêtues uniformément en blanc, au bruit d'une symphonie très-douce, et forme des danses lentes et froides, en marquant la plus vive émotion de ce qu'elles sentent, voient et entendent ; puis un Chœur à demi-voix sort du milieu d'elles.)

SCÈNE III

LE GÉNIE DU FEU, LA NATURE, FOULE D'OMBRES
DES DEUX SEXES.

CHŒUR D'OMBRES.
(D'autres Ombres dansent sur l'air du Chœur.)
Quel charme inconnu nous attire?
Nos cœurs en sont épanouis.
D'un plaisir vague je soupire ;
Je veux l'exprimer, je ne puis.
En jouissant, je sens que je désire ;
En désirant, je sens que je jouis.
Quel charme inconnu nous attire?
Nos cœurs en sont épanouis.

LE GÉNIE DU FEU, à la Nature.
Privés des doux liens que donne la naissance,
Quels seront leurs rangs et leurs soins?
Et comment pourvoir aux besoins
D'une aussi soudaine croissance?

LA NATURE.
J'amuse vos yeux un moment
De leur forme prématurée ;
S'ils pouvaient aimer seulement,
Vous reverriez le règne heureux d'Astrée.

LE GÉNIE DU FEU.
Quel intérêt peut les occuper tous?

LA NATURE.
Nul, je crois.

LE GÉNIE DU FEU, s'adressant aux Ombres.
Qu'êtes-vous et que demandez-vous?

L'OMBRE D'ALTAMORT.
Nous ne demandons pas : nous sommes.

LE GÉNIE DU FEU.
Qui vous a mis au rang des hommes?

L'OMBRE D'URSON.
Qui l'a voulu : que nous importe à nous?

LE GÉNIE DU FEU.
Comme ils sont froids, sans passions, sans goûts !
Que leur ignorance est profonde !

LA NATURE.
Ah! je les ai formés sans vous.
Brillant Soleil, en vain la Nature est féconde ;
Sans un rayon de votre feu sacré,
Mon œuvre est morte, et son but égaré.

LE GÉNIE DU FEU.
Gloire à l'éternelle Sagesse,
Qui, créant l'immortel amour,
Voulut que, par sa seule ivresse,
L'être sensible obtînt le jour.
Ah! si ma flamme ardente et pure
N'eût pas embrasé votre sein,
Stérile amant de la Nature,
J'eusse été formé sans dessein.

En Duo.
Gloire à l'éternelle Sagesse, etc.

LE GÉNIE DU FEU.
Un mot encor ; c'est une Ombre femelle.
(A l'Ombre.)
Aimable enfant, voulez-vous être belle?

L'OMBRE.
Belle !

LE GÉNIE DU FEU.
Vous rougissez !

L'OMBRE.
Suis-je donc sans appas?

LE GÉNIE DU FEU.
Son instinct la trahit, mais ne la trompe pas.

LA NATURE, souriant.
Il peut au moins la compromettre.

LE GÉNIE DU FEU, à l'ombre de Spinette.
Et vous dont les regards causeront cent débats?
L'OMBRE, avec feu.
Je voudrais... je voudrais... je voudrais tout soumettre.
LE GÉNIE DU FEU.
O Nature!
LA NATURE, souriant.
J'ai tort : devant vous j'ai trahi
Sur ses plus doux secrets mon sexe favori.
LE GÉNIE DU FEU, à l'Ombre d'Astasie.
Mais vous, jeune beauté, qui semblez animée,
Voudriez-vous à tous donner aussi la loi?
L'OMBRE.
Que je sois seulement aimée?
Il n'est que ce bonheur pour moi.
LA NATURE.
Tu le seras, sous le nom d'Astasie,
Et Tarare obtiendra ta foi.
L'OMBRE, émue, la main sur son cœur.
Tarare!
LA NATURE.
Je te fais un sort digne d'envie.
L'OMBRE.
Je n'en sais rien.
LA NATURE.
Moi, je le sais pour toi.
LE GÉNIE DU FEU.
Voyez quelle rougeur à ce nom l'a saisie!
LA NATURE, au Génie.
Qu'un jeune cœur malaisément
Voile son trouble au doux moment
Où l'amour va s'en rendre maître!
Moi-même, après de longs hivers,
Quand vous ranimez l'Univers,
Mes premiers soupirs font renaître
Les fleurs qui parfument les airs.
LE GÉNIE DU FEU, montrant les deux Ombres d'Atar et de Tarare.
Que sont ces deux superbes Ombres
Qui semblent menacer, taciturnes et sombres?
LA NATURE.
Rien; mais dites un mot, assignant leur état :
Je fais un Roi de l'une, et de l'autre un Soldat.
LE GÉNIE DU FEU.
Permettez; ce grand choix les touchera peut-être.
LA NATURE.
J'en doute.
LE GÉNIE DU FEU, aux deux Ombres.
Un de vous deux est Roi : lequel veut l'être?
L'OMBRE D'ATAR.
Roi?
L'OMBRE DE TARARE.
Roi?
TOUS DEUX.
Je ne m'y sens aucun empressement.
LA NATURE.
Enfants, il vous manque de naître,
Pour penser bien différemment.
LE GÉNIE DU FEU les examine.
Mon œil, entre eux, cherche un Roi préférable;

Mais que je crains mon jugement!
Nature, l'erreur d'un moment
Peut rendre un siècle misérable!
LA NATURE, aux deux Ombres.
Futurs mortels, prosternez-vous:
Avec respect, attendez en silence
Le rang qu'avant votre naissance
Vous allez recevoir de nous.
(Les deux Ombres se prosternent, et, pendant que le Génie hésite dans son choix, toutes les Ombres curieuses chantent le chœur suivant, en les enveloppant.)
CHŒUR DES OMBRES.
Quittons nos jeux, accourons tous :
Deux de nos frères à genoux
Reçoivent l'arrêt de leur vie.
LE GÉNIE DU FEU impose les mains à l'une des deux Ombres.
Sois l'Empereur Atar ; despote de l'Asie,
Règne à ton gré dans le Palais d'Ormus.
(A l'autre Ombre.)
Et toi, Soldat, formé de parents inconnus,
Gémis longtemps de notre fantaisie.
LA NATURE.
Vous l'avez fait Soldat, mais n'allez pas plus loin;
C'est *Tarare*, bientôt vous serez le témoin
De leur dissemblance future.
(Aux deux Ombres.)
Enfants, embrassez-vous : égaux par la nature,
Que vous en serez loin dans la société!
De la grandeur altière à l'humble pauvreté,
Cet intervalle immense est désormais le vôtre;
A moins que de Brama la puissante bonté,
Par un décret prémédité,
Ne vous rapproche l'un de l'autre,
Pour l'exemple des Rois et de l'humanité.
QUATRE OMBRES PRINCIPALES EN CHŒUR.
O bienfaisante Déité!
Ne souffrez pas que rien altère
Notre touchante égalité;
Qu'un homme commande à son frère!
(L'Ombre d'Atar seule ne chante pas, et s'éloigne avec hauteur; le Génie du Feu le fait remarquer à la Nature.)
TOUTES LES OMBRES EN CHŒUR.
O bienfaisante Déité!
Ne souffrez pas que rien altère
Notre touchante égalité!
Qu'un homme commande à son frère!
LA NATURE, au Génie du Feu.
C'est assez. Éteignons en eux
Ce germe d'une grande idée,
Faite pour des climats et des temps plus heureux.
(A toutes les Ombres.)
Tels qu'une vapeur élancée,
Par le froid en eau condensée,
Tombe et se perd dans l'Océan,
Futurs mortels, rentrez dans le néant.
Disparaissez.
(Au Génie du Feu.)
Et nous, dont l'essence profonde
Dévore l'espace et le temps,

Laissons en un clin d'œil écouler quarante ans ;
Et voyons-les agir sur la scène du monde.
(La Nature et le Génie du Feu s'élèvent dans les nuages, dont la masse redescend et couvre toute la scène.)

CHŒUR D'ESPRITS AÉRIENS.

Gloire à l'éternelle Sagesse,
Qui, créant l'immortel amour,
Voulut que par sa seule ivresse,
L'être sensible obtint le jour.

———

ACTEURS.

LE GÉNIE qui préside à la Reproduction des êtres, ou LA NATURE. . . . . Mlle JOINVILLE.
LE GÉNIE DU FEU, qui préside au Soleil, amant de la Nature. . . . . M. CHARDINI.
ATAR, Roi d'Ormus, homme féroce et sans frein. . . . . M. CHÉRON.
TARARE, Soldat à son service, révéré pour ses grandes vertus. . . . . M. LAINEZ.
ASTASIE, femme de Tarare, épouse aussi tendre que pieuse. . . . . Mlle MAILLARD.
ARTHÉNÉE, Grand-Prêtre de Brama, mécréant dévoré d'orgueil et d'ambition. . . . . M. CHARDINI.
ALTAMORT, Général d'armée, fils du Grand-Prêtre, jeune homme imprudent et fougueux. . . . . M. CHATEAUFORT.
URSON, Capitaine des Gardes d'Atar, homme brave et plein d'honneur. . . . . . . M. MOREAU.
CALPIGI, Chef des Eunuques, Esclave Européen, Chanteur sorti des Chapelles d'Italie, homme sensible et gai. . . . . M. ROUSSEAU.
SPINETTE, Esclave européenne, femme de Calpigi, Cantatrice napolitaine, intrigante et coquette. . . . . Mlle GAVAUDAN, C.
ELAMIR, jeune enfant des Augures, naïf et très-dévoué. . . . . M. CARBONE.
PRÊTRE DE BRAMA. . . . . }
UN ESCLAVE. . . . . } M. LE ROUX, C.
UN EUNUQUE. . . . . }
UNE BERGÈRE. . . . . Mlle GAVAUDAN, L.
UN PAYSAN. . . . . M. DESSAULES.
VISIRS.
ÉMIRS.
PRÊTRES de la vie, *en blanc*.
PRÊTRES de la mort, *en noir*.
ESCLAVES des deux sexes du Sérail.
MILICE de la Garde d'Atar.
SOLDATS.
PEUPLE nombreux.

La Scène est dans le Palais d'Atar, dans le Temple de Brama, sur la Place de la Ville d'Ormus, en Asie, près du Golfe Persique.

———

ACTE PREMIER

———

Nouvelle ouverture, d'un genre absolument différent de la première.
(Les nuages qui couvrent le théâtre s'élèvent ; on voit une Salle du Palais d'Atar.)

SCÈNE PREMIÈRE

ATAR, CALPIGI.

ATAR, en entrant, violemment.

Laisse-moi, Calpigi !

CALPIGI.

La fureur vous égare.
Mon maître ! ô roi d'Ormus ! grâce, grâce à Tarare.

ATAR.

Tarare ! encor *Tarare !* un nom abject et bas
Pour ton organe impur a donc bien des appas ?

CALPIGI.

Quand sa troupe nous prit, au fond d'un antre sombre,
Je défendais mes jours contre ces inhumains,
Blessé, prêt à périr, accablé par le nombre,
Cet homme généreux m'arracha de leurs mains.
Je lui dois d'être à vous : Seigneur, faites-lui grâce.

ATAR.

Qui ! moi ! je souffrirais qu'un soldat eût l'audace
D'être toujours heureux, quand son roi ne l'est pas !

CALPIGI.

A travers le torrent d'Arsace,
Il vous a sauvé du trépas,
Et vous l'avez nommé chef de votre milice.

ATAR.

Ah ! combien je l'ai regretté !
Son orgueilleuse humilité,
Le respect d'un peuple hébété,
Son air, jusqu'à son nom… Cet homme est mon supplice.
Où trouve-t-il, dis-moi, cette félicité ?
Est-ce dans le travail, ou dans la pauvreté ?

CALPIGI.

Dans son devoir. Il sert avec simplicité
Le ciel, les malheureux, la patrie et son maître.

ATAR.

Lui ? c'est un humble fastueux,
Dont l'orgueil est de le paraître :
L'honneur d'être cru vertueux
Lui tient lieu du bonheur de l'être.
Il n'a jamais trompé mes yeux !

CALPIGI.

Vous tromper, lui, Tarare ?

ATAR.

Ici la loi des brames,
Permet à tous un grand nombre de femmes ;
Il n'en a qu'une, et s'en croit plus heureux.
Mais nous l'aurons, cet objet de ses vœux ;
En la perdant il gémira peut-être.

CALPIGI.

Il en mourra !

ATAR.

Tant mieux. Oui, le fils du Grand-Prêtre,
Altamort, a reçu mon ordre cette nuit.
Il vole à la rive opposée,
Avec sa troupe déguisée :
En son absence, il va dévaster son réduit.
Il ravira surtout son Astasie,
Ce miracle, dit-on, des beautés de l'Asie.

CALPIGI.

Eh ! quel est donc son crime, hélas ?

ATAR.

D'être heureux, Calpigi, quand son roi ne l'est pas ;
De faire partout ses conquêtes
Des cœurs que j'avais autrefois…

CALPIGI.

Ah ! pour tourner toutes les têtes,

Il faut si peu de chose aux rois !
ATAR.
D'avoir, par un manége habile,
Entraîné le peuple imbécile.
CALPIGI.
Il est vrai, son nom adoré,
Dans la bouche de tout le monde,
Est un proverbe révéré.
Parle-t-on des fureurs de l'onde,
Ou du fléau le plus fatal,
Tarare ! est l'écho général :
Comme si ce nom secourable
Éloignait, rendait incroyable
Le mal, hélas ! le plus certain...
ATAR, en colère.
Finiras-tu, méprisable chrétien ?
Eunuque vil et détestable,
La mort devrait...
CALPIGI.
La mort, la mort, toujours la mort !
Ce mot éternel me désole :
Terminez une fois mon sort,
Et puis cherchez qui vous console
Du triste ennui de la satiété,
De l'oisiveté,
De la royauté.
(Il s'éloigne.)
ATAR.
Je punirai cet excès d'arrogance.

SCÈNE II

LES PRÉCÉDENTS, ALTAMORT.

ATAR.
Mais qu'annonce Altamort à mon impatience ?
ALTAMORT.
Mon maître est obéi ; tout est fait, rien n'est su.
ATAR.
Astasie ?
ALTAMORT.
Est à toi, sans qu'on m'ait aperçu.
Sans qu'elle ait deviné qui la veut, qui l'enlève.
ATAR.
Au rang de mes visirs, Altamort, je t'élève.
(A Calpigi.)
Pour la bien recevoir sont-ils tous préparés ?
Le sérail est-il prêt, les jardins décorés,
Calpigi ?
CALPIGI.
Tout, Seigneur.
ATAR.
Qu'une superbe fête,
Demain, de ma grandeur enivre ma conquête.
CALPIGI.
Demain ? le terme est court !
ATAR, en colère.
Malheureux !

CALPIGI, vite.
Vous l'aurez.
ATAR.
J'ai parlé : tu m'entends ? S'il manque quelque chose...
CALPIGI.
Manquer ! chacun sait trop à quel mal il s'expose.

SCÈNE III

TOUS LES ACTEURS PRÉCÉDENTS. SPINETTE, ODALISQUES, ESCLAVES DU SÉRAIL DES DEUX SEXES.

Tout le Sérail entre et se range en haie ; quatre Esclaves noirs portent Astasie couverte d'un grand voile noir, de la tête aux pieds.
(On la dépose au milieu de la Salle.)

CHŒUR D'ESCLAVES DU SÉRAIL.
(On danse pendant le chœur.)
Dans les plus beaux lieux de l'Asie,
Avec la suprême grandeur,
L'amour met aux pieds d'Astasie
Tout ce qui donne le bonheur.
Ce n'est point dans l'humble retraite
Qu'un cœur généreux le ressent ;
Et la beauté la plus parfaite
Doit régner sur le plus puissant.
(On la dévoile.)
ATAR.
Que tout s'abaisse devant elle.
(On se prosterne.)
ASTASIE.
O sort affreux, dont l'horreur me poursuit !
Du sein d'une profonde nuit
Quelle clarté triste et nouvelle !...
Où suis-je ? Tout mon corps chancelle.
SPINETTE.
Dans le palais d'Atar.
ATAR.
Calpigi, qu'elle est belle !
ASTASIE, se levant.
Dans le palais d'Atar ! Ah ! quelle indignité !
ATAR s'approche.
D'Atar qui vous adore.
ASTASIE.
Et c'est la récompense,
O mon époux ! de ta fidélité !
ATAR.
Mes bienfaits laveront cette légère offense.
ASTASIE.
Quoi, cruel ! par cet attentat
Vous payez la foi d'un soldat
Qui vous a conservé la vie !
Vous lui ravissez Astasie !
(Levant les mains au ciel.)
Grand Dieu ! ton pouvoir infini
Laissera-t-il donc impuni
Ce crime atroce d'un parjure
Et la plus odieuse injure ?
O Brahma ! Dieu vengeur !...
(Elle s'évanouit. Des femmes la soutiennent. On l'assied.)

CALPIGI.
Quel effrayant transport !

UN ESCLAVE, accourant.
La voile de la mort a couvert sa paupière.

ATAR tire son poignard.
Quoi ! malheureux ! tu m'annonces sa mort !
Meurs toi-même. (Il le poignarde [1].)
(Courant vers Astasie.)
Et vous tous, rendez à la lumière
L'objet de mon funeste amour.
A sa douleur tremblez qu'il ne succombe ;
Répondez-moi de son retour,
Ou je lui fais de tous une horrible hécatombe.

ASTASIE, revenant à elle, aperçoit l'esclave renversé, qu'on enlève.
Dieux ! quel spectacle a glacé mes esprits !

ATAR.
Je suis heureux, vous êtes ranimée.
Un lâche esclave par ses cris
M'alarmait sur ma bien-aimée ;
De son vil sang la terre est arrosée :
Un coup de poignard est le prix
De la frayeur qu'il m'a causée.

ASTASIE, joignant les mains.
O Tarare ! ô Brama ! Brama !
(Elle retombe ; on l'assied.)

ATAR.
Dans le sérail qu'on la transporte ;
Que cent eunuques, à sa porte,
Attendent les ordres d'Irza [2].
C'est le doux nom qu'à ma belle j'impose ;
C'est mon Irza, plus fraîche que la rose
Que je tenais lorsqu'elle m'embrasa.
(Les esclaves noirs portent Astasie dans le sérail ; tous la suivent.)

SCÈNE IV

ATAR, CALPIGI, ALTAMORT, SPINETTE.

CALPIGI, au Sultan.
Qui voulez-vous, Seigneur, auprès d'elle qu'on mette ?

ATAR.
L'Européenne ; allez.

CALPIGI.
L'intrigante Spinette ?

ATAR.
Elle-même.

CALPIGI.
En effet, nulle ici ne sait mieux
Comment il faut réduire un cœur né scrupuleux.

SPINETTE, au Roi.
Oui, Seigneur, je veux la réduire,
Vous livrer son cœur et l'instruire
Du respect, du retour, qu'elle doit à vos feux.
(Montrant Calpigi.)
Et... si ce grand succès consterne
Le chef... puissant qui nous gouverne,
Mon maître appréciera le zèle de tous deux.

ATAR.
Je l'enchaîne à tes pieds si tu remplis mes vœux.
(Spinette et Calpigi sortent en se menaçant.)

SCÈNE V

URSON, ATAR, ALTAMORT, ESCLAVES.

URSON.
Seigneur, c'est ce guerrier, du peuple la merveille...

ATAR.
Garde-toi que son nom offense mon oreille !

URSON.
Il pleure ; autour de lui tout le peuple empressé
Dit tout haut qu'en ses vœux il doit être exaucé.

ATAR.
Tu dis qu'il pleure, qu'il soupire ?

URSON.
Ses traits en sont presque effacés.

ATAR.
Urson, qu'il entre, c'est assez.
(A Altamort.)
Il est malheureux... Je respire !
(Urson sort.)

SCÈNE VI

TARARE, ALTAMORT, ATAR.

ATAR.
Que me veux-tu, brave soldat ?

TARARE, avec un grand trouble.
O mon roi ! prends pitié de mon affreux état.
En pleine paix, un avare corsaire
Comble sur moi les horreurs de la guerre.
Tous mes jardins sont ravagés,
Mes esclaves sont égorgés,
L'humble toit de mon Astasie
Est consumé par l'incendie...

ATAR.
Grâce au ciel, mes serments vont être dégagés !
Soldat qui m'as sauvé la vie,
Reçois en pur don ce palais
Que dix mille esclaves malais
Ont construit d'ivoire et d'ébène ;
Ce palais, dont l'aspect riant
Domine la fertile plaine
Et la vaste mer d'Orient.
Là, cent femmes de Circassie,
Pleines d'attraits et de pudeur,
Attendront l'ordre de ton cœur,
Pour t'enivrer des trésors de l'Asie.
Puisse de ton bonheur l'envieux s'irriter ?
Puisse l'infâme calomnie
Pour te perdre en vain s'agiter [1] !...

---

[1] Lisez Chardin et les autres Voyageurs.
[2] Le nom d'Irza signifie : *La plus belle fleur des plus belles fleurs écloses aux premiers soleils du printemps de l'Orient de l'Asie :* tant les langues orientales ont d'avantages sur les nôtres. Lisez les *Mille et une Nuits* et tous les Contes arabes.

[1] Ces deux derniers vers ont été ajoutés après coup.

ALTAMORT, bas.
Mais, Seigneur, Ta Hautesse oublie...
ATAR, bas.
Je l'élève, Altamort, pour le précipiter.
(Haut.)
Allez, visir, que l'on publie...
TARARE.
O mon roi ! ta bonté doit se faire adorer.
Des maux du sort mon âme est peu saisie,
Mais celui de mon cœur ne peut se réparer ;
Le barbare emmène Astasie.
ATAR, avec un signe d'intelligence.
Quelle est cette femme, Altamort ?
ALTAMORT.
Seigneur, si j'en crois son transport,
Quelque esclave jeune et jolie.
TARARE, indigné.
Une esclave ! une esclave ! excuse, ô Roi d'Ormus !
A ce nom odieux tous mes sens sont émus.
Astasie est une Déesse.
Dans mon cœur souvent combattu,
Sa voix sensible, enchanteresse,
Faisait triompher la vertu.
D'une ardeur toujours renaissante,
J'offrais sans cesse à sa beauté,
Sans cesse à sa beauté touchante,
L'encens pur de la volupté.
Elle tenait mon âme active
Jusque dans le sein du repos :
Ah ! faut-il que ma voix plaintive
En vain la demande aux échos ?
ATAR.
Quoi ! Soldat ! pleurer une femme !
Ton Roi ne te reconnait pas.
Si tu perds l'objet de ta flamme,
Tout un Sérail t'ouvre ses bras.
Faut-il regretter quelques charmes,
Quand on retrouve mille attraits ?
Mais l'honneur qu'on perd dans les larmes,
On ne le retrouve jamais.
TARARE, suppliant.
Seigneur !
ATAR.
Qu'as-tu donc fait de ton mâle courage ?
Toi qu'on voyait rugir dans les combats ;
Toi qui forças un torrent à la nage.
En transportant ton maitre dans tes bras !
Le fer, le feu, le sang et le carnage
N'ont jamais pu t'arracher un soupir ;
Et l'abandon d'une esclave volage
Abat ton âme et la force à gémir !
TARARE, vivement.
Seigneur, si j'ai sauvé ta vie,
Si tu daignes t'en souvenir,
Laisse-moi venger Astasie
Du traître qui l'osa ravir.
Permets que, déployant ses ailes,
Un léger vaisseau de transport

Me mène, vers ces infidèles,
Chercher Astasie ou la mort.

SCÈNE VII

CALPIGI, ATAR, ALTAMORT, TARARE

ATAR.
Que veux-tu, Calpigi ?
(Bas.)
Sois inintelligible.
CALPIGI.
Mon Maître, cette Irza si chère à ton amour...
ATAR, vivement.
Eh bien ?
CALPIGI.
Elle est rendue à la clarté du jour.
TARARE, exalté.
Atar, ta grande âme est sensible ;
La joie a brillé dans tes yeux.
(Un genou en terre.)
Par cette Irza, Sultan, sois généreux ;
A mes maux deviens accessible.
ATAR.
Dis-moi, Tarare, es-tu bien malheureux ?
TARARE.
Si je le suis ! ah ! peut-être elle expire !
ATAR.
Souhaite devant moi qu'Irza cède à mes vœux,
Je fais ce que ton cœur désire.
CALPIGI, à part.
Grands Dieux ! je sers un homme affreux !
TARARE, se levant, dit avec feu.
Charmante Irza, qu'est-ce donc qui t'arrête ?
Le fils des Dieux n'est-il pas ta conquête ?
Puisse-t-il trouver dans tes yeux
Ce pur feu dont il étincelle !
Rends, Irza, rends mon Maitre heureux...
(Calpigi lui fait un signe négatif pour qu'il n'achève pas son vœu.)
... Si tu le peux sans être criminelle.
ATAR.
Brave Altamort, avant le point du jour,
Demain qu'une escadre soit prête
A partir du pied de la tour.
Suis mon soldat, sers son amour
Dans les combats, dans la tempête.
(Bas à Altamort.)
S'il revoit jamais ce séjour,
Tu m'en répondras sur ta tête.
(A Tarare.)
Et toi, jusqu'à cette conquête.
De tout service envers ton Roi,
Soldat, je dégage ta foi :
J'en jure par Brama.
TARARE, la main au sabre.
Je jure, en sa présence,
De ne poser ce fer sanglant
Qu'après avoir du plus lâche brigand
Puni le crime et vengé mon offense.

ATAR, à Altamort.

Tu viens d'entendre son serment :
Il touche à plus d'une existence.
Vole, Altamort, et, plus prompt que le vent,
Reviens jouir de ma reconnaissance.

ALTAMORT.

Noble Roi, reçois le serment
De ma plus prompte obéissance.
Commande, Atar ; je cours aveuglément
Servir l'amour, la haine ou la vengeance.

CALPIGI, à part.

De son danger, secrètement,
Il faut lui donner connaissance.
(Atar le regarde. Calpigi dit d'un ton courtisan.)
Qui sert mon Maître, et le sert prudemment,
Peut bien compter sur sa munificence.
(Ils sortent tous.)

SCÈNE VIII

ATAR, seul.

Vertu farouche et fière,
Qui jetait trop d'éclat,
Rentre dans la poussière
Faite pour un soldat.
Du crime d'Altamort je vois la mer chargée,
Rendre à ton corps sanglant les funèbres honneurs.
Et nous, heureux Atar, de ma belle affligée,
Dans la joie et l'amour, nous sécherons les pleurs.
(Il sort.)

ACTE SECOND

Le Théâtre représente la Place publique. Le Palais d'Atar est sur le côté ; le Temple de Brama, dans le fond. Atar sort de son Palais avec toute sa suite. Urson sort du Temple, suivi d'Arthenée en habits pontificaux.

SCÈNE PREMIÈRE

URSON, ATAR.

URSON.

Seigneur, le Grand-Prêtre Arthenée
Demande un entretien secret.

ATAR, à sa suite.

Éloignez-vous... Qu'il vienne. Urson, que nul sujet,
Dans cette agréable journée,
D'un seul refus d'Atar n'emporte le regret.

SCÈNE II

ARTHENÉE, ATAR. Tout le monde s'éloigne du Roi.

ARTHENÉE s'avance.

Les Sauvages d'un autre monde
Menacent d'envahir ces lieux ;
Au loin déjà la foudre gronde :
Ton peuple superstitieux,
Pressé comme les flots, inonde
Le parvis sacré de nos Dieux.

ATAR.

De vils brigands une poignée,
Sortant d'une terre éloignée,
Pourrait-elle envahir ces lieux ?
Pontife, votre âme étonnée...
Cependant parlez, Arthenée ;
Que dit l'Interprète des Dieux ?

ARTHENÉE, vivement.

Qu'il faut combattre,
Qu'il faut abattre
Un ennemi présomptueux ;
Le sol aride
De la Torride
A soif de son sang odieux.
Par des mesures
Promptes et sûres,
Que l'Armée ait un Commandant,
Vaillant, fidèle,
Rempli de zèle ;
Mais, sur ce devoir important,
Que le caprice
De ta milice
Ne règle point le choix d'Atar ;
Que le murmure,
Comme une injure,
Soit puni d'un coup de poignard.

ATAR.

Apprends-moi donc, ô Chef des Brames !
Ce qu'Atar doit penser de toi,
Ardent zélateur de la Foi
Du passage éternel des âmes ?
Le plus vil animal est nourri de ta main ;
Tu craindrais d'en purger la terre,
Et cependant tu brûles, dans la guerre,
De voir couler des flots de sang humain !

ARTHENÉE.

Ah ! d'une antique absurdité
Laissons à l'Indou les chimères.
Brame et Soudan doivent en frères
Soutenir leur autorité.
Tant qu'ils s'accordent bien ensemble,
Que l'esclave ainsi garrotté
Souffre, obéit, et croit, et tremble,
Le pouvoir est en sûreté.

ATAR.

Dans ta politique nouvelle,
Comment mes intérêts sont-ils unis aux tiens ?

ARTHENÉE.

Ah ! si ta couronne chancelle,
Mon Temple, à moi, tombe avec elle.
Atar, ces farouches Chrétiens
Auront des Dieux jaloux des miens :
Ainsi qu'au Trône, tout partage
En fait de culte est un outrage.
Pour les dompter, fais que nos Indiens
Pensent que le Ciel même a conduit nos mesures :

Le nom du Chef, dont nous serons d'accord,
Je l'insinue aux enfants des Augures.
  Qui veux-tu nommer ?
ATAR.
Altamort.
ARTHENÉE.
Mon fils !
ATAR.
  J'acquitte un grand service.
ARTHENÉE.
Que devient Tarare ?
ATAR.
Il est mort.
ARTHÉNÉE.
Il est mort ?
ATAR.
Oui, demain, j'ordonne qu'il périsse.
ARTHENÉE.
Juste ciel ! crains, Atar...
ATAR.
  Quoi craindre ? mes remords ?
ARTHENÉE.
Crains de payer de ta couronne
Un attentat sur sa personne.
Ses soldats seraient les plus forts.
Si, sur un prétexte frivole,
Tu les prives de leur idole,
Cette milice, en sa fureur,
Peut, oubliant ton rang et ta naissance...
ATAR.
J'ai tout prévu ; Tarare, dans l'erreur,
Court à sa perte en cherchant la vengeance.
  Qu'une grande solennité
  Rassemble ce peuple agité ;
  De ses cris et de ses murmures
  Montre-lui le Ciel irrité.
  Prépare ensuite les Augures,
  Et par d'utiles impostures
  Consacrons notre autorité.
(Il sort.)

SCÈNE III
ARTHENÉE, seul.

O politique consommée !
Je tiens le secret de l'État,
Je fais mon fils chef de l'Armée ;
A mon Temple je rends l'éclat,
Aux Augures leur renommée.
Pontifes, Pontifes adroits !
Remuez le cœur de vos Rois.
  Quand les Rois craignent,
  Les Brames règnent ;
La Tiare agrandit ses droits.
Eh ! qui sait si mon fils, un jour maître du monde !...
(Il voit arriver Tarare ; il rentre dans le Temple.)

SCÈNE IV
TARARE, seul. (Il rêve.)

De quel nouveau malheur suis-je encor menacé ?
O Brama ! tire-moi de cette nuit profonde.
  Ce matin, quand j'ai prononcé :
  Qu'à son amour Irza réponde,
  Un signe effrayant m'a glacé.....
De quel nouveau malheur suis-je encor menacé ?
O Brama ! tire-moi de cette nuit profonde.

SCÈNE V
CALPIGI, TARARE.

CALPIGI, déguisé, couvert d'une cape, l'ouvre.
Tarare ! connais-moi.
TARARE.
Calpigi !
CALPIGI, vivement.
Mon héros !
Je te dois mon bonheur, ma fortune et ma vie.
Que ne puis-je à mon tour te rendre le repos !
  Cette belle et tendre Astasie,
  Que tu vas chercher au hasard
  Sur le vaste Océan d'Asie,
  Elle est dans le Sérail d'Atar,
  Sous le faux nom d'Irza...
TARARE.
Qui l'a ravie ?
CALPIGI.
C'est Altamort.
TARARE.
O lâche perfidie !
CALPIGI.
Le golfe où nos Plongeurs vont chercher le corail
  Baigne les jardins du Sérail ;
Si, dans la nuit, ton courage inflexible
Ose de cette route affronter le danger,
  De soie une échelle invisible,
  Tendue à l'angle du verger...
TARARE.
Ami généreux, secourable !...
CALPIGI.
Le Temple s'ouvre, adieu.
(Il s'enveloppe et s'enfuit.)

SCÈNE VI
TARARE, seul.

J'irai
  Oui, j'oserai ;
Pour la revoir je franchirai
Cette barrière impénétrable.
De ton repaire, affreux Vautour !
J'irai l'arracher morte ou vive.
Et si je succombe au retour,
Ne me plains pas, Tyran, quoi qu'il m'arrive :

Celui qui te sauva le jour
A bien mérité qu'on l'en prive !

SCÈNE VII

Le fond du théâtre, qui représentait le portail du Temple de Brama, se retire et laisse voir l'intérieur du Temple, qui se forme jusqu'au-devant du Théâtre.

ARTHENÉE, LES PRÊTRES DE BRAMA, ÉLAMIR
ET LES AUTRES ENFANTS DES AUGURES.

ARTHENÉE, aux Prêtres.

Sur un choix important le Ciel est consulté.
Vous, préparez l'autel ; vous, nos saintes Armures ;
Vous, choisissez parmi les enfants des Augures
Celui pour qui Brama s'est plus manifesté,
En le douant d'un cœur plein de simplicité.

UN PRÊTRE.

C'est le jeune Elamir. Il vient à vous.

ELAMIR, accourant.
      Mon père !

ARTHENÉE, s'assied.

Approchez-vous, mon fils ; un grand jour vous éclaire.
Croyez-vous que Brama vous parle par ma voix,
Et qu'il parle à moi seul ?

ELAMIR.
    Mon père, oui, je le crois.

ARTHENÉE, sévèrement.

Le ciel choisit par vous un vengeur à l'Empire ;
Ne dites rien, mon fils, que ce qu'il vous inspire.
(D'un ton caressant.)
Ah ! s'il vous inspirait de nommer Altamort,
L'État serait vainqueur, il vous devrait son sort !

ELAMIR, les mains croisées sur sa poitrine.
 Je l'en supplierai tant, mon père,
 Qu'il me l'inspirera, j'espère.

ARTHENÉE.

Moi, je l'espère aussi : priez-le avec transport.
(Élamir se prosterne.)
 Ainsi qu'une abeille,
 Qu'un beau jour éveille,
 De la fleur vermeille
 Attire le miel,
 Un enfant fidèle,
 Quand Brama l'appelle,
 S'il prie avec zèle,
 Obtient tout du Ciel.
(Il relève l'enfant.)
Tout le Peuple, mon fils, sous nos voûtes arrive.
 Avant de nommer son vengeur,
 Vous le ferez rougir de sa vaine terreur.
 Il croit les Chrétiens sur la rive ;
 Assurez-le qu'ils sont bien loin ;
Et du reste, mon fils, Brama prendra le soin.

SCÈNE VIII

Grande Marche.

ATAR, ALTAMORT, TARARE, URSON, ARTHENÉE, ÉLAMIR, PRÊTRES, ENFANTS, VISIRS, ÉMIRS ; Suite, Peuple, Soldats, Esclaves.

(Atar monte sur un trône élevé dans le Temple.)

ARTHENÉE, majestueusement.

Prêtres du grand Brama ! Roi du Golfe Persique !
Grands de l'Empire ! Peuple inondant le portique !
La Nation, l'Armée, attend un Général

CHŒUR UNIVERSEL.
 Pour nous préserver d'un grand mal
 Que le choix de Brama s'explique !

ARTHENÉE.
 Vous promettez tous d'obéir
 Au Chef que Brama va choisir ?

CHŒUR UNIVERSEL.
 Nous le jurons sur cet autel antique.

ARTHENÉE, d'un air inspiré.
 Dieu sublime dans le repos,
 Magnifique dans la tempête,
Soit que ton souffle élève aux cieux les flots,
 Soit que ton regard les arrête,
 Permets que le nom d'un héros,
 Sortant d'une bouche innocente,
 Devienne cher à ses rivaux
Et porte à l'ennemi le trouble et l'épouvante !
(A Elamir.)
 Et vous, Enfant, par le Ciel inspiré,
Nommez, nommez sans crainte un héros préféré.
(On élève Élamir sur des pavois.)

ÉLAMIR, avec enthousiasme.
 Peuple, que la terreur égare.
Qui vous fait redouter ces sauvages Chrétiens ?
 L'État manque-t-il de soutiens ?
Comptez, aux pieds du Roi, vos défenseurs : Tarare...

CHŒUR SUBIT DU PEUPLE ET DES SOLDATS.
 Tarare ! Tarare ! Tarare !
 Ah ! pour nous Brama se déclare :
 L'enfant vient de nommer Tarare.
 Tarare ! Tarare ! Tarare !

ALTAMORT, en colère.
 Arrêtez ce fougueux transport.

ARTHENÉE.

Peuple, c'est une erreur !
(A Elamir.)
    Mon fils, que Dieu vous touche !

ÉLAMIR.
 Le Ciel m'inspirait Altamort ;
 Tarare est sorti de ma bouche.

DEUX CORYPHÉES DE SOLDATS.
 Par l'enfant Tarare indiqué
 N'est point un hasard sans mystère.
 Plus son choix est involontaire,
 Plus le vœu du Ciel est marqué.
 Oui, pour nous Brama se déclare.

L'enfant vient de nommer Tarare.
CHŒUR DU PEUPLE ET DES SOLDATS.
Tarare ! Tarare ! Tarare !
(On redescend Elamir.)
ATAR, se lève.
Tarare est retenu par un premier serment ;
Son grand cœur s'est lié d'avance
A suivre une juste vengeance.
TARARE, la main sur la poitrine.
Seigneur, je remplirai le double engagement.
De la vengeance et du commandement.
(Au Peuple.)
Qui veut la gloire
A la victoire
Vole avec moi.
TOUS.
C'est moi, c'est moi.
TARARE.
Sujets, Esclaves,
Que les plus braves
Donnent leur foi.
TOUS.
C'est moi, c'est moi.
TARARE.
Ni paix ni trêve,
L'horreur du glaive
Fera la loi.
TOUS.
C'est moi, c'est moi.
TARARE.
Qui veut la gloire
A la victoire
Vole avec moi.
TOUS.
C'est moi, c'est moi.
ATAR, à part.
Je ne puis soutenir la clameur importune
D'un Peuple entier sourd à ma voix.
(Il veut descendre.)
ALTAMORT, l'arrête.
Ce choix est une injure à tous tes Chefs commune ;
Il attaque nos premiers droits.
L'arrogant Soldat de fortune
Doit-il aux Grands dicter des lois ?
TARARE, fièrement.
Apprends, fils orgueilleux des Prêtres,
Qu'élevé parmi des Soldats,
Tarare avait, au lieu d'Ancêtres,
Déjà vaincu dans cent combats ;
(Avec un grand dédain.)
Qu'Altamort, enfant, dans la plaine,
Poursuivait les fleurs des chardons,
Que les Zéphirs, de leur haleine,
Font voler au sommet des monts.
ALTAMORT, la main au sabre.
Sans le respect d'Atar, vil objet de ma haine...
TARARE, bien dédaigneux.
Du destin de l'État tu prétends décider !

Fougueux adolescent, qui veux nous commander,
Pour titre ici n'as-tu que des injures ?
Quels ennemis t'a-t-on vu terrasser ?
Quels torrents osas-tu passer ?
Où sont tes exploits, tes blessures ?
ALTAMORT, en fureur.
Toi qui de ce haut rang brûles de t'approcher,
Apprends que sur mon corps il te faudra marcher.
(Il tire son sabre.)
ARTHENÉE, troublé.
O désespoir ! ô frénésie !
Mon fils !...
ALTAMORT, plus furieux.
A ce brigand j'arracherai la vie.
TARARE, froidement.
Calme ta fureur, Altamort,
Ce sombre feu, quand il s'allume,
Détruit les forces, nous consume :
Le Guerrier en colère est mort.
(Il tire son sabre.)
ARTHENÉE, s'écrie.
Le temple de nos Dieux est-il donc une arène ?
ATAR, se lève.
Arrêtez.
TARARE.
J'obéis...
(A Altamort, lui prenant la main.)
Toi, ce soir à la plaine.
(A Calpigi, à part, pendant qu'Atar descend de son trône.)
Et toi, fidèle ami, sans fanal et sans bruit,
Au verger du Sérail attends-moi cette nuit.
ATAR, lui remet le bâton de commandant, au bruit d'une fanfare.
Grande Marche pour sortir.
CHŒUR GÉNÉRAL sur le chant de la Marche.
Brama ! si la vertu t'est chère,
Si la voix du Peuple est ta voix,
Par des succès soutiens le choix
Que le Peuple entier vient de faire.
Que sur ses pas
Tous nos soldats
Marchent d'une audace plus fière !
Que l'ennemi, triste, abattu,
Par son aspect déjà vaincu,
Sous nos coups morde la poussière !

ACTE TROISIÈME

Le théâtre représente les jardins du Sérail ; l'appartement d'Irza est à droite ; à gauche, et sur le devant, est un grand sopha sous un dais superbe, au milieu d'un parterre illuminé. Il est nuit.

SCÈNE PREMIÈRE

CALPIGI entre d'un côté ; ATAR, URSON, entrent de l'autre ;
DES JARDINIERS ou BOSTANGIS qui allument.

CALPIGI, sans voir Atar.
Les jardins éclairés ! des Bostangis ! pourquoi ?

Quel autre ose au Serrail donner des ordres ?...
ATAR, lui frappant sur l'épaule.
                Moi.
CALPIGI, troublé.
Seigneur.... puis-je savoir ?...
ATAR.
     Ma fête à ce que j'aime ?
CALPIGI.
Est fixée à demain ; Seigneur, c'est votre loi.
ATAR, brusquement.
  Moi, je la veux à l'instant même.
CALPIGI.
   Tous mes acteurs sont dispersés.
ATAR, plus brusquement.
Du bruit autour d'Irza ; qu'on danse, et c'est assez.
CALPIGI à part, avec douleur.
Ô l'affreux contre-temps ! De cet ordre bizarre,
Il n'est aucun moyen de prévenir Tarare !
ATAR, l'examinant.
Quel est donc ce murmure inquiet et profond ?
CALPIGI affecte un air gai.
Je dis... qu'on croira voir ces spectacles de France
Où tout va bien, pourvu qu'on danse.
ATAR, en colère.
Vil Chrétien ! obéis, ou ta tête en répond !
CALPIGI, à part en s'en allant.
Tyran féroce !
              (Les Bostangis se retirent.)

SCÈNE II

ATAR, URSON.

ATAR.
Avant que ma fête commence,
Urson, conte-moi promptement
Le détail et l'événement
De leur combat à toute outrance.
URSON.
Tarare seul arrive au rendez-vous.
Par quelques passes dans la plaine,
Il met son cheval en haleine
Et vient converser avec nous.
Sa contenance est noble et fière.
Un long nuage de poussière
S'avance du côté du Nord ;
On croit voir une armée entière :
C'est l'impétueux Altamort.
D'Esclaves armés un grand nombre,
Au galop, à peine le suit.
Son aspect est farouche et sombre
Comme les spectres de la nuit.
D'un œil ardent mesurant l'adversaire :
« Du vaincu décidons le sort.
Ma loi, dit Tarare, est la mort. »
L'un sur l'autre à l'instant fond comme le tonnerre.
Altamort pare le premier.
Un coup affreux de cimeterre
Fait voler au loin son cimier.
L'acier étincelle,
Le casque est brisé,
Un noir sang ruisselle.
Dieux ! je suis blessé !
Plus furieux que la tempête,
A plomb sur la tête
Le coup est rendu.
Le bras tendu,
Tarare
Pare...
Et tient en l'air le trépas suspendu.
ATAR.
Je vois qu'Altamort est perdu.
URSON.
Aveuglé par le sang, il s'agite, il chancelle.
Tarare, courbé sur la selle,
Pique en avant. Son fier coursier,
Sentant l'aiguillon qui le perce,
S'élance, et du poitrail renverse
Et le cheval et le guerrier.
Tarare à l'instant saute à terre,
Court à l'ennemi terrassé :
Chacun frémit, le cœur glacé,
Du terrible droit de la guerre...
Ô ! d'un noble ennemi, saint et sublime effort !
ATAR, en colère.
Achève donc.
URSON.
« Ne crains rien, superbe Altamort :
Entre nous la guerre est finie.
Si le droit de donner la mort
Est celui d'accorder la vie,
Je te la laisse de grand cœur.
Pleure longtemps ta perfidie. »
ATAR.
Sa perfidie ?
URSON.
    Il s'en éloigne avec douleur.
ATAR.
Il est instruit.
URSON.
    Inutile et vaine faveur !
Celui dont les armes trop sûres
Ne firent jamais deux blessures
A peine, hélas ! se retirait,
Que son adversaire expirait.
ATAR.
Partout il a donc l'avantage !
Ah ! mon cœur en frémit de rage !
Quand, par le combat, Altamort
Voulut hier régler leur sort,
Urson, je sentais bien d'avance
Qu'il allait de sa mort
Payer cette imprudence.
Sans les clameurs d'un père épouvanté,
Le temple était ensanglanté ;
Mais son pouvoir força le nôtre

D'arrêter un crime opportun
Qui m'offrait, dans la mort de l'un,
Un prétexte pour perdre l'autre.
(Il voit entrer les Esclaves.)

Tout le Sérail ici porte ses pas.
Retire-toi ; que cette affreuse image,
Se dissipant comme un nuage,
Fasse place aux plaisirs et ne les trouble pas.
(Urson sort.)

SCÈNE III

ATAR, ASTASIE en habit de Sultane, soutenue par des Esclaves, son mouchoir sur les yeux ; SPINETTE, CALPIGI, EUNUQUES, ESCLAVES des deux sexes.

ATAR fait asseoir Astasie sur le grand sopha, près de lui, et dit au Chef des Eunuques :
Calpigi, quel spectacle ai-je pour ma Sultane ?

CALPIGI.
C'est une fête européanne.
Ainsi, quand l'un des Rois de ces puissants États
Ordonne qu'on amuse une Reine adorée,
Des jeux brillants, des mœurs de vos climats,
Sa noble fête à l'instant est parée.
(A part.)
Tarare n'est point prévenu :
S'il arrivait, il est perdu.

SCÈNE IV

LES ACTEURS PRÉCÉDENTS, BERGERS, EUROPÉENS DE COUR, vêtus galamment en habits de taffetas, avec des plumes, ainsi que leurs Bergères, ayant des houlettes dorées.

PAYSANS GROSSIERS, vêtus à l'européenne, ainsi que leurs Paysannes, mais très-simplement, tenant des instruments aratoires. Marche, dont le dessus léger peint le caractère des Bergers de Cour qui la dansent, et dont la basse peint la lourde gaieté des Paysans qui la sautent.

CHŒUR d'Européens.
Peuple léger, mais généreux,
Nous blâmons les mœurs de l'Asie :
Jamais, dans nos climats heureux,
La beauté ne tremble asservie.

Chez nos maris, presque à leurs yeux,
Un galant en fait son amie,
La prend, la rend, rit avec eux,
Et porte ailleurs sa douce envie.

Peuple léger, mais généreux, etc.

(Deux jeunes Seigneur et Dame de la Cour commencent une danse assez vive ; deux jeunes Berger et Bergère de la campagne commencent en même temps un pas assez simple. Leur danse est interrompue par une Bergère coquette et une Bergère sensible.)

DUO DIALOGUÉ.
SPINETTE, en Bergère coquette, aux Danseurs.
Galants qui courtisez les belles,
Sachez brusquer un doux moment.

LA BERGÈRE sensible.
Amants qui soupirez pour elles,
Espérez tout du sentiment.
LA BERGÈRE coquette.
Toute occasion non saisie
S'échappe et se perd sans retour.
LA BERGÈRE sensible.
Sans retour pour la fantaisie ;
Mais elle renaît pour l'amour.
(Le pas des quatre Danseurs reprend et s'achève.)
(De vieux Seigneurs dansent vivement devant des Bergères modestes, en leur présentant des bouquets ; des jeunes gens fatigués, appuyés sur leurs houlettes, se meuvent à peine devant de vieilles coquettes qui dansent à perdre haleine Atar se lève et erre parmi les Danseurs.)

SPINETTE, en Bergère de Cour.
Dans nos vergers délicieux,
Le mal, le mieux,
Tout se balance ;
Et, si nos jeunes gens sont vieux,
Tous nos vieillards sont dans l'enfance.

PAYSAN grossier.
Chez nous point d'imposture ;
Enfants de la nature,
Nos tendres soins
Sont pour les foins,
Et notre amour pour la pâture.
(On danse.)

SPINETTE, en Bergère de Cour.
Quand l'époux devient indolent,
Contre un galant
L'amour l'échange ;
Et de ses volages désirs,
Par des plaisirs,
L'hymen se venge.

PAYSAN grossier.
Chez nous, jamais légère,
L'active ménagère
Pour favori
N'a qu'un mari ;
Mais de ses fils chacun est père.
(On danse.)

SPINETTE, en Bergère de Cour.
Chez nous, sans bruit
On se détruit ;
On brigue, on nuit,
Mais sans scandale.

PAYSAN grossier, achevant le couplet.
Ma foi, chez nous, tout ce qu'autrui
Te fait, fais-lui :
C'est la morale.
(On danse.)

ASTASIE, pendant la danse.
O mon Tarare ! ô mon époux !
Dans quel désespoir êtes-vous ?
(Elle remet son mouchoir sur ses yeux ; la danse continue.)

CHŒUR, d'Européens.
Aux travaux mêlons la gaîté ;
Tout mal guérit par ses contraires.
Nos lois ont de l'austérité,

Mais nos mœurs sont douces, légères.
Si le dur hymen est chez nous
Bien absolu, bien despotique,
L'amour en secret fait de tous
Une charmante république.
(On danse.)

ASTASIE, les bras élevés pendant la Danse.
Grands Dieux! que la mort d'Astasie
L'arrache au Tyran de l'Asie!
(La Danse continue.)

ATAR revient à Astasie et dit à tout le Sérail:
Saluez tous la belle Irza.
Je la couronne : elle est Sultane !
(Il lui attache au front un diadème de diamants.)

CHŒUR UNIVERSEL.
Saluons tous la belle Irza,
Qu'Amour, du fond d'une cabane,
Au trône d'Ormus éleva :
Du grand Atar elle est Sultane.
(On danse.)

ASTASIE, pendant la Danse.
O mon Tarare ! ô mon époux !
(Spinette la masque de sa personne pour que l'Empereur ne la voie pas.)
(BALLET GÉNÉRAL, où les deux genres de danse se mêlent sans se confondre.)
(ATAR revient s'asseoir auprès d'ASTASIE.)
(Le ballet finit, des Esclaves apportent des vases de sorbet, des liqueurs et des fruits devant Atar et la Sultane. Spinette reste auprès de sa Maîtresse, prête à la servir.)

ATAR, avec joie.
Calpigi, ta fête est charmante !
Ton esprit fertile m'enchante :
J'aime un talent vainqueur à qui tout obéit.
Apprends-nous quel hasard dans Ormus t'a conduit.
Mais, pour amuser mon Amante,
Anime ton récit d'une gaîté piquante.

CALPIGI à part, d'un ton sombre.
J'y veux mêler un nom qui nous rendra la nuit.
(Il prend une mandoline et chante sur le ton de la barcarolle.)
(La danse figurée cesse ; tous les Danseurs et Danseuses se prennent par la main pour danser le refrain de sa chanson.)

CALPIGI.
1ᵉʳ COUPLET.
Je suis né natif de Ferrare ;
Là, par les soins d'un père avare,
Mon chant s'étant fort embelli,
Ahi ! povero Calpigi !
Je passai, du Conservatoire,
Premier Chanteur à l'Oratoire
Du Souverain di Napoli.
Ah ! bravo, caro Calpigi !

LE CHŒUR répète le dernier vers.
(On danse la ritournelle.)
(A la fin de chaque couplet, Calpigi se retourne et regarde avec inquiétude du côté par où il craint que Tarare n'arrive.)

2ᵐᵉ COUPLET.
La plus célèbre cantatrice
De moi fit bientôt, par caprice,
Un simulacre de mari :
Ahi ! povero Calpigi !
Mes fureurs ni mes jalousies
N'arrêtant point ses fantaisies,
J'étais chez moi comme un zéro.
Ahi ! Calpigi povero !

LE CHŒUR répète le dernier vers.
(On danse la ritournelle.)

3ᵐᵉ COUPLET.
Je résolus, pour m'en défaire,
De la vendre à certain corsaire,
Exprès passé de Tripoli :
Ah ! bravo, caro Calpigi !
Le jour venu, mon traître d'homme,
Au lieu de me compter la somme,
M'enchaîne au pied de leur châlit :
Ahi ! povero Calpigi !

LE CHŒUR répète le dernier vers.
(On danse la ritournelle.)

4ᵐᵉ COUPLET.
Le forban en fit sa maîtresse,
De moi, l'Argus de sa sagesse,
Et j'étais là tout comme ici :
Ahi ! povero Calpigi !
(Spinette, en cet endroit, fait un grand éclat de rire.)

ATAR.
Qu'avez-vous à rire, Spinette ?

CALPIGI.
Vous voyez ma fausse coquette.

ATAR.
Dit-il vrai ?

SPINETTE.
Signor, è vero !

CALPIGI achève l'air.
Ahi ! Calpigi povero

LE CHŒUR répète le dernier vers.
(On danse la ritournelle.)
(Ici l'on voit dans le fond TARARE descendre par une échelle de soie ; CALPIGI l'aperçoit.)

CALPIGI, à part.
C'est Tarare !

5ᵐᵉ COUPLET, plus vite.
Bientôt, à travers la Libye,
L'Egypte, l'Isthme et l'Arabie,
Il allait nous vendre au Sophi :
Ahi ! povero Calpigi !
Nous sommes pris, dit le Barbare.
Qui nous prenait ? Ce fut Tarare...

ASTASIE, faisant un cri.
Tarare !

TOUT LE SÉRAIL s'écrie :
Tarare !

ATAR, furieux.
Tarare !
(Il renverse la table d'un coup de pied.)
(Astasie se lève troublée. Spinette la soutient. Au bruit qui se fait, Tarare, à moitié descendu, se jette dans l'obscurité.)

SPINETTE, à Astasie.
Dieux ! que ce nom l'a courroucé !

ATAR.
Que la mort, que l'enfer s'empare

Du traître qui l'a prononcé !
(Il tire son poignard ; tout le monde s'enfuit.)

SPINETTE, soutenant Astasie.

Elle expire !

ATAR, rappelé à lui par ce cri, laisse aller Calpigi et les autres Esclaves, et revient vers Astasie, que des femmes emportent chez elle. Atar y entre, en jetant à la porte sa simarre et ses brodequins, à la manière des Orientaux.

SCÈNE V

Le théâtre est très-obscur.

CALPIGI, TARARE, un poignard à la main, prêt à frapper Calpigi, qu'il entraîne.

CALPIGI s'écrie.

O Tarare !

TARARE, avec un grand trouble.

O fureur que j'abhorre !
Mon ami... s'il n'eût pas parlé,
De ma main était immolé !

CALPIGI.

Tu le devais, Tarare ! Il le faudrait encore
Si quelque esclave curieux...

TARARE, troublé.

Mille cris de mon nom font retentir ces lieux !
Je me crois découvert, et que la jalousie...
Mourir sans la revoir, et si près d'Astasie !...

CALPIGI.

O mon héros ! tes vêtements mouillés,
D'algues impurs et de limon souillés !...
Un grand péril a menacé ta vie !

TARARE.

Au sein de la profonde mer,
Seul dans une barque fragile,
Aucun souffle n'agitant l'air,
Je sillonnais l'onde tranquille.
Des avirons le monotone bruit,
Au loin distingué dans la nuit,
Soudain a fait sonner l'alarme ;
J'avais ce poignard pour toute arme,
Deux cents rameurs partent du même lieu :
On m'enveloppe, on se croise, on rappelle...
J'étais pris !... D'un grand coup d'épieu,
Je m'abîme avec ma nacelle,
Et, me frayant sous les vaisseaux
Une route nouvelle et sûre,
J'arrive à terre entre les eaux,
Dérobé par la nuit obscure.
J'entends la cloche du beffroi ;
L'appel bruyant de la trompette,
Que le fond du golfe répète,
Augmente le trouble et l'effroi.
On court, on crie aux sentinelles :
« Arrête ! arrête ! » On fond sur moi ;
Mais, s'ils couraient, j'avais des ailes.
J'atteins le mur comme un éclair,
On cherche au pied : j'étais dans l'air,
Sur l'échelle souple et tendue

Que ton zèle avait suspendue.
Je suis sauvé, grâce à ton cœur,
Et, pour payer tant de faveur,
O douleur ! ô crime exécrable !
Trompé par une aveugle erreur,
J'allais, d'une main misérable,
Assassiner mon bienfaiteur !
Pardonne, ami, ce crime involontaire.

CALPIGI.

O mon héros ! que me dois-tu ?
Sans force, hélas ! sans caractère,
Le faible Calpigi, de tous les vents battu,
Serait moins que rien sur la terre
S'il n'était pas épris de ta mâle vertu !
Ne perdons point un instant salutaire :
Au Sérail la tranquillité
Renaît avec l'obscurité.

(Il prend un paquet dans une touffe d'arbres.)

Sous cet habit d'un noir esclave,
Cachons des guerriers le plus brave.
D'homme éloquent, deviens un vil muet,

(Il l'habille en muet.)

Que mon héros, surtout jamais n'oublie
Que sous ce masque un mot est un forfait.

(Il lui met un masque noir.)

Et qu'en ce lieu de jalousie,
Le moindre est payé de la vie !

(Ils s'avancent vers l'appartement d'Astasie.)

CALPIGI l'arrête et recule.

N'avançons pas ! j'aperçois la simarre,
Les brodequins de l'Empereur.

TARARE, égaré, criant.

Atar chez elle ! Ah ! malheureux Tarare !
Rien ne retiendra ma fureur.
Brama ! Brama !

CALPIGI, lui fermant la bouche.

Renferme donc ta peine !

TARARE, criant plus fort.

Brama ! Brama !

(Il tombe sur le sein de Calpigi.)

CALPIGI.

Notre mort est certaine.

SCÈNE VI

ATAR sort de chez ASTASIE ; TARARE, CALPIGI.

CALPIGI crie, effrayé.

On vient ; c'est le Sultan.

(TARARE tombe la face contre terre.)

ATAR, d'un ton terrible.

Quel insolent, ici... ?

CALPIGI, troublé.

Un insolent !.... C'est Calpigi !

ATAR

D'où vient cette voix déplorable ?

CALPIGI, troublé.

Seigneur, c'est... c'est ce misérable.

TARARE, ACTE III, SCÈNE VI.

Croyant entendre quelque bruit,
Nous faisions la ronde de nuit.
D'une soudaine frénésie
Cette brute, à l'instant saisie...
Peut-être a-t-il perdu l'esprit !
Mais il pleure, il crie, il s'agite,
Parle, parle, parle si vite
Qu'on n'entend rien de ce qu'il dit.

ATAR, d'un ton terrible.

Il parle, ce muet ?

CALPIGI, plus troublé.

Que dis-je ?
Parler serait un beau prodige !
D'affreux sons inarticulés...

ATAR lui prend le bras. Tarare est sans mouvement, prosterné.
O bizarre sort de ton maître !
Tu maudis quelquefois ton être...
Je venais, les sens agités,
L'honorer de quelques bontés,
Soupirer l'amour auprès d'elle.
A peine étais-je à ses côtés,
Elle s'échappe, la rebelle !
Je l'arrête et saisis sa main :
Tu n'as vu chez nulle mortelle,
L'exemple d'un pareil dédain !
Farouche Atar, quelle est donc ton envie ?
Avant de me ravir l'honneur,
Il faudra m'arracher la vie !...
Ses yeux pétillaient de fureur.
Farouche Atar !... son honneur !... la sauvage,
Appelant la mort à grands cris...
Atar, enfin, a connu le mépris.

(Il tire son poignard.)
Vingt fois j'ai voulu, dans ma rage,
Épargner moi-même à son bras...
Allons, Calpigi, suis mes pas !

CALPIGI, lui présente sa simarre.
Seigneur, prenez votre simarre.

ATAR.
Rattache, avant, mon brodequin
Sur le corps de cet Africain...

(Il met son pied sur le corps de Tarare.)
Je sens que la fureur m'égare !

(Il regarde Tarare.)
Malheureux Nègre, abject et nu,
Au lieu d'un reptile inconnu
Que du néant rien ne sépare,
Que n'es-tu l'odieux Tarare !
Avec quel plaisir de ce flanc
Ma main épuiserait le sang !...
Si l'insolent pouvait jamais connaître
Quels dédains il vaut à son maître !...
Et c'est pour cet indigne objet,
C'est pour lui seul, qu'elle me brave !...
Calpigi, je forme un projet :
Coupons la tête à cet Esclave.
Défigure-la tout à fait,
Porte-la de ma part toi-même.
Dis-lui qu'en mes transports jaloux,
Surprenant ici son époux...

(Il tire le sabre de Calpigi.)

CALPIGI l'arrête et l'éloigne de son ami.
De cet horrible stratagème,
Ah ! mon maître, qu'espérez-vous ?
Quand elle pourrait s'y méprendre,
En deviendrait-elle plus tendre ?
En l'inquiétant sur ses jours,
Vous la ramènerez toujours.

ATAR, furieux,
La ramener !... j'adopte une autre idée :
Elle me croit l'âme enchantée ;
Montrons lui bien le peu de cas
Que je fais de ses vains appas.
Cette orgueilleuse a dédaigné son maître !
O le plus charmant des projets !
Je punis l'audace d'un traître
Qui m'enleva le cœur de mes sujets,
Et j'avilis la superbe à jamais.
Calpigi !...

CALPIGI, troublé.

Quoi ! Seigneur !

ATAR.

Jure-moi sur ton âme
D'obéir.

CALPIGI, plus troublé.

Oui, Seigneur.

ATAR.

Point de zèle indiscret ;

ATAR.

Tout à l'heure.

CALPIGI, presque égaré.

A l'instant.

Prends-moi ce vil muet.
Conduit-le chez elle en secret,
Apprends-lui que ma tendre flamme
La donne à ce monstre pour femme.
Dis-lui bien que je fais serment
Qu'elle n'aura jamais d'autre époux, d'autre amant.
Je veux que l'hymen s'accomplisse ;
Et si l'orgueilleuse prétend
S'y dérober, prompte justice !
Qu'à son lit à l'instant conduit,
Avec elle il passe la nuit ;
Et qu'à tous les yeux exposée,
Demain, de mon Sérail elle soit la risée!
A présent, Calpigi, de moi je suis content.
Toi, par tes signes, fais que cette brute apprenne
Le sort fortuné qui l'attend.

CALPIGI, tranquillisé.
Ah ! Seigneur, ce n'est pas la peine ;
S'il ne parle pas, il entend.

ATAR.
Accompagne ton Maître à la garde prochaine.

(Il se retourne pour sortir.)

CALPIGI, en se baissant pour ramasser la simarre de l'Empereur, dit tout bas à Tarare :
Quel heureux dénoûment !
(Il suit Atar.)

TARARE se relève à genoux.
Mais quelle horrible scène !
(Il ôte son masque, qui tombe à terre loin de lui.)
Ah ! respirons.

ATAR revient à l'appartement d'Astasie d'un air menaçant, et dit avec une joie féroce :
Je pense au plaisir que j'aurai,
Superbe ! quand je te verrai
Au sort d'un vieux Nègre liée
Et par cent cris humiliée !
(Il imite le chant trivial des Esclaves.)
Saluons tous la fière Irza,
Qui, regrettant une cabane,
Aux vœux d'un roi se refusa :
D'un vil muet elle est sultane !
Hein ! Calpigi ?
(Il va, il vient. Calpigi, sous prétexte de lui donner sa simarre, se met toujours entre lui et Tarare, pour qu'il ne le voie pas sans masque.)

CALPIGI, effrayé, feint la joie.
Ha ! quel plaisir, mon Maître !

ATAR.
Hein ! Calpigi ?

CALPIGI.
Quand le Sérail retentira...

ATAR et CALPIGI, en Duo.
Saluons tous la fière Irza,
Qui, regrettant une cabane,
Aux vœux d'un roi se refusa :
D'un vil muet elle est sultane !
(Le même jeu de scène continue ; ils sortent.)

SCÈNE VII

TARARE seul, levant les mains au ciel.

Dieu tout-puissant, tu ne trompas jamais
L'infortuné qui croit à tes bienfaits.
(Il remet son masque et suit de loin l'Empereur.)

ACTE QUATRIÈME

Le Théâtre représente l'intérieur de l'appartement d'Astasie. C'est un salon superbe, garni de sophas et autres meubles orientaux.

SCÈNE PREMIÈRE

ASTASIE, SPINETTE.

ASTASIE entre, en grand désordre.
Spinette, comment fuir de cette horrible enceinte ?

SPINETTE.
Calmez le désespoir dont votre âme est atteinte.

ASTASIE, égarée, les bras élevés.
O mort ! termine mes douleurs :
Le crime se prépare.
Arrache au plus grand des malheurs
L'épouse de Tarare.
Il semblait que je pressentais
Leur entreprise infâme !
Quand il partit, je répétais,
Hélas ! l'effroi dans l'âme :
Cruel, pour qui j'ai tant souffert,
C'est trop que ton absence
Laisse Astasie en un désert,
Sans joie et sans défense !
L'imprudent n'a pas écouté
Sa compagne éplorée :
Aux mains d'un brigand détesté,
Des brigands m'ont livrée.
O mort ! termine mes douleurs :
Le crime se prépare.
Arrache au plus grand des malheurs
L'épouse de Tarare.

SPINETTE.
Un grand roi vous invite à faire son bonheur ;
L'amour met à vos pieds le maître de la terre.
Que de beautés ici brigueraient cet honneur !
Loin de s'en alarmer, on peut en être fière.

ASTASIE, pleurant.
Ah ! vous n'avez pas eu Tarare pour amant !

SPINETTE.
Je ne le connais point ; j'aime sa renommée ;
Mais, pour lui, comme vous, si j'étais enflammée,
Avec le dur Atar je feindrais un moment ;
J'instruirais mon époux au moins de ma souffrance.

ASTASIE.
A la plus légère espérance
Le cœur des malheureux s'ouvre facilement.
J'aime ton noble attachement :
Eh bien ! fais-lui savoir qu'en cette enceinte horrible...

SPINETTE.
Cachez vos pleurs, s'il est possible.
Des secrets plaisirs du Sultan
Je vois le ministre insolent.
(Astasie essuye ses yeux et se remet de son mieux.)

SCÈNE II

CALPIGI, SPINETTE, ASTASIE.

CALPIGI, d'un ton dur.
Belle Irza, l'empereur ordonne
Qu'en ce moment vous receviez la foi
D'un nouvel époux qu'il vous donne.

ASTASIE.
Un époux ! un époux à moi ?

SPINETTE le contrefait.
Commandant d'un corps ridicule,
Abrège-nous ton grave préambule.
Ce nouvel époux, quel est-il ?

CALPIGI.
C'est du sérail le muet le plus vil.
ASTASIE.
Un muet !
SPINETTE.
Un muet !
ASTASIE.
J'expire.
CALPIGI.
L'ordre est que chacun se retire.
SPINETTE.
Moi?
CALPIGI.
Vous.
SPINETTE.
Moi?
CALPIGI.
Vous; vous, Spinette : il y va des jours
De qui troublerait leurs amours.
ASTASIE.
O juste ciel !
SPINETTE, raillant.
Dis à ton maître
Que le Grand-Prêtre
Sera sans doute assez surpris
Qu'à la pluralité des femmes
On ose ajouter, chez les brames,
La pluralité des maris.
CALPIGI, ironiquement.
Votre conseil au roi paraîtra d'un grand prix.
J'en ferai votre cour.
SPINETTE, du même ton.
Vous l'oublierez peut-être ?
CALPIGI.
Non.
SPINETTE.
Vous le rendrez mieux, l'ayant deux fois appris.
(Elle répète.)
Dis à ton maître
Que le grand-prêtre
Sera sans doute assez surpris
Qu'à la pluralité des femmes
On ose ajouter, chez les brames,
La pluralité des maris.
(Calpigi sort.)

SCÈNE III
ASTASIE, SPINETTE.

ASTASIE, au désespoir.
O ma compagne ! ô mon amie !
Sauve-moi de cette infamie.
SPINETTE.
Hé ! comment vous prouver ma foi ?
ASTASIE.
Prends mes diamants, ma parure ;
Je te les donne, ils sont à toi.
(Elle les détache.)
Ah ! dans cette horrible aventure,
Sois Irza, représente-moi ;
Tu le réprimeras sans peine.
SPINETTE.
Si c'est Calpigi qui l'amène,
Madame, il me reconnaîtra.
ASTASIE ôte son manteau royal.
Ce long manteau te couvrira.
Souviens-toi de Tarare, et nomme-le sans cesse :
Son nom seul te garantira.
SPINETTE, pendant qu'on l'habille.
Je partage votre détresse.
Hélas ! que ne ferais-je pas,
Pour sauver d'un dangereux pas
Mon incomparable maîtresse !
(Astasie sort.)

SCÈNE IV
SPINETTE, seule.

Spinette, allons, point de faiblesse,
Le roi dans peu te saura gré
D'avoir adroitement paré
Le coup qu'il porte à sa maîtresse.
(Elle s'assied sur un sopha.)
Surcroît d'honneur et de richesse !

SCÈNE V

CALPIGI, TARARE en muet, SPINETTE assise, voilée, son mouchoir sur les yeux.

CALPIGI, à Tarare, d'un ton sévère.
Cette femme est à toi, muet !
(Il sort.)

SCÈNE VI
TARARE, SPINETTE.

SPINETTE, à part, voilée.
Comme il est laid !
Cependant il n'est point mal fait.
(Tarare se met à genoux à six pas d'elle.)
Il se prosterne ! il n'a point l'air farouche
Des autres monstres de ces lieux.
(A Tarare, d'un air de dignité.)
Muet, votre respect me touche,
Je lis votre amour dans vos yeux :
Un tendre aveu de votre bouche
Ne pourrait me l'exprimer mieux.
TARARE, à part, se relevant.
Grands dieux ! ce n'est point Astasie,
Et mon cœur allait s'exhaler :
De m'être abstenu de parler,
O Brama ! je te remercie.
SPINETTE, à part.
On croirait qu'il se parle bas :
Chaque animal a son langage.
(Elle se dévoile ; Tarare la regarde.)

De loin, je le veux bien, contemplez mes appas.
    Je voudrais pouvoir davantage,
  Mais un monarque, un calife, un sultan,
  Le plus parfait comme le plus puissant,
Ne peut rien sur mon cœur : il est tout à Tarare.
TARARE s'écrie :
A Tarare !...
SPINETTE, se levant.
Il me parle !
TARARE.
      O transport qui m'égare !
Étonnement trop indiscret !
SPINETTE.
Un mot a trahi ton secret !
Tu n'es pas muet ! Téméraire !
(Elle lui enlève son masque.)
TARARE, à ses pieds.
Madame, hélas ! calmez une juste colère.
SPINETTE, d'un ton plus doux.
Imprudent ! quel espoir a pu te faire oser... ?
TARARE, timidement.
Ah ! c'est en m'accusant que je dois m'excuser.
  Étranger dans Ormus, hier on me vint dire
    Que le maitre de cet empire
Donnait à son amante une fête au Sérail...
    J'ai cru, sous ce vil attirail...
SPINETTE, légèrement.
DUO DIALOGUÉ.
  Ami, ton courage m'éclaire.
    Si Tarare aimait à me plaire,
    Il eût tout bravé comme toi.
  J'oublierai qu'il obtint ma foi ;
  C'en est fait, mon cœur te préfère ;
    Tu seras Tarare pour moi.
TARARE, troublé.
Quoi ! Tarare obtint votre foi !
SPINETTE.
C'en est fait, mon cœur te préfère.
TARARE.
C'est moi que votre cœur préfère ?
SPINETTE.
Tu seras Tarare pour moi.
TARARE, plus troublé.
Est-ce un songe, ô Brama ! veillé-je ?
Tout ce que j'entends me confond.
  Atar, toi que la haine assiége,
  M'as-tu conduit, de piége en piége,
  Dans un abîme aussi profond ?
SPINETTE.
Ce n'est point un piége, non, non :
    De son pardon
    Je te répond.
(Elle voit entrer des Soldats.)
Ciel ! on vient l'arrêter !
TARARE.
      Tout espoir m'abandonne.
(Elle se voile et rentre précipitamment.)

SCÈNE VII

TARARE, démasqué ; URSON, SOLDATS armés de massues ; CALPIGI, EUNUQUES, entrant de l'autre côté.

URSON.
Marchez, Soldats,
Doublez le pas.
CALPIGI.
Quoi ! des Soldats !
N'avancez pas.
URSON, aux Soldats.
Suivez l'ordre que je vous donne.
CALPIGI, aux Eunuques.
Ne laissez avancer personne.
CHŒUR de Soldats.
Doublons le pas.
CHŒUR d'Eunuques.
N'avancez pas.
Pour tous cette enceinte est sacrée.
CHŒUR de Soldats.
Notre ordre est d'en forcer l'entrée.
CALPIGI.
Urson, expliquez-vous.
URSON.
        Le Sultan, agité
Sur l'effet d'un courroux qu'il a trop écouté,
Veut que l'affreux muet soit massolé, jeté
    Dans la mer, et, pour sépulture,
    Y serve aux monstres de pâture.
CALPIGI, se met entre eux et Tarare.
Le voici ! De sa mort, Urson, je prends le soin.
Les jardins du Sérail sont commis à ma garde ;
Mes Eunuques sont prêts.
URSON.
        Pour que rien ne retarde,
Son ordre est que j'en sois témoin.
Marchez, Soldats ; qu'on s'en empare !
(Les Soldats lèvent la massue.)
CALPIGI.
Ce n'est point un muet.
URSON.
        Quel qu'il soit.
CALPIGI, crie.
          C'est Tarare !
URSON.
Tarare !
(Les Soldats et les Eunuques reculent par respect.)
CHŒUR de Soldats et d'Eunuques.
Tarare ! Tarare !
CALPIGI.
Un tel coupable, Urson, devient trop important,
Pour qu'on l'ose frapper sans l'ordre du Sultan.
(A Tarare, à part.)
En suspendant leurs coups, je te sauve peut-être.
URSON, avec douleur.
Tarare infortuné ! qui peut le désarmer ?
Nos larmes contre toi vont encor l'animer !

CHŒUR douloureux de Soldats.

Tarare infortuné ! Qui peut le désarmer ?
Nos larmes contre toi vont encor l'animer !

TARARE.

Ne plaignez point mon sort, respectez votre Maître :
Puissiez-vous un jour l'estimer !

(On emmène Tarare.)

URSON, bas à Calpigi.

Calpigi, songe à toi : la foudre est sur deux têtes.

(Il sort.)

SCÈNE VIII

CALPIGI, seul, d'un ton décidé.

Sur deux têtes la foudre, et l'on m'ose nommer !
Elle en menace trois, Atar, et ces tempêtes,
Que ta haine alluma, pourront te consumer.
  Va ! l'abus du pouvoir suprême
  Finit toujours par l'ébranler :
  Le méchant, qui fait tout trembler,
  Est bien près de trembler lui-même.
  Cette nuit, despote inhumain,
  Tarare excitait ta furie ;
  Ta haine menaçait sa vie,
  Quand la tienne était dans sa main !
  Va ! l'abus du pouvoir suprême
  Finit toujours par l'ébranler :
  Le méchant, qui fait tout trembler,
  Est bien près de trembler lui-même.

(Il sort.)

ACTE CINQUIÈME

Le théâtre représente une cour intérieure du Palais d'Atar. Au milieu est un bûcher; au pied du bûcher, un billot, des chaînes, des haches, des massues et autres instruments d'un supplice.

SCÈNE PREMIÈRE

ATAR, EUNUQUES, SUITE.

ATAR, examine avec avidité le bûcher et tous les apprêts du supplice de Tarare.

Fantôme vain ! idole populaire
Dont le nom seul excitait ma colère,
Tarare !... enfin tu mourras cette fois !
  Ah ! pour Atar, quel bien céleste
  D'immoler l'objet qu'il déteste
  Avec le fer souple des Lois !
(Aux Eunuques.)
Trouve-t-on Calpigi ?

UN EUNUQUE.

Seigneur, on suit sa trace.

ATAR.

A qui l'arrêtera je donnerai sa place.

(Les Eunuques sortent en courant.)

SCÈNE II

ATAR, ARTHÉNÉE.

(Deux files de Prêtres le suivent : l'une en blanc, dont le premier Prêtre porte un drapeau blanc où sont écrits, en lettres d'or, ces mots : LA VIE.
L'autre file de Prêtres est en noir, couverte de crêpes, dont le premier Prêtre porte un drapeau où sont écrits ces mots, en lettres d'argent : LA MORT.)

ARTHÉNÉE, s'avance, bien sombre.

Que veux-tu, roi d'Ormus, et quel nouveau malheur
Te force d'arracher un père à sa douleur ?

ATAR.

Ah ! si l'espoir d'une prompte vengeance
Peut l'adoucir, reçois-en l'assurance.
  Dans mon Sérail on a surpris
  L'affreux meurtrier de ton fils.
  Je tiens la victime enchaînée,
Et veux que par toi-même elle soit condamnée.
  Dis un mot, le trépas l'attend.

ARTHÉNÉE.

  Atar, c'était en l'arrêtant...
  Sans avoir l'air de le connaître,
  Il fallait poignarder le traître.
  Je tremble qu'il ne soit trop tard !
  Chaque instant, le moindre retard,
  Sur ton bras peut fermer le piège.

ATAR.

Quel démon, quel Dieu le protége ?
Tout me confond de cette part !

ARTHÉNÉE.

  Son démon, c'est une âme forte,
  Un cœur sensible et généreux,
  Que tout émeut, que rien n'emporte.
  Un tel homme est bien dangereux !

SCÈNE III

ATAR, ARTHÉNÉE, TARARE enchaîné ; SOLDATS, ESCLAVES, SUITE, PRÊTRES DE LA VIE ET DE LA MORT.

ATAR.

Approche, malheureux ! viens subir le supplice
Qu'un crime irrémissible arrache à ma justice.

TARARE.

Qu'elle soit juste ou non, je demande la mort.
  De tes plaisirs j'ai violé l'asile
  Sans y trouver l'objet d'une audace inutile,
  Mon Astasie !... O ce fourbe Altamort !
  Il l'a ravie à mon séjour champêtre,
  Sans la présenter à son Maître !
  Trahissant tout, honneur, devoir....
  Il a payé sa double perfidie ;
  Mais ton Irza n'est point mon Astasie.

ATAR, avec fureur.

Elle n'est pas en mon pouvoir ?
(Aux Eunuques.)
Que l'on m'amène Irza. Si ta bouche en impose,

Je la poignarde devant toi.
TARARE.
La voir mourir est peu de chose ;
Tu te puniras, non pas moi.
ATAR.
De sa mort la tienne suivie...
TARARE, fièrement.
Je ne puis mourir qu'une fois.
Quand je m'engageai sous tes lois,
Atar, je te donnai ma vie.
Elle est tout entière à mon Roi :
Au lieu de la perdre pour toi,
C'est par toi qu'elle m'est ravie.
J'ai rempli mon sort, suis ton choix ;
Je ne puis mourir qu'une fois.
Mais souhaite qu'un jour ton peuple te pardonne.
ATAR.
Une menace ?
TARARE.
Il s'en étonne !
Roi féroce ! as-tu donc compté
Parmi les droits de ta couronne
Celui du crime et de l'impunité ?
Ta fureur ne peut se contraindre,
Et tu veux n'être pas haï !
Tremble d'ordonner...
ATAR.
Qu'ai-je à craindre ?
TARARE.
De te voir toujours obéi,
Jusqu'à l'instant où, l'effrayante somme
De tes forfaits déchaînant leur courroux...
Tu pouvais tout contre un seul homme ;
Tu ne pourras rien contre tous.
ATAR.
Qu'on l'entoure !
(Les Esclaves l'entourent.)
(Tarare va s'asseoir sur le billot, au pied du bûcher, la tête appuyée sur ses mains, et ne regarde plus rien.)

SCÈNE IV

ASTASIE, voilée, ATAR, ARTHENÉE, TARARE, SPINETTE, ESCLAVES des deux sexes, SOLDATS.

ATAR, à Astasie.
Ainsi donc, abusant de vos charmes,
Fausse Irza, par de feintes larmes,
Vous triomphiez de me tromper ?
Je prétends, avant de frapper,
Savoir comment ma puissance jouée...
SPINETTE.
Une Esclave fidèle, hélas ! substituée,
Innocemment causa le désordre et l'erreur.
TARARE, à part, tenant sa tête dans ses mains.
Ah ! cette voix me fait horreur !
ATAR.
Il est donc vrai cet échange funeste !
J'adorais sous le nom d'Irza..
(A Astasie.)
Va, malheureuse, je déteste
L'indigne amour qui pour toi m'embrasa.
A la rigueur des lois, avec lui, sois livrée !
(Au Grand-Prêtre.)
Pontife, décidez leur sort.
ARTHENÉE.
Ils sont jugés : levez l'étendard de la Mort.
De leurs jours criminels la trame est déchirée.
(Le Grand-Prêtre déchire la bannière de la Vie,)
(Le Prêtre en deuil élève la bannière de la Mort.)
(On entend un bruit funèbre d'instruments déguisés.)
CHŒUR FUNÈBRE des Esclaves.
(Astasie se jette à genoux, et prie pendant le chœur. On apporte au Grand-Prêtre le livre des arrêts, couvert d'un crêpe. Il signe l'arrêt de mort. Deux Enfants en deuil lui remettent chacun un flambeau. Quatre Prêtres en deuil lui présentent deux grands vases pleins d'eau lustrale. Il éteint dans ces vases les deux flambeaux, en les renversant.)
(Pendant ce temps, les Prêtres de la Vie se retirent en silence. Le drapeau de la Vie, déchiré, traîne à terre.)
CHŒUR FUNÈBRE.
Avec tes décrets infinis,
Grand Dieu, si ta bonté s'accorde,
Ouvre à ces coupables punis
Le sein de ta miséricorde !
ARTHENÉE prie.
Brama ! de ce bûcher, par la mort réunis,
Ils montent vers le Ciel ; qu'ils n'en soient point bannis !
LA CHŒUR FUNÈBRE répond :
Avec tes décrets infinis, etc.
(Astasie se relève et s'avance au bûcher, où Tarare est abîmé de douleur.)
ASTASIE, à Tarare.
Ne m'impute pas, étranger,
Ta mort, que je vais partager.
TARARE se relève avec feu.
Qu'entends-je ? Astasie !
ASTASIE.
Ah ! Tarare !
(Ils se jettent dans les bras l'un de l'autre.)
ARTHENÉE, au Roi.
Je te l'avais prédit.
ATAR, furieux.
Qu'on les sépare !
Qu'un seul coup les fasse périr !
(Les Soldats s'avancent.)
Non... C'est trop tôt briser leurs chaines ;
Ils seraient heureux de mourir.
Ah ! je me sens altéré de leurs peines,
Et j'ai soif de les voir souffrir.
ASTASIE, avec dédain, au Roi.
O tigre ! mes dédains ont trompé mon attente,
Et, malgré toi, je goûte un instant de bonheur.
J'ai bravé ta faim dévorante,
Le rugissement de ton cœur.
Pour prix de ta lâche entreprise,
Vois, Atar, je l'adore, et mon cœur te méprise.
(Elle embrasse Tarare.)
ATAR, vivement, aux Soldats.
Arrachez-la tous de ses bras.

Courez. Qu'il meure, et qu'elle vive !
<small>ASTASIE tire un poignard, qu'elle approche de son sein.</small>
Si quelqu'un vers lui fait un pas,
Je suis morte avant qu'il arrive.
ATAR, aux Soldats.
Arrêtez-vous !
ASTASIE, TARARE et ATAR.
TRIO.
TARARE et ASTASIE, ensemble.
Le trépas nous attend :
Encore une minute,
Et notre amour constant
Ne sera plus en butte
Aux coups d'un noir Sultan.
<small>(Les Soldats font un mouvement.)</small>
ATAR s'écrie :
Arrêtez un moment !
ASTASIE, seule.
Je me frappe à l'instant
Que sa loi s'exécute.
Sur ton cœur palpitant
Tu sentiras ma chute,
Et tu mourras content.
ATAR.
O rage ! affreux tourment !
C'est moi, c'est moi qui lutte,
Et leur cœur est content !
ASTASIE.
Sur ton cœur palpitant
Tu sentiras ma chute,
Et tu mourras content.
TARARE.
Sur mon cœur palpitant
Je sentirai ta chute,
Et je mourrai content.

SCÈNE V
ACTEURS PRÉCÉDENTS.

<small>UNE FOULE D'ESCLAVES des deux sexes accourt avec frayeur et se serre à genoux autour d'Atar.</small>

CHŒUR D'ESCLAVES effrayés.
Atar, défends-nous, sauve-nous ;
Du palais la garde est forcée,
Du Sérail la porte enfoncée.
Notre asile est à tes genoux.
Ta milice en fureur redemande Tarare.

SCÈNE VI

<small>LES PRÉCÉDENTS, TOUTE LA MILICE, le sabre à la main,
CALPIGI à leur tête ; URSON.</small>

(Les Prêtres de la Mort se retirent.)

<small>CHŒUR DE SOLDATS furieux. Ils renversent le bûcher.</small>
Tarare, Tarare, Tarare !
Rendez-nous notre Général.

Son trépas, dit-on, se prépare :
Ah ! s'il reçoit le coup fatal,
Nous en punirons ce barbare.
(Ils s'avancent vers Atar.)
TARARE, enchaîné, écarte les Esclaves.
Arrêtez ! Soldats, arrêtez !
Quel ordre ici vous a portés ?
O l'abominable victoire !
On sauverait mes jours en flétrissant ma gloire !
Un tas de rebelles mutins
De l'État ferait les destins !
Est-ce à vous de juger vos Maîtres ?
N'ont-ils soudoyé que des traîtres ?
Oubliez-vous, Soldats, usurpant le pouvoir,
Que le respect des Rois est le premier devoir ?
Armes bas, furieux ! votre Empereur vous casse.
(Ils se jettent tous à genoux.)
(Il s'y jette lui-même, et dit au Roi.)
Seigneur, ils sont soumis ; je demande leur grâce.
ATAR, hors de lui.
Quoi ! toujours ce fantôme entre mon Peuple et moi !
(Aux Soldats.)
Défenseurs du Sérail, suis-je encor votre Roi ?
UN EUNUQUE.
Oui !
CALPIGI le menace du sabre.
Non !
TOUS LES SOLDATS se lèvent.
Non !
TOUT LE PEUPLE.
Non !
CALPIGI, montrant TARARE.
C'est lui.
TARARE.
Jamais !
LES SOLDATS.
C'est toi !
TOUT LE PEUPLE.
C'est toi !
ATAR, avec désespoir.
(A Tarare.)
Monstre !... Ils te sont vendus. Règne donc à ma place !
(Il se poignarde et tombe.)
TARARE, avec douleur.
Ah ! malheureux !
ATAR se relève dans les angoisses.
La mort est moins dure à mes yeux...
Que de régner par toi... sur ce Peuple odieux.
<small>(Il tombe mort dans les bras des Eunuques, qui l'emportent.
Urson les suit.)</small>

SCÈNE VII

<small>LES ACTEURS PRÉCÉDENTS, excepté ATAR et URSON.</small>

CALPIGI crie au Peuple :
Tous les torts de son règne, un seul mot les répare :
Il laisse le trône à Tarare.

TARARE, vivement.
Et moi, je ne l'accepte pas.
CHŒUR GÉNÉRAL, exalté.
Tous les torts de son règne, un seul mot les répare :
Il laisse le trône à Tarare.
TARARE, avec dignité.
Le trône est pour moi sans appas :
Je ne suis point né votre Maître.
Vouloir être ce qu'on n'est pas,
C'est renoncer à tout ce qu'on peut être.
Je vous servirai de mon bras,
Mais laissez-moi finir en paix ma vie,
Dans la retraite, avec mon Astasie.
(Il lui tend les bras ; elle s'y jette.)

SCÈNE VIII

LES ACTEURS PRÉCÉDENTS ; URSON, tenant dans sa main la couronne d'Atar.

URSON prend la chaîne de Tarare.
Non, par mes mains, le Peuple entier
Te fait son noble prisonnier :
Il veut que de l'État tu saisisses les rênes.
Si tu rejetais notre foi,
Nous abuserions de tes chaînes
Pour te couronner malgré toi.
(Au Grand-Prêtre.)
Pontife, à ce grand homme Atar lègue l'Asie.
Consacrez le seul bien qu'il ait fait de sa vie :
Prenez le diadème, et réparez l'affront
Que le bandeau des Rois a reçu de son front.
ARTHENÉE, prenant le diadème des mains d'Urson.
Tarare, il faut céder.
TOUT LE PEUPLE s'écrie :
Tarare, il faut céder !
ARTHENÉE.
Leurs désirs sont extrêmes.
TOUT LE PEUPLE.
Nos désirs sont extrêmes.
ARTHENÉE.
Sois donc le Roi d'Ormus.
TOUT LE PEUPLE.
Sois, sois le Roi d'Ormus !
(Arthenée lui met la couronne sur la tête, au bruit d'une fanfare.)
ARTHENÉE, à part.
Il est des Dieux suprêmes.
(Il sort.)

SCÈNE IX

TOUS LES PRÉCÉDENTS, excepté le Grand-Prêtre.

CALPIGI et URSON se jettent à genoux, et ôtent dans cette posture les chaînes de TARARE.

TARARE, pendant qu'on le déchaîne.
Enfants, vous m'y forcez, je garderai ces fers :
Ils seront à jamais ma royale ceinture.

De tous mes ornements devenus les plus chers,
Puissent-ils attester à la face future
Que, du grand nom de Roi si j'acceptai l'éclat,
Ce fut pour m'enchaîner au bonheur de l'État !
(Il s'enveloppe le corps de ses chaînes.)
CHŒUR GÉNÉRAL, avec ivresse.
Quel plaisir de nos cœurs s'empare !
Vive notre grand Roi Tarare !
Tarare, Tarare, Tarare !
La belle Astasie et Tarare !
Nous avons le meilleur des Rois :
Jurons de mourir sous ses lois.

(Des mouvements d'une joie effrénée sort une danse tumultueuse, pendant que le Chœur répète à grands cris les vers ci-dessus. Ils entourent, ils entraînent Astasie et le Roi. La Musique diminue de bruit, change d'effet et reprend un caractère aérien. Des nuages couvrent le Spectacle ; on en voit sortir, dans les airs, la Nature productrice et le Génie qui préside au Soleil.)

SCÈNE X

LES PRÉCÉDENTS, LA NATURE ET LE GÉNIE DU FEU sur les nuages.

LE GÉNIE DU FEU.
Nature ! quel exemple imposant et funeste !
Le soldat monte au trône, et le tyran est mort !
LA NATURE.
Les Dieux ont fait leur premier sort,
Leur caractère a fait le reste.
LE GÉNIE DU FEU.
Encor un généreux effort.
Dans le cœur des humains, d'un trait inaltérable,
Gravons ce précepte admirable.

(Des nuages transparents les couvrent à demi. Un fort tonnerre se fait entendre. Quatre Génies, dans les airs, sonnent d'une trompette bruyante qui se mêle aux éclats de la foudre. Tarare et tout le Peuple tombent à genoux au fond du Théâtre.)

CHŒUR GÉNÉRAL, très-éloigné.
De ce grand bruit, de cet éclat,
O Ciel, apprends-nous le mystère !
LA NATURE ET LE GÉNIE DU FEU.
(Dans les nuages, à l'unisson, et parlant fortement.)
Mortel, qui que tu sois, Prince, Brame ou Soldat,
Homme ! ta grandeur sur la terre
N'appartient point à ton état :
Elle est toute à ton caractère.

A mesure que la Nature et le Génie prononcent les vers ci-dessus, ils se peignent en caractères de feu dans les nuages. Les trompettes sonnent, le tonnerre reprend ; les nuages les couvrent ; ils disparaissent. La toile tombe.

Dans un siècle et dans un pays où l'on regarderait comme un manque de respect pour l'Opéra de le finir autrement que par une Fête, je proposerai cette Fin, quoique je préfère la première :

Après le chœur :
Quel plaisir de nos cœurs s'empare ;
Vive notre grand Roi Tarare, etc.

Urson viendrait dire :
Les fiers Européens marchent vers ces États,
Inaugurons Tarare, et courons aux combats.

Les Soldats et le Peuple placeraient Tarare et Astasie sous le dais où Atar était assis pendant la prière publique. On danserait militairement devant eux. Puis Urson et Calpigi, entourés du Peuple, chanteraient ce Duo.

URSON ET CALPIGI.

Roi, nous mettons la liberté
Aux pieds de ta vertu suprême.
Règne sur ce Peuple qui t'aime,
Par les lois et par l'équité.

DEUX FEMMES *en duo.*

Et vous, Reine, épouse sensible,
Qui connûtes l'adversité,
Du devoir souvent inflexible
Adoucissez l'austérité.
Tenez son grand cœur accessible
Aux soupirs de l'humanité.

CHŒUR GÉNÉRAL.

Roi, nous mettons la liberté
Aux pieds de ta vertu suprême ;
Règne sur ce Peuple qui t'aime,
Par les lois et par l'équité.

Danse générale, et la toile tomberait.

Cette fin est mise en musique par M. Salieri ; mais je préfère la première, qui est bien plus philosophique et encadre mieux le sujet. Choisissez ; ma tâche est finie.

COURONNEMENT DE TARARE[1]

SCÈNE PREMIÈRE

MARCHE NATIONALE. SOLDATS EN BON ORDRE.

Quatre membres de l'assemblée du Peuple : l'un, militaire ; le second, du Collège des Brames ; le troisième, un Citoyen ; le quatrième, un Cultivateur portant un autel sur lequel est écrit : AUTEL DE LA PATRIE.
Quatre autres Membres, ainsi mêlés, portent un grand Livre avec cette inscription sur la couverture : LIVRE DE LA LOI : une grande couronne d'or est posée sur ce livre.
Deux autres portent le manteau royal pourpre à étoile d'or,
Deux autres le sceptre et la main de justice.
Tout le reste marche ainsi confondu.
Tarare et Astasie montent sur le trône d'Atar, à droite.

URSON ET CALPIGI, *au nom du Peuple.*

DUO.

Roi, nous mettons la liberté
Aux pieds de ta vertu suprême :
Gouverne ce Peuple qui t'aime
Par les lois et par l'équité.
Il dépose en tes mains, lui-même,
Sa redoutable autorité.

On lui donne le sceptre et on lui met le manteau royal sur les épaules. Deux femmes s'avancent vers Astasie.

DUO.

Et vous, Reine, Épouse sensible
Qui connûtes l'adversité,
Du devoir souvent inflexible
Adoucissez l'austérité.
Tenez son grand cœur accessible
Aux soupirs de l'humanité.

Tous les ordres de l'État se prennent sous le bras, et, s'avançant en cercle ainsi confondus, répètent en chœur avec enthousiasme :

Roi, nous mettons la liberté

[1] Variante de l'édition de 1790.

Aux pieds de ta vertu suprême, etc.

Des Danseurs de ces différents ordres composent une danse mêlée où chacun conserve le caractère de son état, en versant alternativement de l'encens sur le feu de l'Autel de la Liberté.
Deux Bonzes suivis de quelques Vierges bramines s'avancent et disent :

Du culte de Brama Prêtres infortunés,
À vivre sans bonheur sommes-nous condamnés ?

TARARE, *se levant.*

De tant de retraites forcées
Que les barrières soient brisées !
Que l'Hymen, par ses doux liens,
Leur donne à tous des jours prospères
Peuple heureux ! les vrais Citoyens,
Ce sont les époux et les pères.

Toute l'assemblée lève les mains en signe d'approbation. Ici des danses mêlées, au choix et bon goût du Maître des ballets, se formeront suivant les caractères.

SPINETTE et CALPIGI s'avancent.

SPINETTE, *se courbant.*

Seigneurs !

CALPIGI, *se courbant.*

Seigneurs !

EN DUO.

Cette loi si douce et si sage,
Qui fait tant d'heureux parmi vous,
Du divorce l'antique usage,
Daignez l'étendre jusqu'à nous.

SPINETTE, *vivement.*

Rompez des nœuds insupportables.

CALPIGI.

Ah ! plus imprudents que coupables.

EN DUO.

L'amour nous avait égarés.

SPINETTE.

Nous brûlons d'être séparés.

CALPIGI.

Nous devons être séparés.

TARARE, *se levant.*

Vous le voulez tous deux ? Eh bien, vous le serez.

Danse pittoresque peignant le sentiment d'un divorce, ou de gens qui se fuient et prennent d'autres engagements.

SCÈNE II

Un Député du Zanguebar, suivi d'une troupe de Nègres et de Négresses enchaînés, qui ont l'air consterné. Tous les précédents.

LE DÉPUTÉ, *se courbant.*

Vos noirs sujets d'Afrique, aussi soumis que braves,
Vous offrent leur tribut d'Esclaves,

(Tous les Nègres se prosternent, il continue.)

Enchaînés par nos mains, et domptés par nos coups,
Flétris sous le poids des entraves,
Quoi qu'on ordonne d'eux, ils vous béniront tous.

TARARE, *avec majesté.*

Plus d'infortunés parmi nous.
Le despotisme affreux outrageait la nature ;
Nos lois vengeront cette injure.
Soyez tous heureux ! levez-vous.

Tous les Nègres se lèvent et crient :

Holà! holà! holà! holà!
UN NÈGRE, exalté.

Holà! doux esclavage
Pour Congo, noir visage.
Bon Blanc, pour Nègre il est humain;
Nous, bon Nègre, a cœur sur la main.
    Nous pour Blanc
      Sacrifie,
      Donner sang,
      Donner vie,
Priant grand Fétiche Ourbala!
Pour bon grand Peuple qu'il est là
   Ourbala! l'y voilà.
   Ourbala! l'y voilà.
(Montrant les spectateurs.)
Là, là, là, là, là, là, là, là, là.

Danse pittoresque des Nègres et Négresses exaltés.

SCÈNE III

Un peuple en désordre, effréné, court et remplit la place. Un Héraut d'armes suivi d'un Magistrat s'oppose à sa course et dit :

    Au nom de la Patrie,
    Qui vous presse et vous prie,
Rentrez dans le devoir aux accents de ma voix.
Peuple, séparez-vous... pour la troisième fois...

CHŒUR DE PEUPLE, en désordre.

Tout est changé; quoi qu'on ordonne,
Nous n'obéirons à personne.

Le Magistrat fait un signal,

Marche de Soldats armés, serrés en bataillon, avec une bannière portant ce vers, en or sur un fond rouge :
(LA LIBERTÉ N'EST PAS D'ABUSER DE SES DROITS.)

Seconde marche d'un groupe de Citoyens paisibles. Bannière bleue, avec ce vers en blanc :
(LA LIBERTÉ CONSISTE A N'OBÉIR QU'AUX LOIS.)

Troisième marche d'un groupe de Cultivateurs des deux sexes, couronnés de fleurs, et portant des gerbes et des fruits. Bannière rose, avec ce distique de couleur verte:
(DE LA LIBERTÉ SANS LICENCE
NAIT LE BONHEUR, NAIT L'ABONDANCE.)

Quatrième marche d'un groupe de Prêtres de la Mort, précédée d'un TAMTAM ou cloche de l'Inde suspendue et portée par deux Prêtres formant une espèce de Tocsin. Bannière noire, avec des lettres d'argent, et pour légende :
(LICENCE, ABUS DE LIBERTÉ,
SONT LES SOURCES DU CRIME ET DE LA PAUVRETÉ.)

Urson s'est mis à la tête des Soldats quand ils ont passé, Tarare à celle du groupe des Citoyens paisibles.
Astasie s'est mêlée aux jeunes Cultivateurs des deux sexes.
Cette marche imposante fait doucement reculer le Peuple. Il reparaît modeste, à la fin de la marche générale.
Pendant qu'elle passe sur le devant du théâtre, on élève un trône au fond, sous un riche baldaquin. Le livre de la Loi est mis au sommet sous une grande couronne d'or. Tarare et Astasie sont au-dessous. L'assemblée mêlée est assise autour d'eux, le Peuple en bas; l'Autel de la Liberté est flamboyant sur le devant.
Danses des premiers sujets dans tous les genres.
Au milieu de la fête, un coup de tonnerre se fait entendre. Le Théâtre se couvre de nuages, on voit paraître au Ciel, sur le Char du Soleil, la Nature et le Génie du Feu.

FIN DE TARARE

MÉMOIRES

MÉMOIRE A CONSULTER

POUR

P.-A. CARON DE BEAUMARCHAIS

Pendant que le public s'entretient d'un procès dont le fond et les détails excitent sa curiosité ; pendant que des gazetiers[1], vendus aux intérêts de différents partis, le défigurent de toutes les manières ; pendant que les méchants accumulent sur moi les plus absurdes calomnies, et ne disputent que sur le choix des atrocités ; enfin pendant que les honnêtes gens consternés gémissent sur la foule de maux dont un seul homme peut être à la fois assailli ; laissons jaser l'oisiveté, dédaignons les libelles, plaignons les méchants, rendons grâces aux gens honnêtes, et présentons ce mémoire à mes juges, comme un hommage public de mon respect pour leurs lumières, et de ma confiance en leur intégrité.

Si c'est un malheur d'être engagé dans un procès dont le plus grand bien possible est qu'il n'en résulte aucun mal ; au moins est-ce un avantage de justifier ses actions devant un tribunal, jaloux de l'estime de la nation qui a les yeux ouverts sur son jugement, devant des magistrats trop généreux pour prendre parti contre un citoyen, parce que son adversaire est leur confrère, et trop éclairés sur leur véritable dignité pour confondre une querelle particulière dont ils sont juges, avec ces grands démêlés où le corps entier de la magistrature aurait ses droits à soutenir ou son honneur à venger.

La question qui occupe aujourd'hui les chambres assemblées est de savoir si la nécessité de répandre l'or autour d'un juge pour en obtenir une audience indispensable, et qu'on n'a pu se procurer autrement, est un genre de corruption punissable, ou seulement un malheur digne de compassion.

Forcé d'employer ma faible plume, au défaut de toute autre, dans une affaire où la terreur écarte loin de moi tous les défenseurs, où il faut des injonctions réitérées des magistrats pour qu'on me signe au palais la plus juste requête ; détruisons toute idée de corruption par le simple exposé des faits, et ne craignons point qu'on m'accuse de tomber dans le défaut trop commun de les altérer devant la justice. Ils sont déjà connus des magistrats par le vu des charges et informations ; je ne fais ici que les rétablir dans l'ordre chronologique que des dépositions partielles et la forme des interrogatoires leur ont nécessairement ôté.

Uniquement destiné à soulager l'attention de mes juges, ce mémoire sera l'historique exact et pur de tout ce qui tient à la question agitée. Je n'y dirai rien qui ne soit constant au procès. Les faits qui me sont personnels y seront affirmés positivement. Ce que j'ai su par le témoignage d'autrui portera l'empreinte de la circonspection ; et si ce mémoire n'a pas toute la méthode qui caractérise les ouvrages de nos orateurs du barreau, au moins il réunira le double avantage de ne contenir que des faits véritables, et de fixer l'opinion flottante du public sur le fond d'une affaire dont le secret de la procédure empêchera qu'il soit jamais bien instruit par une autre voie.

FAITS PRÉLIMINAIRES.

Le 1er avril 1770, j'ai réglé définitivement avec M. Paris Duverney un compte appuyé sur des titres, et sur une liaison de douze ans d'intérêts, de confiance et d'amitié.

Par le résultat de ce compte, fait double entre nous, M. Duverney resta mon débiteur, et mourut quatre mois après, sans s'être acquitté envers moi.

Son légataire universel prit des lettres de rescision contre l'acte du 1er avril, en poursuivit l'entérinement aux requêtes de l'hôtel, et fut débouté de sa demande par deux sentences consécutives.

Il en appela au parlement ; et, profitant du moment qu'une lettre de cachet me tenait sous la clef, à réfléchir sur le danger des liaisons disproportionnées, il poursuivit sans relâche le jugement de son appel. Il faisait plaider, il sollicitait, il gagnait les esprits ; et moi j'étais en prison.

Enfin, le 1er avril 1773, sur les conclusions de M. l'avocat général de Vaucresson, la cour mit l'affaire en délibéré, au rapport de M. Goëzman.

O M. Duverney, lorsque vous signâtes cet arrêté de

---

[1] Les gazettes étrangères. Toutes les méchancetés qu'elles contiennent se fabriquent à Paris. Celui qui va payer un paragraphe à certain bureau de cette ville, est toujours sûr d'y faire dénigrer qui bon lui semble à juste prix. *C'était vrai alors.*

compte par lequel vous vous reconnaissiez mon débiteur, le 1ᵉʳ avril 1770, vous étiez bien loin de prévoir que trois ans après, à pareil jour, sur le refus d'acquitter votre engagement par un légataire à qui vous laissiez plus d'un million, M. Goëzman de Colmar serait nommé rapporteur; que je perdrais en quatre jours mon procès et cinquante mille écus; et que ce magistrat me dénoncerait ensuite au parlement comme ayant calomnié sa personne, après avoir tenté de corrompre sa justice!

FAITS POSITIFS.

Peu de jours avant le prononcé du délibéré, j'avais enfin obtenu du ministre la permission de solliciter mon procès, sous les conditions expresses et rigoureuses de ne sortir qu'accompagné du sieur Santerre, nommé à cet effet; de n'aller nulle autre part que chez mes juges, et de rentrer prendre mes repas et coucher en prison : ce qui gênait excessivement mes démarches, et raccourcissait beaucoup le peu de temps accordé pour mes sollicitations.

Dans ce court intervalle, je m'étais présenté au moins dix fois chez M. Goëzman sans pouvoir le rejoindre : le hasard seulement me l'avait fait rencontrer une fois chez un autre conseiller de grand-chambre ; mais à une heure tellement incommode, que ces magistrats, pressés de sortir, ne m'accordaient qu'une légère attention. Je n'en fus pas très-affecté, M. Goëzman ne faisant alors que nombre avec mes juges. Cette relation intime d'un rapporteur à son client, qui rend l'un aussi attentif que l'autre est disert ; cet intérêt pressant qui fait tout expliquer, tout entendre et tout approfondir, n'existaient pas encore entre nous.

Mais le 1ᵉʳ avril, aussitôt qu'il fut chargé du rapport de mon procès, il devint un homme essentiel pour moi ; je n'eus plus de repos que je ne l'eusse entretenu. Je me présentai chez lui trois fois dans cette après-midi, et toujours la formule écrite : *Beaumarchais supplie monsieur de vouloir bien lui accorder la faveur d'une audience, et de laisser ses ordres à son portier pour l'heure et le jour.* Ce fut vainement ; la portière (car c'en était une), fatiguée de moi, m'assura le lendemain matin, à ma quatrième visite, que Monsieur ne voulait voir personne, et qu'il était inutile que je me présentasse davantage. J'y revins l'après-midi ; même réponse.

Si l'on réfléchit que, du 1ᵉʳ au 5 avril, jour auquel M. Goëzman devait rapporter l'affaire, il n'y avait que quatre jours pleins, et que, de ces quatre jours si précieux, j'en avais déjà usé un et demi en démarches perdues ; si l'on sait qu'un ami de M. Goëzman[1] avait été deux fois chez lui sans succès pour m'obtenir l'audience, on concevra toute mon inquiétude.

J'appuie sur ces légers détails, parce qu'on me reproche au palais, aujourd'hui, de n'avoir pas écrit alors à M. Goëzman pour le voir. Eh ! grands dieux ! écrire ! une lettre ne pouvait-elle pas rester un jour entier sans réponse, et me faire perdre encore vingt-quatre heures, à moi qui comptais les minutes ? Et mes cinq courses en aussi peu de temps ne valaient-elles pas bien une lettre ? Et ce que j'écrivais chez la portière, n'était-ce donc pas écrire ? Et croyez-vous qu'on ignorât mon empressement, lorsqu'à l'une de ces courses nous vîmes, de mon carrosse, M. Goëzman ouvrir le rideau de son cabinet au premier, qui donne sur le quai, et regarder à travers les vitres le malheureux qui restait à sa porte ? Ce fait, ainsi que les autres, est attesté par le sieur Santerre, qui m'accompagnait, et dont le témoignage ne saurait être suspect : et il faut le dire et le répéter, car il n'y a pas ici de petites circonstances.

Comme on ne peut tordre mes intentions, et donner à mes sacrifices d'argent la tournure de la corruption, qu'en argumentant de ma négligence à rechercher M. Goëzman, et qu'on le fait réellement aujourd'hui, il m'est de la plus grande importance que la multiplicité, la vivacité, l'obstination même de mes démarches pour le voir, soient aussi constatées que leur inutilité. Nous compterons à la fin combien de fois j'ai assiégé sa porte pendant les quatre jours pleins qu'il a été mon rapporteur. Cette façon d'argumenter à mon tour me lavera peut-être une bonne fois du reproche de négligence. On cessera d'en extraire celui de corruption ; d'où l'on conclut que, croyant ma cause mauvaise, je l'étayais par toutes sortes de manœuvres. Avec cet enchaînement d'inductions vicieuses, on arrive aux horreurs, aux diffamations, et à toutes les indignités qui ont suivi la perte de mon procès. Telle est la marche de l'animosité : nous y reviendrons.

Ne sachant plus à quel parti m'arrêter, j'entrai en revenant chez une de mes sœurs pour y prendre conseil, et calmer un peu mes sens. Alors le sieur Dairolles, logé dans la maison de ma sœur, se ressouvint qu'un nommé le Jay, libraire, avait des habitudes intimes chez M. Goëzman, et pourrait peut-être me procurer les audiences que je désirais. Il fit venir le sieur le Jay, l'entretint, en reçut l'assurance que, moyennant un sacrifice d'argent, l'audience me serait promptement accordée. Étonné qu'il s'ouvrît une pareille voie, et curieux de savoir quelle espèce de relation pouvait exister entre ce libraire et M. Goëzman, j'appris du sieur Dairolles que le libraire débitait les ouvrages de ce magistrat ; que madame Goëzman venait assez souvent chez lui pour recevoir la rétribution d'auteur ; ce qui avait mis assez de liaison entre elle et la dame le Jay. « Mais le vrai motif qui engage le sieur le Jay à ré-
« pondre des audiences, ajouta-t-il, est que madame
« Goëzman l'a plusieurs fois assuré que s'il se présen-
« tait un client généreux, dont la cause fût juste, et
« qui ne demandât que des choses honnêtes, elle ne
« croirait pas offenser sa délicatesse en recevant un
« présent[1]. » Cela me fut dit chez ma sœur, devant plusieurs de mes parents et amis.

---

[1] Le sieur Marin, auteur de *la Gazette de France*.

[1] Lorsque madame Goëzman, interrogée sur la nature de ses

La demande étant portée à deux cents louis, je me récriai sur la somme, autant que sur la dure nécessité de payer des audiences. Quand on m'a jugé aux requêtes de l'hôtel, disais-je, où j'ai gagné ce procès en première instance, loin qu'il m'en ait coûté pour voir mon rapporteur, je n'ai pas même su quel était son secrétaire ; et M. Dufour, magistrat aussi accessible que juge éclairé, a poussé la patience et l'honnêteté jusqu'à souffrir mes importunités verbales et par écrit pendant six semaines au moins. Pourquoi faut-il aujourd'hui payer? etc., etc., etc.

Je résistais, je bataillais ; mais l'importance de voir M. Goëzman était telle, et le temps pressait si fort, que mes amis inquiets me conseillaient tous de ne pas hésiter : « Quand vous aurez perdu cinquante mille
« écus, me disaient-ils, faute d'avoir instruit votre rap-
« porteur, quelle différence mettront dans votre aisance
« deux cents louis de plus ou de moins ? Si l'on vous
« en demandait cinq cents, il n'y aurait pas plus à
« balancer. » Pour trancher la question, l'un d'eux obligeamment courut chez lui, et remit à ma sœur cent louis que je n'avais pas.

Plus économe de ma bourse, ma sœur voulut essayer d'arracher cette audience pour cinquante louis ; et, de son chef, elle remit un rouleau seul au sieur le Jay, lui disant qu'elle n'avait pas encore pu changer en or les deux mille quatre cents livres apportées par son frère ; et qu'elle le priait en grâce de voir si ces cinquante louis ne suffiraient pas pour m'ouvrir cette fatale porte. Mais bientôt le sieur Dairolles vint chercher le second rouleau. « Quand on fait un sacrifice, madame, lui dit-
« il, il faut le faire honnête ; autrement il perd son mé-
« rite, et M. votre frère désapprouverait beaucoup, s'il
« le savait, qu'on eût perdu seulement quatre heures
« pour épargner un peu d'argent. » Alors ma sœur, ne pouvant plus reculer, abandonna tristement les autres cinquante louis ; et ces messieurs retournèrent chez madame Goëzman.

Mais, dira-t-on, comment, dans une affaire aussi majeure, étiez-vous si indolent, si passif, que toutes les démarches se fissent entre vos parents et amis, sans vous ; et comment disposait-on ainsi de votre argent, et d'un temps si précieux, sans que votre acquiescement y parût même nécessaire ? Eh ! messieurs, vous oubliez la foule de maux dont j'étais accablé : vous oubliez que j'étais en prison ; vous oubliez que, forcé d'y attendre le matin qu'on vint me chercher pour sortir, d'y revenir prendre mes repas, et d'y rentrer le soir de bonne heure, je ne pouvais suivre exactement des opérations aussi mêlées. Voilà pourquoi le zèle de mes amis y suppléait ; voilà pourquoi je n'ai su beaucoup de ces détails qu'après coup ; voilà pourquoi *je n'ai jamais encore vu le sieur le Jay, au moment où j'écris ce mémoire*, etc. Renouons le fil de ma narration, que cet éclaircissement a coupé.

Quelques heures après, le sieur Dairolles assure ma sœur que madame Goëzman, après avoir serré les cent louis dans son armoire, avait enfin promis l'audience pour le soir même. Et voici l'instruction qu'il me donna quand il me vit : « Présentez-vous ce soir à la porte de
« M. Goëzman ; on vous dira encore qu'il est sorti ;
« insistez beaucoup ; demandez le laquais de madame ;
« remettez-lui cette lettre, qui n'est qu'une sommation
« polie à la dame de vous procurer l'audience, suivant
« la convention faite entre elle et le Jay ; et soyez cer-
« tain d'être introduit. »

Docile à la leçon, je fus le soir chez M. Goëzman, accompagné de Mᵉ Falconnet, avocat, et du sieur Santerre. Tout ce qu'on nous avait prédit arriva : la porte nous fut obstinément refusée ; je fis demander le laquais de madame, à qui je proposai de rendre ma lettre à sa maîtresse ; il me répondit niaisement qu'il ne le pouvait alors, *parce que monsieur était dans le cabinet de madame avec elle*. C'est une raison de plus, lui dis-je en souriant de sa naïveté, de porter la lettre à l'instant. Je vous promets qu'on ne vous en saura pas mauvais gré. Le laquais revint bientôt, et nous dit *que nous pouvions monter dans le cabinet de monsieur ; qu'il allait s'y rendre lui-même* PAR L'ESCALIER INTÉRIEUR *qui descend chez madame.* En effet, M. Goëzman ne tarda pas à nous y venir trouver. Qu'on me passe un détail minutieux ; on sentira bientôt comment ils deviennent tous importants. Il était neuf heures du soir lorsqu'on nous fit monter au cabinet ; nous trouvâmes le couvert mis dans l'antichambre, et la table servie ; d'où nous conclûmes que l'audience retardait le souper.

La voilà donc ouverte à la fin cette porte, et c'est au moment indiqué par le Jay : l'agent n'écrit qu'un mot, j'en suis le porteur ; la dame le reçoit, et le juge paraît. Cette audience, si longtemps courue, si vainement sollicitée, on la donne à neuf heures, à l'instant incommode où l'on va se mettre à table. Sans insulter personne, on pouvait, je crois, aller jusqu'à soupçonner que les cent louis avaient mis tout le monde d'accord sur l'audience, et qu'elle était le fruit de la lettre que madame venait de recevoir en présence de monsieur. Aujourd'hui que l'on plaide, il se trouve que personne ne savait rien de rien, et que l'audience, au milieu de tant d'obstacles, se trouve octroyée par hasard en ce moment unique. J'en demande bien pardon ; il était, sans doute, excusable de s'y tromper.

L'audience de M. Goëzman s'entama par la discussion de quelques pièces au procès. J'avoue que je fus étonné de la futilité de ses objections, et du ton avec lequel il les faisait ; je le fus même au point que je pris la liberté de lui dire que je ne le croyais pas assez instruit de

---

liaisons avec le Jay, répond qu'elle ne le connaît point, et l'a seulement vu venir quelquefois solliciter son mari, elle oublie qu'il existe au portefeuille du sieur le Jay quelques billets d'elle, écrits de sa main, par lesquels elle se reconnaît sa débitrice de plusieurs sommes, comme 18 livres, 50 livres, etc., qui prouvent encore plus les grandes intimités que les petits besoins. Elle oublie que, dans ces grandes intimités, elle a dit, devant plusieurs témoins, *que, quand son mari serait rapporteur, elle saurait bien plumer la poule sans la faire crier*. Expressions moins nobles à la vérité que celles rapportées dans ce mémoire, sur le même sujet ; mais en cela plus propres à donner une véritable idée de la liaison niée par madame Goëzman, à son interrogatoire.

l'affaire, pour être en état de la rapporter sous deux jours. Il me répondit qu'il la connaissait assez dès à présent pour la juger, qu'elle était toute simple, et qu'il espérait en rendre un compte exact à la cour le lundi suivant. En l'écoutant, je crus apercevoir sur son visage les traces d'un rire équivoque, dont je fus très-alarmé. De retour, je fis part de mes observations à mes amis.

Le sieur Dairolles les fit parvenir à madame Goëzman, en sollicitant une seconde audience. La réponse fut que, si M. Goëzman ne m'avait fait que des objections frivoles, c'est qu'apparemment il n'en avait point d'autres à faire contre mon droit ; et qu'à l'égard du rire qui m'avait alarmé, c'était le caractère de sa physionomie ; qu'au reste, si je voulais lui envoyer mes réponses aux objections de son mari, elle se chargeait volontiers de les lui remettre : ce que je fis, en accompagnant le paquet d'une lettre polie pour la dame.

Nous étions au dimanche 4 avril : il ne restait plus qu'un jour pour solliciter ; mon affaire devait être rapportée le lendemain. Je priai le sieur Dairolles de savoir au vrai si je ne devais plus espérer d'être entendu, trouvant qu'on m'avait vendu bien cher l'unique faveur d'une courte audience.

On négocia de nouveau ; mais les difficultés qu'on nous opposa firent deviner à tout le monde qu'il n'y avait qu'un seul moyen de les résoudre : autres débats ; humeur de ma part ; représentation de celle de mes amis. L'avis qui prévalut, fut que l'on saurait positivement de madame Goëzman si la seconde audience tenait à un second sacrifice ; et qu'alors, au défaut de cent autres louis qui me manquaient, on lui laisserait une montre à répétition enrichie de diamants. Elle fut aussitôt remise à le Jay par le sieur Dairolles.

Enfin, je reçus la promesse la plus positive d'une audience pour le soir même : mais le sieur Dairolles, en m'apprenant que la dame avait été encore plus flattée de ce bijou que des cent louis qu'elle avait reçus, ajouta *qu'elle exigeait* en outre quinze louis pour le secrétaire de son mari, à qui elle se chargeait de les remettre. Cela est d'autant plus singulier, monsieur, lui dis-je, que vous savez qu'un de vos amis eut hier toutes les peines du monde à faire accepter, à ce secrétaire, une somme de dix louis qu'il lui présentait d'office. Cet homme modeste s'obstinait à la refuser, disant qu'il était absolument inutile à mon affaire, qui se traitait dans le cabinet du rapporteur, et sans lui. « Que voulez-« vous ? me dit le sieur Dairolles. Toutes ces observa-« tions ont été faites à madame Goëzman : elle n'en a « pas moins insisté sur la remise de quinze louis : elle « doit ignorer, dit-elle, ce que le secrétaire a reçu « d'ailleurs ; enfin, ces quinze louis sont indispen-« sables. »

Ils furent remis, de mauvaise grâce à la vérité, puis portés à madame Goëzman ; puis l'audience assurée de nouveau pour sept heures. Mais ce fut encore vainement que je me présentai : n'ayant pas cette fois de passe-port auprès de madame, il fallut revenir sans avoir vu monsieur.

Le lecteur, qui se fatigue à la fin de lire autant de promesses vaines, autant de démarches inutiles, jugera combien je devrais être outré moi-même de recevoir les unes et de faire les autres.

Je revins chez moi, la rage dans le cœur. Nouvelle course des intermédiaires. Pour cette fois, il ne faut pas omettre la curieuse réponse qu'on me rapporta. « Ce « n'est point la faute de la dame si vous n'avez pas été « reçu. Vous pouvez vous présenter demain encore chez « son mari. Mais elle est si honnête, qu'en cas que vous « ne puissiez avoir d'audience avant le jugement, elle « vous fait assurer que tout ce qu'elle a reçu vous sera « fidèlement remis. »

J'augurai mal de cette nouvelle annonce. Pourquoi la dame s'engageait-elle alors à rendre l'argent ? Je ne l'avais pas exigé. Quelle raison la faisait tergiverser sur une audience tant de fois promise ? Je fis à ce sujet les plus funestes réflexions. Mais quoique le ton et les procédés me parussent absolument changés, je n'en résolus pas moins de tenter un dernier effort pour voir mon rapporteur le lendemain matin, seul instant dont je pusse profiter avant le jugement du procès.

Pendant que je déplorais mon sort, un homme d'une probité reconnue, ayant été témoin et quelquefois confident des affaires particulières entre M. Duverney et moi, s'intéressait à ma cause, dont il connaissait la justice. Ce motif lui fit trouver moyen de s'introduire chez M. Goëzman, en faisant dire à ce rapporteur qu'il avait des éclaircissements importants à lui donner sur l'affaire de la succession Duverney, et se gardant bien, surtout, d'articuler qu'il penchât pour moi. Il fut aussi surpris que je l'avais été des objections de M. Goëzman : comme elles sont entrées dans son rapport à la cour, qu'il lui lut en partie, je vais les rappeler en note ; elles serviront à montrer dans quel esprit M. Goëzman traitait une affaire aussi grave ; elles motiveront mes efforts pour en obtenir des audiences, et justifieront les sacrifices que j'ai faits pour y parvenir [1].

[1] M. Goëzman lui dit entre autres choses que M. Duverney confiait facilement de ses blancs-seings ; que lui-même en avait vu et tenu entre ses mains ; que je pouvais avoir abusé d'un de ces blancs-seings pour y adapter un arrêté de compte. Mon ami, surpris d'une pareille allégation, lui répondit que l'exactitude de M. Duverney avait été trop connue pour qu'on pût le taxer d'une pareille négligence sur sa signature ; mais que, quand cette allégation aurait même quelque vraisemblance, ce ne pouvait jamais être relativement à une signature et une date fixe de la main de M. Duverney, apposées au bas du folio verso d'une grande feuille de papier à la Tellière ; et qu'en tout état de cause, un pareil soupçon, étant ce qu'on pouvait avancer de plus odieux contre quelqu'un, ne devait jamais être articulé sans preuve.

M. Goëzman lui dit ensuite que l'arrêté de compte entre M. Duverney et moi ne pouvait pas être regardé comme un acte sérieux, puisque toutes les sommes y étaient écrites en chiffres : en effet, il lui montrait plusieurs sommes en chiffres sur la page verso de cet arrêté de compte. Mon ami, étonné que j'eusse commis une pareille faute dans une pièce aussi importante, était prêt à passer condamnation, lorsque, quittant M. Goëzman, avec lequel il se promenait dans son cabinet, il vint subitement retourner l'arrêté de compte et en examiner la première page, dans laquelle il ne lui fut pas difficile de prouver à M. Goëzman que les sommes écrites en chiffres sur le verso n'étaient que relatées de pareilles sommes écrites plusieurs fois en toutes lettres antécédemment de l'autre part.

M. Goëzman lui objecta encore que la déclaration de 1733 exigeait

Mon ami eut beaucoup de peine à se faire écouter dans ses réponses; mais il ne quitta point M. Goëzman qu'il n'en eût au moins arraché la promesse positive de m'ouvrir sa porte, et de m'entendre le lendemain matin : il obtint de plus la permission de me communiquer ses objections, et s'engagea pour moi que je les résoudrais à la satisfaction du rapporteur.

Si jamais audience a paru certaine, ce fut sans doute cette dernière, que le rapporteur promettait d'un côté, pendant que sa femme en recevait le prix de l'autre. Cependant, malgré les assurances du mari et de la femme, nous ne fûmes pas plus heureux le lundi matin que les autres jours : mon ami m'accompagnait ; le sieur Santerre était en tiers : ils furent aussi outrés que moi de me voir durement refuser la porte, quoiqu'on ne dissimulât pas que madame et monsieur étaient au logis. J'avoue que ce dernier trait mit à bout ma patience. Nous éclatâmes en murmures ; et pendant que mon ami, épuisant toutes les ressources, allait chercher le secrétaire au palais, pour essayer de nous faire introduire, je priai la portière de me permettre au moins d'écrire dans sa loge les réponses que j'avais espéré faire verbalement à son maître. Nous y restâmes une heure et demie, le sieur Santerre et moi. Mon ami revint avec un nouvel introducteur : mais les ordres étaient positifs ; nous ne pûmes passer le seuil de la porte ; ce ne fut qu'à force d'instances, et même en donnant six francs à un laquais, que nous parvînmes à faire remettre à M. Goëzman mes réponses, et l'extrait d'un acte important pour la recherche duquel un notaire avait passé la nuit.

Le même jour je perdis ma cause ; et M. Goëzman, en sortant du conseil, dit tout haut à mon avocat, devant plusieurs personnes, *qu'on avait opiné du bonnet d'après son avis*. Le fait est cependant que plusieurs conseillers sont restés d'un sentiment contraire au sien.

Quelle cruauté ! N'est-ce pas tourner le poignard dans le cœur d'un homme, après l'y avoir enfoncé? Moins le propos était fondé, plus il montrait de partialité dans le juge, et... Laissons les réflexions ; elles aigrissent mon chagrin et retardent mon ouvrage.

Il est temps de tenir parole : opposons la récapitulation de mes courses chez M. Goëzman au reproche de n'en avoir pas fait assez pour le voir, pendant les quatre jours pleins qu'il a été mon rapporteur ; d'où l'on induit que j'ai pu avoir intention de le corrompre.

1ᵉʳ avril.	Le jour qu'il a été nommé rapporteur, dans l'après-midi et soirée, trois courses inutiles.	3
2 avril.	Vendredi une course inutile.	1
	Vendredi après-midi, course inutile. . .	1
	Vendredi au soir, course inutile. . . .	1
3 avril.	Samedi matin, course inutile.	1
	Samedi au soir, audience promise par madame Goëzman, et obtenue, *course inutile*.	1
4 avril.	Dimanche au soir, audience promise par madame Goëzman, et non obtenue, course inutile.	1
	D'autre part, neuf courses inutiles. . .	9
5 avril	Lundi matin, jour du rapport, audience promise d'un côté par M. Goëzman, payée de l'autre à madame, et non obtenue, course inutile.	1
	Total des courses en quatre jours pleins.	10
	Si l'on ajoute les deux qu'un ami de M. Goëzman a faites en même temps pour moi sur le même objet. . . .	2
	Et mes dix courses avant sa nomination.	10
	Total des courses pour avoir audience. .	22

UNE SEULE AUDIENCE OBTENUE.

En me lavant ainsi du reproche de négligence, je pense avoir beaucoup ébranlé le système de corruption : achevons de l'anéantir par un autre calcul et quelques réflexions fort simples.

Il m'en a coûté cent louis pour obtenir une audience de M. Goëzman. Qu'on suive cet argent à la trace, et qu'on juge si, de la distance où je suis resté du rapporteur, il était possible que j'eusse formé le projet insensé de le corrompre.

En cédant à la nécessité de sacrifier cent louis, je ne les avais pas ; (*une personne*), un ami me les a offerts (*deux*) ; ma sœur les a reçus de ses mains (*trois*) ; elle les a confiés au sieur Dairolles (*quatre*), qui les a remis au sieur le Jay (*cinq*), pour être donnés à madame Goëzman, qui les a gardés (*six*) ; enfin M. Goëzman, que je n'ai vu qu'à ce prix, et qui a tout ignoré (*sept*).

Voilà donc, de M. Goëzman à moi, une chaîne de sept personnes, dont il prétend que je tiens le premier chaînon comme corrupteur, et lui le dernier comme incorruptible. D'accord. Mais s'il est juge incorruptible, comment prouvera-t-il que je suis un client corrupteur? A travers tant de personnes on se trompe aisément sur l'intention d'un homme : d'ailleurs un juge corrompu n'a plus besoin d'instructions ; et l'éloignement où se tient de lui son corrupteur est le premier égard qu'il lui doit, et le plus sûr moyen d'écarter tout soupçon de leur intelligence. Or, il est prouvé qu'après avoir payé, j'ai montré encore plus d'empressement de voir M. Goëzman qu'avant de donner les cent louis : donc je n'ai pas cru avoir gagné son suffrage en payant ; donc ce n'était pas son suffrage qu'on avait marchandé pour moi ; donc je ne voulais que des audiences ; donc je ne suis pas corrupteur ; donc il a calomnié mon intention ; donc le procès est mal intenté contre moi ; donc... Ce qu'il fallait démontrer.

J'avais perdu ma cause ; le mal était consommé. Le soir même du jugement, le sieur Dairolles rendit à ma sœur les deux rouleaux de louis, et la montre enrichie

que l'écriture d'un pareil acte fût approuvée de la main de celui qui n'avait fait que le dater et le signer. Mon ami, qui ne connaissait point les termes de cette déclaration, ne put lui répondre que l'acte et les deux contractants étaient précisément dans le cas de l'exception portée par cette même loi.

Il y eut encore d'autres objections aussi frivoles.

de diamants. « A l'égard des quinze louis, dit-il, comme « ils avaient été exigés par madame Goëzman pour être « remis au secrétaire de son mari, elle s'est crue à bon « droit dispensée de les rendre au sieur le Jay. »

La conduite de ce secrétaire étant une énigme pour moi, je voulus l'éclaircir. Étonné qu'après avoir refusé modestement dix louis, il en retînt vingt-cinq, je priai l'ami qui lui avait fait accepter ces dix louis, d'aller lui demander si quelqu'un lui avait depuis remis quinze autres louis. Non-seulement le secrétaire nia qu'on les lui eût offerts, et il les aurait, dit-il, certainement refusés ; mais il offrit à mon ami de lui rendre les dix louis qu'il en avait reçus, en l'assurant de nouveau qu'il n'avait fait aucun travail à ce malheureux procès, qui me coûtait trop d'argent pour qu'on augmentât encore mes pertes par des sacrifices volontaires.

Mon ami, sûr de mes intentions, le pria de les garder moins comme un honoraire dû à ses peines, que comme un léger hommage rendu à son honnêteté.

Alors, piqué du moyen malhonnête qu'on employait pour retenir mes quinze louis, croyant même que le sieur le Jay, *que je ne connaissais point du tout*, avait voulu les garder, je lui fis dire par le sieur Dairolles que je voulais savoir ce qu'étaient devenus ces quinze louis.

Le libraire affirma pendant plusieurs jours les avoir en vain demandés à madame Goëzman, qui lui répondait constamment être convenue avec lui que dans tous les cas ces quinze louis seraient perdus pour moi. Il ajouta qu'il ne pouvait souffrir qu'on le soupçonnât de les avoir gardés ; que la dame se fait celer, et que je pouvais lui en écrire directement.

Le 21 avril, c'est-à-dire dix-sept jours après le jugement du procès, j'écrivis la lettre suivante à madame Goëzman :

« Je n'ai point l'honneur, madame, d'être personnel-
« ment connu de vous ; et je me garderais de vous im-
« portuner, si, après la perte de mon procès, lorsque
« vous avez bien voulu me faire remettre mes deux
« rouleaux de louis, et la répétition enrichie de dia-
« mants qui y était jointe, on m'avait aussi rendu de
« votre part quinze louis d'or, que l'ami commun qui a
« négocié, vous a laissés de surérogation.

« J'ai été si horriblement traité dans le rapport de
« M. votre époux, et mes défenses ont été tellement
« foulées aux pieds par celui qui devait, selon vous, y
« avoir un légitime égard, qu'il n'est pas juste qu'on
« ajoute aux pertes immenses que ce rapport me coûte,
« celle de quinze louis d'or, qui n'ont pas dû s'égarer
« dans vos mains. Si l'injustice doit se payer, ce n'est
« pas par celui qui en souffre aussi cruellement. J'es-
« père que vous voudrez bien avoir égard à ma de-
« mande, et que vous ajouterez à la justice de me ren-
« dre ces quinze louis, celle de me croire, avec la
« respectueuse considération qui vous est due,

« Madame, votre, etc. »

« Ce 21 avril 1773. »

Je n'en reçus point de réponse ; mais le lendemain ma sœur vint m'apprendre que le sieur le Jay était dans sa maison, égaré comme un insensé ; madame Goëzman, disait-il, l'avait envoyé chercher, pour se plaindre amèrement de ce que je lui demandais une somme de cent louis et une montre enrichie de diamants, qu'elle m'avait fait rendre. Il ajoutait que cette dame, outrée de colère, l'avait menacé de le perdre, ainsi que moi, en employant le crédit de M. le duc d'...

Ma sœur me dit que tous ces propos se tenaient chez elle, devant son médecin ; qu'elle avait inutilement essayé de remettre la tête de ce pauvre le Jay, à qui l'on ne pouvait faire comprendre qu'il ne s'agissait que de quinze louis égarés entre lui et cette dame, et non de ce qui m'avait été rendu ; que cet homme était si troublé, qu'il assurait avoir lu en propres termes dans ma lettre, que la dame lui avait montrée, la demande des cent louis et du bijou ; qu'enfin il menaçait de nier la part qu'il avait eue à cette affaire, si elle prenait une mauvaise tournure.

Heureusement j'avais gardé copie de ma lettre : je l'envoyai par ma sœur au sieur le Jay, qui fut, à ce qu'il dit, sur-le-champ chez madame Goëzman, lui faire à son tour ses reproches. Je ne sais s'il tint parole ; mais enfin les quinze louis ne revinrent point. J'ai depuis écrit deux lettres au libraire à ce sujet, qui sont restées sans réponse. Elles ont été jointes au procès.

J'appris alors dans le public que M. Goëzman, muni d'une déclaration du sieur le Jay[1], dans laquelle j'étais violemment inculpé, avait été chez M. le duc de la Vrillière, et chez M. de Sartine, se plaindre hautement que je calomniais sa personne, après avoir tenté de corrompre sa justice. Je n'en croyais pas un mot : tant de précautions extrajudiciaires, avant qu'il y eût aucune procédure entamée, me paraissaient au-dessous même du moins instruit des criminalistes. Je ne pouvais me figurer qu'un conseiller au parlement, sur des objets relatifs à un procès jugé au parlement, invoquât une autre autorité que celle du parlement, pour avoir raison de qui que ce fût : en tout cas, je me promis bien qu'il ne me serait pas reproché, si je pouvais l'éviter, d'avoir provoqué, par mes discours ou mes écrits, un combat aussi indécent entre M. Goëzman et moi. Résolu que j'étais de me renfermer dans des défenses juridiques, si on allait jusqu'à m'attaquer en forme, j'eus l'honneur d'adresser la lettre suivante à l'un des hommes en place qui jouit au plus juste titre de l'estime et de la confiance universelle.

« Monsieur,

« Sur les plaintes qu'on prétend que M. Goëzman,

[1] Cette déclaration porte en substance que le sieur le Jay, cédant aux sollicitations d'un de mes amis, a reçu cent louis et une montre enrichie de diamants ; qu'il a eu la faiblesse de les offrir à madame Goëzman pour corrompre la justice de son mari ; mais qu'elle a tout rejeté *hautement et avec indignation* : que depuis la perte du procès, il a tout remis à mon ami, etc.... Cette déclaration, qu'on a su depuis avoir été minutée de la main de M. Goëzman, ne parle pas *des quinze louis exigés de surplus*, et

« conseiller au parlement, fait de moi, disant que j'ai « tenté de corrompre sa justice, en séduisant madame « Goëzman par des propositions d'argent qu'elle a re- « jetées, je déclare que l'exposé fait ainsi est faux, de « quelque part qu'il vienne. Je déclare que je n'ai point « tenté de corrompre la justice de M. Goëzman pour « gagner un procès que j'ai toujours cru qu'on ne « pouvait me faire perdre sans erreur ou sans injus- « tice.

« A l'égard de l'argent proposé par moi, et rejeté, « dit-on, par madame Goëzman ; si c'est un bruit pu- « blic, M. Goëzman ne sait pas si je l'accrédite ou non ; « et je pense qu'un homme dont l'état est de juger les « autres sur des formes établies ne devrait pas m'incul- « per aussi légèrement, moins encore armer l'autorité « contre moi. S'il croit avoir à se plaindre, c'est devant « un tribunal qu'il doit m'attaquer. Je ne redoute la « lumière sur aucune de mes actions. Je déclare que « je respecte tous les juges établis par le roi. Mais au- « jourd'hui M. Goëzman n'est point mon juge. Il se rend, « dit-on, partie contre moi : sur cette affaire, il rentre « dans la classe des citoyens, et j'espère que le minis- « tère voudra bien rester neutre entre nous deux. Je « n'attaquerai personne ; mais je déclare que je me défen- « drai ouvertement sur quelque point qu'on me pro- « voque, sans sortir de la modération, de la modestie « et des égards dont je fais profession envers tout le « monde.

« Je suis, monsieur, avec le plus profond res- « pect, etc.

« Paris, ce 5 juin. »

Bientôt il courut un autre bruit, que M. Goëzman avait été chez M. le chancelier et chez M. le premier président, armé de cette terrible déclaration de le Jay, porter de nouvelles plaintes contre moi : enfin, j'appris qu'il m'avait dénoncé au parlement, comme calomnia- teur et corrupteur de juge. Cette attaque étant plus méthodique que la première, j'eus moins de peine à me la persuader. Mais je n'en restai pas moins tran- quille sur l'événement ; j'engageai même le sieur Marin, auteur de la *Gazette de France*, et ami de M. Goëzman, de représenter à ce magistrat combien un pareil acte d'hostilité tournerait désagréablement pour lui. « Je « crains peu ses menaces, lui dis-je ; il m'a fait tout le « mal qui était en sa puissance. Vous pouvez l'assurer « que je n'userai point en lâche ennemi de l'avantage « des circonstances, pour lui causer un désagrément « public ; mais qu'il ait la bonté de me laisser tran- « quille. » L'ami de M. Goëzman m'assura qu'il lui en avait écrit et parlé déjà plusieurs fois, en lui faisant sentir toutes les conséquences de ses démarches, et qu'il lui en parlerait encore. Sa négociation fut infruc- tueuse.

Peu de jours après, M. le premier président m'en-

qui sont encore entre les mains de madame Goëzman. Et moi je prie le lecteur de ne les pas perdre de vue. J'ai quelque notion que ces quinze louis influeront beaucoup sur le jugement du procès.

voya chercher pour savoir la vérité des bruits qui cou- raient. Je m'en tins au refus le plus respectueux de rien déclarer, à moins qu'on ne m'y forçât juridiquement...

« Que mes ennemis m'attaquent s'ils l'osent, alors je « parlerai ; l'on ne parviendra pas à me faire craindre « qu'un corps aussi respectable que le parlement de- « vienne injuste et partial, pour servir la haine de quel- « ques particuliers. Quant à la déclaration de le Jay, « elle tournera bientôt contre ceux qui l'ont fabriquée. « Je n'ai jamais vu le sieur le Jay, mais on dit que c'est « un honnête homme, qui n'a contre lui que le défaut « des âmes faibles, de se laisser effrayer facilement, et « de céder sans résistance à l'impulsion d'autrui ; la « fausse déclaration qu'on lui a extorquée dans un ca- « binet, il ne la soutiendra jamais dans un greffe ; et la « vérité lui sortira par tous les pores à la première in- « terrogation juridique qui lui sera faite. Ainsi, sans « inquiétude à cet égard, et plein de confiance en l'é- « quité de mes juges, je perdrais difficilement ma tran- « quillité. »

J'appris alors que M. le procureur général était chargé d'informer : je me hâtai d'aller lui présenter le nom et la demeure de tous ceux qui avaient eu part à cette af- faire. Ils ont été entendus ; et je ne crains pas qu'aucun d'eux démente la plus légère circonstance de cette longue narration.

A peine les témoins sont-ils assignés, que le Jay com- mence à trembler sur les conséquences de sa fausse dé- claration. Dans le trouble de sa conscience, il va con- sulter M. Gerbier, expose les faits tels qu'ils se sont passés, en reçoit le conseil de revenir à la vérité dans sa déposition, vient faire la même confession à M. le premier président ; il la fait à quiconque a la patience de l'écouter. M. Goëzman en entend parler. On envoie cher- cher le libraire et sa femme, on commence par leur soutirer la minute de la fausse déclaration, parce qu'elle est de la main de ce magistrat ; on leur reproche en- suite aigrement leur inconstance. La dame le Jay, plus courageuse que son mari, proteste qu'aucun respect humain ne les empêchera plus de dire la vérité. Grands débats entre eux : enfin on en revient à négocier ; on veut engager le libraire à passer en Hollande, avec pro- messe de le défrayer de tout, et d'arranger l'affaire pen- dant son absence. La dame le Jay refuse, et soutient son mari dans sa résolution. Instruit des démarches de la maison Goëzman, et craignant que le Jay ne se laisse encore entraîner, je vais chez M. le premier président lui rendre compte de ce qui se passe. « Vous êtes in- « struit maintenant, lui dis-je, monseigneur : le Jay « vous a tout avoué. J'étais bien sûr que cet homme, « qui n'a menti que par faiblesse et par séduction, ne « tarderait pas à rendre hommage à la vérité. Mais ce « que vous ignorez, c'est qu'on veut le suborner encore, « et lui faire quitter la France. De peur qu'on ne dise « que c'est moi qui l'ai fait sauver, je me hâte d'en don- « ner avis aux premiers magistrats. » En effet, je fus chez M. le procureur général et chez M. de Combault, commissaire-rapporteur, articuler les mêmes faits, en les priant de vouloir bien s'en souvenir en temps et lieu. Je cite avec assurance, et ne crains pas aujourd'hui d'invoquer des témoignages aussi respectables.

Bientôt le sieur le Jay, assigné comme témoin, dépose au greffe cette vérité redoutable à ses suborneurs, et contraire en tout à la déclaration qu'ils lui avaient extorquée. Sa femme et son commis, entendus, déposent, ainsi que lui, *que la minute de la déclaration a été écrite de la main de M. Goëzman;* que le commis de le Jay en a tiré plusieurs copies; que le maître n'a fait que la signer; mais que depuis peu de jours on leur a retiré adroitement l'original. Madame Goëzman, entendue, à son tour, dit fort peu de chose, et voudrait écarter par un air d'ignorance l'idée qu'elle ait eu la moindre part à l'affaire. Je suis le seul qu'on n'assigne point comme témoin, ce qui fait déjà présumer que je suis dénoncé comme coupable. En effet, j'étais dénoncé. L'information achevée, et les témoins entendus, M. Doé de Combault fait son rapport aux chambres assemblées. Il intervient un arrêt qui décrète le sieur le Jay de prise de corps, le sieur Dairolles et moi d'ajournement personnel, et madame Goëzman seulement d'assignée pour être ouïe. Je ne me plains point d'une différence qui ne peut venir sans doute que d'un égard pour son sexe. Cependant le bruit courait que son mari, la traitant moins bien que le parlement, avait obtenu une lettre de cachet contre elle, l'avait fait enlever, et mettre au couvent. Mais la vérité est que M. Goëzman ne fit pas usage de la lettre de cachet, et que madame Goëzman n'a été au couvent que depuis; ce qui réalise aujourd'hui le propos qu'on tenait alors. « Si M. Goëzman,
« disait-on, fait renfermer sa femme, il la sait donc
« coupable? et s'il la sait coupable, comment cherche-
« t-il à la justifier aux dépens d'autrui? Si c'est le par-
« lement qui poursuit, et si madame Goëzman n'est
« renfermée qu'en vertu du soupçon répandu sur elle
« jusqu'au jugement du procès, le soupçon s'étend éga-
« lement sur la femme et sur le mari. Par quel hasard,
« dans une affaire aussi peu éclaircie, voit-on Beaumar-
« chais décrété d'ajournement personnel, le Jay de
« prise de corps, madame Goëzman renfermée, et
« M. Goëzman sur les fleurs de lis? »

Ces contradictions apparentes excitaient de plus en plus l'attention du public sur l'événement de ce procès. Le sieur le Jay, retenu au secret pendant plus de huit jours, a été interrogé plusieurs fois; le sieur Dairolles ensuite; enfin moi le dernier, qui ai tâché de tracer dans mon interrogatoire l'historique exact de tous les faits, tels qu'on les a lus dans ce mémoire : et certes j'oserais bien assurer que, de toutes les dépositions des différents témoins, il n'y en a pas une seule qui ne s'accorde exactement avec cet interrogatoire.

Depuis ce temps, un arrêt a rendu la liberté provisoire à le Jay; un autre a réglé l'affaire à l'extraordinaire : et tel est l'état des choses à l'instant où j'écris.

Avant de passer aux réflexions que cet exposé peut faire naître à tout le monde, il faut placer ici deux épisodes intimement liés au fond du procès, et que nous n'avons détachés du reste des faits qu'afin que rien ne nuisît à l'attention particulière qu'ils méritent. Le premier lève un coin du voile obscur qui masque encore l'auteur de cette noire intrigue; le second le déchire tout à fait.

Épisode du sieur d'Arnaud de Baculard.

Tandis que tous ceux que le malheur engage dans cette affaire gémissaient de la nécessité de repousser la calomnie par des défenses légitimes, qui croira qu'un homme absolument étranger au procès ait été assez ennemi de son repos pour venir imprudemment se jeter dans la mêlée, y jouer d'abord le rôle de conciliateur, puis prendre parti contre les accusés, par une lettre signée de sa main; flotter ensuite dans une incertitude pusillanime; rétracter cet imprudent écrit, que des contradictions choquantes avaient déjà fait suspecter; et se donner par tant d'inconséquences en spectacle au public, empressé à juger les acteurs de cette étrange scène? Un tel homme existe pourtant, et c'est le sieur d'Arnaud de Baculard. Puisqu'il lui a plu de prendre part à la querelle, il faut développer sa conduite aux yeux de la cour; elle n'est pas sans importance au procès.

Vers l'époque où les premiers travaux de la procédure s'entamaient, le hasard me fit rencontrer dans la rue de Condé, où je demeure, le sieur d'Arnaud. Je prévins toute question de sa part, en lui disant : « Monsieur, vous êtes ami du sieur le Jay; il a donné à M. Goëzman une fausse déclaration; s'il persiste à en soutenir les termes, un moment arrivera, et c'est celui de la confrontation, où toutes les personnes avec qui il a correspondu lui reprocheront son mensonge; il se verra froissé entre son faux témoignage, et la vérité qui fondra sur lui de toute part; elle sortira de sa bouche alors; mais il ne sera plus temps : l'iniquité, la calomnie, la mauvaise foi lui seront imputées; et la plus juste punition sera le prix de sa lâche complaisance. Je vous conseille donc, monsieur, par l'intérêt que vous prenez à lui, de le voir, et de l'engager à dire la vérité; c'est le seul parti qui lui reste dans l'embarras où il s'est plongé lui-même : les magistrats ne font point le procès à la faiblesse, c'est la mauvaise foi seule qu'on poursuit. » Le sieur d'Arnaud m'écoutait d'un air sombre, et ne rompit le silence que pour me reprocher aigrement l'indiscrétion avec laquelle j'avais, dit-il, engagé cette affaire au palais, l'acharnement que je mettais à sa poursuite, et qui me rendait l'auteur de tous les chagrins prêts à fondre sur la tête de ce pauvre le Jay.

Je conclus de cette sortie du sieur d'Arnaud, qu'il n'était pas instruit de mon affaire, et je lui appris que ce n'était pas moi, mais M. Goëzman qui avait intenté le procès et le poursuivait; que jusqu'alors je n'avais voulu rien faire, rien dire, ni rien écrire à ce sujet : je l'engageai de nouveau à déterminer son ami à revenir à la simple vérité dans sa déposition.

Le sieur d'Arnaud excusa sa vivacité sur son ignorance; blâma la faiblesse de le Jay; condamna la conduite de M. Goëzman; s'étendit un peu sur la méchanceté des hommes, et m'assura qu'il allait faire part de mes observations au sieur le Jay. Qu'est-il arrivé? Que le sieur d'Arnaud a visité M. Goëzman; que M. Goëzman a visité le sieur d'Arnaud; et qu'enfin ce dernier a écrit une lettre apologétique au magistrat, dans laquelle, après un éloge de ses vertus, il ajoute qu'il se croit obligé, pour l'honneur de la vérité, de lui apprendre d'office *qu'un soir, étant chez le sieur le Jay*, ce dernier lui fit voir une montre enrichie de diamants, très-belle, avec cent louis, *qu'il allait rendre*, lui dit-il, à un ami de M. de Beaumarchais, *qui les lui avait remis* pour les présenter à madame, *qui les avait rejetés avec indignation*. Le sieur d'Arnaud ajoute qu'il ne doute point que le sieur le Jay ne les ait rendus sur-le-champ, etc., etc.

M. Goëzman a déposé au greffe de la cour cette lettre du sieur d'Arnaud, avec la déclaration du sieur le Jay. Quelles pièces et quelles précautions pour un magistrat! *nimia præcautio dolus.* Soufflons sur ce nouveau fantôme, et détruisons ce frêle appui du système de la corruption. Quand les visites réciproques ne prouveraient pas que ce témoignage est une pièce mendiée; quand le désaveu qu'a fait depuis au greffe le sieur le Jay de sa fausse déclaration ne démontrerait pas que madame Goëzman n'a jamais rejeté avec *indignation* les cent louis et la montre; quand le refus opiniâtre que cette dame a fait de rendre les quinze louis qu'elle avait exigés, et qu'elle a encore entre les mains, ne fournirait pas la preuve la plus complète qu'elle a reçu tout le reste avec plaisir; et quand le sieur d'Arnaud ne serait pas depuis convenu lui-même que c'était uniquement pour l'obliger qu'il avait écrit à M. Goëzman; un court examen de sa lettre, et de la comparaison de ces mots... *un soir... qu'il allait rendre*, etc., avec ce qui s'est passé le 5 avril, jour auquel les effets m'ont été remis, suffirait pour anéantir le témoignage qu'elle contient. Épargnons cette discussion au lecteur: la rétractation du sieur d'Arnaud la rend inutile. Je voulais me justifier de son accusation, et non le poursuivre. Je l'ai fait, et me borne à le plaindre, si d'autres motifs qu'une complaisance aveugle ont affecté son cœur et dirigé sa plume.

Autre épisode très-important touchant le sieur Marin, auteur de la Gazette de France.

Le sieur Dairolles était assigné pour déposer: la veille de sa déposition, vers une heure après-midi, je passai chez ma sœur, que je trouvai avec son mari, son médecin, le sieur Deschamps, négociant de Toulouse, et plusieurs autres personnes. A l'instant arrive le sieur Marin, auteur de la *Gazette de France*, et ami de M. Goëzman. Il nous dit que ce magistrat l'avait accompagné jusqu'à la porte, pour chercher le sieur Dairolles, et l'engager à ne faire le lendemain qu'une déposition très-courte, et qui ne comprît madame Goëzman ni personne; qu'il nous engageait tous à nous conduire sur ce plan dans nos dépositions; et que lui Marin se faisait fort d'arranger l'affaire sous peu de jours; qu'il avait des moyens sûrs pour y réussir; mais qu'il fallait bien se garder, surtout, de parler *de ces misérables quinze louis*, qui ne faisaient qu'embrouiller l'affaire, et me donner un air de mesquinerie qui me faisait tort dans le monde. — « Au contraire, monsieur, lui dis-je avec chaleur, il en « faut beaucoup parler: ce n'est pas que ces quinze « louis m'intéressent en eux-mêmes; mais ils sont la clef « de toute l'affaire, et le seul moyen d'en résoudre tous « les problèmes. Car madame Goëzman, qui nie aujour- « d'hui d'avoir jamais reçu le prix qu'elle a mis elle- « même aux audiences de son mari, reste absolument « sans réponse, quand on lui demande comment *ces* « *misérables quinze louis* sont encore entre ses mains; « s'il est vrai qu'elle ait rejeté tout le reste *hautement* « *et avec indignation?* Il en faut beaucoup parler, parce « que M. Goëzman les a volontairement oubliés dans la « déclaration qu'il a minutée de sa main, et que le Jay « n'a fait que copier et signer. Mais permettez que je « ne prenne point le change à cet égard. On conclurait « de ce silence général que le Jay n'a point remis les « quinze louis à madame Goëzman; qu'il l'a calomniée, « en disant qu'elle les avait exigés et retenus; qu'il a « bien pu garder ainsi tout le reste: et l'on perdrait « un malheureux pour sauver les seuls auteurs de « l'exaction et de l'odieux procès qui en résulte. — « Eh! que vous importe, répondit le sieur Marin, que « ce fripon de le Jay soit sacrifié? Ce n'est pas un grand « malheur, si vous êtes tous hors d'une affaire qui inté- « resse aujourd'hui les ministres, et où il n'y a que des « coups à gagner. » Chacun s'éleva fortement contre cette barbarie de sacrifier le Jay, et l'on se sépara. En nous quittant, le sieur Marin pria instamment le sieur Lépine de *lui envoyer Dairolles à quelque heure qu'il rentrât, pour qu'il pût lui parler avant d'aller au palais.*

Le sieur Marin et M. Goëzman passèrent l'après-midi du même jour à chercher le sieur Dairolles dans toutes les maisons où l'on espérait le rencontrer: ce fut en vain. L'auteur de la *Gazette de France*, inquiet, renvoie, le lundi à sept heures du matin, dire au sieur Dairolles qu'il est de la dernière importance qu'il vienne lui parler avant d'aller au palais. Le sieur Dairolles se rend au greffe, et ne va chez l'auteur de la *Gazette* qu'en sortant de déposer. Je m'y rencontre avec lui: la mémoire fraîche encore de tout ce qu'il venait de dicter, le sieur Dairolles nous le rend dans le plus grand détail. Le sieur Marin blâma fort une déposition aussi étendue. « Je vous ai cherché, dit-il, partout hier avec « Goëzman[1], pour vous empêcher de faire cette sot- « tise-là.

« Depuis, je vous ai fait dire de me venir parler ce « matin: il suffisait de quatre mots au greffe, et j'ar- « rangeais l'affaire en deux jours, comme je l'ai dit « hier à M. de Beaumarchais chez madame sa sœur. Mais « il est encore temps; vous en serez quitté pour aller

---

[1] Je prie que l'on pardonne la liberté de ce langage à l'obligation où je suis de citer juste.

« faire une autre déposition plus courte et sans détail :
« on biffera la première : il n'en sera plus question, et
« l'affaire s'éteindra toute seule. »

Je fis sentir à mon tour au sieur Dairolles la conséquence d'une pareille conduite. « Si vous allez faire
« une seconde déposition, ne croyez pas qu'on annule
« la première; on les opposera l'une à l'autre, et toutes
« les deux à vous, qui tomberez précisément dans le
« cas de le Jay, d'être contraire à vous-même : voilà
« mon avis. » Le sieur Marin nous apprit ensuite qu'il
allait dîner chez M. le premier président avec monsieur
et madame Goëzman, laquelle devait, en sortant de table, aller faire sa déposition au greffe.

Le même jour, vers les six heures du soir, je retrouvai le sieur Marin sur le pont Neuf. « J'ai dîné avec
« notre monde, me dit-il ; et, pendant que la femme
« est allée au greffe, je suis convenu avec Goëzman que
« j'engagerais Dairolles à l'aller voir ce soir. Il sera fort
« bien reçu ; et lorsque Dairolles lui aura conté les cho-
« ses comme elles se sont passées, son intention est
« d'avoir une lettre de cachet pour enfermer sa femme,
« et tout sera fini. J'ai vu Dairolles en sortant de
« chez le premier président, et j'en ai tiré promesse
« qu'il irait ce soir chez Goëzman ; mais j'ai peur qu'il
« ne nous manque encore. Joignez-vous à moi pour l'y
« engager. — Pourquoi donc faut-il que ce soit Dairol-
« les ? lui dis-je. S'il était possible de supposer que
« M. Goëzman ignorât ce qui se passe chez lui, et s'il
« faut croire pieusement qu'il ait besoin de nouvelles
« instructions à cet égard pour faire enfermer sa femme,
« que n'envoie-t-il chercher de Jay, à qui il a fait faire
« une fausse déclaration, et qui vient de se rétracter?
« Que ne demandait-il à M. le premier président cette vé-
« rité, que tout Paris sait que le Jay lui a confessée de-
« puis peu ? Que ne s'adresse-t-il à vous-même, qui sa-
« vez aussi bien que nous à quoi vous en tenir sur le
« fond de l'affaire? Au reste, je vais voir M. Dairolles
« et sonder ses intentions. »

Je me rendis à l'instant chez ma sœur, que je trouvai
en conversation animée avec une autre de mes sœurs.
« Le sieur Marin, me dirent-elles, a parlé de nouveau à
« Dairolles cette après-midi; ils ont été longtemps ensemble : le dernier est venu tout échauffé nous dire ;
« Comment trouvez-vous donc Marin, qui veut absolu-
« ment que j'aille changer ma déposition ? » Et, sur ma résistance opiniâtre : « Vous direz, m'a-t-il ajouté, que
« c'est toute cette famille Beaumarchais qui vous a
« suggéré la première[1]. Quel bien espérez-vous de tous
« ces gens-là ? Abandonnez leurs intérêts, ne songez
« qu'aux vôtres. Par votre déposition de ce matin, vous
« perdez quatre ans de travaux accumulés pour obtenir
« les bonnes grâces de M. le duc d'..., au moment peut-
« être où vous étiez près d'en recueillir le fruit. Allez,

« mon cher compatriote, allez-vous-en parler à Goëz-
« man ce soir, et surtout promettez-le-moi. » Voilà,
m'ajoutèrent mes sœurs, ce que Dairolles vient de nous
apprendre : il a, dans son premier mouvement, raconté
les mêmes choses à un de ses amis. Nous lui avons fait
connaître le piège dans lequel on veut l'attirer. Il n'ira
pas ce soir chez M. Goëzman, quoiqu'il y soit attendu. »
Et moi, leur dis-je, je vais à l'instant instruire M. le
premier président de cette nouvelle intrigue. En effet,
ce magistrat respectable eut la bonté, la patience d'écouter tout ce qu'on vient de lire, et finit par me
dire : « Comptez que le parlement ne fera d'injustice à
« personne, et qu'en temps et lieu je me souviendrai de
« tout ce que vous m'avez dit. »

On avait déjà répandu au palais que le sieur Dairolles,
au désespoir de sa déposition du même jour; *qui lui
avait été suggérée*, était dans l'intention de se rétracter
de tout ce qu'il avait dit. Frappé du rapport de ce bruit
avec les insinuations du sieur Marin, il courut le lendemain au greffe, assurer que non-seulement il démentait le fait calomnieux de sa rétractation, mais qu'il demandait la permission de confirmer ce qu'il avait dit
la veille, et même d'y ajouter quelque chose.

De mon côté, je fus chez le sieur Marin le prier de
vouloir bien ne plus correspondre avec le sieur Dairolles
au sujet de mes affaires : ce qu'il me promit.

Voilà les faits rendus dans la plus scrupuleuse exactitude. Raisonnons maintenant sur la question qu'ils ont
fait naître au parlement.

RÉFLEXIONS.

Y a-t-il, dans tout ce qu'on vient de lire, la moindre
trace du crime de corruption de juge? y voit-on que
j'aie voulu gagner le suffrage de mon rapporteur par
des voies malhonnêtes ? Qui osera m'en prêter la coupable intention, lorsque tous les faits parlent en ma faveur, lorsque toutes les dépositions appuient ma dénégation formelle, et lorsque l'instruction du procès ne
fournit aucune preuve du contraire ?

Mille raisons éloignaient de moi la pensée de manquer de respect au parlement, en offensant un de ses
membres.

1° J'avais, avec tous les jurisconsultes, si bonne opinion de ma cause, que j'aurais cru faire tort aux lumières de mes juges en doutant un moment de son
succès.

2° Je n'ignorais pas qu'un juge intègre ne se laisse
point corrompre par l'argent ; et que c'est le supposer corrompu d'avance et vendu à l'iniquité, que de
lui en proposer.

3° J'avais déjà gagné sur délibéré cette cause en
première instance aux requêtes de l'hôtel : et certes,
on ne supposera pas que ce fût par corruption. Y avait-il donc quelque chose en mon second rapporteur qui
dût me le faire soupçonner plus corruptible et moins
délicat que le premier ? Je ne connaissais pas M. Goëzman ; et lorsqu'il me dénonce comme son corrupteur,
n'est-ce pas lui seul qui fait à sa personne un outrage

---

[1] Il est bon de remarquer ici qu'en parlant au sieur Dairolles en particulier, l'auteur de la *Gazette* ne se contente plus de dire qu'il faut changer sa première disposition ; il veut que Dairolles la tourne contre moi, en déposant qu'elle lui a été suggérée par toute la famille. Ce trait a totalement dessillé mes yeux sur la conduite du sieur Marin dans toute cette affaire.

auquel je n'ai pas songé? Quel juge honnête a jamais pensé de lui qu'un client le soupçonnât d'être corruptible? Si quelqu'un eût dit à Caton : Un tel homme espère acheter votre voix aux prochains comices, n'eût-il pas à l'instant répondu : Vous mentez, cela est impossible?

4° Quoi! l'on irait supposer que l'on a mis pour moi le suffrage de M. Goëzman au misérable prix de cinquante louis! En calomniant le plaideur, on verse à pleines mains l'avilissement sur le juge. Si j'avais eu la coupable intention de corrompre mon rapporteur dans une affaire dont la perte me coûte au moins cinquante mille écus, loin de fatiguer mes amis de mes résistances, loin de marchander le prix des audiences, dont je ne pouvais me passer, n'aurais-je pas tout simplement dit à quelqu'un : Allez assurer M. Goëzman qu'il y a cinq cents louis, mille louis à son commandement, déposés chez tel notaire, s'il me fait gagner ma cause? Personne n'ignore que de telles négociations s'entament toujours par une proposition vigoureuse et sonnante. Le corrupteur ne veut qu'une chose, n'emploie qu'un instant, ne dit qu'un mot, est jeté par la fenêtre, ou conclut son traité : voilà sa marche.

Mais quel rapport tout cela peut-il avoir avec ce qui m'arrive ; et que voit-on ici ? Un plaideur désolé de ne pouvoir approcher de son rapporteur, joignant ses efforts aux soins ardents de ses amis, et s'agitant inutilement pour arriver à l'inaccessible cabinet. On y voit des audiences courues, sollicitées; leur prix débattu ; cent louis partagés en deux fois ; une seule audience obtenue, une autre inutilement espérée ; dix louis versés d'un côté, quinze louis exigés de l'autre ; un bijou consommant tous ces sacrifices ; beaucoup de courses inutiles, point d'accès chez le juge ; et le procès perdu. On voit que des demandes successives ont entraîné des sacrifices successifs ; que, plus le besoin est devenu pressant, moins on a pu se rendre économe de sa bourse ; et qu'enfin on n'a fait que céder à la nécessité de payer ce qu'il était indispensable d'obtenir. Il y a bien loin de cette marche à celle d'un corrupteur de juge.

Mais, dira-t-on, c'est payer bien cher une audience que d'en donner cent louis. Certainement c'est bien cher; et mes débats, et les tentatives de ma sœur prouvent assez que nous l'avons pensé comme vous : mais réfléchissez que cinquante louis n'ont pas suffi pour m'obtenir la première audience, et qu'un bijou de mille écus, surmonté de quinze louis, n'a pu me procurer la seconde ; et vous conviendrez que ce qui vous semble aujourd'hui trop acheté ne le parut pas encore assez alors. Quel homme, engagé dans les sables d'Afrique, ne payerait pas un verre d'eau cent mille ducats dans un pressant besoin? « Mais, en faisant successivement « tous ces sacrifices, il est très-probable que vos de- « mandes d'audience n'ont été qu'un prétexte avec le- « quel vous avez masqué l'intention de corrompre votre « juge. »

Il est très-probable!... Au reste, qu'on ne croie pas que j'invente ici des objections oiseuses pour m'amuser à les résoudre : elles m'ont toutes été faites à l'interrogatoire.

Il est très-probable! Heureusement, il ne s'agit pas ici de me décider coupable sur des probabilités ; mais seulement de juger sur des preuves si je le suis ou non. Que dirait de moi M. Goëzman, si, repoussant sur lui le bloc dont il veut m'écraser, je m'égarais aussi dans les conjectures, en disant : Lorsque madame Goëzman vendait l'audience de son mari, *il est très-probable* qu'il était de moitié dans le traité ; l'impossibilité d'entrer chez lui avant la délivrance des deniers, et le parfait accord du moment indiqué par l'agent de madame pour l'audience, avec celui où monsieur l'accorda, donnent beaucoup de poids à ma conjecture. Si j'ajoutais : Celui qui reçoit de la main droite, étant à bon droit soupçonné de n'avoir pas la main gauche plus pure, *il est très-probable* qu'après qu'on a eu touché mes cent quinze louis de le Jay, l'enchère s'est trouvée couverte par un autre ; d'où sans doute est venue l'impossibilité d'obtenir une seconde audience, malgré les promesses du mari et de la femme ; d'où est partie l'offre tardive de rendre l'argent à celui qui avait le moins donné, parce qu'en pareille affaire on ne peut tout garder sans qu'un des deux payants ne jette les hauts cris. Si, rapprochant sous un même point de vue la frivolité des objections que M. Goëzman a faites tant à moi qu'à mon ami sur mon affaire ; l'odieux soupçon qu'il a répandu, que j'avais pu abuser d'une date et d'une signature en blanc, pour y apposer un arrêté de compte ; sa remarque insidieuse que les sommes de mon acte étaient en chiffres sur le verso (tandis qu'elles sont avant, dix fois écrites en toutes lettres sur le recto) ; le désir qu'il a montré, en sortant du jugement, de faire croire qu'il avait seul décidé la perte de mon procès, lorsqu'il dit tout haut qu'on avait opiné *du bonnet d'après son avis*; la précaution de se faire faire une déclaration par le Jay avant la procédure ; la lettre du sieur d'Arnaud, la mission du sieur Marin, etc., etc ; si, dis-je, embrassant tous ces faits, j'en concluais qu'*il est très-probable...* Ne m'arrêteriez-vous pas tout court, en me disant qu'en une affaire aussi grave il n'est pas permis de donner des vraisemblances pour des vérités ; que le parlement est juge des faits, et non des intentions ; que ce n'est pas à moi à diriger ses idées, ni les conséquences qu'il doit tirer ; et qu'enfin il est calomnieux d'avancer ce qu'on ne peut légalement prouver? Faites-moi donc au moins la justice que vous exigeriez de moi ; et ne supposez pas que j'aie eu l'intention de corrompre un juge, lorsque tout concourt à porter jusqu'à l'évidence, que je n'ai fait que céder à la dure nécessité de payer des audiences indispensables [1].

[1] Si par hasard on doutait que M. Goëzman eût fait à mon ami l'étrange objection que j'avais pu abuser d'un blanc-seing de M. Duverney, qu'on lise l'interpellation suivante : elle est tirée de mon interrogatoire.
Interpellé de nous dire si l'on ne lui a pas rendu, de la part de madame Goëzman, qu'il perdrait son procès, parce que son mari le soupçonnait d'avoir rempli un blanc-seing de M. Duverney;
A répondu que personne ne lui a rendu un propos aussi ab-

« Mais donner de l'argent à la femme de son rapporteur pour arriver jusqu'à lui, est une espèce de corruption détournée, très-digne aussi des regards sévères de la justice. »

Eh! monsieur, un homme qui ne peut se reconnaître en un dédale obscur, qu'en semant l'or de tout côté sur son chemin, n'est-il pas assez malheureux d'y être engagé, sans qu'il ait encore le chagrin d'en essuyer le reproche? Eh quoi! toujours de la corruption? Une victime est-elle donc si nécessaire ici, qu'il faille la désigner à quelque prix que ce soit!

Si le suisse de mon juge m'a barré dix fois sa porte, pressé que je suis d'entrer, m'accuserez-vous d'être un corrupteur pour avoir amadoué le cerbère avec deux gros écus?

Arrivé dans l'intérieur, si deux louis d'or glissés dans la main du valet de chambre me font pénétrer au cabinet de son maître, aurai-je donc commis un crime de lèse équité *magistrale* en les lui abandonnant?

Forcez la progression jusqu'au secrétaire; allez même jusqu'à quelqu'un plus intimement attaché à mon juge; ne conviendrez-vous pas que la somme ne fait plus rien à la chose, parce que les sacrifices sont toujours en raison de l'état de celui qui nous sert? Sans doute il est malheureux pour un plaideur d'être obligé de parcourir, l'or à la main, le cercle entier de tant de vexations subalternes avant que d'arriver au juge qui en occupe le centre, et le plus souvent les ignore. Mais qu'on puisse être inculpé pour avoir cédé à la plus tyrannique nécessité, c'est, je crois, ce qu'on peut hardiment nier avec tous les casuistes et jurisconsultes de l'univers.

Observez encore que l'on tomberait dans une contradiction puérile en attaquant un plaideur en corruption, pour avoir été forcé d'acheter de la femme de son juge des audiences à prix d'or, lorsqu'il est reçu, reconnu, avoué, qu'on doit en offrir à tous les secrétaires des rapporteurs, dont le revenu serait trop borné sans la générosité des clients.

En vain me direz-vous que le travail des secrétaires est au moins un prétexte aux largesses des plaideurs: et voilà précisément d'où naît l'abus. Les deux contendants n'étant pas plus exempts de payer l'un que l'autre ce travail au secrétaire, il n'en est que plus exposé à la tentation de subordonner la besogne au prix qu'il en reçoit. Alors il faut convenir que les dix, vingt-cinq, quarante ou cinquante louis qu'on lui ferait accepter, deviendraient un genre de corruption bien plus dangereux autour d'un rapporteur, que celui d'intéresser sa femme. Il frapperait également sur l'homme et sur la chose, sur le juge et sur son travail. Car enfin, sa femme peut au plus lui recommander l'affaire; mais celui qui en fait l'extrait est souvent le maître de la lui présenter à son gré, de faire valoir ou d'atténuer les moyens, selon qu'il veut favoriser ou nuire. L'équité d'un juge peut bien le tenir en garde contre la séduction de sa femme: les choses qu'elle recommande étant étrangères à son état, en demandant, elle avertit de se méfier d'elle, et son projet doit échouer par les moyens mêmes qu'elle prend pour le faire réussir; au lieu que tout paraît se réunir pour attirer un juge très-occupé dans le piége que lui tendrait un secrétaire infidèle, et vendu à l'une des parties.

Nous ne voyons pourtant pas de nos jours qu'on accuse personne de vouloir corrompre les rapporteurs, quoique chaque plaideur soit toujours disposé, près des secrétaires, à couvrir l'enchère de son concurrent.

C'est donc sur la main qui reçoit que la justice doit avoir l'œil ouvert, et non sur la main qui donne. La faute de celle-ci n'est qu'un accident éphémère et peu dangereux: au lieu que l'avidité toujours subsistante de celle-là peut multiplier le mal à l'infini.

Je me fais d'autant moins de scrupule d'indiquer ici l'abus qui peut résulter de laisser aux plaideurs à payer le travail des secrétaires, que j'ai prouvé, par le témoignage honorable rendu à l'un d'eux en ce mémoire, avec quel plaisir je rends justice à des hommes très-honnêtes, aussi studieux qu'éclairés. Abstractivement parlant, un reproche général peut être bien fondé contre telle manière d'exister d'un corps, sans qu'on entende en faire d'application personnelle à aucun de ses membres actuels.

Maintenant, qu'un gazetier [1] joigne à la plus insidieuse annonce sa ridicule réflexion, qu'un plaideur est *très-punissable* de chercher à corrompre son juge, et le juge *répréhensible* de se prêter à ses menées; on perd patience à redresser de pareilles bévues: aussi n'est-ce pas pour le gazetier qu'on répond qu'il fallait dire précisément le contraire.

L'action *répréhensible* d'offrir de l'or peut au moins s'excuser dans un plaideur emporté par un violent intérêt. Comme il ne plaide que pour gagner sa cause, et qu'on lui crie de toute part: *Payez, payez, ne vous lassez pas!* peut-il savoir au juste à quel point, à quelle personne il doit s'arrêter? Qui posera la barrière, et lui montrera la borne finale? Et si la nécessité le force à passer les limites, quel homme assez pur osera lui jeter la première pierre?

Mais le juge, organe de la loi silencieuse, le juge, impassible et froid comme elle pour les intérêts sur lesquels il doit prononcer, fera-t-il, sans crime, de la balance de Thémis un vil trébuchet de Plutus? L'intention du plaideur peut être au moins sujette à discussion, et peut s'interpréter de mille manières; mais le juge qui reçoit est sans excuse aux yeux de la loi. Si le premier doit acheter mille choses en plaidant, le second n'a rien à vendre en jugeant; il est donc le vrai coupa-

---

surde qu'il est outrageant; que la mission de M. Goëzman n'ayant pas été de se rendre vérificateur d'écritures, mais seulement d'examiner si un acte fait double et librement entre deux majeurs pouvait s'annuler autrement que par lettres de rescision ou inscription de faux, seuls moyens que la loi autorise; un si odieux soupçon, supportable au plus dans une instruction criminelle, aurait indiqué la plus grande partialité de la part du juge en une cause civile.

[1] *Gazette de la Haye*, du vendredi 25 juillet 1773, n° 88.

ble, le seul *punissable*, l'autre est tout au plus *répréhensible*.

Mais ce n'est pas de cela qu'il s'agit ici. Où la corruption n'existe point, il n'y a point de coupable à démêler, point de corrupteur à punir. En vain irait-on chercher dans *Papon*, dans *Néron*, ou tel autre compilateur d'ordonnances, quelque ancien arrêt du treize ou quatorzième siècle, pour l'appliquer à la question présente; aucun ne peut certainement lui convenir. Les temps sont changés, les mœurs sont différentes, et l'espèce ne saurait être aujourd'hui la même sur rien. Tout se faisait alors plus simplement : les plaideurs n'avaient point d'avocats, les juges point de secrétaires : tel jugement, dont les frais épuisent une bourse de louis, ne coûtait alors qu'un cornet d'épices ; et telle autre chose était un crime aux yeux de l'équité, qui s'est tournée depuis en usage aux yeux de la justice.

Et quand toutes ces raisons n'existeraient pas, aucun arrêt n'a certainement prévu le cas où je me trouve ; aucune loi n'a défendu de payer des audiences indispensables, quand on ne peut les obtenir autrement. S'il est peu généreux de les vendre, il y a bien loin du malheur de les acheter, aux délits sur lesquels la loi prononce des peines ; et si elle n'en a point prononcé, fera-t-on une jurisprudence rétroactive, exprès pour appliquer une punition à tel fait dont l'usage et le silence de la loi semblaient autoriser l'abus, nuisible aux seuls plaideurs ?

Si l'on parvenait même à rencontrer quelque ancienne ordonnance à peu près applicable à la question présente, faudrait-il donc en tordre le sens, en étendre les dispositions, pour la faire cadrer à cet événement ? Il est une maxime de jurisprudence criminelle dont on ne peut s'écarter ; c'est qu'en toute loi pénale, les cas de rigueur ne reçoivent jamais d'extension, à cause du danger extrême des conséquences.

Mais, indépendamment d'un danger applicable à tous les cas, les juges ont certainement prévu celui qui résulterait en particulier d'un arrêt, lequel, au lieu de décharger de l'accusation un plaideur qui n'a fait que céder, en payant, à la plus tyrannique nécessité, sévirait contre lui dans un prononcé foudroyant. Serait-ce comme corrupteur ? Nous avons prouvé qu'il ne l'est ni n'a voulu l'être ; comme payeur d'audience ? Dans le fait et dans le droit, il n'y a pas de sa part l'ombre d'un délit.

On sent que le désir de mettre un frein, par un exemple, à la corruption, pourrait seul dicter un pareil arrêt ; mais les magistrats sont bien convaincus que cet arrêt prouverait mieux leur sévérité qu'il n'honorerait leur prévoyance ; ils savent qu'en en faisant porter la rigueur sur la partie déjà souffrante, et qu'en se trompant ainsi sur le choix de la victime, au lieu de couper le mal dans sa racine, on courrait le danger de l'accroître à l'infini.

Osons le dire avec liberté : si jamais il existait un juge avide et prévaricateur, chargé de l'examen d'un procès, ne deviendrait-il pas le maître à l'instant d'abuser d'un pareil arrêt, comme d'une permission enregistrée, pour dépouiller impunément les plaideurs ? L'arrêt à la main : Donne-moi cent louis, pourrait-il dire à son client, si tu veux avoir audience ; mais quand tu l'auras payée, soit que je te l'accorde ou non, lis cet arrêt, et tremble de parler !

CARON DE BEAUMARCHAIS.
M. DOÉ DE COMBAULT, *rapporteur*.
Me MALBESTE, *avocat*.

SUPPLÉMENT

AU

MÉMOIRE A CONSULTER

Pressé d'établir mon innocence par l'exposé des faits, j'ai hasardé mon premier mémoire. Mais avoir dit la vérité dans un commencement d'affaire, est un engagement pris envers les juges et le public de continuer à la leur offrir sans relâche et sans déguisement jusqu'à sa conclusion.

J'ai trop appris, aux dépens de mon repos, combien il est dangereux d'avoir un ennemi qualifié ; j'ai pensé payer d'une partie de ma fortune le malheur de combattre un adversaire en crédit. Aujourd'hui ce qui devait me faire trembler me rassure.

Moins obligé d'avoir du talent, parce que j'ai du courage, la nécessité d'écrire contre un homme puissant est mon passe-port auprès des lecteurs. Je ne m'abuse point : il s'agit moins pour le public de ma justification, que de voir comment un homme isolé s'y prend pour soutenir une aussi grande attaque et la repousser tout seul.

Quant à mes juges, être bien persuadé que je n'aurai pas moins de faveur à leurs pieds que mon adversaire assis au milieu d'eux ; m'y présenter avec la plus grande confiance, est rendre au parlement ce que je lui dois. Ce principe adopté, l'on sent que tout ménagement qui m'eût empêché de me défendre contre un juge ne m'eût paru qu'une insulte au corps entier des magistrats.

Et tel était mon argument auprès des gens de loi, quand j'y cherchais un défenseur. Mais je parlais à des sourds ; ils fuyaient tous, en me criant de loin : C'est un de *Messieurs*, ne m'approchez pas ! D'où vient donc tant d'effroi ! je ne demande que justice. *Dieu et mon droit*, n'est-il plus le cri de réclamation qui rend tous les sujets d'un roi juste également recommandables aux yeux de la loi ? Ou mon adversaire est-il l'arche du Seigneur, et sacré au point qu'on ne puisse y toucher sans être frappé de mort ? Mes ennemis sont nombreux, et je suis seul ; mais, au tribunal de l'équité, le plus ferme appui de l'innocence est de n'en avoir aucun. Vos terreurs ne m'arrêteront donc point ; je me défendrai moi-même. Vous ne voyez que des hommes où je parle à des juges. Vous craignez leurs ressentiments, moi, j'espère en leur intégrité. Qui de nous deux les honore mieux, à votre avis? Mais y eût-il du danger pour moi, je préférerais de m'y exposer par un excès de confiance, à la bassesse de les outrager par une défiance malhonnête : et s'il faut me montrer enfin tel que je suis; j'aimerais mieux trébucher même en ce combat avec leur estime et celle des honnêtes gens, que de chercher, en le fuyant, ma sûreté dans un mépris universel [1].

Mon premier mémoire a laissé le procès seulement réglé à l'extraordinaire. C'était poser la plume à l'instant où il devenait intéressant de la prendre. Ce nouvel aspect des choses annonçant que le parlement voulait traiter l'affaire au plus grave, abattait le courage de mes amis, il a relevé le mien. Si l'on avait voulu juger légèrement, disais-je, étouffer le fond en étranglant la forme, et ne pas peser chaque chose au poids de la plus exacte équité, tout n'est-il pas connu sur ce qui me regarde? Ce qui ne l'est pas de même est la branche du procès qui touche monsieur et madame Goëzman. Le règlement à l'extraordinaire peut seul éclaircir cette importante partie de ma justification; il est donc beaucoup plus en ma faveur que contre moi.

Si j'ai bien ou mal raisonné, c'est ce que la suite va nous apprendre. Je supplie le lecteur de m'accorder autant d'attention que d'indulgence. Quand je n'avais à raconter qu'une suite de faits non disputés, j'ai pu soutenir un moment sa curiosité par mon empressement à la satisfaire, et sauver l'aridité du sujet par la rapidité de la marche; mais aujourd'hui qu'il me faut discuter lentement les moyens de mes adversaires, les éplucher phrase à phrase, et me traîner après eux dans le caveau de la mine où ils ont cru m'ensevelir, on sent que ma marche en deviendra pesante, et qu'il me faut ici plus de méthode que d'esprit, plus de sagacité que d'éloquence.

Ce n'est pas le fond du procès que je vais examiner; il est connu par mon premier mémoire. J'examinerai seulement la manière dont mes adversaires ont engagé l'affaire et l'ont soutenue contre moi jusqu'à ce jour. C'est une espèce de second procès dans le premier : comme l'épisode du sieur Marin et toutes ses nouvelles menées en donneront bientôt un troisième dans le second.

Surtout appliquons-nous à bien effacer la tache de corruption qu'on a voulu m'imprimer : forçons madame Goëzman à se rétracter. Car si M. Goëzman est mon véritable adversaire, il ne faut pas oublier que sa femme est mon unique contradicteur. C'est sur la foi de ce seul témoin qu'il m'a dénoncé comme ayant voulu *le corrompre et gagner son suffrage.*

Quant à ce dernier nœud, le plus difficile de tous, madame Goëzman l'a coupé au moment qu'on s'y attendait le moins, en dictant, dans son récolement, auquel elle s'est toujours tenue depuis, cette phrase remarquable et qui juge le procès : *Je déclare que jamais le Jay ne m'a présenté d'argent pour gagner le suffrage de mon mari, qu'on sait bien être incorruptible; mais qu'il* SOLLICITAIT *seulement* DES AUDIENCES *pour le sieur de Beaumarchais.*

On en connaît assez déjà pour être certain que mes ennemis ne s'étaient pressés de s'emparer de l'attaque, que par la frayeur d'être chargés du poids de la défense : mais ils ont beau faire, il faudra toujours y revenir, parce qu'en acceptant le défi j'ai pris pour devise: *Courage et vérité.*

Se plaindront-ils que je me sois trop pressé de parler? Leurs déclarations étaient fabriquées; la lettre de d'Arnaud les appuyait; les soins de Marin en promettaient le succès; j'étais dénoncé au parlement; les témoins entendus; les chambres assemblées; l'arrêt intervenu; le Jay emprisonné; moi décrété; les interrogatoires accumulés; les bruits les plus funestes répandus; les diffamations les plus indécentes admises : et moi j'étais muet et tranquille. Qu'ils s'agitent, qu'ils cabalent, et me dénigrent sans relâche : ils ont tort, disais-je; c'est à eux de se tourmenter : si la vigilance est utile à la vertu, elle est bien plus nécessaire au vice : un moment viendra où j'éclaircirai tout. Il est arrivé. Parler plus tôt eût été fomenter un débat inutile; attendre plus tard aurait compromis mon droit : je le fais, et continuerai à le faire, avec le respect et la confiance dus à mes juges. Heureux si mes défenses obtiennent la sanction du suffrage public!

Je passe sous silence mes confrontations avec les témoins, avec le sieur Baculard d'Arnaud, conseiller d'ambassade; avec le sieur Marin, gazetier de France; en un mot, ce qu'on pourrait appeler la petite guerre, que je réserve pour un mémoire particulier; pour arriver bien vite aux objets intéressants, qui sont mes confrontations avec madame Goëzman, l'examen des déclarations attribuées de Jay, et la dénonciation de M. Goëzman au parlement [1].

La première partie de ce mémoire, en montrant de quel ridicule le conseil de madame Goëzman l'a forcée de se couvrir dans ses défenses, va porter ma justification au plus haut degré d'évidence.

La seconde, en éclairant le fond de la scène, nous met sur la trace du principal acteur, et découvre enfin

---

[1] Ma confiance en l'équité de mes juges paraîtra bien plus courageuse encore, quand on saura que, par une bizarrerie remarquable dans tous les événements de ma vie, à l'instant même où je suis aux pieds du parlement pour lui demander justice contre M. Goëzman, je suis forcé de solliciter au conseil du roi la cassation de l'arrêt du parlement rendu sur le rapport *et d'après l'avis de M. Goëzman,* qui m'a fait perdre cinquante mille écus, quand on saura que ma requête est admise, et que j'ai déjà obtenu au conseil un arrêt de *soit communiqué.* Mais c'est ainsi que des juges doivent être honorés. Si la loi permet de se pourvoir en cassation d'arrêt, ce n'est pas que les tribunaux soient iniques; c'est que les affaires ont deux faces, et que les juges sont des hommes.

[1] J'attends en ce moment quatre ou cinq mémoires contre moi annoncés dans les papiers publics. Il en a déjà paru deux, l'un du sieur Baculard d'Arnaud; l'autre du gazetier de France. Dans ce dernier, je suis quelques plaintes contre *la faussété des calomnies et l'indécence des outrages* répandus dans un libelle signé, dit-on, *Beaumarchais Malbête,* le gazetier de France entreprend de se justifier par un petit manifeste, signé *Marin,* qui n'est pas Malbête. M. Goëzman les distribue tous deux; c'est chez lui que j'ai fait prendre les exemplaires que j'en ai.

la main qui fait jouer tous les ressorts de cette noire intrigue.

PREMIÈRE PARTIE.

Madame Goëzman.

Avant d'entamer les confrontations de madame Goëzman avec moi, il est bon de dire un mot de son plan de défense, le meilleur de tous, s'il était aussi sûr qu'il est commode.

A mesure qu'il se présentait un témoin, madame Goëzman commençait par le reprocher, le récuser, l'injurier avant même qu'il eût parlé ; puis le laissait dire.

C'est ainsi que le sieur Santerre, chargé de m'accompagner partout, en fut très-maltraité, parce qu'il s'était trouvé présent à l'audience que j'avais obtenue de son mari, et m'avait vu remettre à son laquais la lettre qui me l'avait procurée. Il eut beau représenter que, s'il n'eût pas été avec moi, il ne pourrait certifier ce qu'il n'aurait pas vu ; et qu'en aucune affaire il n'y aurait pas de témoins écoutés, si on les récusait en vertu même de l'action qui les admet à témoigner ; la dame assura qu'il était *de la clique infâme qui voulait flétrir sa réputation et celle du magistrat le plus vertueux* ; et s'en tint à sa récusation : c'était son thème ; il lui était défendu de s'en écarter ; rien ne put l'en faire sortir.

M⁵ Falconnet vint ensuite, et fut traité comme le sieur Santerre. — Mais, madame, entendez donc que je suis l'avocat, et que j'ai dû accompagner mon client chez son juge. Assigné depuis pour déposer ce que j'ai vu, puis-je refuser à la vérité le témoignage qu'on me force de lui rendre ? — C'était un parti pris ; il fut récusé comme les autres : enfin tout autant qu'il s'en présenta se virent reprochés, récusés, injuriés sans pitié : chacun disait en sortant : Quelle femme ! je plains Beaumarchais ; s'il n'est que soufleté dans sa confrontation, il pourra se vanter d'en être quitte à bon marché.

Un seul témoin parut redoutable à madame Goëzman : autant elle avait été fière avec tous les hommes, autant elle fut modeste avec la dame le Jay ; soit qu'elle comptât moins sur les égards d'une personne de son sexe, ou que leur ancienne liaison lui donnât quelque inquiétude : et cette différence est d'autant plus remarquable, que la dame le Jay la charge expressément, dans sa déposition, d'avoir reçu cent louis pour une audience, d'en avoir exigé et retenu quinze autres, d'avoir sollicité le Jay, en sa présence, de nier tout ce qui s'était fait entre eux, et de l'avoir voulu faire passer chez l'étranger pendant qu'on accommoderait l'affaire à Paris ; d'avoir dit, en parlant de M. Goëzman devant plusieurs personnes : *Il serait impossible de se soutenir honnêtement avec ce qu'on nous donne ; mais nous avons l'art de plumer la poule sans la faire crier*[1]. La dame le Jay même ajoutait verbalement que madame Goëzman leur avait dit, au sujet des quinze louis qu'elle se promettait bien de ne pas rendre : *Tout ce que je regrette, c'est de n'avoir pas aussi gardé la montre et les cent louis ; il n'en serait aujourd'hui ni plus ni moins :* mais que ne pouvant engager le Jay à vaincre son horreur pour un faux serment, elle lui avait dit enfin : *Je trouve un remède à vos répugnances : nous nierons hardiment ; puis le lendemain nous ferons dire une messe au Saint-Esprit, et tout sera réparé.*

Un pareil témoin méritait bien le démenti, la récusation, l'injure et le reproche. Au lieu de l'apostrophe ordinaire, madame Goëzman rougit, se tait, rêve longtemps, se fait lire une seconde fois la déposition : on croit qu'elle veut la mieux comprendre, afin de la mieux combattre : elle rougit de nouveau, se trouble, demande un verre d'eau, et finit par dire en tremblant : *Madame, nous sommes ici pour avouer la vérité ; dites si je me suis jamais comportée indécemment dans votre boutique en badinant avec les gens qui y étaient, lorsque je vous ai visitée ?* — Non, madame ; aussi n'ai-je pas dit un mot de cela dans ma déposition. — *Dites, je vous prie, madame, si j'ai jamais monté seule avec M. le Jay dans sa chambre, et si j'y suis restée enfermée avec lui de manière à donner à rire et faire jaser sur mon compte ?* — Eh ! mon Dieu ! madame, vous m'étonnez beaucoup avec vos étranges questions ; tout ce que vous demandez a-t-il aucun rapport à l'affaire qui nous rassemble ? Il s'agit de cent louis que vous avez reçus, de quinze louis que vous avez dans vos mains, et non de vos tête-à-tête avec mon mari, dont personne ne se plaint. — *Madame, je proteste devant qui il appartiendra que j'ai rendu les cent louis et la montre. A l'égard des quinze louis, cela ne regarde personne ; c'est une affaire entre M. le Jay et moi.* — Et cette étonnante explication est entièrement consignée au procès.

Remarquez bien que l'accusée ne nie pas au témoin les quinze louis, et qu'elle se contente d'écarter avec soin tout ce qui peut en amener la discussion : *A l'égard des quinze louis, c'est une affaire entre M. le Jay et moi.* Pas un mot sur les faits de la déposition ; nulle autre interpellation : des larmes furtives seulement qui font présumer que le témoignage qu'elle invoque sur sa conduite avec le sieur le Jay se rapporte à quelques chagrins domestiques, dont elle ne juge pas à propos de rendre compte à la cour. Le greffier attend ses interpellations sur le fond de l'affaire ; mais madame Goëzman, au grand étonnement des spectateurs, borne là toutes ses questions, proteste qu'elle n'a rien de plus à dire, et ferme la séance.

Je me réserve à faire mes observations sur cette conduite, quand j'aurai montré madame Goëzman dans toute sa force avec moi. On va la voir en me parlant prendre un ton bien différent ; mais ce rapprochement, loin de nuire à la vérité que nous cherchons, la montrera peut-être mieux à des yeux non prévenus, que tous les arguments que j'emploierais pour la mettre au grand jour.

---

[1] Je rétablis ici le propos dans toute sa pureté. Je ne le savais que par ouï-dire lors de mon premier mémoire. Aujourd'hui j'ai lu. Il faut citer juste.

Confrontation de moi à madame Goëzman.

On n'imaginerait pas combien nous avons eu de peine à nous rencontrer madame Goëzman et moi ; soit qu'elle fût réellement incommodée autant de fois qu'elle l'a fait dire au greffe, soit qu'elle eût plus besoin d'être préparée pour soutenir le choc d'une confrontation aussi sérieuse que la mienne. Enfin nous sommes en présence.

Après les serments reçus et les préambules ordinaires sur nos noms et qualités, on nous demanda si nous nous connaissions. *Pour cela, non,* dit madame Goëzman ; *je ne le connais ni ne veux jamais le connaître.* Et l'on écrivit. — « Je n'ai pas l'honneur non plus de
« connaître madame ; mais en la voyant je ne puis
« m'empêcher de former un vœu tout différent du
« sien. » Et l'on écrivit.

Madame Goëzman, sommée ensuite d'articuler ses reproches, si elle en avait à fournir contre moi, répondit : *Écrivez que je reproche et récuse monsieur, parce qu'il est mon ennemi capital, et parce qu'il a une âme atroce, connue pour telle dans tout Paris, etc....*

Je trouvai la phrase un peu masculine pour une dame ; mais en la voyant s'affermir sur son siège, sortir d'elle-même, enfler sa voix pour me dire ces premières injures, je jugeai qu'elle avait senti le besoin de commencer l'attaque par une période vigoureuse, pour se mettre en force ; et je ne lui en sus pas mauvais gré.

Sa réponse écrite en entier, on m'interroge à mon tour. Voici la mienne : « Je n'ai aucun reproche à faire
« à madame, pas même sur la petite humeur qui la
« domine en ce moment ; mais bien des regrets à lui
« montrer de ne devoir qu'à un procès criminel l'occa-
« sion de lui offrir mes premiers hommages. Quant à
« l'atrocité de mon âme, j'espère lui prouver par la
« modération de mes réponses, et par ma conduite res-
« pectueuse, que son conseil l'a mal informée sur mon
« compte. » Et l'on écrivit. Tel est en général le ton qui a régné entre cette dame et moi pendant huit heures que nous avons passées ensemble en deux fois.

Le greffier lit mes interrogatoires et récolements, après lesquels on demande à madame Goëzman si elle a quelques observations à faire sur ce qu'elle vient d'entendre. « Ma foi non, monsieur, répond-elle en
« souriant au magistrat : que voulez-vous que je dise
« à tout ce fatras de bêtises ? Il faut que monsieur ait
« bien du temps à perdre pour avoir fait écrire autant
« de platitudes. » Je ne fus pas fâché de la voir un peu adoucie sur mon compte : car enfin des bêtises ne sont pas des atrocités.

— Faites vos interpellations, madame, lui dit le conseiller-commissaire. Je suis obligé de vous prévenir qu'après ce moment, il ne sera plus temps. — *Eh ! mais, sur quoi, monsieur ? Je ne vois pas, moi... Ah !... écrivez qu'en général toutes les réponses de monsieur sont fausses et suggérées.*

Je souriais. Elle voulut en savoir la raison : — C'est, madame, qu'à votre exclamation, j'ai bien jugé que vous vous rappeliez subitement cette partie de votre leçon ; mais vous auriez pu l'appliquer plus heureusement. Sur une foule d'objets qui vous sont étrangers dans mes interrogatoires, vous ne pouvez savoir si mes réponses sont *fausses* ou vraies. À l'égard de *la suggestion*, vous avez certainement confondu, parce qu'étant regardé par votre conseil comme le chef *d'une clique* (pour user de vos termes), on vous aura dit que je suggérais les réponses aux autres, et non que les miennes m'étaient *suggérées*. Mais n'auriez-vous rien à dire de particulier sur la lettre que j'ai eu l'honneur de vous écrire, et qui m'a procuré l'audience de M. Goëzman ? — *Certainement, monsieur... Attendez... écrivez... Quant à l'égard de la soi-disant audience... de la soi-disant... audience...*

Tandis qu'elle cherche ce qu'elle veut dire, j'ai le temps d'observer au lecteur que le tableau de ces confrontations n'est point un vain amusement que je lui présente ; il m'est très-important qu'on y voie l'embarras de la dame, pour lier à des idées très-communes les grands mots de palais, dont son conseil avait eu la gaucherie de les habiller. *La soi-disant audience... envers et contre tous... ainsi qu'elle avisera... un commencement de preuve par écrit...* et autres phrases où l'on sent la présence du dieu qui inspire la prêtresse, et lui fait rendre ses oracles en une langue étrangère qu'elle-même n'entend point.

Enfin madame Goëzman fut si longtemps à chercher, répétant toujours *la soi-disant audience...,* le greffier la plume en l'air, et nos six yeux fixés sur elle, que M. de Chazal, commissaire, lui dit avec douceur : — Eh bien ! madame, qu'entendez-vous par *la soi-disant audience ?* Laissons les mots : assurez vos idées : expliquez-vous, et je rédigerai fidèlement votre interpellation. — *Je veux dire, monsieur, que je ne me mêle point des affaires ni des audiences de mon mari, mais seulement de mon ménage ; et que si monsieur a remis une lettre à mon laquais, ce n'a été que par excès de méchanceté : ce que je soutiendrai envers et contre tous.* — Le greffier écrivait. — Daignez nous expliquer, madame, quelle méchanceté vous entendez trouver dans l'action toute simple de remettre une lettre à un valet ? Nouvel embarras sur ma méchanceté ; cela devenait long... et si long... que nous laissâmes là ma méchanceté ; mais en revanche elle nous dit : — *S'il est vrai que monsieur ait apporté chez moi une lettre, auquel de nos gens l'a-t-il remise ?* — A un jeune laquais blondin, qui nous dit être à vous, madame. — *Ah ! voilà une bonne contradiction ! Écrivez que monsieur a remis la lettre à un blondin ; mon laquais n'est pas blond, mais châtain clair* (je fus atterré de cette réplique). *Et si c'était mon laquais, comment est ma livrée ?* — Me voilà pris. Cependant, me remettant un peu, je répondis de mon mieux : « Je ne savais pas que madame eût une livrée particulière. » *Écrivez, écrivez, je vous prie, que monsieur qui a parlé à mon laquais, ne sait pas que j'ai une livrée particulière ; moi qui en ai* deux, celle d'hiver et celle d'été ! — Madame, j'entends si peu vous contester les deux livrées d'hiver et d'été, qu'il me semble même que ce laquais était en veste de printemps du matin, parce que nous étions au 3 avril. Pardon si je me suis mal expliqué. Comme en vous mariant il est naturel que vos gens aient quitté votre livrée pour ne plus porter que celle de la maison Goëzman, je n'aurais pu distinguer à l'habit si le laquais était à monsieur ou à madame. Il a donc bien fallu sur ce point délicat m'en rapporter à sa périlleuse parole : au reste, qu'il soit blond ou châtain clair, qu'il portât la livrée Goëzman ou la livrée Jamar[1], toujours est-il vrai que devant deux témoins irréprochables, M⁰ Falconnet et le sieur Santerre, un laquais *soi-disant* à vous a été chargé par moi, sur le perron de votre escalier, d'une lettre qu'il ne voulait pas porter alors, parce que monsieur, disait-il, était avec madame ; qu'il porta cependant quand je l'eus rassuré, et dont il nous rendit bientôt cette réponse verbale : *Vous pouvez monter au cabinet de monsieur ; il va s'y rendre à l'instant par un escalier intérieur.* En effet, M. Goëzman nous y joignit peu de temps après.

« Tout ce bavardage ne fait rien, reprit madame
« Goëzman. Vous n'avez pas suivi mon laquais sur
« l'escalier, par-devant témoins ; ainsi vous ne pouvez
« attester qu'il m'ait remis la lettre en mains propres :
« et moi, *je déclare que je n'ai jamais reçu aucune lettre
« de monsieur, ni de sa part ; et que je ne me suis mêlée
« nullement de lui faire avoir cette audience.* »

— Eh ! dieux ! madame, à quel soupçon nous livrez-vous ? C'est bien pis, si vous n'avez pas reçu la lettre des mains du laquais : comme il est prouvé au procès que cet homme l'a prise des miennes, et que l'apparition de M. Goëzman s'accorde en tout avec la réponse verbale du châtain clair, il en faudrait conclure que ce perfide laquais de femme aurait remis la lettre à votre mari (cette lettre, madame, par laquelle vous étiez sommée, *suivant votre accord avec le Jay, de me procurer l'audience*) ; il en faudrait conclure que cet époux, non moins honnête que curieux, se serait cru, en galant homme, obligé de tenir les engagements de sa femme, et... Achevez la phrase, madame ; en honneur je n'ai pas le courage de la pousser plus loin : décidez lequel des deux époux ouvrit la lettre qui produisit l'audience ; mais si vous persistez à soutenir que ce n'est pas vous, ne dites plus au moins que je compromets M. Goëzman dans cette affaire : il est bien prouvé pour le coup que c'est vous-même qui le compromettez.

« Laissez-moi tranquille, monsieur, reprit-elle avec
« colère ; s'il fallait répondre à tant d'impertinences,
« on resterait sur cette sotte lettre jusqu'à demain matin.
« *Je m'en tiens à ce que j'ai dit, et n'y veux pas ajouter
« un seul mot davantage.* »

---

[1] Madame Goëzman, étant fille, s'appelait mademoiselle Jamar ; mais il n'est pas vrai qu'elle fût comédienne à Strasbourg, quand M. Goëzman l'épousa, comme le dit faussement le gazetier de la Haye, qui n'épargne pas plus les juges que les plaideurs.

Comme c'était sur mon interrogatoire qu'on argumentait, et que madame Goëzman ne poussa pas plus loin ses observations, ma confrontation avec elle fut close à l'instant. Alors il fut question de la sienne avec moi ; car, pour l'instruction de ceux qui sont assez heureux pour n'avoir pas encore été dénoncés par M. Goëzman sur des audiences payées à sa femme, il est bon d'observer que quand deux accusés sont confrontés l'un à l'autre, celui dont on a lu l'interrogatoire n'a pas le droit d'interpeller ; il ne fait que répliquer, observer ; mais il prend sa revanche, il interpelle à son tour, à la lecture des pièces de son coaccusé.

Il en résulte que, lorsqu'un accusé a fait le tour entier des confrontations actives et passives, il connaît le procès à peu près aussi bien que ceux qui doivent le juger.

Je puis donc attester de nouveau que tout ce que j'ai avancé dans mon premier mémoire, sur la seule conviction de mon innocence, est exactement conforme aux pièces du procès : je m'en suis convaincu à leur lecture ; et ce n'est pas sans raison que je pèse là-dessus. Il se répand dans le public que la seule réponse due à mon mémoire est d'assurer que c'est un tissu de faussetés naïvement débitées.

Laissons cette faible ressource à l'iniquité : ne lui disputons pas ce triomphe d'un moment ; elle n'en aura point d'autre.

O mes juges ! c'est à vous que j'ai l'honneur d'adresser ce que j'écris. Vous lirez, vous comparerez tout ; et vous me vengerez de ces nouvelles calomnies ; c'est votre jugement qui m'en rendra raison. Voudrais-je en imposer sous vos yeux au public ? On entend partout mes ennemis crier contre moi, s'agiter, menacer : en me ménageant plus, ils me serviraient moins. Aux yeux de l'équité, le mal qu'on veut à l'innocence est la mesure du bien qu'on lui fait. Ils voudraient m'effrayer sur le procès et sur les juges ; m'amener à redouter l'injustice de ceux à qui je viens demander raison de la leur, et me faire puiser la terreur dans le sein même où je viens chercher la paix. O mes juges ! ma confiance en vous se ranime, et s'accroît par les efforts accumulés pour l'éteindre. Échauffés sur la sainteté de votre ministère, vous saisirez cette occasion de vous honorer aux yeux de la nation qui vous attend : elle se souviendra surtout qu'en vengeant un faible citoyen, vous n'avez pas oublié que son adversaire était conseiller au parlement.

Confrontation de madame Goëzman à moi.

Il était tard ; à peine eut-on le temps ce jour-là de lire les interrogatoires et récolements de madame Goëzman. Ah ! grands dieux, quels écrits ! figurez-vous un chef-d'œuvre de contradictions, de maladresses et de turpitudes, et vous n'en aurez pas encore une véritable idée. Je ne pus m'empêcher de m'écrier : — Quoi ! madame, il y a quelqu'un au monde assez ennemi de lui-même pour vous confier son honneur et le secret d'une intrigue aussi sérieuse à défendre ! Pardon ; mon étonnement ici porte moins sur vous que sur le conseil qui vous met en œuvre. — Eh! qu'y a-t-il donc, monsieur, s'il vous plaît, dans tout ce qu'on vient de lire? — Que vous êtes, madame, une femme très-aimable; mais que vous manquez absolument de mémoire : et c'est ce que j'aurai l'honneur de vous prouver demain matin.

Je demande pardon au lecteur si mon ton est un peu moins grave ici qu'un tel procès ne semble le comporter. Je ne sais comment il arrive qu'aussitôt qu'une femme est mêlée dans une affaire, l'âme la plus farouche s'amollit et devient moins austère : un vernis d'égards et de procédés se répand sur les discussions les plus épineuses ; le ton devient moins tranchant, l'aigreur s'atténue, les démentis s'effacent ; et tel est l'attrait de ce sexe, qu'il semblerait qu'on dispute moins avec lui pour éclaircir des faits, que pour avoir occasion de s'en approcher.

Eh! quel homme assez dur se défendrait de la douce compassion qu'inspire un trop faible ennemi poussé dans l'arène, par la cruauté de ceux qui n'ont pas le courage de s'y présenter eux-mêmes? Qui peut voir sans s'adoucir une jeune femme jetée entre des hommes, et forcée par l'acharnement des uns de se mettre aux prises avec la fermeté des autres ; s'égarer dans ses fuites, s'embarrasser dans ses réponses, sentir qu'elle en rougit, et rougir encore plus de dépit de ne pouvoir s'en empêcher?

Ces greffes, ces confrontations, tous ces débats virils ne sont point faits pour les femmes : on sent qu'elles y sont déplacées : le terrain anguleux et dur de la chicane blesse leurs pieds délicats ; appuyées sur la vérité même, elles auraient peine à s'y porter : jugez quand on les force à y soutenir le mensonge! Aussi malheur à qui les y poussa! Celui qui s'appuie sur un faible roseau ne doit pas s'étonner qu'il se brise et lui perce la main.

Que dans le principe on ait fait nier à madame Goëzman qu'elle a mis à profit son influence sur le cabinet de son mari, il n'y avait pas encore un grand mal ; mais lorsque les décrets lancés ont suspendu l'état et coupé la fortune des citoyens, lorsque les cachots sont remplis, et que des malheureux y gémissent, qu'on ait le honteux courage d'exposer une femme, aussi troublée par le cri de sa conscience qu'effrayée sur les suites de sa démarche, à se defendre en champ clos contre la force et la vérité réunies..., c'est presque moins une atrocité qu'une maladresse insoutenable.

Aussi madame Goëzman, au lieu de se trouver au greffe le lendemain à dix heures du matin, comme elle l'avait promis, eut-elle bien de la peine à s'y rendre sur les quatre heures après midi. Je m'aperçus néanmoins que de nouveaux confortatifs avaient remonté son âme à peu près au même point de jactance et d'aigreur où je l'avais vue en commençant la veille avec moi. Mais j'avais lu ses défenses. Les rires, les propos forcés, les éclairs de fureur, les tonnerres d'injures, étaient devenus sans effet.

Pour prévenir un nouvel orage, je pris la liberté de lui dire : « Aujourd'hui, madame, c'est moi qui tiens l'attaque, et voici mon plan. Nous allons repasser vos interrogatoires et récolements ; je ferai mes observations ; mais chaque injure que vous me direz, permettez que je m'en venge à l'instant, en vous faisant tomber dans de nouvelles contradictions. — De nouvelles, monsieur? Est-ce qu'il y en a dans tout ce que j'ai dit? — Ah! bon Dieu! madame, elles y fourmillent ; mais j'avoue qu'il est encore plus étonnant de ne pas les apercevoir en relisant, que de les avoir faites en dictant. »

Je pris les papiers pour les parcourir. « Comment donc! est-ce que monsieur a la liberté de lire ainsi tout ce qu'on m'a fait écrire? — C'est un droit, madame, dont je ne veux user qu'avec toutes sortes d'égards. Dans votre premier interrogatoire, par exemple, à seize questions de suite sur un même objet, c'est à savoir *si vous avez reçu cent louis de le Jay, pour procurer une audience au sieur de Beaumarchais*, je vois, au grand honneur de votre discrétion, que les seize réponses ne sont chargées d'aucun ornement superflu.

« Interrogée si elle a reçu cent louis en deux rou-
« leaux? a répondu : *Cela est faux*. Si elle les a serrés
« dans un carton de fleurs? *Cela n'est pas vrai*. Si
« elle les a gardés jusqu'après le procès? *Mensonge*
« *atroce*. Si elle n'a pas promis une audience à le Jay
« pour le soir même? *Calomnie abominable*. Si elle n'a
« pas dit à le Jay : L'or n'était pas nécessaire, et votre
« parole m'eût suffi. *Invention diabolique*, etc., etc.
« Seize négations de suite au sujet des cent louis. »

Et cependant au second interrogatoire, pressée sur le même objet, on voit que madame Goëzman a répondu librement « qu'il est vrai que le Jay lui a présenté cent
« louis ; *qu'il est vrai qu'elle les a serrés et gardés dans*
« *son armoire un jour et une nuit ;* mais uniquement par
« complaisance pour ce pauvre le Jay, parce que c'est
« un bon homme, qui n'en sentait pas la conséquence,
« qui d'ailleurs lui est utile pour la vente des livres de
« son mari, et parce que cet argent pouvait le fatiguer
« dans ses courses qu'il allait faire. » (Quelle bonté ! la somme était en or.)

Comme ces réponses sont absolument contraires aux premières, je vous supplie, madame, de vouloir bien nous dire auquel des deux interrogatoires vous entendez vous tenir sur cet objet important? *A l'un ni à l'autre, monsieur ; tout ce que j'ai dit là ne signifie rien ; et je m'en tiens à mon récolement, qui est la seule pièce contenant vérité*. Tout cela s'écrivait.

— Il faut convenir, lui dis-je, madame, que la méthode de récuser ainsi son propre témoignage, après avoir récusé celui de tout le monde, serait la plus commode de toutes, si elle pouvait réussir. En attendant que le parlement l'adopte, examinons ce qui est dit sur ces cent louis dans votre récolement. Madame Goëzman y assure « qu'elle était à sa toilette lorsque le Jay lui a
« présenté les cent louis ; elle assure qu'elle l'a prié de
« les remporter (mais sans indignation pourtant), et
« *que lorsqu'il a été parti, elle a été tout étonnée de les*
« *retrouver dans un carton de fleurs au coin de sa che-*

« minée ; et qu'elle a envoyé *trois fois* dans la journée
« dire à ce pauvre le Jay de venir reprendre son argent ;
« ce qu'il n'a fait que le lendemain. »

— Observez, madame, que d'un côté vous avez rejeté les cent louis avec indignation ; que de l'autre, vous les avez serrés avec complaisance ; et que de l'autre enfin, c'est à votre insu que l'or est resté chez vous. Voilà trois narrations du même fait, assez dissemblables : quelle est la bonne, je vous prie ? — *Je vous l'ai dit, monsieur, je m'en tiens à mon récolement.* — Oserais-je vous demander, madame, pourquoi vous rejetez les réponses de votre second interrogatoire, qui me parait s'approcher davantage de la véritable vérité ? — *Je n'ai rien à répondre : mes raisons sont dans mon récolement : vous pouvez les y lire.*

En effet, j'y lus, non sans étonnement : *Madame Goëzman, interpellée de nous déclarer si son second interrogatoire contient vérité, si elle entend s'y tenir, et si elle n'y veut rien changer, ajouter ni retrancher, a répondu que son second interrogatoire contient vérité ; qu'elle entend s'y tenir, et n'y veut rien changer, ajouter ni retrancher ; fors seulement que tout ce qu'elle y a dit est faux d'un bout à l'autre.* On y lit ensuite ces propres mots : *Parce que, ce jour-là, madame Goëzman prétend qu'elle ne savait ce qu'elle disait, et n'avait pas sa tête à elle,* ÉTANT DANS UN TEMPS CRITIQUE. — Critique à part, madame, lui dis-je en baissant les yeux pour elle, cette raison de vous démentir me parait un peu bien singulière, et¹... — Vous me croirez si vous voulez, monsieur ; mais en vérité il y a des temps où je ne sais ce que je dis, où je ne me souviens de rien. Encore l'autre jour... Et elle nous enfila une de ces petites histoires dont tout le mérite est de rassurer la contenance de celui qui les fait.

Pour l'honneur de la vérité, il faut avouer qu'en parlant ainsi l'éclair des yeux ne brillait plus ; la physionomie était modeste, le ton doux ; plus de jactance, plus d'injures ; pour le coup je reconnus le langage aimable d'une jeune femme.

— Eh bien, madame, je n'insisterai pas sur ce point, qui parait vous mettre à la gêne et vous oppresser. Ce que vous ne débattrez pas aigrement vous sera toujours accordé par moi. La plus forte arme de votre sexe, madame, est la douceur ; et son plus beau triomphe est d'avouer sa défaite. Mais daignez au moins nous expliquer pourquoi vous avez nié dans votre premier interrogatoire, seize fois de suite, le séjour que les cent louis ont fait chez vous, et dont vous convenez dans votre récolement. Pardon si j'entre ici dans des détails un peu libres pour un adversaire ; mais les intimes confidences que vous venez de faire au parlement semblent m'y autoriser : à en juger par la date de ce premier interrogatoire, il ne parait pas que vous eussiez alors la tête troublée par des embarras d'un aussi pénible aveu que le jour du second ; et cependant vous n'y êtes pas moins contraire en tout à votre récolement. — *Si j'ai nié, monsieur, ce jour-là, que j'eusse reçu et gardé l'argent, c'est qu'apparemment je l'ai voulu ainsi ; mais, comme je l'ai déjà dit et le répète pour la dernière fois, je n'entends m'en tenir sur ce fait qu'à mon récolement ; je suis fâchée que cela vous déplaise.* — A moi, madame ? Au contraire ; on ne peut pas mieux répondre, et je vous jure que cela me plait à tel point, qu'en l'écrivant je serais désolé qu'on y changeât un mot.

Le ton, comme on voit, était déjà remonté d'un degré. Puisque votre dernier mot, madame, est de vous en tenir sur ces cent louis à votre récolement, me permettez-vous de proposer encore une observation ? — Ah ! pardi, monsieur, avec vos questions, vous m'impatientez ; vous êtes bavard comme une femme. — Sans adopter les qualités des dames ni pour moi, ne vous offensez pas si j'insiste, madame, à vous prier de nous dire quelle personne vous avez envoyée trois fois dans la journée chez ce pauvre le Jay, pour qu'il vint reprendre les cent louis, ces perfides cent louis qu'il avait furtivement glissés parmi vos fleurs d'Italie, pendant que vous aviez le dos tourné, et que vous ne pouviez au plus voir ce qu'il faisait que dans votre miroir de toilette. — *Je n'ai pas de compte à vous rendre : écrivez que je n'ai pas de compte à rendre à monsieur, et qu'il ne me pousse ainsi de questions que pour me faire tomber dans quelques contradictions.* — Écrivez, monsieur, dis-je au greffier : la réponse de madame est trop ingénue pour qu'on doive la passer sous silence.

Cependant pressée de nouveau, par le conseiller commissaire, de répondre plus catégoriquement sur l'homme qui avait fait les trois commissions, elle lui dit, avec un petit dépit concentré : *Eh bien, monsieur, puisqu'il faut absolument le nommer, c'est mon laquais que j'y ai envoyé : il n'y a qu'à le faire entrer.*

Pendant qu'on écrivait sa réponse, M. de Chazal reprit très-sérieusement : — Observez, madame, que si votre laquais, interrogé sur ce fait, allait dire qu'il n'a pas été chez le Jay, cela tirerait à conséquence pour vous : voyez, rappelez-vous bien. — *Monsieur, je n'en sais rien ; écrivez si vous voulez que ce n'est pas mon laquais, mais un Savoyard. Il y a cent crocheteurs sur le quai Saint-Paul, où je demeure ; monsieur peut y aller aux enquêtes, si le jeu l'amuse.* (Ce qui fut écrit aussi.)

— Je n'irai point, madame, et je vous rends grâces de la manière dont vous avez éclairci les cent louis : j'espère que la cour ne sera pas plus embarrassée que moi pour décider si vous les avez *rejetés hautement et avec indignation,* ou si vous les avez serrés discrètement et avec satisfaction.

Passons à un autre article non moins intéressant, celui des quinze louis. — N'allez-vous pas dire encore, monsieur, que je conviens de les avoir reçus ? — Pour des aveux formels, madame, je n'ai pas la présomption de m'en flatter : je sais qu'on n'en obtient de vous qu'en certain temps, à certains jours marqués... Mais j'avoue que je compte assez sur de petites contradic-

---

¹ Sans l'extrême importance de cette citation, j'aurais omis par décence l'étrange moyen de madame Goëzman, et je me garderais bien de peser sur des détails que mon respect pour les dames désavoue.

tions, pour espérer qu'avec l'aide de Dieu et du greffier nous dissiperons le léger brouillard qui offusque encore la vérité.

Alors je la priai de vouloir bien nous dire nettement et sans équivoque si elle n'avait pas exigé de le Jay quinze louis pour le secrétaire, et si elle ne les avait pas serrés dans son bureau quand le Jay les lui remit en argent. — *Je réponds nettement et sans équivoque que jamais le Jay ne m'a parlé de ces quinze louis, ni ne me les a présentés.*

— Observez, madame, qu'il y aurait bien plus de mérite à dire : *Je les ai refusés,* qu'à soutenir que vous n'en avez eu aucune connaissance. — *Je soutiens, monsieur, qu'on ne m'en a jamais parlé : y aurait-il eu le sens commun d'offrir quinze louis à une femme de ma qualité, à moi qui en avais refusé cent la veille ?* — De quelle veille parlez-vous donc, madame ? — *Eh pardi, monsieur, de la veille du jour...* (Elle s'arrêta tout court en se mordant la lèvre). — De la veille du jour, lui dis-je, où l'on ne vous a jamais parlé de ces quinze louis, n'est-ce pas ?

— Finissez, dit-elle en se levant furieuse, ou je vous donnerai une paire de soufflets... J'avais bien affaire de ces quinze louis ! Avec toutes vos mauvaises petites phrases détournées, vous ne cherchez qu'à m'embrouiller et me faire couper ; mais je jure, en vérité, que je ne répondrai plus un seul mot. Et l'éventail apaisait, à coups redoublés, le feu qui lui était monté au visage.

Le greffier voulut dire quelque chose ; il fut rembarré d'importance. Elle était comme un lion, de sentir qu'elle avait manqué d'être prise.

Le sage conseiller, pour apaiser le débat, me dit alors : — Ce que vous demandez là vous paraît-il bien essentiel ? Madame a déjà fait écrire tant de fois qu'elle n'a pas reçu ces quinze louis ! Qu'importe qu'on les lui ait offerts ou non, dès qu'elle s'en offense ?

— Je ne sais, monsieur, pourquoi madame en est blessée ; ces mots, *exigés pour le secrétaire,* que j'ai eu soin d'ajouter à ma phrase, devraient lui prouver que je n'entends point l'obliger à rougir ici sur une demande de quinze louis, qu'elle n'était pas censée alors faire pour elle-même. A la bonne heure : ne parlons plus des cent louis *rejetés la veille du jour... où on ne lui a jamais parlé de ces quinze louis,* puisque cela trouble la paix de notre conférence : mais je demande pardon et faveur pour ma question ; on ne connaît souvent la valeur des principes, que quand les conséquences sont tirées. Je vous prie donc de vouloir bien au moins faire écrire exactement *que madame Goëzman assure qu'on ne lui a jamais parlé des quinze louis, ni proposé de les accepter.* »(Ce qui fut écrit ; et elle se remit sur son siége.)

Alors, certain de mon affaire, je priai le greffier de représenter à madame Goëzman la copie de la lettre que je lui avais écrite le 21 avril, telle qu'on l'a pu lire pagés 25 et 26 de mon premier mémoire, et qui a été annexée au procès par le Jay, où l'on voit cette phrase entre autres :

Je me garderais de vous importuner, si après la perte de mon procès, lorsque vous avez bien voulu me faire remettre mes deux rouleaux de louis, et la répétition enrichie de diamants qui y était jointe, ON M'AVAIT AUSSI RENDU DE VOTRE PART QUINZE LOUIS QUE L'AMI COMMUN, QUI A NÉGOCIÉ, VOUS A LAISSÉS DE SURÉROGATION.

— N'est-ce pas là, madame, lui dis-je, la copie de ma lettre qui vous fut apportée par le Jay le 21 avril, et que vous confrontâtes ensemble avec l'original dont vous étiez si fort irritée ? Madame Goëzman, après l'avoir lue, la rejette avec colère, et dit : *Je ne connais point du tout ce chiffon de papier, qu'on ne m'a jamais montré: je soutiens au contraire que la lettre que je reçus alors de monsieur n'avait aucun rapport à cette copie, et qu'elle n'était qu'un autre chiffon qui ne signifiait rien, et que j'ai jeté au vent* (ce que je fis écrire très-exactement.)

— Avant d'aller plus loin, j'ai l'honneur d'observer à madame que je lui tiens fidèlement ma parole de ne me venger de ses injures qu'en la forçant à se contredire. *Elle convient aujourd'hui qu'elle a reçu une lettre de moi ;* et je vois, dans son premier interrogatoire, *qu'elle y a nié onze fois de suite qu'elle eût reçu aucune lettre de moi.*

Madame Goëzman, après avoir longtemps rêvé, répond enfin que, *si elle a d'abord nié cette lettre, c'est qu'elle ne se souvenait plus alors d'un chiffon de papier qui ne signifiait rien, n'était de nulle importance, et qu'elle a jeté au vent.*

Sa réponse écrite, je lui observe qu'il s'en faut de beaucoup que cette lettre lui ait paru d'aussi peu d'importance qu'elle veut le faire entendre, et qu'elle l'ait jetée au vent comme un chiffon inutile, puisque, dans son second interrogatoire, que j'ai sous les yeux, elle s'en explique à peu près en ces termes :

Tout ce dont madame Goëzman se souvient, c'est qu'elle a reçu une lettre du sieur de Beaumarchais, et qu'en la lisant ELLE S'EST MISE DANS UNE SI GRANDE COLÈRE, *croyant y voir qu'il répétait les cent louis et la montre* AVEC LES QUINZE LOUIS, *qu'elle a envoyé chercher le Jay sur-le-champ, pour savoir de lui s'il n'avait pas rendu la montre et les cent louis qu'on lui redemandait* AVEC LES QUINZE LOUIS; *que le Jay, de retour chez elle, en lui montrant la copie de la lettre du sieur Beaumarchais, l'avait assurée qu'elle se trompait à la lecture ; qu'il ne s'agissait dans cette lettre* QUE DES QUINZE LOUIS, *et non de tout le reste, qu'il avait rendu devant de bons témoins ; qu'alors en y confrontant la présente copie,* QU'ELLE RECONNAIT BIEN POUR ÊTRE CELLE DE LA LETTRE DU SIEUR DE BEAUMARCHAIS, *elle avait vu qu'elle était littérale, et avait déchiré la lettre après*[1].

Sommes-nous quittes, madame ? Comptons, vous et moi ; je vois ici deux, trois, quatre bonnes contradictions.

[1] Toutes ces citations sont des efforts de mémoire, et le fruit des notes que j'ai faites en sortant de chaque confrontation, où toutes les pièces m'ont passé sous les yeux. Peut-être y a-t-il quelques légères différences entre les paroles ; mais je certifie que le sens y est conservé avec la plus grande fidélité.

D'abord vous n'avez jamais reçu de lettres de moi ; ensuite vous en avez reçu une, mais qui n'était de nulle importance, un chiffon qui ne signifiait rien ; puis tout à coup voilà ce chiffon transformé en une lettre fort irritante, et qui produit une scène entre vous et le Jay ; et cette lettre était, selon vous, alors conforme à la copie qu'on en présentait : cependant aujourd'hui vous assurez que vous ne connaissez point cette copie, ce chiffon de papier, et qui n'a nul rapport à la lettre que vous avez reçue de moi. Cela vous paraît-il assez clair, assez positif, assez contradictoire ?

Mais n'en parlons plus ; aussi bien n'était-ce pas de cela qu'il s'agissait quand la querelle s'est élevée entre nous. — Et de quoi donc s'agissait-il, monsieur ? (me regardant avec inquiétude.) — Vous nous avez bien certifié tout à l'heure, madame, que *jamais le Jay ne vous avait parlé de ces quinze louis, ni ne vous les avait présentés le lendemain de cette veille* sur laquelle notre débat a commencé ; ainsi vous ignoriez parfaitement, quand ma lettre vous est parvenue le 21 avril, qu'il y eût eu quinze louis déboursés par moi pour le secrétaire, en sus des cent louis donnés pour l'audience ? — *Certainement, monsieur.* — Cela va bien, madame. Mais comment arrive-t-il que ces quinze louis ne fussent pas du tout de votre connaissance, et qu'ils en fussent en même temps si bien, qu'on vous les voit rappeler deux ou trois fois, comme chose très-familière, dans l'aveu de tout ce qui se passa le 21 avril, que nous venons de lire, et qui est entièrement de vous ? On y voit que, dans ma lettre, ce n'est pas la demande *des quinze louis* qui vous étonne et vous met en fureur, mais seulement celle que vous croyez que je vous fais des cent louis et de la montre que vous aviez rendus ; on y voit que le Jay ne dit pas, pour vous calmer : Ce sont des fripons à qui je ferai bien voir qu'ils n'ont jamais donné *ces quinze louis qu'ils redemandent* ; mais qu'il vous apaise en vous disant, au contraire : Vous vous êtes trompée, madame, en lisant cette lettre qui vous irrite si fort : voyez donc qu'on ne vous y demande point les cent louis et la montre, que j'ai bien rendus devant témoins ; *mais seulement les quinze louis* dont M. de Beaumarchais veut être éclairci, parce qu'il sait que le secrétaire ne les a pas reçus ; qu'alors confrontant la copie avec la lettre, et reconnaissant qu'il n'y est en effet question que des quinze louis, votre fureur s'apaise, et que tout finit là.

Si ce détail, que je n'aurais pu raccourcir sans le rendre obscur ; si vos réponses, vos fuites, vos aveux, vos contradictions, combinés avec les dires de le Jay, ne prouvent pas clair comme le jour que vous avez les quinze louis, il faut jeter la plume au feu, et renoncer à rien prouver aux hommes.

J'entends fort bien pourquoi vous niez aujourd'hui que le Jay vous ait jamais parlé de ces quinze louis : c'est afin de couper court, par un seul mot, à toute question embarrassante. Mais la dénégation sèche d'avoir eu connaissance d'un fait sur lequel vous êtes entrée antérieurement dans d'aussi grands détails, madame, n'est qu'une preuve de plus pour moi que ce fait est aussi vrai que son examen vous paraît redoutable : et voilà mon dilemme achevé. Qu'avez-vous à répondre ?

— « Rien de si simple à expliquer que tout cela, « monsieur. Ne vous ai-je pas dit que, le jour de mon « second interrogatoire, où je suis convenue d'avoir « reçu et serré les cent louis, et où j'ai fait étourdiment « cette histoire de la lettre et des quinze louis, je « n'avais pas ma tête à moi, et que j'étais dans un « état...? » — Eh ! daignez, madame, en sortir quelquefois ! si ce n'est par égard pour nous, que ce soit au moins par respect pour vous-même ! N'avez-vous pas de moyen plus modeste et moins bizarre de colorer vos défaites ? Madame Goëzman, un peu confuse, soutint néanmoins que, sa réponse étant dans les règles de la procédure, je n'avais pas droit d'en exiger une autre.

Détrompez-vous, madame ; avant que le parlement accepte vos confidences et s'arrête à vos étranges déclarations, il faut qu'un nouvel article ajouté au code criminel ait rendu l'examen des matrones un prélude nécessaire à chaque interrogatoire des femmes accusées : jusque-là vous implorez en vain, pour la mauvaise foi, l'indulgence qui n'est due qu'à la mauvaise santé.

D'ailleurs on sait que ces fumées, ces vapeurs et tous ces petits désordres de tête, qui rendent les jeunes personnes plus malheureuses et non moins intéressantes, ne les affectent qu'en des temps de fermentation et de plénitude, et jamais dans ceux où la nature bienfaisante leur vend, au prix d'une légère indisposition, la beauté, la fraîcheur et tous les agréments qui nous charment en elles : les doctes vous diront que la tête en est plus saine, que les idées en sont plus nettes ; et vous concevez que je ne joins ici ma consultation à la leur, que pour couvrir d'avance d'un ridicule ineffaçable le parti qu'on entend vous faire tirer d'un si puéril motif de rétractation.

Quoi qu'il en soit, il n'est pas hors de propos d'observer que la seule fois sur quatre où madame Goëzman ait parlé *sans savoir ce qu'elle disait*, elle a fait *par inspiration*, sur la lettre et les quinze louis, un historique exactement conforme à celui déjà consigné au procès, dans les dépositions et interrogatoires, dont on se rappellera qu'elle ne pouvait avoir alors connaissance. O pouvoir de la vérité sur une belle âme !

Mais puisque vous prétendez, madame, à l'honneur de perdre assez souvent la tête et la mémoire, ne vaudrait-il pas mieux user de cette innocente ressource pour rentrer dans le sentier de la vérité, que de la rendre criminelle en l'employant à vous en écarter de plus en plus ?

A sotte demande point de réponse, répliqua sèchement madame Goëzman. Cela ne fut pas écrit. Mais, suppliée de nous dire quelque chose de plus conséquent à mes observations, elle répondit que, *quand tout ce qu'elle avait avoué dans son second interrogatoire serait vrai, cela ne prouverait pas encore qu'elle eût reçu les quinze louis.* (Ce qui fut écrit.)

Beaucoup plus que vous ne pensez, madame ; car on

16

voit très-bien que vous ne fuyez l'éclaircissement sur la lettre et les quinze louis que pour écarter le soupçon que vous les ayez jamais exigés, reçus et gardés. Mais comme il est plus aisé de nier ces quinze louis que d'échapper à la foule de preuves qui vous convainquent de les avoir reçus, je quitterai le ton léger que vos injures m'avaient fait prendre un moment, pour vous assurer que votre défense, plus déplorable encore que risible sur cet objet, vous met ici dans le jour le plus odieux. Garder quinze louis, madame, est peu de chose ; mais en verser le blâme sur ce malheureux le Jay, dont vous avez tant à vous louer (car il ne vous a manqué qu'un peu plus d'adresse pour le perdre entièrement), c'est un crime, une atrocité qui n'étonnerait point dans certains hommes, mais qui effrayera toujours sortant de la bouche d'une femme, à qui l'on suppose, avec raison, qu'une méchanceté réfléchie devrait être étrangère.

Et si par hasard tout ce qu'on vient de lire fournissait la preuve complète que vous avez encore ces quinze louis dans vos mains !... Je vous livre en tremblant, madame, aux plus terribles réflexions : voilà ce qui doit vous troubler ; voilà ce que ne replâtrera point le ciment puéril et déshonnête dont vous avez voulu lier tant de contradictions.

Mais à quoi bon, je vous prie, ces déclarations de le Jay, ces dénonciations au parlement, ces attaques en corruption de juge, dont on faisait tant de bruit, si votre conseil devait finir par vous faire articuler, dans votre récolement, ces mots sacramentels qu'on ne doit jamais oublier : *Je déclare que le Jay ne m'a point présenté d'argent pour gagner le suffrage de mon mari, qu'on sait bien être incorruptible : mais seulement* QU'IL SOLLICITAIT *auprès de moi* DES AUDIENCES *pour le sieur de Beaumarchais ?*

Voilà comme un mot souvent décide un grand procès. Qu'aurait dit de plus mon défenseur? Mais dans cet excès de bonté, madame, il y a du luxe; et je vous aurais tenue quitte à moins. Voyons d'où peut naître un procédé si généreux : *Timeo Danaos...* Quoique je ne sois pas de votre conseil, je sens sa marche à travers vos discours : comme un machiniste, au jeu des décorations, devine les leviers et les contre-poids qui les font mouvoir.

Quand ils ont su que, livrée à vous-même, vous aviez tout avoué à votre second interrogatoire, et les cent louis reçus, et la lettre aux quinze louis, etc., ils ont bien senti que l'on conclurait de ces aveux tardifs que les déclarations, dénonciations, dépositions, interrogations antérieures, ne contenaient pas vérité. Si nous n'abandonnons pas l'attaque en corruption, le peu d'adresse d'une femme la fera tourner contre nous-mêmes ; il vaut mieux nous relâcher de notre vengeance que d'y être enveloppés, renoncer à prendre l'ennemi, que de voir le piège se fermer sur le bras qui le tend. En un mot, il faut s'exécuter et faire avouer à cette femme *qu'on ne lui a demandé que* DES AUDIENCES, puisqu'il paraît aujourd'hui prouvé au procès que le prix en a été convenu et reçu par elle.

Et ceci, madame, n'est pas une conjecture légère : il n'y a personne qui ne juge, au style de vos défenses, à quelques soudures près, que ce sont des pièces étudiées par vous comme les fables de votre enfance, et débitées de même. Par exemple, est-ce bien vous qui avez dicté: *Il faut voir d'abord s'il est prouvé que l'on ait remis les quinze louis à le Jay, et jusque-là* IL N'Y A POINT DE CORPS DE DÉLIT? (Corps de délit, grands dieux !) Est-ce vous qui avez dicté : *Nous avons déjà un commencement de preuves par écrit;* et tant d'autres belles choses qu'on n'apprend point au couvent? N'est-il pas clair que je suis trahi ? L'on m'annonce une femme ingénue, et l'on m'oppose un *publiciste allemand*[1] !

Mais c'est assez combattre des ridicules ; occupons-nous d'objets plus importants. Pendant que l'auteur estime son ouvrage sur la peine qu'il lui coûte, le lecteur sur le plaisir qu'il y prend, le juge impartial ne le prise que sur les preuves et les vérités qu'il contient, et c'est lui surtout qu'il importe de convaincre. Avançons.

SECONDE PARTIE
Monsieur Goëzman.

Les gens instruits se rappellent avec plaisir par quel

---

[1] Il est bon de savoir qu'aussitôt que le décret a été lancé contre madame Goëzman, son mari a cru qu'il ne pouvait plus honnêtement communiquer avec une femme accusée (car, comme dit le sieur Marin, d'après ce magistrat, *il ne faut pas que la femme de César soit soupçonnée*) : et il a jugé qu'il était de sa délicatesse qu'elle fût reléguée au couvent.

Quant au repas que *la femme de César* va prendre chez son mari trois ou quatre fois par semaine, ces réunions légitimes ne prouvent qu'une tendresse conjugale, supérieure aux obstacles, et qui sait tout aplanir. Et quant aux belles phrases du récolement, elles ne sont que le fruit d'un commerce habituel avec un savant homme, sans qu'on doive induire ni des visites de la femme, ni des apophthegmes du mari, qu'ils ait en ensemble aucune communication, arrangement, conseil, ni préparation relativement au procès : car il ne faut pas oublier que la *femme de César* n'a été renfermée au couvent que par son mari, à l'instant de son décret, que pour qu'on ne pût jamais soupçonner *César* de se concerter avec elle.

Autre trait de délicatesse, qui ne dépare pas le premier. M. et madame Goëzman ayant lu dans mon mémoire que j'avais donné 6 livres à un domestique, dans une des vingt-deux stations que j'ai faites à leur porte, ont fait monter le mari de leur portière, et lui ont dit : *Si c'est votre femme ou vous qui avez reçu ces 6 livres, nous vous ordonnons de les reporter à M. de Beaumarchais, ou d'en aller exiger une attestation que vous n'avez rien reçu. Nous ne voulons pas qu'il se fasse de petites vilenies dans notre maison.* Le mari est le compte fidèle que cet homme est venu me rendre. Touché d'un procédé si noble, et ne voulant pas surtout en ravir l'honneur à qui il appartient, j'ai commencé par exiger de cet homme une déclaration par écrit qu'il venait de la part de ses maîtres. Alors ne doutant plus que mon attestation ne fût d'une grande utilité à M. Goëzman, en ennemi généreux, la voici telle que je l'ai donnée :

Je déclare que le nommé le Riche, soi-disant portier de M. et madame Goëzman, s'est présenté chez moi, avec ordre de ses maîtres de me rendre ce qu'il avait reçu de moi, dans le nombre de fois que j'ai assiégé la porte de M. Goëzman, lorsqu'il était mon rapporteur, ou de me demander l'attestation qu'il n'a rien reçu. Je la lui remets volontiers, parce que j'ai seulement dit, dans mon mémoire, que j'avais donné 6 francs à un domestique, etc. Comme ce fut M. de... qui les remit, je ne pourrais pas reconnaître celui qui les a reçus, et à qui je les laisse. Observant qu'il est bien singulier que madame Goëzman mette une affectation puérile de délicatesse à me faire rendre SIX FRANCS *par un domestique à qui je ne les demande pas, elle qui en nie* TROIS CENT SOIXANTE *qu'elle a exigés et reçus de le Jay, et que je lui demande sans pouvoir les obtenir.*

A Paris, ce 1er octobre 1773.

Signé : CARON DE BEAUMARCHAIS.

heureux artifice un savant antiquaire de Nîmes a retrouvé l'inscription du monument appelée Maison carrée, sur la seule indication des trous laissés au frontispice par les pointes qui attachaient jadis les lettres de bronze dont cette inscription fut formée. On conçoit quelle sagacité, quelle connaissance de l'histoire, quel esprit de calcul, quelle méthode, et surtout quelle patience il a fallu pour nous donner le vrai sens de cet obscur hiéroglyphe, qu'un silence de dix-sept siècles avait rendu impénétrable. Telle est la tâche que je m'impose aujourd'hui.

Tout ce que je vois jusqu'à présent, c'est une noire intrigue dont l'auteur m'est inconnu. Forcé de rassembler quelques faits épars, de les lier par des conjectures raisonnables, de comparer ce qui est écrit avec ce qu'on a dit, de m'aider même de ce qu'on a tu, et de débrouiller ainsi peu à peu le chaos de tant de choses incohérentes, en m'aidant de quelque connaissance du cœur humain ; ces faits isolés sont pour moi comme autant de lettres que je dois rassembler avec soin, pour en former, sous les yeux du public et de mes juges, le nom du véritable auteur de cette intrigue. Essayons.

Mais, avant d'entamer ce pénible ouvrage, est-il tellement nécessaire à ma justification d'inculper M. Goëzman, que l'on ne puisse impunément séparer ces deux objets, ni supprimer le second sans nuire au premier ? Je n'en sais rien. Aussi n'est-ce pas cela que je dis. Ce que je sais et dis seulement, c'est qu'il faut que tout soit connu, pour que tout soit jugé.

Pour que ma justification soit aussi prompte qu'elle est certaine, il faut que les preuves tirées de ma conduite soient renforcées par les preuves que me fournit celle de mon accusateur, ou dénonciateur ; car les deux mots sont ici justement confondus. Dans les mains de la justice, nous sommes à l'égard l'un de l'autre comme les plateaux de la balance, dont l'un doit remonter doublement vite allégé de son poids, si l'on en surcharge encore son voisin.

Qu'on ne me taxe donc de vengeance ni de haine, si je me vois forcé de scruter M. Goëzman : la nécessité d'une défense légitime, et sa qualité d'accusateur, me donnent le droit d'éclairer sa conduite. Je n'accuse point ; je me défends, et j'examine. Que si mon inquisition venait à verser quelque défaveur sur ce magistrat, il ne faudrait pas me l'imputer : ce serait un mal pour lui, non un tort à moi ; la faute des événements, et non la mienne. Pourquoi descend-il de la tribune, et vient-il se mêler dans l'arène aux athlètes qui combattent, lui que son bonheur avait élevé jusqu'au rang de ceux qui jugent des coups qu'ils se portent ?

Voyons toutefois si sa qualité de juge est un obstacle à ma recherche, et si je dois me taire, et ménager par respect pour son état celui qui me poursuit sans respect pour l'équité. Certes, si la disproportion des grades est de quelque poids dans les querelles, c'est seulement quand le moindre des contendants s'y rend agresseur, mais jamais lorsqu'il se défend. Je me range ici dans la classe inférieure, afin qu'on ne me conteste rien : car

si je suis forcé de m'armer contre M. Goëzman, je veux vivre en paix avec le reste du monde. Mais ce n'est pas de cela qu'il s'agit.

Supposons donc qu'un homme se trouvât traduit au parlement comme corrupteur de juge, par le juge même qui déclare n'avoir pas été corrompu : la première chose qu'il y aurait à faire sur cette singulière accusation, ne serait-ce pas d'examiner la pièce qui lui sert de point d'appui ?

Et si cette pièce était une déclaration extrajudiciaire, faite au juge par l'agent de la prétendue corruption, ne devrait-on pas commencer par entendre cet agent sur les vrais motifs de sa déclaration ?

Et si l'agent, effrayé des suites sérieuses d'un acte dont on lui aurait masqué les conséquences en le lui arrachant, se rétractait publiquement, et déposait au greffe que sa déclaration est fausse et suggérée par le magistrat ; dans l'incertitude où l'on serait de savoir laquelle des pièces contient vérité, ne devrait-on pas s'assurer de la personne de l'agent, surtout si le juge avait joint à la déclaration la lettre d'un tiers non encore suspecté, qui lui servit d'appui ?

Renfermé au secret, bien verrouillé, soustrait à tout conseil, et dans l'effroi d'un avenir funeste, si cet agent interrogé sous toutes les faces en six temps différents, soutenait constamment que non-seulement sa fausse déclaration a été demandée, sollicitée, suggérée, mais qu'elle a été entièrement minutée de la main du juge, et qu'il n'a fait que la copier telle qu'il avait plu au juge de la fabriquer ; faudrait-il manquer à s'éclaircir de ces faits importants, sous prétexte qu'il serait désagréable qu'un homme honoré d'un grave emploi vînt à se trouver, par l'événement de la recherche, auteur d'un délit mal imputé, d'un scandale public, et surtout de l'accusation et du décret d'un innocent ? et toute la question ne se réduirait-elle pas alors à découvrir si la déclaration est fausse ou véritable, naturelle ou suggérée ; surtout s'il est vrai qu'elle ait été minutée de la main de celui à qui seul il importait qu'elle fût faite ainsi ?

Et si l'attestation du prisonnier ne suffisait pas pour prouver qu'il a emporté la minute du magistrat, et l'a gardée dix-sept jours pour en faire des copies, ne faudrait-il pas assigner en témoignage tous ceux qu'il déclarerait avoir lu, tenu et copié cette précieuse minute ?

Et si trois témoins entendus ne paraissaient pas encore suffisants pour achever de convaincre les magistrats, l'accusé n'aurait-il pas le droit d'en indiquer d'autres, et de demander qu'on les entendît, pour renforcer la preuve du fait par l'amoncellement des témoignages ?

Enfin, si l'on avait bien constaté au procès quel est le véritable auteur de cette déclaration, ne serait-il pas permis à l'accusé, si durement décrété, de raisonner tout haut devant les juges et le public sur les motifs et les conséquences de la fabrication d'un pareil titre ?

Maintenant vous savez l'affaire aussi bien que moi ; tout ce que vous venez de lire est l'histoire du procès. Je fus victime de la déclaration dont le Jay fut le copiste, et M. Goëzman l'auteur. — L'auteur? — Oui, l'auteur. Le mot est lâché : ce n'est pas sans réflexion que je l'ai dit: je m'y tiens. — Mais lorsque M. Goëzman nie d'avoir fait cette minute, êtes-vous bien certain de pouvoir le prouver? — Loin que son désaveu nuise à ma preuve, il la rendra plus importante : et c'est ce que j'ai déjà dit plus haut à madame Goëzman, au sujet des quinze louis ; la dénégation sèche d'un fait prouvé d'ailleurs au procès, non-seulement sert à mieux l'établir, mais encore à montrer combien on redoutait de le voir discuter. C'est pourtant ce que je vais faire.

Je pourrais mettre au rang de mes preuves la déposition et les interrogatoires de le Jay, où il affirme que M. Goëzman lui a présenté la déclaration minutée de sa main à copier, et que, pour aller plus vite, madame Goëzman, tenant la minute de son mari, dictait pendant qu'il écrivait. Je veux bien ne m'en pas servir.

Je pourrais y réunir la déposition de Donjon, commis de le Jay, qui déclare avoir copié la déclaration sur une minute d'une écriture que ce dernier lui a dit être celle de M. Goëzman ; ce qu'il reconnaîtra bien, si on lui montre de l'écriture de ce magistrat. Je consens à ne pas l'employer.

Je pourrais tirer encore un grand avantage du mot excellent de la dame le Jay à sa confrontation, quand on lui a montré la déclaration de son mari : *C'est bien là l'écriture de mon mari ; mais je suis très-certaine que ce n'est pas son style : mon mari n'a pas assez d'esprit pour faire toutes ces belles phrases-là.* Et l'on voit d'ici que la vérité s'exprime avec l'honnête simplicité des bons vieux temps, c'est la main d'Ésaü, mais j'entends la voix de Jacob. Et quand nous donnerons la copie littérale de cette déclaration, on en sentira bien mieux la force de l'observation de la dame le Jay. — Mais je laisse encore cela de côté.

Enfin voici mes preuves : elles sont muettes, et en cela plus éloquentes; elles sont au procès, et c'est M. Goëzman lui-même qui les fournit. Il est vrai que j'ai eu la peine de les y démêler; mais je ne regretterai pas le soin que j'ai pris, si je prouve à ce magistrat que ce qu'il a de mieux à faire aujourd'hui est de convenir tout uniment qu'il a présenté à le Jay sa propre minute à copier. Prouvons donc.

PREUVES MORALES.

M. Goëzman s'est présenté avec un papier au parlement, et a dit : Voici une déclaration que le Jay m'a écrite; elle n'est pas sortie de mes mains ; je la remets au greffe avec l'original de ma dénonciation, dont elle prouve la véracité. — Rien de plus clair assurément.

Madame Goëzman est venue ensuite avec un autre papier au parlement, et a dit : Voilà une déclaration de le Jay que je remets au greffe. Quoiqu'elle soit de l'écriture d'un commis de le Jay, j'atteste qu'elle est signée de lui et parfaitement conforme à l'original que le Jay a écrit en ma présence, et que mon mari a déposé : et j'atteste qu'il n'y a jamais eu d'autre minute écrite de la main de mon mari. — On ne peut pas mieux s'énoncer.

Mais, monsieur et madame, avant de vous répondre, qu'était-il besoin de déposer chacun une déclaration, puisqu'elles disent toutes deux la même chose? — C'est que nous sommes des gens véridiques, et que nous ne voulons rien d'équivoque : l'original est de la main de le Jay ; la copie est de celle de son commis. Ce qui abonde ne vicie pas. — Peut-être.

Mais il n'y a eu qu'une seule déclaration écrite par le Jay chez M. Goëzman, restée entre les mains de M. Goëzman, soigneusement gardée par M. Goëzman, et déposée au greffe par M. Goëzman; sur quelle minute le commis de le Jay a-t-il donc copié la déclaration que madame Goëzman nous représente aujourd'hui? Car encore faut-il que ce commis ait fait sa copie sur une minute quelconque ; et ce ne peut pas être sur celle de le Jay, puisque, selon vous-même, elle est restée à M. Goëzman, et que ce commis n'a jamais eu l'honneur d'entrer chez vous.

Direz-vous que, de retour, le Jay a eu la mémoire assez bonne pour rendre exactement chez lui ce qu'on lui avait dicté ailleurs? Ceux qui connaissent l'honnête, le bon sieur Edme-Jean le Jay savent bien que M. Goëzman ne pourrait donner une aussi pauvre défaite, sans déshonorer entièrement ses défenses.

Et puis quel intérêt aurait eu le Jay de remettre aux mêmes personnes une copie signée de la déclaration qu'il leur avait laissée en original, s'il ne l'avaient pas expressément exigée? et s'ils l'ont exigée, ils n'ont pas dû s'en fier à sa mémoire. Lorsqu'on veut une copie, on la veut exacte. Ils ont dû lui confier une minute, et cette minute qu'il emporte ne peut pas être en même temps la sienne, qu'il laisse à M. Goëzman : et je demande, encore une fois, sur quoi donc ce commis a-t-il fait la copie que madame Goëzman représente?

Si l'on m'objecte que M. Goëzman n'avait pas plus besoin d'exiger une copie signée dont il avait l'original; que le Jay n'avait intérêt de la lui envoyer ; je réponds que, du fait à la possibilité, la conséquence est toujours bonne. Madame Goëzman dépose la copie du commis ; donc elle existe, donc elle a été envoyée, donc elle a été exigée, donc surtout elle a été faite sur une minute : et ma première question revient toujours : Sur quelle minute ce commis de le Jay a-t-il donc tiré la copie que madame Goëzman représente?

Mais madame Goëzman a peut-être subtilement dérobé la minute de le Jay à son mari, et l'a remise à ce libraire en cachette, pour qu'il la fît copier, voulant en avoir une expédition? — Non pas, s'il vous plaît : quand elle n'aurait pas déclaré positivement que la minute de le Jay n'est point sortie des mains de son mari, voici ma réplique : c'est que la copie écrite par le Jay, sous la dictée de madame Goëzman tenant la minute de son mari, est aussi inexacte qu'on devait l'attendre de pareils secrétaires. Que n'ai-je pu la copier ! des mots oubliés qui détruisent le sens ; d'autres mots oubliés qui ne font que gâter le style ; d'autre enfin oubliés, qui ne font rien au style ni au sens, mais qui se trouvent parfaitement rétablis dans celle du commis.

Or, si la copie du commis eût été faite sur celle de le

Jay, on y verrait les mêmes fautes; ou si elle ne les portait pas, elle serait au moins libellée de même. La copie de le Jay a une date; elle en aurait une aussi : loin de cela, cette copie du commis est claire et suivie; on voit qu'elle a été faite par un homme exact, sur la minute d'un homme instruit, sur celle de l'auteur enfin, qui ne l'avait pas datée, parce que ce n'était pas son affaire; ce qui fait que le commis n'a pas daté non plus sa copie. Elle n'a donc pas été écrite sur une minute de le Jay. Et quand vous devriez vous mettre en colère, jusqu'à ce que vous m'ayez répondu, je demanderai toujours : Sur quelle minute le commis de le Jay a-t-il donc tiré sa copie?

D'ailleurs, le libraire et son commis ont déclaré qu'ils avaient gardé cette minute énigmatique dix-sept jours chez eux. Ce nombre de jours, indifférent quand ils l'attestaient, ne l'est pas aujourd'hui que nous discutons. Observez qu'on lit, au dos de la déclaration de le Jay, une seconde déclaration (dont nous parlerons en son lieu) écrite aussi par le Jay dix jours après la première, dans la chambre de madame Goëzman, sous la dictée de son mari. Or, ce papier, qui n'est pas sorti des mains de M. Goëzman, qui se trouvait chez lui dix jours après la première déclaration, lorsqu'on écrivait la seconde sur son *verso*, ne peut pas être en même temps la minute inconnue qui est restée dix-sept jours chez le Jay, et nous avons beau tourner pour fuir : semblables à Enguerrand, que toutes les routes ramenaient au palais de Strigiline, nous retombons toujours dans ma première question : Sur quelle minute ce commis de le Jay a-t-il donc copié la déclaration que madame Goëzman représente ?

Mais ne serait-ce pas sur une certaine minute emportée par le Jay de chez M. Goëzman ? minute qu'il déclare être de la main de M. Goëzman, minute que son commis déclare être d'une écriture étrangère, qu'on lui a dit être celle de M. Goëzman; minute enfin qu'ils déclarent tous deux leur avoir été lestement soutirée au bout de dix-sept jours par M. Goëzman. Il y a quelqu'un de pris ici : pour le coup le piége s'est subitement fermé, comme on l'avait craint, sur le bras qui le tendait pour me prendre. Nous y laisserons l'imprudent jusqu'à ce qu'il lui plaise de nous apprendre qui a fait la minute de cette déclaration, ou qu'il nous explique autrement l'énigme de la copie du commis de le Jay.

Mais pendant que je fatigue et mon lecteur et moi pour prouver quel est l'auteur de la déclaration, on prétend que M. Goëzman ne nie point du tout qu'il en ait fait la minute. Je n'en sais rien : qu'il la nie ou l'avoue aujourd'hui, cela est indifférent à la question que je traite : car s'il nie, sa dénégation même prête une nouvelle force à ma preuve tirée de la copie du commis; en s'obstinant à nier un fait prouvé au procès, il n'en montre que mieux qu'il était instruit, et sentait toute l'iniquité de la pièce qu'il composait; et s'il avoue, il devient contraire à lui-même et à madame Goëzman, qui a constamment nié, au nom des deux, que son mari eût jamais fait de minute : il ne peut donc éviter un mal sans tomber dans un pire; et c'est le juste partage réservé à la mauvaise foi.

J'entends quelqu'un se récrier sur l'amertume de mon plaidoyer, en accuser la forme, à défaut de moyens contre le fond : *Le partage réservé à la mauvaise foi!* ce n'est pas ainsi, dit-il, qu'on plaide au barreau, surtout contre un magistrat. — Cela se peut. L'œil qui voit tout ne se voit pas lui-même, et je suis trop près de moi pour être frappé de mes défauts; mais prenez garde aussi de vous placer trop loin pour les bien juger. Considérez que je suis injustement accusé, rigoureusement décrété, sans secours, sans appui, seul, percé à jour, aigri par le malheur, et chargé du pénible emploi de me défendre moi-même.

Il lui est bien aisé de se modérer, à cet orateur paisible qui, ne se forgeant qu'à froid, et compassant ses périodes à loisir, exhale un courroux qui n'est pas le sien, et montre une chaleur empruntée, dont le foyer, loin de lui, réside au cœur de son client. Ses idées s'arrangent froidement dans sa tête, quand mille ressentiments brûlent ma poitrine et voudraient s'échapper à la fois. Il se bat les flancs pour s'échauffer en composant; quand j'applique à mon front un bandeau glacé pour me tempérer en écrivant. Mais vous qui me relevez ainsi, ne seriez-vous pas M. Goëzman ? je crois vous reconnaître à la nature, au ton de ce reproche. Eh! monsieur, à quoi vous arrêtez-vous ? Un mémoire au criminel se juge-t-il sur les principes d'un discours académique ? A la parade on regarde au vain éclat des armes : on les prise au combat sur la bonté de leur trempe. Accordez-moi les choses, et j'abandonne les phrases. Il s'agit pour moi de vaincre, et non de briller; ou plutôt, monsieur, il me suffit de n'être pas vaincu : car malgré votre acharnement, je confesse avec vérité que je cherche moins à préparer votre perte, qu'à vous empêcher de consommer la mienne.

PREUVES PHYSIQUES.

Après avoir porté les preuves de raisonnement jusqu'à l'évidence, acquérons la même certitude sur les preuves de fait; et que leur ensemble soit la démonstration parfaite que non-seulement la minute était bien de la main de M. Goëzman, mais que ce magistrat a fait la déclaration comme il avait intérêt qu'elle fût, exprès pour me nuire, et sans que le Jay y ait eu la moindre part. C'est le sieur le Jay qui va nous l'apprendre : écoutons parler dans tous ses interrogatoires cet homme honnête et simple.

Enfermé au secret, sans communication, et n'ayant pour conseillers que la mémoire qui rappelle les faits, le bon sens qui les met en ordre, et la candeur qui les produit au jour; c'est ici que la simplesse d'un homme ordinaire est plus pressante que toute l'habileté du plus subtil rhéteur. Ses réponses sont d'une vérité qui saisit; nulle précaution, nulle prévoyance des suites; les faits les plus graves y sont articulés aussi naïvement que les choses les plus inutiles. Je préviens qu'il va porter de furieux coups à mes adversaires, et répandre un terrible jour sur leur conduite; et je les en préviens, afin qu'ils regardent de plus près à ce que je vais dire; car je déclare que je n'entends mettre de surprise à rien. Je me défends à force ouverte.

Le Jay, interrogé s'il a été de lui-même chez M. Goëzman pour y faire une déclaration? a répondu qu'on l'avait envoyé chercher de la part de ce magistrat le 30 mai dernier.

Interrogé quelle question lui a faite M. Goëzman, relativement à la déclaration qu'il a écrite? a répondu que M. Goëzman ne lui a pas fait d'autre question que celle-ci: *N'est-il pas vrai, monsieur le Jay, que madame a refusé les cent louis et la montre que vous lui avez présentés?* Qu'ayant été vivement sollicité par madame Goëzman de répondre affirmativement, il a dit pour toute réponse: *Oui, monsieur;* qu'alors le magistrat a écrit à son bureau la déclaration tout d'un trait; que madame Goëzman l'a prise et dictée à lui répondant, pendant qu'il l'écrivait, pour que cela marchât plus rondement; qu'il a mis ensuite la minute de M. Goëzman dans sa poche, pour la faire copier par son commis; et que, sans perdre de temps, madame Goëzman l'a conduit chez M. de Sartine, qu'en montant en fiacre, il a dit à la dame: Nous sommes bien heureux que votre mari ne m'ait pas parlé des quinze louis; je n'aurais pas pu dire que je les ai rendus, puisque vous les avez encore; et que la dame a répondu (avec le plus gaillard adjectif): *Vous seriez bien une... tête à perruque, d'aller parler de ces quinze louis: puisqu'il était convenu que je ne devais pas les rendre, on peut bien assurer que je ne les ai pas reçus.*

PREMIÈRE DÉCLARATION

ATTRIBUÉE A LE JAY.

Pourquoi première? parce qu'on en a fait écrire une seconde au libraire, également curieuse: nous montrerons chacune en son lieu; ainsi donc:

PREMIÈRE DÉCLARATION [1].

« Je soussigné, Edme-Jean le Jay, pour rendre hom-
« mage à la vérité, déclare que le sieur Caron de Beau-
« marchais, ayant un procès considérable devant
« M. Goëzman, conseiller de grand'chambre, m'a fait
« très-instamment prier par le sieur Bertrand [2], son
« ami, et de parler à madame Goëzman en sa faveur, et
« même de lui offrir cent louis et une montre garnie
« en diamants, pour l'engager à intercéder auprès de
« monsieur son mari pour le sieur de Beaumarchais;
« ce que j'ai eu la faiblesse de faire, uniquement pour
« obliger le sieur Bertrand. Mais je déclare que cette
« dame a rejeté hautement et avec indignation ma pro-
« position, en disant que non-seulement elle offensait
« sa délicatesse, mais qu'elle était de nature à lui at-
« tirer les plus fâcheuses disgrâces de la part de son
« mari, s'il en apprenait quelque chose: *en consé-
« quence*, j'ai gardé la montre et les rouleaux jusqu'au
« moment où je les ai rendus. Je déclare en outre qu'a-
« près la perte du procès, le sieur de Beaumarchais,
« piqué de son mauvais succès, m'a écrit une lettre
« fort impertinente; comme si *j'avais négligé ou trahi*
« *ses intérêts dans cette affaire*; attestant *que tout ce*
« *qui pourrait être dit de contraire à la présente dé-
« claration est faux et calomnieux*: ce que je soutien-
« drai envers et contre tous. En foi de quoi j'ai signé,
« approuvé l'écriture. LE JAY, ce 30 mai 1773. »

Si je pouvais montrer à la suite de cette déclaration la copie que le Jay en a faite sous la dictée de madame Goëzman, tenant la minute de son mari; indépendamment du style et d'une foule de grands mots qui ne sont point à l'usage du sieur le Jay, la manière inexacte dont elle est libellée, et les fautes d'orthographe dont elle fourmille, convaincraient bientôt que celui qui l'a écrite n'a jamais pu la composer. Au défaut de cette première preuve, qui, en frappant les yeux, porterait à l'esprit la conviction irrésistible de ce que j'avance, j'observe:

1° Que si le Jay eût fait cette déclaration, il n'aurait pas manqué d'y parler des quinze louis, parce que c'était ce qui avait engagé la querelle, le seul objet en litige, et parce qu'il avait un grand intérêt d'en parler, car il craignait dès lors qu'on ne le taxât de les avoir réservés pour lui. Mais comme M. Goëzman avait un plus grand intérêt encore à les taire, la déclaration n'en dit pas un mot.

2° Si le Jay eût composé cette déclaration, il n'y aurait pas dit: *Piqué de la perte de son procès, le sieur de Beaumarchais m'a écrit une lettre impertinente, comme si j'avais négligé ou trahi ses intérêts dans cette affaire;* parce que la Jay savait bien que ma lettre, qu'il a déposée au greffe, loin d'être *impertinente*, est non-seulement polie, mais obligeante; parce qu'il savait bien qu'elle ne porte nullement sur des reproches de négligence ou d'abandon de mes intérêts dans l'affaire, mais uniquement sur les quinze louis, dont M. Goëzman avait tant d'intérêt de ne pas parler. Aussi la déclaration n'en dit-elle pas un mot.

3° Si l'on se rappelle que la seule question que M. Goëzman ait faite à le Jay, avant que d'écrire la minute de la déclaration, est celle-ci: *N'est-il pas vrai, monsieur le Jay, que madame a refusé les cent louis et la montre que vous lui avez présentés? — Oui, monsieur.* Et si l'on compare ce texte si simple avec le commentaire insidieux qui en est résulté, l'on sera convaincu que M. Goëzman avait combiné d'avance avec sa femme toutes les phrases de cette déclaration, pour qu'elle pût servir de base à la dénonciation qu'il voulait faire au parlement contre moi, et dont nous allons bientôt parler.

---

[1] Tous les mots écris en italique dans cette déclaration, figurée sur la copie du commis, sont ceux qui manquent à celle de le Jay; ce qui sera discuté dans un moment.

[2] Le sieur Bertrand, dont il s'agit ici, est le même qui n'a consenti à être désigné dans mon premier mémoire que sous le nom de d'Airolles. En répondant au sieur Marin, nous aurons occasion de nous expliquer sur cette fantaisie du sieur Bertrand d'Airolles, qui a précédé de quelques jours le service qu'il a rendu au sieur Marin, de lui accorder une lettre dont celui-ci espère tirer le plus grand avantage contre moi: ce qu'il faudra voir.

4° Observez que M. Goëzman, en relisant depuis la phrase où il avait fait ainsi parler le Jay dans la déclaration : *Cette dame a rejeté hautement et avec indignation ma proposition, en me disant que non-seulement elle offensait sa délicatesse, mais qu'elle était de nature à lui attirer les plus fâcheuses disgrâces de la part de son mari, s'il en apprenait quelque chose;* observez, dis-je, que M. Goëzman s'est aperçu qu'il n'avait pas dû faire dire à sa femme que *refuser de l'argent était propre à* LUI *attirer sa disgrâce, s'il l'apprenait;* parce que c'était se faire son procès à soi-même.

Comment changer cela? Sa minute était chez le Jay, il n'avait en main que la copie de ce libraire : il voulait la déposer tout à l'heure au parlement. Mais rien n'embarrasse une bonne tête; et voici comment il a usé sans façon des droits d'un auteur sur son propre ouvrage.

Il a tout uniment rayé le mot *lui*, et a fait précéder le mot *attirer* par la lettre *m*, intercalée de sa main; de sorte que, par cet innocent artifice, le sens de la phrase, qui présentait d'abord madame Goëzman comme exposée au ressentiment de son mari pour avoir refusé de l'argent, fait porter le ressentiment aujourd'hui sur le Jay pour avoir osé l'offrir.

Voici le sens, suivant la première leçon : *Madame Goëzman m'a dit que mes propositions rejetées étaient propres à* LUI *attirer la disgrâce de son mari, s'il en apprenait quelque chose, etc.* Et voilà le sens, suivant la seconde : *Madame Goëzman m'a dit que mes propositions rejetées étaient propres à* M'*attirer la disgrâce de son mari, s'il en apprenait quelque chose.* Ce qui est bien différent.

Or, si la copie de la main de le Jay eût été la vraie minute de la déclaration, on sent qu'un criminaliste éclairé comme M. Goëzman n'aurait jamais voulu commettre le faux d'y changer le sens, en effaçant un mot, et y substituant une lettre de sa main.

Que si M. Goëzman prétend nier la liberté qu'il s'est donnée sur une déclaration à laquelle il dit n'avoir aucune part, nous lui opposerons une réponse à deux tranchants, que nous le supplions de vouloir bien examiner avant de nous blâmer de l'avoir écrite : c'est que l'addition de la lettre *m*, substituée au mot *lui*, est faite avec si peu de précaution, que le Jay, sa femme, le rapporteur, le greffier et moi, nous avons tous facilement reconnu cette correction d'auteur, lorsque j'ai fait l'examen de la pièce en leur présence aux confrontations.

Dira-t-il que, s'étant aperçu sur-le-champ de cette imprudence qui le jugulait, il a changé la phrase au moment où elle venait d'être écrite? Voici le second tranchant de ma réponse : S'il eût fait ce changement à la copie de le Jay tout de suite et en sa présence, il n'eût pas manqué de le faire de même à la minute que le Jay emportait pour que son commis en tirât copie; mais dans cette copie, aussi authentique que celle déposée par M. Goëzman, puisque c'est madame qui la dépose, la méprise est restée tout entière : on y lit la phrase écrite ainsi, suivant la première leçon : *Madame Goëzman m'a dit que ma proposition rejetée était de nature à* LUI *attirer la disgrâce de son mari, etc.* Cette correction, qui met une telle différence entre le sens des deux copies, prouve que celle de le Jay est demeurée au magistrat, pendant que la copie du commis se faisait chez le Jay, sur la minute non corrigée de M. Goëzman; ce qui renforce de plus en plus les preuves que j'ai données, qu'il existait une minute de la main du magistrat.

Et mes remarques sur cette correction d'auteur s'appliquant également à toutes les différences qui se trouvent entre la déclaration dictée à le Jay par madame Goëzman, et celle de la main de M. Goëzman, copiée par le commis de le Jay.

C'est ainsi qu'en les confrontant on voit (dans celle de le Jay) *une montre* GARNIE *en diamants;* (dans celle du commis) *une montre à diamants;* (dans celle de le Jay) *les plus fâcheuses disgrâces de la part de son mari, s'il en apprenait quelque chose, j'ai gardé la montre*, etc., ce qui présente un sens fort niais; (dans celle du commis) *les plus fâcheuses disgrâces de la part de son mari, s'il en apprenait quelque chose.* EN CONSÉQUENCE, *j'ai gardé la montre*, etc.; *en conséquence* est une liaison très-nécessaire entre les deux phrases : (dans celle de le Jay) *le sieur de B. m'a écrit une lettre impertinente, comme si négligé où tri ses intérêts;* ce qui n'a nul sens; mais à quoi M. Goëzman en a donné un, en écrivant de sa main, sans mystère, en interligne, au-dessus des mots *si* et *négligé*, le mot *j'eus*, et en chargeant le mot *tri*, dont il a fait à peu près *trahi;* et la phrase marche ainsi corrigée : *Le sieur de B. m'a écrit une lettre impertinente, comme si j'eus négligé ou trahi ses intérêts*, etc., ce qui devient au moins intelligible : *j'eusse négligé* eût été plus correct, mais enfin on l'a corrigée comme cela. La copie du commis porte : *Le sieur de B. m'a écrit une lettre impertinente, comme si* J'AVAIS *négligé ou trahi ses intérêts,* etc. Le mot *j'eus,* interligné par M. Goëzman, complète la preuve que ce magistrat n'a corrigé la copie de le Jay que pendant l'absence de sa propre minute; au lieu d'écrire *j'eus,* il n'aurait pas manqué d'écrire *j'avais,* comme le porte la copie du commis, fidèlement transcrite sur sa minute : (le Jay) *soutenant tout ce qui pourrait être dit.... est calomnieux,* etc.; (le commis) *soutenant* QUE *tout ce qui pourrait être dit.... est calomnieux,* etc.

Voilà donc sept endroits qui diffèrent essentiellement dans les deux déclarations, dont un mot ajouté, un mot effacé, un mot substitué, un mot interligné et un mot chargé, dans celle de le Jay, par une main étrangère : et c'est sur une pareille pièce, mendiée, sollicitée, suggérée, minutée, dictée, corrigée, surchargée et niée par ce magistrat, qu'il établit une dénonciation en corruption de juge et en calomnie contre un homme innocent!

Quelle étrange opinion aviez-vous donc de votre pouvoir, monsieur, si vous avez pensé qu'il vous suffit, pour me faire condamner au parlement, de m'y dénoncer sur la foi d'un tel titre? Avez-vous présumé que ce tribunal m'empêcherait d'opposer à la fausseté de votre attaque la vérité de mes défenses, la force de mes preuves à la ruse de vos moyens? Détrompez-vous, monsieur; la vivacité de ses recherches prouve l'austérité de ses principes, et non sa complaisance pour vos ressentiments. C'est à vous de vous justifier, homme cruel, qui, après avoir opiné si durement à ce qu'on m'enlevât ma fortune, m'avez ensuite injurieusement dénoncé : car je vous préviens que cet argument ne convaincra personne : Je suis conseiller au parlement; donc j'ai raison.

Mais n'anticipons rien : avant de parler de la dénonciation de M. Goëzman, nous avons une seconde déclaration aussi importante que la première à examiner.

J'écarte en vain une foule de moyens, pour me renfermer dans les principaux : leur abondance m'accable. Oh! monsieur Goëzman, que de mal vous me donnez! mais je veux m'en venger en vous démasquant si bien aux yeux du public, que désormais vous deviendrez plus réservé dans vos attaques. Avançons.

Le Jay, toujours au secret, interrogé de nouveau, répond qu'environ dix jours après sa première déclaration, M. Goëzman l'a encore envoyé chercher, et lui a dit uniquement : *N'est-il pas vrai, monsieur le Jay, que vous avez rendu la montre et l'argent devant témoins, et qu'on n'avait rien soustrait des deux rouleaux?* — Cela est vrai, monsieur. — *Écrivez donc, au dos de votre première déclaration, ce que je vais vous dicter* : et il assure que le magistrat lui dicta, sans en faire de minute, la déclaration suivante :

SECONDE DÉCLARATION
ATTRIBUÉE A LE JAY

Je déclare en outre que jamais Bertrand ni Beaumarchais ne m'ont accompagné chez madame Goëzman, et qu'ils ne la connaissent point du tout. Je déclare que j'ai rendu la montre et les rouleaux devant (telles et telles personnes, etc., qu'il nomme). *Et si Beaumarchais osait dire qu'on a soustrait quelque chose des rouleaux pour des secrétaires ou autrement, je lui soutiendrais qu'il est un menteur et un calomniateur, et que les rouleaux étaient bien entiers; ce que le sieur Bertrand lui soutiendra comme moi*, etc., etc. Sans date. *Signé*, LE JAY.

Pour l'honneur du sieur le Jay, remarquons d'abord que, dans ses interrogatoires, il dit également ce qui sert et ce qui peut nuire. Nous l'avons vu assurer intrépidement que M. Goëzman lui avait confié la minute de la première déclaration, écrite de sa main. A cette seconde, il avoue ingénument que M. Goëzman n'a point fait de minute, et qu'il a seulement dicté. Prouvons que la seconde n'est pas plus l'ouvrage du sieur le Jay que la première.

Indépendamment des preuves morales et de discussion, la pièce en présente elle-même une de fait (le dirai-je?), la plus comique. Tout le monde connaît la scène des *Plaideurs*, où le souffleur, lassé de l'ineptie de l'avocat Petit-Jean, lui dit : O le butor! et où Petit-Jean, qui se croit soufflé et non injurié, répète : *le butor !* Ici M. Goëzman, finissant de dicter, a dit apparemment : Telle ou telle chose, etc. *Signé*, le Jay. Et le bon le Jay, trop occupé du mot qui est sous sa plume, pour se fatiguer à en lier le sens dans sa tête avec les précédents, a écrit exactement comme on le lui disait, à l'ortographe près : *Signé*, LE JAY.

Malgré cette naïveté, qui montre assez que l'écrivain n'est ici que le commis à la plume, voyons, par l'examen impartial et sérieux de la pièce, s'il est possible que le Jay l'ait composée lui-même. Je voudrais bien pouvoir épargner à quelqu'un cette fâcheuse discussion, parce que je sens que ce quelqu'un est ici sur des charbons. Mais, quelque respect que j'aie pour lui, je respecte encore plus la vérité : tout ce que je puis, est de le tenir le moins de temps possible dans une aussi cruelle situation.

J'observe d'abord que le Jay, ayant toujours dit, quand il a parlé des quinze louis, qu'il les avait laissés, *en argent blanc*, dans un sac à madame Goëzman, s'il eût fait la déclaration, n'aurait jamais imaginé de l'aller alambiquer de sorte qu'on pût en induire que la demande des quinze louis portait sur la fausse supposition que madame Goëzman avait soustrait quelque chose des rouleaux.

L'obscurité de tout cet entortillage prouve déjà qu'il n'appartient point au sieur le Jay : si cet homme simple eût voulu ou mentir ou dire la vérité, en un mot s'expliquer sur les quinze louis, il l'eût fait à sa manière, c'est-à-dire tout simplement, et d'une façon qui se rapportât au moins à ce qui s'était passé devant lui. Dès qu'il ne s'agissait dans cette déclaration que d'y parler des quinze louis, dont la première n'avait rien dit, aurait-il pris la plume une seconde fois exprès sur ces quinze louis, pour finir encore par n'en rien dire du tout? Cela n'est ni vrai, ni naturel, ni possible.

Mais quel est donc le fin de cette déclaration? Le voici.

Monsieur et madame Goëzman, qui avaient évité de dire un seul mot des quinze louis dans la première, voyant que les regards du public étaient fixés sur ces quinze louis, seul objet apparent de la querelle, ont calculé qu'il paraîtrait bien étonnant qu'ils eussent une nouvelle déclaration de Jay contre moi, et qu'elle ne traitât en aucune façon de ces quinze louis; ils ont senti que ce silence absolu pourrait à la fin devenir suspect.

Mais l'embarras était de le rompre sans se compromettre, et de parler des quinze louis sans en rien dire. Ce le Jay leur donnait encore une autre sueur froide, il est si simple, si simple : que s'il entend seulement prononcer, en dictant, le mot de *quinze louis*, il ne manquera pas d'entrer à l'instant dans des explications fort embarrassantes pour le candide magistrat, qui ne veut pas, vis-à-vis du libraire, avoir l'air d'être du secret. Il faut donc courir là-dessus comme chat sur braise; imaginer une phrase obscure et courte, sur laquelle le public puisse prendre le change. Il faut surtout que cette phrase soit telle, que le mot de *quinze louis* n'aille pas frapper l'oreille de le Jay. On se rappelle que cet homme, aussi droit que simple, a dit à madame Goëzman, en allant chez M. de Sartine : *Il est bien heureux que votre mari n'ait pas parlé des quinze louis; je n'aurais pas pu dire que je les ai rendus, puisque vous les avez encore;* et la réponse de la dame, et tête à perruque, et l'adjectif, etc., etc.

Toutes ces réflexions rendaient ce point délicat très-difficile à traiter : mais enfin la déclaration, telle qu'on vient de la lire, fut le fruit du conseil auquel je viens de faire assister mon lecteur.

Et croyez-vous que ce soit sans y avoir bien réfléchi, que la déclaration commence par cette phrase : *Je déclare que Bertrand ni Beaumarchais*... En voyant ainsi ces deux noms dénués du plus mince égard, en songeant à cette façon de s'exprimer, *Bertrand, Beaumarchais, Lafleur, Larose,* je reconnais le style aisé d'un homme supérieur aux gens qu'il veut bien honorer de ses mauvais traitements : je sens que la main du très-familier libraire n'est ici que la patte du chat, et son écrit, que le manteau du conseiller. Jamais le sieur le Jay, le plus modeste des hommes, n'eût traité avec cette légèreté le sieur Bertrand d'Airolles, qui l'a quelquefois aidé de son crédit; moins encore moi, chétif, qui n'avais point l'honneur d'en être connu.

Mais laissons les grâces du style; allons au fait. *Je déclare que Bertrand ni Beaumarchais ne m'ont jamais accompagné chez madame Goëzman, et qu'ils ne la connaissent point du tout.* A quoi tend cette phrase isolée, absolument hors d'œuvre, et sans nul rapport aux quinze louis, ni même à rien de ce qui la suit, sinon à se retourner en cas d'accident et de désaveu de la part de le Jay? *Testis unus, testis nullus,* dit la loi : ce qu'on a sans doute expliqué à madame Goëzman, mais qu'elle ne s'est pas souvenue de placer avec : *Il n'y a pas de corps de délit... Nous avons déjà un commencement de preuve par écrit,* etc., etc.

Cette sage précaution prise à tout événement, on a grand soin de faire écrire à le Jay, dans la déclaration, les noms, surnoms, qualités des personnes devant qui les deux rouleaux ont été remis : autant on glissera sur le principal, autant on va s'appesantir sur les accessoires. C'est la dame le Franc, elle est sœur du sieur de Lins, premier échevin; c'est la demoiselle sa fille ; ce sont des dames de Lyon ; c'est un jeune homme que l'on croit fils du sieur de Lins, etc., etc. Car on se flatte que ces honnêtes gens, assignés, certifieront en temps et lieu que les deux rouleaux étaient bien entiers quand on les a rendus en leur présence.

Cela va bien. Reste toujours la phrase épineuse à composer sur ces quinze louis, dont il faut avoir l'air de parler, quoique bien résolu de n'en pas dire un mot. Enfin la voici du mieux qu'on a pu : *Et si Beaumarchais osait dire qu'on a soustrait quelque chose des rouleaux pour des secrétaires ou autrement, je lui soutiendrais qu'il est un menteur et un calomniateur,* etc... Nous en voilà tirés, Dieu merci.

Mais que ces mots, *soustrait quelque chose des rouleaux,* pour ne pas nommer quinze louis en argent blanc, sont bien imaginés ! et ceux-ci, *pour des secrétaires ou autrement,* pour ne pas dire que madame Goëzman a exigé quinze louis pour le secrétaire, et les a gardés pour elle; comme cela est ingénieux ! A l'égard des injures, on sent ici qu'elles ne sont que le saut de joie qui termine un ouvrage pénible ; c'est la bravoure de Panurge qui se met en vigueur quand le danger est passé : ainsi finit la déclaration, sans date, etc. *Siné le-Jay,* comme nous l'avons dit.

Et c'est ainsi qu'un magistrat se joue de la vérité, pour donner le change ! c'est ainsi qu'il arme un malheureux contre une chimère, et lui fait combattre insidieusement ce que personne n'avait dit, pour éluder de lui faire écrire ce qu'il craignait tant de voir déclarer! et c'est ainsi que la faiblesse est toujours un instrument souple et dangereux entre les mains de la malignité !

Que de gens faibles elle a su tourner contre moi dans cette affaire ! N'est-ce pas faiblesse que la flottante madame Goëzman dissimule la vérité, pour se prêter aux vues de son mari qui voulait m'attaquer en corruption de juge? N'est-ce pas par faiblesse que ce pauvre le Jay copie, sur des minutes du magistrat, des déclarations dont il n'entend ni les mots, ni la force des phrases? N'est-ce pas par faiblesse que ce pauvre conseiller d'ambassade Arnaud Baculard, qui ne dit jamais ce qu'il veut dire, et ne fait jamais ce qu'il veut faire, accorde une misérable lettre mendiée, pour appuyer une plus misérable déclaration mendiée? N'est-ce pas par faiblesse que ce pauvre d'Airolles, qui ne veut pas être nommé Bertrand, après avoir dit la vérité, perd tout à coup la mémoire, et donne à son compatriote le gazetier de France une lettre, qui ne peut faire aujourd'hui de tort qu'à lui-même ? N'est-ce pas par faiblesse que ce pauvre M. Marin...? Mais non, la chaleur m'emporte, et j'allais faire le tort au sieur Marin de le ranger dans la classe des simples. Il faut être juste [1].

D'autre part, j'entends M. Goëzman qui me dit : Pourquoi me taxez-vous de malignité, si je ne suis coupable que d'ignorance? Quand j'ai dicté à le Jay, dans la déclaration, qu'on n'avait pas *soustrait quelque chose des rouleaux, pour des secrétaires ou autrement,* je croyais que ce bruit de quinze louis n'était fondé que sur la fausse supposition que ma femme les eût retranchés d'un rouleau, et je voyais que les rouleaux avaient été rendus bien entiers. Je ne pouvais donc dicter à le Jay que ce que je savais moi-même.

— Je vous arrête, monsieur. Avez-vous si peu de mémoire, ou me croyez-vous si mal instruit ? Vous ou-

[1] La réponse la plus désolante à la *déploration* du sieur Baculard d'Arnaud, conseiller d'ambassade, est d'y opposer sa confrontation avec moi : j'attends pour le faire que le sieur Marin, gazetier de France, ait publié son mémoire et la lettre qu'il s'est fait écrire par le sieur Bertrand d'Airolles, négociant marseillais, afin qu'ils aient chacun ce qui leur est dû, dans un seul mémoire qui ne se fera pas attendre : on peut y compter.

bliez que, quelques jours avant l'époque de cette déclaration, M. le premier président avait envoyé chercher le Jay, et que devant vous il l'avait interrogé sans ménagement sur ces quinze louis, en lui disant : « Avouez-nous, monsieur le Jay, tout ce qui s'est passé. Bertrand prétend qu'il vous a remis, dans un fiacre à la porte de madame Goëzman, quinze louis en argent blanc qui ont même été comptés dans le chapeau de votre fils, alors présent ; que vous êtes monté chez madame Goëzman avec cet argent dans un sac, et qu'en descendant vous n'aviez plus ni sac ni argent ; et qu'enfin vous aviez dit à lui Bertrand, qu'elle avait pris et serré les quinze louis dans son secrétaire. Tout cela est-il véritable? »

Vous oubliez, monsieur, que le Jay, tremblant, effrayé par votre fier aspect, n'osa convenir de rien chez M. le premier président, mais qu'à peine il pouvait parler.

Quittons la feinte, elle est inutile ; et convenez enfin que c'est bien sciemment et non par ignorance que, quelques jours après cet interrogat, vous confondez en dictant à le Jay, quinze louis d'argent blanc gardés avec les deux rouleaux rendus, auxquels ils n'ont aucun rapport.

C'est encore par une suite d'espoir d'embrouiller les idées de plus en plus sur les quinze louis, et de fixer l'attention du public sur des rouleaux entiers, et non sur de l'argent blanc, qu'on a fait assigner en témoignage les personnes devant qui ces rouleaux ont été rendus ; on espérait que leur déposition sur la netteté des deux rouleaux augmenterait la persuasion que toute espèce de demande des quinze louis n'était qu'une histoire controuvée, une infamie : d'autre part, on comptait que le sieur Marin nous déterminant à ne rien articuler sur *ces misérables quinze louis* dans nos dépositions, l'opinion du faux bruit se fortifierait à tel point par notre silence, que nos efforts tardifs ne pourraient plus après la détruire.

Mais on ne peut avoir en tout un égal succès. Les choses allaient assez bien : le Jay avait écrit sans faire d'explication ; Marin travaillait en dessous, et se flattait de réussir ; lorsque tout à coup ces honnêtes gens, sur la déposition de qui l'on avait fait un si grand fond pour embrouiller l'histoire des quinze louis, après avoir déposé que la montre et les rouleaux ont été rendus très-entiers devant eux, s'avisent d'ajouter, sans qu'on les en prie, qu'à l'égard des quinze louis, on a certifié que la dame avait refusé de les rendre, en disant que, les ayant demandés pour le secrétaire, elle n'était pas tenue d'en faire compte au sieur de Beaumarchais.

La soie une fois rompue, toutes les perles se défilent. Marin, qui devait réussir, me rencontre par malheur, à l'instant où il vient endoctriner les faibles ; me parle de ces *misérables quinze louis*; veut m'engager devant cinq personnes à ne pas en ouvrir la bouche : je lui prouve que c'est le seul article sur lequel on doit appuyer dans les dépositions : chacun y appuie ; le Jay, qu'on voulait sacrifier, se rétracte ; et voilà toutes les peines perdues.

Il n'en reste d'autre fruit qu'une triste déclaration, qui par malheur encore, se trouvant attachée au dos de la première, ne peut plus que nuire désormais : surtout si un démon d'accusé parvient un jour à en avoir connaissance, et s'avise de la discuter aux yeux des juges et du public.

J'ai promis de faire le dépouillement de toute cette noire intrigue : il est bien avancé ; les deux déclarations de le Jay sont maintenant connues ; il ne reste plus que la dénonciation de M. Goëzman au parlement à examiner. Encore un moment, ô mes juges ! vous touchez à la fin de votre ennui, et moi à celle de mes peines. Encore un moment, lecteur, et mon adversaire est enfin démasqué.

Que ne puis-je en dire autant de vous tous, ennemis non moins absurdes que méchants, qui me déchirez sans relâche ! Sur la foi de votre inimitié, beaucoup d'honnêtes gens me font injure et ne m'ont jamais vu.

Mais vous, qui comblez la mesure de l'atrocité, vous qui l'avez portée... il faut le dire, jusqu'à faire insérer dans des gazettes étrangères [1] qu'on s'apprête à me rechercher enfin sur la mort un peu précipitée de trois femmes, dont j'ai, dites-vous, successivement hérité ! Lâches ennemis, ne savez-vous qu'injurier bassement, machiner en secret, et frapper dans les ténèbres ? Montrez-vous donc une fois, ne fût-ce que pour me dire en face qu'il ne convient à nul homme de faire son apologie. Mais les honnêtes gens savent bien que votre acharnement m'a rangé dans une classe absolument privilégiée : ils m'excuseront d'avoir saisi cette occasion de vous confondre, où, forcé de défendre un instant de ma vie, je vais répandre un jour lumineux sur tout le reste. Osez donc me démentir. Voici ma vie, en peu de mots. Depuis quinze ans je m'honore d'être le père et l'unique appui d'une famille nombreuse ; et, loin que mes parents s'offensent de cet aveu qui m'est arraché, tous se font un plaisir de publier que j'ai toujours partagé ma modique fortune avec eux, sans ostentation et sans reproche. O vous qui me calomniez sans me connaître, venez entendre autour de moi le concert de bénédictions d'une foule de bons cœurs : et vous sortirez détrompés. Quant à mes femmes, j'en ai eu deux, et non trois, comme le dit le perfide gazetier. Faute d'avoir fait insinuer mon contrat de mariage, la mort de ma première me laissa nu, dans la rigueur du terme, accablé de dettes, avec des prétentions dont je n'ai voulu suivre aucune, pour éviter de plaider contre ses parents, de qui, jusque-là, je n'avais eu qu'à me louer. Ma seconde femme, en mourant depuis peu d'années, a emporté plus des trois quarts de sa fortune, consistant en usufruits et viager ; de sorte que mon fils, s'il eût vécu, se fût trouvé beaucoup plus riche du bien de son

---

[1] Ces horreurs furent envoyées au gazetier de la Haye, pendant le fort des plaidoiries du légataire de M. Duverney contre moi. On dit que toutes ces gazettes sont soumises à l'inspection du sieur Marin, auteur de celle de France. Puisque l'équité même d'un tel censeur ne peut purger ces écrits de pareilles infamies, il ne reste de ressources aux gens outragés que de déférer les méchants à l'indignation publique.

père que de celui de sa mère. Maintenant voulez-vous savoir comment je les perdis?

Sur la mort de ma première femme, indépendamment des sieurs Bouvart, Pousse et Renard, qui la voyaient en consultation dans la fièvre putride qui l'enleva, interrogez le sieur Bourdelin, son médecin ordinaire, le plus estimable des hommes, et qui (je le dis à son éloge) refusa constamment le légitime honoraire que je lui offrais, en me disant : Vous êtes ruiné par cette perte : le payement des soins que j'ai rendus à votre femme m'est dû, non par vous, mais par ses héritiers.

Sur la mort de la seconde, interrogez les sieurs Tronchin et Lorry, médecins; Péan, son accoucheur ; Goursault, son chirurgien et son ami ; Becqueret, un des plus honnêtes pharmaciens, qui par zèle ne la quittait ni jour ni nuit; tous mes parents et la foule d'amis qui venaient habituellement dans ma maison, qui l'ont tous vue s'avancer lentement à la mort des poitrinaires, par une dégradation de santé de plus d'une année de souffrance également douloureuse à l'un et à l'autre.

Interrogez les honnêtes gens que sa mort a fait rentrer en possession de tout le bien qui est sorti de mes mains à cette époque.

Interrogez M^{ers} Momet, le Pot, d'Auteuil, Rouen, notaires; Chevalier, procureur; gens de loi, gens d'affaires, et conciliateurs, qui tous m'ont vu procéder en ces occasions avec un désintéressement supérieur à la simple équité.

Et si tant de témoignages ne balancent pas en vous les plus absurdes calomnies, gens honnêtes, interrogez enfin mon intérêt, qui voulait que je conservasse avec soin mes femmes, si l'amour d'une plus grande aisance était le motif qui me les avait fait choisir. Eh ! comment celui-là serait-il un ingrat époux, ou plutôt un monstre, qui fait son bonheur constant d'être le nourricier de son respectable père, et s'honore d'être le bienfaiteur et l'appui de tous ses collatéraux !

Et vous qui m'avez connu, vous qui m'avez suivi sans cesse, ô mes amis, dites si vous avez jamais vu autre chose en moi qu'un homme constamment gai ; aimant avec une égale passion l'étude et le plaisir ; enclin à la raillerie, mais sans amertume ; et l'accueillant dans autrui contre soi quand elle est assaisonnée ; soutenant peut-être avec trop d'ardeur son opinion quand il la croit juste, mais honorant hautement et sans envie tous les gens qu'il reconnaît supérieurs ; confiant sur ses intérêts jusqu'à la négligence; actif quand il est aiguillonné, paresseux et stagnant après l'orage, insouciant dans le bonheur, mais poussant la constance et la sérénité dans l'infortune jusqu'à l'étonnement de ses plus familiers amis.

Si j'ai jamais barré quelqu'un en son chemin de faveur, de fortune ou de considération, qu'il me le reproche. Si j'ai fait tort à quelqu'un, qu'il se présente et m'accuse hautement, je suis prêt à lui faire justice. Que si la haine qui me poursuit a quelquefois altéré mon caractère, que celui que j'ai pu offenser sans le vouloir dise de moi que je suis un homme malhonnête,

j'y consens ; mais qu'il ne dise pas que je suis un malhonnête homme ; car je jure que je le prendrai à partie si je puis le découvrir, et le forcerai, par la voie la plus courte, à prouver son dire, ou à se rétracter publiquement.

Comment donc arrive-t-il qu'avec une vie et des intentions toujours honorables, un citoyen se voie aussi violemment déchiré? qu'un homme gai, sociable hors de chez lui, solide et bienfaisant dans ses foyers, se trouve en butte à mille traits envenimés? C'est le problème de ma vie ; je voudrais enfin le résoudre. Je sais que les plus augustes protections m'ont jadis attiré les plus dangereux ennemis, qui me poursuivent encore, et cela est dans l'ordre ; que quelques essais dramatiques et plusieurs querelles d'éclat m'ont trop fait servir d'aliment à la curiosité publique, et c'est souvent un mal ; que mon profond mépris pour les noirceurs a pu acharner les méchants, qui ne veulent pas qu'on les croie ainsi sans conséquence (en effet ils ne le sont pas); qu'une vaine réputation de très-petits talents a peut-être offensé de très-petits rivaux, qui sont partis de là pour me contester les qualités solides. Peut-être, un juste ressentiment augmentant ma fierté naturelle, ai-je été dur et tranchant dans la dispute, quand je croyais n'être que nerveux et concis. En société, quand je pensais être libre et disert, peut-être avait-on droit de me croire avantageux. Tout ce qu'il vous plaira, messieurs : mais si j'étais un fat, s'ensuit-il que j'étais un ogre? Et quand je me serais enrubané de la tête aux pieds ; quand je me serais affublé, bardé de tous les ridicules ensemble, faut-il pour cela me supposer la voracité d'un vampire? Eh ! mes chers ennemis, vous entendez mal votre affaire; passez-moi ce léger avis : si vous voulez me nuire absolument, faites au moins qu'on puisse vous croire.

Au reste, il est peut-être moins étonnant que des ennemis cachés poursuivent sourdement un honnête homme, que de voir un grave magistrat lui intenter un procès aussi bizarre que celui-ci, et l'appuyer sur des déclarations comme celles que je viens d'examiner, et sur une dénonciation comme celle dont je vais rendre compte.

Mais, direz-vous, je vois bien des déclarations suggérées, une conduite, en général, fort extraordinaire dans un magistrat : pour ses motifs, ils m'échappent absolument. — Donnez-moi la main, je vais vous y conduire, nous sommes sur la voie : car, en matière criminelle, c'est par les faits qu'on doit remonter aux intentions, et non en devinant les intentions, qu'il est permis d'aggraver les faits. Ainsi, l'on raisonnerait fort mal, et l'on ferait la plus vicieuse pétition de principe, en disant comme mon adversaire : *Le sieur de Beaumarchais se croyait une mauvaise cause, il a donné de l'argent à la femme de son juge; donc il a voulu le corrompre.*

Nous tâcherons d'être plus conséquents. Il est bien prouvé, dirai-je, que voilà deux déclarations extorquées à le Jay par M. Goëzman, dont l'une est fausse, l'autre insidieuse, et toutes deux fabriquées en connaissance de cause : quel en est le principe? le voici.

M. Goëzman savait fort bien avec quelle clef sa femme m'avait ouvert son cabinet ; et sur ce fait, il me croyait auteur de quelques propos fâcheux pour lui, qui couraient le monde. Si je l'étais ou non, ce n'est pas ce que j'examine ici ; mais comme il le croyait, il a voulu s'en venger cruellement : pour s'en venger, il fallait commencer par s'en plaindre : pour avoir ce droit, il fallait pouvoir les donner pour calomnieux : pour y parvenir, il fallait me conduire à nier que j'eusse fait un sacrifice d'argent : pour m'y amener, il fallait m'effrayer par une plainte en corruption de juge : pour la former, il fallait me dénoncer au parlement : pour me dénoncer, il importait d'avoir une déclaration qui m'inculpât : enfin, pour l'obtenir, il était nécessaire de tromper madame Goëzman sur les conséquences de sa dénégation, et le Jay, sur celles de ses déclarations : c'est ce qu'on a fait ; et nous voilà, vous et moi, parvenus au point d'où l'on est parti pour me dénoncer au parlement comme *corrupteur de juge et calomniateur*.

Et le dilemme dont on espérait que je ne pourrais jamais sortir, est celui-ci : S'il nie d'avoir donné de l'argent, on lui dira : Vous avez donc calomnié en répandant qu'on l'a reçu? S'il avoue les sacrifices, : Vous avez donc voulu corrompre en les faisant? Ainsi enveloppé d'un double filet, il ne pourra s'échapper de la corruption qu'en tombant dans la calomnie, et réciproquement ; et nous le tenons, et nous le ferons punir.

Et puis ils se dépitent, ils piétinent comme des enfants, de ce que je ne me tiens pas pour battu par ce mauvais raisonnement, et de ce que j'ai l'audace d'en faire un meilleur devant mes juges, où sans nier l'argent ni les propos, je vais droit à ma justification par le chemin le plus court, celui de la vérité.

Vous étiez mon rapporteur, il me fallait absolument des audiences ; on les mettait à prix chez vous. J'ai ouvert ma bourse : on a tendu les mains. Les audiences ont manqué ; l'argent a été rendu. Quinze louis sont restés égarés, on s'est chamaillé : cela s'est su, parce qu'il n'y a pas de mouvement sans un peu de bruit : on en a ri, parce que la perte de mon procès n'intéressait personne ; et là-dessus vous avez fait tout ce que je viens de prouver que vous ayez fait.

Et parce que je discute publiquement une affaire que vous espériez faire juger secrètement, vous me donnez partout pour un homme odieux, turbulent, à qui l'autorité devrait interdire, sinon le feu et l'eau..., du moins l'encre et la presse. Certes, monsieur, nous nous faisons, vous et moi, des reproches bien contraires à la vérité, dans des cas très-différents. L'exemple que je vous donne ici, je l'aurais reçu de vous avec reconnaissance ; et quand vous fûtes mon rapporteur, si vous eussiez étudié mon procès, comme vous me reprochez d'éplucher votre conduite, je n'aurais pas perdu cinquante mille écus *d'après votre avis*, et vous ne seriez pas aujourd'hui dans l'embarras de me répondre. Que faire donc? M'arrêter parce que j'ai raison ! ceci n'est pas une affaire d'autorité ; supprimer mon mémoire parce qu'il est conséquent ! il faudrait toujours en venir à discuter ce qu'il contient, puisque nous sommes en justice réglée ; et, comme dit un grave auteur, *brûler n'est pas répondre* : quoi donc? recourir à l'autorité, pour me réduire au silence? Allez, monsieur, je suis trop votre ennemi pour ne pas vous conseiller de le tenter. Après vous avoir bien démasqué, j'aurais le plaisir d'entendre dire de vous, à tous les honnêtes gens : *Il a trouvé l'adversaire meilleur à écarter qu'à combattre, et ses objections plus faciles à étouffer qu'à résoudre.*

En attendant, passons à l'examen de votre dénonciation contre moi.

Je ne donnerai la pièce qu'en substance, parce que je n'ai pu que la parcourir rapidement encore, pendant que le greffier écrivait mes dires sur vos déclarations attachées à la même liasse, que j'avais l'air d'examiner uniquement.

Mais le sens m'en a trop frappé pour que je craigne de l'altérer en la rapportant. La voici.

DÉNONCIATION

De M. Goëzman au parlement.

(Après un préambule inutile à mon affaire, il continue ainsi :)... Je me vois forcé de dénoncer à la cour une de ces voies de séduction que la mauvaise foi des plaideurs met en usage pour corrompre les juges ou ceux qui les entourent, etc., etc.

Ayant appris que le sieur Caron de Beaumarchais répandait des bruits calomnieux sur mon compte, et voulant m'en éclaircir par moi-même, j'ai reconnu, en interrogeant ma femme, que le dit Caron, après avoir essayé de la séduire par une offre de présents considérables, pour *parvenir à gagner mon suffrage* dans le procès dont j'étais rapporteur, et qu'il a perdu *d'après mon avis*, a empoisonné dans le public le mépris et l'indignation avec lesquels ma femme a rejeté ses offres malhonnêtes. J'ai fait venir ensuite l'agent qui avait eu la faiblesse de se rendre négociateur de ces présents, et qui, peut-être moins armé contre la séduction que ma femme, a tout déclaré devant moi et devant d'autres personnes respectables, etc., etc.

Comme je sais que le pardon des offenses est une des premières vertus des magistrats, *je ne me rends point l'accusateur* du sieur de Beaumarchais, pour qu'on ne me taxe pas d'avoir fait cette dénonciation par esprit de de vengeance ou de ressentiment : mais si la cour se trouvait offensée qu'un plaideur eût tenté de *corrompre* un de ses membres *pour gagner son suffrage* et l'eût ensuite *calomnié*, elle serait la maîtresse, etc., etc.

Signé : Goëzman.

Ainsi donc vous ne m'accusez pas, monsieur, vous me dénoncez seulement à la cour, comme *corrupteur* et *calomniateur* : c'était bien le moins que pût faire un homme généreux comme vous l'êtes, mais aussi grièvement offensé.

En vous rendant grâces de cet excès d'honnêteté, je vais procéder avec vous d'une façon plus noble encore ; car je ne vous dénoncerai ni ne vous accuserai ; et cependant vous allez voir s'il y a lieu à l'un et à l'autre.

Quoi, monsieur, *j'ai voulu vous corrompre !*

Est-ce bien sérieusement que vous l'avez dit ? Eh mais ! l'intervalle de sept personnes entre vous et moi que j'ai établi dans mon premier mémoire, et le raisonnement qui le suit, ne vous ont donc pas convaincu que je n'ai ni pu ni dû, d'aussi loin, former l'absurde projet de vous corrompre ?

J'ai voulu gagner votre suffrage ! Moi ?

Ceci vaut la peine d'être examiné. Lorsque vous avez *voulu* savoir si j'avais cherché à vous corrompre ou non, qui avez-vous *interrogé* ? Madame Goëzman. Voulant m'en éclaircir par moi-même, j'ai reconnu, en interrogeant ma femme, etc... C'est donc uniquement sur la foi de madame Goëzman que vous m'avez dénoncé *pour avoir voulu gagner votre suffrage ?* Mais cette même dame, dans son récolement que vous lui avez dicté, auquel elle entend se tenir, comme ayant eu, ce jour-là de prédilection, l'esprit aussi net que le corps, la tête aussi libre que la démarche, a fait écrire cette phrase remarquable : *Je déclare que le Jay ne m'a pas présenté d'argent pour gagner le suffrage de mon mari, qu'on sait bien être incorruptible, mais qu'il* SOLLICITAIT *seulement* DES AUDIENCES *pour le sieur de Beaumarchais.*

Or, si elle a dit vrai dans le récolement, vous avez donc dit faux dans la dénonciation ? Si elle avait sa tête à elle en dictant au greffier *que le Jay ne sollicitait que des audiences*, elle ne l'avait donc pas en vous assurant qu'il cherchait à *vous corrompre* en mon nom, par son canal ? Mais vous êtes le mari de cette dame : eh ! qui doit savoir aussi bien que vous quand on peut compter ou non sur ses paroles ? Dans l'hypothèse raisonnable d'un ménage aussi bien uni que le vôtre, un mari peut-il s'y tromper ? Que n'attendiez-vous quelques jours pour minuter cette fatale dénonciation ? Vous n'auriez pas compromis votre équité devant la cour. Il est dur aujourd'hui de ne pouvoir vous sauver de la mauvaise foi qu'en avouant une imprudence également impardonnable à l'époux et au magistrat !

Vous dites qu'*elle a rejeté l'or avec indignation et mépris ?*

Il ne vous souvient donc plus qu'il est prouvé au procès que, loin d'avoir montré mépris ni indignation pour les rouleaux, elle est convenue les avoir reçus, serrés et gardés au moins un jour et une nuit ? Cette dénonciation-là ne brille pas par l'exactitude ; et cependant c'est d'après elle que je suis décrété !

Et le Jay vous a, dites-vous, *certifié les mêmes choses que madame Goëzman ?*

Mais lui en se rétractant, et moi en vous disculant, nous avons assez bien établi, ce me semble, que vous aviez instigué ce malheureux à publier, à son escient et au vôtre, une horrible fausseté verbalement et par écrit. Cependant, vous êtes libre, et je suis décrété !

Ensuite, *vous prétendez que je vous ai calomnié ?*

Quand j'aurais dit à tout le monde ce qui s'était passé entre madame Goëzman et le Jay, n'est-il pas prouvé maintenant que je n'aurais calomnié personne ? Mais lorsque vous m'avez dénoncé, vous ne pouviez savoir si j'en avais parlé, puisqu'aujourd'hui que l'instruction est finie, *ce fait n'a pas même été articulé une seule fois au procès ;* ainsi, soit que j'en eusse parlé ou non, en me dénonçant comme calomniateur, il est bien prouvé que *c'est vous qui m'avez calomnié*. Oh ! la misérable dénonciation !

Enfin, avec une ostentation de générosité qui n'en impose à personne, vous faites remarquer à la cour que vous ne voulez pas vous rendre mon accusateur ; lorsque sur-le-champ vous m'accusez devant elle, en disant : *Mais si la cour se trouvait offensée qu'un plaideur eût tenté de corrompre un de ses membres pour gagner son suffrage, elle serait maîtresse, etc., etc.* Pour le corrompre ! pour gagner son suffrage ! cette phrase a bien de l'attrait pour vous ! je croyais vous en avoir dégoûté. Mais qu'est-ce que je dis ? votre dénonciation était faite avant la procédure, et je vous rends bien la justice de croire que si elle était à faire aujourd'hui, vous vous en abstiendriez, vous rougiriez au moins d'y faire parade de cette première vertu des magistrats, le pardon des offenses, vous qui, pour perdre un homme innocent, osez lui supposer des crimes. Avant d'être généreux, monsieur, il faut être juste.

Eh ! depuis quand le droit de juger les autres dispenserait-il d'être juste soi-même ? disait Cicéron, plaidant contre Verrès devant le peuple romain. Si vous ne réprimiez pas de pareils abus, sénateurs, le puissant ne se mettant au-dessus des lois que pour traiter les faibles comme s'ils étaient au-dessous, il n'y aurait plus de loi pour personne. On verrait le pouvoir substitué au droit, l'arbitraire à la règle ; ou, si l'on retenait encore un vain simulacre de justice, ce serait pour en abuser plus sûrement à la faveur des formes. Les procès se termineraient encore ; mais on ne jugerait plus, on déciderait. Ce désordre né de la corruption l'engendrant bientôt à son tour, on verrait l'avidité pressurer la crainte, et l'argent tenir lieu de tous moyens ; on verrait les suffrages vendus au plus offrant, et les raisons de chacun évaluées au poids de son or : on ne compterait plus les voix, mais les sesterces[1] : le péculat effronté siégerait sans pudeur, et la frayeur de perdre, ou l'espoir de dépouiller, y soumettant également les bons et les méchants, on serait enfin parvenu au dernier degré de la corruption universelle, et l'État serait dissous.

Le sénat entendit l'orateur. Il condamna Verrès ; et tout le peuple applaudit. Mais Verrès n'attendit pas son jugement. Que manque-t-il à ma cause ? Un défenseur plus éloquent : elle est juste, et semblable à celle des Siciliens. Le parlement écoute mon plaidoyer, et les

---

[1] Monnaie romaine.

Français ont des mains pour applaudir comme le peuple de Rome.

Puisque le sénat, le parlement, Cicéron, Verrès, vous et moi, nous convenons tous qu'il faut être juste, nous expliquerez-vous enfin, monsieur, la conduite que le Jay, dans ses interrogatoires, assure que vous avez tenue envers lui, depuis qu'il vous a fait ces deux monstrueuses déclarations? Écoutons-le encore parler lui-même. Sa naïveté a une grâce qui me charme toujours. Hélas! c'est elle qui a touché le parlement. Aussi éclairés qu'équitables, les juges ont reconnu, même avant les preuves, au ton simple et vrai qui règne dans ses réponses, qu'elles étaient dépouillées d'artifice, et ils l'ont remis en liberté.

Le Jay interrogé s'il n'a pas été, depuis la seconde déclaration, chez M. Goëzman, a répondu « que ce magistrat l'a envoyé chercher une troisième fois; que le lendemain matin, il rencontra le magistrat au coin de la rue de l'Étoile, à pied, venant au Palais, suivi d'un seul domestique, et qu'il lui dit : *Monsieur, je venais à vos ordres;* qu'à cela M. Goëzman, toujours marchant, répondit d'un ton amical : *Mon cher monsieur le Jay, je vous ai envoyé chercher, pour vous dire que vous soyez sans inquiétude; j'ai arrangé les choses de manière que vous ne serez entendu au procès que comme témoin, et non comme accusé;* que lui, accusé, répliqua : *Monsieur, je vous suis obligé :* mais je venais aussi pour vous dire la vérité comme elle est. « La vérité est que je n'ai consenti à mentir dans les « deux déclarations que pressé par les vives sollicita-« tions de madame, en l'assurant bien que si l'on me « faisait aller en justice, je ne soutiendrais jamais le « mensonge qu'on me faisait faire; et qu'elle m'a tou-« jours répondu : N'ayez pas peur; ce que nous exi-« geons de vous n'est que pour faire taire cette canaille « sur les quinze louis; cela n'ira pas plus loin : et vous « savez bien, monsieur, que quand M. le premier pré-« sident m'en a parlé l'autre jour devant vous, j'étais « tout tremblant, à cause de votre présence qui m'em-« pêchait de lui dire la vérité; et qu'alors il remit de-« vant les yeux de M. Goëzman les choses telles qu'elles « s'étaient passées sur les cent louis, la montre et les « quinze louis, et telles qu'il nous les a dites dans le « présent interrogatoire : que M. Goëzman l'écoutait « impatiemment, et finit par lui dire : *J'en suis fâché « pour vous, mais* IL N'EST PLUS TEMPS : (il n'est plus « temps!) *vous avez fait deux déclarations, et* MA FEMME « VOUS EN SOUTIENDRA LE CONTENU JUSQU'A LA FIN : *si vous « variez,* CE SERA TANT PIS POUR VOUS.

« Qu'en ce moment étant arrivés au Pont-Rouge, « M. Goëzman lui dit : *Monsieur le Jay, il n'est pas né-« cessaire qu'on nous voie plus loin ensemble : quittez-moi « ici;* et qu'ils se quittèrent. » Et le bon le Jay ajoute : « Nous parlions si haut, que le domestique a dû tout « entendre; il dira bien si je dis vrai, ou non. » Comme ce seul trait peint un homme naïf! il prend à témoin le valet de M. Goëzman! O bon le Jay!

Ceci me rappelle qu'à sa confrontation avec madame Goëzman, ne trouvant plus de ressources dans son éloquence contre les dénégations obstinées de la dame sur les quinze louis, il lui dit, avec la chaleur ingénue d'un écolier : Si vous ne voulez pas convenir, madame, que vous avez les quinze louis, *je suis donc un fripon, moi qui vous les ai remis?* Mais quoiqu'il répétât cette phrase trois ou quatre fois, jamais madame Goëzman n'eut le courage de lui répondre autre chose, sinon : *Je ne dis pas que vous soyez un fripon; mais vous êtes une grosse bête, une franche tête à perruque :* et, grâces à l'équité de M. de Chazal, ce trait important fut couché par écrit. Plus outré encore, il lui disait un moment après, et toujours sur ces quinze louis : *Hé bien! madame, prenons-nous à bras-le-corps et jetons-nous par la fenêtre; on verra bien en bas qui de nous deux était le menteur. Ou la main dans le feu, madame; comme il vous plaira : choisissez.* Je ne sais si cela fut écrit. Il serait malheureux qu'on y eût manqué. En tout cas, je ne doute point que M. de Chazal, commissaire rapporteur, qui était présent, ainsi que le greffier, ne rende compte à la cour de l'effet qu'ont dû produire sur lui ces circonstances, qui me paraissent à moi de la plus grande force, pour discerner la vérité du mensonge. On se doute bien que madame Goëzman n'acceptait rien, parce qu'en effet rien n'était acceptable. Mais que le refus ici est loin d'ôter le prix à ces provocations naïves et fougueuses!

Après avoir parlé des naïvetés du sieur le Jay, faut-il en taire une excellente de madame Goëzman, que le rapporteur eut aussi l'équité de faire écrire? Le Jay, reprochant à la dame qu'elle était cause de tout le mal, lui disait : « Cela ne fût pas arrivé, madame, si vous « eussiez voulu croire M. de Sartine lorsque vous lui « montrâtes devant moi la première déclaration, et « qu'en la parcourant légèrement il vous dit : A votre « place, madame, je laisserais tout cela; ce sont de « mauvais propos qui, n'ayant pas de fondement, tom-« beront d'eux-mêmes. » Madame Goëzman, entraînée par la chaleur de le Jay, répond sans y songer : *Et vous, bête que vous êtes, si vous aviez soutenu que cela n'était pas vrai, comme je vous l'avais dit, nous ne serions pas ici.* Ce trait ne fut pas plutôt échappé, qu'elle fit tous ses efforts pour empêcher au moins qu'on ne l'écrivît : mais le Jay le demanda avec tant d'instances, que celles de madame Goëzman furent inutiles; et tout fut écrit exactement. En général, la plus scrupuleuse exactitude a présidé à l'instruction de ce procès bizarre : ce faible hommage que je rends à l'intégrité des rapporteurs est d'autant moins équivoque de ma part, qu'on ne me soupçonnera pas de le prodiguer légèrement et sans choix.

Finissons : la sueur me découle du front, et je suis essoufflé d'avoir parcouru d'un trait une carrière aussi fatigante. Attaqué dans la nuit, usant du droit d'une défense légitime, je viens de m'élancer sur celui qui me frappait, le saisir au collet, m'y cramponner, l'entraîner, malgré sa résistance, au plus prochain fanal, et ne l'abandonner au bras qui veille à la sûreté commune qu'après l'avoir bien reconnu et fait connaître aux autres. Arrêtons-nous donc, et posons la plume, en attendant qu'on nous réponde. Bien remonté pour souffrir, et prêt à recommencer, je ne dirai pas, comme M. Goëzman : *Il n'est plus temps*. Il sera toujours temps pour moi.

Il n'est plus temps ! cette horrible phrase a ranimé mes forces. Il n'est plus temps ? Quoi ! monsieur, il arrive un moment où *il n'est plus temps* de dire la vérité ! Un homme a signé, par faiblesse pour vous, une fausse déclaration qui peut perdre à jamais plusieurs honnêtes gens, et parce que son repentir nuirait à vos ressentiments, *il n'est plus temps* d'en montrer ! Voilà de ces idées qui font bouillir ma cervelle et me soulèvent le crâne. *Il n'est plus temps !* Et vous êtes magistrat ! Où sommes-nous donc, grand Dieu ? Oui, je le dis, cela est juste ; il faudrait pendre le Jay s'il eût été capable d'inventer à son interrogatoire : *Il n'est plus temps*. Mais puisque ces terribles mots ont frappé plusieurs fois l'oreille des juges, et que le Jay, loin de descendre au cachot, a été remis en liberté le même jour, on a donc senti qu'il ne les avait pas inventés. — On a fait plus, on a réglé l'affaire à l'extraordinaire. — Je vous entends, et j'en rends grâces au parlement. Mais voilà, sans mentir, de terribles phrases attribuées à M. Goëzman.

Et celle-ci : *Mon cher monsieur le Jay, soyez sans inquiétude,* J'AI ARRANGÉ LES CHOSES *de façon que vous ne serez entendu que* COMME TÉMOIN *au procès, et non* COMME ACCUSÉ. Vous avez arrangé les choses, monsieur ! Dépositaire de la balance et du glaive, vous avez donc pour l'une deux poids et deux mesures, et vous retenez l'autre ou l'enfoncez, à votre choix ; de façon qu'on est témoin si l'on dit comme vous, accusé si l'on s'en écarte ; innocent ou coupable ainsi qu'il vous convient ? Pour ce trait-là, par exemple, comme il ne peut tomber dans la tête de personne, je défie à le Jay de l'inventer en cent ans. Vous nous l'avez bien dit, madame le Jay, avec une naïveté digne du temps patriarcal : *Mon mari n'a pas assez d'esprit pour faire toutes ces belles phrases-là.* Félicitez-vous, certes, de ce qu'il n'a pas l'esprit d'en faire de pareilles.

Et cette autre : *Vous avez fait deux déclarations :* MA FEMME VOUS EN SOUTIENDRA LE CONTENU JUSQU'A LA FIN. Non, non, le Jay, bon courage, elle ne les soutiendra pas ; ou si elle les soutient, elle se coupera, dira noir, dira blanc, avouera tout, se rétractera, n'aura qu'une conduite déplorable ; elle et son conseil perdront la tête : heureux encore si l'effet pouvait en être nul ! Enfin, ne trouvant plus de ressources dans leur art, ils finiront par mettre la nature au procès, pour se tirer d'affaire.

Et cette autre phrase : *Si vous variez, ce sera* TANT PIS POUR VOUS. Ne le croyez pas, bon le Jay. Écoutez l'aigle du barreau : que vous dit Me Gerbier ? *Ce que vous avez de mieux à faire, monsieur, est de revenir à la vérité.* Si ce célèbre avocat n'a fait que son devoir en conseillant ainsi le Jay, dans quelle classe rangerons-nous donc l'avis du magistrat ? *Si vous variez, ce sera* *tant pis pour vous.* Quoi donc ! il sera décrété ? vous l'accablerez de votre crédit ? Marin opinera pour qu'il soit sacrifié ? N'importe ; il aura dit la vérité. La *Gazette* n'est pas l'Évangile ; et, grâces au ciel, M. Goëzman n'est pas le parlement.

Et cette autre phrase enfin qui achève le tableau : *Monsieur le Jay, il n'est pas nécessaire qu'on nous voie plus loin ensemble;* QUITTEZ-MOI ICI. On saurait que vous m'avez parlé ; d'après ce que vous m'avouez, si contraire à ma dénonciation, il faudrait que j'agisse de façon ou d'autre ; QUITTEZ-MOI ICI. Si l'on pouvait soupçonner cette nouvelle explication entre nous, cela me donnerait de nouveaux torts : *il n'est pas nécessaire qu'on nous voie plus loin ensemble ;* QUITTEZ-MOI ICI. Je vous ai volontiers écouté dans l'île Saint-Louis, où il passe peu de monde ; mais après le Pont-Rouge, sur la route du Palais, cela tire à conséquence pour moi, le pays est trop peuplé ; QUITTEZ-MOI ICI. Le Jay le quitta. Je le quitte aussi.

CARON DE BEAUMARCHAIS.
MM. DOÉ DE COMBAULT, DE CHAZAL,
rapporteurs.

D'après l'exposé de mon premier mémoire, et les preuves annoncées dans le présent supplément, que j'ai acquise par la lecture de la procédure lors des confrontations, je demande si la plainte rendue contre moi est fondée ; si je n'ai pas droit d'espérer une décharge entière ; et quelle voie je dois prendre pour obtenir des dommages-intérêts contre mon dénonciateur.

Signé : CARON DE BEAUMARCHAIS.

ADDITION AU SUPPLÉMENT

DU

MÉMOIRE A CONSULTER

Servant de réponse à madame GOEZMAN, accusée ; au sieur BERTRAND D'AIROLLES, accusé ; aux sieurs MARIN, gazetier de France, et D'ARNAUD BACULARD, conseiller d'ambassade, assignés comme témoins.

> Écrivez, monsieur, que je ne me mêle ni des audiences de mon mari ni des affaires de son cabinet ; mais seulement de mon ménage, etc.
> (*Confrontation entre mad. Goezman et moi.*)

Eh bien, madame, il est donc décidé que je vous trouverai toujours en contradiction ? Vous ne vous mêlez, dites-vous, ni du cabinet ni des audiences de monsieur votre mari ; et sur les audiences de ce même cabinet vous nous donnez un mémoire bien long, bien hérissé de textes d'ordonnances, de passages latins, de citations savantes, le tout renforcé des plus mâles injures ; vous nous argumentez dans cinquante-quatre mortelles pages, comme un docteur ès lois, sans vous soucier pas plus de répondre à mes mémoires que s'ils n'existaient point, ou ne traitaient pas l'affaire à fond.

Mais à qui parlé-je aujourd'hui? Est-ce à madame? est-ce à monsieur? Qui des deux a plaidé? Ce ne peut être vous, madame : vous ne vous piquez certainement pas d'entendre un mot des choses qu'on y traite. Ce ne peut pas être monsieur non plus : l'ouvrage serait plus conséquent, il irait au fait ; on n'y rebattrait pas des objets combattus d'avance par mon supplément, qui était entre ses mains plus de douze jours avant la publication de ce mémoire.

Quoi qu'il en soit, il me convient mieux, madame, de vous adresser la parole. Indépendamment du respect et des égards qui vont dus personnellement, le souvenir que je parle à une femme contiendra la juste indignation que j'aurais peine à maîtriser. Ce n'est pas que tous ceux qui m'ont fait l'honneur d'écrire contre moi ne doivent trouver ici le juste salaire de leurs soins obligeants. En m'éloignant le moins possible du fond de la question dont chacun cherche à me distraire, je ne laisserai pas, chemin faisant, que de répondre à tout le monde : et l'on doit me savoir gré de ma civilité.

Car tant que vous ne détruirez pas les faits articulés dans mon Supplément ; tant que vous ne prouverez pas que j'ai dit faux sur les débats de notre confrontation, sur vos aveux forcés, sur les contradictions de vos interrogatoires; tant que vous ne laverez pas M. Goëzman de l'infamie d'avoir suborné le Jay, d'avoir minuté la déclaration chez lui, dans sa maison; à son bureau, avant qu'il y eût de procédure entamée, et d'avoir fait et nié les faux remarqués dans ces déclarations; tant que vous ne me prouverez pas que je suis un imposteur malgré par des injures, des lettres mendiées et des récriminations étrangères à la cause, je ne suis pas tenu d'user mon temps à vous répondre.

Six mémoires à la fois contre moi ! c'était assez d'un seul pour mes forces; et je me vois accablé sous les boucliers des Samnites. Mais c'est une plaisante ruse de guerre que de dire, comme le comte de la Blache : Cette affaire dérangera sa fortune, il faut gagner sur le temps, plaider longuement, surtout le consumer en menus frais, et le désoler comme un essaim de frélons : six réponses lui coûteront dix à douze mille francs d'impression, dans le temps que tous ses biens sont saisis, et qu'il n'a pas dix à douze écus de libres au monde. Est-ce là votre projet, messieurs? Il est sans doute très-bon contre moi; mais croyez qu'il ne vaut rien pour vos défenses; et j'écrirai que vous ne vous défendez seulement pas; et je le répéterai jusqu'au tronçon de ma dernière plume; j'y mettrai l'encrier à sec; et quand je n'aurai plus de papier, j'irai jusqu'à disputer vos mémoires aux chiffonnières, et j'en griffonnerai les meilleurs endroits, qui sont les marges ; j'emploierai le crédit de mon libraire pour en obtenir de l'imprimeur ; et si je n'en trouve aucun traitable sur mes mémoires, je vendrai les premiers pour payer les derniers.

Enfin, vous n'aurez ni trêve ni repos de moi, que vous n'ayez répondu *catégoriquement* à tous les faits graves devant le parlement et la nation, ou que vous n'ayez passé condamnation sur tous les chefs; car de vous amuser à critiquer la légèreté de mon style, et donner ma gaieté pour un manque de respect à nos juges, c'est se moquer du monde : il est bien question de cela !

Lorsque Pascal, dans un siècle bien différent du nôtre, puisqu'on y disputait encore sur des points de controverse, écrivait du ton le plus léger, le plus piquant, d'un ton enfin où ni vous, ni le comte de la Blache, ni M. Caillard, ni Marin, ni Bertrand, ni Bacullard, ni moi, n'arriverons jamais ; lorsque Pascal, dis-je, reprochait à ses adversaires, du style le plus plaisant, l'étrange morale d'Escobar, Bauny, Sanchez et Tambourin, les gens sensés l'accusèrent-ils de manquer de respect à la religion ? S'offensèrent-ils pour elle qu'il répandît à pleines mains le sel de la gaieté sur les discussions les plus sérieuses ? Après avoir plané légèrement sur les personnes, il élevait son vol sur les choses, et tonnait enfin à coups redoublés, quand sa pieuse indignation avait surmonté la gaieté de son caractère.

Quant à moi, messieurs, si je ris un peu de vos défenses, parce qu'en effet vos défenses sont très-risibles, par quelle logique me prouverez-vous que de vous plaisanter soit manquer de respect au parlement? Quand il m'arrive d'adresser la parole à nos juges, ne mesuré-je pas à l'instant mon ton sur la dignité de mon sujet? Et mon profond respect, alors, est-il au-dessous de ma parfaite confiance ?

Faut-il, pour vous plaire, que je sois, comme Marin, toujours grave en un sujet ridicule, et ridicule en un sujet grave? lui qui, au lieu de *donner son riz à manger au serpent*, en prend la peau, s'en enveloppe, et rampe avec autant d'aisance que s'il n'eût fait autre métier de sa vie.

Voulez-vous que d'une voix de sacristain, comme ce grand indécis de Bertrand, j'aille vous commenter l'*Introïbo*, et prendre avec lui le ton du Psalmiste, pour finir par chanter les louanges de Marin, après avoir discerné ses intérêts de ceux du gazetier dans son épigraphe : *Judica me, Deus, et discerne causam meam... ab homine iniquo, etc.* ?...

Irai-je montrer une avidité, une haine aveugle et révoltante, en imitant le comte de la Blache, qui vous suit partout, vous, monsieur Goëzman, vous défend dans tous les cas, vous écrit dans tous les coins, et qu'on peut appeler, à juste titre, votre homme de lettres?

Serait-il bienséant que, d'un ton boursouflé, j'allasse escalader les cieux, sonder les *profondeurs de l'enfer*, enjamber *le Tartare*, pour finir, comme le sieur d'Arnaud, par ne savoir ce que je dis ni ce que je fais, ni surtout ce que je veux ? Eh ! messieurs, laissez mon style, et tâchez seulement de réformer le vôtre. Je n'ai qu'à vous imiter, et me mettre à dire, comme vous, des injures pour toutes raisons; personne ne sera lu, et l'affaire n'en marchera pas mieux.

Il faut pourtant une fin, messieurs ; car toutes vos intrigues, vos cabales, vos criailleries, vos mémoires, vos efforts pour me rendre odieux aux puissances, aux ministres, au parlement, au public, ne sont pas le fond de l'affaire. Je vous vois, je vous suis dans vos marches ténébreuses.

Je sais que vous me donnez partout pour un émissaire des mécontents, chargé de ridiculiser le système actuel ; mais cela ne prendra pas, je vous en avertis : je sais aussi que c'est le sieur Marin qui a suggéré au sieur Bertrand de dire que je favorisais la..... qui lui fait prêter à ma sœur le propos que *mes mémoires serviront de suite à la*..... Je sais même que vous travaillez tous à me faire passer pour l'auteur de la.. ..¹. J'indiquerais, si je voulais, le lieu où l'on s'assemble pour conspirer ma perte, où l'on tient ce sabbat, ce tribunal de haine ; je dirais quel est le président de cette noire assemblée, quel en est l'orateur, quels en sont les conseillers, quel en serait, au besoin, le bourreau......

Allez, messieurs, entassez noirceurs sur noirceurs, dénigrez, calomniez, déchirez. Tourmenté sous le fouet des Furies, Oreste embrassait la statue de Minerve, et moi j'embrasse celle de Thémis ; il demandait à la Sagesse d'expier ses crimes, et moi à la Justice de me venger des vôtres.

Calmons nos sens, quittons la figure ; et débattons froidement, si je puis, tous les écrits livrés à mon examen.

Pour commencer, remettons sous les yeux de mes juges un tableau succinct de tout ce que contiennent mes mémoires ; et rendons à mes défenses, par la brièveté d'un résumé, la force que leur étendue a peut-être énervée. Mais lorsqu'on réfléchira que je suis dénoncé sans être coupable, décrété sans corps de délit, poursuivi à l'extraordinaire dans un procès où j'avais droit de me rendre accusateur, on pardonnera d'avoir enchaîné par la multiplicité des détails la vérité furtive, et toujours prête à s'égarer dans une affaire aussi chargée d'incidents étrangers.

Dans ces mémoires j'ai dit en substance :

Désolé de ne pouvoir obtenir d'audience de mon rapporteur, j'ai dû au seul hasard l'intervention du sieur le Jay, que je n'ai jamais vu, pour arriver à madame Goëzman, que je n'ai jamais vue, et pénétrer enfin jusqu'à M. Goëzman, que je n'ai fait qu'entrevoir.

Prisonnier et souffrant, deux objets seuls m'intéressaient, la promesse des audiences et le prix qu'on y attachait : le zèle de mes amis a fait le reste.

J'ai dit et prouvé qu'il n'y aurait pas eu moins d'absurdité à moi d'espérer corrompre un rapporteur incorruptible, à travers sept intermédiaires, qu'il n'y a eu

¹ Ces mots, ou plutôt ces points, désignent de petits pamphlets très-piquants, très-recherchés à cette époque, et qu'on répandait sous le nom de *la Correspondance*. Ce titre, qui ne spécifie rien, blessait si fortement alors les yeux et les oreilles des magistrats du nouveau parlement, que Beaumarchais se garda bien de le proférer, même en tournant en ridicule les efforts tentés par ses ennemis pour le faire soupçonner d'en être l'auteur, quoiqu'ils sussent bien que les libelles et les écrits anonymes n'étaient point à son usage.

de cruauté à lui de le supposer en me dénonçant.

J'ai dit et prouvé qu'après avoir sacrifié cent louis pour obtenir une audience, je n'avais que plus vivement recherché celui à qui je la demandais : démarches, comme on sait, très-superflues pour qui se fût flatté d'avoir corrompu le juge en payant sa femme.

J'ai dit et prouvé que, quand j'aurais voulu le corrompre, dès qu'il soutient être resté incorruptible, le mal n'ayant pas eu son effet, l'intention non prouvée ne serait jamais un délit punissable dans les tribunaux.

J'ai dit et prouvé que je n'avais eu qu'une seule et unique audience de M. Goëzman ; et je reviendrai encore sur la preuve de ce fait qui m'est de nouveau contesté.

J'ai dit et prouvé que madame Goëzman avait reçu cent quinze louis, qu'elle en avait depuis rendu cent, mais en avait réservé quinze.

J'ai dit et prouvé que M. Goëzman était l'auteur des déclarations de la Jay ; qu'il avait minuté la première et dicté la seconde ; enfin, qu'il avait fait un faux, puis une dénonciation calomnieuse, au parlement contre moi.

J'ai dit ensuite, sans le prouver, que mon exposé était en tout conforme aux dépositions des témoins et interrogatoires des accusés ; mais la preuve est au procès.

Ensuite j'ai prouvé, sans avoir besoin de le dire, que le sieur Marin avait tenu une conduite peu honnête en toute cette querelle, où il s'était immiscé sans y être appelé ; que le sieur d'Arnaud, vivement sollicité, avait trop légèrement accordé une lettre à M. Goëzman, dont il n'avait pas senti les conséquences alors, et qu'il a démentie depuis.

Que me reste-t-il à faire ? Bien prouver ce que je n'ai fait qu'avancer ; me taire sur ce que je crois avoir bien prouvé, surtout répliquer en bref à une foule de mémoires dont aucun ne répond aux miens.

Je commencerai par le vôtre, madame, dont j'aurai bientôt fait l'analyse. Si j'en retranche les injures, les mots *atroce*, *infâme*, *misérable*, *monstre*, *horrible*, etc., etc., etc., je l'aurai déjà resserré d'une bonne douzaine de pages. En faisant évanouir par une seule remarque cette fameuse liste de votre portière, et ces preuves victorieuses qu'elle fournit contre moi, j'en aurai gagné au moins encore une vingtaine d'autres ; cinq ou six à passer pour l'honnête éclaircissement des honnêtes motifs de l'honnête rapport que M. Goëzman a fait au parlement, de mon procès contre M. de la Blache, absolument étranger à votre défense ; sept ou huit autres pour votre naissance, votre éducation, vos mœurs, et la notice de toutes les places qu'a manquées M. Goëzman, de toutes les recommandations qui n'ont pas pu avoir de succès pour lui, les baptêmes, les billets d'enterrements de sa famille, les ouï-dire sur sa noblesse, etc. ; neuf ou dix encore pour les pièces justificatives, qui ne sont justificatives que de faits inutiles à la question, ou même absolument contraires aux choses qu'il entend prouver, etc.

Alors il nous restera quelques pages au plus sur

l'affaire, et qui, loin de résoudre mes pressantes objections, ne mériteraient pas plus de réponse que le reste, si elles ne contenaient pas deux ou trois graves imputations que je ne puis feindre d'oublier sans me déshonorer entièrement, quoique la plus grave de toutes soit même étrangère à ce procès.

Mais peut-être aussi n'est-ce pas là le grand, le véritable mémoire que vous promettiez? Quelques gens ont pensé que M. Goëzman en ferait un autre, où vous et lui seriez plus sérieusement défendus; car c'est se moquer! mais que, ne voulant pas perdre l'honneur que celui-ci devait vous faire à tous deux, vous le donniez toujours en attendant, pour tenir le public en haleine, et de peur qu'il n'en chômât, quoiqu'on puisse le regarder, d'après mon supplément, comme un almanach de l'an passé.

Vous entamez ce chef-d'œuvre par me reprocher l'état de mes ancêtres. Hélas! madame, il est trop vrai que le dernier de tous réunissait, à plusieurs branches de commerce, une assez grande célébrité dans l'art de l'horlogerie. Forcé de passer condamnation sur cet article, j'avoue avec douleur que rien ne peut me laver du juste reproche que vous me faites d'être le fils de mon père... Mais je m'arrête; car je le sens derrière moi qui regarde ce que j'écris, et rit en m'embrassant.

O vous qui me reprochez mon père, vous n'avez pas d'idée de son généreux cœur: en vérité, horlogerie à part, je n'en vois aucun contre qui je voulusse le troquer. Mais je connais trop bien le prix du temps, qu'il m'apprit à mesurer, pour le perdre à relever de pareilles fadaises. Tout le monde aussi ne peut pas dire comme M. Goëzman:

> Je suis fils d'un bailli,
> Oui;
> Je ne suis pas Caron,
> Non.

Cependant, avant de prendre un dernier parti sur cet objet, je me réserve de consulter, pour savoir si je ne dois pas m'offenser de vous voir ainsi fouiller dans les archives de ma famille, et me rappeler à mon antique origine qu'on avait presque oubliée. Savez-vous bien, madame, que je prouve déjà près de vingt ans de noblesse; que cette noblesse est bien à moi, en bon parchemin, scellé du grand sceau de cire jaune; qu'elle n'est pas comme celle de beaucoup de gens, incertaine et sur parole, et que personne n'oserait me la disputer, car j'en ai la quittance?

Quant à l'arrêt du parlement, rendu sur l'avis de M. Goëzman, madame, usant des voies de droit ouvertes à tout citoyen, je m'étais pourvu au conseil du roi; et mon profond respect pour la cour me tenait dans un silence modeste sur le juste espoir que j'avais de faire adopter au conseil les moyens de cassation que cet arrêt semblait offrir. Mais il suffit que vous nous ayez enfin donné les véritables motifs de l'avis de M. Goëzman, pour que tous les jurisconsultes soient actuellement persuadés, comme moi, que le conseil me rétablira bientôt dans tous mes droits. Mon seul regret alors sera de n'être pas renvoyé en révision de cause devant ces mêmes juges, que M. Goëzman induisit en erreur; car, s'il faut l'avouer ingénument, mes frayeurs, dans cette affaire, n'ont jamais tombé que sur le rapporteur: avec tout autre, je crois fermement que j'aurais gagné ma cause d'emblée.

On sait bien qu'au rapport des procès un peu chargés d'incidents, tous les juges ne peuvent pas apporter le même degré d'attention; que tous ne sont pas également frappés de la liaison des faits justificatifs, surtout quand elle est coupée sans cesse par le plaidoyer d'un rapporteur fort de poitrine et préoccupé de tête: de sorte qu'avec toute l'intégrité et les lumières possibles, lorsqu'un rapporteur, à la voix de Stentor, soutient opiniâtrement son avis, il peut arriver que les juges, fatigués d'une trop longue contention d'esprit, s'accordent moins qu'ils ne lui cèdent, et que la pluralité des suffrages se forme plus alors de l'ennui de disputer, que d'une véritable conviction de la bonté de l'avis qui prévaut sur tous les autres.

Voilà, madame, ce que j'avais à vous dire sur l'affectation très-cruelle avec laquelle monsieur Goëzman étale en public les prétendus motifs de l'arrêt, qui ne sont avoués par aucun de ses confrères. Selon lui, le parlement, renversant tous les principes exprès pour me nuire, au lieu d'ordonner de faire le procès à la pièce, et de dire ensuite, s'il y avait eu lieu: L'acte qu'on nous présente est reconnu faux, donc l'homme doit perdre son procès, aurait ainsi raisonné: Le comte de la Blache, et M. Goëzman, d'après lui, nous répètent sans cesse que l'homme est suspect; sans autre examen, il n'y a pas d'inconvénient de décider que l'acte dont il demande l'exécution est faux.

Et c'est, monsieur, sous le manteau de madame que vous vous enveloppez pour nous apprendre de si belles choses! Digne défenseur du comte de la Blache, qui se rend à son tour le vôtre! Je ne suis pas si grand jurisconsulte que vous; mais je répondrai au plus faux, au plus odieux des arguments, par une pièce qui ne vous était pas destinée, et que je brochai rapidement à Fontainebleau, la veille de l'admission de ma requête, pour joindre une courte instruction sur le fond du procès, aux lumières que le rapporteur allait répandre sur le défaut de formes de l'arrêt. Voici ce que j'osai présenter en peu de mots au conseil du roi.

Deux questions embrassent entièrement le fond de l'affaire.

PREMIÈRE QUESTION

L'acte du 1er avril 1770 est-il un arrêté de compte, une transaction ou un simple acte préparatoire?

SECONDE QUESTION

L'arrêté de compte est-il faux ou véritable?

RÉPONSE

L'acte du 1er avril est un arrêté de compte.

Il est intitulé *Compte définitif entre messieurs Duverney et de Beaumarchais.*

Il est fait double entre les parties.

Il renferme un examen, une remise et une reconnaissance de la remise des pièces justificatives de cet arrêté.

Il porte une discussion exacte de l'actif et du passif de chacun et finit par constater irrévocablement l'état réciproque des parties, en en fixant la balance par un résultat.

Si l'acte n'eût pas été un arrêté définitif, il ne contiendrait pas une transaction; car la transaction même ne porte que sur un des articles fixés par l'arrêté de compte.

Aux yeux de la loi, c'est la disposition la plus générale d'un acte qui en détermine l'essence. L'arrêté de compte est général, et la transaction seulement partielle. Donc cet acte est un arrêté de compte; donc c'est sous ce point de vue qu'on a dû le juger; donc la déclaration de 1733 n'y est nullement applicable; donc l'arrêt qui l'a déclaré nul, sans qu'il fût besoin de lettres de rescision, doit être réformé.

D'après ce qui vient d'être dit, la seconde question : *l'arrêté de compte est-il faux ou véritable?* n'est plus dans l'espèce présente qu'un tissu d'absurdités, dont voici le tableau.

Si l'arrêté n'est pas de M. Duverney, à propos de quoi présentiez-vous au parlement à juger si cet acte est un arrêté, une transaction, un compte définitif, ou seulement un acte préparatoire? Pourquoi demandiez-vous un entérinement de lettres de rescision? Il fallait contre un acte faux vous pourvoir par la voie de l'inscription de faux. Je vous ai provoqué de toutes les manières; vous vous en êtes bien gardé.

Et si l'arrêté est de M. Duverney, nous voilà rentrés dans la première question, laquelle exclut absolument la seconde.

Or, il s'agit ici de l'arrêt du parlement; la cour n'a pu regarder l'acte comme faux, puisqu'on lui présentait à juger la proposition précisément contraire: c'est à savoir *si un arrêté de compte définitif entre majeurs doit être exécuté.*

Donc le parlement n'a pas pu le rejeter en entier, ni l'annuler sans qu'il fût besoin de lettres de rescision; donc l'arrêt doit être réformé.

Mon adversaire, tournant sans cesse dans le cercle le plus vicieux, cumulait à la fois les lettres de rescision, la voie de nullité, et le débat des différents articles du compte.

Sur le premier article, il disait : La remise de 160,000 liv. de billets, exprimée dans l'arrêté, n'est qu'une illusion. Il jugeait donc *faux* l'acte par lequel M. Duverney reconnaissait les avoir reçus de moi.

Sur le quatrième article, il disait : Il y a ici un double emploi de 20,000 liv. Cette somme n'est pas entrée dans l'actif de M. Duverney, porté à 139,000 liv. Il reconnaissait donc *véritable* l'acte où ils relevaient une erreur prétendue; car il n'y a pas de double emploi où il n'y a pas d'acte.

Sur le cinquième article, il disait, sans aucune autre preuve que son allégation : Le contrat de rente viagère au capital de 60,000 liv. n'a jamais existé. Il regardait donc de nouveau comme *faux* l'acte qui en portait le remboursement.

Il prétendait ensuite prouver son assertion sur la nullité de cette rente par les termes de l'acte même : n'était-ce pas avouer de nouveau que l'acte était *véritable?*

Sur le sixième article du compte, il disait : Il n'y a jamais eu de société entre M. Duverney et le sieur de Beaumarchais pour les bois de Touraine. Il revenait donc à soutenir que l'acte qui la résiliait était *faux.*

Sur le septième article, contenant une indemnité, il disait : C'est en trompant M. Duverney qu'on se fait adjuger l'indemnité sur une affaire qu'on lui présentait comme onéreuse, quand il est prouvé qu'elle est très-bonne. Il regardait donc derechef l'acte comme *véritable;* car, pour abuser de l'esprit d'un acte, il faut que le fond en existe entre les parties.

Plus loin, il disait : Payez-moi pour 56,000 liv. de contrats, car vous les deviez à M. Duverney. L'acte qui les passe en compte était donc *faux,* selon lui!

Plus loin encore, il disait : Je ne vous prêterai point 75,000 liv.; car, selon l'acte même, j'ai le droit de rentrer en société. L'acte dont il excipait alors était donc redevenu *véritable?*

C'est ainsi que, pirouettant sur une absurdité, il trouvait l'acte *faux* ou *véritable*, selon qu'il convenait à ses intérêts.

N'alla-t-il pas jusqu'à dire et faire imprimer : Si je préfère de discuter l'acte comme *véritable*, à l'attaquer comme *faux*, c'est parce que j'y trouve plus mon profit. Il est honnête, le comte de la Blache !

Enfin, sans qu'on ait jamais pu savoir au vrai ce que mon adversaire voulait et ne voulait pas sur cet acte, on a tranché la question d'après l'avis de M. Goëzman, en *annulant l'arrêté de compte, sans qu'il fût besoin de lettres de rescision.*

Était-ce décider que l'acte est *faux?* C'eût été juger ce qui n'était pas en question; on ne s'était pas inscrit en faux; donc il faudrait réformer l'arrêt.

Était-ce juger que l'acte est *véritable*, mais qu'il y a erreur ou dol, double emploi ou faux emploi ? Mais dans ce cas on ne pouvait *l'annuler sans qu'il fût besoin de lettres de rescision.* Donc, de quelque côté qu'on l'envisage, l'arrêt du parlement ne peut se soutenir, et doit être réformé.

Je n'ai traité dans ce court exposé que la partie du fond de mon affaire qui a rapport à la cassation que je sollicitais ; j'ai laissé de côté mon droit incontestable, parce qu'il ne s'agit pas aujourd'hui de savoir si j'ai tort ou raison sur le fond de mes demandes, mais seulement si le parlement a jugé selon les lois l'entérinement des lettres de rescision, la seule question qui lui était soumise.

J'aurais cru, monsieur, vous faire la plus mortelle injure en osant publier l'odieux propos qu'on vous attribuait alors. M. Goëzman, disait-on, répond à tous ceux qui lui objectent l'irrégularité du prononcé : *On a jugé l'homme et non la chose.* Mais vous avait-on donné un homme à juger? Rapporteur d'un procès civil, deviez-vous faire acception de personnes; et parce qu'un des clients vous semblait accrédité, dénier la justice à l'autre? Et vous avez la confiance aujourd'hui d'imprimer pour motifs d'un arrêt attaqué au conseil : *Qu'on décide maintenant quel homme le parlement a jugé!*

Est-elle assez justifiée l'opinion que j'avais prise et donnée de votre partialité, quand j'avançai dans mon premier mémoire que vous aviez dit, en sortant de la chambre : *Le comte de la Blache a gagné sa cause, et l'on a opiné du bonnet d'après mon avis?*

En parlant à le Jay, monsieur, *vous aviez arrangé les choses pour qu'il ne fût pas entendu comme accusé.* En rapportant mon procès, vous les avez arrangées pour que je fusse traité comme coupable.

Mais ce n'est jamais impunément qu'un magistrat s'écarte de son devoir. Il s'élève un cri public ; et s'il est un moment où les juges prononcent sur chaque citoyen, dans tous les temps la masse des citoyens prononce sur chaque juge. Le jugement des premiers est légal, celui des seconds n'est que moral ; mais il est encore à décider lequel est d'un plus grand poids pour retenir chacun dans le devoir. Tout citoyen sans doute est soumis aux magistrats ; mais quel magistrat peut se passer de l'estime des citoyens? Dans l'ordre civil, l'action des juges sur les particuliers, et la réaction de ces derniers sur les juges, forment entre la nation et les magistrats un équilibre de respect et d'équité qui fait l'honneur des uns, la sûreté des autres, et le bonheur de tous.

Mais le souvenir de ce que j'ai souffert depuis ce fatal arrêt abat mes forces et trouble ma sérénité. Changeons d'objet ; j'ai besoin des unes pour achever ces défenses, et l'autre m'est nécessaire pour soutenir tant de malheurs.

Suit après la discussion inutile des stations inutiles que j'ai faites à votre porte, madame ; et les preuves tirées de la liste de votre portière. Ce long article de votre mémoire semble y avoir été mis exprès pour le tourment de qui voudra le discuter.

Mais comme il n'y a pas d'absurdité si forte qui ne trouve encore des partisans, j'ai vu de bons et honnêtes gens émus par votre air d'assurance, et qui, n'ayant rien compris à ce que vous avez écrit à ce sujet, n'en vont pas moins disant partout : *La liste de la portière est une preuve invincible;* d'autres qui, entraînés par l'autorité de ceux-ci, répètent, sans y mieux voir : *Je crois, en effet, qu'il y a peu de chose à répondre à cette liste ;* et d'autres enfin qui, n'ayant pas même lu votre mémoire, à force d'entendre citer cette fameuse liste, ne laissent pas que d'aller aussi répétant, pour figurer : *Beaumarchais ne se tirera jamais de la liste de la portière.* Et c'est ainsi que se sont établies toutes les absurdités du monde, jetées en avant par l'audace, répandues par l'oisiveté, adoptées par la paresse, accréditées par la redite, fortifiées par l'enthousiasme, mais rendues au néant par le premier penseur qui se donne la peine de les examiner.

Voyons donc celle-ci. Qu'avez-vous entendu prouver par cette liste, madame? Que je n'étais pas venu autant de fois chez vous que je le prétendais? Et pourquoi voulez-vous prouver que j'y suis venu moins de fois que je ne le dis? N'est-ce pas dans la vue d'établir qu'en faisant un sacrifice d'argent, je voulais moins acheter des audiences que le suffrage inachetable d'un rapporteur? Il faut assez d'adresse pour démêler un écheveau que vous avez si artistement embrouillé : mais avec un peu de patience on parvient à le remettre en bon état au dévidoir. Enfin, n'est-ce pas là, madame, tout ce que vous avez voulu dire?

Voyons maintenant ce que vous avez dit.

Présentant aux juges sa liste d'une main, et faisant la révérence de l'autre, madame Goëzman a dit : « Mes« sieurs, le sieur de Beaumarchais ou plutôt le sieur « Caron (car tout me choque en lui, jusqu'au nom qu'il « porte), le sieur Caron, dis-je, vous en impose lors« qu'il prétend être venu neuf fois chez nous pendant « les quatre jours pleins que mon époux a été son rap« porteur.

« À la vérité, je ne puis savoir s'il y est venu ou non, « *puisqu'il n'y est pas entré,* et que l'ignorance d'un « fait ne suffit pas pour le combattre et l'annihiler ; « mais j'ai ma liste, et j'ai l'honneur de vous observer, « messieurs, que ma liste doit en être crue sur son si« lence ; car, par une bizarrerie qui n'existe que chez « nous, *la portière a ordre de n'écrire le nom de per« sonne :* de sorte que si le laquais qui frappe ne sait « pas tracer le nom de son maître, ce nom reste en « blanc sur la liste ; ce qui la rend du plus grand poids, « comme vous voyez, contre ceux qui prétendent être « venus à l'hôtel.

« Or, messieurs, d'après ce que je vous dis, si, au « lieu de neuf visites que le sieur Caron articule, ma « liste n'en présentait aucune ; si *ce vilain Caron, ce « monstre, ce serpent venimeux qui ronge des limes,* « pour parler comme son adversaire, le comte de la « Blache ; *ce misérable qu'il faudrait marquer d'un fer « chaud sur la joue,* comme dit son bienfaiteur Marin ; « *cet abîme d'enfer que Jupiter a tort de ne pas fou« droyer,* suivant l'expression poétique du sieur d'Ar« naud ; ce mauvais riche *qui ne paye ni les lumi« naires, ni les autres mémoires du sieur Bertrand,* d'a« près le sieur d'Airolles qui est la même personne ; « ce reptile insolent, dont le nom seul déshonore une « liste comme celle de ma portière ; si, dis-je, *ce vilain « Caron* n'y était pas écrit une seule fois pendant ces « quatre jours si intéressantes pour lui, me refuseriez« vous la grâce d'admettre le silence de ma liste de « préférence au témoignage du gardien sermenté d'une « pareille espèce? »

Les commissaires du parlement reçoivent la liste de

sa main tremblante, et la feuillettent exactement; mais n'y trouvant pas mon écrit une seule fois pendant ces terribles quatre jours, où il m'avait si fort importé de me présenter chez mon rapporteur, ils m'ordonnent de répondre, et je dis :

Messieurs, le sieur Santerre, mon gardien, interpellé par M. de Chazal, à sa confrontation, de déclarer si j'avais été autant de fois que je le disais et l'avais imprimé, chez M. Goëzman, a répondu : *Monsieur dit vingt fois; nous y avons peut-être été plus de trente; mais surtout pendant les quatre ou cinq jours du délibéré, matin et soir, avant et après dîné, nous n'en bougions : de ma vie je n'ai éprouvé autant d'ennui ; et rien ne peut y être comparé, si ce n'est l'impatience immodérée de mon prisonnier.*

Mais comment une chose aussi nette peut-elle exciter tant de débats? Uniquement parce qu'on a mal posé la question sur laquelle on dispute. Un premier point légèrement accordé mène souvent assez loin les gens inattentifs. Rétablissons les principes.

Dans quel cas, messieurs, cette liste pourrait-elle être justement opposée au témoignage d'un homme public, d'un homme sermenté, chargé par le gouvernement de me suivre partout, et de rendre compte jour par jour de toutes mes actions et paroles, lequel me prenait tous les matins en prison et m'y remettait tous les soirs, et qui se démantelait la mâchoire à force de bâiller, du cruel métier que M. Goëzman et moi lui faisions faire ? Dans quel cas, dis-je, cette liste pourrait-elle être justement opposée à son témoignage? Dans celui seulement où, me trouvant écrit de ma main sur la liste un certain nombre de fois, je soutiendrais, et mon gardien certifierait, que nous avons été moins de fois à la porte, ou même que nous n'y avons pas été du tout, car alors la liste offrirait la preuve positive, tant du fait que du nombre de visites, il n'y a aucun témoignage humain qui pût détruire celui de la liste. Mais ici, par le plus vicieux renversement d'idées, on appuie la négation de neuf visites avérées, attestées par la déposition d'un homme public et sermenté, sur le seul silence d'une misérable liste que mille choses devaient rendre suspecte, dont la première est l'ordre bizarre, à la portière, *de ne jamais écrire personne.*

Est-il étonnant qu'un laquais ne sache pas écrire, et que son maître, qui ne peut deviner qu'un portier *n'écrit personne*, reste avec sécurité dans sa voiture, au lieu d'en sortir pour s'inscrire lui-même? A mon égard, voici comment les choses se sont passées.

Las de descendre inutilement, trente fois le jour, de voiture, pour écrire mon nom et ma supplique, je fis, sur la fin du procès, un billet circulaire, que mon laquais remettait à chaque porte des conseillers qui se trouvaient absents. Cette circonstance attestée par mon gardien, et ajoutée à tous les caractères d'infidélité que peut présenter une liste, doit faire rejeter avec mépris la preuve tirée contre moi du silence de celle-ci ; à moins qu'on ne suppose que, pendant ces quatre jours où je fis des sacrifices de toute espèce pour parvenir à être introduit chez cet invisible rapporteur, je ne me sois pas présenté à sa porte une seule fois. La patience échappe de voir un grave magistrat se défendre avec de tels moyens.

Et pourquoi tant d'absurdité, je vous prie? Pour amener un autre sophisme encore plus vicieux que le premier.

Pour établir que j'ai eu l'intention de gagner le suffrage du rapporteur, en faisant le sacrifice auquel on m'a forcé, l'on ose opposer le silence de cette liste à la déposition de la dame Lépine, de la demoiselle de Beaumarchais, des sieurs Santerre, de la Châtaigneraie, de Miron, Bertrand, le Jay, qui tous ont attesté que jamais je n'ai sollicité que des audiences : on l'ose opposer au récolement même de madame Goëzman, qui pouvait seule contredire tant de témoignages, et qui, sans le vouloir, unit son attestation à celle de tout le monde. *Je déclare que jamais le sieur le Jay ne m'a présenté d'argent pour gagner le suffrage de mon mari, qu'on sait bien être incorruptible; mais qu'il sollicitait seulement des audiences pour le sieur de Beaumarchais :* attestation confirmée dans un supplément imprimé de madame Goëzman, où elle s'énonce en ces termes : *J'ai dit, j'en conviens, que le sieur le Jay, en m'offrant des présents de la part du sieur Caron, avait masqué ses intentions criminelles par une* DEMANDE D'AUDIENCES; *et où elle ajoute encore, de peur qu'on ne l'oublie : Ne voit-on pas que je ne fais que* RAPPORTER LES DISCOURS DU SIEUR LE JAY ?

Eh mais, madame, si les discours de le Jay furent tels que vous le dites, comment donc espérez-vous, par le seul silence de votre liste, prouver qu'un argent reçu par vous *pour des audiences*, des mains de le Jay ; qui l'avait reçu *pour des audiences*, de Bertrand ; qui l'avait reçu *pour des audiences*, de la dame Lépine ; qui l'avait reçu *pour des audiences*, du sieur de la Châtaigneraie ; qui me l'avait prêté *pour des audiences*; que cet argent, dis-je, ait été destiné par moi *pour gagner le suffrage de monsieur votre mari, qu'on sait être incorruptible?*

Voilà pourtant, madame, comment vous raisonnez ; voilà comment, du seul silence d'une liste qui n'est, comme tout autre silence, qu'une négation, une absence de bruit, d'écriture, de mouvement ou d'action, le néant, en un mot, rien du tout, vous inférez une intention, laquelle n'est par sa nature qu'un autre être de raison ; et cela pour m'inculper, moi qui ne vous ai rien dit, que vous n'avez pas même vu, qui n'ai eu de relation avec vous qu'à travers un monde de personnes, dont tous les témoignages, ainsi que vos aveux s'unissent en ma faveur.

Il est donc bien démontré par les dépositions des témoins, par les interrogatoires des accusés, par les mémoires de tout le monde, par votre récolement, votre supplément, tous vos raisonnements enfin, que je n'ai jamais désiré ni demandé autre chose de vous que des audiences ; il est bien démontré que la conséquence tirée de la liste n'est qu'une platitude mal inventée, plus mal soutenue, encore plus mal prouvée; et surtout il est bien démontré qu'on m'a fait perdre quatre ou six pages à me battre à outrance et à ferrailler contre un moulin à vent *d'intention, de corruption et de liste*, qui ne m'a été opposé que pour faire bâiller le lecteur, embrouiller l'affaire et me rendre, en y répondant, aussi ennuyeux que le mémoire où l'on m'a tendu ce piége ridicule.

A la grave autorité de cette liste, madame, vous joignez celle du billet que le comte de la Blache vous a, dites-vous, écrit alors, *et qui lui a suffi pour être admis chez vous*; lequel billet vous avez gardé précieusement. O bon le Jay! réclamez vos droits, mon ami ; l'on vous pille ici : cette naïveté est de votre force ! la liste du portier, le billet du comte de la Blache en preuves ! Ce n'est pas que ce gentilhomme, descendu des Alpes exprès pour devenir à Paris un riche légataire, ne soit bien fait pour obtenir de M. Goëzman des préférences de toute nature.

Mais permettez, madame, n'auriez-vous pas un peu manqué de goût ici ? Pour que son billet eût quelque force, il me semble qu'il n'eût pas fallu imprimer ensuite la lettre à ma louange qu'il vous a écrite *de Grenoble, dont les expressions*, dites-vous, *évidemment dictées par l'honneur révolté, sont de nouvelles preuves de l'atrocité de mes imputations*.

Il me semble qu'il eût mieux valu présenter quelque autre preuve de mes atrocités, qu'une lettre du comte de la Blache, qui, depuis dix ans, fait profession ouverte de me haïr avec passion ; où l'on lit : *Il manquait peut-être à sa réputation celle du calomniateur le plus atroce* (c'est de moi dont l'auteur entend parler), *pour en faire un monstre achevé* (qu'ils sont doux, nos adversaires ! lettres, mémoires, tout est fondu dans le même creuset) ; *la vôtre est trop au-dessus de pareilles atteintes pour en être alarmée :* (une réputation alarmée des atteintes qu'on lui porte ! quelle phrase alsacienne !) *c'est le serpent qui ronge la lime*. (Il fallait dire, C'est la lime qui ronge le serpent ; il y aurait eu deux ou trois images rassemblées, et surtout une allusion à l'état de mon père ; et cela eût été superbe ; on y songera une autre fois.) *La justice qu'on vous doit servira à purger la société d'une espèce aussi venimeuse*. Cette lettre, madame, est d'un bout à l'autre un échantillon de la manière dont le comte de la Blache plaidait sa cause dans tous les cabinets des juges, pendant que j'étais en prison. Et je la crois plus propre à desservir la cause de la Blache qu'à vous servir vous-même. *C'est dans les lois que les Beaumarchais doivent trouver la punition de leur audace*. Oui, lorsque, dans l'abus de ces mêmes lois, les la Blache trouvent le moyen de dépouiller les héritiers directs d'un millionnaire, à l'aide d'un testament ; et son créancier, à la faveur d'un arrêt : car, à la fin, tant d'indignités m'arrachent à la modération que je me suis imposée.

Et la lettre est écrite *de Grenoble !* où le comte de la Blache était allé voir son père ! *Bone Deus !* et le comte de Tuffières aussi allait voir le sien.

Mais pourquoi cette lettre n'est-elle pas cotée au rang d'une foule de pièces justificatives, qui ne sont pas plus justificatives que cette lettre ? Est-ce qu'elle ne serait pas timbrée de Grenoble? Je vous demande bien pardon, monsieur le comte de la Blache, monsieur le conseiller Goëzman, madame, et vous aussi, messieurs Marin gazetier, Bertrand d'Avignon, Baculard d'ambassade, et autres qui voulez tous avoir part à l'excellente œuvre de ma perte, si je regarde à si peu de chose : mais vous êtes si adroits, si adroits, qu'il faut bien me passer un peu de vigilance. D'ailleurs, voyez combien de gens vous êtes après moi, gens d'épée, gens de robe, gens de lettres, gens d'affaires, gens d'Avignon, gens de nouvelles ; cela ne finit pas. Aussi mes ennemis n'auront-ils plus rien à y voir quand je serai sorti de cette coupelle où M. Goëzman m'a mis au creuset, où le sieur Marin fournit le charbon, et où Bertrand, Baculard et autres garçons affineurs, soufflent le feu du fourneau.

Passons à l'examen de l'audience qui me fut, dit-on, accordée le samedi 3 avril au matin par M. Goëzman ; et à celui des preuves sur lesquelles on l'établit.

Premièrement, je fais ici ma déclaration publique et formelle que je nie cette audience à mes risques, périls et fortune. Je déclare que je n'ai eu d'autre audience dans la maison de M. Goëzman, pendant les quatre jours du délibéré, que celle du samedi 3, à neuf heures du soir, en présence de M° Falconet et du sieur Santerre mon gardien.

Je déclare que c'est chez M. de la Calprenède, conseiller de grand'chambre, que je montrai à M. Goëzman, avant le délibéré, l'article de la *Gazette de la Haye* où je suis si maltraité ; laquelle *Gazette* je ne laissai point à M. Goëzman, ni en aucun autre temps, comme il le dit ; car je l'ai chez moi enliassée avec les autres pièces extra-judiciaires relatives au même procès, soulignée aux mots importants, et avec ces notes en marge écrites de ma main : *S'informer chez Marin où l'on peut avoir raison de ces infamies*. Et plus bas : *Voir M. de Sartine*. Et plus bas : *Écrire à madame de..... d'en parler à M. le duc de.....* Je déclare que, depuis ce jour, je n'ai vu qu'une seule fois M. Goëzman, le samedi 3 avril à neuf heures du soir, accompagné, comme je l'ai dit, de M° Falconet et du sieur Santerre.

On me dispensera bien, je crois, de discuter la première preuve de cette audience du samedi matin, que M. Goëzman tire de son propre témoignage.

On me dispensera sans doute encore d'user mes forces contre la preuve tirée d'une lettre du comte de la Blache, datée de Paris le 18 septembre, c'est-à-dire plus de cinq mois après le 3 avril, du même style que celle *de Grenoble*, où il raconte à M. Goëzman que M. Goëzman lui a dit, le 3 avril au matin : *Votre adversaire sort d'ici*, quoiqu'il soit prouvé que l'adversaire du comte de la Blache n'en sortit pas ; et où il annonce que tout ce qui est écrit dans mon mémoire est *faux, méchant, atroce, etc.* ; quoique le comte de la Blache, absolument étranger à la querelle, ne puisse pas être plus instruit que le roi de Maroc ou le bacha d'Égypte, si ce que j'y ai dit est faux ou vrai, doux ou méchant, atroce ou modéré. Comme c'est sur des ouï-dire de M. Goëzman qu'écrit le très-reconnaissant comte de la Blache, cette preuve rentre et se fond dans la première ; et jusqu'ici, comme on le voit, la vérité n'a pas encore fait un pas.

La troisième preuve de M. Goëzman se tire d'un mémoire de moi, non daté, que M. Goëzman *a*, dit-il, *heureusement conservé, sous le titre d'Argument en faveur de l'acte du 1er avril, et réfutation du système, etc.* Lequel manuscrit n'a nul rapport à la question présente, et ne peut servir à fixer l'époque d'aucune audience.

La quatrième est fondée sur un autre manuscrit de moi, sans date, et que M. Goëzman *a*, dit-il, *encore heureusement conservé*, sous le titre de *Réponse à quelques objections, etc.* Et moi aussi, je dis *heureusement ;* car ce manuscrit contient une note précieuse qui le fait tourner en preuve contre l'audience du 3 avril au matin.

Si j'ai bien lu, voilà tout, je crois.

Après avoir montré la futilité des preuves que M. Goëzman rapporte de cette audience, je pourrais m'en tenir à ma déclaration formelle, que l'audience est fausse et ne m'a pas été donnée, parce que c'est à celui qui articule un fait à le bien prouver ; celui qui nie n'ayant qu'à se tenir les bras croisés jusqu'à ce qu'on lui taille de la besogne, en lui fournissant des preuves à combattre. Cependant, comme mon usage en cette affaire est d'aller au-devant de tout, après avoir prouvé négativement que les preuves mêmes de M. Goëzman détruisent son édifice, je vais prouver positivement que cette audience n'a jamais existé.

Il est prouvé au procès, par les dépositions des sieurs le Jay, Dairolles, de la dame Lépine, etc..., que, ce même samedi 3 avril au matin, Bertrand et le Jay furent chez madame Goëzman porter les cent louis ; que le Jay reçut de cette dame, à cette occasion, la promesse formelle que j'aurais une audience de son mari *le soir même.*

Mémoire de Bertrand, page 5 :

« J'envoyai chercher un fiacre ; nous y montâmes le « Jay et moi ; il fit arrêter au coin du quai Saint-Paul... « Je le vis entrer dans une maison qu'il me dit être celle « de madame Goëzman... Il me raconta dans la route « la manière dont il avait été reçu...J'instruisis le sœur « du sieur de Beaumarchais de tout ce que le Jay m'avait « dit ; je vis le soir même le sieur de Beaumarchais, « qu'on avait instruit du message du sieur le Jay ; *il se* « *prépara à sa visite.* »

Dans mon mémoire à consulter, page 8 :

« Le sieur Dairolles assura ma sœur que madame « Goëzman, après avoir serré les cent louis dans son « armoire, avait *enfin* promis l'audience *pour le soir* « *même* ; et voici l'instruction qu'il me donna quand il « me vit : Présentez-vous *ce soir* à la porte de M. Goëz- « man ; *on vous dira encore qu'il est sorti* : insistez beau- « coup ; demandez le laquais de madame ; remettez-lui « cette lettre, qui n'est qu'une sommation polie à la « dame de vous procurer l'audience, suivant la conven- « tion faite entre elle et le Jay. »

Et la lettre était écrite de la main du sieur Dairolles, au nom de le Jay, comme cela est prouvé au procès.

Ajoutons à tout ceci la déposition du sieur Santerre, qui contient qu'après des refus de porte aussi constants qu'ennuyeux, en vertu d'une lettre dont j'étais porteur, et que je remis devant lui au laquais blondin de madame Goëzman, le samedi 3 avril, à neuf heures du soir, nous fûmes introduits cette seule fois chez M. Goëzman. Ajoutons celle de Me Falconet, avocat, qui contient absolument la même chose. Que dit à tout cela M. Goëzman, caché sous le manteau de madame ? *De quel front le sieur Caron ose-t-il faire imprimer que, jusqu'au samedi neuf heures du soir, la porte de son rapporteur lui avait été obstinément fermée ?* — Du front d'un homme qui n'avance rien qui ne soit bien prouvé au procès. — *Si à cette heure, qui était celle du souper, on ne l'eût pas reçu, lui qui était déjà entré le matin, comment aurait-il pu se plaindre ?* — Comme un homme à qui l'on n'avait accordé aucune audience le matin, et qui venait de payer celle-ci d'avance, la somme de cent louis. — *Cependant, comme il a insisté sur le fondement qu'il n'avait qu'un mémoire manuscrit à remettre.* — Pardon, madame, il est prouvé au procès que je suis entré avec une lettre écrite à madame Goëzman, remise à son châtain clair ; et nullement pour remettre un mémoire dont il ne fut pas seulement question. — *Mon mari eut la bonté de le recevoir encore ; la visite fut courte sans doute.* — Raison de plus, madame, pour être outré de n'en avoir pu obtenir d'autres, surtout quand on les a payées si cher, et qu'elles ont porté aussi peu de fruit. — *Il ne demandait qu'à remettre un mémoire.* — Au contraire, madame, il n'en existait alors aucun de moi.

Le premier manuscrit indiqué sous le n° 4, dans vos pièces justificatives, ne fut fait que d'après l'audience du samedi 3, au soir, pendant la nuit du samedi au dimanche, et vous fut envoyé le dimanche matin avec le précis imprimé de Me Bidault, mon avocat, encore mouillé de la presse ; le tout accompagné d'une lettre polie pour vous, comme je l'ai dit à mon interrogatoire, et comme il est prouvé au procès que le sieur Bertrand me l'avait conseillé de votre part.

Le second manuscrit, sous le n° 5 de vos pièces justificatives, n'a été composé que dans la soirée du dimanche 4 avril, sur les observations que M. Goëzman avait faites le matin au sieur de la Châtaigneraie ; ce qui détruira l'imputation qui m'est faite, que je calomnie les magistrats. Je n'ai jamais dit *qu'aucun membre du parlement m'eût fait des confidences* ; mais j'ai dit, imprimé, consigné au greffe, que M. Goëzman avait lu des lambeaux de son rapport au sieur de la Châtaigneraie, et lui avait même permis de me communiquer ses objections ; ce que ce dernier fit en m'annonçant l'audience promise.

Il reste donc pour constant par les dépositions des témoins, par les interrogatoires des accusés, par les mémoires de tout le monde, par la procédure, par les preuves mêmes de M. Goëzman, que la séance du samedi matin, 3 avril, n'est qu'une chimère ; et c'est ici le lieu de répondre au nouveau plan de défense établi par M. Goëzman dans le supplément de madame.

« Je n'ai été que trois jours rapporteur du procès du
« sieur de Beaumarchais (vous l'avez été près de cinq);
« j'étais donc fort pressé, je ne pouvais donc user mon
« temps à donner des audiences; et cependant, sans
« compter celui que le comte de la Blache a pu me faire
« perdre, j'ai donné pour le seul Beaumarchais, dans
« ces trois jours, quatre grandes audiences : le vendredi
« 2 avril, une à M⁰ Falconet, son avocat; le samedi ma-
« tin 3, une au sieur de Beaumarchais; le samedi au
« soir, une autre au même; et le dimanche 4, une au
« sieur de la Châtaigneraie, son ami : voilà donc quatre
« audiences en trois jours. Il est donc clair qu'en don-
« nant de l'argent à ma femme, ce n'était pas des au-
« diences qu'il voulait, mais seulement de me corrom-
« pre ou gagner mon suffrage. »

De vous corrompre! *Prænobilis et consultissime* Goëz-man, on ne joindra pas désormais à vos qualités l'adjectif *veracissimus :* vous venez de le perdre à jamais; et j'ai bien peur qu'on n'y substitue même le superlatif contraire.

Que diront *tous les baillifs vos ancêtres?* que diront les princes dont vous n'avez pas été l'envoyé? que diront les *Pithou*, les *Mabillon*, les *Baluze* et les *du Cange*, qui, jusqu'à présent, s'il faut vous en croire, vous auraient avoué pour le digne héritier de leurs talents et de leurs vertus? Mais que dira surtout le parlement de Paris qui nous juge aujourd'hui, en lisant ce que je réponds aux quatre audiences?

Loin d'avoir eu quatre audiences de M. Goëzman, tant par moi que par mes amis, je déclare hautement que M⁰ Falconet, avocat, arrivé, depuis quelques jours, d'un voyage de trois mois, donne le démenti le plus formel à quiconque ose avancer que M. Goëzman lui a donné, le vendredi 2 avril, aucune audience chez lui pour moi, ou que cet avocat ait jamais mis le pied chez M. Goëzman en aucun autre instant que le samedi 3, au soir, avec le sieur Santerre et moi. Cela est-il clair?

Je déclare encore que M. de la Châtaigneraie, loin d'avoir reçu, le dimanche 4 avril, aucune audience pour moi, n'a été chez M. Goëzman que pour essayer de m'en obtenir une, que ce rapporteur lui promit pour le lundi matin 5 avril, et qui n'a pas été donnée, quoique M. de la Châtaigneraie, sur la foi de cette promesse, ait vainement essayé le lundi de me servir d'introducteur. Je déclare que M. de la Châtaigneraie, loin de chercher à résoudre les objections de M. Goëzman, tira au contraire de son silence l'occasion de solliciter ce rapporteur, pour qu'il voulût bien me les faire à moi-même.

Je déclare en outre que je consens et me soumets à toutes les peines méritées pour celui des deux qui en impose au parlement et au public, M. Goëzman ou moi, si l'homme sermenté qui m'accompagnait, si le sieur Santerre n'atteste pas encore à la cour que je ne suis entré le samedi 3 avril qu'une seule fois, à neuf heures du soir, chez M. Goëzman, accompagné de M⁰ Falconet et de lui.

Ainsi, loin d'avoir obtenu de ce très-peu véridique rapporteur les quatre audiences qu'il articule, je déclare que je n'en ai reçu qu'une, et que cette une encore, je ne l'aurais pas obtenue si je ne l'eusse payée d'avance cent louis d'or.

Je déclare que je n'ai jamais chargé personne de faire aucun pacte avec madame Goëzman au sujet de cet or, et que quand on vint me dire, le dimanche au soir 4, que madame Goëzman, en promettant une seconde audience, avait dit : *Et si je ne puis la lui faire avoir, je rendrai tout ce que j'ai reçu;* je m'écriai devant tous mes amis, en me frappant le front : *C'en est fait, j'ai perdu mon procès! Cette offre inopinée de tout rendre en est le funeste présage.*

Voilà mes réponses, mes discussions, mes déclarations : et je signe exprès mon mémoire en cet endroit, parce que j'entends que tout le contenu de cet article tourne à ma honte, attire sur ma tête la juste punition, l'anathème et la proscription qui m'est due, si l'information que la cour ne me refusera pas à ce sujet y apporte le plus léger changement; et j'en dépose un exemplaire au greffe, avec ces mots de ma main :

CARON DE BEAUMARCHAIS.

Ne varietur.

Regagnons à présent le temps perdu, madame.

Parcourant rapidement les objets auxquels vous avez vous-même donné moins d'importance (page 22 de votre mémoire), je vois un coup de crayon à la marge. Il s'agit de M⁰ de Junquières, que vous faites s'écrier, à l'occasion des propos qu'on tenait sur votre compte : *C'est une infamie de Beaumarchais.* Pour ce Junquières-là, comme son métier est de défendre les autres, et qu'il a bec et ongles, entre vous le débat, messieurs : mais je vous avertis qu'il donne le plus formel et public démenti à votre phrase; et qu'il prend à témoin de la fausseté de votre citation M. le procureur général, devant lequel il parlait alors. A mon égard, il est certain que je confiai dans le temps à M⁰ de Junquières tout ce qui s'était passé entre madame Goëzman et le Jay : je n'ai point trouvé mauvais qu'il vous l'eût rendu; je le lui ai dit depuis. Voilà le fait, dont la discussion ne vaut pas une ligne de plus.

En revanche, en voici un qui mérite attention. Votre objet ici, madame, est d'essayer de disculper M. Goëzman d'avoir été l'instigateur, le compositeur et l'écrivain de la minute de la première déclaration attribuée à le Jay; c'est vous qui parlez (p. 23) : *Le Jay monta dans le cabinet de M. Goëzman, se mit à son bureau;* (fort bien jusque-là :) *et comme il est fort peu lettré, quoique libraire, il pria mon mari* DE LUI ARRANGER, DANS LA FORME D'UNE DÉCLARATION, *les faits dont il venait de lui rendre compte :* (le Jay a protesté, dans ses interrogatoires, qu'on ne lui avait fait qu'une seule question, et qu'il n'avait répondu qu'un mot) *en conséquence* IL FUT FAIT *un brouillon :* (n'oublions pas *il fut fait*) *il fut fait un brouillon que mon mari* CORRIGEA *en plusieurs endroits :* (à moins de convenir de tout, on ne peut mieux parler) et il quitta ensuite le sieur le Jay (il fallait le quitter avant), qui écrivit et signa en ma présence la déclaration suivante, etc., etc.

Ainsi vous convenez, madame, que *votre mari arrangea les faits en forme de déclaration*; vous convenez que *votre mari corrigea le brouillon en plusieurs endroits*; vous convenez que le Jay *écrivit ensuite du départ de votre mari*; ce qui indique assez qu'il n'avait pas écrit avant son départ. En tout cela il n'y a que ces mots, IL FUT FAIT, d'équivoques; tout le reste marche assez bien. *Il fut fait!* charmante tournure, pour laisser le monde incertain si ce brouillon *fut fait* par M. Goëzman ou par le Jay! mais de cela seul, madame, que vous ne dites pas à pleine bouche : Le Jay se mit au bureau de mon mari, où il écrivit librement et de son chef la déclaration, on en peut conclure hardiment que ce fut M. Goëzman qui fit la minute. Vous n'êtes pas gens à ménager l'adversaire, quand vous croyez avoir de l'avantage sur lui. Mais comme une négation formelle vous eût trop exposés l'un et l'autre, aujourd'hui que j'ai prouvé par mon supplément que M. Goëzman a fait la minute, vous employez la bonne, fine, double phrase *il fut fait*, la seule qui pût être utile à deux fins, propre à vous servir si on la prend bien, et à ne vous pas nuire si on la prend mal.

Si la liberté de ma critique rend mes éloges de quelque prix à vos yeux, madame, recevez mes félicitations sur cette tournure; salut aux maîtres! en honneur, on ne fait pas mieux que cela.

Vous transcrivez ensuite la déclaration : après quoi vous ajoutez (p. 24) : *Quiconque aura sous les yeux* (c'est toujours vous qui parlez) *l'original de cette déclaration, reconnaîtra bientôt, à la manière dont elle est orthographiée, que le sieur le Jay n'a fait que se copier lui-même*. Pourquoi ne pas convenir tout uniment, comme il l'a déclaré à ses interrogatoires, que vous dictiez sur la minute de votre mari pendant qu'il écrivait? Cela explique bien mieux ses fautes d'orthographe. Et il m'a priée de corriger moi-même quelques mots qu'il avait mal formés, et d'en ajouter un ou deux qu'il avait omis. Excellente réponse à tous les faux reproches à M. Goëzman dans mon supplément! grâce à son adresse, c'est madame aujourd'hui qui se charge de l'iniquité.

Nous voilà tous deux dans le puits, dit le renard à son compagnon : tends tes jarrets, dresse tes cornes, allonge ton corps, je grimperai par-dessus toi; et, sorti de la citerne, je t'en tirerai à mon tour. L'animal peu rusé fait ce qu'on lui dit; et le renard, hors de danger, le paye par une phrase à peu près semblable à celle de M. Goëzman dans sa note imprimée, distribuée à ses confrères par M. le président de Nicolaï : *Si, malgré la raison que j'ai de croire ma femme innocente, j'avais été moi-même induit en erreur, je demanderais que la justice prononçât, et l'on verrait que l'honneur sera toujours le lien le plus fort qui m'attache à la société, et le seul guide de ma conduite.*

Pauvre madame Goëzman! vous prenez sur votre compte un faux justement reproché à votre mari; et,

pour récompense, *cet époux, qui a toujours mérité votre respect autant que votre amour*, détachant ses intérêts des vôtres, offre de composer à vos dépens : peu lui importe que vous restiez dans la citerne, pourvu qu'il n'y demeure pas avec vous. Pauvre, pauvre madame Goëzman!

Pour revenir à cette déclaration, on voit, par leur propre mémoire, que M. Goëzman *a corrigé la minute*, et que madame *a corrigé la copie*. Quels correcteurs! Ce devait être un bon spectacle que madame Goëzman, érigée en *magister* de le Jay, corrigeant sa leçon d'écriture! La plume échappe, et tombe de dégoût, d'être obligé de répondre à de pareilles défenses [1].

Suit après la seconde déclaration de le Jay : *Je déclare en outre que jamais ni le sieur de Beaumarchais, ni le sieur Bertrand, etc.*

Et moi Beaumarchais, je déclare qu'il y a sur l'original de cette deuxième déclaration, attribuée à le Jay : *Je déclare que jamais Bertrand ni Beaumarchais, ou Beaumarchais ni Bertrand,* comme on voudra; mais sans aucun mot de *sieurs*; car cela m'a singulièrement frappé en lisant au greffe cette déclaration.

Je déclare encore qu'il y a à la fin *siné le Jay*, et non *signé le Jay*; ce que je fis alors remarquer au rapporteur et au greffier, qui ne purent s'empêcher de rire de ma plaisante découverte.

Suit après la lettre du sieur d'Arnaud.

À VOUS DONC, monsieur *Baculard.*

Ce serait bien ici le cas de me venger de toutes les injures dont l'exorde de votre mémoire est rempli : mais comme elles ne s'adressent pas directement à moi, et qu'à la rigueur je puis douter si vous me regardez de travers ou si vous louchez seulement en défilant votre tirade, je veux bien ne pas me l'appliquer, et vous traiter doucement en conséquence : car vous savez qu'il ne tiendrait qu'à moi de vous montrer tel que vous fûtes dans votre confrontation, c'est-à-dire tout à côté de madame Goëzman, si votre embarras, et le peu d'habitude à vous déguiser, ne vous mit pas même au-dessous : mais je suis doux, moi; et je veux bien convenir que vous n'avez jamais senti la conséquence d'avoir accordé à le Jay une lettre mendiée qui m'inculpait aussi gravement sur un fait que vous ignoriez, et qui se trouve faux aujourd'hui; je veux bien convenir encore que vous n'avez pas senti la conséquence d'avoir recommencé la lettre, *parce que le Jay ne trouvait pas cet écrit assez fort* : comme si un fait, quand vous en eussiez été témoin, pouvait avoir deux faces sous la plume de celui qui vous le rend; ou comme si votre complaisance pour le Jay, qui agissait de son côté par complaisance pour ma-

---

[1] Pendant qu'on imprime, j'apprends que le commis de le Jay vient d'être confronté avec madame Goëzman, et qu'entre plusieurs écritures qu'on lui a présentées, il a très-bien reconnu celle dont fut tracée la minute de la première déclaration qu'il a copiée. Mais, au grand étonnement de tout le monde et au mien (car j'avoue que je m'y attendais presque pas), cette écriture s'est trouvée être celle de *prænobilis et consultissimus Ludovicus-Valentinus* Goëzman. Et voilà comment tout ce que je débats devient inutile, à mesure qu'on suit l'instruction.

dame Goëzman, laquelle voulait complaire en ce point à son mari, pouvait vous excuser sur une démarche aussi inconsidérée. Mais *j'ai cru*, dites-vous, *que le Jay méritait toute ma confiance, et j'ai cédé à cette conviction* : ainsi, d'erreur en erreur, de complaisance en complaisance, vous avez causé sans le savoir l'emprisonnement de le Jay, et mon décret d'ajournement personnel : et voilà comment *le transport qui saisit* un pauvre homme de bien *sur l'avantage de faire une bonne action*, le conduit souvent à en faire une très-blâmable.

Il faut ajouter ici que vous aviez alors un procès criminel important à la Tournelle, où vous espériez quelques bons offices de la reconnaissance de M. Goëzman ; ce qui n'a pas laissé que de rendre votre distraction un peu plus profonde.

Mais le plus curieux, que je n'entends pas encore, c'est qu'après être convenu à votre confrontation de tous vos torts, on ait pu depuis vous déterminer à donner un mémoire..... où, sans vous en douter, vous complétez la conviction que vous ne sentez jamais la force de ce que vous dites ni de ce que vous faites. J'ai donc eu raison quand j'ai dit de vous dans mon supplément : *N'est-ce pas par faiblesse que ce pauvre Arnaud Baculard, qui ne dit jamais ce qu'il veut dire, et ne fait jamais ce qu'il veut faire, etc.?*

Je n'en veux qu'un exemple : *Oui, j'étais à pied, et je rencontrai dans la rue de Condé le sieur Caron, en carrosse. Dans son carrosse !* (répétez-vous avec un gros point d'admiration). Qui en croirait, d'après ce triste *oui, j'étais à pied*, et ce gros point d'admiration qui court après mon carrosse, que vous êtes l'envie même personnifiée ? Mais moi, qui vous connais pour un bon humain, je sais bien que cette phrase *dans son carrosse !* ne signifie pas que vous fussiez fâché de me voir *dans mon carrosse*, mais seulement de ce que je ne vous voyais pas dans le vôtre ; et c'est, comme j'avais l'honneur de vous l'observer, parce que vous ne dites jamais ce que vous voulez dire, qu'on se trompe toujours à votre intention.

Mais consolez-vous, monsieur ; ce carrosse dans lequel je courais n'était déjà plus à moi quand vous me vîtes dedans ; le comte de la Blache l'avait fait saisir, ainsi que tous mes biens : des hommes appelés, *à hautes armes*, habit bleu, bandoulières et fusils menaçants, le gardaient à vue chez moi, ainsi que tous mes meubles, en buvant mon vin : et, pour vous causer, malgré moi, le chagrin de me montrer à vous *dans mon carrosse*, il avait fallu ce jour-là même, que j'eusse celui de demander, le chapeau dans une main, le gros écu dans l'autre, permission de m'en servir, à ces compagnons huissiers ; ce que je faisais, ne vous déplaise, tous les matins. Et, pendant que je vous parle avec tant de tranquillité, la même détresse subsiste encore dans ma maison.

Qu'on est injuste ! on jalouse et l'on hait tel homme qu'on croit heureux, qui donnerait souvent du retour pour être à la place du piéton qui le déteste à cause de son carrosse. Moi, par exemple, y a-t-il rien de si propice que ma situation actuelle pour me désoler ? Mais je suis un peu comme la cousine d'Héloïse, j'ai beau pleurer, il faut toujours que le rire s'échappe par quelque coin. Voilà ce qui me rend doux à votre égard. Ma philosophie est d'être, si je puis, content de moi, et de laisser aller le reste comme il plaît à Dieu.

D'ailleurs, monsieur, votre mémoire m'oblige en un point dont vous ne vous doutez guère : c'est qu'après avoir cité l'endroit du mien où je raconte que je vous dis : *Vous êtes l'ami du sieur le Jay ; je vous invite, monsieur, par l'intérêt que vous prenez à lui, de le voir et de l'engager à dire la vérité ; c'est le seul parti qui lui reste, dans l'embarras où il s'est plongé lui-même ; les magistrats ne font point le procès à la faiblesse, c'est la mauvaise foi seule qu'on poursuit* ; vous ajoutez : *Le sieur Caron me tint à peu près les mêmes discours qu'il rapporte ici :* ce qui me suffit pour renverser je ne sais quel échafaudage de subornation de le Jay, que la maison Goëzman a voulu élever contre moi, dans le mémoire de madame pour monsieur ; échafaudage qui prouve seulement que cette maxime est de leur connaissance : Qu'en un cas embarrassant, il vaut mieux dire des riens que de ne rien dire.

Pardon, monsieur, si je n'ai pas répondu dans un écrit, exprès pour vous seul, à toutes les injures de votre mémoire ; pardon, si, voyant que vous m'y faites *marcher à l'éruption de ma mine* ; si, vous voyant *mesurer dans mon cœur les sombres profondeurs de l'enfer*, et vous écrier : *Tu dors, Jupiter ! A quoi te sert donc ta foudre ?* j'ai répondu légèrement à tant de bouffissures. Pardon ; vous fûtes écolier sans doute, et vous savez qu'au ballon le mieux soufflé, il ne faut qu'un coup d'épingle.

Vient ensuite la dénonciation de M. Goëzman, que j'ai analysée dans mon supplément.

Deux remarques à y faire. La première, c'est que M. Goëzman rejette sur la chambre des enquêtes la nécessité où il s'est trouvé de me dénoncer. Sophiste dangereux qui déguisez tout, la chambre des enquêtes exigeait-elle de vous la justification d'un magistrat soupçonné, ou la dénonciation d'un innocent opprimé ? La seconde, c'est que les ménagements que l'auteur garde envers le sieur le Jay, dont il parle en termes si doux, si paternels : *Cette personne interposée, pénétrée de douleur d'avoir commis une faute dont elle ne sentait pas la conséquence, moins armée peut-être contre la séduction, etc....* ces ménagements, dis-je, rentrent tout à fait dans les choses amicales que M. Goëzman, allant au Palais, disait dans le même temps au sieur le Jay, et que ce dernier rapporte dans ses interrogatoires : *Mon cher monsieur le Jay, soyez sans inquiétudes ; j'ai arrangé les choses de façon que vous ne serez entendu que comme témoin au procès, et non comme accusé*. En rapprochant ainsi diverses actions d'un homme, on parvient à pénétrer dans les replis de son cœur ; comme les géomètres, à l'aide de quelques points correspondants, mesurent des hauteurs ou sondent des profondeurs inaccessibles.

Une autre phrase assez curieuse à rapprocher de ces deux-ci est celle du mémoire de madame Goëzman, page 30, où M. Goëzman la fait parler ainsi : *Le Jay fut assigné lui-même pour déposer ; chose qui a paru étonnante* à bien DES PERSONNES INSTRUITES.... *Pouvait-il être autre chose qu'accusé? etc.....* Voyez la ruse! Monsieur et madame Goëzman, dans le cours de ce mémoire, parlent toujours comme s'ils n'avaient pas lu mon supplément (qui était dans leurs mains depuis dix jours quand ils ont imprimé); et de temps en temps ils glissent des phrases adroites, des demi-réponses à ce que j'y ai dit; comme si, de leur chef, ils avaient prévenu toutes mes objections avant de les connaître. Réellement il y a du plaisir à voir cela.

A l'égard du reproche que M. Goëzman fait à la cour, de la conduite qu'elle a tenue envers le Jay, *et qui*, dit-il, *a paru étonnante à bien des personnes instruites;* la cour est bonne et sage pour juger quel cas elle doit faire de la mercuriale de M. Goëzman. Mais la vérité est que cette phrase n'est jetée en avant que pour éluder indirectement, par une réflexion sévère, le reproche d'avoir dit à le Jay : *Mon cher ami, j'ai arrangé les choses de façon que vous ne serez entendu que comme témoin.* Dans un autre mémoire, il dira : Comment aurais-je tenu de pareils propos à le Jay, moi qu'on a vu blâmer publiquement la conduite modérée de la cour à son égard? et les gens inattentifs, qui ne se rappelleront pas que la réflexion n'est venue que depuis le reproche, diront : Voyez la méchanceté de ce Beaumarchais !

Je passe les neuf ou dix pages qui suivent, parce qu'elles ne contiennent qu'un remplissage rebutant sur ma prétendue subornation de le Jay, que j'ai vu pour la première fois le 8 septembre, c'est-à-dire près de quatre mois après tous ces misérables détails de subornation.

J'en saute encore deux ou trois autres, parce que le respect que tout Français a pour le grand Sully ferme la bouche, d'indignation de voir à quelle comparaison lui et madame de Rosny sont ravalés dans ce mémoire. Madame de Rosny rendit à Robin ses 8000 écus ; et vous, madame, non-seulement vous gardez les quinze louis, mais vous avez l'intrépidité d'accuser le Jay de ne vous les avoir pas remis, quoique ce fait soit prouvé au procès jusqu'à l'évidence. Aussi, madame, on a beau vous comparer tantôt à la femme de César, tantôt à la femme de Sully, avec de pareils procédés vous ne serez jamais que la femme de M. Goëzman.

Page 41. *Le sieur Caron se plaint... que la première audience que le sieur le Jay lui avait promise lui a été accordée à une heure qui la rendait inutile.* Pas un mot de cela. J'ai dit : « L'agent n'écrit qu'un mot ; j'en suis « le porteur ; la dame le reçoit, et le juge paraît. Cette « audience si longtemps courue, si vainement sollicitée, « on la donne à neuf heures, *à l'instant incommode* où « l'on va se mettre à table. »

Incommode pour vous ne veut pas dire inutile pour moi : l'incommodité de l'heure n'est citée là que pour prouver qu'il avait fallu des motifs *d'un grand poids* pour vous faire ouvrir cette porte à l'heure *incommode* du souper.

Mais, dites-vous, *puisque la table était servie, l'on n'attendait donc pas à cette heure-là le sieur Caron.* Et la lettre, madame ! la lettre remise au châtain clair !

Vous oubliez cette lettre magique, à laquelle la meilleure serrure ne résiste point. Les plus grands efforts n'avaient pu jusqu'alors en ébranler le pêne ; la plus simple cédule, au nom de le Jay, fait rouler la porte à l'instant sur ses gonds : cela n'est-il pas admirable ?

Vous faites ensuite un mortel calcul des messages des sieurs Bertrand et le Jay chez vous, samedi et dimanche. Voici ma réponse ; je la crois péremptoire : C'est qu'il m'a été compté en ces deux jours pour douze francs de fiacres par le sieur Bertrand, et que le sieur le Jay en réclame encore autant aujourd'hui pour les mêmes courses.

Passons à des objets plus sérieux.

A vous, monsieur *Marin*.

Ce n'était donc pas assez pour vous, monsieur, de vouloir accommoder l'affaire de M. Goëzman ; il vous manquait encore de la plaider. A quoi se réduit votre mémoire ? A dire que vous n'étiez pas l'ami de M. Goëzman, et que vous étiez le mien : voilà bien les assertions ; reste à débattre les preuves.

Vous n'étiez pas son ami ! Si vous ne l'étiez pas, pourquoi donc, lorsque je vous visitai, le 2 avril, avec mon gardien le sieur Sauterre, me dites-vous que M. Goëzman vous devait sa fortune (car vous êtes un grand bienfaiteur) ; que c'était vous seul qui l'aviez fait connaître à M. le chevalier d'A..., lequel l'avait présenté à M. le duc d'A..., ce qui l'avait mené à s'asseoir enfin au grand banc du Palais ? Pourquoi donc me dites-vous que sa femme venait vous voir assez souvent le matin ; que vous lui aviez donné un libraire et des débouchés pour la vente de je ne sais quelles brochures de son mari ?

Si vous n'étiez pas son ami, pourquoi donc, quand je vous appris qu'il était mon rapporteur, et que j'avais été en vain trois fois chez lui la veille, me répondîtes-vous : *Oui, il est comme cela ?* Quand je vous dis qu'on en parlait très-diversement, et que je vous demandai quel homme c'était, pourquoi me prîtes-vous par la main en faisant des excuses à mon gardien, et m'emmenâtes-vous dans un cabinet intérieur, où vous m'apprîtes tout ce qu'il y avait à m'apprendre sur l'objet de ma consulte ?

Si vous n'étiez pas son ami, pourquoi, lorsque je vous fis sentir combien il était important pour moi d'obtenir une ou deux audiences de lui, me dites-vous : *J'arrangerai ça, je verrai ça : laissez-moi faire, je vous ouvrirai toutes ces portes-là ?* etc., etc., etc.

Dans la même journée, lorsqu'on m'eut procuré l'intervention de le Jay, et qu'un homme de bon sens m'eut dit : je vous conseille de vous en tenir au libraire, qui sera sûrement moins cher que Marin, car on dit que ce le Jay est un bon homme qui ne prend rien ; je vous écrivis pour vous prier de suspendre vos bons offices : un ami se chargea de vous porter la lettre, et s'y prêta d'autant plus volontiers qu'il n'en ignorait pas le contenu. Il ne vous trouva pas ; il la remit à votre valet de chambre portier : on peut assigner mon ami sur ce fait, indépendamment des gens qui me virent écrire la lettre.

Or, si vous n'étiez pas l'ami de M. Goëzman, pourquoi donc fîtes-vous une seconde démarche auprès de lui, postérieure à la réception de ma lettre, à moins que, voulant absolument faire une affaire de mon procès, vous ne vous soyez retourné, je ne sais comment, dans cette seconde visite? car toutes les affaires ont deux faces, comme tous les agioteurs ont deux mains.

Si vous n'étiez pas l'ami de M. Goëzman, pourquoi, suivant votre propre mémoire, votre entrevue des Tuileries commença-t-elle *avec une espèce d'aigreur* de sa part, et finit-elle par le conseil que vous lui donnâtes de faire faire une déclaration par le Jay? Pourquoi vint-il vous remercier le surlendemain *chez vous*, de ce que vous appelez vous-même *le succès de votre conseil, et vous montra-t-il la déclaration de le Jay?*

Si vous n'étiez pas son ami, pourquoi me fîtes-vous sur-le-champ l'invitation la plus pressante de me rendre chez vous, par une lettre datée du 2 juin, que je déposerai au greffe? et pourquoi, lorsque je vous vis sur cette invitation, *voulûtes-vous m'engager à lui écrire?* (page 3 de votre mémoire), ce que je refusai avec dédain.

S'il n'était pas votre ami, pourquoi, vous rencontrant au Palais-Royal (car il vous rencontrait partout), après avoir dit (page 5): *Il évitait de me voir; je l'abordai, il me fit un accueil très-froid*, la séance finit-elle par mettre les deux indifférents dans le même carrosse, où le glacé M. Goëzman vous lut sa dénonciation au parlement, en vous accompagnant jusqu'à la porte de ma sœur?

S'il n'était pas votre ami, pourquoi voulûtes-vous me tromper, chez ma sœur, devant six personnes, à l'instant où vous veniez de lire l'outrageuse dénonciation? Pourquoi voulûtes-vous me faire croire qu'elle était en ma faveur, *et non dirigée contre moi*, pour nous tendre à tous un piége affreux, et nous empêcher de parler *de ces misérables quinze louis*, sans lesquels pourtant tout le poids de votre iniquité retombait sur ma tête?

Si vous n'étiez pas son ami, pourquoi cherchâtes-vous avec lui le sieur Bertrand pour l'engager à faire une déposition courte et qui ne compromît personne, espérant user en cela de l'influence naturelle de MM. Turcarets sur leurs MM. Rafíles? Pourquoi le lendemain, outré de n'avoir pu le trouver et l'empêcher de faire une déposition étendue, voulûtes-vous lui en faire faire une autre (car il n'y a rien de difficile pour vous). Pourquoi allâtes-vous dîner ce jour-là chez M. le premier président avec M. et madame Goëzman, et arrangeâtes-vous avec ce dernier, *qui n'était pas votre ami*, que Bertrand irait chez lui le soir même? Pourquoi l'instant d'après ne quittâtes-vous pas ce Bertrand sans en avoir obtenu sa parole expresse de la visite que vous veniez d'arranger? Pourquoi m'arrêtâtes-vous le jour même sur le pont Neuf, et me pressâtes-vous de nous réunir, pour envoyer Bertrand *chez M. Goëzman?* Et vous ne pouvez plus contester tous ces faits qui sont avoués dans vos mémoires, ou prouvés au procès par des témoins que vous essayez en vain de rendre suspects. Et comme il n'y a qu'un pas de la série des intrigues à celle des noirceurs; si vous n'étiez pas l'ami de ce magistrat, pourquoi donc avez-vous constamment échauffé la tête de ce pauvre Bertrand, et n'avez-vous pas eu de repos que vous ne l'ayez amené, par une dégradation d'honnêteté sensible à tout le monde, et dont vos entrevues étaient le thermomètre, à nier enfin que vous lui eussiez conseillé de changer sa déposition?

Si vous n'étiez pas l'ami de M. Goëzman, pourquoi, sentant que les dépositions de deux étrangers étaient de la plus grande force contre vous, avez-vous dénigré bassement l'un des deux, le docteur Gardane, et voulu jeter du louche sur l'honnêteté de l'autre, le sieur Deschamps de Toulouse? Comme si les faits dont ils ont déposé n'étaient pas connus d'autres personnes, et comme si ce Bertrand, dans un temps où il n'avait pas encore reçu l'ordre exprès de mentir, sous peine de ne plus tripoter vos fonds, n'avait pas été le lendemain dire à trois ou quatre personnes: *Ils veulent me faire changer ma déposition, ils me tourmentent à ce sujet; mais j'ai été ce matin au greffe protester que, loin de changer ou diminuer, je suis prêt à y ajouter de nouveau, si l'on veut m'entendre?* Comme si ces gens étaient muets ou morts, et comme si le ministère public n'avait pas des moyens sûrs de les forcer de parler?

Si vous n'étiez pas l'ami de ce magistrat, pourquoi toutes ces assemblées secrètes, toutes ces entrevues chez des commissaires? Pourquoi M. Goëzman distribue-t-il les mémoires de Marin, Bertrand, Baculard, pendant que Bertrand, Baculard et Marin colportent les siens? Pourquoi ces lettres pitoyables de vous et de vos commis au sieur Bertrand? Pourquoi des Juifs qui vont et viennent de chez vous chez lui, de chez lui chez vous? Pourquoi la réponse que vous avez exigée du sieur Bertrand, qui, toujours contraire à lui-même, ne l'a pas eu plutôt envoyée, et su que vous entendiez vous en servir, qu'il a été conter partout qu'il sortait de chez vous, et vous avait dit: *Si vous êtes assez osé pour imprimer la lettre que j'ai eu la complaisance de vous donner, je vous brûlerai la cervelle, et à moi ensuite;* ce qui sera constaté au procès par l'addition d'information?

Si vous n'étiez pas l'ami de M. Goëzman, pourquoi l'excellente plaisanterie du nom de *Beaumarchais* que j'ai prise, dites-vous, d'une de mes femmes, et rendue à une de mes sœurs, se trouve-t-elle dans le mémoire de madame Goëzman, lorsqu'elle était d'abord en tête du vôtre? Vous voyez que je dis tout, monsieur Marin, et qu'il n'y a ni réticences, ni points, ni phrases en l'air, ni ridicules ménagements, ni plate économie, dans mon style; je suis comme Boileau,

Je ne puis rien nommer, si ce n'est par son nom;
J'appelle un chat un chat....

et Marin un fripier de mémoires, de littérature, de censure, de nouvelles, d'affaires, de colportage, d'espionnage, d'usure, d'intrigue, etc., etc., etc. Quatre pages d'*et cætera*.

A vous à parler, mon bienfaiteur, le bienfaiteur de tout

le monde, et que tout le monde accuse de n'avoir jamais bien fait sur rien. Je viens de montrer comment vous m'avez servi, comment je l'ai reconnu, comment vous l'avez prouvé, comment je vous ai répondu : amenez vos témoins, fournissez vos preuves, creusez votre mine, arrangez votre artillerie. Je dis tout haut que je ne suis ni assez riche ni assez pauvre pour vous avoir jamais emprunté de l'argent. Cela est-il clair ? m'entendez-vous ? répondez à cela.

Je vous félicite d'être *honoré de votre propre estime*, c'est une jouissance qui ne sera troublée par aucune rivalité. Mais vous allez trop loin en invoquant le suffrage des honnêtes gens, et même ceux de la police.

Oseriez-vous compter sur le témoignage des inspecteurs ou officiers de police qui vous ont éclairé dans vos voies ténébreuses ?

Oseriez-vous compter sur celui des chefs qui ont été chargés de vérifier les informations faites contre vous ?

Oseriez-vous compter sur celui de M⁰ C.... de C...., à qui ont été renvoyés les examens de diverses plaintes sur des capitaux renforcés par les intérêts ?

Oseriez-vous compter sur celui de M. St.-P., qui depuis cinq ans gémit du malheur de vous avoir confié ses pouvoirs pour un arbitrage, et qui ne cesse de demander vengeance au ministère contre vous ? Et l'affaire Roussel ? et l'affaire Paco ? et l'affaire, etc., etc., etc., etc. Encore quatre pages d'*et cœtera*.

Et vous mettez des points dans votre style, pour vous donner l'air de me ménager ! Allons, mon bienfaiteur, que ma franchise vous encourage ; dites, dites : Voilà de beaux mystères ! *A présent on dit tout.* Encore un ennemi, encore quelques mémoires, et je suis blanc comme la neige. Je vous invite à ne me ménager sur rien. A votre tour, osez me porter le même défi.

Maintenant que nous sommes entre quatre yeux, eh bien ! vous avez donc vos petits témoins tout prêts, pour m'accuser d'avoir dit que le comte de la Blache avait donné cinq cents louis à M. Goëzman ? eh mais, vos pieuses intentions à ce sujet sont déjà consignées au greffe par mon récolement. Je savais votre dessein ; ce pauvre Bertrand m'en avait menacé un jour devant dix personnes, qui certifieront le fait. Un abbé, des amis de Marin, l'avait, disait-il, chargé de m'avertir, que si je prononçais un seul mot contre lui, son projet était de me mettre à dos le comte de la Blache, etc..... Je vous attends, mon bienfaiteur. Vos bontés ne m'ont pas empêché de parler : vos menaces ne me réduiront pas au silence.

Ce n'est pas que l'on ne me dise et ne m'écrive tous les jours, que vous êtes l'ennemi le plus dangereux, que vous avez un crédit étonnant pour faire du mal, un grand pouvoir pour nuire. Je cherche en vain comment *la Gazette* peut mener à tant de belles choses, car toutes ces belles choses ne vous ont sûrement pas mené à *la Gazette*.

On dit aussi que vous avez juré ma perte. Si c'est faire du mal à un homme que d'en dire beaucoup de lui, personne à la vérité n'est plus en état de faire ce mal-là que vous.

Mais lorsqu'on vous confia la trompette de la Renommée, était-ce pour corner qu'on vous la mit à la bouche ? était-ce pour ramper dans le plus aisé de tous les genres d'écrire qu'on vous en attacha les ailes ? Encore, ne pouvant vous livrer à toute l'âpreté de vos petites vengeances sous les yeux d'un ministre éclairé qui vous veille de près, vous briguez sourdement un paragraphe dans chaque gazette étrangère, où je suis déchiré à dire d'experts. Ainsi de brigue en brigue, et briguant partout assidûment contre moi, vous trouvez le secret de me dénigrer toutes les semaines, et d'ennuyer l'Europe entière de ma personne et de mon procès.

Pour finir, mon bienfaiteur, nommez-nous donc les personnages à qui j'ai dit : *Je dois trop à Marin pour abuser encore de ses bontés ?* C'est, dites-vous, chez un grand seigneur qui m'admettait *alors* à sa table. A cet *alors* insultant, voici ma réponse.

Le grand seigneur chez lequel je vous ai rencontré est M. le duc de la Vallière, auquel depuis douze ans je suis attaché par devoir, comme lieutenant général de sa capitainerie ; par respect, c'est un homme de qualité qui a l'esprit solide et le cœur généreux ; par reconnaissance, il m'a toujours comblé d'une bonté qu'il pouvait me refuser ; par justice, il m'a honoré d'une estime que j'ai méritée ; car si l'amitié s'accorde, l'estime s'exige, et si l'une est un don, l'autre est une dette ; il n'y a point d'*alors* sur ces choses-là : et si, pour repousser une injure aussi misérable, j'avais besoin d'un témoignage de probité, d'honneur, de désintéressement, d'exactitude et de loyauté, c'est à ce grand seigneur surtout que je m'adresserais, et dont je l'obtiendrais à l'instant. Osez-vous en dire autant d'un seul des gens en place qui se sont servis de vous comme on se sert à l'armée, en certains cas, de certaines gens.... très-bien payés ? Mais il est une délicatesse, une pudeur qu'un homme d'honneur sent mieux qu'il ne l'exprime, et qui, depuis que je suis attaqué par des méchants, m'a fait me renfermer dans le cercle étroit de mes plus chers amis. C'est moi qui, refusant toute espèce d'avances ou d'invitations, ai dit à tout le monde : Je suis accusé, je ne recevrai point à titre de grâce les témoignages publics d'une estime qui m'est due à titre de justice ; et tel, qu'un noble Breton dépose son épée, jusqu'à ce qu'un commerce utile l'ait remis en état de s'en parer de nouveau, je ne prétends à l'estime de personne, jusqu'à ce que j'aie prouvé à tout le monde que personne ne doit rougir de m'avoir estimé.

C'est par une suite de cette délicatesse que, dès que j'ai été attaqué, je n'ai pas cru devoir remplir aucune fonction de judicature ou d'autres charges. Un homme attaqué, quand il a l'honneur d'appartenir à un corps, doit se justifier ou se retirer. Quel magistrat oserait monter au tribunal pendant qu'on est en suspens s'il est digne d'y siéger ? de quel front irait-il prononcer sur la fortune, l'honneur ou la vie des autres, quand il est lui-même courbé sous le glaive de la justice ; et s'asseoir au rang des juges, quand l'attente d'un arrêt l'a presque jeté parmi les coupables ? Il faut être reconnu intact et pur, avant d'oser paraître sous la robe ou le mortier ; et l'audace de revêtir ces marques de dignité, si révérées dans l'homme honorable, ne sert qu'à mieux faire éclater l'avilissement d'un sujet dégradé dans l'opinion publique. Le premier malheur sans doute est de rougir de soi ; mais le second est d'en voir rougir les autres. Je ne sais pourquoi je vous dis toutes ces choses, que vous n'entendez seulement pas. Je me retire, moi, parce que j'ai quelque chose à perdre... Vous... vous pouvez aller partout.

A vous, monsieur *Bertrand*.

Avez-vous lu, monsieur, le long mémoire tout saupoudré d'*opium* et d'*assa fœtida*, qui court sous votre nom ? Je ne vous parle point de la diction, parce que c'est ce qui doit nous importer le moins, à vous et à moi qui ne l'avons pas écrit : je n'ai fait que l'entrelire, parce qu'on y sent je ne sais quoi de fade, de saumâtre et de mariné, qui le rend tout à fait désagréable au goût : mais comme il a paru sous votre nom, je vais y répondre comme s'il était de vous. Il n'est pas toujours facile, messieurs, dans vos fournitures provençales, de distinguer la facture du vendeur de celle qu'on présente à l'acheteur : allons au fait, je suis pressé, car dans ce moment-ci la foule est aux mémoires. Que dit le vôtre ?

Madame Goëzman a donc toujours juré ses grands dieux qu'elle ne rendrait pas les quinze louis ? En vérité, vous le dites tant de fois, qu'on serait tenté de croire que c'est pour moi contre elle que vous écrivez ; du moins jusqu'à la vingt-sixième page y a-t-il peu de chose qui contrarie cette idée ; et sans la fin du mémoire, sans le fond du sac, où, la marchandise étant plus avariée, le goût marin se sent davantage, en vérité je n'aurais que des grâces à vous rendre.

Au reste, si madame Goëzman a tant dit qu'elle ne rendrait jamais *ces misérables quinze louis*, elle les a donc reçus, car, en termes de commerce, la banqueroute suppose toujours la recette, comme vous savez : je tâche de parler à chacun sa langue familière, pour être entendu de tout le monde. Le fait des quinze louis une fois bien avéré, et la certitude renouvelée par vous que jamais on n'a sollicité pour moi que des audiences auprès de madame Goëzman, le reste va tout seul.

En vingt-six mots j'ai déjà répondu aux vingt-six premières pages du mémoire du sieur Dairolles Bertrand ou Bertrand Dairolles ; car il n'importe guère comment les noms s'arrangent sous ma plume, pourvu qu'on sache de qui je veux parler.

Mais qu'ils ont donc l'épiderme chatouilleux, ces messieurs ! En voici un à qui je n'ai donné qu'un petit singlon dans une note de mon supplément, et à qui ce petit singlon fait verser des flots de bile, et répondre par quarante-quatre pages d'injures.

Le sieur Marin, comme je l'ai établi dans son article, connaissant assez son Bertrand pour savoir que c'est un homme sans caractère, qui a peu de suite dans les idées, toujours aux extrêmes, enthousiaste, exalté comme un grenadier à l'assaut, ou faible comme un pleurard milicien qui voit le premier feu ; le sieur Marin, dis-je, s'était flatté qu'en l'effrayant d'un décret certain, d'une condamnation possible, il l'empêcherait de dire la vérité avec une extension qui pût compromettre M. et madame Goëzman ; c'est ce que le sieur Marin avoua devant six témoins, chez ma sœur, le jour que M. Goëzman l'accompagna jusqu'à la porte, et qu'il lui lut sa dénonciation, à peu près comme on donne une ample instruction à son plénipotentiaire.

Il faut que Bertrand et vous ne fassiez tous, nous disait-il, que des dépositions courtes, sans parler de *ces misérables quinze louis* ; et avant peu j'arrangerai l'affaire.

Mais comment l'arrangera-t-il, M. Marin ? Personne n'ayant parlé des quinze louis, la fausse déclaration de le Jay, qui n'en parle pas non plus, restera dans toute sa force ; et les faits y contenus n'étant contrariés juridiquement par personne, la dénonciation faite au parlement en acquerra un nouveau prix ; cette manœuvre était (comme dit Panurge, ou plutôt frère Jean) le joli petit *coutelet* avec lequel l'ami Marin entendait *tout doucettement m'égorgiller*. Mais le soin qu'il prit pour me décevoir sur la dénonciation qu'il prétendait être en ma faveur, pendant que j'étais sûr du contraire, m'inspira de la défiance ; et l'horreur de lui voir conseiller de sacrifier le Jay m'ouvrit les yeux sur le secret de sa mission.

Il n'y a rien de sacré pour ces gens-ci, me dis-je ; il faut redoubler d'attention sur leur conduite, et me trouver demain à l'entrevue des deux compatriotes Marin et Bertrand.

Enfin, pour ne pas rebattre ennuyeusement tout ce qu'on a lu dans l'article *Marin* (car ces messieurs sont tellement identifiés, que parler à l'un c'est répondre à l'autre), tout le fond de la conduite du sieur Dairolles est appuyé sur deux points capitaux, la mémoire parfaite et l'oubli total.

Par exemple, il se souvient bien qu'il lui est échappé de dire beaucoup de choses dont il ne se souvient pas le jour de sa déposition.

Mais il se souvient bien que le sieur Marin ne lui a pas conseillé ce jour-là de changer sa déposition.

Il ne se souvient pas des choses que le sieur Marin m'a dites, ni de celles que je lui ai répondues dans son cabinet ce même jour.

Mais il se souvient bien qu'il y a raconté, lui, dans le plus grand détail, ce qu'il avait dit et fait au Palais.

Il ne se souvient pas si les commis de Marin étaient, ou non, dans son cabinet, quand nous y dissertions.

Mais il se souvient bien que nous y restâmes seuls quand le sieur Marin nous quitta pour se raser.

Il ne se souvient pas des choses qu'il a pu dire en quittant le sieur Marin l'après-midi, à la dame Lépine, à sa sœur, au docteur Gardane.

Mais il se souvient bien que Marin lui dit, en propres termes, qu'il fallait qu'il allât chez M. Goëzman ; que ce dernier, sachant la vérité de sa bouche, ferait enfermer sa femme, et dirait ensuite au parlement : Je me suis fait justice; car il ne faut pas que la femme de César, etc., etc.

Il ne se souvient pas qu'il ait dit à quatre personnes, chez le Jay, le lendemain : Ils veulent me faire changer ma déposition, ils me vexent à ce sujet; pour qui me prend-on ? Je suis vrai dans tout ce que je dis et fais, je persisterai; j'en ai porté ce matin l'assurance au greffe.

Mais il se souvient bien qu'il a été au Palais ce jour-là, dire quelque chose dont il ne se souvient plus.

Voilà certes un beau sujet pour le prix de l'Académie de chirurgie en 1774! Gagner la médaille en expliquant comment la cervelle du pauvre Bertrand a pu tout à coup se fendre en deux, juste par la moitié, et produire dans sa tête une mémoire si heureuse sur certains faits, si malheureuse sur certains autres; comment le grand cousin Bertrand a pu devenir tout à coup paralytique d'un côté de l'esprit, et d'une façon si curieuse pour les amateurs, que la partie de sa mémoire qui charge Marin est paralysée sans ressource, pendant que toute la partie qui le décharge est saine, entière, et d'un brillant si cristallin, que les plus petits détails s'y peignent comme dans un fidèle miroir.

Ce sont là, mon cher Bertrand, les petites remarques qui m'ont fait dire dans mon supplément : *N'est-ce pas par faiblesse que ce pauvre Dairolles, qui ne veut pas être nommé Bertrand*, etc. Vous avez donné une assez bonne explication du motif qui vous avait fait désirer de n'être appelé que Dairolles, et non Bertrand, dans mon mémoire. C'était, dites-vous, pour que nos deux noms ne fussent accolés nulle part ; car, *dis-moi qui tu hantes*, etc. Tout cela est joli, mais pas assez simple.

J'avais pensé, moi, que jouer un rôle à deux visages dans cette affaire, sous le nom de Dairolles seulement, cela ne ferait pas de tort au Bertrand qui signe les lettres de change, et qui doit être connu sous ce nom dans le commerce pour un homme vrai, s'il veut conserver quelque crédit.

Mais comment vous et Marin, qui avez de l'esprit comme quatre et du sens commun, avez-vous pu vous tromper à cette expression de *pauvre un tel*, qui ne se dit jamais sans qu'un geste d'épaule en fixe le vrai sens? Quoi! vous avez cru que je parlais de vos facultés numéraires? Lorsqu'on dit d'un homme : Ce pauvre un tel, ce n'est jamais dans le sens d'*Esurientes implevit bonis*, etc.; mais toujours dans celui de *Beati pauperes spiritu*. Voilà, mon cher psalmiste, ce que vous ne pouvez pas honnêtement ignorer, vous qui parlez latin comme madame Goëzman. Mais vous croyez peut-être que je vous trompe sur la pitié que votre mémoire inspire; tenez, lisez avec moi.

(Page 15.) *En effet, je ne parle pas au sieur Gardane, mais à des juges respectables, qui n'ont pas de peine à supposer des sentiments honnêtes à d'honnêtes citoyens.* Ainsi vous apportez en preuve de votre probité la supposition que les juges doivent faire que vous êtes honnête parce qu'ils sont respectables. Est-ce là raisonner? Je m'en rapporte. *Et ils avoueront* (les juges) *de bonne foi, que si le sieur Marin m'avait tenu ce discours* (de changer la déposition), *j'en aurais été indigné; toute considération aurait cessé; j'aurais consigné dans mes interrogatoires cette proposition; et, dans ma confrontation avec lui, je l'aurais certainement interpellé sur le fait en question : or, cela n'est pas arrivé, ce fait est donc un mensonge avéré de la part du sieur Gardane.* Qu'est-ce que tout cela veut dire? Mettons-le en français. *Les juges* (qui ont décrété Bertrand) *avoueront de bonne foi que, si Marin avait tenu ce propos* (à Bertrand son agioteur), *Bertrand, indigné, l'aurait consigné au procès* (ce qui aurait nui à Marin); *or Bertrand n'a pas consigné ce fait contre Marin* (qui tient la bourse de tous deux); *donc Gardane est un imposteur de l'avoir dit.* Et l'on appelle cela des défenses? C'est du bel et bon galimatias double, où l'auteur ne s'entend pas plus qu'il ne se fait entendre aux autres. Réellement je vous croyais plus avancé dans la composition. Mais ceci me paraît être du Marin tout pur.

C'est encore une chose assez curieuse que de voir comment ces messieurs s'accordent sur les faits. Je prends au hasard le premier trait qui me tombe sous la main : et il est d'autant plus grave, qu'il s'agit ici de la première impression que firent sur tout le monde la colère et les menaces de M. Goëzman; et que cette impression, qui a dirigé les premières démarches de chacun, a dû au moins laisser d'elle un souvenir très-net. Écoutons raconter ces messieurs. « Sitôt que je l'appris, « dit Bertrand (page 8 de ce mémoire), *j'allai chez le* « *sieur Marin, et je le priai instamment de voir M. Goëz-* « *man, et d'engager ce magistrat à se trouver chez lui,* « *où je me rendrais, et tâcherais de l'engager à ne faire* « *aucun éclat*. Sitôt que je l'appris, dit Marin (page 5 « de son mémoire), *je m'efforçai de persuader au sieur* « *Bertrand de voir M. Goëzman, et de lui dire tout ce* « *qu'il savait.* »

Je ne vous le fais pas dire, messieurs, je vous copie fidèlement : mais quelle volupté pour moi de montrer à la cour le doux ami Marin et le grand cousin Bertrand à genoux l'un devant l'autre, sur le fait le plus important du procès! Marin, les bras étendus, *s'efforçant de persuader à Bertrand* (qui résistait apparemment) *de voir M. Goëzman* POUR L'APAISER; et Bertrand, les mains jointes, *suppliant instamment Marin* (qui sans doute n'en voulait rien faire) *de lui procurer l'occasion de voir ce magistrat* POUR L'APAISER !

Et pourquoi tant de maladresse, je vous prie? Pour tâcher de persuader au public que j'avais grand'peur, et que Marin et Bertrand me rendaient à l'envi le signalé service d'intercéder pour moi auprès de M. Goëzman.

Mais cette contradiction entre les deux compatriotes jette un grand jour sur ce qu'ils ont tant intérêt de cacher à la cour, le conseil donné par Marin de changer la déposition. On a vu Bertrand (page 8 de son mémoire), prier le sieur Marin *de l'aboucher avec M. Goëzman, pour l'apaiser.* Mais voici bien autre chose (page 10). *Le sieur Marin me conseilla d'aller voir M. Goëzman, qui me recevrait bien ; il ajouta que ce magistrat, instruit par moi-même de tous les faits, prendrait sans doute des moyens pour arrêter les suites de cette affaire ; qu'il ne fallait pas que l'amitié que je portais à la maison du sieur de Beaumarchais me fît manquer aux égards qu'on devait à un magistrat honnête, intègre et vertueux. Je rentrai chez moi ;* J'ÉTAIS TROUBLÉ DE TOUT CE QUI SE PASSAIT, *absorbé dans mes idées ; on s'aperçut de cette altération. On me questionna beaucoup : je rendis compte de la situation de mon âme ;* JE DIS QUE J'ÉTAIS OCCUPÉ DU CONSEIL QUE LE SIEUR MARIN M'AVAIT DONNÉ, D'ALLER VOIR CE SOIR M. GOEZMAN. QUE DIRAI-JE ? COMMENT ME RECEVRA-T-IL ? MA DÉPOSITION EST FAITE ; QUE RÉSULTERA-T-IL DE CETTE VISITE ? *J'aime mieux ne point aller chez lui.*

Ainsi donc, le sieur Bertrand, si empressé de voir M. Goëzman, et qui demandait si instamment au sieur Marin l'entrevue avec ce magistrat, est troublé, et n'ose plus se présenter chez lui sitôt qu'il a déposé : *que lui dirai-je, comment me recevra-t-il ?* MA DÉPOSITION EST FAITE. Mais puisque cette déposition faite troublait le sieur Bertrand et l'éloignait de M. Goëzman, pourquoi le sieur Marin, qui n'ignorait pas la déposition, insistait-il à l'y envoyer ? pourquoi l'encourageait-il à faire cette démarche ? Et lorsqu'il dit (selon Bertrand) *qu'il ne fallait pas que l'amitié qu'il portait à la maison du sieur de Beaumarchais lui fît manquer aux égards dus à un magistrat honnête, intègre et vertueux,* ne supposait-il pas que la famille de Beaumarchais avait suggéré la déposition du sieur Bertrand ? ne préjugeait-il pas en faveur de M. Goëzman ? n'engageait-il pas le sieur Bertrand à aller voir ce magistrat, pour convenir des moyens qu'il y aurait à prendre, afin de faire une déposition différente de celle que le sieur Bertrand avait faite, et que le sieur Marin supposait *dictée par la famille de Beaumarchais* contre un magistrat respectable et vertueux ?

Voilà donc en substance le conseil de changer la déposition donnée par Marin, et l'injure faite à la famille de Beaumarchais, constatés par les mémoires de ces messieurs ; injure que le sieur Marin, comme on le voit, préméditait d'avance, et qu'il a prodiguée depuis dans son mémoire.

Reste à jeter, monsieur Bertrand, un coup d'œil sur votre confrontation avec le docteur Gardane, dont vous nous donnez une version à votre manière, c'est-à-dire bonne pour ce qui vous profite, et louche sur ce qui l'intéresse.

Vous avez là une singulière maladie ! mais ce docteur dont le cerveau est bien entier, ses deux lobes également sains, vient de présenter une requête au parlement, afin d'obtenir une réparation d'honneur, avec affiche de l'arrêt, pour toutes les horreurs dont vous avez voulu le souiller : cela ne fait rien à notre affaire.

Mais ce qui y fait beaucoup est la partie de cette confrontation où ce médecin vous reproche d'être venu, pâle et l'air égaré, chez la dame Lépine, un jour, devant neuf personnes, lui dire : « Mon ami, tâtez-moi « le pouls, je dois avoir la fièvre. Ah ! messieurs, je « viens de les prendre les mains dans le sac : c'est une « horreur, je suis perdu ; vous l'êtes aussi, monsieur de « Beaumarchais. Je viens de dîner chez une dame avec « quatre conseillers de grand'chambre, qui, ne me con-« naissant pas, se sont expliqués sans ménagement sur « l'affaire, et ont fini par assurer que l'intention du « parlement était de traiter sans pitié le Jay, Bertrand, « et Beaumarchais, pour avoir osé toucher à la réputa-« tion du magistrat le plus intègre, etc. »

Je me rappelle fort bien tous ces faits, et comment vous refusâtes obstinément de me dire le nom des quatre conseillers ; comment je me mis en colère ; et comment enfin je résolus de n'avoir plus aucun commerce avec un homme aussi faux et aussi faible.

L'anecdote du cartel intercepté, dont parle la confrontation, est apparemment la suite de cette colère.

Mais que vouliez-vous donc dire, monsieur, en m'invitant à prendre une épée d'or ? Est-ce que vous aviez posé pour loi de ce combat que la dépouille du vaincu resterait au vainqueur ? Les gens de votre état ont beau être en colère, ils ne perdent jamais la tête.

Mais quelle est enfin cette affreuse histoire des quatre conseillers ? était-ce encore un piége de Marin ? car on m'en a tendu mille en trois mois, pour m'engager à faire une fausse démarche. Était-ce un leurre ou une vérité ? Comme ce fait intéresse l'honneur de la magistrature, et qu'il importe autant au parlement qu'à moi qu'il soit éclairci ; avant de juger l'affaire, je supplie la cour d'ordonner qu'il soit informé scrupuleusement sur ce fait, que les neuf témoins soient entendus, que le sieur Bertrand soit interrogé sur le nom de la dame, sur celui des convives du dîner, sur leurs discours, etc., etc.

Dans une affaire aussi importante, un tel examen n'est pas à négliger. Ou le sieur Bertrand est un fourbe, qui doit être puni pour avoir calomnié quatre magistrats sur le point le plus délicat de leur devoir, dans la seule vue de nous effrayer ; ou les quatre conseillers reconnus doivent être suppliés de vouloir bien se dispenser de juger dans une affaire sur laquelle ils ont montré tant de partialité.

Jusqu'à ce moment nous avions tous aimé ce Bertrand, quoiqu'il soit entaché du petit défaut d'altérer toujours la vérité ; mais il y a beaucoup de gens en qui l'habitude de mentir est plutôt un vice d'éducation, une faiblesse, un embarras de savoir que dire, qu'un dessein prémédité de mal faire. Et, dans le fond, cela revient au même. Une fois connus, ce n'est plus qu'une règle d'équation très-aisée, et qui ne gêne personne : *Il a dit cela, donc c'est le contraire ;* et les choses n'en vont pas moins leur train.

Mais pour cette aventure, elle est trop sérieuse, il n'y a pas moyen d'y appliquer notre équation. Qui sait si l'éclaircissement de ce fait ne nous montrera pas le nœud caché de toute l'intrigue entre Bertrand, Marin et consorts ?

Tel qui croyait n'avoir harponné qu'un marsouin
Amène quelquefois un lourd hippopotame.
RÉGNIER, *sat.* IV.

En courant une chose, on en rencontre une autre ; et c'est ainsi qu'un cénobite allemand, en cherchant le grand œuvre dans la mixtion de divers ingrédients méprisables, n'y trouva pas à la vérité la poudre d'or qui devait enrichir le genre humain, mais découvrit, chemin faisant, la poudre à canon qui le détruit si ingénieusement. Ce n'est pas tout perdre ; et, comme on voit, en toute affaire il est bon de chercher, informer, scruter ; aussi espéré-je que la cour voudra bien ordonner qu'il soit informé sur le fait des quatre magistrats, avant de s'occuper de l'examen des pièces du procès.

La fin de votre mémoire, monsieur, n'a aucun rapport à l'affaire présente ; mais il n'est pas moins juste de vous donner satisfaction sur tous les articles.

A l'occasion d'une lettre que le sieur Marin vous a forcé de lui écrire, et que j'ai osé prévoir n'être jamais préjudiciable qu'à vous, vous me reprochez les services que vous avez bien voulu me rendre, et dont j'ai toujours été très-reconnaissant : cela est dur.

Je vous dois, dites-vous, le luminaire du convoi de ma femme que vous m'avez fourni. A la rigueur cela se peut : j'ai même quelque idée que, depuis cet affreux événement qui a renversé ma fortune encore une fois, l'épicier de la maison s'est plaint qu'un autre eût fait le bénéfice de cette triste fourniture : je lui dis alors ce que je vous répète aujourd'hui. Abîmé dans la douleur de la perte d'une femme chérie, vous sentez que tous les détails funéraires, confiés à quelque ami, m'ont été absolument étrangers. Mais à cette époque il a été payé chez moi pour 39,000 francs de dettes, mémoires ou fournitures : comment avez-vous négligé de parler de la vôtre alors? Était-ce pour me rappeler un jour au plus affreux souvenir, en me demandant, par la voie scandaleuse d'un mémoire imprimé, 150 ou 200 livres, qui vous auraient tout aussi bien été payés que d'autres mémoires de vous, du même temps, que je trouve acquittés pour huile, anchois, etc. ?...

Vous avez depuis été chargé, par moi, d'un billet de deux mille livres que j'ai été obligé de rembourser par l'insolvabilité du vrai débiteur, et que j'ai chez moi : s'il vous est dû des frais de poursuite, de courtage, escompte, etc..., ou même quelque appoint, je suis bien éloigné de vous refuser le juste salaire de vos soins en toute occasion.

Le jour qu'il a plu au roi de me rendre à ma famille, à mes affaires, mes parents accoururent m'apporter cette bonne nouvelle en prison. On est toujours pressé de quitter de pareils domiciles : mais le loyer, le traiteur, le greffe, les porte-clefs, tout est hors de prix dans ces maisons royales : je me rappelle bien que je vidai ma bourse, et que ma sœur, pour compléter la somme et m'emmener bien vite, tira douze louis de sa poche, et que je ne l'embrassai seulement pas pour la remercier de ce service.

Comment donc arrive-t-il aujourd'hui que vous, qui aviez, à la vérité, d'excellentes raisons pour ne pas me visiter en prison, et qui, le seul de tous les gens de ma connaissance, n'avez jamais osé y mettre le pied, vous trouviez mon créancier de douze louis que vous ne m'avez pas prêtés pour le fait de ma sortie? Pour cet article, monsieur, comme je l'ai remboursé à ma sœur, qui me l'avait avancé, permettez qu'il soit rayé de votre mémoire ; et puisque les bons comptes font les bons amis, pour le petit restant que je puis vous devoir, vous avez à moi, depuis un an, deux effets de cent louis chacun, dont j'ai espéré que vous voudriez bien me procurer le payement (en reconnaissant vos peines, bien entendu), vous m'obligerez de m'acquitter envers vous par vos mains ; ou s'ils sont d'une trop longue rentrée, le sieur Lépine, mon beau-frère, dont vous connaissez les talents, la fortune indépendante, le grand commerce et le crédit, et dont vous paraissez autant révérer l'honnêteté que j'aime sa personne, a dans ses mains un effet de quatorze mille francs à moi, sur le roi, dont il s'est chargé de solliciter le payement : il voudra bien vous tenir compte de trois ou quatre cents livres, si je vous les dois, et nous serons quittes.

A toutes les amères tirades dont votre mémoire est plein à ce sujet, j'avais d'abord ainsi répondu :

On sait qu'il y a beaucoup de gens du Sud à Paris, dont l'unique métier est d'obliger tout le monde. Y a-t-il un mariage dans une famille? ils ont des gants, des cocardes et des odeurs; un repas? des olives, du thon, du marasquin; des besoins? de l'argent, et un dépôt tout prêt pour vos effets. Un voyage? des courroies, des malles, des selles et des bottes; et puis, à propos de bottes, ils prétendent à la reconnaissance en présentant le mémoire.

Tout considéré, j'ai eu peur que cette réponse ne vous offensât; je l'ai retranchée pour y substituer le détail plus sérieux que vous venez de dire, et j'espère que vous m'en saurez gré.

Mais pendant que je relève ici les erreurs d'un autre, je m'aperçois que j'ai pensé en faire une à l'article Marin. Pourquoi ces *Juifs* (y ai-je dit) *qui vont et viennent de chez vous chez lui, et de chez lui chez vous?* J'avais soupçonné que ces Juifs qui venaient chez Bertrand, de la part de Marin, étaient chargés d'espionner ce que disaient ou faisaient les honnêtes gens de la maison de ma sœur. Mais j'ai appris depuis que ces Juifs y venaient pour des affaires absolument étrangères aux honnêtes gens de la maison de ma sœur. Je fais justice à moi comme aux autres, et suis toujours prêt à m'accuser quand je me prends en faute ou en erreur.

Je me rappelle encore que dans ma première chaleur, en vous lisant, j'avais résolu, mon cher Bertrand, de répondre assez durement à votre mémoire ; mais le sieur Marin ayant émoussé d'avance la pointe de mon plus sanglant reproche, par l'aveu qu'il fait de vous avoir donné ses fonds à tourmenter, je n'en dirai rien; ce ne serait plus qu'une insipide injure, et cela ne me va point : les honnêtes gens me savent gré de vous répondre, les gens de goût me blâmeraient de vous piller.

Quant aux lettres du sieur Marin et de vous, relatées dans son mémoire ou dans le vôtre, je ne sais lequel (eh!... c'est beaucoup mieux que je ne pensais, elles sont, ma foi, dans tous les deux; tant mieux, on ne saurait trop multiplier les belles choses), permettez que je les range pour l'importance à côté de celles du comte de la Blache, qui écrit ainsi que vous, messieurs, très-délicatement. Toutes ces lettres étaient réellement des ouvrages à imprimer. Mais le dégoût que vous cause, comme à moi, messieurs, une autre lettre imprimée par Marin et signée *Mercier*, doit-elle nous empêcher de lui donner aussi un rang dans la collection? Si elle est affreusement dictée, au moins a-t-elle quelque mérite au fond.

On se rappelle assez qu'un des objets du sieur Marin est de prouver que j'avais grand'peur de M. Goëzman; et sur ce fait, on n'a pas sans doute oublié ma lettre à M. de Sartine sur M. Goëzman, imprimée page 29 de mon Mémoire à consulter; on n'a pas oublié mes réponses à M. le premier président, ni mon dédain pour les offres de Marin d'arranger l'affaire; on n'a pas oublié que je fus chez ce dernier le jour de la déposition de Bertrand. Or, c'est de cette visite, où je portais la défiance de l'avenir et le mécontentement du passé, surtout un reste d'aigreur de la scène de la veille chez ma sœur, que messieurs les témoins aux gages de mon bienfaiteur Marin écrivent d'avance au sieur Bertrand, et lui offrent d'affirmer avec lui que j'arrivai en étendant les bras; mais il faut écouter ces messieurs eux-mêmes: *Je me souviens* (dit l'un deux parlant de moi) *qu'en étendant les bras vers M. Marin, il lui avait dit, avec une chaleur que j'ai prise pour un sentiment vrai, pour un élan du cœur: Ah! mon ami, je vous dois tout, l'honneur et la vie.* Et dans cette lettre, qui pétille de bêtises, le clerc du gazetier, oubliant qu'il écrit à Bertrand, plus instruit que lui-même de toute la conduite de Marin à mon égard, a la gaucherie d'ajouter en style de *témoin* qui répète sa leçon du greffe: *Il est bon de remarquer que cet aveu était le prix des démarches faites par M. Marin pour lui sauver l'un et l'autre.*

Témoin mon ami, je vous suis obligé de votre remarque. Il est bon de remarquer à mon tour que cette lettre porte d'un bout à l'autre le caractère d'un maladroit qui en instruit un autre; *vous souvient-il, monsieur?... ne vous rappelez-vous pas? Vous souvient-il encore?...* et qu'elle finit par la douce invitation que fait le maladroit à l'autre maladroit de se joindre à lui pour me dénigrer. *Il me suffit d'avoir démasqué l'imposture, c'est un mérite que je serais jaloux* de partager avec vous. Enfin, pour couronner l'œuvre, un troisième maladroit, aux mêmes gages que les deux autres, écrit au premier: *Si mon témoignage est nécessaire à l'appui de ces faits, je ne m'y refuserai point.* Et voyez Marin s'extasier de son adresse, et s'écrier: *Assurément on ne dira pas que ces lettres soient mendiées, qu'elles soient concertées;* et, pour qu'on ne puisse jamais douter que ces lettres sont de lui, nous dire ensuite spirituellement: *Les sieurs Mercier et Adam* (ses commis), *indignés de l'audace du sieur de Beaumarchais, ont* eux-mêmes *écrit également les deux lettres suivantes.* Ces commis qui ont *écrit eux-mêmes!* Et Marin qui certifie que c'est bien *eux-mêmes* qui ont écrit! Lorsque le maître de classe au collège avait fait nos épîtres de bonne année, il ne manquait jamais de certifier à tous les parents, au bas de la copie, que c'étaient les enfants *eux-mêmes* qui les avaient écrites; et, par le mot écrire, il entendait, comme le précepteur Marin, *composer, dicter*; et les bons parents larmoyaient de plaisir de voir leurs enfants de petits prodiges. Comme vous et moi, pleurons de joie de voir les défenses de M. Goëzman et *la Gazette de France* en des mains aussi pures, et livrées à des gens aussi véridiques.

Ceci me ramène tout naturellement, comme on voit, à M. Goëzman: car le sieur Marin n'a jamais été pour moi qu'un pont-volant jeté légèrement sur le ravin, pour atteindre l'ennemi à la rive opposée. Que si l'on trouve par hasard un rapport intime entre la conduite du sieur Marin envers Bertrand, et celle que tenait en même temps M. Goëzman envers le Jay, ce ne sera pas ma faute; moins encore si, ne tirant de ma part aucunes conséquences de tous ces rapports contre ce magistrat, le parlement bien éclairci se trouve en état de les tirer lui-même.

Mais que de monde occupé à vous soutenir, monsieur! *Tot circa unum caput tumultuantes deos!* tant d'amis qui parlent si haut pour vous, quand vous vous défendez si mal! on voit bien qu'il vous est plus aisé de trouver de grands défenseurs que de bonnes défenses. Cependant, en contemplant votre édifice soutenu par madame Goëzman, les sieurs Marin, Bertrand, Baculard et autres, on est tenté de retourner sa phrase, et de convenir que vos défenseurs ne valent pas mieux que vos défenses; puis, comparant ce que vous écrivez vous-même avec les mémoires ou lettres de tous ces messieurs, on est forcé de refaire encore son thème, et d'avouer que, toutes mauvaises que sont vos défenses, elles valent encore mieux que vos défenseurs. Quant à moi, pour ne vous laisser rien à désirer sur mon opinion à cet égard, je vous dirai franchement qu'à votre place, et pour mon usage, je ne voudrais pas plus de vos défenseurs que de vos défenses.

Mais je ne confonds pas avec ces défenses les services essentiels que vous rend publiquement M. le président de Nicolaï. Mon profond respect pour le nom de Nicolaï, qui a toujours tenu un rang distingué dans la robe et dans l'épée, celui que je porte à tous messieurs les présidents à mortier, surtout celui que M. le président de Nicolaï sait bien que j'ai pour sa personne, aurait peut-être dû me faire trouver grâce à ses yeux dans une querelle qui lui était si étrangère.

Cependant j'apprenais de tous côtés que M. le président de Nicolaï, non content de solliciter en faveur de M. Goëzman, parlait dans le monde très-désavantageusement de moi. Il me revenait aussi que MM. Gin et Nau de Saint-Marc semaient, au sujet du procès auquel la plainte de M. le procureur général avait donné lieu, les discours les plus indiscrets, soit en montrant toute leur partialité pour M. Goëzman, soit en m'injuriant sans aucune retenue.

Mais quoiqu'il me fût très-essentiel de prendre les voies de droit pour écarter de pareils juges, j'eus la respectueuse délicatesse de dire, par la requête du mois d'août dernier, que je m'en rapportais à leur déclaration, sur la vérité des faits qui y étaient exposés. Par l'arrêt qui intervint, la cour leur donna acte des déclarations par eux faites, et en conséquence elle mit néant sur ma requête.

Depuis ce temps je suis resté tranquille, quoique M. le président de Nicolaï non-seulement ait continué à me déchirer sans ménagement, mais encore ait ouvertement sollicité pour M. Goëzman, qu'il conduit chez tous nos juges, et dont il distribue et fait distribuer publiquement les mémoires chez lui. Ce n'est plus même un secret, qu'il a conseillé M. Goëzman dans cette affaire. M. Goëzman nous l'apprend dans sa note imprimée, page 6, où il s'exprime ainsi : *Ce fut d'après* LE CONSEIL *d'un des présidents de la cour* (*M. de Nicolaï* ; *il est trop généreux pour me démentir*) *que j'ai exigé du sieur le Jay qu'il déclarât par écrit...* etc. M. le président de Nicolaï a donc conseillé M. Goëzman ; c'est par son conseil que M. Goëzman a fait faire une déclaration au sieur le Jay. Or, l'art. 6 du tit. XXIV de l'ordonnance de 1667 porte que *le juge pourra être récusé, s'il a donné conseil, s'il a sollicité ou recommandé*. M. de Nicolaï est doublement dans le cas de cet article, puisqu'il a donné conseil et qu'il sollicite ouvertement. D'après cela, je me suis cru en droit de profiter de la disposition de la loi, et de donner en conséquence, le 16 décembre 1773, ma requête en récusation contre M. de Nicolaï : et comme il m'est aussi important d'écarter ses sollicitations que son suffrage, j'ai observé à la cour, par cette requête, que l'article 14 de l'ordonnance de François Ier, de 1539, défend expressément à tous présidents et conseillers de solliciter dans les cours où ils sont officiers. Voici les termes :

« Nous défendons à tous présidents et conseillers de nos cours souveraines de solliciter pour autrui les procès pendants ès cours où ils sont officiers, et d'en parler aux juges directement ni indirectement, sous peine de privation de l'entrée de la cour et de leurs gages pour un an, et d'autres plus grandes peines s'ils y retournent, dont nous voulons être avertis, et en chargeons notre procureur général sur les peines que dessus. »

L'ordonnance de 1667 a renouvelé la même disposition sur l'article 6 du titre 24 des récusations. « Sans qu'ils (les présidents ou conseillers) puissent solliciter pour autres personnes, sous peine d'être privés de l'entrée de la cour et de leurs gages pour un an, ce ne pourrait être remis ni modéré pour quelque cause ou occasion que ce soit ; chargeons nos procureurs généraux de nous en donner avis, à peine d'en répondre par eux, chacun à leur égard, en leur nom. »

Fondé sur des textes aussi précis, j'ai conclu par ma requête à ce que, attendu qu'il est prouvé par écrit que M. le président de Nicolaï a donné conseil à M. Goëzman, et qu'il est de notoriété qu'il sollicite ouvertement et journellement pour lui, il fût ordonné qu'il serait tenu de s'abstenir du jugement du procès, sauf à M. le procureur général à prendre tel parti qu'il avisera, conformément aux ordonnances ci-dessus citées.

Pour présenter cette requête, il fallait qu'elle fût signée d'un avocat titulaire ; la crainte de déplaire à un président à mortier les a tous éloignés. Forcé de m'adresser à M. le premier président pour m'en commettre un, j'ai eu l'honneur de le voir ; ce magistrat m'a donné sa parole que M. de Nicolaï ne serait pas de mes juges ; et sur cette parole respectable, j'ai consenti à ne pas user du droit que j'avais de donner ma requête. En effet, M. le président de Nicolaï s'est abstenu de se trouver aux chambres depuis que le rapport de ce procès est commencé.

Mais MM. Gin et Nau de Saint-Marc ont craint apparemment que je ne manquasse de juges ; malgré mes prières, ils ont constamment refusé de se récuser.

Je me contenterai de leur rappeler ici le trait d'Auguste, cité par Suétone. Lorsque *Nonius* fut accusé d'un crime atroce au sénat de Rome, Auguste, qui l'aimait tendrement, voulut se lever et sortir du Capitole, de peur de gêner les délibérations ; et, malgré les prières des sénateurs, il n'y resta que très-peu de temps, *sedit per aliquot horas in subselliis* ; mais sans dire un mot, sans recommander la cause de son ami, et sans jamais la solliciter pour lui : *tacitus, ac ne laudatione quidem judiciali data*.

Quel exemple pour MM. Gin et Nau de Saint-Marc, sans celui qu'ils ont reçu de plusieurs de leurs confrères en cette affaire même ! Mes inquiétudes sur leurs liaisons avec M. Goëzman, et les discours qu'ils ont tenus sur mon compte, ne devraient-ils pas être un assez puissant motif pour les engager à s'abstenir du jugement ? Je ne prononce point sur leur conduite, je m'en plains seulement à eux-mêmes, sans sortir du respect dû à des conseillers de la cour. Mais pourquoi s'obstinent-ils à être mes juges ?

A l'égard du conseil que M. de Nicolaï a donné de faire les déclarations, mon profond respect pour lui m'empêchera d'agiter la grande question de savoir si l'aveu qu'on fait à la cour de ce conseil est propre à disculper un homme, ou à en inculper deux.

Dois-je répondre au nouveau mémoire de madame Goëzman, divisé en trois sections, sous le titre de première, seconde et troisième *atrocité*, où l'auteur, ne pouvant plus contester tous les faits rapportés dans mon supplément, se réduit à les tordre, à les tourmenter, pour se les rendre moins défavorables ; mais où il fait l'aveu public de la fidélité de ma mémoire et de mes citations, en supposant que le procès en entier m'a été communiqué[1] ? Le but de cet ouvrage est de prouver

---

[1] J'ai fait vœu de répondre à tout. Dans une des gazettes de Hollande, dont on vient de m'envoyer l'extrait, le scrupuleux nouvelliste s'explique en ces termes, à la date du 7 décembre 1775 :

« Ce n'est point sans surprise que l'auteur de cette gazette

que j'ai voulu corrompre M. Goëzman et gagner son suffrage; mais tandis que M. Goëzman soutient que son suffrage était *ingagnable*, je soutiens, moi, que mon procès était imperdable. Entre deux hommes aussi éloignés de se rechercher dans aucune vue de corruption, quel autre motif pouvait interposer de l'or, que le besoin pressant d'audiences d'une part, et le refus constant d'en donner de l'autre?

L'obstination de mes ennemis à m'opposer un fantôme de corruption que l'évidence des faits et la multitude des preuves ont mille fois anéanti, me force à m'arrêter encore un moment sur cette question trop rebattue.

Oui, j'ai donné de l'or pour obtenir des audiences qu'on me refusait obstinément; et je n'ai pas fait plus de mystère de mes sacrifices que de la fatalité qui les rendit indispensables.

Sur ce fait posons quelques principes.

Si l'on ne corrompt point un juge intègre avec de l'or, on n'arrive point sans or à se faire écouter d'un juge corrompu.

Mais à quelles marques un particulier peut-il reconnaître dans quelle classe est son juge? Est-ce aux bruits publics? aux avis secrets? aux difficultés qu'on fait de l'admettre tant qu'il n'a pas employé l'or, ou aux facilités qu'il trouve à s'introduire aussitôt que les sacrifices sont consommés?

J'avoue qu'un plaideur peut être abusé par de faux bruits, par des avis infidèles, se tromper même à la nature des obstacles qui lui barrent le chemin; mais du moins en est-il sûr lorsque, forcé d'ouvrir sa bourse, il se voit introduit à l'instant où son or est parvenu.

Quel est alors l'auteur de la corruption? quelle en est la malheureuse victime? Dépouillé par un Algérien, un voyageur promet encore une rançon pour échapper à l'esclavage : direz-vous qu'il a corrompu le corsaire?

C'est ainsi que les Syracusains portaient leur or à ce Verrès qu'on ne pouvait aborder par aucune autre voie. C'est ainsi que ce vizir, dont la peau couvrit depuis le fauteuil du divan, refusait l'audience à tous les Byzantins qui ne se faisaient pas précéder par un présent. C'est ainsi que ce Henri Capperel, prévôt de Paris, condamné à mort pour avoir sauvé un riche coupable et fait périr un innocent indigent, vendait la justice aux infortunés qui la lui demandaient. C'est ainsi qu'un Hugues Guisi, puni par le même supplice, exerçait de semblables concussions sur les Parisiens d'alors. C'est ainsi qu'un Tardieu, de qui Boileau a célébré l'infâme avarice, en usait avec les plaideurs de son temps. C'est ainsi qu'un Veideau de Grammont, conseiller au parlement de Paris, auquel on arracha la robe et qu'on bannit au commencement du siècle, pour avoir fait un faux sur un registre public, traitait les malheureux dont il rapportait les procès. Enfin, c'est ainsi...; car tous les siècles et tous les pays ont produit, au milieu des tribunaux les plus intègres, des juges avares et prévaricateurs.

Mais les Siciliens, les Byzantins, et toutes les autres victimes de la cupidité des brigands que je viens de nommer, furent-ils taxés d'avoir voulu les corrompre, parce qu'ils avaient cédé à la dure nécessité de les payer?

Il n'était réservé qu'à moi d'être accusé pour avoir donné de l'or à un juge, par le juge même que je n'ai pu aborder qu'au prix de cet or. Je n'avais donc que le choix des maux avec un tel rapporteur : si je ne payais pas, de perdre mon procès faute d'instruction; et si je payais, d'être attaqué par lui-même en corruption.

Est-ce tout? Non. Comme si ce rapporteur eût cru me trop bien traiter en me laissant au moins choisir entre les maux qu'il offrait à mon courage, l'or dont j'ai payé son audience est devenu dans ses mains le moyen d'une double vexation. Il m'intente un procès au criminel, pour en avoir, dit-il, trop offert; quand je traîne avec moi le cruel soupçon qu'il m'en fit perdre un au civil pour n'en avoir pas assez donné.

Changeons de style. Depuis que j'écris, la main me tremble toutes les fois que je réfléchis qu'il faut ou mourir déshonoré, ou franchir les bornes étroites que le plus profond respect avait imposées à mon ressentiment. Il me semble voir chaque lecteur parcourant avec inquiétude ce mémoire, et me disant : Monsieur de Beaumarchais, vous plaisantez vos petits adversaires, vous accablez les grands, tous les faits sous votre plume s'éclaircissent, et votre justification s'avance à pas de géant; mais un seul article afflige tous vos amis. Ces lettres de protection de Mesdames, supposées pour gagner votre procès; ce désaveu foudroyant des princesses; cette note d'un de vos Mémoires, supprimée par sentence; la dénonciation que le comte de la Blache et M. Goëzman en font contre vous à la nation; tout cela reste en arrière, et vous gardez le silence. Ce fait, étranger à la cause, n'est pas sans doute aujourd'hui du ressort du parlement; mais on le présente au public comme au seul tribunal où le déshonneur qu'on vous imprime doit vous couvrir à jamais d'opprobre, ou retomber sur le front de vos ennemis.

Je vous entends, lecteur : je relis avec amertume les noms d'*audacieux*, de *téméraire*, d'*imposteur*, que

---

« s'est vu citer dans une note à la page 66 du Supplément au
« Mémoire à consulter du sieur Caron de Beaumarchais, pour un
« fait dont il n'a jamais parlé. *Il somme* le sieur de Beaumar-
« chais de désigner le numéro où il prétend que s'est trouvée
« la fausse anecdote, que lui-même peut-être eût souhaité y
« voir insérée. Ce plaideur inquiet, qui semble avoir l'art fu-
« neste d'envelopper tout le monde dans ses tracasseries, n'aurait-
« il pas dû craindre qu'une citation, si aisée à convaincre elle-
« même de fausseté, ne fît très-mal augurer du reste des
« assertions contenues dans son Mémoire? »

Il est juste de donner satisfaction au gazetier, qui me fait l'honneur de me sommer. Le trait qui paraît le blesser a été puisé dans la *Gazette de la Haye*, du vendredi 23 juillet 1773, n° 88. Je copie, la gazette à la main.

« M. de Beaumarchais a été décrété d'ajournement personnel;
« Bertrand Dairolles, Provençal, *faisant toutes sortes d'af-
« faires*, a été décrété d'assigné pour être ouï, et le Jay décrété,
« de prise de corps: on ne sait point ce que tout cela devien-
« dra. Ce qu'il y a de très-sûr, c'est que madame Goëzman,
« anciennement actrice à Strasbourg, où M. Goëzman l'a épousée,
« dans le temps qu'il était au conseil supérieur de Colmar, vient
« d'être enfermée dans un couvent. »

M. Goëzman me donne, et l'imputation qu'il me fait d'avoir abusé *des noms les plus sacrés à l'appui de mon intérêt et de mes vues iniques*. Et mon courage renaît.

Quelque dessein que j'eusse formé d'abord de ne pas répondre à ces affligeantes citations, j'ai réfléchi depuis qu'il valait mieux me faire honneur de ma bonne foi en avouant publiquement mes torts, quels qu'ils fussent, que de les laisser soupçonner plus grands; ce qui ne manquerait pas d'arriver si je me renfermais dans un silence respectueux, que tout le monde n'attribuerait pas à une cause aussi modeste.

En effet, si je m'étais rendu coupable d'imposture et de témérité, en publiant que Mesdames accordaient à mon affaire une protection décidée; si j'avais eu la faiblesse de supposer qu'elles m'avaient donné par écrit la permission d'honorer publiquement ma personne et mon procès d'une aussi auguste protection, ne serait-on pas tenté de m'excuser, quand on saurait que le comte de la Blache, mon ennemi, par une imposture plus odieuse encore, cherchait à me nuire chez tous nos juges, en leur disant que Mesdames, qui m'avaient autrefois accordé leur protection, ayant reconnu que je m'en étais rendu indigne par mille traits déshonorants, disaient ouvertement qu'elles m'avaient chassé de leur présence?

Sans prétendre excuser ici, sur l'importance de l'occasion, la faiblesse qui m'est reprochée d'avoir abusé du nom des princesses, sans rappeler combien il était dangereux pour moi que les propos du comte de la Blache n'obtinssent créance sur l'esprit de nos juges, qu'aurais-je fait autre chose en cette occasion que battre mon ennemi de sa propre arme, et payer son horrible mensonge par un mensonge beaucoup moins coupable? Et vous qui ne rapportez cette note et ce désaveu des princesses que pour détourner, par une récrimination indiscrète et peu respectueuse, l'attention du public un moment de dessus vous, la honte dont vous cherchez à me couvrir vous lavera-t-elle de celle qui vous est si justement reprochée dans une affaire à laquelle cette note et ce désaveu sont absolument étrangers?

Mais si je n'avais pas supposé de fausses lettres pour appuyer un mensonge; si je ne m'étais pas rendu coupable d'imposture, en publiant que les princesses honoraient ma personne et mon procès d'une protection particulière; si j'avais mérité seulement le reproche d'avoir donné trop de publicité à une grâce accordée pour en faire usage auprès de mes juges; le comte de la Blache, qui n'aurait pu l'ignorer, et qui vous fait parler à présent, ne serait-il pas, ainsi que vous, doublement odieux, d'employer un si honteux moyen pour me déshonorer, sous l'espoir que mon profond respect pour les princesses, dont il vous fait imprimer le désaveu, retiendra ma plume aujourd'hui, comme il m'a fermé la bouche depuis deux ans?

Mais si rien de tout cela n'existait; si, loin d'avoir supposé de fausses lettres de protection pour parvenir à gagner mon procès, je n'avais pas même commis l'indiscrétion de me vanter d'aucune protection de Mesdames accordée à cette affaire; si, loin de *compromettre des noms sacrés à l'appui de mon intérêt et de mes vues iniques*, je n'avais même jamais songé à solliciter les princesses au sujet de ce procès, et si je n'avais jamais publié verbalement, ni par écrit, ni par aucune note imprimée, que Mesdames accordaient leur protection à mon procès, de quelle indignation les honnêtes gens ne seraient-ils pas saisis, de voir le comte de la Blache, et M. et madame Goëzman, me traiter publiquement d'audacieux, de téméraire, d'imposteur, et tenter de verser sur moi la honte qui appartient tout entière au comte de la Blache, dans un événement où je n'ai montré que respect, discrétion, modération et patience?

Mon profond respect pour des personnes sacrées, la frayeur d'être accusé de les compromettre en me justifiant, m'a fermé la bouche depuis deux ans que le comte de la Blache a renouvelé, sous toutes les faces, l'accusation calomnieuse à laquelle il donne aujourd'hui sous votre plume le dernier degré d'indécence et de publicité. Mais ces respectables princesses, dont le cœur est toujours ouvert aux malheureux par esprit de religion, et par une bonté d'âme dont ceux qui n'ont jamais eu le bonheur de les approcher ne peuvent se former aucune idée; ces généreuses princesses, dont le revenu se consume à soulager les pauvres, et dont la vie entière est un cercle de bienfaisance aussi constante que cachée, ne s'offenseront pas qu'un homme qui les a toujours servies avec zèle et désintéressement, qui n'a jamais démérité auprès d'elles, repousse, par le plus modeste exposé de la vérité, l'affreuse et nouvelle injure qui lui est faite en leur nom, à la face de toute la nation.

Lorsqu'un paysan fut blessé par un cerf, on vit toute cette auguste famille oublier l'horreur d'un tel spectacle, et ne sentir que l'intérêt qu'il inspirait; on les vit voler à lui, l'entourer, fondre en larmes, et retourner la bourse de tout le monde, en verser l'or dans le tablier de sa femme éplorée, prodiguer des soins paternels à cet heureux infortuné, lui envoyer des secours abondants, consoler sa famille; enfin, lui assurer un sort. Si le mal passager que fit un cerf à un inconnu trouva ces princesses aussi sensibles, la rage d'un troupeau de tigres acharnés sur un de leurs plus zélés, de leurs plus malheureux serviteurs, n'en obtiendra pas moins de compassion; elles ne regarderont point comme un manque de respect qu'un homme d'honneur, lâchement accusé d'imposture et de faux, brûle de secouer la honte d'avoir *abusé de leur nom sacré, pour servir son intérêt et ses vues iniques;* et si le hasard fait tomber ce mémoire entre leurs mains, loin de blâmer la fermeté de mes défenses et l'ardeur de ma justification, elles sentiront qu'au péril de ma vie, je ne pouvais rester le chef courbé sous un tel déshonneur; et, malgré les efforts que l'on fera pour empoisonner cette action auprès d'elles, elles distingueront aisément d'une vanité indiscrète, la fierté noble et courageuse avec laquelle j'ose publier un témoignage qui honore également leur justice et ma probité. Voici le fait :

Pendant que le comte de la Blache me faisait injurier avec autant d'indécence que d'éclat aux audiences des requêtes de l'hôtel, par un avocat à qui la nature avait donné assez de talent pour qu'il eût pu se passer d'adopter le plus aisé, mais le moins honorable des genres de plaidoiries ; mon adversaire, sentant bien que le fond du procès ne présentait aucune ressource à son avidité, employait celle de jeter de la défaveur sur ma personne, pour tâcher d'en verser sur ma cause. En conséquence, il allait chez tous les maîtres des requêtes, nos communs juges, leur dire que j'étais un malhonnête homme ; il leur donnait en preuves que Mesdames, qui m'avaient autrefois honoré de leurs bontés, ayant reconnu depuis que j'étais un sujet exécrable, m'avaient fait chasser de leur présence, et rendaient ce témoignage de moi. Ces propos, qui frappaient tout le monde et mettaient des nuages dans toutes les têtes, me furent rendus par quelqu'un qui me dit : Il est de la plus grande importance pour vous de les détruire ; ils vous font un tort affreux dans l'esprit de vos juges ; il n'y aurait même pas de mal, ajoutait-on, que vous vous fissiez étayer auprès d'eux d'une aussi puissante protection que celle des princesses contre un adversaire avide, adroit et peu délicat, à qui tout est bon, pourvu qu'il vous ruine et vous déshonore.

Je ne solliciterai, répondis-je, aucune protection pour un procès qui n'en a pas besoin : Mesdames auraient lieu d'être très-offensées que j'allasse me rappeler à leur souvenir aujourd'hui, pour obtenir un appui dans une affaire où elles ignorent si j'ai tort ou raison. Mais ce dont elles ne peuvent pas s'offenser, c'est que je les prie de m'accorder un témoignage public que je me suis toujours comporté avec honneur tant que j'ai eu l'avantage de les approcher. On a l'indécence de leur prêter des discours qu'elles n'ont jamais tenus ; ces discours peuvent entraîner ma ruine, en indisposant, en égarant mes juges. Un serviteur soupçonné montre avec joie les certificats de tous ses maîtres. Un militaire attaqué sur sa bravoure atteste les généraux sous lesquels il a eu l'honneur de servir : de tout inférieur à son supérieur, le certificat mérité qu'il sollicite est de droit rigoureux. J'oserai donc, non implorer la protection des princesses, mais invoquer leur justice ; et je m'expliquerai si clairement dans ma demande, qu'elles ne puissent pas me supposer l'intention de faire un criminel abus de leurs anciennes bontés, ni de les solliciter en faveur d'une cause qu'elles ne connaissent peut-être que par le compte insidieux et faux que mon adversaire en a fait rendre autour d'elles. Et j'écrivis sur-le-champ la lettre suivante à madame la comtesse de P..., leur dame d'honneur.

« Du 9 février 1772.

« Madame la comtesse,

« Dans une affaire d'argent qui se plaide à Paris, et « sur laquelle mon adversaire n'a fourni que des dé-
« fenses malhonnêtes, il a osé sourdement avancer chez
« nos juges que Mesdames, qui m'avaient honoré de la
« plus grande protection autrefois, ont depuis reconnu
« que je m'en étais rendu indigne par mille traits désho-
« norants, et m'ont à jamais banni de leur présence.
« Un mensonge aussi outrageant, quoique portant sur un
« objet étranger à mon affaire, pourrait me faire le plus
« grand tort dans l'esprit de mes juges. J'ai craint que
« quelque ennemi caché n'eût cherché à me nuire au-
« près de Mesdames. J'ai passé quatre ans à mériter leur
« bienveillance, par les soins les plus assidus et les
« plus désintéressés sur divers objets de leurs amuse-
« ments. Ces amusements ayant cessé de plaire aux
« princesses, je ne me suis pas rendu importun au-
« près d'elles, à solliciter des grâces sur lesquelles je
« sais qu'elles sont toujours trop tourmentées. Aujour-
« d'hui je demande, pour toute récompense d'un zèle
« ardent, qui ne finira point, non que madame Victoire
« accorde aucune protection à mon procès, mais qu'elle
« daigne attester par votre plume que, tant que j'ai été
« employé pour son service, elle m'a reconnu pour
« homme d'honneur, et incapable de rien faire qui pût
« m'attirer une disgrâce aussi flétrissante que celle dont
« on veut me tacher. J'ai assuré mes juges que toutes
« les noirceurs de mon adversaire ne m'empêcheraient
« pas d'obtenir ce témoignage de la justice de Mesdames.
« Je suis à leurs pieds et aux vôtres, pénétré d'avance
« de la reconnaissance la plus respectueuse avec la-
« quelle je suis,

« Madame la comtesse, etc.

« *Signé*: Caron de Beaumarchais. »

Y a-t-il, dans tout ce qu'on vient de lire, un seul mot qui tende à demander protection et faveur pour mon procès ? y sollicité-je autre chose qu'un témoignage de bonne conduite et d'honneur, pendant que j'avais approché des princesses ? Voici la réponse que je reçus de la dame d'honneur :

« Versailles, ce 12 février 1772.

« J'ai fait part, monsieur, de votre lettre à madame
« Victoire, qui m'a assuré *qu'elle n'avait jamais dit un
« mot à personne qui pût nuire à votre réputation, ne sa-
« chant rien de vous qui pût la mettre dans ce cas-là*.
« Elle m'a autorisée à vous le mander. La princesse
« a ajouté qu'elle savait bien que vous aviez un procès ;
« mais que ses discours sur votre compte ne pourraient
« jamais vous faire aucun tort dans aucun cas, et par-
« ticulièrement dans un procès, et que vous pouvez être
« tranquille à cet égard.

« Je suis charmée que cette occasion, etc.

« *Signée*: T., comtesse de P... »

Il n'est donc pas vrai, monsieur le comte de la Blache, que je sois l'homme malhonnête et couvert d'opprobre que Mesdames, selon vous, ont dit avoir chassé de leur présence, à cause de mille traits déshonorants dont il s'était rendu coupable ?

Voyons maintenant si j'ai abusé de ce témoignage; voyons si j'ai voulu m'en servir pour me rendre mes juges favorables, en leur allant dire ou en écrivant que Mesdames m'avaient permis de m'appuyer de leur protection auprès d'eux, et qu'elles prenaient un vif intérêt à mon affaire.

Je ne vis aucun de mes juges, et je me contentai d'insérer, dans un mémoire que je fis imprimer, la note dont le commencement se rapporte à la conduite de mon adversaire, connu de tout le monde; et la fin que je vais transcrire ici se rapporte à la lettre que j'avais reçue de la dame d'honneur de la princesse.

« Heureusement pour ce dernier (moi), il en a été as-
« sez tôt instruit (des propos du comte de la Blache)
« pour pouvoir réclamer la justice de madame Victoire
« avant le jugement du procès. Cette généreuse prin-
« cesse veut bien l'autoriser à publier que tous les dis-
« cours qu'on lui fait tenir dans l'affaire présente sont
« absolument faux, et qu'elle n'a jamais rien connu qui
« fût capable de nuire à sa réputation, pendant tout le
« temps qu'il a eu l'honneur d'être à son service. »

Eh bien, monsieur le comte, eh bien ! M. Goëzman, eh bien ! madame, où est l'audace, la témérité, l'imposture dont vous m'accusez publiquement ? L'homme qui ose compromettre les noms les plus sacrés à l'appui de son intérêt et de ses vues iniques, où est-il ? La fin de mon récit va le montrer à toute la France.

A l'instant où cette note paraît, le comte de la Blache, instruit par ma note que j'avais éventé sa mine, court à Versailles; il y prévient l'arrivée de mon mémoire. Il m'y présente comme ayant fait un usage pernicieux pour lui de la protection que Madame Victoire avait daigné, disait-il, m'accorder; il suppose que l'intérêt que Mesdames sont annoncées par moi prendre à mon affaire est seul capable d'entraîner tous les esprits, et de lui faire perdre son procès. Mesdames, qui ne se persuadent pas qu'on puisse leur en imposer à ce point, justement indignées de l'insolent abus que je suis accusé d'avoir fait d'un simple témoignage, accordé seulement pour m'empêcher de perdre l'honneur, et non pour me faire gagner un procès d'argent, croient faire justice en remettant à mon adversaire un désaveu de mon audacieuse conduite, en ces termes :

« Nous déclarons ne prendre aucun intérêt à M. Ca-
« ron de Beaumarchais et à son affaire, et ne lui avons
« pas permis d'insérer dans un mémoire imprimé et
« public des assurances de notre protection.

« Signé : Marie-Adélaïde, Victoire-Louise,
« Sophie-Philippine-Élisabeth-Justine.

« Versailles, le 15 février 1772. »

Mais avais-je dit que Mesdames prenaient intérêt à mon affaire ? avais-je imprimé que les princesses m'avaient donné des assurances de leur protection à ce sujet ?

Ne m'étais-je pas contenté de dire, parlant de Madame Victoire : *Cette généreuse princesse veut bien m'autoriser à publier que tous les discours qu'on lui fait tenir dans l'affaire présente sont absolument faux, et qu'elle n'a ja-* *mais rien connu qui fût capable de nuire à ma réputation pendant tout le temps que j'ai eu l'honneur d'être à son service ?*

Avais-je pu me renfermer plus littéralement, plus respectueusement dans le témoignage que contient la lettre de la dame d'honneur ? « J'ai fait part, monsieur,
« de votre lettre à madame Victoire, qui m'a assuré
« *qu'elle n'avait jamais dit un mot à personne qui pût*
« *nuire à votre réputation, ne sachant rien de vous qui*
« *pût la mettre dans ce cas-là.* Elle m'a autorisée à vous
« le mander. »

A l'occasion d'un procès d'argent, on avait voulu me donner pour un homme perdu d'honneur; ce que les princesses (ajoutait-on) disaient hautement. J'avais sollicité auprès d'elles la plus simple attestation de mon honnêteté. L'instant où je la demandais, la circonstance de mon procès, avait rendu ce témoignage austère, de la part de la princesse. Pas un mot dont je pusse abuser pour m'en faire un titre auprès de mes juges. De ma part, scrupuleux transcripteur de ce témoignage austère, je ne m'étais pas permis d'y rien ajouter qui pût annoncer le plus léger abus de la justice rigoureuse qui m'était rendue; et j'étais si convaincu de mon exactitude à cet égard, que pour m'en faire un mérite auprès de Mesdames, pendant que mon adversaire allait renverser mon édifice à Versailles, par un faux exposé, j'y envoyais de Paris à madame la comtesse de P... le mémoire et la note imprimés, et je lui écrivais la lettre suivante en action de grâce :

« Du 14 février 1772.

« Madame la comtesse,

« Je n'avais nul titre à vos bontés : cette considération
« augmente infiniment le prix du service que vous m'avez
« rendu, et celui du procédé obligeant qui l'accom-
« pagne.
« J'ai l'honneur de vous faire passer un de mes mé-
« moires, dans lequel j'ai fait l'usage respectueux que
« Madame Victoire a permis, de la justice qu'elle
« daigne me rendre, et de la lettre dont vous m'avez
« honoré. Il me reste à vous prier de mettre le comble
« à vos bienfaits, en assurant la princesse que je suis
« vivement touché de l'honorable témoignage qu'elle
« n'a pas refusé à un serviteur zélé, mais devenu
« inutile. Il est des moments où la plus simple justice
« devient une grâce éclatante : c'est lorsqu'elle arrive
« au secours de l'honneur outragé. Aussitôt que le
« jugement de ce procès m'aura permis de respirer,
« mon premier devoir sera de vous aller assurer de la
« respectueuse reconnaissance avec laquelle je suis,
« madame la comtesse, etc. »

Toutes les pièces justificatives du procès sont maintenant connues. En voici les suites :

Mon adversaire, croyant mon envoi, revient de Versailles aussi vite qu'il en était parti, fait tirer trente copies du billet des princesses, et les porte ou les envoie le soir même à tous les juges. Je l'apprends : je cours chez M. Dufour notre rapporteur, qui me fait les plus vifs reproches de ma mauvaise foi. Mon adversaire avait dit partout que j'en imposais par de fausses lettres de protection ; que c'était ainsi que j'en usais toujours : et il en faisait tirer des conséquences à perte de vue, relativement à l'acte qui était l'objet de notre querelle. Pour toute réponse, je montre à M. Dufour les lettres originales dont j'étais porteur : il reste stupéfait. Dans son étonnement, il va jusqu'à douter de ce qu'il voit. Il confronte, il examine les écritures, et me dit enfin : « Expliquez-moi donc, monsieur, ce que veut dire le billet de MESDAMES que M. de la Blache montre partout ? » Je lui fais, en tremblant d'indignation, le détail qu'on vient de lire.

En rentrant chez moi, je trouve une lettre de M. de Sartine. J'y vole : mêmes reproches, même justification. « Je suis pourtant chargé, me dit-il, de demander au procureur général des requêtes de l'hôtel, qu'il fasse supprimer la note du mémoire ; je ne puis pas ne le pas faire. Et pour vous, je vous conseille d'aller promptement vous en expliquer avec madame la comtesse de P...»

Pendant que les explications se faisaient à Versailles, l'affaire se jugeait à Paris ; on y supprimait ma note. Et moi, par respect, je gardai le silence sur ce bizarre événement, qui eût pu me faire le plus grand tort, si mes juges n'avaient pas senti que tout cela n'était qu'un jeu ténébreux de l'intrigue de mon adversaire.

On conçoit bien qu'il ne s'en tint pas là. Tout Paris fut trompé, tout Paris crut que j'avais supposé de fausses lettres de MESDAMES ; au point que mes plus zélés défenseurs, pliant l'épaule, se bornaient à dire que cet incident n'avait aucun rapport au fond de notre procès.

Et moi, déchiré, déshonoré publiquement par le plus perfide ennemi, mais retenu par mon respect pour MESDAMES, et par la circonspection qu'impose un procès entamé, je dévorais mes ressentiments ; je m'en pénétrais en silence ; chaque jour je les comptais par mes doigts, j'en repassais les titres ; et je le fais encore aujourd'hui, dans l'espérance que tout ceci ne sera pas éternel.

Mon adversaire une fois connu, je laisse à penser de quelle manière il usa depuis au parlement contre moi de ce prétendu désaveu des princesses. J'étais alors en prison par ordre du roi, à l'occasion d'une querelle sur laquelle l'autorité m'a depuis imposé le plus profond silence.

Le comte de la Blache, défigurant tout, me donnait pour un homme absolument perdu d'honneur, et au-dessous du moindre égard : il citait en preuve mon emprisonnement ; il citait la note supprimée par les requêtes de l'hôtel ; il montrait à tous les conseillers du parlement le billet des princesses ; il allait jusqu'à citer les causes prétendues de mon renvoi honteux de Versailles. Plus les imputations étaient absurdes, moins il m'était permis de m'en justifier. Ce point de discussion était vraiment pour moi l'arche du Seigneur : je n'osais y toucher.

Pendant ce temps, on faisait circuler les infamies dans toute l'Europe, par le moyen de ces judicieuses gazettes dont madame Goëzman rapporte un si doux fragment : il n'y en avait pas une où je ne fusse immolé, diffamé. Dans le public j'étais un monstre, un serpent venimeux qui s'était joué de tous les principes : j'avais tout empoisonné, tout moissonné autour de moi ; j'étais un enragé qu'il fallait enchaîner à son grabat, ou plutôt étouffer entre deux matelas ; ce que la justice allait ordonner, disait-on, avant peu.

Cependant on plaidait au palais, et le porte-voix du comte de la Blache, pour servir la haine de mon ennemi, chargeait ses plaidoyers des plus grossières injures, les ornait de misérables allusions sur ma captivité. *Le sieur de Beaumarchais* (disait-il), *qui suivait les audiences des requêtes de l'hôtel, n'est pas ici, messieurs*. L'avocat fut hué, son client méprisé ; mais je n'en perdis pas moins mon procès. Malgré les lois qui n'admettent point de nullités de droit, au grand étonnement de tous les jurisconsultes et négociants du monde, *un arrêté de compte fait double entre majeurs*, contre lequel on n'avait jamais osé s'inscrire en faux ; sur l'avis de M. Goëzman le conseiller, en quatre jours de temps *est annulé, sans qu'il soit besoin*, dit-on, *de lettres de rescision :* comme si celui qui ne tient son ministère que de la loi pouvait s'élever au-dessus d'elle, et, s'érigeant en législateur, annuler, casser d'autorité un engagement civil et sacré ?

Ce jugement n'est pas plutôt prononcé, qu'on saisit mes meubles à la ville et à la campagne ; huissiers, gardiens, recors, fusiliers, s'emparent de mes maisons, pillent mes celliers : mes immeubles sont saisis réellement ; le feu se met dans toutes mes possessions ; et, pour payer trente mille livres exigibles aux termes de ce fatal arrêt, qui m'en fit perdre cinquante mille par un misérable jeu d'huissiers, nommé *poursuites combinées*, revenus, meubles, immeubles, tout est arrêté ; l'on met sous la terrible main de justice pour plus de cent mille écus de mes biens ; on me fait en trois semaines pour trois, quatre, cinq cents livres de frais abusifs par jour ; il semble que le bonheur de me ruiner soit le seul attrait qui anime mon adversaire : il le pousse même si loin, qu'on lui fait craindre que son acharnement ne devienne enfin aussi nuisible à ses intérêts qu'aux miens. On le voyait chaque jour au palais, suivant partout les huissiers, comme un piqueur est à la queue des chiens, les gourmandant pour les exciter au pillage ; ses amis même disaient de lui qu'il s'était fait avocat, procureur et recors, exprès pour me tourmenter.

Outragé dans ma personne, privé dans ma liberté, ayant perdu cinquante mille écus, emprisonné, calomnié, ruiné, sans revenus libres, sans argent, sans crédit, ma famille désolée, ma fortune au pillage, et n'ayant pour soutien dans ma prison que ma douleur et ma misère, en deux mois de temps, du plus agréable état dont pût jouir un particulier, j'étais tombé dans l'abjection et le malheur ; je me faisais honte et pitié à moi-même.

Ces murs dépouillés, ces triples barreaux, ces clameurs, ces chants, cette ivresse de l'espèce humaine dégradée, dont toutes les prisons retentissent, et qui font frémir l'honnête homme, me frappant sans cesse, augmentaient l'horreur de ce séjour infect; mes amis venaient pleurer en prison auprès de moi la perte de ma fortune et de ma liberté. La piété, la résignation même de mon vénérable père, aggravaient encore mes peines : en me disant avec onction de recourir à Dieu, seul dispensateur des biens et des maux, il me faisait sentir plus vivement le peu de justice et de secours que je devais désormais espérer des hommes.

J'avais tout perdu; mais mon courage me restait. J'essuyais les larmes de tout le monde, en disant : Mes amis, cachez-moi votre douleur; ne détendez pas mon âme, dont l'indignation soutient encore le ressort. Si je perds la mâle fierté qui lutte en moi contre l'humiliation, si le découragement me saisit une fois, si je pleure avec vous, c'est alors que je suis perdu. Eh quoi! mes amis, si le degré de lumière qui devait éclairer mes droits a manqué à mes juges, si l'adresse de mes ennemis a surpassé mes forces, rougirez-vous de moi, parce qu'on m'a calomnié? Dois-je périr en prison parce qu'on s'est trompé au palais? Triste jouet de la cupidité, de l'orgueil ou de l'erreur d'autrui, mon infortune ou mon bonheur seront-ils enchaînés à des événements étrangers? Je n'aurais donc qu'une existence relative! Ah! qu'ils comblent mon infortune; mais qu'ils ne se vantent pas d'avoir troublé ma sérénité! J'ai beaucoup perdu pour les autres, et peu de chose pour moi; mais quand ils m'auront bien accablé, la pitié succédant à la fureur, peut-être ils diront un jour : Ce n'était pas une âme méprisable que celle qui sut en tout temps se modérer, dédaigner l'outrage, affronter le péril, et soutenir le malheur.

Mes amis se taisaient, mes sœurs pleuraient, mon père priait; et moi, les dents serrées, les yeux fixés sur le plancher de mon horrible prison, j'en parcourais rapidement le court espace, en recueillant mes forces et me préparant à de nouvelles disgrâces : elles sont arrivées, et ne m'ont point étonné. Je sais les supporter : d'autres viendront après celles-ci; je les supporterai encore, assuré que rien ne m'appartient véritablement au monde que la pensée que je forme, et le moment où j'en jouis.

Le plus incroyable procès criminel a couronné tant d'infortunes : et parce que M. Goëzman est un homme peu délicat, je me suis vu dénoncé par lui comme corrupteur et calomniateur; et parce que c'est un homme peu réfléchi, il n'a pas prévu les conséquences d'une fausse déclaration, et d'une dénonciation calomnieuse.

Vous m'avez encore dénoncé depuis, monsieur, comme un faussaire, par le compte insidieux que vous rendez à la nation, dans votre mémoire, des motifs de votre rapport au parlement. Vous m'avez dénoncé devant la nation comme un faussaire et un imposteur, dans ce même mémoire, en disant que j'avais supposé de fausses lettres de protection de Mesdames, etc. Tous ces faits étaient étrangers à vos défenses : mais emporté par la haine qui vous aveugle, vous n'avez pas réfléchi que si, poussant votre adversaire à bout, vous lui donniez l'exemple de sortir du fond de l'affaire pour examiner votre conduite, il vous écraserait à la première parole. Eh bien, cette parole que je retenais depuis longtemps, et que vous avez provoquée à grands cris par tant d'horreurs, elle est enfin sortie de ma bouche.

Vous m'avez dénoncé comme faussaire; je viens de me justifier. Moi, je vous dénonce à mon tour comme faussaire aux chambres assemblées, avec cette différence que vous n'aviez nullement besoin de m'accuser faussement pour vous justifier, et qu'il m'importe à moi de prouver les faux que vous avez faits dans la déclaration de le Jay, tant par le positif de ces déclarations, que par l'analogie de votre peu de délicatesse en d'autres circonstances.

Le défaut d'intérêt et la clandestinité sont les seuls vices qui rendent un dénonciateur odieux. Mon honneur offensé par vous sur tous les chefs me garantit du premier reproche; et la publicité que je donne à mon attaque va me mettre à couvert du second.

Dénonciation que Pierre-Augustin Caron de Beaumarchais *a faite par écrit à M. le procureur général, contre M.* Goëzman, *le mercredi 15 décembre 1775.*

Je suis poursuivi criminellement par-devant nosseigneurs du parlement, les chambres assemblées, sur une dénonciation que M. Goëzman a faite contre moi en corruption de juge. J'ai donné mes défenses, et les preuves les plus fortes de mon innocence existent dans l'instruction du procès qui s'en est suivi : la cour décidera si M. Goëzman est aussi fondé qu'il le présume. L'honneur est aujourd'hui pour moi le principal objet de ce procès. Dans les défenses de mes adversaires, je suis qualifié des plus infâmes titres; on y emploie contre moi les épithètes les plus abominables. Mon honneur, grièvement blessé, m'autorise donc à employer tous mes moyens pour repousser l'outrage par une défense légitime; et je dois à mes juges de les éclairer sur le compte de mon dénonciateur. Il me combat avec des mots, je vais y opposer des faits; et mes juges décideront de la valeur de nos défenses.

Antoine-Pierre Dubillon et Marie-Madeleine Janson, sa femme, ont imploré les bontés de M. l'archevêque de Paris par le mémoire ci-joint (signé d'eux, et les faits y contenus attestés au bas par madame Dufour, maîtresse sage-femme, qui a accouché ladite femme Dubillon), dans lequel ils le supplient de subvenir aux frais de cinq mois de nourriture qu'ils doivent à la nourrice de Marie-Sophie, leur fille, disant qu'ils n'ont recours à la charité de ce prélat que parce que M. Goëzman, parrain de leur fille, n'a eu aucun égard à leur situation, malgré la promesse formelle qu'il leur avait faite de pourvoir à l'entretien de cette enfant.

J'ai voulu savoir s'il était vrai que ce magistrat, qui refusait ses secours à ces infortunés, eût une raison aussi forte pour devoir leur être utile : j'ai été à la paroisse de Saint-Jacques de la Boucherie, j'y ai levé l'extrait baptistaire ci-joint. On sera sans doute aussi étonné que je l'ai été moi-même, d'y voir : *Louis Dugravier, bourgeois de Paris, y demeurant rue des Lions, paroisse Saint-Paul, parrain de Marie-Sophie.* Serait-il possible que M. Goëzman, qui se pare de tant de vertu, se fût joué du temple de Dieu, de la religion, et de l'acte le plus sérieux, sur lequel est appuyé l'état du citoyen, en signant *Louis Dugravier*, au lieu de *Louis Goëzman*, et y ajoutant un *faux domicile* à un faux nom ?

Je joins ici les pièces [1] justificatives, et je n'étends point mes réflexions, pour qu'on ne taxe pas de haine et de vengeance une dénonciation qui est pour moi un point essentiel de défense. J'ai été moi-même injustement dénoncé, accablé d'injures les plus grossières, et de reproches aussi mal fondés qu'étrangers au fait pour lequel on m'a dénoncé. J'use de tous mes moyens pour me défendre. Je découvre un fait qu'il importe à mes juges et au public de savoir ; je le dénonce à M. le procurac général, pour me servir en tant que de besoin dans le procès intenté contre moi par-devant les chambres assemblées : il en fera l'usage que sa prudence et son exactitude connues lui dicteront.

À Paris, ce 15 décembre 1773.

CARON DE BEAUMARCHAIS.

« Je supplie mes juges de me pardonner si j'ai été
« obligé de leur envoyer à tous ma requête d'atté-
« nuation, sans qu'elle fût signée d'un avocat titulaire.
« A l'heure que je distribue ces mémoires, je n'ai pas
« encore de signature, malgré mes prières, mes efforts,
« et les ordres signés et réitérés de M. le président.
« J'aime mieux commettre une légère irrégularité, que
« de courir le risque d'être jugé sans que tous mes
« juges aient lu ma requête d'atténuation. »

REQUÊTE D'ATTÉNUATION

POUR

LE SIEUR CARON DE BEAUMARCHAIS

A NOSSEIGNEURS DE PARLEMENT

LES CHAMBRES ASSEMBLÉES

Supplie humblement PIERRE-AUGUSTIN CARON DE BEAUMARCHAIS, écuyer, conseiller secrétaire du roi, et lieutenant général des chasses au bailliage et capitainerie de la varenne du Louvre, grande vénerie et fauconnerie de France ;

[1] L'extrait baptistaire de Marie-Sophie, et le placet de Pierre Dubillon et sa femme, père et mère de Marie-Sophie, attesté par la femme Dufour, maîtresse sage-femme, dont le double a été présenté à M. l'archevêque.

Disant que M. Goëzman l'a dénoncé à la cour, comme ayant tenté de gagner son suffrage par des présents faits à sa femme, et l'ayant ensuite diffamé par des propos offensants et calomnieux.

Ces délits ont paru graves ; la cour a ordonné qu'il en serait informé à la requête de M. le procureur général ; l'information a été faite ; elle a été suivie de tout l'appareil de la procédure extraordinaire ; le suppliant n'en a jamais redouté la rigueur, bien persuadé qu'elle fournirait des preuves de son innocence.

Dans ses mémoires, le suppliant a rendu un compte exact des faits ; il ne fera que retracer ici les plus essentiels.

FAIT.

Le 1er avril 1773, M. Goëzman fut nommé rapporteur du procès entre le suppliant et le comte de la Blache. Le suppliant n'en fut pas plutôt informé, qu'il désira de voir ce magistrat, et de l'entretenir de son affaire.

Dans cette vue, il se présenta jusqu'à trois fois en son hôtel ce même jour 1er avril ; et n'ayant pu parvenir jusqu'à lui, il laissa chaque fois à sa porte un billet conçu en ces termes : *Beaumarchais supplie monsieur de vouloir bien lui accorder la faveur d'une audience, et de laisser ses ordres à son portier pour le jour et l'heure.*

Le lendemain 2 avril, le suppliant se rendit encore trois fois chez M. Goëzman, et chaque fois la portière lui disait qu'il était sorti : cependant, dans une de ces visites, le suppliant, et le sieur Santerre qui l'accompagnait, lui virent ouvrir les rideaux de son cabinet, au premier, qui donne sur le quai, et regarder à travers les vitres ceux dont le carrosse venait de s'arrêter à sa porte.

Voilà donc, en deux jours, six courses infructueuses.

M. Goëzman dit, dans le mémoire qu'il a distribué au nom de sa femme, et il répète, dans sa note, intitulée *Note remise par M. Goëzman à messieurs ses confrères,* que le 2 avril il donna audience dans la matinée à Me Falconnet, l'un des conseils du suppliant ; et que le 3, dans la matinée, il en accorda une autre au suppliant, qui lui apporta un mémoire manuscrit.

Le suppliant ne peut trop se récrier contre cette allégation. Me Falconnet nie absolument le premier de ces deux faits qui lui est personnel ; à l'égard du second, la fausseté en est attestée par le sieur Santerre, garde sermenté, que le gouvernement avait alors placé auprès du suppliant, dans le temps qu'il était encore en prison. Ce garde venait prendre le matin le suppliant au For-l'Évêque, et ne le quittait que pour le reconduire au même lieu. Or, le sieur Santerre certifie qu'avant le samedi 3 avril au soir, il n'est point entré chez M. Goëzman avec le suppliant : le fait de l'audience du matin est donc supposé.

Cependant il importait au suppliant de voir son rapporteur. Après la dernière course du 2 avril, il se rendit chez la dame de Lépine, sa sœur ; il lui fit part de ses inquiétudes sur ce que M. Goëzman se faisait celer, et lui refusait toute audience. Le sieur Bertrand Dairolles, qui se trouva chez la dame de Lépine, dit que le sieur le Jay, libraire, avait des habitudes chez M. Goëzman, et qu'on pourrait, par son moyen, obtenir audience de ce magistrat. Il vit le sieur le Jay, qui de son côté alla trouver madame Goëzman, et qui vint dire au sieur Dairolles que l'audience serait accordée, moyennant un sacrifice d'argent.

Le suppliant se récria sur la proposition, qu'il trouva malhonnête, et sur la somme qui était exigée. Ses parents et ses amis le déterminèrent à consentir au sacrifice : l'un d'eux courut chez lui prendre cent louis d'or, et les remit à la sœur du suppliant, qui n'en donna d'abord que cinquante au sieur le Jay, en lui disant que cette somme lui paraissait bien forte pour la faveur de quelques audiences que l'on demandait. Le lendemain 5 avril, le sieur Dairolles vint chez la dame de Lépine prendre les cinquante autres louis. *Quand on fait un sacrifice*, lui dit-il, *il faut le faire honnête*. Il fit deux rouleaux des cent louis, les cacheta par les deux bouts, et monta dans un carrosse de place avec le sieur le Jay, pour aller chez madame Goëzman.

De retour, il assura que cette dame avait promis de faire accorder au suppliant toutes les audiences dont il aurait besoin. Il remit en même temps au suppliant une lettre pour madame Goëzman, en lui disant de se rendre chez elle ; qu'on lui dirait que M. Goëzman était sorti ! mais qu'en remettant la lettre au laquais de madame, il pourrait être certain d'être introduit chez monsieur.

Le suppliant se transporta le soir chez M. Goëzman avec Mᵉ Falconnet et le sieur Santerre, son garde, qui ne le quittait pas. Tout ce qu'on lui avait prédit arriva : la lettre fut remise au laquais de madame Goëzman, qui la rendit à sa maîtresse, et vint dire au suppliant qu'il pouvait monter dans le cabinet du magistrat, qui allait s'y rendre par l'escalier qui donne dans l'intérieur de l'appartement de madame.

En effet, M. Goëzman ne tarda pas à paraître dans son cabinet ; le suppliant l'y vit pour la première fois ; il conféra avec lui sur son affaire : le magistrat lui fit des objections, ou si l'on veut des observations, que le suppliant recueillit attentivement, pour se mettre en état d'y faire une réponse par écrit, et la lui remettre.

Il rédigea en effet cette réponse, et pria le sieur Dairolles de lui faire obtenir une seconde audience pour la présenter. Le croira-t-on ? On lui parla d'un second sacrifice pour avoir cette seconde audience : une montre à répétition, enrichie de diamants, fut remise au sieur Dairolles ; celui-ci la remit au sieur le Jay, qui la porta à madame Goëzman. Mais, chose étrange ! on vint dire au suppliant que cette dame demandait quinze louis pour le secrétaire de son mari, auquel elle se chargeait de les remettre, le suppliant fut d'autant plus surpris de la proposition, qu'un de ses amis avait remis la veille dix louis à ce secrétaire, qui les avait d'abord refusés, disant qu'il n'avait aucun travail à faire sur le procès du suppliant, dont toutes les pièces étaient dans le cabinet de M. Goëzman. Cependant, comme on persista sur les quinze louis, le suppliant les remit en argent blanc ; le tout fut porté à madame Goëzman par le sieur le Jay, auquel elle promit l'audience pour sept heures du soir, du dimanche 4 avril.

Le suppliant se présenta à l'heure indiquée avec son mémoire chez M. Goëzman ; mais il ne put le voir, et fut obligé de laisser ce mémoire à sa portière.

Il s'en plaignit à ceux qui avaient négocié cette audience : la réponse de madame Goëzman fut que le suppliant pouvait se présenter le lendemain lundi matin ; et que s'il ne pouvait obtenir audience de son mari avant le jugement du procès, tout ce qu'elle avait reçu serait rendu.

Cette réponse était d'un mauvais présage : cependant le suppliant alla le lendemain matin chez M. Goëzman avec un de ses amis et le sieur Santerre : la portière lui dit qu'elle avait des ordres de ne laisser entrer personne. Le suppliant persista avec d'autant plus de force, que d'un côté les moments pressaient, puisque l'affaire devait être rapportée l'après-midi, et que de l'autre il lui était essentiel d'avoir une conférence avec son rapporteur, sur de nouvelles objections qu'il avait faites la veille à l'ami dont le suppliant était accompagné. Toutes les instances du suppliant furent inutiles. Ne pouvant se faire ouvrir la porte de son juge, il pria la portière de lui permettre d'écrire dans sa loge les réponses qu'il s'était flatté de faire verbalement, et il donna six livres à un laquais pour faire parvenir ces réponses à M. Goëzman.

Le même jour, le délibéré fut rapporté sur les sept heures du soir, le suppliant perdit sa cause.

Le même soir, les deux rouleaux de louis et la montre furent rendus à la sœur du suppliant ; mais madame Goëzman garda les quinze louis qu'elle avait exigés pour le secrétaire.

Le suppliant s'informa de ce secrétaire si ces quinze louis lui avaient été remis : celui-ci répondit qu'on ne les lui avait pas même offerts, et qu'il ne les aurait pas acceptés.

Le suppliant, soupçonnant le sieur le Jay, qu'il ne ne connaissait pas encore, d'avoir voulu s'approprier ces quinze louis, pria le sieur Dairolles de lui demander ce qu'ils étaient devenus.

Le sieur le Jay les demanda à madame Goëzman, qui pour toute réponse dit que ces quinze louis devaient lui rester.

Cette réponse fut rapportée au suppliant ; le sieur le Jay lui fit même dire que, pour se rendre certain du fait, il pouvait écrire à madame Goëzman.

Le suppliant lui écrivit en effet, le 21 avril, une lettre dont il a rapporté les termes dans son Mémoire à consulter, page 258 : il lui marque en substance qu'on a rendu de sa part les deux rouleaux de louis et la montre à répétition, mais qu'on n'a point rendu les quinze louis ; qu'il n'est pas juste qu'il les perde ; que ces quinze louis n'ont pas dû s'égarer dans ses mains, et qu'il espère qu'elle les lui fera remettre.

Madame Goëzman, feignant de ne pas entendre cette lettre, quoique très-claire, envoya chercher le sieur le Jay, et lui dit que le suppliant lui demandait les cent louis et la montre.

Le sieur le Jay protesta qu'il les avait rendus; il vint trouver la sœur du suppliant, et lui fit part des plaintes de madame Goëzman. La dame de Lépine voulut le rassurer, en lui disant que dans la lettre de son frère il n'était question ni des cent louis ni de la montre, mais seulement des quinze louis exigés pour le secrétaire, auquel ils n'avaient pas été donnés : le sieur le Jay était si troublé des plaintes amères que madame Goëzman lui avait faites, qu'il n'en voulut rien croire. Heureusement le suppliant avait gardé copie de sa lettre; il l'envoya à sa sœur pour la montrer au sieur le Jay, qui la porta sur-le-champ à madame Goëzman, et qui lui fit voir, par la confrontation qu'elle fit elle-même de la copie avec l'original, qu'il ne s'agissait dans l'un comme dans l'autre que des quinze louis, qu'elle s'obstina à ne pas vouloir rendre.

Comme la négociation pour obtenir des audiences de M. Goëzman s'était faite par différentes personnes, que les cent louis et la montre avaient été rendus devant plusieurs témoins, et que le fait des quinze louis indûment retenus faisait du bruit ; M. Goëzman, qui craignit avec raison des reproches de sa compagnie, imagina, pour s'en garantir, un moyen qui aurait répugné à toute âme un peu délicate : il envoya chercher le sieur le Jay, et lui dicta une déclaration que cet homme faible, et peut-être interdit par des menaces, écrivit et signa, et dont il emporta la minute entièrement écrite de la main du magistrat. Ç'a été sur cette minute que le commis du sieur le Jay en a fait une copie, qui a été remise à M. Goëzman, qui l'a déposée depuis au greffe de la cour.

Muni de cette déclaration signée du sieur le Jay, M. Goëzman, dont elle était l'ouvrage, fit une dénonciation aux chambres. Il dit dans sa note imprimée, page 4, *qu'il y a été forcé par le vœu de la chambre des enquêtes;* ce n'était point une dénonciation que MM. des enquêtes exigeaient de lui, mais une justification.

Quoi qu'il en soit, il dit dans cette dénonciation qu'on avait eu la témérité, de la part du suppliant, de faire proposer à sa femme un présent considérable pour l'engager à *solliciter son suffrage*, et qu'à cause de la perte du procès on avait osé empoisonner la manière même avec laquelle cette offre honteuse avait été rejetée: il dit ensuite qu'il a interrogé sa femme, qui est convenue des présents offerts, mais qui lui a soutenu les avoir refusés; que ç'a été par délicatesse qu'elle n'a point voulu compromettre la personne interposée; que cette personne, pénétrée de douleur d'avoir commis une faute dont elle ne sentait point les conséquences, a déclaré à lui, M. Goëzman, les circonstances qui ont accompagné et suivi l'offre et le refus ; qu'il est en état d'administrer la preuve du délit dont se sont rendus coupables ceux qui, après avoir tenté de séduire sa femme, ont empoisonné par des discours offensants les refus qu'ils ont essuyés.

Tel est le contenu dans la dénonciation par laquelle M. Goëzman défère le suppliant à la justice, comme coupable d'avoir voulu le corrompre, et de l'avoir ensuite calomnié. M. Goëzman y dénonce aussi le sieur le Jay, dont il avait surpris la signature au bas de la déclaration qu'il lui avait dictée. Ainsi cette déclaration par lui suggérée est devenue dans ses mains un instrument pour perdre le sieur le Jay lui-même. Quel procédé de la part d'un magistrat !

Sur cette dénonciation, il a été arrêté que M. le procureur général rendrait plainte et ferait information. La plainte contient les mêmes faits de la prétendue séduction mise en usage auprès de madame Goëzman, pour *solliciter* en faveur du suppliant le *suffrage* de son mari, et de la publicité qu'on avait donnée aux moyens pris pour y parvenir.

Le sieur le Jay a été entendu comme témoin. Il a déposé formellement que la déclaration que M. Goëzman avait représentée, et qui était déposée au greffe, n'était point son ouvrage, mais celui de M. Goëzman ; que la minute était écrite de la main de M. Goëzman; que cette minute était restée en la possession de lui sieur le Jay, pendant plusieurs jours ; que sur cette minute, son commis en avait fait une copie; que M. Goëzman, peu de temps avant sa dénonciation, lui avait retiré cette minute ; qu'au surplus, les faits contenus dans la déclaration n'étaient point véritables, en ce que les présents offerts n'avaient eu d'autre but que d'obtenir des audiences, et non de solliciter ni de gagner le suffrage de M. Goëzman.

Le sieur Bertrand Dairolles a déposé aussi, dans les termes les plus exprès, qu'il n'avait été chargé que de demander des audiences.

Madame Goëzman et plusieurs autres témoins ont aussi été entendus.

Sur le rapport fait des informations aux chambres, il est intervenu arrêt qui a décrété le sieur le Jay de prise de corps ; le sieur Bertrand Dairolles et le suppliant, d'ajournement personnel; et madame Goëzman, d'assignée pour être ouïe.

Les accusés ont été interrogés ; le sieur le Jay, après son interrogatoire, a été élargi. Le procès a été ensuite réglé à l'extraordinaire.

Il s'agit aujourd'hui, que l'instruction est faite, de statuer sur le fond de l'accusation.

MOYENS.

Toute la question se réduit à un seul point. Les présents offerts à madame Goëzman ont-ils eu pour motif de gagner le suffrage de son mari, ou seulement d'obtenir des audiences qu'il refusait, et que le suppliant regardait comme très-nécessaires et très-importantes ? Au premier cas, le suppliant qui aurait consenti à faire ces présents, et les agents intermédiaires par les mains desquels ils ont été faits, pourraient être regardés comme répréhensibles. Au second cas, il n'y a pas même de corps de délit, parce qu'aucune loi ne défend à un plaideur de voir son juge, et de solliciter des audiences par tous les moyens possibles.

Avant d'entrer dans la discussion des preuves que présente l'instruction, il y a un fait capital à éclaircir. Le suppliant a perpétuellement dit qu'il n'avait consenti aux présents qui ont été exigés pour lui faire obtenir des audiences de M. Goëzman, que parce que ce magistrat les lui avait persévéramment refusés. M. Goëzman dit au contraire, dans le mémoire de sa femme, et dans sa note imprimée, que le 2 avril il donna audience à Mᵉ Falconnet, l'un des conseils du suppliant ; et que le lendemain 3 avril, dans la matinée, il en donna une seconde au suppliant en personne. Il ajoute qu'il est faux que le suppliant ait été jusqu'à six fois chez lui les 1ᵉʳ et 2 avril ; et, pour prouver ce fait, il cite la liste de son portier, sur laquelle, dit-il, le nom du suppliant n'est point inscrit ces jours-là.

Le suppliant soutient, au contraire, qu'il a fait, les 1ᵉʳ et 2 avril, les six courses inutiles dont il a parlé dans sa déposition et dans ses mémoires ; qu'il est faux que le 2 avril, Mᵉ Falconnet ait eu audience de M. Goëzman, et qu'il est également faux que, le 3 au matin, ce magistrat ait donné audience au suppliant. Le fait concernant l'audience prétendue accordée à Mᵉ Falconnet est étranger au suppliant ; mais Mᵉ Falconnet le dénie formellement ; et ce qui rend très-suspecte l'allégation de M. Goëzman sur cette audience, c'est son infidélité sur celle qu'il dit avoir donnée le lendemain 3, dans la matinée, au suppliant. Il est de notoriété qu'alors le suppliant était au For-l'Évêque pour sa malheureuse affaire avec M. le duc de Chaulnes, et que le ministre ne lui avait permis de sortir pour solliciter son affaire qu'avec un garde qui lui fut donné pour l'accompagner partout où il irait, et le reconduire le soir en prison. Ce garde est le sieur Santerre, dont la probité est connue, et qui a serment en justice. Si le suppliant avait été admis, le 3 avril dans la matinée, à l'audience de M. Goëzman, le sieur Santerre l'y aurait accompagné ; mais le sieur Santerre a déclaré et soutient affirmativement que ni lui ni le suppliant, qu'il ne quittait pas, n'ont point eu, le 3 avril, dans la matinée, d'audience de M. Goëzman. Le fait de l'audience donnée le 3 avril au matin est donc de toute fausseté ; et si M. Goëzman a été capable d'en imposer sur cette audience, comment peut-on l'en croire sur celle qu'il dit avoir accordée la veille à Mᵉ Falconnet ? *Mendax in uno, mendax in omnibus* : ce sont les expressions de la loi.

Quant à la liste du portier, il est bien étonnant qu'on ose présenter à la justice une pièce aussi méprisable. Si le nom du suppliant ne se trouve pas sur cette liste aux jours indiqués par M. Goëzman, c'est que, pour mieux faire connaître à ce magistrat tout l'empressement qu'il avait de le voir, il avait eu soin d'écrire de petits billets qu'il laissait à sa porte, et par lesquels il demandait jour et heure pour une audience. Présumera-t-on d'ailleurs que le suppliant, qui, suivant la liste, avait été trois fois chez M. Goëzman lors des plaidoiries de la cause, et dans le temps qu'il n'était point son rapporteur[1], eût négligé de lui rendre visite après que l'affaire eut été mise à son rapport ? Enfin, ce qui tranche toute difficulté à cet égard, et ce qui renverse les inductions qu'on s'est efforcé de tirer de la liste du portier, c'est la déclaration de madame Goëzman dans son récolement, où elle dit que le sieur le Jay la sollicitait pour obtenir des audiences de son mari pour le suppliant. Si M. Goëzman eût accordé si facilement ces audiences, le suppliant n'aurait pas eu recours à des intermédiaires, et ces intermédiaires ne se seraient pas adressés à madame Goëzman pour les obtenir. Le langage tenu par madame Goëzman dans son récolement dément celui qu'on lui a fait tenir dans le mémoire distribué en son nom.

Mais, dit M. Goëzman dans le mémoire de sa femme et dans sa note, les anciennes ordonnances interdisent aux juges toutes communications avec les parties plaidantes : le juge ne doit donc point les entendre ailleurs que dans son auditoire.

Le suppliant ne se serait jamais attendu qu'un magistrat qui se vante[2] de marcher sur les traces des Pithou, des Mabillon, des Bignon, des Baluze et des Ducange, fît une application si fausse et si déplacée de nos ordonnances. Il n'est pas vrai qu'elles interdisent aux juges toute communication avec les parties, mais seulement des fréquentations *dont pourront être causées vraisemblables présomptions et suspicions de mal;* tel est leur langage. Ce ne sont donc que les fréquentations et habitudes familières avec les parties qui sont interdites aux juges ; c'est sur ce principe que l'ordonnance de 1446, qui est une de celles citées par M. Goëzman, défend, par l'article 6, aux juges de boire et de manger avec les parties plaidantes devant eux. Mais il est absurde de conclure de là que le juge, et surtout celui qui est rapporteur, doive refuser au plaideur la satisfaction de le voir et de lui expliquer son affaire ; c'est plus absurde encore de dire que le rapporteur ne doit point entendre les parties ailleurs que dans son auditoire : il n'y a point d'auditoire pour les procès appointés et les causes mises en délibéré ; les parties, ne pouvant alors être entendues dans l'auditoire, sont obligées d'aller trouver le juge dans sa maison pour l'instruire. Cela s'est pratiqué de tout temps, dans tous les pays, dans tous les tribunaux, et cela se pratique journellement dans les causes mêmes qui se plaident à l'audience par le ministère d'avocats. Malgré la discussion qui s'en fait dans le lieu de l'auditoire, les juges ne refusent point aux parties la satisfaction de les recevoir chez eux et de les entendre : le suppliant a pour garant de cette vérité une partie des magistrats qui doivent juger le procès actuel ; ils ont eu la bonté de lui donner audience chez eux, et de l'entendre lors même des plaidoiries de sa cause ; et ils lui ont accordé la même grâce dans le temps qu'elle a été en délibéré.

[1] 23, 26 et 27 mars.
[2] Page 54 du mémoire de madame Goëzman.

Les lois romaines ne défendaient point aux juges d'entendre les parties, mais seulement de vendre les audiences : *non visio ipsa præsidis cum pretio...* [1], *ne quis præsidum munus donumve caperet.* Loi ff. *de Officio præsidis.* Mais ces lois, loin d'interdire aux juges d'entendre les parties, leur en prescrivaient l'obligation ; elles voulaient que l'oreille du juge fût ouverte aux pauvres comme aux riches : *æque aures judicantis pauperrimis ac divitibus reserentur.*

Comment, après des textes aussi précis, M. Goëzman peut-il invoquer la disposition des lois, pour autoriser le refus par lui fait obstinément d'accorder audience au suppliant ?

Mais, dit-on, la cause ayant été amplement discutée lors des plaidoiries, M. Goëzman n'avait pas besoin d'instructions nouvelles.

Le suppliant répond qu'il s'agissait dans la cause, non-seulement de sa fortune, mais de son honneur ; que son adversaire avait fait plaider aux audiences auxquelles, à cause de sa détention, il n'avait pu assister, une foule de faits aussi faux qu'injurieux, et entre autres sur des lettres écrites par le suppliant au sieur Duverney, et sur les réponses de celui-ci, qui prouvaient que ce respectable citoyen, cet homme si éclairé, si judicieux, avait discuté le compte, et n'en avait signé l'arrêté que dans la plus grande connaissance de cause. Il importait au suppliant de faire connaître à son rapporteur toute la noirceur des calomnies qui avaient été débitées contre lui, il lui importait de lui faire voir ces lettres, de les lui faire lire les unes après les autres, de lui montrer que tout ce qu'on avait dit sur le format, sur le pli, était un tissu d'absurdités ; et même que s'il y en avait une qui fût altérée, l'altération n'avait été faite que pendant que les pièces avaient été dans les mains de son adversaire, par la communication qui lui en avait été donnée de bonne foi. Le suppliant avait eu, au sujet de ces lettres, plusieurs conférences avec M. Dufour, son rapporteur aux requêtes de l'hôtel : il se flatte de l'avoir convaincu de leur sincérité. Il voulait, il désirait ardemment avoir aussi des conférences avec M. Goëzman, devenu son rapporteur en la grand'chambre, pour lui démontrer, les lettres à la main, jusqu'à quel point son adversaire en avait abusé à l'audience, et cependant M. Goëzman lui refusait tout entretien, tout rendez-vous.

Mais, dit-on encore, le suppliant ne s'est pas contenté de solliciter des audiences : il a donné de l'argent, il a fait des présents pour les obtenir, et les ordonnances le défendent expressément.

La réponse est simple et péremptoire. Ce sont les dons *corrompables*, les traités faits avec les juges sur le fait des procès, que les lois défendent aux parties. Mais nulle loi ne leur interdit de demander audience aux juges, et de solliciter ces audiences quand elles leur sont refusées. Le suppliant vient de faire voir combien il lui était important de voir son juge, et de l'instruire sur les imputations personnelles qui lui étaient faites ; il désirait avoir un entretien avec lui ; ce désir était légitime ; il serait injuste de lui en faire un crime, Le crime ne consiste que dans l'infraction de la loi ; or, quelle est la loi qui défend aux parties de voir leurs juges et de les solliciter ? Il n'y en a aucune. Si telle loi existait, elle serait sauvage et devrait être abolie, parce qu'encore une fois le juge, pour sa propre instruction, doit voir les parties et les entendre ? or il est prouvé que M. Goëzman avait refusé toute audience au suppliant les 1er et 2 avril.

Ce refus a fait recourir à toutes les voies possibles pour se procurer cette audience désirée, et que le suppliant regardait comme indispensable. Le résultat de toutes les démarches qui ont été faites a été que, sans argent, on n'aurait point d'audience. Des agents intermédiaires ont apprécié le sacrifice d'abord à cent louis ; ils ont ensuite demandé un bijou. Le suppliant n'a point vu madame Goëzman ; il n'a fait ni fait faire de pacte avec elle ; il ignore personnellement si elle a accepté l'or et le bijou ; mais il sait, et les intermédiaires savent comme lui, qu'il ne demandait que des audiences, parce que tout son objet était d'instruire son rapporteur : ils l'ont tous déposé ; madame Goëzman l'a elle-même attesté à la justice dans son récolement ; elle l'a répété dans son Supplément de mémoire. Si les intermédiaires ont rapporté, le jour de la perte du procès, les cent louis et la montre, ils en ont donné la raison, en déclarant que madame Goëzman avait dit que si le suppliant ne pouvait, avant le jugement, obtenir les audiences par elle promises, tout serait restitué. Le suppliant n'a point été partie directe dans la négociation ; on ne peut, pour lui faire un crime, lui supposer une intention qu'il n'a jamais eue, celle de corrompre son juge ; on le peut d'autant moins, que la femme de ce juge déclare elle-même que le suppliant ne lui avait fait demander que des audiences. Où est donc le crime ? où est même le blâme ? Est-ce du côté du suppliant, qui, contraint par une dure nécessité, a fait un sacrifice pour obtenir une chose juste qu'il demandait ? Non certes ; mais il est entièrement du côté de ceux qui ont exigé des présents, et qui ont mis un prix exorbitant à l'audience qui a été accordée. Le juge qui fait payer une audience au plaideur est punissable ; mais le plaideur qui la paye, parce qu'il ne peut pas l'obtenir par une autre voie, ne l'est point, parce qu'encore une fois, la demande par lui faite d'une audience est juste, et que jamais on n'est répréhensible lorsqu'on fait des demandes justes. Malheur à ceux qui, pour les accorder, emploient de mauvaises voies ! eux seuls méritent le blâme et la punition.

Aussi rien n'égale la sévérité de nos ordonnances sur ce point.

Celle de Philippe IV, de 1302, art. 13 [1], défend aux juges de rien prendre, même s'il leur était offert.

Celle de Charles VII, du 28 octobre 1445, art. 6, fait

---

[1] Lois vénales, Cod.

[1] Conférence du Cuesnois.

défenses aux présidents et conseillers de prendre et recevoir par eux, *leurs agents et familiers*, aucun don et présent, sous quelque espèce que ce soit, de viande, vin ou autre chose.

Une seconde ordonnance du même roi, de 1453, renouvelle la même disposition dans les termes les plus forts, art. 118 : « Voulant obvier *à l'indignation de Dieu,*
« *et aux grandes esclandres et inconvéniens qui pour*
« *telle iniquité ou pervertissement de justice* aviennent
« souvent, défendons et prohibons à tous nos juges et
« officiers, tant en notre cour de parlement qu'en
« toutes autres cours de notre royaume, que nul ne
« prenne et ne reçoive, *par soi ou par autre directement*
« *ou indirectement*, dons corrompables..., sur peine de
« privation de leurs offices ; et en outre voulons iceux
« être punis suivant l'exigence des cas et la qualité des
« personnes, et tellement que ce soit exemple à tous. »

Et l'article 120 enjoint aux présidents des cours *de faire diligente inquisition desdits cas, pour y donner provision convenable, et en faire punition sans dissimulation ou délai, et sans faveur ou exception de personne, sur peine d'encourir notre indignation, et d'en être punis.*

Ces règlements, faits par les législateurs pour prévenir les abus dans l'administration de la justice, ont été renouvelés par toutes les ordonnances postérieures[1] : ainsi les magistrats ne peuvent les ignorer. Les lois ne leur défendent pas seulement de rien recevoir des parties par eux-mêmes, mais encore par des personnes interposées, *leurs gens ou familiers, directement ou indirectement*. Le suppliant ne va pas jusqu'à supposer que M. Goëzman ait eu connaissance des présents exigés par sa femme pour faire donner audience ; elle est néanmoins la personne interposée dont parlent les ordonnances, *leurs gens ou familiers*. D'ailleurs il y a ici contre M. Goëzman la présomption de la loi qui porte : *inter proximas personas fraus facile præsumitur*. Si la fraude se présume facilement entre des personnes proches, combien, à plus forte raison, doit-elle se présumer entre deux personnes étroitement unies par un lien sacré, qui vivent ensemble dans la plus grande intimité, qui ont la même habitation, la même table, le même lit, et qui ne doivent rien avoir de secret l'un pour l'autre ! N'est-ce pas ici le cas de dire : *inter conjunctas personas fraus multo facilius præsumitur*? Mais, encore une fois, le suppliant n'entend point inculper M. Goëzman ; tout son objet est de se défendre de l'accusation à laquelle sa dénonciation a donné lieu.

Maintenant que les faits ont été discutés et les principes établis, il ne reste plus au suppliant qu'à mettre sous les yeux de la cour les preuves que fournit l'instruction : s'il en résulte qu'il n'a demandé et sollicité que des audiences, l'accusation en corruption de juge, intentée contre lui sur la dénonciation de M. Goëzman, sera démontrée fausse et calomnieuse.

[1] Article 16 de l'ordonnance de Charles VIII, de 1493 ; article 56 de celle de Louis XII, de 1507 ; article 35 de celle de François Iᵉʳ, de 1535 ; article 19 de l'ordonnance de Moulins de 1556 ; article 45 de celle d'Orléans, de 1560 ; article 114 de celle de Blois, de 1579.

Or, que disent les témoins ?

La dame le Jay a déposé que madame Goëzman avait reçu cent louis pour une audience, et qu'elle en avait exigé et retenu quinze autres.

Le sieur Bertrand Dairolles n'a cessé de dire et de répéter, dans sa déposition et dans ses interrogatoires, que lorsqu'il s'adressa à la dame le Jay pour l'engager à parler à M. Goëzman, il lui observa que ceux qui s'intéressaient pour le suppliant *ne lui avaient parlé que d'audiences* ; que ses sollicitations personnelles ne s'étendaient pas au delà ; que lorsqu'il eut fait deux rouleaux des cent louis, il les remit au sieur le Jay, en lui disant encore *qu'on ne lui avait parlé que d'entrevues et d'audiences* ; qu'il ne se serait pas chargé de la commission, s'il y soupçonnait de la malhonnêteté.

Le sieur le Jay, par la main duquel les cent louis et la montre ont été donnés, dit pareillement qu'il n'avait demandé autre chose à madame Goëzman *que des audiences* pour le suppliant.

Mais écoutons madame Goëzman elle-même ; voici ce qu'elle a dit dans son récolement, dans lequel elle a toujours persisté comme contenant vérité : *Jamais le sieur le Jay ne m'a présenté d'argent pour gagner le suffrage de mon mari, que l'on sait être incorruptible ; mais il sollicitait seulement des audiences auprès de moi pour le sieur de Beaumarchais.*

Deux faits sont constatés par cette déclaration, que madame Goëzman a réitérée dans le supplément de mémoire qu'elle vient de distribuer. Le premier, que *jamais le sieur le Jay ne lui a présenté de l'argent pour gagner le suffrage de son mari* (écartons donc ici toute idée de corruption) ; le second, que toutes les sollicitations du sieur le Jay se sont bornées à demander des audiences pour le suppliant. Il n'était donc question que d'audiences, et non de séduction. Le suppliant n'entendait point gêner le suffrage de M. Goëzman, mais seulement le voir, et lui expliquer son affaire ; en lui demandant une audience, le suppliant ne lui demandait qu'un acte de justice.

Concluons donc que le suppliant n'a jamais demandé que des audiences ; que tout son objet était de voir son juge, pour l'instruire, et discuter avec lui l'arrêté de compte, les lettres et toutes les autres pièces, et repousser à ses yeux les traits envenimés de la calomnie. Voilà le motif qui lui a fait désirer si ardemment de voir son rapporteur, motif aussi juste qu'honnête.

Mais ce qui n'est pas honnête, c'est tout ce qui s'est passé à l'occasion de la déclaration du sieur le Jay. Il est prouvé au procès que M. Goëzman est l'auteur de cette déclaration ; qu'il a mandé le sieur le Jay chez lui ; qu'en sa présence il en a rédigé le projet, et qu'il la lui a ensuite dictée sur la minute qu'il en avait dressée. Madame Goëzman en convient elle-même dans son mémoire, page 23, en ces termes : *Le sieur le Jay pria mon mari de lui arranger, dans la forme d'une déclaration, les faits dont il venait de lui rendre compte ; il fut en conséquence fait un brouillon, que mon mari corrigea en plusieurs endroits*. Ce brouillon a donc été l'ouvrage de M. Goëzman et de sa femme, qui assistait à l'opération. Mais pourquoi tant de précautions? Pourquoi exiger du sieur le Jay un acte fabriqué dans les ténèbres? Pourquoi du moins ne le pas laisser maître de rédiger la déclaration d'après ses propres connaissances? Pourquoi enfin corriger en plusieurs endroits le brouillon qui venait d'être écrit? *Nimia præcautio dolus*; c'est encore le langage de la loi. N'est-il pas évident que M. Goëzman n'a fabriqué cette déclaration clandestine que pour disculper sa femme, en inculpant le suppliant par l'imputation de faits absolument faux, et en inculpant même le sieur le Jay, qui avait eu la faiblesse de se fier à lui? Mais qu'est-il arrivé? Sur la dénonciation de M. Goëzman aux chambres, M. le procureur général a rendu plainte; le sieur le Jay a été entendu comme témoin; la vérité a repris tout son empire sur cet homme simple, mais honnête: il a déclaré sous la religion du serment les faits tels qu'ils s'étaient passés; il a dit que les présents n'avaient été faits que pour obtenir des audiences; que la déclaration par lui signée chez M. Goëzman lui avait été suggérée et dictée par ce magistrat. Décrété de prise de corps et mis au secret, il a persisté à soutenir dans son interrogatoire les faits tels qu'il les avait déclarés dans sa déposition; il n'a varié ni aux récolements ni aux confrontations. Que devient après cela la déclaration qui lui a été surprise? M. Goëzman ne l'a fabriquée que pour perdre le suppliant; mais elle le perdra lui-même, puisqu'elle prouve de sa part une manœuvre indigne, non-seulement de tout magistrat, mais même de tout homme à qui il reste un peu de sentiment. N'est-ce pas en effet une perfidie de sa part, de tirer du sieur le Jay cette fatale déclaration qu'il lui a dictée pour ensuite le dénoncer à la justice et l'impliquer dans un procès criminel? Car s'il y avait du crime dans les démarches faites auprès de madame Goëzman, le sieur le Jay serait le premier coupable; M. Goëzman aurait donc abusé de la faiblesse de cet homme simple, en lui surprenant à titre de confiance cette déclaration, et s'en servant ensuite contre lui. Les expressions manquent pour caractériser un pareil procédé.

Heureusement, la vérité s'est fait jour dans l'instruction extraordinaire. Il est aujourd'hui démontré que le suppliant et le sieur le Jay n'ont fait aucunes tentatives pour gagner le suffrage de M. Goëzman, mais seulement pour obtenir des audiences de lui. Demander des audiences à son juge, les solliciter même par des présents faits à la femme pour les obtenir du mari, quand il n'est pas possible de les avoir autrement, n'est point un crime.

Le premier chef d'accusation détruit, le second tombe de lui-même. Il n'est pas vrai que le suppliant ait injurié ni calomnié la personne de M. Goëzman; il a seulement demandé à sa femme les quinze louis qu'elle a exigés pour le secrétaire, et qu'elle a retenus indûment, au lieu de les lui remettre. Ces quinze louis ne pouvaient à aucun titre appartenir à madame Goëzman; elle devait donc les rendre. Ce n'est pas la faute du suppliant si la rétention de ces quinze louis a donné lieu à des lettres qui ont été écrites, et à des propos qui ont été tenus. Un peu moins d'avidité dans madame Goëzman aurait prévenu tous les propos qu'elle ne doit imputer qu'à elle-même.

Ce considéré, Nosseigneurs, il vous plaise de décharger le suppliant de l'accusation intentée contre lui; ordonner que l'arrêt qui interviendra sera imprimé et affiché, sous la réserve que fait le suppliant de tous ses droits et actions contre M. Goëzman, comme son dénonciateur; et vous ferez justice.

Signé : Caron de Beaumarchais.

QUATRIÈME

MÉMOIRE A CONSULTER

CONTRE

M. Goëzman, juge, accusé de subornation et de faux; madame Goëzman et le sieur Bertrand, accusés; les sieurs Marin, gazetier; d'Arnaud-Baculard, conseiller d'ambassade; et consorts.

La justice qu'on vous doit servira à purger la société d'une espèce aussi venimeuse.
(*Lettre du comte de la Blache datée de Grenoble.*)

ET RÉPONSE INGÉNUE A LEURS MÉMOIRES, GAZETTES, LETTRES COURANTES, INJURES, ET MILLE ET UNE DIFFAMATIONS.

. . . . *Sunt quoque gaudia luctus.*
(Ovid.)
Et les chagrins aussi sont mêlés de plaisir.

Suivant la marche ordinaire des procès, un homme accusé se défend sur les objets qui lui sont reprochés, et s'en tient là : pourvu qu'il sorte d'intrigue, qu'il ait bien ou mal dit, ses amis ne s'en soucient guère, ni lui non plus.

Il n'en est pas ainsi de ma cause, bizarre à l'excès dans toutes ses parties. Non-seulement je suis forcé de plaider sur le fond des accusations, mais encore de défendre la nature même de mes défenses.

Beaucoup de gens graves, en s'expliquant sur mes écrits, ont trouvé que, dans une affaire, où il allait du bonheur ou du malheur de ma vie, le sang-froid de ma conduite, la sérénité de mon âme, et la gaieté de mon ton, annonçaient un défaut de sensibilité, peu propre à leur en inspirer pour mes malheurs. Tout sévère qu'est ce reproche, il a je ne sais quoi d'obligeant qui me touche, et m'engage à me justifier.

Mais qui a dit à ces personnes qu'il allait ici du bonheur ou du malheur de ma vie? Comment sait-on si je suis faible au point de confier mon bonheur à la fortune; ou sage assez pour le faire dépendre uniquement de moi-même? Parce qu'ils sont souvent tristes au sein de la joie, ils me reprochent d'être froid et tranquille au milieu du malheur! Pourquoi mettre sur le compte de l'insensibilité ce qui peut être en moi le résultat d'une philosophie aussi noble dans ses efforts que douce en ses effets? Pour des gens très-graves, le reproche n'est-il pas un peu léger ? Je veux bien qu'ils sachent que le courage qui fait tout braver, l'activité qui fait parer à tout, et la patience qui fait tout supporter, ne rendent pas les outrages moins sensibles, ni les chagrins moins cuisants. Mais je me fais un plaisir de leur rappeler que l'habitude du mal suffit seule pour y résigner les créatures même les plus faibles en apparence.

Les femmes, dont le commerce est si charmant qu'elles semblent n'avoir été destinées qu'à répandre des fleurs sur notre vie, les femmes même nous donnent sans cesse la douce leçon de ce courage d'instinct, de cette philosophie pratique : formées par la nature, moins fortes que les hommes, et souffrant presque sans cesse, elles ont une patience, une douceur, une sérénité dans les maux, qui m'a toujours fait rougir de honte, moi créature indocile, irascible, et qui prétends à l'honneur de savoir me vaincre. Moins occupées de se plaindre que de nous plaire, on les voit oublier leurs souffrances pour ne songer qu'à nos plaisirs. Il semble que notre estime et notre amour les dédommagent de tous leurs sacrifices.

Objet de mon culte en tout temps, ce sexe aimable est ici mon modèle. Il est impossible d'être plus malheureux que moi sous toutes sortes d'aspects : mais en écrivant, je me sauve de moi-même pour m'occuper de ceux qui pourront m'estimer et me plaindre, si je parviens à les instruire de mes maux sans les ennuyer de leur récit.

Dès lors je suis comme Sosie ; ce n'est plus le *moi* souffrant et malheureux qui prend la plume ; c'est un autre *moi* courageux, ardent à réparer les pertes que la méchanceté m'a causées dans l'opinion de mes concitoyens, qui brûle d'intéresser les âmes sensibles, en peignant à grands traits l'iniquité de mes ennemis ; qui s'efforce d'exciter la curiosité des indifférents, en égayant un sujet aride. J'aspire à m'envelopper de la bienveillance publique, à en opposer la protection tutélaire à la haine de ceux qui me persécutent : enfin j'oublie mes maux en écrivant, et suis comme un esclave qui ne sent plus le poids de ses chaînes, à l'instant qu'il voit compter l'argent de sa rançon.

D'ailleurs je me donne les airs d'avoir aussi ma philosophie ; et comme ce mémoire est moins l'examen sec et décharné d'une question rebattue, qu'une suite de réflexions sur mon état d'accusé, peut-être ne me saura-t-on pas mauvais gré de montrer ici sur quel autre fondement j'établis la paix intérieure d'un homme si cruellement tourmenté, que cette paix paraît factice aux uns, et du moins fort extraordinaire aux autres.

Si l'Être bienfaisant qui veille à tout m'eût honoré de sa présence un jour, et m'eût dit : Je suis celui par qui tout est ; sans moi tu n'existerais point ; je te douai d'un corps sain et robuste ; j'y plaçai l'âme la plus active ; tu sais avec quelle profusion je versai la sensibilité dans ton cœur et la gaieté sur ton caractère : mais, pénétré que je te vois du bonheur de penser, de sentir, tu serais aussi trop heureux, si quelques chagrins ne balançaient pas cet état fortuné : ainsi tu vas être accablé sous des calamités sans nombre ; déchiré par mille ennemis ; privé de ta liberté, de tes biens ; accusé de rapines, de faux, d'imposture, de corruption, de calomnie ; gémissant sous l'opprobre d'un procès criminel ; garrotté dans les liens d'un décret ; attaqué sur tous les points de ton existence par les plus absurdes *on dit* ; et ballotté longtemps au scrutin de l'opinion publique, pour décider si tu n'es que le plus vil des hommes, ou seulement un honnête citoyen ;

Je me serais prosterné, et j'aurais répondu : Être des êtres, je te dois tout, le bonheur d'exister, de penser et de sentir : je crois que tu nous as donné les biens et les maux en mesure égale ; je crois que ta justice a tout sagement compensé pour nous, et que la variété des peines et des plaisirs, des craintes et des espérances, est le vent frais qui met le navire en branle, et le fait avancer gaiement dans sa route.

S'il est écrit que je doive être exercé par toutes les traverses que ta rigueur m'annonce, je ne veux pas apparemment que je succombe à ces chagrins ; donne-moi la force de les repousser, d'en soutenir l'excès par des compensations ; et, malgré tant de maux, je ne cesserai de chanter tes louanges *in cithara et decachorda*.

Si mes malheurs doivent commencer par l'attaque imprévue d'un légataire avide sur une créance légitime, sur un acte appuyé de l'estime réciproque et de l'équité des deux contractants, accorde-moi pour adversaire un homme avare, injuste, et reconnu pour tel ; de sorte que les honnêtes gens puissent s'indigner que celui qui, sans droit naturel, vient d'hériter de quinze cent mille francs, m'intente un horrible procès, et veuille me dépouiller de cinquante mille écus, pour éviter de me payer quinze mille francs au nom et sur la foi de l'engagement de son bienfaiteur.

Fais qu'aveuglé par la haine, il s'égare assez pour me supposer tous les crimes ; et que, m'accusant faussement, au tribunal du public, *d'avoir osé compromettre les noms les plus sacrés*, il soit enfin couvert de honte, quand la nécessité de me justifier m'arrachera au silence le plus respectueux.

Fais qu'il soit assez maladroit pour prouver sa liaison secrète avec mes ennemis, en écrivant contre moi dans Paris des lettres de *Grenoble* à celui qui l'aura aidé à me dépouiller de mes biens ; de façon que je n'aie qu'à poser les faits dans leur ordre naturel, pour être vengé de ce riche légataire par lui-même.

S'il est écrit qu'au milieu de cet orage je doive être outragé dans ma personne, emprisonné pour une querelle particulière ;... s'il est écrit que l'usurpateur de mon bien profite de ma détention pour faire juger notre procès au parlement, et si je suis destiné de toute éternité à tomber à cette époque entre les mains d'un rapporteur inabordable ; j'oserais désirer que l'autorité, qui n'est jamais formaliste sur rien, le devînt assez contre moi pour qu'il me fût interdit de sortir de prison pour solliciter ce rapporteur, sans être suivi d'un homme public et sermenté, dont le témoignage pût servir un jour à me sauver des misérables embûches de mes ennemis, et de la fameuse liste du portier de l'hôtel Goëzman.

Si, pour les suites de ce procès, je dois être dénoncé au parlement comme ayant voulu corrompre un juge incorruptible; et calomnier un homme incalomniable; suprême Providence, ton serviteur est prosterné devant toi : je me soumets; fais que mon dénonciateur soit un homme de peu de cervelle ; qu'il soit faux et faussaire; et puisque ce procès criminel doit être de toute iniquité comme le procès civil qui y a donné lieu, fais, ô mon maître, que celui qui veut me perdre se trompe sur moi, me croie un homme sans force, et s'abuse dans ses moyens!

S'il se donne un complice, que ce soit une femme de peu de sens : si elle est interrogée, qu'elle se coupe, avoue, nie ce qu'elle a avoué, y revienne encore ; et pour augmenter sa confusion, fais qu'elle rejette enfin, sur des signes ordinaires de jeunesse et de santé, tous les égarements de son esprit malade.

Si mon dénonciateur suborne un témoin, que ce soit un homme simple et droit, que l'horreur des cachots n'empêche pas de revenir à la vérité, dont on l'aura un moment écarté.

Si l'*incorruptible* fait faire une déclaration à ce pauvre honnête homme, qu'il en fabrique la minute, qu'il la confie à ce témoin, qu'il change le sens de la copie qui lui reste, en y commettant des faux très-grossiers ; qu'il n'y ait ni suite, ni plan dans sa conduite, afin que tout puisse un jour servir à le confondre dans ses vues iniques, comme mon ennemi *son homme de lettres*, et qui écrit d'une façon si modérée.

Telle eût été ma prière ardente; et si tous ces points m'avaient été accordés, encouragé par tant de condescendance, j'aurais ajouté : Suprême bonté, s'il est encore écrit que quelque intrus doive s'immiscer dans cette horrible affaire et prétendre à l'honneur de l'arranger, en sacrifiant un innocent et me jetant moi-même dans des embarras inextricables, je désirerais que cet homme fût un esprit gauche et lourd; que sa méchanceté maladroite l'eût depuis longtemps chargé de deux choses incompatibles jusqu'à lui, la haine et le mépris public. Je demanderais surtout qu'infidèle à ses amis, ingrat envers ses protecteurs, odieux aux auteurs dans ses censures, nauséabond aux lecteurs dans ses écritures, terrible aux emprunteurs dans ses usures, colportant les livres défendus, espionnant les gens qui *l'admettent*, écorchant les étrangers dont il fait les affaires, désolant, pour s'enrichir, les malheureux libraires, il fût tel enfin dans l'opinion des hommes, qu'il suffît d'être accusé par lui, pour être présumé honnête; son protégé, pour être à bon droit suspecté : *donne-moi* MARIN.

Que si cet intrus doit former le projet d'affaiblir un jour ma cause en subornant un témoin dans cette affaire, j'oserais demander que cet autre *argouzin* fût un cerveau fumeux, un capitan sans caractère, girouette à tous les vents de la cupidité, pauvre hère qui, voulant jouer dix rôles à la fois, dénué de sens pour en soutenir un seul, allât, dans la nuit d'une intrigue obscure, se brûler à toutes les chandelles, en croyant s'approcher du soleil ; et qui, livré, sur l'escarpolette de l'intérêt, à un balancement perpétuel, en eût la tête et le cœur étourdis au point de ne savoir ce qu'il affirme, ni ce qu'il a dessein de nier : *donne-moi* BERTRAND.

Et si quelque auteur infortuné doit servir un jour de conseiller à cette belle ambassade, j'oserais supplier ta divine providence de permettre qu'il y remplît un rôle si pitoyable, que, bouffi de colère et tout rouge de honte, il fût réduit à se faire à lui-même tous les reproches que la pitié me ferait supprimer. Heureux encore quand une expérience de soixante-quatre ans et demi ne lui aurait pas appris à parler, que cet événement lui apprît au moins à se taire ! *donne-moi* BACULARD.

Que si, pour achever d'exercer ma patience et me mieux tourmenter, quelque magistrat d'un beau nom doit se déclarer le protecteur, le conseil et le soutien de mon ennemi, j'oserais demander qu'il fût choisi entre mille, d'un caractère léger, et tel que ses imputations n'obtinssent pas plus créance contre moi que ses outrages publics ne doivent m'ébranler ni me nuire. Je sais que mon désir est difficile à satisfaire; mais rien n'est impossible à ta puissance...

Enfin, si dans la foule des maux prêts à m'accabler, si dans la nécessité d'un procès aussi bizarre, cet Être bienfaisant m'eût laissé le choix du tribunal, je l'aurais supplié qu'il fût tel que, tout près encore de la naissance de ses augustes fonctions, il pût sentir que l'expulsion d'un membre vicié l'honorerait plus aux yeux de la nation que cent jugements particuliers, où les murmures des malheureux balancent toujours l'éloge que les heureux sont tentés de donner. Je l'aurais demandé ainsi, parce que j'aurais cru n'être point exposé à voir sortir de ce tribunal un jugement équivoque, sous les yeux d'un peuple éclairé, plein de sagacité, d'esprit et de feu, et qui, toujours plus prompt à blâmer qu'à prodiguer la louange, rendrait chaque magistrat attentif et sévère sur sa façon de prononcer.

Eh bien! dans mon malheur, tout ce que j'aurais ardemment désiré, ne l'ai-je pas obtenu? L'acharnement de mes ennemis les a rendus peu redoutables; leur nombre les a livrés au défaut de liaison si nécessaire en tout projet; la haine les a conduits à l'aveuglement; chacun de leurs efforts pour m'arrêter n'a fait qu'accélérer ma marche et hâter ma justification.

Combien de fois m'étais-je dit, pendant ces temps de trouble : Je n'aurai pas la faiblesse de me faire un besoin de l'estime universelle, plus que je n'ai l'orgueil de croire la mienne utile à tout le monde. Avouons-le de bonne foi, force n'est pas bonheur : il faut une vertu plus qu'humaine pour être heureux étant mésestimé; mais je n'en ai que mieux goûté depuis combien l'estime publique est douce à recueillir. Aujourd'hui je sens toute la fermeté de mon cœur s'amollir, se fondre de reconnaissance et de plaisir, au plus léger éloge que j'entends faire de mon courage ou de mon honnêteté.

Si j'ajoute à cela les offres multipliées de secours et de services d'une foule d'honnêtes gens, et les consolations particulières de l'amitié, vous conviendrez que l'exemple vivant d'une heureuse compensation du mal par le bien est ici joint aux enseignements de la plus douce philosophie :

> ...*Sunt quoque gaudia luctus.*   Ovide.
> Et les chagrins aussi sont mêlés de plaisir.

Quant au procès que je défends, indépendamment de la justice de ma cause, sur laquelle se fonde ma sécurité, je ne vois ici qu'un événement qui, tout bizarre qu'il est, mériterait peu d'arrêter les regards, sans la qualité, la quantité de mes ennemis, et sans mon courage à repousser leurs traits. Mais pour obtenir la justice que j'attends, je ne dois pas me lasser de discuter, en présence de mes juges, la seule question qui me soit vraiment personnelle dans le procès soumis au jugement de la cour :

Suis-je un corrupteur, ou ne le suis-je pas?

Dans sa dénonciation, M. Goëzman a dit formellement que j'étais un corrupteur. Cette pièce est la seule contre laquelle j'aie à m'élever aujourd'hui, puisque c'est sur elle seule que le procès est établi ; mais le dénonciateur y déclare positivement qu'il n'est instruit du fait dont il m'accuse, que par le témoignage de sa femme.

Laissons donc la dénonciation de côté, pour ne plus nous occuper que de ce témoignage, unique et frêle appui d'un procès beaucoup trop fameux.

Mais la dame interrogée déclare, à son tour, *que jamais le Jay ne lui a laissé d'argent pour corrompre son mari, qu'on sait bien être incorruptible; et qu'il ne lui marchandait que des audiences.* C'est ainsi qu'en donnant dans son récolement le démenti le plus ferme à sa déclaration concertée, et à la dénonciation qui en est le fruit, cette dame anéantit encore une fois l'accusation de corruption portée contre moi ; et tout est dit à cet égard, à moins qu'on ne trouve à la ranimer par les charges mêmes du procès.

Mais les interrogatoires de le Jay démentent la dénonciation du mari, et renforcent le récolement de la femme.

Mais les interrogatoires de Bertrand, mais ses mémoires, qu'il faut mettre en ligne de compte aujourd'hui, parce que, sortant d'une plume ennemie, ils doivent en être crus toutes les fois qu'ils s'expliquent en ma faveur; ces interrogatoires, ces mémoires, en un mot tout ce qui nous est venu de la part du sacristain, confirment que jamais je n'ai voulu corrompre M. Goëzman l'incorruptible, et qu'on n'a jamais parlé, à lui sacristain, que *d'entrevues et d'audiences.*

Enfin toutes les dépositions renforcent ces aveux non suspects; tous les témoins conviennent que c'est avec la plus grande répugnance que je me suis prêté à payer des audiences, dans le temps de ma vie où j'avais le plus besoin d'argent et le moins de facultés pécuniaires.

Que reste-t-il donc au soutien de cette corruption dont on a fait tant de bruit? Plus rien qu'un adminicule de présomption fondé sur l'énorme prix de deux mille écus pour une audience : mais le plus simple exposé va faire évanouir de nouveau ce fantôme.

Je demandais à grands cris des audiences, et n'avais, comme je l'ai dit, pas plus d'espoir de les obtenir que d'argent pour les acheter. Un ami m'offre cent louis, et les confie à la prudence de ma sœur, qui, parcimonieuse pour mes intérêts, parle d'abord de vingt-cinq louis, finit par en livrer cinquante, et s'en fût tenue là, si le sieur Bertrand, très-magnifique agent d'audience, à qui rien ne coûtait en fouillant dans ma bourse, pour me donner une preuve de zèle, n'eût été de son chef reprendre à le Jay les cinquante louis, ne fût revenu dire à ma sœur : *Quand on fait un présent, il faut le faire honnête*, et ne lui eût par cette phrase arraché les autres cinquante louis. D'où l'on voit que, sans Bertrand, le *porte-parole*, et son zèle magnifique, le libraire eût peut-être obtenu l'audience au prix des premiers cinquante louis, et que les autres cinquante m'eussent servi à en solliciter une seconde, en cas de besoin.

Mais la première audience acquise au prix de cent louis, il devint impossible d'aller au rabais pour la seconde. On n'offre pas une aigrette de verre à qui l'on a donné des boucles de brillants. Le prix des premières bontés d'une femme est au moins le taux de celles qui les suivent : c'est l'usage. Ainsi le défaut d'argent m'ayant forcé de recourir aux bijoux, comme c'est encore l'usage, le lendemain de l'audience je remis au capitan une montre valant cent autres louis, pour arracher une seconde audience.

Quant aux quinze louis exigés pour le secrétaire, ils ne sont en cette qualité sur le compte d'aucune audience; et l'on voit maintenant par quelle gradation d'incidents la seule audience que j'aie obtenue, estimée d'abord par mes amis moins de cinquante louis, peut avoir l'air, en embrouillant les choses, d'avoir été payée deux mille écus.

L'audience du rapporteur ainsi rappelée à sa première estimation, le soupçon de corruption, fondé sur l'énormité de son prix, tombe de soi-même ; et remarquez que ce n'était encore là qu'une présomption, qui en affaire criminelle est sans force : il serait superflu de s'y arrêter plus longtemps.

Mais a-t-on fait de ma part une convention avec madame Goëzman de me rendre mes cent louis, si je ne gagnais pas ma cause? Personne au procès n'a déposé d'un pareil fait ; l'unique madame Goëzman, en qualité de seul contradicteur, eût pu fonder ce reproche. Mais, loin d'articuler qu'elle ait fait aucun pacte à cet égard avec le Jay, le seul aussi qui lui ait parlé, toutes ses défenses se réduisent à nier qu'elle ait reçu l'argent, et à dire qu'on l'a glissé furtivement dans son carton de fleurs : ainsi le soupçon, qu'en donnant de l'or j'ai pu avoir l'intention de corrompre mon rapporteur, n'est ici qu'une vaine fumée, dissipée, comme on voit, par tous les vents de l'horizon : et c'est ainsi que des détails insipidement nécessaires deviennent, malgré mes soins, nécessairement insipides, au grand dommage de l'indulgent lecteur.

Reste enfin pour dernière ressource à la haine, en faveur de la corruption, la misérable et fausse allégation de M. Goëzman, qui prétend m'avoir donné deux audiences en un jour, et deux autres à deux de mes amis ; et qui s'essouffle à faire entendre que quatre audiences accordées sans intérêt en trois jours doivent faire soupçonner que mes sacrifices d'argent avaient un autre objet. En attendant qu'il prouve les quatre audiences, je lui soutiens, moi, que je n'en ai reçu qu'une. Mais, malgré le témoignage d'un homme public et sermenté, du sieur Santerre, mon gardien, qui ne me quittait pas, la contradiction sur un fait aussi grave étant positive entre M. Goëzman et moi, la cour n'a pas négligé d'acquérir les lumières qu'une confrontation indiquée par la loi devait répandre sur l'affaire en général, et sur ce point en particulier. Elle apprendra bientôt comment, à cette occasion, mon digne rapporteur est sorti des mains de son humble client.

Les faits ainsi posés, discutés, approfondis, et les témoins, les accusés, les contradicteurs même détruisant à l'envi le système absurde de la corruption établi contre moi par M. Goëzman, il faut en revenir à cette autre question.

Lorsque le malheur des affaires jette un infortuné sous la dépendance d'un pareil juge, que doit-il faire ? Refuser de l'or ! On ne l'aborde pas autrement. En donner, et se plaindre de la vexation ! On peut se voir à l'instant accusé, décrété, prêt à périr. Entre deux extrémités, quel parti prendre ? Voilà le vrai problème : mais, en bonne justice, je ne me crois pas plus obligé de le résoudre, que de relever sérieusement le reproche singulier de séduction que me fait madame Goëzman, dans son supplément divisé par première, seconde et troisième atrocité ; et le reproche plus singulier encore que beaucoup de gens me font de n'y avoir pas répondu dans mon dernier mémoire.

Vous avez osé (c'est madame Goëzman qui parle, p. 10), *en présence du commissaire, du greffier, etc., me dire que je vous aurais, si je voulais, l'obligation de n'être point enfermée par mon mari. Vous avez poussé l'impudence plus loin encore : vous avez osé ajouter (pourquoi suis-je forcée de rapporter des propos aussi insolents qu'ils sont humiliants pour moi?), vous avez osé ajouter, dis-je, que vous finiriez par vous faire écouter ; que vos soins ne me déplairaient pas un jour; que... Je n'ose achever, je n'ose vous qualifier.*

Fi donc des points !... Il fallait oser, madame ; il fallait achever, il fallait me qualifier. Que voulez-vous donc dire avec vos points ?... Vous mettez là de jolies reticences dans vos mémoires... Je répondais à toutes vos injures par des compliments généraux, qu'il paraît qu'un amour-propre éveillé vous a fait prendre du bon ou du mauvais côté, comme il vous plaira d'entendre : mais des points... Vous me feriez une belle réputation ! Quelle femme honnête voudrait jamais m'admettre, si je ne détruisais pas l'impression que vous donnez ici de mon cavalier respect pour les dames ? Quelle femme oserait se croire en sûreté chez elle avec moi, quand elle penserait que la femme de mon ennemi même, agitée, furibonde, et, *critique à part*, dénuée de ces grâces touchantes, de cette douceur qui fait le charme de son sexe, en plein greffe et devant le juge et le greffier, a couru des risques avec moi d'un genre à exiger des points..., et qu'elle se croit en droit de me traduire aujourd'hui en justice comme un audacieux effronté, moi qui n'étais devant elle alors qu'un très, très, très-modeste confronté : je m'en souviens bien.

Il est atroce (dites-vous, page 1) *que ce séducteur préparé au combat* (le joli choix d'expressions !) *jette un coup d'œil de compassion sur une femme timide,* (la peste ! quelle timidité !) *qu'il triomphe de l'avoir fait rougir, lui qui ne rougit jamais.* Oh ! pour cela, madame, c'est bien pure malice à vous de dire que je ne rougis jamais, moi qui, sans reproche, ai eu la bonté de baisser les yeux pour vous deux ou trois fois, pendant que le greffier lisait les décentes raisons que vous aviez données de votre défaut de mémoire ! A la vérité je ne rougissais pas ; mais je faisais plus ; je voulais rougir pour vous en donner l'exemple : et je ne doute pas que M. de Chazal n'ait rendu compte à la cour du ton doux et poli dont j'ai répondu aux mâles injures *d'une femme faible, et peu faite, par son inexpérience, pour entrer en lice avec un séducteur adroit.*

En vérité, madame, vous avez de si singulières expressions, qu'on dirait que vous y entendez finesse. *Une femme faible, et peu faite, par son inexpérience, pour entrer en lice avec un séducteur adroit!* Mais c'est que, loin d'être *une femme faible*, vous étiez, madame, à ces confrontations, la femme forte, la véritable femme forte, provoquant, injuriant, maudissant, et parlant, parlant, parlant... Quant à votre *inexpérience pour entrer en lice*, voilà sur quoi, par exemple, il m'est impossible de prononcer, moi qui me suis toujours tenu dans le plus respectueux éloignement de la lice. *Avec un séducteur adroit !* Il ne tiendrait qu'à moi de prendre encore cela pour un compliment, et de le rapporter à ce qu'on appelle proprement la séduction d'une femme : car si vous l'entendez du côté de l'argent que moi, *séducteur adroit*, vous ai envoyé par *l'adroit séducteur* Bertrand, qui l'a remis à *l'adroit séducteur* le Jay, qui l'a remis, comme on sait, *très-adroitement* dans votre carton de fleurs, vous m'avouerez qu'il n'y a pas là de quoi se vanter d'une merveilleuse *adresse* en fait de séduction.

Quoi qu'il en soit, un seul exemple va mettre la cour en état de juger lequel des deux contendants est sorti de son caractère à ces confrontations. Il était dix heures du soir, nous touchions à la fin de la première séance : *Homme atroce,* me dites-vous (et j'en tremble encore), *on vient de faire la lecture de mes interrogatoires, et vous remettez à demain à y répondre, pour avoir apparem-*

ment le temps de disposer vos méchancetés; mais je vous déclare, misérable, que si vous ne me faites pas sur-le-champ, et sans y être préparé, une interpellation, vous n'y serez plus admis demain matin.

Aussi surpris de cette fière provocation que du ton brave qui l'accompagnait : « Eh! d'où savez-vous, ma-
« dame, que je suis un homme atroce, un misérable?
« Je n'ai jamais eu l'honneur, avant ce moment-ci, de
« me rencontrer avec vous. — *Je le sais d'où je le sais;*
« *je l'ai entendu dire...* — A M. de la Blache sans doute?
« — A tout le monde : *cet hiver, au bal de l'Opéra.* — Il
« était donc bien mal composé : en vous voyant, ma-
« dame, je sens qu'il y avait mille choses plus agréables
« à dire : et vous avouerez qu'on vous a tenu là de tristes
« propos de bal. Quoi qu'il en soit, vous voulez absolu-
« ment une interpellation avant de nous quitter? Il
« faut vous satisfaire. Je vous interpelle donc, mada-
« me, de nous dire à l'instant, sans réfléchir et sans y
« être préparée, pourquoi vous accusez, dans tous vos
« interrogatoires, être âgée de trente ans, quand
« votre visage, qui vous contredit, n'en montre que
« dix-huit? » Je vous fis alors une profonde révérence pour sortir.

Malgré la colère que vous en montrez aujourd'hui, avouez-le, madame, cette *atrocité* vous offensa si peu, que, prenant votre éventail et votre manteau, vous me priâtes de vous donner la main pour rejoindre votre voiture : sans y chercher d'autre conséquence, je vous la présentai poliment, lorsque M. Frémyn, le meilleur des hommes, mais le plus inexorable des greffiers, nous fit apercevoir que nous ne devions pas descendre du palais ensemble avec cet air d'intelligence peu décent pour l'occasion. Alors vous saluant de nouveau, je vous dis : « Eh bien! madame, suis-je aussi *atroce* qu'on a « voulu vous le faire entendre? — *Eh mais! vous êtes au moins bien malin.* — « Laissez donc, madame, les « injures grossières aux hommes ; elles gâtent toujours « la jolie bouche des femmes. » Un doux sourire, à ce compliment, rendit à la vôtre sa forme agréable, que l'humeur avait un peu altérée : et nous nous quittâmes.

Il faut pourtant convenir que tout cela n'est ni si meurtrier ni si *atroce* que madame Goëzman voudrait le faire entendre : et sur la vérité de ces faits, sur la frivolité des reproches de cette dame, j'invoque le témoignage du grave M. Frémyn : et, sans le peu d'importance du sujet, j'oserais bien invoquer celui de M. de Chazal lui-même.

Et comme il faut que la bizarrerie éclate dans toutes les parties de ce fameux procès, après avoir eu besoin de très-grands efforts en me défendant, pour détruire l'importance d'une *corruption* qui n'a jamais existé, pour atténuer celle d'une *séduction* à laquelle je n'ai jamais songé, je me vois forcé d'en employer de plus grands encore pour établir l'importance du crime de faux dans l'acte de baptême, sur lequel j'ai dénoncé publiquement M. Goëzman, et pour montrer la liaison intime de cette dénonciation avec mes défenses.

A entendre quelques personnes, je suis un méchant homme, instrument servile de je ne sais quelle haine qui veut, dit-on, perdre M. Goëzman : et pour accréditer ces bruits, on feint d'oublier que ce n'est pas moi qui ai fomenté la querelle, que je n'ai point attaqué M. Goëzman ; on feint d'oublier que je suis accusé de corruption, de calomnie, et décrété depuis huit mois sur le dénoncé de ce magistrat; que c'est lui qui m'a forcé de me défendre, quoique j'eusse dit à M. de Sartines, à M. le premier président, et plus nettement encore au *vertueux* conciliateur Marin, que j'invitais mon rapporteur à me laisser tranquille, parce que, s'il s'obstinait à m'attaquer, je lui opposerais un courage sur lequel il ne comptait guère. On feint d'oublier que le propos de M. Goëzman, très-public alors, était qu'il me poursuivrait jusqu'aux enfers; à quoi je répliquai : Puisqu'il le veut absolument, voyons donc lequel des deux y laissera l'autre.

Maintenant que l'action est bien engagée, on me voit porter en parant, serrer la mesure, et gagner du terrain sur l'adversaire; pour m'inculper, on invoque à son secours la commisération publique : *vexat censura columbas.* Tout ce qu'il a fait n'est, dit-on, que peccadilles; subornation de témoins, minutation d'écrits, faux dans les déclarations, dénonciation calomnieuse au parlement, tout cela n'est rien : *dat veniam corvis.*

Forcé de prouver à mon tour les faux de ses déclarations, ou de succomber, je montre que tel est son usage.

Eh! comment l'aurait-il négligé pour perdre un ennemi, lui qui n'a pas craint de commettre un faux au premier chef contre un malheureux enfant dont il s'était rendu le protecteur déclaré! Telle est l'analogie, la liaison intime et nécessaire entre le faux de mon rapporteur dans l'acte baptistaire, et le faux de mon rapporteur dans notre procès.

Mais ce faux du baptême est, dit-on, purement matériel, une misère qui ne mérite pas qu'on s'y arrête un moment : *dat veniam corvis.*

Laissons de côté ces jugements légers, ces absolutions cavalières, et montrons aux citoyens, justement alarmés de voir au parlement un pareil magistrat, que le faux du baptême est un des plus graves qui puissent se commettre contre la société [1].

Quoique je le sente vivement, ma plume inégale et profane est peu propre à peindre l'irrévérence de celui qui, dans le saint lieu, se joue du premier et du plus grand des sacrements : j'aurai le respect de m'en taire : mais la double austérité d'une partie de mes juges, prêtres et magistrats, n'a pas besoin d'être inspirée pour s'armer contre une pareille profanation, et le délit de M. Goëzman n'attaquant point le salut de l'enfant, mais son état civil, c'est ce dernier point seulement que je me permettrai de discuter.

---

[1] Croirait-on qu'on a poussé la démence jusqu'à faire l'apologie de ce faux dans une misérable gazette à la main, en date du 30 janvier dernier? Aucune peine ne peut être prononcée contre un pareil nouvelliste, le bain froid et la saignée est le traitement qui lui convient.

Pour rendre le baptême aussi utile à l'homme qu'il est indispensable au chrétien, la politique a joint à l'acte religieux le plus nécessaire au salut de tous l'acte civil le plus important à l'existence de chacun : le point de législation qui a confié au dépôt public le nom, l'âge et l'état des citoyens, est si utile et si grand, qu'il eût sans doute mérité d'appartenir au christianisme ; mais, il faut être vrai, nous en devons la reconnaissance au plus sage des païens, au grand Marc-Aurèle, qui le premier ordonna que le nom, l'âge et l'état des citoyens, attestés par des témoins, auxquels répondent nos parrains et marraines, fussent inscrits à l'heure de la naissance sur un registre public ; qui fit déposer ce livre de vie dans le temple de Saturne ; et qui en confia la garde aux prêtres du père de tous les dieux, du dieu du temps et de la durée ; du dieu enfin dont l'idée se rapproche le plus de la majesté que nous reconnaissons à l'Être suprême.

J'ignore en quel siècle l'Église chrétienne adopta cet usage précieux à l'humanité : mais il faut croire que ce fut assez tard, puisque le baptême ne se donna longtemps qu'aux adultes, suivant l'avis de Tertullien et de quelques Pères de l'Église ; et souvent même à l'heure de la mort, par la persuasion que ce sacrement, effaçant le péché originel, devait aussi laver de tous les autres péchés. Avant la réunion du procès-verbal au sacrement, chacun de ces actes séparés était également respectable aux hommes : la politique et la religion gagnèrent à les réunir, l'une de la sûreté pour les citoyens, l'autre de la considération pour ses ministres. Il paraît même que la double utilité dont ces derniers se sont rendus aux hommes par cette réunion est le vrai fondement de la distance que l'opinion met entre les prêtres séculiers, chargés du dépôt de tous les actes importants de la vie, et les réguliers, qui ne sont chargés de rien.

Si donc l'utilité fait tout le mérite des hommes et des choses, qu'on juge de quelle majesté devint le baptême lorsque les deux points fondamentaux de tout bonheur furent rassemblés en un seul et même acte : sans le baptême on resta nul en ce monde, et l'on fut perdu pour jamais dans l'autre ; et c'est de cet acte si saint, si grand, si révéré, si nécessaire, que M. Goëzman, homme éclairé, jurisconsulte, criminaliste, conseiller de grand'-chambre du premier parlement de la nation, fait un badinage perfide et sacrilége ; il s'avance au temple de Dieu pour présenter au christianisme un nouveau-né, à la société un nouveau citoyen : s'il s'agit, pour ce magistrat, de constater légalement qu'un tel est fils d'un tel ; le père ne sait pas écrire, il ne peut rien pour assurer l'état civil de son enfant ; la marraine est fille mineure, sa signature est sans force aux yeux de la loi ; reste pour unique ressource au malheureux enfant l'attestation de son parrain ; lui seul peut donner la sanction à son état ; et ce faux protecteur ne rougit pas d'y signer un faux nom ; au double faux d'un faux domicile, il joint le triple faux d'un faux état ; et par cet acte également barbare et peu sensé, celui qui devait assurer l'existence d'un citoyen se fait un jeu de la compromettre. Dans l'état où il met les choses, si cet enfant veut un jour appartenir à quelqu'un, il faut qu'un arrêt de la cour invoquant la notoriété, le réhabilite dans ses droits : sans cela, comment héritera-t-il ? comment contractera-t-il ? comment signera-t-il en sûreté *Un tel, fils d'un tel*, puisque, grâce à l'honnêteté de Louis-Valentin Goëzman, conseiller au parlement, quai Saint-Paul, *Louis du Gravier*, bourgeois de Paris, rue des Lions, n'est qu'un être idéal et fantastique, qui ne peut constater l'état civil d'aucun être existant et réel ?

Voilà le délit, voilà le crime ; voilà l'état de celui qui l'a commis. L'importance du cas, du lieu et de la personne est établie : en dénonçant le faux, j'en ai prouvé la liaison, l'intimité, l'identité, l'inhérence à la cause que je défends. J'ai montré de plus qu'il n'a pas tenu à ce funeste magistrat que je ne fusse écrasé sous le poids d'une accusation criminelle. J'ai démontré que la suggestion, la subornation, le faux, la cabale et l'intrigue ont été, sans scrupule, employés contre moi. Et dans ce combat à outrance, où il faut qu'un des deux périsse, des gens légers me blâment d'oser unir la dague à l'épée contre un ennemi sans pudeur qui me poursuit avec la flamme et le fer !

Jugeurs aussi légers que tranchants, je voudrais vous voir au point de balancer le plus pressant intérêt par de petites considérations ; je voudrais vous voir en tête un adversaire aussi violemment soutenu que le mien ; à sa puissance formidable opposant votre dénûment, et votre isolation à ses entours ; n'ayant pour tout soutien que la bonté de votre cause, et votre courage à la défendre ; et ranimant votre cœur par le seul espoir que le parlement prononcera sur les choses, et non sur les personnes, qu'il jugera leur délit sans avoir égard à leur crédit !

Aucun autre homme ne pouvait dénoncer M. Goëzman pour ce fait, sans peut-être encourir le mépris qu'on garde aux vils délateurs ; mais moi, jeté loin de mon rang par la violence, n'ai-je pas dû le regagner à tout prix, même en expulsant du sien mon injuste adversaire ? Tel de vous ose me blâmer, qui frémirait d'être obligé de se défendre à ma place, et qui, pour perdre l'ennemi, peut-être accueillerait mille moyens offerts, que ma délicatesse m'a fait rejeter jusqu'à ce jour.

Mais quel intérêt ce magistrat avait-il à commettre un pareil délit ? Qui a pu le pousser à cet acte insensé ? — Faut-il l'avouer, messieurs ? sottise et défaut d'âme ; deux vices également opposés à la dignité d'un magistrat.

La sottise nous jette en des embarras dont le défaut d'âme ne sait nous dégager que par des voies malhonnêtes.

Dans l'affaire qui me regarde, M. Goëzman, instruit de la faiblesse de sa femme, n'avait qu'à remettre au libraire ou même garder les quinze louis, à son choix, mais se taire sur cet événement : peut-être aurait-on tenu quelques propos ; il n'en eût été ni plus ni moins pour sa réputation. Mais il ne sait, pour se tirer d'affaire, que suborner le Jay, fabriquer des déclarations, me dénoncer au parlement, entamer un procès ridicule, et le soutenir par des moyens infâmes : *sottise et défaut d'âme*.

Ce qui lui est arrivé là pour quinze louis lui fût également arrivé pour quinze francs. C'est justement l'histoire du baptême ; il pouvait dire à cette petite fille Capelle, qu'il entretenait à huit louis par mois : Tu conçois bien, mon enfant, qu'il ne convient pas à un grave magistrat qui, pour te plaire, *a mis un mur de séparation entre sa femme et lui*[1], mais dont la liaison avec toi doit être ignorée, d'aller courir le risque de voir publier un pareil compérage à la fin de 1772. Fais tenir cet enfant par qui tu voudras : j'en serai, pour l'obliger, le parrain honoraire : voilà deux louis pour les *frais de gésine* et de baptême, et je prendrai soin du *fillot*. Tel est le manteau dont la prudence, au moins, devait couvrir sa faiblesse.

Au lieu de cela (voici la *sottise*), mon rapporteur ne sait autre chose que d'aller *in fiocchi*, habit noir boutonné, cheveux longs bien poudrés, gants blancs et bouquet à la main, menant sur le poing sa commère à l'église ; et là, pour accorder la décence et le plaisir (voici le *défaut d'âme*), mon rapporteur signe un faux nom, prend un faux état, donne un faux domicile, ôte l'existence à son filleul, et s'en revient gaiement bourrer de bonbons sa commère, s'attabler au souper de famille, et faire à l'accouchée des promesses pour l'enfant, dont il est bien sûr d'éluder l'effet à son gré quand sa *fringale* amoureuse sera passée. Et vous, ses bons amis, l'on est assez curieux de voir comment vous vous y prendrez pour excuser ses honnêtes plaisirs.

Sera-ce sur sa jeunesse ? il a quarante-quatre ans passés ; sur son ignorance ? il se dit le *Du Cange* du siècle ; sur la frivolité de son état ? il est conseiller de grand'chambre ; sur la considération due à sa place ? il l'a dégradée publiquement ; sur la légèreté d'un pareil faux ? je viens de prouver qu'il n'en est point de plus grave ; sera-ce sur son crédit ? il s'est trop mal conduit pour en conserver ; sur le scandale de sa condamnation ? il l'a provoquée lui-même à grands cris ; enfin sur l'honneur de la magistrature ? il est bien prouvé que cet honneur consiste à se défaire d'un homme qui l'a déshonorée.

Vous serez sans doute assez embarrassés à le tirer de là, à moins que le comte de la Blache n'ait encore une lettre *de Grenoble* toute prête au service de son rapporteur ; car ce n'est pas assez de parler ici ; la parole se perd avec l'haleine et se dissipe dans l'air : mais la plume ! la plume légère du comte de la Blache serait, je l'avoue, d'un très-grand poids dans cette affaire. Ce juge, dirait-on, a fort bien jugé pour ce plaideur ; à son tour ce plaideur a fort bien plaidé pour ce juge ; tout cela est dans l'ordre ; entre les gens vertueux, la vie n'est qu'un commerce de bienfaits et de gratitude le plus touchant du monde.

Mais si vous êtes embarrassés, voici quelqu'un qui ne l'est pas moins que vous. C'est le grand Bertrand, qui depuis une heure est là, le cou tendu, l'œil en arrêt, la bouche ouverte, attendant son article, inquiet s'il arrivera bientôt ; et ce n'est pas sans sujet : en bonne guerre

[1] Voyez la note imprimée de M. Goëzman.

il est dû réponse ferme et franche à son dernier mémoire : il ne l'attendra plus.

J'ai beau vouloir garder mon sérieux en parcourant ses écrits, le rire me prend dès la première page, et voilà ma gravité partie. N'est-ce pas aussi la plus plaisante chose du monde que ce grand sacristain, qui ne prend jamais ses épigraphes que dans son bréviaire à deux colonnes, parce que le français est à côté du latin ; n'est-il pas, dis-je, bien plaisant qu'oubliant sa qualité de défenseur de M. Goëzman, le jour même que ce magistrat éprouve un second décret d'ajournement personnel, il s'avise de choisir, pour épigraphe à son supplément, un verset de psaume finissant par ces mots : *Comprehensus est peccator*, ENFIN LE COUPABLE EST PRIS ?

Puisqu'il n'y a pas moyen de travailler sérieusement en prenant ce mémoire par le commencement, essayons de nous remonter au grave en commençant à le lire par la fin. Le voilà retourné. Le premier objet qui me frappe à sa dernière page est un cartel bien imprimé, bien public, bien ridicule, et bien lâche ; mais le plus risible est que le grand cousin, craignant que son nom ne m'imprimât pas assez de terreur, a fait choix d'un compagnon d'armes qui prend le nom de *Donnadieu*. L'envoi d'un cartel signé *Donnadieu* ! il y a de quoi faire expirer d'angoisses.

Mais consolez-vous, mes amis ; ce n'est pas le véritable *Donnadieu* tenant une académie d'armes à Paris, homme estimable qui a trop de sens pour signer une bêtise, et trop d'honneur pour être le second d'une lâcheté. Cet autre *Donnadieu*, mes amis, est une espèce d'avocat, sauf l'honneur de la profession.

Deux chiens, dit-on, naquirent d'une même lice, et furent nommés César. En grandissant, l'un devint chasseur valeureux, élancé, giboyant, guerroyant, et retint le nom de *César* par excellence. L'autre écourté, trapu, fidèle au garde-manger, toujours sale, aboyant, écornifflant, avalant ; et notre maître la Fontaine nous apprend que ce *César* de chien fut surnommé *Laridon* par les cuisiniers. Ainsi le second de Bertrand le duelliste s'appelle DONNADIEU DE NOPPRAT, pour le distinguer du *Donnadieu* par excellence.

Mais ce cartel m'a moins étonné qu'il ne m'a réjoui ; je m'y attendais. Madame Goëzman, dans la première page de son supplément, chaussant l'éperon, passant le baudrier de son suisse au sacristain, et lui donnant l'accolade, en avait fait son chevalier Bertrand. *Un bras vigoureux*, disait-elle en me menaçant, *vient d'arracher son masque, un homme vient de déchirer le voile. Je me repose sur son courage...* Et enfin elle nous apprend que ce chevalier de bal, qui *arrache des masques et déchire des voiles, est le sieur Dairolles*. Étonnez-vous, après cela, de le voir, le jour du décret du mari, prendre pour devise : *Comprehensus est peccator*, porter les couleurs de sa dame, imprimer le placard et jeter la mitaine !

Si tout cartel imprimé n'était pas une lâche forfanterie et si lâche que le parlement, qui a lu comme moi celui du cousin, n'a pas seulement daigné charger le ministère public d'en informer, si lâche que M. le procureur général a bien voulu me faire la grâce de ne mettre aucune importance à cette *Bertrandade* renforcée; si ce cartel, dis-je, eût mérité quelque réponse, voici quelle eût été la mienne : Quand un guerrier a le courage de sauter seul à bord d'une galère pleine de chevaliers, ce n'est pas pour s'amuser à y faire le coup de poing avec les lépreux de la chiourme. De même ici, me trouvant en tête une foule d'ennemis croisés, fourrés, dignitaires: ayant le choix des combattants, irai-je exprès me commettre avec les argousins de la troupe, ou brûler une amorce de préférence avec le sacristain de la compagnie, tant en son nom que comme trompette de Marin-la-Gazette, et chevalier de la dame aux quinze louis?

Mais de quoi s'agit-il enfin ? car il faut faire justice à tout le monde.

Dans mon troisième mémoire j'avais répondu (p. 41), à la demande de quelques avances que le sieur Bertrand avait malhonnêtement réclamées : « Vous avez depuis « un an à moi deux effets de cent louis chacun, vous « vous payerez dessus, etc. »

Le sieur Bertrand, faisant de l'indigné dans son supplément, commence par nier mes deux effets de cent louis, en répondant (page 8) : *Peut-on pousser l'impudence plus loin, le cœur serré par l'inspection de ces lignes, etc.* Sa réponse est fort longue, on y reviendra : puis, soutenant sa dénégation de la provocation la plus généreuse, il rappelle la page 50 de mon second mémoire où j'ai dit :

Si la haine qui me poursuit a quelquefois altéré mon caractère, que celui que j'ai pu offenser dise de moi que je suis un homme malhonnête, j'y consens; mais qu'il ne dise pas que je suis un malhonnête homme! car je jure que je le prendrai à partie si je puis le découvrir, et le forcerai par la voie la plus courte à prouver son dire ou à se rétracter publiquement. A quoi il répond sans hésiter, page dernière : *Eh bien! M. de Beaumarchais, vous êtes un homme malhonnête et un malhonnête homme, et certainement vous ne prendrez pas la voie la plus courte.* — Eh pourquoi donc, cousin, ne la prendrai-je pas? C'est pourtant ce que je vais faire à l'instant.

Il est vrai que, pour forcer Bertrand *l'honnête homme* à se rétracter, je n'ai pas fait battre la caisse à sa porte pour effets égarés, comme un gaillard ressentiment eût pu me l'inspirer. Il est vrai que je n'ai pas dénoncé le cartel de Bertrand, *le généreux,* au ministère public, comme beaucoup d'honnêtes gens, qui ne voient pas si clair que moi dans mes affaires, s'empressaient de me le conseiller. Il est encore vrai que je n'ai pas sanglé un coup d'épée dans la cuisse à Bertrand *le vaillant,* faute d'avoir trouvé chez lui du cœur à percer, comme quelques plaisants l'ont répandu dans le monde. Mais il n'en a pas marché plus roide un instant pour cela; car dès le lendemain, prenant pour héraut d'armes le brave huissier qui défend mes meubles, j'ai fait sommer à mon tour le capitan, par un cartel timbré, de se rendre en champ clos dans la salle des consuls de Paris, où maître Benoist, mon procureur, et le sieur Mention, qui lui avait remis mes deux effets de cent louis, il y a plus d'un an, l'ont vainement attendu deux jours de suite.

En ennemi prudent, le chevalier Bertrand a laissé prendre deux défauts contre lui; mais au troisième cartel, sentant bien que faute de répondre on allait le condamner à me payer la somme de deux cents louis, il est venu enfin aux consuls en haute personne; et là, le sieur Mention ayant réclamé les deux effets de cent louis qu'il lui avait remis de ma part, en tel temps, pour en poursuivre le payement, et maître Benoist l'ayant sommé de déclarer s'il convenait avoir reçu lesdits effets, ou s'il persistait à les nier comme il l'avait fait dans son mémoire; alors, de ce ton de confrérie avec lequel, en mentant le jour de son interrogatoire aux pieds de la cour, il avait pris *le ciel et le crucifix à témoin de la vérité de ses discours,* emporté par l'enthousiasme de sa dernière production, il dit (p. 1re de son supplément): *Ennemi du mensonge et de l'artifice..., puissent ma candeur et ma sincérité me faire des protecteurs de mes juges!* (P. 8.) *Qu'un homme de bien est malheureux, d'être livré à la fureur d'un pervers!* Mais les deux cents louis de M. de Beaumarchais? — (P. 9.) *Un homme audacieux marche à la lueur d'un flambeau qui l'égare, il court après une chimère et veut entraîner un (grand) innocent dans l'abîme où sa haine va le plonger.* — Entendez-vous par là que le sieur de Beaumarchais ne vous ait pas remis les deux effets qu'il redemande? — (P. 10.) *Il n'a connu ni la honte ni les périls des moyens dont il se servait; et sa méchanceté a ressemblé au tonnerre, qui ne cesse d'être à craindre que lorsqu'il est tombé.* — Oui; mais tout cela ne nous apprend pas si vous avez ou non les deux effets de cent louis? — (P. 13.) *Le plus lâche des hommes ose, avec un front d'airain, attaquer et mon cœur, et mon esprit, et mon âme... Il assure avec impudence des faits faux et défigurés.* — Quoi! monsieur, vous niez que vous ayez les deux effets de cent louis? — (P. 11.) *Comment juge-t-on des motifs des hommes par leurs actions?* (P. 17.) *Prenez le flambeau de la haine, et portez-le dans tous les replis de ma vie, je vous défie de me trouver en défaut.* — Il n'est ici besoin de haine ni de flambeau pour prouver que vous retenez deux effets de cent louis qui ne vous appartiennent pas. — (P. 9.) *Est-ce là la marche de l'innocence? agit-elle ainsi par des souterrains et des détours, et se permet-elle d'aussi bas artifices?* (Et p. 15.): *La vérité n'a-t-elle pas toujours présidé à tout ce que j'ai dit; la probité à tout ce que j'ai fait?* — Mais il n'y a pas plus de vérité à nier des billets au porteur, quand on les a reçus, qu'il n'y a de probité à les garder. — (P. 17.) *Ainsi les méchants rejettent sur le compte d'un homme de bien les perfidies dont ils se rendent coupables.* — Vous voudriez faire croire à ces messieurs que je ne les ai pas remis? Quel homme êtes-vous donc ? — (P. 17.) *Me voici, en peu de mots, tel que je suis. Je m'abandonne à la pente naturelle de mon caractère; la droiture en est la base... et je sais que la candeur de mon âme est incorruptible.*

Alors le sieur Mention, se fâchant tout de bon, rappelant tous les faits et discours relatifs à la remise des deux effets, lui dit : C'est moi-même qui vous les ai portés chez vous ; et si vous les niez, je vous accuse en mon nom d'en imposer à la justice. — (P. 15.) *Les magistrats que vous outragez, par l'audace avec laquelle vous comptez sur leur indulgence, respectent les lois, les mœurs, l'intérêt public; ils puniront le calomniateur.* — Calomniateur vous-même ; et je sais bien le moyen de vous forcer à nous rendre nos deux effets de cent louis. — (P. 16.) *Écoutez, monsieur, votre façon de penser est celle d'un homme qui ne connaît pas le prix de la candeur, de l'honnêteté et de la pudeur ; de cette pureté, de cette innocence, de cette droiture d'intention enfin, qui toutes réunies forment un si bel ensemble, qu'il ne peut s'exprimer que par le mot de vertu: ainsi ce que vous dites ne me fait aucune sensation.*

Alors M⁰ Gornaut, procureur du sieur Bertrand, prenant la parole, dit tout haut : Messieurs, mon client embrouille les choses fort mal à propos ; j'ai les deux billets au porteur, appartenant au sieur de Beaumarchais, qui m'ont été remis par ledit sieur Bertrand ; et j'offre de les rendre à l'instant, si l'on me paye les frais de poursuites que j'ai faites sur ces billets contre leur débiteur, au nom et par ordre dudit sieur Bertrand. — Mais pourquoi donc, dit le sieur Mention, les a-t-il niés si crûment, si malhonnêtement dans son dernier mémoire? — Messieurs, reprit Bertrand, je ne les ai pas niés tout à fait dans ce mémoire ; il est vrai que je me suis écrié sur leur demande (p. 18) : *Peut-on pousser l'impudence plus loin !* Mais ce n'est pas là une négation formelle ; et si vous vous donnez la peine de lire vous-mêmes, messieurs, vous verrez que non-seulement ma réponse est équivoque, mais encore amphigourique.

Voici l'équivoque : *Peut-on pousser l'impudence plus loin ! le cœur serré par la seule inspection de ces lignes, je suis forcé à en détourner les yeux pour conserver la présence d'esprit nécessaire à la continuation de mon récit.*

Voici l'amphigouri : *O vérité ! tout se tait à ton nom ; je n'entends que ta voix : c'est une satisfaction, une sérénité dont l'âme jouit après t'avoir prononcé. Sauve-moi, pendant le cours de ma vie, les occasions de feindre et de dissimuler… Il me semble qu'on ne peut pas être malheureux lorsqu'on a toujours été vrai.* — Vous avez raison, cela est très-amphigourique ; mais tout le monde n'en a pas moins cru qu'une pareille logomachie était un démenti formel donné par un esprit tortu, mais compagnon d'un cœur droit et indigné. Pourquoi donc avez-vous induit le public en erreur sur ce fait important ? — (Page 17.) *Messieurs, j'ai cru que tous les hommes aimaient le bien, qu'ils ne se défiaient point du mal, et qu'ils ne soupçonnaient jamais le vice.* — Mais si la demande juridique n'eût pas été appuyée de preuves testimoniales aussi fortes, le sieur de Beaumarchais n'ayant pas de reconnaissance de vous, non-seulement on croirait encore que je ne vous avais pas remis les deux effets de cent louis, mais il y a grande apparence que vous les auriez gardés puisque vous avez laissé prendre deux défauts, avant de répondre à la demande qu'il vous en faisait juridiquement. — (P. 17.) *Je sais, messieurs, que je ne suis pas exempt de faiblesses ; mais jamais je ne serai ni fourbe, ni faux, ni vicieux* ; et puisque je suis convaincu devant la justice, par mon procureur même, d'avoir reçu les deux billets au porteur, je vais les rendre ; en faisant mes petites réserves pour les petites sommes, petits frais, petits courtages, et autres menus gains qui peuvent m'être dus par le sieur de Beaumarchais. Et à l'instant est sorti le jugement dont voici l'extrait :

« Les juges et consuls, etc., salut… Savoir faisons qu'entre le sieur Caron de Beaumarchais, etc., demandeur et comparant par Benoist, fondé de procuration, et assisté de Jacques-Pierre Mention, d'une part ; et le sieur Bertrand Dairolles, etc., défendeur et comparant en personne, de l'autre. Par le demandeur (*Beaumarchais*) a été dit qu'il aurait fait assigner le défendeur à comparoir, etc., pour se voir condamner, et par corps, à rendre et remettre au demandeur deux effets de 2,533 livres chacun, à lui confiés par le demandeur pour lui en procurer le payement… sinon, etc. Et par le défendeur (*Bertrand*) a été dit… qu'il nous représente lesdits billets, etc. A quoi, par ledit demandeur, a été répliqué qu'il requiert acte *de ce qu'encore que le défendeur ayant,* dans le supplément de son mémoire (p. 18), *répondu, en éludant le point de fait de la remise et de la possession desdits billets ; il convient actuellement devant nous que lesdits billets lui ont été remis ;* en conséquence, il requiert que les dits billets lui soient rendus, etc. Nous, parties ouïes, lecture faite, avons donné et donnons acte… de la remise à l'instant faite au demandeur, ès mains du sieur Mention, son secrétaire, des deux billets dont est question, etc. Mandons à nos huissiers, audienciers, etc. Donné à Paris, le mercredi 12⁰ jour de janvier 1774. Signé, scellé, etc.

Voilà comment, *prenant à partie celui qui m'avait dit que j'étais un malhonnête homme, je l'ai forcé par la voie la plus courte à se rétracter publiquement;* voilà comment, sans coup férir, j'ai mis à fin, par ma sagesse et prudhomie, la fameuse aventure du cartel du grand Bertrand, trompette de Marin-la-Gazette, et soi-disant chevalier de la dame aux quinze louis.

Parturient montes, nascetur ridiculus mus.

Ces deux maudits effets de cent louis étaient précisément nichés dans la moitié paralysée de la cervelle du grand cousin : il ne s'en souvenait plus. Je ne parlerai pas ici de quelques autres oublis du même genre, parce qu'ils me sont étrangers, et ne sont encore livrés qu'à l'œil vigilant de la police.

Il est certain que toutes les affaires d'éclat commencent par être dites à l'oreille de M. de Sartines, juge et conseil de paix dans la *capitale ;* mais lorsque l'espèce de dictature, qu'il exerce toujours avec succès sur les objets pressants, a cessé, lorsque le ministère de confiance a fait place à la rigueur des formes juridiques, bien des gens vont citant à tort et à travers ce que M. de Sartines a dit et fait pour arrêter les progrès du mal : certains de n'être pas démentis par ce magistrat, que des considérations majeures ou l'intérêt des familles empêchent toujours de s'expliquer, et dont la discrétion reconnue serait la première vertu, si son zèle pour le bien public ne méritait pas un éloge encore plus distingué : ce qui rend toutes ces citations indécentes et malhonnêtes. Et c'est moins l'oubli de Bertrand qui me suggère cette observation, que l'interrogatoire de M. Goëzman, où cet autre accusé, pour se couvrir d'un nom respecté, cite sans cesse M. de Sartines. Mais quel rapport peut-il y avoir entre le magistrat vigilant dont le cabinet est ouvert à toute la France, et M. Goëzman, qui renfermait la clef du sien au fond de la bourse de sa femme? J'aurai lieu de relever vertement cette licence de citer, lorsque je rendrai compte de ma confrontation avec M. Goëzman [1].

Quant au sieur Bertrand, je n'ai plus à le poursuivre que comme faux témoin, alimenté, suborné, soudoyé par Marin, *et autres personnes respectables*, pour oublier la vérité ; car s'il ne se souvenait pas qu'il eût à moi deux billets très-réels, en revanche il se souvient fort bien que j'ai reçu de M. Goëzman, le samedi 3 avril au matin, une audience qui n'a jamais existé, sur laquelle il a offert son faux témoignage à ce magistrat, chez lui, chez Marin, et chez M. le président de Nicolaï, s'il en faut croire M. Goëzman à son interrogatoire. Ce qui prouve de plus en plus que la conduite du cousin tient à l'état singulier de son cerveau, miroir fidèle de tout ce qui lui sert, faux ou vrai, mais absorbant parfait de tout ce qui peut lui nuire.

L'interrogatoire de M. Goëzman prouve encore ce que j'ai dit plusieurs fois, que ces messieurs s'assemblent très-souvent pour aviser aux moyens de me perdre. Pour le seul faux témoignage de Bertrand, je vois déjà trois assemblées : chez M. Goëzman, où étaient Bertrand *et autres personnes respectables;* chez Marin, où se trouvèrent M. Goëzman, Bertrand, *et autres personnes respectables ;* chez M. de Nicolaï où se trouvèrent Bertrand, M. Goëzman, *et autres personnes respectables;* tous lesquels ont fait preuve de leur bonne intention pour moi.

Le jour même que le supplément du sieur Bertrand parut, le hasard nous rassembla au greffe criminel, lui, moi, le Jay et madame Goëzman que j'aurais dû nommer la première : mais en ce moment aucun de nous ne songeait à rire de la mine de son voisin. Occupés tous de l'interrogatoire que nous allions subir aux pieds de la cour, chacun pensait à son affaire ; et ce n'était pas sans raison.

Quelques personnes regardent cet acte important comme une chose de forme, uniquement autorisée par l'usage ; mais donner l'usage pour motif d'une action est bien expliquer comment on a continué, mais non pourquoi l'on a commencé à l'adopter.

[1] Cette confrontation eût été le sujet d'un cinquième mémoire. Le jugement intervint trop tôt ; ce mémoire ne fut point fait.

Ce seul mot *l'usage* annonce que le motif qui fait interroger le millième accusé devant la cour est le même par lequel on interrogea le premier qui le fut ainsi : reste donc toujours pour base de cet interrogatoire l'importance dont il est dans une instruction criminelle, et son influence majeure sur le jugement qui le suit de près ; et cette importance est telle, qu'un des premiers magistrats du parlement m'a confié que, dans une affaire aussi grave que difficile, son opinion ne s'était décidée qu'à cette époque du procès.

Si donc la publicité d'un tel interrogatoire devant tous les juges est un bien ; en quel sens une plus grande publicité pourrait-elle être un mal? N'est-il pas égal aux magistrats, qui sont froids sur la question à juger, qu'on ignore ou connaisse ce qu'ils ont demandé ? L'accusé seul est intéressé qu'on sache ou ne sache pas ce qu'il a répondu. Mais comme il n'y a que la sottise ou l'hypocrisie qui aient intérêt à cacher leurs démarches, et que je tâche d'éviter l'une autant que je déteste l'autre, je dirai comment on m'a interrogé, comment j'ai répondu, tout ce que j'ai dit, bien ou mal ; ne voulant pas plus déguiser mes torts dans ce procès, que ce qui peut paraître louable dans ma conduite.

Le gazetier d'Utrecht, qui se donne des libertés en tout genre sur cette affaire, et qui tient ses articles *Paris* de Marin, suppose, dans sa gazette du 17 janvier, une conversation entre M. le premier président et moi, et croit me donner pour un audacieux personnage, en publiant une de mes prétendues réponses à ce magistrat.

Certainement si quelque homme en place m'honorant de ses conseils m'avait dit (ce que le gazetier met dans la bouche de M. le premier président) : « Quel besoin « avez-vous d'instruire le public en cette affaire? est-il « votre juge? Et quel autre intérêt met-il à tout ceci « que celui d'une vaine curiosité ? » je n'aurais pas cru m'écarter de mon devoir en lui répondant avec modestie: Cette affaire, monsieur, intéresse un membre du parlement ; et je ne ferai point à mon siècle l'injure de le croire assez avili pour être indifférent sur ce qui touche ses magistrats. La nation, à la vérité, n'est pas assise sur les bancs de ceux qui prononceront ; mais son œil majestueux plane sur l'assemblée. C'est donc toujours un très-grand bien de l'instruire ; car si elle n'est jamais le juge des particuliers, elle est en tout temps le juge des juges : et loin que cette assertion, que j'ai déjà osé imprimer en d'autres termes, soit un manque de respect à la magistrature, je sens vivement qu'elle doit être aussi chère aux bons magistrats que redoutable aux mauvais.

Eh ! quel homme aisé voudrait, pour le plus modique honoraire, faire le métier cruel de se lever à cinq heures pour aller au palais tous les jours s'occuper, sous des formes prescrites, d'intérêts qui ne sont jamais les siens ; d'éprouver sans cesse l'ennui de l'importunité, le dégoût des sollicitations, le bavardage des plaideurs, la monotonie des audiences, la fatigue des délibérations, et la contention d'esprit nécessaire aux prononcés des arrêts, s'il ne se croyait pas payé de cette vie laborieuse et pénible par l'estime et la considération publique? Et cette estime, monsieur, est-elle autre chose qu'un jugement qui n'est même aussi flatteur pour les bons magistrats qu'en raison de sa rigueur excessive contre les mauvais?

Peut-être serait-il à désirer que la jurisprudence criminelle de France eût adopté l'usage anglais d'instruire publiquement les procès criminels.

Le seul mal qui pût en résulter serait de soustraire quelquefois un coupable au châtiment mérité ; mais combien d'innocents l'usage contraire a-t-il fait périr ! Dans l'ordre civil, sauver un coupable est un léger inconvénient ; supplicier un innocent fait frémir la nature : c'est le plus effrayant des malheurs.

Je ne pousserai pas plus loin ce parallèle : il n'est pas de mon ressort. Peut-être un jour oserai-je exposer avec respect le fruit de mes réflexions à cet égard, persuadé que chaque citoyen doit à l'État le tribut de ses vues patriotiques, en échange de la protection que le prince lui accorde, et des agréments dont la société le fait jouir.

Voilà quelle eût été ma réponse. Le gazetier Marin peut bien envenimer, engourdir tout ce qu'il touche ; c'est une torpille : mon devoir à moi, c'est de rendre à mes idées le vrai sens, quand l'ignorance ou la malignité les ont défigurées.

Posant donc pour principe que le plus ou moins de publicité de l'interrogatoire aux pieds de la cour importe à l'accusé seulement, deux autres considérations d'un grand poids à mes yeux me déterminent à suivre mon projet à cet égard.

1° Je dois aux officiers qui ont assisté à l'instruction de ce procès, d'anéantir l'imputation que mes adversaires leur ont faite dans leurs défenses, de m'en avoir communiqué les pièces pour écrire les miennes. Et rien n'y est plus propre que de donner au parlement qui m'a interrogé cette preuve de la fidélité de ma mémoire.

2° J'aime à rendre à la cour l'hommage public de l'étonnement où cet interrogatoire m'a jeté. Mille bruits scandaleux et relatifs à des affaires antérieures m'avaient fait croire que ces interrogatoires se faisaient avec un éclat, un tumulte, un désordre capables d'effrayer l'innocent le plus intrépide. Si l'on en croyait ces bruits, il semblait que la cabale et l'intrigue attendissent ce moment pour triompher de la froide équité des bons juges, et du trouble d'esprit des malheureux opprimés. Jamais, je dois le dire, la religion, tout auguste qu'elle est dans ses cérémonies, ne m'a rien présenté de plus noble, mais en même temps de plus consolant, que le ton, la forme et l'ensemble de ce majestueux interrogatoire.

Le 22 décembre donc, vers les 7 heures du soir, toutes les chambres assemblées, je fus appelé pour être interrogé à la barre de la cour. En ce moment je travaillais au greffe à un précis de l'affaire, que je voulais présenter le lendemain à tous les magistrats, lorsqu'ils entreraient au palais pour me juger. Mon travail avait encore un objet plus intérieur, celui d'examiner le soir chez moi ce que j'avais écrit au greffe, pour juger si, dans une position si nouvelle, j'avais conservé le sang-froid nécessaire à un résumé aussi sérieux. Une des choses que j'ai le plus constamment étudiées est de maîtriser mon âme dans les occasions fortes : le courage de se rompre ainsi m'a toujours paru l'un des plus nobles efforts dont un homme de sens pût se glorifier à ses yeux.

Mais qu'il y a loin encore d'attendre un événement à se voir forcé d'en soutenir le spectacle, ou d'y figurer soi-même! En approchant du lieu de la séance, un grand bruit de voix confuses me frappait sans m'émouvoir ; mais j'avoue qu'en y entrant, un mot latin prononcé plusieurs fois à haute voix par le greffier qui me devançait, et le profond silence qui suivit ce mot, m'en imposa excessivement : *Adest, adest :* Il est présent, voici l'accusé, renfermez vos sentiments sur son compte. *Adest !* ce mot me sonnera longtemps à l'oreille. A l'instant je fus conduit à la barre de la cour.

A l'aspect d'une salle qui ressemble à un temple, au peu de lumières qui la rendaient auguste et sombre, à la majesté d'une assemblée de soixante magistrats uniformément vêtus, et tous les yeux fixés sur moi, je fus saisi du plus profond respect, et (faut-il avouer une faiblesse?) la seule bougie qui fût sur une table où s'appuyait M. Doë de Combault, rapporteur, éclairant le visage d'un conseiller au parlement accoté sur la même table, de M. Gin, en un mot, je le crus, par la place où je le voyais, chargé spécialement de m'interroger, et je me sentis le cœur subitement resserré, comme si une goutte de sang figé fût tombée dessus, et en eût arrêté le mouvement. Je me rappelle bien que, surmontant cette faiblesse par une secousse interne assez violente, je crus n'avoir porté mon âme qu'au degré de l'équilibre ; mais j'ai eu lieu de juger depuis, en m'examinant mieux, qu'elle avait été jetée fort loin au delà du but. Mais je m'étais trompé sur M. Gin : ce fut M. le premier président qui m'interrogea sur mon nom, sur mon âge et mes qualités; son air de bonté, le son d'une voix qui jusqu'alors ne m'avait fait entendre que des choses obligeantes, me rendit une partie de ma sérénité.

« N'avez-vous pas eu, continua-t-il, un procès contre
« le comte de la Blache, sur le délibéré duquel M. Goëz-
« man étant nommé votre rapporteur, vous avez cher-
« ché à le voir chez lui, par plusieurs courses réité-
« rées ? »

Ma réponse ayant un peu d'étendue, M. le premier président me dit : « Soyez concis, monsieur ; répondez « *oui* ou *non* à tout ce qu'on vous demande. » Alors il me fit deux ou trois questions fort simples, qui n'exigeaient de moi aucune explication, et je me renfermai dans l'ordre qu'il m'avait prescrit; mais ce magistrat m'ayant interrogé d'une manière plus composée, et l'ardeur de répondre m'écartant du profond respect dû à M. le premier président, et plus occupé du fond de mes idées que de la manière de les rendre, j'articulai vivement : « Monsieur, la question n'est pas bien posée pour « que je réponde *oui* ou *non*. »

A l'instant il s'éleva un murmure de défaveur contre moi, qui me punit de mon indiscrétion ; je sentis ma faute ; et voulant m'en relever sur-le-champ : « Si mon expression, messieurs, paraît déplacée à la cour, je la supplie de considérer que je ne puis avoir ici l'intention de manquer de respect à M. le premier président ; je la supplie d'avoir la bonté de s'arrêter uniquement au sens que je donne à mon idée, peut-être mal rendue. Je ne puis répondre par *oui* ou *non*, comme on me l'a ordonné, qu'à une question fort simple, et non lorsqu'elle est complexe comme celle-ci, M. le premier président me demande :

N'avez-vous pas remis ou fait remettre à le Jay une somme de cent louis, pour être présentée à madame Goëzman, dans la vue de gagner le suffrage de son mari ?

Si je dis *oui*, j'avoue la corruption ; si je dis *non*, je nie le sacrifice. Or, je supplie la cour de me pardonner si j'observe que sur les interrogats de cette nature il m'est impossible de me renfermer dans la concision qui m'est recommandée ; une réponse obscure tournerait contre moi, et la cour n'a pas intention de me tendre des piéges. »

Il est certain qu'en ce moment je n'eus que des grâces à rendre à la cour, et surtout à M. le premier président, de la bonté d'oublier l'espèce de roideur que contenait ma première réponse ; et je saisis cette nouvelle occasion d'en témoigner aujourd'hui ma reconnaissance à tous les magistrats qui m'écoutaient alors.

Je divisai donc la demande ; et ramenant la question à son principe : L'accusation de corruption sur laquelle je me défends, messieurs, n'est fondée que sur la dénonciation de M. Goëzman, qui n'est elle-même appuyée que sur un ouï-dire de sa femme ; mais cette accusée n'a-t-elle pas déclaré, dans ses récolement et supplément, que le Jay ne lui avait jamais demandé que des *audiences ?* Le Jay n'a-t-il pas toujours dit à ses interrogatoires que Bertrand ne l'avait chargé que de solliciter des *audiences ?* Celui-ci n'est-il pas convenu partout que ma sœur ne lui avait parlé que *d'entrevues et d'audiences ?* Mes deux sœurs, les sieurs de la Châteigneraie, de Miron et Santerre n'ont-ils pas tous déposé que l'impatience qui m'avait porté malgré mes répugnances à faire un sacrifice d'argent ne venait que de l'impossibilité d'avoir autrement des *audiences ?* Or, quand je me fonde avec droit sur la dénonciation de M. Goëzman pour l'accuser de m'avoir calomnié, en me taxant de corruption, pourrait-on user de cette même pièce contre moi pour établir que j'ai voulu le corrompre ?

Les deux propositions contraires ne pouvant être vraies en même temps, prouver par toutes les pièces du procès que M. Goëzman a suborné le Jay, en suggérant, minutant et dictant ses déclarations, et m'a calomnié dans sa dénonciation, n'est-ce pas détruire le fantôme absurde, insoutenable, d'une intention de corrompre, qui, quand elle eût existé, devient nulle au procès, puisque rien au monde n'en peut fournir de preuve légale, et qu'en affaire criminelle tout est de fait, et rien de présomption ? ramenant ensuite ce plaidoyer à la question qui m'a été faite par M. le premier président, je réponds : *Oui*, j'ai donné de l'argent pour obtenir des audiences de M. Goëzman ; et *Non*, je n'en ai pas donné pour le corrompre. C'est aussi trop l'avilir que de supposer que j'aie cru ce magistrat corruptible, et corruptible au misérable prix de vingt-cinq ou cinquante louis, que ma sœur avait jugés suffisants pour le soin dont elle était chargée. Je supplie la cour de ne point perdre de vue cette réflexion en jugeant le procès.

Lorsque je finissais ma réponse, je me sentis violemment tiraillé par une crampe à la jambe, qui ne me permit pas de poursuivre. Je suppliai la cour de vouloir bien suspendre un moment la séance, forcé de convenir que je souffrais incroyablement. A l'instant, le ton de l'humanité, de la bonté, de l'intérêt, succéda, dans la bouche de tout le monde, à l'austère majesté d'un interrogatoire ; et je fus vivement touché de l'indulgence avec laquelle Messieurs m'ordonnèrent unanimement de m'asseoir sur un banc des avocats, et me permirent d'étendre ma jambe douloureuse sur un autre banc. Je ne rapporte ici cette légère circonstance que pour détruire, par l'exposé le plus vrai, les bruits qui se répandirent le soir même dans Paris, qu'on m'avait fait au palais des questions si foudroyantes, que je m'en étais trouvé mal, et avais été longtemps sans connaissance. Après un peu d'intervalle, M. le premier président reprit la parole, et me dit :

— « Vous convenez donc que vous avez donné cent « louis pour avoir audience ? »

— Oui, monseigneur.

— « Vous convenez qu'une audience vous a été accordée ? »

— Oui, monseigneur.

— « Vous convenez que madame Goëzman vous a fait « remettre volontairement les cent louis ? »

— Oui, monseigneur. A toutes ces questions, comme on voit, les réponses les plus simples de ma part.

— « Mais si madame Goëzman ne vous eût pas fait « rendre vos cent louis, les eussiez-vous exigés d'elle ? »

— Pardon, monseigneur, si j'observe que ce que j'aurais fait est étranger à la cause, et que c'est seulement de ce que j'ai fait qu'il s'agit. Cependant voici ma réponse. Je crois fermement que j'aurais eu le droit de me plaindre ; car je n'avais pas demandé une audience, mais des audiences ; et j'espère que la cour, en rendant M. Goëzman partie au procès, voudra bien me donner l'occasion de le confondre sur la fausseté des audiences qu'il prétend que mes amis ou moi avons reçues de lui. Je n'avais donc pas demandé une seule audience, mais des audiences ; et le prix de cent louis, dans mon idée, ayant plus de rapport à l'état de la personne qui m'obligeait qu'à la nature du service qui m'était rendu, je me serais sans doute plaint à la dame du peu de délicatesse de son procédé ; mais je crois pourtant que j'aurais fini par lui laisser les cent louis.

— « Puisque vous lui auriez laissé les cent louis,

« pourquoi donc lui avez-vous redemandé les quinze « louis? Il y a ici contradiction dans votre con- « duite. »

— Il n'y en a point, monseigneur; j'aurais pu laisser les cent louis à madame Goëzman, quoiqu'elle les eût mal acquis; parce que j'avais consenti qu'on les lui remît pour elle-même : et j'ai cru devoir lui redemander les quinze louis, parce qu'elle les avait exigés pour un secrétaire auquel ils n'ont pas été remis. L'argent manquant sa destination doit être rendu à celui qui ne l'a donné que pour un usage indiqué. Hors de cet usage prescrit, toute autre destination à lui inconnue est un vol, une escroquerie; aussi la malhonnêteté du moyen que cette dame avait employé pour s'approprier mes quinze louis me parut-elle mériter la petite leçon que je lui donnai par ma lettre du 21 avril, mais lettre secrète, et tournée de façon à ôter à la dame l'envie de la publier; aussi n'est-ce pas ma faute si, par l'imprudence de mes ennemis, la leçon est devenue publique. En un mot, tel homme veut bien donner cent louis, qui ne veut pas être dupé de quinze; et j'avoue à la cour que je suis cet homme-là.

Après ma réponse, M. le premier président réfléchit un moment; puis il me demanda :

— « Comment ce Bertrand Dairolles, qui était votre « ami, est-il devenu subitement votre ennemi? »

— Monseigneur, il me semble que ceci ne touche pas le fond de la question sur laquelle je subis interrogatoire.

— « J'ai droit, monsieur, de vous interroger sur la « fin, sur le commencement, le fond ou les accessoires « du procès, à ma volonté. »

— Ce n'est pas, monseigneur, pour contester un droit très-respecté, que j'observe; mais seulement pour faire remarquer à la cour que, dans la partie de l'interrogatoire qui se rapporte à la corruption, je suis accusé, et qu'en tout le reste je suis accusateur; ce qui doit mettre une très-grande différence dans ma façon de répondre, et me faire sortir, pour éclaircir les faits, de la concision, qui m'a été prescrite, sans que la cour s'en trouve offensée.

— « Répondez comme vous l'entendrez : mais soyez « bref. »

— Messieurs, je n'étais point l'ami de ce Bertrand Dairolles, mais seulement sa connaissance : aujourd'hui je ne suis point son ennemi, mais seulement son accusateur. L'amitié et l'inimitié supposent dans leur objet une importance qu'on ne peut pas attacher à l'homme dont il s'agit; créature faible, et toujours entraînée par le plus misérable intérêt; froid à mon égard tant qu'il n'a pas cédé à l'impulsion de Marin; ayant fait depuis le mal sans scrupule, quand cette impulsion s'est fortifiée par je ne sais quel espoir de fortune. Avec les esprits de cette trempe on n'y fait pas tant de façon; l'appât le plus grossier les fait mordre, et les tire de leur élément. Je prouverais bien, si je voulais, comment en très-peu de temps ce Bertrand est devenu un fort malhonnête homme; mais je déclare que je n'ai pas contre lui la moindre animosité. Il n'y a dans tout cela que Marin qui en mérite.

« Pourquoi donc êtes-vous devenu l'ennemi de Marin, « dont vous aviez été l'ami jusqu'alors? »

— Monseigneur, tant que Marin ne m'a pas fait de mal, je me suis tenu à son égard dans les termes de la politesse ordinaire. Il censurait mes pièces de théâtre; il prétend aujourd'hui qu'il les corrigeait, qu'il les faisait même; il n'y a que mes mémoires sur lesquels il ne prétend rien. Mais il n'y a pas là de quoi se brouiller; cela prouve seulement que le censeur Marin veut avoir en tout l'air d'une importance au delà de ses pouvoirs : son bonheur est de paraître tout savoir, tout faire et tout arranger. Il conseille la magistrature, il dirige les opérations du ministère, il refait les ouvrages des auteurs, il est de tous les conseils, entre dans tous les cabinets; sa fureur est d'être pour quelque chose dans tout ce qui se fait : c'est l'*omnis homo*, la mouche du coche; il bourdonne et tourne et sue pour les chevaux qui tirent, et se donne la gloire de tous les événements où il n'est pas prouvé qu'on l'a forcé de se taire. Dans cette querelle il a jugé qu'il y aurait pour lui plus de profit à servir le magistrat qu'à défendre le particulier. Le parti pris par un tel homme, on sent que les moyens sont comptés pour rien. L'habitude de mal faire lui a peut-être même ôté la conscience du mal qu'il me faisait. Je ne le hais pas non plus; et si tout le monde l'estimait aussi juste que moi, il y a longtemps que pour toute peine on l'aurait réduit à l'inaction et au silence, seul vrai tourment des gens de son caractère.

Il s'éleva dans l'assemblée un murmure qui me parut être celui d'un sourire universel.

M. le premier président, s'adressant alors à la cour, demanda si quelqu'un avait des questions à me faire; et M. Doë de Combault, rapporteur, prit la parole :

« Quel jour avez-vous remis à le Jay la montre enri-
« chie de diamants? »

— Monsieur, c'est le dimanche 4 avril, lendemain du jour où j'ai obtenu la seule audience qui m'ait été donnée.

— « Prenez garde, monsieur, si ce n'est pas plutôt « le samedi 3, avant l'audience obtenue : rappelez-vous « bien. »

— Je sens, monsieur, toute l'importance de votre question. Si j'ai donné la montre avant l'audience, on peut croire que j'ai plutôt eu dessein, en accumulant les présents, d'exciter la cupidité de ceux dont je voulais gagner le suffrage, que de payer successivement des audiences : mais j'ai la mémoire très-fraîche sur ce fait. La montre n'a été par moi remise à Bertrand pour être remise à le Jay pour être remise à madame Goëzman, que le dimanche 4 avril, à défaut de cent autres louis que je n'avais pas, et sur les difficultés que mes amis et moi aperçûmes d'obtenir une autre audience sans de nouveaux sacrifices.

— « Mais le libraire déclare qu'il a reçu la montre le « samedi; qu'elle a passé une nuit chez lui. »

— Monsieur, le libraire a tort. Si cette montre est

restée chez lui (ce que j'ignore), ce ne peut-être à la rigueur que la nuit du dimanche au lundi. Je ne sais pas ce qui s'est dit de la part d'autrui; mais de la mienne, messieurs, vous ne trouverez jamais d'obscurité dans mes réponses, ni de contradiction dans ma conduite. Je déclare que je n'ai remis la montre à Bertrand que le dimanche au matin.

Alors, il se fit un bruit dans l'assemblée; chacun disait : Oui, oui! c'est le dimanche ; et telle est la dernière déclaration de le Jay.

La séance paraissait finie, lorsqu'un des Messieurs des enquêtes, élevant la voix, me dit de la manière du monde la plus polie :

— « Monsieur de Beaumarchais, répondez à ce que je « vais vous dire : Vous êtes un homme instruit, et vous « connaissez les lois de la morale. »

— Messieurs, la morale est le principe de toutes les actions de l'homme en société ; il n'est permis à personne de les ignorer.

— « Répondez donc exactement. Dans la persuasion « où vous paraissez être que votre rapporteur était d'ac- « cord avec sa femme sur les sommes qui devaient vous « acquérir son suffrage, si son rapport en votre faveur « eût fait sortir un arrêt à votre avantage, auriez-vous « cru en homme délicat pouvoir profiter du bénéfice de « cet arrêt? »

— Je vous demande pardon, monsieur, si j'observe que votre question, étrangère à la cause, me paraît seulement un cas de conscience. Ce n'est pas pour éluder d'y répondre que je fais cette remarque, mais seulement pour que la cour ne soit pas étonnée si je divise la question, et ne la fais rentrer dans l'espèce de celles auxquelles je dois répondre comme accusé, qu'après y avoir répondu comme moraliste.

Si j'avais eu, monsieur, l'intention de corrompre M. Goëzman, en faisant un sacrifice d'argent, il est certain que son suffrage acheté m'ayant rendu l'arrêt favorable, je n'aurais pas pu délicatement profiter d'un arrêt qui m'eût été, dans ce cas-là, que le fruit de ma propre séduction.

Mais voici pourquoi la question me paraît hors de la cause : c'est qu'un homme assez délicat pour refuser le bénéfice d'un arrêt obtenu par des voies malhonnêtes n'aurait pu l'être en même temps assez peu pour tenter de corrompre un rapporteur ; et que celui qui aurait acheté le samedi le suffrage du rapporteur ne serait pas devenu subitement assez scrupuleux pour restituer le lundi le produit de cet arrêt. Mais si vous me demandez : « Mon- « sieur, lorsque vous avez payé des audiences de votre « rapporteur, si vous aviez su que le mari fût du secret, « auriez-vous cru le gain du procès légitime ? » En qualité d'accusé, je réponds à cette question toute simple, et qui a un rapport direct au procès, que n'ayant en effet jamais entendu que payer des audiences, quand j'aurais été convaincu que M. Goëzman était d'accord avec sa femme et quand ces audiences m'auraient coûté trois, quatre, cinq cents louis, j'aurais sans scrupule profité du bénéfice d'un arrêt qui ne m'eût adjugé que le prix du plus légitime arrêté de compte et ne m'eût fait gagner qu'un procès imperdable. J'aurais seulement trouvé les audiences du rapporteur un peu chères.

— « Mais puisque vous croyiez votre cause si simple « qu'elle était absolument imperdable, quel besoin pen- « siez-vous donc tant avoir d'instruire votre rappor- « teur? »

— Le voici, monsieur : si j'avais pu me flatter que l'on s'occupât uniquement au palais du fond de la question, qui, dégagée de tous les accessoires dont mon adversaire la chargeait, n'eût jamais mérité d'en former une, je n'aurais pas fait au parlement et à mon rapporteur l'injure de croire qu'on s'arrêtât une minute aux misérables défenses de mon adversaire; mais j'avais trop éprouvé qu'en feignant de plaider au civil la discussion d'un arrêté de compte, son avocat ne plaidait en effet que des moyens d'inscription de faux : de sorte que, par cette ruse odieuse, mon ennemi gagnait de me rendre odieux, sans courir le risque des terribles condamnations à quoi s'exposent ceux qui usent de l'inscription de faux contre un acte légitime. Aussi n'était-ce pas le fond du procès que je voulais instruire chez le rapporteur, c'était les horribles impressions du comte de la Blache et de M⁰ Caillard que je voulais détruire[1]. Car que faisait à ma cause qu'il parût étonnant à M. Goëzman, comme il me le dit, que M. Duverney m'eût prêté 200,000 livres en ces billets au porteur, puisque dans l'acte qui les atteste je n'en demande pas le payement, et qu'ils ont été rendus et reçus en nature? Ce n'était donc que pour en tirer des inductions défavorables contre moi qu'on faisait ces objections. Et pourquoi? répondis-je à M. Goëzman : « Vous serez bien plus surpris, monsieur, si je vous prouve légalement que M. Duverney m'a prêté en un seul jour 560,000 livres : de pareils services supposent un attachement sans bornes, ou de grands intérêts à ménager ; et l'homme qui en oblige un autre avec de tels moyens croit sans doute avoir d'excellentes raisons pour le faire ? » Je n'avais pas besoin non plus de prouver au procès ce prêt de 560,000 livres, puisqu'il n'en est pas question dans notre acte, et qu'ils ont été rendus longtemps avant qu'il fût rédigé.

De quoi donc s'agissait-il pour moi chez le rapporteur! De prouver qu'il y avait eu des liaisons d'intérêt et d'amitié, aussi longues qu'intimes, entre M. Duverney et moi, et que l'arrêté de compte le plus exact avait le fondement le plus légitime : il me fallait plaider l'historique de ces liaisons, que mon ennemi s'efforçait de faire passer pour des chimères; il m'importait de les établir par des instructions, que mon respect pour la mémoire du plus honorable citoyen ne m'avait pas permis de mettre dans la bouche de mon avocat ; non qu'elles ne fussent à la gloire de mon ami, mais parce qu'elles tenaient à des considérations majeures, et qui exigeaient de ma part la plus grande circonspection : de sorte que, sans inquiétude sur la vraie question à juger (*la validité d'un*

---

[1] M. Caillard, avocat, qu'il faut bien se garder de confondre avec M. Gaillard, de l'Académie française, de qui nous avons des morceaux de littérature très-éloquents.

acte entre majeurs), je ne l'étais pas sur l'opinion que mon adversaire avait donnée de moi, qui présentais cet acte : et voilà pourquoi, monsieur, il m'était aussi important d'instruire mon rapporteur, qu'inutile de le corrompre ; voilà pourquoi j'ai payé des audiences qu'on me refusait, et n'ai pas acheté un suffrage qui m'était dû à toute sorte de titres : tel a été le principe de ma conduite en cette affaire.

Il semblait alors que la cour n'eût plus rien à me demander, lorsqu'un autre de Messieurs des enquêtes me dit du ton le plus grave, et même un peu austère :

— « M. de Beaumarchais, êtes-vous l'auteur d'un écrit « intitulé *Supplément au Mémoire à consulter*, etc. ? »

— Je pense, monsieur, que mon aveu ne fait rien du tout pour ou contre le parti que la cour entend prendre relativement à ces mémoires.

— « Répondez-moi, monsieur de Beaumarchais, d'une « façon nette et sans biaiser. »

— Messieurs, la cour sait bien la peine que j'ai journellement à faire signer la plus simple requête : forcé d'abord de présenter à M. le premier président une requête extrajudiciaire pour obtenir un ordre exprès à un avocat titulaire de m'en signer une juridique, tous me refusant leur ministère contre un conseiller de la cour ; l'on m'a vu souvent revenir jusqu'à quatre fois à la charge sans rien obtenir : et cela est au point que ma requête d'atténuation a été envoyée à tous Messieurs sans qu'elle fût signée, ce dont je leur ai demandé pardon, dans une note à la fin de mon dernier mémoire. Cette difficulté de trouver des défenseurs, sur laquelle il serait à désirer que la cour prît un parti certain (car enfin je ne suis pas ce qu'on appelle en Angleterre *ex-lex*, hors la loi) ; cette difficulté, je l'ai éprouvée de même sur mes écrits : de sorte qu'à défaut de conseils, de consultants, et surtout d'une bonne plume pour me défendre, je ne suis trouvé forcé d'en employer une mauvaise, qui est la mienne.

— « Monsieur de Beaumarchais, êtes-vous l'auteur « d'un écrit intitulé *Addition au Supplément du Mé- « moire à consulter*, etc. ? »

— Monsieur, si c'est un nouveau crime, vous voyez le coupable : il n'y a pas trente heures que j'y travaillais encore.

Le magistrat cessa de parler, et M. le premier président m'ordonna de me retirer ; je demandai la permission de faire une observation à la cour.

— « Vous êtes ici pour répondre, et non pour obser- « ver, me dit M. le premier président.

— Monseigneur, je crois avoir rempli le vœu de la cour à cet égard, puisqu'elle cesse de m'interroger ; mais cet interrogatoire lui-même étant destiné à éclaircir quelques faits du procès sur lesquels la cour était incertaine, ne puis-je en profiter pour porter la lumière sur un fait des plus graves ? C'est en quoi consiste l'observation que je demande la liberté de faire à la cour.

— « Je vous ai déjà dit qu'un accusé n'avait pas le « droit d'observer. »

— Aussi, monseigneur, n'est-ce pas comme accusé que je désire observer, mais en qualité d'accusateur ; et j'ose assurer la cour que mon observation est d'une telle importance, que, si l'on passait au jugement définitif de l'affaire avant de m'avoir entendu, l'arrêt ne serait peut-être pas injuste au fond ; mais au moins serait-il irrégulier dans la forme.

La cour eut la bonté de me permettre de parler.

Mon observation avait pour objet l'histoire d'un dîner, pendant lequel, selon le sieur Bertrand, quatre conseillers avaient trahi devant lui le secret du parlement, en s'expliquant sur le parti violent que la cour entendait prendre contre le Jay, ledit Bertrand et moi, qui avions, ajoutait-on, voulu flétrir la vertu du plus intègre magistrat, M. Goëzman. J'essayai d'établir qu'il importait à l'honneur de la magistrature, autant qu'à ma propre sûreté, que ce fait fût éclairci, chaque magistrat pouvant craindre, à bon droit, qu'on ne le soupçonnât d'être un des quatre ennemis qui s'étaient expliqués aussi indiscrètement sur mon compte, et dont les voix pouvaient faire pencher contre moi la balance d'un jugement formidable. « Et cet indigne soupçon, messieurs, qui doit blesser tous les membres de cette auguste assemblée, ne peut cesser que par une addition d'information, dans laquelle le sieur Bertrand, interrogé de nouveau, sera forcé de s'expliquer : car si tout ce procès m'a été intenté sur le seul soupçon qu'un magistrat était compromis par des bruits vagues et publics, avec combien plus de raison la cour doit-elle ordonner d'informer sur une grave imputation faite devant dix témoins, contre quatre de ses membres qu'on refuse de nommer ! Dans le cas où cette imputation serait calomnieuse de la part de Bertrand, ce qui me paraît à moi très-probable, il est essentiel que la cour apprenne par l'instigation de quel fourbe adroit un fourbe maladroit est venu calomnier devant moi quatre magistrats, uniquement pour tâcher de m'effrayer, et me porter à quelques fausses démarches. »

Mon plaidoyer s'étendit à d'autres branches de l'affaire, et je conclus, tant sur le fait de l'audience que M. Goëzman prétend m'avoir donnée le samedi matin 3 avril, que sur celui du dîner des quatre conseillers, à ce qu'il plût à la cour me permettre de lui présenter requête tendante à obtenir une addition d'information.

M. le premier président me demanda « pourquoi je « *n'avais* pas parlé de ces objets dans *ma* requête d'at- « ténuation ? »

— Par la raison, monseigneur, que dans cette requête j'assignais comme accusé, dont je dépouille en ce moment le caractère, pour revêtir à la barre de la cour celui d'accusateur.

M. le premier président me dit alors, avec la plus grande bonté, que la cour verrait le cas qu'elle devait faire de mes observations ; et qu'elle me permettait de lui présenter requête à ce sujet. Je témoignai ma reconnaissance, et je me retirai, soutenu par le digne M⁰ Fremyn, l'un des greffiers criminels ; car ma jambe me faisait un mal excessif.

Bien persuadé que la cour ne rendrait le lendemain qu'un arrêt interlocutoire, qui mettrait M. Goëzman en cause, j'abandonnai le précis que j'avais fait au greffe, pour m'occuper toute la nuit de ma nouvelle requête; et j'attendis le jour avec autant de sécurité que d'impatience. Continuons mon récit : il n'y a rien de petit dans cette affaire.

Dès le matin je fus au parquet solliciter M. le procureur général de me nommer un avocat titulaire. Tant d'importunités me paraissent fatiguer excessivement ce magistrat; mais je lui demande pardon si je ne me lasse point d'invoquer sa louable exactitude en une affaire où tout le monde me parle beaucoup de prudence, et semble n'avancer que malgré soi. Enfin, je le suppliai si instamment d'enjoindre à un titulaire de signer cette nouvelle requête, que je réussis à la faire présenter aux chambres assemblées, pendant qu'on était aux opinions.

Bien des gens me trouvaient imprudent de rester au palais le jour qu'il devait sortir un jugement dans mon affaire; mais j'en appelle à tous les bons esprits, la confiance avec laquelle j'attendais ce jugement n'est-elle pas la plus haute marque de respect que je puisse donner à la cour? et plus les gens peu éclairés supposaient de cabale et d'intrigue en ce moment au palais, plus ma confiance dans le tribunal qui me jugeait démontrait quelle opinion j'avais de son intégrité.

L'événement n'a pas tardé à justifier mes espérances. Mon adversaire M. Goëzman, qui, la veille, avait été décrété d'ajournement personnel, pour le faux commis par lui sur les registres de baptême, a été une seconde fois décrété d'ajournement personnel relativement à notre procès; et j'ai pu goûter d'avance la joie que j'aurais un jour de confondre, à la confrontation, celui qui n'a pas craint d'imprimer qu'il m'avait donné quatre audiences, lorsqu'il est prouvé que je n'en aurais pas même obtenu une seule, sans l'or que j'y sacrifiai. Et quelle audience encore!

Mon premier soin fut de suivre M. le premier président, pour lui rendre mes actions de grâces. Je revenais, plein de mon objet, chercher mon avocat, lorsqu'à la croisière des quatre galeries du palais je vis venir de loin une file de magistrats, entourés de gardes; je me rangeai sur le côté, laissant entre ces messieurs et moi assez d'espace pour qu'il fût à l'instant rempli de gens de toute espèce, attirés par la curiosité du spectacle. J'étais confondu dans la foule et sur les derniers rangs, mon chapeau à la main, très-modestement, et tellement occupé de l'arrêt qui venait d'être rendu, que je ne vis aucun des magistrats qui passaient : aussi fus-je très-surpris lorsque M. le président de Nicolaï, qui marchait à la tête, et déjà en avant de plus de dix pas, se retournant, dit à quelqu'un de sa suite, en me montrant du doigt et me désignant par mon nom : « Exempt, faites sortir cet homme, Beaumarchais, là; « faites-le retirer : il n'est ici que pour me braver. » On sait avec quelle ardeur les subalternes exécutent de pareils ordres. « Retirez-vous; sortez; point de raisons;

« M. le président l'ordonne. » Un second accourt à l'appui du premier; je me vois durement poussé, pressé de sortir, du geste et de la voix, et toujours au nom de M. le président : le public m'entourait. « Je ne sor« tirai point (dis-je aux hommes bleus); je suis ici dans « une salle appartenant au roi, destinée à servir de re« fuge aux plaideurs; j'y suis à ma place le jour de mon « jugement, et M. le président sort de la sienne pour « m'en chasser. Mais je prends la nation à témoin de « l'outrage qui m'est fait devant elle, et dont je vais à « l'instant porter ma plainte au ministère public. »

Au lieu de me retirer je remonte au parquet, où, suivi par la foule et tout chaud d'indignation, je dis à M. le procureur général : Je vous supplie, monsieur, de recevoir ma plainte. M. le président de Nicolaï, oubliant le respect qu'il doit au roi, à son propre état, au droit des citoyens, à l'auguste compagnie à la tête de laquelle il avait l'honneur de marcher, sans égard pour le temps, le lieu ni les personnes, vient de me faire outrager par les gardes de sa suite, au milieu du public, que son action scandalise. Mon plaidoyer fut aussi bouillant que rapide; et M. le procureur général, ne pouvant refuser de m'entendre, me dit, après avoir un peu rêvé : Avez-vous des témoins d'un fait si extraordinaire? — Mille, monsieur. — Je ne puis vous empêcher de présenter votre requête à la cour : mais surtout soyez prudent. — Monsieur, il y a huit mois que je le suis : il y a huit mois que je dévore par respect les insultes publiques que me fait en toute occasion M. le président Nicolaï; mais mon silence le fait enfin aller si loin à mon égard, qu'il n'y a plus moyen de m'en taire.

A l'instant je rentre dans la grand'salle, où, m'adressant à toutes les personnes qui m'environnaient, je dis : « Messieurs, il n'y a pas un de vous qui n'ait vu « ce qui vient de m'arriver; j'espère que vous ne me « refuserez pas d'en déposer lorsqu'il en sera question. » Plusieurs voix s'élevèrent à la fois : « Allez, allez « chez nous, monsieur; vous y trouverez une liste de « cent témoins. » Dès le même jour, en effet, je reçus le nom d'une foule d'honnêtes gens.

Mais M. le président de Nicolaï, pour rejeter sur moi le blâme de sa vivacité, répand, dit-on, que je lui ai *tiré la langue en lui faisant la grimace.*

Eh! monsieur le président, il me semble que dans mes défenses je n'ai pas trop l'air d'un grimacier, et que leur dure franchise annonce plutôt un caractère trop ferme, que celui d'un plat saltimbanque. Est-ce donc entre nous une guerre de collège, où des grimaces se payent par des coups de poings? Et des intérêts si graves se traitent-ils avec d'aussi puérils moyens que ceux que vous me prêtez?

Dites, dites, monsieur, qu'outré de l'arrêt du parlement, qui venait de décréter une seconde fois votre ami M. Goëzman, et vous en prenant à moi de n'avoir pu rester dans l'assemblée pour vous y opposer, vous avez fait tomber sur un innocent toute la colère que vous causait le décret d'un coupable : et s'il faut tout avouer, monsieur, lorsque vous avez donné l'ordre à l'exempt de me chasser du palais, où je voudrais n'être jamais entré, votre physionomie, assez douce pour l'ordinaire, était en feu ; les yeux hors la tête, et les cheveux hérissés comme Calchas, vous aviez plutôt l'air d'un prêtre emporté qui ordonne un sacrifice, que du chef d'une compagnie respectable allant faire un acte de bienfaisance en faveur des prisonniers.

Depuis ce moment, comptant pour peu cet outrage non mérité, je ne me pressais point de réclamer mon droit de citoyen offensé, lorsque j'ai appris pour quel insolent et grimacier personnage vous voulez encore me faire passer.

Et parce que le hasard m'a fait, peu de temps après, me rencontrer à quelques places de vous au parquet de la Comédie italienne, vous avez dit tout haut, à la buvette du palais, que je vous avais de nouveau provoqué de *clignotements* et de *grimaces*, et que vous en aviez demandé justice au roi. Mais il sera prouvé, par le témoignage de tous ceux qui m'ont vu ce jour même au spectacle, que je n'y ai pas levé les yeux sur vous ; et qu'à l'instant du ballet, où les bancs de devant se sont dégarnis de monde, j'ai passé sur l'un d'eux, dans la crainte que mon voisinage ne vous déplût, ou mît quelque embarras à votre sortie.

Et comme si un homme en valait moins parce que vous l'avez beaucoup outragé, j'apprends que vous comblez par vos discours la multitude d'insultes publiques que vous m'avez faites depuis un an. Tant de partialité, de procédés si offensants, me forcent de revenir à la charge, et de supplier encore une fois le parlement qu'il me commette un avocat titulaire, pour signer ma requête en forme de plainte contre vous.

On m'assure que je ne l'obtiendrai pas ; mais cela ne peut être. En posant ainsi des bornes arbitraires à tout, en étendant ou resserrant les droits de chacun au gré des considérations particulières, que resterait-il de certain ? Les tribunaux ne connaîtraient plus l'étendue de leur ressort, ni les citoyens celle de leur liberté. Le désordre et la confusion servant de base à tout, le despotisme oriental serait moins dangereux qu'une pareille anarchie. Si, au lieu d'être froids sur les contestations, comme la loi dont ils sont les organes, les magistrats, plus animés de l'esprit de corps que de celui de justice qu'ils nous doivent, foulaient aux pieds le droit des citoyens ; ou le système d'une telle législation serait mauvais, ou il faudrait un tribunal supérieur aux cours souveraines, auquel chaque citoyen eût droit de porter sa juste plainte.

Je mets ici de côté mon ressentiment particulier. Toute cette affaire est devenue trop grave pour la renfermer dans les bornes individuelles. Mais est-il donc indifférent à la nation que, sous le règne d'un prince équitable, il puisse tomber dans l'esprit d'un magistrat qu'un pouvoir sans bornes est le premier droit de sa place ? qu'il a celui de cabaler, d'intriguer, de solliciter ouvertement pour un de ses confrères, au mépris des ordonnances, et d'abuser du respect qu'on porte à sa simarre, pour déchirer partout l'adversaire de son ami ! et parce que le plus juste arrêt viendrait de décréter une seconde fois cet ami, qu'il peut abuser du moment de la plus auguste fonction pour faire outrager publiquement un citoyen par ses gardes ? Et surtout comment ce magistrat, à qui l'on doit supposer un cœur doux, un esprit pacifique (puisqu'il a déposé l'étendard de la guerre, qui tire son droit de la force, pour arborer le drapeau de la justice, qui ne tient son pouvoir que des lois), se trompe au point de croire qu'il peut traiter les sujets du roi, étant président, comme il dut traiter ses ennemis, étant colonel ; porter l'esprit militaire au barreau, les abus du commandement jusque dans l'administration de la justice ; enfin abuser, pour troubler l'ordre public, de moyens mêmes établis par la loi pour le faire respecter ?

Mais posons la thèse en sens contraire, et supposons un moment qu'un citoyen eût été assez fou pour insulter ce magistrat dans ses fonctions. A l'instant une punition rigoureuse eût fait un exemple éclatant du malheureux insensé. Cependant son action isolée importait-elle à la chose publique, comme la conduite d'un magistrat, entre les mains duquel sont tous les jours l'honneur, la fortune, ou la vie des citoyens ? Eh ! comment espérer du respect pour les droits d'autrui, de celui qui ne saurait pas respecter l'auguste emploi dont il serait lui-même honoré ?

L'outrage du citoyen au magistrat, puni sur-le-champ, ne peut donc tirer à conséquence pour personne ; au lieu que l'outrage public du magistrat au citoyen importe à toute la nation ? car, ou cette licence est l'effet de la corruption générale, ou rien n'est plus propre à l'engendrer bientôt ; et si l'offense faite à un particulier paraît un petit mal en soi, l'oubli de l'ordre et de la justice, de la part d'un magistrat, peut devenir la source de mille abus effrayants. La nation n'est pas juge en cette affaire ; mais elle s'y rend partie dans ma personne ; et ma cause est celle de tous les citoyens.

Je prends avec autant de justice que de plaisir le nom de citoyen partout où je parle de moi dans cette affaire ; ce nom est doux à ma bouche et flatteur à mon oreille. Hommes simples dans la société, sujets heureux d'un excellent monarque, chacun de nous, Français, a l'honneur d'être citoyen dans les tribunaux ; c'est là seulement où nous pouvons soutenir les droits de l'égalité. Ils y sont même tellement respectés, que le souverain ne croit pas au-dessous de lui d'y soumettre les siens contre nous, et de s'y laisser condamner à notre avantage sur tous les points qui lui seraient justement contestés. Ainsi le Dieu terrible, enveloppé d'un nuage et tempérant son éclat, ne dédaigna pas autrefois de disputer contre Moïse, et de céder même à son serviteur.

Et lorsque mon souverain, mon seul maître, mon roi permet qu'on plaide contre lui dans les tribunaux établis par lui-même, je ne pourrais obtenir, contre un officier de ces mêmes tribunaux, la permission d'informer et d'y poursuivre la juste réparation d'un outrage public et non mérité ! Oui, je ne l'obtiendrai par la seule force de mon droit et de mes raisons. Nous ne sommes plus dans ce siècle où l'on fit un crime à la maréchale d'Ancre d'avoir bien raisonné; dans ces temps superstitieux où l'empire de Galigaï conduisait une âme forte au bûcher. Je suis soumis aux lois de mon pays; je paye avec joie le tribut de mes facultés à mon prince : en revanche il ne refusera pas sa protection pour ma personne, et sa justice pour mes droits offensés.

En tout ceci, monsieur, je suis bien loin d'attaquer la noblesse et les dignités qui sont en vous l'enseigne des vertus de vos ancêtres; j'ose au contraire vous demander compte de cette vertu qui doit être en vous l'enseigne de la noblesse et des dignités qu'ils vous ont transmises.

Mais je m'aperçois que tant d'ardeur à vous poursuivre affligerait tout un corps respectable, et désobligerait les chefs du parlement. Est-ce égard pour votre famille, et noble et toujours chère à la nation ? Je partage avec eux cette honorable considération. Est-ce attachement pour votre personne? je déclare volontiers que mon respect pour vous marche à côté de ce tendre intérêt. Est-ce inquiétude pour le désagrément qui peut résulter de ma poursuite? Eh bien! monsieur, j'y renonce, persuadé que la haine qui vous égare en ce moment fera place à des sentiments plus justes, quand l'événement vous aura convaincu que je ne fais ici que soutenir les droits d'une défense légitime.

A la vérité, si j'avais l'honneur d'être M. de Nicolaï, je serais bien mécontent de ne devoir ma tranquillité qu'aux respectueux égards d'un offensé pour ma famille ou pour le vœu de ma compagnie; et j'aurais la hauteur de vouloir réparer un tel outrage, ne fût-ce que pour enlever à mon inférieur l'honneur de l'oublier ou de me le pardonner. Chacun a de l'amour-propre à sa manière; et pour moi, telle eût été ma fierté.

Pour conserver l'avantage que vous voulez bien m'abandonner, monsieur, je renonce donc avec plaisir à ma poursuite, en vous assurant qu'il n'a jamais entré un seul mouvement de haine ou de vengeance dans tout ce que j'ai fait contre vous.

Je vais plus loin à votre égard : je trouve, dans un excès que vous blâmez sûrement vous-même, sinon sa propre excuse, au moins l'apologie du sentiment qui vous y a conduit : et si j'ai désiré que vous ne fussiez pas mon juge, c'est qu'un ami ardent et passionné est rarement un juge impartial, et que votre amitié pour M. Goëzman pouvait tourner contre moi dans l'acte important d'un jugement, où toute abnégation de soi-même est la première loi qu'un magistrat doit s'imposer.

Si la fermeté de cet article est prise en mauvaise part et si mes ennemis donnent ce courage de publier mes sentiments sur des points aussi délicats, pour un dessein formé de dépriser pied à pied le tribunal qui doit me juger, j'opposerai ma confiance et mon respect reconnus à l'odieuse intention qui m'est ici prêtée.

J'opposerai l'éloge public que j'ai constamment fait de MM. Doé de Combault et de Chazal, commissaires rapporteurs de ce procès, que je ne connais que par la marche exacte et pure de leur instruction, au blâme public que je n'ai pas craint de répandre sur M. Goëzman en une occasion semblable.

A la nécessité de relever un trait peu réfléchi de M. le président de Nicolaï, j'opposerai l'action magnanime et généreuse de M. le président de la Briffe, qui, sans aucun autre motif que l'amour du bien, sacrifie sans faste, à la délivrance des prisonniers, les 12,000 fr. dont la grandeur du roi couvre les dépenses du président qui tient la chambre des vacations. On me crierait cent fois : M. de la Briffe est l'ami de M. Goëzman, que je le supplierais encore de rester au rang de mes juges : l'amour des hommes, celui de l'ordre et celui de la justice ont tous la même base dans le cœur d'un homme vertueux.

A l'obstination que je ne puis approuver dans quelques magistrats, de vouloir absolument rester parmi mes juges avec un cœur trop plein d'attachement pour mon adversaire et de haine pour moi, j'opposerai la pureté délicate avec laquelle MM. Quirot, Desirat, et plusieurs autres conseillers, se sont récusés volontairement sur le léger soupçon que l'opinion qu'ils ont de M. Goëzman avait pu percer dans le public.

Enfin, à la chaleur avec laquelle on dit que quelques membres du parlement voudraient disculper M. Goëzman, j'opposerai le nombre infini de magistrats généreux qui, ne faisant point consister la gloire d'un corps illustre dans le soutien d'un membre gangrené, préféreront d'en purger leur compagnie, sous le risque de quelque inconvénient passager, à la faiblesse de le supporter au milieu d'eux, s'il n'est pas jugé digne d'y rester.

Voilà ma profession de foi relativement à mes juges; et je ne fais point parade ici de sentiments équivoques : j'ai pesé tout, avant de m'expliquer. Tout magistrat, dit-on, doit être jugé par ses pairs. Mais les officiers d'un autre parlement sont également les pairs de M. Goëzman; mais ses amis n'auraient pas la douleur de le condamner, et les miens peut-être auraient quelques inquiétudes de moins. Loin de moi toute frayeur insultante ! je fais profession ouverte de la plus grande confiance dans le parlement de Paris; jamais respect ne fut plus entier, ni plus sainement motivé : les opinions pour et contre ici ne font rien. Voilà des faits : je leur dois la sécurité de mon attente, et le courage d'un travail aussi pénible que celui que j'ai entrepris; je leur dois la force de vaincre mes dégoûts en passant d'un objet dont la discussion élevait mon cœur, à de misérables tracasseries qui le font soulever. De tous les travaux d'Hercule, celui de nettoyer les étables d'Augias était le plus aisé sans doute, et n'en fut pas moins celui qui l'irrita davantage. Ramenons les choses à des comparaisons plus justes, plus voisines de ma faiblesse.

Après avoir détourné la tête et les yeux d'une médecine, repoussé vingt fois la main qui la présente, un enfant, malgré sa répugnance, finit pourtant par l'avaler, et même à grands flots, pour en être plus tôt quitte: et moi aussi je suis un grand enfant; voilà je ne sais combien de fois que je prends la plume pour faire l'article *Marin*, et la remets dans l'encrier. A quoi bon ces délais ? Malgré la nausée, il faut toujours y venir. Allons donc, une bonne résolution, et finissons, quitte à se rincer la bouche après en avoir parlé.

— Mais à quoi donc répliquez-vous ? il n'a pas répondu à votre addition. — A quoi je réplique ? N'est-ce donc rien que ces requêtes au parlement, et ses gazettes à la main, et ses gazettes à la bouche, et les lettres infâmes qu'il fait trotter par la ville, et les articles *Paris* de la gazette d'Utrecht ? — Mais ces nouvelles à la main, cette gazette étrangère, ne sont pas de lui. — Elles en sont ; et voici mes preuves.

Premièrement, l'article de ce procès y est toujours mal fait, lourdement ruminé, pesamment écrit : vous conviendrez que c'est là déjà une forte présomption contre Marin. Deuxièmement, cet article dit toujours beaucoup de mal de moi : ma preuve se renforce contre Marin. Troisièmement, l'article dit toujours du bien de Marin, vante à l'excès la noblesse et la beauté de son style, la distinction avec laquelle il remplit les places qui lui ont été confiées : la preuve est complète ; il n'y a plus moyen d'en douter : c'est Marin qui fait l'article, puisque l'article dit du bien de Marin.

Ressassons donc un peu celui de la gazette d'Utrecht du 4 janvier, puisqu'il sert de supplément aux mémoires de Marin.

« Le sieur de Beaumarchais, en attendant la sentence que le parlement lui prépare. » Une sentence du parlement ! c'est Marin, vous dis-je. Si notre affaire eût été consulaire, comme celle du grand cousin, il n'eût pas manqué d'écrire : *en attendant l'arrêt que les consuls*, etc. C'est Marin, c'est Marin, comme ce n'est pas moi. Mais qui a dit au sieur Marin que le parlement me préparait une *sentence*, pendant qu'il est de notoriété que je poursuis un jugement contre M. et madame Goëzmann, concussionnaires et calomniateurs, contre Marin la Bourse, et Bertrand la Main-d'œuvre, l'un suborneur, et l'autre suborné ? « Le sieur de B... vient de publier « un troisième mémoire qui, par le fiel qui y est mêlé, « mérite le nom de libelle. » Remarquez, en passant, que ce n'est point du tout sur les reproches mérités que je fais à M. et madame Goëzman, au comte de la Blache, à Bertrand, Baculard et consorts, que Marin se fâche contre mes mémoires : regardant le mal d'autrui comme un songe, et ne s'occupant dans la gazette que de l'intérêt du gazetier, voyez comment il s'explique ici : « Ses mémoires méritent le nom de libelle, puis« qu'il s'efforce d'y diffamer un homme de lettres « (M. Marin). » Marin le gazetier, homme de lettres !... comme un facteur de la petite poste : « qui a toujours « rempli *avec distinction* les places qui lui ont été con« fiées par le gouvernement. » Avec distinction ! cette distinction de Marin me rappelle un propos que le jacobin Affinati, dans son bouquin intitulé *le Monde sens dessus dessous par les menées du diable*, fait tenir à Dieu, parlant au pêcheur Adam : « De toutes mes créatures, « vous seul avez forfait. Avancez, maraud, que je vous « timbre au front, et que je vous *distingue*. »

Avancez, Marin ; suivons votre article. « Quoique l'on « puisse lire les mémoires du sieur de Beaumarchais « qu'avec mépris, il s'en est cependant vendu plus de « dix mille exemplaires en deux jours. » Je n'entends pas cette phrase ; elle sera toujours louche à moins d'y restituer quelques mots oubliés à l'impression. Pour qu'elle ait le sens commun, voici comment elle a dû être faite : « Quoique l'on (ne) puisse lire les mémoires « du sieur de Beaumarchais qu'avec mépris (pour Ma« rin), il s'en est cependant vendu plus de dix mille « exemplaires en deux jours. » Cela est clair, voilà qui s'entend ; car le mépris que mes mémoires auraient inspiré pour moi les eût laisser moisir au grenier du libraire, au lieu que le mépris dont ils ont couvert Marin a rendu tout le monde avide de les lire : *il s'en est vendu plus de dix mille en deux jours*, ou bien : Malgré le dégoût qu'on avait d'entendre parler de Marin dans ces mémoires, *il s'en est cependant vendu*, etc. Cette version est bonne aussi, mais les gens de lettres préfèrent la première, comme plus sûre et plus naturelle : « Quoiqu'on ne puisse lire les mémoires du sieur « de Beaumarchais qu'avec mépris pour Marin, il s'en « est cependant vendu dix mille exemplaires en deux « jours. » On y rêverait cent ans, que voilà le vrai sens de la phrase, ou elle n'en a aucun. Mais pourquoi répètent-ils tous sans cesse que je fais vendre mes mémoires, et m'entends à ce sujet avec Ruault, libraire, rue de la Harpe, pour débiter mes sottises ? Les ingrats qu'ils sont ! ils décrient mon affaire de finance, comme s'ils n'y avaient pas un bon intérêt. Et si je faisais pas vendre mes mémoires, qui donc ferait vendre les leurs ? *Mais le sieur Marin étant irréprochable...* Vous voyez bien, lecteur, qu'il n'y a que Marin au monde qui puisse écrire de pareils contes sur Marin. « Il va le poursuivre « au criminel, pour obtenir une réparation éclatante de « toutes les calomnies du sieur de Beaumarchais. »

Cela va bien. Marin avait déjà dit, dans sa requête imprimée, qu'en le montrant au doigt j'avais insulté la majesté du trône, berné le gouvernement, injurié la magistrature, bravé les tribunaux, outragé les citoyens : car :

Qui méprise *Marin* n'estime point son roi,
Et n'a, selon *Marin*, ni Dieu, ni foi, ni loi.

Mais gardez-vous bien d'en croire ce monsieur-là ; à son compte, il n'y aurait pas un seul bon Français dans la capitale.

Puis ayant rappelé, d'après moi, toutes ses friperies *de mémoires, de littérature, de censures, de nouvelles, d'affaires, de courtage* (condamnation passée sur *l'espionnage*, puisqu'il n'en dit mot), *d'usure, d'intrigue, etc., quatre pages d'et cætera*, il avait prié la cour de lui permettre de faire informer des faits énoncés dans mes mémoires. Mais trouvant bientôt qu'il était trop dangereux pour lui de laisser informer, il s'était retranché à demander à la cour que, sans autre examen, et attendu, disait-il, que ce ne sont que des *calomnies atroces*, elle ordonnât que mes mémoires fussent déclarés faux et *calomnieux*, défenses de récidiver, et dommages-intérêts applicables à œuvres pies, etc.

Mais moi qui prétends à l'honneur de soutenir tout ce que j'ai avancé, de ces manières de conclure imaginées par Marin, j'ai adopté la première; et, par ma requête en réponse à la sienne, j'ai supplié la cour, avec lui ou sans lui, d'ordonner qu'il fût informé sur les faits et les imputations contenues dans mon mémoire contre ledit Marin.

Pour réclamer à cet égard la vigilance du ministère public, il me suffirait de mon intérêt personnel; mais ici l'intérêt de l'État et de la société doivent fixer encore plus l'attention de messieurs les gens du roi. La police, aussi exacte que patriotique en cette grave occasion, n'aura certainement point de secrets pour la cour, elle lui ouvrira ses registres; et c'est à la faveur des renseignements qu'on y puisera, que le parlement et la nation seront en état de prononcer si l'intérêt public et particulier ne sont pas ici combinés le plus heureusement du monde pour démasquer le précepteur Marin, et pour renvoyer ledit précepteur à l'orgue de la Ciotat[1], d'où il est descendu si mal à propos.

Et si dans les informations qu'on ferait contre l'ami Marin, qui m'a voulu faire passer pour l'auteur de la..., on découvrait par hasard que l'ami était un zélé distributeur de la...! Au reste, ce n'aurait été qu'une des branches ordinaires de son commerce; car il faut savoir que l'ami confisquant par état tous les livres défendus, ne les en a toujours vendus que plus cher aux amateurs.

Quelqu'un m'arrête ici, qui me dit: Prenez garde, ce n'est pas Marin, c'est Bertrand qui, dans son mémoire, a voulu vous faire passer pour l'auteur de la... Eh! messieurs, ne savez-vous pas que les mémoires du grand cousin ne sont que des enveloppes de gazettes, et qu'ici le sacristain et l'organiste s'entendent comme larrons pour sauver le publiciste?

Ah! monsieur Marin, que vous êtes loin aujourd'hui de cet heureux temps où, la tête rase et nue, en long habit de lin, symbole de votre innocence, vous enchantiez toute la Ciotat par la gentillesse de vos fredons sur l'orgue, ou la claire mélodie de vos chants au lutrin! Si quelque prophète arabe abordant sur la côte, et vous voyant un si joli enfant... de chœur, vous eût dit: « Petit abbé, prenez bien garde à vous, mon ami; ayez toujours la crainte de Dieu devant les yeux, mon enfant; sinon, vous deviendrez un jour... » tout ce que vous êtes devenu enfin; ne vous seriez-vous pas écrié, dans votre tunique de lin, comme un autre Joas:

Dieu, qui voyez mon trouble et mon affliction,
Détournez loin de moi sa malédiction;
Et ne souffrez jamais qu'elle soit accomplie!
Faites que *Marin* meure avant qu'il vous oublie!

Il a bien changé le Marin! Et voyez comme le mal gagne et se propage, quand on néglige de l'arrêter dans son principe! Ce Marin qui d'abord, pour toute volupté,

Quelquefois à l'autel
Présentait au *vicaire* ou *l'offrande* ou le sel,

quitte la jaquette et les galoches, ne fait qu'un saut de l'orgue au préceptorat, à la censure, au secrétariat, enfin à la gazette; et voilà mon Marin les bras retroussés jusqu'au coude, et pêchant le mal en eau trouble: il en dit hautement tant qu'il veut, il en fait sourdement tant qu'il peut; il arrête d'un côté les réputations qu'il déchire de l'autre: censures, gazettes étrangères, nouvelles à la main, à la bouche, à la presse; journaux, petites feuilles, lettres courantes, fabriquées, supposées, distribuées, etc., etc., encore quatre pages d'*et cætera*; tout est à son usage. Écrivain éloquent, censeur habile, gazetier véridique, journalier de pamphlets; s'il marche, il rampe comme un serpent; s'il s'élève, il tombe comme un crapaud. Enfin, se traînant, gravissant, et par sauts et par bonds, toujours le ventre à terre, il a tant fait par ses journées, qu'enfin nous avons vu de nos jours le corsaire allant à Versailles, tiré à quatre chevaux sur la route, portant pour armoiries aux panneaux de son carrosse, dans un cartel en forme de buffet d'orgues, une Renommée en champ de gueules, les ailes coupées, la tête en bas, raclant de la trompette *marine*; et pour support une figure dégoûtée, représentant l'Europe: le tout embrassé d'une soutanelle doublée de gazettes, et surmonté d'un bonnet carré, avec cette légende à la houppe: QUES A-CO MARIN?

Mais, entraîné par mon sujet, je m'aperçois que j'oublie cette gazette d'Utrecht que je commentais; puis en y songeant mieux, je m'aperçois que j'ai fort bien fait de l'oublier: tout cela est si mal pensé, si mal écrit qu'on me saura gré de l'avoir laissée là. J'ai quelque chose de mieux sous la main: toute espèce de gazette n'est que du Marin ordinaire, au lieu que voici du Marin superfin, pour les amateurs de noirceurs.

Depuis douze ou quinze jours, Marin fait courir par la ville une lettre d'un soi-disant ambassadeur adressée à lui, dans laquelle on suppose que j'ai commis en pays étranger des crimes dignes du dernier supplice. Les uns mettent la scène en Italie, d'autres la portent en Angleterre; les commis de Marin, les sieurs *Adam* et *Mercier*, en racontant ce prétendu délit, ont attesté, devant neuf ou dix témoins qui le certifieront, qu'à son occasion mon procès m'avait été commencé; que si je n'eusse pris promptement la fuite, j'aurais été *pendu*.

Le fameux Bertrand, en faisant circuler la lettre, prétend qu'elle est signée d'un ambassadeur d'Espagne et de cinq ou six personnes de considération; c'est un triomphe, une joie, une liesse parmi ces messieurs, qui ne se conçoit pas. Chacun court, s'évertue, se rend chez Marin, qui régale tout l'enfer, taille des plumes empoisonnées, remplit les cornets de fiel, échauffe les esprits par un verre de bitume et met les démons au travail: et de tout cela doit sortir un long et superbe article pour le mémoire de Marin, qui, à ce sujet, a déjà

---

[1] La Ciotat, petite ville de Provence, où le petit Marin fredonnait pour de petits gages, sur un petit orgue dans une petite paroisse.

pris, dit-on, cent rames de papier chez *Bougy*, et les a envoyées à son imprimeur.

Et voilà encore les pauvres honnêtes gens de la ville qui disent, comme à la liste de la portière : « Jamais, jamais Beaumarchais ne se tirera de sa lettre d'Espagne. Cela est sans réplique ; voilà des faits, des témoignages, des signatures : on a écrit pour avoir les pièces justificatives, et cette anecdote est son coup de grâce. »

Mes amis s'inquiètent pour moi, s'agitent, cherchent la lettre de toute part. Enfin, hier au soir, 12 janvier 1774, on m'en a remis une copie, et je tiens dans mes mains ce chef-d'œuvre. Avant de l'imprimer, j'ai commencé par déposer au greffe de la cour cette copie telle qu'on me l'a remise ; et, par ma requête au parlement en réponse à celle de Marin, je supplie la cour d'ordonner qu'il soit informé sur la lettre, ainsi que sur autres faits et gestes du gazetier.

Copie exacte de l'écrit soi-disant envoyé à Marin, et qui m'a été remis de la part d'un de ses amis, qui le certifiera s'il est entendu sur ce fait.

Après toutes les horreurs que le sieur Caron a vomies contre vous, monsieur, et contre tout le monde, je crois que vous voulez le faire repentir ; il a l'insolence de vous défier de parler ; il faut qu'il soit, comme on dit, fou : cela m'a plus révolté que tout le reste ; et comme en vous vengeant vous nous vengerez aussi, et autant pour punir un scélérat que pour faire plaisir à tant d'offensés, il faut le prendre par où il ne s'attend pas. Il croit être en sûreté parce qu'il a pu, dans ce pays ici, cacher sa méchanceté sous des apparences qui le tireraient toujours de nos reproches ; il dit partout qu'il fera repentir le premier qui l'attaquera dans sa conduite : peut-être a-t-il raison pour ce qui regarde la France ; mais le misérable, il ne croit pas qu'il y a des gens instruits de ses coquineries en Espagne. Mais moi, j'y étais, tous mes amis et mes parents y sont encore, et la preuve est au bout ici. Il avait sa sœur, maîtresse du seigneur Joseph Clavio, à Madrid, garde des archives de la couronne, mon parent, qui s'en dégoûta par mauvaise conduite. Son frère vint dans l'espérance de faire épouser malgré lui sa sœur à mon parent, qui, le 24 mai 1764, rendit une plainte que le sieur Caron, dit Beaumarchais, était venu à six heures du matin, s'était fait introduire sous un faux nom chez M. Portugais, chef des bureaux d'État, où il logeait ; et qu'ayant fermé la porte et présenté un pistolet, lui avait fait signer une promesse de mariage dans son lit, sous peine de le tuer s'il bronchait : c'est bien pis que ce qu'il dit de M. Goëzman. Et comme chez nous les présents sont une preuve qu'on veut épouser, il s'était fait en même temps donner des bijoux, des pièces d'or étrangères, enfin pour près de 8,000 livres comme présents de noces faits de bon gré. Là-dessus il y eut ordre, sur la plainte de mon parent à M. le marquis de Robion, commandant de Madrid, de faire mettre le fripon au cachot, qui se sauva chez l'ambassadeur de France : mais quand il fallut rendre les bijoux, il dit que son laquais les avait volés et garda tout comme un gueux, déshonoré par cette friponnerie ; et puis après, pour rendre au seigneur Clavio le tour qu'il lui avait joué, il fut chercher une femme de chambre, que Clavio avait entretenue avant sa sœur ; il donne de l'argent à cette fille pour présenter à la justice des lettres de mon parent. Il prétendit que c'était des promesses de mariage, et comme on est très-rigoureux chez nous sur ce cas, en attendant que tout fût clair, on arrêta mon parent, qui eut bientôt prouvé et fait avouer à la fille que le fripon avait remué cette corde. Enfin, pour couronner tout, il finit par tenir la banque un soir chez l'ambassadeur de Russie, avec des cartes arrangées, et gagna près de cent mille livres la nuit : l'ambassadeur le fit chasser ; on se plaignit à M. d'Ossun, qui lui ordonna de sortir d'Espagne vite, où il laissa tout, habit, linge, pour s'en aller bien vite à cheval ; il aurait été pourrir en cachot, et ce n'est pas là des contes. J'ai écrit pour avoir la preuve et lever la plainte de mon parent, qui est publique pour faits de violence et friponnerie ; il a fait un conte différent du vrai en France ; mais vous aurez plus de témoins qu'il en faut, parce qu'ayant chez lui le vrai, dans le temps qu'on a fait inventaire chez lui, il a voulu arracher les papiers à la justice qui les a lus malgré lui, et tous l'ont connu pour ce qu'il est ; faites-en ce qu'il vous plaira, vous ou M. Goëzman. Voilà pour le payer du baptême, qui est une chose très-innocente. Une femme qui était son amie, vous entendez, là-bas, veut bien conter les choses comme lui, quand ils en parlent ; mais nous avons, Dieu merci, toutes les preuves, les lettres, et tout. Il vous défie ; eh bien ! défiez-le de se justifier sur sa coquinerie d'Espagne, sur sa sœur ; et s'il ose parler, comme il ne dira que des mensonges, il sera pris ; nous fondrons tous sur lui, comme pour instruire de tout contre un si grand imposteur ; et une fois bien démasqué là-dessus, il faut qu'il s'enfuie tout le reste de sa vie. Il n'y a rien qui vaille ça ; et M. Portugais et M. Lianos et M. Pachico, et autres personnes du conseil du roi, à Madrid, tous amis de mon parent, donneront leur attestation, et on fournira tout au parlement, on peut en être sûr. S'il n'avait pas été protégé par M. d'Ossun avant que l'ambassadeur sût la vérité, jamais il n'aurait revu le jour ; M. d'Ossun s'en est bien repenti après l'affaire du jeu. Il l'a écrit *aux Dames*, c'est la vraie cause secrète qu'elles n'ont plus voulu que le fripon approchât d'elles à Versailles ; mais voilà ce qu'on ne dit pas tout haut. Encore un petit moment, je suis avec bien de l'empressement et à votre service et celui de tous les honnêtes gens qui sont les ennemis de ce fripon-là,

Monsieur,

Votre très-humble et obéissant serviteur.

Voulez-vous m'envoyer votre mémoire et autres par mon laquais ? Je les ferai passer à Madrid par le premier courrier ; ça fera plaisir à tout le monde.

Cette misérable lettre n'est point signée, ou parce que l'original lui-même est anonyme, ou parce qu'on n'a pas voulu, en me l'envoyant, mettre le nom de celui qui l'avait écrite, dans la crainte de mes recherches. Les uns disent qu'elle est d'un ambassadeur, les autres d'un homme venu d'Espagne avec M. le comte d'Aranda; d'autres, qu'elle est signée d'un gentilhomme arrivé depuis peu. Jamais gentilhomme n'a écrit de ce style. Quoi qu'il en soit, en attendant que ce gentilhomme de cuisine ou de gazette fasse venir ses preuves d'Espagne et les fournisse à Marin pour en guirlander son mémoire, voici ma réponse à la lettre échappée du tripot.

Quelques notions confuses d'une querelle d'éclat que j'eus en 1764 à Madrid ont fait sans doute espérer à mes ennemis qu'ils pourraient établir une nouvelle diffamation sur cette aventure ignorée en France et sur laquelle il resterait au moins des soupçons affreux contre moi, de quelque façon que j'entreprisse de m'en justifier après dix ans de silence, et à quatre cents lieues de l'endroit de la scène.

Et moi, pressé de relever des faits aussi graves, je vais tout uniment ouvrir les mémoires de mon voyage d'Espagne en 1764, et donner, en 1774, à ce fragment de ma vie, une publicité qu'il ne devait jamais avoir.

Dans un événement aussi extraordinaire que celui dont je vais rendre compte, tout ne peut être à mon avantage ; et, quoi que je fasse, il me sera toujours reproché par les uns d'avoir mis trop de fierté dans ma conduite ; par les autres, cette fierté sera peut-être appelée *arrogance* : mais un jour mieux connu, et toutes mes actions se servant d'appui, l'on finira par trouver que je n'ai mis à celle-ci ni dureté ni arrogance, mais seulement une fermeté d'âme que l'orgueil de bien faire a quelquefois exaltée.

S'il se mêle un peu d'amour-propre à faire le bien, cet amour-propre est de la plus noble espèce. Loin de le regarder comme un mal, et sans nous donner pour meilleurs que nous ne sommes en effet, il faut avouer que le bonheur d'être estimable tient beaucoup à l'honneur d'être estimé. Rois, sujets, grands et petits, tous sont affamés de la considération publique. Heureux celui qui ne l'a jamais perdue ! Plus heureux mille fois celui qui, n'ayant pas mérité de la perdre, a pu enfin la recouvrer ! C'est à quoi je travaille nuit et jour.

Je remercie mes ennemis de la sévère inquisition qu'ils établissent sur ma vie. Cette liberté dans les procès a au moins cela de bon, que la crainte d'être diffamé à la première querelle peut retenir dans le devoir nombre de gens dont les principes ne sont pas assez certains. Je rends grâces à ces messieurs des occasions qu'ils me fournissent sans cesse de me justifier; mais je prie le lecteur de se souvenir que, quelque extraordinaire que lui paraisse ce qu'il va lire, ma précédente réponse au comte de la Blache, sur l'incroyable fait des lettres supposées de Mesdames, n'offre rien de plus évident ni de plus respectable que les preuves dont j'appuierai cette étonnante narration.

ANNÉE 1764.
Fragment de mon voyage d'Espagne.

Depuis quelques années j'avais eu le bonheur de m'envelopper de toute ma famille. L'union, la joie, la reconnaissance étaient la récompense continuelle des sacrifices que cet entour exigeait, et me consolaient de l'injure extérieure que des méchants faisaient dès lors à mes sentiments.

De cinq sœurs que j'avais, deux, confiées dès leur jeunesse par mon père à l'un de ses correspondants d'Espagne, ne m'avaient laissé d'elles qu'un souvenir faible et doux, quelquefois ranimé par leur correspondance.

En février 1764, mon père reçoit de sa fille aînée une lettre pleine d'amertume, dont voici la substance :

« Ma sœur vient d'être outragée par un homme aussi accrédité que dangereux. Deux fois, à l'instant de l'épouser, il a manqué de parole et s'est brusquement retiré, sans daigner même excuser sa conduite. La sensibilité de ma sœur offensée l'a jetée dans un état de mort dont il y a beaucoup d'apparence que nous ne la sauverons pas; tous ses nerfs se sont retirés, et depuis six jours elle ne parle plus.

« Le déshonneur que cet événement verse sur elle nous a plongés dans une retraite profonde, où je pleure nuit et jour, en prodiguant à cette infortunée des consolations que je ne suis pas en état de prendre pour moi-même.

« Tout Madrid sait que ma sœur n'a rien à se reprocher.

« Si mon frère avait assez de crédit pour nous faire recommander à M. l'ambassadeur de France, Son Excellence mettrait à nous protéger une bonté de prédilection qui arrêterait tout le mal qu'un perfide nous fait et par sa conduite et par ses menaces, etc... »

Mon père vient me trouver à Versailles, et me remet, en pleurant, la lettre de sa fille. « Voyez, mon « fils, ce que vous pouvez pour ces deux infortunées; « elles ne sont pas moins vos sœurs que les autres. »

Je me sentis aussi ému que lui au récit de la terrible situation de ma sœur. « Hélas ! mon père, lui dis-je, quelle espèce de recommandation puis-je obtenir pour elles? qu'irai-je demander? Qui sait si elles n'ont pas donné lieu, par quelques fautes qu'elles nous cachent, à la honte qui les couvre aujourd'hui? — J'oubliais, reprit mon père, de vous montrer plusieurs lettres de notre ambassadeur à votre sœur aînée, qui annoncent la plus haute estime pour l'une et pour l'autre. »

Je lisais ces lettres, elles me rassuraient; et la phrase : « Elles ne sont pas moins vos sœurs que les autres, » me frappant jusqu'au fond du cœur : « Ne pleurez point, dis-je à mon père; je prends un parti qui peut vous étonner, mais qui me paraît le plus certain, comme le plus sage. »

Ma sœur aînée indique plusieurs personnes respectables qui déposeront, dit-elle, à son frère à Paris, de la bonne conduite et de la vertu de sa sœur. Je veux les voir; et si leur témoignage est aussi honorable que celui de M. l'ambassadeur de France, je demande un congé, je pars; et, ne prenant conseil que de la prudence et de ma sensibilité, je les vengerai d'un traître, ou je les ramène à Paris partager avec vous ma modique fortune.

Le succès de mes informations m'échauffe le cœur; alors sans autre délai je reviens à Versailles apprendre à mes augustes protectrices qu'une affaire aussi douloureuse que pressée exige ma présence à Madrid, et me force de suspendre toute espèce de service auprès d'elles.

Étonnées d'un départ aussi brusque, leur bonté respectable va jusqu'à vouloir être instruites de la nature de ce nouveau malheur. Je montre la lettre de ma sœur aînée : « Partez, et soyez sage, » fut l'honorable encouragement que je reçus des princesses. « Ce que « vous entreprenez est bien, et vous ne manquerez « pas d'appui en Espagne, si votre conduite est raison- « nable. »

Mes apprêts furent bientôt faits. Je craignais de ne pas arriver assez tôt pour sauver la vie à ma pauvre sœur. Les plus fortes recommandations auprès de notre ambassadeur me furent prodiguées, et devinrent l'inestimable prix de quatre ans de soins employés à l'amusement de Mesdames.

A l'instant de mon départ je reçois la commission de négocier en Espagne une affaire très-intéressante au commerce de France. M. Duverney, touché du motif de mon voyage, m'embrasse et me dit : « Allez, mon fils, « sauvez la vie à votre sœur. Quant à l'affaire dont vous « êtes chargé, quelque intérêt que vous y preniez, souve- « nez-vous que je suis votre appui : je l'ai promis publi- « quement à la famille royale, et je ne manquerai ja- « mais à un engagement aussi sacré. Je m'en rapporte « à vos lumières; voilà pour deux cent mille francs de « billets au porteur que je vous remets pour augmenter « votre consistance personnelle par un crédit de cette « étendue sur moi. »

Je pars, et vais nuit et jour de Paris à Madrid. Un négociant français, feignant d'avoir affaire à Bayonne, mais engagé secrètement par ma famille de m'accompagner et de veiller à ma sûreté, m'avait demandé une place dans ma chaise.

J'arrive à Madrid le 18 mai 1764, à onze heures du matin. J'étais attendu depuis quelques jours; je trouvai mes sœurs entourées de leurs amis, à qui la chaleur de ma résolution avait donné le désir de me connaître.

A peine les premières larmes sont-elles épanchées, que m'adressant à mes sœurs : « Ne soyez pas étonnées, leur dis-je, si j'emploie ce premier moment pour apprendre l'exacte vérité de votre malheureuse aventure; je prie les honnêtes gens qui m'environnent, et que je regarde comme mes amis, puisqu'ils sont les vôtres, de ne pas vous passer la plus légère inexactitude. Pour vous servir avec succès, il faut que je sois fidèlement instruit. »

Le compte fut exact et long. A ce récit, la sensibilité de tout le monde justifiant la mienne, j'embrassai ma jeune sœur, et lui dis : « A présent que je sais tout, mon enfant, sois en repos; je vois avec plaisir que tu n'aimes plus cet homme-là; ma conduite en devient plus aisée; dites-moi seulement où je puis le trouver à Madrid. » Chacun élève sa voix, et me conseille de commencer par aller à Aranjuez voir M. l'ambassadeur, dont la prudence consommée devait diriger mes démarches dans une affaire aussi épineuse, notre ennemi étant excessivement soutenu par les relations que sa place lui donnait avec des gens fort puissants. Je ne devais rien hasarder à Madrid avant d'avoir eu l'honneur d'entretenir Son Excellence à Aranjuez.

« Cela va bien, mes amis, car je vous regarde tous comme tels; procurez-moi seulement une voiture de route, et demain je vais saluer M. l'ambassadeur à la cour. Mais ne trouvez pas mauvais que je prenne, avant de le voir, quelques instructions essentielles à mon projet; la seule chose en laquelle vous puissiez tous me servir est de garder le secret sur mon arrivée jusqu'à mon retour d'Aranjuez. »

Je fais tirer promptement un habit de mes malles, et m'ajustant à la hâte, je me fais indiquer la demeure de don Joseph Clavico[1], garde des archives de la couronne, et j'y cours; il était sorti : l'on m'apprend l'endroit où je puis le rencontrer; et dans le salon même d'une dame chez laquelle il était, je lui dis, sans me faire connaître, qu'arrivé de France le jour même, et chargé de quelques commissions pour lui, je lui demandais la permission de l'entretenir le plus tôt possible. Il me remit au lendemain matin à neuf heures, en m'invitant au chocolat, que j'acceptai pour moi et pour le négociant français qui m'accompagnait.

Le lendemain 19 mai, j'étais chez lui à huit heures et demie; je le trouvai dans une maison splendide qu'il me dit appartenir à don Antonio Português, l'un des chefs les plus estimés des bureaux du ministère, et tellement son ami, qu'en son absence il usait librement de sa maison comme de la sienne propre.

« Je suis chargé, monsieur, lui dis-je, par une so- « ciété de gens de lettres, d'établir, dans toutes les villes « où je passerai, une correspondance littéraire avec les « hommes les plus savants du pays. Comme aucun Es- « pagnol n'écrit mieux que l'auteur des feuilles appelées « le *Pensador*[2], à qui j'ai l'honneur de parler, et que « son mérite littéraire a fait même assez distinguer du « roi pour qu'il lui confiât la garde d'une de ses archives, « j'ai cru ne pouvoir mieux servir mes amis qu'en les « liant avec un homme de votre mérite. »

Je le vis enchanté de ma proposition. Pour mieux connaître à quel homme j'avais affaire, je le laissai longtemps discourir sur les avantages que les diverses nations pouvaient tirer de pareilles correspondances. Il me caressait de l'œil, il avait le ton affectueux; il

---

[1] Ce mot, qui s'écrit Clavijo, se prononce à peu près Clavico : je le fais imprimer ainsi pour la facilité de la lecture.
[2] En français, le *Penseur*.

parlait comme un ange, et rayonnait de gloire et de plaisir.

Au milieu de sa joie, il me demande à mon tour quelle affaire me conduisait en Espagne; heureux, disait-il, s'il pouvait m'y être de quelque utilité. — « J'accepte avec reconnaissance des offres aussi flatteuses, et n'aurai point, monsieur, de secrets pour vous. »

Alors, voulant le jeter dans un embarras dont la fin seule de mon discours devait le tirer, je lui présentai de nouveau mon ami. « Monsieur, lui dis-je, n'est pas tout à fait étranger à ce que je vais vous dire, et ne sera pas de trop à notre conversation. » Cet exorde le fit regarder mon ami avec beaucoup de curiosité.

« Un négociant français, chargé de famille et d'une « fortune assez bornée, avait beaucoup de corresponʺ dants en Espagne. Un des plus riches, passant à Paris « il y a neuf ou dix ans, lui fit cette proposition : Donʺ nez-moi deux de vos filles, que je les emmène à « Madrid ; elles s'établiront chez moi, garçon âgé, « sans famille ; elles feront le bonheur de mes vieux « jours, et succéderont au plus riche établissement de « l'Espagne. »

« L'aînée, déjà mariée, et une de ses sœurs, lui « furent confiées. En faveur de cet établissement, leur « père se chargea d'entretenir cette nouvelle maison « de Madrid de toutes les marchandises de France « qu'on lui demanderait.

« Deux ans après, le correspondant mourut, et laissa « les Françaises sans aucun bienfait, dans l'embarras « de soutenir toutes seules une maison de commerce. « Malgré ce peu d'aisance, une bonne conduite et les « grâces de leur esprit leur conservèrent une foule d'aʺ mis qui s'empressèrent à augmenter leur crédit et « leurs affaires. » (Ici je vis *Clavico* redoubler d'attention.)

« À peu près dans ce même temps, un jeune homme, « natif des îles Canaries, s'était fait présenter dans « la maison » (toute sa gaieté s'évanouit à ces mots, qui le désignaient). « Malgré son peu de fortune, les « dames lui voyant une grande ardeur pour l'étude de « la langue française et des sciences, lui avaient facilʺ lité les moyens d'y faire des progrès rapides.

« Plein du désir de se faire connaître, il forme enʺ fin le projet de donner à la ville de Madrid le plaisir, « tout nouveau pour la nation, de lire une feuille péʺ riodique dans le genre du *Spectateur anglais*; il reʺ çoit de ses amis des encouragements et des secours « de toute nature. On ne doute point qu'une pareille « entreprise n'ait le plus grand succès : alors, animé « par l'espérance de réussir à se faire un nom, il ose « se proposer ouvertement pour épouser la plus jeune « des Françaises.

« Commencez, lui dit l'aînée, par réussir ; et lorsque « quelque emploi, faveur de la cour, ou tel autre « moyen de subsister honorablement, vous aura donné « le droit de songer à ma sœur, si elle vous préfère à « d'autres prétendants, je ne vous refuserai pas mon « consentement. » (Il s'agitait étrangement sur son siège en m'écoutant; et moi, sans faire semblant de m'en apercevoir, je poursuivis ainsi :)

« La plus jeune, touchée du mérite de l'homme qui « la recherchait, refuse divers partis avantageux qui « s'offraient pour elle; et, préférant d'attendre que « celui qui l'aimait depuis quatre ans eût rempli les « vues de fortune que tous ses amis osaient espérer « pour lui, l'encourage à donner sa première feuille « philosophique, sous le titre imposant du *Pensador*. » (Ici je vis mon homme prêt à se trouver mal.)

« L'ouvrage (continuai-je avec un froid glacé) eut « un succès prodigieux : le roi même, amusé de cette « charmante production, donna des marques publiques « de bienveillance à l'auteur. On lui promit le premier « emploi honorable qui vaquerait. Alors il écarta tous « les prétendants à sa maîtresse par une recherche « absolument publique. Le mariage ne se retardait que « par l'attente de l'emploi qu'on avait promis à l'auʺ teur des feuilles. Enfin, au bout de six ans d'attente « d'une part, de soin et d'assiduités de l'autre, l'emʺ ploi parut, et l'homme s'enfuit. » (Ici l'homme fit un soupir involontaire ; et s'en apercevant lui-même, il en rougit de confusion. Je remarquais tout sans cesser de parler.)

« L'affaire avait trop éclaté pour qu'on pût en voir « le dénoûment avec indifférence. Les dames avaient « pris une maison capable de contenir deux ménages; « les bans étaient publiés. L'outrage indignait tous les « amis communs qui s'employèrent efficacement à « venger cette insulte : M. l'ambassadeur de France « s'en mêla : mais lorsque cet homme apprit que les « Françaises employaient les protections majeures « contre lui, craignant un crédit qui pouvait renverser « le sien, et détruire en un moment sa fortune naisʺ sante, il vint se jeter aux pieds de sa maîtresse irritée.

« À son tour il employa tous ses amis pour la ramener; « et comme la colère d'une femme trahie n'est presque « jamais que de l'amour déguisé, tout se raccommoda, « les préparatifs d'hymen recommencèrent, les bans « se publièrent de nouveau, l'on devait s'épouser sous « trois jours. La réconciliation avait fait autant de bruit « que la rupture. En partant pour Saint-Ildefonse, où « il allait demander à son ministre la permission de se « marier : Mes amis, dit-il, conservez-moi le cœur « chancelant de ma maîtresse jusqu'à ce que je revienne « du *Sitio real*; et disposez toutes choses de façon « qu'en arrivant je puisse aller au temple avec elle. »

Malgré l'horrible état où mon récit le mettait, incertain encore si je racontais une histoire étrangère à moi, ce Clavico regardait de temps à temps mon ami, dont le sang-froid ne l'instruisait pas plus que le mien. Ici je renforçai ma voix en le fixant, et je continuai :

« Il revient en effet de la cour le surlendemain; mais, « au lieu de conduire sa victime à l'autel, il fait dire à « l'infortunée qu'il change d'avis une seconde fois, et « ne l'épousera point. Les amis indignés courent à « l'instant chez lui; l'insolent ne garde plus aucun méʺ nagement, et les défie tous de lui nuire, en leur di-

« sant que si les Françaises cherchaient à le tourmen-
« ter, elles prissent garde à leur tour qu'il ne les perdît
« pour toujours dans un pays où elles étaient sans
« appui.

« A cette nouvelle, la jeune Française tomba dans
« un état de convulsions qui fit craindre pour sa vie.
« Au fort de leur désolation, l'aînée écrivit en France
« l'outrage public qui leur avait été fait; ce récit émut
« le cœur de leur frère au point que, demandant aus-
« sitôt un congé pour venir éclaircir une affaire aussi
« embrouillée, il n'a fait qu'un saut de Paris à Madrid;
« et ce frère, *c'est moi*, qui ai tout quitté, patrie, de-
« voirs, famille, état, plaisirs, pour venir venger en
« Espagne une sœur innocente et malheureuse; c'est
« moi qui viens, armé du bon droit et de la fermeté,
« démasquer un traître, écrire en traits de sang son
« âme sur son visage; et ce traître, *c'est vous*. »

Qu'on se forme le tableau de cet homme étonné,
stupéfait de ma harangue, à qui la surprise ouvre la
bouche et y fait expirer la parole glacée; qu'on voie
cette physionomie radieuse, épanouie sous mes éloges,
se rembrunir par degrés, ses yeux s'éteindre, ses traits
s'allonger, son teint se plomber.

Il voulut balbutier quelques justifications. — « Ne
« m'interrompez pas, monsieur; vous n'avez rien à me
« dire et beaucoup à entendre de moi. Pour commen-
« cer, ayez la bonté de déclarer devant monsieur, qui
« est exprès venu de France avec moi, si par quelque
« manque de foi, légèreté, faiblesse, aigreur ou quelque
« autre vice que ce soit, ma sœur a mérité le double
« outrage que vous avez eu la cruauté de lui faire pu-
« bliquement. — *Non, monsieur; je reconnais dona*
« *Maria votre sœur pour une demoiselle pleine d'esprit,*
« *de grâces et de vertus.* — Vous a-t-elle donné quelque
« sujet de vous plaindre d'elle depuis que vous la con-
« naissez? — *Jamais, jamais.* — Eh! pourquoi donc,
« monstre que vous êtes (lui dis-je en me levant),
« avez-vous eu la barbarie de la traîner à la mort,
« uniquement parce que son cœur vous préférait à dix
« autres plus honnêtes et plus riches que vous? — *Ah!*
« *monsieur, ce sont des instigations, des conseils : si*
« *vous saviez...* — Cela suffit. »

Alors me retournant vers mon ami : « Vous avez
« entendu la justification de ma sœur, allez la publier.
« Ce qui me reste à dire à monsieur n'exige plus de
« témoins. » Mon ami sort; Clavico, bien plus étonné,
se lève à son tour; je le fais rasseoir.

— « A présent, monsieur, que nous sommes seuls,
« voici quel est mon projet, et j'espère que vous l'ap-
« prouverez.

« Il convient également à vos arrangements et aux
« miens que vous n'épousiez pas ma sœur; et vous sen-
« tez que je ne viens pas ici faire le personnage d'un
« frère de comédie, qui veut que sa sœur se marie :
« mais vous avez outragé à plaisir une femme d'hon-
« neur, parce que vous l'avez crue sans soutien en pays
« étranger; ce procédé est celui d'un malhonnête
« homme et d'un lâche. Vous allez donc commencer

« par reconnaître, de votre main, en pleine liberté,
« toutes vos portes ouvertes et vos gens dans cette
« salle, qui ne nous entendront point parce que nous
« parlerons français, que vous êtes un homme abomi-
« nable qui avez trompé, trahi, outragé ma sœur sans
« aucun sujet; et, votre déclaration dans mes mains, je
« pars pour Aranjuez, où est mon ambassadeur; je lui
« montre l'écrit, je le fais ensuite imprimer; après-de-
« main la cour et la ville en seront inondées : j'ai des
« appuis considérables ici, du temps et de l'argent,
« tout sera employé à vous faire perdre votre place, à
« vous poursuivre de toute manière et sans relâche,
« jusqu'à ce que le ressentiment de ma sœur apaisé
« m'arrête, et me dise : Holà ! »

Je ne ferai point une telle déclaration, me dit Clavico
d'une voix altérée. — « Je le crois, car peut-être, à
« votre place, ne la ferais-je pas non plus. Mais voici le
« revers de la médaille : écrivez ou n'écrivez pas; de ce
« moment je reste avec vous, je ne vous quitte plus;
« je vais partout où vous irez, jusqu'à ce que, impa-
« tienté d'un pareil voisinage, vous soyez venu vous dé-
« livrer de moi derrière *Buen Retiro*[1]. Si je suis plus
« heureux que vous, monsieur, sans voir mon ambas-
« sadeur, sans parler à personne ici, je prends ma
« sœur mourante entre mes bras, je la mets dans ma
« voiture, et je m'en retourne en France avec elle. Si
« au contraire le sort vous favorise, tout est dit pour
« moi, j'ai fait mon testament avant de partir; vous
« aurez eu tous les avantages sur nous : permis à vous
« alors de rire à nos dépens. Faites monter le déjeu-
« ner. »

Je sonne librement : un laquais entre, apporte le
chocolat. Pendant que je prends ma tasse, mon homme
absorbé se promène en silence, rêve profondément,
prend son parti tout de suite, et me dit :

« Monsieur de Beaumarchais, écoutez-moi. Rien au
« monde ne peut excuser ma conduite envers made-
« moiselle votre sœur. L'ambition m'a perdu; mais si
« j'eusse prévu que *dona Maria* eût un frère comme
« vous, loin de la regarder comme une étrangère isolée,
« j'aurais conclu que les plus grands avantages devaient
« suivre notre union. Vous venez de me pénétrer de la
« plus haute estime, et je me mets à vos pieds pour
« vous supplier de travailler à réparer, s'il est possible,
« tous les maux que j'ai faits à votre sœur. Rendez-la-
« moi, monsieur; et je me croirai trop heureux d'ob-
« tenir de vous ma femme et le pardon de tous mes
« crimes. — Il n'est plus temps, ma sœur ne vous
« aime plus : faites seulement la déclaration, c'est tout
« ce que j'exige de vous; et trouvez bon après qu'en
« ennemi déclaré je venge ma sœur au gré de son res-
« sentiment. »

Il fit beaucoup de façons, et sur le style dont je l'exigeais, et sur ce que je voulais qu'elle fût toute de sa
main, et sur ce que j'insistais à ce que les domestiques
fussent présents pendant qu'il écrirait : mais comme

---

[1] L'ancien palais des rois d'Espagne, à Madrid.

l'alternative était pressante, et qu'il lui restait encore je ne sais quel espoir de ramener une femme qui l'avait aimé, sa fierté se soumit à écrire la déclaration suivante, que je lui dictais en me promenant dans l'espèce de galerie où nous étions.

Déclaration dont j'ai l'original.

« Je soussigné Joseph Clavijo, garde d'une des ar-
« chives de la couronne, reconnais qu'avoir été reçu
« avec bonté dans la maison de madame Guilbert, j'ai
« trompé mademoiselle Caron, sa sœur, par la promesse
« d'honneur, mille fois réitérée, de l'épouser, à laquelle
« j'ai manqué, sans qu'aucune faute ou faiblesse de sa
« part ait pu servir de prétexte ou d'excuse à mon
« manque de foi ; qu'au contraire la sagesse de cette
« demoiselle, pour qui j'ai le plus profond respect, a
« toujours été pure et sans tache. Je reconnais que par
« ma conduite, la légèreté de mes discours, et par l'in-
« terprétation qu'on a pu y donner, j'ai ouvertement
« outragé cette vertueuse demoiselle, à laquelle je de-
« mande pardon, par cet écrit fait librement et de
« ma pleine volonté, quoique je me reconnaisse tout à
« fait indigne de l'obtenir ; lui promettant toute autre
« espèce de réparation qu'elle pourra désirer, si celle-
« ci ne lui convient pas. Fait à Madrid, et écrit tout de
« ma main, en présence de son frère, le 19 mai 1764.
« Signé JOSEPH CLAVIJO. »

Je prends le papier, et lui dis en le quittant : « Je ne suis point un lâche ennemi, monsieur : c'est sans ménagement que je vais venger ma sœur, je vous en ai prévenu. Tenez-vous bien pour averti de l'usage cruel que je vais faire de l'arme que vous m'avez fournie. — Monsieur, je crois parler au plus offensé, mais au plus généreux des hommes ; avant de me diffamer, accordez-moi le moment de tenter un effort pour ramener encore une fois *dona Maria* ; c'est dans cet unique espoir que j'ai écrit la réparation que vous emportez : mais avant de me présenter, j'ai résolu de charger quelqu'un de plaider ma cause auprès d'elle ; et ce quelqu'un, c'est vous. — Je n'en ferai rien. — Au moins vous lui direz le repentir amer que vous avez aperçu en moi. Je borne à cela toutes mes sollicitations. A votre refus, je chargerai quelque autre de me mettre à ses pieds. » Je le lui promis.

Le retour de mon ami chez ma sœur avait porté l'alarme dans tous les esprits. En arrivant, je trouvai les femmes éplorées et les hommes très-inquiets ; mais au compte que je rendis de ma séance, à la vue de la déclaration, les cris de joie, les embrassements succédèrent aux larmes ; chacun ouvrait un avis différent : les uns opinaient à perdre Clavijo, les autres penchaient à lui pardonner ; d'autres s'en rapportaient à ma prudence, et tout le monde parlait à la fois. Mais ma sœur de s'écrier : *Non, jamais, jamais je n'en entendrai parler. Courez, mon frère, à Aranjuez : allez voir M. l'ambassadeur, et dans tout ceci gouvernez-vous par ses conseils.*

Avant de partir pour la cour, j'écrivis à Clavijo que ma sœur n'avait pas voulu entendre un seul mot en sa faveur, et que je m'en tenais au projet de la venger et de le perdre. Il me fit prier de le voir avant mon départ et je me rendis librement chez lui. Après mille imprécations contre lui-même, toutes ses prières se bornèrent à obtenir de moi qu'il allât pendant mon absence, avec un ami commun, parler à ma sœur aînée, et que je ne rendisse son déshonneur public qu'à mon retour, s'il n'avait pas obtenu son pardon. Je partis pour Aranjuez.

M. le marquis d'Ossun, notre ambassadeur, aussi respectable qu'obligeant, après m'avoir marqué tout l'intérêt qu'il prenait à moi, en faveur des augustes recommandations qui lui étaient parvenues de France, me dit : — « La première preuve de mon amitié, monsieur, est de vous prévenir que votre voyage en Espagne est de la dernière inutilité quant à l'objet de venger votre sœur ; l'homme qui l'a insultée deux fois par sa retraite inopinée n'eût jamais osé se rendre aussi coupable, s'il ne se fût pas cru puissamment soutenu. Quel est votre dessein ? espérez-vous lui faire épouser votre sœur ? — Non, monsieur, je ne le veux pas ; mais je prétends le déshonorer. — Et comment ? » Je lui fis le récit de mon entrevue avec Clavijo, qu'il ne crut qu'en lisant son écrit que je lui présentai.

« Eh bien ! monsieur, me dit cet homme respectable, un peu étonné de mon action, je change d'avis à l'instant. Celui qui a tellement avancé les affaires en deux heures, est fait pour les terminer heureusement. L'ambition avait éloigné Clavijo de mademoiselle votre sœur ; l'ambition, la terreur ou l'amour le lui ramènent. Mais à quelque titre qu'il revienne, le moins d'éclat qu'on puisse faire en pareille occasion est toujours le mieux. Je ne vous cache pas que cet homme est fait pour aller loin, et, sous ce point de vue, c'est peut-être un parti très-avantageux. A votre place, je vaincrais ma sœur sur ses répugnances, et profitant du repentir de Clavijo, je les marierais promptement. — Comment, monsieur, un lâche ? — Il n'est un lâche que s'il ne revient pas de bonne foi. Mais ce point accordé, ce n'est qu'un amant repentant. Au reste, voilà mon avis ; je vous invite à le suivre, et même je vous en saurai gré, par des considérations que je ne puis vous expliquer. »

Je revins à Madrid un peu troublé des conseils de M. le marquis d'Ossun. A mon arrivée, j'appris que Clavijo était venu, accompagné de quelques amis communs, se jeter aux pieds de mes sœurs ; que la plus jeune, à son arrivée, s'était enfuie dans sa chambre, et n'avait plus voulu reparaître, et l'on me dit qu'il avait conçu beaucoup d'espérance de cette colère fugitive. J'en conclus à mon tour qu'il connaissait bien les femmes, douces et sensibles créatures, qu'un peu d'audace, mêlée de repentir, trouble à coup sûr étrangement, mais dont le cœur ému n'en reste pas moins disposé en faveur de l'humble audacieux qui gémit à leurs pieds.

Depuis mon retour d'Aranjuez, ce Clavijo désira me voir tous les jours, me rechercha, m'enchanta par son esprit, ses connaissances, et surtout par la noble confiance qu'il paraissait avoir en ma médiation. Je le servais de bonne foi ; nos amis se joignaient à moi ; mais le profond respect que ma pauvre sœur paraissait avoir pour mes décisions me rendait très-circonspect à son égard : c'était son bonheur et non sa fortune que je désirais ; c'était son cœur et non sa main que je voulais forcer.

Le 25 mai, Clavijo se retira brusquement du logis de M. Portuguès, et fut se réfugier au quartier des Invalides, chez un officier de sa connaissance. Cette retraite précipitée ne m'inspira d'abord aucun ombrage, quoiqu'elle me parût singulière. Je courus au quartier ; il allégua pour motif de cette retraite que M. Portuguès, étant un des plus opposés à son mariage, il comptait me donner la plus haute preuve de la sincérité de son retour, en quittant la maison d'un si puissant ennemi de ma sœur. Cela me parut si probable et si délicat, que je lui sus un gré infini de sa retraite aux Invalides.

Le 26 mai, j'en reçus la lettre suivante :

Copie de la lettre de Clavico, dont j'ai l'original.

« Je me suis expliqué, monsieur, d'une manière très-« précise, sur la ferme intention où je suis de réparer « les chagrins que j'ai causés involontairement à made-« moiselle Caron ; je lui offre de nouveau de l'épouser, « si les malentendus passés ne lui ont pas donné trop « d'éloignement pour moi. Mes propositions sont très-« sincères. Toute ma conduite et mes démarches ten-« dent uniquement à regagner son cœur, et mon bon-« heur dépendra du succès de mes soins ; je prends « donc la liberté de vous sommer de la parole que vous « m'avez donnée, de vous rendre le médiateur de cette « heureuse réconciliation. Je sais qu'un galant homme « s'honore en s'humiliant devant une femme qu'il a offen-« sée ; et que tel qui croit s'avilir en demandant excuse « à un homme, a bonne grâce de reconnaître ses torts « aux yeux d'une personne de l'autre sexe. C'est donc « en connaissance de cause que j'agis dans toute cette « affaire. L'assurance libre et franche que je vous ai « donnée, monsieur, et la démarche que j'ai faite pen-« dant votre voyage d'Aranjuez auprès de mademoiselle « votre sœur, peuvent me faire un certain tort dans « l'esprit des personnes qui ignorent la pureté de mes « intentions : mais j'espère que par un exposé fidèle « de la vérité, vous me ferez la grâce d'instruire con-« venablement tous ceux que l'ignorance ou la mali-« gnité ont fait tomber dans l'erreur à mon égard. S'il « m'était possible de quitter Madrid sans un ordre ex-« près de mon chef, je partirais sur-le-champ, pour « aller à Aranjuez lui demander son approbation ; mais « j'attends encore de votre amitié que vous prendrez « le soin vous-même de lui faire part des vues légitimes « et honnêtes que j'ai sur mademoiselle votre sœur, et « dont cette lettre vous réitère l'assurance ; la promp-« titude de cette démarche est, selon mon cœur, la « plus grande marque que vous puissiez me donner du « retour que je vous demande pour l'estime parfaite et « le véritable attachement avec lequel j'ai l'honneur « d'être, monsieur, votre, etc.

« *Signé* Clavijo.

« 26 mai 1764. »

A la lecture de cette lettre, que je faisais devant mes sœurs, la plus jeune fondit en larmes. Je l'embrassai de toute mon âme : « Eh bien ! mon enfant, tu l'aimes « encore ; tu en es bien honteuse, n'est-ce pas ? je le « vois. Mais va, tu n'en es pas moins une honnête, une « excellente fille ; et puisque ton ressentiment tire à sa « fin, laisse-le s'éteindre dans les larmes du pardon ; « elles sont bien douces après celles de la colère. C'est « un monstre (ajoutai-je en riant) que ce Clavijo, « comme la plupart des hommes ; mais, mon enfant, « tel qu'il est, je me joins à M. le marquis d'Ossun « pour te conseiller de lui pardonner. J'aimerais mieux « pour lui qu'il se fût battu ; j'aime mieux pour toi « qu'il ne l'ait pas fait. »

Mon bavardage la fit sourire au milieu de ses larmes ; et je pris ce charmant conflit pour un consentement tacite aux vues de M. l'ambassadeur. Je courus chercher mon homme, à qui je dis bien qu'il était cent fois plus heureux qu'il ne le méritait ; il en convint avec une bonne foi qui finit par nous charmer tous : il arriva tremblant chez ma sœur. On enveloppa la pauvre troublée, qui, rougissant moitié honte et moitié plaisir, laissa échapper enfin avec un soupir son consentement à tout ce que nous allions faire pour l'enchaîner de nouveau.

Dans son enchantement, Clavijo prit la clef de mon secrétaire, et fut écrire le papier suivant, qu'il signa, et qu'il apporta, le genou en terre, à signer à sa maîtresse, devant MM. Laugier, secrétaire d'ambassade de Pologne ; Gazan, consul d'Espagne à Bayonne ; Devignes, chanoine de Perpignan ; Durocher, premier chirurgien de la reine-mère ; Durand et Perrier, négociants français ; don Firmin de Salsedo, contador de la trésorerie du roi ; de Bievardi, gentilhomme italien ; Boca, officier des gardes flamandes, et autres. Chacun joignit ses instances aux miennes, et l'on arracha, par-dessus le consentement verbal, la signature de ma pauvre sœur, qui ne sachant plus où mettre sa tête, de confusion, vint se jeter dans mes bras en pleurant, et m'assurant tout bas qu'en vérité j'étais un homme dur et sans pitié pour elle.

Copie exacte de l'écrit de la main de Clavijo, signé de lui et de ma sœur, dont j'ai l'original.

« Nous soussignés Joseph Clavijo, et Marie-Louise « Caron, avons renouvelé, par ce présent écrit, les « promesses mille et mille fois réitérées que nous nous « sommes faites de n'être jamais l'un qu'à l'autre, et « nous nous engageons de sanctifier ces promesses par « le sacrement de mariage le plus tôt qu'il sera pos-« sible : en foi de quoi nous avons fait et signé cet écrit « entre nous.

« *Signé* : Marie-Louise Caron,
« et Joseph Clavijo. »

Tout le monde passa la soirée avec nous dans la joie d'un si heureux changement, et je partis pour Aranjuez à onze heures du soir; car dans un pays aussi chaud, la nuit est le temps le plus agréable pour voyager.

Je supplie le lecteur de suspendre encore son jugement sur la futilité de ces détails; il verra bientôt s'ils étaient importants.

En arrivant à Aranjuez, je rendis un compte exact à M. l'ambassadeur, qui eut la bonté de donner plus d'éloges à toutes les parties de ma conduite qu'elles n'en méritaient, mais qui me conseilla de ne rien dire à M. de Grimaldi de ce qui s'était passé, de peur de nuire à mon futur beau-frère.

Je me rendis chez ce ministre; il me reçut avec bonté, lut la lettre de Clavijo, donna son consentement au mariage, et souhaita toute sorte de bonheur à ma sœur, en remarquant seulement que don Joseph Clavijo eût pu m'épargner le voyage, la forme usitée en pareil cas étant d'écrire au ministre. Je rejetai tout sur l'empressement que j'avais montré moi-même de venir lui faire ma cour avant le temps où je le prierais de m'honorer de quelques audiences pour l'entretenir d'objets très-importants.

A mon retour à Madrid, je trouvai chez moi la lettre suivante du seigneur Clavijo :

Copie de la lettre dont j'ai l'original.

« Voici, monsieur, l'indigne billet qui s'est répandu
« dans le public, tant à la cour qu'à la ville : mon hon-
« neur y est outragé de la manière la plus sanglante,
« et je n'ose pas voir même la lumière, tandis qu'on
« aura de si basses idées de mon caractère et de mon
« honneur. Je vous prie, monsieur, très-instamment
« de faire voir le billet que j'ai signé, et d'en donner
« des copies. En attendant que le monde se désabuse,
« *pendant quelques jours il n'est pas convenable de nous*
« *voir :* au contraire, cela pourrait produire un mauvais
« effet, et l'on croirait que ce malheureux papier est le
« véritable, et que celui qui paraîtrait à sa place n'était
« qu'une composition faite après coup. Imaginez, mon-
« sieur, dans quelle désolation doit me mettre un pareil
« outrage, et croyez-moi, monsieur, votre, etc.

« *Signé* : Clavijo. »

Il avait joint à sa lettre une déclaration fausse, gigantesque, abominable, et qui était tout entière de son écriture.

Je pris un peu d'humeur de la conclusion que tirait Clavijo de cet indigne papier. Je courus lui en faire les plus tendres reproches; je le trouvai couché. Partie de ses effets étant restée chez M. Portuguès, je lui envoyai sur-le-champ du linge de toute espèce à changer, et pour le consoler du chagrin où cet écrit fabriqué paraissait le plonger, je lui promis qu'à son rétablissement je le mènerais partout avec moi comme mon frère et comme un homme honorable, en l'assurant que je voyais dans les dispoitions de tout le monde, qu'on se plairait à m'en croire à ma parole.

Nous convînmes de tous les préparatifs du mariage de ma sœur : et le lendemain plusieurs de ses amis me menèrent, à son invitation, chez le grand vicaire, chez le notaire apostolique, etc. Cela fait, je revins chez lui très-content : « Mon ami, lui dis-je en l'embrassant,
« l'état où nous sommes à l'égard l'un de l'autre me
« permet de prendre quelques libertés avec vous; si
« vous n'êtes pas en argent comptant, vous ferez fort
« bien d'accepter ma bourse, dans laquelle j'ai mis cent
« quadruples cordonnées et autres pièces d'or; le tout
« valant environ neuf mille livres argent de France, sur
« quoi vous enverrez vingt-cinq quadruples à ma sœur
« pour avoir des rubans : et voici des bijoux et des den-
« telles de France; si vous voulez lui en faire présent,
« elle les recevra de votre main plus agréablement en-
« core que de la mienne. »

Mon ami accepta les bijoux et dentelles, ayant de la peine à croire, dit-il, qu'on en trouvât d'aussi bon goût à Madrid; mais quelques instances que je lui fisse, il refusa l'argent, que je remportai.

Le lendemain, jour de l'Ascension, un valet métis ou quart d'Espagnol indien que j'avais pris à Bayonne, et qui la veille avait été me chercher de l'or cordonné chez mon banquier, me vola mes cent quadruples, ma bourse, toutes les pièces d'argenterie de mon nécessaire qui n'étaient pas apparentes, un carton de dentelles à mon usage, tous mes bas de soie, et quelques vestes d'étoffe d'or, le tout valant à peu près quinze mille francs, et prit la fuite.

Je fus sur-le-champ chez le commandant de Madrid faire ma plainte, et je demeurai un peu surpris de l'air glacé dont elle fut accueillie. On sera moins étonné dans un moment que je ne le fus alors moi-même; l'énigme va bientôt se débrouiller.

Cet accident ne m'empêcha pas de donner tous mes soins à mon ami malade; je lui reprochai doucement ma perte, en lui disant, que s'il eût accepté mes offres la veille au soir, il m'eût fait grand plaisir, et m'eût empêché d'être volé. Mon ami m'assura que ce petit malheur était irréparable, parce que ce valet, qui avait sûrement pris la route de Cadix, serait parti avec la flotte avant qu'on l'eût attrapé. J'en écrivis à M. l'ambassadeur, et ne m'en occupai plus.

Les jours suivants se passèrent en soins assidus de ma part, et en témoignages de la plus tendre reconnaissance de celle de Clavijo. Mais le 5 juin, étant venu pour le voir à l'ordinaire au quartier des Invalides, j'appris avec surprise que mon ami avait encore brusquement délogé.

Changer de gîte une seconde fois sans m'en donner avis me parut, je l'avoue, très-extraordinaire. Je le fis chercher dans tous les hôtels garnis de Madrid, et l'ayant enfin trouvé rue Saint-Louis, je lui témoignai mon étonnement avec un peu moins de douceur que la première fois; mais il m'avoua qu'ayant été instruit qu'on avait reproché à son ami de partager avec un étranger un logement de quartier que le roi ne lui donnait que pour lui seul, sans consulter l'embarras, ni sa santé, ni l'heure indue, il avait cru devoir quitter à l'instant l'appartement de son ami. Il fallut bien approuver sa délicatesse, mais je le grondai obligeamment de n'être pas venu prendre un logement dans la maison de ma sœur; je voulais même l'y conduire à l'instant. Il me serra les mains avec reconnaissance, et m'objecta que, venant de prendre médecine, il ne s'exposerait pas à sortir de chez lui, cet usage étant celui de tous les Espagnols.

Le lendemain il refusa, sous le même prétexte, mes offres réitérées de venir chez ma sœur. Alors nos amis commencèrent à secouer la tête, à concevoir des soupçons; mais ils me paraissaient encore plus absurdes que malhonnêtes. A quoi bon des feintes avec moi? Le contrat était fait; il ne put être signé de plusieurs jours, à cause de ces impatientantes *purgeries*. En Espagne, me disait-on, tout acte est nul lorsqu'il se trouve daté du jour qu'un des contractants a pris médecine : chaque pays, chaque usage.

Ma sœur tremblait de nouveau; c'était par de semblables délais que cet homme les avait déjà deux fois conduites à des dénoûments affreux. Je lui imposais silence avec amertume; cependant le soupçon se glissait dans mon cœur. Pour m'en délivrer tout à fait, le 7 juin, jour pris enfin pour signer le contrat, j'envoyai chercher d'autorité le notaire apostolique.

Mais quelle fut ma surprise lorsque cet homme me dit qu'il allait faire signer au seigneur Clavijo une déclaration bien contraire à mes vues! qu'il avait reçu la veille une opposition au mariage de ma sœur, par une jeune personne qui prétendait avoir une promesse de Clavijo, datée de 1755; de neuf années avant l'époque où nous étions, 1764!

Je m'informe vite du nom de l'opposante. Le notaire m'apprend que c'était *una dueña* (fille de chambre). Humilié, furieux, je cours chez l'indigne Clavijo.

« Cette promesse de mariage vient de vous, lui dis-je; « elle a été fabriquée hier. Vous êtes un homme abo« minable, auquel je ne voudrais pas donner ma sœur « pour tous les trésors de l'Inde. Mais ce soir je pars « pour Aranjuez; je rends compte à M. de Grimaldi de « votre infamie; et loin de m'opposer pour ma sœur, à « la prétention de votre *dueña*, je demande pour uni« que vengeance qu'on vous la fasse épouser sur-le-« champ. Je lui servirai de père, je lui payerai sa dot, « et lui prodiguerai tous mes secours pour qu'elle vous « poursuive jusqu'à l'autel. Alors, pris dans votre piége, « vous serez déshonoré, et je serai vengé. »

— « Mon cher frère, mon ami, me dit-il, suspendez « vos ressentiments et votre voyage jusqu'à demain, je « n'ai nulle part à cette noirceur. A la vérité, dans un « délire amoureux, je fis cette promesse autrefois à la « *dueña* de madame Portuguès, qui était jolie, mais qui « depuis notre rupture ne m'en a jamais reparlé. Ce « sont les ennemis de doña Maria votre sœur, qui font « agir cette fille : mais croyez, mon ami, que le désis« tement de la malheureuse est l'affaire de quelques « pistoles d'or. Je vous conduirai ce soir chez un cé« lèbre avocat, que j'engagerai même à vous accompa« gner à Aranjuez, et nous aviserons ensemble, avant « que vous partiez, aux moyens de parer à ce nouvel « obstacle, beaucoup moins important que votre vivacité « ne vous le fait craindre. Mettez-moi aux pieds de doña « Maria votre sœur, que je fais vœu d'aimer toute ma « vie, ainsi que vous, et ne manquez pas de vous rendre « ici ce soir à huit heures précises. »

L'amertume était dans mon cœur et l'indécision dans ma tête. Je n'écoutais pourtant pas encore les pronostics affreux que l'on répandait : il était possible que j'eusse été joué par un fripon; mais quel était son but? Ne pouvant le deviner, n'en voyant même aucun qui fût raisonnable, je suspendais mon jugement, quoique l'effroi eût déjà gagné tout ce qui m'environnait. Je me rends à huit heures chez cet étrange mortel, accompagné des sieurs Perrier et Durand. A peine étions-nous descendus de voiture, que la maîtresse de la maison vint au-devant de nous, et me dit : Le seigneur Clavijo est délogé depuis une heure, on ignore où il est allé.

Frappé de cette nouvelle, et voulant en douter encore, je monte à la chambre qu'il avait occupée; je ne trouve plus aucuns de ses effets : mon cœur se serra de nouveau. De retour chez moi, j'envoyai six personnes courir toute la ville pour me découvrir le traître, à quelque prix que ce fût; mais convaincu de sa trahison, je m'écriais encore : A quoi bon ces noirceurs? Je n'y concevais rien, lorsqu'un courrier de M. l'ambassadeur, arrivant d'Aranjuez, me remit une lettre de Son Excellence, en me disant qu'elle était très-pressée. Je l'ai conservée, et vais la transcrire ici.

Lettre de M. l'ambassadeur de France dont j'ai l'original.

A Aranjuez, le 7 juin 1764.

« M. de Robiou, monsieur, commandant de Madrid, « vient de passer chez moi pour m'apprendre que le « sieur Clavijo s'était retiré dans un quartier des Inva« lides et avait déclaré qu'il y prenait asile contre les « violences qu'il craignait de votre part; attendu que « *vous l'aviez forcé dans sa propre maison, il y a quel*« *ques jours, le pistolet sur la gorge, à signer un billet* « *par lequel il s'était engagé à épouser mademoiselle* « *votre sœur.* Il serait inutile que je vous communi« quasse ici ce que je pense sur un aussi mauvais pro« cédé. Mais vous concevez aisément *que, quelque honnête* « *et droite qu'ait été votre conduite dans cette affaire,* « *on pourrait y donner une tournure dont les consé*« *quences seraient aussi désagréables que fâcheuses* « *pour vous.* Ainsi je vous conseille de demeurer en« tièrement tranquille en paroles, en écrits et en ac« tions, jusqu'à ce que je vous aie vu, ou ici, si vous « revenez promptement, ou à Madrid, où je retourne« rai le 12.

« J'ai l'honneur d'être, avec une parfaite considéra-
« tion, monsieur, votre, etc.

« *Signé* : Ossun. »

Cette nouvelle fut un coup de foudre pour moi.

Quoi ! cet homme qui depuis quinze jours me pressait dans ses bras, ce monstre qui m'avait écrit dix lettres pleines de tendresse, m'avait sollicité publiquement de lui donner ma sœur, était venu dix fois manger chez elle à la face de tout Madrid ; il avait fait une plainte au criminel contre moi pour cause de violence, et me poursuivait sourdement ! Je ne me connaissais plus.

Un officier des gardes wallonnes entre à l'instant et me dit : « Monsieur de Beaumarchais, vous n'avez pas un moment à perdre : sauvez-vous ou demain matin vous serez arrêté dans votre lit ; l'ordre est donné ; je viens vous en prévenir. Votre homme est un monstre ; il a soulevé contre vous tous les esprits et vous a conduit de promesses en promesses pour se rendre votre accusateur public. Fuyez, fuyez à l'instant, ou, renfermé dans un cachot, vous n'avez plus ni protection ni défense. »

Moi, fuir ! me sauver ! plutôt périr. Ne me parlez plus, mes amis ; ayez-moi seulement une voiture de route à six mules pour demain quatre heures du matin, et laissez-moi me recueillir jusqu'à mon départ pour Aranjuez.

Je me renfermai : j'avais l'esprit troublé, le cœur dans un étau ; rien ne pouvait calmer cette agitation. Je me jetai dans un fauteuil, où je restai près de deux heures dans un vide absolu d'idées et de résolutions.

Ce repos fatigant m'ayant enfin rendu à moi-même, je me rappelai que cet homme, depuis la date de sa plainte pour fait de violence, s'était promené publiquement avec moi dans mon carrosse, m'avait écrit dix lettres tendres, m'avait chargé spécialement de sa demande auprès du ministre devant vingt personnes. Je me jette à mon bureau, j'y broche, avec toute la rapidité d'un homme en pleine fièvre, le journal exact de ma conduite depuis mon arrivée à Madrid : noms, dates, discours, tout se peint à ma mémoire, tout est fixé sous ma plume. J'écrivais encore à cinq heures du matin, lorsqu'on m'avertit que ma voiture m'attend et que l'inquiétude de mes amis ne leur permet pas de me laisser plus longtemps à moi-même. Je monte en carrosse sans m'informer si quelqu'un me suit, sans savoir si j'étais présentable : une espèce d'ivresse me rendait sourd à tout ce qui n'était pas mon objet ; mais on avait pourvu, sans me le dire, au nécessaire de mon voyage. Quelques amis m'offrent de m'accompagner. « Je veux être seul, leur dis-je ; je n'ai pas trop de douze heures de solitude pour calmer mes sens. » Et je partis pour Aranjuez.

M. l'ambassadeur était au palais quand j'arrivai au *Sitio real* ; je ne le vis qu'à onze heures du soir, à son retour. « Vous avez bien fait de venir sur-le-champ, me « dit-il ; je n'étais rien moins que tranquille sur vous : « depuis quinze jours, votre homme a gagné toutes « les avenues du palais. Sans moi, vous étiez perdu, « arrêté, et peut-être conduit au *Presidio*[1]. J'ai couru « chez M. de Grimaldi : je réponds, lui ai-je dit, de la « sagesse et de la bonne conduite de M. de Beaumarchais « en toute affaire, comme de la mienne propre. C'est « un homme d'honneur, qui n'a fait que ce que vous « et moi eussions fait à sa place : Je l'ai suivi depuis « son arrivée. Faites retirer l'ordre de l'arrêter, je vous « prie : ceci est le comble de l'atrocité de la part de son « adversaire. » *Je vous crois*, m'a répondu M. de Grimaldi, *mais je ne suis le maître que de suspendre un moment : tout le monde est armé contre lui ; qu'il parte à l'instant pour la France, on fermera les yeux sur sa fuite.*

« Ainsi, monsieur, partez, il n'y a pas un moment à « perdre ; on vous enverra vos effets en France : vous « avez six mules à vos ordres. A tout prix, dès demain « matin, reprenez la route de France : je ne pourrais « vous servir contre le soulèvement général, contre des « ordres si précis, et je serais désolé qu'il vous arrivât « malheur en ce pays ; partez. »

En l'écoutant je ne pleurais pas, mais par intervalle il me tombait des yeux de grosses gouttes d'eau que le resserrement universel y amassait. J'étais stupide et muet. M. l'ambassadeur attendri, plein de bonté, prévenant toutes mes objections par l'aveu libre et franc que j'avais raison, ne m'en disait pas moins qu'il fallait céder à la nécessité, et fuir un malheur certain.

Et de quoi me punirait-on, monsieur, puisque vous-même convenez que j'ai raison sur tous les points ? Le roi fera-t-il arrêter un homme innocent et grièvement outragé ? Comment imaginer que celui qui peut tout préférera le mal quand il connaît le bien ? — « Eh ! « monsieur, l'ordre du roi s'obtient, s'exécute, et le « mal est fait avant qu'on soit détrompé. Les rois sont « justes ; mais on intrigue autour d'eux sans qu'ils le « sachent ; et de vils intérêts, des ressentiments qu'on « n'ose avouer, n'en sont pas moins souvent la source « de tout le mal qui se fait. Partez, monsieur ; une fois « arrêté, personne ici ne prenant intérêt à vous, on « finirait par conclure que, puisqu'on vous punit, il se « peut que vous ayez tort ; et bientôt d'autres évène-« ments feraient oublier le vôtre, car la légèreté du « public est partout un des plus fermes appuis de l'in-« justice. Partez, vous dis-je, partez. » — Mais, monsieur, dans l'état où je suis où voulez-vous que j'aille ? — « Votre tête se trouble à l'excès, monsieur de Beau-« marchais ; évitez un mal présent, et songez que vous « ne rencontrerez peut-être pas deux fois en votre vie « l'occasion de placer des réflexions si douloureuses « pour l'humanité ; vous ne serez peut-être jamais « outragé par un homme plus puissant que vous ; vous « ne courrez peut-être jamais une seconde fois le risque « d'aller en prison pour avoir été, contre un fou, pru-« dent, ferme et raisonnable ; ou si un pareil malheur « vous arrivait en France, un homme au milieu de sa

[1] Prison perpétuelle à Oran ou Ceuta, sur les côtes d'Afrique.

« patrie a mille moyens de faire valoir son droit qui
« lui manquent ailleurs. On traite moins bien un étran-
« ger sans appui qu'un citoyen domicilié, qu'un père
« de famille, comme vous l'êtes, au milieu de tous ses
« parents. » — Eh! monsieur, que diront les miens!
Que penseront en France mes augustes protectrices,
qui, m'ayant vu persécuté autour d'elles, ont pu juger
au moins que je ne méritais pas le mal qu'on disait de
moi? Elles croiront que mon honnêteté n'était qu'un
masque tombé à la première occasion que j'ai cru trouver de mal faire impunément. — « Allez, monsieur,
« j'écrirai en France et l'on m'en croira sur ma pa-
« role. » — Et ma sœur, monsieur! ma malheureuse
sœur? ma sœur qui n'est pas plus coupable que moi?
— « Songez à vous, l'on pourvoira au reste. » — Ah!
dieux! dieux! Ce serait là le fruit de mon voyage en
Espagne! Mais *partez, partez*, était le mot dont M. d'Ossun ne sortait plus. Si j'avais besoin d'argent, il m'en
offrait avec toute la générosité de son caractère. —
Monsieur, j'en ai : mille louis dans ma bourse et deux
cent mille francs dans mon portefeuille me donneront le
moyen de poursuivre un si sanglant outrage. — « Non,
« monsieur, je n'y consens pas; vous m'êtes recom-
« mandé; partez, je vous en prie; je vous le conseille;
« et j'irai plus loin même s'il le faut. » — Je ne vous
entends plus, monsieur; pardon, je ne vous entends
plus. Et dans le trouble où j'étais, je courus m'enfoncer
dans les allées sombres du parc d'Aranjuez, j'y passai
la nuit dans une agitation inexprimable.

Le lendemain matin, bien raffermi, bien obstiné,
bien résolu de périr ou d'être vengé, je vais au lever de
M. de Grimaldi, ministre d'État. J'attendais dans son
salon, lorsque j'entendis prononcer plusieurs fois le nom
de M. Whal. Cet homme respectable, qui n'avait quitté
le ministère que pour mettre un intervalle de repos
entre la vie et la mort, était logé dans la maison de
M. de Grimaldi. Je l'apprends, et sur-le-champ je me
fais annoncer chez lui comme un étranger qui a les
choses les plus importantes à lui communiquer. Il me
fait entrer : et la plus noble figure rassurant mon cœur
agité : « Monsieur, lui dis-je, je n'ai point d'autre titre à
vos bienfaits que celui d'être Français et outragé : vous
êtes né vous-même en France, où vous eûtes du service;
depuis, vous avez passé dans ce pays par tous les grades
de l'illustration militaire et politique; mais tous ces
titres me donnent moins la confiance de recourir à vous
que la véritable grandeur avec laquelle vous avez remis
volontairement au roi le dangereux ministère des Indes,
dont vous êtes sorti les mains pures, lorsqu'un autre
eût pu y entasser des milliards. Avec l'estime de la nation, vous êtes resté l'ami du roi : c'est le nom dont il
vous honore sans cesse. Eh bien! monsieur, il vous
reste une belle action à faire, elle est digne de vous;
et c'est un Français au désespoir qui compte sur le secours d'un homme aussi vertueux. »

— Vous êtes Français, monsieur, me dit-il : c'est un
beau titre auprès de moi, j'ai toujours chéri la France,
et voudrais pouvoir reconnaître en vous tous les bons
traitements que j'y ai reçus. Mais vous tremblez, votre
âme est hors d'elle, asseyez-vous et dites-moi vos peines;
elles sont affreuses, sans doute, si elles égalent le trouble
où je vous vois. » Il défend à l'instant sa porte; et moi,
dans un état inexprimable de crainte et d'espérance, je
lui demande la permission de lire le journal exact de
ma conduite depuis le jour de mon arrivée à Madrid :
vous y suivrez mieux le fil des événements que dans une
narration désordonnée, que j'entreprendrais vainement
de vous faire.

Je lus mon mémoire. M. Wahl me calmait de temps
en temps, en me recommandant de lire moins vite pour
qu'il m'entendît mieux, et m'assurant vite qu'il prenait
le plus vif intérêt à ma narration. A mesure que les
événements passaient, je lui mettais à la main les écrits,
les lettres, toutes les pièces justificatives. Mais lorsque
je vins à la plainte criminelle, à l'ordre de me mettre
au cachot, suspendu seulement par M. de Grimaldi, à
la prière de notre ambassadeur, au conseil qu'il m'a-
vait donné de partir, auquel je ne lui cachais pas que
je résistais, déterminé à périr ou à obtenir justice du
roi, il fait un cri, se lève, et m'embrassant tendrement :
« Sans doute le roi vous fera justice, et vous avez rai-
« son d'y compter. M. l'ambassadeur, malgré sa bonté
« pour vous, est forcé de consulter ici la prudence de
« son état; mais moi je vais servir votre vengeance de
« toute influence du mien. Non, monsieur, il ne sera
« pas dit qu'un brave Français ait quitté sa patrie, ses
« protecteurs, ses affaires, ses plaisirs, qu'il ait fait
« quatre cents lieues pour secourir une sœur honnête
« et malheureuse, qu'en fuyant de ce pays il remporte
« dans son cœur, de la généreuse nation espagnole,
« l'abominable idée que les étrangers n'obtiennent chez
« elle aucune justice. Je vous servirai de père en cette
« occasion comme vous en avez servi à votre sœur. C'est
« moi qui ai donné au roi ce Clavijo : je suis coupable
« de tous ses crimes. Eh! dieux! que les gens en place
« sont malheureux de ne pouvoir scruter avec assez de
« soin tous les hommes qu'ils emploient, et de s'entou-
« rer, sans le savoir, de fripons, dont les infamies leur
« sont trop souvent imputées! Ceci, monsieur, est d'au-
« tant plus important pour moi que ce Clavijo, ayant
« commencé par faire une espèce de feuille ou gazette,
« et se trouvant, par ses fonctions, rapproché du minis-
« tère, eût pu parvenir un jour à des emplois plus con-
« sidérables; et moi je n'aurais fais présent à mon roi
« que d'un scélérat! On excuse un ministre de s'être
« trompé sur le choix d'un indigne sujet; mais sitôt
« qu'il le voit marqué du sceau de la réprobation pu-
« blique, il se doit à lui-même de le chasser à l'instant.
« J'en vais donner l'exemple à tous les ministres qui
« me suivront. »

Il sonne. Il fait mettre des chevaux, il me conduit au
palais; en attendant M. de Grimaldi, qu'il avait fait prévenir, ce généreux protecteur entre chez le roi, s'accuse
du crime de mon lâche adversaire, à la générosité d'en
demander pardon. Il avait sollicité son avancement avec
ardeur, il met plus d'ardeur encore à solliciter sa chute.

M. de Grimaldi arrive; les deux ministres me font entrer, je me prosterne. « Lisez votre mémoire, me dit M. Whahl avec chaleur, il n'y a pas d'âme honnête qui n'en doive être touchée comme je l'ai été moi-même. » J'avais le cœur élevé à sa plus haute région; je le sentais battre avec force dans ma poitrine, et me livrant à ce qu'on pourrait appeler l'éloquence du moment, je rendis avec force et rapidité tout ce qu'on vient de lire. Alors le roi, suffisamment instruit, ordonna que Clavijo perdît son emploi, et fût à jamais chassé de ses bureaux.

Ames honnêtes et sensibles, croyez-vous qu'il y eût des expressions pour l'état où je me trouvais? Je balbutiais les mots de respect, de reconnaissance; et cette âme, entraînée naguère presque au degré de la férocité contre son ennemi, passant à l'extrémité opposée, alla jusqu'à bénir le malheureux dont la noirceur leur avait procuré le noble et précieux avantage qu'il venait d'obtenir aux pieds du trône.

Pour comble de bontés, le monarque envoya chez M. l'ambassadeur de France, où je dînais, donner l'ordre au Français à qui il venait de rendre une justice si éclatante, de lui faire parvenir le journal exact de ce qui avait été lu et jugé au palais. M. l'ambassadeur, aussi touché que moi, me donna trois de ses secrétaires, qui, de leur part, y mettant une bienveillance patriotique, copièrent en peu d'heures mon journal avec les pièces justificatives; et le tout fut porté par M. l'ambassadeur au roi, qui ne dédaigna pas dire qu'il garderait cet ouvrage, et même de s'informer avec bonté si le Français était satisfait.

Telle est la justice que j'ai obtenue en Espagne dans une querelle où j'étais en quelque façon l'agresseur. Mon cœur se serre en pensant que depuis, en France, étant offensé... Telles sont les preuves authentiques et respectables sur lesquelles s'appuie le compte exact que l'animosité vient de me forcer de rendre de ma conduite en cette occasion, l'une des plus importantes de ma vie. J'ai osé nommer, sans leur aveu, le prince magnanime qui s'est plu à me faire justice, les généreux ministres qui y ont coopéré, le très-respecté marquis d'Ossun, notre ambassadeur, mon inestimable protecteur M. Whal, et toutes les personnes qui ont contribué à ma justification.

Au milieu d'une nation étrangère, je n'ai rencontré que grandeur, générosité, noble intérêt, service ardent, justice éclatante; et je n'aurais pas attendu dix ans à publier la reconnaissance que je garderai toute ma vie à la généreuse nation espagnole, si j'avais pu la faire éclater sans y mêler le récit d'un événement personnel qui ne pouvait intéresser que mes parents et moi.

Je revins à Madrid, où tous les Français s'empressèrent de renouveler à ma pauvre sœur les témoignages de leur ancienne amitié. A la nouvelle de la perte de son emploi, qui se répandit partout, mon lâche ennemi, certain d'être arrêté, se sauva chez les capucins, d'où il m'écrivit une longue lettre pour implorer ma commisération. Il avait raison d'y compter, je ne le haïssais plus, je n'ai même jamais haï personne. Mais dans cette lettre, ce qui m'étonna davantage, fut l'assurance avec laquelle il se tait sur sa plainte criminelle contre moi, se flattant apparemment que je l'ignorais encore. Il s'y défend seulement d'avoir provoqué l'opposition de la *dueña*, à laquelle il attribue mon ressentiment. Voici sa lettre avec ma réponse en notes, telle que je la lui envoyai.

Copie de la lettre de Clavijo.

Depuis mercredi que j'ai reçu, monsieur, la nouvelle de la privation de mon emploi[1], j'ai été dans des accès de fièvre les plus violents jusqu'à ce moment, où, malgré ma faiblesse et mon abattement, je prends la plume pour vous remercier des bontés que vous avez eues pour moi. Non, je n'aurais jamais cru cela de vous. Vous aviez raison de ne pas répondre à mes lettres; on n'a rien à dire aux gens que l'on veut perdre sans ressource[2]. Eh bien! monsieur, êtes-vous satisfait? Ces dames le sont-elles? Jouissez, jouissez tous de votre vengeance. Mais sur qui tombe-t-elle cette vengeance? Sur un homme que vous aimiez, qui a suivi en tout aveuglément vos volontés, sur un homme enfin qui vous aime encore malgré tout ce qui s'est passé[3]. Ah! monsieur, j'en appelle à votre cœur: ou il m'a trompé, ou il est incapable d'un procédé pareil. Mais comment pouvez-vous avoir sévi contre moi sans constater mon crime? Et quel est-il ce crime[4]? Une fille, par elle-même ou à la persuasion de quelque furieux et à mon insu, se présente contre moi. Je n'ai pas la moindre part à cette affaire, et l'on me croit l'auteur de cette nouvelle scène[5]! On paraît en fureur contre moi; on m'accable d'injures, malgré ma faiblesse et ma maladie; et quand le chagrin de cet événement laisse à mon cerveau déjà affaibli par plus de trente jours de fièvre et de diète, à peine la faculté de penser, on me tourmente, on ne croit pas à ma justification; on ne veut pas même m'écouter, ni convenir des moyens que je propose pour arranger cette cruelle affaire. Au contraire, on part pour Aranjuez, pour aller déshonorer et perdre entièrement un homme que l'on dit aimer avec passion[6]; coupable ou non, n'importe. Eh! se donne-t-on la peine de l'examiner avec loisir?

Cependant cet homme accablé sous le poids de sa maladie et de ses violents chagrins, abandonné à lui-même, dans ce cruel état, vous écrit à Aranjuez, et pour vous prouver son innocence[7], fait faire des démarches auprès de l'opposante pour la faire désister de sa prétention. Il n'y avait que ce moyen pour finir tout d'un coup; il vous répète à ce sujet ce qu'il vous avait dit ici lui-même; il vous prie surtout de suspendre les démarches que pouvait vous dicter le ressentiment qui vous

[1] C'est un malheur que vous vous êtes attiré.
[2] De quelles lettres parlez-vous?
[3] Vous m'aimez, monstre que vous êtes? Et vos lâches impostures? et votre plainte furtive et calomnieuse?
[4] Une plainte d'assassinat.
[5] Il s'agit bien de cette fille! quand il existe une plainte atroce depuis trois semaines.
[6] Oui, malheureux, je vous aimais, et c'est ma honte.
[7] Et la plainte! la plainte!

conduisait[1]. Chaque pas que vous alliez faire était un poignard que vous lui enfonciez dans le cœur, et chaque blessure était incurable[2].

Moi, victime des caprices du sort, et comptant sur votre prudence et sur la bonté de votre cœur, quoique sans réponse de votre part, je n'attribuais votre silence qu'au hasard, et je m'empressai par une seconde lettre de vous rendre compte des espérances dont on me flattait au sujet de l'opposante, lesquelles sont justes[3].

Malgré votre silence, j'allais, monsieur, vous récrire, quand la nouvelle de la privation de mon emploi me replongea tout de suite dans les accès de fièvre dont je ne sors qu'à présent[4].

Ah! monsieur, qu'avez-vous fait! N'aurez-vous pas à vous reprocher éternellement d'avoir sacrifié légèrement un homme qui vous appartenait, et dans le temps même qu'il allait devenir votre frère[5]? Quelques égarements passés pouvaient-ils vous faire croire aussi légèrement, et sur des apparences? Mais dans quelles circonstances encore se présentait-il ce prétendu crime! Oui, monsieur, je le répète et je le dirai à la face de l'univers, je n'ai aucune part à la démarche de l'opposante; et depuis ma réconciliation avec vos dames, je n'ai point changé[6], et je défie qui que ce soit au monde de me prouver que depuis cette époque j'aie rien dit ni écrit de contraire à l'intention où j'étais et où je suis encore, malgré tout ce qui m'est arrivé, de terminer mon mariage avec mademoiselle votre sœur[7].

La privation de mon emploi n'y fait rien. Le roi et le ministre, mieux informés, me rendront la justice qui m'est due[8]. Personne au monde n'a rien à me reprocher. Si j'ai eu des torts vis-à-vis mademoiselle Caron, je les ai réparés par mon retour[9] : hors de là je n'ai à rougir d'aucune action de ma vie. Or j'espère de la clémence de mon souverain qu'il daignera me faire rendre mon emploi quand il saura mon innocence[10]. Puis-je espérer de vous, monsieur, à qui elle constera parfaitement quand vous le voudrez, que vous ne vous opposerez point à ma justification? Elle doit vous intéresser autant que moi-même[11].

Je vous remets ci-joint copie des deux lettres que je vous écrivis à Aranjuez. Je commence même à douter que vous les ayez reçues[12]. Oui, je crois connaître votre cœur; il ne m'aurait pas sacrifié si cruellement s'il avait pu seulement se douter de mon innocence. Je sens encore de la satisfaction à vous justifier dans mon cœur[1]. Et dans la fatalité de mon sort, je ne murmure point contre la main qui l'a conduit. Non, je ne renoncerai jamais au bonheur d'appartenir à votre chère famille[2]. Hélas! depuis la dernière promesse mutuelle entre mademoiselle Caron et moi, j'ai bien souffert! Je compte assez sur la générosité de vos âmes pour croire que vous voudrez bien m'aider à me relever[3]. Mes supérieurs et mes protecteurs, instruits de mon innocence, me tendront aussi une main secourable; je l'espère avec d'autant plus d'empressement que je n'ai point mérité leur colère[4].

J'ai l'honneur d'être aussi véritablement que jamais, Monsieur,

Votre très-humble et très-
obéissant serviteur,
Signé CLAVIJO.

Madrid, 17 juin 1774.

P. S. On vient de me dire que mademoiselle Caron doit se marier[5]; je ne puis pas le croire. D'ailleurs voudrait-on donner à Madrid une nouvelle scène à nos dépens, et m'obliger à m'opposer à ce mariage pour authentiquer la droiture de mes intentions? Non, cela ne peut pas être[6].

A M. de Beaumarchais, *etc.*, *etc.*

Je fus en effet demander grâce à M. le marquis de Grimaldi pour ce misérable homme; mais ce ministre mit à ses refus une indignation si obligeante pour moi, que je n'osai pas insister. J'écrivis le même jour à plusieurs protecteurs de Clavijo, pour les prier de joindre leurs instances aux miennes. « M. le marquis de Gri-
« maldi n'a pas voulu m'entendre, leur disais-je; il est
« révolté de l'indignité du sujet. Mais un homme mal-
« heureux par sa faute l'est doublement; et d'après cette
« terrible vérité, Clavijo doit être bien près du désespoir.
« Voir mon ennemi même dans cet affreux état trouble
« la pureté de ma joie, dans l'heureux dénouement de
« mon aventure avec lui, etc. »

Rien ne put fléchir l'équitable et rigoureux ministre.

La suite de mon voyage d'Espagne est étrangère à ma justification. Quant à l'infamie qu'on m'impute, d'avoir frauduleusement gagné cent mille francs en une nuit chez l'ambassadeur de Russie, et pour laquelle le sieur Marin fait dire à son écrivain que j'ai été *chassé de partout, et forcé de fuir d'Espagne avec déshonneur*, je me contenterai de répondre que ce même ambassa-

---

[1] Oui, le plus juste ressentiment.
[2] Le poignard qui vous perce est le désespoir de ne m'avoir pas fait périr.
[3] Des lettres à Aranjuez? à moi? Imposteur maladroit!
[4] Je le crois; mais c'est de honte qu'il faut mourir.
[5] Vous! mon frère! Je la tuerai plutôt.
[6] Peut-on pousser la fourberie plus loin! Et mes violences! et ce pistolet que je vous ai présenté! et cette plainte que vous oubliez!
[7] Que je vous ai forcé de contracter le pistolet à la main.
[8] Ils vous l'ont rendue en vous chassant.
[9] En la mettant à la mort une troisième fois.
[10] Son innocence! l'innocence de Clavijo!
[11] Lâche adversaire! et c'est à moi que vous vous adressez!
[12] Je le crois bien, elles n'ont jamais été écrites.

[1] J'étais perdu par vous, homme indigne, sans la grandeur, sans la justice du roi.
[2] M'appartenir! misérable!
[3] Je suis vengé. Je ne vous hais plus : j'irai même implorer M. de Grimaldi pour vous obtenir du pain, si je puis, dans un coin du monde; mais jamais à Madrid.
[4] Aussi n'a-t-on mis que de la justice à votre punition. M. Whal seul a eu la générosité d'y mettre de la colère.
[5] Que vous importe?
[6] Qu'elle se marie ou non, vous n'avez plus rien à y voir. Votre femme à vous, ce sera la *dueña*. Je borne à cela ma vengeance.

deur de Russie ; milord Rocheford, alors ambassadeur d'Angleterre en Espagne ; M. le comte de Creitz, actuellement ambassadeur de Suède en France ; MM. les duc et comte de Crillon, et beaucoup d'autres personnes qualifiées avec lesquelles je jouais tous les jours, et qui m'honoraient d'une bienveillance particulière à Madrid, me l'ont conservée en France ; j'ajouterai même que, dans le séjour que ces divers ambassadeurs ont fait depuis à Paris, il m'ont tous fait l'honneur de manger chez moi, et d'y agréer les témoignages de ma reconnaissance.

Enfin, après un an passé en Espagne à suivre les plus importantes affaires, lorsque les miennes me rappelèrent en France, et qu'après avoir pris congé verbalement de M. le marquis de Grimaldi, j'eus l'honneur de lui demander par écrit ses derniers ordres, voici la lettre qu'il m'écrivit du *Pardo*, où était la cour la veille de mon départ :

Copie de la lettre de M. le marquis de Grimaldi, dont j'ai l'original.

Au Pardo, le 14 mars 1775.

« Monsieur,

« Quelle que soit la réussite des propositions que vous m'avez faites pour l'établissement d'une compagnie de la Louisiane, elles font infiniment d'honneur à vos talents, et ne sauraient qu'affermir la bonne opinion que j'en ai conçue. J'ai été, monsieur, fort aise de vous connaître, et je le suis de pouvoir rendre ce témoignage à votre capacité. Si vos projets eussent été compatibles avec la constitution de l'Amérique espagnole, je pense que leur succès vous eût encore mieux convaincu ; mais on a dû céder à des difficultés insurmontables qui s'opposaient à leur exécution.

« Je serai charmé de pouvoir vous rendre service en toute occasion : en attendant, j'ai le plaisir de vous souhaiter un bon voyage, et de vous prier de me croire très-parfaitement, monsieur, votre très-humble et très-obéissant serviteur,

« *Signé* : le marquis de Grimaldi. »

Et plus bas est écrit : *A M. de Beaumarchais.*

J'en ai trop dit pour moi, et je crois en avoir dit assez pour mes lecteurs. Encore un mot, et je me tais. On assure que MM. Goëzman, Marin, Bertrand, Baculard, *et autres personnes respectables*, ont chacun un beau mémoire tout prêt contre moi, qu'ils réservent pour la veille du jugement de ce procès. S'ils en usent ainsi pour que je n'aie pas le temps d'y répliquer, cela c'est pas de bonne guerre, et j'agis plus franchement avec eux. Mais sur quelque point de ma vie, sous quelque forme, en quelque temps que ces messieurs me fassent l'honneur de me dénigrer ensemble ou séparément, j'ai celui de les prévenir que je me réserve à chacun d'eux un grand cornet bien plein de bonne encre

indélébile, et que la génération présente ne passera point avant qu'il soit épuisé à leur service.

En attendant, je vais, pour me reposer, écrire un extrait fidèle de mes confrontations avec M. Goëzman, et l'opposer à l'infidèle extrait que ce magistrat présente dans la ridicule plainte qu'il veut faire au parlement contre moi. On sent bien que tout cela n'est qu'un jeu pour reculer le jugement du procès que mes nobles adversaires voudraient éterniser. Mais ne craignent-ils pas que la nation ne les rende enfin comptables du temps précieux qu'ils dérobent à la cour ! Le service public souffre du retard que cette odieuse affaire apporte à toutes les autres. Et moi, qui perds ici mes forces à leur répondre, j'oublie que j'ai à finir, et à présenter au conseil du roi l'important mémoire de mes défenses contre le comte de la Blache, premier auteur de tous mes maux.

Signé : Caron de Beaumarchais.

M. Doé de Combault, *rapporteur* ;

MM. de Chazal, Reymond, *commissaires.*

EXTRAIT

DU JUGEMENT DU 26 FÉVRIER 1774

« La cour, toutes les chambres assemblées, faisant droit sur le tout, pour les cas résultants du procès, condamne Gabrielle-Julie Jamart, femme de Louis-Valentin Goëzman, à être mandée à la chambre pour, étant à genoux, y être blâmée ; la condamne en outre en trois livres d'amende envers le roi, à prendre sur ses biens ; sans s'arrêter ni avoir égard à la requête de Pierre-Augustin Caron de Beaumarchais, et faisant droit sur les conclusions du procureur général du roi, ordonne que ladite Gabrielle-Julie Jamart sera tenue, même par corps, de rendre et restituer la somme de 360 livres par elle reçue de Edme-Jean le Jay, pour être ladite somme appliquée au pain des pauvres prisonniers de la Conciergerie du Palais. Condamne pareillement Pierre-Augustin Caron de Beaumarchais à être mandé à la chambre pour, étant à genoux, y être blâmé ; le condamne en outre en trois livres d'amende envers le roi, à prendre sur ses biens ; faisant droit sur la plainte du procureur du roi, reçue et jointe au procès, par arrêt de la cour du 18 février présent mois, ensemble sur ses conclusions, ordonne que les quatre mémoires imprimés en 1773 et 1774, le premier chez Claude Simon, ayant pour titre : *Mémoire à consulter pour Pierre-Augustin Caron de Beaumarchais*, commençant par ces mots : *Pendant que le public s'entretient d'un procès*, et finissant par ceux-ci : *soit que je te l'accorde ou non, lis cet arrêt, et tremble de parler*, signé : *Caron de Beaumarchais*, contenant 58 pages d'impression ; le second imprimé chez Quillau, ayant pour titre : *Supplément au mémoire à consulter pour Pierre-Augustin Caron de Beaumarchais*, commençant par ces mots : *Pressé d'établir mon innocence par l'exposé des faits*, et finissant par ceux-ci : *le Jay le quitta, je le quitte aussi*, signé : *Caron de Beaumarchais*, contenant 64 pages d'impression ; le troisième, imprimé chez J.-G. Clousier, ayant pour titre : *Addition au supplément du Mémoire à consulter pour Pierre-Augustin Caron de Beaumarchais*, commençant par ces mots : *Eh bien, madame, il donc décidé que je vous trouverai toujours en contradiction ?* et finissant par ceux-ci, *à Paris, ce 15 décembre*

1773, signé : *Caron de Beaumarchais*, contenant 75 pages d'impression ; le quatrième et dernier, imprimé chez ledit Jacques-Gabriel Clousier ayant pour titre : *Quatrième mémoire à consulter pour Pierre-Augustin Caron de Beaumarchais*, commençant par ces mots : *Suivant la marche ordinaire des procès*, et finissant par ceux-ci : *premier auteur de tous mes maux*, signé : *Caron de Beaumarchais*, contenant 99 pages d'impression, seront lacérés et brûlés au pied du grand escalier du Palais par l'exécuteur de la haute-justice, comme contenant des expressions et imputations téméraires, scandaleuses et injurieuses à la magistrature en général, à aucun de ses membres, et diffamatoires envers différents particuliers ; fait défenses audit Caron de Beaumarchais de faire à l'avenir de pareils mémoires, sous peine de punition corporelle : et pour les avoir faits, le condamne à aumôner, au pain des prisonniers de la Conciergerie du Palais la somme de 12 livres à prendre sur ses biens ; comme aussi fait défenses à Bidaut, Ader et Malbeste, avocats, de plus à l'avenir autoriser de pareils mémoire par leurs consultations et signatures, sous telles peines qu'il appartiendra : fait pareillement défenses à tous imprimeurs, libraires et colporteurs de les imprimer, débiter ou colporter ; enjoint à tous ceux qui en ont des exemplaires de les apporter au greffe criminel de la cour, pour y être supprimés. Condamne Edme-Jean le Jay et Antoine Bertrand Dairolles à être mandés à la chambre pour, étant debout derrière le barreau, y être admonestés ; les condamne en outre à aumôner chacun la somme de trois livres au pain des pauvres prisonniers de la Conciergerie du Palais, ladite somme à prendre sur leurs biens ; sur l'accusation intentée contre Louis-Valentin Goëzman, à la requête du procureur général du roi, met les parties hors de cours et de procès. Sur les différentes plaintes, requêtes et demandes de Louis-François-Claude Marin, Louis-Valentin Goëzman, Gabrielle-Julie Jamart, sa femme, Pierre-Augustin Caron de Beaumarchais, Edme-Jean le Jay, Antoine Bertrand Dairolles, et Joseph-Jacques Gardanne, met pareillement les parties hors de cours. Faisant pareillement droit sur les conclusions du procureur général du roi, ordonne que les mémoires, ensemble les notes imprimées d'Antoine Bertrand Dairolles, Louis-Valentin Goëzman, Gabrielle-Julie Jamart, sa femme, Louis-François-Claude Marin et François-Thomas-Marie Darnaud, seront et demeureront supprimés. Ordonne qu'à la requête du procureur général du roi, le présent arrêt sera imprimé, publié et affiché dans cette ville de Paris, et partout où besoin sera. Fait en parlement, toutes les chambres assemblées, le vingt-six février mil sept cent soixante-quatorze. Collationné, PROT.

Signé : LE JAY.

« Et le 5 mars, audit an 1774, à la levée de la cour, les quatre mémoires imprimés mentionnés en l'arrêt ci-dessus ont été lacérés et brûlés dans la cour du Palais, au pied du grand escalier d'icelui, par l'exécuteur de la haute-justice, en présence de nous Alexandre-Nicolas-François Le Breton, l'un des premiers et principaux commis au greffe criminel de la cour, assisté de deux huissiers de ladite cour.

« Signé : LE BRETON. »

AVERTISSEMENT DE L'ÉDITEUR.

Tel fut ce jugement qui indigna tout Paris, et qui attira à M. de Beaumarchais tant de marques de considération.

Non-seulement les personnes les plus qualifiées se firent écrire à sa porte, comme s'il lui fût arrivé l'événement le plus honorable ; mais le prince de Conti, le plus fier des princes de la famille royale, passa chez lui, et y laissa un billet ; il lui fit même l'honneur de le venir chercher dans la maison où il s'était retiré, et où j'étais avec lui, il l'invita à souper avec toute sa cour, en disant qu'ils étaient d'assez bonne maison pour donner l'exemple de la manière dont on devait traiter un homme qui avait si bien mérité de la France.

On le suivait partout pour l'applaudir.

Ses mémoires étaient si recherchés et si estimés, que ses juges craignaient autant que ses parties adverses qu'il n'en publiât de nouveaux.

Ils n'osèrent exécuter sur lui leur propre jugement.

M. de Sartine, chargé, comme lieutenant de police, de la surveillance générale, et qui avait appris par cette surveillance même à bien connaître M. de Beaumarchais et à l'estimer, lui dit en riant qu'il ne suffisait pas d'être blâmé, qu'il fallait encore être modeste, et lui recommanda de ne rien écrire sur cette affaire. « Le roi, lui dit-il, désire que vous ne publiiez plus rien. »

M. de Beaumarchais lui promit de garder le silence le plus absolu pendant les cinq premiers mois des six que la loi accordait aux plaideurs mécontents pour appeler d'un jugement qu'ils trouvaient inique.

Cette parole donnée, il se retira en Angleterre, non comme fugitif, mais pour donner au roi la preuve que son silence n'était pas l'effet de la crainte, qu'il ne procédait que de son respect.

En arrivant à Londres, la sphère de ses idées s'étendit encore ; il conçut des projets vastes et utiles pour la France ; les circonstances demandaient un génie entreprenant et courageux, tel que le sien venait de se montrer.

Peu de temps après, Louis XV le rappela et le chargea d'une commission difficile ; il s'en acquitta avec une telle habileté et une telle sagesse, que Louis XVI, peut-être assez peu disposé à se servir des gens à qui son aïeul avait marqué quelque prédilection, l'honora de la même confiance, le chargea d'une autre mission qui exigeait encore plus de circonspection, et lui donna un billet écrit de sa propre main pour lui servir de lettre de créance.

Si ce fut pour lui une source de nouveaux succès, ce fut aussi une source de nouvelles calomnies. Des ennemis plus cachés, plus ardents, plus dangereux, s'appliquèrent à suivre toutes ses démarches, à les envenimer, à lui nuire.

Ces diverses commissions l'occupèrent pendant deux années.

Le temps d'appeler du jugement porté contre lui s'était écoulé : ses ennemis se flattaient qu'il ne s'en relèverait jamais. Louis XVI avait renvoyé le parlement de 1771, et rappelé les anciens magistrats.

Le roi, content de la conduite de M. de Beaumarchais, lui donna des lettres patentes qui le relevèrent du laps de temps perdu depuis le jugement du 6 février 1774. Elles sont datées du 12 août 1776. On y lisait : « Le sieur de Beaumarchais « n'est sorti du royaume que par mes ordres et pour notre « service. » Elles furent enregistrées le 27 août.

Alors il demanda la *rétractation* de ce jugement *par voie de requête civile*. Des avocats, MM. Étienne, Rochette, Ader et Target, déclarèrent dans leur consultation qu'il n'y avait eu de la part du sieur de Beaumarchais ni *corps de délit*, ni *apparence de délit*. Ce sont leurs termes.

Je vois le lecteur s'arrêter à ces mots, et demander avec étonnement : Comment un procès criminel peut-il être intenté avant qu'un corps de délit ait été constaté ? Sur quoi informe-t-on quand aucun délit n'a été commis ? Et contre qui peut-on informer quand aucun délit n'annonce un coupable ?

Constater un délit n'est-il pas un préliminaire nécessaire à toute accusation ? Si personne n'a été assassiné, si nul objet n'a été volé, si nul complot n'a été ourdi, comment recherchera-t-on un meurtrier, un voleur, un conspirateur ?

Le lecteur qui s'en étonne sera peut-être encore plus surpris quand il saura que M⁰ Target, dans le plaidoyer qu'il fit pour M. de Beaumarchais devant le parlement, dit à la cour que les juges en prononçant « sur cet homme honoré de la
« confiance de son roi, employé pour son service, et mémora-
« ble exemple de l'injustice juridique et de la justice natio-
« nale, avaient craint d'expliquer le délit pour lequel ils le
« condamnaient.

« Ils l'ont condamné, ajoute-t-il, pour les cas résultants
« du procès, mots que les cours ajoutent quelquefois sur l'ap-
« pel d'une sentence qui constate le crime ; mais en première
« instance, flétrir, dégrader un citoyen, le condamner à
« plus que la mort, et cela pour les cas résultants du pro-
« cès, c'est proscrire, et non pas juger ; c'est faire du mal,
« et non pas punir ; c'est parler le langage de la vengeance,
« et non pas de la loi. L'accusé ignore son crime, le public
« peut les soupçonner tous ; il n'est instruit de rien ; et le
« principal effet de la peine est perdu ; appliquée à l'homme,
« et non pas au crime, elle n'en réprime et n'en arrête
« aucun ; la terreur s'empare des cœurs honnêtes ; et la
« crainte n'arrive pas au cœur des méchants.

« La loi annule les condamnations vagues, genre d'oracle
« mystérieux et terrible, qui peut perdre l'innocence sans
« intimider les coupables. »

Ces paroles de M⁰ Target démontraient assez à quel point les lois et même les simples notions du juste et de l'injuste avaient été violées à l'égard de son client ; elles produisirent leur effet.

M. Séguier, avocat général, porta la parole après M⁰ Target, et conclut à l'entérinement de la requête civile, et à ce que *les parties fussent mises en tel et semblable état qu'elles étaient le jour du 26 février* 1774.

Le parlement rendit un arrêt qui annula ce jugement, entérina la requête civile, remit les parties au même état où elles étaient avant ledit jugement, et réhabilita M. de Beaumarchais dans tous ses droits : je dis dans ses droits plutôt que dans son honneur, car l'opinion publique, fortement prononcée, témoignait assez qu'il ne l'avait point perdu, qu'il n'avait pas même été entaché.

M. de Beaumarchais présenta la requête suivante pour être renvoyé dans ses fonctions ; et il le fut : car lui-même il était juge, et lieutenant général des chasses au bailliage de la varenne du Louvre[1].

REQUÊTE
DU SIEUR DE BEAUMARCHAIS

A NOS SEIGNEURS DE PARLEMENT
GRAND'CHAMBRE ET TOURNELLES ASSEMBLÉES

Supplie humblement Pierre-Augustin Caron de Beaumarchais, disant :

Pendant la longue et funeste absence de la cour, la plus lâche accusation dirigée contre moi m'a livré à toutes les horreurs d'un procès criminel, réglé à l'extraordinaire, et suivi d'un jugement portant condamnation au blâme, et me rayant à jamais de la société des hommes.

J'allais me pourvoir contre cet énorme abus des lois lorsque le service et des ordres particuliers de Sa Majesté, me portant hors du royaume, m'ont fait user, en voyageant, le temps accordé par la loi pour attaquer tout jugement dont un infortuné se croit blessé.

De retour en France, j'ai travaillé deux ans et fait l'impossible pour porter mon affaire en cette cour. Mais le choix des moyens n'étant pas en mon pouvoir, il m'a fallu céder à la fatalité qui me prescrivait uniquement la voie de révision pour me relever de ce jugement inouï.

Je me tairai sur un jugement plus étonnant encore, et qui, fondant sur moi comme un ouragan, m'a montré qu'en moins de trois jours on pouvait lever au greffe, instruire et rejeter une requête en révision où il allait de l'honneur du suppliant, sans que l'iniquité reconnue du fond, et la foule de nullités dont la procédure est grevée, frappât les juges et retint l'anathème.

Tout semblait dit pour moi : mais malheur à l'homme dont le courage est abattu par le redoublement d'un outrage ! Celui-là seul mérite qu'on en dise, après l'avoir écrasé : *Dieu merci, voilà donc une affaire finie, et un homme dont nous n'entendrons plus parler.*

Ce ne fut pas moi. La douleur animant mes forces, et ma fierté ne pouvant soutenir l'idée de lettres d'abolition qui supposent toujours un coupable ; après les avoir refusées du feu roi, je crus qu'il fallait plutôt mourir à la peine d'un nouveau jugement, que d'en accepter des bontés de notre jeune monarque. C'est le seul cas peut-être où les grâces du prince auront éprouvé le refus d'un homme d'honneur, sans qu'il puisse être taxé de manquer à la reconnaissance ni au profond respect.

Je suppliai donc de nouveau Sa Majesté de m'accorder, pour toute faveur, celle d'être envoyé devant mes juges naturels, le parlement de Paris. Alors la bonté du roi sollicitant sa justice, des lettres patentes, émanées du souverain lui-même, ont anéanti tout le temps que j'avais perdu à demander vainement justice ailleurs, et à combattre un nouveau désastre.

Adressées à la cour et par elle enregistrées, ces lettres ont porté devant le parlement ma requête civile et la consultation des avocats qui l'appuyait. Enfin, le 6 septembre, la cour, grand'chambre et tournelles assemblées, ayant bien voulu, dans une audience extraordinaire, accorder son attention à l'éloquent plaidoyer de M⁰ Target pour son ami présent, a rendu, sur les conclusions de M. l'avocat général Séguier, l'équitable

---

[1] Liste des pièces qui furent publiées pour faire révoquer le jugement du 26 août, et qu'on a supprimées aussi bien que toutes les consultations des avocats, pour ne point multiplier les volumes ; elles furent toutes imprimées dans le temps ou il était nécessaire d'éclairer le public.
Lettres patentes du roi, données à Versailles le 12 août 1776. Elles relèvent le sieur de Beaumarchais du laps de temps.
Extrait des registres du parlement, du 27 août 1776.
Lettres de requête civile, Paris le 31 août 1776.
Consultation des avocats au parlement de Paris, 30 août 1776.
Arrêt de la cour du parlement qui annule le jugement du 26 février 1774, 6 septembre 1776.

arrêt qui entérine ma requête civile, annule le jugement du 26 février 1774, et me remet au même et semblable état où j'étais avant ce jugement. La joie de ce nouvel arrêt a si bien éteint en moi le chagrin des précédents, et les a tellement confondus dans mon esprit, que je n'ai plus le pouvoir ni la volonté de les distinguer pour m'en plaindre.

Citoyens malheureux, qui vous lassez trop tôt de souffrir, voyez à quoi tenait l'existence d'un homme d'honneur! A la demande réitérée d'un tribunal équitable, et au courage de dévorer tous les dégoûts qui m'y ont à la fin conduit.

Mais à l'époque de cet arrêt je devais prononcer devant la cour un exorde historique au plaidoyer de Me Target; la crainte d'abuser des moments précieux qu'elle dérobait à d'autres citoyens pour moi dans ses dernières séances, me fit faire le sacrifice entier de l'expression de ma gratitude. Je garderais le même silence aujourd'hui si mes ennemis ne publiaient pas que mon discours, plein d'un triomphe insolent, d'une gaieté indécente, a été supprimé comme peu respectueux pour la cour même à qui je l'adressais.

Il est tellement important pour moi que cette fausse opinion n'obtienne aucun crédit sur les magistrats, que je prendrai la liberté de soumettre ici ce discours à leur jugement, sans y changer un seul mot. Ne peut-il pas contribuer à m'obtenir la conversion d'un décret et le renvoi dans mes fonctions, puisqu'il fut destiné à faire annuler le jugement qui m'en avait privé pour toujours? Le voici tel qu'il dut être prononcé devant le parlement.

DISCOURS

POUR ÊTRE PRONONCÉ DEVANT L'ASSEMBLÉE DES DEUX CHAMBRES DU PARLEMENT

MESSIEURS,

J'ai trop de confiance en mon défenseur, pour perdre, en plaidant moi-même, l'avantage de lui voir établir solidement mes moyens de requête civile. Mais j'oserai lui disputer l'expression de la joie que je sens de pouvoir me présenter enfin à ce tribunal auguste après cinq ans de travaux et de souffrances. L'injuste procès d'où naquit le procès monstrueux qui m'amène aux pieds de la cour date de l'événement qui priva si douloureusement la France de ses vrais magistrats.

Il s'agissait, messieurs, d'un acte civil passé librement entre deux majeurs raisonnables et liés depuis dix ans d'intérêt et d'amitié. Le fond ni la forme de cet acte n'offrait aucune prise aux plus légères discussions; et cependant la haine du comte de la Blache a trouvé moyen de les éterniser. Tout son artifice, messieurs, fut de me réduire à l'obligation de prouver cent fois ce qui était déjà trop clair. La persuasion s'en altère à la fin; il semble qu'un fait exposé tant de fois à la discussion en ait réellement besoin. Et quand la redite en plaidant ne détruirait pas l'évidence, elle inspire au moins le dégoût; et où il n'y a plus d'intérêt, la persuasion devient sans force, et la conviction purement fatigante.

Me traîner ainsi d'un tribunal à l'autre était donc me faire à la fois tous les maux : c'était éloigner mes amis par la diminution de leur confiance, armer mes ennemis par l'encouragement de leurs imputations.

Mais n'abusons point des moments qu'on m'accorde : n'étant ni le parent ni l'ami du comte de la Blache, je ne suis pas obligé de prendre à lui le grand intérêt de le faire entrer en lui-même, et rougir publiquement de sa conduite à mon égard; il me suffit d'avoir prouvé mon droit sous toutes les formes, d'avoir gagné ce procès en première instance, et d'avoir obtenu la cassation du jugement qui me le fit perdre sur appel, au rapport du sieur Goëzman. Acharnés contre moi, ces deux ennemis s'écrivaient, se voyaient en secret, se concertaient, et ma perte était le lien de cette horrible union. Celui-ci se chargeait de me dénigrer dans le public, et celui-là, de me faire condamner à son tribunal.

Grâce à cet odieux complot, messieurs, j'ai vu l'injustice enfanter l'injustice, et les mêmes juges me blâmer au criminel après m'avoir ôté mes biens au civil. J'ai vu les deux plus cruels jugements se succéder sans intervalle, empoisonner cinq ans de ma vie, et me forcer de vous demander, en suppliant, le retour à mon état de citoyen, que je n'ai jamais dû perdre. Enfin, j'ai vu lacérer et brûler, par la main d'un bourreau, mes défenses légitimes, comme des écrits infâmes ou séditieux.

Mais je ne devais pas, dit-on, publier le secret des procédures, et mettre au jour mes interrogatoires. Quel indigne motif de réprobation! Dans un procès où l'honneur est engagé, messieurs, peut-on trop manifester les défenses et les motifs du jugement? L'honneur n'est-il pas un bien par lequel on est soumis même au jugement de ceux qui n'ont point d'honneur? Eh! quel homme peut supporter le mépris, fût-ce de ceux qu'il mésestime? Il ne faut donc pas que la plus légère réticence puisse entraîner les conjectures générales au delà des faits positifs et connus. Et n'est-ce pas surtout le cas où le jugement des magistrats peut être justement détruit ou confirmé par celui de la nation? J'en ai fait, messieurs, une trop douce expérience, pour ne pas me féliciter d'en avoir adopté le principe.

Je leur disais : N'enfermez pas sous le boisseau le fanal de la justice, et l'on ne sera pas obligé d'en éclairer la voie par d'autres moyens : donnez la publicité nécessaire à vos terribles procédures, et elles n'auront pas besoin de publication dans des factums.

Qu'ai-je enfin imprimé dans ces mémoires tant reprochés? Si je me suis permis d'y verser le ridicule sur quelques ennemis, l'opprobre sur quelques autres, et le discrédit sur tous, n'étais-je pas attaqué par leurs clameurs sur les points les plus délicats de mon existence? Le livre de ma vie intacte était ouvert devant la nation; n'ont-ils pas tout osé pour en déshonorer un fragment? Il a bien fallu me défendre! Mais quelle partie de mes écrits a donc pu blesser ces redoutables juges? N'y ai-je pas accompli partout la loi de ce beau serment de la justice anglaise, en disant à chaque page *la vérité, toute la vérité, rien que la vérité?* N'y ai-je pas fait sans cesse la distinction du bon au mauvais magistrat, et toujours l'éloge du premier?

Oui, messieurs, je le répète avec joie, les bons magistrats sont les hommes les plus respectables de la société : non-seulement en ce qu'ils sont justes : tous les hommes doivent l'être: non en ce qu'ils sont éclairés; la lumière en ce siècle étincelle à nos yeux de toute part : non en ce qu'ils sont puissants ; c'est la loi seule qui est puissante en eux. Mais leur état est le plus honorable de tous, en ce qu'il est visiblement laborieux, très-pénible, utile à tous, d'une importance extrême, et ne conduit aucun d'eux à la fortune : aussi le peuple, dont l'instinct naïf est quelquefois si sûr, le peuple qui est jaloux des grands, redoute les guerriers, abhorre les gens riches, et fuit la morgue des savants; le peuple aime et respecte ses magistrats. Je n'ai jamais dit autre chose, messieurs, dans ces mémoires lacérés publiquement et traités comme des incendiaires. Par quel sentiment obscur, intérieur, quelques-uns des juges d'alors se firent-ils donc la triste application du mal en rapportant le bien aux magistrats exilés?

Détournons nos yeux du passé. Rendez-moi mon état de citoyen, messieurs. Alors je croirai m'éveiller, et sortir d'un rêve affreux, où, pensant errer péniblement dans la nuit, je fus longtemps poursuivi par des fantômes.

Alors je rendrai gloire à l'auguste monarque qui rappela nos magistrats à leurs fonctions, et qui m'envoie à vous aujourd'hui, par des lettres patentes d'autant plus honorables, que c'est au sein d'une nouvelle infortune que je les ai obtenues de son généreux cœur.

Alors j'oublierai tout, jusqu'à l'existence éphémère de ceux qui m'ont condamné. J'oublierai que dans ce Palais, le Palais par excellence, puisque la loi seule y doit régner, une jurisprudence obscure et barbare, usurpant son sceptre, a soumis pendant quelque temps cent malheureux et moi à des jugements arbitraires.

J'oublierai que, forcé d'emprunter l'or de mes amis pour payer des audiences qu'il m'était indispensable d'obtenir, dans ce même sanctuaire où je respire aujourd'hui, je me suis vu foulé comme un vil corrupteur, poursuivi extraordinairement, et conduit jusqu'au blâme pour un crime imaginaire.

J'oublierai que dans les murs de cette enceinte j'ai plusieurs fois, pendant douze ou quinze heures, soutenu des interrogatoires insidieux, et semés de pièges où l'on voulait m'attirer, mais que le courage et la vérité de mes réponses ont fait tourner à la honte de ceux qui les avaient tendus contre moi.

J'oublierai que dans le parvis de ce temple, alors profané, troublant par mes instances les faibles défenseurs des plaideurs de ce temps, je les ai tous vus fuir devant moi, se renfermer chez eux avec frayeur, et me demander quartier quand je les y rencontrais, pour ne pas me prêter leurs timides secours, et ne pas signer la plus simple requête contre ces terribles magistrats.

A cette même place où mon cœur exalté de joie n'est flétri par l'aspect d'aucun visage ennemi, où, loin de désirer la récusation d'un seul de mes juges, je voudrais qu'il ne manquât à mon arrêt nul membre de cette auguste cour : oui, messieurs, c'est ici que je me suis vu pressé tumultueusement de parler et de répondre au gré de tous ceux qui occupaient vos places.

Là mes cris ont en vain demandé que mes ennemis déclarés se récusassent, et je n'ai obtenu pour réponse que le sourire du dédain ou le regard de la fureur.

C'est à ce bureau qu'accablé de questions promptes et redoublées sur ces mémoires que j'avais envoyés signés de ma main, *ne varietur*, un nouvel aveu de ma bouche n'a pas empêché qu'on ne me les fît signer encore, pour mieux s'assurer qu'on en tenait l'auteur, et se livrer en sûreté à toute la joie de l'en punir. Et chaque fait, messieurs, et chaque place que j'indique, est un monument d'injustice et d'illégalité qui me fournit, comme vous l'allez voir, toujours de nouveaux moyens de requête civile.

C'est dans cette salle voisine, accordée en refuge aux infortunés que le malheur des temps forçait d'y venir plaider, que je me suis vu outragé du geste et de la voix par l'ordre exprès de celui qui, sous le nom de président, conduisait partie de ces mêmes juges aux prisonniers du Châtelet.

C'est dans l'hôtel occupé maintenant par le chef de cette auguste assemblée qu'on a refusé constamment d'en admettre ma plainte, et qu'on m'a menacé de l'animadversion générale de la compagnie si j'insistais à la présenter.

Enfin, c'est dans ce sanctuaire même que pendant quinze heures mon existence et ma destruction ont été ballottées avec acharnement et fureur; où l'opinion *omnia citra mortem* a trouvé plus d'un partisan : où les plus modérés, forcés de se joindre aux moins emportés, pour empêcher qu'une majorité plus violente encore n'employât le bras infâme à me flétrir, et ne me bannît de mon pays, ont cru me faire grâce en ne me condamnant qu'à l'aumône, à l'amende, au blâme, à l'infamie.

Mais celui qui m'ôte la vie, messieurs, m'enlève au moins tout, jusqu'au sentiment du mal qu'il m'a fait, au lieu que celui qui me note d'infamie se croit bien sûr de me laisser une existence affreuse. Quel est le plus coupable envers moi?

Cependant je l'ai dit d'ailleurs, et je dois le répéter avec une reconnaissance égale au bienfait : ils ne m'ont rien ôté. C'est de l'instant qu'ils ont déclaré que je n'étais plus rien, qu'il semble que chacun se soit empressé de me compter pour quelque chose. Tous m'ont accueilli, prévenu, recherché; les offres de toute nature m'ont été prodiguées. Partout, en voyageant, j'ai rencontré des amis et des frères, des puissances mêmes étrangères m'ont offert une honorable retraite en leurs États. Mais quel citoyen français, messieurs, peut adopter une autre patrie que la sienne? S'il ne saurait y vivre déshonoré, du moins peut-il s'y montrer partout injustement blâmé. Ah! je l'ai trop éprouvé ce sentiment universel d'équité, pour n'en pas faire hautement honneur à mes compatriotes et ne pas leur en montrer ici ma vive sensibilité.

« M. de Beaumarchais (écrivait le prince auguste que nous venons tout récemment de perdre), M. de Beaumarchais est un grand exemple de la justice du public; ce jugement horrible ne lui a pas apporté la plus petite tache; il a été détruit dès les premiers instants par l'opinion générale qu'il a su conquérir. » Et cette lettre, messieurs, cet éloge des Français et le mien, je le tiens de celui qui le reçut de monseigneur le prince de Conti; je le possède et le garderai toujours comme le premier monument de mon innocence reconnue, comme un legs mille fois plus précieux à mon cœur que le legs d'argent que mes ennemis ont prétendu faussement que je tenais de ce prince à sa mort. Il avait pour moi trop de bonté, trop de fierté pour m'exposer en mourant, par un don quelconque, à la malignité qui me poursuit sans relâche. En cela sa grande âme a deviné la mienne et l'a honorée.

Il a plus fait pour moi, messieurs : ce prince ne crut pas au-dessous de lui de me chercher la veille de ce jugement qu'il appelle *horrible* et d'user de son autorité... j'oserai dire paternelle, pour m'empêcher d'aller subir mon dernier interrogatoire; persuadé que j'y périrais le lendemain. Mais moi, qui voyais un grand devoir à remplir, un grand exemple à donner; moi, toujours pénétré du respect que je dois aux lois, lors même qu'on en veut abuser pour me nuire, je démontrai à ce prince éclairé l'indispensable nécessité qu'il y avait de m'y présenter à tous risques.

Quelle différence d'événements dans les mêmes lieux en des temps divers! Si la mort ne nous eût pas tous privés de ce prince citoyen, loin de m'écarter aujourd'hui, de m'arrêter au passage, il m'eût conduit lui-même en ce temple; il me l'avait promis, il se l'était promis. Il vous eût dit : « Messieurs, le voilà ce citoyen malheureux, dont le courage a fait pâlir l'iniquité jusqu'en son for, qui a hautement combattu l'injustice acharnée, et a soutenu sans faiblesse un malheur qu'il n'avait pas mérité; le voilà : je remets sa personne et son droit à votre justice. »

Il n'est plus, messieurs, ce prince ami de la monarchie, ce soutien inébranlable de sa constitution, au panache duquel tout Français qui aimait son roi et sa patrie pouvait honorablement se rallier! Il n'est plus; mais l'heureux temps est venu où ces douces vérités n'ont plus de contradicteurs; il n'est plus, mais sa grande âme existe encore parmi vous, et vivifie cette auguste assemblée.

Ô vous tous, messieurs, qu'il honorait de sa plus tendre amitié, vous le savez, si son esprit noble et juste soutenait jamais son sentiment sans accorder à chacun la liberté de le combattre avec force! Tout entier aux vrais principes, il n'entendait pas même les appuyer par l'influence de son auguste état. Cette phrase noble et chevaleresque, dont chacun de vous se souvient avec attendrissement, c'est de lui : « Ni la robe qui vous couvre, ni le baudrier qui me ceint, ne doivent influer sur aucune opinion dans cette assemblée. Que les principes seuls en forment la base et le succès! »

Ô prince généreux, dont le souvenir vivra toujours dans mon âme, et toujours dans celle de tout bon Français, ailleurs on vous élèvera des mausolées; ailleurs on dira de vous ce qui pourra convenir au temps, aux lieux, à l'orateur. Mais c'est dans ce temple de la justice, au milieu de ce sénat auguste, en cet unique dépôt des lois du royaume, que votre éloge doit être prononcé. Heureux, en donnant le premier exemple, si mon talent eût égalé ma sensibilité! Mais si mon œil se trouble en le lisant; si ma voix s'affaiblit et s'altère en le prononçant, malheur à celui dont le cœur ne s'émeut pas jusqu'aux larmes au seul nom de ce bienfaiteur! il ne mérita jamais d'en rencontrer!

Je m'aperçois que cette digression a dévoré le temps destiné à mon plaidoyer. Je dois finir, messieurs ; je rougirais de vous faire descendre d'un aussi grand objet à mon chétif intérêt personnel : je me tais ; mais en remettant le soin à l'éloquente amitié de mon défenseur, je m'en rapporte entièrement à la sagesse de M. l'avocat général et à la justice de la cour assemblée.

Tel fut ce discours.

Les lettres patentes du roi, leur enregistrement, le plaidoyer de Mᵉ Target, les conclusions très-honorables du ministère public, et l'arrêt de la cour du 6 septembre 1776, qui a entériné ma requête civile et annulé le jugement qui m'avait blâmé, ont reçu le degré de publicité convenable après celle qu'on avait donnée au jugement scandaleux du 26 février 1774, et mes vœux sont remplis. L'unique objet de cette requête est d'obtenir aujourd'hui la conversion du décret d'ajournement personnel subsistant contre moi en un décret d'assigné pour être ouï. L'ordonnance criminelle de 1670 en admet de trois sortes, qui doivent se prononcer suivant la nature du délit et la qualité des personnes; en sorte que si la preuve portée par l'information est légère, ou si l'accusé est officier public, ou distingué par sa réputation et qualité, ou s'il n'y a contre lui qu'une accusation d'injure, le juge ne doit décerner un décret ni de prise de corps ni d'ajournement personnel, mais seulement d'assigné pour être ouï. Les autorités sur cette matière se trouvent dans le procès-verbal de l'ordonnance de 1670, sur l'article 3 du titre XXI, page 230.

Or la plainte dirigée contre moi n'ayant jamais été qu'une accusation d'injure, fût-elle aussi fondée qu'elle est reconnue vicieuse, je n'ai pas dû être décrété d'ajournement personnel. A plus forte raison, lorsque j'ai comparu sur ce décret et subi tous les interrogatoires exigés, me crois-je en droit de supplier la cour d'ordonner la conversion de ce décret d'ajournement, et de me renvoyer dans mes fonctions.

Ce considéré, Nosseigneurs, il vous plaise, vu l'arrêt contradictoire de la cour, rendu le 6 septembre 1776, grand'chambres et tournelles assemblées, ordonner que le décret d'ajournement personnel décerné contre moi par les juges de la commission, le 10 juillet 1773, sera et demeurera converti en un décret d'assigné pour être ouï. En conséquence, me renvoyer dès à présent dans mes fonctions, aux offres que je fais de me présenter devant tel de messieurs qu'il plaira à la cour de commettre, pour subir tous interrogatoires à toutes assignations données, élisant domicile à cet effet chez M₈ Alloneau, procureur en la cour, rue Barre-du-Bec : et vous ferez bien.

Signé : Caron de Beaumarchais.

Mᵉ Alloneau, *procureur.*

AVERTISSEMENT
DE M. DE BEAUMARCHAIS

SERVANT DE RÉPONSE AU TROISIÈME PRÉCIS DU COMTE DE LA BLACHE,
DEPUIS SON GRAND MÉMOIRE.

Après avoir vu le comte de la Blache délayer le mot *fripon* dans son encrier, en noircir outrageusement soixante-douze pages, et les publier contre moi, l'on doit être assez étonné que de ma part le mot *calomniateur*, fondu dans soixante-douze autres pages bien noircies, n'ait pas encore vengé mon honneur, repoussé l'injure, et justifié l'acte du 1ᵉʳ avril 1770 ; mais le lecteur, trop judicieux, pour m'avoir blâmé sans m'entendre, est aussi trop éclairé pour me blâmer lorsqu'il m'aura entendu.

Le comte de la Blache, encore plus étonné de mon silence que le lecteur, n'a pu s'en taire, et dans un quatrième mémoire en réponse au précis pour moi, fait et publié sans moi, par un avocat aux conseils, où l'affaire *est traitée* beaucoup trop *légèrement*, suivant l'expression même de mon adversaire, le comte de la Blache s'exprime ainsi : *Le sieur de Beaumarchais évite habilement les détails de la discussion du prétendu compte définitif...* Il abandonne le soin de sa réputation, *au point qu'il suppose que son compte est rempli d'erreurs, d'omissions, de faux et doubles emplois... Il promet néanmoins de justifier publiquement jusqu'à la dernière syllabe de l'acte ; mais quand s'acquittera-t-il de cette promesse ? Ce sera, dit-il... après la cassation de l'arrêt.* Quelle modestie !

Ainsi le comte Falcoz de la Blache et son avocat, trop bien instruits l'un et l'autre des obstacles qui retardaient la publication de mon mémoire, triomphent de mon silence dans le leur. Si la ruse est permise en procès comme en guerre, ils ont toujours raison tant qu'ils m'empêchent de parler : mais grâce à la justice de monseigneur le garde des sceaux, c'est enfin ce que j'ai la liberté de faire.

Je vous prie, lecteur, de ne pas oublier ce que vous venez de lire du comte de la Blache. Je vous prie encore de vous rappeler les reproches publics qu'il m'a faits et fait faire, l'an passé, sur les lettres de Mesdames, qu'il m'accusait faussement d'avoir fabriquées dans le temps que nous plaidions aux requêtes de l'Hôtel.

Rappelez-vous aussi comment je me suis justifié de cette calomnie dans l'un de mes misérables mémoires contre Goëzman ; que je suis bien désolé d'avoir composés, puisqu'ils ont eu le malheur de déplaire à la justice d'alors, et parce qu'il semble que je ne leur aie donné le jour que pour avoir la douleur de les voir brûler vifs dans la cour du Palais, et qui, comme on sait, est la Grève des livres.

J'ai l'assurance aujourd'hui de rappeler le trait du comte de la Blache, éclairci dans ces mémoires, parce que j'estime que ce n'est point ce trait qui leur a mérité, de la part d'un tribunal intègre, le double châtiment d'être incendiés et lacérés au préalable.

Dans ces mémoires ignescents je prouvais donc comment le comte Falcoz, mêlant toujours la noire intrigue à la plaidoirie insidieuse, allait se plaindre à Versailles que, pour gagner un procès déshonorant, je faisais à Paris le plus coupable abus d'une prétendue protection des princesses, dont je n'avais pas dit un mot, et revenait ensuite apprendre aux magistrats que Mesdames, m'ayant jugé indigne de toute protection, m'avaient chassé de leur présence ; et que si je présentais de leur part un certificat d'honnêteté, ce n'était qu'une lettre supposée par un homme à qui rien n'était sacré. Ce fut son expression.

La conduite du comte de la Blache, au sujet de mes défenses actuelles, a un rapport si intime avec celle qu'il tint alors, qu'on ne peut s'empêcher de la rappeler, de les rapprocher, d'y reconnaître toujours le même homme et de l'admirer sans cesse.

Sachez donc, lecteur, ce que le comte de la Blache ne sait que trop depuis longtemps : c'est que, loin de laisser son grand mémoire sans réponse, et *d'abandonner le soin de ma réputation*, je n'ai pas eu de repos que cette réponse ne fût achevée.

Apprenez aussi que lorsqu'elle a été finie, je n'ai pu découvrir par quelle fatalité mon avocat ni aucun autre avocat du conseil n'a voulu signer mes défenses : que, bercé pendant quinze jours d'espérances trompeuses, dans mon désespoir je me suis adressé aux avocats au parlement ; qu'alors il a fallu refondre le mémoire et faire remanier quatre-vingts formes d'imprimerie pour le leur présenter sous l'aspect d'une consultation à donner ; que cet ouvrage achevé, Mᵉ Bidault, mon avocat et mon ami, qui m'avait toujours prêté la main généreusement, et venait de me promettre encore ses secours, est tombé subitement dans un état si voisin de la mort, qu'il n'a pu même être instruit par mes regrets, du chagrin et du retard affreux que sa maladie me causait.

Sachez encore, lecteur, qu'un avocat aux conseils, instruit le soir même par moi de ce nouvel accident, et paraissant touché de mon état, après la lecture de mes défenses, m'a donné sa parole d'honneur de les signer aussitôt que je les aurais refondues, que j'aurais ôté la consultation et remis le mémoire dans sa première forme ; qu'alors vingt imprimeurs et l'auteur misérable ont encore passé la nuit et la journée du lendemain à remanier, moi la composition, eux les quatre-vingts formes d'imprimerie, mais lorsque je suis revenu avec le mémoire rétabli, l'avocat au conseil s'est dédit de sa parole et n'a pas voulu signer, sans qu'il m'ait été possible alors de découvrir qui l'en avait détourné.

Pendant ce temps, le comte de la Blache et Mᵉ Mariette, instruits de tout ce qui se passait, composaient le mémoire auquel cet avertissement répond, et où ils me reprochent, avec une moquerie si insultante, *d'abandonner le soin de ma réputation*, et de n'oser me justifier sur le fond de l'affaire !

Loin de me décourager, je me suis adressé à Mᵉ Ader, avocat au parlement, qui avait signé avec Mᵉ Bidault mes anciens mémoires, ces tristes mémoires si malheureusement incendiés. Avec la meilleure tête et la plus grande honnêteté, Mᵉ Ader a jugé que la défense d'un homme attaqué si violemment était de droit naturel, et qu'au refus des avocats aux conseils, il pouvait, après avoir lu mon mémoire, arrêter dans une consultation modérée le parti que je devais suivre.

Alors il a fallu de nouveau refondre le mémoire, y mettre une consultation, et remanier les quatre-vingts formes d'imprimerie. Autre nuit passée, autres travaux forcés : le temps s'usait, le terme du jugement approchait : je me croyais au bout de mes forces et de mes peines, lorsqu'il m'a fallu ranimer les unes pour parvenir à supporter les autres.

Cependant le bruit de cette consultation ayant alarmé le comte de la Blache, il a suspendu la publication de ses reproches moqueurs; il a couru, écrit, sollicité; il a fait solliciter, écrire et courir ses amis pour armer l'autorité contre un libelle de moi, qui, disaient-ils, allait déshonorer le comte de la Blache. Notez qu'aucun d'eux n'en connaissait une phrase, et qu'ils n'en criaient pas moins *tolle* sur ma défense et sur ma personne.

Enfin, ils ont tellement intrigué, que, sans que j'aie encore pu savoir d'où le coup était parti, un syndic de librairie, à l'instant qu'on s'y attendait le moins, est venu arrêter l'impression de mon mémoire. Il avait ordre, a-t-il dit à l'imprimeur, d'enlever, même de force, une épreuve de ce mémoire : ordre, en cas de refus, de violer les presses; ce qui ne se fait jamais que dans les cas de crime de lèse-majesté. Pour comble de singularité, son ordre portait, a-t-il dit, de ne point montrer l'ordre en vertu duquel il agissait.

Je n'étais pas chez l'imprimeur : l'épreuve a été enlevée, la presse a cessé de gémir, et l'impression s'est arrêtée. Il était vendredi ; je devais être jugé le lundi. Le comte de la Blache alors, se croyant bien assuré que mes défenses ne pouvaient plus paraître avant le jugement, a répandu dans le public son mémoire outrageant et moqueur, dans lequel on a vu qu'il me reproche, avec raillerie, *d'abandonner lâchement le soin de ma réputation*, et de n'oser lui répondre sur le fond du procès. *Quelle modestie!* a-t-il dit avec joie; quelle perfidie! me suis-je écrié avec indignation.

Je reçois à six heures du soir ce coup horrible et ténébreux d'une autorité qui se cache. Je cours à Versailles, et vais me jeter aux pieds de monseigneur le garde des sceaux, qui, n'ayant point donné de tels ordres, et touché de ma juste douleur, a la bonté de me promettre que je ne serai point jugé le lundi suivant, puisque je crois essentiel à ma cause et à mon honneur que ma défense paraisse avant le jugement.

A minuit j'étais de retour à Paris, chez le syndic de librairie, pour savoir ce qu'était devenu mon exemplaire enlevé. — Je l'ai envoyé, dit-il, chez le lieutenant de police. — A M. Le Noir? Depuis huit jours accablé de souffrances, et ce soir même encore saigné du pied; dans l'instant où nous tremblons pour sa vie, un tel ordre ne peut être émané de lui. — Apparemment que l'ordre vient encore de plus haut. — Pas plus exact, monsieur, d'une part que de l'autre! J'arrive de Versailles, et ce sont mes plaintes amères qui ont appris à M. le garde des sceaux qu'il existait un ordre d'arrêter la presse, de violer l'asile des pensées, d'en exprimer une effigie de mes défenses, de l'enlever de force, et que cet ordre, annoncé de la part du roi, quoiqu'il n'en vînt point, puisqu'il n'était point émané de monseigneur le garde des sceaux, portait l'ordre de ne point montrer l'ordre.

Ce résultat effrayant de l'intrigue, cet abus du pouvoir des sous-ordres me rappela le trait du *Contrat social : Un pistolet est aussi une puissance*. En effet, c'est ainsi qu'en usent les gens qui viennent enlever la bourse aux passants de la part d'un pistolet : ils ont ordre de ne point montrer l'ordre. Je quittai le syndic.

A deux heures du matin j'étais chez le chef des bureaux de police, à qui ces choses doivent ressortir. Il s'éveille, il s'étonne, et me jure qu'il n'en sait pas plus que moi sur cet objet.

Le lendemain à midi j'étais à Versailles encore une fois aux pieds de monseigneur le garde des sceaux ; et c'est de la généreuse équité du chef de la justice que j'ai enfin obtenu qu'un ordre (arrivé l'on ne sait d'où) d'arrêter des presses,

de les violer, d'en extraire et d'en enlever de force une épreuve aussi importante, et de ne point montrer l'ordre étonnant qui portait autant d'ordres étonnants, fût révoqué, fût regardé comme non avenu.

Et si M. le garde des sceaux par malheur est un homme ordinaire: si sa mâle équité ne l'élève pas, en m'écoutant, au point de préférer le respect du fond à la vanité des formes; si sa justice et ses lumières ne lui dévoilent pas qu'on veut me perdre en arrêtant mes défenses; enfin s'il ne me rend pas la liberté d'imprimer, et s'il ne recule pas le jugement, lundi arrive, je n'ai rien dit, je suis jugé, je puis me voir déshonoré. Mais grâces, million de grâces lui soient à jamais rendues; il m'a sauvé de ce malheur.

Voilà, lecteur, les dangers que j'ai courus.

Cependant le comte de la Blache ne peut plus empêcher que le mémoire qu'il a répandu ne soit répandu : il ne peut empêcher qu'on y voie l'ironie outrageante avec laquelle il me reprochait *d'abandonner le soin de ma réputation*, et de ne pas oser lui répondre, pendant qu'il employait tout ce que l'intrigue et l'autorité ont de plus redoutable pour empêcher que ma réponse ne parût.

Enfin la voilà, cette réponse que le comte de la Blache a craint avec raison qui ne le couvrît d'une nouvelle confusion. Mais dans un siècle où l'art de deviner les hommes a fait chez eux autant de progrès que celui de se déguiser, on sent que je n'ai pas dû perdre un instant de vue mon adroit adversaire. Pendant que je lui répondais de la plume, je le suivais de l'œil : et quoiqu'il soit souple et glissant comme une couleuvre, et qu'il ait à ses ordres des avocats pour insulter, des chevaux pour courir, des amis pour solliciter, du crédit pour obtenir, et de l'argent pour m'arrêter de toutes parts, soyez certain, lecteur, qu'il n'a, jusqu'à ce moment, encore obtenu d'autre avantage sur moi que de m'avoir empêché de voir nos juges, qu'il a fatigués de reste pour nous deux, et d'avoir retardé l'impression de cet ouvrage.

Et je n'ai fait ce détail qu'afin de persuader le public, qui s'étonnait déjà de mon silence, que dans toutes mes affaires, lorsque j'ai l'air d'être en demeure et d'avoir bien des torts, je suis toujours plus à plaindre qu'à blâmer.

Le grand mémoire qui suit répond à tout le reste.

MÉMOIRE A CONSULTER

ET CONSULTATION

POUR

P.-A. CARON DE BEAUMARCHAIS

Le sieur de Beaumarchais, en instance au conseil du roi, sur sa demande en cassation d'un arrêt rendu au Palais le 6 avril 1773, et pressé par l'approche du jugement, établit la question suivante, sur laquelle il désire une consultation. Il dit :

En octobre 1773, j'ai obtenu au conseil un arrêt de soit communiqué. Le comte Alexandre-Joseph Falcoz de la Blache, légataire universel et mon adversaire, suivant toujours son principe, qui est de gagner du temps et de lasser ma patience, que pourtant il ne lassera point, car, s'il ne sait pas être riche, il verra que je sais être pauvre; ce comte Falcoz, dis-je, m'a fait perdre quinze mois en délais si abusifs, que je me suis vu forcé de solliciter auprès de monseigneur le garde des sceaux un ordre à M⁰ Mariette, avocat du comte de la Blache, de produire.

Mes amis et beaucoup d'autres personnes m'ont plusieurs fois demandé si je ne ferais point de mémoire dans cette affaire; mais, convaincu que mes requêtes étaient plus que suffisantes pour instruire les magistrats, je me suis abstenu d'écrire, ne voulant pas qu'on pût m'accuser d'être, en aucune occasion, le premier à provoquer l'adversaire : j'ai même empêché mon avocat de rien imprimer sur l'objet de la cassation depuis la première requête.

Tant de modération eût dû peut-être engager le comte Falcoz de la Blache à se renfermer dans les mêmes termes. Mais au moment où j'avais enfin obtenu le bureau pour le rapport du procès, le comte Falcoz a jeté dans le public un mémoire fort épais, dont la majeure partie, qui semble employée à discuter le fond de l'affaire, a pour unique objet de me diffamer!

Un autre but de ce long mémoire, à l'instant du jugement, est de me faire perdre, en y répondant, le temps devoir les juges, ou celui de réfuter le mémoire, en allant faire les sollicitations d'usage : enfin un espoir plus secret encore du comte de la Blache est que, l'arrêt étant cassé, il lui restera la ressource de dire, comme lui et ses conseils le font d'avance, que, si l'arrêt n'a pu se soutenir par les vices inexcusables de sa forme, le comte légataire n'en a pas moins prouvé sans réplique, dans son dernier mémoire, que l'acte du 1ᵉʳ avril est encore plus vicieux que l'arrêt qui l'annula.

Forcé de repousser un outrage aussi sanglant qu'il est gratuit, je me suis mis, nuit et jour, au travail; j'ai fait promptement une réponse à ce mémoire, où, sans m'écarter de mon sujet, je crois m'être justifié de façon à faire longtemps rougir mon adversaire de sa cruelle injustice.

Mais toujours plus contrarié qu'aucun homme patient ne pourrait le soutenir, je me trouve arrêté par le seul obstacle au monde que je ne dusse pas craindre de rencontrer. Mon propre défenseur, mon avocat aux conseils me refuse de concourir à ma justification, et s'obstine à ne vouloir donner ni signature, ni consultation, ni aucune attache à la très-légitime défense de son client.

Cet avocat a fait de son côté une réponse au mémoire insultant de M⁰ Mariette, où non-seulement il ne dit pas un mot qui tende à me justifier sur tous les outrages relatifs à l'acte du 1ᵉʳ avril, mais dans laquelle il me réserve expressément de le faire moi-même, par la phrase suivante, qu'on lit à la page 22 de son mémoire : « Le sieur de Beaumarchais, tranquille sur son
« bon droit, comme sur sa conduite irréprochable, se
« charge de justifier publiquement jusqu'à la dernière
« syllabe de l'acte, lorsque le comte de la Blache aura
« pris contre lui les voies légitimes devant le tribunal
« auquel le fond sera renvoyé après la cassation de
« l'arrêt insoutenable qu'il combat. »

Mais par quelle bizarrerie ce défenseur, en même temps qu'il reconnaît l'importance de cette justification, prétend-il forcer son client de la différer, de la remettre à des temps incertains, et de rester aujourd'hui sous le coup du plus insidieux adversaire?

La mauvaise opinion que M⁰ Mariette cherche à donner de moi dans son mémoire ne peut-elle donc pas influer sur la décision des juges? Et si l'avocat du comte de la Blache a cru nécessaire à sa cause de me dénigrer, comment mon avocat peut-il croire indifférent à la mienne que je me justifie ou non?

A mes justes plaintes sur ce refus, mon avocat oppose un règlement intérieur du corps des avocats aux conseils, par lequel ils se sont interdit de signer aucune défense qui ne fût émanée d'eux; et il motive ce règlement en disant : que bien des avocats aux conseils, manquant de confiance en leur plume, employaient celle des avocats au parlement; ce qui enlevait aux habiles de leur corps une préférence que les clients leur auraient donnée sans cette ressource des faibles de se servir des avocats au parlement.

Je demande à cela comment un règlement aussi exclusivement favorable aux habiles a pu passer à la pluralité des voix dans un corps dont il doit laisser beaucoup de membres sans emploi? Les avocats aux conseils prétendent qu'ils y ont remédié par un autre règlement intérieur, qui interdit à tout avocat aux conseils de se charger d'une cause entamée par son confrère, quelque mécontentement que le client puisse avoir de son avocat.

Fort bien : mais au moins vous ne pouvez pas enlever aux avocats au parlement le droit d'écrire et d'imprimer pour les clients mécontents de leurs défenseurs aux conseils? — Autre règlement intérieur, qui interdit aux imprimeurs de prêter leurs presses à tout avocat étranger au corps, dans les instances au conseil, sous peine d'amende arbitraire.

Fatigué de tant de règlements intérieurs, je me suis vainement adressé, par moi et mes amis, à beaucoup d'avocats aux conseils; plusieurs ont trouvé la conduite de mon défenseur fort extraordinaire; ils ont même offert de me donner leur consultation sur mon mémoire, si ce défenseur voulait seulement joindre sa signature à la leur; mais celui-ci refusant obstinément de le faire, attendu sa qualité de syndic, je me trouve encore plus éconduit par un autre règlement plus intérieur qui interdit aux avocats aux conseils de consulter pour aucun client, si son avocat ne se joint à eux; de sorte que les avocats aux conseils, ayant sagement pourvu à tous leurs intérêts, comme on voit, ont seulement oublié l'intérêt de leurs clients, dont il eût été plus généreux de s'occuper un peu davantage.

Enfin, pour qu'il fût bien décidé qu'on ne me prêterait aucun secours, les avocats aux conseils, dans une assemblée toute récente, ont porté des menaces terribles d'interdiction contre celui d'entre eux qui serait assez osé pour être moins dur envers moi que ses confrères.

Pressé par l'approche du jugement, forcé de faire paraître mes défenses, désolé du refus obstiné de mon défenseur et de tout autre avocat du même corps, outré qu'dans une compagnie de soixante avocats aux conseils il ne s'en trouve pas un seul assez généreux pour me tendre la main dans un cas aussi pressant, je demande à ceux du parlement s'il ne m'est pas permis de m'adresser à eux, de prendre ensuite à partie mon avocat aux conseils, et le rendre garant de tout le mal qui peut résulter pour moi de ce déni de secours, d'autant plus étonnant qu'il n'est point fondé sur la nature de ma défense que j'ai constamment offert de soumettre à la censure de tout avocat instruit du fond de l'affaire. Je la soumets ici à l'examen du conseil que je consulte, en preuve de l'équité de ma demande.

Le CONSEIL SOUSSIGNÉ, qui a pris lecture du mémoire à consulter ci-dessus, du mémoire et des deux Précis de M⁰ Mariette, avocat du comte de la Blache, ainsi que de la réponse que M⁰ Huart du Parc, avocat du sieur de Beaumarchais, a faite à ce mémoire; estime que la réponse de M⁰ du Parc est insuffisante à la justification du sieur de Beaumarchais, et qu'il est bien extraordinaire que ledit M⁰ du Parc réserve expressément dans son mémoire, au sieur de Beaumarchais, de *justifier jusqu'à la dernière syllabe de l'acte*, et lui refuse en même temps les seuls moyens de le faire dans un moment aussi précieux pour son client ; à moins que la justification du sieur de Beaumarchais, présentée audit M⁰ du Parc, ne fût contraire aux lois, aux bonnes mœurs, au gouvernement ou à la religion.

Mais que, si cette justification est conforme à celle que le sieur de Beaumarchais soumet à notre examen, dont nous avons pris lecture, et qui est conçue en ces termes :

RÉPONSE

AU

MÉMOIRE SIGNIFIÉ

DU COMTE ALEXANDRE-JOSEPH FALCOZ DE LA BLACHE

M. Duverney avait la réputation de se connaître en hommes. Il a honoré ma jeunesse de la plus intime confiance. C'est une présomption en faveur de mon honnêteté.

M. Duverney se connaissait en arrêtés de compte. Il a trouvé juste de clore et signer celui du 1ᵉʳ avril 1770. C'est un grand préjugé pour l'exactitude de cet arrêté.

Il est vrai que le comte de la Blache a traité de chimère l'intimité de mes liaisons avec M. Duverney : mais la négation d'un légataire obstiné ne détruit point des faits aussi publics.

Il est vrai qu'il a feint, pour ne pas payer, de regarder notre arrêté comme absurde, inepte et même faux : mais l'allégation d'un légataire intéressé n'anéantit point des actes si sacrés.

Il est encore vrai que, dans l'exorde de son mémoire, le comte de la Blache nous apprend que le legs immense dont M. Duverney l'a gratifié *a été pour lui la source d'une foule de* petites difficultés qu'il appelle des *persécutions*. Mais est-ce ma faute à moi, si les héritiers, ouvriers, créanciers, légataires, domestiques, etc.,

de cette succession n'ont pas abandonné au comte de la Blache, qui voulait tout garder, le peu qui leur appartenait sur cet immense héritage?

Il se plaint aussi *que ce* malheureux *legs* de quinze cent mille francs *est devenu le sujet de mes écrits*, qu'il appelle des *diffamations*. Mais est-ce donc un crime à moi d'avoir exposé comment le comte de la Blache, voulant me donner pour faussaire à Paris, me supposait faussaire à Versailles ; et comment, incapable de rien prouver contre un arrêté signé de son bienfaiteur, il est devenu capable de tout oser, pour l'anéantir?

Mais si le comte Falcoz de la Blache, encore tressaillant du plaisir de posséder un legs de quinze cent mille francs, a nommé *persécution* la modeste demande de quinze mille francs, et *diffamations* les défenses légitimes de celui qu'il veut déshonorer afin de retenir ce peu d'argent, quel nom dois-je donner à tout ce qu'il a tenté depuis quatre ans pour me perdre? Haine invétérée, mémoires outrageants, plaidoyers atroces, suppositions infamantes, lettres injurieuses, intrigues secrètes, saisie éternelle de mes biens, frais inutiles amoncelés, désordre universel dans mes affaires, arrêts, référés, exécutions, ventes, huissiers, gardiens, records, doubles records, fusiliers !... dieux ! dieux !

Et mes amis me recommandent d'être modéré dans ma réponse, de discuter mes intérêts sans humeur, et surtout sans gaieté !... De la gaieté, mes amis ! ah ! ne m'ôtez pas l'amertume ; il ne me resterait que le dégoût.

Si j'ai montré de la gaieté quand je me défendais contre les sieur et dame Goëzman, c'est que le ridicule de ce procès était excessif, au point d'en masquer souvent l'atrocité ; mais aujourd'hui qu'un adversaire ardent, avide, haineux, s'efforce de verser sur moi la honte et l'opprobre, est-ce donc en plaisantant que je les repousserais sur lui ?

Je ne vois, dans tout son mémoire, qu'une injure mortelle, et mortellement délayée dans 72 pages d'impression, toujours redite, et partout blessant mon cœur à l'endroit le plus sensible. Et vous m'interdisez la gaieté, qu'il fallait peut-être me recommander !

Un jour, il s'agira de réparation pour tant d'outrages reçus : alors il sera temps de décider si l'iniquité du fond d'un procès peut excuser ce que sa forme emporte d'outrageant.

Aujourd'hui je mets toute répugnance à part : je cède à l'humiliation de me défendre ; et détournant les yeux de dessus moi, je n'embrasserai que la question, sans penser à la personne. Un avenir plus heureux me répond des dédommagements convenables. A quelles affaires, grands dieux ! j'étais destiné !

Depuis quelque temps il se répand de celle-ci un résumé fort énergique et fort court : ce n'est pas celui du comte Joseph Falcoz ; il est bien fait, et si facile à retenir que tout le monde le sait par cœur : je ne craindrai point de le rapporter ici.

PREMIÈRE PARTIE

Beaumarchais payé ou pendu. Tel est sur ce procès le résumé concis et lumineux de quelqu'un qu'on sait à Paris avoir la vue fort nette[1]. En effet, ce peu de mots renferme tout le fond de la contestation : je l'adopte volontiers; plus il est dur, et plus il me convient.

Mais ce n'est pas du fond qu'il s'agit aujourd'hui. Nous ne plaidons en ce moment ni pour être *payés* ni pour être *pendus*. Il s'agit seulement, au conseil du roi, de juger si la forme d'un arrêt rendu le 6 avril 1773 est contraire ou conforme aux lois du royaume.

Et cependant, monsieur le comte, vous répandez encore un mémoire épais sur le fond de l'affaire, exprès parce qu'il n'en est pas question.

C'est ainsi que nous vous avons vu plaider au Palais de longs moyens d'inscription de faux, parce qu'il ne s'agissait alors entre nous que de lettres de rescision.

Mais quel pauvre métier faisons-nous l'un et l'autre ! toujours embrouiller de votre part, toujours éclaircir de la mienne; il semble que nous ayons dit de concert : En attendant qu'on nous juge, ami, ferraillons toujours, écrivons, imprimons ; et lira qui pourra.

Mais si les magistrats, dont la vertu, dont la tâche austère est de parcourir nos ennuyeux écrits, voient clairement dans les vôtres que des allégations ne sont point des raisons, ils verront fort bien dans les miens qu'une discussion stérile, ingrate et forcée peut contenir des vérités frappantes ; et alors payera qui devra.

Et quand l'arrêt sera cassé (ce que j'ose espérer), quand nous renouvellerons la cause sous un autre aspect; quand vous aurez pris contre moi la voie de l'inscription de faux ; quand le sublime résumé, *payé ou pendu*, reprendra toute sa force, alors, je trouverai peut-être plus de témoignages qu'il n'en faut pour vous convaincre de la plus odieuse calomnie.

Alors, du milieu même de la famille de ce respectable ami, peut-être il s'élèvera des voix qui vous crieront : « Nous avons fait ce que nous avons pu pour vous em- « pêcher d'intenter cet indigne procès à Beaumarchais ; « nous vous avons dit : Il y a eu trop d'affaires d'argent, « trop d'intérêts mêlés entre M. Duverney et lui, pour « qu'il n'en doive pas exister un arrêté quelconque ; et « nous savons que cet arrêté existe. »

Alors il sera prouvé que la haine qui vous surmonte en tout temps vous a fait dire en présence d'un notaire et de plusieurs témoins, après avoir pris communication à l'amiable de mon titre : « S'il a jamais cet argent, dix « ans seront écoulés avant ce terme; et je l'aurai vili- « pendé de toute manière. »

Alors je profiterai des offres que plusieurs honnêtes gens m'ont faites ou fait faire, d'attester les uns, que quelque temps avant sa mort, M. Duverney leur avait dit : « J'ai clos enfin tous mes comptes avec M. de Beau- « marchais, et j'en suis charmé. »

D'autres, de l'intérieur même des affaires de M. Duverney, que peu de jours avant de mourir, sur leur remarque qu'il avait beaucoup d'or, lui qui n'en gardait jamais dans sa maison, il leur a dit : « Cet or est pour « M. de Beaumarchais, avec qui j'ai réglé depuis peu « mes comptes, et qui doit le venir prendre. »

D'autres ont offert d'attester qu'un tel, homme de loi, leur a plusieurs fois assuré avoir vu le double de l'acte chez M. Duverney, lors de la levée des scellés.

Tel autre assure que le comte légataire a fait avant l'inventaire un triage des papiers de M. Duverney, sous prétexte de soustraire tous ceux qui étaient inutiles aux affaires d'intérêt, et d'épargner des frais à la succession.

D'autres enfin, que le jour même de la mort de M. Duverney, toute sa famille étant dans le salon, et le comte de la Blache tenant seul la chambre du mourant, cette famille éplorée apprit qu'il y avait depuis quatre heures un notaire enfermé dans la garde-robe, y attendant que le mourant, qu'on ranimait avec des gouttes et du *lilium*, reprit assez de force pour donner une signature avant sa mort, et que quelqu'un ayant demandé : Pourquoi donc un notaire qui se cache ? est-ce que mon oncle va faire un autre testament ? un des fidèles valets du mourant répondit: « Eh ! mon Dieu, non : c'est ce monsieur de la Blache qui le tourmentera jusqu'au dernier moment : il voudrait encore lui faire signer quelque chose ; il a peur de n'en jamais avoir assez. »

Cependant, la mort du testateur empêcha le légataire d'arracher cette signature ; et quelle signature, grands dieux ! Elle était destinée à dépouiller sa respectable mère ; il avait le sang-froid d'y songer, il avait le pouvoir de le tenter ! Eh ! qui ne tremblera pour moi ! Tous mes titres étaient dans cette chambre où il dominait déjà ; ils étaient au fond du secrétaire de cet ami mourant, et mourant sans connaissance ! Et ces titres ne s'y sont plus trouvés lors de la levée des scellés, etc., etc., etc.

Et pour que mon silence, au sujet de cet avis, ne soit pas pris pour de l'ingratitude, j'ai l'honneur de prévenir ici toutes les personnes qui me les ont fait donner avec une multitude d'autres, et qui m'ont offert des encouragements de toute nature dans le cours de l'absurde, atroce et ridicule procès connu sous le nom de *Goëzman et compagnie*, que, si je n'ai pas répondu à toutes leurs offres généreuses, c'est qu'étant entouré de pièges, et recevant quelquefois jusqu'à cent lettres par jour, quand je ne me serais point fait alors une loi de ne pas répondre, il m'eût été absolument impossible de le faire, parce que tout mon temps était dévoré par cet horrible procès. J'espère que le noble intérêt, la générosité, la justice ou la compassion des honnêtes gens qui m'ont fait passer tous ces avis se soutiendront jusqu'à la fin : ils ne souffriront pas, lorsqu'il en sera temps, que ma cause soit privée de l'immense avantage qu'elle doit tirer de tant de témoignages respectables.

Alors, monsieur le comte, alors je prouverai l'origine, l'espèce et la durée de ma liaison avec M. Duverney ; envers quelles personnes augustes il s'était engagé d'augmenter ma fortune, et ce qu'il a tenté pour y parvenir.

---

[1] Ce mot était de M. le prince de Conti.

Je prouverai comment il m'a procuré divers intérêts échangés en argent, dont il m'a placé les fonds sur lui-même à dix pour cent, en attendant qu'il pût les placer à trente dans les vivres de Flandre ;

Comment, ayant fait part à mes augustes protectrices de cet arrangement généreux qui me constituait six mille livres de rente, il en a reçu les remerciments de ces mêmes protectrices ;

Comment ensuite il a voulu suppléer en ma faveur à la diminution de son crédit par des services personnels ;

Comment il m'a prêté, pour acquérir une charge, cinq cent mille francs qui lui sont rentrés au bout de six mois ; comment depuis il m'en a prêté cinquante-six mille, au moyen desquels et d'un petit supplément je suis devenu noble de race, ou plutôt de souche, comme je crois l'avoir prouvé ailleurs.

Comment, m'ayant reconnu de la discrétion, un peu d'acquit, beaucoup de reconnaissance, et quelque élévation dans le caractère, il me fit entrer dans sa plus intime confiance et m'employa dans des affaires personnelles et majeures, où beaucoup de ses fonds me passèrent par les mains, pour son service, et où j'eus le bonheur de lui être infiniment utile ;

Comment alors il m'a prêté, sur de simples reçus, quarante-quatre mille livres pour m'aider dans une acquisition, et plusieurs autres fois, de l'argent sur mes reçus, sur les reçus d'un tiers, et même sans reçu, ce qui a formé son actif sur moi de cent trente-neuf mille livres ;

Comment, à mon départ pour l'Espagne, sa tendresse n'ayant point de bornes, il m'a confié deux cent mille francs en ses billets au porteur, pour augmenter ma consistance par un crédit de cette étendue sur lui ;

Comment, à mon retour, ayant vendu soixante-dix mille livres une charge dans la maison du roi, j'ai payé pour lui, dans ses affaires personnelles, plusieurs sommes dont j'avais ses quittances à l'instant où nous avons compté ;

Comment il m'a engagé dans une acquisition de forêt et s'y est associé avec moi pour me faire plaisir, quoique je ne m'entendisse alors pas plus en bois que je ne m'entendais en procès avant mon commerce timbré avec le comte de la Blache ;

Comment, du reste de l'argent de ma charge vendue et de quelques autres fonds à moi, j'ai fourni ceux qu'il s'était obligé de faire pour nous deux dans notre entreprise commune ;

Comment, des deux cent mille livres de billets que j'avais à lui, quarante mille livres ont été employées pour ses affaires personnelles et secrètes ;

Comment et par qui notre liaison, sur la fin, a été troublée ; quel était l'homme qui craignait, depuis longtemps, que mon influence sur ce respectable ami ne lui fît faire un partage un peu moins inégal entre plusieurs de ses parents, excellents sujets qui pouvaient mourir de faim après sa vie, et son légataire universel qui pouvait mourir d'impatience avant sa mort ;

Comment ce vieillard vénérable était alors tourmenté à mon égard et moi au sien par des lettres anonymes infâmes dont il reste encore des traces non équivoques ;

Comment, sans manquer à la religion du secret, je puis montrer tel vestige d'une correspondance mystérieuse, importante et chiffrée, entre lui et moi, qui prouvera que de puissants intérêts formaient le principe et la base de nos liaisons secrètes ;

Comment le légataire écartait du bienfaiteur celui qu'il soupçonnait vouloir du bien à certains parents du bienfaiteur ;

Comment et par qui le sieur Dupont, qui d'emplois en emplois était devenu son premier secrétaire, qui avait mérité d'être son ami, et est aujourd'hui son successeur dans l'intendance de l'École militaire, a été lui-même éloigné de ce vieillard sur la fin de sa vie, parce que, le sachant nommé son exécuteur testamentaire, on avait le projet de faire faire au vieillard un autre testament et d'obtenir un autre exécuteur.

Puis je dirai comment, ayant fait moi-même un mariage avantageux vers ces temps-là, comment, ayant un fils pour qui je devais tenir mes affaires en règle, je rappelai plusieurs fois à M. Duverney qu'il restait un compte important à finir entre nous deux, où la distraction des fonds à lui qui m'avaient passé par les mains pour ses affaires, d'avec ceux qu'il m'avait prêtés pour les miennes, devait être faite avant tout ; où les divers reçus, billets, quittances, reconnaissances, etc., devaient être réciproquement remis ; où le résultat de dix ans de liaisons et d'affaires communes, celui du mélange des capitaux respectivement fournis, celui des intérêts à répéter l'un envers l'autre, devaient être fixés ; où la transaction enfin sur les objets restés en souffrance devait être arrêtée entre nous.

Alors on sentira que, pour la tranquillité des deux intéressés et pour l'apurement de tant d'intérêts mêlés, il a bien fallu qu'il se formât entre nous ce que les négociants de Lyon, dans leurs grands payements, appellent des virements de parties ; où chacun, muni du bordereau de son actif sur l'autre, l'oppose en compensation à l'actif de l'autre sur lui-même ; d'où il résulte que des millions s'y payent avec quelques sacs ; ainsi qu'entre M. Duverney et moi, plus de six cent mille francs, ballottés dans notre virement de parties, se sont acquittés avec quinze mille livres.

Alors je prouverai comment j'ai prié, pressé, tourmenté M. Duverney de finir cet arrangement : comment l'asservissement domestique où son légataire était parvenu à le tenir, le forçait d'user de ruse pour me voir secrètement chez lui ; comment je m'en offensais, et refusais souvent d'y aller : comment il sortait en carrosse par sa cour, et rentrait secrètement par son jardin aux heures où les difficultés de notre affaire me forçaient d'accepter ses rendez-vous secrets ; comment l'inquiétude que la présence d'un notaire n'en donnât à son héritier, le fit se refuser constamment à ce que notre arrangement se terminât par-devant notaire ; et comment enfin, forcé de me plier à son allure difficile, tant par respect pour son âge que par reconnaissance pour ses bienfaits, j'ai consenti, après quatre mois de débats, de faire avec lui, sous seing privé, l'arrêté définitif qu'on me dispute et la transaction qu'il renferme.

Alors, on ne sera plus surpris que le premier article de notre acte, uniquement relatif aux affaires secrètes de M. Duverney, calculé, compté, réglé d'un seul trait, soit aussi court et mystérieux que tout le reste est clair et libellé ; parce qu'il ne devait jamais rester aucune trace de ces affaires secrètes, et qu'il suffisait, pour ma tranquillité, que M. Duverney reconnût en bloc, dans ce premier article, la fidélité de la gestion de ses fonds, la clarté des pièces justificatives, celle de leur emploi ; qu'il m'en donnât décharge, et me tînt *quitte de tout à cet égard envers lui*, comme il l'a fait.

Mais le mot *quitte de tout envers lui*, relatif seulement à ses affaires personnelles, ne nous empêcha pas d'entamer à l'instant un arrêté de nos débats réciproques, où, loin d'être *quitte de tout envers lui*, je suis porté son débiteur de cent trente-neuf mille livres au premier article, après lui avoir toutefois remis pour cent soixante mille francs de billets au porteur, reste de deux cent mille francs qu'il ne m'avait point prêtés, mais confiés, et qui par cela même ne devaient point entrer dans notre compte.

Alors, en examinant notre opération sous cet aspect, loin de trouver l'acte obscur, on le reconnaîtra pour le plus lucide et plus clair de tous les arrêtés de compte entre deux amis de bonne foi. L'on y verra qu'en le dépouillant de toutes les phrases qui ne sont là que pour établir la justice et le fondement de chaque article, il ne reste autre chose que ce tableau arithmétique qui a été mis à la fin du compte, pour que les deux intéressés en pussent saisir toutes les parties d'un coup d'œil.

TABLEAU SUCCINCT DU COMPTE RAISONNÉ DES AUTRES PARTS.

DOIT M. DE BEAUMARCHAIS A M. DUVERNEY, LA SOMME DE 159,000 LIVRES.			DOIT M. DUVERNEY A M. DE BEAUMARCHAIS, LA SOMME DE 98,000 LIVRES.		
Pour payer................		139.000 l.	Pour le payement, M. Duverney abandonne à M. de Beaumarchais le tiers d'intérêt qu'ils ont dans les bois de Touraine ; par là il s'acquitte envers lui des fonds avancés, ci..	75.000	
M. de Beaumarchais fournit la quittance du 27 août 1761, de. .	20.000 l.				98.000
Idem du 16 juillet 1763, de...	18.000				
Idem du 14 août 1766, de...	9.500				
Les arrérages non payés de la rente viagère de 6,000 l. depuis juillet 1762 jusqu'en avril 1770..	46.500	237.000	M. de Beaumarchais refuse les 8,000 l. d'intérêt de ces fonds ; M. Duverney se trouve encore acquitté de..	8.000	
La mise d'argent dans l'affaire des bois de Touraine, dont M. Duverney devait faire les fonds...	75.000		Par l'écrit fait double des autres parts, M. Duverney doit payer, à la volonté de M. de Beaumarchais, la somme de.....	15.000	
L'intérêt de cette somme porté à..	8.000				
Le fonds du contrat de 6,000 l. de rente viagère que M. Duverney rachète, pour son capital. .	60.000		Total des payements de M. Duverney.............	98.000	
Total des payements faits par M. de Beaumarchais.......	237.000 l.		Au moyen de ces payements, M. Duverney se trouve quitte envers M. de Beaumarchais.		
Au moyen de ces payements, M. Duverney se trouve débiteur de M. de Beaumarchais de la somme de.................		98.000 l.	Balance............		98.000 l.

Alors on reconnaîtra, dans ce tableau arithmétique, tout notre acte en peu de mots, sauf le prêt de soixante-quinze mille francs, qui dans cet acte est une véritable transaction, et le prix de ma complaisance à résilier une société qu'il m'eût été très-avantageux de conserver.

Alors je prouverai qu'avant d'entrer en procès avec l'héritier de mon bienfaiteur, toutes ces choses ont été expliquées à ce même comte Falcoz ; je prouverai que j'ai, pendant six mois, épuisé tous les bons procédés envers lui ; que je l'ai poliment invité de venir examiner à l'amiable mes titres chez mon notaire ; qu'il y a plusieurs fois amené les amis et les commis de M. Duverney ; que tous ont reconnu l'écriture du testateur dans l'acte, et dans toutes les lettres, et que tous l'ont voulu dissuader de soutenir un aussi mauvais procès.

Je prouverai que j'ai porté l'honnêteté jusqu'à engager M⁰ Mommet, mon notaire, qui a bien voulu s'y prêter, de présenter de ma part le titre et les lettres au conseil du comte de la Blache, assemblé ; d'y faire même proposer à ceux qui le composaient, d'être arbitres entre le comte Falcoz et moi, quoiqu'ils fussent tous ses amis ; avec offre de dissiper à leur satisfaction tous les nuages du comte légataire, et même de leur remettre mon blanc seing.

Alors il ne restera plus qu'une difficulté, qui sera de juger si la conduite de mon adversaire avec moi fut plus odieuse qu'absurde, ou plus absurde qu'odieuse. Alors on se demandera avec étonnement comment un pareil procès a pu exister dans le dix-huitième siècle, par quel *genuit* et quel enchaînement diabolique un legs universel de quinze cent mille francs a engendré l'odieux procès des quinze mille francs, lequel a enfanté l'absurde procès des quinze louis, lequel a produit le fameux arrêt de mon blâme, lequel a fait blâmer, etc., etc., etc...

Mais, comme je vous disais, ce n'est pas de cela qu'il s'agit aujourd'hui. Nous sommes au conseil en cassation d'arrêt : n'égarons pas la question. Pour m'y renfermer de mon mieux, je me contenterai de rappeler ce que j'en ai dit à l'instant où j'obtins sur cette affaire un arrêt de soit communiqué. A défaut d'imagination, j'invoquerai ma mémoire ; et si je ne dis pas des choses neuves, au moins j'en répéterai de vraies. Triomphez, monsieur le comte, d'être inépuisable en raisonnements faux, obscurs, insidieux ; j'aime mieux en transcrire modestement un seul qui va rondement au fait que de me mouiller de sueur en écrivant pour faire sécher d'ennui le lecteur en me parcourant.

Je disais donc :

Deux questions embrassent entièrement le fond de l'affaire.

PREMIÈRE QUESTION.

L'acte du 1ᵉʳ avril 1770 est-il un arrêté de compte, une transaction, un acte obligatoire, ou un simple acte préparatoire ?

SECONDE QUESTION.

L'acte est-il faux ou véritable ?

RÉPONSE.

L'acte du 1ᵉʳ avril est un arrêté de compte définitif.

Il est intitulé : *Compte définitif entre MM. Duverney et de Beaumarchais*.

Il est fait double entre les parties.

Il renferme un examen, une remise et une reconnaissance de la remise des pièces justificatives de cet arrêté.

Il porte une discussion exacte de l'actif et du passif de chacun, et finit par constater irrévocablement l'état réciproque des parties, en en fixant la balance par un résultat.

Mais si cet acte est un arrêté de compte définitif, il est aussi une transaction, et cette transaction porte sur des objets qui, pour être compris dans l'arrêté, n'en sont pas moins indépendants ; et de cette transaction, fondue dans l'arrêté, naît encore une obligation.

Puisque l'arrêté de compte est général, qu'il transige sur divers objets ; puisqu'il oblige pour le reliquat, dont cet acte est un arrêté définitif, avec obligation et transaction ; donc c'est sous ce triple point de vue qu'on a dû le juger ; donc la déclaration de 1733 n'y est nullement applicable ; donc l'arrêté qui l'a déclaré nul sans qu'il fût besoin de lettres de rescision, doit être réformé.

D'après ce qui vient d'être dit, la seconde question, *l'acte est-il faux ou véritable ?* n'est plus, dans l'espèce présente, qu'un tissu d'absurdités dont voici le tableau :

Si l'acte n'est pas souscrit par M. Duverney, à propos de quoi présentiez-vous à juger si cet acte est un arrêté une transaction, un compte définitif, ou seulement un acte préparatoire ? Pourquoi demandiez-vous un entérinement de lettres de rescision ? Il fallait, contre un acte faux, vous pourvoir par la voie de l'inscription de faux : je vous y ai provoqué de toutes les manières ; vous vous en êtes bien gardé.

Et si l'acte est daté et signé par M. Duverney, nous voilà rentrés dans la première question, laquelle exclut absolument la seconde.

Or, il s'agit de l'arrêt : on n'a pas pu regarder l'acte comme faux, puisqu'on présentait à juger la proposition précisément contraire ; c'est à savoir *si un acte passé entre majeurs doit être exécuté*.

Donc l'arrêt n'a pas pu le rejeter en entier, ni l'annuler sans qu'il fût besoin de lettres de rescision : donc l'arrêt doit être réformé.

Mon adversaire, tournant sans cesse dans le cercle le plus vicieux, cumulait à la fois les lettres de rescision, la voie de nullité, et le débat des différents articles du compte.

Sur le second article, il disait : La remise de cent soixante mille francs de billets, exprimée dans l'arrêté, n'est qu'une illusion. Il jugeait donc *faux* l'acte par lequel M. Duverney reconnaissait les avoir reçus de moi.

Sur le quatrième article, il disait : Il y a ici un double emploi de vingt mille francs ; cette somme n'est pas entrée dans l'actif de M. Duverney, porté à cent trente-neuf mille livres. Il reconnaissait donc *véritable* l'acte où il relevait une erreur prétendue ; car il n'y a pas de double emploi où il n'y a pas d'acte.

Sur le cinquième article, il disait, sans aucune autre preuve que son allégation : Le contrat de rente viagère au capital de soixante mille francs n'a jamais existé. Il regardait donc comme *faux* l'acte qui en portait le remboursement.

Il prétendait ensuite prouver son assertion sur la nullité de cette rente, par les termes de l'acte même : n'était-ce pas avouer de nouveau que l'acte était *véritable* ?

Sur le sixième article du compte, il disait : Il n'y a jamais eu de société entre M. Duverney et le sieur de Beaumarchais pour les bois de Touraine. Il revenait donc à soutenir que l'acte qui la résiliait était *faux*.

Sur le neuvième article, contenant une indemnité, il disait : C'est en trompant M. Duverney qu'on se fait adjuger l'indemnité sur une affaire qu'on lui présentait comme onéreuse, quand il est prouvé qu'elle est très-bonne. Il regardait donc derechef l'acte comme *véritable* ; car pour abuser de l'esprit d'un acte, il faut que le fond en existe entre les parties.

Plus loin il disait : Payez-moi pour cinquante-six mille francs de contrats ; car vous les devez à M. Duverney. L'acte qui les passe en compte était donc *faux*, selon lui.

Plus loin encore, il disait : Je ne vous prêterai point soixante-quinze mille livres ; car, selon l'acte même j'ai le droit de rentrer en société. L'acte dont il excipait alors était donc redevenu *véritable*.

C'est ainsi que, pirouettant sur une absurdité, il trouvait l'acte *faux* ou *véritable*, selon qu'il convenait à ses intérêts.

N'alla-t-il pas jusqu'à dire et faire imprimer : Si je préfère de discuter l'acte comme *véritable*, à l'attaquer comme *faux*, c'est parce que j'y trouve plus mon profit ? Il est honnête, le comte de la Blache !

Enfin, sans qu'on ait jamais pu savoir au vrai ce que mon adversaire voulait ou ne voulait pas sur cet acte, on a tranché la question, d'après l'avis du sieur Goëzman, *en annulant l'arrêté de compte, sans qu'il fût besoin de lettres de rescision.*

Était-ce décider que l'acte est *faux*? C'eût été juger ce qui n'était pas en question ; on ne s'était pas inscrit en faux. Donc il faudrait réformer l'arrêt.

Était-ce juger que l'acte est *véritable*, mais qu'il y a erreur ou dol, double emploi ou faux emploi? Mais dans ce cas on ne pouvait *l'annuler sans qu'il fût besoin de lettres de rescision.* Donc, de quelque côté qu'on l'envisage, l'arrêt ne peut se soutenir, et doit être réformé.

Je n'ai traité, dans ce court exposé, que la partie de mon affaire qui a rapport à la cassation que je sollicite. J'ai laissé de côté mon droit incontestable, parce qu'il ne s'agit pas aujourd'hui de savoir si j'ai tort ou raison sur le fond de mes demandes, mais seulement si le Palais a jugé, contre ou selon les lois, l'entérinement des lettres de rescision, la seule question qui lui fût soumise.

Tel était à peu près ce précis.

D'après tout ce qu'on vient de lire, on sent bien qu'il n'y a qu'un raisonnement qui serve : ou M. Duverney a signé quelque chose, ou il n'a rien signé. S'il a signé quelque chose, ce ne peut être qu'un arrêté de compte exact ou erroné, contenant une transaction fondée ou chimérique. Mais cet acte, signé de lui (*signé de lui !* monsieur le comte! quel mot à l'oreille de celui qui doit un legs de quinze cent mille francs à la seule signature de M. Duverney?), cet acte donc, signé de lui, eût-il autant d'erreurs et de faux emplois qu'il vous plaît de lui en supposer, s'il contient un seul article exempt de conteste entre nous, l'arrêt qui annule entièrement l'arrêté qui renferme cet article, étant au moins vicieux en ce point, doit être certainement réformé.

Or, vous ne m'avez jamais contesté (avant l'arrêt) que je dusse à M. Duverney, à l'instant où nous avons compté, cent trente-neuf mille livres, portées à l'article III ; au contraire, vous vous êtes sans cesse récrié sur le projet que j'avais formé de m'emparer de toute sa fortune : « La fortune de M. Duverney, avez-vous imprimé, était un butin que le sieur de Beaumarchais croyait lui appartenir. » D'où il suit, selon vous-même, que s'il y a quelque chose à dire contre l'énoncé de cent trente-neuf mille livres, c'est qu'il contient beaucoup moins d'argent que je n'en devais réellement. Mais enfin, puisque M. Duverney s'en est contenté, voyons ce qu'il en résulte contre l'arrêt.

Ces cent trente-neuf mille livres se composent, dans l'acte, de cinquante-six mille francs qu'il m'a prêtés pour ma charge de secrétaire du roi, de l'intérêt de cet argent, et de divers billets et reçus qu'il s'engage de me rendre comme acquittés, et qu'il ne m'a point rendus.

Cependant vous dites aujourd'hui n'avoir trouvé que pour cinquante-six mille trois cents livres de titres contre moi sous le scellé de M. Duverney : je ne sais ce qui en est ; mais que m'importe, à moi ? Ce qui m'importe beaucoup, c'est que l'arrêt, annulant l'arrêté qui contient la créance reconnue de cent trente-neuf mille francs, annule aussi la promesse que M. Duverney m'a faite plus bas, de me remettre *tous les titres, papiers, reçus, billets,* qui forment la différence de cinquante-six mille trois cents à cent trente-neuf mille livres, c'est-à-dire quatre-vingt-deux mille sept cents livres, comme étant acquittés ; et que, par cet annulement entier de l'acte, je reste à la merci de celui qui me retient ces titres, et qui peut, quand il voudra, me faire demander le payement de ces quatre-vingt-deux mille sept cents livres que je ne dois plus. Donc l'arrêt doit être réformé.

Sur trois quittances présentées dans l'acte en acquittement des cent trente-neuf mille francs, l'une de vingt mille, la seconde de dix-huit mille, la troisième de neuf mille cinq cents livres, vous vous êtes déchaîné contre la première en cent manières ; mais vous ne m'avez jamais (avant l'arrêt) contesté les deux autres : et cependant l'arrêt qui annule l'acte entier, par lequel M. Duverney reçoit ces deux quittances en payement, me fait tort de vingt-sept mille cinq cents livres, que, selon vous-même, j'ai bien payées à compte des sommes que je devais. Donc l'arrêt doit être réformé.

Vous ne m'avez pas contesté (avant l'arrêt) l'obligation que M. Duverney s'est imposée dans l'acte, de me rendre toutes mes sollicitations qui lui ont été faites pour moi par la famille royale (et que j'appelais *mes lettres de noblesse*, parce qu'il n'y a rien de plus anoblissant qu'une bienveillance aussi auguste, quand elle est méritée) ; or l'arrêt annulant l'acte entier vous dispense de me remettre ces papiers précieux qui m'appartiennent, et qu'on s'est obligé de me rendre par cet acte même. Donc l'arrêt doit être réformé.

Vous ne m'avez pas contesté (avant l'arrêt) l'engagement que M. Duverney a pris dans l'acte, de me faire faire, par un des meilleurs peintres, un grand tableau qui le représentât en pied. Or, n'y eût-il de vrai que cet article, que vous vous êtes contenté d'honorer d'un profond mépris, encore l'arrêt devait-il me l'allouer : car mépriser en plaidant n'est pas contester, monsieur le comte : et quant aux arrêts, vous savez que c'est la justice de la demande, et non sa valeur, qui doit les fonder.

Un portrait, une bagatelle même, venant d'une main chère, peut être d'un tel prix aux yeux du demandeur, qu'il en fasse plus de cas que d'une somme immense. Je n'en veux qu'un exemple, encore plus connu de vous que de moi.

Par son testament, M. Duverney, croyant ne pouvoir faire un legs plus précieux à son neveu, le marquis de Brunoy, lui laisse un portrait du roi dans une boîte d'or qu'il désigne, et qu'il a reçu, dit-il, de son maître; plus, un portrait de la reine, en grand, que cette princesse lui avait aussi donné.

En homme exact, en légataire intelligent, vous vous avisez d'observer que le texte du testament est obscur sur ces deux points; que la boîte d'or pourrait fort bien n'être pas comprise dans le don du portrait du roi, ni le cadre doré dans le don de celui de la reine; en conséquence, vous faites dessertir l'un, décadrer l'autre, et vous les envoyez à cru, sans cristal ni bordure, enfin sans ornement superflu. Le marquis de Brunoy, justement offensé, regarde à son tour le texte du testament y voit, à côté du don de chacun des portraits, ces mots: *Tel qu'il se comporte.* Assignation de l'héritier du sang au légataire: on plaide, et le légataire, se voyant prêt à être condamné, sent un peu tard le ridicule de sa conduite, envoie et cadre et boîte et cristal; et c'est là une des difficultés que vous appelez, dans l'exorde de votre mémoire, *les persécutions dont ce malheureux legs de quinze cent mille francs a été la source:* et ma citation finit là: sauf ma réflexion, qui est que, si l'engagement de remettre un portrait a bonne grâce dans un testament, il ne saurait défigurer une transaction.

Ce portrait que j'ai tant désiré, vous l'eussiez négligé, vous, pour des objets plus essentiels: mais moi, qui chéris autant la mémoire de ce respectable ami que vous en adorez la fortune, je voulus prendre alors des assurances contre l'asservissement domestique où vous le teniez, et qui l'empêchait seul d'accomplir la promesse qu'il m'avait faite depuis longtemps de me donner son portrait.

Or, de ce que vous ne m'avez pas contesté cette clause (avant l'arrêt), parce que vous l'avez dédaignée, s'ensuit-il qu'un injuste arrêt doive me priver du plaisir extrême que le portrait de mon ami, de mon bienfaiteur m'aurait causé? Donc l'arrêt doit être réformé, sauf à plaider entre nous pour le cadre, et même le châssis, quand vous m'enverrez le portrait sur toile.

Mais si vous cherchez à faire entendre que cet arrêt ne m'a fait aucun des torts dont je me plains, parce que tous ces articles sont autant d'illusions, je vous demande à mon tour comment vous, qui avez été si fertile en raisonnements contre les objets que vous honorez de vos suspicions dans cet acte, n'en avez imaginé aucun pour contester (avant l'arrêt) tous ceux que je viens de citer.

Et si vous ne l'avez pas fait (avant l'arrêt) comment cet arrêt en annulant l'acte entier, a-t-il pu vous les allouer à mes dépens, et vous accorder plus que vous ne demandiez vous-même?

N'est-ce pas là le vice le plus grossier dont un arrêt puisse être taché? de sorte qu'eussiez-vous raison sur tous les points que vous disputez à l'acte (ce que nous verrons dans un moment), en reprenant mon échelle à sens contraire, je vois que l'arrêt vous fait présent d'un portrait que vous ne demandiez pas, qu'il vous fait présent des recommandations de la famille royale que vous voudriez bien qui n'eussent jamais existé, à cause de ce que j'en ai dit dans mes mémoires *Goëzman*; qu'il vous fait présent de vingt-sept mille cinq cents livres, contenues en deux quittances que vous ne m'aviez jamais contestées; et qu'il vous fait présent surtout du droit de me présenter, quand il vous plaira, pour quatre-vingt-deux mille sept cents livres et plus de titres actifs contre moi, que j'ai déjà payés à M. Duverney, qu'il s'est engagé, par l'acte, de me rendre, et qu'il ne m'a pas rendus. Donc l'arrêt qui annule en entier un acte *fait double* et signé des deux parties, contenant des clauses aussi incontestables, doit être incontestablement réformé.

Et si cet arrêt renferme des vices aussi énormes, comment êtes-vous assez injuste pour en soutenir la bonté, pour plaider contre sa cassation? Mais que dis-je? si vous n'étiez pas le plus injuste des hommes, m'auriez-vous jamais intenté cet absurde procès? Et je ne confonds pas ici justice avec délicatesse, monsieur le comte. Je sais bien qu'à la rigueur il n'y a pas de raison pour qu'un homme assez adroit pour s'adapter un legs de quinze cent mille francs, à l'exclusion d'une famille entière, ne fasse pas tous ses efforts pour le porter à quinze cent mille livres cinq sous. Mais ces efforts devraient-ils aller jusqu'à l'injustice la plus palpable? Monsieur le comte, je m'en rapporte à vous. Un homme de condition peut bien n'être quelquefois malheureusement ni généreux ni délicat: mais le plus vil roturier voudrait-il être injuste à cet excès? Je m'en rapporte à vous.

Mais si vous soutenez enfin que M. Duverney n'a rien signé, c'est autre chose. Articulez-le bien positivement, monsieur le comte; mettez-vous en règle, et voyons cela: ce qui n'empêche pas, en attendant, que l'arrêt qui vous adjuge mon bien d'une façon si révoltante ne doive être cassé; car ce que vous prétendez alors, on n'a pas dû le décider d'avance. Et, en bonne justice, vous ne pouvez prétendre à vous emparer d'une partie de ma fortune, en me taxant d'un faux au premier chef, sans que vous deviez courir, de votre part, le risque légitime d'y voir fondre et crouler la vôtre tout entière.

Jusqu'ici, comme vous voyez, je n'ai pas réfuté une seule des misérables allégations par l'assemblage desquelles vous espérez parvenir à donner l'acte du 1ᵉʳ avril pour louche, équivoque, ou même pour faux, *non est hic locus*, ce n'est pas ici le lieu, parce qu'il suffit des choses mêmes que vous ne contestez pas à l'acte, pour nécessiter la cassation de l'arrêt.

Mais si je ne l'ai pas fait, n'en concluez point que je ne puisse pas le faire, et que je ne le ferai pas d'une façon satisfaisante, lorsqu'il en sera temps. Baste! on en aura bien assez aujourd'hui quand on vous aura lu; sans que j'abuse encore de la patience du lecteur, en ajoutant l'ennui d'un long mémoire à la longueur ennuyeuse du vôtre.

BEAUMARCHAIS.

Il suffira d'exposer en bref ici comment, ayant constamment établi pour principe de tous ses arguments, que l'acte du 1er est *inepte, insensé, faux, illusoire et nul, une fausse apparence*, en un mot *rien*, mon adversaire écharpe à plaisir ce pauvre acte ; et cela tant que le peuvent endurer soixante-douze pages *in-quarto*, bien serrées, sans interlignes. On sent que dans sa colère il donnerait beaucoup pour que tous les contraires pussent être vrais en même temps contre ce pauvre acte.

Ici, c'est M. Duverney qui a signé, daté, sans le regarder, un arrêté de compte, au bas de deux grandes pages à la Tellière, d'une écriture étrangère à ses bureaux, qu'il avait sous les yeux depuis trois jours ; ce qui de ma part, dit-on, est un abus de confiance énorme : et cela doit paraître infiniment probable au lecteur.

Ailleurs, ce n'est plus un abus de confiance ; c'est une date fixe, une signature de M. Duverney, apposée par lui au bas de la seconde page d'une grande feuille de papier blanc, et livrée à mon infidélité : de façon que pouvant en abuser pour m'approprier des sommes immenses, je me suis platement contenté de lui dérober quinze mille francs ; ce qui est encore infiniment probable, comme on voit.

Ailleurs, ce n'est plus ni un abus de confiance ni un blanc-seing rempli, l'on suspecte l'écriture de M. Duverney ; c'est un faux que j'ai fait. Il est vrai qu'on n'ose pas le dire à pleine bouche, parce que les conséquences en sont plus graves que celles de toutes les petites présomptions qu'on a multipliées à l'infini contre cet acte.

Ailleurs on cherche à prouver la nullité de l'acte par la bonté de l'arrêt ; et plus bas la beauté de l'arrêt par la difformité de l'acte. Et tout cela ne serait rien encore, si, au grand tourment des lecteurs, l'écrivain, établissant toujours une thèse fausse, ne demeurait pas souvent infidèle à son principe. Exemple.

(Page 29.) Pour établir l'abus de confiance, il commence par raisonner dans la supposition que j'envoyais véritablement les deux doubles signés de moi à M. Duverney, qui les garda trois jours, et m'en fit remettre un daté et signé de lui. Et sur-le-champ l'orateur, oubliant sa majeure, ajoute que cette hypothèse même serait un nouveau titre de condamnation contre moi, parce qu'il en résulterait de ma part un abus de confiance punissable. Et voyez ce que devient ce raisonnement lorsqu'on le presse. L'acte était-il bon ! il ne pouvait donc pas résulter de son envoi un abus de confiance. Était-il mauvais ? il est clair que je ne l'aurais pas exposé à la critique réfléchie de trois jours d'examen de celui qui devait le signer.

Tout est de même un vrai *galimatias*. Il faut convenir que l'art de raisonner faux est poussé bien loin dans ce mémoire ; c'est la méthode unique de l'auteur à qui je réponds.

En traitant fort inutilement le fond de l'affaire qui est de décider si un acte est bon ou mauvais, il commence par poser que l'acte ne vaut rien ; et comme si ce point en débat lui avait été accordé, il en discute tous les articles sur ce principe. L'acte est illusoire ; donc cette quittance n'a pas été fournie : l'acte est illusoire ; donc tel contrat qui y est relaté n'a jamais existé : l'acte est illusoire ; donc telle société qui y est résiliée n'a jamais eu lieu entre les parties.

A force de répéter, l'acte est illusoire, l'acte ne vaut rien, et de toujours raisonner sur ce fond vicieux, le faux du raisonnement finit par échapper au lecteur ennuyé. Dans son étourdissement, il oublie que, si l'acte était reconnu bien illusoire, on ne se donnerait plus la peine de tant raisonner dessus, et que la seule nécessité de le discuter encore prouve de reste que la fausseté de l'acte n'est rien moins que certaine.

Et remarquez que cette méthode de raisonner toujours méthodiquement faux est tellement celle du comte de la Blache et de son défenseur, que, dans la partie même qui est la plus familière à ce dernier, je veux dire la discussion des moyens de cassation de l'arrêt, il ne peut s'empêcher d'y revenir sans cesse, et partout de tromper le lecteur à son escient, au grand mépris de sa vergogne intérieure.

A la vérité, dit-il, les ordonnances de nos rois adoptent, indiquent, admettent tels ou tels moyens de cassation (qui sont les miens) ; mais ce n'est jamais que relativement à des actes véritables, et non à des actes illusoires comme celui du 1er avril 1770. De sorte que, si l'acte n'est pas illusoire, le raisonnement de l'avocat ne vaut rien ; et comme nous ne plaidons que pour décider si l'acte est nul ou exigible, il suit que l'avocat a pris partout, pour base de ses raisonnements, l'unique objet qu'il entend emporter par la bonté de ces mêmes raisonnements. Quelle pitié !

Dans son dernier précis, qu'on peut regarder comme la quintescence de ses œuvres, après avoir invoqué contre moi la sagesse des nations, après avoir réduit la cause entière à deux proverbes, et nous avoir appris qu'*erreur n'est pas compte* ; qu'*à tout compte on peut revenir* ; arguments d'éternelle vérité, auxquels on sent bien pourtant qu'on pourrait opposer ceux-ci, qui sont de la même force : *Qui prouve trop ne prouve rien* ; *Qui compte sans hôte*, etc., etc. L'avocat raisonne ainsi :

« Dans le fait, l'arrêt a jugé que tous les articles du
« compte ne sont que des faux emplois : il a donc fallu
« déclarer le compte nul... Dira-t-on que mal à propos
« on a regardé comme faux les articles du compte,... en
« ce cas ce serait un mal jugé ; un mal jugé n'est point
« un moyen de cassation. » Donc il faut que l'acte reste annulé.

En lisant ce mémoire, on y sent partout je ne sais quoi de faux, qui fatigue la tête et vous tinte à l'esprit ; mais il est renforcé de temps en temps d'arguments si dissonnants, si rêches qu'ils en agacent les dents et vous crispent les nerfs : tel est surtout l'effet de ce dernier. Et c'est ce qu'une comparaison prouvera mieux que tous les raisonnements.

Si le choix de l'exemple est singulier, si le fait est impossible, et si la chute en est bien absurde, il n'en ira que mieux au but par la justesse du rapprochement. Et quand un raisonnement est aussi chargé de ridicules, on court peu de risque à l'en couvrir tout à fait en le développant.

Un paysan se présente en cassation d'un arrêt du conseil supérieur de sa province, qui, sans autre explication, le condamne à être fauché... Fauché. Les ordonnances du roi, dit son avocat, enjoignant bien de faucher les prés, mais un arrêt qui ordonne de faucher un homme doit être certainement réformé.

Qu'oppose à ceci l'avocat faucheur, germain tout au moins de l'avocat annuleur à qui je réponds? Écoutons-les plaider concurremment.

« Dans le fait, a dit l'ann... l'arrêt a jugé que tous
« les articles du compte ne sont que de faux emplois;
« il a donc fallu déclarer le compte nul. »

« Dans le fait, dit le fauch... l'arrêt a jugé que toute
« la barbe de Lucas est comme autant de brins d'herbe
« sur la face d'un pré: il a donc fallu déclarer le visage
« Lucas fauchable... »

« L'ann... Dira-t-on que mal à propos on a regardé
« comme faux les articles du compte? En ce cas, ce se-
« rait un mal jugé : un mal jugé n'est point un moyen
« de cassation ; donc il faut que l'acte reste annulé. »

« Le fauch.... Dira-t-on que mal à propos on a regardé
« comme un pré la face de Lucas? En ce cas, ce serait
« un mal jugé : un mal jugé n'est point un moyen de
« cassation ; donc il faut que Lucas soit fauché. »

Et moi je dis une fois pour toutes à l'avocat annuleur : Donc on raisonnerait pendant deux ans, que dès qu'on part d'un faux principe, on arrive toujours à une absurdité.

Sur le fond du procès, il a dit : L'acte est faux, donc telle chose, etc. Sur la forme de l'arrêt, il vous dit : L'arrêt a jugé que l'acte est nul, parce qu'il est plein de faux emplois; donc l'arrêt doit subsister; tandis que la seule chose à dire était : « L'arrêt est conforme ou con-
« traire à la loi ; donc la nullité de l'acte a été bien ou
« mal prononcée. »

Car l'obéissance implicite et servile n'est due qu'à la loi seule: non en ce qu'elle est juste, mais en ce qu'elle est loi. Fût-elle injuste, aussi longtemps qu'elle subsiste, elle est sans réplique; et l'abrogation seule en peut arrêter l'empire. Et voilà pourquoi tant de précautions sont importantes, et tant de formalités sont saintes et nécessaires, avant qu'un établissement ait acquis force de loi chez un peuple. Et voilà pourquoi la jurisprudence des arrêts, trop souvent substituée à la loi dans les jugements, les rend vicieux, fussent-ils justes, en cela seul qu'ils sont arbitraires, en ce qu'ils font du juge un législateur; ce qui est le renversement de toute bonne politique.

Nul ne se plaint d'être jugé selon la loi; mais tous ont droit de se plaindre, étant jugés selon la jurisprudence, c'est-à-dire selon la prudence des juges, qui sont des hommes : et c'est ce qui m'arrive. Or le conseil du roi fut très-sagement institué pour conserver entier l'empire de la loi. Donc si cet empire est violé dans un arrêt, juste ou non, il doit être cassé. Donc l'avocat du précis est toujours à côté de la question, quand il cite au conseil en preuve de sa bonté, les motifs de l'arrêt, quels qu'ils soient.

Plus bas, l'avocat du précis, toujours aussi exact dans ses autorités qu'heureux dans ses raisonnements, s'écrie : *Qu'on présente le prétendu compte... à tous les négociants, il n'y en a aucun qui ne dise : Ce n'est pas là un compte, c'est un roman.* Et cependant M° Mariette sait que M. le rapporteur a dans ses mains quatre parères ou jugements de quatre chambres de commerce de ce royaume, en faveur de l'acte, duquel tous les négociants sont d'avis que l'exécution doit être ordonnée dans toutes ses parties, sans que les héritiers ou légataires Duverney aient le droit de s'y opposer.

Bientôt après, suivant une puérile logique de collège, entièrement usée, l'avocat supposant une absurdité que personne n'a dite avant lui, savoir, *que ces quinze mille livres sont une gratification déguisée*, bien renforcé par cette invention, s'écrie : *Il est incroyable, on ose le dire, qu'on ait voulu accréditer une pareille idée.* Et le voilà ferraillant contre son absurde invention, qu'il combat doctement pendant deux pages; et son résumé meurt là.

C'était bien la peine de naître.

En général, tous les moyens du comte Falcoz se réduisent à ceci :

C'est un légataire universel de quinze cent mille francs, qui dit avec humeur au créancier de son bienfaiteur : Que me demandez-vous ? — Quinze mille francs, que votre bienfaiteur me doit. — Je n'ai rien su des affaires qu'il y a eu entre vous et lui; avez-vous un titre? — Voilà son arrêté. — Je ne payerai point ces quinze mille francs. — Pourquoi cela ? — Parce que l'arrêté de mon bienfaiteur, que vous me présentez, n'est qu'un *chiffon*. — Et comment savez-vous que cet arrêté n'est qu'un *chiffon* ? — C'est que je ne crois point du tout que mon bienfaiteur vous dût ces quinze mille francs. — Mais comment savez-vous qu'il ne me les devait pas, puisque vous ignorez absolument les affaires qu'il y a eu entre lui et moi? — Je n'ai pas besoin de les savoir, pourvu que je prouve que cet arrêté n'est qu'un chiffon ? — Eh bien ! parlez ! j'attends vos preuves sur le chiffon. — Mes preuves, je vous les ai dites : c'est que je ne crois pas du tout que mon bienfaiteur vous dût ce quinze mille francs. — Mais il a signé cet arrêté. — Eh bien ! il a signé, comme un imbécile, une absurdité ou peut-être n'a-t-il pas lu l'acte en le signant ; ou peut-être avez-vous écrit cet acte après coup sur un de ses blancs-seings; ou peut-être même est-ce une fausse signature. — Vous êtes bien honnête! Mais enfin, de toutes ces imputations, à laquelle vous arrêtez-vous? étant contradictoires, elles ne peuvent exister toutes ensemble. — Vous m'impatientez, je n'en sais rien : mais ce que je sais bien, c'est que je ne payerai pas les quinze mille francs, parce que l'arrêté de mon bienfaiteur n'est qu'un chiffon. — Je suis désolé de vous impatienter; mais dussiez-vous entrer en fureur, et dût le lecteur en périr d'ennui, prouvons, monsieur le comte, encore une fois, pour n'y jamais revenir, que cet acte, cet arrêté, cette transaction n'est point un chiffon, et sortons enfin de ce cercle vicieux, de ce tournoiement étourdissant où vous ne m'attirez que pour essayer de me submerger avec vous [1].

SECONDE PARTIE.

Lorsque je réfléchis sur le résumé si énergique et si court par où j'ai commencé ma première partie, je trouve qu'on aurait pu lui donner un peu plus d'extension. Il est certain qu'il n'y a sérieusement à dire sur le fond de mes demandes que ces quatre mots : *Beaumarchais payé ou pendu.* Car ce n'est pas le chef-d'œuvre de l'absurdité que de se porter habile à débattre un arrêté dont on avoue qu'on ne connaît aucun antécédent? Cette ignorance bien reconnue, que reste-t-il à faire? Contester ou nier la signature, ou bien prouver le faux de l'acte, et voilà Beaumarchais *pendu;* cela va bien. Cependant s'il arrivait qu'on ne pût prouver le faux, ni entamer cette signature, et que la calomnie fût bien avérée, vous ajoutez seulement : Voilà Beaumarchais *payé.* Oh! cela ne va pas si bien; car dans la balance de la justice il n'y a point d'équilibre entre être *pendu* pour avoir fait un faux, et se voir seulement *payé* pour en avoir été faussement accusé. Ne semble-t-il pas que le calomniateur, en ce cas, devrait aussi cordialement payer un peu de sa personne?

Si l'on est surpris de me voir traiter froidement des idées aussi repoussantes, j'avoue que je ne le suis pas moins que le lecteur. J'admire, en écrivant, avec quelle facilité l'esprit humain se donne le change à lui-même, et parvient en s'oubliant, à calculer, à combiner paisiblement les divers rapports d'un objet, dont le seul aspect, dépouillé de ce prestige, est capable de l'indigner et de le mettre en fureur.

En travaillant à ce mémoire, il m'arrive en effet souvent d'oublier que c'est moi que je défends. Cette abstraction une fois obtenue, supérieur à l'humiliation de mon état, je ne vois plus en moi que le défenseur d'un homme outragé; toute mon existence alors est dans ma pensée; et la plus noble faculté de l'homme se déploie et s'exerce librement. Alors ce travail qui tue le corps est un grand bien pour l'âme; il va jusqu'à servir de dédommagement au malheur qui l'enfanta. Croyez-moi, lecteur! il y a mille lieues de cet état à l'infortune. Oui, jusque dans l'excès du mal, il y a encore du bien pour l'homme né sensible, et qui pense avec liberté. L'avantage de penser l'élève, et le bonheur de sentir le console.

Eh! quel, entre nous, n'a pas été mille fois consolé des chagrins les plus cuisants par l'exercice, même instantané, de cette autre inconcevable faculté qu'on nomme sentiment?

Qui de vous n'a pas éprouvé qu'une heure de franche et vraie sensibilité, librement exercée, répare et paye au centuple des années de souffrances? Qui de vous, dans ces moments suprêmes où l'âme, étonnée de son activité, se fond, s'abîme et se perd dans une autre âme, n'a pas été tenté de s'écrier avec enthousiasme : O mon père! ô mon Dieu! avec quelle profusion ta main bienfaisante a versé le bonheur sur tes enfants!

Me voilà loin de mon sujet sans doute; et c'est mon sujet lui-même qui m'a jeté dans cet écart.

En parlant un jour au comte de... sur ce procès, je lui disais : Soyez certain, monsieur, que depuis longtemps la haine avait enfanté l'injure que l'avidité consomme aujourd'hui. Il me répondit qu'en effet le comte de la Blache lui avait dit ingénument : *Depuis dix ans, je hais ce Beaumarchais comme un amant aime sa maîtresse.*

Quel horrible usage de la faculté de sentir! Et quelle âme ce doit être que celle qui peut haïr avec passion pendant dix ans! Moi qui ne saurais haïr dix heures sans être oppressé, je dis souvent : Ah! qu'il est malheureux, ce comte Falcoz! ou bien il faut qu'il ait une âme étrangement robuste.

Cependant passe encore pour haïr. Mais troubler sa vie pour empoisonner la mienne! toujours déraisonner, et mettre un avocat à la torture pour l'obliger d'en faire autant; et tout cela seulement pour le bonheur de me nuire! voilà ce que je n'entends point, et voilà ce que le comte légataire a fait depuis quatre ans.

Prouvons :

De puissantes recommandations avaient allumé pour moi le zèle de M. Duverney.

De grands motifs y avaient fait succéder la tendresse et la confiance.

De pressants intérêts avaient remué plus d'un million entre nous deux.

Partie avait été employée pour son service, et partie pour le mien.

Aucun compte pendant dix ans n'avait nettoyé des intérêts aussi mêlés.

Une foule de pièces existaient entre ses mains ou dans les miennes.

Un arrêté de compte était devenu indispensable.

Cet arrêté fut signé le 1er avril 1770.

Trois mois après, M. Duverney mourut.

Un mois après sa mort, j'écrivis à son légataire universel, sur les demandes que j'avais à former contre lui en cette qualité. Sa réponse fut : « Qu'il était trop « peu instruit des affaires qui avaient existé entre « M. Duverney et moi, pour pouvoir répondre à ma « lettre; que l'inventaire n'étant pas fini, aussitôt « qu'il en aurait tiré des lumières, il me répondrait. »

Il convenait donc, dès ce temps-là, que M. Duverney ne lui avait jamais donné aucune connaissance de ses relations avec moi; et depuis il a toujours fait plaider, toujours fait écrire qu'il n'avait trouvé, dans les papiers

---

[1] Le comte de la Blache, affamé de ma ruine, a juré qu'il y mangerait cent mille écus; puisque l'appétit lui vient en mangeant, cette faim pourra bien lui faire faire un repas plus somptueux encore.

de son bienfaiteur, aucun renseignement sur l'arrêté double qui établit mon action.

Par cela seul il est constant que toutes les allégations, tous les démentis, toutes les imputations de dol, de mauvaise foi, de fraude et de lésion, le magnifique superlatif d'*énormissime* dont on les a toujours décorées, n'ont jamais eu d'existence et de fondement que dans l'imagination du comte de la Blache. On voit que sa tête s'est échauffée par la frayeur de laisser échapper la plus petite partie de son legs immense.

Et lorsqu'on réfléchit que pendant quinze ans un homme a désiré, soupiré, *cupidé* violemment une grande fortune, avec l'angoisse de la voir toujours incertaine, en la flairant toujours d'aussi près, on sent qu'à l'instant où elle lui est tombée il a dû s'en saisir avidement, trembler de la perdre, et la défendre, et, quoique surabondante, la trouver encore au-dessous de sa soif hydropique, comme un homme excessivement altéré devient jaloux de tout ce qui a la faculté de boire, et voudrait seul engloutir toute une rivière.

Mais enfin ne saurait-on être avare honnêtement, sans être injuste indécemment? Si l'on doit quelque chose à ses goûts, ne doit-on rien à sa réputation? Une entière ignorance des faits, quelques allégations sans preuve, et force injures, voilà pourtant depuis quatre ans, tout le sac de son procureur! Ajoutez à cela de l'intrigue et du mouvement, et vous savez par cœur tout le comte de la Blache.

Mais peut-être est-ce dans le fond, la forme et les termes de l'acte même qu'il prétend puiser les moyens de soutenir l'arrêt qui *l'annule en entier, sans qu'il soit besoin de lettres de rescision*.

Examinons-en séparément tous les articles, et voyons si sa dissection lui fera perdre quelque chose de la mâle consistance qu'il tire de son ensemble. On peut le voir imprimé à la fin de ce mémoire; il est intitulé : *Compte définitif entre MM. Pâris Duverney et Caron de Beaumarchais.*

Ici mon adversaire m'arrête tout court et me dit : Ce que vous présentez n'est point un compte; c'est un écrit, une fausse apparence d'acte, qui devrait être précédée d'un compte.

Mais qui a dit à mon adversaire que cet acte était un simple compte, dans l'acception où il le prend aujourd'hui?

S'agit-il plutôt d'un compte que je rends à M. Duverney que de celui qu'il me rend lui-même? N'y porte-t-il pas la parole pendant les cinq sixièmes de l'acte? Enfin cet acte offre-t-il autre chose que le débat de nos intérêts mêlés depuis dix ans, l'obligation du reliquat qui les fixe, et la transaction qui les sépare? Et n'est-ce pas là ce que les praticiens appellent un acte synallagmatique, ou obligatoire des deux parts?

Mais moi qui sais que c'est là sa manière de plaider, et qu'il l'appellerait un compte s'il était intitulé Acte; moi qui sais que l'ordonnance de 1667 prescrit les formes que les comptables, les tuteurs, les fermiers, etc., doivent donner aux comptes qu'ils présentent, mais n'assujettit à aucune forme les personnes majeures, les négociants ou intéressés en mêmes affaires, et qu'elle leur laisse la plus grande liberté sur la manière dont ils énoncent les parties qu'ils arrêtent ensemble; moi qui sais enfin que M. Duverney, qui se connaissait en actes un peu mieux que son légataire, a reconnu, *signé*, *daté* celui-ci, comme le tableau le plus exact de tous nos intérêts réciproques, je continue tranquillement à transcrire, à discuter cet acte, que j'ai divisé en seize parties, afin qu'étant plus morcelé, chaque article en parût plus clair.

« Nous soussignés, Pâris Duverney, conseiller d'État
« et intendant de l'École royale militaire, et Caron de
« Beaumarchais, secrétaire du roi, sommes convenus
« et d'accord de ce qui suit. »

Ainsi M. Duverney, qui a bien examiné, débattu, *signé*, *daté* cet arrêté de compte, déclare ici d'avance qu'on doit ajouter foi à tout ce qui va suivre : *Nous sommes convenus et d'accord de ce qui suit;* de sorte que, si ce qui suit n'est qu'une ineptie d'un bout à l'autre, nous étions, lui et moi, deux imbéciles; et si c'est une fourberie, nous en étions également complices, et nous nous donnions la torture inutilement pour arracher un jour au comte Falcoz quinze mille francs sur son legs de quinze cent mille livres, ce qui eût pu se faire d'un trait de plume, et il n'y a rien de si probable que toutes ces conjectures-là.

ARTICLE PREMIER.

« Les comptes respectifs que nous avons à régler
« ensemble depuis longtemps, bien examinés, débattus
« et constatés, moi Duverney, je reconnais que toutes
« les pièces justificatives de l'emploi de divers fonds à
« moi, qui ont passé par les mains de mondit sieur de
« Beaumarchais, sont claires et bonnes. »

Arrêtons-nous un peu sur ces mots : « de l'emploi
« de divers fonds à moi, qui ont passé par les mains
« de mondit sieur de Beaumarchais; » parce qu'ils exposent clairement que les fonds dont il s'agit ici ne m'ont jamais été prêtés; qu'ils me sont absolument étrangers, et qu'ils n'ont pas dû entrer dans l'état des sommes pour lesquelles il va exister un compte entre M. Duverney et moi; que je ne suis qu'un tiers, un ami qui rend service, et par les mains duquel ces fonds ont passé pour ses affaires; et qu'il suffit, pour l'apurement de cet article, que M. Duverney s'explique aussi nettement qu'il le fait dans les phrases qui suivent :

« Je reconnais qu'il (*M. de Beaumarchais*) m'a remis
« aujourd'hui tous les titres, papiers, reçus, comptes
« et missives relatifs à ces fonds; *et je le tiens quitte*
« *de tout à cet égard envers moi* : à l'exception des pièces
« importantes sous les n⁰ˢ 5, 9 et 62, qui manquent à
« la liasse, et qu'il s'oblige de me rendre en mains pro-
« pres (c'est-à-dire à moi-même et non à d'autres), le
« plus tôt qu'il pourra; et en cas d'impossibilité, de les
« brûler sitôt qu'il les aura recouvrées. »

L'ordre exprès de brûler les trois pièces importantes, qui manquent à la liasse sous les n°° 5, 9 et 62, en cas de mort, indique assez qu'elles n'étaient point de nature à faire jamais rentrer d'argent à M. Duverney, comme son légataire universel voudrait le faire entendre. Loin que M. Duverney eût alors exigé qu'on les brûlât, en cas d'impossibilité de les recouvrer de son vivant, il les aurait au contraire spécifiées; il en aurait ordonné l'emploi à sa fantaisie.

Le mot, *rendre en mains propres ou brûler*, démontre tout seul que ces pièces n'étaient que des papiers dont l'importance consistait à rester à jamais inconnus, et je les aurais aujourd'hui, que je ne croirais pouvoir, sans manquer à la parole exigée, à la religion du secret, les montrer à personne. Je devrais les brûler comme je m'y suis engagé. Personne au monde ne peut représenter M. Duverney à cet égard.

Ainsi, lorsque lui, que cet article intéresse tout seul; lui qui a reconnu, *daté, signé* cet acte, lui qui savait bien de quelles affaires secrètes et personnelles à lui il s'agissait dans cet article premier, vous dit *que les pièces justificatives qu'on lui remet sont claires et bonnes, et qu'il me tient quitte de tout à cet égard;* toutes les clameurs du monde ne pourront jamais faire naître sur son contenu le plus léger soupçon d'infidélité, de dol, de fraude ou de lésion.

Et c'est ce que le texte prouve aussi clairement que le commentaire.

ARTICLE II.

« Je reconnais qu'il (*M. de Beaumarchais*) m'a re-
« mis aujourd'hui tous mes billets au porteur, mon-
« tant ensemble à la somme de cent soixante mille
« livres, dont il n'a fait qu'un usage discret, duquel je
« suis content. »

Si j'eusse formé le dessein d'abuser de l'amitié, de la confiance de M. Duverney, qui m'empêchait de rester comme j'étais? Je n'avais qu'à ne point compter, et garder ces cent soixante mille livres de billets au porteur, que j'avais depuis six ans dans mon portefeuille : il faudrait me les payer aujourd'hui. La seule action d'avoir sollicité l'occasion de les remettre, et celle de les avoir remis purement et simplement, sans les faire entrer dans notre compte, ne met-elle pas en évidence que l'esprit d'ordre et de justice en a balancé tous les articles?

Si vous m'opposez que je cherche à me donner un mérite que je n'ai point, parce que M. Duverney n'eût pas souffert, en arrêtant nos comptes, que ces billets restassent en mon pouvoir, ou que je les fisse entrer dans mon actif, auquel ils n'appartenaient pas; entendez-vous donc, monsieur : car, ou j'ai pu les faire entrer dans mon actif, et je ne l'ai pas fait, et alors je ne suis pas l'homme injuste que vous inculpez; ou bien je ne les ai pas fait entrer dans mon actif, parce que M. Duverney, en comptant avec moi, ne l'a pas souffert; alors ne rejetez donc pas, comme illusoire, un arrêté de compte où chacun a si bien débattu ses intérêts.

Et vous prétendez qu'il y a contradiction entre mes écrits, parce que, dans la narration d'un fait arrivé en 1764, j'expose que M. Duverney m'a confié pour deux cent mille francs de ses billets au porteur, pour augmenter ma consistance personnelle en Espagne, p*r un crédit de cette étendue sur lui, et que, dans un arrêté de compte fait en 1770, je ne lui remets que cent soixante mille francs de billets au porteur qui me restaient à lui.

Pour vous tranquilliser sur le trouble d'esprit qui, selon vous, m'a fait faire cette contradiction, je ne veux que vous rappeler deux phrases d'un détail historique et succinct de toute l'affaire, qui fut lu à votre conseil assemblé le... novembre 1770, par M° Mommet, mon notaire, détail qui, pendant le travail du rapporteur Goëzman, lui a été présenté par un homme digne de foi, en 1773, dans lequel il est dit, page 2 :

« En 1764 je fus en Espagne... M. Duverney me re-
« mit en partant pour deux cent mille livres de ses
« billets au porteur, avec offre de tout son crédit, afin
« que je me présentasse armé de moyens connus et d'un
« crédit fondé.
« De deux cent mille francs de billets au porteur de
« M. Duverney, il m'en restait pour cent soixante mille
« livres entre mes mains, lors de notre arrêté de compte,
« ci... cent soixante mille livres. »

Ce n'est donc ni par contradiction ni par trouble d'esprit que j'ai imprimé, en 1774, que M. Duverney m'avait prêté pour deux cent mille francs de billets en 1764, quoique l'acte de 1770 ne porte que la reddition de cent soixante mille francs; mais uniquement parce que les quarante mille francs avaient été employés pour les affaires de M. Duverney; mais uniquement parce que ces deux faits sont la vérité, que j'ai dite en tout temps sans jamais l'altérer, quoiqu'elle vous soit quelquefois désagréable, et qu'en particulier celle-ci fût étrangère à notre contestation.

Et cette remise de cent soixante mille francs de billets qui vous paraît *contradictoire*, M. Duverney a reconnu, *daté, signé* qu'elle était exacte et juste; il a reconnu que je n'avais fait qu'un *usage discret* de ces billets, dont il était content : et cet *usage discret*, qui vous paraît *si burlesque*, fut prouvé solidement, en ce que, n'y ayant aucun aval de moi derrière ces billets, M. Duverney vit bien que je ne m'en étais point servi pour mes besoins personnels, et qu'ils n'étaient jamais sortis de mon portefeuille. Avançons. Je voudrais brûler la carrière, et je sens que je laboure.

ARTICLE III.

« Distraction faite des fonds ci-dessus, avec les som-
« mes que j'ai personnellement prêtées à mondit sieur
« de Beaumarchais, soit sans reçus, soit avec reçus, ou
« billets faits à moi ou à un tiers pour moi, je vois qu'il
« me doit, y compris le contrat à quatre pour cent,
« passé chez Devoulges (des payements faits à la veuve
« Panetier et l'abbé Hémar, pour l'acquisition de sa
« charge de secrétaire du roi), que j'ai de lui, et tous

« les arrérages dudit contrat jusqu'à ce jour, la somme
« de cent trente-neuf mille livres ; sur quoi... »

C'est ici que commence l'arrêté de compte entre M. Duverney et moi.

Que dit à tout cela le comte Falcoz ?

Que ma dette de cent trente-neuf mille livres *est un vrai galimatias employé avec affectation par moi* ; et huit lignes plus bas, que cet article *est plein du trouble qui m'agitait en l'écrivant*. Ainsi, selon le comte de la Blache, j'étais à la fois assez *troublé* pour faire un *galimatias sans le vouloir*, et assez *réfléchi* pour faire ce *galimatias avec affectation*. Puissamment raisonné !

Mais enfin qu'entendez-vous par cet excellent raisonnement ? Entendez-vous que je devais *plus* ou que je devais *moins* que cent trente-neuf mille livres ? Car vous qui parlez de *galimatias*, vous êtes si clair dans vos observations, qu'on ne sait jamais trop bien ce que vous voulez.

Est-ce *plus* que je devais ? Fournissez vos titres, prouvez, et je tiens compte à l'instant de ce *plus*.

Devais-je *moins* ? Quel intérêt avais-je à mettre *plus* ? Dans mon *affectation* réfléchie, que vous nommez aussi *trouble* d'esprit, ne pouvais-je pas également retrancher de cinquante-six mille livres des sommes imaginaires, pour tomber juste à ces malheureux quinze mille francs ? Mais enfin c'est à vous encore à prouver que M. Duverney ne m'a jamais prêté que cinquante-six mille livres.

Je sens bien votre embarras ; cela est dur à dire, parce que cela contredirait les cris que vous ne cessez de faire contre moi sur les sommes immenses que j'ai coûté, dites-vous, à votre bienfaiteur ;

Parce que cela contredirait surtout les preuves que je puis donner de quarante-quatre mille francs de reçus, ou billets entre ses mains, pour de l'argent dont il m'avait aidé dans l'acquisition d'une maison, et vous voilà dans l'étroit défilé de ne savoir aujourd'hui si vous devez contrarier cet article de cent trente-neuf mille livres en *plus* ou en *moins* : à bon compte vous le contrariez toujours, sauf à faire un choix quand je vous forcerai de motiver vos imputations ; mais alors, comme nous serons deux, il faudra être conséquent, c'est-à-dire avouer que vous ne saviez au vrai ce que vous vouliez dire sur cet article, mais seulement que vous en vouliez beaucoup à cet article.

Pendant que nous sommes à pâlir, à sécher sur ces cent trente-neuf mille livres, anéantissons une autre prétention du comte de la Blache, qui soutient que je lui dois les arrérages et capitaux des contrats existant entre ses mains, et qu'ils ne sont point entrés dans ma dette énoncée au total cent trente-neuf mille francs : c'est l'affaire de deux petites questions et d'un peu d'ennui pour le lecteur.

Avouez-vous, monsieur le comte, un seul contrat d'argent qui m'ait été prêté par M. Duverney, et passé chez Devoulges, notaire, pour aucun autre emploi que *les payements faits à la veuve Panetier et l'abbé Hémar*, spécifiés dans l'article III ? Celui-là, j'avouerai que je le dois, et qu'il n'est point entré dans les cent trente-neuf mille francs.

Avez-vous un contrat qui renferme en commun les *payements faits à la veuve Panetier et à l'abbé Hémar* dans un seul et même acte ? En ce cas je payerai tous les autres dont vous me prétendez débiteur.

Mais si, en examinant les contrats que vous avez, on trouve qu'ils sont uniquement composés des *payements* faits à ces deux créanciers de ma charge, et non d'un autre emploi ; et si aucun de ces contrats ne contient un *payement* commun à ces deux créanciers de ma charge, il faudra bien, malgré vous, me permettre de raisonner ainsi.

Dans l'article III de l'acte du 1ᵉʳ avril, il est spécifié que portion des cent trente-neuf mille francs se compose *des payements faits à la veuve Panetier* ; donc, les sommes prêtées pour *les payements de la veuve* sont entrées dans les cent trente-neuf mille francs.

Dans cet article III, il est spécifié que portion des cent trente-neuf mille francs se compose du *payement fait à l'abbé Hémar* : donc l'argent prêté pour faire *le payement de l'abbé* est entré dans les cent trente-neuf mille francs.

Aucun de ces contrats ne contient un *payement* fait en commun *à la veuve* et *à l'abbé*, seuls créanciers de ma charge : donc les divers contrats qui attestent les *payements* particuliers faits à l'un ou l'autre, sont tous entrés dans la dette de cent trente-neuf mille livres.

Donc toutes les sommes avancées à Beaumarchais pour faire *les payements de la veuve Panetier et de l'abbé Hémar, relatifs à sa charge de secrétaire du roi*, et spécifiés dans l'article III, font partie de la créance de cent trente-neuf mille francs.

Donc, si Beaumarchais a payé cent trente-neuf mille francs à M. Duverney, il s'est entièrement acquitté envers lui de tout ce qui est relatif aux titres et contrats de ces *payements* que le comte de la Blache lui présente aujourd'hui.

Donc, si M. Duverney a reconnu, *daté* et *signé* l'acte qui porte cet acquittement général, le comte de la Blache n'a plus rien à demander à Beaumarchais à cet égard.

Donc, si tout cela est fort ennuyeux, monsieur le comte, il faut au moins convenir que tout cela est fort clair.

Pour couler à fond cet article, voyons en effet si, lorsque j'ai payé cent trente-neuf mille francs, M. Duverney me *reconnaît quitte de tout envers lui*.

Après avoir déclaré, dans cet article III, que la somme de cent trente-neuf mille francs compose la masse de ma dette envers lui, M. Duverney passe à l'examen des sommes avec lesquelles j'entends m'acquitter de ces cent trente-neuf mille francs ; et, d'après l'énoncé graduel et clair de tous mes acquittements, à la fin de l'article VIII[1], il conclut ainsi : « Il résulte que mondit sieur de Beaumarchais m'a payé deux cent trente-sept

---

[1] Voyez l'arrêté de compte, à la fin de ce mémoire.

mille francs, ce qui passe sa dette de quatre-vingt-dix-huit mille livres. »

Or, si en déduisant quatre-vingt-dix-huit mille de deux cent trente-sept mille, on trouve que la différence des deux sommes est cent trente-neuf mille, il faudra bien conclure avec M. Duverney que ma dette totale était de cent trente-neuf mille francs et non d'une autre somme ou moindre ou plus forte.

Et si on lit ensuite, dans le même arrêté de compte, à la fin de l'article XI [1], ces paroles très-expressives de M. Duverney : « Au moyen desquelles clauses ci-dessus énoncées, etc., je reconnais mondit sieur de Beaumarchais quitte de tout envers moi, » on avouera que M. Duverney n'aurait pas dit qu'il me reconnaissait *quitte de tout envers lui*, si je fusse resté son débiteur d'une somme quelconque au delà de cent trente-neuf mille livres que je venais d'acquitter, et dont il avait déclaré à l'article III que toute sa créance sur moi se composait : et cette nouvelle preuve me paraît répandre une merveilleuse clarté sur les précédentes.

Et si, dans un autre article de cet arrêté, M. Duverney s'exprime ainsi : « Pour faire la balance juste de notre
« compte, je me reconnais son débiteur de la somme
« de vingt-trois mille livres, que je lui payerai à sa vo-
« lonté, sans qu'il soit besoin d'autre titre que le présent
« engagement, » on conviendra sans peine que, si j'eusse dû à M. Duverney quelque chose au delà des cent trente-neuf mille francs que je venais d'acquitter, il ne déclarerait pas, après m'avoir reconnu *quitte de tout envers lui*, qu'il est mon débiteur en fin de compte, d'une somme de vingt-trois mille livres. Et cette dernière preuve, ajoutée à toutes les autres, me paraît ne laisser aucun doute sur la netteté de ma dette totale, montant à cent trente-neuf mille livres, et non à une somme ou plus modique, ou plus forte : ce qu'il fallait démontrer.

Et tout cela parut si exact et si juste à M. Duverney, qu'après avoir gardé trois jours les deux doubles du compte, il m'en renvoya un *daté* et *signé* de lui, n'en déplaise au comte Falcoz de la Blache, que tout cela met au désespoir. Et millions d'excuses demandées au lecteur, que je promène à travers un mémoire hérissé de chiffres, comme une lande est fourrée de bruyères ; je sens que l'aridité de cette discussion doit prodigieusement le dégoûter de moi : malheureusement c'est un travail inévitable.

ARTICLE IV.

L'article III finit, comme on l'a vu, par ces mots :
« Je vois que M. de Beaumarchais me doit cent trente-
« neuf mille francs ; sur quoi » (c'est-à-dire sur laquelle somme) ; et l'article IV commence par ceux-ci : « Je re-
« connais et reçois ma quittance du 27 août 1764, de
« la somme de vingt mille francs... Plus je reconnais
« ma quittance du 16 juillet 1765, de dix-huit mille
« francs... Plus, celle de neuf mille cinq cents livres, du
« 14 août 1766. »

[1] Voyez l'arrêté de compte, à la fin de ce mémoire.

D'après un exposé si clair, peut-on s'empêcher d'admirer la sagacité, la vue de lynx de mon adversaire, qui découvre dans la première quittance de vingt mille livres un double emploi, une erreur insidieuse, une donation obscure, un bienfait détourné, un dol, une lésion, une fraude énormissime, etc.? Car tout cela est entré dans ses plaidoyers : et pourquoi ce train? parce que *mon billet au porteur*, sur lequel ces vingt mille francs m'avaient été prêtés, ayant été égaré par M. Duverney, dans la crainte qu'il n'ait été volé et qu'on ne vienne me le représenter un jour à payer une seconde fois ; après ces mots : « Je reconnais et reçois ma quittance
« du 27 août 1764, de la somme de vingt mille francs, » M. Duverney ajoute ceux-ci : « que je lui avais remis
« *sur son billet* au porteur, en date du 19 août précé-
« dent, et qu'il m'a rendue sans en avoir fait usage,
« lequel billet au porteur s'est égaré dans mes papiers
« alors, sans que je sache ce qu'il est devenu ; mais
« que je m'engage de lui rendre, ou indemnité, en cas
« de présentation au payement : » ce qui est de toute justice.

Où donc est le double emploi, je vous prie ? Quand un débiteur compte avec un créancier, auquel il a fait des payements partiels en divers temps, comment solde-t-il ? N'est-ce pas en argent ou quittances ?

Et puisque je fournis en acquittement à M. Duverney, sur le total de ma dette de cent trente-neuf mille livres, sa quittance de vingt mille livres, qui prouve que je les lui ai bien payées, n'est-il pas juste qu'il la reçoive à compte ?

Et n'est-il pas juste aussi que mon billet au porteur, c'est-à-dire mon billet à monsieur... (en blanc), qui est le titre du prêt de vingt mille francs, me soit remis avec tous les autres *reçus, billets, contrats*, etc.?

Et si celui qui doit me rendre ce billet m'annonce *qu'il ne le pourra, parce qu'il l'a égaré*, n'est-il pas juste encore que ce billet, balancé par une quittance de pareille somme, soit spécifié dans l'arrêté *par sa forme au porteur, sa date du 19 août 1764, et sa somme de vingt mille frans ?*

Si quelqu'un avait pris ce billet à M. Duverney, si vous l'aviez retrouvé vous-même dans les papiers de votre bienfaiteur ; enfin, si on venait un jour me le présenter au payement : comment prouverais-je, sans cet énoncé exact, que ce billet est le même qui a été détruit et annulé par l'acte, comme étant acquitté ?

« M. de Beaumarchais me doit au total cent trente-
« neuf mille livres : *sur quoi* je reconnais et reçois ma
« quittance de vingt mille livres, etc. » Voilà le texte. Voyons donc si nous avons autant déraisonné, M. Duverney et moi, que son légataire universel, plus grand clerc que nous deux, voudrait le faire entendre ; et prenons pour exemple ce prétendu double emploi de vingt mille livres, qu'il a retourné de tant de façons dans ses écrits.

Voici comment nous procédions. Chaque fois que M. Duverney me remettait une somme, ou pour ses affaires, ou pour les miennes, il la couchait sur son bordereau, et moi sur le mien, soit qu'il en retirât un reçu ou non, comme cela se pratique.

A l'instant de faire notre compte général, M. Duverney me dit : Commençons par distinguer l'argent que vous avez touché pour mes affaires de celui que je vous ai prêté pour les vôtres. A mesure qu'il nommait les sommes, je présentais les pièces justificatives de l'emploi des fonds pour lui, ou je passais la somme à mon débet.

De cette façon de procéder s'est formé le premier article de l'acte, étranger à moi, comme on l'a vu ; et le troisième article, qui renferme la masse de tout ce qu'il m'a prêté, *tant par contrats que sans reçus, avec reçus ou billets*, montant à cent trente-neuf mille francs, comme on l'a vu aussi.

Dire maintenant, avec une déraison bien piquante par le ridicule, que le billet de vingt mille francs dont il s'agit n'est pas compris dans les mots *reçus* ou *billets* qui complètent les cent trente-neuf mille livres, c'est non-seulement nier l'évidence, c'est aller contre la lettre expresse de l'acte; mais c'est regarder M. Duverney comme un imbécile, qui, dans trois quittances qu'il reçoit en délibération, ne se serait pas aperçu que la première de vingt mille francs portait sur une somme non comprise dans les cent trente-neuf mille livres.

La clarté du texte brûle ici les yeux : tous les mots transitoires en sont sacramentels. M. de Beaumarchais « me doit cent trente-neuf mille francs; *sur quoi* je « reconnais et reçois ma quittance de vingt mille francs; « *plus*, celle de dix-huit mille francs ; *plus*, celle de « neuf mille cinq cents livres. » Le mot SUR QUOI n'annonce-t-il pas évidemment que c'est sur les cent trente-neuf mille francs qu'on va imputer les trois quittances suivantes? et les mots *plus* et *plus* ne prouvent-ils pas sans réplique que la première quittance est absolument de même nature que les deux autres ? D'où il est plus clair que le jour que la quittance de vingt mille francs, plus ancienne en date, est là comme premier objet de libération sur les cent trente-neuf mille livres ; et l'énoncé de mon billet au porteur spécifié *par sa somme, sa formule et sa date*, comme simple précaution contre l'avenir, parce que ce billet est égaré.

Il est donc évident que les vingt mille francs qui sont entrés, par le prêt qu'on m'en a fait, dans mon passif cent trente-neuf mille livres, repassent dans mon actif par cette quittance : et c'est si bien l'esprit de l'acte en entier, que la même forme y est partout observée:

Témoin les soixante-quinze mille livres passées d'abord à mon actif, article VI, comme étant avancées par moi dans l'affaire des bois de Touraine, et rentrées dans celui de M. Duverney, article IX[1], par la cession qu'il me fait de tout l'intérêt des bois ;

Témoin les huit mille francs d'intérêts de ces soixante-quinze mille livres, passés à mon actif dans cet article IX, par la promesse que M. Duverney me fait de me les payer, et rentrés dans le sien par le refus que je fais de ces huit mille francs à l'article XVI[1].

On perd patience à expliquer des choses si lumineuses : les commenter, c'est les affaiblir; les disputer, c'est nier l'évidence; c'est oublier que l'homme qui a reconnu, *daté et signé* ce compte, est M. Duverney, l'un des plus éclairés citoyens du siècle.

Je ne dois pas omettre ici que les deux quittances de dix-huit mille livres et de neuf mille cinq cents livres qui suivent celle de vingt mille livres n'ont jamais été contestées (avant l'arrêt) ; et qu'ainsi ce qu'on en a dit depuis ne signifie rien pour ou contre la cassation de cet arrêt.

ARTICLE V.

« Plus, je reçois en payement la défalcation de la
« rente annuelle viagère de six mille livres que j'ai dû
« fournir à mondit sieur de Beaumarchais, aux termes
« de notre *contrat, en brevet*, passé chez Devoulges le
« 8 juillet 1761 : lesquels arrérages n'ont été fournis
« que jusqu'en juillet 1762 (à cause de plus fortes som-
« mes que je lui ai prêtées alors), et qui se montent
« aujourd'hui à quarante-six mille cinq cents livres. »

Sur ce chef, mon adversaire, aussi juste dans ses conséquences qu'honnête dans ses principes, a toujours raisonné ainsi : « Cet article présente un contrat en bre-
« vet de six mille livres de rente viagère au capital de
« soixante mille francs; donc, ce contrat en brevet
« n'est pas un contrat, c'est une donation ; et puisque
« ce contrat, qui est une donation, est fait en brevet,
« cette donation est nulle. » Admirable !

Mais pourquoi ne donne-t-il pas à ce contrat quelque nom plus bizarre encore ? Dès qu'il ne s'agit pour lui que de ne pas voir ce qui est écrit, et de voir ce qui n'est pas écrit : dès que l'énoncé le plus exact et le plus clair ne l'arrête pas dans ses honnêtes conjectures, il aurait aussi bonne grâce dans une supposition que dans l'autre.

Il va plus loin dans son nouveau mémoire : et nous relèverons ses beaux raisonnements à l'article VIII, en traitant du capital de cette rente.

Il suffit ici de faire remarquer au lecteur le puéril étonnement du comte Joseph, qui ne put concevoir comment, ayant soixante mille francs placés à dix pour cent sur M. Duverney, en attendant qu'il me les plaçât à trente dans les vivres de Flandre, je ne me faisais pas rendre ce capital, plutôt que d'emprunter d'autres sommes à M. Duverney qui me les prêtait à quatre pour cent, et quelquefois sans intérêts : cela est en effet si difficile à concevoir pour le raisonneur, qu'il aime mieux user deux grandes pages à débattre sa puérile observation, que de reconnaître la simplicité d'une marche aussi naturelle.

Serait-ce sur les arrérages de la rente qu'il voudrait que j'eusse fait porter cette absurde compensation ?

---

[1] Vérifiez toutes ces citations dans l'acte à la fin du mémoire.

[1] Vérifiez toutes ces citations dans l'acte à la fin du mémoire.

C'est encore pis. C'est vouloir qu'au lieu d'emprunter de l'argent dont j'avais besoin, j'eusse exigé des arrérages qui ne m'étaient pas dus, puisque cet argent me fut prêté en 1761, et qu'aux termes de l'acte les arrérages de la rente m'avaient été payés jusqu'en 1762. La seule chose raisonnable était de cesser de payer les arrérages de la rente, pour les défalquer un jour en comptant sur ces prêts d'argent, et c'est précisément ce que nous avons fait.

Il faut qu'un avocat ait bien peu de choses à dire pour enfler son mémoire de pareilles inepties ! ou plutôt j'imagine voir le comte de la Blache qui vient le presser, le harceler pour en obtenir un mémoire. — Eh ! mais où sont vos titres ? lui dit l'avocat ; vous ne me fournissez que des allégations ! — Eh bien ! faites-les valoir. — Cela vous est bien aisé à dire. — Mon ancien défenseur m'aurait fait vingt mémoires là-dessus, lui ! Il a bien trouvé le moyen de me faire gagner ce procès au parlement de 1771, en avril 1773. — Cela se peut, monsieur le comte ; mais nous sommes en novembre 1774 au conseil du roi ; et c'est bien différent : on n'y débat que la forme des arrêts sans les entamer au fond. Enfin, pour plaire à son client, l'avocat, forcé de parler, a dit les belles raisons que je viens de relever, et plusieurs autres que je relèverai encore.

ARTICLE VI.

« Plus, je me reconnais débiteur de mondit sieur de
« Beaumarchais de la somme de soixante-quinze mille
« livres, pour les fonds qu'il a mis dans l'affaire des
« bois de la haute forêt de Chinon, où il est intéressé
« pour un tiers, dans lequel je me suis associé avec lui
« pour les trois quarts, avec engagement de faire ses
« fonds et les miens, aux termes de notre traité de so-
« ciété du 16 avril 1767 ; lesquels fonds je n'ai point
« faits, mais bien lui. »

De la part du légataire universel, c'est toujours la même logique. Il dit : « Un traité de société est ici spé-
« cifié dans l'acte ; donc ce traité de société n'a jamais
« existé. » Point d'autres raisons ; jamais d'autres preuves : et il appelle cela *des défenses* !

On se persuade aisément que des défenses de cette nature ne sont qu'un prétexte pour dire beaucoup d'injures à celui qu'on *hait* depuis longtemps, *comme un amant aime sa maîtresse*.

Dans la première partie de cet écrit, j'ai prévenu rapidement que M. Duverney s'était engagé envers mes augustes protecteurs d'augmenter ma fortune. Si d'exposer de nouveau tout ce qui servit à fonder cet arrêté de compte est un historique étranger à la cause que je défends aujourd'hui, il ne l'est point au fond du procès, il ne l'est point à l'opinion publique. Les honnêtes gens surtout me sauront gré de n'avoir voulu rien laisser d'obscur sur cette partie de ma vie, si odieusement attaquée, après en avoir autant éclairé le reste.

Forcé de rappeler d'honorables bienfaits, comme premiers chaînons des événements qui ont amené cette horrible affaire, au moins mon cœur y gagnera de faire éclater sans indiscrétion, après douze ans de silence, une reconnaissance que le seul respect a pu renfermer si longtemps dans moi-même.

Oui, je le dis, et mes amis savent bien que je le dis sans regret, je devrais être un des plus riches particuliers de mon état, et, sans le malheur opiniâtre qui m'a toujours poursuivi, je le serais sans doute.

O monsieur Duverney, vous l'aviez promis, solennellement promis, à monsieur le dauphin, à madame la dauphine, père et mère du roi, aux quatre princesses, tantes du roi, devant toute la France, à l'École-Militaire, la première fois que la famille royale y vint voir exercer la jeune noblesse, y vint accepter une collation somptueuse, et faire pleurer de joie à quatre-vingts ans le plus respectable vieillard.

O l'heureux jeune homme que j'étais alors ! Ce grand citoyen, dans le ravissement de voir enfin ses maîtres honorer le plus utile établissement de leur présence, après neuf ans d'une attente vaine et douloureuse, m'embrassa les yeux pleins de larmes, en disant tout haut : Cela suffit, cela suffit, mon enfant ; je vous aimais bien, désormais je vous regarderai comme mon fils : oui, je remplirai l'engagement que je viens de prendre, ou la mort m'en ôtera les moyens.

J'ai dit qu'il m'avait procuré quelques petits intérêts qui, changés en argent, et gardés par lui-même en attendant le renouvellement du traité des vivres, me formaient sur lui une rente viagère de six mille francs au principal de soixante mille livres.

La compagnie des vivres s'étant renouvelée sans qu'il pût m'y faire entrer, dans la crainte qu'on ne l'accusât d'avoir manqué de chaleur en cette occasion, il avait imaginé d'acquitter d'un seul coup ses promesses, en me prêtant cinq cent mille francs pour acheter une charge que je devais lui rembourser à l'aise sur le produit des intérêts qu'il me promettait dans de grandes entreprises. On voit que je dis tout, et que ma gratitude est franche, autant que ses procédés furent généreux. Eh ! pourquoi le cacherais-je ? il fallait bien que cela fût ainsi ! Aurais-je accepté, sans cet espoir, un prêt de cette importance ? il n'en fallait pas tant pour me ruiner !

Mais l'affaire, quoique consommée, ayant été rompue par des événements dont le récit est plus essentiel au roman philosophique de ma vie qu'à l'histoire ennuyeuse de mon procès, au bout de six mois j'avais reperdu mes espérances, il avait retrouvé ses fonds, et tout était rentré dans l'ordre accoutumé.

Cinquante-six mille francs seulement, restés à lui sur ma charge de secrétaire du roi, en augmentant un peu mon état, diminuaient encore mon aisance, puisque je lui payais quatre pour cent d'un argent qui m'en rapportait à peine trois.

Il m'avait encore prêté depuis, sur de simples reçus, quarante-quatre mille francs, pour m'aider dans l'acquisition d'une maison. Mais payer le loyer d'un logement ou l'intérêt de l'argent qui me l'avait acquis, cela revenait au même : on sent que je n'en étais pas plus riche. D'ailleurs cet argent n'était pour moi qu'une espèce d'avance de six mille francs d'arrérage de ma rente viagère, que je n'ai plus exigés depuis, à cause de ces prêts d'argent qui les avaient absorbés pour longtemps.

Il m'avait confié pour deux cent mille francs de ses billets au porteur en 1764, lorsque je fus en Espagne : mais c'était à condition que je n'en ferais aucun autre usage que de les déposer, en cas d'affaire majeure, pour augmenter ma consistance, par un crédit de cette étendue sur lui.

Tout cela méritait bien de ma part un dévouement parfait à ses intérêts; mais tout cela n'augmentait ni n'assurait ma fortune : il le sentait, il avait la générosité de s'en affliger, et ne se croyait point quitte envers moi, quoique ma reconnaissance envers lui fût sans bornes.

Enfin, voyant son crédit sur les affaires générales à peu près tombé en 1766, il me pressa de former une compagnie pour acquérir sur le roi deux mille arpents dans la forêt de Chinon, et de me réserver un tiers dans l'entreprise.

Le tiers d'intérêt dans une affaire qui exigeait plus de cinq ou six mille francs d'avance! à moi qui vivais modestement de mes revenus, et qui ne pouvais détourner un sou de mon capital sans me couper absolument les vivres! on sent bien que cela ne pouvait me convenir, à moins qu'un fort capitaliste ne se joignît à moi. C'est ce que fit M. Duverney.

Par un traité de société particulier entre nous deux, il prit trois quarts dans mon tiers, à la charge de faire ses fonds et les miens; ce qui me laissait, pour mon travail, un douzième sans fonds dans les bénéfices de l'affaire. Voilà l'époque et le fondement de notre association sur les bois de Touraine.

On peut encore se rappeler qu'en 1765, de la vente d'une charge à moi, j'avais touché soixante-dix mille livres, et que de cet argent je lui avais remboursé dix-huit mille livres, et neuf mille cinq cents livres qui avaient produit deux des trois quittances dont il s'est agi plus haut dans l'acte; enfin que j'avais jeté le reste de mes fonds dans l'affaire commune.

Depuis, avantageusement marié, je continuai de verser de l'argent dans cette affaire, avec d'autant plus de facilité que j'avais deux garants : l'entreprise qui m'en répondait, et M. Duverney, pour qui je payais; ce qui m'acquittait d'autant envers lui.

Voilà comment, en 1770, je lui offris en acquittement ma mise de fonds dans cette entreprise, montant à quatre-vingt-trois mille francs en capitaux et intérêts; ce qui forma les articles VI et VII de notre arrêté, dont je viens d'établir encore une fois le fondement.

Et de tout ce que j'ai dit, il en existe plus de preuves morales, physiques et publiques, qu'il n'en faut pour convaincre et persuader tout ce qui n'est pas le légataire de M. Duverney. Lettres et recommandations bien respectables, grande notoriété d'événements, contrat existant de cinq cent mille francs, certificat d'un dépôt de cent mille livres, charge de secrétaire du roi, maison acquise, charge à moi vendue soixante-dix mille francs, récépissés de la caisse de ma compagnie pour quatre-vingt-trois mille livres, etc., etc., etc.

Et le comte Falcoz de la Blache ne veut pas qu'il soit résulté de tout cela un arrêté de compte entre M. Duverney et moi, dont le reliquat aille à quinze mille livres! Il m'intente un procès atroce pour éluder de me le payer! Et ce procès, il le soutiendra sans preuves jusqu'à extinction de poumons! il ira jusqu'à déshonorer, s'il le faut, le légataire de son bienfaiteur, plutôt que d'en avoir le démenti! Et cet homme était un parent éloigné de M. Duverney, qui lui a laissé toute sa fortune! Et ce riche légataire jouit à présent de plus de deux cent mille livres de rente! Et il en aurait encore douze mille de plus, s'il eût pu faire signer à son bienfaiteur mourant un acte arrangé pour les enlever à sa respectable mère, qui les tenait de M. Duverney, son oncle! Et il en aurait douze mille de moins, s'il n'eût pas constamment empêché M. Duverney de faire le moindre bien à son propre frère, gentilhomme aussi considéré que mon adversaire est reconnu avide! Et M. Duverney me disait quelquefois : « En laissant tout « mon bien à Falcoz, que j'ai créé, avancé, marié, en- « richi, je crois donner un soutien, un père à tous mes « parents... » Rouvrez les yeux, s'il se peut, malheureux testateur! voyez ce père, et ce soutien de vos parents, les chicaner, les plaider tous l'un après l'autre, sur les moindres objets qu'il n'a pu leur ôter entièrement. Je ne suis pas le trentième qu'il ait voulu dépouiller. Ô honte! Et l'on est étonné que l'indignation s'empare de moi quelquefois! J'en demande bien pardon aux magistrats, aux lecteurs, au public, au vicomte de la Blache, à la marquise sa mère, à toute cette famille respectable; mais au comte Falcoz... ah! je sens que cela m'est impossible.

ARTICLE VII.

Toujours M. Duverney qui parle.

« Plus, je me reconnais son débiteur de la somme « de huit mille livres pour les intérêts des soixante- « quinze mille livres, ainsi que je conviens de les « porter. »

La manière dont mon adversaire a prétendu détruire ces intérêts a été de faire plaider partout qu'ils étaient encore plus chimériques que les capitaux; puisqu'à l'époque de l'arrêté de compte, je n'avais pas fait, dit-il, vingt mille livres de fonds dans l'affaire des bois de Touraine.

Et ma réplique, à moi, c'est un relevé des divers inventaires de ma compagnie, et autres titres, comme récépissés de caisse, quittances du comptable, etc., par lesquels il est prouvé qu'à l'époque de cet arrêté, j'avais fait quatre-vingt-trois mille livres de fonds en capitaux et intérêts dans cette affaire. Toujours des allégations sans preuve de sa part, toujours des titres de la mienne. On voit que nous marchons sur deux lignes bien différentes; mais il le faut ainsi, puisque nous soutenons des propositions aussi diverses.

ARTICLE VIII.

« Plus, comme j'exige qu'il (*M. de Beaumarchais*) « me rende la grosse du contrat de six mille livres via- « gères qu'il a de moi, quoiqu'il ne dût me le remettre « que dans le cas où je ferais quelque chose pour lui, « ce que je n'ai pu, et que j'en reçois le fonds en « quittance de la somme de soixante mille francs aux « termes dudit contrat, il résulte que mondit sieur de « Beaumarchais m'a payé deux cent trente-sept mille « livres; ce qui passe sa dette de quatre-vingt-dix-huit « mille francs. »

M. Duverney, ne pouvant exiger l'extinction de cette rente onéreuse que dans le cas où il m'en placerait avantageusement le capital dans les vivres ou autre entreprise lucrative, et cet ami n'ayant pu remplir ses engagements, on sent que je lui donnais une marque de respect et d'attachement, en consentant que cette rente s'éteignît, et que les soixante mille francs qui la fondaient fissent partie de mon acquittement envers lui.

A la vérité, ce placement à dix pour cent en viager était une faveur qu'à mon âge je n'aurais pu me flatter d'obtenir de personne : mais, reconnaissance à part, ne pouvais-je pas garder cette rente viagère?

Sur cent trente-neuf mille livres que je devais, je venais d'en payer quarante-sept mille cinq cents en trois quittances; ce qui réduisait ma dette à quatre-vingt-onze mille cinq cents livres.

Les arrérages de ce contrat, non payés depuis près de huit ans, accumulés à quarante-six mille cinq cents livres, réduisaient encore ma dette à quarante-quatre mille cinq cents livres.

Et cette somme, je pouvais la défalquer sur celle de soixante-quinze mille livres que j'avais avancées dans l'entreprise des bois de Touraine, et qu'il devait me rembourser.

Mais il voulait que le contrat fût rendu : le respect m'y a fait consentir; la rente à dix pour cent s'est éteinte, et je n'ai en échange qu'un affreux procès contre son légataire universel.

Il est vrai que mon adversaire me reproche que le contrat qui a été déclaré *fait en brevet* dans l'article v est ensuite appelé *grosse* à cet article VIII : et sur ce seul mot de *grosse*, il court s'armer d'un certificat du successeur de Devoulges, notaire, pour nous prouver que la minute de ce contrat, que nous lui avons bien déclaré avoir été *fait en brevet*, c'est-à-dire sans minute, par le devancier de ce notaire, ne se trouve point chez lui; et il en conclut que puisqu'on ne trouve point la minute d'un contrat passé sans minute, la *grosse* qui m'a été délivrée *en brevet* n'est qu'une chimère, et n'a jamais existé.

Comme si le mot *grosse* répugnait à signifier le *titre exécutoire* d'un acte quelconque, et n'était pas même une expression consacrée pour désigner, non le contrat dont la minute existe ailleurs, mais le titre avec lequel seul on peut juridiquement poursuivre un débiteur : ce qui fait que, dans le cas de *l'acte en brevet*, la personne de cet acte est en même temps la minute, la grosse et l'expédition, et se trouve également bien désignée par l'une de ces trois expressions, dont le mot *fait en brevet* fixe absolument le sens.

Ou, plus rigoureusement encore, comme si, dans un acte sous seings privés, fait entre gens de bonne foi, lorsqu'une chose a tellement été désignée, qu'il soit impossible de se méprendre à sa nature, un mot plus ou moins technique, employé pour la rappeler seulement, pouvait anéantir cette chose, et rendre nul l'acte qui la contient.

Je crains de n'être pas encore assez clair.

Je suppose donc que M. Duverney crût avoir assez bien désigné dans son testament son légataire universel par ces mots : *Je constitue Alexandre-Joseph Falcoz de la Blache, mon parent,* etc.; et qu'en rappelant plus loin ce légataire à quelques devoirs sacrés, comme celui d'acquitter les engagements qu'il laisse après lui, sans procès ni conteste, il eût employé cette expression au hasard : *lequel comte de la Blache sera tenu,* etc... et qu'un homme, plein d'humeur sur ce testament, vînt à s'élever contre, en poursuivît avec acharnement la nullité, soutenant que le testament n'est qu'une *chimère*, une *fausse apparence*, une *illusion*, en un mot *rien*, parce que, si le testateur eût voulu, dans un acte aussi sérieux, désigner le sieur *Falcoz* pour son légataire, il ne l'eût pas nommé tantôt *la Blache*, et tantôt *comte*.

Et si cet homme enfin, pour soutenir un procès aussi détestable, ajoutait que, M. Duverney ayant de fort dignes parents très-proches, il n'est pas naturel qu'il ait été préférer, etc., etc.; qu'un pareil testament est fort suspect, etc., etc.; que le choix du légataire est bien extraordinaire, etc., etc.; que la signature et la date pourraient bien être, etc., etc.; et mille autres raisons de cette force, assaisonnées d'injures.

Que penserait le comte Alexandre-Joseph de cette odieuse chicane? Ne dirait-il pas que l'antre affreux du monstre n'a jamais vomi de plaideur plus âpre et d'aussi mauvaise foi? Mais enfin, armé d'un testament bien *daté*, bien *signé* de M. Duverney, le légataire universel ne craindrait point, etc., etc.; et le légataire universel aurait raison.

Il en est ainsi de ce *contrat en brevet* dont M. Duverney, qui en connaissait bien la légitimité, reçut de ma part la remise comme une preuve de ma déférence; et cela, quoique nous eussions fait la faute énorme entre nous d'en rappeler le *titre exécutoire* par le nom bien absurde de *grosse*.

Ah! monsieur le comte de la Blache, si votre bienfaiteur était là!... Cet homme, en tout si supérieur aux formes, et qui se piquait bien moins de recherche dans ses expressions que de noblesse dans ses actions! lui qui soutint votre enfance avec tant de générosité! dont l'argent et le crédit vous ont fait faire un si beau chemin! dont la sagesse en tout temps guida votre inexpérience, et qui, couronnant tant de bienfaits par le don entier de sa fortune, y aurait même ajouté celui de sa magnanimité, si un codicille en pouvait transmettre l'héritage! ne vous dirait-il pas, en vous voyant traîner aussi honteusement sa mémoire et son nom de tribunaux en tribunaux : Ah! que vous êtes dur envers nous, mon héritier! Les notaires de province ont toujours usé de cette expression, *duquel contrat* LA GROSSE *a présentement été par nous délivrée* EN BREVET; personne avant vous ne s'en est plaint : dans vos écrits, vous excusez vous-même en eux ce manque d'élégance notariale, dans des actes publics, en faveur de ce qu'ils sont notaires de province et non de capitale! Et vous ne voulez pas la passer à notre bonhomie dans un acte privé! nous qui n'avons été notaire en aucun lieu du monde! Ah! que vous êtes dur envers nous, mon cher héritier!

Dans cet article VIII, après avoir apaisé les vapeurs du client, il n'est pas hors de propos de rendre hommage à la bonne foi de l'avocat, qui prétend prouver, par les termes de l'article même, que si ce contrat en brevet a jamais existé, c'était une libéralité pure : et sa preuve est que M. Duverney, parlant dans cet article, dit impérativement : « J'exige qu'il me rende ce contrat, quoiqu'il ne dût me le remettre que dans le cas où j'aurais fait quelque chose pour lui; ce que je n'ai pu. » Et là, le citateur, s'arrêtant tout court, nous fait un commentaire de deux grandes pages sur cette portion morcelée du texte, pour établir dans l'acte un faux emploi sur une libéralité imaginaire; et le lecteur, qui n'a pas ce texte sous les yeux, ne sait plus que penser; son esprit est ébranlé.

Mais, lecteur, ne vous ai-je pas prévenu que ce mémoire était partout un chef-d'œuvre de simplesse et de bonne foi? Lisez, je vous prie, la partie du texte écartée par mon loyal adversaire : après ces mots : *ce que je n'ai pu*, vous y verrez ceux-ci, que M. Duverney ajoute : *Et j'en reçois le fonds* (de ce contrat) *en quittance de la somme de soixante mille livres, aux termes dudit contrat.*

Donc, aux termes de ce contrat, les soixante mille livres avaient été fournies par moi; donc, cette rente était fondée sur un capital reconnu; donc, l'article invoqué pour prouver que c'était une libéralité démontre évidemment le contraire; donc mon indignation est toujours légitime.

Oh! que c'est un méprisable métier que celui d'un homme qui, pour gagner l'argent d'un autre, s'efforce indignement d'en déshonorer un troisième, altère les faits sans pudeur, dénature les textes, cite à faux les autorités, et se fait un jeu du mensonge et de la mauvaise foi!

Pour moi, si j'avais l'honneur d'être avocat, je croirais bien avilir ma noble profession en me chargeant d'une cause si mauvaise, que je ne pusse la défendre que par ces vils moyens que l'on tolère à peine à la plus basse chicane.

Heureusement ce tort n'est jamais celui d'un célèbre avocat. Toujours scrupuleux dans ses choix, il sait longtemps souffrir avant de manquer à son noble caractère; s'il épouse les bonnes causes, il ne se prostitue point aux mauvaises, convaincu qu'un plaidoyer insidieux commet encore plus le défenseur que le plaideur. La haine peut aveugler celui-ci; mais l'autre est froid, rien ne l'excuse; et sitôt qu'il sort en plaidant des moyens que l'honneur ou la loi prescrit, il n'est plus à mes yeux qu'un de ces vils champions du temps féodal qui se jetaient dans l'arène, et, sans s'informer qui avait tort ou raison, y livraient le combat indifféremment pour tout le monde, au prix déshonorant d'un peu d'or.

ARTICLE IX.

Toujours M. Duverney.

« Pour remettre de la balance dans notre compte, « j'exige de son amitié qu'il résilie notre traité des bois « de Touraine : par ce moyen, le tiers que nous y avons « en commun lui restant en entier, les soixante-quinze « mille livres qu'il a faites pour nous deux dans l'af- « faire lui deviennent propres, et il ne sera dans le cas « d'essuyer jamais aucune discussion ni procès de la « part de mes héritiers; ce qui ne manquerait pas de « lui arriver, s'ils me succédaient un jour dans cette « association, comme le porte l'article IV de notre « traité de société : mais pour le dédommager de l'ap- « pui qu'il perd aujourd'hui pour la suite d'une affaire « dans laquelle je l'ai engagé, et qui devient lourde et « dangereuse, je lui tiens compte de huit mille livres « convenues pour l'intérêt des soixante-quinze mille « livres qui ont dû courir jusqu'à ce jour pour mon « compte, et je promets et m'engage de lui fournir en « forme de prêt, d'ici à la fin de la présente année, la « même somme de soixante-quinze mille livres, pour « l'aider à faire les nouveaux fonds que l'affaire exige, « desquelles soixante-quinze mille livres je ne recevrai « point d'intérêt pendant huit ans (que peut durer en- « core l'entreprise), du jour du prêt; lequel terme ex- « piré, ils me seront remboursés par lui, ou, en cas « de mort, à mon neveu Pâris de Mézieux, son ami, « que j'en gratifie; et si mondit sieur de Beaumarchais « aime mieux alors en passer contrat de constitution à « quatre pour cent que de rembourser, il en sera le « maître. »

Cet article est si étendu, si net, qu'il porte avec lui son commentaire. Une seule réflexion me saisit en lisant les précautions que M. Duverney a cru prendre ici contre les maux qu'il prévoyait dans l'avenir.

O prudence humaine! de quel poids es-tu sur les événements? Le plus sage des hommes, alarmé pour moi de la haine de son légataire, me force à résilier une société avantageuse pour que je n'aie jamais de querelle avec cet homme; et cette résiliation même est un des points d'appui du plus exécrable procès de la part de ce légataire! O prudence humaine!

Au reste, les plaidoyers de mon adversaire sur cette transaction, ainsi que sur tous les autres articles de cet acte, n'ont jamais été qu'une négation formelle, un démenti, une accusation de dol, de fraude et de lésion *énormissime.*

Mais après la mort de votre bienfaiteur, vous avez écrit à Beaumarchais que vous ne saviez rien des affaires qui avaient été entre lui et votre bienfaiteur : dans tous les temps, vous avez plaidé que vous n'aviez trouvé dans les papiers de ce même bienfaiteur aucun renseignement pour ou contre le titre qu'on vous oppose : et vous soutenez que ce titre et les choses qu'il contient ne sont que des chimères !

O monsieur le comte ! cette persuasion obscure, ce puissant motif de croire sans preuve, admis peut-être en d'autres cas, est une monnaie qui n'a pas cours en justice : on y oppose les actes aux actes, les lettres aux lettres, les raisons aux raisons, et le dédain aux injures, Quand je dis le dédain aux injures, je parle de l'effet qu'elles produisent sur l'esprit des juges ; car l'homme outragé n'en a pas moins droit à des réparations authentiques, et je les ai toujours réclamées.

ARTICLE X.

Toujours M. Duverney.

« Et pour faire la balance juste de notre compte, je « me reconnais son débiteur de la somme de vingt-« trois mille livres *que je lui payerai, à sa volonté, sans* « *qu'il soit besoin d'autre titre que le présent engage-* « *ment.* »

Cet article est-il clair ? est-ce une *illusion ?* est-ce une *fausse apparence,* qu'un acte où le reliquat du compte est fixé par sa somme, avec obligation expresse de l'acquitter à volonté, *sans qu'il soit besoin d'autre titre que le présent engagement ?* Si un tel acte n'est plus sacré parmi les hommes, et s'il peut être arbitrairement annulé, tout est rompu, le lien social est brisé, plus de sûreté dans sa patrie ; il faut fuir aux pays où les propriétés sont au moins respectées.

Mais non, il faut rester en France, et rappeler seulement à ses juges que cet acte est reconnu, *daté, signé* par M. Duverney ; et que, tant que cette signature n'est pas entamée, il n'y a pas d'acte plus respectable en finance, en commerce : et je prends, à ce sujet, la liberté de donner le plus ferme démenti à celui qui a osé imprimer que, dans quatre parères ou jugements sur cette affaire, émanés de quatre chambres du commerce de ce royaume, il y en a un qui ne décide pas le procès en ma faveur. Heureusement M. le rapporteur les a tous dans ses mains.

S'il est toléré quelquefois de raisonner faux, ô avocat, il est ordonné de toujours citer juste, ô honnête homme !

ARTICLE XI.

« Au moyen desquelles clauses ci-dessus énoncées, « *remise,* par mondit sieur de Beaumarchais, *de titres,* « *papiers, reçus, billets au porteur, grosse du contrat* de « six mille livres *de rente viagère,* résiliation du traité « sur les bois, reconnaissance de mes quittances, arrêté « de compte, etc., je reconnais mondit sieur de Beau-« marchais quitte de tout envers moi. »

Si le lecteur ennuyé n'a pas vingt fois jeté ce mémoire, et s'il a dévoré le dégoût de le lire jusqu'à cet article xi, je le supplie de relire encore une fois, non le mémoire, mais l'article, pour se bien pénétrer de la bonne foi, de la candeur avec laquelle mon adversaire a discuté cet acte.

En le relisant, je supplie en grâce le lecteur de se rappeler que le comte légataire n'a cessé de lui assurer « qu'aucune pièce justificative n'a été remise de ma « part ; que l'acte en fait foi ; et que si le contrat de « six mille livres de rente viagère a jamais existé, c'est à « moi de le montrer, puisque je dois l'avoir dans mes « mains. » Enfin, je supplie le lecteur de comparer des notions aussi infidèles avec cet article xi, destiné par M. Duverney à reconnaître que la « remise des titres, « papiers, reçus, billets au porteur, *grosse du contrat* « *de six mille livres de rente viagère,* a été effectuée « par mondit sieur de Beaumarchais. »

Et lorsque dans cet article, qui fait le résumé de tout ce qui précède, on voit M. Duverney reconnaître en toutes lettres que *le traité sur les bois a été résilié ;* que *ses quittances ont été par lui acceptées ;* que *notre compte est clos et arrêté ;* lorsque ce résumé finit par ces mots si positifs : *Je reconnais mondit sieur de Beaumarchais quitte de tout envers moi,* peut-on s'empêcher d'être indigné de la mauvaise foi avec laquelle le comte de la Blache s'est efforcé de verser le désordre et la confusion sur le plus clair, le plus juste et le plus lumineux des actes ?

Acte où tous les objets, présentés d'abord en masse, puis en détail, puis en résumé, ont ensemble une relation si exacte et si pure !

Acte dont le comte Falcoz a toujours avoué n'avoir jamais connu aucun antécédent !

Acte qu'il n'en accuse pas moins, malgré cette ignorance, avec une intrépidité qui fait monter au cerveau des bouffées d'impatience...

O monsieur le comte de la Blache ! en vous voyant faire un si indigne métier depuis quatre ans pour m'enlever quinze mille francs, qui pourrait être étonné de vous voir possesseur d'un legs de quinze cent mille francs, sachant que vous y avez travaillé pendant quinze ans ?

ARTICLE XII.

Toujours M. Duverney.

« *Je promets et je m'engage de lui remettre,* à sa pre-« mière réquisition, la grosse en parchemin du contrat « à quatre pour cent de sa charge de secrétaire du roi, « comme m'ayant été remboursé avec tous les arrérages « jusqu'à ce jour. Plus, *je m'engage de lui remettre* tous « ses reçus, billets, missives, etc., de toutes les sommes « qu'il a touchées de moi, par moi, ou par un tiers, « sous quelques formes que ces reconnaissances se trou-« vent, soit *dans sa dette personnelle,* soit pour les fonds « qu'il a touchés *pour d'autres affaires,* et notamment

« son billet au porteur du 19 août 1761, de vingt mille
« livres, qui s'est égaré dans mes papiers. »

Cette convention, toute simple dans le temps de l'arrêté de compte, est devenue d'une grande importance aujourd'hui, que M. Duverney est mort sans m'avoir rendu ni contrats, ni reçus, ni billets, ni aucun des titres que cet article détaille.

Mais par quelle étonnante subversion de principes, lorsque je le demande à mon adversaire, qui représente à cet égard M. Duverney, prétend-il se faire un titre contre moi de ce qu'il ne me les rend pas? Je ne les ai pas trouvés sous le scellé, dit-il; donc ils n'ont jamais existé. Quelle équité! quelle logique! il n'en sortira pas.

Voici ma réponse : elle est plus conséquente.

M. Duverney, suivant la lettre de notre acte, s'était *expressément engagé* par cet article, *de me remettre tous ces titres à ma première réquisition :* il a toujours différé, quoique je n'aie cessé de les lui demander pendant deux mois, mes lettres en font foi; mais à son décès j'étais mourant moi-même à la campagne, je ne pus envoyer, moins encore aller chez lui; il est mort sans mes les avoir remis.

Et ces titres, que je réclamais et réclame encore, sont les contrats de cinquante-six mille francs; tous les reçus, billets ou reconnaissances de moi qui forment le complément de cinquante-six à cent trente-neuf mille livres, c'est-à-dire environ quatre-vingt-deux mille livres qu'on me ferait payer quand on voudrait, si l'arrêt n'était pas cassé. Plus, toutes mes reconnaissances d'argent reçu par lui pour ses affaires personnelles, et qu'on peut aussi me faire payer dans le même cas.

Ainsi voilà pour plus de cent mille livres de reçus ou billets de moi, qui sont disparus d'une façon bien étrange dans le secrétaire de M. Duverney à l'instant de sa mort. Que sont-ils devenus?

Pour éviter l'embarras de la discussion, mon adversaire tranche la question d'un seul mot. Ces titres n'ont jamais existé, dit-il. Et sa preuve est que, puisque les contrats se sont trouvés sous le scellé, le reste s'y fût trouvé de même s'il eût existé.

N'allons pas si vite, monsieur le comte : ceci n'est point du tout clair. L'acte du 1er avril ne porte-t-il pas que je suis débiteur de cent trente-neuf mille livres ? Cet acte n'atteste-t-il pas que les titres en existent en *contrats, reçus, billets* dans les mains de M. Duverney ? Or, en nous présentant aujourd'hui des expéditions de contrats, dont la minute est chez un notaire, ce qui rendait leur soustraction inutile à celui qui enlevait tout le reste, prétendez-vous nous bien prouver que plus de cent mille francs de reçus ou billets de moi, qui étaient avec ces contrats chez M. Duverney, n'ont jamais existé? La seule chose que vous prouviez est qu'on s'est abstenu d'enlever de son secrétaire, à sa mort, tout ce qu'il était inutile d'en ôter. Pas davantage.

Et comme il m'est très-important de constater que je devais à M. Duverney beaucoup plus de cinquante-six mille trois cents livres, parce qu'il m'est très-important de conserver le droit rigoureux d'en réclamer les titres, aux termes de notre acte; je ferai la preuve, et même légale, que M. Duverney m'a prêté, sur de simples reconnaissances, en un seul article, quarante-quatre mille livres en sus de cinquante-six mille, pour m'aider à payer une maison que j'achetais ; je prouverai le reste avec la même évidence.

Et le comte de la Blache, qui m'a tant reproché partout d'avoir coûté plus de quatre cent mille livres à M. Duverney, aura beau se contredire assez étourdiment pour vouloir réduire au prêt de cinquante-six mille francs ces immenses bienfaits sur lesquels il m'a tant injurié, il n'en sera pas moins prouvé que M. Duverney m'a prêté les cent trente-neuf mille francs spécifiés dans notre acte, et dont je réclame les titres acquittés. Que sont-ils donc devenus ces titres ? Voilà ce à quoi il faut répondre sans biaiser.

Pressé par cet argument, prétendez-vous que M. Duverney m'a remis ces cent mille livres et plus de titres? Mais c'est ce que M. Duverney n'eût jamais fait, si une délibération définitive ne m'avait pas acquitté de ces sommes envers lui. Or il n'y a jamais eu entre nous d'autre libération réciproque et définitive que l'acte du 1er avril 1770 ; et dans cet acte, M. Duverney ne me rend pas mes titres ; il *s'oblige* seulement *de me les rendre à ma première réquisition :* que sont-ils devenus? Votre réponse n'y satisfait point, ou bien il faut en conclure que l'acte du 1er avril est excellent.

M. Duverney les a-t-il brûlés comme inutiles à mes intérêts, et de garde dangereuse pour ses secrets ? Mais c'est certainement ce qu'il n'aurait pas fait, s'il n'avait pas existé dans mes mains et dans les siennes un acte antérieur qui les annulât. On ne perd pas de gaieté de cœur pour plus de cent mille livres de titres actifs contre son débiteur. Et cette seconde supposition prouve aussi nécessairement que la première l'existence et la légitimité de l'acte du 1er avril 1770, ou bien elle laisse encore sans réponse mon éternelle question : Que sont devenus tous ces titres de créance que je réclame ?

Enfin, M. Duverney n'a-t-il ni remis ni brûlé de son vivant ces reçus de moi montant à plus de cent mille livres, ils existent donc, en quelque endroit qu'ils soient. Mais pour le coup, s'ils sont disparus aussi étrangement, il ne saurait y avoir de supercherie de ma part. Vous ne direz pas que je me suis rendu invisible pour les aller enlever du secrétaire de M. Duverney pendant sa dernière maladie. J'étais mourant à la campagne ; et vous savez bien, monsieur le comte, que ce n'est pas moi qui me suis emparé de ses derniers moments.

Articuler positivement que vous les en avez ôtés, c'est ce que je ne ferai point; car je ne sais ce qui en est : non que je ne le pusse avec bien plus de fondement que vous n'en mettez dans vos honnêtes présomptions contre l'acte.

Car enfin il est de notoriété dans la famille de

M. Duverney que vous ne quittiez point sa chambre pendant sa dernière maladie.

Il est de notoriété dans cette famille que, surmontant la douleur de perdre votre bienfaiteur, vous avez eu le sang-froid de faire tenir, le jour de sa mort, un notaire avec un acte à signer, enfermé quatre heures dans sa garde-robe, attendant un moment de demi-connaissance qui ne revint plus au malade.

Dans cette famille, il est constaté par vos aveux mêmes que, surmontant l'amour filial, vous aviez destiné cet acte à passer sur votre tête les bienfaits qu'un oncle généreux avait placés sur celle de sa nièce, votre digne et respectable mère.

Et il est évident que, puisque vous avez tenté de faire une telle chose, vous étiez le maître absolu de l'intérieur de cette chambre.

Et mon père, à qui j'ai compté ce trait de votre amour filial, ne voulait pas absolument le croire.

Et lorsqu'il s'y est vu forcé, il s'est écrié : *Mon Dieu! que cette dame est malheureuse!* Car mon père ignorait qu'elle eût un second fils aussi tendre et respectueux que l'aîné fut toujours dur envers elle.

Et ce vieillard chéri s'est mis à pleurer de joie de ce que vous n'êtes pas son fils, ou de ce que son fils n'est pas vous.

Et vous voyez bien que si l'on voulait sur ces données proposer un problème, il n'irait pas mal ainsi :

Un légataire universaire était maître absolu de la chambre du testateur mourant sans connaissance ; ce légataire était assez injuste pour vouloir dépouiller sa mère ; il avait assez de sang-froid pour oser le tenter en ces moments affreux ; il avait la liberté de faire entrer dans cette chambre un notaire pour en faire signer secrètement l'acte au testateur. Dans le secrétaire du testateur, auprès de son lit, étaient des titres dont il importait fort au légataire de dépouiller un sien ennemi. Ces titres ne se sont pas trouvés sous le scellé du testateur après sa mort. On demande qui l'on peut soupçonner de les avoir détournés. L'on n'exige qu'une grande probabilité pour solution.

Quoi qu'il en soit de cette solution, si ces titres, à la levée des scellés, ne se sont point trouvés dans le secrétaire, celui qui les en a ôtés est celui-là même qui s'est emparé du double de l'acte, du traité des bois résilié et biffé, du contrat en brevet de soixante mille livres, et de trois quittances de vingt mille, de dix-huit mille et de neuf mille cinq cents livres. Le tout devait y être ensemble : et n'est-ce pas là le cas ou jamais de dire : *Is fecit cui prodest?* Celui-là le fit, à qui il importait de le faire. Mais comme on n'aurait écarté tous ces titres que pour combattre l'acte avec plus d'avantage, par l'obscurité que cette disparition répandrait sur ces clauses, il faut avouer que cette explication adoptée produirait tout juste un effet contraire, puisqu'elle supposerait nécessairement existant dans le secrétaire cet acte qu'on voulait obscurcir, annihiler, diffamer, en se permettant la soustraction des titres qui l'auraient rendu inexpugnable. Et voilà que je commence à n'être plus si en peine de ce que sont devenus tous ces titres que je réclame, et même tous ceux que je ne réclame point.

Enfin, sous quelque aspect qu'on envisage la disparition de plus de cent mille livres en titres actifs contre moi, attestés par l'acte du 1er avril, dès qu'il est constant que je devais cent trente-neuf mille livres, dès qu'il est constant que leurs titres existaient, soit qu'on veuille que M. Duverney me les ait remis, soit qu'il les ait brûlés comme inutiles, soit qu'on les ait enlevés de son secrétaire à sa mort, leur non-existence au scellé prouve invinciblement et nécessairement la véracité de l'acte du 1er avril entre M. Duverney et moi.

Résumons. J'ai droit de réclamer ces contrats, ces reconnaissances, cette foule de pièces qui peuvent me nuire en des mains étrangères. Je vous les demande armé d'un titre, et vous me faites un tort de ce que vous ne me les rendez pas. Et, de ce que vous ne me les rendez pas, vous en concluez vicieusement qu'ils n'ont jamais existé ! Puis, faisant de cette conclusion vicieuse le principe d'une autre conclusion plus vicieuse encore, vous ajoutez : Ces titres n'ont jamais existé; donc, l'acte qui les atteste et les réclame est chimérique et frauduleux.

Mais si vous parveniez à faire confirmer l'arrêt (ce qui fait frémir à penser), lorsqu'un jour vous viendriez me demander le payement de ces cent mille livres, qu'aurais-je à vous répondre? Quoi ! que vous avez tort de me les présenter à payer, parce que vous avez soutenu en plaidant que ces titres n'existaient pas ?

A la vérité, me diriez-vous, ils n'existaient pas au scellé ; mais je les retrouve entre les mains de M. tel, à qui M. Duverney les avait confiés : vous les deviez, vous les avez avoués ; enfin les voici : l'acte qui en portait l'acquittement est annulé ; donc il faut les payer.

Je vous jure, monsieur le comte, que je ne répliquerais pas un mot, tant ce raisonnement me semblerait juste : aussi n'est-ce pas vous alors qui auriez tort envers moi, mais bien l'arrêt d'annulment.

Ainsi désarmé, dépouillé, blessé deux fois par une arme à deux tranchants, après avoir payé cent mille francs à M. Duverney, j'aurais perdu mon procès, parce que les titres n'en existaient pas au scellé ; et le procès perdu, je serais tenu de les payer à son légataire une seconde fois, parce que ces titres existaient ailleurs. Êtes-vous bien résolu maintenant de presser la confirmation de l'arrêt? voilà pourtant ce qui en résulterait contre moi.

ARTICLE XIII.

Toujours M. Duverney qui parle.

« Plus, je m'engage à lui rendre toutes les lettres, « papiers, sollicitations, etc., que la famille royale m'a « faites ou fait faire pour lui, et qu'il appelle ses lettres « de noblesse. »

Vous vous êtes bien gardé, monsieur le comte, de produire au procès ces précieuses sollicitations qui ont fondé l'attachement de M. Duverney pour moi. Vous avez craint qu'on ne vît, dans les recommandations les plus pressantes, la source d'une amitié sur laquelle vous vouliez répandre un nuage funeste à mon existence et à la mémoire de votre bienfaiteur. Mais vous me les rendrez toutes; car j'en ai des copies, et elles ont été inventoriées : une lettre de l'exécuteur testamentaire me l'atteste. Vous aviez intérêt à les taire : vous n'en avez rien dit nulle part; et c'est le seul point de tous vos plaidoyers où vous ayez été conséquent.

Seulement à la page 45 de votre dernier mémoire, lorsque vous voulez établir qu'en 1761 je n'avais pu placer soixante mille livres à dix pour cent sur M. Duverney, vous glissez bien insidieusement une prétendue, phrase d'un de mes billets, daté de juillet 1762, c'est-à-dire d'un an après, où vous me faites écrire ces mots : *Pour sortir du malheur opiniâtre qui me poursuit...* et vous en concluez que je n'avais rien, puisque j'étais si malheureux.

Citateur fidèle, toujours de bonne foi, montrez-le donc aux juges ce billet où j'écrivais les mots que vous citez! ils verront de quelle main respectable est le billet; ils verront de quel endroit il est daté; ils verront qu'il porte cette phrase : *Nous voudrions bien qu'il pût sortir enfin du malheur opiniâtre qui le poursuit*, et non *qui me poursuit !*

Alors se rappelant que mes augustes bienfaitrices savaient bien que M. Duverney s'était obligé de me faire avoir un intérêt dans les vivres de Flandre, et de ne l'avoir pu, qu'il m'avait prêté cinq cent mille livres pour acquérir une charge qu'on m'avait enlevée, et que tous les efforts de la plus puissante protection ne m'avaient servi qu'à me procurer les modiques fonds dont M. Duverney me faisait depuis un an la rente à dix pour cent, ils concluront que ce billet, plein de bonté, de grâce et d'intérêt, ne prouve pas en 1762 que je n'eusse point placé une somme en 1761, mais que beaucoup d'efforts généreux en ma faveur n'avaient eu depuis aucun succès.

Alors, pour échapper un moment au dégoût d'une discussion aussi triste, ils réfléchiront avec moi que, *dans le malheur opiniâtre qui me poursuivait* et m'empêchait de réussir à rien, j'étais pourtant la plus fortunée créature du monde, puisque, d'un côté, ce qu'il y avait de plus grand, de plus vertueux et de plus auguste en France ne dédaignait pas de me recommander en termes aussi pressants à M. Duverney, et que, de l'autre, le plus digne ami avait la bonté de s'affliger de ne pouvoir m'aracher malgré tous ses efforts, *au malheur opiniâtre qui me poursuivait.*

Ainsi toujours pauvre et battu des événements, marchant sans arriver, toujours près d'être riche et ne l'étant jamais, mais ma reconnaissance l'emportant sur mes chagrins, j'étais serein, j'étais gai, tranquille, et, s'il faut l'avouer, bien plus heureux de tant devoir qu'infortuné de ne rien avoir.

Telle a toujours été ma vie. Souvent désolé, mais toujours consolé, je me suis moins affecté de mes pertes qu'occupé de leurs dédommagements.

Aujourd'hui même que je crois avoir éprouvé plus de malheurs qu'il n'en faut pour lasser la patience de douze infortunés, je suis d'un sang-froid qui va jusqu'à donner de l'humeur à mes ennemis. Ils ne me trouvent pas assez à plaindre, parce qu'il me reste encore du courage; ils voudraient me voir les yeux cavés, le visage abattu, l'air bien morne et bien désolé.

Depuis quatre ans, à la vérité, je me suis vu malaisé, maltraité, mal attaqué, mal dénigré, mal jugé, mal dénoncé, mal blâmé, mal assassiné ; j'ai perdu ma fortune et ma santé; tous mes biens sont encore saisis, et je plaide pour les ravoir, ce qui achève le tableau.

Mais enfin, comme il est bien prouvé que tout ce qu'on m'a fait, on me l'a fait tout de travers, cela est-il donc sans ressource? Mes ennemis, pour m'avoir déchiré, m'ont-ils accablé? Le funeste arrêt qui a tenté de me flétrir y est-il donc parvenu? Les brigands qui m'ont poignardé cet automne empêchent-ils que je ne sois au monde? Le comte Falcoz a-t-il bien gagné son indigne procès? Sera-ce un lourd mémoire, une plate épigramme ou une mauvaise chanson qui me mettront au désespoir? N'ai-je aucune espérance de rentrer dans mes possessions? Ne vit-on pas longtemps avec une mauvaise santé? Ne suis-je pas occupé à me pourvoir contre cet arrêt du blâme? Enfin la tourbe de mes ennemis est-elle donc si triomphante? Eh ! messieurs, au lieu de vous dépiter de ce que je ne suis pas plus malheureux, rougissez, en comparant votre sort au mien, de n'être pas plus heureux vous-mêmes !

A mon égard, depuis longtemps je sais bien que vivre c'est combattre; et je m'en désolerais peut-être, si je ne sentais en revanche que combattre c'est vivre.

Ce petit repos vous a-t-il délassé, lecteur? Pour moi, je me sens mieux. Remettons-nous en marche. Le chemin est pénible, escarpé ; mais l'honneur est au bout. Il y a longtemps que ceci n'est plus pour moi un procès d'argent.

ARTICLE XIV.

« Plus, je m'engage à lui faire tenir un de mes grands
« portraits du meilleur maître, pour le don duquel il
« me sollicite depuis longtemps. »

Dans ma première partie j'ai dit, monsieur le comte, que vous aviez été fort étonné qu'un pareil engagement fût entré dans un arrêté ; mais nous avons coulé cet article à fond : la redite en serait inutile.

Rappelez-vous seulement que c'est la première chose que je vous ai demandée dans mes lettres. Je ne serai pas généreux sur cet article, je vous en avertis. Ce portrait si longtemps promis est celui d'un homme à qui je dois bien plus que de l'argent; je lui dois le bien inestimable de savoir m'en passer, et d'être heureux. Il m'apprit à regarder l'argent comme un moyen, et jamais comme un but. C'était un grand mot qu'il disait là.

Il n'est plus, cet ami généreux, cet homme d'État, ce philosophe aimable, ce père de la noblesse indigente, le bienfaiteur du comte de la Blache et mon maître! Mais j'avoue que le plaisir d'avoir reconquis son portrait, mesuré sur le chagrin de sa longue privation, sera l'un des plus vifs que je puisse éprouver. Telle est l'inscription que je veux mettre au bas :

« *Portrait de M. Duverney promis* longtemps par lui-« même, *exigé* par écrit de son vivant; *disputé* par son « légataire après sa mort; *obtenu* par sentence des re-« quêtes de l'hôtel; *rayé* de mes possessions par juge-« ment d'un autre tribunal; *rendu* à mon espoir par « arrêt du conseil du roi; définitivement *adjugé* par « arrêt du parlement de..., à son disciple Beaumar-« chais, etc. »

C'est ainsi que, depuis la satisfaction des besoins les plus matériels jusqu'aux plus délicates voluptés d'une âme sensible, tout me paraît fondé sur le sublime et consolant principe de la compensation des maux par les biens.

Ce portrait de M. Duverney renouvelle en moi le souvenir vif et pressant de ce grand citoyen; et le cabinet d'un particulier me paraît un lieu trop obscur pour qu'il y soit placé dignement. Il a trop mérité de la patrie en fondant une éducation convenable à tous les fils de nos défenseurs, il a trop mérité de son siècle en le rendant rival de celui qui assura la retraite à ces mêmes défenseurs, pour qu'on ne lui assigne pas une place très-honorable.

Il manque à l'École Militaire un mausolée de ce grand homme. On l'avait forcé de laisser prendre en marbre un buste de lui pour ce digne emploi. Le comte de la Blache, à sa mort, a refusé ce buste à l'École Militaire.

Puisse-t-il, arraché à l'avarice, y être placé par mes mains, avec cette inscription : *Élevé par la reconnaissance à l'ami de la patrie.* Et c'est à quoi seront employés tous les dommages et intérêts auxquels une poursuite injurieuse me donne un droit incontestable. J'en indique exprès l'usage, afin qu'on ne les épargne pas. Hors cet emploi de prédilection, ils appartenaient aux pauvres. Mais la charité n'est qu'une vertu; la reconnaissance est un devoir, elle aura la préférence.

ARTICLE XV.

Toujours M. Duverney.

« J'exige de son amitié qu'il brûle toute notre cor-« respondance secrète, comme je viens de le faire de « mon côté, afin qu'il ne reste aucun vestige du passé; « et j'exige de son honneur qu'il garde toute sa vie le « plus profond secret sur ce qui me regarde, dont il a « eu connaissance. »

Cet article est la preuve que ce n'est pas moi qui me suis réservé la liberté de brûler des lettres et des pièces importantes, comme mon adversaire l'a plaidé, mais qu'on l'a exigé de mon *amitié*, de mon *honneur*, et qu'on m'a fait exprès cette loi dans un acte qui pouvait devenir public un jour, afin que la publicité même de la défense me punît de ma lâche infidélité par le déshonneur, si jamais je m'en rendais coupable; et c'est le motif que M. Duverney m'a donné lui-même de la volonté obstinée qu'il a mise à faire insérer cet article dans l'acte.

Quant à ce qui me regarde, ai-je mis le moindre mystère aux objets de notre compte? Ils ne pèchent que par trop de clarté, de prolixité, puisque leur étendue seule a fourni le prétexte à mon adversaire de les commenter, expliquer et travailler à sa manière : de sorte que dans ses écrits on trouve toujours, pour le résultat de sa logique, que je suis un fripon, un sot; son bienfaiteur, un imbécile; l'acte, une ineptie d'un bout à l'autre; lui, comte Falcoz, un adversaire très-modéré, très-équitable; et maîtres tels et tels, de grands orateurs. *Plaudite manibus.*

ARTICLE XVI.

« Et moi, Caron de Beaumarchais, aux clauses et con-« ditions ci-dessus énoncées, je promets et m'engage « de remettre, *demain pour tout délai,* à mondit sieur « Duverney, les pièces essentielles qui lui manquent « sous les nos 5, 9 et 62. Plus, le traité de société entre « nous sur les bois de Touraine, que je résilie, uni-« quement par respect pour le désir qu'il en a, dans « un moment où j'aurais le plus besoin d'appui dans « cette affaire; et quoiqu'il m'eût été bien plus avanta-« geux que mondit sieur prît pour son compte tout le « tiers d'intérêt que nous y avons en commun, comme « je l'en sollicite depuis longtemps. Je refuse les huit « mille livres de l'intérêt des soixante-quinze mille li-« vres avancées : mais j'accepte le prêt de soixante-« quinze mille livres comme une condition rigoureuse « de la résiliation, et sans laquelle elle n'aurait pas « lieu, et au défaut duquel prêt le traité reprendrait « toute sa force. Ainsi, pour la juste balance de notre « compte, je réduis ma créance sur mondit sieur Du-« verney à la somme de quinze mille livres, lesquelles « payées, le contrat à quatre pour cent, les lettres, pa-« piers, reçus, billets remis, et le prêt de soixante-« quinze mille livres effectué, je reconnais mondit sieur « Duverney quitte de tout envers moi. Et pour tous les « articles de cet arrêté *fait double* entre nous, nous « donnons à cet écrit sous seings-privés toute la force « qu'il aurait par-devant notaires, avec promesse d'en « passer acte à la première réquisition de l'un de nous. « A Paris, le 1er avril 1770. Signé : *Pâris Duverney* et « *Caron de Beaumarchais.* »

Ce dernier article, le plus long de tous, fait la clôture de notre acte : mais, quelque net qu'il paraisse, il n'a pu échapper à la censure de mon adversaire. Il prétend d'abord que je m'y donne les airs d'un homme qui récompense les complaisances de son inférieur par un modique présent de huit mille livres. C'est ainsi qu'il qualifie le refus que je fais des huit mille francs d'intérêts des soixante-quinze mille livres *que j'avais avancées* pour M. Duverney. On reconnaît partout votre manière équitable de présenter les objets : toujours le même, monsieur le comte, toujours.

Mais puisque l'affaire des bois me devient personnelle, puisqu'on me fournit les moyens de la continuer avec avantage, et que les fonds que j'y ai faits restent pour mon compte, ne serait-il pas injuste à moi d'en percevoir les intérêts? Je refuse modestement la générosité qu'on a voulu m'en faire; et vous donnez à cet acte de justice un nom odieux! Que serait-ce donc si je l'avais acceptée? Ma société devant me payer un jour ces huit mille livres d'intérêts, j'en aurais reçu seize au lieu de huit pour l'intérêt de soixante-quinze mille livres; et c'est alors que j'aurais fait un double emploi malhonnête.

Ainsi vous trouvez dans l'acte des doubles emplois partout où il n'y en a point, et vous me reprochez de n'en avoir pas fait un au seul endroit où il serait certainement, si j'avais pensé comme vous en réglant mes comptes.

De quelque façon que je m'y prenne, on voit que je n'aurais jamais raison avec un adversaire aussi cauteleux; son système est de me tendre des pièges sur toutes les phrases de cet acte. « Vous m'imposez (a-t-il imprimé quelque part) la peine de renouer la société pour les bois, si je ne vous prête pas soixante-quinze mille livres. Mais pour reprendre cette société, il faudrait que le traité en existât : vous l'avez résilié, biffé, annulé; vous l'avez rendu, et tout est consommé à cet égard. Puisque de reprendre l'engagement de cette société était la seule peine prononcée par vous-même contre le défaut de fournissement des soixante-quinze mille livres et que vous ne pouvez me forcer de reprendre les engagements d'un traité inconnu qui n'existe plus, je ne suis tenu de faire ni l'un ni l'autre. »

N'est-ce pas là, monsieur le comte, votre raisonnement dans toute sa splendeur? Je n'ai pas cherché à l'affaiblir en le rapportant. Voyons si ma réponse aura quelque mérite à vos yeux; c'est à votre bienfaiteur que je l'adresse.

Entendez-moi, monsieur Duverney, je vous en conjure.

Par notre arrêté de compte, vous avez exigé que je vous remisse *le lendemain, pour tout délai*, le traité de société résilié et biffé; je l'ai fait par déférence. Vous ne vous êtes réservé dans notre acte aucune option sur le prêt, puisque vous en avez fait l'indemnité de la résiliation d'une société qu'il vous importait d'éteindre. Moi seul, en acceptant le fournissement de soixante-quinze mille livres, je m'étais réservé le droit de vous forcer à reprendre cette société, en cas que je ne pusse arracher de vous le prêt d'argent qui était le prix de la dissolution. Mais, après avoir fait votre choix, après m'avoir ôté des mains le traité résilié, vous croyez-vous en droit, pour me ruiner, de revenir à choisir, entre deux obligations, la seule que vous avez rendue impraticable? Au défaut de celle-ci, l'obligation du prêt ne demeure-t-elle pas dans toute sa force?

Pour être conséquent, je vais donc vous poursuivre pour le fournissement de l'argent convenu, et si tous vos biens ne sont pas suffisants pour le remplir, alors seulement je conviendrai que j'ai eu tort de vous rendre un traité biffé, par lequel, en vertu de l'alternative que je m'étais réservée, je vous forcerais aujourd'hui de supporter tout le poids d'une affaire dont vous vous êtes allégé à mes dépens.

Tant que vous avez vécu, monsieur, je n'ai pas eu besoin d'employer ce langage sec et rigoureux : vous étiez juste, grand, généreux; mais vous n'existez plus malheureusement, et vos représentants n'ont hérité que de vos biens.

J'ai dit plus haut que, de quelque façon que je m'y prisse, je n'aurais jamais raison avec un adversaire aussi cauteleux que le mien. Je vais plus loin : il m'était impossible d'éviter de plaider avec lui. Par son humeur pour une demande de quinze mille francs, jugez quelle eût été sa rage contre moi, si l'arrêté de compte qu'il rejette n'avait pas été fait du vivant de M. Duverney? Aux prétentions du comte de la Blache j'opposerais :

Trois quittances valant.	47,500 liv.
Un contrat en brevet de.	60,000
Les arrérages à dix pour cent depuis 1762 jusqu'en 1770.	46,500
Un traité de société, dont les fonds à rembourser.	75,000
L'intérêt porté à.	8,000
Total.	237,000 liv.

Réduirait-il alors mes débets à cinquante-six mille livres? Au contraire, il serait bien désolé de ne pouvoir pas m'opposer pour plus de cent trente-neuf mille francs de titres.

Or, cette somme défalquée de deux cent trente-sept mille livres me laisserait aujourd'hui créancier, et créancier rigoureux, de quatre-vingt-dix-huit mille francs: ou j'aurais sur lui une rente viagère de six mille livres, et il serait chargé seul du poids des fonds, et de l'embarras de suivre l'affaire des bois de Touraine.

Et si j'avais été l'homme infâme pour lequel le comte de la Blache voudrait bien me donner, à cette créance légitime de quatre-vingt-dix-huit mille livres j'aurais pu joindre la créance abusive de cent soixante mille francs de billets au porteur. Le comte Falcoz aurait beau crier aujourd'hui, gémir, imprimer que je suis un monstre, il faudrait acquiter ces billets, et, au lieu de quinze mille francs, me payer deux cent cinquante-huit mille livres.

Je ne rougis point d'avoir eu des obligations à M. Duverney; et le seul bien de cette odieuse affaire est de m'avoir fourni l'occasion d'en publier ma reconnaissance; mais je me glorifie d'avoir été assez heureux pour lui rendre à mon tour de très-grands services. J'ai passé ma vie à faire du bien au delà de mes moyens, et à mériter la réputation d'homme juste, qui m'est aujourd'hui contestée; et depuis quatre ans le comte de la Blache m'a outragé de toutes les manières possibles pour une misérable somme de quinze mille livres.

L'humeur me gagne; il est temps de m'arrêter. Je crois avoir prouvé que les trois pièces sous les n°s 5, 9 et 62 sont des objets étrangers à mon compte; qu'elles ne sont point des titres à argent; et que, si je ne les avais pas rendues, j'aurais dû les brûler. Je crois avoir solidement établi que la remise des cent soixante mille francs de billets au porteur, avant d'entamer le compte, est un traité d'équité de ma part qui reflète avantageusement sur tout le reste de l'acte; ou sous un autre point de vue, une preuve incontestable que chacun y veillait à ses intérêts. Je crois avoir prouvé que je ne devais, au total, à M. Duverney, que cent trente-neuf mille francs; que je les ai bien payés; que les quinze mille francs qui me sont dus par le résultat ne peuvent m'être contestés; que le fournissement des soixante-quinze mille livres doit être effectué sans délai, aux termes de l'acte; et, que loin que les intérêts du comte de la Blache se trouvent lésés par cet arrêté de compte, il doit à ma seule équité de n'avoir point à remplir envers moi des engagements immenses; qu'indépendamment de l'injustice de ses prétentions au fond, la forme de l'arrêt qui lui a donné gain de cause est vicieuse de tout point, et que cet arrêt ne saurait subsister.

Mais quand on se rappellera, monsieur le comte, tout ce que j'ai fait pendant six mois pour ne point avoir de procès avec l'héritier de mon bienfaiteur, quand on verra mes lettres remplies d'égards, vos réponses pleines de hauteur!

Quand on se rappellera le dépôt volontaire de mon acte chez Mᵉ Mommet, notaire; l'invitation réitérée que je vous ai faite d'y amener les amis et les commis de M. Duverney, qui tous vous ont blâmé de m'intenter cet indigne procès!

Quand on se rappellera l'honnêteté de mes propositions à votre conseil assemblé, l'offre que j'ai faite de les prendre pour arbitres, quoique vos amis; et celle de leur envoyer mon blanc-seing!

Lorsqu'on se rappellera comment votre avocat d'alors m'a longuement injurié pour de l'argent dans ses plaidoyers et mémoires; comment vous m'avez ensuite accusé d'avoir fabriqué de fausses lettres de Mesdames, afin qu'on en induisît que j'avais bien pu fabriquer un faux acte; et comment vous joignant enfin au rapporteur Goëzman pour me déchirer, vous lui avez écrit de *Paris* (que vous nommiez *Grenoble*) que j'étais *le calomniateur le plus atroce, un monstre achevé, un serpent rongeur de limes, une espèce venimeuse dont il fallait purger la société par la voie du bourreau!*...

Malheureux prophète! il s'en est peu fallu que je n'aie été la victime de vos affreux pronostics. Et quand vous faisiez la prédiction, on sait ce que vous tentiez pour en assurer l'accomplissement! Premier auteur de tous mes maux, vous ne fûtes étranger à aucun d'eux! Dans cette longue carrière de douleurs, vous m'avez toujours poursuivi l'intrigue à la main, la haine au cœur et l'injure à la bouche!

Huit jours avant l'arrêt (cet horrible arrêt qui pourtant ne m'a rien ôté), l'on vous a vu triompher tout haut du sort qu'on me destinait au Palais, et que vous espériez voir encore plus funeste! Homme injuste, vous avez été trompé! mais vous l'eussiez été de même en tout autre cas. Je ne suis pas aussi sage que Socrate, ai-je dit alors bien des fois à mes juges; mais avec son innocence j'aurai sa fermeté, j'irai jusqu'à la ciguë, et je la boirai. Et il n'y a point ici de roman : vous savez si je l'aurais bue. O vous que je m'abstiens de désigner autrement, auguste protecteur! vous à qui mon cœur oserait donner un nom plus tendre, s'il pouvait s'allier avec le plus profond respect, vous savez si je l'aurais bue!

Lorsque, après m'avoir fait chercher partout, la veille de cet affreux jugement, vous me dîtes avec un noble et tendre intérêt, qui fit tressaillir mon âme de plaisir : « N'allez pas demain au Palais, mon enfant, je tremble pour vous : si les bruits se réalisaient, si les résolutions étaient funestes, on vous ferait passer de l'interrogatoire au cachot... N'allez pas demain au Palais. »

Non, monseigneur, mes ennemis ne me reprocheront point de n'avoir montré qu'un faux courage : il me reste un interrogatoire à subir avant le jugement; c'est mon devoir, il faut l'accomplir. J'irai demain au Palais. Et quant aux dangers que vous craignez pour moi daignez m'entendre.

Je ne sais pas encore jusqu'à quel point une âme humaine peut s'exalter dans le malheur; il sera temps alors de s'en occuper : mais soyez sûr que le bras infâme ne souillera point un homme que vous avez honoré de votre estime. On excuse un infortuné...

Le lendemain matin j'étais sous les terribles voûtes à cinq heures, avant l'ouverture des portes. Mais seul, à pied, traversant dans l'obscurité ce pont si bruyant qui mène au Palais, frappé du silence et du calme universel qui me faisait distinguer le bruit de la rivière, je disais en perçant le brouillard : Quel sort bizarre est le mien! Tous mes amis, tous mes concitoyens sont livrés au repos; et moi je vais peut-être au-devant de l'infamie ou de la mort. Tout dort en cette grande ville; et peut-être je ne me coucherai plus!

La douleur m'emporte, il faut achever.

Bientôt on ouvrit le Palais. Je les vis tous arriver en robe et monter en silence au tribunal. Chacun en passant jetait un coup d'œil sur la victime; et moi je comptais les sacrificateurs. Voilà donc ceux, disais-je, qui vont me condamner!

Je fus longtemps interrogé. Ma tranquille fermeté fit peut-être penser que mon danger m'échappait, et que la précaution de m'arrêter prisonnier était inutile; et j'ai su depuis qu'un honnête homme des sous-ordres, qui me connaissait bien, ne cessait de répéter en soupirant : Eh! messieurs, vous l'aurez tant que vous voudrez; je réponds bien que celui-ci ne s'enfuira pas.

Je sortis de la grand'chambre à huit heures, exténué, mourant de froid. J'entrai chez une de mes sœurs, logée à quatre pas. « Je suis bien fatigué, lui dis-je, et je ne veux pas m'éloigner du Palais. Ils ont beaucoup à lire avant d'opiner. Fais-moi donner un lit, chère sœur : un peu de repos me rafraîchira la tête, et j'en ai grand besoin. »

Je ne voulais que me reposer ; je tombai dans un sommeil léthargique.

Ce secours hospitalier, cet oubli momentané de mes maux, me fut très-utile en ce qu'il remplit une partie de l'horrible journée à la fin de laquelle... On sait le jugement. Mais ce qu'on ne sait pas, c'est que, pendant que tous mes amis se désolaient sur mon sort, jamais particulier ne fut honoré d'une bienveillance plus auguste, et ne reçut des témoignages plus généreux et plus flatteurs de l'estime publique ; enfin, jamais infortuné ne goûta de joie aussi pure que la mienne ; et je disais, en me recueillant le soir sur des contrastes aussi étranges :

O vous qui, chargés du pouvoir momentané d'infliger des peines, avez prononcé sur moi une peine d'opinion, sans avoir égard à l'opinion qu'on aurait de votre jugemedt, voyez mon sort et comparez !

C'est alors que mon repos fut doux. J'avais passé la nuit précédente à mettre ordre à mes affaires, dont la plus importante à mes yeux fut de partager les débris de ma fortune entre mes parents, sous la condition expresse de suivre le procès que je défends aujourd'hui jusqu'à extinction d'argent et de chaleur. L'autre affaire honorait ma mémoire, et celle-ci restée en suspens pouvait la dégrader : aussi l'exhérédation était-elle la moindre peine que je prononçais contre le lâche ami qui m'abandonnerait en ce point ; autant qu'il était en moi, je le vouais à l'indignation publique.

Il sera suivi, ce procès ! grâces au ciel, je suis vivant, quand depuis ce moment j'ai dû deux fois être mort. Tous les jurisconsultes disent que l'arrêt sera cassé. J'en accepte l'augure avec reconnaissance ; et je sens dans mon cœur qu'il doit l'être. N'ai-je pas assez payé ma dette à l'infortune, et n'est-il pas temps que le malheur finisse ?

Et cependant l'auteur connu de tant de maux, qui me provoque encore à prendre la plume, finit son dernier mémoire en disant, le plus dédaigneusement qu'il peut, que *le seul parti qui lui convienne est de mépriser mes défenses*, qu'il appelle des *mauvais propos*.

Tout ce qu'il vous plaira, monsieur le comte. Armez-vous d'un ton bien supérieur ! masquez bien votre avarice ! affectez le plus grand dédain ! j'y consens : bien assuré que si quelqu'un vous pardonne un jour de m'avoir méprisé, jamais personne au moins ne me méprisera pour vous avoir pardonné.

Caron de Beaumarchais.

SUITE DE LA CONSULTATION.

« Considérant que le sieur de Beaumarchais, injurié, calomnié, diffamé de la manière la plus outrageante, par un mémoire rendu public à la veille du jugement, s'est vu dans la nécessité de se justifier des inculpations graves qui lui ont été faites, et qui exigeaient une réponse énergique, et capable de détruire l'impression que laisse toujours la calomnie dans l'esprit de ceux qui ne jugent que par le ton d'assurance ou la hardiesse des assertions ;

« Que sa réponse est une défense de droit naturel, qui ne peut jamais être interdite à un citoyen aussi grièvement offensé ; qu'en l'examinant avec attention on voit qu'aucun des faits qu'elle contient n'est étranger à la question débattue ;

« Que cette justification est la plus claire et la plus forte qu'un homme attaqué dans son honneur puisse donner de sa conduite ; qu'elle contient une analyse de l'acte du 1er avril 1870, et un historique des antécédents, tellement propres au sieur de Beaumarchais, qu'aucun autre que lui n'eût pu les mettre dans un jour si lumineux ;

« Que si cette défense eût dû gagner quelque chose à être refondue dans le style de Me Duparc, elle eût pu y perdre ce caractère de vérité qui prévient et qui touche en faveur d'un homme offensé qui se défend lui-même ;

« Nous estimons qu'elle aurait dû être adoptée par le défenseur du sieur de Beaumarchais ; puisqu'il doit être convaincu de la pureté de la conduite de son client, et pénétré de la justice de sa demande en cassation de l'arrêt du 6 avril 1773 ; que l'adoption que Me Duparc en aurait faite eût autant honoré la sensibilité de l'avocat, que la justification honore les lumières et la probité du client.

« Il est donc très-malheureux pour le sieur de Beaumarchais qu'une pareille défense ne puisse être produite sous la forme d'un mémoire signifié, mais ne pouvant lui en fournir les moyens contre le vœu prétendu de tant de règlements intérieurs du corps des avocats aux conseils, nous nous bornons à l'inviter de moins s'occuper du ressentiment que lui causent les refus de son défenseur, que d'instruire ses juges et le public de la nature des obstacles qu'il trouve à publier une justification aussi intéressante pour lui.

« Nous estimons enfin que le sieur de Beaumarchais peut et doit produire la présente consultation, non comme pièce d'une instance au conseil du roi, mais comme l'avis d'un jurisconsulte sur la question qui lui est proposée par le sieur de Beaumarchais, dont les malheurs, le courage et la position pressante doivent intéresser tous les honnêtes gens [1].

« Délibéré à Paris, le 12 janvier 1775, par nous avocat au parlement.

« *Signé*: Ader. »

---

[1] Cette courte consultation, que nous laissons subsister lorsque nous supprimons toutes les autres, sert à faire connaître avec quelle activité et quel acharnement le comte de la Blache cherchait à empêcher Beaumarchais de produire ses défenses, et l'intelligence non moins active que Beaumarchais opposait aux ruses de ce comte.

Nous venons de voir ce dernier faire enlever de chez l'imprimeur, par des ordres invisibles, c'est-à-dire supposés, le mémoire de son adverse partie, et lui faire alléguer les règlements intérieurs les plus étranges, afin qu'aucun avocat au conseil ne signât un mémoire qui le foudroyait ; en sorte que Beaumarchais ne put faire paraître son mémoire qu'en l'enclavant en quelque sorte dans cette consultation d'un avocat au parlement, comme si elle en eût été le sujet ou la partie intégrante.

Mais quand Beaumarchais, muni de cette consultation, eut obtenu la cassation de l'arrêt qui lui avait fait perdre au parlement de 1771 le procès qu'il avait gagné en première instance aux requêtes de l'hôtel, et que le conseil eut renvoyé l'affaire au parlement d'Aix, le comte se hâta de s'y rendre, répandit un nouveau mémoire, et tenta de le faire signer à tous les avocats de cette ville, afin que Beaumarchais ne pût produire aucune défense, faute d'une signature.

Les avocats d'Aix devinèrent cette manœuvre, et plusieurs eurent l'honnêteté de refuser leur signature au comte, en lui disant qu'il était juste que son adverse partie, en arrivant à Aix, y pût trouver quelque défenseur.

Il arriva bientôt, et publia les deux mémoires qui vont suivre, intitulés *Réponse ingénue*, et *le Tartare à la Légion*. Ces deux mémoires lui firent gagner sa cause tout d'une voix.

COMPTE DÉFINITIF

ENTRE

MM. DUVERNEY ET CARON DE BEAUMARCHAIS

Nous soussignés Pâris Duverney, conseiller d'État et intendant de l'École royale Militaire, et Caron de Beaumarchais, secrétaire du roi, sommes convenus et d'accord de ce qui suit :

ART. 1er. Les comptes respectifs que nous avons à régler ensemble depuis longtemps, bien examinés, débattus et constatés, moi Duverney, je reconnais que toutes les pièces justificatives de l'emploi de divers fonds à moi, qui ont passé par les mains de mondit sieur de Beaumarchais, sont claires et bonnes. Je reconnais qu'il m'a remis aujourd'hui tous les titres, papiers, comptes, reçus, missives relatives à ces fonds, et je le tiens quitte de tout à cet égard envers moi, à l'exception des pièces importantes sous les nos 5, 9 et 62, qui manquent à la liasse, et qu'il s'oblige de me rendre en mains propres le plus tôt qu'il pourra, et, en cas d'impossibilité, de les brûler sitôt qu'il les aura recouvrées.

2. Je reconnais qu'il m'a aujourd'hui remis tous mes billets au porteur, montant ensemble à la somme de cent soixante mille livres, dont il n'a fait qu'un usage discret, duquel je suis content.

3. Distraction faite des fonds ci-dessus avec les sommes que j'ai personnellement prêtées à mondit sieur de Beaumarchais, soit sans reçus, soit avec reçus ou billets faits à moi ou à un tiers pour moi, je vois qu'il me doit, y compris le contrat à quatre pour cent, passé chez Devoulges (des payements faits à la veuve Panetier et à l'abbé Hémar, pour l'acquisition de sa charge de secrétaire du roi, que j'ai de lui, et tous les arréages dudit contrat jusqu'à ce jour, la somme de cent trente-neuf mille livres, SUR QUOI;

4. Je reconnais et reçois ma quittance du 27 août 1764, de la somme de vingt mille francs que je lui avais remis sur son billet au porteur, en date du 19 août précédent, et qu'il m'a rendus sans en avoir fait usage ; lequel billet au porteur s'est égaré dans mes papiers alors, sans que je sache ce qu'il est devenu, mais que je m'engage de lui rendre, ou indemnité en cas de présentation au payement.

Plus, je reconnais ma quittance du 16 juillet 1765, de dix-huit mille francs; plus, celle de neuf mille cinq cents livres du 14 août 1766.

5. Plus, je reçois en payement la défalcation de la rente annuelle viagère de six mille livres que j'ai dû lui fournir, aux termes de notre contrat en brevet, passé chez Devoulges le 8 juillet 1761, lesquels arréages n'ont été fournis que jusqu'en juillet 1762 (à cause de plus fortes sommes que je lui ai prêtées alors), et qui se montent aujourd'hui à quarante-six mille cinq cents livres.

6. Plus, je me reconnais débiteur de mondit sieur de Beaumarchais, de la somme de soixante-quinze mille livres pour les fonds qu'il a mis dans l'affaire des bois de la haute forêt de Chinon, où il est intéressé pour un tiers dans lequel je me suis associé avec lui pour les trois quarts, avec engagement de faire ses fonds et les miens aux termes de notre traité de société du 16 avril 1767, lesquels fonds je n'ai point faits, mais bien lui.

7. Plus, je me reconnais son débiteur de la somme de huit mille livres pour les intérêts desdites soixante-quinze mille livres, ainsi que je conviens de les porter.

8. Plus, comme j'exige qu'il me rende la grosse du contrat de six mille livres viagères qu'il a de moi, quoiqu'il ne dût me les remettre que dans le cas où je ferais quelque chose pour lui (ce que je n'ai pu), et que j'en reçois le fonds en quittance de la somme de soixante mille francs, aux termes dudit contrat, il résulte que mondit sieur de Beaumarchais m'a payé deux cent trente-sept mille livres, ce qui passe sa dette de quatre-vingt-dix-huit mille francs.

9. Pour remettre de la balance dans notre compte, j'exige de son amitié qu'il résilie notre traité des bois de Touraine. Par ce moyen, le tiers que nous y avons en commun lui restant entier, les soixante-quinze mille livres qu'il a faites pour nous deux dans l'affaire lui deviennent propres ; et il ne sera dans le cas d'essuyer jamais aucune discussion ni procès de la part de mes héritiers; ce qui ne manquerait pas de lui arriver s'ils me succédaient un jour dans cette association, comme le porte l'art. IV de notre traité de société; mais, pour le dédommager de l'appui qu'il perd aujourd'hui, pour la suite d'une affaire dans laquelle je l'ai engagé, et qui devient lourde et dangereuse, je lui tiens compte des huit mille livres convenues pour l'intérêt des soixante-quinze mille livres qui ont dû courir jusqu'à ce jour pour mon compte, et je promets et m'engage de lui fournir en forme de prêt, d'ici à la fin de la présente année, la même somme de soixante-quinze mille livres pour l'aider à faire les nouveaux fonds que l'affaire exige, desquelles soixante-quinze mille livres je ne recevrai point d'intérêt pendant huit ans (que peut durer encore l'entreprise), du jour du prêt, lequel terme expiré, ils me seront remboursés par lui, ou, en cas de mort, à mon neveu Pâris de Mézieux, son ami, que j'en gratifie : et si mondit sieur de Beaumarchais aime mieux alors en passer contrat de constitution à quatre pour cent que de rembourser, il en sera le maître.

10. Et pour faire la balance juste de notre compte, je me reconnais son débiteur de la somme de vingt-trois mille livres, que je lui payerai à sa volonté, sans qu'il soit besoin d'autre titre que le présent engagement.

11. Au moyen desquelles clauses ci-dessus énoncées, remise, par mondit sieur de Beaumarchais, des titres, papiers, reçus, billets au porteur, grosse du contrat de six mille livres de rente viagère, résiliation du traité sur les bois, reconnaissance de mes quittances, arrêté de compte, etc., *je reconnais* mondit sieur de Beaumarchais *quitte de tout envers moi.*

12. Je promets et m'engage de lui remettre à sa première réquisition la grosse en parchemin du contrat, à quatre pour cent, de sa charge de secrétaire du roi, comme m'ayant été remboursée, avec tous les arréages jusqu'à ce jour. Plus, je m'engage de lui remettre tous ses reçus, billets, missives, etc., de toutes les sommes qu'il a touchées de moi, par moi, ou par un tiers pour moi, sous quelques formes que ces reconnaissances se trouvent, soit dans sa dette personnelle, soit pour les fonds qu'il a touchés pour d'autres affaires, et notamment son billet au porteur, du 19 août 1764, de vingt mille livres, qui s'est égaré dans mes papiers.

13. Plus, je m'engage à lui rendre toutes les lettres, papiers, sollicitations, etc., que la famille royale m'a faites ou fait faire pour lui, et qu'il appelle ses lettres de noblesse.

14. Plus je m'engage de lui faire tenir un de mes grands portraits du meilleur maître, pour le don duquel il me sollicite depuis longtemps.

15. J'exige de son amitié qu'il brûle toute notre correspondance secrète, comme je viens de le faire de mon côté, afin qu'il ne reste aucun vestige du passé, et j'exige de son honneur qu'il garde toute sa vie le plus profond secret sur ce qui me regarde, dont il a eu connaissance.

16. Et moi, Caron de Beaumarchais, aux clauses et conditions ci-dessus énoncées, je promets et m'engage de remettre, demain pour tout délai, à mondit sieur Duverney, les pièces essentielles qui lui manquent sous les nos 5, 9 et 62. Plus, le

traité de société entre nous sur les bois de Touraine, que je résilie uniquement par respect pour le désir qu'il en a, dans un moment où j'aurais le plus besoin d'appui dans cette affaire; et quoiqu'il m'eût été bien plus avantageux que mondit sieur prît pour son compte tout le tiers d'intérêt que nous y avons eu en commun, comme je l'en sollicite depuis longtemps, je refuse les huit mille livres de l'intérêt des soixante-quinze mille livres avancées; mais j'accepte le prêt des soixante-quinze mille livres comme une condition rigoureuse de la résiliation, et sans laquelle elle n'aurait pas lieu, et au défaut duquel prêt le traité reprendrait toute sa force. Ainsi, pour la juste balance de notre compte, je réduis ma créance sur mondit sieur Duverney à la somme de quinze mille livres; lesquelles payées, le contrat de quatre pour cent, les lettres, papiers, reçus, billets, remis, et le prêt de soixante-quinze mille livres effectué, je reconnais mondit sieur Duverney quitte de tous envers moi. Et pour tous les articles de cet arrêté, fait double entre nous, nous donnons à cet écrit sous seings-privés toute la force qu'il aurait par-devant notaires; nous promettant d'en passer acte à la première réquisition de l'un de nous.

À Paris, le *premier avril* 1770, *Pâris Duverney* et Caron de Beaumarchais.

Au-dessus est écrit : Contrôlé à Paris, le 7 janvier 1771 ; reçu soixante-seize livres seize sous.

Signé : LANGLOIS.

Nota.—Les mots en caractères italiques sont de la main de M. Duverney.

TABLEAU SUCCINCT DU COMPTE RAISONNÉ DES AUTRES PARTS.

DOIT M. DE BEAUMARCHAIS A M. DUVERNEY, LA SOMME DE 139,000 LIVRES.		DOIT M. DUVERNEY A M. DE BEAUMARCHAIS, LA SOMME DE 98,000 LIVRES.	
Pour payer............	139.000 l.	Pour le payement, M. Duverney abandonne à M. de Beaumarchais le tiers d'intérêt qu'ils ont dans les bois de Touraine ; par là il s'acquitte envers lui des fonds avancés, ci............ 75.000	
M. de Beaumarchais fournit la quittance du 27 août 1761, de.. 20.000 l.			
Idem du 16 juillet 1763, de... 18.000			
Idem du 14 août 1766, de.... 9.500			
Les arrérages non payés de la rente viagère de 6,000 l. depuis juillet 1762 jusqu'en avril 1770.. 46.500	237.000		98.000
La mise d'argent dans l'affaire des bois de Touraine, dont M. Duverney devait faire les fonds... 75.000		M. de Beaumarchais refuse les 8,000 l. d'intérêt de ces fonds ; M. Duverney se trouve encore acquitté de............ 8.000	
L'intérêt de cette somme porté à............ 8.000		Par l'écrit fait double des autres parts, M. Duverney doit payer, à la volonté de M. de Beaumarchais, la somme de... 15.000	
Le fonds du contrat de 6.000 l. de rente viagère que M. Duverney rachète, pour son capital.. 60.000			
Total des payements faits par M. de Beaumarchais...... 237.000		Total des payements de M. Duverney............ 98.000 l.	
Au moyen de ces payements, M. Duverney se trouve débiteur de M. de Beaumarchais de la somme de............	98.000 l.	Au moyen de ces payements, M. Duverney se trouve quitte envers M. de Beaumarchais. Balance............	98.000 l.

ERRATA

Ce mémoire, examiné de sang-froid, est plein de fautes, et sent partout l'ardeur et la précipitation. Je crois qu'il serait beaucoup meilleur à recommencer qu'à corriger ; cependant on ne doit pas y laisser subsister des choses exagérées, plates ou mal dites, ou qui peuvent offenser quelqu'un. C'est déjà trop pour moi que d'être forcé par le comte de la Blache à lui dire des vérités un peu dures.

Page 358, ligne 13, au lieu de *fonds placés à trente pour cent dans les livres de rentes*. On m'a fait observer que le comte de la Blache, qui en aura bien davantage un jour, ne les a pas encore tout à fait. Eh ! mon Dieu, je les lui souhaite ; puisse-t-il bientôt les avoir, et des millions par-delà ! et qu'il me laisse tranquille ! mettez ces mots, *plus avantageusement*. De fort honnêtes gens m'ont prouvé que ce bénéfice était non-seulement impossible, mais d'une exagération peu honnête sur une affaire que M. Duverney a conduite aussi longtemps. Mon excuse est simple : je n'aurais pas mieux demandé que de savoir par moi-même ce qui en était. M. Duverney n'a pu me faire entrer dans la compagnie ; je suis tout platement un ignorant de ses gains, et point du tout un critique de ses bénéfices.

Page 374, *et ce riche légataire jouit à présent de plus de deux cent mille livres de rentes*. On m'a fait observer que le comte de la Blache, qui en aura bien davantage un jour, ne les a pas encore tout à fait. Eh ! mon Dieu, je les lui souhaite ; puisse-t-il bientôt les avoir, et des millions par-delà ! et qu'il me laisse tranquille !

Page 374, *et il aurait douze mille livres de rente de plus*, etc., mettez *cinq* au lieu de *douze*. Je sais positivement aujourd'hui que le contrat qu'il voulait faire passer de la tête de la marquise sa mère sur la sienne n'est que de cinq mille ou cinq mille cent livres de rente : cela ne rend pas le procédé du fils plus honnête, mais cela rend la citation de l'écrivain plus exacte, et si c'est moins bien pour lui, c'est mieux pour moi.

Page 582, au lieu de *vos représentants*, mettez *votre représentant*. En effet, le reste de la famille de M. Duverney représente honorablement sa personne ; et le comte de la Blache, dans le cas dont il s'agit, ne représente que sa fortune.

Page 366, ligne 10, quelques gens de goût disent qu'il n'aiment point *cordialement*. Je ne l'aime guère plus qu'eux ; ôter *cordialement*.

Page 560, ligne 30, d'autres n'aiment point *mouiller de sueur*, etc. Ils disent que cette affectation est collégiale. Je ne l'aime ni le hais ; cette phrase fut faite avec moins de prétention que de précipitation ; ôtez-la si vous voulez.

En général, on trouve à ce mémoire beaucoup d'inutilités, des longueurs, des incorrections, etc. Le meilleur *errata* qu'on puisse donc y faire, c'est que chacun en retranche ce qui lui déplaît. Je serai trop content, pourvu qu'on ne m'ôte point que je suis un honnête homme, et que j'ai raison contre le comte de la Blache : voilà tout ce que j'ai voulu dire.

RÉPONSE INGÉNUE

DE PIERRE-AUGUSTIN CARON DE BEAUMARCHAIS

A

LA CONSULTATION INJURIEUSE

QUE LE COMTE JOSEPH-ALEXANDRE FALCOZ DE LA BLACHE A RÉPANDUE DANS AIX

Beaumarchais payé ou pendu.
(Résumé de M. le P. de C. rapporté dans le mémoire au conseil, p. 18.)

Un colporteur échauffé frappe à ma porte et me remet un mémoire en me disant : Monsieur le comte de la Blache vous prie, monsieur, de vous intéresser à son affaire. — Eh ! me connais-tu, mon ami ? — Non, monsieur, mais cela ne fait rien : nous sommes trois qui courons de porte en porte, et notre ordre est de ne pas même oublier les couvents et les boutiques. — Je ne suis pas curieux, ami ; je te rends grâce. — Ah ! monsieur, acceptez, je vous prie : je suis si chargé ! voilà bien du monde qui refuse ! — A la bonne heure : et toi, prends ces huit sous pour ta peine et ton présent. — Ma foi ! monsieur, ça ne les vaut pas. Il court encore, et je me renferme.

Quel est donc ce nouvel écrit qu'on répand avec autant d'affectation que de profusion ? Je l'ouvre, et je vois une seconde édition d'un mémoire apporté par le comte de la Blache en 1776, et dont il avait alors inondé la Provence.

Je l'avais lu dans le temps ; je l'avais trouvé si pitoyable et tellement répondu par tous mes précédents écrits, que j'avais empêché mes conseils de s'en occuper, dans une consultation pour moi faite à Paris, où l'on s'attachait uniquement au fond de l'affaire, et sans s'y permettre un mot qui sentît la personnalité.

Ce procès, leur disais-je, est si clair et si bien connu, et le comte de la Blache a payé si cher le mal qu'il a voulu me faire, que je ne dois pas chercher à renouveler sa peine. Occupons-nous seulement à gagner le procès. Dans ma position le bruit et l'éclat m'importuneraient beaucoup : des raisons froides et simples, une discussion forte et légale, telle est la production que je désire uniquement de vous.

Depuis mon départ de Paris, ce mémoire à consulter s'y était fait, ainsi que la consultation ; destiné seulement pour nos juges, on n'en avait pas tiré plus de cent exemplaires, et j'en avais remis un au procureur du comte de La Blache, à l'arrivée du ballot à Aix.

Lecture faite au conseil de mon adversaire, et mon silence lui faisant penser qu'il m'avait laissé sans réplique à ses imputations, il a cru qu'il devait courir au jugement et renouveler dans toute la province les injures qu'il y avait semées il y a deux ans. Il a donc vivement pressé les magistrats, que je sollicitais de mon côté, de hâter l'instruction de l'affaire ; et, triomphant de ma modération, il a versé de nouveau dans le public trois ou quatre mille exemplaires de sa consultation.

Mes amis et mes conseils, étonnés du froid mépris que je montrais pour cette injure et ces derniers cris d'un adversaire aux abois, en ont conclu que j'ignorais combien ses discours et ses ruses avaient échauffé les esprits dans cette ville. Votre défense est incomplète, ont-ils dit, si vous ne détruisez pas les impressions qu'il a répandues contre vous. Il vous donne ici pour un maladroit fripon, fabricateur grossier des fausses apparences d'une intimité, d'une correspondance familière qui n'exista jamais entre vous et M. Duverney. Vous n'êtes plus à Paris, où tout était connu ; les choses ici sont poussées au point que, sur votre silence même, vous courez risque d'être accablé par la prévention : car votre adversaire est d'un glissant, d'une activité, d'un insinuant, d'une adresse !... et ses amis !...

Enfin, les miens me l'ont tant répété, m'ont si bien prouvé la nécessité de relever ses calomnies, que, sans m'affecter de leur appréhension, je leur ai dit : Puisque vous pensez, messieurs, qu'il importe à mon honneur, si ce n'est pas à mon procès, d'enlever à l'ennemi le fruit éphémère de sa misérable intrigue, et son triomphe d'un jour en ce pays, oublions donc encore une fois qu'il est humiliant de se justifier, et laissant pour un moment d'honorables travaux, ne posons pas la plume que son frêle et ridicule édifice ne soit renversé de fond en comble.

Il en résultera seulement un mal, imprévu par vous, mais très-certain pour moi : c'est qu'il n'aura pas plutôt vu son masque arraché par cet écrit, qu'il va mettre autant d'obstacles, d'entraves au jugement du procès qu'il a l'air aujourd'hui d'en souhaiter la fin.

COMMENÇONS.

De puissantes recommandations avaient allumé pour moi le zèle de M. Duverney.

De grands motifs y avaient fait succéder la tendresse et la confiance.

De pressants intérêts avaient remué plus d'un million entre nous deux.

Partie avait été employée pour son service, et partie pour le mien.

Aucun compte, pendant dix ans, n'avait nettoyé des intérêts aussi mêlés.

Une foule de pièces existaient entre ses mains ou dans les miennes.

Un arrêté de compte était devenu indispensable.

Cet arrêté fut signé le 1ᵉʳ avril 1770.

Trois mois après, M. Duverney mourut sans en avoir acquitté le reliquat.

Il se montait à quinze mille francs, que je demandai à son légataire universel.

Sur ma demande il me fit un procès qui dure entre nous depuis huit ans.

Je l'ai gagné, avec dépens, aux requêtes de l'hôtel, à Paris, en 1772.

Sur appel à la commission d'alors, je l'ai reperdu, au rapport du sieur Goëzman, en 1773.

En 1775, l'arrêt de Goëzman a été cassé tout d'une voix au conseil du roi : les parties renvoyées au parlement d'Aix, où nous sommes en instance.

En 1776, le comte de la Blache a frappé la Provence du fléau de sa consultation, qui n'est qu'un lourd commentaire de toutes les injures imprimées dont il m'accable depuis que nous plaidons.

De ma part, tout est dit pour l'instruction des juges et du procès sur l'acte du 1er avril 1770, attaqué avec tant de fureur et si peu de moyens.

Telles sont mes défenses : un mémoire aux requêtes de l'hôtel, signé *Bidault;* un autre à la commission, signé *Falconnet;* un précis sur délibéré (le sieur Goëzman, rapporteur); mes quatre grands mémoires contre ce dernier et consorts, où le procès la Blache, auteur de celui-là, revient à chaque instant; un autre mémoire au conseil du roi, dans lequel la teneur et les motifs de l'acte du 1er avril sont présentés du plus fort de ma plume; enfin, une dernière consultation, faite et signée par nos premiers jurisconsultes, et le plus ferme résumé que toutes les lumières du barreau rassemblées aient pu donner de mes défenses.

Si nous étions au parlement de Paris, je croirais affaiblir cet excellent travail en y ajoutant un seul mot de moi, surtout dans une ville où mes liaisons avec M. Duverney sont connues de tout le monde.

Mais en Provence, où ces liaisons sont ignorées, où chacun, dit-on, est frappé de l'air d'assurance avec lequel le comte de la Blache atteste que « jamais il n'y « eut de liaison particulière entre M. Duverney et moi ; « que toutes les lettres familières que j'ai jointes à « l'acte du 1er avril sont autant de pièces fausses et « forgées par moi, dans le cours des procédures, pour « répondre à mesure aux objections qu'on me faisait, « et me tirer du mauvais pas où je m'étais engagé; » je dois écarter la prévention, les doutes et la défaveur qu'on a voulu verser sur moi dans le parlement et dans le public, et fermer la bouche une bonne fois à mon ennemi, puisque j'en ai de si puissants moyens.

Pour y procéder avec sang-froid et méthode, je diviserai ce discours en deux parties : la première, intitulée *Moyens du sieur de Beaumarchais;* et la seconde, *les Ruses du comte de la Blache.*

PREMIÈRE PARTIE.

MOYENS DU SIEUR DE BEAUMARCHAIS.

Je suppose d'abord qu'on a lu la dernière consultation du comte de la Blache; et ma joie, en ce moment, est de penser qu'elle est dans les mains de tout le monde. Voici donc comment j'y réponds :

Je vous ai répété, sous toutes les formes possibles, monsieur le comte, que la loi n'admet point d'allégations ni de soupçons contre les engagements et les personnes; qu'elle proscrit avec indignation toutes ces insinuations de dol, de fraude et de surprise accumulées sans preuves; et surtout l'odieux plaidoyer de celui qui ne craint pas de dénigrer ouvertement, pourvu qu'il ne soit pas contraint d'accuser juridiquement.

Je vous ai répété que les clameurs d'un injuste héritier ne suffisent pas pour annuler les engagements du testateur, antérieurs à son droit, lorsque son intérêt est de ne les point remplir; qu'il faut, pour les ébranler, une action directe et légalement intentée, au risque et péril de l'accusateur; que toute autre voie est un crime aux yeux de la loi, tient à la plus basse calomnie, et ne doit occuper les tribunaux que lorsqu'on les implore pour en obtenir la punition.

Lors donc que vous osez me faire soupçonner de l'infâme lâcheté d'un faux, pourquoi n'osez-vous m'en accuser? Perfide adversaire! ce n'est chez vous ni défaut d'inimitié ni d'envie de me nuire, et pour ceux qui vous connaissent bien, cette retenue de votre part suffirait seule pour montrer quel vous êtes, si je n'avais pas d'ailleurs des moyens victorieux pour le faire.

Laissons de côté la distinction des grades ou des rangs; laissons les petites ruses qu'elle enfante, les productions sourdes qu'elle attire, les séductions de sociétés qu'elle occasionne. Si tout cela ne s'anéantissait pas devant les tribunaux, si les prérogatives du grade ou du crédit y pouvaient influer sur le juste et l'injuste, un particulier dénué, s'y battant contre un noble, aurait toujours en face un ennemi plastronné.

Non qu'il faille oublier ce qu'on doit dans le monde aux rangs élevés! Il est juste, au contraire, que l'avantage de la naissance y soit le moins contesté de tous, parce que ce bienfait gratuit de l'hérédité, relatif aux exploits, qualités ou vertus des aïeux de celui qui le reçoit, ne peut aucunement blesser l'amour-propre de ceux auxquels il fut refusé; parce que si, dans une monarchie, on retranchait les rangs intermédiaires entre le peuple et le roi, il y aurait trop loin du monarque aux sujets : bientôt on n'y verrait qu'un despote et des esclaves, et le maintien d'une échelle graduée, du laboureur au potentat, intéresse également les hommes de tous les rangs, et peut-être est le plus ferme appui de la constitution monarchique.

Voilà ma profession de foi sur la noblesse. Mais comme il ne s'agit pas ici de décider lequel de nous est le plus ou le moins élevé, mais seulement lequel est un légataire injuste, ou bien un faux créancier; débiteur et créditeur, voilà nos seuls noms. Dépouillons donc de bonne foi ce qui nous sort de cette classe; écartons tout prestige, et discutons clairement.

Au seul aspect de nos prétentions réciproques, une réflexion s'offre d'abord à ceux qui n'ont pas étudié notre affaire : c'est qu'il est plus probable qu'un acte fait entre deux hommes reconnus sensés soit exact et vrai, qu'il ne l'est qu'un légataire universel soit juste et désintéressé. Vous pouvez bien nous accorder ce point : ce n'est pas là ce qui vous fera perdre votre procès.

Il s'en présente encore une autre : c'est qu'il paraît étrange à chacun, malgré l'avidité connue des héritiers, qu'un homme pour lequel on dépouille une famille entière de l'hérédité naturelle, et qui devient par ce bienfait, possesseur exclusif d'un legs de quinze cent mille francs, respecte assez peu la mémoire de son bienfaiteur pour la traîner et la souiller pendant dix ans dans tous les tribunaux d'un royaume; et cela pour ne pas payer une somme de quinze mille francs à l'acquit de cette succession qui ne lui était pas due.

Passez-nous cette seconde encore; elle ne saurait vous nuire que dans l'opinion des hommes, et ne fait rien non plus au jugement du procès.

Quelques personnes même ont été jusqu'à balancer si, entre deux plaideurs qui se disputent une somme aussi modique, il n'était pas plus probable qu'un héritier peu délicat s'obstinât à la refuser, au seul risque de passer pour une âme vile, étroite et rapace, qu'il ne l'est qu'un créancier aisé s'acharne à la demander, armé d'un faux titre, au danger d'être puni comme le dernier des scélérats.

Huit ans de procédure sur un tel fait inspirant enfin la curiosité d'examiner les choses, on lit tous nos mémoires, et l'on y voit qu'après avoir été traîtreusement déchiré par tous les écrivains aux gages de mon adversaire, il y a longtemps que cette affaire a dû cesser pour moi d'être un procès d'argent. On y voit que je ne puis, sans déshonneur, me dispenser de le suivre et de le faire juger, quoiqu'il m'ait déjà coûté vingt fois plus qu'il ne doit me rendre.

Mais on y voit aussi que la fierté de mes répliques a dû donner un tel discrédit à mon adversaire, que se voyant poursuivi par le regard inquiet de tout ce qui l'entend nommer, et se sentant partout couvert de l'opprobre dont il a voulu me salir, le désespoir de son état doit l'engager d'épuiser toutes les chances possibles d'un débat inégal avant de s'avouer vaincu; qu'il vaut encore mieux pour lui se réserver de dire après coup : Les juges ont vu d'une façon, moi je vois de l'autre, que si, descendant à quelque traité conciliatoire, il justifiait par un dur accommodement l'affreuse opinion que sa défense a donnée de son caractère.

Alors l'examinateur bien instruit sait au juste pourquoi nous plaidons, le comte de la Blache et moi.

Ce qu'il voit fort bien encore, en lisant l'écrit que je réfute, c'est que l'avocat, désolé de ne pouvoir offrir pour son client que des allégations sans preuves, et de n'opposer que des riens contre un acte inexpugnable, a cru devoir au moins noyer ces riens dans un tel océan de paroles, que le lecteur égaré pût supposer que, s'il n'entendait pas le raisonneur, il était possible, à toute rigueur, que le raisonneur s'entendît lui-même.

Mais ne prenez pas la peine de le suivre, et laissez-m'en le soin, lecteur. Dès le premier pas, je vois déjà que son argument tourne entièrement dans ce cercle vicieux.

Prenant partout pour accordé le seul point qui soit en débat, cet avocat s'enroue à vous crier : L'acte du 1ᵉʳ avril 1770 est bien reconnu faux; donc telle quittance où telle somme qu'on y porte au débit n'a pas été fournie. L'acte du 1ᵉʳ avril est faux; donc tel contrat qu'on y éteint n'est qu'une chimère. L'acte du 1ᵉʳ avril est faux; donc ce traité qu'on y résilie n'a jamais existé, etc.

Après avoir longtemps et pesamment raisonné, le triste orateur, se flattant que l'ennui des conséquences a fait oublier le principe au lecteur, se retourne, et, semblable au serpent qui, se mordant la queue, accomplit le cercle emblématique, il revient sur lui-même, et vous dit vicieusement : Puisque j'ai prouvé que telle somme est fausse; que telle quittance est double emploi, que tel contrat est une chanson, que tel traité n'est qu'une chimère, on ne peut me refuser, messieurs, que l'acte qui contient autant d'articles prouvés faux ne soit évidemment faux, nul et frauduleux lui-même. — Et puis payez, beau légataire, votre avocat subtil; il a bien convaincu vos juges et vos lecteurs!

Mais j'ai tort de le quereller : s'étant établi votre défenseur, il a dû n'employer que les arguments que vous lui fournissiez : tant pis pour vous s'ils sont mauvais; c'est votre affaire, et point du tout la sienne. Aussi, lorsqu'il se livre à son propre sens, y marche-t-il avec plus de circonspection : plus vos imputations deviennent graves, et moins il veut les prendre sur son compte.

Tant qu'il ne s'agit que de conjectures sur les prétendues erreurs, doubles et faux emplois, etc., que vous reprochez à cet acte; comme il sait bien que dix preuves négatives n'en détruisent pas une affirmative, et qu'à plus forte raison, contre un acte signé de deux hommes reconnus sensés, toutes les allégations du monde, dénuées de preuves, sont moins qu'un fétu, c'est sans scrupule qu'il erre avec vous dans le vague d'une foule d'objections contradictoires et plus futiles encore : il ne se croit pas compromis.

Mais lorsque, forcé d'abandonner ce vain badinage, il vous entend articuler que j'ai *appliqué après coup de fausses lettres sur les feuilles de plusieurs réponses de M. Duverney*; alors, se refusant à présenter ces horreurs comme sa propre opinion, il veut qu'on sache absolument que c'est la vôtre seule qu'il rapporte.

Ainsi, lorsque, ayant imprimé plusieurs lettres ostensibles, de moi, trouvées sous le scellé de M. Duverney, vous l'obligez à casser les vitres sur les autres; après vous en avoir fait sentir les conséquences, il poursuit en ces termes :

(Page 41.) « Ces préliminaires établis, *il a été exposé*
« *aux soussignés* que, quand le sieur de Beaumarchais
« écrivait pour demander un rendez-vous à M. Duver-
« ney, qui ne croyait pas lui devoir beaucoup de céré-
« monie, etc.... *on a ajouté* que le sieur de Beaumar-
« chais, ayant conservé quelques-unes de ces répon-
« ses..., a formé le projet de faire passer ces petits
« écrits de M. Duverney comme des réponses à des let-
« tres qu'il a forgées, etc. »

(Page 42.) : «ON *a encore dit aux soussignés*, etc. Enfin
« ON *a mis sous les yeux des soussignés* les copies figu-
« rées de tous les écrits... qu'ON attribue au sieur de
« Beaumarchais, etc. »

(Page 44.) « *Le comte de la Blache observe* qu'il est
« étonnant que le sieur de Beaumarchais ait eu le cou-

« rage de donner les billets de M. Duverney pour la
« réponse à cette lettre, etc. »

(Page 51.) « ON *dit* que tel était le premier état de
« ce billet ; que depuis on a ajouté, après ces mots, avant
« midi, ceux-ci : voilà notre compte signé, etc. »

(Page 52.) « ON *a dit aux soussignés* que l'addition
« après coup de ces quatre mots : voilà notre compte
« signé, est palpable, etc... ON *a assuré les soussignés*
« *que,* pour appliquer une date au mois d'avril, etc.. »
Toujours ON, et jamais nous.

C'est ainsi que l'avocat qui s'intitule *les soussignés* a
cru devoir vous charger seul du poids de vos imputations criminelles, et vous ne tarderez pas à voir qu'il a
bien fait ; personne que vous ne devant jouer, dans
cette abominable farce que vous nommez défense, le
rôle de calomniateur, dont je vais vous attacher à l'instant l'écriteau.

Les prudents *soussignés* ont si bien prévu même à
à quoi vous vous exposiez, que, pour tâcher de vous
soustraire aux conséquences d'une pareille audace,
après avoir souillé leur plume à m'imputer en votre
nom le plus lâche des crimes, ils ont poussé leur honnête complaisance jusqu'à hasarder que l'on ne pouvait pas vous forcer de faire la preuve de vos imputations, quand même on les soutiendrait fausses.

Ils ont osé *estimer* que, *si je soutenais opiniâtrément*
que tout le commerce entre M. Duverney et moi, que je
présente, ainsi que les mots, *voilà notre compte signé,*
étaient tels que je les prétends, vrais et justes, *écrits
par M. Duverney, le comte de la Blache ne pourrait
être forcé à une dénégation formelle,* et que, quand j'aurais bien prouvé l'atrocité du comte de la Blache, *il
n'en pourrait être tiré aucune conséquence* fâcheuse contre ce seigneur, etc. Comme ils sont paternels ces bons
soussignés! Il faut lire tout ce qu'ils en disent (page 53
et suivantes) : en vérité cela est très-curieux.

Mais ce ton perpétuel de défiance des *soussignés,* tous
ces *ouï-dire* et ces *on dit,* sur lesquels ils consultent,
rejetant sur vous seul tout ce que leur plaidoyer a d'outrageant, puisque c'est de vous seul qu'ils avouent tirer
leurs fausses lumières, et non de leur propre conviction,
il s'ensuit que tout ce qu'ils avancent à cet égard n'a
pas plus de force et de valeur que si c'était vous seul qui
l'avanciez. Si ce *qu'*ON *leur a dit* n'est pas vrai, si ce
*qu'*ON *leur a exposé* n'est qu'un mensonge absurde, ils
n'en sont point garants : il n'y a donc en tout ceci que
le comte de la Blache seul qui parle pour le comte de
la Blache ; l'avocat consultant avoue partout n'être
que l'humble voix qui nous transmet les dires et les
actes sincères de ce seigneur aimable. ON *nous a dit,*
ON *nous a exposé.*

Or, comme il est bien prouvé, monsieur le comte,
par vos lettres que je produirai, par vos récits imprimés que je rapporterai, que de votre aveu vous n'avez
jamais su un mot de ce qui s'est passé entre votre bienfaiteur et moi ; que vous n'avez trouvé (selon vousmême encore) à son inventaire aucun renseignement
sur nos relations particulières, laissant à part nos avocats, je dis que vous seul méritez l'opprobre éternel
dont je vais achever de vous couvrir à l'instant.

Une ancienne loi des Lombards, adoptée en France
autrefois, portait que, si dans une hérédité quelqu'un
se présentait avec une chartre ou titre que l'héritier
arguât de faux, il fallait que ce dernier se battît pour
prouver qu'il ne devait pas acquitter le titre. Les légataires de ce temps-là devaient trouver les épices du procès un peu chères : ils chicanaient moins. Mais lorsque
ensuite il s'établit qu'on pourrait décider ces questions
par le combat de deux champions, les légataires, moins
gênés sur les épices, payèrent volontiers des épées qui
ne menaçaient plus leurs poitrines : et maintenant
qu'ils n'ont que des plumes à aiguiser, qu'il n'y a plus
de versé que de l'encre, et qu'effleuré que du parchemin,
c'est un plaisir de voir comment les légataires processifs s'en redonnent par la plume de leurs *soussignés !*

Suivons donc ceux-ci, et fixons-nous à l'aveu solennel
qu'ils font (page 40 de leur consultation), « que si les
« lettres rapportées sont parvenues à M. Duverney, et
« si à chacune d'elles il a fait la réponse qui est appli-
« quée par le sieur de Beaumarchais, il s'ensuivra très-
« certainement que M. Duverney a eu la plus parfaite
« connaissance de l'écrit du 1er avril ; qu'il a travaillé
« lui-même à le former, à le corriger, à le mettre en
« l'état où il est. Voilà le seul point auquel je me cram-
« ponne. »

De sorte que si je prouve, à la satisfaction du lecteur
et des juges, la véracité de ce commerce, à mon tour
il faut m'accorder qu'il ne restera rien de l'édifice hypothétique du comte de la Blache et des *soussignés..*

Mais par quelle suite de raisonnements ce comte de
la Blache, que je ne nommerai plus *Falcoz,* parce que
c'est son nom, et que son nom l'afflige, par quelle suite
de raisonnements, dis-je, est-il parvenu à faire illusion
à de graves avocats, à leur inspirer du soupçon sur la
véracité de ces lettres ? Eux-mêmes vont nous l'apprendre
dans leur longue consultation.

Le comte de la Blache leur a dit : car le mot *on* signifie toujours le comte de la Blache ; et quoique cette
dénomination ne soit pas en grand honneur parmi nous,
on, ou le comte de la Blache, leur a dit que jamais il
n'y avait eu entre M. Duverney et moi aucun objet de
relation et de correspondance étranger à la froide protection qu'il m'accordait : moins encore aucune ombre
de familiarité, dont la supposition, leur a-t-*on* ajouté,
serait flétrissante pour M. Duverney.

(Page 10.) « Les lettres de M. Pâris Duverney sont
« honnêtes, mais sèches, et il n'y a pas une seule ex-
« pression qui sente la familiarité, etc. »

(Page 11.) « On voit que depuis l'époque de la première recommandation en 1760, etc., il n'existe au-
« cune trace d'aucun autre objet de relation de corres-
« pondance ; encore moins existe-t-il quelque vestige
« de familiarité, etc. »

(Page 13.) « Recommandé à M. Duverney, le sieur
« de Beaumarchais en était accueilli honnêtement, mais
« sans que jamais l'un ait autorisé l'autre à la moindre

« familiarité. (*Idem.*) M. Duverney avait fait des dé-
« marches pour le sieur de Beaumarchais, etc...; mais
« jamais on n'a connu d'autre objet de liaison... Cepen-
« dant l'écrit du 1ᵉʳ avril 1770 suppose entre eux les
« liaisons les plus intimes, des liaisons qui exigeaient
« le secret le plus impénétrable, etc... »
(Page 14, au bas.) « Elles (*ces liaisons*) ne peuvent
« trouver de confiance dans l'esprit de personne; il est
« impossible d'en imaginer aucune qui ne soit démentie
« par l'âge, la dignité, le caractère, les vues et les oc-
« cupations de M. Pâris Duverney. *La supposition de
« ces liaisons est une fable ridicule* à laquelle il est im-
« possible de se prêter. »

D'où l'ON conclut que M. Pâris Duverney n'a jamais
eu connaissance de l'écrit du 1ᵉʳ avril 1770, ni des
lettres qui l'accompagnent.

Vaillamment conclu, monsieur le comte de la Blache!
puissamment raisonné, *judiciosi subsignati!* (*Vid.* Molière *in recept. Med.*)

Mais, judicieux *soussignés!* mais, seigneur héritier!
si par hasard votre majeure était vicieuse; si l'on vous
prouvait irrésistiblement que cette intime familiarité,
que ces liaisons secrètes, et sur des objets mystérieux,
n'ont jamais cessé d'exister entre les deux personnes
que vous outragez gratuitement?

Si d'un commerce de plus de six cents lettres, toujours écrites et répondues sur le même papier, qui
toutes ont été brûlées, le bonheur du sieur de Beaumarchais lui en avait conservé des fragments assez clairs
pour porter la conviction de cette familiarité dans tous
esprits?

Et si ce Beaumarchais, à qui vous faites (p. 57) le défi
le plus imprudent de produire quelque chose de ce
commerce écrit et répondu sur le même papier, vous
montrait tout à l'heure assez de lettres familières et de
billets mystérieux, étrangers à l'acte du 1ᵉʳ avril, pour
que l'analogie de la forme, du style et des envois vous
forçât vous-mêmes à convenir que cette façon de correspondre était constamment établie entre M. Duverney
et lui?

Et s'il en concluait à son tour que, puisqu'ON nie
les lettres qui se rapportent à l'acte, ON doit nier aussi
celles qui ne s'y rapportent pas; que si ON nie les unes
et les autres, il faut qu'ON s'inscrive en faux contre
toutes; et que si ON succombe dans cette inscription de
faux, il est judicieux d'attacher à ON ou des oreilles pour
avoir si mal argumenté, ou un écriteau pour avoir si
bien calomnié?

Que penseriez-vous, messieurs, de son petit argument?

Que diriez-vous alors de vos cinquante-huit pages
d'injures, de vos raisonnements tortillés, de vos outrageantes imputations et de vos notions illuminées contre
un acte inexpugnable que vous n'avez pu seulement
effleurer? Vous courberiez le chef, et ne diriez plus rien!
et c'est à quoi je vais vous réduire.

Pour première preuve d'une amitié bien tendre, et
qui ne va pas sans une douce familiarité, je pourrais

rappeler au comte de la Blache que M. Duverney, par
exemple, m'a prêté dans un seul jour cinq cent mille
livres pour acheter une grande charge en quatre cent
mille livres de rescriptions, et cent mille francs déposés
chez Devoulges, son notaire, duquel le certificat est
joint aux pièces.

Je pourrais ajouter qu'il m'a prêté cinquante-six
mille livres sur ma charge de secrétaire du roi; plus,
quatre-vingt-trois mille livres de supplément pour former les cent trente-neuf mille francs de notre arrêté de
compte; plus, dans une autre occasion, pour deux cent
mille livres de ses billets au porteur; et conclure humblement qu'un homme qui prête autant d'argent à un
autre, ou croit avoir de grands engagements à remplir
envers lui, ou lui a voué la plus solide amitié; surtout
si l'obligé n'est pas un assez grand capitaliste pour que
tant de prêts soient solidement appuyés, et s'il n'y a de
garant entre eux de la sûreté du prêt que la confiance
de l'un en la probité de l'autre.

Mais non : je n'emploierai pas cette première preuve
d'intimité; car ON pourrait me répondre qu'ON ne voit
pas la nécessité de conclure qu'un homme en aime un
autre et le considère, parce qu'il lui prête, en plusieurs
fois, près d'un million sans sûretés. Laissons donc de
côté cet adminicule de preuve qui n'émeut pas encore
le seigneur ON, et cherchons-en quelque autre à sa
portée.

Mais si, pour infirmer les insinuations perpétuelles
des *soussignés*, que le style dont M. Duverney se servait
avec moi fut toujours froid, sec, jamais obligeant, souvent même assez dédaigneux, je commençais par leur
montrer une réponse de ce grand citoyen, du 24 juin
1760, à ma lettre du 19 juin même année, qu'ON a
tronquée (p. 7) en la citant, et je sais bien pourquoi; le
choix de cette réponse, portant sur un objet cité par le
sieur ON lui-même, paraîtrait, je pense, assez applicable
à la question, surtout si cette réponse disait :

« J'ai reçu, monsieur, la lettre que vous m'avez
« fait l'honneur de m'écrire le 19 de ce mois. On ne
« saurait être plus sensible que je le suis à tout ce que
« vous voulez bien m'y dire d'obligeant, et je saisirai
« avec bien du plaisir les occasions *de vous en prouver*
« *ma reconnaissance.*

« J'avais bien imaginé, monsieur, que vous seriez
« content du mémoire de M. de..., etc. Je ne pense
« pas que ce soit encore le moment de le produire et
« de le rendre trop public; et mon intention, *que
« j'espère que vous approuverez*, est de m'en tenir,
« quant à présent, à le communiquer *à un certain
« nombre de personnes choisies*, etc. Je ferai très-volon-
« tiers usage de vos dispositions à le faire connaître *et
« à lui faire prendre faveur;* et je vous prie *d'en re-
« cevoir d'avance tous mes remerciements.* J'ai l'hon-
« neur d'être, avec un très-parfait attachement,
« votre, etc.

« *Signé :* Pâris-Duverney. »

Et si, au bas de cette lettre, ON voyait écrit, de la

même main que le corps de la lettre, ces mots *M. de Beaumarchais*, qui prouveraient qu'elle me fut écrite, aurais-je si mauvaise grâce d'en conclure qu'en 1760, temps auquel ON soutient que M. Duverney me connaissait à peine, et quoique je fusse alors plus jeune de dix ans qu'en 1770, époque de notre arrêté de compte, M. Duverney, par dépit du profond mépris que les *soussignés* et le sieur ON affectent pour ma grande jeunesse ; que M. Duverney, dis-je, avait déjà tant d'estime et de considération pour moi, qu'il me mettait au nombre des *personnes choisies* auxquelles il confiait la lecture et le jugement d'un mémoire qui lui importait,
« qu'il avait bien imaginé que j'en serais content ;
« qu'il espérait que j'approuverais ses vues à cet égard ;
« qu'il ferait très-volontiers usage de mes dispositions
« à lui faire prendre faveur ; qu'il me priait d'en rece-
« voir d'avance tous ses remerciements ; qu'il saisirait
« avec bien du plaisir les occasions de me prouver sa
« reconnaissance de tout ce que je voulais bien lui dire
« d'obligeant ; *enfin, qu'*on *ne pouvait y être plus sen-
« sible qu'il l'était*, etc... »

Ah ! ah ! messieurs, voici pourtant qui n'est ni froid, ni sec, ni dédaigneux : il y a plus ici que de l'estime et de la considération, on y va jusqu'à la reconnaissance.

Mais puisque vous avez bien voulu citer, quoiqu'en la mutilant, ma lettre du 19 juin, à laquelle celle-ci répond, je voudrais qu'ON me fît le plaisir de la joindre au sac en original, afin que M. le rapporteur et les autres juges connaissent bien le ton qui régnait dès ce temps entre le vieillard dédaigneux et le jouvenceau dédaigné ; surtout qu'ils y voient auprès de qui je devais *faire prendre faveur* à ce mémoire chéri, et pourquoi M. Duverney croyait déjà me devoir tant de *reconnaissance*.

Cependant, comme on pourrait objecter que cette lettre est ostensible, et que tous ces témoignages publics *de haute considération et de reconnaissance* n'emportent pas la nécessité d'une amitié particulière et d'une liaison mystérieuse, je veux bien encore laisser de côté la considération qu'il m'accordait publiquement, et chercher un morceau transitoire qui nous rapproche un peu des preuves d'un commerce très-familier. Nous joindrons cependant cette seconde pièce au procès.

J'ai retrouvé, je ne sais où, sous mon bureau, je crois, dans le seau des papiers inutiles, n'importe, un fragment de lettre déchirée : elle est de M. Duverney ; l'écriture est de ses bureaux, et ce nom, *M. de Beaumarchais*, écrit de la même main au bas du papier, prouve encore que cette lettre m'était adressée.

J'avais apparemment proposé à M. Duverney de lui envoyer ou de lui présenter quelqu'un : peut-être avait-il oublié de tenir sa porte ouverte à l'assignation donnée, et lui en avais-je fait un reproche auquel il répondait, puisque le fragment qui me reste porte encore ces mots : « ... le voir chez moi ; mais je consens volontiers que vous lui teniez la parole que vous lui avez donnée de l'y faire venir. J'ai l'honneur d'être très-parfaitement... »

Très-parfaitement est sec, interrompt vivement le comte de la Blache. Fort sec, dit en écho son écrivain. *Très-parfaitement* est des plus secs en effet, disent gravement les *soussignés*, et point du tout obligeant. De plus, ce fragment, quoique d'une date inconnue, est certainement postérieur à la première lettre que vous avez citée. Donc, M. Duverney avait déjà perdu cet attachement éphémère qu'un peu de poudre aux yeux lui avait d'abord inspiré pour vous. *Très-parfaitement !* rien de plus sec, en vérité.

— Ah ! messieurs, que vous êtes vifs ; puisque je cite ce fragment, il faut bien qu'il contienne autre chose que *très-parfaitement*.

Après *très-parfaitement, votre très-humble,* etc., signé *Pâris Duverney*, le commis qui a écrit et présenté la lettre à la signature se retire ; et M. Duverney, qui la relit, la trouvant, comme vous, messieurs, sans doute un peu trop sèche, y ajoute ces mots de sa main :

« Ma réponse vous surprendrait, si je ne vous disais pas que ma mémoire est quelquefois infidèle et que souvent je n'entends pas ce qu'on me dit. »

Voilà pourtant, messieurs, une espèce d'excuse d'avoir manqué le rendez-vous ! et cette excuse, il ne la fait pas ajouter par son secrétaire ! et la sécheresse du style de bureau, celle du *très-parfaitement*, il la corrige lui-même, dans un *post-scriptum* obligeant qu'il met, tout de sa main, au bas de la lettre ! N'est-ce donc rien, à votre avis ?

Ma foi, c'est peu de chose, dit avec ennui le comte de la Blache. — Presque rien, reprend l'écho : — Rien du tout, ajoutent ceux-ci. D'ailleurs, comment ce fragment prouverait-il qu'il y avait un commerce particulier entre M. Duverney et vous ?

— Mon Dieu ! j'y vais venir ; et si ce *post-scriptum* ne le prouve pas encore, il est au moins la douce transition d'une correspondance ostensible et de main de secrétaire, au commerce libre et dégagé dont j'espère avant peu vous convaincre. Patience, messieurs, patience ! En attendant, encore une pièce inutile au sac.

J'avais écrit à M. Duverney que je partais pour Versailles ; et comme il était dans l'usage d'envoyer à la reine, à madame la dauphine, à Mesdames, les prémices de ses serres chaudes pour faire sa cour, et qu'indépendamment des autres soins que je prenais pour lui, je me chargeais toujours d'offrir ces petits dons à la famille royale, il me répond, tout de sa main, ce qui ne lui arrivait jamais, comme ON sait fort bien, et comme ON l'a certifié aux *soussignés* :

« Je fis demander hier à mon jardinier, monsieur, s'il
« avait des ananas ; mais il m'a fait dire ce matin qu'il
« n'en aurait au plus tôt que dans huit jours. J'en suis
« d'autant plus fâché, que j'aurais été fort aise de pro-
« fiter de cette petite occasion pour faire ma cour à ma-
« dame la dauphine et à Mesdames, etc... Signé : Paris
« Duverney. » Et sur l'adresse : *A M. de Beaumarchais*, aussi de sa main.

Si cette réponse n'est pas écrite sur le même papier de ma lettre, c'est que l'objet, n'étant pas important, n'exigeait point cette précaution usitée entre nous dans les affaires secrètes: mais au moins sommes-nous entièrement sortis du commerce bureaucratif.

Je suis, comme on voit, un bon petit jeune homme, qui fait bien les commissions de M. Duverney près de la famille royale; il me charge des fleurs et des fruits de son jardin : je les présente, il m'en sait bon gré; il m'en remercie verbalement, il m'en écrit obligeamment, tout de sa main. Voilà déjà un petit mystère, nous avançons en preuves.

Pardieu ! si vous avancez, vous n'avancez pas vite, me dit le comte de la Blache impatient, et je ne vois pas encore...

Et moi bien humblement, comme Panurge au marchand Dindenaut : Patience, ami, patience ! Nous ne sommes plus à Paris, où vos imputations faisaient hausser les épaules à tout le monde par l'excès de leur ridicule, où tout ceci n'était que trop connu. Nous sommes dans Aix, devant des magistrats et un public très-peu instruits du fond de notre affaire. Eh ! lorsque vous avez noyé dans cinquante-huit mortelles pages d'injures vos innocentes calomnies, ne puis-je à mon tour employer quelques feuillets à mes petites justifications? Patience, ami, patience ! et ne laissons pas manquer au sac une pièce de plus, très-inutile à l'acte du 1ᵉʳ avril.

Enfin, comme j'allais et venais fort souvent de Paris à Versailles, et que je n'avais que deux chevaux de carrosse, M. Duverney me propose, un beau jour, de m'en donner deux autres, *pour être mieux marchant*, me dit-il : car il pensait, comme le maréchal de Belle-Isle, qu'il ne faut que deux choses pour mener beaucoup d'affaires à la fois : du pain pour vivre, et des chevaux pour courir. Il m'en proposa donc deux autres ; et moi, qui n'étais pas aussi fier avec lui que je le suis avec le seigneur ON qui me plaide, je les accepte; et pour les faire prendre chez lui, je remets à mon cocher une lettre badine, dans laquelle on lit ces mots :

« MONSIEUR,

« Je vous réitère mes actions de grâces de tous vos « bienfaits, et notamment du dernier, qui est le présent « de vos deux chevaux d'artillerie. Je les féliciterai « d'être vigoureux : car quoique je ne sois pas aussi « lourd qu'un canon, ils regagneront bien avec moi, « par la fréquence des courses, ce qu'ils auront perdu « de tirage sur la pesanteur spécifique du premier per« sonnage. Je ne devais les faire prendre qu'à mon « retour de Versailles; mais j'ai réfléchi qu'il vaut « mieux qu'ils y aillent à pied en m'y menant, que moi « à pied en ne les y menant pas; parce que je vais faire « aller ceux que je destine pour la campagne en che« vaux de monture, etc., etc. »

Toute la lettre est de ce ton badin. Et M. Duverney, qui ne se souciait pas qu'ON sût qu'il me faisait des présents de chevaux, parce que le sieur ON, alerte en fait d'héritage, avait les yeux ouverts sur l'écurie comme sur la cassette; M. Duverney, qui d'ailleurs avait ses raisons pour qu'un style aussi léger de ma part ne pût tomber aux mains de nos espions, me répond cette fois, sur le même papier, de sa main, tout à travers mon écriture, ces mots aussi simples que clairs... Messieurs, voulez-vous lire vous-mêmes?... Voyons, voyons, dit l'héritier : voyons, dit l'écrivain en s'approchant : voyons donc à la fin, disent les *soussignés* en essuyant les verres de leurs lunettes.

« Pour essayer ces chevaux, ils sont allés à l'École « Militaire ; c'est pourquoi vous ne pouvez les avoir « qu'après-demain. »

— Et c'est bien là son écriture ? — Messieurs, vous vous en assurez, je vais joindre la pièce au procès; quoique inutile à l'acte du 1ᵉʳ avril 1770, qui allait fort bien sans ces deux chevaux.

Qu'est-ce donc, monsieur le comte? vous froncez le sourcil ; et votre joli minois bouffe de chérubin soufflant s'allonge et se rembrunit un peu ! Remettez-vous : ce n'est rien. Ne voyez-vous pas que dans cette lettre je lui rends *des actions de grâces de ses bienfaits*, et que je la finis *par le profond respect avec lequel je suis*, etc. ? N'y voyez-vous pas encore avec quelle sécheresse il me répond ! et quoiqu'il me donne deux chevaux, voyez s'il y met un seul mot de *monsieur*, le moindre petit compliment !

Croyez-moi, monsieur le comte, il est bien consolant pour vous que *qu'ON* puisse dire encore : M. Duverney y avait écrit, sur une feuille de papier, au sieur de Beaumarchais, ces mots : « Pour essayer ces chevaux, « ils sont allés à l'École Militaire ; c'est pourquoi vous « ne les pourrez avoir que demain. » Et ne voilà-t-il pas que ce fripon de Beaumarchais, pour faire rapporter sa lettre à M. Duverney, laquelle évidemment ne saurait être une réponse, écrit après coup, sur la même page et feuille :

« Je vous remercie du présent de vos deux chevaux « d'artillerie... je vous supplie donc de vouloir bien « donner vos ordres pour qu'on les remette à mon co« cher... Donnez-moi les plus vigoureux, car ceux-là « gagneront bien le dîner que les vôtres mangeront « toujours d'avance, etc., etc. » Ah ! le fripon ! le fripon ! le dangereux fripon !

— Quels cris! quelle fureur ! Ah ! que vous êtes bouillant, rudânier et sans gêne avec les pauvres roturiers, monsieur le comte ! On voit bien que vous êtes de qualité! Patience ! et puisque cela vous échauffe et ne suffit pas encore à votre conviction, allons au fait : sautons à pieds joints par-dessus toutes les transitions, et présentons une des lettres sur lesquelles on a prononcé ce terrible anathème (page 49) : « On peut « prédire, sans témérité, qu'il ne les joindra jamais au « procès. »

Pardonnez-moi, grand prophète ! je vais joindre la présente aux pièces du procès, quoiqu'elle ait trait à des objets que vous ne saurez jamais. Mais comme elle s'explique assez peu sur ces objets cachés, qu'elle honore assez le cœur de mon ami respectable, et surtout qu'elle prouve assez bien la douce familiarité, la parfaite confiance et l'entier versement de son âme dans la mienne, j'oserai l'opposer à vos peu redoutables calomnies. Un léger fragment de ma lettre déchirée, je ne sais comment, n'ôtera rien au mérite de la réponse de M. Duverney. Voici ce que je lui écrivais :

« Je ne puis plus rien faire, MON AMI ; j'ai suivi exac« tement ce que vous m'avez ordonné : il a touché « l'argent ; mais tout cela ne le console pas ; il veut « vous voir. Écrivez-moi quelque chose que je puisse « lui montrer ; comme vous voudrez. Ma foi, c'est un « homme de mérite, et digne de tout ce que vous faites « pour lui. Il a des ennemis puissants : mais, dans ce « moment surtout, il paraît vouloir tout abandonner. « Je ne crois pas que ce soit votre avis. Savez-vous, « MON AMI, que tout... serait perdu apparemment, etc. » Le reste manque...

— Eh quoi ! monsieur de Beaumarchais, vous osez nous faire croire que vous avez écrit à un vieillard respectable de quatre-vingt-quatre ans : « Je n'y puis rien « faire, MON AMI ; savez-vous, MON AMI, etc... »

— Oui, messieurs, je l'ose...

— Vous, jeune homme ! son maigre et dédaigné protégé ! — Oui, messieurs.

— Vous qui n'en étiez (page 13) « accueilli qu'avec « la distance qui devait être entre des personnes si « différentes, et sans que jamais l'un ait autorisé l'autre « à la moindre familiarité ? » — Oui, messieurs.

— A cet homme respectable, dont (page 50) « l'ex« trême disproportion d'âge, d'état, de condition, d'oc« cupation ; dont tout enfin démontrait qu'il n'y avait « jamais eu la moindre familiarité entre vous et lui ! » — Oui, messieurs.

— A cet auguste vieillard : tandis que (page 53) « tous « ses billets de rendez-vous prouvent la sécheresse « avec laquelle il vous répondait, et dont il paraît que « vous n'avez jamais reçu par écrit un seul mot d'hon« nêteté ? » — Oui, messieurs, ne vous déplaise, à luimême.

— Et comment prouverez-vous une telle insolence, une telle absurdité ? — Sauf votre bon plaisir, messieurs, je le prouverai par la réponse de M. Duverney, de sa main, sur le même papier, comme c'était notre usage en affaires secrètes.

Voici donc la réponse de cet ami, à qui j'écrivais MON AMI. Je vous supplie, messieurs, de la bien retourner, commenter, tortionner, mais de ne pas vous épuiser dessus. Réservez vos forces pour quelques autres réponses plus extraordinaires encore, dont je veux gratifier le seigneur ON avant la fin de ce mémoire.

« Depuis quatre jours je ne dors presque point, MON « AMI. » (— Mon ami ! juste ciel ! à M. de Beaumarchais ! Mon ami ! — Oui, oui, oui, messieurs, MON AMI : mais laissez-moi donc lire !) « Je ne dors presque point, « MON AMI ; je mange fort peu. J'ai des peines dans « l'âme, plus fortes que ma raison. Un ami qui m'écrit « trois billets, auxquels je n'ai pas eu la force de ré« pondre, est la cause de mon fâcheux état. Il me « mande que je le verrai pour parler de mes affaires et « des siennes... Il me demande des conseils ; il veut « s'expatrier, tout abandonner. Le doit-il faire, oui ou « non ? Vos AVIS DICTÉS PAR L'AMITIÉ pourraient guider « la route que doit tenir cet infortuné... Je crains « pour sa vie et pour sa tête... J'avoue que sa situa« tion me pénètre de douleur... ayant, dans toutes « les actions de sa vie, exposé ses jours pour son « maître. Quelle récompense ! grands dieux ! BRULEZ-« MOI ! » Et cette lettre, messieurs, je la joins encore au procès, quoique étrangère et fort inutile à l'acte du 1ᵉʳ avril, ainsi que toutes les autres.

— Mon ami ! vos avis dictés par l'amitié !... Brûlezmoi !... qu'est-ce que tout cela signifie ?... Serait-il donc vrai, grand Dieu ! qu'il y eût un pareil commerce entre (page 11) « un homme accrédité... grave par caractère, « et accoutumé, par la plus longue expérience, à l'ob« servation de la différence des procédés... et un « homme de beaucoup d'esprit, jeune... sollicitant un « vieillard vénérable... et se renfermant par devoir et « par intérêt dans le respect qu'il lui devait ! »

— Hélas ! oui, messieurs, il existait un pareil commerce entre ces deux hommes ; et cela parce que l'honorable estime de l'un ne se mesurait pas sur la jeunesse de l'autre, et parce que le vénérable vieillard pensait qu'on devait accorder sa considération et sa confiance, *non propter barbam, sed propter...*, le mot qu'il vous plaira.

Mais qu'est-ce que tout cela fait ! n'avez-vous pas la ressource de vous inscrire en faux contre l'acte du 1ᵉʳ avril, contre les lettres qui s'y rapportent, contre celles qui ne s'y rapportent pas ; contre les lettres ostensibles, le commerce familier et les billets mystérieux dont je vais vous parler ? Quelque douloureux que cela soit, il faudra pourtant bien tout payer, ou finir par là.

Je sais ce qui vous retient, monsieur le comte : vous trouvez l'homme un peu cher à pendre, et votre indécision n'est ici qu'un débat entre la haine et l'avarice : car sans cela... mais c'est où je vous désire depuis un siècle, pour vous offrir la petite leçon de prudence et d'honnêteté dont vous avez si grand besoin. En attendant, joignons au sac, et surtout avançons.

Voici un autre billet plus mystérieux, quoique moins important, mais dont le voile est assez léger pour que l'œil de lynx du comte de la Blache, ou la double vue des soussignés, perce au travers et devine qu'il s'agissait ici d'or et d'argent. J'écrivais à M. Duverney, mais sans *monsieur* ni vedette, sans respect, sans signature et même sans date :

« Il dit qu'il ne croit pas que les vins arrivent, et « vous prie de vous arranger là-dessus : ils ont eu une « grande conférence avant-hier à votre sujet. Il me « paraît que tout est bien suivant vos désirs : mais ces « vins les inquiètent, et, sans les vins, il n'y aurait « rien à faire, car tout ce monde est diablement altéré. « Le mot de la demande est, dans le cas où les vins « n'arriveraient pas, si vous y suppléerez. Je n'ai pas « pu répondre, parce que cela dépend de vos forces

« actuelles et du degré d'intérêt que vous mettez à la
« réussite. Il est nécessaire que vous vous voyiez. »

— Et qu'est-ce que M. Duverney répondit à cet amphigouri de vins? nous dit dédaigneusement le comte de la Blache en relevant un peu les narines, et se balançant sur son siége : ON est assez curieux de le voir.
— Il a répondu, monsieur le comte, sur le même papier, de sa main, une chose fort claire pour moi, quoique assez obscure pour tout autre. La voici :

« Que les vins arrivent ou n'arrivent pas, cela pa-
« raît égal : on en trouvera toujours au besoin, soit
« du bourgogne ou du champagne : il faut attendre
« encore la réponse. »

— Quoi! de son écriture? — Vous pouvez en juger; je produis la pièce. — Répondu sur le même papier?
— Avec l'empreinte de son cachet et du mien, en signe que le billet est rentré comme il était sorti. — Cela est bien étrange! dit le comte de la Blache en se levant brusquement. — Cela est ainsi, dit le sieur de Beaumarchais en s'asseyant tranquillement. Mais laissons ce vin, et tirons-en d'une autre futaille; celui-ci aura quelque chose de plus piquant encore. C'est moi qui parle dans cette lettre, en prévenant toujours le lecteur qu'il doit regarder comme un chiffre tout ce qui devient inintelligible et sort du langage ordinaire.

Mais avant que d'aller plus loin, j'observe que ce qui caractérise encore mieux le commerce libre et dégagé que nous avions ensemble est la remarque suivante, que je prié le lecteur de vérifier après moi. C'est que le répondant, entre nous deux, prenait toujours le style de celui qui écrivait le premier, afin que, la même figure étant continuée, la réponse offrit un sens clair à celui qui devait la recevoir.

Ainsi, lorsque M. Duverney m'écrivait, si pour mieux envelopper ses idées, il déguisait son style et sa main sous le voile d'une femme écrivant à son ami, cette espèce de chiffre ou d'hiéroglyphe, si clair pour moi, devenait tellement obscur pour tout autre, que, lorsque j'avais répondu sur le même papier, d'un style analogue au sien, en supposant le commissionnaire infidèle ou négligent, il était impossible à tout autre qu'à nous de deviner de quoi il s'agissait. Et c'est, messieurs, par de tels moyens, avec des commerces ainsi déguisés, que les politiques de tous les temps ont voilé les secrets de leurs correspondances intimes aux curieux, aux espions, aux ennemis, et même aux légataires universels.

De ces lettres écrites en premier par M. Duverney, et répondues par moi sur le même papier, on sent bien que je n'en ai point, et le fait que j'expose en donne la raison ; elles étaient répondues sur le même papier. Mais si par hasard, après une conflagration crue générale, j'ai retrouvé quelques fragments ou quelques-unes de celles que je lui écrivais et auxquelles il répondait de sa main, sur le même papier et dans notre *style oriental* (comme nous l'appelions), n'est-il pas évident qu'il en résultera la même preuve en faveur du commerce particulier qui m'est contesté si bêtement? Ainsi, malgré l'opposition du comte de la Blache et la consultation des SOUSSIGNÉS, mon observation subsiste (comme dit Dacier).

J'envoyais à M. Duverney une petite lettre d'une grande importance; il fallait réponse aussitôt ; je m'enveloppais plus qu'à l'ordinaire en écrivant, parce que l'occasion était infiniment grave. Je lui écrivais donc :

« Lis, ma petite, ce que je t'envoie, et donne-moi
« ton sentiment là-dessus. Tu sens bien que dans une
« affaire de cette nature je ne puis rien décider sans toi.
« J'emploie notre style oriental, à cause de la voie
« par laquelle je te fais parvenir ce bijou de lettre. Dis
« ton avis ! mais dis vite, car le rôt brûle. Adieu, mon
« amour. Je t'embrasse comme je t'aime. Je ne te fais
« pas les amitiés de la Belle : ce qu'elle t'écrit t'en dira
« assez. »

— Ah! pour le coup, monsieur de Beaumarchais, vous vous moquez de prétendre qu'une pareille extravagance ait pu jamais être envoyée à M. Duverney! Vous, jeune homme, « qui ne vous êtes jamais présenté chez lui que
« comme son redevable et comme son obligé (p. 13), » vous le tutoyez, vous l'appelez *ma petite*? Allez, vous mériteriez...

— *Dulciter*, SOUSSIGNÉS! Allons doucement, monsieur le comte! Entendons-nous, messieurs! Réellement vous êtes encore un peu jeunets sur les affaires du monde et de la politique.

Sans parler du temps présent, dont je ne dirai mot, et pour cause, qu'eussiez-vous donc pensé de notre bon roi *Henri IV* et de ses secrétaires d'État *Villeroi* et *Puysieux*, qui s'amusaient, comme de grands enfants, à tout défigurer dans le monde, en écrivant à *la Boderie*, ambassadeur de France à Londres : à se nommer lui roi, *le Cordelier*; la reine d'Espagne, *l'Asperge*; le roi de Pologne, *la Sauterelle*; le landgrave de Hesse, *le Chapon*; le royaume de Naples, *la Tarte*; les puritains anglais, *les Dégoûtés*; enfin, le consistoire de Rome, *la basse-cour*, etc., etc.? Réellement vous êtes un peu jeunets, *soussignés*[1]!

Mais, avant de gronder le sieur de Beaumarchais, voyez la réponse de M. Duverney sur le même papier, de sa main, et du même *style oriental*, usant aussi de la douce liberté du tutoiement; et puis levez la férule après, si vous l'osez, sur le jeune homme d'autrefois : il n'est pas moins follet que celui d'à-présent que vous voulez châtier.

La voici cette réponse, qui certes renfermait un sens bien éloigné de celui qu'elle offre aux *soussignés* :

« Je ne saurais comprendre comment on a conçu
« cette idée, dont l'exécution passe mes lumières. Je
« souhaite que ce soit un bien pour TA maîtresse. Il
« suffit qu'elle soit de TON avis. Le mien serait déplacé
« entre amant jaloux et femme bien gardée. Je crois
« qu'il est difficile de réussir. JE LE BRULE. »

[1] *Vid*. Lettres de Henri IV et de MM. de Villeroi et de Puysieux à M. Antoine Lefèvre de la Boderie, ambassadeur de France en Angleterre, depuis 1606 jusqu'en 1611; in-18°, édition d'Amsterdam, 1775.

Ma foi, je veux encore joindre au procès ce drôle de billet, afin que le comte de la Blache ait le plaisir de s'inscrire en faux contre *la petite*. — Non, monsieur, ce n'est pas contre *la petite* qu'on s'inscrira, c'est contre votre billet lui-même. — Eh! pourquoi? — Parce que celui de M. Duverney ne peut être la réponse au vôtre, écrit sur le même papier : et pour le coup nous vous tenons. — Vous m'effrayez! — M. Duverney ne finit-il pas son billet par ces mots : *Je le brûle?* — Certainement. — Fort bien. Mais s'il a brûlé le vôtre, comment se trouve-t-il ici par accolade au sien? Vous nous expliquerez cela, si vous pouvez, quand il en sera question : nous vous donnons du temps pour y rêver. — Je n'en veux pas, messieurs. Débiteur aussi net qu'indulgent créancier, je vous dois une explication; la voici :

Mon billet commence par ces mots : « Lis, ma petite, « CE QUE JE T'ENVOIE, et donne-moi ton sentiment là-« dessus, » et finit par ceux-ci : « Je ne te fais pas les « amitiés de la Belle; CE QU'ELLE T'ÉCRIT t'en dira assez. » Or, ce que M. Duverney brûla, ce fut *la lettre de la Belle*, dont la mienne était le passeport. Il ne m'écrivit même que pour m'assurer... — Passons, passons, monsieur de Beaumarchais! ce n'est pas cela que nous voulions dire : et nous avons tant d'autres preuves!...

— Avant de passer, messieurs, je vous ferai seulement observer que voilà plusieurs réponses de Duverney portant ces mots : *Brûle-moi, je le brûle*, etc. Ceci servira d'éclaircissement, si vous le permettez, au premier article de l'acte du 1er avril, où je m'engage de rendre en mains propres trois papiers importants sous les nos 5, 9 et 62, ou de les *brûler*, s'ils ne me revenaient qu'après la mort de M. Duverney. Passons maintenant.

Eh bien, graves censeurs! très-haut, très-puissant et très-désintéressé légataire! que dites-vous de tout ceci? Malheureusement, dans un homme du caractère de M. Duverney, vous êtes forcés d'avouer qu'il faut au moins respecter ce qu'on ne peut comprendre : car d'aller s'attacher au sens littéral, en vérité, vous seriez beaucoup plus indécents que vous ne m'avez reproché de l'être! Or, comme la question d'aujourd'hui n'est pas d'expliquer ce que voulaient dire tous ces chiffres, ces hiéroglyphes, mais seulement de constater, de bien prouver qu'il y avait deux commerces entre M. Duverney et Beaumarchais, l'un public, ostensible et simple, et *tel que la différence des âges et des états le comportait*; et l'autre, non-seulement bien familier et sans façon, mais d'autant plus mystérieux et badin que l'objet en était plus grave, et la perte des billets plus dangereuse : ne pensez-vous pas, comme moi, que j'ai porté la preuve de ce fait aussi loin qu'elle peut aller?

J'ai d'autres billets encore, entendez-vous? J'en ai encore; mais en voilà bien assez pour montrer combien peu sensée, peu réfléchie, est la consultation des *soussignés*, et combien plus audacieuse et sans vergogne est l'âme de celui qui me force me laver ainsi de ses calomnies, quoique tous ces écrits lui eussent passé sous les yeux longtemps avant qu'il fût question de ce procès entre nous.

D'après ce que vous venez de lire, ô défenseurs du comte de la Blache, jugez de quel mérite est à mes yeux votre grave commentaire (page 46 et 47) sur le dernier *alinéa* de ma lettre du 22 septembre 1769, où vous m'accablez du poids de votre sainte colère : la tirade est trop curieuse pour n'en pas régaler le lecteur.

« Enfin, l'indécence de la dernière partie de la lettre
« est tellement révoltante, qu'elle suffira pour porter la
« conviction, dans tous les cœurs honnêtes, que la let-
« tre n'a point été faite pour parvenir à M. Duverney.
« Dans son billet, celui-ci mandait : *J'ai remis le billet*
« *doux à sa destination : le monde m'a empêché de le*
« *faire lire; on l'a mis dans la poche, et on a promis*
« *réponse dans deux jours*. Il est sensible qu'un billet
« doux envoyé à M. Duverney, pour le faire lire à quel-
« qu'un, ne pouvait être que pour une personne dont
« le sieur de Beaumarchais sollicitait la protection;
« mais comme il était essentiel à son roman de sup-
« poser entre lui et M. Duverney la plus grande familia-
« rité, il s'est porté à l'excès de mettre dans sa lettre :
« *Ci-joint un billet doux, vous m'entendez? Lisez, mon*
« *ami, et dites que je ne suis pas un amant attentif.*
« *Aussitôt arrivé, mes premiers vœux sont pour les plai-*
« *sirs de la petite*, etc... »

Ici finit ma citation. Sublimes commentateurs! qui vous êtes creusé si gratuitement le cerveau pour nous donner en consultation un chef-d'œuvre aussi long que celui d'un inconnu, quoique moins bon, puisqu'il faut tout dire, n'êtes-vous pas un peu honteux d'avoir été, comme des étourneaux, donner dans le piège ridicule que le seigneur ON vous a tendu sur ce commerce familier? Vous lavera-t-il de la honte d'avoir été si grossièrement sa dupe, et d'avoir insulté un honnête homme à plaisir, sur sa périlleuse parole?

Comment ne vous est-il pas venu à l'esprit, en voyant dans la réponse de M. Duverney, du 22 septembre 1769, le mot étrange de *billet doux* écrit de sa main, que le jeune Beaumarchais n'ayant pu conduire la plume du vieillard Duverney lorsqu'il répondait, puisque celui-ci consentait à puiser dans la lettre de l'autre l'expression figurée de *billet doux*, par laquelle j'avais désigné la lettre jointe à la mienne, il fallait pourtant bien que cette expression follette, *orientale*, eût un sens mystérieux? Mais surtout comment n'y avez-vous pas reconnu la trace de la douce familiarité annoncée entre les deux amis, puisque le plus âgé ne dédaignait pas, en répondant, d'user des mêmes tournures badines employées par le plus jeune? Comment n'avez-vous pas vu cela? J'en suis désolé! Je vous croyais plus forts d'intelligence et de conception.

Maintenant que vous en savez autant que moi sur la nature de ce commerce familier, je reprends ma question, et vous donne à mon tour un long temps pour y répondre. Que dites-vous de votre ennuyeux commentaire de cinquante-huit pages sur l'acte du 1er avril, et sur les lettres qui l'accompagnent? N'en êtes-vous pas un peu honteux?

Mais si le tort de ces illusions, de ces insinuations, est tout au comte de la Blache, un artifice qui vous appartient en entier, et qu'on ne peut excuser en des gens honnêtes, comme ceux dont j'aperçois les signatures au bas de la consultation, c'est, en citant, en rapportant nos lettres familières, d'avoir toujours affecté, pour tromper le lecteur, de commencer par donner les réponses de M. Duverney comme écrites les premières, et de n'avoir jamais cité qu'après elles mes lettres, qui, dans l'ordre naturel de leur style, semblent au moins avoir été dictées avant les siennes. Vous êtes-vous flattés qu'un artifice aussi niais et puéril tromperait quelqu'un?

Voyez vous-mêmes la pitoyable figure que vous faites dans votre consultation (page 48), en nous donnant pour un billet écrit le premier cette réponse de M. Duverney : « Il faut se voir avant de rien ordonner. Le « temps est trop court. » Et celui-ci, de moi, comme écrit le second :

« Puisque mon bon ami craint d'employer son no-
« taire, *à cause de ses malheureux entours*, je vais com-
« mander l'acte au mien : s'il l'approuve, il sera fait
« demain au soir, et on lui portera tout de suite à si-
« gner, etc.... » Le billet : « Il faut se voir avant de
« rien ordonner. Le temps est trop court, » ne serait-il pas bien inintelligible, s'il n'eût été précédé d'un autre auquel il répond? Et n'est-il pas, au contraire, la réponse naturelle d'un homme qui veut examiner encore, et surtout insister en conversant sur son éloignement pour un notaire? Voilà ce que je ne puis vous pardonner, en ce que cela est partial et de mauvaise foi.

Ici l'avocat-commentaire ajoute (page 49) : « De plus,
« ces mots : *avant de rien ordonner*, ne peuvent pas se
« rapporter à un compte. » — Vous avez raison, seigneur licencié! Mais ils se rapportent fort bien à un *acte* qu'on veut *commander* à un notaire.

« Par quelle raison, ajoute encore le licencié, M. Du-
« verney aurait-il craint son notaire? » (p. 49, à la suite.) — Il l'aurait craint, bachelier, par des raisons que j'expliquerai plus loin, en mettant au jour les *ruses du comte de la Blache*; et je vous promets de n'y pas oublier ce qui paraît vous agiter en ce moment.

Et cette autre réponse de M. Duverney à mon billet du 6 mai 1770 n'a-t-elle pas bonne mine à être citée par vous comme première lettre? *Je ne le puis, par des raisons que je vous dirai.* Je ne le puis... Quoi? l'on avait donc demandé quelque chose? Et si M. Duverney ne pouvait *remettre encore au porteur les contrats reçus ou billets sollicités* dans ma missive du même jour, sa réponse n'était-elle pas aussi simple que naturelle? *Je ne le puis, par des raisons que je vous dirai.* — Tout cela ne détruit pas mes conjectures, dit le comte de la Blache : *Is fecit cui prodest* : voilà mon raisonnement. Il est savant, votre raisonnement! ne veut-il pas dire : Celui-là fit le billet, à qui le billet devait profiter? — Fort bien.

— Mais que penseriez-vous, monsieur, d'un avocat qui s'essoufflerait à vouloir vous persuader qu'entre deux billets écrits d'amitié, celui qui contiendrait ces mots : *Fort bien, Dieu merci, et vous?* serait la demande; et celui qui offrirait ceux-ci : *Comment vous portez-vous, monsieur?* la réponse? Ne vous permettriez-vous pas de rire un peu du bavardin? *Rideamus quoque; nam tu es ille vir! O digne baccalauree!* Moi aussi je parlerai latin, puisque chacun montre sa science. En effet, un argument en *us* de temps en temps ne dépare pas un mémoire, et cela orne bien une procédure.

Cependant, si toutes les lettres que je viens d'entasser ne sont pas réellement les réponses à celles auxquelles je prétends qu'elles répondent sur le même papier, il faut avouer au moins qu'elles sont les réponses à quelque chose de moi pour M. Duverney.

O judicieux, intègre légataire, c'est vous que j'interroge : vous qui avez trouvé plusieurs lettres ostensibles de moi dans son secrétaire, et qui les y avez laissées avec tant de scrupule! vous y aurez vu sans doute aussi toutes celles qui m'ont valu les réponses que je présente? et pour gagner votre cause en arguant mes lettres de faux, la moindre chose que vous puissiez faire est de nous montrer les véritables.

Il serait bien étonnant que, sur une foule de lettres importantes écrites par moi dont j'ai produit les réponses, vous n'eussiez trouvé dans le bureau que deux ou trois billets qui n'ont aucun rapport au sien, et qui par là n'en servent que mieux à prouver qu'il y avait deux commerces entre nous, indépendants l'un de l'autre : le premier marchant gravement, simplement, mais ne disant rien parce que la voie qui le faisait parvenir était publique, et dangereuse aux secrets; et de cette nature sont les trois lettres que vous citez : l'autre, sans protocole, sans gêne, et tel que je le prouve, écrit et répondu sur le même papier tant dans les lettres qui se rapportent à l'acte du 1er avril, que dans celles qui ne s'y rapportent pas.

Montrez-nous-les donc toutes ces lettres auxquelles la foule des réponses de M. Duverney sont applicables! alors je vous donne quittance, et je m'avoue vaincu. Cela est-il net?

En 1761, j'ai acheté une charge de cinq cent mille livres; en 1762, une autre de soixante-dix mille livres; en 1765, une maison de soixante mille livres, etc. Ou j'avais de l'argent pour les payer, et alors je n'étais pas ce jeune homme altéré de fortune que vous dites; ou je n'avais pas d'argent, et quelqu'un m'en a prêté. Cherchez dans l'univers un seul homme, autre que M. Duverney, qui m'ait alors obligé de cent francs, amenez-le-moi : je vous donne quittance, et je m'avoue vaincu. Cela va-t-il bien encore?

Lorsque j'avoue que M. Duverney m'a prêté plus de huit cent mille livres, lorsque vous-même avez imprimé ces mots dans de premiers mémoires que vous n'osez plus produire : « La fortune de M. Duverney était un
« butin que le sieur de Beaumarchais croyait lui appar-
« tenir; » que ne profitez-vous de mon offre? Ou je dois

ces sommes considérables, ou je les payées. Si je les dois encore, montrez-en les titres : si je les ai payées par un autre arrangement, montrez-en les traces : et sur ces traces ou sur ces titres, je vous donne quittance, et je m'avoue vaincu. Suis-je honnête et franc, à votre avis? A vous à parler, mon ennemi ! car c'est bien tout, je crois.

— Comment ! tout. Et ces trois lettres des 8 février, 4 juin et 11 octobre 1769, sur lesquelles vous passez à vol d'oiseau; ce certificat si fort du médecin, qui contredit votre lettre du 7 juillet 1770, et surtout cette date du mercredi 9 mai 1770, appliquée sur l'indication *samedi* 11, de M. Duverney, que nous vous avons si ingénieusement reprochée (pag. 51, 52 et 53), et sur laquelle, à vrai dire, nous avons fondé tout le gain de notre cause, vous l'oubliez donc? vous la laissez à part sans oser y toucher? Quand on a tort, on est toujours pris par quelque endroit.

— Vous avez raison, messieurs, quant aux trois lettres ostensibles de 1769 ; aussi n'est-ce pas par oubli que je les écarte en ce moment, mais pour en orner la seconde partie de ce mémoire, intitulée : *les Ruses du comte de la Blache*.

Je devrais bien y porter aussi ma réponse au certificat mendié du médecin, car c'est là sa vraie place : mais puisque j'y suis invité, autant vaut-il que je l'expédie.

Le médecin vous a donc certifié que dix jours avant sa mort, M. Duverney, gaillard et dispos, ne ressentait ni chagrin ni incommodité? Comme je crois plus à la bonhomie du docteur qu'à la vôtre, ce n'est pas lui que j'interroge : il a pu se tromper sur le physique, ignorer le moral, et voir mal en tout. Mais vous qui passiez la vie en faction dans sa chambre, vos yeux attachés sur ses yeux, à piper l'héritage, à le hâter par vos désirs, comment ignoriez-vous ce que sa famille, ses commis, ses valets, tout le monde enfin savait chez lui, que c'est moins la vieillesse qui l'a emporté qu'un violent chagrin qui l'a tué? Comment pouvez-vous l'ignorer, vous, puisque je le savais, moi ; puisque ma lettre, à laquelle il répond le 7 juillet 1770, fixe la nature de ses peines, et lui rappelle qu'il me les a confiées peu de jours avant?

En effet, je l'ai vu si désolé, si furieux, dans notre dernière entrevue, le 3 ou 4 juillet, quoique ses gens et les miens eussent été forcés de m'enlever de ma voiture et de me porter dans son cabinet, parce que j'étais mourant moi-même; il pouvait si peu se modérer en me parlant, qu'après avoir passé deux heures à m'efforcer de le calmer, j'emportai l'affreuse certitude que ce chagrin le mettrait au tombeau.

Voilà ce qui me fit presser, par ma lettre du 7, le retour de mes papiers et de mes fonds ; ce qui me fit ajouter, quoique très-peu en état d'écrire : « Comment « va votre santé? surtout comment va votre tête? Vous « savez bien que je n'approuve pas l'excessif chagrin « que vous avez pris de ce dernier tracas. *Mon ami,* « cette École Militaire vous tuera ! Si vous êtes content « de ce que le roi a reçu votre mémoire, qu'importe « ce que pense le ministre de la route que vous avez « prise pour cela? Madame... était tout aussi bonne « qu'une autre. A l'égard de la colère de M..., *mon bon* « *ami*, quand on a fait le bien toute sa vie, et que l'on « a quatre-vingt-quatre ans de vertus et de travaux sur « la tête, on est bien grand ! Voilà mon avis; donnez- « moi de vos nouvelles. »

L'infortuné répond sur le même papier à mon affaire, et finit ainsi sa lettre : « Je suis toujours au même état ; « il ne se changera qu'avec de la patience ; cinq ou six « jours de lit. Mon bras se sent du changement de « temps. MA TÊTE EST SI PLEINE DE MA MALHEUREUSE AF- « FAIRE, QUE JE NE SUIS PLUS MAÎTRE DE MA TRANQUILLITÉ. « Je compte vous voir à votre retour. » Soixante heures après il est alité par ce chagrin, comme il l'avait prévu ; dans moins de six jours le malheureux homme est sous la tombe : et un insidieux héritier, contre ma lettre, contre la réponse de M. Duverney, contre la notoriété publique, et contre sa conscience (à la vérité qu'il foule aux pieds sans scrupule), vient donner le démenti le plus absurde au chagrin, à la souffrance, à la mort du vieillard !

M. Duverney m'écrit : *Je suis incommodé, ma tête est trop pleine, etc.* Il meurt presque en l'écrivant ; et parce que son héritier se portait bien, était joyeux quand il mourait de chagrin, cet héritier veut que l'on croie sur sa parole. Il ira jusqu'à vouloir nous persuader que le malade ne savait pas ce qu'il disait en écrivant : *Je souffre.*

Au reste, monsieur le comte, sur ces mots de sa dernière lettre : *Mon bras se sent du changement de temps*, ce n'est pas assez qu'un docte médecin, à votre réquisition, lui donne un démenti sur sa douleur passagère *au bras*; il n'y a ici d'effleuré, par le certificat du docteur, que cette moitié de l'aveu du vieillard, *mon bras se sent...*; et quoique le médecin dût mieux savoir, sans contredit, que le malade, si ce malade souffrait ou non, je ne me rends pas que vous n'ayez joint à son certificat celui d'un faiseur de baromètres, qui, démentant ce reste de la phrase... *du changement de temps*, nous atteste aussi que le mercure, à cette époque, n'a pas varié d'un degré dans le tube. Alors il faudra bien avouer, malgré nous, que la lettre de M. Duverney, la mienne, son chagrin, sa maladie, sa mort même, ne sont que des chimères ! Mais comment avez-vous oublié le faiseur de baromètres? vous, l'homme aux certificats, l'homme aux ruses, aux précautions d'avance! N'êtes-vous donc plus le véritable *Falcoz?* Réellement vous vous négligez un peu sur ce procès-là.

Quant à l'erreur d'indication et non pas de date, que M. Duverney a faite en répondant à ma lettre *du 9 mai* 1770, je croyais qu'après avoir si bien, si clairement fondé la vérité des lettres familières qui se rapportent à l'acte du 1ᵉʳ avril, par leur suite et leur parfaite analogie avec celles qui ne s'y rapportent pas, je pouvais me dispenser d'abuser de votre indulgence, en défendant une légère erreur de désignation faite par M. Duverney, et non par moi-même. Mais puisque vous n'êtes pas fatigué de m'écouter, je vais joindre à la preuve analogique la preuve irrésistible d'un fier argument; et puisque c'est tout de bon que ce fait vous paraît grave, il faut s'y arrêter. En effet, j'ai vu que vous aviez fait corner tous les exemplaires de votre mémoire en cet endroit pour qu'on le remarquât.

Le comte de la Blache a fait, dit-il, une découverte absolument décisive pour le gain de son procès. Il s'est aperçu qu'en réponse à l'un de mes billets, daté *du 9 mai 1770*, et finissant par ces mots : « A quand donc « la bonne fortune ? Je suis tous les jours à l'ordre « comme un mousquetaire. Je ne le puis *ni demain, ni* « *vendredi*, » ce qui constate d'abord que mon billet fut écrit le *mercredi 9 mai 1770*. Il a découvert, dis-je, que M. Duverney m'a répondu sur le même papier, au lieu de *samedi 12*, ces mots : « Samedi 11, à huit heures du soir, ou dimanche à la même heure. » Et, tout joyeux de sa trouvaille, il emploie une page et demie à tirer d'une légère erreur de M. Duverney la juste induction que sa réponse ne saurait s'appliquer à mon billet *du 9 mai*, mais qu'elle appartient à une lettre écrite le 8 février 1769 ; et voici comment il raisonne. En vérité cela est aussi lumineux que judicieux.

Le sieur de Beaumarchais, composant après coup, dans son cabinet, une prétendue lettre écrite pour cadrer à la réponse faite depuis longtemps par M. Duverney, a cru de bonne foi que, le samedi désigné étant le 11 mai, il n'avait qu'à mettre sur le sien : Ce 9 mai; que par là sa lettre semblerait antérieure de deux jours à celui qui était indiqué pour rendez-vous. « Malheureusement il « n'a pas été consulter l'almanach de l'année 1770, car « il y aurait vu que, dans le mois de mai 1770, il n'y « avait pas de samedi qui fût le 11, etc. » (Page 55.)

Je n'affaiblis pas l'objection, comme on voit ; au contraire, je la rends plus claire, en la débarrassant de cet entortillage de style qui fait de tout ce mémoire un ambigu si lourd et si difficile à comprendre.

Mais prenez garde, avocat ! vous vous fourvoyez. Il ne fallait pas accorder au fripon pour qui vous me donnez, que *malheureusement il n'a pas été consulter l'almanach de l'année 1770*. Par cet aveu maladroit, vous lui passez gain de cause entier! Voyez vous-même.

Ces termes de mon billet : *Je ne le puis ni demain, ni vendredi*, prouvent clairement que je l'aurais écrit comme envoyé le *mercredi*. Si je l'avais composé après coup, et *sans l'almanach de l'année*, à l'aspect de ces mots, *samedi 11* d'un billet dont je voulais abuser, j'aurais dit, en comptant par mes doigts et rétrogradant à mesure, *samedi 11, vendredi 10, jeudi 9*, et j'aurais daté mon faux billet *du mercredi 8 mai*. Mon erreur alors appuyant celle du billet Duverney, j'étais pris comme un sot ; car deux hommes en s'écrivant ne font pas, chacun de leur côté, l'erreur de reculer d'un jour la vraie date de leur lettre ; une pareille fortuité devient trop improbable.

Mais il n'en va pas ainsi, mon cher ! j'ai daté *du 9 mai*. Le corps de mon billet prouve qu'il fut écrit le *mercredi*; et *l'almanach de 1770, que malheureusement je n'ai pas consulté*, nous montre que *ce mercredi était le 9 mai*. Donc, pour me supposer faussaire, vous deviez, ô avocat! renonçant à votre majeure, établir au contraire que j'avais l'*almanach* sous les yeux en appliquant le billet après coup. Donc vous ne savez ce que vous voulez en assurant que je ne l'avais pas ; donc vous n'avez encore rien prouvé. Voilà pour une : essayons l'inverse à présent.

J'avais donc l'*almanach* sous les yeux en composant mon infamie ? Mais si je l'ai consulté pour dater aussi juste *du mercredi 9*, comment n'aurais-je pas vu d'un coup d'œil que si *mercredi était le 9 mai*, le samedi suivant ne pouvait être le 11, puisqu'il y a trois jours pleins entre eux : qu'ainsi je ne devais pas, en datant mercredi 9, user d'un billet indiquant samedi 11 pour essayer d'enlever au pauvre comte de la Blache quinze mille francs sur son pauvre legs de quinze cent mille francs.

S'il est probable que M. uverney, donnant rapidement un rendez-vous deman   t pu se tromper en désig ant *samedi 11*, au lieu de *samedi 12* (car sa légère erreur est de désignation future), il n'est nullement probable que M. de Beaumarchais, enfermé dans son cabinet, et consultant à froid un *almanach de l'année* pour dater son faux billet si juste du *mercredi 9*, ait eu la *gillerie*, la *sottise*, d'appliquer sa date à côté de *samedi 11*, qui lui crevait les yeux.

Et ne voilà-t-il pas que, pour me dénoncer faussaire, il vous faut aussi renoncer à la seconde hypothèse, que j'avais l'*almanach* sous les yeux, quand je connus si bien que ce *mercredi était le 9*, ou que *ce 9 était un mercredi* ? Donc, pour me faire une aussi sotte insulte, il faut commencer par dévorer l'étrange et double absurdité de ne pouvoir poser en principe, *ni que j'avais l'almanach sous les yeux, ni que je ne l'avais pas* ; ce qui fait crouler tout votre édifice, et ramène à la seule idée possible, naturelle et vraie, que l'aspect des choses présente. M. de Beaumarchais écrit le *mercredi 9 mai 1770*, à M. Duverney : « A quand la bonne fortune ?.... Je ne « le puis ni demain ni vendredi ; tous les autres jours « sont à mon bon ami ; » et M. Duverney, voyant que M. de Beaumarchais ne peut venir ni demain *jeudi* ni vendredi, lui assigne un rendez-vous répondant pour samedi ou dimanche ; et au lieu de mettre *samedi 12*, il se trompe, et met *samedi 11, à huit heures du soir, ou dimanche à la même heure*.

Cela est-il clair ? et lorsque vous m'avez dit, flatteur que vous êtes (page 11), que j'étais *un jeune homme de beaucoup d'esprit*, ne me faisiez-vous donc ce compliment que pour tomber ensuite dans la contradiction risible de m'accuser partout de n'avoir fait que des bêtises ? Voilà pourtant de quelle force vous argumentez dans toute la plénitude de vos cinquante-huit pages, funeste raisonneur. A la vérité, cela devrait ne me rien faire ; mais vous me forcez à devenir aussi ennuyeux que vous, pour réfuter clairement vos affreuses inepties : voilà ce que je ne puis vous pardonner.

— Hé bien! monsieur de Beaumarchais, quand vous devriez vous irriter davantage, nous ne pouvons nous empêcher d'observer encore, sur votre analogie, que tous les billets répondus par M. Duverney, et qui se rapportent à l'acte du 1ᵉʳ avril, sont plus secs, plus décharnés, plus dénués de bonté, de familiarité, que ceux qui lui sont étrangers. Comment cela se fait-il? Étiez-vous brouillés? peu d'accord entre vous? quoi donc?

— Ha! ha! messieurs, c'est que je ne les ai pas tous produits ces billets : quoique, en honneur, le comte de la Blache les eût tous vus avant le procès; mais indépendamment de ceux que je n'ai plus, parce qu'il y en eut beaucoup de brûlés ou déchirés avant l'explication et la clef que je viens de donner, j'aurais craint que le ton badin et mystérieux qui règne en quelques-uns de ceux qui me restent, interprété malignement par vous, ne nuisît à la mémoire du plus respectable des hommes. Mais rien ne devant me retenir, après avoir tout éclairci, je ne crains plus de vous montrer... celui-ci, par exemple, qui, daté du 15 juin 1770, est postérieur à la signature de l'acte du 1ᵉʳ avril, et qui, malgré son badinage, s'y relate en toutes ses parties. Puisque j'ai la demande et la réponse, on sent assez que c'est moi qui écrivis le premier.

« Ce 15 juin 1770.

« Un peu de notre style oriental pour égayer la ma-
« tière. Comment se porte LA CHÈRE PETITE? Il y a long-
« temps que nous ne sommes embrassés. Nous som-
« mes de drôles d'amants! nous n'osons nous voir,
« parce que nous avons des parents qui font la mine :
« mais nous nous aimons toujours. Ah çà, MA PETITE, je
« vous ai rendu lettres et portraits; voudriez-vous bien
« faire de même! à la fin je me fâcherai. Autre article :
« depuis la grande pancarte, cette pancarte qui fait que
« de très-enchevêtrés que nous étions, nous ne sommes
« presque plus rien l'un à l'autre, j'ai eu affaire avec
« quelques fleuristes qui commencent à me presser pour
« les fleurs que je leur ai promises. LA PETITE sait bien
« que, dans l'origine, le mot fleurette signifiait une
« jolie petite monnaie, et que compter fleurette aux
« femmes était leur bailler de l'or; ce qui a tant plu à
« ce sexe pompant, qu'il a voulu que le mot restât au
« figuré dans le galant dictionnaire.

« Je voudrais donc que LA PETITE me comptât fleurette
« sur l'article de la balance de la grande pancarte, et
« qu'elle m'en composât un beau bouquet : les fleurs
« jaunes sont d'un usage plus commode. Ces jolies fleurs
« jaunes à face royale, que nous avons fait tant trotter
« pour le service de la PETITE autrefois!... Je ne la taxe
« pas pour la grosseur du bouquet; je connais sa galan-
« terie. Mais lundi est le jour de la fête où ce bouquet
« doit passer aux fleuristes. LA PETITE veut-elle bien dire
« quand je pourrai envoyer chez elle? »

J'ai rapporté cette lettre badine en entier, parce qu'à travers le voile et la frivolité de son style, on ne laisse pas d'y reconnaître tous les objets de l'acte sérieux du 1ᵉʳ avril précédent, et ceux dont les autres billets sont remplis. On y voit que les *lettres et portraits rendus, les autres redemandés*, sont tous les titres remis par moi et ceux promis par M. Duverney; que *la grande pancarte qui fait que de très-enchevêtrés*, etc., est l'acte du 1ᵉʳ avril. Alors, *compter fleurette sur l'article de la balance de la grande pancarte*, n'a plus besoin d'explication. *Ces jolies fleurs jaunes que nous avons tant fait trotter autrefois pour le service de* LA PETITE, n'en ont pas besoin non plus. Rien enfin n'est si clair, si sérieux, quoique si badin, que cette lettre.

Elle présente encore à nos juges un aspect plus satisfaisant pour moi : c'est que, ne pouvant évidemment se rapporter qu'aux objets graves et consignés dans l'acte du 1ᵉʳ avril 1770, elle se reflète à son tour avantageusement sur les lettres étrangères à l'acte que j'ai citées, et forme la preuve la plus forte que le sens littéral de toutes ces lettres badines n'est qu'un masque ou le *domino* sous lequel deux hommes d'État iraient se concerter mystérieusement au bal de l'Opéra.

— Tout cela va fort bien, monsieur de Beaumarchais. Mais cette lettre et l'induction que vous en tirez ne peuvent avoir de force et de valeur, selon vos expressions mêmes, *se refléter avantageusement sur les autres lettres*, et les enchaîner toutes aux liaisons qui ont fondé l'acte du 1ᵉʳ avril, qu'en supposant que la réponse de M. Duverney serait autre chose qu'un rendez-vous tout sec, et qu'il s'y avouerait, par exemple, être *la petite* à qui vous demandez si librement des *fleurs jaunes*.

— Très-volontiers, messieurs. Voyons si M. Duverney, blessé de mon ton leste et libre, en a pris un plus sec, plus sévère et plus réprimant, dans sa réponse écrite sur le même papier, de sa main; la voici mot pour mot :

« Soyez demain à neuf heures du matin CHEZ LA PE-
« TITE; elle vous offrira le BOUQUET de la fête de lundi.
« Ce n'est pas sans peine que l'on a rassemblé les FLEURS
« les plus rares dans le moment présent. »

Rapprochons maintenant la lettre et la réponse; ou plutôt laissons les réflexions. Graves éplucheurs! si cette pièce vous embarrasse aujourd'hui, vous la parfilerez tout à votre aise; car je la joins aux autres pièces du procès, quoique tout cela soit, comme je l'ai dit, fort inutile au soutien ou au débat de l'acte inexpugnable du 1ᵉʳ avril 1770. Mais c'est vous qui m'y forcez; et je ne veux rien vous laisser à désirer.

— Une seule question seulement, monsieur de Beaumarchais, sur ce billet. Fûtes-vous chez la petite le lendemain? — Non pas ce jour-là, ni les suivants, judicieux questionneur. — Et pourquoi donc? devant y prendre de l'argent et des papiers; cela n'était-il pas très-intéressant pour vous? — Certainement, mon cher monsieur; mais par malheur ce fut le 15 même, à huit heures du soir, que je tombai si dangereusement malade d'une fièvre absorbante, et qui m'a tenu plus de deux mois au lit, tant à la ville qu'à ma maison de Pantin, comme cela est authentique à Paris. L'on sent bien que je ne pouvais donner une pareille commission à personne : c'est ce qui fit que, trois jours après, tourmenté de l'idée que M. Duverney devait être bien surpris de ne m'avoir pas vu, je lui écrivis de mon lit le billet suivant :

« Ce 18 juin 1770.

« M. de Beaumarchais, qui est dans son lit avec une
« fièvre que l'on qualifie de spasmodique (c'est le terme
« de M. Tronchin), a l'honneur d'en donner avis à
« M. Duverney. C'est ce qui l'a empêché d'aller rappeler
« au souvenir et à la bonté de M. Duverney qu'il doit
« lui remettre des papiers importants, lesquels, à vrai
« dire, feraient grand plaisir au pauvre malade. »

Je souffrais : mon ton était simple et grave. Un laquais de ma femme portait ma lettre. Or ce n'était ni le temps de badiner, ni celui d'être sec dans la réponse, un ton familier même y eût été déplacé, puisque je ne l'avais pas pris dans le mien. Aussi le bon, l'honnête, le judicieux, le respectable M. Duverney prend-il, en me répondant, le ton sérieux de l'intérêt le plus vif.

« Votre santé m'inquiète, monsieur ; faites-m'en donner des nouvelles tous les jours, jusqu'à ce que je
« puisse vous voir, *ce que je désire ardemment.* »

On ne peut pas s'empêcher d'être un peu frappé de ces mots dans un billet sérieux, *ce que je désire ardemment*, à l'instant où je suis malade, en me priant *de lui faire donner de mes nouvelles tous les jours*, quand on a lu dans la consultation du comte de la Blache (page 55) « que jamais le sieur de Beaumarchais n'en a
« reçu un seul mot d'honnêteté par écrit. »

— Mais peut-être aussi ce billet n'est-il pas pour vous ? — Pardonnez-moi, messieurs, il est pour moi, répondu de sa main, sur le même papier ; et quoique le mien fût plié, cacheté par moi, en simple billet, même sans adresse, il me l'a renvoyé sous enveloppe, avec cette adresse de sa main : *A monsieur de Beaumarchais, à Paris;* cacheté de ses armes.

— Tout cela paraît sans réplique, monsieur : cependant il nous reste encore un scrupule. Toutes les réponses de M. Duverney, écrites au haut d'une page ou d'une feuille, nous paraissent offrir une si grande facilité à l'abus qu'on pouvait en avoir fait, qu'avec les insinuations du comte de la Blache, nous avons été, ma foi, plus qu'à demi persuadés que vos billets étaient appliqués après coup sur ces prétendues réponses...

— Avec votre permission, messieurs, il n'est pas vrai que toutes les réponses de M. Duverney soient écrites au haut des pages ou des feuilles ; elles sont, d'un sens, de l'autre, à côté, dessus, derrière, sur le même ou sur le second feuillet, etc...

— Oui, mais il n'y en a pas une seule écrite d'une façon irrésistible, et qui porte la conviction dans l'âme que ce qui semble vous répondre est invinciblement la réponse à votre lettre. Quoi ! pas un seul billet de M. Duverney qui soit placé, par exemple, immédiatement au-dessous de votre écriture à vous, de façon qu'il soit impossible à l'homme le plus difficile, en le voyant, d'imaginer que M. Duverney eût choisi, pour vous adresser quelques mots, le milieu ou les deux tiers de la page, et vous eût laissé au-dessus de son billet une grande place blanche pour y appliquer le vôtre après coup ? Comme une telle façon d'écrire un premier billet serait absolument improbable, en le voyant servir de réponse au vôtre écrit dessus, il n'y aurait plus de moyen de douter que le vôtre n'eût été écrit le premier, et que celui de M. Duverney ne fût la vraie réponse, à laquelle nous n'hésiterions plus de nous rendre ; et c'est alors seulement que nos doutes sur un commerce libre entre vous deux, toujours répondu sur le même papier, seraient levés : alors la puissante analogie que vous invoquez serait dans toute sa force, et nous laisserait sans réplique.

— En vérité, messieurs, ne doutez pas que dans plus de six cents lettres ou billets brûlés par moi, il ne s'en trouvât quelques-uns écrits et répondus comme vous le désirez. Mais dans ceux qui me restent, et qu'on m'a forcé très-inutilement de produire au soutien d'un acte qui n'avait nul besoin de soutien, s'il ne s'en trouve pas d'écrits ainsi, c'est par la raison, ou que mes billets remplissaient toute la première page, ou que, devant replier la lettre qu'il me renvoyait, afin que son cachet ne tombât pas sur la place déchirée par le mien, M. Duverney a presque toujours retourné le feuillet ou le papier pour me répondre. Que sais-je ? et comment pourrais-je expliquer la bizarrerie de pareilles fortuités ?

— C'est pourtant cela seul qui pourrait nous convaincre.

— Eh ! monsieur l'avocat-virgule, à quel misérable pointillage attachez-vous votre prétendue conviction ? Quand on se rend si minutieux sur les preuves, on n'a guère envie d'être convaincu !

Cependant voyons... Comme je veux essayer de vous complaire en tout, je vais joindre aux pièces du procès encore un billet à sa réponse, à la vérité très-inutile à l'acte du 1er avril, mais au moins propre à vous satisfaire. Je l'ai par hasard dans les mains, et il remplit si bien toutes les conditions par vous exigées, que j'espère après cela que vous me laisserez tranquille. Il est sans date, et se rapporte à des envois d'argent qui regardaient personnellement M. Duverney. Je lui écrivais :

« Vous avez oublié, *ma chère amie*, de donner vos
« ordres au petit bonhomme, et tout est resté là. Je ne
« puis pourtant pas tarder davantage. Si vous voulez
« dire à mon commissionnaire ce qu'il doit faire, je
« vous saurai un gré infini de cette complaisance, et je
« vous en remercierai demain au soir. En vérité, je ne
« puis reculer mon envoi. Samedi matin. »

— Toujours *ma chère amie* ? Ma chère amie à M. Duverney ! on ne s'accoutume pas à cela.

— Hé ! certainement, mon cher ! Comment cela vous émeut-il encore ? Le but de ma complaisance, en vous montrant ce billet, n'est pas de réveiller la question du style, et de rebâcher dix fois pour en justifier le figuré, mais de vous faire échec et mat sur les pointilleuses preuves exigées par vous d'un commerce écrit et répondu sur le même papier, mais répondu si certainement à mes billets écrits, qu'il n'y ait plus moyen de dire non.

Examinez donc bien celui-ci, ces deux écritures, sa forme, son papier, ses déchirures, ses plis, ses cachets, et surtout brûlez-vous les yeux sur la place de la réponse. Elle est de la main de M. Duverney répondant à *ma chère amie*, écrite sur la même page que mon billet, immédiatement au-dessous de mon écriture, du même sens, aux trois quarts de la page, vers le bas ; et ce billet ne contient que ces mots :

« Je n'ai pas vu le petit ; demain je vous arrange-
« rai. »

Certes, messieurs, s'il a choisi cette place exprès pour m'écrire quatre mots bien respectueusement aux trois quarts de la page, et qu'il ait laissé au-dessus tout le reste en papier blanc, afin que je pusse en abuser au bout de dix ans contre son légataire, il était aussi ridicule ce jour-là qu'il fut stupide le jour qu'il mit, dit-on, sa signature et la date fixe du 1er avril 1770 au bas du second verso d'une grande feuille de papier à la Tellière : ce qui m'eût laissé quatre pages de grand blanc où j'aurais pu placer, non une créance détaillée de quinze mille livres, mais bien une en trois cents articles de quinze cent mille livres, et qui eût absorbé l'héritage !

Et le comte de la Blache, qui vous a fait écrire et soussigner tant d'injurieuses absurdités, messieurs, avait pourtant vu toutes ces lettres longtemps avant le commencement du procès.

— Oh! monsieur de Beaumarchais, voilà trop de fois aussi que vous répétez que le comte de la Blache avait vu toutes ces lettres avant le procès! Il faut vous fermer la bouche au moins sur cet objet, en vous prouvant qu'il n'en connaissait rien lorsqu'il vous fit sommer de déclarer de quelle main était l'écriture de l'acte du 1er avril, puisqu'il nous a fait imprimer (page 16 de notre consultation) : « Naturellement il dut naître des inquiétudes,
« des soupçons ; mille idées durent se présenter à l'es-
« prit (*du comte de la Blache*) : tout annonçait une
« œuvre mystérieuse, une entreprise aussi hardie que
« profondément méditée. Mais comment la pénétrer?
« comment la démasquer? Le comte de la Blache essaya
« de tirer quelques lumières du sieur Beaumarchais
« lui-même : le 25 septembre 1871, il le fit sommer de
« déclarer, *etc.* »

— Et c'est le comte de la Blache qui vous fait imprimer de si belles choses? — Le comte de la Blache lui-même. — Et c'était le 25 septembre 1771 qu'il avait tant d'inquiétude et de désir d'obtenir ses éclaircissements de moi? — Le 25 septembre 1771.

— Bonnes gens que vous êtes, vous ne savez pas encore votre *Falcoz* par cœur ! Apprenez donc, avocats candides et naïfs, ou qui feignez de l'être, que dix mois avant l'époque du 25 septembre 1771, et six mois avant qu'il fût seulement question de procès entre le légataire et moi, ce seigneur avait vu chez Me Mommet, mon notaire, rue Montmartre, à Paris, l'acte du 1er avril, tous les lettres qui s'y rapportent, et même beaucoup de celles qui ne s'y rapportent pas ; que, loin de désirer des éclaircissements que je le pressais de recevoir à l'amiable, ce bon seigneur les fuyait dès lors comme la peste ; et c'est ce que je vais vous prouver sans réplique...

— Nous vous arrêtons, monsieur de Beaumarchais ! Prenez garde, et réfléchissez avant tout que vous taxez là un gentilhomme, un officier général, d'une chose infâme ! Avant d'aller plus avant, voyez comme il vous fait accuser par vous d'avoir fabriqué ces lettres *dans le cours du procès*, APRÈS COUP, *et pour répondre aux objections* de Me Caillard, son avocat ! Voyez ce qu'il nous fait imprimer (page 53) : « *On lui objectait* que
« l'écrit du 1er avril ne prouvait point la remise des
« pièces. Il m'a fait cette lettre (*après coup*) pour prou-
« ver cette remise. »

Après de telles déclarations d'un homme d'honneur, dire et soutenir qu'il avait vu toutes ces lettres longtemps avant le procès !... Prenez garde, monsieur, prenez garde ! Voyez donc ce qu'il nous fait articuler (p. 42) : « *Pour se tirer du mauvais pas où il s'était*
« *engagé*, il a formé le projet de faire passer ces petits
« écrits de M. Duverney comme des réponses à des
« lettres qu'il a *forgées et écrites*... à des lettres qu'il a
« *imaginées après coup*. »

Rien de si positif que ces déclarations ! Prenez donc garde, monsieur, à ce que vous allez dire. Savez-vous bien qu'il y a de quoi perdre à jamais et déshonorer l'un de vous deux ? Et si vous aviez une fois écrit un pareil fait sans le prouver !... Tenez, lisez encore ce qu'il nous fait imprimer (page 53) : « ON *lui objectait*
« *que*, dans l'écrit du 1er avril, il était dit dans un en-
« droit : Le contrat de rente viagère en brevet ; et en
« un autre endroit : La grosse du contrat ; *c'est pour*
« *lever cette équivoque qu'il met dans sa lettre* (subaud.
« *après coup*) : Le brevet ou le contrat en brevet. »

Après des faits si positivement articulés, à qui persuaderez-vous que M. le comte de la Blache, un homme de condition, un maréchal de camp, ayant vu ces lettres, fût assez vil...

— Halte là, messieurs, à mon tour ! Laissons les qualifications, et voyez mes preuves. Elles sont tirées d'un petit commerce épistolaire aigre-doux, qui fournit quelques lettres entre le légataire et moi, peu après la mort du testateur. J'ai, Dieu merci, conservé la copie des miennes et les originaux des siennes.

Après plusieurs lettres et réponses, une lettre de moi, du 30 octobre 1770, portait cette invitation itérative au comte de la Blache :

« Je me suis pressé de renvoyer à mon notaire mes
« papiers qu'il m'avait rendus, comme inutiles chez
« lui, jusqu'à déposition pour minute, etc.

« J'ai donc l'honneur de vous proposer encore une
« fois de nous rassembler chez ce notaire. Je désire
« que vous puissiez engager une personne impartiale et
« instruite à vous y accompagner. Quelles que soient
« vos intentions, comme nul homme sensé ne plaide
« contre l'évidence et ses propres intérêts, j'espère que

« la communication de mon titre, ET LES EXPLICATIONS
« QUE JE SUIS PRÊT A VOUS DONNER SUR LES MOTIFS DE SON
« EXISTENCE, vous porteront à prévenir, par un arrange-
« ment à l'amiable, des demandes juridiques, auxquelles
« je ne me détermine jamais qu'à la dernière extrémité.
« J'ai l'honneur d'être, etc.

« *Signé* : CARON DE BEAUMARCHAIS. »

Que répondit à ces invitations *le légataire universel*, devenu si fier de son nouveau titre ?

« Ce 31 octobre.

« La seule proposition que je puisse accepter, mon-
« sieur, est celle que vous me fîtes, IL Y A QUELQUE TEMPS,
« de faire remettre chez M. Mommet, votre notaire, vos
« TITRES ET LETTRES A L'APPUI, EN ORIGINAUX, afin que je
« puisse les examiner moi-même et en prendre con-
« naissance. Toute entrevue deviendrait inutile, et ne
« conduirait à rien avant ce travail. JE CROYAIS M'EN ÊTRE
« EXPLIQUÉ ASSEZ CLAIREMENT dans ma dernière, etc... (*Il
« est fier, notre ennemi !*) J'ai l'honneur d'être, etc. »

« *Signé* : LA BLACHE. »

Elles existaient donc en octobre 1770, ces *lettres en originaux, à l'appui de l'acte*, puisque le fier légataire avoue dans sa lettre du 31, que, *depuis quelque temps*, je lui avais offert de les soumettre à son examen chez mon notaire ? J'offrais donc aussi tous les éclaircissements possibles ?

— Il n'y a plus moyen, à la vérité, de douter que les lettres n'existassent ; mais il est possible encore, à la rigueur, que M. de la Blache ne les ait pas vues avant les procédures.

— Je sais bien, messieurs, qu'il le nierait, s'il osait ; mais comme je n'ai pas le temps de lui en laisser le loisir, que ce n'est pas sans preuve que je l'ai dit, et que ses premiers mémoires l'attestent, je le répète : Oui, messieurs, il les a vues, lues, tenues et relues avant le procès, chez mon notaire, le *mardi 6 novembre* 1770, et c'est encore lui-même qui va vous le prouver. J'avais écrit à ce seigneur, le *6 novembre au matin* :

« Mon titre de créance est chez M. Mommet, monsieur :
« je le lui avais remis avant de vous écrire ma dernière
« lettre, où JE CROYAIS M'EN ÊTRE EXPLIQUÉ ASSEZ CLAIRE-
« MENT (*phrase du légataire dont je me parais aussi* : à
« fiérot, fier et demi). Si la crainte de m'y rencontrer
« vous a empêché d'en aller prendre communication,
« vous le pouvez toute la soirée aujourd'hui : M. Mom-
« met m'a promis de vous y attendre, etc... Avec des
« procédés un peu plus honnêtes, vous auriez obtenu
« de moi des éclaircissements de toute nature, mais
« peut-être avez-vous vos raisons pour ne pas vous
« soucier de les recevoir.

« J'ai l'honneur d'être, etc.

« *Signé* : CARON DE BEAUMARCHAIS. »

Et que répond l'héritier, bouffi de colère à l'aspect d'un créancier de quinze mille francs, dans un héritage de quinze cent mille francs, tombé du ciel ? Il me répliqua à l'instant :

« Quoique je ne me croie point obligé, monsieur, de
« répondre à VOTRE EMPRESSEMENT sur la connaissance
« que vous désirez DEPUIS SI LONGTEMPS que je prenne de
« votre titre de créance, JE PASSERAI CE SOIR CHEZ VOTRE
« NOTAIRE pour en examiner la teneur, etc... QUANT AUX
« ÉCLAIRCISSEMENTS que j'y aurais gagnés (*à m'y voir*), et
« dont vous me flattez, NE VOULANT RIEN OBTENIR, IL
« ÉTAIT ASSEZ SIMPLE DE NE RIEN DEMANDER, etc... Je suis
« très-parf..., etc.

« *Signé* : LA BLACHE. »

Il y alla le soir même ; et pour mieux procéder à *l'avération* des écritures, il y mena le sieur Dupont, depuis intendant de l'École Militaire, alors exécuteur testamentaire de M. Duverney, et qui, ayant été toute sa vie son secrétaire, connaissait bien son écriture ; il y mena le sieur Du Coin, caissier de M. Duverney, qui la connaissait bien autant, il y mena d'autres personnes encore, non une fois, mais plusieurs. M° Mommet leur montra l'acte et les lettres *en original* : là, tout fut examiné, bien lu, commenté par le noble héritier, mais avec des éclats, avec une fureur qui le mena jusqu'à dire « que si j'avais jamais cet argent, dix ans se seraient « écoulés, et que j'aurais été *vilipendé de toute manière* « *auparavant !* »

Depuis, et sous l'époque du 11 décembre 1770, M° Mommet, à ma prière, eut encore l'honnêteté de porter l'acte et les lettres *en original* avec un mémoire explicatif chez M° d'Outremont, avocat de ce riche léga-taire, son conseil y étant assemblé : ce qui est aussi constaté par deux lettres de l'adversaire et de moi. Et c'est d'après son examen critique et celui de tant de connaisseurs, que j'ai pressé de toutes les façons de prendre contre l'acte du 1ᵉʳ avril la voie de l'inscription de faux, la seule qui légalement lui fût ouverte, et c'est d'après ces examens aussi qu'il l'a toujours éludée, vou-lant bien, comme je l'ai dit, me dénigrer publique-ment, pourvu qu'il ne courût pas le danger de m'accu-ser juridiquement : et l'on veut que je me modère !... Il le faut cependant.

Que résulte-t-il de tout cela, très-gracieux *soussi-gnés ?* C'est que des lettres vues longtemps avant le pro-cès entamé n'ont pu être fabriquées, comme il vous le fait dire, longtemps après le procès entamé ; c'est que toutes ces lettres, que j'ai, dit-il, *forgées après coup pour me tirer du mauvais pas* où les mémoires et les bruyants plaidoyers du porte-voix Caillard me jetaient en 1772, je viens de prouver qu'il les avait connues et très-aigrement commentées dès 1770, c'est-à-dire deux ans avant *les objections* du porte-voix, et mes prétendus *embarras* d'y répondre.

Il en résulte encore que, loin qu'en septembre 1771 le comte de la Blache, inquiet, fût empressé d'arracher de moi de premiers éclaircissements sur l'acte qu'il attaque, ses écrits prouvent que, dès 1770, il les avait aigrement refusés de moi. « Quant aux éclaircisse-

« ments dont vous me flattez, ne voulant rien obtenir, « il est assez simple de ne rien demander » (disait-il dans sa lettre du 6 novembre 1770).

Maintenant que tous ces petits faits sont bien éclaircis, à votre aise, messieurs, sur les qualifications ! de ma part j'estimerais que, n'y ayant point ici d'ânerie, ce ne serait pas le lieu d'appliquer les oreilles dont j'ai parlé plus haut : l'écriteau seul m'y parait convenable avec ces mots : *calomniateur avéré.*

Mais vous qu'il voulait rendre ses complices, avocats trop confiants ! comment n'avez-vous pas senti que chez lui c'était un parti pris ? que l'unique artifice de sa misérable défense est d'intervertir l'ordre naturel de toutes les choses écrites, de nier l'évidence même, et d'injurier, injurier, injurier ?...

En vérité, l'esprit se soulève et se révolte à tout moment ; et s'il y a des bornes à la patience même la plus absurde, il faut avouer qu'on a besoin de les reculer encore, pour qu'elle n'échappe pas à chaque objet de cette affreuse discussion ! Non, si l'espoir de charger, de couvrir un injuste ennemi de l'indignation de tous ceux qui me liront, ne modérait mon âme et n'enchaînait ma plume, à chaque période, une fièvre de fureur allumant mon cerveau, je rugirais comme un insensé ! je couvrirais mon papier des explosions d'une colère exaltée, au lieu des raisons que je dois et veux y consigner uniquement ! Mais aussi, quel indigne métier fait depuis six ans ce comte de la Blache ! Et s'il était capable de rentrer en lui-même, quelle terrible réflexion, pour un homme de nom qui s'honore de ses aïeux, de penser qu'après un tel procès jamais ses descendants ne pourront s'honorer de lui !

Il me hait, a-t-il dit, *comme un amant aime sa maîtresse !* c'est-à-dire avec passion, et il l'a bien prouvé. Mais qui pourra jamais deviner tout ce que je réprime en lui répondant !

Lorsque j'allais remercier les juges du conseil de ce qu'ils avaient anéanti l'indigne arrêt rédigé par ce Goëzman en faveur de son protégé la Blache, un magistrat, raisonnant avec moi de cette affaire, et me parlant avec intérêt du grand succès que je venais d'obtenir, me dit : — On a supprimé votre dernier mémoire, quoique bien frappé, parce qu'en effet il est un peu trop vif.

— Trop vif, monsieur ! Ni vous, ni aucun magistrat que je connaisse, n'êtes en état de juger cette question. Il me regarde avec étonnement : — Comment donc ? que dites-vous ?

— Pardon, monsieur, si je vous ai jeté dans un moment d'erreur ! mais ne vous méprenez plus à mon intention : elle est pure, et ce n'est pas votre amour-propre que j'attaque ; c'est votre sensibilité que j'interroge. Avez-vous jamais rencontré dans le monde un homme assez lâche, assez insolent, pour vous crier pendant six ans, à la face du public, que vous étiez un fripon sans autre droit qu'une injuste et criminelle avidité ? Non, sans doute, me répondez-vous. Hé bien ! pardon, monsieur ! mais vous qui n'avez jamais éprouvé de tels outrages, vous qui fronciez déjà le sourcil au seul soupçon que j'effleurais votre amour-propre, comment pourriez-vous juger du degré de ressentiment permis à un homme d'honneur, indignement attaqué et poursuivi, depuis dix ans, par la haine et la calomnie sur tous les points délicats de son existence ? — Il s'apaisa, me prit par la main avec bonté : —J'en ai parlé, me dit-il, non en homme, mais en juge austère ; et je ne puis vous blâmer de votre excessive sensibilité.

Résumons-nous maintenant, en rappelant au lecteur l'important aveu de l'avocat qui s'intitule les *soussignés,* imprimé par lui (page 40 de sa consultation), et les grands motifs qu'il allègue ensuite pour le combattre.

« Si les lettres rapportées sont parvenues à M. Du« verney, et si à chacune d'elles il a fait la réponse qui « y est appliquée par le sieur de Beaumarchais, il s'en« suivra très-certainement que M. Duverney a eu la plus « parfaite connaissance de l'écrit du 1ᵉʳ avril ; qu'il a « travaillé lui-même à le former, à le corriger, à le « mettre en l'état où il est. »

Tel est ce terrible aveu, contre lequel, après, nous l'avons vu délayer, dans cinquante-huit pages de noir et de blanc, les fameuses objections qui suivent.

Mais comme ON *nous a dit* qu'il n'y avait jamais eu de liaisons particulières ni d'affaires secrètes entre eux ; qu'ON *nous a certifié* que la fausseté d'un pareil commerce est non-seulement prouvée, mais que ce commerce est injurieux à M. Duverney, à sa mémoire, à ses principes, à son âge, à sa vertu ; qu'ON *nous a exposé* n'en avoir jamais vu aucune trace *dans les papiers de l'inventeur ni ailleurs;* que le sieur de Beaumarchais n'en apporte en preuve que les seuls billets qui se rapportent à l'acte du 1ᵉʳ avril, et qu'ON lui objecte comme frauduleux ; lesquels même ON nous assure n'avoir été imaginés *après coup que pour répondre à mesure aux objections dont il était pressé dans tous les plaidoyers et les mémoires,* et pour étayer un acte qu'ON *nous dit* suspecté de faux, en même temps qu'il est rempli de dol, de fraude et de lésions, quoique l'une de ces suppositions exclue absolument l'autre ; de plus, comme ON *avoue* n'avoir jamais rien su de ce qui s'était passé entre les contractants, et n'avoir trouvé depuis qu'ON est légataire en possession aucun renseignement sur ces affaires secrètes : ce qui rend nos conclusions bien vigoureuses contre l'acte ; et comme ON *nous atteste* en outre que si le sieur de Beaumarchais a d'autres écrits de M. Duverney, ON *peut dire sans témérité qu'il se gardera bien de jamais les joindre au procès* ; ON se flatte, nous nous flattons, et nous estimons que le sieur de Beaumarchais doit perdre avec dépens ledit procès au parlement d'Aix, comme ON *sait* qu'il l'a perdu à la commission, au rapport du conseiller Goëzman. Eh ! comment pourrait-il ne pas le perdre encore ? Un ancien colonel dragon, nous honorant de ses pouvoirs, n'est-il pas inexpugnable avec de tels moyens, de tels défenseurs ? etc., etc. *Et adoraverunt draconem qui dedit potestatem bestiæ..., dicentes : Qui similis draconi et bestiæ ? et quis poterit pugnare cum eis ?* (Apoc., cap. XIII, v. 4.)

En effet, ne semble-t-il pas, en lisant tout ceci, que cet avocat, frappé de la force irrésistible de l'acte qu'il combat, de la plénitude et du poids de mes preuves, comparées au creux sonore, au vide effrayant des siennes, n'ait fait suivre son redoutable aveu de tous ces *on dit* pitoyables que pour m'inviter, en m'expliquant de plus en plus, à couvrir mon ennemi d'un opprobre ineffaçable? Je vous ai compris, *soussignés*! et je l'ai fait. Vous venez de voir mes preuves sur la liaison, sur le commerce intime et non interrompu qui fut entre M. Duverney et moi. Tout est prouvé, tout est dit de ma part.

Maintenant, monsieur le comte, ajoutez un mot à tout ce qu'il dit; et, montrant votre turlutaine organisée sur son air accoutumé, répétez-nous encore pour toute raison:

A la vérité, je ne sais rien de rien, mais l'acte du 1er avril est *faux*; le contrat viager est *faux*; les quittances relatées sont *fausses*; le traité de société est *faux*; la remise des pièces est *fausse*; les lettres à l'appui sont *fausses*; le commerce ostensible est *faux*; les billets familiers sont *faux*; les billets mystérieux sont *faux*; son esprit est *faux*; ses arguments sont *faux*; son cœur est *faux*; l'or de sa poche est *faux*; ses bijoux, ses diamants sont *faux*; tout enfin en lui est *faux*; tout est *faux*, je dis *faux*, *faux*, *faux*. M'entendez-vous?

— Il est joli votre air, et vous jouez avec goût de la manivelle! Mais vous vous échauffez! Savez-vous bien que vous avez là dans le sang une singulière jaunisse? elle vous fait tout voir du fond de sa couleur. Je crains, monsieur, qu'après vous avoir beaucoup tourmenté, cette maladie ne vous coûte un peu d'argent! Et vous l'aimez, l'argent! Prenez garde!

Reposons-nous, lecteur; et que la marche inégale, les écarts et les tons brisés de ce mémoire ne nous arment pas contre sa solidité! Soyons de bonne foi: me lirez-vous sans quelque amorce? Faut-il, parce qu'on a raison, donner des vapeurs à son lecteur, et faire sécher d'ennui les magistrats? Leur état n'est que trop pénible?

Sans doute il est commode aux avocats de se faire ordonner d'être simples! Alors un *soussigné* peut être lourd impunément pour le comte de la Blache: que lui importe? Mais moi, je ne le dois pas, car il s'agit de moi. J'ai besoin qu'on me lise; et, forcé par le sujet à devenir long, ce n'est qu'en éveillant l'attention que je puis espérer d'être lu. Mais ce n'est pas le ton ici, c'est le fond qu'il faut juger.

Je connais deux nations rivales, et se disputant à peu près toute la gloire humaine. Chez l'un de ces peuples, j'ai vu les actes les plus fous, les plus extravagants, se faire avec un ton de réflexion et de gravité qui en imposait longtemps au vulgaire: pendant que l'autre peuple, d'un air inattentif et léger qui ne tenait personne en garde, allait solidement au but, et gagnait en souriant le plus grand procès de l'univers. Chacun met à ce qu'il fait l'empreinte de son caractère.

Si donc vous n'êtes pas trop mécontent de la façon claire et sans faste dont j'ai justifié ma conduite en cette première partie, encore un peu d'ennui, lecteur; il ne vous restera rien à désirer sur celle de mon adversaire, ni sur aucun des points de cet affreux procès, lorsque vous aurez lu ma seconde partie, intitulée *les Ruses du comte de la Blache*.

SECONDE PARTIE.

LES RUSES DU COMTE DE LA BLACHE.

L'avantage du noble n'est pas d'être juste, c'est le devoir de tous; mais d'être assez avantageusement placé sur le grand théâtre du monde pour pouvoir s'y montrer généreux et magnanime. Ainsi l'homme de nom qui transporterait la bassesse et l'avidité dans un état dont l'honneur est la base, dans un état qui n'a de défaut que de porter trop loin peut-être les conséquences de ce noble principe, en perdrait bientôt les avantages; et l'opinion publique, juge le plus rigoureux, le ravalant au-dessous de ceux que le hasard ou la fortune avait mis au-dessous de lui, ne tarderait pas à lui prouver qu'un nom connu n'est qu'un fardeau pour celui qui l'a dégradé par une conduite avilissante.

A quoi tend cet exorde? dira le comte de la Blache.

— C'est qu'on m'a rendu, monsieur, que vous disiez dans Aix, avec ce dégagement dédaigneux d'un grand homme humilié du plus vil adversaire: « Ne suis-je « pas bien malheureux! il n'y a qu'un Beaumarchais « au monde; il faut que le sort me l'adresse! »

Non, monsieur le comte, non: ce n'est pas le sort qui vous adressa ce Beaumarchais. Les deux serpents qui vous rongent le cœur, l'avarice et la haine, vous ont seuls mis sur les bras ce redoutable adversaire.

Quoi! il n'y aura que deux vilaines passions hors de l'enfer! pendant vingt ans votre cœur s'en sera gorgé! et vous êtes surpris qu'il en sorte quelque angoisse! Quand on donne imprudemment asile à de tels hôtes, on mérite au moins d'en être tourmenté. Jugez quand on les encense!

Ce Beaumarchais, que vous ne feignez ici de mépriser que pour masquer la frayeur qu'il vous cause, il ne vous cherchait pas; et votre sottise est de l'avoir méconnu en vous attaquant à lui! Mais voyez comme nous sommes loin de compte: pendant que vous êtes assez vain pour croire vous commettre en vous mesurant avec lui, pour ne pas payer quinze mille francs, il a la fierté de gémir de la nécessité de descendre à votre ton pour vous les demander: et si son honneur n'était pour rien dans le procès que vous lui faites, il y a longtemps que le roturier peu riche, humilié de plaider aussi longtemps contre vous pour un objet si méprisable, aurait jeté sa quittance au noble millionnaire, qui l'aurait ramassée.

Ne vous targuez donc plus d'être homme de condition, dans la crainte que les gens qui ne connaissent pas les vertus distinctives de la noblesse ne viennent à la haïr, à la calomnier, en voyant votre conduite avec moi. Contentez-vous de plaider comme légataire et non comme noble; et ne répandez plus sur le premier état des hommes une flétrissure qui n'est pas due à votre naissance, mais à votre caractère.

Je me suis souvent fait cette question : Le comte de la Blache me hait-il parce que je ne veux pas qu'il me ruine? ou voulait-il me ruiner parce qu'il me haïssait? Voilà tout mon embarras sur vous. Pour décider la question, il faudrait descendre en votre âme. Eh! qui l'oserait? il faudrait y voir quelle passion y domine le plus, l'amour ou la haine : la haine de ma personne, ou l'amour de mon argent. Essayons.

M. Duverney nous a tous deux aimés, l'un austèrement, l'autre avec faiblesse ; moi comme un homme, et vous comme un enfant : il s'est trompé sur l'un de nous deux. Voyons sur lequel il a fait cette grande faute.

Il ne me connaissait pas : j'errais dans le monde, il m'a rencontré. Fixant sur moi son œil attentif, il a cru me trouver du caractère, une certaine capacité, le coup d'œil assez juste, et les idées assez mâles et grandes ; il m'a confié tous ses secrets, ses chagrins et ses affaires. Il m'a plutôt estimé que chéri. Depuis sa mort, éprouvé coup sur coup par tous les genres d'infortunes, jeté dans le grand tourbillon du monde et des affaires, et nageant toujours contre le courant, je ne suis plus assez inconnu pour qu'on ne puisse apercevoir déjà si, dans le trouble ou le travail, dans le bonheur ou l'adversité, j'ai démenti son opinion et déshonoré son jugement.

Plus faible à votre égard, monsieur, après vous avoir enlevé à vos nobles mais pauvres parents, vous avoir adopté comme un fils, avancé de son crédit et soutenu de tout son or dans le service, il a fini par dépouiller pour vous sa famille entière, sous le vain espoir qu'élevé par ses soins du fond de la médiocrité jusqu'à la plus haute fortune et le grade le plus honorable, cet arrière-neveu respecterait sa mémoire, et deviendrait le père et le soutien de cette même famille qu'il vous a sacrifiée ! Grâce à lui, vous voilà maréchal de camp, et je veux croire que vous avez dû l'être, puisqu'en effet vous l'êtes ! Mais comment avez-vous reconnu tant de bienfaits ? Quelle conduite avez-vous tenue envers vos parents et les siens? J'ai vu son espoir sur vous de son vivant : je les ai tous entendus depuis sa mort.

Les pauvres, et ceux qu'il comptait doter par vous, regardant comme la juste punition de votre dureté d'avoir en tête ce fier adversaire qui vous a tant fait avaler le poison de votre injustice, m'ont tous écrit pour me supplier de mettre leurs droits sous l'égide du mien en vous faisant connaître.

Les riches, enchantés de votre sottise, ont cru trouver, dans mes fières répliques, la vengeance de toutes les petites noirceurs et continuelles intrigues qui les ont écartés d'un oncle utile, et vous ont mis à leur place au centre de sa succession.

Mais éloignant de cet écrit ce qui est étranger à la défense de mon honneur, quand j'aurai montré quel homme vous fûtes en tous les points de nos démêlés, j'en aurai dit assez pour qu'on soit en état de juger laquelle de nos deux âmes est la roturière, lequel de nous deux est l'homme petit et vil ; enfin lequel a justifié ou démenti l'estime et l'adoption de notre commun bienfaiteur.

Le 9 mars 1770, au plus fort de la discussion des intérêts qui ont fondé l'acte du 1ᵉʳ avril suivant, j'écrivis à M. Duverney une lettre devenue d'un si grand intérêt par son rapport intime à tout ce que j'ai dit plus haut, et qui jette un si grand jour sur ce qui me reste à dire, que je ne puis m'empêcher de la rapporter presque en entier.

« Ce 9 mars 1770.

« J'ai lu fort attentivement, MON BON AMI (j'espère
« à présent que *mon bon ami* ne choque plus personne,
« et que la grande induction qu'on a tirée contre moi
« de ces expressions familières est dans la fange à l'in-
« stant qu'on lit ceci), j'ai lu fort attentivement, MON
« BON AMI, les corrections que vous avez faites à notre
« acte sous-seing privé. Mais quelque chose que vous
« puissiez dire, je ne sortirai pas de société pour les
« bois. Je vous réitère l'offre que je vous ai déjà faite
« de vous laisser le tiers en entier pour vous seul
« (voyez à ce sujet ma lettre du 9 janvier précédent) ;
« et prenez le temps qu'il vous plaira pour me rem-
« bourser, ou bien mettez-moi en état de suivre tout
« seul, par un fort prêt d'argent, à des conditions qui
« me dédommagent. Vous étiez assez de cet avis l'autre
« jour ; mais je ne puis soutenir qu'en cas de mort
« vous me plantiez vis-à-vis votre M. le comte de la
« Blache, que j'honore de tout mon cœur (*ah! mon
« Dieu, oui, je l'honore!*), mais qui, depuis que je 'ai
« vu familièrement chez madame d'H..., ne m'a jamais
« fait l'honneur de me saluer. (*N'oubliez pas, lecteur,
« qu'il y avait alors près de onze ans que le comte de
« la Blache ne me saluait plus ; ceci trouvera sa place.*)
« Vous en faites votre héritier ; je n'ai rien à dire à
« cela. (*Je savais donc fort bien que M. de Falcoz était
« son héritier : il ne faut pas l'oublier non plus.*) Mais
« si je dois, en cas du plus grand malheur que j'aie à
« craindre, être son débiteur, je suis votre serviteur
« pour l'arrangement ; je ne résilie point. (*Je connais-
« sais donc très-bien dès ce temps-là l'homme avec qui
« la fortune m'a mis depuis aux prises, et je m'en ex-
« pliquais assez librement, comme on voit.*) Mettez-moi
« vis-à-vis mon ami Mézieu, qui est un galant homme,
« et à qui vous devez, MON BON AMI, des réparations
« depuis longtemps. (*Depuis longtemps, lecteur ; cela
« est essentiel à retenir*). Ce n'est pas des excuses qu'un
« oncle doit à son neveu, mais des bontés, et surtout
« DES BIENFAITS, quand il a senti qu'il avait eu tort
« avec lui : je ne vous ai jamais fardé mon opinion là-
« dessus. (*Lecteur, vous en aurez la preuve à l'instant.*)
« Mettez-moi vis-à-vis de lui. Ce souvenir que vous lui
« laisseriez de vous, lorsqu'il s'y attend le moins (*il y
« avait en effet plus d'un an que je n'avais vu M. de
« Mézieu*), ce souvenir... élèvera son cœur à une re-
« connaissance digne du bienfait, etc. »

Voilà les phrases qui, à la vue de ces lettres, chez mon notaire, en 1770, avant le procès entamé, ont mis le légataire en fureur, et lui ont fait dire, avec quelques gros jurons : « Que si j'avais jamais cet argent, « dix ans seraient écoulés avant ce terme, et que j'au-« rais été vilipendé de toute manière auparavant. »

Ah! monsieur de Beaumarchais, vous vouliez ouvrir son cœur pour un héritier naturel! Des bienfaits à M. de Mézieu ! à ce neveu qui avait été si utile à l'établissement de l'École Militaire ! des bienfaits aux dépens de l'arrière-petit-neveu Falcoz, qui voulait tout envahir ! Dix ans de dénigrement public : lecteur, il m'a tenu parole ; en voilà déjà huit de passés.

Tel est donc le grand motif de la haine, le *punctum vitæ* de toutes les injures qu'on m'a faites et dites dans les deux procès dont le comte de la Blache fut l'auteur ou l'instigateur : il n'y a fils de bonne mère, en France, qui n'ait appris par mes mémoires dans quel abîme de malheurs ce haineux héritier m'a voulu plonger, et comment il s'entendait avec ses amis Goëzman et Marin pour les combler, s'il eût été possible, et comment il ne se lasse pas encore d'en boire la honte et le déshonneur public.

Lecteur, examinez, je vous prie, ce que le comte de la Blache répond à ma lettre du 9 mars, après l'avoir rapporté (page 50). Voyez avec quelle force de raisons et de preuves il en détruit la véracité :

« Il est clair, *dit-il*, que cette lettre a été faite après « la mort de M. Duverney. (*Vous allez voir comment* « *cela est clair ; suivez-le bien.*) Les lettres des 8 fé-« vrier, 24 juin et 11 octobre 1769 trouvées sous les « scellés, la sécheresse des billets de M. Duverney, « l'extrême disproportion d'âge, d'état, de condition, « d'occupations, TOUT DÉMONTRE QU'IL N'Y AVAIT JAMAIS EU « LA MOINDRE FAMILIARITÉ ENTRE M. DUVERNEY ET LE SIEUR « DE BEAUMARCHAIS. D'où aurait-il donc su que M. Du-« verney faisait le comte de la Blache son héritier ? « (*Les preuves en vont fourmiller.*) Confie-t-on à des « étrangers le secret de ses dernières dispositions ? « (*Et de cela aussi.*) Aurait-il osé donner des leçons à « M. Duverney, et s'initier dans les secrets de la fa-« mille, si même il était vrai qu'il y eût quelque légère « discussion entre l'oncle et le neveu ? »

— S'il est vrai qu'il y eût quelque légère discussion ? Non, monsieur le comte de la Blache, il n'y en avait plus lorsque j'écrivais cette lettre en 1770, parce que ce neveu, qui n'avait jamais désiré la fortune, mais les bonnes grâces de son oncle, était content de les avoir recouvrées, et ne désirait rien au delà.

Mais vous qui feignez ici de révoquer ces discussions en doute, vous savez bien que dix ans avant l'époque de 1770 il y en avait eu beaucoup ! Vous savez par l'intrigue et les ruses de qui ce neveu, homme du plus grand mérite, chef des études de l'École Militaire, et l'auteur de son code tant estimé ; vous savez par quelle intrigue il se vit écarté de son oncle, à l'instant où le testament se faisait ou qu'il était prêt à se faire : car cet acte a précédé de dix ans la mort du testateur ; et vous n'ignorez pas non plus par le courage et les travaux de qui ces deux hommes si dignes de s'aimer furent raccommodés !

Ce jeune homme si dédaigné, qui *n'avait jamais eu*, selon vous, *aucune familiarité avec M. Duverney*, dès 1761 osa seul tenter ce grand ouvrage ! car la trame de votre intrigue avait été si bien tissue et tellement serrée, que personne autour de l'oncle n'osait plus lui parler du neveu. Et ce jeune homme tout seul, que M. Duverney avait initié dans les secrets de sa famille, et qui osait déjà lui donner des leçons, suivant vos termes (page 50), mais qui dans les miens ne voulait autre chose que prouver à M. Duverney qu'on lui en imposait sur le compte de son neveu, ce jeune homme, qui savait dès ce temps que M. Duverney faisait le comte de la Blache son héritier, et que cet héritier en herbe écartait tous ceux qui pouvaient avoir droit à l'héritage du grand-oncle, opposa son courage à l'injuste colère de M. Duverney contre son neveu. Pendant ce temps à la vérité, le négociateur fut si bien soutenu par les soins que M. de Mézieu se donnait en Bretagne pour les affaires de M. Duverney, qu'au retour du neveu, le jeune homme en question parvint à le remettre dans les bras de son oncle.

Et comme les seules réponses du légataire universel sont de toujours nier les faits, jusqu'à ce qu'enfin la preuve et la confusion publique, arrivant à la fois, le fassent tomber dans la rage mue, en le réduisant au silence, entre dix lettres que M. de Mézieu écrivit de Bretagne en 1761 au négociateur Beaumarchais, je ne rapporterai que ces fragments d'une seule : ils sont suffisants pour convaincre nos juges et le public de la candeur des imputations du comte Alexandre-Joseph Falcoz de la Blache, *appelant*, contre son adversaire, Pierre Augustin Caron de Beaumarchais, *intimé*.

Comme je ne puis de ce pays obtenir assez tôt de M. Pâris de Mézieu son aveu, pour publier une de ses anciennes lettres, je lui présente mes excuses de l'imprimer sans sa permission, et je le fais avec d'autant moins de scrupule, qu'elle ne contient que des choses infiniment honorables pour lui.

« A Carcé, le 31 décembre 1761.

« Si j'ai eu quelque impatience, monsieur, en ne « recevant point de vos nouvelles, l'objet la rend excu-« sable, et vous êtes plus fait que personne pour en « juger, puisque personne ne connaît mieux que vous « le but de mon empressement, et de quel prix il est « pour moi. Je crains bien que l'envie de m'obliger « ne vous éblouisse un peu sur LES DISPOSITIONS FAVO-« RABLES OÙ VOUS M'ASSUREZ QUE MON ONCLE EST ACTUELLE-« MENT A MON ÉGARD...

« Vous dites, monsieur, que mon oncle a été blessé « du point de ma lettre où je lui fais entendre *qu'il* « *est livré à ses entours, et qu'il agit par leurs instiga-* « *tions.* Je vous observerai sur cela, premièrement, « qu'en me marquant dans votre lettre, que vous lui « aviez montrée, *que vous n'osiez lui parler de moi au-*

« *trement qu'en particulier*, c'était assez me donner à
« entendre que votre projet et mes désirs *n'étaient pas*
« *du goût de tout le monde*. Vous ne redoutez point les
« chimères ; et si vos craintes eussent été sans fonde-
« ment, vous n'eussiez pas pris des précautions inu-
« tiles ; votre dessein cependant ne pouvait être tra-
« versé par des gens sans crédit auprès de mon oncle.
« Vous avez donc pensé qu'il s'en trouvait qui en
« avaient, et qui *pouvaient en abuser* en s'opposant à
« mon bonheur, etc... (Ici trois pages de détail.)

« Je vous suis toujours infiniment obligé, monsieur,
« de tous les soins que vous avez bien voulu prendre
« pour contribuer à ma félicité... Pour vous, monsieur,
« qui n'avez que des envieux à craindre, je ne doute
« pas que vous n'en triomphiez. Ils se lasseront de
« vous poursuivre (ils ne se sont point lassés!), et la
« vérité sera tout entière en votre faveur.

« J'ai l'honneur d'être, avec les sentiments les plus
« sincères et les plus vifs, monsieur, votre, etc.

« *Signé* : Paris de Mézieu. »

Qu'on rapproche maintenant la lettre du neveu, datée de 1761, de celle de l'oncle, datée de 1760, que
j'ai citée page 364 de ce mémoire, et qui montre avec
quelles considération, estime et reconnaissance il m'é-
crivait déjà, l'on jugera d'un coup d'œil si dès ce
temps M. Duverney accordait ou non la plus grande
confiance à ce jeune homme tant dédaigné, nommé
Beaumarchais ; si ce jeune homme était initié dans
tous les secrets de sa famille, et s'il s'employait avec
succès à rapprocher deux hommes du plus grand
mérite, que l'avidité, la haine et l'intrigue avaient
séparés.

A cet examen on reconnaîtra déjà cet alerte et rusé
légataire universel, qui n'a bien déployé son caractère
injuste et dur qu'après s'être fort assuré que le testateur, que cet oncle *Alworti* ne pouvait venir le lui reprocher, et l'en punir par l'exhérédation, comme un
autre *Blifil*.

Par l'examen de ces deux lettres, on apprendra pourquoi ce désintéressé comte de la Blache a fait, pendant
dix ans, les derniers efforts pour enlever à Beaumarchais le cœur et la confiance de son ami respectable.

On y verra la source de la plus noire intrigue à cet
égard, et celle des abominables lettres anonymes qu'on
ne cessait d'écrire à ce vieillard sur mon compte, et à
moi-même sur le sien.

Ou y verra pourquoi, cherchant en vain la paix dans
sa maison, il m'avait prié de ne plus le voir qu'en particulier, à des heures convenues, où cet homme, en-
travé dans les liens d'un esclavage domestique, était
obligé de sortir en carrosse par sa grande porte, et de
rentrer à pied chez lui par la basse-cour donnant sur
le boulevard, pour être libre de me voir ; circonstance
invinciblement prouvée par la réponse même qu'il fait
à cette lettre du 9 mars 1770, que j'ai rapportée plus
haut.

« Quand voulez-vous que nous nous voyions (*lui*
« *demandai-je à la fin*) ? car je vous avertis que d'ici
« là je ne ferai pas une panse d'A sur vos corrections. »

A quoi il répond de sa main sur le même papier :

« Ce vendredi.

« Demain entre cinq et six heures. Si je n'y étais
« pas, il faudra m'attendre, parce que je sortirai pour
« être en liberté. »

Il sortira pour *être en liberté!* Il était donc obsédé
par l'espionnage ! *En liberté* de quoi ? de voir en secret
le sieur de Beaumarchais, auquel il avait imposé ce
devoir pénible, devoir qui faisait regimber ce dernier,
parce que ce dernier est un animal fier (et même un
peu brutal, dit le comte de la Blache).

De laquelle fierté, duquel regimbage, desquels devoirs pénibles, duquel mystère, desquels espionnages,
desquelles lettres anonymes et noires intrigues domestiques, le lecteur va recevoir des preuves aussi claires
que le jour !

Le 8 octobre 1769, c'est-à-dire peu de temps après
cette arrivée de Touraine sur laquelle les soussignés
ont tant argumenté (page 41), en citant trois de mes
lettres ostensibles, j'eus occasion d'écrire à M. Duverney
le billet suivant, en lui envoyant par une voie sûre une
atrocité anonyme dont je venais d'être régalé. Je prie
le lecteur de donner toute son attention à mon billet
d'envoi, et à la réponse de M. Duverney, de sa main,
sur le même papier. Tout cela est tellement lié à ce
qui précède et à ce qui va suivre, qu'on ne peut trop
s'en pénétrer. C'est moi qui parle :

« Lisez la belle chienne de lettre anonyme que je
« viens de recevoir. Voyez comme vous y êtes traité
« ainsi que moi, et dites encore que mes devoirs sont
« de vous voir souvent, parce que je vous dois de la
« reconnaissance ! Réellement ils croient que nous
« machinons quelque chose contre l'intérêt de votre
« succession ! Je ne veux plus vous voir avec ce mys-
« tère. Ou recevez-moi comme tous vos amis, ou trou-
« vez bon que je laisse là mes devoirs. Cela paraît être
« de la main d'une femme. On viendra encore vous
« tourner, vous questionner : quel parti tiendrez-vous ?
« Celle-ci est encore plus insolente que celle que vous
« avez reçue vous-même.

« L'affaire de l'achat de la maison de Rivarennes,
« etc. (*mais ne détournons pas le lecteur de l'objet que
« je traite en ce moment*)... J'espère que vous allez
« brûler l'infâme après l'avoir lue. Je vous avoue
« qu'elle m'a ému la bile horriblement à la lecture.
« Et je disais : C'est ce chien de mystère qu'on veut
« que je mette à notre amitié qui m'attire ces horreurs :
« mon ami, vous êtes la belle passion de mon âme ;
« mais moi j'ai l'air de n'être que votre passion hon-
« teuse ! je ne veux plus de ces devoirs, si je ne m'en
« acquitte publiquement, etc... »

Eh! que répond à cela M. Duverney, de sa main, sur
le même papier ? Écoutons.

« Ce n'est pas une femme ni une personne seule qui
« a fait la pièce pleine de malice dont on a fait lec-

« ture. On a vraisemblablement eu pour objet d'exami-
« ner quel en serait l'effet. Le silence peut faire croire
« que l'on n'improuve pas l'accusé : cependant on doit
« se taire, ne rien dire; mais se préparer à répondre,
« si l'on allait jusqu'à faire des questions, et s'en
« tenir en ce cas au projet formé, que tout ce qui est
« anonyme ne se lit point, et que l'on jette tout au
« feu.

« Les devoirs ne doivent point être interrompus;
« mais les rendre MOINS EXACTS et moins souvent POUR
« UN TEMPS.

« Ne conviendrait-il pas que l'on dit à N... et à N...
« que l'on a reçu plusieurs LETTRES ANONYMES, et que,
« conformément à l'usage ordinaire, on les a brûlées ?
« d'autant mieux que cette licence, peu honnête, EST
« PORTÉE A UN POINT QUI N'EUT JAMAIS D'EXEMPLE, puisque
« l'on se met sur le ton DE N'ÉPARGNER PERSONNE, etc. »
Telle est sa réponse :

« Ce n'est pas une femme, dit-il, ni une personne
« seule qui a fait la pièce, etc. » (Vous voyez bien, lecteur, qu'il savait, ainsi que moi, à qui s'en prendre !)
« Ne conviendrait-il pas que l'on dit que l'on a reçu
« plusieurs lettres anonymes ? » (Il en avait donc
reçu plusieurs, ainsi que moi ! C'était donc un usage
établi, une voie ouverte contre nous ?) « La licence en
« est portée à un point qui n'eut jamais d'exemple ;
« on n'épargne personne. » (Elles étaient donc bien
noires et bien atroces, ces lettres!) Et puis l'on cherche
toute la vie pourquoi tel homme est dénigré, déchiré !
On a cherché qui faisait, pendant mes procès, insérer
tous ces articles abominables contre moi, dans les gazettes étrangères ; et c'est après dix ans de patience
que l'acharnement d'un perfide ennemi me force enfin
de mettre au jour toutes ces horreurs ! Quelle âme,
messieurs ! quelle âme !

Et cette lettre a été jointe au procès dès le principe,
et le comte de la Blache l'avait lue chez mon notaire
avant le procès, et l'on juge assez qu'elle n'avait fait
qu'enflammer sa haine et ses désirs de vengeance !

Allons, monsieur le comte de la Blache ! encore une
petite inscription de faux contre cette lettre. Vous en
avez tant à faire, qu'une de plus ne doit pas vous arrêter en si beau chemin !

Enfin, c'est ici le lieu de rappeler ces trois lettres
ostensibles de moi, citées par eux avec fracas (p. 40
et 41).

« Il a été trouvé dans les papiers de M. Duverney
« trois lettres du sieur de Beaumarchais, des 8 février,
« 24 juin et 11 octobre 1769. Les voici... » Quatre pages
de commentaires !

Si j'ai transporté cet objet tout au travers *les ruses*,
c'est qu'il pourrait bien s'y en rencontrer une innocente, à nous avoir assuré que ces trois lettres sont
tout ce qu'on a trouvé de moi sous le scellé de M. Duverney, lorsque, par une distraction, légère à la vérité,
les *soussignés* avaient, sans y songer, laissé tomber de
leur plume ces petits mots qui n'ont pu m'échapper
(p. 10) : « On trouve enfin dans les pièces inventoriées

« quelques autres lettres du sieur de Beaumarchais,
« *les unes sans date*, et trois autres datées des 8 février,
« 24 juin, 11 octobre 1769. »

Par quel hasard *ces unes sans date* ne reviennent-elles
plus du tout dans la consultation, pendant qu'on fait
un si grand fracas des trois qui sont datées?

Le comte de la Blache aurait-il donc trouvé dans *ces
unes sans date*, qu'il tient ensevelies, quelque phrase
contraire à son plan d'ignorance absolue sur nos liaisons particulières? Pardon, messieurs, s'il m'a donné
lieu de lui appliquer sévèrement ce qu'un mauvais plaisant d'auteur a dit trop légèrement des dames galantes!
encore un coup, pardon si j'insiste ! Mais j'ai toutes les
peines du monde à penser que si le comte de la Blache ne
montre point une chose, cette chose n'eût pas en effet
quelque petit besoin de demeurer cachée !

Cependant comme cela ne me fait rien, et que je ne
voudrais pas qu'une pareille réticence arrêtât le jugement du procès ; si ON a *ces unes sans date* à Aix, et si
ON les joint aux pièces, à la bonne heure. Si elles sont
restées à Paris dans l'oubli avec certains premiers mémoires, nous nous en passerons. Tout ce qu'ON fera
là-dessus sera bien fait ; j'aime à m'en rapporter quelquefois aux gens ; et pourvu qu'ON ne nous retarde
pas, je suis content. Reste à guérir maintenant les
soussignés de leurs inquiétudes pour moi sur ces trois
lettres datée de 1769.

Au lieu de se perdre, comme ils ont fait, dans des
conjectures vagues et fatigantes, sur des morceaux
isolés, dont la chaîne était rompue pour eux qui ne
savaient rien de nos affaires, que ne s'adressaient-ils
à moi ? Je les aurais tirés de peine avec plaisir. J'ai
tant et si souvent offert des éclaircissements au comte
de la Blache ! Ne les aurait-il donc refusés que pour se
livrer plus à l'aise à ses noires interprétations, et se
conserver, en feignant de ne rien savoir, l'affreux droit
d'empoisonner tout ?

J'aurais montré, par exemple, aux *soussignés* cet envoi secret d'une lettre anonyme que je viens d'imprimer
avec sa réponse, et je leur aurais dit :

Examinez, messieurs, que le 8 octobre 1769 je mandais à M. Duverney en particulier : « Dites encore qu'il
« faut que *je vous voie souvent*, parce que *je vous dois*
« *de la reconnaissance* ! Réellement ils croient que nous
« machinons quelque chose contre l'intérêt de votre suc-
« cession ! Je ne veux plus vous voir *avec ce mystère*...
« Ou recevez-moi comme tous vos amis, ou trouvez
« bon *que je laisse là mes devoirs... Je ne veux plus de ces*
« *devoirs* si je ne m'en acquitte publiquement, etc., etc. »

A quoi le vieillard, frappé de voir dans la lettre anonyme que le secret de nos entrevues était découvert,
m'avait répondu : « *Les devoirs ne doivent pas être in-*
« *terrompus; mais les rendre moins exacts* et moins
« souvent *pour un temps.* »

Deux jours après, messieurs, un homme qui l'avait
vu depuis peu, me faisant verbalement *des reproches de
négligence de sa part*, voyez que je le charge à montour
d'une réponse vague à *ces reproches de négligence*, QUE

JE NE CROIS PAS MÉRITER. (Ce sont les termes de ma lettre ostensible du 11 octobre 1769.)

Si je réponds même à *ces reproches*, c'est que je ne puis dire à celui qui m'en presse : Monsieur, j'ai écrit il y a deux jours en secret à M. Duverney les raisons de ma répugnance à le voir.

Alors j'aurais fait aux *soussignés* toutes les questions redoublées qui suivent sur les trois lettres mêmes qu'ils ont citées.

S'il y avait quatre ou cinq ans, messieurs, comme le dit le seigneur ON, que nous n'eussions plus aucune liaison M. Duverney et moi, pourquoi donc en 1769, c'est-à-dire près de l'époque de notre règlement de compte, me faisait-il faire sans cesse ou *des reproches de le négliger*, ou *des invitations de l'aller voir* ?

Pourquoi, dans ma lettre ostensible du 11 octobre, lui écrivais-je : *Il me fait des reproches de* NÉGLIGENCE *de votre part,* QUE JE NE CROIS PAS MÉRITER ?

Pourquoi lui rappelais-je, dans cette lettre, que *je l'avais vu en juillet plusieurs fois avec l'empressement d'un homme qui n'avait que peu de jours à rester à Paris ?*

Pourquoi lui mandais-je encore que *j'allais à Fontainebleau me mettre au courant de bien des choses dont je lui rendrais compte du 20 au 25 ?*

Pourquoi, dans ma lettre ostensible du 24 juin précédent, *pressé de repartir pour la Touraine*, lui disais-je *qu'il était nécessaire que je le visse avant mon départ* ?

Pourquoi ma lettre ostensible du 8 février précédent prouve-t-elle *qu'il m'avait fait prier verbalement plusieurs fois de passer chez lui*; mais que, *m'y étant présenté aux heures où il avait du monde, j'avais trouvé sa porte fermée pour moi* ?

Pourquoi prouve-t-elle encore que ce même jour, 8 février, étant parvenu sans doute à se rendre libre, il faisait courir après moi, pour m'inviter de l'aller voir *le soir même*, avec tant d'empressement, que *sur ses ordres on m'avait en vain cherché toute la soirée où l'on avait cru me rencontrer ?* (Ce sont les termes de ma lettre ostensible.)

Pourquoi lui mandais-je, à la fin de cette lettre, que s'il me faisait avertir une autre fois, deux jours seulement d'avance, *il me serait bien doux de lui prouver que,* CORPS ET BIENS, *personne n'était avec un dévouement plus respectueux, etc.* ?

Pourquoi ces *devoirs*, qu'il ne fallait pas *interrompre, mais rendre moins exacts et moins fréquents pour un temps*? (Ce sont les termes de sa lettre du 8 octobre.)

Pourquoi tout cela, dis-je, s'il n'y avait rien de mystérieux, d'intime, aucune liaison secrète, aucune affaire entre deux hommes qui ne s'expliquaient jamais dans des lettres ostensibles, mais qui n'en couraient pas moins toujours l'un après l'autre en cette même année 1769, à l'instant de se régler, quoique depuis quatre ou cinq ans il n'y eût plus, selon le seigneur ON, aucun commerce entre eux ?

On sent bien que ce seigneur, embarrassé de son ignorance, vraie ou fausse, est obligé de rester la bouche ouverte, et ne sait que répondre à tout cela. Moi qui ne cache rien, qui dis tout, je l'explique, en prouvant deux commerces entre M. Duverney et moi, dont le mystérieux est toujours la clef de l'ostensible, ainsi qu'on le voit clairement en rapprochant mes deux lettres du 8 et du 11 octobre, l'une secrète et l'autre publique, lesquelles démontrent que le seul débat qu'il y eût entre nous venait de ma répugnance pour les conférences mystérieuses et de la sienne pour les visites connues de son héritier.

Ainsi donc, malheureux vieillard ! pauvre Beaumarchais ! il y avait entre vous deux, et dans l'intérieur de la maison, des intrigants alertes et dangereux, à qui rien n'était sacré pour détruire vos liaisons ! Et, quoique mystérieuses, elles étaient donc encore dépistées par les espions, qui feignant de n'en rien savoir, n'en écrivaient pas moins des lettres anonymes pour essayer de brouiller les deux amis.

Étonnez-vous, après de telles horreurs, que le vieillard, déchiré par les assauts de tant d'intérêts divers qui se croisaient en lui, ne voulût pas employer de notaire à la confection de notre acte ! Étonnez-vous qu'on trouve dans l'un de mes billets du 14 février 1770, rapporté par eux-mêmes (page 49), ces paroles remarquables :

« Puisque mon bon ami craint d'employer son notaire, « A CAUSE DE CES MALHEUREUX ENTOURS, je vais comman- « der l'acte au mien, s'il l'approuve : il sera fait demain « au soir, et on lui portera tout de suite à signer. »

Étonnez-vous que la réponse à ce billet, de sa main, sur le même papier, soit : *Il faut se voir avant de rien ordonner, le temps est trop court !*

Nous nous vîmes en effet; mais il n'accepta pas plus mon notaire que le sien. *On croira*, disait-il, *que je fais un autre testament, et que c'est vous qui me le suggérez. Je ne le puis*. Et l'acte chemina sous-seings privés, comme il le désirait, et tel qu'il subsiste aujourd'hui.

Triste destinée des vieillards livrés à leurs collatéraux ! terrible, mais juste punition de celui qui, trompant le vœu de la nature et de la société, s'éloigna du mariage et vieillit dans le célibat ! Son âme s'attriste et se consterne à mesure qu'il sent l'asservissement augmenter, l'esclavage s'appesantir. En vain il voit son avide héritier éloigner ses amis, gagner ses valets, ses gens d'affaire, et tout corrompre autour de lui ! Que lui servirait de s'en plaindre, et de l'en punir par l'adoption d'un autre ? Il ne fait que changer de tyrans. Il aperçoit dans tous l'impatience de la destruction. Lui-même, hélas ! l'infortuné, n'a plus la faculté d'aimer aucun de ceux qu'il se voit forcé d'enrichir ! Enfin, dégoûté de tout, il gémit, se tourmente, et meurt désespéré !

Amants du plaisir, amis de la liberté, imprudents célibataires, que ces deux noms, *la Blache et Duverney*, vous restent dans l'esprit, et vous servent de leçon ! C'est le plus terrible exemple à citer d'un pareil asservissement ! Mais voulez-vous échapper à ses horreurs ? devenez pères. Voulez-vous goûter encore dans la vieillesse l'inestimable bien d'aimer ? devenez pères : il le faut ; la nature en fait une douce loi, dont l'expérience atteste la bonté, pendant que tous les autres liens tendent à se relâcher, celui de la paternité seul se resserre et se renforce en vieillissant. Devenez pères : il le faut. Cette vérité chère et sublime, on ne peut trop la répéter aux hommes ! Et le douloureux souvenir de mon respectable ami m'en rend le sentiment si vif en ce moment, que je n'ai pu me refuser de le verser sur mon papier.

Cependant tout ce que je viens de dire est la réponse à cette question des *soussignés* et du légataire (p. 59) : « Par quelle raison M. Duverney aurait-il craint son notaire ? » dont je leur ai promis l'éclaircissement, page 370 de ce mémoire.

A mesure qu'on avance, le tableau se nettoie. On voit que tout s'enchaîne : on y voit comment l'acte du 1ᵉʳ avril, les lettres à l'appui, celles qui n'y ont pas de rapport, leur mystère, celui de nos conduites, l'esclavage du testateur et les intrigues de l'héritier, ont une telle connexion, se prêtent une telle force, qu'elles ne sauraient plus être ébranlées par cette foule de noirceurs que je nomme, avec le plus de modération que je puis, *les Ruses du comte de la Blache*.

Elles s'étendaient à tout, *ces ruses !* Dans ce même temps, le légataire, ayant ou croyant avoir à redouter quelque chose du sieur Dupont, exécuteur testamentaire désigné dans le testament de son oncle, avait si bien fait son thème et tramé son intrigue, que la porte de M. Duverney lui fut enfin fermée, et qu'on voulut forcer ce vieillard à nommer un autre exécuteur.

Cet oncle gémissait en secret avec moi de ces persécutions, qu'il n'avait plus la force de repousser !

Et toutes ces choses sont encore constatées dans mes lettres des 25 et 26 octobre 1770 à l'exécuteur testamentaire, longtemps avant qu'il y eût un procès entre moi et l'héritier Duverney.

Dans ma lettre du 25 octobre, je mandais à cet exécuteur :

« Je ne me suis pas d'abord adressé à vous, monsieur, parce que la cruelle maladie qui m'a tenu au lit tout l'été ne m'a pas permis de recevoir aucuns détails sur les derniers moments de M. Duverney, et que j'avais de fortes raisons de penser que, s'il avait un testament nouveau, L'EMBARRAS DE SON EXÉCUTION DEVAIT REGARDER UN AUTRE QUE VOUS. (*J'étais bien initié comme on voit, dans les secrets de la famille.*) Sa mort précipitée, qui a dérangé tant de petits projets, laisse au moins à la tête de ses affaires un homme, etc...

« *Signé :* CARON DE BEAUMARCHAIS. »

Dans ma lettre du 26 octobre, au même, on lit :

« Ah ! monsieur, que de petites noirceurs ! que d'intrigues, que de lettres anonymes ! que de peines on s'est données autour de ce pauvre vieillard pour l'envelopper ! Sa politique n'allait pas jusqu'à me dissimuler cette espèce d'esclavage. J'en ai dans ses lettres des preuves certaines. A l'égard des choses que M. de la Blache dit tenir de son grand-oncle, il ne faut se fier à cela qu'avec de bonnes restrictions mentales. J'ai vu cet oncle, dans le temps même où il n'osait pas vous recevoir, dans le temps qu'il semblait le plus outré contre vous, gémir avec moi des soins qu'on prenait pour lui noircir la tête, et éloigner son cœur de ce qu'il avait le plus aimé, etc., etc. » (Cet oncle ne me cachait donc pas plus ses chagrins que ses affaires.)

Et que répondit à cela l'exécuteur testamentaire, homme aussi prudent que sage et circonspect ? (Je ne veux rien cacher.)

« Ce 26 octobre 1770.

« J'ai, monsieur, assez de discrétion, et j'aime assez la paix, pour garder pour moi seul la lettre que vous m'avez fait l'honneur de m'écrire hier au soir.

« *Je connais tout le mal qu'on a voulu me faire...* » (Eh ! comment ne l'aurait-il pas connu, puisqu'on a trouvé dans les papiers du vieillard un testament commencé, duquel il était exclu ?)

« — Je connais tout le mal qu'on a voulu me faire ; je n'en ai que peu ou point de ressentiment, et je fais en sorte de ne m'en pas occuper... Je voudrais pouvoir jouer dans votre affaire le personnage de conciliateur. Je m'y prêterais peut-être, si M. Duverney m'avait fait la plus petite ouverture sur les affaires que vous aviez avec lui ; il a voulu que ce fût un secret pour moi, etc...

« J'ai pensé, même avant que vous ne le disiez, que s'il avait vécu trois mois de plus, on n'aurait trouvé aucune trace des choses qu'il faut aujourd'hui que vous mettiez au jour. Il a été surpris par la mort, pour nous donner l'avertissement qu'il est des affaires qu'on ne doit jamais remettre au lendemain. JE CONNAIS ASSEZ CELLES QU'IL VOUS LAISSE A DÉMÊLER AVEC SON HÉRITIER, POUR QUE JE NE VEUILLE PAS Y JOUER UN RÔLE ; je vous prie donc, monsieur, de ne pas me presser sur cela, etc.

« *Signé :* DUPONT. »

Et ces lettres aussi, je les joins au procès : car tout fait concours de preuves en cette défense. Qu'il ose les attaquer, ces preuves, il me fera plaisir.

Voilà comment il avait l'art d'écarter du testateur tout ce qui lui faisait ombrage ; et voilà comment, le suivant de *ruse* en *ruse*, je parviens à démasquer par degrés ce légataire intéressé contre qui je plaide depuis huit ans.

On voit par ces aveux d'un homme honnête, et qui jugeait froidement alors, dans quelles dispositions atroces était à mon égard ce vindicatif héritier, et par quelle voie il entendait déjà satisfaire la haine invétérée qui lui faisait dire ingénument quelquefois : « Depuis dix ans je hais ce Beaumarchais comme un amant aime sa maîtresse. » A quoi je n'ai pu m'empêcher d'appliquer la réflexion suivante (page 540 de mon mémoire au conseil) ;

« Quel horrible usage de la faculté de sentir, et quelle âme ce doit être que celle qui peut haïr avec passion pendant dix ans ! Moi qui ne saurais haïr dix heures sans être oppressé, je dis souvent : Ah ! qu'il est

« malheureux ce comte *Falcoz!* ou bien : Il faut qu'il ait une âme étrangement robuste! » Et tous ces nouveaux traits, comme on le voit, méritaient bien d'être placés dans un recueil intitulé *les Ruses du comte de la Blache.*

Enfin, voilà M. Duverney mort, à mon grand regret, et son légataire en possession, à son grand plaisir. Tout ce qui précéda cet instant fut l'effet de sa frayeur : tout ce qui l'a suivi est celui de sa vengeance et de son avarice.

Je sais bien qu'il déprécie autant qu'il peut la fortune de ce grand-oncle en en parlant, pour nous apitoyer, bonnes gens, sur son pauvre héritage! Et cependant s'il est riche, s'il figure, tout ce qu'il a dans le monde, il le tient de la munificence de ce généreux parent : oui, de lui seul. — Qu'aviez-vous sans lui de votre chef? — Ma noblesse. — Eh! vous la traîneriez, monsieur, si son or ne l'avait pas richement rehaussée, et si tout son papier n'eût pas renforcé votre parchemin.

Mais ne vous a-t-il laissé de quoi soutenir noblement votre nom que pour le dégrader après lui par des vilenies, et pour souiller le sien, que vous deviez vénérer?

Laissons cela! mon cœur s'indigne, et je sens que j'irais trop loin. Mais aussi se voir appeler fripon, faussaire, etc., pendant dix ans, par un tel homme! Qui pourrait le soutenir?

Tous ceux qui ont du sang aux ongles, et qui voient ce qu'il m'a fallu de patience, de force et de courage pour soutenir et repousser tous les maux qu'il m'a faits, sentiront bien que j'ai raison! Mais laissons cela.

Je passerai sous silence tout ce qui tient au funeste instant de la mort de mon respectable ami. Je tairai comment le comte de la Blache s'est emparé de ses derniers moments, et comment mes titres ont disparu du secrétaire, parce que, n'ayant point de preuves légales à donner de ce fait, il faudrait toujours en revenir ou problème que j'ai proposé, page 331 de mon mémoire au conseil, où il faut le voir en entier : c'est le gâter que l'extraire.

Je passerai sous silence les inductions que je pourrais tirer de tous les procès qu'il a faits ou soutenus contre tout ce qui tenait à M. Duverney. J'en ai cité de faibles échantillons (page 358 de ce même mémoire au conseil), sur des portraits légués à M. de Brunoy. Le seigneur ON les a niés, parce que c'est la seule façon du seigneur ON de convenir des choses. Et moi qui n'en veux pas reparler ici, je le pourrais pourtant bien, parce que le fait est vrai, que la preuve, les dits et contredits à ce sujet sont consignés aux papiers de l'inventaire Duverney; mais comme, après l'inscription de faux où je veux le réduire enfin, nous aurons un autre petit procès dans le genre criminel ensemble, et qu'alors j'aurai plus d'un droit acquis de consulter les papiers Duverney, je ne manquerai pas d'en extraire ce fait, ainsi que plusieurs autres que je réserve aussi pour ce temps-là.

Ses autres *ruses* à mon égard sont si connues, qu'il suffira de les rappeler en bref, et de citer les pages de mes mémoires où l'on peut s'en assurer, et les voir établies dans le plus grand détail.

Nous plaidions aux requêtes de l'hôtel. « Mon adversaire, sentant bien que le fonds du procès ne présentait aucune ressource à son avidité, employait celle de jeter de la défaveur sur ma personne, pour tâcher d'en verser sur ma cause. En conséquence, il allait chez tous les maîtres des requêtes, nos communs juges, leur dire que j'étais un malhonnête homme. Il leur donnait en preuves que Mesdames, qui m'avaient autrefois honoré de leurs bontés, ayant reconnu depuis que j'étais un sujet exécrable, m'avaient fait chasser de leur présence... » Mais il faut lire toute cette abomination dans mon troisième mémoire sur le procès de Goëzman.

On y verra comment j'obtins de Mesdames une attestation de probité; comment il essaya de la détruire par une infernale intrigue ; et comment, sur ce fait, il me donnait à Paris pour faussaire, afin de rapprocher ce prétendu faux de celui dont il voulait qu'on suspectât l'acte du 1ᵉʳ avril, et gagner son procès par cette *ruse.* Enfin, on y verra comment l'indignation ranimant ma force épuisée par le travail et la douleur, je l'ai couvert du dernier opprobre à cet égard, en publiant les preuves de son infamie. (3ᵉ mém. Goëzm.)

Un autre incident, plus grave encore que l'attestation des princesses, arrivé pendant les mêmes plaidoiries des requêtes de l'hôtel, mériterait bien d'être placé dans ce recueil ingénu *des ruses!* Mais comment le traiter, comment le peindre? Il est si subtil, si délié, qu'il se perd sous la plume et s'évapore à la diction!

Les grands traits sont aisés à rendre; on lit le fait, un coup de pinceau large y suffit. Mais quel art il faudrait pour bien développer une de ces noirceurs filées, distillées, superfines, la quintessence de l'âme et le caramel *des ruses;* de ces noirceurs enfin qui, naissant d'une foule de combinaisons, de préparations ignorées, frappent un coup d'autant plus fort, au moment qu'elles éclatent, qu'on peut moins en saisir, en montrer, en prouver sur-le-champ l'odieux assemblage. Essayons cependant d'ébaucher celle-ci, qui m'aurait enlevé le gain de la cause et m'eût déshonoré tout d'une voix, si mon bonheur ne m'eût conduit ce jour-là même à l'audience. Voici le fait.

L'avocat du comte de la Blache (Mᵉ Caillard) avait prié le mien de lui confier encore une fois l'acte du 1ᵉʳ avril et les lettres de M. Duverney. Celui-ci m'en parle, en m'assurant que cela est sans risque, et m'engage de m'y prêter : après quelques refus, je n'y consens qu'à la condition que ce sera moi-même qui les remettrai à Mᵉ Caillard. Il les reçoit de ma main : les pièces restent cinq jours dans les mains ennemies; on les rend à mon avocat : mais, peu de temps après, ce moulin à paroles de *Caillard,* plaidant avec la plus grande indécence, aux requêtes de l'hôtel, contre moi présent et souffrant tout, pendant que le comte de la Blache ricanait dans un coin avec un petit solliciteur de procès, nommé *Chatillon*, qu'il a élevé depuis à la dignité de son compagnon d'armes à Aix, j'entendis *Caillard* articuler ces mots :

« Messieurs, une preuve décisive que les billets du sieur de Beaumarchais ont été appliqués après coup sur d'anciennes lettres de M. Duverney, c'est l'observation que nous avons faite sur celui du 5 avril, auquel M. Duverney, dit-on, a répondu : *Voilà notre compte signé.* »

L'avocat se fait donner cette lettre ; et la montrant à l'audience, dit à haute voix (et moi, Beaumarchais, je prie le lecteur de lire ceci avec bien de l'attention) :

« Messieurs, la cour saura que M. Duverney, en envoyant autrefois ce billet, avait écrit au bas du papier, comme c'est assez l'usage, ces mots : *M. de Beaumarchais.* Je remarquerai d'abord qu'on n'écrirait pas ces mots indicatifs de l'homme à qui l'on veut envoyer une lettre, si elle était une réponse écrite sur le même papier ; ce qui prouve déjà que le billet n'est pas une réponse, mais une première lettre.

« Or, le sieur de Beaumarchais, en abusant depuis de ce billet, pour y appliquer après coup une première lettre, ne s'est pas aperçu de ces mots écrits par M. Duverney au bas du papier : *M. de Beaumarchais.* Voulant donc cacheter le billet qu'il venait de forger après coup, pour lui donner au moins l'air d'avoir été envoyé, il a couvert imprudemment une partie de ce mot *M. de Beaumarchais* avec sa cire à cacheter ; de sorte que lorsqu'il a déchiré le papier pour rouvrir ensuite sa lettre, la moitié du mot *Beaumarchais* est restée ensevelie sous le cachet.

« Or, vous jugez bien, messieurs, que si le sieur de Beaumarchais eût réellement écrit, cacheté et envoyé sa lettre à M. Duverney avant que celui-ci y eût fait la prétendue réponse : *Voilà notre compte signé*, le mot *Beaumarchais*, écrit en répondant par M. Duverney, au bas du papier, ne se trouverait pas à moitié couvert et emporté par un cachet supposé mis avant que ce mot fût écrit.

« Donc le cachet qui couvre l'écriture a été mis après coup par le sieur de Beaumarchais ; donc ce billet a été composé après coup, sur un ancien billet de M. Duverney ; donc celui de M. Duverney n'en est pas la vraie réponse ; et par suite de conclusions, donc ces mots : *voilà notre compte signé*, n'appartiennent pas à l'acte du 1er avril ; donc cet acte est frauduleux ; donc il doit être déclaré nul. Cela est-il prouvé, messieurs ? »

A l'instant il s'élève un murmure général, et l'argument paraît si fort, que tous les juges veulent voir le mot *Beaumarchais* couvert et emporté par le cachet.

Étonné de ce que j'entends, je supplie à mon tour qu'on me fasse passer le billet, ne pouvant concevoir quel était ce mot couvert par un cachet dont on tirait une si tranchante induction contre moi.

Le billet m'arrive enfin : je regarde le mot *Beaumarchais*, et je reconnais au coup d'œil que ce mot n'est pas de la main de M. Duverney. J'arrête à l'instant l'audience, en suppliant la cour, avant de passer outre, d'ordonner que ce mot *Beaumarchais* soit bien examiné, parce que je soutiens qu'il n'est pas de l'écriture de M. Duverney et qu'il y a de la supercherie. Me de Junquière, mon procureur, s'approche, regarde, et s'écrie :

« Messieurs, que penser de nos adversaires, qui ne veulent pas voir la main de M. Duverney au bas de l'acte où elle est, et qui, par une double ignorance, ou plutôt une double ruse, s'obstinent à la voir ici où elle n'est pas ? Le mot *Beaumarchais*, messieurs, est de ma main ; c'est moi qui l'ai écrit, il y a quinze jours, pour coter ce billet de mon client par son nom, comme étant une pièce capitale ; et j'en offre la preuve. »

On passe aux opinions, et il est ordonné que, sans déplacer, Me de Junquière écrira sur le bureau, plusieurs fois couramment, le mot *Beaumarchais* pour le confronter avec celui du billet. Junquière écrit ; le billet repasse à la confrontation, et tout le monde alors convient que le mot est bien de Junquière et non de M. Duverney ; et que Caillard en impose ou ne sait ce qu'il dit...

— Oh ! que pardonnez-moi, messieurs, il le sait bien ! et il le sait si bien, que je prends à mon tour son argument, et je dis :

Puisque le mot *Beaumarchais*, qui n'est pas de M. Duverney, mais écrit depuis quinze jours par Me de Junquière, est néanmoins couvert par un cachet, et déchiré, j'en conclus bien plus justement que *Caillard*, que mes pièces ayant été confiées amicalement depuis peu aux adversaires qui les ont gardées cinq jours, ils ont aperçu ces mots, *M. de Beaumarchais*, au bas du papier ; et que, les croyant ou feignant de les croire de M. Duverney, ils ont eu la mauvaise foi de couvrir mon nom de cire, et d'en enlever la moitié, pour tourner, en plaidant, leur supercherie contre moi. Et ce billet, messieurs, qui leur fait si grande peine à cause de ces mots de M. Duverney : *voilà notre compte signé*, remarquez qu'ils lui ont fait subir toutes sortes d'indignes épreuves, et même celle du feu, dont il porte encore l'empreinte et la roussissure, ainsi que d'autres marques d'encre, plus déshonorantes encore, etc...

Alors, au lieu de juger l'affaire à l'audience, on ordonna un délibéré qui me sauva.

M. Dufour, étant nommé rapporteur de l'affaire, fit venir de nouveau chez lui Me de Junquière, le fit écrire, en sa présence et couramment, mon nom plusieurs fois, confronta les écritures, et se convainquit de nouveau de l'équité de mes plaintes et de la duplicité de mes adversaires.

Comme cette anecdote est aussi bonne au parlement d'Aix qu'elle le fut aux requêtes de l'hôtel, je préviens nos juges que le papier portant plusieurs fois mon nom de la main de Me de Junquière, est joint à la lettre en question dans les pièces du procès ; et j'avertis que cette gaillarde espièglerie a été publiée alors dans deux mémoires de moi, l'un signé *Bidault* et l'autre *Falcon-*

net, qui sont aussi joints aux pièces de ce procès. Et voilà, messieurs, ce que j'appelle encore, du nom le plus doux qu'il m'est possible, *les ruses du comte de la Blache*.

Il était bien juste, après cela, qu'il perdît son procès avec dépens : c'est aussi ce qui arriva. Vous jugez s'il devint furieux, s'il jurait, piétinait, injuriait, courait et bondissait comme un lièvre qui a du plomb dans la cervelle! On le voit d'ici. Or, comme nous étions dans un temps de subversion où l'homme accrédité se croyait peu dépendant des tribunaux qui le jugeaient, et que le comte de la Blache avait la modestie de se classer dans ce rang supérieur, sa colère et sa vanité, confondant tout, lui firent faire une scène chez un des maîtres des requêtes après le jugement : il alla lui demander fièrement compte de son avis, et poussa l'assurance au point de dire au magistrat : « Il est bien étrange, monsieur, que vous ayez appuyé, peut-être formé, l'opinion devenue contraire à mes intérêts, aux requêtes de l'hôtel; ma chaise est à votre porte, et je m'en vais m'en plaindre hautement à Versailles : nous verrons ce qui en résultera. »

Le magistrat, qui croyait n'avoir à rendre compte à personne de son opinion au tribunal, un peu surpris du ton leste de ce seigneur, invita l'homme accrédité de ne pas perdre un moment pour s'aller venger à Versailles, et lui ferma la porte au nez.

C'est ainsi que le ridicule et la vanité sont compagnons inséparables : ainsi la sottise et l'orgueil se tiennent toujours par la main. A la vérité, ce dernier trait ne devrait pas être employé parmi *les ruses*, mais parmi *les rages du comte de La Blache*, mais comme il faudrait un *in-folio* pour les dernières, et que ce n'est pas ici mon objet, je conviens de mon tort, et je rentre un peu honteux dans le vrai plan de cette seconde partie, intitulé *les Ruses du comte de la Blache*.

Après que j'eus gagné ce procès aux requêtes de l'hôtel, nous fûmes portés par appel devant la commission, à laquelle on donnait alors un autre nom.

Pendant un an mon adversaire ne fit que traîner et reculer le jugement; mais enfin une altercation très-vive, et beaucoup trop publique, entre un grand seigneur et moi, m'ayant fait imposer les arrêts dans ma maison par le ministre, et les maréchaux de France, en levant ces arrêts, m'ayant fait tirer de chez moi, d'autorité, par un officier du tribunal, pour m'y conduire, cette démarche et l'embarras du jugement élevèrent une espèce de conflit entre ces deux autorités.

Le ministre prétendit... le tribunal prétendit... mon adversaire étant duc et pair, on prétendit... et moi qui ne prétendais rien que justice, au lieu de l'obtenir, je devins, comme de raison, victime de ce conflit de hautes prétentions ; et, tant pour avoir quitté malgré moi mes arrêts que pour m'apprendre à avoir eu raison avec un duc, pendant qu'on le conduisait, lui, dans une citadelle au loin évaporer sa bile, le ministre, en vertu d'une lettre du roi, surnommée de cachet, parce qu'elle est sans cachet, signée : *Louis* et plus bas : *Phélipeaux*, envoyée : *Sartines*, présentée : *Buhot*, acceptée : *Beaumarchais*, je m'en souviens comme si je la lisais encore; le ministre m'invita de passer huit jours dans un appartement assez frais, garni de bonnes jalousies, fermeture excellente, enfin d'une grande sûreté contre les voleurs, et point trop chargé d'ornements superflus, au milieu d'un château joliment situé dans Paris, au bord de la Seine, appelé jadis *Forum Episcopi*.

Et cela parut si juste et si profitable au comte de la Blache, qu'il employa dans l'instant je ne sais quel crédit sourd du troisième ordre, qu'il avait alors, à faire prolonger ces huit jours de quelques huitaines, afin d'avoir le temps de m'accabler. Puis il se hâta, malgré mes cris, de faire juger le procès au Palais pendant mon séjour au château. Il me donnait pour un homme perdu, qu'on ne reverrait plus, et qui par là même ne méritait aucun égard : sans négliger les autres moyens à son usage. On juge bien qu'il eut peu de peine à le gagner à son tour, sur le rapport du noble conseiller Goëzman.

Alors, tant par lui-même que par cette espèce de limier de procédures, appelé *Chatillon*, qui le suit partout, talonnant les huissiers et *les gourmandant pour les exciter au pillage*, au moyen de ce qu'il nommait une poursuite combinée, il jouit du souverain honneur de mettre mes biens en désordre, et de me faire pour quatre à cinq cents livres de frais par jour. Enfin, quand il craignit de m'avoir tant fait piller que ses intérêts en fussent compromis, il s'arrêta. L'on m'ouvrit *la maison de l'évêque*, et j'en sortis, me promettant bien, si jamais j'écrivais en ce procès, de ranger ce petit trait tout neuf au nombre de ceux intitulés par moi *les ruses du comte de la Blache*.

Ce malheureux procès, gagné aux requêtes de l'hôtel, sur le rapport de M. Dufour, le voilà donc perdu au palais, à celui du sieur Goëzman.

On sait le reste : on sait comment le comte de la Blache, outré de me voir palpiter encore, lorsqu'il croyait m'avoir écrasé, se joignit au rapporteur Goëzman, pour filer la noire intrigue qui devait, selon leur espoir, me donner le coup de mort, ou ce que le peuple d'Aix appelle, en son plaisant langage, *mi donna lou mouceou Margot*. On sait comment, entre autres *ruses* concertées, le comte de la Blache écrivit de *Paris* une lettre datée de *Grenoble*, où, se plaignant beaucoup à son ami Goëzman de ce qu'il n'avait pu me serrer la gorge, il me peignait en ces termes aussi nobles que justes :

« Il manquait peut-être à sa réputation celle de ca-
« lomniateur le plus atroce. La vôtre (*c'est-à-dire la ré-
« putation de M. Goëzman*) est trop au-dessus de pa-
« reilles atteintes pour en être alarmée. C'est le serpent
« qui ronge la lime (*M. Goëzman était la lime*). La jus-
« tice qu'on vous doit servira à purger la société d'une
« espèce aussi venimeuse (*et l'espèce venimeuse était
« moi*). C'est dans les lois que les Beaumarchais doi-
« vent trouver la punition de leur audace, etc. »

Les Beaumarchais, comme on sait, ne trouvèrent de

punition que dans le plus énorme abus de ces mêmes lois : mais la vanité de mon ennemi n'en triompha pas moins lâchement. Et moi, plus fier qu'il n'était vain, du fond de l'abîme où son intrigue m'avait plongé, pendant qu'abusant de mon malheur il me dépouillait de tout pour un peu d'or que je ne lui devais pas, la fierté m'en faisait refuser des monceaux qu'un généreux enthousiasme offrait de toutes parts à mon courage. J'avais perdu ma fortune et mon état de citoyen ; je fuyais la persécution loin de ma patrie ; mais j'étais calme et serein, et je n'aurais pas voulu changer mon sort contre celui de cet ennemi.

Non, la fierté n'est pas un défaut! ou c'est au moins le plus noble de tous. Pendant que la vanité s'irrite ou rougit sottement de la contradiction qui la démasque ; pendant que l'orgueil, si gourmé dans la fortune, est lâche, abattu dans le malheur, l'âme fière est tranquille, et porte le sentiment de sa dignité jusqu'au sein de l'humiliation même ; elle est fière en ce qu'elle se rend intérieurement la justice qui lui est refusée par les autres. Otez à la fierté son dédain, elle prend le nom de grandeur d'âme, et la voilà au premier rang des vertus...

Eh ! Dieu ! où vais-je m'égarer ! je suis à mille lieues du comte de la Blache, que j'ai laissé triomphant, et faisant claquer ses pouces de joie de me voir à la fin ruiné, blâmé, expatrié !

Mais quel fut son étonnement lorsqu'il me vit rentrer en France, une requête en chaque main ; et résolu, comme à la mort, de suivre la cassation de deux arrêts, dont l'un m'avait privé de mon état, l'autre de ma fortune ! (Grâce à Dieu, au roi, à la justice, ils ont été depuis cassés tous deux !) Mais alors le fatigué *Falcoz* eut encore le crève-cœur de rentrer en lice avec l'infatigable Beaumarchais.

Je dis le fatigué *Falcoz*, parce que la dernière de *ses ruses* avec l'ami Goëzman commençant à mal tourner, et s'étant vu lui-même un peu houspillé dans la grande mêlée du Palais, il n'y allait plus que d'une aile, et même en voulait si peu revoir, qu'après que je l'eus en vain pressé pendant quinze mois de produire ses défenses au conseil, je me vis forcé d'invoquer l'autorité du chef de la justice pour l'y contraindre.

A la fin donc, avec un gros soupir, il lui fallut songer à s'opposer de son mieux à la cassation que je sollicitais. Alors il fit demander à mon avocat, par le sien, si j'imprimerais encore. Je répondis qu'ayant beaucoup d'autres choses en tête, et mon état présent m'ayant ôté les trois quarts de mon fiel, s'il voulait s'en tenir aux manuscrits, je ne lui imprimerais plus rien.

Imbécile que j'étais ! je dormais *sub umbra fœderis*, sur la foi du traité, quand tout à coup, à la veille du jugement, mon loyal adversaire, et son clerc *Châtillon*, inondent le public d'un mémoire, où le mot *fripon*, délayé dans soixante-douze pages de bêtises, n'en allait pas moins à me diffamer sur le fond de l'affaire, quoiqu'il n'en fût pas question au conseil.

Sa ruse était qu'ayant parlé seul cette fois, il laisserait dans les esprits, en perdant sa cause, au moins cette impression que, si l'arrêt était trop vicieux pour se soutenir au conseil, l'acte du 1er avril était plus vicieux encore, et que le comte de la Blache avait pourtant raison au fond.

J'obtiens un court délai pour répondre, et j'écris jour et nuit avec une ardeur incroyable. Je n'avais plus que trois jours à filer lorsque je vois arrêter mon mémoire à l'impression, par la plus superfine intrigue de mon adversaire.

Lisez là-dessus l'avertissement et la consultation servant d'exorde à mon mémoire au conseil. Voyez tout ce qu'il m'en coûta, ce que je fis, avec quel excès de travaux, de courage et de fatigue je parvins, au dernier moment, à lever l'embargo secret mis sur mes presses ; comment enfin mon écrit parut, ma cause fut gagnée, et l'arrêt pour le comte Falcoz par le sieur Goëzman annulé, cassé tout d'une voix ; les parties renvoyées au parlement de Provence. Alors le désolé général, s'appuyant sur son aide de camp processif, lui dit avec douleur, comme un autre Lusignan : *Soutiens-moi, Châtillon*, en attendant que nous allions ensemble à Aix (où ils sont tous les deux.)

Arrêtons-nous un peu. Je m'essouffle à courir ; car sitôt que l'ennemi peut ruser, il est si leste et si bien dans son élément, qu'on perd haleine à suivre sa piste. Arrêtons-nous donc ; et, pour rafraîchir ma tête, écrivons posément mon verset ordinaire, le *Gloria* de tous mes psaumes, et disons encore une fois avec vérité : Tout ceci doit bien trouver place aux faits et gestes du seigneur ON, intitulés *les Ruses du comte de la Blache*.

Je ne sais quel despote avait fait une loi qui déclarait digne de mort toute fille qui, devant épouser le prince, et ayant eu quelque inclination, ne l'avouait pas publiquement (Henri VIII, je crois). Si les tribunaux exigeaient que celui qui se rend accusateur d'un autre sera tenu de déclarer si lui-même n'a jamais fait injure à personne, cette loi, qui n'était qu'une absurdité dans le despote anglais, donnant le droit d'examiner tout accusateur, et se rapprochant de cette belle sentence du Sauveur sur la femme adultère, étoufferait en naissant bien des injustices. De la part du tyran, c'était tourmenter inutilement la pudeur qui se repent et demande à gémir en secret. Dans les tribunaux, cette austérité salutaire arrêterait bien des gens qu'un plus noble frein ne saurait retenir. Et, pour première application d'une loi si belle, je n'aurais pas aujourd'hui l'indigne procès que l'iniquité me suscite !

Revenons au comte de la Blache, dont cette digression ne m'a pas tant écarté que la dernière. Revenons à moi surtout ; et montrons qu'après bien du mouvement, du temps et de l'or employé, après avoir perdu et recouvré mon état de citoyen, qu'il me fit arracher ; après avoir parcouru un cercle immense et de maux et de biens, me voilà revenu en juin 1778 au point d'où je partis en février 1772, quand j'eus gagné ma cause, avec dépens, aux requêtes de l'hôtel.

Bientôt entraîné dans d'autres pays par d'autres événements, et forcé de perdre un peu de vue mon fidèle adversaire, mais assuré qu'étant renvoyé devant un parlement sans mélange, intègre, et composé d'hommes éclairés, je n'avais rien à redouter de la surprise ou de l'abus qu'on tenterait d'y faire de mon absence, je me livrais entièrement à mon ardeur pour des travaux honorables, et je tâchais de mettre en œuvre utilement les grands préceptes de mon maître Duverney, lorsqu'en 1775, j'apprends que son héritier Falcoz, à son tour harassé de ma poursuite, et sentant un peu tard le discrédit dont il s'était couvert; de plus, vaincu, disait-on, par les larmes d'une jeune épouse, avait enfin formé le dessein de s'accommoder avec moi.

Un de ses amis avait cherché l'un des miens, et l'avait chargé de me faire des propositions. — Il vous trompe, leur dis-je : il me connaît trop bien pour espérer que je me relâche sur un seul des points d'une affaire où mon honneur est engagé : c'est la seule chose sur laquelle on ne transige point. De ma part, je le sais trop par cœur pour en attendre aucune justice volontaire. D'ailleurs, un accommodement est une moyenne entre les extrêmes, et je ne puis me relâcher sur rien. — Il vous tiendra pour homme d'honneur. — C'est mon affaire de l'y contraindre. — Il reconnaît la vérité de l'acte. — Avec quel tire-bourre, messieurs, a-t-on pu lui arracher ce grand mot-là? — Il vous accorde tout, et ne veut que le secret. — Impossible! on croirait que j'ai fait un traité avilissant. — Au moins jusqu'à la signature. — Il vous trompe, vous dis-je, et cette *ruse* est mise en avant pour masquer quelque dessein que je n'ai ni le temps, ni l'intérêt, ni la volonté d'éclairer. — Que vous importe? est-on compromis pour écouter? — Non, mais on est indigné d'avoir été dupé. — Vous ne pouvez pas l'être. Certainement; car je n'en crois rien du tout. Mais puisque vous le voulez, voici mon dernier mot. On mettra les propositions par écrit; je m'oblige au secret jusqu'à la signature, excepté pour un homme auguste à qui je ne dois rien cacher d'une affaire à laquelle il a pris tant d'intérêt. — Je vous entends. Je vais le proposer.

Le négociateur part, et revient avec le projet de transaction et le consentement de le montrer, mais à l'homme auguste seul : et moi, disant toujours : Il vous trompe, il vous trompe, je prends le projet, et le porte à l'auguste examen. Il est lu, débattu, discuté, puis enfin adopté. Pardon, monseigneur, si j'ai fait perdre une heure à Votre Altesse à lire un plan qui n'aura point d'exécution. — Pourquoi donc? — L'on marche avec moi trop simplement pour que j'y croie. — Il aura ce tort de plus, s'il vous trompe; et vous aurez l'honneur, vous, d'avoir pu vaincre un juste, un grand ressentiment.

Je rends l'acte, et j'exige qu'il soit rédigé par M⁰ Mommet, mon notaire; les conciliateurs le voient, le notaire minute l'acte; et lorsqu'il est question de signer, j'apprends par eux, non sans un peu de cette gaieté qu'inspire un grand dédain, que mon adversaire est parti pour Aix avec trois mille exemplaires d'un mémoire foudroyant, dont il va d'avance inonder ce nouveau théâtre de nos débats. — Et sur quel prétexte a-t-il rompu, messieurs? — Sur le portrait de M. Duverney, qu'il ne veut pas avoir l'humiliation de vous donner, parce qu'on se moquerait de lui, dit-il, après ce que vous avez imprimé dans votre mémoire au conseil :

« Il n'est plus cet ami généreux, cet homme d'État, ce
« philosophe aimable, ce père de la noblesse indigente,
« le bienfaiteur du comte de la Blache, mon maître!
« J'avoue que le plaisir d'avoir reconquis son portrait,
« mesuré sur sa longue privation, sera l'un des plus
« vifs que je puisse éprouver. Telle est l'inscription que
« je veux mettre au bas :

« *Portrait de M. Duverney, promis* longtemps par
« lui-même; *exigé* par écrit de son vivant; *disputé* par
« son légataire après sa mort; *obtenu* par sentence des
« requêtes de l'hôtel; *rayé* de mes possessions par jugement d'un autre tribunal; *rendu* à mon espoir par
« arrêt du conseil du roi, et *définitivement adjugé* par
« arrêt du parlement d'Aix *à son disciple Beaumarchais.* »

— Hé! c'est ce qui l'a fait partir! — cette nuit même pour la Provence, afin d'y arriver le premier : voilà le mot. Mais il n'a trompé que vous, messieurs : que Dieu l'y mène en joie! et bon voyage au seigneur... En vérité, je ne sais plus quel nom lui donner sur une pareille pantalonnade! Hé! qu'il parte tranquille! Ce sont là de ces avantages que je ne lui disputerai jamais; je vais m'occuper d'autres affaires.

En effet, je partis, après avoir fait mettre au courrier d'Avignon que je suppliais tous les honnêtes gens de ne pas user de son dernier mémoire en Provence comme on en avait fait des autres à Paris, afin qu'on pût juger en temps et lieu si j'y répondrais bien. Or ce mémoire était le grand mémoire dont il vient de répandre hier matin, 15 juin 1778, dans Aix, une autre édition de trois mille exemplaires, en se faisant recommander par ses colporteurs à la bienveillance de tous ceux qui aiment les lectures inintelligibles.

Ce voyage avait deux objets : l'un, que j'ignorais, était de me devancer à Aix pour y écrémer tout le barreau; que dis-je écrémer? l'absorber en entier, s'il pouvait, de façon qu'il ne m'y restât pas un seul avocat à consulter quand j'y paraîtrais. Il n'a pas réussi. L'autre objet, dont j'avais souri d'avance, était de commencer le métier qu'on lui voit faire à la journée dans Aix depuis qu'il y séjourne.

Fidèle à son principe, et sachant bien *qu'il en faut toujours revenir à la calomnie*, il se donne un tel mouvement dans les sociétés, il s'est tant démené dans les carrefours, les rues et les ruelles, il a tant calomnié, que d'honnêtes personnes qui, ne me connaissant que par mes écrits, ne m'en auraient peut-être pas moins estimé, troublées par les affreux portraits qu'il fait de moi chétif, sont toujours prêtes à se signer en me voyant passer, à me fuir comme un méchant, un ogre qui aurait mangé sa famille entière; car il ne me marchande pas, je vous assure.

Cela me rappelle de très-aimables dames de la capitale, qui, bien endoctrinées par lui, poussaient la bonne foi du protégement jusqu'à dire, après avoir tout épuisé sur mon compte : « Au surplus, qu'est donc le « sieur de Beaumarchais pour prétendre avoir raison « contre M. le comte de la Blache, qui tient une bonne « maison à Paris, est maréchal de camp, et même bon « gentilhomme? En vérité, l'on ne connaît plus rien à « ce pays-ci! »

— Votre adversaire a raison, monsieur : tout cela se redit, se répand, se propage, et laisse à la fin son empreinte… — Au parlement? je n'en crois rien : et si, dans un sujet grave, on osait dérober aux poëtes une image tant soit peu rebattue, je comparerais ces vaines rumeurs aux vagues mugissantes qui viennent se briser au pied du roc. — Ces vagues l'ont entamé, monsieur de Beaumarchais, et dans ce procès même! — Non pas le roc, messieurs, mais des corps étrangers dont un orage affreux l'avait couvert. Autres temps, autres gens! Mais laissons les figures. Ce que je voulais dire, c'est que, m'ayant vu réclamer avec succès la protection tutélaire de la nation, et m'en envelopper, dans une injure que le malheur des temps rendait commune à tous, mon ennemi se flatte à son tour d'armer contre moi tout le corps militaire et la noblesse entière.

Mais quelle différence de motifs! et qu'a de commun le corps de la noblesse avec un procès du plus vil intérêt? Quel, entre ceux qui le protégent, oserait en soutenir un pareil? Avec tous les courages, il faut encore celui de la honte pour en avoir le front! Moi, je réponds à tous ces protecteurs trompés : Ne confondons rien, messieurs. De même que Brutus, le bras ensanglanté, dit au peuple romain : J'aimais le grand César, et j'ai tué l'usurpateur ; de même, la plume en main, j'honorerai tant qu'on voudra l'homme de nom, l'officier général, pourvu qu'on m'abandonne le légataire universel… Hé bien! sans y penser, n'ai-je pas été le comparer à Jules César? De quoi se plaint-il? Enfin, toute cette conduite et ces intrigues sourdes, voilà ce que le comte de la Blache appelle *bien suivre ses affaires* ; et ce que je nomme avec dédain, moi, *les ruses du comte de la Blache*.

Mais cette consultation de l'adversaire, que tout le monde essaye de lire pendant que j'y réponds, ne mériterait-elle pas aussi de trouver place en ce recueil ingénu *des ruses*, puisqu'elle-même en est la plus ample collection? On n'y lit pas une citation de bonne foi : rien qui n'y soit insidieux, dénaturé, tronqué, mutilé!

A l'occasion de mon voyage d'Espagne, en citant ces mots de M. Duverney, rapportés dans mon quatrième mémoire (page 511) : *Allez, mon fils, sauvez la vie à votre sœur…* voyez comment le citateur laisse à l'écart ceux qui les précèdent, et qui sont pourtant le seul fait dont il doive être question pour lui : « A l'instant de « mon départ, je reçois la commission de négocier en « Espagne une affaire très-intéressante au commerce de « France ; M. Duverney, touché du motif de mon voyage, « m'embrasse, et me dit : Allez, mon fils, sauvez la vie « à votre sœur… »

Voyez aussi comment, après ces mots : *sauvez la vie à votre sœur*, ce citateur fidèle substitue des points à une autre phrase intéressante, et qui peut seule fixer le vrai sens de celle-ci, à laquelle il passe tout de suite… « Voilà pour deux cent mille francs de billets au por« teur que je vous remets pour augmenter votre con« sistance personnelle ; » et pourquoi met-il des points au lieu de la phrase? Pour faire croire que ces deux cent mille livres étaient destinées à sauver ma pauvre sœur, ce qui devient en effet stupide à proposer. Au lieu que mon mémoire à moi porte ces mots à la place où sont des points dans celui du seigneur ON :

« Quant à l'affaire dont vous êtes chargé, quelque in« térêt que vous y preniez, souvenez-vous que je suis « votre appui. Je l'ai solennellement promis à la famille « royale, et je ne manquerai jamais à un engagement « aussi sacré. Je m'en rapporte à vos lumières. Voilà « pour deux cent mille livres de billets, etc… » Ce qui explique tout d'un coup pourquoi les billets, et non une lettre de crédit. Les uns se déposent en cas d'affaire; l'autre, on en use à mesure de ses besoins. Mais je n'avais pas de besoins personnels : il me fallait seulement de quoi justifier mes offres au gouvernement espagnol, si l'on exigeait un dépôt.

— Hé! quelle était cette grande affaire? — C'est ce que montre assez bien le préambule de l'arrêt du conseil des Indes pour *el Asiento general de los Negros*, etc., imprimé à Madrid, en 1765.

Yo el rey, etc. (traduit ainsi) : *Moi le roi*, etc… s'obligeant d'approvisionner pour dix ans, d'esclaves noirs, différentes provinces de l'Amérique, etc. D'où il résulte qu'il a été présenté deux autres mémoires plus avantageux, l'un au nom de *don Pedro Augustino Caron de Beaumarchais, apoderado…* chargé des pouvoirs d'une compagnie française ; l'autre, etc.

C'est aussi ce que la lettre du marquis de Grimaldi, ministre d'Espagne, apprend à mes lecteurs.

« *M. de Beaumarchais à Madrid.*

« Au Pardo, le 15 mars 1765.

« Monsieur,

« Quelle que soit la réussite des propositions que « vous m'avez faites pour l'établissement d'une compagnie « de la Louisiane, elles font infiniment d'honneur à vos « talents, et ne sauraient qu'augmenter l'opinion que « j'en ai conçue.

« J'ai été, monsieur, fort aise de vous connaître, et « je le suis de pouvoir rendre témoignage de votre ca« pacité… Je serai charmé de pouvoir vous rendre ser« vice en toute occasion : en attendant, j'ai le plaisir de « vous souhaiter un bon voyage, et de vous prier de me « croire, etc.

« *Signé* : Le marquis de Grimaldi. »

Dès ce temps-là je n'étais donc pas ce petit homme

que le grand comte de la Blache voudrait bien qu'on méprisât toujours comme un polisson, comme un vrai *Tirassoum*! Voilà donc l'opinion de M. Duvernoy justifiée par celle du ministre d'Espagne ; le besoin de consistance, et les deux cent mille livres de billets fondés, et la méprisable *ruse* du légataire universel mise dans tout son jour.

Autre *ruse* aussi misérable! Voulant donner le fonds d'un contrat de soixante mille livres pour une donation déguisée de M. Duvernoy, le *soussigné* cite (p. 50) ces termes de l'acte du 1ᵉʳ avril : « Comme j'exige que M. de « Beaumarchais me rende la grosse du contrat de six « mille livres viagères qu'il a de moi, quoiqu'il ne dût « me la remettre que dans le cas où je ferais quelque « chose pour lui (ce que je n'ai pu)... » Ici le citateur fidèle s'arrête court, comme s'il n'y avait rien de plus dans l'acte à cet égard, et vous dit : Que signifierait cet exposé, sinon que c'est une donation déguisée, etc., etc.? Mais cet honnête écrivain du comte de la Blache ne fait en ceci que copier la pitoyable *ruse* d'un autre honnête écrivain du comte de la Blache, que j'avais déjà couvert de confusion dans mon mémoire au conseil, où l'on voit cette phrase (p. 549) : « Lisez, je vous prie, « la partie du texte écartée par mon loyal adversaire, « après ces mots : *ce que je n'ai pu;* vous verrez dans « l'acte ceux-ci, que M. Duvernoy ajoute : *Et j'en reçois* « *le fonds* (de ce contrat) *en quittance de la somme de* « *soixante mille livres, aux termes dudit contrat.*

« Donc, aux termes dudit contrat, les soixante mille « livres avaient été fournies par moi ; donc cette rente « était fondée sur un capital reconnu ; donc l'article « invoqué pour prouver que c'était une libéralité dé-« montre évidemment le contraire; donc mon indigna-« tion est toujours légitime. »

A quoi j'ajoute aujourd'hui : donc mon indignation doit s'accroître encore, en voyant un ennemi sans pudeur toujours reverser dans de nouveaux mémoires, à mesure qu'il change de tribunal, tous les arguments déjà foudroyés par mes réponses, et prescrits par les arrêts qui le condamnent. Et ce rhabillage est une des fortes raisons de la répugnance invincible qu'il a, dans ce parlement, de joindre au procès tous ses anciens mémoires. Mais je lui en ferai l'injonction bien timbrée, parce que c'est la manière la plus sûre de les obtenir.

Autre *ruse* encore plus misérable :

Pour donner un air de contradiction et de louche aux objets les plus clairs, il feint d'oublier (p. 50 et 51) que, lorsque j'envoyai les deux doubles de l'acte à M. Duvernoy, le 22 mars 1770, en lui demandant rendez-vous pour finir, il me répondit : *A sept heures, ce soir;* et là-dessus voilà mon *soussigné* qui déraisonne à perte de vue, avec ce bruissement fatigant que les Latins nommaient *verba et voces,* et que nous traduisons en français par le mot énergique *amphigouri.*

En examinant les choses, on sent que je ne manquai pas au rendez-vous *de sept heures du soir,* puisqu'il s'agissait de finir ; on sent encore, en voyant l'acte daté du 1ᵉʳ avril, que quelque chose a mis obstacle à sa consommation le 22 mars, et que j'en ai rapporté les deux doubles, puisque ma lettre du 5 avril prouve ensuite qu'ils sont retournés, avec les pièces, le 30 mars ou le 1ᵉʳ avril, chez M. Duvernoy.

Dans cette lettre du 5 avril, inquiet d'avoir remis tous mes titres, et de ne pas recevoir un des doubles de l'acte signé *Pâris Duvernoy,* on voit que je lui demandais avec instance : « Depuis trois jours... ces doubles... vous « les avez gardés tous deux! où en serais-je? En vérité, « cela fait frémir! Au nom de l'amitié, renvoyez-m'en « donc un, et faites de l'autre ce qu'il vous plaira, etc. » A quoi M. Duvernoy y répondit en m'envoyant le double... *voilà notre compte signé.*

Comment donc tout cela peut-il être contradictoire? On n'en sait rien : aussi le subtil raisonneur s'est-il tellement empêtré dans sa propre *ruse,* qu'en lisant son reproche on ne peut deviner ce qu'il a voulu dire. *Fiat lux!*

En honneur, quand on voit de si plates finesses, une mauvaise foi si lourde et si bête, *on est tenté,* comme dit un de mes amis, *de se presser d'en rire, de peur d'être obligé d'en pleurer.* Tout est de la même force et brille d'une si grande clarté dans cette consultation, que, quand le comte de la Blache ajouterait aux noms de *quatuor advocati subsignati, duodecim millia signati* du septième chapitre de l'*Apocalypsos,* elle n'en resterait ni moins obscure, ni plus raisonnée, ni mieux écrite, ni plus honnête, ni plus probante. Donc, puisqu'on ne sait ce que c'est, et qu'on n'en peut rien tirer, le plus court est de la laisser là pour toujours. Ainsi soit-il!

Ici finit *le recueil des ruses* employées contre moi par le comte de la Blache en ce procès, car je ne veux pas lui faire le tort de croire qu'il ait contribué à répandre avec une profusion scandaleuse, à faire colporter et crier, il y a trois mois, dans les rues d'Aix : « A deux « sous, la réponse véritable et remarquable de la « demoiselle d'Éon, à monseigneur Caron Carillon, « dit Beaumarchais, etc... » Cela serait aussi par trop rusé.

Les gens qui remarquent tout ont beau remarquer que des trois ou quatre cents villes du royaume où l'on pouvait me donner ce grand discrédit, on n'a répandu la *Facétie d'Éon* que dans *Aix,* où je plaide, et dans quelques lieux circonvoisins, comme *Avignon, Marseille,* et *la Ciotat...* Encore pour cette petite ville... oui, en vérité, *la Ciotat;* car j'ai, dit-on, plus d'un illustre ennemi.

Mais comment veut-on que j'y croie? et quel rapport le comte de la Blache...? — Comment, quel rapport? Les ennemis de nos ennemis ne sont-ils plus d'à moitié nos amis? Quel rapport? N'est-ce pas, des deux parts, « une mauvaise tête qui défend un mauvais cœur avec « une mauvaise plume? »

Voilà ce qu'ils disent tous. Moi, je n'en crois rien; d'ailleurs, je ne vois dans cette ingénieuse diatribe que le badinage innocent d'une demoiselle d'esprit, très-bien élevée, qui a le ton excellent, et qui surtout est si reconnaissante de mes services, qu'elle a craint que ma lettre à M. le comte de Vergennes à son sujet, la réponse de ce ministre, et mon envoi, ne sortissent trop tôt de la mémoire des hommes.

Quant au cartel mâle et guerrier qu'elle m'y adresse, quoique je n'aie pas manqué d'en être effrayé, j'ai si peu oublié qu'elle était du beau sexe, que, malgré ses cinquante ans, ses jure-Dieu, son brûle-gueule et sa perruque, je n'ai pu m'empêcher de lui appliquer à l'instant ces beaux vers de Quinault, mis en belle musique par le chevalier Gluck :

> Armide est encor plus aimable
> Qu'elle n'est redoutable.

Au reste, je crois tout simplement que les deux ou trois mille exemplaires de la *Facétie d'Éon*, qu'on a colportés et criés dans toutes les villes du ressort de ce parlement, y sont tombés du ciel, sans que ni M. de la Blache, ni M. Marin, ni personne enfin, y ait contribué. Je ne parlerai donc pas de ce dernier trait, et ne le coucherai point, comme de raison, parmi *les ruses du comte de la Blache*.

C'est bien assez pour moi de l'avoir suivi dans le dédale affreux de sa politique; d'avoir développé par quelle suite de *ruses* et de noirceurs il s'est successivement flatté d'en imposer à tous les tribunaux, et d'y déshonorer un acte fait par deux hommes sensés, dont il avoue n'avoir jamais connu ni les liaisons ni les affaires.

J'ai prouvé, moi, la véracité des unes et la filiation des autres.

J'ai prouvé qu'à la considération publique dont un grand citoyen honora ma jeunesse, il joignit sa tendre amitié.

J'ai prouvé que j'acquittai ce bienfait par le plus grand service qu'il pût recevoir, selon lui.

J'ai prouvé que, reconnaissant à son tour, il me donna sa confiance, et déposa dans mon sein ses plus importants secrets.

J'ai prouvé que, touché de son attachement, je l'ai toujours servi depuis avec le zèle ardent d'un fils bien actif, et que, dès cet instant, deux commerces très-distincts n'ont pas cessé de marcher entre nous.

J'ai prouvé que son légataire, inquiet d'une liaison dont il redoutait les suites, a travaillé sous main, pendant dix ans, à la détruire.

J'ai prouvé que, n'ayant pu que la troubler pendant sa vie, il a résolu de s'en venger après sa mort.

J'ai prouvé qu'à son grand déshonneur, il m'a fait un procès bien inique, et m'en a suscité un autre abominable.

J'ai prouvé que tous les compagnons, tous les agents, tous les moyens lui ont semblé bons, pourvu qu'il réussît à me ruiner, à me déshonorer.

Enfin, le fanal au poing, éclairant nos deux conduites, et partout les opposant, j'ai ramené cet adversaire, ou plutôt je l'ai traîné, depuis les premiers moments de sa haine implacable jusqu'à ceux où le parlement d'Aix va couper enfin l'horrible nœud qui depuis dix-huit ans attache un vampire à ma substance.

Quant au fond du procès, comme il ne doit y avoir rien de vague dans les engagements civils qui fixent les propriétés, il ne peut y avoir non plus rien d'incertain dans la loi qui les juge et les gouverne. Un acte est vrai ou il est faux. S'il est faux, passez à l'inscription, prouvez la fraude, et pendez le coupable. Si l'acte est vrai, c'est attenter à l'honneur, la plus chère des propriétés, que d'y souffrir, sans la punir, une infamante discussion très-étrangère à son essence.

Aussi tout acte vrai, qui n'a pas de nullité légale, ne peut-il être, au civil, entamé par rien dans un pays où il n'y a point de nullité de droit : et il est bien juste que cela soit ainsi. La terrible conséquence du principe opposé serait de soumettre à l'arbitraire d'une jurisprudence incertaine et variable, comme le sens des juges, l'adresse des défenseurs ou le crédit des parties : d'y soumettre, dis-je, les propriétés, les actes sacrés qui les assurent, et qui, étant la base et le soutien de la société, doivent être invariablement jugés par la loi seule et selon la loi.

O vous, équitables magistrats dont j'attends l'arrêt avec impatience, en le sollicitant avec respect, je n'ai pas prétendu, par ces récits, augmenter à vos yeux la force et la valeur d'un acte inattaquable, et qu'ils n'ont pas seulement effleuré. Mais j'ai dû tranquilliser vos âmes, en vous montrant que vous avez à justifier, à venger un homme d'honneur outragé, à sanctionner le contrat civil de deux bons citoyens.

Quoique depuis huit ans cet affreux procès, aliment fertile d'une haine infatigable, ait coupé ma carrière, empoisonné mon existence, il vous est soumis dans le même état que le jour qu'il naquit.

C'est toujours, d'une part, un acte bien pur et bien entier; de l'autre, des allégations, des vexations, des injures et des calomnies. Hé! le tiers de ma vie s'est usé dans ces tristes débats.

J'ignore si quelque loi prononce les réparations d'honneur que j'ai droit d'attendre; mais celle qui me les adjuge est la plus sainte de toutes : elle est gravée sur le cœur de tous les honnêtes gens, sur les vôtres, ô sages magistrats! et vous savez ce que la sainteté de votre ministère exige de vous en pareil cas.

Quant aux dommages et intérêts que je demande, et dont j'ai depuis longtemps indiqué le noble emploi, en les considérant comme la moindre peine qui puisse être infligée à tant d'accusations injurieuses, ils doivent se mesurer, non sur la fortune ou l'état de l'offensé, mais toujours sur ceux de l'offenseur : autrement il n'y a pas d'homme riche ou puissant qui ne pût vexer impunément toutes les victimes qu'il voudrait se choisir dans les rangs inférieurs : et le tribunal qui n'arracherait au riche offenseur qu'une légère portion de son superflu, manquant le but de la loi, ne satisferait point l'offensé, qui non-seulement en espère justice, mais qui se repose entièrement sur vous, ô magistrats, du soin d'une ven-

J'AI TOUT DIT, MONSIEUR LE COMTE : aussi libre, aussi franc dans mes défenses que vous êtes vague, enveloppé dans les vôtres, je n'ai rien dissimulé : J'AI TOUT DIT. Composé trop rapidement, si ce mémoire est tumultueux, s'il manque de grâce et n'est pas assez fait, on verra bien qu'il sort tout bouillant de ma poitrine, et que mon ressentiment l'a fondu d'un seul jet. Mais qu'importe le talent, si l'ensemble et l'énergie des preuves imprime en mes lecteurs la ferme conviction de mon droit? ce n'est pas entre nous un assaut d'éloquence, et le Palais n'est point l'Académie.

Rien ne doit donc arrêter aujourd'hui le jugement. Cette réponse n'exige point de réplique. Eh! que diriez-vous sur ces nouvelles lettres que vous n'ayez déjà dit sur les autres? Démentir et nier tout n'est-il pas votre seul mot? Je les tiens d'avance pour démenties! Quand vous aurez prétendu ces lettres fausses, composées après coup, incohérentes aux réponses et ne prouvant rien, ou prouvant contre moi, les inductions mal tirées, les raisonnements mauvais, l'analogie pitoyable, enfin tout ce que j'ai dit, un monceau de futilités et de mensonges, aurez-vous fait un pas de plus à vos preuves contre l'acte?

Vous pressiez le jugement dans l'état de vos premières négations! La négation totale ici ne fera qu'unir mes secondes preuves aux premières, sans rien changer à la question soumise au parlement (la validité d'un acte libre, et fait entre majeurs).

N'arrêtez donc plus notre arrêt, ou changez ce système une huitième fois, et voyant votre cause encore entraînée au civil, inscrivez-vous en faux au criminel! Mais tout cela n'empêchera pas qu'on appelle de son vrai nom l'horrible singerie de toujours presser le jugement lorsque je ne dis mot, pour le renvoyer à cent ans aussitôt que je parle, et que j'appuie mes preuves par des preuves nouvelles.

J'avais résolu de m'en tenir aux anciennes, et de ne plus dire un mot : je m'étais imposé la loi de garder ce ménagement pour vous, lorsque trois mille exemplaires d'injures répandues de nouveau contre moi dans la Provence, ont allumé mon sang tout à coup : j'ai repris la plume et ne l'ai plus quittée. Mourez donc maintenant de honte et de chagrin, injurieux adversaire! et cherchez qui vous plaigne après m'avoir tant provoqué?

Ce ne sont point ici des allégations dénuées de preuves, des lettres anonymes, des articles de gazettes, des menées sourdes, intrigues de sociétés, des visites en grand uniforme, de petits propos à l'oreille, des calomnies répandues, et toutes les *ruses* que vous mettez en œuvre pour augmenter vos partisans.

Toujours nos différents caractères se sont peints dans nos différents procédés. Grand homme de guerre et de calcul au palais, vous n'y faites que trop bien la guerre de chicane! Ainsi qu'un général a toujours un aide de camp avec lui, vous n'arrivez nulle part sans le *vrai Châtillon* dans votre chaise; et, pendant qu'il court les études, pique les clercs, galope les huissiers, dicte et hâte les exploits, répandu dans la place, vous veillez, vous rôdez, vous glissez, vous calomniez, et partout vous minez et contre-minez. Puis, bien et prudemment escorté, vous n'avancez à l'ennemi que sous la contrescarpe ou le chemin couvert.

Et moi semblable au Tartare, à l'ancien Scythe un peu farouche, attaquant toujours dans la plaine, une arme légère à la main, je combats nu, seul, à découvert; et lorsque mon coup siffle et part, échappé d'un bras vigoureux, s'il perce l'adversaire, on sait toujours qui l'a lancé, car j'écris sur mon javelot :

CARON DE BEAUMARCHAIS.

LE TARTARE

A LA LÉGION

Brûler n'est pas répondre.

Combien êtes-vous, messieurs, à m'attaquer, à former, à présenter, à signer des requêtes en lacération et brûlure contre mes défenses légitimes? Quatre, cinq, six, dix, une légion! Comptons.

Premier corps : le comte de la Blache en chef, six avocats en parlement, un procureur.

Second corps en sous-ordre : un solliciteur étranger, Châtillon ; troupe de clercs, troupe d'huissiers ; troupe de recors, jusqu'à Vincenti le docteur inclusivement, etc., etc., etc.

Voilà ce que j'appelle une légion qui demande et sollicite la lacération et conflagration de mon mémoire.

Ne pouvant parler à tant de monde à la fois, je prends la liberté d'adresser la parole au chef en personne; que les autres m'écoutent s'ils veulent ; et je dis :

Aussitôt que vous vous fâchez, monsieur le comte, mon devoir est de m'apaiser : non en ce que j'aurai rempli mon but, qui serait de vous mettre en colère (j'ai bien prouvé que c'est malgré moi que je me vois forcé de le faire), mais en ce que je crois fermement que, pour tenir une bonne conduite en cette affaire, je dois prendre en tout point le contre-pied de la vôtre.

Eh! pourquoi me brûler, monsieur le comte? pourquoi mettre le ciel, le roi, la justice, entre nous? pourquoi se donner toujours une telle importance, qu'il faille armer toutes les puissances en cette cause, et contre un mémoire qui n'attaque que vous?

Qu'a de commun, je vous prie, la religion à notre procès? Quoi! ne peut-on dire et prouver que le comte de la Blache est un calomniateur, sans que le ciel en soit blessé? Et quand je ne parviendrais pas à le prouver, qu'est-ce que cela fait à la religion? Les moyens humains de me punir de cette témérité, si j'ai tort, ne sont-ils pas entre les mains des magistrats? ce qui suffit bien, sans aller intéresser le ciel et la terre en votre querelle.

Vous avez de l'humeur, je le crois bien : on en aurait à moins ; car, malgré la légion que vous commandez ici, je dois convenir avec vous que, pour un maréchal de camp, vous faites en Provence une triste campagne ; et pendant que vos rivaux militaires, attentifs à tant de bruits de guerre, s'empressent à donner à la patrie les nobles témoignages d'un zèle ardent pour son service, j'avoue que la guerre honteuse que vous me faites ici doit avoir quelque chose d'assez humiliant pour votre amour-propre.

Mais à qui la faute ? Est-ce à mon mémoire qu'il faut s'en prendre, et doit-il s'approcher du feu, en expiation de ce que vous vous en éloignez ? Vous conviendrez bien que, si on ne peut plus mal se conduire, en revanche on pourrait un peu mieux raisonner.

Prétendez-vous par hasard que mon mémoire offense la religion, en ce que j'ai puisé dans le poëme de l'île de Pathmos la comparaison latine qui vous rapproche du dragon malfaisant à qui l'Éternel avait donné pour un moment, dans ce poëme apocalyptique, le pouvoir de faire du mal et de transmettre à des bêtes celui d'en dire ? Ce dragon et ces bêtes sont livrés dans cet ouvrage à la malédiction universelle, et il est de fait que même les plus grands saints n'ont jamais cru offenser Dieu dans leurs écrits, en se moquant un peu du diable et de ceux qui tâchent si bien d'en accomplir l'œuvre unique.

Mais, sans aller chercher mes raisons aussi loin, voyez ce qui m'est arrivé dans mon procès Goëzman. Bertrand et Marin avaient puisé, l'un dans le Missel, l'autre dans les Psaumes, les épigraphes latines des injures imprimées dont ils me régalaient. Moins rigoureux que vous, je n'ai fait que m'en moquer, sans appeler le ciel et la religion au secours de mon ressentiment.

Si c'était bien de ma part les accuser de bêtise, ce n'était pas au moins les taxer d'impiété : aussi la justice d'alors ne crut-elle pas devoir les traiter plus sévèrement que moi : mais ce qu'il y a de plus mortifiant pour votre proposition, c'est que, bien loin de brûler les mémoires de ces deux pauvres d'esprit, dont j'appelai l'un à ce sujet le sacristain et l'autre l'organiste, et que vous eussiez nommés, vous, profanateurs ! ce furent mes mémoires à moi qu'on brûla, quoiqu'ils n'eussent point d'épigraphes latines tirées des Psaumes et de l'*Introïbo* : bien est-il vrai qu'on les a débrûlés depuis, ce qui ne fait rien à l'affaire.

Mais quel sens moral doit-on en tirer ? C'est qu'il n'a jamais été défendu, pour imprimer plus fortement aux sots et aux méchants le mépris ou le dédain qu'ils méritent, de leur appliquer un passage quelconque quand il vient si à propos à la plume, et que de pareilles allusions n'ont jamais fait encourir à l'ouvrage de nul orateur la cruelle peine que vous voudriez qu'on infligeât à ma triste oraison.

Que si j'ai rappelé dans un autre endroit cette belle et sublime sentence du Sauveur sur la femme adultère, en la rapportant à l'utilité qu'il y aurait de soumettre les accusateurs à l'examen sévère des tribunaux, j'ai voulu montrer seulement que tel ennemi qui me jette aujourd'hui la première pierre, bien examiné lui-même, au lieu du supplice de la conflagration qu'il veut m'infliger, pourrait bien mériter lui-même celui de la lapidation.

Et comme ce n'est point en plaisantant que j'ai cité ce passage, on peut bien trouver dans ma phrase une juste indignation, mais non pas, comme le dit le comte de la Blache, une profanation criminelle.

Passons au reproche que vous me faites de manquer de respect au roi dans mon mémoire, et voyons qui de nous deux est le coupable, ou de moi qui me soumets avec une confiance respectueuse au tribunal qu'il m'a donné pour me juger, ou de vous qui, lui faisant faire cause commune avec vous, prétendez armer sa sévérité contre ma défense, parce qu'elle vous humilie et vous désole uniquement.

Mais, parce que le roi a dit, dans un arrêt du conseil, qu'il voulait faire sentir les effets d'une juste sévérité à ceux qui abuseraient de leur esprit pour déchirer la réputation des personnes avec qui ils seraient en contestation, croyez-vous, monsieur le comte, que Sa Majesté ait entendu, par cet arrêt, accorder sa protection royale à ceux qui déchireraient leurs adversaires lorsqu'ils le feraient sans esprit ? Vous invoquez là de beaux titres de protection et de faveur ! et parce que vos défenses sont ennuyeuses et lourdes, vous croyez avoir le droit de les rendre impunément atroces et calomnieuses ? Et quand on vous prouve qu'elles le sont, et qu'à ce double titre on vous livre à la risée, au mépris public, vous vous croyez en droit d'invoquer l'autorité royale, pour venger une telle offense et conserver vos écrits à la glace, en faisant jeter au feu ceux de votre adversaire !

D'ailleurs, quand un tribunal supprime un mémoire, vous conviendrez bien que, si la contestation n'est pas finie, ce tribunal, fût-ce même celui du roi, ne peut entendre par cette suppression que celle des traits trop amers ou des termes trop vifs dont un ressentiment exalté aurait chargé la défense : et qu'à notre occasion surtout Sa Majesté, en supprimant mon mémoire au conseil, n'a pas entendu priver ma cause des moyens vigoureux dont cet écrit la renforce.

Si c'était là par hasard ce que vous entendez, cette question semblerait exiger une décision plus claire de la part du conseil du roi.

Mais voyez à quoi votre prétention réduirait cet arrêt de suppression. Dans un premier arrêt qui cassa celui du sieur Goëzman, quoiqu'il fût en votre faveur, le conseil du roi supprima les injures respectives de votre mémoire et du mien. Les injures supprimées, que reste-t-il dans un mémoire ? les raisons et les moyens sans doute ?

Or, lorsque, pour donner plus d'authenticité à la suppression, il plaît à Sa Majesté, dans un second arrêt, de resupprimer ce qu'elle a déjà supprimé dans un premier ; s'il faut convenir que son conseil est bien le maître de supprimer deux fois, dix fois, et sous des formes différentes, les termes amers avec lesquels un plaideur outré par dix ans d'injures exhala son ressentiment, on ne peut, sans insulter la majesté royale, supposer que son conseil ait entendu par un second arrêt supprimer les moyens de ce mémoire, uniquement parce qu'il en a déjà supprimé les injures dans un premier arrêt, et c'est au moins le cas où ce nouvel arrêt peut en appeler un troisième en explication du second.

Mais, en attendant, la cause étant rentrée en instance à deux cents lieues de la capitale, est-ce, à votre avis, manquer de respect au roi, à son conseil, que de mettre sous les yeux des nouveaux juges la totalité des défenses, tout le bon et le mauvais des raisons qu'on a employées pour soutenir son droit? En cas pareil, comme il n'y a rien de nul, il ne peut y avoir d'injure : car ce qui n'est plus pour moi dans mon écrit tournant nécessairement pour mon adversaire, employer des défenses quoique censurées est agir avec la plus grande impartialité, la plus louable neutralité dans sa propre affaire.

D'ailleurs, je n'ai point fait imprimer de nouveau le mémoire censuré par le conseil : le peu de littérature que mes écrits contiennent, et l'intérêt que le procès Goëzman et consorts inspirait justement à tous les persécutés de la France, ayant fait désirer à beaucoup d'honnêtes gens que quelque libraire en rassemblât la collection, ce procès Goëzman, enfanté par le plus horrible *genuit* du procès la Blache, rappelant à tout moment les procédés de ce noble adversaire, et l'arrêt du parlement de Paris qui a cassé celui du blâme et débrûlé les mémoires défenseurs de ma cause, leur ayant rendu toute leur pureté, j'ai cru pouvoir et devoir mettre au sac la collection entière de ces mémoires, telle qu'on la trouve chez les libraires, avec des réclames de tous les endroits qui rappellent le comte de la Blache; presque tout est de ma cause actuelle dans cette collection. Je ne l'ai donc pas fait faire; mais j'en ai profité, comme je l'ai trouvée, sans y rien ajouter ni retrancher, et j'y ai laissé le bon et le mauvais tels que les événements les avaient fournis à mesure; ne voulant pas plus, en dissimulant le mal, me donner pour meilleur que je ne suis, que je ne veux me rendre pire en laissant ignorer le peu de bien qui s'y rencontre.

Si c'est là, selon vous, manquer de respect au roi, j'avoue que je concevrai une étrange idée de ce que vous entendez par le respect dû au prince : mais comme il n'y a pas encore de loi qui m'ordonne de me soumettre là-dessus à l'opinion du comte de la Blache, de maîtres tels et tels, avocats et procureur à Aix, enfin de ce que j'ai nommé la légion, je prie ladite légion de trouver bon qu'en attendant la décision du parlement sur leur requête en conflagration et lacération au préalable, je me croie au moins aussi bon, fidèle et respectueux serviteur du roi que ces messieurs; quoique nous n'ayons pas tout à fait les mêmes idées sur la forme de ce respect; quoique je n'appelle pas comme eux toutes les puissances de l'univers au secours de ma querelle, et que je ne veuille pas émouvoir tout l'Olympe pour la guerre des rats.

J'ai prophétisé dans mon mémoire que vous nieriez tout, et pour l'honneur de ma prédiction à l'instant vous avez tout nié.

Ne pouvant tout relever, vu le peu de temps qui nous reste, dans un mémoire de cent soixante-douze pages, prenons rapidement les faits contestés les plus importants, et, réduisant la question aux termes les plus clairs, qui sont toujours les plus simples, voyons sur quoi nous tombons d'accord, en quoi nous différons : montrons lequel de nous deux reste sans preuves devant l'adversaire, et lequel calomnie l'autre en ce parlement.

Commençons par le fameux billet du 5 avril 1770, auquel j'ai dit que vous aviez donné la torture, afin de le rendre un peu louche quand il s'agirait de le débattre au procès.

Nous convenons, vous et moi, que M⁰ Caillard a fait un violent plaidoyer aux requêtes de l'hôtel contre le mot *Beaumarchais* emporté par un cachet, et dont il m'attribuait la supercherie ; et voici pourquoi j'affirme que nous en convenons tous les deux : c'est que, malgré la honte publique qui était résultée pour vous, à l'audience des requêtes de l'hôtel, de la déclaration et de la preuve fournie par M⁰ de Junquière, votre avocat, absolument sans pudeur, espérant que je n'aurais pas le temps de répondre à son mémoire avant que M. Dufour rapportât notre affaire, eut la maladresse d'insérer dans ce mémoire (page 40) le même reproche sur ce cachet, mais moins violemment exprimé cependant qu'il ne l'avait fait à l'audience : c'est que je tiens ce mémoire, et que vous ne pouvez le nier, quoique vous ayez fait l'impossible pour ne pas le produire.

C'est que M⁰ Bidault, prenant la plume à l'instant, vous releva d'importance, quoique le ménagement qu'il croyait devoir à son confrère Caillard l'empêchât, malgré mes prières, de l'inculper comme il le méritait sur le fait de ce cachet apposé. Voici néanmoins ce qu'il vous répondit pour moi, pages 59 et 60 de son mémoire.

Car les avocats qui m'ont depuis refusé leur service, quand j'ai plaidé contre le conseiller Goëzman, dont le grand crédit les effrayait tous, ne me le déniaient pas alors, je laissais les gens de loi me défendre à leur mode et de leur plume, et n'avais nulle confiance en la mienne, à laquelle je n'avais pas encore été forcé de me livrer.

Voici la défense de M⁰ Bidault :

« Mais ce qui révolte encore davantage, c'est l'impu-
« tation qu'il a faite au sieur de Beaumarchais sur les
« dernières lettres du mot *Beaumarchais*, qui se trouve
» écrit au dos et au bas d'une page de la lettre du
« 5 avril 1770, à laquelle le sieur Duverney a répondu
« entre autres choses : *Voilà notre compte signé*. Ces
« dernières lettres du mot *Beaumarchais* sont aujour-
« d'hui déchirées, et enlevées par un cachet. Le comte
« de la Blache en conclut que le billet écrit par le sieur
« Duverney, qui se trouve sur la lettre du 5 avril, n'a
« point été une réponse à la lettre du sieur de Beau-

« marchais; et pour le prouver, voici comme il rai-
« sonne : *Le mot Beaumarchais était écrit de la main
*« du sieur Duverney. Si la lettre du 5 avril avait précédé
« le billet, le mot Beaumarchais n'aurait pas pu être écrit
« sur ce papier de la main du sieur Duverney, lorsque le
« sieur de Beaumarchais a envoyé la lettre ; et son cachet
« n'aurait pu déchirer les lettres d'un mot qui n'aurait
« point encore été écrit : ainsi ces lettres ne peuvent avoir
« été déchirées que parce que le sieur de Beaumarchais n'a
« cacheté sa lettre qu'après avoir reçu le billet du sieur
« Duverney. Ce billet a donc précédé la lettre du sieur de
« Beaumarchais; donc cette lettre n'a été écrite qu'après
« coup. Et ce fait, prouvé pour l'une, doit être présumé le
« même par rapport aux autres.*

« Telle est l'objection que nous n'avons pas craint
« de rapporter dans toute sa force.

« Voici la réponse. Cette preuve pose uniquement
« sur ce fait, *le mot de Beaumarchais est écrit de la main
« du sieur Duverney.* Mais le fait est faux. C'est Mᵉ de
« Junquière qui a écrit le mot *Beaumarchais*, en janvier
« 1772, pour coter la pièce de son client, ainsi qu'il est
« d'usage. Mᵉ de Junquière l'a attesté à l'audience ; il
« l'a certifié à M. le rapporteur, en présence duquel il
« a écrit couramment trois ou quatre fois le mot *Beau-
« marchais*, qui a été reconnu de la même main que le
« mot déchiré. Que devient, après cela, la fable du
« comte de la Blache ? que deviennent ses soupçons et
« ses conséquences ? Le sieur de Beaumarchais, moins
« tranchant que lui, ne se permet d'accuser personne ;
« on doit lui savoir gré de sa modération. Mais ce qu'il
« y a de certain, c'est que le mot *Beaumarchais*, écrit
« en 1772 par Mᵉ de Junquière, n'a pu être couvert et
« déchiré par un cachet qui aurait été apposé en 1770
« par le sieur de Beaumarchais. On laisse à la cour à
« décider sur qui doit tomber le reproche de super-
« cherie. »

Nous convenons, vous et moi, que ce reproche était à
bout portant. Or qu'avez-vous répondu sur tout cela,
monsieur le comte ? Rien, absolument rien. L'objet était
pourtant des plus graves ! Direz-vous que le jugement
des requêtes de l'hôtel arriva si vite après ma réponse,
qu'il n'y eut pas moyen d'y faire alors une réplique ?
Volontiers, pour le moment ; et lorsque vous avez raison, c'est avec le plus grand plaisir que je l'avoue. Il
n'en est pas ainsi de vous à mon égard, et c'est ce qui
nous distingue. Vous n'eûtes donc pas le temps alors :
cependant vous eûtes bien celui de mè faire, à Versailles et à Paris, le tour abominable que j'ai indiqué
dans ma *Réponse ingénue* (p. 585), et dont le détail se
trouve dans mon troisième mémoire Goëzman, depuis la
page 276 jusques et compris la page 280.

Ah ! si j'avais du temps, ou si je trouvais un imprimeur bien actif, quel charme pour moi de réimprimer,
à la suite de cette réponse, les treize pages du troisième
mémoire Goëzman sur l'attestation de probité des princesses ! Alors on verrait quel front d'acier il faut à mon
adversaire pour oser retoucher (page 2 de son mémoire)
à cette horrible aventure qui l'a tant déshonoré à Paris,

quand j'eus enfin le pouvoir de l'écrire ! Si je ne puis
la transcrire ici, je supplie au moins mes lecteurs de se
procurer ce troisième mémoire Goëzman, et commencer
à lire (page 276) à ces mots : « Changeons de style. De-
« puis que j'écris, la main me tremble toutes les
« fois, etc. » Ils connaîtront mon ennemi.

Au lieu donc de passer le temps alors à me faire cette
abomination sur l'attestation de probité que les princesses m'avaient donnée, que ne l'employiez-vous à me
reprocher l'infamie de mon mémoire Bidault sur le cachet apposé dont je vous accusais ? Si vous aviez prouvé
que le méchant, que le calomniateur entre nous deux
était moi, j'étais perdu, et vous gagniez votre procès. Le
contraire arriva, parce que votre intrigue sur l'attestation des princesses, et votre silence sur mon reproche
du cachet, vous démasquèrent absolument ; et c'est ma
première preuve contre vous.

Après le jugement des requêtes de l'hôtel, nous passâmes par appel à la commission, où vous traînâtes,
comme je l'ai dit, les plaidoyers et les écritures pendant
un an ; mais à la fin cependant Caillard replaida, Caillard
récrivit, Caillard réinvectiva, Caillard traduisit, dans le
nouveau mémoire qu'il fit pour la cause d'appel, exactement les phrases et les mots de son mémoire aux requêtes de l'hôtel sur ce même billet du 5 avril ; mais
Caillard, ayant été relancé par Mᵉ Bidault sur le cachet
apposé, s'arrêta court au milieu des reproches qu'il
copiait mot à mot sur ce billet dans son ancien mémoire ; et le vif, l'important reproche du mot *Beaumarchais*, écrit par M. Duverney, et couvert par moi
d'une cire à cacheter frauduleuse, resta net au bout de
la plume de Caillard.

Était-ce oubli ? fut-ce confusion ? A votre manière de
me plaider, le premier n'est pas vraisemblable. Donc
Caillard, touché des ménagements que son confrère
avait gardés pour lui sur cette espièglerie avérée, laquelle il avait pu donner lieu, du moins par sa confiance en vous, n'osa pas le provoquer de nouveau à lui
reprocher plus vertement ; et c'est ma seconde
preuve contre vous : car les deux mémoires de Caillard
sont enfin au procès, et j'ai fait remarquer aux magistrats dans l'instruction, à la page 28 du second de ces
mémoires, la réticence et le prudent silence de Caillard,
qui s'arrêta court à l'historique du cachet en copiant la
page de son premier mémoire, dans lequel ce reproche
était si tranchant.

Mais, en vous accordant que cette fois encore le
silence de Caillard fût un oubli, nous convenons vous
et moi qu'un second mémoire, écrit par Mᵉ Falconet,
mon avocat, releva de nouveau la fourberie du cachet
appliqué, plus amèrement que Mᵉ Bidault ne l'avait
fait. Voici ce qu'il vous en dit (pages 20 et 21 de son
précis à la commission) :

« Il y a néanmoins eu quelque chose de plus sérieux
« dans cette dernière partie de ma cause. J'avais confié
« toutes ces lettres avec leurs réponses à la partie
« adverse. Dans une de ces lettres, le sieur Duverney
« me marque : *Voilà notre compte signé.* Je ne doute

« pas que cette dernière phrase ne fît la plus grande
« peine au sieur légataire : aussi a-t-on fait subir
« toutes sortes d'épreuves au malheureux billet, jusqu'à
« celle du feu, dont il porte encore les marques.
« M⁰ de Junquière, mon procureur, pour coter cette
« pièce, avait écrit mon nom dessus : on a imaginé de
« dire que ce nom était de la main du sieur Duverney :
« heureusement M⁰ de Junquière a levé facilement tous
« les doutes qu'on pouvait avoir sur ce sujet dans le
« premier tribunal, en écrivant, sous les yeux de M. le
« rapporteur, plusieurs fois mon nom du même carac-
« tère[1]. Mais il n'en est pas moins vrai que cette petite
« infidélité, de quelque part qu'elle vienne, est peu dé-
« licate, d'autant plus qu'elle est gratuite : car que ce
« soit en réponse ou autrement que le sieur Duverney
« ait écrit : *Voilà notre compte signé*, il l'a écrit, et cela
« est suffisant. Si le sieur comte de la Blache, qui m'a
« tant maltraité sans en avoir le moindre sujet, pou-
« vait me faire un semblable reproche, que ne me
« dirait-il pas, et que n'aurait-il pas raison de me dire !
« Je veux lui donner l'exemple de la modération, tout
« outragé que je suis. »

Qu'avez-vous répondu à ce reproche amer de M⁰ Falconet, qui de nouveau constatait le fait et la confusion
que vous aviez reçue aux requêtes de l'hôtel ? Nous convenons vous et moi que vous n'avez rien répondu ; rien,
monsieur le comte, absolument rien : car il ne faut plus
biaiser ici. Le temps ne vous manqua cependant pas
alors : entre mon mémoire *Falconet* et le rapport de
votre ami Goëzman, il se passa dix jours, et dix mortels
jours ! A la vérité, vous aviez autre chose à faire alors :
car la porte de M. Goëzman vous était ouverte, pendant
qu'elle m'était fermée, et vous couriez au plus solide,
au plus pressé. Nous convenons encore de cela vous et
moi ; et c'est ma troisième preuve.

Quand nous avons plaidé depuis par écrit au conseil,
et que vous avez accablé ce pauvre billet du 5 avril de
tous vos reproches amers sous la plume de M⁰ *Mariette*,
pourquoi donc avez-vous absolument laissé de côté celui
du cachet apposé sur mon nom ? Pourquoi ne m'avez-
vous pas au moins reproché alors la mauvaise foi de
mes imputations à cet égard, dans mes deux mémoires
Bidault et *Falconet* ? Était-ce une circonstance à négliger ? Si vous ne vouliez plus user de l'immense
avantage que vous donnait sur moi la friponnerie
du cachet, bien prouvée, ne deviez-vous pas au
moins tonner, et montrer quel homme j'étais d'avoir
eu l'effronterie de vous en inculper dans mes deux mémoires ? En prouvant que je vous avais calomnié, monsieur le comte, vous m'écrasiez sous les décombres d'un
terrible édifice. Mais vous vous en êtes bien gardé ; vous
n'en avez rien dit, absolument rien. Ce ne fut pas non
plus par ménagement ; jamais vous n'en avez gardé
pour moi : mais ce fut par le sentiment intime de vo-

[1] « Comment le sieur comte de la Blache peut-il jeter des
« soupçons sur la signature du sieur Duverney, *lui qui la voit
« où elle n'est pas, et qui la révoque en doute où elle est ?* Voyez
« le grand mémoire. »

tre honte, et la crainte de me voir traiter alors ce fait
en réponse avec le détail ignominieux que je viens de
lui donner dans mon dernier mémoire ; et c'est ma
quatrième preuve.

Vous avez depuis fait faire une consultation de cinquante-huit pages pour ce parlement-ci, dans laquelle
vous avez repris, avec bien du soin, tous les anciens
reproches de Caillard ; celui du cachet apposé fournissait la plus terrible présomption contre moi. Pourquoi
donc, lorsque vous y employez deux pages à dénigrer
le billet du 5 avril, avez-vous omis le reproche si tranchant du cachet apposé tel qu'on le lit dans le premier mémoire de Caillard aux requêtes de l'hôtel ? Pourquoi n'y
avez-vous pas enfin repoussé sur moi la double honte
que je vous en avais imprimée à cet égard dans les mémoires *Bidault* et *Falconet* ? car nous convenons encore,
vous et moi, que dans six mille exemplaires de votre
consultation répandus en Provence, il n'y a pas un seul
mot du cachet apposé. Était-ce encore oubli ou ménagement de votre part ? Ni l'un ni l'autre, monsieur le
comte ; mais la crainte de réveiller un terrible chat,
qui pouvait égratigner jusqu'au sang au premier allon-
gement de sa patte, en sortant du sommeil où vous le
berciez si doucement par votre silence : et c'est ma
cinquième preuve.

Mais pourquoi donc vous êtes-vous assez rassuré aujourd'hui pour en oser parler, quoiqu'en tortillant, en
tergiversant, en avouant enfin, puisqu'il faut tout dire,
que le mot *Beaumarchais* n'est plus de la main de
M. Duverney ? Bien est-il vrai que le Caillard d'aujour-
d'hui s'enveloppe et glisse autant qu'il peut sur cet
aveu ? « Si ce billet (dit-il, page 41 de la consultation
« des six), si ce billet, qui n'a point d'adresse, porte au
« bas le nom du sieur de Beaumarchais *écrit par une
« autre main que celle du sieur Duverney* : si le procu-
« reur cotant une pièce du nom de sa partie, n'aurait-
« pu l'écrire en partie sous le cachet qui aurait anté-
« rieurement fermé le cachet, etc. » En honneur, je
n'ai pas le courage d'en transcrire davantage. Il faut
rapprocher cette réponse et cet aveu de mon attaque
vigoureuse, p. 416 et suiv. de ma *Réponse ingénue*,
pour bien juger de votre plaisant embarras, monsieur
le comte !

Je reprends ma question. Pourquoi avez-vous enfin
osé en parler aujourd'hui ? C'est premièrement parce
que n'en rien dire dans votre réponse, après une attaque aussi vive que ma dernière, serait passer trop lourdement condamnation sur la chose, et qu'en pareil cas
votre avocat sait bien qu'il vaut mieux dire une sottise
que de rester court.

Secondement, parce que M⁰ Bidault et M⁰ Caillard
étant morts tous deux (car depuis que nous plaidons,
nous avons déjà usé trois générations d'avocats), vous
avez espéré que ma preuve resterait assez incomplète
pour que votre négation prît encore une ombre de faveur parmi vos bienveillants.

Mais je laisse à juger si le comte de la Blache, qui fait
ressource de tout, qui querelle, à tort à travers, sans

honte ni pudeur, qui s'accroche aux virgules, aux jambages, aux cachets, aux plis du papier, eût gardé ce honteux silence aussi longtemps, et sur un point de cette importance, après en avoir fait un si grand bruit aux requêtes de l'hôtel, si la petite leçon amicale que je lui donnai dans le temps ne lui était restée assez avant dans le cœur, pour redouter d'en recevoir une seconde, s'il osait remettre encore la question sur le tapis ; et c'est ma sixième preuve.

Mais il ne faut laisser aucun faux-fuyant à ce méchant adversaire ; il faut le poursuivre sur ce mot *Beaumarchais* et ce cachet jusqu'à suffocation parfaite.

Voyez, lecteur, avec quelle assurance il fait dire à son avocat (page 42) : « *Le silence* du sieur de Beaumar-
« chais, *celui de son défenseur* depuis 1772, époque de
« la communication, jusqu'à ce jour, enlèvent donc au
« premier l'avantage qu'il s'était promis d'une alléga-
« tion plus *téméraire* encore que *tardive*. »

Vous venez de voir, lecteur, comme elle est téméraire mon allégation ! et les mémoires de *Falconet* et de *Bidault* viennent de vous montrer comme elle est tardive.

Hé bien ! faites-moi l'amitié de joindre à ce reproche de *silence jusqu'à ce jour*, que me fait l'avocat du comte de la Blache ; faites-moi l'amitié, dis-je, de retourner en arrière (page 43) du mémoire fait par ou pour le comte de la Blache, au bas de la note, et d'y lire ces mots... « Croira-t-on... (ce verbe gouverne toute
« la note) croira-t-on qu'à ce tribunal (les requêtes de
« l'hôtel), ainsi qu'à la commission et au conseil, il
« n'a jamais osé *en rien dire nulle part, ni s'en plain-*
« *dre*? »

A montour, je dis à mon lecteur : Croira-t-on, quand on a lu mes citations des mémoires *Bidault* aux requêtes de l'hôtel, et *Falconet* à la commission, que j'ai rappelées exprès dans ma *Réponse ingénue*, qu'il y ait une effronterie semblable à celle de ce plaideur, qui se joue même des avocats qui le défendent, en leur faisant croire que je n'ai jamais parlé de ce cachet apposé, ni reproché rien à cet égard, quoiqu'il soit prouvé que je n'ai cessé de le faire, sans jamais obtenir un seul mot de réponse ? Croira-t-on qu'il expose ses conseils à écrire de pareilles bêtises ? le croira-t-on ? Telle est ma septième preuve.

Apprenez encore, lecteur, qu'il n'est pas vrai qu'il y ait une surcharge d'écriture sur ce billet qui puisse empêcher aujourd'hui l'inscription en faux, si l'on osait la prendre comme le dit la légion (p. 43), et que ce billet n'a été déshonoré, comme je vous l'ai appris, que par une roussissure générale à l'endroit de l'écriture, qui prouve qu'on l'a mis au feu pour lui faire subir je ne sais quelle épreuve ; et parce qu'on a posé quelques petits pâtés d'encre sur les premiers mots du billet, pour lui donner au moins un air louche à la première inspection ; ce qui ne fait rien du tout au corps de l'écriture, ainsi que je l'ai fait expressément remarquer aux magistrats dans le cours de l'instruction ; et c'est ma huitième preuve.

Mais comme je me plais à cette question, parce qu'un fois bien nettoyée, elle vous peint à miracle, monsieu le comte, vous, vos moyens, vos défenses et vos défen seurs ; que d'ailleurs ce fait du mot et du cachet est c la plus grande importance, et ne fût-ce que parce que je viens d'avoir le plaisir de vous *empiéger* dans le plu terrible traquenard, je ne puis quitter ce cachet appos sur un mot, qui d'abord était de l'écriture de M. Du verney, et qui n'en est plus aujourd'hui ; je ne pui dis-je, le quitter tant qu'il vous restera le plus lég espoir d'entretenir un doute à son égard dans l'espri de vos auditeurs bénévoles. Donc, pour le couler à fon en vous ménageant une dernière ressource, je vais vou proposer un petit argument à l'anglaise, qui n'en au pas moins de force, quoiqu'il n'ait pas tout le clinquai de votre logique française. Écoutez-moi bien :

J'ai déposé chez Mᵉ Pierre Boyer, notaire de cet ville, l'obligation suivante, à laquelle je vous invite c joindre la vôtre, en changeant seulement les noms les circonstances suivantes :

« Je soussigné, m'oblige et m'engage à payer à M. comte de la Blache la somme de cinquante mille franc si dans l'espace de deux mois je ne prouve pas, par témoignage écrit de Mᵉ de Junquière, procureur au pa lement de Paris, et par l'attestation que je supplier M. Dufour, maître des requêtes, notre commun rappo teur aux requêtes de l'hôtel, de donner, qu'après plaidoyer et le mémoire de Mᵉ Caillard sur ma préten due friponnerie du cachet appliqué sur le mot *Beauma chais*, et la déclaration de Mᵉ de Junquière à l'audienc Mᵉ Dufour se convainquit de nouveau, en faisant écri à Mᵉ de Junquière mon nom plusieurs fois couran ment, que le mot *Beaumarchais* qu'on lit sur la lett du 5 avril avait été écrit par ledit M. de Junquière 1772, ainsi qu'il est dit dans mon mémoire, et non p M. Duverney, bien longtemps avant, comme le préten dait Mᵉ Caillard. Attestation du procureur et témoignag du magistrat, qui prouveront que le mot a été couve d'un cachet par la supercherie de mes ennemis : et me soumets, dans le cas de la non-preuve offerte, aud payement ci-dessus énoncé, dont la somme est déposé à cet effet chez MM. Péchier et Bouillon, à Marseille au profit du comte de la Blache, à la seule conditio que le comte de laBlache s'engagera, par une semblabl obligation et un semblable dépôt, au payement de pa reille somme au profit des pauvres de cette ville, aus sitôt que j'aurai fourni ladite attestation et ledit témoi gnage, les seuls qui restent à donner aujourd'hui d cette falsification de mon titre. Fait à Aix, le 19 juille 1778.

« *Signé* : Caron de Beaumarchais. »

Voilà, monsieur le comte, ce que j'avais à vous dir sur votre dénégation actuelle. C'est à vous à montrer s j'ai bien ou mal raisonné sur ce fait, si ma preuve es louche ou complète, et si ma proposition est bonne prendre ou à laisser. Je vous attends.

Donc il ne faut pas tant se récrier sur la méchancet

de ce pauvre mémoire, que vous voudriez qu'on réduisît en cendres. Mais ce n'est pas cela que vous vouliez dire, car si vous faites ici la montre d'un grand ressentiment, pour la satisfaction duquel vous demandez un holocauste, avouez que de cet ouvrage, dont vous désirez qu'on détruise au moins un exemplaire aujourd'hui, vous eussiez donné bien des choses pour qu'on empêchât tous les autres de paraître, s'il y eût eu la moindre apparence d'y réussir. Voilà ce que vous vouliez dire. Mais ils existent ces exemplaires, et ils existeront comme un monument de honte à jamais imprimé sur vous; et c'est encore ce que je vous prédis.

Ce mémoire est insolent, répètent en chorus les six avocats du légataire universel. L'auteur, au lieu de se défendre, y dit des sottises du comte de la Blache. Hé! non, messieurs, ce n'est pas le mot. L'auteur, pour se défendre, y dit LES SOTTISES du comte de la Blache; et c'est bien différent.

Le comte de la Blache a fait le mal, et je dis le mal que le comte de la Blache a fait. Au lieu de me calomnier vous-mêmes, prouvez que j'ai calomnié le comte de la Blache, et c'est alors que vous aurez rempli noblement votre tâche, et que mon mémoire sera digne du supplice auquel vous voulez qu'on le destine.

J'ai pris, comme un rat, votre homme en un filet dont il cherche à ronger les mailles. Devez-vous aider, messieurs, de toutes les facultés de la langue et des dents, à ses efforts, à ce misérable rongement de maillons? et le métier d'un noble avocat est-il de descendre de son cabinet au cours, et d'y faire d'un défenseur public un insolent privilégié? Heureusement je suis là; je vous vois ronger, et je tiens l'aiguille et le fil pour recoudre à mesure tout ce qu'on s'efforce d'altérer à mon filet.

Si c'est à ce titre de calomnie que vous demandez la conflagration et la lacération de mon mémoire, il vous faudrait au moins la prouver, cette calomnie! Que si vous n'y parvenez pas, il s'ensuivra qu'en m'appelant calomniateur, ce sera vous-mêmes encore qui m'aurez calomnié. Alors, messieurs, s'il fallait brûler le corps matériel du délit, que deviendraient la langue et les écrits des adversaires? etc. Il y a comme cela mille choses dont il ne faut pas trop presser les conséquences, et vous devez me savoir gré de ne pas pousser celle-ci plus loin.

Il est certain qu'entre mon adversaire et moi il y a un calomniateur à punir ; et de ma part je consens à l'opprobre, à la peine encourue, si je me suis écarté de la vérité dans un seul point de mes défenses, et si j'ai même cherché ces défenses dans des points de la conduite de mon adversaire étrangers à la question que j'ai traitée. Mais la preuve de la calomnie une fois bien faite, ou par l'un ou par l'autre, je demande avec instance que celui qui restera sous cette preuve y laisse aussi sa vie; non pas, s'il faut me pendre, qu'on en doive faire autant, dans le même cas, au comte de la Blache : il est noble, dit-il, et ce n'est pas là son genre de mort. Mais, comme dit fort bien le pauvre Berna-dille, lorsqu'il faut payer de sa personne, il importe si peu d'être allongé ou raccourci, que cela ne vaut pas la peine d'en parler.

Venons maintenant à la dénégation que vous faites d'avoir jamais connu les lettres familières avant le procès entamé. Je n'ai pas le temps de faire de phrases. On nous juge après-demain. Pressons-nous donc de prendre les armes : Annibal est aux portes de Rome; avançons. Et, suivant toujours ma méthode usitée, voyons de quoi nous convenons vous et moi sur cet autre fait important ; le reste après est peu de chose.

Nous convenons vous et moi que les lettres existaient avant le procès et lors de la mort de M. Duverney, puisque la seule proposition que vous puissiez accepter, selon votre lettre du 31 octobre 1770, était celle que je vous avais faite quelque temps avant, de remettre chez mon notaire « mon titre et lettres à l'appui en origi-« naux, pour que vous puissiez les examiner et en « prendre connaissance. »

Nous convenons encore vous et moi que, dans ma lettre du 30 octobre 1770, à laquelle vous répondiez par celle du 31, je vous avais mandé : « Je me suis pressé « de renvoyer à mon notaire *mes papiers qu'il m'avait* « *rendus.* » Or ces mots *mes papiers* ne pouvant se rapporter à l'acte seul du 1er avril, qui est une pièce unique, *mes papiers* voulaient donc dire « mon titre et les « lettres à l'appui, en originaux. »

Dans ma lettre du 6 novembre, après vous avoir parlé de mon titre de créance remis chez Me Mommet, notaire, je vous dis, dans une phrase que je n'ai pas imprimée, quoique je vous l'aie communiquée, et que la minute entière soit au procès ; je vous dis ces mots : *Soit que vous y ayez été ou non, je* LES *retirerai* (ce que je ne fis pourtant pas). Or, *les* retirer n'est pas retirer la pièce unique qui est mon titre, mais retirer *le titre et les lettres à l'appui !* LES *retirer !* Voilà ce dont nous convenons encore vous et moi ; car nous ne pouvons pas faire autrement, les pièces étant sur le bureau pour nous démentir si nous tergiversons.

Nous sommes d'accord aussi vous et moi que, le 25 septembre 1771 vous n'étiez nullement inquiet, comme le dit votre soussigné d'écrivain dans la consultation de Paris, que j'ai réfutée ; et que vous ne commençâtes pas à cette époque à vouloir tirer des lumières de moi, que vous aviez déjà, puisque vos lettres et vos visites à Me Mommet en 1870 prouvent que vous saviez dès ce temps-là tout ce qu'on prétend que vous vouliez apprendre à la fin de 1771.

Maintenant que déniez-vous donc, monsieur le comte? car il faut s'entendre : et puisque je dois toujours être le correcteur des idées des avocats, il nous faut donc à mesure poser des bases certaines pour nettoyer tout ce qu'ils disent ; sans cela nous ne finirons point. Entendez-vous dénier d'être allé, dans le mois de novembre 1770, chez Me Mommet, examiner *l'acte et les lettres ?* Entendez-vous dénier d'y avoir mené M. Dupont, M. Ducoin et plusieurs autres personnes? Entendez-vous dénier que les lettres fussent déposées avec l'acte ; que ces lettres, que j'avais offert depuis longtemps de soumettre à votre examen en *originaux*, soient restées en arrière, lorsque j'ai remis l'acte et les pièces à l'appui chez le notaire?

Mais, premièrement, si j'avais fait cette grosse et malhonnête lourderie, quels cris n'eussiez-vous pas alors jetés sur ma mauvaise foi d'annoncer des éclaircissements, des titres, et de les soustraire ensuite?

2° Ce n'est pas là ma marche, on le sait, et vous n'en avez formé aucune plainte, au contraire, c'est d'après ces premières communications à l'amiable que vous avez exigé qu'elles fussent jointes au procès, ce que j'ai fait; et cette preuve-là n'est déjà pas mauvaise.

3° Dans le mémoire du sage *Bidault* pour le vexé *Beaumarchais*, aux requêtes de l'hôtel, cet avocat a imprimé nettement (page 11) ce qui suit :

« Le sieur Duverney est décédé sur la fin du mois
« de juillet 1770. Au mois d'août suivant, le sieur de
« Beaumarchais écrivit au comte de la Blache, et lui fit
« part des droits qu'il avait à répéter sur la succes-
« sion.

« Le comte de la Blache lui répondit qu'il n'était
« nullement instruit des affaires qui étaient entre lui
« et le sieur Duverney.

« Pour lui donner les instructions nécessaires, le
« sieur de Beaumarchais remit à M° Mommet, son no-
« taire, l'original de l'arrêté de compte et plusieurs
« lettres qui y sont relatives, et il invita le comte de
« la Blache à voir ces pièces.

« Le comte de la Blache et ses gens d'affaires se sont
« transportés chez M° Mommet ; ils y ont vu plusieurs
« fois le traité du 1ᵉʳ avril 1770 et les lettres.

« Le sieur de Beaumarchais a fait plus ; il a engagé
« M° Mommet de porter ces mêmes pièces au conseil
« du comte de la Blache, assemblé chez M° d'Outre-
« mont, et de proposer de s'en rapporter à la décision
« de son conseil sur les difficultés, si l'on pouvait en
« élever de raisonnables.

« Le comte de la Blache ne lui a fait faire que des
« réponses vagues. »

Qu'avez-vous répondu à cette déclaration de mon avocat qui vous inculpait d'avance, en disant, sans biaiser, que vous aviez vu l'acte et les lettres avant le procès? Rien, absolument rien, véridique plaideur ! Rien dans aucun endroit, encore un coup rien ! Et cette autre preuve ne marche pas mal encore.

4° Lorsque dans mon mémoire au conseil j'ai imprimé ces mots si énergiques : « Alors je vous prouverai
« que je l'ai poliment invité de venir examiner à l'a-
« miable mes titres chez mon notaire; qu'il y a plusieurs
« fois amené les amis et les commis de M. Duverney;
« que tous ont reconnu l'écriture du testateur *dans
« l'acte et dans toutes les lettres*, et que tous l'ont voulu
« dissuader de soutenir un aussi mauvais procès, etc. »
qu'avez-vous répondu à cette nouvelle déclaration, qui, dans votre plan d'aujourd'hui, vous accusait encore d'avoir examiné en 1770 ces lettres que vous soutenez fabriquées en 1772 pour me tirer des objections de Caillard? Si chacune de ces preuves est d'un faible poids dans l'affaire, il faut avouer qu'à la romaine où je vous pèse, ces poids légers placés au bout des longs leviers tiennent lieu d'un poids énorme dans des balances ordinaires. Qu'avez-vous donc répondu à une inculpation aussi griève? Rien, absolument rien, toujours rien.

Dans le système de tenir mes provocations et mes réponses pour non avenues, vous glissez aujourd'hui dans votre nouveau mémoire (page 21 de la consultation de six) en réponse au plus grave de mes reproches, qui est de m'accuser publiquement d'avoir fabriqué en 1772 ces lettres que vous aviez vues en 1770; vous glissez, dis-je, un paragraphe qui vous peint à merveille et vous et vos défenseurs.

« Une autre astuce du sieur de Beaumarchais est de
« prétendre que le comte de la Blache avait vu avant le
« procès des lettres produites à l'appui de l'écrit; *quand
« cela serait*, il en résulterait uniquement qu'il avait
« préparé le commentaire et l'explication de son écrit
« avant même qu'il fût attaqué. »

« Soit, monsieur le comte; et j'aime beaucoup, *quand cela serait :* mais si je l'avais préparé, au moins vous l'aviez vu ce commentaire, qui dans son vrai nom, n'est autre chose que *ces lettres à l'appui*. À peine osez-vous les nommer ces lettres, en ayant l'air d'y répondre ! Et quoique le mot *quand cela serait* ne soit pas un aveu parfait, tout ce qui n'est pas une dénégation absolue de votre part remplit si parfaitement cet objet, qu'on ne peut s'y méprendre; et quand vous nieriez tout, dans la plus forte acception de ce mot, on sait, et nous savons vous et moi que c'est votre seule façon d'acquiescer. C'est le *non* des belles, qui veut souvent dire *oui :* il n'y a que manière de l'entendre.

Mais comme il ne s'agit pas ici de savoir si ce commentaire était fait alors pour expliquer un acte qu'on devait attaquer, ni si les lettres avaient été écrites à leur vraie date, mais seulement de vous prouver que vous avez voulu m'accuser dans votre consultation de Paris, répandue en Provence, de l'horreur d'avoir fabriqué en 1772 ces lettres que vous aviez lues en 1770; je réponds à *quand cela serait*, que si cela était, celui qui aurait fait une telle accusation aurait accompli la plus déshonorante infamie, et qu'il ne l'aurait accomplie que parce qu'il n'aurait pas alors prévu que j'eusse conservé ses lettres et les miennes. Or, cet homme affreux, ce calomniateur, encore plus avéré même après votre réponse qu'il ne l'était avant, c'est vous, monsieur *Falcoz ! Tu es ille vir.*

Voyez, lecteur, le *Caillard* du barreau d'Aix s'entortiller dans son déni (page 22 de la consultation des six). *Le sieur de Beaumarchais ne voulait plus les donner ces éclaircissements*, dit-il.

Non, avocat rusé ! ce n'est pas moi qui les refusais, mais qui me plaignais qu'on les refusât de moi ; et ces éclaircissements qu'on refusait de moi sont les éclaircissement verbaux, et non ceux par écrit : on ne voulait pas me rencontrer chez le notaire en personne, afin de se donner carrière à l'aise en mon absence sur l'acte et sur les lettres qu'on m'invitait d'y déposer.

Voyez encore, lecteur, comment cet écrivain jésuitique s'arrange avec sa conscience, en escobardant à plaisir. « De là il n'est point vrai, dit-il (page 22 à la « suite), qu'avant le procès *il ait montré* au comte de « la Blache les lettres à l'appui dont il avait d'abord « parlé. » Certainement je ne les lui ai point *montrées*, car je n'y étais pas. Mais cela n'a pas empêché qu'il ne les y ait vues, lui et ses amis, en mon absence. C'est par de semblables échappatoires que cet avocat entend trahir la vérité, sans être taxé de mensonge ? c'est ainsi qu'il aide à ronger les maillons du filet dans lequel j'enferme son client, et c'est ainsi qu'il voudrait nous prouver, dans toute cette consultation des six, qu'*une chose peut n'être pas vraie, sans pourtant être fausse,* et tout le galimatias que cela entraîne ! Quel triste métier que celui d'avocat, quand on en abuse à son escient ! C'est à faire grand'pitié.

Mais pour qu'il ne vous reste pas plus d'espoir sur le fait de ces lettres, monsieur le comte, que sur celui du cachet apposé, lesquels faits sont aussi graves l'un que l'autre, parce qu'ils sont l'un et l'autre les actes les plus lâches dont un plaideur de mauvaise foi puisse étayer de mauvaises défenses, je vous condamne à déposer encore, contre ma soumission et mon dépôt de cinquante autres mille livres, une pareille somme que vous retirerez avec la mienne, si je ne vous couvre pas de la confusion que vous méritez, sur le tergiversement de cet aveu, sous deux mois révolus, par l'attestation du notaire, qui vous montra le 6 novembre 1770 l'acte et les lettres à l'appui EN ORIGINAUX (lesquels mots, *en originaux,* vous avez tremblé de transcrire, et n'avez pas transcrits dans l'énoncé que vous faites au mémoire, de votre propre lettre déposée au procès) ; et si je n'appuie pas l'attestation du notaire par celle des personnes mêmes qui les y ont vues avec vous. Osez déposer, insidieux adversaire, osez déposer ! Osez seulement en faire votre soumission ici : car c'est votre honte que je veux consommer, beaucoup plus que je ne veux épuiser votre bourse : osez donc mettre votre soumission chez le notaire auprès de la mienne ; et toujours avec la condition que mes cinquante mille livres vous appartiendront si je manque à ma preuve offerte, et que les vôtres seront pour les pauvres de cette ville, si je vous force, par ma preuve, à les abandonner !

Voilà ce que j'avais à dire aussi sur ces lettres *que vous n'aviez pas vues,* mais sur lesquelles pourtant vous aviez toujours gardé le silence, malgré les provocations redoublées de mon avocat et les miennes, jusqu'à ce qu'enfin pris, acculé, bien enlacé par ma *Réponse ingénue* sur cet article si déshonorant, vous nous offrez pour toute réponse : *Et quand cela serait !*

En vain soutenez-vous encore par la plume de votre avocat (page 22 de la consultation) « que j'ai dit avoir « aussi *communiqué* les lettres dont j'ai fait donner « copie le 26 juin dernier. S'il l'avait fait, ajoutez-vous, « on les aurait discutées, *ou on en aurait pris, comme* « *des autres, des copies figurées.* » Communiquer, ô avocat ! c'est mettre au sac. J'ai soutenu seulement que le comte de la Blache les avait toutes vues chez mon notaire en 1770 : car mon argument n'est fort et déchirant que parce qu'il prouve qu'il les avait vues avant le procès, et non qu'elles avaient été communiquées pendant le procès.

Mais pendant que je réponds, en feuilletant le mémoire pour ou par le comte de la Blache, je trouve (page 5, au bas) son désaveu formel d'avoir jamais vu chez le sieur Mommet, notaire, *autre chose que le prétendu titre.* Tant mieux qu'il ait plus osé par sa plume que par celle de l'écrivain des six ; cela ne change rien à tout ce que j'ai dit, et ne m'en donne que plus de joie sur la soumission d'argent à laquelle je le condamne.

Mais pendant que je réponds encore, arrive quelqu'un chez moi, qui prétend que ces lettres, *dont on convient avoir pris des copies figurées,* et qu'on montre à tout le monde, sont revêtues de l'attestation de M⁰ Caillard, avocat, disant « qu'elles sont parfaitement conformes « aux originaux, pour les avoir fait copier lui-même « lorsqu'il les a eues en sa puissance. »

Je ne puis m'assurer de ce fait ; mais je supplie les magistrats de vouloir bien le vérifier. Ce serait une preuve de plus que M⁰ Caillard a bien eu, comme je l'ai dit, le titre et les lettre cinq jours en sa possession ; et j'en suis sûr, car ce fut moi-même qui les lui portai.

Sachez donc, ennemi de mon repos et de mon honneur, qu'il n'y a plus de ménagement entre nous deux ; que je n'y admets plus d'autre distance que celle qui se trouve entre un calomniateur et un calomnié ; que la première de ces qualifications sera le nom, l'opprobre et la tache ineffaçable de celui de nous deux qui a les torts odieux que je ne cesse de vous reprocher. Voilà ma déclaration.

Je n'ai pas le temps de répondre à tous les raisonnements de votre dernière consultation, autrement qu'en assurant mes lecteurs qu'il n'y a pas une seule phrase dans cet écrit qui n'ait été pulvérisée dix fois d'avance dans tous mes mémoires passés, et surtout dans mon mémoire au conseil ; je voudrais pour cent louis qu'il fût dans les mains de ceux qui vous lisent aujourd'hui : ma plus forte et ma plus désirable vengeance est le profond mépris qu'ils en concevraient pour votre insigne mauvaise foi. Passons.

J'ai fait observer aux magistrats, dans les instructions de ce procès, que vous leur en aviez imposé sur le matériel d'une lettre que vous présentez dans une note (page 55 de la consultation des six) comme ayant deux cachets l'un sur l'autre, impossibles à concilier, dites-vous, à cause de leur emplacement. Et ma preuve, tirée à l'instant de l'original même de cette lettre, est peut-être le plus fort argument que j'aie pu employer devant eux contre votre affreuse manière de m'attaquer sur tout.

Je leur ai fait observer aussi dans ces instructions que la lettre aux prétendus trois cachets, citée par vous (page 56), n'a que les deux qu'elle doit essentiellement porter, puisqu'elle a été écrite, envoyée, répondue et rentrée ; et ce second trait renforce le premier.

J'ai aussi constaté, par une nouvelle production au procès, tout l'intérêt que M. Duverney prenait à moi, et sa véritable opinion sur l'homme que vous voulez déshonorer : opinion consignée dans sa lettre à M. le contrôleur général, sur la charge dont je sollicitais l'agrément. Comme en citant cette lettre (page 46 de la consultation), vous vous êtes bien gardé d'imprimer un seul mot de ce qu'elle contient, je vais la transcrire en entier, afin que son interception dans votre mémoire ne nuise pas au bien que son contenu fait à ma cause.

M. Duverney au contrôleur général.

« Monsieur,

« Je croirais manquer de respect à la famille royale,
« si j'ajoutais la recommandation d'un particulier à
« celle qu'elle a donnée à M. de Beaumarchais auprès
« de vous. Mais il exige seulement de mon amitié que
« je mette au jour l'opinion que j'ai de lui. Quand je
« n'aurais pas de preuves verbales et par écrit du cas
« que Mesdames en font, je ne pourrais lui refuser
« les bons témoignages que tout le monde doit se
« plaire à lui rendre. Depuis que je le connais, ET
« QU'IL EST DE MA PETITE SOCIÉTÉ, tout m'a convaincu
« que c'est un garçon droit, dont l'âme honnête, le
« cœur excellent et l'esprit cultivé méritent l'amour
« et l'estime de tous les honnêtes gens. Éprouvé par
« le malheur, instruit par les contradictions, il ne
« devra son avancement, s'il y parvient, qu'à ses bonnes
« qualités. L'acquisition qu'il fait aujourd'hui est la
« preuve de ce que je dis. Ses amis pouvaient lui pro-
« curer un emploi plus lucratif des fonds considérables
« qu'il y destine, s'il n'eût préféré le plus honnête au
« plus utile. Je lui rends ces témoignages avec d'au-
« tant plus de plaisir, que je sais qu'ils sont d'un
« aussi grand poids à vos yeux que la faveur la plus
« décidée. Je saisis avec empressement cette occasion
« de vous assurer, etc., etc.

« *Signé :* Paris Duverney. »

Et vous taisiez cette lettre, dont la minute était dans les papiers de l'inventaire Duverney, et dont je n'ai, moi, que la copie ! Et lorsque vous êtes forcé, par une signification, d'en parler au moins dans votre mémoire, vous en retranchez tout le contenu, afin de l'affaiblir ; et vous vous contentez seulement de dire (page 46 de la consultation des six) :

« Chacun sait ce que prouve une lettre de recom-
« mandation ; celle-ci devait être plus forte qu'une
« autre, à raison de l'intérêt pressant que Mesdames
« mirent à l'affaire : elle ne prouve donc pas intimité. »

Non, monsieur le comte, elle ne la prouverait pas toute seule ; mais quand elle est appuyée de toutes celles que j'ai produites, et qu'on peut d'autant moins la révoquer qu'elle a été trouvée sous les scellés de M. Duverney, un plaideur de bonne foi, en la citant, l'aurait transcrite, et serait convenu qu'un homme aussi respectable que M. Duverney ne pouvait donner au jeune de Beaumarchais un plus honorable témoignage de son estime et de son affection. Ainsi donc, par loi constante, quand vous ne pouvez pas nier, vous falsifiez ; et, dans l'impossibilité de falsifier, vous interceptez ou ne faites que citer sans transcrire. Et par cette ruse, vous me forcez de toujours mettre au net ce que vous embrouillez, de renforcer ce que vous atténuez. Mais, à votre aise, monsieur le comte : car si vous ne vous lassez pas de me fuir et de vous terrer, je ne me lasserai pas de vous poursuivre ; et tant que vous serez le lapin rusé, je serai, moi, le furet obstiné.

Pourquoi vous abstenez-vous, par exemple (page 26 de la consultation), de transcrire ma lettre du 19 juin 1770 à M. Duverney, puisque vous me l'avez signifiée ? Est-ce parce qu'on y lit cette phrase, qui prouve autant la confiance de M. Duverney que sa réplique citée par moi (page 364 de ma Réponse ingénue)?

Il s'agissait d'un mémoire sur lequel je disais mon avis : « Mais comme cet essai fait trop d'honneur à
« l'éducation et à l'élève pour rester inconnu, et *qu'en*
« *remplissant l'objet pour lequel vous me l'avez confié,*
« il pourra subir l'examen, etc. »

Est-ce parce qu'elle contient cette autre phrase, qui est étrangère au mémoire et se rapporte à d'autres objets de confiance dont j'ai montré les matériaux aux magistrats qui nous jugent ?

« J'ai lu aussi tous vos règlements : j'aurai l'honneur
« de vous dire aussi ce que j'en pense. *J'exciperai de*
« *votre confiance* pour vous communiquer, avec une
« louable franchise, *un projet qui m'est tombé dans*
« *l'idée,* et qui me paraît concourir parfaitement au
« but que vous vous proposez. Trop heureux si je puis
« réussir à faire quelque chose qui vous soit agréa-
« ble, etc. »

Et ce grand projet dont je lui promettais de lui confier l'idée, j'ai fait observer à nos juges qu'il avait eu sa pleine exécution, et j'ai joint à mon observation toutes les copies du plan, des lettres de M. Duverney aux puissances, et des puissances à lui ; le tout de la même écriture que les lettres du bureau de M. Duverney à moi, parce qu'il me les avait remises alors pour en faire le bon usage dont j'ai encore instruit nos juges, et qui me donna tant de droits à la reconnaissance de ce grand citoyen.

Voilà comment les choses sont faibles ou fortes, selon qu'elles sont présentées ; voilà comme elles sont importantes ou frivoles, suivant la preuve qu'on y ajoute, ou le retranchement total qu'on en fait. Et voilà comment ce que vous niez, il faut toujours le passer pour convenu, parce que c'est de vous surtout qu'on peut dire avec vérité, que deux négations valent une affirmation, et qu'en général votre négation est plus affirmative que ce *non* des belles qui veut quelquefois dire *oui*, mais qui ne le signifie pas toujours.

N'ayant plus qu'un moment à parler, je ne m'écarterai point de la méthode utile de toujours déduire mes réponses actuelles de celles qui les ont précédées, et je ne répéterai pas ici ce que j'ai dit ailleurs. J'appliquerai seulement avec rapidité quelques remarques sur ce qui, étant nouvellement objecté, n'a pu être répondu nulle part.

Vous dites, monsieur le comte (p. 3 du mémoire fait par vous ou pour vous), que j'ai présenté le sieur Dupont, exécuteur testamentaire de M. Duverney, comme favorisant mes prétentions, pendant qu'il est, selon vous, *votre meilleur ami*. Mais je n'ai pas dit un mot de tout cela dans mon mémoire. J'ai prouvé que vous écartiez avec soin du grand-oncle tout ce qui vous semblait nuisible à vos intérêts. A la suite de beaucoup de faits, j'ai cité celui de l'exécuteur testamentaire, parce qu'en effet il y avait plus d'un an que la porte de M. Duverney lui était fermée par votre intrigue, et que je le savais très-bien, lorsque ce dernier mourut. Je dis un fait avéré, je dis un fait très-grave ; et vous répondez à cela : *Dupont mon ami !*

J'ai cité ma lettre et la réponse de cet exécuteur, pour prouver ce que j'avançais ; pour prouver surtout dans quelles dispositions affreuses vous étiez à mon égard, avant que vous eussiez l'air de savoir un mot de mes prétentions, et vous répondez à tout cela : *Dupont mon ami !* comme si je vous contestais que le sieur Dupont fût devenu votre ami, c'est-à-dire mon ennemi.

J'ai dit ce qui fut écrit alors. J'ai cité ce mot frappant de sa réponse : *Je connais tout le mal qu'on a voulu me faire*. Je vous ai fait grâce, en morcelant sa lettre, du doute raisonnable où il était alors et où il aurait dû se tenir, de ce doute qui lui faisait écrire, en parlant de M. Duverney, *s'il en a dit quelque chose à son légataire, ou celui-ci ne dit pas vrai, ou il lui en a parlé*, etc. Et cette lettre que vous me reprochez d'avoir tronquée, vous savez que je l'ai déposée entière dans les mains de M. le rapporteur ; et pour égarer totalement la question, vous répondez à tout cela : *Dupont mon ami !* Quel rapport peut-il y avoir entre l'amitié qui existe entre vous deux aujourd'hui et les choses sérieuses que j'ai imprimées ?

J'ai dit que le sieur Dupont était un homme prudent et circonspect, qui voyait froidement alors ; j'ai rapporté à l'appui cette phrase de sa lettre : *Je connais assez les affaires qu'il vous laisse à démêler avec son héritier pour que je ne veuille pas y jouer un rôle*. J'ai avoué de bonne foi le refus qu'il me fit de se rendre conciliateur ; ce qui ne montre cet exécuteur dans aucun jour qui me soit plus favorable qu'à vous ; j'en dis seulement un mot qui tient à mon affaire, et je le laisse où je l'ai pris. Et vous venez faire gémir toutes les presses de la ville pour répondre oiseusement à cela : *Dupont mon ami ! !* C'était bien la peine d'écrire !

(Page 12.) Vous me reprochez de citer un notaire qui est mort. Eh mais ! il était vivant quand M. Duverney lui fit passer cet acte en brevet ; il était son notaire d'habitude ; il avait eu le dépôt de la charge de grand maître ; il avait fait les contrats de celle de secrétaire du roi ; il fit enfin le brevet viager de six mille livres de rente. Et parce que vous me plaidez dix ans de suite, vous prétendez que je serai tenu de conserver tous les témoins sains et vifs. Ce notaire a fini comme nos deux avocats, parce que vous ne finissez pas, vous. Ce notaire était vieux, il a fini par force de durer, *comme toutes choses mondaines*; et vous ne cessez pas de vous rouler dans la poussière du Palais, et de blanchir un officier de guerre au service de la chicane. Certes, je ne disputerais point vos plaisirs, si vous ne m'en faisiez pas supporter le chagrin et l'ennui. Mais ce notaire valait-il la peine d'écrire ?

Vous dites (page 16) que je ne devais pas vous appeler l'*héritier* de M. Duverney, parce que vous n'êtes que son légataire. S'il eût été question des vertus de ce grand citoyen, j'y aurais en effet regardé de plus près ; mais, ma foi, pour de l'argent c'était peu de chose. D'ailleurs, si c'est un faux, vous l'avez commis vous-même, en disant, page 50 de votre consultation de Paris : « D'où aurait-il donc su que M. Duverney « faisait le comte de la Blache son héritier ? Confie- « t-on à des étrangers le secret de ses dernières dispo- « sitions ? »

Or, si le secret des dernières dispositions de ce testateur était, selon vous-même, de vous *faire son héritier*, pourquoi cette expression serait-elle plutôt *un faux* dans ma bouche que dans la vôtre ? Cela valait-il la peine de priver toute la ville de ses presses pendant dix jours ? Et l'on appelle cela des défenses !

Vous dites (page 30, au bas) que ma lettre du 11 octobre 1769 porte ces mots : *J'arrive de Touraine pour mes affaires*; et ma lettre du 11 octobre, que vous avez imprimée dans ce mémoire (à la page 26), où je vous renvoie expressément, ne dit pas un mot de cela. Il faudrait au moins masquer votre grosse duplicité par un peu plus de finesse, monsieur le comte !

Je vous reproche dans ma *Réponse ingénue* d'avoir dit partout que M. Duverney n'avait ni chagrin ni infirmité lorsqu'il est mort le 17 juillet 1770 ; je vous y fais une grande honte de cette dure ineptie ; et maintenant vous convenez (page 54) *qu'il avait, au temps de sa mort, de grands tracas sur cette École Militaire*. Avais-je dit autre chose ? Ce n'est pas ainsi que vous me battrez avec mes propres paroles, je vous en avertis : autant vaudrait ne rien répondre que de nous répondre des riens.

Vous dites spirituellement (page 59) que j'ai trompé la confiance de mon ami en ne brûlant pas ses lettres mystérieuses. Eh bien ! tâchez de trouver dans les débris du commerce que je produis au procès un seul mot qui commette les secrets de mon ami ; alors je pourrai penser que votre réponse, au lieu d'être un jargon bien sec, une battologie de mots enfilés, un cliquetis de paroles, est une véritale réponse. Mais jusque-là, rien.

Vous dites (page 64) que l'opération du supplément de cinquante-six mille à cent trente-neuf mille livres était si simple, qu'on est surpris *que je ne l'aie pas présentée devant les premiers tribunaux*. Eh bien ! dans votre style, cela veut dire que je l'ai présentée dans les premiers tribunaux. En effet, c'est ce qui est arrivé. Voyez mon mémoire au conseil (page 366 et suivantes).

Tout le reste n'est, comme cela, qu'une plate redite d'objections débattues, bien battues, rebattues, et qui font soulever le cœur à force d'avoir été lues, relues et foudroyées. En voilà trop pour vous. Suivant votre avocat *Légion* dans sa consultation des six.

Page 13 de cette consultation, cet écrivain disserte à perte de vue pour prouver l'incertitude de l'art des vérificateurs. On sait tout cela comme lui ; mais jusqu'à ce qu'un meilleur moyen fasse promulguer une nouvelle ordonnance, il est clair qu'il faut s'en tenir à ce que nous avons. Si c'était moi qui eusse ainsi disserté sur l'incertitude de cet art dangereux, quel avantage le comte de la Blache n'en eût-il pas tiré pour sa cause ! Je ne dis mot, je me soumets à la loi ; et, par un renversement singulier, c'est l'accusateur qui fuit de toutes ses jambes à la preuve que cette foi lui offre. A-t-on jamais ouï parler d'une telle bizarrerie ? Et que nous fait que l'*Encyclopédie* ait prétendu que des faussaires ont eu l'art d'enlever l'écriture ? N'est-il pas absurde d'en appliquer l'observation à un acte fort long, écrit au-dessus d'une signature et d'une date au bas de la seconde ou de la quatrième page d'une grande feuille à la Tellière ?

Cet avocat suppose (page 16 et toujours de sa consultation) qu'il est prouvé que vous n'êtes point avare. Je veux vous faire un tour pendable. Dans l'espérance que ma réplique ira jusqu'à Paris, je veux transcrire ici son passage, il sera ma seule réponse ; on la trouvera sanglante : « Déjà parvenu à un grade honorable, « estimé de tous ceux qui le connaissent, il (le comte « de la Blache) n'avait donné aucune marque de cette « avarice sordide dont le sieur de Beaumarchais l'ac- « cuse, etc. »

L'accuse ! Eh mais ! n'ai-je pas ennobli tant que j'ai pu les motifs de vos procédés, en accolant toujours la haine à l'avarice, au point que l'on m'a reproché de multiplier les êtres sans nécessité ?

Vous dites, ou l'on dit pour vous (page 30) que je n'ai eu garde *de produire l'original de la lettre qui me fut adressée par M. Duverney le 27 juin* 1765. Le lecteur doit entendre ici que j'ai produit cet original, puisque vous le niez. En effet, cet original est dans les mains de M. le rapporteur. N'est-il pas fort original qu'on se défende ou qu'on attaque, en portant toujours pour faux ce qui est incontestablement reconnu pour vrai ?

C'est pourtant là tout le secret de vos défenses !

Vous avez cru, lecteur, que je plaisantais et je l'ai cru comme vous lorsque j'ai dit dans ma *Réponse ingénue* (page 364) : « Je n'emploierai pas cette première preuve « d'intimité ; car ON pourrait me répondre qu'ON ne « voit pas la nécessité de conclure qu'un homme en « aime un autre et le considère parce qu'il lui prête

« en plusieurs fois près d'un million sans sûreté. »

Eh bien ! on ne peut rien avancer de si absurde, que le comte de la Blache ne s'en empare à l'instant. Voyez comme il a saisi notre idée (page 34) : « Sans être l'ami « intime de quelqu'un, on lui prête tous les jours avec « hypothèque et privilége sur un office ou sur d'autres « effets... » Près d'un million sans sûreté, devait-il ajouter, pour rendre la réponse complètement ridicule !

(Page 48.) Le consultant nous dit : « Sur l'achat d'une « d'une maison à Rivarennes... Le sieur Duverney, qui « n'aurait pas manqué de répondre sur un objet de cette « importance, n'en dit absolument rien. » Souvenez-vous toujours, lecteur, que cela veut dire M. Duverney, en parle beaucoup. Voyez sa réponse à ma lettre précédente du 22 septembre 1769, où cet objet est traité en détail. Ici je lui annonçais seulement que tout était rompu, qu'il ne fallait plus y penser ; ma lettre était une réplique à sa réponse. On ne peut se lasser d'admirer le bon sens ou la bonne foi de tous ces écrivains !

(Page 49.) « Cet article des bois est déjà nettoyé ; « vous saurez de combien vous m'êtes redevable sur « cette partie. » Phrase de ma lettre du 8 octobre, dont l'avocat abuse à son escient. Voyez-le s'échauffer la tête, et suer d'encre, à trouver une contradiction entre cette phrase et celle-ci de ma lettre du 9 janvier suivant : « A cet article des bois près, nous sommes d'ac- « cord sur tout le reste. » Mais le sage magistrat qui, sur votre citation, lit mes deux lettres, voit que dans la première il s'agit de calculs de fonds avancés, et que dans la seconde il est question de savoir à qui de nous deux restera l'entreprise des bois ; ce qui n'est point contradictoire. Or, si le lecteur veut s'amuser lui-même à la vérification de ce fait, après avoir relu la citation qui appartient à ma lettre du 8 octobre 1769 : « Ci-joint « la copie exacte de l'inventaire général de nos mises « de fonds pour les bois. Cet article est déjà nettoyé, et « saurez de combien vous m'êtes redevable sur cette par- « tie, » il peut remonter à la page 32 du mémoire par ou pour le comte de la Blache, où ma lettre du 9 janvier 1770 est rapportée en entier ; il y verra ces mots : « Vous m'avez prié de réfléchir sur votre proposition, « je l'ai fait ; j'aime mieux que vous ayez tout l'intérêt « (des bois) à vous seul, que de le prendre, moi. Je ne « puis mettre le bien de ma femme dans mes affaires, « et je n'ai plus d'argent, s'il faut des fonds. A cet arti- « cle des bois près, nous sommes d'accord sur tout le « reste. »

Et lorsque après une aussi vicieuse objection, cet avocat finit sa tirade en faisant le bonhomme, en jouant de l'indigné par cette conclusion : « La fraude ne se dé- « cèle-t-elle pas par de pareilles contradictions ? » n'ai-je pas bien droit de lui rétorquer son argument, en lui disant à mon tour : « Ainsi la mauvaise foi se « décèle toujours par de semblables citations ? »

Si je n'emploie pas exactement sa phrase en lui répondant, c'est que je n'aime pas ce choc raboteux de syllabes, *décèle-t-elle pas par de par...* Mais comme je l'ai déjà dit dans je ne sais quelle de mes réponses,

« s'il est toléré de mal écrire, ô avocat ! il est ordonné de citer juste, ô honnête homme ! » Et j'ose bien assurer que si vous aviez un père qui eût lu votre consultation, il se serait bien gardé de s'écrier dans sa joie, comme le juste Siméon : *Nunc dimittis servum tuum, Domine;* ou bien ce père-là ne serait pas difficile en consultations. Mais je perds du temps, et je n'en ai pas assez pour finir mon ouvrage. Avançons.

« Le seigneur ON avait imprimé que jamais M. Duverney ne m'avait écrit un seul mot d'amitié. Je cite en réponse un billet de lui, portant ces mots : « Votre santé « m'inquiète, monsieur; faites-m'en donner des nou- « velles tous les jours, jusqu'à ce que je puisse vous voir « ce que je désire ardemment. » Que réplique à cela le candide avocat ? « Point de date (dit-il) ; en sorte que « le sieur de Beaumarchais *a pu* appliquer au 15 juin ce qui *aurait pu* lui être écrit dans un autre temps, etc. »

Aurait pu! a pu ap..... Quand on est forcé de déraisonner, oh ! comme on écrit mal ! L'attention qu'on donnerait à son style, il faut la porter tout entière à son plan ; et l'on devient si gauche ! Eh ! qu'importe, avocat, qu'il ait écrit le 10 ou le 15, en janvier ou septembre, un pareil billet ? en est-il moins un billet amical ? Et pouvais-je mieux relever que par le billet de reproche de n'avoir jamais reçu de mon ami un seul mot d'amitié ? Monsieur le comte de la Blache, vous êtes bien contagieux ! En honneur, vous empestez et bêtifiez tout ce qui tourne en votre sphère !

En voyant les efforts que fait l'avocat Légion (p. 54 et 55) pour effleurer le billet que j'ai décrit (page 374 et suivantes dans ma *Réponse ingénue*), les magistrats, qui ont la pièce originale sous les yeux, doivent un peu sourire, et prendre un tel orateur en grand'pitié, tant sur la forme qu'il attribue au billet que sur l'impossibilité des cachets et des plis du papier !

Réellement ce n'est pas pour nos juges que ces messieurs écrivent : ils ne peuvent plus se flatter de leur en imposer. Les pièces qu'ils attaquent sont sous leurs yeux, et je suis là pour balayer les faux indices. Mais ces avocats écrivent pour la bonne compagnie du cours et de la ville, que l'auguste circonspection des magistrats tient dans l'incertitude. En attendant l'arrêt, ces avocats endorment leur client, par l'espoir qu'on croira sur le cours qu'ils ont bien répondu. *Soyez tranquille, monsieur le comte,* lui disent-ils respectueusement, *c'est un chien qui aboie à la lune.* Et le client furieux, que ces propos ne réjouissent pas, leur répond : *Oui, mais en attendant, c'est un chien enragé qui me mord les deux jambes.* S'il avait dit, qui me *coiffe* hardiment, l'image eût été plus correcte. Mais ils se trompent tous à mon égard ? je ne suis ni chien ni enragé ; je ne mords les jambes ni ne saute à la face ; je suis un malheureux plaideur, bien tourmenté, bien vexé, qui n'a provoqué personne, et qui n'écrit jamais qu'en répondant. Eh ! laissez-moi tranquille, je ne dirai mot. Mon emblème est un tambour, qui ne fait du bruit que quand on bat dessus.

(Page 56.) « Cette lettre porte (dit l'écrivain), on ne « sait pourquoi, trois cachets. Ne serait-ce qu'au troi- « sième que le sieur de Beaumarchais serait venu à bout « de la faire cadrer à son dessein ? »

Et vous aussi, Martin ! vous voulez badiner ! Mais Martin, vous avez les pieds trop lourds, et vous dansez de mauvaise grâce ! En attendant, sachez, M° Martin, que la lettre dont vous parlez, bien examinée par les magistrats, est reconnue ne porter que deux cachets, comme je crois l'avoir déjà dit plus haut. J'écris si vite et l'imprimeur m'enlève si promptement les morceaux pour les enfourner tout chauds, qu'il ne m'est pas possible de savoir si j'ai parlé de cette lettre ou non : mais, en pareil cas, la redite est un petit mal. Eh ! pussé-je n'en avoir pas de plus grave à reprocher à mes adversaires !

(Page 58.) Voyez-vous, lecteur, ces grosses lettres capitales qu'il emploie en style d'écriteau, pour rappeler que j'ai dit que M. Duverney déguisait son style et *sa main*, quand il écrivait mystérieusement; comme si cela m'était échappé bien imprudemment, ou que j'eusse voulu me ménager une grande échappatoire, en disant qu'il déguisait *sa main*. A cela, voici ma réponse.

Tel billet de M. Duverney est supposé par eux n'être pas *de sa main ;* tel autre n'est querellé par eux que sur la supposition d'un anachronisme. On reproche les deux billets, on les trouve écrits *de la même main*. On fait cette épreuve sur tous les billets l'un après l'autre ; on voit la fourberie, et l'on sait par cœur le comte de la Blache. Entendez-vous, messieurs, ma réponse ? Il n'était pas besoin de vous mettre en légion pour faire de pareille besogne ; et votre homme a beau ronger le filet, appeler à son aide tout le conseil des rats, je ne vois pas qu'aucun d'eux m'ait encore attaché le grelot. Bien est-il vrai qu'à vous sept vous avez cru me frapper du glaive de la parole. Mais tout compté, tout débattu, lorsque vous m'avez passé tous au fil de la langue, il se trouve qu'il n'y a de blessé que l'oreille de vos auditeurs.

Pourquoi ne pas laisser au comte Falcoz le soin important de m'injurier et de me calomnier ! Il s'en acquitte si bien ! Puis, sitôt qu'on sait quel il est, chacun se retire, en disant : Tant qu'il vous plaira, *monsieur Josse!* En effet, il est bien le maître ; mais vous ! vous, messieurs !

Laissons cela. J'ai trop à me louer du barreau de cette ville, et j'y ai reçu des témoignages d'un zèle trop obligeant de tous les jurisconsultes, pour que je garde un peu de ressentiment contre quelques-uns d'entre eux. En écrivant ainsi, vous ne m'avez fait aucun mal ; vous n'avez trompé personne, et vous avez bercé votre client. Vous avez senti que toutes vos petites ruses de Palais seraient vertement relevées si j'avais le temps de prendre la plume, et vous vous y êtes livrés sans scrupule : aussi votre ouvrage, fait à la hâte, un peu verbeux et sans esprit, comme les miens, est-il parfois jésuitique, obscur, louche et frisant *la ruse blachoise* en quelques endroits ; mais, malgré cela, chacun dira toujours que c'est un ouvrage excellent.

Quand je dis excellent, c'est-à-dire une œuvre peu

honnête, encore moins réfléchie, d'un style sec et lourd, et qui, s'il ne satisfait pas les gens de loi, ne plaira pas davantage aux gens de goût. Mais qu'est-ce que le goût, messieurs, à le bien prendre? un examen difficile, un jugement pur, exact et délicat des mêmes objets dont le commun des lecteurs jouit bonnement et sans réflexion. Mais quand la critique austère est partout substituée au plaisir innocent, l'honneur de ne se plaire à rien finit souvent par tenir lieu aux gens de goût du bonheur qu'ils avaient de se plaire à tout quand ils étaient moins difficiles. Faible dédommagement des jouissances qu'un trop rigoureux examen nous fait perdre! Faisons donc quelque effort pour trouver cet ouvrage excellent : ils ont eu tant de mal à le faire! et cela est bien naturel, ils n'étaient que sept à le composer !

A l'instant où je finis ce mémoire, ce samedi au soir 18 juillet 1778, je reçois par huissier la signification *in extremis*, de l'aveu du comte de la Blache, que M° Bidault avait confié mes lettres familières à M° Caillard; aveu qui complète enfin ma preuve que l'apposition du cachet sur le mot *Beaumarchais*, et tout ce que j'ai reproché dans ma *Réponse ingénue*, à l'adversaire, est arrivé, comme je l'ai dit, pendant cette communication à l'amiable.

Voici ce que porte le certificat de feu M° Caillard :

« Je soussigné, avocat au parlement, certifie que j'ai
« fait figurer sous mes yeux les copies du billet ci-dessus
« (c'est celui du 5 avril) et de la lettre écrite sur le
« *recto* de l'autre part, sur l'original qui m'a été com-
« muniqué par feu M° Bidault, mon confrère, lors des
« plaidoiries de la cause entre le comte de la Blache et
« M. de Beaumarchais aux requêtes de l'hôtel, après
« que M° Bidault, assisté de M. de Beaumarchais, eût
« fait valoir lesdits billets et lettres à l'appui de l'acte
« dont il demandait l'exécution. A Paris, le 16 mai 1775.
« *Signé* : CAILLARD. »

Mais quel peut être le motif d'un pareil aveu du comte de la Blache, signifié par huissier, au dernier moment du procès, après avoir employé, dans la consultation des six, les pages 41, 42 et 43 à tourner péniblement autour de la difficulté, sans rien dire, au lieu de la résoudre brusquement par le certificat de Caillard?

Quand j'ai levé la grande question du cachet apposé, dans ma *Réponse ingénue;* quand j'ai dit que M° Bidault avait communiqué les lettres à l'amiable à M° Caillard pendant les plaidoiries des requêtes de l'hôtel, quoique je m'y fusse opposé dans le temps; quand j'ai dit que ce fut moi-même qui les remis à M° Caillard, alors j'ignorais ce que je viens d'apprendre ; c'est-à-dire que M° Caillard est convenu de ce fait, en certifiant par écrit les copies figurées des lettres. Donc je disais vrai, toujours vrai dans mon mémoire; donc ce point est fort clair aujourd'hui.

Mais pourquoi cette signification? J'en suis encore à chercher, à deviner... Pour de la bonne foi... Oh! non, ce n'en est point! après avoir tant répondu sans dire un seul mot de ce fait! et puis nous connaissons la bonne foi du pèlerin. C'est donc autre chose.

Aurait-il appris par quelque ruse, autour de mon imprimeur, ce que j'ai dit plus haut de l'avis qui m'a été donné hier au soir, qu'on avait vu, sur les copies figurées de mes lettres qu'il montre, un certificat de Caillard, lequel pourrait bien prouver le fait avancé par moi dans ma *Réponse ingénue* (que Caillard avait eu les lettres et le titre en sa puissance pendant cinq jours)?

A-t-il voulu prévenir la publicité de cette réplique, et prétend-il énerver, par son aveu si tardif de ce soir, tous les reproches que je ne cesse encore de lui faire, en y traitant de nouveau la matière à fond?

Aurait-il voulu faire entendre aux magistrats, dans l'instruction du procès, que ces lettres n'ont été communiquées à M° Caillard qu'après la scène de l'audience, où j'ai dit que Junquière les avait confondus?

Cela pourrait bien être ; et comme c'est ce qu'il y a de plus faux, de plus insidieux à dire, je me tiens à cette idée, comme la plus probablement adoptée par lui. Il faut donc la combattre, et balayer cette poussière, exorciser ce nouveau fantôme, qui voudrait obscurcir la plus claire de mes preuves.

Ce moment est suprême ; renonçons à l'élégance et que la clarté nous tienne lieu de tout.

Pourquoi M° Caillard désira-t-il une communication amicale de nos lettres *pendant les plaidoiries?* C'est que le comte de la Blache, ayant vu ces lettres avant le procès (circonstance qui me détermina, malgré l'avis de mes conseils, à les montrer à l'audience, dans les plaidoyers de M° Bidault, pour qu'on ne me reprochât pas de refuser en public ce que je montrais en particulier), M° Caillard, qui ne devait parler que le second, puisque j'étais demandeur, voulut, avant de répondre à M° Bidault, connaître à fond ces lettres pour les discuter à l'audience. Il nous pria donc de les lui confier, ce que nous fîmes. Après laquelle confiance vint enfin le plaidoyer de Caillard, et son imputation d'un cachet apposé par moi sur ce mot prétendu écrit par M. Duverney; plaidoyer qui fut coupé par ma protestation, par la déclaration de M° de Junquière, et par sa preuve, qui couvrit de confusion et l'avocat et le client.

Donc c'est avant la scène de l'audience que la communication amicale du titre et des lettres fut faite à M° Caillard, et non pas depuis. A quelle fin en effet l'aurait-il désirée après ses plaidoyers, s'il l'eût négligée avant de porter la parole? Donc, en ajoutant cette conviction à toutes mes précédentes preuves, on s'assure de plus en plus que c'est pendant cette communication que la friponnerie avérée du cachet apposé, du mot déchiré, de la roussissure et des taches d'encre, fut consommée : donc l'imputation qui m'en fut faite à l'audience, et dans le premier mémoire de Caillard, est ce qu'il y a jamais eu de plus lâche et de plus odieux.

Un autre fait aussi étrange, c'est de voir le comte de la Blache soutenir aujourd'hui que je suis toujours resté sans réponse aux reproches que me fit ce même Caillard dans ces plaidoyers et mémoires aux requêtes de l'hôtel, sur une prétendue surcharge qui, dit-il, existait dès lors sur toute l'écriture du billet portant : *voilà notre compte signé.*

A cela voici ma réponse, et je prie les magistrats de vouloir bien la peser jusqu'au scrupule.

Si je n'avais pas alors répondu à ce reproche d'une surcharge entière d'écriture, fait, dit-on, par Caillard, il en faudrait conclure qu'après avoir bien avéré, dans le temps, que la friponnerie du cachet apposé, du mot *Beaumarchais* déchiré, de la roussissure du papier et des pâtés d'encre, était à mes ennemis, je me serais cru en droit de m'élever au-dessus de la défense d'une imputation de surcharge dont tout l'artifice eût été de prouver leur propre ouvrage.

Mais il n'est pas vrai que Caillard ait jamais reproché de surcharge entière à ce billet, dans aucun endroit de ses plaidoyers ni de ses mémoires.

Caillard a dit : Les mots : *voilà notre compte signé* sont à la fin du billet; on aura bien pu les y ajouter. La réponse à cela était : si l'on a bien pu les y ajouter, on a bien pu aussi ne les point ajouter. C'était se battre alors pour la chappe à l'évêque ; je n'ai donc pas cru devoir y perdre mon temps.

Caillard disait : Les mots : *voilà notre compte signé* sont d'une écriture différente; on le voit à travers le papier. Ici la réponse était : Inscrivez-vous en faux; ce fut celle aussi que je ne cessai d'y faire en tous mes écrits.

Caillard disait : On a voulu faire du mot *jeudi* celui de vendredi ; il y a un trait sur la première lettre du mot qui prouve qu'on l'a essayé. Caillard disait une bêtise; car pourquoi surcharger la date de M. Duverney, pour la faire cadrer à la mienne, quand il m'était si facile de faire cadrer ma date à la sienne, si j'appliquais après coup un billet sur le sien ? On n'a pas cru devoir répondre à cette bêtise de Caillard.

Caillard disait : Vous avez fait un 5 du 6 de votre date, pour la faire cadrer au mot *jeudi* de M. Duverney. — Donc, M⁰ Caillard, si j'ai pu surcharger à mon gré ma date au billet appliqué, si en effet je l'ai surchargée, je n'ai pas eu besoin de toucher à celle de M. Duverney, aussi grossièrement surtout que vous dites que la première lettre est surchargée. Mais vous imposez, M° Caillard, sur votre expression. Le petit trait qui se trouve sur la première lettre du mot *jeudi* n'est pas une surcharge, c'est tout platement une lettre, et cette lettre est un M, et non pas un V ; ce qui, bien vérifié, s'éloigne tellement du lâche système que vous me supposez, qu'au lieu d'avoir essayé de faire du mot *jeudi* celui de *vendredi*, pour qu'il se rapportât à une fausse date du 6 avril, il s'ensuivrait que je n'aurais surchargé le mot *jeudi* que pour m'éloigner encore plus de ce 6 avril ; car un M en surcharge ne pourrait présenter que l'intention de mettre *mardi* ou *mercredi*, dont l'un était le 5 et l'autre le 4 avril. Donc cet *M*, et non pas ce *V*, ne pouvait être de moi : donc cette lettre fut tout naturellement de M. Duverney, ou bien elle est germaine de toutes les infamies qui furent faites sur ce billets lors de la communication à l'amiable, à cause de ces mots : *voilà notre compte signé* qui faisaient tant de mal au cœur de l'adversaire.

Voilà pourquoi je crus alors qu'au lieu de relever chaque insigne bêtise de Caillard sur ce billet, il valait mieux couper d'un seul coup toutes les têtes de l'hydre, en prouvant bien la friponnerie du cachet apposé, du mot déchiré, de la roussissure imprimée au papier, et des taches d'encre par-ci par-là sur les premiers mots, et c'est ce que j'ai fait.

Mais comme on n'avait jamais parlé jusqu'à présent d'une surcharge entière, ou d'un trait passé sur toute l'écriture du billet, je n'ai pas pu la prévoir, et n'ai pas dû répondre d'avance à l'imputation d'une odieuse lâcheté qui ne m'était pas encore administrée.

Cependant le comte de la Blache assure aujourd'hui que l'ancien Caillard m'en fit le reproche : mais si le Caillard des requêtes en eût écrit un seul mot, je lui aurais répondu qu'il mentait, et je le lui aurais prouvé; ou bien je lui aurais appris que c'était un motif de plus pour s'inscrire en faux contre le billet, s'il osait ; parce qu'il n'y a pas de faux plus visible qu'une surcharge entière sur le trait d'écriture d'une lettre attaquée.

Mais comme je ne puis aller repêcher dans le temps et dans l'espace le vain bruit égaré des prétendues paroles de Caillard, il faut donc que je m'en tienne à ce qu'il a fixé par écrit. Or, il a si peu parlé de ce trait passé sur l'écriture, que pendant que le comte de la Blache assure que je suis resté, aux requêtes de l'hôtel, sans réponse à son reproche de surchage, son Caillard d'Aix lui donne aujourd'hui le plus furieux démenti sur le prétendu reproche de l'autre Caillard, en imprimant (page 43 de la consultation des six) ce paragraphe remarquable : « 1° L'inscription en faux ne serait plus « possible, attendu que la surchage visible d'encre faite « sur tout le corps du billet, *surcharge qui n'existait « pas aux requêtes de l'hôtel*, et qui empêcherait aujour- « d'hui toute vérification. »

Surchage qui n'existait pas aux requêtes de l'hôtel ! Voilà le mot de la question. Maintenant, lequel a menti de l'avocat ou du client? Y avait-il une surcharge, ou n'y en avait-il pas? Ai-je dû répondre au Caillard de Paris, qui ne me l'a jamais reprochée? Dois-je opposer le Caillard d'Aix, qui soutient qu'elle n'existait pas alors, au seigneur ON qui dit qu'elle existait, et qu'on me l'a reprochée dans ce temps-là, quoique cela soit faux ?

Que dois-je faire, surtout, lorsque, dans l'instant même où j'écris, excepté quelques pâtés d'encre informes, le trait de tout le billet est dans sa pureté ? quand il est prouvé qu'une surcharge entière serait un motif de plus, et non un motif de moins, pour s'inscrire en faux, si l'on osait le faire? quand j'ai bien prouvé que tout le déshonneur qu'on a voulu verser sur ce billet appartient à mes ennemis ; enfin, quand il est évident que je n'ai pas cessé de dire que je n'entendais ajouter aucune valeur à l'acte du 1ᵉʳ avril par la représentation de toutes ces lettres qui lui sont inutiles.

O perfide et méchant adversaire ! quelle peine vous me donnez pour démasquer toutes vos fourberies à mesure que je les apprends ! Mais vous ne me lasserez pas ; je vous confondrai sur tous les points. Vous avez beau ruser, tout embrouiller pour induire en erreur, vous rendre contradictoire avec votre ancien avocat, avec vos nouveaux défenseurs, avec vous-même ; vous avez beau toujours fatiguer l'attention des magistrats par des circonstances vaines, insidieuses ou fausses : ou je l'ignorerai, ou je ne cesserai de balayer vos calomnies comme le vent du nord balaye la poussière et les feuilles desséchées.

Je ne puis trop répéter, lecteur, ce que j'ai dit plus haut sur le silence que j'oppose à une foule d'imputations aussi malhonnêtes que sans preuves. Elles ont toutes été répondues dans mes autres écrits et surtout dans mon mémoire au conseil, où je n'ai rien laissé à désirer sur la teneur, la formation, les motifs et le véritable esprit de l'acte du 1er avril 1770.

En ramenant toujours les mêmes objections vingt fois réfutées, ceci devient une guerre interminable où l'on peut écrire et discuter cent ans, comme en théologie, sans avancer d'un pas et sans s'arrêter sur rien.

Quant aux voix qui devaient s'élever de toutes parts en ma faveur, que le comte de la Blache ne s'en inquiète pas pour moi ! N'ayant à faire juger en Provence qu'une question de droit, j'ai refusé toute offre, tout appui qui s'écartait de mon affaire ; et vous savez bien que je ne pouvais pas cumuler des moyens d'action criminelle dans une simple action au civil. Mais je promets à mon ennemi qu'il ne perdra rien pour attendre, et qu'il les entendra, ces voix, quand il en sera temps, si le cas échoit

Je n'aurais pas même ajouté un seul mot à la consultation solide et froide que j'avais fait faire à Paris, et je me serais bien gardé de joindre des lettres inutiles à des lettres inutiles, au moins dans le procès actuel, si je n'avais été violemment provoqué par les injurieux propos de mon adversaire à Aix, et par la nouvelle inondation de sa SOUSSIGNÉE de Paris, intitulée ridiculement *Consultation pour M. tel contre le sieur tel.*

Maintenant, qui pensez-vous qu'on brûlera, messieurs, ou moi qui n'avance que des faits dont j'ai la preuve et la conviction parfaite, ou vous qui diffamez en parlant de ce que vous ignorez, en alléguant des faits dont vous savez la fausseté ? Quel est le plus digne, à votre avis, du feu, de celui qui se ment à soi-même, pour dépouiller, pour opprimer, pour perdre un adversaire, ou de celui qui repousse avec force et sans ménagement l'ennemi qui l'attaque sans pudeur ?

Et quand un homme est assez insensé pour s'exposer, par des horreurs bien prouvées, aux reproches les plus graves dont on puisse le couvrir, comment ose-t-il se plaindre après coup d'un mal dont il lui fut si aisé de se garantir ?

J'ai trouvé partout le mot *fripon* dans vos écrits : je l'ai mis dans la balance, et j'ai reconnu qu'il pesait cent livres. Opposant pour contre-poids celui de *calomnia*teur dans les miens, j'ai trouvé qu'il n'en pesait que dix. Il n'y a pas de parité, me suis-je dit. Aussitôt, changeant d'instrument, j'ai fait glisser le poids léger de *calomnie* au bout d'un levier composé, comme je l'ai dit, des circonstances très-aggravantes, et j'ai gagné l'équilibre des cent livres : c'est le secret de la romaine, et voilà toute notre histoire.

Maintenant donc, messieurs, pourquoi faudrait-il nous brûler ? On voit bien dans vos écrits de la cruauté, des platitudes et de la mauvaise foi : dans les miens, on y voit de la bonne foi, de la colère, et quelques platitudes.

<blockquote>
Mais, après tout, il faut pourtant conclure
Qu'entre messieurs Siméon père et fils,
Gassier, Barlet, Desorgues, Portalis,
Falcoz et moi, tous *faiseurs d'écriture,*
Aucun de nous *n'est sorcier, je vous jure.*
</blockquote>

CARON DE BEAUMARCHAIS.

MATHIEU, *procureur;*

M. *le conseiller* DE SAINT-MARC, *rapporteur.*

Ci-joint la déclaration du dépôt que j'ai fait chez le notaire de ma soumission de cinquante mille livres.

« Je soussigné Pierre Boyer, conseiller du roi, notaire
« à Aix en Provence, déclare que M. de Beaumarchais
« m'a remis cejourd'hui sa soumission, telle qu'elle est
« insérée mot à mot dans son mémoire imprimé, inti-
« tulé *le Tartare à la Légion,* page 15 dudit mémoire,
« duquel mémoire il m'a remis un exemplaire signé de
« lui. Fait à Aix, le 19 juillet 1778. »

POST-SCRIPTUM.

Ce mémoire était tout imprimé, lorsque le comte de la Blache vient de me faire signifier une lettre de *son ami Dupont,* arrivée, dit-il, de Béarn, où le comte de la Blache ignorait qu'il fût (dit-il encore). Je cherche en vain ce que veut dire cette nouvelle communication qu'il me fait faire ; à quoi cela répond-il ? *cui bono?* Cela lui vient à point comme sa lettre *de Grenoble* à son ami Goëzman.

Vous jugez bien d'abord, lecteur, que, puisque le comte de la Blache assure, dans son commentaire sur cette lettre produite, *que je n'avais encore jamais parlé du sieur Dupont dans mes défenses,* on peut en conclure hardiment que j'avais déjà parlé du sieur Dupont dans mes défenses ; car le comte de la Blache est toujours fidèle à son principe.

En effet, dans mon mémoire au conseil, j'avais dit : « Je
« prouverai comment et par qui le sieur Dupont, qui d'em-
« plois en emplois était devenu son premier secrétaire (de
« M. Duverney), qui avait mérité d'être son ami, et qui
« aujourd'hui son successeur dans l'intendance de l'École
« Militaire, a été lui-même éloigné de ce vieillard sur la
« fin de sa vie ; parce que, le sachant nommé son exécu-
« teur testamentaire, on avait le projet de faire faire au
« vieillard un autre testament, et d'obtenir un autre exécu-
« teur. »

Si j'ai parlé alors en bons termes du sieur Dupont ; si en 1778 j'en ai dit du bien, quoique je sache qu'il est du nombre de mes ennemis ; si même aujourd'hui, qu'il se prête à un petit dénigrement, je persiste à penser de lui ce bien que j'en ai dit, c'est qu'il est un de ces hommes dont j'ai toujours aimé les travaux et le caractère, et qu'il est impossible qu'il n'ait pas un vrai mérite, quand de simple commis qu'il était, il a pu s'élever à la dignité de conseiller d'État. Et l'on sent bien que je dis ici tout ce que je pense.

C'était en 1774, lecteur, que j'écrivais ce trait sur le sieur Dupont, *dont je n'ai jamais parlé*, dit-on, *dans mes défenses*; et c'est en 1778 que j'en ai fait la preuve : et ma preuve a été de montrer par cette phrase du sieur Dupont, écrite en 1770 : *Je connais tout le mal qu'on a voulu me faire*; et cette autre de la même date : *Je connais assez les affaires qu'il vous laisse à démêler avec son* héritier, *pour que je n'y veuille pas jouer un rôle* : 1° que le comte de la Blache avait écarté *Dupont, son ami*, de M. Duverney dans les derniers temps de sa vie, pour être seul *maître du champ de bataille*; 2° pour montrer dans quelles dispositions atroces était déjà cet *héritier* (qui ne veut pas qu'on le nomme *héritier*), avant qu'il eût l'air de connaître mes prétentions sur une portioncule de son héritage : sans que j'aie entendu pour cela m'étayer de l'opinion actuelle du sieur Dupont, qui m'est aussi indifférente qu'elle m'est connue, et qu'elle est étrangère à ma cause.

En lisant cette phrase de ma *Réponse ingénue* : *On voit par ces aveux d'un homme honnête, et qui jugeait froidement alors dans quelles dispositions était ce vindicatif* héritier, *etc.*; l'on peut juger, dis-je, que je sais fort bien que le sieur Dupont est devenu l'ami du comte de la Blache, parce que l'intérêt, qui divise les hommes, est aussi ce qui les réunit.

D'après tout ce nouveau train de mon adversaire, je prie le lecteur d'avoir la patience de relire les pages 383, 384, 385 et 386 dans ma *Réponse ingénue*; il se convaincra que je n'ai dit, ni voulu prouver autre chose en cet endroit, sinon le bon caractère, les précautions, les intentions et *les ruses du comte de la Blache*.

Ne voulant pas semer trop d'ennui sur mes défenses, je n'ai imprimé toutes les lettres citées, quand elles étaient longues, que par extrait; mais j'atteste ici, devant les magistrats du parlement qui me lisent, que les originaux entiers leur ont tous été déposés dans les mains, loin que je voulusse dissimuler la moindre chose au procès.

Maintenant, en quel dédain ne doit-on pas prendre un plaideur qui ne néglige pas même en sa cause de se faire écrire de Béarn, pour les imprimer, des lettres apologétiques, par un ami *dont il ignorait l'absence de Paris*, quoique cet ami nous apprenne en être parti le 10 mai, temps auquel le comte de la Blache était encore à Paris, n'en étant parti pour Aix que longtemps après cette époque? Quelle pitié, bon Dieu! quelle pitié!

Que si j'avais pu m'abaisser à de pareils moyens, le comte de la Blache croit-il que je n'eusse pas pu le couvrir de lettres bien plus imposantes, et qui eussent au delà balancé la fade apologie intitulée *Dupont, mon ami*? J'aurais cru me déshonorer de le faire, et je n'ai pas eu besoin d'un instant de réflexion pour m'en abstenir. Car je maintiens toujours que, *pour avoir une bonne conduite en cette affaire, je dois prendre en tous points le contre-pied de la sienne.*

Caron de Beaumarchais.
Mathieu, *procureur*.

LETTRE
DE M. DE BEAUMARCHAIS
AUX GAZETIERS ET JOURNALISTES[1]

Paris, ce 10 septembre 1778.

Monsieur,

La variété des récits que les gazettes ont faits de l'arrêt en ma faveur rendu, le 21 juillet de cette année, au parlement d'Aix, dans le long et trop bruyant procès entre M. le comte de la Blache et moi; les versions dénuées de sens et de vérité que j'en ai vu répandre dans le public, avec plus d'ignorance des faits peut-être que de méchanceté, m'obligent à recourir une seule fois aux rédacteurs des gazettes et journaux, où j'ai tant été déchiré pendant dix ans sur ce procès.

Je vous prie donc, monsieur, d'insérer dans le vôtre ce compte exact, simple et sans fiel, des motifs et de la teneur d'un arrêt qui m'assure à l'estime publique un droit que l'injustice enfin reconnue, et, sévèrement réprimée par cet arrêt, avait tenté de m'enlever.

Jamais, dans aucun tribunal, procès n'a peut-être été plus scrupuleusement examiné que celui-ci au parlement d'Aix. Les magistrats y ont consacré, sans intervalle, cinquante-neuf séances, mais avec une si auguste circonspection, que les regards curieux de toute une grande ville, extrêmement échauffée sur cette affaire, n'ont rien pu saisir de l'opinion des juges avant l'arrêt du 21 juillet.

Sans y être invités, et de leur plein gré, les plus habiles jurisconsultes de ce parlement se sont empressés de traiter la matière agitée au palais, mais avec un désintéressement, une profondeur et des lumières qui font le plus grand honneur au barreau de cette ville, et qui serviront sans doute à l'avenir de documents sur l'importante question du faux.

Pendant ce temps, toute la Provence examinait avec attention l'active ardeur du comte de la Blache à épuiser tous les moyens de donner à ses prétentions les couleurs les plus favorables. On admirait surtout le parfait contraste entre la vivacité, la multiplicité de ses démarches, et le travail solitaire, le silence et la retraite profonde où j'ai vécu pendant tout le temps qu'a duré l'instruction.

Ennemi juré des sollicitations des juges, toujours plus fatigantes pour eux qu'instructives pour les af-

---

[1] Pour donner une juste idée de la manière dont ce procès a été jugé à Aix, nous avons cru ne pouvoir mieux faire que d'imprimer, à la suite des Mémoires de Beaumarchais, la lettre qu'il a écrite en septembre 1778 aux différents gazetiers et journalistes, pour être insérée dans leurs feuilles, et qui l'a été plus ou moins purement, selon le degré d'impartialité de chacun.

faires, si j'en ai paru porter l'éloignement trop loin dans cette occasion, je dois compte en peu de mots de mes motifs.

Il s'agissait ici pour moi beaucoup moins d'un argent disputé que de mon honneur attaqué. Si j'avais imité mon adversaire, qui ne quittait jamais la maison d'un juge que pour en aller entreprendre un autre, on n'eût pas manqué de m'accuser d'étayer mon droit à l'oreille, et dans le secret des cabinets, par l'influence d'un crédit que je n'ai point, et dont il eût été lâche à moi d'user si je l'avais eu.

Respectant donc l'asile et le repos de chacun, j'ai supplié la cour de m'accorder une seule audience devant les magistrats assemblés, les pièces du procès sur le bureau, pour que tous pussent, en m'écoutant, juger à la fois l'homme et la chose, se concerter ensuite, et former l'opinion générale d'après l'effet que ce plaidoyer à huis clos aurait produit sur chacun d'eux.

« Cette façon d'instruire un grand procès, messieurs,
« ai-je dit, me paraît la plus prompte, la plus nette, la
« plus décente de toutes. Elle convient surtout à la na-
« ture de mes défenses : alors, ne craignant pas d'être
« taxé d'y employer d'autres moyens que ceux qui sor-
« tent du fond même de l'affaire, j'espère y remplir
« honorablement ce que je dois à l'intérêt de ma cause,
« à l'instruction de mes juges, et au respect de l'au-
« guste assemblée. Mais une pareille faveur ne doit pas
« être exclusive. Elle est, si je l'obtiens, acquise de
« droit à mon adversaire; et quoiqu'il ait déjà pris à
« cet égard tous ses avantages sur moi, je la demande
« pour nous deux, en lui laissant le choix de parler
« avant ou après moi, selon qu'il lui conviendra le
« mieux. »

Ma demande me fut accordée.

A l'appui de deux mémoires fort clairs, mais véhéments, que les plus outrageantes provocations m'avaient arrachés, j'ai parlé cinq heures trois quarts devant les magistrats assemblés. Le comte de la Blache a plaidé le lendemain lui-même aussi longtemps qu'il l'a cru nécessaire à ses intérêts.

Enfin, après avoir bien étudié l'affaire, nous avoir bien lus, bien entendus, la cour, pour dernière des cinquante-neuf séances dont j'ai parlé, a passé la journée entière du 21 juillet à délibérer et à former son arrêt, dont le prononcé, *tout d'une voix*, déboute le comte de la Blache de l'entérinement de ses lettres de rescision, de ses appels, de toutes ses demandes et prétentions contre moi, ordonne l'exécution de l'acte du 1er avril 1770 dans toutes ses parties, le condamne en tous les frais et dépens, supprime tous ses mémoires en première, seconde instance, ceux aux conseils, au parlement d'Aix, en un mot tous ses écrits ; et le condamne en douze milles livres de dommages et intérêts envers moi, tant pour saisies, actions, poursuites tortionnaires, que pour RAISON DE LA CALOMNIE.

On peut me pardonner si j'avoue, pour cette fois seulement, que l'odieux substantif *calomnie* a pu plaire à mon cœur et flatter mon oreille. Ce mot énergique, dans un arrêt si grave et tant attendu, est le prix mérité de dix ans de travaux et de souffrances.

Le soir même, allant remercier M. le premier président, j'appris de lui que la cour, en me rendant une aussi honorable justice, avait désapprouvé la véhémence de mes deux derniers écrits; qu'elle les avait supprimés, et m'en punissait par une somme de mille écus, en forme de dommages et intérêts, applicables aux pauvres de la ville, du consentement de M. de la Blache.

« Si les magistrats, monsieur, ai-je répondu, n'ont
« pas jugé qu'en un affreux procès, par l'issue duquel
« un des contendants devait rester enseveli sous le dés-
« honneur d'une atroce *calomnie*, ou l'autre sous celui
« d'un *faux* abominable, il fût permis à l'offensé de
« s'exprimer sans ménagement après dix ans d'outrages
« continuels, ce n'est pas à moi de blâmer la sagesse
« de leurs motifs. Mais, dans la joie d'un arrêt qui élève
« mon cœur et le fait tressaillir de plaisir, j'espère que
« la cour ne regardera point comme un manque de
« respect si j'ajoute aux mille écus ordonnés pour les
« pauvres une pareille somme volontaire en leur faveur,
« pour qu'ils remercient le Ciel de leur avoir donné
« d'aussi vertueux magistrats. »

Ma demande m'a été accordée.

Dès le lendemain de l'arrêt, M. le comte de la Blache a imploré la médiation de ces mêmes magistrats, pour m'engager à consentir, sans retard et sans autres frais, à l'exécution amiable de cet arrêt, *auquel il acquiesçait volontairement*.

J'ai cru qu'un pareil acquiescement, donnant une nouvelle sanction à l'arrêt, méritait de ma part des condescendances pécuniaires de toute nature.

En conséquence, et bien assuré que le substantif *calomnie*, que cet écriteau, trop fièrement peut-être annoncé dans mes mémoires, était pourtant consigné dans le *dictum* de l'arrêt, comme un coin vigoureux dont l'empreinte ineffaçable attestait mon honneur et fixait la nature des torts de mon adversaire, j'ai fait le sacrifice d'un capital de soixante-quinze mille livres que je pouvais toujours garder à quatre pour cent. J'ai passé sans examin à huit mille livres des frais qui, réglés strictement, m'en auraient fait rentrer plus de vingt. J'ai donné les termes de trois et six mois sans intérêts au comte de la Blache qui les a demandés, pour s'acquitter envers moi des adjudications de l'arrêt; et pour tout dire en un mot, ne me rendant rigoureux que sur le grand portrait de M. Duverney, que j'ai exigé de la main du meilleur maître au jugement de l'académie, j'ai remis mon blanc-seing aux respectables conciliateurs, et la négociation s'est terminée par une quittance générale de moi, dictée par eux, et *conçue en ces termes* :

« J'ai reçu de M. le comte de la Blache la somme de
« soixante-dix mille six cent vingt-cinq livres, à quoi ont été
« réglées, par la médiation de MM. *de la Tour*, premier
« président, *de Ballon* et *de Beauval* ; conseillers au parle-

« ment, toutes les adjudications que j'ai à prétendre contre
« lui en vertu de l'arrêt du parlement de Provence, rendu
« en ma faveur le 21 du courant. Lesdites soixante-dix mille
« six cent vingt-cinq livres provenant, savoir : quinze mille
« livres pour solde de l'arrêté de compte du 1er avril 1770,
« entre feu M. Pâris Duverney et moi; cinq mille six cent
« vingt-cinq livres pour intérêts desdites quinze mille livres,
« courus depuis le jour de la demande jusqu'à ce jour ;
« douze mille livres pour les dommages et intérêts à moi
« adjugés par le susdit arrêt ; huit mille livres, à quoi ont
« été fixés et amiablement réglés les dépens que j'ai faits,
« tant aux requêtes de l'hôtel qu'à la commission intermé-
« diaire de Paris et au conseil du roi, jusqu'à l'instance ren-
« voyée au parlement de Provence exclusivement ; et finale-
« ment trente mille livres pour les intérêts au denier vingt,
« pendant huit années, des soixante-quinze mille livres que
« M. Pâris-Duverney s'était obligé, par le susdit arrêté de
« compte du 1er avril 1770, de m'avancer, sans intérêts,
« pendant lesdites huit années ; optant, au moyen de ce,
« pour ne pas recevoir lesdites soixante-quinze mille livres
« que j'aurais pu, aux termes dudit arrêté de compte, exi-
« ger et garder à constitution de rente au denier vingt-cinq,
« après lesdites huit années expirées, sous la condition néan-
« moins, et non autrement, que M. le comte de la Blache
« fera son affaire propre et personnelle des droits que
« M. Pâris de Mezieu peut avoir sur lesdites soixante-quinze
« mille livres, en vertu du susdit arrêté de compte, aux-
« quels droits je n'entends nuire ni préjudicier, et que M. le
« comte de la Blache me relèvera et garantira de toute re-
« cherche à cet égard, pour laquelle garantie je me réserve
« tous mes droits d'hypothèque résultant du susdit arrêt du
« parlement de Provence. Le susdit payement de soixante-
« dix mille six cent vingt-cinq livres m'ayant été fait en deux
« billets à ordre de M. le comte de la Blache : le premier,
« de quarante mille six cent vingt-cinq livres, payable par
« tout le mois d'octobre prochain, et le second, de trente
« mille livres, payable par tout le mois de janvier 1779,
« pour lesquels termes je lui ai prorogé lesdits payements,
« sans entendre néanmoins déroger à mes droits, que je me
« réserve au contraire de faire valoir en vertu du susdit ar-
« rêt du parlement de Provence, à défaut d'acquittement des
« susdits billets à leur échéance, sans laquelle condition je
« n'aurais pas consenti à ladite prorogation ; et au moyen
« de tout ce que dessus, ledit arrêt se trouvera pleinement
« exécuté par mondit sieur comte de la Blache, à la réserve
« de la rémission du grand portrait de M. Duverney, qui
« me sera faite à Paris, en conformité dudit arrêté de
« compte du 1er avril 1770, lequel portrait sera de la main
« des meilleurs maîtres, au jugement des connaisseurs ; et
« au cas que M. le comte de la Blache n'en ait point en son
« pouvoir de la qualité ci-dessus, il sera obligé de le faire
« copier sur un bon modèle, par le plus habile peintre de
« Paris; et à la réserve que M. le comte de la Blache
« me remettra toutes les lettres relatives à la recommanda-
« tion dont la famille royale m'avait honoré auprès de mon-
« dit sieur Pâris Duverney ; laquelle rémission me sera éga-
« lement faite à Paris. A l'égard de tous les frais faits au
« parlement de Provence, je reconnais qu'il m'a été présen-
« tement payé par mondit sieur comte de la Blache la somme
« de six mille trois cent soixante-quatorze livres dix sous, à
« quoi se sont trouvés monter lesdits frais, suivant la taxe
« qui en a été faite, pour raison de tous lesquels frais je
« quitte et décharge mondit sieur comte de la Blache. Fait
à Aix, le 31 juillet 1778.

« *Signé* : CARON DE BEAUMARCHAIS. »

Ensuite est écrit de la main du comte de la Blache :

« Pour duplicata, dont j'ai l'original en main. A la
« Roque, ce 31 juillet 1778.

« *Signé* : FALCOZ, COMTE DE LA BLACHE. »
Avec paraphe.

MÉMOIRE

DE

P.-A. CARON DE BEAUMARCHAIS

EN RÉPONSE

AU LIBELLE DIFFAMATOIRE SIGNÉ GUILLAUME KORNMAN, DONT PLAINTE EN DIFFAMATION EST RENDUE, AVEC ENQUÊTE A M. LE LIEUTENANT CRIMINEL, ET PERMISSION D'INFORMER.

PREMIÈRE PARTIE.

Pressé par les circonstances de publier ma justification sur les atrocités qui me sont imputées dans un libelle signé *Guillaume Kornman*, et depuis avoué de lui, j'ai fait en quatre nuits l'ouvrage de quinze jours.

Dans cette partie de ma défense je n'emploierai pas de longs raisonnements à repousser des injures grossières ; le temps est trop précieux pour le perdre à filer des phrases : j'opposerai des preuves claires et concises à des inculpations vagues et calomnieuses.

« Je dois repousser fortement les quatre chefs suivants :

1° D'avoir concouru avec chaleur à faire accorder à une infortunée la liberté conditionnelle d'accoucher ailleurs que dans une maison de force, où elle courait le danger de la vie ;

2° D'avoir examiné sévèrement une grande affaire qui tournait mal, à la sollicitation des personnes les plus considérables, qui avaient intérêt et *qualité* pour en vouloir être bien instruites ;

3° De m'être opposé, dit-on, par toutes sortes de moyens, au rapprochement de la dame Kornman avec son mari ;

4° Enfin d'avoir ruiné les affaires de celui-ci en le diffamant partout.

Les deux premiers chefs, je les avoue et je m'en honore hautement ; je prouverai que j'ai dû me conduire ainsi. Je nie les deux derniers ; j'ai fait le contraire de l'un ; je prouverai la calomnie de l'autre.

FAITS JUSTIFICATIFS DU PREMIER CHEF.

« Avez-vous concouru avec chaleur à faire accorder
« à une infortunée la liberté conditionnelle d'accoucher
« ailleurs que dans une maison de force, où elle courait
« le danger de la vie ? »

Oui, je l'ai fait ; et voici mes motifs :

Au mois d'octobre 1781, je ne connaissais pas même de vue la dame Kornman ; je savais seulement, comme tout le monde, que son mari l'avait fait mettre dans une maison de force en vertu d'une lettre de cachet.

Un jour que je dinais chez madame la princesse de Nassau-Sieghen avec plusieurs personnes, on nous peignit la détention et la situation de la dame enfermée avec des couleurs si terribles, que cet événement fixa l'attention de tout le monde. Le prince et la princesse de Nassau surtout paraissaient fort touchés de son malheur, et voulaient s'employer, disaient-ils, à lui faire obtenir sa liberté. Touché moi-même du récit et de cette noble compassion, je les louais de leur dessein; ils me prièrent d'y joindre mes efforts, ajoutant qu'un tel service était digne de mon courage et de ma sensibilité. Je m'en défendis par des raisons de prudence. Ils me pressèrent, je résistais en alléguant (ce qui est vrai) que je n'avais jamais fait une action louable et généreuse qu'elle ne m'eût attiré des chagrins. Quelqu'un invite alors un magistrat du parlement, qui était présent, à montrer à la compagnie le mémoire que cette malheureuse femme avait composé seule au fond de sa prison, et qu'elle avait trouvé moyen de faire parvenir à M. le président de Saron, avec autant de lettres qu'il y avait de magistrats à la chambre des vacations. Voici cette requête touchante :

MÉMOIRE

ADRESSÉ A M. LE PRÉSIDENT DE SARON PAR LA DAME KORNMAN, NÉE FAESCH[1].

« Je suis née à Bâle en Suisse; j'ai été élevée dans la religion protestante reformée.

« A l'âge de treize ans, j'étais orpheline de père et de mère; à celui de quinze, mes parents m'ont fait épouser, en 1774, le sieur Kornman, Alsacien, et de la religion luthérienne.

« Mon mariage a été célébré dans le canton de Bâle, suivant les lois civiles et ecclésiastiques de cette ville.

« Je ne connaissais point le sieur Kornman; je témoignai quelque répugnance : on m'assura que je serais très-heureuse, que c'était un bon parti; je me résignai.

« J'ai apporté à mon mari 360,000 livres de dot, qu'il a touchées; j'ai été avantagée en outre de 60,000 livres. Mon mari s'est obligé encore de faire un état de ses biens, dont la moitié doit m'appartenir, en cas qu'il vienne à mourir.

« Un de mes parents m'a dit, il y a un an, que cette clause n'avait pas été remplie, et m'en a marqué du mécontentement. Mais, comme je ne me connais pas en affaires d'intérêt, j'ai toujours négligé ce point.

« Mon mari m'a proposé de lui faire, par écrit sous seing privé, une donation de tous mes biens; je lui ai fait cet écrit dans les commencements de notre mariage; il m'en a fait un pareil, qu'il a retiré sans me rendre le mien; je l'ai annulé de mon propre mouvement, le 25 juillet dernier.

« Je suis mère de deux enfants, et grosse de quatre mois du troisième. Notre union a été très-mal assortie : j'ai été fort malheureuse; et j'ai longtemps souffert avec patience et douceur.

« Il y a deux ans que ces orages ont été plus fréquents et plus violents. Comme le divorce est permis dans mon pays

[1] La famille Faesch est une des premières de Bâle.

et dans ma religion, j'ai écrit, il y a un an, à mes parents collatéraux que je voulais briser ma chaîne.

« On a cherché à m'adoucir : un frère utérin que j'ai est venu à Paris le mois de mai dernier; il a cherché à pacifier ces troubles : c'est l'époque de ma grossesse.

« Au bout de quelque temps qu'il a été parti, mon mari a recommencé ses persécutions, et a passé toutes les bornes.

« Je me suis plainte de mon côté, et je me suis occupée d'obtenir dans les tribunaux (en me séparant de mon mari) le repos que les conciliations n'avaient pu me procurer.

« Mon mari, craignant sans doute l'effet de ces démarches, a cherché à les prévenir par l'autorité.

« La nuit du 3 au 4 août, deux hommes se sont présentés à moi et m'ont dit que M. le lieutenant de police désirait me parler.

« Je témoignai quelque surprise du message à une heure aussi indue : ne pouvant cependant imaginer aucune violence, je m'habillai pour suivre les deux inconnus.

« Je marquai de l'étonnement de ne point trouver ma voiture ni mes gens. On me représenta que c'était pour prévenir des interprétations de leur part; que je rentrerais tout de suite; que c'était pour m'expliquer avec mon mari devant le magistrat. Je me rendis : on fit approcher un fiacre, où je trouvai un troisième personnage. Je m'aperçus qu'on prenait une autre route que celle de l'hôtel de la police; je demandai pourquoi : on me répondit encore que le magistrat, craignant que je ne fusse vue de ses gens, avait par délicatesse cru devoir me parler en maison tierce.

« Je me payai de cette raison; j'arrivai dans une cour; on me fit entrer dans une salle au rez-de-chaussée; et l'homme aux expédients, quittant l'anonyme et sa feinte; me demanda pardon de la supercherie, me dit qu'il était exempt de police, et que j'eusse à rester par l'ordre du roi dans le lieu où j'étais.

« Je ne puis rendre compte de ce qui s'est passé le reste de cette nuit et les trois premiers jours qui l'ont suivie; je me suis évanouie plusieurs fois; j'ai eu le transport. Un homme est venu me parler, m'interroger, me faire signer : ma tête n'était pas à moi, et je n'ai qu'un souvenir confus.

« Je vis M. le lieutenant général de police, qui m'a paru me marquer de l'intérêt. Mes idées s'étant calmées, j'ai appris que j'étais rue de Bellefond, au château de Charollais, dans une maison de force, régie par deux femmes nommées Lacour et Douay; qu'on y renfermait des folles et des femmes prostituées.

« On m'a ôté ma femme de chambre pour m'en donner une du lieu, chargée sans doute du soin de m'espionner.

« On m'assure que je suis traitée extraordinairement; quoique accoutumée à l'aisance, je ne me plaindrai pas des privations physiques que j'éprouve dans mon état, et qui influent sur ma santé et sur le fruit que je porte dans mon sein.

« J'avais été avertie que mon mari machinait contre moi : on m'avait dit même que des gens avec qui il m'avait fait dîner étaient des espions de la police, quoiqu'il les eût annoncés pour des négociants arrivants des grandes Indes.

« Le 25 juillet, je fis deux procurations, dont une pour M. Silvestre, avocat aux conseils, qu'on m'avait indiqué comme un honnête homme, à l'effet de veiller à mes intérêts et de prévenir quelques manœuvres contre moi; j'avoue que je regardais cette précaution comme superflue, ne pouvant imaginer que le gouvernement se mêlât de mes querelles avec mon mari, et qu'on me ravirait l'honneur, la liberté, mes enfants, peut-être ma fortune, sans m'entendre, quoiqu'il y ait des tribunaux.

« Depuis ce moment, j'ai sans cesse demandé à parler à

mon avocat, je n'ai pu l'obtenir, je n'ai vu que mon frère, jeune homme âgé de vingt ans, qui, instruit de mon malheur, est venu d'Allemagne à Paris. C'est par lui que j'ai pu avoir quelques renseignements sur la conduite que j'avais à tenir, c'est par lui que j'ai pu faire passer quelques lettres pour instruire mon avocat de mon sort, le prier d'agir pour me tirer de ce gouffre.

« Je n'ai point reçu de réponse ; on a cherché à intimider mon frère, et on est parvenu à le faire repartir, dans la crainte qu'il ne me secourût. J'ai demandé s'il n'y avait pas de juges que je pusse implorer. Il m'a dit que le parlement était en vacance ; il m'a remis une liste imprimée ; et j'ai imaginé d'écrire à toutes les personnes de cette liste pour demander justice et appui.

« Je n'ai rien commis contre l'État ; je demande qu'on s'informe de la société qui venait chez moi, si j'ai mérité, par ma conduite, d'être mise dans un lieu de prostitution, où je manque de tout, moi qui tenais un rang dans le monde, qui ai apporté une fortune considérable, et qui ai toujours vécu dans l'abondance.

« Je suis instruite que mon mari craint que je ne redemande mon bien : on dit que ses affaires sont surchargées par les grandes entreprises dans lesquelles il s'est intéressé, entre autres dans une aux Quinze-Vingts. Il est triste de perdre ma liberté, parce que ma fortune péricline.

« Sa conduite postérieure m'annonce la vérité de ces conjectures. Après m'avoir diffamée de la manière la plus cruelle, il parle de revivre avec moi ; la cupidité seule ou l'impossibilité de justifier de mon bien peut lui faire mépriser jusqu'à ce point la délicatesse et l'honneur.

« Quoi qu'il en soit, je supplie respectueusement nosseigneurs d'avoir pitié d'une jeune femme étrangère, sans expérience, ne connaissant ni les usages ni les lois ; je mets sous leur protection ma vie et celle de l'enfant que je porte dans mon sein : je dois tout craindre après ce que j'ai souffert. Si mon mari croit avoir le droit de me traiter aussi barbarement, pourquoi fuit-il les regards de la justice pour me persécuter ténébreusement ? Après m'avoir tout ravi, il a été tranquillement se promener à Spa, pour ses plaisirs ; et je n'ai pu encore parler à mon avocat. Mon âge, mon sexe, mon état, méritent quelque indulgence : je supplie qu'on me donne les moyens de me défendre, de m'arracher de cet odieux séjour. Ma qualité d'étrangère, la religion que je professe, les lois sous lesquelles j'ai été mariée, devaient empêcher qu'on me ravit ainsi ma liberté. Je demande justice et protection ; si la confiance que j'ai en la démarche que je fais n'est pas trahie, je les obtiendrai. Ma reconnaissance égalera mon respect pour mes libérateurs.

« *Signé* : F. KORNMAN, née FAESCH. »

Copie de la lettre écrite à MM. les conseillers de la chambre des vacations.

« Paris, au château de Charollais, rue de Bellefond,
« octobre 1781.

« MONSIEUR,

« J'ai pris la liberté d'adresser un mémoire à M. le président de Saron, et l'ai supplié d'en faire la lecture à messeigneurs. Son contenu vous apprendra mes malheurs, et le secours que j'ose attendre de votre justice et de votre bonté. Je les implore avec la plus vive confiance ; ma reconnaissance égalera les sentiments respectueux avec lesquels j'ai l'honneur d'être,

« Monsieur,

« Votre, etc.

« *Signé* : F. KORNMAN, née FAESCH. »

A la lecture de cette requête si simple et si touchante, je dis : « Messieurs, je pense comme vous : ce n'est point là l'ouvrage d'une méchante femme, et le mari qui la tourmente est bien trompé sur elle, ou bien méchant lui-même, s'il n'y a pas ici des choses qu'on ignore. Mais, malgré l'intérêt qu'elle inspire, il serait imprudent de faire des démarches pour elle avant d'être mieux informé. » Alors, dans le désir de me subjuguer tout à fait, un de ses zélés défenseurs, je ne sais plus lequel, me remit un paquet de lettres du mari de cette dame, écrites à l'homme qu'il accusait de l'avoir corrompue. Je passai sur une terrasse, où je les lus avidement. Le sang me montait à la tête. Après les avoir achevées, je rentre, et dis avec chaleur : « Vous pouvez disposer de moi, messieurs ; et vous princesse, me voilà prêt à vous accompagner chez M. Le Noir, à plaider partout vivement la cause d'une infortunée punie pour le crime d'autrui. Disposez entièrement de moi. Je ne connais du mari que le désordre de ses affaires, et je vous apprendrai comment. Je n'ai jamais vu sa malheureuse femme ; mais après ce que je viens de lire, je me croirais aussi lâche que l'auteur de ces lettres, si je ne concourais de tout mon pouvoir à l'action généreuse que vous voulez entreprendre. » Mes amis m'embrassèrent, et j'allai, avec la princesse de Nassau, chez M. Le Noir, où je plaidai longtemps pour notre prisonnière. Je ne crains d'offenser personne en l'appelant ainsi, *la nôtre*, Ah ! chacun l'avait adoptée ! De là je partis pour Versailles, et n'ai pas eu de bon repos que je n'ai obtenue des ministres que l'infortunée n'accoucherait pas, ne périrait pas dans la maison de force où l'intrigue l'avait jetée.

Pour justifier la chaleur que j'ai mise à toutes mes sollicitations, je dois transcrire ici les lettres du mari, comme j'ai transcrit plus haut la requête de la femme. Mon bonheur veut qu'après les avoir employées dans le temps à ouvrir les yeux des ministres sur l'homme qui les avait trompés, elles me soient restées dans les mains, qu'on ne me les ait pas reprises ! Il est vrai que depuis six ans ce Kornman est dans la boue, et que sa levée de boucliers, aussi lâche qu'injurieuse, était bien loin d'être prévue ! Mais s'il est un seul homme, après avoir lu ces lettres, qui ne dise pas : J'en aurais fait autant que Beaumarchais, je ne pourrai jamais estimer cet homme-là.

Non, ne transcrivons point sèchement ces étranges lettres : soyons courts, mais pas ennuyeux : opposons-les, date par date, aux narrations du libelle que j'attaque, aux jérémiades hypocrites qui en accompagnent les récits ; déterminons surtout les époques où elles concourent avec les lettres.

C'est vous seul que j'attaque, monsieur Guillaume Kornman. Vous m'avez, non pas inculpé, mais vous m'avez injurié. Vous avez armé contre moi mille gens assez légers pour prendre parti dans votre affaire, sans penser qu'un homme audacieux peut tout oser impunément aussi longtemps qu'il parle seul. Vous me forcez de me justifier ; je vais le faire sans humeur. N'étant point appelé à défendre votre malheureuse femme de l'accusation d'adultère dont vous la flétrissez; moins encore à disculper celui que vous nommez son séducteur, c'est vous seul que je vais discuter pour le maintien de mon honneur : il m'importe ici de le faire, avant de dire un mot de moi.

Parcourons donc votre libelle, que vous appelez un mémoire.

Vous convenez (page 6) que votre femme s'est conduite avec vous pendant six ans d'une manière exemplaire, et vous fixez l'époque de ses désordres (pour user un moment de vos termes) à la connaissance que vous lui fîtes faire d'un sieur Daudet de Jossan, en 1779.

M. le baron de Spon, premier président de Colmar, vous avertit, dites-vous (page 6), « que le sieur Daudet « était un personnage très-dangereux... qu'aucun prin- « cipe d'honnêteté publique et particulière n'arrêtait « dans l'exécution de ses desseins. » (Bon Kornman, vous voilà prévenu. S'il vous arrive malheur, ce sera bien votre faute!) Et cependant vous le reçûtes chez vous (page 8), « et vous lui rendîtes quelques services, « en considération de la protection très-publique, dont « M. le prince de Montbarrey daignait l'honorer. » Cela est bien généreux, mais en même temps bien imprudent, puisque le changement de conduite de votre femme vous indiquait déjà (page 8) le commencement d'une liaison entre elle et lui). Insensiblement votre santé s'en altéra (page 8). Vous fûtes à Spa pour la rétablir. Mais, homme attentif, en partant « vous sup- « pliâtes votre épouse d'ouvrir les yeux sur l'abîme qui « s'ouvrait sous ses pas. Vous la suppliâtes de ne pas « se livrer davantage à un homme sans morale, et qui « avait moins une véritable passion pour elle que le be- « soin de tirer parti pour sa fortune de la complice de « ses égarements. »

Cela est très-prudent de votre part. Mais que veut dire une lettre de vous que j'ai dans ce moment sous les yeux? lettre écrite en arrivant aux eaux à cet homme suspect, dont les liaisons avec votre femme avaient altéré votre santé, contre lequel vous aviez cru devoir la mettre en garde à votre départ : cette lettre rentre si parfaitement dans les idées que vous nous faites prendre de votre éloignement pour lui, que j'en veux donner des fragments.

Adresse de la lettre :

A M. Daudet de Jossan, syndic royal de la ville de Strasbourg, à la chaussée d'Antin, à Paris.

Avec le timbre de la poste [1].

« Spa, le 12 juillet 1780.

« Je croirais manquer à l'amitié que vous m'avez « toujours témoignée, MON CHER SYNDIC ROYAL, si je ne « vous donnais des nouvelles de mon arrivée au lieu de « ma destination. J'ai fait le plus de diligence possible, « afin de pouvoir VOUS REJOINDRE LE PLUS TÔT POSSIBLE, « pour me rendre en Alsace. Ma foi, il était temps que « je m'en aille de la rue de Carême-Prenant. » (Demeure du sieur Kornman à Paris.) Je supprime ici quelques détails oiseux. Mais lui parlant de votre femme, vous ajoutez : « ET COMME ELLE N'A PAS D'EXPÉRIENCE POUR « SE CONDUIRE, EMPÊCHEZ-LA, MON CHER, DE FAIRE QUELQUE « SOTTISE MAJEURE ; et tâchez de la faire sortir de la dé- « pendance des domestiques, en lui persuadant que l'on « paye leurs complaisances passagères fort cher, dont « cette espèce de gens sait toujours tirer parti. Je vous « envoie UNE PETITE LETTRE POUR MA FEMME, que je vous « serai obligé DE LUI REMETTRE... ADIEU, MON CHER... vous « aurez encore de mes nouvelles avant votre départ « pour l'Alsace. JE VOUS EMBRASSE ET SUIS AVEC LES SENTI- « MENTS DU PLUS INVIOLABLE ATTACHEMENT, TOUT A VOUS.

« *Signé* : G. KORNMAN. »

Me trompé-je en lisant? Est-ce bien vous, monsieur Kornman, qui mettez votre femme sous la direction de cet homme sans honneur et sans mœurs, qui ne feint de l'aimer que pour la dépouiller? Donnons encore quelques fragments d'une autre lettre de Spa, et toujours au même homme. Elle vient à l'appui de la première.

A M. Daudet de Jossan, etc. (Même adresse et même timbre.)

De Spa, ce 19 juillet 1780 (cinq jours après la précédente).

Après les compliments affectueux au *cher ami*, on lit : « Je suis fâché de ne pas être à Paris pour y rece- « voir M. votre frère; je souhaite qu'il puisse vous en- « gager à différer votre départ pour l'Alsace, AFIN QUE JE « PUISSE VOUS Y JOINDRE. Il est vrai que je vous en ai donné « ma parole, et vous pouvez compter que je l'effectue- « rai, à moins que je n'aille dans l'autre monde ; cas « auquel vous voudrez bien m'excuser de n'avoir pas « tenu ma promesse. *Si nous pouvions faire le voyage « de l'Alsace ensemble, cela serait plus gai.* D'un autre « côté, votre absence de Paris et Versailles pourrait « peut-être préjudicier *à nos spéculations projetées;* « enfin vous verrez à faire pour le mieux, et vous ne « devez pas douter *du plaisir que j'aurai* de me trouver « en Alsace avec vous. *Il ne dépendra que de ma femme « d'être de la partie ;* mais pour lors il ne faudra pas « que je fasse le voyage avec un désagrément continuel, « ma santé ne le supporterait plus. Je crois avoir fait « tout ce qui était raisonnable ; mais tout a ses bornes; « je ne puis plus rien lui dire. Elle n'est plus une en- « fant, et c'est à elle à se faire estimer du public et de « son mari : *pour le reste, elle sera la maîtresse de faire « ce qu'elle veut;* je n'aurai jamais la sotte manie de « gêner le goût et l'inclination de personne, trouvant « que de toutes les tyrannies, la plus absurde est celle « de vouloir être aimé par devoir : outre que c'est une « impossibilité, on ne commande pas au sentiment le « plus doux. *Partant de ce principe, on peut très-bien « vivre ensemble, ne pas s'aimer, mais s'estimer,* avoir

---

[1] Je préviens que toutes ces lettres, écrites et signées du mari, paraphées dans le temps par la femme, et contrôlées depuis, sont déposées au greffe, afin que Guill... Korn... soit forcé de les reconnaître; ou les nie à son grand péril.

« de bons procédés qui prouvent toujours de la réci-
« procité de la part d'une âme honnête. Je crois que ce
« que j'exige n'est pas injuste ni difficile dans la prati-
« que, *et je les soumets à vos réflexions*, etc.

« *Signé :* KORNMAN. »

Ainsi vous soumettez aux réflexions de votre odieux rival le dessein où vous êtes de laisser à votre jeune femme toute liberté d'aimer un autre homme ; cependant vous croyez savoir que c'est cet homme-là qu'elle aime ?

Quatre ou cinq lettres suivantes sont du même style.

Eh quoi ! monsieur, vous n'écrivez pas même en droiture à votre femme ? Il faut que ce soit votre ennemi qui lui remette vos lettres ? Vous l'en priez. Vous étouffez d'embrassements le corrupteur qui l'a perdue ou la perdra ? Vous caressez ce monstre qui vous a forcé de recourir aux eaux de Spa pour rétablir votre santé, qu'une juste jalousie délabre ? « Et comme ma femme
« n'a pas assez d'expérience pour se conduire ; empê-
« chez-là, mon cher, de faire quelque sottise majeure. »
Prenez garde, monsieur Kornman ! on dira que vous prescriviez à deux amants de mettre de la décence dans une intrigue approuvée de vous ! Prenez garde ! on dira que vous soumettez votre femme à l'expérience d'un corrupteur habile, pour qu'elle apprenne de lui la manière de conduire sans scandale une intrigue d'amour ! Prenez garde ! Mais revenons vite au libelle : ces rapprochements sont précieux.

(Page 9.) « Mes remontrances furent inutiles : de re-
« tour des eaux de Spa, j'apprends qu'en mon absence
« la dame Kornman a tenu la conduite la moins mesu-
« rée ; que le sieur Daudet lui a fréquemment assigné
« des rendez-vous chez lui, et qu'il s'y est passé des
« scènes d'une espèce assez étrange pour que le voisi-
« nage en ait été scandalisé, etc. » Maintenant que vous êtes instruit de tout par des rapports aussi fidèles ; j'espère, ô Kornman ! que la colère et l'indignation vont vous faire éclater, ou qu'au moins toutes les liaisons entre un homme audacieux et vous sont finies ; et qu'enfin votre dernière lettre à cet abandonné (si même vous croyez devoir lui défendre ainsi votre porte) est bien sévère ! Il faut la lire, et la comparer avec la page 9 du libelle, citée plus haut. A cette époque, vous lui écriviez :

A M. Daudet de Jossan, à Strasbourg, etc. (Il était parti pour Strasbourg.)

« De Paris, le 19 août 1780. »

« *J'espère, mon cher ami, que la lettre que j'ai eu le*
« *plaisir de vous adresser de Bruxelles vous sera bien*
« *parvenue ; la vôtre, que vous m'aviez fait l'amitié de*
« *m'adresser à Spa le 7 de ce mois, m'a été renvoyée*
« *ici ; je suis charmé d'avoir prévenu vos intentions, en*
« *hâtant mon retour*. Je n'ai pas manqué de me rendre
« de suite chez M. le comte de Brancion, qui m'a mis
« au fait du projet dont il était question ; l'affaire me
« paraît belle, il ne s'agit que de la certitude de se pro-
« curer les fonds nécessaires pour ne pas rester en
« chemin lorsque l'opération sera commencée ; je m'oc-
« cupe à venir vous joindre pour nous concerter là-
« dessus. » (*Ici sont des détails d'affaires.*)

« J'ai mille chose à régler avant mon départ, que je
« compte effectuer vers la fin de la semaine prochaine.
« Je crois que ma femme est intentionnée de faire ce
« petit voyage ; mais elle n'a guère fait de préparatifs
« pour cela. Lorsque cela sera bien décidé, *je ne man-*
« *querai pas de vous en faire part.* En attendant le
« plaisir de vous voir, je vous embrasse de tout mon
« cœur, et suis, *sans réserve*, tout à vous. »

« *Signé :* KORNMAN. »

Quel étonnant commerce : *J'espère, mon cher ami, que la lettre que j'ai eu le plaisir de vous adresser de Bruxelles*, etc. O vertueux Kornman ! époux délicat, père tendre ! l'homme qui corrompait tout chez vous était votre *cher ami ! Je suis charmé d'avoir prévenu vos intentions en hâtant mon retour.* Ainsi vous aviez mis dans ses mains, non-seulement la direction des plaisirs secrets de votre femme, mais encore il vous faisait marcher suivant ses intentions ! et afin qu'il ne pût douter que la vôtre était de lui mener votre épouse à Strasbourg, vous le lui assuriez en finissant votre lettre. *Je crois que ma femme est intentionnée de faire ce petit voyage ; mais elle n'a guère fait de préparatifs pour cela Lorsque cela sera bien décidé,* JE NE MANQUERAI PAS DE VOUS EN FAIRE PART. Ainsi, vertueux Guillaume, elle n'est pas encore décidée, mais l'homme abandonné oui la perd vous aura cette obligation ! et pour qu'il sache même que c'est à bonne intention de votre part, vous finissez ainsi la lettre : *En attendant le plaisir de vous voir, je vous embrasse de tout mon cœur, et suis,* SANS RÉSERVE, *tout à vous.*

Sans réserve, messieurs, vous l'entendez ! En effet, vous verrez bientôt l'étendue d'amitié que ce grand mot renferme.

Reprenons ici le libelle.

(Page 9.) « Cependant le sieur Daudet se rendit à
« Strasbourg pour y remplir les fonctions de syndic-ad-
« joint de M. Gérard.

« La dame Kornman, qui ne pouvait plus se séparer
« de lui, désira de faire un voyage à Bâle... Strasbourg
« est sur la route de Bâle ; je n'eus donc pas de peine à
« deviner le vrai motif de sa demande, etc. » (Et cependant vous l'y meniez, Guillaume !)

Il faut lire dans le mémoire même tout le pathos de cette page, et de quel style le vertueux époux apprenait en route à sa jeune épouse (page 9) comment « tous les
« faux plaisirs qui nous ont occupés passent et s'effa-
« cent ; comme il importe pour les derniers jours de
« notre existence, si fugitive et si courte, de se ména-
« ger une conscience sans remords. » Et tout le reste du paragraphe, digne de figurer, au style près, à côté de...

Laurent, serrez ma haire avec ma discipline.

Cependant ce vertueux époux venait d'écrire en partant à son plus terrible ennemi, à son redoutable rival, deux lettres du 24 et du 25 août; la première commence ainsi :

A M. Daudet de Jossan, etc.
« Paris, le 24 août 1780.

« J'ai été charmé, MON CHER AMI, d'apprendre, par la « lettre que vous m'avez fait l'amitié de m'adresser, que « vous soyez heureusement arrivé à Strasbourg. » (*Je supprime les détails étrangers à mon objet.*) « J'ai fait « deux fois ma cour à madame de Montbarrey et à ma-« dame de Nassau, qui m'ont reçu avec beaucoup de « bonté, de même que ma femme, qui a été hier pour « prendre leurs ordres, car il paraît décidément qu'elle « est du voyage; elle prendra autre femme de chambre « et autre domestique, et par ce moyen nous voyagerons « ensemble. » (*Ce qui prouve que les débats intérieurs se rapportaient au renvoi des valets, et nullement aux intimités du galant.*) « J'espère que vous serez encore à « Strasbourg, et que nous pourrons *y passer quelques* « *jours ensemble*, etc. »

Et le lendemain 25 août, de peur qu'il ne l'oublie, le vertueux époux, qui sait *comment il importe de se ménager une conscience sans remords*, écrit une seconde lettre *à son cher ami*, conçue en ces termes :

« Vous aurez vu par ma dernière lettre d'hier, *mon* « *cher ami*, que mon voyage est décidé, et que je ne « tarderai pas à vous joindre. » (*Et plus bas :*) « Ma « marche est de partir samedi au soir ou dimanche « avec armes et bagage. » (*Le bagage, messieurs, c'était sa jeune épouse.*) « A vue de pays, j'arriverai vendredi « pour dîner, ou, s'il est possible, même jeudi; *de quoi* « *je tâcherai de vous informer.* » (*N'oublions pas cet empressement obligeant; il trouvera son application.*) « Je vous prie d'avance à dîner, *mon cher*, pour ce « jour; ainsi ne prenez pas d'engagement avec monsieur « votre frère, *afin d'avoir le plaisir d'être plus long-*« *temps ensemble.* » L'heureux homme que ce syndic ! S'il sentait tout le prix d'un ami rare comme M. Guillaume ! s'il savait comme l'époux a peur qu'ils ne se voient pas assez tôt ! Reprenons un moment l'hypocrite libelle. Ils sont en route; le mari continue de prêcher sa jeune épouse.

(Page 10.) « Ces conversations, attachantes par leur « objet, arrachaient souvent à la dame Kornman des « aveux mêlés de larmes de repentir. J'osai quelques « instants espérer qu'elle ferait enfin un retour sérieux « sur elle-même. MALHEUREUSEMENT, aux approches de « Strasbourg, l'homme dangereux paraît. » (*Malheureusement,* inopinément même ! il n'avait été prévenu de l'arrivée que cinq ou six fois par le bon mari, qui la lui amenait *malheureusement.*) « A l'instant toutes ses bon-« nes résolutions sont oubliées... »

« A Strasbourg, toutes les règles de la décence sont « enfreintes, aucune bienséance n'est respectée... Je « crois devoir lui faire en conséquence quelques obser-« vations, elle ne me répond qu'avec le ton de l'aigreur « et de l'insulte. » (O Guillaume Kornman ! si elle a pris en effet ce ton aigre avec vous, méritiez-vous beaucoup d'égards ?)

« Je sens alors qu'il est prudent d'abréger son séjour « de Strasbourg » (très-prudent, en effet, monsieur !) « et je la conduis à Bâle au milieu des siens. Je ne « restai pas à Bâle, persuadé que, quelle qu'y pût être « ma manière d'agir, il serait difficile que je n'eusse « pas l'air d'*exercer au près d'elle une censure importune.*»

Au moins, homme prudent, avez-vous pris en partant de Bâle quelques précautions pour que les scènes scandaleuses de Strasbourg ne se renouvelassent point en cette ville ? Oui, oui, messieurs, il en a pris. Il a mis ordre à tout, en écrivant de Bruxelles à sa femme et à son ennemi des lettres menaçantes, foudroyantes, que je vais rapporter ici. Il était bien temps qu'à la fin il se montrât l'homme vertueux qu'il est.

Lettre foudroyante à sa femme.
« A Alher, près de Luxembourg, le 14 septembre 1780.

« Je crois, ma femme, qu'il est décent que tu reçoi-« ves de mes nouvelles, car mon silence pourrait faire « naître des réflexions AUX BONNES GENS avec lesquels tu « te trouves, qu'il n'est pas de notre intérêt qu'ils fas-« sent. » (*Ces bonnes gens, messieurs, étaient les oncles et les frères de sa femme.*) « On te demandera par in-« térêt pour moi, ou par curiosité, si je t'ai écrit ; et tu « pourras par ce moyen satisfaire à toutes ces deman-« des. » (*Ici les détails de voyage.*)

« Fais mille compliments à tes parents et à *Daudet*, « *si tu le vois* ; car je suppose *qu'il pourrait bien, dans* « *ses petits voyages, avoir l'attention de te faire une* « *visite.* Je lui écrirai demain. Je fais passer la présente « par Strasbourg, pour qu'on y voit que nous sommes « en correspondance ensemble. Tu pourras également, « *si par hasard tu avais quelque chose à me faire dire,* « adresser tes lettres pour moi à Wachler. Cela nous « *donnera un air d'intelligence qui fera bon effet sur* « *l'esprit de certaines personnes.* Je suis toujours avec « les sentiments que tu me connais. »

Et voici la lettre menaçante au corrupteur de sa femme :

A M. Daudet de Jossan, etc.
« De Bruxelles, le 20 septembre 1780.

« Je vous adresse, MON CHER AMI, la présente à Stras-« bourg, à tout hasard, ne sachant si elle vous y trou-« vera. » (*Sans doute il ne le savait pas. SON CHER AMI pouvait bien être à Bâle ; et le vertueux époux, qui s'en doutait, finit sa lettre remplie d'affaires, en ces termes :*) « Je ne séjournerai que peu, pour prendre la route de « la Suisse, y chercher ma femme et mes enfants, et « les ramener rue Carême-Prenant... ADIEU, MON CHER; « JE VOUS EMBRASSE, et vous prie de me croire, avec le « plus sincère attachement, tout à vous.

« Signé : G. KORNMAN. »

Et par P. S. :

« Je voudrais beaucoup vous trouver à Paris, où je « pense que votre présence serait bien nécessaire. »

Je ne me permets plus aucune réflexion sur ces lettres. Mais, pour compléter le dégoût qu'une telle hypocrisie inspire, il faut citer encore la fin de la page 10 du libelle, où il parle de son retour à Bâle.

(Page 10.) « Je n'eus pas besoin, en arrivant, de
« faire de longues informations sur la conduite de la
« dame Kornman. A peine fus-je descendu dans l'au-
« berge où elle logeait, qu'on m'apprit que le sieur
« Daudet y *était venu plusieurs fois de Strasbourg;* qu'il
« y avait passé des nuits avec elle... »

Sauvons à nos lecteurs la juste horreur de ces récits; Guillaume Kornman est démasqué. Si la malheureuse victime de ses cruautés ultérieures eût été séduite en effet (ce que je suis bien loin de juger sur l'accusation d'un tel homme), elle aurait deux complices de sa faute, son séducteur et son mari. Mais le plus coupable des trois serait l'homme affreux qui l'a fait enfermer, et qui l'accuse d'adultère.

J'ai montré comment le sieur Kornman avait fait les plus grands efforts pour lier intimement sa femme avec le sieur Daudet. Quels étaient les motifs d'une aussi lâche conduite? On va les voir. C'est toujours lui qui va parler, car c'est lui seul qui doit me venger de lui. Ses lettres, opposées à son libelle, ne laisseront rien à désirer. Il vous a dit (page 8) :

« D'après une assurance si positive » (celle que lui avait donné sa jeune épouse d'avoir de l'éloignement pour l'homme qu'il lui présentait); « je ne cherchai
« point à éloigner le sieur Daudet de chez moi ; il y
« vint comme auparavant. » (N'oubliez pas que tout ceci précède le voyage à Spa, dont nous avons extrait des lettres.) « Il y vint comme auparavant. Je lui rendis même quelques services, en considération de la protection très-publique dont M. le prince de Montbarrey daignait l'honorer. »

Ainsi, monsieur, vous receviez chez vous l'homme le plus dangereux pour votre honneur ; *vous lui rendiez service en considération de la protection publique dont un ministre l'honorait.* Mais ce ministre vous en priait-il? ou vos relations avec lui étaient-elles assez impérieuses pour que, malgré vos répugnances, il vous fût impossible de lui refuser la demande qu'il vous en avait sans doute fait faire ?

Sachons, monsieur, ce qui en est. Vos lettres de Spa, écrites à cet homme accusé, nous l'apprendront. Voyons surtout comment vous lui rendiez service, et quels services vous lui rendiez.

Toujours la même adresse aux lettres, et toujours timbrées de la poste.

A M. Daudet de Jossan, etc.

« Spa, le 19 juillet 1780. »

« Je vous suis obligé, mon cher ami, de m'avoir donné
« des nouvelles de ce qui s'est passé depuis mon dé-
« part, etc. » (*Ici des détails oiseux.*) « Ce que vous
« me dites de la situation des choses, relativement à
« notre spéculation sur la place de trésorier de la M...,
« me fait plaisir, et est fait pour donner des espérances,

« de même que ce que d'Erv... vous a dit sur mon
« compte, quoique je devais m'y attendre ; il ne faut
« pourtant pas trop se fier là-dessus dans ce monde. Il
« est encore bon de vous observer que ledit sieur a be-
« soin d'être talonné, qu'il n'est pas bien chaud, et qu'il
« se rend facilement aux objections qu'on lui fait ; et
« que, se laissant aller aux circonstances, il attribue
« au hasard ce qu'il aurait pu obtenir par la moindre
« activité et persévérance. »

(Pardon, lecteur, mais je ne n'y change rien. Ceci n'est pas écrit du style hypocrite et traînant du libelle : c'est du Kornman tout pur.)

« Cette place est tout a fait a ma convenance, et se-
« rait d'autant plus agréable pour moi que, me mettant
« en relation avec le département de la guerre, je se-
« rais à portée de faire connaître au ministre que je
« puis être utile dans d'autres opérations, où il n'est
« quelquefois pas indifférent de pouvoir se confier à
« des gens honnêtes, et de la discrétion desquels on est
« entièrement persuadé, etc.

« Vous avez bien fait, mon cher, d'envoyer le mandat
« pour madame de... à notre caisse : tout ce qui sera
« présenté de sa part et de la vôtre sera exactement
« acquitté, etc.

« Signé : Kornman. »

Maintenant vous connaissez, lecteur, l'homme, le motif et les moyens ; vous voyez comment il rendait service au corrupteur de sa femme, *en considération d'un ministre* auprès duquel il n'espérait pourtant s'insinuer que par ce même *corrupteur.* Rien ne lui coûtait, je vous jure, pour arriver à se saisir d'une caisse : mais vous n'êtes pas à la fin. Lisez la suite.

Même adresse que dessus.

A M. Daudet de Jossan, etc.

« Spa, le 29 juillet 1780. »

« Je vous suis obligé, monsieur et cher ami, du dé-
« tail que vous me donnez du souper de Beud..., de
« l'entrevue de mon frère et de sa femme avec la
« mienne; les négociateurs de ce raccommodement ne
« me paraissent pas bien sorciers, etc. » (*Je n'écris ces
« phrases aimables que pour montrer l'intimité*). « A
« l'égard des vingt-cinq mille livres que vous voulez
« me charger de remettre en billets de caisse, pendant
« votre absence, à M. le prince de Montbarrey, pour
« acquitter pareille somme qu'il a avancée à M. le baron
« Wirch, *c'est une excellente idée, et je vous en suis
« obligé.* Je pense que le temps de la quinzaine dont
« vous me parlez » (*appartement pour acquitter le
« mandat*) « ne sera pas si strict pour que j'aie le temps
« d'arriver. Vous voudrez me mettre, dans ce cas, par
« écrit ce que je dois faire dans cette occasion. » (*Ce vertueux mari*, messieurs, *qui n'obligeait le prétendu galant qu'en considération de la protection qu'un ministre lui accordait, le voilà aux genoux du séducteur de sa femme, lui demandant des leçons, des préceptes, pour s'insinuer dans les affaires du ministre !*)

« Il serait peut-être possible qu'elle (*cette occasion*)
« me procurât celle de glisser deux mots de mon pro-
« jet, qui est que le ministre devrait me faire son ban-
« quier particulier, ou avoir sa caisse chez moi. » (*Cet homme, lecteur, est bien possédé du démon des caisses ! Il lui en faut une absolument, car la sienne est en mauvais ordre ! caisse de la marine ! caisse de l'École Militaire ! caisse du ministre ! caisse des princes ! caisse des Quinze-Vingts ! Vous verrez, vous verrez ! Mais reprenons sa lettre.*)

« Il serait peut-être possible que cette occasion me
« procurât celle de glisser deux mots de mon projet,
« qui est que le ministre devrait me faire son banquier
« particulier, ou avoir sa caisse chez moi. Il y trou-
« verait l'avantage que son argent serait toujours utile-
« ment employé, parce que je lui en bonifierais l'in-
« térêt ; et il pourrait en disposer également d'un
« moment à l'autre, parce qu'étant dans le cas *d'avoir*
« *toujours une caisse garnie*, j'acquitterais les mandats
« que le prince fournirait sur moi, et que l'on impri-
« merait d'avance, pour qu'il n'ait qu'à signer et rem-
« plir la somme et l'ordre à qui il faudrait payer, ou je
« lui porterais sur son ordre des billets de caisse ou de
« l'argent. Il me semble que cet objet pourrait devenir
« CONSÉQUENT pour le prince, surtout *si dans un manie-*
« *ment général* comme le département de la guerre,
« qui est de passé cinquante millions, *on peut me*
« *laisser de temps à autre quelque forte somme entre les*
« *mains.* » (*Vous l'entendez !*) « Ce qui ne me paraîtrait
« pas difficile, et suis sûr que cela a été pratiqué dans
« le temps par M. D***, par l'entremise des sieurs L...
« et M.... Et moi j'aurais l'agrément de me rendre utile
« au ministre, *ce qui peut se retrouver dans l'occasion.* »
(*Vous voyez les honnêtes projets qu'il avait sur tous ceux qui pourraient lui confier une caisse ! Et la lettre finit ainsi :*) « *Je soumets cette idée à vos lumières, etc.* Il me
« tarde de venir vous joindre, *mon cher ;* je hâterai ce
« moment autant qu'il sera possible. *Je vous embrasse,*
« et suis avec le plus sincère attachement tout à vous,
« votre serviteur et ami.

« *Signé :* KORNMAN. »

Avant de réfléchir sur cette conduite, encore une lettre de l'époux scrupuleux à l'homme dangereux qu'il déteste.
Même adresse.

A M. Daudet de Jossan, etc. (toujours le timbre de la poste).

« Spa, le 1ᵉʳ août 1780.

N'oubliez pas, lecteur, que toutes ces lettres sont de l'époque où l'honorable époux prétend dans son libelle (page 8) « qu'il conjurait la dame Kornman, de la ma-
« nière la plus pressante, d'ouvrir les yeux sur l'abîme
« profond qui s'ouvrait sous ses pas, et pendant qu'il
« la suppliait (dit-il) de ne pas se livrer davantage à
« l'homme sans honneur et sans morale qui ne voulait
« que tirer parti de la fortune de la malheureuse com-
« plice de ses égarements. »

« Spa, le 1ᵉʳ août 1780.

« J'espère, *mon cher ami,* que la présente vous trou-
« vera encore à Paris » (*auprès de sa femme*), « et que
« votre départ sera différé de quelques jours, *afin de*
« *me trouver plus longtemps avec vous en Alsace.* Soyez
« assuré *que je m'en fais une fête,* et que je viendrai
« vous joindre *le plus tôt possible.* Je ne vous dis plus
« rien de ma femme : *tout dépendra d'elle.* Je ne suis
« pas un homme injuste, ET JE SAIS APPRÉCIER LES FAI-
« BLESSES HUMAINES ; je ferai toujours consister mon
« bonheur en faisant celui de ma femme » (*voilà pour*
« *elle*), « et de ce qui m'entoure » (*voilà pour lui*). « Mais
« je suis homme, par conséquent restreint dans des
« bornes. » (*Et dans cinq années, malheureux ! tu l'attaqueras en adultère, et tu la diffameras après l'avoir fait enfermer pour les mêmes fautes intérieures que toi-même avais préparées, si toutefois elle a succombé ! Non, ma tête est bouillante en écrivant ces choses.*) Mais finissons la lettre du 1ᵉʳ août 1780.

« Vos espérances sur l'adjonction en question *sont*
« *bien flatteuses :* il faudra attendre la tournure que
« cela prendra, *vous étant sensiblement obligé* de votre
« surveillance à combiner tous les moyens pour faire
« réussir l'affaire ; *ce sera votre ouvrage.* Je vous suis
« obligé de votre attention obligeante de faire mention
« de moi dans la famille » (*du ministre apparemment*)
« quand l'occasion se présente, etc.

« *Signé :* KORNMAN. »

Reposons-nous un moment par une courte récapitulation de tant de faits étranges.

Un homme épouse une jeune personne, belle, riche, et noble de famille (car les Faesch, lecteur, sont des premières familles de Bâle). Un oncle généreux l'a fait riche lui-même. Et l'avide ambition de plus dépenser en folies lui fait concevoir le projet de tirer parti de sa femme ; il la vend : je crois bien qu'il ne l'a pas livrée ; mais on voit qu'il la vend pour l'espoir bien vil d'une caisse ! Et sitôt que l'espoir s'enfuit par la retraite d'un ministre, mon tartufe change de ton, cherche querelle à celui qu'il attirait bassement, lui ferme la porte, et punit de son propre crime l'infortunée qui n'avait pu se garantir de tant de pièges.

Mais j'oublie que ce n'est pas moi qui dois plaider pour moi, que c'est mon adversaire lui-même ; je vais donc le laisser parler : premièrement dans le libelle, et puis après viendront ses lettres.

« M. le comte de Maurepas, dit-il (page 10), *m'avait*
« *prié de m'occuper d'une entreprise à laquelle lui et*
« M. le prince de Montbarrey s'intéressaient beaucoup. »
(Et en note au bas de la page on lit :) « Le canal de
« Bourgogne, proposé par M. le comte de Brancion. »

M. de Maurepas, avec son esprit vif et prompt, avec cet œil de lynx qui perçait à jour les plus fins, prier un Guillaume Kornman ! On nous prend ici pour des femmelettes, tout au moins pour des gens du monde qui croient tout sans examen, dont l'inquiète légèreté fait, au premier mot qu'on écrit, pourvu qu'il soit âpre et sanglant, une foule de déchaînés, de la plus douce nation du monde ! Voyons donc par qui Guil..... Korn... fut prié de vouloir bien s'occuper du canal de Bourgogne. Mais ce n'est pas Guil..... Korn... que je travaille à convertir ; c'est vous, public inconcevable, Athéniens légers et cruels, qui vous livrez comme des enfants au premier brigand qui vous parle ; et toujours injustes envers moi jusqu'à la cruauté ! Puis revenant ensuite à une justice faible et tardive, mais qui ne remédie jamais au mal affreux de vos premiers discours, Athéniens toujours entraînés, n'aurez-vous donc jamais que la crédulité du jour et le jugement du lendemain ?

Les lettres de *Guillaume* diront sans doute quelque chose de la prière de M. de Maurepas à *Guillaume !* Feuilletons-les encore, malgré l'ennui qu'elles me causent. Ah ! j'ai trouvé, je crois, l'article.

A M. Daudet de Jossan (avec le timbre de la poste).

« Spa, le 5 août 1780.

« Tout ce que vous faites est au mieux, *mon cher*,
« pour me mettre en avant auprès du ministre et de la
« princesse. Il faudra voir ce que c'est que l'affaire
« majeure dont vous me parlez, et dont je n'ai pas pu
« lire le nom de la personne que vous nommez. » (*Ne nous dégoûtons point des phrases ; c'est là le style de Guil... Korn...*) « J'en serai instruit là-dessus quand
« j'aurai le plaisir de vous voir... Je vois avec plaisir
« que d'Erv... doit dîner chez ma femme avec *un comte*
« *de Francion*. Vous me dites que le ministre me l'a
« adressé, mais je n'en ai aucune connaissance ; vous
« m'expliquerez cela sans doute. Enfin, toutes vos dé-
« marches à mon égard tendant *à mettre le pied dans*
« *l'étrier*, il y aurait bien du malheur et de la gaucherie
« si je ne réussissais à me mettre en selle, et il ne
« s'agira que d'aller. » (*Charmant écrivain ! galant homme !*) « Adieu, mon cher ; je vous embrasse, et suis,
« avec le plus inviolable attachement, tout à vous.

« *Signé :* Kornman. »

Ainsi, comme on le voit, c'est toujours *son ami de cœur* qui fait des efforts obligeants pour le fourrer dans les affaires ! « *Je vois avec plaisir que d'Erv... doit dîner chez ma femme avec un comte de Francion... Je n'en ai aucune connaissance.* » (Il en estropie jusqu'au nom, il écrit *Francion* pour *Brancion*.) Et moi, Beaumarchais, je m'impatiente de ne pas voir comment M. le comte de Maurepas a prié Guil... Korn... Une autre lettre nous l'apprendra peut-être !

A M. Daudet de Jossan, etc.

« Bruxelles, le 12 août 1780.

« Quoique je ne sois pas curieux, il me tarde cepen-
« dant de savoir quelle est cette affaire majeure dont
« vous me faites l'amitié de me parler, que vous avez
« sollicitée *pour qu'elle me mette en relation avec le mi-*
« *nistre*. A vous dire le vrai, je ne sais que deviner :
« cela passe mon imagination. En attendant, *pas moins*
« *de remercîments d'avance ;* vous priant d'être persuadé
« que je ferai toujours ce qui dépendra de moi pour
« qu'on ne vous fasse point de reproches sur mon
« compte, etc. Adieu, mon cher ; portez-vous bien, con-
« servez-moi votre amitié, et soyez assuré du plus par-
« fait retour ; je suis tout à vous.

« *Signé :* G. Kornman. »

Et le *P. S.* explique comme Guil... Korn... est tout à lui.

A l'égard de ma femme, je ne veux que son bonheur, dans toute l'étendue du terme. *J'espère ainsi qu'avec un peu de réflexion, elle ne s'y opposera point.*

(Enfin j'ai trouvé le fin mot.) *L'affaire que vous avez sollicitée pour qu'elle me mette en relation avec le ministre.* Voilà M. de Maurepas expliqué. Point de ministre qui prie Guillaume ; c'est *son cher ami* qui le pousse, et voyez sa reconnaissance au *post-scriptum* de la lettre ! *A l'égard de ma femme, je ne veux que son bonheur,* dans toute l'étendue du terme. *J'espère ainsi qu'avec un peu de réflexion, elle ne s'y opposera point.* (C'est-à-dire, si elle fait encore quelques difficultés, prouvez-lui bien que je consens à tout.)

C'est ainsi qu'au moyen de ces rapprochements utiles, on voit la fausseté masquée sortir du fond d'un noir libelle, et la modeste vérité se montrer sans fard dans les lettres.

(Page 11 du libelle). « Au mois de décembre 1780,
« M. le prince de Montbarrey quitta le ministère ; à
« cette époque, etc. ; » toute la tirade.

Ainsi le ministre est remercié, *l'ami tendre* a perdu ses places, et ces pertes ont tué son doux commerce avec l'ami Guillaume Kornman.

Le style du dernier va changer, témoin le libelle et les lettres signées de lui envoyées à tous nos ministres : mais ces lettres et ce libelle sont d'un faux Guillaume Kornman ; c'est moi qui tiens le véritable ; vous allez voir son véritable style, sitôt après la retraite du ministre.

A son ami Jossan.

« Mars 1781.

« Je n'ai sans doute pas l'honneur d'être assez connu
« de vous, monsieur, pour croire que je sache sacri-
« fier mes hommages qu'aux gens en place. »

(Ici des détails oiseux.) « A l'égard de la place de
« Pierrecourt, toute mon activité s'est reposée sur
« d'Erv... Il a dit qu'il en parlerait... mais qu'il croyait
« la chose fort difficile...

« Au surplus, monsieur, si je suis moins chez moi
« que par le passé, ce ne sont pas mes affaires seules
« qui m'en éloignent ; j'aurais toujours été charmé de
« me délasser de mes occupations dans l'intérieur de
« mon ménage avec quelques amis ; je dis quelques,
« parce que cette classe ne saurait être nombreuse ;

(*Qu'a-t-il donc, notre ami Guill... Korn...? On croirait qu'il cherche dispute! Qu'est devenu le temps où je copiais dans toutes ses lettres mon cher ami à chaque phrase? Ah! pourquoi nos ministres ne sont-ils pas inamovibles? les amitiés de nos Guillaumes seraient à coup sûr éternelles! Mais achevons la triste lettre, ne fût-ce que pour en comparer le style à celui de notre libelle!* « J'aurais « vécu chez moi (dit-il), avec quelques amis ; mais ma « femme s'y opose ; sa façon de penser ne pouvant ca- « drer avec la mienne, étant trop fier pour me trouver « où je puis déplaire, lorsque l'on me donne trop à « connaître. » (*Je copierai tout jusqu'aux fautes*). « Je « ne trouve pas déplacé qu'on se moque de moi, un « chacun est le maître ; mais on ne doit pas trouver « mauvais quand je m'en aperçois, et que je cherche « d'éviter d'être l'objet plaisanté : je sais jusqu'à quel « point peuvent aller les plaisanteries de société et de « convenance ; mais il y a des termes à tout. Au sur- « plus, je suis *pour la liberté et l'indépendance*, préten- « dant *ne gêner personne*, et ne précipitant jamais mon « jugement sur le compte de qui que ce soit, attendant « tranquillement que l'expérience me démontre jusqu'à « quel point je dois me fier à l'amitié que l'on me « témoigne, préférant de juger les hommes plutôt par « leurs actions que par leurs paroles : j'admire l'élo- « quence, mais je préfère la vérité toute nue et sans « ornements dans la bouche de mes amis, et c'est une « chose qui n'est pas commune. Si ma maison perd « quelque chose de l'agrément qui pouvait résulter de « la bonne intelligence *vraie ou apparente* qui devait « régner entre le maître et la maîtresse, j'en suis « fâché ; mais je suis trop franc pour résister, à la « longue, à une situation forcée qui irait trop au dé- « triment de ma santé, que j'ai assez sacrifiée par le « sincère attachement que j'ai porté à ma femme, « voyant à regret combien elle était mal conseillée de « ne compter pour rien l'estime d'un mari, *et préfé- « rant des choses passagères* à la solidité de l'amitié ; « *mais elle était la maîtresse*, etc. » (*La plume tombe des mains à tant de choses dégoûtantes.*)

Et ces quatre mots en finissant :) « Je ne suis pas in- « quiet sur les petites avances que j'ai été dans le cas « de vous faire, monsieur ; la vie étant un échange « continuel de procédés, je me trouverai heureux de « ne me jamais trouver en arrière, etc.

« Signé : Kornman. »

Lecteur, encore cette dernière! par bonheur, elle finit tout.

Et toujours à l'ami Jossan.

« Le mardi matin, à huit heures.

« Je vous ai laissé, monsieur, tout le temps pour « changer votre conduite à mon égard ; mais comme « vous n'avez pas jugé à propos de le faire, il convient « actuellement qu'il ne reste plus aucune relation « directe ni indirecte entre nous : je vous préviens que « je ferai présenter le billet de trois mille six cents « livres, échu, pour que vous puissiez l'acquitter. » Je suis très-parfaitement, monsieur, votre, etc.

« Signé : G. Kornman.

« Paris, le 2 juillet 1781. »

Réponse de M. Daudet de Jossan à M. Guill... Korn...

« Paris, 2 juillet 1781.

« C'est par ménagement pour vous, monsieur, par « respect pour madame votre épouse, que je n'ai point « changé de conduite à votre égard, et que j'ai con- « tinué d'opposer le silence, l'honnêteté et la douceur « aux impertinences et aux calomnies que vous vous « êtes permises... Ne croyez pas avoir acheté par quel- « ques faibles services pécuniaires le droit de me « calomnier, et de me faire servir de prétexte a vos « persécutions contre une femme faible et malheureuse... « Si j'ai reçu vos services, vous savez que je les ai « payés par d'autres auxquels vous avez attaché du prix, « et dont vous jouissez. Fiez-vous, sur l'envie extrême « que j'ai de pouvoir vous mépriser à mon aise, du « soin que je prendrai de me liquider avec vous ; jus- « que-là je ne puis vous dire qu'entre quatre yeux l'hor- « reur et l'indignation que m'inspirent la bassesse de « vos moyens, la lâcheté de vos procédés. — Je m'ar- « rête ; souvenez-vous bien que je vous démasquerai, « si vous me poussez à bout ; et s'il vous reste quelque « vergogne, tremblez que le public ne vous connaisse « comme je vous connais, et comme vous vous connaissez « vous-même. — Je vous débarrasserai de vos cau- « tionnements, ou plutôt je m'en débarrasserai ; le « comble du malheur serait de rester votre obligé « de cette façon. »

Quel fut le résultat, lecteur, de cette rupture éclatante ? Un mois après cette réponse, la malheureuse était dans une maison de force. En supposant qu'elle fût coupable et que l'hymen fût offensé, ce que je ne déciderai pas, il me semble prouvé que s'il est un seul homme indigne qu'on lui accordât protection, c'était *Guillaume Kornman*. L'infortunée qu'il abandonnait à *l'ami*, et qu'il enveloppait de piéges, la voilà tout à coup enfermée, transformée dans les plaintes *en voleuse, en empoisonneuse !* O l'horreur des horreurs !

Maintenant quel est l'homme honnête et sensible, sortant de lire ce commerce, prié, pressé par ses amis, qui refuserait de servir une jeune femme livrée à des barbares, enceinte, arrachée de chez elle, et jetée nuitamment dans une maison de force, où le désespoir va la tuer ? Sa tête, hélas ! me disait-on, perdue par intervalles, se jette dans de tels délires, qu'on a déjà craint pour sa vie. Une jeune femme, enfermée sur les plaintes d'un tel mari ! est-il un seul homme d'honneur qui lui refusât son secours ? Ce n'est pas moi. Je ne la connaissais pas même de vue ; eh bien ! ce fut avec ardeur que j'entrai dans la noble ligue que la pitié formait pour elle, que je devins l'un de ses défenseurs. J'en ai bien mieux aimé, bien plus chéri ce vaheureux prince de Nassau, depuis que je le vis capable de cette bonté chevaleresque qui fait secourir même ceux qu'on ne connaît pas.

Ne nous laissons pas entraîner; n'anticipons point sur le travail qui a procuré la sortie, et dont je dois compte au public, quoique je n'en fusse moi-même que le troisième ou quatrième instrument. Déterminé à servir cette dame, sur la lecture de ces dégoûtantes épîtres, j'offris la main à madame la princesse de Nassau pour aller chez M. le Noir. Elle mettait à ses démarches l'activité la plus touchante. Encore chaud de ma lecture, je fis chez le magistrat un plaidoyer brûlant qui bientôt l'échauffa lui-même; il donna les plus grands éloges à la malheureuse détenue, à sa douceur, à la douleur, au ton pénétrant de ses plaintes, souvent à sa résignation. Il nous dit tout ce qu'il en savait; mais il ajouta qu'il ne pouvait rien dans l'affaire, nous montra trois mémoires du mari, et vingt lettres sollicitantes; enfin il nous prouva que l'ordre était émané du premier ministre, que Kornman et ses amis avaient sollicité en personne. Il prétend qu'il a tout à craindre, dit-il, de la part d'un homme qui, après lui avoir enlevé sa femme, voudrait attenter à ses jours, et qui les marchande avec elle. Je combattis l'horreur de ces accusations par leur invraisemblance, et surtout par les lettres dont j'étais déjà le porteur; il en fut vivement frappé, nous dit de voir tous les ministres, et me permit de l'instruire du succès de mes démarches.

Alors chacun fit de son mieux. Les gens de loi poursuivaient la séparation en justice; les gens du monde sollicitaient la délivrance à la cour. M. de Maurepas était malade, et c'était lui qu'il fallait voir! Il mourut. Rien ne nous arrêta. Ce bon prince de Nassau (que je l'aime!) fut trois fois à Versailles et chez M. Amelot. Aussi m'a-t-il trouvé depuis aussi chaud pour ses intérêts qu'il le fut en cette occasion pour ceux de cette infortunée, qu'il ne connaissait pas plus que moi! J'adore un grand seigneur dont le cœur n'est pas mort. J'y fus moi-même au moins six fois. Lassé de ne pouvoir rejoindre le ministre, le prince écrivit, le 18 décembre 1781, cette lettre à M. Amelot:

« J'ai été, monsieur, plusieurs fois à Versailles, et
« nommément aujourd'hui, pour avoir l'honneur
« de vous remettre un mémoire en faveur d'une
« femme persécutée. Son sort a intéressé toutes les
« personnes qui sont véritablement instruites de son
« affaire. Permettez, monsieur, que je vous prie de
« vous faire rendre un compte vrai, et je ne doute pas
« que vous ne la mettiez au moins dans le cas de
« suivre le cours de la justice qu'elle a invoquée;
« M. le Noir ayant assuré qu'il n'était pour rien dans
« cette affaire, et qu'elle dépendait de vous absolument.
« J'ai l'honneur d'être, etc.
    « *Signé* : Le prince de Nassau-Siéghen. »

Cette lettre est au dépôt de la police, avec toutes les pièces qui suivent. Et, moi, pendant ce temps, j'impatientais M. le Noir. Je lui écrivais:

« Le 18 décembre 1781.

« Il ne m'a pas été difficile hier au soir de voir que
« l'affaire de madame Kornman commence à vous
« donner un peu d'humeur. Mais pendant que vous
« croyez que les gens d'affaires de cette dame vous
« trompent, j'ose vous assurer que les amis du mari
« vous en imposent bien davantage.

« Lisez, je vous prie, ce que M. Debruges, procureur
« *(de la femme)* me répond, vous serez enfin convaincu
« que ce n'est pas à l'hôtel du lieutenant civil, mais à
« l'audience du parc civil, que M. Picard (*avocat de la*
« *femme*) a pris ses conclusions, et a insisté pour plaider mardi dernier.

« Permettez-moi aussi de vous prévenir que, malgré
« tous les efforts qu'on a faits pour retenir l'affaire au
« conseil de Colmar, il est sorti un arrêt qui oblige les
« parties de plaider au Châtelet de Paris. Il faut que la
« demande du mari ait paru bien ridicule à ce tribunal, puisque l'arrêt a été rendu sans qu'il y ait
« eu aucune défense pour la femme. La nouvelle en
« est venue dimanche à M. Kornman, et vous l'ignoriez
« encore hier au soir. Jugez si l'on vous trompe vous-
« même ! »

(*Ils plaidaient en séparation, et la femme était enfermée par une lettre de cachet! O désordre! ô désordre!*)

« J'ai envoyé hier dans le jour deux fois chez M. Tur-
« pin (*alors conseil de Kornman*) : point de réponse :
« pendant ce temps, monsieur, on ne cesse d'effrayer
« la malheureuse détenue, en lui disant qu'on lui arra-
« chera son enfant à l'instant de sa couche. Il y a de
« quoi la faire mourir. Vous pouvez juger à votre
« tour si toute la compassion que vous a inspirée cette
« infortunée a passé dans le cœur d'un autre !

« Quant à moi, qui ne l'ai jamais vue, qui ne la
« connais que par le tableau très-touchant que votre
« sensibilité vous en a fait naître en ma présence (*à*
« *madame la princesse de Nassau*), je la vois si cruel-
« lement abandonnée, après une détention de cinq
« mois, pendant que le mari court à Spa, fait bombance
« et séduit tout ce qui l'approche, que je viens d'écrire
« à M. Turpin que si les intérêts de son client l'empê-
« chent de me voir comme conciliateur, je vais franche-
« ment offrir à cette jeune dame et mes conseils et
« mes secours, mes moyens personnels et ma bourse,
« et ma plume. » (*Oui, je l'ai dit et je l'ai fait; car elle était seule en France, et n'avait même à Bâle en Suisse que des oncles trop vieux et des frères trop jeunes pour qu'elle en pût rien espérer.*)

« Peut-être, monsieur, quand ils lui connaîtront des
« ressources et des défenseurs, commenceront-ils à
« rougir de répondre aussi mal au bon cœur et au
« bon esprit qui vous ont porté sans cesse à rechercher
« les voies de conciliation.

« Permettez que cette lettre soit la dernière de mes

« importunités sur cette affaire... Je vis bien hier au
« soir qu'on finissait par vous impatienter en vous en
« parlant si souvent ; moi-même je n'étais pas tran-
« quille sur le plat rôle que la prétendue mauvaise foi
« du procureur Debruges me faisait jouer auprès de
« vous.

« Aujourd'hui tout est éclairci, mais je ne me per-
« mettrai plus de vous étourdir. Le bien que je veux à
« madame Kornman me causerait trop de dommage,
« s'il allait jusqu'à altérer vos bontés pour moi, qui
« m'honore d'être avec le plus inviolable et respectueux
« attachement,

« Monsieur,

« Votre, etc.

« *Signé :* CARON DE BEAUMARCHAIS. »

Cette lettre, existante au dépôt de la police, prouve déjà, que malgré tout mon mépris pour le mari, je courais après M⁶ Turpin son conseil, pour essayer de les reconcilier. Ma religion est que, lorsqu'une pauvre femme a épousé un méchant homme, sa place est d'être malheureuse auprès de lui ; comme le sort d'un homme est de rester aveugle quand on lui a crevé les yeux.

M⁶ Silvestre, avocat aux conseils, pouvait seul voir l'infortunée. Il écrivait à M. le Noir ; M. Debruges, son procureur, écrivait à M. le Noir ; j'écrivais à M. le Noir ; le prince de Nassau; tout le monde, écrivait à M. le Noir ; il ne savait auquel entendre. J'avais vu M. le comte de Maurepas en octobre. Avec un esprit d'aigle, il avait l'âme douce. Il m'avait écouté, entendu, avait vu les lettres de Guill.... Korn..., en avait été fort surpris ; m'avait dit de voir M. Amelot, de lui raconter toutes ces choses, et d'en parler à M. le comte de Vergennes ; qu'ils en raisonneraient ensemble, parce qu'elle était étrangère.

J'avais couru chez les ministres, et partout même plaidoyer. M. de Maurepas n'était plus. Mais rien ne put lasser mon zèle. Enfin, le 27 décembre, j'obtins la faveur insigne de rapporter la joie dans l'affreux séjour des douleurs. Ma demande était si modeste ! Elle plaide en séparation contre un homme qui se dérange, et qui ne l'a fait enfermer que pour ne lui rendre aucun compte ; il s'est hâté de prendre l'attaque, de peur d'être écrasé du poids de la défense. Je demande, ou plutôt c'est elle qui demande, car j'ai son placet à la main, qu'on la délivre de l'horreur d'accoucher dans une maison de force, entre les hurlements des folles et les chansons des prostituées. L'accoucheur vous en répondra, vous la rendra sur votre premier ordre. Elle est de la meilleure maison de Bâle ; mariée à un méchant homme, elle plaide en séparation ; il n'a pu la vendre vivante, il voudrait en hériter vivante !... Quel malheur d'être souverain ou ministre ! on n'a pas le temps d'être instruit ; la méchanceté, qui veille autour d vous, prend toujours si bien son moment, qu'avec le désir d'être juste, sans le savoir on fait des injustices. Il y a trois mois que vingt personnes courent pour obtenir le redressement de celle-ci. Je remis son mémoire, on le lut.

Dieux ! j'obtins l'ordre ; et le voici.

DE PAR LE ROI.

Il est ordonné au S. (en blanc) de retirer de la maison de la demoiselle Douay la dame Kornman, et de la conduire dans celle du sieur Page, accoucheur, et docteur en médecine. Enjoint S. M. à la dite dame Kornman, suivant sa soumission, de ne point sortir de la dite maison, et de n'y recevoir que son avocat et procureur ; comme aussi ordonne S. M. audit sieur Page, suivant la soumission que ladite dame Kornman offre de faire faire audit sieur Page, de la représenter toutes les fois qu'il en sera requis ; et ce, jusqu'à nouvel ordre. Fait à Versailles, le 27 décembre 1781.

Signé : LOUIS.

Et plus bas,

Signé : AMELOT.

Au-dessous est écrit :

Je soussigné promets et fais ma soumission de me conformer à l'ordre ci-dessus.

Ce 28 décembre 1781.

Signé : PAGE, docteur-médecin.

Et au-dessous est écrit :

Je soussignée promets et fais ma soumission de me conformer à l'ordre ci-dessus.

Ce 28 décembre 1781.

Signée : F. KORNMAN, née FAESCH.

Croyez-vous, lecteur, que mes chevaux eussent assez de jambes pour apporter au gré de mon désir un tel ordre à M. le Noir ! Il me sourit en le lisant. Je ne me rappelle pas qu'il m'ait dit (comme l'écrit Guill... Korn...) que j'étais un scélérat horrible et redoutable ; mais je me souviens qu'il me dit : *Les gens que vous aimez, monsieur de Beaumarchais, sont certains d'être bien servis.* Il voulut bien même ajouter qu'en cette occasion il ne pouvait qu'applaudir à mon zèle. Hé bien ! monsieur, lui dis-je, j'en demande la récompense. Permettez-moi d'accompagner ceux qui porteront l'ordre à cette infortunée. Que je puisse me vanter d'avoir fait connaissance avec elle, sous les heureux auspices d'une bonne lettre de cachet ! Il sourit, il y consentit. Quel inconvénient y avait-il ?

O public ! public de Paris ! Une femme plaignante en justice contre un mari qui la tourmente trouve toujours un défenseur ; et vous vous étonnez qu'une malheureuse victime, enfermée sans information, par une lettre de cachet surprise, exécutée si lâchement, ait rencontré des protecteurs pour solliciter les ministres! Dans quel siècle vivons-nous donc ? Quel d'entre vous, trahi, surpris, et subitement renfermé, jetant ses bras meurtris à travers les grilles de fer, ne regarderait pas comme un dieu le passant que ses cris pourraient armer en sa faveur? N'avez-vous vu jamais un infortuné qu'on délivre? La terre n'est pas assez bas, sa tête jamais assez courbée, ses genoux pas assez flexibles au gré de sa reconnaissance : je l'ai vu, je l'ai vu, et surtout cette fois, quand j'ai porté dans la prison la lettre de sa délivrance à l'infortunée étrangère.

Figurez-vous une jeune femme, prisonnière au mois de décembre, et n'ayant pour tout vêtement qu'un mauvais manteau de lit d'été, pâle, troublée, enceinte et belle! ah! enceinte surtout et près d'accoucher! Je ne sais pas comment les autres hommes s'affectent; mais pour moi, je n'ai jamais vu de jeune femme enceinte, avec cet air doux et souffrant qui la rend si intéressante, sans éprouver un mouvement qui jette mon âme à sa rencontre : jugez quand elle est renfermée? Ah! si c'était ici le lieu de raconter, je dirais comment une fois j'ai manqué d'assommer un homme qui battait une femme enceinte. Le peuple criait : *C'est sa femme!* — Et qu'importe, amis! *elle est grosse.* J'étais furieux; je rouais de coups le brutal qui l'avait battue, en criant toujours : *Elle est grosse!* J'avais l'éloquence du moment; ils me comprirent à la fin, et se rangèrent de mon parti. Ces gens-là, c'étaient des Français !

Rentrons dans la maison de force, où notre infortunée m'attend. Quand elle paraît au guichet où je l'attendais moi troisième, elle s'écrie avec transport : *Ah! si l'on ne m'a pas trompée, je vois M. de Beaumarchais!* — Oui, madame; c'est lui que le hasard rend assez heureux pour contribuer à vous tirer d'ici. Elle est à mes genoux, sanglote, lève les bras au ciel : *C'est vous, c'est vous, monsieur!* tombe à terre, et se trouve mal : et moi, presque aussi troublé qu'elle, à peine pouvais-je aider à lui donner quelques secours, pleurant de compassion, de joie et de douleur. Je l'ai vu ce tableau, j'en étais, j'en étais moi-même; il ne sortira pas de ma mémoire. Je lui disais, en la remettant au médecin qui devait l'accoucher, à qui le magistrat la confiait : « Ce service, madame, n'a pas le mérite de vous être même personnel : ah! je ne vous connaissais pas ; mais, à l'aspect de votre reconnaissance, je jure que jamais un malheureux ne m'implorera en vain dans des circonstances pareilles! »

J'ai dit comment la chose se passa. Je la quittai, content de moi : ne me doutant pas, je vous jure, que, six ans après cette époque, un magistrat qui n'avait fait que nous céder, au mari le bonheur de faire enfermer sa victime, à nous celui de la rendre au droit de se pourvoir devant les tribunaux contre lui, se trouverait impliqué dans une horreur aussi gratuite; qu'on jetterait dans Paris un libelle atroce où vingt personnes seraient dénigrées; qu'à l'instant j'entendrais des cris, que je verrais des yeux braqués sur moi comme des pièces de canon; que l'on verrait surtout des dames bien faiblettes, oubliant leur âge et leur sexe, abandonner leur propre cause, se chagriner pour le mari, *pleurer, hélas! sur ce pauvre Holopherne!* Et moi, qui suis tout aussi faible qu'elles, mais qui choisis mieux mes objets, si ce récit ne peut leur ôter de l'idée que je suis un homme méchant, je les supplie de m'accorder au moins que je suis le meilleur des méchants hommes.

— Mais vous étiez suspect; on vous taxe partout d'avoir aimé les femmes! — Eh! pourquoi rougirais-je de les avoir aimées? Je les chéris encore. Je les aimai jadis pour moi, pour leur délicieux commerce; je les aime aujourd'hui pour elles, par une juste reconnaissance. Des hommes affreux ont bien troublé ma vie! quelques bons cœurs de femmes en ont fait les délices. Et je serais ingrat au point de refuser, dans ma vieillesse, mes secours à ce sexe aimé qui rendit ma jeunesse heureuse! Jamais une femme ne pleure, que je n'aie le cœur serré. Elles sont, hélas! si maltraitées et par les lois et par les hommes! J'ai une fille qui m'est bien chère; elle deviendra femme un jour; mais puissé-je à l'instant mourir, si elle ne doit pas être heureuse! Oui, je sens que j'étoufferais l'homme qui la rendrait infortunée! Je verse ici mon cœur sur le papier.

Une réflexion, et j'ai fini.

Si cette Justice éternelle qui veille au bien en laissant faire le mal n'eût pas permis, sans que je m'en doutasse, qu'on laissât dans mes mains ces précieux moyens de défense, dont je ne me souvenais non plus que de mon premier rudiment, je serais un monstre aujourd'hui! Cent pages de discours ne m'auraient pas lavé de la bonne action qu'ils attestent. Grand Dieu, quelle est ma destinée! Je n'ai jamais rien fait de bien qui ne m'ait causé des angoisses! et je ne dois tous mes succès, le dirai-je?... qu'à des sottises!

Signé : Caron de Beaumarchais.
Guébert, *procureur.*

Ma seconde partie paraîtra quand l'information sera finie. Je ne laisserai rien en arrière. J'ai besoin de me reposer, non dans l'inaction, je ne le puis, mais dans le changement d'occupation : c'est ma vie.

COURT MÉMOIRE

EN ATTENDANT L'AUTRE

PAR

P.-A. CARON DE BEAUMARCHAIS

SUR LA PLAINTE EN DIFFAMATION QU'IL VIENT DE RENDRE
D'UN NOUVEAU LIBELLE QUI PARAIT CONTRE LUI

Je suis vraiment honteux d'être obligé de m'occuper de moi, quand tous les esprits sont tendus vers les intérêts nationaux. Je ne dirai qu'un mot; il m'est indispensable.

A la suite d'une plainte formée au criminel pour outrage et diffamation contre le sieur Kornman et complices, dans un procès qu'il feint d'intenter à sa malheureuse femme, mais qui n'est qu'un prétexte pour déchirer tous ceux qui ont eu intérêt d'éclairer sa conduite, j'ai obtenu permission d'informer; et tant à Paris que dans l'éloignement, par des commissions rogatoires, vingt personnes de tout état, assignées, ont déposé ce qu'elles savaient sur les graves objets de ma plainte.

Toutes ces dépositions, les lettres du sieur de Kornman en nature, et autres pièces justificatives jointes à la liasse au greffe criminel, M. le procureur du roi du Châtelet a déféré, par délicatesse, *au parquet assemblé* [1], son droit de conclusions dans cette affaire; et, sur ces conclusions, il a été prononcé des décrets contre les calomniateurs. Telle a été la sage conduite des magistrats qu'un forcené outrage sans pudeur.

Tout ce qu'un offensé peut faire est de demander justice, de la solliciter, de souffrir et d'attendre; et c'est ma position actuelle. Mais à l'instant où les tribunaux sont fermés, le bras de la justice enchaîné, où aucun débiteur ne peut être contraint, où toute audace est impunie, il paraît un libelle bien absurde et bien lâche, dans la première page duquel on lit ces propres mots, les seuls qu'en ces moments j'aie intérêt à relever. Je ne débattrai rien sur le fond de l'affaire; ce que j'en dirais aujourd'hui serait trop oublié lorsque les tribunaux pourront s'en occuper. C'est alors seulement que je publierai mon mémoire; c'est alors qu'on verra sur quelles pièces victorieuses mes calomniateurs ont été décrétés, sur quoi ils doivent être punis.

Ne perdons pas de vue la phrase du libelle :

« Et maintenant que je suis instruit que le même
« sieur de Beaumarchais (car on n'apprendra pas ce
« FAIT sans un étrange étonnement) est aussi parvenu
« à se faire trouver digne de la confiance du gouverne-
« ment, et que parmi les chefs de l'administration il en
« est qui n'ont pas rougi de traiter avec lui, et de mettre
« à profit, pour la circonstance actuelle, le genre de
« talent dont il est pourvu, etc. »

La lâcheté ne peut aller plus loin.

Sitôt après cette lecture, j'ai rendu plainte au criminel contre le libelle et l'auteur, et j'ai permission d'informer; ce que l'on fait dans cet instant.

Un homme inculpe les ministres, en supposant entre eux et moi un vil traité par lequel je leur aurais vendu ma plume pour insulter leurs adversaires; les ministres indignés, qui savent mieux que moi combien ces moyens sont peu faits pour la haute question qu'ils agitent, feront punir sans doute, et comme il le mérite, le menteur, l'insolent qui leur manque ainsi de respect. Mais moi, contre qui l'on n'invente cette infamie que pour me faire des ennemis de tous les corps parlementaires et me broyer entre les deux partis en me désignant pour auteur de mille sots pamphlets qui courent (et c'est depuis un mois ce que l'on répand dans Paris); moi qui suis averti que l'on ameute contre moi toutes les têtes échauffées qui rôdent, qui bourdonnent à l'entour du palais fermé; moi que des lettres anonymes menacent d'un siège en ma maison; je saisis cette occasion de déclarer publiquement qu'aucune *personne qui tienne au ministère* n'a invoqué ni mon esprit, ni ma plume, ni aucun des talents dont on me dit *pourvu, pour les mettre à profit dans la circonstance actuelle*. Je rends le libelliste garant de tout le mal qui peut m'en arriver.

Que si l'un des ministres eût cru devoir me consulter sur les grands objets que l'on traite, j'aurais cru de ma part lui manquer de respect en lui dissimulant mon opinion, quelle qu'elle fût, puisqu'il désirait la savoir. Aucun ne m'a fait cet honneur.

Une seule fois, je l'avoue, mais c'est dans d'autres temps, les ministres du roi m'ont assez estimé pour me demander mon avis sur une question parlementaire, sur la manière dont je croyais qu'on dût rappeler les magistrats : c'était en 1774. Alors la France entière estimait mon courage; alors tous les esprits tendaient à rapprocher le roi des parlements, l'auguste tête de ses membres; la forme seule embarrassait; on cherchait à fixer les bornes de la puissance intermédiaire. Vous permettez donc, messeigneurs, leur dis-je, que je m'explique avec franchise? Je ne puis parler qu'à ce prix. — Faites-nous, me répondit-on, un mémoire court, élémentaire, où vos principes, exposés sans enflure et sans ornements, soient propres à frapper tout bon esprit qui pourrait manquer d'instruction. Je le fis avec zèle : invoqué comme citoyen, j'offris une chétive pierre à la reconstruction de cet édifice de paix; j'essayai d'y poser des bases, ou plutôt de les découvrir; car elles existaient sous les décombres où l'aigreur des partis les avait enterrées. Que si je me trompais, c'était avec de bonnes vues. L'amour du bien m'interrogeait, l'amour du bien devait répondre. Je n'offrais pas dans mon travail l'ouvrage d'un grand écrivain, mais celui d'un bon citoyen.

Quoique mes vues n'aient pas été totalement suivies, elles me concilièrent assez l'estime de ces ministres pour qu'ils n'aient pas dédaigné de prendre mon avis sur d'autres affaires majeures.

Depuis quatorze années je n'ai dit ce fait à personne; je l'ai tenu secret, ainsi que beaucoup d'autres qui verront le jour en leur temps. Peut-être aurais-je pu m'en honorer dans l'occasion. Mais aujourd'hui, qu'on me suppose capable d'aider sourdement un parti, fort supérieur sans doute à ces ressources, par quelque ouvrage clandestin, je vais repousser cette insulte, en joignant à ce court mémoire celui dont on me sut gré alors. Un des ministres existe encore, et des personnes respectables, de l'intime société de feu monseigneur le prince de Conti, auxquelles ce prince me pria de le communiquer devant lui, peuvent s'élever contre moi si je trahis la vérité. Je ne les préviendrai pas même que je les cite, pour qu'elles se rendent plus sévères. J'ajoute à ce fait celui-ci : c'est que ce prince, très-attaché au roi, surtout l'amant de la patrie, m'arrêtant court au fort de ma lecture, me dit, avec cette chaleur qui lui gagnait toutes les âmes : *Aurez-vous le courage*

---

[1] Composé de M. le Pelletier des Forts, de M. Bourgeois de Boine, de M. Hue de Miromesnil, de M. Dupré de Saint-Maur.

d'avouer que vous m'avez lu cet ouvrage? — Tout le monde sait, monseigneur, que je n'ai rien de caché pour vous. — Hé bien! monsieur, assurez-les que si c'est cela qu'on adopte, nous le signerons à genoux. J'en rendis compte à Fontainebleau.

Quand on aura lu mon mémoire, on ne pensera pas que l'homme qui montrait ce zèle patriotique en 1774 et s'honorait aux yeux du prince d'une véracité courageuse, se déshonore en 1788 par des menées de libelliste.

Oh! si je connaissais ceux qui commandent ces écrits! (car pour ceux qui les font, que pourrait-on leur reprocher? les affamés cherchent du pain) j'oserais dire à ces moteurs cachés, quelque parti qu'ils dominassent : A quoi servent tous ces pamphlets? Des escarmouches de houssards décident-elles une question d'État? Devant qui donc la faites-vous plaider par les plus vils écrivains? et qui prétend-on échauffer en injuriant des deux parts ce que le peuple aimait à respecter? O politiques imprudents! on altère par ces écrits l'amour et le respect du peuple, ces grands soutiens d'un État monarchique. Conducteurs d'un vaste troupeau, en lui lâchant ces animaux hargneux, vous apprenez au bœuf à essayer ses cornes! Il était si docile au joug! la domination de Louis XVI est si douce au meilleur des peuples! D'ailleurs il est si essentiel qu'on respecte les magistrats! C'est un crime de lèse-nation que d'atténuer, que de détruire ces deux grands pivots du bon ordre! Le meilleur des rois nous assure qu'il ne tend point à l'autorité arbitraire, et qu'il veut régner par les lois. De leur côté, les magistrats déclarent qu'ils maintiendront toujours les lois données par un roi si juste et si bon ; car ils ne lui disputent rien sur son droit de législateur : seulement ils ne croient pas avoir le droit d'enregistrer l'impôt. Le roi désire à cet égard un unique enregistrement. Chacun voudrait se rapprocher des formes constitutionnelles. On n'en est pas si loin qu'on croit ; l'aigreur seule a tout divisé. Pourquoi donc l'augmenter encore? et pourquoi dire d'un côté que le roi veut tout envahir, et de l'autre que les grands, les parlements et le clergé veulent s'exempter de payer? Des écrits pleins de fiel sont-ils le véritable style des grands événements du jour? Est-ce dans un siècle éclairé qu'on traite ainsi de la constitution? Que des écrivains sages, avoués, instruisent cette grande affaire! Que ce ministre magistrat dont on chérit le bon esprit, que M. de Malesherbes y joigne ses lumières! Assemblez les états; amenez-y le roi; montrez-le-nous comme on l'a vu à Cherbourg et aux Invalides; et toute la nation enchantée vole au-devant de son auguste maître, tombe à ses pieds, paye les dettes; et ce royaume obscurci, par l'orage, va reprendre tout son éclat.

CARON DE BEAUMARCHAIS.
GUÉBERT, *procureur*.

PIÈCES A L'APPUI

En 1774, les ministres du roi m'ayant fait l'honneur de me consulter sur la forme que je croyais le plus convenable au rappel des vrais magistrats, je leur remis ce faible ouvrage.

IDÉES ÉLÉMENTAIRES SUR LE RAPPEL DES PARLEMENTS.

Le roi jure, à son sacre, de maintenir les lois de l'Église et du royaume. Si les lois du royaume n'étaient que les volontés arbitraires de chaque roi, aucun n'aurait besoin de jurer, à son sacre, de maintenir les lois quelconques; le serment serait dérisoire : nul ne s'engage envers soi-même.

Il existe donc, en tout État monarchique, autre chose que la volonté arbitraire des rois. Or cette chose ne peut être que le corps des lois et leur autorité, seul vrai soutien de l'autorité royale et du bonheur des peuples.

Au lieu de laisser à l'autorité royale la base à jamais solide et respectable des lois sur laquelle elle est appuyée, on est tombé dans une erreur très-nuisible à cette autorité, en disant que le roi ne tient son droit *que de Dieu et de son épée* : phrase abusive et chimérique, qui ne présente qu'un tissu d'absurdités dont voici le tableau.

On ne doit pas dire que le roi ne tient son droit *que de Dieu*, parce que toute espèce de force, injuste ou non, peut également prétendre être émanée de Dieu, expression qui dans ce cas ne présente autre chose que le succès obtenu par le plus fort sur le plus faible, attribué à une volonté particulière de la Divinité : droit abusif, et qui serait détruit par les premiers efforts puissants d'un révolté, lequel, écrasant l'oppresseur, pourrait prétendre avoir acquis un droit également émané de Dieu, jusqu'à ce que le prince, retrouvant son avantage dans la supériorité d'une force nouvelle, acquît de nouveau, en soumettant le rebelle à son tour, ce prétendu droit de *Dieu*, qui n'est, comme on le voit, que le barbare droit du plus fort, ou du conquérant sur les vaincus, et ne peut jamais être un droit du roi sur ses propres sujets.

On ne doit pas dire non plus que le roi ne tient son droit *que de son épée* :

1° Parce que ce droit *de l'épée*, ou du conquérant, n'est pas plus un droit que celui qu'on prétend tenir de Dieu; c'est le même, et je viens d'en montrer le cercle vicieux.

2° Parce que le conquérant, ne pouvant acquérir le droit qu'il dit tenir de son épée qu'en employant celles de ses sujets, que la sienne ne représente qu'au figuré, ce terrible droit *de l'épée* appartient, au positif, à la nation conquérante qui prête son épée à son souverain. Il ne s'exerce au plus que sur les vaincus, mais ne peut nullement se rétorquer par le souverain contre la nation même qui l'a aidé à conquérir.

Ainsi Alexandre aurait mal raisonné de prétendre asservir la Macédoine, qu'il tenait de ses pères, au droit *de Dieu et de l'épée*, parce qu'il avait conquis la Perse et l'Inde à la tête et par l'épée des Macédoniens ses sujets.

Donc, d'un roi juste à ses sujets, le droit *de l'épée* étant le même que le droit *de Dieu*, lequel ne représente que le droit du plus fort, n'est point du tout un droit, puisqu'il peut passer successivement à tous les partis qui auront eu l'art de se rendre les plus forts. Ce droit absurde ne fait que contraindre sans engager, sans jamais obliger; ce qui est en tout l'opposé de l'autorité royale, fondée, non sur la force, mais sur la justice : autorité qui engage et oblige tous les sujets envers le prince aux conventions justes, raisonnables et sacrées, qui engagent à leur tour le prince envers ses sujets, et justement nommées, à ce titre, *lois fondamentales du royaume*[1].

Or ces lois (*quelles qu'elles soient*) doivent toujours exister en un lieu stable et sûr ; leur maintien et leur exécution être confiés à la garde d'un corps de dépositaires indestructibles (*quels qu'ils soient*), préposé à la conservation constante du contrat qui fait la sûreté du prince et de son peuple : et voilà d'où naît le principe, autant disputé que peu connu, de l'inamovibilité nécessaire des magistrats.

L'inamovibilité des magistrats n'est donc point un privilège de la magistrature, mais un bien sacré, appartenant en propre à la nation entière, composée du prince et de son peuple.

Si les magistrats pouvaient être destituables à volonté ; si, pour consommer l'injustice, le plus fort avait la ressource de destituer les magistrats qu'il n'aurait pu corrompre ; s'il pouvait rompre ainsi la barrière qui sépare le juste de l'injuste, en ôtant au faible les seuls magistrats qu'il lui importait de conserver, à savoir, les magistrats incorruptibles, les seuls conservateurs des lois, il ne resterait plus d'autre lien de la société, d'autre soutien de l'État, que l'absurde droit du plus fort, également préjudiciable au prince et au peuple. Voilà le vrai fondement de l'inamovibilité de la magistrature.

Selon le droit divin, le droit des gens, celui des nations, et pour le plus grand avantage des rois et des peuples, tout homme qui a reçu le caractère sacré de magistrat, soit qu'il le tienne ou du prince ou du peuple, ou de tous les deux à la fois, est un homme national et public, dont il importe à tous que la fonction soit constante, indestructible, inamovible enfin, à moins que par mort, démission volontaire, ou pour cause de forfaiture jugée légalement, il ne soit enlevé à cette fonction sacrée.

Selon moi, voilà les principes : tous les exemples pour ou contre ne sont que des exemples ; il n'y a que les principes qui puissent avoir ici une véritable autorité.

APPLICATION

Dans l'état présent des affaires[2], on ne rétablirait point du tout le principe fondamental que je viens de poser, si, en rappelant les anciens magistrats, on leur donnait de nouvelles provisions ; si on les soumettait à cette risible inamovibilité sous le sceau de laquelle les nouveaux magistrats ont siégé au palais. Les anciens magistrats ne doivent recevoir aucun ordre, que celui de venir reprendre leurs fonctions, qui ne peuvent avoir été que suspendues, mais jamais anéanties.

Le principe de l'inamovibilité une fois reconnu, celui de la liberté des délibérations en dérive, en est la conséquence nécessaire. Si les magistrats sont proposés au maintien, à la conservation des lois, l'examen qu'ils font avant l'enregistrement de tous les édits du roi ne pouvant avoir d'autre but que de connaître si l'édit est conforme ou contraire aux lois qu'ils ont juré de conserver, cet examen emporte nécessairement la liberté des délibérations et celle des suffrages. Mais cette liberté doit être renfermée dans des bornes très-faciles à poser. Si d'un côté elle donne le droit aux magistrats d'observer, de remontrer au roi, elle ne va pas jusqu'au droit de s'opposer activement aux volontés expresses du souverain par des cessations de service, des arrêts de défense, etc. ; car il ne peut exister un tel ordre de choses dans l'État, que moi, citoyen, je me trouve froissé entre l'édit du roi qui m'ordonne de payer, sous peine de punition, et l'arrêt du parlement qui me défend de payer, sous les mêmes peines.

Il ne peut y avoir, dans tout l'État monarchique, qu'une seule puissance active et exécutive, qui est celle du prince : la puissance des magistrats n'est que passive et négative : et c'est en cela même que consiste sa force.

Le roi veut passer un édit, cet édit est juste ou injuste. Si les magistrats ne croient pas, en conscience, pouvoir lui accorder la sanction de l'enregistrement qui lui constitue un caractère légal, quand ils ont délibéré, observé, remontré, refusé d'enregistrer, résisté aux lettres de jussion, si le roi va plus loin, le ministère du magistrat est fini ; tout ce qu'il ferait au delà serait séditieux, et tendrait à la rébellion.

Le seul refus des magistrats de concourir au mal, en respectant l'autorité du roi, même lorsqu'elle s'égare, est toujours suffisant pour arrêter le mal, ou du moins l'empêcher de s'accroître. Mais ce refus et leur inaction fussent-ils insuffisants, le magistrat ne peut aller plus loin sans désobéissance et sans révolte. Il en résulte seulement que le roi, ayant fait d'autorité une chose contraire aux lois, ne peut plus invoquer le concours de ses tribunaux pour la faire exécuter. La force l'a créée, la force doit la maintenir : c'est alors l'affaire des soldats du roi, et non celle de ses magistrats, qui ne peuvent ni ne doivent connaître d'aucune discussion relative à l'acte qu'ils n'ont pu légalement reconnaître.

Ainsi, dans l'état actuel des choses[1], les anciens magistrats ont outre-passé leur droit respectable, et sont sortis du devoir, en voulant forcer la main au feu roi par des arrêts de défenses, et par une cessation de service qui n'était ni à leur choix ni en leur pouvoir. S'ils en ont été trop sévèrement punis, ce n'est pas ce que j'examine ; on peut les en dédommager.

CONCLUSION

Si tout ce que je viens d'établir est juste, il en résulte que, dans les lettres qui feront rentrer le parlement, ce corps doit être purement et simplement rappelé à ses fonctions, et non recréé à des fonctions nouvelles ; car les siennes n'ont pu être anéanties[2].

Dans l'édit du règlement, il me paraît que la borne du pouvoir négatif et passif peut être facilement posée entre le refus de concourir par l'enregistrement et la coaction à ce qui paraît injuste (et c'est le dernier terme de la fonction du magistrat), et la liberté de s'opposer à la volonté du roi par des arrêts de défenses et des cessations de service, ou autres moyens actifs qui lui sont interdits et ne lui appartiennent nullement. Tout le reste n'est qu'une dispute de mots, ou des combats de haine personnelle.

Voilà mes idées, que je soumets avec respect au jugement des personnes éclairées qui daigneront en prendre connaissance.

Signé : Caron de Beaumarchais.

N. B. Pour ôter aux méchants tout moyen de me nuire, en supposant que j'ajuste aux événements actuels un mémoire faux, imaginaire, j'ai déposé au greffe la seule copie qui m'en reste, écrite alors par mon beau-frère, mort il y a près de six ans.

---

[1] J'oserai dire, comme le grand Voltaire dans ses *Lettres*, en 1774 : « Le plus beau titre à la couronne du roi qui nous gouverne est de la tenir d'une succession de soixante-cinq rois ses ancêtres. »

[2] En 1774.

[1] En 1774.

[2] Mais, dira-t-on, ils les tiennent du roi. — Ah ! cherchez un autre argument. Un bon père ôte-t-il la vie à ses enfants, parce qu'ils la tiennent de lui ? Et quelle vie précieuse que celle des magistrats !

Qu'il me soit permis d'ajouter à cette profession de foi une autre preuve de mon horreur pour ce qui peut aigrir les cœurs et les esprits. Un sujet très-frivole en avait fourni l'occasion ; il n'en montre que mieux quelle est ma règle de conduite en tout genre d'affaires où l'État est intéressé.

Lettre de M. de Beaumarchais à M. Saiffert, laquelle a été répondue.

« Paris, ce 30 mai 1788.

« Vous me mandez, mon cher ami, qu'il se répand dans le public des pamphlets contre les magistrats, et qu'on a l'infamie de m'en attribuer quelques-uns.

« Ma religion, vous le savez, est de ne rien écrire sans y mettre mon nom. Si quelque chose m'a fait distinguer M. de M*** des autres écrivains satiriques, c'est qu'il s'expose franchement à la vengeance de ceux qu'il blesse, et que signer même un outrage est un genre de loyauté.

« Jugez par les lettres suivantes si j'approuve les moyens vils, les sarcasmes et les libelles sur une question majeure qui intéresse la nation entière. Toute preuve est bonne à produire dès qu'elle marche à son but.

« Les comédiens français ont voulu jouer *la Folle Journée* à l'instant où le palais s'est fermé ; ils s'y portaient avec un empressement obligeant pour l'auteur : ils ont voulu lever l'obstacle que l'intérêt des pauvres me faisait mettre à sa reprise ; ils m'ont écrit, ont distribué des rôles ; et moi je vous envoie mes réponses à leur *semainier ordinaire*. Faites-en l'usage qu'il vous plaira. » *Vale.*

Lettre à M. Florence, pour la Comédie française.

« 10 mai 1788¹.

« Je pars à l'instant pour Chantilly, mon cher Florence. N'ayant reçu aucune nouvelle de vous sur la remise à M. Rouen, notaire de l'institut de bienfaisance, des sept mille six cents livres provenantes du produit de la cinquantième représentation du *Mariage de Figaro*, donnée en faveur des mères qui nourrissent, j'en ai conclu que la Comédie persistait dans le refus de me faire cette justice, et, de ma part, j'ai cru devoir garder ma résolution de ne plus laisser jouer la pièce qui donne lieu à une telle difficulté. Si je me trompe, et que la Comédie ait envoyé à M. Rouen une recette que ni la Comédie ni moi n'avons droit d'employer à aucun autre usage, il ne me reste plus qu'une remarque à vous faire, et je vous prie de la communiquer aux personnes les plus raisonnables du Théâtre-Français. C'est qu'il peut paraître étrange et peut-être indécent que la Comédie choisisse un instant d'affliction, de trouble et de deuil, pour remettre au théâtre la pièce la plus gaie qu'elle ait au répertoire, et surtout à cause de l'audience du troisième acte, qui pourrait être envisagée comme un projet formé, par les comédiens et par moi, d'opposer le tableau du ridicule d'un sot juge à la véritable douleur dans laquelle la magistrature est plongée.

« En tout état de cause, et si mon avis a la moindre influence, je crois que l'instant de remettre *la Folle Journée* est mal choisi pour la décence publique, pour la respectueuse circonspection dans laquelle un auteur citoyen doit se renfermer aujourd'hui, et pour l'intérêt de la Comédie, qui ne peut espérer de voir à ce spectacle un seul homme qui tienne aux tribunaux ; car ils sont tous dans l'inquiétude et la consternation sur les suites du coup d'autorité actuel, quel qu'en puisse être le motif.

¹ À cette époque, il n'était point question des bruits qui depuis ont couru sur moi.

« Je vous invite donc à renvoyer à d'autres temps la remise d'une pièce qui serait justement désapprouvée dans celui-ci.

« Je suis, etc. »

Autre lettre du même au même.

« Samedi 10 mai 1788, en montant en voiture.

« Après vous avoir écrit ce matin, mon cher Florence, mon âme s'est de plus en plus attristée sur toutes les nouvelles que j'apprends. Quel homme peut être assez mal né pour s'égayer dans cet instant de trouble général ? A Dieu ne plaise qu'on puisse me reprocher d'avoir laissé reprendre au théâtre un ouvrage plaisant de moi, lorsque la France est dans les larmes !

« Je m'oppose donc, autant qu'il est en moi, à ce qu'on donne *la Folle Journée* ; et si j'avais quelque crédit, j'irais plus loin sur le spectacle.

« Communiquez, je vous prie, cette lettre à tous MM. les comédiens, et faites-moi là-dessus, en leur nom, une réponse qui me tranquillise.

« Je vous salue, et suis, avec confiance en votre sagesse, mon cher Florence, votre, etc. »

P. S. à M. Saiffert.

Jugez vous-même, mon ami, si l'homme qui s'exprimait ainsi il y a un mois devient assez vil aujourd'hui pour servir l'un des deux partis en faisant des pamphlets contre l'autre.

Signé : Beaumarchais *le cultivateur.*

En tout ceci je crois qu'on n'aperçoit ni intrigue ni esprit de parti. A chaque événement important, la première idée qui m'occupe est de chercher sous quel rapport on pourrait le tourner au plus grand bien de mon pays. Mes portefeuilles sont pleins de ces efforts patriotiques qui m'ont valu l'estime de tous les hommes d'État à qui j'ai pu me faire entendre : et, pendant que la basse envie se traîne, et siffle, et bave autour de moi, je saisis toutes les occasions de faire le peu de bien que la fortune met au pouvoir d'un particulier citoyen.

Un ou deux exemples de plus pourront en donner quelque idée.

En 1779, la guerre venait de s'allumer. Le commerce découragé n'envoyait plus en Amérique ; aucun corsaire n'armait plus. Nos parages étaient infestés.

Les ministres du roi me demandèrent si je savais quelque moyen de ranimer cette vigueur éteinte. Je leur offris l'*observation* suivante ; et j'ai le bonheur aujourd'hui de voir le roi et la nation d'accord sur le touchant objet que je traitais avec chaleur en 1779.

A M. de Sartines, en lui envoyant l'Observation d'un Citoyen adressée aux ministres du Roi.

Paris, ce 19 février 1779.

Monsieur,

En vous faisant mes remerciments du brevet de capitaine que vous m'avez envoyé pour M. de Francy, j'ai l'honneur de vous adresser ma petite motion en faveur des négociants protestants. Vous trouverez les esprits bien disposés. M. le comte de Vergennes, à qui j'en envoie une copie, m'a promis de vous soutenir fortement lorsqu'il en sera question là-haut. Aucun acte de bonté ne peut vous gagner plus de gens honnêtes, et les protestants le sont beaucoup.

Il est grand de les protéger ;
Puisse mon zèle ardent vous plaire,
Et mon travail encourager
Le bien que vous voulez leur faire.

Mais le temps presse, parce qu'il s'agit de les engager d'armer; et c'est ce que je me propose de faire dans mon très-prochain voyage à Bordeaux.

Vous connaissez, monsieur, mon tendre et très-respectueux dévouement.

Signé : CARON DE BEAUMARCHAIS.

A M. le comte de Maurepas; en lui envoyant l'Observation d'un Citoyen adressée aux ministres du Roi.

Paris, le 19 février 1779.

MONSIEUR LE COMTE,

Dans le besoin extrême où le commerce est d'encouragements, je creuse mon cerveau, et je me rappelle que, dans mon dernier voyage à Bordeaux, les négociants protestants m'ont parlé avec une grande amertume de leur odieuse *exclusion de la chambre de commerce.* Je ne pouvais revenir de mon étonnement sur ce reste d'intolérante barbarie : je vis qu'au prix d'une grâce légère on pourrait bien les engager à mettre des navires à la mer.

J'en ai parlé à M. de Sartines, à M. de Vergennes; ils sont absolument de mon avis : car les catholiques, voyant les protestants s'évertuer, ne voudront pas rester en arrière, et tout peut marcher à la fois.

Qui connaît mieux que vous l'art de conduire les hommes? Vous savez bien que c'est avec de tels moyens qu'on les mène au feu, à la mort. Je n'ai pas besoin de vous dire que M. Necker approuve ma petite motion. Elle l'a même un peu ramené à moi, après une conversation assez austère sur la conduite des fermiers généraux, auxquels il m'a promis de parler.

Qu'il fasse accorder le *transit* ou *transeat* à travers le royaume, que M. de Sartines écrive la courte lettre insérée dans mon *Observation* ci-jointe, et que vous me mettiez ces deux armes à la main dans mon très-prochain voyage à Bordeaux, je vous promets d'en user assez bien pour inspirer un nouveau zèle à tous ces commerçants découragés. En allant demain chercher à Versailles les paquets de MM. de Vergennes et de Sartines pour l'Amérique, j'aurai l'honneur de vous communiquer une idée aussi simple que lumineuse pour effectuer sans éclat le grand objet dont M. le comte de Vergennes et moi vous avons entretenu lundi.

Le zèle de la maison du Seigneur m'enflamme, et vos bontés pour moi renouvellent mes forces, que le travail épuise.

Je suis, avec le plus profond respect, etc.

Signé : CARON DE BEAUMARCHAIS.

Observation d'un Citoyen adressée aux ministres du Roi.
(Remise, le 26 février 1779, à chaque ministre du Roi.)

L'administration la plus active et la plus éclairée ne pouvant tout voir, moins encore deviner ce qu'on a souvent intérêt de lui cacher, ne saura pas mauvais gré au citoyen voyageur qui aperçoit quelques abus, de les lui mettre sous les yeux, lorsqu'ils sont aussi faciles à réprimer que pernicieux au bien national.

De tous ces abus celui qui m'a le plus indigné dans mes voyages, par son injustice et le mal qu'il apporte aux affaires, est l'usage absurde par lequel un négociant protestant, quelles que soient sa fortune et sa considération, n'est jamais appelé ni admis dans bien des chambres de commerce.

Lorsque les Anglais, plus acharnés contre les papistes que nous ne le sommes contre les anglicans, adoucissent aujourd'hui le sort des malheureux catholiques dans les trois royaumes, et nous donnent un si bel exemple sur la tolérance civile; et surtout lorsque le roi de France a daigné confier l'administration de ses finances à un homme de génie qui n'est ni Français, ni de la religion du prince, n'est-ce pas le moment de présenter à son conseil la réclamation que je fais d'*office* pour tous les négociants protestants du royaume, du droit de concourir avec les catholiques au bien qui résulte de l'institution et des assemblées d'une chambre de commerce en chaque ville opulente?

La religion ni l'état civil du citoyen n'entrant pour rien dans le but de ces assemblées, et leurs délibérations ne portant jamais que sur des objets de haut négoce, ou sur les ordres du ministre à transmettre au commerce, ou sur les observations respectueuses des négociants à soumettre au ministre un grand concours de force et de lumières, n'est-il pas la seule chose que l'administration puisse et doive désirer en tous ceux qui composent les chambres de commerce?

Or, quand il ne serait pas d'expérience reconnue que dans nos ports les maisons protestantes sont les plus riches et les mieux fondées de toutes; quand il ne serait pas prouvé que personne n'y contribue plus gaiement, plus abondamment et de meilleure grâce, au soulagement des malheureux, à toutes les charges imposées à cet effet, et quand il ne serait pas certain qu'en toute occasion ces maisons donnent aux autres sujets du roi l'exemple du dévouement et du patriotisme, un simple raisonnement convaincrait que ces utiles familles, éloignées par la différence du culte de tout ce qui s'offre à l'ambition des catholiques, et forcées par cette exclusion de chercher la considération dans une continuité de travaux du même genre, doivent devenir, en peu de temps, les colonnes du commerce, et les plus fermes soutiens de cet état honorable.

Dans nos grandes villes, mais notamment à Bordeaux, si l'on rassemblait les biens de tous les négociants protestants, on trouverait que la masse et l'étendue de leurs affaires forment un capital immense, et que leur industrie augmente considérablement les revenus de l'État. Les enfants y succédant aux pères, et consolidant de plus en plus le crédit, les ressources et les richesses de ces maisons, ils perfectionnent la branche que leurs parents ont embrassée; et tels que les *Télusson*, les *Audibert*, les *Vanrobais*, les *Cotlin*, les *Sémandi*, les *Jauge*, et mille autres, ils contribuent beaucoup plus au progrès du commerce et des arts que les maisons catholiques, lesquelles tout à peine acquis un peu de fortune, qu'elles songent à tirer leurs enfants du négoce qui les enrichit, pour les attacher aux emplois, les élever aux charges, et leur assigner sottement un milieu presque nul entre la classe honorable des utiles négociants et la classe honorée des nobles inutiles.

Ce n'est donc pas la bienfaisance connue de Sa Majesté que j'implore ici pour des hommes honnêtes *qui ne m'en ont pas chargé*; c'est la politique éclairée de son conseil que j'invoque, pour attacher de plus en plus à leur état, au commerce, à la patrie, les chefs des maisons protestantes, par leur admission dans les chambres de commerce : j'offre ici le moyen facile d'augmenter ou de récompenser leur émulation par la plus juste et la plus simple des grâces, la seule qu'on puisse accorder peut-être aux négociants protestants, jusqu'à ce qu'un temps plus heureux permette enfin de rendre à leurs enfants la légitimité civile, qu'aucun prince de la terre n'a droit d'ôter à ses sujets [1].

J'offre donc un moyen facile d'attacher à l'État une foule de familles dont le gouvernement a de tout temps éprouvé

---

[1] Ce temps heureux vient d'arriver, grâce au cœur généreux du roi.

le zèle, et qui brûlent de concourir de leurs travaux, de leurs lumières et de leur fortune, au bien général du commerce, dont il est reconnu qu'elles sont le plus solide appui.

De même qu'on ne s'informe pas, en les sacrant, si nos prélats sont calculateurs, ne peut-on pas ignorer, en les nommant aux chambres, si nos armateurs sont orthodoxes, et garder pour les synodes théologiques ces distinctions de catholiques et de protestants qui divisent tout dans les affaires? Eh! le premier moyen de réunir enfin les sujets de l'État à la même doctrine est de les rapprocher dans tous les cas permis, de limer tant qu'on peut ces petites aspérités qui rendent les hommes si raboteux, et si injustes les uns envers les autres.

Il n'est pas besoin d'arrêt du conseil pour faire le bien que je sollicite; une lettre du ministre au nom du roi suffit; laquelle, sans s'expliquer sur des points de division étrangers au commerce, dirait simplement que « Sa Majesté dési-
« rant augmenter la concorde et l'union parmi les négo-
« ciants de ses villes et ports de mer, et sachant que, dans
« les gens du même état, la jalousie qui naît des préférences
« éternise les haines et nuit toujours au bien public, elle
« veut que tous les hommes reconnus pour honorables dans
« le haut négoce puissent jouir désormais de l'admission
« dans les chambres de commerce, sans autre distinction
« que celle qui naît de la considération que chacun s'ac-
« quiert dans la partie qu'il a embrassée. »

Et moi qui l'ai bien étudié, j'ose répondre aux sages ministres qui me lisent, que cette légère faveur va devenir un puissant aiguillon dans nos ports, et qu'elle suffit, quant à présent, pour porter les maisons protestantes à seconder avec joie les vues du gouvernement, par des équipements pour l'Amérique, ou des armements de corsaires contre nos ennemis; ce qui est fort à considérer, et ce qu'il importait de dire en cet instant marqué de découragement général.

Signé : Caron de Beaumarchais[1].

Dans un instant plus désolant encore, en mai 1782, lorsqu'on apprit la défection du 12 avril et la prise du vaisseau amiral que commandait M. de Grasse, M. de Vergennes, bien triste, m'ayant dit que le roi en était mortellement affligé, je cherchai sur-le-champ comment on pouvait tourner cet échec au bien de la nation française, en inspirant à notre roi une très-haute idée de l'attachement de son peuple. Alors j'imaginai que si chaque ville offrait un vaisseau à Sa Majesté, ce généreux patriotisme ferait une diversion heureuse au désastre d'une journée.

Je fis d'abord répandre quelques louis dans divers cafés de Paris, faisant crier partout souscription, souscription! bien certain qu'indépendamment du caractère national, en attaquant la sensibilité des pauvres, on arrive bientôt jusqu'à la vanité des riches. Ma tentative eut son effet, et l'ardeur devint générale. J'avais envoyé cent louis à l'un des clubs de la capitale; j'en avais envoyé sept cents à nos sept chambres de commerce, avec cette lettre circulaire :

Lettre aux sept Chambres de commerce, en envoyant cent louis à chacune[2].

Paris, le 27 mai 1784.

Messieurs,

Au milieu des succès qui nous allaient donner une paix

---

[1] Les copies déposées au greffe de ces lettres, de celles écrites à ce sujet à M. le comte de Vergennes, à M. Necker, et la copie de ce mémoire, sont de la main de deux de mes anciens commis établis depuis cinq années au continent de l'Amérique.
[2] Dunkerque, le Havre, Rouen, Nantes, la Rochelle, Bordeaux et Marseille.

glorieuse, la malheureuse issue du combat de M. de Grasse ne pourrait que retarder cette paix, après laquelle nous soupirons tous. Mais il y a tant de patriotisme en France, que tous les bons sujets du roi doivent se réunir pour réparer promptement la perte de quelques vaisseaux qui nous manquent. Déjà les souscriptions s'établissent en foule dans la capitale pour ce grand objet. Dans la persuasion où je suis, messieurs, que les villes de commerce maritime ne resteront pas en arrière, je vous prie de vouloir bien me coucher, en ma qualité d'armateur, pour cent louis, dans la souscription que je vous invite à ouvrir. Il me semble qu'un vaisseau de ligne offert au roi, et portant le nom de la ville qui lui en fera hommage, ne peut qu'être agréable à Sa Majesté. Donnons-lui de nouveau la satisfaction de connaître que, si nous avons le bonheur d'avoir un excellent maître, il a le bonheur aussi de régner sur une excellente nation.

Je suis, avec le plus profond respect,

Messieurs,

Votre, etc.

Signé : Caron de Beaumarchais.

Quand mes paquets furent partis, j'écrivis à M. de Vergennes la lettre dont je joins copie, avec celle de sa réponse. Mais je dois attester, pour l'honneur de notre nation, que toutes celles de nos ports m'ont convaincu que cette grande idée avait saisi tout le monde à la fois.

Lettre à M. le comte de Vergennes en lui envoyant copie de ma lettre circulaire aux Chambres de commerce.

Paris, le 28 mai 1782.

Monsieur le comte,

Je ne sais si vous approuverez une idée à laquelle je me suis livré avec joie. Si par malheur vous ne l'approuviez pas, il ne serait plus temps d'en arrêter l'effet; car je n'ai l'honneur de vous en faire part qu'après m'être assuré de son succès autant qu'il est en moi.

J'ai l'honneur de vous adresser la copie de ma lettre circulaire aux sept chambres de commerce maritime, en leur envoyant à chacune cent louis, comme j'en ai remis cent à un club de Paris, en tout huit cents louis, pour échauffer tous les cœurs, et porter ces villes à former des souscriptions qui puissent consoler au moins la France du terrible échec que M. de Grasse vient de lui faire éprouver.

Vous connaissez le très-respectueux dévouement avec lequel je suis,

Monsieur le comte,

Votre, etc.

Signé : Caron de Beaumarchais.

Réponse de M. le comte de Vergennes à M. de Beaumarchais.

Je n'ai pas le droit, monsieur, d'approuver; mais, comme citoyen, j'applaudis de tout mon cœur au sentiment énergique que vous communiquez à vos compatriotes... Je me flatte que votre exemple aura le plus grand succès dans nos villes de commerce; elles ont assez profité dans le cours de cette guerre, et elles ont tant à espérer d'une paix équitable qui laisse à l'industrie tout son essor, que je ne puis imaginer qu'il y ait, dans la classe des négociants, des âmes assez froides pour se refuser à votre proposition. Quelque succès que puisse avoir votre démarche, elle n'en fait pas moins d'honneur à votre zèle, et c'est avec bien de la satisfaction que je vous en fais mon compliment.

Je suis très-parfaitement, monsieur, votre, etc.

Signé : de Vergennes.

A Versailles, ce 29 mai 1782.

Je copie au hasard une des sept réponses des chambres de commerce. Elle suffit pour rappeler de quel feu tous les cœurs français furent embrasés au même instant.

Lettre de la Chambre de commerce du pays d'Aunis à M. de Beaumarchais.

La Rochelle, le 10 juin 1782.

Monsieur,

Nous avons reçu la lettre que vous nous avez fait l'honneur de nous écrire le 28 du mois dernier, par laquelle vous nous invitez à ouvrir une souscription à l'exemple de la capitale, afin de contribuer à réparer la perte que la marine du roi vient d'éprouver, et vous désirez, monsieur, y être compris pour cent louis. Nous sommes très-flattés que vous nous adressiez en particulier les sentiments dont vous êtes animé pour le prince et pour la patrie, et de ce que vous nous mettez à même d'en consigner les preuves dans les registres de notre chambre. Aussitôt que le commerce de la Rochelle aura pris un parti, nous remplirons votre commission, monsieur, avec d'autant plus de plaisir qu'elle deviendra un titre pour vous considérer *parmi les citoyens de cette ville.*

Nous avons l'honneur d'être très-véritablement,

Monsieur,

Vos très-humbles et très-obéissants serviteurs,

Les directeurs et syndics de la chambre de commerce du pays d'Aunis.

Signé : Denis, Jacques Guidert, Lechelle, B. Giraudeau.

Toutes ces pièces et les suivantes vont être mises au greffe, en original, non pour ma justification (je ne suis qu'outragé, et c'est moi qui poursuis), mais pour qu'une race infernale, qui ne subsiste que par la vente des infamies qu'elle fait imprimer, soit punie, et que ces écrits excitent la vindicte publique, que les outrages particuliers laissent trop souvent à la glace.

Attaqué lâchement sur tous les instants de ma vie, j'espère qu'on me pardonnera si, dans cette occasion forcée, je soulève un coin du rideau. Un homme honnête ne doit parler de lui qu'à la dernière extrémité, ce moment est venu pour moi. Articulons un autre fait.

Au mois de novembre 1782, M. le comte d'Estaing (on peut bien s'honorer d'un si noble témoignage), M. le comte d'Estaing avait assez présumé de mon zèle pour me croire digne de l'aider à remplir une importante mission du roi, tendante à rapprocher la marine royale de celle du commerce, suivant le bon système anglais. La lettre de Sa Majesté à M. le vice-amiral était conçue ainsi :

Lettre du Roi à M. le comte d'Estaing.

« Mons le comte d'Estaing, je vous ai choisi pour aller
« faire entendre, en mon nom, à la place de commerce de
« Bordeaux, la satisfaction que j'ai de la fidélité et de l'at-
« tachement que les négociants de mon royaume se sont
« empressés de me donner[1] : j'attends d'eux une nouvelle
« marque de leur zèle ; vous leur demanderez de vous indi-
« quer ceux d'entre les officiers marchands, employés sur
« leurs bâtiments, qui leur paraîtront pouvoir contribuer à
« soutenir la dignité de mon pavillon et la prospérité de
« mes armes, dans une guerre dont l'avantage de mes sujets
« et la liberté du commerce sont l'unique objet. Je vous au-
« torise à promettre en mon nom, à tous les officiers mar-
« chands qui vous seront présentés, et que vous reconnaîtrez

[1] A l'occasion des vaisseaux dont je viens de parler.

« susceptibles des fonctions auxquelles je les destine, un
« état permanent, honorable, et tous les avantages de dis-
« tinction que doivent attendre de leur patrie ceux qui se
« sacrifient pour elle. Sur ce, je prie Dieu qu'il vous ait,
« mons le comte d'Estaing, en sa sainte garde. Écrit à Ver-
« sailles, le 20 octobre 1782.

« *Signé :* LOUIS.

« *Signé :* Castries. »

M. le comte d'Estaing m'écrivit à Bordeaux ; je l'y attendais ; il arrive, me dit son plan, mon cœur s'enflamme ; je rassemble à l'instant l'élite de nos négociants, je propose une souscription pour commencer cette grande entreprise; j'y mets le premier cinq cents louis ; en deux heures j'ai trente signatures, et la somme de cent mille écus. La présence de M. le comte d'Estaing avait enflammé tous les cœurs[1].

Forcé de se rendre à Cadix, M. le comte d'Estaing me laisse à la besogne, et m'écrit du fond de l'Espagne ce peu de mots encourageants :

« Saint-Vincent, ce 12 novembre 1782.

« Vous n'êtes pas du nombre de ceux qui rendent la re-
« connaissance pénible. Trouvez bon que je vous témoigne,
« en partie, ce que la chose vous doit, en vous envoyant
« l'extrait copié mot à mot de ce que je mande à M. le mar-
« quis de Castries ; ce sera un fardeau que j'aurai de moins.
« Je sais très-bien que la réussite de l'objet vous plaira en-
« core davantage ; mais m'acquitter avec vous me portera
« bonheur... Allez de l'avant ; ma plume n'y va plus ; le
« courrier part, et je ne puis que vous assurer que j'ai
« l'honneur d'être, avec tous les mêmes sentiments que
« vous avez la bonté d'avoir pour moi. »

(au dos de laquelle lettre est écrit ce qui suit :)

« Monsieur,

« Votre, etc.

« *Signé :* Estaing. »

Extrait de la lettre de M. d'Estaing à M. le marquis de Castries, en date du 12 novembre 1782.

« Le bonheur que j'ai, monsieur, de vous dépeindre un
« mouvement de patriotisme aussi louable, a été occasionné
« par les sentiments que renouvelle, dans le cœur de tous
« les Français, le prochain passage du frère du roi[2] ; il a été
« dû aussi aux soins de M. de Beaumarchais : son exemple,
« soutenu par les charmes de la persuasion qu'il sait em-
« ployer, est si communicatif, que, s'il avait existé des
« cœurs froids, il les aurait échauffés. *Je vous supplie de ne
« pas laisser ignorer sa conduite à Sa Majesté.* Je souhai-
« terais que ceux qui seront chargés, auprès des places de
« commerce, d'une commission aussi flatteuse que celle que
« je viens de remplir, trouvassent les mêmes secours et eus-
« sent les mêmes facilités.

« Pour copie conforme à l'original,

« *Signé :* Estaing. »

Non, je ne trouvai point de cœurs froids à Bordeaux. S'il s'éleva quelques débats, ils avaient tous leur source dans

[1] Je ne puis me refuser au plaisir de faire connaître à la France tous les négociants patriotes qui formèrent avec moi cette première souscription de cent mille écus :

MM. J. Bujac, Testard, Jauge et Dupuis, Touya et Gaschet, Camescasse, la Noix, Weis et Emmert, Gorse frères et Bontemps, Féger et compagnie, George Streckeisen, du Tasta, Brunaud frères et fils, Bonasous, Fabre et Compagnie, le Sage et Compagnie, Sers et Barbier, David Eimar et Eimar frères, Gérand et Texier, Loriague, P. Texier, Barthez, J.-P. Dussumier, Daour et Compagnie, du Puch, Brouer, Doscher et Ruette, Overman et Meyer, Labat de Serenne, Paul Nairac et fils aîné, la Thuillière, Grignet, Candeau.

[2] Monseigneur, comte d'Artois, revenait alors d'Espagne.

la noble émulation des négociants des deux religions, pour concourir aux grandes vues de M. le comte d'Estaing.

Je n'ai jamais douté que le ministre du roi n'ait mis sous les yeux de Sa Majesté cette lettre du vice-amiral. Cependant quelque temps après... O douleur!... Mais ne rappelons point cette époque de ma vie, ni le succès qu'eut une intrigue sur l'esprit d'un roi juste et bon. Je ne veux que me disculper, sans argumenter ni me plaindre [1].

Lecteur, vous me voyez tel que je fus toujours. Ce qui m'anime en tout l'objet, c'est l'utilité générale. Et lorsque je demanderai justice des calomnies atroces dont ces lâches libellistes m'ont couvert, pour la grande part que j'ai eue à l'importante séparation de l'Amérique et de l'Angleterre; lorsque je montrerai les preuves des travaux, du zèle inouï avec lesquels j'ai concouru à cet événement majeur qui distinguera notre siècle; lorsque je prouverai l'excellence de mes envois, l'activité de mes secours à ces peuples si malheureux, les remercîments de leurs chefs, et ma fière et noble conduite sur le retard de leur acquittement depuis qu'ils sont des souverains, tous les bons cœurs s'enflammeront de la plus juste indignation. Après avoir admiré mon courage, ils admireront ma patience, avec tant de moyens d'écraser les mille et une têtes du monstre.

Ce sera l'un des grands objets de mon dernier mémoire sur la dégoûtante affaire Kornman, dans laquelle j'ose attester qu'aucun autre homme délicat ne se serait mieux comporté. Je prouverai qu'en cette affaire ma seule compassion connue me coûte au moins vingt mille écus. Et peut-être ouvrirai-je un portefeuille immense rempli de titres, *sans valeurs*, des secours que j'ai prodigués à des milliers d'infortunés.

Que si je ne soulage pas tous les malheureux qui me pressent, c'est qu'autant la scélératesse m'outrage loin de mes foyers, autant je m'y vois accablé par des demandes innombrables. Je reçois vingt lettres par jour sur des besoins de toute espèce. Tous les matins mon cœur est déchiré. Mais, hélas! aucune fortune ne peut suffire à soulager tant d'infortunés à la fois.

Tout ce qui m'environne sait qu'à peine j'ai le temps de lire la quantité de lettres douloureuses qui m'arrivent de toutes parts. Je fais mon choix comme je puis, le reste n'est point secouru : souvent, bon Dieu! pas même répondu.

Mais laissons de tristes détails. Je veux terminer ce mémoire par une légère et nouvelle preuve que l'intérêt patriotique est toujours ce qui me remue, et que c'est sous ce grand rapport que les événements me frappent.

En janvier 1787, lorsque toute la France avait les yeux sur M. de Calonne, que chacun louait et blâmait sa grande assemblée des notables, voici ce que je lui mandais du coin de mon humble foyer :

À M. le contrôleur général.

Paris, le 4 janvier 1787.

Monsieur,

Je ne vous offre point un souhait de bonne année, mais de bon événement. Quoi qu'il puisse arriver, vous ne mourrez pas sans gloire, *car vous avez compté pour quelque chose une nation généreuse, et qui sent tout le prix de ce qu'on fait pour elle.* Dieu bénisse Louis XVI et vous! Si jamais vous formez une assemblée d'hommes qui vous chérissent, je briguerai l'honneur d'être un de vos notables.

Mon attachement va sans dire, ainsi que le respect avec lequel je suis,

Monsieur,

Votre, etc.

Signé : Caron de Beaumarchais.

Réponse de M. le contrôleur général à M. de Beaumarchais.

À Versailles, le 8 janvier 1787.

J'attache trop de prix, monsieur, à votre opinion, pour n'être pas infiniment flatté des choses obligeantes que vous me marquez. L'assurance que vous y joignez de vos sentiments, et la manière dont vous les exprimez, m'est aussi agréable que le serait pour moi l'occasion de vous donner de nouvelles marques de tous ceux que vous m'avez inspirés, et avec lesquels je suis,

Monsieur,

Votre, etc.

Signé : de Calonne.

Telles ont été mes intrigues; voilà mes pamphlets : qu'on me juge, et non sur les imputations des plus vils calomniateurs. Ils n'ont cessé de me poursuivre à la cour, à la ville, et partout. Et moi, qui regrette bien loin tout ce qui trouble mon repos, j'ai dédaigné de leur répondre. Je le dédaignais d'autant plus, que je savais que cette sale intrigue, ces calomnies, ce style d'un prédicant fou, cette éloquence du baquet, et ces rêves d'un somnambule, ne sont mis en avant que pour m'impatienter, me lasser, enfin m'arracher de l'argent pour acheter la paix et leur silence; et je ne désespère pas d'en fournir une preuve de la main même de l'un d'eux.

Mon grand mémoire paraîtra quand les tribunaux seront ouverts, et que l'instance pourra être jugée. Je ne laisserai rien sans réponse; les honnêtes gens seront contents de moi.

Pierre-Augustin Caron de Beaumarchais.

NOTE IMPORTANTE.

Ce mémoire s'imprime si vite, et l'obligation où je suis d'échapper au mépris public, aux dangers personnels dont je suis averti et menacé, est si pressante, que, ne pouvant obtenir le dépôt de ces pièces au greffe aussi promptement que ma sûreté l'exige, et tel que je l'annonce en deux endroits de ce mémoire, à cause des circonstances fâcheuses qui font languir toutes les affaires, je prends le parti de les déposer chez un notaire, M. Mommet, ce qui revient au même, pour assurer leur authenticité. Elles retourneront au greffe lorsque l'instance se suivra.

Copie de la nouvelle plainte.

L'an mil sept cent quatre-vingt huit, le mercredi dix-huit juin de relevée, en l'hôtel et par-devant nous Gilles-Pierre Chenu, commissaire au Châtelet de Paris, et censeur royal, est comparu Pierre-Augustin Caron de Beaumarchais, écuyer, demeurant Vieille rue du Temple, paroisse Saint-Paul, lequel nous a rendu plainte, et dit qu'il vient de lui tomber entre les mains un libelle imprimé, signé : Bergasse, intitulé : *Mémoire pour le sieur Bergasse, dans la cause du sieur Kornman, contre le sieur de Beaumarchais et contre le prince de Nassau,* sans nom d'imprimeur ni d'officier public qui puisse en autoriser l'impression; que ce libelle est une répétition des injures et des calomnies insérées dans les premiers libelles du même auteur, et en contenant beaucoup de nouvelles plus atroces, non-seulement contre le plaignant, mais encore contre des ministres; des magis-

---

[1] Eh! pourquoi me plaindrais-je encore? J'ai cessé d'être malheureux. Oui, j'ai dû à M. de Calonne que le roi lût ma justification : c'est tout ce que je désirais. L'attachement de ma vie entière n'acquittera point ce service.

trats, et d'autres personnes très-recommandables. L'auteur paraissant ne rien respecter, et se permettant tout ce que la fureur et la méchanceté peuvent inspirer à un homme sans frein, jusqu'à chercher à donner au plaignant de la défaveur aux yeux des magistrats du parlement, ses juges, en lui imputant des faits odieux qu'il désavoue formellement, et notamment en cherchant à faire croire que le plaignant répond les écrits contre les parlements, d'après les traités faits à ce sujet entre les ministres du roi et lui, tandis qu'au contraire, et dans tous les temps, il n'a cessé de rendre aux magistrats toute la justice qui leur est due, ce dont il va justifier : en osant imprimer que le plaignant a séduit et corrompu les juges du Châtelet en faveur de sa cause, tandis qu'il n'a pas même l'honneur de connaître de vue M. le lieutenant criminel, et qu'il n'en a sollicité aucun : en attribuant au plaignant un journal clandestin, intitulé *Ma Correspondance*, par le moyen duquel il impute au plaignant de faire circuler, en France et en Allemagne, des calomnies contre tout le monde, tandis qu'il est prouvé que ce mauvais journal est imprimé par un nommé *Müller*, imprimeur allemand, dans la ville de Kehl ; ce qui n'a pas plus de rapport au plaignant, ni à la superbe imprimerie de la citadelle de Kehl, que si cette infamie se faisait à Genève ou à Liége.

Le plaignant se contenterait de mépriser le nouveau libelle et son auteur, s'il n'avait intérêt de se justifier des imputations calomnieuses qu'il contient, et de faire punir l'homme qui a pu se permettre autant de mensonges et d'horreurs, lesquels sont déjà prouvés au procès, puisqu'il a décret contre leur auteur : pourquoi il nous rend la présente plainte des faits ci-dessus contre ledit auteur, ses fauteurs, complices et adhérents, notamment contre l'imprimeur clandestin dudit libelle, dont, à l'appui de ladite plainte, il nous a représenté un exemplaire contenant cent trente-neuf pages d'impression, sans l'avant-propos en contenant quatre, pour être de nous signé et paraphé *ne varietur*, ainsi qu'il l'a été à l'instant ; de laquelle plainte il nous a requis acte à lui octroyé, et a signé en notre minute, sous autres réserves et protestations de droit et nécessaires, avec nous conseiller commissaire susdit.

Signé : Chenu, *avec paraphe.*
Signé : Caron de Beaumarchais[1].

REQUÊTE

A M. le lieutenant criminel.

Supplie humblement Pierre-Augustin Caron de Beaumarchais, écuyer, qu'il vous plaise, monsieur, permettre au suppliant de faire informer des faits contenus en la plainte qu'il a rendue nouvellement par-devant le commissaire Chenu, le dix-huit du présent mois, circonstances et dépendances, pour l'information faite et rapportée être par vous ordonné ce qu'il appartiendra, requérant la jonction de M. le procureur du roi, sous toutes réserves, vous ferez justice.

Signé : Guébert.

Et plus bas est écrit :

Soit montré au procureur du roi. Fait ce 23 juin 1788.
Signé : Bachois.

Et plus bas est écrit :

[1] A propos de ma plainte, j'ai fait des recherches pour savoir si celle de M. le prince de Nassau avait été rendue chez M. Chenon, commissaire, que le libelliste qualifie de fameux, en imprimant qu'il a reçu cette plainte. Ce n'est qu'un mensonge de plus, inventé seulement pour accoler une injure au nom du commissaire Chenon, très-étranger à cette affaire.

Vu la plainte et la requête,
Je n'empêche pour le roi, *après en avoir délibéré dans le parquet*, être permis au suppliant de faire informer des faits contenus en ladite plainte, pour, l'information faite et à moi communiquée, être par moi requis, *après en avoir de nouveau délibéré au parquet*, et par M. le lieutenant criminel ordonné ce qu'il appartiendra. Fait ce 25 juin 1788.

Signé : Deflandre de Brunville.

Et en marge est écrit : *Permis d'informer par-devant le commissaire Chenu. Fait ce 25 juin 1788.*

Signé : Bachois.

TROISIÈME MÉMOIRE

OU

DERNIER EXPOSÉ

DES FAITS QUI ONT RAPPORT A PIERRE-AUGUSTIN CARON DE BEAUMARCHAIS, DANS LE PROCÈS DU SIEUR KORNMAN CONTRE SA FEMME.

Dans ce moment d'élan universel, où tous les esprits sont tendus vers les intérêts nationaux, où chaque homme s'honore de s'occuper de tous, celui-là est bien malheureux, qui, forcé de parler de lui, est obligé d'y ramener les autres. Le respect dû aux circonstances doit au moins l'engager d'écrire simplement, et sans prétention, la justification qu'on lui a rendue nécessaire.

C'est ce que je vais faire aujourd'hui. En lisant ce récit, on verra que c'est malgré moi que j'ai dû m'occuper de moi. Mais pouvais-je moins faire, à la fin du plus odieux, du plus ridicule procès, que de repousser, par un simple exposé, la multitude de libelles avec lesquels de faméliques écrivains, cachés et guidés par l'imposteur Bergasse, battent monnaie depuis deux ans aux dépens d'un public trop facile, en l'abusant sur tous les points de cette scandaleuse affaire ?

A voir l'empressement avec lequel on dévorait ces infamies, on eût dit qu'il ne fallait plus à notre peuple que deux choses : *du pain et des libelles, des libelles et du pain*. Et parce que j'avais fortement réclamé la liberté de la presse, il semblait juste à tous que je fusse accablé le premier sous sa plus effrénée licence. Mais quel particulier oserait maintenant se plaindre de s'en être trouvé frappé, après toutes les horreurs dont nous sommes témoins ? Laissons ces tristes réflexions : renfermons-nous dans notre objet, il n'y prête que trop lui-même.

Que ceux qui dans le mal d'autrui ne cherchent qu'un vain amusement, s'abstiennent de lire ce récit, destiné partout à convaincre, mais sans espoir d'intéresser : sa force tout entière se tire des nombreuses pièces probantes qui l'accompagnent et le surchargent.

Dans les discussions de ce genre il faut bien renoncer à plaire. La rage et la démence unies m'ont attiré dans cette arène, sans que j'y aie d'autre procès que

CELUI QUE JE FAIS MOI-MÊME A TOUS MES CALOMNIATEURS. Outragé, mais non inculpé, je repousse une longue injure, en demandant vengeance aux magistrats. Si je me rends net et concis, je regretterai peu de chose. L'élégance que j'ambitionne est la désirable clarté. Je vais prouver de tristes vérités ; ce sera toute mon éloquence.

Il manque une loi très-utile au code qu'on va réformer. C'est celle qui ordonnerait qu'aucun mari ne pourra intenter la scandaleuse action d'adultère contre sa femme, sans avoir consigné sa dot ; cette sage précaution guérirait beaucoup d'âpres époux de l'envie de tenter une voie si flétrissante de s'emparer du bien de leurs épouses ; surtout les tribunaux et le public ne seraient pas inondés de toutes les calomnies inventées par le sieur Guillaume Kornman, pour éviter de rendre compte d'une dot qu'il a dilapidée, et pour se venger de tous ceux qu'il a vus s'y intéresser.

Dans ce procès très-affligeant pour la jeune femme accusée, mais démontré déshonorant pour le mari qui la poursuit, un premier libelle imprimé m'a fait prendre l'engagement de me justifier sur quatre faits qu'on m'y impute. Je dois les répéter ici.

1° D'avoir concouru avec force à faire accorder par le roi à une dame enceinte, enfermée, la liberté conditionnelle de faire ses couches ailleurs que dans une maison de force, où son désespoir la mettait en danger de perdre la vie.

2° D'avoir examiné sévèrement l'état d'une grande entreprise dont on appréhendait la ruine, à la vive sollicitation, ai-je dit, de personnes du plus haut rang, qui avaient intérêt et *qualité* pour désirer d'en être instruites.

3° De m'être opposé, disait-on, par toutes sortes de moyens, au rapprochement douloureux de cette infortunée avec son avide mari.

4° D'avoir enfin causé la ruine de celui-ci, et forcé sa faillite, qu'il ne veut pas qu'on nomme banqueroute, en le diffamant en tous lieux.

Dans mon premier mémoire je me suis hâté d'avouer les deux premiers chefs imputés. Je me suis honoré publiquement d'avoir, en cette occasion, rempli mon devoir d'homme sensible et généreux ; je me suis vanté d'avoir fait ce qui m'est reproché comme un crime.

Mais j'ai nié formellement d'avoir fourni le plus léger prétexte aux deux dernières imputations. Je m'engage d'en démontrer la fausseté, d'en bien prouver la calomnie, sous peine de mon déshonneur.

PREMIÈRE IMPUTATION CALOMNIEUSE

Ils prétendent que je la connaissais quand je l'ai tirée de prison.

Je pense avoir bien établi qu'aucun autre homme humain et courageux ne se fût dispensé, plus que moi, de secourir une victime dont on me démontra qu'on n'exposait les jours dans la prison où on l'avait jetée, que pour écarter sa demande en séparation contre un mari dissipateur ; que pour ne lui rendre aucun compte d'une dot de quatre cent mille livres que son époux voulait s'approprier. Je ne reviendrai point sur un fait aussi bien prouvé.

Mais j'ai dit, et je le répète, que lorsque j'employai mes soins pour l'arracher de sa prison, *je ne la connaissais pas même de vue ;* non que cette circonstance importât au fond de l'affaire. Peut-être mon action en a-t-elle eu plus de mérite ; mais si j'ai fait un crime en la servant, soit que je la connusse ou non, cela ne change rien à la nature de ce service.

Ces faits posés, et mon assertion contestée, tout indifférente qu'elle est, prouvons, comme je l'ai dit, *que je ne connaissais pas* l'accusée : prouvons-le par les faits, par des témoignages non suspects, par des raisonnements sans réplique.

A la dénégation que le sieur Kornman, ou son porte-parole, a faite de cette partie de mes déclarations, j'ai cherché à me rappeler quelles personnes dînaient chez le prince de Nassau en octobre 1781, quand je fus vivement pressé par ce prince et par la princesse de joindre mes efforts aux leurs pour secourir une inconnue. Je me suis souvenu que M. le comte de *Coetloury*, M. l'abbé de *Cabres*, M. l'abbé *Girod,* M. *Saiffert*, médecin, M. *Daudet de Jossan*, étaient de ce dîner. Je ne me rappelle pas quels étaient les autres convives.

Forcé de justifier un fait indifférent, je n'ai pas cru manquer à des hommes d'honneur en les faisant appeler en témoignage, ainsi que M. le prince de Nassau, dans l'information faite devant le commissaire Chenu. Tous ont dit (car tous ont dû le dire, et leurs dépositions sont dans les mains de M. l'avocat général) qu'il me fut fait de vives sollicitations par le prince et par la princesse ; que je leur résistai longtemps, *ne connaissant pas même de vue la dame dont on me parlait*, et sur des motifs de prudence qu'ils auront pu se rappeler, ce point ayant été traité à fond. Et tous ont dit (car tous ont dû le dire) qu'après de longs débats on me remit les lettres du sieur Kornman à son ami Daudet, que j'ai transcrites dans mon premier mémoire ; que cette lecture enchaîna mon irrésolution, me fit accompagner la princesse chez M. le Noir, et m'a fait faire depuis d'autres démarches à Versailles.

Quel intérêt avais-je alors de dire : *Je ne la connais pas?* Si, voulant aujourd'hui nier la part que j'eus à sa liberté provisoire, je disais, pour m'en disculper, qu'on ne peut m'imputer d'avoir fait ces démarches, puisque *je ne la connaissais pas*, peut-être on pourrait suspecter la vérité de ma déclaration, comme mise en avant pour écarter l'idée de mon concours en cette affaire.

Mais quand je m'honore hautement des efforts que je fis pour obtenir que cette infortunée n'accouchât pas dans une maison de force ; quand j'avance que je me rendis, malgré mes justes répugnances, chez M. le Noir, avec la princesse, chez tous les ministres, à Versailles ; que j'y sollicitai, avec M. le prince de Nassau, sa translation provisoire chez un médecin-accoucheur, ce que nous eûmes le bonheur d'obtenir ; comment peut-on me contester *que je ne la connaissais pas,* et faire un incident de cette circonstance oiseuse? N'est-elle pas aussi indifférente aujourd'hui qu'elle l'était en 1781 ?

Qu'on relise ma lettre écrite à M. le Noir à cette époque, et rapportée dans mon premier mémoire, laquelle existe au dépôt même de la police, et a été remise avec les autres pièces à M. l'avocat général; on y verra ces phrases, que nul intérêt, dans ce temps, ne pouvait m'engager d'écrire :

« *Quant à moi, qui ne l'ai jamais vue,* qui ne la con-
« nais que par le tableau très-touchant que votre sensi-
« bilité vous en a fait faire en ma présence (*à madame*
« *la princesse de Nassau*), je la vois si cruellement aban-
« donnée après une détention de cinq mois, pendant
« que le mari court à Spa, fait bombance et séduit tout
« ce qui l'approche, que je viens d'écrire à M. Turpin
« (*avocat, et son conseil*) que si les intérêts de son client
« l'empêchent de me voir *comme conciliateur,* je vais
« franchement offrir à cette jeune dame, et mes con-
« seils, et mes secours, mes moyens personnels, et ma
« bourse, et ma plume. »

L'homme qui s'expliquait avec cette franchise pouvait-il être suspect quand il disait : *Je ne la connais pas!* surtout ma conduite ultérieure et mes services non interrompus ayant prouvé depuis que si je la servis *sans la connaître,* j'eusse mis plus de zèle encore à mes démarches, si à l'intérêt du malheur j'avais pu joindre alors celui qu'inspire sa personne.

Tout inconnue qu'elle m'était, je déclare que j'ai contribué de toutes mes forces à l'arracher de sa prison; je m'en honore, et je le ferais encore si le même cas arrivait.

Mais, pour y parvenir, ai-je corrompu ses geôliers ? l'ai-je enlevée de force, ou violé les clôtures? ai-je usé d'intrigue ou de ruse ? Si on l'eût jetée dans une prison légale, c'est vous, ô magistrats, que j'aurais invoqués. Elle était enfermée par une lettre de cachet, et dans une prison royale : c'est vers Sa Majesté, c'est vers les ministres du roi que M. le prince de Nassau et moi avons dirigé nos démarches; mais ont-elles été clandestines ? Lisez la réponse du ministre, adressée à ce prince; elle existe en original, avec toutes les autres pièces, entre les mains de M. l'avocat général. Chacun de nous croyait alors remplir un devoir imposant.

M. Amelot à M. le prince de Nassau-Sieghen.

« Versailles, 20 décembre 1781.

« J'ai reçu, monsieur, avec la lettre que vous m'avez
« fait l'honneur de m'écrire, le mémoire concernant la
« dame Kornman. Je mettrai incessamment sous les
« yeux du roi les représentations de cette dame, et je
« vous prie d'être persuadé que je ne proposerai à Sa
« Majesté que le parti qui paraîtra le plus conforme à la
« justice. J'ai l'honneur d'être, etc.

« Signé : Amelot. »

On voit par cette lettre que nous ne présentâmes au ministre que le mémoire de cette infortunée ; ce qui détruit jusqu'au soupçon que nous ayons, pour déguiser les faits, joint au sien nos propres mémoires. Cette remarque est d'un grand poids.

Que nous nous fussions abusés sur l'équité de nos demandes, toujours est-il prouvé que nous prenions la seule voie honorable pour obtenir ce que nous désirions ou pour nous le voir refuser.

Toujours est-il prouvé que, pour persuader les ministres, nous n'avons employé qu'un plaidoyer décent, respectueux, et propre à être mis sous les yeux du meilleur des rois, le mémoire, en un mot, de cette infortunée, puisque, sur ses moyens offerts, Sa Majesté a ordonné que la malheureuse victime de la cruauté d'un mari accoucherait ailleurs que dans une horrible prison; en sorte que le désespoir ne fît point périr une mère dans ce moment où, placée entre la vie et la mort, le plus léger chagrin peut tuer celle qui remplit le but sacré de la nature et de la société, en donnant la vie à un homme, et un citoyen à l'État; une jeune femme surtout qui avait apporté quatre cent mille livres de dot à son mari; qui était belle, et sacrifiée par celui qui, devant la préserver, est trop justement suspecté d'avoir voulu s'en faire un moyen de fortune, en la présentant comme attrait à un jeune homme qu'il dit ardent, auquel il savait du crédit! Oh! si je ne démontre point, par mille preuves sans réplique, qu'il n'eut que ce honteux projet, je me dévoue au plus profond mépris ; je me livre au regard dédaigneux que mérite un sot imbécile, séduit, trompé par la plus sotte des erreurs.

Vous me lirez, vous, hommes malveillants qui, sans autre objet que de nuire, vous êtes rendus les apôtres de tant d'odieuses calomnies; qui avez colporté de maison en maison leurs effrontés libelles, et les avez prônés, parce qu'ils m'outrageaient ; et les honnêtes gens me liront, et ils regretteront d'avoir cru trop légèrement ces rapports si calomnieux, dont vous intéressiez leur vaine curiosité ; car il y a loin du vrai public, dont nous recherchons tous l'estime, à cette classe méprisable qui veut en usurper le nom, composée d'hommes sans état, parasites piquant les tables, et payant partout leur écot en sottise ou en calomnie ; falsifiant tout ce qu'ils racontent, et changeant les faits les plus simples en histoires bien scandaleuses. Vous les voyez courant de dîner en dîner, versant partout la haine et le poison. Les gens aisés qui les reçoivent s'amusent un moment de leur venimeux bavardage, sans songer que le lendemain ils seront exposés aux mêmes calomnies dans d'autres sociétés qu'il faut bien amuser aussi.

Mais quelle preuve offrent nos adversaires que je connusse cette dame avant l'époque où je la tirai de sa prison? Ils ont fait un si grand éclat de cette objection inutile, qu'il faut la discuter ici.

Qu'opposent-ils à tant de témoignages ? Rien, sinon qu'un cocher, chassé de ma maison, a dit *que quelque temps avant les fêtes de l'Hôtel de Ville pour la naissance du dauphin, j'avais fait mettre des chevaux à ma voiture, dans la nuit ; que j'avais été prendre la dame Kornman chez elle, et l'avais conduite à la Nouvelle-France, où je* l'avais laissée, *chez le sieur Daudet*, avec lui; puis étais retourné chez moi.

Le malheur de ces captations de valets salariés et pratiqués si gauchement, c'est qu'on ne peut donner à cette espèce dégradée l'adresse qu'il faut pour mentir, comme on leur en donne l'audace en leur montrant quelques écus. Or il se trouve que la déposition de celui-ci, justement chassé de chez moi comme mauvais sujet, et gendre d'un portier aussi chassé de ma maison pour cause d'inconduite, ne contient pas un mot qui ne soit une absurdité reconnue.

Quelque temps avant les fêtes de l'Hôtel de Ville pour la naissance de monseigneur le dauphin, lui fait-on dire; voilà donc l'époque fixée : mais les réjouissances de l'*Hôtel de Ville* ne se firent qu'à la fin de janvier 1782 (lorsque la reine fut relevée de couches). La dame Kornman, à cette époque, venait de passer d'une prison où elle avait gémi six mois, dans la maison d'un accoucheur où elle attendait le moment. De plus, le sieur Daudet (qui n'a jamais demeuré *à la Nouvelle-France*) était parti pour la Hollande, où les affaires du prince de Nassau l'avaient appelé plus de deux mois avant la détention de cette dame ; ce qui compose au moins neuf mois d'anachronisme, et démontre l'impossibilité de la course honorable que mes ennemis me font faire.

Voici ce qui leur a donné l'idée d'imprimer ce galimatias. A la fin de décembre 1781, c'est-à-dire *peu de temps avant les fêtes de l'Hôtel de Ville,* ayant obtenu de M. le Noir la permission d'accompagner le sieur Page, médecin-accoucheur, qui allait, avec l'ordre du roi, retirer la dame Kornman du château Charollais, où elle était enfermée depuis six mois (non pour la remettre en mes mains, comme on ne cesse de l'articuler bêtement, et comme chacun feint de le croire, mais pour qu'elle passât dans celles du seul homme qui lui fût essentiel, un accoucheur intelligent), je donnai l'ordre à ce cocher, qui était celui de ma femme, d'atteler des chevaux à sa berline. Il me conduisit d'abord chez M. le Noir; de là, vers les onze heures du soir, il mena le sieur *Page* et moi dans la prison de Charollais, qui se trouve en effet *au haut de la Nouvelle-France,* où je restai le temps nécessaire pour remplir les formalités de sortie de la prisonnière ; puis il nous ramena, après minuit sonné, près de l'Apport-Paris, où demeurait cet accoucheur, chez lequel je la déposai.

Voilà sur quel fondement ils ont bâti la déposition calomnieuse du cocher, et l'absurde supposition que j'eusse été prendre *chez elle* une dame emprisonnée depuis six mois, pour la conduire *chez un homme* absent de France, deux mois après sa détention. Notez que ce cocher, ainsi que les autres témoins que ces messieurs ont salariés, ont tous fixé, sans le vouloir, l'époque juste de mes premières relations avec la dame Kornman.

Toutes les fois, disent-ils, *qu'elle venait dans la maison de notre maître, on lui apportait un enfant auquel elle donnait à teter.* Le fait est véritable. Or elle était donc accouchée, puisqu'elle allaitait son enfant ! Mais elle n'est accouchée que deux mois après être sortie de l'affreuse prison où elle en avait resté six ; ce qui, avec le temps nécessaire à ses couches, reporte en mars 1782 l'époque où cette dame m'a fait l'honneur de venir chez moi. C'est depuis ce temps seulement que j'ai eu celui de la voir, et de lui offrir mes services dans les divers quartiers où elle a successivement logé.

Tous ces détails sont fastidieux, mais la calomnie les commande ; et comme elle se traîne ici dans la fange, on est forcé de se baisser pour l'élever et l'exposer au jour, en la tirant avec dégoût par ses longues et hideuses oreilles.

J'ai dit que M. le Noir me permit d'accompagner le sieur Page, médecin-accoucheur, aux secours duquel on confiait la malheureuse incarcérée, lorsqu'il fut la tirer de la maison de force, en plein hiver, en pleine nuit, le 29 décembre 1781. J'ai dit combien je fus touché de sa douleur, de sa reconnaissance ; j'ai dit comment tout se passa, comment je les remis de ma voiture à la porte de l'accoucheur, en la reccommandant aux soins intéressés de cet homme CHARGÉ D'EN RÉPONDRE AU GOUVERNEMENT jusqu'à ce qu'elle fût rétablie. Je crus ma mission terminée ; et pendant six semaines qu'elle habita le plus incommode séjour, je ne l'y vis qu'une seule fois, fortement invité par elle dans un moment où on la croyait en danger. La déposition de cet homme et celle de l'infortunée sont dans les mains de M. l'avocat général. La calomnie est démontrée, et la preuve est faite au procès.

Cependant la dame Kornman était accouchée ; elle plaidait contre son mari, et le mari contre sa femme, sur différents objets et dans différents tribunaux. La mainlevée provisoire de la lettre de cachet n'en détruisant pas l'existence, on pouvait arrêter de nouveau la dame Kornman sans qu'il fût besoin d'un autre ordre. Mais le mari, qui s'occupait à ébaucher des traités avec elle, et qui les rompait brusquement, qui plaidait de nouveau, puis recommençait les traités quand la frayeur d'un jugement le pressait d'amadouer sa femme, avait tellement oublié l'ordre de détention et sa mainlevée seulement provisoire ; cette lettre de cachet était même à tel point sortie de la mémoire de tout le monde, que depuis six années le mari, ni la femme, ni le gouvernement, ni moi, nous n'y avons non plus songé que si elle n'eût jamais existé. Cependant elle est dans toute sa force, et la dame Kornman n'est libre que par l'oubli total qu'on a fait qu'elle ne l'est pas.

Or, par une logique digne du sage esprit de nos deux adversaires, c'est l'obtention en 1781 de cette mainlevée *provisoire* d'une lettre de cachet oubliée six années, qui sert aujourd'hui de prétexte à la vexation dégoûtante que ces ennemis nous suscitent. Je supplie le lecteur de peser de sang-froid cette circonstance majeure, trop oubliée dans les plaidoiries du Palais. Quel est donc leur projet ? — Lecteur, ayez patience, et vous serez instruit de tout. Avant la fin de ce mémoire, vous le connaîtrez parfaitement.

SECONDE IMPUTATION CALOMNIEUSE

DONT JE DOIS ME JUSTIFIER.

Affaire des Quinze-Vingts.

Le précepteur des enfants Kornman, dans le premier libelle qu'il a fait pour leur père, m'impute d'avoir, sans aucun autre droit que mon avide cupidité, voulu m'emparer de la grande affaire des Quinze-Vingts, de l'avoir amoindrie, dénigrée, pour l'obtenir à meilleur compte ; et d'avoir menti sciemment en disant et en écrivant que j'avais, *sans nul intérêt personnel*, examiné sévèrement cette affaire (dont on appréhendait la ruine), à la vive sollicitation de personnes du plus haut rang, qui avaient intérêt et *qualité* pour désirer d'en être instruites.

Si mes deux adversaires avaient à repousser une pareille inculpation, ils répondraient : Où est le mal ? les affaires sont à tout le monde ; on se les dispute, on se les joue, le plus habile a la partie. Une telle réponse est digne des ennemis que je combats. Mon honneur en exige une autre ; et je supplie les magistrats, à qui seuls elle est adressée, de la juger à la rigueur.

Certes, si j'ai voulu ravir l'entreprise des Quinze-Vingts à ses premiers propriétaires, et si j'ai mis indécemment en jeu des noms augustes et respectés pour couvrir mon projet honteux, je mérite bien les injures dont m'accablent depuis deux ans le sieur Kornman et son précepteur, et jusqu'à l'avocat de ce précepteur-là, lequel, ces jours derniers, plaidait au parlement devant quatre mille personnes, qu'il me défiait de présenter la moindre preuve d'une prière qui m'eût été faite, ou d'une mission qui m'eût été donnée par M. le cardinal de Rohan ou Mgr le duc de Chartres, d'examiner l'affaire des Quinze-Vingts, *lorsqu'il est bien prouvé*, dit-il, *que tous les deux ont désavoué le sieur de Beaumarchais*.

Quel auditeur, même attentif, supposerait, contre une provocation si fermement articulée, que l'on pût élever la moindre suspicion ? Celui qui ne sait pas douter en écoutant aux audiences, connaît peu jusqu'à quel degré d'indécence et d'audace d'infidèles défenseurs prostituent leur plume ou leur voix dans les plaidoiries de nos jours : se faisant un jeu barbare de l'indifférence publique, de la facilité que nous avons à croire, et surtout comptant bien sur les appuis de la malignité qui ne manque jamais à celui qui injurie, il n'est point de mensonge et de grossière calomnie qu'ils ne hasardent en plaidant ; certains de les faire adopter, lorsque l'insulte porte sur un homme qu'ils jugent n'être pas tout à fait indigne de l'attention publique : il semble alors que la tourbe des malveillants n'attende que le signal de leurs injures pour exhaler le long retentissement que donnent les moindres succès. Les avocats, dit-on, ont de grands privilèges. Heureusement que tous n'en usent pas. Il faudrait déserter le barreau, ne pouvant plus le réformer. Arrêtons-nous. Ce n'est pas me plaindre qu'il faut, mais convaincre que j'ai raison.

Il y avait environ cinq mois que la dame Kornman était libre. Elle me faisait l'honneur de venir quelquefois chez moi, car sa reconnaissance ne s'est jamais démentie. Déjà son mari avait entamé et rompu plusieurs plans de réconciliation avec elle, lorsque M. le cardinal de Rohan me fit prier par le sieur abbé Georgel, vicaire général de la grande aumônerie de France, et gouverneur de l'hôpital royal des Quinze-Vingts à Paris, d'aller conférer avec lui sur une affaire très-importante, où mes conseils et mon concours seraient, disait-on, fort utiles.

J'eus l'honneur de me rendre chez S. A. É., *qui me pressa très-vivement* de prendre un intérêt quelconque dans la grande affaire des Quinze-Vingts, dont les propriétaires actuels, fort embarrassés, me dit-il, me céderaient la part que j'y voudrais à des conditions honorables, *et surtout fort avantageuses*. Le prince-cardinal ajouta que si je consentais à me mettre à la tête, en prêtant à l'affaire huit ou neuf cent mille livres, je l'obligerais infiniment lui-même comme vendeur au nom du roi, et sauverais une grande entreprise qui semblait menacée de sa ruine.

M. le cardinal et M. l'abbé Georgel, réunis, n'omirent rien pour m'y déterminer. Mais voyant mes constants refus dans différentes conférences, à la fin convaincus que rien ne pouvait me faire rentrer dans cette affaire, il se réduisirent à me prier de donner au moins quelque temps à l'examen sévère du triste état de l'entreprise, sinon pour moi, du moins pour eux ; m'ajoutant que le sieur Seguin, l'un des directeurs, ou le sieur Kornman, *caissier*, en un mot qui je nommerais, viendrait avec les actes, les livres, les comptes, et tous les renseignements nécessaires, travailler dans mon cabinet.

Au nom de Kornman je fis un mouvement dont il fallut donner l'explication. Je racontai au prince-cardinal tout ce qu'on a lu ci-dessus ; mais ne pouvant lui refuser ce que S. A. É. me demandait avec tant de grâces et d'instances, je rejetai toute entrevue d'affaires avec Guillaume Kornman, et consentis de recevoir le sieur Seguin, son associé, ou telle autre personne, pour étudier par quel moyen on pourrait sauver cette affaire.

Mais je ne consentis à faire ce travail pénible que sur la promesse formelle de S. A. É. qu'elle emploierait tout le crédit que les circonstances lui donnaient sur le sieur Guillaume Kornman à lui faire rendre justice à sa femme ; à rapprocher cette malheureuse mère de ses enfants qu'elle adorait, qu'elle avait tous deux allaités, et qu'elle pleurait tous les jours ; à se raccommoder avec elle : non que je lui dissimulasse mon mépris qui perçait pour un homme de ce caractère ; mais c'est que mon opinion sur le devoir des mères était plus forte que mon mépris.

S. A. É. me promit ce salaire de tous mes soins. Le sieur Seguin vint travailler chez moi, m'apporta les actes, les livres, les comptes du sieur Kornman, *comptable* ; tous ceux des locations et des entrepreneurs des Quinze-Vingts. Je fis sur un cahier mes observations, mes demandes, que le sieur Seguin répondit en marge.

J'ai les lettres, les actes, les comptes, les demandes, les réponses et la minute du tableau général de l'affaire, que je remis, après trois mois de travail, à M. le cardinal de Rohan et à M. l'abbé Georgel, ou plutôt je ne les ai plus; je les ai déposés chez M. l'avocat général, comme pièces justificatives des faits que je viens d'avancer.

S. A. É., dans la bonté de son cœur, ne sachant comment s'acquitter des grands travaux que j'avais faits pour elle, me réitéra sa promesse d'employer les plus grands efforts pour raccommoder le ménage des sieur et dame Kornman. Ce dernier le sollicitait de lui prêter quarante mille livres, dont il avait un grand besoin. M. le cardinal m'assura que, ne les ayant pas alors, il les emprunterait pour l'en aider, pourvu qu'il donnât sa parole de faire justice à sa femme.

Que vous ajouterai-je, messieurs ? l'homme promit tout pour avoir cette somme. S. A. É. l'emprunta, la lui prêta sur sa parole; et sitôt le prêt accompli, le sieur Kornman obtient arrêt de surséance sur un faux état de ses dettes, dans lequel ni la dot de sa femme, ni les quarante mille livres de M. le cardinal, ni ce qu'il devait aux Quinze-Vingts, n'entrèrent (cet état, écrit de sa main, est dans celles de M. l'avocat général); et, la surséance obtenue, le banquier cessa ses payements, s'enfuit avec l'argent du cardinal à Spa, pendant qu'on vendait à Paris et ses chevaux et sa voiture par ordonnance du lieutenant criminel : c'est là ce qu'il appelle ne pas faire banqueroute. C'est ainsi qu'il rompit l'accord trompeur avec sa femme, minuté chez M⁰ Mommet, mon notaire, et dont la signature était retardée par le sieur Kornman lui-même sous différents prétextes, depuis plus de huit jours. Tous ces faits sont si improbables, qu'on ne peut forcer à les croire sans en administrer les preuves.

Les plus authentiques se tirent de la déposition de M. le cardinal de Rohan, faite à l'abbaye de Marmoutiers, devant le lieutenant criminel au bailliage de Tours, par commission rogatoire du lieutenant criminel au Châtelet de Paris.

Lequel a déclaré (car il a dû le faire, et je ne crains pas qu'il y ait manqué) que c'est *à sa vive instance* que j'ai usé plus de trois mois à nettoyer l'affaire des Quinze-Vingts, sans y avoir d'autre intérêt que celui de rendre service, et refusant toute association.

Elles se tirent de la déposition du sieur abbé Georgel, faite à Saint-Diey en Lorraine, devant l'assesseur civil et criminel au bailliage de cette ville, par même commission rogatoire de M. le lieutenant criminel du Châtelet. Or, si ces dépositions démentent un seul des faits articulés, je me dévoue à l'horreur publique, comme un imposteur punissable, et comme un vil malhonnête homme.

Ces pièces probantes, jointes à celles de mes travaux sur l'affaire des Quinze-Vingts, avec les actes, réponses, notes et lettres du sieur Seguin, faisant pour le sieur Kornman et autres associés, qui sont aussi entre les mains de M. l'avocat général, font preuve, auprès des magistrats, de la coupable audace avec laquelle on a plaidé verbalement et par écrit, que, sans prière ni mission de personne; j'avais voulu *m'emparer de l'affaire des Quinze-Vingts*, lorsque je n'en ai fait le pénible dépouillement qu'à la prière instante et prouvée des personnes augustes intéressées à le connaître, et sans avoir voulu prendre la moindre part à son produit, quel qu'il pût un jour devenir.

Laissez donc là tous ces calomnieux verbiages, sans aucun fait, sans preuve et sans logique, dont vous aveuglez le public attentif et trop crédule. Inscrivez-vous en faux, si vous l'osez, contre les preuves que je donne, et que le menteur reconnu soit marqué d'un fer chaud au front ou à la joue; il mérite en effet d'être défiguré. Les Romains les marquaient avec la lettre K, initiale que vous connaissez bien.

Vous avez dit, Guillaume Kornman, ou plutôt on a dit pour vous, et l'on a fait imprimer (page 37 de votre premier libelle), que M. le cardinal vous avait dit : « Je « vous réponds de Beaumarchais; il m'a des obliga- « tions particulières. Dans ce moment je vais le faire « payer par M. Joly de Fleury de toutes les fournitures « qu'il a faites pour l'Amérique; mais je l'ai prévenu « que ce remboursement n'aurait lieu qu'autant qu'il « vous aurait lui-même *remboursé*. » (Ne dirait-on pas, à cette phrase, que je leur devais de l'argent !)

Gens d'honneur, lisez ma réponse. Elle est divisée en deux parts, de fait et de raisonnement. Le fait sans réplique, je le tire de la déposition juridique de M. le cardinal de Rohan, et d'une lettre de lui que j'ai remise, avec les autres pièces, dans les mains de M. l'avocat général.

Voici ce que la lettre porte, après quelques autres détails : « Je ne comprends pas, *m'écrit Son Éminence*, « comment le sieur Kornman a osé parler de moi avec « le ton d'une réticence véritablement coupable. S'il a « pu oublier que je l'ai obligé et qu'il m'a trompé, il « ne pouvait du moins se dissimuler que tout ce qu'il « dit est faux, particulièrement quand il parle de mes « préventions. Assurément j'ai prouvé par le fait que, « si j'en avais, elles lui étaient favorables, *puisque j'ai « emprunté pour avoir la possibilité de lui prêter*. Si mes « dispositions ont changé, sa conduite en aurait été la « cause, puisqu'il m'a trompé. Alors ce n'est sûrement « pas à lui d'en parler.

« Il dit bien faux aussi lorsqu'il prétend que je l'ai « assuré que vous étiez mon obligé. Je n'ai jamais été « à portée de vous être utile; *c'est moi, monsieur, qui « suis votre obligé*, car il est très-certain que je vous ai « pressé et sollicité vivement de prendre connaissance « et de vous intéresser même dans l'affaire des Quinze- « Vingts. Vous avez bien voulu y donner vos soins ; « vous avez tiré du chaos et éclairé une affaire *qu'on « avait intérêt de traîner dans l'obscurité*. Non-seule- « ment vous avez donné votre travail et vos peines, « mais en outre je n'oublierai jamais *que vous m'avez « témoigné le regret sincère que la situation de vos pro- « pres affaires ne vous permit pas de nous aider de vos « fonds*; et je vous en dois d'autant plus d'obligations,

« qu'avant cette époque je n'avais pas été à portée de
« vous connaître particulièrement, quoi qu'en dise le
« sieur Kornman, page 36 de son mémoire, etc. »

Son Éminence ne vous a donc pas dit, comme vous l'imprimez faussement, imposteurs, que je lui avais des obligations particulières; entre autres celles de me faire payer par M. Fleury, alors ministre des finances, huit ou neuf millions que me doivent les divers États d'Amérique? Si ma preuve de fait est bonne, celle de raisonnement ne l'est pas moins.

A quel titre, bon Dieu, aurais-je fait solliciter notre gouvernement de France, qui lui-même a une créance de trente millions au moins à exercer sur l'Amérique, de me rembourser pour ces nouveaux États-Unis l'argent de mes services rendus, celui d'immenses fournitures auxquelles la France ne peut jamais être obligée, quoique par politique elle y prît un grand intérêt? Ils me font faire l'ineptie de demander à mon pays, qui ne me doit rien, de me payer ce qu'un autre peuple me doit, parce que ce peuple est en retard avec moi, et peut-être a les plus grands torts, dont il n'est pas temps de parler; et cela sous la condition de prendre l'intérêt de Guillaume Kornman dans l'entreprise des Quinze-Vingts ! On n'a jamais cumulé tant de fausseté, d'ignorance et de bêtise en aussi peu de lignes, surtout les supposant sorties de la bouche d'un homme du rang, du caractère et de la véracité de M. le cardinal de Rohan.

C'est ainsi cependant qu'ont partout raisonné l'honnête Guillaume Kornman et cet homme nouveau, qui, de garçon magnétiseur, qui, de précepteur au baquet, s'était fait précepteur des enfants Kornman, en attendant qu'il se donnât pour le précepteur du public, et s'arrogeât indécemment l'honneur de nous avoir rendu nos magistrats, en forçant la main du monarque ! Sa puérile vanité a, dit-on, quelque chose de risible : cela peut être ; mais moi je ne l'ai jamais vu.

Ils m'avaient outragé pour un service rendu, *malgré mes répugnances*, à la dame Kornman; il était conséquent à leurs dignes principes qu'ils m'outrageassent encore pour un service rendu, *malgré mes répugnances*, à l'affaire des Quinze-Vingts, à M. le cardinal, à Mgr le duc de Chartres, et à tous les intéressés.

TROISIÈME IMPUTATION CALOMNIEUSE

DONT JE DOIS ME JUSTIFIER.

Les plans de conciliation.

Je me suis, dit-on, opposé par toutes sortes de moyens au rapprochement douloureux de cette femme infortunée avec un avide mari.

J'ai dit, j'ai imprimé, ma religion est que, « lors-
« qu'une pauvre femme a épousé un méchant homme,
« sa place est d'être malheureuse auprès de lui, comme
« le sort d'un homme est de rester aveugle quand on
« lui a crevé les yeux. »

Ce principe, d'où dérive le bon ordre dans les familles; qui maintient la décence publique, propre seule à couvrir les fautes particulières ; ce principe a servi de base à ma conduite en cette affaire.

Une avide cupidité avait fait exposer la sagesse et les mœurs d'une jeune femme par le mari qui dut les protéger. Le scandale public de la détention de la dame avait suivi, sans intervalle, le renversement de l'espoir d'une caisse que la disgrâce d'un ministre venait d'ôter à ce mari.

Ce n'était pas assez pour moi d'avoir rendu l'infortunée à la liberté que tout être doit avoir d'invoquer les tribunaux quand son honneur ou ses intérêts sont blessés : la voyant sans cesse affligée d'être privée de ses enfants, j'établissais et je fondais sur sa sensibilité même la nécessité d'une réconciliation entre elle et son cruel mari. Que voulez-vous, disais-je, que pensent un jour vos enfants, s'ils doivent partager leur respect entre des parents séparés ? Ils rougiront bientôt ou pour l'un ou pour l'autre, et peut-être de tous les deux ! — Je serai malheureuse ! — Il faut l'être. Sous cette forme, au moins, vous serez plainte et respectée ; et sous celle où vous gémissez, vous êtes outragée, sans être moins souffrante...

J'étais bien loin d'imaginer alors qu'un jour un père sans pudeur amènerait à l'audience la fille de cette dame, âgée de treize années, son fils âgé de neuf à dix, pour entendre vomir contre leur mère des atrocités supposées. Si tout le public indigné ne venait pas d'être témoin de cette horreur gratuite, ils publieraient que je les calomnie ! Que peut-il résulter, pour ces enfants infortunés, d'une démarche aussi coupable ? D'être bien convaincus que leur mère est déshonorée, ou que leur père est un infâme. Et ces gens-là invoquent la pitié !

J'avais donc insisté sur ce que la malheureuse femme sacrifiât ses ressentiments d'épouse à sa sensibilité maternelle.

Très-disposée à suivre cet avis, la dame Kornman avait soin de m'avertir de toutes les lueurs de rapprochement qu'on faisait paraître à ses yeux. Aussitôt je m'empressais, je courais, je faisais de vives sollicitations.

Maître Mommet, longtemps notaire des sieurs Kornman et le mien, pardon ; je vous ai fait assigner à déposer devant justice tout ce que vous saviez de ma conduite à cet égard.

Avez-vous dit combien de fois je me suis transporté chez vous pour travailler à ce rapprochement ? les conférences que j'y ai eues avec vous et le frère du mari coupable ? Avez-vous reconnu les billets que vous avez écrits et ceux que vous avez reçus, les démarches que vous avez faites et celles que j'ai faites moi-même ? Avez-vous montré l'acte minuté par vous, accepté de toutes les parties, et qui n'a pas eu l'achèvement des signatures, parce qu'un perfide époux, après avoir joué pendant trois mois M. le cardinal de Rohan, l'abbé Georgel, et moi, et sa femme, et vous-même, et tous ses amis réunis, a fermé sa caisse un matin, s'est enfui, et n'est revenu, sur un arrêt de surséance, que pour tourmenter de nouveau la plus malheureuse des femmes?

Maître Turpin, avocat aux conseils, et le conseil de ce mari; vous que j'ai fait assigner aussi, comme tant d'autres honnêtes gens, pour déposer de ma conduite, avez-vous reconnu vos lettres, et certifié l'empressement que j'ai mis à rapprocher ces époux, ce que vos réponses attestent? Avez-vous enfin déclaré que je pris de l'humeur contre vous, croyant que vous nuisiez à ce rapprochement, ce qui prouve combien je m'y intéressais?

Monsieur l'abbé Georgel, vous qui avez déposé, devant le lieutenant civil et criminel de Saint-Diey, tous les faits que je viens d'attester, avez-vous reconnu quatre lettres de Guillaume Kornman écrites à vous, sur la transaction amiable que je poursuivais vivement, et que vous m'envoyâtes avec des apostilles de votre main, lesquelles prouvent, ainsi que votre témoignage, avec quelle ardeur je me portais à finir cette transaction? Sentiment humain, généreux, qu'on me dispute avec tant de bassesse!

Monseigneur le cardinal de Rohan, vous qui n'avez pas hésité, devant le lieutenant du bailliage de Tours, de rendre hommage à la vérité sur ma conduite généreuse dans l'examen que vous m'avez prié de faire de l'entreprise des Quinze-Vingts; vous êtes-vous souvenu, monseigneur, d'y parler de l'unique salaire que je vous demandai pour mes longs travaux accomplis? Avez-vous dit que ce salaire était que vous daignassiez rapprocher une très-malheureuse mère de ses enfants qu'elle pleurait, de cet indigne époux qui l'avait si fort maltraitée, et près duquel néanmoins elle consentait à souffrir, à verser des larmes amères, pourvu qu'elle vît ses enfants?

Maître Gomel, vous qui fûtes longtemps l'ami, le conseil du mari; vous dont l'esprit conciliateur est le caractère distinctif, et que j'ai fait assigner aussi, vous êtes-vous souvenu de mes démarches auprès de vous, lorsqu'en 1786 vous engagiez M. le Noir à tâcher d'arranger un procès déshonorant, que les associés de Kornman lui faisaient pour des dilapidations reconnues dans l'affaire des Quinze-Vingts? Vous êtes-vous rappelé, dis-je, que je vous suppliai de demander à M. le Noir, pour condition des grâces qu'il faisait faire à ce misérable homme, qu'il rendît justice à sa femme, et se raccommodât avec celle qui renonçait à sa fortune, l'en rendait le maître absolu, pourvu qu'il consentît, hélas! qu'elle vécût auprès de ses enfants?

Avez-vous dit que, dans les comités d'administration, MM. le Noir, Gogeart, et plusieurs autres personnes, ayant reconnu qu'il était trop contraire aux intérêts du roi que Sa Majesté prît pour son compte l'intérêt de Guillaume Kornman dans l'affaire des Quinze-Vingts, seule condition cependant à laquelle cet homme mettait son raccommodement avec la malheureuse mère, vous me demandâtes si je ne pourrais pas déterminer Sainte-James à acquérir cet intérêt au prix d'autres valeurs, lesquelles assureraient et la dot et la paix de la dame

Kornman? Avez-vous dit avec quelle ardeur j'y courus? comment je fus prier Sainte-James de nous rendre ce bon office; lequel ne s'y refusa que parce qu'il se croyait déjà trop enfoncé dans cette fâcheuse affaire, ce qui rompit la négociation?

Et vous, monsieur le Noir, dont l'honorable témoignage ne saurait rester infirmé par les infâmes calomnies d'un Kornman et d'un Bergasse, avez-vous attesté, dans votre déposition, les prières que je vous fis, à l'époque de Me Gomel, d'employer toute votre influence sur un homme que vous sauviez du déshonneur, pour l'engager à rendre justice à sa femme, à la remettre auprès de ses enfants?

Oui, vous l'avez tous déposé, car vous êtes des hommes respectables, honorables, recommandables, d'honnêtes gens enfin; tous convaincus que la délicatesse oblige à souffrir l'importunité d'une déposition juridique, lorsque la justification d'un homme d'honneur outragé, calomnié, dépend du témoignage qu'il attend, qu'il exige de votre véracité.

Toutes vos dépositions sont entre les mains de M. l'avocat général; et cette portion du public qui applaudit encore aux noirceurs qu'on a tant imprimées, ne sait pas que l'affaire est déjà décidée dans l'opinion des magistrats; qu'ils ont mes preuves sous les yeux; que c'est sur cette foule de pièces que ceux du Châtelet ont lancé les premiers décrets contre deux calomniateurs, dont la rage aujourd'hui se venge d'eux par des outrages. Les a-t-on vus faire autre chose qu'entasser des horreurs nouvelles pour couvrir d'anciennes horreurs, et noyer le fond de l'affaire dans une mer d'injures étrangères aux objets sur lesquels ils sont poursuivis?

Augustes magistrats, quand vous avez si noblement voté pour la liberté de la presse, vous avez bien sous-entendu que cette liberté ne pouvait être utile qu'autant qu'on punirait sévèrement et son abus et sa licence. Vous l'établirez en principes; vous le devez à la nation, qui brûle d'en faire une loi; vous vous le devez à vous-mêmes. Les calomniateurs n'ont épargné personne.

QUATRIÈME IMPUTATION CALOMNIEUSE

DE GUILLAUME KORNMAN, DONT JE DOIS ME JUSTIFIER.

Sa faillite.

J'ai causé, dit-il, sa ruine, forcé la cessation de ses payements, et sa fuite (qu'il ne veut pas qu'on nomme banqueroute) en le diffamant en tous lieux.

Ici ma justification est courte, elle est nette, elle est péremptoire.

Les affaires de cet homme étaient fort dérangées; je m'intéressais à sa femme, qui ne pouvait retrouver sa dot que dans le rétablissement du crédit délabré de son persécuteur. L'examen des Quinze-Vingts m'ayant appris qu'elle avait tout à craindre, aurais-je cherché à ruiner celui dont son sort dépendait? Voilà ce que le seul bon sens fait concevoir à tout le monde. Mais une accusation directe ne se repousse point par des probabilités.

J'ai déposé, avec les autres pièces, la lettre circulaire que Frédéric Kornman répandit dans le public, lorsque Guillaume son frère prit la fuite. Cette maison ne dit pas alors que mes diffamations avaient altéré son crédit. Voici les motifs qu'elle donne à sa faillite inattendue, dans cette lettre circulaire :

« Notre discrédit provient essentiellement du fait de
« notre frère cadet et associé, qui s'est livré personnel-
« lement à l'entreprise de l'exploitation des Quinze-
« Vingts; entreprise dans laquelle il a placé des fonds
« considérables, à cause des bénéfices qu'elle présen-
« tait, et qui peuvent en effet en résulter. Le public a
« cru que c'était la maison de commerce qui y avait un
« intérêt direct. Cette opinion, jointe à des divisions
« domestiques dans la maison de notre frère cadet, a
« répandu l'alarme, et donné sur notre maison des in-
« quiétudes si fortes, qu'on nous a demandé des rem-
« boursements de capitaux *conséquents*[1], » etc.

Et le 19 août intervint ordonnance de M. le lieutenant criminel. Le procureur du roi joint aux plaintes de créanciers, etc., portant ces mots sacramentaux :

« Nous, vu les conclusions du procureur du roi, di-
« sons que les scellés apposés *après l'absence du sieur*
« *Kornman* par le commissaire *Ninin*, etc..., seront le-
« vés, etc..., titres, papiers, registres, tendants à con-
« viction, etc..., apportés, déposés au greffe criminel,
« *pour servir à l'instruction du procès*, etc. Et dès à
« présent, *attendu l'absence dudit Kornman*, il sera
« par, etc., *procédé à la vente des chevaux* trouvés en
« la demeure dudit *Kornman*, et ce en présence de
« M. *Bélanger*, l'un des substituts; etc. *Signé* : BA-
« CHOIS. »

Ses dettes causaient donc sa fuite; ses créanciers, et non pas moi, le poursuivaient au criminel; on allait lui faire son procès comme ayant pris la fuite après avoir fait sa faillite, qu'il ne veut pas qu'on nomme *banqueroute*.

Mais moi, quel tort commercial ai-je fait à ce Kornman? J'avais secrètement prévenu M. le cardinal de Rohan de mes frayeurs à son sujet. Son Éminence, en qualité d'administrateur pour le roi dans la vente des Quinze-Vingts, ne pouvait voir avec indifférence le désordre de Kornman, *comptable et caissier* de l'affaire (ce qu'ils appellent *surveillant*), car le précepteur a trouvé des dénominations pour tout. J'avais aussi prévenu monseigneur le duc de Chartres, également intéressé dans l'affaire en ce que son trésorier, l'un des acquéreurs des Quinze-Vingts, pouvait compromettre ses fonds en soutenant ce Kornman. Je voyais bien que ce dernier se dérangeait dans ses affaires; mais j'étais loin de supposer que sa faillite fût si prochaine.

Comment l'aurais-je soupçonné, lorsque, dans quatre lettres, des 22, 25, 27 et 28 juillet (c'est-à-dire de quatre jours avant qu'il prît la fuite), adressées à l'abbé Georgel, on lit ces propres mots; dans celle du 22 juillet, sur les soupçons que je montrais de la fausseté de cet homme, il écrivit au sieur abbé Georgel : « Je suis
« incapable de jouer qui que ce soit, encore moins des
« personnes aussi respectables que M. le cardinal. »

Il savait donc que moi, l'un des conciliateurs, mettais en doute sa bonne foi?

Et plus bas, dans la même lettre : « Je suis prêt à
« donner les douze mille livres (*de pension*) à ma femme;
« et pour ses diamants, je les remettrai moi-même à sa
« famille, attendu que mon conseil, aussi bien que
« M⁰ Mommet (*le notaire qui dressait l'acte*), m'ont ob-
« servé que je ne pourrais avoir de ma femme une dé-
« charge suffisante. »

Quoi! Kornman, vous offriez douze mille francs de pension et ses diamants à cette femme horrible, qui, après avoir tout trahi, avait attenté à vos jours! etc., etc. Ah! vous ne vouliez que tromper; vous alliez finir sous peu de temps!

Et ceux-ci, dans celle du 28 : « J'ai cherché hier
« M. Turpin (*son conseil*), sans pouvoir le joindre; et
« je me suis rendu ce matin de très-bonne heure chez
« lui, *pour lui communiquer le plan de conciliation avec*
« *ma femme*. Il était enfermé pour affaires essentielles;
« il m'a prié de le lui laisser, afin qu'il y puisse faire
« ses observations. »

Et ces mots dans celle du 28 : « L'affaire des Quinze-
« Vingts ayant *essentiellement* intéressé monseigneur le
« cardinal, et M. de Beaumarchais s'en s'occupant,
« S. A. É. sera sans doute instruite de son succès. »

Il savait donc très-bien que c'était aux instances de M. le cardinal que j'avais consenti de faire un travail aussi dégoûtant?

Et ces mots dans la même lettre : « J'aurais été
« charmé de vous rendre compte d'une entrevue *que*
« *j'ai eue hier avec ma femme* chez M. le lieutenant de
« police. Il ne me paraît pas possible qu'on puisse ter-
« miner cette affaire » (*celle de l'accord avec sa femme*)
« demain matin chez M⁰ Mommet; car *on* ne m'a rien
« fait connaître encore sur les observations de M⁰ Tur-
« pin. »

Vous apprendrez plus bas, lecteur, dans une lettre de moi, du 4 août suivant, qu'il dit alors à sa malheureuse femme, laquelle me le redit sur-le-champ : *Oh! d'ici à huit jours on verra bien d'autres nouvelles!*

C'était sa faillite et sa fuite qu'il annonçait par ce discours.

Et ces quatre lettres sont en original dans les mains de M. l'avocat général.

Et cet *on*, qui ne lui avait rien fait connaître, dit-il, sur les observations de M⁰ Turpin, c'était moi-même; et il avait toutes mes observations, et il éludait, allongeait, usait le temps, trompait tout le monde, pour attraper le jour où il recevait l'argent de surséance que lui procurait si bénignement M. le Noir, qu'il en a bien récompensé; pour attraper, dis-je, le jour où il pourrait s'enfuir avec les quarante mille livres que M. le cardinal avait empruntées pour les lui prêter : ce qui ar-

---

[1] Terme impropre et du bas langage, qui se glisse dans les discours.

riva quatre jours après. J'appris en même temps sa faillite et son arrêt de surséance, le 5 août 1782. Qu'on juge de ma surprise! Veut-on des preuves sans réplique de la colère où je tombai? je les tire des lettres suivantes, que l'indignation m'arracha dans l'instant même de sa fuite.

Leur style seul fera juger si j'avais préparé, si j'avais pu prévoir cette dernière scélératesse.

A qui écrivis-je ces lettres? Aux quatre personnes seules qu'elles pussent intéresser : à M. le cardinal ; à monseigneur le duc de Chartres ; à M. Amelot, ministre, qui venait de donner arrêt de surséance aux frères Kornman ; à M. le Noir enfin, qui le leur avait procuré.

A M. Amelot, ministre et secrétaire d'État au département de Paris.

« Paris, ce 4 août 1782.

« Monsieur,

« Sans chercher à nuire aux sieurs Kornman, à qui vous avez eu la bonté, dit-on, de faire accorder un arrêt de surséance, j'ai l'honneur de vous prévenir que M. le cardinal de Rohan *m'a très-instamment prié*, longtemps avant son départ, de jeter un coup d'œil sévère sur l'administration de l'affaire des Quinze-Vingts, dont Son Éminence a vendu les terrains à une compagnie au nom du roi ; que monseigneur le duc de Chartres m'a fait la même demande avec une égale instance, parce que son trésorier, qui ne lui a pas encore rendu ses comptes, est à la tête de cette acquisition avec le sieur Guillaume Kornman.

« A l'examen austère que j'ai fait de cette affaire, j'ai trouvé qu'il y avait bien du tripotage, et même un peu du désordre qui a entraîné la chute de Kornman. Forcé de faire ôter la caisse de cette entreprise à ce dernier, pour que le mal n'augmentât pas, j'ai exigé de lui des comptes rigoureux sur sa gestion : et une foule de choses m'ont alors convaincu qu'il a ménagé de très-loin la faillite qu'il fait aujourd'hui.

« En l'absence de M. le cardinal de Rohan, dont je stipule ici les intérêts, dans sa qualité d'administrateur des Quinze-Vingts ; pour les intérêts de monseigneur le duc de Chartres ; et en faveur d'une compagnie *débitrice envers le roi de dix-huit cent mille livres, à laquelle la faillite de Kornman et ses suites peuvent porter un coup affreux*[1], j'ai l'honneur, monsieur, de vous prier de vouloir bien excepter de la surséance accordée au sieur Kornman tout ce qui tient à ses relations avec l'affaire des Quinze-Vingts.

[1] Dans leur premier libelle, en donnant copie de cette lettre, ils ont substitué *des points* à la phrase que je mets exprès ici en italique. Leur double intention était de faire croire qu'il y avait là des choses trop malhonnêtes pour être citées, et surtout d'empêcher qu'on ne lût qu'ils étaient débiteurs envers le roi de *dix-huit cent mille livres*; car alors on aurait senti l'indispensable nécessité où j'avais été d'éclairer le ministre qui venait d'accorder sans restriction un arrêt de surséance aux Kornman, débiteurs des Quinze-Vingts, moi chargé par monseigneur le cardinal de bien veiller aux intérêts du roi. C'est partout, de leur part, la même fidélité!

« Je fais la même supplique à M. le Noir, qu'on a sûrement trompé sur l'état des choses, si l'arrêt de surséance est accordé sans restriction.

« Il importe aux intérêts du roi, de M. le cardinal, et à ceux de monseigneur le duc de Chartres, et à celui d'une affaire majeure que la mauvaise conduite de Kornman a traînée dans la boue, que vous ayez la justice, monsieur, de faire ordonner la restriction que je vous demande.

« Accablé comme je le suis de mes propres affaires, celle-ci devait m'être éternellement étrangère ; mais deux personnes augustes *m'ont fait de si vives instances* de porter le flambeau de l'austère équité dans une caverne obscure et méphitique, que je n'ai pu me dispenser de travailler à éclairer votre religion, abusée sur cet objet important.

« En l'absence de l'un et de l'autre, et sans autre mission que celle que j'ai l'honneur de vous indiquer, mais que je crois la plus forte de toutes, je me hâte de vous représenter, monsieur, la nécessité d'une aussi grave exception dans la surséance accordée par le roi à la maison Kornman. Je souhaite beaucoup que Guillaume Kornman soit plus digne de votre protection dans ses autres affaires que dans celle des Quinze-Vingts, où il s'est comporté de la manière la plus répréhensible; et c'est le plus doux adjectif que je puisse employer pour désigner une conduite absolument inexcusable.

« Je suis avec le plus profond respect,

« Monsieur,

« Votre, etc.

« *Signé* : Caron de Beaumarchais. »

A M. le Noir, lieutenant général de police.

« Paris, ce 4 août 1872.

« Monsieur,

« Forcé de partir à l'instant pour Rochefort et Bordeaux, j'ai l'honneur de vous prévenir que, dans l'excès de votre bonté pour Kornman, si vous lui avez fait accorder un arrêt de surséance sans restriction, votre bonté vous entraîne au delà de votre justice. Ayez la complaisance, je vous prie, de jeter un coup d'œil sérieux sur ma lettre à M. Amelot, dont j'ai l'honneur de vous faire passer copie, et vous regretterez sûrement d'avoir substitué votre commisération à la justice publique, dont vous êtes un des dispensateurs.

« Je ne vous parle pas de sa malheureuse femme. *Il a eu l'impudence de me dire que c'était vous qui lui aviez conseillé de la faire enfermer, et que vous vous étiez chargé de tout, en écrivant à M. Amelot. Vous voyez ce que mérite un pareil homme.*

« Il y a trois mois qu'il ballotte M. le cardinal de Rohan, l'abbé Georgel, et moi, et sa femme, et mon notaire, et tous ses amis ; tous les actes ont été faits, et tout cela n'était que pour amener la vile catastrophe qui lui a valu votre arrêt de surséance. Notez encore qu'il y a huit jours il a dit à sa femme en riant, chez vous-même : *Oh! d'ici à huit jours on verra bien d'autres nouvelles!*

« Ma lettre à M. Amelot vous montrera quelle espèce d'intérêt je prends à tout ceci; la conduite de cet homme dans l'affaire des Quinze-Vingts est digne de la paille des prisons.

« Je vous supplie, monsieur, de concourir à faire mettre à la surséance la restriction de l'affaire des Quinze-Vingts, à laquelle il doit des comptes rigoureux.

« En vérité, tout cela fait horreur.

« Il est bon que vous soyez instruit de toutes ces choses, afin que des lumières reçues à temps sur des affaires remplies de vilenies vous empêchent de regretter, quand il serait trop tard, d'avoir prodigué à des sujets indignes des bontés qui feraient le salut de mille honnêtes malheureux.

« J'ai l'honneur d'être, avec l'attachement le plus respectueux,

« Monsieur,

« Votre, etc.

« Signé : Caron de Beaumarchais. »

A Son Altesse Éminentissime monseigneur le cardinal de Rohan.

« En partant pour Rochefort; Paris, ce 4 août 1782.

« Monseigneur,

« Instruit, comme vous l'avez été par l'abbé Georgel, de toutes les menées par lesquelles Kornman s'est joué de ses paroles données à V. A. et à nous, vous croyez tout savoir; mais ce que vous savez n'est rien. La rocambole de ses manœuvres est une bonne banqueroute qu'il a faite hier matin, après avoir eu toutefois la précaution de se munir d'un bel arrêt de surséance. Vous concevez, monseigneur, à quel point la colère et l'indignation m'ont soulevé contre lui. Pour de l'étonnement, j'en ai fort peu ressenti; car sans ce projet ignoble, infâme, toute sa conduite était une énigme inexplicable. Le triomphe maintenant, dans son âme de boue, d'avoir joué tout le monde, et d'être arrivé à son but à travers la coquinerie, le mensonge et la plus vile bassesse.

« Je vous en demande pardon, monseigneur; mais voilà pourtant l'homme pour lequel vous avez fait jouer la grosse sonnerie des privilèges strasbourgeois contre la justice réclamée par la plus malheureuse des femmes. Toutes les sollicitations à cet effet n'avaient pour but que d'attraper le 31 juillet, et d'avoir, avant de manquer, vos quarante mille livres et les cinquante-quatre mille livres du trésor royal.

« Mais un arrêt de surséance obtenu sur simple requête par un banquier de Paris, et sans égard aux créanciers d'un tel homme, me paraît une chose si farouche, que je me suis hâté d'écrire à M. Amelot la lettre dont j'ai l'honneur d'envoyer copie à V. A., pour faire au moins excepter l'affaire des Quinze-Vingts (à qui ce galant homme doit des comptes) des effets de la noble surséance accordée au nom de roi.

« En lisant cette lettre, V. A. verra comment, en l'absence de M. l'abbé Georgel, prenant conseil de ma raison et de votre droit, je demande hautement l'exception qui est due à une affaire débitrice du roi, à une affaire où V. A. est administrateur pour le roi, etc., etc.

« Nous espérons, monseigneur, que le premier acte de votre justice, après cette lecture, sera de faire désister la ville de Strasbourg de son droit de juger la séparation entre lui et sa femme. C'est à Paris que nous avons besoin de sonder les affreux replis de cette âme abandonnée. C'est ici qu'il faut lui demander compte et raison de tout; et comme tout s'enchaîne et que je vois un projet de longue main, je vais le faire veiller de si près; *que j'espère encore sauver l'affaire des Quinze-Vingts, à qui ceci porte un coup affreux.* Douze cent mille livres de son papier sur la place! il en a sûrement les fonds : il rendra gorge; et comme il y a longtemps qu'il en a bu la honte, il ne reste plus qu'à lui en faire avaler l'ignominie.

« Vous ferez, monseigneur, ce que votre prudence vous prescrira, d'après ma lettre à M. Amelot : mais comme je serai, dans ma course, instruit, chaque courrier, de tout ce qui se fera là-dessus; après avoir couru les côtes de l'Océan jusqu'à Bordeaux, je remonterai par Toulouse et Lyon, vous en rendre un nouveau compte à Saverne, et vous y assurer du très-respectueux dévouement avec lequel je suis de V. A. É.,

« Monseigneur,

« Le très-humble et très-obéissant serviteur,

« Signé : Caron de Beaumarchais. »

A Monseigneur le duc de Chartres.

« Paris, ce 4 août 1782.

« Monseigneur,

« Je ne serai peut-être pas assez heureux pour vous trouver ce soir, quand je me présenterai au Palais-Royal, à neuf heures, et je ne pourrai y retourner; car c'est avec mes chevaux de poste, et absolument parti, que je m'y présenterai.

« Il est très-important que vous sachiez que Kornman a fait banqueroute ou faillite hier, et qu'il a déjà un arrêt de surséance. Je ne puis savoir encore jusqu'à quel point cette faillite peut nuire à l'affaire des Quinze-Vingts; je tremble qu'il n'y ait bien du tripotage dans tout cela.

« Je fais en ce moment le premier acte conservatoire utile à vos intérêts et à ceux de M. le cardinal. Il m'a instamment prié d'inspecter *les gaillards* (pour user de vos termes) qui ont usé des fonds de tout le monde pour faire leurs affaires, qu'ils ont même eu la sottise de gâter avec autant de moyens honnêtes et malhonnêtes de les accommoder.

« J'écris à M. Amelot que je m'oppose, au nom de M. le cardinal et pour les intérêts du roi, dont la compagnie des Quinze-Vingts est débitrice, à ce que les lettres de surséance obtenues par Kornman aient aucun effet contre les Quinze-Vingts, dont il était caissier. Votre trésorier y étant jusqu'au cou, et ne vous ayant pas encore rendu ses comptes, il est à craindre que l'arrêt de surséance de Kornman ne finisse par vous nuire. C'est à vous, monseigneur, à voir M. Amelot et M. le Noir, pour nous aider à obtenir la distraction de la surséance donnée à Kornman, *dans toutes ses relations avec l'affaire des Quinze-Vingts.* Cela vous est essentiel. J'établis pendant mon absence la plus rigoureuse inquisition sur les *gaillards.* En vérité, tout m'est suspect. Votre maison, dit-on, est payée depuis longtemps en effets Kornman ; quelle misère aujourd'hui s'il fallait tout rembourser ! Cela fait mal penser. Je ne suis pas encore hors d'espoir de tout sauver. Mais, monseigneur, pendant mon absence, je prie Votre Altesse de ne faire que des actes conservatoires. Il est bien étonnant que je vous aie trouvé *dans l'ignorance absolue des dix-huit cent mille livres que la compagnie est censée avoir payées au roi, mais qu'elle doit encore.* Comment vous laissait-on faire un prêt, sans cette instruction préalable, à une affaire dont l'état compromettait la sûreté de votre prêt ! Je n'entends rien à tout cela, mais j'espère l'entendre bientôt ; et, soyez certain, monseigneur, que je m'en servirai pour vos intérêts.

« Je suis, avec le plus parfait dévouement, de Votre Altesse Sérénissime, monseigneur, le, etc.

« *Signé :* Caron de Beaumarchais [1]. »

Ce jour même, à neuf heures du soir, je passai dans ma voiture de poste au Palais-Royal, où j'eus l'honneur de conférer avec monseigneur le duc Chartres sur la partie de cette affaire qui touchait à ses intérêts. S. A., il est vrai, ne fit point de démarches pour faire excepter les Quinze-Vingts de la surséance accordée à Kornman en fuite, mais elle me sut beaucoup de gré du zèle que je lui montrais, prit des précautions intérieures pour assurer ses capitaux, et, daignant depuis reconnaître ma lettre du 4 août comme authentique et comme reçue à son époque, Monseigneur a trouvé juste que je l'imprimasse pour servir à ma justification, que nul n'a le droit d'arrêter.

En quittant Son Altesse le 4 août 1782, à dix heures du soir, je partis du Palais-Royal (car j'étais en route) pour la Rochelle et pour Bordeaux, d'où je comptais me rendre par Montpellier, Lyon et Strasbourg, à Kehl, et conférer, en passant à Saverne, avec M. le cardinal, sur l'influence qu'aurait eue la faillite de Kornman sur l'affaire des Quinze-Vingts.

Mais le sort disposa autrement de mon temps ; je restai cinq mois à Bordeaux, occupé de mettre à la mer

---

[1] Ils ont fait croire à tout le monde que ma lettre à M. Amelot avait ruiné leur crédit, et l'on peut bien juger qu'on m'en a fait un crime ; car, dans cette odieuse affaire, l'envie de me trouver coupable a fait passer chacun par-dessus tous les examens. Si l'on eût daigné réfléchir que c'est après *sa fuite, sa surséance et sa faillite* que j'écrivis ces quatre lettres, l'indignation dont elles sont pleines aurait enflammé mes lecteurs. L'artifice de ces brigands est de tout dénaturer ; et le public, inattentif, est toujours dupe de leur artifice.

trois vaisseaux richement chargés pour nos îles et pour l'Amérique, et que l'Anglais *sir James Luttrel,* beau-frère du duc de Cumberland, me prit à vingt lieues de la côte, par une infâme trahison, non pas de *sir James Luttrel,* mais d'un capitaine suédois exprès sorti de la rivière pour aller indiquer au commodore anglais l'instant juste de leur départ. Malheureusement pour moi, je ne dis que ce qui est connu de mes concitoyens, de toute la France commerçante.

Dernière victime de la guerre, affecté d'une perte énorme, je revins à Paris en janvier en 1783, sans aller à Saverne ; et depuis ce temps malheureux je n'ai plus entendu parler ni des Quinze-Vingts ni de leurs embarras, et je n'ai eu d'autre part aux affaires de la dame Kornman que par mes prompts secours versés sur sa détresse, par les consolations qu'elle a reçues de moi : heureux de la dédommager du peu de fruit de mes démarches, pour la remettre auprès de ses enfants !

Depuis plus de trois ans le sieur Kornman était sorti de ma mémoire, quand deux assignations de lui me forcèrent d'aller déposer, comme témoin, ce qui m'était connu de ses querelles avec sa femme. Assigné et réassigné, je dis en abrégé, sous la plume d'un commissaire, tout ce qu'on lit ci-dessus. Autre silence d'une année, puis leur premier libelle parut. J'y répondis, ils répliquèrent ; et, pour tâcher d'annihiler mon témoignage, ils cherchèrent et trouvèrent dans mes anciens valets quelques faux témoins contre moi.

Un portier chassé de ma maison, mais à qui je faisais l'aumône parce qu'il avait été de la famille, m'implorait assez constamment (toutes ces lettres sont au procès) ; mais comme il employait l'argent qu'il m'arrachait à s'enivrer, à enivrer mes gens, je lui fis défendre ma porte. Un jour il m'écrivit la lettre qu'on va lire :

« Rue des Juifs, au Marais, n° 20,
chez M. Rivière, cordonnier.

« Monsieur,

« Vous m'avez défendu votre porte, et c'est la raison pour laquelle je vous écris, ne pouvant vous parler. Vous m'avez réduit à la plus affreuse misère par l'injustice que vous m'avez faite sur le vol qui a été commis chez vous, et dont vous savez bien que je suis innocent.

« Aujourd'hui, monsieur, je suis dans le cas de vous faire le plus grand mal : je ne vous en dis pas davantage ; mais *vous pouvez m'envoyer chercher,* et je vous le dirai et vous l'expliquerai : *mais il est juste que j'y trouve un avantage.* Si je n'avais suivi que les mouvements d'un juste ressentiment, fortifiés par la misère, *j'aurais pu aller loin contre vous à votre insu ;* et vous vous seriez aperçu trop tard, ou peut-être jamais, du mal que je puis vous faire. *J'y aurais aussi trouvé mieux mon compte ;* mais je répugne, après vous avoir servi neuf ans, à prendre ce parti, et j'aimerais mieux vous prouver dans cette occasion combien vous avez eu tort d'accabler votre ancien serviteur.

« *Signé :* Michelin. »

Je reconnus ici l'ouvrage de mes deux adversaires, corrompant tout autour de moi; car cette lettre était dictée, ce n'est point là le style d'un portier. Mon premier soin fut d'envoyer la lettre à M. le lieutenant de police, en le priant de faire interroger cet homme par un commissaire, sur le mal qu'il savait de moi, afin qu'il fût *juridiquement constaté*. Au premier ordre qu'il reçut d'aller faire sa déclaration, il prit l'alarme et se cacha. Aussitôt le fougueux Bergasse imprima que j'avais arraché au ministre une lettre de cachet contre un pauvre instruit de mes forfaits. Il mentit sans pudeur au public, comme il n'a cessé de le faire, et le public se tint pour dit que je disposais des ministres pour servir mes atrocités. Comment en aurait-il douté quand on citait un magistrat du parlement, indigné, disait-on, de tant d'abus de mon crédit, qu'il était temps de réprimer? On connaîtra plus loin l'objet de cette intrigue.

Alors, bien sûrs de disposer de ce tas de valets qui leur était vendu, ils firent déposer contre moi chez maître Baudet, commissaire, ce portier et sa femme, et ses filles et son gendre; c'est le cocher que l'on a vu plus haut arranger avec ces messieurs la course honorable et nocturne qu'ils me font faire dans ma voiture pour conduire une femme enfermée depuis six mois par lettre de cachet au lit d'un amant prétendu, lequel était parti depuis huit mois pour la Hollande! Et voilà les nobles témoins qu'ils ont salariés et produits!

Mais quelle rage arme donc contre vous ce Kornman et ce Bergasse? — C'est là le secret de l'affaire, et je ne poserai pas la plume sans vous l'avoir bien dévoilé. Mais qu'il me soit permis d'oublier un moment ma cause, pour m'occuper d'un fait très-grave qui intéresse la dame Kornman.

Quelle opinion prendriez-vous de moi, si j'achevais ce plaidoyer sans compléter la preuve que j'ai promise des torts de cet époux envers sa femme, qu'il accuse?

Eh! dois-je abandonner celle que j'ai sauvée une fois, parce que ce service m'a jeté dans quelque embarras? Le nom d'ami ne serait qu'un vain titre, si l'on n'en remplissait pas les devoirs. Souffrez, lecteur, que je revienne sur un fait important qu'ils ont couvert de calomnies pour en faire oublier la trace; souffrez que je revienne sur les lettres écrites au sieur Daudet par les sieurs Kornman en 1780. Elles m'ont engagé à servir cette infortunée; elles doivent éclairer la religion des magistrats, toucher les juges en sa faveur, et faire tomber le masque de ses persécuteurs.

Nouvelles preuves des projets du sieur Kornman sur sa femme, tirées toutes de ses écrits.

En faisant l'historique des premiers mouvements d'intérêt que les malheurs de cette dame m'ont inspirés, j'ai dû parler des lettres du mari qui achevèrent de me déterminer.

J'ai dû prouver, en les montrant, que le sieur Kornman ayant désiré de voir son épouse en liaison intime avec un homme qu'il appelait son *cher ami*, auquel il croyait un crédit propre à rétablir sa fortune, avait brusquement renversé son ouvrage, et changé son projet en celui de perdre sa femme, à l'instant même où le ministre protecteur de son protecteur était tombé dans la disgrâce.

J'avais cru qu'il me suffisait d'imprimer simplement ses lettres; et comme ici le ridicule égalait au moins l'infamie, peut-être m'étais-je trop livré à cet ironique mépris, au sourire amer du dédain qu'excite une lourde bassesse. Mais si le ton que j'avais pris déplaisait à quelques personnes, en avais-je moins démontré qu'un mari convaincu d'avoir écrit ces lettres à l'homme qu'il accusait d'avoir séduit sa femme était le plus vil des époux?

Cette tâche remplie, je pensais qu'il ne me restait plus qu'à bien prouver mon dire sur les trois autres imputations qu'ils me faisaient dans leur libelle, lorsque cet imprudent mari, dans sa réplique à mon mémoire, s'est efforcé, sous la plume d'un autre, de donner le change au public, et de pallier sa conduite en prêtant à ses lettres un autre sens que celui qu'elles offrent, en m'accusant de les avoir tronquées, interpolées et transposées, en les appliquant, comme il peut, à une prétendue *intrigue de sa femme avec certain jeune étranger* dont il avait pris, nous dit-il, son nouveau galant pour arbitre; ce qui est très-probable encore.

Or, moi qui ne veux rien laisser à désirer sur ces lettres, parce qu'elles jettent le plus grand jour sur l'homme et sur la cause, et qu'elles jugent le procès, je les transcrirai toutes, sans lacune et dans l'ordre des dates, à la suite de ce mémoire, comme pièces justificatives, telles que j'en ai pris au greffe l'expédition en bonne forme, après les avoir rapprochées du très-imprudent commentaire par lequel on a prétendu les expliquer et les justifier.

Avant de reproduire ces misérables lettres[1], n'oublions pas qu'à leur annonce le premier cri de l'adversaire fut d'imprimer étourdiment ces mots[2]:

« Le sieur de Beaumarchais a dit en particulier à
« plusieurs de ses partisans, qui le répètent avec affec-
« tation, qu'il a en sa possession plus de quarante de
« mes lettres qui prouvent que j'ai été le premier au-
« teur des désordres de mon épouse. Il faut que ces
« lettres aient été écrites *depuis peu par une personne*
« *qui a emprunté ma ressemblance;* car je n'en ai au-
« cune idée. »

Emprunter la ressemblance du sieur Guillaume Kornman pour écrire des lettres de lui! Quel style et quelle défense! tout est de la même force, et c'est pourtant là du Bergasse!

N'oublions pas non plus (car pour s'entendre il faut poser des bases), n'oublions pas que dans un écrit postérieur, en date du 27 mai 1787, publié par le même Kornman pour donner le change au public sur l'infa-

---

[1] Ces lettres, déposées au greffe pour l'instruction des juges, étant toutes de M. Kornman, auraient été fort ennuyeuses pour le lecteur; nous les avons supprimées, comme ne pouvant ni l'instruire ni l'amuser.

[2] Observations de Kornman, le 23 mai 1787, page 3.

mie du portier chassé de chez moi, qui a trouvé sa place en ce mémoire ; toujours embarrassé des lettres que j'annonce, et dont on l'entretient souvent, nous dit-il, l'époux n'est plus aussi certain qu'un autre ait pris sa ressemblance : et ces lettres, dont il n'avait d'abord aucune idée, il commence à penser qu'elles peuvent être de lui puisqu'il me « somme de les faire im-« primer ; mais tout entières. *Je suis bien sûr*, dit-il, « *que l'ensemble de mes lettres*, rapprochées des circon-« *stances où je les ai écrites*, suffira pour détruire de « telles imputations [1]. »

Ainsi d'abord ces lettres sont d'un autre ; puis, forcé d'avouer qu'elles sont de sa main, il demande qu'on les dépose. Mais il n'a pris ce parti désastreux que parce qu'il savait dès lors que je les avais déposées. Puis, quand je les imprime, quoiqu'il n'ait vu encore aucuns originaux, suffoqué par sa syndérèse, il lui faut boire l'amertume, non-seulement de les reconnaître, mais de les faire expliquer par le précepteur de son fils le moins gauchement qu'il se peut !

C'est cette explication d'un ennemi très-imprudent, d'un écrivain très-maladroit, qui complète ma preuve, et va les traduire au grand jour. Je supplie qu'on me suive avec une attention sévère. Chaque fois que je citerai les lettres de l'époux, les accolant à l'explication qu'ils en donnent, je désire qu'on vérifie si je suis net et conséquent. Les phrases de ces lettres, que j'avais laissées en blanc dans mon premier mémoire, sont imprimées dans celui-ci en caractères remarquables, afin qu'on puisse discerner quel motif me les fit omettre comme oiseuses ou comme indécentes, plus souvent encore par égard pour les personnes que l'on y dénigrait.

Je ne me traîne point après lui sur sa déplorable défense, c'est bien assez de le citer partout où je prouve qu'il ment : j'indiquerai seulement les pages, pour qu'on voie si je cite à faux.

O mes lecteurs ! si la vérité vous est chère, dévorez encore, je vous prie, l'ennui de cette discussion ; vous en retirerez une instruction complète.

Je remarque d'abord qu'en copiant sur mon mémoire les copies de ses propres lettres, il change autant qu'il peut des mots fort importants.

Dans mon mémoire (page 414), en parcourant sa lettre au sieur Daudet du 19 juillet 1780, après ces mots : *Si nous pouvions faire le voyage de l'Alsace ensemble*, CELA SERAIT PLUS GAI ; et avant ceux-ci, IL NE TIENDRA QU'A MA FEMME D'ÊTRE DE LA PARTIE, on lit cette phrase amicale : *D'un autre côté, votre absence de Versailles pourrait peut être préjudicier* A NOS *spéculations projetées*; et lui, dans son commentaire, il copie [2] : « *Votre absence de Versailles pourrait peut-être préju-« dicier à vos spéculations projetées.* » On sent qu'il voudrait éloigner l'idée qu'ils eussent des spéculations communes, parce que cette idée ramène à quelques autres. Cependant j'avais imprimé NOS SPÉCULATIONS PROJETÉES, en fortes lettres capitales. Je m'attends bien

[1] Imprimé du 27 mai 1787, par G. K.
[2] Page 12 du second libelle.

qu'ils répondront : C'est une faute d'impression ; moi, qui les sais par cœur, je dis : C'est une faute d'*intention*; j'en vais donner une autre preuve.

A la page 16 de cette réplique, il dit : Moi négociant, et moi banquier, serais-je coupable pour avoir, sans sortir des bornes de ma profession, *proposé quelques idées utiles au gouvernement* sur des objets de comptabilité qui étaient de mon ressort ?

Est-ce offrir des idées utiles au gouvernement que d'écrire à votre cher ami, dans la lettre fâcheuse que vous essayez d'excuser : *Le ministre devrait me faire son banquier particulier, parce qu'étant dans le cas d'avoir toujours une caisse garnie, j'acquitterais tous les mandats... Il me paraît que cet objet pourrait devenir* CONSÉQUENT [1] *pour le prince ; surtout si, dans un maniement de passé cinquante millions,* ON PEUT ME LAISSER DE TEMPS A AUTRE QUELQUE FORTE SOMME ENTRE LES MAINS.

Il faut avouer, galant homme, que ces idées pouvaient vous être utiles ; mais vouloir, dans vos commentaires, qu'elles le fussent *au gouvernement !* monsieur, on ne peut s'y prêter ! Et toujours une altération dans ses copies de mes copies ! Il nous transcrit ici la suite de sa lettre : *et moi j'aurai l'agrément de me rendre utile au ministre*; CE QUI PEUT SE TROUVER DANS L'OCCASION. Apparemment pour faire entendre que l'occasion de se rendre utile au ministre *pouvait se trouver* dans le maniement des fonds de la guerre ; ce qui ressemble à quelque dévouement. Mais dans sa lettre déposée et dans mon mémoire (p. 418), on lit ces propres mots de lui : *Et moi j'aurai l'agrément de me rendre utile au ministre; ce qui peut se retrouver dans l'occasion;* et c'est bien différent : car le sens de la vraie leçon est qu'en offrant de rendre au ministre un assez coupable service, il demandait pour récompense qu'on lui permît aussi d'abuser pour lui-même des fonds qui lui seraient confiés. Voilà ce que veut dire : *et moi j'aurai l'agrément de me rendre utile au ministre;* CE QUI PEUT SE RETROUVER DANS L'OCCASION. Et partout il se cite avec cette fidélité, sous la plume fidèle du vertueux Bergasse !

Est-ce aussi pour vous rendre utile au *gouvernement* que vous écrivez au sieur Daudet, *de Bâle*, le 13 septembre 1780, l'épître suivante que j'avais omis de copier, mais qui devient très-importante depuis que le précepteur des enfants s'est chargé de donner un sens à vos lettres ?

« De Bâle, le 13 septembre 1780.

« Il me reste encore à vous parler, MON CHER AMI, de
« l'adjonction de la place de M. de Biercourt (trésorier
« de l'École Militaire), dont nous nous sommes entre-
« tenus avant mon départ de Strasbourg. Je vous dirai
« qu'il est bien entendu que si la princesse de Mont-
« barrey réussit à me la procurer, je n'en jouirai qu'au-
« tant que l'on remplira en même temps les vues bien-
« faisantes de cette princesse pour les personnes aux-
« quelles elle s'intéresse, et cela pendant le temps que
« j'occuperai cette place, A L'EFFET DE QUOI JE PASSERAI

[1] Mot impropre et du bas langage, qui se glisse dans les discours, comme je l'ai déjà fait observer.

« TELS ACTES qu'il conviendra pour donner toute LA SOLI-
« DITÉ REQUISE à l'engagement que je contracterai ; je
« sais qu'il est essentiel de mettre BEAUCOUP DE DISCRÉ-
« TION dans ces sortes d'opérations. Comme je me flatte
« que vous êtes persuadé que la mienne est à toute
« épreuve, vous pouvez être assuré QUE L'ON NE SERA JA-
« MAIS COMPROMIS AVEC MOI, etc. »

« Signé : G. KORNMAN. »

Ainsi, monsieur Bergasse, ainsi, véridique écrivain, on pouvait être *compromis* en servant votre ami dans ses *projets utiles au gouvernement!* Je laisse à décider ce qu'on doit le plus admirer, ou la sottise du commentaire après la lecture des lettres, ou la bassesse de ces lettres après leur déplorable explication.

Lorsque j'ai dit de Kornman que tout lui semblait bon pour se procurer une caisse, qu'y trouvent-ils donc à reprendre ? N'offre-t-il pas, pour l'obtenir, de payer les mandats du ministre avec le trésor militaire ? N'offre-t-il pas, pour l'obtenir, de pensionner les créatures de la princesse, s'il pouvait rendre les protecteurs aussi vils que le protégé ? Ne caresse-t-il pas, pour l'obtenir, le cher corrupteur de sa femme ? Après les prétendus scandales de Strasbourg, ne le charge-t-il pas du soin de son épouse à Bâle ? Et vous nommez cela *des projets utiles au gouvernement!* Lâche époux ! vil agent ! et misérables raisonneurs ! Passons à d'autres faits ; craignons surtout de nous appesantir.

En voulant excuser une autre de ses épîtres, il dit[1] : « Je suis fâché de n'avoir pas conservé les lettres
« du sieur Daudet, pour ajouter de nouveaux détails
« aux explications que je donne. Mais qui pouvait
« soupçonner qu'après sept ans une correspondance
« indifférente me serait représentée, et qu'on en ferait
« la matière d'une accusation contre moi ? »

A cela voici ma réponse, et que tout lecteur malveillant la juge avec sévérité.

Le sieur Daudet doit sans doute exiger que vous représentiez ses lettres ; car c'est de cela qu'il s'agit. Certainement aussi, monsieur, personne ne pouvait soupçonner qu'au bout de sept années on serait dans le cas de vous représenter les vôtres ; mais comme c'est vous seul qui faites à votre épouse l'attaque vile et flétrissante qui donne lieu à cette inquisition, c'est à vous seul de justifier, par les lettres du sieur Daudet, le sens que vous prêtez aux vôtres.

Vous dites qu'il était le confident de vos plaintes sur la conduite irrégulière de votre femme avec un autre amant. Interprétation misérable ! en ce que vous supposez à votre femme une première intrigue avec un *jeune étranger*, laquelle même bien démontrée ne servirait qu'à vous confondre, qu'à établir que vous accusez faussement le sieur Daudet de l'avoir corrompue, puisque, selon vous-même, elle l'aurait été d'avance par un autre !

Or vous saviez, dès 1781, c'est-à-dire à l'époque de ce commerce entre vous et le sieur Daudet, que ce dernier aurait un procès avec vous, puisque vous vouliez le lui faire ; puisqu'à cette époque surtout vous fîtes enfermer votre femme à l'occasion de cet ami Daudet, et nullement à cause d'*un étranger*. Il fallait donc garder ses lettres, et c'est à vous qu'on les demande. Mais, soit que vous les montriez ou non, les vôtres suffiront pour bien prouver votre infamie.

« Encore une fois, dit le naïf époux[1], qu'on me
« juge ; et qu'on m'apprenne si, à côté d'une femme
« jeune, vive et inconsidérée, je pouvais me conduire
« avec plus de douceur et de prudence. »

Non : ce n'est pas d'avoir manqué *de prudence et de douceur* sur les prétendus désordres de votre femme que l'on vous accuse aujourd'hui ; mais de venir après sept ans, après avoir entamé dix rapprochements avec elle, plus perfides les uns que les autres, lesquels sont prouvés au procès, de venir rejeter sur nous, très-étrangers à vos desseins, les fautes que vous reprochez à cette malheureuse victime, et qui, si elles existaient, ne seraient que le fruit de votre conduite cupide, de vos affreux projets sur elle. Et c'est ce que cet examen va prouver jusqu'à l'évidence.

Vous dites[2] que *j'ai cherché à faire illusion, en transposant vos lettres, et en dissimulant les circonstances auxquelles elles se rapportent*. Non, véridique époux, je n'ai rien transposé ; je n'ai fait aucune illusion, ni rien voulu dissimuler. Vous imprimez un gros libelle dont le but apparent est de prouver qu'un audacieux, il y a sept ans, s'en vint corrompre votre femme ; qu'instruit de tout, vous fîtes les plus grands efforts pour rompre cette union fatale à votre fortune, à votre repos, à votre santé... Et moi, qui compare le libelle à vos tendres lettres d'alors, je trouve qu'il n'y a pas un mot de vrai dans votre hypocrite exposé.

Que devais-je faire pour montrer que vous en imposiez au public, par la plume envenimée du précepteur de vos enfants ? N'était-ce pas de copier l'historique du gros libelle ; puis d'aller chercher dans vos lettres, aux mêmes dates que vous citiez, les phrases qui démontrent que vous mentez dans ce libelle, de transcrire de votre commerce les endroits qui prouvaient le mari bénin, complaisant : puis montrer à quelle intention le fougueux époux d'aujourd'hui s'était fait alors si bon homme ? Cette marche était simple, et juste, et raisonnable. Je la trouve même si bonne, que je vais m'en servir encore pour anéantir vos répliques.

« Il faut donc partir pour Strasbourg[3]. Si je pars, et
« laisse mon épouse à Paris, L'ÉTRANGER PEUT REPARAITRE
« (l'étranger était donc absent), et devenir de nouveau
« pour moi un rival redoutable ; si je l'emmène avec
« moi à Strasbourg, j'ai aussi d'après ce qu'on m'a
« rapporté, beaucoup de choses à craindre du sieur
« Daudet. »

Ce fut très-sagement pensé. Mais quel parti prîtes-

---
[1] Page 18 du second libelle.
[2] Page 19 du second libelle.
[3] Page 20 du second libelle.

vous donc? en vain vous éludez l'aveu, en vain le précepteur l'élude; il faut pourtant qu'il vous échappe. Vous la menates a Strasbourg, *à ce même Daudet, dont vous aviez beaucoup de choses à craindre*. Ainsi entre un *jeune étranger absent*, d'autant moins dangereux, eût-il été présent, que, selon votre nouveau système, un autre lui avait succédé dans les bonnes grâces de votre femme: entre un *jeune étranger absent* et cet ami Daudet qui lui-même à Strasbourg n'était d'aucun danger pour elle tant qu'elle restait à Paris, vous prenez le noble parti de la conduire sur le poing à l'ami Daudet, dans Strasbourg, après l'en avoir prévenu par trois lettres citées dans mon premier mémoire, en date des 19, 24 et 25 août 1780!

Il n'y a ni injures ni outrages qui puisse couvrir de tels faits. Il n'est ni précepteur, ni furie, ni Bergasse qui puisse ici donner le change.

Mais suivons bien son commentaire. « Cependant il « convient que j'aille rejoindre le sieur Daudet [1] (il convient, monsieur, et pourquoi ?) dans cette circonstance difficile, la dame Kornman m'ayant supplié de la conduire a Bale dans sa famille... » — Vous avait supplié! non pas; le contraire est dans vos épîtres; et nous lisons dans celle du 27 juillet, à l'ami [2] : *Ma femme sera sans doute maîtresse d'aller à Bâle* ; j'avais proposé cette partie *dans le temps*, parce que je supposais *que cela lui ferait plaisir; je suis toujours dans les mêmes sentiments*, etc.

Qu'en pense le noble écrivain ? Sont-ce là les supplications d'une épouse pour qu'on la mène à Bâle dans sa famille ? N'est-ce pas au contraire l'époux qui l'avait *proposé* lui-même comme *une partie de plaisir*? On va voir à quelle intention !

« La dame Kornman n'ayant supplié de la conduire a « Bale dans sa famille, je finis par y consentir ; mais « à deux conditions. » (Voyons.)

La première, nous dit-on, est la décence recommandée dans ses entrevues avec le sieur Daudet à Strasbourg. — C'est fort bien pensé ; mais, monsieur, elle eût été mieux à Paris.

La seconde, « qu'elle chassera une femme de chambre « et un domestique qui l'avaient aidée dans ses in« trigues avec le jeune étranger, et que je soupçon« nais de l'aider encore dans ses nouvelles intrigues « avec le sieur Daudet. » Voyez, lecteur, si je vous cite à faux [3].

Maintenant que vous l'avez lu, ayez la patience de revenir à sa lettre du 27 juillet 1780. C'est l'époque dont il s'agit ; et lisez-y ces phrases si bien concordantes à l'explication qu'il en donne: *J'ai seulement observé que je ne voudrais pas* faire cette partie de plaisir (le voyage de Strasbourg à Bâle) *avec des alentours qui me déplaisent et qui m'ont manqué* (ces alentours sont les valets). Si cependant ma femme veut les garder, *elle fera pour lors le voyage seule, et moi j'irai de mon côté*, car je ne veux contraindre personne, encore moins ma femme... Et plus bas dans la même lettre : *A l'égard de la femme de chambre que ma femme veut prendre*, tous les sujets me conviennent, *pourvu qu'elles aient un peu l'apparence de l'honnêteté. Je sais bien qu'on ne peut pas avoir des vestales ; mais il y a toujours une certaine conduite à observer*. Elle peut prendre Justine, qu'elle avait, *ou une autre;* tout cela m'est parfaitement égal.

Ainsi tout ce que l'époux veut, ce n'est point que sa femme ait des domestiques vestales, ni qui la gênent dans ses goûts; mais seulement qu'elle ait des servantes discrètes, qui voient tout et ne bavardent point. Voilà comment le mari chassait les intermédiaires *suspects*.

Le lecteur n'oubliera pas non plus que c'est au sieur Daudet qu'il a fait ces détails obligeants.

Mais enfin l'époux a trouvé dans sa lettre du 24 août cette phrase triomphante : *Elle prendra une autre femme de chambre et un autre domestique, et par ce moyen nous voyagerons ensemble*. Aussi voyez-le triompher (page 25 du second libelle) : « J'annonçais, dit-il, en « donnant cette nouvelle au sieur Daudet, que mon « intention n'était, en aucune manière, de favoriser les « intrigues de la dame Kornman avec qui que ce fût. »

Si par hasard vous aviez eu, lecteur, l'inattention de vous laisser surprendre à cette hypocrite colère, reprenez dans sa lettre du 29 juillet 1780, et toujours à M. Daudet, cette phrase que j'avais négligé de copier, comme oiseuse :

Il me fait grand plaisir d'apprendre que la nouvelle bonne que vous avez procurée a ma femme *soit un si bon sujet*. Je souhaite qu'elle la conserve, *et vous ait des obligations de la lui avoir donnée*.

Il suit de ce rapprochement, qu'à l'époque de juillet et d'août 1780 le mari (dans son commentaire) renvoyait tous les domestiques, pour que le sieur Daudet n'eût point d'intermédiaire à lui dans la maison de son épouse; et dans ses lettres, *même époque*, non-seulement sa femme *peut garder les domestiques qu'elle veut*, mais il rend grâces à son ami Daudet *d'avoir procuré une si douce bonne à sa femme*. Il souhaite qu'elle la *conserve, et lui en ait l'obligation*...

Combien la lettre *de l'ami*, dans laquelle il dit à l'époux qu'il donne *une bonne à sa femme*, serait curieuse à parcourir ! mais l'époux, qui la tient, se gardera de la montrer! Maintenant vous savez, lecteur, pourquoi le bon mari d'alors ne représente pas ces lettres. Je supplie qu'on redouble ici d'attention et de rigueur pour moi.

« Pourquoi le sieur de Beaumarchais n'imprime-t-il « qu'une seule de mes lettres à mon épouse ? Je lui en « ai écrit plus de deux cents. Qu'elle les produise si « elle l'ose ! qu'elle produise surtout la lettre que je « lui ai écrite pendant que j'étais à Spa, et que le « sieur Daudet était chargé de lui remettre ! Que craint « la dame Kornman ? Si en effet j'ai favorisé ses dés« ordres, ma correspondance avec elle doit le prouver.

---
[1] Page 21 du second libelle.
[2] Ibid.
[3] Ibid.

« Qu'elle fasse donc connaître cette correspondance[1]. »

Pour réponse à cette bravade, je vais démontrer qu'il est faux que le sieur Kornman ait écrit alors à sa femme *deux cents lettres*, comme il le dit. Je vais prouver qu'il en écrivit cinq, et pas six ; que ces lettres sont nulles, ou qu'elles le condamnent. Qu'on soit sévère sur mes preuves ; j'ai tant été maltraité dans le monde sur cette infâme et ridicule affaire, qu'on doit me pardonner d'avoir quelque plaisir à bien prouver que j'ai toujours raison. Les magistrats sont des années à peser le pour et le contre avant que d'oser prononcer. Le public tranche en dix minutes sur le libelle d'un Bergasse !

Si je n'ai rapporté dans mon premier mémoire qu'une seule lettre de l'époux à sa femme, comme il me le reproche, c'est que je n'avais alors qu'un seul fait à prouver, la bénignité d'un mari, devenu depuis si brutal, et que cette lettre y suffisait.

Aujourd'hui que dois-je établir ? Deux faits dont j'ai la preuve en main :

1° Qu'il n'a écrit *que cinq lettres* à sa femme pendant cinquante-quatre jours d'absence ;

2° Que *ces cinq lettres*, loin de montrer un mari grondeur irrité du désordre qu'il lui impute, sont courtes, vagues, vides ou nulles, arrachées par la bienséance à l'époux qui rougit de son rôle, et qui ne sait comment écrire, enfin, qu'excepté celle transcrite dans mon premier mémoire, où il consent que son épouse *reçoive l'ami Daudet, qui doit la visiter à Bâle*, aucune des autres ne dit rien.

Malgré l'ennui que je vous cause, ô mon lecteur, ne m'abandonnez pas : tout le procès est dans ces lettres, et surtout dans l'explication qu'un fougueux écrivain en donne.

Le 14 juillet 1780, en arrivant à Spa, le confiant époux écrit à son ami : « Je vous accompagne *une petite « lettre pour ma femme*, et je vous serai obligé de la lui « remettre. » (Donc une lettre.) Comptons bien.

Moi je n'ai pas cette *petite lettre*, elle seule manque à la liasse. On jugera par les quatre autres de quel ton était celle-là.

Sa lettre du 19 juillet au sieur Daudet montre que ce jour-là il n'écrivit point à sa femme ; mais le 27 juillet, de Spa, longue épître à son cher ami, et très-court billet à sa femme, en s'excusant *sur sa fatigue*. Voyez de quel style terrible il soutient son ton irrité.

Sous couvert de l'ami Daudet.

« Spa, le 27 juillet 1780.

« J'ai vu avec beaucoup de satisfaction, ma femme, « que nos enfants se portent bien, et que tu aies leur « bien-être à cœur ; nos sentiments se rencontrent en « ceci, et il faut espérer que cela ne sera pas la seule « occasion. Je ne répliquerai rien à tout le reste de ta « lettre, parce que nous nous sommes suffisamment « expliqués là-dessus. » (*Il esquivait les explications par écrit.*) « Je souhaite que tu sois toujours heureuse « et contente, et j'y contribuerai toujours par tout ce

[1] Page 24 du second libelle.

« qui dépendra de moi : sur quoi tu peux compter, « ainsi que sur les sentiments que tu me connais.

« G. K.

« P.-S. Cette lettre est *un peu courte*, mais je me sens « *un peu fatigué* ; je réparerai cela à la première occa- « sion. »

Ce style gauche et plat nous prouve que le mari n'avait que des compliments à faire, des reproches à éluder, et nul ressentiment à vaincre.

(Déjà deux lettres.) Nous marchons.

Le 1ᵉʳ août, de Spa, longue épître *à l'ami Daudet*, où il s'étend comme une gazette sur les roides nouvelles du Nord ; et, cependant le *P.-S.* contient ces mots : *Je suis* trop fatigué *pour pouvoir écrire à ma femme ; ce sera pour un autre courrier.*

Le 5 août, toujours de Spa, longue et tendre lettre à *l'ami : il ne veut plus qu'on lui écrive. Il part et compte écrire*, dit-il, *aujourd'hui ou demain à sa femme, pour lui annoncer la même chose.* La lettre est au bout de la plume. Puis le 12 août, de Bruxelles, autre longue épître *à l'ami*, point de lettre encore à sa femme (car c'est par lui qu'il écrivait). Seulement, à la fin de celle *à son ami*, on lit ce tendre *P.-S.* :

A l'égard de ma femme, je ne veux que son bonheur, DANS TOUTE L'ÉTENDUE DU TERME. *J'espère aussi qu'avec un peu de réflexion, elle ne s'y opposera point.* Et le 18 août, il était de retour chez elle, puisqu'il écrivit de Paris à son ami, le lendemain 19 : *Je crois que ma femme est intentionnée de faire ce petit voyage* (de Strasbourg).

Nous n'avons encore que deux lettres, et le mari est de retour : il ne quitte plus sa femme à Paris, à Strasbourg, ni à Bâle, que le 13 de septembre ; et dès le lendemain 14, il lui écrivit d'Asler, près de Luxembourg : cette lettre est la plus curieuse des cinq ; c'est celle où il lui dit qu'il espère que *l'ami Daudet* aura l'attention d'aller *la visiter* à Bâle. L'époux m'a reproché de l'avoir mutilée ; mais je vais la donner sans lacune ; elle est nécessaire en ce lieu pour compléter la collection. Je prie qu'on examine ce que j'en avais retranché.

« A Asler, près de Luxembourg, le 14 sept. 1780.

« *Je crois, ma femme,* QU'IL EST DÉCENT QUE TU REÇOIVES DE MES NOUVELLES, *car mon silence pourrait faire naître des réflexions aux bonnes gens avec lesquels tu te trouves, qu'il n'est pas de notre intérêt qu'ils fassent.* (Nous avons dit que ces bonnes gens étaient des parents de sa femme.) *On te demandera par intérêt pour moi, et par curiosité, si je t'ai écrit, et tu pourras par ce moyen satisfaire à toutes ces demandes*[1]. « Je me trouve dans un « chemin de traverse, arrêté dans un mauvais village, « parce qu'il y a quelque chose de cassé à ma voiture ; « je continuerai le plus vite qu'il me sera possible ma « route vers la Flandre et Aix-la-Chapelle, d'où je te « donnerai de mes nouvelles ultérieures. » (Fallait-il faire tant de bruit pour une pareille omission ?) « *Fais*

[1] Les phrases en caractères romains étaient omises dans mon premier mémoire.

mille compliments à tes parents et à Daudet, si tu le vois, CAR JE SUPPOSE qu'il pourrait bien dans ses petits voyages AVOIR L'ATTENTION DE TE FAIRE UNE VISITE; JE LUI ÉCRIRAI DEMAIN. Je fais passer la présente par Strasbourg, POUR QU'ON VOIE que nous sommes en correspondance ensemble. Tu pourras également, si tu avais quelque chose à me faire dire, adresser tes lettres pour moi à Vachter; CELA NOUS DONNERA UN AIR D'INTELLIGENCE qui fera bon effet sur l'esprit de certaines personnes. Je suis toujours avec les sentiments que tu me connais.

« G. K. »

Voilà *trois lettres* constatées; mais nous sommes loin des deux cents.

Et le 22 septembre, de Bruxelles, autre court billet à sa femme. Des reproches? il n'en fait aucuns. De colère? on n'en voit pas l'ombre. Les plus doux encouragements, une complaisance sans bornes, et ma preuve marche assez bien. Mais il faut copier le billet.

Toujours le même bon mari.

« Bruxelles, le 22 septembre 1780. »

« JE N'AI PAS EU UN MOMENT A MOI, ma femme, POUR TE DONNER DE MES NOUVELLES. J'ai toujours été en course ou en négociation; j'ai passé par Spa; mais, comme tu vois, JE N'Y AI POINT PRIS RACINE : mon frère m'ayant fait sentir qu'il est essentiel pour nos affaires que je passe par Paris, je me suis déterminé à prendre cette route; je ne m'y arrêterai que deux ou trois jours; je prendrai ensuite la route de Bâle, où tu ne tarderas pas à me voir : je souhaite trouver tout le monde bien portant, ainsi que les enfants. Mille compliments à tes parents; JE N'AI PAS UNE MINUTE A MOI, et je n'ai que le temps de te dire que je suis toujours, avec les sentiments que tu me connais.

« G. K. »

Remarquez bien ces mots, lecteur : *Je n'ai pas eu un moment à moi pour te donner de mes nouvelles : j'ai toujours été en course ou en négociation.* (Donc il n'y a point eu de lettre entre le 14 septembre et ce jour.) *J'ai passé par Spa*; MAIS, COMME TU VOIS, JE N'Y AI POINT PRIS RACINE. Apparemment la jeune épouse lui avait fait quelque reproche, qu'il se garde bien de montrer, sur la longueur de son premier séjour à Spa. Mais c'est l'affaire de l'épouse de nous dévoiler ces mystères. (Ainsi quatre lettres à sa femme.) Lecteur, nous touchons à la fin.

Enfin une cinquième de Paris, du 26 septembre, et toujours le même embarras.

« Paris, le 26 septembre 1780. »

« J'espère, ma femme, que mes précédentes lettres te seront bien parvenues; tu y auras vu que des affaires instantes ont engagé mon frère à me presser de venir à Paris; j'y ai satisfait, quoique cela m'ait contrarié, et j'y suis arrivé hier. Je suis extrêmement occupé de différents objets; je ne m'arrêterai cependant que peu de jours, pour prendre la route de Bâle, où je ne tarderai pas d'arriver. JE SUIS SINGULIÈREMENT FATIGUÉ de toutes ces courses; LE TEMPS ME PRESSE, et il ne me reste que celui de te réitérer que je suis toujours, avec les sentiments que tu me connais. G. K.

« Mes compliments à ta famille. »

Le bon mari n'écrivit plus : sous huit jours il était à Bâle, d'où il amena sa femme à Paris; CAR SON AMI DAUDET L'ATTENDAIT DANS LA CAPITALE.

Ainsi *cinq lettres* seulement, bien courtes et bien comptées, pendant cinquante-quatre jours d'absence : trente-six dans son voyage à Spa, et dix-huit jours après l'avoir menée à Bâle. Il était déjà clair pour nous qu'on n'écrit pas deux cents lettres en cinquante-quatre jours, écrivît-on à une maîtresse : jugez donc quand c'est à sa femme, que l'on croit maîtresse d'un autre.

Dans ces *cinq* lettres bien prouvées, on voit que cet époux, qui se donne pour si sévère *dans ces deux cents prétendues lettres*, n'était qu'un plat mari, honteux de sa très-honteuse conduite. On sent toujours son embarras : deux mots par décence, et c'est tout. On voit qu'il a peur d'en trop dire, car des lettres sont des témoins. Quand il peut s'excuser d'écrire, il saisit le moindre prétexte. Un jour il est *trop fatigué*; un autre, *il écrira demain*; un autre jour, *le temps le presse, il n'a pas un moment à lui*. Dans sa lettre de Spa, du 27 juillet, honteux même de ne pas répondre aux explications que sa femme lui demande. *Je ne répliquerai rien*, dit-il, *à tout le reste de ta lettre, parce que nous nous sommes suffisamment expliqués là-dessus.* C'est l'épouse ici qui reproche, et l'époux qui fait le plongeon : et cependant voyez toutes ses lettres des mêmes dates *à son ami Daudet*, comme elles sont chaudes, vives et pleines; le cœur abonde en sentiment! plusieurs ont trois ou quatre pages.

A ces cinq lettres bien comptées (et c'est le compte du mari, à cent quatre-vingt-quinze près), il est inutile d'ajouter son commentaire sur sa lettre scabreuse à sa femme, du 14 septembre, où il dit : « Fais mille compliments à Daudet, si tu le vois, CAR JE SUPPOSE QU'IL pourrait bien dans ses petits voyages AVOIR L'ATTENTION de te faire une *petite* visite; je lui écrirai demain. » Cette lettre est fâcheuse : on voudrait pourtant l'expliquer; car M. Kornman est d'avis qu'en pareil cas il vaut mieux dire une sottise que de ne point parler du tout. Le précepteur Bergasse nous semble aussi de cet avis. Or voyons comment ils s'en tirent (p. 24 du 2ᵉ libelle) : « Il (Daudet) m'avait écrit qu'en effet, devant aller dans le voisinage de Bâle, il se proposait de lui faire UNE SEULE VISITE. »

Il avait écrit UNE SEULE? Montrez-nous donc la lettre où il restreint *son attention* pour votre femme à ne lui faire *qu'une seule visite à Bâle!* ce style est si probable dans l'hypothèse que vous posez, qu'on est très-curieux de la lire. « Or je ne croyais pas (ajoute l'ingénu mari,

« ajoute le bon précepteur) que cette visite fût bien
« dangereuse, la dame Kornman étant avec ses enfants,
« au milieu des siens. »

Au milieu des siens, dites-vous ! c'était là le motif de votre sécurité ? Eh ! mais, monsieur, oubliez-vous *qu'elle était logée à l'auberge où vous l'aviez mise vous-même*, et non chez l'un de ses parents ? N'avez-vous donc pas imprimé (p. 10 du 1ᵉʳ libelle) : « Je n'eus pas
« besoin en arrivant (à Bâle) de faire de grandes infor-
« mations sur la conduite de la dame Kornman : à
« peine fus-je descendu DANS L'AUBERGE OU ELLE LOGEAIT,
« qu'on m'apprit que le sieur Daudet y était venu plu-
« sieurs fois de Strasbourg, QU'IL Y AVAIT PASSÉ DES NUITS
« AVEC ELLE. » Or, quand vous invitiez cet ami *d'avoir l'attention* pour tous trois *d'aller la visiter* à Bâle, il est donc vrai, monsieur, que, loin d'être chez ses parents, *elle était logée à l'auberge où vous l'aviez mise vous-même*, où chacun a droit de descendre, de passer le temps qu'il lui plaît ! Vous auriez bien pu vous douter que dans ces logements publics on n'a jamais de surveillants ; *ces visites, qui*, dites-vous, *ne vous semblaient pas dangereuses*, devaient donc au contraire vous le sembler beaucoup, surtout de la part d'un galant tel que celui que vous peignez. Cependant vous l'aviez invité *d'avoir l'attention d'y aller* ! vous aviez écrit à votre femme que *vous supposiez qu'il n'y manquerait pas* ! Êtes-vous pris dans votre piège ? lâche époux, vil agent, et misérables raisonneurs !

Tous mes amis se réunissent pour me prescrire le ton grave. Mais peut-on se refuser au léger sourire du dédain en voyant la bassesse trompée, et l'embarras d'un hypocrite époux qui, malgré le ton prédicant d'un défenseur plus hypocrite encore, ne peut plus prononcer un mot sans dévoiler sa turpitude ? Il nous rappelle un charlatan connu, voulant toujours vendre sa femme, et toujours prêt à être en fureur contre qui l'aurait escroquée. Achevons le portrait du nôtre.

Enfin vous croiriez, à l'entendre, qu'après tous les renseignements reçus à Paris, à Strasbourg et à Bâle, sur les désordres de sa femme, il a chassé le corrupteur à son arrivée à Paris, et n'a pas différé d'un jour ; et vous le croyez d'autant plus, que ce mari, dans son second libelle, établit ainsi sa conduite.

« De retour à Paris, connaissant enfin l'intrigant au-
« quel j'ai affaire, je fais sentir au sieur Daudet com-
« bien sa présence m'est importune [1], etc. »

Mais moi qui tiens l'expédition timbrée que j'ai tirée du greffe criminel, de toutes ses lettres déposées, j'y trouve, à la date du 14 novembre 1780 (c'est-à-dire deux mois après son séjour à Bâle), une lettre *au sieur Daudet*, commençant par ces mots : *Vous trouverez*, MON CHER AMI, *sous ce pli, le modèle de l'engagement en question*, etc.

Eh quoi ! toujours MON CHER AMI ! au corrupteur avéré de sa femme ! deux mois après le séjour de Bâle !

En honneur, ce second libelle est plus menteur que le premier ! et partout la même logique.

[1] Page 26 du second libelle.

J'ai combattu, j'ai démasqué, dans d'autres procès qu'on m'a faits, des lâches d'une étrange espèce ; mais jamais aucun d'eux ne s'est vautré, comme ceux-ci, dans la fange d'une telle défense.

RÉSUMONS NOS DEUX PLAIDOYERS.

Le sieur Kornman vous dit que j'ai tronqué toutes ses lettres, pour en détourner le vrai sens. Moi je les donne tout entières, pour qu'on en voie le vrai sens.

Il dit que je les ai méchamment transposées, pour en faire prendre une fausse interprétation. Moi je les transcris à leur date, et de suite, pour qu'on s'assure bien que je n'y ai mis aucun fard.

Il dit avoir écrit plus de deux cents lettres à sa femme, il nous défie de les montrer. Moi je prouve qu'il n'en a écrit que cinq, et non pas six. J'en transcris fidèlement quatre qui donnent le ton de la cinquième.

Il dit que ces lettres étaient sévères, celles d'un époux irrité. Et moi je prouve, en les montrant, qu'elles sont les lettres d'un mari honteux de sa conduite et de ses indignes projets.

Il dit que sa femme *l'a supplié de la conduire à Bâle chez ses parents*. Et moi je prouve, par sa lettre du 27 juillet 1780, que c'est lui qui a proposé ce voyage *comme une partie de plaisir*, et pour la conduire à Strasbourg, où séjournait le sieur Daudet.

Il dit qu'il avait mis pour condition rigoureuse au voyage de sa femme, *qu'elle chasserait les domestiques qui favoriseraient son intrigue avec le sieur Daudet*. Et moi je prouve, par sa même lettre, du 27 juillet *à l'ami*, que non-seulement il l'a laissée maîtresse de garder ses anciens valets, ou d'en prendre d'autres à son choix ; mais qu'il rend grâces au sieur Daudet *d'avoir procuré une si douce bonne à sa femme*.

Il dit qu'il la menait chez ses parents à Bâle pour la préserver de Daudet. Et moi je prouve, par ses lettres des 19, 24 et 25 août 1780, que Bâle n'était qu'un prétexte pour la mener à Strasbourg, car Strasbourg n'est point la vraie route de Bâle, en venant de Paris : on fait trente-deux lieues de plus si l'on veut passer par Strasbourg.

Il dit qu'il l'a conduite à Bâle, outré de ses scandales avec Daudet à Strasbourg. Et moi je prouve, par sa lettre à sa femme du 14 septembre 1780, qu'il a prié ce même Daudet d'avoir la délicate ATTENTION *d'aller* LA VISITER *à Bâle*, après les scandales à Strasbourg.

Il dit qu'il devint furieux quand il apprit à Bâle, à son retour, que le sieur Daudet y était venu de Strasbourg et avait passé des nuits avec elle. Et moi je prouve, par sa lettre du 13 septembre, DE BALE, *à son ami Daudet*, que, loin qu'il en soit furieux, il lui écrit bien tendrement qu'il a laissé sa femme à sa merci.

Il dit ensuite, par un nouveau galimatias, *que les visites de son cher ami n'étaient point dangereuses à sa femme, parce qu'elle était chez ses parents à Bâle*. Et moi je prouve, par son premier libelle (p. 10), *qu'il l'avait logée à l'auberge* pour qu'elle y fût plus à son aise. Or, dans l'hypothèse du libelle, l'auberge était très-dangereuse.

Enfin il dit qu'à son retour à Paris, il a fait connaître à Daudet *que ses visites l'importunaient.* Et moi je prouve, par sa lettre au sieur Daudet, du 14 novembre suivant, qu'il l'appelait son *cher ami,* deux mois après le séjour de Bâle et les prétendues nuits avérées.

Dans tout ceci, comme l'on voit, nulle mention d'*un jeune étranger;* cette fable était réservée pour compléter la honte de son second galimatias. Ainsi, dans deux affreux libelles, pas un seul mot contre sa femme qui ne soit un grossier mensonge. Et si j'ai pris la peine, à votre grand ennui, lecteur, de démêler ce qu'il embrouille, d'éclairer ce qu'il obscurcit, c'est pour qu'il vous soit démontré que l'ennemi que je combats est toujours indigne de foi sur ce qu'il impute à sa femme.

Mais qu'ai-je besoin d'appuyer sur ces preuves de mauvaise foi, lorsqu'ils viennent de faire plaider par leur avocat au Palais que tout ce qu'ils ont dit dans leur premier libelle n'est qu'un récit forgé dans la tête du sieur Bergasse, fruit de son imagination, controuvé dans toutes ses parties, et que lui, Kornman, n'a certifié véritable que par des excès de déférence pour son vertueux écrivain? Les huées mêmes de leurs partisans ayant honoré cet aveu, je n'ajouterai rien à leur honte publique.

Revenons aux faits importants, derniers objets de ce mémoire, et traitons-les si clairement, que le lecteur, entraîné par la force de mes preuves, adopte mon exclamation, et s'écrie partout avec moi : O vil époux! lâche adversaire! et misérables raisonneurs!

DERNIÈRE PARTIE A ÉCLAIRCIR.

DÉVELOPPEMENT DES CARACTÈRES ET DÉMONSTRATION DE LEUR PLAN.

Je dois reprendre la question que l'on m'a faite plusieurs fois, et dont j'ai suspendu la réponse pour traiter l'affaire des lettres.

Quel acharnement diabolique arme donc ainsi contre vous ce Kornman et ce Bergasse? — C'est là le secret de l'affaire, et je vais vous le dévoiler.

Toutes les fois qu'un sot veut, dit-on, se faire méchant, il faut qu'il rencontre un méchant qui de son côté cherche un sot; et comme c'est en tout pays chose facile à rencontrer, on juge bien que la liaison entre Bergasse et Kornman a pris comme un vrai feu de paille au premier moment du contact. Quand cet Orgon eut flairé ce Tartufe, posté *cafardement* auprès, non d'un bénitier d'eau lustrale, mais d'un beau baquet magnétique, Orgon l'accueille, il le recueille, lui donne gîte en sa maison, le fait précepteur de ses enfants, et s'élançant avec transport,

Chacun d'eux s'écrie aussitôt :
Voilà bien l'homme qu'il me faut!

Je ne parlerai pas des commencements de leur intrigue; je ne vous dirai point comment ils s'étaient unis avec le médecin Mesmer; comment le prédicant Bergasse prêchait les curieux que cent louis, légèrement donnés, avaient attachés au baquet, et comment, ennuyée de son verbiage amphigourique et lasse d'être dupe, la compagnie lui imposa silence un jour; ni comment Kornman, chargé de la caisse du *mesmérisme,* et le véridique Bergasse, élevèrent un beau jour baquet contre baquet, et parvinrent enfin à dépouiller leur chef d'une partie des avantages que sa doctrine avait produits. Cela n'a de rapport à nous que parce que M. le Noir, ayant permis ou toléré qu'on mît au théâtre Italien la farce des docteurs modernes (seul moyen d'empêcher les malheureux enthousiastes d'être victimes des novateurs), excita le ressentiment de tous les modernes docteurs, le docteur Bergasse à la tête.

Il fallait au moins un prétexte aux vengeances qu'ils méditaient. L'ancien procès de Kornman, repris et quitté douze fois, leur parut à tous deux un canevas parfait, sur lequel ils pouvaient broder des infamies tout à leur aise. Mon nom pouvant donner quelque célébrité aux libelles qu'on voulait faire, il fut décidé tout d'une voix qu'on dirigerait contre moi la plus sanglante diatribe.

D'ailleurs je n'étais pas sans reproche sur l'article du mesmérisme. Ils savaient bien que je m'étais souvent, en public, égayé sur les sottises du baquet. Or, ceux qui vivent de sottises détestent ceux qui s'en moquent.

M'ayant fait assigner comme témoin dans son procès avec sa femme, le sieur Guillaume Kornman avait été si mécontent des dures vérités de ma déposition, qu'ils sentirent tous deux le tort qu'elle leur ferait, rapprochée des pièces probantes, s'ils ne parvenaient pas à changer ma qualité de témoin assigné par eux-mêmes, en celle d'accusé, qui leur convenait davantage.

Le projet fut donc arrêté de faire un long libelle contre M. le Noir et contre moi, dont le grand procès d'adultère serait le prétexte ostensible.

Le libelle fut composé : mais, quelque empressement que Bergasse le précepteur eût d'échapper à sa profonde obscurité par cette production d'éclat, Kornman préférait encore d'arranger ses tristes affaires; et le crédit de M. le Noir, la bienveillance dont il l'honorait, pouvant lui faire encore tirer quelque parti des Quinze-Vingts, il hésitait de le donner.

Depuis cinq mois au moins ce libelle trottait sourdement; mais il n'était que manuscrit. On l'avançait, on le retirait; on le montrait *tout bas,* comme un épouvantail. Moi j'en ai eu copie trois mois avant qu'il fût public. On essayait aussi de me le vendre [1]. Tant qu'il espéra quelque chose du crédit de M. le Noir, le libelle ne parut point; mais quatre jours après la disgrâce de M. de Calonne, le libelle fut imprimé.

Jamais l'honnête Kornman n'a manqué ces instants

---

[1] Tous mes amis l'ont lu chez moi. Kornman convient, dans son premier libelle (page 66), qu'il a offert de le détruire, et de se désister de tout, si l'on voulait lui procurer une place de consul au Nord, ou quelque autre emploi dans les grandes Indes.

précieux. La retraite du ministère de M. le prince de Montbarrey avait changé en vraie fureur son amour pour le sieur Daudet. Sitôt après la détention du cardinal de Rohan, son bienfaiteur, Kornman n'avait pas manqué de donner un mémoire contre lui, relativement aux Quinze-Vingts. Il était donc bien juste que la disgrâce de M. Calonne fût le moment d'un gros libelle contre M. le Noir son ami. Et moi, je n'étais là que pour orner la scène.

Quant à leur projet, le voici.

Nous publierons un bon libelle, où nos deux ennemis, traînés dans la fange d'un adultère supposé, de tout point étranger à eux, seront livrés à la risée publique : mais comme ils ne peuvent être qu'incidentellement amenés dans l'affaire de la dame Kornman, quand nous les aurons bien injuriés, nous nous raccommoderons avec elle en lui faisant pont d'or pour passer dans notre parti. La réconciliation achevée, n'ayant plus de procès à suivre, M. le Noir et Beaumarchais en seront là pour nos injures : moi, Bergasse, j'aurai fait du bruit ; toi, Kornman, auras la dot, et notre vengeance est parfaite.

Lecteur, si vous croyez que mon esprit fabrique un conte et vous le donne pour un fait, suivez-moi bien sévèrement.

A peine leur libelle a paru, qu'indigné de cette infamie, je broche ma première réponse.

Pendant que je la travaillais, nos deux ennemis, satisfaits de voir leur vengeance en bon train, s'occupaient de leur sûreté. L'instant est venu, disaient-ils, qu'il faut traiter avec la dame Kornman. Après l'avoir tympanisée, tâchons, à force de promesses, de l'arracher à son parti, de lui faire abandonner ses amis et ses protecteurs ; puis faisons un mémoire pour elle, contre ceux mêmes qui l'ont servie ; rendons-les odieux, infâmes, en faisant écrire à la dame qu'elle a été corrompue par eux, jetée dans ce procès par ceux que l'on n'y voit qu'à l'occasion de cette infortunée.

Que dites-vous, monsieur de Beaumarchais ? Où puisez-vous tant de noirceurs ?

Lecteur, examinez mes preuves ; elles ont été plaidées publiquement.

Le défenseur de la dame Kornman a démontré à l'audience toute la série des démarches qu'ils ont faites pour arriver à cette transaction. Il a prouvé qu'ils ont été trouver un jurisconsulte estimé, plein de talent, de probité, qui leur a paru propre à négocier ce raccommodement secret, dont ils se flattaient sans doute que la noirceur lui échapperait.

Allez, ont-ils dit au négociateur: proposez à madame Kornman le retour certain d'un bonheur qui la fuit depuis si longtemps. Il ne s'agit, pour elle, que de signer une transaction amiable, de nous livrer deux hommes, le Noir et Beaumarchais, qui sont deux méchants corrupteurs ; de les abandonner à la fureur de moi Bergasse, à la vengeance de son époux. Et s'ils s'avisent de s'en plaindre, je ferai pour elle un mémoire, comme j'en ai fait un pour lui. Elle reverra ses enfants : son mari payera ses dettes, et ceux dont il faut nous venger resteront couverts de mépris. Nous les tenons ! nous les tenons !

Le défenseur a lu ensuite à l'audience différents billets de Bergasse ; puis une transaction minutée par le même, dans laquelle on soumet la dame Kornman à *écrire une lettre qu'on doit rendre publique;* où l'on veut lui faire dire *qu'elle n'a pas attendu la publication du mémoire de Bergasse pour rendre justice à son mari;* où l'on veut qu'elle ajoute encore *qu'elle va s'éloigner de M. le Noir et de moi*, qui avons excité *les réclamations de son mari.* Et si elle consent à signer cette transaction perfide, on lui promet *que Kornman lui amènera ses enfants;* qu'il me fera offrir judiciairement ce qu'elle me doit, et que son mari *lui donnera des marques de la plus sincère réconciliation :* et ce chef-d'œuvre de Bergasse est écrit, signé de sa main !

Le négociateur montre la transaction à la dame Kornman. Elle sent qu'on lui tend un piège, non pas le négociateur, mais les gens qui l'en ont chargé. Elle refuse obstinément de signer un tel acte. On cherche à tempérer les choses. Autres billets au négociateur. « Il « faut au moins, y dit Bergasse, que vous ameniez ma- « dame Kornman à écrire à MM. le Noir et Beaumar- « chais des lettres nobles et simples, dans lesquelles « elle assure que, revenue de son erreur, et voyant « l'abîme où on l'a plongée, elle s'éloigne d'eux sans « retour. Par là je déconcerterai toute la facture du mé- « moire de Beaumarchais, ce qui est bien essentiel. « Madame Kornman le payera. Je lui amènerai ses en- « fants, ET NOUS CONCERTERONS SON INTERROGATOIRE DE MA- « NIÈRE A LUI PROCURER SA JUSTIFICATION. »

Eh quoi ! cet homme affreux ne tremblait pas d'écrire : *Nous concerterons son interrogatoire ?* Contre qui ? Contre son mari, le seul qui l'a vilipendée, sous la plume de celui même qui veut lui faire cet interrogatoire, comme il a concerté l'accusation de son mari ! Ainsi cet effronté, l'*omnis homo* dans cette affaire, dirige la plainte, est l'accusateur, le conseil, le témoin, l'écrivain, l'avocat du mari, et veut être celui de sa femme. O l'horreur ! ô l'horreur !

La dame Kornman, sentant tout l'avantage d'obtenir quelque preuve d'un aussi noir complot, demande communication des pièces. Le courage des conjurés s'accroît à cet espoir trompeur. Bergasse écrit, dans un autre billet qui doit lui être aussi montré : « Sauvons « madame Kornman sur toutes choses. Préparez le ca- « nevas des lettres dont je vous ai entretenu. Je con- « tribuerai de bon cœur à lui faire jouer dans le public « le rôle le plus intéressant et le plus noble, *pourvu* « *qu'elle veuille s'y prêter.* »

Quand j'ai dit que tout ce procès d'adultère n'était mis en avant que pour servir d'autres vengeances, a-t-on pu même soupçonner que j'en fournirais cette preuve ? *Sauvons madame Kornman sur toutes choses,* dit-il... *Je contribuerai de bon cœur à lui faire jouer le rôle le plus noble et le plus intéressant,* POURVU QU'ELLE VEUILLE S'Y PRÊTER ! Pas un mot qui ne soit précieux.

Dans un autre billet il demande au jurisconsulte une consultation sur le moyen de terminer la transaction projetée. Mais comme son but n'est que de tromper, *qu'elle soit*, lui dit-il, *un chef-d'œuvre et DE FINESSE et de logique*. Il voudrait qu'elle pût paraître au moment même de mon mémoire.

Dans un autre billet, il écrit : « N'oubliez pas, en par-
« lant à la dame Kornman, de lui dire que M. le Noir a
« voulu la faire enfermer à cent lieues de Paris, etc., etc.»
Il ne cherche à indigner cette dame par tant de fables concertées, que pour en obtenir qu'elle écrive dans sa colère les lettres qu'il a désirées, et qu'il voudrait *faire imprimer dans la nuit même : ce qui*, ajoute-t-il, *est bien important à cause du mémoire de Beaumarchais qui va paraître*, et dont il dit savoir tout le contenu.

Mais, pendant que l'intrigue s'avance, Kornman réfléchit que, dans la transaction, Bergasse n'a inséré que des phrases en son honneur, qu'il y est appelé le *sensible*, le *vertueux*, le *généreux* Bergasse ; et que lui, Kornman, qu'on oblige à payer le sieur de Beaumarchais, n'a pas un petit mot d'éloge. Cependant cette pièce doit paraître à la tête d'un mémoire qu'on va vendre, et dont le profit reste à Bergasse avec l'honneur ! Il s'en plaint, il murmure ; sitôt Bergasse, le renard, écrivit au rédacteur pour apaiser son compagnon :

« Il est essentiel que madame Kornman, dans ses
« lettres, dise qu'elle regarde son mari comme un
« homme infiniment honnête ; et que, tant qu'elle a
« vécu à côté de lui, elle a toujours reconnu en lui une
« manière de penser infiniment noble, » etc.

On ajoute à la transaction l'éloge exigé du mari, et Bergasse, croyant enfin avoir enveloppé sa victime, ne garde plus aucune mesure. Ses intentions, ses espérances, la jactance d'un fat enivré de son vin, sa bravade, son juste esprit, tout est versé dans le billet suivant :

« Il est bien important, mon cher ami, que vous vous
« occupiez sur-le-champ du plan dont je vous ai parlé
« hier. Si vous pouvez voir madame Kornman, tâchez
« de me la faire voir ; je lui amènerai ses enfants, ET
« NOUS FERONS UNE SCÈNE DE LARMES QUI FINIRA TOUT. Je
« viens de rédiger une note contre l'écrit du sieur de
« Beaumarchais, qui, je l'espère, sera imprimée cette
« nuit, et paraîtra demain. J'y parle d'elle avec inté-
« rêt, et de Beaumarchais AVEC MODÉRATION ; j'espère que
« vous en serez content, » etc., etc. On ajoutait même, au Palais, que le billet finit par ces mots bien étranges (mais l'avocat de la dame Kornman ne les a point articulés) : « Soyez bien persuadé que ni Kornman ni moi
« ne serons décrétés pour avoir publié notre mémoire ;
« je crois que le public entier décréterait à coups de
« pierres le tribunal qui entreprendrait de nous de-
« mander compte de notre conduite. »

Ce qui rend assez vraisemblable cette phrase de son billet, c'est le ton qu'il a pris à l'audience de la grand'-chambre, en rappelant en d'autres termes à peu près les mêmes idées. On l'a vu apaisant de la main les battements dont ses amis couvraient ses périodes commencées. Plein d'une vanité fougueuse, et menaçant les magistrats, il leur disait : Si par un hasard imprévu vous alliez faire perdre la cause à l'innocence, aux bonnes mœurs, il n'y a personne dans cette assemblée qui ne se levât aussitôt, et qui ne prît notre défense.

Songez à vous, augustes magistrats ! Si par malheur vous condamnez Bergasse et Kornman (vous voyez comme ils ont traité les magistrats du Châtelet), ils vous feront *décréter à leur manière*, par le public de leur quartier, de la rue Carême-Prenant. Gardez-vous bien de prononcer contre eux !

En voilà bien assez. Nos adversaires sont connus. La dame Kornman indignée rompit la négociation, et la guerre a recommencé.

Avant de la faire éclater au Palais, ils ont voulu essayer d'effrayer cette dame, n'ayant pu la séduire ; et, pour lui faire donner la déclaration qu'ils voulaient, avec laquelle ils entendaient poursuivre M. le Noir et Beaumarchais, sous le nom de l'infortunée, ils ont emprunté sourdement au sieur Bonnard une maison près de Neuilly, sous prétexte qu'une grande dame voulait y voir en secret son époux, dont on sait qu'elle est séparée. Ils ont eu l'art d'y faire conduire adroitement la dame Kornman par des hommes... grand Dieu ! qu'on était loin de suspecter ; et là ils l'ont livrée pendant six heures de suite aux fureurs d'une pythonisse, d'une somnambuliste ardente, bien instruite et bien inspirée, laquelle avait dîné la veille dans la maison de Kornman, où on lui avait appris ce qu'elle avait à dire. Il a fallu tout le courage d'une femme habituée au malheur, pour résister à des scènes si longues et si fâcheuses, pour que ce lâche emploi du magnétisme prophétique ne la fit pas succomber à la terreur d'un tel spectacle. Le détail de ces tentatives, écrit naïvement par la dame Kornman elle-même en sortant de cette obsession, est un des plus étranges écrits, des plus rares qu'on puisse lire. On y voit réuni tout ce que la scélératesse de forcenés très-maladroits peut joindre à l'imbécillité de dignes fous de Charenton.

Ces détails ont été mis sous les yeux des magistrats. Le respect nous défend d'en dire davantage.

Cette autre tentative n'ayant pas mieux réussi que la première, force a été de suivre le procès.

Mais quelle guerre abominable ! Tous mes anciens valets séduits ou menacés ; une profusion immense de libelles ; plus de deux cents en dix-huit mois, et tous payés par Kornman ; les registres d'une imprimerie, déposés au greffe criminel, seront la preuve de ces faits : Reçu tant du sieur Kornman pour tel pamphlet, tant pour une circulaire, etc., etc. A chaque instant des lettres anonymes. J'en ai déposé une au greffe, qui accompagnait un libelle imprimé dans lequel on cherchait à me désigner comme auteur des écrits scandaleux contre les magistrats ; et crainte que je ne me méprisse aux agents de ces infamies, ils m'ont accusé hautement, dans un libelle signé *Bergasse*, d'avoir vendu ma plume au ministère pour insulter les magistrats absents : espérant bien par là me les rendre défavorables lorsque je demanderais vengeance contre ce cours d'atrocités.

On a vu de quel ton j'ai relevé cette apostrophe dans mon second mémoire qui a précédé celui-ci.

Ils ont ameuté contre moi la jeunesse indisciplinée qui rôdait autour du Palais, et m'ont fait menacer partout, sous prétexte de ces écrits.

Ils m'ont fait insulter un soir, sortant à pied de mon jardin. Depuis ce temps j'ai mieux veillé sur moi, ne marchant plus qu'avec des armes.

Ils ont fait casser, une nuit, des statues de *Germain Pilon*, monument du seizième siècle, et restes précieux de l'arc triomphal Saint-Antoine, que j'avais fait réparer à grands frais, d'accord avec l'Hôtel de Ville, et mises au mur de mon jardin pour faire un ornement au boulevard, digne de l'attention publique. Messieurs du bureau de la ville s'y étant transportés, ayant tancé publiquement le caporal d'un corps de garde qui est à dix pas du monument, sur sa négligence à veiller, le lendemain une lettre anonyme, style, écriture de cuisinière, m'est arrivée, portant en substance le regret qu'on ne m'eût pas trouvé à la place de ces statues, disant que *je ne l'échapperais pas*, et m'appelant *grand défenseur des belles ;* ce qui n'était pas bien adroit pour déguiser l'auteur de l'anonyme. Tout est au greffe criminel.

Enfin, portant au dernier excès leurs manœuvres infâmes, ils ont fait afficher la nuit des placards à toutes mes portes, et même dans les rues voisines, me dénonçant au peuple comme un accapareur de blés. Les placards portaient en substance que si je n'ouvrais pas les greniers que je tenais fermés, on m'en ferait bien repentir. Il est clair qu'espérant que la cherté du pain pourrait produire quelque mouvement parmi le peuple, on lui désignait ma maison pour être la première ou pillée ou brûlée.

Les surveillants de la police ont arraché tous ces placards, et M. de Crosne a bien voulu faire passer toutes les nuits une patrouille déguisée autour d'immenses magasins où je tiens de la librairie, qu'on cherchait à donner au peuple pour des accaparements de blés. L'Europe a couru le danger d'être privée du plus beau monument littéraire de ce siècle ; et moi, celui d'être ruiné.

Quelle complication d'horreurs ! Je suis las de les raconter, fatigué de les éprouver, et si honteux de les décrire, que je quitterais la plume à l'instant, si pour dernier trait de scélératesse ils ne venaient pas tout à l'heure, à la fin de leurs plaidoiries, de faire crier par leur avocat qu'ils tenaient la preuve en leurs mains d'une profanation de moi sur les choses les plus sacrées, pour amener des séductions honteuses. Vous verrez, messieurs, disait-il, comme il prit l'habit d'un confesseur, et comment, ainsi déguisé, il trompa d'abord une femme, et s'en fut, sous le même habit, escroquer et toucher au bureau d'un payeur une rente de 900 livres. Nous les tenons, ces preuves, écrites de sa main.

Puis, sans en faire de lecture, il met des lettres sur le bureau, laisse le public étonné, mais surtout nullement instruit. Heureusement mon avocat se lève, et demande acte à la cour de tout ce qui vient d'être plaidé, obtient un arrêt qui ordonne que ces pièces déposées au greffe nous seront communiquées. Nous y courons. Que trouvons-nous ? Pour embarrasser cette cause, la couvrir d'un nouvel incident, et tâcher de prouver que je suis le vil proxénète d'un galant, protecteur d'un adultère en 1789, ils ont osé produire sept ou huit lettres de moi écrites dans ma jeunesse, en 1756, à ma première femme, il y a trente-trois ans accomplis, c'est-à-dire qu'elles sont écrites cinq ou six ans avant que la dame Kornman fût née !

Et ces lettres, qui n'ont nul rapport à l'affaire, qu'ils se sont bien gardés de lire, quoiqu'ils les aient empoisonnées, sont douces, gaies, pleines d'amour et du tendre intérêt de cet âge : deux ou trois sont écrites un moment avant mon mariage ; et les autres, moi marié. J'avais prié mon défenseur de les lire toutes à l'audience ; on n'y aurait trouvé ni profanation, ni forfait, ni usurpation, ni déguisement, ni projets personnels à moi : seulement une idée de plusieurs amis rassemblés de cette dame, au nombre desquels je me comptais ; avis que nous soumettions à son conseil, à elle-même, pour forcer des débiteurs peu délicats à lui faire une prompte justice.

N'ayant point adopté le projet contenu dans cette minute, elle l'a pourtant conservée avec toutes mes lettres d'amour, comme des monuments très-chers de la tendresse d'un époux. Et ces lettres de ma jeunesse (j'étais encore mineur quand cette dame m'épousa), ces lettres, dis-je, cotées et paraphées à l'inventaire de ma femme quand j'eus le malheur de la perdre, est-il possible qu'ils les tiennent des parents mêmes de ma femme, lesquels, après avoir joui pendant vingt ans, par ma seule indulgence, de fortes sommes qui m'appartenaient dans leurs mains, m'ont attaqué en 1771, et m'ont plaidé dix ans avec fureur, puis ont été condamnés envers moi, par trois arrêts contradictoires, à me payer des sommes plus fortes que leurs moyens actuels ; qui sont venus se jeter à mes pieds, m'implorer en disant qu'ils étaient ruinés, si j'usais rigoureusement de mes droits constatés par les trois arrêts de la cour ; et qui ont obtenu de mon humanité, par leurs instances et celles de leurs amis, qu'ils jouiraient, leur vie entière, des sommes qu'ils me doivent ?

Mes amis, indignés, veulent que je demande en justice que ces actes soient annulés, pour cause d'horrible ingratitude ! Non, mes amis ; ma vie entière s'est usée à pardonner des infamies : irai-je empoisonner un reste d'existence, en dérogeant dans ma vieillesse à ma constante bonhomie !

Si je me permettais d'aller plus loin sur ces détails, on serait bien surpris de l'usage constant que j'ai fait de ma fortune. On apprendrait combien de gens, mes obligés, ont abusé de ma facilité ; et comment, pardonnant toujours, je me suis toujours vu forcé de justifier mes œuvres les plus pures ! Mais ces débats ne troublent plus la paix de mon intérieur. Heureux dans mon ménage, heureux par ma charmante fille, heureux par mes anciens amis, je ne demande plus rien aux hommes, ayant rempli tous mes devoirs austères de fils, d'époux, de père, de frère, d'ami, d'homme enfin, de Français et de bon citoyen : ce dernier, cet affreux procès m'a fait au moins un bien, en me mettant à même de rétrécir mon cercle, de discerner mes vrais amis de mes frivoles connaissances.

Quant à vous, mes concitoyens, qui prenez parti contre moi pour deux fourbes dans cette affaire, quel mal vous ai-je fait à tous? En égayant mes courts loisirs, n'ai-je pas contribué à l'amusement des vôtres? Si ma gaieté contriste des méchants, quel rapport y a-t-il entre ces gens et vous, avec qui je me complais à rire? Vous savez tous, ô mes concitoyens, qu'il n'est rien d'aussi bas que la basse littérature. Quand un homme s'est bien prouvé qu'il n'est bon à rien dans ce monde, s'il se sent le pouvoir de braver mépris et Bicêtre, il se fait libelliste, feuilliste, affichiste et menteur public. L'affreuse calomnie n'est qu'un vain mot pour lui, s'il parvient à faire imprimer ses pamphlets en esquivant la geôle; et sauf tous les affronts qui poursuivent son vil emploi, il est heureux dans son grenier : m'injuriant lâchement dans le monde, où ils savent que je ne vais plus ; m'implorant en secret chez moi, quand ils peuvent forcer ma porte : voilà, voilà les gens que Kornman salarie !

Et les auteurs de ces libelles, les imprimeurs et les ordonnateurs, tous sont connus, tous seront poursuivis. Ce qu'il y a de plus vil à Paris, dirigé par ces deux méchants, depuis deux ans écrit, poignarde par derrière les plaideurs et les magistrats. Ce désordre est porté si loin, qu'il n'est pas un seul citoyen qui ne doive frémir des horreurs auxquelles le plus léger procès peut soumettre son existence. L'ordre public est trop intéressé à ce que de tels excès soient punis et soient réprimés, pour que les magistrats ne sévissent point, dans leur arrêt, contre les noirs instigateurs de tant de lâches calomnies.

Ce Bergasse, inconnu, sans état, sans métier, même sans domicile, s'amalgamant à tout ce qui fait bruit : après avoir traité son bienfaiteur Mesmer comme un dieu, puis comme un scélérat; après avoir traité Deslon comme un confrère, et puis comme un escroc; après avoir *dévoué*, dans ses fureurs, MM. Franklin, Bailly, et autres commissaires nommés par Sa Majesté pour juger ce fou *magnétisme*; après les avoir *dévoués*, dis-je, à *l'exécration de la postérité la plus reculée*, parce qu'ils ont dévoilé les mystères de cette doctrine; après s'être fait insolemment graver sous l'emblème d'un génie couronné qui forge et va lancer des foudres, et s'être proclamé lui-même, avec la plus stupide vanité, le *sauveur* de la France, et l'avoir osé imprimer lors du retour des magistrats, parce qu'il avait écrit quelques lignes fougueuses dans un moment où l'opinion publique, partout fortement prononcée, avait déjà ruiné le système ministériel; après s'être bien pavané, comme *la mouche du coche*, en disant,

J'ai tant fait qu'à la fin *mes gens* sont dans la plaine ;

ce noir ballon, gonflé d'orgueil, vient de jurer enfin qu'il s'attachait à Kornman... O malheureux *Laocoon !* toi, ni tes deux enfants, n'espérez plus fuir au reptile qui vous a si bien enlacés. Tant qu'il vous restera quelque peu de fortune, n'espérez pas qu'il se détache. *Je le suivrai partout*, dit-il, *dans les exils, dans les prisons !* Digne Oreste d'un tel Pylade, on n'est point étonné qu'il se dévoue à toi. Quel affreux Pylade, en effet, est plus digne d'un tel Oreste !

Signé : Caron de Beaumarchais.
Me Pelletier, *procureur*.

ADDITION PRÉCIPITÉE

Ce mémoire était imprimé, j'allais le remettre à mes juges, lorsqu'un libelle atroce vient d'être lancé contre moi dans le monde. Sous prétexte des lettres qu'ils ont citées à l'audience, toute ma jeunesse y est livrée aux outrages les plus calomnieux. Là, une lettre supposée se trouve rapportée en note comme m'ayant été écrite. Ils sont aveuglés à tel point par la fureur qui les domine, qu'ils ne s'aperçoivent pas même du contre-sens absurde qu'une telle lettre, la supposant écrite à moi, ne me fût jamais parvenue, et pût se rencontrer, après trente-trois ans, entre les mains d'un autre. Ce n'est plus discuter qu'il faut, mais demander la punition de si dangereux attentats.

A l'instant même j'ai présenté requête au parlement, portant plainte, non-seulement contre les auteurs, imprimeurs et distributeurs de cet infâme écrit, mais contre ceux qui leur ont vendu des lettres cotées et parafées appartenantes à un inventaire clos, achevé depuis plus de trente ans, dont ils se sont permis de faire un aussi criminel abus.

Et, pour montrer quelle confiance est due à leurs atroces calomnies, j'ai remis à M. l'avocat général les trois arrêts de la cour qui, après dix années de vexations outrées, ont déclaré les Aubertin, comme héritiers de ma femme leur sœur, mes débiteurs de sommes plus fortes que toute leur existence actuelle ne leur permettait d'acquitter. Le dernier de ces trois arrêts, au rapport de M. Titon, est un chef-d'œuvre de discussion, de balance d'intérêts, de compensation, de clarté, de justice.

J'ai joint à ces arrêts des lettres de ces héritiers que le hasard m'a fait retrouver, à défaut d'une foule d'autres perdues, par lesquelles ils m'implorèrent quand ils se virent condamnés. Et ce ne sont point là des lettres supposées, controuvées ni volées, dont le vrai sens puisse être détourné. Le repentir et la prière s'y montrent dans toute leur énergie. J'ai joint aux arrêts, à ces lettres, les actes notariés qui attestent ma bienfaisance et le pardon que je leur accordai.

Une de mes belles-sœurs, pour calmer ma colère contre son frère, m'écrivit en 1787 : « Je vous connais

« l'âme trop bonne pour me persuader que vous vouliez
« réduire à la misère UN ÊTRE QUI A DES TORTS VIS-A-VIS
« DE VOUS, JE VOUS L'AVOUE, mais enfin qui, comme moi,
« vous est attaché par les liens du sang... Que devien-
« dra-t-il donc, monsieur, si vous n'avez pas la bonté
« de lui laisser toucher son revenu, qui consiste en
« dix-huit cents livres de rente viagère?... Vos procédés
« vis-à-vis de ma sœur et moi, monsieur, votre hon-
« nêteté, me font espérer que vous vous laisserez toucher
« en faveur de mon frère, etc. Je sais qu'il n'est ni dans
« votre cœur ni dans votre âme de mettre un père de
« famille au désespoir. Vous ne le voudriez pas. SI LE
« SOUVENIR DE SES TORTS a pu vous inspirer un moment
« la vengeance, je suis sûre qu'une voix intérieure vous
« dit : SA SŒUR ÉTAIT MA FEMME ; je dois lui pardonner.
« Ce sentiment est celui que vous inspire VOTRE SENSIBI-
« LITÉ, QUE JE CONNAIS, de laquelle j'ose tout attendre, et
« que j'implore, en vous priant d'être bien persuadé
« des sentiments, etc.

« Très-obéissante, etc.

« *Signé* : AUBERTIN. »

Qu'arrive-t-il? Touché de sa prière, je donnai main-levée de l'opposition que j'avais mise sur les rentes de son frère ; et je l'en ai laissé jouir depuis tranquillement jusqu'à sa mort, sans lui rien demander. Voilà celui qu'ils disent que j'ai fait mourir de douleur !

Le fils d'une des sœurs de ma femme m'écrit, me fait solliciter par tous ses amis et les miens d'avoir des ménagements pour lui, n'ayant, dit-il, jamais trempé dans aucun tort de ses parents envers moi. Qu'arrive-t-il? Je lui remets généreusement le quart de ma créance sur lui ; et l'acte notarié de cette bienfaisance, que j'ai remis à M. l'avocat général, porte l'expression de sa reconnaissance.

Une autre sœur de feu ma femme m'écrit la lettre suivante en novembre 1785 ; c'est-à-dire quatre années après l'obtention de mes trois arrêts, dont je n'avais fait aucun usage hostile contre eux tous. Cette lettre mérite d'être opposée tout entière aux impressions affreuses qu'ils ont voulu répandre sur le décès de ma première femme, à l'impression qu'elle aurait dû laisser à sa famille entière. Malheureux imposteur, lisez donc cette lettre.

Lettre de la demoiselle Aubertin à M. de Beaumarchais.

« Ce 23 novembre 1785.

« Depuis que nous avons eu l'honneur de vous écrire,
« monsieur, nous nous étions flattés que vous voudriez
« bien donner un jour à M. Angot pour lui dire vos in-
« tentions, et terminer une affaire que nous regarde-
« rons toujours comme très-malheureuse et par ses
« suites, et par la division qu'elle a causée entre vous
« et nous ; division d'autant plus sensible pour nous,
« monsieur, que nous en sommes les victimes, *sans que
« notre cœur y ait jamais eu de part :* enfin c'est une
« chose faite ; le point essentiel à présent, c'est de régler
« entre vous et nous d'une manière qui ne nous oblige
« plus les uns ni les autres à rappeler des temps mal-
« heureux : cela dépend de vous, monsieur ; et nous
« vous prions avec instance de vouloir bien nous mar-
« quer ce que vous exigez de nous, pour que nous sa-
« chions à quoi nous en tenir. Nous savons bien que
« votre arrêt vous donne des droits ; mais vous con-
« naissez notre position et la médiocrité de notre for-
« tune. Enfin, monsieur, *consultez votre cœur : il est
« bon, sensible, généreux ; nous le connaissons tel*, et
« c'est de lui que nous attendons un traitement favora-
« ble : *vous avez tant de droits à la reconnaissance ! La
« nôtre ne sera ni moins vive ni moins étendue ; notre
« soin le plus cher sera de l'exprimer*, et de saisir toutes
« les occasions de vous en donner des preuves. *Daignez
« donc, monsieur, avoir égard aux liens qui nous ont
« unis ; croyez qu'ils ont gravé dans nos cœurs un sen-
« timent que le temps ni les circonstances n'ont point
« effacé*. Puissent-ils vous inspirer en notre faveur !
« Nous osons l'espérer, et que nous éprouverons les ef-
« fets de la bonté de votre âme. Nous attendons votre
« réponse avec impatience, et vous prions instamment,
« monsieur, de vouloir bien nous instruire de vos vo-
« lontés ; nous sommes persuadés qu'*elles seront dictées
« par votre générosité*, et vous prions d'être bien con-
« vaincu des sentiments avec lesquels nous ne cesserons
« d'être, etc.

« MONSIEUR,

« Votre très-humble et très-
« obéissante servante,

« *Signé* : AUBERTIN. »

Qu'arriva-t-il? moi, qui n'ai jamais résisté aux supplications ni aux larmes, j'ai consommé envers cette demoiselle, dont la sœur venait de mourir, l'acte de bienfaisance que je leur avais promis à toutes deux, par lequel je consens qu'elle jouisse, sa vie entière, de toutes les sommes qu'elle me doit ; et la vive expression de sa reconnaissance est consignée dans ce traité, remis avec les lettres à M. l'avocat général. Et c'est ainsi que je me suis vengé d'une persécution de dix années, pendant lesquelles mes biens, mes revenus, mes meubles avaient été saisis dix fois. C'est ainsi que je me suis vengé de presque tous mes débiteurs.

A défaut de moyens, ces horreurs clandestines se sont répétées sourdement dans tous les procès qu'on m'a faits, et que j'ai tous gagnés avec éclat, n'en ayant jamais fait moi-même à aucun de mes débiteurs.

Dans les deux procès intentés, l'un par l'héritier Duverney, et l'autre par le sieur Goëzman, pendant que les Aubertin me plaidaient avec rage ; forcé de me défendre moi-même, les avocats d'alors me refusant leur concours, je fis à mes ennemis la provocation contenue dans mon second mémoire contre le sieur Goëzman, en 1773. Le frère, le beau-frère, le neveu, toutes les sœurs de feu ma première femme, étaient vivants alors. Ils me plaidaient avec fureur. Je les provoquai fièrement ; mais aucun d'eux n'osa répondre.

Il était réservé à ce lâche Kornman, à cet affreux Bergasse, de chercher à noircir ma jeunesse si gaie, si folle, si heureuse, après trente-trois ans d'une vie sans reproche passée à Versailles, à Paris, et partagée, aux yeux de tous, entre les affaires et les lettres.

Je n'ajouterai plus qu'un mot : il est le cri de ma douleur. Justice, ô magistrats ! justice ! Vous me la devez, je l'attends de votre honorable équité.

   Signé : CARON DE BEAUMARCHAIS.

  Monsieur DAMBRAY, *avocat général.*

  Me PELLETIER, *procureur au parlement.*

ARRÊT
DE
LA COUR DU PARLEMENT
RENDU EN LA TOURNELLE CRIMINELLE

ENTRE le sieur CARON DE BEAUMARCHAIS, et le prince DE NASSAU-SIEGHEN, *plaignants ;*

Le sieur GUILLAUME KORNMAN, ancien banquier et ancien caissier de la compagnie des Quinze-Vingts, et le sieur BERGASSE, *accusés ;*

ENTRE le sieur GUILLAUME KORNMAN, la dame KORNMAN, et le sieur DAUDET DE JOSSAN ;

Qui décharge le sieur *de Beaumarchais* de l'accusation en complicité d'adultère ;

Condamne les sieurs *Kornman* et *Bergasse* solidairement en *mille livres* de dommages et intérêts envers le sieur *de Beaumarchais*, applicables au pain des pauvres prisonniers de la Conciergerie du palais ;

Ordonne que les différents mémoires et écrits des sieurs *Kornman* et *Bergasse*, en ce qui concerne le sieur *de Beaumarchais*, seront supprimés comme *faux, injurieux et calomnieux ;* leur fait défense de récidiver, sous telles peines qu'il appartiendra ;

Décharge le prince *de Nassau* de la même accusation en complicité d'adultère ;

Condamne lesdits *Kornman* et *Bergasse* solidairement en *mille livres* de dommages et intérêts envers ledit prince *de Nassau*, applicables au pain des pauvres prisonniers de la Conciergerie du palais ;

Ordonne que les différents mémoires et écrits des sieurs *Kornman* et *Bergasse*, en ce qui concerne le prince et la princesse *de Nassau*, seront et demeureront supprimés, comme *faux, injurieux, calomnieux ;* fait défense auxdits *Kornman* et *Bergasse* de récidiver, sous telles peines qu'il appartiendra ;

Fait défense audit *Kornman* de plus, à l'avenir, se servir, produire, faire imprimer et distribuer des lettres écrites à des personnes tierces et étrangères à sa cause, sous peine de punition exemplaire ;

Ordonne que les lettres relatives au sieur *de Beaumarchais* et au sieur *Daudet de Jossan*, produites par le sieur *Kornman*, seront rendues à chacun d'eux ;

Ordonne que *Brunetières*, procureur au parlement et du sieur *Kornman*, sera et demeurera interdit pour trois mois, pour avoir autorisé, par sa signature, l'impression desdites lettres ;

Ordonne que les termes répandus dans les mémoires des sieurs *Kornman* et *Bergasse* contre M. *le Noir*, ancien lieutenant de police, M. le lieutenant criminel, M. le procureur du roi au Châtelet, et Me *Fournel*, avocat au parlement, seront et demeureront supprimés, comme *faux, injurieux, calomnieux ;*

Déclare qu'il n'y a eu et n'y a lieu à plainte contre M. *le Noir ;*

Permet au prince *de Nassau* et au sieur *de Beaumarchais* de faire imprimer et afficher le présent arrêt où bon leur semblera, aux dépens desdits *Kornman* et *Bergasse*, aux termes dudit arrêt ;

Déclare le sieur *Kornman* non recevable dans sa plainte en adultère contre la dame *Kornman* et le sieur *Daudet ;*

Ordonne que l'interrogatoire subi par la dame *Kornman*, dans une maison de force, ensemble le procès-verbal de saisie des lettres dudit sieur *Daudet* sur la personne de *Varin*, son domestique, et lesdites lettres, seront remis au greffe pour y être supprimés ;

Et condamne lesdits *Kornman* et *Bergasse* solidairement en tous les dépens, etc., etc.

OBSERVATIONS
SUR
LE MÉMOIRE JUSTIFICATIF
DE LA COUR DE LONDRES

PREMIER MOTIF D'ÉCRIRE.

S'il peut être permis à un particulier d'oser un moment s'immiscer dans la querelle des souverains, c'est lorsque, appelé par eux-mêmes en jugement dans des *mémoires justificatifs* adressés au public dont il fait partie, il s'y voit personnellement cité sur des faits tournés en reproches de *perfidie* contre les ennemis de ses souverains, mais qui, présentés avec plus de franchise, servent eux-mêmes à justifier la puissance inculpée, à rendre à chacun ce qui lui appartient.

SECOND MOTIF D'ÉCRIRE.

S'il est reçu parmi les rois d'entretenir à grands frais, les uns chez les autres, de fastueux inquisiteurs, dont le vrai mérite est autant de bien éclairer ce qu'on fait dans le pays de leur résidence, que d'y répandre sans scrupule les plus fausses notions des événements, lorsque cette fausseté peut être utile à leurs augustes commettants, au moins n'avait-on encore vu chez aucun peuple un magnifique ambassadeur pousser la dissimulation de son état jusqu'à en imposer même à son pays dans ses dépêches ministérielles, pour augmenter la mésintelligence entre les nations, ou pour accroître sa consistance et préparer son avancement.

C'est pourtant ce qui résulte aujourd'hui de l'examen des prétendus faits touchant le commerce entre la France et l'Amérique, cités dans le *Mémoire justificatif* du roi d'Angleterre, sur les rapports fautifs du vicomte de Stormont, que je nomme ici sans scrupule, parce qu'il a semblé m'y inviter lui-même, en faisant servir mon nom et mes armements à des accusations de *perfidie* contre la France.

S'il entrait dans mon plan de traiter le fond de la question qui divise aujourd'hui les deux cours, je n'aurais nul besoin d'établir, par les faits particuliers qui me concernent, que non-seulement nos ministres ont montré plus d'égards qu'ils n'en devaient à l'Angleterre, à la nature des liaisons subsistantes, mais qu'ils sont restés, par complaisance pour la cour de Londres, fort en deçà des droits non disputés de toute puissance indifférente et neutre. C'est par des faits nationaux et connus de l'Europe entière que je ferais évanouir le reproche de perfidie tant de fois appliqué, dans ce *mémoire justificatif*, à la conduite de la France; et je le repousserais si victorieusement sur ses auteurs, que je ne laisserais aucun doute sur la vérité de mon assertion.

En effet, quelle est donc la nation qui prétend aujourd'hui nous souiller du soupçon de perfidie, en réclamant avec tant d'assurance et d'honneur et la foi des traités? N'est-ce pas cette même nation anglaise, injuste envers nous par système, et dont la morale à notre égard a toujours été renfermée dans cette maxime applaudie mille fois à Londres, dans la bouche du grand politique Chatham : « Si nous voulions être justes envers la France « et l'Espagne, nous aurions trop à restituer. Les affai- « blir ou les combattre est notre unique loi, la base de « tous nos succès. »

N'est-ce pas ce même peuple dont les outrages et les usurpations n'ont jamais eu d'autres bornes que celles de ses pouvoirs; qui nous a toujours fait la guerre sans la déclarer; qui, après avoir, en 1754, assassiné M. de Jumonville, officier français, au milieu d'une assemblée convoquée en Canada pour arrêter des conventions de paix et fixer des limites, a, sans aucun objet même apparent, commencé la guerre de 1755, en pleine paix, par la prise inopinée de cinq cents de nos vaisseaux, et l'a terminée, en 1763, par le traité le plus tyrannique et l'abus le plus intolérable des avantages que le sort des armes lui avait donnés sur nous dans cette guerre injuste?

N'est-ce pas cette nation usurpatrice pour qui la paix la plus solennellement jurée n'est jamais qu'une trêve accordée à son épuisement, et dont elle sort toujours par les plus criantes hostilités; qui dès 1774 avait souffert que son commandant au Sénégal, le sieur Macnemara, fît enlever un vaisseau français du commerce de Nantes, qu'on n'a jamais rendu; qui, dans l'année 1776, après nous avoir outragés de toute façon dans l'Inde, insulta, sur le Gange, trois vaisseaux français, *la Sainte-Anne*, *la Catherine* et *l'Ile-de-France*, et fit tirer sur eux à boulets, au passage de Calcutta, brisa nos manœuvres, tua ou blessa nos matelots, et, couronnant l'atrocité par la dérision, leur envoya sur-le-champ des chirurgiens pour panser les blessés? outrage dont tous les commerçants de l'Inde, irrités et consternés, n'ont cessé de demander justice et vengeance au roi de France.

N'est-ce pas encore cette même nation qui, toujours fidèle à son système, avait donné l'ordre, un an avant l'ouverture des hostilités, de nous attaquer dans l'Inde à l'improviste, et de nous chasser de toutes nos possessions, comme cela est irrévocablement prouvé par la date de l'investissement de Pondichéry, en 1778; et qui, imperturbable en son arrogance, ne rougit pas de faire avancer froidement aujourd'hui, par son doucereux écrivain, *qu'il est au-dessous de la dignité de son roi d'examiner les époques où les faits se sont passés*; comme si, dans toute querelle, il n'était pas reconnu que le tort est tout entier à l'agresseur!

N'est-ce pas cette nation toujours provoquante, qui, pendant ce même temps de paix, s'arrogeant le droit de douane et de visite sur tout l'Océan, se faisait un jeu d'essayer notre patience, en arrêtant, insultant et vexant tous nos vaisseaux de commerce à la vue de nos côtes mêmes?

N'est-ce pas un marin de cette nation que désigne le capitaine Marcheguais, de Bordeaux, arrêté en mars 1777, à cent trente lieues de la côte de France, lorsqu'il déclare qu'on lui a tiré huit coups de canon à boulets, brisé toutes ses manœuvres, et que, même après avoir envoyé quatre hommes et son second faire visiter ses passe-ports, et prouver qu'ils étaient en règle, il n'en a pas moins vu passer sur son bord dix scélérats, vu crever ses ballots, bouleverser tout dans son navire, le piller, l'emmener prisonnier, et le retenir, lui sixième, à leur bord, tant qu'il leur a plu de lui voir avaler le poison de l'insulte et des plus grossiers outrages?

N'était-ce pas aussi par des capitaines anglais que, dans ce même temps de paix, plusieurs navires de Bordeaux, entre autres *le Meulan* et *la Nanci*, furent enlevés en sortant du Cap, et les équipages indignement traités, quoiqu'ils fussent expédiés pour la France, et ne continssent aucunes munitions de guerre; qu'un capitaine Morin fut arrêté à la pointe des Prêcheurs, atterage de la Martinique, et conduit à la Dominique, malgré des expéditions en règle pour le cap Français et Saint-Pierre-de-Miquelon? Nos greffes d'amirauté sont remplis de pareilles plaintes et déclarations faites en 1776 et 1777 contre les Anglais, ce peuple si loyal en ses procédés, qui nous accuse aujourd'hui de perfidie!

Ils nous enlevaient donc nos navires marchands à l'atterage même de nos îles. Ils poursuivaient leurs ennemis jusque sur nos côtes, et les y canonnaient de si près que les boulets portaient à terre; et ils ne faisaient nul scrupule de répondre par des bordées entières aux représentations que les commandants de nos frégates venaient leur faire de l'indécence de leurs procédés : témoin le chevalier de Boissier, qui, ne pouvant retenir son indignation, se crut obligé de châtier cette insolence, auprès de l'Ile-à-Vaches, en désemparant, à coups redoublés, une frégate anglaise, et la forçant de se retirer dans le plus mauvais état à la Jamaïque.

Ils tiraient à boulets sur des navires entrés dans les

ports de France : témoin ce vaisseau marchand arrêté, dans les jetées de Dunkerque, par plusieurs coups de canon à boulets, et forcé d'en ressortir à tous risques pour se laisser visiter par une patache anglaise, qui se tenait sans pudeur en rade à cet effet.

Ne portaient-ils pas l'outrage au point de tenter de brûler des vaisseaux américains jusque dans nos bassins? Insulte constatée à Cherbourg, et qu'on ne peut attribuer à l'étourderie d'aucun particulier, puisque c'était une corvette du roi, capitaine en uniforme, et parti de Jersey par ordre exprès de la cour, avec promesse de trois cents guinées s'il exécutait son projet insultant.

Ces plaintes et mille autres semblables arrivèrent de toutes parts aux ministres de France, qui pouvant et devant peut-être éclater contre l'Angleterre à de tels excès, avaient pourtant la modération d'en porter seulement leurs plaintes aux ministres anglais, dont les réponses, aussi souvent dérisoires que la conduite des marins était odieuse, contenaient en substance, *ou qu'on était mal instruit, ou que les capitaines étaient ivres, ou que c'était un malentendu, ou même que c'étaient de perfides Américains masqués sous pavillon anglais.* Jamais d'autres raisons, encore moins de justice. Et c'est là le scrupuleux voisin, le candide ami, le peuple équitable et modéré qui nous accuse aujourd'hui de perfidie !

A qui donc l'écrivain du *Mémoire justificatif* prétend-il donner le change en Europe ? Est-ce pour détourner l'attention des Anglais de la conduite insensée de leur ministère, qu'on essaie en cet écrit d'y inculper le nôtre ? En accusant nos ministres d'avoir trompé la nation française et son roi, pensent-ils étouffer les cris du peuple anglais, qui fait retentir à leurs oreilles ces mots si redoutés : Rendez-nous l'Amérique et le sang de nos frères ; rendez-nous notre commerce, et nos millions engloutis dans cette guerre abominable!

Ce n'est pas la perfidie de nos rivaux qui nous a causé toutes ces pertes ; c'est la vôtre. Eh ! quelle part en effet les ministres français ont-ils eue à l'indépendance de l'Amérique ?

Lorsque la France, à la dernière paix, mit l'Angleterre en possession du Canada ; lorsque, longtemps avant cette époque, le clairvoyant M. Pitt avait prédit que *si on laissait seulement forger aux Américains les fers de leurs chevaux, ils briseraient bientôt ceux de leur obéissance;* lorsque ce même lord Chatham prédit encore à Londres, en 1762, *que la cession du Canada par la France ferait perdre l'Amérique aux Anglais;* lorsque la jalousie de toutes les colonies sur les priviléges accordés à la nouvelle possession, et leurs inquiétudes sur l'établissement d'un monarchisme qui semblait menacer la liberté, commencèrent les murmures et les troubles ; lorsque les concussions et les mauvais traitements firent sonner l'alarme et secouer aux Américains le joug de la dure Angleterre, en resserrant les bornes du grand mot *patrie* aux limites du continent, la France entra-t-elle pour quelque chose dans les motifs de cette rupture ? Son intrigue ou sa perfidie aveugla-t-elle enfin les ministres anglais sur les conséquences et les suites de cette effrayante rumeur qu'ils affectaient de mépriser ?

Le feu du mécontentement couvait de toutes parts en Amérique. Mais lorsqu'au moment de l'acte du timbre, en 1766, l'incendie allumé à Boston se propagea dans toutes les villes du Nord ; quand l'émeute sanguinaire de cette ville anima les habitants à poursuivre hautement le rappel des gouverneurs et lieutenant de Massachusetts-Bay ; lorsque l'affaire du senau de Rhode-Island força les Anglais de rappeler ces deux officiers, et de retirer l'acte imprudent du timbre, l'intrigue ou la perfidie de la France eut-elle la moindre part à ces événements préparatoires de la liberté des colonies, sur lesquels l'administration anglaise daignait à peine encore ouvrir les yeux ?

Bientôt le fatal impôt sur le thé, l'évocation des grandes affaires à la métropole, l'installation des tribunaux nommés par la cour, et mille autres attentats à la liberté des colonies, firent prendre les armes à tous les citoyens, et former enfin ce grand corps devenu si funeste aux Anglais d'Europe, le *congrès de Philadelphie*. Mais tant d'imprudence et d'aveuglement de la part du cabinet de Saint-James fut-il le fruit de l'or, de l'intrigue et de la perfidie de notre ministère ?

Excitâmes-nous le soulèvement des cadets, les hostilités du général Gage à Boston, la proscription du thé dans toutes les colonies, et tous ces grands mouvements qui avertirent l'univers que l'heure de l'Amérique était enfin arrivée ; pendant que les ministres anglais, tels que ce duc d'Olivarès si connu par le compte insidieux qu'il rendit à son roi Philippe de la révolte du duc de Bragance, trompaient ainsi leur roi George, et le berçaient perfidement du plus absurde espoir sur la réduction de l'Amérique?

L'intrigue ou la perfidie de la France dirigea-t-elle les efforts vigoureux d'un peuple élancé vers la liberté par la tyrannie, quand les vaisseaux anglais furent si fièrement renvoyés en Europe ? Fut-ce la France encore qui échauffa l'obstination anglaise à les ramener en Amérique ; et celle des Américains à les refuser, à en brûler les cargaisons?

Et la rupture ouverte entre les deux peuples, et les armements réciproques, et l'affaire honteuse de Lexington, et celle de Bunkershill ; et la lâcheté des Anglais d'armer les esclaves contre les maîtres en Virginie, et celle encore plus grande d'y contrefaire les papiers-monnaies pour les discréditer, espèce d'empoisonnement inconnu jusqu'à nos jours, et toutes les horreurs qui ont porté l'Amérique à publier enfin son indépendance, à la soutenir à force ouverte, ont-elles été le fruit de l'intrigue et de la perfidie française, ou celui de l'avidité, de l'orgueil, de la sottise et de l'aveuglement anglais ?

Vit-on la France alors se permettre d'user des droits du plus ancien, du plus profond, du plus juste ressentiment, pour fomenter chez ses voisins malheureux la révolte et le trouble?

Spectatrice tranquille, elle oublia tous les manques de foi de l'Angleterre, et les intérêts de son propre commerce, et la grande raison d'État qui permet, qui peut-être ordonne de profiter des divisions d'un ennemi naturel pour entretenir sa détresse ou provoquer son affaiblissement, quand une expérience de plus d'un siècle a prouvé que nul autre moyen ne peut le rendre juste et loyal envers nous.

Ainsi, quoique le palais de Saint-James ne méritât, comme on voit, aucun des égards que celui de Versailles lui prodiguait en cette occasion si majeure, la France n'en resta pas moins rigoureusement indifférente et passive sur les querelles intestines de son injuste rivale.

Elle fit plus. Pour tranquilliser cette rivale inquiète, elle déclara qu'elle garderait la neutralité la plus exacte entre les deux peuples, et l'a religieusement gardée jusqu'au moment où la raison, la prudence, la force des événements, et surtout le soin de sa propre sûreté, l'ont obligée, sous peine d'en être victime, à changer publiquement de conduite, à se montrer ouvertement sous un autre aspect.

Mais pourquoi l'Angleterre, à l'instant de la neutralité, n'osa-t-elle pas l'envisager comme un manque de foi de la France, et la lui reprocher comme une infraction aux traités subsistants? C'est qu'elle savait bien que la question qui soulevait ses colonies ne pouvait pas s'assimiler à ces mouvements séditieux que le succès même ne justifie point, et que le prince a droit de punir dans des royaumes plus absolus.

C'est que le nom générique *roi*, dont la latitude est si étendue qu'aucun de ceux qui s'en honorent n'a un état, un sort, un pouvoir ni des droits semblables; c'est que ce nom, si difficile à porter, ayant une acception absolument différente dans les pays soumis au gouvernement d'un seul, tels que la paisible monarchie française, et dans les gouvernements mixtes et turbulents, tels que le royal-aristo-démocratie anglaise; l'acte qui, du Languedoc ou de l'Alsace, en France, eût été justement regardé chez nous comme un crime de lèse-majesté au premier chef, n'était en Angleterre qu'une simple question de droit, soumise à l'examen de tout libre individu.

C'est que le refus, de par le roi, de faire justice à l'Amérique, et le redressement à coups de canon de ses longs griefs, y devaient être envisagés comme un des plus grands abus du pouvoir, comme la subversion totale des lois constitutives, et l'usurpation la plus dangereuse pour un prince de la maison de Brunswick; car il ne devait pas oublier qu'un pareil soulèvement avait fait passer la couronne en sa maison, mais à condition de la porter comme *king* anglais, et non à la manière du roi de France.

C'est que la réclamation véhémente des colonies sur le droit de n'être jamais taxé sans représentants, et celui d'être toujours jugé par ses pairs, sous la forme des jurés, avait trouvé tant de partisans en Angleterre, qu'elle tenait et tient encore la nation très-divisée sur un objet si intéressant à l'état civil de chaque citoyen anglais.

C'est que, même aux assemblées du parlement, et dans quelques ouvrages des hommes les plus respectés des deux chambres, on a porté le doute à ce sujet au point d'agiter hautement si les Anglais ne sont pas plus rebelles à la Charte commune et constitutive que les Américains.

C'est que milord Abington, l'un des hommes les plus justes et les plus éclairés d'Angleterre, a été jusqu'à proposer, en pleine chambre, à toute l'opposition, de se retirer du parlement, et d'y graver sur les registres, pour cause de leur *sécession* (mot nouveau qu'il fit exprès pour exprimer cette insurrection nationale), que le parlement et le prince avaient de beaucoup passé leur pouvoir en cette guerre; que le parlement surtout, composé des représentants du peuple anglais, n'avait pas dû jouer la farce odieuse des valets-maîtres; et sacrifier l'intérêt de ses commettants à l'ambition du prince et des ministres.

C'est que, dans le cas d'un pareil abus, le peuple avait droit, dit-il, de retirer un pouvoir aussi mal administré; parce qu'à lui seul appartient la décision d'une guerre comme celle d'Amérique, en sa qualité de législateur suprême et de premier fondateur de la constitution anglaise.

Or si, même en Angleterre, il n'était pas décidé lequel est rebelle à la constitution, de l'Anglais ou de l'Américain, à plus forte raison un prince étranger a-t-il bien pu ne pas se donner le soin d'examiner la question qui divisait les deux peuples, et rester froid en leur querelle. Et c'est aussi le terme où le roi s'est tenu.

Ce refus de juger entre l'ancienne et la nouvelle Angleterre, ce principe équitable et non contesté de la neutralité du roi de France, une fois posé, détruisait d'avance cette foule d'objections subtiles échappées depuis aux logiciens d'Oxford, de Cambridge et de Londres, à savoir si le roi de France devait ouvrir ou fermer ses ports aux vaisseaux des deux nations belligérantes, ou seulement à l'une des deux; s'il ne devait pas restreindre les droits de son commerce, par complaisance pour une nation qui ne respecte les droits de personne; et surtout s'il ne devait pas interdire à ses armateurs les ports du continent d'Amérique, en recevant les Américains dans les siens: questions, comme on voit, aussi vaines à proposer qu'inutiles à répondre. Car, par le droit absolu de sa neutralité, le roi ne devait aux deux nations qu'un traitement absolument égal soit qu'il admît, soit qu'il rejetât leurs navires.

Ainsi, de même qu'il y aurait contradiction, quand la France ouvre ses ports aux vaisseaux anglais, danois, hollandais et suédois, d'interdire aux négociants français la liberté d'aller commercer à Londres, à la Baltique, au Zuyderzée, etc.; de même, en recevant les vaisseaux américains sur le pied de toutes ces nations dans ses ports, la France ne pouvait, sans contradiction, refuser à ses armateurs la liberté d'aller commercer à Boston, à Williamsburg, à Charlestown, à Philadelphie : car tout ici devait être égal.

Telles étaient, selon mon opinion, les conséquences rigoureusement justes que la France devait tirer de sa neutralité, relativement à son commerce; et si le roi de France, oubliant les longs ressentiments de ses auteurs, voulait bien avoir des égards pour ses injustes voisins en guerre avec leurs frères, Sa Majesté devait croire, à plus forte raison, sa justice intéressée à ne pas soumettre en pleine paix ses fidèles sujets les commerçants maritimes à des interdictions, à des privations qu'aucun souverain de l'Europe ne paraissait imposer aux siens.

Laisser nos ports ouverts et libres à toutes les nations qui ne nous faisaient pas la guerre, et ne point priver les Anglais du droit de nous épuiser, par le commerce, de toutes les productions françaises, en laissant aux Américains la liberté de nous les acheter en concurrence, n'était-ce pas, de la part du roi, conserver à la fois les égards accordés aux étrangers, et maintenir la protection essentiellement due, par tout monarque équitable, au commerce de ses États?

Eh bien ! en déclarant franchement, et selon mon opinion, que telle était la conduite que la France devait tenir, je suis obligé d'avouer que, soit délicatesse, austérité dans la morale d'un jeune et vertueux roi dont le cœur n'a pas vieilli, ne s'est pas consumé dans cette colère et ce désir de se venger des Anglais, que son aïeul a gardés jusqu'au tombeau ; soit amour pour la paix, soit égards de nos ministres pour les embarras de l'injuste Angleterre, ou je ne sais quelle aveugle complaisance pour les représentations du vicomte de Stormont, qui ne cessait de les harceler : tout en reconnaissant les négociants français fondés dans leurs demandes de protection pour le commerce qu'ils voulaient ouvrir avec l'Amérique, les ministres du roi se sont toujours tenus à leur égard dans la plus excessive rigueur. Si quelque chose aujourd'hui doit les faire repentir de leur condescendance, n'est-ce pas de voir l'honnête écrivain du *Mémoire justificatif* essayer d'établir comme un trait de leur perfidie cette anxiété, qui ne fut qu'une lutte perpétuelle et douloureuse entre leur autorité réprimante et les efforts très-actifs d'un commerce éclairé sur nos vrais intérêts?

Lorsqu'à toutes les raisons qui militaient, dans mes requêtes, en faveur du commerce de France, j'ajoutais, avec cette liberté qu'un grand patriotisme peut seul excuser; quand j'ajoutais, dis-je, qu'il paraîtrait bien étrange à toute l'Europe que le roi de France eût la patience de laisser payer à sa ferme du tabac jusqu'à cent francs le quintal de cette utile denrée; de souffrir même qu'elle en manquât, pendant que l'Amérique en regorgeait; que si la guerre entre l'Angleterre et ses colonies durait encore deux ans, le roi, pour n'avoir pas voulu même user des plus justes droits de sa neutralité, s'exposait à voir les vingt-six ou trente millions de sa ferme du tabac très-compromis; et cela parce qu'il plaisait aux Anglais, qui ne pouvaient plus nous fournir cette denrée, de nous en interdire insolemment l'achat dans le seul pays du monde où sa culture était en vigueur : espèce d'audace si intolérable, qu'à Londres même on plaisantait hautement de notre mollesse à la supporter.

Lorsque, par ces raisons et d'autres semblables, je pressais nos ministres de délier les bras au commerce de France : comme on ne peut pas supposer que ce fût faute de nous bien entendre qu'ils nous tenaient rigueur, il faut donc en conclure qu'un excès de condescendance pour nos ennemis les rendait sourds à nos instances ! Excès d'autant plus étonnant, qu'il était aisé de deviner ce que l'expérience prouve aujourd'hui, qu'on ne leur en saurait jamais nul gré de l'autre côté de la Manche.

Maintenant, si j'ai bien montré qu'après plusieurs siècles d'un ressentiment légitime, et selon les principes du *droit naturel*, sous les relations seules duquel les peuples ou les royaumes existent les uns à l'égard des autres, la France aurait pu, sans scrupules, user de toutes les occasions de se venger de l'Angleterre, et de l'abaisser en favorisant les mouvements de ses colonies; et qu'elle ne l'a pas fait !

Si j'ai bien montré qu'en suivant l'exemple, en imitant les procédés de l'Angleterre, la France pouvait abuser des embarras où la guerre d'Amérique plongeait ses ennemis naturels, pour fondre inopinément sur leurs flottes marchandes ou sur leurs possessions du golfe; ce qui loin de nous attirer la guerre, eût condamné l'Angleterre à une paix éternelle ; et que, par délicatesse et par honneur, elle ne l'a pas voulu faire !

Il ne me reste plus qu'à prouver, d'après les citations du *Mémoire justificatif* qui touchent à notre commerce, à ma personne, à mes vues, au prétendu concours du ministère; il me reste à prouver que le vicomte de Stormont, contre la vérité, contre ses lumières et contre sa conscience, n'a pas cessé d'envoyer à sa cour des exposés très-faux de la conduite de la nôtre : et c'est ce que je vais faire à l'instant.

Je commencerai par convenir franchement et sans détour que les négociants français, parmi lesquels je me nomme, ont fait, malgré la cour, des envois d'habits, d'armes et de munitions de toute espèce en Amérique ; et que s'ils ne les ont pas multipliés davantage, c'est que la rigueur de notre administration n'a pas cessé de mettre des entraves à leurs armements : et je conviens de cela, non-seulement parce que c'est la vérité, mais parce que je crois qu'en cette occasion les armateurs français n'étaient tenus à d'autre devoir qu'à celui de ne pas heurter, par les spéculations de leur intérêt, l'intérêt politique du roi de France.

Ils pouvaient même ignorer si le roi, par austérité, voyait leurs efforts de mauvais œil; car sous un prince aussi bon, aussi juste, il y a bien loin encore du malheur de lui déplaire au crime affreux de lui désobéir. D'ailleurs l'écrivain anglais, qui fait, dans son *Mémoire justificatif*, une si fausse application du mot *contrebande* aux expéditions hasardées de notre commerce, ne sait-il pas ou feint-il d'ignorer qu'une marchandise dont l'échange ou la vente est libre en un royaume, n'y devient point contrebande uniquement parce que son exportation ou sa destination peut nuire à une puissance étrangère; et que le négociant, qui n'est jamais appelé dans les traités entre les rois, ne doit se piquer de les étudier que dans les points qui croissent ou favorisent ses spéculations?

A quel titre donc un armateur devrait-il des égards aux rivaux étrangers, aux ennemis de son commerce? Par la nature même des choses, dans la guerre maritime le malheureux armateur n'est-il pas condamné à supporter seul tout le poids des pertes que fait l'État, sans jamais obtenir de dédommagement? Dans la guerre de terre au moins, pendant que les stipendiaires de la royauté se disputent, à coups de canon ou de fusil, un terrain, une ville, un pays, un immeuble enfin, dont le revenu doit dédommager le prince attaquant des frais qu'il fit pour la conquête; le citadin, le marchand, le bourgeois qui n'a pas pris les armes, attend l'événement sans le craindre, et reste libre possesseur de son bien, à condition seulement de payer au nouveau maître le tribut que l'ancien exigeait, à quelques abus près.

Mais comme il est écrit qu'on ne se bat jamais pour ne rien piller, que si l'homme est né pillard, la guerre, et surtout celle de mer, réveille en lui cette passion que le frein des lois n'a fait qu'assoupir; et comme, dans cette guerre de mer il n'y a point d'immeuble à conquérir qui puisse acquitter les dépens en donnant des subsides, et que le champ de bataille est toujours aux poissons; quand les nobles enragés sont séparés, partis ou coulés bas, tous les héros de l'Océan sont convenus entre eux, pour premier retour de leurs frais, et suivant la morale des loups, de commencer par courir sur les vaisseaux désarmés du commerce paisible, et de s'emparer sans raison, sans pitié ni pudeur, de la propriété du négociant qui ne fait nulle défense; sauf à combattre et à se déchirer entre eux lorsqu'ils se rencontreront face à face. En sorte qu'à la paix, lorsque les États fatigués se font grâce ou justice; ou que se forçant la main, à raison des succès, ils se dédommagent réciproquement de leurs pertes; le pauvre armateur, à qui l'on ne songea seulement pas, qui perdit tout, à qui l'on ne rend rien, reste seul dépouillé, par le vol impuni qui lui fut fait, à lui qui n'était en guerre avec personne!

De cet abominable état des choses il résulte que la violence avec laquelle on rend l'armateur première victime des querelles entre les rois, ne peut laisser dans son cœur qu'une haine invétérée contre les étrangers, ennemis de son commerce et de ses propriétés. Il en résulte encore qu'on ne pourrait lui envier, sans porter un cœur infernal, la seule ressource qui lui reste contre de périls accumulés, celle de saisir toutes les occasions, tous les moyens de rendre ses spéculations et promptes et lucratives.

Donc et n'en déplaise au vicomte de Stormont, qui fait des négociants français de vils instruments de la perfidie de nos ministres, il ne nous a fallu que l'espoir de balancer les risques par les avantages, pour nous déterminer d'armer pour l'Amérique; et notre calcul, à cet égard, étant plus fort que toute insinuation ministérielle, nous avons cru, comme je l'ai dit, être seulement tenus à l'obligation de ne pas heurter, dans nos entreprises, l'intérêt reconnu du prince qui nous gouverne. Mais certes et n'en déplaise encore au vicomte de Stormont, au cabinet anglais, à l'écrivain du manifeste, aucun de nous n'a pensé qu'il dût à l'injuste Angleterre le délicat égard de détourner ses spéculations d'un pays parce qu'il était devenu son ennemi. Tous, au contraire, ont dû prévoir que les Américains, ayant de plus pressants besoins en raison de la guerre anglaise, mettraient un plus haut prix aux denrées qui leur étaient nécessaires : tel a été le véhicule général du commerce de France.

Quant à moi, qu'un goût naturel pour la liberté, qu'un attachement raisonné pour le brave peuple qui vient de venger l'univers de la tyrannie anglaise, avaient échauffé, j'avoue avec plaisir que, voyant la sottise incurable du ministère anglais, qui prétendait asservir l'Amérique par l'oppression, et l'Angleterre par l'Amérique, j'ai osé prévoir le succès des efforts des Américains pour leur délivrance : j'ai même osé penser que sans l'intervention d'aucun gouvernement, ni des colosses maritimes qu'ils soudoient, l'humiliation de l'orgueilleuse Angleterre pourrait bien être avant peu l'ouvrage de ces *vils poltrons* si dédaignés de l'autre continent, aidés de quelques vaisseaux marchands ignorés, partis de celui-ci.

J'avoue encore que, plein de ces idées, j'ai osé donner, par mes discours, mes écrits et mon exemple, le premier branle au courage de nos fabricants et de nos armateurs; et que je n'ai jamais cru, quoi qu'on ait pu dire, manquer au devoir d'un bon sujet envers mon souverain, en formant une société maritime, en rétablissant une liaison solide de commerce entre l'Amérique et ma maison, en me chargeant d'acheter et d'embarquer en Europe tous les objets qui pouvaient être utiles à mes braves correspondants, *les vils poltrons de l'Amérique*.

Mais si je ne prétendais pas à la protection de la cour, j'avoue que j'étais loin de croire que le vicomte de Stormont, dont la plus grande affaire était de harceler l'administration, aurait le crédit de l'engager par ses clameurs à porter une inquisition sévère et jusqu'alors inouïe sur le cabinet des négociants, et d'en arrêter les spéculations.

Mais puisque cet objet de sa mission qu'il n'a que trop bien rempli à l'avantage de l'Angleterre, a malheureusement ruiné les efforts et les entreprises des armateurs français, pourquoi donc cet ingrat vicomte, qui, dans ses rapports ministériels, cite avec tant d'emphase neuf ou dix vaisseaux chargés par moi pour les Américains à la fin de 1776, et qui les distingue si subtilement de ma frégate *l'Amphitrite*, a-t-il omis d'apprendre à sa cour que notre ministère, étourdi de ses plaintes, avait perdu de vue la protection qu'il nous devait peut-être, et que, loin de nous l'accorder, il avait accablé le commerce de prohibitions, et surtout avait presque étouffé ma société naissante, en mettant un embargo général sur tous mes bâtiments ?

En vain représentai-je alors qu'être soumis à l'inspection des douaniers anglais sur mer, et s'y voir exposé à tout perdre sans espoir de réclamation, si l'on était pris à l'atterage de l'Amérique avec des marchandises prohibées par l'Angleterre, était courir assez de dangers sans que la France aidât encore à restreindre les plans de ses armateurs ; le ministère inflexible exigea rigoureusement que tous ces bâtiments prissent des expéditions pour nos îles, et fissent leurs soumissions de ne point aller commercer au continent.

Quel motif engagea donc cet ambassadeur de taire à sa cour les complaisances excessives que la nôtre avait pour lui ? Pourquoi lui cacha-t-il que, sur sa délation, le 10 décembre 1776, le ministre de la marine fit arrêter au Havre et visiter exactement tous mes vaisseaux ? que dans ce port, où se trouvaient alors *l'Amphitrite*, *le Romain*, *l'Andromède*, *l'Anonyme* et plusieurs autres, si le premier de ces bâtiments, déjà lancé dans la grande rade, esquiva la visite, tous les autres la subirent ; et si rigoureuse, qu'ils furent déchargés publiquement, au grand dommage de mon entreprise ?

Pourquoi, dans la joie qu'il en devait ressentir, n'ajouta-t-il pas que, ne pouvant espérer aucun terme, obtenir aucun adoucissement à ses ordres prohibitifs, je fus obligé de désarmer tous mes navires ? En effet, il est de notoriété que si quelques-uns ensuite ont pu partir, ce n'a été qu'en avril, mai et juin de l'année suivante ; encore a-t-il fallu changer leurs noms, leurs chargements, et donner les plus fortes assurances qu'ils n'iraient qu'à nos îles du golfe ! M. l'ambassadeur niera-t-il qu'ils y ont été réellement, lorsqu'il sait que l'un d'eux, *la Seine*, a, pour prix de mon obéissance, été enlevé à la pointe des Prêcheurs, atterage de la Martinique, au grand scandale de tous les habitants qui le virent ; et conduit à la Dominique, où, sans autre forme de procès, le pavillon anglais y fut arboré sur-le-champ, et le nôtre jeté dans la mer avec de grands cris d'*huzza* et les plus tristes feux de joie ?

Comment ce profond politique, cet ambassadeur devenu ministre, s'est-il abstenu d'écrire à sa cour que le même embargo fut mis sur mes vaisseaux à Nantes, et que *la Thérèse*, arrêtée dans ce port, ne put partir qu'en juin 1777, après la plus sévère visite, et lorsqu'on fut bien certain qu'elle ne portait point de munitions ; surtout lorsque le capitaine se fut soumis à n'aller qu'à Saint-Domingue, où il a demeuré près d'un an, ainsi que *l'Amélie*, à mon très-grand dommage encore, puisque quatre petits bâtiments bermudiens que j'y avais fait acheter, pour conduire au continent les cargaisons de ces navires d'Europe, ont été tous pris soit en allant, soit en revenant ?

Pourquoi ne manda-t-il pas à sa cour qu'en janvier 1777 mon *Amphitrite* ayant relâché à Lorient, le ministère, à sa sollicitation, fit arrêter ce bâtiment, sous prétexte que plusieurs officiers s'y étaient embarqués pour aller offrir leurs services aux Américains ?

Comment à cette occasion put-il omettre dans ses dépêches que la cour envoya l'ordre au plus considérable de ces officiers de rejoindre à l'instant son corps à Metz, et d'y rendre compte de sa conduite ; et qu'apprenant que l'officier éludait d'obéir, elle fit dépêcher exprès un courrier à Lorient, avec ordre de l'arrêter, de le casser, et de l'enfermer pour le reste de ses jours au château de Nantes, rigueur à laquelle il n'échappa qu'en se sauvant seul et presque nu, sans oser reparaître au vaisseau ; que le ministre ne rendit même à ma frégate la liberté de partir, qu'après avoir exigé du capitaine une soumission positive et par écrit qu'il n'irait qu'à Saint-Domingue, sous toutes les peines qu'il plairait de lui infliger à son retour s'il y manquait ?

Mais une autre réflexion se présente ; et je ne dois pas la retenir, puisque l'écrivain du roi d'Angleterre l'a négligée. La cour de France, une puissance étrangère indifférente et neutre, s'opposait au noble emploi que des officiers, la plupart étrangers, voulaient faire de leur loisir en faveur des Américains ! Mais que nous importait à nous, pour qui leur bravoure allait s'exercer ? et par quel excès de complaisance pour l'ambassadeur anglais nos ministres établissaient-ils une telle inquisition contre les partisans de l'Amérique, lorsqu'il est prouvé, par le fait, que le neveu du maréchal de Thomond, de milord Clare, que le comte de Bulkley enfin, le plus ardent Anglais qui ait jamais été souffert au service de France, obtenait d'eux sans peine la permission d'aller solliciter à Londres du service contre l'Amérique ? Si la solution de ce problème échappe à mes lumières, ce qui frappera tout le monde ainsi que moi, c'est que la comparaison et le rapprochement de ces deux procédés devraient au moins faire trouver grâce à nos très-complaisants ministres devant ce terrible ambassadeur ; et que son zèle et ses travaux n'eussent pas semblé moins importants à sa patrie, et l'eussent également porté lui-même au ministère, où il brûlait d'arriver, si, au lieu de calomnier notre cour, il eût rendu compte à la sienne de tout ce qu'il en obtenait journellement.

Quoique la politique au fond ne soit partout qu'une sublime imposture, on n'a pas encore vu d'ambassadeur se donner des licences aussi étendues sur la sublimité de la sienne ! Il était réservé au vicomte de Stormont d'en offrir le digne exemple à l'univers. — Mais c'est la France, dit-il, qui envoyait ces officiers en Amérique. — Eh ! grand *politien* ou *politiqueur*, y a-t-il beaucoup de raisonneurs de votre force en Angleterre ? et pensez-vous que le congrès, qui n'a pas cru devoir tenir un seul des engagements pris devant moi par ses agents en Europe avec les officiers que je lui adressais, qui même a refusé du service à presque tous en arrivant, eût manqué d'égards à ce point pour notre cour, s'il eût pensé que ces généreux guerriers lui étaient envoyés par un roi dont il sollicitait si vivement le secours et l'amitié ? De quel œil aussi pensez-vous que le roi de France eût vu le renvoi des officiers, si ce prince eût été pour quelque chose en l'arrangement de leur départ? On se fait donc un grand bonheur de déraisonner à Londres.

Cette réflexion seule est un trait de lumière qui nous met tous dans notre vrai jour, Anglais, Français, travailleurs et raisonneurs.

A la vérité, mon zèle empressé pour mes nouveaux amis pouvait être blessé du peu d'accueil qu'ils faisaient à de braves gens que j'avais portés moi-même à s'expatrier pour les servir. Mes soins, mes travaux et mes avances étaient immenses à cet égard. Mais je m'en affligeai seulement pour nos malheureux officiers, parce que, dans ces refus même des Américains, je ne sais quelle émulation, quelle fierté républicaine attirait mon cœur, et me montrait un peuple si ardent à conquérir sa liberté, qu'il craignait de diminuer la gloire du succès, s'il en laissait partager le péril à des étrangers.

Mon âme est ainsi composée : dans les plus grands maux elle cherche avec soin, pour se consoler, le peu de bien qu'il s'y rencontre. Ainsi, pendant que mes efforts avaient si peu de fruit en Amérique, et que les Anglais essayaient de tout corrompre autour de moi pour l'atténuer encore, de lâches ennemis m'accusaient dans mon pays d'être soudoyé par la cour de Londres pour l'avertir à temps du départ de tous nos vaisseaux de commerce, et la mettre à même de s'en emparer. Et moi, soutenu par ma fierté, je dédaignais de me défendre, et je livrais ces méchants à leur propre honte, en me promettant bien de ne jamais souiller mon papier de leur nom. Les oisifs de Paris enviaient mon bonheur, et me jalousaient comme un favori de la fortune et des puissances : et moi, triste jouet des événements, seul, privé de repos, perdu pour la société, desséché d'insomnie et de chagrins, tour à tour exposé aux soupçons, à l'ingratitude, aux anxiétés, aux reproches de la France, de l'Amérique et de l'Angleterre, travaillant nuit et jour, et courant à mon but avec effort, à travers ces landes épineuses, je m'exténuais de fatigue, et j'avançais fort peu. Mais mon courage renaissait, quand je pensais qu'un grand peuple allait bientôt offrir une douce et libre retraite à tous les persécutés de l'Europe; que ma patrie serait vengée de l'abaissement auquel on l'avait soumise par le traité de 1763; que le voile obscur, le crêpe funéraire dont notre port de Dunkerque était enveloppé depuis soixante ans, serait enfin déchiré ; qu'enfin la mer devenue libre aux nations commerçantes, Marseille, Nantes et Bordeaux pourraient le disputer à Londres, et devenir à leur tour les cabarets de l'univers. J'étais soutenu par l'espoir qu'un nouveau système de politique allait éclore en Europe, et que, l'Angleterre une fois remise à sa vraie place, le nom français serait aimé, chéri, respecté partout. J'ajouterais encore que j'étais ranimé par l'espoir de voir le règne actuel exalté comme un des plus beaux de la monarchie, si, dans cet écrit austère et brusquement jeté, je ne m'étais pas interdit tout éloge, et même celui du jeune roi qui nous donne un si grand espoir par la sagesse de ses vues et son amour simple et vrai pour le bien, dans l'âge où presque tous les hommes ne se font remarquer que par des folies, des ridicules ou des travers.

Ce bel avenir me rendait mon courage et ma gaieté même; au point qu'un ministre anglais m'ayant fait l'honneur, au sujet de l'*Amphitrite*, de dire à quelqu'un, en riant, que j'étais un bon politique, mais un mauvais négociant, je répondis sur le même ton : Qu'il laisse faire au temps; la fin seule peut nous montrer lequel aura plus prospéré, moi dans mon petit commerce, et lui dans sa grande administration.

Dans un pareil état des choses, on sent bien que le cabinet de Saint-James eût appris avec joie, par son ambassadeur, qu'au retour de ma frégate l'*Amphitrite*, mon capitaine, accusé de désobéissance, avait été scandaleusement arrêté, puis traîné en prison, quoique son journal prouvât qu'il n'avait fait que céder à l'empire des circonstances ; et qu'ayant resté quatre-vingt-dix jours en route, et trente-cinq sans se reconnaître, il s'était vu près de périr de misère à l'instant qu'il fut porté sur le continent ; mais son crime était d'y avoir jeté l'ancre ; et je suis persuadé, moi, que lord North aurait su bon gré à l'ambassadeur, s'il eût appris par lui que la mine terrible qu'il en fit à nos ministres avait coûté trois mois de cachot à mon malheureux capitaine, et à moi deux mille écus d'indemnité que je crus lui devoir, pour payer les humeurs du vicomte de Stormont.

C'est ainsi que chaque fait articulé dans le *Mémoire justificatif*, d'après le rapport de cet ambassadeur, est faux, insidieux ou controuvé. Voyez-le citer comme un crime un bâtiment, l'*Heureux*, à moi, parti de Marseille en septembre 1777, et dissimuler en même temps à sa cour que ce vaisseau l'*Heureux*, le plus malheureux des vaisseaux, était depuis dix mois dans le port, équipé, chargé, prêt à partir, puis arrêté à la sollicitation de lui vicomte, enfin déchargé deux fois publiquement par ordre du ministre ; et que ce n'est qu'après ces éclats scandaleux et dommageables que ce vaisseau, qui m'avait ruiné par un si long séjour et des dépenses énormes, a obtenu la liberté de sortir du port avec des comestibles seulement, et sans aucunes munitions de guerre. Car s'il a relâché ailleurs pour accomplir son chargement, qui n'était pas même au tiers, c'est un fait absolument étranger à nos ministres, puisqu'il s'est passé loin du royaume, et hors de la longueur de leurs bras.

Ainsi, lorsque ce mémoire parle de mes armements de Dunkerque, il se garde bien d'avouer que l'administration, toujours aussi sévère à mon égard qu'attentive aux plaintes de l'ambassadeur anglais, donna l'ordre exprès de visiter dans ce port tous les vaisseaux annotés par l'inquisition *stormonienne*, et de les décharger sans pitié s'ils avaient à bord des munitions de guerre ; que l'un d'eux, *la Marie-Catherine*, se trouvant en rade à l'instant où l'ordre arriva, put se dérober à sa rigueur, et se rendre à la Martinique avec un chargement d'artillerie assuré à Londres même ; mais que les autres furent visités, déchargés, et forcés d'aller en lest chercher du fret en Amérique, sans que j'aie pu depuis trouver une autre occasion de rembarquer mes cargaisons militaires : tant l'attention du gouvernement à y veiller a été sévère et continuelle !

Voilà ce que le vicomte de Stormont pouvait bien apprendre à sa cour ; il eût honoré sa vigilance, et n'eût point trahi la vérité : mais c'est ce dont on s'embarrasse le moins en politique. Il devait même ajouter que, dans la colère où je fus de ce qui m'arrivait à Dunkerque, ayant appris que le sieur Frazer, commissaire anglais, odieux par son emploi, mais personnellement détesté dans ce port, avait osé corrompre et fait passer en Angleterre un de nos bons pilotes-côtiers, et beaucoup de matelots français, je me procurai toutes les preuves juridiques de ce honteux délit ; mais que je ne pus jamais obtenir du gouvernement que le commissaire insolent fût poursuivi pour ce crime de lèse-nation ; et je ne l'obtins pas, je m'en souviens bien, parce que les soins que je m'étais donnés à ce sujet pouvaient être taxés de récrimination par l'ambassadeur anglais. Je dirai tout ; car ce n'est ici ni le lieu ni le temps de flatter personne. Un écrit destiné à relever le flagornage anglais du *Mémoire justificatif* ne doit pas être, à son tour, accusé d'une imbécile partialité pour la France.

Mais le comble de la mauvaise foi, dans les rapports de l'ambassadeur d'Angleterre, est le compte insidieux qu'il rend à sa cour de *l'Hippopotame*, ce vaisseau que j'ai nommé *le Fier Rodrigue*, et qui depuis a eu l'honneur d'être jugé digne, par le général-amiral d'Estaing, de contribuer, sous ses ordres, au succès des armes du roi près la Grenade, lesquels ne sont point, comme le dit l'écrivain emmiellé du *Mémoire justificatif*, des triomphes de gazettes, ni des succès à coups de presse, mais de beaux et bons succès à coups de canon.

C'est le compte insidieux qu'il rend à sa cour de ces prétendus *quatorze mille fusils que j'y devais embarquer, et des autres munitions de guerre à l'usage des rebelles*, cités dans le *Mémoire justificatif* ; aucun armement n'ayant été plus ouvertement, plus cruellement molesté, pour complaire au vicomte de Stormont. Voici le fait : on le trouvera concluant.

Tant de vaisseaux arrêtés dans nos ports, tant de déchargements faits par ordre supérieur, tant d'opérations manquées ou suspendues, tant d'or et tant de temps perdu, et surtout l'obligation forcée d'exécuter rigoureusement les ordres prohibitifs de la cour sur les munitions de guerre, avaient enfin changé mes plans d'armements.

Bientôt, apprenant que les Anglais m'avaient enlevé beaucoup de navires, et qu'il ne me restait d'autres moyens de marcher librement que de me rendre redoutable aux corsaires, je fis acheter par un tiers et sur criées publiques, en avril 1777, *l'Hippopotame*, vaisseau de ligne que le roi faisait vendre à Rochefort. On le mit au radoub aussitôt pour être armé en guerre et marchandises ; et toute sa cargaison, de la valeur d'un million, consistant en vin, eau-de-vie, marchandises sèches, et sans une seule arme, une seule caisse de munitions, fut à l'instant transportée à Rochefort, pour partir au plus tôt.

Mais ce fatal ambassadeur, dont la grande affaire était de désoler notre commerce sur terre pendant que les corsaires de sa nation l'outrageaient et le pillaient sur mer ; ce profond politique, qui partageait son temps entre le plaisir d'impatienter nos ministres e France et celui de les calomnier en Angleterre, s'en vint faire à Versailles des lamentations... si lamentables sur ce navire, en disant que je feignais d'équiper un bâtiment pour le commerce, et ne faisais qu'armer un vaisseau de guerre pour le service du congrès, que la cour en fut ébranlée.

Sur ces nouvelles criailleries, le ministère, ignorant absolument que j'eusse part à cet armement, qui se faisait sous un nom supposé, donna les ordres les plus précis, aux commandant et intendant de Rochefort, de découvrir sous main le nom et l'objet du vrai propriétaire de ce vaisseau. J'appris la recherche de la cour ; et je fis adresser du lieu de l'armement le mémoire suivant au ministre de la marine, sous une signature étrangère. Si je le joins ici, c'est que son caractère et son style donneront, mieux que tous mes raisonnements, une juste idée des relations qui existaient alors entre l'administration et le commerce de France.

« Monseigneur,

« Sur les interrogations faites à notre commissionnaire de Rochefort par le commandant de la marine, nous pensons qu'il n'y a qu'un de ces Anglais inquiets et rôdeurs dont nos ports sont remplis, qui ait pu semer l'alarme si mal à propos sur nous, et fait inspirer à Votre Grandeur, par des voies qui leur sont familières, le dessein de porter une inquisition inconnue jusqu'ici sur le cabinet et les spéculations des négociants français.

« Monseigneur, le vaisseau du roi *l'Hippopotame* était à vendre : apparemment que c'était pour que quelqu'un l'achetât. Nous l'avons bien acheté, bien payé ; nous le faisons radouber à grands frais, et nous ne croyons pas qu'il y ait rien là de contraire aux lois du commerce, ni qui nous doive exposer au soupçon de vouloir contrarier les vues pacifiques du gouvernement.

« Mais si un vaisseau d'un tel gabarit ne peut être destiné qu'à de hautes spéculations, n'est-il pas naturel, monseigneur, que nous mettions ce navire en état de ne pas craindre, en pleine paix, de se voir harcelé, canonné, visité, fouillé, insulté, dépouillé, peut-être emmené et confisqué, malgré la régularité de nos expéditions (comme cela est arrivé à tant d'autres), s'il se trouve une aune d'étoffe dans nos cargaisons, dont la couleur ou la qualité déplaise au premier malhonnête Anglais qui nous rencontrera ?

« Lorsqu'il nous aurait bien outragés, et fait perdre le fruit d'un bon voyage, peut-être il en serait quitte pour vous faire répondre, par le ministère anglais, *que* le capitaine était ivre, ou que *c'est un malentendu.* Mais Votre Grandeur sait bien que si cette excuse banale et triviale suffit pour apaiser le vindict du gouvernement français, l'utile négociant, dont le métier est de confier sa fortune aux flots, sur la foi des traités, n'en reste pas moins ruiné, malgré les dédommagements promis, dont on sait toujours trop bien éluder l'accomplissement.

« Cependant, monseigneur, le négociant maritime étant de tous les sujets du roi celui que les traités doivent le plus envisager, est aussi celui qui a besoin d'une protection plus immédiate. Jetez un coup d'œil sur tous les états de la société, monseigneur, et vous verrez que l'administration, le fisc, le militaire, le clergé, la robe, la terrible finance, et même la classe utile des laboureurs, tirent leur subsistance ou leur fortune de l'intérieur du royaume : tous vivent à ses dépens. Le négociant seul, pour en augmenter les richesses ou les jouissances, met à contribution les quatre parties du monde; et, vous débarrassant utilement d'un superflu inutile, il va l'échanger au loin, et vous enrichit en retour des dépouilles de l'univers entier. Lui seul est le lien qui rapproche et réunit tous les peuples, que la différence des mœurs, des cultes et des gouvernements tend à isoler ou à mettre en guerre.

« Si donc le négociant se voit désormais obligé de rendre compte d'avance de ses spéculations, dont la réussite dépend toujours de la diligence et du secret, et qui sont soumises à des variations dépendantes de tous les événements politiques, il n'y a plus pour lui ni liberté, ni sûreté, ni succès, et la chaîne universelle est rompue.

« Votre Grandeur s'apercevra bien que ce n'est pas pour éluder d'obéir que nous observons ; mais seulement parce que nous pensons que d'établir une inquisition sur les secrets des négociants, par complaisance pour les rivaux du commerce français et les ennemis naturels de l'État, est un emploi de l'autorité sujet à des conséquences terribles, dont la moins funeste est de dégoûter le commerce et d'éteindre l'émulation, sans laquelle rien ne se fait.

« Lorsque notre commissionnaire s'est rendu, sous son nom, adjudicataire de *l'Hippopotame,* vous avez eu la bonté, monseigneur, de lui promettre l'assurance du premier fret royal pour les colonies. Daignez remplir cette promesse : son exécution est le meilleur moyen de vous assurer de la vraie destination de notre vaisseau. Nous croyons, monseigneur, que ce seul mot renferme toutes les explications que Votre Grandeur désire.

« Nous sommes, avec le plus profond respect, etc. »

Ce mémoire, fait pour fixer la vraie destination du *Fier Rodrigue,* et désarmer la cour, produisit un effet tout contraire en me décelant. On crut m'y reconnaître; et les cris de l'ambassadeur continuant sans relâche et contre mon navire et contre ma personne, le ministère, à l'instant qu'il levait l'embargo momentané mis sur tous les autres vaisseaux du commerce, ordonna durement d'arrêter le mien dans le port, sans lui laisser l'espoir de partir en aucun temps.

Ayant eu dessein de l'armer en pièces de bronze, pour qu'il fût plus léger à la marche, en guerre et marchandises, j'avais fait acheter et transporter à grands frais de ces canons la quantité qui m'était nécessaire. Un nouvel ordre, arraché par mon Euménide, arriva, qui me força de revendre mon artillerie à toute perte, et n'en laissa pas moins subsister l'embargo mis sur mon navire.

En vain j'offris personnellement au ministère d'embarquer sur ce vaisseau des troupes du roi pour Saint-Domingue, afin qu'on fût bien sûr de sa destination; en vain je proposai de soumettre ma cargaison à la visite la plus rigoureuse, pour qu'on fût certain qu'aucunes munitions n'entraient dans le chargement du *Fier Rodrigue;* en vain je déposai ma soumission de faire rentrer ce vaisseau dans six mois, avec expédition et denrées de Saint-Domingue, sous peine de la perte entière et du navire et de sa cargaison, si j'y manquais; le ministère fut inexorable : et malgré les plaintes qu'une telle rigueur m'arracha; malgré la dépense énorme d'un double achat, double transport et dispendieux chargement d'artillerie; malgré la perte résultant d'une cargaison d'un million, retenue une année entière au lieu de son départ ; malgré la mise continuelle et ruineuse de l'équipement d'un vaisseau de cette force, arrêté dans le port dans le même temps d'une année; enfin, malgré les protestations que le désespoir me fit faire de rendre l'administration garante de mes pertes devant le roi même, et pour lesquelles aujourd'hui je suis en instance aux pieds de Sa Majesté, les ministres, fidèles à je ne sais quelle parole arrachée par l'ambassadeur anglais, ne voulurent jamais consentir à lever l'embargo de mon navire : et je déclare avec douleur que je n'ai obtenu cette tardive justice qu'après la notification du traité de commerce entre la France et l'Amérique, faite à Londres par le marquis de Noailles, et la brusque retraite de l'ambassadeur d'Angleterre, c'est-à-dire plus d'un an après le chargement et l'équipement du *Fier Rodrigue.*

Voilà ce que le vicomte de Stormont s'est bien gardé d'écrire à sa cour, et ce qu'il n'oserait démentir aujourd'hui. Je laisse en blanc mille autres faits très-affligeants pour notre commerce et notamment pour moi, parce que cet extrait suffit au delà pour montrer quelle foi doit être accordée au narrés, aux inculpations de ce long *Mémoire justificatif.*

Lorsque le vicomte de Stormont résidait à Paris, et qu'il s'y débitait un mensonge politique, une fausse nouvelle un peu fâcheuse pour les Américains, on se souvient encore que le mot des députés du congrès, interrogés par tout le monde, était constamment : « Ne croyez pas cela, monsieur, *c'est du Stormont tout pur.* »

Eh bien ! lecteur, on en peut dire autant du mémoire justificatif, *c'est du Stormont tout pur;* au style près, qui, bien qu'un peu traînant dans la traduction, ne manquerait pas de grâces, ni la logique de justesse, si l'écrivain n'oubliait pas sans cesse que lord Stormont en a fourni les données, et qu'il écrit pour l'injuste Angleterre, dont les usurpations, la mauvaise foi, l'arrogance et le despotisme ont fait une classe absolument séparée de toutes les sociétés humaines.

Car si les royaumes sont de grands corps isolés, et plus séparés de leurs voisins par la diversité d'intérêts que par les barrières, les citadelles ou la mer qui les renferment; si leurs seules relations sont celles du *droit naturel*, c'est-à-dire celles que la conservation, le bien-être et la prospérité de chacun lui imposent; et si ces relations, diversement modifiées sous le nom de *droit des gens*, ont pour principe général, selon Montesquieu même, *de faire son propre bien avec le moins de mal possible aux autres*, il semble que l'Angleterre, ayant mis tout son orgueil à s'écarter de cette loi commune, ait choisi pour principe fondamental de se rendre odieuse et redoutable à tout le monde, quand il n'en devrait résulter aucun avantage pour elle-même.

Ajoutez à ce damnable principe la commodité toujours subsistante d'enfreindre les traités et de manquer à toutes les conventions, sous prétexte que son roi n'ayant qu'une autorité partagée entre lui, le peuple et la noblesse, les engagements qu'il prend ne peuvent empêcher la fougueuse nation de se porter à des excès qui n'en subsistent pas moins, quoique désavoués par l'équité du prince, ou son respect pour la foi jurée. Réunissez, dis-je, toutes ces notions, et vous n'aurez encore qu'une faible idée du peuple audacieux qui nous accuse aujourd'hui de perfidie.

Mais pourtant si le roi d'Angleterre ne peut pas toujours être rendu garant des infractions de son peuple aux traités subsistants, à qui donc gardons-nous notre foi? Quoi! vous nous liez, Anglais, et ne croyez jamais l'être? Étrange et superbe nation, qu'il faut admirer pour ton patriotisme et la fermeté romaine que tu montres en tes revers actuels, mais qu'il est temps d'humilier, pour punir et réprimer l'abus affreux que tu te plus toujours à faire de ta prospérité!

Marâtre insensée, qui prétends à l'amour de tes enfants, quand tu ne veux les enchaîner que pour épuiser le sang de leurs veines, et l'employer à tes prostitutions! Si l'instant est venu que ton exemple doit apprendre aux nations qu'il n'est de politique heureuse et durable que celle fondée sur la morale universelle, et sur la réciprocité des devoirs et des égards...

Si les ministres, aveuglés par une passion inepte en ses vues et trompée dans ses mesures, ont imprudemment porté leur système oppressif sur tes colonies, et les ont forcées, en prenant les armes, d'adopter pour devise ce vers terrible, instructif et sublime de notre grand Voltaire:

L'injustice à la fin produit l'indépendance;

Et si, par une suite de cette inquiète arrogance qui ne vous permet jamais de goûter de liberté que celle qui s'appuie sur l'oppression de vos frères, vous allez encore avoir, ô Anglais, à pleurer la perte de l'Irlande, si longtemps par vous et si injustement avilie, repentez-vous, frappez votre poitrine, accusez-vous, et cessez d'accuser vos voisins de l'orage et des maux infinis que vous seuls avez attirés sur votre patrie malheureuse.

J'ai prouvé, par vos procédés affreux envers nous, qu'il ne vous était dû de notre part qu'anathème et vengeance; et cependant, Anglais, vous êtes les agresseurs!

J'ai prouvé que si la France eût suivi l'impulsion du plus juste ressentiment, elle eût dû secourir l'Amérique, la prévenir même, et hâter l'instant de son indépendance; et cependant, Anglais, vous êtes les agresseurs!

J'ai prouvé que, tournant contre l'honneur de nos ministres l'effet de leur condescendance pour vos embarras, vous prétendez les couvrir du ridicule ineffaçable d'avoir sans cesse arrêté d'une main ce que vous les accusez d'avoir encouragé de l'autre; qu'au lieu de leur rendre grâce du peu de fruit que l'Amérique a tiré des faibles efforts du commerce, vous mettez ces efforts sur le compte de leur perfidie : en cela même, Anglais, vous êtes des agresseurs très-malhonnêtes et très-ingrats.

Cependant, passe encore pour injurier : c'est votre manière de vous défendre, elle est connue; et quand on s'est fait une mauvaise réputation, il reste au moins à jouir du triste privilége acquis par elle.

On sait bien que dans votre style il en est, ô Anglais, de la *perfidie* de la France comme de la *poltronnerie* des Américains, qui ont fait mettre armes bas à vos troupes, et vous ont chassés de leur pays. A vous donc permis d'injurier tout le monde.

Mais déraisonner pour le seul plaisir d'outrager, déraisonner dans un écrit grave et soumis au jugement des raisonneurs de l'Europe, n'est-ce pas abuser à la fois de toutes les façons d'être audacieux? Car enfin, si le roi de France eût eu le dessein de secourir secrètement l'Amérique, il eût au moins voulu le faire efficacement; et dans ce cas il ne fallait pas un grand effort pour deviner qu'en prêtant seulement un million sterling aux États-Unis, une espèce de proportion à l'instant rétablie entre le numéraire et le papier de leur pays aurait contenu le crédit et l'émulation générale, eût augmenté l'ardeur des soldats par la réalité de la paye, et peut-être eût mis les Américains, sans autre secours, à portée de terminer promptement leur guerre : économie ou libéralité qui nous eût épargné près de quatre cents millions, que notre protection militaire nous a déjà coûté!

Donc, si la morale ou la noble politique du roi de France l'empêcha de prendre ce parti, c'est que ce roi, jeune et vertueux, ne voulut pas permettre ce qu'il ne pouvait pas avouer. Toute sa conduite subséquente est la preuve de cette assertion. — Mais pourquoi donc ce roi si juste a-t-il subitement renoncé à sa neutralité pour s'allier avec l'Amérique? — Écoutez-moi, lecteur, et pesez mes paroles : cette réponse est la fin de tout.

Après avoir demeuré longtemps spectateur passif et tranquille de la guerre existante, le roi de France, instruit, par les débats du parlement d'Angleterre et par le succès des armes américaines, que, malgré les efforts des Anglais pendant trois campagnes successives, la force des événements séparait enfin l'Amérique de l'Angleterre; instruit aussi que les meilleurs esprits de la nation anglaise s'accordaient à penser, à dire hautement, dans les deux chambres, qu'il fallait à l'instant reconnaître l'indépendance des Américains, et traiter avec eux sur le pied de l'égalité : le roi, ne pouvant plus se tromper sur le véritable objet des armements de l'Angleterre, lorsqu'il voyait le peuple anglais demander à grands cris la guerre contre lui, lui faire offre de lever la milice nationale à ses frais, et de fournir volontairement, par chaque *shire* ou comté, un certain nombre de soldats, pourvu qu'ils fussent employés contre la France : s'étant d'ailleurs bien assuré que les amiraux anglais, qui avaient nettement refusé de servir contre l'Amérique, étaient néanmoins nommés à des commandements d'escadres qui ne pouvaient donc plus la menacer; trop certain enfin des millions qu'on répandait et des efforts qu'on faisait pour diviser les esprits, tant ceux du congrès en Amérique que ceux de la députation en France; et surtout connaissant bien l'espoir secret qu'on avait à Londres d'engager les Américains, par l'offre inopinée de l'indépendance, à se réunir aux Anglais contre la France, à la punir, par une guerre sanglante et combinée, de trois ans de froideurs et de refus de s'allier à l'Amérique : pressé par tant de motifs accumulés, le roi s'est déterminé, mais publiquement et sans aucun mystère, mais sans déclarer la guerre aux Anglais, encore moins la leur faire sans la déclarer, comme ils en ont établi l'odieux usage; sans vouloir même entamer des négociations préjudiciables à la cour de Londres, et par une suite modérée de la neutralité qu'il avait adoptée : le roi, dis-je, s'est enfin déterminé à reconnaître l'indépendance de l'Amérique, à former un traité de commerce avec les nouveaux États-Unis, mais sans exclusion de personne, pas même des Anglais, à la concurrence de ce commerce.

Certes, si les règles de la justice, de la prudence, et le soin de sa propre sûreté n'ont pas permis au roi de différer plus longtemps cette reconnaissance d'un honorable affranchissement et d'une indépendance dont les Anglais se flattaient de faire tourner bientôt leur honteux aveu contre nous-mêmes, au moins faut-il convenir qu'aucun acte aussi intéressant, aussi grand, aussi national, ne s'est fait avec plus de modération, de candeur, de noblesse et de simplicité, tous caractères absolument opposés à la *perfidie* dont l'insolence anglaise a voulu tacher la France et le roi, dans son *Mémoire justificatif :* c'est ce qu'il fallait prouver.

Quant à moi, dont l'intérêt se perd et s'évanouit devant de si grands intérêts; moi, faible particulier, mais courageux citoyen, bon Français, et sincère ami du brave peuple qui vient de conquérir sa liberté : si l'on est étonné que ma faible voix se mêle aux bouches du tonnerre qui plaident cette grande cause ; je répondrai qu'on n'a besoin de puissance que pour soutenir un tort, et qu'un homme est toujours assez fort quand il ne veut qu'avoir raison. J'ai fait de grandes pertes; elles ont rendu mes travaux moins utiles que je ne l'espérais à mes amis indépendants : mais comme c'est moins par mes succès que par mes efforts que je dois être jugé, j'ose encore prétendre au noble salaire que je me suis promis; l'estime de trois grandes nations, la France, l'Amérique, et même l'Angleterre.

P.-A. Caron de Beaumarchais.

REQUÊTE

A MM. LES REPRÉSENTANTS

DE LA COMMUNE DE PARIS

PAR

P.-A. CARON DE BEAUMARCHAIS

MEMBRE DE LADITE REPRÉSENTATION

Messieurs,

Le nom de *citoyen français* est devenu d'un si grand prix, qu'aucun homme ne peut souffrir que l'on altère en lui la pureté d'un si beau titre.

En repoussant aux yeux de tous l'horrible injure qui m'est faite, c'est votre cause, ô citoyens, que je défends plus que la mienne ; vous avez tous des ennemis, mais vous n'êtes pas tous armés contre leurs coups, leurs attentats. Aujourd'hui moi, demain ce sera vous; et s'ils viennent à soupçonner que l'assemblée prête l'oreille à leurs affreuses délations, aucun de vous n'est plus en sûreté.

Écoutez-moi donc, citoyens ; je vais dévoiler des horreurs qui intéressent tous les hommes.

Lorsqu'on commençait, l'an passé, à concevoir des inquiétudes sur la cherté, la rareté des grains, des ennemis trop méprisables pour se montrer à découvert firent répandre parmi le peuple inquiet que j'étais un accapareur, que mes maisons étaient pleines de blé. On le fit placarder la nuit sur toutes mes portes et dans les rues voisines. Je m'en plaignis aux magistrats, qui firent courir des patrouilles déguisées, pour s'assurer des placardeurs : on ne put se saisir d'aucun.

Depuis, dans les premiers moments de l'effervescence du peuple, ma personne et mes possessions ont couru les plus grands dangers. J'étais désigné hautement pour troisième victime lorsqu'on pilla les deux maisons d'*Henriot* et de *Réveillon*.

Un grenadier des gardes françaises, ayant reconnu l'un de ces incendiaires qui criaient dans tout le faubourg qu'il fallait brûler mes maisons, crut devoir le faire arrêter et conduire à la caserne de Popincourt, par quatre ou cinq soldats du guet. Mais l'incendiaire avait ses protecteurs ; il leur fit parvenir ce qui lui arrivait. Le lendemain, allant monter sa garde, le pauvre grenadier fut mis (comme on le sait) pour trois semaines en prison à Versailles ; et cependant cet incendiaire n'était qu'un vil portier chassé de ma maison, qu'un des faux témoins reconnus dans l'instruction du procès Kornman !

Quand je citai ce fait du grenadier devant votre noble assemblée, je fus surpris du peu d'effet que ma déclaration produisit. Le fil dont je tenais le bout me semblait pouvoir vous conduire au labyrinthe inextricable que vous cherchez à pénétrer. Un incendiaire reconnu ! son dénonciateur mis en prison, au lieu de lui ! j'en ai conclu que, sur ces faits, vous êtes plus savants que moi.

Puis, quand le désespoir changea ce peuple si soumis en conquérant de la Bastille, quand il crut devoir s'assurer des gens suspects à la patrie, mes incendiaires et tous leurs commettants ne manquèrent pas de crier dans les places publiques que non-seulement j'avais des blés cachés, mais plus de douze mille fusils que j'avais engagés au prévôt des marchands, *Flesselles ;* que des souterrains de chez moi communiquaient à la Bastille, par où des soldats ennemis s'y introduisaient en secret ; que j'étais un agent des grands ennemis de l'État ; et qu'il fallait me massacrer, piller et brûler mes maisons. La lâcheté ne peut aller plus loin !

Tous mes amis épouvantés me suppliaient de m'éloigner. Mais moi, dont la religion est que dans les grands troubles un citoyen zélé doit rester à sa place, se rendre utile et faire son devoir (car où en serions-nous, bon Dieu ! si tout le monde s'enfuyait ?), j'ai osé braver le péril, j'ai monté la garde la nuit, et suivi dans le jour tous les travaux de mon district.

Pendant ce temps je suppliais et la Ville et tous les bureaux qu'on visitât mes possessions, et qu'on apprît au moins au peuple qu'il était abusé sur moi par d'exécrables scélérats.

Après bien des soins et du temps, j'ai obtenu péniblement qu'une de ces visites se fît dans ma maison, Vieille rue du Temple ; six commissaires ont constaté la fausseté des bruits qu'on avait répandus.

Mais le district des Blancs-Manteaux, dans lequel j'occupais cette maison de location, m'ayant refusé durement de visiter mes vraies propriétés, parce qu'elles étaient, dit-il, dans le faubourg Saint-Antoine, j'ai couru m'agréger au district de mes possessions. J'y ai posé mon domicile, espérant bien en obtenir cette visite refusée.

Une grande rumeur, l'inquiétude d'une révolte occasionnée par la misère, y agitaient tous les esprits. En m'agréant avec honneur, l'assemblée me peignit l'état du faubourg, si pressant, surtout si dangereux pour la tranquillité publique, que, sans trop consulter mes embarras actuels, l'âme suffoquée de douleur, je contribuai d'une somme de douze mille livres au soulagement de ce peuple.

J'avais payé aux Blancs-Manteaux ma demi-capitation pour le soutien de nos soldats ; je donnai, quatre jours après, la même somme à mon nouveau district pour le même service militaire ; mais je refusai de m'asseoir au comité qui m'avait adopté, jusqu'à ce qu'on eût fait une visite sévère de mes différentes maisons. Il ne convient pas, écrivis-je, qu'un homme suspecté de trahison d'État s'asseye avec les citoyens, tant qu'il n'est pas justifié ; ce que les visites seules de mes possessions peuvent faire.

Dix jours se sont passés avant que je les pusse obtenir, et pendant ces dix jours je n'ai point paru au district. On peut juger, à ces détails, si j'y mettais de l'ambition.

Enfin la Ville ayant ordonné, à ma pressante réquisition, que douze commissaires se transporteraient chez moi, les visites furent effectuées.

Je remis alors un mémoire à votre assemblée même, pour obtenir que les procès-verbaux qui faisaient ma tranquillité fussent imprimés et placardés. La multitude des affaires a laissé douze jours cette demande sans réponse. Je courais le plus grand danger sous cette suspicion du peuple.

Pendant ce temps je travaillais au comité de Sainte-Marguerite, où j'ai donné différents plans de bienfaisance, agréés, j'ose dire, avec acclamation ; où, pour tourner tous les esprits du peuple sur des objets moins affligeants, ma motion pour le mariage d'un jeune homme du faubourg, tous les ans, le 14 juillet, anniversaire de la Bastille, a été appuyée par moi d'une somme de 1,200 liv.

Bientôt l'assemblée du district a procédé à la nomination d'un troisième député, son représentant à la vôtre. Je n'en avais aucun avis ; le hasard seul m'y fit trouver, croyant n'aller qu'au comité. J'y fus nommé député du district, à la très-grande majorité. Je voulus en vain m'en défendre ; on me força de l'accepter.

Je crois bien, en effet, que dans ce quartier de douleur, où l'administration doit être si compatissante et si douce, j'eusse été plus utile en travaillant au comité qu'en représentant le district à l'assemblée de la commune, où l'homme le plus sage est, selon moi, celui qui écoute, et qui parle le moins. Car un des grands inconvénients de toute nombreuse assemblée est l'éternité des débats sur les points les moins contestables.

Je n'avais pas, après huit jours, obtenu, moi représentant, cette permission d'imprimer les procès-verbaux des visites qu'on avait faites dans mes maisons. Les bruits infâmes continuaient ; ma personne et mes possessions étaient dans le même péril, lorsque six députés des Blancs-Manteaux sont venus me dénoncer à l'assemblée de la commune, comme un fuyard de leur district qu'ils avaient droit de réclamer. Ils ont soutenu que les mécontentements qui m'avaient engagé à me présenter au faubourg n'étaient que des cris de cabale que j'aurais bien dû mépriser ; que mon chef-lieu étant dans leur district, ils demandaient que j'y fusse renvoyé, et que celui de Sainte-Marguerite nommât un autre député.

Quelque obligeant que fût pour moi le plaidoyer des Blancs-Manteaux, je défendis mon nouveau domicile, en assurant que le bien seul que j'espérais faire au faubourg avait déterminé mon choix.

Après un débat de deux heures, les députés et moi rentrés, on m'apprit que *j'appartenais au district de Sainte-Marguerite, où je remplirais désormais tous mes devoirs de citoyen.* J'en rendis grâces à l'assemblée ; mais je profitai du moment pour vous dire que je courais le risque d'y remplir bien mal mes devoirs, si vous ne daigniez pas veiller à ma tranquillité en opposant une permission d'imprimer mes procès-verbaux de visites au brigandage des écrits scandaleux qui me livraient à la fureur du peuple.

Votre assemblée, ayant enfin égard à la justice de ma requête, m'a permis, pour ma sûreté, l'impression des procès-verbaux.

Je me croyais hors de danger : mais tandis que divers districts du faubourg me députaient des remercîments pour le peu de bien que j'avais fait, pendant que le respectable curé de Sainte-Marguerite venait arranger avec moi la forme des distributions des secours que j'avais donnés aux femmes, aux enfants de ses pauvres, la rage d'ennemis inconnus me poursuivait dans un district si éloigné de moi, messieurs, que je n'aurais jamais dû croire que l'on y prononçât mon nom.

Un libelle diffamatoire, sous la forme d'une motion dirigée, dit-on, contre moi, part du district des Récollets, et se répand dans tous les autres; on le montre à l'Hôtel de Ville. Avant d'en demander justice, je crois devoir bien m'assurer si M. le maire a reçu officiellement ce libelle ; car chacun aurait trop à faire s'il s'armait ou voulait vous armer contre tant d'écrits scandaleux, contre tant d'auteurs pseudonymes dont la ville est partout remplie.

Pendant que je m'en informais, une mission m'est imposée par vous, avec trois autres membres, pour examiner en commun la nomination contestée d'un des officiers militaires.

Le lendemain, un de vos présidents, M. de Vauvilliers, me prenant à part, m'avertit, avec l'onction d'un homme d'honneur vraiment sensible et pénétré, qu'un sieur Morel, l'un des commissaires nommés, venait de lui dire que ses collègues et lui ne voulaient pas remplir leur mission avec moi. — Vous a-t-il donné ses motifs, monsieur ? — Non, me dit-il avec bonté : non; mais si vous vouliez m'en croire, pour l'amour de la paix que ces débats altèrent, vous m'autoriseriez à demander de votre part qu'on chargeât un autre membre de la mission d'hier, quelques embarras personnels vous empêchant de la remplir. — Mais, monsieur, dis-je, ces motifs peuvent tenir à certains faits que j'ai intérêt d'éclaircir. Il insista, je me rendis.

Le lendemain, en entrant à la Ville, je rencontrai le sieur Morel, que je priai de vouloir bien m'apprendre les motifs qui l'avaient engagé à l'acte rigoureux de refuser une mission avec moi. Sur ce qu'il m'assura que le refus venait de ses collègues, je lui observai que l'un d'eux m'avait fait là-dessus les avances les plus obligeantes. Il éluda ; moi j'insistai, lui demandant de s'expliquer devant quatre de nos amis, parce que j'avais grand intérêt à démêler les causes d'une conduite aussi étrange, avant que d'en porter mes plaintes à votre honorable assemblée.

Il me renvoya sèchement au secrétariat pour l'apprendre, sans vouloir me donner aucune explication.

Entrés dans l'assemblée, nous étions tous à l'ordre, et prêts à entamer le grand travail municipal, lorsqu'un membre, à moi connu, se lève, et dit : « Messieurs, je « vous dénonce M. de Beaumarchais qui vient de provo-« quer en duel un des membres de l'assemblée. »

Vous savez bien, messieurs, que je répondis simplement : « Si l'assemblée croit devoir préférer les affaires « publiques aux miennes, qui sont bien moins intéres-« santes, je ne suis point pressé de me justifier. Si elle « en ordonne autrement, je vais lui expliquer un fait « dont l'honorable membre qui me dénonce ici ne peut « avoir de connaissance, puisque nous étions seuls, la « personne dont il parle, et moi, quand il suppose que « je l'ai provoquée. La plus grande preuve, messieurs, « que je ne l'ai point fait, c'est qu'un étranger vous en « parle : ce n'est point là la marche de l'honneur; au-« cun homme un peu délicat ne l'y aurait autorisé. »

Je pris alors la liberté, messieurs, de rapporter le fait tel que je viens de vous le rendre. J'ajoutai seulement : « L'explication que je désirais obtenir du sieur Morel « devant quatre personnes choisies, je la lui demande « à présent devant soixante que nous sommes; et telle « est ma provocation.

« Quant à mes motifs, les voici : Un libelle diffa-« matoire, sous la forme d'une motion, est parti, « m'a-t-on dit, du district des Récollets. Je n'examine « point de quel droit un district empiète sur les droits « d'un autre, en voulant critiquer ses choix, ni com-« ment ce district s'arroge un droit de calomnie sur moi; « je vous dénonce sa motion.

« On y articule :

« Qu'on sait à quel point je me suis lié avec les prin-« cipaux agents du despotisme pour asservir cette con-« trée;

« Qu'on sait par quels affreux moyens je me suis pro-« curé la fortune avec laquelle j'insulte le public;

« Qu'on sait jusqu'à quel point j'ai avili la nation « française par ma cupidité » (*dans mes grandes relations avec les Américains*);

« Que l'on connaît tous les malheurs dont mon ava-« rice est la cause » (*chez ce peuple que j'ai secouru*) ;

« Qu'on sait que j'ai été chassé de mon district des « Blancs-Manteaux ;

« Que l'on sait que j'ai eu recours à la basse, à la vile « intrigue, pour parvenir à me faire nommer député du « district de Sainte-Marguerite » (*dans l'assemblée de la commune*).

O citoyens ! on ose articuler dans cette prétendue motion, portée en assemblée légale de bons citoyens réunis pour arrêter tous les désordres; on ose articuler, comme chef d'accusation, que « mon nom était inséré « dans les listes de proscription; » et que « le peuple « m'attendait dans la place de ses massacres ! » Comme si l'horrible lâcheté qui a fait imprimer ces listes pouvait servir d'inculpation contre les victimes dévouées au gré de leur inimitié ! comme si la fureur d'un peuple qu'ils égarent, et des férocités duquel ils sont les seuls vraiment coupables, pouvait devenir à vos yeux un titre de réprobation !

Et une assemblée de district où personne ne me connaît, n'a jamais vécu avec moi, se rend publiquement complice de cette exécrable infamie[1] !

Je vous dénonce ici cet attentat, de quelque part qu'il vienne, et j'en attends vengeance, en réclamant votre justice pour en connaître les auteurs.

« Hier, continuai-je, vous avez ordonné qu'un district
« de Paris, qui a fait enlever des fusils dans le château
« d'un citoyen, M. Anisson du Perron, vint nous en don-
« ner ses motifs : un district aujourd'hui veut m'enlever
« l'honneur ; je demande qu'il soit tenu de vous nom-
« mer ses motionnaires, ou de répondre devant vous
« du crime affreux dont il se charge : d'autant plus
« grand, messieurs, que son premier effet est sans
« doute l'insulte d'un refus dont j'ai demandé ce matin
« l'explication qui vient d'amener celle-ci. Le sieur Mo-
« rel, que je ne connais pas, n'était pour moi qu'un
« échelon, qu'un moyen d'arriver à l'éclaircissement
« d'une atrocité révoltante, dont tout citoyen doit fré-
« mir. Je n'y ai mis aucune vivacité ; mais quand j'en
« aurais mis, messieurs, en parlant dans un lieu qui n'é-
« tait pas votre assemblée, quel intérêt croit-on que
« vous dussiez y prendre? Ce fait vous était étranger.
« Je ne craindrai point d'ajouter qu'hier matin, à cette
« place, deux membres débattant une question dans
« l'assemblée, l'un d'eux insulta l'autre, en qualité de
« financier; lequel ne pouvant modérer sa sensibilité
« extrême, lui répondit imprudemment... par l'injure
« la plus grossière. Cette provocation eût eu des suites
« fâcheuses, si le membre offensé, qui s'était emporté
« trop loin, n'eût désavoué, sur nos représentations, le
« mot qui lui était échappé dans un mouvement de co-
« lère dont il n'avait pas été maître. Vous avez cru dans
« votre sagesse ne devoir donner nulle suite à cette rixe
« véhémente ; à plus forte raison, messieurs, n'y a-t-il
« pas lieu, selon moi, de délibérer sur une prétendue
« provocation de duel, qui n'a pas existé de ma part,
« que je nie hautement, et qui, fût-elle bien prouvée,
« n'intéresse en rien l'assemblée, puisqu'elle se serait
« faite à bas bruit, sur un escalier, et loin d'elle : à

[1] Je me trompe en disant que personne ne m'y connaît : on m'assure à l'instant que le sieur Kornmann et quelque autre agent qui se cache ont soulevé tout ce district où leur domicile est situé ; que sept ou huit brigands, qui tous vivaient de calomnies pendant le procès Kornman, contre lesquels j'ai rendu plainte chez le commissaire Dufresne, conduisent cette sale intrigue : heureusement pour moi, je n'ai jamais vu ni connu un seul de ces honnêtes gens.

« moins qu'il ne suffise qu'une chose très-simple ait
« quelque rapport avec moi, pour mettre ici tout le
« monde en rumeur ; ce que je suis bien loin de sup-
« poser. La plainte que je vous porte contre l'atrocité
« du libelle que je dénonce a seule une vraie impor-
« tance, et je vous prie d'y faire droit. »

Tel fut, messieurs, mon plaidoyer. Vous nous fîtes sortir, le sieur Morel et moi, pour délibérer librement. Vos débats durèrent six heures, à mon très-grand étonnement; et ma surprise fut extrême quand votre président, messieurs, m'apprit au nom de l'assemblée, que, « sur la dénonciation de propos violents tenus par moi, « et sur les inculpations de quelques districts, DONT JE « DEMANDAIS A ME JUSTIFIER, l'assemblée avait arrêté que « je m'absenterais jusqu'à ce qu'elle eût prononcé sur « l'une et l'autre affaire. »

J'eus l'honneur de vous faire observer que j'avais désavoué cette provocation d'un duel, qu'on me prêtait gratuitement. A quoi le président répondit qu'aussi l'arrêté ne parlait-il que d'une dénonciation faite, et non d'une chose jugée.

Sur la seconde question, j'observai que seul j'avais investi l'assemblée de l'affaire du libelle, par la plainte que j'en portais ; que n'ayant point exprimé cette plainte en la donnant comme formée sur des inculpations *dont j'entendais me justifier*, mais seulement contre une atrocité dont je vous demandais justice, l'énoncé de votre arrêté ne me paraissait point avoir cette exactitude honorable qui caractérisait les autres. « D'ailleurs, ai-je « ajouté, messieurs, le droit très-certain de juger, « dont est pourvue cette assemblée, N'EMPORTE POINT LE « DROIT DE PRÉJUGER. Et l'exclusion d'un membre étant la « plus forte peine d'une faute quelconque dont vous « auriez jugé coupable, l'invitation de s'absenter, avant « que vous sachiez s'il est coupable ou non, me semble « outre-passer le droit respectable d'un juge.

« De plus, vous n'êtes point, messieurs, la municipa-
« lité de la ville, mais une assemblée provisoire établie
« pour la composer, en exerçant ses droits aussi par
« provision. Si l'abondance de vos travaux vous forçait
« d'oublier mon affaire, ou de l'éloigner à tel point que,
« la municipalité formée, votre mission vint à finir avant
« que vous m'eussiez jugé, il en résulterait deux maux :
« l'un, de me laisser sous le coup d'une horreur de la-
« quelle je vous ai demandé justice ; l'autre, que pendant
« ce temps vous auriez privé mon district de l'appui de
« son député : car il n'en peut nommer un autre avant
« que d'avoir eu la preuve, tirée de votre jugement,
« que son choix méritait d'être improuvé par vous. Je
« demande donc à rester, ou la parole de l'assemblée
« qu'elle va s'occuper SANS DÉLAI ET SANS SUSPENSION de
« l'arrêt que je sollicite : alors je ne regarderai point
« comme une peine préjugée, mais comme une chose
« d'usage, l'invitation de m'absenter pendant qu'on
« instruit mon affaire. »

M. le président, messieurs, a bien voulu en votre nom m'assurer qu'on allait s'occuper *sans délai* de faire droit à mes demandes, et qu'on me ferait avertir pour procéder aux éclaircissements. J'ai salué la compagnie, et je me suis retiré pour qu'on délibérât sur moi.

Voilà quinze jours écoulés sans que j'aie aucune nouvelle. Puis-je rester dans cet état? Vous ne le voulez pas, messieurs! Vous ne souffrirez pas qu'on dise que cette étrange ardeur qui semble animer tant de monde quand on espère m'inculper, se tourne en glace quand il faut me rendre la moindre justice.

Quoi qu'il en soit, comme mon devoir est d'aider à votre instruction par tous les moyens de mon fait : prenant exemple sur M. le comte de Parois; sur son argument à l'anglaise, par lequel il s'engage à donner mille écus à celui qui pourra prouver une accusation qu'il repousse, je déclare, ainsi qu'il l'a fait dans le journal de cette ville, que je payerai mille écus à tel qui prouvera que j'aie été *chassé du district des Blancs-Manteaux*, lequel m'est venu réclamer devant vous comme lui appartenant de droit : démarche bien contraire à l'atrocité supposée par le district des Récollets.

Je déclare que je payerai mille écus à celui qui prouvera que j'aie *usé d'aucune intrigue pour me faire nommer député du district de Sainte-Marguerite à l'assemblée de la commune*, où j'étais loin de désirer d'entrer, sachant d'avance combien j'y serais inutile aux intérêts de tous mes commettants.

Je déclare par extension que je donnerai mille écus à celui qui prouvera que j'aie *jamais eu chez moi*, depuis que j'ai aidé généreusement l'Amérique à recouvrer sa liberté, *d'autres fusils* que ceux qui m'étaient utiles à la chasse. Autres mille écus, si l'on prouve la moindre relation de ce genre entre moi et M. *de Flesselles*, à qui je n'ai parlé que deux fois en ma vie. Et sachez, citoyens, que lorsque le district du Sépulcre vint me montrer par députés cette infâme dénonciation qu'on avait faite à son bureau, je conduisis aux Blancs-Manteaux un manufacturier d'armes de Charleville, qui déclara dans ce district que c'était lui, *et non pas moi*, qui avait offert à la Ville, au prévôt des marchands *Flesselles*, et aux électeurs assemblés, de leur fournir douze ou quinze mille fusils sous huit jours; les ayant, disait-il, en caisse au magasin de Charleville. Mais comme, en déclarant qu'il se nommait *Preffort*, il avait ajouté qu'il demeurait Vieille rue du Temple, vous concevez bien, citoyens, que mes scélérats d'ennemis, sur ce léger rapport de rue, n'ont pas manqué de répandre partout que j'étais un traître à l'État; que j'avais douze mille fusils dans ma maison, Vieille rue du Temple; que je les avais proposés au prévôt des marchands *Flesselles*, pour foudroyer les citoyens : car voilà comme tout s'enchaîne sitôt qu'il est question de moi.

Je déclare que je payerai mille écus à qui prouvera que *j'ai des souterrains chez moi qui communiquent à la Bastille*, ainsi qu'on l'a fait croire au peuple, pour l'exciter à me piller et me brûler;

Que je donnerai deux mille écus à celui qui prouvera que *j'aie eu la moindre liaison* avec aucun de ceux qu'on désigne aujourd'hui sous le nom des ARISTOCRATES, *avec les principaux agents du despotisme, pour asservir cette contrée* (ce sont les termes du libelle).

Et je déclare, pour finir, que je donnerai DIX MILLE écus à celui qui prouvera que *j'ai avili la nation française par ma cupidité*, quand je secourus l'Amérique; propos qui se rapporte à la très-lâche imputation qu'ils m'ont faite dans cent libelles, pendant le procès Kornman, d'avoir envoyé, il y a douze ans, aux insurgents américains, des armes, des munitions, des marchandises détestables que je leur vendais comme bonnes, *à cent pour un de leur valeur*, pendant que j'ose me vanter de procédés très-généreux envers cette grande nation, *dont mon avarice*, dit-on, *a occasionné les malheurs*.

Voilà, certes, bien des moyens de gagner quelque peu d'argent, pour les auteurs de la motion du district des Récollets, dont le métier peu lucratif est de calomnier à 12 sous par paragraphe.

Mais comme j'espère bien ne pas me ruiner par ces offres, je demande, messieurs, que si les libellistes ne prouvent aucun de leurs dires, s'ils ne gagnent point mon argent, ils soient dévoués par vous à l'exécration générale.

Ces écumeurs travaillaient en sous-ordre sous les deux chefs de bande qu'un arrêt de cour souveraine a condamnés en 2,000 livres de dommages et intérêts envers moi, comme CALOMNIATEURS, *instigateurs de faux témoins*; de l'un desquels M. l'avocat général disait, dans son éloquent plaidoyer : *Cet homme audacieux qui ne connaît rien de sacré quand il s'agit de calomnier!* Je ne me permettrai de plainte que contre l'un de ces deux hommes. Mon profond respect pour le Temple, où l'autre s'est réfugié, le rend presque sacré pour moi. O ma nation! quels sacrifices n'avez-vous pas droit d'exiger d'une âme vraiment citoyenne!

Ils disent que *ma vie est un tissu d'horreurs*, les malheureux! tandis qu'il est de notoriété que j'ai passé ma vie à être le père, le nourricier de tout ce qui m'est proche. Ils me condamnent à dire du bien de moi, à force d'en dire du mal.

Attaqué par des furieux, j'ai gagné avec trop d'éclat peut-être tous les procès qu'ils m'ont suscités, *car je n'en ai jamais fait à personne*; quoique, pour les plus grands bienfaits, j'aie éprouvé, j'ose le dire, une ingratitude constante, inouïe, presque universelle.

J'ai subi, entre autres tourments, cinq procès très-considérables.

Le premier en Espagne, pour les intérêts d'une sœur mourante, au secours de qui je courus. Le crédit de mon adversaire manqua de m'y faire périr. Grâce au ministre M. *Whall*, le roi d'Espagne me rendit la justice la plus éclatante, chassa mon ennemi de ses places, et le fit traîner en prison, malgré mes efforts généreux pour faire modérer sa peine.

Mon second procès fut contre l'héritier *Duverney*. Après l'avoir gagné aux requêtes de l'hôtel, puis perdu par appel, au rapport d'un M. *Goëzman*; avoir fait casser cet arrêt inique au conseil; m'être vu renvoyé, pour le fond, au parlement d'Aix : après cinquante-trois séances et l'examen le plus sévère, ce parlement a condamné le légataire *Duverney* à me payer la somme de 80,000 fr.; surtout l'a condamné en 12,000 francs de dommages-intérêts envers moi, *pour procédures tortionnaires, et pour raison de la* CALOMNIE. C'était pour obtenir ce *substantif* dans un arrêt, que je plaidais depuis huit ans. Le reste me touchait fort peu. J'employai cet argent à marier de pauvres filles, et je partis de la Provence comblé des félicitations des riches et des bénédictions des pauvres. Mon adversaire lui-même eut à se louer de ma noblesse : à la prière de ses amis, je modérai les frais énormes auxquels il était condamné, en lui accordant un long terme pour me payer toute la dette; car ma colère s'éteint toujours au moment où finit le combat.

Le troisième, si connu, fut mon fameux procès contre le conseiller *Goëzman*. Alors l'iniquité fut portée à l'excès. J'aurais dû périr mille fois; mon seul courage m'a sauvé. Quatre ans après, le parlement de Paris, sur un ordre émané du roi de revoir cette affaire, m'a rendu, par un arrêt d'éclat, l'état de citoyen qu'un autre arrêt m'avait ravi.

Un quatrième grand procès m'a été intenté par les héritiers de ma femme. Après quinze ans d'une spoliation avérée, ils m'ont plaidé, vexé, dénigré pendant dix ans consécutifs; puis, *trois arrêts du parlement de Paris* les ont condamnés envers moi en tous les dommages, les frais, les capitaux, les intérêts du procès : et comme toute leur fortune ne suffisait pas au payement, ils se sont jetés à mes pieds; et je leur ai fait grâce d'une partie de ma créance, en consentant que tout le reste ne me rentrât qu'après leur mort. Puissent-ils en jouir longtemps!

Mon cinquième et dernier procès est celui de ce *Kornman*. On sait avec quelle fureur ils ont acharné contre moi la *populace de la plume*, tous les *meurt-de-faim* de Paris, et comment un célèbre arrêt les a bien déclarés mes CALOMNIATEURS. Mais ce qu'on ne sait pas encore, c'est comment l'honnête *Kornman*, qui faisait plaider au palais que la dot de sa femme était déposée, prête à rendre, a tout soldé depuis l'arrêt, par une belle déclaration « qu'il ne possède rien au monde; « que, suivant un accord honnête entre son frère et lui, « la maison même qu'il occupe et les meubles qui la « garnissent appartiennent à ce frère depuis l'époque « de la banqueroute qu'ils firent en 1782. » O malheureuse mère! épouse infortunée! c'était bien la peine de plaider si longtemps, pour arriver, après l'arrêt, à la conviction douloureuse que votre bien était dilapidé! Voilà donc, grâce à votre époux, l'affreux sort qui vous attendait!

Telle est l'espèce de gens qui me poursuit encore, en armant sourdement contre moi ce qu'il y a de plus vil à Paris. Que serait-il donc, juste ciel, si j'eusse perdu tous ces procès; puisque, les ayant tous gagnés, *mes calomniateurs* trouvent encore le secret de troubler ma vie sans relâche; puisque mille gens dans le monde, qui ne réfléchissent sur rien, se rendent les tristes échos des horreurs et des turpitudes que ces brigands leur soufflent aux oreilles!

Maintenant voulez-vous savoir de quoi ma vie s'est glorifiée?

Pendant huit ans la famille royale, et M. le dauphin, père du roi, ont, au vu de toute la France, honoré ma jeunesse d'une bienveillance particulière.

Ayant eu, depuis, le bonheur de rendre un grand service à l'*École militaire*, de faire doter cet établissement, ouvrage de M. *Duverney*, ce vieillard vénérable a toujours conservé pour moi la plus vive reconnaissance. Il m'a très-tendrement aimé. Je lui dois le peu que je vaux.

Puis le feu *prince de Conti*, qui combattit si fièrement les attentats de nos ministres lors de la subversion de la magistrature, m'a honoré jusqu'à sa mort d'une tendresse paternelle. Tout Paris a su que le jour qu'un très-inique arrêt *m'honora*, même en *me blâmant*, ce prince me fit l'honneur de venir lui-même chez moi me prier à souper, avec toute la France, au Temple, en me disant d'un ton céleste : « Monsieur, « nous sommes, je crois, d'assez bonne maison, mon « neveu et moi, pour donner l'exemple au royaume de « la manière dont on doit traiter un grand citoyen « comme vous. » On juge si je me prosternai.

Enfin, et sans parler de mes liaisons politiques, je citerai l'estime et l'amitié constante dont m'honora M. le comte *de Maurepas*, cette âme douce, et le dernier de tant de puissants protecteurs! Tout cela, ce me semble, devrait bien rendre circonspects les gens qui, ne me connaissant point, font le méprisable métier de déchirer un homme pacifique, dont la destinée singulière fut d'avoir ses amis dans l'ordre le plus grand, et ses ennemis dans la boue.

Certes, la plus horrible accusation de ces derniers, c'est d'avoir osé m'imputer d'être *lié avec vos oppresseurs*.

Et comment, citoyens, pourrait-on le penser : moi qui, depuis près de dix ans, vis dans la disgrâce connue de Versailles et de ses entours, parce que mon caractère libre, ennemi de toute servitude, s'y est toujours montré à découvert; que je n'ai fléchi le genou devant nulle idole encensée!

N'est-ce pas moi qu'ils ont puni d'avoir fait servir l'arme du ridicule (la seule que l'on pût employer au théâtre) à fronder les abus de leur crédit, de leur puissance, ou de leurs places; qu'ils ont puni en irritant contre mes phrases, et les falsifiant à ses yeux, l'homme le plus juste et le meilleur des rois?

Leur fureur a causé ma détention de quatre jours; et dans un lieu si ridicule, qu'ils regardèrent cela comme une excellente gaieté [1]. C'est à la justice du roi que j'ai dû l'ordre prompt de sortie auquel je refusais si obstinément d'obéir, voulant être jugé et puni très-sévèrement, si j'étais coupable du crime d'avoir offensé un bon roi, qui comprit sans doute bientôt qu'on lui en

---

[1] A Saint-Lazare.

avait imposé. Au moins l'ai-je très-bien prouvé dans un mémoire aussi respectueux qu'énergique que lui présenta son ministre, et que je n'ai pas imprimé.

N'est-ce pas moi qui le premier, dans la tyrannie la plus dure contre la liberté de la presse, osai couvrir de ridicule le despotisme des censures; qui portant partout le dégoût d'avoir vu de trop près la politique de nos cours, en ai donné certain portrait qu'on trouvait assez ressemblant?

De même que cette définition du vil métier de courtisan : *recevoir, prendre, et demander, voilà le secret en trois mots*, applaudie à notre théâtre, et depuis applaudie de nouveau à l'assemblée nationale, quand un membre du souverain n'a pas cru au-dessous de lui de la rajeunir en ces termes : « Il n'est que trois moyens « d'exister : d'être mendiant, voleur ou salarié? »

N'est-ce pas moi qui, pendant le règne despotique d'un prêtre, lequel voulait tout asservir, eus le courage de faire chanter, avec quelque risque, au théâtre, ces vers trop difficiles à dire à Paris sans musique :

> Pontifes, pontifes adroits,
> Remuez le cœur de vos rois.
> Quand les rois craignent,
> Les prêtres règnent ;
> La tiare agrandit ses droits?

N'est-ce pas moi qui, dans le même ouvrage, osai donner les éléments de la *Déclaration des droits de l'homme*, en faisant dire à la *Nature*, par la peuplade qui l'invoque :

> O bienfaisante déité
> Ne souffrez pas que rien altère
> Notre touchante égalité,
> Qu'un homme commande à son frère?

Et ces vers, qui complètent le sens moral de tout l'ouvrage :

> Mortel, qui que tu sois, prince, prêtre ou soldat,
> HOMME ! ta grandeur sur la terre
> N'appartient point à ton état :
> Elle est toute à ton caractère ?

Et cette leçon terrible à tout despote qui voudrait abuser d'un pouvoir usurpé par la force :

> Roi féroce, as-tu donc compté,
> - Parmi les droits de ta couronne,
> Celui du crime et de l'impunité?
> Ta fureur ne peut se contraindre;
> Et tu veux n'être pas haï !
> Tremble d'ordonner.
> — Qu'ai-je à craindre?
> — De te voir toujours obéi,
> Jusqu'à l'instant où l'effrayante somme
> De tes forfaits, déchaînant leur courroux...
> Tu pouvais tout contre un seul homme,
> Tu ne pourras rien contre tous?

Et ce tableau prophétique et *prévu* du roi chéri d'un peuple libre, qui le couronne avec transport :

> Enfants, vous l'ordonnez, je garderai ces fers ;
> Ils seront à jamais ma royale ceinture.
> De tous mes ornements devenus les plus chers,
> Puissent-ils attester à la race future

> Que, du grand nom de roi si j'acceptai l'éclat,
> Ce fut pour m'enchaîner au bonheur de l'État !

Et ces vers sur la vanité de la naissance (*à la Nature*) :

> Au moins vous employez des éléments plus purs
> Pour former les puissants et les grands d'un empire?
> (*Rép.*) C'est leur langage, il faut bien en sourire;
> Un noble orgueil les en rend presque sûrs?

Et ceux-ci, dans la bouche de la *déesse*, parlant à deux êtres créés dont elle vient de fixer le sort :

> Enfants, embrassez-vous ; égaux par la nature,
> Que vous en serez loin dans la société !
> De la grandeur altière à l'humble pauvreté,
> Cet intervalle immense est désormais le vôtre;
> A moins que de Brama la touchante bonté,
> Par un décret prémédité,
> Ne vous rapproche l'un de l'autre,
> Pour l'exemple des rois et de l'humanité ?

Voilà, citoyens, comment *j'étais lié avec tous vos grands oppresseurs*, tandis qu'ils n'ont cessé pendant dix ans de me persécuter; tandis que c'est chez eux que mes ennemis acharnés ont trouvé toute la protection dont eux et leurs libelles ont tant abusé pour me nuire! Ils ont changé, les lâches, et de langage et de parti! mais moi je ne changeai jamais.

N'est-ce pas moi qui osai dire, huit ans avant qu'on s'occupât du sort des protestants en France, dans un mémoire à ce conseil, si jaloux de son despotisme : « Accordez au moins cette grâce aux protestants, jus« qu'à ce qu'un temps plus heureux permette enfin de « rendre à leurs enfants LA LÉGITIMITÉ CIVILE QU'AU« CUN PRINCE DE LA TERRE N'A DROIT D'ÔTER A SES SU« JETS[1] ? »

N'est-ce pas moi qui, consulté par les ministres sur le rappel des parlements, osai combattre avec courage, en 1774, les prétentions du pouvoir arbitraire, en ces termes : « Il existe donc, en tout État monarchique, « autre chose que la volonté arbitraire des rois. Or « cette chose ne peut être que le corps des lois et leur « autorité, seul vrai soutien de l'autorité royale et du « bonheur des peuples ; » et qui appuyai ce principe par les raisonnements les plus forts, comme on peut le voir dans le *Court mémoire* auquel renvoie la note ci-dessus?

Qu'on se rappelle, si l'on peut, le courage qu'il fallait alors pour dire de telles vérités!

N'est-ce pas moi qui, dans des temps plus éloignés, seul, dénué de tout, ayant pour ennemis tous les puissants de cet empire, osai braver leur injustice, les livrer au mépris de la nation indignée, pendant qu'ils me jugeaient à mort? Ce qui fit dire à un grand homme (*Voltaire*) : « Pour servir son pays, il brave tout, le mal« heureux! Il rit dans les griffes des tigres. »

Je me rappelle avec plaisir que ce courage me valut, dans le temps, l'honneur d'une lettre de Londres, ar-

---

[1] Voyez ce mémoire, rapporté dans le second de moi contre Kornman, intitulé *Court mémoire, en attendant l'autre*.

rivée par la poste, avec cette adresse dessus : « *Au seul homme libre dans un pays d'esclaves, monsieur de Beaumarchais, à Paris :* » laquelle me fut remise, parce qu'on espérait que je me compromettrais en y répondant, et qu'on me prendrait en défaut. Je n'eus garde. Je fis alors comme aujourd'hui : je ne répondis à personne.

Et si mes ennemis, en désespoir de cause, font la lourde bêtise de rappeler qu'il y a seize ans, quand le despotisme opprimait la nation et ses magistrats, je fus victime de ses coups, dont tous n'ont pas été guéris, je m'honorerai devant vous des blessures d'un bon soldat qui combattait pour sa patrie, en rappelant à mes concitoyens qu'au milieu du plus grand péril je leur donnai l'exemple d'un courage qu'ils admirèrent ; que le jour où je perdis mon état et celui où je le recouvrai furent deux jours d'un triomphe égal, et que l'acclamation de tous les citoyens n'a pas moins honoré en moi le premier jour que le second.

Mais après m'en être applaudi, respectant, comme je le dois, le patriotisme inquiet d'un autre district, celui de *Saint-Étienne-du-Mont*, lequel, présidé par un sieur *Duverrier*, avocat du sieur *Kornman*, n'a pas dédaigné de s'occuper aussi de moi, en posant pour principe public : « que le sieur de Beaumarchais, dans les liens « d'un décret d'ajournement personnel décerné contre « lui, en 1773, dans son procès Goëzman, lequel N'A PAS « ÉTÉ PURGÉ, ne peut remplir aucun emploi public ; » je répondrai à ce district, après avoir loué sa délicate inquiétude, par une citation très-propre à la calmer : c'est celle d'un arrêt en parchemin, que j'ai, du parlement de Paris, du 23 juillet 1779, « grand'chambre et tournelle « assemblées, *lequel*, convertissant le décret d'ajourne-« ment personnel décerné contre ledit Caron de Beau-« marchais, par JUGEMENT du 2 juillet 1773, en dé-« cret d'assigné pour être ouï, RENVOIE LEDIT CARON DE « BEAUMARCHAIS DANS L'EXERCICE DE SES CHARGE ET OFFICE « de secrétaire du roi et de lieutenant général au bail-« liage de la Varenne du Louvre.

« Si mandons, etc. Collationné, LEBRET. »

Sans ajouter un mot, je livre, sur ce fait, l'assemblée à ses réflexions.

N'est-ce pas moi enfin qui, profitant du long séjour que l'arrêt qui m'avait *blâmé* me contraignit de faire à Londres, osai y concevoir le plan si grand, si dangereux, de séparer à tout jamais l'Amérique de l'Angleterre ? Et puisque je suis attaqué sur ce point, je veux me vanter devant vous des travaux inouïs qu'un seul homme a pu faire pour accomplir cette grande œuvre.

Français, qui vous louez d'avoir puisé le désir et l'ardeur de votre liberté dans l'exemple de l'Amérique ! apprenez que cette nation *me doit en grande partie la sienne* : il est bien temps que je le prouve à la face de l'univers. Et si quelqu'un prétend me contester ce que je dis, qu'il se lève et se nomme ! mes preuves répondront aux imputations que je dénonce :

Que j'ai déshonoré la France par mon avide cupidité (dans mes relations d'Amérique).

Que l'on connaît tous les malheurs dont mon avarice est la cause (et dont ce peuple a tant souffert).

Car ces accusations, aussi vagues que méprisables, se rapportent aux Américains, *que j'ai servis si généreusement !* moi qui serais réduit à cette aumône que je répands, si de nobles étrangers, pris dans un pays libre, ne m'eussent associé aux gains d'un grand commerce, pendant que je les associais à mes pertes constantes dans le mien avec l'Amérique ! moi qui osai former tous les plans de secours si nécessaires à ce peuple, qui les offrais à nos ministres ! moi qui osai blâmer leur indécision, leur faiblesse, la leur reprocher hautement dans ma fière réponse au manifeste anglais par *Gibbon* ; qui osai promettre un succès qu'on était loin d'espérer ! Entre cent preuves que j'en pourrais donner, je ne citerai que celle-ci, parce qu'elle est nette et simple, et qu'elle fait présumer les autres.

Pressé par le chagrin de voir rejeter mes idées, j'osai écrire à notre auguste roi, bien jeune alors, dans un mémoire, ces propres mots qui le terminent, et qu'on ne peut me contester ; car je l'ai en original, tout apostillé de sa main, et certifié par son ministre. Voici les phrases de mon mémoire, répondant à l'opposition que le conseil montrait pour mon projet sur la séparation de l'Amérique et de l'Angleterre :

« Enfin je demande, avant de partir (pour Londres, « à Sa Majesté), la réponse positive à mon dernier mé-« moire : mais si jamais question a été importante, il « faut convenir que c'est celle-ci. Je réponds sur ma « tête, après y avoir bien réfléchi, du plus glorieux « succès pour le règne entier de mon maître, sans que « jamais sa personne, celle de ses ministres ni ses in-« térêts soient en rien compromis.

« Aucun de ceux qui en éloignent Sa Majesté osera-t-il, « de son côté, répondre également sur sa tête, au roi, « de tout le mal qui doit arriver infailliblement à la « France, de l'avoir fait rejeter ?

« Dans le cas où nous serions assez malheureux pour « que le roi refusât constamment d'adopter un plan si « simple et si sage, je supplie au moins Sa Majesté DE « ME PERMETTRE DE PRENDRE DATE AUPRÈS D'ELLE de l'épo-« que où je lui ai ménagé cette superbe ressource, afin « qu'elle rende justice un jour à la bonté de mes vues, « lorsqu'il n'y aura plus QU'À REGRETTER AMÈREMENT DE « NE LES AVOIR PAS SUIVIES.

« *Signé* : CARON DE BEAUMARCHAIS.

« Ce 15 décembre 1775. »

Et en marge, au bas, est écrit, de la main du ministre :

Toutes les apostilles en réponse sont de la main du roi.

Signé : DE VERGENNES.

Tout ce que je pus obtenir, encore avec bien de la peine, par un autre mémoire très-fort sur les droits de notre neutralité, que j'établissais sans réplique, ce fut qu'on me laisserait faire, sans aucunement s'en mêler (ce que M. *de Maurepas* appelait gaiement *me livrer à mon sens réprouvé*), en me rendant garant de tous les événements envers la France et l'Angleterre, à condition surtout *d'être arrêté si les Anglais formaient la moindre plainte; et de me voir puni s'ils en faisaient la preuve:* ce qui mit tant d'entraves à mes opérations maritimes, que pour secourir l'Amérique je fus obligé de masquer et de déguiser mes travaux intérieurs, les expéditions, les navires, le nom des fournisseurs ; et jusqu'à ma raison de commerce, qui fut un masque comme le reste[1].

Le dirai-je, Français ! le roi seul avait du courage, et moi je travaillais pour sa gloire en voulant le rendre l'appui d'un peuple fier, qui brûlait d'être libre. Car j'avais une dette immense à remplir envers ce bon roi, qui n'a pas dédaigné de remplir envers moi celle du feu roi son aïeul, lequel m'avait promis avant sa mort de me restituer dans mon état de citoyen, qu'un lâche tribunal m'avait ravi par un inique arrêt. Oui, le roi Louis XVI, qui fit rendre la liberté à l'Amérique gémissante, qui vous rend la vôtre, Français, m'a fait rendre aussi mon état. Qu'il soit béni par tous les siècles !

Et ce mémoire de moi que je viens de citer, tel est mon premier titre à la haute prétention que j'établis ici d'avoir généreusement secouru l'Amérique, *et d'avoir contribué* PLUS QUE TOUT AUTRE, *au retour de sa liberté.*

Puis, laissant de part les travaux que je suis prêt à mettre au jour, ouvrage par lequel je prouverai que j'ai envoyé, à mes risques et périls, *ce qu'il y avait de meilleur en France* en munitions, en armes, en habits, aux insurgents manquant de tout, à crédit, au prix des factures, les laissant maîtres de la commission qu'ils payeraient un jour à leur ami (car c'est ainsi qu'ils me nommaient) ; qu'*après douze ans je n'en suis point payé :* je déclare que la démarche que je fais faire en ce moment auprès de leur nouvelle *cour fédérale* pour obtenir justice de l'infidèle rapport qu'un comité de trésorerie vient de donner sur mes créances, aussi avérées que sacrées, est le dernier effort d'un créancier très-généreux auprès de débiteurs abusés, négligents, ou bien... etc. La fin décidera le nom qui leur est dû ; mais je publierai tout, et l'univers nous jugera.

Sautant, dis-je, par-dessus tous les détails de mes travaux, de mes services envers ce peuple, je passe au témoignage que m'en rendit l'agent, le ministre de l'Amérique, lorsqu'il partit de France avec M. le comte d'Estaing. Sa lettre authentique, du 18 mars 1778, porte ces mots que je copie:

« J'espère que votre agent (*à Philadelphie*) vous fera
« passer des retours considérables, et que le congrès
« ne différera pas plus longtemps A RECONNAITRE LES
« GRANDS ET IMPORTANTS SERVICES QUE VOUS AVEZ RENDUS A LA
« CAUSE DE LA LIBERTÉ DE L'AMÉRIQUE. D'après les scènes
« embarrassantes à travers lesquelles vous avez eu à
« passer, vous devez éprouver le plus grand plaisir DE
« VOIR ENFIN L'OBJET DE VOS TRAVAUX REMPLI, et qu'une
« flotte française va mettre à la voile ; ce qui con-
« vaincra l'Amérique et le monde entier de la sincère
« amitié de la France, et de l'absolue détermination où
« elle est de protéger la liberté, l'indépendance de
« l'Amérique. Je vous félicite de nouveau sur cet évé-
« nement glorieux, AUQUEL VOUS AVEZ CONTRIBUÉ PLUS
« QUE TOUT AUTRE.

« Je suis avec respect, etc.

« *Signé* : SILAS DEANE. »

Hélas ! ce fut la fin de mes succès. Un ministre du département, à qui je montrai cette lettre, et qui m'avait traité jusqu'alors avec la plus grande bonté, changea de ton, de style tout à coup. J'eus beau lui protester que j'entendais ne rien m'approprier de cette gloire, et la lui laisser tout entière ; le coup était porté, il avait lu l'éloge, je fus perdu dans son esprit.

Ce fut pour lui ôter toute idée sur mon ambition, et conjurer l'orage, que je recommençai à m'amuser des frivoles jeux du théâtre, en gardant un profond silence sur mes grands travaux politiques ; mais cela n'a rien amené.

Il est bien vrai qu'un an après, le congrès général, ayant reçu mes vives plaintes sur le retard de ses acquittements, me fit écrire la lettre suivante par l'honorable M. John Jay, son président, le 15 janvier 1779 :

PAR ORDRE EXPRÈS DU CONGRÈS

SIÉGEANT A PHILADELPHIE.

A. M. de Beaumarchais.

« MONSIEUR,

« Le congrès des États-Unis de l'Amérique, RECON-
NAISSANT DES GRANDS EFFORTS QUE VOUS AVEZ FAITS EN LEUR FAVEUR, vous présente ses remerciments et l'assurance de son estime.

« IL GÉMIT DES CONTRE-TEMPS QUE VOUS AVEZ SOUFFERTS POUR LE SOUTIEN DE CES ÉTATS. Des circonstances malheureuses ont empêché l'exécution de ses désirs ; mais il va prendre les mesures les plus promptes POUR L'ACQUITTEMENT DE LA DETTE QU'IL A CONTRACTÉE ENVERS VOUS.

« Les sentiments généreux et les vues étendues qui seuls pouvaient dicter UNE CONDUITE TELLE QUE LA VÔTRE,

---

[1] Je pris le nom de Rodrigue Hortalez et compagnie, d'où est venu celui de *Fier Rodrigue* que je donnai à mon vaisseau de guerre de 25 canons, lequel a eu depuis l'honneur de combattre en ligne avec ceux de Sa Majesté, à la prise de la Grenade, sous le commandement du valeureux comte d'Estaing; d'y recevoir quatre-vingts boulets dans son corps, sans ceux qui mirent tous ses agrès en pièces. J'eus le malheur d'y perdre le plus important, le plus brave de mes capitaines, coupé en deux par un boulet ramé; sans la dispersion entière de ma flotte de onze navires, dont ce vaisseau était le convoyeur. Quand on en reçut la nouvelle à Versailles, M. de Maurepas me dit que le roi, très-content du service de mon vaisseau de guerre, voulait savoir ce que je désirais : « De n'être jamais jugé sans être entendu, monsieur le comte; et je me croirai trop bien récompensé. » Aussi disait-il fort souvent : « Voilà le seul homme qui travaille et n'a jamais rien demandé. » J'espère bien qu'ils vont crier que tout cela est controuvé : je les attends avec mes preuves.

font bien l'éloge de vos actions et l'ornement de votre caractère. Pendant que, par vos rares talents, vous vous rendiez utile à votre prince, vous avez gagné l'estime de cette république naissante, ET MÉRITÉ LES APPLAUDISSEMENTS DU NOUVEAU MONDE, etc.

« Signé : JOHN JAY, président. »

Si ce n'était pas de l'argent, c'était au moins de la reconnaissance. L'Amérique, plus près alors des grands services que je lui avais rendus, n'en était pas encore à chicaner son créancier, à me fatiguer d'injustices, pour user, s'il se peut, ma vie, et parvenir à ne me point payer.

Il est encore très-vrai que dans la même année le respectable M. Jefferson, leur ministre en France aujourd'hui, et gouverneur alors de Virginie, frappé des pertes affreuses que la dépréciation de leur papier-monnaie me ferait supporter, si l'on avait l'injustice d'y englober mes créances, écrivit à mon agent général en Amérique, M. de Francy, en ces termes, le 17 décembre 1779 :

« MONSIEUR,

« Je suis bien mortifié que la malheureuse dépréciation du papier-monnaie, dont personne, je pense, n'avait la moindre idée lors du contrat passé entre le subrécargue du *Fier Rodrigue*[1] et cet état, ait enveloppé dans la perte commune M. DE BEAUMARCHAIS, QUI A SI BIEN MÉRITÉ DE NOUS, ET QUI A EXCITÉ NOTRE PLUS GRANDE VÉNÉRATION PAR SON AFFECTION POUR LES VRAIS DROITS DE L'HOMME, son génie et sa réputation littéraire, etc.

Signé : THOMAS JEFFERSON. »

Et j'ai ces lettres originales.

Dans l'ouvrage que je vais mettre au jour, lorsque je montrerai les preuves de l'*excellence de tous mes envois* à ce peuple, d'après les visites exactes qu'ils en firent faire eux-mêmes avant que mes vaisseaux partissent, bien attestées par leur ministre, *et les excuses qu'il m'en fit*, DONT J'AI TOUS LES ORIGINAUX, on sera quelque peu surpris de la patience avec laquelle j'ai supporté les invectives de tous les brigands qui m'attaquent depuis le procès Kornman. Mais j'aurais cru trop avilir le plus grand acte de ma vie, *l'honorable part que j'ai eue à la liberté de l'Amérique*, si j'en avais mêlé la discussion à un vil procès d'adultère, dont les mensonges les plus grossiers alimentaient sans cesse la très-déplorable instruction. C'est mon mépris, c'est mon indignation, qui m'ont fait garder le silence. Il est rompu, je ne me tairai plus sur ce grand objet, la gloire de ma vie entière.

Ils disent que *mon avarice sordide a causé les malheurs du peuple américain !* Mon avarice ! à moi ! dont la vie n'est qu'un cercle de générosité, de bienfaisance ! et je ne cesserai de le prouver, forcé de dire du bien de moi, puisque leurs farouches libelles ont rendu tant d'hommes injustes.

Pas un seul être alors n'allait d'Europe en Amérique sans m'avoir des obligations pécuniaires, dont presque toutes sont encore dues ; et nul Français n'a souffert dans ce pays-là, que je ne l'aie aidé de ma bourse.

A ce sujet j'invoquerai un témoignage que vous faites gloire de respecter, messieurs, celui du très-vaillant général de vos troupes. Demandez-lui si mes services n'allaient pas chercher les Français malheureux dans tous les coins de l'Amérique.

Demandez-lui si mon agent ne sut pas l'avertir lui-même, *de ma part*, que les usuriers du pays lui vendaient l'or à cent pour un, ce dont sa très-grande jeunesse l'empêchait de s'apercevoir ; s'il ne lui fit pas toucher du doigt la dilapidation de sa fortune entière, malgré la dépense modeste à laquelle il se réduisait ; s'il ne lui offrit point en mon nom, *suivant les ordres qu'il en avait de moi*, de lui fournir l'argent dont il aurait besoin, qu'il me ferait rendre en Europe au seul intérêt de la loi. Rendez justice à mon bon cœur, *noble marquis de la Fayette !* Votre glorieuse jeunesse n'eût-elle pas été ruinée, sans les sages avis et les avances de mon argent ? Vous m'avez bien rendu l'argent qu'on vous a prêté par mon ordre ; et, je le dis à votre gloire, en me remerciant à Paris en achevant de me rembourser, vous avez voulu que je retinsse *cinquante louis* de plus qu'il ne m'était dû par vous, pour joindre cet argent aux charités que je faisais aux pauvres mères qui nourrissent, *pour avoir part à ma bonne œuvre*, dont plusieurs établissements m'ont coûté déjà vingt mille francs. Certes, je ne les regrette point ; mais je veux dire du bien de moi, puisque l'on me force à en dire. Rendez-moi justice aujourd'hui, vous, noble général dont j'ai prédit les hautes destinées, lorsque, appelé à Versailles pour essuyer de vifs reproches sur votre fuite en Amérique, à laquelle pourtant je n'avais pas contribué, je dis à M. de Maurepas ce mot sur vous, qui est resté :- « Cette étourderie-là, monsieur, est le pre- « mier feuillet de la vie d'un grand homme. »

Ce ministre me dit, quelques semaines après, qu'on vous avait fait arrêter près de la Corogne, en Espagne, et que vous aviez feint de revenir en France ; mais que, trompant le garde-conducteur, vous aviez rejoint le le vaisseau où vous attendaient vos amis ; et ma réponse fut celle-ci : *Bon ! voilà le second feuillet.*

Vous avez fait depuis, mon général, de ces feuillets un fort beau livre ; mais, d'après ce que vous savez de moi, croyez-vous un seul mot de ce que ces brigands impriment ? Pardon, mon général, j'ai invoqué, dans d'autres temps, le témoignage respectable du *comte d'Estaing*, votre ami. Si c'est votre tour aujourd'hui, je puis faire de ma part une fort belle liste aussi de tous les gens de bien que j'ai droit d'invoquer. Et vous, baron *Steuben*, comtes *Poularski, Bienouski* ; vous, *Tronçon, Prudhomme*, et cent autres qui m'avez dû la gloire que vous acquites en Amérique, sans vous être jamais acquittés envers moi, sortez de

---

[1] Vaisseau de guerre à moi, très-richement chargé, dont j'avais à crédit la cargaison à la Virginie, qui me la doit encore presque entière, après plus de douze ans passés.

la tombe et parlez; ou vos lettres et vos effets, que j'ai, s'exprimeront en votre place.

Quinze cent mille livres au moins de services rendus remplissent chez moi un portefeuille qui ne sera jamais peut-être acquitté par personne; et plus de mille infortunés, dont j'ai prévenu les besoins, sont tous prêts à lever leur voix pour attester ma bienfaisance. Entre mille, un seul suffira. Parlez, vous, Joseph Pereyra, négociant de Bordeaux, qui m'écrivîtes, en frémissant, du fond des cachots de l'inquisition, près de Cadix, où votre état connu de juif vous avait fait jeter, et vous exposait à être brûlé vif! Vous vous vîntes de mon nom, et trouvâtes moyen de me faire tenir une lettre. Mes cheveux, en la recevant, se hérissèrent sur ma tête. Je courus à Versailles, où, pleurant à genoux devant M. le comte de Vergennes, je le tourmentai tant, que j'obtins qu'on vous redemandât, comme appartenant à la France; et je vous arrachai au feu, en vous faisant passer tout l'argent pour votre voyage. Vous êtes un des hommes que j'ai trouvés les plus reconnaissants; toute votre nombreuse famille m'a écrit pour me rendre grâce. Cette aventure mérite bien que je la cite en mon honneur.

M'accuser, moi, de *sordide avarice!* Je veux prendre encore à témoin de ma froide résignation les vingt-quatre commissaires du district des Blancs-Manteaux, qui me faisaient l'honneur de travailler chez moi à la collecte de la capitation, le jour que l'on prit la Bastille. Un homme effaré entre, et dit: « Monsieur de « Beaumarchais, deux mille hommes sont dans votre « jardin; ils vont mettre tout au pillage. » Chacun, très-effrayé, se lève; et moi je réponds froidement: « Nous ne pouvons rien à cela, messieurs; c'est un mal « pour moi seul; occupons-nous du bien public; » et je les invitai de se remettre en place. Ils sont loin d'être mes amis; c'est leur témoignage que j'invoque, et je profiterai de ceci pour rendre grâce à ce district. Quel-qu'un ayant couru y dire qu'on allait piller ma maison, quatre cents personnes généreuses en partirent, pour défendre ma possession attaquée; mais le mal était apaisé quand ces messieurs arrivèrent. Voilà comment mon avarice et mon ingratitude se montrent en toute occasion.

Le tiers de ma fortune est dans les mains de tous mes débiteurs; et depuis que j'ai secouru les pauvres de Sainte-Marguerite, quatre cents lettres au moins sont là sur mon bureau, d'infortunés levant les mains vers moi. Mon cœur est déchiré, car je ne puis répondre à tous. Pendant que les brigands de la forêt de Bondy, entrés par le district des Récollets dans cette ville, me poursuivent avec grand bruit, les malheureux de l'intérieur me crient: *Homme bienfaisant, jetez sur nous un regard de pitié!* C'en est trop, je n'y puis tenir, et j'offre ici de faire la preuve que tel qui dit du mal de moi n'est qu'un malheureux salarié par tel monstre qui m'a les plus grandes obligations: ou c'est ce monstre-là lui-même, ou des gens entraînés qui ne m'ont jamais vu ni parlé. Cette rage est poussée aujourd'hui jusqu'à la démence.

Allons, mes braves adversaires, voilà de quoi vous exercer. Répétez à quelques Français qu'un peu de jalousie tourmente, que tout cela n'est qu'un vain conte. Oh! quel plaisir j'aurai de bien prouver à ces gens-là ce que j'ai fait pour l'Amérique ingrate... ou peut-être trompée; car je ne sais encore lequel:

Mais, citoyen d'un État libre,
Je mettrai l'univers entre ce peuple et moi.

Et vous, nobles concitoyens, tous membres, ainsi que moi, de la commune de Paris, mes pairs et mes jurés enfin, donnez un généreux exemple d'un *bon jugement par jurés*: prononcez sur la cause que je vous ai soumise; mais prononcez très-promptement, *comme vous vous y êtes engagés*. Savez-vous que, pour un homme qui souffre, quinze jours écoulés font déjà vingt et un mille six cents minutes? car c'est ainsi que l'indignation douloureuse fait le calcul de son attente. Si je suis *traître à la patrie*, ne me faites point de quartier; je leur fais grâce des injures, ne nous attachons qu'à des faits.

Pendant cette affreuse anarchie, pendant ce terrible intervalle entre la loi qu'on a détruite et celle que l'on va créer, je ne sais pas encore comment un citoyen blessé peut avoir raison d'un district qui se rend coupable envers lui de la plus noire calomnie. Où porter ma plainte? où l'instruire? à quel tribunal, en un mot, pourrai-je en obtenir justice? Les atrocités sont au comble, et toutes les lois sont muettes.

Puisque vous avez accueilli leur inculpation diffamante, *vous ne pouvez rejeter ma justification*. C'est au nom de la liberté que je vous demande vengeance. Si les brigands qui brûlent les châteaux appellent cela *liberté*, cette canaille plumitive qui flétrit les réputations nomme aussi cela *liberté*; permettez donc que je l'invoque, cette *liberté* précieuse, pour obtenir au moins un jugement de vous. Le mépris que je fais de mes accusateurs ne vous dégage point du devoir *imposé* de prononcer entre eux et moi. Vous ne souffrirez pas qu'on dise que *mes grands ennemis sont dans votre assemblée*, ni que l'on vous applique l'apophthegme si dur de ce grand penseur, l'abbé *Sieyes: Ils veulent être libres, et ne savent pas être justes.* Ma confiance en votre équité ne me permet pas de la craindre.

Non que je vous demande à rester parmi vous, je n'ai rien fait pour y entrer; mais NUL ICI N'A DROIT DE M'EN EXCLURE, si l'on ne prouve pas

Que « je suis traître à la patrie; »

Que « je suis lié avec vos oppresseurs; »

Que « j'ai été chassé d'un district; »

Que « j'ai fait des intrigues pour être député d'un « autre; »

Que « j'ai accaparé des grains; »

Que « j'ai promis douze mille fusils au prévôt des « marchands Flesselles; »

Que « j'ai chez moi des souterrains qui conduisent à « la Bastille; »

Que « j'ai déshonoré la France dans mes relations d'Amérique; »

Que « mon avarice sordide a causé les malheurs de ce peuple. »

Car voilà les imputations de cette nuée de libellistes qui a fondu sur moi comme une plaie d'Égypte. Ah! faites-moi justice de tant d'horreurs accumulées, et je remets modestement cette dignité qu'on envie. Tant de gens m'en semblent avides, qu'un homme las qui se retire doit trouver grâce devant eux.

Des accusations si étranges pouvaient seules excuser le témoignage que je me rends, et les aveux qu'un vil complot m'arrache. Deux ans plus tôt, ils eussent été sans fruit, imprudents, même impolitiques. Deux ans plus tard, la constitution achevée et le corps des lois décrété mettant tout citoyen à l'abri des lâches atteintes, ils ne seraient qu'un jeu de misérable vanité. Ce moment seul, livré aux délations, aux calomnies, aux désordres de tous les genres, permet peut-être à la fierté blessée de s'écarter du silence modeste que tout homme doit s'imposer sur ce qu'il a fait de louable; et surtout, messieurs, quand l'oubli, quand le retard d'un jugement par vous *si solennellement promis*, semble autoriser quelque plainte, est inexplicable pour tous, et rend le public inquiet sur les motifs qui vous ferment la bouche. N'en doutez point, messieurs, il y va de l'honneur de votre nombreuse assemblée de tenir parole à ses membres, quand vous croiriez ne rien devoir à un citoyen poignardé qui réclame votre secours.

Dans l'attente de votre décision, je suis avec le plus profond respect,

Messieurs,

Votre, etc.

Caron de Beaumarchais.

Paris, ce 2 septembre 1789.

POST-SCRIPTUM.

Du 3 septembre.

Au moment où j'achève d'imprimer cette requête, je reçois deux écrits qui, bien que différents, se prêtent un mutuel secours. L'un est une motion imprimée, par laquelle un sieur *le Marchant* félicite naïvement le district des Récollets de la conduite honnête qu'il a tenue envers moi. Ce sieur *le Marchant* ne doute point qu'une pareille conduite n'honore à jamais ce district. On voit que c'est un fort bon homme.

L'autre est une lettre anonyme d'une écriture contrefaite, et figurée ainsi :

On dit que tu réponds, misérable. Si tu fais le moindre effort pour sortir de l'état où nous voulons que tu restes, tu ne sera pas en vie dans huit jours. Le papier semblable à cette lettre servira de réponse au tien, et tu n'aura pas même l'honneur du réverbère. (A monsieur Beaumarchel, etc., à Paris.)

Et cette lettre est écrite sur le revers d'un *billet d'enterrement*. Certes, le district des Récollets a là d'honorables champions! Il faut convenir aussi que la petite poste est une merveilleuse invention pour les donneurs de bons conseils! J'ai gardé l'avis imprimé de l'obligeant sieur *le Marchant;* mais j'ai porté celui de l'autre galant homme au commissaire *Defresne*, en le priant de joindre cette pièce à toutes les autres du dossier de mes plaintes au criminel. Et, pour servir ces messieurs à leur gré, j'ai fait presser mon imprimeur; car je voudrais être jugé avant qu'ils exécutent leur noble plan sur ma personne.

O citoyens! quels fruits de la liberté! Ce sauvageon amer a grand besoin d'être greffé sur de sages lois réprimantes!

Caron de Beaumarchais.

NOTE ADDITIONNELLE DU 6 SEPTEMBRE.

« Le commissaire *Defresne* me fait remarquer ce matin que le *billet d'enterrement* dont on a pris moitié pour m'écrire cette infamie, est celui d'un citoyen mort au mois de juillet dernier *dans le district des Récollets*, et *enterré à Saint-Laurent*. Ainsi le style et l'écriture de l'anonyme, *en tout pareils* à d'autres que j'ai reçus pendant le procès Kornman; la demeure de ce dernier ET AUTRES dans la rue *de Carême-Prenant*, dont les Récollets sont très-proches; le billet d'enterrement d'un homme de ce district, employé pour m'écrire (*quel raffinement d'horreurs, choisir un papier mortuaire pour faire la menace d'un meurtre!*); l'identité des termes de la motion des Récollets avec ceux des libelles dont j'avais déjà rendu plainte; les preuves faites contre les payants et les payés de ces libelles correspondants (et je les nommerai tous, afin qu'ils soient connus); toutes ces circonstances rapprochées pourront mettre un jour mes héritiers, à mon défaut, ou moi sur la voie des scélérats, quand nous aurons des tribunaux.

« Cependant, braves ennemis, vous entendez mal votre affaire. Assassiner un homme est sans doute un moyen certain pour lui faire perdre en un moment *sa représentation à la Ville*. Mais n'est-ce pas le plus faible de tous les arguments quand il s'agit de prononcer sur lui?

« Et vous, messieurs de la Commune, qui augmentez leur audace et ma peine par un oubli de dix-neuf mortels jours; vous qui, suspendant mes fonctions *pour délibérer sur ma plainte*, m'avez puni avant de juger, ne voulez plus me juger parce que vous m'avez puni! on en usait ainsi à la Bastille. Ah! n'oubliez jamais que vous l'avez détruite, pour substituer des jugements légaux à des vengeances arbitraires!

« Caron de Beaumarchais. »

PRÉCIS

ET

JUGEMENT ET PROCÈS

DE

PIERRE-AUGUSTIN CARON DE BEAUMARCHAIS

MEMBRE
DE LA REPRÉSENTATION DE LA COMMUNE DE PARIS

Sur la dénonciation faite à l'assemblée de la commune, le 19 août 1789, d'une rixe entre *Caron de Beaumarchais* et un autre membre de la même assemblée, présent ; et sur l'explication donnée par M. de Beaumarchais de cette rixe, en priant l'assemblée de vouloir bien porter ses regards très-sévères sur plusieurs motions diffamatoires faites et imprimées contre lui dans le district des *Récollets* et autres qu'il dénonçait, et dont il rendait plainte à l'assemblée, est intervenu l'arrêté suivant :

Extrait du procès-verbal de l'assemblée des représentants de la commune de Paris.

Du mardi 19 août 1789.

« L'assemblée, délibérant sur la dénonciation faite de
« propos violents tenus contre un de ses membres par
« M. Caron de Beaumarchais ; ensemble sur les diffé-
« rentes inculpations portées par plusieurs districts
« contre lui, et sur lesquelles il a demandé lui-même
« à se justifier, a arrêté que le sieur de Beaumarchais
« s'absenterait de l'assemblée jusqu'à ce qu'elle ait
« prononcé sur les faits ci-dessus détaillés.

« *Signé* : Vauvilliers et Blondel, *présid.*
« De Joly, *secrétaire.* »

L'assemblée a nommé quatre commissaires pour faire les enquêtes ; et son jugement en étant retardé, M. de Beaumarchais lui a présenté, le 6 septembre, une requête imprimée tendante à obtenir une justice prompte et définitive. L'assemblée a bien voulu y avoir égard ; il en a reçu le 14 l'invitation suivante :

Assemblée des représentants de la commune de Paris.

« M. Caron de Beaumarchais voudra bien se rendre
« demain, à dix heures du matin, à l'assemblée des re-
« présentants de la commune, pour être entendu. Ce
« lundi 14 septembre 1789.

« *Signé* : Vauvilliers, *présid.*
« Brousse des Faucherets, *secrétaire.* »

M. de Beaumarchais s'est rendu, au jour et l'heure indiqués, dans la salle de l'assemblée ; et à toutes les pièces du procès ayant été mises sur le bureau, pour qu'il en prît une connaissance légale, et les discutât publiquement, il a, dans un plaidoyer d'environ une heure et demie, démontré l'absurdité, la *calomnie*, le vice et l'odieux de toutes les imputations qui lui étaient faites par des gens qu'il n'a jamais vus ni connus ; et, lui retiré, l'assemblée, ayant mûrement délibéré sur les attaques et la défense, a prononcé le jugement qui suit :

Extrait du procès-verbal de l'assemblée des représentants de la commune de Paris.

« L'assemblée, après avoir pris lecture des pièces
« mises sur le bureau, contre M. Caron de Beaumar-
« chais, et l'avoir entendu dans sa justification,
« Déclare que rien ne s'oppose à ce que M. de Beau-
« marchais reprenne sa place dans l'assemblée.

« *Signé* : Vauvilliers, Blondel et Vincendon, *présidents.*
« De Joly, *secrétaire.* »

M. de Beaumarchais a remercié l'assemblée, et a repris à l'instant sa place entre les honorables membres qui venaient de l'en juger digne. Et le souffle des gens de bien a fait évanouir les fantômes hideux qui la lui disputaient.

Je certifie tous les extraits de l'assemblée des représentants de la commune conformes aux originaux dans mes mains. Ce 18 septembre 1789.

Signé : Caron de Beaumarchais.

PÉTITION

DE

PIERRE-AUGUSTIN CARON DE BEAUMARCHAIS

A LA CONVENTION NATIONALE

Citoyen Président,

Quand le législateur Chabot, dans l'assemblée nationale, et devant beaucoup de ses membres qui depuis ont passé dans cette convention, me dénonça comme ayant dans mes caves *soixante mille fusils cachés, dont la municipalité*, dit-il, *avait parfaitement connaissance*, il commit un délit public qui serait devenu d'une terrible conséquence, si l'assemblée, sur la foi de ce membre, et sans preuve, se fût hâtée de me décréter d'accusation, comme vous l'avez fait sur la foi du législateur Lecointre, et sans que l'on m'ait entendu.

Les conséquences, dis-je, en eussent été terribles, car j'étais alors à Paris ; et soixante mille fusils supposés dans mes caves me faisaient plus que soupçonner de trahison contre la France. Le peuple, épouvanté par tous les genres de terreurs, m'aurait massacré sans pitié ; car il n'eût pas douté qu'on ne vous eût fourni les preuves de cette déclaration atroce, puisque vous aviez prononcé sur-le-champ contre moi le décret d'accusation : heureusement vous ne l'avez pas fait *alors.*

Qui me sauva de cet affreux péril, qu'un mensonge avait enfanté ? Un autre mensonge innocent, à l'instant proféré par un membre de l'assemblée, aussi mal instruit que le législateur Chabot. Je sais ce que c'est, vous dit-il : c'est un traité conclu avec le ministère ; *il y a trois mois que ces fusils nous sont livrés.*

Le fait de cette livraison était tout aussi faux que l'autre, et je me dis en l'apprenant : « Grand Dieu ! si « toutes nos affaires sont traitées avec ce désordre, avec « cette légèreté, où es-tu donc, ô pauvre France ? La « vie du plus pur citoyen lui peut être arrachée par la « fureur, la malveillance, ou seulement la précipita- « tion. Mais si la vie d'un homme et le malheur d'une « famille se perdent dans l'immensité des maux qui « nous accablent, quel pays libre, ou même assujetti, « peut rester la demeure d'un être raisonnable, quand « des crimes pareils s'y commettent impunément ? » Voilà ce que je dis alors : pourtant je restai dans Paris.

Sauvé d'un aussi grand danger, je n'aurais pas même relevé la faute du législateur, si plusieurs menteurs lit- téraires (ce n'est point *littéraires*, c'est *journaliers* que je veux dire) n'eussent pas à l'instant, comme ils font aujourd'hui, dénaturé le fait, en envenimant bien la délation du législateur *Chabot*, en taisant au peuple abusé le correctif qu'un autre y avait mis, quoiqu'il se fût trompé lui-même.

Déjà l'on avait placardé sur tous les murs de mon jardin que non-seulement j'avais les soixante mille fu- sils cachés, mais que c'était moi seul qui faisais forger les poignards avec lesquels on devait assassiner le peu- ple. *Sauvez-vous*, disaient mes amis, *vous y périrez à la fin.* Moi qui ne me sauve jamais tant qu'il me reste une défense, je fis afficher dans *Paris* ma réponse au législateur *Chabot*, beaucoup moins grave, en appa- rence, que le fait ne le comportait : mais je parlais au peuple ; et l'on avait fait parmi nous un tel abus du style injurieux, qu'il en avait perdu sa force. Je crus donc que la vérité, que la raison, assaisonnée d'un peu de douce moquerie, était ce qui convenait le mieux pour bien classer mon dénonciateur. Le peuple lut et rit, et fut désabusé ; et moi je fus sauvé encore cette fois-là.

Mais ceux qui avaient mis le *législateur Chabot* en œuvre ne rirent point de mon dilemme ; ils me gardè- rent toutes les horreurs dont ils se rassasiaient encore : et celle-ci n'est pas une des moins piquantes pour eux.

Posons maintenant la question.

Ai-je été traître à ma patrie ? ai-je cherché à la piller comme les gens qui la fournissent... ou la font fournir, *c'est tout un* ? C'est ce que je m'apprête à bien éclaircir devant vous, ô citoyens législateurs ! car je ne vous fais pas l'injure de supposer qu'après m'avoir décrété sans m'entendre, c'est-à-dire qu'après avoir mis ma per- sonne en danger, ma famille dans les pleurs, mon cré- dit en déroute, et mis mes biens en saisie, sur quatre phrases indigestes d'un dénonciateur *trompé*, vous re- pousserez mes défenses, dont cette pétition est la pre- mière pièce. Elles sont les défenses d'un très-bon ci- toyen, qui ne le prouverait pas moins à la face de l'uni-

vers, *quand vous ne l'écouteriez pas* : ce que je ne pré- sume point, car la justice est d'intérêt commun. Et, croyez-moi, législateurs, dans l'état où sont nos affaires, il n'en est pas un parmi vous dont la tête, aujourd'hui garantie, ne puisse un jour courir l'horrible chance que la scélératesse a posée sur la mienne. Jugez-moi sans faveur, c'est tout ce que je vous demande.

Le citoyen *Lecointre*, excellent patriote, et point mé- chant homme, dit-on, mais sans doute un peu trop fa- cile à échauffer sur les objets qui blessent l'intérêt du peuple ; trompé lui-même étrangement, vient de trom- per la *Convention* par une si triste dénonciation, que, dans la partie qui me touche, *il n'est pas une seule phrase qui ne soit une fausseté.*

Après avoir parlé de certain marché de fusils, qui s'était fait, dit-il, *sur le pied de huit francs*, avec de cer- tains acheteurs qui, n'ayant point payé leurs traites, furent évincés très-justement, le citoyen *Lecointre*, sans même vous apprendre si ces huit francs étaient en as- signats, argent de France, ou florins de Hollande, la première chose cependant qu'un homme exact eût dû vous dire, arrive brusquement à moi :

« Beaumarchais, vous dit-il, *s'empara de ce marché* (jamais, Lecointre, jamais je ne m'en suis emparé). Il acheta ces fusils à raison de *six livres* (jamais) ; fit par- tir deux vaisseaux *du port de la Haye*, chargés de ces fusils (jamais). Mais ils furent arrêtés dans le port de Tervère *par ordre de Provins et compagnie*, premier acheteur (jamais), et qui n'a pas voulu *céder son marché* à Beaumarchais (jamais). Celui-ci a reconnu son droit (jamais). Et cependant *il a feint que ses deux vaisseaux avaient été arrêtés par ordre du gouvernement hollan- dais* (jamais) ; et, en conséquence, *a réclamé une indem- nité de cinq cent mille francs* (jamais, au grand jamais) ; indemnité qu'*il a obtenue* (jamais, jamais ; pas un mot de vrai à tout cela).

« Lecointre lit ensuite la teneur du marché passé en- « tre Beaumarchais et les ministres *Lejard* et *Cham-* « *bonas* : il conclut à l'*annihilation du marché* et au « *décret d'accusation contre Beaumarchais.*

« Après une *légère discussion* (grand Dieu ! LÉGÈRE ! « et il s'agit de la vie d'un bon citoyen !), l'annihila- « tion du marché et le décret d'accusation sont pro- « noncés. »

O citoyens législateurs ! je viens de copier mot à mot le *Moniteur* du jeudi 29 novembre (car je n'ai de public, sur ces faits, que ce *Moniteur* que je cite, et une sottise de *Gorsas* qui trouvera sa place ailleurs). Je le copie à *Londres*, où des avis certains de l'infamie qui se tra- mait m'ont fait accourir de *la Haye* pour en apprendre les détails, que l'on n'osait m'envoyer en Hollande, où l'on dit que la liberté des personnes dont on veut payer la capture n'est pas si sûre qu'en Angleterre.

Je viens de lire à Londres tout le tissu d'horreurs qu'on m'y a fait passer de France. Mais cet objet est ré- servé pour le mémoire dont je m'occupe, et qui vous est destiné, législateurs si cruellement abusés par l'un de vous qui l'a été lui-même, et qui regrettera bien, quand il aura lu mes défenses, de s'être fait le crédule instrument de la méchanceté d'une horde que mon devoir est de bien démasquer.

Aujourd'hui je ne dois répondre qu'au paragraphe du *Moniteur*.

Prenant l'article phrase à phrase, je déclare : 1° que *je ne me suis emparé du marché de personne*, relativement aux fusils de Hollande; que je résistais par prudence aux prières qui m'étaient faites de procurer ce bien à mon pays, et que la certitude acquise que ces soixante mille fusils pouvaient bientôt passer *dans les mains de nos ennemis*, seule éveilla mon inquiétude et mon patriotisme; que cette inquiétude me fit arrher, *sans les acheter*, tous ces fusils, en couvrant les nouveaux marchés entamés, soumettant aux plus fortes peines le vendeur, si l'on en écartait un seul pour le service d'aucune puissance avant d'avoir reçu mes dernières paroles : ce qui arrêta ces marchés jusqu'à ce que j'eusse conféré, sur le plus ou moins de besoin que ces armes pouvaient nous faire, avec le ministre *de Graves*, à qui je rendrai hautement la justice qui lui est due ; car depuis la révolution, tout entier à la chose publique, je n'épouse aucune faction.

2° Je déclare que je n'ai point acheté ces armes *à raison de six livres le fusil*. La seule vue du traité, *très-civique*, par lequel je suis resté maître de disposer des armes en faveur de la France, vous montrera, ô citoyens, ou l'erreur, ou l'horreur de cette funeste imputation.

3° Je déclare que *je n'ai point fait partir deux vaisseaux du port de la Haye*, 1° parce qu'il n'y a point de port à *la Haye*, ce qui n'est de leur part qu'une ignorance géographique; 2° parce que ces fusils ont passé directement des citadelles de *Malines* et *Namur* dans les magasins du vendeur, qui depuis sont les miens, à *Tervère* en Zélande, par charrois, et sur des bélandres, et non *sur des vaisseaux à moi*. Cette annonce est aussi ridicule que si l'on disait, législateurs, que j'ai fait venir ces fusils de *Versailles à Paris sur des vaisseaux* de la rivière de *Somme*, en passant par *Bordeaux*. La Zélande est plus près de Bruxelles que de *la Haye*, où il n'y a *point de port*, comme tout le monde sait, excepté ces ces messieurs.

4° Je déclare que jamais ces fusils *n'ont été ni pu être arrêtés dans des vaisseaux à moi* (où ils n'ont jamais été), ni dans mes magasins, où ils ont toujours demeuré, *par un nommé Provins*, ni par aucun autre homme qui prétendit avoir droit sur ces armes; car personne n'a droit sur aucune marchandise (comme M. *Lecointre* le sait) que celui qui, l'achetant, la paye : et c'est ce que j'ai fait moi seul, exclusivement à tous autres.

5° Je déclare que jamais *ni un nommé Provins*, ni aucun autre acheteur de ces armes *sans les payer* antérieurement à mon traité (car ils sont au moins cinq ou six); je déclare, dis-je, qu'aucun n'a été dans le cas de *me céder le droit* qu'il n'avait pas *sur aucune demande que je lui en aie faite*.

Il est aussi trop ridicule de me faire acheter, à moi, haut négociant français, des armes d'un étranger, à qui je les ai bien payées, pour me faire jouer ensuite, à la Convention nationale, le stupide rôle du solliciteur des prétendus droits d'un failli.

Je déclare à mes juges, et je le prouverai, qu'après avoir loyalement traité avec le seul et vrai propriétaire de l'acquisition des fusils, aux conditions civiques et honorables *que je mettrai sous vos yeux, citoyens*; qu'après les avoir bien payés, il n'est resté d'autres difficultés, sur l'extradition de ces armes du port de *Tervère* pour *le Havre*, que celles, 1° que le gouvernement de Hollande, vivement sollicité par celui de Bruxelles, m'a suscitées, non par haine pour ma personne, mais dans l'espoir de nuire à *notre France*, au service de laquelle ils présumaient que ces armes étaient consacrées.

2° Je vous déclare, et je le prouverai encore, que les difficultés bien plus insurmontables, provenant de Paris, du fond de ces intrigues que l'on appelle en France les *vilenies bureaucratiennes*, n'ont cessé d'arrêter cette importante cargaison d'armes, depuis le 3 avril jusqu'au 16 décembre où j'écris, dans mes magasins en Zélande, par toutes les voies odieuses que j'expliquerai fort au long; et que, plus malveillants que la Hollande et que l'Autriche, ils ont forgé tous les obstacles qui ont été arrêté vos fusils. Car, de quelque patriotisme qu'un citoyen soit animé pour l'intérêt de notre France, sachez, législateurs, que la grande, l'unique et l'irréfragable maxime est dans ces bureaux-là : *Nul ne fournira rien, hors nous et nos amis.*

Si je ne prouve point toutes ces vérités au gré du lecteur étonné, je consens de bon cœur à perdre les fusils; et j'en fais présent à la France, quoiqu'un tel don me conduise à ma ruine.

Je déclare que *je n'ai jamais feint que deux vaisseaux à moi eussent été arrêtés par ordre du gouvernement hollandais; que je n'ai jamais réclamé en conséquence une indemnité de cinq cent mille francs; que je n'ai jamais obtenu une telle indemnité* : de sorte qu'ici la mauvaise foi passe toutes les bornes permises.

Je déclare, au contraire, que, loin d'avoir d'argent à la nation, ce sont les hauts seigneurs du département de la guerre qui depuis le 3 avril dernier ont à moi deux cent cinquante mille livres très-réelles, desquelles sans pudeur, malgré vingt paroles données, ils ne m'ont pas permis d'user pour vous faire arriver de Hollande tous ces fusils retenus à *Tervère*.

Car lorsque le ministre *de Graves*, à qui je ne reproche rien, me fit remettre pour cinq cent mille francs d'assignats, *mais nullement pour une indemnité*, lesquels, réduits en bons florins de banque, ne me rendirent pas trois cent mille livres : moi, je lui déposai, en sûreté de cette somme, pour sept cent cinquante mille francs *de vos propres contrats*, que je vous ai payés en beaux louis d'or, sur lesquels nulle part il n'y avait rien à perdre, et que vous avez garantis de la nation à la nation.

Or, mes deux cent cinquante mille francs réels, et au delà de ce qu'il fallait pour couvrir leurs cinq cent mille francs d'une valeur aussi précaire, *ils les ont encore dans leurs mains.* Qu'on m'apprenne donc pourquoi les scellés sont chez moi. La garantie de nos propriétés n'est-elle plus qu'un jeu barbare pour les piller plus sûrement? Fusils livrés ou non, soit par ma faute ou par la leur, suis-je donc votre débiteur pour saisir ainsi tous mes biens? ou plutôt n'est-ce donc pas vous qui êtes le mien dans cette affaire?

Et quand on vous fait faire l'énorme faute de renoncer à de fort bons fusils, qui sont pour vous la chose la plus nécessaire : si l'on croit vous faire punir le citoyen qui vous les destina, quand les Anglais défendent qu'on vous porte aucunes munitions de guerre, on vous trompe, citoyens : c'est vous-mêmes que vous punissez. Car, en sacrifiant toutes les pertes que me causent neuf mois de retard, des courses, des dépenses occasionnées par leur brigandage, ne vaudrait-il pas mieux pour moi, si je cesse un instant d'être un bon citoyen pour me tenir dans mon état de négociant, d'avoir soixante mille fusils que toute l'Europe, et même certaine partie de l'archipel américain, qu'on vient encore de vous aliéner, me payeraient en bon or, que de me surcharger d'assignats, lesquels ne pourraient que tomber sous peu dans le plus affreux discrédit, si l'on continuait à dilapider autour de vous près de deux cents millions par mois, comme vous l'avez avoué vous-mêmes? Mais ce ne sont point ces dépenses mêmes qui les discréditeront le plus; ce sont les fautes impardonnables, si ce n'est pis, des gens qui nous gouvernent : mon grand mémoire vous l'expliquera bien [1].

Au reste, citoyens, quand ils vous font rejeter ces fusils, dans l'espoir insensé de m'obliger à les leur livrer à vil prix pour vous les revendre bien cher, ce n'est point à dessein d'en priver ma patrie, à qui je les ai destinés, que je viens de montrer l'avantage commercial qu'il y aurait à préférer les payements en or des étrangers à ceux que vous ne faites qu'avec des assignats; car je vous déclare hautement que je n'en disposerai pour aucune puissance qu'après que mon pays m'aura bien entendu sur les indignes obstacles qui les ont empêchés de passer dans ses ports, depuis le temps que je les ai payés.

Quoi qu'il puisse arriver, ils vous appartiendront : car si je ne prouve point que c'est par le fait même de mes accusateurs que vous ne les avez pas reçus, je consens à les perdre, et à votre profit; j'en signerai l'engagement. Et si je prouve bien que l'on vous a trompés dans les rapports qu'on vous a faits, vous êtes trop équitables pour ne pas me faire justice ; ainsi, dans tous les cas, les fusils sont à vous. Je poursuis mon raisonnement.

Quoi qu'il en soit, ayant entre vos mains, à moi, deux cent cinquante mille francs réels au delà du seul argent que j'aie reçu de vous, n'êtes-vous pas bien à couvert? Tous les sophismes des méchants ne peuvent prévaloir contre ces vérités.

Ils ont eu la sottise de vous faire dire par *Lecointre* qu'ils m'avaient accordé *cinq cent mille francs d'indemnité,* quand, loin que j'aie un liard à eux, ils ont à moi plus de *dix mille louis !* Ce mensonge grossier n'est-il donc pas ridicule? Et à moins qu'on ait espéré de me faire tuer avant tout éclaircissement, les trouvez-vous assez stupides?

Et c'est, ô citoyens, sur de pareilles allégations que vous me décrétez, que votre scellé est chez moi, que ma famille est dans les larmes, pendant que moi j'étais dehors, et tout entier à vos affaires, sur l'article de *vos* fusils, et j'en aurai de bons garants ! Et vous l'avez prononcé, ce décret affligeant, sans avoir même soupçonné qu'il était prudent de m'entendre ! Suis-je donc à vos yeux la lie des citoyens ? Me croyez-vous un de ces pauvres gens que la terreur fit émigrer, pour vous emparer aussi de mes biens? Non, cette injustice envers moi révolte tous les gens sensés. Si c'est tout mon bien qu'il leur faut, pourquoi jouer à mon égard la fable *du Loup et de l'Agneau ?* Rappelons-nous ce mot de *Frédéric* à un homme qui lui proposait pour deux cents louis un manifeste sur la Silésie qu'il prenait : *Quand on commande à cent mille hommes,* lui dit Frédéric, *on ne donnerait pas un farding d'un prétexte.* Ce mot sanctionne toutes les usurpations. Ils sont les plus forts avec moi ; qu'ils prennent ma fortune, et me laissent mourir en paix.

Mais je pense pourtant qu'il en est de pareils décrets comme de ces arrêts du *conseil des parties* qu'on obtenait sans preuves et sur requête, et sauf l'opposition de celui que l'arrêt grevait. Sans cela il faudrait s'enfuir en criant avec désespoir : *O pauvre France ! ô pauvre France !*

Dans cette occasion-ci, l'on ne sait véritablement ce qu'on doit le plus admirer, de l'ignorance crasse où les vils machinistes qui font mouvoir *Lecointre* sont de la vérité des faits, ou de la rare audace avec laquelle ils lui font débiter leurs mensonges.

O vous, *Lecointre,* qui par zèle avez si ardemment demandé en Hollande quelques notions certaines sur tous les achats qui s'y font ! que ne m'avez-vous dit un mot ? C'est moi qui vous les eusse données, ces notions si utiles dont vous êtes curieux. Je vous aurais appris confidemment ce que je vais vous confier en face de toute la France : attendez mon mémoire; il ne languira pas.

Mais avant de vous bien montrer quels sont les traîtres à la patrie, de ceux qui m'accusent ou de moi, sur l'affaire de ces fusils, je dois mourir, ou me laver d'une autre grave accusation de *correspondance coupable avec Louis XVI,* dont *le Moniteur* ne dit mot, mais dont les gazettes hollandaises m'ont instruit avant mon départ [1].

---

[1] Voyez le long discours du citoyen Cambon, dans le *Moniteur* du 27 décembre, qui porte à 468 millions la seule dépense de trois armées dans les trois mois qui précédaient.

[1] Voyez dans la *Gazette de la cour*, à la Haye, du 1ᵉʳ *décembre,* la dénonciation des fusils, par Dubois-Crancé, aux Jacobins ; puis, dans cette annonce de même date : « On a été aussi occupé, hier « matin, à mettre le scellé partout dans la maison de Beaumar-

Je vous déclare, ô citoyens, que le fait de ces lettres est absolument faux ; qu'il n'a été imaginé que pour jeter sur moi, pendant qu'on dénonçait les armes, une telle défaveur, qu'on pût croire *sans examen* qu'un aussi grand conspirateur qu'on suppose que je le suis, s'il trahissait la France sur un point, était bien capable sans doute de la desservir dans un autre. Voilà tout le secret de cette nouvelle horreur.

Je demande que mes prétendues lettres soient déposées sur le bureau, *parafées de la main de l'honnête homme qui les présente*. Car il faut, citoyens, *qu'un des deux y périsse*. Ce mensonge est une lâcheté dont je ne connais point d'exemple. Certes ce n'est faire ni un bien ni un mal que d'écrire à un roi héréditaire ou constitutionnel, même en temps de révolution ; l'objet seul de la lettre, ou la façon de le traiter, pourrait former la matière d'un délit, s'il se trouvait contraire aux intérêts du peuple.

Mais cette discussion même est ici superflue, car je n'ai point écrit à Louis XVI.

Quoi qu'il en soit, législateurs, je vous supplie de distinguer l'accusation portée contre moi devant vous *pour mes prétendues lettres écrites à Louis XVI* (si cette accusation existe), de l'affaire des fusils de Hollande, dans laquelle j'entends bien me rendre accusateur ; car il est temps que toutes ces scélératesses finissent.

Elles sont telles, et le décret qu'ils ont amené sur ma tête semble si improbable aux bons esprits anglais, que l'opinion qu'ils en ont prise est que *tout cela n'est qu'un jeu entre les jacobins et moi pour avoir un prétexte de demeurer en Angleterre, et d'y troubler la paix dont cet heureux peuple jouit* : tant il leur paraît impossible que l'homme qui s'est bien montré depuis qu'on songe à constituer la France ; qui, à travers tant de dangers, est le seul homme aisé qui ait eu le courage de rester à Paris et d'y faire du bien, quand tous les autres s'enfuyaient, éprouve sérieusement des vexations aussi multipliées ! Ils ont raison, tous ces penseurs anglais ; mais c'est qu'ils ne réfléchissent pas que ce n'est point notre nation qui commet toutes ces horreurs ; que le peuple lui-même ne connaît pas un mot de ce qu'on lui fait faire ; que, dans les temps qu'on nomme révolutionnaires, cinq ou six méchants réunis font plus de mal à toute une nation que dix mille honnêtes gens ne peuvent lui faire de bien ; et que dans les faits qui me touchent j'ai toujours demeuré vainqueur dès que j'ai pu me faire entendre. Essayons-le encore une fois.

Je vous demande comme une grâce, ô citoyens législateurs, la justice de me permettre de choisir parmi vous mon sévère examinateur ; cela n'est point indifférent à mon succès dans cette cause. *Accordez-moi le citoyen Lecointre*, mon propre dénonciateur. Nul n'a plus d'intérêt que lui à me reconnaître coupable, si effectivement je le suis ; mais il est, dit-on, honnête homme, et c'est un grand plaisir pour moi de ramener ce citoyen à convenir qu'on l'a trompé. Vous le condamnerez ensuite à

mieux y voir une autre fois, pour peine de s'être laissé si cruellement abuser.

Et quant à moi, à qui sans le savoir, il fait tant d'injure aujourd'hui, je le condamne, pour toute vengeance, à devenir mon avocat, sitôt que lui et d'autres citoyens m'auront entendu dans mes dires.

Bien est-il vrai que je ne puis les garantir de voir M. *Gorsas* écrire que *je les ai tous achetés*.

Lorsque je les fis condamner en 1789, lui, *Bergasse*, *Kornman* et toute leur honteuse clique, comme d'infâmes *calomniateurs* dans l'affaire de la dame *Kornman* (car ce fier substantif était bien dans l'arrêt), il s'écria, dans sa feuille si bien écrite, que *j'avais acheté le parlement de Paris*. Il en est si certain, qu'il ne saurait s'en taire ; il le dit encore aujourd'hui. Mais il y avait là des hommes qu'on n'achète point : un *Lepelletier de Saint-Fargeau*, qui présidait la chambre, magistrat pur, et dont vous faites tous le plus grand cas ; un *Dambray*, avocat général, homme aussi vertueux qu'éloquent, et beaucoup d'autres que je citerais, si je pouvais me rappeler leur nom.

Ce *Gorsas* dit encore aujourd'hui que *j'ai acheté, le mois d'août dernier, le terrible comité de surveillance de la mairie*, pour en obtenir, nous dit-il, *une attestation honorable*, et pour qu'on me tirât sans doute de l'Abbaye, où l'on ne m'avait mis que pour être égorgé avec les autres prisonniers.

Je ne vous en dénoncerai pas moins cette infamie, à vous, *Manuel*, qui vîntes, au nom de la commune, dont vous étiez le procureur syndic, me tirer de prison dans les horreurs du 2 septembre, six heures avant que toutes les voies fussent fermées pour en sortir. C'est à cet acte généreux que je dois d'être encore au monde. Une erreur de votre part, sur mes contributions civiques, avait élevé un débat public entre nous, qui me laissait attendre, au plus, une justice rigoureuse ! mais vous avez mis de la grâce à la justice qui m'était faite, en venant me tirer vous-même de ce séjour d'horreur, où je devais bientôt périr, en m'y disant avec noblesse que *c'était pour me faire oublier le débat que nous avions eu*. Ce trait de vous m'a pénétré ; je me plais à le publier : vous pouviez avoir à vous plaindre, vous fûtes juste et généreux ; et ce *Gorsas*, qu'heureusement pour moi je n'ai jamais envisagé, me déchire, et nous dit que *je vous ai acheté, vous, la commune de Paris* et son *comité*, que l'on nommait *de surveillance*, et qui bien franchement n'était alors que de désordre !

J'ai donc *acheté* aussi, dans cette affaire des fusils, les trois comités si sévères, *diplomatique, militaire et des douze* réunis, lorsqu'en juillet dernier, consultés *par les deux ministres Lajard et Chambonas*, sur la conduite qu'ils devaient tenir avec moi, ces trois comités répondirent, après un très-mûr examen : « On ne saurait « traiter trop honorablement M. de Beaumarchais, qui « donne en cette affaire les plus grandes preuves de « civisme et de pur désintéressement. » Et je vous dirai, citoyens, je ferai plus, j'en donnerai la preuve, qu'excepté les ministres *de Graves* et *Dumouriez*, que

« chais, qui figure aussi parmi les grands conjurés, et a écrit
« plusieurs lettres à Louis XVI. »

j'en excepte aussi (car il a fait ce qu'il a pu pour nous procurer ces fusils), aucuns autres depuis qui soient restés en place, sinon *Lajard* et *Chambonas*, n'ont fait dans cette affaire leur devoir de Français, et j'ose dire de citoyens. Les preuves ne nous manqueront pas : mais M. *Gorsas* le feuilliste vous tranchera cette question. *De Grâves*, dira-t-il, *Dumouriez*, *Lajard* et *Chambonas*, il est clair que *Beaumarchais* les a tous *achetés* comptant.

J'ai sans doute *acheté* depuis deux comités plus sévères que les premiers, *militaire* et *des armes* réunis, lorsqu'en septembre dernier, outré de ce qui m'arrivait chez le pouvoir exécutif, je présentai une pétition *pressante* à l'assemblée nationale, *lui demandant en grâce de faire examiner* très-sévèrement *ma conduite dans l'affaire de ces fusils ; offrant et ma tête et mes biens, si ma conduite était seulement équivoque*. J'en ai donc *acheté* tous les membres, quand, renvoyé par l'assemblée à ces comités réunis, pour être jugé sévèrement, après m'avoir bien entendu, pièces sur le bureau, pendant près de quatre heures, *ils déclarèrent, et le signèrent tous*, que non-seulement j'étais très-pur dans cette interminable affaire, pour laquelle j'avais fait des efforts d'un patriotisme incroyable, *mais que je méritais la reconnaissance de la nation*. Cette attestation-là m'a dû coûter un peu d'argent.

Me voilà bientôt à la fin ; il ne me reste plus qu'à *acheter* mon dénonciateur *Lecointre* et la *Convention nationale*, et c'est à quoi je me prépare. Malgré qu'ils aient saisi mes biens, je puis encore former cette puissante corruption : deux comités sévères de l'assemblée nationale, composés de cinq autres, *achetés en différents temps ;* puis la commune, la mairie, leur comité de surveillance ; *achetés ;* puis quatre ou cinq ministres en avril, en juillet dernier, *achetés ;* puis le parlement de Paris, en 1789, *acheté*, lequel ne m'aimait pas du tout : ce qui me rendait cher et pesant pour ma bourse ; n'importe, *acheté*, *acheté ;* puis enfin presque tous les corps de la magistrature française, qui ont jugé sévèrement tous les incidents de ma vie, et ont tous condamné mes lâches adversaires comme vils *calomniateurs* (car ce substantif est partout), *achetés !* Si tout cela ne m'a pas ruiné, quel magnifique acheteur je suis ! Le lord *Clive* n'y ferait œuvre.

Mais ma monnaie, à moi, pour *acheter* autant de juges, et celle avec laquelle je prétends *acheter* aussi *Lecointre* et *toute la Convention*, sera de bien prouver, les pièces sur table, comme je l'ai déjà fait vingt fois dans vingt tribunaux différents, que je suis un homme juste, bon père, bon mari, bon ami, bon parent, très-bon Français, excellent citoyen, et loyal négociant, fort désintéressé. *Lecointre*, et vous législateurs, telle est ma monnaie corruptrice ; pour parvenir à vous l'offrir à tous, voici ce que je vous propose.

Tous les gens suspectés de non-civisme ou de traîtrise, ou même qui craignent de l'être, frappés d'une juste terreur sur la manière dont beaucoup d'innocents ont été sacrifiés ; car la loi veut qu'on répute innocent l'homme qu'un jugement légal, après avoir entendu lui ou les défenseurs qu'il *choisit*, n'aura pas déclaré coupable : tous ces citoyens suspectés se sont sauvés hors de la France, et je ne puis les blâmer ; car qui veut braver le péril d'être tué sans être jugé ?

Quant à moi, citoyens, à qui une vie si troublée est devenue enfin à charge ; moi qui, en vertu de la liberté que j'ai acquise par la révolution, me suis vu près vingt fois d'être incendié, lanterné, massacré ; qui ai subi en quatre années quatorze accusations plus absurdes qu'atroces, plus atroces qu'absurdes ; qui me suis vu traîner dans vos prisons deux fois, pour y être égorgé sans aucun jugement ; qui ai reçu dans ma maison la visite de quarante mille hommes du peuple souverain, et qui n'ai commis d'autre crime que d'avoir un joli jardin ; moi, décrété d'accusation par vous pour deux faits différents regardés comme *trahitoires ;* dans la maison duquel tous vos scellés sont apposés pour la troisième fois de l'année ; sans qu'on ait pu dire pourquoi, et qu'on va chercher à faire arrêter en Hollande pour m'égorger peut-être sur la route de France, pendant que je me trouve en sûreté à Londres : je vous propose, ô citoyens, de me rendre à l'instant librement *à Paris*, et prisonnier sur ma parole tant que je plaiderai mes causes ; ou bien d'y recevoir *la ville pour prison*, ou *ma maison*, si cela convient mieux.

Cette précaution prise, et ma vie assurée, je pars à l'instant pour *Paris*. J'ai même quelque espoir d'y être encore utile à ma patrie.

CARON DE BEAUMARCHAIS.

Mes preuves suivront de près.

BEAUMARCHAIS
A LECOINTRE
SON DÉNONCIATEUR

PREMIÈRE ÉPOQUE
DES NEUF MOIS LES PLUS PÉNIBLES DE MA VIE

Le vieux *Lamothe-Houdard*, sortant un soir de l'*Opéra*, soutenu par un domestique, marcha sans le vouloir sur le pied d'un jeune homme, qui lui asséna un soufflet. *Lamothe-Houdart* lui dit avec modération, devant les spectateurs surpris : *Ah ! monsieur, que vous allez être fâché quand vous saurez que je suis aveugle !* Notre jeune homme, au désespoir de sa brutale étourderie, se jeta aux pieds du vieillard, lui demanda pardon en présence de tout le monde, et le reconduisit chez lui. Depuis lors il lui voua la plus respectueuse amitié.

Or maintenant, *Lecointre*, écoutez-moi. Pendant que j'étais en Hollande à servir la patrie sans que je vous aie blessé, vous m'avez fait un outrage public aussi sensible au moins que celui de *Lamothe-Houdart*. Je veux imiter sa conduite ; et, sans m'irriter contre vous d'une si grande légèreté, que je suppose involontaire, je vais me contenter de vous montrer, et à toute la France, combien je suis irréprochable, et quel vieillard vous avez outragé. La Convention nationale, après nous avoir entendus, jugera qui des deux a mieux fait son devoir : moi, de bien justifier un citoyen calomnié ; vous, de lui offrir les regrets d'un accusateur imprudent.

Je vous préviens d'une autre chose. Depuis quatre ans je vois avec chagrin faire un si grand abus de phrases déclamatoires, les substituer partout, dans les plus grandes causes, aux preuves nettes, à la saine logique, qui éclairent seules les juges et satisfont les bons esprits, que je renonce exprès à tous les ornements du style, à toute espèce de parure, qui ne servent qu'à éblouir, et trop souvent à nous tromper. Simple, clair et précis, voilà ce que je désire être. Je détruirai par les seuls faits les mensonges de certaines gens dont ma conduite un peu trop fière a déjoué la cupidité.

Le fond de cette affaire étant de haut commerce, d'une part, et d'administration, de l'autre ; si j'y ai mêlé de la mienne un grand fonds de patriotisme, et si tous les gens qui m'accusent ont fait céder le leur à de sordides intérêts, c'est ce que les faits montreront.

Et ne commençons point, comme on fait trop souvent, par juger quatorze ministres, dans les mains de qui j'ai passé si douloureusement depuis le mois de mars dernier ; moi qui avais juré de n'en jamais voir aucun ! Gardons-nous bien de les juger sur ce que les uns furent choisis *par le roi*, et les autres *par l'assemblée*. Cette manière est très-fautive. C'est sur ce qu'ils ont fait que nous les jugerons, comme nous voulons qu'on nous juge. Ces deux pouvoirs alors composaient la constitution. Forcé d'avoir affaire à tous ceux qu'on nommait aux places à mesure qu'ils s'y présentaient, j'ai pu juger, non à leurs opinions, qu'aucun ne m'a communiquées, mais seulement à leur conduite, lesquels, dans l'affaire des fusils, ont servi la chose publique, ou n'ont travaillé qu'à lui nuire. Je leur ferai justice à tous.

Ces quatorze ministres simultanés ou successifs sont MM. *de Graves, Lacoste, Dumouriez, Servan, Clavière, Lajard, Chambonas, d'Abancourt, Dubouchage, Sainte-Croix*; puis *Servan* et *Clavière*, une seconde fois ; puis *Lebrun*: ah ! *Lebrun !* et *Pache* le dernier.

Quand tous auraient été très-équitables, on peut juger combien une lanterne magique à personnages si rapides eût été fatigante à suivre, obligé que j'étais de les instruire, à mesure qu'ils passaient, des objets entamés, puis laissés en arrière : *ce que très-peu même écoutaient*. Jugez lorsque la malveillance, sans vouloir même nous entendre, les a fait tourner contre moi ! Alors il s'est formé un choc d'idées insupportables ; un débat éternel, sans connaissances et sans principes ; des bêtises contradictoires, funestes à la chose publique ; des injustices accumulées, bien au delà de ce qu'un homme peut supporter ou qu'un citoyen doit souffrir dans un pays de liberté ; l'impatience et l'indignation me surmontant à tout moment, et la plus importante affaire abimée par ceux même qui devaient le plus la soutenir. Voilà le tableau dégoûtant que je dois mettre au plus grand jour. Fermons les yeux sur le dégoût, et dévorons la médecine.

Depuis longtemps retiré des affaires, et voulant mettre un intervalle entre le travail et la mort, je les repoussais toutes, importantes ou légères : car, par un long usage, toutes aboutissaient encore à mon désœuvré cabinet. Au commencement de mars dernier, un étranger m'écrit, et me demande un rendez-vous, *au nom de mon patriotisme*, pour une affaire, me disait-il, *très-importante pour la France* ; il insista, se présenta chez moi, et me dit :

Je suis propriétaire de soixante mille fusils, et je puis, avant six mois, vous en procurer deux cent mille. Je sais que ce pays en a très-grand besoin. — Expliquez-moi, lui dis-je, comment un particulier comme vous peut être possesseur d'une telle quantité d'armes. — Monsieur, dit-il, dans les derniers orages du Brabant, attaché au parti de l'empereur, j'ai eu mes biens incendiés et fait des pertes considérables ; l'empereur *Léopold*, après la réunion, pour me dédommager, m'a concédé l'octroi et le droit exclusif d'acheter toutes les armes des Brabançons, et soumis à la seule condition de les sortir toutes du pays, où elles portaient de l'ombrage. J'ai commencé par recueillir tout ce qui en était sorti des arsenaux de *Malines* et *Namur*, vendues par l'empereur à un négociant hollandais, qui, les ayant déjà vendues à d'autres, *sans qu'elles lui eussent été payées*, a consenti, pour sa partie, à ce que cession m'en fût faite ; et moi je ne les ai acquises que pour en faire une grande affaire, ayant l'octroi de tout le reste qui existe en Brabant.

Pour pouvoir acquérir celles-là, n'étant point assez avancé, j'ai pensé que je devais vendre une partie de celles que j'ai, pour établir une navette. Mais des brigands français, qui m'en ont acheté de trente-cinq à quarante mille, m'ont trompé ; ils m'ont donné leurs traites, *et ne les ont point acquittées*. Après bien des tourments, je suis rentré en possession du tout : et l'on m'a conseillé de m'adresser à vous, en vous offrant les deux cent mille au moins que j'ai, ou que j'aurai bientôt, si vous voulez prendre le tout, en me mettant à même de les payer successivement ; sous la seule condition que vous ne direz point que ces armes sont pour la France, ce qui me ferait ôter sur-le-champ l'octroi que j'ai pour les acheter, et, dans les bruits de guerre qui courent entre la France et l'empereur, me ferait disgracier et même courir des risques personnels, dans un temps où l'on sait qu'il ne tient qu'à moi d'en céder, à bon prix, une forte partie aux émigrés français, qui en demandent.

Je résistai, je refusai. En s'en allant il dit qu'il m'en ferait presser par des gens très-considérables, parce qu'on lui avait dit que j'étais le seul homme qui pût traiter l'affaire en grand, et qui fût assez patriote pour la faire marcher rondement.

Trois jours après je reçus une petite lettre amicale du ministre *Narbonne*, que je n'avais point vu depuis qu'il était *à la guerre*, par laquelle il me priait de passer chez lui, ayant, me disait-il, quelque chose à me communiquer.

M'imaginant qu'il s'agissait de ces deux cent mille fusils, je refusai tout net d'aller à l'hôtel de la Guerre, quoique je n'aie pas eu depuis l'occasion de savoir s'il s'agissait ou non de ces fusils.

M. *de Narbonne* fut remercié ; M. *de Graves* lui succéda. Les vives sollicitations de mon Flamand recommencèrent. Un homme de mes amis, qui connaissait ce Bruxellois, m'assurant qu'il était un honnête homme, m'invita d'autant plus à ne pas l'éconduire, que si cette forte cargaison d'armes glissait à mon refus aux ennemis de la patrie, et que l'on vînt à le savoir, on me ferait passer pour un très-mauvais citoyen. Cette réflexion m'ébranla. Il m'amena le Brabançon, à qui je dis :

Avant de prendre aucun parti, puis-je obtenir de vous deux choses avec franchise : la preuve, au gré d'un homme de loi, que les armes sont bien à vous ; et l'engagement solennel, sous les peines pécuniaires les plus considérables, *qu'aucune de ces armes ne sera jamais détournée au profit de nos ennemis, quelque prix que l'on vous en offre ?* — Oui, monsieur, dit-il à l'instant, si vous vous engagez à me les prendre toutes pour la France.

Je dois la justice à cet homme, qui est un libraire de Bruxelles, avec qui, dans l'immense affaire du *Voltaire*, mon imprimeur de Kehl avait eu des relations, qu'il me donna sans hésiter la preuve que je lui demandais et l'assurance que j'exigeais.

— Hé bien ! lui dis-je, renoncez donc à toutes les propositions qu'émigrés ou ennemis peuvent faire ; et moi, en attendant que j'en puisse conférer avec M. *de Graves*, je les arrête *sans les acheter*, vous promettant un dédommagement si quelque obstacle empêche de conclure. Combien voulez-vous de vos armes ?

— Si vous les prenez toutes en bloc, dit-il, et telles que je les ai achetées, vous chargeant de payer les réparations, tous les frais de magasinage, de fret, de droits, de tous voyages, etc., vous les aurez pour cinq florins. — Je ne veux pas, lui dis-je, acheter vos fusils en bloc, parce que je ne puis les vendre ou les placer en bloc moi-même. Il nous faut, au contraire, un choix de bonnes armes. — En ce cas, me dit-il, vous les payerez donc plus cher ? car il faut que celles que je vends me payent celles qui me resteront, avec mon bénéfice sur toutes ; car j'ai beaucoup perdu, monsieur.

— Je ne veux les payer ni plus cher ni moins cher, lui dis-je : en affaires, autant que je puis, j'amalgame toujours avec mon intérêt l'intérêt de ceux que j'emploie. Voici quelle pourra être ma proposition : Si j'achète, je couvrirai noblement et très-net toutes les dépenses déjà faites, les primes dues ou bien payées, ce qu'il faut même pour désintéresser les personnes qui vous font offre ; s'il y a quelque chose d'entamé, tous les frais à venir éventuels ou fixés, de quelque nature qu'ils soient, ou publics ou secrets, pour marcher à la réussite. Puis divisant les bénéfices en trois parties, deux seront partagées entre nous par égale portion : l'une payera vos soins dans l'étranger et l'autre mes travaux en France ; la troisième part tiendra lieu des avances, des risques, de l'argent gaspillé, des justes récompenses que je devrai donner à tous ceux qui concourront au plus grand succès d'une affaire qui me touche beaucoup plus par son utilité patriotique que par le bénéfice qu'elle peut procurer, et dont je n'ai aucun besoin.

Alors je lui montrai le projet d'acte, qu'il accepta dans son entier, *et qui depuis fut notarié*, sans qu'on y changeât un seul mot.

Lisez-le donc, Lecointre, avant d'entrer dans les détails qui concernent M. *de Graves*, et que sa lecture détruise toutes ces lâches imputations que j'aie jamais voulu disposer de ces armes, *ni moi ni mon vendeur*, pour les ennemis de l'État : et lorsque vous l'aurez bien lu, nous traiterons en nobles négociants la question de savoir si j'ai pillé ou voulu piller mon pays.

Maintenant, Lecointre, si vous l'avez bien étudié, n'êtes-vous pas un peu surpris d'y voir qu'au lieu d'avoir payé ces fusils-là *six francs* (comme vous l'avez *affirmé* le savoir sur la foi d'autrui), je m'oblige au contraire de *payer à mon vendeur, ou en son acquit, tous les fusils aux prix d'acquisition, et de l'acquitter de toutes choses ; de lui payer en outre tous les frais de transport et tous les autres frais ; tous les frais de réparations, magasinage, caissons et autres,* etc., de quelque nature qu'ils soient, sauf à trouver après, comme je pourrai, sur la *partie triée vendue*, le bénéfice légitime à faire sur le bloc *acheté*, dont une partie inconnue peut rester et être perdue ?

N'y a-t-il pas aussi quelque légère contradiction entre votre rapport *si dénonciateur*, et ces mots-là de mon traité d'acquisition des armes : « M. de Beaumarchais, « qui se charge de ne vendre et céder lesdites armes « qu'au gouvernement français, et pour le service de « la nation DANS LE MAINTIEN DE LA LIBERTÉ, aura seul « le droit de conclure, etc.? » De sorte que si j'avais été assez malavisé pour vouloir vendre ces armes à d'autres qu'aux Français, en relevant chez le notaire cet acte si patriotique, et surtout si obligatoire, on aurait pu se croire en droit de me donner pour traître à la patrie, et de me faire subir en conséquence tous les tourments que j'ai soufferts pour avoir été, *malgré tous* (comme on ne le verra que trop), presque le seul bon patriote de l'affaire de ces fusils.

Et dans un autre article, Lecointre, n'êtes-vous pas encore un peu fâché contre vous-même quand vous voyez ces mots (c'est le sieur *la Haye*, mon vendeur, que j'y fais parler) : « Et il s'interdit, sous la peine de « perdre son intérêt entier dans les bénéfices de l'af- « faire, de vendre et livrer un seul fusil ou autres « armes pour le service d'aucune autre puissance QUE

« POUR CELUI DE LA NATION FRANÇAISE, A LAQUELLE M. DE BEAU-
« MARCHAIS ENTEND CONSACRER LA TOTALITÉ DE CES FOURNI-
« TURES? »

Consolez-vous, *Lecointre*, des chagrins que vous me causez, car ils vous ont trompé comme dans une forêt. Et sur la qualité des armes! « M. de la Haye se « soumet, et prend, envers M. de Beaumarchais, l'en-« gagement de n'acquérir que des armes de bonne « qualité, et propres au service militaire, sous peine... » Oh! la plus forte, etc.

Pouvais-je faire mieux, ne pouvant aller, moi Français patriote, en Brabant, me faire hacher, que de soumettre mon vendeur à la perte totale des choses mal choisies?

Croyez donc, *Lecointre*, que le zèle le plus pur peut nous causer souvent bien des regrets, surtout dans des fonctions aussi augustes que les vôtres, quand on ne se met point en garde contre les suggestions des fripons! Le bon jeune homme du vieux *Lamothe-Houdart* fut, comme vous, désespéré du soufflet qu'il avait donné à ce vieillard si peu coupable; et le vieillard lui pardonna.

Maintenant que l'acquisition me paraît assez éclaircie, passons à mon traité avec le ministre *de Graves*.

Le contrat qui formait l'achat n'était encore que minuté, quand je fus voir M. *de Graves*; car si notre nation n'avait pas besoin d'armes, il était inutile que je me donnasse des soins pour lui en procurer autant, et surtout que je prisse un engagement positif avant d'avoir reçu la parole du ministre : et comme il était clair qu'un si grand parti de fusils ne pouvait contenir qu'à la France ou à ses mortels ennemis, il fallait bien que le ministre me dît très-positivement : *J'en veux* ou *Je n'en veux pas*, avant de notarier l'acte de mon acquisition ; et qu'il me le dît par écrit, afin qu'en cas de son refus, rompant à l'instant le marché dont je ne voulais que pour nous, et nullement pour le revendre à d'autre, ce qui (pour le dire en passant) est bien plus patriote que négociant cupide; enfin, dis-je, qu'au cas du refus du ministre, je pusse un jour prouver aux malveillants (*et l'on voit s'il m'en a manqué*) que j'avais fait l'acte d'un zèle pur ; et non, comme on l'a clabaudé cent fois, que « je n'avais acquis ces armes que pour « en enrichir nos ennemis à nos dépens, et trahir « ainsi mon pays en ayant l'air de vouloir le servir. » C'est ici que les preuves de mon patriotisme abonderont jusqu'à satiété.

M. *de Graves* (il faut le dire) reçut mon offre en bon citoyen qu'il était. — Ah! dit-il, vous me demandez s'il nous fait faute de ces armes? Tenez, monsieur, lisez; voilà pour vingt et un millions de soumissions de fusils, sans que, depuis un an, nous ayons pu en obtenir un seul, soit par la faute des événements, soit par la brouillonnerie ou la mauvaise foi de tous ceux qui traitent avec nous : et quant à vous, si vous m'en promettez, je compte beaucoup sur les vôtres. Mais seront-ils bons, vos fusils? — Je ne les ai pas vus, lui dis-je; j'ai exigé du vendeur, sous des conditions rigoureuses, qu'ils pussent faire un bon service. Ce ne sont point des armes de vos derniers modèles, puisqu'elles ont servi dans les troubles des Pays-Bas; aussi ne vous coûteront-elles pas ce que vous payez les neuves. — Combien vous coûtent-elles? dit-il. — Je vous jure que je l'ignore, parce qu'étant achetées *en bloc*, et vous les livrant *au triage*, il faudra leur donner un prix, non pas *en masse*, mais *à la pièce*; et cela n'est pas facile à faire. Je les ai seulement arrhées. On en demandait cinq florins, si je prenais tout le marché en bloc, me chargeant des frais ultérieurs. Mais moi, je ne veux point de bloc ; je voudrais, au contraire, faire entrer l'intérêt du vendeur dans le nôtre, et qu'il trouvât son plus grand gain dans sa meilleure fourniture. Mais si j'entends faire un triage, il veut les vendre bien plus cher.

Voilà les modèles, à peu près tels que je me les a présentés : soixante mille sont prêts; en trois ou quatre mois après cette livraison, les deux cent mille arriveront. Et ce n'est point ici une affaire de maquignonnage, c'est un traité de haut commerce que je veux vous faire adopter; vous prévenant, monsieur, que si je dois passer *par vos bureaux*, je me retire dans l'instant. D'abord vous les payeriez trop cher, car il faudrait des *paragoinfes*, et ce serait un tripotage à n'en pouvoir jamais sortir. — Hé bien! me dit M. *de Graves*, il ne s'agit plus que du prix. J'en donnerai vingt-deux livres en assignats.

— Monsieur, lui répondis-je, ne me parlez point d'assignats, nous ne pourrions pas nous entendre. S'il s'agissait d'une marchandise de France, l'assignat y ayant un cours forcé comme monnaie, nous saurions ce que nous ferions ; mais cette monnaie n'a pas de cours en Hollande pour des fusils, ce sont des florins qu'il y faut. On ne saurait même établir un cours de vos assignats aux florins, puisque, ne devant me payer ces fusils que deux ou trois mois après leur livraison, ni vous ni moi ne pouvons deviner ce que les assignats, qui perdent aujourd'hui trente-cinq pour cent contre nos écus, lesquels supportent encore la défaveur du change contre florins; on ne sait, dis-je, ce que les assignats pourront perdre contre florins le jour que vous me payerez les fusils.

— Vous ne voudriez pas non plus, si dans trois mois les assignats perdaient quatre-vingt-dix pour cent, me payer quarante mille louis avec quarante mille francs de valeur effective. — Non, sans doute, me dit-il. — Hé bien! monsieur, laissons les assignats, traitons en florins, je vous prie; et comme je sais bien que vous n'aurez en fin de compte que des assignats à m'offrir, qu'il soit bien spécifié que je ne suis tenu de les recevoir en payement qu'au cours contre florins du jour où vous me payerez les armes.

— Oh! mais je n'entends rien, me dit M. de Graves en riant, à tous ces comptes de change et de florins. — Je vous l'apprendrais bien, lui dis-je; mais vous ne devez pas m'en croire, moi qui puis être soupçonné d'avoir un intérêt très-différent du vôtre. Connaissez-vous quelque banquier en qui vous ayez confiance? priez-le de passer chez vous, je poserai la question devant lui.

Le ministre manda M. Perregaux, qui vint. J'établis devant lui la question des florins telle que je viens de la décrire, en lui disant qu'il ne s'agissait point encore du plus ou moins d'argent à donner pour le prix des fusils, mais seulement de la meilleure manière de faire à telle époque fixe un payement exact, à quelque prix que nous nous accordions. Je voudrais bien, lui dis-je, faire entendre au ministre que, quel que soit alors gain ou perte des assignats, cela ne doit point me toucher : que c'est ce qu'on peut appeler *la part du diable* de l'affaire, car du vendeur ni de l'acheteur personne ne profitant de cette perte-là, l'affaire seule doit en porter le poids. Il est bien clair que moi je dois payer chez l'étranger au plus fort change, en bons florins de banque, dont la valeur est reconnue partout ; au lieu que l'assignat que le ministre m'offre n'a chez les étrangers qu'une valeur fictive, soumise à la variation de tous les vents fougueux des événements politiques. M. Perregaux convint que j'avais parfaitement raison de m'assurer le change, et nous conseilla fort de terminer, à quelque prix que nous convinssions pour les armes.

Lui retiré, le ministre me dit qu'il ne pouvait prendre sur lui de changer ainsi les usages ; mais qu'*il en conférerait avec le comité militaire de l'assemblée nationale*. — En ce cas, monsieur, faisons le thème en deux façons : je vous propose un prix net en florins, payable au cours en assignats ; ou, si vous l'aimez mieux, prenez sur vous tous les risques, les frais futurs qu'on doit payer encore, avec ceux que j'acquitte aujourd'hui. Donnez le gain qu'il faut à mon vendeur, et qu'il exige ; et donnez-moi, à moi, une honorable commission : je vous en laisse absolument le maître [1].

Il alla consulter le comité militaire. (Et voilà donc déjà des comités consultés sur ces armes. Aucune circonstance de cette grande affaire n'ira sans ces consultations). Puis il m'envoya chercher pour me dire que *le comité était d'avis* qu'il ajoutât plutôt quelque chose au prix des fusils, que de rester chargé de l'éventualité des dépenses à faire, ni même de payer en florins ; qu'enfin *il ne pouvait traiter qu'en assignats*. — Hé bien ! monsieur, lui dis-je, à la bonne heure, *en assignats*; mais fixons au moins leur valeur pour toujours, au cours qu'ils ont aujourd'hui : nous ne pouvons qu'ainsi savoir ce que nous ferons ; sans cela vous me feriez jouer, en vous les vendant, ces fusils, *à la grosse aventure*, et Dieu sait à quelle valeur un pareil risque de payement, une telle éventualité devrait faire monter ces armes : et joignez-y encore la différence d'avoir acheté *forcément* soixante mille fusils *en bloc*, et de les revendre *au triage*, sans savoir ce qu'on rejettera. Il m'est impossible, monsieur, de courir à la fois tant de hasards, de pertes, si le prix que vous en donnez ne couvre tous ces risques, qu'on ne sait comment évaluer. Je vous ai proposé les risques à votre charge, et de me contenter d'une commission, les gains de mon vendeur compris; vous ne voulez entendre qu'à votre façon de compter. Cherchons encore une autre forme.

Vous avez augmenté avant-hier les marchés de vos fusils neufs de vingt-quatre liv. où ils étaient arrêtés *en écus*, à vingt-six liv. *argent*, pour qu'on n'y perdît point. Mettons une juste proportion entre les fusils neufs et les miens, quoiqu'il y en ait, m'a-t-on dit, une partie de la belle fabrique de *Culembourg*, tout neufs, qui valent autant que vos meilleures armes.

Le ministre se consulta *avec le comité sans doute*, me fit revenir plusieurs fois, et puis me proposa enfin *trente liv. fixes en assignats*, à tous mes risques. Je fis mon calcul en florins, et je vis qu'au cours de ce jour cela mettait chaque fusil au prix de huit florins huit sous, si ce prix le eût été fixe en quelque temps que l'on payât, prévoyant bien que tous frais acquittés, toutes éventualités prévues, pourraient, à vue de pays, faire monter l'acquisition de ces fusils, rendus en France, de six florins à six florins et demi : mon homme alors avait son bénéfice, et moi de quoi couvrir les retards et les risques ; enfin, c'était un marché net. Mais on voulait que je prisse en payement les assignats pour toute leur valeur identique, quelque perte qu'ils essuyassent à l'époque où l'on me payerait : alors il n'y avait pas moyen de courir un tel risque et de jouer un si gros jeu. Je me retirai donc, en disant au ministre que je reprenais ma parole, et mettrais par écrit tout cet historique entre nous, et que je le prierais de vouloir le signer, afin qu'il fût prouvé dans tous les temps que ce n'était point par faute de patriotisme de ma part si notre France était privée, et nos ennemis possesseurs, de cette immense partie d'armes.

— J'en suis d'autant plus désolé, lui dis-je, que ce marché manqué nous cause non-seulement une privation *positive*, mais aussi une *relative ;* car ces fusils, monsieur, ne pouvant n'être pas vendus si vous ne les avez pas, et mon traité d'achat rompu, comme je vais le rompre, il faut que mon vendeur en traite avec nos ennemis, car il n'achète que pour vendre. En ce cas, c'est pour nous *soixante mille armes de moins*; pour eux, *soixante mille de plus :* différence en perte pour nous, cent vingt mille fusils de soldats, sans ceux qu'on me faisait espérer ; cela vaut bien la peine qu'on y regarde.

Je revins avec l'historique, que le ministre alors ne voulut point signer, en me disant que si je redoutais le peuple sur le seul soupçon de n'avoir pas mis autant de zèle que j'aurais pu à nous faire avoir ces fusils, à plus forte raison pouvait-on lui chercher querelle pour avoir laissé échapper un parti d'armes regardé comme un objet si important ; mais il eut l'honnêteté de me demander s'il n'y avait à ce traité d'autre obstacle que celui-là.

Monsieur, lui dis-je, si je le terminais, je me verrais forcé d'emprunter environ cinq cent mille francs en assignats, pour en tirer bien moins de cent mille écus en florins, dont j'ai encore besoin ici ; et comme c'est sur des contrats des trente têtes genevoises que je puis

---

[1] Je remis un mémoire secret au ministre pour les comités, je le donnerai à M. Lecointre.

fonder cet emprunt, le seul enregistrement de la double expropriation (car je ne les veux qu'engager) me coûterait trente mille francs : opération qui, sous l'ancien régime, n'aurait coûté au plus que six cents livres.

D'ailleurs, si les bruits de guerre qui courent venaient à se réaliser, la condition purement commerciale d'un cautionnement exigé par le vendeur pouvant devenir une condition politique et fâcheuse, il en résulterait que je ne pourrais plus peut-être user du bénéfice du *transit* sous lequel ces fusils sont passés du Brabant en Hollande. Me trouvant alors obligé de les en faire sortir par la voie sourde du commerce, ils deviendraient soumis *à un florin et demi de droits* de sortie par fusil, comme marchandise du pays. Alors, au lieu de retrouver du bénéfice dans l'affaire, toutes choses d'ailleurs égales, il pourrait y avoir de la perte. Le ministre me répondit :

Quant au prêt de cinq cent mille francs, donnez-nous vos contrats, dit-il, et nous vous les avancerons ; le gouvernement ne veut pas tirailler avec vous sur des frais.—Même il y mit la grâce d'ajouter : Si c'était pour moi que je traitasse, je vous trouverais très-bon pour vous avancer sans dépôt : mais je traite pour la nation ; et comme je l'engage envers vous, il me faut des sûretés physiques. Et quant aux bruits de guerre, tous les fusils seront entrés bien avant qu'ils se réalisent ; et puisque c'est M. de la Hogue qui va en Hollande pour terminer l'affaire des fusils, qu'il y mette du zèle et de l'activité. Il demande la décoration militaire comme récompense de ses services passés : s'il conduit bien cette affaire majeure, à son retour il l'obtiendra ; et finissons au prix que je vous dis, *à trente francs en assignats*. Il ne peut arriver, d'aujourd'hui à deux ou trois mois, d'assez grands changements pour que leur prix varie beaucoup ; *d'ailleurs, souvenez-vous que nous ne sommes pas injustes, et que nous avons grand besoin d'armes.*

Qu'avais-je à reprocher au ministre *de Graves* ? Un peu trop de timidité à travers toutes sortes de grâces. Je me rendis ; j'espérais comme lui que les soixante mille fusils seraient en France avant le terme de deux mois, et qu'en allant très-vite on pouvait prévenir les risques, les balancer, même les atténuer.

Or, puisque je cédais à des convenances qui n'étaient pas les miennes, les gens sensés voient très-bien que je ne pouvais m'en tirer, diminuer, atténuer mes risques, qu'en allant vite comme au feu; *que c'était mon seul intérêt*. Et ceci me sert de réponse à tous les étourneaux qui, n'entendant rien, jugent tout, crient dans les bureaux, dans les places, que *j'ai fait tout ce que j'ai pu pour empêcher les armes d'arriver*. O monsieur Lecointre ! monsieur Lecointre ! sur quels affreux mémoires avez-vous travaillé ?

Nous fîmes le traité, M. *de Graves* et moi ; mais à l'instant de le signer il me prévint qu'il ne le pouvait plus, parce qu'on lui offrait pour *vingt-huit francs assignats* ces mêmes soixante mille fusils dont il me donnait trente francs.—Monsieur, je m'aperçois, lui dis-je, que vos bureaux sont bien instruits, et ceci n'est qu'un leurre pour faire manquer le traité ; mais il est un moyen aisé de vous en éclaircir. Au lieu de rompre ce traité pour en conclure un autre qui ne produirait rien, puisque, *depuis nos derniers mots*, les fusils sont à moi irrévocablement *par cet acte devant notaire*, passez les deux marchés, celui des bureaux et le mien ; mais soumettez les deux offrants à *cinquante mille francs de dédit* s'ils n'en tiennent pas les conditions. Vous sentez bien qu'il faut que l'un des deux y manque, car ces fusils ne peuvent être fourni par les deux vendeurs à la fois : vous gagnerez alors l'un de nos deux dédits, ou bien plutôt vous allez voir ces honnêtes gens fuir à votre offre, comme des feuilles sèches devant les aquilons d'hiver.

Le ministre sourit, accepta ma proposition. Je refais l'acte, et j'y insère le dédit de cinquante mille francs que je venais de proposer. Ce que j'avais prévu arriva. Le jour même, au premier mot de ce dédit, mes honnêtes gens courent encore ; on ne les a jamais revus, et nous passâmes le traité.

Mais je vais faire ici une observation assez majeure, et qui fixe à toujours l'opinion qu'on doit prendre de la franchise et de la loyauté avec lesquelles ce traité-là fut fait. Pesez bien cette circonstance, Lecointre mon examinateur ! elle vous donnera la clef de ma conduite en cette affaire. Quoique je ne reçusse du ministre que cinq cent mille francs d'*assignats*; croyant avoir chez moi en un paquet pour six cent mille francs de contrats, je dis au ministre, en signant, qu'au lieu de déposer cinq cent mille livres je lui en déposerais six cent mille, ne voulant point faire de rompu, et m'étant très-égal, puisque tous ces contrats me devaient revenir, qu'il y en eût chez lui pour cinq ou pour six cent mille francs. Notre acte fut signé ; mais lorsque je voulus apporter mes contrats pour toucher les cinq cent mille francs, il se trouva qu'au lieu d'un paquet de six cent mille livres je n'en avais qu'un chez moi de sept cent cinquante mille. Pour ne rien morceler, et par la raison que j'ai dite qu'il m'était fort égal que la sûreté que je donnais pour cinq cent mille francs d'assignats fût de cinq cent ou de six cent mille francs ; ma confiance était telle en l'honnêteté du ministre, que, ne me trouvant qu'un paquet de sept cent cinquante mille francs de contrats, je les lui portai tous sans hésiter, pour sûreté de ses cinq cent mille francs. M. *de Graves* eut alors la loyauté de me dire : « Comme tous ces contrats ne sont ni exigés « ni stipulés dans le traité de nos fusils ; si vous aviez « besoin de quelques nouveaux fonds pour accélérer « cette affaire, vous êtes sûr de les trouver ici. » —J'espère bien, lui dis-je, n'en avoir pas besoin. Je les en remerciai pas moins ; mais il est clair que ni lui ni moi n'avons jamais compté que cette remise libre, de confiance et non exigée, de deux cent cinquante mille francs de ma part au delà de la somme qu'on m'avançait pût m'être contestée si je la demandais, surtout pour employer à l'affaire des fusils. Nous verrons en son temps avec quelle injustice d'autres ministres, dont il ne s'agit point encore, se sont fait un horrible jeu de ruiner l'affaire des fusils, en me refusant mon propre argent que je voulais y employer.

Le ministre (*Dumouriez*) des affaires étrangères chargea M. *de la Hogue* de dépêches très-importantes, et il partit le lendemain. J'avais bien pressé son départ, craignant que *les bureaux* (qui, je le voyais trop, étaient instruits de ce traité, par l'offre qu'ils avaient fait faire, et que j'avais trouvé moyen de réduire à sa vraie valeur) ne me jouassent le mauvais tour, si je perdais un seul courrier, de faire devancer le mien, et de me brasser quelque intrigue pour embarrasser notre marche.

Mais j'avais eu beau le presser : et, quoiqu'il courût jour et nuit, ayant en portefeuille de sept à huit cent mille francs en lettres de change ; à son arrivée à Bruxelles, tombant chez un de mes amis, à peine avait-il pu lui dire l'objet pressant de son voyage, qu'un homme de qualité du parti ennemi entre chez cet ami, et lui demande s'il ne connaissait point *un certain M. de la Hogue, qui venait chez lui de Paris; s'il n'était pas encore arrivé.* Mon ami joua l'étonné, dit qu'il n'en avait point d'avis. *C'est un homme qui nous est suspect*, dit l'orateur un peu bavard : *il passera fort mal son temps ici.*

Sitôt qu'il fut sorti, M. *de la Hogue* convint de partir sur-le-champ pour Rotterdam, emmenant avec lui mon ami de Bruxelles, qui m'écrivit ce détail inquiétant de *Malines*, le 9 avril. (*Ainsi voilà déjà les ennemis au fait.*) Mais, quelque diligence que fissent mes amis, ils trouvèrent à Rotterdam le gouvernement hollandais aussi bien instruit que nous-mêmes de notre traité de Paris, ainsi que celui du Brabant. On me l'écrivit sur-le-champ. Bravo ! me dis-je alors, *honnêtes bureaux de Paris; ah! j'avais trop raison quand j'insistais à ce que vous ne fussiez pas instruits.* Je répondis à mes amis : Pressez-vous, allez comme au feu, car voilà l'intrigue à nos trousses.

Qu'arriva-t-il ? C'est que la guerre, au lieu d'être éloignée, comme M. *de Graves* le pensait, de trois ou quatre mois du traité des fusils, fut déclarée le 20 *avril*, c'est-à-dire dix-sept jours après la signature de ce traité. *Là les obstacles commencèrent.*

Qu'arriva-t-il encore ? C'est que le gouvernement de *Bruxelles*, sachant qu'un patriote aussi zélé que moi était le maître de ces fusils, engagea le gouvernement hollandais à semer d'entraves, s'il pouvait, leur expropriation ou leur extradition : et vous allez voir à l'instant comment les Hollandais y ont bravement procédé.

Qu'arriva-t-il encore ? C'est que mon pauvre vendeur bruxellois perdit l'octroi à lui donné par l'empereur pour tout le reste des fusils brabançons ; qu'on lui en reprit même une partie des sept ou huit mille qu'il avait déjà rassemblés, et qu'il m'écrivit douloureusement que tout le bénéfice qu'il avait compté faire sur les deux cent mille fusils (*pour cela seul qu'il avait traité avec moi*), c'est-à-dire pour le service de la France, se réduisait à ce qui pourrait résulter des soixante mille dont j'étais possesseur. Alors je vis combien il regrettait d'avoir consenti au *triage des armes* que j'avais exigé de lui, au lieu de me les vendre *en bloc.* Je le consolai de mon mieux, en le grondant, et lui disant que c'était un motif de plus pour presser de toute manière l'arrivée des fusils en France, puisque chaque jour de retard augmentait le danger de la perte sur les assignats, sans celle des intérêts d'argent accumulés sur de si fortes sommes. Quel intérêt pouvais-je avoir à ralentir l'opération ? Il m'est, je crois, permis de faire cette question à mon dénonciateur. Qu'il y réponde, s'il le peut !

C'est ici que vont commencer des scènes d'obstacles en Hollande, lesquelles ont amené des scènes d'horreur dans Paris, que je vais sortir des ténèbres pour en effrayer les Français ! Mais résumons d'abord ce que j'ai dit.

Ai-je prouvé, au gré de mes lecteurs, que, loin d'avoir acheté des armes *pour les vendre à nos ennemis, et tâcher d'en priver la France*, au contraire dès le principe j'ai fait un traité rigoureux qui les lui assurait sans partage, sous les plus fortes peines pour mon vendeur s'il en détournait une seule, quoique beaucoup pussent ne pas servir ?

Ai-je bien démontré que, loin d'avoir cherché à donner à la France des *fusils de mauvaise qualité*, forcé de les choisir dans la seule masse où je pouvais les prendre, j'ai au contraire, par mes traités d'achat et de revente, soumis ces armes *à un triage*, lequel a dû, comme l'on voit, les renchérir de la part d'un vendeur qui, les ayant achetées en masse, voulait avec raison les revendre de même ? Tel est l'esprit de ce marché, que des ignorants n'ont pas même la justesse de calculer.

Enfin, ai-je bien démontré que le ministre *de Graves*, qui, timide à l'excès sur sa responsabilité, *avait tant consulté le comité militaire de l'assemblée législative avant de conclure avec moi*, après avoir porté la veille de vingt-quatre à vingt-six livres en écus le prix des armes neuves qu'il avait commandées en France ou en Allemagne, ce qui en montait le payement à quarante-deux livres *assignats au moins;* que ce ministre, dis-je, n'a pu ni dû m'offrir, sous peine d'être injuste, moins de huit florins (*dix-sept francs*) de mes fusils, à moi, quand je lui ai prouvé d'abord que la France n'avait acquis encore aucune bonne arme à si bas prix, puisque les cent cinquante mille fusils commandés en Angleterre nous coûtaient (dans le pays) trente schellings en or, ou, avec la défaveur du change, de *soixante à soixante-douze livres en assignats la pièce ;* que les fusils de hasard du même pays nous revenaient alors à vingt schellings en or, ou, en assignats, de *quarante-deux à quarante-huit livres la pièce* (maintenant nous les payons vingt-six schellings, ou de *soixante à soixante-quatre livres, en assignats, la pièce*); quand je lui ai prouvé ensuite qu'avec le *danger d'un triage*, toujours soumis aux fantaisies d'un examinateur plus ou moins bénévole (*danger de perte incalculable pour quiconque achète en bloc*), il pouvait arriver telle circonstance (*laquelle est trop tôt arrivée pour justifier ma prévoyance*), où, forcé de tirer ces armes de Hollande par la sourde voie du commerce, un droit nouveau *d'un florin et demi* mettrait les deux vendeurs en perte ; et quand il était bien à craindre, si tout cela n'arrivait point, que la seule chute des assignats, pendant que les chances hausseraient contre nous, ne fît de ce marché, pour nous, qu'un jeu très-ruineux, *à la grosse*, pour avoir cédé au ministre ?

Eh bien ! tout cela est arrivé. M'entendez-vous, monsieur Lecointre ? Oui, tout cela est arrivé. N'obstruez pas votre intellect pour servir de vils scélérats ! et si vous m'entendez enfin, oublions, vous et moi, que vous m'avez dénoncé, injurié, outragé. Répondez à ceci en vrai négociant, si vous l'êtes :

1° Sur un marché de soixante mille fusils, achetés *forcément* en bloc ; *forcément*, vous m'entendez bien (*car si je ne les eusse pas pris tous, la France n'en aurait pas un seul*) ; sur ce marché, *si dangereux en bloc*, en commençant par m'interdire la liberté de choisir mes acheteurs, concurrence qui eût établi l'espoir d'un plus grand bénéfice (mais mon civisme l'interdisait), *ai-je mal servi mon pays* ?

2° En m'obligeant, par mes traités, de trier *à la pièce* ce qui était acquis *en masse*, lequel triage laisse au hasard une grande latitude de pertes, *ai-je mal servi mon pays* ?

3° En me soumettant à ne toucher le prix de la partie qu'on choisirait qu'en valeurs *non fixées*, à époque *incertaine*, de façon à courir, par cette étrange complaisance, le hasard dangereux de recevoir un jour, *pour des florins donnés au plus haut change*, des assignats qu'un seul revers, ou du désordre dans *Paris*, pouvait faire choir, au temps où je les toucherais, de quatre-vingt-dix pour cent chez l'étranger (*ils perdent aujourd'hui cinquante-deux en Angleterre*) ; *ai-je mal servi mon pays* ?

4° En ajoutant à tous ces risques celui de courir telle chance que ne pouvant plus profiter du bénéfice d'un *transit*, il fallût faire, comme je l'ai dit, sortir ces armes de Hollande par la voie sourde du commerce, et payer dans ce cas *un florin et demi de droit par fusil bon ou mauvais*, comme marchandise du pays, quoiqu'elle y fût venue d'ailleurs ; *ai-je mal servi mon pays* ? Et pourriez-vous déterminer, vous, *Lecointre*, à qui je m'adresse, et que l'on dit être un homme juste, à quel prix ces fusils devaient être vendus *la pièce*, pour être sûr de n'y pas perdre ? Voilà ce que vous deviez étudier et savoir, avant de dénoncer et d'outrager un très-bon citoyen *qui a bien servi son pays* !

Et quand sur tant d'incertitudes *un ministre, un comité, et un négociant patriote*, ont pris le parti modéré de mettre, entre les fusils neufs d'Allemagne ou de France et ceux-ci, la différence du prix de *vingt-six francs à dix-sept livres*, quoiqu'il y ait dans cette masse une forte partie d'armes *toutes neuves*, de la fabrique de *Culembourg*, que vous n'auriez pas aujourd'hui *pour six couronnes* ou *trente-six francs* la pièce, payés *en beaux écus comptés* : avons-nous spolié la France?

Après surtout que vous avez payé, comme je l'ai dit, *tous les neufs* qu'on a pu avoir des armuriers de l'Angleterre, il y a un an, à trente schellings en or *la pièce*, ou *soixante-douze livres assignats* ; et que d'autres *vieux*, pris depuis dans le fond de la Tour de Londres, ont été sans difficulté payés par vous d'abord *vingt schellings* en bel or, ou *quarante-huit liv. assignats* ; et aujourd'hui les mêmes, *vingt-six schellings* ou *soixante-deux livres assignats* ; ne peut-on pas vous appliquer l'adage ancien : *Dat veniam corvis* ?

Et lorsque les *Constantini, Masson*, les *Sann...*, et autres protégés de nos *citoyens les ministres*, vous en font passer par le bec d'absolument hors de service et à des prix... (mais n'anticipons rien ; tout trouvera sa place.. répétons pour eux, seulement : *Dat veniam corvis*) : mes fusils bien *triés* au prix de *dix-sept francs* ou *trente livres assignats*, et qui sont les moins chers que vous ayez acquis, rendent-ils à vos yeux le ministre *coupable*, le comité *complice*, et le vendeur *concussionnaire* ? Je vous donne du temps, *Lecointre*, pour y rêver.

Hé bien ! encore une fois, *tous les hasards en pertes, prévus, je les ai essuyés* ; et il y a plus de neuf grands mois que mes tristes fonds sont dehors, et que je souffre le martyre !

Vous ne m'avez donc pas dénoncé, monsieur Lecointre, *sur aucun dessein supposé d'avoir acheté des armes pour en priver la France et les livrer à l'ennemi* ? Vous seriez un homme trop injuste si vous osiez l'articuler : le contraire est si bien prouvé !

Vous ne m'avez sans doute pas dénoncé non plus *sur aucun plan imaginé de vouloir fournir à la France des armes équivoques* (*comme les amis que j'ai nommés*) ; les précautions que j'ai prises pour bien assurer le contraire rendraient la dénonciation actroce : et vous êtes un honnête homme.

Certes, vous ne m'avez pas dénoncé en m'accusant non plus *d'avoir vendu trop cher ou voulu trop gagner sur ces armes, quand je les vendis, malgré moi, pour huit florins, à tant de risques et de hasards de pertes !* Vous eussiez fait grand tort à vos lumières ; car lorsque vous m'avez dénoncé, vous saviez tout aussi bien que moi ce que je viens d'apprendre aux autres.

Cependant je suis dénoncé ! quoique je sois pur jusqu'ici ; peut-être ma conduite ultérieure a-t-elle donné prise à *dénonciation* : c'est ce qu'il faut examiner entre nous deux, monsieur Lecointre. *Cependant je suis dénoncé !* quoique tous les hasard prévus, je les ai tous éprouvés, grâce à la perfidie des gens qui devaient le plus me soutenir dans cette honorable entreprise.

Voyons si mon patriotisme et mon zèle ardent en ont été glacés ! Suivez-moi donc, *Lecointre*, et bien sévèrement ; car c'est vous que je veux convaincre.

Si tout ceci n'est pas fort éloquent, au moins cela est-il rigoureusement nécessaire pour faire voir à nos concitoyens les dangers que des scélérats nous feraient courir tous les jours, si quelque homme bien courageux ne les dénonçait à son tour à l'opinion publique. C'est ce que je vais faire, moi, dans la seconde partie de ce mémoire.

DEUXIÈME ÉPOQUE

J'ai commencé ce mémoire en disant que je ne jugerais point les ministres à qui j'ai eu affaire en homme de parti, qui blâme tout, sans examen, dans les gens qui diffèrent d'opinion avec lui, et couvre d'un manteau bénin les fautes de tous ceux qu'il croit de son avis. C'est par les faits que l'on doit les juger, comme je désire qu'on me juge. Eux et moi nous allons passer sous les yeux de la *Convention nationale*, et même de la France entière. Et ce n'est pas le temps de rien dissimuler. *Qui trahit son pays doit payer de sa tête une action aussi déloyale !*

Mais lorsque j'examine l'énorme quantité de travaux, de souffrances dont je dois rendre compte, la sueur froide me monte au front. Sans avoir écouté mon dénonciateur, vous avez applaudi, citoyens des tribunes, au décret insultant qui me conduisait à la mort, si mes lâches ennemis n'avaient manqué leur coup sur moi; atrocité dont vous frémirez tous. On est si chaud pour accuser! aura-t-on seulement la patience de me lire? Et cependant, amis, ennemis, tous le doivent : les uns pour s'applaudir de l'estime qu'ils m'ont vouée; les autres pour y trouver de quoi confondre un traître, et me condamner si j'ai tort, si tous les faits ne me justifient point.

Douze jours à peine étaient passés depuis le départ de *la Hogue* pour la Hollande, qu'effrayé des difficultés qu'on lui opposait en Zélande sur une première requête présentée, il m'expédie un courrier jour et nuit, par la dépêche duquel j'apprends qu'avant même la déclaration de guerre entre la France et la maison d'Autriche, l'amirauté de *Middelbourg* (*mes fusils étaient en Zélande*) entendait exiger de moi un cautionnement de *trois fois la valeur de ma cargaison d'armes*, pour la laisser embarquer *à Tervère*, et s'assurer, nous disait-on, que ces fusils iraient en Amérique, et ne serviraient point pour les armées de France. Et c'était la réponse que l'amirauté avait faite *à notre première requête pour obtenir l'extradition !*

Mais qu'est-ce donc que la Hollande avait à voir à des caisses de marchandises qui ne passaient chez elle que sous la forme du *transit, et qui avaient payé les droits ?* Certes, ils n'avaient aucune inspection politique dessus, pour quelque endroit du monde que je les destinasse, moi, *citoyen français* : et la Hollande étant une puissance amie, cette exigence, ridicule si elle n'eût pas été odieuse, ne pouvait être et n'était en effet (comme la suite l'a prouvé) qu'une mauvaise difficulté suscitée pour servir l'Autriche, laquelle n'avait pas plus de droits que la Hollande sur ces armes; car

L'acquéreur hollandais, qui les tenait de l'empereur, *les lui avait payées comptant*. On avait exigé de lui une caution de *cinquante mille florins d'Allemagne* que les fusils iraient en Amérique. IL AVAIT FOURNI LA CAUTION; et s'il ne prouvait pas, par des *connaissements* ou acquits déchargés, que les armes y avaient touché, la peine était au bout : *il perdrait cinquante mille florins*. Là FINISSAIT LE DROIT DE L'EMPEREUR.

Cet acquéreur avait vendu les armes, *en retenant son bénéfice*, à des acquéreurs étrangers, qui, sans les lui avoir payées, les avaient revendues, *avec leur bénéfice*, à mon libraire de Bruxelles, lequel aussi, *sans les avoir payées*, me les avait vendues sous espoir d'un bon bénéfice; et moi qui n'en voulais que pour armer nos citoyens d'Amérique ou d'ailleurs, au gré de nos besoins pressants, en subvenant moi seul à toutes ces primes de concessions, et payant le premier acquéreur, qui seul avait délié sa bourse, j'étais aux droits de tout le monde, surtout à ceux du Hollandais. C'était lui seul aussi que je devais couvrir du cautionnement fourni par lui. Seul il avait le droit de l'exiger de moi, comme engagement commercial du marché qu'il avait rempli. Mais la Hollande et moins encore l'Autriche, dont tous les droits étaient éteints, n'avaient aucun droit sur ces armes : celle-ci néanmoins avait son *influence*; et celle-là *sa complaisance*. Voilà, monsieur Lecointre, la question bien posée. Et c'est maintenant là-dessus que vont rouler tous les débats, et non sur les prétendus droits ni d'un *Provins* ni d'aucun autre, comme vous l'avez dit dans votre dénonciation, où il n'y a pas un mot qui ne soit une erreur *de fait*. Quant à celles de raisonnement, je ne dois mettre ici nulle pédagogie.

Ce malheureux Provins, qui n'a jamais payé ses traites, n'a mis et n'a pu mettre aucune entrave à l'extradition de nos armes; on se serait trop moqué de lui ! aussi s'en est-il bien gardé. Mais je vous apprendrai ce qu'on lui a fait faire à Paris (*et non en Hollande*), pour nuire à l'arrivée des fusils dans nos ports : et vous serez un peu honteux de votre bonne et pieuse crédulité !

Lisez d'abord, pour vous en assurer, la première requête donnée à cette amirauté de Middelbourg par *la Haye*, agissant pour nous deux, afin qu'ils fussent encore un peu plus dans leur tort : vous y verrez s'il est question de tous les honnêtes gens dont vous avez parlé !

Le 20 avril, au reçu du courrier qui m'annonçait les intentions perfides que la Hollande avait de nous nuire, je me hâtai d'écrire au *ministre des affaires étrangères*, Dumouriez, la lettre suivante, en forme de mémoire.

A monsieur Dumouriez, ministre des affaires étrangères.

« Paris, ce 12 avril 1792.

« MONSIEUR,

« Un courrier qui m'arrive de la Haye me force d'avoir recours à vous. Voici le fait :

« J'ai acheté en Hollande de cinquante à soixante mille fusils et pistolets. Je les ai bien payés : mon vendeur me les livre à Tervère en Zélande, où deux navires sont prêts à les recevoir; mais à l'instant de partir, l'amirauté veut exiger de moi une caution de *trois fois la valeur de ces armes*, pour s'assurer, dit-elle, qu'elles sont par moi destinées pour l'Amérique et non pour l'Europe.

« Cette difficulté, faite à un négociant français par une nation amie de la France, a forcé mon correspondant de me dépêcher un exprès. *Personne ne sachant mieux que vous, monsieur, que partie de ces fusils est destinée pour nos îles du golfe*, puisque j'en ai instruit l'administration française comme d'une chose qui pouvait lui être agréable, ces armes y tenant lieu de celles qu'on leur expédierait de France, et le reste étant destiné pour le continent d'Amérique qui arme contre les sauvages, je vous supplie, monsieur, de vouloir bien écrire à votre chargé d'affaires auprès des états-généraux de faire cesser une difficulté qui me retient deux navires à la planche, et des fonds considérables en suspens.

« La nation hollandaise n'est pas avec nous dans les termes où la justice que je demande sur cette mienne propriété puisse faire quelque difficulté, si vous avez la bonté de la lui demander pour un négociant français dont la loyauté est connue. Vous obligerez celui qui est avec respect,

« Monsieur,

« Votre, etc.

« *Signé* : Caron de Beaumarchais. »

Dumouriez mit à sa réponse toute la grâce de l'ancienne et franche amitié ; la voici :

« Paris, ce 21 avril 1792.

« Je suis bien invisible, au moins autant que vous êtes sourd, mon cher Beaumarchais. Cependant j'aime à vous entendre, surtout quand vous avez des choses intéressantes à me dire. Soyez donc demain à dix heures chez moi, puisque des deux c'est moi qui ai le malheur d'être le ministre. Je vous embrasse.

« *Signé* : Dumouriez. »

J'y fus le lendemain matin. La chose bien expliquée, il me demanda un *mémoire officiel*, pour qu'il en conférât avec les autres ministres. J'en fis un, j'en fis deux, enfin j'en fis cinq différents dans le cours de cette journée, nul n'étant, selon ces messieurs, dans la forme qu'il fallait. Cela me semblait bien étrange.

Le lendemain matin, le 23 avril, j'envoyai au ministre Dumouriez le cinquième mémoire fait la veille. Le voici :

« Paris, ce 23 avril 1792.

« Monsieur,

« J'ai l'honneur de vous adresser, non plus comme à un homme bienveillant, mais comme au ministre de la nation et du roi au département des affaires étrangères, le cinquième mémoire dont j'ai changé la forme depuis hier matin, pour vous prier, monsieur, de vouloir bien faire cesser en Hollande la vexation de m'y retenir, au port de *Tervère*, soixante mille fusils que j'y ai achetés, et dont l'amirauté arrête le départ, sous le prétexte honteux d'une caution inusitée de *trois fois la valeur des armes*, uniquement pour servir d'assurance, dit-on, que je vais les expédier pour l'Amérique.

« Je suis bien désolé de vous importuner encore ; mais, sous quelque forme, monsieur, que vous demandiez cette justice pour un négociant français que l'on vexe, il est à désirer que cette forme soit si pressante que vous puissiez vous flatter de lever l'embargo : sans cela, moi particulier, qui suis bien loin d'avoir la force nécessaire pour vaincre des obstacles de cette nature, je ne pourrai plus livrer ces armes *au ministre de la guerre dans le temps prescrit par mon traité avec lui*.

« Daignez réfléchir aussi, monsieur, que non-seulement la nation en serait privée dans un temps où elles sont devenues si nécessaires, *mais que je me verrais obligé de me justifier hautement de l'accusation de mauvaise volonté qu'on ne manquerait pas d'élever contre moi sur cette non-livraison d'armes, qui ne viendrait pas de mon fait*, mais de la malveillance d'une nation étrangère, dont le ministre seul de celle à qui j'ai l'honneur d'appartenir a le droit et l'autorité de demander raison pour moi.

« Ce n'est donc point une grâce personnelle que je sollicite, monsieur, mais une justice importante à la France, sous le double aspect du droit des gens blessé, et de l'urgence du besoin de ces armes qui sont à elle, et qu'on retient injustement à *Tervère*.

« Je suis avec respect,

« Monsieur,

Votre, etc.

« *Signé* : Caron de Beaumarchais. »

Rien ne se terminait. J'allais deux fois par jour *aux affaires étrangères*, et il y a une lieue de chez moi ; d'autres objets entraînaient le ministre. Des mots arrachés en courant ne me satisfaisaient sur rien, et mon courrier se désolait du temps que je lui faisais perdre. D'autres lettres de Hollande arrivaient, bien pressantes ; le ministre me prie de lui remémorer l'affaire. Le 6 mai, en lui envoyant un nouveau mémoire très-instant, je lui écris ce mot :

« 6 mai 1792. Pour vous seul.

« Trois choses importantes à observer (la malveillance de nos ennemis intérieurs se flatte que vous ne réussirez pas à lever l'embargo des armes ; elle espère vous en faire un tort auprès de la nation française) :

« 1° Le mal en Hollande *venant des maraudéries de Paris*, dont nous avons la preuve, il importe que l'objet de mes instances ne soit pas connu, s'il se peut, *dans les bureaux de la guerre* ; on le saurait bientôt à la Haye.

« 2° Il importe que mon courrier parte si vite (*après la résolution prise*) qu'on n'ait pas le temps d'en donner avis par la poste : *les bureaux n'y manqueraient pas*.

« 3° Vous sentirez la justice et la justesse du contenu de mon mémoire, en réfléchissant que si un obstacle national, qu'aucun particulier ne peut lever, empêche que je ne vous livre les fusils au Havre, *je vous les livrerai à Tervère;* alors toutes les précautions qui assurent leur arrivée deviendront personnelles au gouvernement français : je me charge seulement de lever les obstacles des agents subalternes *avec des poignées de ducats.*

« Macte animo. Je vous ai trouvé triste hier, et j'en suis affligé. Du courage, mon ancien ami ! Usez de moi pour le bien public. Rien ne me coûtera pour sauver la patrie. Les divisions sont détestables : le fond des choses est excellent.

« Signé : BEAUMARCHAIS. »

Point de réponse. Trois jours après, 9 mai, j'insiste, et j'envoie un nouveau mémoire à MM. *de Graves, Lacoste, Dumouriez,* sous le titre de *Question importante et secrète à délibérer et fixer entre MM. les trois ministres de la guerre, de la marine et des affaires étrangères.* (Remis aux trois ministres le 9 mai 1792.) Il est dans les trois archives ; je vous le montrerai, *Lecointre;* il ne doit pas être imprimé.

Point de réponse, et mon courrier ne partait pas. Je crus m'apercevoir qu'on arrêtait, je ne sais comment, l'active bienveillance de M. *Dumouriez* pour le succès de cette affaire. La colère me surmonte ; je lui écris quatre jours après, le 13 mai, la lettre suivante, un peu sévère, pour être lue au comité.

Beaumarchais à monsieur Dumouriez.

« Ce 13 mai 1792. »

« MONSIEUR,

« Daignez vous rappeler combien vous et moi, et tant d'autres, avons souvent gémi de voir misérablement à Versailles les anciens ministres du roi, se flattant d'avoir tout gagné quand ils avaient perdu huit jours: *Il est trop tôt, il est trop tard,* était leur mot sur presque tout, donnant à conserver leur place les cinq sixièmes du temps qu'ils devaient au bien des affaires. Hélas ! la maladie qu'on nomme *temps perdu* me semble de nouveau atteindre nos ministres. C'était pure *incurie* de la part des anciens ; c'est sûrement *surcharge* de la vôtre : mais le mal n'existe pas moins.

« Depuis trois mois, monsieur, sur une affaire regardée comme excessivement majeure, je me vois accroché à tous les genres d'indécision qui rendent nuls les agents les plus vifs. Pour cette interminable affaire, j'use *le troisième ministre qui se soit chargé de la guerre.*

« Monsieur, nous manquons de fusils ; de toutes parts on en demande à cor et à cri.

« Soixante mille, acquis par moi, sont au pouvoir du ministre : tant d'or, tant d'or déplacé de chez moi ; deux vaisseaux en panne en Hollande, et qui y sont depuis trois mois ; quatre ou cinq hommes en voyage ; une foule de mémoires par moi présentés coup sur coup ; un très-court rendez-vous, inutilement demandé, pour y prouver *combien les obstacles sont misérables;* un courrier qui mange son sang depuis vingt jours dans mes foyers, du chagrin d'un séjour forcé, et moi qui sens

brûler le mien, faute d'obtenir une réponse sans laquelle il ne peut repartir : d'autre part, les menaces que je reçois de tous côtés, *d'accusation de trahison;* comme si par méchanceté *je retenais en Hollande des armes que je brûle de faire entrer en France :* tant de frais, de contradictions, altèrent à la fois et ma fortune et ma santé.

« Si c'était un client qui vous demandât une grâce, je vous dirais, *Envoyez-le promener!* mais c'est un citoyen zélé qui voit périr une affaire importante, faute, depuis dix jours, d'obtenir un quart d'heure pour la couler à fond avec les trois ministres *de la guerre, de la marine et de nos affaires étrangères.* C'est un grand négociant qui fait d'immenses sacrifices pour aplanir tous les obstacles commerciaux, *sans recevoir aucun appui sur les obstacles politiques, qui ne peuvent être levés que par le concours des ministres !*

« Mais, quelle que soit pourtant votre résolution, ne faut-il pas, messieurs, que je la sache, pour travailler en conséquence? et, soit que vous vous décidiez pour ou contre la réussite, des choses aussi capitales peuvent-elles rester en suspens ? Dans un temps comme celui-ci, plus on tarde à prendre un parti, plus les embarras s'accumulent. Il faut pourtant que je me justifie aux yeux de la nation entière sur mes efforts infructueux, si je ne veux pas voir bientôt mettre le feu à ma maison. Notre peuple entend-il raison quand des brigands lui échauffent la tête? et voilà ce qui me menace.

« Au nom de ma sûreté (*de la vôtre peut-être*), assignez-moi, monsieur, le rendez-vous que je demande : dix minutes bien employées peuvent empêcher bien des malheurs ! Elles peuvent surtout mettre tous nos ministres en état de satisfaire à des demandes d'armes qu'il ne tient qu'à eux, *oui, qu'à eux,* de faire venir en quatre jours au Havre.

« Signé : CARON DE BEAUMARCHAIS. »

M. *de Graves* était remercié; M. *Servan* avait sa place. D'une part, il fallait instruire ce nouveau ministre ; de l'autre, la malveillance intérieure commençait à souffler dans le comité des ministres. J'écris, le 14, à M. *Servan* la lettre qui suit. Je priai instamment M. *Gau* de la lui remettre, et je saisis cette occasion d'attester qu'en toute cette affaire je n'ai eu qu'à me louer de la loyale franchise et des soins obligeants de M. *Gau.* Il n'y est plus, et nul intérêt ne m'engage à le distinguer de ce que je nomme *les bureaux.*

A M. Servan, ministre de la guerre.

« MONSIEUR,

« Le fardeau très-pesant du ministère de la guerre, dont votre patriotisme a chargé votre tête, vous expose souvent à des importunités fatigantes. Je voudrais bien ne pas accroître le nombre de ceux qui vous tourmentent ; mais l'urgence d'une décision de votre part sur la retenue de soixante mille fusils *qui vous appartiennent en Zélande,* et que les Hollandais empêchent de sortir du port, où deux vaisseaux attendent depuis trois mois, me force de vous demander l'honneur et la faveur d'une audience de dix minutes : il n'en faut pas une de plus pour couler cette affaire à fond. Mais l'état où la malveillance commence à la représenter exige une grande attention de votre part.

« Depuis vingt jours, monsieur, un courrier venu de *la Haye*, et qui se désole à *Paris*, faute d'un mot qu'il puisse emporter et partir, augmente encore mes embarras. Depuis dix jours je sollicite en vain d'être entendu par vous et deux autres ministres : car moi seul peux vous faire connaître le danger d'un plus long silence sur la décision d'une affaire que *les ennemis de l'État dénaturent, et veulent tourner contre moi et contre le ministre actuel*. Je vous demande donc, avec l'instance d'un citoyen inquiet, une audience courte et prochaine. Peut-être puis-je tout aplanir : mais certes je ne le puis, monsieur, sans vous avoir communiqué mes vues. Daignez me faire passer votre mot par M. *Gau*, que j'ai prié de vous remettre ma supplique. Agréez le dévouement très respectueux de

« Beaumarchais. »

Point de réponse. Je renvoie le 17 un double de ma lettre ; j'obtiens enfin un rendez-vous pour le 18 au soir : mais je n'y gagnai rien. M. *Servan*, me dit tout net que *cette affaire n'étant point de son bail, il n'écrirait pas un seul mot qui pût y apporter le moindre changement* ; qu'au surplus, il en parlerait à M. *Dumouriez*, et me ferait dire la réponse.

Point de réponse. Je retourne plusieurs fois à l'hôtel de la Guerre : toujours porte fermée. J'apprends enfin, le 22 mai, que les ministres sont assemblés chez le ministre de l'intérieur. J'y cours, je demande à entrer. Je me plains amèrement de l'espèce de dédain avec lequel on me repousse depuis un mois, sans que je puisse apprendre de personne ce que je dois répondre en Hollande, sur les difficultés que font les Hollandais de laisser partir les fusils. Il s'élève un débat entre M. *Clavière* et moi ; mais poussé si loin de sa part à l'occasion du cautionnement, que, me sentant hors de mesure, je pris le parti de sortir.

Ne me possédant plus après quarante jours perdus, mon courrier encore sur les bras, j'écris le 30 mai suivant à M. *Servan*, et j'en envoie copie à M. *Dumouriez*. (Je vous supplie au nom de l'équité, *Lecointre*, de la lire avec attention. J'étais au désespoir, et mon chagrin s'y exhalait sans fard ; je vous dirai après l'effet qu'elle produisit.)

Lettre à M. Servan.

« Ce 30 mai 1792.

« Monsieur,

« S'il me restait un jour de plus pour garder le silence avec sûreté, je ne vous importunerais pas sur l'affaire des soixante mille fusils arrêtés en Hollande, *dont je n'ai pas encore réussi à vous faire saisir le véritable esprit*. On vous a trompé, monsieur, si l'on vous a fait croire *qu'elle pouvait être négligée sans risque, parce qu'elle m'était personnelle !*

« Elle m'est tellement étrangère, que si j'y tiens, monsieur, c'est par les sacrifices que je lui ai faits, et par l'amour de mon pays, qui m'a seul porté à les faire : elle est *absolument nationale*, et me le paraît à tel point, que, sans mon zèle ardent pour la cause que nous servons chacun à notre manière, *j'aurais déjà vendu ces armes à l'étranger avec un bénéfice immense, qu'aucun négociant ne méprise*. Mais j'ai mis mon patriotisme à braver les dégoûts dont on ne cesse d'abreuver la soif que j'ai montrée d'aider mon pays de ces armes, *lequel en manque absolument*. Voilà tout ce qui me concerne.

« C'est aujourd'hui le 30 mai, dernier jour du terme que j'ai choisi volontairement pour livrer au Havre, à la France, les soixante mille fusils que j'ai achetés pour elle, que j'ai payés avec de l'or, *dont l'échange contre assignats rend l'affaire mauvaise sous l'aspect qui tient au commerce*.

« En outre, depuis trois et demi, deux navires sont à la planche pour transporter ces fusils quand les obstacles seront levés.

« Depuis encore j'ai proposé (*et c'est à vous, monsieur, que je l'ai fait*) de dépenser jusqu'à *cent mille francs* pour tenter de lever ces obstacles, sans user du moyen politique d'un cautionnement réel que la guerre rend nécessaire, et dont, avec toute ma logique, je n'ai pu encore établir aux yeux de notre ministère l'*indispensable utilité sans risques*.

« J'ai donc comblé les *sacrifices*, et ne puis les porter *plus loin*. Forcé de me justifier sur l'horreur qui m'est imputée de forger moi-même l'obstacle que j'ai l'air, dit-on, de combattre ici pour trahir mon pays, en livrant à nos ennemis des armes devenues si nécessaires à la France, je dois montrer sous peu de jours ce que j'ai fait, ce que j'ai dit, tout l'argent que j'ai avancé pour nous en rendre possesseurs, sans avoir reçu de personne l'*aide, hélas ! si facile que j'ai partout sollicitée*.

« Outragé par la malveillance des uns (*M. Clavière*), rebuté par l'inaction des autres (*M. Dumouriez*) ; découragé enfin par la répugnance que vous m'avez montrée d'entrer pour rien dans une affaire entamée et conclue par votre prédécesseur (*voilà le mot*), comme s'il était question d'un brigandage ou d'un patricotage, je dois, en désespoir de réussite auprès de vous et du ministre des affaires étrangères, justifier hautement, monsieur, mes intentions et mes actions. *Alors la nation jugera qui a des torts à son égard* (*l'instant est enfin arrivé, je le fais*).

« Non, il n'est pas croyable qu'une affaire aussi importante soit traitée par un ministère avec cet abandon, cette légèreté ! J'en ai reparlé depuis vous à votre collègue *Dumouriez*, qui m'a paru enfin pénétré du *danger de laisser publier une justification sur cet étrange empêchement* ; à qui j'ai fait toucher au doigt l'*extrême facilité de sortir d'un si puéril embarras*, pour des ministres un peu instruits.

« Mais, quelle que soit sa bonne volonté, il ne le peut, monsieur, que d'accord avec vous ; *et c'est bien avec vous que j'ai traité cette affaire*, puisque c'est vous qui êtes mi-

NISTRE DE LA GUERRE. *Les grâces seules accordées par votre prédécesseur peuvent être détruites par vous, si vous ne les trouvez pas justes !* MAIS LES AFFAIRES DE L'ÉTAT DOIVENT-ELLES SOUFFRIR UN MOMENT DU CHANGEMENT D'AUCUN MINISTRE, *à moins que l'on ne prouve qu'il y a intrigue ou lésion ?* A L'ÉCLAIRCISSEMENT DE CELLE-CI, JE PUIS SOUFFRIR DES PERTES EN QUALITÉ DE *négociant ;* MAIS J'AURAI CENT PIEDS DE HAUTEUR, COMME CITOYEN ET COMME PATRIOTE.

« Pour éviter un mal qu'il est si aisé d'empêcher, je vous supplie de m'accorder un rendez-vous en tiers avec M. Dumouriez. Ce que la malveillance peut faire patauger six mois, la bonne intelligence peut le solder en six minutes.

« Les clameurs, pour avoir des armes, vont partout jusqu'à la fureur. Jugez, monsieur, où elle se portera QUAND ON SAURA QUEL MISÉRABLE OBSTACLE NOUS A PRIVÉS DE SOIXANTE MILLE ARMES QU'ON POUVAIT AVOIR SOUS DIX JOURS ! Tous mes amis, par inquiétude pour moi, exigent que je rejette à qui il doit aller le bloc dont on veut m'accabler : mais c'est le bien que je veux faire ; *et, le jour que j'aurai parlé, il sera devenu impossible.*

« Je vous demande donc, au nom de la patrie, du vrai besoin de mon pays, du danger de cette inaction, de vaincre toutes vos répugnances, en m'assignant un rendez-vous d'accord avec M. Dumouriez.

« Agréez les assurances de la très-respectueuse estime qui vous est due.

« Signé : CARON DE BEAUMARCHAIS. »

Je suis trois jours sans avoir de réponse. Le 2 juin je reçois cette lettre de M. Servan *(écriture de bureau) :*

« Paris, le 2 juin 1792, l'an IV de la liberté.

« *Vous sentez, monsieur, que votre affaire ayant été mûrement examinée* AU CONSEIL DU ROI, *comme je vous en ai prévenu* (prévenu ?..... de quoi ? qu'elle le serait apparemment), *il m'est impossible d'Y RIEN CHANGER. Vous demandez à m'entretenir avec M. Dumouriez sur le même objet : je me trouverai volontiers au rendez-vous que voudra bien vous accorder ce ministre.*

« Le ministre de la guerre, *signé :* SERVAN. »

Que voulait dire M. Servan ? prétendait-il me faire entendre par ces mots, *le conseil du roi,* que c'était *le roi en personne* qui s'opposait à ce qu'on fît rien pour accélérer ces fusils ? Un nouveau genre d'inquiétude me saisit. Dans le désordre de ma tête, je renvoie mon courrier en Hollande, en écrivant à mon ami que la malveillance est au comble, et qu'il faut que ce soit lui-même qui me donne un conseil pour tâcher de faire arriver nos fusils, en consultant l'ambassadeur, *soit en faisant des ventes simulées à des négociants hollandais, soit en les faisant aller à Saint-Domingue,* d'où j'en ferais ensuite l'usage qu'un meilleur temps me prescrirait. Ma lettre se ressentait de ma fâcheuse situation : mon ami en fut effrayé.

Je m'efforçais de me tranquilliser, lorsque, le 4 juin, *François Chabot,* pour comble de malheur, poussé par je ne sais qui, s'avise de me dénoncer à l'assemblée nationale comme ayant fait venir *du Brabant* dans mes caves cinquante mille fusils, *dont la municipalité,* dit-il, *avait parfaite connaissance.* L'enfer est donc déchaîné, dis-je, contre ces malheureux fusils ! Y a-t-il jamais eu sottise ou traîtrise pareille ? Et je puis être massacré !

Sur-le-champ je reprends la plume, et j'écris à M. *Servan* la lettre dont voici la copie :

« Paris, lundi soir, 4 mai 1792.

« MONSIEUR,

« J'ai l'honneur de vous prévenir que je viens d'être enfin *dénoncé aujourd'hui à l'assemblée nationale* comme ayant fait venir du Brabant à Paris cinquante mille fusils, que je retiens, dit-on, cachés dans un lieu très-suspect.

« Vous pensez bien, monsieur, que cette accusation, *qui me fait membre du comité autrichien, intéresse beaucoup le roi,* que l'on en suppose le chef, et qu'il ne vous convient pas plus qu'à moi de laisser fermenter des soupçons de cette nature.

« Après les efforts de tout genre que j'ai faits, *tant auprès de vous que des autres ministres,* pour procurer ces armes à mon pays ; après leur inutilité, et j'ajoute, avec peine, *après l'inconcevable indifférence dont tant d'efforts patriotiques ont été repoussés par le ministère actuel,* je devrais au roi et à moi de me justifier hautement, si mon patriotisme ne m'arrêtait encore, par la certitude que j'ai que, du moment où je m'expliquerai publiquement, *la porte de la France est fermée à ces armes.*

« Cette seule considération prévaut encore *sur celle de ma sûreté menacée, et des mouvements populaires que l'on remarque autour de ma maison.* Mais, monsieur, cet état ne peut subsister vingt-quatre heures ; et c'est de vous, *comme ministre,* que j'attends *la réponse qu'il me convient de faire à cette inculpation* (de Chabot). Je vous demande encore une fois, monsieur, un rendez-vous dans la journée avec M. *Dumouriez,* s'il est encore ministre. Vous êtes trop éclairé pour ne pas pressentir les conséquences d'un retard.

« Mon domestique a ordre d'attendre celui par écrit que vous voudrez bien lui remettre pour moi. Il y a quelque vertu, monsieur, dans la conduite que je tiens, *malgré l'effroi de ma famille entière ;* mais le bien public avant tout !

« Je suis avec respect,

« Monsieur,

« Votre, etc.

« *Signé :* CARON DE BEAUMARCHAIS. »

En copiant ceci, j'ai besoin de me modérer : la colère m'emporte encore, et je sue à grosses gouttes, le 6 janvier, dans un pays très-froid.

Le lendemain enfin, M. Servan répond pour la première fois *de sa main.*

« Mardi, 5 juin.

« J'ignore, monsieur, à quelle heure M. *Dumouriez* sera libre pour vous voir ; mais je vous répète que dès que vous serez chez lui, et qu'il me fera avertir, je m'empresserai de m'y rendre, ce matin, jusqu'à trois heures; après midi, depuis sept heures jusqu'à neuf heures.

« Je serais très-fâché qu'il vous mésarrivât pour des fusils QUE DES ORDRES IMPÉRIEUX RETIENNENT A TERWEREN.

« Le ministre de la guerre,

« *Signé* : JOSEPH SERVAN. »

Ce n'était donc pas, ô Lecointre, ni un brocanteur en faillite, ni ma mauvaise volonté, qui retenaient ces armes à *Terweren*. Ni ce *Provins* que vous préconisez, ni aucuns autres particuliers, ne pouvaient pas représenter dans l'esprit de M. Servan CES ORDRES IMPÉRIEUX qui arrêtaient nos armes. Eh! sur quels diaboliques mémoires m'avez-vous donc stigmatisé ?

Voilà, dis-je en lisant le billet de M. Servan, le premier mot un peu supportable que je reçois sur cette étrange affaire, depuis que ce ministre est en place. Je vois trop qu'il cédait à des impulsions étrangères. Puisqu'il consent à conférer avec moi et son collègue *Dumouriez*, *sans un certain autre ministre*, je commence à penser qu'il entendra raison.

Mais cette conférence tant demandée le 4, je ne pus l'obtenir que le 8, à neuf heures du soir, et chez M. Servan : quatre journées de perdues. J'y repris l'affaire *ab ovo*; peut-être, en la traitant avec chagrin, avec chaleur pour mon pays, eus-je ce qu'on pourrait nommer l'éloquence de la chose ou celle du moment : ce qu'il y a de certain, c'est que les ministres, touchés de toutes les peines qu'on m'avait fait souffrir, convinrent l'un et l'autre, lui, Dumouriez, qu'il écrirait à MM. *Hoguer* et *Grand*, banquiers d'*Amsterdam*, de me cautionner à tort ou à droit auprès des états de Hollande, jusqu'à la somme, non pas de *trois fois la valeur de la cargaison*, qu'ils voulaient, mais d'*une fois cette valeur;* ce qui n'était pas moins injuste, mais était pourtant nécessaire.

Pendant qu'il en prenait la note, je lui dis : *une fois ou trois fois la valeur, c'est tout un;* puisqu'en fin de compte, en rapportant *l'acquit-à-caution déchargé,* cela ne coûtera qu'une commission de banque, et nos fusils vont arriver.

M. *Servan* convient de me faire remettre *cent cinquante mille livres* sur les *deux cent cinquante mille* que son département avait à moi, au delà de *cinq cent mille francs d'assignats qui m'avaient été avancés.*

Car *un certain ministre* ne disait pas encore que *sept cent cinquante mille livres de contrats de l'État, portant neuf pour cent d'intérêt*, sont un dépôt qui ne saurait représenter pour *cinq cent mille francs d'assignats qui ne portent nul intérêt, et perdent cinquante pour cent chez l'étranger*. Mais nous y reviendrons; la chose en vaut la peine.

Pendant que M. *Servan* prenait aussi sa note, je lui dis : *Avec ce secours-là, monsieur, s'il faut trois ou quatre mille louis pour lever tous les autres obstacles en Hollande, je les sacrifie de bon cœur.* Et nous nous séparâmes tous fort contents les uns des autres.

Mais le 12 juin, c'est-à-dire quatre jours après, n'ayant de nouvelles de personne, j'écrivis (bien fâché) la lettre suivante *à M. Servan le ministre.*

« 12 juin 1792.

« MONSIEUR,

« Le jour de la dernière conférence que vous et M. *Dumouriez* m'avez accordée pour le complément des moyens propres à retirer nos soixante mille fusils de Hollande, j'eus l'honneur de vous répéter que l'argent nécessaire pour gagner tout ce qui enveloppe le haut sénat de ce pays pouvait se porter de trois mille à quatre mille louis, et que cette somme m'était indispensable.

« Disposé au grand sacrifice de cette avance, je vous ai prié de nouveau de me faire remettre de quoi me faire cent mille livres en florins de Hollande sur les *deux cent cinquante mille francs que vous avez à moi,* et qui n'ont été déposés, au lieu de *six cent mille livres* portées dans notre marché, au delà de l'avance que M. *de Graves* m'a faite, que parce que nous convînmes à l'amiable que, si j'avais besoin de quelques fonds (ce que je ne prévoyais pas), ils me seraient remis, et sans difficulté. Vous m'avez dit, monsieur, que vous vous consulteriez (*sur la forme*), et me feriez parvenir promptement votre réponse : vous convient-il que j'aille la recevoir, ou voulez-vous me la faire passer ? Le succès des plus grandes affaires, quoi qu'on fasse en tout pays, tient à ces misérables moyens ; *et, malgré la contradiction, vous voyez que, pendant qu'on décrète ici des peines contre ceux qui s'y laissent corrompre, on décrète six millions à M. Dumouriez pour en faire corrompre ailleurs!*

« Ne me laissez pas, je vous prie, *quand vous avez des fonds à moi,* faire d'immenses sacrifices pour me les procurer d'ailleurs ; mais, quelle que soit votre décision à cet égard, je vous demande surtout de ne me la point faire attendre. Il faut que tout marche à la fois, les démarches de notre ministre *à la Haye* auprès de ce gouvernement, le cautionnement, les gratifications à tous ceux qui influent : c'est là la marche des affaires, et celle-ci a beaucoup trop langui !

« Je suis avec respect,

« Monsieur,

« Votre, etc.

« *Signé :* CARON DE BEAUMARCHAIS. »

J'employais, comme vous voyez, *Lecointre,* tous les styles. Si c'était pour trahir l'État, *je dois avoir le cou coupé;* mais je vois déjà mes lecteurs s'écrier : *Ce n'est pas le ton d'un traître !* O mes lecteurs, ayez quelque patience : vous ne la perdrez que trop tôt, quand vous saurez tout ce que j'ai souffert ! car alors ce n'est pas pour moi que vous tremblerez, c'est pour vous !

Le même jour, 12 juin, je reçus ce billet poli *de la main de M. Servan :*

« Joseph Servan prie M. de Beaumarchais de vouloir bien s'aboucher avec M. Pache, qui tient pour le moment la place de M. Gau; il le mettra au fait de cette affaire, avant que M. de Beaumarchais le voie.

« 12 juin. »

Enfin, me dis-je, grâces au ciel, me voilà au bout de mes peines! M. *Dumouriez* certainement aura écrit à MM. *Hoguer* et *Grand*; je vais toucher cinquante mille écus, dont j'enverrai cent mille francs *à la Hogue* pour parer à tous les obstacles; et les fusils vont arriver, et M. *Chabot* les verra, et le peuple me bénira, après m'avoir bien injurié! J'étais joyeux comme un enfant.

J'écris le soir même en Hollande, pour y consoler mes amis et leur faire partager ma joie.

Le lendemain matin, 13 juin, je vais à l'hôtel de la Guerre parler à M. *Pache*, et tenir de lui l'ordonnance, comme *M. Gau les délivrait*. Je passe dans son cabinet, je crois le mettre au fait de toutes les résolutions prises; l'homme m'écoute froidement, et me dit :

« Je ne suis point M. *Pache*, je tiens sa place par *intérim*; mais votre affaire ne peut se terminer : M. *Servan* a quitté le ministère ce matin; je ne sais où sont vos papiers : je m'informerai de cela. »

Frappé comme d'un coup de foudre, je monte dans les bureaux de l'artillerie; tout le monde me dit que M. *Servan* a emporté tous ses papiers, et qu'on ne trouve pas les miens.

Je passe aux affaires étrangères; je n'y trouve point notre ministre *Dumouriez*, qui avait pris la guerre par *intérim*. Je reviens chez moi lui écrire; je pense alors qu'il me suffit de lever un extrait de l'acte de mon dépôt *de sept cent cinquante mille francs* chez le notaire du département de la guerre, pour bien prouver à M. *Dumouriez* qu'il est vrai que ce département a *deux cent cinquante mille livres à moi*, sur lesquelles il sait bien que M. *Servan* est convenu devant lui de me remettre *cinquante mille écus*.

Le 14 juin, M. *Dumouriez*, accablé sous la multitude d'affaires, me fait répondre par M. *de Laumur*, son aide de camp, qu'il va me faire remettre les *cinquante mille écus* convenus avec M. *Servan*; qu'il s'en souvient très-bien; que j'y passe le surlendemain. Dieu soit béni! me dis-je encore; ce contre-temps n'est qu'un retard.

Joyeux, j'y vais le 16 juin à midi; c'était l'heure où *Dumouriez* donnait ses audiences à l'hôtel de la Guerre : il était sorti; je l'attends. Au lieu de lui, on vient dire à tout le monde, au grand salon, *que M. Dumouriez vient de quitter la guerre, et qu'on ignore celui qui le remplace*. L'effet que cela fit sur moi, c'est que je fus atteint d'un sourire de dédain et de profond mépris sur la bien triste originalité de tous ces contre-temps qui m'arrivaient. Je veux monter dans les bureaux; ils étaient tout ouverts, et personne dedans. Je m'écriai involontairement, dans un état que je ne saurais rendre : *Ô pauvre France! ô pauvre France!* et je me retirai chez moi le cœur serré à m'étouffer.

Pour m'achever, le 23 juin, je reçus une lettre de *la Hogue*, qui m'apprenait que MM. *Hoguer* et *Grand* avaient refusé de cautionner, sous prétexte que le ministre qui avait envoyé l'ordre à M. *de Maulde*, notre ambassadeur à *la Haye*, de faire cautionner par eux, *ne leur en avait point écrit*. (Ô désordres affreux des bureaux! car ces choses-là sont de pures formules.) Mais tout ceci n'était qu'un vain prétexte. Ces messieurs, qui ont tant gagné d'argent à servir notre France, servaient alors, contre elle, la Hollande et l'Autriche. Tout était donc au diable; et c'était à recommencer quand il y aurait d'autres ministres. Je me mangeais les bras de désespoir.

Mais au milieu de mon chagrin soyons juste, et rendons grâces à l'intention de *Dumouriez*, qui, en sortant du ministère, instruisit M. *Lajard*, son successeur pour la guerre, des contre-temps qui m'étaient arrivés; ce qui le disposa sans doute à bien écouter l'historique et le compte que je lui rendis, *pièces probantes sur la table*, des entraves de toute espèce que l'enfer avait semblé mettre à l'arrivée de ces fusils. — Cela est d'autant plus fâcheux, dit tristement M. *Lajard*, que nos besoins sont *excessifs*, *et que nous ne savons comment faire*. Il faudra, me dit-il, aller voir M. *Chambonas* (qui avait les affaires étrangères), pour voir à remédier au refus plus que malhonnête des deux banquiers *Hoguer* et *Grand*. En attendant, je vais m'instruire de l'état juste où est l'affaire des *cinquante mille écus à vous*, qui vous sont échappés tant de fois. Le ton doux de M. *Lajard* me sembla de très-bon augure.

Il fit venir M. *Vauchel*, chef de bureau de l'artillerie, qui lui dit qu'en effet il avait été convenu entre les deux ministres de me remettre cette somme *sur les fonds qu'on avait à moi*.

M. *Lajard* eut l'honnêteté de répondre le lendemain, 19 juin, à la demande que je lui en faisais par écrit *pour la bonne règle*, et de m'envoyer la lettre suivante, avec un mandat à la trésorerie nationale pour me payer les *cent cinquante mille livres*.

« 19 juin 1792, l'an IV de la liberté.

« A M. Beaumarchais.

« Vous me demandez, monsieur, que, pour vous mettre en état de faire sortir de la Zélande les soixante mille fusils de soldats que vous vous y êtes procurés en vertu du traité que vous avez fait avec le gouvernement, je vous fasse délivrer une nouvelle avance de *cent cinquante mille livres*, pour, avec cinq cent mille francs que vous avez déjà touchés, faire six cent cinquante mille livres à compte du prix de cette fourniture. Je vois d'autant moins d'inconvénient à vous donner cette facilité, que, comme vous le faites observer, vous avez déposé des valeurs supérieurs à cette avance. Vous trouverez en conséquence ci-joint l'ordre pour recevoir ces *cent cinquante mille livres* à la trésorerie nationale.

« Le ministre de la guerre, *sig.* : A. LAJARD. »

J'envoie mon caissier recevoir cette somme, qui s'était fait terriblement attendre ! Un chétif et bizarre accroc en retarda encore le payement.

Un commis du bureau de la guerre, dit-on à mon caissier, était venu prévenir que *l'on n'oubliât point que l'usage, pour les fournisseurs, était d'avoir une patente avant de recevoir leurs fonds.* « Monsieur, dit mon caissier, M. *de Beaumarchais* n'est point un fournisseur ; c'est un citoyen qui oblige, et certes bien à ses dépens. Il représente un Brabançon qui n'a point de patente en France ; il a reçu déjà cinq cent mille francs sans qu'on ait rien exigé. — Monsieur, lui répond-on, nous avons ordre de ne pas le payer sans cela. »

Sur le compte qui m'en fut rendu, je dis : *Ce sont là les derniers soupirs de la malveillance expirante.* Ne perdons pas dix jours à batailler sur un argent si contesté et devenu si nécessaire ; ils veulent me faire marchand de fournitures, lorsque j'ai cru rendre un très-grand service ! combien faut-il pour cette patente ? — On me demanda quinze cents livres — Si les messieurs de ce bureau, lui dis-je, se sont tous butés là pour me bien dégoûter d'aller jamais sur leurs brisées, disons notre *mea culpa*, et portez les quinze cents livres.

Cela nous dévora deux jours. Je suis bien sûr que la malignité en riait : enfin on leur porta *ma patente d'arquebusier.* Mais, à l'instant que l'on allait payer, vint un autre commis régaler mon caissier d'une opposition inconnue. On referme la caisse ; il s'en revint chez moi, me rapportant la lettre du ministre. *Pour le mandat de me payer, on l'avait très-bien retenu.* Il s'en revint chez moi, me demandant, bien effaré, si je connaissais un *Provins,* qui avait mis opposition sur tout ce qui pouvait m'être dû à la Guerre ; en sorte qu'on n'avait point payé. — Je le connais, lui dis-je, assez pour ne vouloir point le connaître.

C'est donc *ici le cas de s'expliquer sur ce Provins,* dont vous avez, *Lecointre,* fait un si noble bruit dans votre dénonciation : quelle que soit la nausée que me cause cet émétique, il faut s'en soulager, et ne laisser rien en arrière. Quand on se sent piquer la nuit par un insecte, encore faut-il bien le noyer, si l'on veut prendre du repos.

Quelques jours après mon traité signé avec M. *de Graves,* un sieur *Romainvilliers,* commandant de légion de la garde nationale, jadis exempt des gardes du corps, de tout temps obéré, joueur et faiseur d'affaires, vint un matin me dire d'un pauvre homme qu'on avait bien trompé, à qui un sieur *la Haye,* qui, disait-on, m'avait vendu des armes pour le gouvernement français, devait quatre-vingt mille francs *pour caissons et réparations de partie de ces mêmes armes ;* et qu'il venait me supplier, quel que fût le marché que j'eusse fait avec ce *la Haye,* de trouver bon qu'il mît opposition entre mes mains. C'est, dit-il, un nommé *Provins,* bon ouvrier, et même brocanteur, qui a beaucoup d'enfants, et qu'une pareille perte conduirait à sa ruine entière.

— Monsieur, lui dis-je, il ne faut point de prière pour cela ; je ne puis refuser une opposition qu'on m'apporte.

M. *de la Haye* ne m'a rien dit de cette créance un peu forte : je lui en ferai des reproches ; car je n'ai point fait un marché sec, où rien n'aurait pu me guider, n'ayant point vu ces armes-là. Mais je l'ai bien intéressé à faire une affaire honorable ; et si de grands malheurs ne fondent pas sur l'entreprise, votre homme sera loin de perdre ce qu'on lui doit. Mais quel intérêt prenez-vous à ce créancier de *la Haye ?* — Je ne vous cacherai pas, dit-il, qu'étant moi-même assez dérangé de fortune, je l'avais protégé *aux bureaux de la guerre,* pour lui faire avoir un marché pour une partie de ces armes, du temps de M. *Duportail.* Les assignats alors perdaient très-peu de chose. Il avait fait son compte pour vingt livres, même moins ; mais n'ayant pas trouvé ses fonds, les assignats sont tombés tout à coup, et son marché n'a pu se soutenir, parce qu'enfin *il a donné trop d'intérêt dans cette affaire,* et que ses bailleurs de fonds ont fait une lourde faillite. J'avais moi-même intérêt dedans *avec quelques-uns de ces messieurs.* Ah ! c'est un grand malheur pour lui de n'avoir pas songé à vous ! Ne le regrettez pas, monsieur, lui dis-je ; quelque Français qui me l'eût proposée, je ne l'eusse pas acceptée : je connais trop leurs tripotages ! J'ai même cru l'affaire nette, et je suis très-fâché de lui trouver des embarras de cette nature. Au reste, je vous remercie de l'égard qui vous fait me prévenir sur cette opposition ; je la reçois, et vous donne ma parole d'en écrire à M. *la Haye.* S'il leur faut un conciliateur, je le serai avec plaisir.

L'opposition me vint ; je la reçus. J'écrivis à *la Haye,* qui pour réponse me dit *qu'il ne devait rien à cet homme ; et que quant aux objets dont il réclamait le salaire, je n'avais qu'à écrire à M. de la Hogue ; qu'il m'enverrait par sa réponse les quittances de ces objets, que l'on avait payés pour moi à l'acquit de la masse entière.* Alors je me tins sur mes gardes.

Enfin, lorsque j'ai vu qu'outre l'opposition en mes mains, on avait fait mettre à cet homme une opposition sur moi à l'hôtel de la Guerre (sur moi, qui ne l'avais vu ni connu dans aucune espèce d'affaire), *j'ai reconnu la sourde intrigue qui me faisait expier le tort d'être sorti de mon repos pour troubler leur maquignonnage.* Alors avec un homme de loi je vis ce marchand brocanteur, supposant que quelque homme avide d'accumuler des frais à ses dépens lui avait fait faire cette faute. Mais comme ce *Provins* n'est qu'un *brise-raison,* nous n'en pûmes rien obtenir. Il fut assigné sur-le-champ, a épuisé tous les délais, a été condamné partout ; mais *sous les auspices du désordre* il a si bien filé le temps, de condamnation en condamnation, qu'il a usé plus de cinq mois. Sur opposition frauduleuse, il m'a empêché de toucher *mes propres cinquante mille écus.* J'ai proposé au département de la guerre de retenir tout ce que demandait cet homme, et de me délivrer le reste jusqu'à dernière condamnation. Le sévère M. *Vauchel* n'a pas alors voulu y consentir, et moi j'ai commencé *à voir plus clair dans cette affaire ;* et, laissant là les *cinquante mille écus,* jusqu'après les trente délais par lesquels, grâce au ciel, le plus dénué scélérat peut arrêter pendant six mois une affaire nationale en vertu des nouvelles lois, j'ai rendu cet homme garant de toutes mes pertes successives, et j'ai fait un emprunt onéreux. Mais qu'importe à un insolvable de subir des condamnations ? son déshonneur est son acquittement.

Mon avoué vous portera, Lecointre, les cinq ou six condamnations que cet homme a déjà subies ; il en est maintenant au tribunal du premier arrondissement, sur son appel du jugement définitif du tribunal présidé par l'intègre d'Ormesson, lequel *l'a condamné trois fois*. Tel est Provins et compagnie.

Quittons ces plates intrigues ; vous en verrez bien d'autres d'un genre un peu plus relevé ! Mais tout a semblé bon pour nuire à cette affaire par le motif que vous savez : *Nul ne fournira rien, hors nous et nos amis.*

TROISIÈME ÉPOQUE

Je me suis engagé, Lecointre, à bien vous éclairer sur tous les points de ma conduite : j'ai promis de tirer ma justification publique de la série entière des choses dites, écrites et faites par moi chaque journée des pénibles neuf mois dont je rends compte à la nation ; en sorte qu'on pût voir dans mes actions, mes conférences, mes lettres et mes déclarations, un rapport si exact, qu'elles frappassent les bons esprits par leur accord, leur suite et leur identité.

Le dénonciateur trompé, qui s'exaspère à la tribune, peut s'exempter de suivre une méthode aussi sévère. Soutenu par l'idée qu'on a de son patriotisme, il peut s'égarer dans le vague, et tout dire sans rien prouver. Ses auditeurs, s'en rapportant à lui, suivent peu ses raisonnements, ne relèvent point ses erreurs, ne combattent point ses injures ; et l'on finit souvent par prononcer, ou de pure confiance en son zèle, ou de lassitude d'entendre accuser sans contradicteur.

Mais l'homme qui se défend ne peut sortir un moment de sa thèse : il faut qu'il ait six fois raison avant qu'on le lui accorde une ; car il a contre lui la prévention involontaire qui pèse sur un accusé, la répugnance que tout juge a de revenir sur lui-même après avoir émis son opinion, et contre un décret prononcé. C'est pour vous armer contre moi que je vous fais toutes ces remarques. Suivez-moi bien sévèrement, et surtout ne me passez rien. Mon espoir est de ramener, à force de preuves évidentes, l'équité de la *Convention* sur un décret lancé contre un homme innocent, un citoyen irréprochable. Et, de plus, j'ai juré de faire mon avocat de vous *mon dénonciateur !* Veillez donc bien sur ce que je vais dire : c'est votre affaire, et non la mienne. Je continue mon exposé.

Nos ennemis du dehors de la France, après avoir suivi M. de la Hogue dans le dessein de nuire à l'affaire des fusils, en lui jouant un mauvais tour ; après avoir usé tout leur crédit à nous faire dégoûter de ces armes en Hollande ; voyant qu'ils ne pouvaient ni me lasser ni me surprendre, ont pensé que ce qui leur restait de mieux à faire était de traiter à l'amiable, de m'en offrir un prix fort attrayant.

Par toutes sortes d'agents, et sous toutes les formes, ils ont tenté de stimuler ma cupidité mercantile. *La Hogue* me l'avait écrit dix fois, pour me prouver que nous étions bien pourchassés par les vendeurs et les acheteurs. Au moins ceux du dehors se montraient-ils conséquents à leurs intérêts. Mais les obstacles de nos gens, de nos bureaux, de nos ministres !... cela me mettait en fureur. C'est ce que j'écrivais à *la Hogue* en réponse.

Le 29 juin, je suis fort étonné de le voir arriver chez moi. « Vous devez croire, me dit-il, que c'est l'affaire des fusils qui m'amène. Certes il en sera bien question, mais elle ne marche ici qu'en seconde ligne. Je suis courrier extraordinaire, et chargé par M. de Maulde, notre ambassadeur à *la Haye*, de dépêches si importantes, qu'il n'a voulu les confier qu'à ma foi, qu'à ma probité. »

A force de recherches, il y a eu des notions certaines qu'il y avait *dans Amsterdam une fabrique d'assignats*, Il a pu tout faire arrêter, avec l'espoir d'avoir les ustensiles et les hommes, et peut-être, en les surprenant, de trouver dans leur nid d'autres pièces fort importantes ; mais, le dirai-je à notre honte ? pendant que les ambassadeurs nagent dans l'abondance à *la Haye*, qu'ils ont tous les plus grands moyens de faire de la politique, j'ai vu M. de Maulde ne pas avoir de quoi fournir aux frais de ces arrestations ; et les faussaires lui échappaient, si je ne lui eusse pas *prêté six mille florins en votre nom !*

L'épisode de ces dépêches, dont mon ami fut le porteur, répandrait un beau jour sur l'affaire des fusils, honorerait notre civisme, et ferait connaître l'esprit qui animait tous ceux qui s'en mêlèrent ; mais cela jetterait quelque langueur sur mon narré ; j'aime mieux me priver de l'avantage que j'en pourrais tirer. Je le réserve pour un autre moment [1].

Je racontai à M. *de la Hogue* les mille et une angoisses que j'avais éprouvées, sans avoir avancé d'un pas l'extradition de nos fusils.

Ah ! me dit-il, je viens, avec bien du regret, vous répéter que c'est partout de même ; qu'il faut tâcher de vous tirer de cette épouvantable affaire. La malveillance est telle en Hollande, comme ici, que votre fortune y passera, devant que vous obteniez l'extradition des armes de *Tervère. La France vous dessert, et la Hollande sert l'Autriche :* comment voulez-vous, seul, sortir de ce filet ? Je vous apporte la grande requête que j'ai faite

---

[1] Pendant qu'on imprime ceci, j'apprends que je viens d'être dénoncé aux Jacobins comme ayant travaillé à Londres, avec M. Calonne (lequel est à Madrid), à faire de faux assignats. Vous voyez, citoyens, avec quelle rapidité toutes les infamies se succèdent ! Ne perdez pas de vue que j'ai prêté l'argent *qui fit arrêter les faussaires de Hollande;* priez Lecointre de vous dire quel service je vous rendis, et portez votre jugement sur l'honnête homme qui me dénonce.

pour vous en réponse à une note du ministre de l'empereur, et fait remettre par M. *de Maulde* au greffier des états de Hollande, et la ridicule réponse qu'on nous a faite au nom de ces états : quand les ministres l'auront lue, ils connaîtront les vrais obstacles qui retiennent la cargaison.

— Mon ami, ils ne lisent rien, ne répondent à rien, ne font rien que d'intriguer dans leur parti, qui n'est point la chose publique. C'est un désordre ici qui fait frémir ! et l'on veut, à travers cela, marcher à une constitution ? Je jure qu'ils ne le veulent pas. Mais qu'est-ce que les états de Hollande ont répondu à la requête ? — Des choses vagues, insignifiantes, fausses. Et tout est bon, *pourvu qu'on gagne du temps contre vous*. J'apporte leur réponse.

Si vous aviez voulu céder ces armes au plus haut prix, là-bas, vos embarras seraient finis. Votre argent vous serait rentré avec un bénéfice immense ; et le plus grand de tous, c'est qu'on les enlevait *en bloc*, comme vous les avez achetées, sans *triage* et sans embarras. M. *de Maulde* est bien instruit des offres que l'on nous a faites, car rien n'échappe en ce pays à ses vigilantes recherches.

— Je sais, lui dis-je, ce qu'il a écrit là-dessus, et *le peu qu'on a répondu*. J'ai trouvé le moyen ici d'avoir des notices exactes : cela n'est pas à bon marché ; mais comme c'est pour le bien de l'affaire, il faut que l'affaire porte tout. Car ce n'est plus une entreprise de commerce, c'est une affaire d'honneur et de patriotisme ; je vais plus loin, d'*obstination*. Ils ont juré que les fusils n'arriveraient pas, moi j'ai juré qu'autre puissance que la nation ne les aurait. Mon premier motif est le besoin que nous en avons.

Or voici de nouveaux ministres, nous allons voir comme ils procéderont ; mais, quelque mal qu'ils puissent faire contre l'arrivée des fusils, je les défie de faire pis que ceux qui leur cèdent la place !

Sur ma simple demande, M. *Chambonas* nous fit dire que, le soir même, M. *Lajard* et lui nous recevraient chez eux. J'y allai, bien déterminé à montrer à ces deux ministres toute la fermeté qui m'avait attiré la disgrâce de M. *Clavière*.

J'avais le portefeuille de mes correspondances : j'instruisis fort au long les ministres ; ils nous donnèrent audience complète, et telle qu'aucun prédécesseur ne m'en avait jamais donné. — Enfin, monsieur, me dirent-ils, résumez-vous. Que voulez-vous, et que demandez-vous ?

— Je ne demande plus, messieurs, leur dis-je, qu'on m'aide à faire arriver ces fusils, je sens trop qu'on ne le veut pas. Je demande seulement qu'on me dise qu'*on n'en a pas besoin* ; qu'*ils sont trop épineux, trop chers, ou trop embarrassés* ; enfin *tout ce qu'on voudra* ; mais qu'on le dise par écrit, afin que cet écrit fasse ma justification. Je n'ai cessé de le demander aux ministres vos prédécesseurs : non que je voie sans douleur la France privée de ces armes ; mais je sais trop que le fond de ceci est qu'on veut m'abreuver de tant de dégoûts à la fois, que, dépité, je vende les armes en Hollande, afin de crier dans Paris que *mon patriotisme était une chimère*, et que *j'ai créé les obstacles qui ont enfin porté ces armes chez nos ennemis*.

Quand vous m'aurez rendu, messieurs, et mes paroles et mes fusils, j'irai à l'*assemblée nationale*, j'élèverai l'écrit que vous m'aurez donné, je prendrai l'*assemblée* à témoin de tout ce que j'ai fait pour nous procurer ce secours ; et si elle dit, COMME LES AUTRES, ou que *la nation n'en veut pas*, ou *qu'elle n'en a pas besoin*, je prendrai conseil de moi-même pour savoir ce que j'en dois faire.

— Nous savons bien ce que vous en ferez, dit en riant un des ministres : vous les vendrez à beaux deniers comptants. M. *de Maulde* nous écrit qu'on vous en fait des offres magnifiques. — S'il écrit tout, messieurs, il doit vous dire aussi avec quel dédain j'ai refusé ces offres. — Aussi, me dit M. *de Chambonas*, le mande-t-il très-positivement.

— Oui, monsieur, on les fait depuis plus de deux mois. Je n'avais point cherché à m'en faire un mérite : mais puisque M. *de Maulde* l'écrit, elles sont telles, ces offres, que tout autre que moi les aurait dix fois acceptées ; mon argent me serait rentré avec un très-fort bénéfice ; mais je suis *Français avant tout*. Et cependant je ne puis soutenir l'état fâcheux où l'on me tient, qui détruit mon repos, et ma fortune, et ma santé, quand je puis d'un seul mot voir tout cela bien rétabli !

M. *Lajard* me répondit : — Nous ne pouvons, de notre fait, rompre un traité d'*armes si nécessaires*, au moment où nous en manquons, sans consulter auparavant les trois comités réunis, *diplomatique*, *militaire* et *des douze* ; nous les consulterons, et nous vous donnerons réponse.

Le lendemain, M. *de Chambonas* nous dit qu'il avait entamé l'affaire avec *des membres des comités* : que par les difficultés survenues en Hollande, on regardait assez le traité de M. *de Graves* comme *rompu de fait* ; mais qu'on était loin *de me dire qu'on ne voulait plus de ces armes*, et moins encore *de le signer*, dans l'extrême besoin que l'on avait de mes fusils. — Monsieur, monsieur, répondis-je au ministre, ou vous voulez des armes, ou vous n'en voulez point. Je ne saurais prendre un parti sur les offres que l'on me fait qu'après une décision précise : cette décision, quelle qu'elle soit, je l'attends de votre honnêteté ; *mais il me la faut par écrit*.

— C'est qu'on craint, dit M. *Lajard* (en me regardant dans les yeux), que vous ne vouliez en user pour nous monter le prix des armes au taux avantageux pour vous, des offres qu'on vous fait là-bas.

— Monsieur, lui dis-je avec chaleur, si l'on m'aide de bonne foi à lever l'injuste embargo que les Hollandais nous ont mis (*en fournissant le cautionnement que mon vendeur exige avec justice*), je donne ma parole d'honneur que dans ce cas nul acheteur n'aura les armes que la France, à qui je les ai destinées *quelque prix qu'on m'en offre ailleurs*. Je donne ma parole d'honneur que je n'augmenterai point le prix de mon premier marché, quoique je pusse en avoir à l'instant plus de *douze florins* en or, au lieu de huit que je tiendrai de vous en assignats. *Voulez-vous ma déclaration, pour la montrer aux trois comités réunis?* Je ne demande autre justice que de me trouver délivré de la fâcheuse incertitude qui m'a tant tourmenté depuis trois mois sur l'*éventualité du prix des assignats à époque incertaine*; au point que j'en ai souvent pensé, en suivant la conduite *impolitique, impatriote, injuste* des ministres passés, que l'on voulait traîner les choses jusqu'au moment où, l'*assignat* tombant à une perte excessive, on me ferait offre réelle, en exigeant de moi la livraison subite: et j'en ai vu assez pour m'attendre à ce beau procès. Et tout cela pour n'avoir pas pu gagner sur la timidité de M. *de Graves* la justice de traiter *en florins* avec moi, parce que ce n'était point l'usage *dans les fiers bureaux de la guerre :* mais ils ont cent moyens de se dédommager, quand moi je n'en veux pas un seul.

— Mais qui nous assurera, me dit l'un des ministres que, fatigué par les obstacles qui retiennent ces armes en Zélande, vous ne les vendrez pas à d'autres quoique nous ayons vos paroles? car enfin vous êtes négociant, et ne faites de grandes affaires que pour gagner beaucoup d'argent?

— J'entends votre objection, monsieur ; elle pourrait être un peu plus obligeante : quoi qu'il en soit, je vais vous délivrer de toute inquiétude à cet égard. Pour vous bien assurer qu'aucune autre offre ne pourra me séduire, faites recevoir à l'instant *mon expropriation et la livraison à Tervère*, par qui vous jugerez à propos : la chose étant devenue *vôtre*, vous aurez seuls le droit d'en disposer. Puis-je aller plus loin avec vous? daignez me l'indiquer, messieurs. Pour purger mon patriotisme des soupçons dont on l'a couvert, il n'est rien, rien *à quoi je ne me soumette*.

À l'air étonné des ministres, je vis qu'ils étaient prévenus. — Quoi! monsieur *Beaumarchais*, vous parlez sérieusement? Quoi! si nous vous prenions au mot, vous auriez le courage de ne pas reculer ? — Le courage, messieurs! c'est de ma pleine volonté que j'en fais l'offre et la déclaration. — Eh bien! me dit M. *Lajard*, mettez-nous cela par écrit : nous consulterons sérieusement *les trois comités réunis*.

Le lendemain 9-juillet, les ministres reçurent de moi e net résumé que voici :

BEAUMARCHAIS

À MM. DE LAJARD ET CHAMBONAS, MINISTRES DE LA GUERRE ET DES AFFAIRES ÉTRANGÈRES.

« 9 juillet 1792.

« MESSIEURS,

« Vous le savez, il faut en toute affaire simplifier pour éclaircir. Permettez-moi de rappeler les principes que j'ai posés dans la conférence d'hier, et que vous parûtes adopter. — Comme négociant, ai-je dit, je n'aurais

nul besoin que le gouvernement français se substituât à moi dans l'affaire des fusils de Hollande, si je rompais mon traité avec lui (*à Dieu ne plaise !*). Et vous avez, messieurs, la preuve dans vos mains que la meilleure et la plus courte façon pour moi de terminer l'affaire à mon grand avantage est certes bien en mon pouvoir, si je veux me borner aux vues commerciales, puisqu'on ne cesse de m'offrir (avec promesse et même avec menace) de me rembourser sur-le-champ, *en ducats cordonnés et sous le bénéfice qu'il me conviendra d'imposer*, les soixante mille fusils que j'ai achetés en Hollande : *votre ambassadeur vous l'écrit*.

« Ce n'est donc point comme négociant, ce n'est point comme spéculateur que j'ai traité cette question avec MM. *Lajard* et *Chambonas*, mais en patriote français qui veut le bien de son pays avant tout, et le préfère à son propre avantage. *Faites-moi la justice de vous en souvenir*.

« Je vous ai proposé, messieurs, de vous substituer à moi, en recevant la livraison de toutes mes armes à *Tervère*, la subite déclaration de la guerre ayant apporté un obstacle invincible pour moi à les livrer en France, et le ministère français ayant des moyens qui me manquent de faire lever l'injuste embargo hollandais, et d'amener ces fusils à *Dunkerque*. Je vous ai fait sentir, messieurs, que votre premier avantage était, en ceci, d'empêcher nos ennemis de s'en emparer par la force comme on m'en menace aujourd'hui, les Hollandais ne pouvant hasarder de laisser faire contre un gouvernement ce qu'ils protégeront peut-être contre un simple particulier.

« En vous expliquant bien ceci, messieurs, je n'ai fait que renouveler *ce que j'ai dit vingt fois aux ministres vos prédécesseurs*.

« Ne pouvant amener au *Havre* une cargaison d'armes que l'on me retient en Zélande, *contre justice et droit des gens*, je vous pose ainsi la question :

« Quand le ministère m'a pressé d'acheter ces fusils pour le service de la France, *les sacrifices d'argent ne m'ont pas arrêté :* depuis trois mois je tiens ces armes en magasin, mais je ne les tiens qu'en Zélande ; et vous savez que le gouvernement d'Autriche engage celui de Hollande à les empêcher d'en sortir, sans aucun prétexte plausible, uniquement parce qu'ils sont les plus forts, et peuvent être impunément injustes à l'égard d'un particulier. Ces fusils sont donc à *Tervère*. Ils y sont pour votre service, et voici mon dilemme unique:

« La France a-t-elle besoin des armes; et surtout vous importe-t-il qu'elles ne passent point dans les mains de nos ennemis, qui les demandent à tout prix, *ce qui doublerait le dommage?* recevez-en la livraison à *Tervère*, en place du *Havre*, où je ne puis plus vous la faire. C'est le seul changement que je propose à mon traité ; car je ne vous dis point : Messieurs, rompez le traité de ces armes entre M. *de Graves* et moi; au contraire, je vous propose d'accélérer sa conclusion, *pour vous assurer qu'il l'aura*, en faisant faire la réception des armes dans ce port, où elles sont encore. Alors vous agirez de couronne à couronne; et l'on aura bientôt raison, parce qu'on vous respectera, quand on n'a nul égard pour moi.

« Ne voulez-vous pas à l'instant vous mettre en possession des fusils? moyen qui peut seul empêcher peut-être qu'on ne s'en empare par la force, si je m'obstine à ne pas les leur vendre; alors (et je le dis avec un grand regret) déclarez-moi, messieurs, *que vous ne voulez plus des armes, et que vous renoncez à les avoir à vous par ma livraison à Tervère, m'autorisant à m'en défaire à moins de perte et de risque possible.*

« Obligé de céder à l'empire des circonstances, je porterai sur le bureau de l'*assemblée nationale* tous les marchés et correspondances, enfin les détails bien prouvés de mes efforts patriotiques pour procurer ces armes à la France. Alors, bien affligé, mais dégagé de prendre une peine inutile pour servir mon pays en ce point *quand je n'y suis aidé par aucun des pouvoirs*, et quand depuis trois mois mes capitaux sont loin de moi engagés, arrêtés, avec des pertes incalculables, j'écrirai en Hollande: *Laissez aller ces malheureux fusils aux conditions qu'on vous en offre, plutôt que de les voir enlevés par la force, et de n'avoir après tout pour espoir que l'aperçu d'un éternel procès dont je ne sortirais jamais, contre mon vendeur et l'État, pour cause de violence, d'une part, et de non-livraison de l'autre.*

« Ne croyez pas, messieurs, qu'un transport fictif envers vous pût me tirer de l'embarras où je me trouve! au contraire, il me ferait perdre *le seul temps qui me reste* pour retirer mes capitaux, engagés si longtemps pour le service de la patrie. Il m'enlèverait tout pouvoir d'échanger contre des ducats ces armes dont vos ennemis ont bien autant besoin que vous, et qu'ils ne cessent de demander, en s'offensant de mes refus constants.

« Quel serait notre sort, messieurs, si, par un traité simulé, vous plaidiez ma cause en Hollande, au lieu d'y débattre la vôtre, et ne réussissiez pas à conduire les armes à *Dunkerque* dans un temps utile pour vous? Il vous resterait l'avantage d'avoir au moins empêché l'ennemi de s'en servir contre vous-mêmes, pendant toute la guerre actuelle; et moi, privé de tous mes fonds, je n'obtiendrais pour récompense d'avoir bien servi mon pays, que le désespoir de me voir *une horrible quantité d'armes que je ne vendrais à personne, personne n'en ayant plus besoin!* je serais ruiné, abîmé; sans doute vous ne le voulez pas.

« On m'objecte, messieurs, que votre responsabilité s'expose, si vous annulez le traité de M. *de Graves* avec moi! Oui, messieurs, elle est exposée si vous annulez ce marché pour laisser vendre aux ennemis les fusils achetés par vous; mais non pas si vous l'échangez contre un traité définitif qui vous assure que l'ennemi ne s'emparera point des armes, puisque, étant reconnues *propriété nationale*, les Hollandais ne peuvent plus, à moins de déclarer la guerre, souffrir ouvertement chez eux que l'on viole leur territoire, pour vous faire une grave insulte dont ils deviendraient les complices! Voilà la question bien posée sur ce qui tient, messieurs, à la *responsabilité des ministres* dans cette affaire.

« Quant à la conférence d'hier, en voici le court résumé. Je vous ai proposé, messieurs, de vous faire la livraison des armes *réellement*, et non *fictivement*, à *Tervère*, en place *du Havre*, sur les motifs que vous venez de lire; ou que vous déclariez, en annulant le traité de M. de Graves, *que vous ne voulez plus des armes pour la France, et me rendez l'entière liberté de faire recouvrer mes fonds où, quand et comme je pourrai, sauf les justes indemnités!* je vous supplie, messieurs, de m'accorder la faveur d'une prompte réponse; car je cours d'imminents dangers, que mon ardent patriotisme est bien loin d'avoir mérités! vous-mêmes avez eu la bonté de me le dire hier matin.

« Recevez, messieurs, les respects d'un bon citoyen affligé.

« *Signé :* Caron de Beaumarchais. »

Je fus trois jours sans avoir de nouvelles. Je priai M. *de la Hogue* de passer aux *affaires étrangères*. Il me rapporta pour réponse qu'il avait rendez-vous le soir même aux trois comités réunis, *diplomatique, militaire et des douze*. Eh bien! nous allons voir, lui dis-je, si les ministres sont de bonne foi: car enfin les trois comités ont, comme moi, les yeux ouverts sur eux. *La Hogue* fut aux comités; il y plaida (au grand étonnement de tous) la nature des obstacles *français et hollandais* qui arrêtaient ces fusils *à Tervère*. Le fond de son discours, tiré de ma lettre aux ministres, de ma requête aux états de Hollande, de leur pitoyable réponse, qui étaient là sur le bureau, et jetaient sur toute l'affaire un jour lumineux et pressant; son discours, sa conclusion, furent: qu'il y avait un avantage immense pour moi (comme négociant) *que l'on me rendît maître de disposer de mes fusils;* que sous huit jours alors je remettrais les cinq cent mille francs d'assignats *comme je les avais reçus*, parce que je recevrais dans quatre jours, au prix de douze florins, les ducats bien comptés *de la masse entière des fusils.* Il ajouta qu'on lui avait offert, à lui, mille louis et plus, pour qu'il tentât de m'y déterminer. Mais il assura bien messieurs des comités (comme patriote) je les laissais les maîtres de juger, *non dans mon intérêt, mais* dans celui de la nation, *si ce parti convenait à la France.*

Pouvait-il s'expliquer plus généreusement en son nom?

Là M. *de la Hogue* entendit la lecture de la lettre honorable de notre ministre à la Haye, que M. *Chambonas* avait eu l'équité d'envoyer aux trois comités. Oui, honorable *à mon patriotisme!* et qui me valut de leur part *les grands éloges dont j'ai parlé dans ma pétition de défense.* Or, cette lettre, la voici; je m'en suis fait donner une bonne expédition par *les affaires étrangères*, quand elles n'étaient pas si *étranges* à mon égard qu'elles le sont devenues depuis que M. *Lebrun* en fait son patrimoine:

Monsieur de Maulde à monsieur Dumouriez, ministre des affaires étrangères.

« A la Haye, le 2 juin 1792, l'an IV de la liberté.

« Monsieur,

« La présente vous sera remise par M. *de la Hogue*, associé de M. *Beaumarchais* pour l'acquisition des armes qui sont à Tervère. Les tentatives qu'il a faites jusqu'à présent, n'ayant pu en obtenir l'exportation, ont été infructueuses, malgré tout le zèle qu'il a pu y mettre. Mais je dois rendre justice à son patriotisme ainsi qu'à celui de M. *Beaumarchais*, en disant qu'ils ont refusé des offres infiniment avantageuses, et au moyen desquelles ils auraient recouvré, même avec un fort bénéfice, tous leurs capitaux, par la seule raison que c'étaient des ennemis de l'état qui leur faisaient ces propositions.

« Je m'empresse, monsieur, de leur rendre cette justice, ne doutant pas que vous la prendrez en d'autant plus grande considération, qu'en éprouvant un retard pour la rentrée de leurs fonds, ils ont, par leur refus constant, rendu à la nation un service essentiel, en empêchant au moins ces armes d'être dans les mains des ennemis.

« Le ministre plénipotentiaire de France à la Haye,

« *Signé :* Emm. de Maulde. »

J'ai demandé aussi aux affaires étrangères expédition de la lettre que le ministre *Chambonas* avait écrite au président des comités, en leur envoyant mon mémoire; et je la joins ici pour établir mon corps de preuve, à votre gré, *Lecointre*, et sans lacune, *la voici* :

Le ministre des affaires étrangères aux trois comités réunis.

« Du 11 juillet 1792.

« Monsieur le président,

Le moment où les trois comités, *militaire, diplomatique et des douze*, sont réunis pour aviser à tous les moyens d'augmenter les forces intérieures de l'empire, me paraît propre à leur soumettre une question aussi difficile qu'essentielle, et sur laquelle le ministère prononcerait avec plus de confiance, *s'ils connaissaient l'avis des membres qui composent ces comités*.

« En vous adressant, monsieur le président, le clair et court mémoire qui a été remis à M. *Lajard et à moi* par M. *Beaumarchais*, négociant et propriétaire des soixante mille fusils qui font l'objet de son mémoire, et dont l'extradiction est devenue très-difficile depuis la déclaration de la guerre, *je crois pouvoir me dispenser d'entrer dans tout autre détail que celui de vous assurer que tous les efforts patriotiques du négociant à ce sujet sont, depuis trois grands mois, absolument infructueux, et qu'il les a portés aussi loin qu'un particulier peut le faire par le sacrifice de ses propres intérêts.* Il demande avec raison une prompte décision : la lecture du mémoire suffira; et tous les éclaircissements que l'officier par qui j'ai l'honneur de vous l'envoyer est seul en état de donner, ne laisseront rien à désirer *aux trois comités réunis* sur cette importante affaire. Cet officier a traité lui-même cette affaire en Hollande, au nom de M. *Beaumarchais*, son ami, tant avec le vendeur, le gouvernement et l'amirauté, qu'avec *notre ministre à la Haye, lequel a été spécialement chargé par mon prédécesseur de réclamer ces armes comme la propriété d'un négociant français, injustement retenue en Hollande; griefs dont il demandait à grands cris le redressement à la France.* L'objet est capital, sous le double point de vue de faire entrer enfin ces armes *en les réclamant comme une propriété devenue nationale*, et d'empêcher surtout que nos ennemis ne parviennent à s'en emparer avec force, si elles restent plus longtemps celle d'un simple négociant, comme il en paraît menacé.

« Je crois qu'il y aurait du danger que cette question fût agitée dans le sens *de l'assemblée nationale*, à cause de la publicité : mais si vous voulez bien, monsieur le président, *me faire connaître l'avis des comités*, je ferai repartir sur-le-champ M. *de la Hogue*, qui a été porteur des dépêches de *notre ministre de la Haye*, pour que ce dernier fasse à l'instant ce qui sera nécessaire pour faire cesser une injustice *qui nous est si préjudiciable*.

« *Signé :* Chambonas. »

Il était impossible que des ministres, quels qu'ils fussent, se comportassent plus honorablement.

Le soir j'appris, par M. *de la Hogue*, qu'en général on convenait aux comités qu'il fallait accepter ce qu'on nommait *mes offres généreuses*, qui, de ma part, n'étaient que l'expression d'un vrai patriotisme, sûrement dans le cœur de tous. On dit à M. *de la Hogue* qu'on enverrait aux deux ministres *l'avis des trois comités réunis*. En l'écoutant, je fis un soupir de soulagement. *Dieu soit béni!* me dis-je : *tous les hommes ne sont ni injustes ni atroces! et la France aura les fusils.*

Dans la crainte qu'on n'oubliât l'affaire, j'écrivis sur-le-champ cette lettre en forme de mémoire :

A messieurs des trois comités réunis, diplomatique, militaire et des douze, en assemblée avec les deux ministres de la guerre et des affaires étrangères.

« 16 juillet 1792.

« Messieurs,

« Si, dans l'affaire des fusils détenus en Hollande, ma conduite vous a paru telle, que chacun de vous se fût honoré d'en tenir une semblable, en bons patriotes que vous êtes, je vous demande, pour toute récompense, *de ne pas me laisser exposé à l'affreuse nécessité de céder aux demandes des ennemis de l'État!*

« Je mourrais de chagrin, après ce que j'ai fait pour les priver de ces ressources, si votre décision me forçait à la honte de les laisser se mettre en possession des armes *destinées à nos braves soldats.*

« J'irai, pour les en empêcher, au dernier terme de mon pouvoir : c'est à vous à faire le reste.

« Agréez, etc.

« Signé : BEAUMARCHAIS. »

Le lendemain au soir, les ministres me dirent que mes offres étaient acceptées par les comités réunis, *avec beaucoup de gratitude*. Ils eurent même l'honnêteté, sur ma demande instante, de me communiquer *l'avis particulier des trois comités réunis*, dont je les suppliai de me faire donner copie, pour l'étudier, et tâcher de m'y conformer, *touché de voir que l'on commençait à m'entendre*. La voici :

« 16 juillet 1792.

« L'avis de la commission *des douze et des comités réunis*,

« 1° Pour conserver à la nation tous ces avantages, et les moyens de retirer les fusils ; 2° pour rendre toute justice *au négociant*, dont le marché doit être considéré comme *rompu par force majeure*, et *qui cependant*, pour conserver à la nation la possibilité d'avoir ces armes, *n'use pas de ses droits, et refuse un fort bénéfice*,

« A ÉTÉ.

« 1° Qu'il ne faut pas acquérir, recevoir à *Tervère*, et réclamer ces armes, comme une propriété nationale, et qu'il est préférable d'agir fortement au nom de la nation, *mais pour le négociant*, et d'exiger le redressement du tort qui lui est fait par cette violation du droit des gens ; mettre à cette affaire *la plus grande force et le plus grand éclat* ;

« 2° *Reconnaître légalement, et faire attester en bonne forme par les ministres de la guerre et des affaires étrangères*, que l'exécution du marché conclu avec M. de Graves, et la remise des armes *au Havre*, ayant été empêchées *par force majeure*, par la déclaration de guerre inopinée et la violation du droit des gens, ce marché doit être considéré *comme résilié de fait*; mais que, puisqu'il est avantageux à la nation *que le négociant, dont le patriotisme a préféré de rester dans une position dangereuse, et qui compromet sa fortune, ne profite pas de ses avantages*, les fonds de ce négociant, qui restent engagés, et ne peuvent rester tels *que de son libre consentement*, doivent lui être garantis, *quel que soit l'événement*, afin qu'il demeure indemne ;

« 3° Que cet acte nouveau doit être conclu sur-le-champ, renfermer *tous les moyens de dédommagement pour le négociant, quelles que puissent être les circonstances* : car, sans cela, il serait forcé de livrer ces armes aux ennemis, et ne pourrait d'aucune manière être contraint à l'exécution du marché avec M. de Graves ;

« 4° Que, de quelque manière que *les fonds du négociant restent engagés, il a le droit d'exiger*, contre la garantie suffisante de ses fonds, *l'intérêt commercial* ou *industriel*, depuis l'époque où *par force majeure* le marché s'est trouvé impossible à exécuter, *et par conséquent* NUL ;

« 5° C'est un nouveau marché à conclure : il faut regarder le premier comme non avenu, *remettre le cautionnement*, et traiter le négociant comme possédant à Tervère des armes qu'il s'engage à ne livrer qu'à la nation : à condition que *dans tous les temps elles seront reçues par la nation*; à condition que si l'on fait la guerre à notre commerce *en s'emparant de cette propriété* sur le territoire hollandais, *le dommage en sera supporté* PAR LA NATION : ce qui est la seule garantie suffisante des fonds engagés. »

Telle est, ô citoyen Lecointre, la base sur laquelle porta le traité calomnié que les ministres consommèrent.

Il ne s'agit, me dirent-ils, que de bien donner à ces vues les formes d'un nouveau traité. Mais on désirerait savoir, dans la supposition qu'en vous expropriant aujourd'hui vous allez nous ôter la crainte de voir ces armes passer aux ennemis, si vous consentirez, par le même traité, de n'en être payé qu'au temps où l'on pourra les faire venir en France ; *prenant pour le plus long délai la fin de cette guerre, la cessation de toute hostilité*.

— Messieurs, leur dis-je, excusez-moi : ce que vous me proposez là est une autre éventualité pire que celle des assignats : car si la guerre dure dix ans, je serai donc dix ans privé de mes fonds commerciaux ? Je ne puis accepter cette offre : aucun négociant ne le peut.

— Mais on vous allouera, dirent les ministres, *aux termes de l'avis des trois comités réunis*, pour la nullité de vos fonds, l'intérêt *commercial* ou *industriel* que vous exigerez, et qu'on sait bien vous être dû. C'est l'avis de tous ces messieurs, et c'est à vous à l'indiquer.

— Il n'y a point, messieurs, d'intérêt acceptable qui puisse dédommager un négociant de l'absence de ses fonds *pour un temps indéterminé*. Quel droit me reste à ces fusils, quand je vous les aurai livrés au seul endroit du monde où la chose est possible ? alors ils sont à vous; *et pourquoi préférer pour moi un intérêt industriel* QUE JE NE VOUS DEMANDE PAS, *à mon payement effectif, qui est juste et que je demande?*

— Ah ! c'est qu'on pense, me dit-on, que l'attrait d'avoir votre argent plus tôt vous engagera à continuer de faire autant d'efforts pour les tirer de là, que si ces armes, que nous réclamerons comme vôtres, étaient encore effectivement à vous.

— Messieurs, mes efforts ne sont rien, si vous n'y joignez pas les vôtres. Si c'est pour échauffer mon zèle (dont on ne peut pourtant douter, après mes sacrifices immenses) que voulez garder mes fonds, quand je me suis exproprié des armes, je ferai encore celui-là : mais je n'indiquerai point *l'intérêt commercial* d'une aussi bizarre mesure, *qui me répugne étrangement*. Vous ou les comités, appréciez-le vous-mêmes. Je n'y mets qu'une condition. J'ai tellement été vexé, que si d'autres ministres, *et tels que j'en connais*, vous succédaient un jour et me déniaient justice, je me verrais à leur merci ; et je sais ce qu'en vaut l'épreuve : j'ai passé par une fort dure !

Je demande qu'en vous donnant, par ma livraison à *Tervère*, toute la sûreté *d'une expropriation parfaite* qui remet les armes en vos mains, et vous ôte l'inquiétude que jamais je les vende à d'autres, les fonds destinés au payement *soient déposés chez mon notaire*, afin que la sûreté soit réciproque des deux parts ; et que toutes les vilenies des *oppositions*, des *patentes*, surtout de me faire valeter des mois entiers pour obtenir mon dû, ne puissent plus m'atteindre. Je demande, de plus, que votre propriété remonte au temps de mon traité avec M. *de Graves*, puisque les intérêts, magasinage et frais de toute nature sont depuis ce temps à ma perte. A ce prix je n'objecte plus.

Les comités furent consultés de nouveau. *Le dépôt des fonds parut juste, alors que je m'expropriais*, et l'acte ainsi fut minuté dans les bureaux de ces ministres. J'en ai les minutes, *chargées en marge* des observations du ministre de la guerre et d'un chef de bureau, à l'encre et au crayon. Lecointre, je vous les remettrai : elles sont dans mon portefeuille. C'est avec ce portefeuille-là, qui renferme toutes mes preuves, que je veux vous corrompre et *vous acheter*, vous et la *Convention*, afin qu'un grand *feuilliste*, que vous connaissez tous, ait encore une fois raison !

L'on proposa M. *de Maulde*, en qualité de maréchal de camp instruit, pour faire la réception des armes *à Tervère* ; lui qui était chargé d'en acheter tant d'autres ! Je l'acceptai avec plaisir, quoique je ne le connusse que sur sa réputation d'habile homme.

Et quant à la question de l'intérêt *commercial-industriel de mes fonds, dont on me privait*, elle avait été, me dit-on, bien débattue *aux comités*. Enfin, puisque vous refusez, par déférence à leur avis, de vous expliquer là-dessus, *l'on vous propose*, me dit un des ministres, *un intérêt de quinze pour cent ; répondez net : l'acceptez-vous?*

— Messieurs, leur dis-je, si c'est comme dédommagement du sacrifice d'argent que je fais à la France en vous laissant mes armes au premier prix que je les ai vendues, quand j'en pourrais toucher un bien plus fort, *je ne l'accepte pas*, parce qu'il n'y a nulle proportion entre le sacrifice et le dédommagement offert, et que je ne mets point à prix tout ce que mon civisme exige. Si c'est comme *intérêt commercial* de mes fonds que vous retenez malgré moi, *sans que je devine pourquoi*, vous m'obligerez beaucoup plus de me payer, messieurs, en recevant ma livraison, et de garder *votre intérêt*, qui n'est qu'une ruine pour moi. L'on ne fait rien qu'avec des capitaux : *les intérêts sont bons pour les oisifs*.

Pour n'être remboursé qu'à la fin de la guerre, *je n'en puis accepter non plus*, si vous ne me mettez à même, en me remettant quelques fonds, de suivre des objets majeurs que j'ai entamés malgré moi. Ou plutôt permettez que mon payement tienne lieu de l'intérêt que vous m'offrez comme un dédommagement : car aucun emprunt que j'aie fait pour cette malheureuse affaire, ne m'a coûté, tous frais payés, un intérêt plus médiocre que celui que vous proposez pour me garder mes fonds un *temps illi-*

mité. Une semblable perte ne saurait s'apprécier : interrogez tout le commerce.

M. *Vauchel*, de l'artillerie, qui nous servait comme de rapporteur, prit la parole, et dit que si j'acceptais l'intérêt qu'on m'offrait, au lieu du capital *que l'on voulait garder*, on me payerait *cent mille florins comptant* en déduction du prix des armes, pourvu que j'acceptasse des mandats à plusieurs époques.

Après quelques débats je me rendis avec regret. Les blancs de l'acte furent remplis, et nous nous retirâmes pour qu'on en fît quatre expéditions semblables : une *pour le département de la guerre*, l'autre *pour celui des affaires étrangères*, la troisième *pour le dépôt des trois comités réunis*, et la quatrième *pour moi*.

Le lendemain au soir, nous nous rassemblâmes à l'hôtel de la guerre, les ministres, MM. Vauchel, de la Hogue et moi, pour terminer.

Tels furent, Lecointre, les détails de cette négociation. Avais-je beaucoup influé sur tout ce qu'on venait de faire, contrariant en tout mes vues, me laissant pour tout avantage l'honneur des sacrifices que j'avais consommés? Avec cette *authenticité, si les ministres étaient coupables*, il faut pourtant prononcer net que *les trois comités n'étaient guère plus innocents*.

Voilà donc le traité conclu après de longues discussions. Vous allez voir, ô citoyens, de quels moyens on s'est servi pour en éluder toutes les clauses, et me plonger dans de pires embarras que ceux dont j'avais tant souffert.

Après lecture faite du traité, à l'instant qu'on allait signer, M. Vauchel (un des plus puissants objecteurs que j'aie rencontrés de ma vie) *s'avisa* que si mon notaire, ayant quelque besoin d'une aussi forte somme, *s'avisait*, lui, de l'emporter, il s'agissait de décider qui, de la nation ou de moi, en supporterait le dommage.

Je sentis que cette objection pouvait nous faire user un mois en vains débats, au grand dommage de l'affaire. Je tranchai la difficulté en disant à M. Vauchel que personne ne le supporterait, parce qu'au lieu de déposer les florins *que nous n'avions pas*, ni même des assignats au cours du change pour florins, on prendrait, *en présence des ministres*, de bonnes lettres de change pour la somme, *au plus fort* (comme dans les lois anglaises) ; puis passées à mon ordre et déposées ainsi chez le notaire, *traites*, comme on le voit, *dont il ne pourrait abuser* ; et qu'à leur échéance on les renouvellerait, sous les mêmes formalités, jusqu'au terme du payement, à quelque époque qu'il pût se prolonger ; qu'on réglerait alors les différences *en plus, en moins*. Je courais, comme on le voit, au-devant de tous les obstacles.

Cela parut raisonnable à tout le monde. Enfin M. Vauchel, se voyant si pressé, se tourne vers les deux ministres : — Il faut bien dire à M. Beaumarchais le vrai motif de la difficulté. *Le département de la guerre n'est pas assez en fonds pour se dessaisir si longtemps d'une aussi forte somme avant de la payer.*

— Par quel renversement d'idées, répondis-je comme un éclair, voulez-vous me soumettre, moi, à vous laisser mes fonds, au hasard de la malveillance et d'une longue nullité, quand le *gouvernement français* ne se croit pas assez riche pour l'oser? Messieurs, ceci rompt court. Permettez que je me retire.

Je m'en allais. Vauchel m'arrêta, disant que je prenais le change sur l'intention qui l'avait fait parler; qu'on ne prétendait point l'arracher de moi par violence, *puisque le dépôt de la somme était réglé avec les comités;* mais qu'après avoir fait tant d'honorables sacrifices, *une marque de confiance dans le gouvernement français ne devait pas m'en sembler un :* qu'on ne voulait point me tromper; qu'on m'en saurait le plus grand gré; que pour mieux m'y déterminer, au lieu de *cent mille florins* que j'allais toucher tout à l'heure, si, pour faire aller mes affaires, j'en voulais *toucher deux cent mille,* on me les donnerait, pourvu que je consentisse que les ordonnances fussent à poste, aux dates dont on conviendrait, ce qui diminuerait d'autant *cet intérêt commercial* qui paraissait me contrarier. La tête me brûlait! Je me promenais sans rien dire dans le cabinet du ministre, où l'on entrait à tout moment: je cherchais vainement le mot de cette énigme. J'étais horriblement troublé.

Était-ce un piége, une réalité? Les deux ministres, à qui je dois la justice de dire qu'ils étaient pour néant dans ces difficultés, tout aussi étonnés que moi, m'assurèrent qu'on en rendrait le meilleur compte à l'*assemblée des comités,* et que j'en recevrais l'honneur dû à un si bon citoyen.

M. Vauchel, regardant la chose comme arrêtée, quoique personne n'eût rien dit, emporta les minutes pour les faire refaire dans la journée du lendemain, après avoir ôté de l'acte *le dépôt mis chez mon notaire,* en ajoutant, COMME REÇUS PAR MOI, *deux cent mille florins au lieu de cent.*

Quant à moi, je me retirai dans une confusion d'idées insupportable. Je voulais écrire aux ministres que je les suppliais de trouver bon qu'il n'y eût rien de fait, leur redemandant mes paroles. Mais ils s'étaient conduits si honorablement! L'on pouvait tourner contre moi mon invincible répugnance, en me supposant l'intention de vouloir revenir sur l'acte, pour préférer l'argent des ennemis à l'avantage de la patrie.

Enfin, très-indécis, le lendemain au soir nous fûmes chez M. *Lajard.* M. *Vauchel* y lut le nouvel acte, cependant que chacun collationnait un des quadruples. Moi, comme un déterré, j'envisageais M. *Vauchel,* pour voir si tout était fini. Ce rapporteur fit signer les ministres; mon tour vint: j'hésitais; on me pressa; je signai sans parler. M. *Vauchel* serra un de mes quadruples dans sa poche; et comme je demandais les *ordonnance de mes fonds,* M. *Vauchel,* s'attablant pour les faire, *se ressouvint subitement* qu'il avait dans ses mains l'opposition d'un sieur *Provins,* sans la mainlevée de laquelle aucun ministre, disait-il, ne pouvait me remettre une ordonnance de fonds.

— Mais, monsieur, dis-je avec chaleur, vous m'avez fait reconnaître dans l'acte que *je les ai reçus comp-* *tant.* — Cela est bien égal, dit-il. Il n'y a qu'à mettre une addition à l'acte, qui dira qu'*attendu cette opposition, vous ne toucherez rien qu'elle ne soit levée.*

— Messieurs, leur dis-je, ce *Provins* a été condamné deux fois; il est sans titre contre moi, je n'ai nulle affaire avec lui : ce n'est qu'un instrument qu'on fait agir à défaut d'autre, pour m'arrêter de toutes les façons. Il demande quatre-vingt mille francs à mon vendeur de Brabançon, qui m'écrit *ne lui rien devoir.* Eh! quel rapport cela peut-il avoir avec une affaire si majeure, qui regarde l'État et moi? Gardez, si vous voulez, cent mille francs ou cent cinquante mille : mais ne détruisez point un objet capital pour vous, en nous faisant user les mille et un délais que la loi accorde à cet homme, pour que l'arrêt qui le condamne ait son entière exécution.

— Monsieur, me dit M. *Vauchel,* cela est impossible au ministre : mais faites en sorte que l'opposant s'explique au tribunal sur le *maximum* de sa prétention fausse ou vraie sur votre vendeur; prenez-en acte: alors on pourra faire ce que vous demandez. — Non, non, monsieur, lui dis-je; déchirons plutôt les traités, et qu'il n'en soit jamais question! Dans huit jours au plus tard vous aurez vos *cinq cent mille livres,* et vous me rendrez mes contrats. — *On ne déchire point d'acte,* me dit M. *Vauchel,* quand un ministre l'a signé. Ces délais de condamnation solutive sont une affaire de quinze jours; voulez-vous annuler un acte qui nous a coûté tant de soins, pour le retard d'une quinzaine?

Pendant ce temps il faisait froidement l'addition à l'acte signé par nous tous, par laquelle il était bien dit que *je ne touchais point d'argent.* Vous verrez, citoyens, quel ouvrage on a fait depuis de *mes reçus dans cet acte maudit,* sans parler de la *restriction* qui en annulait l'effet. Vous en frémirez avec moi.

On me fit signer malgré moi l'addition; et je m'en revins en fureur délibérer (*trop tard*) sur ce qu'il fallait faire, emportant avec moi les minutes du premier acte, *chargées de la main du ministre,* où le dépôt chez mon notaire est spécifié comme chose arrêtée. Je vous les remettrai, Lecointre.

C'était le 18 juillet. *Provins* avait été déjà jugé et condamné : *mon avoué me consolait, en me disant comme Vauchel: C'est l'affaire de quinze jours !* O citoyens, voyez vos belles lois! six mois après l'opposition, au 1er décembre suivant, tous les délais de l'ordonnance n'étaient pas encore expirés; et quand ils l'ont enfin été, lorsque ce *Provins* s'est trouvé condamné envers moi *en tous dommages et intérêts,* on l'a fait se pourvoir par appel contre cet arrêt. Il y a neuf mois que cela dure, et Dieu seul sait quand cela finira.

Nous avons depuis essayé, *comme Vauchel le conseillait,* toutes les manières possibles de faire déclarer à cet homme devant le juge, à l'audience, à quoi, *pour le plus fort,* il portait ses fausses demandes contre le Brabançon mon vendeur, pour profiter de sa déclaration, en laisser le montant à la trésorerie nationale jusqu'à sa condamnation ultérieure, et me faire délivrer le reste. Mais on l'avait trop bien endoctriné; cet homme est resté dans le vague d'une *opposition sans motif*. Voilà ce que mon dénonciateur appelle ma reconnaissance de son droit.

Était-ce reconnaître un droit que de chercher tous les moyens d'engager le gouvernement à me payer, malgré cette opposition illusoire? et pouvais-je ne pas céder, lorsqu'on refusait de le faire, *après les signatures données* sur l'acte portant *mon reçu de sommes* QUE JE N'AI POINT REÇUES? Me restait-il d'autre ressource, dans l'état où l'on m'avait mis, que de constater tout au moins, en signant cette restriction, que l'opposition de cet homme, dont on n'avait parlé qu'après *les signatures qu'on ne voulait plus annuler*, avait suspendu des payements qu'on soutiendrait peut-être aujourd'hui m'avoir faits, *notre acte en portant mon reçu*, si l'addition signée ne démontrait pas le contraire? Que n'ai-je pu ravoir cet acte, et le déchirer en mille pièces à l'instant où j'ouvris les yeux! Tout est horrible en cette affaire.

Arrêtons-nous! je sens que mon lecteur se lasse. Mon indignation qui renaît me rend moi-même hors d'état de continuer avec modération.

Qu'avais-je donc gagné, Lecointre, *en sacrifiant mon intérêt* DE VENDRE A L'ÉTRANGER *à l'intérêt bien plus puissant de servir la patrie*? Rien, sinon d'avoir reconnu que les ministres royalistes ni les comités réunis n'avaient cherché à nuire à cette affaire nationale; qu'*un fort parti dans les bureaux d'alors et les ministres populaires* avaient *seuls* mis tous les obstacles qui nous empêchaient d'avancer.

Mais moi, quel était mon état? J'avais perdu ma vraie propriété, et fait à mon pays le sacrifice des avantages *que l'on m'offrait ailleurs*, sans avoir même acquis la sûreté de mon payement, puisqu'on m'avait forcé la main *sur le dépôt chez mon notaire*, sous le vain dédommagement d'un intérêt *dont je ne voulais pas, dont je n'ai pas touché un sou*, quoiqu'on ait fait assurer à Lecointre que l'on m'avait payé *pour l'intérêt échu* la somme de soixante-cinq mille livres, tandis qu'on a trouvé moyen d'arrêter, *sans me rien payer*, les intérêts, les capitaux, enfin jusqu'à mon propre argent, par d'indignes oppositions!

Mais ceci n'était rien auprès de tout ce qui suivit. Malgré l'horreur que j'en ressens, j'ai commencé, il faut finir. Vous allez voir, ô citoyens! *par les* ÉPOQUES *qui vont suivre*, jusqu'où, dans un temps de désordre, la scélératesse en crédit a osé porter son audace pour tâcher de faire périr un citoyen irréprochable, et parvenir enfin à voler la nation sans qu'on pût s'en apercevoir, comme on le fait de tous côtés. Mais malheur à qui m'a forcé d'entrer dans ces affreux détails! Ils ont tous espéré me faire égorger par le peuple trompé; cinq fois l'affreux poignard a menacé ma vie: s'ils le font aujourd'hui, *c'est un crime perdu*: LEUR INFAMIE EST IMPRIMÉE.

QUATRIÈME ÉPOQUE

Malgré l'angoisse que j'éprouve, il faut poursuivre mon récit. O Lecointre, si vous n'êtes pas un instrument banal de toutes les vengeances secrètes; ô Convention nationale, qui m'avez jugé sans m'entendre, mais sur l'équité de laquelle repose encore tout mon espoir; ô Français, à qui je m'adresse, écoutez un bon citoyen qui dévoile une vérité que l'intérêt national, contre son intérêt, le forçait seul de retenir!

Vous le devez. Souvenez-vous de ce dilemme sans réplique, *inséré dans ma pétition*: Si je ne prouve pas à votre gré que les traîtres à la patrie sont ceux qui me font accuser, *je vous fais présent des fusils!* Si ma preuve vous paraît bonne, je m'en rapporte à vous sur la justice qui m'est due.

Dévorez donc, ô citoyens, l'ennui de cette discussion! Ce n'est point pour vous amuser que j'écris, c'est pour vous convaincre; et vous y avez, j'ose dire, un plus grand intérêt que moi. Irréprochable en ma conduite, je puis perdre sur ces fusils; mais vous, quand vous y renoncez, vous faites à la fois une grande perte et une plus grande injustice.

Écoutez-moi aussi, vous qui applaudissiez quand on lança sur moi ce faux décret d'accusation; comme si l'on eût annoncé un triomphe pour la patrie, comme si un motif secret eût fait saisir à tout le monde un prétexte pour m'écraser!

O mes concitoyens, cette cause, entre nous, se divise en deux parts. Je dois prouver que j'ai raison, mais je ne puis aller plus loin. Vous qu'un faux exposé trompa, vous devez revenir sur vous, et me faire bonne justice; car la France et l'Europe, ayant le procès sous les yeux, pèseront à leur tour dans leur balance redoutable l'accusateur, l'accusé et les juges.

Aucune des pièces que je vous ai fait lire ne saurait être récusable; toutes sont authentiques, comme *actes notariés, requêtes judiciaires et pièces de correspondance*, dont les originaux *sont dans les bureaux des ministres*. C'est l'ouvrage de chaque jour, chaque jour amenait sa peine; et plus je vais monter en faits, plus j'espère vous attacher à ce grand intérêt qui touche à la chose publique. Prêtez-moi donc votre attention.

Le lendemain de ce contrat tant de fois brusquement changé, contrat qui m'ôtait tout et ne me donnait rien, mon notaire me dit: « Vous êtes abusé; cette addition après les signatures, qui vous soumet à des délais pour toucher votre propre argent, qu'on peut prolonger tant qu'on veut, ni le traité qui la précède, ne disent pas un mot du sacrifice que l'on vous a fait faire *du dépôt de vos fonds chez moi, réglé par les trois comités*: dépôt qu'on a eu l'art de retrancher de l'acte, sans qu'il reste la moindre trace d'un dévouement aussi parfait. » — Je ne puis croire, lui dis-je, que l'on ait eu cette intention cruelle.

« Je ne vois pas non plus dans ce traité, dit-il, sur quel motif vous aurez droit de solliciter d'autres fonds s'ils vous devenaient nécessaires, ni même de toucher vos *deux cent mille florins*, si des ministres malveillants prenaient la place de ceux-ci. Je vois que l'on vous a mené, de circonstance en circonstance, à signer un acte onéreux ; plus onéreux qu'on n'ose dire, puisqu'on n'y met pas pour motifs les sacrifices qui l'ont dénaturé. »

Je reviens chez moi, confondu de la faute que j'avais faite. Je me suis vu trois fois, dis-je, pris sur le temps par les changements successifs du premier commis rapporteur. Mais les ministres ont été si honnêtes ! Refuseront-ils de reconnaître que je fus patriote et désintéressé, en sacrifiant mes sûretés aux besoins du département ? oublieront-ils qu'*ils m'ont promis de m'en faire un très-grand honneur auprès des comités de l'assemblée nationale ?*

Je vais leur écrire à l'instant. Leur conduite me montrera s'ils sont entrés pour quelque chose dans les atteintes qu'on me porte, s'ils ont cru servir le parti qu'on nomme *autrichien* et nuire à l'arrivée des armes, en faisant retenir mes fonds, sans lesquels je ne puis marcher, et sans qu'il me reste une preuve du mérite que j'eus de leur laisser mes capitaux, à la prière qu'ils m'en firent ! Mon cœur était serré dans un étau. Je pris la plume, et j'écrivis la lettre timide qui suit.

A messieurs Lajard et Chambonas, ministres de la guerre et des affaires étrangères.

« 20 juillet 1792.

« MESSIEURS,

« Le traité qui vient d'être passé entre vous et moi, sur les soixante mille fusils retenus si injustement en Hollande, *vous a donné de nouvelles preuves de l'abnégation continuelle que je fais de mes intérêts pour le service de la patrie.*

« Vous avez insisté, messieurs, sur ce que je fisse aux besoins actuels du département de la guerre le acrifice du dépôt convenu entre nous, *chez mon notaire*, de toute la somme qui m'est due, en vertu de ce même traité, jusqu'à son entier payement.

« Messieurs, des armes achetées et payées par moi, au comptant, depuis quatre grands mois ; les frais extraordinaires occasionnés par l'odieuse retenue que les Hollandais font des armes ; les emprunts à titres onéreux que l'absence de mes capitaux m'a forcé de conclure pour alimenter mes affaires, me rendaient la sûreté de la rentrée de mes fonds absolument indispensable. La préférence à très-bas prix et à crédit que mon patriotisme donne à la France, sur les offres au comptant d'un prix presque double du vôtre, que nos ennemis n'ont cessé de me faire, et dont vous avez toutes preuves, me donnait, je pense, le droit d'exiger le dépôt arrêté entre nous de l'argent qui me reste dû, d'après le traité d'avant-hier, *ainsi que M. de Graves crut devoir exiger de moi celui de mes contrats viagers, lorsqu'il me fit une première avance :* mais vous avez désiré, messieurs, que j'en fisse le sacrifice, *en me promettant tous les deux que le département de la guerre viendrait à mon secours, si, avant l'époque du dernier payement arrêté, j'avais besoin de nouveaux fonds pour le soutien de mes affaires;* et je l'ai fait.

« En relisant froidement le traité, *je n'y trouve aucune trace de mon désistement du dépôt, ni de vos promesses à son sujet.* Comment les prouverai-je aux ministres qui peuvent un jour vous succéder, messieurs, si je n'ai pas de vous *un titre qui, rappelant mon sacrifice, me recommande à leur justice ?* Je vous prie donc, messieurs, de vouloir bien régler et fixer entre vous, et même avec le chef du bureau de l'artillerie, qui a servi de rapporteur en cette affaire, *et aux observations duquel, sur les besoins actuels du département de la guerre, est dû mon désistement du dépôt convenu ;* voulez-vous bien, dis-je, régler sous quelle forme il convient de me donner un titre qui me fasse obtenir, dans un cas de besoin, les secours pécuniaires que vous m'avez promis ?

« Je profite de cette occasion, messieurs, pour vous rendre de nouvelles grâces, ainsi qu'à tous les honorables membres des trois comités *diplomatique*, *militaire* et *des douze réunis*, du témoignage très-flatteur que vous avez tous daigné rendre à mon civisme désintéressé, lequel pourtant n'est, selon moi, qu'un devoir justement rempli ; comme vous le feriez vous-mêmes, si vous vous trouviez à mon poste.

« Agréez, je vous prie, messieurs, le dévouement respectueux d'un bon citoyen.

« *Signé :* CARON DE BEAUMARCHAIS. »

J'avoue que je restai dans une anxiété fâcheuse jusqu'au moment où leur réponse me parvint.

La voici telle que je la reçus le lendemain vers le midi :

« Paris, le 20 juillet 1792.

A monsieur de Beaumarchais.

« Pour vous ôter, monsieur, toute inquiétude relativement au changement *que nous avons demandé au nouveau traité des armes, en exigeant de vous que le dépôt du capital des fusils en florins courants de Hollande, qui devrait être fait par le gouvernement chez votre notaire* (comme vous avez fait celui *de vos sept cent cinquante mille livres de contrats viagers* lors de l'avance de cinq cent mille francs, chez le notaire du département de la guerre), *n'eût pas lieu, et que l'argent restât de confiance dans les mains du gouvernement,* nous vous répétons avec plaisir, monsieur, que *l'opinion unanime des comités et des ministres* ayant été *que le patriotisme et le grand désintéressement dont vous avez fait preuve* en refusant des ennemis de l'État *de douze à treize florins comptant* des fusils que vous nous cédez *à terme* sur le pied *de huit florins huit sous*, et la modique indemnité à laquelle vous vous restreignez pour tant de sacrifices, *mérite les plus grands éloges, et qu'on vous traite fort honorablement sur cette affaire..* Nous vous assurons de nouveau, monsieur, qu'après que l'état de la quantité des armes dont vous vous expropriez, reçues, vérifiées, ficelées et cachetées par M. de Maulde, nous sera parvenu, signé de ce ministre plénipotentiaire, ainsi que le compte de vos frais, au remboursement desquels le traité oblige envers vous le département de la guerre : *si vous avez besoin de nouveaux fonds pour l'arrangement de vos affaires, sur le reliquat qui vous sera dû*, le département de la guerre ne refusera pas de vous les faire compter, *ainsi que nous en sommes convenus*, pour vous tenir lieu du dépôt, chez votre notaire, dont vous vous désistez.

« Recevez-en notre assurance, monsieur.

« *Signé* : Le ministre de la guerre, A. LAJARD.

« Le ministre des affaires étrangères,

« SCIPION CHAMBONAS. »

En lisant cette lettre, je me disais : Ils ont senti mon affliction, et n'ont pas cru devoir m'y laisser un moment de plus. Grâces leur soient rendues ! Alors sortit de ma poitrine un soupir de soulagement. Je n'ai pas tout perdu, me dis-je; si d'autres embarras arrêtaient encore cette affaire, au moins serai-je justifié par les grands efforts que j'ai faits : *les éloges que j'en reçois seront ma douce récompense*. Mais je dois, dans mon cœur, des excuses à tout le monde : on m'a fait soupçonner tout le conseil de malveillance ; j'ai soupçonné les ministres de vouloir nuire à l'arrivée des armes, pour servir un parti contraire: et tout cela n'existe point ! Heureusement que je ne suis coupable que dans le secret de mon cœur; je n'ai nul tort public à réparer ; il suffit que je m'en repente, et que j'aille demain remercier les ministres.

La prudence humaine est bien fausse ! Loin que tout le conseil ni ses ministres m'eussent nui, ah ! c'est le seul moment où cette affaire intéressante a été vraiment protégée. Je me méfierai désormais de tous les bruits que l'on répand. Arrêter ces fusils est une trop grande félonie, pour accuser légèrement d'un tel crime envers la nation ! Ceci n'est, je le vois, qu'une *vengeance des bureaux*, affaire de cupidité ; une grande leçon qu'ils me donnent *de ne jamais tenter de bien qui trouble leurs arrangements, et qui nuise à la marche ordinaire du pillage.*

J'allai dîner à la campagne; une indisposition m'y retint. Deux jours après, on m'y vint dire que *les ministres s'étaient retirés;* qu'un M. d'Abancourt avait la guerre et M. Dubouchage les affaires étrangères. — Ah ciel ! me dis-je, celui qui perd un seul instant peut en perdre un irréparable. Si j'eusse différé d'un jour, je n'obtenais aucune preuve des sacrifices que j'ai faits !

Ma position changeant avec les choses, au lieu d'envoyer des reproches au chef des bureaux d'artillerie, pour tous les changements qu'il avait exigés *dans l'acte* refait à trois fois, je crus devoir y substituer des remerciments sur les soins qu'il s'était donnés pour finir : le reste pouvait nuire, et n'était bon à rien. Puis, le 25 juillet, je lui adressai cette lettre :

« Ce 25 juillet 1792. »

A. M. Vauchel.

« J'ai l'honneur, monsieur, de vous envoyer, de la campagne où je suis, l'un des quadruples du dernier traité que j'ai conclu avec les ministres de la guerre et des affaires étrangères (*c'était l'expédition pour les comités réunis*). J'y joins celle de la lettre que j'ai eu l'honneur de leur écrire après la signature, et qui se rapporte aux nouvelles sommes qu'en cas de besoin dans mes affaires j'aurai droit d'obtenir, *pour me tenir lieu du dépôt total chez mon notaire, dont vous savez que je me suis désisté, sur vos remarques* JUDICIEUSES. Mais mon notaire m'a fait observer que mon traité porte quitance de *deux cent et tant de mille florins, comme reçus par moi* ; et que j'ai consenti à ne les pas toucher que je n'eusse fait ordonner la mainlevée d'une absurde opposition, mise sur moi entre les mains du ministre de la guerre. Les deux ministres n'étant plus en fonctions, faites-moi, je vous prie, monsieur, le plaisir de me mander, en réponse, quelle forme il faudra que j'emploie envers notre nouveau ministre *pour toucher ces deux cent mille florins.* M. Lajard, comme vous savez, ne m'ayant point expédié d'ordonnance pour ces sommes, il m'en faut peut-être une du nouveau ministre, *qui atteste que je n'ai rien touché.* Recevez les salutations de

« BEAUMARCHAIS. »

Je sondais le terrain, car je voulais tenter d'accumuler mes preuves. M. Vauchel me fit cette réponse honnête :

« Paris, le 27 juillet 1792.

« J'ai reçu, monsieur, la lettre que vous m'avez fait l'honneur de m'écrire, à laquelle étaient jointes une expédition de votre nouveau traité, et une autre de votre lettre à M. Lajard, etc.

« Il est vrai que votre traité porte quittance de deux cent et tant de mille florins, comme reçus par vous ; mais rien ne prouve mieux que CE PAYEMENT N'A PAS ÉTÉ EFFECTUÉ, que le consentement que vous avez mis au bas, que tout payement vous fût suspendu jusqu'à la mainlevée de l'opposition.

« Quant à l'exécution de votre traité, elle ne me paraît pas devoir être douteuse, quoique les deux ministres qui l'ont signé ne soient plus en place. Néanmoins il convient que vous en donniez connaissance vous-même au nouveau ministre de la guerre, en le prévenant qu'une expédition en forme de votre transaction existe au bureau de l'artillerie, qui par conséquent sera en état de lui en rendre compte, et de l'informer qu'il ne pourra vous être expédié d'ordonnance de payements que quand vous produirez la mainlevée (*ici l'objecteur se montrait*). Vous aurez encore, monsieur, une autre formalité à remplir avant de recevoir : ce sera de faire chez votre notaire une déclaration par laquelle vous affecterez vos biens présents et à venir pour sûreté et garantie de la somme que vous recevrez, par le prochain à-compte, au delà des sept cent cinquante mille livres de contrats que vous avez déposés, pour les cinq cent mille francs que vous avez déjà touchés.

« Le chef du quatrième bureau de la guerre,

« Signé : VAUCHEL. »

Il avait raison en ce point : car le cinquième article de mon dernier traité portait que je donnerais hypothèque sur mes biens pour l'argent que je recevrais, jusqu'à l'expropriation entre les mains de M. de Maulde; laquelle, faisant la livraison, libérait alors tous mes biens.

Tel était l'état de l'affaire quand ces deux ministres quittèrent. Le *cautionnement commercial* justement exigé par le premier vendeur (puisqu'il l'avait donné lui-même), et que le ministère allait fournir, aux termes de l'article 8, *une fois envoyé en Hollande*, rien au monde n'arrêtait plus la livraison des armes *à Tervère*. Quelque chose qu'on fît sous main *pour empêcher l'extradition*, quand même on trouverait le moyen d'éluder toutes les conditions de l'acte, *celle du cautionnement* REMPLIE, *je pourrais accomplir le reste avec des emprunts onéreux*. Je devais donc tromper la malveillance, en me tenant à bien *solliciter le cautionnement de cinquante mille florins*, et patienter sur tout le reste; car le besoin de ces fusils devenait chaque jour plus pressant pour nos volontaires sans armes.

Profitant de l'avis de la lettre de M. *Vauchel*, je fis deux détails de l'affaire : l'un destiné à M. *d'Abancourt*, l'autre pour M. *Dubouchage :* détails dont je fais grâce ici ; *ils sont dans toutes leurs archives*. En voici le court résumé :

Que le cautionnement doit être fourni tout à l'heure, attendu qu'il importe que la réclamation des armes se fasse promptement par le ministre de France auprès des états de Hollande, aux termes de l'article 8 du traité du 18 juillet ;

Que l'instruction adressée à M. *de Maulde* soit très-promptement expédiée et remise à M. *de la Hogue*, qui n'attend que ces pièces et son passe-port pour partir; ayant *à Dunkerque*, depuis le 24 juin, et aux frais du gouvernement, le bateau qui l'a amené, par lequel il doit reporter à M. *de Maulde* la réponse, attendue depuis plus d'un mois, des importantes dépêches dont il a été le courrier.

J'attends en vain. POINT DE RÉPONSE de M. *d'Abancourt;* POINT DE RÉPONSE non plus de M. *Dubouchage ;* mais leur ministère fut si court, qu'il n'y a point de reproche à leur faire. Je vis pendant ce temps, jusqu'à l'en impatienter, *Bonne-Carrère*, chargé du haut travail des affaires étrangères, *pour avoir le cautionnement* et le passe-port de *la Hogue*, si le désordre affreux où l'on vivait empêchait qu'on ne s'occupât des dépêches de M. *de Maulde* sur les *fabricateurs d'assignats* faussaires, qu'il tenait en prison en *Hollande*, et qu'on voulait arracher de ses mains; *ce qui était un grand désastre*.

Fatigué de ne voir que moi, *Bonne-Carrère* un matin quitta son cabinet pour descendre chez le ministre régler avec lui les sûretés que M. *Durvey* demandait pour fournir le *cautionnement*, lorsque, tirant sa porte, un mal si violent, si subit, le saisit devant moi, qu'il fallut bien tout oublier pour voler à son secours, et ne plus s'occuper que de cet accident, qui le retint dix jours au lit, au grand retard du *cautionnement désiré*.

En revenant chez moi, je me disais : C'est une vraie malédiction ! Les hommes, les événements, la nature même, tout est contre.

Cependant j'obtins, le 31 juillet, le passe-port de M. *de la Hogue*, avec une courte lettre adressée à M. *de Maulde;* mais *pas un vestige de cautionnement*. L'on fut même plus de quatre heures à chercher vainement les dépêches de M. *de Maulde*, tant le désordre était affreux ; à retrouver, dans le bureau du sieur *Lebrun*, les titres de six mille florins avancés en mon nom à cet ambassadeur, lorsqu'il fit arrêter les faussaires de Hollande, pour me faire rendre au moins cet argent-là, devenu nécessaire au départ de M. *de la Hogue*, tout le reste étant arrêté.

Si cet argent m'eût été dû au département de la guerre, je ne fais aucun doute que le sévère M. *Vauchel* n'eût objecté, sur ma demande, *l'opposition du sieur Provins*.

J'avais dit à tout le monde que M. *de la Hogue* partait pour faire arriver les fusils Le voyant rester à Paris, où il attendait avec moi *cet éternel cautionnement*, on commençait à murmurer que j'arrêtais M. *de la Hogue*, et ne voulais pas sûrement que ces armes nous vinssent pendant que l'ennemi pénétrait dans la France, et que de tous côtés nos soldats manquaient de fusils. De fréquents avis m'arrivaient.

Je priai mon ami d'aller attendre, *au Havre*, que j'eusse vaincu les obstacles qu'un profond désordre mettait dans l'expédition des ministres, afin que, le croyant parti, les cris du peuple s'apaisassent. Il quitta tristement Paris, me suppliant de ne pas lâcher prise *que je n'eusse le cautionnement, sans lequel il perdait ses pas*.

Enfin, le 7 août, premier jour où M. *de Sainte-Croix* se montre aux *affaires étrangères*, je lui écris la lettre suivante, qu'il faut bien joindre ici pour montrer la série de toutes mes démarches, *pendant qu'on m'accusait d'incivisme et de trahison*.

A M. de Sainte-Croix, ministre des affaires étrangères.

« Paris, le 7 août 1792.

« MONSIEUR,

« En vous adressant le mémorial instructif déjà remis à M. *Dubouchage*, sur l'état d'une affaire aussi pressée que celle des armes de Hollande, j'ai l'honneur de vous assurer que, depuis quatre mois et demi, la plus légère circonstance qui se rapporte à ces fusils m'a toujours coûté quinze jours de sollicitation, et au moins vingt courses perdues ; c'est une vraie malédiction. En voici le dernier exemple :

« Le 18 juillet, les deux ministres, *de la guerre et des affaires étrangères*, ont enfin signé l'acte par lequel ils obligent le gouvernement *à fournir tout à l'heure un cautionnement de cinquante mille florins d'Allemagne* à mon vendeur hollandais, qui s'y est engagé lui-même envers feu l'empereur *Léopold*, en assurance que ces fusils iraient en Amérique, *et sans lequel on ne peut rien finir*. Eh bien, la misérable circonstance de savoir quelle sûreté on doit donner à M. *Durvey, qui se charge du cautionnement, nous a coûté déjà dix-neuf jours de retard et trente courses inutiles*, sans que M. de la Hogue, qui doit en être le porteur, ait pu quitter la France pour une affaire où les heures perdues *coûtent si cher à la patrie, qui demande à grands cris des armes!* De plus, je suis menacé tous les jours d'être dénoncé sur le retard de ce départ (seul moyen, prétend-on, de me faire dénoncer moi-même ceux qui en sont les vrais fauteurs). Ainsi, froissé entre les embarras ou l'oubli d'un côté, et la malveillance de l'autre, *j'ai fait sortir M. de la Hogue de Paris*, afin qu'au moins on ne l'y trouvât plus. Il attend dans le port du *Havre* : et moi, je vous supplie, monsieur, de consacrer un seul quart d'heure à terminer *la sûreté que M. Durvey vous demande*. C'est par honneur que je vous importune, par amour seul de ma patrie, puisque l'affaire des fusils est devenue personnelle au gouvernement.

« Pendant que tout prétexte est bon pour trouver les ministres en faute, ne fournissons pas des motifs aussi importants que ceux-ci à la brûlante malveillance.

« Agissons, je vous en conjure. J'attends vos ordres avec une impatience qui fait bouillir mon sang comme celui de *saint Janvier* !

« Recevez les salutations respectueuses de

« BEAUMARCHAIS. »

Du 7 au 16 août *je n'eus* RÉPONSE DE PERSONNE : nul ministre n'avait écrit; mais en revanche le peuple avait parlé. À la terrible journée du 10 août, les habitants du faubourg Saint-Antoine criaient dans les rues, en marchant : *Comment veut-on que nous nous défendions? nous n'avons que des piques, et pas un seul fusil!* Des agitateurs leur disaient : C'est cet infâme *Beaumarchais*, cet ennemi de la patrie, qui en retient soixante mille en Hollande, et ne veut pas les faire venir. D'autres, par écho, répondaient : « Bah ! c'est bien pis ! *il a ces armes dans ses caves, et c'est pour nous massacrer tous !* » Et les femmes, en hurlant, criaient : *Il faut mettre le feu chez lui.*

Le samedi 11 août, on vient me dire le matin que des ennemis infernaux échauffaient la tête des femmes, sur le port Saint-Paul, contre moi; et que, si cela continuait, il se pourrait bien faire que le peuple des ports vînt piller ma maison.

— Je ne puis l'empêcher, leur dis-je, et c'est ce que mes ennemis demandent. Mais qu'on en sorte au moins *ce portefeuille qui contient toute ma justification* : si je péris, on le retrouvera.

O citoyens français ! ce portefeuille renfermait les pièces que je viens d'offrir à vos regards, et toutes celles qui vont suivre.

Qu'ai-je besoin de répéter sur cet événement ce qu'on a imprimé le mois d'août dernier? J'avais fait *à ma fille*, pour son instruction, l'affreux détail de ce qui m'arriva : je le lui envoyai au *Havre*, où elle était avec sa mère; on a gardé ma lettre onze jours à la poste : elle a été ouverte, en vertu de la loi qui regarde comme exécrable le premier qui la violera ; elle a été copiée, imprimée, elle court le monde : en vain voudrais-je la changer, elle existe, et l'on me dirait que j'ai voulu depuis la rendre meilleure qu'elle n'est.

Citoyens! je la jette ici *dans mes pièces justificatives* [1]. Si d'autres vous ont ennuyés par leur fâcheuse sécheresse, celle-ci n'a pas ce défaut. Mon âme y était tout entière : c'est à ma fille que j'écrivais; ma fille, en ce moment si malheureuse à mon sujet! Cette lecture peut n'être pas inutile à l'histoire de la révolution.

Reprenons celle des fusils. M. *de Sainte-Croix* avait quitté le ministère, M. *Lebrun* avait sa place.

Au désespoir de l'inutilité de mes soins et de mes démarches, et voyant mes dangers s'accroître, j'écris à M. de la Hogue au Havre, de partir à l'instant pour *la Haye, sans le fatal cautionnement*. On jugera de ma situation en lisant ma lettre *à la Hogue*.

« Paris, le 16 août 1792.

« J'ai attendu, mon cher *la Hogue*, jusqu'à ce jour pour vous engager de partir. Hélas ! tout mon patriotisme et mes efforts accumulés ne peuvent rien sur les événements ni sur les hommes ! Malgré mes immenses sacrifices, et les éloges que les trois comités réunis en ont faits devant vous, *je ne suis aidé par personne;* et la malheureuse France, qui périt faute d'armes, n'a en honneur que moi qui veuille sincèrement qu'elle ait celles de Hollande. J'ai écrit à M. *de Sainte-Croix*, à *Bonne-Carrère*, à *Vauchel*, à MM. *d'Abancourt, Dubouchage*: je n'ai réponse de personne *sur ce maudit cautionnement*, que M. Durvey veut bien faire moyennant bonne sûreté. Il semble, en vérité, que les affaires de la patrie n'intéressent plus personne ici! A qui m'adresser aujourd'hui? Les ministres se succèdent comme dans une lanterne magique. Depuis les grands événements, M. *Lajard* a, dit-on, été tué; M. *d'Abancourt*, arrêté; MM. *Berthier, Vauchel* et autres sont en prison; je ne sais plus où prendre ni M. *Dubouchage*, ni M. *de Sainte-Croix* ! M. *Lebrun*, nouveau ministre des affaires étrangères, est à peine installé; *Bonne-Carrère* est arrêté, le scellé sur tous ses papiers. M. *Servan*, hélas ! qui revient *à la guerre*, n'est pas encore de retour de *Soissons*: et *l'intérim* en est tenu, devinez par qui ? par *Clavière*, qui en outre a les contributions. Et la plus importante affaire de la France, celle des soixante mille fusils, reste là ! J'en suis suffoqué de douleur.

« Enfin, mon cher ami, partez, faisons notre devoir de citoyens; je suis la voix qui crie dans le désert: Français ! vous avez soixante mille fusils en Zélande,

[1] On la trouvera dans la correspondance.

vous en manquez dans l'intérieur! Seul je me tue pour vous les procurer. » Il semble que je parle chansons, lorsque je presse tout le monde; ou plutôt les événements qui se pressent absorbent l'attention de tous. Partez, mon cher *la Hogue*, et remettez la lettre du ministre à notre ambassadeur : qu'il fasse, en attendant, la réception des armes. *Le misérable cautionnement partira quand j'aurai pu le faire faire!* Mais que l'ambassadeur ne fasse nulle démarche politique auprès des Hollandais *que le cautionnement ne soit arrivé à la Haye*, afin que, les grands coups frappés, tout soit terminé dans un jour : on forgerait là-bas d'autres difficultés, s'il y avait de l'intervalle entre l'embargo levé et le départ des armes; *elles ne peuvent partir sans le cautionnement. Ah! pauvre France!* comme tes intérêts les plus chers touchent peu tous ceux qui s'en mêlent! Si cela continue, j'aurai perdu cinq florins par fusil pour consacrer ces armes à la France. Les *ministres*, les *comités* m'auront fait de vains compliments sur mon désintéressement civique; et, misérables que nous sommes! nous n'aurons pas tous ces fusils, *pendant qu'on forge ici des piques*, parce que personne, hélas! ne fait réellement son devoir; nous ne les aurons pas à temps, pendant que tant de corps se forment!

« Laissons toutes ces doléances; partez, mon ami; et si ma présence est utile au départ des armes, que M. *de Maulde* l'écrive. Je n'examine point les dangers que je puis courir, si cela est utile à mon pays. Oui, je ferai encore le sacrifice de me déplacer, quoique je sois vieux et malade! Nos tribunaux sont suspendus, et je ne puis faire lever l'opposition de ce *Provins* pour toucher des fonds *à la guerre*. Vous ne me dites pas si vous avez reçu la lettre de crédit de vingt mille florins que je vous ai envoyée le surlendemain de votre départ de Paris.

« Bonjour, bonjour.

« Signé : Beaumarchais. »

Je m'étais présenté (mais en vain) chez M. *Lebrun* comme chez un ministre instruit, *puisqu'en sa qualité de premier commis des affaires étrangères, toute l'affaire des fusils lui avait passé par les mains!* Nul ne la savait mieux que lui.

Je prends le parti le plus sûr, de solliciter par écrit. Je lui adresse un mot pressant.

« 16 août 1792.

M. *de Beaumarchais* a l'honneur de saluer M. *Lebrun.* Il le prie de vouloir bien lui accorder la faveur d'une courte audience, pour conférer avec lui sur une affaire très-pressée et très-importante que MM. *Dumouriez*, *Chambonas*, *Dubouchage* et *Sainte-Croix* ont dû terminer l'un après l'autre, et que le mal des événements laisse encore dans l'incertitude et la suspension, *malgré le concours et l'avis des trois comités réunis, Diplomatique, Militaire* et *des Douze.* Il ne s'agit pas moins que des soixante mille fusils de Hollande. Il semble en ce pays qu'il y ait un aveuglement incurable sur ce qui se rapporte au bien de la patrie! Eh! n'est-il pas temps qu'il finisse? *Beaumarchais* attendra les ordres de M. *Lebrun.*

M. *Lebrun* me fait répondre :

« Les scellés apposés sur les papiers de M. de Sainte-Croix n'ayant été levés que d'hier, le ministre des affaires étrangères n'avait pas connaissance de la lettre de M. Beaumarchais (*apparemment celle que j'avais écrite à M. de Sainte-Croix en lui envoyant mon mémoire*). Il est fort étonné du retard de l'affaire des fusils; il croyait M. la Hogue parti. Il désire en conférer avec M. Beaumarchais, et le prie de venir le voir demain vers le midi.

« Ce 16 août 1792, l'an IV° de la liberté. »

Dieu soit loué! me dis-je. Un homme au fait de cette affaire me dit qu'*il est étonné* des obstacles (*qui ont empêché M. la Hogue de partir*) : ce ministre est un bon citoyen qui a connu toutes mes peines, et qui s'y montre fort sensible. Voilà comme il faut des ministres. Il finira l'objet du *cautionnement*, c'est l'affaire d'une heure entre lui et M. *Durvey*. Il va pousser mon *la Hogue* à la mer, et la France aura des fusils : Dieu soit loué! Dieu soit béni!

Mais, quoique j'eusse été deux fois par jour chez ce ministre (et j'en demeure à près d'une lieue), je ne pus le rejoindre que le dix-huit après-midi.

Il me reçut fort poliment, me répéta ce qu'il avait écrit, me dit qu'il allait au conseil *régler l'affaire du cautionnement, et faire partir M. de la Hogue au plus tôt :* que je revinsse le lendemain, qu'il *m'expédierait promptement.*

Satisfait d'avoir rencontré un ministre aussi *bienveillant*, j'y retournai le lendemain à dix heures; *il était sorti*; je m'en revins chez moi. Un courrier, arrivant du *Havre*, me remit un paquet très-pressant de *la Hogue*; c'était une réponse à ma lettre du 16 qu'on vient de lire, contenant l'extrait du procès-verbal de la commune du *Havre*, sur le *visa* de son passe-port du 18 août 1792. Le voici :

« Le conseil général, prenant en considération la demande faite par le sieur J.-G. *de la Hogue*, décoré de la croix de Saint-Louis, chargé d'une commission extraordinaire de l'assemblée nationale en Hollande, tendant à obtenir un *visa* sur son passe-port;

« A délibéré, ouï le procureur de la commune, qu'attendu que le dit passe-port est daté du 31 juillet dernier, il sera envoyé à l'assemblée nationale pour prendre ses ordres sur le parti que doit tenir la municipalité vis-à-vis dudit sieur *la Hogue*, et que, jusqu'à ce, le paquet dont il est porteur pour M. *de Maulde*, ministre plénipotentiaire de France à la Haye, restera déposé au secrétariat de la municipalité.

« Certifié conforme au registre, etc.

« Signé : Taveau. »

Les méchants sont bien bons, me dis-je, de se donner tant de fatigue pour empêcher que ces fusils n'arrivent! que ne laissent-ils aller les événements seulement? Je défierais au diable de faire marcher aucune affaire en cet affreux temps de désordre, et qu'on nomme de liberté !

Le courrier du Havre m'apprit qu'avant de m'apporter ma lettre, il en avait remis une autre, dans l'assemblée nationale, à M. *Christinat*, un député du Havre, de la part du maire de cette ville. Je sens à l'instant le danger, pour *la chose*, qu'elle soit discutée publiquement *à l'assemblée*. Certes, pour moi, il y eût eu de l'avantage, cela faisait ma justification ; mais *le bien public avant tout*.

J'écris à M. *Christinat* (que je ne connaissais nullement) :

S'il en est temps encore, monsieur, demandez, je vous prie, de porter vos dépêches aux trois comités réunis. Eux seuls, discrètement, doivent connaître de l'affaire : ELLE EST PERDUE SI ELLE DEVIENT PUBLIQUE. Je promets au courrier *trois billets de cent sous*, s'il fait vite ma commission. Il court ; il était temps, M. *Christinat* allait lire.

Sur ma lettre, il demande *à traiter cette affaire avec les comités ;* ON DÉCRÈTE. Il me fait dire d'être tranquille et voilà ma sueur passée. Je paye mon actif courrier, et lui dis de venir recevoir mon paquet, quand il aura celui des comités. J'écris, je console *la Hogue* sur ce retard de peu de jours, que M. Lebrun *m'a promis de réparer très-promptement* ; je le supplie de regagner alors le temps perdu, en allant *comme au feu* tirer d'inquiétude M. *de Maulde*, qui l'attendait depuis près de deux mois.

Je retourne à trois heures chez M. *Lebrun, le ministre*. Il rentrait. Je descends de voiture, Il s'arrête sur son perron, m'y dit trois mots fort secs, et profitant de ma surprise il me quitte assez brusquement.

Ces trois mots me frappèrent comme d'un coup de foudre. Je jugeai qu'il savait déjà *l'affaire du courrier du Havre*. Je revins chez moi fort ému lui écrire mon sentiment *sur les trois mots qu'il m'avait dits, pour empêcher qu'ils n'eussent leur effet diabolique*.

Je vous supplie, ô citoyens, de lire ma lettre à ce ministre avec toute l'attention que je demandais à lui-même ; cette lettre est le pronostic de l'horrible persécution qui va commencer dans l'instant.

« Ce dimanche au soir 19 août 1792.

« MONSIEUR,

« Lisez ceci, je vous en prie, avec toute l'attention dont vous êtes capable.

« Quand vous m'avez dit ce matin *que M. la Hogue était moins propre en ce moment qu'un autre à terminer l'affaire des fusils de Hollande, à cause de la publicité que tous les malveillants lui donnent, et que c'était l'avis de MM. les ministres ; qu'en conséquence on allait faire remettre, au Havre, M. la Hogue en liberté d'en partir, non pour la Hollande, mais pour le dedans du royaume*, j'ai bien jugé, monsieur, qu'il y avait encore quelque malentendu sur lequel vous aviez besoin de recevoir de moi une explication nette, qui vous tirât *de deux ou trois erreurs où vous paraissez être* sur le fond d'une affaire qui ne peut plus nous être utile qu'autant qu'elle est bien éclaircie et menée très-habilement.

« Mais comme je suis le seul homme qui puisse la traiter avec méthode, exactitude et fruit, puisque depuis cinq mois elle est ma grande affaire comme négociant et comme patriote, j'ai préféré, monsieur, l'honneur de vous écrire à celui de répondre verbalement à ce que vous disiez, parce que dans les temps difficiles un homme sage ne doit rien articuler ni proposer sur un objet aussi majeur, dont il ne reste au moins des traces par écrit, et des notes fidèles *qui puissent servir à le justifier*.

« J'ai préféré de vous écrire aussi, afin que vous puissiez, monsieur, en conférer avec tous les ministres sur des renseignements bien clairs, et m'accorder ensuite le moment de la traiter à fond politiquement devant eux. Cela est d'une grande importance *pour la patrie, et pour eux, et pour moi*. J'insisterai donc là-dessus, si vous daignez me le permettre. Voici le précis de la chose :

« Premièrement, monsieur, M. *de la Hogue n'est point en arrestation au Havre*, comme vous paraissez le penser. Il y est, depuis trois semaines, logé chez MM. *le Couvreur* et *Curmer*, mes correspondants de cette ville, où il attend mes derniers renseignements pour s'embarquer pour la Hollande. Car je lui ai écrit le 16 *que, rien ne finissant à Paris dans le trouble où sont les affaires, je lui conseillais de partir, afin qu'il fît au moins la guerre à l'œil en attendant, et ne laissât point entamer des démarches fortes à notre ministre à la Haye jusqu'à ce que le cautionnement qu'il attend lui fût arrivé pour que tout s'achevât ensemble*. C'est parce que son passe-port est vieux, qu'on envoie un courrier pour le faire renouveler ; *et non pour prononcer sur son arrestation*, LAQUELLE N'EXISTE PAS.

« Secondement, monsieur, par quelle subversion d'idées empêcherait-on de partir *le seul homme* qui peut nous livrer les fusils ?

« Quel autre peut, monsieur, terminer cette affaire, que M. *la Hogue* en mon nom, *à moins que ce ne soit moi-même*, puisque ces fusils sont ma chose, et que M. *la Hogue*, mon ami, mon agent, mon chargé de pouvoir, ayant toutes mes instructions, tous mes fonds, mon crédit ; ayant seul commencé mes négociations, soit de l'achat, soit de la vente, peut seul, *si ce n'est pas* MOI, sortir des magasins pour vous les remettre, *en subvenant à tous les frais d'embarquement, de comptes, et à tous règlements où le traité m'oblige envers la France à l'occasion de ces fusils ?* Car si M. de la Hogue ne vous livre pas, *personne au monde ne peut vous les livrer là-bas*, parce que nul n'y a droit à ma chose que mon agent ou moi, monsieur.

« Troisièmement, lorsqu'on dit dans le traité (art. 7) :

« *Nous nommons M. de la Hogue pour aller terminer l'affaire comme étant l'homme le plus capable, par son zèle et par son talent, de la bien achever ; c'est en mon nom*, monsieur, qu'on l'a nommé, puisque c'est *en mon nom* que l'on doit continuer à réclamer les armes. *Je n'aurais pas souffert qu'on en nommât un autre!* Ce n'était que pour lui donner plus de sûreté dans sa route qu'on a imaginé de traiter sa mission *comme office ministériel*, afin qu'il pût passer sans trouble dans toutes les villes du royaume, et sans se trouver arrêté. Il n'est ici que *mon agent*, sans lequel rien ne peut finir. *Voilà son titre pour partir.*

« Vous enverriez, *messieurs*, dix autres personnes à *la Haye*, qu'il faudrait toujours qu'il y fût; car ce n'est point pour recevoir les armes qu'il va en Zélande, à *Tervère*, mais *pour en faire la livraison*. M. de Maulde ici représente *l'acheteur;* M. *de la Hogue*, *le vendeur :* donc rien ne peut se faire sans M. *de la Hogue*, lequel seul a la clef de toutes les difficultés à vaincre, et mon crédit pour les lever.

« Quand je ne serais pas résolu de rester ici *à mon poste pour ne laisser sur moi aucune prise aux malveillants*, quand j'irais moi-même en Hollande, encore me verrais-je obligé de mener avec moi mon ami M. *de la Hogue:* car lui seul connaît mon affaire, ayant passé déjà quatre mois à *la Haye* pour tâcher d'en venir à bout. *il est moi dans cette occasion;* et il faut que j'aille à *Tervère*, ou cet homme fort en ma place, car (je dois vous le répéter) personne que *lui* ou *moi* n'a le droit ni le pouvoir de remettre en vos mains ces armes. D'où vous voyez, monsieur, que toute la publicité *que la sottise donne ici à cette affaire* ne peut rien déranger au voyage de M. *de la Hogue, puisque depuis cinq mois il est public dans la Hollande qu'il y stipule mes intérêts pour l'achat, le payement et la sortie de ces fusils.*

« En voilà bien assez, monsieur, pour vous faire sentir l'urgence qu'il y a que, *les pièces en main, le ministère m'entende sur le voyage de mon ami;* car en le retenant en France, on s'ôte l'unique moyen d'avancer d'un pas en Zélande. Tout le pouvoir du monde ne peut rien changer à cela sans être d'accord avec moi. *Voilà sur quoi porte l'erreur que moi seul je puis relever :* ce *que je fais en ce moment.*

« Cette affaire, monsieur, a pris un tour si grave, que personne ne doit (*à commencer par moi*) rien faire dont il ne puisse rendre un compte sévère *à la nation française, qui est toute prête à nous interroger.*

« Après avoir expliqué *ce qu'un nouveau ministre ne saurait deviner*, si l'on va en avant, en contre-carrant ces données, je suis forcé de *déclarer*, monsieur, *qu'ici ma responsabilité finit; que j'en dépose le fardeau sur le pouvoir exécutif (que j'ai l'honneur d'en prévenir).* Depuis cinq mois, pour servir mon pays, je me désole, je me ruine, *sans que personne m'entende et me soulage!* J'ai été dix fois accusé : *n'est-il pas temps que je me justifie?* Je sais ce que n'est pas la faute des ministres qui entrent en place; mais au moins, quand il est question d'une affaire aussi difficile, où mon patriotisme et ma fortune sont compromis, et dont j'ai seul la connaissance, ne doivent-ils rien ordonner sans être d'accord avec moi; *ou bien répondre seuls de tout l'événement à la patrie,* DONT LES INTÉRÊTS SONT BLESSÉS?

« J'attends vos ordres là-dessus, et suis avec respect,

« MONSIEUR,

« Votre, etc.

« *Signé :* CARON DE BEAUMARCHAIS. »

Je fus ce même dimanche au soir 19 août chez M. *Lebrun* pour la troisième fois du jour. Je voulais lui laisser ma lettre, *après l'avoir discutée avec lui*, afin qu'il la communiquât aux autres ministres ses collègues. *Il ne me reçut pas*, et me remit au lendemain. J'y vins à neuf heures du matin ; *il ne me reçut pas. Même réponse:* remis au soir.

En arrivant chez moi, j'y trouve un inconnu qui écrivait chez mon portier (*lecteur, redoublez d'attention*). « Je suis chargé, me dit-il en riant, de la part *d'une compagnie autrichienne*, de vous faire des propositions sur l'arrivée de vos fusils, et je vous écrivais pour vous demander rendez-vous. « En nous promenant il ajoute : Connaissez-vous, monsieur, M. *Constantini?* — Je n'ai pas cet honneur, monsieur. — Comme il est lié d'affaires avec une *compagnie de Bruxelles*, qu'il sait que c'est de là que vient l'embargo mis sur vos fusils en Hollande, il vous fait proposer par moi que, si vous voulez lui donner moitié de bénéfice dans votre affaire, il a UN MOYEN SÛR *pour les faire arriver dans huit jours*. — Il faut qu'il soit donc bien puissant, votre M. *Constantini?* Mais, monsieur, je ne puis écouter, même sans tromper ce monsieur, une proposition si vague ; parce que je ne sais plus, à la manière dont nous marchons, s'il y aura bénéfice ou perte : faites-moi donc une offre nette. *Que me demandez-vous d'argent pour faire arriver nos fusils?* — Hé bien, monsieur, dit-il, UN FLORIN PAR FUSIL; mais *l'affaire payera les frais*. — Monsieur, il faut savoir quels frais. Si votre M. *Constantini* employait la voie du commerce, les droits alors seraient, pour la sortie, *d'un florin et demi par fusil;* avec le florin que vous demandez pour ses soins, voilà les fusils augmentés de *deux florins et demi* la pièce, bons ou mauvais, sans être sûr si tous seront acceptés *au triage:* l'affaire est loin, monsieur, de pouvoir porter ce fardeau. — Combien donc voulez-vous nous donner? me dit-il. — *Vingt sous par fusil quel qu'il soit.* Mais votre homme offrira *caution*, qui puisse me garantir que les moyens qu'il emploiera pour tirer les fusils de Hollande ne les y cloueront pas. Je songerai quelle assurance je devrai exiger de lui. *Soixante mille francs sont mon offre.* »

Il me dit : « Je vais vous laisser sa proposition par écrit. Je m'appelle *Larcher*, recevez mon adresse ; et faites-moi passer votre réponse dans le jour, car je vous avertis (*en me regardant bien*) que cela presse un peu pour vous! — Comment cela, monsieur? lui dis-je. » Il me quitta sans me répondre, Je ne savais quel sens donner à ce propos bizarre. J'ouvris les offres du *sieur Constantini*, et, à mon grand étonnement, je lus l'écrit que je copie :

« Conditions proposées à M. *Beaumarchais* dans l'affaire des fusils déposés à *Tervère*, en Zélande.

« M. *Constantini*, associé *des maisons de Bruxelles*, propose à M. *Beaumarchais* de partager les bénéfices de cette opération, par moitié en faveur de M. *Beaumarchais*, et moitié en faveur de M. *Constantini ci ses associés*.

« M. *Beaumarchais* justifiera sur-le-champ de son contrat d'acquisition.

« M. *Beaumarchais* ayant fait les avances de l'achat des armes, dont on a lieu de croire qu'il a été remboursé en partie par le gouvernement français, M. *Constantini*, de son côté, s'engagera à faire effectuer l'expédition de *Tervère* à *Dunkerque* de la manière la plus prompte et la plus convenable.

« Les frais seront supportés par l'opération. Comme *on* est persuadé que l'expédition de *Tervère* n'a été entravée jusqu'ici que *par l'influence de l'ancien ministère*, ON a la confiance de croire que M. *Beaumarchais peut la faire cesser*.

« On doit prévenir M. *Beaumarchais* que les mesures prises et effectuées pour l'arrivée de ces armes *peuvent seules suspendre la résolution* D'ÉCLAIRCIR LA CONDUITE *de M. Beaumarchais dans cette affaire*, » etc. (Le reste était d'arrangement.)

Ha! ha! monsieur Constantini! *Nouvelle intrigue et des menaces!* Suivant ma constante méthode d'analyser tout ce que je reçois, je vois ici, me dis-je, *un Autrichien-Français* qui prétend avoir les moyens de faire arriver les fusils. Cet *Autrichien-Français* a aussi le pouvoir, DIT-IL, *d'arrêter, moyennant argent, l'éclaircissement qu'on est tout prêt à faire de ma conduite en cette affaire!*

Bravo, monsieur Constantini! Ce n'est plus sourdement ni avec des sous-ordres que l'on procède contre moi! Vous êtes l'associé, monsieur Constantini, d'un homme assez puissant pour pouvoir lever l'embargo de *Tervère en trois jours s'il veut, et me faire trembler*, si je refuse d'entrer dans ce beau *triumlatronat*. La seule façon dont cet homme puissant sache lever l'obstacle de notre extradition est apparemment de donner à vous seul *le cautionnement qu'il s'obstine à me refuser*. J'entends, monsieur Constantini! VOTRE ASSOCIÉ EST UN NOUVEAU MINISTRE. *Il reste à découvrir lequel. C'est à quoi je vais travailler.* En attendant, je vais répondre à M. *Larcher*, votre agent. A l'instant partit ma réponse.

A M. Larcher.

« Ce 20 août 1792.

« J'ai lu, monsieur, les conditions que vous me proposez pour me faire arriver à *Dunkerque* ou au *Havre* mes fusils, de la part d'une *compagnie autrichienne*.

« En outre de ce qui est écrit par vous, vous m'avez proposé verbalement de me faire entrer ces mêmes armes *au prix d'un florin par fusil*.

« A cela voici ma réponse :

« Je donnerai *vingt sous de France* à la personne, quelle qu'elle soit, par fusil qu'elle se chargera de me faire entrer à *Dunkerque*, pris dans mon magasin à *Tervère*.

« Sous la condition rigoureuse qu'elle donnera *caution valable* de me payer la valeur des fusils, si elle ne les fait pas entrer, parce que ses moyens peuvent être tels, que l'ébruitement, les faisant saisir en Hollande, m'ôte tous les moyens de les ravoir jamais.

« Et quant à la bonté qu'ON a de me prévenir que les mesures prises et effectuées pour l'arrivée de ces armes *peuvent seules suspendre la résolution d'éclaircir la conduite de M. Beaumarchais dans cette affaire;*

« Je réponds franchement, à la personne que vous appelez ON, ce que je vais signer ici.

« Je méprise beaucoup les gens qui me menacent, *et mets la malveillance au pis*. La seule chose contre laquelle je ne puisse être en garde ici, *c'est le poignard d'un assassin;* et quant au compte que j'ai à rendre de ma conduite en cette affaire, le jour que je pourrai la traduire au grand jour, *sans nuire à l'entrée des fusils*, ce sera ma gloire publique.

« C'est à l'assemblée nationale que j'en rendrai le *compte à haute voix, pièces probantes sur le bureau*. Alors on pourra distinguer le vrai citoyen patriote des vils intrigants qui l'assaillent.

« Signé : CARON DE BEAUMARCHAIS,

« Boulevard Saint-Antoine, *d'où il ne bougera pas*. »

Maintenant, dis-je, pour procéder avec ma méthode ordinaire, il faut que j'envoie à M. *Lebrun le ministre* ma réponse à *Constantini*, et voir de son côté comment il procédera envers moi ; je connaîtrai par là *si M. Lebrun est leur homme*.

Le soir je fus chez M. Lebrun... INVISIBLE, *et moi refusé*. Je prends du papier chez son suisse, *et j'écris* :

« Lundi 20 août 1792, écrite chez votre suisse.

« Hélas! monsieur, c'est ainsi que depuis cinq mois, de remise en remise, les événements ont gâté l'affaire la plus importante à la France! Ne pouvant donc vous remettre, *à mon troisième voyage inutile chez vous*, le mémoire instructif que j'ai fait hier en vous quittant, je vous prie de le lire avec d'autant plus d'attention, que l'horrible malveillance, qui se remue dans tous les sens, me force tout à l'heure à une justification publique, *si le ministère s'obstine à ne pas s'entendre avec moi!*

« Vous en allez trouver la preuve dans la réponse que j'ai faite à un homme qui est venu chez moi me faire des offres menaçantes *verbalement et par écrit*.

« S'il vous est possible de me donner rendez-vous aujourd'hui, vous préviendrez peut-être le mal d'*une publicité fâcheuse*, par laquelle on veut couper court à l'arrivée de nos fusils. *C'est très-sérieusement que vous en êtes prié, monsieur, par votre dévoué serviteur*,

« BEAUMARCHAIS. »

A ma lettre étaient jointes sa grande lettre qu'on a lue sur l'affaire de M. *la Hogue*, et ma fière réponse au proposant *Constantini*.

Point de réponse.

Je vins deux fois par jour, le 19, le 20, le 21 et le 22,

où je lui écrivis cet autre billet chez son suisse, après huit courses en quatre jours, qui, pour aller et venir, composaient près de deux lieues chacune ; et je disais dans le chemin : Si les ministres se croient heureux de leur *invisibilité*, les gens qui galopent après eux sont certes bien infortunés !

« 22 août 1792.

« Beaumarchais est venu dimanche, avant-hier, hier et aujourd'hui, pour saluer M. *Lebrun*, et lui rappeler que *le cautionnement assuré par M. Durvey est toujours en retard*, et que lui *Beaumarchais ignore ce qui concerne M. de la Hogue* : qu'il est comme les héros d'Homère, combattant dans l'obscurité, et priant tous les dieux de lui rendre la lumière, pour savoir ce qui reste à faire pour la portion de bien qu'il est chargé, depuis cinq mois, de procurer à la patrie, et que tout tend à reculer.

« Il présente son respect à M. *Lebrun*. »

Point de réponse.

Je cesse d'y aller. Ne pouvant deviner ce qu'après ma lettre si ferme, les ministres avaient décidé sur le sort de M. *de la Hogue*, je dévorais mon sang dans une espèce de rage mue. Plus de nouvelles de ce *Constantini*, sinon une lettre d'*injures* à laquelle j'avais fait une réponse de *pitié*.

Une lettre de M. *Christinat*, le *député du Havre*, m'avait appris que son courrier était reparti pour ce port, et que l'affaire du départ de M. *de la Hogue* avait été jugée *par le pouvoir exécutif*, sans qu'il pût me dire comment ; et je me disais en fureur : Ils ne s'en sont point occupés ; ils auront envoyé une lettre d'attente, quelque réponse insignifiante : et c'est encore du temps perdu. Pardonnez-moi, lecteurs, ils s'en étaient fort occupés ; en voici la preuve très-claire, qu'on ne supposait guère que je pusse acquérir jamais.

Le 22 août, je reçois ce mot désastreux de *la Hogue* :

« Vous avez, monsieur, sous le repli de la présente, une copie de la réponse du ministre de l'intérieur *au sujet de mon passe-port*.

« Je ne puis que m'en rapporter à vous sur la conduite que vous croyez devoir tenir à cet égard ; en attendant je prends patience, et reste ici à poste fixe.

« *Signé* : LA HOGUE. »

Je passe au *verso* de sa lettre, et j'y lis enfin ce qui suit :

Copie de la lettre du ministre de l'intérieur à la municipalité du Havre.

« Ce 19 août 1792.

« L'assemblée nationale, messieurs, me renvoie la lettre que vous écrivites hier à son président, en lui renvoyant le passe-port du sieur de la Hogue. ELLE ME CHARGE de vous mander de laisser en pleine liberté ce particulier, et de lui donner un passe-port, s'il le désire... (*devinez lequel, ô lecteurs !*) *un passe-port* POUR L'INTÉRIEUR, mais de ne lui en point donner POUR L'ÉTRANGER. A l'égard du paquet pour M. *de Maulde*, L'ASSEMBLÉE VOUS CHARGE de me l'adresser.

« *Signé* : ROLAND, ministre de l'intérieur. »

Je fis le bond d'un lièvre atteint de plomb dans la cervelle, en voyant l'*assemblée nationale* envoyer l'ordre affreux d'empêcher *la Hogue* de partir. Puis, me remettant tout à coup, je dis avec un rire amer : Eh ! parbleu ! j'oubliais que nos amis sont revenus en place ! Ce n'est point l'assemblée, ce sont eux. En voilà le premier effet. PLUS DE FUSILS POUR NOTRE FRANCE !

Maintenant, mes lecteurs, rafraîchissez-vous bien le sang, en démêlant avec le pauvre diable le mot de cette nouvelle énigme ! Comment se peut-il, me disais-je, que l'*assemblée nationale*, à qui l'on soustrait *par prudence* la discussion publique de ce qui touche cette affaire, pour ne pas augmenter la malveillance des Hollandais, s'ils apprenaient l'intérêt qu'elle y prend ; comment cette *assemblée* a-t-elle pu *ordonner* au ministre de l'intérieur (*comme il l'écrit à la municipalité du Havre*) d'interdire à M. *de la Hogue* d'aller exécuter sa mission en Hollande ? Tout cela n'est qu'une perfidie !

Heureusement pour ma recherche, qu'ayant reçu de M. *Christinat* une réponse très-polie à mes deux lettres du 19, je m'avisai de la relire ! J'y surpris avec joie le mot que je cherchais (car lorsqu'on s'acharne à trouver le mot d'une énigme, fût-ce un malheur qu'il nous apprend, on éprouve un certain plaisir à le dérober à l'auteur) ; j'y vis, lecteurs, ce que vous allez voir aussi.

« Paris, le 22 août 1792.

« Il m'a été impossible, monsieur, de pouvoir répondre plus tôt à vos deux billets que m'a remis le courrier. Votre second m'informait que vous saviez la réponse qui m'avait été faite au premier. (*Cette réponse était l'ordre de l'assemblée d'aller en conférer avec les comités.*) Chargé par le comité de surveillance et la commission des douze de me retirer vers M. *Roland* pour avoir une *réponse positive de lui* A LA LETTRE DE LA MUNICIPALITÉ DU HAVRE, *écrite à M. le président de l'assemblée*... »

Vous l'entendez, lecteurs : l'assemblée n'envoie pas M. *Christinat* au pouvoir exécutif provisoire, pour lui donner de sa part *l'ordre d'écrire au Havre qu'on arrête* M. la Hogue *en France*. Elle envoie M. *Christinat* aux comités, pour délibérer là-dessus discrètement comme je le désirais : lesquels comités ne font pas autre chose que d'envoyer M. *Christinat* à M. *Roland*, pour avoir de lui une *réponse* DES MINISTRES, non à aucune demande *de l'assemblée nationale*, mais *à la lettre de la municipalité du Havre* ; ce qui devient bien différent, l'*assemblée* et les comités s'en rapportant à ces ministres : car M. *Roland* n'est ici (comme je l'ai toujours vu depuis) que la plume passive de MM. *Clavière* et *Lebrun*, seuls ministres que cela regardait. Or que font ces messieurs, qui, de retour en place depuis très-peu de jours, n'étaient instruits que par M. *Lebrun*, ci-devant premier commis, de ce qui s'est passé là-dessus pendant leur éclipse solaire? Dans leur réponse à la municipalité ils se disent *forcés*, PAR UN ORDRE DE L'ASSEMBLÉE, *d'empêcher d'aller en Hollande le seul homme qu'elle avait grand intérêt d'y envoyer, et l'homme désigné par les comités réunis!*... Avec ce tour de passe-passe, ils cassent encore une fois le cou à l'arrivée de nos fusils; et *Constantini* les aura.

La lettre de M. *Christinat* se termine fort simplement :

« Ayant reçu les paquets, dit-il (*les paquets de* M. Roland), il ne dépendait pas de moi de retarder le courrier. (*Les paquets étaient donc fermés.*) En les lui remettant vers les huit heures, je l'ai engagé à prendre une voiture, et de courir vous demander les vôtres. Je ne doute pas qu'il ne l'ait fait, *et que vous n'ayez pressé son départ.* Recevez l'assurance du dévouement sincère, etc.

« *Signé* : J.-J. CHRISTINAT. »

La phrase de l'obligeant M. *Christinat* : *Je ne doute pas que vous n'ayez pressé le départ du courrier*, achèverait la preuve, si j'en avais besoin, qu'il était persuadé que le courrier portait *au Havre une nouvelle qui m'était agréable.* Donc lui, qui fut le seul intermédiaire *de l'assemblée aux comités, des deux comités aux ministres, et des ministres au courrier*, ne savait pas que ces derniers empêchassent *mon ami de suivre sa mission !* A plus forte raison, *l'assemblée nationale* l'ignorait-elle, *elle que ces ministres accusent d'en avoir* DONNÉ L'ORDRE FUNESTE *à l'intérêt public!*

Citoyens, c'est par cette méthode que la part qu'ils ont eue aux horreurs qui vont suivre sera prouvée pour vous comme pour moi.

Ainsi M. *Constantini* me demandait *avec menace* cent trente mille livres (ou soixante mille florins) pour faire arriver mes fusils, comme étant le seul homme qui eût le grand moyen *de les arracher de Tervère.* Et les nouveaux ministres, en arrêtant *la Hogue en France et refusant le cautionnement*, favorisaient le plan du sieur *Constantini* : ils me mettaient au désespoir, pour me mieux disposer à faire ce qu'on voulait ! Mais ce que je devinais là, *il fallait en avoir la preuve avant de pouvoir en parler.* JE L'AI OBTENUE EN HOLLANDE.

Je fis un grand mémoire pour *l'assemblée nationale, à qui je demandai des juges ;* et l'on était à le copier, lorsqu'on vint m'arrêter le 23 août, à cinq heures du matin, avec un grand scandale, et *mettre le scellé chez moi !* L'on me traîna dans la mairie, où je restai debout dans un couloir obscur, depuis sept heures du matin jusqu'à quatre heures après midi, sans que personne m'y parlât, sinon les gens qui m'avaient arrêté. Ils vinrent me dire à huit heures : *Restez là, nous nous en allons ; voilà un bon reçu que l'on nous a donné de vous.*

Fort bien, me dis-je, me voilà *comme le pied-fourché sur la place :* les conducteurs ont leur reçu, ils partent ; et moi j'attends, bien garrotté, le boucher qui m'achètera !

Après neuf heures d'attente sur mes jambes, on vint me prendre, et me conduire dans un bureau nommé *de surveillance*, présidé par M. *Panis*, qui se mit à m'interroger. Étonné qu'on n'écrivît rien, j'en fis la remarque ; il me dit que *ceci n'était que sommaire, et qu'on y mettrait plus de formes quand mes scellés seraient levés.* Ce que j'y sus de plus certain, c'est qu'il y avait sur moi des clameurs au Palais-Royal, *sur la traîtrise avec laquelle je refusais d'amener en France soixante mille fusils* QUE L'ON M'AVAIT PAYÉS D'AVANCE ; *et que j'avais des dénonciateurs.* — Nommez-les, monsieur, je vous prie ; sinon moi, je les nommerai. — Mais, dit-il, un M. *Colmar*, membre de la municipalité ; un M. *Larcher* et tant d'autres. — *Larcher ?* lui dis-je ; ah ! n'allez pas plus loin ! Envoyez seulement chercher un portefeuille que j'ai fait mettre à part, sous un scellé particulier : vous y verrez la noire intrigue de *ce Larcher*, et *d'un Constantini* avec *tant d'autres*, ainsi que vous le dites, mais qu'il n'est pas temps de nommer.

— On lèvera demain vos scellés ; nous verrons, dit M. *Panis* ; en attendant, *allez coucher à l'Abbaye*. J'y fus, et je fus en chambrée avec les malheureux... qui bientôt furent égorgés !

Le lendemain 24, après midi, deux officiers municipaux vinrent me prendre à l'Abbaye pour assister à la levée de mes scellés et description de mes papiers. L'opération dura toute la nuit jusqu'au lendemain 25, à neuf heures du matin : puis l'on me conduisit *à la mairie*, où mon couloir obscur me reçut une seconde fois, jusqu'à trois heures après midi, qu'on me fit entrer de nouveau *dans le bureau de surveillance* présidé par M. *Panis*.

— On nous a, dit-il, rendu compte de l'examen de vos papiers. Il n'y a là-dessus que des éloges à vous donner : mais vous avez parlé *d'un portefeuille sur l'affaire de ces fusils que vous êtes accusé de retenir méchamment en Hollande*, et ce portefeuille-là, ces deux messieurs l'ont déjà vu ; ils nous ont même dit que *nous en serions étonnés* (c'étaient les deux municipaux qui avaient levé les scellés). — Monsieur, je brûle de vous l'ouvrir ; et le voici. Je prends, l'une après l'autre, toutes les pièces qu'on vient de lire. Je n'étais pas à la moitié, que M. *Panis* s'écria : « *Messieurs, c'est pur ! c'est pur !* » Ne vous semble-t-il pas ainsi ? Tout le bureau s'écria : « *C'est pur!* — Allons, monsieur, c'est bien assez : il y a quelque horreur là-dessous. Il faut donner à M. *Beaumarchais* une attestation honorable *de son civisme et de sa pureté*, et lui faire des excuses des chagrins qu'on lui a causés, dont la faute est au temps qui court. Un M. *Berchères*, secrétaire, dont les regards bienveillants me consolaient et me touchaient, écrivait cette attestation, lorsqu'un petit homme aux cheveux noirs, au nez busqué, à la mine effroyable, vint, parla bas au président... Vous le dirai-je, ô mes lecteurs ! c'était *le grand, le juste*, en un mot, *le clément* MARAT.

Il sort. M. *Panis*, en se frottant la tête avec quelque embarras, me dit : « J'en suis bien désolé, monsieur, mais je ne puis vous mettre en liberté. Il y a une nouvelle dénonciation contre vous. — Dites-la-moi, monsieur, je l'éclaircirai à l'instant. — Je ne le puis ; il ne faudrait qu'un mot, un seul geste de vous à quelques-uns de vos amis qui vous attendent là dehors, pour détruire l'effet de la recherche qu'on va faire. — *Monsieur le président, qu'on renvoie mes amis :* je me constitue prisonnier dans votre bureau jusqu'à la recherche finie : peut-être donnerai-je les moyens de la raccourcir. Dites-moi de quoi il s'agit. »

Il prit l'avis de ces messieurs, et, après avoir exigé ma parole d'honneur que je resterais au bureau, et n'y parlerais à personne jusqu'à ce qu'ils revinssent tous, il me dit : « Vous avez envoyé *cinq malles de papiers suspects* chez une présidente, rue Saint-Louis, au Marais, n° 15 ; l'ordre est donné de les aller chercher. — Messieurs, leur dis-je, écoutez ma réponse.

— Je donne aux pauvres avec plaisir tout ce qu'on trouvera dans les cinq malles que l'on indique, *et ma tête répond de ce qu'on y verra de suspect*, ou plutôt recevez ma déclaration qu'il n'y a aucune malle à moi dans la maison que vous citez. Seulement un ballot existe dans la maison d'un de mes amis, rue des Trois-Pavillons : ce sont des titres de propriétés, que j'avais fait sauver sur l'avis d'un pillage qui devait se faire chez moi la *nuit du 9 au 10 août*, et dont j'ai donné connaissance par une lettre à M. Péthion. Pendant qu'on cherche les cinq malles, faites chercher aussi mon ballot, sur cet ordre que je donne au domestique de mon ami de le livrer ; vous l'examinerez aussi : une autre malle de papiers et de vieux registres m'a été volée le jour même que ce ballot sortit de ma maison ; faites-la tambouriner, messieurs : je ne saurais aller plus loin. »

Tout cela fut exécuté. *L'attestation me fut donnée et signée de tous ces messieurs, sauf l'examen des malles et du ballot.*

Ces messieurs s'en furent dîner, pour revenir à l'arrivée des malles ; et moi je restai prisonnier dans le bureau, avec un seul commis à qui la garde était confiée.

Comme ils allaient sortir, un homme très-échauffé, portant écharpe, entra, et dit qu'*il avait dans sa main des preuves de ma trahison, de l'affreux dessein où j'étais de livrer soixante mille fusils*, qu'on n'avait bien payés, *aux ennemis de la patrie*.

Il était comme un forcené sur ce qu'on me donnait une attestion du contraire. C'était M. Colmar, l'affilié de mes *Autrichiens*, de plus mon dénonciateur. — Vous voyez bien, messieurs, leur dis-je froidement, que *monsieur ne sait pas un mot de l'affaire dont il vous parle. Il est l'écho de Larcher et de Constantini*. Il m'injuria me disant *que mon cou y passerait*. Je le veux bien, lui dis-je, pourvu que vous ne soyez pas mon juge !

Ils sortirent. Je restai là, réfléchissant bien tristement sur la bizarrerie de mon sort. Mon ballot arriva, mais nulle nouvelle des cinq malles ! Que vous dirai-je enfin, Français qui me lisez ! *Je restai là trente-deux heures, et sans que personne y revînt.* Le garçon de bureau, en allant se coucher, me dit qu'*il ne pouvait me laisser seul dans le bureau la nuit.* Il me remit debout dans mon obscur couloir : sans la pitié d'un domestique qui me jeta un matelas par terre, *j'y serais mort de fatigue et d'horreur.*

Au bout *de trente-deux heures personne n'étant revenu*, des officiers municipaux, touchés de compassion, s'assemblèrent et me dirent : « M. Panis *ne revient point, peut-être est-il incommodé*. En visitant les malles chez la présidente, où l'on en a trouvé huit ou neuf, on a vu que c'étaient les guenilles de *religieuses* à qui elle a donné retraite. Nous savons que vous êtes innocent de toutes les choses qu'on vous impute. En attendant que le bureau revienne, nous allons, par pitié, vous envoyer coucher chez vous. Demain matin on visitera votre ballot, *et vous aurez une attestation bien complète.* »

Et moi je dis à mon domestique, qui pleurait : « Va me faire apprêter un bain ; il y a cinq nuits que je ne repose point. Il court. » On me renvoie, mais *avec deux gendarmes qui devaient me garder la nuit.*

Le lendemain, je renvoyai l'un d'eux savoir si le *bureau venait enfin de s'assembler pour me donner l'attestation promise*. Il revint avec d'autres gardes et l'ordre rigoureux *de me conduire à l'Abbaye, au secret, avec défense expresse de m'y laisser parler à personne du dehors*, sans un ordre par écrit de la municipalité. J'eus de la peine à retenir le désespoir de tout mon monde. Je les consolai de mon mieux : et *je fus conduit en prison*, où je me retrouvai avec MM. *d'Affry, Thierry*, les *Montmorin, Sombreuil et sa vertueuse fille*, qui s'était enfermée avec son père dans ce cloaque, et qui, dit-on, lui a sauvé la vie ; l'abbé *de Boisgelin*, MM. *Lally-Tollendal, Lenoir*, trésorier des aumônes, vieillard de quatre-vingt-deux ans ; M. *Gibé*, notaire ; enfin, cent quatre-vingt douze personnes encaquées dans dix-huit petites chambres !

Une heure après mon arrivée, on vint me dire que l'on me demandait *avec un ordre écrit de la municipalité*. Je me rendis chez le concierge, où je trouvai... devinez qui, lecteur ! M. *Larcher*, l'associé de *Constantini* et celui *de tant d'autres*, que je ne nomme pas encore. Il venait me renouveler les douces propositions qu'il m'avait déjà faites chez moi, et même de leur vendre tous mes fusils de Hollande, *à sept florins huit sous la pièce* ; ce n'était qu'un florin de moins de ce que l'État les payait ; et je prendrais en payement les huit cent mille francs que je venais, dit-il, de toucher a la trésorerie. A cette condition, je sortirais de *l'Abbaye, et j'aurais mon attestation*. Je prie mon lecteur, qui me suit depuis que je fais ce mémoire, de se former l'idée de ma figure, car je ne puis la dépeindre. Après un moment de silence, je dis froidement à cet homme : « Je ne fais point d'affaires en prison ; allez-vous-en « dire cela aux ministres qui vous envoient, et qui sa- « vent aussi bien que moi que je n'ai pas touché un « sou des huit cent mille francs dont vous parlez : sot- « tise qu'on n'a répandue que pour me faire piller chez « moi, la triste nuit du 10 août ! »

— *Vous n'avez pas touché*, dit-il en se levant, *huit cent mille francs depuis quinze jours?* — Non, dis-je en lui tournant le dos. Il prit la porte et court encore. Je ne l'ai pas revu depuis.

Quand ces messieurs, disais-je à son départ, viennent m'en offrir sept florins, c'est pour les revendre sans doute à l'État onze ou douze, *car ils ont tout pouvoir.* J'entends maintenant leur affaire ; *mais ils m'égorgeront avant de l'accomplir,* ajoutai-je les dents serrées.

Revenu dans la chambre avec les autres prisonniers, *je leur contai à tous ce qui venait de m'arriver,* et je vis que moi seul en étais étonné.

L'un de ces messieurs nous disait : « Les ennemis ont pris *Longwy*. S'ils peuvent entrer dans *Verdun*, la terreur gaguera le peuple, et l'on en profitera pour nous faire égorger ici. — Je n'y vois que trop d'apparence, » lui répondis-je en gémissant.

Le lendemain, on me fit passer en prison le billet que je vais copier.

BILLET.

« *Colmar*, officier municipal, et celui qui a dit *en votre présence* avoir des preuves contre vous, est cause du nouvel ordre (*celui qui m'avait remis au secret*). Le comité n'a pas voulu prendre sur lui de le décerner ; il a exigé *une réquisition écrite du sieur* Colmar. Je l'ai vue. Elle est *sans désignation de motifs*. On nous promet de s'occuper de vous sans délai. *Votre portefeuille est scellé comme vous l'avez désiré*. Écrivez avec force *au comité*, que je ne quitte pas. »

Ce billet de mon neveu me fut remis par le concierge, à l'honneur duquel je dois dire qu'il adoucissait de son mieux le sort de tous les prisonniers.

Je demande à mes compagnons d'infortune la liberté d'écrire, dans un coin et sur mes genoux, un fort mémoire *au comité de surveillance de la mairie*. M. Thierry me prêta du papier ; M. *d'Affry*, son portefeuille pour me tenir lieu de bureau. Le jeune *Montmorin*, assis par terre, le soutenait pendant que j'écrivais. M. de *Tollendal* disputait avec l'abbé *Boisgelin* ; M. *Gibé* me regardait écrire ; M. *Lenoir*, à genoux, priait avec ferveur ; et moi j'écrivais ma requête, *plus fière, hélas ! peut-être que ce temps ne le comportait*. Je ne fais cette réflexion qu'en faveur de *Lecointre*, qui vous a dit, ô citoyens, *que j'écrivais avec bassesse sur cette épouvantable affaire !* La voici, ma bassesse à ceux qui me tenaient le couteau sur le sein :

A messieurs du comité de surveillance de la mairie.

« Ce 28 août 1792.

« Messieurs,

« Si je rassemble au fond de ma prison le peu de mots que j'ai pu recueillir sur l'objet trop public de mon *étrange arrestation*, je juge qu'un ardent désir de voir entrer en France les soixante mille fusils achetés par moi en Hollande, et cédés au gouvernement, vous fait ajouter foi aux viles accusations de quelques calomniateurs, *aussi lâches que mal instruits du très-grand intérêt que j'ai à vous procurer ces secours.*

« Mais laissant là mes intérêts comme négociant et comme patriote, et d'après leurs imputations, permettez-moi, messieurs, de vous faire observer de nouveau que la conduite qu'on tient envers moi *est diamétralement opposée; qu'elle nuit en tous sens au bien que vous prétendez faire.* Ce qu'il y a de plus pressé n'est-il pas d'éclaircir les faits, de poser des bases solides qui puissent régler votre conduite et vous faire juger la mienne?

« Au lieu de cela, messieurs, depuis cinq jours je traîne alternativement du *corridor obscur de la mairie à la prison infecte de l'Abbaye*, sans que l'on m'ait encore interrogé sévèrement sur des faits d'une telle importance, quoique je n'aie cessé de vous le demander, quoique j'aie apporté et *laissé dans votre bureau le portefeuille* qui contient ma justification entière, fait ma gloire de citoyen, et peut seul vous montrer le succès après les travaux.

« Cependant ma maison, mes papiers, ont été visités, et la plus sévère recherche n'a fourni à vos commissaires que des attestations honorables pour moi ! *Mes scellés ont été levés:* moi seul je suis sous le scellé d'une prison incommode et malsaine, par l'affluence trop excessive des prisonniers qu'on y envoie.

« Forcé, messieurs, de rendre *à la nation* le compte le plus rigoureux de ma conduite en cette affaire, qui ne devient fâcheuse *que par les torts d'autrui*, j'ai l'honneur de vous prévenir que si vous refusez la justice de m'entendre en mes défenses et moyens d'agir, *je me verrai forcé, à mon très grand regret, d'adresser un mémoire public à l'assemblée nationale, où détaillant les faits, tous appuyés de pièces inexpugnables et victorieuses, je ne serai que trop bien justifié ; mais la publicité même de mes défenses sera le coup de mort pour le succès de cette immense affaire.* Et m'emprisonner au secret ne pourra garantir personne de mes réclamations pressantes, puisque mon mémoire est déjà dans les mains de quelques amis.

« Comment, messieurs, nous manquons d'armes ! Soixante mille fusils seraient depuis longtemps en France, *si chacun eût fait son devoir*. Moi seul je l'ai fait vainement ; *et vous ne hâtez pas l'instant de connaître les vrais coupables !* Je vous ai répété, messieurs, *que j'offrais ma tête en otage des soins que je me suis donnés, des sacrifices que j'ai faits pour amener ces grands secours :* je vous ai dit que *je mettais l'horrible malveillance au pis* ; et parce que j'ai demandé le nom de mes vils délateurs, et le bonheur de les confondre, au lieu de continuer mon interrogatoire à peine commencé, vous m'avez fait rester *trente-deux heures complètes, sans voir revenir au bureau ceux qui devaient m'interroger !* Et, sans la douce compassion qui a pris quelque soin de moi, j'aurais passé deux jours et une nuit *sans savoir où poser ma tête !* Et l'affaire des fusils est là sans aucun éclaircissement ! et le seul homme qui puisse vous éclairer, *vous l'envoyez, messieurs, au secret dans une prison, quand l'ennemi est à vos portes !* Que feraient de plus, pour nous nuire, nos implacables ennemis ? *un comité prussien ou autrichien ?*

« Pardonnez la juste douleur d'un homme qui attribue ces torts plutôt à de grands embarras qu'à la mauvaise volonté. Mais *c'est qu'on ne fait rien sans ordre, et que pendant ces cinq malheureux jours, j'ai été effrayé du désordre qui règne dans l'administration de cette ville.*

« *Signé :* Caron Beaumarchais. »

Le lendemain, 29 août, sur les cinq heures du soir, nous philosophions tristement. M. *d'Affry*, ce vieillard vénérable, était sorti, la veille, de l'Abbaye. Un guichetier vient m'appeler : *Monsieur Beaumarchais, on vous demande!* — Qui me demande, mon ami? — M. Manuel, *avec quelques municipaux.* Il s'en va. Nous nous regardons. M. *Thierry* me dit : « N'est-il pas de vos ennemis ? — Hélas! leur dis-je, nous ne nous sommes jamais vus : il est bien triste de commencer ainsi ; cela est d'un terrible augure ! *Mon instant est-il arrivé ?* » Chacun baisse les yeux, se tait ; je passe chez le concierge, et je dis entrant :

— Qui de vous tous, messieurs, se nomme M. *Manuel?*
— C'est moi, me dit un d'eux en s'avançant. — Monsieur, lui dis-je, nous avons eu, sans nous connaître, un démêlé public sur mes contributions. Non-seulement, monsieur, je les payais exactement, mais même celles de beaucoup d'autres *qui n'en avaient pas le moyen.* Il faut que mon affaire soit devenue bien grave pour que le procureur syndic de la commune de Paris, laissant les affaires publiques, vienne ici s'occuper de moi?

— Monsieur, dit-il, loin de les laisser là, c'est pour m'en occuper que je suis dans ce lieu ; et le premier devoir d'un officier public n'est-il pas de venir arracher de prison *un innocent qu'on persécute ?* Votre dénonciateur, *Colmar*, est reconnu un gueux ; sa section lui a arraché l'écharpe, dont il est indigne : il est chassé de la commune, et je crois même en prison. On vous donne le droit *de le suivre en toute justice.* C'est pour vous faire oublier notre débat public, que j'ai demandé à la commune de m'absenter une heure pour venir vous tirer d'ici. Sortez a l'instant de ce lieu.

Je lui jetai mes bras au corps, sans pouvoir lui dire un seul mot : mes yeux seuls lui peignaient mon âme ; je crois qu'ils étaient énergiques, s'ils lui peignaient tout ce que je pensais ! Je suis d'acier contre les injustices ; et mon cœur s'amollit, mes yeux fondent en eau sur le moindre trait de bonté. Je n'oublierai jamais cet homme, ni ce moment-là. Je sortis.

Deux officiers municipaux (les deux qui avaient levé mes scellés) m'emmenèrent dans un fiacre, devinez où? Lecteur !... Non : il faut vous le dire ; vous le chercheriez vainement !... *Chez M. Lebrun, ministre des affaires étrangères*, qui sortit de son cabinet et me vit...

Arrêtons-nous encore une fois. Ma cinquième et dernière partie ne laissera rien, citoyens, à désirer sur ma justification promise, et j'ose espérer, *attendue.*

CINQUIÈME ÉPOQUE

O citoyens législateurs ! est-il donc vrai qu'en invoquant votre justice je doive dissimuler une partie des faits qui me disculpent ; m'amoindrir en plaidant ma cause, à peine d'offenser des hommes qui influent? Il faut que quatre mois d'absence aient bien faussé mon jugement sur l'acception connue du grand mot *liberté*, puisque je suis si peu d'accord avec mes amis de Paris sur les points importants de la conduite que je dois tenir dans une affaire qui détruit mon existence de *citoyen*, et porte une atteinte mortelle à cette *liberté*, à cette égalité de droits que nos lois m'avaient garanties !

Chacun m'écrit : Prenez bien garde à ce qui sort de votre plume ! Défendez-vous, et n'accusez personne ! n'offensez aucun amour-propre, pas même celui de ceux qui vous ont le plus outragé ! Vous n'êtes plus au cours des choses.

Songez qu'on a voulu vous perdre, et qu'eussiez-vous cent fois raison, vous ne pouvez rien obtenir si vous n'êtes très-circonspect !

Songez que vous avez le poignard sur la gorge, et que tous vos biens sont saisis !

Songez qu'à défaut d'autre crime, on veut vous faire passer pour émigré ! que vous ne dites pas un mot qui ne soit tourné contre vous ! que vous ne faites rien de bien qui n'irrite vos ennemis ! qu'ils sont puissants... et sans pudeur ! Songez que vous avez une fille que vous aimez ! Songez...

Oui, j'ai une fille que j'aime. Mais en la chérissant, je cesserais de l'estimer si je la supposais capable de supporter l'avilissement de son père, et de vouloir que je lui conservasse une fortune qu'on m'envie, *et qui fait mon unique tort*, au prix d'affaiblir mes défenses en taisant la moitié de ce qui les compose, et de compromettre mon honneur en ménageant des ennemis *qui n'ont pas osé m'attaquer tant que je suis resté en France*, quoiqu'ils eussent entre leurs mains, depuis six mois, *toutes les pièces sur lesquelles ils ont l'impudence de m'accuser lorsque je suis absent !*

Quoi ! d'injustes ministres ont abusé de mon zèle pour la patrie, et m'ont fait sortir de France avec un passe-port perfide... espérant si bien manœuvrer que je n'y rentrasse jamais ! ou que si j'y rentrais, ce fût chargé de chaînes, et couvert de l'opprobre d'avoir desservi mon pays ; accusé de l'avoir trahi ! Et j'affaiblirais mes défenses !

Quoi donc ! d'un pays libre où ils ont du crédit, ils auront envoyé chez un peuple étranger, qui se dit libre aussi, un courrier extraordinaire, pour m'en ramener garrotté, espérant pouvoir *à la Haye* ce qu'ils n'osent tenter *à Londres*, quand ils ont eu la lâche négligence *d'y laisser échapper des faussaires, des fabricateurs d'assignats*, qu'un homme vigilant y tenait *en prison*, faute de lui répondre, ou d'y envoyer des courriers, pendant sept ou huit mois ! Moi je garderais le silence !

Quoi! sur des crimes supposés ils ont voulu me faire entraîner de Hollande pour être égorgé dans la route, ou par des gens payés par eux, ou par notre peuple abusé, avant d'arriver aux prisons, où l'on feindrait de m'amener pour y produire mes défenses? Et je tairais, moi, citoyen, tous ces grands abus du pouvoir!

— Oui! mon cher! il le faut, ou vous êtes perdu.

— Mes amis, on n'est point perdu quand on prouve qu'on a raison! Être perdu, ce n'est pas d'être tué; c'est de mourir déshonoré! Pourtant, amis, soyez contents! Je ne les accuserai point sur cette affaire méconnue, mais qu'il est temps de mettre au jour; car je dois sauver mon honneur, si je ne puis les empêcher de consommer la ruine de mon enfant, même d'assassiner son père!

Je ne les accuserai point. Je dirai seulement les faits, les appuyant de pièces inexpugnables, comme je ne cesse de le faire. La *Convention nationale*, bien supérieure aux petits intérêts de ces individus d'un jour, car elle n'est qu'un grand écho de la volonté générale, qui est d'être juste envers tous; la *Convention* discernera sans moi les coupables de l'innocent! ceux qui ont trahi la nation, de celui qui l'a bien servie! Alors elle prononcera lesquels d'eux ou de moi méritent le décret qu'ils ont fait prononcer sur un faux exposé!

Dans quelle affreuse liberté, pire qu'un réel esclavage, serions-nous tombés, mes amis, si l'homme irréprochable devait baisser les yeux devant des coupables puissants, parce qu'ils peuvent l'accabler? Quoi donc! tous les abus des vieilles républiques, nous les éprouverions à la naissance de la nôtre! Périssent tous les miens biens, périsse ma personne, plutôt que de ramper sous ce despotisme insolent! Une nation n'est vraiment libre que lorsqu'on n'obéit qu'aux lois.

―

Ô CITOYENS LÉGISLATEURS! ce mémoire lu par vous tous, j'irai me mettre en vos prisons! Tu m'y consoleras, ma fille, comme la jeune et vertueuse *Sombreuil*, devant laquelle mon âme se prosternait *à l'Abbaye*, aux approches du 2 septembre!

J'en suis resté, lecteurs, à la stupéfaction du ministre *Lebrun*, de me voir dans son beau salon, avec mon air de prisonnier, ma barbe de cinq jours, mes cheveux en désordre, en linge sale, en redingote, entre deux hommes en écharpe... « Oui, monsieur, lui dis-je, c'est moi. Victime dévouée, je sors de l'Abbaye, où certains délateurs *que vous connaissez* m'ont fait mettre, en criant partout que c'est moi qui méchamment m'oppose à l'arrivée de nos fusils. *Vous savez trop, monsieur, ce qui en est!* »

Un municipal m'interrompt, dit au ministre : « Nous sommes envoyés, monsieur, par la municipalité, vous demander, d'après les explications de M. *Beaumarchais, dont on est satisfait*, si vous voulez ou non faire partir à l'instant son courrier pour la Hollande, avec tout ce qu'il faut *pour que les fusils nous arrivent.* — Il ne faut, dis-je, *aux termes du traité, qu'un cautionnement arrêté trente fois*, malgré trente promesses; il me faut *un passe-port*, il me faut *quelques fonds.* »

Je trouvais à M. *Lebrun* les yeux un peu fuyards, la parole allongée, et la voix incertaine. Il dit à ces messieurs que... rien ne... retenait...; qu'en... ce moment il... n'en pouvait finir... mais que si nous voulions... venir demain matin... ce serait l'affaire.., d'une heure.

Qui donc étonnait M. *Lebrun*? Était-ce mon emprisonnement, ou ma sortie inopinée? Je ne le savais pas encore.

Nous nous retirâmes, avec parole pour le lendemain à neuf heures. Nous nous rendons *au comité de surveillance de la mairie*, où l'on me donne, avec beaucoup de grâce, une attestation de civisme dont je dus être satisfait. J'en avais eu déjà une première. Je convins avec ces messieurs que je la rapporterais, et que de deux on en ferait une seule, que je pourrais faire afficher.

Le lendemain, un des municipaux vient me prendre chez moi, me mène chez M. *Lebrun* à neuf heures. *Il était sorti*, nous dit-on.

Nous revînmes à midi; *il n'était pas rentré*. Nous revînmes à trois heures; enfin il nous reçut. J'avais appris par mes intelligences qu'il avait écrit à M. de *Maulde* de venir bien vite à Paris, mais il ne m'en avait rien dit. Peut-être pensent-ils, disais-je, qu'ils tireront de lui quelques notions propres à me nuire, et que c'est là l'objet de son voyage?

En m'expliquant avec M. *Lebrun* devant notre municipal, je dis avec un peu de ruse que, dans mon mémoire à *l'assemblée nationale*, je la priai de mander M. de *Maulde* pour rendre témoignage de mes puissants efforts, aidés des siens, sur l'extradition des fusils. Il me répondit un peu vite : *Épargnez-vous cette peine! il sera ici dans deux jours.*

— Quoi! monsieur, lui dis-je, il revient? Cette nouvelle me comble de joie. Il rendra bon compte de nous à *l'assemblée nationale*, et ramènera mon *la Hogue!* Son air *ministériel* lui revint à ces mots; et coupant sur l'explication, il nous quitta, puis nous fit dire qu'*on l'enlevait* pour terminer un objet très-pressé.

Le municipal, étonné, me dit : « Je ne reviendrai plus ici perdre le temps en courses vaines; on enverra qui l'on voudra. — Voilà, depuis cinq mois, lui dis-je, la vie que l'on me fait mener : je dévore tout sans me plaindre, parce que c'est une affaire qui intéresse la nation. »

Le soir même, 29 août, j'écrivis à M. *Lebrun*.

« Au nom de la patrie en danger, de tout ce que je vois et entends, je supplie M. *Lebrun* de presser le moment où nous terminerons *l'affaire des fusils de Hollande*.

« Ma justification? je la suspends. Ma sûreté? je la dédaigne. Les calomnies? je les méprise. Mais, au nom du salut public, ne perdons pas un moment de plus! *L'ennemi est à nos portes*, et mon cœur saigne, non des horreurs que l'on m'a faites, mais de celles qui nous menacent.

« La nuit, le jour, mes travaux et mon temps, mes facultés, toutes mes forces, je les présente à la patrie : j'attends les ordres de M. Lebrun, et lui offre l'hommage d'un bon citoyen.

« Signé : BEAUMARCHAIS. »

Point de réponse. La nuit suivante, à deux heures du matin, mes gens vinrent tout effrayés me dire que des hommes armés demandaient l'ouverture des grilles. « Ah! laissez-les entrer, leur dis-je. Je suis dévoué, je ne résiste à rien. »

Nous n'en eûmes que la frayeur. C'étaient tous mes fusils de chasse que l'on venait me demander. « Messieurs, leur dis-je, quelle volupté trouvez-vous à choisir ces heures nocturnes pour vous rendre ainsi redoutables? Quand il faut servir la nation, quelqu'un peut-il s'y refuser ? »

Je leur fis donner sept fusils précieux, à un et à deux coups, que j'avais ; ils m'assurèrent qu'on en aurait grand soin, qu'ils allaient sur-le-champ les déposer à la section. Le lendemain au soir j'y envoyai : l'on n'en avait aucune nouvelle. « C'est peu de chose, me dis-je, que cette perte ; c'est une centaine de louis. *Mais ceux de Hollande! ceux de Hollande!* »

J'écrivis à M. *Lebrun,* le soir même, cet autre mot pressant :

« Paris, ce 30 août 1792.

« O monsieur! ô monsieur ! si l'incurable aveuglement jeté par le ciel sur les Juifs n'a pas frappé *Paris,* cette nouvelle *Jérusalem,* comment ne peut-on rien finir sur les objets les plus intéressants pour le salut de la patrie? Les jours composent des semaines et les semaines font des mois, sans que nous avancions d'un pas !

« Pour le seul passe-port de M. *de la Hogue* à renouveler au *Havre* pour la Hollande, treize jours se sont passés sans que j'aie encore pu ouvrir les yeux à aucun homme *sur le mal qu'on fait à la France!* Un courrier est venu du *Havre,* et il est reparti en portant à M. *de la Hogue* l'ordre le plus étrange qui pût se donner dans ce cas. *Le voilà retenu en France !* et l'on me demande pourquoi les soixante mille armes de Hollande ne nous arrivent pas! et je suis forcé de répondre que *si le diable s'en mêlait, il ne pourrait pas faire pis pour les empêcher d'arriver !*

« J'ai été prisonnier six jours à l'Abbaye et au secret pour ces misérables fusils ! Et je suis prisonnier chez moi, parce que j'y attends le rendez-vous que vous m'avez promis pour finir ! Je connais tous vos embarras; mais si nous n'y travaillons point, l'affaire n'a pas de jambes pour avancer toute seule.

« On est venu cette nuit chez moi à main armée m'arracher mes fusils de chasse, et je disais en soupirant : *Hélas ! nous en avons soixante mille en Hollande;* personne ne veut rien faire pour m'aider, moi chétif, à les en arracher : et l'on vient troubler mon repos !

« Je suis un triste oiseau ; car je n'ai qu'un ramage, qui est de dire depuis cinq mois à tous les ministres qui se succèdent : *Monsieur, finissez donc l'affaire des armes qui sont en Hollande !* Un vertige s'est emparé de la tête de tout le monde, chacun dit un mot et s'en va, me laissant là sans nulle solution. *O pauvre France ! ô pauvre France !*

« Pardonnez-moi mes doléances, et donnez-moi un rendez-vous, monsieur ; car, *par ma foi, je suis au désespoir.*

« Signé : BEAUMARCHAIS. »

Point de réponse.

On voit avec quelle patience j'oubliais mes maux personnels, pour me livrer entier à ceux de la chose publique. Pourtant le lendemain de ma sortie de la prison, j'avais été *au comité de surveillance de la mairie* chercher l'attestation promise.

Jugez de mon étonnement, lecteurs ! Tous les bureaux étaient fermés, les scellés sur toutes les portes, et ces portes barrées de fer. Qu'est-il arrivé ? dis-je aux gardes. — Hélas ! monsieur; tous ces messieurs sont enlevés de leurs fonctions, — Et cent cinquante prisonniers qui attendaient là-haut, dans des greniers, sur de la paille, qu'on leur apprît pourquoi ils étaient là ? — On les a conduits en prison, on en a bourré les cachots. — O Dieu ! me dis-je ; et plus personne de ceux qui les ont arrêtés ! Comment cela finira-t-il? qui les retirera de là ?

Je m'en revins chez moi le cœur serré, disant : *O Manuel! ô Manuel!* quand vous me disiez : SORTEZ VITE, j'étais loin de m'imaginer qu'un jour plus tard il ne serait plus temps ! Grâces, grâces vous soient rendues, mon très-généreux ennemi ! aucun ami ne m'a servi si bien.

Je réunis les deux attestations du comité de surveillance en une, *puisque personne ne pouvait plus le faire,* et je la fis promptement afficher.

La voici :

Attestation donnée à *P.-A. Caron Beaumarchais* par le comité de surveillance et de salut public, servant de réponse à toutes les dénonciations calomnieuses, toutes les listes de proscription, notamment à celle imprimée des électeurs de 1791, qui ont été au club de la Sainte-Chapelle, où il *est méchamment inséré.*

« Ces vingt-huit et trente août mille sept cent quatre-vingt-douze, l'an IV de la liberté; et le 1er de l'égalité, nous administrateurs de police, membres du comité de surveillance et de salut public, séant à la mairie, avons examiné avec la plus scrupuleuse attention tous les papiers du *sieur Caron Beaumarchais.* Il résulte de cet examen *qu'il ne s'y est trouvé aucune pièce* manuscrite ou imprimée *qui puisse autoriser le plus léger soupçon contre lui, ou faire suspecter son civisme.*

« Nous attestons, en outre, que plus nous examinons l'affaire de l'arrestation dudit sieur *Caron Beaumarchais,* plus nous voyons qu'*il n'est nullement coupable des faits à lui imputés*, ET N'EST PAS MÊME SUSPECT : pour quoi nous l'avons renvoyé en liberté.

« Nous reconnaissons avec plaisir que *la dénonciation faite contre lui*, et qui a motivé l'apposition des scellés chez lui, et l'emprisonnement de sa personne à l'Abbaye, *n'avait point de fondement.*

« Nous nous empressons de mettre sa justification dans tout son jour, et de lui procurer la satisfaction *qu'il a droit d'attendre des mandataires du peuple.*

« Nous croyons *qu'il a droit de poursuivre son dénonciateur dans les tribunaux*, et avons remis *audit sieur Caron* ses registres et papiers.

« Fait à la mairie les jours et an susdits. *Les administrateurs de police, membres du comité de surveillance et de salut public.*

« *Signé* : Panis, Leclerc, Duchesne, Duffort, Martin, etc. »

Le dimanche 2 septembre, *n'ayant aucune réponse* du ministre *Lebrun*, j'apprends que la sortie de Paris est permise : fatigué de corps et d'esprit, je vais dîner à la campagne, à trois lieues de la ville, espérant de revenir le soir. A quatre heures, l'on vient nous dire que la ville était refermée, qu'on sonnait le tocsin, battait la générale, et que le peuple se portait avec fureur vers les prisons, pour massacrer les prisonniers. C'est bien alors que je criai, dans ma gratitude exaltée : O Manuel ! ô Manuel ! Mon cerveau martelait comme une forge ardente. Je crus que j'en deviendrais fou !

Mon ami m'invita d'accepter un gîte chez lui. Le lendemain, à six heures du soir, un commandant des gardes nationales des environs vient lui dire tout bas : « On sait que vous avez chez vous M. de Beaumarchais : les tueurs l'ont manqué cette nuit dans Paris ; ils doivent venir la nuit prochaine ici, l'enlever de chez vous ; et peut-être m'obligera-t-on de m'y rendre avec toute ma troupe. J'enverrai dans une heure chercher votre réponse : dites-lui bien qu'on sait *qu'il y a des fusils dans ses caves, et soixante mille en Hollande, qu'il ne veut pas que nous ayons,* QUOIQU'ON LES LUI AIT BIEN PAYÉS. *Aussi c'est bien horrible à lui !* — Il n'y a pas, dit mon ami, un mot de vrai à tous ces contes. Je vais lui parler au jardin. »

Je le vois arriver à moi, la figure pâle et défaite. Il me fait son triste récit : « Mon pauvre ami, dit-il, qu'allez-vous faire ? — D'abord, ce que je dois à l'ami qui me donne hospice : *quitter votre maison pour qu'elle ne soit point pillée.* Si l'on vient chercher la réponse, dites que l'on est venu me prendre, que je suis parti pour Paris. Adieu. Gardez mes gens et ma voiture, et moi je vais aller à ma mauvaise fortune. Ne disons pas un mot de plus ; retournez au salon, n'y parlez plus de moi. »

Il m'ouvre une petite grille, et me voilà marchant dans les terres labourées, fuyant tous les chemins. Enfin, dans la nuit, par la pluie, ayant fait trois lieues de traverse, je trouvai un asile chez de bonnes gens de campagne à qui je ne déguisai rien, et dont je fus accueilli avec une hospitalité si touchante et si douce que j'en étais ému aux larmes. Par eux à travers vingt détours et sans que l'on sût où j'étais, j'eus des nouvelles de Paris. Les massacres duraient encore, mais les Prussiens pénétraient en Champagne. J'oubliai mes dangers, et j'écrivis à M. *Lebrun :*

« De ma retraite, le 4 septembre 1792.

« Monsieur,

« Après avoir passé six jours en prison, soupçonné par le peuple de ne pas vouloir que les soixante mille fusils *que j'ai achetés et payés pour lui depuis six mois en Hollande arrivent en France, n'est-il pas temps que je me justifie,* en repoussant le tort sur tous ceux qui en sont coupables ? C'est ce que je fais en ce moment, par un grand mémoire *destiné à l'assemblée nationale*, à qui je veux encore une fois faire choir les écailles des yeux.

En attendant, je vous adresse *ma requête aux états de Hollande, du mois de juin, sur les fusils, sur leur déloyale conduite envers un négociant français.* (Elle s'était égarée aux affaires étrangères comme tout ce qu'on y renvoie.) J'ai écrit à M. *la Hogue* de revenir à Paris, *puisque l'enfer, qui s'oppose à ce qu'aucun bien ne se fasse pour ce malheureux pays-ci*, l'a encore empêché de s'embarquer pour la Hollande.

« Ah ! si les ministres savaient quel mal un seul quart d'heure d'inattention, de négligence, peut faire en ces temps malheureux, ils regretteraient bien le *mois qu'ils viennent de nous faire perdre* sur l'affaire de ces fusils !

« Et quant à moi, monsieur, après avoir reçu du *comité de surveillance* les plus fortes attestations sur mon civisme et sur ma pureté, d'après la lecture réfléchie *des pièces accumulées dans mon portefeuille sur ces armes*, je me vois de nouveau poursuivi par la fureur du peuple, et obligé de me cacher pour ne pas en être victime, tandis que ceux qui n'ont rien fait *que nuire à ces opérations* sont tranquilles chez eux, souriant de mes peines, et peut-être cherchant à les porter au comble ! Ce n'est pas vous, monsieur, *mais je les nommerai.*

« Vous m'avez demandé quels moyens je croyais meilleurs pour terminer cette interminable entreprise. Il n'y en a point d'autres, monsieur, *que de suivre les errements tracés dans le traité fait avec MM. Lajard, Chambonas, et les trois comités réunis ; de ne point enchaîner en France le vendeur qui doit vous les livrer*, car cela est par trop étrange ! Puis consulter M. *de Maulde*, conjointement avec M. *la Hogue*, sur les moyens de ruse que peut employer le commerce, *puisque notre cabinet est trop faible pour prendre un parti ferme contre les états de Hollande* ; enfin de ne plus perdre des mois à *essayer de me trouver en faute, quand les preuves crèvent les yeux sur mes travaux* ET SUR MES SACRIFICES. On dirait, à voir la conduite que l'on tient en France envers moi, que la seule affaire importante soit de me ruiner, de me perdre, en se moquant que soixante mille armes arrivent ou n'arrivent point. Je vais demander des commissaires pour bien éplucher ma conduite *et celle des autres par contre-coup*. Il est temps, *et bien temps*, QUE CET HORRIBLE JEU FINISSE !

« Je vous conjure, au nom de la patrie, de *songer au cautionnement, ce misérable cautionnement, si minime en affaire si grave* ! Si l'on ne m'a pas égorgé avant que M. *de Maulde* arrive, je me ferai un sévère devoir de venir *à tous risques*, au rendez-vous que vous m'aurez donné.

« Daignez lire *ma requête aux états de Hollande*, et devenez mon avocat *contre les malveillants* d'une affaire aussi capitale.

« Je suis avec respect,

« MONSIEUR,

« Votre, etc.

« *Signé* : BEAUMARCHAIS. »

« P. S. Dans ce moment, où le pillage peut se porter sur ma maison, j'ai fait mettre en dépôt, chez un homme public, le portefeuille de cette affaire. *Je puis périr, et ma maison* : MES PREUVES NE PÉRIRONT POINT. »

Je ne sais si ce furent les grands mots que je répétais dans ma lettre, de *mémoire à l'assemblée nationale, où je repousserais les torts sur ceux qui s'en rendaient coupables* qui me valurent enfin, le 6 septembre, ce billet *des bureaux*, au nom de M. *Lebrun*.

« Paris, le 6 septembre 1792, l'an IVᵉ de la liberté.

« Le ministre des affaires étrangères a l'honneur de prier M. *de Beaumarchais* de venir, demain vendredi, *le matin à neuf heures*, à l'hôtel de ce département, *pour terminer l'affaire des fusils*. Le ministre désire que le tout soit réglé avant dix heures du matin (*vous l'entendez, lecteurs, il ne fallait qu'une heure*), afin d'avoir le temps d'en *prévenir* M. *de Maulde*, QUI A REÇU ORDRE DE NE POINT PARTIR DE LA HAYE. C'est demain jour de courrier pour la Hollande. »

Par les détours qu'il fallait prendre pour arriver à moi sans que je fusse dépisté, ce billet ne m'y vint *que le lendemain à neuf heures*; c'était celle du rendez-vous que M. *Lebrun* me donnait, ce qui le rendait impossible, étant à cinq lieues de Paris, ne pouvant m'y rendre qu'à pied, seul, à travers les plaines labourées, pour n'y arriver que la nuit.

Deux choses, comme on juge, me frappèrent dans ce billet. La première, qu'il se pouvait qu'on se fût bien douté qu'étant caché hors de Paris, je ne viendrais pas en plein jour m'exposer à me faire tuer, et qu'alors on dirait que *c'était bien ma faute si l'affaire n'était pas finie, ayant manqué le rendez-vous qu'on me donnait pour terminer*.

La seconde est qu'on m'y disait que *l'on avait contremandé le voyage de* M. *de Maulde*, lequel avait été appelé sans que l'on m'en eût averti. Si mon lecteur n'a pas perdu de vue la petite ruse dont j'usai pour découvrir le véritable objet du retour de l'ambassadeur, il sera frappé comme moi de l'annonce qu'on me faisait du *contre-ordre qu'il avait reçu*.

Sur la joie que j'avais montrée à la nouvelle de *son retour*, on paraissait avoir conclu que ce retour pourrait me faire beaucoup plus de bien que de mal et on l'avait *contremandé*.

Je répondis sur-le-champ à M. *Lebrun*.

« De ma retraite, à une lieue de Paris (*j'étais à cinq, je le cachais*), le 7 septembre 1792.

« MONSIEUR,

« De la retraite qui me renferme, je réponds à votre lettre comme je peux et quand je peux : elle a fait vingt détours pour y arriver à moi, je ne la reçois qu'aujourd'hui vendredi, à neuf heures du matin. Il est donc impossible que je me rende *chez vous avant dix heures*. Mais quand je le pourrais, c'est ce que je me garderais bien de faire : car on me mande de chez moi qu'après le massacre des prisons, le peuple veut aller chez les marchands, chez les gens riches. Il y a une liste de proscriptions immense ; et, grâce aux scélérats qui crient dans les places publiques que *c'est moi qui m'oppose à l'arrivée de nos fusils*, je suis noté pour être massacré ! Laissons donc partir cette poste de vendredi : comme il faut que les lettres aillent par l'Angleterre, ou par un bateau frété *à Dunkerque pour la Haye*, puisque le Brabant est fermé, nous regagnerons bien les deux journées que nous perdons.

« Je vous prie donc, monsieur, de changer l'heure de la conférence, de dix heures du matin en dix heures du soir, pour que je puisse arriver chez vous avec moins de danger de perdre la vie qu'en plein jour.

« Mon zèle pour la chose publique est grand ; mais sans ma vie mon zèle ne sert de rien. Je me rendrai donc, si je puis, *ce soir à dix heures* chez vous ? si je ne puis avoir une voiture et des sûretés pour revenir dans ma retraite, ce ne sera que pour demain au soir. Mais nul temps ne sera perdu, car ce n'est pas une lettre de M. *de Maulde* qui peut seule finir l'affaire ; c'est la présence de M. *la Hogue* ou de MOI, avec des mesures bien prises ; *c'est le cautionnement de cinquante mille florins par* M. *Durvey*, en mon nom, *et des fonds* pour solder tous les comptes que ces retards ont occasionnés ; ce sont *des passe-ports* tels que l'on ne soit point arrêté sur la route ; et une intelligence suprême en adresse, *puisque les moyens de fierté ne peuvent plus être employés, eux qui seyaient si bien à notre nation offensée par l'affreuse conduite des Hollandais envers moi, négociant français* ! Le temps qu'on a perdu est bien irréparable, mais partons du point où nous sommes. Je gémis depuis bien longtemps de voir crier partout : *Des armes* ! et d'en savoir soixante mille arrêtées en pays étranger par la sottise ou par la malveillance ; *c'est l'une ou l'autre, ou toutes deux*.

« Pardon, monsieur, si mes réflexions sont sévères : je me les passe d'autant plus librement avec vous, que ce n'est pas vous qu'elles atteignent. Mais j'ai le cœur navré de tout ce que je vois.

« Recevez les salutations respectueuses d'un citoyen bien affligé, et qui le signe.

« *Signé* : BEAUMARCHAIS. »

« P. S. Ne dédaignez pas, monsieur, de donner un mot de réponse au porteur, par lequel j'apprendrai que vous acceptez mes offres et approuvez mes précautions.

« Moi, le plus courageux des hommes, je ne sais pas lutter contre des dangers de ce genre ; et la prudence est la seule force qu'il me soit permis d'employer.

« Signé : BEAUMARCHAIS. »

Ma lettre fut remise : et le ministre fit répondre verbalement par son suisse *qu'il m'attendait demain samedi, à neuf heures précises du soir.*

Je calculai qu'il me fallait quatre heures pour me rendre à Paris, à travers les terres labourées. Je partis le 8 septembre à cinq heures du soir, à pied, de chez mes bonnes gens, qui voulaient me conduire : ce que je refusai, crainte qu'on ne nous remarquât.

J'arrivai *seul*, mes forces épuisées, traversé de sueur avec ma barbe de cinq jours, mon linge sale, en redingote (comme à ma sortie de prison) ; j'étais à neuf heures précises à la porte de M. Lebrun. Le suisse me dit que le ministre, *ayant affaire en ce moment*, me remettait à onze heures, ce soir ou demain matin, à mon choix. Je priai le suisse de lui dire que je viendrais à onze heures, n'osant pas me montrer le jour.

Je ne pouvais attendre chez le ministre. Quelqu'un pouvait m'y voir, puis ébruiter mon retour ; j'en sortis.

Mais où aller, que faire, en attendant ce rendez-vous ? La crainte d'être rencontré par quelque patrouille incendiaire me fit résoudre à me cacher sur le boulevard, entre des tas de pierres et de moellons, où je m'assis par terre. Je m'admirais dans cet asile, où la fatigue m'endormit ; et sans un tapage qui se fit assez près de moi vers onze heures, on m'y aurait trouvé le lendemain matin.

J'entendais sonner l'heure, et je m'acheminai *aux affaires étrangères*.... Ô Dieu ! jugez de ma douleur quand le suisse me dit que le *ministre* ÉTAIT COUCHÉ ; *qu'il m'attendrait le lendemain à neuf heures du matin !* — Vous ne lui avez donc pas dit... — Pardonnez-moi, monsieur, je lui ait dit... — Donnez-moi vite du papier J'écrivis cette courte lettre, en dévorant ma frénésie.

Pour M. Lebrun, à son réveil,

« Samedi soir 8 de septembre, à onze heures, chez votre suisse.

« MONSIEUR,

« J'ai fait cinq lieues à pied par les terres labourées pour venir compromettre ma vie à Paris, en cherchant l'heure du rendez-vous qu'il vous a plu de me donner. Je suis arrivé à votre porte à neuf heures du soir. On m'a dit que vous vouliez bien me donner le choix de ce soir à onze heures, ou demain à onze heures du matin.

« D'après ma dernière lettre, où je vous ai appris tous les dangers que je cours dans cette ville, j'ai jugé que vous daigneriez préférer pour moi le rendez-vous du soir. Il est onze heures ; *vos fatigues excessives* font que *vous êtes couché*, dit-on. Mais moi, je ne puis revenir que demain après brune, et j'attendrai chez moi l'ordre qu'il vous plaira me donner.

« Ah ! renoncez, monsieur, à me recevoir dans le jour. Je courrais le danger de ne vous arriver qu'en lambeaux !

« J'enverrai demain savoir quelle heure vous me consacrerez le soir. La poste de Hollande ne part que lundi matin. Le sacrifice du danger de ma vie était le seul qui me restât à faire pour ces fusils : *le voilà fait*. Mais n'exposons point, je vous prie, un homme essentiel à la chose, en lui faisant courir les rues de jour.

« Je vous présente l'hommage d'un bon citoyen.

« *Signé :* BEAUMARCHAIS. »

Le temps de me copier donna celui de m'amener un fiacre. J'arrivai chez moi à minuit. Je renvoyai le fiacre à six cents pas, pour qu'il ne sût point qui j'étais. En rentrant, j'eus bien de la peine à modérer chez moi la joie de me revoir encore vivant : je recommandai le secret.

Le lendemain matin j'écrivis à M. Lebrun.

« Ce dimanche 9 septembre 1792.

« MONSIEUR,

« A la courageuse franchise de mes démarches d'hier au soir, jugez de mon zèle. Rien ne saurait le refroidir : mais ils m'ont fourré dans toutes les listes de clubs suspects, moi qui n'ai de ma vie mis le pied dans aucun ; *qui n'ai même jamais été à l'assemblée nationale, ni à Versailles, ni à Paris...*

« C'est ainsi que la haine agit ! Tout ce qui peut livrer un homme à la fureur d'un peuple égaré, ILS LE FONT DIRE CONTRE MOI. C'est le sage motif qui m'empêche de vous voir le jour. Ma mort n'est bonne à rien, ma vie peut être encore utile. A quelle heure voulez-vous donc me recevoir ce soir ? Toutes me sont égales, depuis la brune de sept heures jusqu'au crépuscule de demain.

« J'attends vos ordres, et suis avec respect,

« MONSIEUR,

« Votre, etc.

« *Signé :* BEAUMARCHAIS. »

Le ministre me fit dire encore par son suisse de venir *le soir même à dix heures*. Je m'y rendis. Mais le suisse baissant les yeux, me remit, de sa part, *au lendemain lundi à la même heure*.

Dévoré d'un chagrin mortel, j'y revins le lundi *à dix heures du soir*. On voit que quand la chose importe, je jette sous mes pieds les dégoûts qu'on me donne. Mais, au lieu de me recevoir, il fit remettre chez son suisse le billet de laquais que je transcris ici.

« 10 septembre 1792.

« MONSIEUR,

« Comme il n'y a pas aujourd'hui de conseil, monsieur *Lebrun* prie M. de Beaumarche de vouloir bien repasser demain au soir à neuf heures trois cards il ne peut avoir l'honneur de le voir ce soir par raison de travailles. »

Je répondis sur-le-champ au billet..... — Quoi ! encore une lettre ? — Je vois l'impatience du lecteur... — Monsieur de Beaumarchais se moque-t-il de nous, avec son fastidieux commerce ? — Non, non lecteur, je ne m'en moque point. Mais votre fureur me soulage : elle s'amalgame avec la mienne ; et je ne serai pas content que vous n'ayez foulé aux pieds, de colère, tous ces récits! Ah! si beaucoup de gens le font, j'ai gagné cet odieux procès? *J'invoque votre indignation!*

En effet, citoyens, voyez cet homme courageux, au prétendu bonheur duquel beaucoup de gens portaient envie! *Le trouvez-vous assez humilié!* Si vous voulez savoir comment, savoir pourquoi il le souffrait, ah! je consens à vous l'apprendre.

J'avais voulu d'abord bien servir mon pays. Ma fortune était compromise : ces vexations accumulées avaient tourné mon zèle en obstination sur l'arrivée de ces fusils... — *Tu ne veux pas que la nation les ait, parce que tu ne les fournis pas,* disais-je ; *elle les aura malgré toi!*

Les dangers que j'avais courus, et ceux, hélas ! que je courais encore, changeaient mon courage en fureur. Ah! la pauvre nature humaine ! Mon amour-propre et l'orgueil s'en mêlaient ! et puis je me disais : Si ces messieurs, avec les avantages d'un grand pouvoir, une grande cupidité, les moyens de tout envahir... ; s'ils gagnent sur moi le dessus, je ne suis que brutal : eux, ils sont très-adroits. Le peuple est abusé ; ils auront mes fusils, qu'ils veulent, et moi je serai poignardé !

L'affaire alors changeant encore de face, je me cramponnai au succès. J'oubliai tout, amour-propre et fortune, et ne voulus que réussir. Je rappelai à mon secours tout ce que la prudence a de subtil et de délicat ; je dis: Il faut fouler aux pieds la vanité; c'est une cargaison d'armes que j'ai promise à mon pays : voilà *le but*, il faut l'atteindre ; tout le reste n'est que *moyens*. Quant ils ne sont pas malhonnêtes, on peut les user tous pour arriver *au but*. Nous jetterons l'échafaud bas, quand le palais sera construit. Ménageons encore ces messieurs!

Je répondis par la lettre suivante au beau billet de cuisinière, lequel m'avait transmis le nouveau délai du ministre.

A monsieur Lebrun, ministre.

« Paris, 11 septembre 1792.

« MONSIEUR,

« Chaque journée perdue rend le péril plus imminent. *Je vous ai dit, monsieur, que ma tête était en danger tant que l'affaire ne marche pas.* Personne ne veut me croire lorsque je dis que je passe près des ministres les heures, les jours, les semaines et les mois en sollicitations inutiles. Dénoncé comme un malveillant, je vois mes amis effrayés me reprocher de rester exposé dans cette ville aux fureurs d'un peuple égaré.

« Pour faire avancer l'entreprise, je suis sorti de ma retraite, et nous avons perdu trois semaines à attendre M. *de Maulde*, que *l'on faisait*, disiez-vous, *revenir, et qui enfin ne revient point.* Dans les menaces qu'on me fait, je vois qu'on n'épargne personne : les scélérats s'exercent, et la *surveillance* me dit : *Mais pourquoi ne finit-on point ?* En effet, on n'y comprend rien. Je me crève inutilement : je cours les plus affreux périls; mes sacrifices sont au comble, et l'affaire des fusils est là!

« Je me présenterai chez vous ce soir, à neuf heures trois quarts, comme votre billet me l'indique.

« Recevez les respects d'un homme affligé.

« *Signé :* BEAUMARCHAIS. »

Je joignis à cette lettre un court traité à faire signer à MM. *Servan* et *Lebrun,* confirmatif de celui du 18 juillet : non que je crusse qu'ils le signeraient, mais je voulais que l'effort existât de ma part.

Loin de m'introduire le soir, comme il l'avait promis, M. *Lebrun* n'eut pas honte de me remettre encore, *par la bouche du suisse,* au lendemain au soir, mercredi 12 de septembre, à huit heures, chez M. *Servan,* où le conseil s'assemblerait.

Quoi ! dis-je avec fureur, il veut donc me faire égorger? Après m'avoir forcé de quitter ma retraite, et m'avoir fait perdre cinq jours en me repoussant tous les soirs, contre ses paroles précises, la fin de tout est de compromettre ma vie en me forçant de me montrer au milieu de mes ennemis !

Devant aller le lendemain *publiquement à l'hôtel de la Guerre,* guerroyer *contre le pouvoir,* et risquer le tout pour le tout, je pris mon parti sur-le-champ. Dédaignant toute sûreté, je m'en fus *en plein jour* à l'audience de ce ministre. J'avais mon portefeuille : je me fis annoncer. Il me parut un peu surpris.

— Je n'ai pu, lui dis-je en entrant, obtenir de votre bonté un rendez-vous moins dangereux qu'une audience du conseil ; je viens vous demander, monsieur, jusqu'à quel point vous trouvez bon que j'y porte mes explications. — Moi, je n'ai rien à vous prescrire, me dit-il ; on vous entendra.

On annonça M. *Clavière*. Il entre, et je lui dis : — Puisque je dois, monsieur, traiter demain, dans le conseil, l'affaire des fusils de Hollande, permettez-moi de vous faire une prière : c'est d'oublier nos anciens altercas. Des ressentiments particuliers doivent-ils influer sur une affaire aussi nationale? — Ces ressentiments, me dit-il, sont trop anciens pour être ici de quelque chose ; mais on prétend que vous vous entendez avec votre vendeur pour que ces fusils n'arrivent pas.

— Monsieur, lui dis-je en souriant, si quelqu'un y travaille, il est bien clair que ce n'est pas moi ! J'allais lire à monsieur ma dernière lettre à ce vendeur, M. *Osy, de Rotterdam,* et la réplique du négociant : cela répond à tout, je vous prie de les écouter.

Ici je demande pardon au correspondant hollandais, si l'un de nos débats sort de nos cabinets et de mon portefeuille. La circonstance m'y oblige ; mais c'est surtout pour instruire *Lecointre,* que je copie la lettre tout entière.

MM. Osy et fils, de Rotterdam, de présent à Bruxelles.

« Paris, le 2 auguste 1792.

« Je reçois, monsieur, une lettre de mon ami qui est à *Rotterdam*, par laquelle j'apprends que vous avez eu des inquiétudes que je ne vous renvoyasse, pour le léger solde des armes, à M. *Lahaye de Bruxelles*, ou que je ne cessasse de vous payer à son acquit. Si j'eusse eu des raisons pour changer de conduite, monsieur, la première chose que j'aurais faite eût été de vous en prévenir, en vous motivant, sans détour, ma nouvelle résolution : car c'est ainsi que les gens probes se conduisent.

« Loin de cela, monsieur, et malgré mes mécontentements contre *Lahaye* et contre vous, j'ai donné l'ordre à mon ami de vous solder entièrement, sans attendre même l'arrivée de M. *de la Hogue*, lequel repart pour la Hollande ; car il faut bien que je fasse, *en homme blessé de l'injustice du gouvernement hollandais*, ce que vous eussiez dû faire vous-même pour un honnête négociant qui s'est substitué si loyalement à vous, et qui vous couvre entièrement de vos risques, en ajoutant le *cautionnement* auquel vous vous êtes engagé, envers feu l'empereur *Léopold*, à ses payements de tout genre.

« Certes, monsieur, quand vous avez vendu ces armes, vous n'avez pas dû vouloir tendre un piége à votre acquéreur, en lui rejetant sur le corps tout le fardeau des embarras dont vous vous seriez facilement tiré, si l'affaire eût continué à vous être personnelle, vu le crédit que je vous sais auprès des deux puissances autrichienne et hollandaise, *qui blessent sans prétexte, et pour servir leur politique*, le droit des gens et du commerce en la personne d'un négociant français, et d'une manière si outrageuse !

« Mais avant de porter mes plaintes éclatantes au tribunal de l'Europe entière contre ceux dont j'ai à me plaindre, j'ai voulu que tous intérêts d'argent de qui a traité avec moi fussent absolument soldés afin qu'on n'eût aucun prétexte à m'opposer qui pût excuser tant d'horreurs.

« En conséquence, monsieur (et ceci vous est étranger), j'ai commencé par payer toutes les primes que chacun s'est permis de s'adjuger sur un marché où personne que vous et moi n'a sorti de sa poche un *florin*, pas un sou.

« Je vous ai fait payer à vous non-seulement le capital des armes, mais tous les frais de caisses, de raccommodages de fusils, ceux même de justice, dont vous ne m'avez fait donner le compte qu'après coup. Restent ceux très-considérables *du cautionnement exigé* ; enfin tout ce qu'il vous a plu m'imposer pour vous débarrasser vous-même.

« Mais après tant de sacrifices faits pour me mettre en état de tenir mes engagements envers nos îles du golfe qui attendent ces armes, et à qui notre gouvernement n'eût pas manqué d'en envoyer des siennes, s'il n'eût pas cru devoir compter sur mon honneur et sur la foi de mes paroles, je me crois en droit de crier hautement à la vexation, *et de me plaindre ouvertement du gouvernement hollandais*, puis de M. *Lahaye* et de vous, dont pas un n'a daigné dire un mot ni faire une démarche pour obtenir la levée de l'indigne embargo qu'on a mis sur mes cargaisons dans un pays qui ne fleurit que par la liberté du commerce, et qui ne rougit pas de gêner dans ses ports celui des autres nations.

« Non, vous n'agissez pas avec moi en honorable négociant, monsieur, en ne faisant aucun effort pour me faire rendre une justice que je n'aurais cessé de réclamer ici pour vous, si notre gouvernement eût été assez lâche pour vous en faire une pareille, et que vous m'en eussiez prié ! Les négociants, monsieur, ont des principes plus nobles que les faiseurs de politique. Eux seuls enrichissent les États, réparent, lorsqu'ils sont loyaux, *tout le mal que font les puissances, qui ne savent rien qu'asservir, tout gêner et tout engloutir. Que l'on s'étonne donc après si les peuples, indignés de se voir sous un pareil joug, font des efforts aussi terribles pour essayer de s'y soustraire !*

« Mais laissons là tous les maux des nations, pour vous renfermer vous et moi dans ceux qui vous sont personnels. Vous êtes payé par moi, monsieur, et vous ne m'aidez point à faire partir les marchandises que j'ai loyalement soldées ? voilà tous mes griefs et mes sujets de plainte. Vous êtes trop fin négociant, homme trop éclairé, monsieur, pour ne pas être frappé de la justice de mes reproches.

« Recevez les salutations d'un homme blessé jusqu'au vif, et qui signe ouvertement.

« *Signé :* Caron Beaumarchais. »

M. *Osy*, messieurs, dis-je à nos deux ministres, après m'avoir écrit que nous marchons d'accord sur le reste et les frais que nous devons régler, finit sa lettre par ces mots, aussi insignifiants que s'il était *grand politique* :

« Je crois le mieux, monsieur, de ne pas répondre sur les traits lancés contre moi dans votre lettre. Je me bornerai à vous dire que si je peux vous être utile, je serai toujours charmé de vous prouver la considération parfaite avec laquelle j'ai l'honneur de me dire, monsieur, votre, etc.

« Osy de Zéquewart.

« Rotterdam, 25 août 1792. »

M. *Clavière* se leva et sortit sans dire un seul mot. M. *Lebrun* me dit : « M. *Clavière* a des soupçons, et c'est à vous, monsieur, à les détruire. Comment depuis cinq mois ces fusils n'arrivent-ils pas ? — Et c'est vous, monsieur *Lebrun*, qui me le demandez, *quand vous faites tout le contraire de ce qu'il faut pour qu'ils arrivent ;* quand, *retenant notre cautionnement*, vous n'accordez aucun appui à M. *de Maulde* en ses efforts ! Vous connaissez son écriture ; voyez ce qu'il m'écrit. » Je fouille dans mon portefeuille. — *C'est bien elle*, dit-il ; il lit :

« Vous ne doutez pas, monsieur, de toute mon activité, de tout mon zèle... Eh bien ! monsieur, je vais vous parler le seul langage digne de vous et de moi, la vérité.

« Ce gouvernement ennemi est décidé d'être injuste envers nous tant qu'il pourra l'être impunément, et les circonstances ne prêtent que trop à sa duplicité. En conséquence, ils sont décidés a ne pas accorder l'exportation de vos armes. (*Entendez-vous, monsieur* Lebrun, *qui feigniez de tout ignorer sur la nature des obstacles qui nous retenaient ces fusils, et qui avez lu cette lettre et vingt autres de M. de Maulde à vous, sans jamais y avoir répondu !*) Je ne vois qu'un parti à prendre, celui de diviser l'objet entre plusieurs négociants, et de prendre avec eux des lettres de garantie, etc. Alors vous pourrez être sûr de l'expédition, puisque les négociants hollandais ne cessent d'en obtenir pour leur compte. Voilà le moyen indiqué par les circonstances. M. *Durand* voudra bien me suppléer pour l'analyse ; mais permettez-moi de vous ajouter que vous ne devez pas compromettre plus longtemps vos intérêts. Vous voudrez bien raisonner de ceci avec M. *de la Hogue*, dont l'absence devient bien longue, etc. »

M. *de Maulde* avait bien raison de s'en plaindre. Pendant cinq mois *la Hogue* ne lui rapporta aucune réponse, ni personne. *Les fabricateurs d'assignats furent remis en liberté, et leur emprisonnement a recommencé de plus belle !* Voilà toute l'obligation que nous avons à nos ministres ; interrogez M. *de Maulde*.)

Hé bien ! dis-je à M. *Lebrun*, est-ce encore moi qui arrête les fusils ? Tant que vous retiendrez le *cautionnement commercial* exigé par M. *Osy*, puis-je entamer un vain débat contre la politique hollandaise, débat auquel vous n'accordez aucun concours, aucun appui ?

Puis-je même employer le moyen du commerce *sans ce maudit cautionnement*, lequel, en fin de compte, ne doit coûter à notre France qu'une commission de banque ? M. *Clavière* et vous, vous feignez de ne pas m'entendre !

Non, ce n'est pas cette commission, ni même ce cautionnement, qui arrête l'affaire ; non, c'est la sale intrigue d'un *sieur Constantini* et de ses associés, pour lesquels on dirait qu'on me donne tous ces chagrins, sur lesquels je vous ai écrit, qui m'ont fait traîner en prison, espérant que l'on m'y tuerait, et que ma famille aux abois leur donnerait les armes pour rien, après que je ne serais plus, pour les revendre à la France bien cher !...

M. *Lebrun* me dit qu'il ne pouvait m'écouter plus longtemps, *son audience l'attendant*. Je le quittai fort mécontent.

Et vous, *Lecointre*, qui avez lu mon épître à M. *Osy*, sa réponse, la lettre de M. *de Maulde*, il me semble qu'en tout ceci, *Provins*, le brocanteur, ne fait pas très-grande figure ! Comment prouverez-vous cette phrase qu'on vous fit mettre dans notre dénonciation, que *j'ai feint à Paris que le gouvernement hollandais s'opposait à l'extradition des armes ; tandis que*, selon nous, *c'était* Provins *tout seul et ses sublimes prétentions qui nous arrêtaient ces fusils*, lorsqu'il n'était question de lui que dans *l'intrigue des bureaux*, pour me tuer à coups d'épingle ?

Mais non, *Lecointre*, ce n'est pas vous qui avez dit ces faussetés ! trompés par des brigands, vous avez abusé la Convention nationale... Vous reviendrez de votre erreur, car on vous dit très-honnête homme !

Remis au lendemain 12 septembre au soir, devant le conseil assemblé, je m'y rendis avec mon portefeuille, celui même qui subjugua *la surveillance de la mairie* contre les dénonciations vagues et les clameurs des *Colmar*, des *Larcher*, des *Marat*, et des autres. Je dis : « Voilà enfin l'*ultimatum* de mes explications ! je dois les rendre convaincantes. »

Deux de mes bons amis, sentant tout mon danger, voulurent au moins m'accompagner. Moi, je dis à mon domestique : « Prends mon portefeuille noir dessous ta redingote, reste dans l'antichambre ; et s'il m'arrivait un malheur, sans dire que tu es à moi, fuis vite avec le portefeuille. *C'est mon honneur et ma vengeance que tu portes là sous ton bras...* »

Nous arrivons : tout le conseil s'assemble. A la fin on me fait entrer. J'avance en saluant, sans rien dire à personne, et me mets près de M. *Lebrun*. Voyant qu'on ne me parlait pas, j'explique en peu de mots le grand objet qui m'amenait. M. *Danton* était assis de l'autre côté de la table ; il commence la discussion : mais comme je suis presque sourd, je me lève, et demande pardon si je passe auprès du ministre (parce que j'entends mal de loin), en faisant, selon mon usage, un petit cornet de ma main. M. *Clavière* fait un mouvement. Je regarde, et je vois que le rire de *Tisiphone* gâtait ce visage céleste. Il trouvait très-plaisant que j'entendisse mal. Il entraîna tout l'auditoire ; on rit ; j'avais juré que je me contiendrais...

Nous commençâmes la discussion ; elle roula *sur le cautionnement ;* M. *Danton* me dit : « Je veux plaider la chose *comme procureur.* — Moi, la gagner *comme avocat*, lui dis-je. » M. *Clavière* prit la parole, et dit : « Ce cautionnement n'était pas dans l'acte de M. *de Graves*, donc cet acte n'est pas le même. — S'il avait dû être semblable, répondis-je à M. *Clavière*, pourquoi l'eût-on recommencé ? Les circonstances étaient changées : je demandais sans nul détour que l'on me rendît mes fusils (*puisqu'on m'avait prouvé qu'on ne s'en souciait pas*), ou que l'on se soumît à des conditions raisonnables. *Les trois comités réunis avec les deux ministres* ont choisi le dernier parti. Ce sont ces conditions qui forment le second traité : *donc il dut être différent.* M. *Clavière* ne dit plus rien.

M. *Danton* me demanda si, *donnant le cautionnement,* le gouvernement serait sûr d'avoir à la fois les fusils. « Oui, lui dis-je avec force, si l'on ne gâte pas vingt fois l'affaire, comme on l'a fait jusqu'à présent. »

M. *Danton* me dit encore : « Quand nous aurons donné le cautionnement, si les Hollandais s'obstinaient à ne pas rendre les fusils, qui nous rendra *l'argent du cautionnement?* — Personne, lui répondis-je ; parce que ce n'est point de l'argent qu'on doit donner de votre part, mais seulement un engagement de payer certaine valeur, si vous n'envoyez pas *à l'époque déterminée l'acquit-à-caution déchargé,* tel que le traité le comporte ; qu'en second lieu, si les états de Hollande retenaient les fusils chez eux, comme il n'y aurait point d'exportation, le cautionnement tomberait de lui-même : nulle équivoque là-dessus. D'ailleurs, M. *de Maulde* et moi ne remettrons cet acte qu'en nous délivrant l'ordre d'embarquer nos fusils. — Mais puisque cela est simple, reprit encore M. *Danton,* pourquoi ne le donnez-vous pas ? — Par la raison, lui dis-je, que c'est à vous que je livre les armes, et qu'après les avoir distribuées dans nos possessions d'outre-mer, si l'on ne me rapportait pas *l'acquit-à-caution déchargé,* par négligence *ou bien par malveillance,* n'ayant aucun moyen pour vous y obliger, je payerais la valeur de ce cautionnement, et l'on se moquerait de moi. Celui qui seul a intérêt aux armes, qui en fait l'usage qu'il lui plaît, et qui seul a la faculté de faire décharger à ses îles *l'acquit de ce cautionnement,* est celui-là aussi qui doit seul le donner : son intérêt alors le sollicite d'être exact sur la *décharge de l'acquit.* »

Je vis très-bien que ce ministre ne savait rien de ce qui ce passait ; je le lui dis : on se fâcha. Je répondis : « Messieurs, si c'est un compte à rendre sur ma conduite en cette affaire que vous exigez tous de moi, ah ! je ne demande pas mieux, mon portefeuille est ici pour cela ; nous la prendrons *ab ovo,* et non partiellement, comme vous faites. M. « *Clavière* se mit encore à rire : à mon tour, je me fâchai. Il se leva, et dit en s'en allant : *Je chargerai quelqu'un de suivre le tout en Hollande, et de nous en rendre bon compte.* Et moi je répondis : « C'est me faire honneur et plaisir. » Il sortit, et M. *Roland.*

M. Lebrun soutint encore qu'un autre que M. *la Hogue* était plus propre à terminer l'affaire des fusils en Hollande, à cause de la publicité. « Ah ! volontiers, messieurs, si c'est en votre nom, pour recevoir les armes de M. *de Maulde. Mais pour les livrer,* non, messieurs : autre que lui ne le fera ! Rappelez-vous ma grande lettre du 19 août dernier, où la question est traitée très à fond. *Peut-on exiger qu'un vendeur vous fasse livrer par un autre que par l'agent de ses affaires ?* Il stipule mes intérêts ; veillez sur les vôtres, messieurs ! je veillerai, moi, sur la malveillance ! chacun de nous aura fait ce qu'il doit. » M. Lebrun me répondit « : Nous en raisonnerons demain ; ces messieurs vous ont entendu. »

— *Entendu,* monsieur, répliquai-je ; oui, sur la moindre des questions, mais je le jure devant vous, i's ne savent rien de l'affaire ; ce n'est pas ainsi qu'on s'instruit ! Jamais vous ne m'avez permis d'entrer avec détail au fond de la question ; il faudra donc que je l'explique à *l'assemblée nationale.* J'y trouverai plus de faveur, car il ne me faut que justice. » Nous sortîmes tous du conseil.

Je prie M. *Danton,* de même que *Roland,* qui ne sont rien dans l'affaire : je prie aussi M. *Grouvelle,* le secrétaire du conseil, de vouloir attester que notre séance fut telle. D'ailleurs ma lettre du lendemain, écrite à M. *Lebrun,* va vous certifier, citoyens, tous les détails de la soirée. Je me mets à vos pieds pour obtenir de vous que vous la discutiez avec la plus grande attention ! J'y travaillerais dix ans, que je ne pourrais mieux y poser la question. De si terribles choses ont suivi cette lettre, qu'on ne peut trop bien la connaître.

« Monsieur,

« La séance du conseil d'hier au soir, où je fus appelé, me semblait destinée à déterminer les moyens de donner la plus prompte exécution au traité du 18 juillet *sur les armes retenues en Hollande.* Vous n'en avez touché que le point le moins capital (*le cautionnement*), et rien ne s'est fini, parce que la question n'a pas été posée de façon à faire avancer l'affaire, comme j'eus l'honneur de vous le faire observer.

« Au lieu d'agiter uniquement la question des moyens d'exécuter cet acte, on a passé le temps à examiner si l'on devait ou non en admettre une des clauses, *celle du cautionnement.* En sorte que je subissais une espèce d'interrogatoire sur les motifs qui avaient fait changer un traité précédent en celui-ci, ce dont il me semblait qu'on ne devait pas s'occuper, à moins qu'il ne s'agit d'éclairer ma conduite, et de porter un jugement. Alors ce n'était point partiellement, monsieur, que l'on devait m'interroger, mais bien sur la totalité, *comme je l'ai offert ;* et j'avais là toutes les pièces qui fondent ma justification, et font éclater mon civisme.

« Mais s'il ne s'agit réellement que des *moyens d'exécuter les clauses d'un traité de commerce fait librement entre les parties contractantes,* tous les autres rapports, monsieur, sont étrangers à cette discussion. Les seuls qui nous rapprochent, et qui intéressent la chose, sont ceux de *vendeur* et d'*acheteur.*

« Comme *acheteur,* si le département de la guerre se croyait *en droit d'écarter une seule des clauses de l'acte ;* comme *vendeur,* je ne pouvais *être tenu d'en faire exécuter aucune ;* car ce traité *nous lie également.* Donc, pour notre sûreté commune, et raisonner commercialement, nous devons nous borner à nous soumettre aux lois que l'acte nous impose, et rien de plus.

« Donc ce n'est pas, monsieur, parce qu'il est plus ou moins avantageux à *l'acheteur de donner le cautionnement* qu'il le doit, mais *parce que l'acte l'y oblige.* Lorsqu'il s'agira de prouver le très-grand intérêt qui le fit adopter *par les ministres et par les comités,* je le ferai *victorieusement ; mais cela touche la partie civique de l'affaire,* et non son aspect commercial, *qui est l'exécution de l'acte.* Je remplirai, messieurs, loyalement mes obligations : ne tiraillez point sur les vôtres, et je vous promets bien que notre affaire marchera enfin.

« Quel cœur français peut être froid sur un objet si important? Ce n'est pas le mien, je le jure! Mes preuves ne sont que trop bien faites!

« Mais, pendant que nous discutions, il se passait dans l'antichambre la scène la plus scandaleuse sur moi. En sortant du conseil, M. *Roland* y a dit à quelqu'un *tout haut*, en répondant à une demande : *Je suis là occupé d'une affaire qui nous tient depuis avant-hier, et qui ne finira point avant la fin de la guerre, celle des fusils de M. Beaumarchais.* A peine, hélas! fut-il sorti, après avoir donné, sans dessein, cette nouvelle publicité à une affaire si délicate... qu'il se forma, *comme au Palais-Royal*, un cri de proscription sur moi : j'y fus traité comme un malveillant à punir. L'un d'eux disait : *Je pars demain pour la Hollande, et je la ferai bien finir!* Un autre : *Il ne veut pas que ces fusils-là entrent; depuis cinq mois lui seul les retient en Hollande!* Et toutes les horreurs ont suivi. Deux de mes amis qui m'attendaient agitèrent entre eux s'ils ne devaient point entrer, vous prier de me faire sortir par une autre issue que celle-là.

« Sur-le-champ j'ai écrit *au président de la commission des armes*, pour le prier de vouloir bien nommer des commissaires, négociants, gens de loi, pour éplucher sévèrement ma conduite, *offrant ma tête pour otage*; et prononcer enfin *qui mérite le blâme ou l'éloge dans l'affaire de ces fusils* : car je puis être déchiré par les bacchantes, comme *Orphée,* avant que les armes arrivent, *et elles n'arriveraient jamais!*

« Terminons donc, monsieur, je vous en supplie, la partie commerciale de l'acte, pendant que j'en justifierai, *devant un comité sévère,* l'esprit, pour la troisième fois depuis qu'il a été conçu ; je ne puis plus soutenir l'état où cette affaire me met.

« Monsieur,

« Votre, etc., etc.

« *Signé* : Caron Beaumarchais. »

« Ce 15 septembre 1792. »

J'écrivis le soir même au *comité des armes;* je sentais, à l'éclat qui s'était fait sur moi, à l'hôtel de la Guerre, pendant que j'étais au conseil, que mon danger était très-imminent : j'avais le poignard sur la gorge. Mon mémoire fut remis le lendemain matin, 14 septembre.

Beaumarchais à la commission des armes.

« Monsieur le président,

« Le nom du comité auquel vous présidez m'annonce que *mon affaire des fusils de Hollande* est spécialement de son ressort. Depuis cinq mois, à peine puis-je me faire écouter de quelqu'un, pour mettre à fin l'affaire la plus intéressante au salut de notre patrie. De ce que ces armes n'arrivent point, les ignorants du fait, *surtout mes ennemis,* concluent *que c'est moi seul qui les arrête,* tandis que j'ai la preuve en main que peut-être moi seul j'ai fait mon devoir de patriote actif et de grand citoyen dans cette interminable affaire.

« Pendant que les nouveaux ministres sont occupés, monsieur, de sa partie commerciale, et ne peuvent donner leur temps à l'examen sévère de ma conduite, dont ils ne voient que des points, sans être à même d'en parcourir, d'en juger la série entière, j'ai l'honneur de vous prévenir qu'il importe également au salut public et au mien *que ma conduite soit épluchée* par des commissaires éclairés, des *négociants*, des *gens de loi*, à moins qu'il ne vous convienne, monsieur, et au comité, de m'entendre ; ce qui marcherait plus au but, qui est *l'arrivée des fusils.*

« Je demande une attestation de civisme et de pureté qui assure mon existence, et j'offre ma tête en otage, si je ne prouve pas que je l'ai méritée par les plus grands efforts qui puissent honorer un Français.

« Si vous me refusez, monsieur, *je puis être égorgé, comme j'ai déjà manqué de l'être trois fois pour cette affaire.* Ma mort n'est bonne à rien ; ma vie peut être encore utile, puisque sans elle vous n'obtiendrez jamais les soixante mille armes que l'on nous retient en Hollande.

« Je suis avec un grand respect,

« Monsieur,

« Votre, etc.

« *Signé :* Caron Beaumarchais. »

« Paris, ce 13 septembre 1792. »

Voilà ce que, dans son rapport, mon dénonciateur appelle *écrire bassement sur l'affaire.* Citoyens, j'avais cru que la rigueur contre soi-même était *fierté* et non *bassesse!* Mais on l'avait tellement égaré, que je ne veux plus me fâcher d'aucune chose qu'il ait dite.

La commission des armes me répondit catégoriquement le 14 sur ma demande, et sans perdre un seul jour. — Ha ! ha ! me dis-je, *ces messieurs procèdent autrement que le pouvoir exécutif!* Ils ont la bonté de répondre ; enfin, l'on sait comment on marche. Voici la lettre que j'en reçus :

« Paris, le 14 septembre 1792, l'an IV de la liberté et le Ier de l'égalité.

« La commission des armes, qui a reçu votre lettre du 13 courant, désirerait, monsieur, pouvoir vous entendre ce soir sur votre affaire des fusils de Hollande; mais il convient préliminairement que vous présentiez une pétition à l'assemblée nationale, qui la renverra à celui de ses comités qu'elle jugera convenable, et probablement ce sera à la commission des armes ; alors, monsieur, vous pouvez compter qu'elle conférera d'autant plus volontiers avec vous sur l'opération dont vous l'entretenez, qu'elle espère trouver dans le résultat des éclaircissements, et que vous pourrez lui donner l'occasion de rendre un nouvel hommage à votre patriotisme.

« Les membres de la commission des armes,

« *Signé :* Maignette, Bo, etc. »

J'envoyai sur-le-champ la pétition suivante à l'assemblée nationale.

« Monsieur le président,

« Une affaire immense, entamée pour offrir à la France un grand secours d'armes étrangères, *en souffrance depuis longtemps*, exige en ce moment une discussion *aussi sévère que discrète. La publicité lui nuirait.* Le pétitionnaire vous supplie, monsieur le président, de vouloir bien renvoyer cette discussion au comité, aussi juste qu'éclairé, nommé la *commission des armes*.

« Il vous prie d'agréer l'hommage de son profond respect.

« Signé : Caron Beaumarchais.

« Ce 14 septembre 1792. »

RENVOI, N° 58.

Renvoyé à la commission des armes et au comité militaire réunis, pour en faire l'examen et le rapport incessamment.

Signé : Louvet.

Ce renvoi à la commission, lequel ne se fit point attendre, me combla de plaisir. Je le reçus le 15, et le 15 j'écrivis aux comités militaire et des armes réunis :

« Ce 15 septembre 1792.

« Messieurs,

« L'assemblée nationale m'ayant fait la faveur de renvoyer ma pétition à votre équitable examen, j'attends vos ordres pour me rendre où il vous plaira me mander. Si j'osais former quelque vœu, ce serait, ô mes juges, *que votre assemblée fût nombreuse, et que le ministre des affaires étrangères daignât s'y rendre aussi* comme contradicteur.

« Agréez les respects du vieux inutile.

« Signé : Beaumarchais. »

Deux heures après, la commission des armes me fit la réponse suivante :

« Paris, le 15 septembre 1792, l'an IV de la liberté et le Ier de l'égalité.

« La commission des armes me charge de vous prévenir, monsieur, que, d'après le renvoi qui lui est fait de votre pétition par décret de l'assemblée nationale, elle entendra avec plaisir ce soir, à huit heures, les objections que vous vous proposez de lui soumettre sur l'affaire des fusils que vous avez négociée en Hollande.

« Le secrétaire-commis de la commission des armes,

« Signé : Teugère. »

Voilà, me dis-je en la lisant, comme on fait marcher les affaires ; et non à la façon de messieurs nos ministres, qui, pour chaque incident, vous font perdre quinze jours et courir trente lieues, sans jamais finir sur rien !

Je me rendis le soir *avec mon portefeuille* aux deux comités réunis. Mais le ministre n'y vint pas *pour être mon contradicteur*, comme je l'avais instamment demandé.

Mon seul exorde fut prononcé. Du reste, je ne fis que lire tout ce que j'ai mis sous vos yeux. Je lus, parlai pendant trois heures ; le lendemain, pendant une heure et demie. *Lecointre*, vous seul y manquiez (j'en excepte M. *Lebrun*) ; vous étiez alors aux frontières : et je vous regrettai beaucoup.

Quoi qu'il en soit, moi retiré, ces messieurs composèrent l'attestation très-honorable que je vais insérer ici, après qu'ils eurent reçu le compte rendu par deux de leurs membres, qu'ils députèrent au ministre Lebrun, lesquels exigèrent ses promesses *de me remettre, le lendemain au soir*, tout ce qu'il me fallait pour aller délivrer les armes.

Je m'y étais rendu de mon côté. Les commissaires dirent au ministre « que les deux comités, chargés par
« un décret de l'assemblée nationale d'examiner très-
« sévèrement ma conduite dans cette affaire, *l'avaient*
« *trouvée irréprochable et sur la forme et sur le fond* ;
« qu'en conséquence ils étaient chargés par les deux
« comités, *au nom de l'assemblée*, de lui dire que leur
« mission était d'obtenir sa parole de me mettre au
« plus tôt en état de partir, puisque je consentais à
« faire le sacrifice d'un tel déplacement, *à mon âge*, et
« malade. »

J'expliquai au ministre que ce qu'il me fallait était *un ordre à M. de Maulde* d'exécuter le traité du 18 juillet, dans la partie qui le concerne ; *la remise du cautionnement*, sans lequel tout le reste était bien inutile ; *un passe-port pour moi, un pour M. la Hogue, et les fonds que la guerre pourrait me remettre* sans gêner le département.

M. *Lebrun* promit a ces messieurs *qu'au plus tard, pour demain au soir, j'aurais* ce qu'il faut *pour partir*. (Ne perdez pas de vue, lecteur, cette promesse. Vous allez voir comment on l'accomplit.) C'était le 16 septembre. Je fus le soir aux comités ; mais ce ne fut que le 19 que le secrétaire me remit l'attestation signée qu'on va lire :

« Les membres composant le comité militaire et la commission des armes *attestent* que sur le renvoi qui leur a été fait, *par l'assemblée nationale*, le 14 du courant, de la pétition du sieur *Caron Beaumarchais*, relative à un achat de soixante mille fusils fait par lui en Hollande, au mois de mars dernier, il en résulte que ledit sieur *Beaumarchais*, qui nous a exhibé toute sa correspondance, *a montré, sous les divers ministres qui se sont succédé, le plus grand zèle et le plus grand désir de procurer à la nation les armes retenues en Hollande* par les entraves dues à la négligence ou à la mauvaise volonté du pouvoir exécutif régnant sous Louis XVI ; et que, d'après les conférences qu'il a eues avec le ministère actuel, *en présence de deux commissaires pris dans le sein des deux comités réunis, le sieur Beaumarchais est dégagé de tout embarras, et mis dans la position heureuse* de fournir à la nation les soixante mille fusils.

« Sur quoi les soussignés *déclarent* que ledit sieur *Beaumarchais doit être protégé* dans l'entreprise du voyage qu'il se propose de faire pour ledit objet des armes, comme étant dirigé par le seul motif *de servir la chose publique, et méritant à cet égard* LA RECONNAISSANCE DE LA NATION.

« Fait auxdits comités réunis, l'an IVe de la liberté, le Ier de l'égalité, 19 septembre 1792. »

Suivent toutes les signatures.

« GARRAN, L'ORIVIER, L. CARNOT, etc., etc. »

Craignant encore que la mémoire de M. *Lebrun le ministre* ne trahît sa bonne volonté, le lendemain 17 septembre je lui adressai, pour rappeler ses souvenirs, une lettre qui ne fait que rappeler ce qui a été dit plus haut; car j'avais soin de constater par écrit les détails des conversations, afin qu'on ne pût les nier quand le temps d'éclairer la nation arriverait.

Le soir, je fus frapper *aux affaires étrangères* pour recevoir de M. Lebrun *ce qu'il me fallait pour partir,* selon ses paroles données. Le suisse me dit que j'étais invité de monter au bureau où l'on donne les passe-ports. Un *monsieur,* alors très-poli, mais qui a bien changé depuis, me dit que, faute de mon signalement et de celui de M. *la Hogue,* nos passe-ports n'étaient pas faits. Je donnai les deux signalements. Le *monsieur poli* me promit qu'ils seraient prêts le lendemain. Je voulus passer chez le ministre pour recevoir *sa lettre à M. de Maulde, le cautionnement et mes fonds;* on me dit qu'*il était sorti.*

Le lendemain 17, j'y retournai : le chef du bureau des passe-ports me dit encore très-poliment que les nôtres devant être signés par tous les ministres ensemble, il fallait qu'il y eût conseil, mais que cela ne tarderait pas. Après l'avoir bien remercié, je voulus parler au ministre; *par malheur, il était sorti!*

Le lendemain 18, j'y fus de si bonne heure, qu'il n'y avait point d'affaire pour laquelle il pût être absent. Enfin il me reçut, et me dit qu'il ne pouvait pas régler seul les objets qui me regardaient ; *qu'on s'en entretiendrait le soir dans le conseil.* Je demandai la permission d'y être : il eut la bonté de me dire que *cela pourrait y gêner la liberté des opinions.* Il voulut bien m'entretenir sur les sûretés que je donnerais pour les avances qu'on devait me faire *jusqu'à la livraison des armes à M. de Maulde.* Je lui remis un acte par lequel j'engageais tous mes biens, comme le traité m'y obligeait.

Il me dit que M. *Clavière* voulait qu'on envoyât quelqu'un pour examiner ma conduite en Hollande. « Je sais, lui dis-je, monsieur, *quel est ce quelqu'un-là;* c'est moi qui scruterai la sienne, car je n'y ferai rien qu'appuyé de bons actes. Pendant que je les lirai d'un œil, je ferai bien le guet de l'autre. »

Il me remit au lendemain 19, *pour le cautionnement, les fonds, et la lettre à M. de Maulde.* En rentrant chez moi, j'écrivis à M. *Lebrun* pour lui rappeler ses promesses, tant je craignais ses distractions ! lui demandant ses soins et ses bontés.

J'appris le 19 soir, par quelqu'un de fort sûr, que le conseil avait décidé qu'*on ne me donnerait pas un sou,* pas même sur *mes deux cent cinquante mille livres!* Qu'eût-il servi de me mettre en colère ? Je le voyais : c'était un parti pris. L'homme qu'on envoyait en Hollande était M. *Constantini!* Je savais qu'il venait de passer un traité avec tous nos ministres, pour leur livrer *soixante mille fusils* qu'il allait chercher en Hollande; *je savais que c'étaient les miens;* que, profitant des embarras où le ministère me mettait, il me devait renouveler ses offres faites par son ami *Larcher,* en liberté chez moi, puis *au secret à l'Abbaye.* Je savais qu'il devait me montrer son marché conclu avec tous nos ministres ; que, me prouvant par là *que mon mal était sans remède,* je lui céderais mes fusils *à sept florins huit sous,* pour les revendre *douze à la nation,* sous le bon plaisir des ministres, lesquels, ne me donnant pas une obole, me *refusant le cautionnement,* me sachant bien discrédité par mes six journées de prison et la malveillance connue, espéraient bien que je ne trouverais rien dans les bourses dont je disposais, et serais trop heureux d'accepter les offres de *Constantini.* Et je savais bien que par contre, on l'avait surchargé de six cent mille francs en avances *sur mes soixante mille fusils* à livrer au gouvernement, *sous la caution,* me dit-on, *d'un abbé!* Je savais que leur noble agent, *Constantini et compagnie,* allait avoir *la fourniture exclusive de toutes les marchandises, armes et munitions qu'on devait tirer de Hollande.* Je savais, je savais... Que ne savais-je pas?

Je fus le lendemain, avant neuf heures, chez le ministre. *Par malheur, il était sorti!* Résolu de me contenir, je lui écrivis chez son suisse, qui me dit, de sa part, *de revenir à une heure.*

« Ce jeudi 20 septembre 1792, à 9 heures du matin, chez votre suisse.

« MONSIEUR,

« Je ne viens point vous importuner plus longtemps, mais seulement prendre congé de vous. Je reviendrai à une heure, comme vous l'ordonnez, prendre vos lettres pour M. *de Maulde,* si vous croyez devoir m'en remettre.

« *Ce que j'appris hier au soir* me confirme que je ne dois rien attendre de ce ministère, *excepté vous, monsieur;* et que je ne puis trop me hâter de partir, si je veux servir mon pays. Je fais un emprunt onéreux pour les objets de mon voyage. *Je le constate juridiquement; et quand je reviendrai de Hollande, je ferai tout ce qui convient à un bon Français outragé!*

« Recevez l'assurance du respect de

« BEAUMARCHAIS. »

Je retournai vers une heure chez M. *Lebrun.* Il me reçut d'un air... qui semblait annoncer du chagrin de tout celui qu'on me donnait... à peu près l'air... du premier jour que je le vis. Cela me rendit attentif, car c'était un grand changement.

« Prenez vos passe-ports, me dit-il, et partez. Allez trouver M. *de Maulde de ma part, et faites ensemble pour* le mieux de la chose. — Et sur quel fondement, monsieur, voulez-vous qu'il m'en croie *pour exécuter les devoirs que le traité du 18 juillet lui impose*, si vous, ministre, *qui le mettez en œuvre*, ne joignez pas une adhésion entière à ce traité, passé par vos prédécesseurs, en lui donnant *l'ordre ministériel de l'exécuter en tout point*? Je n'en ai nul besoin pour moi, mais lui ne marche que *sur votre ordre*.

— Il faut bien qu'il le fasse, me dit vivement le ministre; car ma lettre le lui enjoint : c'est le titre lui-même que je lui adresse par vous. JE VAIS LE CERTIFIER, en l'insérant dans mon paquet. »

Il écrivit en ma présence, *au bas de l'acte du 18 juillet*, ces mots : *Pour copie conforme à l'original. Paris, ce 20 septembre 1792.*

Le ministre des affaires étrangères,

Signé : LEBRUN.

— Il rouvrit son paquet à M. de Maulde, pour ajouter un *post-scriptum* relatif *à la reconnaissance à l'adhésion et à l'envoi qu'il lui faisait du traité du 18 juillet.*

— Et le cautionnement, lui dis-je, ne le remettez-vous pas? C'est là le préalable à tout ; et je ne puis partir, si je ne l'emporte avec moi.

— Il vaut mieux pour vous et pour moi (me dit-il sans me regarder) *que je l'envoie à M. de Maulde, puisque, l'affaire étant à nous, c'est pour nous qu'il doit le donner!* Soyez sûr qu'il le recevra avant votre arrivée à la Haye.

Quant aux fonds que l'on vous refuse, ajouta-t-il obligeamment, *vous avez raison de vous plaindre*. Mais si vous avez, pour finir, besoin de deux cent mille francs ou même de cent mille écus, *je donnerai l'ordre à M. de Maulde de vous les compter sur vos demandes*. Il a sept cent mille francs à moi, et je les prends sur ma responsabilité.

Vous me ferez même plaisir si vous voulez, vous, négociant, *sur les notes que je vous remettrai*, vous informer du prix des qualités des toiles, et d'autres objets importants, sur lesquels je serai fort aise d'avoir les avis d'un homme sage. Laissez-moi *l'acte et le paquet, et revenez demain matin* ; je vous les remettrai *avec toutes vos notes*. — C'est sur la foi, monsieur, de vos paroles que je pars, lui dis-je en le fixant beaucoup. — Vous pouvez y compter, dit-il en détournant les yeux. »

J'y retournai le lendemain, 21 septembre; on m'annonça : le domestique revint, et me remit une simple lettre à l'adresse de M. *de Maulde*.

— Le ministre ne peut vous voir. Il vous fait dire, monsieur, de monter au bureau prendre vos passe-ports et de partir pour la Hollande. Étonné de la réception :
— Mon cher, lui dis-je, demandez-lui si le traité d'hier est dans la lettre qu'il m'envoie, *et s'il a oublié ses notes*. Il entra, et revint, me disant que M. *Lebrun n'avait pas autre chose à me dire;* que le traité était inséré dans la lettre, et que je partisse au plus tôt.

Bravo! me dis-je: *aussi vais-je partir!* après autant de jours perdus, sans aucun secours de personne, sans savoir si j'emporte *et l'acte certifié et l'ordre de l'exécuter*, ou quelque lettre insignifiante comme toutes celles qu'ils écrivent! Je pris tristement mes passe-ports, et fus trouver une personne qui devait me faire prêter l'argent qui m'était nécessaire ; car je ne comptais plus sur celui de M. *Lebrun.*

L'homme me dit : « Monsieur, votre emprunt est « manqué; l'on vous regarde comme un homme PRO-« SCRIT que le gouvernement veut perdre, et les bourses « vous sont fermées. »

Je revins chez moi, où je pris le peu d'or que tout homme sage met en réserve pour les cas imprévus. Les écus que je destinais pour le trésor national, *quand on m'aurait remis mes fonds*, je les portai chez un banquier, pour avoir un crédit de pareille somme sur la Hollande; et *je partis avec trente mille francs*, au lieu des fortes sommes qui m'étaient nécessaires, *et qu'ils m'ont si traîtreusement gardées!* Je partis donc, mais non sans avoir fait une *protestation* contre toutes les horreurs que j'avais éprouvées de nos ministres, et que je voulais déposer cachetée *chez mon notaire*, pour être ouverte *en temps et lieu*, en cas de mort ou de malheur. Mais la crainte qu'un acte de dépôt de ce paquet cacheté ne leur donnât, avant le temps, l'éveil sur ma *protestation*, qui ne devait paraître que dans le cas où le ministre *Lebrun* manquerait à toutes ses paroles, m'a fait changer d'avis. Je l'ai laissée cachetée sur la table de mon secrétaire fermé, où elle sera trouvée quand on lèvera les scellés qui ont été mis chez moi lors du *décret d'accusation*. Je demande qu'elle soit ouverte et lue en présence des commissaires qui feront l'inventaire de mes papiers, afin qu'elle devienne authentique.

En attendant je la transcris ici, sur la copie que j'en ai gardée. A Londres, ce 8 février 1793[1].

Ma protestation contre les ministres, déposée cachetée chez M. Dufouleur, notaire, rue Montmartre[2].

Ne sachant plus ce que le sort me garde, ni si je réussirai à vaincre les obstacles que des méchants, des traîtres accumulent chaque jour contre l'arrivée en France des fusils dont la nation a tant besoin, et que les Hollandais nous retiennent *à Tervère:*

Je déclare que les manœuvres qui partirent d'abord de l'intérieur *des bureaux de la guerre d'alors* sont devenues depuis *celles des ministres actuels.*

Je déclare que ces ministres ont fait ce qu'ils ont pu (et n'ont que trop réussi) pour arrêter M. *de la Hogue* en France, et l'empêcher d'aller en Hollande exécuter la mission que les ministres précédents et trois comités réunis lui avaient donnée, conjointement avec moi, d'aller *m'exproprier* des fusils *à Tervère*, et de les livrer pour la nation à M. *de Maulde*, notre ministre *à la*

---

[1] La publicité de cette cinquième époque de mon mémoire, envoyé d'Angleterre en février, ayant été retardée jusqu'à ce jour 21 mars par la difficulté d'avoir des imprimeurs, et mes scellés ayant été levés, sans examen ni description de mes papiers, j'ai retrouvé dans mon bureau l'original de ma protestation, dont je ferai l'usage qui y est indiqué.

[2] On va voir tout à l'heure pourquoi elle ne fut pas déposée.

Haye, et maréchal de camp, instruit, selon le vœu du huitième article, du traité du 18 juillet 1792.

Je déclare que ces ministres ont supposé un ordre de l'assemblée nationale, *lequel n'a jamais existé;* que sur cet ordre supposé, ils ont retenu en France M. *la Hogue*, mon agent.

Je déclare que le ministre *Lebrun*, répondant le 16 septembre aux députés des comités *militaire* et *des armes*, que l'assemblée lui envoyait pour le presser de me remettre *le cautionnement obligé* et *les fonds nécessaires à la libération des fusils*, leur a solennellement promis que, sous vingt-quatre heures, il me remettrait *tout ce qu'il fallait* pour aller libérer et livrer à la nation ces armes *à Tervère*, et me donnerait *le cautionnement promis* et *les fonds stipulés dans l'acte du 18 juillet;* que, d'accord ensuite avec les autres ministres, il m'a déclaré que *le conseil exécutif me refusait argent et cautionnement:* me promettant pour m'engager à partir, que lui *Lebrun*, y suppléerait des fonds de son département.

Je déclare qu'en vertu de ces menées et de ces refus, je pars sans aucuns moyens pécuniaires, et presque sans espoir de m'en procurer chez l'étranger, mon arrestation à Paris et mon emprisonnement à l'*Abbaye* ayant altéré mon crédit tant en ce pays-ci qu'ailleurs.

Je déclare que je proteste de tout mon pouvoir contre la trahison du ministère actuel, que je le rends responsable *envers la nation* de tout le mal qu'elle peut entraîner, et qu'en ceci je ne fais qu'exécuter ce dont je les ai sévèrement prévenus dans ma lettre, en forme de mémoire, remise à M. *Lebrun* le 19 août, cette année, où je lui dis sans ménagement ces mots : « Après vous
« avoir expliqué ce qu'un nouveau ministre peut ne pas
« deviner, si le ministère va en avant en contre-carrant
« ces données, *je suis forcé de déclarer*, monsieur, *qu'ici*
« *ma responsabilité finit;* que j'en dépose le fardeau sur
« le pouvoir exécutif, que j'ai l'honneur d'en pré-
« venir.

« ..... J'ai été dix fois accusé : *n'est-il pas temps que*
« *je me justifie?...* Les ministres ne doivent rien ordonner sans être d'accord avec moi ; ou bien répondre seuls *de tout l'événement* à la patrie, dont les intérêts sont blessés. »

Je déclare, en outre, que j'entends me pourvoir en justice contre le dit ministère, dans la personne de M. *Lebrun*, pour tous les dommages que leur odieuse conduite peut faire souffrir à mes affaires ou à ma personne. En foi de quoi *j'ai déposé cette protestation* chez M. *Dujouleur*, notaire, sous mon cachet, pour être ouverte, et pour que tout usage en soit fait en temps et lieu, si le cas y échet.

Paris, le 11 septembre 1792.

Signé : Caron Beaumarchais.

La sixième et *dernière* époque de mes travaux, de mes souffrances, contenant mon voyage en Hollande et mon passage à *Londres*, où j'écris ce très-long mémoire, sous le double lien d'un décret d'accusation en France et d'un emprisonnement pour dette en Angleterre, à l'occasion de ces fusils (le tout grâce aux bontés de notre sage ministère !), cette sixième époque, dis-je, sera expédiée pour *Paris* dans quatre jours ; et sitôt que j'aurai l'avis qu'elle est donnée à l'impression, ma justification ne pouvant plus être étouffée, tous mes sacrifices sont faits pour mon acquittement à Londres : j'en pars, et vais me mettre *en prison à Paris*. Si j'y suis égorgé, Convention nationale ! faites justice à mon enfant ; qu'au moins elle glane, après moi, où elle devait moissonner !

SIXIÈME ET DERNIÈRE ÉPOQUE

Législateurs, et vous, ô citoyens ! que l'amour seul de la justice rend assez courageux pour suivre pied à pied ces horribles détails, votre indignation généreuse s'est mêlée à la mienne, en voyant l'astuce perfide avec laquelle le ministère a su *m'éloigner de Paris*, où ma présence embarrassait le plan qu'on formait de me perdre !

Encore un moment, citoyens, vous l'allez voir poser le masque ; mais permettez auparavant que je vous mette au fait de mes démarches en Hollande auprès de notre ambassadeur.

Je m'en allais, perplexe et désolé : *désolé* de penser que tout cela n'était qu'un piège ; qu'on me laissait partir *sans cautionnement et sans fonds*, pour que je ne pusse rien faire : *perplexe,* hélas ! sur un seul point, qui était de bien deviner pour l'intérêt de quel ministre se faisaient toutes ces manœuvres !

Je connaissais déjà les agents dont on se servait. La conduite des chefs était tout aussi claire, mais ils semblaient agir en masse ! Étaient-il tous dans le secret, ou l'un d'eux trompait-il les autres ?

En cheminant je me disais : Il est prouvé pour moi qu'on veut me mettre au point de quitter la partie, en cédant les soixante mille armes à ceux qui doivent ensuite, *de concert avec eux*, les revendre à la France au prix qu'ils voudront, et sans dire à personne que c'est ma cargaison. Mais *Lebrun* ! mais *Lebrun* ! en est-il, ou n'en est-il pas ? Sa conduite est inexplicable.

J'avais fait une observation : c'est que dans tout ceci on ne m'avait jamais renvoyé à M. *Servan*. Dans la séance du conseil, la seule où je l'eusse aperçu, il n'avait pas ouvert la bouche. MM. *Lebrun, Clavière*, étaient les seuls à la brêche... Mais les variations du ministre *Lebrun* ! cet air bon homme avec lequel il avait hâté mon départ, si opposé à sa conduite de la veille et du lendemain !... Allons, me dis-je, patientons !... l'avenir m'apprendra le reste.

Arrivé le 30 à *Portsmouth,* j'étais le 2 octobre à *Londres*. Je n'y restai que vingt-quatre heures. Mes amis et mes correspondants, MM. *Lecointe* frères, à qui je dis mes embarras, me donnèrent un crédit de *dix mille livres sterling*, me disant : « Il faut en finir au plustôt ; *ne perdez pas une minute !* »

Enchanté de leur procédé, je m'embarquai pour la Hollande, où, après le passage le plus pénible qu'on eût fait depuis quarante ans, après six jours de traversée, j'arrivai malade à mourir. Je remis le *paquet du ministre* à M. *de Maulde.*

Il le reçut avec beaucoup de grâce, en me disant : *Cet ordre est positif, je m'y conformerai avec exactitude*; mais vous allez trouver ce pays bien semé d'entraves.

Je lui demandai *s'il avait reçu le cautionnement par M. Lebrun.* — Non, pas encore. — Monsieur, lui dis-je, achevant le détail de ce que j'avais éprouvé, *le ministre m'a dit qu'il vous donnerait l'ordre de me compter deux ou trois cent mille francs, s'ils m'étaient nécessaires, sur tous les fonds que vous avez à lui.* Je n'en ai point, dit-il : ils sont employés au delà. Sans doute, il m'en fera passer.

Je le priai de faire donner copie de ce que les divers ministres lui avaient écrit sur cette affaire des fusils. Il me le promit *et l'a fait,* car c'est un homme de probité.

En attendant que je m'en serve, voici la lettre de M. *Lebrun* renfermant *le traité du 18 juillet certifié.*

A monsieur de Maulde.

« Paris, ce 20 septembre 1792. »

« M. *Beaumarchais,* monsieur, qui vous remettra ma lettre, se détermine à aller en Hollande pour mettre fin à l'affaire des fusils arrêtés à Tervère. Comme vous êtes parfaitement instruit de tous les incidents qui ont jusqu'ici retardé l'envoi de ces armes A LEUR VRAIE DESTINATION, je vous prie de vous entendre avec M. *Beaumarchais* POUR NOUS LES PROCURER LE PLUS PROMPTEMENT POSSIBLE. Je désire que cet envoi se fasse AVEC AUTANT DE SURETÉ QUE D'ÉCONOMIE. Je compte beaucoup sur votre zèle et vos soins pour bien remplir ces deux objets, et je suis persuadé d'avance QUE M. BEAUMARCHAIS VOUDRA BIEN VOUS Y AIDER DANS L'OCCASION.

« *Le ministre des affaires étrangères,* LEBRUN. »

« P. S. Vous trouverez ci-joint, monsieur, une copie collationnée du marché fait entre M. *Lajard,* ci-devant ministre de la guerre, et M. *Beaumarchais.* »

La franchise de cette lettre me ramenait à croire que M. *Lebrun* pouvait bien n'avoir servi que d'instrument à la haine ou bien à la cupidité des autres.

On ne pouvait pas faire des *actes d'adoption et de propriété plus nets.* Il n'y a pas un mot, disais-je, qui nous présente un autre sens. *Comme vous êtes instruit,* dit-il, *de ce qui a retardé l'envoi de ces armes* A LEUR VRAIE DESTINATION, *je vous prie de vous entendre avec* M. Beaumarchais POUR NOUS LES PROCURER LÉ PLUS PROMPTEMENT POSSIBLE.) Quel autre qu'un propriétaire emploierait ces expressions ? (*Je désire que cet envoi se fasse avec* AUTANT DE SURETÉ QUE D'ÉCONOMIE.) S'il ne regardait pas les armes comme à eux, que lui importerait l'économie ? Mais c'est que le traité les charge de tous les frais. (*Je compte beaucoup sur votre zèle et vos soins* POUR BIEN REMPLIR CES DEUX OBJETS). Après des phrases si pressantes, c'est insulter M. *Lebrun* que de douter de sa bonne foi ! (*et je suis persuadé d'avance que* M. *Beaumarchais* VOUDRA BIEN VOUS Y AIDER DANS L'OCCASION).

Voilà tout mon rôle changé ! Au lieu d'être aidé dans ma chose, *c'est moi qu'on prie d'aider l'ambassadeur* DANS LA CHOSE DU GOUVERNEMENT ! Certes, dis-je, je le ferai, soyez-en sûr, monsieur *Lebrun* ; j'y mettrai ma chaleur et mon patriotisme, comme si les armes étaient encore à moi.

Cela est très-clair maintenant : tant que M. *Lebrun* agissait en nom collectif, j'étais bien maltraité par lui. Quand il parle en son nom, il est *équitable, obligeant.* J'y veux mettre tous mes moyens pour déjouer la malveillance des autres. Le ministre *a certifié l'acte, il ordonne qu'on l'exécute; il me prie même d'y aider; il promet tous les fonds de son département : il va envoyer le cautionnement promis.* Pardon, pardon, monsieur *Lebrun* ! peut-être que M. *Clavière* était enfermé avec vous le jour que vous avez refusé de me voir ! Tout cela est bien tortueux ; mais, hélas ! c'est la politique, et c'est ainsi que tout marche aujourd'hui. N'y pouvant rien changer, soumettons-nous ; et voyons arriver M. Constantini, le mignon et l'élu *de nos ministres patriotes !*

Je fus trouver M. *de Maulde,* et lui dis : « En attendant monsieur, que *le cautionnement arrive,* je m'en vais exiger par acte notarié, du vendeur hollandais, qu'il me fasse *une expropriation légale,* et une livraison pareille, à *Tervère* même. Mais, comme j'ai affaire à des gens cauteleux à Paris, je veux qu'il soit bien constaté que, *pour la première fois que je verrai ces armes* (encaissées, emmagasinées, deux mois avant qu'on me les proposât) *vous les voyez en même temps que moi.*

« Vous recevrez ma livraison le même jour que je prendrai celle du vendeur hollandais, afin qu'on ne puisse jamais soupçonner que j'en aie changé ou détourné une seule pour le service des ennemis : car c'est là le grand argument avec lequel ils rendent *à Paris* le peuple furieux contre moi ! Je veux que l'*armurier brabançon* qui les a bien huilées, encaissées, emmagasinées à *Tervère*, il y a un an, vienne les y reconnaître devant vous sur l'état qu'il en fit alors, et que l'on m'a remis depuis, *certifié par le vendeur en neuf cent vingt-deux caisses et vingt-sept tonneaux ou barils.* »

M. *de Maulde* me répondit : « Vous pouvez, si vous le voulez, vous épargner tous ces embarras-là : un sieur *Constantini,* qui m'apporte une lettre du ministre *Lebrun*, le recommandant à mes soins, m'a prié de vous proposer de lui céder la cargaison entière *à sept florins huit sous la pièce,* payés en or, et sur-le-champ. Ce n'est qu'un florin de moins que le prix du gouvernement *: et vous le regagnerez bien par tous les soins que vous vous épargnez !* Cet homme paraît fort avant dans la confiance des ministres. Il en a obtenu le *privilège exclusif de fournir au gouvernement tout ce qu'on tire de Hollande.* Et les difficultés qu'on peut vous faire en

France, il paraît bien qu'on ne les lui fera pas : du moins, si j'en crois ses paroles.

J'ouvris mon cœur à M. *de Maulde* (un des hommes les plus francs, les plus instruits, les plus honnêtes que j'aie rencontrés de ma vie). Je lui confiai mes vifs regrets sur l'imprudence que j'avais eue de sortir de la nullité *dans laquelle je m'enfermais pour ne faire ombrage à personne,* en cédant à beaucoup d'instances pour rendre à mon pays un service aussi dangereux !

Je lui rendis tout ce qu'on vient de lire et les dangers que je courus à l'approche du 2 septembre, lorsque j'eus refusé les offres et bien dédaigné les menaces de ce M. *Constantini.*

« Voilà, dis-je, pourquoi l'on m'a dénié tout concours, tout secours et toute justice *à ce pouvoir exécutif.* Ils ont voulu me mettre à la merci de leur *Constantini,* sans appui et sans nuls moyens : mais M. *Lebrun* m'en tirera ! Il me l'a bien promis, et nous aurons servi la France malgré eux : c'est toute ma consolation !

« Mais je vous supplie de me dire sous quelle forme *Constantini* vous a prié de me faire ses offres, afin de bien juger des choses que je connais par celles que vous aurez la bonté de m'apprendre.

— Oh ! mais, dit-il, la forme est peu de chose quand le fond est bien avéré. Il m'a dit fort légèrement, après m'avoir beaucoup vanté son crédit auprès des ministres : « Engagez donc ce Beaumarchais à me céder sa cargai« son à un florin de moins que l'achat du gouvernement. « S'il marchande avec moi, il s'en trouvera mal ! S'il y « consent, il touchera son argent sur-le-champ chez la « veuve *Lombaert* d'Anvers, chez qui j'ai déposé mes « fonds. »

Et sur ce que je lui ai dit que, si vous cédiez les fusils, je n'étais plus tenu d'en recevoir l'expropriation à *Tervère:* — « Je n'en ai pas besoin, dit-il, et je prends « tout sur ma responsabilité. J'ai du crédit auprès de « M. Lebrun. Je ne crains pas qu'il me refuse quelque « chose. » Il m'a même ajouté, d'un air un peu protectoral : « Vous recevez chez vous ce Beaumarchais ! mais « je vous avertis que cela peut vous nuire auprès de « notre gouvernement. Pensez-y un peu, je vous prie. » (Vous le voyez, lecteur, si cet homme *était fort avant dans la confiance des ministres !*)

— Et il faut au surplus, qu'il soit assez sûr de son fait, a continué M. *de Maulde* ; car, ayant acheté un parti de *quatre mille fusils,* dont M. *Lebrun* m'écrit qu'il a déjà livré *six mille...* — M. *de Saint-Padou,* officier d'artillerie (envoyé par M. *Servan* pour visiter les armes que ces grands fournisseurs enlèvent de ce pays), ayant voulu visiter *ces quatre mille* à leur départ, *Constantini* m'a dit légèrement : « Je ne veux point de sa visite, je « n'ai besoin de lui ni de personne pour les faire accep« ter là-bas ; je me charge de tout. J'ai du crédit. J'ai dit « à Saint-Padou qu'il pouvait s'en retourner. »

— Quand j'ai rendu ces mots à M. *Saint-Padou,* me dit M. *de Maulde,* il m'a prié de solliciter son rappel près du ministre de la guerre, puisqu'il est inutile ici, ces messieurs prétendant se passer de contradicteurs ; *ce que j'ai fait.*

— Eh bien ! monsieur, lui répondis-je, dites à M. *Constantini* que je rejette avec mépris ses offres, comme je les ai rejetées sous le poignard *à l'Abbaye,* et qu'il n'aura pas mes fusils. Il y a longtemps que cette affaire n'est plus commerciale pour moi. Certes mon pays les aura ; mais il les tiendra de moi seul, au premier prix que je les ai vendus, et *pas un florin au delà !* Nul brigandage ne se fera dessus !

Je tourmentais M. *de Maulde* pour se transporter à *Tervère,* et j'invoque son témoignage sur l'empressement que j'y mis. « Il me répondait : Attendons *que le cautionnement soit arrivé ;* suivant votre propre principe, qu'il faut tout mener à la fois. J'en viens d'écrire à M. *Lebrun,* lui disant que nous l'attendons. »

Depuis le 20 septembre jusqu'au 18 d'octobre, point de nouvelles du ministre ! Ma confiance s'ébranlait. J'écris moi-même, le 16, à M. *Lebrun.* Ma lettre rappelle ses promesses et tout ce que vous avez lu. Après lui avoir annoncé les embûches qu'on me tendait, j'y mis ce petit *P. S.* :

« A la première nouvelle de nos succès (de *ceux de Dumouriez*) *notre cent vingt-cinq millions* a monté de quinze pour cent. Le change est à trente-six et demi. Il faut être en pays étranger pour se faire une vraie idée du plaisir excessif qu'une bonne nouvelle de France nous cause. La joie y va jusqu'à l'exaltation : elle se compose de notre plaisir, et du chagrin qu'il cause aux autres. »

J'attends jusqu'au 6 de novembre. N'ayant point encore de nouvelles, j'adresse à M. *Lebrun* une seconde lettre plus forte et plus circonstanciée, mais toujours sur le même objet. Je vais l'insérer dans le texte, uniquement pour contraster avec toutes celles qui vont suivre.

« La Haye, le 6 novembre 1792.

« CITOYEN MINISTRE,

« Si ma lettre du 16 octobre vous a été remise par mon premier commis, vous y avez vu qu'aussitôt mon arrivée ici, je me suis mis en devoir d'acquitter toutes mes paroles sur l'épineuse affaire des soixante mille fusils. Aujourd'hui j'ai l'honneur de vous annoncer, monsieur, que j'ai forcé mon vendeur, très-*Autrichien quoique Hollandais,* ou bien *parce qu'il est Hollandais,* à me livrer *légalement* cette semaine, au plus tard la prochaine, la cargaison entière des armes, *payées depuis si longtemps ;* et je le rends garant des obstacles que la politique hollandaise a mis à leur enlèvement, voulant ne reconnaître (à mon titre de négociant) *que l'homme qui m'a vendu,* et non leurs hautes puissances, à qui, lui dis-je, je n'ai rien à demander, mais bien lui-même, qui est *tenu de me livrer pour exporter, non autrement.* Il me répond avec un embarras plaisant que ma logique est aussi juste que pressante ; et qu'en me livrant effectivement, comme il s'y prépare, il va faire les plus grands efforts pour m'aider à obtenir promptement l'extradition *à laquelle l'état actuel de nos affaires politiques ne nuira pas*, dit-il ; et moi je réponds : *Je l'espère*.

« Soyez certain, monsieur, que je ne compromettrai point M. *de Maulde*, qui n'a déjà que trop de désagréments *à la Haye* (ce dont je me propose de vous parler dans un instant). Mon intention est de n'employer que ma force de négociant, de citoyen d'un pays libre. Le ministre n'y paraîtra que pour appuyer mes demandes, comme en étant chargé par le gouvernement de France. Mais j'ai l'honneur de vous prévenir, monsieur, que je reste à mon tour sans réponse, quand mon vendeur me dit que je n'ai nulle action civile contre lui jusqu'à ce que j'aie rempli la condition rigoureuse du *cautionnement de cinquante mille florins d'Allemagne*, auquel il m'a soumis, *l'étant lui-même envers l'empereur*. Et M. *de Maulde* sent si bien la force de cet argument, qu'il n'appuierait aucun de mes efforts, si ce préalable important n'était pas rempli de ma part, à cause de la réponse et nette et rigoureuse que leurs hautes puissances feraient au nom de mon vendeur, comme ce vendeur me l'a faite.

« Je suppose, monsieur, que vous l'avez expédié à M. *de Maulde* ou à moi, *ce cautionnement tant différé*, mais sans lequel il est inutile de rien entamer d'énergique, car, pour que je puisse mettre un autre en son tort, je ne dois pas commencer par y être moi-même. Nous sommes d'accord du principe, M. *de Maulde* et moi ; et vous sans doute aussi, monsieur ? Nous attendons cette pièce importante, *que vous m'avez assuré, à mon départ de France, ne plus souffrir aucun retard* ; sans quoi je n'aurais pas cru devoir partir.

« Je reviens à M. *de Maulde*, en vous priant de m'excuser si je sors un moment des bornes individuelles de mon affaire de commerce, pour vous parler de politique. Mais, monsieur, je suis citoyen avant tout, et rien de ce qui intéresse la France ne saurait m'être indifférent. Je ne désire pourtant pas que M. *de Maulde* ait jamais connaissance des réflexions que je vous offre ; je craindrais qu'il n'imaginât que je suis ici son espion, ou que j'y fais de la politique à ses dépens, sans nulle mission de personne.

« Si jamais quelque chose eût pu me dégoûter de ce métier de *politique*, c'est le supplice réel auquel le ministre de France est condamné dans ce pays, l'éternelle cruciation qu'il y souffre, mais fièrement et sans se plaindre. De tous les genres de dégoûts, on l'en abreuve à la journée. Il lui faut une vertu plus qu'humaine, un patriotisme robuste, pour ne pas prendre à chaque instant des bottes de sept lieues et s'enfuir ! Je vois qu'il se console de cette affligeante existence en travaillant comme un forçat, faisant sa besogne lui-même ; et elle n'est pas petite, la besogne, obligé de la faire *sans un caractère avoué*, avec le train le plus chétif qu'envoyé d'aucune puissance ait jamais eu dans ce pays, où tout le Nord vient aboutir, et qui est, selon moi, le centre de la diplomatie intéressante de l'Europe, pays où toutes les intrigues des diverses coalitions viennent se nouer et se dénouer. Les autres ambassadeurs brillent, corrompent, dépensent, et se montrent : lui seul, réduit au plus chétif état, qu'il ennoblit pourtant par un maintien républicain, deviendrait la risée de tous, si, avec beaucoup de talent, sa fierté ne le soutenait. D'honneur ! il me fait compassion, et j'ai peine à me persuader que nos affaires n'en souffrent pas !

« Avant-hier, trois ou quatre riches négociants d'*Amsterdam* me disaient qu'il allait avoir d'autres couleuvres à dévorer, s'il était vrai, comme on l'écrivait de *Berlin*, que... (ici je racontais le fait, *étranger à l'affaire des fusils*).

« Ne sachant comment entamer un point si délicat avec M. *de Maulde*, je me suis proposé de vous en écrire avant tout. Cela peut attirer des maux incalculables. Cet avis finit la mission que je me suis donnée moi-même. Vous êtes sage et mesuré, monsieur ; vous ne me compromettrez point avec notre ex-ambassadeur...

« Je reviens à moi maintenant. Mes lettres de *Paris* m'apprennent qu'enfin l'indigne *opposition* que des brigandeaux avaient mise sur toutes les sommes que j'aurais à toucher au département de la guerre vient d'être déclarée par les tribunaux de Paris et sans motif et vexatoire, les fripons condamnés en tous dommages en ma faveur. C'est cette sale intrigue, c'est cette indigne *opposition* dirigée par d'autres brigands, qui seule m'empêcha de toucher en juillet les deux cent mille florins que j'ai reconnus dans mon acte m'avoir été payés par le ministre, et dont la retenue a fait un si grand mal à mon affaire des armes et à toutes mes autres affaires. J'ai ordonné chez moi qu'on vous signifiât, monsieur, cette mainlevée, en votre qualité de *ministre par intérim du département de la guerre ;* car je ne puis rester dans la détresse où l'on m'a mis, et qui m'a forcé en partant de faire porter chez mon banquier, pour avoir de quoi vivre ici, le peu d'argent que je conservais en cas d'un malheur très-pressant.

« *La belle équipée qu'on a faite de m'envoyer à Paris, en prison, au secret, pour éclaircir l'affaire des fusils, et celle de la publier ensuite dans des journaux bien scandaleux*, ont fait retirer de Hollande les lettres de crédit que mes banquiers m'avaient données, me regardant comme un homme égorgé, ou tout au moins forcé de fuir. Mon crédit s'y trouve altéré ; et j'avoue que, sur les détails de ce que j'ai souffert en France, beaucoup de gens dans ce pays me prennent pour un émigré, ce qui n'établit point mon crédit. Tout ce que je dis n'y fait rien. Jamais acte patriotique n'a causé tant de mal à aucun citoyen français !

« Quand les détails en seront publiés, on ne comprendra *pas plus que les comités qui m'ont donné tant d'attestations honorables ne l'ont fait,* comment j'ai pu subir cette persécution constante.

« L'opposition étant levée, je vous supplie, monsieur, de me mettre en état d'achever honorablement l'ouvrage que j'ai commencé. Quand vous ne m'enverriez d'abord que cinquante mille florins *par M. de Maulde, comme vous me l'avez dit en partant*, je me tiendrais fier en Hollande : n'ayant plus besoin des secours de personne, on y verra si je suis citoyen.

« Si vous jugez à propos, monsieur, de remettre votre réponse à mon premier commis, qui vous rend cette lettre, elle me parviendra plus sûrement que par toute autre voie connue.

« Agréez le respect d'un citoyen qui vous honore, et qui ne prodigue point ses éloges.

« Signé : Beaumarchais.

« P. S. J'ai eu l'honneur de vous mander dans ma dernière, que beaucoup d'indiscrets Français venaient ici mettre le feu dans les affaires qui regardent la France, *voulant tout haut des fusils à tout prix*; ce qui, en nous discréditant, fait monter jusqu'à des prix fous tout ce qu'on demande pour la France. Qui croirait que de pareilles gens sont accrédités par l'État, et qu'une de ces compagnies errantes, sur la caution de..., dispose de cinq cent mille livres pour soixante mille fusils aussi, dont vous n'obtiendrez pas un seul? *ce qui est bien sûr aujourd'hui que je sais que ce sont les miens*. Et quant à vos cinq cent mille francs, vous les retrouverez où et quand il plaira au dieu qu'on nomme *Hasard*, etc., etc. »

Le 9 novembre, ne voyant rien venir, je lui envoie ce peu de mots, pour ne point trop l'impatienter :

A monsieur Lebrun.

« La Haye, ce 9 novembre 1792.

« Monsieur,

« Lorsque la France a d'aussi grands succès, c'est un terrible exil que d'avoir affaire en Hollande.

« Je le serai pourtant, exilé de la France, *jusqu'au jour où une lettre catégorique de vous m'apprendra* si le cautionnement nous arrive, ou s'il ne me reste plus qu'à partir, *pour aller justifier ma conduite patriotique dans mon pays!*

« Recevez les respects d'un citoyen.

« Signé : Beaumarchais.

« Le trésor et les archives de *Bruxelles* sont arrivés à *Rotterdam*; les nouvelles de l'armée de *Clairfayt* mettent ici tout le monde au désespoir, excepté moi. »

Je commençais à perdre patience, accusant tous les embarras ou la lenteur de ce ministre; et, le courrier suivant, je lui écrivis de nouveau. Il n'était pas possible, après avoir plaidé ma cause au conseil, *comme il me l'avait assuré;* après m'avoir enjoint de partir au plus vite; après avoir *reconnu, certifié l'acte du 18 juillet;* après avoir donné l'ordre à M. *de Maulde* de l'exécuter avec zèle et promptitude, *en me priant de l'y aider;* après m'avoir solennellement promis *que le cautionnement éternel serait avant moi à la Haye;* après m'avoir offert, *sans que je le lui demandasse, deux ou trois cent mille francs sur son département*, me priant même de lui envoyer mes avis *sur la manière d'acheter les toiles et autres marchandises sèches de Hollande* : je ne pouvais, sans l'insulter, lui montrer aucun doute sur sa bonne volonté. Prenant patience en enrageant, j'allais me rappeler encore à sa mémoire, lorsque l'on me remit une grande lettre contre-signée *Lebrun*.

Ah ! me dis-je avec un soupir, qui sait attendre voit souvent la fin de ses tribulations. J'ouvris cette lettre, et j'y lus :

« Paris, le 9 novembre 1792, l'an Ier de la république.

« J'ai reçu, citoyen, la lettre que vous m'avez écrite de la Haye [1], et je n'ai différé d'y répondre que parce que je me suis procuré de nouveaux renseignements sur la cargaison des fusils arrêtés par ordre de l'amirauté à Tervère. Sans entrer dans aucun détail sur la spéculation que vous avez faite, ni sur son objet, je vais vous instruire tout simplement de ce qui m'est revenu sur la qualité de ces armes. Elles ont d'abord servi aux corps francs à l'époque de la dernière révolution tentée par les patriotes hollandais, ensuite vendues aux Belges, qui en ont aussi fait usage dans le temps de leur révolution; elles ont enfin été achetées par des négociants hollandais, de qui vous les tenez.

« Je conviens qu'un cautionnement de cinquante mille florins, demandé pour lever l'embargo mis sur de vieux fusils, vous dégagerait sans doute d'un embarras bien grand, de savoir où les placer. Je conviens que le traité passé entre vous et l'ex-ministre Lajard est fort avantageux; mais soyez de bonne foi, citoyen, et convenez à votre tour que nous serions bien dupes d'approuver un pareil traité, et d'y donner notre adhésion. Nos vues et nos principes ne s'accordent point avec ceux de nos prédécesseurs. Ils ont eu l'air de vouloir ce qu'ils ne voulaient pas; et nous, *bons patriotes*, bons citoyens, désirant sincèrement faire le bien et le voulant, nous remplissons les devoirs de notre place avec autant de loyauté, de probité, que de franchise [2].

« Depuis quelque temps je ne me mêle plus d'achats d'armes. Ces opérations mercantiles ne s'accordent guère avec le genre de travail et de connaissances qu'exige mon département. Dans un moment pressant où il fallait de toute nécessité des fusils, on s'est jeté avidement sur tout ce que l'on a trouvé. Actuellement que les mêmes besoins n'existent plus, le ministre de la guerre s'attache principalement à la bonté des fusils et au prix modéré. Ce n'est donc plus mon affaire, et j'ai cessé de m'en occuper. Retournez-vous du côté du citoyen *Pache*, et adressez-lui vos réclamations; c'est à lui à prononcer, et à vous dire si elles sont justes et fondées.

« Quant à moi, je ne suis plus en mesure ni en position de rien faire et décider sur un objet, comme vous savez, hors du ressort de mon département.

« Le ministre des affaires étrangères,

« Lebrun. »

« P. S. J'ai envoyé copie de votre lettre au ministre

---

[1] Je lui en avais écrit quatre. J'insère dans le texte sa lettre et ma réponse, parce qu'enfin c'est là ce qui éclaircit tout.
[2] *Lebrun*, bon patriote ! aimant la liberté ! Il a donc bien changé depuis 1788!

de la guerre; je recevrai incessamment sa réponse, dont je vous ferai parvenir la copie. »

Ah! grand Dieu! m'écriai-je après ma lecture achevée, vit-on jamais rien de semblable? Et c'était pour finir ainsi que l'on m'envoyait en Hollande! ô détestable perfidie!

Dans le premier mouvement de mon indignation j'avais lutté, *par ma colère*, contre l'ironie du ministre. J'opposais à l'hypocrisie de son fatal patriotisme *ses basses requêtes et ses perfides lettres à l'empereur Joseph contre la liberté brabançonne en 1787 et 1788, et je mettais le gazetier à jour*. Mes amis n'ayant pas souffert que ce premier élan trop amer m'échappât, je pris le pénible parti de raisonner avec qui m'insultait. Quand mes sens furent apaisés, je lui écrivis ce qui suit.

Ah! je prie mes lecteurs d'en dévorer l'ennui. C'est le secret de cette comédie terrible!

« La Haye, ce 16 novembre 1792.

« CITOYEN MINISTRE,

« En réponse à l'unique lettre *que j'aie jamais reçue de vous*, en date du 9 novembre, je vous préviens que les difficultés qui clouaient à *Tervère* les fusils de Hollande sont levées, grâce à *Dumouriez*, à l'instant où l'intrigue de la *bureaucratie française* en fait renaître de nouvelles, pour les y river si elle peut.

« Vous êtes un homme trop honnête pour avoir lu, en la signant, la perfide ironie que l'on m'envoie en votre nom.

« Vous auriez réfléchi qu'il ne s'agit ici *d'aucun embarras de ma part de vendre ces armes à personne*, puisque depuis huit mois mon premier traité *les attache à la France*; que depuis quatre mois le second traité vous démontre que *deux ministres et trois comités réunis* ont refusé de *les en détacher*, lorsque las des repoussoirs de *nos ministres patriotes*, je demandais très-*net qu'on me permît* D'EN DISPOSER, pouvant le faire alors avec un grand avantage, s'il était vrai que la France *n'en voulait plus*.

« Vous auriez réfléchi que, ne pouvant être à la fois *propriétaire et dépouillé par l'acte du 18 juillet*, je n'ai plus d'autre soin que de livrer ces armes; que, dans la position contraire j'en serais maintenant d'autant moins empêtré, que *votre élu Constantini* m'en a fait offrir de nouveau par M. de Maulde *les sept florins huit sous* que ses grands associés me proposaient à l'AB-BAYE, avec promesse de m'en tirer si j'accédais à ce marché.

« Vous auriez réfléchi encore, vous qui connaissez tant l'affaire *comme commis, comme ministre*, que loin d'avoir jamais donné ces armes à personne *pour neuves*, je n'ai cessé de dire et d'écrire à vous et à tous vos collègues *qu'elles venaient des Brabançons*. Ce cautionnement exigé par *l'empereur*, du Hollandais *que je dois en couvrir*, n'est-il donc pas la preuve matérielle d'un fait *qui vous battit les oreilles cent fois?* Vos commis vous respectent peu, de vous faire dire dans cette lettre que *vous apprenez à l'instant ce que vous savez bien que vous savez depuis six mois!* (Je vous nommerai celui que vous devez gronder).

« Vous auriez réfléchi en outre que si ces armes eussent été *neuves*, je n'aurais pu vous les laisser au prix de *huit florins banco*, ou de *quatorze schellings en or*, ou de *dix-sept francs en écus*, ou de *trente livres en assignats* (c'est tout un), quand vous aviez la bonhomie (*que vous avez encore, messieurs*) d'acheter *pour trente schellings en or*, à Londres, qui font trente-six livres en écus et plus de soixante livres en assignats, des fusils neufs très-médiocres; lorsque, dans la même ville, vous avez depuis acheté *de vingt jusqu'à vingt-cinq livres schellings en or, ou trente livres en écus, ou plus de cinquante en assignats*, de vieux fusils qui presque tous avaient servi de lest dans les vaisseaux allant aux Indes, dont on était forcé, *pour parvenir à vous les vendre*, de détremper *toutes les platines* pour pouvoir dévorer la rouille, n'y retrempant *que la batterie!*

« Vous les recevez néanmoins *sans vous plaindre du haut prix ni de la basse qualité*, parce que ce sont, nous dit-on, *vos affiliés* qui les fournissent (oui, mais *per partachir*, comme dit le *Ragusain*), ce qui est un peu loin du prix modéré de mes armes vendues *à huit florins, ou quatorze schellings en or, ou dix-sept francs écus de France, ou trente livres en assignats;* mes armes, dans lesquelles il se trouve une forte partie de *neuves*, que vous n'auriez pas aujourd'hui pour *six couronnes à Liége, ou trente-six livres en écus, ou soixante livres en assignats;* mes armes, que je soumettais *au triage*, les ayant achetées *en bloc!*

« Vous auriez enfin réfléchi qu'*un cautionnement commercial de cinquante mille florins n'est point un déboursé de cette somme*; et que tout se réduit en rapportant *l'acquit à caution déchargé*, à une commission de banque, qui ne va pas à *deux mille francs*, comme je vous l'ai dit vingt fois, tant chez vous qu'au *conseil des ministres*: mais l'ignorance et la malignité marchent de pair autour de vous, monsieur; c'est le malheur des mauvais choix!

« Notez, *ministre trompé*, que ceux qui vous écrivent ou qui vous donnent *ces belles notions sur mes armes* ne les ont jamais, *jamais vues*, car elles sont *encaissées depuis près d'une année*.

« Notez que ces donneurs d'avis ont fait près de moi l'impossible pour me les arracher *en bloc*, tant *à Paris* que depuis *à la Haye*, à *un florin de moins, que vous ne les payez*.

« Notez que *je vous l'écrivis le 19 août à Paris*; que mon refus de les céder *me fit emprisonner*, trois jours après, à *l'Abbaye*, où, *sous vos bons auspices*, ils vinrent renouveler leurs offres, où je manquai enfin d'être égorgé: ce que la SOCIÉTÉ voulait.

« Notez encore, ô *ministre trompé*, que ces acheteurs EXCLUSIFS (PRIVILÉGIÉS par vous) *de toutes fournitures hollandaises*, et que vous gorgez d'assignats (comme l'on fait pour ses amis), ne peuvent pas m'offrir *sept florins huit sous, sans les frais*, au premier mot qui leur échappe, s'ils ne sont pas certains de les vendre dix, onze ou douze florins à la nation, par l'entremise bénévole de *nos ministres patriotes*; surtout s'ils donnent, *comme ils disent, vingt-cinq pour cent de toutes leurs fournitures au protecteur du privilége*, sans tous les intérêts qu'on réserve aux amis (*per partachir*, bien entendu) !

« Votre secrétaire vous fait dire, dans la lettre que je commente, que *depuis quelque temps vous ne vous mêlez plus d'achats d'armes*. Ah ! plût au ciel, pour la nation, que vous ne vous en fussiez jamais mêlé ! Mais tâtez-vous sérieusement, j'ai peur qu'on ne vous trompe encore ; témoin *l'élu Constantini, qui en achète par vos ordres*.

« Il vous fait dire aussi que vos prédécesseurs, en traitant avec moi, *feignaient tous de vouloir ce qu'ils ne voulaient pas*. (C'est sans doute *servir la patrie* que vous entendez par ces mots.) Mais il oublie que vos prédécesseurs *Lajard, Chambonas* et *de Graves* eurent la modestie *que vous n'avez pas eue*, de consulter *les comités de l'assemblée nationale*; qu'aucun d'eux n'a rien fait *sans leur avis préalable*; d'où il résulte, selon vous, quoiqu'on n'ose pas vous le faire dire, que *tous ces comités étaient leurs complices et les miens*; tandis que vous, *ministre soi-disant patriote*, m'avez tout refusé pour le service de la patrie, quand je partis pour la Hollande, *malgré l'avis des comités, quoiqu'ils l'exigeassent de vous, au nom de l'Assemblée, et que vous le leur promissiez !*

« Ministre, il est bien clair que vous n'êtes en ceci ni mon complice ni le leur. Personne ne vous en accuse. Si vous aviez besoin d'un joli témoin sur ce fait, l'ami *Constantini* pourrait très-bien vous en servir.

« Je finis. — Si, au lieu d'apprendre ces choses ou de vos commis ou de moi, par hasard, *ministre trompé*, vous en étiez instruit d'avance, je me verrais réduit à supputer que vous aviez bien envie de ces armes, pourvu que *l'élu* les fournît, et *non moi*; que comme il est certain *qu'il ne les obtiendra jamais*, cette brutalité gauloise, bien annoncée par lui à ses amis, peut avoir fait changer les anciennes mesures en de nouvelles plus sévères, *qu'on ne m'annonce encore que vaguement !* Alors je serais bien tenté de vous écrire, en finissant ma lettre avec respect, que je suis en grande surprise de votre conduite impolitique.

« Citoyen ministre *trompé... dans vos vues,*
« Votre, etc.
Signé : Caron Beaumarchais. »

« A Dieu ne plaise que je le pense ! Mais puisque vous avez, dites-vous, communiqué la lettre au nouveau ministre *Pache*, communiquez-lui la réponse : *c'est un commencement d'instruction* dont il vous saura très-bon gré. »

Quand ma lettre fut à la poste, je me sentis bien soulagé : ma foi ! pour celle-ci, elle partit à son adresse, craignant pour mon chef de bureaux qu'on ne lui fît un mauvais tour si je l'en rendais le porteur. Attendons, dis-je, maintenant les avis que l'on me promet. Voyons surtout ce que dira notre nouveau ministre *Pache*.

Je m'en allai à *Rotterdam* faire dresser les actes que je voulais avoir du négociant *Osy*, premier vendeur. Il parut étonné de ce genre de précaution. Je l'assurai que ma position l'exigeait. Cela le rendit tâtonneur. Je m'apercevais bien qu'il servait son pays ; mais qu'avais-je à lui dire, moi qui servais le mien ?

Enfin nous terminâmes tout, moyennant les quatre actes notariés que l'on peut voir. Le premier, par lequel *il me reconnaît légalement propriétaire des fusils*, moyennant toutes les sommes à lui payées par moi, dont la quittance finale est de la modique somme de *mille vingt-six florins deux sous huit deniers* pour solde ;

Le second, par lequel *je m'engage de ne point faire sortir les armes de Tervère, sans lui avoir fourni le cautionnement de cinquante mille florins d'Allemagne ;*

Le troisième, par lequel je m'engage *à lui rembourser tous les frais de magasinage et autres* qui ne sont pas compris dans le payement des armes, et doivent en être arbitrés ;

Le quatrième, enfin, par lequel je promets *de ne le point poursuivre personnellement pour les obstacles politiques* que LL. HH. PP. ont mis a l'extradition de mes armes.

Plus, une lettre à *James Turing fils*, de *Tervère*, avec ordre de *me livrer tous les fusils qu'il a reçus*, mais d'empêcher l'embarquement jusqu'à *remise par moi du cautionnement engagé !* Plus, une lettre à son *armurier de Bruxelles*, pour qu'il se transporte à *Tervère* à ma réquisition, y reconnaître que *les fusils n'ont été vus ni touchés par personne* depuis qu'il les a encaissés au mois de février dernier, et que tout est conforme à l'état qu'il en a donné.

On voit que je suis bien en règle. Mais dans ceci je ne vois pas que personne y fasse mention ni des *prétentions d'un Provins que Lecointre m'a opposées*, ni des arrêts que ce *Provins* a mis auprès du négociant *Osy*, pour qu'il ne livrât point ces armes à *Pierre-Augustin Beaumarchais*, qui est moi.

Dans tout ceci je ne vois pas non plus qu'il soit question *d'aucuns débats sur ma propriété des armes*, par aucun autre propriétaire *qui les ait arrêtées à Tervère*, comme *le ministre Lebrun* a dit expressément *au dénonciateur Lecointre* qu'il venait d'en faire à l'instant la très-heureuse découverte.

Monsieur *Lebrun !* monsieur *Lecointre !* ces quatre actes sont imprimés. Les originaux, je les ai. Lisez-les bien, chacun dans votre esprit. *Lebrun* suit la marche des taupes ; on a rendu *Lecointre* injuriant pour moi : deux genres d'escrime où je ne suis pas fort. Voyons si la raison et la modération sont des armes d'assez bonne trempe pour faire plier celles-là !

Un mot d'explication est nécessaire ici pour lever toute obscurité sur la conduite des Hollandais.

Loin que les états puissent dire (comme le prétend M. *Lebrun*) *qu'ils n'ont jamais empêché ces armes de sortir ; qu'il y a eu seulement des oppositions de personnes se disant propriétaires*, etc., la vérité, prouvée par pièces juridiques (ma requête du 12 juin et la réponse des états-généraux du 26 juin 1792), la vérité, dis-je, est que le seul réclamant qui se fût opposé au départ de ces armes était un sieur *Buohl*, ministre, agent de l'empereur, qui prétendait que son auguste maître avait encore des droits sur ces fusils, quoique M. *Osy* (de qui seul je les tiens) les lui eût bien payés *comptant;* quoique ce même *Osy*, avant de les faire enlever des citadelles de *Malines* et *Namur* ou d'*Anvers*, pour satisfaire aux lois de son traité, eût fait fournir à l'empereur, par MM. *Valkiers, Gamaraches de Bruxelles*, un cautionnement de *cinquante mille florins*, lequel est libellé dans l'acte, duquel cautionnement, *qui éteint tous droits de l'empereur*, je me suis fait donner, comme on l'a vu, cette attestation notariée par le même banquier *Osy*, ainsi que quittance finale de mes payements faits à lui par-devant le même notaire, pour répondre à M. *Buohl*, et plus encore à MM. *Clavière* et *Lebrun*, qui feignaient d'élever des doutes non-seulement sur ma propriété, mais sur *l'existence même des armes dans le port de Tervère.*

La note de M. *Buohl* remise aux états de Hollande, au nom du roi de Hongrie, devient tellement importante pour reconnaître à tout jamais la vérité, le vrai motif de l'embargo des Hollandais sur nos fusils, et la véracité du ministre *Lebrun*, que je vais l'insérer ici.

NOTE *de M. le baron de* Buohl, *chargé des affaires de la cour de Vienne, remise le 5 juin 1792 à* LL. HH. PP.; *et le 8, par M. le greffier* Fagel, *à M. de* Maulde, *ministre plénipotentiaire de France à la Haye, qui en a remis copie à M. de la Hogue le 9, lequel a répondu le 12, et auquel* LL. HH. PP. *ont répondu le 26 juin.*

« Le soussigné, chargé d'affaires de S. M. le roi apostolique de Hongrie et de Bohême, a l'honneur de s'adresser à M. le greffier *Fagel*, le priant de vouloir bien *porter à la connaissance de* LL. HH. PP., que les armes qui se trouvent actuellement au port de *Tervère* en Zélande sont celles qui ont été vendues par le département de l'artillerie du roi aux Pays-Bas, à la maison *Jean Osy et fils, de Rotterdam*, sous la condition expresse que lesdites armes seraient transportées aux Indes, et qu'il en constaterait au gouvernement. Cette condition, bien loin d'avoir été remplie, *ne pourrait que trop facilement être éludée*, au préjudice du service de S. M., par *l'effet d'un contrat de rétrocession fait en faveur de divers acquéreurs.*

« Le *droit manifeste* qui en résulte pour le roi apostolique *de réclamer sa propriété*[1], par le non-accomplissement de la condition mentionnée, a motivé les ordres très-précis en vertu desquels le soussigné est chargé de demander l'interposition et l'autorité de LL. HH. PP., *afin que leur exportation ne puisse s'obtenir* SOUS AUCUN PRÉTEXTE QUELCONQUE. »

(Entendez-vous ces mots, mon dénonciateur : *sous aucun prétexte quelconque?* Tout vous paraît-il expliqué?)

« Les états généraux se prêteront sans doute avec d'autant plus d'empressement à cette mesure de justice, qu'ils ne sauraient manquer d'apprécier *dans leur sagesse* les raisons combinées qui ont porté le gouvernement général à s'attacher à la condition exprimée, *dont les circonstances survenues depuis justifient trop l'objet* POUR S'EN DÉSISTER. »

(Entendez-vous encore ceux-ci, *Lecointre?* sentez-vous maintenant jusqu'à quel point vous fûtes abusé par le publiciste *Lebrun?*)

« Fait à la Haye, le 5 juin 1792.

« *Signé* : Le baron de Buohl-Schavenstein. »

Or ce M. *Buohl*, au nom de l'empereur, avait porté sur ces fusils les prétentions que vous venez de lire, et dont le ministre *Lebrun*, qui feint toujours de l'ignorer, a la preuve depuis six mois dans cette même note de M. *Buohl* du 5 juin 1792; dans notre requête du 12, présentée par M. *de Maulde* aux états généraux, en réponse à M. *Buohl*, avec une note pressante de notre ambassadeur; enfin, dans la réponse de LL. HH. PP., du 26 même mois : toutes lesquelles pièces *ont été remises à Lebrun, étant premier commis*, par M. *Chambonas;* et depuis par moi-même, en sa qualité de ministre.

Et les complaisants Hollandais (grâce à leur molle politique) trouvaient les prétentions du sieur *Buohl* si justes, qu'ils en arrêtaient nos fusils ! comme si la Hollande, où ces armes sont par *transit* et dont *j'ai payé tous les droits*, devait à ce *Buohl* la complaisance de *vexer un Français* pour plaire à Sa Gracieuse Majesté, *très-impériale sans doute, mais nullement propriétaire !*

Vous avez vu comment LL. HH. PP., en répondant à notre requête du 10 juin, où nous demandions *l'extradition des armes à grands cris*, disaient, dans leur réponse du 26, que les propriétaires (*qui sont* MOI) *avaient eux-mêmes renoncé à l'exportation de ces armes*. Puis, quand ces *vrais propriétaires* leur soutenaient avec respect qu'ils n'avaient dit nulle part *cette lourde bêtise* verbalement ni par écrit, *nosseigneurs* ne disaient plus rien, fumaient gracieusement leurs pipes, *et gardaient encore mes fusils.*

Bien est-il vrai qu'ils ajoutèrent dans leur réponse du 26 juin (*ce qui est plus intéressant*) que ces négociants (*toujours* MOI) étaient les maîtres de disposer, *d'après leur bon plaisir*, des neuf cent vingt-deux caisses, vingt-sept barils (*tonneaux*) de fusils et de baïonnettes, *dans* L'INTÉRIEUR *de la république*, attendu que *l'importation de ces armes est permise* SANS RESTRICTION, *moyennant le payement des droits*, QUI ONT ÉTÉ ACQUITTÉS. (Acquittés par moi, monsieur *Lecointre* ! acquittés par moi, mon-

---

[1] Il est joli *le droit*, quand il n'y a nulle époque fixée dans lesdits actes, et qu'*Osy* a fourni une caution de *cinquante mille florins;* et quand les tribunaux *de l'empereur même* ont fait adjuger ces armes au sieur *Lahaye*, sur la rétrocession d'*Osy!* Il est vrai que c'était avant qu'ils sussent que *Lahaye* me les céderait pour la France. Les manœuvres n'ont commencé contre l'extradition des armes que lorsqu'ils ont été instruits, *par la loyauté de nos bureaux de la guerre d'alors, que j'étais l'acheteur des fusils, et qu'ils étaient pour nos soldats.* Voilà ce que *Lebrun* n'a jamais ignoré. Ainsi *le droit de l'empereur* était aussi fondé que *l'ignorance de Lebrun* sur ce fait était *vraie!*

sieur *Lebrun !*) Ne perdons pas le fil du raisonnement des Hollandais : il est parfait.

Ils me donnent le droit de vendre mes armes *dans l'intérieur, parce que j'ai payé les droits :* mais quels droits leur ai-je payés ? *Ceux de transit.* Admirez la justesse ! parce que j'ai payé les droits qu'on nomme de passage, *celui d'entrée et de sortie,* ils gardent mes fusils sous clef ! (Dieu bénisse les politiques avec leurs fatals raisonnements !) Et c'est de cette nourriture qu'on alimente ma raison depuis neuf tristes mois, tant en Hollande qu'à Paris ! Hollandais, Buohl et Lebrun, vous êtes tous de la même force !

Notez encore que ces États, amis de *l'empereur* François, me donnaient une permission (*que je ne leur demandais point*) de vendre ces fusils *en Europe à nos ennemis, qui les recherchaient à tout prix* (si c'est mon bon plaisir, disent-ils), malgré que *l'empereur*, leur ami, eût exigé d'un Hollandais que ces armes iraient à Saint-Domingue, sous peine de *cinquante mille florins,* et malgré que LL. HH. PP., *à l'appui de cette sûreté,* eussent exigé de nous en avril *trois fois la valeur de ces armes.* Jeu puéril ! tout était oublié ! *Soldats français,* tout était bon, pourvu que vous ne les eussiez jamais ! Et nos perfides ministres en abusant *Lecointre,* et faisant publier *la chose,* viennent de faire gagner la partie à vos ennemis, par votre décret de novembre !

Hélas ! nos seigneurs de Hollande nous traitaient comme gens qui ne méritaient pas qu'on se donnât la peine d'avoir raison en leur parlant ! Moquerie outrageuse que *Lebrun* me connaissait ! Et c'était votre ambassadeur, ô *Français,*qu'on bafouait ainsi : car il appuya ma requête d'un *très-fort mémoire de sa main, au nom de la nation française !* Mais pourquoi m'en étonnerais-je, lorsqu'il était bien plus bafoué par le ministre de *Paris* que par le bureau de *la Haye ?*

En demandant pardon à cet ambassadeur maltraité, vexé, rappelé, quoiqu'il soit bien dans la diplomatie un des hommes les plus forts que j'aie jamais rencontrés, un travailleur infatigable, à qui je donnerais très-hautement ma voix pour en faire un *ministre des affaires étrangères,* si on les choisissait sur leur capacité : hélas ! j'en dis tout le bien que j'en sais, pour qu'il daigne me pardonner la contrariété que je me vois forcé de lui faire éprouver.

Pour revenir à mon affaire, je somme donc M. de Maulde de déclarer, sans nul détour, si tout ce que j'ai dit tenir de lui sur le *Constantini* est faux.

Je le somme de présenter la lettre qu'il a reçue à ce sujet de la veuve *Lombaert d'Anvers* sur la cession de mes fusils.

Et comme le *Constantini est vantard,* avec son parler un peu niais, je somme aussi M. de Maulde de déclarer à la nation si ce que cet homme a dit en d'autres lieux, savoir : *qu'il donne un intérêt de vingt-cinq pour cent sur tous ses achats de Hollande à certain protecteur de son privilége exclusif, et lui en a remis* sa soumission, il ne le lui aurait pas dit aussi dans ses vanteries accoutumées.

Je le somme encore de nous dire s'il ne lui a pas fait *quelque offre semblable, à lui-même,* pour fermer les yeux sur le tout, même y aider dans l'occasion.

Ce qui m'engage à peser sur ces faits, c'est le rappel si brusque et sans motif, de cet ambassadeur, au moment où c'était un crime d'enlever de *la Haye* un homme aussi instruit des intérêts du Nord, aussi aimé des Hollandais, très-estimé de leur gouvernement, quoiqu'on lui fît des avanies *par haine de notre nation ;* au moment, dis-je, où tous les cabinets venaient se mêler et se peindre *au cabinet stathoudérein* comme tout l'horizon se peint sur la rétine de notre œil, grande comme un œuf de serin !

Et si, contraire au *triumrapinat,* l'honneur de M. de Maulde l'a obligé de rejeter leur offre, je ne m'étonnerai plus de son brutal rappel, quoiqu'il fût l'homme le plus propre à nous bien servir en Hollande !

Des regards aussi vigilants auraient pu gêner bien des choses ! Eh ! qu'est le bien de la patrie près de M. Constantini ? Il a bien mieux valu y envoyer *Thainville,* qui, tout aussi *vantard* que l'autre, leur disait noblement au Havre, en racontant *qu'il allait relever de Maulde : Je m'en vais à la Haye balayer toute la boutique.*

Cette diplomatie peut sembler un peu bien étrange à ceux qui savent combien il faut de vrai talent, de grâces, de ruse et de souplesse pour faire supporter ces missions inquisitoriales !

Tels sont les gens qui mènent nos affaires, en faisant du gouvernement un réceptacle de vengeance, un cloaque d'intrigues, un tissu de sottises, une ferme de cupidité !

Après avoir fini avec *Osy de Rotterdam,* et sans aucun égard aux menées de *Lebrun,* mais attendant ce qu'il me ferait dire par son nouveau collègue *Pache,* j'écrivis à M. de Maulde une lettre officielle, le 21 novembre, ayant rapport à la réception de mes armes, qu'il était obligé de faire en qualité de *maréchal de camp.* J'y joins la lettre de ce ministre, en réponse à la mienne du 22.

Cette réponse de M. de Maulde, exacte et fort honnête, comme tout ce qu'il écrit, est remarquable par trois points :

1° Par la conviction où il est que tous ces *revendeurs protégés de marchandises hollandaises,* Constantini et compagnie, ne me pardonneront pas de les avoir privés d'agioter sur mes fusils. *Je crois,* dit-il, *que pour parer encore à quelque diablerie, car tous ces factieux d'agioteurs ne vous les écomiseront pas,* etc.

2° Elle est remarquable par sa très-franche volonté d'exécuter sur ces fusils les devoirs que lui imposait le traité du 18 juillet, d'après les ordres de *Lebrun,* qu'il ne croyait point illusoires.

3° Par la fatigue qu'il avait des vexations sans nombre que mon affaire n'avait cessé de lui faire éprouver depuis huit mois qu'il la traitait et la suivait auprès des états de Hollande. (Voyez sa lettre.)

Il y en avait donc réellement, *de longues et fatigantes vexations de la part des états de Hollande sur cette af-*

faire, que l'ambassadeur vigilant ne perdait pas de vue depuis huit mois, dont il avait lassé les ministres de France, et dont le *Lebrun*, qui se donne l'air aujourd'hui de s'instruire des faits par un nouvel agent, avait eu les oreilles battues et les deux yeux frappés cent fois comme premier commis, ensuite comme ministre, par vingt dépêches de M. *de Maulde*, et par mes vives réclamations !

M. *de Maulde* m'envoyait avec sa réponse une lettre réquisitoriale *au commandant français à Bruxelles*. La voici :

« La Haye, ce 22 novembre 1792, l'an 1ᵉʳ de la république française.

« Citoyen,

« La présence de M. *Tomson* de Bruxelles étant absolument nécessaire dans ce pays pour terminer un achat d'armes fait par le citoyen *Beaumarchais* pour le gouvernement de notre république, je vous prie, citoyen général, de faire obtenir à M. *Tomson* le passe-port nécessaire pour ce voyage. Servir la patrie, voilà notre devoir et notre plaisir. L'aimer uniquement, voilà le culte digne de nous, vrais Français républicains.

« *Signé* Emm. de Maulde de Hosdan. »

Le 24 novembre, je demandai à ce ministre plénipotentiaire de France, mais officiellement, copie des lettres que les différents ministres lui avaient écrites sur l'affaire des fusils. Il répondit qu'*il n'était pas d'usage qu'on donnât en diplomatie copie des lettres qui pouvaient parler d'autres choses, mais seulement de bons extraits*. Il voulut bien me les envoyer.

On peut remarquer cette phrase dans ma lettre : *Je ne vous parle plus de ce fatal cautionnement*, etc., *qui n'arrive jamais*, etc., *parce que la malveillance qui l'arrête ne vient nullement de votre part, et que vous en avez écrit plusieurs fois au ministre, comme je l'ai fait moi-même*, etc.

On peut remarquer *celle-ci* dans la réponse de M. de Maulde : *Il faut donc être en mesure de prêter ce cautionnement, ou nous ne tenons rien. Vous ne doutez pas* que je ne retrace souvent *cette observation* au ministre, *à qui je présume que le citoyen Beaumarchais écrit chaque courrier.*

Hélas ! oui, je lui écrivais ; M. *de Maulde* lui écrivait ; *Constantini* sans doute aussi lui écrivait. L'usage qu'il a fait des trois correspondances est *l'exécrable et dernier acte de ce drame ministériel* ; mais comme c'est la fin de tout, avant de vous le présenter je dois vous mettre sous les yeux ma lettre pressante du 30, et la réponse de M. *de Maulde*, sur la livraison de mes armes. Elles sont trop importantes pour ne les pas insérer dans le texte. Voici ma lettre :

« La Haye, ce 30 novembre 1792, l'an 1ᵉʳ de la république.

« Citoyen ministre plénipotentiaire de France,

« J'ai l'honneur de vous prévenir que l'armurier de *Bruxelles*, que mon vendeur hollandais et moi avons été d'accord de faire venir à *Tervère* pour y reconnaître en ma présence et en la vôtre la quantité des armes en caisses qui y sont détenues depuis plus de sept mois, et enfin arrivé *à la Haye* sur l'expédition du passe-port que le général français qui commande à *Bruxelles* lui a donné, d'après la demande que vous lui en avez faite vous-même.

« Je vous ai prévenu dans le temps, citoyen ministre et ministre citoyen, que si nous préférions cet armurier brabançon à tout autre, c'est parce que, depuis le commencement de l'affaire, cet homme a été chargé d'abord de faire passer les armes des citadelles de *Malines* et de *Namur* en Zélande ; ensuite de réparer la partie des fusils qui en avait le plus besoin ; qu'il a huilé et encaissé ces armes, et qu'il en a remis alors l'état certifié à mon vendeur, lequel me l'a remis depuis en le certifiant lui-même.

« *La malveillance ministérielle, qui jusqu'à ce jour a retenu en France le cautionnement exigible tant demandé et tant de fois promis*, ayant servi de prétexte à la malveillance hollandaise pour empêcher l'embarquement et l'extradition de ces armes, vous savez aussi bien que moi que le moment de résipiscence hollandaise que nous devons aux grands succès de *Dumouriez*, est à peu près déjà passé, par le décret de la convention nationale sur l'ouverture de la Meuse et de l'Escaut. J'ai donc l'honneur de vous requérir, et même de *vous sommer* (pardonnez la rigueur du terme à la rigueur des circonstances) ; j'ai l'honneur, dis-je, de vous *requérir et sommer de vous transporter avec moi à Tervère pour y recevoir, en votre qualité de maréchal de camp*, mon expropriation légale et la livraison réelle de ces armes, payées depuis si longtemps par moi, au même instant où elle me sera faite à moi-même, aux termes du traité passé le 18 juillet dernier entre les ministres de la guerre *Lojard* et des affaires étrangères *Chambonas*, d'après l'avis très-motivé des *trois comités, Diplomatique, Militaire, et des Douze, réunis* ; traité dont la teneur, expressément reconnue par le ministre *Lebrun* en date du 20 septembre, qui vous l'a envoyé par moi, vous y oblige, ainsi que l'ordre exprès que ce ministre vous a donné pour la partie qui vous concerne dans ce traité, par sa lettre du 20 septembre, que je vous ai remise à mon arrivée à *la Haye*.

« Pardonnez si je vous préviens, citoyen ministre plénipotentiaire, qu'à votre refus de le faire *à ma réquisition*, si une guerre, qui paraît malheureusement trop prochaine, entre la France et la Hollande aidée de l'Angleterre, privait la patrie de ces armes qui lui appartiennent, soit par quelque pillage ou l'usurpation que les Hollandais en feraient, *je me verrais forcé dès à présent d'en réserver* toute la responsabilité *sur vous, comme je l'ai déjà fait à Paris sur le ministère de France, pour le refus de fait, qui existe de sa part, d'envoyer en Hollande le cautionnement exigé par le traité du 18 juillet, et d'en exécuter les conditions* ; vous rendant garant envers la nation *de toute la perte qui résulterait pour elle de votre refus de partir.*

« J'ai écrit au ministre Lebrun, POUR ÊTRE MIS SOUS LES YEUX DU CONSEIL EXÉCUTIF PROVISOIRE, que je ne ferais pas une démarche en Hollande sans lui donner toute la rigueur des formes, *connaissant bien le motif des oppositions, et mon intention étant de dénoncer à la nation toutes les lâches intrigues* dont nos ministres sont malheureusement investis et enveloppés, pour empêcher ces armes d'entrer en France.

« Agréez, citoyen ministre plénipotentiaire de France, les salutations respectueuses du vieux citoyen

« BEAUMARCHAIS. »

J'étais malade; ma lettre lui fut envoyée par un de mes amis, auquel il répondit :

« La Haye, ce 30 novembre 1792.

« CITOYEN,

« Je ne puis que transmettre au citoyen *Caron Beaumarchais l'ordre impératif* du ministre de la guerre. Il ne m'appartient pas de le commenter. Notre ministère nous astreint aux notifications qui nous sont imposées. Je les fais officiellement ; c'est remplir mes obligations. *Je sais, comme particulier, ce que l'honneur et la justice me prescrivent*, et je n'aurai jamais besoin à cet égard de consulter personne. Mais *comme garçon-ministre*, subordonné dès lors, je ne puis qu'obéir. Vous sentez qu'il ne m'est plus possible de me rendre à *Tervère*. Il est vraisemblable que les causes d'un *ordre qui m'étonne* seront bientôt manisfestées : peut-être même en serez-vous plus tôt instruit que moi, *car les nouvelles m'arrivent bien lentement.*

« Votre concitoyen,

« *Le ministre plénipotentiaire de France,*

« EMM. DE MAULDE DE HOSDAN. »

Sa lettre contenait la copie officielle d'une autre lettre du ministre *Pache*, très-importante à lire pour juger du désordre et de la profonde ignorance où vivaient tous les malveillants qui ont fourni les matériaux de ma dénonciation; lettre que *Lebrun* envoyait *tout ouverte* au citoyen *Maulde;* avec un mot de lui (ce qui la rend plus digne de remarque) à *Maulde,* qu'il nommait encore *ministre plénipotentiaire à La Haye,* quoiqu'il y eût un mois que THAINVILLE, *qui le balayait*, était parti en poste, *avec son balai, de Paris.*

Ô désordre ! ô contradiction ! Je jure que tout marche ainsi dans ce fatal département.

Lettre du ministre Lebrun.

« Paris, le 20 novembre 1792, l'an 1er de la république.

« Le ministre des affaires étrangères envoie la lettre ci-jointe au citoyen *Maulde,* que vient de lui remettre le citoyen ministre de la guerre. »

Lettre du ministre Pache. (Artillerie.)

« Je vous prie, citoyen, de mettre le plus de célérité qu'il vous sera possible à m'informer si, en conséquence de l'invitation qui a pu vous en être faite à la fin d'avril ou au commencement de mai dernier, vous avez, conjointement avec le maréchal de camp *la Hogue,* fait vérifier et constater l'état et la quantité des fusils et autres armes à feu déposés au port de Tervère au compte de *Caron Beaumarchais* ; et si vous avez fait ficeler et cacheter les caisses qui les contiennent, afin qu'elles restassent dans leur intégrité.

« Si vous avez eu mission, citoyen, pour faire cette opération, et que vous l'ayez remplie, je vous prie de ne pas différer un instant à m'en faire part, et de surseoir, en attendant, à toute vérification ultérieure à cet égard.

« Si, au contraire, vous n'avez eu ni mission à ce sujet ni opération à faire, il convient que, sous quelque prétexte que ce soit, vous n'en commenciez aucune, jusqu'à ce que, d'après les renseignements que je vous prie de me donner à cet égard, je vous fasse connaître le parti à prendre ultérieurement.

« *Signé le ministre de la guerre,* PACHE. »

Au-dessous est écrit :

« Pour copie demandée par le citoyen Beaumarchais, le premier décembre au matin.

« *Signé* LEROI D'HERVAL, *secrétaire.* »

Réellement on ne sait par où prendre ce chef-d'œuvre ministériel, pour en faire le commentaire. Certes ce n'est point là l'ouvrage de M. *Pache.* Un ministre sensé n'écrit point de telles sottises sur une affaire qu'il ignore, et quand il se doute surtout qu'il pourra être relevé. Mais le hasard, joint à mes réflexions, m'a fait trouver encore le mot de cette absurde énigme.

La lettre est d'un commis, fabricateur des fausses instructions qui ont trompé le citoyen *Lecointre.*

Avant de parler de cet homme, commençons d'abord par commenter la lettre signée *Pache.*

(LA LETTRE)

Je vous prie (dit le ministre mal instruit à l'ambassadeur bien instruit) *de m'informer si, en conséquence de l'invitation qui a pu vous en être faite à la fin d'*AVRIL *ou au commencement de* MAI *dernier,* etc.

— Que parle M. *Pache,* des *mois d'avril et de mai ?* est-il possible qu'il ignore que les ordres donnés par le ministre *Lebrun* au citoyen *ministre Maulde* sont du 20 septembre dernier : lesquels ordres, portant de recevoir mon expropriation à *Tervère,* aux termes de l'article 8 du traité du 18 juillet, ne peuvent avoir aucun rapport à ce qui existait avant la *fin d'avril,* temps auquel cette livraison devait, par moi, se faire au *Havre,* et sur laquelle M. *de Maulde* n'avait eu ni invitation ni aucun ordre de personne, *car il n'était pas en Hollande?*

(LA LETTRE.)

Si en conséquence de l'invitation d'avril... vous avez, conjointement AVEC LE MARÉCHAL DE CAMP LA HOGUE...

— Grand merci, monsieur *Pache,* pour mon ami *la*

Hogue! le voilà, grâce à vos commis, *maréchal de camp en avril,* lui qui n'y a jamais songé ; et vous lui faites ce ridicule honneur sur ce que, le *18 juillet,* un traité fait par deux ministres, sur l'av*s des trois comités, enjoint au citoyen *de Maulde,* en qualité de *maréchal de camp, de recevoir la livraison des armes* de mon ami M. *de la Hogue,* nullement *maréchal de camp,* mais chargé de faire *pour moi* la livraison à cet ambassadeur, *en vertu du traité* passé le 18 juillet !

Si de pareilles lettres sortaient d'un des cabinets ennemis, que de rire nous en ferions ! comme nos gazetiers de *Liége* s'en extasieraient de plaisir ! Je vois ici le *commis-rédacteur* se pavanant de sa sagacité. Il me rappelle un chasseur gentilhomme qui, voulant se donner un air savant sur la mythologie, avait nommé son chien *Thisbé,* et sa chienne *Pyrame, et s'en pavanait devant nous.* Je vous dirai dans un moment quel est ce sage commis-là.

(LA LETTRE.)

Si vous avez, conjointement avec le maréchal de camp la Hogue, fait vérifier... et fait ficeler et cacheter les caisses (et *toujours en avril*). — Suivant l'ordre donné, comme je l'ai dit plus haut, le 20 septembre suivant, remis le 12 octobre au citoyen *Maulde,* par moi missionnaire de M. *Lebrun.*

(LA LETTRE.)

Et si vous l'avez faite, CETTE VÉRIFICATION, *je vous prie de surseoir à toute vérification ultérieure.* — Surseoir à la vérification d'une vérification faite, et consommée ! Tout cela est d'une justesse, et je dirais, d'un sens exquis.

(LA LETTRE.)

Si, au contraire, vous n'avez eu ni mission à ce sujet, ni opération à faire, il convient que vous n'en commenciez aucune.

A quel titre M. *de Maulde* en commencerait-il, s'il n'en a eu la mission de personne ? lui, ministre de France, qui ne fait rien sans ordre ; et de plus *maréchal de camp,* titre que je lui restitue : il y a trop longtemps que l'on en pare *mon ami,* qui n'y a jamais prétendu.

Restituons aussi l'honneur d'avoir fait cette lettre à qui il appartient, car M. *Pache* l'a seulement signée. M. *Lebrun,* qui sait le fond des choses, la lit, et nous l'envoie ouverte, sans se soucier le moins du monde qu'elle ait le sens commun ou non ; et nous disions en la lisant : La tête a-t-elle tourné à tous les chefs et à tous les commis ?

Je me mets à vos pieds, ô citoyens législateurs, pour obtenir votre indulgence sur le ridicule détail où je me vois forcé d'entrer ! mais il est si fort inhérent *à cette dénonciation* qui vous a fait lancer *un décret contre moi,* que je les crois de même main !

Et vous, *mon dénonciateur,* pardonnez-moi, ou plutôt sachez-moi bon gré de prouver *à la convention* que ces imposteurs matériaux ne sont nullement votre ouvrage ; que vous avez été trompé, vilainement trompé par ceux qui ne m'ont éloigné de France que pour m'assassiner avec impunité. Voici le fait :

J'avais chargé spécialement le chef de mes bureaux, mon fondé de pouvoir, de tourmenter M. *Lebrun* pour m'obtenir une réponse *à quatre lettres successives.* Il m'écrit qu'il n'a pu parvenir à rien tirer de ce ministre, ni sur ses réponses en retard, ni sur le cautionnement promis : qu'il lui a constamment trouvé tout l'embarras que je lui avais vu ! Ce fut au point que, pour se tirer de mon homme sans laisser échapper le noir projet qu'il méditait, il renvoya le pressant questionneur à un *sieur du Breton,* des bureaux de la guerre, lequel après l'avoir poliment renvoyé dans des bureaux trop peu instruits, finit par l'adresser à un *sieur H***.....* Mais laissons raconter à mon fondé de pouvoir, qui l'a subie, la ridicule scène qu'il eut avec cet *H***.* C'est la lettre que je copie.

« Ce M. *du Breton,* dit-il, a fini par m'adresser à M. *H***,* dans les premiers bureaux duquel j'ai trouvé une foule de gens qu'il a fallu laisser expédier avant que mon tour arrivât. Enfin j'ai pénétré jusqu'à son cabinet.

« Un peu surpris de l'air égaré de cet homme, pour m'assurer si c'était lui, j'ai débuté lui demandant si j'avais l'honneur de parler à M. *H***,* qui, l'œil hagard, le teint enflammé, le poing fermé, m'a dit d'une voix de tonnerre, et avec l'expression de la fureur : *Tu n'as point l'honneur..., je ne suis point monsieur.., je m'appelle H***.*

« Interdit d'une telle réception, j'étais prêt à m'enfuir ; mais considérant que le personnage n'était point imposant, et voulant remplir ma mission, je lui ai répondu avec sang-froid ; « Pardon, citoyen, si j'ai mal débuté avec toi : mais considère que les gens du commencement du siècle ne s'habituent pas en une seconde au grotesque langage de sa fin. Au surplus, c'est donc ta manie de te faire tutoyer? Pourrais-je te parler seul ? Je suis renvoyé à toi par un ministre qui se nomme *Lebrun,* pour savoir où en est l'affaire *du cautionnement tant promis à* M. *Beaumarchais,* sur lequel on lui a donné tant de paroles qui toutes ont été sans fruit ! Voilà ma question : tu peux répondre. — *A qui parlé-je ?* — A *Gudin*[1]*,* fondé de pouvoir de l'homme que j'ai nommé, et qui te demande une parole positive.

« *L'affaire dont tu me parles,* me répond *H***, est une affaire sur laquelle je suis occupé à jeter un coup d'œil sévère. Beaumarchais a trompé Lajard, qui comme un sot s'est mis à la place de Beaumarchais* PAR UN MARCHÉ QUE JE PRÉTENDS DÉTRUIRE[2] ; *je vais le faire imprimer avec le premier, pour que le public puisse juger lui-même et l'affaire et l'homme.* — Vous le pouvez, monsieur, lui dis-je, et je ne doute pas que, sur votre réponse que je vais lui faire passer, il ne prévienne vos intentions hostiles, et n'instruise ce public, que vous interpellez, *des torts des ministres à son égard, et de*

---

[1] Frère de l'homme de lettres.
[2] Ici le bout d'oreille du délateur se montre.

la manière utile dont il a cherché à servir la nation, à laquelle la publicité que vous voulez donner à cette affaire arrache cinquante-trois mille armes dont elle a le plus grand besoin. — Nous n'avons pas besoin d'armes, répond H*** en courroux; nous en avons plus qu'il ne nous en faut; *qu'il fasse des siennes ce que bon lui semblera!* — C'est là votre réponse? — *Je n'en ai point d'autre à te faire!*

« J'aurais bien reparti que vous n'aviez trompé *personne*, ni traité avec *Lajard* seul; que c'était *avec trois comités réunis de l'assemblée législative et deux ministres que vous aviez traité*; mais j'ai pensé que, s'il avait l'audace d'imprimer, il fallait lui laisser la gloire de la victorieuse réponse que vous avez à faire en produisant l'avis des comités, et les éloges *qu'ils ont donnés à votre civisme connu.*

« Tel est, monsieur, le résultat de mes démarches après de M. *Lebrun*. Il est visible que cette fin d'affaire est un piège affreux qu'on vous tend · il est prouvé qu'on voit avec plaisir que vous y avez compromis une partie importante de votre fortune. Il ne s'agit plus pour vous de solliciter ni faveur ni justice. Ce n'est plus cela qu'il faut obtenir, c'est vengeance! *c'est adressé à la convention*, et la punition des coupables.

« J'ai l'honneur de vous répéter que *l'on ne veut point de vos armes: ils veulent votre ruine entière; vous compromettre, si on le peut aux yeux de la nation, pour vous perdre avec plus d'audace!*

« Je viens d'écrire à H*** que je n'ai pas bien compris ce qu'il m'a dit ; que, pour ne pas hasarder près de vous une lettre insignifiante sur une affaire aussi importante, il convient qu'il me trace de sa main ce que j'ai mal entendu.

« Voici ma lettre à H***, absolument dans son beau style :

« Je t'avais demandé un entretien particulier, et ton cabinet se remplissait à mesure que je te parlais. Je ne t'ai pas bien entendu ; écris-moi ta réponse, parce que je dois la transmettre à mon commettant. Voici ma question : *Donnera-t-on le cautionnement tant de fois promis et non obtenu?* Tu vois que j'ai profité de ta leçon, que la politesse est bannie de notre société! *Sois vrai*, c'est tout ce que je te demande, Adieu; H*** : j'attends ta réponse. Avec un homme de ton caractère on ne doit point attendre.

« *Signé :* Gudin, républicain tout aussi fier que toi. »

Il nous revient une réponse de ce burlesque homme d'État, nommé, dit-on, *le Lièvre*, qui *allemagnisant* son nom pour qu'il fût moins commun, et presque aussi original que lui, s'est fait appeler *H****, comme qui dirait *aimant le lièvre*. Mais, avant de la présenter, rappelons-nous sa réponse verbale, si sage et si digne de lui : *Nous n'avons aucun besoin d'armes*, nous en avons plus qu'il ne nous en faut ; et *qu'il fasse des siennes tout ce que bon lui semblera!*

Quoi! monsieur, c'est sérieusement que vous nous dites ces folies? quand il s'en faut de plus de deux cent mille fusils que nous n'en possédions le nombre nécessaire? Votre ministre *Pache*, bien mieux instruit que vous, surtout plus véridique, répond en ce mois de janvier, *au conseil général de la commune de Paris*, d'un autre ton que son chef de bureau :

« J'ai reçu la lettre que vous m'avez écrite, par laquelle vous demandez le remplacement des armes que les citoyens de Paris ont données. Malgré l'envie que j'ai d'armer promptement les citoyens de Paris, il m'est impossible d'effectuer, quant a présent, le remplacement d'armes que vous demandez: la république se trouve dans une telle pénurie d'armes, que je puis à peine suffire à l'armement des bataillons de volontaires qui demandent à voler à l'ennemi.

« *Signé :* Pache. »

Certes il y a quelqu'un qui ment entre le maître et le commis. Ce n'est point le ministre, et j'en trouve la preuve dans la réponse du commis à *Gudin*, mon chef de bureau :

« Détruisons l'obscurité !

« La question que tu poses : *Donnera-t-on le cautionnement tant de fois promis et non obtenu?* n'est point du tout celle à laquelle je puisse et je doive répondre.

« Il faut, avant tout, que j'aie une réponse décisive à cette question : *A-t-on rempli les engagements du premier et du deuxième marché?* Rien ne le dit dans la correspondance et dans les pièces qui sont dans les bureaux. »

Mes lecteurs doivent être instruits que le sage H*** (garçon de fourneau d'un chimiste avant d'être premier commis), au lieu de souligner les phrases qui le sont dans cette copie, les a écrites en encre noire, le reste de l'épître étant à l'encre rouge. Les savants ont beau faire, ils ne sauraient se déguiser! *Gudin* lui réplique à l'instant :

« Tu réponds à ma question par une autre : cela n'est plus répondre. Et cependant tu dis : *Détruisons l'obscurité!* Ce que je demande est le mot de l'affaire. Sans cette satisfaction, elle est perdue. *Est-ce à ceux qui mettent les entraves à demander si les engagements sont remplis?* Si ce que tu as de la correspondance est insuffisant pour t'éclairer, *on ne t'a pas tout remis*.

« L'homme dont je stipule les intérêts *n'en a rien perdu ni égaré*. Elle lui a déjà servi à lui sauver la vie, à lui mériter les certificats du civisme le plus pur. J'aime à me persuader qu'elle lui servira encore dans cette occasion.

« Tout homme qui voudra l'examiner sans prévention n'y verra que gloire pour lui.

« Au surplus, si tu cherches la vérité, dis-moi sans nul détour *en quoi consistent les engagements du premier marché, ainsi que ceux du second, dont tu aurais à reprocher l'inexécution.*

Le Huron n'a plus répondu; mais il a fait la belle lettre signée *Pache*, à M. *de Maulde*, sur le *maréchal de camp la Hogue* et sur moi, où l'on voit le gâchis que j'ai analysé et que j'ai appelé *chef-d'œuvre d'ignorance*. J'en demande pardon à *Pache*. Qui l'obligeait à signer cette lettre d'un insensé? Et c'est ce M. *H**** qu'on charge des dépouillements d'une affaire aussi capitale, qui n'a pas la moitié des pièces, qui ne sait ce qu'il lit, pas plus que ce qu'il trace ; lequel, bien ignorant des faits, mais n'en voulant pas moins détruire (*ainsi qu'on le voit s'en vanter*) un traité dont il ne sait rien, pas même les clauses qu'il contient, a fait tout le *travail de mon accusation*, travail dont l'ineptie m'avait tant étonné, avant d'être averti qu'il était du *Lièvre* !

Ô Dieu ! que la défense est épineuse et longue sur l'attaque la plus absurde, quand on ne veut rien oublier! Hâtons-nous, finissons. Le défaut d'intérêt tue la curiosité.

Je reprends mon triste narré.

Le 1ᵉʳ décembre, on m'apporte la *Gazette de la Haye*, et j'y lis l'article qui suit :

« Paris, ce 25 novembre 1792.

« Hier, cent vingt mandats d'arrêt étaient déjà décrétés. Aussi était-on hier occupé à poser le scellé surtout dans la maison de *Beaumarchais*, qui *est membre et appartient* A LA CLIQUE DES CONSPIRATEURS, et a écrit diverses lettres à *Louis XVI*. »

Ensuite elle donnait un compte rendu sur l'affaire des fusils, fait de main de maître... Gonin. Cet extrait de gazette, traduit par un notaire juré de Londres, et légalisé par M. *Chauvelin*, ministre plénipotentiaire de France, nous sera remis.

En lisant je souriais, et je disais : C'est avec ces fausses nouvelles que les gazetiers étrangers désaltèrent la soif qu'on a partout des événements de *Paris*, lorsque divers avis d'amis très-bienveillants m'arrivent, et me préviennent que, *si je veux apprendre le comble des horreurs à mon sujet, je n'ai pas un instant à perdre pour les aller chercher à Londres, mes amis n'ayant pas osé me les envoyer à la Haye*, etc.

Je cours chez M. *de Maulde* le prévenir que je pars à l'instant, mais que je reviendrai sous peu. J'étais invité à souper, j'attends dans son salon. Sur la remise d'un paquet, il venait de passer chez le *grand pensionnaire*. Je partis, et le lendemain je lui écrivis ce qui suit :

« Du paquebot qui me passe à Londres, ce 2 décembre, 1792, l'an Iᵉʳ de la république française.

« CITOYEN MINISTRE PLÉNIPOTENTIAIRE,

« Une nouvelle fort étrange, que je trouvai hier dans la Gazette hollandaise à mon sujet, m'avait déterminé à partir pour *Amsterdam* ; mais la confirmation de cette nouvelle, qui m'a été apportée de deux endroits différents, avec avis d'une de ces deux parts que *si je voulais avoir les plus grands détails sur l'infamie qu'on veut me faire en France auprès de la* CONVENTION NATIONALE, *je les trouverais en Angleterre*, m'a sur-le-champ déterminé à partir pour *Londres*, au lieu d'aller à *Amsterdam*. Je voulais avoir l'honneur de vous faire part de cette résolution, mais on m'a dit que vous étiez chez M. le *grand pensionnaire*. On m'accuse d'avoir écrit plusieurs lettres à *Louis XVI*. C'est une scélératesse qu'on me fait, pour parvenir à une friponnerie. Je n'ai de ma vie eu l'occasion d'écrire à ce prince, sinon la première année de son règne, il y a plus de dix-huit ans. Sitôt que j'aurai vu *à Londres* de quoi il est question au fond, je pars à l'instant pour *Paris* ; car il est temps que la *convention nationale* soit instruite de tout ; ou je reviendrai *à la Haye* terminer avec vous l'interminable affaire des fusils de *Tervère*.

« Recevez, ministre-citoyen, les assurances les plus sincères de la gratitude du vieux citoyen persécuté.

« *Signé* : BEAUMARCHAIS. »

Arrivé par miracle *à Londres*, après avoir manqué périr comme le bâtiment qui nous suivit de près, et qui portait des émigrés français, la première phrase que j'y lus, en ouvrant mon paquet, fut celle-ci :

« *Si vous lisez ceci en Angleterre, rendez grâces à genoux ; car un Dieu vous a préservé !* » Suivaient les détails bien exacts des manœuvres de nos ministres : et ce sur quoi l'on m'invitait surtout à rendre grâces au ciel était que *si l'on m'eût arrêté en Hollande*, où l'on avait dépêché un courrier extraordinaire pour m'amener pieds et poings liés, *on comptait bien que je n'arriverais pas vivant à Paris* ; car ce qu'on y craignait le plus, c'était ma justification, *dont j'avais trop*, dit-on *menacé les ministres !*

J'écrivis sur-le-champ au citoyen *de Maulde* la lettre suivante ; je supplie qu'on la lise avec quelque attention à cause de la réponse qui me fut faite, non par lui, mais par un de mes amis de la Haye.

A monsieur de Maulde.

« Londres, ce 7 décembre 1792, l'an Iᵉʳ de la république française.

« CITOYEN MINISTRE PLÉNIPOTENTIAIRE,

« Les instructions que mes derniers avis me disaient de venir chercher promptement à *Londres*, parce qu'on n'avait pas cru bien sûr de me les renvoyer *à la Haye*, étaient très-importantes. Elles me détaillent fort au long le plan de mes ennemis contre moi. On m'assure même qu'aussitôt qu'ils auront obtenu le fruit de leur trame odieuse, ils doivent vous envoyer *l'ordre de me faire arrêter en Hollande*.

« Ce serait une chose piquante, *si ce ministre étrange des affaires étrangères* allait vous expédier un courrier pour cela ! *lui qui ne vous en a jamais envoyé un seul pendant tout le temps de votre ambassade ; lui qui a laissé relâcher, et n'a rien fait pour l'empêcher, les fabricateurs d'assignats* : si, pour servir de cupides intérêts, il allait se montrer, pour la première fois, vigilant au point de vous charger, *par un exprès*, de la plus ridicule commission auprès des États généraux, en me donnant la préférence d'une inquisition si atroce, quand la Hollande est pleine d'ennemis déclarés qu'on y laisse tranquilles, et à qui elle accorde une très-paisible retraite! Il serait tout aussi étrange que *cette puissance*, soumise aux fantaisies de toutes les autres, crût qu'elle doit obtempérer à la honteuse demande de Lebrun!

« Mais pardon de mon bavardage : mon voyage d'Angleterre vous dégagera de tout embarras à cet égard, si par hasard on vous le donne. Je n'ai besoin ni d'exempts, ni d'archers pour me rendre à cette capitale infortunée, où tous les genres de désordre *attendent que la Convention s'occupe enfin de nous donner des lois.* On l'en empêche autant qu'on peut : et moi je lui demande, *par une pétition* très-forte, de garantir *ma tête* du poignard de mes assassins; puis je pars sur-le-champ pour la soumettre au fer des lois, auquel seul je la dois si j'ai les torts qu'on me reproche.

« Recevez les salutations respectueuses du citoyen le plus persécuté.

« Signé : Caron Beaumarchais. »

Certain alors, à n'en pouvoir douter, de l'horrible farce jouée, je rendis grâce au ciel de m'avoir encore préservé.

Mais, ne sachant plus où écrire à ma famille errante et désolée, je mis dans les journaux anglais la *lettre à ma famille*, qu'on a tant critiquée, et qu'on peut relire à présent (*voyez les lettres*). Les Français, si prompts à juger, ne la regarderont plus comme une évasion de ma part. On cessera de trouver indécent que j'y aie versé le mépris sur *cette misérable affaire des fusils* (ainsi que je la nomme), et que je me sois cru seulement décrété *sur le dénoncé, aussi faux que terrible, d'une correspondance coupable*, dit-on, avec Louis XVI.

Sans cette explication, que je donnai moi-même à *l'empressement d'un courrier envoyé jour et nuit par* Lebrun *pour me garrotter en Hollande et m'amener en France* avec scandale de brigade en gendarmerie, jusqu'à la catastrophe horrible qui m'eût enterré je ne sais où, quel homme aurait pu croire à l'aveugle rage des ministres? Eh bien! c'était là leur projet ! *On me le mandait de Paris.*

Le ministre *Lebrun*, qui sait mieux que personne combien les gazetiers sont bavards, craignant avec raison qu'ils n'eussent divulgué le fait de mon arrestation, se hâta d'envoyer son courrier *à la Haye*, pour jouir de la volupté d'être le premier à me l'apprendre. Mais, heureusement pour les hommes, l'art de deviner les méchants fait autant de progrès que leur art de se déguiser.

Je veillais pendant qu'il veillait ; et mes amis veillaient autour de lui sans qu'il pût sans doute, malgré ses hauts talents pour nuire.

Voyant que j'avais la vie sauve, tout prétexte a semblé si bon pour m'écraser dans ma fortune, qu'au jour où ma *Lettre à ma femme* parut dans les journaux anglais, changeant et de thèse et de plan sur cela seul que je datais *de Londres*, on a crié partout : *Émigré! émigré!* Comme si un homme libre, ou auquel on le fait accroire, sorti de France avec un passe-port tel que celui qu'on peut lire en note [1]; sorti *chargé d'une mission du gouvernement de la France (car c'est là le style du mien)*, quoiqu'au fait il n'en ait aucune, devenait émigré parce qu'il passe, pour affaires, de *la Haye*, pays étranger, *à Londres*, pays étranger !

Vous venez, citoyen, de la voir dans tous ses détails cette superbe mission que le ministre *Lebrun*, usant de mes lumières, de mes talents, de mon expérience, m'avait donnée chez l'étranger. Vous savez maintenant que cette mission était celle d'y aller attendre qu'on *profitât de mon absence* pour élever un orage à Paris contre moi, dont la présence avait déjoué pendant six mois tous leurs projets, moi qu'ils nommaient dans leur fureur *un vrai volcan d'activité!*

Et le grand *balayeur Thainville*, nouvel envoyé à *la Haye*, où il fait d'excellent ouvrage ; qui avait balayé (pour me servir de sa noble expression) *toute la boutique de Maulde :* de cela seul que je ne m'étais pas aussi laissé *balayer* de son fait dans un passe-port qu'il donnait à mon pauvre valet malade, m'appelait, de sa grâce, *fugitif émigré!* Mais fugitif de quoi? fugitif de *Thainville?* Le beau motif pour sortir de *la Haye!* Émigré d'où ? De la Hollande? Mais ce pays, monsieur, n'appartenait pas à la France. *Émigrer* (dans notre acception), n'est-ce pas s'échapper *de l'intérieur à l'extérieur* en coupable ou en fugitif, et non passer très-librement *de l'extérieur à l'extérieur ?*

Et sur ce cri fatal, *Émigré! émigré!* voilà qu'on met chez moi scellé, double scellé, double gardien, triple gardien, et qu'avec un raffinement de cannibale, *un homme préposé au maintien du bon ordre* choisit exprès l'horrible nuit pour venir avec des soldats croiser des scellés déjà mis, et faire expirer de terreur la femme et la fille de celui qu'on n'a pu assassiner, et qu'il insultait lâchement, comme tous les hommes vils le font quand ils se croient les plus forts ! Qu'importe si j'ai tort ou non sur l'atroce affaire des fusils? N'est-il pas clair que je suis *émigré*, puisque sur des avis pressants je suis allé *de la Hollande à Londres* y recueillir des instructions

[1] *LIBERTÉ-ÉGALITÉ*

AU NOM DE LA NATION

A tous officiers civils et militaires chargés de maintenir l'ordre public dans les quatre-vingt-trois départements et de faire respecter le nom français chez l'étranger : laissez passer librement *Pierre-Augustin Caron-Beaumarchais*, âgé de soixante ans, figure pleine, yeux et sourcils bruns, nez bien fait, cheveux châtains rares, bouche grande, menton ordinaire, double, taille de cinq pieds cinq pouces, *allant à la Haye en Hollande,* avec son domestique, *chargé d'une mission du gouvernement.*

A Paris, le 18 septembre 1792, l'an IV de la liberté, Ier de l'égalité.

Le conseil exécutif provisoire,

Signé : Lebrun, Danton, J. Servan, Clavière.

Par le conseil exécutif provisoire,

Signé : Grouvelle, secrétaire.

Vu à la municipalité du Havre, le 26 septembre 1792, l'an Ier de la république française.

Signé : Rialle, maire.

sur la seule, l'unique affaire qui m'eût fait quitter notre France avec un passe-port et une prétendue mission signés du ministre *Lebrun* et *griffés* par tous ses collègues ?

Voilà, dans tout pays, comment agit l'aveugle haine, et surtout comme elle raisonne ! Mais je distingue ma patrie de tous ces artisans de meurtres. J'étais si sûr de leurs motifs, que j'écrivis à ce sujet au ministre de la justice, le 28 décembre, ce qui suit :

« De la prison du Banc-du-Roi à Londres, le 28 décembre 1792, l'an 1ᵉʳ de la république. »

« Partie le 28, à onze heures du soir.

« CITOYEN MINISTRE DE LA JUSTICE DE FRANCE,

« J'apprends dans cette solitude, par des nouvelles de *Paris* du 20 décembre, que, mettant en oubli toute autre attaque contre moi que ma lettre imprimée dans les journaux étrangers du 9 décembre, on en conclut en France que je suis émigré; qu'en conséquence, et sans s'occuper davantage de la très-ridicule affaire des fusils de Hollande, où j'ai cent fois raison, on va, dit-on, vendre mes biens comme ceux d'un pauvre émigré, soit que j'aie tort ou raison sur l'exécrable calomnie qui a fondé mon *décret d'accusation*.

« Je vous déclare donc, ministre-citoyen, comme au chef de notre justice, que, loin d'être émigré ni de vouloir le devenir, je suis bien plus pressé de me justifier hautement *devant la Convention nationale* qu'aucun de mes ennemis n'est curieux de m'y voir ; et que, sans l'affreuse traversée que j'ai faite en ce temps déplorable où j'ai manqué périr, et qui m'a enlevé mes forces et ma santé, surtout, que sans un accident, suite de toutes les injustices que j'éprouve dans mon pays, je me rendrais à l'instant à sa barre.

« Mais un de mes correspondants de Londres, qui dans cette affaire des fusils, après tout déni de justice de votre pouvoir exécutif, lequel m'a mis au dépourvu, m'avait aidé de dix mille louis d'or, apprenant aujourd'hui que mes biens sont saisis en France, sous prétexte d'émigration, et que j'y voulais retourner pour prouver le contraire, m'a demandé caution pour cette somme; et, sur l'impossibilité de la lui donner sur-le-champ, m'a fait mettre en arrestation dans la prison du Banc-du-Roi, où je languis du besoin de partir, en attendant que des amis à qui j'écris, me rendent le service de me cautionner pour les dix mille louis que je dois : ce que j'espère obtenir pour réponse.

« Je vous préviens, ministre de justice, que pendant que mon corps est privé de toutes ses forces, mon esprit, soutenu par une juste indignation, en a conservé assez pour dresser *une pétition à la Convention nationale*, dans laquelle je la prie, pour unique faveur, de me garantir du coup de poignard qu'on me destine (et j'ai trop de fois raison pour qu'on ne me le destine point) ; de m'en garantir, dis-je, par une sauvegarde qui me permette d'aller me justifier hautement devant elle. Je m'engage dans cette pétition de consommer ma ruine en donnant à la France mon immense cargaison d'armes, sans aucun payement de sa part, si je ne prouve pas, au gré de ma patrie, de tous les honnêtes gens, qu'il n'y a pas un seul mot dans toutes ces dénonciations qui ne soit une absurde fausseté, une fausseté absurdissime ! J'y engage non-seulement mes armes, mais toute ma fortune et ma vie ; *et la Convention nationale* aurait *ma pétition* depuis plus de huit jours, si les ouvrages français s'imprimaient aussi vite à *Londres* qu'à *Paris*.

« Ne pouvant me traîner, je me serais fait porter à sa suite, eussé-je dû mourir arrivant à *Paris*; mais je suis en prison jusqu'aux réponses d'outre-mer : d'ailleurs j'avais pensé que, dans l'horrible fermentation qu'ils ont excitée contre moi pendant mon absence de France, uniquement pour que je n'y pusse arriver, je devais me faire précéder au moins par un commencement de justification ; car j'ai la conviction en main qu'on a voulu me faire assassiner, pour m'empêcher de faire avec éclat une justification pleine et satisfaisante. Les écailles tomberont des yeux sitôt qu'on m'aura entendu, et je courrai me faire entendre sitôt que mes amis m'auront envoyé une caution.

« Cette affaire des fusils est si atrocement absurde, que je n'eusse jamais cru à un *décret d'accusation* sur elle, si la gazette de la cour de *la Haye*, du 1ᵉʳ décembre, n'eût articulé très-positivement ces mots, après la dénonciation des fusils :

« *On a été occupé hier, 22 novembre, à mettre les scellés partout dans la maison de Beaumarchais qui figure aussi parmi les grands conjurés, et a écrit plusieurs lettres à Louis XVI.*

« Je ne mets que la traduction, mais j'écris à *la Haye* pour qu'on m'envoie une demi-douzaine d'exemplaires de cette gazette du 1ᵉʳ décembre à *Paris*; c'est la seule accusation qui m'ait uniquement occupé. L'autre est aussi trop maladroite, et je ne tarderai pas à le prouver d'une façon qui ne laissera rien à désirer.

« A l'instant où je fais partir cette lettre, ministre-citoyen, j'envoie chercher mon médecin pour savoir dans quel temps il croit que je puisse soutenir la voiture de terre et de mer. Ma caution arrivée, je pars sur-le-champ pour *Paris*; car ce n'est pas la frayeur de la mort qui peut m'empêcher de partir : c'est la crainte au contraire de mourir sans être justifié, et par conséquent sans vengeance d'une aussi longue série d'atrocités, qui me fera braver tous les dangers.

« Je déposerai au greffe de Londres la copie certifiée de cette lettre, si je suis assez heureux pour qu'on me permette d'en partir, afin qu'il soit au moins prouvé que je n'étais ni émigré ni peureux, que j'ai prévu tout ce qui m'attendait ; et que si un poignard m'atteint avant que le jugement de la *Convention nationale* soit porté, d'après mes défenses imprimées il puisse être certain que mes ennemis n'ont pu souffrir que je me justifiasse de mon vivant, à la honte absolue de mes accusateurs. *Mais je voue à l'indignation publique mes suivants et mes héritiers, si, ayant mes papiers en main, ils ne le font pas après moi.*

« Ministre de la justice, je vous déclare aussi qu'il importe beaucoup à la nation que je me justifie ; car mon voyage de Hollande est très-intéressant pour elle ; et si, en m'attendant, l'on vend mes biens sous prétexte d'émigration avant que je me justifie, je préviens l'assemblée qu'elle aura la triste justice de les faire racheter sitôt qu'elle m'aura entendu, comme ceux d'un très-bon citoyen vendus sur des mensonges horribles.

« Je suis avec respect,

« Citoyen ministre de la justice de France,

« Le plus confiant des citoyens en votre équité.

« *Signé* : Beaumarchais. »

La seule lettre raisonnable que j'aie reçue des hommes en place de mon pays, dans cette abominable affaire, est la réponse de ce ministre. Elle m'a donné le courage d'écrire promptement mes défenses, et de les envoyer. Puis, après avoir fait les plus grands sacrifices pour m'acquitter en Angleterre, j'accourais me mettre en prison, aux risques que l'on court dans les prisons de France, lorsque la *Convention* a daigné lever mon décret, en suspendre l'effet pendant soixante jours, pour me donner le temps de venir me défendre. Mais je n'en abuserai point ; il ne me faut pas soixante heures. Actions de grâces soient rendues au ministre de la justice ! actions de grâces soient rendues *à la Convention nationale*, qui a senti qu'un citoyen ne doit jamais être jugé sans avoir été entendu !

Voici la lettre du citoyen *Garat*, bon ministre de la justice ; et je l'imprime exprès pour consoler les gens que l'injustice opprime, et fermer par un acte pur le cercle odieux des vexations que j'éprouve depuis dix mois, pour avoir servi mon pays contre le vœu de tous ceux qui le pillent.

« Paris, ce 3 janvier 1793, l'an II de la république.

« J'ai reçu, citoyen, votre lettre du 28 décembre 1792, datée de la prison du Banc-du-Roi *à Londres*. Je ne puis qu'applaudir à l'empressement que vous me témoignez de venir vous justifier *devant la Convention nationale* ; et je pense qu'aussitôt que vous serez libre, et que votre santé vous le permettra, rien ne doit retarder une démarche si naturelle à un accusé sûr de son innocence. L'exécution de ce projet, si digne d'une âme forte et qui n'a rien à se reprocher, ne doit pas même être retardée par des craintes que des ennemis de votre tranquillité, ou des esprits trop prompts à s'alarmer, peuvent vous avoir suggérées. Non, citoyen, quoi qu'en disent les détracteurs de la révolution du 10 août, les événements désastreux qui l'ont suivie, et que pleurent tous les vrais amis de la liberté, ne se renouvelleront pas.

« Vous demandez une sauvegarde à la *Convention nationale*, pour pouvoir avec sûreté lui présenter votre justification : j'ignore quelle sera sa réponse, et je ne dois pas la prévenir : mais lorsque l'accusation même portée contre vous vous remet entre les mains de la justice, elle vous place spécialement sous la sauvegarde des lois. Le décret qui me charge de leur exécution m'offre les moyens de vous rassurer contre toutes les terreurs qu'on s'est plu à vous inspirer. Marquez-moi dans quel port vous comptez vous rendre, et à peu près l'époque de votre débarquement. Aussitôt je donnerai des ordres pour que la gendarmerie nationale vous fournisse une escorte suffisante pour calmer vos inquiétudes et assurer votre translation à Paris. Et même, sans avoir besoin de ces ordres, vous pouvez vous-même réclamer cette escorte de l'officier qui commande la gendarmerie dans le port où vous descendrez.

« Votre arrivée ici suffira pour empêcher que l'on ne puisse vous confondre avec les émigrés ; et les citoyens qui ont cru devoir vous mettre *en état d'accusation* entendront eux-mêmes avec plaisir votre justification, et seront flattés de voir qu'un homme employé par la république n'a pas mérité un instant de perdre sa confiance[1].

« *Le ministre de la justice, signé* : Garat. »

Il me reste à fixer l'attention des bons citoyens, dont l'exaltation de parti n'a pas égaré les lumières, *sur le décret d'accusation que l'on a lancé contre moi* : je vais l'examiner avec la même sévérité que j'ai mise à scruter mes œuvres et celles de mes accusateurs, puis résumer ce long mémoire, me reposer sur mes travaux ; enfin, attendre avec confiance le prononcé de la Convention.

DÉCRET D'ACCUSATION

Extrait *du procès-verbal de la* Convention nationale *du 28 novembre 1792, l'an 1er de la république française.*

La *Convention nationale*, après avoir entendu son comité de la guerre, considérant que le traité du 18 juillet dernier est le *fruit de la collusion et de la fraude*; que ce traité, en anéantissant celui du 3 avril précédent, a enlevé au gouvernement français toutes les sûretés qui pourraient répondre de l'achat et de l'arrivée des armes ; qu'il se manifeste bien clairement par ce traité l'intention de ne point procurer d'armes, mais seulement de se servir de ce prétexte pour faire des bénéfices *considérables et illicites*, avec la certitude que ces armes ne parviendront pas ; que les stipulations ruineuses qui constituent la totalité de l'acte du 18 juillet dernier, doivent être réprimées avec sévérité :

Art. 1er. Le marché passé le 3 avril dernier à *Beaumarchais* par *Pierre Graves*, ex-ministre de la guerre, et la transaction faite le 18 juillet suivant entre *Beaumarchais, Lajard, Chambonas*, sont annulés ; en conséquence, les sommes avancées par le gouvernement à *Beaumarchais*, en exécution desdits traités, seront par lui restituées.

2. Attendu *la fraude et la connivence criminelle* qui règnent, tant dans le marché du 3 avril que dans la transaction du 18 juillet dernier, entre *Beaumarchais, La-*

[1] Ce qui suit a été composé depuis mon retour à Paris.

jard et *Chambonas, Pierre-Augustin Caron*, dit *Beaumarchais*, sera mis en état d'accusation.

5. *Pierre-Auguste Lajard*, ex-ministre de la guerre, et *Scipion Chambonas*, ex-ministre des affaires étrangères, sont et demeurent, avec *Beaumarchais*, solidairement responsables, ET PAR CORPS, *des dilapidations résultantes desdits traités* ; et ils seront tenus de répondre sur ces articles, ainsi que sur ceux pour lesquels ils ont été décrétés d'accusation : en conséquence, le pouvoir exécutif est et demeure chargé d'en faire le renvoi devant les tribunaux.

Certifié conforme à l'original.

OBSERVATIONS DE L'ACCUSÉ.

Certes la *Convention*, partant d'un rapport travaillé sur des notions si frauduleuses, et les prenant toutes pour vraies, ne pouvait juger autrement, sinon qu'elle aurait pu me mander à sa barre, et m'entendre dans mes défenses ; surtout ne pouvant ignorer que les comités *militaire* et *des armes*, après m'avoir sévèrement écouté sur la même affaire en septembre, *par ordre exprès de l'assemblée*, m'avaient donné TOUT D'UNE VOIX une attestation de civisme la plus honorable possible, finissant par ces mots : *que j'avais mérité la* RECONNAISSANCE DE LA NATION.

Et si la *Convention* eût daigné me mander, j'aurais pressé l'accusateur ; le débat eût tout éclairci ; l'on eût jugé l'homme et la chose ; tous nos fusils seraient en France ; nos ennemis ne riraient pas de nous, des tromperies que l'on vous fait, de la façon dont on vous mène ; on n'eût point ruiné le crédit d'une bonne maison de commerce, et mis au désespoir une famille entière, dont nulle justice aujourd'hui ne peut réparer le malheur ! Voilà ce qui fût arrivé.

Discutons le décret dicté au citoyen *Lecointre :* c'est ainsi qu'on éclaire la religion de ses juges.

LE DÉCRET (préambule).

La Convention, considérant que le traité du 18 juillet est le fruit de la collusion et de la fraude...

L'ACCUSÉ.

La collusion, *de quoi?* et la fraude, *de qui?* des trois comités réunis, *diplomatique, militaire* et *des douze,* dont j'ai cité L'AVIS ENTIER dans *la troisième époque de ce compte rendu ; lequel avis seul a guidé deux timides ministres*, qui n'osaient rien prendre sur eux ; traité dont pas une clause ne s'écarte de *cet avis*, sinon à mon désavantage, puisque les comités prescrivent *qu'on me donne toutes sûretés pour la rentrée de mes deniers,* et même exigent *que les armes me soient payées sans nul délai,* SI LES ENNEMIS LES ENLÈVENT *dans une guerre contre notre commerce !* Or, ces sûretés convenues étaient bien *le dépôt de la somme chez mon notaire.* Le traité fait, ma sûreté a été retranchée de l'acte *par une collusion bien prouvée contre moi* (c'est ici que ce mot s'applique), *sous prétexte de pénurie au département de la guerre.* (Lisez la fin de ma troisième époque.)

LE DÉCRET (préambule).

Que ce traité, en anéantissant celui du 5 avril précédent, a enlevé au gouvernement français toutes les sûretés qui pourraient répondre de l'achat et de l'arrivée des armes...

L'ACCUSÉ.

Il y a ici une profonde ignorance des faits : ce fut le contraire qui arriva ; car le premier traité ne m'imposait qu'un dédit de cinquante mille francs, *si, par obstacles* DE MON FAIT, partie des armes n'arrivait pas au temps prescrit par le traité. Et toute ma seconde époque est employée à bien prouver (*par pièces que les ministres ont dû remettre au dénonciateur*) que le ministère d'alors, et *Clavière* et *Servan*, excepté *Dumouriez,* ont toujours refusé le plus léger concours pour faire lever l'embargo mis par les États de Hollande sur l'extradition des fusils, me laissant dédaigneusement maître absolu de disposer des armes. Et ma troisième époque entière prouve, *jusqu'à satiété, que*, loin que le second traité ait enlevé à la nation les sûretés qui pouvaient répondre *que les armes seraient achetées et arriveraient dans ses ports,*

Il fut, au contraire, prouvé aux trois comités réunis qu'elles étaient, depuis plus de trois mois, achetées et payées par moi pour la France exclusivement.

Il fut prouvé aux comités que j'aurais eu, comme négociant, un avantage à rompre le traité d'avril, pour vendre ces armes ailleurs ; que, loin de le vouloir, en bon citoyen que je suis, je donnai au contraire tous les moyens de le consolider, sans augmenter le prix des armes, en accroissant les sûretés.

Il fut prouvé aux comités qu'au lieu d'un seul dédit de cinquante mille francs, que contenait l'acte du 5 avril, lequel dédit n'était plus d'aucun poids dans des marchés d'une telle importance, quand même on n'eût eu nul égard aux preuves accumulées *que les obstacles* N'ÉTAIENT POINT DE MON FAIT, les avantages immenses que je refusais en Hollande, et mes offres finales de consolider ces refus en m'expropriant sur-le-champ (*ce sur quoi je fus pris au mot*), donnaient à notre gouvernement toutes les sûretés raisonnables que l'honneur, le patriotisme et un grand désintéressement pouvaient offrir à la nation.

Cependant, aujourd'hui, je suis *dénoncé, outragé, décrété, discrédité, ruiné*, POSITIVEMENT POUR LE FAIT qui me valut alors les plus honorables éloges de la part des trois comités ! Non, vous n'avez pas composé ce rapport, citoyen *Lecointre*, car vous êtes un honnête homme.

LE DÉCRET (préambule).

Qu'il se manifeste bien clairement par ce traité l'intention de ne point procurer d'armes, mais seulement de se servir de ce prétexte pour faire des bénéfices considérables et illicites, avec la certitude que ces armes ne parviendront pas, etc.

L'ACCUSÉ.

Certes je l'aurais eue, *la certitude entière que les fusils* ne vous parviendraient pas, si j'avais pu prévoir alors que les ministres d'aujourd'hui, funestes à la chose publique, rentreraient dans leurs places avant le traité consommé! Mais, dans ce cas, *pour un million de plus*, je n'aurais pas signé le fatal traité de juillet.

Non, ils ne l'ont pas lu, ce traité qu'ils font accuser! Comment feraient-ils dire *que le traité nous manifeste l'intention de ne point procurer d'armes*, lorsqu'il est clair que je m'y exproprie, offrant de livrer à l'instant les fusils achetés et payés; lorsque je n'y demande, *pour son net accomplissement, que le cautionnement*, déjà donné par *Dumouriez*, refusé d'acquitter *pour la nation française* par Hoguer, Grand, nos banquiers d'Amsterdam (tous les genres d'insultes, nous les avons reçus dans ce pays): *lequel fatal cautionnement, constamment retenu depuis par tous nos ministres actuels, a été le fourbe moyen dont ils se sont servis pour essayer de me ravir ces armes*, par leur Constantini, par mon emprisonnement, par mon inutile voyage, afin de vous les vendre au prix qu'ils voudraient.....? *Si je n'ai pas prouvé cela, rien n'est prouvé dans mon mémoire.*

Et quant aux *bénéfices* que Lecointre appelle *illicites*, et qu'il m'accuse d'avoir *faits*, ma troisième époque n'a que trop bien prouvé: 1° *que je n'en voulus point*, étant trop méprisables auprès de ceux que je vous sacrifiais; je ne vendais point mon civisme! 2° que rien n'empêchait d'annuler même l'intérêt commercial, en me payant comptant, quand je m'expropriais, quand je ne cessais de le dire et de le demander; au lieu de me remettre *à la fin de la guerre*, qui aurait pu durer dix ans et ruiner toutes mes affaires; et quand, *pour comble d'ineptie*, les rédacteurs du citoyen Lecointre m'attribuent tous ces bénéfices *dont je n'ai pas touché un sou*, que je méprise presque autant que leur inepte méchanceté.

LE DÉCRET (art. 1er).

Le marché passé le 3 avril dernier à Beaumarchais par Pierre Graves... et la transaction faite le 18 juillet suivant entre Beaumarchais, Lajard et Chambonas, sont annulés, etc.

L'ACCUSÉ.

Quoi! *tous les deux*? Il résulte pourtant du préambule et de l'article 1er cette *contradiction manifeste*, que vous annulez le traité du 18 juillet parce qu'il ôte, dites-vous, *toutes les sûretés*, contenues dans le premier acte, *que les armes seraient achetées et livrées!* sûreté apparemment dont vous faisiez grand cas! Mais le traité du 3 avril, qui vous donnait ces sûretés, *pourquoi donc le détruisez-vous?* pourquoi vous le fait-on détruire? Vous n'en savez rien, citoyen! Je m'en vais vous apprendre, moi, le secret qu'ils vous ont caché. C'est qu'il leur reste un fol espoir de m'amener encore, à force d'embarras, à leur *céder ces armes à vil prix*; car, maintenant que je suis décrété (bien pis si je suis égorgé), ils ne donneront plus *sept florins huit sous* de mes armes. Mais, fussé-je réduit à les jeter dans l'Océan, ils n'en auront pas une seule! Sans doute on va tâcher de vous faire nettoyer *cette battologie* dans votre second article, car on ne comprend rien à celui-ci.

LE DÉCRET (art. 2).

Attendu la fraude et connivence criminelle qui règnent, tant dans le marché du 3 avril que dans la transaction du 18 juillet dernier... P.-A. C., dit Beaumarchais, *sera mis en état d'accusation.*

L'ACCUSÉ.

Donc, s'il n'y a ni fraude ni connivence, *il faut rapporter le décret!* Ici je n'ai qu'un mot à dire. Dans cette *connivence* entre trois ministres et moi (triste fait qu'ils ont inventé, ou que l'on vous a fait méchamment présumer; dont vous n'avez aucune preuve et ne savez pas un seul mot), pourquoi donc oubliez-vous les trois comités réunis, diplomatique, militaire et des douze? Ne vous ai-je pas déclaré, ne vous ai-je pas bien prouvé, par ma *troisième époque*, qu'ils furent *nos complices* dans l'acte du 18 juillet; et non-seulement nos complices, *mais nos maîtres*, et plus criminels que nous tous, si quelqu'un de nous l'a été? Pourquoi donc les oubliez-vous? Avez-vous deux poids, deux mesures?

Pourquoi oubliez-vous, dans votre proscription sur le traité du 3 avril, *le comité militaire d'alors?* Vous avez eu la preuve qu'il fut complice de *Pierre Graves* (si même vous n'en étiez pas); et cette preuve, la voici: Lorsque *Chabot* me dénonça, avec autant de justice que de justesse, *comme ayant*, disait-il, *cinquante mille fusils dans mes caves*, vous vous rappelez bien que *Lacroix* répondit: *Nous savons ce que sont ces armes; on nous en a communiqué le traité dans le temps; il y a trois mois qu'elles sont livrées au gouvernement*. Et ce fut ce qui me sauva du pillage et du massacre!

Tout fut donc déféré alors à ce comité militaire! Ce comité fut donc aussi complice et de la connivence du ministre Graves et de moi. Et cependant *vous l'oubliez en dictant mon accusation!* cela n'est conséquent, ni exact, ni juste: donc un autre a fait le décret! Vous êtes plus fort que cela dans tout ce que j'ai vu de vous, ou vous avez, Lecointre, deux poids, deux mesures.

LE DÉCRET (art. 3).

Pierre-Auguste Lajard et Scipion Chambonas *sont et demeurent*, avec Beaumarchais, SOLIDAIREMENT *responsables*, ET PAR CORPS, *des* DILAPIDATIONS RÉSULTANTES *desdits traités, et ils seront tenus de répondre sur ces articles*, etc.

L'ACCUSÉ.

J'ai déjà répondu pour eux, moi qu'on nomme partout l'avocat des absents! et je souhaite que vos ministres se tirent de la connivence, de la fraude *Constantinienne*, aussi bien que MM. *de Graves, Lajard et Chambonas* se sont disculpés de la mienne: je l'apprendrai avec plaisir.

Or, sur ce point de *dilapidations commises* que vous établissez, Lecointre, avec tant de sévérité, et sur lequel vous nous rendez *solidairement responsables*, ET PAR CORPS, les deux ministres et moi ne demandons point de quartier; mais vous daignerez nous apprendre quelles sont *ces dilapidations*. Car, puisque vous les attestez *à la Convention nationale*, vous devez au moins les connaître, et vous y êtes condamné.

1° Mais je vous ai prouvé que je n'ai jamais rien touché du département de la guerre, que *cinq cent mille francs d'assignats, en avril*, qui perdaient quarante-deux pour cent, réduits en florins de Hollande, seule monnaie dont je pusse me servir, et qui ne rendirent pas deux cent quatre-vingt-dix mille livres; pour la valeur desquels j'ai déposé, *même me suis exproprié de sept cent quarante-cinq mille livres* de contrats du gouvernement, *et garantis, par vous, de la nation à la nation, dont vous avez encore à moi* LES DEUX CENT QUARANTE-CINQ MILLE LIVRES EXCÉDANT *les cinq mille livres reçues*. Jusqu'à présent je ne vois pas que vous soyez *dilapidé*, ayant plus de dix mille louis à moi, sur lesquels je n'ai rien à vous. Ce n'est donc point sur ce fait-là que vous m'avez fait décréter comme un *vil dilapidateur?*

2° Je vous ai bien prouvé, par mes trois dernières *époques*, que de toutes les clauses qui liaient envers moi le département de la guerre dans l'acte du 18 juillet..., AUCUNE N'A ÉTÉ EXÉCUTÉE. Quelle *dilapidation* pourrait s'en être suivie de la part de qui n'a rien reçu? Ce n'est donc point encore, mon dénonciateur, sur ce fait que vous m'accusez?

3° Dans ce traité, pour m'engager à souffrir qu'on ne me payât *qu'à la fin de la guerre* (vraie proposition léonine) des fusils que j'avais bien payés comptant, que j'allais livrer à l'instant à M. *de Maulde*, qu'on avait choisi pour en faire la réception, l'on s'engage de me payer *cent mille florins* à compte de la dette. On me tourmente, je résiste. *Vauchelle* insiste, les ministres me pressent, je me rends; on m'accable de compliments!... ON N'A PAS PAYÉ UN FLORIN! Qui de vous ou de moi, je vous prie, est *dilapidé* dans ce traitement de corsaire? Ce n'est donc pas non plus ce fait-là qui me rend coupable? Peut-être enfin le trouverons-nous !

4° Pour obtenir de moi que je renonce *au dépôt*, arrêté *par les comités* MES COMPLICES, de la somme entière des armes, *qui devrait être fait sur leur avis chez mon notaire*, on m'offre dans ce même traité *deux cent mille florins comptants, au lieu de cent*. On me presse, on me trouble, on me prend sur le temps; on l'exécute malgré moi, *en faisant recommencer l'acte!*... ON NE M'A RIEN PAYÉ DES DEUX CENT MILLE FLORINS. La *dilapidation* tombe-t-elle sur vous ou sur moi, qui perdis mes sûretés sans aucun dédommagement? Qu'en dites-vous, ô citoyen Lecointre? Ce n'est donc pas encore de ce fait-là que vous parlez dans votre attaque? Cependant je suis décrété! Avançons dans la caverne où je porte le flambeau.

5° Cet acte assure que l'on va me compter quatre mois échus d'un intérêt commercial que l'on substitue, *malgré moi, à mon payement que je demande!* On me fait un fort grand mérite de vaincre ici mes répugnances. Je me laisse aller, je consens... JAMAIS ON N'EN A RIEN PAYÉ, quoique vous ayez attesté dans votre dénonciation que j'ai reçu soixante-cinq mille livres pour l'objet de ces intérêts! Je cherche en vain la DILAPIDATION dont vous nous rendez responsables PAR CORPS, et pour laquelle, dites-vous, je dois être *à l'instant mis en état d'accusation. Je vois au contraire que c'est moi qui suis trompé, berné, dilapidé*, n'ayant rien reçu de personne. Peut-être entendez-vous parler d'un autre fait dans le *décret*? Nous allons les parcourir tous.

6° Cet acte me promet le remboursement de mes frais depuis l'instant où la nation se reconnaît propriétaire..., JAMAIS JE N'EN AI EU UN SOU! Sur cet objet, comme sur tous les autres, *la dilapidation est mince, et pourtant je suis décrété pour avoir dilapidé!* Mais sans doute à la fin quelqu'un nous apprendra *sur quelle dilapidation* on a fait porter le *décret* dont je demande le rapport!

7° Cet acte oblige expressément, *sur le vœu positif des trois comités réunis*, le département des affaires étrangères à me remettre sur-le-champ *un cautionnement nécessaire de cinquante mille florins d'Empire*, et sans lequel je déclarais que le reste était inutile. On en convient, on s'y engage..... JAMAIS ON NE L'A EFFECTUÉ, pour vous mieux ravir ces fusils! Quand on aurait des yeux de lynx, je défie que l'on voie ici d'autre DILAPIDATION *qu'une insultante moquerie des ministres à mon égard, que j'ai soufferte trop longtemps, et dont ce décret est la fin*. Ce n'est donc point encore sur ce fait-là, monsieur, que porte *mon accusation?*

8° Vous avez vu, ô citoyens, l'acharnement prouvé que le conseil exécutif actuel a mis *à retenir constamment ce cautionnement*, pour m'empêcher de rien finir! Vous avez vu que, par cette manœuvre, ils ont espéré me lasser, et que *leur homme* aurait mes armes. Mes fonds sont là depuis dix mois, mes revenus sont arrêtés, trois gardiens sont dans ma maison, tous les genres d'insultes m'ont été prodigués par l'exécuteur de ces ordres; mes amis me croient perdu, tout cela fait mourir de honte, *et seul je suis* DILAPIDÉ ! Heureusement *pour le décret* que tout n'est pas examiné! Il faudra pourtant à la fin que j'aie *dilapidé* la nation sur quelque chose, puisqu'on me condamne, ET PAR CORPS, à rapporter ce que j'ai pris!

9° Cet acte oblige encore M. *la Hogue*, mon ami, qui *n'est point maréchal de camp*, malgré *Pache le ministre* et malgré *son commis*, d'aller pour moi livrer à M. *de Maulde, lequel est maréchal de camp*, tous les fusils qui, par cet acte, appartiennent à la nation, *que j'ai payés pour elle*, ET QU'ELLE NE M'A POINT PAYÉS, quoiqu'on fût très-pressé de les avoir alors.

Vous avez vu avec quelle infernale astuce, *pendant ma quatrième époque, ce ministère actuel a empêché la Hogue de partir pour la Haye*, en supposant *un ordre de l'assemblée nationale*, LEQUEL N'A JAMAIS EXISTÉ.

Vous avez vu comment ce ministère, malgré mes cris et mes menaces, a forcé mon ami de demeurer en France, *de son autorité privée, depuis le 24 juin qu'il est sorti de la Hollande, jusqu'au 12 octobre qu'il y est rentré* avec moi (*quatre mois de perdus*), sans argent de la France, *et sans cautionnement*, forcé de fondre, pour partir, jusqu'à mes dernières ressources !

Vous avez vu comment ils profitent de mon absence pour me faire décréter d'accusation *sur des dilapidations inventées, dont il n'y a pas de vestiges, si ce n'est moi, qui suis* DILAPIDÉ ; comment ils envoient un courrier pour qu'on m'amène garrotté, pour que je sois tué en route, et ne puisse les accuser ! Ce ne peut être enfin sur tout ce mal que l'on m'a fait, que *Lecointre* me croit coupable. Disons ce qui est bien prouvé, *On l'a trompé indignement :* voilà le vrai mot de l'énigme.

10° Cet acte me donnait enfin, au nom des trois comités réunis, *de grands éloges sur mon civisme et sur mon désintéressement*. Deux autres comités, depuis émerveillés de ma patience, m'en ont décerné de plus grands, déclarant, signant tous, *que j'ai mérité dans ceci* LA RECONNAISSANCE DE LA NATION ; ils ont même exigé du ministre *Lebrun, qui a vu leur attestation, qu'il me mît en état de partir sur-le-champ pour faire arriver les fusils.* Ce ministre le leur promet, m'abuse... *ou ne m'abuse point*, par son langage obscur, par ses fausses promesses ; il est six semaines sans m'écrire ; enfin il joint à l'ironie de sa moqueuse lettre en Hollande la lâche atrocité de me faire dénoncer en France ; et, pour qu'il ne reste aucune trace des éloges qu'on m'a donnés, il fait transformer ces éloges en injures les plus grossières ! *Ainsi l'on m'a* DILAPIDÉ *même sur la partie morale de l'affaire :* et pourtant je suis décrété, pendant que ce ministre est libre !

J'ai épuisé les incidents et toutes les clauses du traité. Daignez donc maintenant nous instruire, *ô Lecointre, de quelles dilapidations* deux ministres et moi nous devons *répondre* PAR CORPS ? *pour quelles dilapidations* je suis accusé, décrété ? pourquoi les scellés sont chez moi, mes possessions saisies, ma personne en danger, et ma famille au désespoir ? Et si vous ne pouvez le faire, soyez assez juste (*et j'y compte*) pour solliciter avec moi le *rapport de l'affreux décret !* Est-ce trop exiger de vous ? Reconnaissez-vous à ce trait le vieillard que j'ai comparé au bonhomme *la Mothe-Houdart* ? Il pardonna une brutale insulte, et moi j'oublie une funeste erreur. Mais son jeune homme la répara....... *Vous la réparerez aussi.*

Le vrai résultat de ceci, *c'est que la nation a depuis un an sept cent cinquante mille francs à moi*, AVEC LES INTÉRÊTS QU'ILS PORTENT ; *que je n'ai pas un sou à elle ; que je n'ai jamais demandé, exigé ni reçu de personne, cinq cent mille francs d'indemnité*, comme on a eu l'audace de vous le faire avancer *dans votre dénonciation, pas plus qu'une autre indemnité sur la perte des assignats*, comme on vous l'a fait dire aussi pour mieux indigner contre moi et la *Convention* et le peuple, sur le nouvel égarement duquel on comptait bien pour me faire périr ! Et cependant, monsieur, *pour ces dilapidations que nos ministres ont rêvées, dont aucune n'a existé, si ce n'est celle que je souffre*, pendant plus de trois mois les scellés ont été chez moi ; mon crédit est *dilapidé ;* ma famille est dans les sanglots ; j'ai dû être égorgé cinq fois ; ma fortune est allée au diable, et j'étais prisonnier à *Londres*, parce qu'après avoir fait renoncer la *Convention* à mes fusils, et lui avoir fait dire *qu'elle ne voulait plus en entendre parler* (ce qui a, tristement pour nous, réjoui les ennemis de la France), *les sages et conséquents ministres* qui les arrêtaient en Hollande et vous en privaient SCIEMMENT, *tant que ces armes vous appartinrent*, ô CITOYENS LÉGISLATEURS, les y envoient militairement réclamer, et *qui pis est*, en votre nom, sitôt qu'elles ne sont plus à vous, *à l'instant même où l'on vous y fait renoncer...* Dans l'histoire du monde et des fatals ministres, on ne voit nul exemple d'un désordre de cette audace, d'une aussi grande dérision, d'un si moqueur abus de la puissance ministérielle : d'où mes créanciers effrayés m'ont regardé comme perdu, comme sacrifié sans pudeur, et m'ont arrêté pour leur gage !

Je passe sous silence, ô citoyen *Lecointre*, la façon plus qu'étrange dont on vous a fait m'outrager, vous qu'on dit un homme très-humain, parce que personne n'ignore qu'*en plaidant, de fortes injures ne sont que de faibles raisons !*

Je laisse de côté les *dilapidations des acheteurs favoris de nos ministres en Hollande*, qui n'ont pas un rapport direct à l'affaire de mes fusils, ainsi que ce qui tient aux *fabricateurs d'assignats*, que ces mêmes ministres ont laissés échapper des prisons d'*Amsterdam*, où M. de *Maulde* les tenait, et pour l'arrestation desquels j'avais prêté des fonds à cet ambassadeur, qu'on y laissait manquer de tout ; lesquels faussaires si dangereux n'ont pas cessé depuis d'exercer contre nous ce genre d'empoisonnement, le plus grand mal qu'on pût faire à la France ! faute par ces ministres d'avoir jamais à ce sujet répondu aux dépêches de notre ambassadeur; faute de lui avoir jamais envoyé un courrier, ni sur cette affaire importante, ni sur aucune autre de celles dont sa correspondance est pleine, excepté néanmoins l'important courrier de *Lebrun*, qui eut ordre de crever tous les chevaux sur la route pour me faire arrêter *à la Haye*, moi qui les avais prévenus que j'allais partir pour *Paris*, et porter enfin la lumière *à la barre de la Convention* sur leur ténébreuse conduite ! Et je n'en dis pas plus ici, parce qu'il sera temps, quand on m'interrogera, de poser sur ces faits des choses plus avérées que toutes les horreurs dont ils m'ont accablé.

Je résume ce long mémoire, et vais serrer en peu de mots ma justification, maintenant bien connue.

Ma *première époque* a prouvé *que, loin d'avoir acheté des armes pour les vendre à nos ennemis et tâcher d'en priver la France* COMME J'EN ÉTAIS ACCUSÉ, j'ai soumis au contraire le vendeur aux plus fortes peines, si l'on en détournait une seule pour quelque usage que ce fût ;

Que, *loin d'avoir voulu donner à ma patrie des armes de mauvaise qualité*, j'ai pris toutes les précautions pour qu'elles fussent de bon service, les ayant achetées *en bloc* et les soumettant *au triage ;*

Que vous n'en avez jamais eu d'aucun pays *à si bas prix ;* que le traité fut fait par M. *de Graves*, de concert et d'après l'*avis du comité militaire d'alors, et que j'ai déposé sept cent quarante-cinq mille livres en contrats viagers qui me rapportaient neuf pour cent d'intérêts,* QUE VOUS AVEZ GARDÉS AUSSI, contre *cinq cent mille francs d'assignats qui perdaient quarante-deux pour cent, ne donnaient aucun intérêt, et n'ont pas rendu cent mille écus nets en florins.*

Ma *seconde époque* a prouvé que tous nos ennemis, instruits *par la perfidie des bureaux*, ont fait mettre en *Hollande* un insultant embargo sur ces armes; que j'ai fait mille efforts auprès de nos ministres (*qui se disaient tous patriotes*) pour parvenir à le faire lever; que mes efforts ont été vains.

Ma *troisième époque* a prouvé que, demandant enfin une solution quelconque *aux deux ministres et aux trois comités*, qui me permît de vendre mes fusils, *s'il était vrai que l'on n'en voulût plus*, les trois comités réunis ont rejeté *l'offre que je faisais de reprendre mes armes;*

Qu'ils ont fixé eux-mêmes les clauses du marché qui les assuraient à la France; qu'ils m'ont su un gré infini du grand sacrifice d'argent que j'ai fait de si bonne grâce pour que ces armes vous parvinssent, me soumettant, contre mes intérêts, à tout ce qu'ils ont cru avantageux à la nation;

Qu'à l'exécution du traité *toutes les clauses en ont été éludées contre moi;* que j'ai tout souffert sans me plaindre, parce qu'il s'agissait du *service de la nation*, à qui je dois le pas sur moi.

Ma *quatrième époque* n'a que trop bien prouvé qu'après avoir perdu cinq mois et usé huit à neuf ministres sans obtenir aucune justice, *au grand dommage de mon pays*, j'ai vu que le mot de l'énigme était, que *les nouveaux ministres voulaient que mes armes passassent* DANS LES MAINS DE LEURS AFFILIÉS, *pour les revendre à la nation à bien plus haut prix que le mien;* et que, sur mon refus de les céder à *leurs messieurs* pour sept florins huit sous la pièce, ON *m'a fait mettre à l'Abbaye*, où l'on m'a renouvelé ces offres avec promesse de m'en faire sortir, muni d'une belle attestation, si j'entendais à leurs propositions; *à l'Abbaye*, où sur mes refus obstinés, j'eusse été massacré dans la journée du 2 septembre, sans un secours *étranger aux ministres*, qui m'arracha de cet affreux séjour, et me ravit à leurs projets de mort.

Ma *cinquième époque* a prouvé que *Lebrun*, *Clavière*, et autres avaient fait arrêter en France M. *de la Hogue*, mon agent (chargé par le traité d'aller livrer les fusils à M. *de Maulde*), pour que rien ne pût s'achever *si je ne cédais pas les armes à leur ami privilégié;* qu'irrité de ces viles intrigues, j'en ai porté mes plaintes à *l'assemblée nationale*, qui a fait ordonner au ministre *Lebrun* de me mettre en état de partir sous les vingt-quatre heures avec tout ce que le traité exigeait, pour nous faire arriver les armes;

Que ce ministre *l'a promis, et s'y est engagé;* qu'il m'a fait perdre encore huit jours, m'a fait partir sans me remettre *ni fonds ni cautionnement*, sous des promesses insidieuses qui n'avaient d'autre but que de m'écarter de la France pour amener la catastrophe, si je m'obstinais au refus des offres de leur acheteur, qu'ils envoyèrent en Hollande; de me les renouveler encore par l'organe de notre ambassadeur, dont j'invoque le témoignage.

Ma *sixième époque* a prouvé qu'ayant prié M. *de Maulde* de leur montrer tout le mépris que j'avais pour leurs offres, certains qu'il ne gagneraient rien ni sur moi ni sur mes fusils, ils m'ont fait accuser, décréter par *Locointre à la Convention nationale*, ont dépêché le seul courrier qu'ils eussent envoyé en Hollande depuis que M. *de Maulde* y était, pour m'y faire arrêter; espérant bien qu'avec les torts qu'ils m'avaient prêtés *à Paris d'être en commerce avec Louis XVI*, je n'arriverais pas vivant, et que leur exécrable intrigue n'y serait jamais découverte; et qu'enfin, après moi, ils obtiendraient pour rien, de tous ceux qui me survivraient, mes fusils, pour les revendre à onze ou douze florins, comme ils ont fait ou voulu faire des détestables fusils de rempart de *Hambourg*, que M. *de Maulde* avait rejetés au prix de cinq florins, et que j'ai rejetés de même. Interrogez M. *de Maulde.*

Heureusement un Dieu m'a préservé! j'ai pu me faire précéder par ces défenses, que j'ai suivies. Mes sacrifices ont été faits pour obtenir la liberté de quitter ma prison de *Londres*, quoique depuis un mois je ne fusse plus au *Banc-du-Roi*. Je suis parti à l'instant pour Paris, je m'y suis rendu à tous risques; ma justification étant mon précurseur, j'ai dit : Je ne cours plus celui d'être déshonoré, je suis content. Si je péris par trahison, ce n'est qu'un accident de plus; la lâche intrigue est démasquée: *c'est encore un crime perdu.*

O CITOYENS LÉGISLATEURS, je tiens ma parole envers vous! Après cet historique lu, jugez-vous que je sois un *traître*, un *faux citoyen*, un *pillard*? Prenez mes armes *pour néant*, je vais vous en passer le don ruineux.

Trouvez-vous, au contraire, que j'aie bien établi la preuve de mes longs travaux pour vous procurer ces fusils *au prix d'un loyal négociant*, avec tous les efforts d'un très-bon citoyen? Trouvez-vous que les vrais coupables sont mes lâches accusateurs, comme je vous l'ai attesté? Faites-moi donc justice, et faites-moi-la prompte; il y a un an que je souffre et mène une vie déplorable!

Je vous demande, citoyens, le rapport du décret que l'on vous a surpris; une troisième attestation de civisme et de pureté (vos comités m'ont donné les deux autres); mon renvoi dans les tribunaux, pour les dommages et intérêts qui me sont dus par mes persécuteurs!

Je ne demande rien contre le citoyen *Lecointre*. Ah! je l'ai vu assez depuis mon arrivée en France, pour être bien certain que le fond imposteur, la forme virulente de ce rapport, ne furent jamais son ouvrage. En me voyant il a bientôt senti qu'il ne faut point peindre les hommes avant de les avoir connus; que l'on s'expose à les défigurer, en se laissant conduire la main. J'ai vu sa profonde douleur sur le désordre affreux qui règne, et sur les dilapidations que nos ministres ont laissé faire dans les fournitures des troupes que l'hiver vient d'accumuler! J'ai lu le terrible rapport qu'il vient d'écrire et d'imprimer sur ces dévastations, capables de dévorer la république; et je suis beaucoup moins surpris qu'aigrissant son patriotisme et l'abusant par des horreurs qu'il n'a pas pu approfondir, on l'ait facilement porté à se rendre un crédule écho des mensonges ministériels sur l'affaire de ces fusils. C'est son amour pour la patrie qui égara son jugement. Il a servi sans le savoir la vengeance des scélérats qui n'ont jamais pensé que, sauvé de leur piège, échappant au fer meurtrier, je viendrais courageusement leur arracher le masque *à votre barre*.

Je fus vexé sous notre ancien régime; les ministres me tourmentaient : mais les vexations de ceux-là n'étaient que des espiègleries auprès des horreurs de ceux-ci.

Posons la plume enfin ; j'ai besoin de repos, et le lecteur en a besoin aussi. Je l'ai tourmenté, fatigué... ennuyé, c'est le pis de tout. Mais s'il réfléchit, à part lui, que le malheur d'un citoyen, que ce poignard qui m'assassine est suspendu sur toutes les têtes, et le menace autant que moi, il me saura gré du courage que j'emploie à l'en garantir, lorsque j'en suis percé à jour.

O ma patrie en larmes! ô malheureux Français! que vous aura servi d'avoir renversé des bastilles, si des brigands viennent danser dessus, nous égorgent sur leurs débris? *Vrais amis de la liberté*, sachez que ses premiers bourreaux sont la licence et l'anarchie. Joignez-vous à mes cris, et demandons des lois aux députés qui nous les doivent, qui n'ont été nommés par nous *nos mandataires* qu'à ce prix! Faisons la paix avec l'Europe; le plus beau jour de notre gloire ne fut-il pas celui où nous la déclarâmes au monde? Affermissons notre intérieur. Constituons-nous enfin sans débats, sans orages, et surtout, s'il se peut, sans crimes. Vos maximes s'établiront, elles se propageront, bien mieux que par la guerre, le meurtre et les dévastations, *si l'on vous voit heureux par elles*. L'êtes-vous? Soyons vrais, n'est-ce pas du sang des Français que notre terre est abreuvée? Parlez! est-il un seul de nous qui n'ait des larmes à verser? La *paix*, des *lois*, une *constitution*! Sans ces biens-là, point de patrie, et surtout point de liberté!

Français! si nous ne prenons pas ce parti ferme dans l'instant, j'ai soixante ans passés, quelque expérience des hommes; en me tenant dans mes foyers, je vous ai bien prouvé que je n'avais plus d'ambition ; nul homme, sur ce continent, n'a plus contribué que moi à rendre libre l'Amérique ; *jugez si j'adorais la liberté de notre France!* j'ai laissé parler tout le monde, et me tairai encore après ce peu de mots ! mais si vous hésitez à prendre un parti généreux, je vous le dis avec douleur, Français, nous n'avons plus qu'un moment à exister libres; et le premier peuple du monde, enchaîné, deviendra la honte, le vil opprobre de ce siècle et l'épouvante des nations!

O mes concitoyens! en place de ces cris féroces qui rendent nos femmes si hideuses, voici le *Salvum fac gentem* que j'ai composé pour ma fille, dont la voix douce et mélodieuse calme nos douleurs tous les soirs, en récitant cette courte prière :

> Détourne, ô Dieu, les maux extrêmes,
> Que sur nous l'enfer a vomis!
> Préserve les Français d'eux-mêmes,
> Ils ne craindront plus d'ennemis.

Ce citoyen toujours persécuté,

Caron-Beaumarchais.

Achevé pour mes juges, à Paris, ce 6 mars 1793, *l'an second de la république* [1].

---

[1] Beaumarchais s'étant justifié de toutes les inculpations portées contre lui dans le cours de ces six époques, comme il s'était lavé de toutes les antécédentes sous tous les régimes, on a cru pouvoir supprimer sans inconvénient les vingt-six pièces justificatives qu'il avait fait imprimer à la suite de cet ouvrage. Elles étaient alors nécessaires; elles seraient fastidieuses aujourd'hui. On sait qu'il fut entièrement disculpé, qu'on le raya de la liste des émigrés, et qu'il finit ses jours au sein de sa patrie et de sa famille, sous les yeux dessillés de ses accusateurs.

(Note de Gudin.)

COMPTE RENDU

DE

L'AFFAIRE DES AUTEURS DRAMATIQUES

ET DES COMÉDIENS FRANÇAIS

PAR BEAUMARCHAIS, L'UN DES COMMISSAIRES DES GENS DE LETTRES,
ET CHARGÉ DE LEURS POUVOIRS.

On répand dans Paris que depuis quatre ans [1] je fais tous mes efforts pour entrer en procès avec la Comédie française, parce qu'elle est injuste envers les auteurs ; et moi je vais montrer tout ce que j'ai tenté depuis quatre ans pour éviter d'avoir ce procès avec la Comédie, quoiqu'elle soit très-injuste envers les auteurs.

On ajoute avec un espoir malin que je vais faire un mémoire fort plaisant contre les comédiens ; et parce qu'on rit quelquefois au jeux du théâtre, on croit qu'il faut rire aussi des affaires du théâtre : on confond tout dans la société. Mais que les comédiens se rassurent ! le plus simple exposé de notre conduite réciproque est le seul écrit qui sortira de ma plume ; il tiendra lieu de ce plaisant mémoire, que je ne ferai point.

On dit aux foyers des spectacles qu'il n'est pas noble aux auteurs de plaider pour le vil intérêt, eux qui se piquent de prétendre à la gloire. On a raison : la gloire est attrayante ; mais on oublie que, pour en jouir seulement une année, la nature nous condamne à dîner trois cent soixante-cinq fois ; et si le guerrier, l'homme d'État ne rougit point de recueillir la noble pension due à ses services, en sollicitant le grade qui peut lui en valoir une plus forte, pourquoi le fils d'Apollon, l'amant des Muses, incessamment forcé de compter avec son boulanger, négligerait-il de compter avec les comédiens ? Aussi croyons-nous rendre à chacun ce qui lui est dû, quand nous demandons les lauriers de la Comédie au public qui les accorde, et l'argent reçu du public à la Comédie qui le retient.

On prétend surtout qu'au lieu d'arranger l'affaire des auteurs qui m'était confiée depuis quatre ans, je me suis rendu redoutable aux comédiens, et montré dur, injuste, intraitable au point d'offenser personnellement MM. les premiers gentilshommes de la chambre [1], qui se portaient conciliateurs. Ce dernier trait m'oblige à ne composer mon récit que des lettres et réponses de chacun, c'est-à-dire à réduire l'affaire aux seules pièces justificatives.

Si cette façon d'exposer les faits est sèche, sans grâce, et peu propre à soutenir l'attention du lecteur, aussi n'en est-il aucune aussi propre à montrer qu'après m'être assuré du bon droit des auteurs, je suis depuis quatre ans un modèle de patience devant les comédiens ; et ma conduite un effort de conciliation devant leurs supérieurs.

A la vérité, mes confrères n'auront pas en moi l'avantage d'un défenseur aussi éloquent que M. Gerbier, qui conseille et dirige et défend les comédiens ; mais la cause des auteurs est si juste, qu'elle n'a pas besoin de prestige. Des principes bien posés, des faits accumulés,

---

[1] Une intrigue, un incident grave, enfin une accusation bizarre, expliquée dans le cours de cet ouvrage, a forcé la société des auteurs dramatiques d'exiger de l'un de ses commissaires qui travaillait à la discussion de quelques points de l'arrêt du conseil du 12 mai 1780, demandée par le ministre, de changer le plan de son travail, et de justifier, avant tout, la conduite des auteurs et la sienne, en établissant clairement le principe et la loi des droits d'auteur au spectacle ; en développant bien les usurpations de toute espèce que les comédiens n'ont cessé de faire sur ces droits : les procédés pacifiques des auteurs pour en obtenir la restitution, et tout ce qu'on a tenté, de l'autre part, pour conserver ces usurpations et les accroître encore. Le commissaire qui tient la plume a sous ses yeux toutes les pièces justificatives, et se fait un devoir de satisfaire en ces termes au désir de ses amis.

[1] Les quatre premiers gentilshommes de la chambre du roi, chargés de l'administration des théâtres, étaient alors :
M. le maréchal duc de Richelieu, de l'Académie française ;
M. le maréchal duc de Duras,   id.;
Le duc d'Aumont,
Le duc de Fleury.
Il y avait aussi des intendants des menus plaisirs et affaires de la chambre du roi, tels que MM. de la Ferté et des Entelles, qui, sous ces quatre premiers gentilshommes, dirigeaient les détails des spectacles de la cour.
Il semble qu'avec de tels chefs aucun désordre n'aurait dû s'introduire :

Mais à l'humanité, quelque parfait qu'on fût,
Toujours par quelque faible on paya le tribut.

une discussion exacte, un peu de saine logique, il ne faut pas d'autre éloquence à la vérité.

PROCÉDÉS DES AUTEURS ENVERS LES COMÉDIENS ;
DROITS DES AUTEURS USURPÉS PAR LES COMÉDIENS :

Telle est ma division. Si mes confrères, instruits des vues dans lesquelles je fais cet exposé, le reconnaissent exact, ils en signeront la conclusion. Si les comédiens y trouvent à reprendre, ils nieront les faits ou disputeront sur les conséquences ; alors nous espérons que le roi, bien informé du véritable état d'une question que tant de gens ont intérêt d'obscurcir, daignera nous juger dans son conseil, ou nous renvoyer aux tribunaux établis par lui-même pour veiller sur la propriété des citoyens : ce qui nous est également avantageux.

PREMIÈRE PARTIE

PROCÉDÉS DES AUTEURS ENVERS LES COMÉDIENS.

(En 1776.) Fatigué, peut-être humilié de voir que d'interminables débats sur l'état et les droits des auteurs dramatiques aigrissaient depuis trente ans les gens de lettres contre les comédiens français, je regrettais qu'un bon esprit n'eût pas eu le courage d'étudier la question, qu'on n'eût pas essayé tous les moyens de poser de meilleures bases à ces droits toujours contestés, parce qu'il n'étaient jamais éclaircis.

Il venait de paraître un mémoire imprimé de M. de Lonvay de la Saussaye, auteur de *la Journée lacédémonienne*, dont l'objet était d'obtenir justice des comédiens français. Ils avaient, disait-il, cessé de jouer sa pièce avant qu'elle fût dans l'état fâcheux qu'on nomme à la Comédie *tombée dans les règles*, c'est-à-dire, en français, avant qu'elle fût tombée à une certaine somme de recette à laquelle les comédiens se croient en droit d'hériter des auteurs vivants, et de s'emparer de la propriété de leurs ouvrages : procédé qui n'est pas tout à fait dans les règles ordinaires. De la Saussaye citait avec amertume un compte à lui fourni par les comédiens pour les *cinq* représentations de sa pièce, et ce compte finissait ainsi :

« Partant, pour son droit acquis du *douzième* de
« cette des *cinq* représentations de sa pièce, l'auteur
« redoit à la somme de cent une livres huit sous huit de-
« niers à la Comédie. »

C'était encore là, s'il faut l'avouer, l'établissement d'une étrange règle : un pareil résultat avait eu de quoi surprendre l'auteur ; j'en fus frappé pe moi-même en lisant son mémoire. En effet, il était bien difficile de supposer un calcul raisonnable, en vertu duquel une pièce *ayant rapporté plus de douze mille livres de recette* à la Comédie, *en cinq représentations*, pouvait ne rendre à l'auteur d'autre fruit que l'honneur de payer cent une livres aux comédiens pour son droit de partage dans le produit de la recette.

En ce temps-là les comédiens français avaient refusé, de leur seule autorité, les entrées du spectacle à Mercier, auteur d'une pièce reçue. Il y avait eu sur ce fait protestations formées, procès entamé, mémoires répandus, évocation au conseil du roi, surtout beaucoup d'aigreur entre les parties.

De Belloi, disait-on, n'ayant d'autre ressource que son beau génie, était mort de chagrin des cruels procédés des comédiens.

Collé, auteur de *la Partie de chasse de Henri VI*, de *Dupuis et Desronais*, et d'autres charmants ouvrages, outré de la conduite des comédiens à son égard, venait d'abandonner absolument le théâtre ; et c'était une grande perte.

La Harpe, le Blanc, de Sauvigny, de la Place, Cailhava, Sedaine, Renou, et presque tous les auteurs, se plaignaient hautement des comédiens ; c'était un cri général dans la littérature.

Tous assuraient que la Comédie les trompait de plus de moitié dans le compte qui leur était rendu de leur droit du neuvième sur une recette atténuée à leur seul préjudice par une foule d'entrées et d'abonnements abusifs, par la création des petites loges, plus abusive encore, par la répartition léonine de l'impôt appelé *quart des pauvres*, par l'accroissement arbitraire de prétendus frais du spectacle, par le haussement illégal et subit de la somme à laquelle les pièces *tombaient dans les règles*, par des compensations obscures et ruineuses entre les frais journaliers et la recette des petites loges, par l'énorme abus de ne montrer qu'une recette partielle au lieu du produit entier du spectacle, quand il s'agit de faire perdre aux auteurs la propriété de leurs ouvrages, et surtout par l'impossibilité de jamais obtenir un compte en règle et clairement posé par la Comédie : tout autant d'abus qui avaient enfin réduit ce triste droit du neuvième des auteurs à moins du vingtième effectif.

M. le maréchal de Richelieu, frappé de tout ce bruit, et désirant enfin connaître à qui l'on devait imputer tant de rumeurs et de réclamations, me fit l'honneur, en me remettant les règlements anciens et nouveaux de la Comédie, de m'inviter à bien étudier la question, à tâcher d'éclaircir les faits et de rapprocher les esprits, ou tout au moins à lui faire part de mes découvertes, et du moyen que je croirais propre à terminer ces débats : il me fit la grâce d'ajouter qu'il m'en parlait comme à un homme capable de faire une discussion exacte, et de porter un jugement sain sur les prétentions de chacun. Il crut même avancer l'affaire, en écrivant aux comédiens de me *communiquer* leurs *livres de recette et de dépense de plusieurs années* ; mais ce fut ce qui la recula.

Les comédiens indignés refusèrent net la communication des registres, et me dirent que *la lettre de M. le maréchal ne me donnait aucun droit d'examiner leurs livres d'intérêts*, auxquels il était aussi étranger que moi.

Que cela fût juste ou non, je me retirai ; je rendis les règlements à M. le maréchal, et lui promis de saisir la première occasion que mes ouvrages me donneraient de compter avec les comédiens, pour examiner sérieusement qui avait tort ou raison. Je gardai le silence ; et quant aux querelles que je devais apaiser sous ses auspices, elles continuèrent avec aigreur comme par le passé.

Pendant ce temps on avait joué trente-deux fois le *Barbier de Séville*, vrai badinage, et la moins importante des productions théâtrales. Mais comme il s'agissait pour moi d'en discuter le produit et non le mérite, je fis bon marché de ma gloire aux journalistes, et me contentai de demander un compte exact aux comédiens.

Ces derniers, de qui je n'en avais jamais exigé pour mes précédents ouvrages, furent peut-être alarmés de me voir solliciter celui du *Barbier de Séville*. On craignit que je ne voulusse user d'un droit incontestable pour compulser ces registres si durement refusés, et déterminer enfin si les plaintes des auteurs étaient fondées et chimériques.

Ma demande existait depuis six mois (novembre 1776); j'en parlais souvent aux comédiens. Un jour, à leur assemblée, l'un d'eux me demanda si mon intention était de donner ma pièce à la Comédie, ou d'en exiger le droit d'auteur. Je répondis en riant, comme Sganarelle : Je la donnerai si je veux la donner, et je ne la donnerai pas si je ne veux pas la donner, ce qui n'empêche point qu'on ne m'en remette le décompte: un présent n'a de mérite que lorsque celui qui le fait en connaît bien la valeur.

Un des premiers acteurs insiste, et me dit : — Si vous ne la donnez pas, monsieur, au moins dites-nous combien de fois vous désirez qu'on la joue encore à votre profit ; après quoi elle nous appartiendra. — Quelle nécessité, messieurs, qu'elle vous appartienne ? — Beaucoup de MM. les auteurs font cet arrangement avec nous. — Ce sont des auteurs inimitables. — Ils s'en trouvent très-bien, monsieur; car s'ils ne partagent plus dans le produit de leur ouvrage, au moins ont-ils le plaisir de le voir représenter plus souvent : la Comédie répond toujours aux procédés qu'on a pour elle. Voulez-vous qu'on la joue à votre profit encore six fois, huit fois, même dix ? parlez.

Je trouvai la proposition si gaie, que je répondis sur le même ton — : Puisque vous le permettez, je demande qu'on la joue à mon profit mille et une fois. — Monsieur, vous êtes bien modeste. — Modeste, messieurs, comme vous êtes justes. Quelle manie avez-vous donc d'hériter des gens qui ne sont pas morts ? Ma pièce ne pouvant être à vous qu'en tombant à une modique recette, vous devriez désirer, au contraire, qu'elle ne vous appartînt jamais. Les huit neuvièmes de cent louis ne valent-ils pas mieux que les neuf neuvièmes de cinquante ? Je vois, messieurs, que vous aimez beaucoup plus vos intérêts que vous ne les entendez. Je saluai en riant l'assemblée, qui souriait aussi de son côté, parce que son orateur avait un peu rougi.

Depuis, j'ai été instruit que la Comédie faisait cette proposition à presque tous les auteurs dramatiques.

Enfin (le 3 janvier 1777), je vis arriver chez moi M. Desessarts le comédien : il me dit avec la plus grande politesse (car on le lui avait bien recommandé) que ses camarades et lui, désirant que je n'eusse jamais de plaintes à former contre la Comédie, m'envoyaient quatre mille cinq cent six livres qui m'appartenaient pour mon droit d'auteur sur trente-deux représentations du *Barbier de Séville*. Aucun compte n'étant joint à ces offres, je n'acceptai point l'argent, quoique le sieur Desessarts m'en pressât le plus poliment du monde (car on le lui avait fort recommandé).

Il y a beaucoup d'objets, me dit-il, sur lesquels nous ne pouvons offrir à MM. les auteurs qu'*une cote mal taillée*. — Ce que je demande à la Comédie, beaucoup plus que l'argent, lui répondis-je, est *une cote bien taillée*, un compte exact, qui puisse servir de type ou de modèle à tous les décomptes futurs, et ramener la paix entre les acteurs et les auteurs — Je vois bien, me dit-il en secouant la tête, que vous voulez ouvrir une querelle avec la Comédie. — Au contraire, monsieur ; et plaise au dieu des vers que je puisse les terminer toutes à l'avantage égal des parties ! Il remporta son argent.

Et le 6 janvier 1777, j'écrivis aux comédiens français la lettre suivante :

« Ne portez point d'avance, messieurs, un faux juge-
« ment sur mon intention, qui est très-bonne, et laissez-
« moi dire un moment ; vous serez contents de ma lo-
« gique.

« M. Desessarts est venu m'offrir obligeamment, de
« votre part une somme de quatre mille et tant de li-
« vres, qui, dit-il, me sont dues pour ma part d'auteur
« du *Barbier de Séville*. Grand merci, messieurs, de
« cette offre ; mais avant de l'accepter, je désire savoir
« exactement comment s'opère à la Comédie française le
« compte de cette rétribution, fixée, par un ancien usage,
« au neuvième de chaque recette, et qui a souvent ex-
« cité des murmures et de sourdes réclamations parmi
« les gens de lettres.

« Ce compte à rendre n'a occasionné tant de débats
« entre les auteurs et les comédiens que parce que la
« question n'a peut-être jamais été bien posée. Il n'est
« pas indigne d'un homme de lettres qui s'intéresse à
« leur avancement de la discuter paisiblement avec
« vous, messieurs. Voici comment je la conçois:

« Tout auteur dont la pièce est acceptée fait avec les
« comédiens une entreprise à frais et à bénéfices com-
« muns, dont la livre, en terme de négociants, est de
« *neuf sous*, les frais équitablement prélevés et convenus
« entre les parties. Les comédiens prennent *huit sous*
« dans le bénéfice, *et le neuvième reste net* à l'auteur.
« Ce n'est point ici le cas d'examiner si cette affaire
« est utile ou dommageable aux gens de lettres ; aussi
« longtemps qu'elle subsiste, ils n'ont droit d'en exiger
« que l'exactitude. Voilà toute l'affaire en trois mots.

« Ce principe une fois posé, il reste fort peu de choses
« incertaines et soumises à la discussion des auteurs.
« Qu'ont-ils à demander en effet à la Comédie ? Le nom-
« bre de représentations de l'ouvrage qui est le fonds
« de la Société, et le produit net de chaque séance : ce

« produit se compose de deux espèces de recettes, celle
« qui se perçoit casuellement à la porte, et celle que
« produit fixement l'affermage annuel d'une partie des
« loges de la Comédie. La première recette est écrite au
« grand livre du receveur, jour par jour; il ne peut y
« avoir sur cet article d'erreur imputable aux comé-
« diens : ils perdraient, comme les auteurs, si le cais-
« sier était infidèle. On doit croire qu'ils y veillent con-
« stamment.

« La seconde recette, connue sous le nom de *petites*
« *loges*, est également sans erreur, et rentre aussi dans
« le produit net de chaque séance au profit de la so-
« ciété. Ceux qui les louent, et qui jouissent du travail
« de l'auteur et des comédiens, fournissent une partie
« fixe et connue de la recette journalière, qui doit se
« partager entre les comédiens et l'auteur pendant toute
« la durée de l'ouvrage mis en société, ce qui n'entraîne
« aucune difficulté pour le compte. Il suffit de bien
« connaître le produit annuel de cet affermage de loges,
« et le nombre rond des séances annuelles de la Comé-
« die, pour extraire facilement la recette journalière de
« ces loges de leur location annuelle, et la porter au
« profit de la société autant de fois que l'ouvrage en
« question a été représenté. Ce n'est là, comme vous
« voyez, qu'une opération très-simple d'arithmétique.

« Quant aux frais, ils ne me paraissent pas plus em-
« barrassants à fixer que la recette, et doivent se par-
« tager avec la même équité. Les plus respectables de
« tous sont l'impôt levé sur le spectacle en faveur des
« pauvres : il est hors de toute conteste, car il se forme
« du prélèvement net d'un quart de la recette annuelle
« et journalière. Cette double recette une fois connue,
« chaque représentation fait supporter à la société le
« quart des deux recettes en dépense ; point de diffi-
« culté. — Ou bien cet impôt se forme d'un arrange-
« ment annuel à bail et fixé, qui le modère au profit
« de la société ; point de difficulté encore.

« En supposant, par exemple, que cet impôt fût
« annuellement fixé à soixante mille francs, il n'y au-
« rait autre chose à faire qu'à recommencer l'opération
« expliquée ci-dessus pour les petites loges, c'est-à-dire
« former un nombre rond de toutes les séances de la
« Comédie dans le cours de l'année, lesquelles, suppor-
« tant en somme l'impôt de soixante mille livres, don-
« neraient facilement l'impôt journalier de chaque re-
« présentation, que la société doit alors supporter au
« marc la livre des conditions sous lesquelles elle sub-
« siste ; et vous sentez combien cela est simple.

« A l'égard des frais journaliers du spectacle, ils sont
« fixés par un arrêt du conseil, qui fait loi. Mais comme
« il n'est pas juste que les comédiens soient plus lésés
« que les auteurs dans une entreprise commune; si les
« frais montent réellement plus haut que leur *fixation*
« par cet arrêt où les comédiens seuls ont été consultés,
« cet objet mérite un examen sérieux, et non une cote
« mal taillée : en pareil cas, un calcul rigoureux me
« paraît préférable à l'équivoque; à l'incertitude qui
« subsiste entre une grâce que l'auteur ne doit pas re-
« cevoir de la Comédie, et une injustice que les comé-
« diens ne doivent pas être accusés de lui faire.

« A ma façon nette d'exposer les choses, vous devez
« voir, messieurs, que mon intention n'est point du
« tout d'élever un différend entre la Comédie et moi,
« mais de faire tomber une bonne fois le reproche tant
« répété d'une prétendue lésion faite aux auteurs par
« les comédiens ; opinion qui ne subsiste apparemment
« que faute de s'être bien entendus en terminant chaque
« société particulière.

« Je vous prie donc, messieurs, de vouloir bien
« m'envoyer le relevé des articles ci-dessous, sur les-
« quels je vérifierai, à tête reposée, la justesse ou l'er-
« reur de la somme qu'on me propose ; je vous enverrai
« mon calcul et son résultat à vous seuls et sans bruit,
« pour que vous y opposiez à votre tour vos observa-
« tions, auxquelles j'aurai les mêmes égards que je vous
« demande pour les miennes, comme cela doit être
« entre honnêtes gens qui terminent un compte exact
« et de bonne foi.

« Envoyez-moi donc :

« 1° Le nombre des représentations qu'a eues le
« *Barbier de Séville :*

« 2° La recette casuelle de chaque représentation;

« 3° Le prix de l'affermage annuel des petites loges ;

« 4° Le prix des abonnements annuels et personnels ;

« 5° Le prix de l'arrangement annuel et fixe de l'im-
« pôt en faveur des pauvres;

« 6° La fixation des frais journaliers par le dernier
« arrêt du conseil ;

« 7° L'état exact des augmentations journalières que
« vous croyez juste de faire entrer dans les frais sup-
« portés par la société.

« Si quelque objet exige conférence ou compulsation
« des registres, je conférerai volontiers avec les gens
« chargés de votre confiance, et je compulserai les re-
« gistres avec eux.

« Puisse, messieurs, cette façon honnête de procéder
« terminer à jamais les querelles entre les auteurs et
« les comédiens ! Puisse le résultat qui en va sortir
« servir de base aux traités subséquents ! Et vous,
« messieurs, conservez-moi votre amitié, dont je fais
« autant de cas que j'estime vos talents. Le public
« souffre de nos éternelles divisions : il est temps
« qu'elles finissent, et c'est l'affaire d'une bonne expli-
« cation.

« J'ai l'honneur d'être, etc. »

Mes intentions pacifiques étaient si bien expliquées dans cette lettre, que la Comédie ne dut point s'y tromper ; mais, occupée d'objets plus graves, elle oublia de me répondre, et le bruit courut à Paris qu'après avoir refusé l'argent des comédiens, je les avais traduits en justice. On voit qu'il n'en était rien. Pour rassurer mes débiteurs, qui pouvaient le craindre, je leur écrivis, le 19 janvier 1777, la lettre suivante :

« Tout le monde me dit, messieurs, que je suis en
« procès avec la Comédie française. On suppose appa-

« remment qu'il en est du tracas de la vie comme des
« plaisirs du spectacle, et qu'un petit procès doit me
« délasser d'un grand, ainsi que Patelin détend l'âme
« après Polyeucte. Il est vrai que j'ai eu l'honneur de
« vous écrire il y a treize jours sur *le Barbier de Séville*,
« et que je n'ai pas reçu de réponse de vous ; mais un
« mécontentement, messieurs, n'est pas plus un procès
« que cette seconde lettre ne ressemble à un exploit.
« Laissons jaser les oisifs. Si quelque difficulté dans les
« calculs suspend l'envoi de notre compte, ayez la
« bonté de me faire passer seulement les relevés très-
« simples que je vous ai demandés ; je le ferai moi-
« même ce compte, et je vous promets de le faire
« promptement, car les malheureux auxquels je des-
« tine cet argent meurent de froid, en dévorant
« d'avance ce que je leur donnerai dans un mois.
« J'ai l'honneur d'être, avec tous les sentiments
« d'estime et d'amitié que vous me connaissez, » etc.

Cette seconde lettre eut à peu près l'effet que j'en attendais, c'est-à-dire que la Comédie m'envoya un simple bordereau que je ne demandais point, et garda pour elle les éclaircissements que je lui demandais. Une lettre de M. Desessarts, pour lui et ses camarades, accompagnait le bordereau.

« 20 janvier 1777.

« Monsieur,

« Nous avons l'honneur de vous envoyer *le bordereau*
« *de compte du* Barbier de Séville, *suivant l'usage ob-*
« *servé par la Comédie avec messieurs les auteurs*. L'ar-
« gent est tout prêt. Mandez-nous si vous souhaitez
« qu'on vous l'envoie, ou si vous aimez mieux l'envoyer
« prendre. Permettez-nous de nous dire, avec toute la
« considération possible,

« Monsieur, vos très-humbles et très-obéissants
« serviteurs,

« Signé : Desessarts, pour les semainiers ses autres
« camarades. »

En examinant un bordereau sans signature de personne, et dont le résultat, toute balance supposée faite, offrait, pour droit d'auteur de trente-deux représentations de ma pièce, quatre mille cinq cent six livres quatorze sous cinq deniers ; en le comparant avec la phrase de la lettre qui disait que *ce bordereau de compte était fait suivant l'usage observé par la Comédie avec messieurs les auteurs*, je conclus, ou qu'on avait oublié de signer celui-ci, ou que les gens de lettres avaient eu grande raison de se plaindre de cette façon légère de compter avec eux. Je répondis aux comédiens, en leur renvoyant le bordereau le 24 janvier 1777 :

« J'ai reçu, messieurs, l'état que vous m'avez envoyé
« des frais et produits du *Barbier de Séville*, avec la
« lettre polie de M. Desessarts, qui l'accompagnait ; je
« vous en fais mes remercîments : mais vos préposés
« aux relevés qui forment cet état ont oublié de le cer-
« tifier véritable ; et, sans cette précaution, vous sentez
« que tout état est plutôt un aperçu qu'un compte en

« règle. Je vous serai fort obligé de vouloir bien le faire
« certifier, et me le renvoyer. M. Desessarts, qui fut
« praticien public avant d'être comédien du roi, vous
« assurera que ma demande est raisonnable.
« Pour faire cesser le mauvais bruit qui court d'un
« procès idéal entre nous, vous devriez, messieurs,
« mettre sur votre prochain répertoire *le Barbier de*
« *Séville* : c'est le plus sûr moyen de discréditer les pro-
« pos et de nous venger innocemment de vos ennemis
« et des miens.

« J'ai l'honneur d'être, etc. »

Et le 27 janvier étant arrivé sans que j'eusse aucune réponse à ma lettre, je craignis que mon paquet ne se fût égaré, ou que tous les écrivains de la Comédie ne fussent malades. J'envoyai donc un exprès, avec ordre de remettre au semainier la lettre suivante :

« Pardon, messieurs, de mon importunité ; ce n'est
« qu'un mot : Avez-vous reçu ma lettre enfermant un
« compte, que mon domestique assure avoir remise au
« suisse de la Comédie, le 24 de ce mois ? Comme il ne
« faut qu'un moment pour certifier véritable un compte
« auquel on a mis tout le temps nécessaire, et que voilà
« trois jours écoulés sans qu'il me soit revenu, j'ai
« craint que la négligence ou l'oubli n'eût empêché ce
« paquet de vous parvenir. Je vous prie de vouloir bien
« éclaircir ce fait, et me renvoyer votre état certifié :
« je le recevrai par ce même exprès, qui a l'ordre d'at-
« tendre.

« Je suis malade, on m'interdit pour quelques jours
« les affaires sérieuses : je profiterai de ce loisir forcé
« pour m'occuper de celle-ci, qui ne l'est point du
« tout.

« Je vous demandais aussi par ma lettre d'ouvrir une
« fois, cette semaine, la boutique peinte en bleu de notre
« Figaro ; cela ne ferait point mal du tout. On s'obstine
« à vouloir que nous soyons en procès : il serait assez
« gai de prouver ainsi aux bavards qu'il n'en est rien,
« et que vous ne cessez point, comme on le dit, de
« jouer les pièces aussitôt qu'il est question de leur
« produit. — Je suis, etc. »

Je m'étais trompé sur le motif du silence : il ne venait que de l'embarras de certifier un compte aux données duquel la Comédie n'avait pas plus de confiance que moi, si je m'en rapporte à sa réponse, qui fut guirlandée d'autant de signatures obligeantes que le bordereau en avait peu : elle portait le nom de dix membres de la Comédie. La voici :

« Monsieur,

« Le compte qui vous a été envoyé peut bien être
« certifié véritable pour le produit des recettes de la
« porte, de chaque représentation, parce qu'elles sont
« constatées.

« Quant au produit des petites loges, on ne peut vous
« en donner qu'un aperçu, cette recette étant suscep-
« tible de variation à tous moments, soit par la retraite
« ou la mort de différents locataires qui ne louent

« point tous par bail, soit pour les non-valeurs, pour
« raison de ceux des propriétaires qui ne payent point;
« soit en raison des saisons, puisqu'il est notoire qu'il
« y a moins de locations l'été que l'hiver, et que votre
« pièce a été jouée dans l'un et l'autre temps. Il en est
« de même des frais journaliers, qui ne peuvent non
« plus être les mêmes tous les jours; ils varient néces-
« sairement à chacune des représentations, en raison
« du choix des pièces. Vous voyez par là, monsieur,
« que l'on ne peut vous donner de compte que par
« aperçu, et faire, comme on dit, *une cote mal taillée*.
« Au reste, la Comédie ne pense point comme le pu-
« blic, et ne sait d'où vient le bruit du procès que l'on
« suppose entre nous.

« Si vous désirez, monsieur, de plus amples éclair-
« cissements, la Comédie se fera un plaisir et un devoir
« de vous les procurer. Rétablissez votre santé, qui
« nous intéresse; croyez que nous donnerons votre
« pièce au premier moment que nous pourrons, et
« faites-nous l'honneur de nous croire, avec toute la
« considération et l'estime possibles,

« Monsieur,
« Vos très-humbles et très-obéissants serviteurs,
« tant pour nous que pour nos camarades.

« Ce 27 janvier 1777. »

Le ton affectueux de cette lettre m'ayant absolument gagné le cœur, je résolus de tirer la Comédie de l'embarras où l'ignorance des affaires la mettait à mon égard; et, toujours plein du désir de fixer le sort des auteurs à l'amiable, par l'exemple du mien, j'envoyai le 28 janvier aux comédiens la lettre instructive qui suit :

« En lisant, messieurs, la lettre obligeante dont vous
« venez de m'honorer, signée de beaucoup d'entre
« vous, je me suis confirmé dans l'idée que vous êtes
« tous d'honnêtes gens, très-disposés à faire rendre
« justice aux auteurs; mais qu'il en est de vous comme
« de tous les hommes plus versés dans les arts agréables
« qu'exercés sur les sciences exactes, et qui se font
« des fantômes et des embarras d'objets de calculs que
« le moindre méthodiste résout sans difficulté.

« Par exemple, il est de règle que tout compte entre
« associés doit être d'une exactitude rigoureuse, et que
« rien de problématique n'y peut être admis. Cepen-
« dant, à la demande très-simple que je vous fais de
« certifier l'état que vous m'avez envoyé, vous me ré-
« pondez que *l'on peut à la Comédie, certifier véritable
« le produit des recettes de la porte, parce qu'il est
« constaté chaque jour*; mais que, *quant au produit des
« petites loges, on ne peut en donner qu'un aperçu,
« cette recette étant susceptible de variation à chaque
« moment, soit par mort, ou par retraites, non-valeurs,
« mortes-saisons*, etc. Ici vous proposez *une cote mal
« taillée* : je ne la vois pas juste; et voici mon obser-
« vation :

« Votre raisonnement, messieurs, aurait toute sa
« force, si je vous demandais une évaluation exacte du
« produit futur des petites loges; mais vous savez tou
« que s'il y a quelque chose d'éventuel ou d'incertai
« dans cette location pour les années prochaines, l
« recette de ces mêmes petites loges pour le cours de
« années passées est aussi certainement arrêtée e
« connue, aujourd'hui, que celle du parterre et des
« grandes loges pour les mêmes années.

« Certes il n'est pas plus difficile à votre comptable
« de relever, sur les livres de 1775 et 1776, le produit
« exact des loges à l'année, occupées dans tel ou tel
« mois, que de m'apprendre exactement ce qu'on a
« reçu à la porte tous les jours de ces mêmes mois; et
« c'est faute d'y réfléchir qu'il ne vous vient pas à l'es-
« prit que le compte à me rendre à cet égard est ab-
« solument semblable à celui que votre comptable a
« rendu, sur ce même objet, à la Comédie.

« Si, d'après ses tableaux arrêtés, vous n'avez eu
« nulle peine à procéder à vos partages, il n'y en a pas
« plus à procéder exactement au mien, dès que je m'en
« rapporte aux relevés dont vous avez été contents pour
« vous-mêmes. Qu'est-il arrivé quand les mois ont été
« reconnus moins forts en location de petites loges? La
« part de chacun de vous s'est trouvée amoindrie d'au-
« tant : il en doit être ainsi de la mienne, et je ne me
« rendrai ni plus ni moins rigoureux que vous à l'exa-
« men de ces relevés. Mais point de *cote mal taillée*
« entre nous; rien n'est plus contraire aux vues hono-
« rables dans lesquelles je fais cette recherche.

« Pour mieux nous entendre, substituons l'exemple
« au précepte; et permettez-moi de vous proposer une
« méthode assez simple de calculer et compter ces pro-
« duits, applicable à toutes les occasions.

« Je suppose, en nombre rond, que vos registres
« vous ont montré pour les mois de janvier, février et
« mars 1775, trente mille livres par mois, de petites
« loges occupées; elles auront donc produit mille livres
« par jour de recette.

« Maintenant, telle pièce nouvelle a été jouée douze
« fois dans le cours de ces trois mois; cela fait pour
« cette pièce une recette, en petites loges, de douze fois
« mille livres, dont la neuvième, pour l'auteur, est de
« mille trois cent trente-trois livres six sous huit de-
« niers : rien de plus facile à vérifier.

« Dans les mois d'avril, mai, juin et suivants, je sup-
« pose qu'il n'y a plus eu que pour vingt mille livres
« par mois de petites loges occupées; alors elles n'ont
« produit que six cent soixante-six livres treize sous
« quatre deniers de recette par jour. Si la même pièce
« a été jouée encore douze fois pendant ces trois mois,
« il est clair que cela fait pour cette pièce douze fois six
« cent soixante-six livres treize sous quatre deniers de
« recette en petites loges, ou huit mille, dont le neu-
« vième, pour l'auteur, est, sauf erreur, huit cent
« quatre-vingt-huit livres dix-sept sous neuf deniers;
« ainsi des autres mois et saisons. Qu'est-il de plus aisé
« qu'un pareil calcul?

« Cependant, si cette opération, toute simple qu'elle
« est, embarrasse votre comptable, j'ai sous ma main,

« messieurs, un des meilleurs liquidateurs de Paris :
« je l'enverrai nettoyer ce compte ; en huit traits de
« plume il extraira le produit net. Vous n'avez qu'à
« parler.

« Quant aux frais journaliers, sur lesquels vous me
« mandez qu'on *ne peut donner de compte que par
« aperçu*, je ne vois pas non plus ce qui vous embar-
« rasse ; un arrêt du conseil les a fixés à trois cents
« livres par jour : *mais*, comme le dit votre lettre, *si
« les frais extraordinaires varient en raison du choix
« des pièces*, et cela est incontestable, il ne l'est pas
« moins que les frais extraordinaires d'une pièce une
« fois connus ne font plus de variété sur les diverses
« représentations de cette même pièce ; ce qui éloigne
« tellement toute évaluation arbitraire de ces frais, que,
« sans vous en douter, vous en avez fait un article fort
« net du compte que vous m'avez envoyé.

« Pour quatre soldats, à vingt sous par
« jour, trente-deux représentations du *Bar-
« bier de Séville*. . . . . 128 liv.

« Pour quatre livres par jour d'autres frais
« extraordinaires. 128

                                                    256 liv.

« D'où je vois que *le Barbier de Séville* a coûté, en
« frais journaliers, tant ordinaires qu'extraordinaires,
« trois cent huit livres par représentation. Point d'équi-
« voques à cet égard.

« Cet article n'exige donc pas plus que celui des petites
« loges *une cote mal taillée*. Eh ! croyez-moi, messieurs,
« point de *cote mal taillée* avec les gens de lettres :
« trop fiers pour accepter des grâces, ils sont trop
« malaisés pour essuyer des pertes.

« Tant que vous n'adopterez pas la méthode du compte
« exact, ignorée de vous seuls, vous aurez toujours le
« déplaisir de vous entendre reprocher un prétendu
« système d'usurpation sur les gens de lettres, qui
« n'est sûrement dans l'esprit ni dans le cœur d'aucun
« de vous.

« Pardon si je prends la liberté de rectifier vos idées,
« mais il s'agit de s'entendre ; et comme vous me pa-
« raissez, dans votre lettre, embarrassés de la meilleure
« foi du monde à donner une forme exacte au plus
« simple arrêté, je me suis permis de vous proposer
« une méthode à la portée des moindres liquidateurs.

« Deux mots, messieurs, renferment toute la ques-
« tion présente : Si l'état que je vous ai renvoyé n'est
« pas juste, il faut le rectifier ; si vous le croyez très-
« exact, il faut le certifier. Voilà comme on marche en
« affaires d'intérêts.

« Je vous remercie des éclaircissements que la Co-
« médie veut bien me promettre à ce sujet ; je n'en puis
« désirer aucun avant que les bases fondamentales de
« notre compte à régler soient posées exactement, et
« certifiées par vous : le reste ne sera que des points
« de fait sur lesquels, de votre part, le *oui* ou le *non*,
« bien réfléchi, me suffira toujours.

« J'ai l'honneur, etc. »

Au lieu d'envoyer cette lettre le jour même, je la
gardai jusqu'au 31 janvier, qu'elle partit avec le mot
suivant :

« J'ai laissé reposer deux jours sur mon bureau,
« messieurs, la lettre ci-jointe, avant de vous l'adresser.
« Je viens de la relire à froid, je n'y trouve rien qui
« doive l'empêcher de partir : elle est l'expression de
« mon estime et de mes sentiments pour vous ; elle
« contient une méthode aussi claire qu'aisée pour
« compter avec les auteurs, du produit net des petites
« loges, et des frais extraordinaires que les drames né-
« cessitent. Je vous prie de la lire avec attention, d'en
« accueillir les dispositions, et de vouloir bien m'ho-
« norer d'une réponse accompagnée de notre compte
« en règle, afin que cette affaire entamée entre nous
« ne languisse pas davantage. »

La Comédie, touchée de mes égards, et surtout des
soins que je me donnais pour lui en épargner beaucoup,
me répondit, le 1ᵉʳ février 1777, en ces termes :

« Monsieur, la Comédie n'a d'autres désirs que de
« vous rendre la plus exacte justice, et de faire les
« choses de la manière la plus régulière et la plus
« honnête.

« Pour y parvenir, elle a assemblé messieurs les
« avocats de son conseil, qui ont bien voulu se charger,
« avec quatre commissaires de la Société, d'examiner
« chacun de vos chefs de demande. Dès qu'ils auront
« pris un parti définitif, la Comédie aura l'honneur de
« vous en faire part. Nous sommes, etc. »

Assembler tout un conseil d'avocats, et des commissaires tirés du corps de la Comédie, pour consulter si
l'on devait ou non m'envoyer un bordereau exact et
signé de mes droits d'auteur sur les représentations de
ma pièce, me parut un préalable assez étrange. Mais
enfin, résolu de porter la douceur et les égards aussi
loin qu'on pouvait l'espérer d'un ami du bon ordre et
de la paix, j'envoyai au *Courrier de l'Europe* le désaveu
d'un mécontentement qu'on m'y supposait, des comédiens, dans un paragraphe assez dur pour eux ; et je
leur adressai à eux-mêmes, le 8 février 1777, la lettre
suivante pour les en prévenir, en y joignant mon désaveu public :

« Je vois avec déplaisir, messieurs, que votre lenteur
« à régler notre compte éveille vos ennemis et les met
« en campagne. Un paragraphe du *Courrier de l'Europe*,
« que je vous envoie, indique assez qu'on veut user de
« ce prétexte et de mon nom pour vous maltraiter dans
« les papiers publics.

« Il ne me sera plus reproché, messieurs, d'entre-
« tenir cette erreur funeste à votre réputation même,
« par un silence qui pourrait être pris pour un tacite
« aveu de ma part.

« Ne m'étant plaint encore à personne de votre len-
« teur, qui sans doute est l'effet de l'exactitude et des

« précautions que vous mettez à la rédaction de notre
« compte, je désapprouve infiniment les libertés qu'on
« se permet à cet égard dans le *Courrier de l'Europe*,
« et je me hâte de vous envoyer la copie du désaveu que
« j'en viens d'écrire à son rédacteur à Londres [1].

« Plus je me rends sévère au règlement d'un compte
« qui intéresse également la fortune des auteurs et
« l'honneur des comédiens, moins je puis souffrir que
« des esprits inquiets ou turbulents donnent au public
« d'aussi fausses notions de votre probité, ni qu'ils tra-
« duisent insidieusement devant lui cette affaire parti-
« culière, entamée avec autant d'honnêteté de ma part
« que j'espère y rencontrer de bonne foi de la vôtre.

« C'est dans ces sentiments que j'ai l'honneur d'être,
« en attendant *toujours l'état certifié* que vous devez me
« *renvoyer*, votre, etc. »

Les comédiens, touchés encore une fois de mes procédés, voulurent bien m'en faire ainsi leurs remercîments, le 14 février 1777 :

« Monsieur, nous avons reçu la lettre que vous nous
« avez fait l'honneur de nous écrire le 9 du courant,
« ainsi que le désaveu que vous écrivez à l'auteur du
« *Courrier de l'Europe*, dont nous vous renvoyons le
« n° 27.

« Vous êtes bien bon, monsieur, de vouloir réfuter
« les sottises d'un gazetier qui, pour amuser les oisifs,
« va recueillant les anecdotes, vraies ou fausses, qu'il
« peut ramasser. Nous n'en sommes pas moins recon-
« naissants de ce que votre désaveu contient d'obligeant
« et d'honnête pour nous, et nous vous en faisons nos
« sincères remercîments.

« A l'égard de la lenteur dont vous paraissez vous
« plaindre, soyez persuadé, monsieur, qu'elle n'est pas
« volontaire de notre part. Il s'agit toujours d'assem-
« bler notre conseil ; et la circonstance du carnaval,
« jointe au service que nous sommes obligés de faire à
« la cour et à la ville, a empêché jusqu'ici la fréquente
« réunion des différentes personnes qui doivent s'oc-
« cuper de cette affaire.

« Nous avons l'honneur, etc. »

[1] « Au rédacteur du Courrier de l'Europe.
    « Paris, 8 février 1777.
« Je désavoue, monsieur, l'intention qui m'est prêtée, dans
votre dernier *Courrier*, de démasquer et de confondre les comédiens français sur aucune infidélité ni mauvaise foi reconnue
dans le compte qu'ils me rendent de mes pièces de théâtre :
1° parce que ce compte, qui m'avait été remis sans signature,
et que j'ai renvoyé, ne m'est pas encore revenu ; 2° parce que
je sais que les comédiens français ont assemblé un conseil composé d'avocats, et de quelques-uns d'entre eux, exprès pour travailler à faire justice aux gens de lettres en ma personne, et
me rendre compte avec l'exactitude et la netteté qu'on les a,
trop peut-être, accusés de négliger dans ces partages.
« On ne pouvait donc plus mal prendre son temps pour renouveler contre eux un reproche dont ils désirent si sérieusement se laver pour le passé ou se garantir pour l'avenir ; et l'on
ne devait pas surtout accréditer d'avance, en mon nom, une
accusation d'infidélité ou mauvaise foi, que je ne puis former
avec raison contre les comédiens, et que je ne veux jamais former sans raison contre personne.
« Je vous prie d'insérer dans votre prochain *Courrier*, monsieur, cet aveu de l'auteur d'*Eugénie*, des *Deux Amis* et du *Barbier de Séville*. »

Je conclus de cette lettre que la Comédie était contente de moi, mais que le carnaval lui paraissait un
mauvais temps pour s'occuper d'affaires. Laissant donc
danser en paix les comédiens et les avocats, leur conseil, j'attendis patiemment jusqu'à la fin du carême ;
mais ou l'on dansait encore, ou l'on faisait pénitence
d'avoir dansé, car je n'entendis parler de personne.

Quatre mois s'écoulèrent dans un profond sommeil,
où nous serions restés, si je n'eusse été réveillé (le
1ᵉʳ juin 1777) par une visite au sujet du *Barbier de Séville*, qu'on avait en vain demandé plusieurs fois à la
Comédie sans pouvoir l'obtenir. J'avais en effet remarqué que depuis neuf mois, c'est-à-dire depuis l'époque
où mes demandes d'un compte exact avaient frappé
l'oreille des comédiens, on n'avait plus donné ma pièce.
Reprenant donc la plume avec un peu de chaleur, je
dépêchai (le 2 juin) la lettre suivante à la Comédie :

« Si la patience est une vertu, il ne tient qu'à vous,
« messieurs, de me trouver le plus vertueux des hom-
« mes. Mais si vous en prenez droit d'oublier que vous
« me devez depuis deux ou trois ans un compte *certifié
« véritable* ; que je vous l'ai demandé bien des fois ver-
« balement et par écrit ; qu'après beaucoup d'échappa-
« toires vous avez dû me l'envoyer le 20 janvier der-
« nier ; que, sur de nouvelles représentations de ma
« part, vous vous êtes excusés, le 14 février dernier,
« sur les fatigues ou les plaisirs du carnaval, de ne vous
« être pas mis en règle à cet égard ; que le carême, le
« temps de Pâques, celui de la Pentecôte, se sont écou-
« lés sans que j'aie eu nouvelle de cet imprésentable
« compte ; et que nous ne sommes pas plus avancés en
« juin 1777 qu'en janvier 1776, vous conviendrez, mes-
« sieurs, que c'est me traiter un peu légèrement, et
« qu'il ne tiendrait qu'à moi d'en être offensé ? car il y
« a des bornes à la patience même la plus absurde.

« D'autre part, je sais que toutes les fois qu'on pro-
« pose à vos assemblées de jouer quelqu'un de mes
« ouvrages, la réponse de vos sages est qu'on ne peut
« en jouer aucun, parce que vous êtes en dispute avec
« l'auteur. — En dispute, messieurs ! est-ce vous dis-
« puter quelque chose, que d'user les mois et les an-
« nées à vous prier de faire justice ? et votre compagnie
« a-t-elle, entre autres beaux priviléges, celui de re-
« fuser constamment d'ouvrir un compte avec ses bé-
« nins associés ? Je l'ai vainement cherché dans nos
« règlements.

« Hier encore, M. le président de F***, qui permet
« qu'on le cite, est venu me dire que beaucoup de dames
« étrangères l'avaient prié de demander *le Barbier de
« Séville* à la Comédie, en payant les loges prescrites
« par les règlements ; mais qu'on l'avait constamment
« refusé sous plusieurs prétextes, et que la dernière
« réponse des comédiens avait été que cela ne dépen-
« dait pas d'eux, mais de l'auteur uniquement.

« Vous savez, messieurs, que je ne me suis jamais
« opposé qu'on donnât ce léger ouvrage ; qu'on a même
« usé de mon consentement acquis dans des occasions

« très-dangereuses pour la pièce ; et que j'ai reçu plus
« d'une fois de la Comédie les remercîments de mon
« excessive complaisance à ce sujet.

« J'ai donc promis à M. le président de F*** que
« j'aurais l'honneur de vous en écrire, et je le fais... le
« plus poliment que je puis ; car je trouve assez étrange
« la maxime adoptée de cesser de jouer un ouvrage
« aussitôt que l'auteur parle de compter.

« Enfin, messieurs, vous donnerez la pièce ou ne la
« donnerez pas ; ce n'est pas de cela qu'il s'agit au-
« jourd'hui : ce qui m'importe est de fixer un terme à
« tant d'incertitudes. Convenons donc, si vous l'accep-
« tez, que je recevrai sous huit jours de votre comp-
« table (et non de votre conseil, absolument étranger à
« cet objet) un compte certifié que vous me retenez
« depuis si longtemps ; et que, ce terme expiré, je
« pourrai regarder votre silence comme un refus
« obstiné de me faire justice. Alors ne trouvez pas mau-
« vais que, faisant un pieux usage de mes droits d'au-
« teur, je confie les intérêts des pauvres à des per-
« sonnes que leur zèle et leur ministère obligeront de
« discuter ces intérêts plus méthodiquement que moi,
« qui fais vœu d'être toujours, avec le plus grand amour
« pour la paix,

« Votre, etc. »

La Comédie, réveillée par ma lettre comme je l'avais
été moi-même par la visite du président, se hâta de réparer sa négligence, en me répondant neuf jours après
en ces termes obligeants :

« 10 juin 1777.

« Monsieur, il nous est absolument impossible de re-
« garder notre conseil comme étranger dans le compte
« que vous nous demandez. Le sieur de Nesle était en-
« core notre caissier lors des premières représentations
« du *Barbier de Séville ;* notre conseil ayant assisté aux
« comptes que M. de Nesle nous a rendus, ce n'est que
« par ses lumières que nous pourrons nous guider.
« Vous nous avez toujours proposé d'assister à telle as-
« semblée qu'il lui serait loisible d'indiquer pour traiter
« cette affaire : si c'est encore votre intention, pro-
« noncez, et nous le prierons de s'assembler.

« Quant au refus que vous prétendez que nous fai-
« sons de jouer vos pièces, la circonstance présente
« vous prouvera le contraire, la dame La Croisette dé-
« butant par *Eugénie* [1].

« Nous attendons votre réponse avec la confiance de
« gens qui ne demandent que la continuation de la paix
« que vous invoquez, et qui auront toujours pour vous
« les sentiments de la plus parfaite considération.
« Nous sommes avec toute l'estime et l'attachement
« possibles, » etc.

Je jugeai bien à cette lecture que les comédiens n'a-
vaient plus pensé à mon affaire, dès que j'avais cessé

[1] N. B. qu'*Eugénie* n'appartenait plus à l'auteur, qui en avait fait don à la Comédie dès la première représentation.

de les en presser. Aussi, pour les tenir en haleine, et
mettant toute la réflexion possible à ma démarche, je
leur écrivis sur-le-champ :

« Proposer quelque chose, messieurs, est au moins
« aller en avant ; je vous en remercie. Quoique je
« comprenne mal pourquoi il faut tant d'appareil pour
« un objet aussi simple qu'un relevé de recettes, j'ac-
« cepte avec plaisir la conférence avec vous, assistés
« de votre conseil. Si vous l'agréez, ce sera jeudi le
« matin ou l'après-dînée, à votre choix ; mais en vérité
« l'on pouvait s'épargner cet embarras, en ordonnant
« tout simplement à votre comptable de faire un état
« exact de mes droits d'auteur, de le certifier, et de me
« l'envoyer. Au reste, comme la forme ne fait rien,
« pourvu qu'on s'entende, je recevrai votre réponse
« pour l'heure agréée, et j'irai vous renouveler, où l'on
« m'indiquera, l'assurance de la considération et de
« l'attachement avec lequel j'ai l'honneur d'être, » etc.

J'avais repris, comme on voit, ma douceur et mes
anciens procédés ; et si le rendez-vous que j'attendais
fut encore retardé, j'en reçus au moins, le 11 juin 1777,
les excuses de la Comédie, en ces termes :

« Monsieur,

« Pour nous conformer à ce que vous souhaitez, j'ai
« prévenu M. Jabineau, hier matin, de l'assemblée que
« vous avez fixée à jeudi ; je reçois actuellement sa ré-
« ponse, par laquelle il me prévient que MM. les avocats
« du conseil ayant tous des engagements pour cette
« semaine, il est impossible de les rassembler ; mais
« qu'ils prendront jour pour la semaine prochaine, et
« qu'ils vous le feront savoir. Je ne puis, monsieur, que
« vous témoigner combien je suis fâché de ce retard,
« qui vous dérangera peut-être ; mais dès qu'ils au-
« ront fixé le jour, je prendrai la liberté de vous en
« avertir.

« Je suis, monsieur, avec estime, votre, etc.

« *Signé :* DESESSARTS.

« Ce mercredi matin, 11 juin 1777. »

Je trouvai les comédiens bien bons de croire qu'après
avoir attendu plus d'un an leur commodité, j'irais
m'offenser d'un nouveau petit retard de quelques jours ;
j'étais trop accoutumé à leur façon de faire, pour perdre patience à si peu de frais. Je résolus donc d'attendre le moment qu'il leur plairait d'assigner à cette
assemblée si fugitive : et je l'attendais en effet, lorsque
je reçus, le 15 juin 1777, de M. le maréchal de Duras,
que je n'avais pas encore eu l'honneur de voir une seule
fois sur cette affaire, la lettre suivante :

« Ayant appris, monsieur, que vous aviez des discus-
« sions avec les comédiens français, et désirant vive-
« ment les terminer, et empêcher l'éclat que cette
« affaire pourrait avoir, je voudrais bien que vous
« voulussiez en conférer avec moi. Je crois entrer dans
« vos vues en cherchant les moyens qui pourront vous

« être agréables. Je vous prie en conséquence de vou-
« loir bien m'indiquer le jour où nous pourrions en
« causer, je vous attendrai ; et si cela ne vous gêne pas,
« je préférerais la matinée. Je vous prie de vouloir
« bien me mander vos intentions, et d'être persuadé
« des sentiments avec lesquels je suis très-parfaitement
« monsieur, votre, » etc.

« *Signé :* Le maréchal duc DE DURAS. »

Qu'avait-on donc fait entendre à M. le maréchal, puisqu'il désirait *empêcher l'éclat que cette affaire pourrait avoir?* Je n'avais pas dit aux comédiens que je voulusse donner de l'éclat à l'affaire. Nous étions rentrés dans les termes de la conciliation : il ne s'agissait que d'une assemblée pacifique ; elle était proposée de leur part, acceptée de la mienne ; et j'attendais toujours en me prêtant à tout ce qui pouvait excuser la lenteur de la Comédie.

Un peu blessé pourtant de ce qu'au lieu de convoquer l'assemblée, les comédiens avaient été se plaindre à M. le maréchal de Duras, en invoquant sa protection contre mes mauvais desseins, je me hâtai d'adresser à M. le maréchal la réponse suivante, datée du 16 juin 1777 :

« MONSIEUR LE MARÉCHAL,

« Il m'est bien doux d'avoir à plaider l'intérêt des
« lettres devant un des chefs de la littérature, aussi
« respectable qu'éclairé. Mais on vous a trompé sur
« l'état de la question : s'il y a loin de la discussion à la
« dispute, l'affaire n'est pas près d'éclater, puisque je
« n'en suis pas même encore à discuter avec les comé-
« diens.

« Depuis un an je leur demande un compte, et je ne
« puis l'obtenir. Nous sommes associés, leur dis-je, en
« une affaire commune, à frais et à bénéfices communs :
« la livre, entre nous, est de neuf sous : vous en prenez
« huit, et m'en laissez un. C'est vous qui tenez les livres
« et qui, par conséquent, rendez les comptes. Certi-
« fiez-les s'ils sont exacts, rectifiez-les s'ils ne le sont
« pas.

« A des demandes si justes, les comédiens se regar-
« dent, usent le temps, tergiversent, assemblent leur
« conseil, me font attendre une réponse plus de six
« mois, cessent de jouer mes pièces, ne m'envoient
« aucun compte, et finissent par vous importu-
« ner de leur puéril embarras ; mais il n'y a qu'eux
« au monde qu'un dilemme aussi simple puisse mettre
« en cervelle.

« Vous vous intéressez trop, monsieur le maréchal,
« au progrès du plus beau des arts, pour n'être pas
« d'avis que si ceux qui jouent les pièces des auteurs y
« gagnent vingt mille livres de rentes, il faut au moins
« que ceux qui font la fortune des comédiens en arra-
« chent l'exigu nécessaire.

« Je ne mets, monsieur le maréchal, aucun intérêt
« personnel à ma demande ; l'amour seul de la justice
« et des lettres me détermine. Tel homme que l'impul-
« sion d'un beau génie eût porté à renouveler les chefs-
« d'œuvre dramatiques de nos maîtres, certain qu'il ne
« vivra pas trois mois du fruit des veilles de trois années
« après en avoir perdu cinq à l'attendre, se fait journa-
« liste, libelliste, où s'abâtardit dans quelque autre mé-
« tier aussi lucratif que dégradant.

« N'est-ce donc pas assez, monsieur le maréchal, que
« les ouvrages des gens de lettres dépendent pour
« éclore de la fantaisie des comédiens, sans que leur
« chétif intérêt soit encore soumis aux calculs arbitrai-
« res de ces terribles associés.

« J'aurai l'honneur de me rendre à vos ordres demain
« dans la matinée. Le premier avantage de cette discus-
« sion sera pour moi de vous renouveler l'assurance
« du très-respectueux dévouement avec lequel je
« suis,

« Monsieur le maréchal, votre, » etc.

En effet, je me rendis, le 17 juin 1777, chez M. le maréchal de Duras : j'eus l'honneur de lui communiquer tout ce qu'on vient de lire : il parut un peu surpris de ma conduite modérée, et des termes où j'en étais avec la Comédie, bien différents de ceux qu'on lui avait présentés. Mais comme la fiction n'est pas un crime dans la bouche des comédiens, je pris le parti de donner ce nom au petit déguisement dont ils avaient usé envers leurs supérieurs ; et, disposé que j'étais à faire tout ce qui pourrait plaire à un si honorable médiateur, je lui demandai ses ordres.

M. le maréchal, persuadé qu'une plus longue obscurité sur les données des comptes présentés par la Comédie aux auteurs pouvait éterniser les querelles, mais jugeant, à la conduite des comédiens, combien ils redoutaient d'entrer en éclaircissements à cet égard, voulut bien me proposer d'échanger la discussion de nos droits contre un plan qu'il avait dans la tête. Il ajouta qu'il croyait un nouveau code ou règlement très-nécessaire au théâtre ; et que, si je voulais entrer dans ses vues, et réunir quelques-uns des auteurs les plus sages pour former ensemble un projet qui pût tirer les gens de lettres des chagrins d'un débat perpétuel avec les comédiens, et de mille autres entraves qui offusquent le génie, il se livrerait entièrement à cette réforme utile.

L'indiscipline ou l'indocilité des comédiens ne paraissait pas l'arrêter. M. le maréchal était même d'avis que le plus bel usage de l'autorité était de venir au secours de la raison et de la justice ; et il se promettait de déployer celle qu'il tenait du roi sur la Comédie, si elle tentait de s'opposer à la réforme.

M. le maréchal y portait une chaleur si obligeante pour la littérature dramatique, que j'en fus vivement touché.

J'abandonnai donc mes idées pour me livrer entièrement aux siennes, et c'était bien le moins que je crusse lui devoir. Je me permis seulement de lui représenter que, les auteurs étant indépendants les uns des autres, il était plus décent de prendre l'avis de tous, que de prétendre en soumettre une partie à l'opinion de l'autre. Il m'engagea de les assembler, de m'occuper sérieusement de ce travail avec eux, et de le lui communiquer promptement.

Le 27 juin, j'écrivis à tous les auteurs du Théâtre-Français la lettre circulaire qui suit :

« Une des choses, monsieur, qui me paraît le plus s'opposer au progrès des lettres, est la multitude des dégoûts dont les auteurs dramatiques sont abreuvés au Théâtre-Français, parmi lesquels celui de voir leurs intérêts toujours compromis dans la rédaction des comptes n'est pas le moins grave à mes yeux.

« Frappé longtemps de cette idée, l'amour de la justice et des lettres m'a fait prendre enfin le parti d'exiger personnellement des comédiens un compte exact et rigoureux de ce qui me revient pour *le Barbier de Séville*, la plus légère des productions dramatiques, à la vérité ; mais le moindre titre est bon quand on ne veut qu'avoir justice.

« M. le maréchal de Duras, qui veut sincèrement aussi que cette justice soit rendue aux gens de lettres, a eu la bonté de me faire part d'un plan, et d'entrer avec moi dans des détails très-intéressants pour le théâtre : il m'a prié de les communiquer aux gens de lettres qui s'y consacrent, en m'efforçant de réunir leurs avis à ce sujet.

« Je m'en suis chargé d'autant plus volontiers, que je mettrais à la tête de mes plus doux succès d'avoir pu contribuer à dégager le génie d'une seule de ces entraves.

« En conséquence, monsieur, si vous voulez me faire l'honneur d'agréer ma soupe, jeudi prochain, j'espère vous convaincre, ainsi que messieurs les auteurs dramatiques à la suite desquels je m'honore de marcher, que le moindre des gens de lettres sera en toute occasion le plus zélé défenseur des intérêts de ceux qui les cultivent.

« J'ai l'honneur d'être, avec la plus haute considération, » etc.

Ces messieurs (le 3 juillet 1777) me firent presque tous l'honneur de se rendre à mon invitation. Après leur avoir rendu compte de tout ce qui avait précédé la lettre de M. le maréchal de Duras, et de ma conversation avec lui, il fut unanimement arrêté que les vues de M. le maréchal, très-avantageuses au Théâtre-Français, méritaient la plus grande reconnaissance des gens de lettres, et la plus sérieuse application à former le nouveau règlement théâtral sur un plan sage et modéré, tel enfin qu'il était désiré par M. le maréchal de Duras et par nous tous.

Chacun offrit de communiquer ses idées par écrit ; mais comme la rédaction de tous ces matériaux et le soin de les faire adopter exigeaient plutôt le travail suivi d'un seul homme ou de peu de personnes, que le concours d'une assemblée nombreuse, il fut arrêté d'en confier le soin à plusieurs d'entre nous, qui en rendraient compte à tous les auteurs dans des assemblées semblables à celle qui venait de réunir nos intérêts et

nos vues. Il en fut sur-le-champ dressé une délibération signée de tous, et conçue en ces termes :

« Aujourd'hui 3 juillet 1777, nous soussignés, étant « assemblés sur l'invitation de M. de Beaumarchais, en « raison de ce qui suit : il nous a présenté une lettre de « M. le maréchal de Duras, à lui écrite en date du 15 « juin 1777, annexée à la présente délibération, ainsi « que la réponse qu'il y a faite ; et nous a rendu compte « de la conversation qui s'en est suivie entre M. le ma- « réchal et lui, et des intentions dans lesquelles il a « trouvé MM. les premiers gentilshommes de la cham- « bre, de faire un nouveau règlement à la Comédie fran- « çaise, relatif aux gens de lettres qui se sont consacrés « à ce théâtre. Après avoir délibéré sur toutes les ques- « tions agitées dans la présente assemblée, nous avons « arrêté ce qui suit, savoir : que

« Nous avons prié et prions M. de Beaumarchais de « nous représenter comme commissaire et représentant « perpétuel nommé par nous pour suivre l'affaire pré- « sente, et tous autres événements qu'elle peut embras- « ser par la suite, tant auprès de MM. les premiers gen- « tilshommes de la chambre, que de toutes autres « personnes qui pourraient y influer ; discuter nos in- « térêts, nous rendre compte de ses travaux, recevoir « nos observations, les rédiger ; et enfin porter le vœu « général de tous nous autres gens de lettres partout « où nos intérêts l'exigeront : et, pour partager entre « plusieurs le fardeau de tous ces soins, nous avons « prié et prions MM. *Saurin*, *Marmontel*, et *Sedaine*, « de se joindre à lui en mêmes qualités de nos commis- « saires et représentants perpétuels ; et en cas de longue « absence de l'un de nos susdits commissaires et repré- « sentants perpétuels, pour cause d'affaires ou de mala- « die, nous avons arrêté que nous nommerons à sa réqui- « sition, dans une assemblée à ce sujet, l'un de nous pour « le suppléer. Quant à ce qui regarde les auteurs drama- « tiques avoués par notre dite assemblée, et qui n'ont « pu se trouver et signer à la présente délibération, « nous avons arrêté qu'ils seront invités d'en prendre « lecture, d'y faire leurs observations, et d'y donner « leur adhésion.

« N'entendons, par la dénomination d'auteurs drama- « tiques ayant droit d'avis et voix délibérative entre « nous, que les auteurs qui ont une ou plusieurs pièces « représentées à la Comédie française, et nous conve- « nons de n'admettre à délibérer désormais avec nous « que les auteurs dramatiques qui seront dans le même « cas expliqué ci-dessus.

« Ont signé, *Rochon de Chabannes*, *Lemierre*, *la Place*, « *Chamfort*, *Bret de Sauvigny*, *Blin de Sainmore*, *Gudin* « *de la Brenellerie*, *du Doyer*, *Lefèvre*, *Ducis*, *Favart*, « *Dorat*, *Lemonnier*, *Cailhava*, *Leblanc*, *Barthe*, *Rous- « seau*. »

Plus bas est écrit : « Et nous quatre, commissaires « honorés de la nomination de la présente assemblée, « avons accepté et signé la présente délibération :

« *Saurin*, *Marmontel*, *Sedaine*, *Caron de* « *Beaumarchais*. »

Voilà donc l'affaire absolument dénaturée : il ne s'agit plus d'un compte que je demandais aux comédiens, et que je n'ai pu obtenir après un an de soins et de patience: aujourd'hui c'est un code ou règlement nouveau proposé, par lequel les auteurs, dégagés du soin de compter, c'est-à-dire, de disputer sans cesse et sans fruit, avec les comédiens, doivent avoir un sort décent, équitable, enfin indépendant.

Le plan de M. le maréchal de Duras est que l'on forme d'abord une somme fixe, équivalente au cinquième de la recette, et qu'elle soit touchée, chaque représentation, par l'auteur d'une pièce nouvelle, sans autre débat que d'aller recevoir cette somme autant de fois que la pièce ne sera pas *tombée dans les règles*, c'est-à-dire, *tant que la recette entière du spectacle* ne sera pas tombée deux fois de suite au-dessous de douze cents livres. Le reste était abandonné à la prudence des auteurs.

Les différents travaux furent répartis entre tous les membres de l'assemblée ; les commissaires, chargés de les rédiger et mettre en œuvre, y travaillèrent avec tant de suite et de zèle, qu'on fut en état dès le 25 juillet, (c'est-à-dire au bout de trois semaines) de proposer à M. le maréchal de Duras la communication du plan général que la Société des auteurs avait embrassé.

Les comédiens, effrayés de voir les auteurs s'assembler, et travailler sérieusement à un projet de règlement pour le théâtre, se récrièrent hautement contre la forme et le fond d'une chose qu'ils ne connaissaient pas encore : on les livrait, disaient-ils, aux auteurs, qui en abuseraient pour les ruiner et perdre la Comédie.

Ils avaient crié contre la demande du compte, ils criaient contre le vœu d'un règlement ; ils criaient surtout contre l'assemblée des auteurs. Ils avaient eu si bon marché de chacun d'eux séparés, que ce qu'ils craignaient le plus était leur réunion : ils les voulaient bien en baguettes, et les redoutaient en faisceaux.

La réponse de M. le maréchal, en date du dimanche 2 août 1777, fut telle que nous pouvions la désirer, et ne fit qu'encourager nos travaux.

« J'ai reçu, monsieur, les deux lettres que vous avez
« pris la peine de m'écrire. Quand vous aurez totale-
« ment fini l'ouvrage dont vous avez bien voulu vous
« charger, nous en conférerons ensemble, et je vous
« communiquerai les réflexions que je croirai devoir
« vous offrir. J'espère que nous viendrons à bout de
« terminer cette besogne, et je me ferai un grand plai-
« sir de concourir à la satisfaction des gens de lettres,
« et à la vôtre en particulier ; soyez-en aussi persuadé,
« je vous prie, que des sentiments avec lesquels je suis
« très-parfaitement, monsieur, votre, etc. »

Pour concourir à des vues si utiles, et pour apaiser les clameurs des comédiens, nous nous hâtâmes de remettre, dès le 12 août 1777, à M. le maréchal de Duras, le projet de règlement, revêtu des motifs qui en avaient fait adopter les articles.

Nous en transcrivons ici le préambule, afin qu'on soit en état de juger dans quel esprit de sagesse et de paix les gens de lettres s'occupaient du spectacle français.

Aux auteurs assemblés.

Nous, commissaires et représentants perpétuels nommés par vous, messieurs, pour travailler à la formation et rédaction d'un nouveau règlement dramatique désiré par nous tous, et qui nous a été demandé par MM. les premiers gentilshommes de la chambre ; après avoir réfléchi sur le mécontentement perpétuel qui éloigne les auteurs des comédiens, et sur l'intérêt constant qui les en rapproche, nous avons pensé, messieurs, que tout moyen dur, tout règlement nouveau qui tendrait à subordonner l'un de ces corps à l'autre, irait contre le but qu'on se propose, le progrès de l'art du théâtre, et la bonne intelligence entre ceux qui le cultivent : il en serait comme de ces lois mal digérées qui, contrariant la nature, finissent par tomber en désuétude, ou n'ont que des effets fâcheux.

En effet, supposons que par un règlement impératif on parvînt à remettre le comédien, dont le talent est de débiter, dans un degré de subordination convenable à l'auteur qui créa l'ouvrage, en un mot, à la seconde place ; il ne faut pas se dissimuler que les comédiens reprendraient bientôt la première, et peut-être encore faudrait-il excuser de ne pas se tenir à leur place des gens dont l'unique métier est d'en sortir continuellement : d'ailleurs le désir de faire agréer un ouvrage à la lecture, et de réussir à la représentation, animant tout auteur, le ramènerait naturellement à cette dépendance du comédien, dont on cherche à le tirer ; et la supériorité de droit reconnue dans l'auteur, mais toujours balancée par la dépendance de fait dans laquelle il rentre aux deux moments critiques de la lecture et de la représentation, jetterait l'homme de lettres dans la succession perpétuelle de deux états très-opposés de prééminence et de dépendance ; et comme la supériorité qui n'est que de droit tend toujours à s'affaiblir lorsque la dépendance de fait va toujours en augmentant, il résulterait de ce conflit une nouvelle guerre affligeante pour l'homme de lettres, et sa rechute assurée dans l'état fâcheux qui fait l'objet de la réforme projetée.

Nous induisons en conséquence, messieurs, qu'il est à propos d'adopter, pour principe fondamental de notre travail, d'exclure du nouveau règlement toute clause qui tendrait à classer durement les comédiens, qui les humilierait et les aigrirait, sans remédier aux maux réels des auteurs dont la division avec les comédiens est la source éternelle.

Si vous nous entendez bien, messieurs, si vous approuvez nos vues, et sentez la nécessité où se voit l'homme de lettres de caresser souvent le comédien pour l'intérêt de la gloire, essayons seulement d'opposer un intérêt aussi fort, qui tienne toujours le comédien dans l'obligation de se rendre agréable aux gens de lettres, en remplissant ses devoirs.

Ne pouvant empêcher que le triomphe et le succès des auteurs ne dépendent un peu de la bonne volonté des acteurs, faisons en sorte que l'intérêt et l'avancement des comédiens soient toujours déterminés par le suffrage et le concours d'opinions du corps des gens de lettres (avancement soumis, comme de raison, au jugement de MM. les gentilshommes de la chambre du roi, supérieurs-nés des comédiens, et présidant toutes les affaires de la Comédie), de façon que l'augmentation des parts, le passage d'une classe inférieure à la supérieure, et tout jugement, tendant à l'accroissement du bien-être et de l'état de comédien, dépendent en quelque sorte du témoignage que le corps des gens de lettres rendra du talent et de la conduite théâtrale de l'acteur à ses supérieurs.

Ce moyen doux, mais plus fort que tout règlement qui classerait et blesserait les comédiens, balancerait sans cesse une dépendance de fait par une dépendance aussi de fait; et tous les débats qu'on a pu jusqu'ici résoudre ou concilier s'éteindraient bientôt, de cela seul que le corps des auteurs et celui des acteurs auraient le mutuel pouvoir de se contenir et de s'obliger alternativement.

N'oublions pas surtout qu'entre ces deux corps, si les rangs diffèrent, les intérêts sont les mêmes; et que si la supériorité appartient de droit aux auteurs, ils ne doivent jamais s'en souvenir, à moins que les comédiens ne l'oublient.

Toutes les idées de détail ou secondaires du nouveau règlement me paraissent devoir découler de ces idées primitives, de ce principe également doux et fort, de toujours balancer une influence par une autre; et d'engager les comédiens, qui sont les premiers à juger du talent des auteurs, à bien servir ceux qui deviendront à leur tour les soutiens de leur fortune et les arbitres de leur avancement.

Si ces vues générales vous semblent propres, messieurs, à fonder solidement le nouvel édifice du théâtre, unissons-nous pour travailler à leur accomplissement; tous les intérêts se réunissent ici.

1° L'intérêt de l'État est de faire fleurir un art à qui la langue française a l'obligation d'être devenue celle de toute l'Europe, et qui, mettant notre théâtre au premier rang, attire à Paris le concours d'étrangers que nous y voyons; un art surtout qui, en s'épurant, a rendu la fréquentation du spectacle essentielle à l'éducation, et a fait du Théâtre-Français une espèce de code moral, où la jeunesse apprend à se conduire et à connaître les hommes;

2° L'intérêt du public est d'entendre et de voir commodément de bonnes pièces bien représentées;

3° L'intérêt des auteurs est de recueillir la gloire et le fruit que leurs travaux méritent;

4° L'intérêt des comédiens est que leurs efforts et leurs talents soient applaudis et récompensés;

5° Enfin, l'intérêt commun est de diminuer la dépense et d'augmenter la recette. Mais, pour mettre de justes bornes à ces objets, la satisfaction du public est la boussole qu'il faut toujours consulter.

Nous diviserons donc en autant d'articles séparés tout ce qui se rapporte à chacun de ces divers intérêts; et, conservant ce qu'il y a de bon dans les anciens règlements, nous tâcherons seulement d'y ajouter ce qui nous paraît y manquer, et de faire porter l'édifice entier du théâtre sur des bases plus solides que par le passé.

Nous défèrerons sur la totalité de nos travaux, d'abord à vous, messieurs, en première instance, ensuite à MM. les premiers gentilshommes de la chambre. De là ce travail passera sous les yeux du conseil du roi, pour y prendre un caractère auguste, émané du législateur même, et viendra ensuite dans le parlement recevoir la sanction publique, qui rend toute loi immuable et nationale.

Tel est notre plan, messieurs; telles sont les vues équitables et modérées que nous avons crues les plus propres à rétablir l'ordre et la paix entre le corps des auteurs et celui des comédiens, dont les talents doivent toujours être réunis pour concourir au bien du Théâtre-Français.

Les articles suivaient ce préambule. Ils furent soumis en cet état, le 8 octobre 1777, à M. le maréchal de Duras, qui voulut bien (le 12 novembre suivant) donner sur ce projet ses observations en quatre pages écrites de sa main; nous les avons. Ensuite le travail passa dans les mains de M. le maréchal de Richelieu, qui fit le même honneur à nos articles : nous avons aussi ses remarques; et ce fut sur les observations de ces deux supérieurs des comédiens que nous corrigeâmes les articles à leur satisfaction, ainsi qu'on peut le voir en confrontant les remarques et les corrections.

M. le maréchal de Duras nous envoya depuis, par M. des Entelles, de nouvelles observations, sur lesquelles nous réformâmes encore les articles déjà réformés.

Tout semblait être fini et arrêté, lorsque le 19 novembre M. le maréchal de Duras, qui dans l'origine avait résolu de refondre la Comédie d'autorité, désira que tous les articles du règlement fussent montrés aux comédiens, mais absolument dépouillés des motifs qui les avaient fait adopter.

Quoique ce nouveau plan nous parût aller contre l'objet même du règlement (les motifs n'y étant joints que pour en démontrer l'esprit de justice), il fut arrêté dans l'assemblée des auteurs, le 18 janvier 1778, qu'en reconnaissance de la bonne volonté de M. le maréchal, on déférerait en tout à son avis, et que les articles seuls du règlement lui seraient remis sans préambule, en le suppliant pourtant d'avoir égard à six mois de travaux qui se trouveraient perdus, s'il arrivait que les comédiens eussent le crédit de s'opposer à l'exécution du règlement. Nous fûmes rassurés par la réponse de M. le maréchal, pleine de force et de justesse; et nous lui laissâmes le règlement, en le priant de vouloir bien accélérer la décision. Il nous le promit.

Mais le 5 avril 1778, cinq mois après cette conférence, et près d'un an après l'adoption des idées de M. le maréchal de Duras, les auteurs, n'entendant plus parler de rien, exigèrent de leurs commissaires (avec un peu d'humeur de ce qu'ils nommaient *notre excès de confiance*) de les rappeler au souvenir de M. le maréchal; ce que je fis par la lettre suivante, datée du 5 avril 1778 :

« Monsieur le Maréchal,

« Vous aviez eu la bonté de nous promettre de vous
« occuper efficacement et promptement de la réforme
« de la Comédie et du règlement qui touche les auteurs.
« Cependant neuf mois sont écoulés depuis qu'on y
« travaille, et nous n'avançons pas. Mes amis se plai-
« gnent à moi de toutes ces lenteurs; et peu s'en
« faut qu'ils ne se plaignent de moi, qui ne puis pour-
« tant que vous représenter sans cesse, monsieur le
« maréchal, que ce règlement ainsi retardé laisse une
« foule de prétentions indécises, et d'intérêts en souf-
« france.

« Voilà la quinzaine de Pâques; c'est le temps ou
« jamais de terminer cette affaire. Je vous supplie donc,
« monsieur le maréchal, de vouloir bien accorder aux
« quatre commissaires une conférence définitive sur
« cet objet, s'il est possible, avant mercredi, parce que
« les gens de lettres nous demandent une assemblée
« pour jeudi prochain, dans laquelle ils exigent que
« nous leur rendions un compte exact de notre gestion
« jusqu'à ce jour. Les quatre commissaires se rendront
« à votre hôtel, à l'heure que vous voudrez bien leur
« indiquer.

« J'ai l'honneur de vous renvoyer les observations
« conciliatrices que vous nous avez fait remettre par
« M. des Entelles : nous y avons répondu, et nous es-
« pérons que vous ne désapprouverez pas que nous
« insistions sur plusieurs articles essentiels au bien
« commun des auteurs et des comédiens; car nous
« savons que c'est dans ce même esprit que vous avez
« dicté ces observations.

« J'attendrai votre réponse pour la communiquer à
« mes collègues, et vous aller assurer de nouveau du
« très-profond respect avec lequel je suis,

« Monsieur le maréchal, votre, etc. »

Le lendemain, je reçus la réponse de M. le maréchal, conçue en ces termes :

« Ce 6 avril 1778.

« Ce n'est en vérité pas ma faute, monsieur, si nous
« ne sommes pas plus avancés. Je vous ai communiqué
« les réponses que je crois que les comédiens feraient
« à plusieurs articles du projet que vous m'aviez com-
« muniqué. Je serais très-aise d'en conférer avec vous
« et avec MM. vos acolytes; mais je ne pourrai vous
« donner d'autre heure que mardi ou mercredi à onze
« heures du matin, ayant un tribunal demain, et une
« assemblée des pairs mardi l'après-dînée.

« Je doute fort que nous puissions concilier tous les
« intérêts, et terminer une besogne qui vous intéresse.

« Je suis très-parfaitement, monsieur,

« Votre, etc. »

Je reconnus bien dans cette lettre le même esprit de conciliation, de bienveillance, et la même honnêteté qui avait toujours excité notre reconnaissance; mais elle semblait annoncer de nouvelles difficultés que nous n'avions pas prévues. En effet, M. le maréchal ne nous cacha point que, sur les vives représentations des comédiens, il lui avait paru nécessaire de conférer du règlement avec les autres premiers gentilshommes de la chambre, ses collègues; ce qu'il ferait aussitôt qu'il trouverait le moment de les rassembler.

Je pris la liberté de lui demander celle de leur présenter moi-même le projet du règlement soutenu de tous les motifs, parce qu'étant le fruit des réflexions les plus profondes, ces motifs nous paraissaient propres à réunir MM. ses collègues à son avis, dont nous nous honorions tous d'avoir été. M. le maréchal nous invita de lui remettre encore une fois le règlement entier, tel qu'il l'avait lu d'abord, et de lui laisser traiter seul cette affaire avec ses collègues, sauf à nous admettre après à défendre les articles, s'ils se trouvaient obstinément contestés. Ce règlement lui fut remis à l'instant, avec prière de vouloir bien s'en occuper le plus tôt possible. Il nous le promit.

Le jugement d'un procès qui intéressait autant mon honneur que ma fortune m'ayant appelé peu de jours après en Provence, je partis de Paris, et n'y revins que dans le courant d'août. Mon premier soin fut d'aller saluer M. le maréchal de Duras, le 17 août 1778; il m'engagea fortement de voir M. le maréchal de Richelieu, avant de convoquer, me dit-il, une nouvelle assemblée des quatre gentilshommes de la chambre, où je serais admis à plaider pour l'exécution du nouveau règlement, parce qu'ils avaient paru désapprouver la plupart des décisions auxquelles il s'était arrêté lui-même.

Je fus reçu (le 28 août) de M. le maréchal de Richelieu avec une bonté particulière et toutes les grâces qui lui sont naturelles : il me montra la meilleure volonté de terminer l'affaire des auteurs. Mais, sur quelques difficultés élevées à la lecture du règlement, qui avait, dit-il, été faite à une assemblée des quatre supérieurs de la Comédie, il me renvoya à M. le maréchal de Duras, comme étant celui d'entre eux auquel ils avaient tous remis l'administration de la Comédie française, et qui connaissait le mieux le fond de l'affaire.

J'eus donc l'honneur de revoir M. le maréchal de Duras, le 14 septembre 1778 : il voulut bien me dire alors que l'objet étant très-important, il se proposait d'en parler à M. le comte de Maurepas, et que sa décision lèverait bien des difficultés; que dans peu de temps il entrait d'année chez le roi, et que son séjour à Versailles le mettrait dans le cas de saisir les moments favorables d'en conférer avec ce premier ministre.

J'attendis, non sans beaucoup réfléchir sur les nouvelles difficultés que tant de délais semblaient annoncer; mais j'avais résolu de braver tous les dégoûts, et de lasser, à force de constances et de soins, tous ceux qui pouvaient avoir intérêt à nous faire attendre la justice.

Le mois de janvier arriva : M. le maréchal Duras entra d'année, et moi j'attendis. Trois mois se passèrent sans entendre parler de rien, et j'attendais toujours.

Les auteurs perdant alors toute patience, se plaignirent à moi de moi ; et d'autant plus de moi, que les comédiens triomphaient hautement, en publiant que M. de Beaumarchais, et son règlement, était, ce qu'on nomme au palais, *tondu*.

En effet, mon règlement et moi, nous en avions tout l'air. Mes confrères (avril 1779) m'assurèrent qu'on allait jusqu'à dire à Paris que *je m'entendais avec les supérieurs de la Comédie pour jouer les auteurs*. Eh ! par quel intérêt, messieurs ? Enfin, fatigué de leurs reproches, je pris la résolution d'aller présenter moi-même le règlement à M. le comte de Maurepas ; mais comme on était fort empêtré à la Comédie par les débats des dames Vestris et Sainval, je crus devoir patienter encore jusqu'au moment où les esprits seraient un peu calmés par une bonne décision des supérieurs. La bonne décision des supérieurs arriva : la demoiselle Sainval fut exilée, et les esprits ne furent point calmés.

Croyant m'apercevoir qu'ils ne se calmeraient pas de longtemps, je pris le parti de passer outre : et le 15 juillet 1779, c'est-à-dire, après avoir inutilement espéré quelque fin à ces débats pendant une année entière, j'eus l'honneur d'adresser cet interminable règlement à M. le comte de Maurepas ; non sans avoir prévenu M. le maréchal de Duras, qui parut approuver assez ma démarche.

Ma lettre au ministre était une espèce d'excuse d'oser le distraire un moment des grands objets qui l'occupaient, pour lui en mettre un sous les yeux propre au plus à délasser son esprit à la promenade.

« 15 juillet 1779.

« Monsieur le comte,

« Une petite affaire repose quelquefois des grandes, « et je sais que vous ne regardez point la littérature « française comme un objet au-dessous de vos soins « paternels.

« Depuis longtemps je suis à peu près d'accord avec « MM. les premiers gentilshommes de la chambre sur « les articles d'un nouveau règlement à faire à la Co- « médie française, surtout dans la partie qui touche « les auteurs dramatiques.

« Ce règlement est dressé de concert avec MM. les « premiers gentilshommes ; il ne s'agit que de lui don- « ner son exécution. M. le maréchal de Duras, après « m'avoir envoyé de sa main ses objections que j'ai le- « vées, a désiré que j'eusse l'honneur de vous en par- « ler, pour avoir votre attache sur un changement si « utile aux auteurs. Je ne sais autre chose que de vous « adresser le règlement lui-même, que l'on déchargera « de ses motifs lorsqu'ils auront servi à le faire adopter.

« M. le maréchal de Richelieu nous a donné aussi « ses observations de sa main. Ainsi vous voyez, mon- « sieur le comte, que nous ne sommes point, comme « on le dit, des séditieux qui conspirent dans les ténè- « bres ; nous sommes une compagnie d'auteurs, dont « les uns font rire, les autres font pleurer : nous de- « mandons justice aux comédiens et protection aux « ministres. Mais, pour arracher la première, il faut « commencer par obtenir la seconde ; et c'est au nom « de tous les gens de lettres que je m'adresse à vous.

« L'ouvrage que j'ai l'honneur de vous adresser n'est « point pour votre cabinet ; mais il peut être excellent « pocheté pour vos promenades de l'Ermitage : après « cela, dites seulement : *je le veux bien*, et tout ira le « mieux du monde.

« A voir le ton d'importance qui règne dans le préam- « bule des articles, vous rirez peut-être de cet air plé- « nipotentiaire : mais vous changerez d'avis, lorsque « vous réfléchirez que rien n'est si chatouilleux que « l'amour-propre de tous ceux dont je parle, et qu'au- « teurs et acteurs nous sommes des ballons gonflés de « vanité ; et qu'enfin, s'il faut lâcher le mot, une Co- « médie est beaucoup plus difficile à régler qu'un État « à conduire, soit dit sans offenser personne.

« Vous connaissez mon très-respectueux attache- « ment ; il est fondé sur la plus vive reconnaissance, « etc. »

Quelque temps après, ce ministre, en me rendant le projet, dont il parut content, me dit que M. le maréchal de Duras ne lui avait jamais parlé des auteurs ; mais que cela n'était pas étonnant, parce que, dans l'embarras où les querelles de deux actrices mettaient encore la Comédie, il paraissait malaisé qu'on pût s'occuper de ce qui touchait les gens de lettres.

Je fis ce récit aux auteurs. Frappé du silence de M. le maréchal de Duras, ils m'assurèrent que les soupçons d'un accord secret entre les supérieurs de la Comédie et moi s'affermiraient infailliblement dans l'esprit de tout le monde, si je ne reprenais sur-le-champ le parti de traduire les comédiens aux tribunaux ordinaires, pour obtenir enfin un compte en règle de la Comédie. Mais, malgré mon mécontentement, il m'en coûtait trop de regarder comme perdues trois années entières employées à concilier l'affaire, pour aller en avant sans en avoir au moins prévenu M. le maréchal de Duras.

Le 2 août 1779, encore échauffé de la conférence des auteurs, j'écrivis à M. le maréchal la lettre suivante, qui se ressent un peu de la situation où leurs soupçons m'avaient jeté. Comme ce n'est pas une apologie, mais l'exact énoncé de ma conduite, que je trace ici, je ne veux pas plus omettre ce qui peut m'accuser auprès de quelques-uns, que ce qui doit m'excuser dans l'esprit de tous.

« Monsieur le Maréchal,

« Vous avez eu la bonté de me promettre d'assem- « bler MM. les premiers gentilshommes de la chambre « vos confrères, et de m'admettre à plaider devant eux « l'exécution du nouveau règlement pour le Théâtre- « Français. Depuis deux ans et demi cette affaire est « remise de mois en mois, quoique avec toute la poli- « tesse et les égards qui soutiennent la patience.

« Mais comme à la fin la volonté se montre, même à « travers les procédés qui la dissimulent, je suis obligé

« de revenir à l'opinion générale, et de croire que vous n'avez jamais eu le dessein sérieux de nous faire faire cette justice que vous nous aviez tant promise.

« Remettant donc l'affaire au point où elle était le jour où vous m'avez fait l'honneur de m'en parler pour la première fois, je vous prie vouloir bien me rendre la parole que je vous donnai, de ne point inquiéter les comédiens sur le compte qu'ils ont à me remettre.

« Mon intention est de donner aux pauvres tout ce qui m'est dû au théâtre, et de faire poser judiciairement des bornes au déni de justice que les comédiens font aux auteurs. Mes droits sévèrement liquidés dans les tribunaux, en faveur des pauvres, serviront de modèle au compte que chaque homme de lettres a droit de demander aux comédiens.

« Vous voudrez bien, monsieur le maréchal, me rendre le témoignage que j'ai fait tout ce que j'ai pu pour prévenir cet éclat; et toutes les pièces justificatives de la conduite des auteurs depuis deux ans montreront au public que ce n'est qu'après avoir vainement épuisé toutes les voies conciliatoires que je me suis déterminé avec chagrin à prendre celle d'une discussion juridique.

« Je suis avec le plus profond respect, etc. »

Le 4 août, je reçus la réponse suivante :

« J'ai reçu, monsieur, la lettre que vous avez pris la peine de m'écrire, et je vous avoue que j'ai été un peu étonné du reproche qu'elle contient, puisque vous me paraissez douter de la bonne foi avec laquelle je me suis conduit, et du désir que j'avais de terminer tous les différends qui s'étaient élevés entre vous et la Comédie, et même de faire un arrangement général qui pût éviter toute discussion par la suite avec messieurs les auteurs. Je vous ai instruit de ce qui s'était passé entre mes camarades et moi, quand je leur ai fait part du projet que vous aviez bien voulu me confier, et je vous ai prié d'en conférer avec M. le maréchal de Richelieu.

« Des affaires personnelles et plus importantes vous ont éloigné de Paris; et mon service auprès du roi m'a retenu ici depuis le 1er janvier, sans avoir été à Paris. Je n'ai reçu de vous ni de personne, depuis cette époque, aucune lettre ni aucune proposition.

« Je n'ai pas douté que vous n'eussiez remis cette affaire, ou que vous ne vous en fussiez entretenu avez M. le maréchal de Richelieu, qui est plus au fait que moi des difficultés qui se sont présentées.

« Il me semble même avoir ouï dire que parmi MM. les auteurs plusieurs s'étaient récriés contre l'arrangement. Au surplus, monsieur, vous êtes à portée de vous en éclaircir auprès de M. de Richelieu. Mon service ne me permettant pas d'aller à Paris, je ne serai pas en position de les suivre.

« Quant à vos demandes particulières avec la Comédie, j'en ignore le détail ; il me semble qu'il y aurait des moyens de vous concilier. Établissez vos droits ;

« les comédiens vous répondront après les avoir examinés : si vous êtes content de leurs réponses, il n'y aura pas matière à procès ; si vous n'êtes pas satisfait, vous aurez toujours la ressource que vous proposez aujourd'hui.

« Pourquoi venir d'abord à un éclat qui ne peut aller qu'au détriment de ce spectacle, qui n'est déjà que trop en désordre? Vous êtes trop honnête pour saisir un moment où la fermentation est plus forte que jamais parmi eux. Voilà, monsieur, ce que je pense.

« Je finis en vous priant de rendre désormais plus de justice à ma façon de penser, et de me croire incapable de cette basse dissimulation qui, dans tous les points, est indigne de moi.

« Je suis très-parfaitement, monsieur, votre, etc.

« *Signé :* Le maréchal DE DURAS. »

J'ai eu depuis plusieurs occasions de juger que M. le maréchal de Duras avait réellement conservé sa bonne volonté pour les auteurs; mais alors je ne vis dans sa réponse qu'un inconcevable oubli du passé, soutenu d'un renvoi à cent ans pour l'avenir.

Bien résolu d'assigner les comédiens, et la tête échauffée de me voir outrageusement soupçonné d'une part, et payé de l'autre par un déni formel de justice, j'adressai sur-le-champ (7 août 1779) à M. le maréchal la réponse suivante, de la chaleur de laquelle je lui ai fait sincèrement mes excuses, lorsque j'ai cru depuis reconnaître qu'il ne nous faisait essuyer que les contradictions qu'il éprouvait lui même :

« MONSIEUR LE MARÉCHAL,

« La lettre dont vous m'avez honoré est la preuve la plus complète que l'affaire des auteurs dramatiques est malheureusement sortie de votre mémoire ; et je dis *de votre mémoire,* parce que le reproche que vous me faites de partager l'inquiétude de mes confrères sur vos dispositions à les obliger ne me permet plus d'en douter.

« Lisez donc, je vous prie, monsieur le maréchal, avec attention le rapprochement de tout ce qui s'est passé sur cette affaire, et vous vous convaincrez avec étonnement que, revenus au point d'où nous sommes partis il y a deux ans, nous n'avons fait autre chose que tourner dans un cercle oiseux, et perdre nos travaux, notre temps et notre espérance.

« Par exemple, vous me mandez qu'*il y aurait moyen de me concilier avec la Comédie ; que je dois établir aujourd'hui mes droits devant elle, et que les comédiens me répondront après les avoir examinés.* Mais vous oubliez, monsieur le maréchal, que c'est après avoir vainement posé ces droits pendant un an, les avoir établis dans trente lettres qui ne m'ont valu de leur part que des réponses vaines, vagues et sans effet, que je fus traduit par eux devant vous, à l'instant où, perdant patience, j'allais forcer, le timbre à la main, leur comptable de me remettre un état en règle de mes droits contestés.

« Vous oubliez, monsieur le maréchal, que le vif
« désir que vous me montrâtes alors de changer cette
« discussion personnelle en un arrangement général
« entre les comédiens et les auteurs, me détermina sur-
« le-champ à préférer vos promesses à la voie juridique,
« et à rassembler chez moi les auteurs mes confrères,
« pour leur faire part de vos bonnes intentions.

« Vous oubliez, monsieur le maréchal, qu'alors, vous
« ne vouliez qu'être bien éclairé sur les demandes des
« auteurs, pour trancher la question seul et sans
« MM. vos confrères, qui, disiez-vous, avaient abandonné
« cette partie.

« Vous oubliez encore que, sur un léger doute de ma
« part que vos occupations vous permissent de donner
« à cette affaire toute la suite et l'attention qu'exigeait
« son succès, votre premier mot fut que *vous casseriez
« la Comédie, si elle opposait le moindre obstacle à des
« vues aussi judicieuses.*

« Qui n'aurait pas cru comme moi, d'après cela,
« monsieur le maréchal, qu'un travail projeté de con-
« cert avec vous, fait par tous les gens de lettres, cor-
« rigé sur vos observations et terminé sous vos auspices,
« allait rendre aux auteurs dramatiques les droits in-
« justement usurpés qu'ils réclament sur leurs propres
« ouvrages? Cependant, après trois ans de patience,
« je suis renvoyé, par vous, à établir de nouveau mes
« droits d'auteur devant les comédiens, c'est-à-dire,
« à recommencer pendant une autre année tout ce qui
« a été dit et fait entre eux et moi, pour entamer ensuite
« un nouveau traité conciliatoire avec M. le maréchal de
« Duras, que les comédiens ne manqueront pas d'invo-
« quer encore, à l'instant où l'impatience me fera de
« nouveau recourir aux voies juridiques. C'est-à-dire,
« monsieur le maréchal, que, sans vous en douter,
« vous m'invitez à parcourir encore une fois le cercle
« fatigant de trois ans de travaux perdus et de soins
« inutiles : autant valait-il alors me laisser aller au par-
« lement, comme je me disposais à le faire.

« Vous me renvoyez, dans votre lettre, *à M. le maré-
« chal de Richelieu sur les objections faites contre le
« règlement,* parce que, dites-vous, *votre service de Ver-
« sailles vous empêche de vous en occuper ;* mais vous
« oubliez, monsieur le maréchal, qu'à la fin de l'an
« passé vous vous félicitiez d'entrer d'année à Versailles,
« parce que vous espériez qu'étant à demeure dans le
« lieu qu'habite M. le comte de Maurepas, vous trouve-
« riez facilement le moyen de régler avec lui l'affaire
« de la Comédie, dans des moments où celles de l'État
« lui laisseraient un peu de repos.

« Sur cet espoir, j'ai remis à M. le comte de Maure-
« pas le nouveau règlement du théâtre, avec vos cor-
« rections. Ce ministre, à qui j'ai depuis pris la liberté
« d'en demander son jugement, m'a répondu qu'il en
« était content, mais que jamais vous ne lui aviez dit
« un mot des auteurs dramatiques, et qu'il vous croyait
« trop embarrassé du tracas des acteurs, pour qu'on
« pût vous proposer de penser aux auteurs dans ce mo-
« ment-ci.

« A quelle époque donc les auteurs dramatiques
« peuvent-ils espérer qu'on s'occupera de leur affaire?
« Y a-t-il, monsieur le maréchal, une patience à
« l'épreuve d'une pareille inaction? et si tous ces faits
« étaient connus du public, n'aurions-nous pas autant
« de partisans de nos plaintes qu'il y a de gens sensés
« dans le royaume?

« Vous me mandez encore, monsieur le maréchal,
« que vous avez ouï dire que, parmi les auteurs, plu-
« sieurs se sont récriés contre l'arrangement; mais
« vous oubliez que vous avez su par moi, dans le temps,
« que le point de division entre quelques membres et
« le corps entier des auteurs ne portait que sur le vœu
« général (de l'assemblée) pour l'élévation d'un second
« théâtre. Plusieurs voulaient que la demande en fût
« remise au temps où l'on aurait épuisé tous les moyens
« d'avoir justice; et les autres, que l'on commençât
« par cette demande au conseil du roi: certains, disaient-
« ils, que jamais nous n'obtiendrions rien de l'adminis-
« tration de la Comédie.

« Il est bien fâcheux, monsieur le maréchal, que
« l'événement semble justifier aujourd'hui leurs inquié-
« tudes. A la vérité, quelques objets de discipline inté-
« rieure entre les auteurs ont pu les émouvoir dans
« leurs assemblées; mais avez-vous jamais douté que
« tous les vœux ne se réunissent pour un règlement
« qui mettait leurs intérêts à couvert, et tendait à con-
« solider leurs succès? Il faudrait donc supposer que
« mes confrères et moi ne sommes ni hommes, ni au-
« teurs dramatiques.

« Vous voulez bien me dire, monsieur le maréchal,
« que vous me croyez trop honnête pour saisir un mo-
« ment où la fermentation est plus forte que jamais
« parmi les comédiens : mais je ne m'adresse point aux
« comédiens; c'est à leurs supérieurs que je demande
« justice ; et qu'importe alors que les comédiens
« manquent de sagesse ou d'équité, si leurs supérieurs
« en sont suffisamment pourvus ? Que font au règlement
« des auteurs les tracasseries des actrices, si l'on veut
« bien ne pas confondre un objet grave avec des minu-
« ties, et donner à l'affaire des gens de lettres quelques-
« uns des moments trop prodigués peut-être à régler
« la préséance entre ces dames?

« L'usage que je fais de mes honoraires d'auteur en
« faveur des pauvres montre assez que ceci n'est pas
« une combinaison d'écus, mais un moyen forcé, à dé-
« faut de tout autre, de constater enfin les droits des
« auteurs, dont les reproches m'affligent et me fatiguent,
« autant que leur confiance m'avait d'abord honoré.

« D'ailleurs, quand je ne mettrais aucune importance
« personnelle à cette décision, est-il possible, monsieur
« le maréchal, que vous n'y en mettiez pas vous-même?
« et n'ai-je pas dû penser qu'en me présentant à M. le
« maréchal de Duras, très-grand seigneur, gentilhomme
« de la chambre du roi, académicien français; de plus,
« institué supérieur du spectacle national, pour en
« maintenir la splendeur et redresser les griefs qui
« tendent à le dégrader ; n'ai-je pas dû penser, dis-je,

« que je lui faisais ma cour de la manière la plus flat-
« teuse, en le priant de vouloir bien être l'arbitre d'une
« querelle aussi intéressante aux gens de lettres qu'utile
« à la Comédie, qu'il est bon quelquefois de séparer des
« comédiens ?

« Quel temps donc, monsieur le maréchal, croyez-
« vous propre à régler les droits des auteurs, que celui
« où les dissensions intérieures du spectacle obligent
« l'autorité de s'occuper du spectacle? Espérez-vous
« qu'il y ait jamais un intervalle sans querelle à la Co-
« médie, tel que les trois ans qu'on a consumés à nous
« faire espérer une justice que nous n'avons pas obtenue?
« Car il est bien clair que, soit avec intention, ou mal-
« heureusement, ou par hasard, nous sommes arrêtés
« depuis trois ans sur un objet de règlement qui, fran-
« chement accueilli par vous, monsieur le maréchal,
« n'aurait pas dû vous occuper trois semaines.

« Il est bien clair encore que M. le maréchal de Ri-
« chelieu va nous renvoyer vers vous, qui nous ren-
« voyez vers lui, lorsqu'il aura fait ses observations.
« Pour peu qu'il faille après revenir encore à consulter
« les comédiens, dont on sait déjà que l'avis est de tout
« garder, puisqu'ils ont tout usurpé; pour peu qu'on
« flotte encore une autre couple d'années entre nos de-
« mandes et leurs objections; pour peu surtout que le
« système de démissions, dont les comédiens menacent
« en toute occasion de faire usage, soit mis par eux en
« avant contre nos demandes à défaut de bonne ré-
« ponse, pouvez-vous nous dire, monsieur le maréchal,
« ce que nous devons faire alors, et à qui nous devons
« nous adresser?

« Puis donc que l'autorité des supérieurs de la Co-
« médie est sans pouvoir sur les comédiens, ne vau-
« drait-il pas mieux, monsieur le maréchal, laisser dé-
« cider la question des droits des auteurs aux tribunaux
« chargés de veiller sur les propriétés des citoyens?
« Car ne pas faire justice, et trouver mauvais qu'on la
« demande ailleurs, est une idée qui soulèverait tous
« les bons esprits.

« Je vous supplie, monsieur le maréchal, au nom de
« tous les auteurs dramatiques, au nom du public, mé-
« content de l'appauvrissement général du Théâtre-
« Français, de vouloir bien peser la force de mes repré-
« sentations. Certainement on ne peut disconvenir que
« ce théâtre ne soit aujourd'hui tombé dans le pire état
« possible; et que le plus médiocre théâtre de pro-
« vince, toute proportion gardée, avec un chétif direc-
« teur et point d'autre loi que son intérêt, ne marche
« mieux et ne contente plus le public que la Comédie
« française, le spectacle par excellence, ayant à sa tête,
« pour directeurs, quatre hommes de qualité, puissants,
« constitués dans les plus hautes dignités, dont deux sont
« de l'Académie française : ce qui suppose, outre le mé-
« rite académique, un grand amour du théâtre et des
« belles-lettres.

« Il y a donc un vice, ou dans la constitution ou dans
« l'administration de ce spectacle ; et quand nous vous
« proposons des moyens sûrs de ranimer l'émulation

« des auteurs et des acteurs, nous voyons avec chagrin
« que les plus faibles considérations, qu'une crainte fri-
« vole, une panique terreur que les gens de lettres ne
« tendent sourdement à dominer l'autorité des gentils-
« hommes de la chambre sur le spectacle, est le vrai
« motif qui les empêche de prêter la main à nos de-
« mandes légitimes.

« Mais puisque c'est à vous, monsieur le maréchal,
« que nous nous adressons, nous sommes donc bien
« éloignés de contester votre suprématie au spectacle.
« Nous, vouloir tout dominer sur la Comédie ! Que
« Dieu préserve tout homme sage d'avoir une idée aussi
« contraire à son repos ! Et si tout le pouvoir et les lu-
« mières réunies de quatre des plus grands seigneurs
« du royaume, absolument maîtres en cette partie, ne
« peuvent réprimer la déplorable anarchie qui désole et
« détruit le Théâtre-Français, comment les gens de let-
« tres, qui n'ont seulement pas le crédit d'obtenir jus-
« tice pour eux-mêmes, peuvent-ils être soupçonnés
« d'attenter à une autorité qu'ils n'ont cessé d'invoquer
« jusqu'à ce jour?

« D'après ces observations, j'aurai l'honneur de voir
« M. le maréchal de Richelieu comme vous m'y invitez;
« mais si cette tentative ne me réussissait pas plus que
« les précédentes, pourriez-vous trouver mauvais que
« je fisse assigner les comédiens à me rendre en justice
« un compte exact et rigoureux, qui mettrait dans le
« plus grand jour les produits de la caisse, et les abus
« qui se commettent aux dépens des auteurs à la Comé-
« die française ?

« Je suis avec le plus profond respect, etc. »

Voici la réponse à cette lettre :

« Versailles, le 11 août 1779.

« Je n'entreprendrai pas, monsieur, de répondre à
« tous les articles contenus dans votre lettre du 7. Mon
« devoir ne me laissant pas le temps qui serait néces-
« saire, je me bornerai à quelques réflexions qui doi-
« vent détruire les soupçons très-mal fondés que vous
« persistez à avoir sur ma façon de penser et sur ma
« conduite vis-à-vis de vous.

« *Je croyais vous avoir dit d'une façon très-claire*
« *que j'avais trouvé, de la part de mes camarades, une*
« *opposition marquée à l'exécution du projet que nous*
« *avions arrêté. Je l'ai discuté très-longtemps vis-à-vis*
« *d'eux, et je n'ai pu les vaincre. Je n'ai qu'une voix*
« *parmi eux, elle n'est pas prépondérante.* Je vous en ai
« prévenu pour que vous pussiez vaincre les obstacles,
« et je vous prie d'en conférer avec M. de Richelieu.
« Ma façon de penser n'a point changé, mais elle ne
« décide pas.

« Je vous ai parlé *du procès que vous vouliez faire*
« *aux comédiens,* parce que j'ai cru qu'il ne pouvait
« *que produire un mauvais effet* POUR EUX; car, au surplus,
« que m'importe à moi une affaire de cette espèce? Je
« suis trop ennemi de tous ces détails, pour qu'on puisse
« me soupçonner d'y mettre une grande chaleur. J'ai

« désiré que ce spectacle pût se soutenir; je me suis oc-
« cupé de ce qui pouvait y contribuer : LES CABALES, LES
« INTRIGUES y ont apporté les plus grands obstacles; j'en
« suis bien fâché, mais je ne peux m'en affecter à un
« certain point.

« Pour votre projet même, je puis vous assurer qu'il
« y a beaucoup d'auteurs qui se sont donné beaucoup
« de mouvement pour en empêcher l'effet.

« Vous me reprochez de n'avoir point parlé à M. de
« Maurepas : ce ministre apparemmment a trop d'affaires
« pour se souvenir de tout ce qu'on lui dit; mais quand
« vous voudrez, nous lui parlerons ensemble. Je vous
« avoue que je suis un peu étonné que le désir de plaire
« à MM. les auteurs ne m'attire que des reproches et
« des soupçons au-dessus desquels je me crois en droit
« de me mettre. Si je ne l'avais pas pensé, je ne l'aurais
« pas dit ; si je ne l'ai pas exécuté, c'est que cela ne
« dépend pas uniquement de moi. Voilà ma profession
« de foi.

« Je suis très-parfaitement votre très-humble.

« Signé : Le maréchal DE DURAS.

« Quand vous aurez vu M. de Richelieu, si vous venez
« à Versailles et que vous désiriez me voir, je serai à
« vos ordres. »

Ainsi, M. le maréchal de Duras a trouvé dans ses confrères de l'opposition *à l'exécution du projet que nous avions arrêté*. Nous avions donc arrêté un projet, M. le maréchal et moi. *Il l'a discuté très-longtemps devant ses camarades, et n'a pu les vaincre*. M. le maréchal était donc en tout de mon avis. *Sa façon de penser n'a point changé, mais elle ne décide pas*. L'opposition de ses collègues mêmes n'a pu l'empêcher de reconnaître que j'avais raison. *Il m'a parlé du procès que je voulais faire aux comédiens, parce qu'il a cru qu'il ne pouvait que produire un mauvais effet* POUR EUX. Pour eux ! cela est clair. M. le maréchal pensait donc que le procès des auteurs était juste; il ne m'arrêtait que par bonté pour les comédiens.

Tous ces aveux sont bien précieux à retenir, aujourd'hui que l'on paraît changer. *Pour mon projet, il l'approuve; il en a parlé*, dit-il, *à M. de Maurepas. S'il ne l'avait pas pensé, il ne l'aurait pas dit; et s'il ne l'a pas exécuté, c'est que cela ne dépend pas uniquement de lui.* VOILA MA PROFESSION DE FOI, ajoute M. le maréchal.

Je supplie le lecteur de ne pas oublier toutes ces circonstances; elles trouveront leurs places. Et moi je continue : mais avant de reprendre ma narration, qu'on me permette une courte réflexion sur la bizarrerie de cette affaire.

M. le maréchal de Duras est de mon avis; il trouve de l'opposition dans ses confrères; mais ni M. le duc d'Aumont ni M. le duc de Fleury ne se mêlent du spectacle français; reste donc M. le maréchal de Richelieu : mais je l'ai toujours trouvé de mon avis toutes les fois que je lui ai parlé des auteurs. Si on lit son billet attaché aux remarques qu'il a faites sur le projet de règlement que le maréchal de Duras approuve, on voit combien le duc de Richelieu montre de grâces et de bienveillance pour nos succès. Dans son aveu de la justice de mes demandes sur l'amélioration du sort des auteurs, voilà ses termes (page 10 du règlement) : *Détails très-raisonnables, qui dévoilent la juste nécessité de faire* UNE NOUVELLE APPRÉCIATION *pour ce qui doit revenir aux auteurs.*

J'eus l'honneur de voir M. le maréchal de Richelieu le jour même (12 août) que j'avais reçu la dernière lettre de M. le maréchal de Duras. Le premier me dit que M. le maréchal de Duras, bien fâché contre moi des reproches dont ma dernière lettre était remplie, lui avait pourtant indiqué un rendez-vous chez lui, où je serais le maître de me trouver moi-même, pour essayer encore une fois d'éviter le procès que je paraissais vouloir intenter à la Comédie.

On reconnaîtra dans le billet que M. le maréchal de Richelieu me fit l'honneur de m'écrire, au sujet de l'assemblée projetée, combien il était éloigné de mettre des entraves aux demandes des auteurs.

« Paris, ce 3 septembre 1779.

« M. le maréchal de Richelieu sera prêt à la confé-
« rence dont M. de Beaumarchais l'instruit que M. le
« maréchal de Duras désire; et pour qu'il ne l'oublie
« pas, il va lui écrire. Mais comme il y a tribunal lundi,
« il présuppose que cessera lundi matin; cependant
« M. le maréchal de Richelieu *ne serait point étonné que
« cette affaire fût encore fort longue; car depuis bien
« des années il n'en a vu finir aucune, de ce genre sur-
« tout.* »

D'où il résulte que tous ceux qui ont pris connaissance de mes travaux dans cette affaire sont de mon avis : que les deux seuls premiers gentilshommes de la chambre qui se mêlent du spectacle ont pensé comme moi. Et puis qu'on trouve après, si l'on peut, d'où a pu sortir la diabolique opposition qui a toujours empêché que le bien ne se fît !

Le jour de l'assemblée venu (4 septembre 1779), M. le maréchal de Duras nous assura positivement que le roi n'approuvait point qu'on s'occupât d'un projet de règlement, et qu'il fallait s'en tenir à l'objet pécuniaire au droit des auteurs, sur lequel j'étais le maître de revenir, en épuisant les moyens d'écarter un procès qui nuirait beaucoup aux comédiens : et l'on me demanda si je ne voulais pas me prêter à de nouveaux essais.

Ma réponse, un peu sèche peut-être pour l'occasion, fut que j'allais en effet recommencer les recherches de mes droits d'auteur, puisque M. le maréchal assurait que le roi s'opposait à ce que ceux qui ont dix fois raison lui demandassent une fois justice. Et pour qu'on ne prit point le change sur ma résignation, j'ajoutai que, quel que fût l'espoir des comédiens d'éluder l'effet de mes recherches, j'assurais bien qu'ils pourraient me fatiguer, mais qu'ils ne me lasseraient point, et que je mettrais tout le temps et les soins convenables à découvrir jusqu'où la Comédie française pouvait porter le crédit d'être impunément injuste envers tous ceux que leur malheur mettait en relation avec elle.

J'allais me retirer, lorsque M. de la Ferté, intendant des menus, proposa, pour m'apaiser, de me remettre en main un état de recette et dépense de plusieurs années de la Comédie, sous ma promesse de ne le communiquer à personne, pas même à mes confrères, avant que j'eusse fait part à la même assemblée, que nous formions en ce moment, du résultat de mes travaux arithmétiques, et de l'évaluation que j'en tirerais du véritable droit des auteurs sur les représentations de leurs ouvrages.

Cette offre en effet m'arrêta. Je promis de suspendre le procès, et de garder le secret sur les papiers qui me seraient confiés, ne demandant pas mieux que de réduire à des chiffres incontestables une question que trois ans de raisonnements et de débats n'avaient pas encore effleurée.

Je ne sais comment on s'y prit; mais enfin, malgré les répugnances de la Comédie, je reçus par M. de la Ferté (21 septembre 1779) un état des dépenses de trois années, et un état de recette, tant des petites loges que du casuel de la porte de la Comédie française, pour les trois mêmes années.

Enfin muni de ces états plutôt arrachés qu'obtenus, après quatre ans de soins perdus ; muni de tous les arrêts, lettres patentes et règlements passés, c'est de ce moment que je puis dire avoir commencé un travail un peu fructueux pour les auteurs mes confrères ; et c'est son résultat qui va faire la matière de ma seconde partie, plus essentielle que ma première.

SECONDE PARTIE

DROITS DES AUTEURS USURPÉS PAR LES COMÉDIENS.

Avant de chercher si la Comédie rend ou retient aux auteurs ce qui leur appartient sur les représentations de leurs ouvrages, il faut savoir en quoi consistent leurs droits ; quelle loi les a fondés ; en quel temps cette loi fut donnée ; quel était l'état du spectacle lors de sa promulgation ; si cet état est le même aujourd'hui qu'on dispute sur l'exécution de la loi. Toutes ces données sont indispensables, et la question à juger en découle nécessairement.

Il paraît que la première loi fut la convenance réciproque des contractants ; ce fut même par une suite de cette libre convenance que les comédiens, craignant de trop payer une pièce présentée en 1653 par Quinault, jeune encore, crurent la mettre *au plus bas rabais*, en lui offrant le neuvième du produit des représentations qu'aurait sa pièce. Or ce plus bas rabais d'un ouvrage dédaigné, cette offre du neuvième de la recette, n'en est pas moins l'arrangement qui a subsisté depuis entre les auteurs et les comédiens.

Alors il dut paraître essentiel de fixer au moins jusqu'à quel terme ce neuvième de recette appartiendrait à l'auteur. Le plus naturel était celui qu'on choisit.

Les comédiens dirent aux auteurs : *Nous avons l'été pour trois cents livres de frais par jour ; et l'hiver ils montent à cinq cents livres, à cause du feu, de la lumière, et de l'augmentation de la garde aux portes. Vous avez droit au neuvième de la recette ; mais quand nous ne faisons de recette que nos frais, vous sentez qu'il n'y a rien à partager : et lorsque, après plusieurs essais, nous voyons que la recette ne remonte plus, et que le goût du public est usé sur un ouvrage, vous devez consentir à ce que nous cessions de le représenter.*

Cette règle était si simple et si juste, que les auteurs l'avaient adoptée sans conteste : aussi les premiers règlements qui furent envoyés aux comédiens par madame la Dauphine, en 1685, ne firent que sanctionner une convention si naturelle.

Il est vrai que les comédiens ne parlèrent point alors à l'auteur de ce qui lui reviendrait s'ils reprenaient un jour sa pièce, et si le goût du public, échauffé de nouveau sur l'ouvrage, lui donnait un jour des recettes abondantes. De ce silence les comédiens ont conclu depuis que les fruits de la reprise des pièces étaient une hérédité prématurée, qu'on ne devait pas leur disputer du vivant même des auteurs.

En 1697, un nouveau règlement donné pour réformer quelques abus confirma l'ancien arrangement du neuvième. Ainsi la loi d'une convenance réciproque, sanctionnée par plusieurs règlements, a maintenu les auteurs depuis 1653 jusqu'en 1757, c'est-à-dire pendant plus de cent ans, dans le droit modéré de *toucher le neuvième de la recette, les frais ordinaires et journaliers prélevés ; et de jouir de ce neuvième jusqu'à ce que la Comédie leur eût prouvé, par deux recettes consécutives au-dessous de trois cents livres l'été et cinq cents livres l'hiver, qu'elle n'avait tiré que ses frais, et que le goût du public était usé pour l'ouvrage.*

Mais il paraît que l'année 1757 fut un temps de haute faveur pour les comédiens français. A cette époque, ils avaient fait un tel abus du privilège de se gouverner eux-mêmes, qu'ils devaient quatre cent quatre-vingt-sept mille livres, et ils n'en obtinrent pas moins de la bonté du roi que S. M. payât à leur décharge une somme de deux cent soixante-seize mille livres ; et, au moyen d'une autre déduction également de faveur, ils se trouvèrent, en 1757, ne plus devoir que cent soixante-dix-neuf mille livres.

Ils obtinrent de plus la permission de vendre à vie cinquante entrées au spectacle, lesquelles, à trois mille livres chacune, devaient leur rendre cent cinquante mille livres, et réduire ainsi leurs dettes à trente mille livres.

Pendant qu'ils étaient en train d'obtenir, il ne leur en coûta pas plus de faire glisser, dans un règlement intérieur et non communiqué : que les auteurs qui jouissaient depuis *cent ans* du neuvième de la recette de leurs pièces jusqu'à ce qu'elles fussent tombées deux fois de suite à cinq cents livres l'hiver et trois cents livres l'été, c'est-à-dire jusqu'à ce que les comédiens n'eussent fait que leurs frais deux fois de suite ; ils firent, dis-je, glisser facilement que *les auteurs cesseraient à l'avenir de jouir du neuvième aussitôt que la pièce serait tombée deux fois de suite au-dessous de douze cents livres l'hiver et huit cents livres l'été.*

C'était plus que couper en deux leur propriété ; car si une pièce, pour tomber à cinq cents livres de recette, avait pu jouir de douze représentations, on sent qu'elle ne devait plus prétendre qu'aux fruits de cinq représentations, dès que les comédiens la retiraient à douze cents livres de recette.

On se garda bien de communiquer alors ce règlement aux auteurs, qui en étaient pourtant l'unique objet : mais les comédiens osaient tout parce qu'ils se sentaient protégés, et qu'ils agissaient contre des gens isolés, dispersés, sans réunion, sans force et sans appui ; contre des gens qui avaient plus d'intelligence de leur art que de connaissance des affaires, ou plus d'amour de la paix que de fermeté pour défendre leurs droits.

Cette usurpation, ou cette heureuse distraction des comédiens, fut le signal d'une foule de distractions de la même espèce, qui se succédèrent depuis sans interruption.

Par exemple, une pièce un peu suivie pouvait ne pas tomber assez tôt au gré des comédiens, *en deux représentations de suite*, au-dessous de douze cents livres de recette, parce qu'un grand jour succédant à un petit jour, il arrivait souvent que la pièce se relevait. Les comédiens, féconds en distractions, trouvèrent moyen de communiquer les leurs au rédacteur d'un nouveau règlement ; il oublia d'écrire après les mots *deux représentations*, ces petits mots, *de suite*, qui se trouvaient dans le premier règlement non communiqué : alors l'alternative seule des grands et des petits jours devant amener en peu de jours *deux représentations séparées* au-dessous de douze cents livres, la pièce se trouva bientôt perdue pour l'auteur.

Il est impossible d'assigner le moyen dont ils se servirent pour opérer dans la tête du rédacteur un oubli qui tendait à raccourcir encore la propriété des auteurs : ce qu'il y a de vrai, c'est que ces derniers n'entendirent pas plus parler du second règlement que du premier, qui les avait coupés en deux.

On murmurait beaucoup cependant ; mais chaque auteur pouvant à peine attraper le rang d'une nouvelle pièce en cinq années d'attente, on sent avec quelle facilité un corps permanent assurait le fruit de ses distractions, en les exerçant toujours sur de nouveaux individus.

Après avoir beaucoup lu, beaucoup étudié les principes de l'ancienne convention, qui a duré un siècle et a été confirmée par divers règlements adoptés, et les avoir appliqués à l'état des recettes et dépenses de la Comédie, au bordereau remis par la Comédie en 1776 pour le décompte du *Barbier de Séville*, je suis parvenu à former un résultat si exact sur le droit d'auteur, qu'il m'a paru très-important de le communiquer aux comédiens.

Enfin, après bien des difficultés combattues, et six mois de patience encore écoulés à solliciter une conférence où ces objets pussent être examinés, je suis parvenu à faire assembler, le 22 janvier 1780, chez M° Gerbier, avocat, tout le conseil de la Comédie, dont il est membre, composé de trois avocats au parlement, deux au conseil, six comédiens français, un intendant des menus ; et les quatre commissaires de la littérature, dont j'étais, s'y sont rendus de leur côté.

Pour disposer l'auditoire à me porter une attention favorable et nécessaire, j'ai commencé par lui mettre sous les yeux l'exposé de ma conduite modérée, tel qu'on l'a lu dans la première partie. Puis, cessant de montrer ces pièces justificatives de ma patience exemplaire, je leur ai dit :

« Pour que la littérature et la comédie, messieurs, aient également à se louer de mon exactitude, je vais, en vous montrant mes travaux, vous indiquer jusqu'aux procédés mêmes que j'ai employés pour arriver au décompte le plus certain du droit d'auteur.

« 1° Par l'état de recette et dépense de trois ans que la Comédie m'a fait remettre, j'ai vu que trois années de spectacle n'avaient produit que neuf cent soixante-treize représentations à la Comédie. J'ai divisé ce nombre en trois, pour obtenir celui des représentations d'une année commune prise sur trois ; ce qui m'a montré que l'année théâtrale n'était pas composée de trois cent soixante-cinq jours comme l'année civile, mais seulement de trois cent vingt-quatre jours. J'ai donc pris ce nombre pour diviseur de la somme de toutes les dépenses et recettes annuelles de la comédie, ce qui donnerait au quotient la dépense ou la recette journalière du spectacle dans leurs justes relations avec les totaux annuels.

« 2° Ce point d'appui prouvé, messieurs, j'ai cherché quels objets, dans la recette et la dépense annuelles de la Comédie, étaient assez invariables pour qu'on pût en former la fixation journalière par le diviseur trois cent vingt-quatre.

« Dans la recette, j'ai reconnu que, d'après l'état remis par la Comédie, les petites loges rendent par an, sur le pied de leurs baux, deux cent cinquante-neuf mille livres, lesquelles, divisées par trois cent vingt-quatre, font par jour huit cents livres de recette assurée à la Comédie, qu'on doit regarder comme un démembrement de la recette casuelle de la porte, et qu'il y faut ramener.

« Sur la dépense, j'ai trouvé que l'abonnement fait avec les hôpitaux pour la redevance appelée *quart des pauvres*, coûte par an à la Comédie soixante mille livres, lesquelles, divisées par trois cent vingt-quatre, fixent le coût journalier de cet impôt à cent quatre-vingt-cinq livres, dont l'auteur doit payer le neuvième.

« 3° J'ai examiné la dépense de trois années, montant, suivant l'état fourni par la Comédie, à *un million vingt-quatre mille livres*, en nombres ronds. Si l'état est juste, il n'y avait qu'à diviser cette somme en trois pour avoir la dépense annuelle, laquelle ensuite, divisée par trois cent vingt-quatre, nombre établi diviseur commun, donnerait juste la dépense journalière de ce spectacle : rien n'était si simple encore.

« 4° Un seul objet, messieurs, ne pouvait pas être soumis à cette division générale ; c'était la recette journalière et casuelle qui se fait à la porte de la Comédie, parce que le plus ou moins d'affluence met une variété infinie dans cette recette ; mais comme on en tient des registres fidèles, le relevé de chaque jour, mis dans toutes ses différences en colonne additionnelle, suivant le nombre des jours où chaque pièce nouvelle a été jouée, donnerait fidèlement la recette casuelle sur laquelle un auteur doit prélever son droit acquis du neuvième.

« 5° J'ai remarqué que, par l'article 25 de l'acte de société des comédiens et 1757, et des lettres patentes enregistrées en 1761, la Comédie avait obtenu du roi la permission de vendre à vie cinquante abonnements personnels, à trois mille livres chacun. Sans savoir combien il existait de ces abonnements, j'ai conclu que tous ceux qui avaient été vendus étant un démembrement des recettes de la porte, ainsi que les petites loges, autant il s'en trouverait sur les registres, autant il s'en compterait par jour de représentation, sur quoi l'auteur prendrait son neuvième.

« Bien assuré de toutes ces données, je me suis proposé, messieurs, de comparer en votre présence le bordereau que la Comédie m'a envoyé, en 1776, de trente-deux représentations du *Barbier de Séville*, d'après lequel il revenait, disait-on, à l'auteur cinq mille quatre cent dix-huit livres. Je vais le comparer avec les vrais éléments de ce compte, tels que je viens de les établir, en faisant observer que la Comédie avait joint à son bordereau une lettre qui portait que ce bordereau était fait suivant l'usage constant de la Comédie avec MM. les auteurs : d'où il résulte que si ce compte offre une somme exacte d'après les données dont nous venons de tomber d'accord, tous les auteurs qui avaient sourdement réclamé, depuis trente ans, contre de prétendues usurpations de la Comédie, seront reconnus dans leur tort ; et que, dans le cas contraire, ce sera la Comédie. C'est ce qu'il fallait essayer de fixer une bonne fois pour remédier au mal, de quelque part qu'il vînt, et tâcher de ramener la paix et la bonne intelligence entre les deux partis.

Copie du bordereau envoyé par la Comédie.

PART D'AUTEUR.

M. de Beaumarchais, pour trente-deux représentations du *Barbier de Séville*, comédie en quatre actes.

Recettes journalières pour trente-deux représentations.	68.566 l.	» s.	» d.
Abonnements des petites loges, à 300 livres par jour.	9.600	»	»
A reporter.	78.166 l.	« s.	« d.

Report.	78.166 l.	« s.	« d.

Sur quoi à déduire.

Quart des hôpitaux.	19.541 10 »		
Frais ordinaires et journaliers, à 300 livres par jour.	9.600 » »		29.397 10
128 soldats assistants, à 20 sous.	128 » »		
Frais extraordinaires par jour.	128 » »		
Reste net de la recette.		48.768 10 »	
Dont le neuvième pour le droit d'auteur est de.		5.418 14 5	

Alors, faisant mes rapprochements, j'ai dit : « Vous voyez, messieurs, au premier article du bordereau, pour trente-deux représentations du *Barbier de Séville*, reçu à la porte soixante-huit mille cinq cent soixante-six livres. Il n'y aurait pu avoir ici qu'une erreur d'addition ; mais comme elle s'est trouvée sans faute, je passe aux autres points du bordereau.

« *Deuxième article.* Pour l'abonnement des petites loges : trois cents livres par jour, pour trente-deux représentations, font neuf mille six cents livres.

« Comparant cette somme de trois cents livres avec le produit de huit cents livres par jour que portent au quotient les deux cent cinquante-neuf mille livres de recette annuelle, morcelée par le diviseur 324, je demande, messieurs, quelle explication on peut donner de la différence de trois cents livres du bordereau de la Comédie, au produit réel de huit cents livres par jour ? »

Me Gerbier a répondu, pour la Comédie, que si les petites loges n'étaient portées sur le bordereau qu'à trois cents livres par jour, quoiqu'elles en rendissent réellement huit cents, c'est qu'on offrait à l'auteur une compensation raisonnable, en ne lui comptant aussi les frais journaliers que sur le pied de trois cents livres, quoiqu'ils coûtassent beaucoup davantage à la Comédie : ce qu'on reconnaîtrait à l'examen de l'article des frais.

Je me suis permis de répliquer qu'il me semblait plus convenable, en présentant un compte, d'y porter la recette et la dépense à leur valeur exacte que d'altérer l'une et l'autre par une compensation obscure ou arbitraire ; question sur laquelle je me proposais de revenir à l'article des frais. Et j'ai continué l'examen avec eux.

« Dans le bordereau, messieurs, la Comédie porte le quart des hôpitaux, sur la recette de trente-deux représentations du *Barbier de Séville*, à dix-neuf mille cinq cent quarante-deux livres, dont le neuvième, supporté par l'auteur, est de deux mille cent soixante-onze livres huit sous. Je ne puis m'empêcher de faire observer ici que, suivant l'état général des dépenses fourni par la Comédie, elle convient ne payer aux hôpitaux que soixante mille livres par an, lesquelles, divisées par 324, donnent une dépense journalière de cent quatre-vingt-cinq livres au profit des pauvres. Si, multipliant, ai-je dit, ces cent quatre-vingt-cinq livres par trente-deux représentations, on trouve en résultat les dix-neuf mille cinq cent quarante-deux livres portées au bordereau de la Comédie, ce bordereau sera exact; mais trente-deux fois cent quatre-vingt-cinq livres ne font que cinq mille neuf cent vingt, dont le neuvième à payer pour l'auteur est six cent cinquante-sept livres. La différence de cette somme à celle du bordereau, deux mille cent soixante-onze livres, forme donc encore au dommage de l'auteur une erreur de mille cinq cent quatorze livres. Que d'erreurs, messieurs! que d'erreurs! »

« M⁰ Gerbier a répondu, pour la Comédie, que l'abonnement qu'elle avait fait avec les pauvres ne pouvait profiter à MM. les auteurs; qu'*à la vérité ils prenaient part pour un neuvième dans la société le jour de chaque représentation de leurs pièces*, mais qu'*ils n'étaient pas associés à la Comédie ni aux comédiens* : d'où il résultait que l'abonnement annuel qu'elle avait fait avec les pauvres était son affaire particulière; que si elle y gagnait, c'était un bénéfice qui n'avait rien de commun avec celui des représentations dans lesquelles les auteurs ont droit; que si elle y perdait, MM. les auteurs seraient bien fondés à rejeter cet abonnement comme une chose étrangère : en un mot, que ce traité était un marché particulier que toute personne aurait pu faire avec les hôpitaux, et qu'il était contre tout principe de vouloir en faire une cause commune entre les auteurs et la Comédie.

Je me suis permis de répliquer : 1° que M⁰ Gerbier savait aussi bien que moi qu'il n'y avait arrêt ni règlement qui soumit les auteurs à payer ni l'orchestre, ni les ballets, ni l'illumination, ni les pauvres; mais qu'il est dit seulement dans les règlements qu'*après tous les objets de dépense journalière acquittés par la Comédie, la somme qui reste en recette sera divisée en neuf parts, dont huit appartiendront aux comédiens, et la neuvième à l'auteur* : d'où il résulte que le neuvième de l'auteur doit se prélever net sur la recette entière appartenant aux comédiens, tous frais journaliers acquittés par eux. Or, une portion de ces frais journaliers étant cette somme de cent quatre-vingt-cinq livres que la Comédie paye aux pauvres, je n'entends pas bien par quel principe les comédiens prétendraient faire passer à l'auteur, dans leurs frais journaliers, sur le pied de six cent dix livres quatorze sous sept deniers de dépense, un impôt qui ne leur coûte à eux-mêmes que cent quatre-vingt-cinq livres par jour. C'est faire payer aux auteurs, sur le pied de cent quatre-vingt-dix-huit mille livres par an, ce qu'ils ne payent que soixante mille livres. Il y a cent trente-huit mille livres d'erreur sur cet article, au préjudice des auteurs.

2° Que si les comédiens se sont rendus fermiers des pauvres sur le débet de leur quart, ils se sont aussi rendus fermiers des riches sur la recette des petites loges; or, on sait bien qu'afin de louer ces loges pour tous les jours de l'année, ils donnent sur le pied de deux livres dix sous par trois cent vingt places, dont plus de la moitié auraient rendu six livres chacune, toutes les fois que les nouveautés attirent du monde, si ces places eussent été laissées au public; et si l'argument de M⁰ Gerbier est bon, qui dit qu'*en cas de perte sur un abonnement annuel, que la Comédie voudrait faire partager aux auteurs, ceux-ci seraient bien fondés à rejeter l'abonnement comme chose étrangère à eux*, ils ont donc le droit rigoureux, suivant M⁰ Gerbier lui-même, de rejeter cet abonnement de petites loges, et de demander compte aux comédiens de trois cent vingt places, partie sur le pied de six livres, qui rendraient de seize à dix-huit cents livres par jour, au lieu de huit cents livres que la Comédie leur passe : car il n'y aurait ni raison ni équité de prétendre forcer un auteur à entrer dans l'abonnement annuel des petites loges, qui lui fait perdre gros, en refusant de l'admettre à celui des hôpitaux, où il y a quelque bénéfice à faire.

« Ne trouvez donc pas mauvais, ai-je continué, que nous usions de votre propre argument pour démontrer que notre réclamation sur le quart des pauvres est non-seulement juste, mais tout entière à l'avantage de la Comédie; car si l'on nous renvoyait en l'état de payer les hôpitaux, et de toucher franchement toute la recette, sans entrer dans aucun affermage des pauvres ni des riches, il y aurait cent pour cent de gain sur le marché pour les auteurs.

« *Quatrième article* du bordereau de la Comédie.

« A trois cents livres de frais par jour, trente-deux représentations font neuf mille six cents livres.

« Je me rappelle ici, messieurs, ai-je dit, que la Comédie, dans sa première réponse, a proposé la modicité de cette dépense comme une compensation du même prix de trois cents livres auquel elle réduisait vaguement le produit des petites loges par jour; et ma réplique fut qu'un compte exact de la dépense valait mieux qu'une altération obscure de la recette, pour servir de compensation à cette dépense aussi vaguement altérée : je crois donc devoir en fixer arithmétiquement les rapports devant l'assemblée.

« En examinant le compte de la Comédie, i' ⸺ pour trois années, au total de la dépen⸺ ...ution vingt-trois mille quatre cent soixante-seize livres, faisant pour chaque année trois cent quarante et un mille cent cinquante-huit livres en nombre rond, dont j'ai cru devoir retrancher douze articles abusivement portés en dépense, faisant ensemble une somme de cent sept mille quatre cent deux livres; ce qui réduit la dépense réelle de chaque année à deux cent trente-trois mille se t cent cinquante-six livres. Alors, usant du diviseur 324, établi pour extraire de tout ce qui est annuel la recette ou la dépense journalière, j'ai cru reconnaître évidemment que les frais journaliers dans lesquels les auteurs doivent entrer pour un neuvième montent à sept cent vingt-une livres, *le quart des pauvres compris*; et en supposant encore que tous les articles portés sur l'état soient exacts, ce que je me propose d'examiner. Puis, retranchant de cette dépense journalière de sept cent vingt-une livres la somme de cent quatre-vingt-cinq livres pour le quart des pauvres, je suis arrivé à la solution exacte du problème des frais intérieurs de la Comédie, qui se montent à cinq cent trente-six livres *par jour*.

« Ainsi la Comédie, selon moi, se proposant de compenser les petites loges par la dépense journalière, sans le quart des pauvres, se trompe encore, au préjudice des auteurs, de deux cent soixante-quatre livres par jour. Hé quoi! messieurs, par un seul article sans perte? »

A cela M⁰ Gerbier a répondu, pour la Comédie, que sur les douze articles retranchés par moi de la dépense, et montant par année à cent sept mille quatre cents livres, la Comédie passait condamnation sur six, comme justement taxés par moi d'erreur, de double ou de faux emploi; lesquels sont :

Soldats assistants	4.5181	6 s.	8 d.
Jetons du répertoire	9.101	»	»
Jetons de lecture	7.492	»	»
Parts d'auteurs	14.386	»	»
Voyages à la cour	7.027	6	8
Capitation et frais y attachés	1.542	»	»
	45.866	13	4

Mais il a fait observer que les six autres articles, qui sont :

Pensions d'auteurs retirés	18.902	8	»
Pensions d'employés retirés	387	»	»
Rentes constituées	24.733	6	8
Intérêts des fonds d'acteurs	8.588	»	»
Feux d'acteurs	9.110	6	8
Jetons aux pensionnaires	1.800	»	»
	63.541	1	4

Il a fait observer, dis-je, que ces six articles devaient rentrer dans les dépenses journalières.

Mais ce n'étaient pas de simples aperçus qui pouvaient militer contre l'étude approfondie que j'avais faite des objets mal portés en dépense aux auteurs, et qu'il en fallait soustraire. Pour le prouver, je me hâtai d'attaquer le plus fort article en leur présence, celui des vingt-cinq mille livres de rentes constituées par la Comédie.

« Vous vous rappelez, messieurs, qu'en 1764, lors de l'enregistrement de l'acte de société des comédiens et des lettres patentes, le roi étant venu au secours de la Comédie, qu'un désordre antérieur avait endettée de quatre cent quatre-vingt-sept mille livres, elle se trouva, grâce à la générosité de Sa Majesté, ne plus devoir que cent soixante-dix-neuf mille livres. Vous vous rappelez aussi que les abonnements à vie vendus trois mille livres chacun par la Comédie, avec la permission du roi (et qu'on dit être au nombre de dix), ont fait rentrer alors à la Comédie une somme de trente mille livres, applicable au payement du reliquat de ses dettes, ce qui les réduisait en 1764 à cent quarante-neuf mille livres, sans compter tous les fonds destinés par les lettres patentes à ce même acquittement, et qui sont provenus depuis des parts ou portions de part de comédiens morts ou retirés, mises en séquestre jusqu'au remplacement des acteurs; ce qui, en seize années, a dû éteindre, et au delà, les cent quarante-neuf mille livres que la Comédie redevait alors.

« Néanmoins la Comédie présente aux auteurs, en 1780, pour vingt-cinq mille livres de rentes par elle constituées, au payement desquelles elle prétend les forcer d'entrer pour un neuvième : d'où l'on voit, messieurs, qu'au lieu d'avoir payé les cent quarante-neuf mille livres qu'elle devait en 1764, la Comédie a fait depuis pour six cent mille livres de dettes en quinze ou seize ans, malgré une recette annuelle de plus de sept cent vingt mille livres. Qu'en doit-on conclure?

« Ou ces six cent mille livres empruntées ont un emploi fructueux, et alors cet emploi compense et au delà l'intérêt de l'emprunt; ou cet emprunt est le fruit d'un nouveau désordre : alors il devient encore plus étranger aux auteurs. Un pareil abus pourrait se propager à l'infini; il dénote un vice actuel et toujours subsistant dans l'administration du spectacle : aussi, loin d'entrer dans ces dépenses abusives, les auteurs sont-ils en droit de les écarter, tant qu'on ne leur expliquera pas clairement à quel titre on a emprunté six cent mille livres en quinze ans, et ce qu'elles sont devenues. Voilà pourquoi je les ai rejetées de l'état des dépenses.

« Si tous les autres articles, messieurs, étaient soumis au même examen, il pourrait bien se trouver sur chacun d'eux un pareil abus. Jetons un coup d'œil sur l'article appelé *feux d'acteurs*, montant à neuf mille cent dix livres. Ou ce nom sert à couvrir une rétribution que chaque acteur prend sur la masse des bénéfices, alors c'est un article de recette pour la Comédie, et non une dépense; il y a faux emploi : ou ce sont réellement des voies de bois achetées pour le chauffage, cela en fait environ quatre cents voies, sans les feux généraux des foyers, des poêles, etc., qui se montent, suivant l'état de la Comédie, à trois mille livres ou cent trente voies de bois; cela ferait donc en tout cinq cent trente voies pour chaque hiver à la Comédie : chose aussi improbable que les six cent mille livres de dettes contractées en quinze ans. »

Enfin, profitant du silence de l'assemblée, que cette manière austère et juste de compter étonnait un peu, j'ai ajouté sans m'arrêter : « Un mot aussi, messieurs, sur les pensions d'acteurs retirés. Cet article, qui monte à dix-neuf mille livres, est également étranger aux auteurs.

« La Comédie gagne par an (y compris le neuvième des auteurs, et ses dépenses payées) quatre cent quatre-vingt-trois mille six cent soixante-dix-sept livres douze sous. Si les auteurs vivants partageaient tous les jours de l'année le neuvième de cette recette, ils toucheraient par an cinquante-trois mille sept cent quarante-deux livres; mais, suivant les comptes donnés par la Comédie pour trois années, les auteurs vivants n'ont touché par an que quatorze mille trois cent quatre-vingt-six livres de neuvième : il est donc resté aux comédiens, pour leur héritage des auteurs morts ou ne partageant plus, et en pur gain alors sur tous les neuvièmes d'une année, trente-neuf mille trois cent cinquante-six livres. Cette somme, prise sur les auteurs retirés, est plus que suffisante pour payer dix-neuf mille livres de pension aux acteurs retirés; car ici l'emploi se trouve identique : il reste encore sur cet objet plus de vingt mille livres de bénéfice aux comédiens en exercice, ainsi du reste.

« Mais je m'aperçois, leur dis-je en me reprenant, que la Comédie voit avec chagrin qu'on porte une inquisition aussi sévère sur ses affaires intérieures : je lui avoue à mon tour que c'est avec peine que je m'y livre, et que j'entrerai volontiers dans tous les moyens décents de lui épargner cette recherche, qui pourrait se renouveler désagréablement pour elle à chaque décompte d'auteur; car ils en ont le droit rigoureux. »

Il ne fut rien conclu dans cette séance, non plus que dans beaucoup d'autres conférences particulières entre les conseils de la Comédie et moi. M⁶ Gerbier, voyant qu'il n'était pas possible de m'entamer en détail, proposa de trancher en gros sur toutes les difficultés, en faisant une masse de la différence que tous les objets contestés pouvaient produire, et se relâchant ensuite de part et d'autre de la moitié de cette masse.

Je n'acceptai point cette offre, parce qu'elle ne présentait aucun point fixe qui pût servir dans la suite de base aux comptes qui seraient à faire avec les auteurs, ce qui était le principal but de mes travaux; et parce que ceux-ci avaient trop à perdre dans le sacrifice qu'on leur demandait.

Après avoir cherché, proposé, débattu plusieurs autres idées de conciliation, y avoir même appelé de nouveau les autres membres du conseil et les députés de la Comédie, pour en délibérer avec eux, on s'est enfin unanimement fixé, dans le conseil de la Comédie, à me proposer de faire justice aux auteurs :

1° Sur les six premiers articles par moi retranchés des dépenses, et montant à peu près à quarante-quatre mille livres;

2° De convenir avec moi d'un examen ultérieur sur l'article des six cent mille livres de dettes de la Comédie, et autres articles retranchés par moi, pour juger en connaissance de cause s'ils font partie ou non de la dépense que les auteurs doivent supporter;

3° De ne faire supporter aux auteurs le neuvième du quart des pauvres que sur le pied de l'abonnement annuel;

4° De leur tenir un compte exact du produit des petites loges, suivant la teneur de leurs baux; au moyen de quoi MM. les auteurs n'élèveraient plus de difficultés sur tous les articles de dépense, qui demeuraient fixés par mon examen, le droit d'examen de tous les chefs de dépense m'ayant fait accepter les conditions offertes.

M⁶ Gerbier a conseillé à toute la Comédie de beaucoup réfléchir sur cet exposé, sur le vœu de ses conseils et des comédiens députés, qui ont eu la connaissance la plus détaillée de tous mes calculs; et de prendre une délibération qui, dans la position des choses, ne pouvait plus être que de souscrire à ce plan d'arrangement, ou de plaider avec les auteurs.

Sur quoi, le 1ᵉʳ mars 1780, la matière mise en délibération, il a été arrêté, à l'unanimité absolue de la Comédie et de ses conseils, que, pour donner à MM. les auteurs une preuve du désir qu'ont les comédiens de vivre en paix avec eux, et d'éviter toute espèce de procès, la Comédie adopte le plan d'arrangement ci-dessus; mais on a verbalement ajouté que son engagement à cet égard ne peut avoir lieu que pour les comptes à faire par la suite, et pour les comptes seulement qui restent à finir avec ceux de MM. les auteurs qui n'ont pas encore touché leur neuvième.

J'ai fait observer à mon tour que, d'après la discussion que je venais de faire des articles du bordereau de la Comédie pour *le Barbier de Séville*, il était évident qu'il en résultait pour l'auteur une perte de plus d'un tiers pour ses droits; et que, sur l'assurance que la Comédie m'avait donnée que ce décompte était modelé sur les décomptes passés, envoyés par elle aux auteurs, on devait conclure que depuis trente ans chaque auteur, ayant reçu un pareil bordereau, avait souffert une pareille perte;

Que dans tous les tribunaux du monde, où l'erreur de compte ne se couvre point, et l'usurpation ne prescrit jamais, la restitution que j'obtenais pour moi devenait un titre de réclamation pour tous les auteurs qu'on avait trompés sciemment ou par erreur, dans tous les comptes rendus de leur droit de partage; que le sacrifice que l'on demandait de toutes les distractions que la Comédie s'était permises à leur préjudice, était un objet trop considérable pour que je prisse sur moi de l'imposer aux auteurs, à l'instant même où je venais d'en démontrer et l'existence et l'étendue; qu'en conséquence je ne prenais en leur nom d'engagement à cet égard que pour l'avenir, laissant à chacun des auteurs qui avaient terminé leur compte avec la Comédie le droit de réclamer, s'ils le jugeaient à propos, ce qui leur a été retranché injustement de leur part dans les produits, ainsi que je venais de le faire pour moi-même : ce qui, j'espérais, n'arriverait pas, si l'accord à l'amiable s'exécutait de bonne foi.

Cette assemblée n'a rien terminé de positif.

Mais le dimanche 5 mars 1780, la Comédie ayant député sept de ses membres pour assurer aux quatre commissaires de la littérature, en présence de tout son conseil assemblé chez M⁶ Gerbier, que l'intention de la Comédie était de terminer à l'amiable *à ces conditions*, dont il serait fait un exposé très-exact, j'ai répondu qu'en acceptant cet arrangement pour les auteurs, je voyais avec peine subsister encore dans ce plan même le germe de perpétuelles difficultés, parce que l'on ne pourrait ôter à chaque auteur le droit d'examiner tous les chefs de dépense en comptant avec la Comédie; qu'à la vérité il n'y aurait plus de contestation sur les objets de recette qui n'étaient que des démembrements de celle de la porte, dans laquelle ils rentraient tous, suivant le produit réel, et comme en ayant été abusivement retranchés; mais que j'aurais bien désiré qu'une pareille fixité pût être établie sur les objets de dépense, afin de tirer la Comédie d'une inquisition future qui ne pourrait que lui déplaire, et lui susciter souvent beaucoup d'embarras.

Enfin, frappé comme d'un coup de lumière, j'ai proposé à l'assemblée de chercher une somme moyenne, et d'y fixer les frais journaliers de la Comédie, dont chaque auteur à l'avenir supporterait le neuvième sans examen ni conteste; au moyen de quoi le décompte de chaque pièce se ferait très-aisément.

Tout le monde applaudit : on me demande quel est mon mot. Je réponds que, mes calculs m'ayant donné cinq cent vingt-trois livres de frais journaliers, je propose cette somme comme la plus juste qui me vienne à l'esprit.

Mª Gerbier prie les quatre commissaires de la littérature de passer dans une autre pièce, pour que les sept comédiens puissent délibérer avec leurs conseils.

Mais, en rentrant, on se trouve plus éloigné que jamais ; et Mᵉ Gerbier soutient le refus des comédiens par l'argument que la masse totale des frais, tels que la Comédie les a toujours comptés aux auteurs, se monte à plus de treize cents livres par jour : que, ma plus grande réduction les portant à cinq cent vingt-trois livres, le moyen terme ne pouvait être en cette somme ainsi réduite, mais un milieu entre les deux sommes.

Et moi, qui vois qu'on oublie le principe, je me hâte de leur rappeler qu'ils prennent l'abus pour la loi ; que par les données et discussions qu'on a vues, *la surpaye du quart des pauvres, la perte résultante pour l'auteur d'une fausse compensation entre la recette des petites loges et la dépense journalière, les six objets retranchés par eux de la dépense comme faux ou double emploi*, devant être proscrits, puisqu'ils étaient le fondement trop réel de justes réclamations des auteurs dramatiques, il ne fallait chercher un moyen terme entre mon résultat et celui de la Comédie qu'après que tous ces objets reconnus vicieux seraient absolument rejetés du compte; que, MM. les comédiens étant de plus convenus prudemment d'en retrancher aussi les intérêts de l'emprunt abusif de six cent mille livres, je trouvais, moi, que le résultat donnait pour la dépense journalière (non compris le quart des pauvres) cinq cent trente-six livres qui pourraient encore se trouver réduites lorsque j'en scruterais avec soin les détails ; que pour finir à l'amiable, je consentais à porter les frais journaliers pour l'avenir à cinq cent soixante livres, mais que je n'irais pas au delà.

Alors M. Jabineau l'avocat s'étant écrié : « *Messieurs, six cents livres ! c'est le double de ce qui est fixé par l'ancien arrêt du conseil pour les frais journaliers, et les comédiens seront contents*; » chacun s'est réuni à son cri de six cents livres, même les trois autres commissaires des auteurs, qui ont voulu faire un dernier sacrifice à la paix; en sorte que, malgré ma résistance trop bien fondée, je me suis vu forcé d'y accéder, et de passer les frais à six cents livres par jour.

L'on est convenu de proposer à la Comédie le résultat de cette dernière assemblée, pour qu'elle réfléchît encore une fois sur le parti qu'elle devait prendre.

Ce qui suit est copié sur l'acte conciliatoire entre les auteurs et les comédiens, tel qu'il est annexé à la minute de l'arrêt du conseil du 12 mai 1780.

« Cejourd'hui 11 mars 1780, la matière mise en délibération, il a été arrêté, *à l'unanimité absolue de la Comédie et de ses conseils*, que, pour donner à MM. les auteurs une preuve d'égards, de considération, et du désir sincère qu'ont les comédiens de leur faire justice, et d'éviter toutes sortes de procès et de difficultés avec eux, la Comédie adopte en entier le plan d'arrangement concerté entre son conseil, ses propres députés, et MM. *Saurin, Marmontel, Sedaine* et *Caron de Beaumarchais*, comme commissionnaires et députés de MM. les auteurs, dont ils ont été priés de joindre à cet acte les pouvoirs de transiger en leur nom ; en conséquence, il a été arrêté et fixé ce qui suit :

« 1° A compter de ce jour, soit pour les pièces nouvelles qui seront jouées à l'avenir, soit pour celles dont les auteurs n'ont pas encore touché leur neuvième, tous les frais journaliers et ordinaires de la Comédie demeureront fixés, par chaque jour de représentation, à la somme de six cents livres, laquelle somme sera prélevée sur la recette brute du spectacle ainsi que le quart des pauvres, dont il va être parlé ; et le neuvième, douzième et dix-huitième du restant du produit net (suivant l'étendue des pièces) appartiendra à chaque auteur, tant qu'il aura droit au partage avec les comédiens.

« 2° Par rapport aux frais extraordinaires, la Comédie en traitera avec l'auteur à l'amiable, lorsqu'il sera question de mettre la pièce à l'étude pour la représenter : et, dans le cas où l'auteur croira ces frais et embellissements nécessaires au succès de son ouvrage, il est arrêté qu'il entrera pour un quinzième dans lesdits frais extraordinaires, et cette convention sera inscrite sur le registre des lectures, et signée par l'auteur.

« 3° Les auteurs supporteront en outre le neuvième de la somme journalière à laquelle se trouvera monter l'abonnement présent ou futur que la Comédie a fait ou fera du droit des pauvres avec les hôpitaux, en le divisant par trois cent vingt-quatre représentations, nombre commun des jours de spectacle d'une année.

« 4° La masse de la recette journalière sera composée non-seulement de ce qu'on reçoit casuellement à la porte, mais de ce que produiront les loges louées par représentation, les loges louées à l'année sur le pied de leurs baux annuels, ramenés au produit journalier par le même diviseur 324, comme à l'article précédent le produit évalué sur le pied de l'intérêt à dix pour cent des abonnements à vie; et enfin de tout ce qui forme les parties intégrantes de la recette entière du spectacle, sous quelque dénomination qu'elle se perçoive, suivant la lettre et l'esprit de tous les règlements ; dans laquelle masse l'auteur prendra son neuvième net (déduction faite des frais expliqués ci-dessus), tant qu'il aura droit au partage avec les comédiens, suivant le présent décompte

« 5° Que dérogeant à tous usages contraires à la présente délibération, sur tous les points contenus en elle, et pour servir d'exemple et de modèle à tous les décomptes futurs [1], soit des auteurs dont on donnera des pièces nouvelles, soit de ceux qui n'ont pas encore reçu leur neuvième, le décompte particulier du *Barbier de Séville*, fait sur le plan, les principes et les données ci-dessus expliqués, sera annexé à la suite de la présente délibération, pour y avoir recours en cas de besoin.

« Et pour que la présente délibération ait toute l'authencité nécessaire, elle sera présentée à MM. les premiers gentilshommes de la chambre du roi, en les suppliant de vouloir bien l'agréer et confirmer; puis il en sera fait deux copies, dont l'une sera annexée aux registres de la Comédie, et l'autre, signée de tous les comédiens, sera remise à MM. les commissaires « des auteurs dramatiques, pour, à l'avenir, avoir « forme et force de loi.

« Fait et arrêté dans l'assemblée de la Comédie, tenue « dans la salle des Tuileries, le dimanche 11 mars 1780.

CONSEIL . . . . . . { Signé : Coqueley de Chausse-Pierre, Jabineau de la Voute, Gerbier, Brunet.

COMÉDIENS . . . . . . { Préville, Brizard, Bouret, Vanhove, Desessarts, Bellecour, Fleury, Molé, Drouin, Préville, Vestris, Suin, Dugazon, Courville, Luzzi, Dazincourt, Dorival, Pontheuil, Bellemont, Contat, Doligny, Lachassagne.

« Vu et approuvé pour avoir son exécution, à Paris, ce « 31 mars 1780.

« LE MARÉCHAL DE DURAS.
« LE MARÉCHAL DUC DE RICHELIEU. »

Je remis aux comédiens le décompte de ma pièce, pour être écrit sur les registres de la Comédie, et servir de modèle aux décomptes futurs, avec parole de le signer sur ce registre quand on m'avertirait qu'il y était inscrit, et d'y transporter aussi le pouvoir donné par tous les auteurs à leurs commissaires, pour terminer en leur nom, comme nous venions de le faire.

Ainsi l'accord semblait tellement arrêté, que chacun se félicite, et dit en se serrant la main : *Voilà donc tout fini*; et moi, bonhomme ainsi que mes confrères, je dis avec les autres : *Voilà donc tout fini* : mais quelqu'un du conseil de la Comédie souriait dans sa barbe, et grommelait en lui-même : *Et moi je dis que* TOUT N'EST PAS FINI.

Il s'en fallait beaucoup que tout le fût, et nous connaissions mal les gens avec qui nous traitions ! Je me suis dit plus d'une fois : Est-ce donc une chose si naturelle et tellement inhérente à la Comédie, de ne pouvoir vivre et prospérer sans piller les auteurs, que des droits bien reconnus, une discussion profonde, un décompte exact, et enfin un accord signé de tous, ne puissent arrêter cette fureur d'usurper ! Et croira-t-on que dans ce même cabinet de M. Gerbier, où nous fondions un accord public sur d'aussi grands sacrifices d'auteurs, et dans le moment même où nous le terminions, on travaillait à minuter sourdement un arrêt du conseil (qu'on se gardait bien de nous communiquer), par les clauses duquel on était bien sûr de regagner sur les auteurs deux fois plus que mes travaux ne venaient de forcer les comédiens de leur restituer ?

O comédiens ! les gens de lettres, qui sont les distributeurs des réputations, se taisent sur votre compte, ou ne parlent pas trop bien de vous : comment n'avez-vous su qu'aliéner les seuls hommes capables de vous rendre par leurs écrits ce que le préjugé vous refuse, la considération publique ? Vous êtes applaudis comme gens à talent; pourquoi ne voulez-vous pas être loués comme une société de gens honnêtes, la seule chose qu'il vous importe aujourd'hui d'acquérir ?

En effet, trois semaines après la signature de l'accord, les auteurs apprennent qu'un nouvel arrêt du conseil existe (25 avril 1780). On en fait un grand mystère, et

---

[1] Résumé du compte de ce qui revient à l'auteur du *Barbier de Séville* sur le produit de quarante-six représentations de cette pièce.

RECETTE BRUTE.

Produit des recettes à la porte, pour les quarante-six représentations	93.961 l. 15 s. » d.	
Produit des petites loges, id.	34.263 » 10	
Abonnements à vie, au nombre de neuf, à 3,000 liv. de principal et représentant chacun une rente viagère de 300 liv., ou, au total, une somme annuelle de 2,700 liv., laquelle divisée par 324, diviseur commun des différents articles de recette ou dépense annuelle, donne un produit journalier de 8 l. 6. s. 8 d. pour quarante-six représentations . . .	383 » »	130.608 l. 2 s. 6 d.

DÉPENSE À SOUSTRAIRE.

Quart des hôpitaux, lequel étant fixé à 60,000 livres par an, et divisé par 324, donne par jour 185 liv. 3 s. 8 den. et pour quarante-six représentations	8.518 8 8	36.118 8 8
Frais journaliers fixés à 600 livres : quarante-six représentations	27.600 » »	

PRODUIT NET . . . 94.489 13 10

Dont le neuvième pour le droit d'auteur est de 10.498 17 1

FRAIS EXTRAORDINAIRES.

184 soldats à 20 sous . .	184 » »	
Frais de théâtre, à 4 liv. par jour, quarante-six représentations	184 » »	
	368 » »	

Dont le quinzième seulement à déduire sur le droit d'auteur est . . . 24 10 8

Il est dû à M. de Beaumarchais, tous frais faits 10.474 6 5

ce ne fut que plus d'un mois après qu'il eut été lu à la Comédie que je parvins à en obtenir une copie. On citait entres autres l'article 7, dont quelqu'un avait fait le relevé.

« Art. 7. *Les sommes au-dessous desquelles les pièces seront censées être tombées dans les règles demeureront fixées*, comme elles l'étaient dans l'ancien règlement, *à douze cents livres pour les représentations d'hiver, et à huit cents livres pour les représentations d'été...* »

Arrêtons-nous un moment : ceci mérite un double examen.

Cet article 7 semblait d'abord n'être fait que pour rappeler, confirmer, donner enfin force de loi à l'usurpation sur les auteurs insérés en 1757 dans un règlement non communiqué, lequel avait abusivement porté la chute dans les règles, de cinq cents livres, où elle était depuis cent ans, à la somme de douze cents livres.

Voilà bien la confirmation d'un règlement secret que l'on veut appuyer en 1780, après vingt-trois ans d'abus, de l'autorité d'un arrêt du conseil.

Usurpation, possession, oubli du principe, et sanction, voilà comment les trois quarts des droits s'établissent.

Mais pourquoi s'arrêter en si beau chemin? ont dit les comédiens. En coûterait-il plus de sanctionner tout de suite une autre usurpation nouvelle et du même genre? Les auteurs sont bonnes gens, essayons; et l'on a fait ainsi la suite de l'article :

« .... *sans que pour le calcul de ces sommes (douze cents livres et huit cents livres) on puisse demander d'autre compte* que celui de la recette qui se fait a la porte. »

Certes, cette phrase n'est la confirmation d'aucun article existant, d'aucun règlement quelconque ; ici l'on saute à pieds joints par-dessus la pudeur et l'honnêteté, pour donner, pendant qu'on y est, la même sanction d'un arrêt à un autre abus introduit sourdement à la Comédie depuis celui des petites loges.

Ainsi les comédiens, assistés de leurs conseils, qui avaient déjà diminué le sort des auteurs de plus de moitié, en faisant glisser en 1757, dans le règlement non communiqué, que la chute dans les règles (alors au-dessous de cinq cents livres) aurait lieu pour l'avenir *lorsque les pièces tomberaient à douze cents livres de recette*; ainsi les comédiens, dis-je, profitant de ce que le silence, la faiblesse ou la bonhomie des auteurs avaient laissé passer et subsister cet abus, essayent, en 1780, non-seulement de sanctionner par un arrêt l'ancien accroissement abusif de cinq cents livres à douze cents livres, mais encore de porter tout d'un coup, par un second accroissement plus abusif, la somme de douze cents livres à celle de deux mille livres ; car douze cents livres prises sur la seule recette de la porte, et huit cents livres de la recette des petites loges (oubliées dans ce dernier compte), font tomber les pièces dans les règles justement à la somme de deux mille livres de recette entière.

Ainsi (car on ne peut le présenter sous trop de faces) les auteurs, à qui je venais de faire restituer, par la sévérité de mes calculs, plus d'un tiers de leurs droits usurpés sur le compte abusif de chaque représentation, reperdraient tout d'un coup, par cet article d'arrêt, sur leurs droits entiers, les deux tiers retranchés du nombre des représentations ; car si, pour tomber dans les règles à douze cents livres de recette, et perdre sa propriété, un auteur avait pu jouir du fruit de vingt séances, il n'en devait plus espérer que douze, attendu que douze cents livres sont à deux mille livres de recette comme vingt représentations sont à douze. Ici la preuve est complète de la plus mauvaise volonté, de quelque part qu'elle vienne ; et les gens de lettres auraient dû me regarder comme un lâche complice de cette usurpation, si je l'avais passée sous silence.

Outré d'une pareille conduite et muni de cet étrange arrêt, je vais à Versailles (26 avril 1780) faire les plus vives représentations à M. Amelot. J'explique le motif de ma plainte, et j'apprends que le ministre, étranger à tous ces détails, avait regardé le projet d'arrêt qu'on lui avait présenté comme le résultat de notre accord avec la Comédie. Eh! comment le ministre ne s'y serait-il pas trompé ? M. Jabineau, avocat, et conseil de la Comédie, en apportant le projet à Versailles, avait assuré qu'il était minuté de concert avec moi, ce qui l'avait fait expédier sans difficulté.

Non-seulement les conseils de la Comédie l'avaient assuré au ministre, mais ils en avaient tellement imposé à M. le maréchal de Duras, qu'ils étaient parvenus à lui faire écrire à M. Amelot que cet arrêt était fait de concert avec les auteurs ; tandis qu'il est bien prouvé qu'aucun d'eux n'en avait jamais eu connaissance. On alla même jusqu'à publier à Paris que j'avais donné les mains ou présidé secrètement à sa rédaction.

Cette ruse tendait à m'attirer les reproches des auteurs, et à me faire abandonner leurs intérêts par l'indignation d'une pareille injure.

En effet, mes confrères m'en parlèrent avec amertume. Ce trait de ma part leur paraissait l'accomplissement des avis qu'on leur avait fait donner plusieurs fois, que je m'entendais avec les supérieurs de la Comédie pour jouer les gens de lettres.

J'avais désabusé le ministre : je désabusai mes confrères, en souriant avec eux de la maladresse de nos adversaires : et je courus, le 2 mai 1780, chez M. le maréchal de Duras, qui, toujours rempli de son ancienne bienveillance, et me voyant si bien instruit des moyens qu'on avait employés pour tromper le ministre, voulut bien me dire que la chose n'était pas sans remède, et que si je lui communiquais mes observations sur cet arrêt, il prierait lui-même M. Amelot d'en expédier un autre sur le nouveau plan que je projetterais.

En pareille occasion, perdre un moment eût été d'une imprudence impardonnable. Je fis mes observations sur l'arrêt dans la même journée ; et je pris la liberté de demander, dès le second jour, un nouveau rendez-vous à M. le maréchal de Duras, qui eut l'égard délicat de me l'accorder pour le lendemain 4 mai. Je m'y rendis, accompagné de MM. *Saurin, Marmontel* et *Sedaine*, commissaires, et de MM. *Bret, Ducis, Chamfort* et *Gudin*, nos confrères; car je me faisais un point d'honneur d'être lavé devant eux, par l'attestation de M. le maréchal de Duras, de la fausse imputation d'avoir connu un seul mot de cet arrêt injuste avant son expédition.

Ce premier point bien éclairci, nous présentâmes nos observations sur l'arrêt ; et M. le maréchal les trouva si justes, qu'il voulut bien nous réitérer l'assurance de signer la rédaction du nouveau projet d'arrêt aussitôt que je l'aurais achevée sur ce nouveau plan; ajoutant qu'il avait déclaré la veille, à l'Académie française, qu'il était l'ennemi juré des injustices que les comédiens faisaient aux gens de lettres. Il n'y eut donc encore que des grâces à lui rendre.

Je revins achever la nouvelle rédaction ; et le 6 mai 1780, jour que M. le maréchal m'assigna pour la lui porter, M. des Entelles, intendant des menus, et deux des premiers comédiens français, MM. Préville et Monvel, s'étant trouvés comme par hasard chez lui, je le suppliai de les admettre à la lecture que j'allais lui faire du projet d'arrêt, désirant ne rien dissimuler à personne de mes travaux ni de leurs motifs.

A la lecture de l'article 7, le plus important de tous, M. Préville fit une observation qui me force à le rapporter ici tel que je l'avais rédigé.

« *Art.* 7. Les sommes au-dessous desquelles les pièces seront tombées dans les règles demeureront fixées, comme elles étaient dans l'ancien règlement, à douze cents livres pour les représentations d'hiver et huit cents livres pour les représentations d'été. Bien entendu que, pour ce calcul, toutes les recettes brutes, sans aucune déduction de frais, et sous quelque dénomination que ce soit, rentrent dans la recette brute de la porte, dont elles ont été successivement retranchées. Et cela selon la lettre et l'esprit de l'accord fait entre les auteurs et les comédiens, signé d'eux tous, des premiers gentilshommes de la chambre, approuvé, confirmé par Sa Majesté, et annexé au présent arrêt. »

M. Préville observa donc que, vu l'abondance de la recette ordinaire, si la Comédie était forcée de jouer les pièces nouvelles jusqu'à ce qu'elles tombassent à douze cents livres de recette entière, le public, las de les voir si longtemps, abandonnerait le spectacle : car y ayant déjà huit cents livres de recette par jour en petites loges, aucune pièce ne pouvait plus tomber l'été dans les règles ; et l'hiver elles y tomberaient tout aussi peu, puisque la plus mauvaise pièce donnerait au moins quatre cents livres de recette casuelle à la porte : ce qu'il ne disait pas, ajouta-t-il, pour toucher à la propriété des auteurs, mais afin qu'on cherchât un moyen d'empêcher une pièce usée pour le public de traîner longtemps à la plus basse recette.

Je répondis que la remarque était juste, et qu'il ne fallait pas que le public souffrît de la loi qui fixait la propriété des auteurs à un certain taux ; mais que cet inconvénient ne venant que d'une recette constamment abondante, et qui donnait chaque jour *un produit as-* *suré plus considérable que les frais du spectacle*, il y avait un moyen simple de ménager tous les intérêts, qui était de restituer au droit des auteurs, sur le fruit de chaque représentation, ce que le respect dû au public forcerait de retrancher sur le nombre des représentations.

Je rappelai encore ici le principe de la chute dans les règles, dont l'esprit n'avait pas été de dépouiller un auteur vivant dans la vue d'enrichir les comédiens ; mais seulement de permettre à ces derniers de cesser de jouer une pièce lorsque la Comédie *prouvait à l'auteur* que le goût du public était usé sur l'ouvrage, *puisqu'elle n'avait fait en recette que ses frais* deux fois de suite, ou trois fois par intervalle : ce qu'il ne faut jamais oublier.

La chose fut bien débattue ; et enfin M. le maréchal me proposa, par esprit de conciliation, de porter à quinze cents livres *de recette entière* le terme où les comédiens pourraient cesser de jouer régulièrement une pièce nouvelle. Et moi, qui voulais la paix autant que lui, je consentis à ce sacrifice, à cette augmentation de *cent écus* en faveur de la Comédie, pourvu que l'auteur conservât son droit de propriété sur sa pièce, s'il plaisait un jour aux comédiens de la reprendre; et ce, tant qu'elle ne serait pas tombée, deux fois de suite à douze cents livres de recette, etc. J'écrivis sur-le-champ au bureau de M. le maréchal cette addition de clause à l'article 7, et elle me sembla le terminer à la satisfaction de tout le monde.

Pendant que je la rédigeais, les deux comédiens français s'entretinrent un moment dans une pièce voisine avec M. le maréchal; et lorsqu'ils rentrèrent, on me demanda si, pour compenser cette conservation de propriété des auteurs, je ne consentirais pas que les pièces nouvelles fussent jouées de deux jours l'un, sans distinction de grands et de petits jours, afin d'aller plus vite, et de représenter par an plus d'ouvrages nouveaux, ce qui plairait fort au public.

On craignait sans doute que je n'acceptasse point la proposition ; car sitôt que je dis que je n'y voyais point d'inconvénient, M. le maréchal me proposa d'y soumettre les auteurs par ma signature, et comme chargé de leurs pouvoirs, etc. Je consentis à le faire, pourvu toutefois qu'on accoutumât le public à ce changement en rompant l'ordre des jours de la Comédie, et donnant sans distinction de grands et de petits jours, pendant trois ou quatre mois, des tragédies ou comédies anciennes, avant de soumettre à cette épreuve les ouvrages nouveaux ; ce qui passa pour arrêté.

La rédaction de l'article fut faite tout de suite, et signée de moi pour les auteurs ; elle le fut aussi de M. le maréchal de Duras et de MM. Préville et Monvel pour les comédiens. J'ai cette minute entre les mains; et j'appuie sur ce mot, parce qu'on ne tardera pas à juger de quelle importance cette minute est devenue pour démêler l'intrigue élevée contre ce second arrêt du conseil.

Je fis mettre au net la minute entière du projet de

l'arrêt : le 9 mai, j'en portai l'expédition à M. le maréchal de Duras avec cette minute, pour les confronter ; et M. le maréchal, après en avoir pris lecture, écrivit de sa main au-dessous du dernier article immédiatement (je dis *de sa main*) :

« Ce projet m'ayant été communiqué, je prie M. Amelot de vouloir bien veiller à son exécution.

« Paris, ce 9 mai 1780.

« Le maréchal duc de Duras. »

Et sur-le-champ au même bureau que M. le maréchal, j'écrivis au-dessous de sa signature :

« Ce projet d'arrêt du conseil ayant été communiqué « à l'assemblée des auteurs dramatiques, ils ont chargé « le soussigné, l'un de leurs commissaires et représen- « tants perpétuels, de supplier M. Amelot de vouloir « bien lui faire donner la plus prompte expédition. « Ce 9 mai 1780.

« Caron de Beaumarchais. »

Si ce n'est pas là marcher en règle, et conserver tous les égards, je n'ai plus aucune notion de la manière ouverte et franche dont on doit se comporter en affaire importante.

On fit un paquet du tout, qui fut envoyé à M. Amelot, à Versailles ; et M. le maréchal en était si content, que j'obtins, dans cette même séance, qu'on livrerait à mes observations un nouveau règlement ignoré des auteurs, et qu'on avait annexé au premier arrêt secret dont nous venions de réparer les torts, sous l'offre que je fis de n'insister vivement que sur les articles qui intéressaient personnellement les auteurs.

Ce règlement me fut remis deux jours après par M. des Entelles, intendant des menus. Je le trouvai fait absolument dans le même esprit que le premier arrêt du conseil non communiqué : partout un dessein formé d'asservir les auteurs aux comédiens, d'envahir leurs droits et de les dégoûter du théâtre, comme gens dont on croit n'avoir plus aucun besoin pour vivre agréablement.

Presque tous les articles en furent refondus sur le modèle du règlement dont on a lu le préambule dans ma première partie ; et le 12 mai 1780, M. le maréchal Duras, toujours plein de bienveillance, en entendit la lecture devant quatorze auteurs dramatiques et l'intendant ou commissaire des menus. Dans cette assemblée, les articles subirent encore quelques retranchements et additions ; puis on en fit une seconde lecture publique ; et M. le maréchal de Duras, en ayant paraphé tous les bas des pages et additions en marge, arrêta le règlement en ces termes et le signa :

« Arrêté le présent règlement avec toutes les modifi- « cations et augmentations qu'il contient, tant dans le « corps des articles que dans les marges ; et je prie « M. Amelot de vouloir bien l'annexer tel qu'il est, *ne* « *varietur*, à l'arrêt du conseil à l'expédition duquel il « donne ses soins actuellement. Ce 12 mai 1780.

« Le maréchal duc de Duras. »

Il est impossible de rien ajouter à la reconnaissance des auteurs et à la satisfaction qu'en ressentit M. le maréchal ; il porta la grâce et la bonté jusqu'à dire aux quatorze personnes qui le remerciaient : *Puisque vous êtes contents, messieurs, ce jour est le plus beau de ma vie ; et vous me trouverez inébranlable dans ces dispositions.*

Cet arrêté, ces corrections, ces paraphes, cette signature, et ce que M. le maréchal avait écrit *de sa main*, au bas de l'arrêt, le 9 mai, et ces procédés touchants d'un chef respectable de la Comédie, ne doivent pas sortir de la mémoire du lecteur ; on en verra les conséquences avant peu.

Je fis faire deux copies collationnées de ce règlement, tel qu'il venait d'être arrêté : l'une fut remise à M. le maréchal de Duras ; j'eus l'honneur d'envoyer l'autre à M. Amelot, le 13 mai, après en avoir certifié l'exactitude en ces mots, au-dessous de l'arrêté de M. le maréchal de Duras :

Je soussigné, l'un des commissaires et représentants perpétuels des auteurs dramatiques, certifie que l'original du présent règlement, signé, arrêté et paraphé à toutes les pages, additions en marge, par M. le maréchal duc de Duras, en présence de quatorze députés de la littérature dramatique, aujourd'hui 12 mai 1780, est resté en dépôt dans mes mains, avec tous les papiers relatifs à la présente affaire, pour que je puisse répondre de la fidélité de la présente copie, que je certifie conforme à l'original.

Caron de Beaumarchais.

Je joignis dans le même paquet une copie collationnée de l'accord à l'amiable fait entre les comédiens et les auteurs, signé de toutes les parties ; pour être aussi annexée à l'arrêt du conseil que M. Amelot faisait expédier ; et le paquet fut adressé à M. Robinet, avec la lettre suivante :

« A Paris, 13 mai 1780.

« J'ai l'honneur, monsieur, de vous adresser une co- « pie bien collationnée et certifiée véritable du règle- « ment fait pour la Comédie française, et une copie « aussi collationnée et certifiée de l'accord entre les « auteurs et les comédiens ; pour les deux pièces être « annexées à la minute de *l'arrêt du conseil dont je suis* « chargé de vous renouveler la demande en double ex- « pédition, l'une adressée à M. le maréchal duc Duras, « pour la Comédie, et l'autre adressée à moi pour le « dépôt des auteurs dramatiques. Il ne nous restera que « des remerciments à vous faire ; et l'ordre entier des « gens de lettres me charge de vous les présenter « d'avance, et de vous assurer de la très-haute considé- « tion et parfaite reconnaissance avec lesquelles nous « avons l'honneur d'être, etc.

« Caron de Beaumarchais.

« *Pour tous les auteurs dramatiques.*

« M. le maréchal de Duras vous renvoie ici le premier
« arrêt du conseil pour l'annihiler. »

M. le maréchal de Duras crut devoir écrire à M. Amelot, de son côté, pour le prier de lui adresser une lettre au nom du roi, par laquelle *Sa Majesté défendait à tous les comédiens, ou autres personnes, de faire aucune observation sur l'arrêt et le règlement actuels, tels qu'ils venaient de sortir et ordonnait qu'on eût à les exécuter à la lettre,* etc.

M. le maréchal espérait par là se mettre à couvert de nouvelles criailleries de la Comédie : il se trompait.

M. Amelot envoya, le 20 mai 1780, une expédition de l'arrêt, en parchemin, à M. le maréchal de Duras, et une autre semblable à moi, pour être conservée au dépôt des auteurs. Il écrivit à M. le maréchal, au nom du roi, la lettre demandée; et M. le maréchal ordonna sur-le-champ l'impression de l'arrêt du conseil et du règlement y annexé : *j'en ai vu les dernières épreuves entre les mains de M. des Entelles.*

Puis tout à coup voilà les comédiens, les comédiennes, et les avocats leurs conseils, qui accourent chez M. le maréchal de Duras, et qui, malgré la lettre du ministre et la défense qu'elle contenait au nom du roi, le tourmentent sur tous les articles de l'arrêt dans lesquels ils se prétendent lésés. M. le maréchal, outré, leur déclare qu'il n'en veut plus entendre parler, et que s'ils ont des observations à faire, ils peuvent s'adresser, s'ils l'osent, au ministre.

Leur douleur amère portait sur ce que les pièces de théâtre, disaient-ils, ne tomberaient plus dans les règles *du vivant de leurs auteurs;* et de ce qu'ils n'auraient plus la liberté de *traiter à forfait,* c'est-à-dire d'acheter à fort bon marché les ouvrages qu'on leur présenterait à la lecture.

On conçoit combien M. le maréchal dut être irrité de cette conduite : il me fit inviter, par M. des Entelles, d'en aller raisonner avec lui (le 27 juin). J'eus l'honneur de l'engager de toutes mes forces à écouter les observations des comédiens, parce qu'ils ne disputaient apparemment que faute de les bien entendre, et parce que c'est en quelque sorte altérer la bonté d'un acte, que d'empêcher d'autorité les gens qu'il intéresse d'en discuter la teneur et de la bien éclaircir. J'allai même jusqu'à lui représenter que messieurs ses collègues, moins fatigués que lui, verraient peut-être avec peine les comédiens recourir à une autre autorité que la leur.

« L'article 7, qui les blesse le plus, lui dis-je, ne contient aucune innovation, si ce n'est un sacrifice de trois cents livres par représentation que vous nous avez engagés de faire à la Comédie pour le bien public, et que nous avons fait. La fin de cet article rappelle uniquement l'état naturel et la loi du droit d'auteur, expliquée dans tout le cours de l'article. Mais comme je venais d'admettre, au nom des auteurs, une restriction de trois cents livres sur nos droits, peut-être agréable au public, certainement utile aux comédiens, mais dommageable à nous seuls, il m'avait paru nécessaire d'ajouter, pour qu'on n'abusât pas de cette restriction, *sans que pour cela l'auteur perde son droit de propriété, pour toutes les fois que les comédiens joueront sa pièce alors mise au répertoire, laquelle ne cessera de lui appartenir que lorsque la recette totale brute, et sans aucune déduction de frais, suivant la spécification de l'article 4 de l'accord des auteurs dramatiques et des comédiens, sera tombée deux fois de suite,* etc., *d'après un règlement contre lequel je renonce à réclamer.* Tel est l'article 7 : pouvait-il être plus clair, plus légal et plus modéré? »

M. le maréchal et M. des Entelles en convinrent, et furent si frappés de la clarté de cette explication, qu'ils me proposèrent de voir Mᵉ Gerbier chez lui, pour lui démontrer que l'article était simple, et sans aucune innovation que le sacrifice de trois cents livres fait de notre part à la Comédie.

Je répondis que Mᵉ Gerbier le savait aussi bien que moi; que par ces procédés étranges il avait certainement entendu se délivrer de moi et me fermer sa porte; que néanmoins j'allais l'inviter à se trouver chez M. le maréchal, où je me rendrais moi-même à jour indiqué. Et j'écrivis la lettre suivante à Mᵉ Gerbier, le 30 juin 1780 :

« Je ne sais, monsieur, ce que vous pensez de notre
« altercas; mon avis est qu'il ne doit pas y avoir de
« bavardage intermédiaire entre ce que je dis de vous
« et ce que vous pensez de moi. Je suis prêt à répéter
« en votre présence ce que j'ai dit tout haut : c'est
« qu'avoir fait un arrêt du conseil et un règlement con-
« traires aux principes de l'accord que nous terminions
« en commun chez vous; c'est que les avoir faits dans
« le temps même où, de concert, nous tâchions de rap-
« procher les acteurs et les auteurs, et qu'avoir en-
« voyé cet arrêt et ce règlement au ministre en lui fai-
« sant dire et écrire que cela se faisait d'accord avec
« moi, à qui l'on n'en avait rien dit, est un procédé
« si étrange, que je n'ai pu m'empêcher d'en être fort
« blessé.

« Or celui qui a fait le règlement et l'arrêt sans m'en
« parler, n'est-ce pas vous? Celui qui a dit à M. Robinet
« que j'en étais d'accord, n'est-ce pas M. Jabineau,
« votre confrère? Et la personne à qui on l'a fait croire
« et qui l'a écrit au ministre, n'est-ce pas M. le maré-
« chal de Duras?

« Dans mon premier ressentiment, j'ai répondu à
« ceux qui m'invitaient d'aller chez vous examiner les
« réclamations de la Comédie, que vous n'aviez pu avoir
« d'autre intention que de me fermer votre porte en
« me traitant aussi mal ; mais comme l'intérêt du
« Théâtre-Français me touche beaucoup plus que le
« mien, j'oublie volontiers ce dernier pour ne m'occu-
« per que de l'autre; et j'ai l'honneur de vous prévenir
« que je dois aller lundi, à onze heures, chez M. le ma-
« réchal de Duras, pour agiter de nouveau cette affaire.
« Si vous n'avez pas de répugnance à vous y rendre,

« j'aime mieux la traiter avec vous qu'avec tout autre, parce que, bornant ma prétention modeste au seul honneur d'avoir raison, plus mon adversaire aura de lumières, moins je craindrai d'être contredit par un faux ou fol argument, dont le privilége appartient aux comédiens.

« J'ai l'honneur d'être, avec toute la considération que vous m'avez refusée, etc.

« Caron de Beaumarchais. »

M⁰ Gerbier m'écrivit en réponse (2 juillet 1780) qu'il était trop accablé d'affaires pour pouvoir entrer dans aucun détail ni vérification de tout ce qui s'était passé. Il ajoutait : « Si je ne devais aux comédiens mes soins en qualité d'un de leurs conseils, je renoncerais tout à fait à me mêler d'une affaire dont il n'aurait jamais dû être question, après l'accord que j'étais parvenu à conclure à la satisfaction de MM. les auteurs. »

Ainsi Mᵉ Gerbier refusait un éclaircissement dont je m'étais bien douté qu'il n'avait pas besoin. Cependant il avait un mémoire tout prêt pour les comédiens ; et, malgré ce qu'on vient de lire dans sa lettre, il avait cependant minuté un troisième arrêt du conseil, destructeur du second, et fait sur le plan du premier, qu'on n'avait pas osé soutenir.

Cependant les comédiens, d'accord avec Mᵉ Gerbier, écrivaient à MM. *Saurin* et *Marmontel*, mes confrères, et non à moi, qu'ils avaient ordre de M. le maréchal de Duras de les prier de se trouver ce même lundi chez Mᵉ Gerbier, pour travailler à cette affaire.

Poussés ainsi à bout, la Comédie et son conseil fuyaient tant qu'ils pouvaient la clarté que je versais journellement sur leur intrigue ; et, dans l'espoir de séduire ou de tromper deux des commissaires des auteurs qui n'avaient pas suivi leurs démarches aussi sévèrement, ils les invitaient seuls, sans M. Sedaine et sans moi, à une assemblée chez Mᵉ Gerbier ; ils compromettaient M. le maréchal de Duras, en abusant de son nom pour m'exclure ; et Mᵉ Gerbier, qui n'avait le temps de se mêler de rien, se mêlait de tout ; et l'affaire dont (par sa lettre) il refusait de s'occuper en ma présence le lundi, chez M. le maréchal de Duras, il se proposait de la terminer en mon absence le même lundi !

Et pour qu'on ne croie pas que j'en impose sur les petites menées des comédiens, voici leur lettre du 6 juillet 1780, à M. de Marmontel :

« Monsieur,

« Monseigneur le maréchal de Duras ayant témoigné à la Comédie qu'il désirait qu'elle pût se concilier avec MM. les auteurs, et vous ayant indiqué avec M. Saurin comme devant être les représentants de MM. les auteurs dans cette conciliation, la Comédie a saisi avec empressement ce moyen de rapprochement ; et, par sa délibération de dimanche dernier, en acceptant la négociation projetée, elle a ajouté la proposition d'un troisième auteur (*M. Bret*), pour départager les deux autres en cas de division dans les avis.

« D'après cette délibération, MM. du conseil (*c'est-à-dire* Mᵉ *Gerbier*) m'ont chargé d'avoir l'honneur de vous proposer une première assemblée lundi, à midi, chez Mᵉ Gerbier, quai Malaquais. Je vous prie, monsieur, de me faire savoir si ce jour et l'heure vous conviennent, pour que j'avertisse tous ceux qui doivent se trouver à cette assemblée.

« J'ai l'honneur d'être avec respect,
« Monsieur, votre, etc.

« De la Porte,
« secrétaire de la Comédie française. »

Mes collègues, étonnés d'une invitation qu'on avait eu grand soin de me cacher, se transportèrent chez M. le maréchal de Duras ce jour même, pour s'expliquer sur cette nouvelle intrigue de la Comédie.

« Personne, lui disent-ils, ne sait mieux que vous, monsieur le maréchal, que les travaux et tous les soins de cette affaire ont été confiés à M. de Beaumarchais conjointement avec nous, qu'il a toutes les pièces du procès entre les mains, et qu'il n'est ni décent ni possible qu'aucun de nous accepte une assemblée où M. de Beaumarchais ne soit pas appelé. »

M. le maréchal de Duras leur répond qu'il n'a nulle connaissance de la lettre ni de la malhonnêteté des comédiens ; qu'il désapprouve infiniment leur conduite à mon égard, et que cet abus de son nom est une audace dont il doit se ressentir ; que, loin d'écarter M. de Beaumarchais de la suite de cette affaire, qu'il traitait depuis trois ans avec lui, il se disposait au contraire à lui écrire, et à l'inviter à la seule assemblée dont il fût question, pour le vendredi d'ensuite, chez M. le maréchal de Richelieu, où l'on tâcherait de rapprocher les esprits et les intérêts de tout le monde.

M. de Marmontel répondit en ces mots à la lettre du secrétaire de la Comédie :

« 7 juillet. »

« Je viens, monsieur, d'avoir l'honneur de voir M. le maréchal de Duras. L'arrangement qu'il a pris avec M. le maréchal de Richelieu lève toute difficulté. Je vous prie de dire à MM. les comédiens que, s'il m'est possible d'être à Paris le jour de l'assemblée, j'y porterai, ainsi que MM. mes collègues, l'esprit de concorde ou de conciliation qu'on a droit d'attendre de nous ; persuadé que les intérêts des gens de lettres et celui des comédiens, bien entendus, n'en doivent jamais faire qu'un.

« J'ai l'honneur d'être, etc.

« De Marmontel. »

Cependant les comédiens, qui croyaient avoir réussi à écarter l'homme dont ils redoutaient le coup d'œil austère s'en donnaient le triomphe en public. Ils répandaient que M. le maréchal de Duras, outré de ce que je l'avais trompé en changeant à mon gré les articles de l'arrêt, venait de me fermer sa porte, et de transmettre à autrès personnes le pouvoir de suivre leur affaire. Beaucoup de gens le croyaient et le répétaient.

Je reçus l'invitation pour l'assemblée du vendredi chez M. le maréchal de Richelieu, et l'on ne parla plus de celle indiquée chez M⁰ Gerbier. La petite intrigue eut la petite confusion de son petit échec, et quant à la personne qu'on s'était promis d'écarter, elle continua de marcher paisiblement à son but, comme s'il ne fût rien arrivé. Je me rendis; le 14 juillet 1780, chez M. le maréchal de Richelieu, accompagné de MM. *Saurin* et *Sedaine*; M. de Marmontel, troisième commissaire, étant à la campagne, fut suppléé par M. Bret.

Cependant la Comédie, qui a plus d'une ressource, ne désespérait pas encore du succès; elle se flattait que, hérissé de calculs et de définitions, toujours à cheval sur les principes, ne pouvant souffrir qu'on en tirât de légères ou fausses conséquences, et devant plaider devant six grands seigneurs, protecteurs-nés des comédiens, et plus accoutumés à commander d'un geste à la Comédie qu'à suivre une discussion pénible qui eût rapport à elle, j'aurais du dessous, et que je ne tiendrais pas devant l'éloquence parlière, agréable et facile de M⁰ Gerbier, et de quatre comédiens, tous défenseurs de la même cause.

Il m'a paru que le plan de M⁰ Gerbier était de faire passer à cette assemblée un troisième projet d'arrêt du conseil, absolument minuté sur le plan de ce premier que mes observations avaient fait évanouir : il le tenait tout prêt dans sa poche.

Mon plan à moi fut de poser un premier principe du droit des auteurs, et .de montrer tous les abus qui l'avaient progressivement altéré ; de prouver ensuite que mes travaux, depuis quatre ans, étaient une chaîne de notions déduites les unes des autres, et qui établissaient si lumineusement le droit des auteurs, que les comédiens et leurs conseils avaient été obligés de le reconnaître : témoin l'accord fait à l'amiable entre les auteurs et les acteurs. Les débats durèrent pendant neuf ou dix heures.

Mais, voyant enfin qu'on ne m'entamait pas, on voulut passer outre, et rayer d'autorité ce septième article : le moment était pressant : je *protestai* contre. On trouva l'acte et le mot peu respectueux pour les supérieurs de la Comédie, on me le dit avec humeur ; et moi, qui ne prenais point le change sur une querelle ainsi détournée de son objet, j'assurai de nouveau tous les grands seigneurs devant qui j'avais l'honneur de parler de mon profond respect ; mais j'ajoutai que le respect dû au rang n'entraînait point le sacrifice du droit, et je continuai de protester contre tous changements quelconques de l'article 7.

Ainsi l'arrêt du conseil du 12 mai 1780, signé *Amelot*, et dont j'avais reçu de ce ministre l'expédition en parchemin depuis deux mois et demi, fut maintenu par moi dans toute son intégrité, quoiqu'on n'eût cessé dans toute cette séance de le traiter d'*arrêt subreptice ou surpris*, et quelquefois (par bonté pour moi) de simple *projet d'arrêt*.

La discussion ou plutôt le débat s'échauffait, lorsque M⁰ Gerbier, comptant sans doute sur les bontés de M. le maréchal de Duras, se permit de lui dire, en montrant les députés des auteurs avec dédain : *Monsieur le maréchal, s'ils ne veulent point de notre arrêt, livrez-nous-les, et laissez faire aux comédiens ; ils vous en rendront bon compte.* Cette phrase, très-offensante pour tous les auteurs dramatiques, me fit monter le feu au visage ; je pris la liberté de me lever et de rompre la séance.

En me retirant, je m'aperçus bien qu'on faisait peu de cas de ma protestation, et que, regardant comme arrangé ce qui n'avait pu l'être, on se disposait à faire passer au ministre le projet d'arrêt de M⁰ Gerbier, comme absolument fixé par le consentement unanime des parties.

En conséquence, et pour donner à ma protestation toute la force dont elle était susceptible, le lendemain, je fis signifier l'arrêt du 12 mai aux comédiens, et je chargeai l'huissier du conseil de leur remettre la lettre suivante :

« Messieurs,

« La signification que je vous fais faire aujourd'hui,
« tant en mon nom que stipulant les intérêts des au-
« teurs dramatiques mes confrères, de l'arrêt du con-
« seil d'État du roi, du 12 mai 1780, portant règle-
« ment des droits des auteurs dramatiques, n'est point
« une déclaration de guerre de ma part ; il n'est aucun
« de vous, messieurs, dont j'aie personnellement à me
« plaindre, et nul n'aime et n'estime autant que moi le
« beau talent de plusieurs d'entre vous.

« Mais, dans une assemblée tenue vendredi dernier
« chez M. le maréchal de Richelieu, les avocats vos
« conseils ont paru douter de l'existence de cet arrêt ;
« et, dans le cas de son existence prouvée, ils ont été
« jusqu'à le qualifier, en votre nom, d'*arrêt subreptice
« ou surpris.*

« Si ces imputations viennent d'une autre cause que
« de l'ignorance où vous êtes de l'arrêt, et de la ma-
« nière dont il a été rendu, la signification que je vous
« en fais faire va vous mettre à portée de poursuivre
« les prétendus auteurs de la surprise faite à Sa Ma-
« jesté, dans une affaire qui vous intéresse, ou de dés-
« avouer ce propos imprudemment avancé en votre
« nom.

« Un autre motif de la signification de cet arrêt est
« que les intérêts de plusieurs auteurs et les miens
« en particulier souffriraient trop d'une plus longue
« inexécution de quelques-uns de ses articles. Comme il
« y a deux mois et demi qu'il est expédié et envoyé à
« MM. vos supérieurs et à vous, je demande qu'il soit
« exécuté, sans prétendre vous ôter le droit de repré-
« sentation ; et avec le désir sincère de pouvoir adop-
« ter, pour mes confrères et pour moi, tout ce qui sera
« proposé pour le rapprochement et la conservation de
« nos droits respectifs.

« J'ai l'honneur d'être avec considération, etc.

« Caron de Beaumarchais. »

En conservant ainsi de mon mieux les droits des auteurs et défendant l'arrêt qu'on voulait attaquer, je ne renonçais pas à l'espoir de parvenir à une conciliation raisonnable, je faisais la guerre d'une main en proposant la paix de l'autre.

Les comédiens furent se plaindre à M. le maréchal de Duras de la signification que je leur faisais faire, comme d'un attentat contre l'autorité souveraine ; et moi, de mon côté, j'eus l'honneur de l'en prévenir pour justifier la précaution que je venais de prendre.

C'est maintenant que je dois expliquer comment cette foule de précautions que j'avais prises lors de la discussion et rédaction de l'arrêt du 12 mai 1780, et dont j'ai prié le lecteur de ne pas perdre la mémoire, sont devenues très-importantes : elles le sont devenues à tel point, que, si j'eusse manqué d'en prendre une seule, je demeurais entaché sous l'accusation bizarre d'avoir fabriqué, transcrit et fait signifier aux comédiens un faux arrêt du conseil et un faux règlement ; puisque, malgré toutes les preuves que j'ai prodiguées du concours de M. le maréchal de Duras à la formation de cet arrêt, de la foule de ses discussions contradictoires, de ses consentements, adhésions, signatures, paraphes sur toutes les pages, lettres au soutien, etc., il passe pour constant, au moment où j'écris, que l'arrêt en parchemin que j'ai fait signifier aux comédiens n'est pas plus le véritable arrêt du conseil que le règlement y annexé n'est le vrai règlement discuté, arrêté, signé et paraphé par M. le maréchal de Duras, mais un arrêt et règlement de ma façon, dont jamais M. le maréchal n'a eu connaissance.

On est tenté de me croire en démence, au récit d'une pareille folie, mais on cessera de rire quand on saura qu'entre autres preuves de ce fait, le 8 août dernier, M. le maréchal de Richelieu, dont la bonté pour moi ne s'est jamais démentie, mais auquel Me Gerbier venait à l'instant d'assurer la vérité de ces accusations, me demanda fort sérieusement si j'attesterais bien par écrit que *je n'avais rien changé aux minutes des arrêts et règlement signés par son collègue le maréchal de Duras en les faisant signifier aux comédiens !*

Je ne sais s'il prit mon étonnement pour de la confusion ; mais, sur ma réponse que je trouvais un peu dur qu'il parût en douter, il me dit que je lui ferais le plus grand plaisir de signer la déclaration, qu'il allait écrire lui-même en mon nom. Il se mit à son bureau, où il écrivit l'énoncé qui suit :

« L'arrêt dont M. de Beaumarchais demande l'exécu« tion est l'expédition fidèle de la minute signée et pa« raphée par M. le maréchal de Duras, après discussion « contradictoire, sans qu'on y ait ajouté un seul mot ; « cette minute est entre les mains de M. Amelot ; et « M. le maréchal de Duras a écrit à M. Amelot pour lui « demander une lettre au nom du roi, que M. Amelot a « envoyée, et que M. le maréchal de Duras a dans les « mains, par laquelle le roi fait défense à toute personne « de s'opposer à l'exécution de cet arrêt, et même d'y « faire aucune observation ; et M. de Beaumarchais con-

« sent à essuyer le déshonneur public, s'il y a un mot « dans cet exposé dont il ne fournisse la preuve, et s'il « a fait signifier autre chose que ce même arrêt en « parchemin, daté du 12 mai 1780, tel qu'il l'a reçu de « Amelot, ni fait aucune autre signification ou oppo« sition. »

M. le maréchal voulut bien m'en faire la lecture, et me dit, avec un regard de lynx : « Le plus difficile n'é« tait pas de l'écrire ; mais c'est de vous le voir signer « que je suis bien curieux. »

Je pris la plume, et j'écrivis au bas de la déclaration :

Je soussigné certifie tout l'exposé ci-dessus conforme à la plus exacte vérité, et je me dévoue à l'exécration publique, si je n'en prouve pas tout le contenu. Ce 8 août 1780.

CARON DE BEAUMARCHAIS.

J'ajoutai de suite au-dessous :

« J'ai de plus entre les mains l'original du règlement « dont l'expédition est aussi remise à M. Amelot, et qui « est annexée au dit arrêt du 12 mai 1780, lequel, dis« cuté et rédigé en présence et avec M. le maréchal de « Duras, devant quatorze auteurs, est paraphé à toutes « les pages et à tous les renvois, et enfin signé par « M. le maréchal de Duras. Même date que dessus.

« CARON DE BEAUMARCHAIS. »

Jamais étonnement ne fut égal à celui de M. le maréchal de Richelieu, quand il lut ce que j'avais écrit : « Par ma foi, me dit-il, il est absolument impossible de « ne vous pas croire, et dès ce moment je ne doute « plus de rien de ce que vous me direz ; mais avouez « qu'il y a, je ne sais de quelle part, une infernale mé« chanceté dans tout ceci ! » — Doutez encore, je vous prie, monsieur le maréchal, jusqu'à ce que l'honneur de me justifier par les faits ait effacé la honte que je sens d'en avoir eu besoin. Gardez mon écrit, daignez m'en faire délivrer seulement une expédition certifiée de vous : elle sera mon titre pour mettre au plus grand jour ma conduite modérée, celle des auteurs et leurs droits usurpés, tout ce qu'on a tenté pour se maintenir dans cette usurpation, et leurs procédés pacifiques pour en obtenir la restitution. Depuis quatre ans, ils m'ont confié leurs intérêts ; aucun propos de leur part, mémoire, épigramme ou sarcasme, ne leur est échappé : ce n'est faute assurément ni de chaleur, ni de ressentiments légitimes ; mais plus ils ont été modérés et patients, plus il est juste enfin qu'une loi émanée du roi fixe le sort et l'état des auteurs, et les mette à jamais à l'abri de pareilles vexations. — Je suis de votre avis, dit M. le maréchal ; et je commence à concevoir où vous avez puisé toute la chaleur de votre plaidoyer dans notre dernière assemblée : il n'est pas défendu d'avoir un peu de colère quand on est autant outragé.

M. le maréchal me remit la copie de ma déclaration, et écrivit au bas :

Je certifie que la présente copie est conforme à l'original resté entre mes mains. Ce 12 août 1780.

LE MARÉCHAL DE RICHELIEU.

J'ai fait part aux auteurs, mes constituants, de ce qui venait d'arriver ; ils m'ont ordonné de rendre le compte exact qu'on vient de lire, et qu'il est temps de résumer. Mais trop d'objets rassemblés ont souvent rompu le fil des idées qu'il importait d'établir ; il faut le renouer en peu de mots.

RÉSUMÉ

DANS LA PREMIÈRE PARTIE,

J'ai montré que trente ans d'aigreur et de querelles avaient absolument éloigné les auteurs des comédiens français ; que les premiers se plaignaient d'être trompés de plus de moitié dans le compte rendu de leur neuvième, atténué par tant d'abus accumulés, qu'il n'était plus même aujourd'hui le vingtième effectif de la recette.

J'ai montré comment, invité par M. le maréchal de Richelieu, en 1776, d'étudier, d'éclaircir une question qui tenait à l'examen des livres de recette et dépense du spectacle, et porteur d'une lettre de lui pour qu'on me montrât ces registres, je n'ai pu obtenir des comédiens une communication aussi essentielle au travail demandé par leurs supérieurs.

On a vu comment j'ai attendu que le produit acquis d'une de mes pièces de théâtre me donnât le droit d'exiger un compte exact de la Comédie ;

Comment je l'ai demandé, pendant un an, sans pouvoir l'arracher ; les moyens que je n'ai cessé d'indiquer pour faire ce compte ; et la continuité des subterfuges dont on a usé pour s'y soustraire.

J'ai montré comment les comédiens, ne pouvant plus éloigner une assemblée qu'ils avaient demandée eux-mêmes (avec tous leurs conseils, à la vérité très-inutiles à la signature d'un compte en règle), ont été se plaindre à M. le maréchal de Duras, leur supérieur, et l'engager à les sauver par sa médiation de leur ruine entière, qu'un méchant méditait ; et ce méchant, c'était moi.

J'ai fait voir ensuite comment M. le maréchal, mieux instruit par moi de l'état des choses, m'a proposé d'abandonner ma demande d'un compte exact, attendu qu'il pouvait jeter les comédiens dans les plus grands embarras vis-à-vis des auteurs mécontents, et m'a invité de travailler avec lui à la réforme du théâtre, dont le premier point serait l'amélioration du sort des auteurs, du neuvième atténué, au cinquième effectif de la recette.

On a vu avec quel respect je me suis soumis aux vues de M. le maréchal, et comment l'affaire a tout à coup changé ainsi de nature ;

Comment, d'accord avec M. le maréchal, j'ai invité tous les auteurs dramatiques à s'assembler chez moi, pour m'aider de leurs travaux dans cette utile réforme ;

Comment chacun d'eux, renonçant à tout ressentiment particulier et à toute demande personnelle, a travaillé de bonne grâce à la formation d'un nouveau règlement relatif aux auteurs et aux comédiens ;

Comment MM. les maréchaux de Duras et de Richelieu ont honoré nos travaux d'observations de leur main, d'après lesquelles nous les avons réformés ;

Comment on a exigé que ces travaux fussent communiqués aux comédiens, mais détachés des motifs qui les avaient fait adopter, ce qui tendait à ramener des disputes éternelles ;

Comment en effet trois ans, depuis juillet 1777 jusqu'en août 1780, se sont passés en travaux perdus, en commerce de lettres oiseux, en démarches inutiles, et comment, après trois ans, fatigué de nos importunités, on nous a renvoyés *à la première question qu'on nous avait tant priés d'abandonner, la demande d'un compte exact aux comédiens.*

Comment, révolté de ce badinage cruel, j'allais enfin employer la voie juridique contre les comédiens, lorsqu'on m'a proposé, pour m'apaiser, de me remettre enfin les états de recette et de dépense de la Comédie pendant trois ans, pour en extraire les données d'un compte en règle à l'amiable, qui pût servir de modèle à tous les décomptes futurs ;

Comment, l'affaire ayant ainsi de nouveau changé de face, il m'a fallu oublier tout ce que j'avais appris, rapprendre tout ce que j'avais oublié ; et, renonçant à toute amélioration de son sort, promise aux auteurs, me contenter de plaider de nouveau contre les usurpations accumulées sur le plus modique des droits, le neuvième de la recette.

Enfin, j'ai montré comment, ayant reçu les anciens et nouveaux règlements, et l'état des trois années de la Comédie, j'ai commencé à travailler un peu fructueusement à l'affaire des auteurs mes confrères et mes constituants. D'où l'on peut juger si j'ai bien prouvé que les procédés des auteurs ont toujours été modérés ; et s'il est vrai, comme je l'ai dit, que je suis un modèle de patience devant les comédiens.

Il me reste à rappeler au lecteur que ma conduite a été un continuel effort de conciliation devant eux et leurs supérieurs : c'est ce que je vais faire.

DANS LA SECONDE PARTIE,

Après des études et des recherches infinies sur les vraies données des droits d'auteur au spectacle français, j'ai tout ramené au *principe* simple et reconnu que *l'auteur a un droit rigoureux au neuvième de la recette, tous frais prélevés, et à la jouissance de ce neuvième* JUSQU'A CE QUE LES COMÉDIENS N'AIENT FAIT EN PRODUIT BRUT QUE LEURS FRAIS DEUX FOIS DE SUITE, OU TROIS FOIS SÉPARÉMENT, *avec sa pièce*.

Ensuite j'ai montré comment, à force d'abus d'une part et de bonhomie de l'autre, les comédiens ont successivement détourné le vrai sens du principe, et porté sans cause, de cinq cents à douze cents livres la somme de recette où l'auteur perdrait sa propriété;

Comment les comédiens ont abusé de la création des petites loges pour raccourcir de deux tiers le nombre des séances où les auteurs partagent; de même qu'ils ont diminué d'un tiers le produit journalier de ces séances par des évaluations arbitraires de frais et de produits obscurs, dont ils ne rendaient aucun compte;

Comment, sur le seul impôt levé pour les pauvres au spectacle, les comédiens ont porté l'usurpation jusqu'à me compter, dans le bordereau de ma pièce, dix-neuf mille cinq cent quarante-deux livres payées aux pauvres, pour les trente-deux représentations où j'avais partagé, lorsque cet impôt ne leur coûtait à eux, pour ces trente-deux représentations, que cinq mille neuf cent vingt livres; en sorte qu'ils me faisaient payer l'impôt sur le pied de cent quatre-vingt-dix-huit mille livres par an, lorsqu'ils ne le payaient eux-mêmes que soixante mille livres.

J'ai fait voir par quel sophisme badin leur éloquent défenseur, Me Gerbier, avait voulu les excuser de cette lourde erreur, et comment, dans plusieurs assemblées pacifiques, je les ai amenés tous à convenir de la justesse de mes principes et de la modération des conséquences que j'en tirais.

On a dû remarquer aussi comment, passant de l'évidence à une évidence plus forte, des preuves aux démonstrations, tant sur les dépenses abusivement comptées aux auteurs que sur les envahissements de leur propriété dans les produits, j'ai forcé tout le monde à nous avouer que depuis trente ans les auteurs avaient été lésés de plus d'un tiers dans tous les comptes rendus, ce qui leur donnait le droit incontestable en justice de réclamer plus de deux cent mille livres sur les comédiens;

Comment surtout, en faveur de la paix qu'on invoquait, j'ai promis de porter les auteurs au sacrifice de toutes les usurpations précédentes, et consenti pour eux à celui de passer à l'avenir aux comédiens pour six cents livres de frais par jour, quoique je n'en reconnusse que pour environ cinq cent vingt livres; comment j'ai fait le sacrifice de passer la chute des pièces dans les règles à douze cents livres de recette entière, quoique la masse des faux frais (le quart des pauvres prélevé) n'allât pas même à huit cents livres par jour;

Et comment enfin, laissant subsister tous les articles des anciens règlements qui ne contrariaient point les clauses de l'accord à l'amiable que nous arrêtions, cet accord, fondé sur nos sacrifices, a été signé de tous les comédiens, de leurs conseils et de leurs supérieurs.

J'aurais bien désiré pouvoir finir à cette époque le compte que j'avais à rendre; mais il a fallu montrer, malgré moi, comment, lorsque nous supposions toutes les querelles éteintes, nous avons appris que dans le même temps, dans le même lieu, et par les mêmes personnes avec qui nous sortions de traiter à l'amiable, il venait d'être fait et envoyé au ministre, pour être expédié, *un arrêt du conseil et un règlement secret*, par lesquels on reprenait sur les auteurs deux fois plus qu'on n'avait été obligé de leur restituer en comptant avec moi.

Il a bien fallu montrer comment on avait trompé le ministre, en lui disant et lui faisant écrire que j'étais d'accord, pour les auteurs, de toutes les clauses de l'arrêt qu'on le priait d'expédier, quoiqu'on se fût bien gardé de m'en dire un seul mot;

Comment, à cette nouvelle, les auteurs m'ont accablé de reproches sur l'abandon de leurs intérêts que j'étais accusé d'avoir trahis; et comment, à cette injure qui devait m'éloigner d'eux, redoublant de courage et de soins, j'ai détrompé les auteurs, le ministre, et même ramené M. le maréchal Duras à réparer tout le mal qui s'était fait sans doute contre son intention, à écouter nos observations sur les clauses de cet arrêt et de ce règlement non communiqués, et de les admettre comme équitables;

Comment, de concert avec lui, et par son ordre donné devant huit auteurs, j'ai fait le projet d'un autre arrêt du conseil;

Comment les articles en ont été discutés contradictoirement avec M. le maréchal, avec l'intendant des menus, et deux comédiens français;

Comment ensuite la rédaction de cet arrêt a été reconnue bonne et fidèle, approuvée, signée, paraphée, et envoyée par M. le maréchal de Duras à M. Amelot avec une lettre pour en solliciter une, au nom du roi, qui forçât les comédiens à s'y soumettre en silence;

Comment, dans son consentement, M. le maréchal de Duras a bien voulu soumettre à mes observations le règlement secret, comme il y avait livré l'arrêt secret;

Comment devant quatorze auteurs, et l'intendant des menus, ce règlement a été lu et arrêté, signé *ne varietur*, et paraphé sur toutes les pages et corrections en marge par M. le maréchal de Duras, avec ce mot si obligeant pour les auteurs, que, *puisqu'ils étaient contents, ce jour était le plus beau de sa vie*; et comment ce règlement a été envoyé par lui à M. Amelot pour être annexé à l'arrêt du conseil qu'il faisait expédier alors:

Comment le ministre a envoyé deux expéditions en parchemin de ce second arrêt du conseil, l'une à M. le maréchal de Duras, pour les comédiens, l'autre à moi pour les auteurs, ainsi que la lettre au nom du roi demandée par M. le maréchal pour empêcher les comédiens d'y faire aucune observation.

Puis j'ai montré comment les comédiens et leurs conseils, furieux de n'avoir pu conserver leurs nouvelles usurpations, n'ont plus gardé de mesure, et ont déclaré qu'ils ne voulaient plus avoir affaire à moi;

Comment les auteurs ont reçu en riant cet éloge naïf de ma vigilance; et comment les comédiens ont tenté de m'écarter d'un nouvel essai d'accommodement, en invitant à une assemblée chez Me Gerbier deux commissaires des gens de lettres, à mon exclusion;

Comment ils ont compromis le nom respectable de M. le maréchal de Duras, en écrivant que c'était par son ordre que cette exclusion avait lieu;

Comment ils ont répondu que j'avais trompé M. le

maréchal sur la rédaction des arrêt et règlement; qu'il m'avait fait fermer sa porte, et avait remis l'affaire à d'autres conducteurs; et comment ce bruit faux et absurde était devenu public.

On a vu aussi comment MM. *Marmontel, Bret, Saurin,* ont refusé toute assemblée où M. Sedaine et moi ne serions point appelés; et comment on a changé l'assemblée particulière de M⁰ Gerbier en une assemblée générale chez M. le maréchal de Richelieu, où j'ai été invité par M. le maréchal de Duras, qui n'était pour rien dans tout ce qu'on vient de lire;

Comment M⁰ Gerbier, qui ne se mêlait de rien, et se mêlait de tout, est arrivé à cette assemblée avec un mémoire pour les comédiens, et un troisième projet d'arrêt du conseil;

Comment ce troisième arrêt, destructeur du deuxième, était fait sur les données du premier, que nos observations avaient anéanti;

Comment l'arrêt du 12 mai, signé, paraphé par M. le maréchal de Duras, et expédié en parchemin depuis deux mois et demi, a été traité, dans cette assemblée, d'arrêt *subreptice* et *surpris;*

Comment, après neuf à dix heures de débat, j'ai été obligé de protester contre les innovations que M⁰ Gerbier avait l'éloquence et le succès de faire approuver de presque toute l'assemblée;

Comment on a pris ma protestation pour une offense; et comment on a passé outre à l'envoi de cet arrêt au ministre, comme si je l'eusse adopté;

Comment on m'a donné partout pour un homme dur, injuste, intraitable, et duquel on ne pouvait espérer aucun accommodement;

Comment en effet, voyant qu'on prétendait regarder l'arrêt du 12 mai comme non-avenu, et que la promulgation d'un autre arrêt allait me laisser sous l'odieux soupçon de m'être donné de coupables libertés dans la rédaction de celui qu'on anéantissait, j'ai fait signifier cet arrêt du 12 mai à la Comédie, afin de le bien constater, et de laisser le reproche public à ceux qui l'auraient mérité;

Et comment enfin la persuasion que j'avais fabriqué ou falsifié arrêt et règlement s'est tellement répandue et confirmée, que M. le maréchal de Richelieu s'est cru obligé à me proposer de signer une déclaration qu'il a écrite et libellée lui-même, où j'attestais, sous peine de déshonneur, qu'il n'y avait pas un mot de différent entre la minute de l'arrêt du 12 mai et le règlement y annexé, signés et paraphés par M. le maréchal de Duras, et l'expédition que j'ai fait signifier aux comédiens français.

On a vu avec quelle fierté j'ai signé cette déclaration, quelle indignation m'en est restée; et comment enfin, malgré tant de dégoûts, et l'ordre exprès de mes confrères et constituants de rendre un compte rigoureux de toute l'affaire, je n'ai pas cessé de travailler à l'arranger, en faisant à M. le maréchal de Duras, par écrit, les propositions d'accommodement les plus acceptables et les plus modérées.

Mais enfin, ne recevant plus de réponse de personne, et l'affaire prenant moins que jamais la tournure d'un arrangement, j'ai continué mon travail; et l'ai d'autant plus hâté, que j'ai reçu de M. Amelot la lettre suivante :

« Paris, le 21 août 1780.

« Vous ne m'avez point encore remis, monsieur, le
« mémoire que vous m'avez annoncé il y a plus d'un
« mois, et que vous paraissiez disposé à me remettre
« incessamment. Je l'attends avec d'autant plus d'impa-
« tience, que l'intention du roi est de ne pas différer de
« prendre un parti sur l'objet dont il s'agit.
« Je suis très-parfaitement, monsieur, votre, etc.

« *Signé :* AMELOT. »

« J'ai eu l'honneur de lui répondre en ces termes :

« MONSIEUR,

« Recevez avec bonté les actions de grâces de tous les
« gens de lettres; il ne pouvait leur être annoncé rien
« de plus heureux que l'intention où est S. M. de pro-
« noncer enfin sur le différend qui, depuis trente ans,
« subsiste entre eux et les comédiens français.
« De ma part, je serais inexcusable si j'avais mis le
« plus léger retard volontaire dans la rédaction du mé-
« moire auquel je me suis engagé pour eux, puisque
« vous avez eu la bonté de suspendre l'examen et le rap-
« port de l'affaire jusqu'à cette instruction indispen-
« sable. Mais, monsieur, il est impossible que vous
« vous fassiez une idée de l'excès où l'on s'est porté
« contre moi dans le récit calomnieux que les comédiens,
« leurs conseils et leurs amis, ont fait à tout le monde
« de ma prétendue audace au sujet du dernier arrêt
« du conseil.
« Me voilà donc, monsieur, engagé solennellement à
« prouver l'honnêteté de ma conduite, ou à rester courbé
« sous l'imputation d'une odieuse calomnie !
« Depuis ce jour, mes confrères, instruits de ce qui se
« passait, ont exigé de moi qu'au lieu d'une discussion
« simple des articles de l'arrêt du 12 mai, sur les droits
« des auteurs, que j'avais faite avec soin, je rendisse un
« compte public de l'affaire entière, appuyé de toutes
« les pièces justificatives, ainsi que de ma conduite et
« de la leur, si méchamment calomniées. J'ai donc été
« obligé de refondre mon ouvrage, et il est devenu plus
« long. M. le maréchal de Richelieu m'en demande un
« exemplaire pour chacun de MM. les premiers gentils-
« hommes de la chambre.
« Il en faut un à chaque ministre du roi : nous dé-
« sirons même que les comédiens et leurs conseils en
« soient pourvus; car aujourd'hui, non-seulement les
« auteurs sont au point de supplier le roi de vouloir
« bien nous donner une loi qui fixe enfin leur sort au
« théâtre, mais aussi de demander à S. M. justice des
« indignités auxquelles la discussion de cette affaire
« vient de les exposer : ce que je vais faire en leur
« nom, si vous l'approuvez, monsieur, par une requête
« au roi, à laquelle le compte rendu que je viens de
« terminer, et qui sera signé samedi par tous les au-

« teurs, servira de preuve et d'appui ; et si le roi le
« permet, l'authencité, la fidélité reconnue de l'arrêt
« du 12 mai 1780, tel que je l'ai fait signer, remplira
« le premier objet de sa justice, et la publicité de notre
« mémoire apologétique et modéré sera la seule peine
« infligée à nos calomniateurs pour remplir le second.
« Je suis, etc.
« Caron de Beaumarchais. »

J'ai fait écrire ensuite à tous mes confrères et constituants, pour les prier de s'assembler chez moi aujourd'hui samedi 26 août 1780.

Vous m'avez tous fait l'honneur de vous y rendre ; car c'est à vous, messieurs, que j'ai l'honneur de parler, et à qui j'ai dû d'abord présenter le compte de l'affaire entière dont vous avez confié le soin à MM. *Saurin, Marmontel, Sedaine* et moi, en qualité de vos commissaires et représentants.

Toutes les pièces justificatives sont sous vos yeux ; il vous reste à délibérer sur le fond, la forme et le contenu de ce récit ; à l'approuver et le signer tous, si vous le trouvez exact et modéré : vous arrêterez ensuite sous quelle forme il doit être remis aux ministres du roi, soit comme instruction pure et simple de l'affaire à juger par le conseil, soit pour vous servir de mémoire et d'appui à une requête au roi, par laquelle vous supplierez S. M. de fixer, dans une loi émanée du trône, le sort et l'état de la littérature française dans tous ses rapports forcés avec la Comédie.

Et ont signé, *Caron de Beaumarchais, Sedaine, Marmontel, Barthe, Rousseau, Blin de Sainmore, Favart, Cailhava, Sauvigny, Gudin de la Brenellerie, Leblanc, Laplace, Ducis, Chamfort, la Harpe, Lemierre, Rochon de Chabannes, Lefèvre.*

Mais, avant que vous preniez un dernier parti, messieurs, sur l'usage que vous devez faire de ce compte rendu, je dois vous communiquer une seconde lettre de M. Amelot, en réponse à la mienne, par laquelle vous connaîtrez l'intention où est S. M. de vous faire justice, en vous recommandant d'oublier le ressentiment des injures, et de renoncer à la publication de vos défenses jusqu'à nouvel ordre. Voici la lettre du ministre :

« Versailles, ce 25 août 1870.

« J'ai, monsieur, communiqué à M. le comte de Mau-
« repas la lettre que vous avez pris la peine de m'é-
« crire le 23. Nous pensons tous deux que vos plaintes
« concernant les discours tenus à M. le maréchal de Ri-
« chelieu ne doivent point être confondues avec les objets
« sur lesquels S. M. a dans l'intention de prononcer ;
« que ces plaintes sont un incident étranger à l'affaire
« principale ; et qu'il serait d'autant plus inutile d'en
« faire la matière d'une requête, qu'il ne s'agit au fond
« que de propos vagues, détruits par les explications
« que vous avez eues avec M. le maréchal de Richelieu,
« et sur lesquelles S. M., suivant toute apparence, ne
« croirait pas pouvoir rien statuer.

« Nous pensons aussi que l'affaire principale devant
« être traitée en pure administration sans aucune forme
« contentieuse, il n'y a point de motifs pour multiplier
« les copies de votre mémoire, au point où vous parais-
« sez dans le dessein de le faire ; qu'à la rigueur il suf-
« firait que l'original m'en fût remis ; et que vous
« pouvez cependant en faire faire une copie pour
« MM. les premiers gentilshommes de la chambre, si
« l'ordre des procédés vous paraît l'exiger : mais qu'il
« est surtout convenable que vous ne fassiez rien im-
« primer dans cette affaire.

« Vous ne devez pas douter que le roi ne rende aux
« auteurs la justice qui peut leur être due ; mais il se-
« rait contre toutes les règles de donner de la publicité
« à une discussion qui n'est soumise qu'à S. M. seule,
« et qu'elle doit décider par une loi de son propre mou-
« vement.

« Je suis très-parfaitement, monsieur,

« Votre, etc. »

Après la lecture de cette lettre, chacun tombant d'accord de mériter la justice entière que le roi nous promet, par le sacrifice entier de nos ressentiments, nous avons unanimement voté dans la délibération suivante, ainsi qu'on va le voir.

« Aujourd'hui 26 août 1780, nous étant assemblés en la forme accoutumée chez M. de Beaumarchais, l'un de nos commissaires perpétuels et représentants, et nous étant trouvés le nombre compétent pour discuter des intérêts de la société, nous avons délibéré et arrêté ce qui suit, savoir : que,

« M. Caron de Beaumarchais nous ayant fait lecture du compte que nous l'avions chargé de rendre de notre conduite et de la sienne, des principes sur lesquels nos droits d'auteurs au spectacle français sont établis, des usurpations énormes que les comédiens n'ont cessé d'y faire, ainsi que des discussions profondes qui les ont constatées, et ont amené l'accord à l'amiable entre les auteurs et les comédiens du 11 mars 1780, et l'arrêt du conseil du 12 mai suivant ;

« Nous reconnaissons que le compte rendu qui vient de nous être lu ne contient que des faits exacts, véritables et connus de nous tous ; qu'il est écrit avec modération ; et nous l'adoptons comme un ouvrage indispensable à notre défense contre les comédiens, intéressant à notre honneur et très-utile à nos intérêts. En conséquence, nous l'avons tous signé.

« M. de Beaumarchais nous a fait ensuite la lecture d'une lettre de M. Amelot, du 25 août, par laquelle nous apprenons que le comte de Maurepas et lui désirent que nous fassions le sacrifice entier du ressentiment légitime que nous avons tous des discours outrageants tenus tant contre nous que contre nos commissaires, au sujet de la rédaction de l'arrêt du 12 mai dernier ; et de plus, que les copies de notre mémoire apologétique ne soient pas répandues.

« Pour donner aux deux respectables ministres, qui veulent bien nous assurer de l'intention où est S. M. de nous faire justice, la preuve la plus complète de notre respect, de notre reconnaissance et de notre soumission, nous avons arrêté qu'il ne sera fait, quant à présent, qu'une seule copie du compte rendu, pour être remise à M. Amelot uniquement, et que nous attendrons que les deux ministres en aient pris lecture, pour savoir de M. Amelot s'ils jugent que nous devions en envoyer une semblable à MM. les premiers gentilshommes de la chambre; mais que M. de Beaumarchais fera un mémoire fort court pour le ministre, qui tiendra lieu, quant à présent, de la requête où nous devions exprimer en raccourci tous les objets de nos demandes; auquel ce compte rendu servira d'appui, étant fondé totalement sur des pièces justificatives; et il ne sera fait rien autre chose quant à présent.

« Mais en mettant ainsi nos justes ressentiments aux pieds du roi, nous supplierons S. M. de recevoir les supplications de la littérature entière pour l'élévation d'un second théâtre, et la destruction des misérables tréteaux élevés de toutes parts, à la honte du siècle ;

« Et de vouloir bien permettre qu'en cas de nouvelles difficultés de la part des comédiens, et d'une obligation de la nôtre d'employer contre eux les voies juridiques, soit pour l'exécution de l'arrêt, soit pour d'autres réclamations légitimes, notre mémoire apologétique puisse nous servir de moyens publics de défense, comme contenant les preuves les plus authentiques de nos droits attaqués, et de notre conduite modérée en les défendant.

« Signé : Caron de Beaumarchais, Marmontel, Sedaine, Leblanc, Blin de Sainmore, Rousseau, Cailhava, Gudin de la Brenellerie, Sauvigny, Favart, Laplace, Barthe, Ducis, Chamfort, la Harpe, Lemierre, Rochon de Chabannes, Lefèvre. »

RAPPORT

FAIT

AUX AUTEURS DRAMATIQUES

SUR LE TRAITEMENT PROPOSÉ PAR LA COMÉDIE FRANÇAISE EN 1791, ET DÉLIBÉRATION PRISE A CE SUJET [1]

Vous désirez, messieurs, que je vous offre, sous la forme d'un nouveau rapport, les vues qui tendent à rapprocher les auteurs dramatiques des comédiens français; et mes observations sur les offres de ces derniers, qui sont : *le septième de la recette, neuf cents livres de frais prélevés, sans les frais extraordinaires.*

[1] Les auteurs dramatiques, fatigués d'entendre partout des personnes induites en erreur leur dire qu'ils traitent mal les comédiens français, et qu'ils ont juré leur ruine, ont exigé que ce travail, qui n'avait été fait que pour eux et pour MM. les comédiens, devînt public par l'impression, afin qu'on pût juger des motifs qui ont fondé leur détermination.

Une difficulté m'arrête à la première période.

Sans doute vous ne voulez point faire un mystère aux comédiens français de mon rapport ni de vos décisions, et, pour le bien de tous, vous ne devez pas le vouloir. Mais l'Assemblée nationale, par un de ses décrets, ayant détruit toute corporation, toute association nommée délibérante, les comédiens pourraient, en pressurant le texte du décret, méconnaître une résolution émanée de vous *en commun*, et, par cette objection vicieuse, nuire au rapprochement que nous désirons opérer.

Pour lever cet obstacle sans rien changer au vœu que vous formez de n'avoir tous qu'un même avis sur des conventions raisonnables, je dois vous rappeler que, la loi ne défendant point d'émettre un vœu individuel *qui peut être celui de tous*, rien n'empêche, messieurs, que vous vous assembliez pour veiller en commun à la propagation de l'art que vous professez tous, à sa décence, à son perfectionnement, à tous les points qui intéressent et ses succès et sa durée.

Alors, les *auteurs soussignés* qui formeront votre assemblée ayant un égal intérêt aux sages conventions qu'on doit faire avec les spectacles, chacun peut adopter les vues qui conviennent à tous, et donner ses pouvoirs pour traiter avec les théâtres au même procureur fondé que nous avions chargé des nôtres avant le décret prononcé contre les associations.

Je pense aussi que le théâtre qui élèverait cette difficulté avant de traiter avec vous, aurait besoin d'un grand mérite pour effacer la juste répugnance qu'une telle conduite vous donnerait pour lui. Je ne le présume d'aucun, puisque déjà trois grands spectacles ont accepté les conventions que *nous tous auteurs soussignés* avons arrêtées avec eux sous cette forme très-légale.

Cela posé, j'entre en matière.

Vous avez, messieurs, sollicité, obtenu de nos législateurs un décret solennel qui vous assure enfin la propriété intégrale de vos ouvrages de théâtre.

Votre propriété rentrée, il a fallu songer à en régler l'usage. D'une commune voix, vous avez tous jugé qu'il n'y avait pour les auteurs qu'un seul mode qui fût décent, digne du noble emploi que vous faites de vos talents, celui de vous soumettre à la parfaite égalité de droit sur l'utile et l'honorifique.

Prenant pour base de vos demandes aux théâtres qui doivent représenter vos pièces l'équité la plus modérée, vous avez arrêté de continuer de faire à tous les comédiens, dans une affaire absolument commune, un sort bien supérieur au sort que vous vous réservez. L'entreprise elle-même restant chargée de tous les frais, *vous ne voulez d'eux qu'un septième et vous leur laissez les six autres.*

Une prétention si modeste n'est pas neuve de votre part : depuis douze ans la Comédie française, seule filière alors de vos succès, en recueillait tout l'avantage ; et, malgré l'immense crédit qui leur eût permis d'oser plus, depuis douze ans les comédiens français étaient forcés de convenir que garder *six septièmes* du gain, après avoir levé six cents livres de frais, était un sort bien magnifique abandonné par les auteurs. Depuis douze ans aussi, dirigés par le même esprit, vous voyez sans chagrin, messieurs, que tous les auteurs dramatiques ne s'étaient jamais partagé jusqu'à trente-huit mille francs par an, dans ces fortes années où le produit brut d'un million laissait aux comédiens français vingt-cinq, vingt-six, vingt-sept mille francs de part entière.

La médiocre somme que vous vous partagiez n'aurait rendu à chaque auteur alors que mille six cent cinquante livres en masse, s'ils avaient fait bourse commune.

Vous vous étiez réduits ainsi, parce que vous aviez jugé que les comédiens ont des chances de revers auxquelles vous n'êtes point soumis, parce que vous pouvez cesser de faire des pièces de théâtre quand ils ne peuvent cesser d'en jouer ; parce que leur état, exigeant des dépenses, leur impose un genre de vie dispendieux et dissipateur, que le travail du cabinet vous rend à vous presque étranger ; parce qu'enfin l'homme de génie peut s'honorer d'être fier, pauvre et modeste, lorsque le talent du débit demande une sorte de faste. Vous aviez donc tous arrêté que, levant les frais du spectacle réglés à six cents francs par jour, chaque auteur n'aurait qu'*un septième* sur le restant de la recette pour un grand ouvrage en cinq actes, et les autres en proportion, laissant aux acteurs qui les jouent les *six septièmes* de tout le reste.

Vous ne changez rien aujourd'hui à ces modestes conventions, sinon qu'au lieu de six cents livres vous en passez sept cents aux comédiens français, sans augmenter votre sort d'une obole. On chercherait en vain ici la cause du plus léger débat, et pourtant vous en avez un qui me paraît interminable.

Avant de mettre au jour ce qui vous honore, messieurs, dans cette répartition de gains d'une plus grande inégalité que ceci n'en offre l'aspect, permettez-moi de rappeler succinctement les bases générales d'où sortent vos traités avec tous les théâtres.

1° La loi du *septième* exigé sur la recette pour les pièces en cinq actes (une somme de frais levée) doit être rigoureusement uniforme pour tous les théâtres de France ; sans cela, plus de base fixe à l'état futur des auteurs ; vous suivrez, pour les autres pièces, votre proportion établie du *dixième* et du *quatorzième* sur le règlement du *septième*.

2° La loi que vous vous faites de passer aux spectacles une somme de frais équitablement arrêtée, *dont les articles ne varient point*, doit être maintenue aussi : sans cela, plus de règles pour traiter avec les spectacles ; tout devient arbitraire, et les disputes recommencent.

3° La méthode de simplifier les comptes de cette partie, en substituant une somme fixe de frais alloués à l'amiable aux détails fatigants d'un examen perpétuel de ces frais, est assez bonne selon moi, mais c'est lorsque le résultat d'une discussion préliminaire rentre à peu près dans la somme allouée ; sans cela les auteurs seraient justement assaillis des plaintes des spectacles qui se trouveraient traités moins favorablement que d'autres ; et c'est ce qu'on doit éviter.

4° Les considérations particulières qui peuvent faire accorder des exceptions avantageuses à de certains théâtres doivent toujours être expliquées dans les conventions écrites, pour qu'elles répondent d'avance aux réclamations des spectacles qui ne se trouveraient point dans le cas d'obtenir de ces exceptions.

5° Nul auteur signataire dans la libre association que le bien du théâtre exige, ne doit se croire en droit d'y rien changer dans ses conventions avec les spectacles qui joueront désormais ses pièces ; autrement tout devient un combat sourd d'intrigues perpétuelles pour obtenir des préférences, et l'état des auteurs modérés et paisibles serait pire que par le passé.

6° Vous devez tous vous regarder comme les défenseurs-nés des théâtres, pour arrêter les vexations que les abus d'autorité voudraient leur faire supporter ; *et cet article est de rigueur pour vous.*

Il serait bien à souhaiter, messieurs, que toutes les questions qui s'élèveront relativement à ces principes fussent à l'avenir jugées à l'amiable par un comité de gens de lettres et de théâtre, bien choisis, où tous les contendants, auteurs et comédiens, expliqueraient les motifs de leurs prétentions réciproques, afin que ces débats, qui, portés dans les tribunaux, y sont souvent vus du côté qui prête au ridicule, cessent de mettre les hommes d'esprit ou de génie de la littérature à la merci des sots dont le monde est toujours rempli.

Appliquons maintenant au Théâtre-Français l'usage de tous ces principes.

Si l'exactitude des chiffres donnait des résultats sévères contre les comédiens français, n'en induisez pas, je vous prie, que je suis l'ennemi d'un arrangement avec eux. Personne plus que moi n'en sent la grande utilité, à laquelle je souhaiterais qu'on pût faire fléchir la rigueur même du principe. C'est à vous de juger, messieurs, si vous pouvez admettre en leur faveur des considérations particulières ; ou si, dans des dispositions qui intéressent autant vos successeurs que vous, il vous est permis d'accueillir d'autre principe de décision que celui seul de la justice.

Des comédiens se réunissent vingt-trois personnes pour partager les emplois d'un spectacle et les produits de l'entreprise, ou tous les mois ou tous les ans : soit qu'ils jouent, soit qu'ils ne jouent pas dans l'ouvrage de chaque auteur, ils partagent tous au produit ; car ils sont en société.

Les hommes de lettres qui se succèdent pour fournir au jeu d'une année les représentations théâtrales, sont à peu près vingt-trois aussi par an. Chacun d'eux ne partageant point quand on joue l'ouvrage d'un autre, et n'étant point en société ni de succès ni de recette : à la fin de l'année, au compte général, il résultera seulement que, ce spectacle ayant levé ses frais, a partagé son bénéfice entre vingt-trois auteurs et vingt-trois comédiens ; mais dans une telle proportion, que les auteurs vivants, qui semblent lever entre eux tous *un septième* effectif sur la recette annuelle, *n'en touchent réellement qu'un vingt-septième en masse*, et que la proportion exacte du sort des vingt-trois comédiens à celui des vingt-trois auteurs est, pour chacun des comédiens, *comme vingt-sept francs à vingt sous*. Cela peut paraître choquant ; en voici la preuve évidente :

Si les auteurs vivants n'offraient à jouer aux comédiens que des ouvrages en cinq actes, et qu'on en donnât un tous les jours de l'année, les auteurs toucheraient par an le *septième* du produit net. Mais comme le fonds existant du plus superbe répertoire d'ouvrages d'auteurs morts ne laisse d'espoir à ceux qui vivent que de voir jouer leurs pièces *au plus de trois jours l'un*, en concurrence avec les chefs-d'œuvre anciens, ils ne toucheront jamais dans la recette annuelle *qu'un septième dans les tiers des représentations, ou le vingt et unième au total*; encore en supposant qu'on jouerait, dans ce temps qui leur est consacré, une pièce en cinq actes par jour.

Mais comme il est aussi prouvé que, sur les ouvrages nouveaux, la succession de la mise au théâtre est toujours établie entre une pièce en cinq actes, une en trois actes et une en deux ou un, qui ont différents honoraires, il en résulte qu'un tiers seul des ouvrages représentés offre à ses auteurs l'honoraire *du septième* ; puis le second tiers, *le dixième* ; et l'autre enfin, *le quatorzième :* lesquels tous pris ensemble n'offrent *qu'un neuvième* effectif, qui n'a lieu, ainsi qu'on l'a vu, que pour un seul tiers de l'année.

Donc la part annuelle des auteurs, ne pouvant être en masse que *du neuvième dans le tiers* des recettes, n'est que *du vingt-septième sur la totalité;* ce qu'il fallait vous démontrer.

Tout ceci bien prouvé, quelle que soit la recette, forte ou faible, immense ou exiguë, la proportion sera toujours la même, du sort des comédiens au vôtre. Ainsi (pour donner un exemple qui ne sorte point du sujet), pendant l'année dernière la Comédie française prétend n'avoir touché que huit mille francs de part entière, au total de cent quatre-vingt-quatorze mille livres, divisées en vingt-trois parties ; les vingt-trois auteurs de l'année, *s'ils n'avaient pas retiré leurs pièces*, n'auraient partagé entre eux tous, dans la proportion *du vingt-septième* établi, que sept mille cent-quatre-vingt-cinq livres. Donc trois cent douze livres eussent été le sort de chaque homme de lettres.

Les auteurs se contenter d'*un*, lorsque les acteurs ont *vingt-sept*, ce n'est point là ruiner la Comédie française. En quelque ville de l'empire que vous employiez un théâtre à ce taux, vous pourrez vous vanter, messieurs, d'un parfait désintéressement.

Parcourons d'autres hypothèses. Je suppose que les comédiens, trouvant leur répertoire usé, pensent qu'il est de leur intérêt d'exploiter plus de nouveautés, et qu'au lieu d'un tiers de l'année ils doivent leur en consacrer deux : il est bien clair alors (tous les rapports restant les mêmes, quand celui-là seul est changé) que le sort des auteurs se trouverait doublé, et qu'au lieu de dix-huit mille francs ils auraient à se partager trente-six mille livres chaque année; qu'alors la proportion de sort entre les comédiens et eux ne serait plus *comme vingt-sept à un*, mais seulement *comme dix-huit*.

Mais aussi, comme cette idée ne peut venir aux comédiens que lorsqu'ils sentiront enfin que les *six septièmes* d'une grande recette valent mieux que les *sept septièmes* d'une petite : si le sort des auteurs était doublé en masse, celui des comédiens reviendrait tout ce qu'il fut dans ces formidables années où, au lieu de cinq cent mille livres, ils eurent jusqu'à un million de produit brut à répartir. La proportion serait toujours la même entre le sort des comédiens et des auteurs ; seulement le produit aurait été doublé pour tous.

Que si sans augmenter la recette commune *présumée à deux mille cent livres*, les comédiens sentaient qu'ils ne peuvent arriver même à ce taux moyen qu'en forçant sur les nouveautés (les ouvrages anciens leur rendant à peine les frais), alors il faudrait revenir à ce très-bon raisonnement qu'ils repoussent de toutes leurs têtes, que, les nouveautés seules faisant la prospérité des spectacles, il est peut-être encore moins malhonnête que maladroit de vouloir amoindrir le sort modeste des auteurs, au risque de périr faute de bonnes nouveautés ; lorsque, dans les grandes années où la portion de chaque comédien a monté à *vingt-sept mille francs*, celle des vingt-trois auteurs *ensemble* n'a jamais été jusqu'à trente-huit mille livres.

Je crois savoir, ainsi que vous, quel peut être l'espoir des comédiens français, lequel n'est pas toujours déçu : c'est que quelques jeunes auteurs, en faisant leurs premiers essais, pressés de gloire ou de besoin, leur céderont souvent des pièces au prix qu'ils voudront en offrir. Mais ces jeunes gens, détrompés, ne tarderont pas à sentir le tort qui leur aura été fait, lorsque les troupes du royaume, en leur demandant leurs ouvrages qu'on aura joués à ce théâtre, leur diront assez justement : Les comédiens français vous donnaient le *dixième*, ou *le seizième*, ou *le vingtième*, qui vous rapportaient peu de chose ; nous, dont les recettes sont moindres, nous ne vous offrirons pas plus. Où vous aviez vingt francs chez eux, il vous revient vingt sous chez nous. Alors, sentant la conséquence du mauvais parti qu'ils ont pris, et qu'une démarche légère les met à la merci de tous les directeurs, ils quitteront les comédiens français.

Abordons maintenant la question des frais journaliers. Ils n'ont rien de semblable entre eux que la nature des articles, *qui ne doit varier nulle part*. La valeur de chacun d'eux varie selon l'importance des théâtres, suivant le plus ou moins d'objets qu'un spectacle veut embrasser.

Les seuls *articles invariables* que vous allouez aux spectacles, sous le nom de frais journaliers, *dans l'imprimé qu'ils ont reçu de vous*, sont :

Le loyer de la salle ;
La garde, autant qu'elle est payée ;
Le luminaire ;

Le chauffage;
L'abonnement des hôpitaux, tant que l'abonnement subsiste;
Les employés au service du spectacle;
Les affiches, les imprimés;
Le service pour les incendies.
Vous n'en avez point passé d'autres.

Ces objets arrêtés, vous avez vérifié, en traitant avec les spectacles, à quelle somme chacun montait, et vous les avez tous alloués avec la plus grande équité sur les registres et les renseignements que chaque théâtre a fournis.

Puis ils vous ont priés, pour simplifier les comptes, d'en faire une somme commune qu'on alloueraît à l'amiable, en ajoutant, pour frais extraordinaires, *entre un cinquième et deux cinquièmes* de la somme allouée, dont le total serait la retenue journalière au delà de laquelle le partage commencerait sur le pied *du septième*, ainsi que vous l'avez réglé.

Le résultat de vos calculs vous a fait allouer, messieurs, sept cents livres de frais, *tout compris*, à la Comédie italienne, même somme de sept cents livres au Théâtre-Français de la rue de Richelieu, six cents livres par jour au *Théâtre* dit *du Marais;* ainsi en proportion aux autres.

Restaient MM. les comédiens français, qui, calculant avec chagrin la différence qui résulte pour eux de la concurrence actuelle à leur monopole passé, n'ont voulu traiter avec vous *qu'au dixième de la recette pour les pièces en cinq actes, retenant huit cents livres pour les frais journaliers;* plus, *les frais extraordinaires.* Mais vous avez jugé, messieurs, que vous ne pouviez vous écarter de cette unité de principes qui sert de base à vos traités avec tous les autres théâtres, sans rester exposés à des réclamations, à des difficultés, à des débats sans nombre; et vous m'avez chargé d'écrire en votre nom aux comédiens français, que, *sans rien changer au passé,* vous continueriez tous de traiter avec eux *au septième de la recette,* en allouant avec équité les seuls articles de frais ci-dessus spécifiés comme à tous les autres théâtres, quelles qu'en fussent les sommes *établies d'après leurs registres.*

Dans leur chagrin, ils ont été longtemps sans vouloir les communiquer. Enfin, les ayant obtenus, j'ai fait un long travail, dont le but pacifique était de leur prouver qu'à la différence près d'hériter des auteurs au beau milieu de leur carrière, dont le décret du 13 janvier les avait justement privés, ils ont réellement obtenu beaucoup d'amendements en mieux sur divers articles des frais.

Les auteurs, leur dis-je, ne vous passaient depuis douze ans que six cents livres de frais par jour; et pourtant, par les relevés de vos registres mêmes, sur tous ces articles de frais, *alloués nominativement,* vous gagniez déjà, de compte fait, trente et un mille livres par an, puisque tous ces frais journaliers (les seuls qu'alloûaient les auteurs, d'accord avec vous sur ce point) ne se montaient chez vous, d'après les livres de vos comptes, *qu'à cent soixante-trois mille quatre cents livres,* quand les auteurs vous en passaient cent quatre-vingt-quatorze mille quatre cents, en vous allouant à l'amiable six cents livres de frais par jour, et comptant l'année théâtrale alors de trois cent vingt-quatre jours.

Au lieu de six cents livres que les auteurs passaient, ils vous en ont offert sept cents, qui, calculées à trois cent cinquante jours par an, vous feront désormais une autre différence en gain de trente-cinq mille livres chaque année.

Vous gagnez les vingt mille écus de votre abonnement des pauvres.

Vous ne payez point de loyer, quand les autres spectacles en ont au moins pour trente mille livres chacun.

Vous ne payerez plus quatorze mille livres de garde extérieure, car cette exigence est injuste.

La différence de ces sommes (en $\begin{Bmatrix} 51{,}000 \text{ l.} \\ 30{,}000 \\ 35{,}000 \\ 14{,}000 \\ 60{,}000 \end{Bmatrix}$ 170,000 l. comptant comme vous comptez) bonifiera donc votre sort, sur vos dépenses journalières, de cent soixante-dix mille livres par an. Ces gains-là, messieurs, vaudraient mieux qu'un misérable grappillage sur le traitement des auteurs, *lequel ne vaut pas mille écus,* et peut amener votre ruine.

Si vos recettes sont diminuées par les événements actuels, c'est un mal passager que les auteurs partagent avec vous. Ce n'est point sur leur sort modeste que vous pouvez réparer ce malheur. Quand vous annuleriez leur entier traitement à tous, il est trop disproportionné pour entrer en ligne de compte avec les gains puissants que vous regrettez justement.

Eh! que ferait leur sacrifice entier, lorsqu'il est démontré que (*sept cents livres de frais levées*) deux mille cent livres de recette par jour vous donneront un produit net, par an, de quatre cent quatre-vingt-dix mille livres, dans lequel produit les auteurs ne peuvent jamais entrer en masse que pour dix-sept mille six cents livres qu'ils se partagent entre *vingt-trois :* ce qui doit produire à chacun sept cent soixante-cinq livres par an, quand vous aurez pour chaque part vingt mille cinq cent trente-neuf livres?

Si, au lieu de lever sept cents livres de frais, vous en voulez prendre neuf cents; au lieu de deux cent quarante-cinq mille livres par an, vous lèverez alors trois cent cinquante fois neuf cents livres, ou trois cent quinze mille livres. Suivant votre façon de compter, dont je vous prouverai le vice, la différence en plus, pour vous, sera de soixante-dix mille livres. Mais comme les auteurs ne partagent que sur le pied *du neuvième dans le tiers,* qui est *le vingt-septième,* vous ne retrancherez sur la part des mêmes auteurs que le neuvième du tiers des frais, qui n'est aussi qu'un vingt-septième.

Et c'est donc pour leur arracher *ce vingt-septième* de soixante-dix mille livres par an, ou deux mille cinq cent quatre-vingt-douze livres sur leurs dix-sept mille six cents livres, que vous vous obstinez à refuser leurs offres! car *tout le reste porte sur vous.* Remarquez bien cela, messieurs : *tout le reste porte sur vous !* Voyez si deux mille cinq cent quatre-vingt-douze livres de plus ou moins par an, dans une recette présumée de sept cent trente-cinq mille livres, peuvent entrer en considération avec le mal affreux de vous séparer des auteurs : daignez comparer avec moi le résultat des deux décomptes, et jugez qui doit en rougir !

Si les vingt-trois auteurs faisaient ce sacrifice, les dix-sept mille six cents livres qu'ils se partagent entre *vingt-trois*, réduites alors à quinze mille huit livres, ne laisseraient plus à chacun, au lieu de sept cent soixante-cinq livres, que six cent cinquante-trois livres par an ; *c'est presque le huitième que vous leur ôteriez, lorsque cette différence, si c'est vous qui la supportez, n'est qu'un cent quatre-vingt-troisième de diminué sur votre tort.* Au lieu de vingt mille cinq cent trente-neuf livres, vous ne toucherez plus chacun que vingt mille quatre cent vingt-sept livres ; c'est cent douze livres de moins, par an, à chaque comédien français. Pour les auteurs vos nourriciers, c'est *le huitième* de leur sort ; pour vous, c'est *un cent quatre-vingt-troisième :* et voilà l'objet du débat auquel vous sacrifiez le Théâtre-Français ! Vous n'y avez pas bien réfléchi.

Tels ont été mes arguments. Je leur ai cent fois remontré que, dans leurs sept meilleures années, depuis 1782 jusques et compris 1789, où ils faisaient, année commune, *neuf cent cinq mille livres de recette*, toute la littérature en masse ne leur avait coûté que *trente-sept mille huit cent deux livres par an ;* qu'un traitement aussi modique, fût-il diminué d'un huitième sur d'aussi puissantes recettes, ne pouvait jamais réparer ce qu'ils appelaient leur malheur.

Je leur démontrai, plume en main, ainsi que je viens de le faire, que désormais cette littérature, malgré le décret national qui la rendait à ses propriétés, ne leur coûterait qu'*un vingt-septième* du produit net de chaque année ; et ce travail, messieurs, que j'ai mis sous vos yeux, vous a bien convaincus, j'espère, du motif conciliateur qui me l'avait fait entreprendre. Mes peines ont été perdues.

Malgré mes arguments, mes conseils, et surtout mes chiffres, après de longs délais et beaucoup de débats, MM. les comédiens français n'ont cru pouvoir aller qu'à vous offrir, messieurs, *le septième de la recette, en retenant, par jour, neuf cents livres de frais ; plus, les frais extraordinaires,* qui doivent passer dix mille livres : lesquels ensemble font trois cent vingt-cinq mille livres par an.

Pour appuyer la prétention des neuf cents livres, ils disent qu'ils dépensent treize cents livres par jour (ce qui est vrai pour onze cents livres). Mais si cette somme se compose de frais la plupart étrangers à ceux dont les articles sont justement fixés par vous avec tous les autres spectacles, doit-on vous les passer en compte ?

Des *feux d'acteurs*, qui entrent dans leurs poches !
Des *arrérages d'emprunts*, dont ils ont des immeubles !
Des *intérêts de fonds d'acteurs*, dont l'argent est censé en caisse !

Des *parts d'auteurs*, qu'on peut payer ou non ; et prises sur les bénéfices, quand les frais ont été levés !
Des *voyages à la cour*, qui demeure à Paris !
Des *vingtièmes*, des *capitations*, des *aumônes* (devoir de citoyens que nous remplissons tous) !
Des *étrennes*, des *fiacres*, des *acteurs à l'essai*, etc., etc., et vingt articles d'etc., qui s'élèvent ensemble *à plus de deux cent mille livres*, sont-ils bien des frais journaliers dans lesquels l'auteur doive entrer sur son neuvième très-chétif, surtout lorsqu'en leur accordant sept cents livres avant le partage, ils ont à prélever deux cent quarante-cinq mille livres *pour les frais* ?

Après m'être un peu trop fâché, la ténacité qu'ils mettaient à se cramponner à leur offre m'a fait faire un nouveau travail, pour tâcher de les ramener d'une erreur aussi dangereuse. Mais ils croyaient, messieurs, avoir fait un si grand effort en ne vous arrachant pas plus, qu'ils m'ont répondu net que *c'était aux auteurs à faire ce sacrifice, puisque eux s'étaient tant avancés sur leurs propositions, quand vous n'aviez rien changé sur les vôtres.* Que dire à cette obstination, sinon qu'ils sont bien malheureux d'aimer si fort leurs intérêts, et de les entendre si mal ?

Enfin, dans une conférence entre leurs commissaires et quatre d'entre nous, j'ai pris sur moi d'aller jusqu'à leur proposer *huit cents livres de frais par jour*, sans être sûr que vous m'en avoueriez, mû par les considérations que les *Français* étaient le seul théâtre qui avait fait des pertes à la révolution, puisque tous les autres partagent un répertoire immense, qu'ils avaient seuls depuis cent ans ; que ce théâtre avait été le berceau de tous vos succès ; qu'ils payent les sottises de leurs prédécesseurs ; qu'ils font vingt mille francs de pensions où leur honneur est engagé ; qu'aucun autre spectacle enfin ne pouvait exciper de toutes ces considérations, pour réclamer un avantage qu'un motif personnel aux comédiens français avait pu seul vous arracher. Mais, je le dis avec chagrin, j'ai perdu tout espoir d'un arrangement avec eux lorsque, pour unique réponse, ils m'ont répété que *leur mot était de prélever neuf cents livres de frais par jour, sans les frais extraordinaires, en n'accordant que le septième.*

Or, voyez tout le faux de ce fatal raisonnement !

Des six cents francs que vous passiez aux neuf cents livres qu'ils demandent, il paraît y avoir pour eux trois cents livres de gain par jour, ou cent cinq mille livres par an, sans les frais extraordinaires, qu'on peut porter à dix mille livres. Mais ce gain de cent quinze mille livres, auquel ils sont si acharnés, n'est qu'une vaine illusion, un faux aspect qui les égare.

Les soixante mille livres de l'abonnement des pauvres, le loyer qu'ils ne payent point, et la garde extérieure cessant d'être à leur solde, sont des objets d'un gain réel. Le faux gain sur les frais n'est rien.

Ces cent quinze mille livres exigées auraient bien toute leur valeur, si les auteurs, à qui on les demande, devaient les payer en effet ; mais leur part est si misérable dans les recettes d'une année, que, sur un produit présumé de sept cent trente-cinq mille livres, on a vu qu'elle ne va pas même à dix-huit mille livres par an. On en retiendrait mille écus (et c'est plus qu'on ne peut vouloir leur arracher), que les comédiens, sur leur part, n'en payeraient pas moins, par an, cent douze mille livres dans les cent quinze : objet d'un puéril débat, *puisque le tout porte sur eux*.

Cette rage de disputer, de mordre sur les gens de lettres, et d'écorner leur misérable part, est donc vide, à peu près, d'intérêt pour les comédiens. Or il faut me prouver que mes calculs sont faux, ou bien convenir qu'on les trompe, avec le funeste projet de les ruiner entièrement, quand on les fait s'obstiner si longtemps à verser sur les seuls auteurs leur malheureuse économie.

Je dis *leur malheureuse;* car ce constant refus de la modique différence entre vos offres et leurs demandes leur a déjà coûté plus de cent mille francs de recette depuis six mois, que leur obstination les a privés de vos ouvrages : joignez-y la scission qui s'est faite *entre leurs sujets*, et qui est la suite fâcheuse de leur division avec vous ; voilà le secret de leurs pertes.

Vous m'avez entendu ; je vais me résumer, et vous prononcerez après.

Vous ne pouvez avoir, messieurs, de société partielle intéressée avec les comédiens français que pendant un tiers de l'année. Les deux autres sont consacrés au jeu de l'ancien répertoire ; et quand ils ne jouent pas vos pièces, leur théâtre vous est étranger autant que s'il n'existait point.

Le tiers des trois cent cinquante jours qui composeront désormais l'année théâtrale des spectacles donne un peu plus de cent seize jours ; moi, je l'abandonne à cent vingt jours.

De ces cent vingt jours-là, un tiers serait rempli par vos pièces en cinq actes, lesquelles, *à deux mille cent livres de recette commune*, dont nous sommes tombés d'accord (sept cents livres de frais prélevés, lesquels sont l'objet du débat), laisseraient au partage mille quatre cents livres de recette, dont le septième, pour vous, serait deux cents livres par jour, pendant le tiers des cent vingt jours, ou quarante jours de spectacle.

Or, quarante fois deux cents livres font huit mille livres de *recette pour toutes les pièces en cinq actes*.

Puis l'autre tiers des cent vingt jours, ou quarante jours de pièces en trois actes, *au dixième de la recette*, vous produirait, aussi par an, cinq mille six cents livres de recette.

Puis quarante jours de pièces en un acte ou en deux, *au quatorzième de la recette*, ne vous produiraient plus que quarante fois cent livres ou quatre mille livres par an : lesquelles trois sommes

de $\begin{cases} 8{,}000 \text{ livres,} \\ 5{,}600 \\ 4{,}000 \end{cases}$ ensemble 17,600 livres,

sont, dans l'année, tout ce que la littérature peut espérer tirer des comédiens français sur les sept cent trente-cinq mille livres, produit brut de trois cent cinquante recettes présumées à deux mille cent livres.

En prélevant sept cents livres de frais par jour, ou deux cent quarante-cinq mille livres, plus les dix-sept mille six cents livres touchées par les auteurs, il resterait aux comédiens français quatre cent soixante-douze mille quatre cents livres, qui, divisées en vingt-trois parts, donneraient à chacun, comme nous l'avons dit, vingt mille cinq cent trente-neuf livres quand chaque auteur ne toucherait que sept cent soixante-cinq livres par an. Le sort des comédiens à celui des auteurs serait *comme vingt-sept à un*.

Je dois pourtant vous répéter, messieurs (car je ne suis point votre avocat, mais le rapporteur de l'affaire), que cette différence, qui paraît si énorme en comparant le sort de vingt-trois auteurs dramatiques à celui des vingt-trois comédiens, que cette différence s'abaisse quand on veut bien se souvenir que, les auteurs n'étant en société avec les comédiens que pendant un tiers de l'année, le produit des deux derniers tiers du travail de la comédie leur est de tout point étranger. Ils n'ont donc tous à comparer leur sort qu'avec un tiers de celui des acteurs : or, sur une recette de quatre cent soixante-douze mille quatre cents livres par an, ce tiers n'est plus que cent cinquante-sept mille quatre cent soixante-six livres treize sous ; laquelle somme à son tour, comparée à dix-sept mille six cents livres, est, à peu de chose près, *comme neuf sont à un*.

La différence du sort des comédiens français à celui des auteurs qui travaillent pour eux est donc toujours au moins *comme de neuf à un* pour un tiers de l'année, seul temps où le partage entre eux est établi.

Si l'on objectait à ceci qu'il n'est pas bien certain que les autres tiers de l'année qui restent consacrés aux ouvrages anciens donnent, ainsi que le tiers consacré aux nouveaux, deux mille cent livres chaque jour, votre réponse est celle-ci, messieurs ; si elle est sévère, elle est juste :

Les ouvrages anciens ne peuvent-ils soutenir la prospérité du spectacle ? ne disputez donc pas le prix des nouveautés, puisqu'elles seules vous font vivre ! Les trouvez-vous trop chères pour leur produit ? jouez-en beaucoup moins, elles vous coûteront peu d'argent ; et tâchez de filer l'année avec des ouvrages anciens, dans le produit desquels personne que vous n'entrera : et dilemme sans réplique doit finir toutes les disputes.

Le septième, le dixième, enfin le quatorzième, lesquels, tous réunis, ne font que le neuvième dans le tiers de la recette annuelle, ou le vingt-septième au total, sept cents livres de frais prélevées, sont donc, messieurs, ce que vous demandez aux comédiens français pour leur donner tous vos ouvrages exclusivement pour un an ; et mes calculs vous ont prouvé que ce neuvième, dans le tiers d'une recette annuelle présumée de sept cent trente-cinq mille livres, ne leur coûtera jamais dix-huit mille francs par an, et que la proportion des sorts entre les comédiens et vous sera toujours comme vingt-sept à un ; et c'est pour amoindrir ce misérable vingt-septième, c'est pour réduire à six cent cinquante-trois livres les sept cent soixante-cinq livres dont ils vous *gratifient* par an, que l'on débat depuis six mois! Cela passe ma conception.

Si j'ai rappelé tant de fois ce résultat comparatif, c'est pour mieux inculquer dans l'esprit de tous mes lecteurs que, sur des recettes immenses, vos prétentions, messieurs, ont toutes été si modérées, qu'on doit avoir bien de la peine à croire qu'elles aient été refusées.

Si l'on pouvait penser que cette obstination vint de mauvaise volonté, il faudrait laisser là les comédiens français, comme des hommes très-malhonnêtes envers les auteurs dramatiques. Mais je jure, messieurs, et je m'en suis bien convaincu, que de leur part c'est ignorance pure, inquiétude sans objet. Je n'ai pu leur faire comprendre qu'ils jetaient des louis par la fenêtre en disputant sur des deniers; que ce qui enlevait le huitième aux auteurs, vu le modique sort qu'ils avaient dans la part commune, n'ôtait qu'un cent quatre-vingt-troisième à chaque comédien français; que cette lésinerie (*à peine de cent louis*) leur coûterait cent mille écus par an, et qu'elle finirait par ruiner leur théâtre. Ils m'ont dit qu'*ils n'en croyaient rien*; mais que, *quand cela devrait être, beaucoup d'eux aimaient mieux périr que d'en avoir le démenti*. Là, j'ai rompu toutes les conférences.

D'après cela, messieurs, décidez maintenant si, comme aux grands théâtres, vous contentant du modeste septième, réduit par le calcul au modeste neuvième pendant quatre mois de l'année, qui n'est qu'un vingt-septième annuel, vous allouerez aux comédiens français sept cents livres de frais par jour, ou cent livres de plus, par des considérations personnelles, ou *neuf cents livres qu'ils demandent, plus les frais extraordinaires*, terme au-dessous duquel ils ont juré ne vouloir point descendre.

Une décision de vous est le seul but de ce rapport.

Lu dans l'assemblée des auteurs, ce 12 auguste 1791.

Caron de Beaumarchais, *rapporteur.*

Délibération *prise à l'assemblée des auteurs dramatiques, au Louvre, ce 12 août 1791.*

M. de Beaumarchais ayant fait le rapport du travail de MM. les auteurs nommés, qui, le 7 de ce mois, ont chez lui discuté avec MM. *Molé, Desessarts, Dazincourt et Fleury,* les intérêts des auteurs et ceux des comédiens; ayant ensuite communiqué à l'assemblée un travail très-détaillé, très-clair et très-précis sur cet objet: la question dûment éclaircie et posée, pour savoir ce que les auteurs peuvent équitablement allouer de frais, tant ordinaires qu'extraordinaires, audit théâtre; plusieurs votants ont été de l'avis que, par des considérations particulières aux comédiens français, il pouvait leur être accordé *huit cents livres de frais par jour*. Mais la grande majorité a dit que, d'après l'examen exact des dépenses de ce spectacle, il ne devait être accordé aux comédiens français que *sept cents livres de frais par jour,* et tous les auteurs soussignés se sont rangés à cet avis.

L'impression du rapport et de la délibération a été ordonnée; et ont signé

MM. *Ducis, de la Harpe, Marmontel, Sedaine, Lemierre, Cailhava, Chamfort, Brousse des Faucherets, Chénier, Palissot, Leblanc, Dubreuil, Lemierre d'Argis, Fillette-Loraux, Guillard, de Santerre, la Montagne, de Sade, des Fontaines, Pujoulx, Harni, Faur, Laujon, Dubuisson, André de Murville, Gudin de la Brenellerie, Cubières, Fenouillot de Falbaire, Mercier, Fallet, Dumaniant, Radet, Patrat, Grétry, Daleyrac, Lemoine, Forgeot, Caron de Beaumarchais.*

Chaque théâtre ayant la liberté d'embrasser tout genre de spectacle, et ce délibéré ne portant que sur le partage entre le génie qui compose et tous les talents qui débitent, les auteurs de différents genres ont eu un droit égal d'émettre et de signer leur vœu. De même que nos poëtes tragiques ont donné des pièces chantées, de grands musiciens ont orné de leur art les chefs-d'œuvre de la tragédie; témoin M. Gossec et ses beaux chœurs dans l'*Athalie* de Racine, et témoin plusieurs autres.

Cette note répond à l'objection futile: que MM. les comédiens français, ayant le droit de nous prendre un à un, ne reconnaissent point d'arrêté général des auteurs. Celui-ci n'engage que nous: permis à eux de n'en faire aucun cas. Il nous suffit à tous d'avoir bien instruit le public.

PÉTITION

A L'ASSEMBLÉE NATIONALE

PAR CARON DE BEAUMARCHAIS

Contre l'usurpation des propriétés des auteurs par des directeurs de spectacles, lue par l'auteur au comité d'instruction publique le 25 décembre 1791, et imprimée immédiatement après.

Jusqu'à présent les directeurs des troupes qui jouent la comédie dans les villes des départements du royaume n'ont opposé, au droit imprescriptible des auteurs dramatiques sur la propriété de leurs ouvrages, reconnu, assuré par deux décrets de l'Assemblée nationale constituante, et aux réclamations qu'ils n'ont cessé de faire contre leur usurpation, que des sophismes et des injures. Je vais, dédaignant les injures, réfuter les sophismes avec le zèle ardent que j'ai voué aux progrès de l'art dramatique, aux intérêts pressants des hommes de lettres qui l'exercent. Vous me pardonnerez, messieurs, si des termes un peu durs vous frappent dans le cours de cette pétition : ils sont désagréables; mais, sur l'action dont nous nous plaignons tous, je n'en connais point de plus doux, malheureusement pour la cause et pour nos ardents adversaires.

Une première observation a frappé tout le monde. Il est, dit-on, bien étrange qu'il ait fallu une loi expresse pour attester à toute la France que la propriété d'un auteur dramatique lui appartient; que nul n'a droit de s'en emparer. Ce principe, tiré des premiers droits de l'homme, allait tellement sans le dire pour toutes propriétés des hommes acquises par le travail, le don, la vente, ou bien l'hérédité, qu'on aurait cru très-dérisoire d'être obligé de l'établir en loi. Ma propriété seule, comme auteur dramatique, plus sacrée que toutes les autres, car elle ne me vient de personne, et n'est point sujette à conteste pour dol, ou fraude, ou séduction, l'œuvre sortie de mon cerveau, comme Minerve tout armée de celui du maître des dieux; ma propriété seule a eu besoin qu'une loi prononçât qu'elle est à moi, m'en assurât la possession. Mais ceux qui observent ainsi n'ont pas saisi le texte de la loi.

Bien est-il vrai qu'on n'osait pas me dire : L'ouvrage sorti de vous n'est pas de vous. Mais les directeurs de spectacles ont posé cet autre principe : Auteur dramatique, ont-ils dit, l'ouvrage qui est sorti de vous est de vous, mais n'est pas à vous. Vous n'en obtiendrez aucun fruit : il est à nous; car nous sommes, depuis cent ans, par longue suite des abus d'un régime déprédateur et votre faiblesse avérée, en possession de nous enrichir avec lui, sans vous faire la moindre part du produit que nous en tirons.

La loi, pour réprimer ce scandale de tout un siècle, n'a point dit dans ses deux décrets : L'œuvre d'un auteur est à lui ; ces décrets eussent été oiseux : mais elle a dit formellement qu'attendu les abus passés, les usurpations continuelles établies en droits oppresseurs, aucun ne pourra désormais envahir la propriété des auteurs sans encourir tel blâme ou telle peine. Alors, commençant à l'entendre, les directeurs de troupes ont cherché, non à nier la justesse de cette loi, mais à l'éluder s'ils pouvaient, à échapper à sa justice par tous les moyens d'Escobar.

Le premier dont ces directeurs aient pensé qu'ils pouvaient user a été simplement de mépriser la loi, de continuer à jouer nos pièces comme si le législateur n'avait point prononcé contre eux : car, ont-ils dit, il se passera bien du temps avant que l'ordre rétabli ait armé contre nous la force réprimante; ce que nous aurons pris le sera, et nous restera : beaucoup de nous n'existeront plus en qualité de directeurs; et quel moyen de revenir contre un directeur insolvable? Or, pour ce temps-là tout au moins, la loi sera nulle pour nous. Ils avaient fort bien raisonné, non pas en loi, mais en abus; car, depuis les décrets qui défendent à tous directeurs de continuer à usurper la propriété des auteurs, leurs ouvrages ont été joués avec la même audace dans toutes les villes des départements de l'empire, excepté dans la capitale, sans leur permission, malgré eux, comme s'il n'y avait point de loi, sans qu'aucun des hommes de lettres ait pu obtenir de justice des tribunaux des villes où sont établis ces spectacles, qu'ils ont vainement invoqués. L'un nous refuse l'audience, l'autre nous répond froidement : Quoiqu'il y ait une loi formelle, les auteurs sont aisés ; ils peuvent bien attendre que notre directeur ait tenté un nouvel effort pour faire changer cette loi : comme si ce changement, même en supposant qu'il dût se faire, pouvait sauver un directeur de troupe de l'obligation de payer à l'auteur ce qui lui appartient de droit, pendant tout le temps écoulé entre deux lois qui s'excluraient! Et si le directeur a fait banqueroute pendant ce temps, qui me payera, juge partial, le déficit causé dans ma fortune par votre négligence ou votre déni de justice? Voilà, messieurs, quel est l'état des choses.

Mais à la fin, ce brigandage excitant un cri général, les directeurs despotes ont cru qu'il était nécessaire de se coaliser avec les comédiens esclaves, pour faire une masse imposante de dix mille réclamateurs contre trente auteurs isolés.

Cette coalition formée, les directeurs de troupes ont tous payé leur contingent pour les frais de députation, de sollicitation, de mémoires, de chicane et même d'injures. Un rédacteur bien insultant s'est chargé de tout le travail. Insulte à part, voici ce qu'il a dit pour eux :

1° Les auteurs ont formé une corporation illégale pour faire exécuter la loi qui prononçait en leur faveur : donc la demande de chacun, et la réclamation sur sa propriété constamment envahie, ne méritent aucune réponse, aucun égard de notre part.

2° Les auteurs ont vendu leurs ouvrages à des libraires, à des graveurs : donc nous, qui avons acheté un des exemplaires imprimés la forte somme de vingt-quatre sous, ou un exemplaire gravé la somme exorbitante de dix-huit livres tournois, nous sommes bien devenus les propriétaires de ces œuvres, pour nous enrichir avec elles, et sans rien payer aux auteurs, malgré la loi qui dit expressément qu'*on ne pourra jouer la pièce d'un auteur vivant sans sa permission formelle et par écrit, soit qu'elle ait été* IMPRIMÉE *ou* GRAVÉE, *sous peine*, etc. Tel est le sens bien net de l'argument des directeurs.

3° Ils ne rougissent pas d'ajouter que la permission donnée autrefois aux auteurs par le gouvernement d'*imprimer et représenter*, allouait évidemment, à celui qui achetait vingt-quatre sous cette pièce *imprimée*, le droit de la représenter sans rien rendre au propriétaire. Quoiqu'on ne puisse articuler de pareilles absurdités qu'en profond désespoir de cause, je ne laisserai pas celle-ci sans réponse; non pour éclairer l'Assemblée, je ne lui fais pas cette injure, mais pour faire honte aux adversaires de se servir de tels moyens.

4° Nous étions dans l'usage constant, disent encore ces directeurs, de jouer les pièces des auteurs vivants sans leur rendre la moindre part du produit que nous en tirons; aucun d'eux n'a jamais réclamé contre ce qu'ils nomment un abus : donc chacun d'eux a reconnu que notre droit était incontestable, de ne rien payer aux auteurs dans toutes les villes de province en y représentant leurs pièces, quoique aucun théâtre de la capitale ne pût et n'osât les jouer sans leur payer le prix convenu, soit qu'elles fussent *imprimées ou non*, et sous un régime qui protégeait toujours les comédiens contre les gens de lettres. Mais vous verrez bientôt, messieurs, si nous n'avons pas réclamé.

5° Enfin nous serions tous ruinés, disent encore les directeurs, nous marchands du débit des pièces dramatiques, si l'on nous obligeait à en payer les fournisseurs; de même que tous débitants d'étoffes, en boutique et en magasin, se verraient ruinés comme nous, si, par le même hasard, une loi bien injuste les obligeait tous de payer les fabricants de Lyon, d'Amiens ou de Péronne, qui leur ont fourni ces étoffes. On sent combien cela serait criant ! Heureusement pour eux, aucune loi ne les y soumet, et nous présumons bien qu'ils ne les payent point. Notre droit est semblable au leur; car si ces marchands louent des magasins pour vendre, nous, nous payons des salles pour jouer. S'ils salariaient des garçons de boutique et des teneurs de livres, nous gageons des acteurs et des ouvreurs de loges. S'ils payent leur luminaire, leur chauffage, leurs voyageurs, leurs porte-faix, les impositions de leur ville, et tous autres frais de commerce, nous y sommes soumis comme eux. Donc, en vertu de tant de dépenses forcées, comme il serait par trop inique qu'une loi obligeât tous ces vendeurs d'étoffes de les payer aux fabricants, de même on ne saurait, sans la plus grande iniquité, nous obliger de payer les auteurs dont nous récitons les ouvrages, et quoique nous vendions tous les jours le débit de ces pièces au public, qui vient les voir dans notre salle en nous payant argent comptant; car nous sommes les seuls revendeurs qui ne fassions point de crédit : ce qui rend notre cause plus favorable encore que celle des marchands d'étoffes, à qui l'on emporte souvent le prix d'une vente imprudente. Telle est la conséquence juste de l'argument des directeurs.

Un des auteurs, ajoutent ces messieurs, en traitant l'affaire en finance, quoiqu'il soit le plus riche de tous, a dégradé la littérature dramatique par cette avarice sordide d'exiger de nous quelque argent pour un noble travail qui ne doit rendre que de la gloire, et souvent n'en mérite pas.

Cet auteur prétendu financier, c'est moi, qu'un amour vrai pour la littérature attache à cette grande affaire. Malgré les injures grossières dont ces messieurs m'ont accablé, je jure à mes confrères que je n'abandonnerai point les intérêts qu'ils m'ont confiés : cette démarche en est la preuve, et cette pétition contient mes vrais motifs.

Tels sont en substance, messieurs, les arguments des directeurs contre les auteurs dramatiques, leurs nourriciers dans tous les temps.

Je vais les réfuter, en suivant le même ordre dans lequel ils sont rappelés, et me citant seul en exemple, pour tuer d'un seul mot l'idée d'une corporation.

Les auteurs, vous dit-on, messieurs, ont formé une corporation illégale pour soutenir ensemble une loi très-injuste, etc., etc.

Ma réponse est nette et fort simple. Je suis un auteur dramatique : je me présente seul à l'Assemblée nationale, pour empêcher que l'on continue à me faire un tort habituel qui n'a duré que trop longtemps. Par cela seul que je suis seul sur la cause qui m'intéresse, et que je défends devant vous, on ne peut m'objecter, messieurs, cette fin de non-recevoir qu'on prétend faire résulter d'une forme très-illégale, s'il était vrai qu'il y en eût une dans la demande des auteurs sous le nom de corporation. Chaque auteur usera, s'il veut, des moyens que j'emploie ici pour repousser, pulvériser une attaque aussi misérable. Tous ceux dont je vais me servir auront un avantage égal pour l'intérêt blessé des littérateurs dramatiques. Il n'y a point de corporation à user de la même défense pour repousser la même attaque sur des intérêts tout pareils.

Les auteurs, vous dit-on encore, ont tous vendu leurs pièces à des libraires ou des graveurs : donc leur propriété, transmise à nous par ces derniers, pour vingt-quatre sous les pièces imprimées et dix-huit francs celles gravées, nous appartient sans nul conteste, etc., etc. Sur cette vente générale, je rappellerai en deux mots ce qu'imprime l'un des auteurs.

Comment ! dit M. Dubuisson dans son excellente réponse aux directeurs, un libraire ou bien un graveur aurait-il le droit de vous vendre ce qu'il ne m'a point acheté? Vend-il le droit de contrefaire mon livre à ceux qui l'achètent pour le lire? Il serait ruiné, moi aussi. Jamais théâtre de Paris ne s'est cru en droit de jouer la pièce imprimée d'un auteur, s'il n'a acheté ce droit du propriétaire de la pièce, quoique les comédiens l'aient souvent chez eux imprimée, car ils l'ont achetée comme vous. Voulez-vous exercer un droit qu'on n'a point dans la capitale? Eh ! qui donc vous l'aurait donné? Vous prétendez avoir acquis celui de gagner mille louis et plus avec une pièce qui vous a coûté vingt-quatre sous, et souvent moitié moins, grâce au vol des contrefacteurs, aussi grands logiciens que vous sur le droit de piller les auteurs ! C'est en vérité se moquer des auditeurs qui vous écoutent !

Mais enfin, laissant chaque auteur défendre un droit incontestable, je vais répondre pour moi seul. Je n'ai jamais vendu à aucun libraire ni graveur le *Mariage de Figaro*, dont je réclame ici la propriété usurpée. Il a été imprimé à mes frais, ou dans mon atelier de Kehl. Tout misérable qu'est l'argument, vous ne pouvez pas m'objecter la transmission par un libraire. Mais un fait positif vaut mieux que tous les raisonnements; j'en vais citer un sans réplique.

Lassé de voir le brigandage dont les malheureux gens de lettres étaient constamment les victimes, je voulus essayer d'y remédier autant qu'il pouvait être en moi Nommé depuis longtemps par tous les auteurs dramatiques un de leurs commissaires et représentants perpétuels, j'avais eu le bonheur, en stipulant leurs intérêts, de faire réformer quelques abus dans leurs relations continuelles avec le Théâtre-Français : je voulus profiter du succès d'un de mes ouvrages, qu'on désirait jouer en province, pour travailler à la réforme du plus grand de tous les abus, celui de représenter les ouvrages sans rien payer à leurs auteurs. Je répondis aux demandeurs du *Mariage de Figaro* que je ne le ferais imprimer, et n'en permettrais la représentation en province que quand les directeurs des troupes se seraient soumis par un acte à payer, non pas à moi seul, mais à tous les auteurs vivants, la même rétribution dont ils jouissaient dans la capitale.

Que firent alors ces directeurs? Ils firent écrire ma pauvre pièce pendant qu'on la représentait, la firent imprimer sur-le-champ, chargée de toutes les bêtises, de toutes les ordures et incorrections que leurs très-maladroits copistes y avaient partout insérées, puis la jouèrent ainsi défigurée sur les théâtres des provinces : et ma pièce, déshonorée, volée, imprimée, jouée sans ma permission, ou plutôt malgré moi, devint, par cette turpitude, l'honnête propriété des adversaires que je combats. Je m'en plaignis à nos ministres, seuls juges alors dans ces matières. Je n'en obtins point de justice, car je n'étais qu'homme de lettres ; ma demande n'eut aucune faveur, car je n'étais point comédienne. En vain me serais-je adressé aux tribunaux d'alors, même aux cours souveraines : toutes les fois que le cas arrivait, les comédiennes sollicitaient ; la cour sollicitée évoquait l'affaire au conseil, où elle n'était jamais jugée. Et mon récit, accompagné d'un de ces scandaleux exemplaires que je dépose sur le bureau, est ma réponse au défaut de réclamation que les directeurs nous opposent. La suite va la renforcer.

Obligé de chercher à me faire justice moi-même ; et la pièce, mal imprimée par ceux qui l'avaient mal volée, étant aussi beaucoup trop bête, ce que je fis dire partout en désavouant cette horreur, quelques directeurs de province vinrent me demander de jouer mon véritable ouvrage : je leur montrai mes conditions. Ceux de Marseille, de Versailles, de Rouen, d'Orléans, etc., les acceptèrent sans balancer, en passèrent acte notarié, dont je joins une expédition [1].

---

[1] J'en vais copier le préambule, ainsi que plusieurs des articles. Il est assez curieux de voir comment je m'expliquais sur les propriétés d'auteurs, et comment je forçais les directeurs à les reconnaître, sept ans avant que la convention eût fait une loi formelle d'un droit incontestable, et que ces messieurs prétendent n'avoir jamais existé.

« Par-devant les conseillers du roi, notaires au Châtelet de Paris, soussignés :

« Furent présents Pierre-Augustin Caron de Beaumarchais, écuyer, demeurant à Paris, Vieille rue du Temple, paroisse Saint-Paul, au nom et comme l'un des commissaires et représentants perpétuels des auteurs du Théâtre-Français, autorisé à l'effet des présentes par délibération et consentement unanime de ses confrères assemblés, d'une part ;

« Et le sieur André Beaussier, négociant à Marseille, y demeurant ordinairement, rue Longue-des-Capucines, étant de présent en cette ville de Paris, logé à l'hôtel des Milords, rue du Mail, paroisse Saint-Eustache, tant en son nom comme principal actionnaire et l'un des chefs-administrateurs du spectacle de Marseille, QUE REPRÉSENTANT ICI TOUT LE CORPS DE L'ADMINISTRATION, QU'IL ENGAGE AVEC LUI; d'autre part ;

« Lesquels ont dit et reconnu qu'il est rigoureusement juste que les directeurs des troupes de province, dont la fortune est fondée sur le soin de rappeler le public à leur spectacle par l'attrait des nouveautés sorties de la capitale, en partagent le produit avec les auteurs dans une proportion équitable, ainsi qu'il est reconnu juste à Paris que les auteurs prennent part à la recette de leurs ouvrages sur le théâtre primitif. La pièce d'un homme de lettres étant une propriété honorable, et justement assimilée au produit d'une terre à lui, les comédiens qui la jouent sont, à son égard, comme le négociant des villes, qui ne vend au public les fruits de la culture qu'après les avoir achetés des plus nobles propriétaires, lesquels ne rougissent point d'en recevoir le prix ; et de même que le gain des négociants sur les denrées serait un vol s'ils cherchaient à s'en emparer sans rien rendre aux cultivateurs, il serait injuste que les directions de provinces s'enrichissent avec les pièces des auteurs vivants, sans leur offrir une juste part du profit avoué qu'ils en tirent.

« Ces principes reconnus par les parties ès-noms et posés COMME BASE du présent acte, elles sont convenues et ont arrêté ce qui suit :

« Art. 1er. Que tout auteur dramatique dont la pièce nouvelle, jouée à Paris, sera demandée par les directeurs ou actionnaires du spectacle de Marseille, enverra son manuscrit, avec les rôles copiés, aux directeurs, si la pièce n'est pas imprimée lors de la demande ; ou, SI ELLE EST IMPRIMÉE, un des premiers exemplaires de l'ouvrage, afin que ces actionnaires ou directeurs fassent jouir au plus tôt le public de leur ville du spectacle nouveau dont la capitale s'amuse.

« II. Que les directeurs ou actionnaires du théâtre de Marseille se rendent garants envers l'auteur, et sous tous les dommages de droit, de la non-impression dudit manuscrit, et de la préservation fidèle de toute entreprise à cet égard.

« III. Que les directeurs ou actionnaires dudit théâtre se soumettent à payer à l'auteur, ou à son fondé de pouvoirs à Marseille, le septième net de la recette brute qui se fera à la porte du spectacle toutes les fois qu'on jouera sa pièce ; ou la recette brute entière d'une représentation sur sept, au choix de l'auteur : sur quoi il aura soin de s'expliquer lorsqu'on devra jouer sa pièce. Et, dans le cas de son choix d'une représentation sur sept, les actionnaires et directeurs s'engagent à mettre ce jour-là sur l'affiche : Que cette représentation est entièrement consacrée A REMPLIR LES DROITS DE L'AUTEUR ; n'exceptant de ce qu'on nomme ici recette brute que les seuls abonnements à l'année, lesquels, après un mur examen de leur état actuel, et pour éviter de plus longs calculs, nous paraissent devoir rester en entier aux directeurs, en compensation des frais journaliers du spectacle.

« VI. Que si, pendant le premier succès d'un nouvel ouvrage à Paris, les directeurs ou actionnaires avaient négligé de demander à l'auteur le manuscrit, ou si quelque obstacle, des raisons de convenance ou d'intérêt avaient empêché l'auteur de le ur envoyer avant l'impression de sa pièce, ce retard ne donnerait aucun droit auxdits actionnaires et directeurs de faire représenter l'ouvrage sur leur théâtre, IMPRIMÉ OU NON, et dans aucun temps de la vie de l'auteur, sans se soumettre à toutes les conditions du présent acte : l'opinion qu'ils ont du bénéfice que doit leur rapporter la pièce étant toujours présumée par l'adoption qu'ils en auraient faite, en quelque temps qu'ils la fissent représenter ; et cette adoption étant un titre suffisant pour faire entrer les auteurs dans les droits stipulés ci-dessus à leur égard toutes les fois qu'on jouera la pièce.

« IX. MM. les auteurs dramatiques sont d'accord et conviennent que les mêmes conditions auront lieu à leur égard pour toutes les nouveautés de leur portefeuille qui n'auraient pas été jouées à Paris, dont les directeurs et actionnaires de Marseille, désirant la primeur, seraient d'accord sur ce point avec les auteurs de l'ouvrage désiré.

« C'est ainsi que le tout a été convenu et arrêté entre les parties, ès dits noms et qualités qui, pour l'exécution des présentes, font élection de domicile en leurs demeures susdites.

« Fait et passé à Paris, l'an 1784, le 25 juin ; et le 21 septembre 1791, expédition de l'acte ci-dessus, passé chez Me Momet, notaire, a été délivrée par Me Dufouleur, son successeur, etc. »

grandes villes, espérant que ce bon emploi ferait des défenseurs actifs à la cause des gens de lettres ; mais il n'est pas moins vrai que la pièce imprimée par moi, pour que ces directeurs la fissent représenter en me payant mes honoraires, m'a été de nouveau volée, et que c'est à ce titre seul qu'elle est jouée partout en France. Tels sont les droits des directeurs sur le *Mariage de Figaro*.

Il n'en est pas moins vrai aussi que j'ai réclamé hautement contre un abus si manifeste, tant pour les auteurs que pour moi. On ne peut donc point m'opposer le défaut de réclamation, et s'en faire un titre aujourd'hui pour continuer à nous dépouiller tous.

Mais à quoi pouvaient nous servir ces réclamations personnelles contre les directeurs de troupes, quand le gouvernement lui-même ne pouvait s'en faire obéir ? Témoin l'*Honnête Criminel*, dont la cour défendit la représentation, et qui fut joué dans toutes les provinces, quoique le ministre *la Vrillière* eût ordonné expressément à nosseigneurs les intendants de s'opposer aux représentations.

Qu'arriva-t-il de tout cela? que le gouvernement ne fut obéi nulle part; que l'auteur fut volé partout; et que les directeurs s'enrichirent, en se moquant impunément des lois, du propriétaire et du ministre : ce qu'on voit encore aujourd'hui; car, malgré la constitution et deux décrets consécutifs qui assurent nos propriétés, nos droits et nos réclamations sont nuls : c'est la cause que nous plaidons.

Dans ce même temps à peu près, messieurs les directeurs de Lyon, forcés par les citoyens de leur ville de contribuer aux charités publiques, pour son noble établissement en faveur des *mères qui nourrissent*, et dont j'avais été le très-heureux instigateur en en donnant partout l'idée, et en envoyant, en diverses fois, mille pistoles pour les joindre aux aumônes des généreux citoyens de Lyon, les directeurs de cette ville me demandèrent si je voulais qu'on jouât au profit des pauvres mères le *Mariage de Figaro*, qui n'était encore imprimé ni par moi, ni par ceux qui me le dérobèrent aux représentations. Oui, répondis-je : à condition qu'après la séance des pauvres vous ne jouerez jamais cette pièce, ni d'autres, qu'en payant aux auteurs vivants la rétribution de Paris, suivant un acte notarié pareil à celui de Marseille ; et moi, pour vous y engager, je donne aux *pauvres mères* ce qui m'appartient comme auteur.

Qu'ont fait les directeurs de Lyon? ne voulant point accepter cette condition, à laquelle les *mères* ou leurs vertueux protecteurs auraient donné une exécution rigoureuse, ils ont joué une autre pièce au profit des *mères qui nourrissent*; et, pour se bien venger sur moi de ce sacrifice forcé, ils m'ont volé la pièce de *Figaro*, et l'ont jouée depuis ce temps-là sans rien payer ni à l'auteur, ni aux *pauvres mères* qui allaitent. A ce récit des faits des directeurs de Lyon j'ajouterai, messieurs, que, depuis les décrets qui nous assurent enfin la propriété de nos pièces, je me suis plaint au *sieur Flachat*, qui, de procureur du spectacle, a si bien fait, par ses *journées*, qu'il en est devenu propriétaire, et le signataire des injures que tous les directeurs nous disent. Je me plaignais à lui de ce que l'on continuait à y jouer, sans une permission de moi, le *Mariage de Figaro*; il m'a donné cette réponse, dont la citation curieuse est ici à l'ordre du jour :

Nous jouons VOTRE MARIAGE, *parce qu'il nous fournit d'excellentes recettes; et nous le jouerons malgré tous, malgré tous les décrets du monde : je ne conseille même à personne de venir nous en empêcher; il y passerait mal son temps.* Nous voilà menacés du peuple !

Ce principe adopté par tous les directeurs de troupes, les évasions des tribunaux, les dénis même de justice, m'ont un jour arraché cette réflexion très-sévère : Quel mérite secret a donc la Comédie partout, pour se soustraire ainsi aux lois? est-elle donc maîtresse universelle de ceux dont elle est la servante? est-ce la *serva padrona* du royaume? Les parlements, les nobles, ont cédé ; le clergé, tous les grands abus, se sont anéantis à la voix du législateur : la Comédie seule a trouvé d'injustes appuis de ses torts dans le peuple et les tribunaux, dans les rues et dans les ruelles ! Mais les auteurs ont la confiance que l'assemblée nationale à la fin en fera raison.

Ne se confiant pas trop aux principes dont ils se servent, les directeurs de troupes veulent vous apitoyer, messieurs, sur leur ruine, qu'ils disent certaine, si ces *fils de Mercure et de la nymphe Écho* sont forcés de donner aux *enfants d'Apollon*, qui seuls font les pièces qu'ils jouent, une part modérée dans le produit de leurs ouvrages, après avoir levé les frais. J'ai bien prouvé, par la comparaison des marchands débitants d'étoffes, qui payent tous leurs fabricants sans venir devant vous, messieurs, débiter la haute sottise qu'ils sont ruinés par ces payements (car qui voudrait les écouter?), j'ai bien prouvé que la Comédie seule au monde ose déraisonner ainsi, pour intéresser l'auditoire par la voix de ses directeurs.

Je disais un jour à l'un d'eux : Mais si les temps sont si fâcheux que vous ne puissiez pas payer les ouvrages à leurs auteurs (sans lesquels cependant il n'y aurait point de spectacle), comment donc pouvez-vous payer vos acteurs, vos décorateurs, les peintres, musiciens, cordonniers, chandeliers et perruquiers de vos théâtres? car aucun d'eux n'est aussi nécessaire aux succès où vous prétendez, que la pièce jouée qui les met tous en œuvre. Oh ! mais, dit-il, *ils nous y forceraient!* Cette réponse si naïve me paraît juger la question. Cinquante auteurs bien isolés, loin des endroits où on les pille, n'ont jamais eu, pour obtenir justice, la force ou le crédit qu'ont des milliers de fournisseurs des accessoires de ces spectacles, qui, présents à l'emploi que l'on fait de leurs fournitures, obligent, par leurs cris, la justice à les écouter. Les auteurs ne l'ont jamais pu; ils ont toujours été volés.

Un autre directeur de troupe, acteur célèbre de Paris, me priait un jour d'engager quelques auteurs de mes confrères à lui laisser jouer leurs ouvrages presque pour rien, dans la semaine appelée *sainte*, à son spectacle de province.

Hé! mais comment, lui dis-je, oserai-je le proposer à des gens de lettres qui savent que vous menez à Rouen une de vos camarades, dont la grande réputation vous attirera bien du monde en cette semaine de récolte?

Oh! mais, dit-il, *vous savez bien que je suis forcé de payer vingt-cinq louis par séance à la camarade que je mène; elle ne viendrait point sans cela : ce qui emporte tout mon gain.* Je lui répondis à mon tour: Si vous ne pouvez obtenir de votre propre camarade, qui n'est que d'un sixième dans le jeu de ma pièce, la plus légère diminution sur les vingt-cinq louis qu'elle exige pour aller y jouer un rôle, comment pouvez-vous demander à l'auteur, qui n'obtient pas de vous, pour sa composition entière, le dixième de ce que vous payez à votre belle camarade, qu'il réduise à rien ce dixième? Il m'entendit, n'insista pas; ma réponse était sans réplique. Le vrai mot de l'énigme est donc que les directeurs de spectacles, forcés de tout payer bien cher, s'y soumettent sans murmurer, pourvu qu'ils pillent les auteurs : c'est là la probité de tous.

Un autre directeur m'a dit, en hésitant, ces mots : Vous, monsieur Beaumarchais, que l'on prétend si riche, comment n'appréhendez-vous pas que l'on vous taxe d'avarice, en exigeant sévèrement un payement pour vos ouvrages? Mon cher monsieur, lui répondis-je, feu la maréchale d'Estrées avait deux cent mille livres de rentes; jamais je n'en ai pu tirer une bouteille de vin de Sillery sans lui avoir, au préalable, donné un écu de six francs, et personne ne l'accusa d'avarice ni d'injustice; et cependant ma pièce est bien plus ma propriété que sa vigne n'était la sienne. Et puis, connaissez-vous l'usage que je fais de cet argent-là? S'il m'aide à soutenir quelques infortunés, ai-je chargé ces directeurs d'être mes aumôniers secrets? Et les fillettes qu'ils confessent sont-elles au nombre de mes pauvres? Mais, que je sois avare ou non, quelqu'un a-t-il le droit d'envahir ma propriété?

Si l'on croyait devoir s'apitoyer pour tous ces directeurs de troupes, qui se disent souffrants, en s'emparant de nos ouvrages, que fera-t-on pour les auteurs, dont la propriété, presque nulle pendant leur vie, est perdue pour leurs héritiers cinq années après leur décès? Toutes les propriétés légitimes se transmettent pures et intactes d'un homme à tous ses descendants. Tous les fruits de son industrie, la terre qu'il a défrichée, les choses qu'il a fabriquées, appartiennent, jusqu'à la vente qu'ils ont toujours le droit d'en faire, à ses héritiers, quels qu'ils soient. Personne ne leur dit jamais : Le pré, le tableau, la statue, fruit du travail ou du génie, que votre père vous a laissé, ne doit plus vous appartenir, quand vous aurez fauché ce pré, ou gravé ce tableau, ou bien moulé cette statue pendant cinq ans après sa mort; chacun alors aura le droit d'en profiter autant que vous : personne ne leur dit cela. La propriété des auteurs, par une exception affligeante, est la seule dont l'héritage n'a de durée que cinq années, aux termes du premier décret. Et pourtant, quel défrichement, quelle fabrication pénible, quelle production émanée du pinceau, du ciseau des hommes, leur appartient plus exclusivement, plus légitimement, messieurs, que l'œuvre du théâtre, échappée au génie du poète, et leur coûta plus de travail? Cependant tous leurs descendants conservent leurs propriétés; le malheureux fils d'un auteur perd la sienne au bout de cinq ans d'une jouissance plus que douteuse, ou même souvent illusoire : cette très-courte hérédité pouvant être éludée par les directeurs des spectacles, en laissant reposer les pièces de l'auteur qui vient de mourir, pendant les cinq ans qui s'écoulent jusqu'à l'instant où les ouvrages, aux termes du premier décret, deviennent leur propriété, il s'ensuivrait que les enfants très-malheureux des gens de lettres, dont la plupart ne laissent de fortune qu'un vain renom et leurs ouvrages, se verraient tous exhérédés par la sévérité des lois!

Voyez, messieurs, ce qu'il en est de quelques vieillards gens de lettres : plusieurs ont perdu les pensions dont ils vivaient sur les journaux : l'un d'eux, chargé du poids de plus de quatre-vingts années, pour ne pas mourir de besoin, forcé de faire jouer deux tragédies qu'il gardait depuis très-longtemps, pour que sa nièce en héritât, va peut-être mourir avant qu'elles aient eu le succès qui peut sustenter sa vieillesse! S'il les fait imprimer, messieurs les directeurs de troupes les joueront sans lui rien payer; s'il les fait jouer sans qu'on imprime, il n'en tirera presque rien : on les laissera reposer les cinq années qui le suivront. Puis, devenue alors une propriété publique, lui ni son héritière n'auront recueilli aucun fruit d'ouvrages qui peuvent enrichir, après sa mort, tous les spectacles qui voudront les représenter; tandis qu'un directeur de troupe, ayant gagné cent mille écus à ne rien payer aux auteurs, en fera jouir à perpétuité ses enfants ou ses héritiers, en leur laissant et pièces et spectacle! Lesquels sont les plus malheureux, des directeurs ou des auteurs?

Les gens de lettres sont presque toutes malaisés, mais fiers; car point de génie sans fierté : et cette fierté sied si bien à des instituteurs publics! Moi, le moins fort peut-être, mais l'un des plus aisés, j'ai pensé qu'il me convenait de me rendre avare pour eux. Ce qu'ils dédaignaient tous de faire, j'ai cru devoir m'en honorer. On ne m'a pas fait l'injustice de croire que j'en fisse un objet d'intérêt personnel. Mais de cela seul que je me fis le méthodiste d'une affaire qui jusque-là n'avait été que trouble, perte et désordre, on s'est gendarmé contre moi : des libelles, des invectives sont devenus ma récompense. Je n'en veux tenir aucun compte : si ces considérations arrêtaient, on ne serait utile à rien.

J'ai promis de répondre un mot à l'absurde argument qu'on fait sur le texte des permissions que l'on accordait aux auteurs, *d'imprimer et de représenter leurs pièces*. Tous ces auteurs n'étant ni imprimeurs ni comédiens, il est bien clair que cette permission était pour eux celle *de faire* imprimer et *de faire* représenter.

La précaution prise en faveur des mœurs n'avait aucun rapport à leur propriété, ne la donnait ni ne l'ôtait, mais n'en faisait part à nul autre. Comment ose-t-on exciper d'une formule uniquement morale, pour usurper une propriété? Si une telle loi existait, qui ôtât aux auteurs la propriété de leurs pièces dès qu'ils les font imprimer ou graver, aucun auteur ne ferait imprimer ses œuvres; il ne resterait rien pour l'instruction publique; tous les imprimeurs et graveurs seraient ruinés par cette loi. Ces tristes raisonneurs, qui dirigent les troupes et vivent du talent des comédiens et des auteurs, en deviendraient plus mal aisés eux-mêmes; car, indépendamment du prix de ces ouvrages, qu'ils ne pourraient plus dérober aux auteurs, il faudrait qu'ils en fissent faire autant de copies à la main, à trois louis pour les pièces parlées, au lieu de vingt-quatre ou douze sous à quoi leur revient l'impression : au lieu de dix-huit francs que leur coûte la pièce en musique gravée, ils dépenseraient vingt-cinq louis pour chaque partition avec les parties séparées. C'est bien alors, messieurs, qu'ils jetteraient tous les hauts cris ! Cette impolitique mesure, ayant pris la forme de loi, serait funeste à tout empire.

Je crois avoir bien répondu à toutes les fausses assertions des directeurs de nos spectacles.

En me présentant seul, j'ai détruit d'un seul mot la futile apparence d'une corporation supposée.

J'ai montré, par mon seul exemple, qu'ils n'ont pas dit un mot de vrai sur notre conduite avec eux, relativement à nos réclamations : j'ai prouvé que tous les auteurs n'avaient jamais cessé d'en faire, et qu'en ma qualité de leur représentant je les avais faites pour tous.

J'ai prouvé que, malgré des actes publics et toutes mes réclamations, on m'avait volé mon ouvrage, après l'avoir déshonoré.

J'ai bien prouvé que nos réclamations ne devaient avoir eu jamais aucun effet, puisqu'un ministre bien despote n'avait pu se faire obéir par ces directeurs de province; tant est sûre et puissante la secrète influence qu'ils ont partout à leur disposition !

J'ai prouvé qu'ils n'avaient nul droit de jouer en province, et sans le payer aux auteurs, les pièces qu'on ne jouait pas à Paris; sans leur rendre un prix convenu, soit qu'elles fussent ou non *imprimées*.

J'ai bien prouvé, par la comparaison des débitants d'étoffes, combien devient risible cette doléance fondée sur la nécessité de payer l'ouvrage à l'auteur, surtout quand celle-ci, tous les frais prélevés, se contente de demander un septième sur le produit. Car ce qui pourrait arriver de plus vraiment avantageux à ces perfides raisonneurs, ce serait d'avoir à payer à un auteur, pour son septième, soixante-dix mille francs; ce qui prouverait seulement que la troupe a tiré de l'ouvrage quatre cent quatre-vingt-dix mille francs de profit net.

J'ai dit, sages législateurs. Les gens de lettres, pleins de confiance, attendent avec respect votre dernière décision.

Signé : Caron de Beaumarchais.

MÉLANGES

VERS ET CHANSONS

GAIETÉ FAITE A LONDRES

ADRESSÉE

A L'ÉDITEUR DE LA CHRONIQUE DU MATIN

---

6 mai 1776.

Monsieur l'Éditeur,

Je suis un étranger français, plein d'honneur. Si ce n'est pas vous apprendre absolument qui je suis, c'est au moins vous dire, en plus d'un sens, qui je ne suis pas ; et, par le temps qui court, cela n'est pas tout à fait inutile à Londres.

Avant-hier au Panthéon, après le concert et pendant qu'on dansait, j'ai trouvé sous mes pieds un manteau de femme, de taffetas noir, doublé de même et bordé de dentelle. J'ignore à qui ce manteau appartient ; je n'ai jamais vu, pas même au Panthéon, la personne qui le portait, et toutes mes recherches depuis n'ont pu rien m'apprendre qui fût relatif à elle.

Je vous prie donc, monsieur l'Éditeur, d'annoncer dans votre feuille ce manteau trouvé, pour qu'il soit rendu fidèlement à celle qui le réclamera.

Mais afin qu'il n'y ait point d'erreur à cet égard, j'ai l'honneur de vous prévenir que la personne qui l'a perdu était ce jour-là coiffée en plumes couleur de rose ; je crois même qu'elle avait des pendeloques de brillants aux oreilles, mais je n'en suis pas aussi certain que du reste. Elle est grande, bien faite ; sa chevelure est d'un blond argenté, son teint éclatant de blancheur ; elle a le cou fin et dégagé, la taille élancée, et le plus joli pied du monde. J'ai même remarqué qu'elle est fort jeune, assez vive et distraite ; qu'elle marche légèrement, et qu'elle a surtout un goût décidé pour la danse.

Si vous me demandez, monsieur l'Editeur, pourquoi, l'ayant si bien remarquée, je ne lui ai pas remis sur-le-champ son manteau, j'aurai l'honneur de vous répéter ce que j'ai dit plus haut : que je n'ai jamais vu cette personne ; que je ne connais ni ses yeux, ni ses traits, ni ses habits, ni son maintien, et ne sais ni qui elle est, ni quelle figure elle porte.

Mais si vous vous obstinez à vouloir apprendre comment, ne l'ayant point vue, je puis vous la désigner aussi bien, à mon tour je m'étonnerai qu'un observateur aussi exact ne sache pas que l'examen seul d'un manteau de femme suffit pour donner d'elle toutes les notions qui la font reconnaître.

Mais, sans me targuer ici d'un mérite qui n'en est plus un depuis que feu Zadig, de gentille mémoire, en a donné le procédé, supposez donc, monsieur l'Éditeur, qu'en examinant ce manteau, j'aie trouvé dans le coqueluchon quelques cheveux d'un très-beau blond, attachés à l'étoffe, ainsi que de légers brins de plumes roses échappés de la coiffure : vous sentez qu'il n'a pas fallu un grand effort de génie pour en conclure que le panache et la chevelure de cette blonde doivent être en tout semblables aux échantillons qui s'en étaient détachés. Vous sentez cela parfaitement.

Et comme une pareille chevelure ne germa jamais sur un front rembruni, sur une peau équivoque en blancheur, l'analogie vous eût appris, comme à moi, que cette belle aux cheveux argentés doit avoir le teint éblouissant ; ce qu'aucun observateur ne peut nous disputer sans déshonorer son jugement.

C'est ainsi qu'une légère éraflure au taffetas, dans les deux parties latérales du coqueluchon intérieur (ce qui ne peut venir que du frottement répété de deux petits corps durs en mouvement), m'a démontré, non qu'elle avait ce jour-là des pendeloques aux oreilles (aussi ne l'ai-je pas assuré), mais qu'elle en porte ordinairement, quoiqu'il soit peu probable, entre vous et moi, qu'elle eût négligé cette parure un jour de conquête ou de grande assemblée, c'est tout un. Si je raisonne mal, monsieur l'Éditeur, ne m'épargnez pas, je vous prie : rigueur n'est pas injustice.

Le reste va sans dire. On voit bien qu'il m'a suffi d'examiner le ruban qui attache au cou ce manteau, et de nouer ce ruban juste à l'endroit déjà frippé par l'usage ordinaire, pour reconnaître que, l'espace embrassé par ce nœud étant peu considérable, le cou enfermé journellement dans cet espace est très-fin et dégagé. Point de difficulté là-dessus.

Mesurant ensuite avec attention l'éloignement qui se

trouve entre le haut de ce manteau, par derrière, et les plis ou froissement horizontal formé vers le bas de la taille par l'effort du manteau, quand la personne le serre à la française pour animer sa stature, et qu'elle fait froncer toute la partie supérieure aux hanches, pendant que l'inférieure, garnie de dentelle, tombe et flotte avec mollesse sur une croupe arrondie et fortement prononcée, il n'y a pas un seul amateur qui n'eût décidé, comme je l'ai fait, que, le buste étant très-élancé, la personne est grande et bien faite. Cela parle tout seul, on voit ici le nu sous la draperie.

Supposez encore, monsieur l'Éditeur, qu'en examinant le corps du manteau vous eussiez trouvé sur le taffetas noir l'impression d'un très-joli petit soulier, marquée en gris de poussière, n'auriez-vous pas réfléchi que si quelque autre femme eût marché sur le manteau depuis sa chute, elle m'eût certainement privé du plaisir de le ramasser? Alors il ne vous eût plus été possible de douter que cette impression ne vînt du joli soulier de la personne même qui avait perdu le manteau. Donc, auriez-vous dit, si son soulier est très-petit, son joli pied l'est bien davantage. Il n'y a nul mérite à moi de l'avoir reconnu ; le moindre observateur, un enfant, trouverait ces choses-là.

Mais cette impression, faite en passant, et sans même avoir été sentie, annonce, outre une extrême vivacité de marche, une forte préoccupation d'esprit dont les personnes graves, froides ou âgées sont peu susceptibles : d'où j'ai conclu très-simplement que ma charmante blonde est dans la fleur de l'âge, bien vive, et distraite en proportion. N'eussiez-vous pas pensé de même, monsieur l'Éditeur? je vous le demande, et ne veux point abonder dans mon sens.

Enfin, réfléchissant que la place où j'ai trouvé son manteau conduisait à l'endroit où la danse commençait à s'échauffer, j'ai jugé que cette personne aimait beaucoup cet amusement, puisque cet attrait seul avait pu lui faire oublier son manteau, qu'elle foulait aux pieds. Il n'y avait pas moyen, je crois, de conclure autrement; et, quoique Français, je m'en rapporte à tous les honnêtes gens d'Angleterre.

Et quand je me suis rappelé le lendemain que, dans une place où il passait autant de monde, j'avais ramassé librement ce manteau (ce qui prouve assez qu'il tombait à l'instant même), sans que j'eusse pu découvrir celle qui venait de le perdre (ce qui dénote aussi qu'elle était déjà bien loin), je me suis dit : Assurément cette jeune personne est la plus alerte beauté d'Angleterre, d'Écosse et d'Irlande ; et si je n'y joins pas l'Amérique, c'est que depuis quelque temps on est devenu diablement alerte dans ce pays-là.

En poussant plus loin mes recherches, peut-être aurais-je appris, dans son manteau, quelle est sa noblesse et sa qualité ; mais quand on a reconnu d'une femme qu'elle est jeune et belle, ne sait-on pas d'elle à peu près tout ce qu'on veut en savoir? Du moins en usait-on ainsi de mon temps dans quelques bonnes villes de France,

et même dans quelques villages, comme Marly, Versailles, etc.

Ne soyez donc plus surpris, monsieur l'Éditeur, qu'un Français qui, toute sa vie, a fait une étude philosophique et particulière du beau sexe, ait découvert, au seul aspect du manteau d'une dame, et sans l'avoir jamais vue, que la belle blonde aux plumes roses qui l'a perdu joint à tout l'éclat de Vénus le cou dégagé des nymphes, la taille des Grâces et la jeunesse d'Hébé; qu'elle est vive, distraite, et qu'elle aime à danser au point d'oublier tout pour y courir, sur le petit pied de Cendrillon, avec toute la légèreté d'Atalante.

Et soyez encore moins étonné si, rempli toute la nuit des sentiments que tant de grâces n'ont pu manquer de m'inspirer, je lui ai fait à mon réveil ces petits vers innocents, auxquels son manteau, votre feuille et vos bontés, monsieur l'Éditeur, serviront de passe-port :

> O vous que je n'ai jamais vue,
> Que je ne connais point du tout,
> Mais que je crois, par avant-goût,
> D'attraits abondamment pourvue!
> Hier, quand vous vous échappiez
> Parmi tant de belles en armes,
> Je sentis tomber à mes pieds
> Le manteau qui couvrait vos charmes.
> A l'instant cet espoir secret
> Qui nous saisit et nous chatouille
> Quand nous tenons un bel objet
> Me fit mieux sentir le regret
> De n'en tenir que la dépouille.
> Je voudrais vous la reporter;
> Mais examinons s'il est sage
> A moi de m'en laisser tenter.
> Si l'Amour me guette au passage,
> Le sort ne m'aura donc jeté
> Dans un pays de liberté
> Que pour y trouver l'esclavage !
> Peut-être aussi pour mon malheur,
> Un époux, un amant, que sais-je?
> A-t-il déjà le privilége
> De sentir battre votre cœur;
> Et, pour prix de ma fantaisie,
> Loin que le charme de vous voir
> Fit naître en moi le moindre espoir.
> J'expirerais de jalousie !
> Il vaut donc mieux, belle inconnue,
> Ne pas chercher dans votre vue,
> Le hasard d'un tourment nouveau.
> A votre amant soyez fidèle ;
> Mais plus son sort me paraît beau
> Plus je vous vois sensible et belle,
> Moins je veux garder le manteau.

En rendant ce manteau-là, permettez, monsieur l'Éditeur, que je m'enveloppe dans le mien, et ne me signe ici que

L'AMATEUR FRANÇAIS.

INSCRIPTIONS

QUE BEAUMARCHAIS AVAIT PLACÉES DANS DIFFÉRENTS ENDROITS DE SON JARDIN.

AU FOND D'UN BOSQUET.

Adieu, passé, songe rapide
Qu'anéantit chaque matin!

Adieu, longue ivresse homicide
Des Amours et de leur festin.
Quel que soit l'aveugle qui guide
Ce monde, vieillard enfantin !
Adieu, grands mots remplis de vide,
Hasard, Providence ou Destin !
Fatigué dans ma course aride
De gravir contre l'incertain,
Désabusé comme Candide,
Et plus tolérant que Martin,
Cet asile est ma Propontide ;
J'y cultive en paix mon jardin.

AU BAS DE LA STATUE DE L'AMOUR.

O toi qui mets le trouble en plus d'une famille,
Je te demande, Amour, le bonheur de ma fille.

SUR UN MARBRE A L'ENTRÉE DU JARDIN.

Joue, enfant, ne fais aucun tort ;
Souviens-toi que le premier homme
Ne prit d'un jardin qu'une pomme,
Et qu'elle lui causa la mort.

AU BAS DES STATUES DE PLATON ET DE L'ESCLAVE CIMBALENO.

L'homme en sa dignité se maintient libre, il pense :
L'esclave dégradé ne pense point, il danse.

CHANSONS

ROMANCE

Comme j'aimais mon ingrate maîtresse,
Quoiqu'elle fût sans amour ni pitié ;
Quoiqu'elle crût trop payer ma tendresse,
En m'accablant de sa froide amitié !

Je lui disais : Cette beauté si rare,
Pour mon tourment, tu la reçus des dieux ;
Et je mourrai, si ton cœur ne répare
Les maux cruels que m'ont faits tes beaux yeux.

Donne au plaisir le printemps de ta vie :
Un âge vient où l'on se sent vieillir ;
La fleur d'amour alors peut faire envie,
Les sens glacés ne peuvent la cueillir.

Je vois d'amants une troupe légère
Lui prodiguer son encens et ses vœux ;
C'est vainement, la cruelle aime à faire
Mille rivaux, et pas un seul heureux.

Elle soutient qu'Amour est un délire,
Fils du Désir et de la Vanité.
L'ingrate ainsi veut renverser l'empire
Qui seul élève un trône à sa beauté !

J'allais mourir ; mais la jeune Silvie
Offre à mon cœur jouissance et beauté.
Pardonne, Amour ! mon retour à la vie
Sera le prix d'une infidélité.

Quoi ! je la fuis, et je soupire encore :
Pour l'oublier mes soins sont superflus :
A ma douleur je sens que je l'adore,
Même en jurant que je ne l'aime plus.

RONDE DE TABLE

OU COUPLETS POUR LA FÊTE DE MADAME LA MARQUISE
DE SAILLY, QUI PORTE LE JOLI NOM DE FLORE

Loin d'ici tout atrabilaire !
Ce jour ne peut que leur déplaire :
Du vrai bonheur il a le sceau :
    Rien n'est si beau !
Amis de Flore, c'est sa fête ;
De fleurs couronnons notre tête,
Et chantons tous à l'unissons :
    Rien n'est si bon !

Pour fêter Flore, la Nature,
Malgré l'hiver et sa froidure,
Semble faire un effort nouveau,
    Rien n'est si beau !
Voyez, au déclin de l'automne,
Parmi les doux fruits de Pomone
Les fleurs de la belle saison ;
    Rien n'est si bon !

Si Flore n'est pas au bréviaire,
C'est tant pis pour le légendaire ;
Flore aurait orné son tableau :
    Rien n'est si beau ;
Mais de la déesse brillante
Par qui le printemps nous enchante,
Il est doux de porter le nom :
    Rien n'est si bon !

A MADAME DE SAILLY.

Flore, tes deux filles charmantes
Sont les fleurs les plus attrayantes
Dont l'Amour t'ait fait le cadeau :
    Rien n'est si beau !
Vois, depuis qu'elles sont écloses,
Comme une abeille autour des roses,
Rôder près d'elles le fripon :
    Rien n'est si bon !

Lorsque ce dieu, dans le mystère,
De ces beautés te fit la mère,
Il n'avait voile ni bandeau ;
    Rien n'est si beau !

Ainsi, dans un heureux ménage,
L'Hymen seul propose l'ouvrage,
Mais l'Amour y met la façon :
　　Rien n'est si bon !

A MESDEMOISELLES DE SAILLY.

Filles de Flore, pour apprendre
L'art de charmer sans y prétendre,
Son exemple est votre flambeau :
　　Rien n'est si beau !
Mais heureux l'époux jeune et tendre
A qui l'on permettra d'étendre
Cette intéressante leçon?
　　Rien n'est si bon !

A LA COMPAGNIE.

Vous qui croyez ma verve usée,
Apprenez la méthode aisée
Dont je ranime mon cerveau :
　　Rien n'est si beau !
Je pars, je viens, j'entre d'emblée ;
Je retrouve en cette assemblée
Le Plaisir et mon Apollon :
　　Rien n'est si bon !

En effet, quand on considère
Tant de beautés faites pour plaire,
Un enfant mettrait en rondeau
　　Rien n'est si beau !
Puis, voyant la gaieté naïve
Qui brille dans chaque convive,
Il achèverait la chanson :
　　Rien n'est si bon !

A MADAME DE SOUVRÉ.

Salut à toi, charmante hôtesse !
Ici tout plaît, tout intéresse ;
On rit, on chante, on boit sans eau :
　　Rien n'est si beau !
Ailleurs on grimace, on figure,
Les grands airs chassent la nature ;
Chez toi le cœur donne le ton :
　　Rien n'est si bon ;

Chers amis, quand je suis à table,
Je crois que la Parque implacable
Cesse de tourner son fuseau :
　　Rien n'est si beau !
Si c'est une erreur qui m'enivre,
Amis, n'est-il pas doux de vivre
Dans cette aimable illusion ?
　　Rien n'est si bon !

Amis, nous sommes bien ensemble ;
De l'amitié qui nous rassemble
Faisons-nous un serment nouveau :
　　Rien n'est si beau !
Ce sentiment a son ivresse ;
Puisque sa volupté nous presse,
Cédons à son impulsion :
　　Rien n'est si bon !

L'ÉLOGE DU REGARD

CHANSON FAITE SUR UNE TRÈS-BELLE FEMME NOMMÉE
MADAME DE MONREGARD.

Sur l'air : *Ah ! sans vous, sans vous, ma Lisette,* etc.

Les femmes vantent ma figure,
On dit mes traits intéressants ;
Mon air, ma taille, ma stature,
Ont aussi mille partisans.
Mon esprit, ma voix, mon sourire,
Obtiennent leur éloge à part ;
Mais ce que surtout on admire,
C'est la beauté de mon regard.

Vous, philosophe atrabilaire,
Pour qui rien ne se peint en beau ;
Vous, à qui la nature entière
Ne semble qu'un vaste tombeau,
Je vous plains de ne voir en elle
Que les jeux d'un triste hasard.
Qu'elle est pour moi touchante et belle !
Mais vous n'avez pas mon regard.

Nos champs reprennent leur parure :
Quel spectacle délicieux !
Quand je regarde la Nature,
Mon âme est toute dans mes yeux.
A ces jeux dont elle est ravie,
Mes autres sens ont peu de part ;
Les plus doux plaisirs de ma vie,
Ah ! je les dois à mon regard.

Du goût, du toucher le prestige
S'annonce en me faisant la loi ;
Une odeur m'atteint et m'afflige ;
Le bruit me frappe malgré moi ;
Sur mes sens chaque objet, chaque être
Commande, agit sans nul égard ;
Mais du monde entier je suis maître
Quand je jouis de mon regard.

Je pourrais braver l'infortune,
L'envie et ses efforts puissants ;
Je me verrais sans plainte aucune
Privé de quatre de mes sens :
Tant de maux de cet hémisphère
Ne hâteraient point mon départ ;
Mais que faire, hélas ! sur la terre
Si j'avais perdu mon regard ?

SÉGUEDILLE

Sur un air espagnol.

Je veux ici mettre au grand jour
Le train dont l'Amour
Tracasse la vie;
C'est comme une cavalerie
Dont l'ordre et la marche varie :
Quand la tête trotte, trotte, trotte, bientôt
La queue est au galop.

D'une mantille, deux beaux yeux
Ont lancé des feux
Sur une victime :
Le cœur s'embrase, l'on s'anime ;
Mais n'oubliez pas la maxime :
Quand la tête trotte, etc., etc.

L'on va, l'on vient, matin et soir
On voudrait se voir ;
On donne parole :
Tout en empêche, on se désole ;
L'un est furieux, l'autre est folle :
Quand la tête trotte, etc., etc.

Enfin on goûte au rendez-vous
Les biens les plus doux,
Mais on se dépêche :
L'un est épuisé, l'autre est fraîche ;
Car au Prado, sur l'herbe sèche,
Quand l'amoureux trotte, trotte, trotte, bientôt
La belle est au galop.

On peut tirer un sens moral
Du chant trivial
D'une séguedille ;
Retenez ma leçon gentille :
Trop souvent auprès d'une fille
Quand la tête trotte, trotte, trotte, bientôt
La bourse est au galop.

LA FEMME DU GRAND MONDE

Sur l'air : Tôt, tôt, tôt, battez chaud.

L'INNOCENCE.

La jeune Elmire, à quatorze ans,
Livrée à des goûts innocents,
Voit, sans en deviner l'usage,
Éclore ses attraits naissants ;
Mais l'Amour, effleurant ses sens,
Lui dérobe un premier hommage :
Un soupir
Vient d'ouvrir
Au plaisir
Le passage ;
Un songe a percé le nuage.

L'AMOUR.

Lindor, épris de sa beauté,
Se déclare ; il est écouté :
D'un songe, d'une vive image,
Lindor est la réalité ;
Le sein d'Elmire est agité,
Le trouble est peint sur son visage.
Quel moment,
Si l'amant,
Plus ardent
Ou moins sage,
Osait hasarder davantage !

LE MARIAGE.

Mais quel transport vient la saisir !
Cet objet d'un secret désir,
Qu'avec rougeur elle envisage,
C'est l'époux qu'elle doit choisir.
On les unit : dieux ! quel plaisir !
Elmire en donne plus d'un gage.
Les ardeurs,
Les langueurs,
Les fureurs,
Tout présage
Qu'on veut un époux sans partage.

L'INFIDÉLITÉ.

Dans le monde un essaim flatteur
Vivement assiège son cœur ;
Lindor est devenu volage,
Lindor méconnaît son bonheur :
Elmire a fait choix d'un vengeur ;
Il la prévient et l'encourage :
Vengez-vous ;
Il est doux,
Quand l'époux
Se dégage,
Qu'un amant répare l'outrage.

LA GALANTERIE.

Voilà l'outrage réparé,
Son cœur n'est que plus altéré ;
Des plaisirs le fréquent usage
Rend son désir immodéré :
Son regard fixe et déclaré
A tout amant tient ce langage :
Dès ce soir,
Si l'espoir
De m'avoir
Vous engage,
Venez, je reçois votre hommage.

LE DÉSORDRE.

Elle épuise tous les excès ;
Mais, au milieu de ses succès,
L'époux meurt, et, pour héritage,
Laisse des dettes, des procès.

Un vieux traitant demande accès :
L'or accompagne son message.
　Ce coup d'œil
　Est l'écueil
　Où l'orgueil
　Fait naufrage.
Un écrin consomme l'ouvrage.

LES REGRETS.

Dans ce fatal abus du temps.
Elle a consumé son printemps;
La coquette d'un certain âge
N'a point d'amis, n'a plus d'amants :
En vain de quelques jeunes gens
Elle ébauche l'apprentissage
　Tout est dit,
　L'Amour fuit,
　On en rit.
　Quel dommage !
Elmire, il fallait être sage.

L'HEUREUX SUCCESSEUR

COUPLET.

Sur l'air : Qu'en voulez-vous dire ?

Chers amis, sachez mon bonheur :
Cette Julie à qui tout cède,
L'heureux Damon seul eut son cœur;
Moi, plus heureux, je lui succède. —
Succéder ! le mot est fort bon :
Vous serez content du tendron :
Car vous succédez à Damon
　Comme Louis Quinze,
　Comme Louis Quinze,
Car vous succédez à Damon
Comme Louis Quinze à Pharamond.

ROBIN

Toujours, toujours, il est toujours le même :
　Jamais Robin
　Ne connut le chagrin ;
　Le temps sombre ou serein,
　Les jours gras, le carême,
　Le matin ou le soir,
　Dites blanc, dites noir,
Toujours, toujours, il est toujours le même.

Il a pour lui cet air mâle qu'on aime,
　L'œil en arrêt,
　Ferme sur le jarret,
　Plus souple qu'un fleuret,
　Des reins à la Dalême,
　Frisé, haut en couleur,
　Et pour la belle humeur,
Toujours, toujours, il est toujours le même.

Sur mon tambour brodant mieux que moi-même,
　Veux-je un fleuron,
　Jamais il n'a dit non.
　En plus d'une façon
　Il sait faire son thème :
　S'il badine au feston,
　Quand il travaille au fond,
Toujours, toujours, il est toujours le même.

Il n'est ici fille ou femme qui n'aime
　Mon beau garçon ;
　Beau, c'est-à-dire bon.
　La dame du canton,
　Connaisseuse, n'en chême :
　Mon cœur n'est point jaloux ;
　Car, en rentrant chez nous,
Toujours, toujours, il est toujours le même.

Pour en juger, il faudrait être à même ;
　On n'a rien vu
　Quand on ne l'a pas eu :
　Les filles de Jésu,
　Du couvent d'Angoulême,
　Ont plus d'un an vécu
　Avec mon superflu ;
Toujours, toujours, il est toujours le même.

Pour l'éprouver j'ai plus d'un stratagème :
　Je vois souvent
　Qu'il vient le nez au vent ;
　J'affecte, en lui parlant,
　Une froideur extrême ;
　Je change de propos,
　Je lui tourne le dos :
Toujours, toujours, il est toujours le même.

Robin, dansons ce branle que tant j'aime !
　Sans le presser,
　Robin vient le passer.
　Robin, j'en veux danser
　Un second, un troisième;
　Je veux recommencer,
　Je ne veux plus cesser :
Toujours, toujours, il est toujours le même.

Comment, toujours ! dit un grand monsieur blême,
　On le croira,
　Mais quand on le verra ;
　Nos sœurs de l'Opéra
　Résoudront ce problème :
　Messieurs, je n'en sais rien ;
　Ce que je sais fort bien,
Toujours, toujours, il est toujours le même.

Hier au soir, viens, dit-il, que je t'aime !
　Robin, hélas !

Cela ne se peut pas.
A moi des embarras?
Parbleu, le beau système!
Porte ton compliment
Au nouveau parlement,
Toujours, toujours, il est toujours le même.

Enfin, un jour, voyons, dis-je en moi-même,
Par mon labeur,
Si j'en serai vainqueur;
J'en arrachai le beur,
Le lait après la crème;
Je lui tordis le bec :
Je le croyais à sec;
Toujours, toujours, il est toujours le même.

Robin sur moi règne, a le rang suprême :
C'est par mon choix
Qu'il m'a donné des lois;
C'est la leçon des rois :
Leur sceptre ou diadème
Souvent brise en leur main ;
Mais celui de Robin,
Toujours, toujours, il est toujours le même.

COUPLETS

POUR LA FÊTE DE M. LENORMANT D'ÉTIOLE

Mes chers amis, pourriez-vous m'enseigner
Zun bon seigneur dont chacun parle?
Je n'sais pas trop comment vous l'désigner,
C'pendant zon dit qu'il a nom Charle,
Non Charle-Quin (jarni),
Si grand coquin (s'fit-i'),
Qu'il dévasta la terre ronde;
Mais le Charlot d'ici (morgué),
Qui n'a d'autre souci (pargué)
Que d' rendre heureux le pauvre monde!

Quand i' promet, son bon cœur est l'garant
Qu'il va pus loin que sa parole;
Et si pourtant zon dit qu'il est Normand!
Oui, mais c'est le Normand d'Étiole.
Tant d'aut' seigneurs (jarni),
Ont des hauteurs (s'fit-i'),
Et s'font haïr tout à la ronde.
Chez lui ses paysans (pargué)
Sont comme ses enfants (morgué) :
Ça s'appelle aimer l'pauvre monde.

Hier au soir, en pensant à Charlot,
J'poussis un peu not' minagère.
« — Nani, Lucas, j'entends à demi-mot;
J'n'ons qu'trop d'enfants.—Eh! laiss'-toi faire :
Charlot viendra (jarni),
Les nourrira (s'fit-i') ;

Tout l'pays d'ses bienfaits abonde. »
Au seul nom, d'not' seigneur (pargué).
Margot m'ouvrit son cœur (morgué),
V'là c'qui fait plaisir au pauvr' monde!

Quand l'paysan
A d' l'amour sans argent,
Le plaisir va comme j'te pousse;
Mais not' seigneur,
Qui sait c'qui faut zau cœur
Leux fait la cadence du pouce :
« Allez, m's enfants (jarni),
« Boutez-vous d'dans (s'fit-i,),
« Sans le mariag' rien n'se féconde. »
Et v'là comm', d'un seul mot (pargué),
Not' ben-aimé Charlot (morgué)
Vous fait zengrainer l'pauvre monde!

L'hiver passé, j'eut un maudit procès
Qui m'donna ben d'la tablature!
J'm'en vas vous l'dire : i' m'avions mit exprès
Sous c'te nouvell' magistrature.
Charlot venait (jarni),
Me consolait (s'fit-i') :
« Ami, ta cause est bonne et ronde. »
Ah! comme i' m'ont jugé (morgué)!
V'là-t-i' pas qu'est bien chié (chanté)?
Est-c' qu'on blume ainsi l'pauvre monde?

Monsieur l'curé,
Dit qu'pour êtr' écuré
Faut tous l'zans zaller à confesse;
Qu'c'est zun devoir :
Chacun a beau l'savoir,
On zy va comm' les chiens qu'on fesse.
Mais quand i' faut (jarni)
V'nir au château (s'fit-i')
Pour fêter Charlot à la ronde,
Être ou non invité (pargué)
Pour boire à sa santé (morgué),
Dam', faut voir courir l' pauvre monde!

Si j'suis jamais marguilliet une fois,
Que d' fêt' j'ôt'rons dans not' village!
Le Mardi-Gras, la Saint-Martin, les Rois,
Bon ceux-là; l' rest' nuit à l'ouvrage :
Sont-i' pus saints (jarni)
Qu' ceux d' la Toussaint (s'fit-i')?
Mais pour Charle et Manon la blonde,
Ah! comme j' les r'quiendrons (pargué)
Pour nos deux bons patrons (morgué)!
V'là les saints qu'i' faut au pauvr' monde!

LA GALERIE DES FEMMES DU SIÈCLE PASSÉ

VAUDEVILLE

Sur l'air de la *contredanse du ballet des Pierrots.*

REFRAIN.

Oser tout dire, oser tout faire,
C'est le bon siècle d'à présent ;
Mais blâmer n'est pas mon affaire :
Rions ; moi, je suis né plaisant.

Faut-il toujours d'un fade éloge
Bercer le sexe en nos chansons?
Tout n'est qu'un plat martyrologe
De Tircis et de Céladons :
Quittons de l'ariette imbécile
Le jargon trop accrédité ;
Ramenons l'ancien vaudeville,
Qui dit gaiement la vérité.
Oser tout dire, oser tout faire, etc.

Traitons, sans méthode suivie,
Quelque point joyeux et moral :
Toujours le même style ennuie,
Eût-on la plume de Pascal.
Chantons les belles, leurs maximes,
Galants forfaits, goûts délicats ;
Et quant à leurs vertus sublimes,
Lisons beaucoup monsieur Thomas.

Je vois ce grand panégyriste
Couvert de baisers et de fleurs ;
Et moi, trop badin coloriste,
L'éternel objet des rigueurs.
Qui le craindrait ne connaît guère
Ce sexe et ses retours flatteurs ;
L'art de provoquer sa colère
Conduit souvent à ses faveurs.

Rose, timide, tendre et bonne,
Reçoit son amant dans ses bras ;
L'amant admire, et ma friponne
Devient vaine de ses appas :
N'est-il donc qu'un bon juge au monde?
Dit-elle en trahissant l'Amour.
Rose fait si bien, qu'à la ronde
Chaque homme l'admire à son tour.

Au sortir de l'Académie,
Le cœur gonflé de sentiment,
On maudirait sa douce amie,
Au seul soupçon d'un autre amant.
N'est-il pas plaisant qu'on prétende
Être aimé seul et le dernier,
Parce qu'une femme est friande
Des premiers feux d'un écolier?

Tant de larmes pour une belle,
Jeune homme, est bien loin de nos mœurs ;
Rose a changé, changez comme elle :
Elle est volage... aimez ailleurs.
Nos dames ne sont pas cruelles ;
Une obligeante urbanité
Tient lieu d'amour, et fait chez elles
Les honneurs de la chasteté.

D'un lien ôter l'importance,
Jouir de tout, voilà leur mot ;
Aux yeux des femmes, la constance
Est presque l'affiche d'un sot :
On vous courait, on vous évite,
D'un autre on a les sens épris ;
Et qu'importe que l'on nous quitte?
Le grand objet, c'est d'être pris.

Dès qu'un jeune homme s'achalande,
La coquette veut l'asservir ;
Pendant que la prude marchande,
La galante court s'en saisir.
Au lieu d'un temple où l'Amour brille,
Cythère aujourd'hui n'est qu'un bois
Où sans pudeur on vole, on pille,
Comme aux finances de nos rois.

Ici la fermière opulente
Défraye un galant de la cour ;
Plus loin, la marquise indigente
S'affuble d'un financier lourd.
La noble vend, la riche achète...
O temps! ô mœurs! Amour n'est plus!
Toute femme adore en cachette
Le dieu de Lampsaque ou Plutus.

Distinguons la fille ingénue
De la femme au hardi maintien :
L'une a tout notre sexe en vue,
L'autre ignore même le sien ;
L'une ne rougit pas encore,
L'autre ne sait plus qu'on rougit :
L'une nous peint la douce aurore,
L'autre un jour ardent qui finit.

Un goût s'éteint, un autre perce,
Pendant qu'un troisième a son cours ;
Joignez les paris de traverse...
Voilà les femmes de nos jours.
J'en connais même une si tendre,
Si délicate dans ses choix,
Qu'elle fait scrupule de prendre
Moins de quatre amants à la fois.

J'en sais une autre plus sensée,
Qui ne s'effarouche de rien :
Un soir une foule empressée
Voulut déranger son maintien ;
Sans étonnement, sans surprise,
Elle s'adresse au cercle entier :
Messieurs, sommes-nous dans l'église?
Me prend-on pour un bénitier?

Les femmes sur leur contenance
Ont le plus absolu pouvoir :
On porte au cercle une décence
Qu'on méprise dans le boudoir.
C'est là qu'on donne et prend le change
Sur l'amour et la volupté ;
Là tout plaît, pourvu qu'on s'y venge
Des ennuis de l'honnêteté.

Dans cet oubli de la nature,
Au fort de ses galants ébats,
Si l'on voit rentrer la voiture
De l'époux qu'on n'attendait pas,
Éteignez vite ; on range, on serre :
L'une est morte, l'autre s'enfuit.
Ainsi l'on voit un commissaire
Effrayer des tendrons la nuit.

Mais que les fêtes sont cruelles !
Vieux époux, je plains votre sort,
Si vous y conduisez vos belles.
Les confier... c'est pis encor.
La poule alerte, aisée à vivre,
Perce la foule en arrivant ;
Le coq usé, qui ne peut suivre,
Gratte sa tête en l'attendant.

Aux cris que le vieux singe élève,
On la lui rend tout comme elle est ;
Tout comme elle est, il vous l'enlève
Aux vœux ardents de vingt plumets,
Plus ravissante qu'Aphrodise,
Traînant tout le bal après soi,
Lui coiffé comme on peint Moïse
Chargé des tables de la loi.

Voyez cette dévote altière,
Au teint pâle, au front sourcilleux,
Déchirer la nature entière
D'un ton humblement orgueilleux ;
Bien est-il vrai que, plus parfaite,
Fuyant le monde et ses attraits,
Elle ne brûle, en sa retraite,
Que pour Dieu seul... et son laquais.

Du même désir animées
De tromper amants et maris,
Deux belles s'étaient tant aimées,
Qu'on les citait dans tout Paris.
Un fait survient : elles s'abhorrent ;
L'intérêt rompt ce qu'il a joint ;
Ma foi, deux belles qui s'adorent,
Tout bien compté, ne s'aiment point.

Chez une duchesse en colère,
L'autre soir un mauvais plaisant
Disait d'une voix de faux frère :
L'auteur est un grand médisant.
Médisant, lui ? C'est cent fois pire.
Pensez-vous qu'un tel chansonnier
Se fût contenté de médire,
S'il eût pu nous calomnier ?

Point de belles que l'on n'acquière
Ou par de l'or ou par des soins :
La moindre ou la meilleure affaire
Coûte toujours ; c'est plus, c'est moins :
Et quant aux mœurs, la différence
Des filles aux femmes d'honneur,
Est celle qu'on remarque en France
Entre l'artiste et l'amateur.

Oh ! si chacune osait écrire
Les bons tours qu'elle se permet,
Quel plaisir on aurait à lire
Cet ouvrage utile et follet !
On y verrait du gai, du leste :
Pour du sentiment, serviteur !
Car la femme la plus modeste
N'est qu'un vrai page au fond du cœur.

Vous changerez bien de système,
Me dit un Céladon d'amant,
Si je nommais celle que j'aime...
Ah ! c'est une âme, un sentiment !
C'est la vertu la plus auguste...
Je reconnais son pavillon :
La friponne s'est peinte en buste ;
Tu n'as vu que son médaillon.

Vous, jeune homme que je conseille,
Gardez-vous bien de me citer ;
Ce que je vous dis à l'oreille
Ne doit jamais se répéter.
Retenez ce bon mot d'un sage,
Des mœurs il est le grand secret :
Toute femme vaut un hommage ;
Bien peu sont dignes d'un regret.

Pour égayer ma poésie,
Au hasard j'assemble des traits ;
J'en fais, peintre de fantaisie,
Des tableaux, jamais des portraits.
La femme d'esprit qui s'en moque
Sourit finement à l'auteur ;
Pour l'imprudente qui s'en choque,
Sa colère est son délateur.

Sexe charmant, si je décèle
Votre cœur en proie au désir,
Souvent à l'amour infidèle,
Mais toujours fidèle au plaisir,
D'un badinage, ô mes déesses,
Ne cherchez point à vous venger !
Tel glose, hélas ! sur vos faiblesses,
Qui brûle de les partager !

CHANSON NAÏVE

OU CANTIQUE DU PONT NEUF

Sur le beau Mandement où l'on damnait, à propos d'œufs, Voltaire, *le Mariage de Figaro*, et l'opéra de *Tarare* et les amusements des dames, etc., etc., etc.

Sur l'air niais : *A Paris il y a deux lieutenants !*
Quels lieutenants !

A Paris sont en grand soulas
   Deux saints prélats.
L'un est le chef, et l'autre son
   Premier garçon.
Leur carnaval est d'annoncer
   Qu'on peut laisser
Filles, garçons, femmes et veufs,
   Casser leurs œufs.

Suivons tous les commandements
   Des mandements.
Celui-ci n'est pas trop mauvais,
   Pour du *Beauvais*.
Sur Figaro, sur l'Opéra,
   Et cétéra,
L'on y voit des conseils tout neufs,
   A propos d'œufs.

A propos d'œufs, ce mandement,
   Discrètement,
Dénonce aux dames certain goût
   Qu'il voit partout ;
Puis, nommant leurs amusements
   Déréglements,
L'apôtre annonce aux bons époux
   Qu'ils le sont tous.

A propos d'œufs, dans ce trésor
   On voit encor
L'écrivain le plus admiré
   Bien déchiré ;
Puis il empoigne auteur, lecteur,
   Et rédacteur,
Et lance tout, d'un bras de fer,
   Au feu d'enfer.

Puis quand il les a condamnés,
   Tous bien damnés,
Des lieux communs le bon pasteur,
   Le grave auteur,
A ses frères pauvres d'esprit,
   En Jésus-Christ,
Promet le benoît paradis
   Du temps jadis.

En ce temps de confession,
   Rémission,
Si du mandement les avis
   Sont bien suivis,

Nos deux pasteurs sont indulgents,
   Si bonnes gens,
Qu'ils laisseront, avec les œufs,
   Manger les bœufs.

Pourtant les buts des révérends
   Sont différents :
L'un grille d'avoir du renom,
   Et l'autre non.
Or prions le doux Rédempteur
   Qu'à cet auteur
Il donne un esprit plus subtil
   Ainsi soit il !

———

VIEILLE RONDE GAULOISE ET CIVIQUE

Chantée pour la rentrée d'Eugénie Beaumarchais de son couvent dans la maison paternelle, dédiée à sa mère et brochée par Pierre-Augustin, son père, le premier poëte de Paris — en entrant par la porte Saint-Antoine.

Sur l'air : *Ho ! ho ! s'fit-il, c'est la raison*
Que je sois maître en ma maison.

Hier, Augustin-Pierre,   (*bis.*)
Parcourant son jardin,   (*bis.*)
Regardant sa chaumière,
Disait d'un air chagrin :
Je le veux ; car c'est la raison   (*bis.*)
Que je sois maître en ma maison.   (*bis.*)

   Quelle sotte manie,
   Du bonheur me privant,
   Retient mon Eugénie
   Dans un fatal couvent?
Je veux l'avoir : c'est la raison
Que j'en sois maître en ma maison.

   Elle use sa jeunesse
   A chanter du latin,
   Tandis que la vieillesse
   Me pousse vers ma fin !
Tant que je vis, c'est la raison
Que je l'embrasse en ma maison.

   Sa mère, et vous, ses tantes,
   Courez me la chercher ;
   Vous, nos braves servantes,
   Préparez son coucher :
Préparez-le ; c'est la raison
Qu'on m'obéisse en ma maison.

   Roussel ! ouvrez la grille ;
   Je l'entends, je la voi.
   Mes amis, c'est ma fille
   Qu'on ramène chez moi !
Pensez-vous pas que c'est raison
Qu'elle entre en reine en ma maison ?

   Dans mon verger de Flore,
   Vois mes berceaux couverts ;

Chaque arbre s'y colore,
Mes gazons sont plus verts :
C'est toujours la belle saison
Quand tu parais dans ma maison.

Tous ces *beaux*, que l'on nomme,
Te lorgnent-ils déjà?
Dis-leur : Mon gentilhomme,
N'êtes-vous que cela?
Des parchemins et du blason
N'ouvriront point cette maison.

Esprit en miniature,
Gros col et soulier plat,
Breloque à la ceinture,
Bien étriqué, bien fat !
Rions-en, car c'est la raison
Que l'on s'en moque en ma maison.

Si quelque autre, plus tendre,
Te fait contes en l'air,
Laisse-moi les entendre;
Car ton père y voit clair :
Je te dirai si c'est raison
Qu'il soit reçu dans ma maison.

Tel excellent jeune homme
Voit le ciel dans tes yeux ;
Dis-lui : Bel astronome,
Parlez à ce bon vieux ;
Il est mon père, et c'est raison
Qu'il ait un gendre à sa façon.

S'il a pour la tribune
Quelque talent d'éclat,
Qu'importe sa fortune,
Juge, écrivain, soldat,
Esprit, vertu, douce raison :
Voilà son titre en ma maison.

Enfin, s'il se sait faire
Un beau nom quelque jour,
Surtout s'il sait te plaire,
S'il n'est point de la cour,
Je lui dirai : Mon beau garçon,
Épouse-la dans ma maison.

Il est juste qu'en France
Fille de beau maintien
Désormais récompense
Tout jeune citoyen
Que l'on proclame avec raison
Le digne honneur de sa maison.

Amis, chantons ma fille !
Citoyens, bonnes gens,
Soyez tous ma famille ;
Mais chassons les méchants,
Les fous, les sots : c'est la raison
Qu'ils soient bannis de ma maison.

Vous qui nommez chimères
Ces biens dont je jouis,
Pour Dieu ! devenez pères ;
Vos cœurs épanouis
Chanteront tous : *C'est la raison
Qu'on ait sa fille en sa maison.*

ROMANCE

QUI DOIT ÊTRE CHANTÉE LENTEMENT ET AVEC UN GRAND SENTIMENT

Devant les dames, on la chante en *i;*
Devant les filles, on la chante en *ou.*

Sur l'air : *O gué lan la landerirette,
O gué lan la landerira.*

1ᵉʳ COUPLET.

Grave et doux.

Au fond d'un verger Climène
Attendait le beau Licas ;
Sa bouche exprimait à peine,
Mais son cœur disait tout bas,

Vite et fort.

Qué bigre est çà ? landerirette,
Qué bigre est çà ? landerira.

2ᵉ COUPLET.

Grave et doux.

Dans son ardeur inquiète,
Mille fois elle appela ;
Mais l'écho, qui tout répète,
Ne redit que ces mots-là :

Vite et fort.

Qué bigre est çà ? landerirette,
Qué bigre est çà ? landerira.

3ᵉ COUPLET.

Grave et doux.

Le berger entend sa plainte,
Il accourt entre ses bras :
« Ta douleur s'est peu contrainte,
« Car j'entendais de là-bas :

Vite et fort.

« *Qué bigre est çà?* landerirette,
« *Qué bigre est çà?* landerira. »

SON DERNIER VŒU

COUPLET.

Dans mon printemps
J'eus du bon temps.
Après l'été
Trop ballotté,

Si mon automne
Est monotone,
Puisse un bon esprit encor vert
Me garantir du triste hiver !

CONTE

L'HUMILITÉ CAPUCINALE

Un capucin de Bourg en Bresse,
Dont on allait cloîtrer la nièce,
Prêchait à la grille du chœur,
Et déjà l'ennui de la pièce
Avait endormi l'auditeur.
L'enthousiasme séraphique
Exaltait sa voix et son cœur.
Bientôt on entend l'orateur
S'écrier d'un ton pathétique :
Ciel ! Jésus-Christ donne la main
A la nièce d'un capucin !
Il l'épouse, elle est sa compagne ;
Et par cet hymen, quel honneur !
Je deviens de Dieu mon Sauveur
L'oncle à la mode de Bretagne !

LETTRES

I

AU DUC DE LA VALLIÈRE

Madrid, 24 décembre 1764.

Monsieur le Duc,

Je m'étais flatté vainement de l'espoir de vous présenter de vive voix mon très-humble respect au commencement de cette année; mais je suis dans un pays où l'adage favori est *poco a poco*. Notre vivacité, qui dégénère fréquemment en impatience, est appelée *la furia francese*; on n'en tient compte, et rien ne va que le train ordinaire. J'emploie le loisir involontaire que cette lenteur me procure à étudier de mon mieux le pays où je vis et les hommes qui l'habitent, dont l'insouciance fait le fond du caractère; mais on peut dire, à leur louange, qu'ils sont généralement bons, sobres et surtout très-patients. Dans le haut état, il n'y a d'autre considération que la personnelle; je ne m'aperçois pas que le rang en donne à ceux qui n'ont ni crédit dans les affaires, ni ce qu'on appelle qualités transcendantes. Comme chacun vit chez soi, à l'exception des assemblées appelées *tertulias*, qui sont plutôt cohues que sociétés, où tout ce qui est connu entre et sort comme dans l'église, et comme l'on ne mange jamais chez autrui, les plus grands seigneurs ne sont presque connus que de leurs familles; le faste des valets est poussé ici à un excès dont le seul Lucullus fournit un exemple. Le duc d'Arcos, capitaine des gardes, paye au moins pour 100,000 écus de gages par an. Le duc de Medina-Celi porte cela encore plus loin, et tout le reste va plus en raison de son rang que de ses moyens; cette manie rend ces gens-ci fort pauvres au milieu d'assez grandes richesses. Un homme de votre rang, monsieur le Duc, qui est garçon, et n'a que 80,000 ducats de revenus, est toujours mal aisé.

Il n'y a pas de pays au monde où le gouvernement soit aussi puissant. Comme il n'y a nul ordre intermédiaire entre le ministère et le peuple, qui tempère l'activité du pouvoir législatif et exécutif, il semble que l'abus doit être souvent à côté de la puissance. Cependant il n'y a pas de prince qui use plus sobrement d'un pouvoir sans bornes que le roi d'Espagne; pouvant tout décider d'un seul mot, la crainte de commettre une injustice l'assujettit volontairement à des formes qui font rentrer les affaires dans le train ordinaire des affaires des autres pays, dont celui-ci même se distingue par la grave lenteur.

Le ciel est ici d'une pureté admirable, et c'est un avantage que je sens beaucoup plus que les gens du pays qui n'ont jamais vu les hivers gris et mouillés de chez nous. Depuis que l'obstination du prince régnant à nettoyer la ville de Madrid a vaincu l'obstination des Espagnols à rester dans l'ordure, cette ville est une des plus propres que j'aie vue, bien percée, parée de nombreuses places et de fontaines publiques, à la vérité plus utiles au peuple qu'agréables à l'homme de goût; un air vif et appétissant circule partout avec facilité, il est même quelquefois d'une vivacité qui va jusqu'à tuer sur place un homme à l'entrée d'un carrefour; mais cela n'arrive jamais qu'à quelque Espagnol épuisé de débauche et brûlé de vanille. Ce peuple allie une dévotion superstitieuse à une assez grande corruption de mœurs; et l'on a chez nous une très-fausse opinion des Espagnols quand on les croit jaloux: cette frénésie est peut-être reléguée dans quelques villes de province; mais aucunes femmes au monde ne jouissent d'une aussi grande liberté que celles de cette capitale, et l'on n'entend pas dire qu'elles négligent ordinairement les avantages de cette douce liberté.

J'ai visité avec beaucoup de soin la bibliothèque fameuse de San Lorenzo, appelé par corruption l'*Escurial*. Je crois, monsieur le Duc, avoir entendu dire à M. de Grimaldi qu'il vous avait envoyé le catalogue des livres et manuscrits qui la composent. Comme il y a ici beaucoup plus d'esprit que d'acquit, ces beautés si précieuses pour nos savants ne sont en ce pays que l'objet d'une stérile curiosité. Le cellier des moines qui gardent ces livres m'a paru mieux tenu, plus visité et plus exactement étiqueté. Un de ces religieux, fort honnête, m'a fait présent d'un gros Pétrarque très-ancien, mais cela n'a pas assez de barbe pour mériter une place au château de Montrouge[1]. Une des choses qui m'a le plus frappé dans ce très-magnifique couvent, c'est la condamnation des livres de presque tous nos philosophes modernes qui est affichée publiquement auprès du chœur des moines. Les ouvrages proscrits y

[1] Le duc de la Vallière était un grand bibliophile.

sont nommés ainsi que leurs auteurs, et par prédilection votre ami Voltaire, dont on condamne non-seulement tous les ouvrages qu'il a faits, mais encore tous ceux qu'il fera par la suite, ne pouvant sortir que du mal d'une plume aussi abominable. Je lui avais écrit de Bayonne pour lui envoyer la commission de M. le duc de Laval et la vôtre, monsieur le Duc. Il est resté trois mois sans me répondre, et m'a enfin écrit à mon adresse de Versailles, me comptant bien de retour, dit-il, et ne voulant pas me brouiller avec le saint Office en m'envoyant ici une lettre de lui; mais elle m'y est parvenue sans accident.

Cette terrible inquisition, sur laquelle on jette feu et flamme, loin d'être un tribunal despotique et injuste, est, au contraire, le plus modéré des tribunaux par les sages précautions que Charles III, à présent régnant, a prises contre les abus dont on pouvait avoir à se plaindre; il est composé non-seulement de juges ecclésiastiques, mais aussi d'un conseil de séculiers dont le roi est le premier des officiers; la plupart des grands de la première classe remplissent les autres places, et la plus grande modération résulte du combat perpétuel des opinions de tous ces juges, dont les intérêts sont diamétralement opposés. Cet arrangement fait un honneur infini à la fermeté et à la sagesse du roi, qui a eu besoin dans le temps (comme toute l'Europe l'a su) d'exiler le grand inquisiteur, chose inouïe jusqu'à lui. Les Espagnols nous reprochent avec raison nos lettres de cachet, dont l'abus leur paraît être la plus violente des inquisitions. Quand nous nous plaignons du délabrement de leurs grands chemins, ils nous reprochent nos corvées, fléau, disent-ils, bien plus terrible aux malheureux habitants de la campagne que le mauvais état des routes n'est incommode aux voyageurs. Tout se fait en Espagne aux dépens du roi, ce qui véritablement empêche que les choses n'aillent fort vite et les fait abandonner aussitôt qu'on est occupé de soins plus importants; mais la bonté du roi est si grande qu'il a soutenu, depuis plus d'un an, le pain dans sa capitale à un prix très-modéré, quoique le froment fût hors de prix et qu'il lui en ait coûté de sa poche plus de 100,000 écus par jour. En cet article, j'admire plus la charité du roi que la prévoyance du gouvernement; mais on s'occupe sérieusement des moyens de prévenir ces sortes d'accidents par la suite.

La justice civile en ce pays est chargée de formes beaucoup plus embrouillées encore que les nôtres, ce qui la rend si difficile à obtenir, que ce n'est qu'à la dernière extrémité qu'on y a recours. La manière dont les affaires s'y traitent est proprement l'abomination de la désolation prédite par Daniel. En affaires civiles, les témoins sont emprisonnés pour être entendus, et tel honnête homme qui saura par hasard que monsieur un tel est débiteur réellement, ou légataire, ou fondé de procuration, etc., est arrêté et mis en prison dès le commencement de l'instance seulement, pour déclarer ce qu'il sait ou a entendu dire. J'ai vu dans un arrêté de comptes, où il s'agissait de savoir si tous les articles étaient en règle, tenir au cachot trois malheureux qui s'étaient, par hasard, trouvés chez l'homme qui arrêtait le compte, lorsque son créancier y vint. Le reste est en proportion. Cette partie sera encore longtemps mal administrée, trop de gens vivent de ce désordre; et il est trop loin des yeux du roi.

La nuit prochaine, à Madrid, est l'image la plus vraie des saturnales romaines; ce qui se consomme en aliments, la licence effrénée qui règne dans les églises sous le nom de joie, est incroyable : il y a telle église de moines où ils dansent tous dans le chœur avec des castagnettes; le peuple fait *paroli*, armé de chaudrons, de sifflets, de vessies, de claquettes, de tambours; les cris, les injures, les chants, les sauts périlleux, tout est du ressort de la fête, la bacchanale court les rues pour aller d'église en église toute la nuit, et de là va se livrer à tous les excès qu'on peut attendre d'une telle orgie. Depuis huit jours, il se célèbre une messe chantée et accompagnée par ce diabolique faux-bourdon dans une église tout à côté de chez moi, et le tout en l'honneur de la naissance de Notre-Sauveur, le plus sage et le plus tranquille des hommes. En général ici, toutes les coutumes populaires, dérivant en droite ligne des usages maures, ont une saillie de déraison et de cynisme qu'on ne rencontre point ailleurs; il n'est pas rare de rencontrer tous les soirs des hommes et des femmes qui, plus occupés de leurs affaires que des regards des passants, ... sur les escaliers des églises, sur ceux de l'intérieur des maisons, avec une sécurité digne du philosophe grec.

La prévention contre les usages des étrangers est poussée à l'excès dans ce pays par le peuple, et beaucoup de gens distingués sont encore très-peuple à cet égard, nous sommes même les moins épargnés; mais je ne puis disconvenir que le ton moqueur et tranchant de la plupart des Français qui viennent ici contribue beaucoup à entretenir cette espèce de haine : c'est l'aigreur qui paye la moquerie.

Les spectacles espagnols sont de deux siècles, au moins, plus jeunes que les nôtres, pour la décence et pour le jeu; ils peuvent très-bien figurer avec ceux de Hardy et de ses contemporains. La musique, en revanche, peut marcher immédiatement après la belle italienne et avant la nôtre; la chaleur, la gaieté des intermèdes tout en musique, dont ils coupent les actes ennuyeux de leurs drames insipides, dédommagent très-souvent de l'ennui qu'on a essuyé en les entendant; ils les appellent *tonadillas* ou *saïnetes*. La danse est absolument inconnue ici, je parle de la figurée, car je ne puis honorer de ce nom les mouvements grotesques et souvent indécents des danses grenadines et mauresques qui font les délices du peuple; la plus estimée ici est celle qu'on appelle *fandango*, dont la musique est d'une vivacité extrême, et dont tout l'agrément consiste en quelques pas ou figures lascives, ... représentant assez bien. . . . . pour que moi, qui ne suis pas le plus pudique des hommes, j'en aie rougi jusqu'aux yeux. Une jeune

Espagnole, sans lever les yeux et avec la physionomie la plus modeste, se lève pour aller figurer devant un hardi sauteur; elle débute par étendre les bras, faire claquer ses doigts; ce qu'elle continue pendant tout le *fandango* pour en marquer la mesure; l'homme la tourne, il va, revient avec des mouvements violents auxquels elle répond par des gestes pareils, mais un peu plus doux, et toujours ce claquement de doigts qui semble dire : Je m'en moque, va tant que tu pourras, je ne serai pas lasse la première. Lorsque l'homme est excédé, un autre arrive devant la femme qui, lorsqu'elle est souple danseuse, vous en met ainsi sur le grabat sept ou huit l'un après l'autre. Il y a aussi des duchesses et autres danseuses très-distinguées, dont la réputation est sans bornes sur le *fandango*.

Le goût de cette danse obscène, qu'on peut comparer au *calenda* de nos nègres en Amérique, est si bien enraciné chez ce peuple, que, pour lui plaire, un homme a composé une pièce de théâtre assez comique, où des religieux étrangers ayant voulu s'opposer au goût général et en faire un crime, l'affaire bien débattue est renvoyée au pape, auquel des députés de la nation vont porter les plaintes et les vœux des Espagnols. Le pape assemble le conclave, il lit le factum des religieux, et tout prêt à condamner l'usage du *fandango*, il s'avise de demander aux Espagnols ce qu'ils opposent à ce mémoire; à quoi les députés ne manquent pas de solliciter la permission de faire voir à Sa Sainteté la noirceur de leurs adversaires, en dansant le *fandango* devant la célèbre assemblée. Le pape ne l'a pas plutôt permis, que l'orchestre commence le *fandango* et que les députés se mettent en train, ce qui ébranle bientôt la gravité du pape et des cardinaux; dans un moment ils ne tiendront plus sur leurs sièges, ils n'y tiennent plus, le pied leur glisse, la fureur du *fandango* les saisit, les mouvements vont leur train, ils se mettent tous hors d'haleine; le pape tombe, on le relève, et Sa Sainteté est forcée de convenir que cette danse est une des meilleures choses qu'elle connaisse; les députés s'en reviennent aux acclamations du peuple qui les couronne avec des cris de joie, des sifflements qui dans ce pays, n'ont pas la même acception que chez nous, et un tapage horrible termine le spectacle.

Je terminerai ici cette trop longue lettre, dont vous pourrez vous faire rendre un compte très-succinct par l'aimable *Privé*[1], car elle ne manquera pas de vous effrayer par son étendue volumineuse; je prie seulement M. Privé, dans les retranchements qu'il y fera, de ne pas passer sous silence les assurances du profond respect avec lequel je suis, monsieur le Duc, votre, etc.

Signé : DE BEAUMARCHAIS.

P. S. Depuis trois mois j'ai un pied dans la botte; je compte pourtant prendre ma route par Valence et Barcelone la semaine prochaine, pour me rendre au plus tôt à Paris.

[1] Le secrétaire du duc.

II

DE BEAUMARCHAIS A SON PÈRE

Madrid, 28 janvier 1765.

MONSIEUR ET TRÈS-CHER PÈRE,

J'ai reçu votre lettre du 15 janvier, par laquelle vous dites des merveilles sur votre étonnement de la réception que vos amis ont faite à votre confidence; mais ce que vous appelez *coup de surprise* m'eût paru, à moi, une chose toute naturelle. Pour être bien avec soi, il faut n'avoir rien à se reprocher dans la conduite des choses qu'on entreprend : pour être bien avec les autres, il faut réussir. Le succès seul fixe l'opinion des hommes sur le travail de ceux qui spéculent; voilà pourquoi, si j'eusse pu arrêter la parole sur vos lèvres, je me serais opposé de mon mieux à ce que vous fissiez part de mes secrets à quelqu'un. Mes mesures ont beau être les plus sages que je puisse prendre; j'aurai eu beau mettre tout le jeu, toute l'adresse imaginable pour faire filer une aussi grande affaire jusqu'à son heureux dénoûment : si quelque événement imprévu brise ma barque, même dans le port, je n'ai plus rien à espérer que le sourire amer de ceux qui m'auraient porté aux nues si j'avais fixé la fortune. Au reste, mon cher père, vous me connaissez; ce qu'il y a de plus étendu, de plus élevé n'est point étranger à ma tête : je conçoit et embrasse avec beaucoup de facilité ce qui ferait reculer une douzaine d'esprits ordinaires ou indolents. Je vous mandais l'autre jour que je venais de signer des préliminaires; aujourd'hui je suis beaucoup plus avancé. L'hydre à sept têtes n'était qu'une fadaise auprès de celle à cent têtes que j'ai entrepris de vaincre; mais enfin je suis parvenu à me rendre maître absolu de l'entreprise *entière des subsistances de toutes les troupes des royaumes d'Espagne, Mayorque, et des presidios de la côte d'Afrique*, ainsi que de celles de tout ce qui vit aux dépens du roi. Notre ami a raison de dire que c'est la plus grande affaire qu'il y ait ici, elle monte à plus de 20 millions par an. Ma compagnie est faite, ma régie est montée; j'ai déjà quatre cargaisons de grains en route, tant de la Nouvelle-Angleterre que du Midi, et, si je coupe le dernier nœud, je prendrai le service au 1er mars. Les gens qui sont aujourd'hui en possession de cette affaire n'y entendaient rien, et, dans l'année passée, ils ont horriblement perdu : 1° parce que les grains ont été hors de prix en Espagne et qu'ils n'avaient pas une seule correspondance chez l'étranger; 2° parce qu'ils avaient entrepris l'affaire à un titre trop modique. Je les ai mis hors de cours par divers arrangements très-difficiles à combiner; enfin, par mon moyen, l'esprit de conciliation et la paix ont succédé à une aigreur aussi ruineuse entre les associés que leur mauvaise conduite. Ils sont dehors, et la queue que je suis à écorcher maintenant est de faire accepter mes conditions particulières au ministre qui m'invite à entrer en danse, mais qui trouve les violons un peu cher. Je ne puis rien changer à mes justes prétentions. L'affaire était à 14 maravédis la ration de pain et 14 réaux la fanègue d'orge, et il restait trois ans à courir pour le que bail finit. Moi, j'entre au milieu d'un marché que je fais rompre du consentement de tous les intéressés. Je demande 16 maravédis et 16 réaux pour le temps de dix ans, à commencer du 1er septembre prochain. Je demande l'extraction franche de 2 millions de piastres fortes par chaque an, pour faciliter mon commerce avec l'étranger, et comme je prends le service au 1er mars, avant la récolte, je demande 18 maravédis et 18 réaux jusqu'au 1er septembre, ce qui signifiait 2 maravédis et 2 réaux d'augmentation sur le prix fondé de 16 et 16 pour m'indemniser des premiers frais. A ces conditions, je me charge de rembourser au roi environ 4 millions de réaux qu'il a avancés à l'affaire avant cette année, pourvu toutefois que Sa Majesté consente à rejeter ce remboursement sur les dernières années de mon bail. Un des articles les plus certains de mon marché est le paiement assuré, tous les 30 du mois, de 1,800,000 réaux, que je recevrai à la trésorerie royale. Les deux associés qui me cèdent leur affaire, doivent 5 millions de réaux à différents particuliers : les billets sont échus ; ils ne peuvent payer. J'ai tout arrangé de manière que, le jour de la signature du traité, je leur remettrai les 5 millions en leurs propres effets, et celui qui en est le porteur a pris de tels tempéraments avec moi en particulier, que ces 5 millions ne me seront imputés qu'à la fin de mon bail, et que, le jour de la signature du contrat, il doit envoyer à ma caisse 3 millions pour commencer à travailler. Pour cela, je lui donne un tiers dans les bénéfices. . . . .

On a idée de joindre à cela la fourniture de pain blanc de toutes les villes d'Espagne, ce qui double l'étendue de mon entreprise ; mais je veux commencer à donner une grande opinion de ma façon de travailler, afin que la confiance amène les avantages très-difficiles à obtenir en commençant. Je prévois qu'il y a des parties à joindre à celles-ci qui rendront l'affaire sans bornes ; mais je dirai, comme les honnêtes Espagnols, *poco à poco* ; mettons-nous en selle avant de galoper et surtout affermissons-nous bien sur les étriers. Il est neuf heures du soir, je sors pour aller jaser affaires ; si je rentre avant onze heures, je vous dirai encore un mot.

Je rentre, rien n'est changé. Je viens de signer ce fameux compromis qui fait mon titre pour traiter en nom propre avec M. le marquis d'Esquilace, ministre de la guerre et des finances. Tout le monde à Madrid parle de mon affaire, on m'en fait compliment comme d'une chose faite ; moi, qui sais bien qu'elle n'est pas finie, je me tais jusqu'à nouvel ordre.

Bonsoir, mon cher père ; croyez-moi, ne soyez étonné de rien, ni de ma réussite, ni du contraire, s'il arrive. Il y a en tout dix raisons pour le bien et cent pour le mal ; à l'égard de mon âge, il est celui où la vigueur du corps et celle de l'esprit mettent l'homme à sa plus haute portée. J'ai bientôt trente-trois ans. J'étais entre quatre vitrages à vingt-quatre. Je veux absolument que les vingt années qui s'écoulent jusqu'à l'âge de quarante-cinq ans me ramènent, après de longs travaux, à la douce tranquillité que je ne crois vraiment agréable qu'en la regardant comme la récompense des peines de la jeunesse.

Cependant je ris ; mon intarissable belle humeur ne me quitte pas un seul instant. J'ai fait ici des soupers charmants ; je pourrais vous envoyer des vers faits par votre serviteur sur des séguedilles espagnoles, qui sont des vaudevilles très-jolis, mais dont les paroles ordinairement ne valent pas le diable. On dit ici, comme en Italie : Les paroles ne sont rien, la musique est tout. J'entre en fureur sur une pareille déraison. Je choisis l'air le plus goûté, air charmant, tendre, délicat ; j'y établis des paroles analogues au chant. On écoute, on revient à mon opinion, on m'accable pour composer. Mais un moment, messieurs, que la gaieté du soir ne gâte pas le travail du matin. Ainsi toujours le même, j'écris et je pense affaires tout le long du jour, et le soir je me livre aux agréments d'une société aussi illustre que bien choisie. Mais, puisque j'ai parlé plaisirs, et qu'il est onze heures du soir, ma lettre sera partagée comme mon temps : la première partie au sérieux, la fin à l'amusement. Recevez donc la dernière séguedille échappée à ma saillie. C'est une de celles qui ont fait le plus de fortune ici ; vous la trouverez ci-jointe. Elle est entre les mains de tout ce qui parle français à Madrid.

En vérité, je ris sur l'oreiller, quand je pense comme les choses de ce monde s'engrènent, comme les chemins de la fortune sont en grand nombre et tous bizarres, et comme surtout l'âme supérieure aux événements peut toujours jouir d'elle-même au milieu de ces tourbillons d'affaires, de plaisirs, d'intérêts différents, de chagrins, d'espérances qui se choquent, se heurtent et viennent se briser contre elle. Mais ce n'est pas de la morale que je vous ai promis, c'est une chansonnette fort tendre ; l'air, que je vous enverrai peut-être un autre jour, est plaintif et délicat. J'ai établi pour paroles une bergère au rendez-vous la première et se plaignant du coquin qui se fait attendre. Les voici :

SÉGUEDILLE.

Les serments
Des amants
Sont légers comme les vents
Leur air enchanteur
Leur douceur,
Sont des pièges trompeurs
Cachés sous des fleurs.
Hier, Lindor,
Dans un charmant transport,
Me jurait encor
Que ses soupirs,

>   Que ses désirs
> S'enflammeraient par les plaisirs;
>   Et cependant
>   En cet instant
>   Vainement
> J'attends l'inconstant.
> Aye! aye! je frisonne!
> Aye! aye! aye! mon cœur m'abandonne!
>   Ingrat, reviens.
> Mon innocence était mon bien;
>   Tu me l'ôtas,
>   Je n'ai plus rien.
>   Devais-je, hélas!
>   Tout hasarder,
> Tout perdre, pour te conserver?
> Mais quelqu'un vers moi prend l'essor....
> Le cœur me bat.... C'est mon Lindor!
> Soupçons jaloux, éloignez-vous!
> Craignez de troubler un moment si doux!

Ma chère Boisgarnier, si tu tenais l'air de cette jolie séguedille et l'accompagnement de guitare que j'ai fait (dans un pays où tout le monde en joue et ne peut accompagner ma séguedille comme moi, qui, par égard pour le pays, broche de temps en temps quelque chose pour leur instrument favori), tu chantonnerais, tu ânonnerais, peut-être à la fin tu y viendrais. Va, je te promets l'air et l'accompagnement, si j'ai un moment d'ici au premier courrier. Mais que dirais-tu de moi si je te le portais moi-même? effectivement, je suis bien près de mon départ; un mot du ministre peut me mettre en route d'ici à douze jours.

Bonsoir, mon cher père; il est onze heures et demie; je vais boire du sirop de capillaire, car depuis trois jours j'ai un rhume de cerveau affreux; mais je m'enveloppe dans mon manteau espagnol, avec un bon grand chapeau détroussé sur mon chef, ce qu'on appelle être en *capa y sombrero*, et quand l'homme, jetant le manteau sur l'épaule, se cache une partie du visage, on appelle cela être *embossado*; c'est ce que j'ajoute à mes précautions, et, dans mon carrosse bien fermé, je vais à mes affaires. Je vous souhaite une bonne santé. En relisant cette lettre que je vous envoie toute mal torchée qu'elle est, j'ai été obligé d'y faire vingt ratures pour lui donner une espèce de suite; ceci est pour vous corriger de lire mes lettres aux autres ou d'en tirer des copies.

III

DE BEAUMARCHAIS A SA SŒUR JULIE

Madrid, ce 11 février 1765.

Tu peux te rappeler, ma chère Julie, que je t'ai promis un de ces courriers passés le détail d'une tracasserie de l'ambassadeur de Russie à mon égard, dont je me suis tiré comme je le devais. Le voici: il te donnera une idée de ma vie à Madrid, j'entends celle de mes soirées, car les jours entiers sont aux affaires.

Depuis longtemps le comte de Buturlin, fils du grand maréchal de Russie et l'ambassadeur en question, me recevait chez lui avec cette prédilection qui faisait dire que lui et la très-jolie ambassadrice étaient amoureux de moi. Le soir, il y avait ou jeu ou musique ou souper, dont je paraissais l'âme. La société s'était accrue de tous les ambassadeurs qui, avant ceci, vivaient avec assez peu de liaison. Ils faisaient, depuis le retour de la cour en cette ville, des soupers charmants, disaient-ils, parce que j'en étais. J'avais un soir gagné au brelan, quoique petit jeu aux 10 écus de cave, 500 livres au comte et 1,500 livres à la comtesse; depuis ce jour, on ne jouait plus au brelan, et l'on me proposait le pharaon, que pour rien au monde je ne voulais jouer. Je n'étais pas payé de mes 2,000 livres; je ne disais mot. Tout le monde le savait; on trouvait que j'agissais en ambassadeur, et le comte en maigre particulier. Enfin un soir, piqué de ce que le comte venait de gagner une centaine de louis et qu'il ne me parlait pas de ce qu'il me devait, je dis tout haut: *Si le comte veut me prêter de l'or, je vais faire une folie et vous tailler au pharaon*; il ne put s'en défendre, et me passa les 100 louis qu'il venait de gagner, et je tins la banque: en une heure, ma pauvre banque fut enlevée. Le duc de San-Blas me gagna 50 louis, l'ambassadeur d'Angleterre 15, celui de Russie 20, etc. Me voilà à peu près comme si je n'avais rien gagné. Je me lève en riant et je dis: « Mon « cher comte, nous sommes quittes. — Oui, dit-il; « mais vous ne direz plus que vous ne voulez pas jouer « au pharaon, et nous espérons que vous ne fausserez « pas compagnie à l'avenir. — A la bonne heure pour « ponter quelques louis, mais non pour tailler aux « banques de 100 louis. — Celle-là, dit-il, ne vous coûte « guère. — C'est tout ce qu'on pourrait me dire, ré- « pondis-je, si j'avais eu affaire à un mauvais débiteur. » Là-dessus la comtesse rompt les propos. Mme de la C... se lève, et me dit de lui donner le bras. Je pars... Bouderie pendant deux jours: j'allais néanmoins à l'hôtel de Russie comme à l'ordinaire, et, pour n'avoir point l'air d'avoir joué un argent désespéré, je perdais chaque soir en pontant 10 ou 12 louis, ou j'en gagnais quelques-uns. Un soir que j'avais gagné 20 louis sur une banque de 200 je me lève et, avant de m'en aller, je mets tout mon gain sur deux cartes qui gagnent toutes deux. Je pousse, tout réussit; je fais sauter la banque que tenait le marquis de Carrasola. Le chevalier de Guzman met 100 quadruples sur la table et dit: « Messieurs, ne vous en allez pas, je parie que M. de Beaumarchais va me faire sauter encore cette nouvelle banque. » Je me crois obligé, ayant 200 louis de gain, de répondre à l'agacerie: je joue, tout le monde cesse, parce qu'il n'y avait personne qui jouât si gros jeu. Moi, ayant mis 50 louis de côté et voulant rendre le reste pour ne plus jamais jouer, je mettais 10 louis sur chaque carte; la carte gagnant, je doublais. Bref, en deux heures, j'eus les 100 quadruples. Je me levai et fus me coucher avec 500 louis, dont je perdis le lendemain 150. Mme de C.... me dit que j'avais joué très-noblement d'avoir rendu une telle somme sur mon gain, et que je pouvais garder le reste. Je me retirais, lorsque l'ambassadeur de Russie, me parlant personnellement, me dit : « Est-ce que vous ne voulez plus, monsieur, essayer vos forces contre moi? — Monsieur, lui dis-je, j'ai beaucoup perdu ce soir. — Mais, reprit-il vivement, vous avez bien plus gagné hier. — Monsieur le comte, lui dis-je, vous savez si je suis attaché à l'argent du jeu ; j'ai joué malgré moi, j'ai gagné en dépit du bon sens, et vous ne me pressez ainsi que parce que vous savez bien que je joue sans règle et très-désavantageusement. — Parbleu ! dit-il, on ne peut pas mieux jouer que de gagner, et de cet argent, il y en a beaucoup à moi. — Eh bien, monsieur le comte, combien perdez-vous ? — Cent cinquante louis, dit-il. — Je perdrai donc, lui répondis-je, 500 louis ce soir, car, avec les 150 que je viens de rendre à la banque, j'en mets 150 autres contre vous si vous voulez tailler, afin que tous les avantages vous restent; mais je veux jouer 25 louis tous les coups. » Il prend les cartes, ne demandant pas mieux : la fortune me continue, je lui gagne 200 louis ; alors je me lève et je dis : « C'est folie à moi de jouer plus longtemps ; je vous ruinerais, monsieur ; un autre jour je serai en malheur, et vous vous racquitterez. — Comment, monsieur, vous partez? Pardieu ! gagnez-moi 500 louis ou racquittez-moi. — Non, monsieur le comte, un autre jour ; il est quatre heures, on peut s'aller coucher. — Mais, monsieur, vous fûtes plus poli hier avec le chequis de Guzman. — Aussi, répondis-je, a-t-il perdu 500 louis. Je n'en puis plus de sommeil. Voulez-vous vos 200 louis d'un coup de trente et quarante ? — Non, dit-il, au pharaon. — Messieurs, je vous souhaite le bonsoir. » La comtesse, sa femme, un peu fâchée de la perte de son mari, s'échappe à dire que j'étais plus heureux que poli. Je la regardai fixement et lui dit : « Madame l'ambassadrice, vous oubliez que vous me fîtes, il y a huit jours, un compliment tout contraire. » Elle rougit, je n'ajoutai rien, et je partis. Il était vrai que huit jours avant, soupant chez mylord Rochford, elle m'avait prié, à mains jointes, de lui prêter 30 louis pour payer sa perte, et que je l'avais fait sur-le-champ, quoique je perdisse et que je me rappelasse l'histoire du brelan.

Voilà donc M. le comte mon débiteur de 200 louis, la comtesse de 30, sans compter mes 550 louis de gain. Je jure mon gros juron de ne plus jouer ; je vais pendant plusieurs jours voir la banque sans me mêler des affaires des grands. L'ambassadeur me fait une mine de chien, ne me dit mot ; sa femme est embarrassée. On ne parle point de payer, pas une politesse sur le retard. J'en porte mes plaintes à Mme de la C...., qui, le même soir, prend à part le médecin de l'ambassadeur dans un coin du salon, et là, lui fait une sortie terrible sur son maître, lui déclare que s'il ne change pas de conduite à mon égard, elle lui rompra en visière devant toute l'Espagne, qu'il est un mal élevé et un sot ; bref, toutes les herbes de la Saint-Jean.

Comme ma conduite était constamment la même à l'égard du mari et de la femme, tout le monde était pour moi. Le lendemain, le docteur apporte 200 louis chez Mme de la C...., où je dînais ; elle, fort offensée, fait dire à l'ambassadeur qu'elle le verra le soir pour lui donner la leçon qu'il mérite ; qu'il aurait dû m'apporter mon argent chez moi et me demander excuse de ses bouderies et de ses retards. A bon compte, je prends les 200 louis, dont le docteur me demande quittance. Je lui ris au nez et j'écris à l'ambassadeur une lettre polie, mais très-propre à le faire rougir de lui-même. Deux heures après, la comtesse vient chez Mme de la C.... Je n'y étais plus. — Grande explication. — Je ne mets plus le pied à l'hôtel de Russie pendant huit jours. Enfin la comtesse m'envoie le médecin pour me prier de l'aller voir et me faire reproche de mon absence. Je réponds que malgré l'extrême privation que je ressentais de ne plus jouir de sa société, je ne croyais pas devoir me présenter dans une maison où j'avais si fort à me plaindre du maître.

On va chez Mme de la C...., on négocie, on dit que le comte est honteux, confus. Je tiens bon sur l'étiquette, et enfin M. l'ambassadeur envoie chez moi le prince de Mezersky de sa part me prier de lui faire l'honneur d'aller le soir au concert et souper chez lui. L'après-midi, le comte passe à ma porte et me fait demander si je veux voir la pièce nouvelle dans sa loge, qu'il m'attend pour m'y mener. Je crus qu'il valait mieux qu'on nous vît faire l'entrevue chez lui, et je répondis que j'écrivais, mais que j'aurais l'honneur de me rendre à l'invitation du soir. J'arrive un peu tard exprès, afin que le concert fût commencé et que tout le monde fût assemblé. Je suis surpris de me voir, moi qu'on regardait avant comme de la maison et qu'on n'annonçait plus, précédé de deux pages qui ouvrent tous les battants, et je perce jusqu'au concert en cérémonie. La comtesse était au clavecin ; elle s'avance et me dit, en me présentant le comte, que des amis ne devaient pas se fâcher pour des malentendus, et qu'ils espéraient l'un et l'autre que je leur ferais l'honneur de rester des leurs, et tout de suite elle ajouta, pour sceller la réconciliation : « Monsieur de Beaumarchais, j'ai
« dessein de jouer le rôle d'Annette ; j'espère que vous
« accepterez celui de Lubin[1] ; l'envoyé de Suède fera le
« seigneur, le prince Mezersky le bailli, et nous sommes
« déjà à la répétition. » Quelque chose que je fisse, je ne pus éviter d'accepter cette offre obligeante; et sur-le-champ, passant au clavecin, tout l'orchestre part, et je chante les ariettes de Lubin. Chacun dit qu'il sait de son rôle, ensuite grande musique, grand souper. La bonne humeur renaît. Parole d'honneur, de part et d'autre, qu'on ne me parlera jamais de jouer, et que nous nous amuserons à des plaisirs plus vifs, mais qui ne tireront pas autant à conséquence. La comtesse, enchantée, me fait remettre par un page, au dessert, un billet contenant quatre vers à ma louange, de mauvaise versification, mais assez flatteurs, qu'elle avait faits le jour même. Les voici :

O toi à qui la nature a donné pour partage

[1] Dans *le Devin du village*.

Le talent de charmer avec l'esprit du sage,
Si Orphée, comme toi, eût eu des sons si flatteurs,
Pluton sans condition aurait fait son bonheur.

Peste! ce ne sont pas là des honneurs communs. J'ai répondu. La liaison est plus belle que jamais : le bal, le concert, plus de jeu, et j'ai de reste 14,500 livres. J'ai fait depuis des paroles françaises sur une nouvelle séguedille espagnole. Il y en a deux cents exemplaires ; on se l'arrache ; elle est gaillarde et dans le genre *Est-il endormi!* Je te la garde pour un autre jour, avec la musique de celle que j'ai envoyée à mon père. Bonsoir. J'ai rempli mon engagement tant bien que mal. Tu en sais autant que moi sur ma tracasserie. J'écrirai mercredi à ma Pauline et à sa tante. Malgré les préparatifs d'Annette, j'ai bien peur que le diable n'emporte Lubin avant qu'on joue la pièce : je puis partir dans dix jours.

IV

A MESDAMES DE FRANCE

1767.

MESDAMES,

Les comédiens français vont représenter dans quelques jours une pièce de théâtre d'un genre nouveau, et que tout Paris attend avec la plus vive impatience. Quelques ordres que j'eusse donnés aux comédiens, en leur faisant présent de l'ouvrage, de garder un profond secret sur le nom de l'auteur, dans leur enthousiasme maladroit, ils ont cru me rendre ce qu'ils me devaient en transgressant mes ordres, et ils m'ont sourdement fait connaître à tout le monde. Comme cet ouvrage, enfant de ma sensibilité, respire l'amour de la vertu et ne tend qu'à épurer notre théâtre et en faire une école de bonnes mœurs, j'ai cru que je devais, avant que le public le connût davantage, en offrir un hommage secret à mes illustres protectrices. Je viens donc, Mesdames, vous prier d'en entendre la lecture en particulier. Après cela, quand le public me porterait aux nues à la représentation, le plus beau succès de mon drame sera d'avoir été honoré de vos larmes comme son auteur l'a toujours été de vos bienfaits.

V

A M. LE DUC D'ORLÉANS

1767.

MONSEIGNEUR,

La maladie de Préville, qui retarde encore de huit jours la représentation d'*Eugénie*, nouveau drame en cinq actes, me donne la possibilité de faire à Votre Altesse l'hommage d'une lecture, si elle en est tant soit peu curieuse. Je sais, Monseigneur, qu'on vous a dit assez de mal de l'auteur et de l'ouvrage. Le premier est un objet trop peu important pour que j'aie l'indiscrétion d'en entretenir Votre Altesse ; je me borne à désirer de lui donner des notions plus certaines sur le second, contre lequel beaucoup de gens sont déchaînés, quoique peu de personnes le connaissent. Vous serez moins étonné, Monseigneur, de ma hardiesse à vous prier d'être mon juge d'avance, lorsque que vous saurez que la pièce court le danger de ne pouvoir être entendue au théâtre, et qu'il y a cinquante louis de distribués à cinquante étourneaux pour aller au parterre assurer sa chute sans l'écouter le jour de la première représentation. M. le duc de Noailles me dit là-dessus hier : « Tant mieux, c'est qu'ils en pensent du bien. » Mais moi, qui tremble, je fais comme les malheureux qu'on persécute injustement sur la terre. Je lève les mains aux ciel et je cherche justice et protection parmi les dieux... Peut-être tirerai-je un double avantage de ma démarche : c'est que le drame qui m'a servi de déclassement au milieu d'occupations plus sérieuses, et qui doit faire plus d'honneur à la sensibilité de mon cœur qu'à la force de mon esprit, ramènera Votre Altesse à prendre de moi une meilleure opinion que celle qu'on a voulu lui donner, et la portera à recevoir avec bonté les assurances du profond respect avec lequel je suis de Votre Altesse, etc....

BEAUMARCHAIS.

VI

AU DUC DE NOAILLES

1767.

Ce n'est qu'à la dérobée, monsieur le duc, que j'ose me livrer au goût de la littérature. Quand je cesse un moment de gratter la terre et de cultiver le jardin de mon avancement, à l'instant tous mes défrichements se couvrent de ronces, et c'est toujours à recommencer. Une autre de mes folies à laquelle j'ai encore été forcé de m'arracher, c'est l'étude de la politique, épineuse et rebutante pour tout autre, mais aussi attrayante qu'inutile pour moi. Je l'aimais à la folie : lectures, travaux, voyages, observations, j'ai tout fait pour elle : les droits respectifs des puissances, les prétentions des princes par qui la masse des hommes est toujours ébranlée, l'action et la réaction des gouvernements les uns sur les autres, étaient des intérêts faits pour mon âme. Il n'y a peut-être personne qui ait autant éprouvé que moi la contrariété de ne pouvoir rien voir qu'en grand, lorsque je suis le plus petit des hommes : quelquefois même j'ai été jusqu'à murmurer, dans mon humeur injuste, de ce que le sort ne m'avait pas placé plus avantageusement pour les choses auxquelles je me croyais propre, surtout lorsque je considérais que la mission que les rois et les ministres donnent à leurs agents ne saurait leur imprimer la grâce de l'ancien apostolat, qui faisait tout à coup des hommes éclairés et sublimes des plus chétifs cerveaux.

VII

A LA COMTESSE DE TESSÉ

1767.

« J'ai été vivement touché, madame la comtesse, de votre aimable politesse, si éloignée de la stérile et minutieuse civilité dont on se régale à la ville, et qui ne montre qu'un fade supplément à la bienfaisance de l'âme, source de toute honnêteté :

> Qu'il est facile à la grandeur
> D'imposer des lois à notre âme !
> Un coup d'œil soumet notre cœur,
> Une politesse l'enflamme.

Raisonnons maintenant sur vos réflexions : elles ont fermenté dans ma tête, je m'en suis occupé, et si je reste attaché (pardon) à la situation où je mets dans la bouche d'Eugénie qu'elle se méprise tout haut d'aimer un perfide, mais que, si elle a le courage de le mépriser vivant, rien ne pourra l'empêcher de le pleurer mort, etc. ; si j'y reste attaché, dis-je, c'est que tous mes efforts pour me ranger à votre avis n'ont pu me dépersuader que la magnanimité du repentir et l'aveu public et libre que le coupable fait d'une faute quelconque, non-seulement est au-dessus du mal, mais encore au-dessus de la honte de l'aveu. Tourmentée, déchirée par une passion qu'elle déteste, qu'est-ce qu'Eugénie m'apprend par son aveu ? Qu'il semble qu'elle renferme deux âmes : l'une faible, presque charnelle, attachée à son séducteur, entraînée vers lui par un mouvement d'entrailles dont on ne se défend guère contre un perfide aimable dont on est enceinte ; et l'autre, âme sublime, élevée, tout esprit, toute vertu, méprisant et foulant aux pieds la première, et surtout l'accusant en public et la couvrant de honte sans ménagement. L'effet de ce combat est certain : il faut qu'il tue Eugénie ou détraque entièrement la faible machine, théâtre de ce conflit de puissance. Eh bien, il le fera ; elle sentira les angoisses de la mort ; mais l'âme sublime ne cédera pas à l'âme sensible, et voilà mon héros. Je souhaite que ce commentaire, peut-être plus embrouillé que le texte, vous paraisse expliquer la chose ; mais telle est la métaphysique du cœur que plus on veut la définir, plus on s'éloigne de l'assentiment rapide et vrai qui nous la fit apercevoir et nous y arrêter au premier coup d'œil. Permettez-moi, je vous prie, une petite citation à ce sujet, dont la forme sauvera la liberté du fond ; mais, lorsqu'il est question de cœur, on sent assez que c'est de tendresse et de plaisir qu'on veut parler. Un jour, dans le délire d'une faveur innocente que j'avais reçue d'une femme très-sage (c'était un baiser), je veux chanter ce qui se passe en moi : les idées se pressent, s'accumulent, mon esprit veut se monter au ton de mon cœur ; mais l'impression qui reste d'un baiser délicieux n'est pas de son ressort ; le trouble qui m'agite est composé de mille choses que je ne puis exprimer. Enfin, épuisé de fatigue, et ne trouvant rien qui me satisfasse, je renonce à mon projet, et je m'écrie :

> Oh ! doux effet du baiser de Thémire,
> Je vous ai trop senti pour vous décrire.
> . . . .

Et la pièce file. Ma verve, ouverte par ce premier effort, me fait bavarder longtemps sur ce sujet ; mais la vérité m'était échappée d'abord : c'est qu'on définit mal ce qu'on sent trop vivement.

Je suis, madame la comtesse, etc.

« De Beaumarchais. »

VIII

A LA DUCHESSE D***.

Ce 11 juin 1771

Madame la duchesse,

Une fade adulation que vous mépriseriez sûrement n'est pas le sujet de cette lettre ; il s'agit d'un objet plus important. Votre amour pour les arts, l'étendue de vos connaissances en tout genre, la justesse de vos idées sur le théâtre, les grâces de votre esprit, le charme de votre langage, et surtout le noble zèle que je vous vois pour le rétablissement du spectacle national, ont échauffé en moi l'idée presque éteinte, et plusieurs fois abandonnée, de m'y consacrer entièrement.

Libre sur le choix de mes occupations, j'allais en faveur de mon fils tourner mes vues sur des objets de finances, utiles à la vérité, mais mortels pour un homme de lettres. Vous me rendez à mon attrait : eh ! quel homme y résiste ? J'aime le théâtre français à la folie, et j'adore votre beau zèle, madame la duchesse.

Après vous avoir attentivement écoutée, après avoir bien réfléchi, je vois tous les secours qu'un homme aimant sincèrement le bien peut espérer de votre génie, de vos lumières, et de votre influence naturelle sur les chefs-nés du théâtre : et si votre courage n'est pas l'effet d'une chaleur momentanée, mais un désir réel de soutenir de tout votre pouvoir celui qui brûle de seconder un si noble projet, accordez-moi la faveur d'une courte audience particulière.

J'aurai l'honneur d'y mettre sous vos yeux de quelle importance est le plus profond secret pour la réussite de cet ouvrage. Tant de gens sont intéressés à ce que le désordre actuel subsiste et même s'accroisse, que les cris, les clameurs, les noirceurs, les obstacles de toute nature étoufferaient avant sa naissance un projet déjà très-difficile, mais qui n'en est que plus digne d'intéresser en sa faveur la protectrice des arts. J'aurai l'honneur de vous communiquer mes idées sur la marche qu'on peut tenir. Vous êtes jeune, j'ai de la patience, l'avenir est à nous : tout dépend aujourd'hui de n'être point pressenti. Si la confiance que vous m'avez inspirée vous-même a le bonheur de ne vous pas déplaire, il ne me restera qu'à vous prouver, par une conduite soutenue, avec quel attachement respectueux et quel parfait dévouement je suis, madame la duchesse,

Votre, etc.

Je n'oublie point que vous voulez effrayer le gibier de nos plaines, et je m'occupe essentiellement du projet de vous le voir mettre en fuite de temps en temps. Heureux si je puis réussir à vous être agréable en quelque chose! J'attends votre bailli.

IX

Récit exact de ce qui s'est passé jeudi 11 février 1773 entre M. le duc de Chaulnes et moi, Beaumarchais.

(EXTRAIT.)

J'avais ouvert l'audience de la capitainerie, lorsque j'ai vu arriver M. le duc de Chaulnes avec l'air le plus effaré qu'on puisse peindre, et qui m'est venu dire tout haut qu'il avait quelque chose de pressé à me communiquer, et qu'il fallait que je sortisse à l'instant. — Je ne le puis, monsieur le duc; le service du public me force à terminer décemment la besogne commencée. — Je veux lui faire donner un siège; il insiste; on s'étonne de son air et de son ton. Je commence à craindre qu'on ne le devine, et je suspends un moment l'audience pour passer avec lui dans un cabinet. Là, il me dit, avec toute l'énergie du langage des halles, qu'il veut sur-le-champ me tuer, me déchirer le cœur et boire mon sang, dont il a soif. — Ah! ce n'est que cela, monsieur le duc? permettez que les affaires aillent avant les plaisirs. — Je veux rentrer; il m'arrête en me disant qu'il va m'arracher les yeux devant tout le monde, si je ne sors pas avec lui. — Vous seriez perdu, Monsieur le duc, si vous étiez assez fou pour l'oser. — Je rentre froidement et je lui fais donner un siège. Environné que j'étais des officiers et des gardes de la capitainerie, j'opposai, pendant deux heures que dura l'audience, le plus grand sang-froid à l'air pétulant et fou avec lequel il se promenait, troublant l'audience et demandant à tout le monde : En avez-vous encore pour longtemps? Il tire à part M. le comte de Marcouville, officier qui était à côté de moi, et lui dit qu'il m'attend pour se battre avec moi. M. de Marcouville se rassied d'un air sombre; je lui fais signe de garder le silence et je continue. M. de Marcouville le dit tout bas à M. de Vintrais, officier de maréchaussée et inspecteur des chasses. Je m'en aperçois; nouveaux signes de silence de ma part. Je disais : M. de Chaulnes se perd si l'on suppose qu'il vient m'arracher d'ici pour me couper la gorge. L'audience finie, je me mets en habit de ville, et je descends en demandant à M. de Chaulnes ce qu'il me veut et quels peuvent être ses griefs contre un homme qu'il n'a pas vu depuis six mois. — Point d'explications, me dit-il; allons nous battre sur-le-champ, ou je fais un esclandre ici. — Au moins, lui dis-je, vous me permettrez bien d'aller chez moi prendre une épée? Je n'en ai dans ma voiture qu'une mauvaise de deuil, avec laquelle vous n'exigez apparemment pas que je me défende contre vous? — Nous allons passer, me répond-il, chez M. le comte de Turpin, qui vous en prêtera une, et que je désire engager à nous servir de témoin. Il saute dans mon carrosse le premier : j'y monte après lui, le sien nous suit. Il me fait l'honneur de m'assurer que, pour le coup, je ne lui échapperai pas, en ornant son style de toutes les superbes imprécations qui lui sont si familières. Le sang-froid de mes réponses le désole et augmente sa rage. Il me menace du poing dans ma voiture. Je lui fais observer que, s'il a le projet de se battre, une insulte publique ne peut que l'éloigner de son but, et que je ne vais pas chercher mon épée pour me battre, en attendant, comme un crocheteur. Nous arrivons chez M. le comte de Turpin, qui sortait. Il monte sur la botte de ma voiture. — Monsieur le duc, lui dis-je, m'entraîne sans que je sache pourquoi : il veut se couper la gorge avec moi : mais dans cette aventure étrange, il me fait espérer au moins que vous voudrez bien, monsieur, témoigner de la conduite des deux adversaires. — M. de Turpin me dit qu'une affaire pressée le force à se rendre à l'heure même au Luxembourg, et qu'elle l'y retiendra jusqu'à quatre heures après midi (je ne doutais point que M. le comte de Turpin n'eût pour objet de laisser pendant quelques heures le temps à une tête échauffée de se calmer). Il part. M. de Chaulnes veut m'emmener chez lui jusqu'à quatre heures. — Oh! pour cela non, monsieur le duc; de même que je ne voudrais pas me rencontrer seul sur le pré avec vous, à cause du risque d'être accusé par vous de vous avoir assassiné, si vous me forciez à vous blesser par une attaque, je n'irais pas dans une maison dont vous êtes le maître et où vous ne manqueriez pas de me faire faire un mauvais parti. J'ordonne à mon cocher de me mener chez moi. — Si vous y descendez, me dit M. de Chaulnes, je vous poignarde à votre porte. — Vous en aurez donc le plaisir, lui dis-je, car je n'irai pas ailleurs attendre l'heure qui doit me montrer au juste vos intentions. — Force injures dans le carrosse. — Tenez, monsieur le duc, quand on a envie de se battre on ne verbiage point tant. Entrez chez moi, je vous ferai donner à dîner, et si je ne parviens pas à vous remettre en votre bon sens d'ici à quatre heures et que vous persistiez à me forcer à l'alternative de me battre ou d'être dévisagé, il faudra bien que le sort des armes en décide. — Mon carrosse arrive à ma porte, je descends, il me suit, et feint d'accepter mon dîner. Je donne froidement mes ordres. Le facteur me remet une lettre, il se jette dessus et me l'arrache devant mon père et tous mes domestiques. Je veux tourner l'affaire en plaisanterie, il se met à jurer. Mon père s'effraye, je le rassure, et j'ordonne qu'on nous porte à dîner dans mon cabinet. Nous montons. Mon laquais me suit, je lui demande mon épée. — Elle est chez le fourbisseur. — Allez la chercher, et, si elle n'est pas prête, apportez-m'en une autre. — Je te défends de sortir, dit M. de Chaulnes, ou je t'assomme! — Vous avez donc changé de projet? lui dis-je. Dieu soit loué! car je ne pourrais pas me battre sans épée. — Je fais un signe à mon valet qui sort. Je veux écrire, il m'arrache ma plume. Je lui représente que ma maison est un hospice que je ne violerai pas, à moins qu'il ne m'y force par de semblables excès. Je veux entrer en pourparlers sur la folie qu'il a de vouloir absolument me tuer; il se jette sur mon épée de deuil qu'on avait posée sur mon bureau et me dit, avec toute la rage d'un forcené et en grinçant les dents, que je ne le porterai pas plus loin. Il tire ma propre épée, la sienne étant à son côté; il va fondre sur moi. — Ah! lâche! m'écriai-je, et je le prends à bras-le-corps pour me mettre hors de la longueur de l'arme, je veux le pousser à ma cheminée pour sonner; de la main qu'il avait de libre, il m'enfonce cinq griffes dans les yeux et me déchire le visage, qui à l'instant ruisselle de sang. Sans le lâcher, je parviens à sonner, mes gens accourent. — Désarmez ce furieux! leur criai-je, pendant que je le tiens. — Mon cuisinier, aussi brutal et aussi fort que le duc, veut prendre une bûche pour l'assommer. Je crie plus haut : — Désarmez-le, mais ne lui faites pas de mal; il dirait qu'on l'a assassiné dans ma maison. — On lui arrache mon épée. A l'instant, il me saute aux cheveux et me dépouille entièrement le front. La douleur que je sens me fait quitter son corps que j'embrassais, et de toute la raideur de mon bras je lui assène à plein fouet un grand coup de poing sur le visage. — Misérable! me dit-il, tu frappes un duc et pair! — J'avoue que cette exclamation si extravagante pour le moment m'eût faire rire en tout autre temps; mais, comme il est plus fort que moi et qu'il me prit à la gorge, il fallut bien ne m'occuper que de ma défense. Mon habit, ma chemise sont déchirés, mon visage est de nouveau sanglant. Mon père, vieillard de soixante-quinze ans, veut se jeter à la traverse : il a sa part lui-même des fureurs *crochetorales* du duc et pair; mes domestiques se mettent à nous séparer. J'avais moi-même perdu la mesure, et les coups étaient rendus aussitôt que donnés. Nous nous trouvons au bord de l'escalier, où le taureau tombe, roule sur mes domestiques et m'entraîne avec lui. Ce désordre horrible le rend un peu à lui-même. Il entend frapper à la porte de la rue : il y court, il voit entrer ce même jeune homme[1] qui m'avait averti le matin dans mon carrosse; il le prend par le bras, le pousse dans la maison et jure que personne n'entrera ni ne sortira que par son ordre jusqu'à ce qu'il m'ait mis en morceaux. Au bruit qu'il fait, le monde s'amasse devant la porte; une femme de ma maison crie par une fenêtre qu'on assassine son maître. Mon jeune ami, effrayé de me voir défiguré et tout en sang, veut m'entraîner en haut. Le duc ne veut pas le souffrir. Sa rage se ranime, il tire son épée, qui était restée à son côté, car il est à remarquer qu'aucun de mes gens n'avait encore osé la lui ôter, croyant, à ce qu'ils m'ont dit, que c'était un manque de respect qui aurait pu tirer à conséquence pour eux; il fond sur moi pour me percer, huit personnes se jettent sur lui, on le désarme. Il blesse mon laquais à la tête, mon cocher a le nez coupé, mon cuisinier a la main percée. — L'indigne lâche! m'écriai-je, c'est pour la seconde fois qu'il vient sur moi, qui suis sans armes, avec une épée. Il court dans la cuisine chercher un couteau; on le suit, on serre tout ce qui peut blesser à mort. Je remonte chez moi. Je m'arme d'une tenaille de foyer. J'allais redescendre, j'apprends un trait qui me prouve à l'instant que cet homme est devenu absolument fou : c'est que sitôt qu'il ne me voit plus, il entre dans la salle à manger, se met à table tout seul, mange une grande assiettée de soupe et des côtelettes, et boit deux carafes d'eau. Il entend encore frapper à la porte de la rue, court ouvrir, et voit M. le commissaire Chenu, qui, surpris du désordre horrible où il voit tout mon monde, frappé surtout de mon visage déchiré, me demande de quoi il s'agit. Il s'agit, monsieur, d'un lâche forcené qui est entré ici dans l'intention d'y dîner avec moi, qui m'a sauté au visage dès qu'il a mis le pied dans mon cabinet, a voulu me tuer de ma propre épée, ensuite de la sienne. Vous voyez bien, monsieur, qu'au monde que j'ai autour de moi j'aurais pu le faire mettre en pièces, mais on me l'aurait demandé meilleur qu'il n'est. Ses parents, charmés d'en être débarrassés, ne m'en auraient peut-être pas moins cherché une mauvaise affaire. Je me suis contenu, et, à l'exception de cent coups de poing avec lesquels j'ai repoussé l'outrage qu'il a fait à mon visage et à ma chevelure, j'ai défendu qu'on lui fît aucun mal.

M. le duc prend la parole et dit qu'il devait se battre à quatre heures avec moi devant M. le comte de Turpin, choisi comme témoin, et qu'il n'avait pu attendre jusqu'à l'heure convenue.—Comment trouvez-vous, monsieur, cet homme qui après avoir fait un esclandre horrible dans ma maison, divulgue lui-même, devant un homme public, sa coupable intention, compromet un officier général en le nommant comme témoin désigné et détruit d'un seul mot toute possibilité d'exécuter son projet que cette lâcheté prouve qu'il n'a jamais conçu sérieusement? — A ces mots, mon forcené, qui est brave à coups de poing comme un matelot anglais, s'élance une cinquième fois sur moi; j'avais quitté ma tenaille à l'arrivée du commissaire; réduit à l'arme de la nature, je me défends de mon mieux devant l'assemblée, qui nous sépare une troisième fois. M. Chenu me prie de rester dans mon salon et emmène M. le duc, qui voulait casser les glaces. En cet instant, mon laquais revient

---

[1] C'est Gudin.

avec une épée neuve; je la prends et je dis au commissaire : Monsieur, je n'ai pas eu le dessein d'un duel, je ne l'aurai jamais; mais, sans accepter de rendez-vous de cet homme, j'irai par la ville attaché sans cesse à cette épée, et, s'il vient m'insulter, comme la publicité qu'il donne à cette horrible aventure prouve de reste qui est l'agresseur, je jure que j'en délivrerai, si je puis, le monde qu'il déshonore par ses lâchetés. — L'arme que je tenais alors étant un porte-respect imposant, il s'est retiré sans rien dire dans ma salle à manger, où M. Chenu, l'ayant suivi, a été aussi surpris qu'effrayé de le voir se meurtrir le visage à coups de poing et s'arracher lui-même une poignée de cheveux de chaque main, de rage de n'avoir pu me tuer. M. Chenu l'a enfin déterminé à rentrer chez lui, et il a eu le sang-froid de se faire coiffer par mon laquais qu'il avait blessé. Je suis remonté chez moi pour me faire panser, et lui s'est jeté dans sa voiture.

X

ADDITION À LA REQUÊTE
A NOSSEIGNEURS LES MARÉCHAUX DE FRANCE.

La bonté, la générosité avec laquelle vous avez daigné entendre tous les détails de ma malheureuse affaire contre M. le duc de Chaulnes m'enhardit à vous présenter cette addition à ma requête, et à la faire précéder de quelques réflexions relatives à la détention inattendue de M. le duc de Chaulnes. Je ne mets à ceci obstination ni cruauté; mais outragé de toutes les manières possibles, il vaudrait mieux pour moi que j'eusse été poignardé par le duc de Chaulnes, que de rester sans être jugé par vous.

Dans toutes les discussions entre les hommes, la probité, soumise à la loi, règle à la rigueur ce que chacun doit aux autres; l'honneur, plus indépendamment parce qu'il tient aux mœurs, mais plus rigoureux encore, prescrit ce que chacun se doit à soi-même : ainsi le tribunal de l'intérêt punit, inflige des peines, à celui qui, manquant à la probité, n'a pas respecté le droit d'autrui; et le tribunal de l'honneur se contente de diffamer, de livrer au mépris celui qui s'est manqué à lui-même.

La probité est la moindre vertu exigée de l'homme en société; l'honneur est la qualité distinctive d'un cœur noble et magnanime, en quelque état que le sort l'ait jeté. L'homme de probité peut donc n'être que juste, et s'arrêter là; mais l'homme d'honneur va toujours plus loin, il est délicat et généreux.

Ainsi le négociant qui paye exactement ses traites est censé avoir de la probité; mais son honneur tient à la réputation de désintéressement et de loyauté dans les affaires. La probité d'une femme est d'être fidèle; la femme d'honneur est plus : elle est chaste et modeste. L'impartialité dans un magistrat est sa probité; mais il a de d'honneur s'il chérit la justice pour elle-même, et veut la démêler à travers les brouillards de la chicane. Enfin la probité du militaire l'oblige à garder son poste, quelque dangereux qu'il soit; mais c'est l'honneur seul qui peut lui faire aimer ou braver ce danger, pour un motif généreux et supérieur à sa conservation.

Il suit de ces distinctions délicates, qu'autant l'honneur est au-dessus de la simple probité, autant le tribunal des maréchaux de France est supérieur en ses fonctions à tous ceux où les intérêts pécuniaires se disputent et se jugent; c'est le tribunal imposant de l'âme, celui qui fixe l'opinion publique sur l'honneur des particuliers : et quel homme est au-dessus de l'opinion publique?

Chaque état, chaque ordre de citoyens peut former la juste prétention d'être jugé par ses pairs, sur les points d'intérêts, de convenances ou de préséances humaines. Mais quel ordre osera décliner le tribunal de l'honneur auquel tous sont également soumis, quoique tous n'aient pas l'avantage d'y être également admis? Et, parmi ceux qui jouissent de cet honorable privilége, quel homme n'a pas le droit de se croire égal et pair de tous les autres sur le point délicat de l'honneur? L'attention même de nos rois à choisir indistinctement les juges de l'honneur entre les plus braves et célèbres militaires, soit qu'ils tiennent aux premiers rangs de l'illustration des cours, soit que la vaillance, la noblesse et la vertu les aient rendus seuls dignes de cette honorable préférence; cette attention de nos rois, dis-je, n'est-elle pas la marque distinctive de la sublimité de leurs fonctions, et de la généralité du ressort de ce tribunal auguste?

A ce tribunal, le fond des choses ne peut jamais être sacrifié à de vaines formalités : l'homme d'honneur outragé doit y trouver un refuge certain, et obtenir la vengeance qu'il s'est refusée à lui-même, quelque biais qu'on prenne pour soustraire le coupable au jugement.

Dans les autres tribunaux, les hommes s'accommodent s'ils veulent aux circonstances, parce que chacun est maître de sacrifier son bien ou de modérer sa cupidité; au tribunal de l'honneur, il n'est point d'accommodement, parce qu'on ne transige point sur l'honneur : ainsi le juge de l'honneur doit fixer l'opinion publique sur les contendans par un prononcé net et sans nuages, puisque le droit de la justice éclatante lui a été remis au défaut de la justice personnelle et sanglante que la loi proscrit.

J'ose appliquer, messeigneurs, ces principes incontestables à ma position actuelle; et j'ose me croire plus digne de comparaître à votre auguste tribunal, par la prudente fermeté de ma conduite en toute cette cette affaire, que par aucun autre titre qui m'ait rendu votre justiciable.

J'allais être jugé par vous, messeigneurs, et rétabli dans le rang honorable d'un citoyen prudent et courageux. Un événement, peut-être étranger à mon affaire, un ordre supérieur dont les motifs sont restés enfermés dans le cœur du roi, fait mettre le duc de Chaulnes dans une citadelle.

Je demande donc, par une addition à ma première requête, que, sans avoir égard à la détention de M. le duc de Chaulnes, il vous plaise, messeigneurs, ordonner l'information la plus exacte des faits contenus dans ma dite requête, me soumettant aux peines les plus rigoureuses, si une seule des choses qui y sont énoncées se trouve seulement hasardée : vous savez bien, messeigneurs, que des faits de cette importance, mais seulement appuyés sur des témoignages humains, se dénaturent, s'altèrent, s'atténuent, par le laps de temps.

C'est à vous, messeigneurs, que j'en appelle ; à vous, dont quelques-uns n'ont pas dédaigné de me demander où j'avais puisé le courage, le sang-froid et la fermeté que j'ai conservés dans l'affreuse journée du jeudi 11 février.

Forcé de solliciter aujourd'hui la justice comme une grâce, je vous supplie, messeigneurs, d'ordonner que l'information soit faite, que tous les témoins soient entendus, que tous les faits soient constatés dans tous les lieux et devant tous les gens désignés en ma requête ; et, mes preuves étant faites, je vous supplie de vouloir bien porter au pied du trône l'humble prière que je fais au roi, d'ordonner que le duc de Chaulnes soit remis en lieu d'où il puisse donner librement ses défenses.

Je demande que mes preuves soient discutées : ce sont des témoins à interroger qui peuvent se disperser. Je demande que les défenses de mon adversaire soient entendues, et le procès porté jusqu'à jugement définitif ; j'attends cette justice du tribunal de l'honneur.

Ce considéré, messeigneurs, il vous plaise admettre le suppliant à faire sa déclaration, et à faire preuve des faits qui seront énoncés ; et en outre arrêter que le roi sera très-humblement supplié de permettre au duc de Chaulnes de faire pareillement sa déclaration, de faire entendre pareillement ses témoins s'il y a lieu, et de fournir telles autres défenses qu'il avisera, en sorte que l'affaire puisse être jugée contradictoirement, comme elle était sur le point de l'être, sans l'avénement de sa détention.

XI

A NOSSEIGNEURS LES MARÉCHAUX DE FRANCE.

Du For-l'Évêque, à l'instant de ma détention (26 février 1773).

J'ai l'honneur de vous prévenir que je viens d'être arrêté par ordre du roi, et conduit au For-l'Évêque. J'ignore à quel mal ce nouveau mal peut remédier, et si, en ôtant à l'accusateur la liberté de la poursuite, on espère que l'accusé en paraîtra moins coupable. Mais, messeigneurs, ma détention me semble au moins décider une question qui a suspendu la justice que j'ai droit d'attendre du tribunal. M. le duc de Chaulnes est dans une citadelle ; je suis traîné dans une prison. Aucun des deux contendants n'a d'avantage aujourd'hui sur l'autre, et tous deux ont un égal intérêt à solliciter l'information qui doit amener leur jugement. Le roi, maître en tout temps de la liberté de ses sujets, n'est pas de leur honneur ; et l'autorité qui nous enlève au pouvoir de solliciter votre justice ne peut nous enlever le droit de l'espérer et de l'attendre du tribunal saisi de notre affaire.

Si la conduite prudente et modérée que j'ai tenue en cette occasion difficile a pu me mériter d'être écouté de vous dans mes justes plaintes, le malheur qu'elle entraîne aujourd'hui me donne plus de droits encore à votre justice. L'information que je vous supplie d'ordonner promptement est le seul moyen d'instruire la religion du roi sur cet horrible événement ; et moins j'ai mérité mon infortune, plus la vérité mise au grand jour doit la faire cesser promptement. Ma cause intéresse également votre bon cœur et votre équité ; et c'est au double titre d'homme d'honneur offensé et de citoyen persécuté que j'ai recours avec confiance à votre protection.

Je suis, avec le plus profond respect,

Votre, etc.

XII

A M. MÉNARD DE CHOUZY.

Du For-l'Évêque, le 1ᵉʳ mars 1773.

J'ai l'honneur, monsieur, de vous adresser un mémoire que je désirerais que vous eussiez la bonté de mettre sous les yeux de M. le duc de la Vrillière, après en avoir pris lecture vous-même. Vous y verrez, monsieur, par l'exposé de ma conduite jour par jour, qu'un homme aussi grièvement outragé n'a jamais montré plus de modération et de sagesse. J'entends crier partout que j'ai des ennemis ; je les mets au pire, monsieur, s'ils ne sont pas les plus méchants des hommes : et s'ils le sont, qu'ils laissent aller le cours de la justice ; on ne me fera nulle grâce. Je passe ma vie au sein de ma famille très-nombreuse, dont je suis le père et le soutien. Je me délasse des affaires avec les belles-lettres, la belle musique, et quelquefois les belles femmes. J'ai reçu de la nature un esprit gai, qui m'a souvent consolé de l'injustice des hommes ; à la vérité, les contradictions perpétuelles d'une vie fort traversée ont peut-être donné un peu de roideur à mon âme, qui n'est plus aussi flexible que dans ma jeunesse. Mais un peu de fierté sans hauteur est-elle incompatible avec un cœur honnête et généreux ? Je n'ai jamais couru la carrière de personne : nul homme ne m'a jamais trouvé barrant ses vues ; tous les goûts agréables se sont trop multipliés chez moi, pour que j'aie eu jamais le temps ni le dessein de faire une méchanceté. À l'instant où j'allais donner au théâtre une comédie du genre le plus gai ; à l'instant où je disposais pour le concert des amateurs une foule de beaux morceaux de musique italienne sur lesquels je m'étais plu à façonner de la poésie française, pour répondre par des exemples aux âpres dissertations de M. Rousseau sur la surdité de notre langue, le duc de Chaulnes imagine de choisir l'instant de ma pièce, de ma musique, et surtout celui d'un procès très-important que j'ai déjà gagné deux fois, mais dont mon adversaire, pour dernière ressource, appelle à la grand'chambre ; le duc de Chaulnes imagine, dis-je, de venir me poignarder chez moi.

J'ai tenu mon âme à deux mains ; ma conduite a paru, même à mes juges, un chef-d'œuvre de prudence et de courage. Je suis offensé, plaignant ; je crie justice, et l'on me jette en prison, au grand étonnement de toute la terre, c'est-à-dire de tous les honnêtes gens ; et la maudite phrase, le cruel refrain : « C'est un homme qui a bien des ennemis, » revient sans cesse aux oreilles des gens de qui j'attends justice.

Il n'y a personne qui ne perdit l'esprit de tout ce qui m'arrive ; mais je ne le perdrai pas : je ferai tête avec fermeté, prudence et modestie, à cette bourrasque affreuse ; et vous pouvez, monsieur, acquérir des droits immortels à la reconnaissance d'une âme honnête, qui vous demande pour toute grâce de lui obtenir enfin un peu de justice, sans que cela vous coûte qu'une légère sollicitation.

J'ai l'honneur d'être, avec la reconnaissance la plus vive, monsieur, votre, etc.

XIII

A M. DE SARTINES.

Il est bien prouvé pour moi maintenant qu'on veut que je perde mon procès, s'il est perdable ou seulement douteux ; mais je vous avoue que je ne m'attendais pas à l'observation dérisoire de M. le duc de la Vrillière *de faire solliciter mon affaire par mon procureur*, lui qui sait aussi bien que moi que cela même est défendu aux procureurs. Ah ! grands dieux ! ne peut-on perdre un innocent sans lui rire au nez ? Ainsi, monsieur, j'ai été grièvement insulté, et l'on m'a dénié justice, parce que mon adversaire est de qualité ; j'ai été mis en prison, et l'on m'y retient, parce que j'ai été insulté par un homme de qualité ! L'on va jusqu'à trouver mauvais que je fasse revenir le public des fausses impressions qu'il a reçues, pendant que les gazettes impudentes des *Deux-Ponts* et de *Hollande* me déshonorent indignement pour servir mon adversaire de qualité. Peu s'en est fallu qu'on ne m'ait dit que j'étais bien insolent d'avoir été outragé de toutes les façons possibles par un homme de qualité ; car que veut dire la phrase dont tous mes solliciteurs sont payés : « Il a mis trop de jactance dans cette affaire ? » Pouvais-je faire moins que demander justice et prouver par la conduite de mon adversaire que je n'avais nul tort ? Quel prétexte pour perdre et ruiner un homme offensé, que de dire : « Il a trop parlé de son affaire, » comme s'il m'était possible de parler d'autre chose ! Recevez mes actions de grâces, monsieur, de m'avoir fait parvenir ce refus et cette observation de M. le duc de la Vrillière, et pour le bonheur de ce pays, puisse votre pouvoir égaler un jour votre sagesse et votre intégrité ! Les malheureux ne feront plus de pareils plaidoyers. Ma reconnaissance égale le profond respect avec lequel je suis, etc.

BEAUMARCHAIS.

Ce 11 mars 1773.

XIV

AU MÊME.

« Du For-l'Évêque, ce 20 mars 1773. »

MONSIEUR,

M. le duc de la Vrillière disait à Choisy, la semaine passée, que je devais savoir pourquoi je suis en prison, puisqu'il me l'a mandé dans sa lettre. La vérité est que je n'ai reçu ni lettre ni billet de personne au sujet de ma détention. Permis à moi d'en deviner, si je puis, le motif, selon l'usage de l'inquisition romaine.

Mme Ménard m'a seulement fait dire hier, par un de mes amis, que vous avez bien voulu lui promettre de tenter un nouvel effort en ma faveur, dimanche, après du ministre ; mais la façon mystérieuse dont cette annonce m'a été faite m'en ferait presque douter, car la bonne petite y met toutes les gentilles et puériles mignardises dont son sexe assaisonne les moindres bienfaits. A l'en croire, il lui faudrait un ordre exprès pour me voir, des témoins pour l'accompagner, des permissions pour m'écrire, et même des précautions pour oser correspondre avec moi par un tiers. A travers tout cela, cependant, *agnosco veteris vestigia flammæ*, je ne puis m'empêcher de sourire à ce mélange d'enfantillage et d'aimable intérêt. Vouloir me persuader que le ministre me fait la grâce de porter une sévère attention jusque sur mes liaisons d'amitié ! Un joueur de paume, en pelotant, s'informe-t-il de quoi l'intérieur des balles est composé ?

Quoi qu'il en soit, monsieur, je vous réitère mes vives instances de remettre sous les yeux du ministre le tort affreux que peut me faire le défaut de sollicitation personnelle dans mon procès *la Blache*, et je vous fais mes plus sincères remerciements, si vous avez, en effet, eu la bonté de le promettre à Mme Ménard.

J'ose espérer que vous voudrez bien ne pas faire connaître à cette excellente petite femme que je vous ai instruit de l'importance qu'elle prétend qu'on attache à ses démarches frivoles dans une affaire aussi grave, et où il ne s'agit pas moins que de la détention d'un citoyen insulté, grièvement insulté, plaignant, non jugé, que l'autorité jette en prison, y laisse morfondre et se ruiner.

Plus cette aimable enfant s'efforce à me le faire croire, moins elle me pardonnerait d'en douter, surtout de vous en entretenir, et, comme dit Ovide ou Properce, *nullæ sunt inimicitiæ nisi amoris acerbæ;* mais je m'aperçois qu'en la blâmant je fais comme elle, et que je mêle indiscrètement de petites choses aux sollicitations les plus sérieuses. Je m'arrête, et je suis avec le plus profond respect, monsieur, votre très-humble et très-obéissant serviteur,

BEAUMARCHAIS.

XV

AU DUC DE LA VRILLIÈRE.

MONSEIGNEUR,

L'affreuse affaire de M. le duc de Chaulnes est devenue pour moi un enchaînement de malheurs sans fin, et le plus grand de tous est d'avoir encouru votre disgrâce; mais si, malgré la pureté de mes intentions, la douleur qui me brise a emporté ma tête à des démarches qui aient pu vous déplaire, je les désavoue à vos pieds, monseigneur, et vous supplie de m'en accorder un généreux pardon. Ou, si je vous parais mériter une plus longue prison, permettez-moi seulement d'aller pendant quelques jours instruire mes juges au palais dans la plus importante affaire pour ma fortune et mon honneur, et je me soumets après le jugement, avec reconnaissance, à la peine que vous m'imposerez. Toute ma famille en pleurs joint sa prière à la mienne. Chacun se loue, monseigneur, de votre indulgence et de la bonté de votre cœur. Serai-je le seul qui vous ait vainement imploré? Vous pouvez d'un seul mot combler de joie une foule d'honnêtes gens, dont la vive reconnaissance égalera le très-profond respect avec lequel nous sommes tous, et moi particulièrement, monseigneur, votre, etc.

CARON DE BEAUMARCHAIS.

Du For-l'Évêque, ce 21 mars 1773.

XVI

AU ROI.

Juin 1774.

SIRE,

Lorsque j'avais l'air de fuir l'injustice et la persécution au mois de mars dernier, le feu roi votre aïeul savait seul où j'étais; il m'avait honoré d'une commission particulière et très-délicate en Angleterre, ce qui m'a fait faire quatre fois le voyage de Londres à Versailles en moins de six semaines.

Je me pressais enfin de rapporter au roi les preuves du succès de ma négociation, sur laquelle j'avais été croisé de toutes les manières possibles. A mon arrivée à Versailles, j'ai eu la douleur de trouver le roi mourant; et quoiqu'il se fût inquiété dix fois de mon retard avant de tomber malade, je n'ai pas pu même avoir la consolation de lui faire savoir que ses ordres secrets avaient eu leur entière exécution.

Cette affaire délicate intéresse Votre Majesté par ses suites, comme elle intéressait le feu roi par son existence. Le compte que je venais lui rendre n'est dû qu'à Votre Majesté; il y a même des choses qui ne peuvent être confiées qu'à elle seule. Je la supplie de vouloir bien honorer de ses ordres à cet égard le plus malheureux, mais le plus soumis et le plus zélé de ses sujets.

XVII

A M. ***.

Paris, le 26 juin 1774.

Ah! sans doute, répondre; et surtout à mon ami de cœur! Crois-tu que, si j'avais le temps d'écrire, je ne donnerais pas la préférence à cinq ou six mille étrangers qui m'ont appris les cinq ou six mille manières d'écrire une félicitation, un encouragement, un éloge et une offre d'amitié? Toi, que je n'ai pas peur de perdre, je puis te négliger, et c'est ce que je fais bravement tous les courriers. Mais comment conserver tous mes nouveaux amis? Quatre secrétaires n'y suffiraient pas; sans compter l'ami Goëzman, qui vient de régaler le public d'une longue requête, dans laquelle non-seulement il ne nie pas d'avoir fait un faux baptismal, mais il prétend en faire l'apologie. Cela me remet le cœur à la plume; car depuis quelque temps, me dorlotant sur mon blâme, j'avais même un peu laissé dormir mon procès; j'avais même été jusqu'à refuser respectueusement du feu roi la réhabilitation de ton ami, en le suppliant de ne récompenser mes services que par la grâce de me permettre de solliciter sa justice dans une requête en cassation.

Les choses en étaient là quand le diable, qui berce ma vie, m'a enlevé mon protecteur et mon maître. Revenu de toutes les fausses impressions qu'on lui avait données de moi, il m'avait promis justice et bienveillance: tout est fondu; et de sept cent quatre-vingts lieues faites en six semaines pour son service, il ne me reste que les jambes enflées et la bourse aplatie. Un autre s'en pendrait: mais comme cette ressource ne me manquera pas, je la garde pour la fin; et, en attendant que je dise mon dernier mot là-dessus, je m'occupe à voir lequel, du diable ou de moi, mettra le plus d'obstination, lui à me faire choir, et moi à me ramasser: c'est à quoi j'emploie ma tête carrée.

Mais, à ton tour, dis-moi, cœur pointu, ce que tu penserais de moi, si, ayant mis dans cette tête de prouver à Louis XVI qu'il n'a pas un sujet plus zélé que ton ami le blâmé, je t'apprends quelque jour que, le 26 juin 1774, je suis parti pour un nouveau voyage dans un nouveau pays, honoré de la confiance du nouveau maître ; que les difficultés de tous genres, qui ne m'ont jamais arrêté sur rien, ne rendent mon zèle que plus ardent, et que j'ai réussi à prouver en effet que je n'étais pas aussi digne de blâme qu'il a plu au parlement de l'imprimer ? — Mais à quoi m'amusé-je ici ? Mes chevaux de poste sont arrivés ; et si je ne tournais pas le dos à Bayonne, d'honneur je te porterais ma lettre moi-même ; j'irais renouveler connaissance à M. Varnier, dont le caractère, l'esprit et le sens exquis m'avaient frappé à Madrid, au point que j'aurais désiré qu'il voulût bien accepter ma maison et mon amitié ; j'irais embrasser cette madame de Montpellier, qui fait, dit-on, le charme de toute sa société ; j'irais embrasser avec joie mon vieux ami Datilly.

As-tu compris quelque chose à mon amphigouri de destinée ? as-tu senti renaître l'espérance pour ton malheureux proscrit d'ami, en lisant l'obscure annonce que je te fais d'un nouveau champ d'honneur à parcourir ?

Si tu te rappelles notre dernière après-midi, où réellement tu me pressurais (pour user de ton expression), promène ton imagination ; et si tu as trouvé ce que je vous contais alors à tous trois bien extraordinaire, prends ta secousse, et va beaucoup plus loin encore ; et tout ce que tu penseras n'approchera jamais de ce que je ne te dis pas. J'aime, mon ami, la noble confiance que tu as en mon courage. Répète-moi de temps en temps que tu estimes en moi cette qualité : j'ai besoin de recueillir tout ce qui m'en reste, pour m'élever jusqu'à la besogne que j'entreprends ; et l'éloge de mon ami sera ma plus douce récompense, lorsque je pourrai me rendre le témoignage que je ne suis pas resté au-dessous : c'est à quoi que vais travailler. Je serais de retour en France dans un mois ou six semaines au plus tard ; alors je pourrais ouvrir la bouche sur ce que je suis forcé de taire. Adieu.

XVIII

A M. DE SARTINES.

Calais, ce 26 juillet 1774.

Tout considéré, monsieur, j'ai pris ma route de Hollande par Calais, parce qu'on m'a fait craindre de rester cinq ou six jours en mer dans mon passage d'Harwich à Amsterdam ; je ne perdrai pas autant de temps à faire la course par terre, et je souffrirai moins. Mon passage a été rude, mais beaucoup moins que le dernier.

J'ai appris en rentrant en France les nouvelles commotions relativement au nouveau système ; j'en suis bien affligé, car j'ai bien de l'inquiétude que les moyens de rigueur ne soient pas les meilleurs de tous pour arranger les affaires, et que l'aigreur ne s'empare des esprits : il eût été fort à souhaiter qu'on eût pu les rapprocher.

Il semble qu'en arrivant de chez l'étranger on se sente l'âme plus patriotique de moitié. Notre jeune maître donne de si bonnes espérances, sa réputation est si belle chez l'étranger, que je voudrais, pour tout ce que je possède, que rien n'y pût porter la moindre atteinte !

Je compte être de retour avant quinze jours à Paris, et vous y renouveler de vive voix les assurances du très-respectueux attachement avec lequel j'ai l'honneur, etc.

P. S. On m'a mandé que vous vous plaigniez du peu de fréquence de mes lettres : j'ai pourtant écrit régulièrement ; mais je n'ai pas, il est vrai, confié à la poste des détails aussi nets que ceux que contient cette lettre, qui vous parvient par une voie sûre : car, suivant la maxime qu'on peut faire à autrui ce qu'il nous fait lui-même, le ministre anglais m'a appris qu'on décachetait en Angleterre tout ce qui avait rapport à la France. Et voilà comme les basses ressources de la politique finissent par n'être plus qu'un commerce réciproque de vilenies, qui n'est utile à personne.

J'ai peur de devenir misanthrope, car je me surprends à réfléchir bien austèrement sur tout le mal que j'aperçois.

J'ai eu besoin en Angleterre d'un manége bien délicat pour finir mon opération, car j'y voyais des risques de plus d'un genre. Enfin elle est finie, et tout est en sûreté. Du secret jusqu'à mon retour, je vous prie !

XIX

A M. R***.

Dans un bateau sur le Danube, auprès de Ratisbonne, le 15 août 1774.

Avant d'entrer en matière avec moi, mon ami, je dois vous prévenir qu'étant dans un bateau sur lequel il y a six rameurs, en parcourant un fleuve rapide qui m'entraîne, la secousse de chaque coup d'aviron imprime à mon corps et surtout à mon bras un mouvement composé qui dérange ma plume, et donnera dans le moment à mon écriture le caractère tremblant et peu assuré que vous allez lui trouver ; car j'ai fait cesser de ramer pour écrire cet exorde, afin que sa dissemblance à ce qui va suivre puisse vous convaincre que le vice de mon écriture vient d'une cause étrangère, et non d'aucun désordre intérieur causé par mes souffrances.

Ceci posé, *tâchez de me lire, et tenez-vous bien.*

Ma situation me rappelle l'état où se trouva, dans les mêmes lieux, un philosophe dont vous et moi admirons le génie. Descartes raconte que, descendant le Danube dans une barque, et lisant tranquillement assis sur la pointe, il ouït distinctement les mariniers, qui ne supposaient pas qu'il entendît l'allemand, projeter de l'assassiner. Il rassura, dit-il, sa contenance, examina si ses armes étaient en bon état, en un mot fit si bonne mine, que jamais ces gens, dont il suivait tous les mouvements, n'osèrent exécuter leur mauvais dessein.

Moi, qui n'ai pas à un si haut degré que lui la perfection de la philosophie, mais qui me pique aussi de méthode et de courage dans mes actions, je me trouve dans un bateau du Danube, ne pouvant absolument souffrir le mouvement de ma chaise en poste, parce qu'on a osé exécuter hier sur moi ce qu'on n'osa, le siècle passé, entreprendre sur lui.

Hier donc, sur les trois heures après midi, auprès de Neuschtat, à quelque cinq lieues de Nuremberg, passant en chaise, avec un seul postillon et mon domestique anglais, dans une forêt de sapins assez claire, je suis descendu pour satisfaire un besoin, et ma chaise a continué de marcher au pas, comme cela était arrivé toutes les fois que j'étais descendu. Après une courte pause, j'allais me remettre en marche pour la rejoindre, lorsqu'un homme à cheval, me coupant le chemin, saute à terre et vient au-devant de moi ; il me dit quelques mots allemands, que je n'entends point ; mais comme il avait un long couteau ou poignard à la main, j'ai bien jugé qu'il en voulait à ma bourse ou à mes jours. J'ai fouillé dans mon gousset de devant, ce qui lui a fait croire que je l'avais entendu, et qu'il était déjà maître de mon or. Il était seul ; au lieu de ma bourse, j'ai tiré mon pistolet, que je lui ai présenté sans parler, élevant ma canne de l'autre main pour parer un coup, s'il essayait de m'en porter ; puis, reculant contre un gros sapin et le tournant lestement, j'ai mis l'arbre entre lui et moi. Là, ne le craignant plus, j'ai regardé si mon pistolet était amorcé ; cette contenance assurée l'a en effet arrêté tout court. J'avais déjà gagné à reculons un second et un troisième sapins, toujours les tournant à mesure que j'y arrivais, la canne levée d'une main et le pistolet de l'autre, ajusté sur lui. Je faisais une manœuvre assez sûre, ce qui bientôt allait me remettre dans ma route, lorsque la voix d'un homme m'a forcé de tourner la tête : c'était un grand coquin en veste bleue sans manches, portant son habit sur son bras, qui accourait vers moi par derrière. Le danger croissant m'a fait me recueillir rapidement : j'ai pensé que, le péril étant plus grand de me laisser prendre par derrière, je devais revenir au-devant de l'arbre et me défaire de l'homme au poignard, pour marcher ensuite à l'autre brigand : tout cela s'est agité, s'est exécuté comme un éclair. Courant donc au premier voleur jusqu'à la longueur de ma canne, j'ai fait sur lui feu de mon pistolet, qui misérablement n'a point parti. J'étais perdu : l'homme, sentant son avantage, s'est avancé sur moi. Je parais pourtant de ma canne en reculant à mon arbre, et cherchant mon autre pistolet dans mon gousset gauche, lorsque le second voleur m'ayant joint par derrière, malgré que je fusse adossé au sapin, m'a saisi par une épaule et m'a renversé en arrière : le premier alors m'a frappé de son long couteau de toute sa force au milieu de la poitrine. C'était fait de moi : mais pour vous donner une juste idée de la combinaison d'incidents à qui je dois, mon ami, la joie de pouvoir encore vous écrire, il faut que vous sachiez que je porte sur ma poitrine une boîte d'or ovale, assez grande et très-plate, en forme de lentille, suspendue à mon cou par une chaînette d'or ; boîte que j'ai fait faire à Londres, et renfermant un papier si précieux pour moi, que sans lui je ne voyagerais pas. En passant à Francfort, j'avais fait ajuster à cette boîte un sachet de soie, parce que, quand j'avais fort chaud, si le métal touchait subitement ma peau, cela me saisissait un peu.

Or, par un hasard ou plutôt par un bonheur qui ne m'abandonne jamais au milieu des plus grands maux, le coup de poignard violemment asséné sur ma poitrine a frappé sur cette boîte, qui est assez large, au moment qu'attiré du côté de l'arbre par l'effort du second brigand qui me fit perdre pied, je tombais à la renverse. Tout cela combiné fait qu'au lieu de me crever le cœur, le couteau a glissé sur le métal, en coupant le sachet, enfonçant la boîte et la sillonnant profondément ; puis m'éraflant la haute poitrine, il m'est venu percer le menton en dessous, et sortir par le bas de ma joue droite. Si j'eusse perdu la tête en cet extrême péril, il est certain, mon ami, que j'aurais aussi perdu la vie. *Je ne suis pas mort*, dis-je en me relevant avec force ; et voyant que l'homme qui m'avait frappé était le seul armé, je m'élance sur lui comme un tigre, à tous risques ; et saisissant son poignet, je veux lui arracher son long couteau, qu'il retire avec force, ce qui me coupe jusqu'à l'os toute la paume de la main gauche, dans la partie charnue du pouce. Mais l'effort qu'il fait en retirant son bras, joint à celui que je faisais moi-même en avant sur lui, le renverse à son tour : un grand coup de talon de ma botte, appuyé sur son poignet, lui fait lâcher le poignard, que je ramasse, en lui sautant à deux genoux sur l'estomac. Le second bandit, plus lâche encore que le premier, me voyant prêt à tuer son camarade, au lieu de le secourir saute sur le cheval qui paissait à dix pas, et s'enfuit à toutes jambes. Le misérable que je tenais sous moi, et que j'aveuglais par le sang qui me ruisselait du visage, se voyant abandonné, a fait un effort qui l'a retourné à l'instant où j'allais le frapper ; et se relevant à deux genoux, les mains jointes, il m'a crié lamentablement : *Monsieur ! mon ami !* et beaucoup de mots allemands par lesquels j'ai compris qu'il me demandait la vie. *Infâme scélérat !* ai-je dit ; et mon premier mouvement se prolongeant, j'allais le tuer. Un second opposé, mais très-rapide, m'a fait penser qu'égorger un homme à genoux, les mains jointes, était une espèce d'assassinat, une lâcheté indigne d'un homme d'honneur. Cependant, pour qu'il s'en souvînt bien, je voulais au moins le blesser grièvement ; il s'est prosterné en criant, *Mein Gott !* (Mon Dieu !)

Tâchez de suivre mon âme à travers tous ces mouvements aussi prompts qu'opposés, mon ami, et vous parviendrez peut-être à concevoir comment, du plus grand danger dont j'aie jamais eu à me garantir, je suis en un clin d'œil devenu assez osé pour espérer lier les mains derrière le dos de cet homme, et l'amener ainsi garrotté jusqu'à ma chaise : tout cela ne fut qu'un éclair. Ma résolution ainsi arrêtée, d'un seul coup je coupai promptement sa forte ceinture de chamois par derrière, avec son couteau que je tenais dans ma main droite, acte que sa prosternation rendait très-facile.

Mais comme j'y mettais autant de violence que de vitesse, je l'ai fort blessé aux reins, ce qui lui a fait jeter un grand cri en se relevant sur ses genoux et joignant de nouveau les mains. Malgré la douleur excessive que je ressentais au visage, et surtout à la main gauche, je suis convaincu que je l'aurais entraîné, car il n'a fait aucune résistance, lorsque ayant tiré mon mouchoir, et jeté à trente pas le couteau qui me gênait, parce que j'avais mon second pistolet dans la main gauche, je me disposais à l'attacher ; mais cet espoir n'a pas été long : j'ai vu revenir de loin l'autre bandit, accompagné de quelques scélérats de son espèce ; il a fallu de nouveau m'occuper de ma sûreté. J'avoue qu'alors j'ai senti la faute que j'avais faite de jeter le couteau ; j'aurais tué l'homme sans scrupule en ce moment, et c'était un ennemi de moins. Mais ne voulant pas vider mon second pistolet, le seul porte-respect qui me restât contre ceux qui venaient à moi, car ma canne était tout au plus défensive, dans la fureur qui m'a saisi de nouveau, j'ai violemment frappé la bouche de cet homme agenouillé du bout de mon pistolet, ce qui lui a enfoncé la mâchoire et cassé quelque dents de devant, qui l'ont fait saigner comme un bœuf ; il s'est cru mort et est tombé. Dans ce moment, le postillon, inquiet de mon retard, et me croyant égaré, était entré dans le bois pour me chercher. Il a sonné du petit cor que les postillons allemands portent tous en bandoulière ; ce bruit et sa vue ont suspendu la course des scélérats, et m'ont donné le temps de me retirer, la canne élevée et mon pistolet en avant, sans avoir été volé. Quand ils m'ont senti sur le chemin, ils se sont dispersés ; et mon laquais a vu, ainsi que le postillon, passer auprès d'eux et de ma chaise, en traversant la route avec vitesse, le coquin à la veste bleue sans manches, ayant son habit sous son bras ; c'était celui qui m'avait renversé : peut-être espérait-il fouiller ma voiture, après avoir manqué mes poches. Mon premier soin, quand je me suis vu en sûreté et à portée de ma chaise, a été d'uriner bien vite. Une expérience bien des fois réitérée m'a appris qu'après une grande émotion, c'est un des plus sûrs calmants qu'on puisse employer. J'ai imbibé mon mouchoir d'urine, et j'en ai lavé mes plaies. Celle de la haute poitrine s'est trouvée n'être qu'une éraflure.

Celle du menton, très-profonde, se fût certainement prolongée jusque dans la cervelle, si le coup eût porté droit et si la position renversée où j'étais en le recevant n'eût fait glisser le couteau sur l'os de la mâchoire inférieure.

La blessure de ma main gauche, plus douloureuse encore à cause du mouvement habituel de cette partie, s'enfonce dans le gras intérieur du pouce, et va jusqu'à l'os. Mon laquais, effrayé, me demandait pourquoi je n'avais pas appelé ; mais, indépendamment que ma chaise, qui avait toujours marché, se trouvait beaucoup trop loin pour m'en faire entendre en criant, c'était ce que je n'avais garde de faire, sachant bien que rien ne détruit la force comme de la consumer en de vaines exclamations. Le silence et le recueillement sont les sauvegardes du courage, qui à son tour est la sauvegarde de la vie en ces grandes occasions. *Imbécile !* lui ai-je dit, *fallait-il aller aussi loin, et me laisser assassiner ?*

Je me suis fait promptement conduire à Nuremberg, où l'on m'a appris que quelques jours auparavant les mêmes voleurs, en ce même endroit, avaient arrêté le chariot de poste, et avaient détroussé de quarante mille florins divers voyageurs.

J'ai donné le signalement des hommes, du cheval, et l'on a mis sur-le-champ de nouveaux soldats en campagne pour les arrêter.

De l'eau et de l'eau-de-vie ont été mon pansement ; mais mon plus grand mal est une douleur si aiguë dans le creux de l'estomac, chaque fois que le diaphragme se soulève pour l'aspiration, que cela me plie en deux à tout moment. Il faut qu'en ce débat j'aie reçu quelque grand coup dans cet endroit, que je n'ai pas senti d'abord.

En examinant depuis de sang-froid l'état des choses, j'ai vu que la double étoffe du sachet et la bourre parfumée qu'il renferme, coupées par l'effort du coup porté dans ma poitrine, l'ont beaucoup amorti. La boîte d'or, en le recevant, a fait ressort comme une lame de fer-blanc ; et le coup, asséné de bas en haut, parce que je tombais à la renverse, n'a fait que glisser dessus ; ce qui n'empêche pas qu'elle soit enfoncée, crevée et fort sillonnée par la pointe du poignard.

Cette circonstance d'une boîte qui paraît destinée à contenir un portrait, quoique un peu grande, et qui m'a sauvé la vie, a tellement frappé les honnêtes personnes de Nuremberg, qu'elles ne pouvaient se lasser d'examiner la boîte et le sachet ; tous voulaient en conséquence que je fisse dire un grand office à la sainte Vierge, en reconnaissance de ce bonheur. Et moi, les laissant dans leur erreur, je leur ai fait remarquer en riant qu'il y aurait une contradiction manifeste et même indécente d'aller remercier la Vierge, parce que la boîte à portrait d'une femme qui ne l'est point m'avait garanti de la mort. Ils n'ont point manqué, comme bien pensez, de dire à cela que j'étais un drôle de corps. Je suis de leur avis ; mais on a beau jeu de rire quand on se voit sur ses pieds, après une aussi diabolique aventure.

Si mon étouffement continue, je me ferai saigner ce soir à Ratisbonne, où l'on m'a dit que je trouverais encore plus de secours qu'à Nuremberg. Désormais il faudra changer mon appellation, et, au lieu de dire B*** le blâmé, l'on me nommera B*** le balafré. Balafre, mes amis, qui ne laissera pas de nuire à mes succès aphrodisiaques ! Mais qu'y faire ? ne faut-il pas que tout finisse ?

Faites avec moi quelques réflexions philosophiques sur ma bizarre destinée : il y a beau champ pour cela. Qu'est-ce donc que le sort me garde ? car quoiqu'il fît bien chaud à la barre du palais, il faisait encore de quelques degrés plus chaud dans la sapinière de Neuschtat.

Cependant je suis sur mes pieds; tout n'est donc pas dit pour moi.

Songez, mon ami, que je suis vivant, et vous concevrez comment les choses mêmes qui paraissent si simples aux autres hommes qu'ils ne prennent pas seulement la peine d'y réfléchir, sont presque toujours pour moi la source d'une foule de sensations agréables. Je serai donc joyeux désormais toutes les fois que je me souviendrai que je suis en vie; car vous m'avouerez que ce serait une grande platitude que d'aller mourir de cette sotte oppression d'estomac qui me reste, après m'être relevé vivant, quoique assassiné par deux scélérats. Me croyez-vous capable d'une pareille ineptie? Oh que non! vous avez trop bonne opinion de moi pour me supposer en danger. Je vais bien me reposer et me soigner avant de me remettre en route pour la France. Mes affaires sont terminées; mais j'ai l'air d'un masque avec ma balafre, mes béguins, ma main pote et enveloppée. Ajoutez que je grimace comme un supplicié toutes les fois que j'aspire; ce qui compose environ quarante grimaces par minute, et ne saurait manquer de m'enlaidir encore un peu davantage; et voyez quel joli homme je suis.

Au milieu de tout cela, je ne puis m'empêcher de sourire de la mine bassement ridicule que fait un lâche coquin pris sur le temps, et forcé de demander quartier. Mais quand ce spectacle a frappé mes yeux, alors il n'était pas saison de rire; aussi ne riais-je pas! Je voyais seulement quel extrême avantage a l'homme de sang-froid sur ceux qui le perdent. Voilà ce que j'ai étudié toute ma vie; voilà ce à quoi j'ai rompu mon âme trop bouillante, à force de l'exercer sur les contradictions.

Il n'y a plus que les petites colères qui me rendent mauvais joueur: les grandes me trouvent toujours assez armé. Il faut pourtant que la nature souffre en moi de cet effort, puisqu'elle ne s'en donne la peine que dans les occasions majeures, et me laisse tout entier à mon vice radical sur les coups d'épingle; et voilà certainement pourquoi je suis deux hommes, fort dans la force, enfant et musard tout le reste du temps.

Cet accident a fait tant d'éclat dans le pays, qu'il se peut très-bien que quelques gazettes en parlent. Mais comme elles ne diront apparemment le fait qu'en abrégé, je profite du loisir d'une route tranquille, sur un très-beau fleuve, dont le cours sinueux, changeant à tout moment l'aspect des rivages, réjouit ma vue, et met assez de calme dans mes idées pour que je puisse vous faire ce détail. S'il est un peu décousu, vous serez indulgent lorsque vous penserez que j'étouffe en respirant, et que tout le corps me fait mal, sans compter les élancements de mes blessures, qui ne m'auraient pas permis de soutenir plus longtemps le cahotement de la poste, ce qui m'a fait gagner le Danube par le plus court chemin.

La fièvre m'avait pris en quittant les terres de Prusse pour entrer dans l'électorat de Trèves et Cologne; car toute la route depuis Nimègue, où finit la Hollande, à travers le duché de Clèves, est si affreuse, que la fatigue seule m'avait rendu malade. Quand le roi de Prusse, disent les habitants, n'aura plus rien à nous prendre, il ne nous prendra plus rien. Aussi tout ce pays est-il déplorable. Le Salomon du Nord, il faut l'avouer, aime un peu beaucoup l'argent, et en général a plus de qualités que de vertus: aussi sera-t-il rangé dans la classe des conquérants par l'histoire, et non dans celle des rois.

Je me serais fait saigner à Francfort, comme c'était mon projet, si je l'avais pu sans me trop arrêter; mais n'y pouvant rester, à cause des affaires pressées qui m'appelaient ailleurs, on ne m'a pas conseillé d'ouvrir ma veine en courant.

Et voyez comme tout est pour le mieux! Si j'avais affaibli ce jour-là mon corps par la saignée dans une ville impériale, où aurais-je pris l'audace et l'ardeur fiévreuse qui m'ont tiré d'affaire le lendemain dans une forêt de sapins? Réellement, mon ami, je deviendrai panglossiste: je sens que tout m'y porte. Si l'optimisme est une chimère, il faut avouer qu'il n'en est pas de plus consolante et de plus gaie. Je m'y tiens.

Vous entendez bien que je n'écris point ces horribles détails aux femmes qui prennent à moi quelque intérêt: outre qu'il est trop long, telle d'entre elles mourrait de frayeur avant la troisième page; et peut-être ne vous l'aurais-je pas écrit à vous-même, si je n'avais craint tout ce que vos conjectures pourraient avoir de funeste, en voyant dans quelque gazette étrangère:

« Les lettres de Nuremberg portent que des voleurs,
« qui avaient détroussé le chariot de poste il y a quel-
« ques jours, ont arrêté le 14 août un gentilhomme
« français, nommé de Ronac, et l'ont dangereusement
« blessé, quoiqu'ils n'aient pu ni le voler, ni le tuer. »

Allez donc, mon ami, dans tous les domiciles mâles et femelles de ma connaissance; et, après avoir commencé par assurer que je suis bien en vie, lisez ce que vous voudrez de ma lettre, en accompagnant votre lecture de toutes les réflexions consolantes que mon bonheur doit vous suggérer.

Je puis être dans trois semaines à Paris (car je ne doute point que je n'y retourne encore); un étouffement ne tue pas un homme de ma vigueur. Pour mes blessures, je dis comme *le S. Germier*: La chair, la peau, tout cela revient gratis. Adieu, mon ami.

Quand vous me reverrez, vous direz tout comme les paysans des villes où je passe, et qui ont appris mon aventure par les postillons de Nuremberg, partis avant moi.

Ils s'attroupent autour de ma chaise, et mon laquais me traduit qu'ils disent: *Viens donc voir; voilà ce monsieur français qui a été tué dans le bois de Neuschtat.* Je ris, et ils ouvrent de grandes bouches d'admiration de voir le monsieur tué qui rit. Mais je parle d'hier, car aujourd'hui je suis sur le Danube; je n'offre plus rien à la curiosité des paysans.

J'ai excessivement à me louer de la compassion empressée de tout ce qui m'a vu à Nuremberg, et de la vivacité avec laquelle on s'est mis en quête des brigands.

M. le baron de Loffelholz, bourgmestre de la ville ; M. de Welz, conseiller aulique, administrateur des postes; M. Charles de Felzer, officier des postes, fils d'un médecin de l'impératrice, à Vienne; sa femme ; M. le baron de Genski, Polonais, et logé dans mon auberge ; l'honnête Conud-Gimberd, mon aubergiste, et sa famille : je nomme tous ces honnêtes gens avec joie, toujours ravi quand je rencontre quelque part les hommes ainsi qu'ils devraient être partout. J'écrivais un jour d'Ostende à M. le prince de Conti, en lui faisant le détail de tout ce qui me frappait dans ce port, que si je m'étais un peu brouillé avec les hommes à la barre du parlement de Paris, je m'étais bien raccommodé avec eux à la barre du port d'Ostende. Ici c'est la même chose pour moi : j'ai repris pour les hommes, à Nuremberg, l'amour qui m'avait un peu quitté à Neuschtat.

Bonjour, mon ami. Quoique j'aie haché cette lettre à dix reprises, ce qui ne la fera pas briller par la composition, je suis las d'écrire, las d'être assis, las d'être malade, las d'être en route, et réellement un peu bien de voir sans cesse ma chère paresse contrariée et gourmandée par une succession rapide d'événements si actifs qu'ils m'en font perdre haleine. Il y a longtemps que tous mes amis ont dit avec moi que quand j'aurais rattrapé ma tranquillité, j'aurais bien gagné le repos après lequel je cours. Où diable est-il donc fourré? Je l'ignore. Enfin, las d'être tourmenté. je pourrai bien quelque jour jeter mon bonnet en l'air de tous les incidents de la vie, et dire aux autres : En voilà assez pour moi, tâchez de mieux faire ; et c'est ce que je vous souhaite. Bonjour, mon ami.

XX

A M. GUDIN.

Dans mon bateau, le 16 août 1774.

Prenez votre carte d'Allemagne, mon cher bon ami; parcourez le Danube, de la forêt Noire à l'Euxin, plus bas que Ratisbonne, après même la réunion de l'Inn au Danube à Passaw, en descendant vers Lintz, où commence à peu près l'archiduché d'Autriche : voyez-vous sur le fleuve, entre deux hautes montagnes qui le resserrent et le rendent plus rapide, une frêle barque à six rameurs, sur laquelle une chaise embarquée contient un homme la tête et la main gauche enveloppées de linges sanglants, qui écrit malgré une pluie diluviale et un étouffement intérieur tout à fait incommode, mais un peu diminué ce matin par le rejettement de quelques caillots de sang qui l'ont fort soulagé? *ecce homo*. Encore deux ou trois expectorations de ce genre, encore quelques efforts de la nature bienfaisante, qui travaille de toutes ses forces à repousser l'ennemi intérieur, et je pourrai compter sur quelque chose. En vous parlant ainsi, je vous suppose instruit, cher ami, par R**', à qui j'ai écrit hier et envoyé ce matin le détail exact de mon accident; je suppose encore que vous concevez que l'homme de la barque est votre pauvre ami, qui écrit difficilement à cause de l'ébranlement successif de chaque coup d'aviron.

Mais que faire en un gîte, à moins que l'on ne songe?

dit notre ami la Fontaine, en nous contant l'histoire de son lièvre. Et moi je dis : Que faire en une barque, à moins que l'on n'écrive ? On peut lire, répondrez-vous. Je le sais, mais la lecture isole et l'écriture console; la réflexion est austère et l'entretien est doux, avec son ami bien entendu. Il faut donc que je vous dise ce qui m'occupe depuis deux jours.

J'ai réfléchi ; je me suis convaincu qu'en tout le mal n'est jamais si grand que l'homme, exagérateur de sa nature, le représente ou le peint aux autres. J'ai éprouvé maintenant, tant au moral qu'au physique, à peu près les plus grands maux qui puissent atteindre un homme. C'est un spectacle sans doute bien effrayant pour vous, que votre ami renversé par des brigands, et frappé d'un poignard meurtrier ; mais réellement, mon ami, croyez-moi, au moment qu'il arrive, c'est assez peu de chose que ce mal. Occupé de la défense, et même de rendre à l'ennemi tout le mal qu'il me faisait, je vous jure que ce qui m'affectait le moins alors était la douleur physique ; à peine la sentais-je, et la colère était bien sûrement mon affection dominante. La frayeur, qui n'est qu'un mauvais et faux aspect de l'état des choses, est ce qui tue l'âme et rend le corps débile. L'événement aperçu sous son vrai point de vue, au contraire, exalte l'une et renforce l'autre. Un homme ose m'attaquer, il ose troubler la tranquillité de ma marche ; c'est un insolent qu'il faut punir : il en arrive un autre, il importe alors de changer l'offensive en défensive ; il y a bien là de quoi occuper l'âme tout entière. Si dans ce débat violent l'un des deux me perce et que je succombe, alors, mon ami, l'excès du mal même fait cesser le mal ; et tout cela est bien prompt. Personne ne sait mieux que moi qu'un homme d'honneur attaqué est plus fort que deux lâches assassins à qui l'aspect du courage resserre le cœur et fait trembler le bras; car ils savent bien que toutes les chances sont contre eux. D'ailleurs un grand bien dans le mal est l'improviste. On n'a pas le temps d'avoir peur quand le danger surprend : voilà souvent d'où naît la force d'un poltron révolté. Si vous y ajoutez l'impossibilité absolue de se sauver par la fuite, le plus lâche des hommes peut à l'instant en devenir le plus brave. Héroïsme à part, je vous peins la nature telle qu'elle est. Nous reprendrons ceci dans un moment, car je suis au port de Lintz. Deux pâtres y sont descendus avec deux clarinettes, dont ils jouent fort bien ; et l'espoir de quelques *craitches*, d'un demi-florin, les fait tenir auprès de mon bateau malgré la pluie. Vous connaissez mon goût pour la musique : me voilà tout gai : il me semble en général que mon âme s'affecte plus vivement du bien que du mal, et j'en sais la raison : le dernier, mettant les nerfs dans un tiraillement convulsif, dans une tension surnaturelle, détruit leur souplesse et cette douce mollesse qui les rend si sensibles au chatouillement du plaisir :

on s'arme contre le mal ; en s'irritant, on le sent moins : au lieu qu'on se livre à la volupté, on lui prête, en cédant, une force qui est moins en elle que dans l'agréable faiblesse où l'on tombe avec tant de plaisir.

Maintenant que j'ai donné le demi-florin, entendez-vous deux cors qui se joignent aux clarinettes? Réellement ils jouent à faire le plus grand plaisir : et dans ce moment-ci je suis à mille lieues des voleurs, des poignards, des forêts, des parlements, en un mot de tous les méchants, qui sont bien plus malheureux que moi, qu'ils ont tant persécuté ; car ils avaient tort.

Autre persécution! On vient me visiter, et voir si je n'ai rien non-seulement dans ma valise, mais même dans mon portefeuille, contre les ordres de l'impératrice. Le plus plaisant est que ceux qui visitent mes papiers n'entendent pas le français : vous jugez quelle belle inquisition cela doit faire! Encore un florin, voilà à quoi cela aboutit, et à de grands hélas! Il est clair que je voyage dans un pays civilisé ; car partout on me plaint et l'on me demande de l'argent... Je suis reparti ; la pluie a cessé. Du sommet à la base des montagnes, les différentes nuances des sapins obscurs, des ormes moins foncés et de la douce verdure des prés, ce beau canal qui m'entraîne au milieu de deux croupes élevées dont la culture a relégué les forêts à la cime, font un spectacle ravissant ; et si je n'étouffais pas (ce que je tâche d'oublier), j'en jouirais bien dans toute la pureté d'une si douce situation. Que nos peintres viennent nous dire que la nature offre toujours à l'œil trois plans, qui sont le principe de l'art optique de leurs tableaux ; moi, je leur soutiens que j'en vois quatre à cinq mille, tous dégradant à l'infini : je n'ai pourtant pas l'œil aussi exercé qu'eux sur ces différences.

Mon Dieu, que je souffre! Figurez-vous qu'un chatouillement affadissant me monte au cœur et me fait tousser, pour détacher quelques flegmes sanguinolents. L'effort de la toux sépare les lèvres de la blessure de mon menton, qui saigne et me fait grand mal.

Mais que les hommes sont diaboliques! Mettre la vie d'un autre homme en mesure avec quelques ducats! car voilà tout ce que ces gens voulaient de moi. Si l'on osait, dans ces occasions, faire un traité de bonne foi, l'on pourrait dire aux brigands : « Messieurs, vous faites « un métier si dangereux, qu'il faut bien qu'il vous « profite. A combien évaluez-vous le risque de la corde « ou de la roue, dans votre commerce? De mon côté, je « dois évaluer celui d'un coup de poignard dans votre « rencontre. » On pourrait ainsi former un tarif suivant le temps, les lieux et les personnes.

N'admirez-vous pas, mon ami, combien je me laisse aller au vague de mes idées? Je ne me donne la peine ni de les trier, ni de les soigner ; cela me fatiguerait, et je ne vous écris que pour faire diversion à mes souffrances, qui sont en vérité plus grandes qu'il ne convient souvent à mon courage. Cependant je ne suis pas aussi à plaindre que vous pourriez le penser ; je suis vivant quand je devrais être mort : voilà un puissant contre-poids à la violence du mal. Si j'étais bien certain que le bonheur de penser restât au moins à qui la mort enlève celui de sentir, j'avoue que j'aimerais mieux être mort que de souffrir comme je fais, tant je hais la douleur. Mais imaginer que la mort peut nous tout ôter, ma foi, il n'y a pas moyen de la prendre de gré. Il vaut mieux vivre en souffrant, que de ne plus souffrir en cessant d'exister.

Lorsque les plus horribles pronostics faisaient frémir mes amis, la veille de ce fatal jugement à Paris, alors je voyais les choses différemment. Cesser d'être me paraissait préférable à ce qui me menaçait, et ma tranquillité ne se fondait que sur la certitude d'échapper à tout en ouvrant cette poitrine que je vois avec tant de joie aujourd'hui sauvée aux dépens de ma boîte à papiers, de mon visage et de ma main gauche. Tout calculé, je crois que pour l'homme isolé le mal physique est le plus grand qui puisse l'assaillir ; mais que pour l'homme en société, le mal moral a quelque chose encore de plus poignant.

Vous souvenez-vous, lorsque vous veniez me consoler dans ce beau château [1], bien plus beau que celui du baron westphalien, car il avait triples portes et fenêtres grillées, je vous disais : « Mon ami, si la goutte m'avait « saisi au pied, je serais dans une chambre attaché sur « un fauteuil sans murmurer. Un ordre du ministre « vaut au moins la goutte, et la fatalité reconnue est le « premier consolateur dans tous les maux? » Aujourd'hui je pense que s'il m'eût pris quelques-unes de ces enragées fluxions qui produisent des tumeurs sur lesquelles le bistouri seul a de l'autorité, après avoir souffert longtemps, le tour du bistouri serait venu : possible on m'aurait crevé le menton et la joue, et je serais comme je suis, à la longue douleur près, que j'ai esquivée : il y a donc de plus grands maux que d'être mal assassiné. J'ai certes grand mal à ma main gauche ; je souffre, mais je suis calme : au lieu que mon assassin n'a pas un florin de ma dépouille ; je lui crois les reins diablement offensés, il a la mâchoire brisée, et on le cherche pour le rouer. Il vaut donc mieux encore être volé que voleur. Et puis, mon ami, comptez-vous pour rien (mais ceci je vous le dis tout bas, tout bas), comptez-vous pour rien la joie secrète d'avoir bien fait mon devoir d'homme exercé à l'attente du mal, d'avoir recueilli le fruit du travail de toute ma vie, et d'être certain que je n'ai pas adopté un mauvais principe, en posant pour fondement de ma doctrine que c'est sur soi qu'il faut exercer sa force, et non sur les événements, qui se combinent de mille manières que l'on ne peut prévoir? Réellement, à l'exception d'avoir jeté le couteau, ce qui était mal vu, je crois en cette occasion suprême avoir mis à exécution toute la théorie de force et de tranquillité dont j'ai tâché toute ma vie de m'armer contre les maux que je ne puis prévenir. S'il y a un peu d'orgueil dans cette idée, je vous jure, mon ami, qu'il est au moins sans enflure, et sans une sotte vanité à laquelle je me vois supérieur aujourd'hui.

[1] Le For-l'Évêque.

Mettons tout au pis. A la rigueur, je peux mourir de cet étouffement; il peut se former un dépôt dans l'estomac, parce qu'il est né d'une violente commotion dans le fort du débat. Mais suis-je donc insatiable! Quelle carrière est plus pleine que la mienne dans le mal et dans le bien? Si le temps se mesure par les événements qui le remplissent, j'ai vécu deux cents ans. Je ne suis pas las de la vie; mais je puis en laisser la jouissance à d'autres sans désespoir. J'ai aimé les femmes avec passion; cette sensibilité a été la source des plus grandes délices. Forcé de vivre au milieu des hommes, cette nécessité m'a causé des maux sans nombre. Mais si l'on me demandait lequel a prévalu, chez moi, du bien ou du mal, je dirais sans hésiter que c'est le premier; et certes le moment n'est pas heureux pour agiter la question de cette préférence : cependant je n'hésite pas.

Je me suis bien étudié tout le temps qu'a duré l'acte tragique du bois de Neuschtat ou Airschtadt. A l'arrivée du premier brigand, j'ai senti battre mon cœur avec force. Sitôt que j'ai eu mis le premier sapin devant moi, il m'a pris comme un mouvement de joie, de gaieté même, de voir la mine embarrassée de mon voleur. Au second sapin que j'ai tourné, me voyant presque dans ma route, je me suis trouvé si insolent, que, si j'avais eu une troisième main, je lui aurais montré ma bourse comme le prix de sa valeur, s'il était assez osé pour la venir chercher. En voyant accourir le second bandit, un froid subit a concentré mes forces, et je crois bien que j'ai plus pensé, dans le court espace de cet instant, qu'on ne le fait ordinairement en une demi-heure. Tout ce que j'ai senti, prévu, agité, exécuté en un quart de minute, ne se conçoit pas. Réellement les hommes n'ont pas une idée juste de leurs vraies facultés, ou bien il en naît de surnaturelles dans les instants pressants. Mais quand mon misérable pistolet a raté sur le premier voleur, ah! mon cœur s'est roulé comme sur lui-même pour se faire petit; il sentait d'avance le coup qu'il allait recevoir : je crois que ce mouvement peut être justement appelé frayeur, mais c'est le seul que j'aie éprouvé; car lorsque, renversé, frappé, manqué, je me suis vu vivant, il m'a monté au cœur un feu, une force, une audace supérieure. Sur mon Dieu, je me suis vu vainqueur, et tout ce que j'ai fait de là en avant n'a plus été que l'effet d'une exaltation furieuse qui m'a tellement masqué le danger, qu'il était absolument nul pour moi. A peine ai-je senti couper ma main : j'étais féroce, et plus avide du sang de mon adversaire qu'il ne l'avait été de mon argent. C'était un délice pour moi de sentir que j'allais le tuer. La fuite de son camarade a pu seule lui sauver la vie : mais la diminution du péril m'a bientôt rendu à moi-même; et j'ai senti toute l'horreur de l'action que j'allais commettre, sitôt que j'ai vu que je la pouvais commettre impunément. Lorsque je réfléchis que mon second mouvement a été de le blesser au moins, je juge que je n'étais pas encore de sang-froid; car cette seconde idée me semble mille fois plus atroce que la première. Mais, mon ami, l'inspiration à jamais glorieuse à mes yeux, est la noble audace avec laquelle j'ai pu changer le lâche projet de tuer un homme sans défense en celui d'en faire mon prisonnier; si j'en suis un peu vain dans ce moment-ci, je l'étais mille fois davantage dans ce moment-là. C'est dans la première joie de me trouver si supérieur au ressentiment personnel, que j'ai jeté au loin le couteau; car j'ai infiniment regretté d'avoir blessé cet homme aux reins en coupant sa ceinture, quoique je ne l'eusse fait que par maladresse. Il entrait aussi dans tout cela je ne sais quel orgueil de l'honneur qu'allait me faire à Nüremberg l'arrivée d'un homme outrageusement blessé, livrant à la vindicte publique un de ses agresseurs garrotté. Ce n'est pas là ce qu'il y a de plus vraiment noble dans mon affaire; mais il faut être de bon compte, je ne valais pas mieux que cela alors. Et je crois bien que c'est la rage de voir ce triomphe insensé m'échapper, qui m'a fait brutalement casser la mâchoire à ce malheureux lorsque ses camarades sont accourus pour me l'arracher; car il n'y a pas le sens commun à cette action : ce n'est là qu'un dépit d'enfant, qu'un jeu de la plus misérable vanité. Tout le reste a été froid et physique.

Voilà, mon ami, mon aveu entier, et le plus franc que je puisse faire. Je me confesse à vous, mon cher Gudin : donnez-moi l'absolution.

Si tout ceci tournait mal, vous savez, mon ami, combien vous avez de gens à consoler : d'abord vous, car vous perdriez un homme qui vous aime bien; ensuite les femmes : pour les hommes, mon père excepté, ils ont en général beaucoup de force contre ces sortes de pertes.

Mais si je rattrape ma santé, écoutez donc, mon ami, je ne vous dis pas alors de brûler cette lettre, je vous ordonne de me la remettre : on ne laisse pas traîner son examen de conscience; et vous sentez bien que si je me mets sur le ton de vomir, car je l'ai fait ce matin, le sang caillé qui me suffoque, faute de se digérer dans mon estomac, cet horrible aliment une fois expulsé, je suis sur mes pieds.

Adieu; je suis las d'écrire, et même de penser. Je vais me mettre à végéter, si je puis; cela vaut mieux pour des blessures que d'écrire, quelque vaguement qu'on laisse aller sa plume. Sachez cependant, mon ami, que je n'ai plus d'autre affaire que celle de me rétablir. J'ai terminé à ma satisfaction tous les objets de mon voyage. Il n'y a pas à me répondre; car j'arrêterai maintenant le moins que je pourrai. Puissé-je vous embrasser encore une fois joyeusement!

Le 16 au soir.

Mon bon ami, tant qu'on ne trouve point de poste, et qu'il reste du papier, la lettre n'est point finie. J'ai dormi, et rêvé qu'on m'assassinait. Je me suis réveillé dans une crise mortelle. Mais que c'est une chose agréable que de vomir de gros et longs caillots de sang dans le Danube! Combien la sueur chaude qui mouillait mon visage glacé est apaisée! Comme je respire librement!

Forcé d'essuyer mes yeux, dont l'effort a exprimé quelques larmes, comme ma vision est nette! Les montagnes les plus hérissées sont couvertes de vignes des deux côtés du fleuve. Tout ce que je vois est un tour de force en culture. La pente est si roide, qu'il a fallu tailler les montagnes en escalier, et flanquer chaque gradin d'un petit mur, pour empêcher l'éboulement des terres. C'est le travail de l'homme qui boira le vin ; mais la vigne qui ne boira rien, si vous voyiez comme elle suce de toute sa force le sucre pierreux et vitriolique des rochers presque nus sur lesquels elle s'accroche, vous diriez comme moi : Chacun fait ici de son mieux. Dans ce lieu même, le fleuve est si serré qu'il bouillonne ; et le flot me rappelle en petit notre passage de Boulogne à Douvres, où nous fûmes si malades. Je l'étais pourtant moins qu'aujourd'hui, quoique je souffrisse davantage : mais j'ai bonne espérance. Tous ces vomissements vident le sac, et la succession d'une souffrance aiguë à un soulagement parfait n'est point le pire état que doive craindre un ressuscité, il est même raisonnable de faire encore aller le bien pour le mal : d'ailleurs je cours au-devant du soulagement. Encore vingt-cinq lieues d'Allemagne, c'est-à-dire trente-sept de France, et je serai dans un bon lit à Vienne, où je vais faire le monsieur au moins huit bons jours avant de me remettre en route. Comme j'y trouverai des médecins, j'y trouverai probablement des saignées : c'est là le premier point de leur science.

Je sens bien que j'approche d'une grande capitale : la culture, la navigation, les chapelles, les forts, tout m'annonce que nous arrivons. Les hommes augmentent à vue d'œil ; ils vont se presser, et enfin seront accumulés au terme de mon voyage : c'est au terme de mon éloignement que je veux dire ; car j'aurai bien quatre cents lieues à faire pour revenir embrasser mes chers amis, à qui j'espère que vous ferez part des nouvelles que je vous donne. Ne pouvant écrire à tout le monde à la fois, j'adresserai tantôt à l'un, tantôt à l'autre, ce que je pourrai rédiger ; et il faut bien que tout cela fasse un corps entre vos mains, car pour moi je ne recommencerai pas à celui-ci ce que j'aurai dit à celui-là. Tant que j'ai eu la tête pleine d'affaires, au diable l'instant que j'avais pour écrire ; mais depuis que tout est fini, je redeviens moi-même, et je radote volontiers.

Bonjour, cher ami : voilà mon cœur qui s'engage de nouveau ; tant mieux, je vomirai. Sans cette vilaine oppression, je ne serai que blessé ; au lieu que je suis malade. Il faut absolument cesser d'écrire.

Du 20, à midi.

Me voilà descendu à Vienne. Je souffre beaucoup, mais c'est moins un étouffement qu'une douleur aigre : je crois que c'est bon signe. Je vais me coucher ; il y a bien longtemps que cela ne m'est arrivé.

XXI

MÉMOIRE ADRESSÉ A LOUIS XVI, LE 15 OCTOBRE 1774

(Extrait)

Mon premier soin à Vienne fut de faire une lettre pour l'impératrice. La crainte que la lettre ne fût vue de tout autre m'empêcha d'y expliquer le motif de l'audience que je sollicitais. Je tâchais simplement d'exciter sa curiosité. N'ayant nul accès auprès d'elle, je fus trouver M. le baron de Neny, son secrétaire, lequel sur mon refus de lui dire ce que je désirais, et, sur mon visage balafré, me prit apparemment pour quelque officier irlandais ou quelque aventurier blessé qui voulait arracher quelques ducats à la compassion de Sa Majesté. Il me reçut au plus mal, refusa de se charger de ma lettre, à moins que je ne lui disse mon secret, et m'aurait enfin tout à fait éconduit si, prenant à mon tour un ton aussi fier que le sien, je ne l'avais assuré que je le rendais garant envers l'impératrice de tout le mal que son refus pouvait faire à la plus importante opération, s'il ne se chargeait à l'instant de rendre ma lettre à sa souveraine.

Plus étonné de mon ton qu'il ne l'avait été de ma figure, il prend ma lettre en rechignant, et me dit que je ne devais pas espérer pour cela que l'impératrice consentît à me voir. — Ce n'est pas, monsieur, ce qui doit vous inquiéter. Si l'impératrice me refuse audience, vous et moi nous aurons fait notre devoir : le reste est à la fortune.

Le lendemain, l'impératrice voulut bien m'aboucher avec M. le comte de Seilern, président de la régence à Vienne ; qui, sur le simple exposé d'une mission émanée du roi de France, que je me réservais d'expliquer à l'impératrice, me proposa de me conduire sur-le-champ à Schœnbrunn, où était Sa Majesté. Je m'y rendis, quoique les courses de la veille eussent beaucoup aggravé mes souffrances.

Je présentai d'abord à l'impératrice l'ordre de Votre Majesté, Sire, dont elle me dit reconnaître parfaitement l'écriture, ajoutant que je pouvais parler librement devant le comte de Seilern, pour lequel Sa Majesté m'assura qu'elle n'avait rien de caché, et des avis duquel elle s'était toujours bien trouvée.

« — Madame, lui dis-je, il s'agit bien moins ici d'un intérêt d'État proprement dit que des efforts que de noirs intrigants font en France pour détruire le bonheur de la reine en troublant le repos du roi. » Je lui fis alors le détail qu'on vient de lire. A chaque circonstance, joignant les mains de surprise, l'impératrice répétait : « Mais, monsieur, où avez-vous pris un zèle aussi ardent pour les intérêts de mon gendre et surtout de ma fille ? »

« — Madame, j'ai été l'un des hommes les plus malheureux de France sur la fin du dernier règne. La reine, en ces temps affreux, n'a pas dédaigné de montrer quelque sensibilité pour toutes les horreurs qu'on accumulait sur moi. En la servant aujourd'hui, sans espoir même qu'elle en soit jamais instruite, je ne fais qu'acquitter une dette immense; plus mon entreprise est difficile, plus je suis enflammé pour sa réussite. La reine a daigné dire un jour hautement que je montrais dans mes défenses trop de courage et d'esprit pour avoir les torts qu'on m'imputait; que dirait-elle aujourd'hui, Madame, si, dans une affaire qui intéresse également elle et le roi, elle me voyait manquer de ce courage qui l'a frappée, de cette conduite qu'elle appelle esprit? Elle en conclurait que j'ai manqué de zèle. Cet homme, dirait-elle, a bien réussi en huit jours de temps à détruire un libelle qui outrageait le feu roi et sa maîtresse, lorsque les ministres anglais et français faisaient depuis dix-huit mois de vains efforts pour l'empêcher de paraître. Aujourd'hui, chargé d'une pareille mission qui nous intéresse, il manque d'y réussir : ou c'est un traître, ou c'est un sot, et, dans les deux cas, il est également indigne de la confiance qu'on a en lui. Voilà, Madame, les motifs supérieurs qui m'ont fait braver tous les dangers, mépriser les douleurs et surmonter tous les obstacles.

« — Mais, monsieur, quelle nécessité à vous de changer de nom?

« — Madame, je suis trop connu malheureusement sous le mien dans toute l'Europe lettrée, et mes défenses imprimées dans ma dernière affaire ont tellement échauffé tous les esprits en ma faveur, que, partout où je parais sous le nom de Beaumarchais, soit que j'excite l'intérêt d'amitié ou celui de compassion, ou seulement de curiosité, l'on me visite, l'on m'invite, l'on m'entoure, et je ne suis plus libre de travailler aussi secrètement que l'exige une commission aussi délicate que la mienne. Voilà pourquoi j'ai supplié le roi de me permettre de voyager avec le nom de *Ronac*, sous lequel est mon passe-port. »

L'impératrice me parut avoir la plus grande curiosité de lire l'ouvrage dont la destruction m'avait coûté tant de peines. Sa lecture suivit immédiatement notre explication. Sa Majesté eut la bonté d'entrer avec moi dans les détails les plus intimes à ce sujet; elle eut aussi celle de m'écouter beaucoup. Je restai plus de trois heures et demie avec elle, et je la suppliai bien des fois, avec les plus vives instances, de ne pas perdre un moment pour m'expédier à Nuremberg. » Mais cet homme aura-t-il osé s'y montrer, sachant que vous y alliez vous-même? me dit l'impératrice. — Madame, pour l'engager encore plus à s'y rendre, je l'ai trompé en lui disant que je rebroussais chemin et reprenais sur-le-champ la route de France. D'ailleurs il y est ou n'y est pas. Dans le premier cas, en le faisant conduire en France, Votre Majesté rendra un service essentiel au roi et à la reine; dans le second, ce n'est tout au plus qu'une démarche perdue, ainsi que celle que je supplie Votre Majesté de faire faire secrètement en fouillant pendant quelque temps toutes les imprimeries de Nuremberg, afin de s'assurer qu'on n'y réimprime pas cette infamie; car par les précautions que j'ai prises ailleurs, je réponds de l'Angleterre et de la Hollande. »

L'impératrice poussa la bonté jusqu'à me remercier du zèle ardent et raisonné que je montrais; elle me pria de lui laisser la brochure jusqu'au lendemain, en me donnant sa parole sacrée de me la faire remettre par M. de Seilern. — « Allez vous mettre au lit, me dit-elle avec une grâce infinie; faites-vous saigner promptement. On ne doit jamais oublier ici ni en France combien vous avez montré de zèle en cette occasion pour le service de vos maîtres. »

Je n'entre, Sire, dans ces détails que pour mieux en faire sentir le contraste avec la conduite qu'on devait bientôt tenir à mon égard. Je retourne à Vienne, la tête encore échauffée de cette conférence; je jette sur le papier une foule de réflexions qui me paraissent très-fortes relativement à l'objet que j'y avais traité; je les adresse à l'impératrice; M. le comte de Seilern se charge de les lui montrer. Cependant on ne me rend pas mon livre et, ce jour même, à neuf heures du soir, je vois entrer dans ma chambre huit grenadiers, baïonnette au fusil, deux officiers, l'épée nue, et un secrétaire de la régence, porteur d'un mot du comte de Seilern, qui m'invite à me laisser arrêter, se réservant, dit-il, de m'expliquer de bouche les raisons de cette conduite, que j'approuverai sûrement. » — Point de résistance, me dit le chargé d'ordres.

« — Monsieur, répondis-je froidement, j'en fais quelquefois contre les voleurs, mais jamais contre les empereurs. »

On me fait mettre le scellé sur tous mes papiers. Je demande à écrire à l'impératrice, on me refuse. On m'ôte tous mes effets, couteau, ciseaux, jusqu'à mes boucles, et on me laisse cette nombreuse garde dans ma chambre, où elle est restée *trente et un jours* ou quarante-quatre mille six cent quarante minutes; car, pendant que les heures courent si rapidement pour les gens heureux qu'à peine s'aperçoivent-ils qu'elles se succèdent, les infortunés hachent le temps de la douleur par minutes et par secondes, et les trouvent bien longues prises chacune séparément. Toujours un de ces grenadiers, la baïonnette au fusil, a eu pendant ce temps les yeux sur moi, soit que je fusse éveillé ou endormi.

Qu'on juge de ma surprise, de ma fureur! Songer à ma santé dans ces moments affreux, cela n'était pas possible. La personne qui m'avait arrêté vint me voir le lendemain pour me tranquilliser. » — Monsieur, lui dis-je, il n'y a nul repos pour moi jusqu'à ce que j'aie écrit à l'impératrice. Ce qui m'arrive est inconcevable. Faites-moi donner des plumes et du papier, ou préparez-vous à me faire enchaîner bientôt, car il y a de quoi devenir fou. »

Enfin l'on me permet d'écrire; M. de Sartines a

toutes mes lettres qui lui ont été envoyées : qu'on les lise, on y verra de quelle nature était le chagrin qui me tuait. Rien qui eût rapport à moi ne me touchait : tout mon désespoir portait sur la faute horrible qu'on commettait à Vienne contre les intérêts de Votre Majesté, en m'y retenant prisonnier. « Qu'on me garrotte dans ma voiture, disais-je, et qu'on me conduise en France. Je n'écoute aucun amour-propre, quand le devoir devient si pressant. Ou je suis M. de Beaumarchais, ou je suis un scélérat qui en usurpe le nom et la mission. Dans les deux cas, il est contre toute bonne politique de me faire perdre un mois à Vienne. Si je suis un fourbe, en me renvoyant en France, on ne fait que hâter ma punition ; mais si je suis Beaumarchais, comme il est inouï qu'on en doute après ce qui s'est passé, quand on serait payé pour nuire aux intérêts du roi mon maître, on ne pourrait pas faire pis que de m'arrêter à Vienne dans un temps où je puis être si utile ailleurs. » Nulle réponse. On me laisse huit jours entiers livré à cette angoisse meurtrière. Enfin on m'envoie un conseiller de la régence pour m'interroger. « — Je proteste, monsieur, lui dis-je, contre la violence qui m'est ici faite au mépris de tout droit des gens : je viens invoquer la sollicitude maternelle, et je me trouve accablé sous le poids de l'autorité impériale ! » Il me propose d'écrire tout ce que je voudrai, dont il se rendra porteur. Je démontre dans mon écrit le tort qu'on fait aux intérêts du roi en me retenant les bras croisés à Vienne. J'écris à M. de Sartines ; je supplie au moins qu'on fasse partir un courrier en diligence. Je renouvelle mes instances au sujet de Nuremberg. Point de réponse. On m'a laissé un mois entier prisonnier sans daigner me tranquilliser sur rien. Alors, ramassant toute ma philosophie et cédant à la fatalité d'une aussi fâcheuse étoile, je me livre enfin aux soins de ma santé. Je me fais saigner, droguer, purger. On m'avait traité comme un homme suspect en m'arrêtant, comme un frénétique en m'ôtant rasoirs, couteaux, ciseaux, etc., comme un sot en me refusant des plumes et de l'encre, et c'est au milieu de tant de maux, d'inquiétudes et de contradictions, que j'ai attendu la lettre de M. de Sartines.

« En me la rendant le trente et unième jour de ma détention, on m'a dit : « Vous êtes libre, monsieur, de rester ou de partir, selon votre désir ou votre santé. « —Quand je devrais mourir en route, ai-je répondu, je ne resterais pas un quart d'heure à Vienne. » On m'a présenté *mille ducats* de la part de l'impératrice. Je les ai refusés sans orgueil, mais avec fermeté. « Vous n'avez point d'autre argent pour partir, m'a-t-on dit ; tous vos effets sont en France. — Je ferai donc mon billet de ce que je ne puis me dispenser d'emprunter pour mon voyage. — Monsieur, une impératrice ne prête point. — Et moi je n'accepte de bienfaits que de mon maître ; il est assez grand seigneur pour me récompenser, si je l'ai bien servi ; mais je ne recevrai rien, je ne recevrai surtout point de l'argent d'une puissance étrangère chez qui j'ai été si odieusement traité. — Monsieur, l'impératrice trouvera que vous prenez de grandes libertés avec elle d'oser la refuser. — Monsieur, la seule liberté qu'on ne puisse empêcher de prendre à un homme très-respectueux, mais aussi cruellement outragé, est celle de refuser des bienfaits. Au reste, le roi mon maître décidera si j'ai tort ou non de tenir cette conduite, mais, jusqu'à sa décision, je ne puis ni ne veux en avoir d'autre. »

Le même soir, je pars de Vienne, et, venant jour et nuit sans me reposer, j'arrive à Paris le neuvième jour de mon voyage, espérant y trouver des éclaircissements sur une aventure aussi incroyable que mon emprisonnement à Vienne. La seule chose que M. de Sartines m'ait dite à ce sujet est que l'impératrice m'a pris pour un aventurier ; mais je lui ai montré un ordre de la main de Votre Majesté ; mais je suis entré dans des détails qui, selon moi, ne devaient laisser aucun doute sur mon compte. C'est d'après ces considérations que j'ose espérer, Sire, que Votre Majesté voudra bien ne pas désapprouver le refus que je persiste à faire de l'argent de l'impératrice, et me permettra de le renvoyer à Vienne. J'aurais pu regarder comme une espèce de dédommagement flatteur de l'erreur où l'on était tombé à mon égard, ou un mot obligeant de l'impératrice, ou son portrait, ou telle autre chose honorable que j'aurais pu opposer au reproche qu'on me fait partout d'avoir été arrêté à Vienne comme un homme suspect ; mais de l'argent, Sire ! c'est le comble de pour moi l'humiliation, et je ne crois pas avoir mérité qu'on m'en fasse éprouver, pour prix de l'activité, du zèle et du courage avec lesquels j'ai rempli de mon mieux la plus épineuse commission.

J'attends les ordres de Votre Majesté.

Caron de Beaumarchais.

XXII

A M. DE SARTINES.

Paris, 14 novembre 1774.

Monsieur,

Laissant à part toute espèce de protocole et de préambule, je vais vous dire tout l'effet qu'a produit le grand événement d'avant-hier.

Jamais sensation n'a été plus vive, plus forte, ni plus universelle. Le peuple français était devenu fou d'enthousiasme, et je n'en suis point surpris.

Il n'est inouï qu'un roi de vingt ans, auquel on peut supposer un grand amour pour son autorité naissante, ait assez aimé son peuple pour se porter à lui donner satisfaction sur un objet aussi essentiel.

On ne sait pas encore les conditions de l'édit ; mais

on sait que le fond des choses est bon, que le principe fondamental est rétabli; et cela suffit quant à présent aux bons esprits pour être pénétrés de reconnaisssance et de joie.

Ce qui étonne le plus est la profonde discrétion avec laquelle le roi a conduit à fin son ouvrage : ce qui ferait simplement honneur à des ministres expérimentés, élève le cœur des Français aux plus hautes espérances sur le caractère d'un jeune prince capable de vouloir aussi fermement le bien, et de se contenir au point qu'un secret de cette importance ne lui soit point échappé avant l'exécution. En mon particulier, cela me donne la plus grande opinion de la tête et du cœur du roi.

On croit que vous aurez de fortes représentations relativement à la cour plénière et autres objets.

En effet, il me semble qu'il pourrait sortir un édit enregistré au parlement, qui décidât que la forfaiture serait encourue par le seul fait de la cessation du service. L'autorité du roi ne perdrait rien à cette forme; et le parlement, ayant donné par l'enregistrement la sanction légale à cet édit, se serait jugé d'avance lui-même, et ne pourrait se plaindre qu'étant la cour des pairs, on lui donne un tribunal supérieur à lui : ce qui en bonne logique est assez difficile à concevoir. Mais ceci est trop long pour être traité par extrait.

D'ailleurs, mon avis est que tout roi de France vertueux est le plus puissant prince du monde. Les entraves de la forme n'étant instituées que contre les abus de l'autorité, ce mal n'arrive jamais sous les princes qui veulent sincèrement le bien et s'occupent sérieusement de leurs affaires.

Toute la faction des évêques, prêtres et clergé, est furieuse de sentir que le roi leur échappe; mais il vaut mieux qu'ils murmurent d'un acte de justice et de bonté, qui montre un prince libre et maître de ses actions, que s'ils avaient changé sa mâle jeunesse en un esclavage saintement funeste au royaume.

La religion des rois est l'amour de l'ordre et de la justice. Tout ce qui tient au clergé jette feu et flamme. Les laisser dire est un petit mal, les laisser faire serait un des plus grands maux qui pussent affliger ce royaume. Le clergé est un corps en quelque sorte étranger dans l'État, et qui a toujours eu l'ambition de le dominer, en s'emparant de la personne du prince. La France n'a eu de vraiment bons ou grands rois que ceux qui ont eu la force de secouer ce joug dangereux.

Quel que soit, monsieur, l'effet de l'acte de justice et de vigueur du roi sur le cœur des Français, il n'est pas moins frappant sur les étrangers. Il n'y a pas un seul Anglais qui doute que les actions ne baissent à Londres, comme elles l'ont déjà fait à l'avènement du roi au trône. Le chagrin de nos ennemis est le thermomètre de la bonté de nos opérations. C'est là l'éloge le plus flatteur que le roi puisse recevoir.

En général, le peuple anglais, calculateur et juste appréciateur du mérite des hommes, a la plus haute opinion de ce règne.

Le courage du roi sur l'inoculation, sa sagesse et sa discrétion sur le rappel des parlements, donnent à tous les étrangers une grande idée du caractère de notre maître; et il ne faut pas oublier que le jugement des nations rivales est toujours juste et rigoureux comme celui de la postérité.

Vous connaissez le respectueux attachement de votre très-dévoué serviteur.

XXIII

AU MÊME.

Paris, ce 15 novembre 1774.

Monsieur,

Puisque vous ne m'ordonnez pas de me taire, je juge que vous ne vous offensez point de la liberté de mes remarques. Je continuerai donc jusqu'au dédit. Ce qu'il y a de certain, c'est que quelque grand personnage souffle le feu; car je n'ai guère vu d'acharnement pareil. N'y aurait-il pas ici un peu du d'Aiguillon? Cela ressemble assez à sa manière de procéder. Il vous manquait d'être calomnié; vous n'avez plus rien à désirer, vous l'êtes, et vertement. Si c'est à ce prix qu'on doit être ministre, j'aime mieux que vous le soyez que moi.

Je vous ai promis de vous mander ce que pensent les princes : je soupe demain avec le duc de Chartres, mais je n'ai encore vu que M. le prince de Conti : comme c'est l'homme qui a montré dans toutes ces querelles le plus de caractère et le moins d'humeur, je vois à sa circonspection même qu'il a deviné le secret du ministère.

Voulez-vous que je vous le dise tout bas, ce secret? Mais c'est mon opinion que je vous donne, et non celle du prince : les églisiers vont partout rageant et criant partout qu'*il n'y a plus en France qu'un parlement, et point de roi*. Et moi je crois fermement qu'*il n'y a plus en France qu'un roi, et point de parlement*. Messieurs les ministres, rétablisseurs des libertés françaises, je ne vous donnerai pas les miennes à rétablir, si je puis. Comme vous avez l'art de cacher le venin sous des phrases de miel! Au vrai, les gens qui étaient les plus opposés au retour du parlement sont aujourd'hui ceux qui crient le plus fort contre vos édits.

Il paraît qu'on cherche à bien aigrir ce corps chancelant contre le jeune roi, pour semer de nouveaux troubles et en profiter; mais quoiqu'on soit très-affligé au Palais, je vois que tous les esprits se tournent à la modération. Les prêtres disent seulement que le roi est un impie, que Dieu punira; et vous autres des monstres qu'on le forcera bientôt de chasser. J'en ris de bon cœur. Cela me rappelle un proverbe gaillard des écoliers : *Malédiction de...* disent-ils, *est oraison pour la santé*. Pardon; mais la rage des méchants est sûrement pour les gens honnêtes tout ce que renferme mon polisson de proverbe. Riez-en aussi, je vous prie.

Je vous envoie l'état de mes dépenses et recettes,

tant du feu roi que de notre maître actuel. Depuis le mois de mars dernier, j'ai fait plus de dix-huit cents lieues ; c'est bien aller, je pense. J'ai laissé mes affaires au pillage, j'ai couru des dangers de toute espèce : j'ai été trompé, volé, assassiné, emprisonné, ma santé est détruite ; mais qu'est-ce que tout cela fait? Si le roi est content, faites qu'il me dise seulement : *Je suis content;* et je serai le plus content du monde. D'autre récompense, je n'en veux point ; le roi n'est que trop entouré de demandeurs avides. Qu'il sache au moins qu'il a dans un coin de Paris un serviteur désintéressé, c'est toute mon ambition ; je compte sur vos bons offices pour cela.

J'espère encore que vous n'avez pas envie non plus que je reste le blâmé de ce vilain parlement que vous venez d'enterrer sous les décombres de son déshonneur. L'Europe entière m'a bien vengé de cet odieux et absurde jugement ; mais cela ne suffit pas : il faut un arrêt qui détruise le prononcé de celui-là. J'y vais travailler, mais avec la modération d'un homme qui ne craint plus ni l'intrigue ni l'injustice. J'attends vos bons offices pour cet important objet. Votre, etc.

XXIV

AU MÊME.

Paris, ce 26 novembre 1774.

Monsieur,

Je ne puis trop me hâter de vous supplier de me mettre aux pieds du roi, et de m'excuser auprès de Sa Majesté de l'étourderie que j'ai faite dans le compte que e vous ai envoyé hier. En le vérifiant ce matin, j'ai vu que je m'y étais trompé de deux cents louis à mon avantage. Le roi ne s'en fût peut-être pas aperçu ; mais il est moins honteux pour moi d'avouer que je suis un étourdi, que de rester usurpateur de ces deux cents louis qui ne me sont pas dus.

En comptant mes courses, j'ai calculé, pour l'argent, des lieues comme si c'étaient des postes, ce qui m'a donné, à l'article seizième du mémoire, cinq cents louis au lieu de trois cents qu'il faut seulement ; ce que je vous supplie de vouloir bien rétablir en retranchant deux cents guinées de la somme additionnée au bas du mémoire, et de ne faire établir mon payement que sur le pied de cette soustraction.

Le roi est trop volé de toutes parts pour que je veuille augmenter le nombre de ses serviteurs infidèles. Votre, etc.

XXV

AU MÊME.

Ce dimanche matin, 11 décembre 1774.

Monsieur,

Vous vous êtes bien attendu que, recueillant tout ce qu'on pensait et disait à Paris sur l'assemblée des princes et pairs au parlement, je vous en ferais part aussitôt. Quoique ma porte soit fermée depuis deux jours, parce que je réponds à un gros mémoire du comte de la Blache, qui vient de paraître contre moi, la curiosité de savoir ce que j'écris m'a amené bien du monde.

Je vois qu'en général on est étonné, affligé, et même effrayé de l'avis que Monsieur a ouvert au Palais, contenant l'obéissance implicite la plus servile et la plus silencieuse aux édits, sans qu'il y ait lieu, selon lui, de délibérer même sur ces édits, quoique les édits en laissent la liberté.

Mais l'affliction générale porte moins sur l'avis en lui-même, que sur l'inquiétude de savoir si cet avis tranchant vient de Monsieur ou des ministres, ou, ce qui serait plus affligeant encore, du roi lui-même, qui jusqu'à présent s'est fait connaître par tant de bienfaisance et de bontés.

L'avis de M. le duc d'Orléans a, dit-on, été mou, inutile et comme nul.

Celui qui a prévalu, motivé fortement, plein de respect pour le roi, d'amour pour le bien public, fort sage et tendant à la paix, à la conciliation des esprits, a fait d'autant plus de plaisir qu'il a été ouvert par M. le prince de Conti, dont beaucoup de gens affectaient de craindre la chaleur, la franchise et la fermeté gauloises.

En mon particulier, je suis fort aise que l'affaire se traite devant les princes frères du roi. D'aussi grands intérêts ne peuvent avoir des opinants trop illustres ; et les petites cabales qui prévalent souvent dans des comités particuliers, dans des examens de commissaires, s'évanouissent toujours dans une assemblée auguste, où chacun, forcé de se respecter, respecte au moins l'opinion publique.

L'archevêque a été hué en entrant et en sortant du Palais ; je n'en suis pas surpris : il court des bruits de refus d'absolutions, de sacrements, qui semblent dévoiler l'intention de fomenter de nouveaux troubles. Mais le parlement est résolu de ne donner dans aucun de ces pièges, et de toujours recourir au roi, pour savoir ses volontés, à chaque nouvelle qu'il recevra d'une hostilité ecclésiastique ou jésuitique.

Un barnabite, avant-hier, vit arriver à son confessionnal une femme inconnue, qui lui dit : « Je viens à vous, parce que mon confesseur, vicaire de telle paroisse, en m'ouvrant sa grille ce matin, m'a demandé pour première question : « Vous êtes-vous bien réjouie, madame, du retour du parlement ? — Oui, mon père, comme tous les bons Français. — Je ne puis pas vous entendre, a été la réponse du prêtre, qui m'a refermé sa grille au nez. »

Toutes ces choses montrent une fermentation excessive et dangereuse dans le corps du clergé, relativement à la besogne actuelle.

Votre, etc.

XXVI

AU PRINCE DE CONTI.

Monseigneur,

Je chantais hier au soir les grandes qualités de Votre Altesse; je vantais surtout sa munificence et j'employais cette foule de synonymes redoutables de l'un de vos serviteurs pour prouver que vous étiez, Monseigneur, non pas le prince, mais l'homme le plus généreux que je connusse, lorsqu'un vilain, que Lucifer confonde, m'a répondu froidement que tout cela était bon pour le discours, mais qu'il était sûr que Son Altesse Sérénissime laisserait crever comme un chien un pauvre chrétien au coin d'une haie, faute d'une bouteille de romanée. — Vil calomniateur! ai-je dit avec dédain. — Médisant, voilà tout ce que je suis, a-t-il répliqué. — Je ne puis souffrir, monseigneur, que l'on déchire à mes yeux la réputation d'un grand prince, et j'ai fait un projet de vengeance qui ne sera pas différé même à demain, si Votre Altesse ne le trouve pas trop cruel. J'ai commencé par provoquer à dîner chez moi le traître à quatre heures aujourd'hui : il ne se doute de rien. Là notre dessein est de lui boire au nez la bouteille de romanée et de lui casser le carafon sur la nuque, et, si le premier coup ne le tue pas sur la place, de redoubler du carafon de la seconde bouteille. Laissez agir vos serviteurs, monseigneur, il ne s'agit que d'armer leurs bras. Puisse le traître se voir, comme nous l'avons dit ailleurs, accablé sous les boucliers des Samnites! Le porteur de cette lettre est, la hotte aux épaules, chargé d'attendre les ordres de Votre Altesse.

Je suis avec un zèle intarissable, monseigneur, de Votre Altesse Sérénissime, le très-humble et très-obéissant serviteur,

Beaumarchais.

Ce dimanche, 5 février 1775.

XXVII

MÉMOIRE AU ROI [1].

(Extrait)

Sire,

Dans la ferme confiance où je suis que les extraits que j'adresse à Votre Majesté sont uniquement pour elle et ne sortent point de ses mains, je continuerai, Sire, à vous présenter la vérité sur tous les points connus de moi qui me paraissent intéresser votre service, sans avoir égard aux intérêts de qui que ce soit au monde.

Je me suis dérobé d'Angleterre sous prétexte d'aller à la campagne, et je suis venu tout courant de Londres à Paris, pour conférer avec MM. de Vergennes et de Sartines sur des objets trop importants et trop délicats pour être confiés à la fidélité d'aucun courrier.

Sire, l'Angleterre est dans une telle crise, un tel désordre au dedans et au dehors, qu'elle toucherait presque à sa ruine, si ses voisins et ses rivaux étaient eux-mêmes en état de s'en occuper sérieusement. Voici le fidèle exposé de la situation des Anglais en Amérique; je tiens ces détails d'un habitant de Philadelphie arrivant des colonies et sortant d'en conférer avec les ministres anglais, que son récit a jetés dans le plus grand trouble et a glacés d'effroi. Les Américains, résolus de tout souffrir plutôt que de plier, et pleins de cet enthousiasme de liberté qui a si souvent rendu la petite nation des Corses redoutable aux Génois, ont trente-huit mille hommes effectifs et déterminés sous les murs de Boston; ils ont réduit l'armée anglaise à la nécessité de mourir de faim dans cette ville ou d'aller chercher ses quartiers d'hiver ailleurs, ce qu'elle va faire incessamment. Environ quarante mille hommes bien armés et aussi déterminés que les premiers défendent le reste du pays, sans que ces quatre-vingt mille hommes aient enlevé un seul cultivateur à la terre, un seul ouvrier aux manufactures. Tout ce qui travaillait à la pêche, que les Anglais ont détruite, est devenu soldat et croit avoir à venger la ruine de sa famille et la liberté de son pays; tout ce qui avait un commerce maritime, que les Anglais ont arrêté, s'est joint aux pêcheurs pour faire la guerre à leurs communs persécuteurs; tous les gens travaillant sur les ports ont grossi cette armée de furieux dont la vengeance et la rage animent toutes les actions.

Je dis, Sire, qu'une telle nation doit être invincible, surtout ayant derrière elle autant de pays qu'il lui en faut pour ses retraites, quand même les Anglais se seraient rendus maîtres de toutes leurs côtes, ce qui est bien loin d'arriver. Tous les gens sensés sont donc convaincus en Angleterre que les colonies anglaises sont perdues pour la métropole, et c'est aussi mon avis.

La guerre ouverte qui se fait en Amérique est bien moins funeste encore à l'Angleterre que la guerre intestine qui doit éclater avant peu dans Londres; l'aigreur entre les partis y est montée au plus haut excès depuis la proclamation du roi d'Angleterre qui déclare les Américains rebelles. Cette ineptie, ce chef-d'œuvre de démence de la part du gouvernement, a renouvelé les forces de tous les opposants en les réunissant contre lui; la résolution est prise de rompre en visière ouvertement au parti de la cour dans les premières séances du parlement. On croit que ces séances ne se passeront pas sans qu'il y ait sept ou huit membres de l'opposition envoyés à la Tour de Londres, et c'est là l'instant attendu pour sonner le tocsin. Le lord Rochford, mon ami depuis quinze ans, causant avec moi, m'a dit en soupirant ces mots : *J'ai grand peur, monsieur, que l'hiver ne se passe point sans qu'il y ait quelques têtes à bas, soit dans le parti du roi, soit dans l'opposition.* D'un autre côté le lord-maire Wil-

---

[1] Remis au roi, cacheté par M. de Sartines, le 21 septembre 1775.

kes, dans un mouvement de joie et de liberté à la fin d'un dîner splendide, me dit publiquement ceux-ci : « Depuis longtemps le roi d'Angleterre me fait l'honneur de me haïr. Pour moi, je lui ai rendu toujours la justice de le mépriser : le temps est venu de décider lequel a le mieux jugé l'autre, et de quel côté le vent fera choir des têtes. »

Le lord North, que tout ceci menace, donnerait aujourd'hui de grand cœur sa démission, s'il pouvait le faire avec honneur et sûreté.

..... Le moindre échec que recevra l'armée royale en Amérique, augmentant l'audace du peuple et de l'opposition, peut décider l'affaire à Londres au moment qu'on s'y attendra le moins, et si le roi se voit forcé de plier, je le dis en frémissant, je ne crois pas sa couronne plus assurée sur sa tête que la tête de ses ministres sur leurs épaules. Ce malheureux peuple anglais, avec sa frénétique liberté, peut inspirer une véritable compassion à l'homme qui réfléchit. Jamais il n'a goûté la douceur de vivre paisiblement sous un roi bon et vertueux. Ils nous méprisent et nous traitent d'esclaves, parce que nous obéissons volontairement; mais si le règne d'un prince ou faible ou méchant a fait quelquefois un mal momentané à la France, jamais cette rage licencieuse que les Anglais appellent liberté n'a laissé un instant de bonheur et de vrai repos à ce peuple indomptable. Rois et sujets, tous y sont également malheureux. Aujourd'hui, pour augmenter le trouble, il s'est ouvert une souscription secrète à Londres, chez deux des plus riches marchands de cette capitale, où tous les mécontents envoient de l'or pour faire passer aux Américains, ou payer les secours que les Hollandais leur fournissent. Ils font plus, ils ont des liaisons secrètes en Portugal, jusque dans le conseil du roi, qu'ils payent fort cher, pour tâcher d'empêcher que les Portugais n'entrent en accommodement avec les Espagnols[1]. Ils ont l'espoir que cette guerre attirera bientôt les Anglais et les Français dans la querelle de leurs alliés, et que ce nouvel incident détruira plus sûrement encore le ministère actuel, ce qui est l'objet constant de tous les opposants.

Résumé. — L'Amérique échappe aux Anglais en dépit de leurs efforts; la guerre est plus vivement allumée dans Londres qu'à Boston. La fin de cette crise amènera la guerre avec les Français, si l'opposition triomphe, soit que Chatham ou Rockingham remplace lord North. Les opposants, pour augmenter le trouble, intriguent en Portugal pour empêcher l'accommodement avec l'Espagne.

Notre ministère, mal instruit, a l'air stagnant et passif sur tous ces événements qui nous touchent la peau.

Un homme supérieur et vigilant serait indispensable à Londres aujourd'hui.

La première chose que l'on ne peut s'empêcher de faire est d'engager le ministère d'Espagne à se rendre moins difficile sur les répétitions contre le Portugal. Pendant que le ministère anglais travaille à rapprocher le Portugal de la conciliation, et fait observer aux Portugais que les embarras intérieurs de l'Angleterre l'empêcheraient absolument aujourd'hui de les secourir, aux termes de leur dernier traité, notre démarche auprès du ministère d'Espagne est indispensable pour détruire autant qu'il est possible l'effet de l'intrigue et de l'argent de l'opposition anglaise, qui emploie les derniers efforts en Portugal pour y engager sérieusement la querelle entre les deux puissances du Sud. . . . . .

..... Voilà, Sire, quels sont les motifs de ma course secrète en France. Quelque usage que Votre Majesté fasse de ce travail, je compte assez sur la vertu, sur la bonté de mon maître, pour espérer qu'il ne fera pas tourner contre moi ces preuves de mon zèle, en les confiant à personne, ce qui augmenterait le nombre de mes ennemis, qui ne m'arrêteront jamais tant que je serai certain du secret et de la protection de Votre Majesté.

Caron de Beaumarchais.

XXVIII

A M. DE MIROMÉNIL, GARDE DES SCEAUX.

De la loge de votre suisse, ce 15 novembre 1775.

Monseigneur,

Je me suis échappé de mon lit, malgré la fièvre et le médecin, pour venir vous dire : Me voilà. Peu de temps après que fus tombé de l'état de citoyen, vous êtes monté à celui de garde des sceaux. Mais la même justice qui vous a tiré de l'infortune doit être employée aujourd'hui, dans vos mains, à me rendre au droit que j'avais de revenir contre un arrêt si ridicule, qu'on ne sait quel nom lui donner.

J'ignore, monseigneur, vu les affaires, les procès et fièvre, si je partirai pour Londres, pour Aix ou pour l'autre monde : tout ce que je sais, c'est que j'ai bien peu de temps à rester à Paris. Le roi, touché du tort moral que fait à mon existence le retard de ces terribles lettres de relief après lesquelles je cours depuis si longtemps, a bien voulu que vous sussiez enfin que si j'ai perdu le temps de me pourvoir dans les six mois prescrits par la loi, c'est que j'étais hors de France par les ordres exprès de Sa Majesté.

Mon affaire n'étant point d'audience, et ne devant vous occuper que l'instant de raisonner avec M. Dablois, mon rapporteur, sur les moyens d'arranger la justice du fond avec ce que les formes ont d'épineux, je vous supplie, monseigneur, de vouloir bien me donner un ordre précis pour me rendre chez vous. Je sortirai une autre fois de mon lit, et je viendrai avec une reconnaissance anticipée vous assurer du très-profond respect avec lequel je suis,

Monseigneur,

Votre, etc.

---

[1] Il y avait à cette époque un démêlé entre le Portugal et l'Espagne sur une question de limites.

XXIX

AUX COMÉDIENS FRANÇAIS.

« Paris, ce mercredi 20 décembre 1775.

En m'écrivant, messieurs, qu'on vous demandait *le Barbier de Séville* pour samedi prochain, vous avez oublié d'ajouter que ce même jour on donnait à la cour *le Connétable de Bourbon*[1]. Comme c'est la seconde fois que pareille demande, accompagnée de pareil oubli, a manqué de faire courir à ce pauvre diable de *Barbier* le danger d'une représentation équivoque, ou de tomber (critique à part) *dans les règles*, j'ai l'honneur de vous rappeler que, sur pareille remarque, la première fois, toute la Comédie convint que, sans tirer à conséquence, il était possible que j'eusse raison ce jour-là, et la pièce ne fut pas jouée le jour du *Connétable*. Je vous prie donc, messieurs, qu'il en soit ainsi dans cette seconde occasion. Autant j'aurai de reconnaissance toutes les fois qu'en un bon jour de bonne saison la Comédie fera l'honneur à ma pièce de la glisser au répertoire, autant je croirai avoir à m'en plaindre si elle ne se souvenait jamais du *Barbier* que pour lui faire boucher un trou, dans lequel il courrait le hasard de s'engloutir tout vivant, au grand détriment de son existence et de mes intérêts.

Tous les bons jours, excepté le samedi 23 décembre 1775, jour du *Connétable* à Versailles, vous me ferez le plus grand plaisir de satisfaire avec *le Barbier* la curiosité du petit nombre de ses amateurs. Pour ce jour seulement, il vous sera bien aisé de leur faire goûter la solidité de mes excuses, reconnue par toute la Comédie elle-même.

J'ai l'honneur d'être avec considération, estime, amitié, etc.

CARON DE BEAUMARCHAIS.

En relisant ma lettre, je réfléchis que la Comédie peut se trouver embarrassée pour samedi, parce que tous les tragiques sont à Versailles. Si c'est là la raison qui l'a engagée à me faire écrire, eh! pourquoi ne pas dire uniment les choses? Tel qui paraît strict et rigoureux en discutant ses affaires est souvent l'homme le plus facile à obliger ses amis.

Que la Comédie me fasse écrire que j'ai deviné juste et qu'elle n'entend pas faire tourner contre moi l'événement de cette représentation, s'il est maigre ou malheureux, et je donne mon adhésion au hasard de samedi prochain. Je serais désolé que la Comédie-Française eût la plus légère occasion de se plaindre de moi, qui espère avoir toujours à me louer d'elle.

Réponse, s'il vous plaît.

[1] Tragédie de Guibert, l'auteur de *la Tactique*.

XXX

AU MINISTRE DE LA MARINE.

M. DE SARTINES.

Pour vous seul.

Londres, ce 14 janvier 1776.

Je profite du courrier que j'envoie à M. de Vergennes, pour vous prévenir que, si mes lumières acquises ne me trompent pas aujourd'hui, tout cela a des branches qui vont si haut, qu'il y a peut-être autant de danger d'agir d'un côté qu'il y a d'inconvénients à laisser faire de l'autre.

Cette réflexion de profonde politique est pour vous seul. Je prendrai de telles précautions, que toute idée relative à vous sera écartée à mille lieues; et même, s'il est possible, toutes celles relatives à moi et aux soins que je me donne. Au reste, si vous n'aviez pas fait approuver l'arrangement de précaution que je viens d'établir pour l'avenir, je ne voudrais pour rien au monde me mêler davantage de cette besogne : ceci me paraît être l'arbre et l'écorce de Platon, entre lesquels l'homme prudent ne doit pas mettre le doigt. Allez dans vos idées aussi loin que vous voudrez, sans craindre d'aller trop loin, et vous approcherez du but.

Au fait, en vérité, l'on ne veut que brouiller, et profiter de la division pour s'emparer du roi; alors vous seriez certainement perdu. Voilà ce qui a rapport à vous, et me touche infiniment. Quant à moi, je ne suis rien; mais je m'arrange pour que l'avenir ne soit plus sur mon compte aux yeux des mécontents. Pour le passé, il n'est pas en mon pouvoir d'empêcher les ressentiments qu'on me garde; ce sera au roi à m'en garantir, et en vérité c'est la moindre chose qui me soit due.

En voilà assez pour cet objet; ne faites pas perdre un instant à mon courrier. M. de Vergennes vous communiquera sans doute ma grande dépêche ministérielle.

XXXI

LA PAIX OU LA GUERRE.

AU ROI SEUL[1].

SIRE,

La fameuse querelle entre l'Amérique et l'Angleterre, qui va bientôt diviser le monde et changer le

[1] Remis à M. le comte de Vergennes, cachet volant, le 29 février 1776.

système de l'Europe, impose à chaque puissance la nécessité de bien examiner par où l'événement de cette séparation peut influer sur elle et la servir ou lui nuire.

Mais la plus intéressée de toutes est certainement la France, dont les îles à sucre sont, depuis la dernière paix, l'objet constant des regrets et de l'espoir des Anglais, désirs et regrets qui doivent infailliblement nous donner la guerre, à moins que, par une faiblesse impossible à supposer, nous ne consentions à sacrifier nos riches possessions du golfe à la chimère d'une paix honteuse et plus destructive que cette guerre que nous redoutons.

Dans un premier mémoire, remis il y a trois mois à Votre Majesté par M. de Vergennes, j'ai tâché d'établir solidement que la justice de Votre Majesté ne pouvait être blessée de prendre de sages précautions contre des ennemis qui ne sont jamais délicats sur celles qu'ils prennent contre nous.

Aujourd'hui que l'instant d'une crise violente avance à grands pas, je suis obligé de prévenir Votre Majesté que la conservation de nos possessions d'Amérique et la paix qu'elle paraît tant désirer dépendent uniquement de cette seule proposition : *Il faut secourir les Américains.* C'est ce que je vais démontrer.

Le roi d'Angleterre, les ministres, le parlement, l'opposition, la nation, le peuple anglais, les partis enfin qui déchirent cet État, conviennent qu'on ne doit plus se flatter de ramener les Américains, ni même que les grands efforts qu'on fait aujourd'hui pour les soumettre aient le succès de les réduire. De là, Sire, ces débats violents entre le ministère et l'opposition, ce flux et reflux d'opinions admises ou rejetées qui, n'avançant pas les affaires, ne servent qu'à mettre la question dans un plus grand jour.

Le lord North, effrayé de piloter seul au fort d'un tel orage, vient de profiter de l'ambition du lord Germaine pour verser tout le poids des affaires sur sa tête ambitieuse.

Le lord Germaine, étourdi des cris et frappé des arguments terribles de l'opposition, dit aujourd'hui aux lords Shelburne et Rockingham, chefs de parti : « Dans l'état où sont les choses, messieurs, osez-vous répondre à la nation que les Américains se soumettront à l'acte de navigation et rentreront sous le joug, *à la seule condition*, renfermée dans le plan de lord Shelburne, *d'être remis en l'état où ils étaient avant les troubles de 1763*? Si vous l'osez, messieurs, investissez-vous du ministère, et chargez-vous du salut de l'État à vos risques, périls et fortunes. »

L'opposition, disposée à prendre le ministre au mot et toute prête à dire oui, n'est arrêtée que par l'inquiétude que les Américains, encouragés par leurs succès et peut-être enhardis par quelques traités secrets avec l'Espagne et la France, ne refusent aujourd'hui ces mêmes conditions de paix qu'ils demandaient à mains jointes il y a deux ans.

D'autre part, le sieur L. (M. de Vergennes dira son nom à Votre Majesté) [1], député secret des colonies à Londres, absolument découragé par l'inutilité des efforts qu'il a tentés par moi auprès du ministère de France pour en obtenir des secours de poudre et de munitions de guerre, me dit aujourd'hui : « Une dernière fois, la France est-elle absolument décidée à nous refuser tout secours et à devenir la victime de l'Angleterre et la fable de l'Europe par cet incroyable engourdissement? Obligé moi-même de répondre positivement, j'attends votre dernière réponse pour donner la mienne. *Nous offrons à la France, pour prix de ses secours secrets, un traité secret de commerce qui lui fera passer, pendant un certain nombre d'années après la paix, tout le bénéfice dont nous avons depuis un siècle enrichi l'Angleterre, plus une garantie de ses possessions selon nos forces.* Ne le voulez-vous pas? Je ne demande à lord Shelburne que le temps de l'allée et du retour d'un vaisseau qui instruira le congrès des propositions de l'Angleterre, et je puis vous dire dès à présent quelles résolutions prendra le congrès à cet égard. Ils feront sur-le-champ une proclamation publique par laquelle ils offriront à toutes les nations du monde, pour en obtenir des secours, les conditions que je vous offre en secret aujourd'hui. Et pour se venger de la France et la forcer publiquement à faire une déclaration à leur égard qui la commette à l'excès, ils enverront dans vos ports les premières prises qu'ils feront sur les Anglais : alors, de quelque côté que vous vous tourniez, cette guerre, que vous fuyez et redoutez tant, devient inévitable pour vous, car ou vous recevrez nos prises dans vos ports ou vous les rejetterez ; si vous les recevez, la rupture est certaine avec l'Angleterre ; si vous les rejetez, à l'instant le congrès accepte la paix aux conditions proposées par la métropole ; les Américains outrés joignent toutes leurs forces à celles de l'Angleterre pour tomber sur vos îles et vous prouver que les belles précautions mêmes que vous aviez prises pour garder vos possessions étaient justement celles qui devaient vous en priver à jamais.

« Allez, Monsieur, allez en France ; exposez-y ce tableau des affaires ; je vais m'enfermer à la campagne jusqu'à votre retour pour n'être pas forcé de donner une réponse avant d'avoir reçu la vôtre. Dites à vos ministres que je suis prêt à vous y suivre, s'il le faut, pour y confirmer ces déclarations ; dites-leur *que j'apprends que le congrès a envoyé deux députés à la cour de Madrid pour le même objet, et je puis vous ajouter à cela qu'ils ont reçu une réponse très-satisfaisante.* Le conseil de France aurait-il aujourd'hui la glorieuse prérogative d'être seul aveugle sur la gloire du roi et les intérêts de son royaume? »

Voilà, Sire, le tableau terrible et frappant de notre position ; Votre Majesté veut sincèrement la paix! Le moyen de vous la conserver, Sire, va faire le résumé de ce mémoire.

---

[1] Arthur Lee, qui fit depuis partie avec Franklin de la députation américaine à Paris.

Admettons toutes les hypothèses possibles, et raisonnons.

Ce qui suit est bien important :

Ou l'Angleterre aura dans cette campagne le succès le plus complet en Amérique;

Ou les Américains repousseront les Anglais avec pertes;

Ou l'Angleterre prendra le parti, déjà adopté par le roi, d'abandonner les colonies à elles-mêmes et de s'en séparer à l'amiable;

Ou l'opposition, en s'emparant du ministère, répondra de la soumission des colonies à la condition d'être remises en leur état de 1763.

Voilà tous les possibles rassemblés : y en a-t-il un seul qui ne vous donne à l'instant la guerre que vous voulez éviter? Sire, au nom de Dieu, daignez l'examiner avec moi :

1° Si l'Angleterre triomphe de l'Amérique, ce ne peut être qu'avec une dépense énorme d'hommes et d'argent; or, le seul dédommagement que les Anglais se proposent de tant de pertes est d'enlever à leur retour les îles françaises, de se rendre par là les marchands exclusifs de la précieuse denrée du sucre, qui peut seule réparer tous les dommages de leur commerce, et cette prise les rend à jamais possesseurs absolus du bénéfice de l'interlope que le continent fait avec ces mêmes îles.

Alors, Sire, il vous resterait uniquement le choix de commencer trop tard une guerre infructueuse, ou de sacrifier à la plus honteuse des paix inactives toutes vos colonies d'Amérique, et de perdre 280 millions de capitaux et plus de 50 millions de revenus.

2° Si les Américains sont vainqueurs, à l'instant ils sont libres, et les Anglais, au désespoir de voir leur existence diminuée des trois quarts, n'en seront que plus empressés à chercher un dédommagement devenu indispensable dans la prise facile de nos possessions d'Amérique, et l'on peut être certain qu'ils n'y manqueront pas.

3° Si les Anglais se croient forcés d'abandonner sans coup férir les colonies à elles-mêmes, comme c'est le vœu secret du roi, la perte étant la même pour leur existence et leur commerce étant également ruiné, le résultat pour nous est semblable au précédent; excepté que les Anglais, moins énervés par cet abandon à l'amiable que par une campagne sanglante et ruineuse, n'en auront que plus de moyens et de facilités de s'emparer de nos îles, dont alors ils ne pourront plus se passer, s'ils veulent conserver les leurs et garder un pied de terre en Amérique.

4° Si l'opposition se met en possession du ministère et conclut le traité de réunion avec les colonies, les Américains, outrés contre la France, dont les refus leur auront seuls forcés de se soumettre à la métropole, nous menacent dès aujourd'hui de joindre toutes leurs forces à celles de l'Angleterre pour enlever nos îles. Ils ne se réuniront même à la mère-patrie qu'à cette condition, et Dieu sait alors avec quelle joie le ministère composé des lords Chatham, Shelburne et Rockingham, dont les dispositions pour nous sont publiques, adoptera le ressentiment des Américains, et vous fera sans relâche la guerre la plus opiniâtre et la plus cruelle.

Que faire donc en cette extrémité pour avoir la paix et conserver nos îles?

Vous ne conserverez la paix que vous désirez, Sire, qu'en empêchant à tout prix qu'elle ne se fasse entre l'Angleterre et l'Amérique, et qu'en empêchant que l'une triomphe complètement de l'autre; et le seul moyen d'y parvenir est de donner des secours aux Américains, qui mettront leurs forces en équilibre avec celles de l'Angleterre, mais rien au delà. Et croyez, Sire, que l'épargne aujourd'hui de quelques millions peut coûter avant peu bien du sang et de l'argent à la France.

Croyez surtout, Sire, que les seuls apprêts forcés de la première campagne vous coûteront plus que tous les secours qu'on vous demande aujourd'hui, et que la triste économie de 2 ou 3 millions vous en fera perdre à coup sûr avant deux ans plus de 300.

Si l'on répond que nous ne pouvons secourir les Américains sans blesser l'Angleterre et sans attirer sur nous l'orage que je veux conjurer au loin, je réponds à mon tour qu'on ne courra point ce danger, si l'on suit le plan que j'ai tant de fois proposé, de secourir secrètement les Américains sans se compromettre, en leur imposant pour première condition qu'ils n'enverront jamais aucune prise dans nos ports, et ne feront aucun acte tendant à divulguer des secours que la première indiscrétion du congrès lui ferait perdre à l'instant. Et si Votre Majesté n'a pas sous la main un plus habile homme à y employer, je me charge et réponds du traité, sans que personne soit compromis, persuadé que mon zèle suppléera mieux à mon défaut d'habileté que l'habileté d'un autre ne pourrait remplacer mon zèle.

Votre Majesté voit sans peine que tout le succès dépend ici du secret et de la célérité; mais une chose infiniment importante à l'un et à l'autre serait de renvoyer, s'il était possible, à Londres lord Stormont, qui, par la facilité de ses liaisons en France, est à portée d'instruire et instruit journellement l'Angleterre de tout ce qui se dit et s'agite au conseil de Votre Majesté.

Cela est bien extraordinaire, mais cela est; l'occasion du rappel de M. de Guines est on ne peut pas plus favorable.

L'Angleterre veut absolument un ambassadeur; si Votre Majesté ne se pressait pas de nommer un successeur à M. de Guines et qu'elle envoyât en Angleterre un chargé d'affaires ou ministre d'une capacité reconnue, à l'instant on rappellerait lord Stormont, et quelque ministre qu'ils nommassent en place de cet ambassadeur, il se passerait bien du temps avant qu'il fût en état par ses liaisons de nous faire autant de mal que nous en recevons de lord Stormont. Et la crise une fois passée, le plus futile ou le plus fastueux de nos seigneurs pourrait être envoyé sans risque en ambassade à Londres; la besogne étant faite ou manquée, tout le reste alors serait sans importance.

Votre Majesté peut juger par ces travaux si mon zèle est autant éclairé qu'il est ardent et pur.

Mais si mon auguste maître, oubliant tous les dangers qu'un mot échappé de sa bouche peut faire courir à un bon serviteur qui ne connaît et ne sert que lui, laissait pénétrer que c'est par moi qu'il reçoit ses instructions secrètes, alors toute son autorité même aurait peine à me garantir de ma perte, tant la cabale et l'intrigue ont de pouvoir, Sire, au milieu de votre cour, pour nuire et renverser les plus importantes entreprises. Votre Majesté sait mieux que personne que le secret est l'âme des affaires et qu'en politique un projet éventé n'est qu'un projet manqué.

Depuis que je vous sers, Sire, je ne vous ai rien demandé et ne vous demanderai jamais rien. Faites seulement, ô mon maître, qu'on ne puisse m'empêcher de travailler pour votre service, et toute mon existence vous est consacrée.

Caron de Beaumarchais.

XXXII

AU CHEVALIER D'ÉON.

Paris, ce 18 août 1776.

Je voudrais, ma chère d'Éon, n'avoir jamais eu que des choses agréables à vous écrire. En ce moment même, oubliant tout ce que votre conduite a d'injuste et d'outrageant pour moi, je voudrais que M. le comte de Vergennes eût choisi, pour vous répondre, quelqu'un dont le ministère vous fût moins odieux; je voudrais, surtout, avoir emporté sur ce ministre les points auxquels vous paraissez tant attachée; mais, indépendamment du poids que son caractère imprime à ses raisons, elles me paraissent en elles-mêmes inexpugnables et sans réplique.

« Le roi de France, me dit ce ministre, peut-il accorder à une fille un sauf-conduit qui se rapporte à l'état d'un officier? Qui donc a servi le roi? est-ce mademoiselle ou M. d'Éon? Si Sa Majesté, apprenant après coup la faute que ses parents ont commise en sa personne contre la décence des mœurs et le respect des lois, veut bien l'oublier et ne pas lui imputer comme un tort celle de l'avoir continuée sur elle-même en connaissance de cause; faut-il que l'indulgence du roi pour elle aille jusqu'à charger le feu roi du ridicule de cet indécent travestissement, en employant cette phrase du modèle qu'elle a l'assurance de nous envoyer elle-même : *Ordre... de ne plus quitter les habits de son sexe, comme l'a ci-devant exigé le service du feu roi mon aïeul*, etc., etc.? Jamais, Monsieur, le service du roi n'a exigé qu'une fille usurpât le nom d'homme et l'habit d'officier ou l'état d'Envoyé. C'est en multipliant ainsi ses prétentions téméraires que cette femme est parvenue à lasser la patience du roi, la mienne, et la bonne volonté de tous ses partisans. Qu'elle reste en Angleterre ou qu'elle aille ailleurs, vous savez bien que nous ne mettons pas à cela le moindre intérêt. Sur son extrême désir de repasser en France, je lui ai fait dire par vous que l'intention du roi était qu'elle n'y rentrât que sous les habits de son sexe, et qu'elle y menât la vie silencieuse, modeste et réservée qu'elle n'eût jamais dû abandonner. Je n'ajouterai pas un mot à cela. »

De ma part, ma chère, j'y ai bien réfléchi. D'honneur, je ne conçois pas plus que le ministre de quelle utilité peut vous être le nouvel essai que vous tentez sur sa complaisance.

Si votre retour en France vous est indifférent, que ne vivez-vous tranquille où vous êtes, avec ce que le roi vous a donné, sans revenir incessamment sur des choses faites et sans renouveler toujours des demandes inaccordables?

Si votre dessein est réellement d'y rentrer, que veut dire tout ce pointillage? Espérez-vous un temps plus convenable, un roi plus magnanime, un ministre plus équitable, un solliciteur plus empressé, des conditions meilleures? La vie s'use, et vous languissez expatriée.

Ma chère amie, je vous le dis à regret : j'ai bien travaillé, tenté bien des choses, et je n'espère plus rien obtenir pour vous à titre d'une justice dont on croit avoir de beaucoup passé la borne avec vous. Quant aux grâces, vous sentez comme moi qu'une conduite entièrement opposée à la vôtre peut seule vous les mériter.

Croyez-en un homme qui, malgré vos torts affreux envers lui, vous a servie, vous sert et vous servira de tout son cœur, si vous-même n'y mettez pas des obstacles éternels. Votre ton décidé, tranchant même, indispose le ministre. « Il semble voir, me dit-il, non une fille modeste et malheureuse qui demande des grâces, mais un potentat qui traite avec son égal pour les intérêts du monde. Si le désir de lui faire du bien, Monsieur, vous fait oublier combien cela est ridicule et déplacé, je dois m'en souvenir, moi. » Voilà ses phrases.

Pensez-y bien, ma chère d'Éon : sans revêtir ici d'autre caractère que celui d'un homme qui vous veut du bien, je me hâte de vous en prévenir, si vous voulez que mon amitié ne vous soit pas absolument inutile, adoucissez votre ton, et surtout prenez une résolution sage.

M. votre beau-frère peut vous certifier que cet avis est le plus important que je puisse vous donner. Je compte faire un tour à Londres pendant les vacances du parlement de Paris; je vous y verrai de tout mon cœur et m'estimerai fort heureux si je puis encore contribuer à votre bonheur futur.

Bonjour, ma chère.

Beaumarchais.

XXXIII

AU MINISTRE DE LA MARINE.

Envoyée le 19 septembre 1777.

Monsieur,

En vous répondant sur le triste désarmement projeté de mon vaisseau de Rochefort, je ne veux ni ne dois rien vous dissimuler, puisque dans cette affaire il s'agit autant des intérêts de l'État que des miens.

Lord Stormont s'est plaint, dit-on, qu'un vaisseau que le roi vient de vendre est destiné pour les Américains. D'où le sait-il? Quelques rapprochements hasardés le lui font seulement présumer. Mais le comble de l'audace n'est-il pas d'oser l'affirmer aux ministres du roi, qui savent tous, par mon aveu secret, que jamais ce vaisseau ne fut destiné pour les Américains; qu'il est plutôt armé contre eux, puisque je le destine à m'aller chercher promptement et d'autorité des retours que l'indolence ou la pénurie de mes débiteurs me retiennent trop longtemps? Voici le fait, monsieur, et comment j'ai raisonné.

L'Amérique aujourd'hui me doit cinq millions. Par mes derniers essais, je vois que les seuls retours qui puissent me convenir en ce moment sont le *tabac*. Or un navire ordinaire ne peut m'en rapporter au plus que trois cents boucauts, lesquels, tous frais d'armement et de désarmement prélevés, me rendraient à peine, en France, cent cinquante mille livres. D'après ce calcul exact, pour parvenir à recouvrer ici la somme de cinq millions en tabac, je devrais armer trente-deux vaisseaux, courir trente-deux fois le danger d'être pris en allant, autant en revenant, et perdre au moins trois ans d'attente, sans compter les mille et une contradictions que j'éprouverais en faisant ces trente-deux périlleux armements.

Il m'a donc fallu chercher un autre moyen de remplir honorablement mes vues. Trop d'ennemis, monsieur, vous le savez, sont conjurés à ma ruine, pour que je n'épuise pas tous les moyens permis d'en sortir à mon honneur; car si le succès attire l'envie, le succès seul peut aussi l'atterrer : c'est ce que je tente aujourd'hui, en armant un vaisseau de mille tonneaux avec lequel je dois, en un voyage, aller chercher et rapporter le cinquième et peut-être le tiers de ce qui m'est dû, sans craindre qu'il soit pris en route; car ce navire est un bon porte-respect. Or, s'il convient aux vues pacifiques du gouvernement qu'aucun vaisseau français ne cherche noise à personne, ce même intérêt n'exige-t-il pas aussi que les plus importants vaisseaux de son commerce aient si bonne mine, que tout brutal Anglais y regarde à quatre fois avant d'oser les insulter?

Quant à mes travaux, à mes précautions, les voici. Déjà mon subrécargue est parti pour aller acheter et faire amonceler au port de *Williamsbourg* ou d'*Annapolis*, dans la baie de *Chesapeak*, autant de tabac que mes vaisseaux en pourront contenir; déjà l'ordre est donné au *cap Français* de ne laisser partir aucun de mes navires, qui y sont ou y arriveront, mais d'y attendre mon vaisseau de *Rochefort* pour charger ensemble et en être convoyés au retour : car, depuis la perte de *la Seine*, ils m'ont encore pris *l'Anna*, parti de *Saint-Domingue*, et l'ont conduit à la *Jamaïque*. Si je ne m'en suis pas plaint, c'est que j'ai trouvé tout le monde ici peu consolant sur mes chagrins.

Déjà le rendez-vous de tous mes vaisseaux, notamment du dernier parti de *Marseille*, et le point de ralliement de ceux qui sont à *Charlestown* ou dans le nord-est, est fixé à cette même baie de *Chesapeak*. À l'instant où la mer cessera d'être tenable aux croiseurs anglais, mon vaisseau de *Rochefort* y entrera pour convoyer tous mes navires, et m'en rapporter les cargaisons. Or me laisser suivre un plan aussi savamment combiné depuis six mois, ou le déranger d'un coup de plume, est la différence de ma ruine entière à mon succès le plus brillant.

Si mon vaisseau reste au port, où trouverai-je des secours pour en équiper d'autres? qui me rendra dix mille louis que celui-ci me coûte? qui me remboursera de l'achat et des transports des ballots que j'y ai ramenés de tous les pays pour faire son chargement? qui me rendra les quinze mille louis que je paye aujourd'hui pour quinze mille fusils que je viens d'envoyer? et les frais de mon dernier armement? et mes achats de *Virginie*, qui s'y gâteront sur les ports, faute de les avoir enlevés à temps? et mes faibles vaisseaux qui seront pris au retour, parce que, comptant leur donner un formidable convoyeur, j'ai négligé de les mettre en état de défense! Un million, monsieur, oui, un million ne pourrait pas réparer un tel désordre, comme je vous l'écrivis la semaine passée. Est-ce le lord Stormont qui me payera ce dédommagement?

Vous voyez bien qu'en tout ceci les Américains ne sont pour rien; mais moi, qui ne puis envoyer de contre-ordre nulle part, j'y suis tellement pour tout, que, si vous arrêtez mon vaisseau, je me vois sur-le-champ ruiné, déshonoré, bon seulement à pendre ou à noyer : je donne le choix pour une épingle.

Après vous avoir parlé sans déguisement, comme chargé d'affaires secrètes, je dois, en ma qualité de négociant français, assurer les ministres du roi qu'avant de faire sortir mon vaisseau de *Rochefort*, ses armateurs connus feront leur soumission, si on l'exige, de rentrer sous six mois dans les ports de France avec des marchandises bien et dûment expédiées de Saint-Domingue, auquel endroit ce vaisseau va porter les troupes qu'on leur a promises. Les rapports secrets de cette opération de haut commerce avec la politique sont si masqués, monsieur, qu'on peut bien les regarder comme nuls, et n'avoir aucun égard aux fausses alarmes du plus indiscret des ambassadeurs. De plus, les armateurs s'engageront à se tenir tellement sur la réserve, que si, dans les traversées, ce navire était obligé d'en venir à bien rosser ceux qui voudraient l'insulter, il le fera si légalement, que ses armateurs se croiront encore le droit de vous demander vengeance, en arrivant, de l'insulte qu'ils auront reçue.

Pareille promesse, un pareil engagement suffit, je crois, pour rassurer le ministère de France, et surtout pour bâillonner l'ambassadeur d'Angleterre.

Maintenant, si les ministres du roi voulaient bien réfléchir qu'il est (tranchons le mot) honteux pour la France que la ferme royale du tabac soit obligée de le payer jusqu'à cent vingt livres le quintal, d'en manquer même, pendant que l'Amérique en regorge; et que, si la guerre anglaise dure encore deux ans, le roi, pour avoir eu l'honnêteté d'y rester neutre, est dans le cas de voir les trente-deux millions du revenu de sa ferme du tabac compromis, parce qu'il plaît aux Anglais, qui ne peuvent plus fournir cette denrée, de nous en interdire insolemment l'achat dans le seul pays du monde où sa culture est en vigueur; si, dis-je, les ministres du roi veulent bien y réfléchir, ils conviendront que cette insolente tutelle anglaise nous rejette à mille lieues des priviléges de la neutralité que nous affectons : et cela paraît si bizarre à tout le monde, qu'à Londres même, à Londres, on plaisante hautement de notre mollesse à cet égard.

Peut-être serait-il à propos ici de mieux poser les droits de la neutralité qu'on ne l'a fait jusqu'à ce jour. Permettez-moi, monsieur, cette courte digression; je la crois d'une importance extrême.

Milord *Abington*, l'un des hommes les plus éclairés d'Angleterre, vient de publier un ouvrage qu'il signe de son nom, et qu'*il scellerait*, dit-il, *de son sang avec la même alacrité* : dans cet ouvrage, il établit fort bien que les Anglais, et non les Américains, sont les seuls vrais rebelles à la constitution commune; et c'est ce que je crois avoir prouvé moi-même sans réplique, il y a dix mois, à Paris, aux deux orateurs anglais *Fox* et *Littleton*, comme j'eus l'honneur de vous le dire alors.

Milord *Abington*, plus hardi que moi, finit son travail par proposer ouvertement à toute l'opposition de se retirer du parlement, en écrivant sur les registres, pour cause de leur *sécession* (mot nouveau qu'il a fait exprès pour exprimer cette insurrection nationale), que le parlement et le prince ont de beaucoup passé leur pouvoir en cette guerre; que le parlement, uniquement composé de représentants du peuple anglais, n'a pas dû jouer la farce des Valets-maîtres, et sacrifier les intérêts de ceux qui les emploient à l'ambition du prince ou de ses ministres; que, dans le cas d'un pareil abus, le peuple a droit de retirer un pouvoir aussi mal administré; qu'à lui seul appartient la décision de la guerre d'Amérique, comme législateur suprême et premier fondateur de la constitution anglaise. En cet écrit, lord *Abington* ne ménage personne; mais venons à l'application qu'on en doit faire à notre état actuel.

Si, même en Angleterre, il n'est pas décidé lequel est rebelle à la constitution, de l'Anglais ou de l'Américain, à plus forte raison un prince étranger, comme le roi de France, indifférent et *neutre* en tout cela, peut-il bien ne pas se donner le soin de juger la question entre ces deux peuples, pas même de l'examiner. C'est aussi le terme auquel il se tient.

D'après ce principe d'indifférence et de neutralité, le roi de France a dû faire écrire aux chambres de son commerce, ainsi qu'il l'a fait par vous-même, monsieur, que *ses ports étant ouverts à toutes les nations pour le commerce, les vaisseaux marchands de l'Amérique septentrionale continueront d'y être admis avec leurs cargaisons, et qu'ils pourront charger, en retour, des denrées dont la sortie est permise.*

Ainsi, par indifférence pour des querelles étrangères, vous avez justement ouvert vos ports aux vaisseaux américains *comme à ceux de toutes les nations*. Mais, en s'attachant à ce principe incontestable, on ne peut s'empêcher de raisonner ainsi :

Comme il y aurait contradiction, quand la France ouvre ses ports aux vaisseaux anglais, danois, hollandais, suédois, etc., d'interdire aux négociants français la liberté d'aller commercer à Londres, à la Baltique, au Zuyderzée, etc.; de même, *en recevant les vaisseaux marchands américains sur le pied de toutes ces nations dans ses ports*, la France ne peut, sans contradiction, refuser aux armateurs français la liberté d'aller à *Boston, Charlestown, Williamsbourg* ou *Philadelphie*. Car tout ici doit être égal.

Tel est, monsieur, le principe de la neutralité de la France, et telles sont les conséquences qu'elle en doit tirer relativement à son commerce; tout ce qui s'en écarte est hors de discussion, et ne présenterait qu'un tissu de contradictions et d'absurdités.

Si, par respect pour vos traités, ou par égard pour vos voisins en guerre, vous voulez bien prohiber les armes et munitions des vaisseaux qui vont de vos ports en Amérique; si vous faites plus, si vous permettez même aux Anglais d'être les précepteurs des négociants qu'ils prendront en faute à cet égard, il ne me convient point d'entrer dans les motifs de cette condescendance inimitable : mais le riz, le tabac et l'indigo ne sont point des munitions ni des armes. Par quelle étrange subversion de principes ose-t-on vous forcer de les confondre en une même prohibition avec elles? Et comment votre état de puissance libre et neutre, le besoin que vous avez de ces denrées, et le droit reconnu de les acheter partout où vous les trouvez à vendre, ne sont-ils pas l'unique réponse à toutes les objections de l'Angleterre contre les armements de vos négociants? Je n'ose, en vérité, répéter ici tout ce qu'on débite à ce sujet à Londres : ce qu'on y dit des prétendues dernières négociations de l'honnête *Parkerforth* en France, et ce qu'il en publie lui-même. Il faudrait rougir seulement d'y penser, si tout cela était vrai. Mais ces vains discours n'en existent pas moins; et leur misérable succès de Ticondérago, qu'ils font sonner bien haut, les a tellement rendus insolents, qu'ils dédaignent aujourd'hui de mettre aucun mystère à leurs menaces, à leur mépris pour nous. *Le moindre pas, disent-ils, que les Français feront vers les Américains, nous saurons bien les en punir par une guerre subite; mais ils n'oseront plus s'y jouer*, ajoutent-ils, *car nous le leur avons bel et bien fait signifier*. Voilà ce qu'on m'écrit de Londres; aussi je me mange les bras quand on me parle de désarmer un vaisseau marchand qui n'a nulle munition de guerre, aucun rapport avec la politique, uniquement parce que les Anglais présument qu'il pourra bien aller chercher du tabac en Amérique. O France! où est ta dignité?

Que conclure de tout cela, monsieur? Que le roi de France a le droit incontestable, en qualité de puissance neutre, de commercer librement d'Amérique en France et de France en Amérique; que recevoir les Américains dans nos ports, en renonçant au droit d'aller dans les leurs, serait tomber dans une contradiction puérile et ruineuse; que si le roi se relâchait du droit d'acheter du tabac en Amérique, il courrait bientôt le risque de perdre sa meilleure ferme par une condescendance pour les Anglais d'autant plus blâmable qu'ils ne lui en sauront jamais nul gré; que, pour éviter toute agitation future à l'égard de mon vaisseau marchand, ses armateurs connus se soumettront à rentrer dans six mois en France avec des retours dûment expédiés du cap Français; qu'enfin je serais ruiné de fond en comble si, malgré mes raisons, on forçait le désarmement de ce vaisseau, lequel n'a jamais été destiné pour les Américains, quoi qu'en ait pensé l'ambassadeur anglais. Je n'ai plus rien à dire; car je sais bien que le roi reste maître de tout, même de me réduire au désespoir, si ce que j'ai plaidé ne paraît à son conseil aussi élémentaire, aussi fortement posé, aussi bien prouvé qu'il me le semble, et si malheureusement on n'aperçoit pas la connexion immédiate et secrète entre ce navire et les plus grands événements dont la politique actuelle puisse être occupée.

Je suis, avec le plus profond respect,

Votre, etc.

XXXIV

Mémoire particulier pour les ministres du roi et manifeste pour l'État, remis à M. le comte de Vergennes, le 26 octobre 1777.

Dans l'état de crise où sont montés les événements, dans la certitude où nous sommes que le peuple anglais demande à grands cris et sans pudeur la guerre contre nous; qu'il fait à son roi des offres de toute nature à cet effet : comme de lever à l'instant la milice nationale et d'en faire les fonds; comme de fournir volontairement par chaque *shire*, ou comté, une certaine quantité de soldats et de matelots pourvu qu'ils soient employés contre l'Espagne et la France; que nous reste-t-il à faire?

Trois partis sont encore à notre choix. Le premier ne vaut rien, le second serait plus sûr, le troisième est le plus noble. Mais une juste combinaison du troisième et du second parti peut rendre à l'instant le roi de France la première puissance du monde connu.

Le premier parti, qui ne vaut rien, absolument rien, est de continuer à faire ce que nous faisons, ou plutôt ce que nous ne faisons pas; de rester plus longtemps passifs auprès de la turbulente activité de nos voisins, de nous obstiner à ne prendre aucun parti et d'attendre encore l'événement sans agir : parce que d'ici au 2 février prochain, ou le ministère anglais sera changé, et les lords Chatham et Shelburn à qui l'on a proposé, au premier la place du lord Germaine, au second celle du lord Suffolk, à condition d'abandonner le parti des *wighs* et qui l'ont refusée, peuvent changer d'avis et feindre un moment de devenir *tories* pour s'emparer des affaires. Or, si ce mal nous arrive, y a-t-il un seul homme instruit qui doute qu'au premier moment ils ne signent d'une main, à tout prix, la paix de l'Amérique, et de l'autre l'ordre exprès d'attaquer nos vaisseaux et de tomber sur nos possessions; ce qui nous mettrait à la fois sur les bras les Anglais et les Américains. Ou bien, malgré les cris de la nation et le trouble des affaires, malgré l'indignation qui va bientôt résulter contre l'administration des aveux des généraux Burgoyne et Howe qu'*ils n'ont été que les serviles instruments d'un ministre inexpert et despote*, le ministère actuel se soutiendra. Mais comme tous sentent également la nécessité de faire cesser une guerre aussi funeste à l'Angleterre et que le ministère actuel ne peut plus espérer de donner le change sur ses fautes passées, mais seulement de les couvrir en flattant la nation de l'espoir prochain de réparer ses pertes à nos dépens, il ne faut pas douter que, de l'agitation actuelle des esprits et de tous les grands et petits conseils qui se tiennent à Londres, il ne résulte au moins une suspension d'armes avec l'Amérique pour prendre en considération les griefs du continent et laisser respirer un moment l'Angleterre. Mais ce premier pas vers la paix une fois fait, soyons bien certains qu'il sera trop tard pour la France de se déclarer en faveur de l'Amérique. Peut-être même alors le chef de la députation américaine sera-t-il déjà passé à Londres, et la guerre avec nous commencée sans nul avis, ainsi que la dernière. Peut-être avant que nous ayons pu sauver nos vaisseaux marchands des premiers efforts de la rage anglaise, en aura-t-elle dévoré les cinq sixièmes! Au moins est-il positif que depuis deux mois il est sorti plusieurs vaisseaux de guerre anglais, sous prétexte de croiser dans la Manche, mais avec des ordres et des destinations tellement inconnus que personne en Europe ne sait encore où ils ont établi leur croisière. Qui sait même si les derniers paquets envoyés par le gouvernement en Amérique ne sont pas déjà les porteurs de quelque suspension d'armes et de quelque plan de pacification, dont bien des gens croient qu'on ne verra la déclaration qu'à l'instant où l'on pourra supputer à Londres que les paquets sont arrivés? Eh! si malheureusement on y laissait entrevoir la possibilité de l'indépendance pour première condition ; est-il seulement douteux que la seconde ne fût l'engagement formel de se réunir contre nous avec l'Angleterre ? Alors, devenus la risée de l'Europe entière, la guerre la plus funeste et la banqueroute de l'Amérique à tous nos négociants seraient le digne prix de la lenteur que nous aurions mise à nous déclarer.

Le plus mauvais de tous les partis est donc de rester aujourd'hui sans en prendre aucun, de ne rien entamer avec l'Amérique et d'attendre que les Anglais nous en ferment toutes les voies ; ce qui ne peut manquer d'arriver avant très-peu de temps.

Le second parti, que je regarde comme le plus sûr, serait d'accepter publiquement *le traité d'alliance* proposé depuis plus d'un an par l'Amérique, *avec la franchise de la pêche au grand Banc, la garantie mutuelle des possessions des puissances contractantes, la promesse positive de secours réciproques ou de diversion en cas d'attaque d'un côté ou de continuation d'hostilités de l'autre ; le tout accompagné d'un plan secret pour s'emparer des îles anglaises, avec engagement sacré entre les trois puissances américaine, espagnole et française de fixer ensuite impérieusement un méridien aux Anglais sur l'Océan, entre l'Europe et l'Amérique, passé lequel tous leurs vaisseaux seraient déclarés de bonne prise en paix comme en guerre*, ces turbulents voisins n'ayant plus rien à prétendre au nouveau continent.

Il faut avouer qu'aussitôt que les Anglais apprendront qu'ils n'ont plus d'espoir de traiter avec un pays qui aura traité avec nous, ils nous feront à l'instant la guerre à outrance, en nous déclarant agresseurs contre eux par ce traité même. Mais guerre pour guerre, comme elle est inévitable aujourd'hui, les Américains, les Espagnols et les Français réunis sont plus que suffisants pour abaisser les fumées de cette altière nation, si elle est assez effrénée pour oser nous attaquer alors.

Une autre objection s'élève, elle est du plus grand poids, et je dois d'autant moins éluder d'y répondre que M. le comte de Maurepas lui-même est l'objecteur. Il est à craindre, dit ce ministre, que les députés de l'Amérique n'aient pas des pouvoirs assez étendus, ou assez solides pour qu'on puisse en sûreté traiter avec eux une aussi grande affaire ; ou que leurs divers intérêts cachés n'en divulguent le secret avant sa conclusion ; ou que le congrès (dont les membres peuvent varier à chaque instant), ébranlé par la corruption ou l'intrigue anglaise, ne refuse de ratifier le traité ; ou, s'il le ratifie, que la nation elle-même, entraînée vers l'Angleterre par la conformité de religion, de langage, de constitution et de mœurs, et surtout par le secret plaisir de se voir l'égale et de marcher de pair avec l'orgueilleuse marâtre qui affecta si longtemps de la dominer ; que cette nation, dis-je, ne trouve bientôt le moyen d'éluder les conditions de ce pacte. Alors il ne resterait au roi que des alliés équivoques, un traité douteux, balancé par une guerre sanglante et certaine.

A cela je réponds : qu'une sagesse aussi consommée, en pesant les risques et les avantages, n'a certainement pas manqué d'apercevoir que, dans un parti forcé par les événements, il est raisonnable de laisser quelque chose à la fortune en la captivant de son mieux par toutes les précautions que la prudence humaine peut employer dans une affaire aussi majeure, et ces précautions, je me réserve de les indiquer, quand j'aurai exposé le troisième parti qui me paraît convenir au roi de France en cette conjoncture délicate.

Ce troisième parti, le plus noble de tous, et dont les suites peuvent remplir l'objet du second parti, mais sans commettre en rien la dignité du roi, ni la foi qu'il croit devoir aux traités subsistants, serait qu'on déclarât aux Anglais, dans un bon manifeste, qu'on notifierait aussi à tous les potentats de l'Europe :

« Que le roi de France après avoir longtemps, par délicatesse et par égard pour l'Angleterre, demeuré spectateur passif et tranquille de la guerre existante entre les Anglais et les Américains, au grand dommage et détriment du commerce de France ; instruit autant par les débats du parlement d'Angleterre que par le succès des armes américaines que, malgré les puissants efforts des Anglais pendant trois campagnes successives, la force des événements arrache enfin l'Amérique au joug de l'Angleterre ; qu'instruit aussi que les meilleurs esprits de la nation anglaise s'accordent à penser et à dire tout haut dans les deux chambres, qu'il faut à l'instant reconnaître les Américains indépendants, et traiter avec eux comme avec des amis, sur le pied de l'égalité ; que quelques-uns même ont été jusqu'à rechercher si, dans cette querelle entre deux parties du même empire, l'ancienne Angleterre n'était pas plutôt rebelle à la constitution commune que la nouvelle ; qu'au milieu de ces débats et par les lumières qu'on acquiert à chaque instant, on est forcé de douter si les préparatifs de la nouvelle campagne sont dirigés de bonne foi contre l'Amérique, ou destinés contre tel ou tel autre pays qu'il pourrait convenir à l'Angleterre d'inquiéter ;

« Que le roi sachant trop certainement que les Anglais, sous prétexte de visiter les vaisseaux de commerce de la France et d'examiner ses relations avec le continent d'Amérique, insultent, vexent, tourmentent les négociants, ses sujets, sans nul respect pour le pavillon français, ni pour l'asile sacré de l'atterrage des côtes françaises ; qu'ils prennent occasion de leur querelle particulière pour exercer une douane injuste et vexatoire sur tous les peuples à qui l'Océan était libre ; que Sa Majesté voit avec peine, en cet état de souffrance et d'anxiété plus fâcheux pour ses sujets que la guerre ouverte, les négociants français depuis longtemps victimes de ses ménagements pour l'Angleterre, et le commerce maritime de ses États languir sous la gêne et les prohibitions politiques d'une part, et de l'autre sous la très-dure inquisition des Anglais contre toutes ses entreprises ; que ces mêmes égards pour l'Angleterre ayant porté Sa Majesté, malgré son état de puissance neutre, jusqu'à inquiéter les armateurs américains sur la sûreté de leur asile en ses ports, et celle des vaisseaux qu'ils y ont conduits ; cette austérité qui sème la mésintelligence entre des peuples amis a déjà fait naître à quelques corsaires américains le projet de s'emparer de plusieurs vaisseaux français ; que la France a déjà souffert de ces nouvelles entreprises dont les représailles et les ressentiments accumulés peuvent mettre un tel désordre dans les idées qu'on ne pourra bientôt plus distinguer les amis des ennemis, ni savoir quel peuple est en guerre ou en paix avec nous ; que d'ailleurs Sa Majesté peut craindre avec raison que la réunion possible, et présumée prochaine, de deux nations aussi belliqueuses, ne tourne contre ses intérêts, parce que les Américains, qui n'ont cessé de solliciter ouvertement les secours et l'alliance de la France, outrés de n'avoir pu les obtenir, peuvent unir ce ressentiment à l'inquiétude naturelle des Anglais, de façon qu'il en résulte une guerre commune de ces deux nations contre la France ; guerre d'autant plus fâcheuse pour cette dernière, que son roi ne la lui aurait attirée que par ses égards constants pour l'Angleterre et son respect religieux pour les traités subsistants ; que dans cet état d'incertitude et d'agitation Sa Majesté, obligée par les circonstances de prendre à l'instant un parti, préférera toujours, au gré de son cœur et de sa dignité, le plus noble et le plus désintéressé de tous ;

« Qu'ainsi, sans vouloir déclarer la guerre à l'Angleterre, encore moins la lui faire sans la déclarer, comme l'usage s'en est trop odieusement établi dans ce siècle ; sans vouloir même entamer aucun traité préjudiciable aux intérêts de la cour de Londres, mais ayant seulement égard aux souffrances et aux justes représentations de ses fidèles sujets qui font le commerce maritime, Sa Majesté se contente aujourd'hui, par une suite de la neutralité qu'elle a toujours gardée, de *déclarer qu'elle tient les Américains pour indépendants, et veut désormais les regarder comme tels relativement au commerce d'eux avec la France et de la France avec eux* : qu'elle permet indistinctement à tous ses sujets d'aller négocier dans tous les ports de l'Amérique comme ils vont dans ceux de l'Angleterre ; d'y échanger les productions des manufactures françaises contre les denrées de ces climats, en concurrence avec tous les négociants de l'Europe qui y portent en foule les productions de leurs pays. Car si Sa Majesté croit devoir des égards à ses voisins en guerre, elle croit aussi sa justice intéressée à ne pas laisser souffrir plus longtemps, en pleine paix, des privations et des interdictions à ses sujets, qu'aucun souverain de l'Europe ne voudrait imposer aux siens. Qu'en continuant d'ouvrir ses ports aux Américains, comme par le passé, Sa Majesté n'entend pas priver les Anglais du droit de s'y fournir en concurrence de ces mêmes productions françaises dont le commerce est libre à toutes les nations qui ne nous font point la guerre ; que par cette conduite modérée envers tout le monde, Sa Majesté croit rendre à chacun ce qu'on a droit d'espérer de sa justice et de sa générosité ; que dans la vue de faire éclater de plus en plus les sentiments désintéressés qui l'animent, Sa Majesté propose aux deux nations belligérantes ses bons offices pour accommoder, s'il se peut, leurs différends.

« Déclarant au surplus Sa Majesté, qu'elle n'entend gêner l'Angleterre ni l'Amérique sur l'acceptation de ses bons offices, ni se tenir offensée du refus de l'une ou de l'autre ; mais que si l'une de ces deux nations, enflée par ses succès, ou aigrie par ses pertes, apporte le moindre obstacle au libre commerce avec sa rivale, à la première hostilité contre les vaisseaux de guerre ou marchands français, Sa Majesté se croira dégagée de tous égards envers cette nation injuste, et contractera sans scrupule avec l'autre à de telles conditions, que celle-ci profite exclusivement de tous les avantages de son alliance et de son commerce ; déclare au surplus Sa Majesté, qu'elle se mettra sur-le-champ en devoir de repousser par la force l'insulte faite à son pavillon. »

Tel est à peu près le manifeste que je propose au conseil du roi. Bien est-il vrai que cet écrit ne faisant qu'étendre les droits de la neutralité française et mettre une égalité parfaite entre les contendants, peut irriter les Anglais sans satisfaire les Américains. S'en tenir à ce point est peut-être laisser encore à l'Angleterre le pouvoir de nous prévenir, et d'offrir à l'Amérique cette même indépendance au prix d'un traité d'union très-offensif contre nous.

Or, dans ce chaos d'événements, dans ce choc universel de tant d'intérêts qui se croisent, les Américains ne préféreront-ils pas ceux qui leur offrent l'indépendance avec un traité d'union, à ceux qui se contenteront d'avouer qu'ils ont eu le courage et le succès de se rendre libres ? J'oserais donc, en me rangeant de l'avis de M. le comte de Vergennes, proposer de réunir, au troisième parti, les conditions secrètes du second.

C'est-à-dire qu'à l'instant où je déclarerais l'Amérique indépendante, j'entamerais secrètement un traité d'alliance avec elle. Et comme c'est ici l'instant de répondre à l'objection de M. le comte de Maurepas, et de le guérir de son inquiétude sur la division d'intérêts des députés, ou le peu de consistance de leurs pouvoirs, pour me procurer toutes les sûretés dont un pareil événement est susceptible, je ne conclurais point ce traité en France avec la députation ; mais je ferais partir en secret un agent fidèle, qui sous le prétexte d'aller simplement régler les droits du commerce des deux nations, serait spécialement chargé d'accomplir, avec le congrès, les conditions particulières de ce traité, qui ne ferait que s'entamer en Europe et seulement pour contenir la députation. J'avoue que pour enchaîner les esprits en Amérique, y bien balancer les efforts de la corruption et de l'intrigue anglaise, y stipuler convenablement les intérêts de la France, et consolider au gré de notre administration tous les points capitaux d'un pareil traité, je dois supposer que, laissant de côté tous les motifs de cour, nos ministres se rendront très-difficiles sur le choix de leur agent. Car il faut que la confiance en son zèle, en sa capacité fixe seule les bornes de ses pouvoirs, dans un tel éloignement du cabinet, et dans des circonstances aussi difficiles.

Mais cet agent bien choisi, ce voyage promptement

fait, ces pouvoirs habilement confiés, si l'on fait donner par écrit aux députés du congrès en France leur engagement de ne rien entamer avec les Anglais jusqu'aux premières nouvelles de l'agent français en Amérique, on peut compter avoir trouvé le seul topique aux maux que M. de Maurepas appréhende.

A l'instant donc où je déclarerais l'indépendance, où je me ferais donner l'engagement de la députation, où je ferais partir mon agent pour l'Amérique, je commencerais par garnir les côtes de l'Océan de soixante à quatre-vingt mille hommes, et je ferais prendre à ma marine l'air et le ton le plus formidables, afin que les Anglais ne pussent pas douter que c'est tout de bon que j'ai pris mon parti.

Pendant ce temps je ferais l'impossible pour arracher le Portugal à l'asservissement des Anglais, quand je devrais l'incorporer au pacte de la maison de Bourbon.

Je ferais exciter en Turquie la guerre avec les Russes, afin d'occuper vers l'Orient ceux que les Anglais voudraient bien attirer à l'Occident. Ou si je ne croyais rien pouvoir sur les Turcs, je ferais flatter secrètement l'empereur[1] et la Russie de ne pas m'opposer au démembrement de la Turquie, sauf quelques dédommagements vers la Flandre autrichienne : tous moyens étant bons pourvu qu'il en résulte l'isolation des Anglais et l'indifférence des Russes pour leurs intérêts.

Enfin, si pour conserver l'air du respect des traités, je ne faisais pas rétablir Dunkerque, dont l'état actuel est la honte éternelle de la France, je ferais commencer au moins un port sur l'Océan, tel et si près des Anglais, qu'ils pussent regarder le projet de les contenir comme un dessein irrévocablement arrêté.

Je cimenterais, sous toutes les formes, ma liaison avec l'Amérique, dont la garantie aujourd'hui peut seule nous conserver nos colonies ; et comme les intérêts de ce peuple nouveau ne peuvent jamais croiser les nôtres, je ferais autant de fond sur ses engagements que je me défierais de tout engagement forcé de l'Angleterre ; et je ne négligerais plus jamais une seule occasion de tenir dans l'abaissement ce perfide et fougueux voisin qui, après nous avoir tant outragés, fait éclater dans sa rage aujourd'hui plus de haine contre nous que de ressentiment contre les Américains, qui lui ont enlevé les trois quarts de son empire.

Mais craignons de passer à délibérer le seul instant qui reste pour agir, et qu'à force d'user le temps à toujours dire : *Il est trop tôt*, nous ne soyons obligés de nous écrier bientôt avec douleur : *O ciel! il est trop tard!*

CARON DE BEAUMARCHAIS.

[1] D'Autriche, sans doute.

XXXV

A M. DE SARTINES,

Ministre de la marine.

Paris, ce 12 décembre 1778.

MONSIEUR,

J'ai l'honneur de vous demander une nouvelle lettre à M. de Marchais, sans laquelle il jure ses grands dieux qu'il ne donnera pas un seul homme au *Fier Rodrigue*, qui deviendrait bientôt l'humble Rodrigue, car il ne peut être fier que par vos bontés ; — plus l'ordre de me livrer les canons, boulets, etc., etc., par voie de compensation, au lieu de ce mot si dur, *argent comptant*, qu'on nous jette à la tête pendant que nous avons les mains pleines de réclamations légitimes, et que nous demandons à être payés de nos avances faites et de nos fournitures pour la marine, les plus claires possibles.

Je ne puis croire, monsieur, que je sois plus maltraité que le dernier des corsaires, parce que j'en suis le plus audacieux. Je vais croiser à travers l'Océan, convoyer, attaquer, brûler ou prendre des écumeurs, et parce que j'ai 60 canons et 160 pieds de quille, je me verrais moins bien accueilli que ceux qui ne nous vont pas à la jarretière ! J'ai trop de confiance en votre équité pour le craindre. Mon *Fier Rodrigue* est absolument en guerre et sans aucune cargaison. Pendant que les autres se videront et se rempliront, lui croisera fièrement et balayera les mers d'Amérique. Voilà, monsieur, sa vraie destination. Voyez vous-même si votre sage ordonnance est moins applicable à lui qu'à tous les projets de frégate qui ne sont encore que dans les espaces de l'imagination, pendant que le *Fier Rodrigue* est prêt à labourer l'Atlantique aussitôt que vous lui permettrez d'avoir des matelots.

Si je me présentais aujourd'hui devant vous et que j'eusse l'honneur de vous proposer de construire et d'armer un vaisseau de cette importance, et toujours propre à tenir lieu d'un vaisseau du roi partout où je l'enverrai, croyez-vous, monsieur, que vous lui refuseriez des canons et le titre de capitaine de brûlot pour son commandant? d'aussi faibles encouragements pour d'aussi grands objets ne seraient rien à vos yeux. Comment donc vous est-il moins précieux étant tout fait que s'il était à faire ?

Je vous demande bien pardon ; mais la multiplicité des objets qui vous occupent a pu vous dérober une partie de l'importance de mon armement, consacré au triple emploi d'encourager le commerce de France par mon exemple et mes succès, d'approvisionner les îles sur ou sous le vent qui en ont le plus grand besoin, et de conduire au continent de l'Amérique, dans le temps le plus orageux, une flotte française marchande si considérable, que les nouveaux États puissent juger par cet effort du vif désir que la France a de soutenir nos nouvelles liaisons de commerce avec eux.

C'est à votre sagesse que je présente ces graves objets; il n'en est point, j'ose le dire, de plus dignes l'attention et de la protection d'un ministre aussi éclairé. Agréez, etc.

Caron de Beaumarchais.

XXXVI

A M. PAULZE.

Paris, le 17 janvier 1779.

Une foule de lettres, monsieur, que j'ai reçues de différents ports de l'Océan, m'engagent à faire encore une démarche auprès de vous : à répondre à votre dernière, qui n'exigeait point d'autre importunité de ma part. Mais les armateurs français, qui me font la justice et l'honneur de me regarder comme un de leurs plus zélés défenseurs auprès des ministres, s'adressent tous à moi pour savoir s'ils doivent abandonner absolument le commerce de l'Amérique, ou si l'on peut espérer que la ferme générale, seul acheteur des tabacs pour le royaume, cessera d'opposer à ce que vous nommez dans votre lettre la *ruse mercantile*, ce qu'ils appellent, eux, la *ruse fiscale*, et qui ne devrait exister de part ni d'autre en ce moment.

De toutes ces ruses, la plus étrange et la plus funeste sans doute est celle par laquelle les fermiers généraux achèteraient sourdement les tabacs que les Anglais nous enlèvent sur mer. J'eus l'honneur de vous mander qu'on me l'avait écrit de Londres. Vous m'avez répondu que c'était un faux avis, que ce marché n'existait pas; qu'il était même impossible, puisque les Anglais n'avaient pas chez eux de quoi suffire à leur consommation. A la rigueur, cela se peut; mais, au témoignage d'un Anglais, rejeté par M. Paulze, je pouvais en ajouter un que M. Paulze n'eût pas récusé : c'est une lettre de la main de M. Paulze lui-même, écrite à l'un des préposés de la ferme pour les achats du tabac; et cette lettre, je l'ai vue à Bordeaux, et j'y ai lu en substance : *Ne payez pas les tabacs plus de quatre-vingts livres, parce que j'en attends quatre mille boucauts d'Angleterre, venant de New-York avec le premier convoi, et que les Anglais m'en font offrir (ou espérer) dix mille boucauts d'ici à un an, à meilleur prix que les Français ne les peuvent donner.* D'un pareil fait à la possibilité du contrat, vous savez, monsieur, si la conséquence est bonne ou vicieuse.

Quoi qu'il en soit, et que ce contrat de la ferme avec l'ennemi de l'État existe ou n'existe pas, qu'on le nie d'un côté en l'annonçant de l'autre, la conséquence est la même pour le commerce; et l'incertitude en pareil cas n'est qu'un malheur de plus. Si le contrat existe, et que les Français ne puissent pas soutenir la concurrence anglaise, ils doivent rester chez eux, ne plus aller chercher à grands frais en Amérique du tabac qu'on ne peut vendre en France au seul acheteur, qui s'en pourvoit ailleurs : alors le système politique, absolument fondé sur l'agrandissement et la prospérité du commerce, est détruit. Si le marché n'existe pas, l'espoir et le but de son annonce étant d'alarmer le commerçant pour le forcer, dans sa détresse, à baisser ses prix, à perdre gros sur une denrée qui lui coûte aussi cher, il en résultera le même découragement, le même abandon du commerce, et la destruction aussi certaine du système politique.

Or est-il raisonnable qu'une compagnie puissante, et qui de temps immémorial a le bonheur de décimer en paix au sein de l'État, sur tous les trésors qu'on y amène, écrase et sacrifie à l'intérêt d'un moment les utiles citoyens qui vont chercher au loin ces trésors avec des périls sans nombre? Est-il juste que ce fermier, qui, sans aucun danger, remet au roi d'une main portion de ce qu'il exige de l'autre, avec des bénéfices immenses, accroisse encore ses gains aux dépens du négociant, qui seul est chargé de rendre à ses périls la vigueur à ce corps d'où le fisc a toujours pompé la substance de ses richesses? Laissons donc de côté, monsieur, les *ruses mercantile* ou *fiscale*, pour traiter simplement la plus importante question qu'on puisse agiter devant les ministres.

Vous avez bien voulu, dans votre lettre, entrer en discussion, et me dire que si les fermiers du roi ont le patriotisme de faire des sacrifices à l'État sur le tabac, le commerce à son tour peut bien se contenter d'un bénéfice de vingt-cinq pour cent sur ses spéculations d'Amérique.

Que parlez-vous, monsieur, de bénéfice et de vingt-cinq pour cent? Eh, que vous êtes loin de la question! L'objet de la justice que je demande à la ferme au nom du commerce n'est pas d'obtenir plus de gain sur les tabacs qu'il importe, mais de ne pas supporter des pertes énormes sur les capitaux qu'il exporte.

Avant que d'agiter la question des sacrifices mutuels, j'ai voulu m'instruire à fond de tout ce qui pouvait me mettre en état de la traiter avec fruit. Ce qui regardait le commerce ne m'embarrassait déjà plus. J'ai eu depuis quatre ans de trop grands motifs de l'étudier, pour me tromper aujourd'hui sur son état en plaidant sa cause. Mais n'ayant pas eu le même intérêt à défricher les sentiers épineux de la ferme générale, il m'a fallu beaucoup travailler, monsieur, depuis votre lettre, pour parvenir à connaître à fond les vraies dépenses des fermiers du roi pour le tabac, les frais d'achat, de transport, de fabrication, de régie, de manutention, de surveillance, etc., que cette denrée exige.

J'ai dû savoir quelle était, avant la guerre, la différence du prix d'achat entre les tabacs étrangers et ceux du cru du royaume hors la ferme; ce qui résultait pour les uns et les autres d'un impôt de trente sous par livre assis (aux termes de l'édit de 1749) sur les tabacs étrangers seulement, puis étendu bientôt par convenance tacite sur la totalité de la vente au public, sous prétexte qu'il n'y avait plus de tabacs intérieurs, quoiqu'on eût eu grand soin d'en augmenter la culture.

J'ai dû m'instruire à quoi s'élevaient la consommation totale de cette denrée en France, le prix du bail au roi, celui de la vente au public; le produit net des tabacs du Brésil; celui des taxes sur les tabacs et sons d'Espagne, et de la différence de leur poids; celui du double emploi sur les ficelages (aux termes de l'arrêt du conseil de 1730); celui du fort-denier abandonné aux débitants; ce qu'il sortait de tout cela en pertes ou bénéfices pour la ferme avant l'augmentation du prix du tabac continental, causée par la guerre; enfin la comparaison des anciens bénéfices avec le gain actuel, en faisant entrer dans celui-ci la diminution des contrebandes, occasionnée par la rareté de la denrée; les bénéfices des nouveaux marchés des côtes de feuille qu'on brûlait, et qu'on ne brûle plus; la livraison du tabac aux distributeurs faite en poudre, au lieu de la faire en carottes; les différences données par l'analyse chimique de ces tabacs altérés, avec les excellents tabacs du Maryland et de Virginie, que nous vous proposons; les plaintes qui s'en élèvent de toutes parts dans le royaume, etc., etc., etc.

En vain dirait-on que, la ferme ayant un marché fait avec le roi, nul ne peut y porter atteinte aussi longtemps qu'il subsiste. Ce n'est point à ce marché que je réponds; c'est à votre lettre, monsieur, où vous voulez bien me dire que tout le poids du sacrifice de l'encouragement ne doit pas tomber sur le fermier acheteur, et que si le patriotisme veut qu'il paye plus cher, il n'exige pas que le négociant vendeur fasse des bénéfices trop considérables.

D'après votre lettre et mes travaux, monsieur, tenant comme vous pour principe certain que celui des deux qui gagne le plus entre le négociant et le fermier doit en effet offrir un sacrifice honorable à son pays, je me crois en état d'éclaircir la question au gré des connaisseurs.

Nous n'épuiserons point les lieux communs de ces reproches éternels qui, toujours trop généralisés, ne portent sur aucun objet fixe, et sont facilement éludés par les défenseurs de chaque ordre. Réduisant la question à des faits très-exacts, nous prendrons, si vous voulez, pour exemple des gains excessifs du commerce, l'expédition du *Fier Rodrigue*, dont la cargaison a été vendue à quatre cents pour cent de bénéfice en Virginie; ou celle de *la Pallas*, qui a été vendue en North-Caroline de huit à neuf pour un, mais dont les tabacs en retour ont été achetés à un prix beaucoup plus fort que ceux du *Fier Rodrigue*: et pour le plus haut terme des pertes du fermier nous choisirons le bail courant de *David*, et le temps actuel de la guerre: c'est traiter la ferme assez favorablement. Mais, au tableau que vous m'avez fait des prétendus gains du commerce, j'aperçois d'avance que vous êtes moins instruit de nos affaires que nous ne voyons clair dans les vôtres, et que vous connaissez bien moins nos pertes que nous ne pouvons prouver vos bénéfices.

Je n'approuve pas plus que vous les petites ruses par lesquelles certains vendeurs américains vous ont frustré des tabacs que vous leur avez payés d'avance.

Mais comme aucun Français, que je sache, n'a obtenu de vous cette faveur, aucun aussi ne doit partager le reproche de ces tours de gibecière, ni d'avoir abusé de vos avances : or c'est des Français seulement que je parle, et pour les Français que je plaiderai.

Je vous demande encore pardon, monsieur, si je ne pense pas comme vous que ce soit le haut prix des denrées d'Europe qui ait fait monter excessivement celles d'Amérique. Selon moi, l'abondance ou la rareté met seule en tout pays de la différence dans le prix des denrées : or l'excessive rareté des envois d'Europe en Virginie n'y a pas rendu le tabac moins commun, au contraire. Ce n'est donc point le prix des marchandises européennes qui a fait monter le tabac à plus de cent livres le quintal : avouons, monsieur, que c'est le discrédit où est tombé le papier-monnaie, seul représentatif des denrées au continent, et l'intermédiaire de tous les marchés de ce pays-là.

Si ce papier-monnaie éprouve un tel discrédit d'opinion, s'il est tellement déprécié par sa vicieuse abondance, que l'on redoute d'en acquérir ou d'en conserver, alors il en faut beaucoup pour représenter peu de denrées; elles paraissent vendues plus cher, non qu'elles soient montées de prix, mais parce que le signe de la vente ou la matière du payement a baissé de valeur.

Voilà, monsieur, ce qui est arrivé dans le continent, où l'on doit regarder aujourd'hui le papier comme un signe idéal, variable et trompeur; et s'en tenir uniquement, pour compter avec soi-même, à ce que produisent en Europe les denrées d'Amérique apportées en retour d'une cargaison d'Europe, en y comprenant les frais d'armement, mises-hors, assurances, voyages, relâches, désarmements, frais de vente, etc. C'est le seul moyen de connaître le résultat net d'une telle opération : tout autre compte est chimérique, un rêve de gens abusés, à qui le réveil est toujours funeste.

Or, à cette manière exacte et sévère de régler les comptes de retour, il s'en faut beaucoup, monsieur, que les négociants français aient du bénéfice, aux prix mêmes où ils vous abandonnent leurs tabacs en France; et cela est si certain, que les propriétaires du tabac arrivé par *la Pallas*, quoiqu'ils aient vendu en Amérique à près de dix pour un, vous ont offert de vous remettre toute leur cargaison de retour pour rien, si vous vouliez les rembourser des frais de celle qu'ils ont portée d'Europe. Il n'y a peut-être pas un négociant français qui n'en fît autant. Si vous ne l'avez pas accepté, c'est que vous savez aussi bien qu'eux qu'ils sont loin de bénéficier sur les retours. On peut espérer des temps moins orageux, mais c'est de celui-ci qu'il s'agit. Dans ces premiers moments d'une alliance aussi disputée, où la guerre et le commerce doivent réunir leurs plus grands efforts, et semer laborieusement pour recueillir en des temps plus heureux, il faut le dire hautement, et mon devoir est de le répéter : tous les capitaux sont tellement compromis dans les spéculations du continent, et le dégoût devient si général en tous nos ports, que personne ne doit plus, ne peut plus, n'ira plus chercher à sa perte du tabac en Amérique, s'il faut encore le tenir en France à la disposition arbitraire et ruineuse du fermier, seul acheteur, seul vendeur, et seul maître, en cette partie.

Alors, par une contradiction exclusivement propre à ce royaume, on pourra voir la sage administration soutenir au loin une guerre dispendieuse, encourager ses armateurs à chercher les ports d'Amérique, employer tous les moyens possibles pour augmenter l'émulation et la prospérité de son commerce; et dans le même temps, le monopole et la gêne s'établir, arrêter, garrotter les négociants français au retour, et s'armer intérieurement contre la faveur et la liberté que le gouvernement leur avait promises.

C'est ainsi que du tabac arrivé d'Amérique à Bordeaux, n'osant en sortir par mer pour aller à Gênes et Livourne, à cause de l'extrême danger des corsaires, ne peut obtenir aujourd'hui de la ferme une permission de traverser le royaume par le canal de Languedoc pour se rendre à Marseille et passer en Italie, sous prétexte du très-petit danger des versements intérieurs, qu'il lui est si aisé d'empêcher; mais en effet pour forcer le propriétaire d'abandonner son tabac à perte aux fermiers du roi, par l'impossibilité reconnue de l'exportation.

C'est ainsi que, dans tous les ports de France, on a soin de prescrire aux possesseurs de tabac qu'ils aient à prévenir la ferme des offres que les étrangers leur en feront, sous prétexte qu'elle a le droit de préférence à ces mêmes prix; mais en effet pour dégoûter l'étranger de faire aucune offre à nos négociants, certain qu'ils établiraient un prix pour la ferme, et nullement pour eux.

C'est ainsi qu'en tous ces mêmes ports les permissions de sortie se font tellement attendre et sont chargées de tant d'obstacles, que toujours les instants favorables se perdent; et qu'il faut en venir à céder le tabac au fermier au prix qu'il en veut donner, faute d'avoir pu l'exporter à temps avec avantage.

C'est ainsi qu'au Havre les fermiers ont ordonné le dépôt dans leurs magasins de tabacs arrivant d'Amérique, et que, voyant enfin qu'on ne voulait pas les céder à leur offre, ils ont signifié à l'armateur de les sortir sous quinze jours, sous prétexte qu'ils avaient besoin de leurs magasins; mais en effet pour forcer le possesseur à les livrer à leur prix, par les difficultés, la gêne et le coût d'un pareil déplacement.

Surtout on ne peut lire tranquillement les objections de la ferme contre le transport du tabac demandé par MM. Baignoux et compagnie, de Bordeaux pour Marseille, par le canal; et j'en suis d'autant plus affecté, que ces objections ont arraché contre le commerce un refus net à M. le directeur général des finances, qui avait consulté les fermiers du roi.

Je les ai sous les yeux, monsieur, vos objections. Comment une ordonnance faite il y a cent ans, et couverte cent fois; comment un dispositif établi sur un commerce tranquille en temps de paix, en 1681, peuvent-ils être cités en 1779, et servir de réponse à des facilités demandées quand la mer est couverte de corsaires en pleine guerre, et lorsque les vaisseaux neutres n'offrent eux-mêmes aucune sûreté pour les transports; quand enfin les tabacs encombrés dans les magasins de Nantes et de Bordeaux n'en peuvent sortir par aucune voie extérieure? N'est-il pas clair que le fermier n'obstrue ainsi tous les débouchés internes que pour forcer le négociant de lui livrer le tabac à bas prix, par l'impossibilité de le porter ailleurs?

Et la ferme générale ose avancer, dans son mémoire à M. Necker, que *le transport de Bordeaux à Marseille par le canal de Languedoc n'est d'aucun avantage au commerce*, quand toutes les autres voies sont fermées! Est-il rien de plus insidieux, de plus dérisoire, que d'invoquer le prétendu système de la balance générale de l'avantage de chacun des ports de la France, à l'instant où la guerre et ses effets accumulent vicieusement les tabacs dans les ports de l'Océan, sans qu'ils en puissent sortir; et où ceux de la Méditerranée, qui, par leur position, en sont absolument privés, n'en peuvent envoyer aucun en Italie? N'est-ce pas ajouter l'ironie à la ruine, que d'accabler d'empêchements réels le port surchargé de tabacs, sous le prétexte vain de favoriser celui qui n'en a point, et ne peut s'en procurer en ce moment? Et n'est-ce pas surtout se jouer de la confiance que le directeur général des finances montre à la ferme en la consultant, que d'abuser d'une déclaration du roi du siècle passé, faite sur un commerce paisible et en vigueur; de la rapporter à ces temps difficiles, aux commencements d'un commerce ruineux, d'une guerre écrasante; et d'étouffer ainsi dans sa naissance l'émulation des négociants français, que le gouvernement a tant d'intérêt et de désir d'augmenter?

Qui ne connaîtrait pas les précautions multipliées du code-fermier contre la fraude, et l'armée de commis que la ferme soudoie, pourrait croire en effet qu'il est difficile à cette compagnie d'empêcher des versements dans les passages intérieurs d'un port à l'autre. Mais, je l'avoue avec douleur, à la lecture du Mémoire envoyé à M. Necker par la ferme générale, sur la demande des sieurs Baignoux, de Bordeaux, pour le transport des tabacs par le canal; à ces insinuations d'un contrat avec l'ennemi, semées sourdement dans un lieu, désavouées dans un autre; à ce plan constamment suivi de détruire le tabac en France et d'en aller acheter en Amérique, quand notre sol en pourrait fournir abondamment, puis de préférer le tabac d'Europe à l'instant où l'intérêt de l'État commence à exiger faveur pour celui d'Amérique; à toutes les ruses que je vois employer dans nos ports pour décourager le commerce et nuire à la vente, au transport de ces tabacs, seul retour qu'on puisse apporter du continent; à l'examen de cette foule d'avantages secrets si savamment combinés par la ferme, et qu'elle a su tirer des édits ou déclarations de 1681, de 1721, de 1730, de 1749, etc., dans la seule partie du tabac; en les rapprochant surtout de ses procédés actuels avec les négociants, il est démontré pour moi qu'un bail de six ans est le plus dévorant ennemi d'un règne de cent ans dans ce royaume, et qu'à moins d'un nouvel ordre ou dans la ferme, ou dans les spéculations d'outre-mer, la France, après avoir fait une guerre ruineuse, ne recueillera nul fruit de son système actuel, perdra l'Amérique, que son commerce pouvait seul conquérir, et verra l'Angleterre, son éternelle ennemie, se relever bientôt de ses pertes, et reprendre sur nous tous ses avantages, par cela seul que l'intérêt de la ferme générale en France est toujours contraire à celui de l'État.

Il est temps de me résumer.

J'ai donc l'honneur, monsieur ou messieurs (car je désire que ma lettre soit lue au comité de la ferme générale), j'ai donc l'honneur de vous réitérer ma demande au nom de tous les armateurs, ou de nous traiter honorablement sur le prix des tabacs, et fraternellement sur les facilités du transport, que l'intérêt de l'État et le nôtre exigent, ou de soumettre au jugement des sages qui gouvernent l'État nos différentes assertions appuyées de preuves ; moi sur les gains et procédés de la ferme, et vous sur les gains et prétentions du commerce.

Ceci n'étant point une querelle de particuliers seulement individuelle, mais une question devenue nationale, et d'une importance extrême, à cause des suites, j'ai cru devoir travailler sans relâche à composer un Mémoire instructif en forme de requête, que je me propose de présenter au roi sur cette matière intéressante, au nom du commerce, et dont cette lettre sera l'introduction.

Et j'ai l'honneur de vous en prévenir, afin que, si nulle voie de conciliation ne peut ramener la ferme générale à tendre une main équitable au commerce de France, écrasé par cette guerre, et prêt à succomber entre les Anglais et les fermiers, vous soyez instruit qu'un négociant français, qu'un citoyen s'est chargé du triste emploi de montrer au gouvernement, à la nation, à sa patrie enfin, d'où vient et à qui l'on doit imputer tout le mal qui va résulter de cet étrange ordre de choses. Et puisse encore, après mes preuves données, ma prédiction n'avoir aucun effet ! C'est le vœu le plus ardent de celui qui a l'honneur d'être, avec une grande considération,

Monsieur, votre, etc.

P. S. Depuis ma dernière écrite, j'apprends qu'un navire à moi, le *Ferragus*, a été pris et conduit à Glasgow ; qu'une frégate aussi à moi, de vingt-deux canons, le *Duc du Châtelet*, a sauté malheureusement à sa sortie de Nantes ; enfin j'apprends que le *Lyon*, venant de Virginie, et sur lequel je crois avoir à fret trois cents boucauts de tabacs, a été pris et conduit à New-York. Je laisse à part les réflexions comparatives des gains du fermier et du commerçant que tout ceci suggère. Mais tant de pertes connues, et doit chaque armateur citerait à peu près les pareilles, pouvant donner à ma lettre un ton d'humeur personnelle qui lui ôterait de sa force, je me crois obligé de vous assurer, monsieur, qu'en aucune affaire qui me fût propre, je n'aurais mis la fermeté dont cette lettre est remplie. Mais je parle au nom du commerce qui souffre, et à qui ses pertes accumulées rendent le système et les procédés de la ferme encore plus insupportables. C'est pour lui, non pour moi que j'écris, que je veille, que je voyage, que j'étudie, que je travaille enfin depuis quatre ans, bien assuré que la France, ayant en elle tous les autres genres de supériorité, celle du commerce maritime, que la fortune lui offrait aujourd'hui de si bonne grâce, allait achever de lui donner sous les intérêts du monde une prépondérance universelle, si nul obstacle intérieur n'avait enchaîné l'essor de ses armateurs.

Le prix des tabacs en Hollande est côté, du 1ᵉʳ janvier, de cent vingt à cent trente livres. Il y a bien loin de là à quatre-vingts livres, et quinze livres pour cent de tare. C'est le prix mitoyen que le commerce demande, cent livres.

XXXVII

AU MINISTRE DE LA MARINE.

Ce 12 février 1779.

Monsieur de Sartines est supplié de vouloir bien donner des ordres pour que l'on cherche parmi les prisonniers anglais un nommé *Nehemiah Hollond*, qui a été pris sur *le Saint-Peter* ou *Saint-Pierre*, et d'accorder sa liberté à Beaumarchais, qui désire de tout son cœur acquitter l'engagement pris par M. *Mulliers*, officier de la brigade irlandaise, envers un capitaine corsaire anglais qui non-seulement l'a remis en liberté sur un navire neutre, après l'avoir pris dans son passage du continent en Europe, mais lui a généreusement offert sa bourse, en lui demandant pour toute reconnaissance de tâcher d'obtenir l'élargissement de son ami *Nehemiah Hollond*, prisonnier en France.

Dans l'horrible métier de la guerre, il semble qu'on ne peut trop encourager tout ce qui tient à la générosité, et s'écarte un peu de la férocité anglaise.

Le trait du capitaine anglais et la récompense qu'y attachera le ministre français seront tous deux consignés dans *le Courrier de l'Europe*.

XXXVIII

A MADAME LA COMTESSE FANNY DE BEAUHARNAIS.

Paris, ce 20 mars 1779.

Votre lettre, Madame la comtesse, m'a vivement pénétré. Jamais la douce amitié n'a peint sa sollicitude avec des traits plus touchants. Je vous connais, vous honore et vous aime sur cette lettre : mais que vous m'affligez en me demandant pour votre ami [1] des secours au-dessus de mes forces ! J'estime sa personne et

---

[1] Dorat, pour qui madame de Beauharnais sollicitait un prêt de 20,000 francs.

fais le plus grand cas de ses ouvrages ; par-dessus tout cela, je crois qu'il faut faire autant de bien qu'on le peut, pour être aussi heureux que notre état le comporte ; tel est mon sentiment naturel et le fruit des réflexions de toute ma vie. Je m'y tiens sans faste et sans égard pour ce que les hommes disent ou pensent de moi. Revenons à vous, Madame.

Votre confiance excite la mienne, et je dois vous parler sans détour. On se trompe sur la nature de mon aisance comme sur tout le reste de mon être. Je ne suis pas un fort capitaliste, mais un grand administrateur. La fortune de mes amis, confiée à ma prudence, me force d'être circonspect et scrupuleux sur l'emploi de leurs fonds, d'où il suit que je puis bien venir au secours d'un ami souffrant pour 25, 50 ou 100 louis, en les prenant sur l'argent qui m'appartient dans mes affaires, mais que je ne puis aller plus loin sans déposer à ma caisse, en papier, l'équivalent de l'argent que j'en tire, et je sais trop bien que les malheureux n'ont point à donner d'équivalents solides aux fonds qu'ils empruntent ; ils ne sont gênés que parce qu'ils en manquent. C'est donc avec bien de la douleur que je me vois dans l'impossibilité physique de prêter à votre ami la forte somme dont il a besoin.

Quant aux prêts personnels que ma sensibilité m'arrache sans cesse depuis quatre ans, ma maudite réputation d'homme riche a tellement accumulé ces demandes autour de moi, qu'il semble que tous les infortunés du royaume se soient donné le mot pour peser à la fois sur mon cœur et l'étouffer de déplaisirs. Je n'ouvre pas mes paquets sans oppression, toujours sûr d'y puiser le nouveau chagrin de connaître un infortuné de plus, sans pouvoir souvent le soulager.

Telle est ma vie : de grands travaux, peu de succès ; un état dispendieux, peu de fortune, et le cercle éternel de la plus douloureuse correspondance avec une foule de malheureux dont les maux sont devenus les miens. Si vous avez un ami qui me connaisse à fond, il vous dira que ce tableau de ma personne et de mon état est le plus vrai que je puisse offrir.

Quoi qu'il en soit, Madame, engagez cet ami commun à me voir ; puisqu'il a mérité votre confiance, il aura la mienne. Nous causerons de l'affaire de M. Dorat ; il m'expliquera la nature de son malaise, ce qu'il craint, ce qu'il espère, et quand je serai mieux instruit, si je puis venir à son secours, soyez sûre, Madame, qu'en enterrant, avec la religion de l'honnêteté, tout ce qu'il veut tenir secret, je ferai l'impossible pour que votre confiance en moi ne lui soit pas tout à fait infructueuse.

J'ai l'honneur d'être avec le plus profond respect, etc.

CARON DE BEAUMARCHAIS.

XXXIX

A LA MÊME.

Paris, 5 avril 1779.

Je n'ai point vu votre ami, Madame la comtesse ; est-il encore à la campagne, ou désapprouve-t-il la douloureuse confidence que vous m'avez faite ?

Il serait bon pourtant que nous eussions une conférence avant mon départ pour Bordeaux, qui sera sous peu de jours. Il ignore peut-être quelle force et quel courage on puise auprès d'un homme sensible et éprouvé par la mauvaise fortune. Je suis cet homme-là, et, très-différent des gens dont le sort a changé en bien, je me plais à consoler les infortunés qui ont du mérite, et à leur rendre ce ressort si nécessaire à l'âme, que le malheur détend toujours. Peut-être, à force d'y rêver, ai-je trouvé le moyen de l'aider à sortir de la détresse qui le tue. Enfin je ne sais, mais quelque chose me dit que je ne lui serai pas tout à fait inutile. Je frémis quand je pense qu'un moment de désespoir a coûté la vie à ce pauvre Mairobert, qui avait mille voies pour se relever avec éclat du mal que lui causait un jugement un peu léger peut-être[1]. Il avait demandé à me voir ; il avait, disait-il, besoin de mes conseils. Sans savoir quelle était sa peine, je lui avais écrit qu'il serait toujours le bien-venu, car je le connaissais depuis vingt ans pour mauvaise tête et galant homme. L'arrêt du parlement est sorti soudainement : il s'est tué. S'il ne méritait pas son jugement, il a mal fait de quitter la vie : on revient de tout avec du courage et de la patience ; s'il était coupable, je lui pardonne : on ne survit pas à la honte méritée.

Ici le cas est très-différent ; mais ce Mairobert m'a jeté du noir dans l'âme, je n'aime pas qu'un infortuné souffre sans communiquer ses peines : on ne sait jusqu'où la tête en cet état peut s'exalter. Encore un coup, Madame, envoyez-moi votre ami, que je le voie, qu'il m'entende ! Et, s'il est possible, nous parviendrons à le sauver par la réunion de ses efforts et des miens.

J'ai l'honneur d'être avec respect, etc.

CARON DE BEAUMARCHAIS.

XL

A M. SW.

Ce 11 avril 1779.

Puisque vous me faites l'honneur, mon cher Sw..., de me consulter sur le grand objet qui vous attire en France, je dois à l'estime que je fais de vous de penser tout haut avec vous sur cette affaire : écoutez-moi donc.

---

[1] Mairobert impliqué, dit Grimm, d'une manière déshonorante dans un procès relatif au marquis de Brunoy, venait de s'ouvrir les veines dans un bain chaud.

Laissez là, mon ami, toute espèce d'intrigues et de dépenses qui ne vous mèneraient à rien et pourraient vous nuire, et retenez bien ce que je vous communique.

L'Angleterre, accablée sous le poids de la faute qu'elle a faite en s'aliénant l'Amérique, doit extrêmement redouter d'aggraver son mal, en continuant une guerre avec la France, qui ne lui rendra point l'Amérique, et qui, par la réunion prochaine des forces de la maison de Bourbon, et la tournure que prennent les choses en Hollande, peut la jeter dans des embarras dont rien ne pourrait plus la tirer.

La France, absolument sans ambition sur l'accroissement de sa puissance, n'a aucun intérêt à faire la guerre. Le seul qu'elle eût d'abord à la querelle entre l'Angleterre et l'Amérique était de voir son ennemie tellement occupée par le soulèvement de ses colonies, qu'elle n'eût rien à redouter de cette rivale, toujours injuste envers nous, comme on sait, quand elle peut l'être impunément.

L'Angleterre n'a pas même le droit de nous reprocher notre traité avec l'Amérique, quoiqu'il soit l'unique prétexte de ses hostilités :

1° Parce que ce traité n'a été conclu qu'à l'instant même où l'Angleterre en allait proposer un semblable à l'Amérique, et nous exposer au ressentiment de cette république, qui depuis trois ans ne cessait de solliciter notre alliance : forcés de traiter avec les Anglais, dont les Américains avaient tant à se plaindre, notre refus obstiné les aurait enfin réunis avec l'Angleterre pour tomber sur nous, et nous punir, s'ils avaient pu, d'avoir refusé leur alliance ;

2° Parce que ce traité, le plus modéré de tous, n'est pas exclusif, et n'empêche pas même que l'Angleterre n'en fasse un pareil avec les Américains en faveur de son commerce, le jour qu'elle reconnaîtra les treize États-Unis pour une puissance indépendante.

Voilà, si je ne me trompe, le véritable état des choses. Maintenant vous désirez savoir à quel prix vous pouvez espérer la paix : voici ce que j'en pense ; et, sans être dans le secret de l'administration, j'en connais assez le bon esprit pour croire ne pas me tromper dans mes conjectures :

Si l'Angleterre exige, pour base de la paix, que la France abandonne les intérêts de l'Amérique, je ne connais aucun avantage qui pût balancer dans tous les esprits, en commençant par notre jeune roi, l'horreur d'une pareille lâcheté.

Mais si l'Angleterre, désirant sincèrement la paix, met à part cette condition à jamais inacceptable, je ne crois pas qu'elle rencontre beaucoup d'obstacles sur les autres conditions : car ce n'est ni par ambition, ni par amour de la guerre ou des conquêtes, que nous guerroyons, mais par le juste ressentiment des procédés affreux des Anglais à notre égard.

En deux mots, le traité avec l'Amérique, qui ne portait d'abord que sur un intérêt de convenance, est devenu pour nous une affaire d'honneur au premier chef ; respectez ce traité, vous nous trouverez beaucoup plus accommodants que vous n'osez l'espérer.

Que si vous croyez que vos offres puissent recevoir des modifications, n'oubliez pas que l'Espagne s'est rendue en quelque façon médiatrice entre nous ; qu'en cette qualité elle a droit aux égards que sa bonne volonté mérite, et que c'est peut-être la seule voie décente aujourd'hui par laquelle on doive nous faire des ouvertures de paix.

Votre mission, mon cher ami, me paraît donc ou tout à fait impossible, ou d'une extrême facilité : impossible, si les droits des Américains ne sont pas à couvert ; très-facile, si le ministère peut trouver un milieu pour sauver l'honneur de la couronne d'Angleterre, en laissant à l'Amérique la liberté qu'elle a si bien gagnée ;

Et surtout si elle nous fait passer des propositions honorables par la cour de Madrid, dont les procédés nous engagent à ne rien écouter ni recevoir que par son canal.

Je crois franchement, mon bon ami, que tout le succès, que toute la politique de votre affaire est renfermée dans cette courte instruction, que je vous consacre de bon cœur,

1° Parce que je la crois juste,

2° Parce que l'opinion d'un particulier comme moi ne tire pas à conséquence.

Partez avec cela, pour qu'on ne vous accuse pas de faire ici des choses que je sais aussi éloignées de vos principes que contraires au bien même que vous voulez procurer aux deux puissances.

XLI

A M. LE COMTE DE VERGENNES.

Paris, ce 8 juin 1779.

Monsieur le comte,

Personne ne sait mieux que vous combien la méchanceté est ingénieuse pour nuire. Je ne vous écris pas pour vous demander justice d'une horreur qu'on me fait, parce que cela est impossible, mais pour me garantir du mal que cette horreur me ferait, si elle allait jusqu'au roi sans que Sa Majesté fût prévenue, ainsi que M. le comte de Maurepas et vous-même.

A mon arrivée de Bordeaux, j'ai trouvé deux lettres chez moi : elles sont sans signatures ; mais le motif qui les a fait écrire m'ayant paru louable, sans autre examen j'ai répondu sur-le-champ, selon que mon esprit et mon cœur étaient affectés, comme je fais toujours. Un article sur les prisonniers français, que j'ai mis dans le *Courrier de l'Europe* avant mon départ de Paris, était le premier texte sur lequel l'anonyme avait exercé sa plume : il paraissait indigné contre les Anglais ; il énumérait ensuite nos désavantages, et semblait attendre mon avis pour fixer le sien.

Tout rempli que j'étais des cris odieux que j'ai entendu faire partout, et contre notre marine et contre les ministres, je broche une réponse rapide, et je l'envoie à l'adresse indiquée. Pardonnez, monsieur le comte, et que le roi me pardonne s'il désapprouve ma chaleur et ma vraie lettre, dont je vous adresse une copie littérale, en vous envoyant l'original de celle qui y a donné lieu. Il court aujourd'hui une lettre de moi défigurée, dénaturée, et pleine de libertés cyniques.

Je vois bien qu'on m'a tendu un piége ; je vois qu'on veut encore une fois me nuire en faisant parvenir au roi cette prétendue lettre, comme on l'a déjà fait une fois sur de prétendus propos tenus, disait-on, à ma table.

Le profond mépris que j'ai pour les méchants ne doit pas m'empêcher de me prémunir contre eux. J'ose donc vous supplier de mettre sous les yeux de M. le comte de Maurepas et du roi ma véritable lettre, dont heureusement j'ai gardé minute. Je la certifie véritable ; et je défie les méchants d'oser en montrer une différente, armée de ma signature.

Je n'ajoute pas un mot : je connais votre équité, votre bonté. Les clameurs indiscrètes m'indignent ; et je deviens doublement Français, quand je trouve des gens qui affectent de ne pas l'être. Voilà ce qui me fait parler quelquefois fortement, et ce qui m'a fait répondre à un anonyme qui me semblait honnête.

S'il vous est possible, monsieur le comte, de m'accorder une demi-heure cette semaine, je désire mettre sous vos yeux des objets importants, et relatifs aux Américains. Je recevrai votre ordre, à cet égard, avec la reconnaissance respectueuse et la foule de sentiments qui m'attachent à vous.

Je suis, monsieur le comte, votre, etc.

XLII
COPIE DE MA VÉRITABLE LETTRE.

Paris, le 4 juin 1779.

J'ai trouvé, monsieur, à mon arrivée de Bordeaux et Rochefort, les deux lettres dont vous m'avez honoré, l'une de Metz et l'autre de Paris. Votre patriotisme mérite beaucoup d'éloges, mais il vous fait peindre avec trop de frayeur la situation de nos armes.

Les Anglais, monsieur, n'ont aucun avantage militaire sur nous ; ils ont pillé notre commerce, à peu près comme les voleurs attaquent les coches sur les grands chemins, en attendant la maréchaussée : peut-être eût-il fallu qu'elle arrivât plus tôt. Mais la plus grande partie de nos navires étaient assurés à Londres, et nous avons sur eux quatre mille prisonniers de plus qu'ils n'en ont à nous.

Notre escadre d'Estaing est dans le plus bel état et ne manque de rien, pendant que Byron, ayant fait la faute d'établir ses troupes de terre sur le cimetière de l'Amérique, y périt visiblement tous les jours, sans oser rien tenter, avec des forces supérieures aux nôtres.

La prise de Pondichéry n'est pas non plus un avantage dont les Anglais puissent se glorifier. Depuis un an une frégate française était partie avec ordre de donner à M. de Bellecombe celui d'évacuer la place au premier mouvement des Anglais, et de se retirer à l'île de France, où le gouvernement avait depuis longtemps résolu de rassembler toutes ses forces, un peu trop dispersées dans l'Inde. La frégate n'est arrivée qu'après la belle défense de M. de Bellecombe, qui ne l'eût pas faite inutilement, n'étant pas assez fort pour tenir, s'il eût reçu plus tôt des ordres de retraite ; ce qui n'ôte rien au mérite de M. de Bellecombe.

Quant aux mauvais traitements que les Anglais prodiguent à nos prisonniers, rien ne pouvant les excuser de cette exécrable cruauté, j'ai cru devoir la publier en punition de leur crime : c'est tout ce qu'un particulier pouvait faire, en attendant que le gouvernement s'en ressentit lui-même ; et c'est ce qu'on doit attendre de sa sagesse.

Quoi qu'il en soit, croyez, monsieur, que la France n'a jamais été dans une position plus avantageuse.

N'a-t-elle pas donné la paix à l'Allemagne, à la Prusse, à la Russie, à la Turquie? n'a-t-elle pas isolé l'Angleterre de toute espèce d'alliés en Europe? et ne tient-elle pas cette puissance en échec dans son pays même, par les mouvements que nous faisons sur nos côtes? Notre alliance avec les Américains n'a-t-elle pas consolidé cette indépendance, qui enlève tout le continent du Nord à la couronne anglaise? Et notre cabinet politique, le plus habile et le premier de l'Europe, n'a-t-il pas acquis une influence universelle sur les actions de toutes les puissances militantes? L'Espagne armée est prête à tonner ; la Hollande, résolue à défendre et maintenir son commerce et sa liberté maritimes ; la Suède, le Danemark et la Russie entrent dans ce plan honorable : que reste-t-il à l'Angleterre? Un isolement funeste, un épuisement total d'hommes et d'argent, des déchirements intestins, la perte de l'Amérique, et la frayeur de perdre l'Irlande. Il est vrai qu'en revanche de la Dominique, elle nous a pris le rocher infect de Sainte-Lucie ; mais, en feignant de menacer nos possessions du golfe, ne voyez-vous pas que les Anglais tâchent de masquer la frayeur qu'ils ont pour les leurs?

Voilà l'état respectif de leurs avantages et des nôtres. Celui qui ne sent pas l'extrême supériorité de notre position lit mal dans le grand livre des événements du siècle.

Laissons de côté les prétendues fautes de M. d'Estaing et les cris des envieux ; et ne jugeons pas légèrement un homme assez grand pour dédaigner l'outrage, en faisant imprimer tout ce qu'on lui adresse d'injures anonymes : voyons uniquement le bon état de sa flotte après une si laborieuse campagne, sa vigilance infatigable, et le concert de louanges de tous les soldats et matelots ; voyons surtout l'acharnement de ses ennemis à le dénigrer : on ne s'enroue pas à dire autant de mal d'un homme dont il n'y aurait rien à penser ; une pitié méprisante est ce qu'on accorde aux gens médiocres, et la colère des rivaux d'un brave homme est un hommage peut-être plus flatteur et plus sûr que l'éloge de ses amis.

Je m'arrête court sur ce sujet, parce que mon opinion ne fait rien à la chose, et que j'ai beaucoup d'affaires qui demandent mon temps.

Si je me suis fait un plaisir de rassurer un honnête homme, qui me paraît très-bon Français, c'est qu'emporté par ce torrent de critiques amers qui passent leur vie à diminuer nos avantages, pendant que nos ennemis ne perdent pas une occasion de boursoufler les leurs, il craint pour nous, et m'a demandé mon sentiment; je me suis hâté de le lui dire en deux mots, en l'assurant de tous les sentiments que sa lettre inspire à

Son très-humble, etc.

XLIII

A M. DES ENTELLES,

INTENDANT DES MENUS.

En lui envoyant un exemplaire du *Barbier de Séville* et des *Deux Amis*.

Paris, ce 2 août 1779.

Monsieur,

J'ai reçu la lettre dont vous m'avez honoré, en date du 29 juillet, par laquelle vous m'invitez, comme auteur dramatique, à concourir de mes faibles ouvrages à la formation de la bibliothèque des Menus-Plaisirs. J'ai l'honneur de vous envoyer un exemplaire des *Deux Amis* et un du *Barbier de Séville*, en attendant que la nouvelle édition qu'on fait d'*Eugénie*, mon troisième ouvrage, me permette de le joindre aux deux autres. Je ne doute pas que chaque auteur ne soit dans les mêmes dispositions; et c'est ce dont je m'assurerai plus positivement à la prochaine assemblée que je vais convoquer. Alors, monsieur, j'aurai l'honneur de vous communiquer le vœu général, en ma qualité de commissaire de la littérature. Il eût été bien à désirer que MM. les gentilshommes de la chambre, accueillant plus sérieusement les travaux que l'ordre des auteurs avait faits d'accord avec eux pour le nouveau règlement si nécessaire au théâtre, eussent daigné s'occuper, comme ils l'avaient promis, du plus noble objet de leur département. Vous savez, monsieur, si je les en ai invités, comment je les ai pressés, et comment, avec cet art de la cour qui fait tout éluder en promettant sans cesse, on a rendu depuis deux ans nos justes réclamations l'objet des moqueries de la comédie. Outré d'une pareille conduite, je viens de prier M. le maréchal de Duras de vouloir bien me rendre la parole que je lui donnai, il y a deux ans et demi, de me réunir à ses vues, qu'il appelait *conciliatrices*. Comme elles n'ont eu aucun succès, et que je suis sans espoir à cet égard, je vais reprendre la voie juridique, que j'avais abandonnée à sa prière.

Tant que la Comédie, monsieur, sera gouvernée sur les principes actuels, il est bien sûr qu'il n'y aura ni acteurs, ni auteurs; et je me flatte de prouver avant peu, dans un ouvrage sérieux, que l'art du théâtre est prêt à retomber dans la barbarie en France, et qu'il est impossible que cela n'arrive point. MM. les gentilshommes de la chambre, ou sont trop grands seigneurs pour donner à ce premier des arts une attention dont ils ne le croient pas digne, ou, s'ils s'en occupent, c'est pour l'envisager sous un point de vue absolument opposé à ses progrès, sous un point de vue destructeur de toute émulation; c'est pour contribuer eux-mêmes à sa dégradation par leur négligence : d'où il résulte qu'au lieu d'être les nobles chefs de la littérature dramatique de l'Europe entière, comme ils le pourraient, ils sont à peine aujourd'hui regardés ou comme les sultans d'un grand sérail ou comme les magistrats d'un foyer indocile, et le tribunal indolent des misérables tracasseries d'acteurs qu'ils ne peuvent pas même arranger. En vérité, cela fait gémir tous ceux qui aiment véritablement le théâtre. Un cri général est prêt à s'élever; et moi, qui vois la fermentation de plus près que personne, je me retire, en me contentant de mettre l'avocat des pauvres à la suite rigoureuse de mes droits d'auteur, que je leur donne. Vous m'obligerez infiniment, monsieur, d'engager M. le maréchal de Duras à m'honorer d'un mot de réponse. Je me suis présenté plusieurs fois à sa porte; mais, depuis longtemps, il n'est plus chez lui pour les commissaires des auteurs dramatiques.

J'ai l'honneur d'être, avec tous les sentiments que votre lettre m'inspire,

Monsieur,

Votre très-humble, etc.

XLIV

AU MINISTRE DE LA MARINE.

Paris, ce 7 septembre 1779.

Monsieur,

Je vous rends grâce de m'avoir fait passer la lettre de M. le comte d'Estaing. Il est bien noble à lui, dans le moment de son triomphe, d'avoir pensé qu'un mot de sa main me serait très-agréable. Je prends la liberté de vous envoyer copie de sa courte lettre, dont je m'honore comme bon Français que je suis, et dont je me réjouis comme l'amant passionné de ma patrie contre cette orgueilleuse Angleterre.

Le brave Montaut[1] a cru ne pouvoir mieux faire, pour me prouver qu'il n'était pas indigne du poste dont on l'honorait, que de se faire tuer : quoi qu'il puisse en résulter pour mes affaires, mon pauvre ami Montaut est mort au lit d'honneur, et je ressens une joie d'enfant d'être certain que ces Anglais, qui m'ont tant déchiré dans leurs papiers depuis quatre ans, y liront qu'un de mes vaisseaux a contribué à leur enlever la plus fertile de leurs possessions.

Et les ennemis de M. d'Estaing, et surtout les

---
[1] Capitaine du *Fier Rodrigue*.

vôtres, monsieur, je les vois ronger leurs ongles, et mon cœur saute de plaisir !

Vous connaissez mon tendre et respectueux dévouement.

BEAUMARCHAIS.

XLV
A M. LE COMTE DE MAUREPAS

Paris, ce 11 novembre 1779.

MONSIEUR LE COMTE,

Si je n'ai pas encore assez de force pour sauter du lit et vous aller remercier, il n'y a pas non plus de faiblesse qui puisse m'empêcher de vous parler de ma reconnaissance.

On veut me voler trente-trois mille livres, et, joignant l'intérêt d'un silence de vingt ans, on double la somme : cela fait soixante-six mille livres. On y ajoute pour douze mille livres de frais, et me voilà forcé de payer quatre-vingt mille livres à des gens qui, depuis vingt ans, m'en doivent quarante-six mille, et dont le seul titre est que je les ai laissés tranquilles, par horreur des procès.

Vous avez entendu mon ami avec bonté. Je demande à consigner et à compter : je n'ai jamais eu que ce mot. On s'y refuse, en m'opposant des arrêts obtenus par défaut dans mes absences ; et la forme, la forme, ce terrible patrimoine de la justice, sert de couverture à l'iniquité d'une demande atroce.

Consigner et compter, voilà ma requête ; payer comptant, si je dois, voilà quelle grâce je sollicite.

Vous m'avez promis vos bontés ; j'y compte : il n'y a jamais de détours en vos paroles. Vous faites le bien sans faste, et quand vous le pouvez : c'est ce que j'adore en vous.

Si mon pauvre prince de Conti vivait, comme je le ferais rougir de ses injustices à votre égard ! Craignez, mon ami, sur toutes choses, me disait-il, de vous attacher à M. de Maurepas. Comme la passion aveugle les hommes ! Il ne se doutait non plus de votre âme douce et gaie, que s'il ne vous eût jamais vu. Il m'a empêché pendant deux ans de me présenter devant vous. Et vous, monsieur le comte, quoique vous sussiez très-bien que j'étais un de ses plus chers affiliés, vous ne m'avez jamais montré que bonté, loyauté, douce protection et franche adjudance. Et moi, plus touché que je ne puis le dire, je regrette bien que cet obstiné, cet injuste ennemi n'existe plus ; la grande confiance qu'il avait en mon caractère l'eût enfin converti, et le plus reconnaissant de tous vos serviteurs vous eût certainement ramené ce cœur, aveuglé sur votre compte.

Pardon, monsieur le comte : j'aime à parler de lui, parce qu'il m'avait voué un attachement paternel ; et j'aime à en parler devant vous, parce que, sans l'avoir mérité, je retrouve sans cesse en vos procédés pour moi tout ce qui lui avait enchaîné mes affections.

Je prends la liberté de joindre à cette lettre un court Mémoire instructif sur la requête qui sera rapportée samedi par M. Amelot au conseil des dépêches.

Je viens d'envoyer à M. de Vergennes un travail faiblement composé, parce que je suis souffrant, mais au moins propre, par la vérité de tous les faits qu'il contient, à repousser victorieusement les insidieux reproches du cabinet de Saint-James sur nos prétendues perfidies.

Ma reconnaissance et mon respect pour vous sont deux sentiments aussi doux à mon cœur qu'ils sont inaltérables.

Votre, etc.

XLVI
A MM. LES COMÉDIENS FRANÇAIS A LEUR ASSEMBLÉE

Ce 22 novembre 1779.

MESSIEURS,

De trois essais que la Comédie a bien voulu adopter, le plus fortement composé (celui des *Deux Amis*) est resté depuis huit ans accroché sans jeu ni reprise. On croira bientôt que vous voulez punir ce drame de ses succès sur tous les théâtres français de l'Europe en ne le représentant jamais sur le vôtre. La reine, qui se plaît quelquefois à le voir, n'a pu l'obtenir encore que des comédiens de la ville. On me demande pourquoi vous ne le jouez pas, et moi, qui n'en sais rien, je suis obligé de vous passer la parole.

Au reste, il n'y a pas d'instant plus favorable que celui-ci, messieurs, pour tâter le goût de la capitale sur cet ouvrage, la tragédie étant un peu en désordre, attendu ce que vous savez [1]. En attendant que le ciel y mette la main, ne pourrait-on pas essayer ce que Paris pensera de la vertu dure et franche du bon Aurelly, de la noble et vive sensibilité du philosophe Mélac ?

Il est bien vrai que cette pièce est du genre bâtard et misérable qu'on cherche à proscrire aujourd'hui sous le nom de drame ; mais le vrai public, qui ne proscrit que ce qui l'ennuie, n'a pas encore prononcé l'anathème sur ce genre intéressant. Si l'état affreux des finances du royaume sous feu l'abbé Terray, d'écrasante mémoire, et surtout si l'époque de la banqueroute frauduleuse du janséniste Billard, empêchèrent alors les jansénistes du parterre, les mécontents de la Bourse et les perdants de la banqueroute de goûter, autant qu'on le devait, un intérêt dramatique fondé sur la faillite inopinée d'un honnête homme, c'est qu'on s'imagina que

---

[1] La fameuse querelle de deux tragédiennes, mademoiselle Sainval et madame Vestris, qui divisait les acteurs et le public à l'époque où Beaumarchais écrivait sa lettre.

je traduisais le malheur public au théâtre et que j'y jouais l'honnête pénitent de M. Grizel.

Mais une situation opposée ayant amené des sentiments contraires, et le parterre, aujourd'hui, paraissant moins porté vers le rigorisme de Jansénius, depuis qu'il est régenté par des molinistes en soutanelle bleue galonnée d'argent, je crois qu'on peut essayer de remettre cette pièce à l'étude et de lui faire gagner à son tour les honneurs du répertoire.

M. Préville, pour qui le rôle d'Aurelly fut fait, voudra bien sans doute y déployer de nouveau le plus superbe talent.

On dit que M. Brizard a quitté les rôles nobles des pièces du siècle pour se resserrer absolument dans le haut tragique; si cela est, il faut gémir de la paralysie qui attaque un grand acteur dans la plus belle moitié de ses succès, et plaindre le public et les auteurs de ce qu'une telle infirmité leur enlève un bon comédien pièce par pièce, et vient ainsi couper en deux la brillante carrière de M. Brizard. Dans ce cas malheureux, il faudrait prier M. Vanhove de remplacer la moitié de M. Brizard, qui ne vit plus, dans le rôle de Mélac père.

Il est possible aussi que le rôle de Mélac fils semble un peu jeunet à M. Molé, devenu premier tragique; alors j'engagerais M. Monvel, qui n'a pas dédaigné le plus grand succès dans ce rôle en province, à sa dernière tournée, de vouloir bien s'en promettre un semblable à Paris dans cette reprise.

J'ignore aussi, messieurs, à qui appartient le rôle de Saint-Alban que jouait M. Bellecour; s'il n'obtenait pas non plus l'adoption de M. Molé, son successeur naturel, M. Fleury, qui joue très-noblement tout ce qu'il joue, serait prié de vouloir bien l'étudier.

Pour ma petite Doligny, c'est toujours ma Pauline, ma Rosine, mon Eugénie, et quoique je sois, dit-elle, un vilain monstre qui n'aime point la Comédie-Française, et mille autres lamentables faussetés du même genre :

> Entre elle et moi, Messieurs, c'est dit;
> Nous ne formons qu'une famille :
> Je suis son père, elle est ma fille,
> Et cela va jusqu'au dédit.

Quant à mon pauvre imbécile d'*André*, son souvenir me rappelle bien tristement celui du charmant comédien, de la douce créature, de l'aimable et honnête garçon de Feuilly, que j'aimais de cœur et d'esprit au théâtre et dans la société. Comme il y a peu d'apparence que M. Bourette, à qui Feuilly avait plaisamment dérobé ce petit rôle, qu'il aimait, disait-il, parce qu'il était rondement bête; comme il n'y a pas d'apparence, dis-je, que M. Bourette consente à rentrer dans une possession aussi mesquine que tardive, dans le cas de son refus, je suis bien certain que mon ami Dazincourt ne me refuserait pas ce petit remplissage.

Voilà tout, je crois. Hé! bon Dieu! j'oubliais le rôle de Dabins, qui fut joué, si vous vous le rappelez, messieurs, par M. Pin avec une perruque si intolérablement ridicule que le public aheurté crut ne voir qu'un commis d'usurier dans le rôle sensible d'un très-honnête homme. Je voudrais bien l'offrir à un monsieur dont le nom ne m'est pas connu, mais que j'ai vu jouer dans le tragique avec autant de sens que de sensibilité; pourvu, toutefois, que l'offre d'un rôle en prose ne soit pas regardée à la Comédie comme une insulte faite à un acteur en vers, car je ne veux blesser personne. J'ai vu ce monsieur jouer Théramène avec grand plaisir, et je ne sais s'il ne se nomme pas Dorval ou Dorival.

Maintenant, messieurs, que vous avez entendu ma requête, vous m'obligerez infiniment si vous daignez l'accueillir et me faire la grâce de me croire, avec toute la considération possible, messieurs, votre, etc.

BEAUMARCHAIS.

XLVII

AUX MINISTRES.

19 décembre 1779.

MESSEIGNEURS,

Si un guerrier qui se bat pour son pays n'en doit pas recevoir un soufflet déshonorant parce que l'inégalité du terrain l'aurait fait broncher un instant, est-il de la justice du roi de ranger dans la classe des libellistes scandaleux, dont les arrêts suppriment les ouvrages, un écrivain qui repousse avec force et dignité les noires imputations des ennemis de la patrie, parce qu'il est tombé avec cent mille autres dans une erreur involontaire, mais facile, avantageuse même à relever dignement?

Lorsque l'homme qui n'a prétendu qu'à l'honneur d'avoir raison ne rougit pas d'avouer publiquement son erreur et d'en tirer un grand fruit pour la cause qu'il défend, y a-t-il de l'inconvénient à le laisser s'en relever lui-même?

Que peut-il en effet résulter de plus fort contre une assertion hasardée que le désaveu libre et franc de son auteur, lorsqu'il peut le répandre aussi rapidement que son ouvrage? Et doit-on garder au zèle, au travail, au patriotisme, le déshonneur des suppressions destinées à punir les écarts volontaires, les coupables gangrenés et les pécheurs impénitents?

Avant de me traiter avec cette cruauté, je supplie les ministres du roi de lire ce que j'envoie au *Courrier de l'Europe*, à celui *du Nord*. La même chose en substance sera mise à l'instant dans tous les papiers publics, avec promesse à tous ceux qui me remettront l'exemplaire fautif de leur en faire tenir deux rectifiés.

Je les supplie aussi de réfléchir que discréditer un semblable écrit par la flétrissure d'un arrêt est lui ravir tout ce qu'il renferme de bon et de louable, et rendre au reproche de perfidie du manifeste anglais toute sa force par le désaveu des grands principes de la réponse.

A la douleur que j'en éprouve d'avance, je sens

que je n'en pourrai supporter l'odieux effet. Ma tête échappe à ma raison, et j'ai passé la plus cruelle des nuits.

On m'apporte à l'instant, de la part d'une parente de M. de Choiseul, un exemplaire émargé de sa main pour m'être remis, avec ces mots, page 35 : *Ce fait est faux et absurde.* Ce sont justement les termes de votre projet d'arrêt. Il les aura donc dictés lui-même !

Faux! l'expression est juste, puisque le fait n'est pas vrai ; mais *absurde!* Après Dunkerque et son commissaire anglais, osera-t-on, sans baisser les yeux, qualifier d'absurde un fait maritime qui nous regarde, quelque dur qu'il puisse être ?

Détruire un port de France à dix lieues de l'ennemi par son ordre, et le tenir en ruine sous la honteuse inspection d'un commissaire à lui, voilà ce qui est vraiment *absurde* et n'en existe pas moins sous nos yeux indignés depuis cent ans.

Je parle à des cœurs français, je dois être entendu. Eh ! laissez-moi, messeigneurs, laissez-moi, je vous en conjure, me relever de mon erreur. Je puis le faire honorablement et avec fruit ; mais je sens bien au mal qui me suffoque que j'en mourrai de douleur, si vous avez la cruauté de livrer ma personne et mon ouvrage à la dégradation d'une flétrissure.

Il ne resterait plus à mes amis qu'à faire imprimer les douze ou quinze cents lettres exaltées que j'ai reçues depuis six jours, où le cœur des bons citoyens se montre à découvert par la vivacité de leurs remercîments ;

Où l'un dit : *Je mettrai cet écrit dans une case à part, avec Tacite, le cardinal de Retz, Price et Sidney, car aucun monument aussi noble, aussi digne de la nation, n'honorera les événements actuels ;*

Où l'autre écrit : *L'auteur a l'ivresse du patriotisme ; sa plume étincelle. Il est donc vrai que l'homme ne fait de grandes choses que lorsqu'il est animé de grandes passions !*

Où un troisième avoue *qu'il n'a jamais bien connu la question, et qu'avant moi tout le monde donnait le tort à la France, mais qu'enfin voilà l'opinion fixée ;*

Où tous me rendent grâce de mon zèle et de mon courage dans un pays où si peu de gens se soucient d'en montrer pour la gloire de la France. Ces lettres de mes concitoyens montreraient qu'une telle bizarrerie est attachée à mon sort, que je ne puis rien entreprendre de bien qui ne me porte dommage. Il a voulu, dirait-on, travailler, armer pour son pays, on a arrêté ses expéditions ; il a voulu écrire pour défendre l'honneur de la France, on a supprimé ses ouvrages. Sa nation l'estimait, et l'autorité l'écrasait. Il n'avait donc plus d'autre choix que de mourir ou de s'enfuir.

Par grâce, par humanité, si je ne puis l'obtenir par justice, ne me donnez pas le crève-cœur d'une suppression pendant que vous souffrez un Linguet ! Il vous a tous insultés, je vous ai tous respectés ; il a fait l'*aiguillonnade* et moi les *observations.* Quelle différence et d'œuvre et de récompense !

Si cet affreux arrêt est lancé, je me regarde comme un membre coupé, mort, qui ne tient plus à rien, et je ne veux plus devoir à la France que l'extrême-onction ou un passe-port.

Je vous demande pardon, mais je suis au désespoir.

CARON DE BEAUMARCHAIS.

XLVIII

LETTRE OSTENSIBLE AU MARGRAVE DE BADE[1].

Paris, ce 25 février 1780.

La requête, monsieur, que vous nous avez envoyée, comme étant présentée en notre nom à Son Altesse Mgr le margrave de Bade, a été lue et approuvée par toute la Société.

Les objections dont vous nous avez rendu compte sont de deux sortes. La première, qui regarde les biens de Son Altesse en Alsace, nous paraît absolument levée par votre réponse, que nous approuvons tous. La deuxième, qui regarde la mutilation des œuvres de l'homme célèbre, n'est pas en notre pouvoir, quand elle serait dans notre volonté. Vous auriez pu vous rappeler qu'une des conditions de la vente qu'on nous a faite de ces manuscrits est que nous ne nous donnerons aucune liberté sur les ouvrages du grand homme. C'est lui tout entier que l'Europe attend, et si nous lui ôtions les cheveux noirs, ou blancs, selon l'opinion de chaque moraliste, il resterait chauve, et nous ruinés.

La France, Genève, la Suisse, la Hollande, fourmillent des œuvres qu'on voudrait que nous retranchassions de cette édition. Il faudrait peut-être en effet qu'on s'y obstinât, si nous les imprimions séparément, comme on les donne partout ; mais s'il se trouve dans soixante volumes d'œuvres complètes quelques passages ou même quelques morceaux entiers qui, en faisant le charme des uns, choquent l'austérité des autres, il est impossible à des éditeurs d'œuvres complètes de les en distraire.

Je n'entends pas bien quel principe porterait un gouvernement à une telle rigueur. S'il détruisait par là ce qui lui déplaît, et si l'autorité de chaque administration avait une influence universelle, il y aurait une conséquence rigoureuse dans ces sortes de prohibitions ; mais, comme en parcourant le monde, on change de mœurs, de goûts et d'opinion avec les derniers chevaux de chaque frontière, l'homme qui écrit pour tous, ou la compagnie qui promet un célèbre auteur complet, ne peuvent se soumettre à aucune de ces restrictions particulières.

Montaigne, qui s'imprime partout avec privilége, s'est bien donné d'autres libertés. Son chapitre de *la Boiteuse,* celui où il a inséré un vers portant un gros

---
[1] Le véritable destinataire est le margrave de Bade, mais la lettre est censée adressée à l'agent de Beaumarchais à Kehl.

mot bien obscène et mis exprès par lui, pour être à son tour, dit-il, un livre de boudoir, n'ont jamais été retranchés de ses œuvres; l'éditeur qui voudrait aujourd'hui les soustraire serait déshonoré comme un sot, et personne n'achèterait son édition. Il doit en être ainsi de tous les grands hommes. Vous avez fort bien dit que toutes ces défenses, portant sur les blasphèmes et les écrits contre les mœurs, ont une latitude trop étendue pour qu'on s'y oblige sans spécification; cela ouvre trop de voies à la persécution. M. de Voltaire, le premier homme de notre siècle, avait ses opinions à lui. Il les exprimait avec toute la liberté philosophique et le goût exquis dont il a toujours été le modèle. Quel blasphème peut-il se trouver dans tout cela? Il a dit son sentiment sur tous les gouvernements, sur toutes les sectes, et son grand système étant la tolérance universelle, on ne peut rien ôter à ce grand homme, qu'on n'affaiblisse tout son ensemble. Les contes de la Fontaine, avec des estampes, ont été imprimés à Paris avec *privilége du roi*, parce qu'il y a longtemps qu'on sent qu'il est absurde de défendre ce qui est dans les mains de tout le monde et ce qui fait les délices des gens de goût.

La Société pense donc que, quelque bien qui résultât pour elle de l'emplacement de Kehl, son premier bien est la sécurité dans ses travaux, et qu'elle doit préférer le prince assez philosophe pour attirer dans ses États le plus magnifique établissement de littérature, dont tout l'avantage est pour son pays, à l'administration assez rigoureuse pour balancer de si grands avantages par des considérations classiques ou de controverse. Nous pourrions être arrêtés au milieu d'une dépense de plusieurs millions, parce qu'un philosophe a badiné légèrement sur ce qu'on appelle *Cantique des Cantiques*, morceau par lui-même si étrange qu'on n'a jamais osé le faire lire à des yeux pudibonds et le faire entendre à des oreilles un peu chastes! Que deviendrait la philosophie? que deviendraient nos fortunes? Et combien les Anglais, les Hollandais, les Suisses, les Génevois et même les contrefacteurs français riraient de nous, en profitant de nos dépouilles, d'avoir été nous établir dans des États où l'on nous fait de si dures conditions, pendant qu'on nous offre, à quelques pas plus loin, toute la liberté dont on est bien sûr qu'une société formée sur d'aussi nobles principes n'abusera jamais!

Remerciez donc, monsieur, toutes les personnes qui vous ont montré de la bienveillance; rendez grâce à Son Altesse, de la part de la Société, pour la bonne volonté qu'elle a daigné vous témoigner; mais cet établissement est trop considérable pour que des obstacles de la nature de ceux qu'on nous oppose nous permettent de le fonder dans des États où on leur donne autant d'importance.

Vous avez offert de n'imprimer les œuvres d'aucun auteur vivant, *benè sit*; de ne vous jamais prévaloir sur les terres du prince en Alsace, *benè sit*; de ne pas ajouter un mot aux œuvres du grand homme qui puisse choquer les opinions ou les mœurs très-austères de notre siècle timoré, *benè sit*; mais nous ne châtrerons point notre auteur, de crainte que tous les lecteurs de l'Europe qui le désirent tout entier ne disent à leur tour, en le voyant ainsi mutilé : *Ah! che schiagura d'aver lo senza...* Et quels sots pédants étaient ses éditeurs!

Nous vous saluons tous, et moi qui me rends l'organe de la *Société philosophique*, je suis avec tous les sentiments que vous me connaissez, monsieur, votre très-humble et très-obéissant serviteur,

CARON DE BEAUMARCHAIS.

XLIX

A M. LE COMTE DE MAUREPAS.

Le 24 mars 1780.

MONSIEUR LE COMTE,

De quelque part que sorte une fausse imputation, il me semble qu'on ne peut trop tôt la détruire. M. le maréchal de Duras, ce matin, m'a dit qu'on lui a dit que vous avez dit que je vous ai dit que c'est mal fait d'asseoir le parterre à la Comédie.

Si vous avez pu me suivre à travers ce tourbillon de paroles, et repêcher le fait noyé dans tous ces *on dit*, vous savez très-bien, monsieur le comte, que tout cela n'est qu'une grosse calomnie qui circule à Paris comme tant d'autres, et qu'on a fait arriver jusqu'à l'hôtel de Duras pour me faire une tracasserie. Loin d'oser ouvrir un avis contraire à l'idée la plus raisonnable, qui est d'asseoir le parterre au spectacle, je vous supplie de vous rappeler que cette demande est un des premiers articles du projet de règlement théâtral que j'ai eu l'honneur de vous soumettre cet été, au nom et comme commissaire de toute la littérature française.

Mais, pour qu'il ne reste aucun doute sur mes principes à cet égard, daignez encore, monsieur le comte, recevoir ma profession de foi sur ce point débattu devant vous.

Aucune autre nation que la française n'a la barbarie de supplicier les auditeurs d'un spectacle établi pour leur délassement, en les tenant debout, froissés, étouffés et serrés à disloquer les corps les plus robustes. On est assis en Italie, en Espagne, en Angleterre, et partout. Les seuls gens à Paris qui aient à se louer de notre pénible façon d'exister au spectacle sont les cabaleurs et les filous, qui, n'étant là que pour faire le mal ou prendre le bien d'autrui, rempliraient bien plus difficilement ces deux objets dans un parquet assis, qu'au parterre incommode et indécent de Paris, tel qu'il existe aujourd'hui : ce qui est, selon moi, d'une grande considération.

Mais plus je sens l'utilité de cette sage et désirable réforme, plus je crains qu'en manquant de prendre une

L

A M. NECKER

Paris, le 18 juillet 1780.

Monsieur,

Vous avez fait à mon égard un acte de justice, et vous l'avez fait avec grâce : ce qui m'a plus touché que la chose même. Je vous en remercie. Je puis vous devoir des remerciments plus importants sur l'indemnité que le roi a bien voulu me faire offrir pour les pertes énormes que m'a causées la campagne d'Estaing. Si quelques éclaircissements peuvent hâter l'effet de la justice du roi, parlez, monsieur; mes affaires exigent que je supplie Sa Majesté de m'accorder promptement un à-compte que j'ai refusé il y a un an, parce que je n'en avais pas besoin. Le retard inouï de mes vaisseaux, et peut-être leur perte entière, rend ma sollicitation plus pressante. Je suis, de tous les sujets du roi, le moins à la charge de l'État; je n'ai demandé ni fortune, ni honneurs, ni emploi, ni traitement, et je n'ai jamais désiré d'autre récompense de mes travaux que de n'être jugé sur rien sans être entendu : jusqu'à présent j'ai obtenu des ministres du roi ce premier des biens pour celui qui marche à travers une foule d'ennemis, et je me trouve heureux que leur justice m'ait toujours mis à portée de me défendre quand on m'a calomnié. Mais ce n'est point une grâce que je demande aujourd'hui, quoique je sois disposé à recevoir à ce titre la justice rigoureuse que le roi a reconnu qui m'était due. Quel que soit l'état des finances du royaume, l'à-compte que je sollicite ne peut en diminuer l'aisance, ni en accroître la gêne; car de ce que mes vaisseaux ont fait à mes dépens, on en eût payé à leur place qui eussent coûté au roi plus que je ne lui demande.

Je vous porterai l'état de la mise-hors de cette flotte aujourd'hui presque anéantie, et je prendrai tous les tempéraments qui conviendront à Sa Majesté, si je le puis sans périr. Je vous remercie de nouveau des cent mille francs *Nassau* que vous m'avez remis avant l'époque; et je suis, en attendant le rendez-vous, avec une reconnaissance aussi franche que respectueuse,

Monsieur, etc.

LI

A M. LE COMTE DE MAUREPAS

Paris, le 21 juillet 1780.

Monsieur le comte,

En faisant monter la fortune de Marmontel à quinze mille livres de rente, on vous en impose de plus de moitié : personne ne la connaît mieux que moi. L'état juste est entre les mains de M. le cardinal de Rohan; et il y a tout mis, jusqu'à une rente viagère de cinq cent quarante livres sur M. le duc d'Orléans. Sa fortune ne se monte en tout qu'à six mille sept cents livres, dans lesquelles sont compris deux produits très-précaires : seize cents livres sur la Comédie italienne, qui vont se réduire à rien parce que ses pièces sont usées; et trois mille livres sur *le Mercure*, qui a déjà fait banqueroute il y a deux ans. D'ailleurs, quand sa fortune serait égale à celle de son concurrent, ses titres littéraires sont bien plus forts; et quand ses titres seraient égaux à ceux de l'autre, sa médiocre fortune et son état de père méritent d'être mis en balance et peut-être de l'emporter.

Mais il y a ici une considération qui mérite plus encore de vous être offerte. Pour quelque demandeur que votre bienveillance se tourne, n'oubliez pas, je vous en conjure, que si messieurs les premiers gentilshommes de la chambre se mettent à la tête de la sollicitation, et que si le brevet est remis à aucun d'eux pour le transmettre au plus heureux, de ce moment se regardant comme les protecteurs des académiciens, ils vont asservir l'Académie, comme ils ont asservi la Comédie. Alors tout deviendra bas, servile, rampant dans un corps qui ne peut conserver un peu de dignité que par sa dépendance immédiate du roi et des ministres. Faites que le favorisé reçoive la grâce du roi sans intermédiaire.

Personne ne sait mieux que vous qu'on se fait des droits de tout à la cour, et que la Comédie est trop mal administrée pour qu'on étende l'influence de ses chefs jusque sur l'Académie.

La première partie de ma lettre est offerte à l'homme généreux; la seconde au ministre éclairé, pour lequel je porte le plus vif sentiment jusqu'où le plus profond respect me permet de l'étendre.

LII

AU MÊME

Paris, le 16 septembre 1780.

Monsieur le comte,

J'ai l'honneur de vous adresser le Mémoire qui doit nous aider à sanctifier les caresses de deux tourtereaux qui courent le monde. Vous jugez si cela presse. Le dégoût suit souvent de si près cette espèce de bonheur, que je crains pour le divorce avant l'hymen, si l'hymen ne se hâte pas d'arriver avant le divorce.

J'ai eu hier la plus satisfaisante des conversations avec M. le Noir, au sujet du spectacle français. Il vous certifiera demain qu'il est parfaitement de l'avis des génies sages qui croient qu'un second théâtre décent serait très-utile à la capitale. Il est bien loin de prendre aucun intérêt à la foule de tréteaux dont les boulevards se remplissent. On vous dira peut-être que je vais séduisant tout le monde, parce que le maréchal de Richelieu, qui s'y opposait, se trouve aujourd'hui de mon avis. Mais, monsieur le comte, ne faudrait-il pas renoncer à la raison, qui est toujours si froide et souvent si sévère, si elle ne servait pas quelquefois à faire adopter des idées et des plans utiles? Je tâche d'avoir raison, et de bien simplifier mes idées en les offrant; voilà tout mon secret. Il arrive que sur cent personnes j'en acquiers quatre ou cinq. Il n'y a pas là de quoi se vanter. Puissiez-vous être du petit nombre de ceux qui pensent comme nous! Le théâtre français vous devra sa restauration entière.

Après vous avoir parlé comme auteur dramatique, permettez-moi de prendre ma casaque de porteur d'eau pour vous demander une nouvelle grâce.

Je suis, ainsi que M. le Noir, un des actionnaires de la pompe à feu de Perrier, qui doit donner tant d'eau à la ville, qui en a si peu; plus cet établissement est utile, plus vous sentez qu'il est traversé.

M. le Noir vous dira demain que le plus misérable incident peut retarder de plus d'un an le premier effet de cette salutaire machine *ignée-aquatique*.

La faveur dont nous avons besoin en ce moment serait que M. le garde des sceaux voulût bien écrire à M. le président de vacation de ne rien prononcer sur l'affaire des entrepreneurs de la machine à feu contre la commune de Chaillot, jusqu'à ce qu'il lui en ait parlé lui-même. Cela donnera le temps de remettre un Mémoire à M. le garde des sceaux et à vous, monsieur le comte, qui, en vous instruisant de la contestation, excitera votre bienveillance en faveur d'un si utile établissement, qui ne coûte pas un sou à l'État.

Mon respectueux dévouement est inaltérable.

Le petit mot de M. le garde des sceaux, s'il l'accorde, doit parvenir au président de vacation avant mercredi matin; M. le Noir vous en expliquera toute l'importance.

Monsieur le comte,

Votre, etc.

LIII

A M. DE LA FERTÉ, INTENDANT DES MENUS.

Paris, le 16 mars 1782.

Lorsqu'on fait une recommandation, monsieur, à un homme aussi éclairé que vous l'êtes, en faveur de quelqu'un, il faut la motiver de façon qu'il puisse reconnaître qu'on ne cherche pas à l'intéresser pour un objet de pure fantaisie. C'est ce que je vais tâcher de faire en vous recommandant mademoiselle Méliancourt, dont j'ai déjà beaucoup parlé à M. le maréchal de Richelieu.

Ce que tout le monde voit fort bien en elle est une figure agréable et la plus charmante voix; mais ce qui ne frappe pas autant la multitude est son grand talent musical, fruit d'une longue étude et de l'excellente éducation qu'elle a reçue. Ce seul avantage devrait lui mériter toutes sortes de préférences pour un théâtre où, forcé de jouer la comédie en chantant, l'acteur le plus musicien sera toujours celui dont le talent comique se développera le plus tôt, parce que l'idiome musical dont il se sert ne l'embarrassera jamais. Aussi, lorsque je vois un acteur ou une actrice gauche au Théâtre-Italien, je dis: Ou c'est une bête incurable, ou c'est un sujet qui n'a point de musique. On ne fait pas assez d'attention à cela.

Quelques personnes ont dit que mademoiselle Méliancourt avait peu de voix, et moi, toutes les fois que je l'ai entendue, je lui ai fort recommandé de ne pas gâter son superbe organe en le forçant, comme on ne fait que trop au Théâtre-Italien de Paris. Il n'y a pas dans toute l'Italie une cantatrice qui donne la moitié de la voix de mademoiselle Méliancourt; mais comme elles sont musiciennes, elles se rendent maîtresses de l'orchestre et ne souffrent pas que l'accompagnement les couvre. C'est ce qu'elle doit obtenir de l'orchestre de Paris; alors on verra que c'est une des voix les plus étendues qu'il y ait au théâtre. Tout ce que la nature et l'éducation peuvent donner, mademoiselle Méliancourt l'a reçu avec profusion; il ne lui manque rien que les choses que l'expérience du théâtre peut seule lui apprendre, le maintien et le débit. Je suis bien étonné qu'avec tout ce qu'il faut pour devenir si utile aux intérêts de la Comédie, MM. les comédiens italiens hésitent à son égard. Comment ne sentent-ils pas que, leur existence morale tenant beaucoup à la conduite de chacun, toutes les fois qu'ils pourront recevoir un sujet bien né et d'une conduite irréprochable, ils acquerront de nouveaux droits à l'estime des honnêtes gens? Les comédiens bien famés et qui ont du talent, à Paris, sont nos amis, vivent avec nous, et n'éprouvent aucun désagrément d'un préjugé que leur conduite efface.

Mademoiselle Méliancourt est bien née. Son père avait une très-bonne place. Devenu incapable de travailler, il trouve dans sa fille un doux soutien de sa vieillesse. Je n'emploierais pas cet argument, si je la recommandais à Des Entelles[1]. Jeune et un peu coquin, je le crois plus disposé à corrompre des jeunes filles qu'à les protéger parce qu'elles sont sages; mais à vous, qui, revenu de tout cela, voyez net dans mon raisonnement et en sentez la force, je prends la liberté de vous recommander mademoiselle Méliancourt. Je la livre à vos bons offices comme une charmante cantatrice, bien musicienne et pleine d'émulation pour devenir actrice, de plus sage, bien née et propre à faire

[1] Sous-intendant des Menus plaisirs.

honneur à tout homme éclairé qui s'en rendra le protecteur.

Que ferait-elle, monsieur, si on ne la recevait pas? Elle a tout sacrifié à sa tendresse filiale en débutant. Il n'est plus pour elle un autre état dans le monde, et l'existence de ses parents tient absolument au succès de son sacrifice. En voilà bien assez, trop pour vous. Permettez-moi d'ajouter que je partagerai sa gratitude, et que je joindrai ce nouveau sentiment au sincère attachement avec lequel vous savez que je suis, etc.

Caron de Beaumarchais.

LIV

A M. LE COMTE DE VERGENNES.

Bordeaux, le 6 octobre 1782.

Monsieur le comte,

Le désir de me rappeler à vos bontés cède souvent à mon respect pour vos grands travaux : le ministre chargé du fardeau de l'État sans doute a peu de temps à donner aux inutilités ; mais l'hommage d'un serviteur attaché peut quelquefois servir à lui montrer que son estime et sa bienveillance ne sont pas toujours semées en terre ingrate ; et, dans le pays où vous vivez, les meilleurs cœurs ont peut-être besoin de ce doux encouragement pour ne pas se dégoûter de faire du bien aux hommes.

Depuis trois mois que je parcours nos villes de commerce maritime, pour envoyer trois frégates à nos îles, et une en Virginie, j'ai vu mourir deux de mes bons amis, hommes de mérite, et qui vous aimaient et respectaient ainsi que moi : le marquis *de Voyer*, aux Ormes, et *Clonard* le père, à Rochefort. A mesure que le jeu de la vie s'avance, le tapis reste, il vrai ; mais les joueurs changent, et ce n'est pas une des moindres afflictions de la vieillesse que d'être obligé de toujours achever la partie avec d'autres que ceux qui la commencèrent avec nous.

En parcourant cette province, j'y vois au moins avec joie combien on est heureux de la savoir sous la protection immédiate de M. le comte de Vergennes : c'est un nom que je n'entends prononcer nulle part sans respect, éloge et bénédiction ; et ce qui ne serait rien à Paris, où l'espérance ouvre et ferme toutes les bouches à la louange, est un garant certain de l'opinion publique au fond des provinces éloignées.

J'ai vu les Bayonnais touchés aux larmes de la bonté que vous avez d'améliorer leur sort, qui certes n'est pas heureux. Mais que peut la volonté même d'un ministre vertueux contre l'inquiète avidité de la ferme générale? C'est ici surtout que se vérifie cette cruelle remarque échappée à votre patriotisme en ma présence : que le règne de six ans est le plus grand ennemi du règne de cent ans.

Oui, le bail des fermiers est le seul roi de France.

Dans l'affaire actuelle de la franchise de Bayonne, ils ont eu si grand soin de resserrer, circonscrire et restreindre à un seul défilé le bien que vous faites à la province, qu'enfin la géographie du fisc a mis celle de la faveur en défaut. La franchise de Bayonne sera de nul effet, ou à peu de chose près, pour le pays de labour.

Une partie absolument en friche, sur toutes nos côtes maritimes, est celle qui regarde nos matelots. Tout y est, tout s'y fait au rebours du bon sens ; la manière de s'en procurer, de les garder, de les payer, de les renvoyer, d'en recevoir du commerce et de lui en rendre, est un chef-d'œuvre d'ineptie : aussi tout va... Mais je m'arrête, ce n'est pas pour critiquer que j'écris à M. le comte de Vergennes : c'est pour lui parler seulement du bien qu'il fait, de celui qu'il peut faire, et surtout pour rappeler à votre souvenir le désintéressé, l'inviolable et très-respectueux attachement avec lequel je suis

Votre, etc.

LV

AU MÊME.

Bordeaux, le 19 novembre 1782.

Monsieur le comte,

Un moment de votre attention sur le détail qui suit ne sera pas tout à fait temps perdu. J'aime à marcher devant vous comme David allait devant le Seigneur, avec un esprit droit et un cœur pur. Je vous dois donc un compte exact et simple de ce qui s'est passé depuis dix jours à Bordeaux. Si M. le comte d'Estaing a cru faire sa cour à votre circonspection, en s'en remettant à M. de Castries du soin de vous communiquer son détail, je me fais un devoir de vous adresser le mien pour vous seul, si vous le permettez.

Averti du passage de M. le comte d'Estaing par lui-même, j'ai couru de l'autre côté de la Dordogne à sa rencontre lui offrir mes faibles services, et le prévenir que, malgré mes efforts constants pour rendre les Bordelais moins bruyants dans l'enthousiasme qu'ils lui portent, sa modestie aurait beaucoup à souffrir de la manière éclatante dont ils entendaient l'exprimer. Son premier soin a été alors de s'arrêter à Cubzac, pour n'arriver à Bordeaux qu'à nuit close ; et sa seconde précaution de ne point aller loger au gouvernement où on l'attendait, et de venir s'enfermer dans une assez vilaine chambre de l'auberge où j'en occupe une autre depuis trois mois. Son troisième soin a été de refuser toute espèce d'invitations et de fêtes dont on voulait l'accabler, et se priver même d'aller au spectacle dans la plus belle salle du monde, pour échapper aux vaines acclamations dont il n'a que trop été poursuivi dans toutes les rues que sa voiture a parcourues.

Il m'a fait l'honneur de me confier une partie de ses vues, et celui de me demander mon secours pour le succès de sa mission relative à la ville de Bordeaux. La seule annonce d'un nouvel établissement maritime aussi avantageux au commerce était sans doute un motif assez puissant pour exciter l'émulation générale ; mais sans l'enthousiasme que je voyais pour M. le comte d'Estaing, il n'y aurait eu, selon moi, nul succès à prétendre : mais cet enthousiasme, bien que fragile, est un assez bon instrument dans les mains de ceux qui savent en tirer parti.

Au lieu donc de le laisser s'user en violons, petits pâtés, bouteilles de vin, pétards et girandoles allumées, comme on le prétendait, j'ai pensé que, profitant de la première chaleur, on pourrait la diriger vers un objet plus utile à la chose publique ; et, passant subitement de cette idée à son exécution rapide, j'ai proposé, à tous les négociants que j'ai pu rassembler chez moi, d'ouvrir une souscription d'un million, et d'offrir cette somme en crédit généreux à M. le comte d'Estaing pour hâter le succès de sa grande réforme, en le laissant maître de régler avec le ministre du roi la forme et le terme du remboursement.

J'ai libellé l'hommage qui précédait les signatures ; et pour que tous les gens aisés y pussent concourir sans se gêner, et que la souscription se remplît avec facilité, je n'ai osé signer moi-même que pour une somme de douze mille livres. Tout ceux que je tenais sous ma main ont suivi cet exemple à peu près, et la souscription a commencé à trotter par la ville avec nos signatures.

Pendant ce temps M. le comte d'Estaing assemblait, non la chambre du commerce, mais le commerce entier ; car une fatalité barbare et théologique éloigne les plus fortes maisons et les négociants les plus éclairés de l'accès de la chambre : elle ne représente réellement à Bordeaux que quelques maisons catholiques ; et l'opération de M. le comte d'Estaing exigeait le concours d'un patriotisme universel. Il a donc très-bien senti la différence qu'il y avait entre parler *à la place* du commerce (comme la lettre du roi le porte), et ne s'adresser qu'à la seule *chambre du commerce*, qui lui eût soufflé plus des trois quarts de la bonne volonté générale, ainsi qu'on l'a vu lorsqu'il s'est agi de la souscription du don gratuit d'un simple vaisseau de ligne, lequel s'est réduit par les tripotages de la chambre, à un impôt dont chaque négociant supporte le moins qu'il peut, et qui pèse uniquement sur les propriétaires et consommateurs.

M. le comte d'Estaing s'est donc appliqué à bien faire sentir aux négociants assemblés l'honneur que le commerce recevait de la lettre du roi, et l'avantage immense qu'il tirerait de la formation du nouveau corps maritime. Il a demandé six députés pour dresser avec lui les préliminaires de l'établissement d'un comité permanent, qui fut chargé de l'examen et de la présentation de tous les capitaines qui s'offriraient pour entrer dans le nouveau corps.

A ce premier travail il a fallu débattre longtemps la question de former le comité d'autant de membres étrangers à la chambre du commerce que l'on en tirerait de son sein. Messieurs de la chambre voulaient être seuls nommés, ou ne pas être du comité, ou qu'on en fît deux séparés : c'était ramener la division, les questions oiseuses et théologiques, ou bien prononcer l'exclusion des deux tiers du commerce : bref, c'était ne rien faire.

M. le comte d'Estaing a forcé les répugnances, en nommant lui-même trois négociants protestants, en exigeant leur réunion absolue au comité à trois membres de la chambre : tous les six ont choisi un septième pour les départager en cas de diversité d'avis. Ce n'a pas été sans peine que ce point si important au bien du commerce a été enlevé.

La forme de l'examen, la teneur du certificat, les avantages offerts aux nouveaux officiers, l'uniforme même, ont été réglés sur-le-champ. Les sept commissaires ont tous signé conjointement avec M. le comte d'Estaing ; et, pressé qu'il était de partir, il n'en a pas moins emporté avec lui l'état de la souscription d'un crédit ouvert seulement depuis douze heures, et qui montait déjà à cent mille écus. On y a joint l'état d'une autre souscription gratuite en faveur des matelots dont M. d'Estaing sera content, laquelle a été substituée, par un autre petit moyen de persuasion, aux fêtes que le commerce voulait donner à ce général. A son départ, cette seconde souscription montait à plus de soixante mille livres.

M. le comte d'Estaing est parti, en daignant me prier de veiller à la suite de tout ce qui n'a pu être qu'ébauché en aussi peu de temps : mais quand le feu central s'éloigne, que le soleil se couche, quelle chaleur peut communiquer une faible planète ? Tout s'est refroidi au départ du général : les réflexions, les observations, les divisions, les critiques, les haines et les débats sont venus en foule ; et j'ai beaucoup à souffrir, à cause de la part que je semblais avoir prise à la formation d'un comité mixte, et surtout à la marche brusque et rapide des souscriptions.

Mais moi, qui sais bien qu'il ne se fait rien de bon qu'en osant marcher à travers les épines, et qu'on ne franchirait aucun marais si l'on craignait les cris des grenouilles, je continue de travailler sans relâche, assistant à tous les comités, expliquant tout ce qui peut être obscur dans les premiers travaux, faisant faire les modèles d'uniforme, les mettant sous les yeux de monseigneur le comte d'Artois, à son passage, et engageant ce prince à réchauffer le commerce par des éloges publics, que je voudrais qu'il méritât réellement. Tel est l'état des choses.

En général, le zèle des protestants a tout fait ; la basse jalousie des autres a tout gâté, tout divisé. Mais si tout n'est pas bien, monsieur le comte, tout n'est pas mal non plus ; et, en mettant du coton dans mes oreilles, je ne désespère pas de porter la souscription du crédit à six cent mille livres, et d'envoyer à M. d'Estaing (avant son départ de Cadix) seize ou dix-huit excellents sujets.

Pour récompense, à la vérité, je partirai de Bordeaux avec le joli renom d'être arrivé en cette ville pour m'emparer des esprits, y forcer les volontés ; un homme à qui la cour fournit tout l'argent qu'il pro=

digue aux souscriptions qu'il ouvre; un charlatan enfin, qui, bien que catholique, est l'ami secret des protestants, et voudrait gâter l'orthodoxie de la chambre en y introduisant des hérétiques, etc., etc., quatre pages d'etc. et de bêtises! Je vous sauve l'ennui du reste.

Agréez seulement, monsieur le comte, l'hommage de mon zèle pour le bien public; il vous est dû à vous qui en êtes dévoré, qui le servez sans relâche à travers l'intrigue et les obstacles, et qui vous occupez d'une bonne paix au milieu de la plus mauvaise guerre.

Agréez aussi l'assurance de l'inviolable et très-respectueux dévouement avec lequel je suis,

Monsieur le comte,
       Votre, etc.

LVI

AU LIEUTENANT DE POLICE.

— FIN 1782. —

Monsieur,

Je me suis présenté hier chez M. le garde des sceaux, que vous m'aviez promis de prévenir; il a refusé de me recevoir. Je vous demande pardon de revenir encore une fois sur un objet frivole; mais M. le prince Yousoupoff, premier chambellan du grand-duc, sort de chez moi. Il m'a renouvelé la demande de mon manuscrit, pour que M. le comte du Nord le porte à l'impératrice. Il m'est impossible de l'envoyer sans que la pièce ait été jouée, car une comédie n'est vraiment achevée qu'après la première représentation. Depuis que la pièce est censurée, j'y ai fait de grands changements. Elle a eu le bonheur de plaire au couple auguste de nos illustres voyageurs. Depuis, je l'ai fait passer par une coupelle plus austère encore, car j'en ai fait une lecture chez madame la maréchale de Richelieu, devant des évêques et archevêques qui, après s'en être infiniment amusés, m'ont fait l'honneur d'assurer qu'ils publieraient qu'il n'y avait pas un mot dont les bonnes mœurs pussent être blessées.

M. le garde des sceaux me fermant sa porte, monsieur, je ne puis m'adresser qu'à vous, qui êtes à la tête de la police des spectacles.

M. le grand-duc et madame la grande-duchesse montrent un désir si public de voir représenter l'ouvrage, ils l'ont dit à tant de monde, qu'il n'y a plus moyen de faire semblant de l'ignorer; ce refus peut finir par avoir quelque chose de très-désobligeant, et quant à moi, cela ressemble si fort à une persécution personnelle, que je vous supplie de vouloir bien me dire enfin le mot de l'énigme, si vous le savez. J'ose croire qu'aucun citoyen ne mérite moins que moi d'éprouver ce traitement.

Les comédiens à qui on a fait demander l'ouvrage, à qui le public, dont la *plus saine partie* le connaît, fait de vives instances pour qu'on le joue, m'ont écrit que le tour de la pièce est venu, et me la demandent avec empressement.

Je vous prie en grâce, monsieur, en votre qualité de magistrat, de m'indiquer ce que je dois répondre à M. le grand-duc, qui sait fort bien que ma pièce n'est pas immorale, et à son auguste mère, qui la veut avoir très-promptement. Je joins ici la lettre en original de son grand chambellan, que vous voudrez bien me rendre. Si la première censure ne suffit pas, monsieur, ayez la bonté de m'en nommer une deuxième, une troisième : *le Barbier de Séville* en eut quatre de suite, car tout est bizarre dans ce qui m'arrive. Mais observez que M. le garde des sceaux repart ce soir pour la campagne, et que si vous n'avez pas sa permission aujourd'hui, il y aura huit jours de perdus encore au moins, et que M. le grand-duc n'en a que quinze à rester ici. J'ai dit à son chambellan que j'allais vous écrire de nouveau : je le fais.

J'aurai l'honneur de vous aller renouveler demain l'assurance du respectueux attachement avec lequel je suis, Monsieur, etc.,

      Caron de Beaumarchais.

LVII

AU MÊME.

27 novembre 1783.

Monsieur,

Si la multitude de vos occupations vous permettait de vous rappeler que j'en ai beaucoup moi-même, et que depuis trois mois j'ai fait cinquante fois le chemin du Marais à votre hôtel sans avoir pu vous parler plus de cinq fois, pour obtenir la chose la plus simple, — une décision sur un ouvrage frivole, — vous auriez peut-être compassion du rôle pitoyable qu'on me force à jouer dans cette comédie. Si ce sont des dégoûts qu'on vous prie de me donner, je les ai bus jusqu'à la lie; s'il s'agit d'une proscription absolue de tout ce qui sort de ma plume, pourquoi me faire attendre cet arrêt et me refuser tout moyen de savoir à quoi m'en tenir? Je vous supplie, monsieur, de vouloir bien me remettre mon manuscrit; cette bagatelle n'est devenue importante pour moi que par l'acharnement qu'on a eu de m'en faire un tort public, sans vouloir permettre que le public en jugeât lui-même.

Je ne doute pas, monsieur, que vous, qui ne m'avez montré que de la bienveillance, n'ayez quelques regrets des désagréments qu'on vous oblige sans doute à me donner; mais il est temps qu'ils finissent. Jamais affaire grave ne m'a causé tant de tracas que la plus folle rêverie de mon bonnet de nuit, qui est cette pièce. Le public de province et de Paris m'accable de lettres auxquelles je ne sais que répondre; je ne sais que dire aux comédiens qui me pressent et me reprochent une négligence que je n'ai point. Je vous supplie de me permettre de vous voir ce soir, à la sortie de la Caisse d'escompte, et, en retirant de vos mains cet ouvrage proscrit pour le rendre à mon portefeuille, de vous assurer du très-respectueux dévouement avec lequel je suis, etc.,

CARON DE BEAUMARCHAIS.

LVIII

AU ROI.

1784.

L'auteur du *Mariage de Figaro*, désolé des impressions qu'on a cherché à donner à Votre Majesté contre un ouvrage qu'il avait destiné à l'amusement de la reine et au vôtre, Sire, a demandé toujours de nouveaux censeurs à M. le Noir, chaque fois qu'il s'est agi de mettre cet ouvrage au théâtre, afin d'opposer plusieurs approbations successives à toutes les imputations calomnieuses qu'on faisait à sa pièce : trois censeurs l'ont approuvée, et la réclament pour le théâtre.

Voulant justifier de plus en plus un ouvrage aussi injustement attaqué, l'auteur a supplié M. le baron de Breteuil de vouloir bien former une espèce de tribunal composé d'académiciens français, de censeurs, de gens de lettres, d'hommes du monde, et de personnes de la cour aussi justes qu'éclairées[1], qui discuteraient en présence de ce ministre le principe, le fond, la forme et la diction de cette pièce, scène par scène, phrase par phrase, et mot par mot. M. le baron de Breteuil, qui a daigné assister à ce dernier examen rigoureux, peut rendre compte à Votre Majesté de la docilité avec laquelle l'auteur, après avoir subi, sans se plaindre, toutes les corrections qu'il avait plu aux trois censeurs faire à sa pièce avant de l'approuver, a retranché de nouveau jusqu'aux moindres mots dont ce tribunal de décence et de goût a cru devoir exiger la suppression.

L'auteur a, de plus, prouvé à l'assemblée que sa pièce était tellement dans les grands et vrais principes du théâtre comique, qu'il faudrait aujourd'hui proscrire du spectacle plus de soixante pièces qui en font la gloire et le plaisir, si l'on s'opposait aux représentations de la sienne, plus remplie de saine critique et de vraie moralité qu'aucune de celles de ce genre qui se jouent aux Français.

L'ouvrage étant en cet état, l'auteur se joint aux acteurs pour supplier Votre Majesté d'en permettre la représentation.

Depuis longtemps les comédiens français sont privés d'ouvrages qui leur donnent de grandes recettes; ils souffrent : et l'excessive curiosité du public sur *le Mariage de Figaro* semble leur promettre un heureux succès. Cependant l'auteur désire que la première représentation de cet ouvrage, qui attirera un grand concours, soit donnée au profit des pauvres de la capitale.

DE VOTRE MAJESTÉ,

Le, etc.

LIX

A M. PRÉVILLE.

Paris, le 31 mars 1784.

Nous nous sommes trompés tous les deux, mon vieil ami. Je tremblais que vous ne quittassiez le théâtre à Pâques, et vous, vous étiez dans l'opinion que *le Mariage de Figaro* ne pourrait pas se jouer.

Mais il ne faut jamais désespérer de garder un acteur que le public adore, ni de voir vaincre un auteur courageux qui croit avoir raison, et que l'on ne dégoûte pas par les dégoûts. J'ai, mon vieil ami, le *bon* du roi, le *bon* du ministre, le *bon* du lieutenant de police; il ne nous manque plus que le vôtre pour voir un beau tapage à la rentrée. Allons, mon ami, c'est bien peu de chose que ma pièce; mais la voir au théâtre est le fruit de quatre ans de combats; voilà ce qui m'y attache. Quel mal ils ont fait, ces méchants! Deux ans plus tôt, mon ami Préville aurait assuré le succès de mes cinq actes; aujourd'hui le charme qu'il répandra sur un moindre rôle fera bien regretter qu'il ne joue pas le premier.

On me conseille l'étude et la répétition sans éclat, et nous sommes convenus d'agir, mais sans rien dire. Dazincourt et Laporte se sont chargés d'écrire à tout le monde en recommandant le silence, afin que notre bonne fortune ne finisse pas encore une fois par en devenir une de capucin.

Je vous salue, vous honore et vous aime.

BEAUMARCHAIS.

LX

ÉPITRE DÉDICATOIRE

AUX PERSONNES TROMPÉES SUR MA PIÈCE, ET QUI N'ONT PAS VOULU LA VOIR.

1784.

O vous, que je ne nommerai point, cœurs généreux, esprits justes, à qui l'on a donné des préventions contre un ouvrage réfléchi, beaucoup plus gai qu'il n'est frivole; soit que vous l'acceptiez ou non, je vous en fais l'hommage, et c'est tromper l'envie dans une de ses mesures. Si le hasard vous le fait lire, il la trompera dans une autre, en vous montrant quelle confiance est due à tant de rapports qu'on vous fait!

---

[1] Les personnes présentes à cette réunion étaient Le Noir, Miromesnil, Gaillard le censeur, Chamfort, Rulhière et le baron de Breteuil.

Un objet de pur agrément peut s'élever encore à l'honneur d'un plus grand mérite; c'est de vous rappeler cette vérité de tous les temps : Qu'on connaît mal les hommes et les ouvrages, quand on les juge sur la foi d'autrui; que les personnes surtout dont l'opinion est d'un grand poids s'exposent à glacer, sans le vouloir, ce qu'il fallait encourager, lorsqu'elles négligent de prendre pour base de leur jugement le seul conseil qui soit bien pur, celui de leurs propres lumières.

Ma résignation égale mon profond respect.

L'AUTEUR.

LXI

A MADAME MONTANSIER.

Paris, le 19 mai 1784.

Je retrouve en vous, madame, ce que j'ai toujours remarqué chez les directeurs de troupes, ou dans les républiques de comédiens, qu'ils aiment leurs intérêts et ne les entendent guère.

Est-ce bien sérieusement que vous me demandez les moyens de faire jouer promptement *le Mariage de Figaro* sur le théâtre de Versailles? *Des personnes de très-bonne famille*, dites-vous, *désirent l'y voir au plus tôt*. Mais comment ignorez-vous que des dames, de meilleure famille encore que celles que vous voudriez satisfaire, ont proscrit ce misérable ouvrage, et que, cédant à des insinuations trompeuses, elles ont donné des marques d'une disgrâce ouverte au Théâtre-Français, en refusant d'y voir représenter ma pièce?

Je me garderai donc, moi qui suis bien instruit, de porter le manque de respect au point de laisser étendre et s'établir jusqu'au pied de leur palais les éclats insensés d'un succès que je désavoue, puisqu'il a le malheur de déplaire.

C'est déjà trop pour moi d'avoir privé le Théâtre-Français de leur présence auguste, sans que j'aille écraser votre spectacle en les éloignant d'un théâtre dont elles se sont montrées protectrices.

Je dois trop, d'ailleurs, au zèle des comédiens de la reine et du roi, lesquels jouent ma pièce beaucoup mieux peut-être que la comédie ne l'a été depuis trente ans, et je les vois trop affectés de la disgrâce que je leur cause, pour que j'abandonne à d'autres comédiens l'honneur de détruire un jour une prévention aussi fâcheuse.

Ils ne sont que trop découragés. La cour entière est contre vous, répètent-ils avec chagrin. — Heureusement, leur dis-je, mes bons amis, le roi n'est pas de cette cour-là. La reine elle-même est trop juste pour être arrêtée longtemps par des clameurs aussi frivoles. Les courtisans, ayant vu quelquefois les citadins punir les succès dramatiques obtenus à la cour par le blâme d'un moment, usent aujourd'hui de représailles, et croient bien venger leur injure en dénigrant le fol ouvrage qui réussit trop à Paris.

Qu'ils continuent donc, s'ils peuvent, à tromper la reine, comme ils avaient réussi à tromper le roi, sur le véritable objet d'un ouvrage.

De qui la coupable gaieté
Va poussant même la licence
Jusqu'à dire la vérité.

Tout cela, dis-je, mes amis, n'est qu'un jeu puéril de l'amour-propre, et qui ne fait rien, avec le temps, au jugement porté sur les ouvrages du théâtre.

De tout cela, madame, il résulte que je ne puis laisser prendre aucun rôle d'avance à la Comédie-Française; et que, donnant à la verte intrigue le temps de mûrir et de tomber, je ne dois même imprimer *la Folle Journée* que quand les opinions considérables de la cour se réuniront aux opinions considérées de la ville pour adopter ou rejeter *le Mariage de Figaro*.

J'ai l'honneur d'être, madame, votre, etc.

LXII

A M. PUJOS.

Paris, ce 11 juin 1784.

Ma prétendue célébrité, monsieur, n'est que du tapage autour de moi, beaucoup d'ennemis, encore plus de courage, et des succès trop disputés pour que la belle gravure qui me représenterait ne parût pas déplacée parmi celle des hommes justement célèbres dont vous portez les traits à la postérité.

Voilà, monsieur, ce que j'ai dit à M. de Saint-Ange; à quoi j'ai ajouté que j'espérais vous posséder un jour à dîner avec plusieurs autres grands maîtres, pour raisonner sur la médaille que je me suis promis de décerner au grand Voltaire.

Lorsque M. Cochin vint m'enlever de profil en 1773, ce fut à titre d'homme malheureux, injustement persécuté, dont le courage pouvait servir de leçon, que je me laissai faire; et je lui serrai la main en m'enfuyant à Londres. Il y avait alors une espèce de moralité dans son crayon : on ne verrait aujourd'hui dans le vôtre qu'une sotte vanité de ma part; et la rage envenimée qui me poursuit ne manquerait pas de m'en faire un nouveau tort, si j'acceptais votre offre honorable. Recevez donc mes actions de grâces, et faites-moi la justice de me croire, avec la plus douce reconnaissance de votre aimable prédilection, monsieur, votre, etc.

LXIII

A M. LE PRÉSIDENT DUPATY.

1784.

Je n'ai nulle considération, monsieur le président, pour des femmes qui se permettent de voir un spectacle qu'elles jugent malhonnête, pourvu qu'elles le voient en secret. Je ne me prête point à de pareilles antaisies. J'ai donné ma pièce au public, pour l'amuser et pour l'instruire, non pour offrir à des bégueules mitigées le plaisir d'en aller penser du bien en petite loge, à condition d'en dire du mal en société. Les plaisirs du vice et les honneurs de la vertu, telle est la pruderie du siècle.

Ma pièce n'est point un ouvrage équivoque; il faut l'avouer ou le fuir.

Je vous salue et je garde ma loge.

BEAUMARCHAIS.

LXIV

AUX AUTEURS DU JOURNAL DE PARIS.

Du 12 août 1784.

MESSIEURS,

Je suis forcé de mettre au jour le plan de bienfaisance annoncé par moi dans votre feuille du 4 août, avant même que j'aie pu rassembler toutes les notions qui lui donneront de la consistance :

Parce que je ne puis trop tôt détromper les personnes malheureuses à qui ma lettre a fait prendre le change sur mes idées, mon crédit et mes moyens ;

Parce que je n'ai pas assez de temps pour répondre aux trois ou quatre cents lettres que le journal m'a attirées : je supplie leurs auteurs de trouver bon que celle-ci m'acquitte envers eux, et je le dis avec vérité, sur un objet auquel je n'ai eu part qu'incidemment. Je suis aussi loin de mériter les éloges qu'on m'a donnés, que les injures qui m'ont été écrites.

Quoi qu'il en soit, voici mon plan, dont la douce utilité peut échauffer des personnes assez puissantes pour lui donner une étendue sans laquelle il n'est presque rien.

Ce qui m'en a fourni l'idée mérite d'être rapporté.

Un homme de qualité, philosophe sensible, dissertant un jour avec moi sur la mendicité, dont on s'est toujours moins occupé que des mendiants, me dit : Enseignez-moi le moyen d'employer en charités douze mille francs, bien noblement. — Si ce n'est pas *utilement* que vous entendez par ce mot, je me vois hors d'état de diriger vos vues. — Oui, c'est utilement, dit-il, mais d'une utilité plus étendue que ne peut l'être un don individuel. — J'entends : vous voulez un emploi d'argent qui puisse devenir l'aiguillon, l'encouragement d'un bien généralement adopté : cela n'est pas aisé, mais j'y réfléchirai.

Voici, messieurs, ce qui m'est venu dans l'esprit, et m'a déjà valu deux souscripteurs, car je l'ai dit à deux personnes.

On applique avec jugement un don de bienfaisance, lorsqu'on arrache à la prison les malheureux qu'on y retient, faute de payer les mois de leurs enfants. En épousant une fille capable de gagner vingt sous, l'ouvrier qui en gagne quarante a calculé qu'ils pourraient vivre ; mais au bout d'un an ils sont trois ; un an après, les voilà quatre : ici les moyens deviennent courts, en ce que la charge s'est accrue.

Quelqu'un a dit bien sensément : La charité serait mieux faite, si l'on prévenait l'emprisonnement au lieu de le faire cesser.

En comptant les jours qu'ils y perdent, les frais d'entrée et de sortie, et ceux d'huissier qui les précèdent, on ferait plus de bien, sous cette forme, avec soixante francs, qu'on n'en obtient sous l'autre avec quarante écus. Et moi, je vais plus loin ; je dis :

Un des plus grands travaux du magistrat de la police est de faire venir de cinquante lieues des femmes et des mères pauvres, pour enlever et nourrir des enfants d'autres pauvres. Et pourquoi cette subversion si fatale aux enfants qui naissent? N'oublions jamais, s'il se peut, qu'il n'y a pas de sein tari sans qu'on trouve un enfant qui souffre ; que le déplacement d'un nourrisson nécessite l'abandon d'un autre : et la chaîne fût-elle de vingt nouveau-nés déplacés, dès que le premier n'a plus de mère, il faut que le dernier périsse. On en raisonnerait cent ans, sans pouvoir se tirer de là.

Rendons son cours à la nature : on a trop dit que le lait des pauvres femmes de Paris ne vaut rien ; qu'elles ne sont pas logées pour nourrir ; que, forcées de gagner leur vie, leurs fruits périraient faute de soin. Quiconque a vu le quartier des Juifs à Amsterdam sent la futilité de ces redites. Les rues les plus étroites, les maisons les plus hautes pullulent d'enfants entassés ; les femmes y travaillent comme ici : *le lait des mères supplée à tout, rien ne supplée au lait des mères*; et voilà où j'en veux venir.

Je propose un institut de bienfaisance vers lequel toute femme reconnue pauvre, inscrite à sa paroisse, puisse venir, son enfant au sein, avec l'attestation du curé, nous dire : Je suis mère et nourrice ; je gagnais vingt sous par jour, mon enfant m'en fait perdre douze.

Vingt sous par jour font trente livres par mois : offrons à cette nourrice neuf francs de charité ; les neuf livres que son mari ne donne plus à l'étrangère, en voilà dix-huit de rentrés. La mère aura bien peu de courage si elle ne gagne pas huit sous par jour en allaitant : voilà les trente livres retrouvées.

Mais où est donc le bénéfice? Sur cent pauvres enfants qui naissent, le nourrissage étranger en emporte soixante ; le maternel en conservera quatre-vingt-dix. Chaque mère aura nourri son fils ; le père n'ira plus en prison, ses travaux ne cesseront plus. Les femmes des pauvres seront moins libertines, plus attachées à leurs ménages ; peu à peu on se fera une honte d'envoyer au loin ses enfants ; la nature, les mœurs, la patrie y gagneront également : soldats, ouvriers et matelots en sortiront de toutes parts. On ne fera pas plus d'enfants ; il s'en élèvera davantage. Voilà le mot, il est bien important.

Si ce digne établissement a lieu, j'ai trente mille francs d'assurés. C'est bien peu pour une aussi grande chose ; mais que l'on dirige vers nous des charités bien entendues, de ce faible ruisseau d'argent vont sortir des fleuves de lait, des foules de vigoureux nourrissons.

Je plaide pour les mères-nourrices : que d'enfants, que d'hommes perdus, pour avoir séparé ces deux noms! Les réunir est mon objet; c'est celui de mon noble ami, de quelques autres généreux commettants.

Et moi donc, n'y mettrai-je rien? Quand je devrais être encore traité d'homme vain, d'ignorant, de méchant et de sot auteur, j'y mettrai tout mon *Figaro*; c'est de l'argent qui m'appartient, que j'ai gagné par mon labeur à travers des torrents d'injures imprimées ou épistolaires. Or, quand les comédiens auront deux cent mille francs, mes nourrices en auront vingt-huit; avec les trente de mes amis, voilà un régiment de marmots empâtés du lait maternel. Tout cela paye bien des outrages; mais n'oublions pas que ces premiers secours ne sont rien, si un peu de chaleur française ne vient soutenir notre essai. Que ma douce et libre convention s'établisse entre les deux classes d'hommes qui embrassent la masse des richesses, ceux qui donnent les places et ceux qui les postulent.

En effet, quel homme en crédit, ou quel ministre bienfaisant (et la vraie grandeur l'est toujours), n'accueillera pas une demande équitable avec plus de faveur qu'une autre, s'il voit à la fin du placet : « En cas de succès, monseigneur, cinq cents louis pour les *mères-nourrices?* »

Pourquoi la charité est-elle souvent sèche, triste et parcimonieuse? C'est qu'on en a fait un devoir. Donnons gaiement pour *le bon lait*, et nommons cela *bienfaisance*.

Et même, pour que plusieurs sortes de malheureux trouvent leur bien dans notre affaire, mes amis et moi promettons dix écus au pauvre cœur malade ou desséché qui prouvera le mieux, dans un bon libelle anonyme, qu'il y a dans notre projet un dessous de carte malhonnête qu'on découvrira quelque jour.

J'ai l'honneur d'être, etc.

Dans peu je dirai quelque chose sur la manière de recueillir et d'administrer ces secours.

---

[1] La malveillance se réveilla à cette proposition de bienfaisance; jamais elle ne voulut souffrir que Beaumarchais fût le père des pauvres dans sa ville natale. Mais une bonne idée fructifie toujours quelque part. M. de Montazet, archevêque de Lyon, l'adopta; et ce respectable prélat forma, dans cette grande ville si remplie d'ouvriers, un institut de bienfaisance en faveur des pauvres mères qui nourriraient leurs enfants; et voici quel en fut le résultat, tel que je le trouve dans le rapport suivant qui en fut publié en 1786 :

« On croit devoir annoncer ici un succès trop marqué pour qu'on puisse se flatter d'en obtenir autant chaque mois, mais qui n'en est pas moins la preuve la plus éclatante de l'excellence de l'allaitement maternel. Depuis longtemps on avait généralement reconnu que sur les enfants nourris à la campagne il en mourait au moins un quart dans la première année; or, dans tout le cours de 1786, *sur plus de cent enfants nourris par leurs mères aux frais de l'institut, il n'en est mort que* SEPT.

Pourrait-on ne pas s'intéresser à un moyen de sauver la vie de tant d'enfants, surtout quand on pense qu'indépendamment de la première année, ceux qui ont puisé dans le sein maternel une constitution plus vigoureuse se conservent mieux dans les années suivantes, sont pour toutes leur vie plus sains, et par conséquent plus heureux ? »

Ainsi une multitude d'enfants devinrent hommes, et durent la vie à Beaumarchais. Excepté M. de Montazet et les directeurs de ce pieux institut, personne ne lui en sut gré; il n'en recueillit dans son pays que des injures. On grava, il est vrai, une fort belle estampe où l'on représenta Figaro ouvrant les prisons des pères de famille, et donnant de l'argent aux mères qui allaitaient. Ce fut la seule marque de reconnaissance qu'on donna, dans Paris, à Beaumarchais pour cette idée utile.

Les pauvres le bénissaient, le public l'applaudissait, les artistes et les acteurs s'enrichissaient de ses conceptions, les mers se couvraient de ses vaisseaux, le congrès des Américains lui adressait des remerciements : et ses ennemis le faisaient calomnier, et cherchaient à irriter contre lui le roi, dont il multipliait les sujets en secourant la pauvreté des mères! (*Note de Gudin*.)

LXV

En réponse à l'ouvrage qui a pour titre : *Sur les actions de la Compagnie des Eaux de Paris*, par M. le comte de Mirabeau, avec cette épigraphe :

Pauvres gens! je les plains : car on a pour les fous
Plus de pitié que de courroux.
LA FONTAINE.

POUR LES ADMINISTRATEURS DE LA COMPAGNIE DES EAUX DE PARIS.

En recherchant quel est le but du véhément auteur auquel nous répondons, il semblerait que son projet est d'éclairer la commission créée par l'arrêt du conseil du 2 octobre dernier, pour régler les marchés à terme sur la valeur qu'on doit donner aux actions des eaux de Paris. Le nôtre à nous sera d'examiner froidement s'il est resté fidèle à cet objet, et si cette plume brillante, entièrement livrée à des joueurs connus pour avoir un grand intérêt à la baisse de ces effets, n'eût pas écrit tout le contraire, engagée dans l'autre parti.

Ô vous, pères de famille, pour qui l'auteur a l'air de s'attendrir, vous a-t-on fait accroire quelque chose? a-t-on rien imprimé sur les actions des eaux qui pût en faire monter subitement le prix? et ces mêmes joueurs, qui chargent du poids de leurs intérêts un homme aussi rempli de talent que de complaisance, n'ont-ils pas mis tout en usage pour avancer de quelques années le prix où l'on voit ces actions? S'ils essayent aujourd'hui d'en provoquer la chute, c'est parce qu'ils ont des engagements connus d'en livrer beaucoup à bas prix dans un certain terme fixé. Que si nous assignons un tel but à l'ouvrage d'un homme distingué jusqu'à ce jour comme éloquent et courageux, c'est que nous osons croire que de nobles motifs n'auraient jamais permis de décrier dans un écrit public un établissement national, fruit d'un courage infatigable, sanctionné du gouvernement, et qui, s'il n'est pas encore aussi lucratif aux actionnaires qu'on peut le démontrer pour la suite, est au moins d'une utilité publique incontestable et reconnue.

En effet, l'entreprise des eaux de Paris a un caractère qui la distingue de toutes les autres spéculations : elle est établie sur un objet de consommation indispensable, et des siècles ne verront pas l'époque où ses produits cesseront de s'accroître.

Aussi ceux qui ont spéculé sur ces principes ont-ils pu porter les actions des eaux à toute la valeur où on les a vues, sans qu'on dût les accuser de folie, comme le fait M. de Mirabeau ; et si l'on osait se permettre avec lui d'adapter une épigraphe badine à une question aussi sérieuse, n'appliquerait-on pas bien à lui, à ses amis, ces autres vers de la Fontaine :

> Maître renard, peut-être on vous croirait ;
> Mais, par malheur, vous n'avez point de queue ?

Ici la *queue* dont il s'agit, c'est quelque cent actions des eaux. Voyez comment l'écrivain fonde son généreux mépris pour elles, ses conseils de n'en point acheter, sur la feinte persuasion qu'on veut engager de malheureux pères de famille à se charger d'actions à trois mille six cents livres ; sans se rappeler que beaucoup de capitalistes, obligés par état d'en savoir au moins plus que lui, en ont acquis un grand nombre à ce prix, et ne sont point du tout curieux de s'en défaire ! Ce souvenir n'eût-il pas dû le mettre en garde contre les calculs de ces joueurs, sur lesquels nous allons prendre à notre tour la licence d'argumenter ?

Où sont, dit-il, *les comptes, les devis dressés par des experts instruits, par des hommes désintéressés ?... On a des aperçus : je les ai en horreur.* Nous qui n'avons pas autant que lui la grande horreur des *aperçus*, nous répondons qu'il n'y a point d'entreprise qui n'ait été fondée sur des *aperçus*. Encore faut-il offrir un tableau des travaux qu'on projette et des fruits qu'on espère, pour obtenir les fonds qu'on a dessein d'y employer : qu'ainsi les *aperçus* ne sont ni la *logique des sots*, ni *l'oreiller de la paresse*, ni *le germe de la présomption*, ni tant de phrases vagues et sonores dont le sens indécis s'applique à tout et ne définit rien ; mais que nos *aperçus* sont ce que l'auteur appelle en d'autres termes des *comptes* et des *devis* qu'on lui eût fait voir comme à nous, s'il était comme nous intéressé dans cette affaire.

Nous convenons sans peine et sans détour que les dépenses de l'entreprise se sont élevées au delà des premiers devis. MM. Perrier, d'accord avec la compagnie, et par des motifs dont ils ont rendu compte, ont cru devoir augmenter la proportion de leurs machines ; et s'ils n'ont pu prévoir d'avance le prix qu'on exigerait du terrain, la dépense des épuisements toujours exceptée des devis et marchés de constructions, enfin le prix des fers en Angleterre à l'époque de la guerre, et celui du fret de ces fers, doit-on leur reprocher durement cette augmentation dans la mise comme le fruit de *leur inexpérience*, de *leurs mécomptes*, de *leurs fautes* et de *leurs tâtonnements* ?

D'ailleurs il n'est pas vrai que la compagnie ait dépensé quatre millions et demi : encore faut-il soustraire, des sommes employées par elle à construire, la valeur de trois cents actions, qui a payé aux actionnaires les intérêts de leurs avances jusqu'au 31 décembre 1783.

MM. Perrier ont pris l'engagement d'élever une quantité d'eau donnée avec des machines à feu qui ne consommeraient qu'une telle quantité de charbon : ils ont tenu rigoureusement parole sur ces deux objets capitaux, qui font la base de la spéculation.

Et si la compagnie a jugé le succès du premier établissement assez démontré pour qu'elle se décidât à entreprendre ceux de l'autre bord de la rivière, comme elle a formé elle-même les lois de son entreprise, qu'elle en est législatrice et propriétaire, quel auteur de brochure pourrait lui contester le droit, en assemblée générale, de changer ou de modifier ces lois selon l'exigence des cas, et comme elle le juge à propos ?

Quittons la trace de l'auteur, laissons-le s'égarer seul et perdre de vue son objet ; car ce n'est plus sans doute aux commissaires du roi qu'il destine en forme d'instructions (*pag.* 6, 7, 8, 9 *et* 10) ses diatribes contre *l'erreur, l'intrigue et la charlatanerie* qui, dit-il, *ont succédé à la première opinion que les gens sages et les bons citoyens avaient conçue de l'affaire des eaux* ; et ses reproches d'agiotage à MM. Perrier, qu'il n'a l'air d'excuser que pour les montrer plus coupables ; et les reproches plus sévères qu'il adresse à la compagnie pour avoir modifié dans une assemblée générale ce qu'elle avait réglé dans une autre ; et sa mercuriale un peu leste aux administrateurs des Invalides et de l'École militaire, qui se prêtent, dit-il, aux vues intéressées d'une compagnie d'agioteurs, pour lui payer trop cher *la même eau qu'ils obtiennent presque sans dépense chez eux* ; et son calcul fautif sur la cherté des abonnements, la consommation des charbons ; et ce doute odieux jeté sur la bonté des eaux par les machines à feu ; et ce soin obligeant de prémunir la ville contre les traités insidieux que peut lui proposer la compagnie des eaux : tout cela s'adresse-t-il aux commissaires du roi ? Comment des marchés trop avantageux pour la compagnie, l'insalubrité de ses eaux, le surhaussement de la vente, seraient-ils des considérations à présenter aux commissaires pour obtenir la résiliation des engagements relatifs aux actions des eaux, ou pour en opérer la baisse ? En supposant ces reproches fondés, ils seraient autant de motifs pour en soutenir le haut prix. On sait bien que les gens adroits qui livrent de mauvaise marchandise avec le privilége de la vendre cher au public, ne font que de bonnes affaire. En pareil cas, ce qui détruit l'estime augmente la sécurité ; les usuriers font rarement banqueroute. On peut donc supposer, sans offenser l'auteur, qu'indépendamment du projet de faire tomber le prix des actions pour servir ses amis les joueurs, d'autres motifs de haine contre cette entreprise ont dicté la plupart de ses observations.

Mais laissons là les *aperçus*, tant ceux de l'auteur que les nôtres. Donnons les calculs positifs de nos travaux et de nos espérances.

La compagnie des eaux, qui ne force personne à s'abonner chez elle, a déjà posé quatre mille huit cent soixante toises de conduites principales en fer, et douze mille toises de conduites en bois ; elle a fondé soixante-dix-huit bouches d'eau pour laver les rues, quinze tuyaux de secours gratuits pour les incendies, et six fontaines de distribution : tel est son véritable état relativement au public.

L'eau coûte, à celui qui s'abonne pour un muid d'eau par jour, cinquante francs une fois payés, pour indemniser la compagnie de la pose du tuyau qui passe devant la maison du preneur ; plus, cinquante francs par an, pour la valeur de l'eau. Il convient d'ajouter sans doute au prix de l'abonnement l'intérêt des cinquante livres de la pose ; et comme la compagnie se fait payer l'année d'abonnement d'avance, il faut encore porter l'intérêt de cinquante francs annuels pendant six mois, ce qui compose en tout cinquante-trois livres quinze sous par muid. A l'égard de la dépense des réservoirs et des tuyaux de distribution dans l'intérieur des maisons, elle varie suivant le local et la volonté des particuliers : plusieurs des abonnés n'ont dépensé que trente francs, ils ont pris un tonneau pour réservoir, et l'ont placé près de la rue, pour épargner la longueur du tuyau de plomb qui conduit l'eau chez eux.

Lorsque la compagnie reçoit un abonnement d'un muid, indépendamment des cinquante francs qu'elle touche pour la pose des tuyaux de bois, elle partage au bout de l'année, en défalquant les frais annuels, un dividende de cinquante-trois livres quinze sous ; elle acquiert donc cinquante-trois livres quinze sous de rente, qui représentent mille soixante-quinze livres dans son actif. Le produit d'une année s'ajoute à celui de la précédente, ainsi des autres pour la suite. Voilà le fonds de l'entreprise.

Mais quand toutes les maisons de Paris seront fournies d'eau nécessaire, est-il déraisonnable de penser que, de nouveaux besoins croissant avec la facilité de les satisfaire, avec le temps, avec le bon marché, l'usage des bains deviendra plus fréquent ; qu'on multipliera les lavages ; que les boulangers se lasseront de faire le pain à l'eau de puits, presque toujours empoisonnée par l'infiltration des latrines ; qu'on sentira la différence extrême d'abreuver ses chevaux d'eau de rivière, à ces eaux crues, séléniteuses, qui les accablent de coliques et les font périr presque tous ? enfin, que l'eau deviendra pour les gens riches un objet d'aisance, de luxe et de plaisir, comme l'étendue des logements, le chauffage, les voitures; et que les particuliers qui d'abord ont souscrit pour une quantité d'eau bien stricte en voudront bientôt davantage?

Lorsque, dans le siècle dernier, une compagnie exclusive s'établit pour couler des glaces, chacun avait un petit miroir bien chétif et bien cher, dont alors on se contentait. L'entreprise fut critiquée : en acquérant dans l'origine ses actions au prix de mille écus, prévoyait-on qu'un jour on les vendrait cinq cent mille livres? C'est leur valeur après cent ans. Et quoique une glace ne soit pas un objet de nécessité première, la facilité d'en avoir, l'accoutumance, le bas prix, en ont multiplié l'usage à tel point, que les descendants du *pauvre fou* qui prit alors dans cette affaire une action de trois mille francs ont aujourd'hui pour cette action vingt mille livres de rentes effectives.

Au commencement de ce siècle, on crut qu'il serait agréable de se picoter le nez avec une poudre ammoniacale plus inutile que des glaces, moins nécessaire que de l'eau. D'abord on rit de la poussière : son premier affermage exclusif ne rendit que cinq cent mille livres; il rapporte vingt-huit millions. De nous il en sera de même ; et dans trente ans chacun rira des critiques de ce temps-ci, comme on rit aujourd'hui des critiques de ce temps-là. Quand elles étaient bien amères, on les nommait les *Philippiques* : peut-être un jour quelque mauvais plaisant coiffera-t-il celles-ci du joli nom de *Mirabelles*, venant du comte de Mirabeau, *qui mirabilia fecit*.

En demandant pardon de cette digression légère, nous revenons aux actions des eaux, et nous allons établir leurs produits, contre les principes de l'auteur.

Cet auteur n'approuve point que la compagnie donne de l'eau de Seine aux Invalides et à l'École militaire, en ce que ces maisons ont de l'eau que fournit un puits au moyen d'une machine à chevaux; plus, quelques voitures à tonneaux qui vont chercher l'eau de rivière pour le service des cuisines. Mais l'auteur ne sait pas que l'administration des Invalides dépense annuellement pour ce service ingrat la somme de dix mille cinquante-cinq livres quatorze sous neuf deniers, sans comprendre les frais de l'entretien de sa machine. La compagnie des eaux a cru se faire honneur en offrant aux hommes respectables qui administrent cet hôtel toute la quantité d'eau de rivière dont ils ont besoin, à un prix même au-dessous de ce que leur coûte l'eau de puits.

C'est la même eau, dit-il (*note de la page 9*). Pardonnez-nous, monsieur, *ce n'est point la même eau*.

L'eau de la Seine, que la machine à feu n'altère point en l'élevant, est légère, dissout le savon et cuit des légumes, ce que les eaux d'aucun puits de Paris ni des environs ne peuvent faire ; et cette considération, qui intéresse la santé des hommes, était seule assez forte pour déterminer de sages administrateurs à préférer l'eau de la compagnie, indépendamment de l'économie qu'ils y trouvent.

Mais *on a dit* à cet auteur que l'aspiration de nos pompes faisait remonter contre le courant les eaux dégorgées par le grand égout. Quoique ce ne soit qu'un ouï-dire, on voit qu'il pèse avec plaisir sur cette objection ridicule, et il prolonge complaisamment dans une note d'une page. Mais quand il ne se permettrait pas de rapprocher de plus de cinquante toises le dégorgement de l'égout, qui se fait à cent une toises au-dessous de notre aqueduc, l'allégation d'un tel mélange n'en serait pas moins une absurdité palpable qu'on rougirait de relever. Au surplus, la Société royale de médecine a fait l'analyse comparative des eaux prises au milieu de la Seine, dans le bassin où puisent les machines, dans les réservoirs sur le haut de Chaillot aux fontaines de distribution, et dans les réservoirs particuliers. Ce rapport peut être consulté, si l'on a quelques doutes sur la salubrité des eaux que fournit la compagnie : on va le mettre à la suite de cette réponse, pour la commodité du public.

Nous remarquerons, en passant, que M. de Mirabeau n'avait aucun besoin d'attaquer la qualité de l'eau des machines à feu, pour critiquer une spéculation de finance; et c'est une légèreté d'autant plus répréhensible, que si le ton tranchant de l'auteur en imposait assez au public pour faire prendre confiance en sa brochure, il pourrait inquiéter sur l'usage d'un élément de première nécessité, dont partie de Paris fait déjà sa boisson.

Passons à des objections moins frivoles, aux alarmes que feint l'auteur de voir l'administration de la ville obligée de traiter avec la compagnie des eaux pour remplir ses engagements.

La ville ne peut être contrainte de traiter avec la compagnie des eaux; mais elle peut tirer un grand parti, pour son administration et pour le service du public, de l'établissement des machines à feu. Ce moyen, quoi qu'en dise l'auteur, est le plus sûr et le plus étendu de tous. Elles s'établissent partout, se multiplient à volonté. Le seul établissement de la ville qui puisse être nommé est la pompe de *Notre-Dame*. En les comparant l'une à l'autre, il est prouvé que la machine à feu, de proportion à donner une quantité d'eau égale au produit de cette pompe, ne coûterait pas plus de chauffage et d'entretien que la seule réparation annuelle de cette ancienne machine; que l'établissement en serait beaucoup moins dispendieux; qu'elle aurait surtout l'avantage de ne point gêner la navigation, et de donner un produit d'eau constant. On sait que la pompe *Notre-Dame* cesse son mouvement dans les eaux basses et dans les gelées, et que la machine à feu de Chaillot n'a pas interrompu son service depuis son établissement, quoiqu'on ait vu des froids très-rigoureux, ou la Seine presque tarie.

A peine cette pompe de la ville élève-t-elle soixante pouces d'eau, quand nos machines à feu en donnent quinze cents : et toutes les injures de l'auteur ne peuvent empêcher de voir que la ville et ses cessionnaires feraient une affaire excellente, en s'arrangeant avec la compagnie pour qu'elle remplît tous ses engagements. Sans que personne mérite aucun reproche, uniquement par le peu d'effet de la pompe et la chétivité de son produit, au lieu de fontaines publiques répandant l'eau et rafraîchissant l'air, on n'en trouve partout que le simulacre immobile; des mascarons bien altérés, bouche béante, et qui ne versent rien. Loin d'offrir l'eau qu'on attend d'eux, leur vue dessèche le gosier. Rien ne rappelle mieux ce que raconte madame d'Aunoy du roi d'Espagne Charles II, lequel voulant se promener avec la reine sur le fleuve Mançanarez, à Madrid, près du fameux pont de Tolède, faisait arroser la rivière, de peur que ses mules de trait n'eussent, dit-elle, le pied brûlé. De même ici l'on est tenté d'arroser le socle des fontaines. Mais qu'on donne à la compagnie des eaux ce devoir à remplir, l'immensité de ses machines et leur produit intarissable amèneront des torrents d'eau, et les Français un jour se vanteront d'avoir vu couler leurs fontaines.

L'eau devenant ainsi très-abondante, aucun service ne manquera plus. Les particuliers gagneront l'entretien très-coûteux des tuyaux qui sont à leur charge, ainsi que la première dépense de tant de plomb qui forme le trajet de la fontaine publique à leurs maisons. La ville sera débarrassée des réclamations éternelles de ceux qui payent son eau, sans en avoir; et la compagnie aura peu de dépense à faire, puisque, dans la distribution générale, ses tuyaux passent devant toutes les maisons.

Mais ce seraient des maisons de plus à fournir; et l'auteur, qui nous accuse déjà (*page* 11) de dissimuler dans nos comptes *le nombre prodigieux des maisons de Paris impossibles à servir*, trouverait dans cette fourniture un moyen d'aggraver son reproche.

Loin de le dissimuler, *le nombre prodigieux des maisons de Paris* est précisément ce qui a donné lieu à l'établissement des eaux. Quelle difficulté trouverait-on à les servir, quand les conduites sont posées? Point de maison qui n'ait une cuisine, et point de cuisine où il n'y ait la place d'une fontaine : comme il ne faut, pour un abonnement d'un muid, qu'un réservoir de deux pieds carrés sur quatre de hauteur, contenant seize pieds cubes, ce petit emplacement peut se trouver partout. On ne connaît que quelques maisons de la rue Saint-Honoré et autres rues marchandes où les cuisines, situées dans les étages élevés, permettraient difficilement d'y conduire l'eau. Mais la compagnie n'a jamais compté que ces maisons, ni même les gens du peuple, prendraient des abonnements. Que lui importait qu'ils en prissent? n'a-t-elle pas destiné pour eux ses fontaines publiques? Pour ne pas s'abonner, consomme-t-il moins d'eau? Les porteurs d'eau la leur fournissent; et ces derniers la payent aux fontaines, ce qui revient au même pour la compagnie.

Qu'était-il besoin d'objecter qu'il faut beaucoup de tuyaux pour conduire l'eau dans toutes les rues de Paris? Cela n'est-il pas démontré? On fera voir plus loin si l'on doit considérer cette dépense *comme des frais en pure perte*. Il faut sans doute aussi beaucoup de surveillance et d'ordre dans une entreprise comme celle de désaltérer tout Paris; mais, quelles que soient les eaux qu'on y conduise, ne faut-il pas cette surveillance, cet ordre, cette quantité de tuyaux, et par conséquent cette dépense? Tout cela peut-il *effrayer la tête d'un calculateur*? C'est changer les moyens en obstacles, que de faire entrer l'ordre et la surveillance dans les objections à former contre le succès d'une affaire.

Cependant l'ennemi des *aperçus*, qui sont la logique *des sots*, se hasarde d'en glisser un terrible en faveur des joueurs à la baisse. Il suppose (*par aperçu*) que sur trente mille maisons dont Paris, dit-il, est composé, vingt mille maisons prendront chacune *un seul muid d'eau par jour*, et qu'au moyen de cette fourniture

Paris se trouvera parfaitement baigné, désaltéré, lavé, etc., etc., mais que la compagnie sera ruinée. Pour étayer cette assertion, prodiguant le combustible autant qu'il économise l'eau, il fait généreusement dépenser (*page* 15) à la compagnie, pour l'entretien d'un feu perpétuel à ses trois établissements à machines, plus de cinquante mille écus en charbon par année, pour ces vingt mille muids d'eau par jour. Le relevé de cette erreur disposera l'esprit de nos lecteurs à l'attention que nous leur demandons pour toutes les réfutations qui vont suivre.

Il est prouvé qu'une seule des machines de Chaillot élève à cent dix pieds près de soixante mille muids en vingt-quatre heures, et qu'à peine elle dépenserait par an cinquante-quatre mille francs en charbon, si elle travaillait sans cesse. Donc, à vingt mille muids par journée, elle abreuverait seule Paris, en travaillant de trois jours l'un. Donc elle ne consommerait alors que le tiers du charbon ci-dessus, ou pour moins de vingt mille francs par an. Donc, si l'aperçu de vingt mille muids d'eau était juste, celui de cent cinquante mille francs de charbon serait faux. Donc la contradiction est partout manifeste. Donc enfin, sur le seul agent de nos pompes, et d'après les calculs de M. le comte de Mirabeau, la compagnie gagne déjà cent trente-six mille livres de rente.

Posons maintenant le cas très-probable où, forcés par l'étendue de nos fournitures de faire travailler sans cesse nos trois établissements à la fois, nous brûlerions dans une année pour cent cinquante mille francs de charbon. Alors, au lieu de vingt mille muids par jour, nous en élèverions plus de cent cinquante mille, lesquels, à cinquante francs le muid, nous donneraient un revenu de sept millions cinq cent mille livres. Car un des biens de cette affaire est de n'user de combustible qu'en proportion de l'eau vendue; et nous, administrateurs *jongleurs* (ainsi que l'écrivain nous nomme), avons fort bien prouvé aux actionnaires que le fourneau le plus dispendieux dépense à peine, en combustible, une livre trois sous quatre deniers pour élever la quantité d'eau que l'on nous paye cinquante francs.

Suivant partout le même procédé, nous rendrons à la compagnie les autres revenus que le dur auteur lui retranche, et qui sont si justement dus à ses travaux et à son courage. Nous prions ici nos lecteurs de redoubler d'attention.

Par un relevé très-exact du nombre des maisons actuellement abonnées avec la compagnie, et de la quantité de muids d'eau qu'elles prennent entre elles (ceci n'est point un *aperçu*), nous trouvons que CHAQUE MAISON, mesure commune, A DÉJA PRIS, pour sa consommation, TROIS MUIDS ET DEMI D'EAU PAR JOUR. On ne comprend point dans ce calcul plus de QUARANTE MILLE VOIES D'EAU distribuées CHAQUE JOUR aux fontaines de la compagnie, ce qu'elle fournit aux places de fiacres, l'eau consacrée aux arrosages, celle des bouches destinées au lavage des rues, etc., etc.

Observons en passant que le produit de cinq fontaines, à quarante mille voies par jour, est déjà bien loin du calcul insidieux de *quatre-vingt-sept fontaines de l'auteur* (*page* 25), *nécessaires*, dit-il, *pour distribuer deux cent cinquante mille voies par jour*. Si cinq fontaines livrent déjà plus de quarante mille voies par jour, vingt et une suffiront pour deux cent cinquante mille; et leur dépense, comme leur nombre, exagérée à deux millions six cent mille livres, se trouvera réduite à moins de cinq cent mille francs. Tous les calculs, dans cet écrit, sont de cette justesse admirable.

Supposant donc avec l'auteur que vingt mille maisons prissent de l'eau, ce qui s'écarte peu des probabilités, à trois muids et demi par maison, ou soixante-dix mille muids par jour, cela ferait à la compagnie un revenu de TROIS MILLIONS CINQ CENT MILLE LIVRES. Cette évaluation n'est pas forcée; le relevé de tous nos abonnements vient d'en donner la preuve sans réplique. D'ailleurs on sait que les maisons de Londres, quoique infiniment plus petites, en usent beaucoup davantage : on y lave, il est vrai, les maisons; mais qui peut assurer qu'on ne les lavera pas à Paris lorsqu'on y aura l'eau abondamment et à bas prix? DONC TROIS MILLIONS CINQ CENT MILLE LIVRES DE RENTE. Et s'il est juste de confondre dans ce produit annuel celui des fontaines publiques, qui dans ce cas en fait partie, on doit en outre y ajouter celui des arrosages, des bouches d'eau pour le nettoiement des rues et des égouts : cependant nous les élaguons, vu la modicité des profits que la compagnie se propose en remplissant ces objets d'utilité publique; donc, TROIS MILLIONS CINQ CENT MILLE LIVRES DE RENTE.

En comprenant le bénéfice *qu'un tour de force peu digne d'éloge* vient d'ajouter au prix de nos actions déposées au trésor de Sa Majesté, les fonds faits par la compagnie montent à six millions six cent quatre-vingt mille livres, sur lesquels un million est déjà destiné à faire l'avance des frais des conduites de bois; et l'on ne doit pas omettre ici la *jonglerie* d'un administrateur qui a porté, dans l'assemblée dernière, ces actions déposées au prix de trois mille six cent trente livres, en offrant de les prendre toutes. On sent bien qu'un tel procédé n'a pu manquer de mettre en fureur les malheureux joueurs à la baisse, surtout quand ils ont vu (*pour cette jonglerie*) la compagnie décerner à M. de Saint-James, son auteur, l'honneur de voir porter son nom à l'une des fontaines du peuple que nous poserons dans les Halles.

Suivons en un seul point les données de l'auteur qui s'accordent à peu près avec celles de la compagnie : nous comptons avec lui *cent mille six cents toises de rue à garnir*; mais trois mille toises au plus, dans quelques rues très-larges, exigeront qu'on pose des tuyaux en doubles lignes; et nous demandons pardon à l'auteur si, l'abandonnant quelquefois dans ses calculs exagérés, nous n'augmentons la ligne simple de nos tuyaux que de trois mille et non de *cent mille toises*, comme il lui plaît de les porter, lui, l'ennemi des *aper-*

çus! ce qui nous fait en tout cent trois mille six cents toises de tuyaux, à trente livres. . . . . 3,108,000 l.

Ajoutons quarante mille toises d'embranchement de plomb, en prenant le diamètre moyen de ces tuyaux à dix lignes, à raison de neuf livres quinze sous la toise, et vingt mille ajoutoirs. 550,000

En tout. 3,658,000

Déduisant sur cette dépense les fonds déjà faits et destinés à cette partie. . . 1,000,000

Il reste à trouver. 2,658,000

Ajoutez à ceci les fonds faits par la compagnie. 6,680,000

TOTAL des fonds nécessaires. . . . . 9,338,000 l.

Sans les motifs cruels qui ont dirigé la plume de l'auteur, lequel a pourtant sous les yeux nos *prospectus*, il aurait vu que la compagnie reçoit par chaque muid d'abonnement, outre le prix annuel de l'eau, comme nous l'avons dit plus haut, une somme de cinquante livres une fois payée, qui l'indemnise en partie des frais de la pose des tuyaux de bois qui passent devant la maison des abonnés. Soixante-dix mille muids, à cinquante livres, font trois millions cinq cent mille livres. Ainsi la dépense des tuyaux de bois est presque entièrement couverte, et les fonds à faire par la compagnie se trouveront réduits, par ce remboursement successif, à cinq millions huit cent trente-huit mille livres.

Donc les six millions six cent quatre-vingt mille livres faits par la compagnie suffiront, et fort au delà.

On a vu plus haut que les revenus de la compagnie seront un jour de. . . . . 3,500,000 l.

Sur lesquels à déduire les frais de régie, évalués, dans le cas d'un succès complet, à. . . . . 62,700 l.

La consommation des charbons pour les trois machines à feu, quatre-vingt-dix mille muids, à cause des pertes et coulages. 105,120

L'entretien et les réparations, dans lesquels il faut comprendre le renouvellement des tuyaux de bois, estimé à cinq pour cent de la dépense. 182,900

On observe que cette dépense n'a pas monté à deux pour cent jusqu'à présent, y compris l'*inexpérience*, les *fautes* et les *mécomptes* de MM. Perrier.

Nous porterons encore

D'autre part. . . . . 3,500,000 l.

pour l'entretien des bâtiments, des conduites de fer, etc., un pour cent du prix de leur construction; cette dépense est forcée. 58,380

A déduire donc. 409,100

Reste net en revenu. . . . . 3,090,900 l.

A partager à quatre mille quatre cent quarante-quatre actions, à cause de celles dues à MM. Perrier, cela fait pour chacune six cent quatre-vingt-quinze livres huit sous sept deniers. Ce dividende porte la valeur de l'action à treize mille neuf cent huit livres onze sous huit deniers, et l'on ne peut trop répéter qu'on ne fait pas entrer ici les établissements de toute espèce qui peuvent se former par la facilité de se procurer de l'eau, comme les bains, les lavoirs, les arrosages, etc.

Il n'est pas étonnant que le nombre des abonnements ne soit pas bien considérable. Toutes les choses nouvelles, les modes exceptées, prennent difficilement en France : il semble même que les entreprises qui ont pour but l'utilité publique aient une marche moins rapide, mais elle est en même temps et plus solide et plus constante. On a remarqué que la première année de l'établissement des conduites, il a été très-difficile de se procurer des abonnements : les premières maisons abonnées n'avaient la plupart souscrit que pour un an; mais, malgré toutes les critiques que des gens aussi bien intentionnés que l'auteur de la brochure se sont permis de répandre sur la qualité de nos eaux, toutes ces maisons, sans exception, ont continué leur engagement, et même ont demandé des augmentations d'eau. Actuellement que le public a sous les yeux beaucoup d'exemples qui donnent la certitude d'un service exact, les souscripteurs viennent en foule.

La compagnie n'est donc plus dans le cas de hasarder aucune dépense dans l'espoir incertain d'un produit; au contraire, elle a décidé l'an passé qu'il ne serait posé de conduite dans aucune rue qu'elle ne fût assurée d'avance d'un revenu de vingt pour cent au moins des frais de la conduite : cette marche depuis s'exécute à la rigueur.

Non qu'elle ait cru, comme nous l'avons dit, que les petits ménages s'abonneraient (voyez les lettres patentes accordées à MM. Perrier); au contraire, considérant que bien des pauvres gens ne peuvent et ne doivent pas payer la petite quantité d'eau qu'ils consomment, elle a ordonné à ses fontainiers que toute personne qui se présenterait pour boire ou pour en emporter ne la payât point : en effet, ne vendant à la plupart de ses dépôts que trois deniers la voie d'eau composée de deux seaux, quelle monnaie exigerait-elle qui représentât moins d'eau qu'elle n'en donne pour un liard?

Nous convenons que les calculs sur la quantité d'eau que doit consommer chaque habitant de Paris sont sujets à beaucoup d'erreurs; mais il n'en est pas moins certain que les consommations de tout genre augmentent en proportion que les denrées abondent et sont à bon marché. Il se consomme moins de sel dans les pays de gabelle que dans les provinces franches. Avant les établissements de la compagnie, l'eau valait, dans les sécheresses et les glaces, jusqu'à dix sous la voie dans beaucoup de faubourgs : il est sûr que dans ces moments l'indigent l'économisait; souvent le peu qu'il en avait se corrompait en la gardant l'été : de là les fièvres, les maladies. Grâce à la compagnie des eaux, c'est un mal qui n'arrivera plus : tous auront de l'eau abondante, bien saine, au plus bas prix possible; et notre seul *charlatanisme*, pour attirer grands et petits au piége de nos fournitures, sera de prouver aux gens riches que nous donnons pour cinquante francs la même quantité d'eau qu'ils payaient plus de cent écus; aux pauvres, que nous vendons un liard ce qui coûtait deux ou trois sous : et c'est ainsi que, prenant chacun par son propre intérêt, nous forcerons la main à tout le monde.

Et si quelque écrivain passionné vient nous reprocher avec aigreur que nous sommes de mauvais citoyens, qui, par des gains peu délicats, coupons la bourse aux joueurs à la baisse, et la bretelle aux porteurs d'eau, nous rirons du premier reproche, et nous répondrons au second que, loin de nuire aux porteurs d'eau, l'établissement de nos fontaines rapprochées des divers quartiers assurera la subsistance d'un grand nombre de ces porteurs, bien plus marchands de temps qu'ils ne sont vendeurs d'eau, en leur offrant un puisement aisé toujours voisin de leur service, et surtout exempt du danger qui les menace à la rivière.

Que si l'augmentation de nos abonnements en diminue le nombre par la suite, nous lui dirons qu'il n'est pas encore bien prouvé que vingt-cinq mille hommes vigoureux soient plus utiles avec deux seaux qu'ils ne le seraient au labour; nous lui dirons qu'il y avait dans le royaume quarante-cinq mille tricoteuses, quand un mauvais citoyen comme nous fit les premiers bas au métier; qu'on ne peut former rien de grand ni d'avantageux au public, sans choquer un moment quelque intérêt particulier; enfin nous lui dirons... mais plutôt nous ne dirons rien, car il n'y a pas d'apparence que nous ayons deux fois à disputer sur une semblable matière.

On ne contestera pas les détails que M. de Mirabeau donne sur les établissements de Londres; on ne les connaît pas assez.

Mais s'il fallait juger de ces *aperçus* étrangers par la fidélité de ceux que l'auteur avait sous les yeux, et qu'il a négligés, on serait peu tenté d'examiner ceux-ci. Cependant on peut faire observer :

1° Que la compagnie anglaise *de la nouvelle Rivière* fait des bénéfices considérables, parce que, ayant acheté les intérêts de Middleton à bas prix, ce canal ne lui coûte pas plus que l'établissement de machines à feu qui fourniraient la même quantité d'eau. Nous donnerons la preuve de cette vérité par un calcul comparatif du projet de M. de Parcieux avec celui des machines à feu.

2° On a vu, par ce que nous avons dit, qu'il n'est pas nécessaire que la compagnie de Paris ait acheté à perte ses actions des eaux, pour faire les mêmes bénéfices que celle anglaise *de la nouvelle Rivière*.

3° Que les frais ne peuvent pas être moins considérables à Londres qu'à Paris; on ne sait pas du moins sur quels fondements l'auteur pourrait en appuyer la différence, si ce n'est sur les tuyaux de métal, qui sont plus chers que ceux de bois, employés seuls à Londres. A l'égard du charbon pour le chauffage des machines, l'administration des eaux de Paris prouve, comme nous l'avons dit, qu'elle dépense au plus vingt-trois sous quatre deniers en combustible pour une quantité d'eau qu'elle vend cinquante francs.

4° On ne sait quelle raison pourrait donner l'auteur pour établir que l'usage de l'eau ne s'augmentera pas à Paris comme il s'est étendu à Londres.

5° Que la compagnie anglaise *de la nouvelle Rivière* a six autres compagnies en concurrence avec elle pour fournir la ville de Londres, et que la compagnie de Paris n'en a aucune, à moins que M. de Mirabeau ne veuille présenter la belle fontaine épuratoire du quai de l'École comme une rivalité dangereuse. Les eaux qui appartiennent au gouvernement ne forment point de concurrence avec celles de la compagnie : la ville n'en peut point vendre actuellement; et la totalité de ses moyens, réunie aux eaux du roi, ne forme pas la dixième partie de ce que la compagnie peut fournir avec le seul établissement de Chaillot.

6° Que l'eau que la compagnie fournit est au moins égale en bonté à toutes celles qu'on peut se procurer dans la capitale; c'est de l'eau de Seine, en un mot, toujours limpide, et jugée excellente par la Société royale de médecine; et l'auteur de la brochure mérite un reproche très-grave, lorsqu'il insinue le contraire pour relever pompeusement les petits établissements des fontaines épuratoires, qui ne donnent aucun profit à leur compagnie, qui ne sont d'aucune utilité publique, et n'ont enfin d'autre avantage que d'éviter au porteur d'eau (moyennant de l'argent) le court chemin du quai à la rivière.

Pour décrier notre entreprise, l'auteur parle souvent du canal de l'Yvette, dont le projet a eu beaucoup de célébrité : nous allons le comparer à celui des machines à feu, avec la tranquille impartialité qui doit accompagner la discussion de tout objet qui intéresse le public.

Supposons qu'on pourrait construire actuellement le canal de l'Yvette, malgré l'augmentation des matériaux et des journées d'ouvriers, pour la somme de sept millions huit cent vingt-six mille deux cent neuf livres, suivant les devis faits, il y a quinze ans, par M. Perronnet : ou plutôt ne supposons rien. Tout étant augmenté de plus d'un cinquième depuis les devis faits par M. Perronnet, posons que ce canal, à sa valeur actuelle, coûterait au moins dix millions, et qu'il conduirait à Paris quatorze cents pouces d'eau dans les eaux basses : il est bien vrai qu'on estime le produit moyen de ce canal à deux mille pouces; mais s'il ne doit fournir que quatorze cents pouces dans les eaux basses, et le moment des sécheresses étant celui où l'on consomme le plus d'eau, ce que produirait de plus ce canal, dans les autres saisons de l'année, devient à peu près inutile.

Voilà donc dix millions dépensés, qui produisent quatorze cents pouces d'eau amenés jusqu'à la rue de la Bourbe, près de l'Observatoire. Quant aux dépenses des conduites et celles que la compagnie a faites ou doit faire pour distribuer l'eau dans Paris, nous ne les ferons point entrer dans nos calculs, puisqu'elles sont nécessaires à toutes les distributions d'eau, par quelques moyens qu'elle arrive.

Supposons maintenant qu'une compagnie entreprenne le grand ouvrage d'amener l'Yvette à Paris, comme l'Anglais Hugh Middleton a entrepris de conduire la rivière Neuve à Londres : son capital de dix millions employé lui coûtera en intérêts annuels. . . . . 500,000 l.

Évaluons les frais d'entretien, de nettoiement, de surveillance, d'un canal de dix-sept mille trois cent cinquante-deux toises de longueur qu'il doit avoir, suivant les plans dressés par M. Perronnet; est-ce trop estimer ces frais que les porter à. . . . . 50,000 l. ?

Ce n'est pas tout : les dix millions seront entièrement dépensés avant que la compagnie soit à portée d'en retirer le moindre produit; et si, comme le veut M. de Mirabeau, il faut trente ans pour établir les distributions dans tout Paris, il convient d'ajouter au capital de ce canal le montant de ces intérêts, non pour trente ans, parce qu'on suppose un produit graduel, mais pendant quinze ans seulement, ce qui fait sept millions cinq cent mille francs perdus, dont l'intérêt perpétuel est de.. 375,000

Il convient d'ajouter encore l'intérêt des sommes employées à la construction du canal, pendant dix ans que peuvent durer ces travaux; mais ces dépenses étant successives, les dix millions ne seront déboursés que graduellement. Donc l'intérêt entier perdu pendant cinq ans forme un capital de deux millions cinq cent mille livres, dont l'intérêt perpétuel est de.. . . . . 125,000 l.

Total de la dépense annuelle pour quatorze cents pouces d'eau. . . . 1,050,000 l.

Voyons actuellement ce que coûtera la même quantité de pouces d'eau par les machines à feu.

Le pouce d'eau fournit soixante-douze muids par vingt-quatre heures; les quatorze cents pouces donnent cent mille huit cents muids par jour. Les deux machines qui existent à Chaillot donnent chacune cinquante mille muids dans vingt et une à vingt-deux heures; ce qui fait un peu plus que le canal de l'Yvette. Nous regarderons cependant le produit comme égal.

Les deux machines de Chaillot ont coûté la somme de. . . . . 315,123 l. 7 s. 2 d.

Le terrain sur lequel sont construites ces machines est beaucoup plus grand qu'il ne faut; une partie est occupée par les ateliers de MM. Perrier, qui ne sont utiles à l'établissement qu'à cause des travaux dont ils sont chargés pour les distributions de l'eau : malgré cela, nous le portons pour la somme qu'il a coûtée. 259,149   13   5

Le bâtiment des machines, ainsi que les réservoirs. 191,845   16   5

La conduite de fonte qui porte l'eau des machines aux réservoirs.. 207,854

TOTAL de l'établissement. 951,972   17

Dont l'intérêt est de. . . . . . . 47,599 l.

Entretien et réparation à un pour cent, comme il a été dit plus haut. 9,519   12

Les mêmes intérêts des fonds avant la jouissance complète pendant trente ans, prenant le moyen terme de quinze ans, comme dessus. 35,699

L'intérêt des sommes ci-dessus employées à la construction, perdu pendant le moyen terme de trois ans, à quarante-sept mille cinq cent quatre-vingt-dix-neuf livres par an, fait cent quarante-deux mille sept cent quatre-vingt-dix-sept livres, dont l'intérêt perpétuel comme dessus. 7,139

Huit hommes pour le service des machines. 6,400

Consommation annuelle du charbon pour quatorze cents pouces d'eau. 105,120

                                    211,476 l. 12 s.

On voit d'après cela que les quatorze cents pouces d'eau de l'Yvette coûteraient annuellement un million cinquante mille livres; et les mêmes quatorze cents pouces d'eau fournis par les machines à feu, deux cent onze mille cinq cents livres en nombres ronds. C'est quatre cinquièmes de moins. Outre l'économie de ces quatre cinquièmes que présentent les calculs en faveur des machines à feu, elles ont bien d'autres avantages.

1° On peut les établir partout, les multiplier à son gré, comme nous l'avons dit; par conséquent, on n'est borné sur la quantité d'eau à élever que par l'étendue des besoins du consommateur. Et comment comparer un moyen qui ne peut jamais fournir que quatorze cents pouces d'eau, avec celui qui, par les trois établissements, en donnera de trois à quatre mille pouces? La compagnie fournirait le volume entier de la Seine, si le public offrait de le payer.

2° Il y a de grands inconvénients à faire partir d'un seul point et d'un seul niveau toutes les eaux qui doivent se répandre dans Paris, comme on serait obligé de le faire si l'on y amenait les eaux de l'Yvette. Les conduites alors doivent avoir un plus grand diamètre, et sont beaucoup plus dispensieuses. Si le niveau en est trop élevé, il exige une résistance plus grande dans les conduites de fer ou de bois; si au contraire il ne l'est pas assez, il laisse des quartiers sans eau.

Les machines à feu pouvant s'établir partout, comme on l'a dit, chacune élève l'eau à la hauteur nécessaire pour fournir les quartiers qu'elle doit approvisionner; et chacune a ses conduites proportionnées, par leur diamètre, à la quantité d'eau qu'elles doivent fournir, et par leur épaisseur, à l'effort qu'elles ont à soutenir.

3° L'établissement des machines à feu, employant pour son exécution un capital assez modique, offre peu de risques aux actionnaires; les autres dépenses, qui sont annuelles, sont toujours, à très-peu de chose près, dans la proportion des recettes. La machine de Chaillot a marché, la première année, six heures tous les quinze jours; la deuxième année, douze heures seulement par semaine, etc.; enfin les deux marcheront plus souvent et plus longtemps, à mesure que le débit de l'eau augmentera; et la dépense du combustible suivra toujours cette progression. Le seul danger que la compagnie aurait couru, si elle eût été obligée d'abandonner l'entreprise, était donc une perte de cinq à six cent mille livres; car les terrains, les tuyaux, les matériaux, ont toujours une valeur; et, sans l'aperçu d'un succès certain dès la première année de la distribution de l'eau, la compagnie n'aurait point placé le nombre des conduites qui existent à présent. En exposant cette légère somme de cinq à six cent mille livres, elle a donc tenté une entreprise qui lui rapportera plus de trois millions de revenu.

Une compagnie qui entreprendrait d'amener l'Yvette à Paris s'exposerait bien davantage : elle aurait à payer, pendant beaucoup d'années, des travaux considérables; et, après une attente bien longue, un capital immense dépensé, elle pourrait trouver de la répugnance dans le public pour les eaux de cette petite rivière, qui sont véritablement; et d'après les rapports des chimistes publiés par M. de Parcieux lui-même, moins bonnes que les eaux de la Seine, et chargées d'une vase très-fine tirée du propre fond du terrain, dont il est impossible de les dégager entièrement par la filtration. Alors tous les fonds seraient perdus.

4° Les réparations d'une machine à feu sont peu de chose, si elle est soignée, comme cela ne manque jamais d'arriver à toute machine qui remplit un service journalier. La précaution peu dispendieuse d'avoir une machine de relais pour parer à tous les accidents, assure pour toujours un service exact et sans interruption. Peut-on raisonnablement espérer la même sûreté d'un aqueduc de dix-sept mille toises? Si les réparations sont moins fréquentes, lorsqu'elles deviennent nécessaires elles peuvent suspendre pendant plusieurs mois le service : et qu'on imagine ce que deviendrait Paris, si, privé tout à coup de quatorze cents pouces d'eau, il fallait créer tous les porteurs d'eau nécessaires pour aller chercher à la rivière toute l'eau que le public consomme! Les gelées ne peuvent-elles pas, sinon arrêter totalement le cours de l'aqueduc, au moins en diminuer considérablement le produit?

Entre ces établissements aussi nationaux l'un que l'autre, mise de fonds, capitaux, intérêts, risques, travaux, produits, entretiens, renouvellements, qualité d'eau, tout est à l'avantage des machines à feu. Mais n'est-ce pas une dérision, que l'auteur nommerait *jonglerie*, de porter l'apparence des frayeurs, comme le fait M. de Mirabeau, jusqu'à paraître redouter que la consommation de nos machines fasse augmenter le prix courant du charbon dans la France, qui en est une grande minière?

O divine éloquence, est-ce là ton emploi?

Et conçoit-on que, pour prouver uniquement que des actions sont chères, on ait employé tant de verve à dénigrer la compagnie qui les possède, à garantir de ses prétendus pièges les diverses administrations qui pourraient traiter avec elle; à préférer un canal de sept lieues et de dix millions, qui n'existe pas, à des réservoirs toujours pleins dans Paris, qui n'ont pas coûté le cinquième? enfin qu'on ait été jusqu'à gourmander le gouvernement d'en avoir permis l'entreprise?

O divine éloquence, est-ce là ton emploi?

Nous avouons aussi que, malgré nos efforts, nous n'avons pas saisi (*page* 41) comment un *faible dividende* est une *jonglerie manifeste;* ni quel rapport existe entre des associés réglant leur sort commun, *et le propriétaire d'une maison non bâtie qui demanderait des loyers à son architecte*.

Ce qui étonne notre esprit dans cette comparaison subtile, c'est l'analogie que l'on trouve entre ce que la compagnie fait avec elle et sur elle-même, et les intérêts différents d'un propriétaire et de son architecte. La compagnie nous paraissant être à la compagnie ce que nul homme n'est à son architecte, identiquement, collectivement le même être, et n'ayant qu'un même intérêt, nous croyons bonnement qu'elle a pu, d'elle à elle, sans *jonglerie* ni tromperie, changer l'intérêt de cinq pour cent qu'elle s'attribuait dans l'avenir sur ses dépenses consommées, en un dividende réel ; moindre, il est vrai, que l'intérêt, mais analogue à ses profits naissants.

Elle a tellement pu, selon nous, former ce dividende, que si, ne voulant pas alors étendre ses travaux, augmenter ses dépenses, elle se fût contentée du produit qu'elle en retirait, elle avait réellement environ un demi pour cent de ses fonds, de toute l'eau qu'elle distribuait ; c'est ce qu'elle a nommé et pu nommer un dividende : en quel sens est-ce une *jonglerie* ? L'entente ici reste au diseur, *qui mirabilia dixit*.

Il nous reste un dernier reproche à faire à l'auteur de l'écrit ; mais c'est le plus grave de tous, celui qui montrera le mieux quel esprit a conduit sa plume, et combien on doit se défier de ce qu'il affirme le plus. En effet, croirait-on qu'ayant sous les yeux nos actes, et l'arrêt du conseil, il ait jugé nécessaire au couronnement de son attaque de faire une injure gratuite au gouvernement, qui la dédaigne, et à MM. Perrier, qui s'en affligent, à ces deux citoyens utiles, aussi dignes d'éloges par leurs talents que par leur modestie, en fulminant contre le *monopole exercé par eux sur les éléments*, contre leur *privilége exclusif de vendre de l'eau à Paris ?*

Quand on le voit (*page* 38), avec l'air indigné d'une si grande oppression, sonner le tocsin contre la compagnie, et prononcer ces mots terribles : *Prolongera-t-on un* PRIVILÉGE EXCLUSIF *qui ravirait au peuple le bénéfice de la* CONCURRENCE ?.... *Qu'on ne s'y trompe pas : il s'agit ici de l'eau, de cet aliment qui, avec l'air, est presque le seul bienfait que la nature ait voulu soustraire à la tyrannie....* LE PRIVILÉGE *de la compagnie des eaux est proscrit par la nature même de son objet. Il n'est point de gouvernement sur la terre qui puisse continuer longtemps le* PRIVILÉGE EXCLUSIF DE VENDRE DE L'EAU ;

Quand on le voit tonner ainsi, s'attendrait-on à la réponse? Elle sera, comme toutes les autres, sans prétention, sans fard, aussi simple que vraie ; nous le disons donc *nettement, puisqu'il le faut*, et c'est ici le cas d'employer cette expression de l'auteur (*page* 6) *qui*, dit-il, *a remonté plus haut qu'on ne pense*, mais à qui personne n'avait imposé la loi de nous attaquer, comme il nous a imposé celle de nous défendre : NOUS N'AVONS POINT LE PRIVILÉGE EXCLUSIF DE VENDRE DE L'EAU A PARIS, le gouvernement ne l'aurait pas accordé, et MM. PERRIER NE L'ONT JAMAIS SOLLICITÉ ; ils ont demandé et obtenu le *privilége exclusif d'établir des machines à feu pour donner de l'eau dans Paris ;* et il est expressément dit, dans l'arrêt du conseil, *Sans préjudice à l'exécution du projet donné par le feu sieur de Parcieux, d'amener l'Yvette à Paris, ni à celle des autres projets, machines ou établissements, autres que lesdites pompes à feu, qui pourraient être propres à fournir de l'eau à Paris.*

Et M. de Mirabeau sait très-bien que les fontaines épuratoires, dont il vante si fort l'excellence et l'utilité, sont établies très-postérieurement au privilége de MM. Perrier ; et que la compagnie des eaux, qui savait bien n'en avoir pas le droit, n'a fait aucune opposition à l'établissement de ces fontaines.

Enfin il sait très-bien que si les gens du monde, qui voudraient tous leurs revenus en jouissances personnelles, ne trouvent pas dans l'entreprise des eaux un placement de fonds assez promptement lucratif, il n'en est pas moins vrai que l'honnête père de famille qui veut enrichir sa postérité par une privation de peu d'années, a trouvé dans cette entreprise un emploi d'argent très-solide, et qui ne peut manquer d'assurer un revenu magnifique à ses enfants. Et voilà pourquoi les joueurs à la baisse, pour qui le noble auteur a la bonté d'écrire, trouvent si peu d'actions pour remplir leurs engagements, quoique tous ceux qui les possèdent les aient acquises à très-haut prix.

Résumons-nous en peu de mots.

Nous croyons avoir bien prouvé que des motifs peu généreux ont fait décrier par l'auteur un établissement très-utile ;

Que l'augmentation des dépenses, après les devis primitifs, n'a été l'effet d'aucune erreur, mais le fruit des plus mûres délibérations ;

Que la compagnie n'a pas encore dépensé quatre millions cinq cent mille livres en 1785 ;

Que MM. Perrier ont rempli loyalement leurs engagements envers elle ;

Que cette compagnie a le droit de changer ses lois à son gré, dans ce qui ne touche pas à l'intérêt public ;

Que l'auteur est souvent contradictoire avec lui-même et qu'il perd quelquefois de vue ce qu'il regarde comme son premier objet ;

Que l'affaire est beaucoup plus avancée que ce critique ne l'avoue ;

Que ses calculs sont erronés sur la valeur des abonnements, la quantité du combustible et le vrai produit des machines ;

Qu'il existe plusieurs exemples d'entreprises moins nationales, qui militent pour nos succès ;

Que l'administration des Invalides gagne beaucoup, en préférant l'eau de la Seine à toutes les eaux de ses puits ;

Qu'il est malignement absurde d'imputer à l'eau de nos pompes aucun mélange avec le grand égout ;

Que, sans y être aucunement contrainte, la ville aurait un grand avantage à charger la compagnie des eaux de remplir ses engagements ;

Que l'aperçu ruineux d'un seul muid d'eau pour chaque maison est, d'après des relevés exacts, de près des trois quarts au-dessous de la réalité ;

Qu'à trois muids et demi par maison, taux actuel de nos fournitures, sans les augmentations prévues, la compagnie aura un jour plus de trois millions de revenu ;

Que, pour acquérir cette recette annuelle, elle n'aura pas dépensé six millions;

Qu'alors un dividende de six cent quatre-vingt-quinze livres à chacune des quatre mille quatre cent quarante-quatre actions portera leur capital à treize mille neuf cent huit livres;

Que le progrès sensible des abonnements a un accroissement sensible, que rien ne peut plus arrêter;

Que notre seul *charlatanisme* est l'abondance et le bas prix de l'eau;

Que la comparaison des établissements anglais est tout entière en notre faveur;

Que celle du canal de l'Yvette avec nos machines à feu nous laisse un avantage de quatre cinquièmes en profit, sans la supériorité de notre eau et son abondance intarissable;

Qu'il n'est pas vrai que nous fassions *un monopole exclusif de la vente de l'eau dans Paris;*

Enfin, que l'auteur, mal instruit, n'a été exact ni vrai dans aucun point qu'il ait traité.

D'après cette réponse, on espère que si quelqu'un doit aller *aux écoles d'arithmétique*, indiquées par l'auteur (*page 40*), étudier les leçons qu'il veut donner aux autres, et même au gouvernement, ce ne sera pas la compagnie que le public y renverra, mais bien les joueurs à la baisse sur les actions des eaux, qui, s'étant abusés dans leurs spéculations, ont ensuite abusé l'auteur de la brochure, et finiraient par abuser les pères de famille qu'ils chérissent, le public auquel ils s'adressent, et les possesseurs des actions, qu'ils dépouilleraient à vil prix, si on ne les arrêtait pas. Nous n'ajouterons qu'un seul mot.

Plus on recherche le but de cet étrange ouvrage, et moins on peut le concevoir. L'auteur sait que depuis sept ans des citoyens bien courageux, jaloux de voir la ville de Londres jouir d'un avantage qui manquait à la capitale de la France, ont consacré des fonds immenses à le lui procurer, et ne sont parvenus à leurs premiers succès qu'avec des travaux inouïs, à travers des obstacles de tout genre, accablants, presque insurmontables.

A-t-il voulu flétrir leur cœur, les détourner de porter à sa fin le seul établissement national qu'on connaisse dans cette ville; leur enlever l'auguste protection dont Sa Majesté daigne honorer leur entreprise, en la discréditant aux yeux des actionnaires et des consommateurs; en inquiétant le public sur la qualité de l'eau qu'il doit boire; en armant tout le monde contre eux?

Quand il pose partout des bases aussi fausses que ses résultats sont vicieux, est-il entraîné réellement par le désir de procurer à ses amis des actions que ceux-ci sont forcés de livrer sous un terme, à bas prix? ou bien s'est-il flatté de porter un coup mortel à l'entreprise des machines à feu, pour en favoriser quelque autre? A-t-il trompé, s'est-il trompé, l'a-t-on trompé? Est-ce projet, erreur ou suggestion? Nous croyons lui rendre justice en adoptant le dernier soupçon.

Mais, quel qu'ait été son motif, on doit profondément gémir de voir un homme d'un aussi grand talent soumettre sa plume énergique à des intérêts de parti qui ne sont pas même les siens. Indifférents au choix de leurs sujets, c'est aux avocats décriés à tout plaider en désespoir de cause : l'homme éloquent a trop à perdre en cessant de se respecter; et cet écrivain l'est beaucoup.

Notre estime pour sa personne a souvent retenu l'indignation qui nous gagnait en écrivant. Mais si, malgré la modération que nous nous étions imposée, il nous est échappé quelque expression qu'il désapprouve, nous le prions de nous la pardonner. La célérité d'une réponse qu'exigeait son mordant écrit ne nous a pas permis d'être moins long, ni plus châtié. Aussi, de notre part, n'est-ce pas assaut d'éloquence, mais discussion profonde et nécessaire de la bonté d'un établissement qu'il a voulu rendre douteuse. Nous avons combattu ses idées, sans cesser d'admirer son style. Heureux si la langueur du nôtre ne prive pas la vérité de l'attrait que la beauté du sien avait su prêter à l'erreur!

RAPPORT DES COMMISSAIRES

DE LA SOCIÉTÉ ROYALE DE MÉDECINE

Sur la qualité de l'eau élevée et fournie par les machines à feu de Chaillot.

Messieurs Perrier ayant prié la Société de constater la nature de l'eau qu'ils font distribuer à Paris, et qui est fournie par leur pompe à feu, les commissaires que cette compagnie a chargés de cet objet se sont transportés à Chaillot pour examiner avec soin toutes les circonstances qui peuvent influer sur la salubrité des eaux. Après avoir vu avec le plus grand intérêt la belle construction de la machine à l'aide de laquelle l'eau est élevée, ils ont porté toute leur attention sur le bassin où l'eau est puisée par la pompe, sur le mécanisme qui l'élève, sur les canaux qu'elle parcourt, sur les réservoirs où elle est versée, et d'où elle s'écoule pour se répandre dans Paris. Outre les procédés ingénieux qui ont été employés pour ces différents objets, et sur le mérite desquels il n'est pas du ressort de la Société d'insister, les commissaires ont reconnu que dans ces diverses circonstances l'eau de la Seine ne pouvait contracter aucune qualité nuisible, ni même désagréable; que les tuyaux de fonte, ni les pierres employées pour toutes ces manœuvres, ne pouvaient rien lui communiquer; et que le mouvement et l'agitation dont elle jouit depuis son élévation dans la pompe jusqu'au lieu d'où elle se répand dans Paris, sont plus capables d'en améliorer la qualité que de l'altérer en aucune manière. Ils ont surtout été frappés de la position respective des quatre réservoirs, à l'aide de laquelle on peut les vider les uns dans les autres, les nettoyer aussi fréquemment qu'on le désire, et contribuer ainsi à la pureté de l'eau.

Après ce premier examen, ils ont fait puiser de l'eau dans la Seine, dans le premier bassin où l'eau est prise, et dans les réservoirs d'où elle coule à Paris : on a examiné comparativement ces trois eaux par les différents procédés chimiques connus, et on leur a trouvé toutes les bonnes qualités de celle de la Seine, dont on connaît généralement la salubrité. Les réactifs ont démontré, dans toutes les trois, la petite quantité de sélénite et de terre calcaire qui y sont toujours contenues; elles ont également bien dissous le savon et cuit les légumes : la noix de galle et les liqueurs prussiennes n'y ont point indiqué un atome de fer; et leur saveur n'avait rien de l'impression que laisse ce métal, en quelque petite quantité qu'il soit. L'évaporation a confirmé l'analyse par les réactifs; la distillation à l'appareil pneumatochimique a fait connaître que l'eau des réservoirs contenait un peu plus d'air que celle de la Seine puisée vis-à-vis de la pompe.

Les mêmes expériences ont été faites sur l'eau prise dans un des canaux de distribution de Paris, les plus éloignés de la pompe, et elles ont présenté absolument les mêmes résultats.

La Société croit donc devoir annoncer au public que l'eau fournie par la machine à feu de MM. Perrier est très-pure et très-salubre; que même, dans quelques circonstances, ses qualités sensibles, telles que sa saveur, sa limpidité, doivent l'emporter sur celle de la Seine, en raison du mouvement qui l'agite et des réservoirs dans lesquels elle reste exposée au contact de l'air quelque temps avant sa distribution; que les reproches qu'on lui a faits sur sa saveur ferrugineuse, son goût de feu, etc., ne sont nullement fondés, et que les avantages qu'elle procure méritent à MM. Perrier la reconnaissance de tous les citoyens.

Conforme à l'original contenu dans les registres de la compagnie. Au Louvre, le 31 août 1784.

Signé Vicq-d'Azyr, *secrétaire perpétuel.*

LXVI

AUX AUTEURS DU JOURNAL DE PARIS.

Paris, 2 mars 1785.

Dégagé d'affaires plus sérieuses, messieurs, c'est à vous seuls que je me plains de vous pour la sortie violente à laquelle vous avez donné cours contre ce pauvre Figaro.

Est-il avéré, messieurs, que votre privilége d'imprimer s'étende jusqu'au droit de fatiguer les citoyens des grossièretés anonymes que tout homme aigri par un succès voudra leur adresser dans vos feuilles? Cela vous est si peu permis, que vous seriez à peine excusables quand on vous l'aurait ordonné. Et pourquoi cette humeur d'un ecclésiastique? parce qu'une pièce qui l'afflige continue de plaire au public!

Hé quoi! Mathan, d'un prêtre est-ce là le langage?

Il y a longtemps qu'on l'a dit : Sitôt que les gens d'un état se mêlent de juger ceux d'un autre, on ne voit qu'inepties imprimées.

Souvenez-vous, messieurs, qu'il est écrit : Rachetez par l'aumône et vos péchés et vos sottises. Si l'auteur eût mis vos bêtises, et que chacun fit son devoir, ne voilà-t-il pas encore un ecclésiastique ruiné? Vous-mêmes aujourd'hui, messieurs, ne devriez-vous pas quelque petite aumône aux pauvres mères qui nourrissent?

Quant à l'anecdote ingénieuse d'un porteur de chaise en colère et d'un chien nommé *Figaro*, ne sait-on pas qu'on abuse de tout? Nous avons tous connu le feu marquis de Li....., qui, ayant deux vilains choupilles, appelait savamment le chien *Thisbé*, et la chienne *Pyrame*. Cela empêche-t-il que ces deux noms ne soient demeurés très-jolis? Celui du grand César est-il moins honoré parce qu'un sot en affubla son Laridon? Et sans aller chercher l'exemple hors du sujet, est-il un nom chez nous dont on abuse autant que de celui d'*abbé*? L'honneur de le porter était autrefois décerné à nos seuls prêtres dignitaires; il se donne indifféremment à ces êtres plus qu'équivoques sur lesquels on entend partout : Faites donc taire ce sot abbé; chassez donc ce vilain abbé; qui diable a prostitué des presses à cet impertinent d'abbé? Enfin ce nom descend aujourd'hui depuis le noble abbé mitré, possesseur de fortes abbayes, jusqu'à ces abbés à crosser qui calomnient dans quelques feuilles. L'abjection connue des derniers empêche-t-elle d'honorer ce nom, toujours respecté dans les autres? Donc le raisonnement sur le chien n'est qu'un chien de raisonnement.

Cependant l'abbé qui m'écrit n'attendit pas longtemps ma réponse à sa diatribe; elle était d'avance imprimée dans la préface du *Mariage*, que l'on doit publier dans peu : mais, sous quelque habit qu'il la lise, on le reconnaîtra partout au plaisir qu'il en montrera.

Pourtant, messieurs, quel est votre objet en publiant de telles sottises? Quand j'ai dû vaincre lions et tigres pour faire jouer une comédie, pensez-vous, après son succès, me réduire, ainsi qu'une servante hollandaise, à battre l'osier tous les matins sur l'insecte vil de la nuit?

Je ne répondrai plus à rien qui ne soit signé de quelqu'un; rien surtout sur la petite Figaro, qui ne soit couvert d'une aumône. Il convient bien à un soi-disant prêtre de critiquer ma charité, quand il ne la fait pas lui-même! il est ordonné à certaines gens qu'on ne se vante pas des bienfaits : cela exempte souvent de donner; et la main gauche est aisément discrète, quand la main droite n'a rien à divulguer. Mes trois louis, envoyés sans mystère, en ont valu près de vingt à une pauvre mère nourrice, sans même y comprendre l'écu du frère aîné de votre abbé; voilà de quoi je me vante avec joie. Qu'ils en envoient chacun autant et qu'ils se nomment; ils auront un moindre mérite, mais au moins le don sera sûr.

S'il était permis à quelqu'un de se vanter du bien qu'il fait, c'est peut-être à celui à qui l'on impute beaucoup de mal qu'il ne fait pas; mais l'homme qui brûle de consacrer vingt mille écus à un établissement de bienfaisance se vante-t-il en donnant trois louis? Soyez impartiaux, messieurs, et puis joutons, votre ecclésiastique et moi, à qui fera le plus de bien, suivant nos moyens respectifs : cette lutte est d'un nouveau genre; elle vaut vaut bien la guerre de Figaro. Imprimez alors, messieurs, tout ce que l'on dira contre moi, tous les sots bruits qu'ils font courir ; mais ne fermez pas vos feuilles toutes les fois qu'il est question de mes idées de bienfaisance.

Pourquoi n'avez-vous pas imprimé le trait sublime de ma bonne nourrice normande, qui, ayant huit enfants à elle, un mari, et neuf sous par jour, a nourri quatre ans un enfant sans avoir jamais rien reçu ? Elle vient à pied chercher ici les parents de son nourrisson : père et mère sont disparus ; on voulait, à Paris, qu'elle le mît aux Enfants-Trouvés : A Dieu ne plaise, s'écrie-t-elle ; je l'ai nourri pendant quatre ans, j'ai huit enfants vivants, il sera le neuvième. Et elle le remporte en pleurant.

Mon active quête pour elle a monté à quinze ou seize louis. Si vous n'eussiez pas supprimé le trait sublime de cette femme d'une de mes lettres au journal, elle aurait obtenu, l'an passé, le prix public de la vertu, et l'on vous en eût su bon gré. Voilà ce qu'il fallait imprimer.

Pourquoi ne dites-vous pas un mot du noble enthousiasme avec lequel la ville de Lyon vient d'adopter mon plan de bienfaisance pour les pauvres mères qui nourrissent ? Il est rendu public dans le journal de cette ville, et vous a été envoyé pour engager la capitale à imiter ce noble exemple. Cela valait bien les invectives de votre digne ecclésiastique.

Enfin, messieurs, voilà mon dernier mot : Si vous enlevez encore à la petite poste le droit exclusif de me transmettre les injures anonymes dont mes charités sont payées, pardon, mais je serai forcé de vous prendre à partie; et il n'est pas un tribunal où je n'obtienne alors le droit de vous faire attacher à vous-même le nom du *fuyard contumace*, au poteau public de vos feuilles.

J'ai l'honneur d'être, etc.

CARON DE BEAUMARCHAIS.

LXVII

A M. ROBINET.

Paris, le 5 mars 1785.

OBLIGEANT AMI,

J'ai eu l'honneur de remettre à M. le baron de Breteuil un mémoire par lequel les auteurs dramatiques demandent au roi que leurs propriétés soient respectées dans les grandes villes de province, comme son intention est qu'elles le soient dans la capitale. J'ai joint à ce mémoire une expédition de l'acte notarié que les auteurs ont fait avec la direction de Marseille, et l'original de la délibération prise et signée par tous les auteurs dramatiques à ce sujet.

En vous demandant vos bons offices pour le succès de la justice qu'ils sollicitent, je vous prie de donner vos soins à ce que les deux actes joints au mémoire ne soient pas égarés, parce que ce sont des originaux de mon greffe. Vous connaissez les sentiments inviolables de votre serviteur et ami.

LXVIII

A M. BRET.

Le 29 mars 1786.

Je vous envoie, brave censeur, mon étrange opéra pour l'approuver. Je vous demande en grâce qu'il ne sorte pas de vos mains.

Si j'avais mis le véritable titre, il s'appellerait *le Libre Arbitre*, ou *le Pouvoir de la Vertu* ; mais on m'eût accusé d'une prétention ridicule.

Sous cet aspect pourtant, j'espère que les choses fortes, sortant de caractères tranchants, trouveront grâce devant vous.

Pour opposer la confiante piété de *Tarare* et d'*Astasie* aux fureurs du despote, à l'ambition du grand prêtre, et faire sortir de cet ensemble une profonde moralité, j'ai dû faire parler à chacun son langage : mais l'impie pontife est puni par la mort de son fils, le tyran par la sienne ; et le grand mot que ce prêtre dit en couronnant Tarare : *Il est des dieux suprêmes*, etc., aveu qui lui est arraché par la force des événements, est le correctif puissant de son incrédulité. Ainsi, quoique nous ne croyions point en Brama, il n'en résulte pas moins qu'à l'aspect d'une justice inattendue sur de grands criminels, les hommes les plus impies sont ramenés malgré eux à reconnaître une Providence ; et c'est ce que j'ai voulu dire. Il est consolant, mon ami, que la conclusion de mon drame soit si vraie :

> Mortel, qui que tu sois, brame, prince ou soldat,
> *Homme !* ta grandeur sur la terre
> N'appartient point à ton état :
> Elle est toute à ton caractère.

Au reste, mon ami, j'aimerais mieux que cette pièce ne fût jamais jouée que si elle était aplatie.

Je vous salue, vous honore et vous aime.

Le reclus BEAUMARCHAIS.

Gardez mon manuscrit le moins que vous pourrez ; votre ami n'en a pas d'autre.

LXIX

A MM. LES COMÉDIENS FRANÇAIS.

Paris, le 15 décembre 1787.

Lorsque vous jouiez, messieurs, le *Mariage de Figaro*, je vous ai demandé la cinquantième représentation pour l'établissement de l'institut de bienfaisance que je cherchais à former en faveur des mères pauvres qui nourriront eurs enfants. Vous avez acquiescé à ma demande avec toute la grâce possible. Tous mes efforts jusqu'à présent n'ayant abouti qu'à former un seul établissement en France, j'ai senti enfin qu'il fallait le considérer comme l'exemple et le modèle de tous ceux qu'on pourrait former dans la suite, et que tous les efforts des bienfaiteurs devaient se porter au soutien de ce premier institut.

La ville de Lyon, qui a donné ce noble exemple à toutes les villes de France, a besoin d'un nouveau secours de la part de tous ses coopérateurs, non pour une charité du moment, mais pour placer un fonds dont la rente perpétue notre institut pour les nourrices.

Je vous prie donc aujourd'hui, messieurs, de vouloir faire remettre, par votre caissier, le produit de cette représentation à M⁰ Rouen, notaire de cet institut, rue Neuve-des-Capucines, vis-à-vis de la rue d'Antin; il est chargé de le recevoir. Le zèle éclairé des administrateurs de cette noble institution a vaincu tous les obstacles qui nous ont arrêtés ailleurs.

J'ai promis d'envoyer mille écus à chaque ville qui suivrait l'exemple de Lyon, et je tiendrai parole. En attendant, je réunis mes moyens à ceux du seul institut de ce genre que l'on ait encore pu établir avec la sanction du gouvernement.

Faites-moi l'honneur de m'instruire de la remise de ces fonds entre les mains de M⁰ Rouen, et celui de me croire avec considération,

Messieurs, votre, etc.

LXX

RÉPONSE A M. LE CURÉ DE SAINT-PAUL [1].

Paris, le 20 mars 1788.

Mon digne et bon Pasteur,

Après vous avoir rendu grâce de l'obligeant avis que vous voulez bien me donner, permettez-moi de faire un modeste examen de la profanation que votre lettre me reproche.

Si vous aviez fait la recherche de ce délit qui nous est imputé avant d'en porter plainte aux magistrats, vous auriez su par moi, monsieur, qu'aucun maçon, ni voiturier, ni couvreurs, ni autres ouvriers, ne travaillent chez moi le dimanche; mais on vous eût représenté que dans ce mois de sève montante on ne peut laisser d'arbre hors de terre sans être en danger de le perdre, et que des gens de la campagne, ayant conduit à mon jardin des arbrisseaux venus de loin, ont employé toute la nuit du samedi, et même la journée du dimanche, à faire, non l'œuvre servile de les planter (car ils sont payés pour cela), mais l'acte conservatoire et forcé de les serrer en pépinière dans un des coins de mon terrain, pour les empêcher de mourir: et cela sans aucun salaire, car ils me garantissent tout ce qu'ils planteront chez moi.

Quand il n'y a pas de péché, malheur à qui se scandalise! dit en quelque endroit l'Écriture.

Ne pensez-vous pas comme moi que les juifs seuls, ô mon Pasteur, savent observer le sabbat? car ils s'abstiennent du travail, de quelque utilité qu'il soit: au lieu que, chez nous autres chrétiens, on dirait que le culte est un simple objet de police, tant ses commandements sont heurtés d'exceptions. Nous punissons un cordonnier, un tailleur, un pauvre maçon qui travaillerait le dimanche; et dans la maison à côté nous souffrons qu'un gras rôtisseur égorge, plume, cuise et vende des volailles et du gibier. Ce qui me scandalise, moi, c'est que l'homme de bien qui va s'en regorger n'est point scandalisé de cette œuvre servile, exercée pour lui le dimanche.

Dans nos jardins publics cent cafés sont ouverts, mille garçons frappent des glaces: on en fait un commerce immense; et l'honnête dévot qui va s'en rafraîchir le dimanche les paye sans songer au scandale qui en résulte.

Plus loin, monsieur, on donne un bal; vingt ménétriers altérés y font l'œuvre servile et folle de faire danser nos chrétiens, pour quelque argent qu'on leur délivre: si mon dévot n'y danse pas, au moins ni lui ni son curé ne les dénoncent à la police, et mon malheureux jardinier peut-être va payer l'amende.

Les fêtes et dimanches, on ouvre les spectacles: là des acteurs, pour de l'argent, font un métier proscrit selon l'Église; et le saint dénonciateur des ouvriers de mon jardin va sans scrupule salarier l'œuvre servile qui l'amuse, en sortant de chez mon curé, où il a crié au scandale contre mes pauvres paysans!

Sans doute on répondra que ce qui touche le public mérite de faire exception à la rigueur du saint précepte; mais le cabaret, la guinguette, et tous les gens qui vivent des désordres où ils plongent le peuple aux saints jours, exercent-ils aux yeux de Dieu des métiers plus honnêtes que celui de mes ouvriers, qui s'abstiennent de l'exercer pour aller perdre la raison et le pécule de leur semaine dans ces lieux de prostitution?

---

[1] Voici la lettre que le curé de Saint-Paul avait envoyée à Beaumarchais:

« Paris, 17 mars 1788.

« Des personnes respectables, monsieur, m'ayant porté des plaintes hier sur les travaux dont ils étaient témoins un jour de dimanche, j'ai été obligé de faire entendre près des magistrats mes plaintes sur une transgression que je ne puis voir avec indifférence. L'examen approfondi que j'ai été obligé de faire m'a convaincu que c'était dans votre maison et dans votre jardin que ces travaux avaient eu lieu. Je suis bien persuadé, monsieur, que c'est votre insu et contre vos ordres, que des ouvriers ont été mis en action dans ce jour, dont l'observation est prescrite par la loi divine et par celle de l'État. J'attends de vous, monsieur, de nouveaux ordres aux directeurs de vos travaux; je les ai annoncés d'avance à plusieurs personnes dont l'émotion était publique. J'ai du plaisir à croire que mon espérance ne sera pas frustrée: au moins aurai-je rempli ce que me dicte ma conscience et l'attachement avec lequel j'ai l'honneur d'être,

« Monsieur,
    « Votre très-humble et très-obéissant serviteur,
        « *Signé*: Bossu, curé de Saint-Paul
            et prédicateur du roi. »

Tous les métiers qui servent au plaisir ouvrent boutique le dimanche, et le père de douze enfants, si par malheur il n'est que cordonnier, tailleur de pierre ou jardinier, est puni d'un travail utile qui nourrit lui et sa famille !

J'ai vu, le jour de Pâques, les valets de nos saints frotter leur chambre, les servir, un cocher mener leur voiture, et tous leurs gens faire autour d'eux l'œuvre servile par laquelle ces malheureux gagnent leur vie, sans qu'aucun de nos saints en fût scandalisé. Ne nous apprendra-t-on jamais où commence et finit le péché ; comment un commerce inutile, un métier souvent scandaleux, peuvent s'exercer le dimanche, pendant que d'honnêtes labeurs qui sustenteraient mille pauvres, deviennent l'objet du scandale de nosseigneurs les gens de bien ?

Pardon, mon digne et bon Pasteur, si j'insiste sur cet objet ; votre lettre m'y autorise : nul ne raisonne avec moi sans que je raisonne avec lui. Tel est mon principe moral : l'œuvre de Dieu n'a point de fantaisie ; et si l'utilité dont est le cabaret au *perfidus caupo* d'Horace le fait tolérer le dimanche, je demande comment la nécessité des travaux ne plaide pas plus fortement pour un pauvre tailleur de pierre ou de malheureux jardiniers.

Au lieu de ces vaines recherches qui nous troublent dans nos demeures, de ces inquisitions de huitième ou neuvième siècle, de ces saintes émotions (pour employer vos propres termes) sur des travaux d'une utilité reconnue, ne serait-on pas mieux d'être plus conséquent lorsqu'on établit des principes ? Qu'est-ce que proscrire, le dimanche, des ouvrages indispensables, quand on excepte de la règle les travaux de pur agrément, et jusqu'aux métiers de désordres ?

Je m'en rapporte à vous, monsieur, qui êtes plus éclairé que moi, et vous supplie de ramener, si vous le trouvez dans l'erreur, celui qui est avec une confiance sans bornes,

Mon respectable et bon Pasteur,
    Votre très-humble et très-obéissant
        serviteur et paroissien, etc.

LXXI

A CHACUN DE MES JUGES,

En lui présentant mon troisième mémoire ou dernier exposé des faits relatifs au procès du sieur Kornmann contre sa femme.

30 mars 1789.

Monsieur,

Je croirais vous manquer de respect en sollicitant votre justice ; j'invoque seulement une heure de votre sévère attention. Mes adversaires ont tant obscurci cette affaire en la couvrant à chaque instant d'incidents étrangers, qu'il est presque impossible, monsieur, malgré votre sagacité, que vous en ayez pu suivre le fil embarrassé, dans les plaidoyers turbulents dont ils vous ont scandalisé.

J'ai rassemblé dans ce mémoire les faits qui se rapportent à moi. Sa lecture est la seule audience que je vous prie de m'accorder. Et quand vous l'aurez lu, monsieur, je ne vous demande qu'une grâce, c'est de punir sévèrement ceux que vous trouverez coupables.

Je suis, avec un très-profond respect,
    Monsieur,
    Votre très-humble et très-obéissant serviteur, etc.

LXXII

A MONSIEUR DE CROSNE, LIEUTENANT DE POLICE.

Paris, le 13 mai 1789.

Monsieur,

Vous m'avez invité à vous écrire ce que j'eus l'honneur de vous dire hier matin. Le souvenir récent d'un mal affreux et public rend l'inquiétude excusable quand le danger menace encore ; punir le crime et les excès commis est l'office de la loi et des magistrats de la loi ; les prévenir est celui de l'autorité surveillante, et l'on ne pense pas sans douleur qu'une maison gardée par quatre cents baïonnettes a été brûlée en plein jour.

Ce problème restant à résoudre, rend plus vives les inquiétudes de quelques citoyens menacés ; je suis du nombre et voici ce que j'aperçois.

Tous les ouvriers de bâtiments s'assemblent certains jours à des heures fixes : quand on les voit se pelotonner le soir en des endroits inusités, il se prépare quelque chose. Voilà plusieurs soirées que je fais cette remarque ; j'ai entendu dans l'un de ces pelotons ces mots : *Il y en aura bien d'autres tués avant la semaine prochaine;* un homme de mes amis a entendu sortir d'un autre ces mots :

C'est la nuit qu'il faut travailler.

Les poissardes du cimetière Saint-Jean parlaient tout haut en plein marché, il y a peu de jours, *de mes maisons comme de lieux dévoués.*

Un infâme sujet, jadis mon portier, nommé *Michelin*, loge sur ce marché au coin de la rue de la Verrerie, chez un potier de terre, au second.

Cet homme, qui a joué le rôle d'un faux témoin dans mon dernier procès, salarié par mes ennemis et justement soupçonné d'avoir placardé mes portes et cassé mes bas-reliefs, est un de ceux qui soulèvent la canaille contre moi. Ces instruments aveugles des vengeances secrètes, une fois mis en mouvement, vont sans nul examen où la méchanceté les conduit.

J'ai eu l'honneur d'ajouter, monsieur, en vous parlant, que si la surveillance ne se ralentissait pas dans ces apparences de repos, mon avis devenait inutile, mais que si la sécurité rendait les soins moins attentifs, on courrait peut-être le risque d'être surpris par de nouveaux attentats.

Recevez avec bonté ces avis dictés par mon zèle et aussi par ma sollicitude et faites-moi la justice de me croire avec un dévouement très-respectueux, monsieur,

    Votre très-humble, etc.,
        Caron de Beaumarchais.

LXXIII

AU SEMAINIER DU THÉATRE FRANÇAIS.

Paris, le 9 novembre 1789.

En vous rendant grâce, mon cher Florence, de la place que vous m'avez fait garder hier aux Français, je voudrais m'acquitter envers vous et la Comédie par un avis utile à votre société.

La pièce de *Charles IX* a certainement du mérite; elle est dans quelques scènes d'un effet terrible et déchirant, quoiqu'elle languisse dans d'autres et n'ait que peu d'action. On l'a mise au théâtre avec le plus grand soin, et il n'y a que des éloges à faire de tous les acteurs qui y jouent. Le contraste frappant des caractères du cardinal et du chancelier anime souvent un tableau que d'autres rôles affaiblissent; mais en me recherchant sur sa moralité, je l'ai trouvée plus que douteuse. En ce moment de licence effrénée où le peuple a beaucoup moins besoin d'être excité que contenu, ces barbares excès, à quelque parti qu'on les prête, me semblent dangereux à présenter au peuple et propres à justifier les siens à ses yeux. Plus *Charles IX* a de succès, plus mon observation acquerra de force, car la pièce aura été vue par des gens de tous les états. Et puis, quel instant, mes amis, que celui où le roi et sa famille viennent résider à Paris[1] pour faire allusion aux complots qui peuvent les y avoir conduits! Quel instant pour prêter au clergé, dans la personne d'un cardinal, un crime qu'il n'a pas commis (celui de bénir les poignards des assassins des protestants); quel instant, dis-je, que celui où, dépouillé de tous ses biens, le clergé ne doit pas être en proie à la malveillance publique, puisqu'il sauve l'État en le servant de ses richesses! Si les plans qu'on suppose à quelques brouillons de la cour avaient eu leur entier succès, si le clergé eût gagné le grand procès de sa propriété, je concevrais dans quel esprit on eût permis un tel ouvrage; mais dans l'état où sont les choses, j'avoue que je ne le conçois pas. Je n'entends pas blâmer ici l'auteur: son ouvrage était fait, il a dû vouloir qu'il fût joué. Ses motifs étaient purs sans doute, mais l'administration ne doit-elle pas veiller au choix du temps où tel spectacle doit être admis ou suspendu?

Quant à vous, mesdames et messieurs, si vous ne voulez pas qu'on dise que tout vous est indifférent pourvu que vous fassiez des recettes, si vous aimez qu'on pense que vous êtes citoyens autant et plus que comédiens, enfin si vous voulez que vos produits se multiplient sans offenser personne, sans blesser aucun ordre, aucun rang, méditez le conseil que mon amitié vous présente, et considérez-le sous tous ses différents aspects. La pièce de *Charles IX* m'a fait mal sans consolation, ce qui en éloignera beaucoup d'hommes sages et modérés, et les esprits ardents, messieurs, n'ont pas besoin de tels modèles! Quel délassement de la scène d'un boulanger innocent pendu, décapité, traîné dans les rues par le peuple il n'y a pas huit jours, et qui peut se renouveler, que de nous montrer au théâtre Coligny ainsi massacré, décapité, traîné par ordre de la cour!

Nous avons plus besoin d'être consolés par le tableau des vertus de nos ancêtres qu'effrayés par celui de nos vices et de nos crimes[2].

BEAUMARCHAIS.

LXXIV

A M. SALIERI.

Paris, le 15 août 1790.

C'est maintenant, mon cher Salieri, que je vous dois le compte de votre grand succès: *Tarare* n'a été joué que le 3 de ce mois; l'Opéra l'a remis avec un soin prodigieux; le public l'a goûté comme une œuvre sublime de la part du musicien. Vous voilà donc chez nous à la tête de votre état! L'Opéra, qui, depuis un an, faisait cinq cents à six cents livres, a fait six mille cinq cent quarante livres le premier jour de *Tarare*, cinq mille quatre cents le second, etc. Les acteurs, revenus sévèrement à mon principe, de regarder le chant comme accessoire du jeu, ont été, pour la première fois, rangés parmi les plus grands talents du théâtre; et le public criait: *Voilà de la musique! pas une note radotée; tout marche aux grands effets de l'action dramatique!* Quel plaisir pour moi, mon ami, de voir que l'on vous rende enfin cette grande justice, et que l'on vous nomme en chorus *le digne successeur de Gluck!*

J'ai fait remarquer au comité que le travail du couronnement exigeait qu'on ne regardât pas cette reprise de *Tarare* comme une seconde mise, mais comme la première continuée, et que vos deux cents livres par représentation vous fussent allouées; et non pas cent vingt livres, comme ils disent que c'est l'usage: je n'ai pas encore leur réponse.

Mon ami, est-ce que vous désespérez de revenir ici travailler pour notre théâtre? Parlez-moi net sur cet objet; car bien des gens m'interrogent là-dessus: chacun veut vous donner son poëme. Si vous devez finir *Castor*, c'est chez moi qu'il faut le finir; et votre appartement vous attendra toujours. Bonjour, mon bon ami; aimez toujours votre dévoué, etc.

Ma femme se recommande à votre bonne amitié, et ma fille à vos grandes leçons.

LXXV

A M. D'OGNY, DIRECTEUR GÉNÉRAL DES POSTES.

Paris, le 1ᵉʳ septembre 1790.

MONSIEUR,

Je ne pourrai plus vous offrir que de stériles remercîments pour tous les bons offices que vous nous avez

---

[1] Il s'agit ici du retour du roi à Paris après les journées des 5 et 6 octobre.

rendus dans les temps les plus difficiles. Ce volume de la *Vie de Voltaire*, que j'ai l'honneur de vous adresser, est le complément de notre ouvrage.

Mais, monsieur, je n'oublierai jamais que, sans votre obligeante assistance, nous serions restés en chemin, et que, morts à la peine, nous n'aurions pu donner à l'Europe impatiente la collection des œuvres du grand homme. Cette audacieuse entreprise me coûte plus d'un million de perte en capitaux et intérêts ; mais, grâce à vous, monsieur, j'ai tenu mes paroles données, et c'est une consolation pour moi. Quelques accessoires arriérés occupent encore nos presses. Tout ce qui en sortira vous sera présenté, monsieur, comme un léger tribut de ma reconnaissance.

Je vous salue, vous honore et vous aime.

BEAUMARCHAIS.

LXXVI

A MIRABEAU.

Septembre 1790.

Je vais répondre à votre lettre, monsieur, avec franchise et liberté. Depuis longtemps je cherchais une occasion de me venger de vous ; elle m'est offerte par vous-même, et je la saisis avec joie.

Tous les motifs que vous citez sont en effet entrés dans mon projet d'acquisition. Un autre plus puissant s'y joint, et quoiqu'il soit assez bizarre, il n'est pas moins celui qui m'a le plus déterminé. A l'âge de douze ans, prêt à faire ma première communion (vous riez?), je fus conduit chez ces Minimes. Un grand tableau du *Jugement dernier* qui était dans leur sacristie me frappa tellement l'esprit, que j'y retournais très-souvent. Un vieux moine fort spirituel entreprit cela de m'arracher au monde ; il me prêchait toutes les fois sur le texte du grand tableau, en accompagnant son sermon d'un goûter. J'avais pris fort en gré sa retraite et sa morale, et j'y courais tous les jours de congé. Depuis, j'ai toujours vu ce clos avec plaisir, et aussitôt qu'on a mis en vente les biens de nos pauvres tondus, j'ai donné l'ordre de couvrir les enchères de celui-là. Autant de motifs réunis me rendent cette acquisition fort chère, mais ma vengeance me l'est encore plus, car je ne suis plus aussi bon que je l'étais dans mon enfance. Vous avez envie de mon clos, je vous le cède, et me départs de toutes mes prétentions sur lui, trop heureux d'avoir mis enfin *mon ennemi entre quatre murailles!* Il n'y a plus que moi qui le puisse après la chute des bastilles.

Si dans votre colère vous êtes assez généreux pour ne pas au moins vous opposer au salut de mon âme, réservez-moi, monsieur, le grand tableau du *Jugement dernier*. Mon dernier jugement sur lui est que c'est un fort beau morceau et fait pour honorer ma chapelle.

Vous vous serez vengé de moi comme je me venge de vous. Si vous avez besoin de bons renseignements ou même de mon concours, pour la facilité de votre acquisition, parlez, je ferai là-dessus tout ce que vous voudrez, car si je suis, monsieur, le plus implacable de tous vos ennemis, mes amis disent en riant que je suis le meilleur de tous les méchants hommes.

BEAUMARCHAIS.

LXXVII

A BARÈRE.

Paris, ce 11 décembre 1790.

Je ne puis me refuser, monsieur, au plaisir de vous remercier de celui que vient de me faire la lecture de votre beau discours sur la restitution des biens des protestants fugitifs du royaume ; j'en ai le cœur gros et les yeux mouillés. Heureuse la nation qui peut s'honorer devant le monde entier d'un acte si juste et si magnanime! Heureux l'orateur qui, chargé de l'auguste emploi d'éclaircir une pareille question, a trouvé dans son cœur les touchantes expressions dont vous avez orné votre logique!

Quelque mal personnel que puisse me faire la révolution, je la bénirai pour le grand bien qu'elle vient d'opérer, et je vous aimerai toute ma vie, même sans vous connaître, pour le profond sentiment que vous avez versé sur cette importante matière. Depuis quinze ans, je n'avais pas cessé de travailler, de solliciter nos ministres pour adoucir le sort des infortunés protestants ; bénie soit à jamais l'assemblée qui rappelle les fugitifs au rang de citoyens français!

J'ai l'honneur d'être, etc.

BEAUMARCHAIS.

LXXVIII

A LA COMTESSE D'ALBANY.

Paris, ce 5 février 1791.

MADAME LA COMTESSE,

Puisque vous voulez entendre absolument mon très-sévère ouvrage[1], je ne puis pas m'y opposer ; mais faites une observation avec moi : quand je veux rire, c'est aux éclats ; s'il faut pleurer, c'est aux sanglots. Je n'y connais de milieu que l'ennui.

Admettez donc qui vous voudrez à la lecture de mardi, mais écartez les cœurs usés, les âmes desséchées qui prennent en pitié ces douleurs que nous trouvons si délicieuses. Ces gens-là ne sont bons qu'à parler révolution. Ayez quelques femmes sensibles, des hommes pour qui le cœur n'est pas une chimère, et puis pleurons à plein canal. Je vous promets ce douloureux plaisir et suis avec respect, madame la comtesse, etc.,

BEAUMARCHAIS.

[1] *La Mère coupable.*

LXXIX

AUX OFFICIERS MUNICIPAUX.

Au Marais, ce 28 juin 1791.

Messieurs,

Les citoyens de la Vieille-Rue-du-Temple et de plusieurs rues voisines se réunissent pour vous faire observer que l'éloignement de l'église de Saint-Gervais et Saint-Protais, leur paroisse, le peu de messes qu'on y dit, mettent presque tous ceux qui gardent les maisons, pendant que les autres remplissent un des grands devoirs du chrétien, dans la nécessité d'y manquer fort souvent eux-mêmes. Les femmes, les jeunes personnes, toutes les âmes pieuses et sensibles pour qui les actes de religion sont un aliment doux, utile et même nécessaire, d'accord avec leur digne curé, se joignent à tous nos citoyens pour vous supplier d'ordonner que la chapelle intérieure des hospitalières de Saint-Gervais leur soit ouverte à l'heure du sacrifice, comme vous l'avez accordé aux citoyens des rues Saint-Denis et des Lombards, en leur faisant ouvrir celle des hospitalières de Sainte-Catherine. Notre digne curé se propose même, messieurs, d'augmenter le nombre des messes nécessaires à ce grand quartier, en en faisant célébrer une dans l'église des Blancs-Manteaux.

Et moi qu'ils ont chargé de rédiger cette demande, quoique le moins dévot de tous, moi qui sens que cette faveur est devenue indispensable, tant pour la régularité des devoirs à remplir que pour faire cesser les propos indécents des ennemis de la patrie qui répandent partout que le civisme est un prétexte pour détruire la religion, je me joins à ma femme, à ma fille, à mes sœurs, à mes concitoyens, à toutes leurs familles. pour obtenir de vous que tant de bons chrétiens qui demandent des messes en aient au moins leur suffisance. Nous recevrons cette justice comme une grâce signalée, laquelle honorera votre catholicisme autant que cette pétition honore le leur et le mien.

Caron-Beaumarchais.

LXXX

A M. MANUEL

16 avril 1792.

O bon monsieur *Manuel!* pourquoi vous fâchez-vous contre un utile citoyen qui veut bien plus que vous que chacun contribue, car il a plus que vous à perdre si quelques brûlots malfaisants parviennent à combler le désordre?

Pourquoi versez-vous de l'absinthe sur les sages conseils de vos bontés municipales? Depuis que votre écrit paraît dans la *Chronique*, si j'employais les tristes matériaux que tous vos ennemis m'envoient, je vous abreuverais de fiel, vous, magistrat zélé, qui n'avez sûrement que des intentions pures, en me gourmandant sans sujet!

A Dieu ne plaise que je pousse cette petite guerre plus loin! Surveillez-moi bien, j'y consens; mais que ce soit vous-même, avec votre équité! N'allez plus ramasser tant d'indications hasardées sur les citoyens, leur état, leur fortune, et qui souvent n'ont de réel que l'inattention révoltante ou le manque de soins qui préside à leur rédaction. Plus d'acceptions désobligeantes quand vous formez des listes d'accusation, nommant les uns, couvrant les autres du manteau d'un *et cœtera*[1].

L'homme riche, monsieur, ne doit payer ni *avant* ni *après personne*, mais seulement une somme plus forte que ceux qui ont moins de fortune; voilà toute la distinction. Ne laissez pas penser qu'il entre de la partialité, ou même un peu de malveillance, dans le choix que vous faites de moi, entre mille autres citoyens, pour me donner des torts que je n'ai point : cela sera plus digne d'un magistrat, qu'on aime à voir intègre et balancé comme la loi.

Lorsque vous outragez un citoyen sur sa fortune (ce qui sans doute est un des droits de votre place, puisque vous ne dédaignez pas d'en user contre moi), il est d'un esprit exercé d'employer des expressions justes : car, *désormais faire fortune* ne *sera* pas, comme vous dites, *mériter l'estime publique*. Cette estime, monsieur, est un fort grand succès, une flatteuse récompense; mais ce n'est point *faire fortune*, mot trivial qui ne s'applique qu'au fruit pécunier des travaux. Un écrivain de votre mérite sait cela beaucoup mieux que moi!

Peut-être il vaudrait mieux aussi, dans vos gaietés municipales, éviter ces rapports badins entre *Alexandre et Beaumarchais*, qui rappellent un peu trop les plaidoyers de la *Folle Journée*, et font dire à ceux qui parcourent les dénonciations du procureur syndic: *Toujours de l'esprit, monsieur des Mazures!* la gravité de cet emploi, qu'un peu de peine a mis sur votre tête, exige un style plus décent.

Mais, pendant que vous m'accusez de ne point payer à l'État cent écus d'arriéré que je ne dus jamais, comparons sans humeur notre conduite réciproque depuis cette révolution; cela peut n'être pas sans fruit.

Lorsque, vous dispensant de rien payer, vous-même (s'il faut en croire vos commis) vous vous donniez du mouvement pour tâcher d'être quelque chose; moi, qui ne voulais être rien, j'obligeais l'hôtel de Soubise, qui refusait de l'accepter, de recevoir, non pas une déclaration vague pour ma contribution patriotique, mais l'état très-exact de mes biens productifs, dont j'ai payé gaiement le quart (et la date de mes quittances n'est pas du jour de ma nomination à aucune place que je voulusse avoir, j'espère n'en avoir jamais). Je soulageais, sans en rien dire, tous les pauvres de mon faubourg de sommes assez considérables, dont, ne vous déplaise, monsieur, ils me savent aussi quelque gré. J'ai

---

[1] J'ai déjà dit dans la *Chronique* que je ne suis point imprimeur, et ne dois rien en cette qualité. Tant pis pour ceux qui enregistrent faux. (*Note de Beaumarchais.*)

les reçus de ma section, *et ses très-doux remerciments.* Je donnais des lits à huit cents de nos frères les fédérés, et refusais, sans m'en vanter, des officiers municipaux d'alors la somme de quatre mille livres, que tous voulaient me rembourser, pour cette dépense civique, dont j'ai quittancé *et leurs remerciments.* Je leur proposais, mais tout bas, d'avancer de quoi soutenir divers établissements publics, *et j'en ai leurs remerciments.* Je leur offrais de déposer dans le trésor municipal une somme, sans intérêts, pour qu'ils fissent eux-mêmes circuler de petits billets, dont le peuple avait tant besoin ! procédé qui eût prévenu l'affreux agiotage que de perfides secours ont fait naître depuis ; *et j'en ai leurs remerciments et ceux du comité des finances,* dont je n'aurais pas dit un mot, si l'espèce de malveillance dont on voudrait m'envelopper ne me forçait à me montrer, pour ma sûreté personnelle.

Ainsi, pendant que vous me dénoncez comme arriéré d'un très-léger débet, en m'injuriant sur ma fortune, je prouverai, s'il le faut, que depuis dix-huit mois, j'ai déboursé, avec plaisir, en contributions, en aumônes, en secours, en dépenses civiques, environ cent mille francs pour le service de la patrie, plus occupé de sa conservation que ceux qui s'en vantent beaucoup ; et toujours gaiement à mon poste, malgré les dangers personnels que des brigands m'ont fait courir.

Les généreux propriétaires ne sont donc pas, monsieur Manuel, autant inutiles à l'État que les gens de bien qui n'ont rien voudraient le faire accroire au peuple. Disons beaucoup cela tous deux, nous servirons la chose publique.

Si je conserve, au reste, une fonderie utile ; si, au lieu de vendre mon livre comme un vigneron vend son vin, je me mettais à débiter des livres, je me patenterais comme imprimeur à caractères : mais si jamais j'imprime à mon profit les souillures de la police, les lettres d'autrui dérobées, je me condamnerai d'avance aux reproches fondés du procureur syndic actuel de la commune de Paris. Et si, pendant tous ces débats, ma maison se trouvait pillée (comme on en répand le bruit sourd), au moins serait-il bien prouvé, aux yeux de mes concitoyens, que le patriote pillé valait autant pour la patrie que les patriotes pillards à qui, je crois (bien malgré vous), la pauvre France est près d'être livrée.

Alors tous les propriétaires qui s'endorment sur un abîme sentiraient le danger qu'ils courent, et s'uniraient, en s'éveillant, pour repousser le brigandage ; car *patrie sans propriété* est un mot si vide de sens, que ceux qui feignent le plus d'y croire n'en font pas moins tous leurs efforts pour devenir, à vos dépens et aux miens, *patriotes propriétaires. Inde* colères, *inde* querelles, *inde* pillages tolérés, *inde* tous ces écrits sur l'égalité prétendue en faveur de ceux qui n'ont rien contre tous les gens qui possèdent, ce qui mérite l'attention des surveillants que nous avons choisis : comme si, à leur tour, ces pillards ne devaient pas être pillés par ceux qui suivraient leur exemple ! comme si un cercle de destructions pouvait servir de base à l'harmonie de la civilisation, à la liberté d'aucun peuple !

Faisons la paix, monsieur Manuel : vous et moi avons mieux à faire qu'à nourrir de pamphlets la curiosité des oisifs. Je ne répondrai plus à rien.

LXXXI

A M. CHABOT.

7 juin 1792.

En lisant ce matin, monsieur, dans le *Logographe* du jour, votre éloquent rapport sur le comité autrichien, dans lequel on m'avait appris que je me trouvais dénoncé, j'ai vu que mes amis traitaient trop légèrement ce rapport, qu'ils appelaient une capucinade. Sa lecture m'a convaincu qu'il faut examiner soi-même et non pas juger sur parole un orateur de votre force, et surtout de votre justice.

Vous y dites, monsieur, qu'un commissaire de la section du Louvre m'a dénoncé *pour avoir acheté soixante-dix mille fusils en Brabant.* Vous dites que l'on en a la *preuve au comité de surveillance;* que ces fusils sont déposés *dans un lieu suspect, à Paris.* Vous dites que *la municipalité a connaissance de l'un de ces dépôts.* Voilà des faits très-positifs : il semblerait qu'il ne me faut que des chevaux pour Orléans. Eh bien ! dans un temps plus tranquille je mépriserais ces vains bruits : mais je vois des projets sérieux d'exercer de lâches vengeances, en en échauffant le peuple, en l'égarant par des soupçons qu'on fait jeter sur tout le monde, et que l'on donne à commenter aux brigands des places publiques.

Je vous observe donc, monsieur, que si vous avez eu l'annonce, *au comité de surveillance, que soixante-dix mille fusils sont cachés par moi dans Paris, qu'ils sont dans un lieu très-suspect* (ce qui suppose que vous le connaissez), vous êtes plus suspect que ce lieu, de n'avoir pas fait à l'instant tout ce qu'il faut pour vous en emparer. Un vrai comité autrichien, payé pour nuire à la patrie, n'agirait pas d'autre manière.

J'ajoute à cette observation que je somme hautement la municipalité de Paris (M. *Manuel* même à la tête) de déclarer publiquement, à peine de haute trahison, où est le dépôt des fusils que je tiens cachés dans Paris. Il est bien temps que, dans un corps composé de bons citoyens, les lâches qui le déshonorent soient désignés et bien connus.

Dans le court exposé de la trahison qu'on m'impute, vous n'avez fait que trois erreurs, que je vais relever puisqu'il en est question.

Il est bien vrai, monsieur, que j'ai acheté et payé, non pas *soixante-dix mille fusils en Brabant,* comme vous le dites, mais soixante mille en Hollande, où ils sont encore aujourd'hui retenus, contre le droit des gens, dans un des ports de la Zélande. Depuis deux mois je n'ai cessé de tourmenter *M. Dumouriez* pour qu'il en demandât raison au gouvernement hollandais ; ce qu'il a fait : et je le sais par notre ministre à la Haye. J'invoque ici son témoignage pour attester ces faits à tout le monde, excepté à M. *Chabot*.

Il est bien vrai aussi que j'ai fait venir à Paris, non pas *soixante-dix mille armes*, comme vous le dites sans rougir, ajoutant que la *preuve est faite* à votre *comité secret*, mais *deux* de ces fusils seulement, pour qu'on juge quelle est leur forme, et leur calibre et leur bonté. Mais puisque vous avez l'honnête discrétion de ne pas indiquer le *lieu suspect* où je les tiens cachés, je vais, moi, par reconnaissance pour la grande bonté du rapporteur *Chabot*; pour l'honneur de mon délateur, le commissaire de la section du Louvre; pour la bienveillante inaction de la municipalité, qui parle bas au sieur Chabot de mon dépôt, *qu'elle connaît*, et ne fait rien pour s'en saisir; je vais nommer ce lieu *suspect*.

Je tiens ces deux fusils cachés... (ô ciel! que vais-je déclarer?...) dans le grand cabinet du ministre de la guerre, près de la croisée à main gauche, d'où je sais que M. *Servan* ne refusera point de les faire exhiber, toutes les fois qu'il s'agira de constater ce grand délit, par la dénonciation duquel vous avez si bien établi le vrai comité autrichien, et mes relations avec lui! Je prie M. *Servan* de vouloir attester le fait des deux fusils à tout le monde, excepté vous : je dis *excepté vous*, monsieur, parce qu'on n'espère point ramener l'homme qui dénonce une atrocité réfléchie contre sa conviction intime.

Mais pourquoi, direz-vous, si vous n'êtes pas coupable, ces achats et cette cachette chez le ministre de la guerre? Et moi, qui n'ai point de motifs pour envelopper ce que je dis sous des formes insidieuses, comme le fait M. *Chabot*, je parlerai sans réticence.

Lorsque j'ai proposé de substituer dans nos possessions d'outre-mer, à mesure de leurs besoins, mes fusils anglais, hollandais, à tous ceux du modèle de 1777, que l'on serait forcé d'y envoyer de France, où nous n'en avons pas assez pour armer tous les citoyens qui brûlent de la maintenir libre, j'ai cru devoir tranquilliser notre ministre de la guerre sur la qualité des fusils que j'allais porter dans nos îles, tous pareils à ces deux modèles que j'ai fait déposer chez lui, en le priant d'en garder un, d'envoyer l'autre en Amérique, pour qu'il serve de contrôle à tous ceux que j'y porterai. Voilà ce que je prie encore M. *Servan* d'attester à tout le monde, excepté à M. *Chabot*.

Or, si vous, digne rapporteur de faits que vous connaissez faux, ou si mon dénonciateur, ou quelques-uns des membres de cette municipalité qui reste si tranquille, ayant la connaissance d'un *dépôt d'armes dans Paris*; si vous avez eu quelque espoir de faire piller ma maison, comme on l'a essayé vingt fois, en animant le peuple contre moi par les plus lâches calomnies, je vous apprends que vos projets ont déjà reçu quelque exécution. Déjà vos secrets émissaires affichent des placards sur mes murs et dans mon quartier, où l'on charge, comme de raison, les beaux traits du rapport que vous avez fait contre moi : mais le peuple de mon quartier me connaît, monsieur, et sait bien qu'aucun citoyen de l'empire n'aime son pays plus que moi; que, sans appartenir à faction et à factieux, je surveille leurs *porte-voix*, leurs agents secrets, leurs menées; que j'en démasquerai plusieurs.

Quand je parle de *porte-voix*, je n'entends point, monsieur, vous désigner sous ce nom peu décent. Je sais, comme les gens instruits, que les éloquents monastères où vous fûtes capuchonné ont de tout temps fourni de grands prédicateurs à la religion chrétienne; mais j'étais bien loin d'espérer que l'assemblée nationale aurait tant à se louer un jour des lumières et de la logique

D'un orateur tiré de cet ordre de saints
Que le grand Séraphique a nommés capucins.

Plein d'une juste admiration pour vous, j'allais joindre, monsieur, mon tribut d'applaudissements à ceux que vous avez reçus, lorsque je me suis vu tout à coup dénoncé par vous. Si c'est bien fait de dénoncer et d'envoyer à Orléans tout ce qui contrarie vos vues, je vous dirai comme Voltaire en parlant du père Girard, qui fut beau moine ainsi que vous :

Mais, mon ami, je ne m'attendais guère
A voir entrer mon nom dans cette affaire!

Quoi qu'il en soit, monsieur, votre éloquence n'a pas été perdue : la vive satisfaction de toute l'Assemblée, les louanges publiques dont on vous a couvert, le décret qui s'en est suivi sur ce qui touche aux généraux, vous ont sans doute consolé de n'avoir pas pu accomplir tout le bien que vous vouliez faire; je vous rends grâce pour ma part, et suis, avec tout le respect que vos talents nous inspirent, monsieur, votre, etc.

LXXXII

A MA FILLE EUGÉNIE,

ALORS AU HAVRE.

Paris, le 12 août 1792.

Puisque j'ai promis de t'écrire, c'est à toi, ma chère fille, que je veux adresser les détails des événements qui m'ont personnellement frappé dans ces trois journées désastreuses; et je le fais pour que tu t'en occupes : car il m'importe également que tout ce qui m'arrive en mal ainsi qu'en bien tourne au profit de mon enfant.

Mercredi matin 8 août, j'ai reçu une lettre par laquelle un monsieur, qui se nommait sans nul mystère, me mandait qu'il était passé pour m'avertir d'une chose qui me touchait, *aussi importante que pressée* : il demandait un rendez-vous. Je l'ai reçu. Là j'ai appris de lui qu'une bande de trente brigands avait fait le projet de venir piller ma maison la nuit du jeudi au vendredi; que six hommes, en habits de garde national ou de fédéré, je ne sais, devaient venir me demander, au nom de la municipalité, l'ouverture de mes portes, sous prétexte de chercher si je n'avais pas d'armes cachées. La bande devait suivre, armée de piques, avec des bonnets rouges, comme des citoyens acolytes; et ils devaient fermer les grilles sur eux, en emportant les clefs, pour empêcher, auraient-ils dit, que la foule ne s'introduisît. Ils devaient enfermer mes gens dans une des pièces souterraines, ou la cuisine, ou le commun, en menaçant d'égorger sans pitié quiconque dirait un seul mot. Puis ils devaient me demander, la baïonnette aux reins, le poignard à la gorge, où étaient les huit cent mille francs qu'ils croient, disait ce monsieur, que j'ai reçus du trésor national. Tu juges, mon enfant, ce que je serais devenu dans les mains de pareils brigands, quand je leur aurais dit que je n'avais pas un écu, *et n'avais pas reçu un seul assignat du trésor*. Enfin, m'ajouta ce bon homme, ils m'ont mis du complot, monsieur, en jurant d'égorger celui qui les décèlerait. Voilà mon nom, mon état, ma demeure; prenez vos précautions; n'exposez pas ma vie pour prix de cet avis pressant que mon estime pour vous m'engage à vous donner.

Après l'avoir bien remercié, j'ai écrit à M. Pétion, comme premier magistrat de la ville, pour lui demander une sauvegarde. J'ai remis ma lettre à son suisse, et n'en avais pas de réponse quand les troubles ont commencé, ce qui redoublait mes inquiétudes.

Je ne te dirai rien de la terrible journée du vendredi, les nouvelles en parlent assez; mais voyant revenir, le soir, les soldats et le peuple déchargeant leurs fusils et tirant des pétards, j'ai jugé que tout était calme, et j'ai passé la nuit chez moi.

Samedi 11, vers huit heures du matin, un homme est venu m'avertir que les femmes du port Saint-Paul allaient amener tout le peuple, animé par un faux avis qu'il y avait des armes chez moi, *dans les prétendus souterrains* qu'on a supposés tant de fois, et dont trois ou quatre visites n'ont encore pu détruire les soupçons; et voilà, mon enfant, l'un des fruits de la calomnie : les faussetés les mieux prouvées laissent d'obscurs souvenirs que les vils ennemis réveillent dans les temps de troubles; car ce sont les moments, ma fille, où toutes les lâches vengeances s'exercent avec impunité.

Sur cet avis, j'ai tout ouvert chez moi, secrétaires, armoires, chambres et cabinets, enfin tout, résolu de livrer et ma personne et ma maison à l'inquisition sévère de tous les gens qu'on m'annonçait. Mais quand la foule est arrivée, le bruit, les cris étaient si forts, que mes amis troublés ne m'ont pas permis de descendre, et m'ont conseillé tous de sauver au moins ma personne.

Pendant qu'on bataillait pour l'ouverture de mes grilles, ils m'ont forcé de m'éloigner par le haut bout de mon jardin; mais on y avait mis un homme en sentinelle, qui a crié : *Le voilà qui se sauve!* et cependant je marchais lentement. Il a couru par le boulevard, avertir tout le peuple assemblé à ma grille d'entrée : j'ai seulement doublé le pas; mais les femmes, cent fois plus cruelles que les hommes dans leurs horribles abandons, se sont toutes mises à ma poursuite.

Il est certain, mon Eugénie, que ton malheureux père eût été déchiré par elles, s'il n'avait pas eu de l'avance; car la perquisition n'étant pas encore faite, rien n'aurait pu leur ôter de l'esprit que je m'étais échappé en coupable. Et voilà où m'avait conduit la faiblesse d'avoir suivi le conseil donné par la peur, au lieu de rester froidement comme je l'avais résolu! J'ai, mon enfant, un instinct de raison juste et net qui me saisit dans le danger, me fait former un pronostic rapide sur l'événement qui m'assaille, et m'a toujours conduit au meilleur parti qu'il faut prendre. C'est là, ma bonne et chère enfant, une des facultés de l'esprit que l'on doit le plus exercer, pour la retrouver au besoin; et c'est peut-être à cette étude que j'ai dû, sans m'en être douté, le talent d'arranger des plans de comédies qui ont servi à mes amusements, pendant qu'une application plus directe faisait concourir cette étude à ma conservation dans les occasions dangereuses qui se sont tant renouvelées pour moi.

J'étais entré chez un ami dont la porte était refermée, dans une rue qui, faisant angle avec celle où les cruelles femmes couraient, leur a fait perdre enfin ma trace, et d'où j'ai entendu leurs cris. Ah! pardon, mon aimable enfant, si, dans ce moment de péril, j'ai pris en horreur tout ton sexe, en réfléchissant, malgré moi, que, lorsqu'il peut mal faire avec impunité, il semble saisir avec joie une occasion de se venger de sa faiblesse, qui le tient dans la dépendance du fort : et c'est à ce motif secret qu'il faut, je crois, attribuer le désordre en tout genre, les exécrables cruautés où ce faible sexe se livre dans tous les mouvements du peuple, et dont ces jours derniers nous montrent d'horribles exemples, dont je te sauve le récit.

Mais heureusement, mon enfant, qu'il n'y a dans ceci aucune application à faire aux créatures de ton sexe dont l'éducation, la sagesse, ont conservé les douces mœurs, qui font leur plus bel apanage. La nature humaine est facile à s'égarer; mais les individus sont bons, surtout ceux qui se sont veillés; car ceux-là ont dû reconnaître que le meilleur calcul, pour le repos ou le bonheur, est d'être toujours juste et bon : utile pensée, mon enfant, qui m'a fait dire bien des fois, comme un bon résultat de mes plus mûres réflexions, que *si la nature, en naissant, ne m'avait pas fait un bon homme, je le serais devenu par un calcul approfondi*; je m'en suis toujours bien trouvé.

Pendant que j'étais enfermé dans un asile impénétrable, trente mille âmes étaient dans ma maison, où, des greniers aux caves, des serruriers ouvraient toutes les armoires, où des maçons fouillaient les souterrains, sondaient partout, levaient les pierres jusque sur les fosses d'aisance, et faisaient des trous dans les murs pendant que d'autres piochaient le jardin jusqu'à trouver la terre vierge, repassant tous vingt fois dans les appartements; mais quelques-uns disant, au très grand regret des brigands qui se trouvaient là par centaines. *Si l'on ne trouve rien ici qui se rapporte à nos recher-*

ches, le premier qui détournera le moindre des meubles, une boucle, sera pendu sans rémission, puis haché en morceaux par nous.

Ah! c'est quand on m'a dit cela que j'ai bien regretté de n'être pas resté, dans le silence, à contempler ce peuple en proie à ces fureurs, à étudier en lui ce mélange d'égarement et de justice naturelle qui perce à travers le désordre! Tu te souviens de ces deux vers que je mis dans la bouche de *Tarare*, et qui furent tant applaudis :

> Quand ce bon peuple est en rumeur
> C'est toujours quelqu'un qui l'égare.

Ils recevaient ici leur véritable application : la lâche méchanceté l'avait égaré sur mon compte. Pendant que les ministres et les comités réunis prodiguent les éloges au désintéressement et au civisme de ton père sur l'affaire des fusils de Hollande, dont ils ont les preuves en main, on envoie le peuple chez lui, comme chez un traître ennemi qui tient beaucoup d'armes cachées, espérant qu'on le pillera!

Ils doivent être bien furieux : le peuple ne m'a point pillé; il a trompé leur rage, qu'aucun n'ose mettre au grand jour sous son nom : seulement un d'eux écrivait à une femme, qui me l'a mandé sur-le-champ, le jour que l'on croyait ma maison incendiée :

> Enfin donc votre Beaumarchais
> Vient d'expier tous ses succès.

Expier des succès! Ah, l'abominable homme! dirait ici l'*Orgon* de Molière. Eh! quoi donc, aux yeux de l'envie, les succès deviennent des crimes! Quels pauvres succès que les miens, rachetés par tous les dégoûts qu'elle verse à pleines mains sur moi! Des succès de pur agrément; car les fruits du travail, des travaux de toute la vie, noyés dans des mers de chagrins, perdus et rattrapés vingt fois par mes veilles accumulées ; ces fruits qu'on appelle *fortune*, ce ne sont point là des *succès*. Le mot *succès* ne doit être appliqué qu'à nos récompenses morales; et la fortune, mon enfant, bien éloignée d'en mériter le nom, n'est qu'un résultat pécunier, nécessaire, mais triste et sec, et qui ne parle point au cœur.

Je te débite, en courant, les maximes qui se rencontrent sous ma plume.

Enfin, après sept heures de la plus sévère recherche, la foule s'est écoulée, aux ordres de je ne sais quel chef : mes gens ont balayé près d'un pouce et demi de poussière; *mais pas un binet de perdu.* Les enfants ont pillé les fruits verts; j'aurais voulu qu'ils eussent été plus mûrs : leur âge est sans méchanceté. Une femme au jardin a cueilli une giroflée : elle l'a payée de vingt soufflets : on voulait la baigner dans le bassin des peupliers.

Je suis rentré chez moi. Ils avaient porté l'attention jusqu'à dresser un procès-verbal guirlandé de cent signatures qui attestaient qu'ils n'avaient rien trouvé de suspect dans ma possession. Et moi je l'ai fait imprimer avec tous mes remercîments de trouver ma maison intacte; et je le publie, mon enfant, d'abord parce que l'éloge encourage le bien, et parce que c'est une chose digne de l'attention des bons esprits, que ce mélange, dans le peuple, d'aveuglement et de justice, d'oubli total et de fierté; car il y en a beaucoup en lui, pendant qu'il se livre au désordre, d'être humilié s'il croit qu'on pense qu'il est capable de voler. Si je vis encore quelque temps, je veux beaucoup réfléchir là-dessus.

Mon enfant, j'ai dîné chez moi comme s'il ne fût rien arrivé. Mes gens, qui se sont tous comportés à merveille et en serviteurs attachés, me racontaient tous leurs détails. L'un : *Monsieur, ils ont été trente fois dans les caves, et pas un verre de vin n'a été sifflé.* Un autre : *Ils ont vidé la fontaine de la cuisine, et je leur rinçais des gobelets.* Celle-ci : *Ils ont fouillé toutes les armoires au linge, il ne manque pas un torchon.* Celui-là : *Un d'eux est venu m'avertir que votre montre était à votre lit : la voilà, monsieur, la voilà! Vos lunettes, vos crayons étaient sur la table à écrire, et rien n'a été détourné.*

Enfin me voilà parvenu à la terrible nuit dont je vous ai déjà parlé ; en voici les affreux détails :

En nous promenant au jardin sur la brune, le samedi, l'on me disait : *Ma foi, monsieur, après ce qui est arrivé, il n'y a aucun inconvénient que vous passiez la nuit ici.* Et moi je répondais : « Sans doute, mais il n'y en a pas non plus que j'aille la passer ailleurs; et ce n'est pas le peuple que je crains, le voilà bien désabusé ; mais cet avis que j'ai reçu, d'une association de brigands pour me piller une de ces nuits, me fait craindre que, dans la foule qui s'est introduite chez moi, ils n'aient étudié les moyens d'entrer la nuit dans ma maison; car on a entendu de terribles menaces : peut-être y en a-t-il quelques-uns de cachés ici ; enfin, j'ai grande envie d'aller passer une bonne nuit chez notre bon ami de la rue des Trois-Pavillons : c'est bien la rue la plus tranquille qui soit au tranquille Marais. Pendant qu'il est à sa campagne, va, François, va mettre à son lit une paire de draps pour moi. »

J'ai soupé, ma fille : heureusement j'ai peu mangé, puis je suis parti sans lumière pour la rue des Trois-Pavillons, m'assurant bien de temps en temps que personne ne me suivait.

Mon François retourné chez moi, la porte de la rue barrée et bien fermée, un domestique de mon ami enfermé tout seul avec moi, je me suis livré au sommeil. A minuit, le valet, en chemise, effrayé, entre dans la chambre où j'étais : Monsieur, me dit-il, levez-vous; tout le peuple vient vous chercher; ils frappent à enfoncer la porte. On vous a trahi de chez vous; la maison va être pillée. En effet, on frappait d'une façon terrible. A peine réveillé, la terreur de cet homme m'en donnait à moi-même. Un moment, dis-je ; mon ami, la frayeur nuit au jugement. Je mets ma redingote, en oubliant ma veste, et, mes pantoufles aux pieds, je lui dis : *Y a-t-il quelque issue par où l'on puisse sortir d'ici?* — Aucune, monsieur; mais pressez-vous, car ils vont enfoncer la porte. Ah! qu'est-ce que va dire mon maître? — *Il ne dira rien, mon ami, car je vais livrer ma personne pour qu'on respecte sa maison. Va leur ouvrir, je descends avec toi.*

Nous étions troublés tous les deux. Pendant qu'il descendait, j'ai ouvert au premier étage une fenêtre qui donnait sur la rue du Parc-Royal; il y avait sur le balcon une terrine allumée qui m'a fait voir, au travers de la jalousie, que la rue était pleine de monde : alors le désir insensé de sauter par la fenêtre s'est éteint à l'instant où j'allais m'y jeter. Je suis descendu en tremblant dans la cuisine au fond de la cour; et, regardant par le vitrage, j'ai vu la porte enfin s'ouvrir. Des habits bleus, des piques, des gens en veste, sont entrés : des femmes criaient dans la rue. Le domestique est revenu vers moi pour chercher beaucoup de chandelles, et m'a dit d'une voix éteinte : *Ah! c'est bien à vous qu'on en veut!* — Eh bien! ils me trouveront ici.

Il y a près de la cuisine une espèce d'office avec une grande armoire où l'on met les porcelaines, dont les portes étaient ouvertes. Pour tout asile et pour dernier refuge, ton pauvre père, mon enfant, s'est mis derrière un des vantaux, debout, appuyé sur sa canne, la porte de ce bouge uniquement poussée, dans un état impossible à décrire; et la recherche a commencé.

Par les jours de souffrance qui donnaient sur la cour, j'ai vu les chandelles trotter, monter, descendre, enfiler les appartements. On marchait au-dessus de ma tête; la cour était gardée; la porte de la rue ouverte; et moi, tendu sur mes orteils, retenant ma respiration, je me suis occupé à obtenir de moi une résignation parfaite, et j'ai recouvré mon sang-froid. J'avais deux pistolets en poche, j'ai débattu longtemps si je devais ou ne devais pas m'en servir. Mon résultat a été que si je m'en servais, je serais haché sur-le-champ, et j'avancerais ma mort d'une heure, en m'ôtant la dernière chance de crier au secours, d'en obtenir, peut-être en me nommant, dans ma route à l'Hôtel de Ville. Déterminé à tout souffrir, sans pouvoir deviner d'où provenait cet excès d'horreur après la visite chez moi, je calculais les possibilités, quand, la lumière faisant le tour en bas, j'ai entendu que l'on tirait ma porte, et j'ai jugé que c'était le bon domestique qui, peut-être en passant, avait imaginé d'éloigner encore un moment le danger qui me menaçait. Le plus grand silence régnait; je voyais, à travers les vitres du premier étage, qu'on ouvrait toutes les armoires : alors je crus avoir trouvé le sens de toutes ces énigmes. Les brigands, me dis-je, se sont portés chez moi; ils ont forcé mes gens, sous peine d'être égorgés, de leur déclarer où j'étais; la terreur les a fait parler : ils sont arrivés jusqu'ici, et, trouvant la maison aussi bonne à piller que la mienne, ils me réservent pour le dernier, sûrs que je ne puis échapper.

Puis mes douloureuses pensées se sont tournées sur ta mère et sur toi, et sur mes pauvres sœurs. Je disais avec un soupir : Mon enfant est en sûreté; mon âge est avancé; c'est peu de chose que ma vie, et ceci n'accélère la mort de la nature que de bien peu d'années : mais ma fille, sa mère! elles sont en sûreté. Des larmes coulaient de mes yeux. Consolé par cet examen, je me suis occupé du dernier terme de la vie, le croyant aussi près de moi. Puis, sentant ma tête vidée par tant de contention d'esprit, j'ai essayé de m'abrutir et de ne plus penser à rien. Je regardais machinalement les lumières aller et venir; je disais : *Le moment s'approche;* mais je m'en occupais comme un homme épuisé, dont les idées commencent à divaguer : car il y avait quatre heures que j'étais debout dans cet état violent, changé depuis dans un état de mort. Alors, sentant de la faiblesse, je me suis assis sur un banc, et là j'ai attendu mon sort sans m'en effrayer autrement.

Dans ce sommeil d'horrible rêverie, j'ai entendu un plus grand bruit; il s'approchait, je me suis levé, et, machinalement, je me suis mis derrière le vantail de l'armoire, comme s'il eût pu me garantir. La porte s'est ouverte; une sueur froide m'a tombé du visage, et m'a tout à fait épuisé.

J'ai vu venir le domestique à moi, nu en chemise, une chandelle à la main, qui m'a dit d'un ton assez ferme : *Venez, monsieur, on vous demande.* — Quoi! *vous voulez donc me livrer? J'irai sans vous. Qui me demande?* — M. Gudin, votre caissier. — *Que dites-vous de mon caissier?* — Il est là avec ces messieurs. Alors j'ai cru que je rêvais, ou que ma raison altérée me trompait sur tous les objets : mes cheveux ruisselaient, mon visage était comme un fleuve. *Montez,* m'a dit le domestique, *montez; ce n'est pas vous qu'on cherche : M. Gudin va vous expliquer tout.*

Ne pouvant nul sens à ce qui frappait mon oreille égarée, j'ai suivi au premier étage le domestique, qui m'éclairait : là j'ai trouvé M. Gudin en habit de garde national, armé de son fusil, avec d'autres personnes. Stupéfait de cette vision, *Par quel hasard*, lui ai-je dit, *vous rencontrez-vous donc ici?* — *Par un hasard, monsieur, aussi étrange que celui qui vous y a conduit vous-même le propre jour que l'on a donné l'ordre de visiter cette maison, où l'on a dénoncé des armes.* — Ah! j'ai dit, *pauvre campagnard, vous avez donc aussi de lâches ennemis!* N'ayant plus besoin de mes forces, je les ai senties fuir, elles m'ont manqué tout à fait. Je me suis assis sur le lit où j'avais sommeillé deux heures avant que le bruit commençât; et Gudin m'a dit ce qui suit :

« Inquiet, à onze heures du soir, de savoir si notre
« quartier était gardé par les patrouilles, j'ai pris mon
« habit de soldat, mon sabre et mon fusil, et suis descendu dans les rues, malgré les conseils de mon fils.
« J'ai rencontré une patrouille qui, m'ayant reconnu,
« m'a dit : Monsieur Gudin, voulez-vous venir avec
« nous : vous y serez mieux que tout seul. Je l'ai d'au-
« tant mieux accepté, que monsieur, que vous voyez là
« en habit de garde national, est le limonadier qui reste
« en face de vos fenêtres : en un mot, c'est M. Gibé.

D'honneur, ma pauvre enfant, je me tâtais le front pour m'assurer que je ne dormais pas. « Mais comment, ai-je dit à M. Gudin, si c'est bien vous qui me parlez, m'avez-vous laissé là quatre heures dans les angoisses de la mort, sans m'être venu consoler? »

« Je vais bien plus vous étonner, me dit Gudin, par
« mon récit, que ma présence ne l'a fait... J'ai vu dou-
« bler le pas, et j'ai dit à tous ces messieurs : Ce n'est
« pas ainsi qu'on patrouille. — Aussi ne patrouillons-
« nous pas, nous allons à une capture. Je les vois arri-
« ver à la rue du Parc-Royal; et là mon cœur commence
« à battre, nous sentant aussi près de vous.

« En détournant la rue des Trois-Pavillons, à l'habi-
« tation où vous êtes, on nous crie: Halte ici! enve-
« loppez la maison; et je me dis : Grand Dieu! par
« quelle fatalité me trouvé-je avec ceux qui viennent
« pour arrêter M. de Beaumarchais? Moi aussi, je croyais
« rêver. Je me suis contenu de mon mieux, pour voir
« où tout aboutirait.

« Le domestique ouvre la porte, et pense tomber à la
« renverse, me trouvant parmi ces messieurs; il a cru
« que la trahison qu'il avait soupçonnée dans vos gens
« s'était étendue jusqu'à moi : il balbutiait. Alors on a
« lu à haute voix l'ordre donné par la section de venir
« visiter ici, soupçonnant qu'il y a des armes. — Eh
« bien! alors, lui dis-je, comment n'êtes-vous pas ac-
« couru? comment n'avez-vous eu nulle pitié de moi?
« — Ma terreur n'a fait qu'augmenter, dit Gudin; à
« cette lecture j'ai eu la bouche encore plus close, et
« n'étais que plus effrayé, ne sachant pas, monsieur,
« s'il y avait ou non des armes ; mais présumant avec
« effroi que, s'il s'en trouvait par malheur, vous alliez
« être victime de vous être enfermé ici; j'ai vu tous les
« rapports affreux de cette nuit à la visite qu'on venait
« de faire chez vous.

« Pendant le cours de la recherche, enfin j'ai trouvé
« le moment de dire tout bas au domestique : L'ami de
« votre maître est-il dans la maison?—Il y est, m'a-t-il
« dit. Dans un autre moment je lui ai demandé : Mais où
« est-il? — Je n'en sais rien. Il ne pouvait pas s'éloi-
« gner, il éclairait les rechercheurs ; on ne le perdait
« pas de vue. Je me suis glissé sans lumière, a continué
« M. Gudin, jusqu'à la chambre de votre lit : je vous ai
« cherché à tâtons, dessus, dessous, vous appelant tout
« bas; mais vous étiez ailleurs, et je ne pouvais deviner
« où je devais vous aller prendre.

« Enfin, la recherche achevée, assuré que la calom-
« nie avait encore manqué son coup, et qu'on ne trou-
« vait rien ici, j'ai confié à tous ces messieurs par
« quel hasard vous vous trouviez caché dans la chambre
« du maître, et leur étonnement a au moins égalé le
« nôtre. Dieu merci, le mal est passé : recouchez-vous,
« monsieur, et tâchez de dormir; vous devez en avoir
« besoin. »

Alors toute la patrouille étant entrée dans cette chambre, j'ai dit au commissaire de section : « Mon-
« sieur, vous me voyez ici sous la sauvegarde de l'a-
« mitié; je ne puis mieux payer l'asile qu'elle me don-
« nait qu'en vous priant, au nom de mon ami, qui est
« excellent citoyen, de rendre votre visite aussi sévère

« que le peuple l'a faite hier chez moi, et d'en dresser
« procès-verbal, pour que sa sûreté ne soit plus com-
« promise par d'infâmes calomnies. — Monsieur, m'a
« dit le commissaire, notre procès-verbal est clos : votre
« ami est en sûreté. »

Ces messieurs sont partis, et ont dit au peuple, aux femmes dans la rue, que cette maison était pure. Les femmes, enragées que l'on n'eût rien trouvé, ont pré- tendu qu'on avait mal cherché, ont dit qu'en huit mi- nutes elles allaient trouver la cachette : elles voulaient que l'on rentrât; on s'y est opposé : le commissaire a fait brusquement refermer la porte. Ainsi ont fini mes douleurs; mais la sueur, la lassitude et la faiblesse me brisaient.

Pendant que je réfléchissais à toutes les incroyables fortuités qui s'étaient simultanément rassemblées pour composer cette *mille et deuxième* nuit du roman de *Schéhérazade*, et dans laquelle je venais d'être témoin, acteur et spectateur glacé, je me disais : « Je l'écrirai, « vingt personnes l'attesteront, personne ne voudra « me croire, et tout le monde aura raison. » Tous les traits majeurs de ma vie ont eu un coin de singularité, mais celui-ci les couvre tous. Ici l'horrible vérité n'offre qu'un songe invraisemblable : si quelque chose y fait ajouter foi, c'est bien l'impossibilité de croire que quel- qu'un ait imaginé un roman aussi improbable.

Mais j'ai appris le lendemain matin que des hommes âgés, affectionnés à ce quartier, que jamais rien n'a- vait troublé, entendant ce tapage affreux, saisis d'une terreur nocturne, ont sauté par-dessus les murs, et que, de jardin en jardin, ils ont été troubler des dames de la rue de la Perle, en leur demandant, en chemise, de les garantir de la mort : l'un d'eux s'était cassé la jambe.

L'effroi s'était communiqué, et, de tout ce quartier, ton père, qui avait eu le plus sujet de craindre, peut- être a été le seul qui ait achevé dans son lit une nuit aussi tourmentée.

Voilà, mon Eugénie, les détails que je t'ai promis dans ma dernière lettre à ta mère. Un homme moins fort, moins exercé que moi sur tous les genres d'infor- tune, serait mort vingt fois de frayeur. Mon sang- froid, ma prudence, et souvent le hasard, m'ont sauvé de bien des dangers : ici le hasard a tout fait. Mais combien de fois ai-je dit, en m'endormant sur le ma- tin : « Oh! que j'embrasserai mon enfant avec joie, « si des événements plus terribles et plus désastreux « ne la privent pas de son père, et me permettent de la « revoir! »

LXXXIII

A MA FAMILLE.

Londres, 9 décembre 1792.

Ma pauvre femme, et toi, ma charmante fille, je ne sais où vous êtes, ni où vous écrire, ni même par qui vous donner de mes nouvelles, lorsque j'apprends, par les gazettes, que le scellé est mis une troisième fois depuis quatre mois sur ma maison de Paris, et que je suis décrété d'accusation pour cette misérable affaire des fusils de Hollande, à laquelle on a joint une abomination d'un genre plus sérieux, pour aller plus vite avec moi. Je charge donc tous les honnêtes gens qui lisent les gazettes étrangères d'avoir l'humanité de vous dire, ô mes chères tendresses, que c'est de Londres, de cette terre hospitalière et généreuse, où tous les hommes persécutés dans leur patrie trouvent un abri consolateur, que je vous prie de ne point vous affliger sur moi. Je vois vos douleurs à toutes; les larmes de ma fille me tombent sur le cœur et le navrent : mais c'est mon unique chagrin.

La convention nationale, trompée par le plus cruel amphigouri qui soit jamais sorti de la bouche d'un dénonciateur, a conclu contre moi, *sur la foi de Lecointre*, à un décret d'accusation. Mais ceux qui ont trompé Lecointre, sentant bien qu'une pareille attaque ne soutiendrait pas huit minutes d'examen, ont imaginé de jeter une si grande défaveur sur moi, qu'elle fît couler rapidement sur tout le reste. Ils m'ont fait dénoncer comme ayant écrit à Louis XVI, et m'ont rangé parmi les grands conspirateurs unis contre la liberté française.

Mais cette accusation, plus grave que la première, a encore moins de fondements. Soyez tranquilles, ma femme et mes deux sœurs! Sèche tes larmes, ma douce et tendre fille; elles troublent la sérénité dont ton père a besoin pour éclairer la convention nationale sur de graves objets qu'il lui importe de connaître, et faire rentrer avec opprobre toutes ces lâches calomnies dans l'enfer qui les enfanta.

Je n'ai jamais écrit au roi Louis XVI, ni pour ni contre la révolution; et si je l'avais fait, je serais glorieux de le publier hautement : car nous ne sommes plus au temps où les hommes de courage avaient besoin de s'amoindrir lorsqu'ils écrivaient aux puissances. A la hauteur des événements, j'aurais dit à ce prince de telles vérités, qu'elles auraient pu détourner ses malheurs, et surtout prévenir les maux qui déchirent le sein de notre malheureuse France.

Les seules relations directes que j'aie jamais eues avec ce roi, par l'intervention de ses ministres, remontent à la première année de son règne, il y a dix-huit ans, au moment où il s'élevait à ce trône d'où un caractère trop faible, bien des fautes et la fortune, viennent de le faire choir si misérablement.

Je suis bien éloigné de trahir ma patrie, pour la liberté de laquelle j'ai fait longtemps des vœux, et, depuis, de grands sacrifices; et toutes ces viles accusations qui se succèdent contre moi à la convention nationale seraient la plus terrible des abominations, si elles n'étaient en même temps la plus stupide des bêtises.

Mais le sénat qu'on a surpris est juste, et je n'ai pas été entendu. L'espoir de tous mes ennemis sans doute était que je ne le serais jamais : en m'arrêtant en pays étranger, ils se flattaient que, ramené dans ma patrie avec l'odieux renom d'avoir trahi sa cause, des assassins gagés auraient renouvelé sur moi les scènes du 2 septembre, ou que le peuple même, indigné de ma trahison supposée, m'aurait sacrifié en route, avant qu'il fût possible de le désabuser. C'est la cinquième fois depuis quatre mois qu'ils ont tenté de me faire massacrer; et, sans la générosité d'un magistrat de la commune que je nommerai dans mon mémoire avec une vive reconnaissance, et qui vint me tirer de l'Abbaye six heures avant que toutes les voies en fussent fermées, j'y subissais le sort de tant de victimes innocentes.

Si je ne prouve pas sans réplique, au gré de ma patrie et de l'Europe entière, que toute cette affreuse trame n'est qu'une vile scélératesse pour tâcher d'arriver à une grande friponnerie, et s'il y a une ligne de moi écrite au roi Louis XVI depuis dix-huit années, je dis anathème sur moi, sur ma personne et sur mes biens, et je cours me livrer au glaive de notre justice.

Je fais ma pétition à la convention nationale, pour la prier de distinguer la ridicule affaire des fusils de la très-grave accusation d'une coupable correspondance : avant de me purger de la première, je dois être lavé ou mort sur mon travail de la seconde. Mais, au nom de Dieu, chère femme, si tu veux que je garde toute ma tête, défends à ta fille de pleurer!

LXXXIV

AUX ACTEURS DE L'OPÉRA, ASSEMBLÉS.

Ce 5 avril 1793.

Mes frères et sœurs, ou plutôt, c'est mieux dit : Mes sœurs et frères — Honneur au beau sexe !

C'est un très-bon projet que le mélange des deux genres, pour accumuler des recettes : celui du grand *opéra*, et celui de l'*opéra* parlé et chanté.

Avec les superbes accessoires de votre spectacle, aucun autre ne pourra soutenir votre concurrence.

Mais c'est un nouveau genre de talent que vous devez perfectionner en vous. L'habitude du chant continuel nuit au débit de la comédie, et la longueur en tue l'effet, surtout dans la comédie gaie.

L'unique désir d'être utile à votre spectacle m'a fait vaincre la répugnance que j'ai de m'occuper d'autre chose que d'étriller tous les chiens qui m'aboient. J'ai été voir à muche-pot la deuxième représentation du *Mariage*. Et voici mes observations. Il faut à votre théâtre plus de mouvement et de variété. Jetant par la fenêtre l'amour-propre d'auteur, j'ai réuni le troisième avec le quatrième acte, il y aura moins de comédie et le chant sera rapproché, la pièce deviendra plus courte; et un beau ballet pour la noce terminera bien le *Mariage*. Le genre de la pièce indique assez de quelle dégaîne ce ballet doit trotter. Ce sont moins des danses françaises que le genre vif et grenadin des Maures, dont les Espagnoles ont conservé les goûts, une noce de Gamaches à peu près. Vous privez votre spectacle d'un de ses plus grands attraits, si vous faites scission entre le chant, la parole et la danse; ne négligez pas cet avis.

J'ai trouvé vos autres actes vides. Comme tous les actes commencent par des paroles, il n'y a rien de si glacé que d'entrer sur la scène pour parler pendant que le public s'ennuie. Il faut de grands et beaux morceaux d'orchestre pour remplir ces longs intervalles et mettre de la variété; cette remarque est essentielle.

Je désirerais entre le premier et le deuxième acte la répétition désordonnée d'un ballet vif, quelconque, et qui ressemblerait aux répétitions du foyer. Des mutineries d'actrices, la colère du maître de ballet, les rires de quelques jeunes danseurs, des morceaux entamés, point finis et une impatience générale qui amenât une espèce de farandole, etc., etc. Cette façon de traiter un ballet appartiendrait à cette folle journée, et aurait l'air de préparer la fête que Figaro a imaginée.

Si vous ne faites pas un effort pour réchauffer cette pièce il vaudrait mieux l'abandonner.

Être piquant ou nul, c'est là votre devise.

Quant aux scènes parlées, je demande à Bartholo, qui a bien la prestance et le jeu de son rôle, de s'appesantir moins sur le débit, de fouetter davantage sa première scène avec Marceline, avec la brusquerie d'un vieillard toujours en colère.

Je demande à ma Spinette, qui joue Suzanne très-gaiement, de contraster avec l'humeur de Marceline, dans la scène de leur débat au premier acte, par une ironie légère et fine. Une des grâces de cette scène est que l'une rit pendant que l'autre se fâche. Laissons l'aigreur à la vieillesse, puisque c'est l'âge des regrets.

J'ai trouvé le petit page un peu dégingandé; c'est ou naïf, ou polisson qu'il doit être, cela est très-aisé à réparer.

Le comte Almaviva jouera fort bien la comédie, je le prie seulement de distinguer la noblesse du caractère qu'il représente de l'*échassure* qui gourme un peu l'acteur, et son débit y gagnera de la vivacité, car ce qu'on désire le plus, c'est que la pièce marche; du reste son rôle est fort bien.

Il n'y a dans celui de Figaro que quelques changements de position à faire à la scène, qui lui donneront plus de finesse; c'est l'affaire d'un instant à la répétition. Je le prie de réfléchir, en homme d'esprit qu'il est, qu'un degré même léger de charge peut faire une farce de cette pièce, car Figaro est un mauvais sujet, mais fin, rusé, éduqué et non pas farceur. Du reste, rien à dire sur la vivacité du débit.

Je prie Basile de débiter et non d'appuyer sur toutes ses syllabes comme s'il chantait des vers. Il fait beaucoup languir cette scène du petit page dans le fauteuil; la comédie ne marche pas ainsi. Oubliez le théâtre, la scène se passe dans une chambre.

Si vous adoptez ces idées, la pièce reprendra vigueur et vous encouragerez par là quelques hommes de mérite à travailler pour vous. Je ferai alors l'impossible pour aller à huis clos vous entendre répéter tous avec le vif désir de contribuer, si je le puis, à multiplier les succès du premier théâtre du monde.

Signé : Beaumarchais.

Je n'ai rien dit de la Comtesse, qui a la décence de son rôle; on désirerait quelquefois un jeu un peu plus animé.

LXXXV

POUR LA JEUNE CITOYENNE FRANÇAISE

AMÉLIE - EUGÉNIE CARON BEAUMARCHAIS.

Près de Lubeck, ce 4 décembre
(vieux style) 1794.

Mon enfant, ma fille Eugénie! j'apprends, au fond de ma retraite, que le système tyrannique, spoliateur et destructeur de l'effroyable Robespierre, qui couvrait le sol de la France de larmes, de sang et de deuil, commence à faire place au vrai plan de restauration des principes sacrés de *liberté civique* et d'une *égalité morale* sur lesquels seuls se fonde et se maintient une république sage, heureuse et très-puissante.

Malgré ta très-grande jeunesse, et l'éloignement naturel où ton sexe vivait de ces fières et mâles idées, tu as pu voir, dans toutes les échappées des conversations où tu assistais malgré toi, que ces idées ont constamment été mes principes invariables; et le temps est venu, ma fille, où la grande leçon du malheur t'apprend l'utilité de revenir sur tout cela, et te met en état de juger *si tu peux encore t'honorer d'être la fille de ton père*. Et ce retour sur toi t'est devenu d'autant plus nécessaire, que tu n'aurais aucun moyen de briser ce lien sacré, quand tu craindrais d'avoir à en rougir.

Si je t'écris sans bien savoir comment je te ferai passer ma lettre, et si je t'écris librement, c'est que, fussé-je même le plus coupable des citoyens envers la république française, on ne pourrait te faire un crime d'avoir reçu de moi la vie, ni de t'intéresser à ma justification, si importante à ton état futur.

Le temps n'est pas encore bien loin où cette justification était regardée comme impossible, où l'on ne cessait de me dire que, si je retournais en France, je courrais risque encore une fois d'y périr avant que je pusse m'y faire entendre d'aucun juge. On m'apprend aujourd'hui que ce temps d'horreur a fini par la mort de celui qui seul l'avait fait naître; qu'on a même de l'indulgence en ce moment pour des coupables. Un citoyen qui ne l'est point, qui n'a cessé d'être zélé, peut donc y espérer justice.

Sur ces assurances, ma fille, ranime ton faible courage; et reçois de ton père, pour ta consolation, sa parole sacrée que, dès qu'il apprendra par toi qu'il peut aller offrir à l'examen sévère toute sa conduite civique, il sortira sans hésiter de l'espèce de tombeau dans lequel il s'est enterré depuis son départ de la France; n'ayant trouvé que ce moyen de la servir utilement, et d'échapper à toute accusation, à tout soupçon de malveillance.

Je prouverai, par un retour sur tous mes ouvrages connus, que la tyrannie despotique, et tous les grands abus de ces temps anciens monarchiques, n'ont pas eu d'adversaire plus courageux que moi; que ce courage, qui surprenait alors tout ce qui est brave aujourd'hui, m'a exposé sans cesse à des vexations inouïes. L'amour de cet état abusif et vicieux n'a donc pu faire de moi un ennemi de mon pays, pour essayer de raviver ce que j'ai toujours combattu.

Je prouverai qu'après avoir servi efficacement la liberté en Amérique, j'ai, sans ambition personnelle, servi depuis, de toutes mes facultés, les vrais intérêts de la France.

Je prouverai que je la sers encore, quoique livré à une persécution aussi absurde qu'impolitique, et qu'il soit stupide de croire que celui qui se consacra au *rétablissement des droits de l'homme* en Amérique, dans l'espoir d'avoir à présenter un grand modèle à notre France, a pu s'attiédir sur ce point quand il s'agit de son exécution.

J'établirai devant mes juges ma conduite si bien prouvée à toutes les époques où il me fut permis d'agir.

On ne pourra dire à ton père qu'il a vécu deux ans chez les ennemis de l'État; il prouvera qu'il n'en a jamais vu aucun.

Si l'on veut qu'il soit émigré, contre toute espèce de droits, il montrera ses passe-ports, sa conduite, son titre, et sa correspondance, dont on pourra être surpris.

Que si on lui reproche de n'avoir pas rempli les promesses qu'il avait faites, il invoquera l'*acte même* qui renferme son vœu, et prouvera qu'il a fait lui tout seul ce que vingt hommes réunis n'auraient pas osé concevoir, et *au delà de ce qu'il a promis*.

Si l'on dit qu'il a dans les mains de grands fonds à la république, en souriant de cette erreur grossière, *il répondra qu'il vient compter rigoureusement avec elle, te remettra, sans nul délai, ce dont il sera débiteur*, en ne demandant nulle grâce, mais le plus sévère examen : qu'avant même de le subir il vient offrir dans son pays sa tête expiatoire, si, cet examen achevé, on peut l'y soupçonner coupable.

Si l'assemblée législative conventionnelle juge UNE TROISIÈME FOIS QU'IL A BIEN MÉRITÉ DE LA NATION FRANÇAISE (car on l'a déjà prononcé deux fois sur cette même affaire), il se refusera à toute espèce de récompense autre que l'honneur reconnu d'avoir bien rempli ses devoirs, et l'espoir si doux à son cœur de revoir sa fille honorée, rendue à l'aisance modeste qu'on n'a pu ni dû lui ravir.

Voilà, ma fille tant aimée, ce à quoi s'engage ton père. Le silence de mort que tous mes amis ont gardé depuis qu'une mission fâcheuse et presque impossible à remplir m'a exilé de mon pays, me fait douter si je dois croire qu'il a pu m'en rester un seul; je ne puis donc adresser à aucun cet engagement que je prends, pour qu'il aille t'en faire part et encourager ta faiblesse.

Je suis forcé, plein de toutes ces choses, de te les écrire à toi-même, en te recommandant de profiter de ce long et dur temps d'épreuve, pour achever ta bonne éducation, ton éducation sérieuse, celle des agréments étant remplie depuis longtemps pour toi.

Songe bien, mon enfant, qu'en ce nouvel ordre de choses une femme reconnue d'un mérite solide conviendra mieux à un républicain pour être mère de ses enfants, que celle qui n'aurait que des talents à lui offrir, et que ces grâces d'autrefois (dont la mode est si bien passée), pour acquitter la dette maternelle.

Sache enfin que nul homme existant n'a souffert de plus longs tourments que l'ardent ami qui t'écrit; et qu'il aurait cent fois jeté sans regret à ses pieds le fardeau de son existence, s'il n'avait vivement senti qu'elle t'était indispensable, et qu'il n'a le droit de mourir que quand il te saura heureuse.

Je t'autorise, en la signant, à faire de ma triste lettre l'usage que tes autres amis jugeront propre à ta conservation, en attendant que j'y mette le sceau de l'attachement paternel en allant moi-même à Paris.

Je te serre contre mon cœur, toi et tout ce qui m'appartient.

Signé de moi de tous mes noms,

Pierre-Augustin Caron de Beaumarchais.

LXXXVI

AU COMITÉ DE SALUT PUBLIC.

— EXTRAIT. —

De ma retraite près de Hambourg, ce 5 août 1795.

Citoyens dont le comité est composé en ce moment, souffrez encore une fois qu'un citoyen proscrit injustement de son pays, qu'il n'a pas cessé de servir, s'adresse à vous directement, non pour plaider ses intérêts, mais pour vous parler un moment de ceux qu'il croit être les vôtres, unis à ceux de la nation.

Je m'en souviens : dans ma jeunesse, il naquit un premier enfant du dauphin, père de Louis XVI; on me fit sortir du collége pour voir les réjouissances. La nuit, courant les illuminations, je fus frappé d'un transparent posé sur le haut d'une prison, avec ces mots très-énergiques : *Usque in tenebris!* Ils me saisirent si vivement, qu'il me semble les lire encore. *La joie publique avait passé jusque dans l'horreur des cachots.* Ce que le transparent disait (la naissance du fils d'un prince étant la joie de ce temps-là), moi je le dis aujourd'hui pour un sujet plus important; la joie du superbe triomphe de nos soldats à Quiberon a passé dans mon cœur au fond d'un grenier d'Allemagne, où je gémis depuis deux ans, caché sous un nom inconnu, des injustices de toute espèce dont on m'abreuve en mon pays. *Usque in tenebris* est l'épigraphe de ma situation.

C'est sur les suites de cette victoire de Quiberon, décisive pour la paix que nous désirons tous, que je vais vous soumettre les réflexions d'un citoyen *in tenebris*.

Si, vainqueurs généreux, vous n'abusez pas de votre triomphe pour en faire une boucherie, vous allez conquérir l'estime de tous les partis. C'était dans les revers que les Romains restaient ennemis implacables; ils étaient grands et généreux sitôt qu'ils avaient des succès. Cette conduite également noble et ferme leur a valu l'empire du monde. La vengeance la plus complète et la plus fructueuse de toutes est de traiter les Français vaincus et soumis avec une générosité qui vous soumettra tous les autres.

Permettez-moi de vous citer un exemple du grand effet de la conduite que j'indique; la ressemblance des faits est frappante.

Pendant la guerre de l'Amérique insurgée contre l'Angleterre oppressive, une armée entière d'Anglais et d'Américains loyalistes (c'était bien là leurs émigrés) descendit du Haut-Canada par le lac Champlain et les fleuves, sous les ordres, si je m'en souviens bien, du général Burgoyne. Arrivée jusqu'au cœur de la nouvelle république, cette armée fut enveloppée dans les plaines de Saratoga, et forcée de mettre bas les armes et de se rendre à discrétion. Le congrès général, aussi prudent que généreux, sentit qu'une paix honorable et la base du gouvernement qu'il formait allaient dépendre, aux yeux de la nation, de l'usage qu'il ferait de cette victoire éclatante. Il offrit le pardon à tous ceux qu'il avait soumis, des terres à cultiver à tous les Anglais et Hessois qui désireraient s'établir dans le pays qu'ils avaient voulu subjuguer. Washington, consulté, qui donna ce noble conseil, consolida sa grande réputation, que rien depuis n'a pu détruire. Le gouvernement d'Angleterre sentit qu'un peuple qui usait aussi noblement du triomphe était désormais invincible, car sa conduite généreuse, en lui conquérant tous les cœurs, soumettait toutes les opinions.

O Français! vous qui gouvernez des Français plus divisés entre eux que n'étaient les Américains, vous qui avez, comme membres d'une assemblée agitée, à ramener une foule de cœurs aigris par les horribles cruautés de ceux auxquels vous avez succédé sans avoir été leurs complices, je ne doute pas que vous n'ayez senti aussi vivement que moi-même de quel prix est l'événement que la fortune vous présente. *Pardonnez à vos prisonniers!* Quelque sort que vous leur fassiez, ils n'ont plus le droit de s'en plaindre. Vous les avez vaincus les armes à la main, mais sachez aujourd'hui, si par hasard vous l'ignorez, qu'il n'y a pas un seul Français, parmi ces émigrés vaincus, qui rougisse de l'avoir été par des Français, qu'il n'y en a pas un qui ne soit plus que vous l'ennemi prononcé de ces Anglais qui les emploient. Sachez que c'est au besoin seul de subsister et de ne pas mourir de faim qu'ils ont cédé pour se soumettre à ces arrogants insulaires; sachez surtout que le ministre Pitt est perdu radicalement si vous adoptez cette idée, qu'on ne lui pardonnera pas le tâtonnement de sa conduite, la fausseté de ses mesures, la nullité de ses succès, et qu'un cri général applaudissant à votre humanité, vous aurez plus fait contre lui, et pour vous et pour votre gloire, pour assurer votre stabilité et la confiance universelle, oui, vous aurez plus fait *par ce seul acte généreux* que par tous les exploits presque incompréhensibles par lesquels nos armées ont étonné toute l'Europe. C'est vous seuls qui ferez la paix, la prescrirez, la dicterez même aux Anglais, dont une grande partie déteste les mesures prises par leur gouvernement pour vous troubler dans la forme libre du vôtre. Et, citoyens (j'ai déjà pris la liberté de vous l'écrire), si vous étiez bien reconnus, dans un honorable traité, par ces Anglais (que la seule vanité arrête), *comme peuple libre et souverain,* pesez ce mot, ô citoyens! vous députés! vous Convention! vous seriez parvenus au faîte de la gloire; car l'Europe entière suivrait sans hésiter ce grand exemple, et c'est alors que vous auriez acquis, conquis le droit si beau de délibérer sagement, si le gouvernement d'un seul, le plus fort, le plus net et le plus rapide de tous dans l'exécution des projets mûris profondément par les assemblées législatives, convient mieux à un grand pays que toute autre répartition de ce pouvoir si orageux; vous pourriez modifier ce pouvoir au gré de toute la nation, glorieuse elle-même de vous voir agiter cette question paisiblement après de grands succès, après des actes généreux qui ne laisseraient plus craindre à personne le retour de ce *terrorisme* avec lequel on contient des esclaves, mais qui ne peut être la base d'un gouvernement raisonnable.

Pierre-Augustin Caron-Beaumarchais,
Commissionné, proscrit, errant, persécuté, mais nullement traître, ni émigré.

LXXXVII

AUX COMÉDIENS FRANÇAIS.

Ce 14 germinal an V.

Mes chers concitoyens, vous qui représentez tant de belles choses et si bien, vous en avez une médiocre sur le chantier de vos études, du faible estoc de votre serviteur.

Sur cette médiocrité, vous l'avez vu, je n'ai montré nul indiscret empressement pour que *ma mère*[1] obtînt la préférence; mais de ce que vous avez paru en aimer

---

[1] Son drame de la *Mère coupable.*

quelque temps la jouissance exclusive, depuis six mois je la refuse à des galants qui la demandent : d'où il résulte que *ma mère* ne se sent épouser par personne, ce qui déplaît profondément aux femmes.

Mes bons amis, si l'épousaille traîne autant que les fiançailles, vous m'exposez à la *désobligeance* de continuer à refuser, sans motif apparent, *ma mère* à ceux qui voudraient en-tâter ; car, ne pouvant leur opposer qu'un hymen équivoque et sans publicité pour eux, comme sans effet pour *ma mère*, personne n'est content de moi.

Si, dans vos amours clandestins, quelque défaut vous avait lassés d'elle, au moins prononcez le divorce. Et veuve, hélas! sans avoir eu d'époux, dédaignée des plus beaux amants, je la laisserai consoler par quelques amants secondaires, car *ma mère* me dit ingénument que, devenant presque aussi vieille que son fils, elle n'a pas de temps à perdre si je veux qu'on la claque encore. Et moi, noble enfant que je suis, je veux, mes chers amis, tout ce qui peut plaire à *ma mère*. Salut.

BEAUMARCHAIS.

LXXXVIII

A M***.

24 germinal, an V.

Je fis hier, mon Charles, un dîner dont le souvenir marquera longtemps dans ma mémoire par le choix précieux des convives que notre ami Dumas[1] avait rassemblés chez son frère. Jadis, quand je dînais chez les grands de l'État, j'étais toujours choqué du ramassis de gens de tous les caractères que la seule naissance faisait admettre. Des sots de qualité, des imbéciles en place, des hommes vains de leurs richesses, de jeunes impudents, des coquettes, etc. Si ce n'était pas l'arche du bon Noé, c'était au moins la cour du roi Pétaud ; mais hier, sur vingt-quatre personnes attablées, il n'y en avait pas une qu'un grand mérite personnel n'eût mise au poste qu'il occupe. C'était, si je puis dire ainsi, un excellent *extrait* de la république française, et moi, silencieux, je les regardais tous en appliquant à chacun d'eux le grand mérite qui les distingue. Voici leurs noms.

Le général Moreau, vainqueur à Biberach, etc., et qui a fait la superbe retraite qu'on sait.

Le ministre de l'intérieur Bénezech, que la voix publique appelle au Directoire.

Boissy d'Anglas, dont quarante-deux départements se sont disputé l'honneur de la réélection, et qui vient d'être encore réélu.

Petiet, ministre de la guerre, que tous les militaires honorent.

Lebrun, l'un des hommes les plus forts du conseil des anciens.

[1] Le général Matthieu Dumas.

Siméon, très-grand jurisconsulte du conseil des Cinq cents.

Tronson du Coudray, du conseil des anciens, l'un des plus éloquents appuis qu'aient les infortunés.

Dumas de Saint-Fulcran, chez lequel nous dînions, l'un des chefs les plus estimés des subsistances militaires.

Lemérer, du conseil des Anciens, l'un des soutiens de la constitution contre les anarchistes.

Le général Sauviac, grand homme de guerre, et qui a fait l'éloge de Vauban.

Pastoret, défenseur éloquent, courageux des principes au conseil des Cinq cents.

Le ministre de la police générale, Cochon, l'un des hommes puissants qui savent le mieux faire tourner à l'avantage de la nation un ministère difficile.

Vaublanc, du conseil des Cinq-cents, le défenseur des colonies contre tous les usurpateurs.

Le jeune Kellermann, qui, blessé, nous apporte vingt-cinq drapeaux de la part de Bonaparte.

Le général Menou, qui s'est acquis une gloire immortelle en refusant de faire tirer sur les citoyens en vendémiaire.

Le général Dumas, du conseil des Anciens ; ce nom n'a plus besoin d'éloges.

Lehoc, qui est chargé de nos affaires en Suède.

Zac-Mathieu, soutien de la constitution, comme tous ses amis du conseil des Anciens.

Portalis, du conseil des Anciens, dont la mâle éloquence a renversé cent fois les noires entreprises des ennemis de l'intérieur, et dont on attend après-demain un rapport contre la calomnie et les abus inséparables de la presse en sa liberté.

Mathieu, commissaire général de l'armée du général Moreau.

Baudeau, général de brigade, aide de camp du général Moreau.

Loyel, son second aide de camp.

Ramel, colonel des grenadiers qui gardent le corps législatif.

Et pour dernier et plus minime convive, votre ami, moi, l'observateur, qui jouissait dans la plénitude de l'âme.

Le dîner a été instructif, point bruyant, très-aimable et enfin tel que je ne me souviens pas d'en avoir fait encore. Si vous aimez que votre ami voie bonne compagnie, celle-ci était excellente. Bonjour.

CARON-BEAUMARCHAIS.

LXXXIX

A M. T***.

Paris, ce 18 prairial an V
(6 juin 1797).

Votre lettre du 27 floréal, mon cher T***, n'est répondue par moi qu'aujourd'hui, parce qu'elle m'est arrivée au fort de mon déménagement. Je viens de revenir dans ma maison du boulevard, dont le séquestre n'était pas levé quand je suis rentré dans Paris. Le triste motif qui m'y ramène est l'opposé de celui qui me la fit construire, le besoin d'économie. Ma fortune, aux trois quarts détruite par une persécution de quatre années, ne me permet pas de payer un autre loyer, pendant que ma maison dépérit faute d'être habitée.

Mon rappel, après bien des travaux, a été honorable; mais ce qui est perdu est perdu. Heureusement on peut se montrer pauvre, sans être humilié du malaise comme autrefois; c'est un des biens de la révolution. Je cours après tous mes débris; car il faut laisser du pain à mes enfants après la mort qui commence à me talonner, comme vous le présumez pour vous-même, quoique vous soyez asthmatique, ce qui, dit-on, est un brevet de longue vie peu agréable; mais quand on a tout savouré, l'existence presque entière est dans les souvenirs. Heureux celui chez qui le bien peut compenser le mal!

Ma fille est prête d'accoucher : elle est la femme d'un bon jeune homme qui s'obstinait à la vouloir quand on croyait que je n'avais plus rien. Elle, sa mère et moi, avons cru devoir récompenser ce généreux attachement; cinq jours après mon arrivée, je lui ai fait ce beau présent. Ils auront du pain, mais c'est tout; à moins que l'Amérique ne s'acquitte envers moi, après vingt ans d'ingratitude.

Je n'aime pas que, dans vos réflexions philosophiques, vous regardiez la dissolution du corps comme l'avenir qui nous est exclusivement destiné; ce corps-là n'est pas *nous* : il doit périr sans doute, mais l'ouvrier d'un si bel assemblage aurait fait un ouvrage indigne de sa puissance, s'il ne réservait rien à cette grande faculté à qui il a permis de s'élever jusqu'à sa connaissance. Mon frère, mon ami, mon Gudin, s'entretient souvent avec moi de cet avenir incertain; et notre conclusion est toujours : Méritons au moins qu'il soit bon; s'il nous est dévolu, nous aurons fait un excellent calcul; si nous devons être trompés dans une vue si consolante, le retour sur nous-même, en nous y préparant par une vie irréprochable, a infiniment de douceur.

Le Théâtre-Français vient de reprendre mon dernier essai dramatique, fait en 1791, *la Mère coupable*. Soit que la perfection du jeu lui ait donné plus de mérite, soit que l'esprit public se tourne avec un goût plus sûr vers les sujets d'une grande moralité, cette pièce a eu un tel succès, que j'en suis étonné moi-même. On m'a violé, comme une jeune fille, à la première représentation ; il a fallu paraître entre Molé, Fleury et mademoiselle Contat. Mais le public qui demandait l'auteur n'est plus cette assemblée moqueuse de talents qui le font pleurer malgré elle; ce n'est plus un homme dont le plus sot des nobles se croyait supérieur, que l'on veut voir pour en railler : ce sont des citoyens qui ne connaissent de supériorité que celle accordée au mérite ou aux talents, qui désirent voir l'auteur d'un ouvrage touchant, dont des acteurs, rendus à la citoyenneté, viennent de le faire jouir avec délices. Peut-être s'y est-il mêlé un peu de ce noble désir de dédommager un bon citoyen d'une proscription désastreuse! Quoi qu'il en soit, moi, qui toute ma vie me suis refusé à cette demande du public, j'ai dû céder; et cet applaudissement prolongé m'a fait passer dans une situation toute neuve : j'étais loué par mes égaux; j'ai pu goûter la dignité de l'homme.

En voilà trop sur un pareil sujet. Rappelez-moi à votre épouse respectable.

XC

AU MÊME.

Paris, ce 5 fructidor an V
(27 août 1797).

Vous n'avez pas, mon cher, une juste idée de mes occupations. Le désordre effroyable qu'une proscription de trois ans a mis dans mes affaires, en jetant à vau-l'eau les cinq sixièmes de ma fortune, use mon temps, mes facultés à recueillir mes restes dispersés.

La littérature dramatique exige une sérénité d'esprit qui me manque; et *la Mère coupable*, ne verrait point le jour, si elle n'eût été finie en 1791. Le temps de ces plaisirs n'existe plus pour moi; il me faut travailler, lutter contre le malaise, pour empêcher que la grande détresse ne m'atteigne à la fin, ainsi que ma famille. C'est le repos d'esprit qui me manque à l'âge où j'en ai tant besoin!

Mon digne ami Gudin, qui n'a rien dérangé de ses travaux dans la retraite où il s'était fait oublier, rentré chez moi pour notre bonheur réciproque, me soutient, me console, et finit son grand ouvrage.

Je vous envoie un exemplaire de la dernière édition de *la Mère coupable*, avec un très-peu long discours préliminaire qui est tout ce que mon loisir m'a permis de brocher sur un sujet inépuisable, notre art dramatique français, que je tâche de ranimer plutôt par de bons conseils que par de bons exemples. Vous me le demandez, le voilà.

J'apprends par votre lettre que vous vous faites estimer par des occupations utiles; la nature vous a donné toute l'étoffe nécessaire pour bien remplir tous les travaux auxquels vous voudrez vous livrer. Les aspérités du jeune âge ont été râpées, adoucies par des frottements très-violents; vous êtes devenu un honorable citoyen; ne redescendez jamais de la hauteur où vous voilà, et vous vérifierez pour moi cette assertion morale que j'ai mise dans une des pages de mon discours sur *la Mère coupable* : que *tout homme qui n'est pas né un épouvantable méchant finit toujours par être bon quand l'âge des passions s'éloigne, et surtout quand il a goûté le bonheur si doux d'être père.*

Les maux du corps sont des accidents de notre être. Je suis sourd, moi, *comme une urne sépulcrale;* ce que les gens du peuple nomment sourd *comme un pot.* Mais un pot ne fut jamais sourd! au lieu qu'une urne sépulcrale, renfermant des restes chéris, reçoit bien des soupirs et des invocations perdues auxquelles elle ne répond point; et c'est de là qu'a dû venir l'étymologie d'un grand mot que la populaire ignorance a gâté.

Je m'aperçois depuis longtemps que je suis refaiseur de proverbes. Adieu. S'il m'échappe d'autres bluettes littéraires, vous les aurez comme *la Mère coupable.*

XCI

AU CITOYEN BAUDIN (DES ARDENNES).

15 vendémiaire an VI
(6 octobre 1797.)

A mon retour de la campagne, énergique défenseur de la justice et de l'humanité, je dois vous remercier de l'excellent discours sur le système affreux des déportations générales. Si la question n'eût pas encore été jugée, votre discours l'eût emportée. Et ce qui m'en frappa le plus, c'est la chaleur de ce pur sentiment qui vous porte à traiter, même après coup, avec de nouvelles lumières, une question qui semblait épuisée par la longueur des discussions. Cet amour expansif du bien en matière si importante vous honore, s'il se peut, plus encore que le très-grand talent que vous y avez déployé.

Le besoin irrésistible de consolation dans les maux de la vie, avez-vous dit, est le principe de tout *système de religion.* Cela est vrai, très-éminemment vrai. D'après ce moment, il est interdit de chercher quelle est la meilleure ou la pire. Aussi ne l'avez-vous pas fait. Vous avez raisonné en bon législateur. Il faut de la révélation, de l'inspiration, et des prêtres, pour établir une croyance, quelle qu'elle soit; vous l'avez dit encore. Reste à savoir quels biens politiques nous font ces œuvres de persuasion, et s'il vaut mieux tromper les hommes que leur dire la vérité. L'indifférence pour le choix de toute secte qui s'établit est la majestueuse conduite que doit tenir celui qui fait des lois; et vous avez très-justement blâmé l'homme qui s'est permis d'émettre une opinion partiale, à la tribune retentissante, sur un objet qui n'était pas de son ressort.

Humains, humains, soyons doux et cléments!
Nous sommes tous plus faibles que méchants!
Conquête de Naples, ch. XIV.

Je ne suis pas aussi content que vous du livre de M. Necker sur les opinions religieuses; et son exemple du commerce, dont vous avez usé vous-même, ne me paraît pas très-exactement comparé. Le commerce est d'une utilité bien prouvée; il fallait donc l'encourager, même avec les maux qu'il a faits. Nous n'en pouvons pas dire autant du mot abstrait qu'on nomme *religion*; car il devient vide de sens s'il signifie *religion* en général, qui, excepté celle que l'on adopte, n'est pour le plus intrépide croyant qu'un ramas de folles visions dans toutes celles auxquelles il ne croit pas. Nul de nous n'osant dire que ce ramas a quelque utilité dans *les religions qui sont fausses, et par cela même funestes*, aucun de nous n'est obligé de pardonner les maux qu'elles ont faits, quand elles ont été dominantes, en faveur de l'utilité, comme on le dit du haut commerce.

Le grand soin du législateur est de faire si bien que, tous ayant liberté sur la leur, aucune d'elles ne domine : d'où suit que nul n'a droit d'en tourmenter un autre sur la croyance dont il est; et là-dessus, monsieur, vous êtes inexpugnable, et devenez l'auguste protecteur de toutes les victimes que l'anarchie a faites parmi les prêtres. Mais votre raisonnement de la page 27, où vous comparez les déportés aux émigrés, me paraît malheureusement propre à vous faire taxer de rigueur, comme vous paraissez le craindre; car la déportation forcée n'ayant aucun rapport à l'émigration volontaire, la première ne présente qu'un homme malheureux, quand l'autre nous montre un coupable : pourquoi rangerions-nous dans la classe des malheurs qu'on nomme irréparables la déportation qu'ont subie des prêtres pour leurs opinions, lorsque, pour excuser notre conduite à leur égard, vous êtes vous-même obligé de supposer que les coupables émigrés pourraient peut-être se prévaloir d'un rappel accordé à tant de malheureux tonsurés; et même de supposer encore qu'on n'a proscrit que les hommes ardents, lorsque nous savons tous que ce n'est pas tel ou tel séditieux qu'on a trié entre les prêtres, mais tous les prêtres qu'on a traités *comme suspects d'être suspects* de sentiments antirépublicains? Excepté ce fléchissement vers un avis dont vous ne pouvez être, tout votre ouvrage est un chef-d'œuvre de bonté, de douce humanité, de discussion législative; et vous avez tonné contre le principe dangereux de se mettre au-dessus des formes, en assurant, ce qui est vrai, que, cette barrière franchie, il n'est aucun terme prévu où l'on puisse indiquer que l'autorité gouvernante s'arrêtera dans les abus de son pouvoir.

Salut, estime, vénération.

XCII

AU PROPRIÉTAIRE DU *BIEN-INFORMÉ*.

Ce 14 brumaire an VI (4 novembre 1797),

Citoyen,

Lorsque, pour succéder au journal le plus instructif de la France, et le seul qu'on pût assimiler au *Spectateur* du célèbre Addison (*l'Historien* [1]), on se donne le titre de *Bien-Informé*, l'on ne doit pas laisser charger sa feuille, sur quelques points qui intéressent le public, du ramassis des platitudes que l'ignorance débite dans les rues.

Les accidents, quels qu'ils puissent être, que vous imputez à la compagnie des eaux de Paris, laquelle depuis longtemps n'existe plus, et qui, lorsque ses établissements étaient dirigés par les *frères Perrier*, n'avait fait au public aucune des absurdes promesses dont votre commis l'*informeur* (on ne peut plus *mal informé*) nous informe par vous, d'un ton qui n'était pas celui de votre prédécesseur; ces accidents, dis-je, ne la concernent point.

Cette compagnie s'honorait d'avoir surpassé les Anglais dans l'art de répandre à grands flots, par les machines à feu et des conduites combinées, tant de fer fondu que de bois, dans tous les quartiers de Paris, l'eau si indispensable à la salubrité de l'air, à la propreté des maisons, à la commodité des habitants d'une cité immense; elle avait réussi à la faire aborder partout, au quart moins de frais pour chacun que le peu qu'on en obtenait par les porteurs d'eau à bretelles. Ceci n'est point un texte à des bouffonneries.

Les désordres occasionnés par les temps révolutionnaires ont détruit cette compagnie, et suspendu plusieurs années le beau service des machines. Pendant ce temps, plus de quarante mille toises de tuyaux se sont desséchés et fendus. Le département de Paris s'occupe aujourd'hui du soin de les réparer à grands frais. Telle est la cause malheureuse de plusieurs accidents possibles, lesquels ne devaient pas fournir l'idée d'un article aussi pitoyablement fait que le remplissage inséré contre la compagnie Perrier dans une feuille à laquelle vous prétendez donner quelque réputation. Ce n'est point là le ton qu'un bon journaliste doit prendre, s'il ne veut être rejeté dans la classe des regrattiers compositeurs de feuilles peu décentes dont nous sommes très-dégoûtés.

Cette lettre est d'un homme qui respectait le citoyen *Dupont*, et voudrait estimer son continuateur.

Caron-Beaumarchais, *l'un des premiers actionnaires de l'utile entreprise des eaux, et votre abonné.*

[1] Par M. Dupont (de Nemours).

XCIII

AU MINISTRE DES AFFAIRES ÉTRANGÈRES TALLEYRAND.

Ce 24 frimaire an VI.

Citoyen ministre,

Lorsque *Bonaparté* signa les préliminaires de la paix, je fis glisser dans les journaux français qui franchissaient les Alpes ces quatre méchants petits vers, dont tout le mérite était dans l'intention, qu'il a très-noblement saisie et même devancée :

> Jeune *Bonaparté*, de victoire en victoire,
> Tu nous donnes la paix, et nos cœurs sont émus;
> Mais veux-tu conquérir tous les genres de gloire?
> Pense à nos prisonniers d'Olmutz [1]!

Aujourd'hui qu'il se moque de nous en se cachant le plus qu'il peut, je vous prie de lui en montrer ce mécontentement de ma part :

BOUTADE D'UN VIEILLARD QUI A DE L'HUMEUR DE NE L'AVOIR PAS VU.

> Comme Français, je cherche une façon nouvelle
> De rendre un grand hommage au grand *Bonaparté*.
> Si j'étais né dans Londre, ah! je voudrais comme elle
> Que le diable l'eût emporté!

Vous savez que je suis le premier poëte de Paris en entrant par la porte Antoine; mais je signe pour vous,

Beaumarchais.

XCIV

A M. D*** (DES VOSGES).

Ce 1ᵉʳ pluviôse an VI (20 janvier 1798).

Je n'ai pas voulu, citoyen, vous remercier plus tôt du présent que vous m'avez fait de votre beau discours, l'entraînement de votre style à la première lecture ayant fait naître en moi le désir le plus vif de le relire lentement : ce que je ne nommerai pas une *relute*, mot impropre et barbare qui se glisse dans le français, sans qu'on puisse deviner ce qui l'a pu faire adopter, comme tant d'autres qui corrompent la première langue de l'Europe.

Votre discours est purement écrit, plein de traits brillants, de vues, de connaissances approfondies sur les véritables intérêts qui militent pour ou contre cet accroissement de puissance. Mais la partie politique n'est point celle dont je veux vous entretenir aujourd'hui : son vrai mérite littéraire est ce qu'il nous con-

[1] Allusion à Lafayette.

vient de traiter entre nous deux hommes de lettres, dont l'un commence sa carrière, quand l'autre touche à la fin de la sienne.

Votre discours a l'éclat oratoire qui l'eût rendu très-entraînant à la première des tribunes, et qui me l'a fait dévorer. Si, pour m'acquitter envers vous du plaisir qu'il m'a fait, vous me permettez quelques observations qui ne doivent qu'être agréables à un homme d'un grand talent, je vous dirai que cet éclat, ce mérite qui vous honore, est pourtant le moindre de ceux qui m'ont frappé dans votre ouvrage.

De cela seul que vous l'avez nommé *discours*, je vois que, pour le rendre plus rapide et brillant, vous avez jeté dans vos notes une foule de choses fortes qui, répandues dans le corps de l'ouvrage, lui eussent mérité ce nom d'*ouvrage* bien préférable au but que vous avez rempli, celui de donner une haute idée de votre talent oratoire, quand vous pouviez élever ce discours à l'honneur d'être regardé comme un ouvrage aussi instructif que profond, en faisant seulement rentrer vos belles notes dans le texte. Et ne croyez pas, écrivain, que vous l'eussiez rendu par là plus languissant; elles auraient nourri, varié les idées que vous présentez comme vôtres; elles auraient porté jusqu'à la conviction les choses dont vous voulez persuader vos lecteurs, en y joignant l'autorité de tant d'écrivains respectés, dont vous vous appuyez vous-même.

En général, je ne suis point l'ami des notes étendues et très-multipliées : c'est un ouvrage dans un ouvrage, qui les amoindrit tous les deux. Un des secrets de l'art d'écrire, en matière sérieuse surtout, est, selon moi, le beau talent de réunir dans le sujet qu'on traite tout ce qui tend à renforcer sa consistance; l'isolation des notes en affaiblit l'effet.

Enfin, pour terminer ce radotage d'un vieillard à qui votre discours a donné de l'estime pour vous, je vous dirai que cette estime a beaucoup augmenté en voyant dans vos notes avec quel soin vous avez étudié, dans toutes les langues de l'Europe, les grands auteurs qui ont traité les mêmes sujets avant vous. J'aime, dans un homme de votre âge, cette preuve donnée du soin qu'il a pris de s'instruire avant de parler au public. Et ma remarque, un peu sévère, sur la séparation de vos notes savantes d'avec votre texte éloquent, montre, à tout bon esprit qui sait vous apprécier, que vous êtes loin d'avoir fait tout ce qu'on a droit d'attendre d'un homme qui débute ainsi.

Après avoir parlé de la forme de votre ouvrage, dans un temps plus tranquille nous dirons quelques mots du fond. Je suis de votre avis presque sur tout ce que vous avancez; et ce en quoi nous différons me semble abandonné au hasard des événements, plutôt que soumis aujourd'hui à des règles bien positives. Je vous félicite pour vous, en vous remerciant pour moi.

XCV

AU MINISTRE DES FINANCES RAMEL.

Paris, ce 30 germinal an VI.

CITOYEN MINISTRE,

Je vous jure que mon état devient intolérable. J'aurais réglé le monde entier avec tout ce que j'ai écrit pour cette détestable affaire, qui use ma raison et flétrit ma vieillesse. Voir des oppositions sur moi quand je suis patient créancier! toujours languir, toujours attendre, sans jamais rien voir arriver! courir, frapper partout, et ne pouvoir rien terminer, c'est le supplice d'un esclave, d'un sujet de l'ancien régime, et non la vie d'un citoyen français.

Souffrez que j'envoie un grabat dans un grenier de votre hôtel. On vous dira tous les jours : *Il est là*. Vous concevrez alors qu'un homme désolé, jeté depuis six ans hors de sa place et ruiné, est excusable de désirer qu'on daigne s'occuper de lui.

« CARON-BEAUMARCHAIS. »

XCVI

AU CITOYEN FRANÇOIS DE NEUFCHATEAU,
MINISTRE DE L'INTÉRIEUR.

Paris, le 1er fructidor an VI.

CITOYEN MINISTRE,

Parmi les améliorations que nous avons droit d'espérer de votre rentrée au ministère de l'intérieur, il existe une découverte sur laquelle j'invoque votre sérieuse attention. Une des plus majestueuses idées dans les sciences qui ait honoré notre siècle et la France, est certainement *l'ascension des corps graves dans le fluide léger de l'air;* mais notre nation, qui n'a qu'un moment d'engouement pour les plus belles nouveautés, n'a bientôt fait qu'un jeu d'enfants d'une découverte propre à changer la face du globe plus que n'a fait celle de la boussole, si l'on se fût occupé sérieusement d'élever cette idée jusqu'à la navigation aérienne.

L'expérience manquée à Saint-Cloud, de l'ascension dans un ballon, du duc de Chartres avec les physiciens Robert, celle plus malheureuse encore du jeune Pilâtre de Rozier, dans un autre ballon, reculèrent l'art de vingt ans. Je disais : des ballons! et toujours des ballons! dirige-t-on des corps sphériques? Un penseur éclairé me communiqua une idée qu'il avait conçue pour diriger dans l'atmosphère des navires sans pesanteur, mais sous la forme allongée des poissons, auxquels l'aérostat doit être assimilé. Des physiciens contestaient la possibilité de cette direction, sous l'objection irréfléchie qu'il n'y a pas de point d'appui dans l'air; quoique chacun voie s'élever, se soutenir, se diriger les oiseaux de toute grosseur, qui le parcourent en tous sens en dépit de leur pesanteur, et dont le plus léger est plus lourd qu'un vaisseau aérien de cent pieds de longueur, puisqu'on parvient à mettre celui-ci en équilibre avec l'air qu'il déplace.

Ce raisonnement de mousquetaire m'irritait contre nos savants, mais pendant qu'ils décourageaient l'aéronaute M. Scott, je l'encourageai, moi, en faisant imprimer ce qu'il avait écrit là-dessus, pour lui assurer tout au moins l'honneur de sa belle invention, par la publicité de la date qu'il en prenait.

La révolution est venue; j'ai perdu M. Scott de vue et l'ai cru englouti par elle; moi-même proscrit, quatre années, j'abandonnai l'idée de naviguer dans l'air, forcé de me traîner dans les routes fangeuses du nord de la haute Allemagne.

Enfin, rappelé à mon poste par la justice du gouvernement, le hasard m'a fait retrouver mon navigateur aérien. J'ai ranimé son courage abattu par des infortunes sans nombre, quoique les miennes ne soient pas moindres! Ses idées, bien mûries par des années de réflexions, m'ont paru dignes d'être offertes aux premières autorités. Je l'ai presque forcé de refaire un nouveau mémoire, de l'adresser sans protecteur au directoire exécutif; sûr que, si le mémoire vous était renvoyé, il trouverait en vous le protecteur de son idée.

Ah! citoyen, ne laissons pas toujours perfectionner par des Anglais usurpateurs les idées qui germent chez nous; utilisons nous-mêmes celle-ci! Qu'elle honore votre ministère; son auteur, par sa modestie digne de votre bienveillance, sollicite des commissaires, donnez-les lui de votre choix. Le citoyen Périer l'aîné, grand mécanicien, mon ami, pense comme moi du mérite de cette belle découverte; plusieurs bons physiciens sont de notre avis là-dessus. Obtiendrai-je de vous, ministre, que vous jetiez un coup d'œil appréciateur sur le mémoire plus étendu que le citoyen Scott achève, avant de le renvoyer à personne? C'est un bel encouragement à lui donner. Il aura l'honneur de vous le présenter avec un autre mot de moi : trop modeste pour que j'ose le charger d'être le porteur d'une lettre où je vous dis ce bien de lui. Je vous adresse en droiture celle-ci, flatté d'une occasion de rappeler à votre souvenir un homme qui a toujours fait le plus grand cas de vos talents, qui honore votre personne et espère en vos sages vues dans le poste important où notre bonheur nous ramène.

Salut et respect,

CARON BEAUMARCHAIS.

XCVII

Lettre imprimée dans le journal *la Clef du Cabinet des Souverains*, de la veuve Panckoucke.

AU CITOYEN FRANÇOIS DE NEUFCHATEAU.

21 brumaire an VII (11 novembre 1798).

MINISTRE CITOYEN,

Les soins constants que vous mettez pour embellir le jardin national, conservatoire des plantes exotiques, des arbres et des animaux qui arrivent de tous les points du globe, nous prouvent que vos sages vues s'étendent à tout ce qui peut être utile au public, ou sembler digne de sa curiosité. Mais j'avoue qu'au plaisir de voir ces collections se mêle en moi un sentiment pénible, toutes les fois que j'y retrouve, au coin d'un laboratoire de chimie, dans la poussière des fourneaux, des matras, et des matériaux servant à des distillations, le corps exhumé de *Turenne*, sans que je puisse m'expliquer les motifs d'un pareil dédain pour les restes d'un chef d'armée que le roi le plus fier de son rang jugea digne de partager la sépulture de sa maison.

Que peut donc avoir de commun le squelette du *grand Turenne*, avec les animaux vivants que cette enceinte nous conserve?

Qu'aurait dit Montecuculli, de voir son vainqueur figurer au milieu d'une ménagerie?

En cherchant s'il n'y avait point à Paris quelque dépôt moins indécent pour les restes de ce grand homme qu'un laboratoire de chimie *qui nous dégrade, et non pas lui*, j'ai retrouvé son tombeau, d'un grand style, au muséum de nos monuments funéraires, enclos des Petits-Augustins, où ses restes si révérés manquent autant à son tombeau que le tombeau manque à ces restes.

Le marbre noir placé dessous le bas-relief de la bataille de Turkeim en 1675, après le gain de laquelle Turenne perdit la vie en visitant un poste dangereux, ce marbre peut être enlevé; un cadre, des verres en sa place, laissant voir le corps du héros, commanderaient notre respect, apaiseraient l'indignation qu'on éprouve en voyant *Turenne* auprès des fœtus et des monstruosités qui attirent la foule.

Je suis même très-étonné que les ingénieux auteurs du muséum le plus philosophique de tous, quoique dans un local mesquin, n'aient pas sollicité la cessation d'un tel scandale, en vous priant, citoyen ministre, de leur confier le dépôt provisoire des restes du grand homme dont ils ont sauvé le tombeau, en attendant que la nation lui décerne enfin des honneurs dignes de sa réputation; eux qui, pendant que l'ignorance exaltée mutilait tous les monuments de nos artistes, ont eu la pensée courageuse de préserver, et la conception profonde de classer par suite de siècles; les tombeaux des hommes puissants dont l'histoire offrirait le muséum moral, si l'on pouvait les y embrasser d'un coup d'œil, comme on le fait aux ci-devant Augustins.

Ce rapprochement désirable de *Turenne avec son tombeau* renforcerait l'un des buts si frappants qu'on sent qu'ils ont voulu remplir en composant leur muséum :

Celui de nous montrer par quels degrés nos sculpteurs et nos architectes se sont élevés à l'honneur de rivaliser les grands artistes de la Grèce;

Celui d'y rappeler cette pensée philosophique, qu'avant que l'on eût érigé ce grand royaume en république, la mort seule avait le pouvoir d'y ramener les classes privilégiées à cette égalité que la république consacre;

Enfin l'honorable but de prouver à tous les penseurs de l'Europe que la nation française est loin de partager la barbarie qui nous a privés en peu d'heures des monuments de douze siècles. Si notre muséum central, par la réunion des chefs-d'œuvre qu'on y expose, donne un plaisir délicieux à ceux qui savent en jouir, celui-ci nous élève à de grandes pensées; et le désir d'y voir déposer provisoirement les cendres de Turenne en est une des plus morales.

Je vous prie donc, ministre ami de l'ordre, dont la haute magistrature est de surveiller les objets de décence publique, de prendre en considération cette remarque sur Turenne, qu'un bon citoyen vous soumet.

Je pourrais bien signer mon nom, ou même en donner l'anagramme, si cette singularité ajoutait quelque chose au mérite d'un aperçu : *qu'importe qui je sois, si je dis la vérité?* C'est de cela seul qu'il s'agit.

XCXVIII

A M. COLIN D'HARLEVILLE.

QUI M'A DONNÉ UN EXEMPLAIRE DE SON POÈME ALLÉGORIQUE SUR MELPOMÈNE ET SUR THALIE.

Paris, 14 ventose an VII (4 mars 1799).

Pour lire un joli poëme, s'amuser d'un charmant ouvrage, il faut, mon cher citoyen, avoir le cœur serein, la tête libre; et bien peu de ces doux moments sont réservés à la vieillesse! Autrefois j'écrivais pour alimenter le plaisir; et maintenant, après cinquante ans de travaux, j'écris pour disputer mon pain à ceux qui l'ont volé à ma famille.

Que d'excellents chevaux je vois mourir aux fiacres!

Mais j'avoue que je suis un peu comme la *Claire* de *Jean-Jacques*, à qui, même au travers des larmes, le rire échappait quelquefois. Je sais qu'il faut du relâche à l'esprit; et je m'en suis donné un très-agréable en lisant vos deux manières de traiter la vie, les courses présumées de Melpomène et de Thalie.

La première chose qui m'a frappé, après les grâces de votre style, est la bonté de votre naturel. Tel autre n'eût vu dans ce cadre qu'un moyen d'exercer son talent satirique; les deux muses du théâtre en offraient un fier canevas! Vous, rendant à chacun ce qui lui était dû, n'avez dit que ce qu'il fallait pour n'irriter ni les vivants, ni la mémoire des morts, en nous faisant aimer l'écrivain qui nous instruit en badinant.

Les courses des deux sœurs sont pleines de vers heureux. Ceux où vous faites descendre Eschyle dans l'arène pour combattre Sophocle sont beaux.

. . . . Il est vaincu.
— Malheureux... *d'un seul jour il avait trop vécu.*
Il fuit : la jeune élève, excusable peut-être,
Préféra pour époux son amant à son maître.

Les deux premiers tragiques sont classés.

Je saisis au hasard plusieurs vers dans la foule de ceux qui m'ont le plus frappé; sur *Thomas Corneille*, par exemple :

Faible émule sans doute, et rival téméraire,
Mais qui serait fameux *s'il n'eût pas eu de frère.*

C'est le traiter bien favorablement! Et sur ce *frère* si justement célèbre :

Ces Romains, ces héros qu'il aime à rappeler,
Sont plus grands, plus Romains quand il les fait parler.

Et Racine... Racine! avec quelle perfection de style décourageante...

C'est l'âme d'Euripide et la voix de Virgile.

Et la mort de *Voltaire*, qui disait dans sa loge, le jour de son couronnement : *Vous voulez donc me faire mourir?*

Si son âme s'exhale en ces touchants adieux,
Plus encor que les ans sa joie en est la cause.
Ce n'est point une mort : c'est une apothéose (Beau vers.)

Le ton vif de *Thalie* contraste heureusement avec le ton majestueux de sa sœur. Vos vers courts et serrés lui donnent bien sa véritable allure.

Sur *le Festin de Pierre*, si sottement nommé ainsi par les Français, pour traduire il Convivo di pietra, *le Convive de pierre*, qui est le vrai titre, les deux vers suivants :

D'un homme on peut prendre l'habit;
Mais lui vole t-on sa manière?

ne sont point gâtés par ceux-ci de *Voltaire*, dans ses *Étrennes aux sots* :

Le lourd Crévier, pédant, crasseux et vain,
Prend hardiment la place de Rollin,
Comme un valet prend l'habit de son maître.

Je dis de vous...

Il est beau d'être bon à côté d'un tel homme!

Et ce bon *la Fontaine* mis auprès de *Molière*, avec une distinction aussi fine que juste :

> D'analyser le cœur humain
> Entre eux se partageait la pomme ;
> Mais *l'inimitable bonhomme*
> Avait pris un autre chemin.

C'est bien, c'est bien.

Dans le préambule d'un conte où j'avais, comme de raison, mis les fables au premier rang de ses ouvrages, e m'étais permis de dire :

> Mais garda-t-il son mérite infini,
> Quand il mêla dans un conte érotique
> Les vers du siècle au jargon marotique ?
> Mélange ingrat qui le rend inégal
> Et singulier, bien plus qu'original, etc.

Puis, étonné du blasphème qui m'échappait, je reviens à moi, et lui dis :

> Mais, ô mon maître ! excuse un badinage,
> De ton disciple accepte un pur hommage ;
> Nul plus que moi n'a senti tes beautés,
> Tes vers naïfs et jamais imités, etc.

J'aime et m'honore d'avoir défini comme vous cet inimitable bonhomme.

Vous avez beaucoup honoré Destouches, le froid Destouches ; pour le nommer après Molière, il n'y avait guère à en dire que cela...

> C'était une large manière,
> Un air digne, un noble regard...

Et de Boissy...

> Et l'enjouement du *Babillard*
> La divertit sans la séduire...

est très-joli. Jamais d'amertume ; c'est bien.

Ce que vous dites sur les comiques d'Angleterre est fort juste.

> Ces Anglais ont dans leur gaieté
> Et surtout dans la raillerie,
> Un fiel mordant, une âcreté
> Insupportable en vérité,
> Quand des Français on a goûté
> Le sel et la plaisanterie.

La critique eût été parfaite, approuvée de tous, si vous eussiez dit qu'à travers ces défauts, et en abusant, ils nous ont appris à OSER, à sortir du sentier battu de nos monotonies françaises, où trop souvent la première scène nous fait deviner la dernière.

Mais ce qui m'a le plus touché, c'est qu'ayant eu à vous plaindre si gravement de Fabre, vous ayez rendu hautement justice à la plus belle de ses pièces, *le Philinte* ! Quand il m'en fit une lecture chez moi, je lui dis avec une naïve colère : Comment pouvez-vous réclamer votre tour pour d'autres ouvrages, ayant eu le bonheur de faire celui-ci ?... Il me répondit : Mais il les tuera ! — Eh bien ! monsieur, ce n'est qu'un suicide ; on n'est point pendu pour cela.

Adieu. — Je veux pourtant finir par une observation dont je ne fais quartier à nulle personne que j'estime : j'en ai le droit, moi, typographe de Voltaire ! Après ce qu'il enseigne, croyez-vous donc qu'il soit permis de laisser imprimer l'imparfait de nos verbes par un OI ? Voyez la mine que fait un étranger, quand on lui dit que le mot CONNOISSOIS doit se prononcer CONNAISSAIS ; que *François* et *Anglois* riment avec *Portugais*, et non avec *Suédois*, *Angoumois*, *Artois*, etc. ! Ces barbarismes de nos imprimeurs welches ne doivent plus être soufferts : les auteurs vivants ont seuls droit de s'y opposer, car les morts ne réclament point contre ceux qui les réimpriment. Adieu. Je ne fais aucun doute que vous ne soyez octroyé sur l'indulgence demandée aux deux muses en ces vers :

> Muses, du moins je réclame la vôtre !
> Heureux surtout, trop heureux si, pour prix
> Du grain d'encens qu'à toutes deux j'offris,
> L'une de vous me recommande à l'autre !

Et pourquoi pas, bon homme ? les femmes ne refusent jamais ce qu'on demande si joliment, à moins qu'on ne soit de ceux-là qui signent, comme moi :

Le vieux bonhomme
CARON DE BEAUMARCHAIS.

XCIX

APOLOGIE POUR LUI-MÊME.

Avec de la gaieté et même de la bonhomie, j'ai eu des ennemis sans nombre, et n'ai pourtant jamais croisé, jamais couru la route de personne. A force de m'*arraisonner*, j'ai trouvé la cause de tant d'inimitiés ; en effet, cela devait être.

Dès ma folle jeunesse, j'ai joué de tous les instruments ; mais je n'appartenais à aucun corps de musiciens, les gens de l'art me détestaient.

J'ai inventé quelques bonnes machines ; mais je n'étais pas du corps des mécaniciens, l'on y disait du mal de moi.

Je faisais des vers, des chansons ; mais qui m'eût reconnu pour poëte ? J'étais le fils d'un horloger.

N'aimant pas le jeu du loto, j'ai fait des pièces de théâtre, mais on disait : De quoi se mêle-t-il ? ce n'est pas un auteur, car il fait d'immenses affaires et des entreprises sans nombre.

Faute de rencontrer qui voulût me défendre, j'ai imprimé de grands mémoires pour gagner des procès qu'on m'avait intentés, et que l'on peut nommer atroces ; mais on disait : Vous voyez bien que ce ne sont point là des factums comme les font nos avocats. Il n'est pas ennuyeux à périr ; souffrira-t-on qu'un pareil homme prouve sans nous qu'il a raison ? *Inde iræ*.

J'ai traité avec les ministres de grands points de réformation dont nos finances avaient besoin ; mais on disait : De quoi se mêle-t-il ? cet homme n'est point financier.

Luttant contre tous les pouvoirs, j'ai relevé l'art de l'imprimerie française par les superbes éditions de Voltaire, entreprise regardée comme au-dessus des forces d'un particulier; mais je n'étais point imprimeur, on a dit le diable de moi. J'ai fait battre à la fois les maillets de trois ou quatre papeteries sans être manufacturier ; j'ai eu les fabricants et les marchands pour adversaires.

J'ai fait le haut commerce dans les quatre parties du monde; mais je n'étais point déclaré négociant. J'ai eu quarante navires à la fois sur la mer; mais je n'étais point armateur, on m'a dénigré dans nos ports.

Un vaisseau de guerre à moi de 52 canons a eu l'honneur de combattre en ligne avec ceux de Sa Majesté à la prise de la Grenade. Malgré l'orgueil maritime, on a donné la croix au capitaine de mon vaisseau, à mes autres officiers des récompenses militaires, et moi, qu'on regardait comme un intrus, j'y ai gagné de perdre ma flottille, que ce vaisseau convoyait.

Et cependant de tous les Français, quels qu'ils soient je suis celui qui ai fait le plus pour la liberté de l'Amérique, génératrice de la nôtre, dont seul j'osai former le plan et commencer l'exécution malgré l'Angleterre, l'Espagne et la France même; mais je n'étais point classé parmi les négociateurs, mais j'étais étranger aux bureaux des ministres, *inde iræ*.

Lassé de voir nos habitations alignées et nos jardins sans poésie, j'ai bâti une maison qu'on cite; mais je n'appartiens point aux arts, *inde iræ*.

Qu'étais-je donc? Je n'étais rien que moi, et moi tel que je suis resté, libre au milieu des fers, serein dans les plus grands dangers, faisant tête à tous les orages, menant les affaires d'une main et la guerre de l'autre, paresseux comme un âne et travaillant toujours; en butte à mille calomnies, mais heureux dans mon intérieur, n'ayant jamais été d'aucune coterie, ni littéraire, ni politique, ni mystique, n'ayant fait de cour à personne, et partant repoussé de tous.

FIN DES ŒUVRES DE BEAUMARCHAIS.

TABLE DES MATIÈRES
CONTENUES DANS CE VOLUME

	Pages.
Avertissement.	v
Notice sur Beaumarchais.	vii
Essai sur le genre dramatique sérieux.	1
Eugénie, drame en cinq actes et en prose.	9
Avertissement de l'auteur sur les Deux Amis.	36
Les deux Amis, ou le Négociant de Lyon, drame en cinq actes et en prose.	ibid.
Lettre modérée sur la chute et la critique du Barbier de Séville.	67
Le Barbier de Séville, ou la Précaution inutile, comédie en quatre actes et en prose.	73
Préface du Mariage de Figaro.	102
La Folle Journée, ou le Mariage de Figaro, comédie en cinq actes et en prose.	111
Un Mot sur la Mère coupable.	161
L'autre Tartuffe, ou la Mère coupable, drame en cinq actes et en prose.	163
Aux abonnés de l'Opéra.	192
Apologue à l'auteur de Tarare.	196
A monsieur Salieri, maître de musique de Sa Majesté l'empereur d'Allemagne.	ibid.
Prologue de Tarare.	ibid.
Tarare, opéra en cinq actes.	199
Couronnement de Tarare.	219
Mémoire à consulter pour P.-A. Caron de Beaumarchais.	221
Supplément au Mémoire à consulter.	233
Addition au Supplément du Mémoire à consulter, servant de réponse à madame *Goëzman,* accusée; au sieur *Bertrand Dairolles,* accusé; aux sieurs *Marin,* gazetier de France, et d'*Arnaud-Baculard,* conseiller d'ambassade, assignés comme témoins.	255
Requête d'atténuation pour le sieur Caron de Beaumarchais.	282
Quatrième Mémoire à consulter contre M. *Goëzman,* juge, accusé de subornation et de faux; madame *Goëzman* et le sieur *Bertrand,* accusés; les sieurs *Marin,* gazetier; d'*Arnaud-Baculard,* conseiller d'ambassade; et consorts.	288
Extrait du jugement du 26 février 1774.	322
Avertissement de l'éditeur.	323
Requête du sieur de Beaumarchais.	324

	Pages.
Avertissement de Beaumarchais, servant de réponse au troisième Précis du comte de la Blache, depuis son grand Mémoire.	328
Mémoire à consulter, et consultation pour P.-A. Caron de Beaumarchais.	329
Réponse au Mémoire signifié du comte A.-J. Falcoz de la Blache.	331
Compte définitif entre MM. Duverney et Caron de Beaumarchais.	358
Réponse ingénue de P.-A. Caron de Beaumarchais à la consultation injurieuse que le comte Joseph-Alexandre Falcoz de la Blache a répandue dans Aix.	360
Le Tartare à la Légion.	393
Lettres de Beaumarchais aux gazetiers et journalistes.	409
Mémoire de P.-A. Caron de Beaumarchais, en réponse au libelle diffamatoire signé Guillaume Kornman, dont plainte en diffamation est rendue, avec requête, à M. le lieutenant criminel, et permission d'informer.	411
Court Mémoire en attendant l'autre, par P.-A. Caron de Beaumarchais, sur la plainte en diffamation qu'il vient de rendre d'un nouveau libelle qui paraît contre lui.	423
Pièces à l'appui.	425
Troisième Mémoire, ou dernier exposé des faits qui ont rapport à P.-A. Caron de Beaumarchais, dans le procès du sieur Kornman contre sa femme.	432
Addition précipitée.	455
Arrêt de la Cour du parlement, rendu en la Tournelle criminelle, entre le sieur Caron de Beaumarchais et le prince de Nassau Sieghen, plaignants; le sieur Guillaume Kornman, ancien banquier et ancien caissier de la compagnie des Quinze-Vingts, et le sieur Bergasse, accusés, etc.	457
Observations sur le Mémoire justificatif de la Cour de Londres.	ibid.
Requête à MM. les représentants de la commune de Paris, par Caron de Beaumarchais, membre de ladite représentation.	468
Précis et jugement du procès de P.-A. Caron de	

TABLE DES MATIÈRES.

	Pages.
Beaumarchais, membre de la représentation de la commune de Paris.	480
Beaumarchais à Lecointre, son dénonciateur. Première époque des neuf mois les plus pénibles de ma vie	485
Deuxième époque	495
Troisième époque	501
Quatrième époque	509
Cinquième époque	522
Sixième et dernière époque	536
Compte rendu de l'affaire des auteurs dramatiques et des comédiens français	559
Rapport fait aux auteurs dramatiques	597
Pétition à l'Assemblée nationale, par Caron de Beaumarchais	603
Mélanges, vers et chansons	610
Gaieté adressée à l'éditeur du *Morning-Chronicle*	ibid.
Inscriptions placées dans le jardin de Beaumarchais	611
Chansons	612
Romance	ibid.
Ronde de table	ibid.
L'éloge du regard	613
Séguedille	614
La femme du grand monde	ibid.
L'heureux successeur	615
Robin	ibid.
Couplets pour la fête de M. Lenormant d'Étiole	616
La galerie des femmes du siècle passé	617
Chanson naïve, ou Cantique du pont Neuf	619
Vieille ronde gauloise	ibid.
Romance	620
Son dernier vœu, couplet	ibid.
Conte. L'humilité capucinale	621

LETTRES

	Pages.
Ire. Au duc de la Vallière	622
II. De Beaumarchais à son père	624
III. De Beaumarchais à sa sœur Julie	626
IV. A Mesdames de France	628
V. A M. le duc d'Orléans	ibid.
VI. Au duc de Noailles	ibid.
VII. A la comtesse de Tessé	629
VIII. A la duchesse D***	ibid.
IX. Récit exact de ce qui s'est passé jeudi 11 février 1773 entre M. le duc de Chaulnes et moi, Beaumarchais	630
X. Addition à la requête à nosseigneurs les maréchaux de France	632
XI. A nosseigneurs les maréchaux de France	633
XII. A M. Ménard de Chouzy	ibid.
XIII. A M. de Sartines	634
XIV. Au même	ibid.
XV. Au duc de la Vrillière	635
XVI. Au roi	635
XVII. A M. ***	ibid.
XVIII. A M. de Sartines	636
XIX. A M. R***	ibid.
XX. A M. Gudin	640
XXI. Mémoire adressé à Louis XVI, le 15 octobre 1774	643
XXII. A M. de Sartines	645
XXIII. Au même	646
XXIV. Au même	647
XXV. Au même	ibid.
XXVI. Au prince de Conti	648
XXVII. Mémoire au roi	ibid.
XXVIII. A M. de Miroménil, garde des sceaux	649
XXIX. Aux comédiens français	650
XXX. Au ministre de la marine	ibid.
XXXI. La paix ou la guerre	ibid.
XXXII. Au chevalier d'Éon	653
XXXIII. Au ministre de la marine	654
XXXIV. Mémoire particulier pour les ministres du roi et manifeste pour l'État, remis à M. le comte de Vergennes, le 26 octobre 1777	656
XXXV. A M. de Sartines	659
XXXVI. A M. Paulze	660
XXXVII. Au ministre de la marine	663
XXXVIII. A madame la comtesse Fanny de Beauharnais	ibid.
XXXIX. A la même	664
XL. A M. Sw.	ibid.
XLI. A M. le comte de Vergennes	665
XLII. Copie de ma véritable lettre	666
XLIII. A M. des Entelles, intendant des Menus	667
XLIV. Au ministre de la marine	ibid.
XLV. A M. le comte de Maurepas	668
XLVI. A MM. les comédiens français à leur assemblée	ibid.
XLVII. Aux ministres	669
XLVIII. Lettre ostensible au margrave de Bade	670
XLIX. A M. le comte de Maurepas	671
L. A M. Necker	672
LI. A M. le comte de Maurepas	ibid.
LII. Au même	ibid.
LIII. A M. de la Ferté, intendant des Menus	673
LIV. A M. le comte de Vergennes	674
LV. Au même	ibid.
LVI. Au lieutenant de police	676
LVII. Au même	ibid.
LVIII. Au roi	677
LIX. A M. de Préville	ibid.
LX. Épître dédicatoire aux personnes trompées sur ma pièce, et qui n'ont pas voulu la voir	ibid.
LXI. A madame de Montansier	678
LXII. A M. Pujos	ibid.
LXIII. A M. le président Dupaty	ibid.
LXIV. Aux auteurs du *Journal de Paris*	679

TABLE DES MATIÈRES.

	Pages.
LXV. En réponse à l'ouvrage qui a pour titre : *Sur les actions de la Compagnie des Eaux de Paris*, par M. le comte de Mirabeau	680
LXVI. Aux auteurs du *Journal de Paris*	691
LXVII. A M. Robinet	692
LXVIII. A M. Bret	ibid.
LXIX. A MM. les comédiens français	ibid.
LXX. Réponse à M. le curé de Saint-Paul	693
LXXI. A chacun de mes juges	694
LXXII. A M. de Crosne, lieutenant de police	ibid.
LXXIII. Au semainier du Théâtre-Français	695
LXXIV. A M. Salieri	ibid.
LXXV. A M. d'Ogny, directeur général des postes	ibid.
LXXVI. A Mirabeau	696
LXXVII. A Barère	ibid.
LXXVIII. A la comtesse d'Albany	ibid.
LXXIX. Aux officiers municipaux	697
LXXX. A M. Manuel	ibid.
LXXXI. A M. Chabot	698
LXXXII. A ma fille Eugénie	699
LXXXIII. A ma famille	703
LXXXIV. Aux acteurs de l'Opéra assemblés	704
LXXXV. Pour la jeune citoyenne française Amélie-Eugénie Caron Beaumarchais	705
LXXXVI. Au comité de salut public	706
LXXXVII. Aux comédiens français	707
LXXXVIII. A M***	708
LXXXIX. A M. T***	709
XC. Au même	ibid.
XCI. Au citoyen Baudin (des Ardennes)	710
XCII. Au propriétaire du *Bien-Informé*	711
XCIII. Au ministre des affaires étrangères Talleyrand	ibid.
XCIV. A M. D*** (des Vosges)	ibid.
XCV. Au ministre des finances Ramel	712
XCVI. Au citoyen François de Neufchâteau, ministre de l'intérieur	ibid.
XCVII. Lettre imprimée dans le journal *la Clef du cabinet des souverains*, de la veuve Panckoucke	713
XCVIII. A M. Colin d'Harleville	714
XCIX. Apologie pour lui-même	715

FIN DE LA TABLE DES MATIÈRES.

www.ingramcontent.com/pod-product-compliance
Lightning Source LLC
Chambersburg PA
CBHW060902300426
44112CB00011B/1305